Printed in Great Britain
by Amazon

ספר

שיח יצחק

והוא שיטה מפוארה

על

מסכת יומא

ופירוש ותיקון הגירסא תוספות ישנים יומא

וביאור לשונות הרמב"ם

נדפס פעם הראשונה ע"י רבינו המחבר זצ"ל בשנת תקכ"ו

ועתה יצא פעם שניה במהדורה משוכללת והגהה מדויקת

פעיה"ק ירושלים תובב"א

שנת ה' אלפים ושבע מאות ועשרים ליצירה

ספר

שיח יצחק

והוא חידושים על גפ״ת
ותיקון ופירוש תוספות ישנים על

מסכת יומא

עם ביאור לשונות הרמב״ם ז״ל

אתיא העלאה העלאה מקומות הוא דגמרי שנה ופיר״ש אותם איש על מקומו אהנו לן רבנן.

למה״ר ובא בביאה אשו״רה לקוטי אורו״ת מחידושי ומפסקי

הרב המאירי ז״ל

כתיבת יד אשר על ידו השני לשון של זהורי״ת דתנו רבנן.

קול המוסיף רב נהורא״י סמוכים מן התורה לקוטי בתר לקוטי מאחד המיוחד אלה הדברים אשר דבר משה במערבא אמרי אמירה נעימה באי״שור כולל מהרב המובהק

אברהם בן מוסא ז״ל

מחכמי המערב שניות דרבנן

הדור אתם ראו אור שמש כי יכל זאת תורת העולה פרשה זו סתומה אין מגלה לה תורה מונחת בקרן זוית ועתה ליהודים היתה אורה ויומא טבא לרבנן.

כל אלה חוברו גמר קיחה קיחה והנה קמה קימה שיש בה הידור מתע״סק בקדשים סתום ועשה פתוח ארובו שבהדר דין הוא הדר ויזרע יצחק

הלא הוא החכם השלם הדיין המצויין

כמוהר״ר יצחק נוניס ואיס נר״ו

מתושבי עיר ליוורנו יע״א הא גברא דעקד לן כלילא פורי״ש לעשות דרך גבר בעלמי״ה גמר מלא מלא ותמלא הארץ דעה ארעה דרבנן

בהוצאת הגביר הנעלם לשם טוב ולתהלה

כמו״ר משה עטיאס נר״ו ומעלת הרב המחבר נר״ו

ע״י המגיה והמסדר מו״ה משה יל״ו בן החכם המרומם יונה אשכנזי מעיר קוסטנטינא יע״א המדפיס והמחוקק זלה״ה

בבית דפוס של הגביר המרומם משה עטיאס נר״ו

בליוורנו בשנת ואלה תולדות יצחק

(נוסח שער ראשון)

הסכמת המאורות הגדולים הרבנים המובהקים מעיר ליורנו יע"א

היום הזה ראינו או"ר בעד או"ר כי ידבר חכמות. ודבק תבונות, הרואה אומר ברקאי. גלייה לדרעיה ונפל נהורא, ולילה ביום יאיר לאוקומי גירסא. בבא חדא פלפלא, זאת התורה לעולה כריך ותני גופי הלכות שהן יקרות. דוקו כחדא פרזלא לא מסמריטין ולא מסרמיסין בעיסה בלוסה. דין הד"ד האמור בתורה החכם השלם דיינא דנחית לעומקא דדינא מחמד עינינו חד מינן כמוהר"ר **יצחק נוניס ואיס** נר"ו מעידים אנו מיום שעמד על דעתו ושער שחר צמח בו ויהי יצחק בן זריז ומעולה בתורה שיף עייל שיף נפיק משמש יציאה וכניסה יגע בעשר אצבעותיו אי משום תורה לעבדה ולשמרה ולא פסיק סדרא בתורת ה' חפצו, ולא פנה אל רהבים למען הרבות כסף וזהב ותענוגות בני־אדם אם אמר דכריסה. אי משום בנ"י ומודע לבינה מבין דבר מתוך דבר ביום שידובר וכאשר יני"ע ידו וגבר ותיד כותבת בכתו"בת הגסה. על הגייר ועל הדפתרא מילי דמסתמן, שנה ופיר"ש קשה מכולם ציני הר הברזל כפטיש יפוצץ וילך הולך גדולי הקדש, וענוה גדולה מכולן, ולא מגיס לבו בתלמודו, רוחה הוא לבעלי מומין ממפריסי הפרסה. מאי דקמן ראו הביא לנו האי ספרא דבי רב **יומא** טבא לרבנן ועל כל קוץ וקוץ נפק דק ואשכח מרגניתא ויזרע יצחק זרע רב ויברכוהו ה' ואתעביד ליה ניסא. ואגב הסיפא במקום שעמד לו ישב משום יתיבי **דעתא. אלה** הדברים אשר דיבר משת גדול הדור היינו תנא קמא **הרמב"ם ז"ל** ויהיו דבריו שמחים ובאים, ועוד ידו נטויה כאשר עשה ביום הזה **על** מסכת **חגיגה ומסכת שבועות**, שפתינו אתנו הן עומדין להתפלל ה' יגמור בעוד ויעשה מה שלבו חפץ ישמח צדיק בה' וחסה וברכות לראש צדיק אשר יעלה לב איש לתת לו בעין יפה לקוח את ספר התורה הזה כי ביצחק יקרא כאשר יביאו בני ישראל כל קרבנותיו הציבור **אשרי שיאחז את התורה הזאת מאי אחיזה הכנסה.** והאיש אשר יעשה בזדון להדפיס דנא ספרא בלי רשות מעלת הרב המחבר הי"ו לזמן עשר שנים מיום כלות הדפוס יחרם הוא וכל רכושו תרביה משכיה ואליתיה וביתיה כולי מריר עסקיה כי חסא, ורחמין למבעי מן קדם אלהיא דשמיא יאר פניו אתנו סלה פנים הנראין כהלכה ודעתה מילתא הקטון יהיה לאלף יעשה לו פרנסה.

נאם החותמים פה **ליורנו** יע"א מ"ב למב"י

שנת **ושב וקבצך** לפ"ק

מלאכי בהר"ר **יעקב הכהן** זלה"ה ס"ט

משה בכ"ר **שמואל הכהן** ס"ט

הצעיר **בנימין אספינוזא** ס"ט

הסכמת המאור הגדול הרב המובהק מאיר וזורח לאב"ד ור"מ בק"ק פירנצי יע"א

יומא כי האידנא כולי עלמא אתנא דריש גלותא דגלי מסכתא בגילוי דעתא דעת נוטה ודעת תורה למד דעת את העם אגמרה בסימני ובדדמי אסברה מפתח פומיה הוה לן נהור נהוריה כשרגא דמהניא אפילו בטיהרה הכל צריכים למרי חטיא ומאי גיגהו גמרא. רוח אלהין קדישין ביה וכל רז לא אנס ליה ידע מה בחשוכא ועמיה שרא נהורא נהירין ליה שבילי דנהר דעה מנהיר עיני חכמים ודחכמתא ושכלתנו ורוח יתירא. משח זיתא דכיא שיש לו שם במעשיו ובמקומו לשכת בית שמגיה דרומית כי היכי דליהוי ליה הכירא, גברא דשפיר חזי רשיא דכל רישין רישא דאבא דיהיב מטרא רמיז בעיניה עיניה פקיחא כחיזו דבדילחא דבסים מחמרא. ולהורות נתן בלבו על לבו שם לכל ישראל הורה גבר חכם בעוז החכם השלם הדיין המצויין כמהר"ר **יצחק נוניס ואיס** נר"ו יאור בקרן אורה חיבורא דמתקרי **שיח יצחק** למד על מנת ללמד תורה בטהרה טהר גברא וטהר **יומא**

יומא דשותא דרבנן מסברינן ביה אגרא דשמעתתא סברא, כל דכפין ייתי ויכול בשרא שמינא אפתורא דדהבא פריכא ותוטי אפומיה פום ממלל רברבן קרא גברא. כל דצדיך יתיי ויפצח רינה של תורה, וכי ישאל איש בפרק השואל טרם יקרא הוא ענה דמעיקרא וכל פירכא וקשיא קילא וחמירא דחזא ולא חזא תביטיל ותהוי בעפרא. פעמים בא לו בארוכה זה מעלה ארוכה ואריכתו נתנה לו לאסוקי שמעתתא אליבא דהלכתא זו ארוכה וקצרה. ופעמים בא לו בקצרה ספרא בצירה, ובשעת הקוצר גמר יתהון קמי קצרא וקצורי מקצרא. לן בעומקה של הלכה בקשיא ופירכא. ובפה דך תשובתו הרמתה בניות ברמה כתב לו עומקא ורומא ומעומקא דתהומא סליק לאיגרא גלייה לדרעיה דרעא מרממא ונפל נהורא ושמעתתא לן נהידא. ויהי כאשר כלה **יצחק** תקן תפלת מנחה היא שלוחה לכל החכמים בחיבה יתירא. נתן תורה לישראל ושמח בחלקו אחוכי חייך ויומא דמחיך ביה רבי לא פסיק חוכא מפומיה כוליה **יומא**

יומא טבא לרבנן כי שלים מסכתא לפום צערא אגרא. גמר אורייתא בכמה אנפין אנפא רברבא ואנפא זוטרא. חכם עדיף מנביא אמר מילתא אלבשייהו יקירא. וכוותיה הלכה למשה מסיני מתאמרא. שקיל וטרי בהויות דאביי ורבא וממילא רווחא שמעתתא כשמשא ברירא שייף ועייל שייף נפיק וגרס באורייתא תדירא. זלא מחזיק טיבותא לנפשיה שקילא טיבותא ושדייא אחיורא. שם לילות כימים לא פסיק פומיה מגרסיה מאורתא ועד צפרא. עקר רגליה בעבודה תמה גמר מתיבתא דרקיעא ודארעא וכולהו איתניהו ביה סליק ונחית ולא נחית לשיורא אריא דבי עלאי רווח לבסומי קלא עלה אריה משבחו שבחה ופירא. שומע ומוסיף ואית ביה משום אוסופי בחריפות דנהרא מכיפיה מיבריך נהר דעה עשיר בדעת תני הלכתא ותוספתא ספירי וסיפרא. עתיר משח עתיר כמס עתיר תקוע עתיר גבסין סייר גבסיה כל **יומא**

יומא דהילולא לגמור את ההלל בהללויות הרבה עד גמירא. שם ושבח בבת אחת מקצה שבחו יצח"ק ולא כל יצחק והאי לגביה מלתא זוטרא ועוד ידו נטויה ולהגדיל תורה ולהאדירה, יהי שמו לעולם יותר ממה שקרא לפניכם כתב על לוח לבו וכתוב יושר כתיבה ישרה. וישב **יצחק** ויחפור באר מים חיים את מקורו הערה ליהוי שמיה רבא מברך מן עלמא ועד עלמא בכל דרא ודרא יהא רעוא דלא ליבלי בארעא האי שופרא יומא האי דקא גריס גרס המעלות גרמא בנשיקי"ן מנשיקות פי צדיק זו תורה וזו שברה: ומכאן מודעא דכא לאורייתא כי יזיד איש על **רעהו** המדפיס להדפיס את ספר זה בעד משך עשר שנים כבר מילתו אמורה מפי כל חכמי ישראל בכל כתבי הקדש דקאי בארור משיג גבול רעהו בחומר גזירה מודעת זאת בכל הארץ גזירה שוה מכל דפוס הרי אלו באזהרה, וגבול יש לה מעשרה ולמעלה מקום פטור ומותר כי קא מדפיס בהיתירא, **גם ברוך יהיה** לא תאנה אליו רעה משמועה רעה לא יראה. דין מימר דמן חברייא קטינא קטינא ואפר בירה מוכן הוא לשרת את ה' בהאי קרתא רבתא **פירינצי** הבירה דחתים טב יומא במעלי יומא טבא דעצרתא דהאי שתא **שי"ח יצח"ק** לפרטא דאלפא שיתתאה ליצירא יהא רעוא דתהוי שתא דפורקנא לעמא בית ישראל עמא בחירא מחדא יחדון במימרא דה' תבוע נפשייהו באלהא יתגלי נהורייהו כשפרפרא. יתבנשון ויעולון בקרתא קדישא דירושלים קרתא דאלהא רבא כי מטה ההוא **יומא**

הצעיר מנחם עזריה בלא"א מ"ו כמהר"ר יהודא מצליח **פאדווה** זצ"ל

הסכמת בוצינא דנהורא הרב המובהק והמופלא עטרת ראשי מעלת מורי הרב נר"ו

אשר אור תורתו זורח בעיר ליוורנו יע"א

מעשה ה' כי נורא אשר יצר את האדם בצלמו הן האדם היה כאחד מצבא המרום במרום מבחר הברואים במפעל ועשיה, בהשפיע עליו טל אורות מן העליונים ויהי האדם לנפש חיה. שם שם לו חק ומשפט לבני ישראל עם קרובו תורה תמימה משיבת נפש סולת נקיה. הן נתן בקולו קול עוז קול ה' בכוח לכו בנים שמעו לי לכו לחמי בלחמי זאת התורה אשר נתתי לפניכם לשבוע מטובה ולאכול מפריה. אשרי אדם שמוע ישמע אל קול הקר"יאה הומת קרי בחיל קלא דלא פסיק זכור אל תשכח שמירה ועשיה. הרי זה בבל תאחר צדק צדק לרדוף כי כן דבר המלך ודתו להוציאנו לרויה. לנחותינו הדרך דרך ישרה לשום לנו שארית בארץ החיים להתהלך בגן במחנה שכינה בעלמא דאתכסיא. ועוד לו אך המלוכה דלא כליא קרנא ויוצא פרח ויציץ ציץ פרי מעלליו יאכל יבלו ימיו בטוב בעלמא דאתגליא. הנה כי כן יבורך גבר הכובש את יצרו ויט שכמו לסבול עול תורה ומצות מתעסק בקדשים באהבה רבה הנחמדים מזהב ומפז **רב**

מעשה חשב לחשוב מחשבות לעשות כוני"ם מעשה חידודי"ם להבין אמרי בינה. כל א' עד מקום שידו מגעת לשום לילות כימים ויהיו ידיו אמונה. לברור אוכל מתוך פסולת להתהלך באר"ש לארכה ולרחבה ואדם יפיק תבונה. זה דרך אדם ישר ליתן תב"ל בנעימה מראה האופני"ם חוזר על המקר"א עד דאשכח מרגניתא מחדש חידושים ועביד ליה כל"לא כייל ותני בקבא רבה מכתף ועייל פוד"ש לעשות דרך דרך גב"ד בעלמ"ה לעשות אזנים לתורה דין הוא הדר תורה ניתנה ל"ו במתנה. דמן שמיא זכו ליה בעין יפה וקרו ליה בי גזא דרחמנא. קנה שם טוב קנה לעצמו כל מן דין מאריה סייעיה בהגלות נגלית לו שערי אורה גולו"ת עיליות וגולו"ת תחתיות היציע התחתונה. והיה עלהו דענן יערוף כמטר לקחו והלכו עמים לאורו חכמות בחוץ תרונה. מי האיש הירא את אלהים וסר מרע יתאמץ ויתגבר כארי לעשות חיל חילא דאורייתא וחיילים יגבה יהי כזית הודו ויוצא פרח ויצץ ציק. ארח"י ופרח"י לאוקמיה שמעתתא אליבא דהלכתא כי כזה כל האדם יחי שמו לעולם נבחר שם מעושר **רב**

מעשה ידי אמן קא חזינא הכא פירוש מרוב"ה בשפה ברורה. אשר זרע **יצחק** באר"ש ערבה על מסכת יומא דאנהרינהו לעיינין בפלפול ובסברה ובדעת ישרה. הלא הוא החכם השלם והכולל דיינא דנחית לעומקא דדינא זה סיני שארי ופארי בן אחותי כמוהר"ר **יצחק נוניס ואיס** נר"ו ריש כלה ודיש סדרא עצור במלין לא אוכל דכירנא כד הוה טליא לא פסיק גירסא מפומיה בתדירא. מר בדיק בשמשא מעלות השחר עד צאת הכוכבים אידי ואידי חד שיעורה. קיץ וחורף לא ישבות והנער שמ"ו א"ל משרת בוצין בוצין מקטפיה ידיע כיון דנבט נבט שנולדו בו סימני טהרה. ובראותי גודל תשוקתו בתורה כאשר ישא האומן את היונק גדלתיו, ובנאות דשא שדה אשר ברכו ה' הדרכתיו, ובחדרי החכמה הביאותיו עד כי גדל יצחק המחכים את דבו וארח לחברה. עם חברים מקשיבים וישב **יצחק** ויחפור את בארות המים ועשה פרי מפרי וגידולי גדולין באמתה של תורה. אנה הוא דאמרי בהאי שעתה דא תהא למיקם קימה שיש בו הדור ונהורא עימיה שרא, שישו בני מעי שישו בהאי ספרא דגלי בארעא נטע נעמן פאר הזמן זה כלל גדול בתורה. הכי דבי קרו ליה תורתו מכדזת עליו כל קבל די רוח יתירא. והגם כי קרוב פסול לעדות כל כי האי אי אתה מצריכו כרוז מעשה ידיו יתנו עדיהן ויצדקו הן הן הדברים הנקנים באמירה. אשר לו הולך בתורת ה' חפצו לארכה ולרחבה ויבא עצות מרחוק טרח וטחין קשית"א ומהדר אתיובתא לפרוקי אליבה דהלכתא הנה ארש"ו אר"ש צבי וצפירת תפארה. ועוד ידו נטויה למען רפו"ס את בני ישראל חידושיו הנחמדים על **מסכת שבועות ומסכת חגיגה** וזה יצא ראשונה מסכת יומא אשר שם שם לו באר"ת לבנה בהב"ן שלימה וצדק בצדק כל אמדי פי אספקלריא המאידה יכרו עליו חבורי"ם יהי למלא בטנו אל כל הקרב הקרב דניחא ליה באישו"רא. שמח לבי ויגל כבודי שש אנוכי על אמרתך כמוצא שלל **רב**

מעשה ידי כל פונות שיתיו פונים להיותם פרשות השמים הנה ברך לקחתי יגדל וירבה תורתו והדרתו בשב"עא רנחמ"תא, וברך ולא אשיבינה בקול תחינה ותפלה הרי זה בכי יותן אשה ריח ניחוח לנשמת הצדקת אחותי נעמי תנצב"ה. אם הרב המחבר נ"רו עשה יעשה לה כנפים בשמים ממעל ואל על יקראוה לקבל נברשתא. ה' עוז לעמו יתן ויחזור ויתן להרב המחבר תלמודי אלופי ומיודעי שאר בשרי הסן ישועות וחיי אדיכתא. יפרח כשושנה עתיר נכסין בגילה ובחדותא. ומלכא לא ליהוי נזיק ה' ישמרהו ויחייהו לעביד ליה נטירותא יתירתא. שליו ושקט כחמר טב דיתיב על דורדיה כשתילי זיתים סביב לשולחנו בני סמיכי דעסקי באורייתא. ביתו יהיה פתוח לרווחה להשקות כל רעב וצמא לשמוע דבר ה' בית צדיק חוסן **רב**

מעשה חר"ש זה ספר אדם ישר נפש עמל עמלה ל"ו אר"ש טובה ורחבה דזכו ליה מן שמיא מתנה טמירתא **בסימנה טבא** וכל כי האי מחזיקינן ליה טיבותא על אחת כמה וכמה טובה לכן אנא אני בא. באר"ש נחש שרף ועקרב לבל יבוזו זרים יגיעו ליכנס שום אדם בתחום שאינו שלו להדפיס זה הספר הן כולו הן מקצותו בין ע"י ברית ובין ע"י שאינו בן ברית עד עבור עשר שנים שלימות מיום ליום מיום גמר הדפוס דא גזירת אורייתא ומאן דתקיף רוחיה להודה להוי ההוא גברא משטה חרמי"ם נח"ש כרוך על עקיבו זיבורא ועקרבא. ומאן דחש לו דל"ו חלי ול"ו מרגיש אוזן שומעת תוכחות חיים **גם ברוך יהיה שריר ובר"א וקיים קיומא רבה. מה הוא בחיים אף זרעו בחיים מושכים בשבט סופר עיניהם ועינינו תראנה בן ישי חי וארמון על משפטו והיכל תוסד וירושלים בבניינה קרית מלך** **רב**

הצעיר שבצעירים **חנניה מזל טוב** בלא"א יצחק חיים בונדי ג"ע ס"ט

שיר ידידות

הן כל ראת עיני מעשה ידי אמן פתילה דולקת מאירה ומתנוצצת על מזבח הדפוס. ספר כתב איש הבי״נים יקר רוח איש תבונה רחימא דנפשאי חקוק בקירות לבי מר ניהו רבה החכם השלום בנגלה ובנסתר הדיין המצויין כמוהר״ר **יצחק נוניס ואיס** נר״ו אשר בצאתו מרחם אמו נתקדש לשמים על התורה ועל העבודה. וילך הלוך וגדל כהאי סרצידא דתותי קלא עד כי דרך קסת״ו ודבר בעט״ו שי״חה עמוקה שפתי חכמים יזורו דעת **בשלשה מסכתות שבועות יומא סוכה חגיגה** וזה שמו אשר יקראו **שיח יצחק** כי בו יצא לשוח במתק לשון ושפה ברורה מגלה עמוקות בפשטי השמועות ותופע עליהם יפעת פניני מאמריו על קו היושר ואדני האמת בפלס ומאזני העיון והפלפול לעשות כונני״ם בכונה רצויה רבת התועלת. על כן אמרתי עת הזמי״ר הגיע אשידה נא לידידי ואם לא עכשיו אימתי כי הן אדם רואה חובה לעצמו במלתא דרמיא עליה דאיניש להשמיע במרום קולו להלל להודות ולנצח בנגינות. מקריב אמורי״ו אף אם יהיה מנחת דלי דלות ושיח דקלים. ובמטותא מיניה דמר פועל ידי ירצה להעלותה לבעלים לשם חובה כי כך חובתי וחיבתי לדבר את דברי השירה ותשר דבו״רה:

(א)

לו יאגור אדם כאגור לקח
לו יאסוף הכמה מלא חפנים
ישוט בים הבין רחב ידים
לו ימתקו מימיו כיין הרקח
אם לא לרוב אחיו יהי תועלת
יבלו שנות חייו ברוב אולת

(ב)

נפש מטוהרה במדותיה
תמיד בשכלה תחשוב מחשבת
תבער בתוך קרבה כאש שלהבת
לתמוך בנות גילה וחברותיה
תקום לעזרת איש ותרים מצה
כי זה יסוד עולם וקיים נצח

(ג)

ווהי מגמתך אשר יגעת
יצחק (אבי החכמה) לחבר ספר
אוצר כלי חמדה ואמרי שפר
בנין יסודתו הכי נטעת
לחשוף לזולתך נתיב היושר
לבא תכונתו ולבחון כושת

(ד)

בו צוף דבש אמרתך נובעת
בו מעיינות מדע יפוצון חוצה
בו יאמרו השואפים. נרוצה
לשאב לנפש נענה גוועת
ממי תעודתו׳ ואז ישמחו
תודות והלולים לך יפצחו

(ה)

איפה ואיה היא לשון דוברת?
תוכל לספר נא תהלותיך?
תגלה לאוזן איש פעולתיך?
תכריז כקול קורא וכמבשרת
אל כל בני תבל תהי מודעת
כי לך תודעת אל ואור הדעת

(ו)

בין הנזירים (דוד) לך הנזר
בין שוקדים אתה כאיש בן חיל
הוגה בתורת אל ביום ולילה
כי משמי על נתנו לך עזר
הדור ראו אותם ובין תבינו
תלך ירא האל אשר ניסינו

(ז)

דודי רצה ניבי כמנחת סולת
קבל תשורתי ואם שגיתי
שור כי לתשלום חוב לכד אויתי
אך לא לחבר שיר בראש שבולת
תחשוב **ליצחק** זה כנעם **שיח**
תחו״נ ימי שבע״ה בבוא משיח

הקטן מאלף ובינה׳ והצעיר מהבחין יד ימינה
יצחק חיים פהוסולוני ס״ט

הקדמה

הקדמת המאור הגדול שמו נודע בשערים מעלת הרב המובהק נר ישראל מאיר הורה לאב״ד ור״מ בק״ק נא אמון יע״א בן לאותו צדיק בוצינא קדישא הרב המובהק והמופלא מעלת הרב המחבר שאלות ותשובות משאת משה בישראל גדול שמו :

לפי רוב השנים ומן זמנם שגלינו מארצנו נעשו צרות זו לזו יגון ואנחה. ויצא מן בת ציון כל הדרה נדחה קראו לה אל אשר יהיה שמה הרוח ללכת ונשא המון רוחא. וידל ישראל יתיב בי מרזחא. משעה שנתרחקו סימינה נעשית כיונה אלמת ומחו לה אמוחא. הן בעון אחסו״ר דרי דור וחכמיו וכינת נבוניו הלוך וחסור מיום ליום ומחדש לחדש כי אצבעת בבירא לשכחה וחיי עולם זו תורה שבע״פ היינו עזובה היינו שכוחה אבדה עצה מבנים נסרחה. אגב בעיתותא וחיי צער בעקבות משיחא **נפקא** מינה לטירחא

לא כל אדם זוכה לבקש את דבר ה׳ כי יש אדם שעמלו מעלות השחר ועד צאת הכוכבים נגש והוא נענה, אי משום סרדא אי משום בני אי משום מזוני ברכת הבית ברובה עוללים שאלו לחם ובגד ללבוש הני מאני, מתוך שאדם בהול על ממונו להוציא לחם מן הארץ על המחיה ועל הכלכלה מלי כריסיה זיני. ואאסטרוגי ואאבולי בני זלזלוני והחכמה מאין תמצאה, ולואי שנצא בעצמינו להתפלל תפלה קצרה ג׳ אבעיות קיום מצוה למימני. **נפקא** מינה למקרי קריאת שמע למאן דגני ;

ומשרבו מושכי הרוק וזחוחי הלב רבים שט״ו העם כל היום וכל הלילה לצור ציד לעשות חיל בזהב ובכסף שכן דרך בני מלכים מלכי סבא ושבא אשכר. וכלים מכלים שונים לא שבעתם העין את הסירות ואת היעים ואת המזלגות ואת המנורות את הכוש ואת הכרכר. העשירו עשאום של כסף חזורו העשירו עשאום של זהב ובתים מלאים כל טוב שלחו כר **נפקא** מינה למקח וממכר ;

והוללות בלבבם בחייהם ולא יתבוששו עזבו מקור חיים תורת ה׳ תמימה בשמחה ובטוב לבב אוי לה לאותה בושה. אדהכי והכי טפש כחלב לבם בנתיבות לא ידעו תורה היכן היא ואיזה מקום בינה כמעשהו בחול כך מעשהו בשכת חגה חדשה. כיון דעתירי ומפנקי לא עבדי עכידתא משום חולשא ורוח הקדש אומרת על עזבם את תורתי אם על בנים רוטשה. דין גרמא דעציראה כי עצור עצר ה׳ מקנה קניינו עמו וצאן מרעיתו בארצות אויביהם קדר ועמון ועמלק ובני יון אלישה **נפקא** מינה להיכא דכחשא ;

לולא ה׳ צבאות אשר בחר בתורה ורצה בעושים הותיר לנו שריד גדולים צדיקים קטירו תגא לא פחית עלמא זרועות עולם תמכין דאורייתא דחזו למגא. המתנדבים בעם ראשי אלפי ישראל דעבדין עובדא דאהרן שרים זהב להם הממלאים גרונם של ת״ח בר ולחם ומזון אף השמלה ולמזוני ולכרגה. ויהי הם מריקים בעין יפה עשירים מקמצי״ם כדקמצי אינשי למען יחזיקו בתורת ה׳ והנשיאים הביאו דלא תשתכח תורה מישראל יהלכו לנגה. הללו ראויים לברכה ברכות שמים מעל כמים שאין להם סוף מי קרמיון ומי פיגה. מי לא פלגן בהדייהו חלוקת נפש בעלמא דקשוט אתכתקא דשגה **נפקא** מינה למתיפת פלגא

ראיתי בני עליה והנם מועטים שקננו בבירה עליונים למטה אוכלי לחם העצבים ועדשים לעשות מהם רסיסים מלח וחפורא גזרו על הבשר ומה חשתן שמא ישחוט בן עוף ואין כסות בקרת. וחסרון כיס קשה עבידי איניש רקרו לפלגא דזוזא איסתירא דעסקין באורייתא קדישתא לעבדה ולשמרה ואשתכח רהווי גמירי הלכתא וספירי וספרא. דבר גדול ודבר קטן הן הן גופי תורה, לא הוי ידעי רבנן מאי סרוגין כי ממזרח שמש ועד מכואו ולילות עמל אחת ארוכה ואחת קצרה תנו רבנן הלכתן גבירתא ושום שכל את חוקי האלקים ואת תורותיו מקומות הוא דגמרי מהדדי משמא רגמרא. ולא יראו החוצה מגדולים בנעוריהם הוכשרו מעשיהם על ארבעת רבעיהם שמופלאים במעשיהם גם כח ידיהם ורגליהם רגל ישרה. כל העולם כולו נזונים בזכותם והם משילין פירות מאוצר טוב ופירי פירות אלו הם המשפיעים במדה גסה לחיות זרע על פני כל הארץ ואשר כח בהם לעמוד משגב לעתות בצרה **נפקא** מינה כגון דאיכא אדמה דלא מתרא ;

כהיום הזה לכו חזו מפעלות האי תנא דידן שר החמשים. הוא יודע דעת יבין שמועה עטרת זהב וכלי״ל לאיש״ם, רי חכמתא וגבורתא אשתכח ביה ודעת קדושים. ששואלין אותו דבר הלכה בכל מקום והשב ישיב כדעת ובכשרון המשמח האלהים ואנשים כלל גדול בתורה כריך ותני הטומאות והטהרות והלכתא לשטרות דיני ממונות נזיקין וחבלות נגעים ואהלות והלכתא למשיחא זבחים והעולות בשעה שפותח נעשו הכל כחרשים ; **נפקא** מינה לגיטי נשים

הן הוא משוש לבי רחימא דנפשאי החכם השלם הדיין המצויין כמה״ר **יצחק גוניס ואיס** המחבר נר״ו מכירו הייתי לשעבר ועכשיו ביותר חציו שנונים בתורת ה׳ חפצו רפלח לה בתדירה מכי משחרי כותל ועד מעלי שמשא ימים כימים שבתות השנים, ולילה כיום יאיר מתוך מסיק שמעתתא אליבא דהלכתא יתנו עדיהן כל העם אשר בשער והזקנים. וענוה גדולה מכולם רחים ומוקיר רבנן ויהי בשלם כל המדות שיבור לו האדם פרוש מאהבה בתענוגים מגפן היין מחרצנים. עייל בלא בר בתי גואי החדרים והלשכות ששים המה מלכות אפיקי מים מגינים **נפקא** מינה להוציא מדיינים ;

ראו גדולים אלה תולדות יצחק יצרו עצבועות גופי הלכות הנחמדים מזהב ומפז רב נהרות איתן, ויצא יצחק לשוח שיחה נאה וחסודה, וכל הרבר הקשה אם אבן הוא ישח״ק להמון קרי״ה באצבע צרדא, את מקורה הער״ה ותבר גזיזי דברדא. ושבירתן היא טהרתן, אלה הדברים ראויין לעלות על שולחן מלכים הרי זה בבי יותן. כל מן רין וכל מן דין סמוכו לנא לא כחל ולא שרק תבשיטין הן לו פקיע ומומחה בראש הומיות בחצר גינת ביתן ;

אשרי האיש דזכי זכיה דאורייתא לקוח את ספר התורה הזה והיתה עמו ידיו תביאנה מהר ומתן. מתן אדם ירחיב לו הניח מעותיו על קר״ן קיימת לו לעולם הבא יכולה היא על כל צרה שלא תבא וקרו ליה קרנ״א דשזכותא גם ה׳ יתן הטוב נהרי נחלו טובה וברכה עד שיבלו שפתותיכם מלומר די דיין שעתן. **נפקא** מינה לנחל איתן ;

פי המדבר משום עשה דכבוד התורה כאודה נטה ללון אנוס על פי הדיבור פה מתא ליוורנו יע״א בחדש אדר שנת התקכ״ו
נאמן באהבת תורתו בכוח ואל

הצעיר **אברהם ישראל** ס״ט משרת ק״ק נאאמון יע״א

הקדמת הרב המחבר נר״ו

קול אומר הודו כי גבר עלינו חסדו חלקי ה׳ אמרה נפשי את החיים ואת הטוב כי לקח טוב נתתי לכם ומשם בארה. ל״ו נשתה מי באר מיים חיים כי חיים הם למוצאיהם אר״ש ממנה יצא לחם מן השמים ולחם לבב אנוש יסעד ערוכה בקו״ל ושמורה. מריה מים יפריח חם לבי בקרבי כי חולת אהבה אני מים רבים לא יוכלו לכבות את האהבה מה אהבתי תורתך ויאהב את הנערה. אהבתי את אדוני ויאהב י״צחק לשמור את דרך עץ החיים אליו פי קראתי מי ישקני מים מבור בית לחם אשר בשער והחכמה מאין תמצא וזאת התורה, מי יעלה לנו השמימה ויקחה לנו כי יקח איש אשר המלך חפץ ביקרו וממדבר מתנה ל״ו יתן סג״ור החרש והמסגר ול״ו תמצא הבא״רש החיים כי יפתח איש בור עלי באר ואי״ד יעלה מן הא״רש לעבדה ולשמרה. מי יתן ידעתי ואמצא אבא עד תכונתה לשקוד על דלתותיה ולשמור מזוזות פתחיה אולי אמצא חן בעיני ה׳ להוציא נוזלים מסלע והסירה את שמלת שביה מעליה ליהודים היתה אורה. מי יורה דעה יראנו נא את מבא העיר כי יתן את רוחי והגם מפיו יצא מפי יקרא אלי זה הדרך לכו לחמי בלחמי תנה בני לבך לי האזינה קולי בקראי לך ארך ימים בימינה כי טוב סחרה. מי יבין שמועה ול״ו שמעו בתורתו ותורה יבקשו מפיהו אור ורוע לצדיק עשיר ורש נפגשו זרח בחשך אור לישרים בלבותם אז ישיר ישראל את השירה יגל **יעקב**

קול ענות גבורה ואיש בא באנשים וזרח השמש איש אשר רוח בו ליש גבור במלחמה ויורד כנהרות מים מקולות מים רבים לקול תתן המון מים את מי ידה דעה. זה סיני אוצר כל כלי חמדה ועפרות זהב לו חופש כל חדרי בטן ששים המה מלכות לא היה דבר נעלם מן המלך פתר צור ויזובו מים כל השומע י״צחק לו ואמר כל העם הראיתם אשר בחר בו ה׳ ממנו פנה לאכלה לשבעה. זה ינחמנו הוא הרב המובהק והמופלא פלא יועץ חכם חרשים איש אשר רוח בו כבוד **מורי הרב** נר״ו דודי לי א״נדנו עטרות לי מעיל צדקה יעטני ויהי לי לישועה. זה הדרך ישכון אור ראוהו בנ״ות ויאשרוהו זה היום עשה ה׳ פתחו לי שערי צדק אבא בם אודה תהלה לכל חסדי״ו כי מנעורי גדלני כאב בצלו חמדתי וישבתי ופריו מתוק לחכי בשלחן המלך תמיד אכלתי ושבעתי כאשר ישא איש את בנו מבטן אמי ינחני במעגלי צדק לתת לפתאים ערמה תן חלק לשבעה. תתן אמת **ליעקב**

קול גדול ול״ו יסף הקול קול יעקב וכבד והדר אעטרהו לשום את שמי בקרבו ואבי איש צור״י לשמוע בקולו ולדבקה בו המו מיעיו לו. בו בטח לבי ונעזרתי סמוכי״ם לעד לעולם שמח זבולון בצאתו ויקח מן הכא בידו ומלא ברכת ה׳ לחמו נתן לחם לפי הטף קול אומר קר״א כל מחסורך עלי מקומך אל תנח לא ימיש ספר הודה הזה מפיך אדברה וירוח לבי, בו בחר ה׳ כי אלהי אבי בעזרי כי הוא צוה להיות לנו מעיר לעזור דרכיו ראיתי כי בכל כחו עשה עמי אות לטובה לחזק את בדק הבית ויטע אהלי אפדנו וטהר ידים יוסיף לי אומץ חוסן ישועות אמור לחכמה אחותי. את כי פועל אדם ישלם לו. בו ישמח לבנו עת הזמיר הגיע פי יספר תהלתו צדקתו עומדת לעד קרננו תרום בכבוד ומשירי אהודנו בזמירות נריע לו. כי פדה ה׳ את **יעקב**

קול האות האחרון כי מן היום אשר קצר כח הסבל ארמי אובד אבי וחסרון לא יוכל להמנות ואשר אין לו כסף דרך גבר בעלמ״ה. ברוך ה׳ אשר לא השבית לנו גואל היום וארובות השמים נפתחו ויפתח האחד את שקו הן יתן בקולו קול עוז חזק ויאמץ לבך ונחנו מה. ברוך א״ב ר״ם לאל עליון קול דודי הנה זה בא הנה על יר״ם טו״ב באנו מי האיש אשר בנה בית חדש בתי הנפש והלחשי״ם עץ חיים היא למחזיקים בה ותהי משכורתו שלימה. ברוך יהיה הודו לו ברכו שמו לתהלה ולשם ולתפארת הוא יורה אחד חיה אברהם טוב שם משמן טוב ה״ה היקר הזה זה רוד״י כבוד מעלת ר׳ **אברהם בונדי** נר״ו גם בברכות יעטה והנה קמה אלומתי בצל החכמה. ברוך אל עליון אשר לא עזב חסדו ואמיתו מאת השרידים אשר קורא דור לדור **יחידי וגבירי קהלתנו יע״א** בקטן כגדול חוזקים כראי מוצק וידים רפות חזקו למען יחזיקו בתורת ה׳ גאולה יתנו לאר״ש יגריל תורה ויאדיר המדע והחכמה כי גאל ה׳ את **יעקב**

קול דממה דקה על קו״ל זרע זרוע אשר יזרע ויזרע יצחק באר״ש הנה הבאתי את ראשית בכורי קציר חטים ובביתי אין לחם ואין שמלה. הזאת חשבת לעלות על גופי מרומי קרת וחוב״ר ח״בר והית רק למעלה, הזאת העיר שיאמרו כלילת יופי בצדק כל אמרי פי כל השומע יצחק לק״ל תתו המון מים אולו מים מגי ים וכי יותן מים על הורע לו שוגג ומשגה ממשש בצהרים ועלומו״ת אין מספר כי אין בלשוגו מלה. הזאת נעמ״י דרכיה דרכי נועם מה לך כי נזעקת לבנות ולנטוע וקובץ על יד ירבה דברים על היושבים ראשונה במלכות קול הקרי״ה הומה יפטירו בשפת ותכהגה עיניו מראות וגם דל״ה דל״ה. זאת אשיב אל לבי וקולי אל בני אדם אודיעה דברי אתכם גם אני ידעתי החשו רגע אדבר ה׳ לא גבה לבי ולא רמו עיני ולא הלכתי בגדולות ובנפלאות לעשות לי שם כשם הגדולים אשר בארץ הן ה׳ ידעת כולה. זאת המנוחה והנחלה לאנשים אשר כגילי לא לאוכלים מעדנים המלאים בתי״הם כס״ף בתים מלאים כל טו״ב והמה הכמים מחוכמים מה ידעתי והם לא ידעו כי טרם אקרא והם יענו קול עוו ותעצומות רצא ושוב עוד הם מדברים את המגילה. זאת התורה תחגוגים ידבר רש לקראת צמא אשר כל היום התאוה תאוה להבין אמרי בינה דברי חכמים וחדותם הנני מפתח פתוחה יקרא ואנכי אענהו אולי אמצא חן בעיניו קח נא את מנחתי קרבה נפשי גאלה. זאת אות הברית אולי אבנה גם אנוכי ממנו קול קורא במדב״ר לעשות לי שם לאורך ימים אגורה באהלך עולמים קול הקרי״א יעשה שלום לי והשביע בצחצחות נפש נענה דובב שפתי ישנים הנה שפתי לא אכלה רנן וגילה זכר אלה **ליעקב**

קול ענות חלושה אמר יאמר העבד ויצא יצחק לשו״ח שי״ח לאר״ש על כן קרא שמו **שי״ח יצחק** כי שי״ח לו ואל השלושה ל״ו בא שלשה המה מטיבי סעד על דברתי בשלשה מסכתות **ש״בועות י״ומא ח״גיגה** והחוט המשולי׳ הנה זה בא. שלשה המה נפלאו ממני אחד באחד יגשו ויהיו לאגודות אחת כי היתה מעם ה׳ חלק כחלק אחלקה טובים השגים מזהב שבא. מן השלשה הכי נכבד ראשון הוא לכם י״ום לי״ום יביע אומר על מסכת י״ומא ולעשות אר״ש זאת תורת העולה קרבן ראשית הנה היא נחבא. ול״ה שם בשלשה אם לא על שכמי אשאנה אבא עד תכוגתם אשימה עיני עליה ושום שכל ואם דל הו׳ ה׳ יתן חכמה עם גבי״אים גיבא. הוא השלשה ול״ו העדיף המרבה וזרחה השמש עליו אלקטה באמרי״ם ללקוט שושנים מחדושי **הרב המאירי** ז״ל כ״י הן כל ראתה עיני ותבט עיני בשורי״ו שמחים בצאתם בספר מלחמות ה׳ לצבא צבא. והבאתי את השלישית ויוסף אברהם פרי צדיק עץ חיים ויוצא פרח לימים ראשונים אשר היו לפנינו דור ישרים יבורך ה״ה הרב הכולל והמופלא **אברהם בן מוסא** זלה״ה ממערב הביאו זרעו ורע חיבור על **מסכת זו כתיבת יד** ואמרתי אני אל לבי ללקט אורו״ת מגחל עדניו אנשי שם שמות באר״ש ובשם **שב״י** אכנה אל אר״ש טובה ורחבה. מה טובו אהליך **יעקב**

קול רנה ותודה שבח״י שלמי״ם כי זה משה האיש אשר העלנו עד כה ברכנו ויסמוך את ידיו לעזור ולהועיל לטוב לנו כל הימים יוציאנו לאור אראה בצדקת ואגדלנו בתודה. כי נר מצוה ותורה אור והלכו גוים לאורו הגידו האותיות מעשה ידי אמן אשר פעל ועשה בדפוסו הטהור יגזר אמר ויקם לו ואורו על כנפות הארץ ותשת העדה כי לעולם לא ימוט ול״ו שם על פני חוץ והאיש משה עניו מאד אשרי האיש ירא את ה׳ ה״ה הגביר הנעלה לשם ולתהלה כמ״ר **משה עטיאס** נר״ו הנה עט״ו ע״ט דודי״ם אהבת עולם אהבתיהו רח״ם רחמתי״ם ואברכהו וארבהו ויהי איש מצליח מעשה ידיו ברכת אשר לא ימד ולא יספר ארכה מארץ מדה .כי עלה השחר הקול״ות יחדלון ויקרא אותם שבע״ת רבת שבעה לה נפשינו אמר שומר אתא בקר כי אלהי׳ יושיע ציון יאר פניו אתנו סלה כי עת לחננה צ״ת כי יבא שילה ואת ליהודא הקול קול **יעקב**

פי המדבר הנה ארש״י לפניך לא ידעתי דבר

יצחק בכ״ר **יעקב נוניס ואיס** נר״ו

שיח יצחק

חידושי מסכת יומא

עם פירוש תוספות ישנים

שבעת ימים / פרק ראשון

דף ב׳ ע״א גמרא **ולמה** נקרא שמה לשכת בית האבן וכו׳. דמשמע דשאר הלשכות היו של עץ הרי יש מקומות שלא היו יכולין לבנות אלא מאבן. עיין בהשג׳ הראב״ד דריש פ״א דהל׳ בית הבחירה וא״כ הק״ק דכיון דגם לשכת כ״ג של אבן היתה למה קראוה לשכת העץ ולזו קראוה לשכת בית האבן, עיין בדברי התוי״ט במס׳ מדות פ״ה משנה ד׳ סד״ה אבא שאול וכו׳ וק״ל.

שם כיון דחטאת היא וכו׳ ז״ל הרמב״ם בפ״ג מהל׳ פ״א, כדי להזכירו שהיא כחטאת הנשחטת בצפון אעפ״י שהיא נשחטת בחוץ ע״כ, ועיין מ״ש התוי״ט בריש פ״ג דפרה, ודעת הרמב״ם ז״ל דהיתה במזרחה משום דעד שם גבול הכשר שחיטת צפון בחטאת וכמ״ש בפ״ה מהל׳ בית הבחירה סוף הלכה ט״ו יע״ש וק״ל.

שם בשלמא כוליה קרא בפרה וכו׳ לכפר כתיב וכו׳ יש לדקדק דא״כ לא הוה כתיב לכפר הוה ילפינן יום הכפורים מק״ו דפרה דאין פרישתו לקדושה אלא לעבודת חוץ ואין עבודתו לכפר ואפ״ה הטעין הכתוב פרישה וכ״ש יוה״כ ואין לומר דה״א דדוקא בפרה מתוך שהקלנו בה בסופה לעשותה בטבול יום כדנפקא לן מוהזה הטהור וכו׳ החמיר הכתוב עליה בתחילתה להטעין פרישה אבל לא ביום הכפורים דהא כיון דילפת ממילואים לא הוי מייתינן מיניה אלא דבר הדומה לו יותר דהיינו יוה״כ דהוי עבודת פנים ונעשה בכהן טהור לגמרי וכיון שכן אי סבירא לן לאוקמי לעשות אפרה כ״ש שיש לך לרבות יוה״כ ולפרוש יה״ק דמאי דוחקך לפרושי לקרא בתרי ענייני דאימא דחדא קאמר לעשות לכפר זה מעשה פרה ואה״נ דמייתנן מק״ו יוה״כ וכדרך קושיא דלקמן ואימא בפרה דקרבנות דהכונה אימא נמי ולא שנמעט יוה״כ כמו שכתבו התוס׳ והת״י שם לא ניחא לן למימר הכי דהא פשטא משמע דדוקא בפרה קאמר ולא ביוה״כ דומיא למאי דמקשה אלא אימא כוליה קרא ביוה״כ וכו׳ ושמא יש ליישב דהשתא ס״ד דדנין דבר הנוהג לפעמים ואינו תדירי בכל שנה דהיינו פרה מדבר הנוהג לפעמים כגון מלואים שהוא לפעמים בימי משה ובחנוכת המקדש ובימי עזרא וכמ״ש הריטב״א בחי׳ על הא דאמר לקמן דנין דבר הנוהג פעם אחת בשנה וכו׳ יע״ש לאפוקי יוה״כ דתדיר הוא בכל שנה ושנה ודו״ק.

רש״י ד״ה **שבעת** ימים וכו׳. כדיליף בהוריות וכו׳. דכתיב גבי יוה״כ וכו׳ לא מצאתי שם דרשא זו אבל היא בתורת כהנים פ׳ אחרי מות והביאה [רש״י] ז״ל בפי׳ החומש דמרבינן התם מקרא דבין משוח בשמן המשחה או אפי׳ מרובה בגדים ככהני בית שני כשרים לעבודת יוה״כ וממילא משמע דזולת אלו פסולים ועיין עוד לקמן דף ה׳ ע״א ובתוס׳ ישנים שם ולומר שכיון דהתם בהוריות י״ב ע״ב איתא דכל עבודות יוה״כ אינם כשרות אלא בו וכן לשון הרב המאירי ז״ל כ״י הגה עדיין יקשה לשון כדיליף וכו׳ והגם דהתם עמוד א׳ מייתי דרשה לרבות אף מרובה בגדים אינה ענין לזה אלא ר״מ דרש לה התם לרבות מרובה בגדים לפר הבא על כל המצות יע״ש וכעת תיקון לשונו צל״ע וק״ל. ומ״ש ובגמרא מפרש למה מפרישין ע״כ כלומר דמפרש מהיכא נפקא לן פרישה זו ומפרש נמי מביאו למה פורש וכמ״ש הריטב״א בחי׳.

ד״ה **ללשכת** פרהדרין כך שמה וכו׳, לא שהיתה מיוחדת לפקידי המלך אלא כך שמה, ובגמ׳ מפרש למה קראוה כך מאחר שאינה לישיבת פקידי המלך, ועיין בלשון הריטב״א וק״ל.

ד״ה **ומתקנין** לו ומזמינין כהן וכו׳ כלו׳ זמון והכנה בעלמא לא שהיה צריך תיקון מיוחד כהפרשת כ״ג וכדדייק לקמן ג׳ ע״ב מדלא קתני אידי ואידי מפרישין וכו׳ וכמ״ש בח״י ובחי׳ הריטב״א כאן וק״ל.

ד״ה **ובעד** ביתו גבי יוה״כ כתיב וכו׳. אפשר שנתכוון לומר דדוקא הכא חיים ר״י למיתה משום מעלה עשו בכפרה אבל בעלמא לא חיים כדאיתא בסוכה כ״ד ע״א לטעמא דאביי שם וכמו״ש הריטב״א בחי׳ וק״ל.

ד״ה **א״כ** דחיישת למיתה וכו׳ דבשלמא גבי טומאה דשכיחא איכא למיחש ולא תקשה לן נמי דאין לדבר סוף דה״נ זרת הוה וכדאיתא לקמן ע״ז ע״א יע״ש.

ד״ה **כלי** גללים וכו׳ מפרש להו וכו׳ כלו׳ דמלשון הסוגיא שם משמע שהם עשויים מלפיעי בקר ולא כמו שפי׳ מאבן גלל וכמ״ש הרמב״ם בפי׳ [המשנה] לריש פ״י דכלים והר״ש בסוף פ״ב דשוקלים והת״י כאן יע״ש ומ״ש התוס׳ שם במנחות דרש״י פי׳ במס׳ שבת כלי אבן גלל הגה בגירסת רש״י שלפנינו שם נ״ח פי׳ כי הכא אלא דשם ע״ו ע״ב ראיתי שפי׳ גללים שיש יע״ש וק״ל.

ד״ה **כלי** אדמה וכו׳ שהוא כאבן רכה וכו׳ כלו׳ כשיש רכה וחוקקים ממנה כלים ומיבשים אותם בחמה עיין בדבריו דשבת שם ד״ה אלא אי אמרת וכו׳ דלפרש כונתו כאן כדרך אותו פי׳ שהביאו התוס׳ משמו במנחות שם שפי׳ שחיקת אבנים אין נראה לענ״ד יע״ש וז״ל הרב המאירי וכלי אדמה הן טיט שגבלו ויבשו בחמה ועשאו כלי הן שנטל רגב מן האדמה וחקק בה בלא גיבול ע״כ וק״ל.

ד״ה **מ״ט** תיקנו לה כלים וכו׳ ולא תפרש דמ״ט קאי נמי להפרשת שבעה, ומאי דמסיים תקנו לה רבנן כלי גללים וכו׳ חדא מנייהו נקט. וה״ה הפרשת שבעה דהא ליתא דהפרשת שבעה לאו תקנתא דרבנן אלא מקרא ילפינן לה לקמן וק״ל.

ד״ה **כאשר** עשה במילואים וכו׳ קרב אל המזבח וכו׳ כן לוה וכו׳ כל״ל דפשטיה דקרא הוה משמע דכמו שעשה ביום זה לוה לדורות ולא יהיה לדורות אלא יום אחד לכך פי׳ ז״ל כאשר עשה במילואים וכו׳ וכמו שכתב הרא״ם בסוף פ׳ צו יע״ש וק״ל.

תוספי אלו הם למהר״ם מרוטנבורג ז״ל. כ״כ מהר״י טראני בשו״ת ח״ב בשיטת קדושין לדף כ״ג ע״ב

ומצאתי ראיה לזה בהגהות מיימוניות שידוע שהם מתלמידי מהר״ם, שכתבו בפ״א מה׳ ק״ש בענין זמן ק״ש ז״ל וכן כתב מורי רבינו בפי׳ אמר להם הממונה בשם הר״ר פורת כפי׳ ר״י וכו׳ ע״כ וזה תמצאהו בתוס׳ שם ל״ז ע״ב סד״ה אמר אביי יעי״ש עוד מ״ש לקמן פ׳ הוציאו לו כ״ד ע״א ד״ה כרוצים וכו׳ נשאלתי על אותם שמצויירים במחזורים וכו׳ עד התירוץ האחרון וכו׳ כל זה תמצא בשאלות מהר״ם הקצרות סי׳ כ״ד יע״ש.

גם דע דבכל מקום שתמצא שכתבו תימא לי, או וקשה לי, או ונראה לי הם מדברי מהר״ם ובשאר מקומות שכתבו סתם הם מדברי התו׳ מתוס׳ ישנים או משאר מסכתות וזה יתבאר למעיין בדבריהם עיין דף ו׳ ע״ב ד״ה סיפא וכו׳ וגמגמו שם התוספות וכו׳ ונראה לי וכו׳.

תוספות, ד״ה **שבעת** ימים וכו׳ כמו בכאן וכו׳ ובמס׳ פרה דתנן שבעת ימים וכו׳ ובשנים אלו יש ליתן טעם דמשום דאיכא למימר דסגי לן בשבה לא מבעי למאן דיליף לה לקמן ג׳ ע״ב מסיני אלא אף למאן דיליף לה ממילואים קמ״ל דלא ילפינן מסיני דתסגי לן שבת ימים ולהכי ניחא ליה לתנא לאקדומי מגילה ברישא דאשמועינן בה דשבעה דוקא בעינן לכ״ע דאף מאן דיליף מסיני מתני׳ ריב״ב היא דחיש לטומאה ביתו כדאיתא לקמן שם וק״ל.

ד״ה **וחכ״א** וכו׳ אפי׳ למיתה דתרתי ותלת וכו׳ כדמפרש תלמודא לקמן י״ג ע״א ומה שכתוב ואע״ג וכו׳ משמע לסתם מתני׳ וכו׳ עיקר קושייתם לרבי היכי סתם לן הכא הכי (והכא) [והתם] הכי דבלא״ה לא תקשי מידי לרבנן דהכא מהכיא דהתם דקתני הרי אלו תוללות דטעמא משום דאדמייבם חד וכו׳ דאינהו ס״ל דטעמא משום זיקא דלמיתה ליכא למיחש אפי׳ לחד ואין הטעם משום מלות יבמין יע״ש וק״ל.

בא״ד י״ל דהכי קאמר הכא נהי דחיישינן וכו׳. ולסברת אביי דפ׳ הישן כ״ד ע״א דר״י לא חייש למיתה והכא דוקא חייש משום מעלה עשו בכפרה ניחא טפי דה״ק דכיון דבעלמא לא חיישא וכאן אתה חושש ע״כ דהכא משום מעלה וא״כ אפי׳ למיתה דתרי ותלת ניחוש אבל לדידן ניחא דלא חיישינן אלא דוקא לזמן מרובה ולית לן הכא מעלה עשו וכו׳ וק״ל.

בא״ד מ״מ למיתה לזמן מועט וכו׳ לא הוה לן למיחש וכו׳ יש לדקדק לפ״ז מאי פריך לקמן י״ג ע״א ורבנן נימרו איהו לנפשייהו וכו׳ דאימא דוקא גבי מיתה דלא שכיח לזמן מועט הוא דקאמרי דאם אתה חושש כ״כ יש לחוש לחד כמו לתלת ואין לדבר סוף אבל לטומאה דשכיחא כדקאמר לקמן שם לחד דוקא איכא למיחש דומיא למאי דס״ל גבי מיתה לזמן מרובה דשכיחא דלחד דוקא חיישינן ומדבריהם משמע דלתי׳ ראשון פריך לקמן שפי׳. ויש ליישב דהתם ה״ק טומאה לגבי מיתה לזמן מועט שכיחא טפי אבל כלפי מיתה דלזמן מרובה שכיחא טפי מיתה מטומאה והיינו דפריך ורבנן נימרו וכו׳ דכיון דחששו לתיקון טומאה דלא שכיחא כ״כ אמאי לא חששו לתרי ותלת ודו״ק.

בא״ד וכי פריך בגמ׳ וכו׳ דגבי טומאה דשכיחא טפי וכו׳. לא כתבו בקילור מ״ש דגבי טומאה סגי לתקן וכו׳ דהיינו הא דפריך התם ורבנן נימרו איהו וכו׳. משום דקושיי׳ שייכא נמי אדלעיל מינה כי פריך התם ורבנן נמי הא חיישי לשמא וכו׳ דהוה מצי לתרוצי דטומאה חששא בעלמא הוא דבקל ימצאו ומש״ה די לתקן בא׳ אבל מיתה אם אנו חוששים לזה יש לחוש ולתקן כראוי וא״כ אין לדבר סוף ובזה הוה ניחא טפי דהשתא אין מקום להקשות עוד ורבנן נימרו וכו׳ משא״כ למאי דתירץ טומאה שכיחא וכו׳. דקשיא השתא דאי שכיחא אמאי לא חיישינן לתרתי ותלת וק״ל.

בא״ד כי מסתמא ימצאו וכו׳ הילכך סגי בחד וכו׳. ודאי אי ס״ל דכהן גדול נשוי ביוה״כ לעיכובא נאמר שאם מתה אשתו יכנס כהן אחר נשוי תחתיו אכתי תקשה דבתיקון אשה נמי הו״ל חששא בעלמא והו״ל לתקן אשה אחרת וכמו שהקשה מהרש״א יעי״ש אבל אם נאמר דס״ל דבדיעבד כשמתה אפ״ה גומר עבודתו א״כ ניחא דהתם לא הוי חששא בעלמא שהרי אם אנו חוששים לזה יש לתקן באופן נאות שלא יעשה עבודה דכפרת כל ישראל מבלי שיהיה נשוי וזה א״א לתקן שהרי אין לדבר סוף ולהכי אין לנו להכנס בחששא כזו וכבר אתה רואה שהתו״י בד״ה שמא תמות וכו׳ נסתפקו בזה אי הויא לעיכובא או לא וכן יש לדקדק דהרמב״ם ס״ל דלא הויא לעיכובא מסידור לשונו בריש פ״א מה׳ עיה״כ הלכה ב׳ יע״ש ודוק.

ד״ה **להוציא** מלבן וכו׳ לאו בטומאה דאורייתא וכו׳ דבהא ודאי היה היכירא לצדוקים בדקאמר להוציא וכו׳ ועיין בדבריהם דזבחים י״ז ע״ב סד״ה שרפה אונן וכו׳ ובחגיגה כ״ג ע״א ד״ה מטמאין וכו׳ וק״ל:

בא״ד אדרבא אמרינן וכו׳. מדרס לחטאת וכו׳ ולדעת רש״י שכתבו שם בחגיגה והיא דעת הרמב״ם שהיו מטמאים אותו בשרץ צ״ל דאדרבא מפני שזלזלו בה כולי האי התקינו כי היכי דלא לזלזו בשאר מעשיה דבגדי קדש מדרס לחטאת עיין ברש״י כאן ד״ה כי היכי וכו׳ וק״ל. ומ״ש כדתנן בפ״ג וכו׳ סמכו ידיהם וכו׳ עיין בדבריהם דחגיגה ובמ״ש בחידושי שם:

ד״ה **שכל** מעשיה וכו׳ באלו ז׳ ימים של קודם שריפת הפרה וכו׳ כצ״ל וכמ״ש בדבריהם דחולין ע׳ ע״ב ד״ה טמאה וכו׳ והכונה דבאלו ז׳ ימים דוקא כל הכלים שמטמאין ומקדשין להזות עליו כולם היו כלי אבנים וכו׳ וכמ״ש הרמב״ם בחי׳ פ״ב מה׳ פ״א הלכה ז׳ והתי״ט כאן וק״ל ומ״ש מ״מ הם כלים לענין קידוש וכו׳ כי היכי דהוו כלים לענין מקוה כדתנן בפ״ב דמקואות והייתי לה במסכת שבת י״ו ע״ב וכמו שסיימו התו׳ דחולין שם:

ד״ה **ומאי** שנא לפוגה וכו׳ וא״ת אמאי לא היו מפרישין וכו׳ דבשלמא לפרש״י דכל מעשיה אפרה קאי שכל מעשיה בין אותם שבלשכה ובין שהיה עושה בהר המשחה כגון קיבול דמה וכו׳ הכל כלי אבנים וכמ״ש בתו״י ד״ה שכל מעשיה וכו׳ ניחא דאתי למעטי שגם כל עבודות יוה״כ בכלי אבנים היו נעשים אבל לפירושם שכתבו לעיל בדיבור הסמוך לזה דמעשיה אלשכה קאי ודוקא בהיותו בלשכה היה משתמש בהזאותיו בכלי אבנים א״כ אמאי לא היו מפרישין וכו׳ דלהא לא חיישינן אי אתו למעטי דגם הזאותיו של כ״ג ביוה״כ יהיו בכלי אבנים ותירצו דכיון דמה שהיו קורין לשכת בית האבן היה כדי שיכירו שכל מעשיה בכלי אבנים הראיה דהאחרת היתה נקראת לשכת העץ עיין בתוי״ט בסוף מדות מעתה אם היו מפרישין כאן כ״ג דיוה״כ ויזו עליו בשאר כלים כדינו יאמרו דגם בפרה הדין כן או יבואו לטעות להזות גם עליו מכלי אבנים וכו׳ ואזלה לה מעלה דפרה בכלי אבנים וכו׳ ויבואו לזלזל בה וק״ל.

בא״ד אי נמי י״ל וכו׳ פירשתו ללשכת שעל פני הבירה שחוץ וכו׳, וכ״כ לקמן ח׳ ע״ב ד״ה דאי וכו׳ העומדת בהר הבית וכו׳ יע״ש ועיין עוד י׳ ע״א ד״ה חוץ וכו׳ דכן צ״ל לר״י דאמר מקום היה בהר הבית וכו׳ ואף ר״ל אפשר שמודה בזה דכל המקדש דקאמר לאו דוקא מקום מקדש ועזרות אלא הכונה כל הר הבית מתחילתו ועד סופו עם מקום המקדש כולו קרוי בירה, וז״ל הירושלמי בפרק כילד צולין הלכה ח׳ א״ר״י מגדל היה עומד בהר הבית והיה קרוי בירה רשב״ל אומר כל הר הבית קרוי בירה וכו׳ ע״כ. ומעתה גם לר״ל אפשר דלשכה זו היתה בהר הבית ובהא לא פליגי דהא מתניתין דסוף מדות דייק הכי דקתני שם לשכות היו בעזרה וכו׳ וחדא מנייהו לשכת העץ דהיינו לשכת פרהדרין ולא קתני בהדייהו לשכת בית האבן ש״מ דלא היתה בעזרה אבל הרמב״ם ז״ל בפ״ב מהל׳ פרה אדומה כתב מפרישין אותו ללשכה מוכנת בעזרה ובית אבן היתה נקראת וכו׳ ע״כ וכן נראה מדברי רש״י ז״ל ד״ה לפונה של עזרה וכו׳ וכ״כ בס׳ תבנית היכל אות ק״א ויראה דמשמע להו דהשתא ה״ל היכירא טפי ולפי דעתם נאמר דגם לר״י היתה בעזרה אלא שמקומה לצד חוץ של עזרה נגד אותו מגדל שבהר הבית וכבר אפשר לומר דהיתה בנויה בקיר חומת העזרה ולא בתוך חללה ובזה הרוחנו טעם אמאי לא מנאוה בהדי שם לשכות דלא נחית למיתני אלא הלשכות הבנויות תוך חלל העזרה וכמ״ש בס׳ חנוכת הבית אות כ״ד יע״ש אבל הא לא ניתא לי לומר לדעתם דר״י ור״ל בהא פליגי ודלר״ל כל המקדש קרוי בירה היינו דוקא מקום עזרות ולשכות חאת היתה על פני הבירה בגומר מצד חוץ לעזרה לצד מזרח ולר״י היתה בהר הבית דהא קמן מהירושלמי שהבאתי דלר״ל כל הר הבית קרוי בירה ועוד דא״כ פי׳ אליבא דר״ל ואנן קי״ל כר״י לגבי ר״ל ואף שתמצא לרש״י ז״ל בפ׳ כילד צולין פ״א ע״ב אמתניתין דנטמא שלם וכו׳ שפי׳

שם כל המקדש כולו קרוי בירה ע"כ וזה כר"ל הנה אדרבא מכאן ראיה דלא פליגי ר"י ור"ל אלא בלישנא בעלמא ופי' ז"ל כר"ל דפשטיה דקרא דאל הבירה וכו' מסייע ליה מה שאין כן אם תאמר דפליגי נמי בלשכה זו היכן היתה דלא ה"ל לפרושי כס' ר"ל ומתילא שמעת נמי דליכא לפרושי איפכא דלר"י היתה בעזרה נגד מקום בירה שבהר הבית ולר"ל היתה בחוץ בהר הבית נגד מקום מקדש וכו' דהשתא מה מפי' דהיתה בעזרה מיתוקם שפיר כר"י דמהורתא למימר דל"פ אלא אלישנא בעלמא וכמ"ש, וכיונו דהרמב"ם ז"ל בפי' [המשנה] לפ"ג דפרה פי' כר"ל דשם המקדש כולו קרוי בירה ועיין עוד בפי' דפרק כילד צולין ונראה דגם לר"ל מודה לר"י דמקום היה בהר הבית שנקרא בירה אלא דלא ס"ל לפרושי כל היכא דקתני מתני' בירה דהיינו מקום זה אלא דכל המקדש בכללו קרוי בירה וכדתנן בפ"ק דתמיד יוצא והולך לו במסיבה ההולכת תחת הבירה יעו"ש בפי' הרע"ב ולפי זה הא דקתני מתניתין דזבחים ק"ד גבי פרים הנשרפים דנשרפים בבית הבירה גם לר"ל לפעמים היה נשרף באותו מקום שבהר הבית שנקרא בירה ולא פליגי אהא דתני לוי שם ובית הדשן אחר היה בהר הבית וכו' יעו"ש אלא דס"ל לר"ל לפרש בירה דקתני התם דהיינו שם כולל פעמים בזה ופעמים בזה וכדפירש"י שם פעמים בעזרה פעמים בהר הבית ולר"י משמע ליה דלא איירי מתני' אלא בבית הדשן דהר הבית הנקרא בירה ולפי זה אין כאן סתירה לדברי הרמב"ם בפי' שתפס כמ"ד כל המקדש קרוי בירה ואילו בפי' שם לזבחים ובחי' פ"ז מהל' מעשה הקרבנות כתב ג' מקומות לשריפה וכו', והמקום השני בהר הבית ושמו בירה וכו' יעו"ש אלא שצ"ע דלמה לא מנאה הרמב"ם ז"ל ללשכה זו בחי' סוף פ"ה מהלכות בית הבחירה ויש ליישב ושוב בא לידי ס' דרך הקדש וראיתי שם ח' ע"א שהרגיש בכל מ"ש יעו"ש ודו"ק.

ד"ה **אלא** אימא וכו' הו"א כפרה דקרבנות וכו' כלומר גם הקרבנות כמ"ש לקמן בד"ה אימא כפרה וכו' גם מ"מ ואי לא כתיב לעשות הו"א זה פרה וכו' כונתם שהייתי מרבה גם פרה כיון דלא כתיב לכפר דאין לפרש פרה דוקא דאדרבא מרבינן ליה"כ מלעשות טפי מפרה כיון דכתיב ביה לישנא דעשיה ולא בפרה וכמ"ש לקמן באמצע ד"ה ואימא לוה וכו' אי נמי נ"ל לפרש וכו' יעו"ש וע' מ"ש בזה בחי' וכמ"ש שם וק"ל.

ע"ב גמרא **ואימא** רגל אחד וכו' אי חג המצות וכו' הגם דהכתי איכא לספוקי בהנך תרתי מ"מ הוה אזלינן בתר מאי דמסתבר טפי לרבויי דהיינו חג הסוכות דמרובה מלואו דומיא דשמיני למלואים שהיה מרובה מלואו מאד דאותו היום נטל עשר עטרות כדאיתא בפרק אמר ר"ע פ"ז ע"ב יעו"ש וק"ל.

רש"י ד"ה **ואימא** כפרה דקרבנות כגון קרבנות יחיד וכו'. הוצרך לשנות ממה שפירש לעיל לזאת דקרבנות צבור משום דהכא משני דנין דבר שקבוע לו זמן וכו' ומשמע ליה דהו"ק לאפוקי קרבנות יחיד דכל יומא איתנהו כלומר דכל אימת דבעי מצי לאתויי דאילו לצבור הגם דתמיד איתיה בכל יומא מ"מ קבוע לו זמן מקרי מדדחי שבת דאם לומר דלא דמו למילואים שהיו לפעם א' הו"ל דנין דבר שנוהג פעם א' וכו' לאפוקי קרבנות דלצבור דיש מהן כגון תמידין דכל יומא איתנהו וכדמתרץ בתר הכי אקושי' דרגלים ולפי זה הא דפריך ואימא רגלים הוה מצי למיפרך אימא קרבנות צבור אלא דהכי קאמר דאפי' תאמר דאין לרבות תמידין דתדירי נינהו ולא דמו למילואים מ"מ אימא רגלים דלאו תדירי נינהו וצ"ל דלמאי דס"ד השתא להצריך פרישה אף לקרבנות יחיד ודאי דלא הוינו מחלקים בינה לקרבנות צבור ותרוייהו בעו פיים ומאי דקתני מתני' לקמן כ"ו ע"ב בד"ה בקרבנות צבור וכו' עיין בפרש"י שם היינו לפי האמת דאינם טעונים פרישה כלל דכיון דקילי לא בעו פיים ובזה ניחא דפריך למאי דס"ד מי ידעינן אי כהן מתרמי ופירש"י והלא ע"י פיים וכו'. ובזה יתורץ מה שהקשה בס' אמרי צרופה כאן ובס' לחם שמים לקמן אמתני' דסוף פ"ב יעו"ש ועוד היה אפשר לתרץ דרש"י ז"ל הרגיש בקושית התוס' ד"ה אימא כפרה וכו' דהא יוה"כ נמי פרישה דקרבנות וכו' יעו"ש ולא ניחא ליה כפירושם ז"ל אלא דקרבנות דוקא קפריך דאימא דדוקא בפרה שהקל בה הכתוב להכשיר בה טבול יום וכן קרבנות יחיד דקילי ואתו לזלזולי בהו בהקרבתם הוא דהחמיר הכתוב לה וצריך בהם פרישה אבל קרבנות צבור ומכ"ש דיוה"כ שהצריך בהם הכתוב כמה קידושים וטבילות לא הצריך פרישה דבלא"ה זהיר בהו טובא והיינו דלעיל אקושיא ואימא לוה דקרבנות וכו' דיום הכיפורים כבר ידענו מלכפר דטעון פרישה לכך פי' ז"ל דפריך אקרבנות צבור דהוא דומיא דלבור דהמירי החמיר גם בזה אבל דיחיד דקילי לא דליכא למימר דאדרבא משום דקילי יש להחמיר דהא קמן דפרה אין ראיה מן הכתוב להצריך בה פרישה, אבל אקושיא זו דאימא כפרה דקרבנות וכו' דקי"ל בהר מג"ש דלוה דפרה טעונה פרישה להכי פי' ז"ל איפכא דנימא דמאי דקילי כגון פרה וקרבנות יחיד הטעון פרישה לא ביוה"כ וקרבנות ציבור ומיהו מלשון הריטב"א בחי' שכתב אדברי רש"י דלעיל דהכי ריהטא כולה סוגיין דבקרבנות צבור איירי ומשום דדמו למלואים יעו"ש משמע דל"ג לשון רש"י ז"ל דהכא ועיין בס' לשון ערומים דף פ' ע"א שתירץ בדרכים אחרים ודו"ק.

ד"ה **הנוהג** וכו' הוא דהוו וכו' דקדק לומר דהוו בלשון עבר דמה שהקריבו בימי שלמה ועזרא לאו בתורת מילואים הוה דהא מוכח בגמ' דמילואים הוראת שעה נינהו והגם שהמלא להריטב"א בחי' שכתב כמו שהקריבו בימי משה ובחנוכת המקדש ובימי עזרא הנה כבר הוכיח הר"ש בר למח ז"ל בספר זוהר הרקיע מלוה קכ"ז קכ"ח דהנהו לאו בתורת מילואים הוו יעו"ש וק"ל.

תוספות **ואימא** לוה וכו' וא"ת לישני א"כ וכו' דלפי מה שפי' לעיל דמפשטא דלעשות לכפר ליכא למשמע אלא יוה"כ דכתיב ביה תרוייהו א"כ ע"כ לפרש ואימא לוה דיוה"כ בדוקא ותי' דהא"נ דיש לפרש דפריך דחיפוך כולהו מהכא דהשתא מכח ייתורא מוקמינן לעשות אפרה ולכפר אקרבנות ודו"ק.

בא"ד ואין נראה לתרץ דהשתא הדר ביה מדרשא דלעשות וכו' כלומר דהא דפריך לעיל אלא אימא כוליה קרא ביוה"כ כתיב הכונה דהשתא לעשות אורחיה דקרא הוא ולא דרשינן בה מידי וכסברת התו' שם ולא כסברתם לעיל שכתבו דתרוייהו אלטריך ליוה"כ יעו"ש וק"ל.

בא"ד ניתני הכי דלא הדר ביה מלעשות ועוד אי הדר וכו' כונתם דהגם שתפרש דהמקשה דפריך לעיל אלא אימא כוליה קרא ביוה"כ הדר ביה מדרשא דלעשות מ"מ מדברי המתרץ דתירץ אמרי יליף לוה לוה אין גילוי דהדר ביה דיש לפרש דס"ק דמג"ש דלוה ילפינן דלעשות היינו פרה דאי קשיא לך לישתוק קרא מלעשות י"ל דמלוה לוה היה מוקמינן ליה ליוה"כ דכתיב ביה לכפר להכי אילטריך לעשות וא"כ אמאי לא שני הכי דלא מליא אמרת ליה לוה דיוה"כ דא"כ לעשות למ"ל ועוד דאם איתא דהמתרץ נמי הדר ביה הו"ל לעיל אלא אמרי יליף לוה לוה וכו' כנלע"ד ועיין מ"ש מהרש"א ודו"ק.

בא"ד ולקמן נמי מוכח וכו' ריב"ל מתני תרתי קאמר לעשות וכו' והתם פריך מהא דקאמר הכא לעשות מעשה פרה אהא דקאמר התם מתני חדא ותירץ ההוא דרביה וכו' ולא משני הדר ביה מההיא ואפיק לה מלוה לוה משמע דלא הדר ביה כלל ותרוייהו אילטריך דמלוה לכפר להודיה הוה דרשינן כוליה ליוה"כ להכי אילטריך לעשות וק"ל.

בא"ד אי נמי נ"ל לפרש וכו'. ולכפר זה קרבנות וכו' דאלת"ה לישתוק קרא מלוה ומלעשות ולכפר מייתינן שפיר יוה"כ דוקא דכתיב ביה תרוייהו ומלכפר להודיה ליכא למילף תרוייהו יוה"כ וקרבנות דלא הוה מייתינ' אלא מאי דדמי טפי למילואים דהיינו יוה"כ דע"כ לא פריך לקמן ואימא נמי כפרת קרבנות אלא משום דכיון דלוה לרבות פרה והשתא מייתינן נמי כפרה דקרבנות דדמיא טפי למילואים מפרה ומ"ש דאי לא כתב אלא לוה לכפר הו"א לוה זה פרה ויוה"כ וכו' דע"כ לא כתבו לעיל אי לא הוה כתב אלא לוה לכפר הו"א יוה"כ להודיה וכו'. אלא דוקא לפי' הא' דהמקשה לא משמע ליה לדרוש מג"ש דלוה אלא מאי דדמי טפי דהיינו יוה"כ דלהכי פריך דאימא לוה היינו יוה"כ ולעשות לרבות פרה דמלוה אין לרבות שניהם אבל לפי' זה דפריך דאימא לוה יוה"כ משום דיש לעשות ג"ש מלוה דסמיך לעשות א"כ מלינן למימר דאי לא הוה כתיב גבי

מילואים עשיה מג"ש דלא הוה מלינן לאתויי תרוייהו יוה"כ ופר' ועיין מ"ש מהרש"א וק"ל:

בא"ד ומשני דנין וכו'. לאפוקי יוה"כ דדיני עשייתן כתיבא בריש' וכו' יש לדקדק דא"כ מאי פריך ואימא צוה דקרבנות כם התם נמי הוי צואה דלאחר עשיה דמעיקרא פירש דיני הקרבנות ועשייתן ובתר הכי כתיב ביום צוותו ובלא פי' הוה משמע דה"ק דנין צוה האמור קודם שקיימו המצוה לאפוקי יוה"כ דכתיב צוה בתר דקיים המצוה דהשתא קרבנות נמי כתיב צוה קודם קיום המצוה ולזה נתכוון רש"י בד"ה דלפני עשייה קיום המצוה ע"כ ויש ליישב דס"ל דכיון דלא נתפרשו שם כל דיני הקרבנות דהא איכא קרבנות יוה"כ הכתובים בתר הכי באחרי מות ושאר קרבנות האמורים בפרשת אמור ובפינחס להכי חשיב שפיר צוה דקרבנות לפני עשיה מצוה דיוה"כ וק"ל.

בא"ד וא"ת ולדברי המתרץ דמשני דמדמי וכו' אלא צוה לכפר וכו' דלדברי המתרץ ודאי דמצוה ליכא למילף תרוייהו פרה ויוה"כ מסברא דהי מנייהו מפקת דע"כ לא כתבו לעיל הכי אלא לסברת המקשה דלא אסיק אדעתיה חי' דדנין צוה דלפני עשיה וכו' אבל להמתרץ דחי' הכי ועוד זאת דיש לנו לבקש גם דמיון המילות פשיטא דמצוה ליכא למילף אלא פרה דהתם צואה דכתיבא מקמי דפי' הדינין דומיא דצוה דמילואים לפי מאי דס"ד השתא ואף למ"ש דהשתא דלא כתיב לעשות הוי צואה דלאחר עשיה אכתי לא היה ילפינן אלא יוה"כ ולא פרה דהוי צואה דלפני עשיה כנלענ"ד ומ"ש מהרש"א בזה לא זכיתי להבין דבריו יע"ש ודו"ק.

בא"ד לא הו"ל צואה דלפני עשיה אלא דאחר עשייה וכו' ומ"מ אי לאו סברא דיוה"כ פרישתו לקדושה הוה מוקמינן לקרא דה"ק כאשר עשה למילואים צוה במקום אחר לכפר דלומר דכאשר עשה במילואים כך צוה ה' קרא יתירא הוא דהא כמה פעמים כתיב בפ' מלואים כאשר צוה ה' את משה וא"כ לא הוה ילפינן אלא פרה דצואה דלפני עשיה היא אבל השתא דיוה"כ פרישתו לקדושה סברה הוא לפרש בצואה דלאחר עשיה כי היכי דנילף בג"ש ליוה"כ דטעון פרישה ולא פרה והגם דקרא לגופיה דמילואים לא איצטריך לענין ג"ש דיוה"כ איצטריך שפיר ועיין במהרש"א שם וק"ל.

בא"ד ואי לא כתיב אלא לעשות ולכפר וכו' לעשות זה קרבנות וכו' והפ"ה לא פריך לעיל הכי אלא פריך אימא כוליה קרא ביוה"כ כתיב משום דידע ודאי דהגם דתרוייהו שוי' לענין פרישה לקדושה מ"מ יוה"כ דמי טפי למלואים דקבוע לו זמן וא"כ טפי מסתבר למימר דכתב קרא לעשות לכפר כי היכי דלא נרבה אלא יוה"כ מלמימר דלעשות ריבה קרבנות ואפ"ה פריך שפיר לקמן אימא בפרה דקרבנות דס"ד השתא דמרבינן מג"ש פרה הגם דפרישתו לטהרה ולא דמי למלואים מכ"ש דיש לרבות קרבנות וכמ"ש לעיל בסמוך ובזה יתורץ מ"ש מהרש"א יע"ש וק"ל.

בא"ד ומיהו יותר נ"ל וכו' ומה שהקשיתי לישני דלא הדר וכו' כנ"ל, ועיין מ"ש ברא"ש דברי' וכונת' דכיון דאדרבא דוקא ביוה"כ כתיב לישנא דעשיה לא גבי פרה א"כ לא הוה מצי לתרוצי דא"כ לעשות למ"ל דאימא דאיצטריך למעט פרה ושנדרוש ג"ש ליוה"כ דוקא וכדרך אי נמי נ"ל לפרש וכו' שכתבו בסמוך ולהכי תירץ ליה דנין צוה דלפני עשיה וכו' אלא עכ"ל דגם המתרץ הדר ביה מדרשא דלעשות וכו'. וק"ל.

בא"ד והא דלא קאמר אלא משום דלא הדר ביה לגמרי וכו' בתר דכתב לעשות וכו'. ובהכי מיתרצא דמוכרח לתרץ לקמן ההוא דרביה וכו' משום דגם דהדר ביה אכתי איצטריך לעשות לגלויי דג"ש דצוה אפרה מוקמא וא"כ לא הל"ל כי התם לעשות לכפר זה יוה"כ ועיין ברא"ש דבריהם במ"ש ולקמן נמי וכו' ובמ"ש שם וק"ל.

ודע דיש סיוע למאי דאסיקו דהדר ביה מדרשא דלעשות מירושלמי דריש פרקין דאיתא התם ר' יונה בשם בר קפרא שמע לה מן הדא כאשר עשה ביום הזה אלו ז' ימי המילואים צוה ה' זו שריפת הפרה נאמר כאן צוה ה' ונאמר להלן זאת חקת התורה אשר צוה ה' לאמר לעשות זה שעיר של יוה"כ וכו' ע"כ ועיין בתי"כ פ' צו דדריש לעשות לכפר עליכם אמר להם כפרה זו תכפר עליכם עד שיהיו המחיים יע"ש ובס' ק"א דלפ"ז מאן דפריך ואימא צוה דיוה"כ הוה דריש לקרא להכי וק"ל.

ד"ה **הנ"מ** היכא דאיכא וכו'. גליף מלוע דאפי' אשת בן אחיו וכו'. עיין ברש"י שם שפי' בד"ה מלוע וכו' ותתייבם אשת אחי אביו וכו' וכן פי' הרשב"א שם.

ד"ה **דנין** דבר וכו' אבל קדושה שבת קביעה וכו' דומיא להא דאיתא בירושלמי ריש פ"ק דמגילה דפריך אסעודת פורים ויעשה אותה בשבת א"ל לעשות אותם ימי משתה ושמחה את שמשמחתו תלויה בב"ד יצא זה ששמחתו תלויה בידי שמים ע"ל, ולפ"ז הא דפריך בפרק אין דורשין י"ח ע"ב אבל דקאמר ששת ימי בראשית יוכיחו שיש קדושה לפניהם וכו' מה לששת ימי בראשית שאין בהם קרבן מוסף וכו'. יע"ש ה"ה דהוה מצי למיפרך מה לששת ימי בראשית דקדושתן קביעא וקיימא ואימא דאינם גורמת קדושה לימים שבנתיים משא"כ חה"מ דקדשי לפניהם ולאחריהם מכח קדושת ב"ד אלא דעדיפא משני דאפי' תאמר דאדרבא קדושה שבידי שמים חמירא טפי מ"מ לא אסירי במלאכה כיון שאין בהם קרבן מוסף ודו"ק.

דף ג' ע"א גמרא **תשלומין** דראשון וכו' דאפי' למ"ד כולן תשלומין זה לזה כדאיתא פ"ק דחגיגה ט' ע"א מודה דעיקר מצוה ביום א' והשאר כטפלים לו כדאיתא שם ותגותא אותו אותו אחד חוגג ואי אחד חוגג כל שבעה א"כ למה נאמר שבעה לתשלומין ע"כ, עיין ברש"י ד"ה תשלומין וכו' אלמא טפל וכו'. וק"ל.

שם **ואימא** עצרת וכו' דנין פר אחד וכו'. ה"ה דהוה מצי למימר דנין דבר שאין לו תשלומין מדבר וכו' לאפוקי עצרת דיש לו תשלומין כל ז' כדנפקא לן מקרא בחגיגה י"ז ע"א אלא דהא עדיפא ליה שמלאו חילוק בקרבן עצמו וק"ל.

רש"י ד"ה **למוספין** וכו' ולא כתיב התם מלבד וכו' ועוד דדומיא דמה שהוזכר עמו דהיינו שעיר הפנימי הוי נמי איל דש"פ ודאי אינו בכלל מוסף שהרי לא היה קרב על מזבח החיצון כשאר המוספין ועיין בתו"י לקמן ט' ע"ב וממאי דכתיב בפנחס מלבד חטאת הכפורים וכו' ולא אמר גם מלבד האיל אין לדייק דבכלל מוספין הוא דהרי לא הוצרך להזכיר שם מלבד חטאת הכפורים אלא להקיש חיצון לפנימי על מה שזה מכפר וכו'. כדאיתא בריש שבועות וק"ל.

תוספות, ד"ה **פז"ר** קש"ב והשתא לא הוו וכו' עיין מ"ש בחידושי לחגיגה י"ז ע"א ומ"ש ועוד דבפ"ק דחגיגה וכו' דבע"א לא משכחת וכו' כנלענ"ד שנ"ל וכמ"ש בפ"ק דר"ה ה' ע"א והלשון נמשך דבפרק אלו דברים קאמר אפי' בכסות וכו' משום דבענין אחר לא משכחת שמחה שמנה למאי דקאמר עולת התם משמע דר"א דבעינן זביחה בשעת שמחה אבל למאי דמסיק התם כי אתא רבין אמר ר"א שלמים ששחטן מערב יו"ט יוצא בהם משום שמחה וכו' לא בעינן זביחה בשעת שמחה וכו', ע"ש ודאי דלהך לישנא י"ל עוד דמשכחת ליה בשלא שלמיו אתמול כמ"ש לעיל בסמוך ועד"ז צריך לפרש דבריהם דפ' לולב וערבה מ"ז ע"א ד"ה לינה וכו' אלא דיש לדקדק דמאי ראיה מייתי מפ"ק דחגיגה דהתם נאו כל מיני שמחות קאמר אפי' יין ישן וכו' דהא מסיים עלה מכאן אמרו ישראל יוצאין ידי חובתן בנדרים ונדבות וכו' יכול אף בעופות ומנחות ת"ל ושמחת בחגך מי שחגיגה בא מהם וכו' ורב אשי אמר מושמחת נפקא יצאו אלו שאין בהם שמחה וכו' והויא דאלו דברים שאני דדוקא בשבת משום דלא אפשר למאי דס"ל דבעינן זביחה בשעת שמחה קאמר ר"פ התם משמחו בכסות נקיה וכו' אבל לכתחילה משמע דלא יצא י"ח בזה כל שיש לו לשחוט והם הם דברי התוס' דפ' מי שהיה טמא ל"ה ע"ב סד"ה טעון וכו' שכתבו דדוקא בשבת אמרינן באלו דברים משמחו בכסות נקיה וכו' ולא מלאו מקום לתרץ קושיתן אלא לכשנאמר דישמח באותן שנשחטו אתמול או בשלמי חבירו יע"ש ועיין עוד בדבריהם בפ"ק דר"ה ו' ע"ב סד"ה אשה בעלה וכו' והנראה ליישב המשך דבריהם דפ"ק דכיון דמשכחת לה בשלא שלמיו מאתמול דאינו טעון לינה וכן להיות דאמרינן בפ"ק דחגיגה לרבות כל מיני שמחות וכו' שאין צריך לשחוט קרבן מיוחד לשלמי שמחה דדי לנו שיהיה שמח וא"כ ממילא יכול לשמוח בשלמי חבירו וכן היכא דלא בשבת ס"ל להכוא מ"ד שיכול לשמחו ביין ישן וכו' א"כ שפיר

קתני דשמיני רגל בפני עצמו גם לענין לינה דאף אם יהיה במלואות דמשום שלמי שמחה אינו צריך לינה משום שמיני צריך כנלענ״ד ושוב ראיתי בס׳ פני יהושע בחידושיו לר״ה שהרגיש במ״ש ויעו״ש וק״ל: ומ״ש והכי אמרינן בירושלמי פ״ב דבכורים וכו׳ כל״ל וכמ״ש בסוכה שם. ומ״ש ובפ׳ דם חטאת משמע קצת וכו׳ עיין מ״ש בחידושי לחגיגה י״ז ע״ב.

באו״ד מיהו קשה וכו׳ וכן הקשו בפרק מי שהיה ל״ה ע״ב יעו״ש אך בדבריהם דר״ה וסוכה לא חששו לקושיות אלו ונ״ל דס״ל התם דשבעה ימי הרגל אינם טעונים לינה אלא משום דנגררין אחר יום ראשון לא מחמת עצמן משא״כ ש״ע דמחמת עצמו הוא ולהכי קאמר דהוי רגל בפני עצמו לענין לינה דמהיקשא דמה חג המצות לא היינו מרבים אלא שבעת ימים דומיא דידיה אבל השתא דרגל בפני עצמו הרי הוא כשאר הרגלים דטעונים לינה והכא דספרי לא מכרעא להו כל כך דהא כיון דר״ה שם איצטריך היקשא לסוכות ולא מרבינן מופנית הדבר מוכרח לפרש לשון הספרי דקאמר מלמד דטעונין לינה דהיינו שכל שבעת ימי הפסח טעונין לינה דעשאן הכתוב בקר אחד וסוכות אתי מהיקשא ובתר הכי קאמר אין לי אלא אלו וכו׳ מנין לרבות עופות וכו׳ ליתן להם לינת יום א׳ דמהיכא תיתי יותר מזה דשאני גבי פסח דכולהו י״ט נינהו וסברה שעשאן הכתוב בקר א׳ ת״ל ופנית כל פינות וכו׳ ועיין בדבריהם דפרק מי שהיה שם וק״ל.

ד״ה אלא למ״ד וכו׳ שקרבו בו שני שעירים לצבור וכו׳ דשעיר נחשון שגם הוא קרב באותו יום כדאיתא בפ׳ התכלת וכו׳ כתבו ק״ל ע״כ שעיר יחיד היה ומ״ש וכן משמע בפ׳ התכלת וכו׳ כתבו משמע משום דהתם במלתיה דר״ע לא הוזכר שעיר אלא שמוכרח לומר כן מתוך הסוגיא דס״ה שעיר דת״כ אינו שעיר דחומש הפקודים יעו״ש והכי איתא בהדיא בת״כ פ׳ אמור והביאו רש״י בחומש שם יכול שבעת כבשים ושעיר האמור בחומש הפקודים הם שבעת כבשים ושעיר האמור כאן וכו׳ אלא אלו קרבו בגלל לחם ואלו קרבו בגלל היום ע״כ ומ״מ ל״ל דשעיר אפי׳ דת״כ לא קרב בגלל לחם דאי לא תימא הכי מאי פריך בזבחים שם שעירי עצרת למה הן באין ומשני על טומאת מקדש וקדשיו וק״ל.

ד״ה אלא למ״ד שני אילים וכו׳ וי״ל כיון דחובת היום דעצרת וכו׳ כדאית ליה האי סברא בסמוך דתרין התם חד לחובת היום וכו׳ והיינו דהכא נמי נקט בתירוצו לאפוקי עצרת דשני אילים ולא קאמר דשלשה נינהו עם אותו האמור בפנחס דלא עסקינן אלא באותם של חובת היום ומהנהו ילפינן ממילואים וק״ל:

ד״ה הוא האמור וכו׳ ועמא דר׳ דהכא מפרש וכו׳ דהיינו מדכתיב גבי יוה״כ איל א׳ והוצרכו לזה משום דהל״כ תיקשי אמאי לא יליף ר׳ מעצרת דחלוקים הם ואפשר לפרש דהיינו דקאמר ר״ע התם בהתכלת יכול הן הן כבשים האמורים כאן וכו׳ דהיינו משום דהוה ילפינן מאיל דיוה״כ דלר״ע נמי איל א׳ הוא כדקאמר לקמן שם דכולי עלמא מיהא חד איל וכו׳ יעו״ש ובדרך זה היינו מתרצים קושית התוס׳ בהתכלת שם ד״ה מדאישתני וכו׳ באופן אחר והוא דאי לא אישתני סדרן הוה אמרינן דחדא נינהו דהוה ילפינן מיוה״כ וכדר׳ כנלענ״ד ודו״ק.

ד״ה אלא למאן דאמר משל ציבור וכו׳ מפר חטאת שלו שהוא מתכפר בו וכו׳ דהגם דלא דמי דפר דיוה״כ אינם מתכפרים בו אלא הוא ואחיו הכהנים על עמו״ק כדאיתא בפ״ק דשבועות י״ד ע״א ופר דמילואים מכפר עליו ועל העם כדכתיב וכפר בעדך ובעד העם וכדאיתא בת״כ פ׳ שמיני תדע שקרבנו מכפר יותר מקרבן העם שקרבן העם אינו מכפר על הכהנים וקרבנו מכפר על ידו וע״י העם וכו׳, מ״מ דמי טפי דיוה״כ מכפר דר״ה שאין בו כפרה כלל שהרי עולה הוא דדוקא שעירי הרגלים הוא דמתכפרים על עמו״ק ישראל וכהנים יחד כמ״ש בתוס׳ שם דיבור המתחיל וקאמר טלן וכו׳ וק״ל.

באו״ד מאיל שלו שהוא סומך עליו כדאמר בפ״ב וכו׳ יש לדקדק דלאיל שלו דשמיני למילואים לא צריכין למילף מהמשמע אלא מאיל שהקריב אהרן בתוך ז׳ דפרשה דמקרא מפורש הוא שסמך עליו כדכתיב בפ׳ צו ושוב ראיתי להתו׳ שם בביצה שהקשו לפרש״י שם ופי׳ דלא קאי אעולה של אהרן אלא אעולת צבור יעו״ש ובהא ניחא נמי דלא קאמר שם כמשמע עולה דתוך ימי פרישה דאנן בעולת צבור איירינן ואימא דלא ילפינן מהכא דעולת יחיד הוא ולהכי קאמר כמשמע עולת נדבה דשייכי נמי בצבור דעולות קיץ למזבח וי״ל דגם התוס׳ דהכא ס״ל כדהתם אלא דמהכא ילפינן גם לעולה של אהרן דטעונה סמיכה דניחא להו למילף מקרבנות שהוקרבו לאחר שהוקם המשכן דהיינו עולת ציבור דמילואים ולא מעולה של אהרן דתוך ימי פרישה שהיתה קודם שהוקם המשכן וה״ט דלא קאמר התם כמשמע עולה של תוך ימי פרישה דלהטעם שכתבנו משום דהוי עולת יחיד תיקשי דעולת נדבה דטעונה סמיכה נמי איכא אלא בנדבת יחיד דעולות צבור אינן טעונות סמיכה דאין סמיכה אלא בשתי קרבנות וכמ״ש התו׳ שם כדאיתא במנחות צ״ב ע״א יעו״ש ועי״ל דבריהם דהכא כפשוטם דקרא דויקרב איירי בעולת אהרן בהא אינו ענין וכמ״ש שם בפרק ב׳ דביצה סד״ה למד על עולת חובה יעו״ש ודו״ק.

באו״ד אלא האמת מתרץ וכו׳ וה״ט נמי דלא מתרץ דנין פר ואיל משלו דהוו לחובת היום מפר ואיל דמילואים דהוי לחובת היום לאפוקי פר ואיל דר״ה דהם למוספין דהא כתיב מלבד בפ׳ פנחס וק״ל.

ע״ב גמרא **אבא** חנן וכו׳ כתוב א׳ אומר וכו׳ כרי״י דמשל צבור וכן מוכח בספרי פ׳ בהעלותך ועיין בגי׳ הילקוט שם אלא דאתא לפרושי דהא דאמר ר״א כביכול מלך זהו דוקא בזמן שאין עושין רצונו של מקום ודומיא למאי דמתרץ ר״א רמיותא דקרא דועשית או עשו דבזמן שעושים רצונו של מקום העבודה נקראת על שמם כמו שפרש״י והיינו דבפסיקתא זוטרתי שם איתא רי״א משל צבור ומהו עשה לך כלומר בזמן שאין עושין רצונו בך אני רוצה איני רוצה משלהם ע״כ ובשיטה אחת כתיבת יד על מסכתין לא נודע אל מי מקודשים ראיתי שפי׳ דלאבא חנן מתרצינן נמי קראי דקח לך וכו׳ שלפי שכל זמן שהיו במדבר לא היו עושין רצונו של מקום לכן לא נקרא בשם על העבודה ובזה יישב דברי רש״י שכתב נקראת העבודה ולא פי׳ נקרא הארון דבהא עסקינן אבל כונתו דבהא מתרצינן לכולהו קראי דעבודה וק״ל.

שם **במילואים** מכדי כתוב וכו׳ למ״ל וכו׳ כלומר דכיון דכתם כתיב מה שלקחו ישראל לצורך כפרתם אם איתא דגם קרבנו של אהרן משל צבור למה שינה הכתוב באמרו קח לך לימא ויאמר אל אהרן דבר אל בני ישראל ויקחו אליך עגל בן בקר וכו׳ והקרב לפני ה׳ ולה׳ יקחו שעיר עזים וכו׳ דהשתא מדכתיב אליך שמעינן שפיר שהיה לצורך כפרתו משום העגל כדאיתא בת״כ והיינו שפירש״י למ״ל דשני קרא וכו׳ וכלומר דקח לך מיותר הוא וכהיא דאשר לו למ״ל דבסמוך וכאן מקשה בכא יותר דמלבד היתור עוד זאת שני קרא בדיבוריה דהכא כתיב קח לך ובתר הכי כתיב ואל בני ישראל וכו׳ קחו וכו׳ ומ״ש ז״ל ממה שהתחיל וכו׳ כלפי הסדר שהביאם התלמוד כתב כן דבקרא מעיקרא כתיב ויאמר אל אהרן וגו׳ ובתר הכי כתיב ואל בני ישראל וכו׳ כנלענ״ד ועיין מ״ש בתו׳ ד״ה קח לך וכו׳ ודו״ק.

שם **רב** אשי וכו׳ לאפוקי ר״ה ועצרת וכו׳ וה״ה דהכא מתרצא נמי קושיא דלעיל ואימא שמיני עצרת אלא שאין צורך דתריץ לה רב אשי גופיה לעיל בדרך אחר וכן בפסח וסוכות אין אנו צריכים לזה דבלא״ה התם הוו פרים ואילים עולה אלא דקושיא קמייתא דלעיל ואימא כפרה דקרבנות לא מתרצא בהא דל״מ אם נפרש דמקרבנות צבור פריך דודאי התם נמי איכא פר לחטאת ואיל לעולה אלא אף שנפרש דמקרבנות יחיד פריך כפירש״י לעיל מ״מ גם ביחיד משכחת פר בחטאת כהן משוח וא״כ ע״כ לרב אשי לתרץ כדלעיל דנין דבר שקבוע לו זמן וכו׳ משא״כ לתי׳ דרבינא דהך נמי איתרצא לה והיינו דהתם דוקא קאמר לאפוקי כולהו קושייתין משא״כ הכא ובזה יתורץ מ״ש התוס׳ ד״ה לאפוקי עצרת וכו׳ ודו״ק.

שם **היינו** קמייתא וכו׳ דבשלמא אם היינו מלאים ממילואים ואילך עבודה שתחילתה בכ״ג וסופה אף בכהן הדיוט ניחא דא״ב דאי דיינינן עבודה תחילה וכו׳ הא נמי בכלל משא״כ ללישנא קמא דדנין עבודה בכהן גדול אבל כיון דאין אתה מוצא עבודה בכהן גדול אלא ביוה״כ מה לי עבודת תחלה או סוף הא לעולם איכא בשרה אלא בכ״ג וק״ל.

שם **ריב"ל** מתני תרתי וכו' כצ"ל וכמו שהגיה מהרש"א וכן בירושלמי מייתי לה משמא דר' יונה בשם בר קפרא וכו' ובתר הכי מייתי התם הא דפריך ר"ל לר"י אי מה מילואים וכו' ובתר הכי קאמר טעמיה דרשב"ל וישכון כבוד ה' וכו'.

שם **והא** אנן תנן שבעת ימים וכו' דמדהשוו כאן וכאן שבעה משמע דכי אהדדי נינהו ותרוייהו נפקי מקראי ולא משום מעלה והיינו דאייתי משבעה ימים דיוה"כ ותירץ מעלה בעלמא דהא קמן למ"ד דפרה צריך הזאה כל שבעה משא"כ דיוה"כ כדתנן התם בפ"ג דפרה ע"כ משום מעלה בעלמא הוא וא"כ אף לכשתאמר דפרה לא נפקא לן מקראי אלא מעלה לא תיקשי היאך השוה לדיוה"כ וק"ל.

שם **א"ל** ר"ל לר"י מהיכא קא ילפת וכו' דמדילפ' ממילואים ולא מסיני שהוא בנין אב כללי משמע דס"ל דפרישה מעכבת במילואים דאי משום הזאה הא ליתא דהתם דם הכא מים כדפריך לקמיה ובזה יתיישב דלא קאמר בקיצור א"ל אי מה מילואים וכו' דהא כ"ע ידעי דממילואים יליף כדקאמר בהדיא וק"ל.

שם **ובי** תימא מאי מתקינין מפרישין וכו'. ותני מתקינין לאשמועינן שהיו ג"כ מתקינין לו בגדים כמדתו מלבד הפרשה עיין בתו"י דריש פרקין ד"ה ומתקינין וכו'. אכתי ליתני או אידי וכו' או אידי ואידי מפרישין דהשתא אשמועינן טובא דגם כהן שני בעי פרישה ואי משום תיקון בגדים ממילא אתיא כיון דעבודתו אינה כשרה [אלא בבגדים כמדתו שנאמר מדו, עיין בתו"י הנ"ל] אבל מסיפא דקתני אף אשה אחרת מתקינין לא הוה מצי לדיוקי דהוא הדין דמתקינין דרישא בלתי פרישה כאשה וכמו שראיתי בשיטה כ"י שדייק כן ויש לדחות דהא דתני לישנא דמתקינין לאו משום דדמיא לסיפא אלא משום דבעי תיקון בגדים ולעולם דבעי נמי פרישה אבל ממאי דקתני רישא מפרישין דייק שפיר דהכא נמי הו"ל למימר מפרישין וכמ"ש וק"ל.

שם **אלא** מר וכו' מכדי כתיב וכו' מאי עשת וכו' מדברי התוס' והתו"י ד"ה זה בנה אב משמע דל"ג ליה אלא ה"ג דכתיב וישכון וכו' ביום השביעי זה בנין אב וכו', וז"ל הירושלמי בריש פרקין אר"י ביר' בון טעמא דרשב"ל וישכון כבוד ה' על הר סיני מה משה לא נכנס לפני ולפנים עד שנתקדש בענן כל שבעה אף אהרן לא נכנס לפני ולפנים עד שנתרבה בשמן המשחה כל שבעה ע"כ ופשט הלשון משמע דממה מליגו יליף לה ולא מיתורא וכמ"ש בתו"י וכן נראה מדברי רש"י ז"ל ועיין מ"ש בתו' וק"ל.

שם **שכל** הנכנס במחנה שכינה וכו'. לאו דוקא אלא כלומר לפני ולפנים וכדקאמרינן בירושלמי שהבאתי ונ"ל דלר"ל נמי פרה מעלה בעלמא דמסיני אין ראיה דליכא למימר דיליף לה מלעשות דמילואים חדא דאי דריש להכוא למילף לדורות א"כ לכפר למה לי דהא כוליה קרא בפרה לא מתוקם כדאיתא לעיל בריש סוגיין ועוד דא"כ מעכבה דומיא דמילואים ודיוה"כ לא כדקתני מתקינין וזה אין סברא ואם איתא לימא לקמן ח' ע"א דהא נמי איכא בינייהו יע"ש ועוד דליתני בריש פ"ד דפרה ושלא בכהן מופרש ז' ימים פסולה כי היכי דקתני ושלא רחוץ ידים וכו' פסולה אלא ודאי משמע דבפרה נמי לא מעכבא ומעלה עשו בה וכ"כ רש"י לקמן ד"ה מעלה בעלמא וכו' וקרא דלעשות לכפר לדידיה מדרש כדאיתא בת"כ במכילתא דמילואים צוה ה' לעשות לכפר עליכם אמר להם כפרה זו תכפר עד שיחיו המתים. עיין בס' קרבן אהרן שם, ועוד עיין בדברי התוס' לקמן ד"ה נכנסו וכו' וק"ל.

רש"י ד"ה **עשה** לך כמו עשה לך וכו' וה"ה דפליגי בקרא דועשית לך ארון עץ וכדמוכח בהקומץ רבה כ"ח ע"ב.

ד"ה **תחלה** במקום וכו' ושל משה בחלוק לבן וכו' כדאיתא בע"ז ל"ד ע"א ולמ"ש התו' שם דכל שבעת ימי המלואים שהיה משה מעמיד המשכן ומפרקו היה נחשב כמו במה וכו' ניחא נמי דלא היתה אותה עבודת תחלה במקום החשוב משכן וק"ל.

תוספות ד"ה **לאפוקי** עגלת וכו' בשינויא דר' אבהו וכו' לימא לאפוקי כולהו וכו' עיין מ"ש בסוגיא וגם לר' אבהו קושיא ואימא כפרה דקרבנות לא מתרצא למה שפי' רש"י קרבנות יחיד ואפי' שתפרש למקרבנות לצור פריך מ"מ השתא דילפינן פר וא"ל משלו דהוי קרבן יחיד אימא דגם שאר קרבנות יחיד דומיא דידיה ליבעו פרישה ומה גם דממלואים ילפינן דההוא נמי קרבן יחיד וכ"ש דלכפר כתיב דבכללו גם קרבנות יחיד דכתיב בהו נמי לכפר אלא ע"כ לתרץ כדלעיל דנין דבר שקבוע וכו' ולהכי לא מצי למימר כדר"א לאפוקי כולהו קושייתין וק"ל.

ד"ה **דרביה** וכו' ועובא איכא בהש"ס דכי אתא וכו' כוותיה דעובא איכא דמשני הש"ס אמוראי נינהו ואליבא דר"י כדאיתא באלו טריפות מ"ג ע"א ובכמה דוכתי ועוד דהכא דקאמר כי אתא רב דימי ע"כ אתא לאיפלוגי אאמורא שלפניו דהיינו ר' מניומי בר חלקיה דאייתי תלמודא לעיל בריש סוגיין וא"כ מאי פריך מהך לר' דימי הא ודאי פליג עליה ותי' אלא משום וכו' כלומר והשתא תלמודא פריך מהא לברורי אי ר' דימי פליג אר' מניומי לגמרי וס"ל דלא אמרה ר"י כלל וקאמר דלא פליג עליה אלא דס"ל דרביה היא וליה לא ס"ל ואם הייתי מגיהים בדבריהם ועוד דכי אתא ר' דימי וכו' הוה ניחא טפי ונ"ל דלמאי דס"ד דליטעי אמוראי נינהו וכו' א"כ דר' מניומי מודה דפליגי ר"י וריב"ל בהך מלתא דזה דוחק לומר דס"ל דאין כאן מחלוקת אלא דהוה תני איפכא דר' מתני תרתי וריב"ל מתני חדא וזה יתורץ מה שהקשה בשכ"י [בשיטה כ"י] דלא יתכן הכא לומר אמוראי וכו'. משום דקים ליה לתלמודא דר' וריב"ל פליגי וא"כ לר"מ במאי פליגי עלי' דריב"ל וק"ל. ומ"ש וא"ת ור"י היכי פליג וכו' דבשלמא לתי' דאמוראי נינהו וכו' איכא למימר דבהא פליגי אי אמרה ר"י אי לא דההוא אמורא דס"ל דר"י מתני חדא ס"ל דלא אמרה ר' ישמעאל מעולם וק"ל.

באד"ה וכן משמע מתו' פירש"י וכו' אבל ממאי דקאמר תלמודא תניא כותיה דר"י אין ראיה דאימא דאינו אלא לומר דיליף ממילואים כר"י ולא כרשב"ל דיליף מסיני אבל לא נחית למאי דפליגי ר"י וריב"ל והכי הוה משמע דלזה נתכוון רש"י ז"ל שם שכתב תניא כותי' דר"י דיליף ממילואים ע"כ ולפ"ז היה צריך לפרש דמשום דגרים ז"ל כגי' הספרים להכי אשמועינן דלאו מקרא יליף לה והא דקאמר לעשות זה מעשה פרה אסמכתא בעלמא ולא תיקשי מיניה לר"י וכדרך שכתב הריטב"א לקמן יע"ש אלא הם ז"ל לא ניחא להו לפרש דעת רש"י ז"ל הכי משום דהיה לו לפרש כן אהא דמייתי קרא דלעשות דאסמכתא היא ולאו מקרא יליף לה ולדעתם נלטרך לפרש דמה שפי' רש"י ז"ל ת"כ דיליף ממילואים לאו למימרא דלא מוכח נמי מהכא דחדא קתני כר"י ולא כריב"ל אלא כוונתו דתלמודא לא נחית במאי דקאמר ת"כ אלא דמהכ' מוכ' כר"י דיליף ממילואים וכדקאמר ת"כ דר"י ת"כ דריב"ל אבל אה"נ דגם מהכא מוכח למחלוקת האחר כר"י ולא כריב"ל כנלע"ד וק"ל.

ד"ה **זה** בנה אב וכו' משמע מיתורא כמו וכו' יש לדקדק דמהיכא פשיטא להו הכי דהגם דאשכחן נמי בפרק איזהו מקומן מ"ח ע"ב ושחט את החטאת וכו' זה בנה אב לכל חטאות שיהו טעונות צפון והתם נמי מיתורא דריש ועיין עוד בהקומץ רבה כ"ו ע"ב מ"מ לא יקרא בנין אב ולשון תוספתא הוא וכן ראיתי שכתב במדות אהרן פ"ד יע"ש ועיין שם בספרי בפי' מדות בנין אב, ובס' הליכות עולם וכן נראה מלשון הראב"ד שהביא בס' יבין שמועה דף מ"ה ע"א דבנין אב דנין אף שאינו מופנה משא"כ ג"ש יע"ש וכן בשכ"י [בשיטה כ"י] הרגיש בזה וזה דוחק לפרש דס"ל דבכל דוכתא דקאמר כי האי לישנא זה בנה אב מיתורא נפיק אבל אה"נ דמדת בנין אב לא צריכנן יתורא סוף דבר שדבריהם כמה גלו"מ ובדיקה ועיין עוד מה שכתוב לקמן מ"ט ע"ב ד"ה שאני התם וכו' וק"ל, ומ"ש לא הוה צריך וכו' ויכסהו הענן וכו' דאם ללמד שעלה בענן ונתכסה בענן כדלקמן הא מצינן למילף מדכתיב ויקרא אל משה ביום השביעי מתוך הענן דמשמע שעדיין היה תוך הענן מאותה שעה שבא לתוכו אלא דמגירסת הספרים שלפנינו וכן מדברי ת"י משמע דלא אייתר אלא ששת ימים דמתוך הענן אין ראיה כ"כ לומר שהיה לקדשו אלא דלהיות שההר היה מכוסה בענן נתכסה גם הוא בו אבל מדכתיב ויכסהו למדנו שהיה להתקדש בתוך הענן וק"ל.

ד"ה **ריב"ב** וכו' וא"כ תלי טביל וכו'. למ"ש בסוגיא דלר"ל נמי בפרה מעלה בעלמא היא י"ל דרצו להשוותה ליוה"כ משום מעלה והא קמן דלמ"ד בפרה היו מזין כל ז' משא"כ יוה"כ כדלקמן אלא דלא ניחא להו בזה משום דאדרבא הי"ל לומר שיטבול ביום הז' דבזה יש היכר לצדוקים שיראו דהגם דאיכא למיחש בבועל נדה כדיוה"כ הכא די לנו בששה משום דמעורבי שמש היתה נעשית ומצורף זה עם מה שהיו מטמאין אותו משא"כ בפרישה שבעה שנותנים מקום לצדוקים לחיזוק סברתם ויאמרו כי מה שמטמאים אותו אינו אלא למראית העין ובאמת אינם מטמאים אותו וא"כ בענין זה אין לעשות מעלה אי לאו מטעם דטבול יום דאורייתא לא קשרו רבנן ומאי דמשמע מדבריהם דגם בפרה חיישינן לטומאת ביתו הגם דמתניתין דפרה פ"ג לא קתני מביתו כדקתני ביוה"כ מ"מ הדבר מוכרח כיון דעשו בה מעלות הרבה ועוד דהא קתני לקמן אין בין וכו' ואם איתא ליתני נמי הא ועוד דהא קתני התם דאין אחיו הכהנים נוגעים בו וטעמא משום דבגדי אוכלי קודש מדרס לחטאת כמ"ש לעיל ריש פרקין וא"כ ה"ה אשתו וכ"כ הרמב"ם בהדי' בפי' [המשנה] שם ובחי' פ"ב מה' פרה אדומה ושוב ראיתי בשכ"י שרצה לדחות דבריהם מכח הסברה שכתבנו דלר"ל מעלה בעלמא וסיים שם דאלא"ה לר"י נמי תקשה מאחר דמעלה הוי ל"ל שבעה וכו' אלא ודאי מאחר דעבדינן לה פרישה משום מעלה עבדינן לה מעלה ז' ימים כיוה"כ עכ"ד ול"נ דהכי' דודאי דר"י נמי אית ליה דריב"ב דאי לא תימא הכי מביתו למה פי' וכדאיתא לקמן ו' ע"א מ"מ לר"י דבדיוה"כ נפקא ליה מקרא דטעון שבעה במילואים לא"ק ה"ה דרצו להשוותה ליוה"כ דכיון דלדידיה טעמא דשבעה לאו משום ביתו הוא אין קלקול כ"כ לצדוקים משא"כ לר"ל אליבא דריב"ב דטעמא דשבעה ולא ששה משום ספיקא דבועל נדה ושיהיה לו גם הערב שמש א"כ אם אתה אומר דפרה שוה ליוה"כ איכא למיחש לצדוקים שיאמרו דמשום דצריכה הערב שמש הצריכו גם כאן שבעה כדיוה"כ ומש"ה הקשו הם ז"ל לר"ל ולא לר"י כנלע"ד ודו"ק. ומ"ש דאיכא תנא בפ' הערל וכו' אלא דע"מ וכו' כדמפרש בפ' כל הזבחים י"ז ע"ב דבהא פליגי יע"ש.

דף ד' ע"א גמרא **א"ל** ר"י וכו' היינו דתניא זה וזה מזין וכו' משום דאיכא למימר דמתניתין דריש פ"ג דפרה דקתני ר"ח סגן הכהנים אומר על כהן השורף את הפרה וכו' ועל של יוה"כ לא היו מזין אלא בג' וז' דהיינו דוקא לר"ח אבל לת"ק לא היו מזין אלא על כהן השורף והיינו דלא הזכיר במלתיה דיוה"כ להכי ניחא ליה לאתויי מברייתא דמשמע מינה דלכ"ע היו מזין גם אדיוה"כ אלא דפליגי אי ג' וז' או כל שבעה כדמוכח בהמשך הברייתא דמייתי לקמן ה' ע"א וק"ל.

שם, **א"ל** מעלה בעלמא וכו' ור"י ס"ד דדוקא גבי פרה שייך לעשות מעלה זו מפני הקל שהקלו בה אבל כאן אין להחמיר יותר ממה שעשה משה דהגם דנכנס לפני ה' לא הוצרך הזאה ור"ל ס"ל דכי היכי דבפרה שייך שפיר להצריך הזאה להחמיר בטהרתה אפי' בטומאת ספק גם דיוה"כ יש לעשות כן דשאני משה דטהור ומקודש היה בכל עת ומש"ה לא הוצרך להזאה ואפשר דלזה כיון רש"י ז"ל ד"ה מעלה וכו' בפרה כדאמרינן וכו' כלומר דכי היכי דבפרה מסתברא לעשות בה מעלה זו גם ביוה"כ לכבו' וכו' יש להצריך כן ושוב ראיתי בת"י קרוב למ"ש יע"ש וק"ל.

שם, **ת"ש** כאשר עשה וכו', יש לדקדק דהשתא אמאי כתב רחמנא בזאת ולא בזה והא קמן דגירו' ריש פרקין מייתי רשב"ל דרשא דבזאת במה שאמור בענין ויליף לה ממ"ש שם מיתת בני אהרן שהיתה במילואים כמ"ש בת"י ובתר הכי קאמר על דעתיה דר"י [(דיליף פרישת יוה"כ מכאשר עשה כדאיתא התם)] למה מיתת בני אהרן אמורה בענין ולא מתו אלא במלואים וכו' ללמדך שכשם שיוה"כ מכפר וכו' וזה אין נראה לומר דמשום דכאשר עשה א"ל דה"ק לוה ה' לעשות כל שבעת ימים כמ"ש תוס' ד"ה נכנסו להכי כתיב בזאת דא"כ אכתי אימא דדוקא יוה"כ קמא וכו' ושמא י"ל דמכאשר עשה לחודיה לא הוה ילפינן מיניה אלא שצריך פרישת ז' בלשכת פלהדרין דהו"א דאדסמיך ליה דוקא קאי דכתיב לעיל מיניה ומפתח אהל מועד לא תצאו וכו'. אבל להצריך הזאה אין לנו להכי כתיב בזאת ללמדך במה שאמור בענין אף לענין הזאה וא"כ דהו"א דגם שאר כהנים שעובדים ביוה"כ בקצת עניינים עיין בפר"ח ריש ה' ע"כ ושם פ' ד' דליבעו נמי פרישה ודומיא דמילואים שגם בני אהרן הופרשו להכי כתיב בזאת יבא אהרן דדוקא כ"ג לדורות הוא דבעי פרישה וא"כ דלא תימא דהפרשה מעכבא דומיא דמילואים ודאף המשמש תחתיו ליבעי פרישה קמ"לן בזאת יבא אהרן במה שאמור בענין דדוקא כ"ג מלוי' על זה לא אותו שעומד תחתיו שהוא בספק כ"ג דאפשר שלא יכנס כלל כנלע"ד ושוב ראיתי להריטב"א בח' שהרגיש בזה יע"ש ודו"ק.

שם **ת"ב** דר"י ת"כ דר"ל וכו' הרמב"ם ז"ל בפ"ב מהלכות פרה אדומה כתב ז' ימים קודם שריפת הפרה מפרישין וכו' ודבר זה קבלה ממשה רבינו וכו' וכן בריש הל' עי"כ כתב שבעת ימים קודם ליוה"כ מפרישין וכו' ודבר זה קבלה ממשה רבינו ע"כ, משמע דדעתו לפסוק כריב"ל וכר' ישמעאל דמתני תרתי וכן נראה בהדיא מדבריו שבפי' המשנה דהכא ודריש פ"ג דפרה ואע"ג דאשכחן ברייתא סתמי' כר"י לפי מ"ש התו' לעיל ד"ה דרבה דגרסינן בהך ברייתא לעשות לכפר זה מעשה יוה"כ דמשמע דפרה מעלה בעלמא היא ולא מדברי קבלה אפשר דאיהו ז"ל גריס בגי' הספרים לעשות זה מעשה פרה וכו' ולא מייתי תלמודא ת"כ דר"י אלא לענין דיליף ממילואים כר"י ולא כר"ל אלא דאכתי ר"י וריב"ל פליגי דר"י ס"ל דלעשות זה מעשה פרה דקאמר אסמכתא בעלמא היא וריב"ל ס"ל דדרשה גמורה היא דהשתא פסק כריב"ל דפשטא דברייתא מסייע ליה ור' ישמעאל רביה דר' יוחנן הא קאי כוותיה ואי תיקשי לך לפ"ז קושיית התו' דר"י היכי פליג על ר"י שהוא תנא ותירץ הוא ז"ל דר"י ס"ל דע"כ תנא דברייתא ס"ל דפרה אסמכתא בעלמא היא דהא חזינן דאיצטריך תרי קראי דבזאת יבא וכו' וכאשר עשה למילף פרישה ליוה"כ ומשמע דה"ע כמ"ש הריטב"א בחי' דמקרא דכאשר עשה הו"א דדוקא כ"ג קמא ליבעי פרישה להכי איצטריך בזאת יע"ש. ומעתה בפרה מנין להצריך פרישה לכל כהן שישנה דמיוה"כ ליכא למילף דאימא דשאני התם דפרישה לקדושה הוא אלא ע"כ דלעשות זה מעשה פרה דנקטה הברייתא כדי נסבה ולעולם דמעלה בעלמא היא ועוד דלר"י הגלילי דיליף פרישה מסיני ע"כ לדידיה פרה מעלי' בעלמא דמהתם ליכא למילף אלא לנכנס למחנה שכינה כדאמר ר"ל זה בנה אב שכל הנכנס במחנה שכינה וכו' לא פרה שהיתה נעשית חוץ למקדש בהר המשחה, וא"כ אינו רחוק לומר דר"י ס"ל למאן דיליף ממילואים נמי פרה מעלה בעלמא דס"ל דבהא לא פליגי תנאי ר"ע דיליף ממילואים ור"י הגלילי דיליף מסיני. ושוב ראיתי בספר משנה למלך שהקשה דהיכי פסק כר"ל במקום ר' יוחנן יע"ש וזה כתב לפי גירסת הספרים דגרסי ר"ל, אבל כבר הגיה מהרש"א ריב"ל במקום ר"ל דכן מוכרח מן הסוגיא דהא ר"ל יליף מסיני, והכי מוכיח מתוך הירושלמי כמ"ש לעיל בסוגיא וא"כ אדרבא הלכתא כותיה דריב"ל לגביה ר"י כמו שהכריח בס' יבין שמועה כלל רמ"ד יע"ש גם מה שהקשה שם לתי' מהר"י קורקוס כבר הוא מתורץ מכלל מה שכתב ועוד נ"ל טעם אחר לפסקו ז"ל משום דתלמודא שקיל וטרי בריש פרקין אלישנא דלעשות זה מעשה וכו' משמע דהכי קימ"לן ועיין עוד בס' פרי האדמה ח"א בהל' פרה אדומה.

אלא שעדיין צריך ליישב דלמה **כתב** ודבר זה קבלה וכו' והא מקראי ילפינן לה ולומר דס"ל כמ"ש התוס' ד"ה נכנסו דאסמכתא בעלמא היא אין נראה לענ"ד כמ"ש שם וכבר ראיתי להפר"ח בהל' עיוה"כ שעמד ע"ז ולא תי' כלום, והיה נראה לומר דלהיות שאין הכתוב מפורש דמיירי בפרה וביוה"כ אם לא מכח הקבלה דהיינו פרה מג"ש דצוה צוה כדאיתא בריש סוגיין ויוה"כ נמי הגם דלכפר כתיב מ"מ היה אפשר לרבות גם כפרת שאר קרבנות אלא דמכח כללי הקבלה דנין דבר שקבוע לו זמן וכו' אמרנו שאינו מרבה אלא יוה"כ להכי כתב ודבר זה קבלה וכו' והכי דייק לישניה דבפי' דהכא שכתב אמר ה' יתברך בשבעת ימי המילואים וכו' ואח"כ אמר כאשר עשה ביום הזה וכו' ובאת הקבלה לעשות זה מעשה פרה לכפר עליכם זה מעשה יוה"כ ע"כ כנלענ"ד וק"ל.

רש"י, ד"ה **מכל** חטאות וכו' כך שנינו במס' פרה וכו' היינו הא דתנן התם **ספ"ג** וחולקים אותו לג' חלקים

א' ניתן בחיל וכו' ותניא בתוספתא הביאה הר"ש שם זה שניתן בחיל היו משמרים אותו שנא' והיתה לעדת ב"י למשמרת, ומשמע ליה שהיו מזין מאפר זה ולא מאותו שהיה ניתן בהר המשחה כדתני בתוספתא שם זו שניתן בהר המשחה היו הכהנים מקדשים בו משום שאפשר לפעמים שלא ישאר שם אפר ומה גם מכל חטאות שעשו מימות משה עד אותה שעה וכדתנן התם לא מצאו משבע וכו' יעי"ש אבל לכשתאמר דשהיו שם קאי אחיל ניחא דשם ודאי משכחת לה מכל חטאות ואף על גב דקרא כתיב והיתה למשמרת אין זה מעכב שלא ישתמשו ממנה אם ירצו אלא די לנו שישאר שם דבר מה למשמרת וכן פירש הרמב"ם והר"ש שם שהיו מזין מהאפר שהיה למשמרת אלא שראיתי בפי' [רש"י] לחומש שכתב וזה שבהר המשחה כהנים גדולים לפרות אחרות מקדשין הימנה וכו' וביאר שם הרא"ם דהיינו כדתנן ז' ימים קודם לשרפת הפרה וכו' ע"ש והגם דכן מוכרח לפרש בלשון רש"י דאם לומר שהיו מזין ומשתמשין הכהנים ממנה מאי כ"ג דנקט ועוד דבזה ניחא דלא קתני בתוספתא כהנים מזין הימנו כדקתני התם זה שמתחלק לכל המשמרות היו ישראל מזין הימנו מ"מ דבריו סותרים לפי' דהכא ושוב ראיתי להתוי"ט ספ"ג דפרה שהרגיש בזה יעי"ש ולע"ד היה נראה לפרש דלפרות אחרות שכתב שם היינו שבתוך הפרה שהיו שורפין בזמן מהזמנים היו נותנים בתוך השרפה מעט מאפר הפרות שנשרפו כבר וקרא למעשה פרה קידוש כמ"ש התוי"ט שם ולפי' זה ניחא שזה החלק היה נתון בהר המשחה מקום שהיו שורפין דאי להזיית שבעת ימים לפי' ז"ל לעיל דלשכת בית האבן בעזרה היתה למה לא יתנוה סמוך לה דהיינו בחיל וזה דוחק לומר כדי שלא תתערב עם אותה שבחיל דמשמרת אלא שצריך ליישב מ"ש ואני שמעתי אפר פרה של משה לא כלה ע"כ דאם כיונו לפרש דהא דנקט מכל חטאות לא מפני שהיו נותנים עליו מכל הפרות שנשרפו כפי' הא' אלא משום דבכל פרה היו נותנין בו משל משה להכי קרי לה חטאות וכאותו פי' שכתב הריטב"א בחי' וז"ל ויש שפירשו דלהכי נקט חטאות שהיו שם לפי שלא היתה פרה שלא היה שם משל משה ע"כ זה לא יתכן דממתניתין דפרה דקתני לא מצאו משבע וכו' משמע שהדבר כפשוטו שהיו מזין עליו מכל חטאות ופרו' שנשרפו ויראה דמפני זה סיים הריטב"א שם והראשון עיקר ובפ' כילד צולין ע"ח ע"א בא לשונו ופי' מתוקן שפי' שם מכל חטאות מכל אפרי פרות שהיו במקדש שאפר פרה של משה לא כלתה ע"כ דלפי' זה חד פירושא הוא ואשמועינן דגם של משה היה בכלל משום דממתניתין דפרה אין הכרח שם כ"כ ל"מ לרבנן דהיו שבע מעזרא ואילך אלא אף לר"מ הא קתני לא מצאו משבע ואפשר לפרש דה"ק לא מצאו משבע להיות שכלתה של משה ולהכי קאמר ז"ל דשל משה לא כלתה ולא מצאו משבע הפי' אם כלו א' מהפרות שעשו אח"כ אבל של משה לעולם היתה שם ויצא לו זה מהא דאיתא בילקוט ריש פ' חוקת ז"ל ויקחו אליך ר' יוסי בר הנינא אומר רמז שכל פרות כלות ושלו קיימת ע"כ אבל מריהוט פי' דהכא משמע דואני שמעתי בא לסתור פי' הא' ועל כן הנלע"ד לפרש הוא דלפי' הא' משום דקשיתיה מתניתין דלא מצאו משבע וכו' דמשמע דהיה במליאות להזות עליו משבע דבכלל של משה כדמסיים התם ומי עשאם הראשונה עשה משה וכו' ואם היו מזין עליו מאותו שבהר המשחה כדמשמע מתוספתא דפרה תיקשי דמשמע דשל משה לא היה במליאות דס"ל דהיתה גם לצורך הזאת כהנים אחרים ולהכי פי' דמהאפר שבחיל היו מזין עליו ושם יתכן להיות משל משה דהא כתיב והיתה לעדת בני ישראל למשמרת ואיהו ז"ל פליג על זה הפי' וס"ל דלעולם משל הר המשחה היו מזין עליו כדמשמע מתוספתא וכמו שפי' בחומש ולתרץ מאי דק"ל לפי' א' להכי פי' ז"ל ואני שמעתי אפר פרה של משה לא כלה ע"כ כלו' ל"מ אותו שהיה נותן למשמרת אלא אף החלק שבהר המשחה דע"כ הא דקתני ריב"ח ויקחו אליך וכו' היינו שלא כלה אף אותו שהיו משתמשין ממנו להזות דאותם של משמרת אין זה חידוש ומה גם דאפשר דחלק זה גם מפרות אחרות לא כלו אלא ע"כ דאף ממה שמשתמשין לא כלה ע"פ הנס ולעולם דמאותו של הר המשחה היו מזין עליו כפי' בחו' ואין כאן סתירה והשתא דבריו דבפ' כילד צולין שכתב שאפר פרה של משה לא כלתה וכו' ואפ"ה כתב מכל אפרי הפרות שהיו במקדש וכו' כלו' דחיל דבעזרה לא היתה שם כלל דהא כתיב והניח מחוץ למחנה וכו' וכמ"ש בפי' החומש שם והרמב"ם בפי' שם ספ"ג ז"ל דמקדש דנקט לאו למימר שהיו לוקחין מאותו שבחיל אלא כלומר שמאותה שבהר המשחה היו מביאין ונותנין שם בהר הבית סמוך לפתח העזרה כדמשמע פ"ג דפרה משנה ג' ששם היו מזין עליו וכמ"ש התוי"ט שם בסוף פרקין ולפ"ז דבריו דהכא ודחומש ודפרק כילד צולין מסכימים לדעת א' וזה נראה יותר ודו"ק.

ד"ה **דהואי** נמי וכו' כל ז' וכו' דמהזאת ז' הוא דפריך דאלת"ה גם בסיני הואי נמי הזאה וכמ"ש התוס' ד"ה הזאה וכו' כ"כ בש"כ [בשיטה כ"י] ועוד אפשר לפרש דאי לא פריך מז' הנה כתי' מבואר דכי היכי דלדידך צריך אתה לומר דמה שמשו כל ז' אע"ג דבמילואים לא הוי כ"א יום אחד למעלה בעלמא לדידי נמי מעלה הנם דלא הוה הזאה בסיני וק"ל.

ד"ה **ת"כ** דר"י וכו' עיין מ"ש לעיל בתוס' סד"ה דרביה הוא וכו'.

תוספות, ד"ה **נכנסו** וכו' לוה ה' לעשות כל ז' וכו' דאע"ג דלעיל מיניה כתי' כי ז' ימים ימלא את ידכם וכמ"ש רש"י ז"ל כאן מ"מ איצטריך כאשר וכו' לאשמועינן דכל הפעולות והקרבנות שעשו בראשון יחזרו לעשותם בכל יום ויום שלא תאמר דימלא את ידם שבעת ימים שיעשו פעולה א' מהם בכל יום וכמ"ש הרא"ם ז"ל בפ' תצוה ד"ה שבעת ימים וכו' יעי"ש וק"ל.

בא"ד אין לחוש אי אמרינן וכו' הנה מפשטא דריש סוגיה דשקיל וטרי טובא לפרושי קראי דלעשות ולכפר וקאמר נמי יליף לוה לוה וכו' משמע דדרשא גמורה ונלע"ד לפרש דלעולם דרשא גמורה היא אלא דלהיות שאותה שעה לא היתה אפר פרה דהא לא נשרפה אלא ביום ב' דהקמת המשכן כדאיתא בירושלמי וכתבו רש"י ז"ל בפ' המזקין ס' ע"ב ד"ה ופרש' וכו' משתה מצינן למימר דלאחר שנשרף הפרה נכנסו מים תחת דם ושוב מצאתי להפר"ח ז"ל בריש ה' ע"ב דהכריח גם הוא דדרשה גמורה היא יעי"ש. וז"ל הרב המאירי ז"ל עד שלא נשרפה הפרה היו מזין בדם על הדרך הנאמר בפ' מלואים משנשרפה הפרה נכנסו מים תחת דם וכו' אלא שהזאת מצורע היתה בדם ולא במים עכ"ד ודו"ק.

ד"ה **הזאה** בסיני וכו' דכתיב ויקח משה וכו' דאע"ג דקודם מ"ת היתה כמו שפי' רש"י בחומש והכי איתא במכילתא פ' יתרו ומה עשה משה בחמישי השכים בבקר ובנה מזבח וכו' נעל מדם העולה וכו' וא"כ אין ראיה מכאן להצריך הזאה לנכנס במחנה שכינה דקרא דוישכון כבוד וכו' ויכסהו הענן וכו' לאחר מתן תורה היה איצטריך דר"י הגלילי דס"ל דמשום פרישה היה כדלקמן מ"מ כונתם להקשות דכיון דאשכחן מיהא הזאה בסיני אימא דנכנס במחנה שכינה טעון הזאה כדאשכחן בישראל דמשמע דמשום שנתקרבו להר סיני ששרתה עליו שכינה הוצרכו הזאה ומה שמשה לא הוצרך הזאה כשעלה למרום לאחר מתן תורה מפני שאותה הזאה הקודמת עלתה לו גם לכניסה זו ותי' שפיר דאותה הזאה לא היתה משום כניסת מחנה כלל אלא משום קבלת הברית כדמוכח מקרא וכדאיתא ביבמות מ"ו ע"ב ובכריתות ט' ע"א מה אבותיכם לא נכנסו לברית וכו' יעי"ש וק"ל.

בא"ד ותימא לי דלקמן בפרקין וכו' ומסיק דלבר משבת וכו' דא"כ דר"י לא יליף ז' ממילואים אלא דמהתם יליף דהנכנס למחנה שכינה לריך הזאה אבל הא דתקון ז' משום ספק טומאת מת הוא ניחא דהשתא תקון נמי דלא תדחי שבת אבל לא"כ שכתבו דפריך הזאת כל ז' בסיני מי הוה א"כ משמע דר"י יליף ז' נמי ממילואים וא"כ תיקשי אמאי לא דחיא שבת כי התם ואע"ג דדבר ידוע הוא גבי פסח דרבנן תקון דהזאה אינה דוחה שבת אפי' לבטלו בפסח כדאיתא בריש אלו דברים ובפ' האשה ל"ב ע"א מ"מ ס"ד דדוקא התם לא דחיא משום דאין לו זמן קבוע והיה יכול לעשותה מאתמול כדאיתא התם א"ל ר' הבא לי מועד לאלו וכו' כלל אמר ר"ע וכו' אבל זו שלריכה כל שבעה ס"ד דדחיא ותי' שפיר דהכא נמי גזרו דלא פלוג בהזאה כלל וק"ל.

באי"ד ותימא לי דלקמן מפרש וכו' לימא משום דגמר ממילואים וכו' ור"י דקאמר התם דבשניהם אין מחין אלא ג' וז' ס"ל כברייתא דיליף מסיני ומשום מעלה התקינו כדקאמר ר"ל ודי לנו לתקן דומיא דע"מ דעלמא ג' וז' ור"ח סגן הכהנים ס"ל דבפרה משום מעלה תקון ז' כדקאמר התם ולא ניחא להו לפרושי דהא דקאמר מתקיף לה ריב"ח בשלמא ראשון וכו' אדר"ח סגן הכהנים דוקא פריך דמשמע ליה לריב"ח דלר"ח תקון ז' בפרה משום חשש זה אבל אה"נ דלר"מ ל"ק דאימא דיליף ממילואים ולא משום חששא דסתמא משמע דאדר"מ נמי פריך יעו"ש גם לא ניחא להו למימר דריב"ח אהזאת ז' ימים דפרה דהוו משום מעלה דוקא פריך אבל מדיוה"כ ל"ק ליה דהכיא לאו משום חששא חדא דאימא דר"מ תרוייהו יליף ממילואים כריב"ל דמתני תרתי ועוד דמדקאמר בתר הכי אמר רבא שלכך כ"ג ביוה"כ וכו' משמע דהתם נמי טעמא משום חששא וע"ש יק"ל.

באי"ד א"נ י"ל וכו' ס"ל קרא אסמכתא וכו' ולעד"נ לתרץ לפי מ"ש לעיל דדרשא גמורה היא אלא מדיתקון רבנן מים ולא דם כמלואים משמע דס"ל דהזאה דמילואים הואי נמי משום טהרה אלא דכיון דבאותה שעה עדיין לא נשרפה הפרה כדלעיל להכי עשאוה בדם וא"כ משמע דמשום ספק ע"מ נגעו בה ולהכי פריך בשלמא ראשון וכו' ודו"ק.

ד"ה **תניא** כותיה וכו' הא ר"ע ס"ל וכו' הוו אלו למימר נמי אינך ר' נתן ור' מתיא דאינהו נמי לא ילפי מסיני כדפירש"י שם אלא דר"ע אלים טפי וק"ל. ומ"ש והדר קאמר תניא נמי כותיה דר"ל דאיכא תנא וכו', כלומר והוי כאלו אמר ודר"י ור"ל תנאי היא כדרך הש"ס בשאר דוכתי אלא דהכא לא קאמר הכי בהדיא משום דהא אשכח ברייתא סתמא דעדיפא כר"י ותו לא חייש אלא לאשכוחי תנא דס"ל כר"ל ולהכי קאמר סתמא ת"כ דר"ל ולא חשש להזכיר דר"ע ס"ל כדר"י וק"ל.

באי"ד אבל איתא לי וכו' אבל לדורות לא גמרינן וכו' וכו"א דא"ב בין ר"י הגלילי לר' נתן ור' מתיא דלדידהו אין אנו מוכרחים לפרש ויכסהו הענן למשה לקדשו ולטהרו כדר"י הגלילי כי התכלית היה למרק אכילה ושתיה או כדי שיהיה מובדל ובלא ענן נמי הוה סגי ליה ולדר"ע קיימי והכי קאמרי דאף שתפרש ויכסהו הענן להר עדיין יש לומר דמעשה היה לאחר מ"ת ולא בא הכתוב אלא למרק וכו', וכבר היה אפשר לומר דלא ס"ל כפרש"י אלא דאינהו נמי ס"ל כר"ע דקודם מ"ת הוה כדרך שכתב מהרש"א בחידושי אגדות יעו"ש אלא דמסתימות דבריהם משמע שמסכימים לפרש"י ודו"ק.

באי"ד א"כ ר"י דריש להו לקראי כר"ע וכו' ויש לנו לומר השתא דהו"ע דלא יליף מסיני משום דמעשה הוה קודם מ"ת דאי הוה דריש לקראי כר"י הגלילי עפי הוה ניחא לן למילף מסיני ולא ממילואים דהוי דבר המעכב דכתיב בהו ככה דלקמן ועוד דקרא דמילואים אינו מוכרח לפרשו ללמד לדורות כמ"ש לעיל ד"ה נכנסו וכו' משא"כ בסיני דמייתר שבת ימים ללמד לדורות כמ"ש לעיל סד"ה זה בנה אב וכו' וכיון שכן שפיר קאמר תלמודא ת"כ דר"ל דע"כ לומר דר"י הגלילי דריש לקראי לפרישה דלאחר מתן תורה ומהכא ילפינן פרישה לדורות ולא ממילואים וכר"ל ודו"ק.

עמוד ב', גמרא, **תסתיים** דר"י הוא דאמר כל הכתוב וכו' בירושלמי דפרקין איתא בהדיא איפכא דר"ח אמר ועשית לאהרן ולבניו ככה כל האמור בפרשה מעכב ור"י אמר כל המעכב לדורות מעכב כאן וכל שאין מעכב וכו' וצריך ליישב דהא התם נמי מייתי הא דבעי ר"ל מר"י אי מה איל המילואים מעכב אף שעיר של יוה"כ מעכב וכו' ומשמע דהכ"ק אי מה איל המילואים דהקריבו ביום ח' מעכב פרישה דידיה מטעם דכל האמור בפרשה מעכב כדקאמר תלמודא דידן לעיל ולפי הירושלמי תיקשי דהא התם לא משני ליה ר"י לר"ל ול"מ בהוכחת תלמודא דידן וי"ל דהירושלמי ס"ל דהא דלא שני ליה ר"י לאו משום דס"ל כר"ל דכל הכתוב בפרשה מעכב אלא לא הוה משנוי ליה משום דאף לדבריו אין ראיה ללמוד משם גם לפרישה יוה"כ שיעכב דהא עוכא אשכחן בעלמא דדבר שאינו מעכב למד מדבר מעכב וכדקאמר הירו' התם בתר הכי ועוד אפשר דלהירושלמי כא דבעא ר"ל לר"י לאו מפרישת המילואים אקשי ליה כשיטת תלמודא דידן אלא דבמילואים קים ליה לר"ל דפר ואיל דשמיני מעכבים זא"ז ודומיא לאילים ופר דתוך ז' דמילואים דנפקא לן בת"כ פ"ל במכילתא דמילואים שאם הביא פר זא' מן האילים לא יצא ידי קידושם שני אילים ולא הביא פר לא יצא ידי קידושם וכו' ובפסיקתא הביאה בס' קרבן אהרן שם איתא נמי דיליף מדכתיב האיל השני שאם הקריב הא' ולא הקריב השני לא יצא ידי קידושם יעו"ש וזה אף למ"ד דבר המעכב לדורות וכו' איתא דהא בכא גלי קרא בהדיא דמעכב והשתא אף לשיטת הירושלמי דר"י ס"ל דבר המעכב לדורות וכו' מ"מ פריך ר"ל שפיר וה"ק אי מה איל המילואים מעכב את הפר כדאמרן אף שעיר פנימי דיוה"כ אימא דיעכב את פר ואיל של מוסף היום שאם אין להם שעיר פנימי לא יקריבו פר ואיל והא ודאי משמע דלא מעכבי ועיין בפ' התכלת דף מ"ט ע"א [(וכ"פ בס' קרבן העדה יעו"ש)] אבל לשיטת תלמודא דידן דר"ל אקשי ליה לר"י מפרישת ז' דמילואים דמעכב והיינו מכח דקיי"לן דכל הכתוב שם מעכב ע"כ לומר מדלא מהדר ליה ר"י מידי ש"מ דס"ל כוותי' וא"כ ל"ל איפכא דר"י ס"ל כל הכתוב וכו' ור"ח ס"ל דבר המעכב וכו' וה"נ דלקמן ה' ע"ב קאמר ר"י משום רשב"י שאף מקרא פרש' מעכב וכו' אלא דמהך לתודיה ליכא ראיה גמורה למיפשט דר"י ס"ל הכי כנלענ"ד ודו"ק.

דף ה' ע"א גמרא **לתנופה** לכפר וכו' מ"ש בחי' הריטב"א פי' גבי מצורע עני וכו' יעו"ש והכי מייתי לה בת"כ פ' מצורע שם וכ"כ התוספות במנחות ל"ג ע"ב.

שם נתרבה ז' ונמשח יום א' וכו' מ"מ וכו' הקשה בשכ"י [בשיטה כ"י] דא"כ אימא אפי' נתרבה יום אחד ונמשח יום א' ומכח זה רצה להגיה שבצ"ל גם לד זה נתרבה יום א' ונמשח יום א' ע"כ האמת הוא דודאי הדין כן וכמ"ש הרמב"ם פ"ד מה' כלי המקדש ואם עבד קודם שיתרבה בבגדים כל שבעה או קודם שימשח כל ז' עבודתו כשירה הואיל ונתרבה או נמשח פעם א' נעשה כ"ג לכל דבר ע"כ אלא שקשה בעיני להגיה הספרים ושוב ראיתי בספרי פ' אמור [(ורמז כן הכ"מ שם אלא שיש טעות)] דדרש אקרא דוהכהן הגדול מאחיו אשר יוצק על ראשו שמן המשחה ומלא את ידו וכו' כדרשא דברייתא דהכא ומסיים שם נמשח ז' ונתרבה יום א' נמשח יום א' ונתרבה ז' נמשח יום א' ונתרבה יום א' ואפילו שעה א' מנין ת"ל אשר יוצק וכו' ע"כ ונראה דהכי גרים רש"י ז"ל בתלמודא מדכתב דלא גרסינן ואפי' שעה א' דאנתרבה יום א' ונמשח ז' לא שייך לגרום אפי' שעה א' אלא דגרים כגי' הספרי ומחק אפי' שעה א' דהא משיחת יום א' אינו אלא שעה א' ומאי אפי' דקאמר וכמ"ש הריטב"א בחי' יעו"ש, ולפ"ז צריך לגרום כאן כההיא דספרי וכן היא גירסת הילקוט בפ' תצוה דמה שראיתי בס' פני יהושע בחידושיו לסדר מועד בליקוטים שבסוף הספר דרצה לחלק בין עבודת יוה"כ דהתם בעינן לעיכובא או רבוי או משיחת ז' והביא דספרי היינו לענין שאסור לכל הדברים האמורים בפרשה אפי' בריבוי או משיחה פעם א' עי"ש, אין נראה לענ"ד דהא בספרי פ' אמור אקרא דוכפר הכהן אשר ימשח אותו מסיים שם מנין לרבות כהן אחר המתמנה ת"ל וכפר הכהן ע"כ הא קמן דמרבינן מקרא דליוה"כ נמי אין המתמנה צריך קודם זה רבוי בגדים או משיחה דמ"ש בס' פני יהושע שם דהתם שאני משום דאין דנין אפשר וכו' דע"כ צ"ל כן בכהני בית שני נראה דלא דמי כלל דכאן הרי יש תקנה להפרישו ז' ימים קודם אלא ודאי דלהכי אצטריך קרא לרבויי לומר שאין צריך רבוי ו' ומשיחה ז' כלל אף ליוה"כ משום דכדיעבד דמי ואי תיקשי לך דהא מ"מ ה"ל להצריך יום א' קודם דהוי מילתא לעיכובא תרין דהיינו דאמר תלמודא לקמן י"ב אמר אביי לובש שמנה וכו' אלא שצ"ל דמשיחה לא הצריכו לדחות יוה"כ כיון דבלא"ה ילפי' מקרא דמרובה בגדים לחודיה כשר לעבודה כדאיתא בספרי פ' אמור שם וז"ל הרמב"ן ז"ל בפ' אחרי מות אבל בכל הזמנים אם נתרבה בבגדים כשר לעבודת יוה"כ שהרי לעולם מתקנין כהן אחר ביוה"כ ואין מושחין אותו ואם אירע פסול בכ"ג זה משמש תחתיו שהוא כשר ברבוי הבגדים בלא משיחה ע"כ והגם דפשטא דברייתא דהכא משמע דמשיחת יום א' מילתא מעכב ותיקשי מינה להרמב"ן וכמו שתמה

בס' לדה לדרך שם, ועיין מ"ש בח"י ד"ה נתרבה וכו', מ"מ לכהן שנתמנה ליכא מאן דפליג דליבעי משיחה אלא שצריך ליישב דבשלמא לברייתא דספרי דפ' אחרי מות דדריש קרא דוכפר הכהן לומר דלאו דוקא אהרן וגם דבמרובה בגדים לחודיה כגון מיאשיהו ואילך דעבודה כשרה בו ניחא דהשתא איצטריך קרא דוהכהן אשר יולך וכו' למדרש דאפי' רבוי ומשיחת יום א' סגי אלא לברייתא דתלמודא דידן דדריש קרא דוכפר לריבוי ומשיחת יום א' תיקשי קרא דוהכהן וכו' למ"ל, ושמא י"ל דתרוייהו איצטריכו קרא דוכפר דלעבודת יוה"כ אפי' בריבוי ומשיחה יום א' סגי ולא תימא דבעינן כל ז' לעיכובא וקרא דוהכהן דכתיב בפ' אמור ללמד דאף לשאר מצות כ"ג לא נאמר בהם אלא דוקא במשיחה ורבוי יום א' מיהא ולא תימא דמשנתמנה בפה נאסר בהם עיין בירושלמי דפרקין וא"כ לאשמועינן דאף בהלו לכתחילה בעינן רבוי ומשיחת ז' דאלת"כ למאי אצטריך קרא למעוטינהו והא דמרובה בגדים לחודיה סגי ס"ל ברייתא דהכא דל"ל קרא דהא כיון דלא מרבינן מקרא אלא דוקא היכא דליכא שמן המשחה אין דנין אפשר וכו' א"נ י"ל דברייתא דהכא דריש לקרא דוהכהן כדאיתא בכוריות י"ב ע"ב לרבות אף מרובה בגדים ומשוח מלחמה לה' דברים האמורים בפ' ראשו לא יפרע וכו' וא"כ מהכא בגלוי מלתא ילפינן דהיכא דליכא שמן המשחה דכשר אף לעבודת יוה"כ כנלע"ד ודו"ק.

שם אבע"א מדאיצטריך קרא למעוטה וכו' דליכא למימר דאיצטריך לדורות נמי בעי משיחה לעבודת יוה"כ לכתחילה דהא פשיטא ונפקא לן כבר מקרא דוהכהן המשיח תחתיו שאם נמשח הוי כ"ג ואי לא לא כדאיתא בהוריות י"א ע"ב ועוד דהא כתב בפ' תלוה ובגדי הקדש אשר לאהרן וכו' למשחה בהם ולמלא בם את ידם ז' ימים ילבשם הכהן וכו' אשר יבא אל אהל מועד וכו' דהיינו ביוה"כ וכדפרש"י ד"ה לפי וכו' ונלענ"ד דאף נתי' זה ס"ל לברייתא מעיקרא לאקושי משיחה לריבוי מקרא דבגדי הקדש וכו' והיינו דקתני לפי שנאמר ז' ימים וכו' אין לי אלא נתרבה ז' ונמשח ז' כלומר דלעיל מיניה כתיב ובגדי הקדש וכו' ואיתקש משיחה לריבוי ואפ"ה פריך משיחה ז' מנ"ל משום דס"ל דלמשחה דהתם לאו משיחה ממש הוא אלא לשון שררה כדפירש"י בחומש שם ותירץ ליה דמדאיצטריך קרא דאשר ימשח למעוטי ש"מ דמשיחה ז' בעינן ומהשתא בגילוי מלתא מגינן למימר דלמשחה ולמלא איצטריך לאקשוניהו והגם דמהכא ילפינן לה מדאיצטריך וכו' מ"מ ניחא לה לברייתא למילף היקשא מקרא דלמשחה משום דסמיך ליה כתוב ז' ימים ילבשם וכו' ואבע"א דבלאו הוכחה מדאיצטריך ילפינן שפיר מקרא דלמשחה דכיון דאפקי' קרא בלשון משיחה משמע דבמשיחה נמי איירי וא"כ דס"ל דמתרץ דהיכון לפרש דוקא משיחה ולא שררה וכמ"ש הרמב"ן בפי' לחומש שם ובזה יתורץ מ"ש התוס' בד"ה איתקש וכו' יעו"ש ודו"ק.

רש"י ד"ה **רבוי** ז' שימש כ"ג וכו' בשבעת עבודה וכו' לא ידענא מנ"ל שהיה עובד כל ז' דמילואים משה היה עובד כל ז' כדאיתא בת"כ פ' לו ולא היה שם כי אם חינוך בגדים כל ז' כדכתיב ז' ימים ילבשם וכו' ומהא דתנן לקמן י"ד ע"א כל ז' הימים היה זורק וכו' אין ראיה דלא היה אלא להרגילו בעבודה כמו שפי' שם ולא לעיכובא ושוב ראיתי שכ"כ הרמב"ם בפ' ד' מהל' כלי המקדש שמיום שם ואם עבד קודם שיתרבה בבגדים כל שבעה וכו' עבודתו כשרה וכו' ואף לס' הראב"ד שם דלא נאמר זה אלא לעבודת יום הכפורים יעו"ש, נקוט מיהא דלמילואים דהבא קיימינן בענין חינוך בגדים בלא עבודה דומיא אם היה תחילת עבודתו ביוה"כ וצ"ל דלאו משום מילואים ויוה"כ נקט הכא ששימש וכו' אלא לעבודות של אותן הימים שיכול לעבוד אף שעדיין לא נתחנך בבגדים ובמשיחה וכס' הראב"ד והיינו דבחומש פי' לקרא דאשר יבא דהיינו ביוה"כ וכן פי' לקמן ד"ה לפי' וכו' דלא ניחא ליה לפרש כפשוטו באהל מועד וכמו שהקשה הרא"ם שם משום דס"ל דא"ל חינוך לדורות קודם שיעבוד אלא לעבודת יוה"כ אבל עבודות של כל יום עובד אף שעדיין לא נתרבה ובמשה ז' אבל מילואים כיון שהיו תחילת עבודה שלא קדם לה עבודה בכהן לכך הוצרך גם שם רבוי ז' ומשיחת ז' אף שלא היה לעבודת יוה"כ ואי נמי אפשר שגם שם אם היה אהרן יודע להקריב היה מותר לו לעבוד באותן הימים כי לעבודת שמיני למילואים בדוקא היה החינוך אלא שהקריב משה להראות לו סדר עבודות כדאיתא בת"כ שם כנלע"ד ודו"ק.

ד"ה **כל** הכתוב וכו' מדאיתקש נמי וכו' דהשתא נמי ידעינן הך סברא לאקשינהו דע"כ לא איבעיא ליה לקמן משיחת ז' לכתחילה מנ"ל אלא משום דאייתי מיעוטא דאשר ימשח אותו וכו', וכמ"ש התו' ד"ה איתקש וכו' וק"ל.

ד"ה **מה** ת"ל וכו' והלא כל הפרשה וכו', דליכא למימר דאיצטריך לכהן הבא אחריו שהוא כמוהו לעשות כל כפרות אלו דהא מקרא דבזאת יבא אהרן ומקרא דכאשר עשה ביום הזה שמעינן דכ"ג דעלמא בעי נמי פרישה ליוה"כ כדאיתא לעיל ד' ע"א וא"כ ממילא שמעינן מהך דלאו דוקא כל זמן שאהרן קיים וצ"ל דאידך ברייתא דאיתא בת"כ שם ובירושלמי דפרקין ופי' כן ז"ל בחומש שם דקאמר מה ת"ל לפי שכל הפרשה אמורה באהרן אין לי אלא אהרן עצמו מנין לרבות כהן אחר ת"ל אשר ימשח אותו וכו' דלית ליה דרשא דבזאת למה שאמור בענין אלא דריש לה למלתא אחריתי לומר דתבילות של מצות היו בידו בזכות התורה וזאת התורה וכו' כדאיתא בילקוט שם דהשתא מקרא דכאשר עשה וכו' אימא דלא מרבינן אלא דיוה"כ נמי בעי פרישה כמילואים אבל אכתי אימא דכל זה כל זמן שאהרן קיים דהא אהרן כתיב בפרשה ולהכי איצטריך וכפר הכהן וכו' וק"ל.

תוספות, ד"ה **סמיכה** א"ב וכו' קרנת כתיב וקרן א' מעכבא וכו' כדאיתא בפ' בית שמאי ל"ו ע"ב אליבא דב"ה וא"כ ע"כ דשירי' אינ' שוים לעיק' דם דמתני' אלא י"ל דשירי' אף שלא משאן כלל לא מעכבי ואפי' לב"ש דס"ל התם יש אם למקרא והרי כאן שש ארבעה למצוה וב' לעכב ואימא השתא דשירים מעכבים לענין דשיעור מועט מיהא בעינן ואף שנשפכו רובם לא מעכבי אבל אם לא עשאם כלל אימא דמעכבא אפ"ה י"ל דלא מעכבי כלל מדכתב בחטאת וכו' וק"ל. ומ"ש ופרש"י מדשינה בהילוך וכו' כל"ל.

ד"ה **איתקש** וכו' וי"ל מסברא וכו' ונלענ"ד לתרץ באופן אחר ע"פ דרכם דלהאי תירוצא מעיקרא נמי אקרא דאשר ימשח סמיך וה"ק לפי שנא' שבעת ימים ילבשם וכו' ומיניה ילפינן דרבוי ז' וה"ה למשיחה דכתיב וכפר הכהן אשר ימשח וכו' דלא איצטריך דהא כיון דכתיב הכהן ידעינן דאינו נקרא כהן לעבודת יוה"כ אלא במשיחה ורבוי כדמוכחי קראי דפ' תלוה דכתיב התם אשר יבוא אל אהל מועד וכו' אלא איצטריך לאקושי משיחה לריבוי דתרווייהו ז' נתרבה ז' ונמשח יום אחד ת"ל אשר ימשח וכו' מ"מ והיינו דפריך משיחה ז' מנ"ל דהשתא דצריך לרבות אפי' יום א' א"כ קרא לא מייתר למימר דהקישם זל"ז ותירץ שפיר דאם איתא דמשיחה אפי' לכתחילה יום א' א"כ לישתוק קרא מיניה ולימא אשר ימלא דהא לכא למיעטי דסגי במילוי לחודיה דהא מקראי דתלוה ידעינן שפיר דליוה"כ נמי בעינן תרתי אלא ודאי להכי כתיב הכא אשר ימשח משום דכיון דאתקש לרבוי ז' איצטריך למעוטי דבדיעבד סגי ביום א' ועיין מ"ש עוד בסוגיא ובס' קרבן אהרן פ' אמור ריש פרשה ב' וק"ל.

ע"ב גמרא **אמר** אביי בכתונת ומלנפת כ"ע ל"פ וכו' אע"ג דודאי אהא ל"פ דהא ל"פ אלא למסבר מקראות הסותרים ואין סתירה אלא באבנט כמו שפירש"י מ"מ היה אפשר לומר דלהוא מ"ד גלי קרא דוחגרת אותם אבנט דהוי בבת א' וה"ה לשאר בגדים והא דפלגינהו קרא מפני שהם משונים זה מזה ולעולם דהשאר בגדים נמי בעינן למסבר קראי ולהכי אשמועינן אביי דודאי שאר בגדים אהרן קדים דהכי משמע פשטא דקראי אף דנוהה דאם משום דמשונים פלגינהו הול"ל קרא דולקחת את שמן המשחה ויצקת על ראשו בתר לבישת בניו אלא ודאי משמע שקדם לבישת אהרן לבניו ושוב ראיתי בשכ"י [בשיטה כ"י] שהרגיש בזה וכתב שנ"ל שלזה נתכוון רש"י ז"ל במ"ש אביי מפרש למלתייהו וכו' דזה פשוט אלא ירצה לא תימא שנשאלה שאלה זו דכילד הלבישן לפני אביי ומייתו עלה למסבר קראי ופליגי בה וכו' ועלה קאמר אביי למלתיה אלא אביי לא רצה אלא פלוגתא דבני ר"ח ור"י ומפרש לה למלתייהו עכ"ד וק"ל.

רש"י, ד"ה **מילתא** דכתיב וכו' חורים ותומים כשלבישן וכו', דהיינו שם המפורש שהיה נותן תוך כפלי החושן כמו שכתוב בחומש ולקמן ע"ב ע"א דיבור המתחיל כלפי שכינה וכו' אלא דאיכא למידק דכיון דמכנסים לא כתיבי לא בפרשה דצואה ולא דעשיה וע"כ לרבותא כדקאמר ריב"ח בסמוך מאחר דהדבר ווי"ו מוסיף על ענין ראשון דעשיית הבגדים מהכא נילף נמי אורים ותומים ומאי קאמר מנ"ל ולמאי איצטריך ג"ש דפתח פתח וכו' ושמא י"ל דלא מרבינן מזה הדבר אלא דבר שהוצרך בו עשיה כדכתיב וזה הדבר אשר תעשה לאפוקי אורים ותומים שלא הוזכר בהם עשיית האומנים כעשיית הבגדים אלא משה כתבם ונתנם בתוך כפלי החשן כדכתיב ונתת אל חושן וכו' וכמ"ש הרמב"ן בפי' שם ואפשר דלהכי דייק רש"י ז"ל לקמן ד"ה כשהוא אומר וכו' ושם כתיב ועשה להם מכנסי וכו' ובירושלמי דפרקין איתא ריב"ח אמר עשירית האיפה ומכנסים מעכבים מה טעמא זה וזה עשיה ע"כ ומשמע דיליף דמכנסים כתיב לישנא דעשיה ועשה להם וכו' וכן בעשירית האיפה כתיב תעשה יעשה אותה והכא כתיב וזה הדבר אשר תעשה ואם מתפרש כך הנה הגם דלקמן ילפינן עשירית האיפה מג"ש דזה וזה מ"מ נקוט מיהא למכנסים דעיקר ילפותא מדכתיב בהם לישנא דעשייה וא"כ אף שנפרש כפי' ז"ל דמוי"ו מוסיף קדרים אינו רחוק לומר כמ"ש דדוקא מה שהוצרך עשיה הוא דמרבינן מיניה וא"נ י"ל דלא הוה מרבינן מוי"ו מוסיף אלא דוקא מכנסים שהם מכלל בגדי כהונה ומחוסרי בגדים במיתה אבל אורים ותומים שלא היו אלא להשרות שכינה בשעת שאלה שיאירו האותיות מול פני הכהן [ועיין בזוהר פרשת פקודי רל"ד ע"ב] אימא דלא מעכבי לענין עבודה דמילואים ולהכי איצטריך ג"ש דפתח וכו' לכל מה שאמור אף בענין העשיה דמעכבא כנלענ"ד ודו"ק.

ד"ה **פתח** פתח וכו' גי' ספרים ישנים היא בצואה כתיב אל פתח אהל מועד וכן בעשיה תקריב פתח אהל מועד וכו' ע"כ והנה הגם דהרבה פתחים נאמרו שם בין בצואה בין בעשיה נקט ז"ל תרתי בכל א' לאשמועינן דג"ש זו שייכא בין למה שנעשה בפתח ממש דהיינו תקריב פתח אהל מועד וכו' ואת כל העדה וכו' ובין למה שנעשה לפנים מן הפתח תוך חצר המשכן דהיינו קראי דואכל אהרן וכו' בשלו את הבשר וכו' וכמו שפי' [רש"י] ז"ל בחומש בפ' תצוה דקרא דואכל אהרן וכו' פתח אהל מועד כל החצר קרוי כן ועיין ברמב"ן שם בפסוק והקרבת את הפר וכו' ואע"ג דלמאי דקיימינן ביה דאורים ותומים סגי לן בג"ש דפתח פתח ממ"ש שם היה לבישת בגדים מ"מ רצה להודיענו דג"ש גמורה היא לכל מה שאמור בענין בין דצואה ובין דעשיה כנלענ"ד, ומה שהגיה מהרש"א יעו"ש לא זכיתי להבין יתור זה היאך הו' כיון דפתח דהכא לא דמיא לפתח דהתם כמ"ש יעו"ש ושוב ראיתי להריטב"א שכתב דבין בצואה ובין בעשיה כתיב פתח מיותר בג"ש דו"ק ותשכח ע"כ, ונראה דהיינו קרא דצואה ושחטת את הפר לפני ה' פתח אהל מועד דמייתר דהא כתיב לפני ה' ועוד דלעיל מיניה בסמיכה כתב לפני אהל מועד וה"ה לשחיטה באותו מקום דתכף לסמיכה שחיטה וא"כ פתח א"מ דקרא דואכל אהרן מייתר דכל"ל ובשלת את בשרו במקום קדוש ושם יאכלו אהרן ובניו את בשר האיל כדכתב גבי עשיה בשלו את הבשר פתח אהל מועד ושם תאכלו אותו וכן בעשיה ותקהל העדה אל פתח אהל מועד מייתר דלימא ותקהל העדה לחודיה דודאי היה שם כאשר צוה ואל כל העדה הקהל אל פתח אהל מועד וא"כ דפתח א"מ דקרא דבשלו את הבשר פתח אהל מועד מייתר דהא כיון דמסיים כאשר צויתי לאמר וכו' משמע דפ' דצואה ואכל אהרן וכו' אמרה להם והכי איתא בת"כ שם בשלו וכו' כמו שנא' ואכל אהרן וכו' ואכאשר צויתי קאי לפרושי כמ"ש בס' קרבן אהרן שם וא"כ לימא בשלו את הבשר ואכלו אותו וכו' כאשר צויתי וכו' והנה מכלל דברינו עלתה ארוכה להבין הגהת מהרש"א יעו"ש ודו"ק.

ד"ה **ת"ר** וכו' למאי אתא וכו', ולסייעיה לר' אשי מהך דדוקא הכא שפיר איצטריך דלהיות שהיה להם דבר חידוש שאוכלה באנינות הוצרך לומר להם כי כן צוה אבל התם למאי איצטריך אם לא לעיכובא וק"ל.

ד"ה **כאשר** צוה ה' ולא מאלי וכו' כאשר עשיתם בחטאת וכו' דאע"ג דהכא קרא קודם שרפת החטאת כתיב אין מוקדם ומאוחר והוצרך לומר כאן כן כי להיות שהודה משה שטעה לומר גם בחטאת שהוא קדשי דורות אפשר שגם בקדשי שעה טעה בין זבח למנחה והיינו דברייתא סדרם שלא כסדר הכתוב וכמ"ש כ"ז בריטב"א בחי' וכמ"ש בח"י ד"ה ולא מלבי וכו' ולאפוקי מה שראיתי [בשיטה כ"י] שנתקשה בזה ורצה לומר ג"כ דברייתא רצה לרמוז גם קרא דועשה את קרבן העם וכפר בעדם כאשר צוה ה' וליתא דשם הוצרך לומר כך לפי שהיה מתבייש או מתירא כדאיתא בת"כ שם שהיה אהרן רואה המזבח כדמות שור לכך הוצרך לומר לו קרב אל המזבח בזריזות כאשר צוה ה' וק"ל.

ומ"ש כמו ששנינו וכו' וכדאיתא בפ' טבול יום ק"א ב'.

ד"ה **מקרא** וכו' בכ"ג נאדר וכו' ואין מוקדם ומאוחר בתורה כמ"ש בפי' החומש ועיין בהרמב"ן שם.

ד"ה **אביי** וכו' ומלנפת שוין בגדול וכו' דהכי ס"ל ז"ל כמ"ש בפ' תצוה ועיין דברי התוספות לקמן י"ב ע"ב ובמ"ש הרמב"ן והרא"ש שם ובדברי הרמב"ם והראב"ד פ' ח' מהל' כלי המקדש. ומ"ש ומכנסים לא הוצרך לומר שהרי וכו' דס"ל דאין סברא לומר דנלמדם עליית אהרן ובניו מבית הטבילה בבת אחת וילבשו המכנסים בבת א' עיין בלשונו לקמן כ"ג ע"ב ד"ה ילבשם וכו' ואפשר דמפני סברא זו פי' התוס' באופן אחר משום דלא כתיבי וכו' וק"ל.

תוספות, ד"ה **להביא** וכו' והקשה ר"י וכו' ותירץ וכו' עיין בפירש"י דחומש ובמ"ש הרמב"ן והרא"ם שם יעו"ש כי אין להאריך. ומ"ש אני נכנסתי בין האולם ולמזבח וכו' עיין מ"ש מהרש"א אבל הר"ש בפ"ק דכלים בסוף דבריו שם לא ניחא לו בזה יעו"ש ואסיק נמי התם דאפי' אהיכל לא מחייב אביאה ריקנית וכן משמע מדברי התוספות שם בהנשרפין סד"ה אין בגדיהם וכו' שדחו תי' ריצב"א דהכא יעו"ש וכן הכריח הרמב"ן בפ' שמיני ובהשגותיו ללאו ע"ג ועיין בהרמב"ם פ"א מה' ביאת המקדש וצ"ל דלקושיא שהקשו התוס' שם ד"ה ולא משום טומאה וכו' ומיהו קשה הא דקתני ולא משום רחוץ וכו' תיפוק ליה וכו' כתו' דהכא דס"ל למסקנא דאביאה ריקנית מחייב יתרצו קושיא זו בדרך שתי' הר"ש שם ומיהו איכא לדחויי ההיא דסדור שלחן כגון דשגג בביאה וכו' יעו"ש וק"ל.

ד"ה **מאי** דהוה וכו' ולא פריך התם כי הכא וכו', וליסני נמי התם למסבר' קראי כי הכא וכמ"ש התוס' שם אלא דצריך ליישב דמעיקרא מאי קשיא להו דאימא דסתמא דתלמודא התם סמיך אמאי דפריך ותריץ הכא וכבר היה אפשר לומר דכן כונתם דהתם סמיך אדהכא אבל יותר נראה לפרש דה"ק דהתם לא פריך מידי משום דנ"מ אי ילפינן שעה מדורות וה"ה דהשתא נמי נ"מ דילפינן דורות משעה וכדרך שתירצו במס' חגיגה ו' ע"ב ד"מ מאי נ"מ וכו' ועיין בחידושי שם וק"ל.

דף ו' ע"א, גמרא, **ויחגור** אותו וכו' למ"ל וכו' הא דלעיל נמי לא מסיים בה הכי וחגרת אותם למ"ל ש"מ וכו' משום דהכא י"ל דלעולם מוחגרת אותם שמעינן מיניה תרתי דאבנטי' שוים ודאהרן ובניו בבת א' ומשום דמלואים כל הכתוב בהם מעכב כדלעיל להכי אשמועינן קראי דעשיה דדבר זה אינו מעכב ויש סמך לפי' זה מירו' דפרקין יעו"ש ולהכי קאמר הכא ויחגור וכו' למ"ל דעפי ניחא לן לפרושי דאשמועינן דאהרן ואח"כ בניו ודגם זה מעכב ככל ענייני המלואים מלמימר איפכא כנלענ"ד ודו"ק.

שם למה מפרישין וכו' יש לדקדק דכיון דאין טעם ר"י ור"ל רמוז במשנה מאי קמתמה דילמא המקשה לא שמיע ליה וזה דומה למ"ש התוס' בריש כל התדיר ד"ה מנ"ל כדקתני טעמא הכא ניחא שהטעם מפורש במשנה וכו' יעו"ש ובס' הליכות אלי אות תרנ"ע וי"ל דהכא שאני דמדקשה למה מפרישין ולא שייליה מנא לן משמע דידע שפיר טעמא דר"י ור"ל אלא דלהכוא טעמא נמי קשיא ליה למה מפרישין דמהתם אין ראיה עיין בסוגיין דלעיל ולהכי קמתמה למה מפרישין כדאמרינן טעמא שפיר אי לר"י אי לר"ל דמאי איכא לאקשויי עלייהו ותירץ לה שפיר דהכא הוא דקי"ל דלטעמייהו מביאו למה פי' דאף לטעמיה דר"ל לאו תליא ודאי לא ילפינן ממשה שפי' גם מן האשה דשאני התם

שנכנס לקבל את התורה. וצ"ל דתרתי מגו חדא מבעיא ליה מביתו למה פירש ותיקשי נמי לר"ל דיליף מסיני למה מפרישין ז' ימים ולא ו' כסיני והיינו דנקט בקושייתו לשון כולל דתקשי לתרוייהו לר"י למה מפרישין מביתו ולר"ל תקשי ג"כ למה מפרישין ז' וע"כ לפרש כן דאלת"ה אלא דידע טעמא דלר"ל שבעה משום הא דריב"ב כדמשני לעיל ג' ע"ב מאי קשיא ליה לר"י הא ודאי לדידיה נמי משום ספקא דריב"ב הוא דפורש גם מביתו ודו"ק.

שם אלא שמא יבא על אשתו ותמצא ספק נדה וכו' בירושלמי מוקי לה אפי' בודאי נדה דהכי איתא התם פי' בן בתירה שמא יבא על אשתו נדה וידחה כל ז' וישראל חשודים על הנדות כיי דתנינן תמן היה משמש עם הטהורה אמרה לו נטמאתי פירש מיד חייב שיציאתו הנייה לו כביאתו ע"כ והכי נמי משכחת לה כשנמצא על שלו מיד לאחר בעילה והתו' בפ' כל היד ע"ו ע"א סד"ה אמר רב כתבו דצ"ל דלא שכיחא יעו"ש ועיין בת"י ד"ה אבל בחד וכו' ונמ"ש שם ולענ"ד אפשר לומר דלרבותא נקט הכי דאפי' משום ספק נדה היה נדחה ומשמש כהן אחר תחתיו ושוב ראיתי שכן תירץ בספר פני יהושע בלקוטים יעו"ש ועיין במהרש"א וק"ל.

שם אמר להו ר"ח אפי' תימרו רבנן וכו' אבל בחד אחר מודו ליה וכו' אע"ג דמתני' קתני התם בהדיא ואחר זמן טמאין מספק וכו' איזהו אחר זמן כדי שתרד מן המטה וכו' ואח"כ מטמאה מעל"ע ואינה מטמאה את בועלה וכו' אלמא דלא פליגי רבנן עליה דר"ע אלא באחר אחר מ"מ ס"ד דאמרוה רבנן כדקאמר ר"ח התם דאחר זמן דלכ"ע טמאים מספק היינו בכדי שתושיט ידה תחת הכר ותטול עד ותבדוק בו אבל באחר זמן בכדי שתרד וכו' פליגי ביה ר"ע ורבנן ומתני' כ"ק והו אח"כ שנחלקו בו ר"ע וחכמים כדאיתא התם דהשתא לא ניחא להו לאוקמה כרבנן ובחד אחר דכדי שתושיט משום דלא שכיחא כ"כ כמו זמן דבכדי שתרד ותירץ ליה ר"ח דע"כ ל"פ וכו' אלא באחר אחר דהיינו לאחר זמן דבכדי שתרד אבל בחד אחר דבכדי שתרד לא פליגי וכמו שפירש"י ומעתה מצינן לאוקמי' כרבנן דהא חד אחר דבכדי שתרד מלתא דשכיחא היא לחוש עליה בפרישה דכ"ג אלא דק"ל דהא התם אדרבא ס"ל לר"ח לפרש אחר זמן בכדי שתושיט ואחר אחר בכדי שתרד ור' אשי ס"ל התם דאידי ואידי חד שעורא ומחלק בין עד בידה לאין עד בידה ואח"כ תיקשי לרש"י ז"ל דפי' כרב אשי דהתם דאסוק בקשיא ואף שנאמר דס"ל לפסוק כרב אשי דהוא בתרא וכן פי' הרע"ב שם [(הגם שהרמב"ם פי' שם כאוקמתא דר"ח יעו"ש)] ועו"ד מה שכתב הר"ש בהג' שגגות פ"ה לתרץ קושית הב"י סי' קפ"ו וכ"פ הב"ח שם מ"מ הכא דרב חסדא קאמר לה אמאי פי' ז"ל דלא כסברתו דהתם ושוב ראיתי בחי' הריטב"א דפי' מילתיה דר"ח כדפירש התם יעו"ש ולומר דמשום דחד אחר דבכדי שתושיט לא שכיח אית לן לאוקמא למתני' בחד אחר דבכדי שתרד ודהכא ס"ל לר"ח כפי' דר' אשי דהתם דדחיק לאוקמא למתניתין דהכא כרבנן דאי ס"ל לאוקמא כפירושיה דהתם בחד אחר דבכדי שתושיט הגם דלא שכיחא לוקמא נמי אפי' בנמצא אותיות כל זה דוחק ובעת פירש"י ז"ל צ"ע. ולפי פי' הריטב"א ז"ל דאמרוה רבנן ס"ד בין אי ס"ל לפרושי מתניתין דהתם כר"ח או כרב אשי מ"מ דתיקשא להו לאוקמא למתני' בא' אחר משום דשיעורא זוטא כי האי דבכדי שתרד ומכל שכן בכדי שתושיט לא הוו חיישי להפרישו מביתו דמלתא דלא שכיחא הוא ומש"ה ס"ל לאוקמא כר' עקיבא ובאחר אחר ודו"ק.

שם אר"ז ש"מ בועל נדה אינו כנדה וכו'. משמע דהכי קיי"לן דהא רב שימי איתותב וכן פסק הרב המאירי ז"ל ולא ראיתי להרמב"ם בחי' ריש פ"ע מהל' משכב ומושב שהשמיענו חילוק זה ונראה דכיון דפסק בריתא דלקמן דכל חייבי טבילות וכו' כלשונה בפ"ד מהל' איסורי ביאה וברים הל' מקוואות סתמו כפי' משמע דוקא נדה ולא בועל נדה ומה גם דממה שלא הצריך בריש הלכ' ע"כ להפריש שבע א' סמוך לשקיעת החמה שמעינן ודאי דאינו כנדה וק"ל.

שם מיתיבי כל חייבי וכו' נדה אין וכו', דכי היכי דפרש יולדת אע"ג דאיתקש לנדה כמו שפירש"י וכדאי' בפ' האשה ל' ע"ב הכי נמי הו"ל לפרש בועל נדה ותריץ ליה נדה וכל דאתי מריבויא ויולדת אצטריך ליה דבועל נדה פשיטא דהא כתיב ותהי נדתה עליו וק"ל.

רש"י, ד"ה **אמר** לך וכו' כלומר לעולם קרא דלוואה וכו'. כוונתו לתרץ קושיית התו' דיותר י"ל דדייק בקראי דלוואה בסדר לבישה מבקראי דעשיה דבהנהו לא קפיד קרא לדיוקי טולי האי דאלוואה סמיך דודאי משה לא שינה ולהכי ליכא למימר איפכא דמאותם דגבי לוואה נלמוד דאבנטים שוים ולעולם דאהרן ואח"כ בניו כדכתיב בעשי' ואידך מ"ד ס"ל דאדרבה יותר יש לו לדייק בקראי דעשיה הא קמן אורים ותומים דלא כתיבה בלוואה וכתיבי בעשיה וק"ל.

ד"ה **לא** לריכא וכו' הלביש את בניו מכנסים כתונת ומגבעת וכו', דאע"ג דבין בלוואה ובין בעשיה כתיב אבנט קודם מגבעת דהיינו מגבעות מ"מ משמע ליה דכי היכי דלהך מ"ד צ"ל דהלבישו לאהרן כל בגדיו קודם אבנט כדמוכחי קראי דלוואה הכי נמי גבי בניו הלבישם בדרך זה ומה שהקשה הריטב"א בחי' דאינו נכון לומר כן אלא יש לפרש דלאחר שחגר לאהרן ובניו אבנטיהם בבת א' חזר והלביש לאהרן בגדי כהונה גדולה וכן פי' רבינו הגדול עכ"ד נלע"ד דמירושלמי דפרקין יש סיוע לפרש"י ז"ל דקאמר התם אר"ח צין ומגבעת של אהרן קודם לאבנטים של בניו וכו' יעו"ש.

ד"ה **מביתו** למה פי' וכו' שאין ישיבה וכו' ואף למ"ש התוס' לקמן כ"ה ע"א דלצורך עבודה מותר לישב יעו"ש והא נמי לורך עבודה דגזרת הכתוב שיהיה טעון פרישה לעבודת יוה"כ מ"מ אין לנו ראיה מפורשת להצריך פרישה זו בעזרה דוקא דמקרא דמפתח אהל מועד לא תצאו אין ראיה כמו שכתבו בת"י יעו"ש.

ד"ה **בעל** קרי וכו' לטבול ביום טומאתו כדאמרינן וכו' ק"ל דהא כתיב קרא בהדיא והיה לעת ערב ירחץ במים וכבא השמש וגו' וכן תיקשי למ"ש לקמן ב"ק במגע שרץ לטומאת ערב וכו' דבהדיא כתיב לפנות ערב וכמ"ש בתוס' שם והכי איתא נמי בפסחים האי טומאת ערב כתיב ביה וכו' ואסקינן לעולם לטומאתם והא קמ"לן דבעל קרי כמגע שרץ מה מגע השרץ מטמא באונס אף ב"ק מטמא באונס ע"כ וא"כ מלבד דלא יתיישב מ"ש כדאמרינן באלו דברים עוד זאת אפי' תאמר דהכא ניחא ליה לפרש לענין טבילה למאי דס"ל השתא דסיפא דבועל נדה בטבילה איירי הכא למאי דקאמר לא לטומאתן הו"ל לפרושי כמסקנא דהתם לענין טומאת אונס ולא לטומאת ערב וכן ראיתי להריטב"א בחידושיו שכתב פרישנא בפסח שני לומר שמטמא באונס ע"כ וכן נראה מדברי ת"י וכמ"ש שם ואם היינו אומרים דכדאמר וכו' נכתב שלא במקומו וי"ל לקמן ד"ה לא לטומאתן וכו' וראשון לטומאה כדאמרינן בפ' אלו דברים בפסחים בועל וכו' הוה ניחא קצת דהשתא ס"ל דלמאי דס"ד לטבילה אתרויהו קאי ונקט בעל קרי אגב בועל נדה דלא כתיב בהדיא דטבילתו ביום אבל למסקנא דלטומאתן איירי ב"ק נמי איירי לטומאת ערב שיהיה ראשון לטומאה אפי' שנטמא באונס כדאמרינן בפסחים והאמת דדבריו לקמן צ"ק כ"כ דראה לפרש באופן אחר ממה שנא' שם בפסחים ודבכל מין ב"ק איירי ואשמועינן דבעל קרי לא הוי אלא ראשון ולא אב הטומאה כדדייק מתני' דריש כלים דלא חשיב ליה בהדי אבות הטומאה וכמ"ש התו' בהמפלת כ"ב ע"א ד"ה אלא מעתה וכו' ועיין בהר"ש שם וכדרך שפי' הרע"ב והרמב"ם בפ"ה דזבים באופן אחר דאשמועינן דשכבת זרע מטמא בנגיעה כשרץ יעו"ש אבל דבריו דהכא עדיין צ"ע אם לא שנדחוק לפרש דה"ק דלמאי דס"ד דאיירי לטבילה ב"ק נמי בהכי איירי ואי תיקשי דקרא כתיב בהדיא איצטריך לאשמועינן דנטמא באונס נמי טבילתו ביום כדאמרינן בפסחים דבע"ק לאונסו איירי וצ"ע ודו"ק.

תוספות, ד"ה **אמר** לך וכו' אפוד ומעיל וכו' דבריהם תמוהים דמקרא מלא הוא דמעיל כולו של תכלת, וכדאיתא בסוף המזבח מקדש ת"ר מעיל כולו של תכלת היה שנאמר וכו' וכבר ראיתי בס' משנה למלך פ"ח מהל' כלי המקדש שכתב דאולי ט"ס הוא וצ"ל במקום מעיל חושן יעו"ש וכן בלשון בעל המאור בספ"ק דבילה כתב בחשן ואפוד יעו"ש וק"ל.

בא"ד לא כמר דייקי ולא כמר דייקי וי"ל סברה הוא וכו' עיקר קושייתם למ"ד לא זכו אבנטו דלמ"ד זכו אבנטו הגם דודאי איכא נמי לאקשויי דאימא דוחגרת אות' לומר דאהרן ובניו בבת אחת וקראי דויחגור אותו ויחגור אותם לומר לא זכו אבנטו וכו' מ"מ יותר פשוט לומר דהאבנטים שוים דהגי דייקי קראי דפ' פקודי דכתיב מעיקרא ויעשו את הכתונת שש מעשה אורג לאהרן ולבניו וכו' ובתר הכי כתי' ואת האבנט שש משזר וכו' משמע דאבניו נמי קאי ועיין בלשון הרמב"ן שם והיינו דבסוף דבריהם סיימו ולמ"ד וכו' משוה להם מדכתב אותם כלומר דהשתא דאתינן להכי דאידך מ"ד אקרא ואג"ש סמיך בפשיטות נאמר דאידך מ"ד ס"ל להשוותם מדכתיב אותם דהא קרא דואת האבנט שש משזר דייק טפי כוותיה כמ"ש ושוב ראיתי קרוב לזה בדברי מהרש"א יע"ש וק"ל.

בא"ד ולמ"ד דתרוייהו וכו' מדכתיב אותם וכו' דע דבירושלמי פרק בא לו נפקא ליה מקרא דועשית לאהרן ובניו ככה ככל אשר לויתי אותכה מה בגדי אהרן יש בו כלאים אף בגדי בניו יש בו כלאים ואידך ס"ל מה אהרן בראוי לו אף בניו בראוי נכון ע"כ ועל פ"ז י"ל ג"כ דאידך ס"ל דככה איצטריך להא דאמר לעיל מילואים כל הכתוב בהם מעכבים ואפשר דר"י הוא דס"ל בסוגיין דאהרן ובניו בבת אחת וקרא דויחגור אותו וכו' לומר דלא זכו אבנטו דככה לדידיה דס"ל לעיל דכל הכתוב בהם מעכב להך מילתא איצטריך ולא להשוותם ובזה אני מתרץ מה שראיתי בס' אור יקרות להר"ס ילחקי ז"ל שהקשה דלעיל אפלוגתא דר"י ור"א במילואים אי כל הכתוב בהם מעכב אמאי לא פריך נמי דמאי נ"מ מאי דהוה הוה והתם ליכא למימר למסבר קראי עכ"ד דהכא נמי למסבר קראי דככה למאי איצטריך ועי"ף מיניה אם לומר דזכו אבנטו דהשתא נ"מ גם לדורות או לומר דמלואים מעכב ולעולם דלדורות לא זכו אבנטו ודו"ק.

ד"ה **מביתו** וכו' וצ"ק אינו רשאי וכו' וכן פי' רש"י בחומש פי' כי תלא וילא אל מחוץ למחנה זו מ"ע ולא יבוא אל תוך המחנה זו מל"ת ואסור ליכנס במחנה לויה וכו' וזה כאידך דרשא דאיתא בפסחים שם והיה נלע"ד לפרש תבא אשתו וכו' שכתב ז"ל דהיינו לייחוד בעלמא ולשמשו לא שיבא עליה שם דליכא למיחש שמא ישמש עמה שהרי אימה שילוח עליו ומ"ש ז"ל שהרי ע"כ וכו' כונתו דכיון דאינה קדושה מכ"ש שאין לחוש משום כבוד שכינה דהא אף אם ישמש עמה אינו מקו' מקוד' אלא דטעון שלוח ובכל כי האי אין לעשות גדר והא קבן דבפרישת ישראל במ"ת לא אמר להם אלא אל תגשו אל אשה ולא הזקיקם להיות עומדים חוץ לביתם וכן ביוה"כ דאמיר דאסור בתשמיש המטה והא דקמשני אלא שמא יבא וכו' לפי' ז"ג ה"ק דודאי משום שלוח דב"ק ליכא למיחש לעשות גדר דהא אפי' שיבא עליה אינו סותר פרישה ז' אבל אכתי איכא למיחש לדריב"ב דאז טמא ז' ימים ואין כאן פרישה ומשום הא ודאי אסרינן אפי' יחוד ומשום דלא תיקשי לפי' אהא דמסיק אלא שמא יבא על אשתו וכו' אטו ברשיעי עסקינן שיעבור לטמאות עלמו בטומאת ב"ק דהוי בלאו דשלוח לככי פי' ז"ל בד"ה ברשיעי עסקינן שיבא על ספק נדה דלכאורה שפת יתר הוא אלא דהא אשמועינן דהאיסור נדה דכרת שייך שפיר לאקשויי הכי לא בטומאת ב"ק דקיל דהוי בלאו ועוד שהרי ימהר ללאת משם ולא יתעכב ועיין מ"ש הרע"ב בסוף פ"ק דמדות ודו"ק. ומ"ש דאמרינן פ' כילד לולין וכו' ותנן נמי בריש תמיד אירע קרי לאחד מהן יולא והולך לו במסיבה ההולכת תחת הבירה וכו' יע"ש ומ"ש גמחילה א' בהר הבית וכו' מנחא פסיקתא נקטו דמשכחת לה נמי אף במחילות שתחת העזרה ופתוחות להר הבית כדאיתא התם וק"ל.

ע"כ רש"י **לטמא** אוכלין וכו' דאי לטומאה חמורה וכו' וכדאיתא בפרק בנות כותים ל"ג ע"א יע"ש.

ד"ה **ועד** שאהב וכו' שמא ימות מת וכו'. דאף למ"ש לעיל דלשכת פרהדרין לא היה לה קדושת עזרה ומשמע דדין מחנה לויה יש לה וא"כ ט"מ יכול ליכנס לשם דמותר הוא במחנה לויה כדאיתא באלו דברים ס"ז ע"א מ"מ לא ניחא ליה לפרושי משום חשש מגע ט"מ חדא דאפשר דדוקא לענין שכיבה וישיבה דלא אפשר בלאו הכי לא קדשוה בקדושת עזרה הא לכל שאר הדברים דין עזרה יש לה לשיטתו בריש מכילתין דבעזרה היתה ועוד דמדרבנן אף טמא מת אסור במח"ל כדתנן בריש כלים החיל מקודש ממנו שאין נכרים וטמאי מת נכנסים לשם. וכמ"ש הר"ש שם והתוס' בפ' כל הפסולין ל"ב ע"ב סד"ה ור"י וכו', ועוד דאגן אטומאה ז' מהדרינן כי בזה יסתור פרישתו ולא יכול לעבוד ביוה"כ ואילו הנוגע בט"מ אינו טמא טומאה ז' עיין בהרמב"ם פ"ה מהל' טמאי מת משא"כ לחששא דשמא ימות שמטמא באהל וטמאה ז' ימים והיינו דאמר בסמוך ט"מ לא שכיחא כלומר שימות מת עליו פתאום ושוב ראיתי להתוס' שעמדו על זה יע"ש וק"ל.

ד"ה **הותרה** וכו' וקרבנם תלוי בו ע"כ כן נראה של"ל וכלו' שקרבן לבור תלוי בו דהא וכיפר בעדו ובעד ביתו מעיקרא בעינן ועי"ל בפרק הוליאו לו נ' ע"א דאיכא מ"ד דחשיב לפר העלם לבור ועיין ברש"י שם אלא שיש לדקדק דהא מסוגיא דלקמן משמע דאפי' למ"ד הותרה מ"מ בפרו של אהרן כיון דיחיד הוא מהדרינן ולמ"ש התוס' שם סד"ה כיון וכו' דלמ"ד הותרה מדאורייתא הותרה בכולן אף בקרבן יחיד אלא מדרבנן גזרו היכא דהוי קרבן יחיד דלהדרו אטהורין יע"ש ניחא דהשתא איהו ז"ל מדאורייתא איירי כדקא' בריש לישנא כדכתיב איש נדחה וכו' אלא דהכא דבפרישה כיון דמשום קרבן לבור אין לנו לחוש אף מדרבנן לט"מ להכי בקרבן שלו נמי לא חששו ושוב ראיתי להריטב"א בחידושיו שהעתיק לשון רש"י כתיקונו וגרים וקרבן לבור תלוי בו ושם הרגיש במ"ש ותי' יע"ש וק"ל.

תוספות, ד"ה **סיפא** איצטריך וכו' פרי' כי הכא וכו' כצ"ל דמ"ש והכא לא מלי וכו' בלו' דלישני מעיקרא לא למחנות' דהשתא לא מלי פריך בהדיא כתיב והגם דלמאי דאסיק התם דב"ק אסור במחנה לויה משא"כ טמא שרץ הוה פריך ליה והא מדרישא לאו למחנות סיפא נמי לאו למחנות מ"מ הוה משני ליה מידי איריא הא כדאיתא כדמשני התם ועוד דהוה פריך ליה ונטעמיך מדרישא לטומאהן כדמוקי התם בטומאת ק' לאונסו סיפא נמי לא איירי בטבילה אלא ע"כ לומר לדידך הא כדאיתא לדידי נמי אימא הכי ותי' שפיר דבשלמא התם דפריך מסיפא ארישא דכי היכי דסיפא איירי למחנות ה"ה רישא בפשיטות מלי לשנויי מידי איריא הא כדאיתא וכו' אבל הכא פריך מסיפא גופה דבועל נדה כט"מ דכיון דאיתקש למחנות כדפשיטא לן שם איתקש נמי דכל מאי דלא כתיבא ביה וכמ"ש לקמן ואימא דלטבילה נמי איתקש וכיון שכן לא מלי לשנויי הכא לא למחנות איתקש ולא לטבילתם ומש"ה איצטריך לשנויי שנויא דחיקא ולומר דלמחנות נמי לא איתקש אלא הכי קאמר דשוים בטומאתם דלא אשמועינן תנא בכך דבועל נדה מידי לא לטבילה ולא למחנות דמשום סיפא איצטריכא ליה וכו', וז"ל הריטב"א בתי' ובדין הוא דיכול לשנויי כדמשנינן בפ' תמיד נשחט דלמחנות הוא דאתקש וכו' יע"ש כנלע"ד דמ"ש מהרש"א בפי' דבריהם אינם נוחים לע"ד יע"ש ודו"ק.

בא"ד אי נמי נ"ל דהתם נמי וכו' כלומר כי היכי דאתרן דהכא לא מלי לשנויי כי התם משום דהמקשה פריך בכא דכיון דאתקש למחנות ה"ה לטבילה מהתה נ"ל דהתם נמי לא מלי לשנויי כי הכא דהמקשה פריך מכח דאסקינן הכא דדמו לטבילתן ה"ה נמי דדמו למחנות וק"ל. ומ"ש ורב שימי מנהרדעא וכו' הולרכו לאריכות זה להודיענו דודאי למסקנא ר"ש נמי הדר ביה וס"ל דלכ"ע טבילתן ביום דאין לך לומר דלא הדר ביה וס"ל דתנאי היא וא"כ הדר קושיא דלישני התם כי הכא דכיון דר"ש הולרך לידחק ולומר דסיפא איצטריכא ליה הא ודאי דהשתא דאסכתן ברייתא דתני בהדיא דטבילתו ביום מוקמינן דמשום גופה איצטריך ואין כאן פלוגתא דתנאי וק"ל.

בא"ד אכתי הוה פריך ליה וכו' וכיון דדמי וכו' אבל הכא ניחא ודאי דלא מלי פריך ליה אלא טומאתן בהדיא וכו' דהא הך דדמי למחנותם אין לנו ראיה מכרחת לומר כן וה"ט דתרין ליה הכא לעולם לטומאתם וסיפא איצטריכא וכו' דלדידיה לא דמי למחמתם כלל וכמ"ש וק"ל.

והנה על מ"ש ברא"ש דבריהם ניחא ליה לתרן טפי דהיא גופא איצטריך מלומר וכו' הגם שמדברי הריטב"א נראה דס"ל דהכא סבר תלמודא דטפי ניחא לאוקמי' כולה בחד טעמא ומשום סיפא

אילטריך מלאוקמה בתרי טעמי ותרוייהו אילטריכו יע״ש, יותר נראה מ״ש הם ז״ל דבהא כ״ע מודו דעפי ניחא לומר דאילטריך לגופא והכא לא משני כי התם משום דמסיפא גופיה פריך וכו׳ דלהריטב״א ז״ל דפליגי סוגיא דהתם ודהכא בהך סברא ועוד דכדמות ראיה יש לדבריהם ממאי דאיתא בפ׳ האומר ס״ג ע״ב ובפ׳ כל המנחות באות כ״ה ע״א דדחקינן מתני׳ בתרי טעמי ואליבא דחד תנא והא מוקמינן בתרי תנאי ובחד טעמא יע״ש וכ״ה הכא דדחקינן טפי לאוקמי מתניתין בתרי טעמי מלומר בחד טעמא ותנא משנה יתירא וק״ל.

ד״ה **אלא** שחמור וכו׳ ושמא בסיפא דברייתא וכו׳ כונתם דבברייתא שדרכה לפרש יותר ממשנה שמא מסיים בה בסיפא הומרי דע״מ ובזה יתישב מ״ש התיו״ט בספ״ה דזבים שנעלמה מעינם דמתני׳ היא ושוב ראיתי למהרש״א שכתב כן והאמת כן הוא דבתוספתא דבפ״ק דכלים הביאה הר״ש שם קתני בה הכי בהדיא וכ״כ הר״ש בזבים שם ע״מ נמי חמור ממנו לענין הזאה כדתניא בפ״ק דכלים ע״כ וק״ל.

ד״ה **שמטמא** וכו׳ כאן חזר בו רש״י וכו׳ וכן נראה עוד ממה שפי׳ בפ׳ תנוקת ס״ע ב׳ ד״ה מטמאין וכו׳ הואיל ומחיי׳ מטמאו באבן מסמא מדאורייתא שהרי מטמאין מושב כל שתחתיהן וכו׳ יע״ש. ומ״ש מדאמר בת״כ וגלח את כל וכו׳ ועוד תניא התם פ׳ א׳ דין ו׳ חמורים ימי גמר מימי ספר שבימי ספר אינו מטמא משכב ומושב ואינו מטמא בביאה ימי גמרו מטמא מש״ו וכו׳ ועוד שם פ׳ ב׳ דין ו׳ וכבס המטהר את בגדיו אר״ש מה בא זה ללמדנו וכו׳ א״כ למה נאמר וכבס המטהר את בגדיו מלטמא מש״ו וכו׳ וכ״כ הרמב״ם בפי׳ לפ״ק דכלים משנה ד׳ ולמ״ש בס׳ קרבן אהרן שם שרבינו הלל מחק הגירסא ואמר דלא גרסינן אלא מלטמא בביאה וכו׳ ממ״ש בפ׳ אלו דברים וכו׳ יע״ש הנה כל זה דוחק שצריך למחוק בכל המקומות שכתבנו וק״ל.

בא״ד והכי נמי נמעט מצורע גופיה וכו׳. כ״כ התו׳ שם בפ׳ דם הנדה והר״ש בפ״ק דכלים משנה ג׳ והתם לא קאמר אלא אבן המנוגעת שמטמא בביאה וכו׳ והכי איתא בת״כ פ׳ מצורע והנה להראב״ד בהשגותיו ספ״ג מהל׳ טומאת לרעת שדעתו כדעת רש״י והתו׳ ואפ״ה כתב שם ותמה על עצמך ולמה לא אמרו הזב ולא המצורע אלא שהמצורע יש לו משכב ומושב נטמא אוכלין ומשקין מפני שהוא ראוי למש״ו אבל אבן מנוגעת שאינה ראויה לכך אין לה כלל וכו׳ יע״ש נ״ל דהא״כ דמוזב ממעטינן מצורע ואבן המנוגעת והא כדאיתא דלא מצית למעוטי מצורע אף מטומאה קלה דומיא דאבן המנוגעת דהא גלי ביה קרא דוכבס המטהר מלטמא מש״ו כמ״ש לעיל אבל לדעת התו׳ דלא ס״ל לחלק אלא דתרוייהו מטמאין טומאה קלה ס״ל דאהני לן ק״ו להביאם לידי טומאה קלה ומיעוטא למעט מטומאה חמורה ולדעתם נ״ל דדרשא דוכבס המטהר אסמכתא בעלמא היא וא״כ דמלתא דאתיא בק״ו טרח וכתב לה קרא אלא דתיקשי לסברתם מברייתא שהביא הראב״ד שם, והיא בת״כ פר׳ מצורע בפ׳ זבים דקאמר ר״ש אומר את שיש לו שכיבה יש לו ישיבה וכו׳ וכן מברייתא דספרא שהביא בספר משנה למלך שם דקאמר אבן המנוגעת תוכיח שאינה מטמאה מש״ו וטעונה שלוח וכו׳ דע״כ הכי קאמר דאינה מטמאה כלל אפי׳ לטומאה קלה דלעיל מיניה קאמר הואיל ואדם מטמא בנגעים וכו׳ לא אם אמרת באדם שמטמא מש״ו וכו׳ לסברתם היינו לטומאה קלה ממילא דהא דקאמר בתר הכי אבן המנוגעת תוכיח שאינה מטמאה מש״ו היינו אף לטומאה קלה אלא ודאי משמע דמיעוטא דוהזב ולא אבן המנוגעת לאו יתורא ממש הוא אלא דכיון דאינה ראויה למש״ו מסברא ומפשטיה דקרא ממעטינן לה דדומיא דזב בעינן שראוי למש״ו. וכן ראיתי שכתב הר״ן בחי׳ נדה שם כלומר דמשום דאבן המנוגעת לאו בר מש״ו היא ממעטינן לה מדכתיב הזב דאל״ה מנא לן דלמעוטי אבן המנוגעת אתא עכ״ד ולפ״ז להראב״ד ביה נראה דהא דממעטינן מצורע מטומאה חמורה לאו מוהזב ממעטינן ליה אלא מדאילטריך קרא דוכבס המטהר לאשמועינן דמטמא מש״ו דלא צריך דהא מהיקשא דלזכר לרבות מצורע למעיינותיו נפקא משמע דנתקו הכתוב והביאו לטומאה קלה דומיא לדרשא דבועל נדה שהביא רש״י ז״ל בסוגיין אבל התו׳ ס״ל דקרא דוהזב מייתר דהא כוליה קרא בזב איירי וכמ״ש בספר קרבן אהרן פ׳ מצורע

בפ׳ זבים פ׳ ב׳ אלא למעט בה כל שאינו דומה לו בעל קרי ואבן המנוגעת וע״ש ולמה שהקשתי מברייתא דת״כ יש ליישב לדעתם דר״ש שם ס״ל להאי כללא כדקתני התם ר״ש אשר ישכב עליו וכו׳ את שיש לו שכיבה ויש לו ישיבה מטמא מש״ו יצא זב מת וכו׳ אבל ת״ק דדרש התם הזב ולא המת לא ס״ל להאי כללא דהא קמן לדידיה אבן המנוגעת דאין לה שכיבה וישיבה ואפ״ה מטמאה טומאה קלה ובברייתא דריש ספרא דפ׳ במדבר שהביא בס׳ משנה למלך ז״ל דר׳ ישמעאל כר״ש סבירא ליה דאבן המנוגעת לא מטמאה במש״ו כלל כנלענ״ד ליישב דבריהם ודו״ק.

בא״ד וכאן פירש״י וכו׳ וזה דעת הרמב״ם בהי׳ בפרק ו׳ מה׳ טומאת לרעת וצריך ליישב סוגיא דאלו דברים לדעתם דמ״ש הכ״מ שם דרבינו יפרש דהתם בימי ספורו וכו׳ אין זה מספיק למ״ש התו׳ שם דמתוך הסוגיא מוכיח דבימי חלוטו איירי ויש ליישב דכיון דמתוך סוגיא דריש פ׳ דם הנדה משמע דלא ממעטו מטומאת משכב ומושב אלא אבן המנוגעת וכן מסוגיא דנזיר ס״ס כ״ג [(רמזה בספר משנה למלך שם)] קאמר בהדיא חלוט מטמא מש״ו וימי הסגרו מטמא מש״ו יעו״ש מעתה ע״כ לומר דסוגיא דאלו דברים הדא קתני שכן מטמא מש״ו וכלי חרס בהיסט אלא שהסיטו מש״כ מצורע דהגם דמטמא מש״ו היינו בישב עליהם אבל בהיסטן לא דאין לך טומאה היסט אלא בזב וזבה ונדה ויולדת כנראה מדברי הרמב״ם בפ״ק מה׳ מש״ו ועין בתו׳ דפ׳ אלו דברים סד״ה שכן עושה וכו׳ ובמ״ש בסמוך אבל הא ליכא למימר דקים ליה לתלמודא דר״ש דקאמר התם ויאמר זב ואל יאמר מצורע ס״ל דאינו עושה מש״ו משום דרשא ולדידיה דוקא פריך אדרבא זב חמור וכו׳ דהא דרשא דוכבס המטהר וכו׳ ר״ש גופיה קאמר לה בת״כ וא״כ יש לפרש סוגיא דאלו דברים דכיון דכל לרוע דכתיב בקרא דוישלחו למצורע בימי ספרו נמי איירי השתא הכי קאמר ויאמר זב ואל יאמר מצורע בין דימי ספורו או דימי חלוטו דהא זב חמור מהם למה נאמר מצורע ליתן לו מחנה שלישית כלו׳ מוחלט אבל דימי ספורו לא הוצרך לפרש דלא יהיה אלא ע״מ שמותר במחנה לויה וכ״ש זה דבטמא שרץ הוא כדאיתא בפי״ג מנגעים טהור מלטמא בביאה ומטמא בשרץ וכו׳ וכמ״ש התו׳ שם בפסחים והשתא פריך אתרוייהו מאי חומריה דמצורע דחלוטו וספורו שכן טעון פריעה ופרימה ואסור בתשמיש המטה דבימי ספורו נמי אסור בתשמיש המטה כדתנן שם בנגעים והוא הדין דעדיין הוא טעון פריעה ופרימה שהרי לא נתמעט אלא מצורע מוסגר מטעם מי שצרעתו תלויה בגופו וכו׳ כדאיתא בפ״ק דמגילה ח׳ ע״ב יע״ש והיינו דלא נקט נמי חומרא שכן מטמא בביאה כמו שהקשו התוס׳ שם משום דנקט פירכא שוה בשניהם דבימי ספורו טהור מביאה כדתנן התם אדרבא זב חמור משניהם דאילו מצורע בימי ספורו לא מטמא מש״ו ולא בהיסט וכן בימי חלוטו הגם דמטמא מש״ו בהיסט מיהא לא מטמא אמר קרא זב וכו׳ יע״ש כנלענ״ד ודו״ק.

בא״ד דא״ל בועל נדה יוכיח וכו׳ עיין מה שהקשה מהרש״א ויש ליישב דמבועל נדה לחודיה לא אתו דאיכא למיפרך מה לבועל נדה שבא מכח טומאה חמורה שמטמאה את בועלה לטמא ז׳ ימים תאמר בטומאת מצורע שאין מצורעת מטמאה את בועלה כדאיתא בת״כ דפרשת מצורע פרשה ד׳ פרק ז׳ [דין ב׳] ואם שכוב ישכב איש אותה פרט למצורעת והלא דין הוא מה הנדה שאינה מטמאה בביאה מטמאה את בועלה מצורעת שהיא מטמאה בביאה אינו דין שתטמא את בועלה ת״ל אותה פרט למצורעת ע״כ והיינו דמצורעת אינו מטמא את מי שבא עליה טומאת ז׳ אבל השתא דילפינן הדא מתרתי ניחא דאיכא למימר זב יוכיח שאינו מטמא בביאה טומאת ז׳ כדאיתא בת״כ שם גבי זבה תהיה טמאה לרבות את בועלה היא מטמאה את בועלה ואין הזב מטמא את שהוא בועל וכו׳ יע״ש וק״ל.

בא״ד דאף בועל נדה מטמא כ״ח בהיסט וכו׳ כמו שהוכיח שם ר״י וכו׳ ומדנקט כלי חרס וכו׳ הנה בגי׳ התוס׳ שבידינו אדרבא מלאנו להם ז״ל בפרק תנוקת ע״א ע״ב ד״ה מערה שכתבו ושמא כי היכי דקיל מנדה שאינו מטמא אלא משכב תחתון כעליון ושטבילתו ביום ה״נ קיל מנדה שאינו מטמא בהיסט וכו׳ ושם הביאו משם ר״י גופיה שמחלק דמטמא את הטהור

כגופא אבל בשהוא נושא את העבור דהיינו טומאת היסט אינו מטמא וכו' יעו"ש והיינו דבפ' במה כותים נ"ג ע"א אהא דאיתא התם מה היא מטמאה אדם וכלי חרס אף הוא מטמא אדם וכלי חרס כתבו דמשום דבהשותפין גבי נושא נבלה הגם שמטמא בגדים שעליו אינו מטמא אדם וכלי חרס במגע לכך נקטינהו הכא ע"כ וכ"כ הר"ש פ"ק דכלים משנה ג' יעו"ש דלא ס"ל לפרש כפרש"י שם דאשמועינן דמטמא אדם לטמא בגדים שעליו דס"ל דבועל נדה לא מטמא אלא אדם לא בגדים שעליו וכס' ר' ישעיה שכתב הרא"ש ז"ל בפ' מצורע, ועיין בס' קרבן אהרן וכן לא ניחא להו לפרש הא דנקט כ"ה לומר דמטמאת דהיסט כפרש"י שם דלשיטתייהו אזלו דס"ל דצ"ל לא מטמא בהיסט כמ"ש וזה מתורץ מה שהצריך עיון מהרש"א ז"ל שם בפ' חנוקה שכתב א"ק לתי' ר"י דס"ל דצ"ל לא מטמא בהיסט הא אמרינן בפ' בנות כותים דצ"ל מטמא אדם וכלי חרס דהיינו היסטו וכו' יעו"ש ומעתה עלה בידינו שדברי התו' שכתבו דמק"ו אתי אין עליו פרכא כלל לשיטתם דודאי א"ל ב"ג יוכיח ומ"ש התו' דהכא בשמס צריך עיון ודיקה וק"ל.

באו"ד מה להלד השוה שמטמא בלי חרס בהיסט וכו' דבשלמא אסתמא דפרק דם הנדה לא תיקשי מידי דאי"ל דלאו ק"ו גמור הוא אלא גילוי מלתא בעלמא דהיה לנו לעשות היקש גמור מלזכר לרבות מצורע אף לטומאה חמורה והי"א אבן המנוגעת אי לאו מיעוטא דהזב כמו שפי' בסמוך, אבל לשיטת התו' דס"ל דק"ו גמור הוא תיקשי דהא איכא למיפרך מה להלד השוה וכו' וה"ה נמי דתיקשי לשיטתם למאי דקאמר התם הא לאו הכי מטמאה מק"ו יעו"ש כנלע"ד לפרש דבריהם דלמ"ש מהרש"א יעו"ש תיקשי דהא בקרא דוכלי חרס אשר יגע בו הזב דמיניה נפקא לן טומאת היסט כדאיתא בת"כ והביאה רש"י בפ' אח"מ פ"א יעו"ש התם נמי הזב מייתר דהא כוליה פרשה בזב איירי וא"כ שפיר ממעטינן מהתם הזב דלא מצורע ואבן המנוגעת דלא מטמו בהיסט ומעתה בלאו מיעוטא דפ' דם הנדה דאשר ישכב עליו הזב אמעיטו מהיסט וכיון שכן ליכא לפרושי דלפי אותה סברה דילפי בק"ו לענין טומאה חמורה דמשו"ה ילפי נמי להיסט ואכתי תיקשי נמי התם מה לזב שכן מטמא בהיסט ודו"ק.

ד"ה **אמר** רב וכו' דס"ל כרבי שמעון וכו' כצ"ל ומ"ש דבזבחים ריש פרק כל הפסולין וכו' אבל מהא דאמר בפרק כיצד צולין ע"ט ע"א ורבא אמר אפי' טמאין נמי עבדי מ"ט דכתיב והבשר וכו' אין לדייק דס"ל טומאה דחויה דה"ק אפי' לדידכו דס"ל דטומאה דחויה הכא טמאין נמי דכתיב והבשר וכו' וכ"ש לדידי דס"ל דטומאה הותרה יעו"ש וק"ל.

באו"ד מ"מ כיון דלאו כל ישראל מייתו וכו' כלומר דלמ"ג לר"מ דלקמן פ' הוליאו לו כ' ע"א דקאמר והלא פר יוה"כ וכו' ופסח דקרבן יחיד הוא וכו' דפשיטא דאפי' למ"ד הותרה מהדרי' אלא אפי' לר"י דס"ל דאין שוחטין את הפסח על היחיד כדאיתא בפ' האשה נ"א ע"א ועי"ש פ' הוליאו לו נ"א ע"א מ"מ לא חשיב קרבן לבור לומר שהותרה לגמרי כיון דלאו כל ישראל וכו' ומ"ש וכן משמע לקמן וכו' מהדרינן אטהורים לכ"ע וכו' ומ"מ עדיין צריך לחלק דדוקא באילו שאינו מוטל אלא על אהרן לכ"ע מהדרינן אבל פסח כיון דמוטל על כל ישראל מלינן למימר דאיכא מ"ד דהיה נמי הותרה והיינו דהוה בעי למימר סתמא דהתלמודא בפרק כיצד צולין פ' ע"א גבי היו רובן טמאי מתים ומיעוטן זבים דרב הונא ורב אדא פליגי אי אמרינן טומאה דחויה או הותרה יעו"ש ולפי דבריהם נ"ל דהא דקאמר תלמודא שם ע"ט אלמא קסבר ר' חסדא טומאה דחויה וכו' דלא בעי לדיוקי אלא דלענין פסח אמרינן הכי ולאפוקי משום מ"ד דס"ל דהיה נמי הותרה אבל לאו למימרא דס"ל לר"ח דבכל דוכתא אמרינן הכי וכהיא דריש כל הפסולין ודו"ק.

באו"ד וכ"ש דניחא טפי הא דאילטריך וכו' כלומר דהגם דפרש"י שם וכו' ומ"מ למיהוי למ"ד בפ"ק דיומא דאמר הותרה היא בלבור יחיד במקום רבים ע"כ מ"מ אכתי תיקשי מאי נ"מ דבלאו הכי ר"י דס"ל הותרה יחיד במקום רבים הוא דהא ר"ש ור' יוסי ס"ל דטומאה דחויה וכדאיתא בכיצד צולין ע"ז ע"א סברוה דלכ"ע טומאה דחויה היא בליבור וכו' דליכא תנא דשמעת ליה דאמר טומאה היתרה בלבור אלא ר' יהודה וע"ש בתו' ואע"ג דהתם

ע"ט ע"א דקאמר אלמא קא סבר ר"ה טומאה דחויה וכן א"ר יצחק טומאה דחויה נ"ל עכ"פ דנ"מ דאמוראי בתראי סברי הכי ע"ד פרש"י ז"ל מ"מ הכא ניחא טפי לפרש דאילטריך לאשמועינן דשאני ליה לרבא בין פסח לשאר קרבנות לבור וק"ל.

באו"ד וס"מ דשינויא וכו' ולא תימא דוקא ר' נחמן ס"ל הכי כדקאמר' אבל רבה ס"ל דאין חילוק בין קרבן יחיד ללבור דהא קמן דלא חששו להפרישו משום ע"מ אלד קרבן שלו ויוכיח הטעם דכיון דכלהו מחד קרא נפקי וידבר משה וכו' אין חילוק בין זה"ז עיין בדבריהם בסמוך ד"ה כיון וכו' אלא יש לך לומר דמודה רבה גבי פסח ואילו של אהרן דמהדרינן אטהורים אלא דגבי פרישה כיון דחששא בעלמא היא ולא שכיחא מיתה עליו מה פתאום ואין מקום להפרישו משום ע"מ לקרבנות לבור דיוה"כ דהא טומאה הותרה משום קרבן שלו לא רצו לתקן אבל לעשותו בטומאה בידים בכל כי האי ודאי דמהדרינן בדידי' אטהורים ועיין מ"ש בפרש"י ז"ל ושוב ראיתי בדבריהם דלקמן ה' ע"א ד"ה אי סבר ר"י וכו' שכתבו כס' זו לענין אחר יעו"ש וק"ל.

דף ז' ע"א גמרא **אילים** באלו של אהרן וכו' אין לדקדק דהא קתני היה מקריב מנחת וכו' ובאילו של אהרן מאי מנחה איכא [(ואע"ג דבדפוס חדש הגיהו באלו בכ"ף מ"מ הא לא אשכחן קרבן איל דיחיד שקבוע לו זמן ושיהיה טעון מנחה)] שהר' בפרק שתי מדות צ"א ע"ב מרבינן מקרא בהדיא דאילו של אהרן טעון מנחת נסכים וכן פסק הרמב"ם בחי' ריש פ"ב מהל' מעשה הקרבנות וק"ל.

שם מתיבי דם שנטמא וכו' כי תניא ההיא דיחיד וכו' יש לדקדק דמאי פריך הא בהדיא קתני בסיפא דהך ברייתא ומייתי לה בזבחים מ"ה א' בד"א ביחיד אבל בלבור בין בשוגג בין במזיד הורלה וכו' ויש ליישב דמסיפא הוא דקשיא ליה דמדקתני הורלה ש"מ דבלבור נמי בעי רילוי לין ואי טומאה הותרה לא בעינן ונקט רישא משום דמהורלה דרישא דאיירי ביחיד דע"כ היינו רילוי לין שמעינן דסיפא נמי דלבור היינו רילוי לין ועיין מ"ש התו' בהקומץ רבה כ"ה ע"א ד"ה אבל בלבור וכו' אלא דהמתרץ לא שמיע ליה סיפא דברייתא וסבר דמאי דקתני דם שנטמא וכו' הוא דקשיא ליה ולהכי תרין ליה כי תניא ההיא דיחיד ואה"נ דהוה מלי השתא לברורי פרכי' ולמימר דמסיפא דקתני הורלה אדלבור הוא דקשי' ליה אלא משום דהוה מלי לדחויי דמאי הורלה שעלה לרלון ולא דמי להורלה דרישא להכי נ"ל השתא למפרך מאידך ברייתא דקתני בהדיא על מה הלין מרלה וכו' בין בלבור וכו' וכבר היה אפשר לומר עוד דאה"נ דהמתרץ נמי שמיע ליה לברייתא וידע דמסיפא פריך והא דתרין כי קתני אדיחיד כוונתו אדלבור דדמו ליחיד דהינו הנך דלא קביע להו זמן וכדמתרץ בסמוך אלא דהמקשה הבין דיחיד ממש קאמר ולהכי הדר פריך ליה מאידך ברייתא כנלע"ד ובמ"ש יתורץ קושיית התו' דשמעתין ד"ה דם שנטמא יעו"ש ודו"ק.

שם דתניא היה עומד וכו' ונטמאת וכו', הגם דהכא בטומאת קרבן איירי מייתי ראיה לטומאת הגוף דאי בטומאת קרבן דאיכא רלוי לין מהדרינן לעשות בטהרה כ"ש בטומאת גוף ועיין בתו' ד"ה פרים וכו' וק"ל.

רש"י ד"ה **במזיד** וכו' דלא ניחי חולין וכו' כצ"ל וכדאיתא בהאשה רבה ל' ע"א יעו"ש.

ד"ה **כי** קתני וכו' שאף של לבור כשר וכו' ואשמועינן דאע"ג דמדרבנן שאני לן בין יחיד ללבור דביחיד במזיד קנסו דלא הורלה כדקתני בברייתא דלעיל מ"מ מדאורייתא ל"ש לן דבתרווייהו הקרבן כשר אך [לא] לאכילה אבל הא כדא תא והא כדאיתא דביחיד בעינן לין ובלבור לא ולפי מ"ש התו' ד"ה שנטמא אשמועינן דהגם דבטומאה או בזריקתו שאני לן בין יחיד ללבור מ"מ בטומאתו או בזריקתו לא שאני לן והא כדאיתא וכו' ועיין בחי' הריטב"א דמתוך פי' משמע דגי' אחרת היתה לו בסוגיא כי קתני הלין מרלה אדיחיד והא בין ביחיד בין בלביר קתני דזמיה דיחיד קאמרינן בהנהו דלא קביע להו זמן יעו"ש וק"ל.

ד"ה **ה"ג** וכו' כדאמרינן בזבחים שלישי זה חוץ לזמנו פיגול זה חוץ למקומו וכו' כצ"ל.

תוספות ד"ה **דם** שנטמא וכו' הא לא הורלה וכו' דלאכילה לא אמרינן וכו' והיינו טעמא נמי דבשוגג

בעינן לין לרלות אאכילה ומ"ש אפי' למ"ד דחוי' ליפרוך וכו' כלומר דהן אמת דרישא דקתני בשוגג הורלה ניחא דמשום דדחויה היא בעי רילוי לין אבל סיפא דבמזיד לא הורלה אף לדידיה תיקשי וק"ל.

עמוד ב' גמרא **אמר** לו ר"י וכו' שטומאה הותרה וכו' יש לדקדק דהא איכא פרו של אהרן דקרבן יחיד הוא ועי"כ בעינן רילוי לין אף למ"ד הותרה כדאיתא לעיל ואף למה שפי' התו' ד"ה מכלל דלא פריך ר"ש אלא ממאי דאפי' אם יש אחרת טהורה אין מביאין וכו' ואהא אהדר ליה ר"י הנח לכ"ג וכו' ולעולם דפרו אף למ"ד הותרה מהדרינן דאם יש אחרת מביאין כדאיתא לעיל אכתי תיקשי דהא קמן בפרו דאם אין אחרת אומרים לו הוי פקא ושתוק ומשמע דה"ע משום רלוי לין ואף שאינו על מלחו וי"ל עם מ"ש התו' לעיל ד"ה כיון דיחיד וכו' דחשיב קרבן לבור לדחות טומאה אף דגברי וכו' יעו"ש והתם ע"כ לאו משום לין הוא דאינו מרלה על טומאת הגוף וא"כ ס"ל לר"י דאם אין אחרת נמי לא בעינן רלוי לין כלל כיון דחשיב קלת קרבן לבור שהרי מתכפרים בו אחיו הכהנים וקרבן לבור תלוי בו וכמ"ש לעיל וכן ראיתי להריטב"א בחי' שתירץ כן וגם בש"כי והוסיף לדייק שאפשר שלזה כיון רש"י ז"ל במ"ש שכולו קרבן לבור וכו' כלומר שאף קרבנו של אהרן חשיב כקרבן לבור לענין זה וק"ל.

שם א"ל ר"ש כהן גדול ביום הכפורים יוכיח וכו' מ"ש התו' בפ"ק דסנהדרין י"ב ע"ב דמשאר קרבנות לא מלי למידק דתמיד היה על מלחו כדמשמע בפ' האומר הקם להם בלין שבין עיניך וכו' הנה מירושלמי דפרקין לא משמע כן דמייתי פלוגתא דר"י בר בון ס"ל דבכל יום כ"ג מתלבש כליו וכו' ור' עוקבא ס"ל דלא היה עושה כן אלא בשבתות ובימים טובים וקאמר עלה אית תניי תני בלין מרלה על מלחו אית תניי תני אפילו בזוית וכו' מ"ד בלין מרלה על מלחו מסייע לר"י בר בון מ"ד אפילו בזוית מסייע לר' עוקבא ע"כ הא קמן דלר"ש לא היה מתלבש תמיד בלין והיא דהק' להם בלין י"ל כמ"ש רש"י דבגדי כהונה ניתנו ליהנות שלא בשעת עבודה ואף למה שהקשו עליו שם י"ל כמ"ש הריטב"א בחי' שם והתו' לקמן ר"פ בא לו סד"ה בגדי כהונה דשנא כדין עשה יגאי בזה ומעתה נ"ל דהכא כ"ע דלא פריך אלא מיוה"כ דאף לר"י על כרחין אין כאן לין בעבודת פנים משא"כ מקרבנות של כל יום דאימא הכי נמי דגדידיה לעולם היה על מלחו דלהכי בכל יום היה מתלבש בכליו וכבר היה אפשר לפרש כוונת דבריהם דבסנהדרין דה"ק דמקרבנות לא פריך ר"ש משום דאפשר דר"י ס"ל דתמיד היה על מלחו אבל לעולם דלר"ש א"ל לומר כן כדמשמע מהירושלמי שכתבנו אלא שדבריהם שם סתומים ועוד דמדבריהם דלקמן שם משמע דאף לר"ש ס"ל לר"ת דתמיד היה על מלחו יעו"ש ובתוי"י בסוגיין דלקמן ובמ"ש שם ודו"ק.

שם הנה לכ"ג ביוה"כ שטומאה הותרה לו וכו' הרמב"ם ז"ל בס' פ"ד מהל' ביאת המקדש [הל' י"ד] פסק כמ"ד דטומאה דחויה כמ"ש מרן שם ואפ"ה פסק כר"י דעודנו על מלחו דוקא מרלה וכבר כ' מרן שם בהל' ח' בשם הר"י קורקוס ע"ז יעו"ש ובודאי נ"ל דלא תליא הא בהא והא קמן מה שכתבו התוספות בסד"ה מכלל וכו' י"ל דההוא תנא דלעיל סבר כר"י בהא דאין עודנו על מלחו וכו' יעו"ש וכ"ע דאפילו אי הוה סבר ר"י דטומאה דחויה קרא קא דרש דכתיב על מלח ונשא כדלקמן ועוד דאדרבא משמע דלמ"ד דחויה יותר היה לנו לומר דלא ירלה עד שיהיה על מלח כתיקון לבישתו אי לאו דגלי קרא דתמיד לומר דתמיד מרלה ואי קשיא לך דסוף סוף תיקשי לן לפסק זה דכהן גדול ביוה"כ יוכיח י"ל דשאני יוה"כ דאי אפשר בלאו הכי אבל בעלמא לעולם דעודנו על מלחו דוקא וכמ"ש התו' ואה"נ דהוה מלי ר"י לתרולי הכי אלא דלרווחא דמלתא שני ליה למאי דס"ל דטומאה הותרה כמ"ש הר"י קורקוס שם ואף למ"ש התו' שם דכונת ר"ש לאקשויי ממאי דאין מביאין אחרת י"ל דאה"נ דהוה מלי ר"י לתרולי דכיון דקרבן ליבור הוא דדחי אף הטומאה דגברי בלא רילוי לין להכי אין מביאין אחרת אף דליכא רילוי וה"נ דפליגנא עלך ולעולם דמביאין אחרת דע"כ נ"ל כן לתיי' א' שכתבו התו' שם דברייתא דלעי' ס"ל דטומאה

דחויה ודוקא עודהו על מלחו ומש"כ קתני דמביאין אחרת אלא דר"י האמא קמשני דס"ע דאין מביאין משום דטומאה הותרה אבל ביחיד דדחויה היא לעולם דמביאין אחרת ולעולם דעודהו על מלחו דוקא מרלה כנלע"ד ודו"ק.

שם איגימא תמיד על מלחו וכו' מי לא בעי וכו' וז"ל דס"ל לר"ש גבי תמיד דלחם הפנים כת"ק דר"י דפ' שתי הלחם כ"ט ע"ב דאלו משכבין ואלו מניחין וכו' דאי ס"ל כר"י דאפי' סלק את הישנה שחרית וסדר את החדשה ערבית אין בכך כלום דמאי תמיד שלא ילין בלילה שלחן בלא לחם הכא נמי אימא דמאי תמיד דבעידן עבודה יהיה על מלחו ולעולם דעודהו על מלחו דוקא מרלה וא"כ י"ל דהכא דוקא ס"ד דתמיד ממש כיון שבא לרלות על טומאת בשר שיכולה להיות בכל שעה והשתא ניחא דלא דמי לתמיד דמנורה ודהביאין דלאו תמיד ממש הוא עיין בדברי רש"י דחגיגה כ"ו ע"ב [ד"ה מנורה] וק"ל.

שם מי לא בעי מיטל וכו' רש"י ז"ל בפי' התומש פ' תלוה כתב א"א לומר שיהא על מלחו תמיד שהרי אינו עליו אלא בשעת העבודה וכו' יעו"ש ומשמע דה"ק דמסתמא לא היה לובשו אלא בשעה שהוא עובד ואפילו תימא דגם בשעת עבודה שאר כהנים היה לובשו לרלות מ"מ שלא בעידן עבודה וחוץ למקדש ודאי לא היה לובשו כדאי' לקמן ר"פ בא מ דבגדי כהונה היולא בהם למדינה אסור וא"כ ע"כ דלאו תמיד ממש הוא ומה שיש להקשות מדבריו דפ' האומר ס"ו ע"א כמ"ש התוספות שם עיין מה שתירץ בספר פני יהושע שם ואה"נ דלפ"ז הוה מלי למימר ר"ש הכי בלאו טעמא דמי לא בעי וכו' אלא לרווחא דמילתא קאמר דאפי' נאמר דבגדי כהונה ניתנו ליהנות וללובשם בכל מקום אכתי לאו תמיד ממש הוא דמי לא בעי וכו' וכמ"ש הריטב"א בחי' כאן ובפרק האומר שם ושוב ראיתי להרב בעל באר שבע בספרו לזה לדרך שם שתמה על פירש"י מסוגיין יעו"ש, וכנראה שלא ראה דברי הריטב"א בחי' לקידושין דלא ס"ל כפי' ר"ת ז"ל וק"ל.

רש"י ד"ה אינו נושא וכו' ומאי שנא וכו' כולתו דטעמא דברייתא דקאמר שהותרה למדרש מטעמא דקרא הוא מ"ש דפגול ונותר לא מרלה אבל אינו הכרח לאוקמיה קרא בטומאה דהדבר מוכרח מטעמו כיון שלא מלינו אלא עון זה וכן מוכיחים דבריו דפ"ק דפסחים י"ו ע"ב ודזבחים כ"ג ע"ב יעו"ש באופן שנתכון ז"ל לתרץ קושית התוספות ושוב ראיתי בספר קרבן אהרן פ' ויקרא פ' ג' פרק רביעי שכתב כן יעו"ש וק"ל.

תוספות ד"ה **אם** עון פגול וכו' ולכל הפי' קשה וכו' האמ' דלפי' ר"ת דתרוייהו מקרא אריכא נפקא ל"ק כ"כ דניחא ליה למינקט עון פגול ברישא דלשון פגול כתיב בקרא בהדיא וכמ"ש התו' בפ"ב דזבחים כ"ג ע"ב ובמנחות כ"ה ע"א יעו"ש וק"ל. ומ"ש ואי האוכלו קאמר וכי אין כפרה וכו', וברש"י שם הגיה וכי יש כפרה וכו' וכלומר וכי מלינו כפרה בקרבן על מחויב כרת והיכי ס"ד למימר דלין מכפר עליה ולפי גי' דהכא ה"ק וכי אין כפרה ותקנה למחוייב כרת דקאמר לא ירלה הרי כל חייבי כריתות שלקו נפטרו מהכר' וק"ל.

באו"ד והיינו לריכין לומר וכו' בהדיא ליה בפ"ק דזבחים י"ג ע"א כל"ל ועי"ש ומשמע להו דהא דקאמר בכלל ריצה ולמה יצאת היינו בקרא דהמקריב דהיינו זריקה ולא ס"ל לפרש דיצא' במ"ש לא ירלה דהיינו זריקה שהיא מרלה כנראה מפרש"י שם ועיין בספר קרבן אהרן פ' לו פ' ח' סעיף ד' אלא דעפי ניחא לפרש"י דהשתא הך דרשא אתיא נמי כר"א דדריש מהמקריב בשעת הקרבה הוא נפסל וכו' וכן נראה מת"כ שם דהך דרשא אתיא ככ"ע דאין נראה דלר"א שפיכת שירים נמי פסלה בהו מחשבה דא"כ הוה מלי תלמודא שם בזבחים למימר דברייתא דקתני מנין לרבות שפיכות שירים וכו' ר"א היא ולדבריהם נ"ל דלר"א תרתי שמעינן מהמקריב וכן נ"ל למסקנת דבריהם דדרשינן מהמקריב בהקרבה הוא נפסל דבשלמא לברייתא דזבחים שם לא תיקשי מידי דדילמא ס"ל כאחרי' שם בספרי דדרש מלא יחשב במחשבה הוא נפסל ואין נפסל בג' דהשתא אייתר ליה המקריב לדרשה דזריקה בכלל וכו' ודו"ק.

באו"ד ומורי הר"י וכו' הא כבר נאמר לא ירלה כא אין נושא וכו' והגם דמשמע דלפרש"י עון פיגול דקאמר היינו חוץ לזמנו שהרי

הוא בא לקיים אותו פי' שפי' רש"י ז"ל ואכתי תיקשי דלוקמי' לקרא בחוץ למקומו דקיל טפי מ"מ משמע דהר"י ס"ל דלברייתא דת"כ הוה מוקמינן קרא אריכא דפ' צו לא יחשב לפגול דחוץ לזמנו וגם ירצה לנותר ממש וקרא זוטא דפ' קדושים למחשבה חוץ למקומו והגם דתלמודא שם בזבחים כ"ח ע"א דריש ליה למלתא אחריתי אגן אברייתא דת"כ למאי דס"ד קיימינן ולעולם דלפי' הוה מצי אכתי למימר אם עון חוץ למקומו הרי כבר נאמר לא ירצה אלא דלא חייש להא כי מהראיה שהביא למעט נותר אימעוט נמי חוץ למקומו דבתרוייהו כתיב לא ירצה גם לדבריו צ"ל דה"ק אם עון נותר הרי כבר נאמר לא ירצה דלית לן לאפוקי קרא מפשטיה דבאוכל ממש איירי לא במחשבה דבשלמא משום קרא דהמקריב כי היכי דתיתוקם קרא דעון הקדשים היינו אומרים דאתי לדרשא אחריתא אבל לאפוקי קרא מפשטיה משום זה אין לנו לומר והשתא למסקנא דדרשינן מהמקריב בהקרבה הוא נפסל וכו' מעתה קרא אריכא איצטריך לחוץ לזמנו וחוץ למקומו וקרא דקדושים איצטריך למקום שיהא משולש וכו' כמסקנא דרבא שם בזבחים כנלענ"ד, ובזה יתורץ מה שהקשה בס' קרבן אהרן פ' ויקרא פ' ג' פרק ד' על פירוש הר"י יעי"ש ודו"ק.

ד"ה **הא** אינו נושא וכו' י"ל משום דלא משמע וכו' ואי תיקשי לך אכתי למאי איצטריך למימר הא' ודחיתיו דהא מעון להודיה ממעטינן שפיר עון שמאל ועיין פרש"י שם י"ל דמכך דרשא לא מכרעא כ"כ דכיון דאגן ברצוי ציץ ליחיד קיימינן וליחיד עון הוא בכל מקום שפיר מצי איירי ביה קרא אבל השתא דכתיב לרצון יתירא גלי קרא דבעינן עון שבשלמא הוא נרצה בלא ציץ והיינו לצבור דליחיד בעי ציץ והשתא ודאי ממעטינן שמאל כיון דלצבור אין כאן עון כלל ולא שייך למימר ביה שהוא לרצון דפשיטא דמרוצה ועומד הוא בהכשר גמור ועיין מ"ש בעל ס' פנים מאירות בשיטתו לזבחים כ"ג ב' וק"ל. ומ"ש ואומר ר"ת וכו' שאין פסול מקו' בבמה וכו' וכדאיתא במנחות כמ"ש לקמן ובסוף זבחים מה יוצא כשר בבמה וכו' ועיין עוד שם י"ד ע"א. ומ"ש ואפי' פסול נמי ליכא וכו' אין כן דעת הרמב"ם בחי' פי"ח מהל' פסולי המוקדשין ועיין בס' משנה למלך שם.

באיד וא"ת חוץ למקומו שהותר בבמה וכו' קושיא זו שייכא לתי' ר"ת דלתי' ריצב"א הגם שלא הזכיר אלא מחשבת פגול דחוץ לזמנו דהיינו מחשבת מותר דשמעתין ה"ה דחוץ למקומו נמי דהיינו פגול דסוגיין דהותר מכללו במנחת כהנים וכמ"ש בהדיא בדבריהם רפ"ק דפסחים ע"ז ע"ב יעי"ש וא"כ לדידיה אין אנו צריכין לתי' ר"ת דהותר בבמה וכן ראיתי בס' משנה למלך שם שכתב שהנראה מדבריהם דה"ה חוץ למקומו דאינו פוסל בדבר שאין לו מתירין דמהיכא תיתי פסולא וכו' יעי"ש וק"ל. ומ"ש דהוה מוקמינן לרצון וכו' בדרשי בפ' הבא וכו' וא"כ לבא דאיתא בזבחים מ"ה ע"ב לרצון להם לאפוקי גוים דלאו בני הרצאה נינהו ובין בשוגג בין במזיד לא הורצה יעי"ש.

ד"ה **מכלל** וכו' וא"ת והאמר לעיל גבי היה מקריב מנחת פרים וכו' אבל מברייתא קמייתא דהיה מקריב מנחת העומר ל"ק להו דא"ל דאע"ג דהיכא דאיכא תרתי ריצוי ציץ וקרבן צבור לא מהדרינן להביא אחרת אף למ"ד דחוי' מ"מ היכא דאיכא שיריים לאכילה כי התם מהדרינן להביא אחרת כיון דדחויה היא וקושי הותרה אלא דס"ד דלמ"ד הותרה אף בזו הותרה לגמרי ומש"ה פריך מינה התם כנלענ"ד ולאפוקי מש"כ שנתקשה בזה וק"ל.

דף ח' ע"א גמרא **אלא** דכ"ע כהני תנאי וכו' אבל כ"ע לא מודו בהכי דהא איכא ר"י בר יהודה דס"ל בפ' המפלת דטבילה בזמנה לאו מלוה היא כדאיתא בסוף מכילתין וק"ל.

שם ר"ח סגן הכהנים וכו' הרמב"ם ז"ל בפ"א מהל' עי"כ ובפ"ב מהל' פרה אדומה פסק כותיה וכ"כ בפי' המשנה בריש פ"ג דפרה ויש לדקדק דהא ברייתא סתמית דלקמן אין בין כהן וכו' אתיא דלא כותיה ובשלמא סוגיא דקדושין ס"ב א' לא תיקשי לפי מה שיישב הכ"מ בפ"א מהל' פ"א דאתיא כמ"ד הזאה בזמנה מלוה והיינו כר"מ ולאו אליבא דכ"ע בעי לה כמו שפירש"י שם ובשלמא דבריו שבחי' היינו יכולים לומר דאין כוותו לפסוק כר"ח אלא דבהזאה דיוה"כ הו"ל ר"מ יחיד לגבי ר"י ור"ח דס"ל דלא היו מזין עליו אלא ג' וז' וכן בהזאה דפרה הו"ל ר"י יחיד לגבי ר"מ ור"ח דס"ל שהיו מזין עליו כל שבעה אלא דבפי' המשנה שם כתב בהדיא והלכה כר"ח סגן הכהנים משמע דהלכתא כותיה ומטעמיה ושוב ראיתי להפר"ח בלקוטי מי' חיים שרצה לפרש כן וע"ש וע"כ הנראה עיקר הוא דכיון דס"ל ז"ל לפסוק כת"ק דר"י דטבילה בזמנה לאו מלוה היא כמ"ש בפ"ז מהל' יסודי התורה והיינו מדשקיל וטרי התם בפרק כל כתבי אטעמייהו דרבנן ועוד מסוגיות אחרות דמשמע דס"ל לתלמודא דידן הכי וכמ"ש התוס' ד"ה דכ"ע א"כ ממילא דהזאה נמי בזמנה לאו מלוה היא דהא לא נ"ל אלא מדאקשינן הזאה לטבילה ואף לסוגיא דקידושין שם לפי גירסתו דגרים בד' ובח' דהשתא נ"ל הזאה בזמנה מדכתיב ביום הג' וביום השביעי כמו שכתב הכ"מ שם ע"כ דסתמא דתלמודא דס"ל דטבילה בזמנה לאו מלוה לית ליה ההיא דרשא אלא איצטריך לרבות ט' ועשירי כדאיתא בספרי דאי אית ליה מהתם נמי נפקא לן לטבילה בזמנה דאקשינן טבילה להזאה כדאקשינן לה לענין טבילה ביום כדאיתא במגילה כ"א לפי' במשנה שם בפירש"י דבטבילת גופו איירי יעי"ש ועיין בלשון הר"ש המני שהביא הכ"מ שם בס' פ"א וא"כ דלפ"ז מצי סבר ר"ח סגן הכהנים דטבילה בזמנה לאו מלוה היא ומש"ה הזאה נמי לאו מלוה ולהכי סגי ליה ביוה"כ בג' ובז' ותלמודא הכא דקאמר דכ"ע להני תנאי טבילה בזמנה מלוה משום ר"מ ור"י הוכרח לומר כן כמ"ש התו' אבל לעולם דר"ח מצי סבר כסוגיין דעלמא דלאו מלוה ואפי' אי מקשינן ובפרה הצריכו ז' משום מעלה כדחזינן שעשו בה מעלות אחרות וכמ"ש בפי' המשנה בפ"ג דפרה דהשתא ס"ל לפסוק כר"ח דסוגיין דעלמא כותיה אזלא כמ"ש ועיין מ"ש הרל"ס בה' יסודי התורה שם ועיין בס' עבודת ישראל ל"ו ע"א וכבר היה אפשר לומר עוד דפ' כר"ח משום דהוי בקי במילי דמקדש ע"ד מ"ש הכ"מ פ"ז מהל' כלי המקדש ה' י"ג וכ"כ בספר גינת ורדים חלק א' כלל ב' סי' ע"ו יעי"ש אבל יותר נראה כמ"ש דכל זה אין לו על מה לסמוך וע"כ לא אמרו הכ"מ אלא בדרך אפשר וכבר האריך בכלל זה אהובינו החכם השלם מלאכי הכהן נר"ו בס' הכללים שחיבר והוכיח מדברי הכ"מ גופיה דבמקומות אחרים לא חש להאי כללא ה"ה בפ"ט מהל' טומאת צרעת הלכה ז' וריש פ"ד מהל' שקלים יעי"ש וק"ל. וז"ל הרב המאירי ז"ל כ"ג ביוה"כ כבר ביארנו שמקצת הפוסקים מצריכים להזות עליו בכל יום אלא שרוב הפוסקים מסכימים שלא להזות עליו כלל אלא ג' [(וז')] לפרשתו שאין אומרים הזאה בזמנה מלוה וכו' ומעלה הוא שעשו בפרה וכו' וכשם שאמרו שאין הזאה בזמנה מלוה כך טבילה בזמנה אין כאן מלוה וכו' ויש חולקים לומר דהזאה בזמנה לאו מלוה אבל טבילה בזמנה מלוה ומ"מ יש פוסקים שלא נאמרו דברים שבסוגיא זו אלא לר"ל שלמדה מסיני אבל לר"י שלמדה ממילואים הדין נותן להזות כל ז' בלא שום הפסק לא משום טהרה אלא מגזרת הכתוב והדברים נראים כדעת ראשון ע"כ.

שם לעולם לא מקיש וכו' מעלה בעלמא וכו' מה שהקשה בש"כי [בשיטה כ"י] דנימא דשאני פרה משום דהוי קרבן יחיד כתמידו בה עכ"ד הנה אין מקום לקושיא זו לפי מ"ש התוספות ד"ה ור"י סבר דבפרה מדכתיב והזה הטהור וכו' אדרבא סברא הוא דאפי' ג' וז' לא בעי אי לאו משום מעלה יעי"ש ופשוט הוא.

רש"י ד"ה ור"י סבר וכו' דילפינן ממילואים וכו' יש לדקדק דא"כ מאי פריך בסמוך הזאה כלל למ"ל הא יליף ממילואים ועוד דאימא נמי דטעמא דר"מ לאו משום דטומאה דחויה אלא דיליף ממילואים דבעי הזאה כל ז' עיין בסוגיין דלעיל דף ד' ע"א ובתו' שם ד"ה הזאה בסיני וכו' א"נ ה"ק וכו' ולמ"ש התו' שם דילפותא דמילואים אסמכתא בעלמא היא ניחא דה"פ דכיון דס"ל דטומאה הותרה מנ"ל למילף ולעשות זה כמילואים ומכ"ש דליכא למימר דטעמא דר"מ דמצריך ז' דיליף ממילואים אי לאו דס"ל דטומאה דחויה ולזה מעין דברי רש"י כאן שכתב מעלה משמע דילפותא דמילואים אסמכתא דפשטיה דקרא לאו בהכי איירי וכמו שפי' בחומש כמו שכתבו התו'

שם ואף למ"ש שם דמסוגיין דריש פרקין משמע דילפותא גמורה היא יעו"ש איכא למימר נמי דה"פ דאי משום מעלה במילואים ולאו משום טומאה דהא הותרה למ"ל להצריך בתורת ג' וז' דמשמע דמשום ספק ע"מ היא יצריך כל ז' כמילואים למעלה בעלמא והיינו שפי' ז"ל בסמוך לזה הזאה כלל למ"ל בתורת וכו' ועוד דהו"ל להצריך דם ממש כמילואים דמאחר טעם יש לנו לומר נכנסו מים תחת דם כיון דדרשא גמורה היא אי לאו משום דטעמא אחרינא איכא הכא משום ספק טומאה דיש לנו לחוש לספק' אי אמרינן דדחויה היא וממילא דאין לפרש טעמיה דר"מ משום דיליף ממילואים לחודיה אלא דחייש נמי לספק טומאה דמשום הכי מצריך להזות כל ז' ולא סגי בדם במילואים אלא דאי לאו ילפותא דמילואים לא הוה חיישינן הכא לטומאה כלל אפי' למ"ד דחויה כיון דאין כאן טומאה ודאית וחששא בעלמא היא והיינו דהתוס' שם ד"ה הזאה בסיני גמאי דס"ד דדרשא דמילואים ילפותא גמורה היא לא קשיא להו אריש סוגיין דהכא דמנ"ל דטעמא משום טומאה דחויה אימא דיליף ממילואים דהא ע"כ טעם טומאה נמי איכא כיון דהתם דם והכא מים אלא דקשיא להו אדאמר ריב"א לקמן ראשון שמא ג' וכו' אלא ד' למה לי וכו' דמאי פריך דאימא דטעמא דז' משום דיליף ממילואים דהואי הזאה כל ז' וכדאמ' ר"י שם הזאה בסיני כל ז' מי הוה וכו' כנלענ"ד ועיין עוד מ"ש בת"י ודו"ק.

ד"ה **לא** אמרינן וכו' במס' קידושין בפ"ג וכו' וכ"כ התוס' דאידך דרשא דאיתא בפ"ק דקידושין כ"ה ע"א ר' מדמי לטומאה ורבנן מדמו לה לטבילה יעו"ש הא לא מכרעא דאי הוה כתיב נמי והטאו וכבס בגדיו ורחץ וכו' איכא למדרש כן ואכתי ביום השביעי למ"ל אבל הריא דפ"ג אתי שפיר יעו"ש ומה שהביא הריטב"א בחי' בשם רש"י דדרשינן לה בפ' ק' דקידושין לאקושי חטוי לרחילה וכו' דבריו צ"ע ועיין מ"ש בתוס' ד"ה מקשי' וק"ל.

ד"ה **לא** ירחץ שלא יחמקנו וכו', וכן פי' לקמן פ"ח א' ומ"ש בת"י דשמעתין ולקמן שם דבפ' כל כתבי מסקינן דטעמא כדי שלא יעמוד בפני השם ערום יעו"ש הנה פשוט הוא דע"כ לא שקיל וטרי התם אלא אטעמא דכורך עליו גמי דהכוא הו"ל גרמא אבל לא ירחוץ דמשמע דומיא דלא יסוך דהיינו בידים בהא כ"ע מודו דהו"ל מוחק ואסור וכדקתני ר"י ובלבד שלא ישפשף והיינו שפירש"י שם ד"ה כורך עליו גמי קס"ד השתא כדי שלא ימחוק את השם וכן שם ד"ה ותסברא דהכא גמי דאגבוה וכו' והכי דייק לישני' דהרמב"ם פ"ו מהל' יסודי התורה שכתב בדיני איסור מחיקה וכן אם היה שם כתוב על בשרו הרי זה לא ירחץ וכו' ואי איכא לאקשויי היינו על מה שפי' בסמוך כורך עליו גמי להגין עליו חוזק וכו' דמשמע דס"ל לפרש הא נמי משום מחיקה וכן ראיתי בספר שמות באהרן לקמן בקונטרס תוספת יוה"כ שהקשה כן ולא תירץ מידי וגם לזה יש ליישב דלהכי דייק ז"ל להגין עליו חוזק שטף המים משום דמשמע ליה דע"כ לא חשיב התם לטבילה גרס אלא בשאין שם חוזק שטף המים דאפשר שלא ימחוק אבל בחוזק שטף קרוב לודאי שיבא לידי מחיקה והו"ל כמוחק בידים ממש ולהכי כורך עליו גמי להגין מן החוזק דהשתא הו"ל גרס מחיקה דשרו רבנן כמו גרס כבוי ואה"נ דלפי זה הוה מצי לתרוצי התם לרבנן הכי אלא דניחא ליה לשנויי בפשיטות דאפי' באין שם חוזק מים ס"ל לרבנן דכורך גמי כדי שלא יעמוד וכו' והכא ולקמן ניחא ליה ז"ל לפרש רישא וסיפא בחד טעמא משום איסור מחיקה ועוד דבזה מוכרחים אנו לומר יותר דבטבילה בזמנה פליגי דאל"ה"כ אמאי שרי ר"י אף בדאיכא חוזק שקרוב לבא בודאי לידי מחיקה והו"ל עפי מגרס אלא ע"כ משום דס"ל טבילה בזמנה מצוה לדחות איסור זה כיון דסוף סוף לאו מוחק בידים ממש הוא כי היכי דדחי נמי אסור רחיצה דיוה"כ אבל שפשוף דלאו צורך טבילה ומוחק בידים הוא לא התירו משא"כ לשקלא וטריא דהתם דלא מוקמינן דבטבילה בזמנה פליגי אלא משום דקשי' לן דרבנן אדרבנן אבל מכח קושית ר"י אדר"י יש ליישב דהכא ס"ל דגרמא שרי משום דעשיה הוא דאסור גרמא שרי והתם שני מתוך שאדם בהול וכו' כדאיתא התם ולעולם דאפשר דס"ל לר"י דטבילה בזמנה לאו מצוה היא. משא"כ לפי' ז"ל הדבר מוכרח גם מדר"י דטעמא דשרי לאו משום גרס אלא מטעמא דטבילה בזמנה מצוה דלהכי שרי אף בדאיכא שטף מים כנלענ"ד. ושוב ראיתי בס' מרכבת המשנה שם בחי' הרמב"ם לפ"ו מהל' יסודי התורה שם שתמה על התוי"ט כמ"ש יעו"ש ודו"ק.

ד"ה **לא** מקשינן וכו' וכי כתיב ג' וז' שלא יקדים וכו' מדקדוק לשונו משמע דמ"ד הזאה בזמנה מצוה נפקא ליה מיום ג' וז' דכתיב גבי והזה הטהור ביום הג' וכו' דמייתר וכן משמע ממ"ש ז"ל בקידושין ס"ב ע"א ד"ה למעוטי וכו' דמאן דגרים התם ברביעי ובשמיני לענין הזאה בזמנה הוא יעו"ש וזה יקשה דמסוגיין משמע דנ"ל מדאקשינן הזאה לטבילה וכ"כ ז"ל לעיל ד"ה טבילה בזמנה וכו' וכן הקשה בס' אור יקרות בחי' למכילתין והניח הדבר בצ"ע וכבר היה אפשר לפרש דהיינו דהתם בקידושין לא ניחא ליה ז"ל להניח הגי' ולפרש דאליבא דר"מ דס"ל הזאה בזמנה איירי וכדרך שכתב הכ"מ בפי"א מה' פרה אדומה אליביה דהרמב"ם משום דאכתי תיקשי דהא נ"ל הכא מהיקשא משמע דבהזאה לא כתיב בהדיא משא"כ למה שהגיה שם ניחא דהשתא איצטריך קרא דיום ג' וז' לאשמועינן דאי עבד בג' ובשמיני דיש כאן בין הזאה להזאה יותר מג' ימים לאו כלום היא לכולי עלמא וכיון שכן ע"כ דמ"ד הזאה בזמנה נ"ל מהיקשא דטבילה ודבריו שם ה"ק ואי גרסינן הכי לענין מצות הזאה בזמנה הוא דגרס' וזה לא יתכן דהא לא נפקא אלא מהיקשא אלא דמדבריו דהכא משמע דיש מקום לדרוש הזאה בזמנה מדכתיב ג' וז' ועל כן הנראה ליישב דתלמודא ה"ק דאפי' את"ל דקרא ג' וז' לא איצטריך אלא לשלא ירחק הזאותיו יותר מג' ימים מ"מ אכתי נ"ל הזאה בזמנה מדאקיש הזאה לטבילה כי היכי דנ"ל נמי מהאי היקשא דאין טובלין אלא ביום כדאיתא במגילה כ' ע"א יעו"ש אבל קושטא דמילתא הוא דלמ"ד הזאה בזמנה תרוייהו נ"ל מקרא דוהזה הטהור וכו' דמביום הג' נ"ל שלא יאחר הזאתו ומביום הז' שלא ירחיק מהזאה ראשונה יתר מג' ימים והיינו דכתב ז"ל שם דיש מקום לאותה גי' לענין הזאה בזמנה ולעיל פי' דהזאה מהיקשא דלשון התלמוד הכריחו לפרש כן מדקאמר ר"מ סבר אמרינן טבילה בזמנה מצוה ולא קאמר הזאה וכו' דהה קיימינן משמע דמהיקשא לטבילה נ"ל וכמ"ש כנלענ"ד ודו"ק.

ד"ה **טבילה** בזמנה וכו' אלא ללמד על הטבילה וכו'. וסוגיין דפ"ב דמגילה כ' ע"א דנפקא ליה טבילת גופו ביום מדאיתקש טבילה להזאה לפי' שם צ"ל דאתיא כמ"ד דלאו מצוה היא דהשתא קרא דוחטאו לדידיה איירי כפשטיה בהזאה ואיצטריך לתרומה כדאיתא בפ"ג דקידושין כדפי' בסמוך דלהך מ"ד דלדידי' קרא דוחטאו איירי בטבילה הרי מפורש בהדיא דטבילה ביום כדכתיב ביום הז' ולא צריכן להיקישא דטבילה להזאה אבל לפי' התו' שם דבטבילת אזוב איירי ניחא טפי דאתיא ככ"ע ועיין בפי' הר"ש דסוף מס' פרה וק"ל.

תוספות ד"ה **ומה** לין וכו' בתפילין בקמטין וכו' כלו' ברצועות התפילין ובקמטין של ראש ומ"ש דדוקא שין וכו' כדאיתא בפ' במה אשה ס"ב ע"א עיין בתוס' שם וכוונת המשך דבריהם דאין זה כתב גמור ואין כאן כתיבת שם שלם באותיות גמורות דדוקא שין של תפילין חשיב כתב הא קמן דהוי הלכ"מ ועיין בדבריהם דהקומץ ל"ה ע"ב ד"ה אלו תפילין וכו' ואין צורך למה שהגיה בש"כי ועוד דדוקא שין וכו' דחד תירוצא הוא וכן בס' באר שבע לסוטה ל"ח ע"א כתב כן יעו"ש ולעיקר קושיתם עיין מ"ש בחידושי לש"ע ה' תפילין סי' כ"ח משם ספר יראים בהלכות הגז' וק"ל.

ד"ה **ור"י** סבר וכו' הא לאו קרבן צבור וכו'. דאע"ג דחטאת קריי' רחמנא מ"מ זמנה קבוע כקרבן צבור וכדאסיק לקמן בפרק הוציאו לו נ' ע"א אלא נקוט האי כללא בידך כל שזמנו קבוע וכו' וק"ל ומ"ש וי"ל דכיון וכו' אלא מעלה וכו' ולפ"ז לא פריך לקמן הזאה כלל למ"ל אלא אדיוה"כ כמו שפירשו בסמוך וכ"פ רש"י בפ' כילד צולין ע"ח ע"א יעו"ש וק"ל.

ד"ה **אי** סבר ר"י וכו' תימה לי וכו', אבל לדברי המתרץ ל"ק להו דמשום אילו של אהרן הו"ל להצריך הזאת ז' דכיון דהכל נעשה בכ"ג אם היינו מצריכים ז' איכא למעטי דמשום כל קרבנות היום הוצרכו לזה משום דטומאה דחויה ולהכי לא

הצריכו אלא ג' וז' כי בזה ידעו דס"ט דטומאה הותרה ומשום מעלה הצריכו מיהא ג' וז' אבל למאי דמקשה בזאה כלל למ"ל מקשו שפיר דמשום אילו היה צריך מיהא ג' וז' דהא לא מפני זה יאמרו דטומאה דחויה לקרבנות היום דא"כ הו"ל להצריך כל ז' כנלע"ד ועיין במהרש"א שתירץ באופן אחר וק"ל.

ד"ה **מקשינן** הזאה וכו' דהכא להזאה וכו' וכדאיתא בספרי כתבו הר"ש בסוף מס' פרה ורחץ במים ועבר בערב מה ת"ל מפני שהייתי אומר אם קדמה טבילה להזאה ילא ת"ל וחטאו ביום השביעי ואח"כ וכבס בגדיו ורחץ ע"כ והא דדריש בספרי ובפסיקתא זוטרתי מוחטאו ביום הז' לרבות הזית ז' שאם לא הזה בז' מזה בח' ובט' עיין בדברי הרמב"ם פי"א מהל' פרה אדומה ובכ"מ שם הך מ"ד דאדרבא מקרא דוהזה הטהור וכו' ביום הג' וביום הז' דייקין דלאו עביד בג' ובז' אלא כלום הוא כדאיתא בקידושין ס"ב ע"א וכן אידך דרשא דתלמודא דידן שם דאיצטריך לתרומה כדכתבו בסמוך בך מ"ד נפקא ליה תרומה וקדשים תרוייהו מחד קרא דע"כ צ"ל כן לפי הספרי דמוקי וחטאו לרבות ח' וכו' וכ"כ הכ"מ שם ביום משם הר"ש יעו"ש. ואי"ל דאי לאשמועינן דאחר הזאה טבילה לימא קרא וחטאו דהיינו הזאה והדר וכבס בגדיו ורחץ ביום הז' למ"ל אלא ודאי לאשמועינן נמי או לרבות ח' וט' כס' הספרי או לרבות תרומה כס' תלמודא דידן והשתא דאתינן להכי אפשר לומר דגם מ"ש רש"י ז"ל ד"ה טבילה וכו' אלא ללמד על הטבילה שתהא ביום הז' לאו למימרא דמביום הז' נ"ל טבילה בזמנה אלא מהדר וכתב וחטאו לאסמכי' לורחץ ולפ"ז נתיישבו דברי הריטב"א שהעתקנו שם דאפשר דגרים בדברי רש"י דדבור בסמוך והאי וחטאו דרשינן ליה במס' קידושין בפ"ק יעו"ש אבל לכוונת דבריהם יותר נראה הדרך הא' שכתבנו דלמ"ד הזאה בזמנה לית ליה דרשא דקי' כלל כנראה מהמשך דבריהם וכמו שנבאר בסמוך ודו"ק.

באו"ד והא דקאמר התם והזה הטהור וכו' כותחם דלגירסתם שם דגרסינן אבל היכא דעבד בד' ובח' שפיר דמי לא תתיישב אם לא למ"ד הזאה בזמנה מלוה וכמ"ש רש"י שם ואי"כ תיקשי דקאמר בתר הכי דוחטאו איצטריך לתרומה דדרשה זו אתיא כמ"ד לאו מלוה לפי מ"ש בסמוך ועפי הו"ל התם דוחטאו איצטריך לטבילה בזמנה כיון דלמ"ד הזאה בזמנה קאי התם ולזה כתבו דאף לגי' בד' ובח' אתיא אפילו כמ"ד דלאו מלוה ושלא כפירש"י שם דיש לפרש דלאו או קאמר אבל היכא דעבד בד' ובז' דהרחיק הזאה ראשונה יותר מיום שנגע בטומאה אימא שפיר דמי קמ"לן דלא, לא מיבעי למ"ד הזאה בזמנה אלא אפי' לאידך מ"ד לאו שפיר עבד שהרי אין כאן ד' ימים מיום הזאה שניה לא' וכן אי עביד בג' וח' לאו כלום הוא לא מיבעי למ"ד לאו מלוה דע"כ ג' וז' לאשמועינן שלא יהיה בין זלז"ז יותר מד' ימים אלא אפילו למ"ד מלוה ע"כ לדידיה נמי ג' וח' לא איצטריך להזאה בזמנה לא נפקא ליה מהיקישא כדאמר תלמודא ועוד דהא מיהא הזאה שניה לא נעשית בזמנה כנלע"ד ומהרש"א פי' באופן אחר יעו"ש ובמ"ש ברש"י ד"ה לא מקשינן ודו"ק.

באו"ד וכן פרש"י התם ע"כ כלומר לפי גי' דגרס בג' ובח' דלא נחית קרא אלא לאשמועינן שלא ירבה ימים יותר בין הזאה להזאה ודומיא דהכי מפרשים הם ז"ל אף לגי' דבד' ובח' אבל לאו לגמרי כפרש"י הוא דאיהו ס"ל התם דאין מקום לפרש אידך גי' דבד' ובח' אלא למ"ד הזאה בזמנה דוקא דלא ס"ל לפרש דלאו או קאמר וק"ל.

ע"ב גמרא **דאי** ר"ח סגן הכהנים הא איכא נמי הא דהכא ליכא למימר תנא ושייר כדקאמר בפרק א' דתעניות י"ג ע"ב ותסברא אין בין דוקא וכו' דהכא דלא שייר אלא חדא אין בין דוקא הוא וכמו שכתב בס' יבין שמועה כלל נ"ט יעו"ש וק"ל.

שם ואחיו הכהנים נוגעין בו וכו' מה שהקשה בס' עבודת ישראל ל"ז ע"א למה שהרמב"ם השמיט זה בה' ע"כ וא"ל דילפינן מפר' דאין נוגעין מק"ו דזה נכנס למחנה שכינה יעו"ש נראה דמעיקרא קושי' ליתא שהרי כבר ביאר הרמב"ם בפ"ב מהל' פ"א דמפני שהכשירו בה טבול יום החמירו בה שאין אחיו נוגעין וא"כ מהיכא תיתי לטעות בדבריו דביוה"כ נמי כדין כן ולהכי סתם בהל' ע"כ דסתמו כפי' משמע שלא היו מהרין בזה וק"ל.

שם ומתוך שנותני' ממון לכהונה וכו', וי"א שהיו הורגין זה את זה בכשפים ע"כ ירושלמי דפרקין.

רש"י, ד"ה **וכל** אימת וכו' רביעי שלו בשבת וכו' כצ"ל ומה שסיים בעלה שני ימים מה שיקשה ע"ז דהלא ג' הם עיין בס' אמרי לרופה.

ד"ה **מחליפין** אותה וכו' כצ"ל דמכח דגרי' אותה פי' מחליפין דקאי אלשכה כמ"ש הריטב"א ושלא כפי' הרע"ב שפי' דקאי אכהנים יעו"ש וק"ל.

ד"ה **הנחתומין** וכו', להעלות לירושלים או לפדותו ע"כ כצ"ל.

ד"ה **מתוך** וכו' למלכי בית חשמונאי ע"כ דהכי משמע ליה מעובדא דלקמן י"ח ע"א דאמר רב אסי תריקבא דדינרי עיילה ליה מרתא בת בייתוס לינאי מלכא על דאוקמי ליהושע בן גמלא בכהני רברבי ומשמע דהיינו סתם ינאי מלכא שהיה מבית חשמונאי ולא כפי' התוי' שם, ומה שהקשו עליו בתוי' כאן דאין נראה דהם עצמם היו כהנים גדולים י"ל דהך עובדא היינו אחר שאמרו דאמו נשבית במודעית שאמרו לו לינאי המלך רב לך כתר מלכות הנח כתר כהונה לזרעו של אהרן כדאיתא בפרק האומר ס"ו ע"א ואפשר שאחר כך חזר בו ולא היה עוד כ"ג ודו"ק.

תוספות, ד"ה **דאי** ר"ח וכו' וזה פורש ללשכה שע"פ וכו' קושיא זו לשיטתם דריש מכילתין דלשכת בית האבן בהר הבית היתה דלשיטת רש"י והרמב"ם שכתבנו שם דבעזרה היתה ליכא מידי וק"ל. ומ"ש וי"ל דלא קא חשיב וכו' כוונתם דלא קא חשיב אלא מעלות שעשו בגופן בהזאה אבל מה שזה פורש ללשכה זו וכו' לאו מעלות דגופן הוא ועוד דא"ל דלאו משום חומרא דיוה"כ הוא שהזקיקוהו לפרוש בעזרה, ע"ד שכתבו לעיל בריש מכילתין ד"ה ומאי שנא אלא משום דהיה עובד כל ז' כדלקמן לכך הפרישוהו שם כדי שיהיה מוכן משא"כ דפרה שלא היו צריכין אלא להזות עליו לכך הפרישוהו בהר הבית ששם היה מוכן קצל של חטאת כמ"ש לעיל ד' ע"א ברש"י ד"ה מכל החטאות יעו"ש ופשוט דמ"ש בריש מכילתין היינו לפי תוי' א"כ שכתבו בסמוך וק"ל.

באו"ד ואפי' את"ל שהיה פתוחה לחוץ וכו' וכ"כ התי"ט בסוף מדות מס' דנפשיה לתרץ דהיאך היה יושב בה יעו"ש והגם דלפ"ז אין כאן הפרש מלשכה זו לאחרת דכיון דהיתה פתוחה לחול דהיינו להר הבית דינה כהר הבית וא"כ איתרלא גם הקושיא שכתבו ולא היו צריכים לידחק ולומר דתרתי קתני מ"מ ס"ל ז"ל דכיון דעכ"פ פרישתו במקום קדוש לר"י דילפינן פרישה ממילואים ע"כ דלא סגי ליה אלא בלשכה סמוכה למקום קדוש דהיינו עזרה וא"כ אכתי הא נמי איכא בינייהו וי"ל דלמ"ד לעיל דפרה נמי ילפינן ממילואים מ"מ לענין ופתח אהל מועד תשבו וכו' דוקא בכ"ג דיוה"כ דפרישתו לעבודת פנים הוא דילפינן מהתם משא"כ דפרה דעבודת חוץ היא לא חיישינן אלא שיהא מופרש אבל לא שיהיה צריך מקום קדוש ומה גם דלשיטתם דלעיל דס"ל דדרשא דמילואים אסמכתא בעלמא היא דל"ק מידי כנלע"ד ועיין בס' חנוכת הבית אות כ"ח ובס' דרך הקדש י"ז ד' וק"ל.

ד"ה **תנן** התם וכו' נראה לפרש מתניתין דהכא בנחתום ע"כ העושה בטהרה וכו' דלא ניחא להו לפרש בנחתום הבר כפרש"י דא"כ ה"ל לשנויי בקילור כאן בנחתום חבר כאן בנחתום ע"ה מדקאמר כאן בעושה בטהרה משמע דכולהו בע"ה איירי אלא דהכא היינו בע"ה הרגיל לעשות בטהרה וכו' והיינו נמי דלא ניחא להו לפרש כפי' הר"ש שם דתרוייהו בחבר והכיא דהתם שלקח מע"ה פירות שהוכשרו שנטמאו וכו' יעו"ש משום דלשנא דכאן בעושה וכו' משמע להו דבע"ה איירי ולפ"ז מ"ש לקמן ומתני' בנחתום חבר וכו' לאו דוקא אלא בע"ה שתיקן לו גבל חבר וא"כ דכיון דמלינן לפרושי מתניתין בחבר כדפי' הר"ש להכי לא דייקו לקמן בלשונם וק"ל. ומ"ש ומפרש התם אמתני' וכו' שלא יאכלו טבל ר' לא בשם ר"י וכו' כצ"ל וע"ש בירו' וכן הוא בפי' הר"ש שם ומ"ש משום דעריחא מילתא ומתוך שהפרהדרין וכו' אבל אי לאו טעמא דתלמודא דידן לא היינו חוששין לטורח הנחתומים להטיל על החבר הלוקח וא"כ אין כאן מחלוקת בטעמא בין תלמודא

דידן לירושלמי אלא שבירושלמי קיצר בטעם ועיין בהרי״ש שם וקי״ל. ומ״ש ולהכי קשה ליה וכו׳ אלא א״כ יחמירו נמי כל הני וכו׳ דכיון דסוגיין כר״י דטעמא דמאן דפטר בכל הני משום דלא גזרו בדמאי בדברים אלו א״כ אי ס״ל לב״ש שגזרו בא׳ מהם דהיינו חלה ה״ה לאידך דלר״י אין לחלק משום דאימת קדשים וכו׳ וכן פי׳ המפרש מהרא׳ ליב שם וקי״ל.

ד״ה **מעשר** ראשון וכו׳ י״ל כיון דדבר מועט וכו׳ ורש״י ז״ל שם בסוגיה פי׳ דדילמא דאדמשהי׳ לה אגביה נמוכרה יבא לאוכלה יע״ש ובמ״ש בס׳ משנה למלך פ״ט מה׳ מעשר הל׳ ב׳.

דף י׳ ע״א גמרא **מאי** טעמא דר״י וכו׳ אבל לרבנן לא בעי מ״ט משום דאע״ג דאיכא לשכות שומרי המקדש שהיה בהם בית דירה מ״מ אינם ליום ולילה כלשכת פרהדרין ועוד דאותם המקומות שהיו שומרים בהם לא נעשו מתחילתן לזה אלא לשאר דברים עיין בר״ש מדות משא״כ לשכה זו דמתחילתה נעשית לדירת כ״ג וקי״ל. ועיין בלשון הרב המאירי שאעתיק בסמוך.

שם אמר רבה קסבר ר״י כל בית שאינו עשוי לימות החמה וכו׳ רבה בה״א גרסינן דרבא מפרש לה לקמן מטעמא אחרינא וכן מוכיח מתוך מ״ש הריטב״א בחי׳ ד״ה כ״ג אלא אמר אביי יע״ש ויש לדקדק דא״כ בית אבטינס ובית הנילון וכו׳ שהיו הכהנים שומרים שם אמאי לא היה להם מזוזה דמשמע דר״י מודה בהא מדקאמר והלא כמה לשכות וכו׳ שהיה להם בית דירה וכו׳ ולא משכחת לה אלא בלשכות שומרי הבית כמו שפרש״י ז״ל וזה אין לומר דאיהו לא קאמר אלא לשכות המקודשין לאפוקי אלו שלא היו מקודשין מדהיו ישנים ויושבים שם וכמו שנראה מלשון המפרש שהעתיק התי״ט בריש תמיד יע״ש דהאיכא בית אבטינס ובית הנילון דמלינן למימר דעליות היו ולא נתקדשו אבל בית המוקד מקודש היה ואפי׳ תאמר כמו שכתב הבאר שבע דבחציו שהיה חול היו ישנים דבית המוקד היה בנוי חציו בחול מ״מ הא מיהא משום חציה דחול שהיה לדירה היה לנו לחייבה במזוזה וכ״ש למ״ש בס׳ דרך הקודש ח׳ ב׳ בשם הר״ר בצלאל ז״ל בשיטתו לתמיד דבית אבטינס ובית הנילון מקודשים היו יע״ש בטעמו ודאי דאין לתרץ כן ועוד דע״כ מלשכת בית אבטינס וכו׳ הוא דפריך ר״י דבלא״ה לא משכחת שם בית דירה לימות החמה או לימות הגשמים על כן הנראה לתרץ דר״י פטר להו מטעם דאינם עשוים לדירת יום ולילה וה״ק והלא כל הלשכות וכו׳ וא״כ גם בלשכת פרהדרין הגם דאותם שבעת ימים עשויים לדירת יום ולילה מ״מ לא עדיפא משאר לשכות דאע״ג דתדירי בכל לילה לא חשיבתו להו בית דירה כיון דאינם מיוחדים אף ליום וכ״ש שיש לפטור לשכה זו דאינה אלא ז׳ ימים בשנה ואינה עשויה לימות החמה ולימות הגשמים וכ״כ הרב המאי׳ עיין בסמוך ודו״ק.

שם א״ל בית חורף ובית קיץ אקרו וכו׳ ואביי ס״ד דאה״נ דבית סתמא נמי מיקרו אלא שהנביא הודיע להם שאותם הבתים אש. היו עושי׳ לתענוג גופם מפני החורף והקיץ יכלו ויתמו כיון שאינם חוששים אלא לגופם ולא לשוב בתשובה ומה גם דא״ל דמאי דקאמר בתר הכי וספו בתים רבים נאם ה׳ הדר כיילינהו לכולהו בשם בתים סתמא וקי״ל.

שם איתיביה אביי סוכת החג בחג ר״י מחייב וכו׳ ומשמע דמחייב משום דס״ל דגם בעשוי לדירת חמה או גשמים חשיב בית ומאן חכמים ר׳ יוסי דקאמר לעיל מינה במס׳ מעשרות פ״ג סוכת היוצרים הפנימית חייבת והחיצונה פטורה ר׳ יוסי אומר כל שאינה דירת החמה ודירת הגשמים פטורה יע״ש וקי״ל.

שם ותני עלה ר״י מחייב בעירוב ובמזוזה וכו׳ אבל ממתני׳ לתודיה ל״ק כ״כ דא״ל דאע״ג דחשיב בית לענין חיוב מעשר לענין מזוזה לא חשיב והא קמן בית שער אכסדרה ומרפסת דלענין מעשר קתני התם דהרי אלו כחצר אם חייבת חייבין ואם פטורה פטורין ומשמע דמדאורייתא קאמר דחייבין ואילו גבי מזוזה קאמר לקמן י״א ע״א דפטורים ועיין בתו׳ שם ואף לתי׳ הרי״ף שכתבו שם וכ״פ הרמב״ם ז״ל פ״ו מהל׳ ס״ת דמדמו לה לענין מעשר דאם פתוחין למקום החייב חייבין מ״מ סוף סוף לפי הס״ד היה מקום לחלק דהכא דבמקום דירה תלי מילתא אם אין בהם בית דירה לימות החמה ולימות הגשמים לא חשיבי בית משא״כ לענין מעשר ולהכי ניחא ליה לאתויי ממאי דקתני עלה בהדיא ועיין מ״ש הר״ן בהלכות במס׳ סוכה גבי שתי סוכות של יוצרים וכו׳ ודו״ק.

שם וכי תימא מדרבנן וכו׳ כלומר דגזרו בעשויה לימות החמה או לימות הגשמים אטו עשויה לשניהם והיינו דקאמר ר״י לעיל והלא כמה לשכות וכו׳ כלומר דאי סבירא לכו דלשכת פרהדרין מדאורייתא חייבת דלא בעינן עשויה לימות החמה וגשמים א״כ שאר לשכות דשומרים דעשויים לדירת לילה כל השנה לא גריעי מעשויה לימות החמה אלא יש לנו לומר דלשכת פרהדרין גזרה היתה מדרבנן אטו בית גמור ודוקא בה גזרו אי משום דעשויה לדירת יום ולילה ואי משום דמתחילתה נעשית לכך משא״כ שאר לשכות דאינם אלא לדירת לילה ועוד דמתחלתן לא נעשו לכך דלא מחלפי בבית גמור והגם דאכתי תיקשי דרבנן אדרבנן ומה גם למ״ש לעיל דמאן חכמים ר״י דס״ל בסוכת היוצרים דפנימית הגם שדר בה כל ימות החמה פטורה וכ״ש פרהדרין דאינה אלא לז׳ ימים וזה אין לומר דה״ט דפטרי בסוכת חג משום דאינה עשויה דרך בנין דהשתא לא ס״ד לחלק בהכי כלל אלא דהכל תלוי במה שעשויה לדירה דרבנן מחייבי אף בעשויה לדירת חמה או גשמים וא״כ הוא הדין סוכת חג בחג דחייבת י״ל דס״ל דחכמים דמתני׳ היינו ר״י דס״ל בסוכת היוצרים דכל שאינה עשויה וכו׳ פטורה ות״ק דברייתא דמחייבת בלשכת פרהדרין מטעם דסגי ליה בעשויה לימות החמה היינו כת״ק דר״י דמתני׳ דס״ל דפנימי׳ חייבת וחיצונה פטורה ואליבא דר׳ נתן היא כדקתני בתוספתא דמעשרות סוכת היוצרים אחרים אומרים משם ר׳ נתן הפנימית חייבת והחיצונה פטורה ע״כ ובהא ניחא לי הא דאמר אביי בסמוך בשבעה דכ״ע ל״פ דמחייבא דמאי ס״ד הא מתני׳ דמעשרות קתני בהדיא וחכמים פוטרים וה״ה ללשכת פרהדרין דמאי שנה אלא דהכי קאמר דלת״ק ור״י דברייתא דכל הלשכות וכו׳ בשבעה לכ״ע מחייבא ל״מ לר״י דמחייב בסוכת חג העשויה לז׳ דה״ה כאן אלא אף לת״ק דר׳ יוסי דמתני׳ לא תימא דדוקא בסוכת יוצרים העשויה לכל ימות החמה מחייב משא״כ לשכה זו דאינה אלא לשבעה אלא דהכא נמי מחייבי כדקתני חוץ מלשכת פרהדרין דכיון דנעשית ונבנית מתחילתה לדירה ל״ש ליה בין ז׳ לבין כל ימות החמה אלא כי פליגי בשאר ימות השנה רבנן סברי גזרינן שאר ימות השנה אטו שבעה דהכי מוכח ממאי דקאמרי במתני׳ לענין מעשר הפנימי׳ חייבת סתמא דמשמע דאף בימות הגשמים שאין היוצר דר שם קובעת לענין מעשר וה״ה לענין מזוזה ור״י סבר לא גזרינן ומדדייק לישני׳ דקתני סוכת החג בחג דמשמע דדוקא בחג קובעת וה״ה דמאי דקתני עלה דמחייב נמי במזוזה דוקא בחג הוא דמחייב ופריך ליה רבא והא סוכת חג בחג קתני ואפ״ה פטרי רבנן כדקתני סיפא דמתני׳ וחכמים פוטרים וא״כ לדבריך תצטרך לומר דשלשה מחלוקות בדבר דת״ק דברייתא דלשכות ס״ל דבין בשאר ימות השנה ובין בז׳ חייב ור״י סבר דבז׳ חייב ובשאר ימות השנה פטור וחכמים דמתניתין דמעשרות ס״ל דבז׳ נמי פטור וכל זה דוחק ומה גם דת״ק דברייתא וחכמים דמתני׳ פליגי בקצוות ועוד דמ״ט פטרי דאי משום דס״ל דבעינן דירה לימות החמה וגשמים א״כ אמאי פליגי בסוכת חג דוקא הא לדידהו אף בסוכת יוצרים העשויה לכל ימות החמה נמי פטרי וב״ת לאשמועינן כחו דר״י דבהא נמי מחייב אדרבא לישמועינן כחא דפטורה דעדיף טפי אלא אמר רבא לעולם דחכמים דמתני׳ היינו ת״ק דלשכות ולעולם דבשאר ימות השנה כ״ע לא פליגי דפטור וה״ה נמי דת״ק דמתני׳ דר׳ יוסי דקתני הפנימית חייבת דוקא בימות החמה שהיוצר יושב בה קובעת כי פליגי בשבעה ואי קשיא לך דר״י אדר״י ודרבנן אדרבנן ל״ק דסוכה טעמא לחוד וכו׳ ר״י לטעמיה דאמר סוכת דירת קבע בעינן ואה״נ דלדידיה סוכת היוצרים הפנימית חייבת דמסתמא עושה אותה חזקה שתהיה ראויה לדירת כל ימות החמה אלא דאפשר דמאן דמחייב בסוכת יוצרים בסוכה פטר דס״ל סוכת דירת עראי בעינן והיינו דאיצטריכי ליה למתניתין שם לאשמועינן פלוגתא בתרוייהו בסוכת יוצרים ובסוכת חג יע״ש ולשכה טעמא לחוד רבנן סברי דירת בעל כרחו שמה דירה וה״ה דהוה מצי למימר השתא דאסיק דטעמא

דפטרי רבנן בסוכה משום דדירת עראי היא דבלשכה מחייבי משום דדירת קבע היא אלא דא״כ מ״ט דר״י דמחייב דוקא מטעם גזרה ולהכי קאמר דבדירה בעל כרחו קמפלגי כנלע״ד לפרש סוגיין לפי גירי׳ רש״י זהיא גירסת ר״ח ככתוב בת״י ובמה שפירשתי יתורצו רוב הקושיות שהקשו התוס׳ בין על הסוגיא ובין על פירש״י. זולת זה נשאר ליישב הקושיא הא׳ שהקשו בד״ה רבנן וכו׳ דמשמע שכוונו לומר דהו״ל לרבא למיפרך דהא קתני סיפא וחכמים פוטרים אלמא דאפילו בז׳ איכא מאן דפטר דלפי׳ גם אביי פ״כ דהכי ס״ל דלא מחייב ר״י אלא דוקא בחג כדקאמר בז׳ דכ״ע לא פליגי וכו׳ ולפי מ״ש דרב׳ פריך נמי דמ״ט דרבנן דממאי דפליגי בסוכת חג דוקא ע״כ דלא פטרי מטעם דאינה עשויה לימות החמה ולימות הגשמים ניחא דהשתא לישנא דמתני׳ נקט ולאו ממאי דקתני בחג קשי׳ ליה דוקא אלא ה״ק והא סוכת חג קתני א״כ ע״כ דרבנן דוקא בסוכה פטרי ועוד דהא קמן דאיכא מאן דפטר אף בז׳ דחג וא״כ תיקשי דג׳ מחלוקות בדבר וכמ״ש ועיין בת״י שם שכתבו והיה יכול ודאי להקשות דרבנן אדרבנן דפטרי ולעיל מחייבי אלא שהיה יכול לומר דתרי רבנן נינהו וכו׳ ע״כ וכן בחי׳ הריטב״א הרגיש בזה אלא שכתב ואין זה מחוור יותר י״ל דאביי לא שמיע ליה מאי דקתני וחכמים פוטרין דלא סיימוה לברייתא קמיה ול״ג באיתביה אביי וחכמים פוטרים ולבסוף אקשינן ליה דהא קתני בהדיא מתני׳ וחכמים פוטרין וכו׳ עכ״ד ולא זכיתי להבין דמאי ברייתא דקאמר הא מתני׳ דפ״ג דמעשרות היא ובודאי דאביי הוה ידע לה לכולא מתני׳ דאפי׳ משניות דזרעים וטהרות היו שגורות בפי אמוראים וכמ״ש התו׳ בפרק כל הבשר ק״י ע״ב ד״ה דתנן הכבד וכו׳ ומה גם הכא דודאי דוחק לומר דהיה שגור בפיו רישא דמתני׳ ולא סיפא. ושוב ראיתי בשיטה כ״י שכתב קרוב לכ״ש וז״ל אשר ע״כ נראה לי שרש״י ז״ל בא מן המאוחר אל הקודם ובמ״ש כאן והפוטר כאן חייב כאן גלה לנו פרושא דשמעתתא דהשתא רבא מחדש שהחליפו דבריהם אכן מעיקרא ס״ד דתרי רבנן הוו ורבנן דברייתא דכל הלישכות לאו היינו רבנן דסוכת החג ובהכי לא תיקשי לאביי דרבנן אדרבנן וטעמא דחכמים פוטרים בסוכה היינו משום דלא הוי בית חורף ובית קיץ אכן דר״י אדר״י קשיא והשתא כי פריך רבה והא סוכת החג בחג קתני לאו היינו דרבנן אדרבנן דא״ל דתרי רבנן נינהו אלא הכי קא פריך אף אם תאמר דהוו רבנן אחריני סוף סוף איכא מאן דפטר אף בז׳ והשתא תיקשי מ״ט דרבנן דפטרי אפי׳ בז׳ דמדקאמר אלא אמר אביי משמע שהוא סותר טעמא דקיץ וחורף וא״כ מ״ט דרבנן דפטרו אפי׳ בז׳ דהו״ל בית דירה דהענין הזה כולו לא נבנה אלא לפרושי מ״ט דר״י דפטר בז׳ וא״כ בתירוץ זה יצאנו מהושי׳ מ״ט דר״י ואתאן לקושית מ״ט דרבנן אלא אמר רבא בשאר ימות השנה וכו׳ וכתב רש״י ז״ל והפוטר כאן חייב כאן כלומר השתא דאנן נריכין לפרוקי קושית דר״י אדר״י ולמימר דסוכה טעמא לחוד ולשכה טעמא לחוד בהא נמי מתרלינן רבנן אדרבנן ואין אנו צ״ל דתרי רבנן כדקס״ד מעיקרא אלא הפוטר כאן חייב כאן והחליפו דבריהם והם הם עצמם רבנן דלשכ׳ ורבנן דסוכה ובזה נתיישבה שפיר שמעתתא אליביה דרש״י ז״ל ונחו שקטו כל הקושיות שהקשו בעלי התו׳ לגי׳ רש״י ז״ל וכמ״ש גם מה שהקשו דלמ״ל למימר והא סוכת החג בחג קתני דמשמע דלא פריך אלא מדקתני בחג וכו׳ במ״ש ממילא איתרלא לה דאי הוה תני סוכת חג סתמא ל״ק דהו״א דתרי רבנן נינהו דטעמא דרבה דסוכה דס״ל דלא גזרינן בשאר ימות השנה אבל השתא דקתני סוכ׳ חג בחג פרי׳ מ״ט דרבנן דאף אי הוו תרי רבנן יקשה דהא איכא מאן דפטר בז׳. ומ״ש אכן נשאר לנו לתרץ מה שהקשו בתחילת דבריהם וק״ל מאי איצטריך הכא למיפרך מלישנא דברייתי׳ וכו׳ אף הא ל״ק דא״ל דתלמודא נקט קושטא דמלתא ולרווחא דמלתא נמי פריך ליה מלישנא דברייתא גופה עכ״ד. אך מ״ש בסוף דבריו לתרץ קושית א׳ דתו׳ אין דבריו מספיקים לענ״ד אם לא על הדרך שכתבנו ודו״ק:

הרב המאירי ז״ל כתב וז״ל אעפ״י שזהו כיולא לנו מביאור שמועה זו דרך פסק יש בקצת פירושים בביאור ברייתא של לשכות דברים מבולבלים שאני לריך להעירך בהן דרך קצרה.

והוא שאמרו כל הלשכות שהיו במקדש לא היו להן מזוזה חוץ מלשכת פרהדרין שבה היתה דירה קבועה לכהן גדול בשבעה ימי פרישה, ושאר לשכות לא היתה בהן דירה קבועה, א״ר׳ והלא כמה לשכות היו שם שהיתה בהן בית דירה וכדאמרינן בשלשה מקומות כהנים שומרים את המקדש ולא היה בהן מזוזות אלא אף לשכת פרהדרין לא היה בה חיוב מזוזה ולא הוקבעה שם אלא מתורת גזרה כדאמרינן לקמן שלא יאמרו וכו׳ ושאל נמי טעמא דר״י דקאמר דאין חיוב מזוזה בלשכת פרהדרין דבשלמא רבנן הא דלא הולרכו מזוזה בשאר לשכות משום דלא היתה שם דירה אלא בלילה ואלריכוהו בלשכת פרהדרין מתוך שהיתה שם דירה בשבעת ימי פרישה בין ביום בין בלילה אלא לר״י מאיזה טעם פוטר לשכת פרהדרין מן המזוזה ותירץ קא סבר כל בית וכו׳ ולשכת פרהדרין לא היתה עשויה אלא לשבעה ימים וכ״ש שאר לשכות שלא היתה בהם דירה קבועה ביום ובלילה לעולם והוקשה לו מבית החורף וכו׳ בית סתמא לא איקרי כלומר ולגבי מזוזה בית סתמא בעינן דכתיב על מזוזות ביתך ואיתביה אביי לר״י מדידיה אדידיה דהא איפכא שמעינן וכו׳ וקשיא דר״י אדר״י ומיהו דרבנן אדרבנן ל״ק אע״ג דהכי פטרי ובלשכת פרהדרין מחייבי דדילמא רבנן אחריני נינהו א״נ רבנן ס״ל סוכת דירת עראי בעינן ולא שמה בית כלל אבל לשכת פרהדרין דירת קבע היא והויא לה בית וכו׳ עד אלא אמר אביי בשבעת ימי פרישה כולי עלמא לא פליגי דהואיל ואותן השבעה דירה קבועה היא חייבת במזוזה מן התורה ולא ס״ל דבית העשוי לחורף ולקיץ בעינן אלא כל שנשתמש בו לדירה קבועה חייבת במזוזה ובשאר ימות השנה הוא דפליגי רבנן מחייבי דגזרי שאר ימות השנה אטו שבעה, ור״י סבר לא גזרינן ואי קשיא לך אם כן אף לרבנן לא מחייבא אלא משום גזרה ומאי האי דקאמר ר״י לעיל גזירה היתה ה״פ דברייתא דלשכות כל הלשכות שהיו במקדש לא היתה בהן מזוזה כל עיקר אף בשעת דירתן שאף בשעת דירתן לא היתה שם דירה קבועה ביום ובלילה חוץ מלשכת פרהדרין שאף בשאר ימות השנה חייבת במזוזה הואיל והיתה שם דירה חשובה בשבעת ימי פרישה וגזרינן שאר ימות השנה אטו ז׳ ימי פרישה שהן מן התורה, א״ל ר״י והלא כמה לשכות היו שם שהיה בהם בית דירה דהואיל ודרים בהם בלילה דירה חשובה היא והיו חייבות במזוזה ולא היתה שם מזוזה אלא בשעת דירה ולא גזרינן אלא לא עשו מזוזה בלשכת פרהדרין בשאר ימות השנה מגזירת שבעה אלא מגזירה אחרת שברואה אותה בשאר ימות השנה בלא מזוזה ולא יראו אותה בשעת פרישה יאמר שזו אינה לשכה אלא בית האסורים, ואקשי להו והא סוכת החג דרבנן פטרי ואע״ג דהתם שאני דלדידהו דירת עראי היא ולא שמה דירה מ״מ הואיל ומחמרי רבנן כולי האי בלשכת פרהדרין למגזר ימות השנה אטו שבעה דפרישה לגזור סוכה אטו שאר בתי׳ דלא גרע סוכת החג בחג מלשכת פרהדרין בשאר ימות השנה, ומתרץ רבא דבשאר ימות השנה כ״ע לא פליגי דפטירא לשכת פרהדרין ממזוזה ולא פליגי אלא בז׳ ימי פרישה דרבנן מחייבי ור״י פוטר והא דסוכה דר״י אדר״י קשיא ודרבנן אי הני רבנן הו״ל הני דלשכת פרהדרין אלא דלתרוייהו איכא לתרוליגהו שפיר דסוכה טעמא לחוד ולשכה טעמא לחוד, דלר״י סוכת דירת קבע בעינן והואיל ודירת קבע היא ודירה דמדעתיה הו״ל בית גמור ולרבנן לאו בית הוא דהא דירת עראי בעינן ולענין לשכה רבנן סברי הואיל ודירה קבועה היא אע״ג דלאו מדעתיה הוא בית מקרי וחייב ולר״י הואיל ובעל כרחיה הוא לאו בית הוא וברייתא הכי מתפרשא כל הלשכות שהיו במקדש לא היתה בהן מזוזה כלל שלא היתה שם דירה קבועה שאין שם דירה אלא בלילה חוץ מלשכת פרהדרין שהיתה שם דירה קבועה, א״ר׳ והלא כמה לשכות היו שם ודירת לילה דירה קבועה היא לחיובי במזוזה ואפ״ה היו פטורות מן המזוזה אף בשעת דירה הואיל ודירה על כרחה היא ואף בלשכת פרהדרין אני אומר כן אלא שמתורת גזרה אחרת באין בחיובה. ואי קשיא לך לשכה שהיו מפרישין בה שורף את הפרה לרבנן אמאי לא מחייבא תרלו קלת מפרשים שלא היתה אלא דירה רחוקה אחת בשמיטה או אחת ביובל ואי קשיא לך לשכת פרהדרין גופה לא ליחייב במזוזה מדאמרינן לקמן מה בית שכולו חול וכו׳ יצאו כו הבית והלשכות והעזרות שכן קדש ואין טעונות מזוזה תרלו בה דפתחה בחול היתה ותנן כל הלשכות שבו

במוית [(מקדש)] ופתוחות בחול תוכן חול. זהו ביאורה של שמועה זו ויש שפרשוה בפנים אחרים וזה עיקר עכ"ד.

תוספות ד"ה **וכי** תימא וכו', וא"ת וכו', דלא ס"ל לחלק דסוכה עדיפא דהוי דירת קבע וביתו דתשבו כעין תדורו בעינן כדאיתא בריש ערכין ג' ע"ב משא"כ לשכה דהיה פורש מאשתו ומש"ה אי לאו מטעם דשלא יאמרו וכו' לא הוו גזרי בה רבנן, ועיין בהריטב"א משום דס"ל דאדרבא א"ל דדירת לשכה עדיפא מדירת סוכה וכדאסיקו בסמוך וק"ל. ומ"ש י"ל דלמאי דס"ד השתא לשכת פרהדרין נמי וכו' כל"ל:

בא"ד מחייב ר"י מהאי טעמא וכו', ודוקא בלשכת פרהדרין יש לגזור אטו בית אי משום דדירת יום ולילה הוא ואי משום דתחילתה נעשית לדירה כמו בית משא"כ שאר לשכות וכמ"ש בסמוך באמצע ד"ה רבנן וכו' ובזה יתיישב מה שהקשו בתוס' ישנים ד"ה וכי תימא וכו' וק"ל. ומ"ש דבקל יכול להיות שהוא יוצא ממנה וכו' אבל לשכת פרהדרין וכו' ולא היה יוצא משם כי אם לצורך גדול אם לעבוד עבודה ואם ללשכת בית אבטינס ללמדו הפיגה כדלקמן ועוד דלא משכחת שיעבור עליו לילה אחת חוץ ללשכתו משא"כ סוכה וק"ל.

ע"ב גמרא **אלא** אמר רבא בשאר ימות השנה כ"ע לא פליגי דפטורה וכו' הרמב"ם ז"ל בחי' פ"ו מהלכות ס"ת פסק כחכמים וטעמיה דרבא דסוכה פטורה אפילו בז' לפי שאינה עשויה לדירת קבע יעו"ש הל' ט' אלא שצריך לפרש דאמאי לא ביאר שם הלכה דחיוב לשכת פרהדרין אינה אלא בז' לא בשאר ימות השנה ושמא י"ל דס"ל דרבא קאמר הכי לפרושי פלוגתא דמתניתין דסוכת חג בחג דהתם ע"כ בשאר ימים לא פליגי דהא ע"כ לא מחייב ר"י אלא בחג דקדקתי אבל לעולם דבמאי דפליגי ת"ק ור"י גבי לשכה מלינן למימר דלרבנן כיון דדירת קבע היא שאר ימים נמי מחייבינן אטו ז' דהא מחלפא בבית גמור לר"י אף בז' לא מחייב משום דהוי דירה בע"כ אלא שעדיין צריך לבאר דכיון דפסק ז"ל כברייתא דלקמן י"א ע"ב שם יכול שאני מרבה אף הר הבית והלשכות והעזרות ת"ל בית מה בית שהוא חול אף כל שהוא חול יצאו אלו שהן קדש אם כן גם לשכת פרהדרין יש לפוטרה מטעם זה דאפילו תאמר שהיתה בנויה בקדש ופתוחה לחול כמ"ש התוס' לעיל ח' ע"ב ד"ה דאי וכו' ע"כ דהיתה פתוחה להר הבית ואם כן דין הר הבית יש לה לפוטרה וכן ראיתי בתוס' ישנים שם ד"ה יצאו אלו שהן קדש שכתבו דמהאי טעמא פטור לשכת פרהדרין וכר"י מתוקמא יעו"ש וכ"כ הריטב"א שם אלא דממ"ש ז"ל שם הר הבית הלשכות וכו' שאין בהם בית דירה פטורין לפי שהן קדש וכו', משמע לי דמפרש לברייתא הכי יכול שאני מרבה הר הבית שהרי עשוי הוא לדירה מקדש לעשות העבודה ת"ל בית מה בית העשויה לדירת חול ולתשמיש חול לאפוקי אלו שהן עשויין לתשמיש קדש, אבל לא מיעט לשכת פרהדרין כיון דעשויה לדירת כהן גדול לעשות בה כל צרכיו כל אותן הימים כמו בביתו דהו"ל כדירת חול ומש"ה מחייבא כנלע"ד ודו"ק. ועיין בלשון המאירי שבפתקנו בסוגיא ובענין פסק שמועתינו כתב ז"ל אין הבית חייב במזוזה אא"כ היתה בו דירה של חול אף על פי שגופו קדש מעתה כל הלשכות וכו' כלן היו פטורות חוץ מלשכת פרהדרין שהיתה בו דירה של חול לכהן גדול, וכן שער ניקנור מפני שהוא חוץ ללשכת פרהדרין והבית שער שלה הא למדת שכל שיש שם דירת חול אף על פי שאין אותה דירה עשויה לכל השנה כולה ושעשויה לדירה ז' ימים בשנה חייבת במזוזה בזמן דירתו ואפי' היתה אותה הדירה בע"כ של אותו הדר בה וכו' ע"כ, והגם דממה שלא הזכיר סברת הרמב"ם ז"ל כדרכו משמע שסבין דגם דעתו אינו לחייב בז' ימים דוקא מ"מ סתמיות דברי הרמב"ם ז"ל משמע כמ"ש.

תוספות ד"ה **רבנן** סברי וכו' אר"י והלא כמה לשכות וכו' ואפילו הכי לא גזרינן וכו'. דאם לא נפרש כן לר"י נמי קשיא משאר לשכות דלא חייבום במזוזה אף בזמן שדרים בהם ובלשכת פרהדרין מודה דבז' מיהא מחייב אלא דלפי פי' ז"ל דבאותן הימים שהיה להם צורך לדור בלשכות היו מניחים מזוזה דלתא"ה אלא דפטורי משום דלאקראי היה וכמ"ש לפעמים וכו' משא"כ לשכת פרהדרין דתשמיש קבוע היה ז' ימים לכל שנה א"כ בדין הוא דלא גזרינן בהו שאר ימות השנה אטו אותן ימים דלא קביעי ומאי פריך ר"י אלא ודאי י"ל דלאותן פעמים כבית דירה הם בי כיון דמילתא דשכיחא היא דהיו צריכים לכך ולעד"נ יע"ש פרש"י ז"ל שפי' והלא כמה לשכות היו שם לשומרי הבית דה"ק ר"י דבשלמא לדידי דלא גזרינן בלשכת פרהדרין גופה שאר ימות השנה אטו דירת ז' ה"ה נמי דלא גזרינן דירת לילה דשאר לשכות אטו דירת יום ולילה דז' דלשכת פרהדרין אלא לדידכו דגזריתו שאר ימות השנה דלשכת פרהדרין הגם שאז אין בה דירה כלל אטו ז' ה"ה דיש לגזור בשאר לשכות דאית בהו מיהא דירת לילה אטו שבעה דלשכת פרהדרין ורבנן ס"ל דבלשכת כהן גדול גופה גזרינן הא אטו הא דקרוב הדבר לטעות אבל שאר לשכות אטו דידיה ליכא למיטעי ועיין בדבריהם דבסמוך וק"ל:

ד"ה **רבנן** סברי גזרינן וכו' וא"כ בלא ליפנא וכו' תיקשי לאביי דע"כ וכו' כלומר תיקשי לאביי בפשיטות מסיפא דקתני וחכמים פוטרין דע"כ פוטרין היינו אפי' בז' ימי החג וכדפריש לה אביי וכמ"ש בפי' הסוגיא לדעת רש"י ז"ל ועיין מה שתירץ שם והנה ליפנא דברייתא וכו' שכתבו בדבריהם לא דייקי בזה דהא מתנית' היא וכמ"ש שם וק"ל. ומ"ש ועוד דוחק הוא לומר וכו' וא"כ לא הוי כי מסקנא דמפרשינן וכו' ומ"ש לעיל בד"ה וכי תימא וכו' י"ל דלמאי דס"ד וכו' יעו"ש היינו ע"פ פרש"י ז"ל דלדידיה כיון דמפרש הא דקאמר בז' דכ"ע לא פליגי וכו' דאלשכה דוקא קאי משמע דסבר דדוקא בלשכה חיישינן דשלא יאמרו דלהכי גזרו בה לר"י אף בשאר ימות השנה משא"כ בסוכה וכמבואר בדבריו בהדיא דאי ס"ל לפרש הא דקאמר וכי תימא מדרבנן מטעם שלא יאמרו וכו' מאי דוחקיה נפרש דאלשכה דוקא קאי דכיון דאסיק אדעתיה דבסוכה נמי חיישינן להא מהשתא אימא דר"י מחייב בסוכה בז' מדאורייתא ובשאר ימות השנה מכח גזירה דשלא יאמרו ולעולם דאתרוייהו קאמר אביי בז' דכ"ע לא פליגי אלא ודאי משמע דסבר דבסוכה ליכא האי חששא כלל ויהיה טעמו דכיון דתשבו כעין תדורו בעינן ודר בה כביתו ממש ועוד דאינה דירה בע"כ דאם הוא מצטער פטור לא ס"ד לאינשי לדמותה לבית האסורים משא"כ לשכת כ"ג דפירש מאשתו ועוד דאינו יכול לצאת ממנה אם לא לצורך גדול מחלפא להו לבית האסורים וק"ל.

בא"ד ועוד קשה מאי האי דפריך וכו' אלא ע"כ אביי ורבא לית להו וכו' דלפרש"י דמילתיה דאביי אלשכה דוקא קאי הא חזינן דלר"י עפי איכא למיחש דשלא יאמרו וכו' בלשכה מבסוכה ומהטעם שכתבנו בסמוך א"כ ש"מ דאדרבא לאביי עדיפה ליה דירת סוכה מדירת לשכה ועוד דמשמע נמי לפי' דלרבנן דוקא בלשכה גזרינן שאר ימות השנה אטו ז' והיינו טעמא דסוכה דדירה חשובה היא לאותם הימים לא מחלפא להו לאינשי בשאר ימות השנה וא"כ ע"כ דהא דאמר אביי גופיה לעיל וכי תימא מדרבנן וכו' צ"ל דלא אסיק אדעתיה קושיא דרבנן אדרבנן ואי נמי אסיק לא חיישינן להקשות כן דסליק ליה להוא תירוצא בקושיא אחריתי אלא מעשר מי איכא למימר וכו' וכמ"ש בת"י ד"ה וכי תימא וכמ"ש שם וא"כ מהשתא הו"ל לרבא לאקשויי עפי דר"י אדר"י קפיא דרבנן אדרבנן לא קפיא בתמיה וכו' וכמ"ש נתיישבה קושיית מהרש"א ז"ל יעו"ש ומה שהקשה עוד שם דרבא גופיה אמאי לא שביק תירוציה דאביי וכו' יעו"ש י"ל דדחיקא ליה למימר דלרבנן בלשכה בשאר ימות השנה נמי גזרי אטו ז' ובסוכה פטרי אפי' בז' דכיון דלאו כ"ע דינא גמירי דדירת עראי בעינן ואדרבא רואים שבאותן הימים הרי היא כבית גמור הו"ל למיגזר בחיוב מזוזה מיהא באותם ז' ימים אטו בית גמור ועוד דפשטא דברייתא דכל הלשכות משמע דבז' פליגי דהשתא פריך ר"י שפיר והלא כמה לשכות וכו' משא"כ אם נאמר דלר"י בז' נמי מחייב צריך לדחוק ולפרש דה"ק דלדידכו אמי לא גזרינן דירת לילה דשאר לשכות אטו דירת ז' דיום ולילה דלשכת כ"ג וכמ"ש לעיל בתו' ד"ה רבנן וכו' יעו"ש כנלע"ד ולעיקר קושייתו לגירסת רש"י ז"ל כבר תירצנוה לעיל בפי' הסוגיא יעו"ש ודו"ק.

בא"ד ועוד כיון דרבנן דלעיל וכו' כיון דלרבנן נמי גזרה היתה וכו' ויש ליישב לפירוש רש"י ז"ל דל"מ אם נאמר דלרבנן בסוכה נמי גזרינן שאר ימים אטו שבעה דהשתא ה"ק מאן מלשכת פרהדרין שהיה בה בית דירה ובדין לגזור שאר ימים אטו אלו דומיא לגזרה דסוכה אר"י וכו' אלא לשכת פרהדרין גזרה בפני

עלמה היתה שלא יאמרו וכו' אבל בעלמא לא גזרינן כלל אלא אף אם נאמר דרבנן דוקא בלשכה גזרו כדמשמע מפירוש רש"י ז"ל וכמ"ש לעיל יש לישב נמי דס"ק דגזרה בפני עלמה היתה ולאו משום גזרה דשבעה דאין לגזור שאר ימים אטו ז' דלא טעי אינשי בהכי כיון דבשאר ימות השנה אינו דר בה כלל אלא משום עלמא גזרו בהם כדי שתהא מוחזקת בבית גמורה בכל הימים וק"ל.

באי"ד וכו' כל הסוגיא בע"א וכו' כ"ע לא פליגי בין בלשכה בין בסוכה וכו' והיינו דקאמר אלא בין לסחור למאי דס"ד מעיקרא דמתני' דסוכת החג וכו' בז' דוקא פליגי ובין למאי דס"ד דרבנן ס"ל לחלק בין לשכה לסוכה דכיון דדירת עראי היא פטרי אפילו בז' משא"כ בלשכה וכמ"ש לעיל ד"ה וכי תימא וכו' וק"ל ומ"ש דמחייב ליה ולא אתי למעטי ע"כ ורבא פריך והא סוכת החג בחג קתני א"כ משמע דע"כ לא מחייב ר"י אלא בז' דוקא וע"כ מדרבנן קאמר דמאי שנא מלשכת פרהדרין דהויא לדידיה מדרבנן ועוד תיקשי דהשתא דקאמר' דלרבנן לא שנו להו בין סוכה ללשכה הא קתני גבי סוכה וחכמי' פוטרים משמע דאף בז' פטרי ומ"ש גבי לשכה דמחייבי אלא דצריך ליישב לפי' המאי ס"ד דאביי הא מתני' דאותיב מינה לעיל קתני בהדיא בחג והיכי ס"ד לומר דפליגי בשאר ימות השנה ואף שנ' דס"ד דמשום סיפא וחכמים פוטרים נקט בחג אבל לר"י בשאר ימים נמי מחייב מ"מ אכתי תיקשי דרבנן אדרבנן אם לא שנאמר גם לפירו' דאביי לא חייש להא דא"ל תרי רבנן נינהו והיינו נמי דרבא לא פריך ליה אלא מרישא דמתני' אלא דלפי' לא ניחא לי בהכי דכיון דהא דקאמ' אביי כי פליגי בשאר ימות השנה וכו' לפרושי פלוגתא דמתני' דסוכת חג אתא וקאמר רבנן סברי לא גזרינן שאר ימות השנה וכו' משמע בהדיא דמפרש אביי וחכמים פוטרין דהיינו בשאר ימים ורבנן דהכא היינו רבנן דלשכה ושמא י"ל דכיון דמתני' לענין חיוב מעשר פליגי ס"ד דאביי דנקט בחג דלא תימא דדוקא בשאר ימים דאינה מיוחדת לדירה הוא דמחייב ר"י דלא אתי למיטעי לאפרושי מן החיוב על הפטור אבל בחג דחשיבא ליה כבית לא מחייב דאתי למטעי קמ"ל דבחג נמי קובעת למעשר דכיון דמחייבינן לה במזוזה אף בשאר ימים לא טעו בהכי וחכמי' פוטרים ממעשר לא מיבעי בשאר ימות השנה דאין לה דין בית כיון דלדידהו פטורה ממזוזה אלא אף בחג דחייבת אינה קובעת דאיכא למיחש דילמא אתי לאפרושי וכו' כיון דלא מחייבינן בשאר ימים ולפ"ז הא דקתני עלה ר"י מחייב בעירוב ובמזוזה היינו בשאר ימים ולא קאי אבחג דמתני' דהכיא לרבנן נמי מחייב ואפ"ה פריך רבא והא סוכת חג וכו' מט' דמשמע ליה מתני' כפשטה דדוקא בחג ס"ל לר"י דקובעת וחכמים פוטרים מטעם דלא חשיבא בית כלל אף בחג דלדידהו פטורה מן המזוזה לגמרי וכדמוכח ממאי דקתני עלה דר"י מחייב בחג מש' מזוזה משמע דלרבנן פטורה אף בחג כנלע"ד ושוב ראיתי בת"י שהרגישו בזה יע"ש ודו"ק.

ד"ה דילמא אתי וכו' דאי מדאורייתא אסור לאכול אפי' ערלי בתר מרות וכו' עיין בדבריהם דפ"ק דפסחים ע' ע"א ד"ה כדי שתהא וכו' ובפ' כל היד ט"ו ע"ב וק"ל ומ"ש וא"ת והא תקינו וכו' למ"ד יש קנין לנכרי וכו' הא פלוגתא איתא בהשולח מ"ז ע"א ומ"ש דלמ"ד נמי יש קנין מדרבנן מיהא חייב הכי מוכח מסוגיא דפ' הקומץ ל"א ע"א יע"ש ומשמע דטעם התקנה משום בעלי כיסים כדאיתא במנחות ס"ז ע"א ושוב ראיתי כן בס' כפתור ופרח פ' ד' יע"ש וק"ל. ומ"ש וכן יש לפרש על תבואה ח"ל וכו' דליכא דטעי וכו', ומה גם דאית ליה ביבירא דיכול לבעלה ברוב ולאוכלה כדאיתא בפ' עד כמה.

דף י"א ע"א גמרא בל השערים וכו' שלפנים ממנו וכו', גירסת הרמב"ם בחי' פ"ו מהל' ס"ת תנן משער ניקנור ושלפנים ממנו ושל לשכת פרהדרין וכו' וגי' זו לא ידעתי ליישבה דהא לא מלינו פתח אחר דרך מזרח ללישכת פרהדרין אלא שער ניקנור דלשכה זו בצפון קאי לדעתו ז"ל עיין בתי"ט סוף מדות ובס' תוכנית הבית אות כ"ד וכן ראיתי בפי' כרמב"ם להרב ערוה"ש דמטעם זה כתב דט"ס יש בלשון הרמב"ם יע"ש, ועיין בלשון המאירי שהעתקתי בסוגיא לעיל בסמוך וק"ל.

שם יש בהן חובת מזוה למקום וכו', הא דלא קתני בקילור חייבין במזוזה להודיענו דהנם דעיקר מה שמקפיד האדם הוא במזוזה פתח ביתו שדר בו לשיהיה משומר מכל פגע רע מ"מ אין תכלית מצוה זו להנאת גופו ושמירתו אלא לתכלי' מצות מקום עליונו ומעתה ה"ה שערי מדינות ועיירות יש לחייבן במזוזה וק"ל.

שם ואחד שערי מדינות וכו' הא דלא קתני אחד שערי עיירות ואחד שערי מדינות דהשתא הוה תני לכולהו בדרך לא זו"א לאשמועינן דמדינו' דומיא דחצרות קתני שאין דרך לבית ללאת לר"ה אלא דרך פתח החצר והכא נמי איירי במדינות מוקפות כרים וכו' כמו שפירש"י דאילו עיירות אינם מוקפים חומה וכמ"ש התי"ט בסוף ברכות ואפ"ה הואיל דפתח עיר סמוכה לבתים הו"ל כפתוחה לבתים הגם שיש דרך ללאת ממקום הפרוץ. משא"כ שערי מדינות דלא חשיבי פתח לעירות ולבתים אלא דוקא בשאין יולאים אלא דרך שם כמו שפירש"י, ושוב ראיתי להתי"ט בספרו מעדני מלך בהל' מזוזה שהרגיש בזה ולא תי' מידי ודו"ק.

שם אלא אמר אביי משום סכנה וכו' הרמב"ם ז"ל בחי' פ"ו מהל' מזוזה לא הולרך לבאר דחיוב שערי מדינות ועיירות דוקא בעיר שכולם ישראלים הא לא"ה פטור משום דמלתא דפשיטא הוא ל"מ אם נאמר דחיוב שערים אלו מדרבנן כמו שכתב הריטב"א בחי' אלא אף אם נאמר דמדאורייתא הוא, וכנראה מדברי ת"י כמ"ש שם, אפ"ה כשאין ידינו תקיפה בזה וכיולא בזה לא חייבה תורה דהא ובשעריך כתיב זהכי לאו שעריך מקרו, ושוב ראיתי להב"ח י"ד סי' רפ"ו שכתב כן לטעם הפוסקי' לא ביארו דין זה יע"ש, ובשיירי כנה"ג שם וק"ל.

שם והתניא רפת בקר פטורה וכו', יש לדקדק דאימא דשאני רפת דנפים זוהמיה וכמ"ש התו' ד"ה והתני' רפת וכו', ומש"ה אפילו סתמא פטור, ולמ"ש בפרש"י דטעמא דמ"ד סתמא חייב משום דלפעמים עושה צרכיו שם ניחא דהכי פריך דמדאילטריך תנא לאשמועינן דפטור ע"כ דקלא דירה יש בו ופטור מטעם דלאו דומיא דבית דדרך כבוד הוא וא"כ בית הבקר נמי ליפטר מהאי טעמא והא דלא משני דלעולם סתמא חייב והכא איירי ברוחאות, וכמו שהקשו התוספות משום דא"כ אמאי נקט רפת לישמועינן ריבותא דאפי' בית הטלים ובית האולרות פטורים וכ"ש רפת דבלא נשים נפיש זוהמיה מגד עלמו אלא ודאי משמע דה"ט דפטר ליה משום דלתשמיש רפת עביד ולאו דרך כבוד הוא וא"כ ה"ה בית הבקר וכו' ועיין עוד בסמוך וק"ל.

שם א"ל רב כהנא ושכגשים מתקשטות וכו', והתניא רפת בקר וכו' וא"כ דתיקשי לי מהא דטעמא דמתקשטות חייבת הא סתמא פטור אלא מאי אית לך וכו' לדידי נמי סתמא וכו' והיינו דלא תירץ אברייתא דאותיב ר' יהודה דאיירי ברוחצות וכקושית התוספות משום דאכתי תיקשי ליה מהך דלא משכח חיובא אלא במתקשטות ולהכי תירץ לתרוייהו דתנאי היא וק"ל.

שם לדידי נמי סתמא תנאי היא וכו' הרמב"ם ז"ל שם פסק דסתמא פטור אבל מתקשטות בה חייב ופתח בבית התבן ובית הבקר וסיים ברפת שכתב לפיכך רפת הבקר שהנשי' יושבות בה ומתקשטות וכו' לאשמועינן דאפ' רפת דסתמו מלוכלך טפי מבית התבן וכו' וכמ"ש התוס' אם הוא רפת שמתקשטות בה חייב במזוזה והנה הגם דלר' יהודה מתקשטות תנאי היא ולא ברירא לן הלכתא כמאן מ"מ הא איכא ברייתא סתמית דקתני דרפת בקר אם הנשים מתקשטות בה חייבת דאידך ברייתא דתני רב כהנא לא מכרעא דיש לפרש מאי נאותות רוחצות כדס"ל לרב כהנא וממילא דלא מכרעא נמי אידך דתניא ביתך המיוחד לך וכו' ויש מחייבין וכו' חדא דפשטא משמע דבסתמא קמפלגי ואפילו ר' יהודה דמפרש לה במתקשטות היינו משו' דסיפא דקתני באמת אמרו וכו' ושהנשים נאותות גלי לן פי' דרישא דבית התבן וכו' איירי במתקשטות וא"כ לכשנפרש דנאותות היינו רוחצות אין מכאן ראיה לומר דבמתקשטו' פליגי אלא דבהא לכ"ע חייב וכר' כהנא ועוד דאיכא נמי ברייתא סתמית דאיתותב מיניה ר' יהודה דמ"מ בין אם תאמר דבסתמא איירי או במתקשטות נקוט מיהא דס"ל להך ברייתא דמתקשטות פשיטא דחייב ובסתמא אע"ג דר"י דס"ל סתמא לכ"ע פטור איתותב אלא דסתמא תנאי היא כר' כהנא נראה לו ז"ל לפסוק דסתמא פטור משום דלקמן תני ר' שמואל ב"ר יהודה קמיה דרבא שבע שערים פטורים מן המזוזה בית התבן בית הבקר וכו' משמע דס"ל דסתמא פטור ורבא נמי קבלה מיניה

דהא לא אותיב ליה אלא פתחת בששה וכו׳ ולא תימא דע״כ ברוחלות בהם דלכ״ע פטור איירי דאי בסתמא מאי מתרץ אקושיא דפתחת בששה שער המדי תנאי היא דא״כ בגרי להו טובא דהא סתמא דשער בית התבן וכו׳ נמי תנאי היא כדאסקינן לעיל דאדרבא אימא דמהכא מוכח דר׳ שמואל נמי ס״ל כר״י דסתמא דברי הכל פטור וברייתא דלעיל דאותיבו מינה במתקשטות דוקא מתוקמא ולא הוצרך לפרש דהא כיון דבסיפא ממעט בית שער ואכסדרה משום דאינם מיוחדים לדירה ממילא דרפת ולולין וכו׳ דקתני רישא במתקשטות איירי דהשתא הו״ל מיוחדין לדירה דאי בסתמא אע״ג דלפעמים משתמש שם כיון דהוו דרך עראי לאו מיוחדין מקרו משא״כ מתקשטות וכדדייק בלשונו ז״ל שכתב שהנשי׳ יושבות בה ומתקשטות וכו׳ שהרי יש בה יחוד לדירת אדם ע״כ ואע״ג דקאמר תלמודא תיובתא הכוונה דמהרלתא בדוחק אבל לאו תיובתא גמורה וכמ״ש בס׳ כללי הגמרא משם תו׳ דהקומץ, עיין בס׳ יבין שמועה ל״ו ע״א ושוב ראיתי להריטב״א בחי׳ שכתב ופסקו רבוותא דבית התבן פטורה מן המזוזה אפילו בסתמא כדקתני בסמוך בבא דתני ר׳ שמואל קמיה דרבא וכו׳ עכ״ד ומה גם דהשתא דהך ברייתא דאותיב מינה לא מכרעא כ״כ דבסתמא מחייב א״כ אף אם נפרש כר׳ כהנא דברייתא דוי״ש מחייבין בסתמא פליגי יש לפסוק כמאן דפטר דהא ברייתא סתמיה דרפת בקר פטורה מן המזוזה בסתמא דוקא מתפרשא וכמ״ש התוס׳ ועוד דברייתא דאותיב מינה ר״כ דקתני בה ושהנשי׳ מתקשטות בה חייבת משמע דהא סתמא פטור ודרישא בסתמא איירי, ובזה עלו דברי הרמב״ם ז״ל על מתכונתם הגם שלא נתחוורו בעיני הרא״ש ז״ל וכמ״ש הכ״מ שם, וכבר אתה רואה שדעת הריטב״א כדעת הרמב״ם ז״ל וכ״כ ריא״ז הובא דבריו בשלטי הגבורים הל׳ מזוזה יעי״ש בלשונו וכן פסק הרב המאירי ז״ל אלא שדעתו לפטור ברפת אפי׳ מתקשטות ומה שהקשה בספר ב״ח יורה דעה סי׳ רפ״ו ומכאן תשובה להרמב״ם שכתב דדוקא כשהנשים מתקשטות בו חייבין דהא רפת בקר כיון שמלוכלך בזבל אין הנשים מתקשטות בהם ואפ״ה הוי מקום דירה וחייבין וכו׳ עכ״ד. לא זכיתי להבין דהלא קושיתו זאת תיקשי לברייתא דקתני רפת בקר פטורה מן המזוזה ושהנשים מתקשטות בה חייבת במזוזה דמ״ש מהרש״א בסוגיין בתו׳ ד״ה והתניא אחד וכו׳ דלא קאי ארפת דקתני רישא אלא אשאר מקומות וכו׳ יעי״ש אין זה במשמע דהא בה קתני משמע דקאי ארפת שהזכיר וכן הקשה בשבי״ו וא״כ ע״כ לומר כמ״ש בסוגיא דלדברי התו׳ ה״ק ואם הוא רפת שאינו מגולגל כ״כ וראוי לנשים להתקשט שם חייב וכיון שכן כיוצא בזה נפרש בלשון הרמב״ם ז״ל כנלענ״ד וק״ל.

רש״י, ד״ה **אחד** שערי וכו׳ ואין יוצאים ממנה אלא דרך שערים וכו׳ דהא דמחייבינן להו היינו מטעם שפתוחים לעיירות שיש בהם בית דירה. כדאיתא בירו׳ דפתקין ואם לא היתה מוקפת חומה הרי יוצאים גם דרך שדות וכרמים ואין שער זה עיקר כניסה ויציאה. ועיין בבאורי מהרש״ל לסמ״ג עשין כ״ג וק״ל.

ד״ה **לאקרא** דכוכי וכו׳ ונקרא כוכי וכו׳. ואקרא הוא שם לבנין חזק כמ״ש בערוך ערך אקרא בהגהה, ומדברי תוי״ט משמע דגרסי׳ יוקרא דכוכי דהשתי׳ ניחא דלשון כוכב הוא כמו לוקרא דליכא דפי׳ ר״א דמילה וכלומר דמשום כוכב הכוכב עשו כפין אגו, וכן ראיתי בערוך ערך אבולאי שכתב פי׳ אובלא תקרא של מבואות לחזוק מפני כוכב הכוכבי שעושין אותה סכוכי עליה דירה לשומר המבואות ולא משום לורת פתח ועי״ש וק״ל.

ד״ה **ואקרא** דכוכי גופה משום אותו בנין וכו׳ דאין לפרש דעל אותו בנין עצמו של כוכי שייל אמאי לא עשו מזוזה בפתחים שיש לו בתוכו דא״כ מאי משני אלא אמר אביי משום סכנה דבשלמא אשערי העיר דמפרסמא מלתא טובא שייך לומר כן לא אפתחי דכוכי והכי דייק ז״ל לקמן שלא יאמר המלך כשפים עושים בשערי עירי והכי משמע מברייתא דמייתו עלה אלא דלפי׳ משמע דגרסינן ואאקרא דכוכי גופה וכו׳ כלומר דמשום לאה דאקרא דכוכי חייבו שער העיר מזוזה, ועיין בתי״ט וכמ״ש שם וק״ל.

ד״ה **פעמים** ביובל וכו׳ אין להטריח עליו וכו׳, וכן פי׳ בנמוקי יוסף בה׳ מזוזה ובמרדכי שם, ומה שהקשו בתי״ו דאם כן מה שייך מלתיה דר״י יעי״ש, י״ל דאתא לאשמועינן דהיכא דשכיח׳ היזקא אפילו היזק ממון אף פעמים ביובל אין להטריח דבדיקה זו מדרבנן היא ואוקמה אחזקתה, וכ״כ הרב המאירי ז״ל ולא נחא ליה ז״ל לפרש כפירוש תו׳ דפעמים ביובל משום סכנה, דהא ע״כ ברייתא בזמן שיד ישראל תקיפה איירי דלא שכיחא היזקא כלל דאלת״ה אפי׳ עשייה לא לריכא כ״ש בדיקה. ושוב ראיתי בספר בית חדש בריש ה׳ מזוזה סימן רפ״ו שכתב קרוב לדברינו יעי״ש וק״ל.

ד״ה **בית** אוצרות וכו׳ ואין אדם דר בו ע״כ כלומר בקביעות אבל לפעמים הולך ובא ודר בו דרך עראי דאל״כ למ״ד דסתמא תנאי היא מ״ט דמאן דמחייב, וכן ראיתי להב״ח ס׳ רפ״ו אות ה׳ שכתב כן יעי״ש, וא״נ אפשר דאף באין דרים כלל היא וטעמי׳ דאיירי בפתוחים לבית והכי דייק בברייתא דלקמן דכייל רפת ולולין ומתבן בהדי שערי מדינות ועיירות דטעמייהו משום דפתוחים לבית כדאיתא בירושלמי ומאן דפטר להו אפי׳ נשים מתקשטות משום דכיון דעיקר תשמישתייהו לדבר בזוי לאו דרך כבוד הוא דומיא דבית וכדאיתא לקמן כנלענ״ד וק״ל.

ד״ה **מאי** נאותות וכו׳ שעומדות שם ערומות וכו׳ וכן לשון הריטב״א בחי׳ והש״ע יורה דעה ס׳ רפ״ו ול״ל דלקמן ה״ק סד״א דטעמא דמרחץ משום זוהמא לחוד הוא וא״כ מרחץ דיחיד דלא נפיש זוהמיה לחייב קמ״ל דיחיד נמי אסור דהא עיקר טעמא שהרי עומד שם ערום ואין כבוד שמים וכו׳ דע״כ בית הטבילה מהאי טעמא הוא דהא התם ליכא זוהמא וכמו שפי׳ ז״ל בסמוך. ועיין בלשון רבינו מנוח שהביא הכ״מ פ״ג מהל׳ קריאת שמע הל׳ ג׳ ובס׳ מגן אברהם ס׳ מ״ה ס״ק ב׳ ולפ״ז ל״ל דהא דקאמר ר׳ יהודה בסמוך באמת אמרו בית הכסא וכו׳ ובית המרחץ ובית הטבילה וכו׳ פטורין מן המזוזה משום דנפיש זוהמיה לא קאי אבית הטבילה אלא אאינך בית בורסקי ואפילו אמרחץ ניחא דאשמועינן דמלבד טעם שעומדין ערומים איכא נמי כך טעמא ונפקא מינה דאפילו אם אין שם אדם אסור בדברי תורה כן נראה לעניות דעתי ודו״ק.

ד״ה **ושהנשים** נאותות בהן כלומר בית התבן וכו׳ ולפי זה באמת אמרו וכו׳ סיומא דמלתיה דיש מחייבין הוא דמאן דפטר בסתם כ״ש דפטר ברוחצות ופטר בבית המרחץ וכו׳ ולרבי יהוד׳ איצטריך דכ״ע קאמר דאפי׳ מאן דמחייב במתקשטות היינו דוקא בבית התבן וכו׳ אבל בית הכסא וכו׳ דלאו דרך כבוד פטור אפילו במתקשטות וק״ל: ומ״ש שהנשים רוחצות בכן הס״ד וא״כ מתחיל הדיבור ובית הטבילה וכו׳ ואפירוש׳ דמלתיה דר״י קאי דקאמר באמת אמרו וכו׳ ובית הטבילה וכו׳ פטורין מן המזוזה משום דנפיש זוהמיה דהוה משמע דבית הטבילה נפיש זוהמיה כמרחץ ואורחא דמלתא נקט להכי פירש ז״ל דבית הטבילה ודאי ליכא זוהמה והיינו דאצטריך אע״ג דקתני מרחץ לאשמועינן וכו׳ אבל אמלתיה דר׳ כהנא אין אנו צריכים לפי׳ זה דודאי כיון דקתני בתר הכי ושהנשים נאותות לאשמועינן דאפילו מרחץ דיחיד דלא נפיש זוהמיה פטור להכי תני נמי בית הטבילה אע״ג דליכא זוהמה דאין הדבר תלוי בזה אלא הטעם מפני שעומדים שם ערומים וא״נ אפשר דהכל דיבור א׳ ולרב כהנ׳ איצטריך דלא תימא דבית הטבילה ע״כ בדאיכא זוהמה דומיא דמרחץ דאלת״ה למאי אצטריך ושהנשים נאותות דפטור דכיון דאשמועינן דבית הטבילה דליכא זוהמה פטור כ״ש מרחץ דיחיד להכי פי׳ דמשום מרחץ אצטריך דהו״ל כדרך לא״ז והגם דהלפי סיפא דושהנשים וכו׳ הו״ל זו ואצ״ל זו לא חיישינן להא כיון דסיפא דושהנשים לאו מלתא אחריתי היא אלא פי׳ דרישא דבית התבן וכו׳ דלבתר דסיים דין מרחץ וטבילה קאמר דמשכחת לה נמי לפטור בבית הבקר וכו׳ דומי׳ דהנך והיינו כשהנשים רוחצות בהם כנלענ״ד ודו״ק.

תוספות ד״ה והתניא רפת וכו׳ וי״ל ברפת בקר אין הנשים רוחצות וכו׳ ואי משום ברייתא דאותיב מינה דקתני רפת בקר וכו׳ ושהנשים מתקשטות וכו׳ וא״כ אכתי ליקשי ברוחצות דאי מתקשטות כ״ש דרוחצות איכא למימר דהכי קאמר ואם אותו רפת אינו מזוהם כ״כ שראוי לנשים להתקשט בו חייבת אבל לעולם דסתם רפת אינו ראוי אפילו לרחילה וכן לריך לפרש גם לדבריהם דלקמן ד״ה והתניא אחד שערי וכו׳ ועיין מה שכתב מהרש״א שם וק״ל.

תוספות ד"ה והתניא אחד וכו' הדא דגרפת וכו' ועוד אפשר לתרץ דמאן דמחייב במתקשטות כ"ע דהשתא הוי דומיא דבית דעשוי לדירה ולכבוד וא"כ מביתך נפקא ואילו ברייתא משמ' דמפיק להו מובשעריך אבל לכשנאמר דבסתמא איירי ניחא דכיון דטעמא משום דלפעמים משתמש שם דרך ערא' אורבא מביתך ממעטינן לה דמה ביתך המיוחד לך כדאיתא לעיל אלא דברייתא ה"ק דכיון דמובשעריך מרבינן שערי מדינות ועיירות הגם שאין בהם דירה כלל אלא משום דפתוחים למקום דירה א"כ לא גריעי רפת ולולין דלפעמים יש בהם דירה לצרכיו וק"ל.

ד"ה יכול שאני מרבה וכו' משמע דבית שער פטור וכו' האמת דשם בסוכה הקשו גם מאכסדרה ומרפסת יע"ש, ונראה דהכא דייקי להקשות דוקא מבית שער משום דאכסדרה יש לחלק כדאיתא שם בהקומץ באכסדרה רומיתא יע"ש ועיין מ"ש מהרש"א. ומ"ש וי"ל דהכא מדאורייתא וכו' וכן נראה מדברי רש"י שם בהקומץ ואל תטעה ממ"ש כאן ד"ה בית שער וכו' שעושין לפני שער החצר וכו' ובפ"ק דסוכה שם פי' בית שלפני הבית שדעתו לחלק בין בית לחצר וכתי' הסמוך וכמ"ש בעל המאור שם בסוכה דהא בפ' הקומץ דקאמר חייב פי' בית שער בית קטן שעושין בצד שערי חצרות וכו' ועוד בסוכה שם פי' ההיא דהקומץ מדרבנן אלא משמע שדעתו לחלק בין דאורייתא לדרבנן וכן ראיתי להריטב"א כאן ולהר"ן בהלכות בסוכה שם שכתבו שכן נראה מדברי רש"י ז"ל וכ"כ בת"י וק"ל:

מה שהקשה בשכ"י דלפי זה מאי מקשה לר' יהודה מדתניא ושהנשים מתקשטות חייבת נימא ההיא מדרבנן וברייתא דנאותים מדאורייתא עכ"ד י"ל דדומיא דרישא דקתני רפ' בקר פטור דהיינו מדאורייתי' דלא גרע מבית התבן קתני סיפא דאם מתקשטות חייבת אפילו מדאורייתא ועוד דכיון דאשכחן דמתקשטות תנאי עדיף ניחא לן לתרוצי הכי מלדחוקי ולאוקמי ברייתא דסתמא קתני בדאורייתא או בדרבנן וק"ל:

בא"ד א"נ י"ל דהכא מיירי בבית שער של אכסדרה וכו', ומה שהקשו על זה הרמב"ן והר"ן ז"ל שם בסוכה מלישנא דילאו אלו וכו', דהא כולהו הדא שמא דבית שער נינהו ל"ק כ"כ כיון דסוף סוף תרי גווני בית שער נינהו דאכסדרה או דמרפסת ואפשר דהיו משונים בצורתם ובמעמדם ומ"ש עוד הר"ן שם ועוד דהא תניא בפ' הקומץ רבה בית שער אכסדרה ומרפסת חייבין ע"כ. כלומר דאחרוייהו בחד גוונא מיתנן ודוחק לפרש בתרי אנפי וכמ"ש הרמב"ם שם אבל ודאי דאין סובר הר"ן להקשות דכיון דאכסדרה מקום חיוב הוא בית שער נמי חייב דומיא דב"ש דבית דבית שאני דהחיוב מצד עצמו משא"כ אכסדר' דאין החיוב אלא מצד שפתוי' לבית, ויש ליישב דהתם ודאי הדבר מוכרע מצד עצמו דלא מצית לפרושי בית שער של אכסדרי' וכו', דהא ליכא למיגזר אלא אכסדרי' אטו בית דפתוח לה, ועוד דמחלף בבית אבל בית שער הפתוח לאכסדרה מהיכא תיתי לחיובא וכן נמי הכא הדבר מוכרח דלא מלינן לפרושי בית שער סתמא והיינו אפילו פתוח לבית דהא כיון דפתוח למקום חיובא מהיכא תיתי דמיפטרי דהא לא גרע משערי מדינות ועיירות וכן נמי אכסדרה ומרפסת ודאי חייבין וכיון שהדבר מוכרע מצד עצמו וליכא למיטעי לא קפיד תנא למינקט הכא והתם לשונות שוים הגם שאין הפירוש שוין וק"ל:

בא"ד והאלפסי תירץ התם וכו' לתירוץ הקודם נמי התם ע"כ בפתוחים לבית איירי אלא הא איכא בינייהו דלהרי"ף בפתוחים לחצר וה"ה לאכסדרה ומרפסת הפתוח לחצר חייבין והכא בפתוחים לגינה דוקא איירי משא"כ לתי' הקודם. והוא כתי' בעל המאור שם דבית שער או אכסדרה הפתוחים לחצר הפתוח לבית פטורין ומשו"ה מפרש דהכא ה"ק בית שער הפתוח לאכסדרה וכו' אעפ"י שפתוחה לבית פטורין. וכן נראה מדברי הרמב"ן בספ' המלחמות שם ועיין בדבריהם דסוכה שם וק"ל.

ע"ב גמרא בית הכנסת שיש בה בית דירה וכו', מדברי הרי"ף והרמב"ם בהל' מזוזה משמע דלא פליגי אלא בבה"כ דכרכים דאי דכפרים מסתמא אית בהו בית דירה לאורחים יע"ש, והיינו דאנשי כפרים אין ידם משגת לעשות בית מיוחד לאורחים הבאים כמ"ש הב"ח י"ד ונראה שהכריחם לפרש כן משום דק"ל קושיי' הריטב"א בחי' דבלא"ה תיפוק ליה דאית בהו בית דירה לאורחים כדאיתא בפ' ערבי פסחים ק"א ע"א דמקדשים בבה"כ לאפוקי אורחים י"ה דאכלו ושתו וגנו בבית כנישתא וס"ל לפרש דבבה"כ ממש היה דמשום לרבי מלוה התירו כמ"ש הר"ן בהלכות שם, ועיין בהגהות אשירי דפ' בני העיר ומש"כ ס"ל דההיא בדכפרים איירי ובדכרכים הוא דמפלגי בין אית בהו בית דירה לגלית בהו דלא ניחא להו לתרץ כמ"ש הריטב"א דאורחים דזמנין איתניהו וזמנין ליתנהו לאו תשמיש מיוחד הוא דהא לא גרע מלשכת פרהדרין דמשום דירת ז' ימים בשנה אגרשוה רבנן מזוזה כל ימות השנה כמ"ש לעיל וק"ל, וז"ל הר' המאירי ז"ל בתי כנסיות הן של כרכים הן של כפרים ובן בתי מדרשות אם היתה שם דירה קבועה לאורחים או לחזן או לשומר ב"ה חייבין במזוזה וכו' עכ"ד.

שם יכול שאני מרבה אף בית הכסא וכו' נראה דמשום בית הטבילה דרבותא הוא דאפילו דליכא זוהמא איממעט משום דרך כבוד שהרי עומד בפני ה' ערום נקט נמי בית הכסא וכו' והגם דמלתא דפשיטא היא כיון דנפיש זוהמיה וא"נ דאשמועינן דאף היכא דלא נפיש זוהמיה כ"כ כגון שהנשים מתקשטות בהן אפ"ה פטורים ל"מ לרב יהודה דמפרש לברייתא דלעיל באמת אמרו בית הכסא וכו' אע"פ שהנשים מתקשטות בהן פטורין אלא אף לר"ה דס"ל דמתקש' דכ"ע חייבין היינו דוקא בבית התבן ובית הבקר וכו' אבל הני ודאי גריעי מרפת בקר ול"מ בה"כ ומרחץ וטבילה שמגלה עצמו בפני ה' אלא אף בורסקי נפיש ריחיה ולאו דרך כבוד הוא כלל אלא שהריטב"א בחי' פי' באופן אחר יע"ש וק"ל:

שם יכול שאני מרבה אף הר הבית וכו' שהרי סביב היה מקורה וראוי לדירה כדאיתא בפ"ק דפסחים י"ג ב' ועיין בס' בתי כהונה חלק א' בחלק בית דין דף ע"ד שהאריך בזה ועוד שהרי פתוח ללשכות ועזרות דמקום דירה נינהו ומשמע דדוקא הני אימעיטו דדירה שלהן אינה דירה דהא קדש נינהו ולא הותר לדור בהם אלא לצורך עבודה אבל לשכת פרהדרין שעשויה לדירת כ"ג ועושה שם כל צרכיו לאו כקדש חשיב' וזה כמ"ש הריטב"א לעיל ד"ה שלפנים הימנו לשכת פרהדרין וכו' י"ל דשאני הגא דמתחלת עשייתה הייתה לכך ולא נתקדשה כשאר עזרה ע"כ והכי דייק לישניה דהרמב"ם ז"ל בחי' פ"ו מהלכות מזוזה שכתב הר הבית הלשכות והעזרות ובתי כנסיות ובתי מדרשות שאין בהם בית דירה פטורין לפי שהן קדש וכו' ע"כ ואם אין בהם דירה אף שיהיו חול פטורין אבל כוונתו כמ"ש דהג' שיש בהם דירה כאילו אין בו דירה מקרו כיון שהן קדש ולא הותר דירה שם לשאר צרכיו דומיא דבית והיינו שסיים דלשכת פרהדרין חייבת מפני שהלשכ' הזאת היתה בית דירה לכהן גדול בז' ימי הפרשה ע"כ ועלה בידינו מזה דהך ברייתא אתיא נמי כרבנן דמחייבי לעיל בלשכה, ולפ"ז לא זכיתי להבין אמאי דחיק הריטב"א ז"ל בסוגיין לומר דאתיא דלא כרבנן דלשכה יע"ש עיין בת"י ובמ"ש שם וק"ל:

שם א"ל שער המדי תנאי היא וכו', מה שהקשה בס' אור יקרות דא"כ לימא חמשה דהא בית האוצרות נמי במחלוקת כדתני לעיל בברייתא ויש מחייבין וכו' ול"ע יע"ש הגה בלאו הכי נמי בית התבן ובית הבקר ובית העצים דסתמא תנאי היא וכבר כתבנו לעיל בזה בפירוש פסק הרמב"ם יע"ש ולהרי"ף והרא"ש צריך לפרש דהכא מיירי ברווחות בהם דלכ"ע פטור אבל הא ליכא לתרוצי דלא חשיב תנאי אלא ההיא דכיפה דפליגי בה תנאי בהדיא משא"כ הנהו דברייתא לא מפרשא בהדיא דבסתמא פליגי דיש לפרש כר' יהודה דבמתקשטות פליגי ובסתמא ד"ה פטור אלא דמכח רמיותא דברייתא אהדדי אסקינן לעיל דסתמא תנאי היא דא"כ תיקשי דכיון דס"ל להו ז"ל דבסתמא קאמר ר"ש ורבא דפטורין למה פסקו ז"ל דסתמא חייב דאין לומר דס"ל דר"ש קאמר הכי וליה לא ס"ל דהא קתני בהדייהו שערי המדי והגם דהלכה כר"מ דמחייב וכמ"ש הב"י יו"ד סי' רפ"ז בשם הרא"ש יע"ש, הדא דהרי"ף משמע דס"ל לפסוק כהכמים שכתב וכיפה שיש ברגליה עשרה חייבת במזוזה דתניא וכו' ועוד שכבר כתב בס' מעדני מלך הל' מזוזה דלא קאי הרא"ש אלא אבית שאין לו אלא פלים וכו' יע"ש וק"ל:

שם אמר אביי דכ"ע וכו' אע"ג דבלאו פי' דאביי מברייתא מוכח דכיפה תנאי היא מ"מ היה אפשר לפרש דבאינה גבוה י' פליגי דאפ"ה ס"ל לר"מ דהוקקין להשלים בין לענין גובה ובין לענין רוחב וא"כ מדקאמר רב שמואל ושער שאינו גבוה י' משמע דשער כמדי פטר גם אף שגבוה י' ומהשתא גלו תנאי היא לגבי הולך

תלמודא לאתויי הך דאביי לאשמועינן דאינו גבוה י' לאו כלום היא דבהא לא אמרינן חוקקין להשלים וכמ"ש התו' לא נחלקו אלא בגבוה י' וכיון שכן ניחא ודאי הא דקאמר ר"ש דשער המדי הגבוה י' ואין ברחבה ד' תנאי היא כנלע"ד ועיין בהריטב"א ודו"ק:

שם לא נחלקו אלא בגבוה י' וכו'. ז"ל הרמב"ם ז"ל שם בית שיש לו מוזה מכאן ומכאן וכיפה כמין קשת על ב' המזוזות במקום המשקוף אם יש בגובה המזוזות י' טפחים או יותר חייב במזוזה ואם אין בהם י' טפחים פטורין מפני שאין לו משקוף ע"כ מבואר מדבריו דלא בעי רוחב ד' כלל כפרש"י וכן שם בראש הפרק בתנאי המזוזה כתב ויהיה השער גבוה י' טפחים או יותר וכו' ולא התנה ברוחב וזה כי אף שתהיה פחות מד' הרי ראוי להכנס לה מן הצד ופתח העשוי לכניסה ויליאה מיקרי' אלא שצריך לפרש סוגיין אליביה והאמת הוא כי המעיין בדברי הריטב"א כאן ובעירובין ימלא מנוח בפי' הסוגיא לדעתו ז"ל דכולה סוגיא דעינן שהמזוזות יהיו ישרים וזקפים לא בעגול והיינו דתני ושוין שאם יש ברגליה עשר וכו' כלומר ברגלים הישרים של הכיפה והרי כאן שלא הזכירו שיעור ברוחב הגם שאין כן דעת הריטב"א כמ"ש בפרשי' ז"ל יעי"ש והשתא קאמר אביי דכ"ע אם הכיפה מהארץ עד למעלה גבוה עשרה ואין ברגלה הישר גובה ג' פשיטא דלאו כלום היא ואפי' לר"מ דהא אין כאן התחלת פתח ישר לומר חקוק הכיפה באורך והעמידה על יושר אי נמי יש ברגלה ג' וכו' לא נחלקו אלא בגבוה י' ויש ברגלה ג' גלב דיש כאן התחלת פתח ישר דר"מ ס"ל חוקקין להשלים כל הי' ביושר ורואים כאילו יש כאן גובה י' ביושר ורבנן סברי אין חוקקין ומתוך דברי הריטב"א כאן ובעירובין משמע דגרים ויש ברגלה ג' ואין ברחבה ד' ויש בה לחוק להשלימה לעשרה יעי"ש אלא שעדיין לריך ליישב לדעתו ז"ל דלמאי נ"מ הזכירו ואין ברחבה ד' כיון דאין הרוחב מעלה ומוריד לענין מזוזה והגם שכתב הריטב"א בעירובין ז"ל מ"מ לכולהו פירושי לריך אתה לידע דנקטינן איגה רחבה ד' לאשמועינן דאפי' בהא אומר ר"מ חוקקין להשלים ומיהו אפי' רחבה הרבה לריך לנו לומר שיש בעובי כותלי כיפה רחב כדי לחוק להשלים הרגלים לגובה י' כי רגלים י' שוין אנו לריכים לדברי הכל כדמוכח מדרבנן אלא שר"מ עושה אותו במחשבה וכו' ע"כ כל זה ניחא לדעתו דמלריך רוחב ד' כמו שהקדים שם בראש הסוגיא יעי"ש אבל לדעת הרמב"ם ז"ל למאי אילטריך דזה דוחק לומר דגי' ז"ל ויש ברגלה ג' ויש בה לחוק להשלימה לעשרה ושוב ראיתי להמגיד משנה שכתב בפי"ו מהל' שבת הלכה כ' ז"ל ופסק כהכמים וסבר רבינו דלא בעינן רחב ד' לענין לורת פתח ולענין מזוזה ועד כאן לא הזכירו שם רחב ד' אלא משום ר"מ דאית ליה חוקקין להשלים ואינו סובר כן במה שאינו רחב שאין לו שעור אבל בשיש ברגליה י' ודאי אינה לריכה רחב ד' כך נ"ל וכו' ע"כ ומתוך דבריו משמע דגי' היתה ויש ברחבה ד' במקום ואין וכלומר בין רגליה והריטב"א ז"ל שם הזכיר גם גי' זו דהשתא לפי' זה כיון שאין כאן אלא התחלת פתח בעלמא בגובה ג' בעינן מיהא שיהא לה היכר פתח מפורש ברוחב ד' לומר חוקקין להשלים כל העשרה ביושר דומה למ"ש התוס' כאן ובשבת ז' ע"כ דלר"מ בחור בעינן מיהא מלד א' רוחב ד' כדי לחוק להשלים ד' על ארבע אבל בשרגליה הישרים גבוהים י' דיש כאן היכר פתח גמור לעולם דאף לר"מ לא בעינן רוחב ד' כלל והיינו דקתני ושוין שאם יש ברגליה וכו' וניחא לדעתו ז"ל קושית התו' דבור המתחיל הכל מודים דבחור דגבוה י' אפילו ברוחב כ"ש אמרינן חוקקין להשלים יעי"ש ואף לגי' שלפנינו הי"ק ואין ברוחבה ד' למעלה אבל יש בה ד' למטה בין רגליה דאל"ה לא אמרינן לר"מ חוקקין להשלים ועל מ"ש ז"ל ואם אין בהם י' טפחים פטורין מפני שאין לו משקוף עיין מה שהקשה בזה מר"ן ז"ל והנה הרואה שם בסוגיא דעירובין יראה דמהך דכיפה פשטינן דאין לורת פתח לריכה ליגע והיינו דהכא המשקוף הוא למעלה מהכיפה דהיינו אותו הבנין העומד פשוט על פני כולה ולהכי כשיש ברגליה י' הו"ל הכיפה כמי שאינה והגם דהשתא אין רגליה נוגעות במשקוף להא לא חיישינן דהא אין לריכין ליגע משא"כ באינה גבוה י' וכל זה מבואר בדברי הריטב"א שם וז"ל הרי"ף פ"ק דעירובין אלמא אע"פי שאין הקירוי שבשמי הכיפה מגיע לרגליה פתח הוי וחייב במזוזה ע"כ דבריו והיינו

שפסק ז"ל שם בפי"ו גבי לורת פתח גובה שני הלחיים י' טפחים או יותר והקנה וכיולא שע"ג אעפ"י שאינו נוגע בשני הלחיים אלא יש ביניהם כמה אמות הואיל וגובה הלחיים עשרה הרי זו לורת פתח וכו' ע"כ דבריו מעתה לעולם דאין הכיפה חשובה משקוף אלא מה שלמעלה ממנה ואפ"ה בגבוה י' מתכשר כיון דהשתא אין לריכין ליגע אלא דאכתי תיקשי דכיון דאנן מוחזין הישרים וזקפים בעינן ואין עוגל כיפה משלים שיעורן א"כ מאי מפני שאין לו משקוף תיפוק לי' דאין כאן פתח גבוה י' וחסר מהתנאים שהזכיר שם וז"ל דהי"ק דמלבד הטעם שאין כאן עשרה נוסף כאן גם טעם אחר שאין כאן משקוף על הפתח שהרי הכיפה מפסיק בינה למשקוף א"כ ה"ק דאפי' תאמר דבחלל י' סגי והרי יש כאן בהצטרפות חלל הכיפה מ"מ פטורין מפני שאין כאן משקוף ועיין בט"ז י"ד סי' רפ"ז ושוב ראיתי בס' מרכבת המשנה שעמד על פי' הסוגיא לדעת הרמב"ם יע"ש ומאן דשקיל וטרי התם ובס' גינת ורדים חלק או"ח כלל ב' סימן כ"ג על מה שסיים המגיד דהרשב"א ז"ל לא כתב כן דע שדברי הרשב"א באו בפי' בס' עבודת הקודש שלו בדיני מבוי המפולש שכתב דלפיכך כיפה שיש ברגליה י' עד שלא התחיל להתעגל ויש ברחבה ד' הו"ז פתח וכו' אין ברגליה י' או שאין ברחבה ד' אעפ"י שיש בה כדי לחוק אינה כלום ע"כ וזה קרוב לדעת רש"י וכמ"ש הריטב"א וק"ל.

שם אמר קרא למען ירבו וכו' הני בעו חיי וכו' משום דאשכח לאוקמיה ביתך לכדרבא הוא דקאמר הכי דאל"כ משום הך סברה לחודה לא הוה מרבינן להו דהא קמן תלמוד תורה דכתיב בה כי היא חייך ואפ"ה נשים פטורות וכמ"ש התו' פ"ק דקדוש' ל"ד ע"א ד"ה גברי בעו חיי וכו' יע"ש וק"ל.

שם מהו דתימא ביתך ולא ביתה וכו' עיין בתו' ובמ"ש שם:

שם ביתך לגו"ל כדרבא וכו' והא דקאמר בהקומץ רבה ל"ד ע"א ר' שמואל בר אחא אמר מהכא ויקח יהוידע הכהן וכו' יע"ש כלומ' דאית ליה סמך בנביאי' ולעולם דס"ל דרשה דרבא דאלת"ה לדידיה ביתך למ"ל והכי נמי בספרי פ' ואתחנן דריש ליה לביתך כדרבא יע"ש וק"ל.

שם אמר קרא בבית ארץ אחוזתכם וכו' דאע"ג דלא נתחלקה הארץ לנקבות דמהאי טעמא מביאין ביכורים ולא קורין כדתנן בר"פ ביכורים מ"מ כיון דבתורת ירושה יש להן הוו בכלל אחוזתכם וק"ל.

שם והתניא יכול יהיו בתי כנסיות וכו' ילאו אלו שאין מיוחדין וכו' למסקנא דבה"כ דכפרים נמי לא מטמא בנגעים מהאי טעמא דאין כל א' מכיר חלקו תיקשי דא"כ בית השותפין דדמי לבה"כ דכפרי' נמי כמ"ש רש"י לקמ' ד"ה דכפרי' ואי משום דכתיב אחוזתכם בה"כ דכפרי' נמי וכבר הריטב"א הרגיש בזה יע"ש ובודאי דלמאי דאסקינן דעיקר תירולא לחלק הא דאית ביה בית דירה לא תקשי מידי דאע"ג דבית השותפין דלית ביה בית דירה דינו כבה"כ ובריית' חדא מינייהו נקט וה"ה בית השותפין אלא דתיקשי מיהא למאי דהמקשן ל"ק ליה אלא מבית הכנסת דוקא ועי"כ הנראה יותר לומר דבית השותפין אף שאין בו דירה קבועה אלא עשוי לכניסה ויליאה דומיא דבהכ"נ דלית ליה דירה לחזן חייב והכ"ש דסוף סוף בית זה מיוחד לכל לרכיהם משא"כ בי"כ דאינו אלא להתפלל בו ולהכי סברא הוא למעטו מאשר לו דהא אינו תשמיש מיוחד לכל לרכיהם ואף תשמיש זה אינו מיוחד לכל א' דאין כל א' מכיר חלקו אבל בית השותפין דתשמיש קבוע הוא מרבינן ליה מאחוזתכם דאע"ג דאין כל א' מכיר חלקו חייב ולא נראה שכיון הריטב"א בתי' יע"ש ובתו"י לקמן ד"ה ילאו אלו וכו' וק"ל.

שם דתניא בה"כ שיש בה בית דירה וכו' דס"ל להשוות נגעים למזוזה כדאשכחן דהתרוייהו בעינן בית שיש בו ד' על ד' אמות כדאיתא בפ"ק דסוכה ג' ע"א ועיין בריטב"א כאן והגם שראיתי להרמב"ם ז"ל שכתב בהו' פ"ו מה"ל מזוזה דבית שבספינה פטורה מן המזוזה לפי שאין לה קבע וכ' בב"י י"ד סי' רפ"ו שמלא כתוב שהוא בתוספתא ואולו בספרי פר' מלורע ממעטינן לה לענין נגעים מדכתי' בית ארץ דבעינן שיהיה תקועה בארץ וכדאיתי' בר"פ פי"ב דנגעים ועיין בהרמב"ם שם ובפי' י"ד מהל' טומאת לרעת אבל משמעות דבית משמע דלא הו"מ למעוטי דהו"א דהשיבה דירה גבי נגעים והגם דלענין מזוזה לא חשיב' נ"ל דעיקר קרא

אילטריך למעט בית הבנוי ע״ג קורות כדאיתא התם ולעולם דבית שבספינה בלא״ה הוה ממעטינן לה כיון שאינה דירה קבועה ולהגב בית הבנוי ע״ג ד׳ קורות נקט התם בספרי בית שבספינה ואל תשיבני מהא דאיתא בתוספתא דשבת פ״א בתים שבספינה חייבין בעירוב והביאו הב״י בשם שבולי הלקט בא״ח סוף סי׳ שס״ו יעו״ש דו״ל דלענין עירוב לא בעינן דירה קבועה כ״כ דמקום פיתא הוא הגורם עיין בב״י סי׳ ש״ע כנלענ״ד ודו״ק.

רש״י, ד״ה בית שער וכו׳ עושין אותו קפנדריא וכו׳ לא ידענא מאי קפנדריא ש״ך כאן כיון שהוא בית קטן סמוך לשער החצר העשוי לדירת שומר כמו שפי׳ ז״ל בפ׳ הקומץ ל״ג ע״ב ובסוכה מ״ג ע״א אם לא שנאמר דבבית שער שיש לו שני פתחים א׳ פתוח להצר וא׳ פתוח לבתים כפי׳ הרוקח דפ׳ הקומץ שם משכחת לה דבני הבתים לקצר דרכם שלא לצאת דרך שער החצר יוצאי׳ לר״ה דרך הבית שער.

ד״ה שאינו מקורה וכו׳ פרוץ מלמעלה וכו׳ וזה כפתחי שמאי דאיתא בעירובין י״א ע״א ובהקומץ ל״ג ע״ב עיין פי׳ שם ובחי׳ הריטב״א כאן דל״ל בלשונו דהיינו פתחי שמאי וכו׳ וק״ל.

ד״ה ושאין שם וכו׳ ותתמעט רחבה וכו׳ לכאורה ירא׳ דאורחא דמלת׳ נקט דבמתחיל העיגול מתמעט ברוחב ואה״נ דאף אם לא נתמעט בעינן לעולם שיהיו ברגלים הישרים גובה י׳ דהעיגול המעוקם לא חשיב מזוזות וזה מבואר בדברי הריטב״א כאן ובחי׳ לפ״ק דעירובין י״א ב׳ יעו״ש אלא שבב״י י״ד סי׳ רפ״ו וכן בב״ח שם כתבו דלרש״י אף שמתחיל העיגול מהארץ כל שיש גובה עשרה ברוחב ד׳ חייב במזוזה יעו״ש וכן נראה יותר ממ״ש בדיבור הקודם דטעמא דחכמים פוטרים מפני שאין שם רוחב ד׳ ולא כתב מפני שאין כאן מזוזות ישרות והפשטא היינו כפי׳ ז״ל דבעינן רוחב ד׳ הגם דבסוגיין לא הוזכר זה משום דמוכרח כן ממאי דקאמ׳ אביי דכ״ע גבוה עשרה ואין ברגלה ג׳ ולא כלום היא ואי לא בעינן רוחב ד׳ אמאי לאו כלום היא כיון דיש כאן תלל י׳ דגם עיקום חשיבי כמזוזות אלא ע״כ דהיק ואין ברגלה ג׳ ברוחב ד׳ וכ״ש לגי׳ הספרים שלפנינו דגרסי׳ לקמן לא נחלקו אלא וכו׳ ואין ברחבה ד׳ וכו׳ אלא שהריטב״א לפי דרכו כתב דזה לא הוצרך לפרש דפשיטא דבלא רחב ד׳ לא חשיב פתח וק״ל.

ד״ה למי שמייחד וכו׳ כלומר שהנגעים באים וכו׳ כדאיתא בערכין ט״ז ע״א מ״ש בחי׳ הריטב״א דבספרי דריש לו למעוטי בית דהפקר יעו״ש לא מצאתיו בגי׳ ספרי שבידנו אלא דריש התם לו למעט שלא ישלח ביד שליח.

תוספות, ד״ה ר״מ סבר וכו׳ אתיא כב״ע דכיון וכו׳ דאף שתאמר דע״כ לא אמר ר״מ חוקקין להשלים אלא להקל אבל לא להחמיר התם נמי להחמיר הוא לשוי רה״י ודהזורק לתוכו חייב מדאורייתא משא״כ אי מעוית ליה ככרמלית דהגם דכ״מ חומרא שאסור לטלטל בכולו מ״מ הא מיהא קולא היא דלא מחייב חטאת או סקילה מדאורייתא וזה פשוט.

ד״ה שאין בו וכו׳ וי״ל דהתם מיירי בפתח הבית וכו׳ דכן משמע בלשון דהוה עייל ביה ר״ה וכו׳ כמ״ש התו׳ שם והרא״ש בהל׳ מזוזה ומהא׳ טעמא ע״כ דהא דקאמר ר׳ יצחק בר יוסף התם ההוא פיתחא דהוה עייל בי רבי לבי מדרשא בכך גוונא נמי איירי ומש״ה לא בעי לתרוצי דהכיא דר׳ לאו פתח הבית הוה אלא משני דהכיא דר׳ הוגא תיל הוה ועיין במהרש״א וק״ל: ומ״ש דבי מדרשא דר״ה ממש וכו׳ דמדקאמר היתי׳ בי מדרשא ולא קאמר ההוא פתחא דהוה עייל בי ר״ה לבי מדרשא משמע דאיירי בפתח בית המדרש ממש ולא בפתח הבית ומהרש״א פי׳ באופן אחר יעו״ש כי מדבריו מקח לתרץ מה שהקשה התי״ט בספרו מעדני מלך בה׳ מזוזה אמאי נקטו התו׳ והרא״ש שם ומונחת בין כתיפיו דו״ל לאשמעינן דבפתח גבוה איירי דמשום הכי היה מניחה בין כתפיו כדאית׳ התם ומדהיה גבוה ש״מ שעשאוהו כך מפני העם הנכנסים ויוצאים משתח בית המדרש יעו״ש ודפ שעוד יש תירוץ אחר לחלק בין בית המדרש שיש בו דירה רוב היום לתלמידים מבה״כ והיה ס׳ המרדכי כמ״ש הב״י והב״ח י״ד ס׳ רפ״ו יעו״ש והנה מסוגיין דלעיל דמטי שאר לשכות אף שיש בהם דירת לילה משום דאין דירת יום ולילה בעינן כמ״ש שם היה מקום להוכיח הכך זה אלא דלא יתכן דהא לא גרע מבית התבן וכו׳ דמשום דלפעמים משתמש בהם חייבין אלא דמדרבנן יש לחייב כל שיש בהם קצת דירה וה״נ בית המדרש ולשכות שאני דאין דירתן דירה דלצורך קדש היה והתוס׳ ס״ל דשאני בית התבן וכו׳ דמיוחדים לו משא״כ בית המדרש דרבים דכל שאין שם דירה קבועה ליום ולילה כבית דירה לחזן אין סברה לחייבם אפי׳ מדרבנן משום קצת דירה וק״ל.

דף יב ע״א, גמרא במאי קמפלגי וכו׳ הרמב״ם ז״ל בחי׳ פ״ז מהל׳ בית הבחירה ופ׳ י״ד מהלכות טומאת צרעת פסק כמ״ד דלא נתחלקה לשבטים וזה מכמה טעמים חדא דה״ל ס׳ ר״י יחידאה לגבי ת״ק דברייתא ות״ק דר״א בר צדוק דברייתא דאין מכירין דכולהו ס״ל דלא נתחלקה לשבטים ואע״ג דאיכא ברייתא סתמית דמה היה בחלקו וכו׳ דס״ל דנתחלקה לא חיישינן לה ועוד דברייתא סתמית דסוף פ׳ מרובה עשרה דברים נאמרו בירושלי׳ וכו׳ ופסקה בהל׳ בית הבחירה שם אתיא כמ״ד לא נתחלקה ועוד דבירו׳ פ״ג דמעשר שני קאמ׳ אמר ר׳ יונה בדין היה אפי׳ בתים שם לא יטבילו שכן של כל ישראל אלא זאת אומרת ירושלים עשו אותו כחצר בית שמירה וכו׳ יע״ש ועוד דסתם לן תנא כותיה בפר׳ עגלה ערופה דקתני דאין ירושלים מביאה עגלה ערופה מכאי טעמא כדמפרש תלמודא התם ועוד דבפרק חלק קי״ב ע״ב מותיב ר׳ יוסף מע״ש וכתבי הקדש יגנזו במאי עסקינן אילימא בירושלים מי הויא עיר הנדחת והתניא עשרה דברים וכו׳ והיינו דבערכין ל״ב ע״ב דחיק ר׳ אשי התם לומר דמתני׳ דקתני דירושלים נוהג בה דין בתי ערי חומה בירושלים אחריתי היא ולא קאמר דאתיא כמ״ד דנתחלקה משום דבעי לפרושי מתני׳ אליבא דהלכתא ועוד דאשכחן סתמא אחריתי בפ׳ י״ב דנגעים דקתני ירושלים וחוצה לארץ אינם מטמאים בנגעים ע״כ אלא דק״ל דמסוגיא דפ׳ איזהו מקומן כ״ג ע״ב גבי קרן מזרחית דרומית לא היה לה יסוד מוכח דר׳ אלעזר ור׳ שמואל בר ר׳ יצחק ור׳ לוי כולהו ס״ל דירושלי׳ נתחלקה לשבטים והכי משמע דס״ל סתמא דתלמודא התם ועיין עוד שם קי״ח ע״ב וכן קשה מסוגיא דאיתא שם כ״ד גבי דרש רבא מאי דכתיב וילך וכו׳ לא הוי ידעי דוכתיה היכא בטולהו כתיב וירד בשבט בנימין ועלה כתב וכו׳ ואבע״א גמירי דסנהדרין בחלקו דיהודה ושכינה בחלקו דבנימין וכו׳ יע״ש דכולה סוגיא ריהטא דירושלים נתחלקה לשבט יהודה ובנימין דהשתא הו״ל מקדש משותף לשניהם בחלקם שנפל להם בגורל חלוקת הארץ וכן קשה דהרמב״ם פסק בפ׳ ב׳ מהל׳ בית הבחירה דמזבח לא היה לו יסוד באותו קרן ומשמע דהיינו מטעם שלא היה בחלקו של טורף כדאיתא שם נ״א ב׳ וכמ״ש מר״ן שם וזה כמ״ד שנתחלקה לשבטים וכן תיקשי מברייתי׳ סתמית דאיתא בספרא פר׳ בהעלותך ורמזוה התי״י בסוגיין והתוס׳ סוף פ׳ מרובה דאיתא התם על פסוק והיה כי תלך עמנו וכי מה טובה הטיבו לו אמרו כשהיו ישראל מחלקין את הארץ היתה דושנה של יריחו ת״ק על ת״ק אמה אל כל מי שיבנה בית הבחירה בחלקו יטול דושנה של יריחו וכו׳ עד וכיון ששרתה שכינה בחלקו של בנימין באו בני בנימין ליטול חלקם באו ופנו אותו מפניהם שנא׳ ובני קיני חותן משה וכו׳ ע״כ משמע דפשיטא ליה דנתחלקה וע״כ הנלפע״ד ליישב ולומר דס״ל להרמב״ם ז״ל דלכ״ע ירושלים מתחילה נתחלקה לשבט יהודה ובנימין כשחלק יהושע את הארץ בגורל וכדמוכחי קראי שם דבחלק בני יהודה סיים ואת היבוסי יושבי ירושלים לא יכלו בני יהודה להורישם וישב היבוסי את בני יהודה בירושלם וכו׳ וכן בגורל חלק בני בנימין כתיב וצלע האלף והיבוסי היא ירושלים וכו׳ ושוב ראיתי בפירוש הרב האברבנאל ז״ל שם שכתב ז״ל וממה שאמר ואת היבוסי יושבי ירושלים וכו׳ יראה שהיתה ירושלים מנחלת יהודה וממה שאמ׳ בנחלת בנימין וצלע האלף והיבוסי היא ירושלים יורה שהיתה ירושלים מנחלת בנימין ולזה נפל מחלוקת בין רז״ל אם נתחלקה ירושלים אם לא והאמת שהיה לשניהם חלק בה כי היה רצועה יוצאת מחלקו של יהודה לחלקו של בנימין עכ״ד אבל מה שנלענ״ד דבהא לא פליגי במאי דמשמע מפשט הכתובים אלא מ״ד לא נתחלקה הכונה שלא עמדה בחילוקה דלבסוף נתנו דושנה של יריחו במקום ירושלים וכל המקדש להיות שהיתה צריכה לכל ישראל לעליית רגלים ולשאר ענינים וא״כ דבני יהודה ובנימין הפקירו חלקם לכל ישראל ולא הוצרך לתת דושנה של יריחו אלא לבני בנימין כי להיות שעיקר המקדש מהיכל וכו׳ נפלה בחלקם לא היו רוצים להפקיע ידם ממנו ולכך הוצרכו לתת להם דושנה של יריחו כדי שיתרצו וזה נראה יותר מסכים למדרש ספרא שכתבנו דמשמע דלבני בנימין ניתנה תחת מקום המקדש ומאי

דכתי' בס' יהושע בגורל בני בנימין והיו הערים וכו' יריחו ובית חגלה וכו' אפשר דעיר יריחו לחוד ודושנה לחוד שאותו לא נתחלקה כי אם הניחוה לאותו שיעלה מקדש בחלקו ומ"ד נתחלקה הכונה שעמדה לעולם בחילוקה ופליג אהכיא דספרא דהכי מוכח ממאי דקאמר ובנימין היה מלטער עלי' וכו' דאם איתא דלבסוף כשבנו בה"מ נתנוהו לכל ישראל למה היה מלטער והיינו דמוכח תלמודא בסוגיין דהאי ברייתא ס"ל דנתחלקה דלא מלי אתיא אפי' כמ"ד לא נתחלקה ומה היה בחלקו וכו' הכונה בשע' גורל יהושע דמדהיה מלטער משמע שכן היה לעולם והיינו דקאמר קרא חופף עליו כל היום ונקוט מיהא דאף למ"ד לא עמדה בחילוקה מ"מ כיון דסוף סוף מתחילה נפל מקום מקדש בחלק יהודה ובנימין להכי לא היה לחבה יסוד אלא בחלקו של טורף והיינו דפסק ז"ל נהא בפ"ע מהל' בית הבחירה ולא נלטרך בזה למ"ש התו' בסוגיין ד"ה דהכי גמירי שלא לעשות יסוד וכו' ולשולם דסוגיין דאחזו מקומן כ"ע ב' אתיא אף למ"ד דלא נתחלקה ולפי זה הו"ל ירושלים כבה"כ דכרכים דהגם שבני הכרך בנאוה משלהם כיון שעשאוה לדעת הבאים להתפלל הו"ל כמי שהפקירו חלקם לכל הבא לשם ממקום אחר כמ"ש התו' בפ' בני העיר וכמ"ש בפירש"י וכ"פ ז"ל בפי"א מהל' תפלה ז"ל אבל בה"כ של כרכין הואיל ועל דעת כל אנשי העולם נעשה שיבא ויתפלל בו כל הבא. אל המדינה נעשה של כל ישראל ואין מוכרין אותו לעולם ע"כ וזה למ"ד לא עמדה בחילוקה אבל ר"י דקאמ' אני לא שמעתי אלא מקום מקודש דבכלל זה גם בה"כ דכרכים דלא מטמא בנגעים ע"כ דס"ל דירושלים נתחלקה ועמדה בחילוקה דהשתא לא דמיא אפילו לבית הכנסת דכרכים ומקום מקדש שאני שנתנו דושנה של יריחו תחתיו כמו שכתב הת"י ומה שכתבו בתוספות בסוף מרובה דאין לפרש דירושלים נתחלקה אלא שנתנו דושנה של יריחו תחתיה ולפיכך אין מטמא דבפ"ק דיומא משמע דלמ"ד לא נתחלקה לא נתחלקה ממש וכו' ע"כ ומשמע שכיונו מדמוקמינן ברייתא דמה היה בחלקו כמ"ד נתחלקה דאם איתא לוקמיה אפי' למ"ד לא נתחלקה וה"ק מה היה בחלקו וכו' קודם שנתנו דושנה של יריחו וכן ראיתי בספר תום ישועות שפי' שם כן והרמב"ם ז"ל ס"ל דמלשון והיה מלטער וכו' קדייק כמ"ש ומ"ש התו' שם דבית המקדש סברא הוא אע"ג דנתחלק דחזרו וקנו אותו כדי שיהיה לכל ישראל חלק בו אבל ירושלים אם מתחילה נתחלקה למה היו חוזרין וקונין אותה ע"כ הנה מלבד דו"ל דס"ל להרמב"ם דהיו לריכים גם לקנות ירושלים לצורך עליית רגלים כדי שלא יטלו שכירות הבתים יותר מדאי עוד זאת לדעתו אה"נ דלא נתנו דושנה של יריחו אלא לקנות בית המקדש כדמוכח לשון הספרא שהעתקנו אבל ירושלים לא חזרו וקנו אותה אלא בני יהודה ובנימין מעלמם הפקירוה והקדישוה לכל הבאים שם לעליית רגלים דומיא דבה"כ דכרכים וכמ"ש ולדעתי לזה כיון הרמב"ם ז"ל בפי' לפ' י"ב דנגעים משנה ד' שכתב והיות ירושלים לא תטמא בנגעים אמרו ארץ אחוזתכם וירושלים לא נתחלקה לשבטים ואולם הוא בית תפלה יקרא לכל העמים עכ"ד כלומר שנעשית אח"כ בית תפלה לכל ישראל ולעליית רגלים זהו הגורם לומר דחזרה והרי היא לכל ישראל ולא נתחלק לשבטים ומלבד האמור עוד אפשר לתרץ דלמ"ד לא נתחלקה הכונה דיהושע התנה בעת הגורל דמי שיפול ירושלים בחלקו שיהיה לו לבית דירה לא לאחוזה ממש וי"מ דהבא לשם ברגלים לא יטלו מהם שכר בתים וכדקאמ' אין משכירין בתים בירושלים לפי שאינה שלהם כלומר שלא ניתנה להם לאחוזה אלא לבית דירה ולכן למי שנפל מקדש בחלקו הולרכו לתת לו במקומו דושנה של יריחו כדי שיתרלה שלא לדור שם ויתן מקום פנוי לבנות בו בית המקדש ולמ"ד נתחלקה ס"ל דלא התנו בזה אלא הרי הוא כשאר מקומות שנפל להם בגורל לאחוזה ממש וחילוק זה למדתי מדברי הירו' דפר' עגלה ערופה דאהא דתנן התם אין ירושלים מביאה עגלה ערופה בעי עדי מקלט מה הן אין תימר למתנוקת ניתנו מביאות עגלה ערופה אין תימר לבית דירה ניתנו אינן מביאות עגלה ערופה ע"כ ופסק ז"ל בפ"ד מהל' ע"ז שאין נעשית עיר הנדחת שנאמר בא' שעריך ועיין מ"ש הפר"ח שם דמהירושלמי הוליא הרמב"ם ז"ל זה וכתב שם על הירושלמי כלומר שהרי גוף הערים אין ללוים אלא לדירה בעלמא והו"ל כירושלים שלא נתחלקה לשבטים יעו"ש וכפי' הספר פני משה שם במס' סוטה כי הדבר מבואר הבשתא גם לדרך זה ניחא סוגיא דאחזו מקומן דלפי שנתנה לבני יהודה ובנימין לדירה להכי לא היה יסוד אלא בחלקו של טורף ואתיא אף למ"ד לא נתחלקה ומ"ש רש"י ז"ל בפ' בני העיר לא נתחלקה לא נפלה בגורל לא לבני יהודה ולא לבנימין ע"כ נ"ל לדרך זה ה"ק לא נפלה להם כשאר הגורל שהיה לאחוזה אלא לדירה בעלמא ושוב ראיתי להתוי"ט שם בפרק י"ב דנגעים ובס' דרך הקדש ח' ובס' מאין נחום שהגיהו דבריו ופסקו ז"ל בלא"ע ולפי מ"ש פסקו נכון וברור וכל דבריו אמת ולדק כנלע"ד ודו"ק.

שם ר"א בר לדוק אומר אף לא מטות לפיכך עורות וכו' במקום שכר שנשתמשו באותם מטות כמ"ש התו' בפ' בני העיר כ"ו א' ות"ק סבר דאדרבא כדי שיהיו מטות מצויות לעולי רגלים משלמים להם שכירות. אלא כי בזה לא נוכל לכוף אותם ופסק הרמב"ם ז"ל בפ"ז מהל' בית הבחירה כת"ק שכתב שם ואלו דברים שנאמרו בירושלים וכו' ואין משכירין בתוכה בתים וכו' ע"כ וק"ל.

שם אלא אירע בו וכו' במה מחנכין וכו' מה שהלריך עיין בשיטה כתיבת יד דמהמגיין לעיל ה' ע"א מוכח דבעינן רבוי ז' ומשיחות יום א' וכו' וא"כ קשה ממ"נ אי אמרינן דהאי כהן גדול נמשח ונתרבה א"כ מאי קאמר במה מחנכין אותו ואם לא נמשח ונתרבה מה יועיל לו תמיד של שחר או אבנט או חינוך עבודה מאחר דבעינן רבוי ומשיחה ולי"ע עכ"ד הנה למ"ש שם לעיל דברבוי פעם א' סגי יעו"ש אין מקום לקושיותו כלל ועיין בתוי"ט דסוגיין ד"ה במה מחנכין וכו' וק"ל:

שם זר שהפך בלנורה וכו', ז"ל הרב המאירי כהן הבא להפך בלנורה ר"ל במזלג חתיכות הנתחים שעל המזבח מקרבנות שנעשו על ידו או ע"י אחר למהר עכולן עבירה היא ואינה נעשית אלא באותן הבגדים שהקרבן נעשה וזר שהפך בלנורה חייב מיתה עכ"ל.

רש"י ד"ה אלא מקום מקודש וכו' מכל שבט ושבט וכו', יש לדקדק דא"כ היכי דייק ממלתיה הא בתי כנסיות וכו' דהא בה"כ דכרכים דמי למקום מקדש דליכא למימר דמקדש שאני שהוא מקום שכינה וקדיש טפי מבה"כ דהא ניחא לשיטת התו' ד"ה במאי וכו' שכתבו דלפי הס"ד לא פליגי בנתחלקה לשבטים אלא בחומר קדושת המקום אבל לפי' ז"ל דהשתא נמי קסבר דבנתחלקה פליגי והי"ע דר"י דקאמר מקום מקדש דוקא א"כ ה"ה בה"כ דכרכים ובפ' בני העיר ב"י ע"א הגם דפי' ז"ל כי הכא דלפי הס"ד נמי פליגי בנתחלקה מ"מ בטעמא דר"י פי' אני לא שמעתי שלא יהא מטמא אלא מקום מקדש משום דבית של קדש הוא ולגבי נגעים וכא אשר לו הבית בעינן וכו' יעו"ש ולכאמר דאפילו תימא דבה"מ נתחלק לשבטים מ"מ אינו מיוחד לצורך הדיוט ולאו דומיא דבית שהוא חול וכו', ולא דמי לבה"כ דקדושתו קלה ממקדש והיינו דסיים ז"ל שם אבל בתי כנסיות ובתי מדרשות כשאר בתי העיר וכו', ונראה ליישב פי' דהכא דס"ד דלהכי נקט ר"י מקדש נומר דדוקא מקדש שכל שבט ושבט נתן ממש חלקו לצורך בנינו לא אחוזתכם מקרי אבל בה"כ אפי' דכרכים הנך אינשי דאתו מעלמא לא סייעו כלום בבניינו אלא משום דעשויה לדעת כל הבאים להתפלל הו"ל כמי שהקדישוה לכל והיינו דס"ד לחלק בין כרכים לכפרים וזה כפי' הא' שכתבו התו' במגילה שם ד"ה כיון דמעלמא וכו' והכי דייקי דבריו דהכא שכתב והיא עשויה לכל הבא להתפלל וכו' והדר ליה אימא מקום מקודש דבה"כ של כרכים נמי הגם דלא סייעו בבנינו מ"מ הרי הקדישוה לדעת הבאים וכאילו נתנו חלקם דמי ולאו אחוזתכם קרינן בה דומיא דמקדש ולפי' ניחא דלא תיקשי דאדפריך ליה מר"י ליסייעיה מת"ק דירושלים לא מטמאה משום דאין לה בעלים מיוחדים וה"ה בבה"כ דהא ממלתיה דת"ק נמי דנקט ירושלים איכא למידק דדוקא ירושלים שיש לכל שבט חלקו ממש בה לא מקריא אחוזתכם מיוחדת לכל א' ואחד משא"כ בה"כ דלא נתנו חלקם ממש אימא דכבית השותפין דמי ואחוזתכם מקרי והיינו דהכא לא פי' ז"ל דמדר"י דוקא פריך כדפי' במגילה שם משו' דלפי' שם דמכח חומרא דמקדש פריך דמקדש דוקא קאמר ודאי דמת"ק לא הוה פריך מידי דאדרבא נקט ירושלים דלא מטמא וכ"ש בית הכנסת דקדיש טפי משא"כ לפי' דהכא דמלינן למימר דמתרוייהו פריך דלב"ע בה"כ אף דכרכים מטמא וא"כ רבנן דשאני להו דכרכים לא מטמא דאמרי כמאן ואתרוייהו משני אימא מקום מקודש דבה"כ דכרכים נמי כיון דאקדישוה אדעתא דכ"ע כאילו נתנו חלקם דמי והשתא דמיא

לירושלים דת״ק כמקדש דר״י ולא תיקשי מידי ועיין בתו׳ ולפו׳ הא דקאמר בתר הכי במאי קמפלגי לאו למימרא דעד השתא ס״ד דלאו בהכי פליגי וכמ״ש התו׳ אלא בעי לה לברורי מאי דשנו ליה אימא מקום מקוד׳ אי משום דס״ל דלאו בנתחלק׳ פליגי אלא בחומר קדושת מקום קמפלגי דת״ק סבר דאפי׳ ירושלים ולא מבעיא מקדש ובתי כנסיות לא מטמו בנגעים משום דדומיא דבית בעינן שהוא חול משא״כ ירושלים דקדישא לאכילת קדשים קלים ומעשר שני ור״י ס״ל דדוקא מקום מקודש לצורך גבוה כמקדש ובתי כנסיות לאו דומיא דבית נינהו אבל בתי ירו׳ הרי עשויים לצורך תשמיש הדיוט ואע״ג דקדושה לאכילת ק״ק ומ״ש הנהו משום חומת עיר היא ולאו משום דהבית חשיבא לן כמקום מקודש או משום דלעולם ס״ל דבנתחלקה פליגי וס״ל למעט גם בה״כ דכרכים מטעם דחשיבי כמקום מקדש דלא נתחלק כיון דהקדישום לדעת כל הבאים להתפלל שם והדר ליה דהא נמי ס״ל דבנתחלקה פליגי ובה״כ כמקום מקדש חשבינן להו דלאו אחוזתכם נינהו כנלע״ד ודו״ק.

ד״ה **הניחא** למ״ד וכו׳ הנה הגם דהכא מוכח דגרים הניחא למ״ד אבנטו של כ״ג זה הוא וכו׳ וכמ״ש הריטב״א מ״מ בפרק ראשית הגז קל״ח ע״א גרים לא זה הוא וכו׳ ומפרש לה הניחא למ״ד אבנטו של כהן גדול ביוה״כ וכו׳ יעו״ש ולמה שסיים הריטב״א דג׳ רש״י ז״ל דהכא מחוורת יותר משום דכל היכא דאיתמר האי לישנא סתם פירושה באבנט של כ״ג בשאר ימות השנה כהכיא דמייתי לעיל ז׳ גבי שבעת ימי המלואים ע״כ [(ועיין מה שאכתוב לקמן פרק בא לו ס״ט ע״א בסוגיא)] לפ״ז ק״ל מ״ש התו׳ בחולין שם ד״ה ה״ג הניחא למ״ד לא זהו אבנטו וכו׳ כדמוכח בפ״ק דיומא ע״כ דמסוגיין משמע דיש מקום לשתי הגירסאות וכמ״ש הריטב״א ואם כונתם לסוגיא דמלואים מהתם מוכח איפכא דיש לגרוס זהו ושמא דכונתם להוכיח מסוגיין דכיון דרב אדא דאמר באבנט ע״כ באבנט דכ״ג דיוה״כ איירי ממילא דהא דקאמר בתר הכי הניחא למ״ד אבנטו וכו׳ היינו דיוה״כ וא״כ מהכא מוכח דגרסי׳ לא זה הוא אלא דאין זה מוכרח כ״כ ועוד אפשר שכונתם לברייתא דלקמן דקתני ר׳ אומר שתי תשובות בדבר חדא דאבנטו של כ״ג ביוה״כ לא זה הוא וכו׳ וק״ל.

ד״ה **במה** מחנכין וכו׳ ובמה הוא ניכר שהוא כ״ג וכו׳ דמה שהיו מתקנין קודם זה לא היה אלא הזמנה בעלמא מצי אימך כ״ג וכמ״ש הריטב״א יעו״ש והכי איתא בירושלמי ומנין לרבות כהן אחר המתמנה וכו׳ במה הוא מתכפר רבנן דקסרי וכו׳ בפה אר״ז הדא אמרה שממנין זקנים בפה וכו׳ ע״כ וק״ל.

תוספו׳. ד״ה **הא** דכרכים וכו׳ הו״ל למימר ואבע״א וכו׳ ועוד דכיון דלר״מ ודאי לא שאני ליה בין דאית ביה דירה גלית בה הכי הול״ל ואבע״א מודה ר״מ בדכרכים והא דכרכים והא דכפרים ועוד דבדכפרים מסתמא אית בהו בית דירה לאורחים כמ״ש הרי״ף והרמב״ם בהל׳ מזוזה וניחא לן טפי למימר דבדכרכים פליגי וק״ל ומ״ש דילמא כר״מ ס״ל וכו׳ דאימא דע״כ לא מחייב ר״מ במזוזה אלא דוקא בתי כנסיות דלפעמים משתמשים בהם לצרכי הדיוט מדוחק ודומיא דבית נינהו אבל מקדש אה״נ דלר״מ פטור ממזוזה דדומיא דבית בעינן כדממעט לעיל הר הבית וכו׳ ודומיא דהכי קאמר ר״י הכא לענין נגעים דדוקא מקדש לא קרינן ביה אחוזתכם לחומר קדושתו משא״כ בתי כנסיות וכמ״ש לקמן ריש ד״ה במאי וכו׳.

בא״ד **מיהו** הא ל״ק דמת״ק ליכא למידק מידי וכו׳ דפשט הדברים מוכיחים כן בודאי דכ״ש בתי כנסיות דקדישי טפי דלא מטמו ומש״ה לא ניחא להו ליישב דלעול׳ מתרווייהו פריך דס״ד דת״ק ירושלים דוקא קאמר דהשתא פריך שפיר דרבנן דר״מ דאמרי כמאן ומשני אימא מקו׳ מקודש דלר״י בתי כנסיות נמי לא מטמו וא״כ ע״כ דלת״ק נמי לא מטמו דומיא דירוש׳ דאלת״ה הו״ל לר״י למימר אני שמעתי מקום מקדש דמדקאמר אלא משמע דשמעיה לת״ק דס״ל דירושלים וכ״ש מקדש ובתכ״נ דלא מטמא ומש״ה קאמר אני לא שמעתי אלא מקום מקודש לאפוקי ירושלם אלא דקושט׳ קאמרי דמת״ק ליכא למידק מידי כלל וא״כ ע״כ מר״י דוקא פריך וא״כ תיקשי מאי פריך דילמא כר״מ ס״ל.

בא״ד **וי״ל** כיון וכו׳ ובר פלוגתיה דר״י הוא ר״מ ע״כ ודאי דלמ״ש דת״ק דר״י ס״ל דבה״כ לא מטמו דכיון דקדישי לצרכי גבוה לאו בכלל אחוזתכם נינהו א״כ משמע דלענין מזוזה נמי לאו ביתך מקרו וא״כ אמאי מחייב להו ר״מ במזוזה ותלמודא נמי הו״מ למיפרך אמאי דמשני לעיל ל״ק הא ר״מ והא רבנן דתניא וכו׳ ונגעי׳ במזוזה תלו דהא קמן מברייתא דהכא דת״ק דר״י דמסתמא היינו ר״מ בר פלוגתי׳ ס״ל דלא מטמו וא״כ צריך אתה לומר דלא תלו הא בהא ומאי משני הא ר״מ וכו׳ ובש״כ ראיתי שהקשה דהו״מ למיפרך אהך תירוצא דמשמע דרבנן לא מטמו בה״כ נ״ש דכפרי׳ ל״ש דכרכי׳ דהא ר״י קאמר מקום מקדש הא בתי כנסיות מטמאין אפי׳ דכרכי׳ עכ״ד אלא דנ״ל דהשתא לתי׳ זה ס״ל דת״ק ירוש׳ דוקא קאמ׳ דקדשא לאכילת קדשים קלים אבל בה״כ מטמאין וכן נראה מדבריהם דנקטו שכתבו מתו׳ דקדשא לאכילת ק״ק וכו׳ אבל ירוש׳ מטמא וכ״ש בה״כ וכו׳ ולענין קושית שכ״י בתי׳ פשוט דמה שהקשה כאן דלרבנן לא מצית למימר דכרכים לא מטמא בכלל זה נמי דתיקשי ודאי לתירוץ קמא דסבר דלרבנן אפי׳ דכפרים נמי לא ומה שהקשה עוד דלתי׳ דהא דלית בה בית דירה תיקשי נמי מהך דהא בתי כנסיות דומיא דמקדש דלית ביה בית דירה מטמא הא נמי ל״ק דבמקדש מי ליכא בית דירה לשומרים ולכ״ג ביוה״כ ואפ״ה מקדש לא מטמא משום דחמירא קדושתיה למאי דס״ד השתא דבחומר קדושת מקום פליגי כמ״ש לקמן ולעולם דלמסקנא דקאמר אלא מחוורתא וכו׳ לאו מקום מקדש דוקא קאמר אלא כל מקום מקודש במשמע ומיהו כשם שבה״כ דירה מיוחדת לחזן משמע להו לרבנן דביתך קרינן ביה ודו״ק.

ד״ה **ירושלים** לא נתחלקה וכו׳ ואין לתרץ דלדידיה וכו׳ דתנא שנא׳ דאל יסוד אילטריך שלא יתנו דמים באותו יסוד וכו׳. לוי שם כ״ד ע״א מ״מ הא מנ״ל למדרש הכי למ״ד לא נתחלקה אם לא שתאמר דהכי גמירי וכן תי׳ שם נ״א ע״ב סד״ה תן לה וכו׳ יעו״ש אלא דניחא להו לתרולי אליבא דרב דהשתא מאי דגמירי דלא היה לו יסוד וקרא אילטריך שלא יתנו שם דמים משא״כ ללוי דתיקשי קרא דא״כ ל״ל דגמירי שלא יתנו שם דמים וא״כ קרא דאל יסוד למ״ל וכן ראיתי בס׳ דרך הקדש ט׳ א׳ שהקשה כן יעו״ש וגם זה יש ליישב דקרא אילטריך למעוטי רצפה ולאפוקי מס׳ ר״י שם עיין בתו׳ שם ודו״ק.

ע״ב גמרא, **ור״פ** אמר עבודתו מחנכתו וכו׳ וכן פסק הרמב״ם ז״ל בריש הל׳ ע״כ ויש לדקדק דע״כ לא הוצרכנו לטעמים אלו אלא למ״ד אבנטו של כ״ג דשאר ימות השנה לא זהו אבנטו של כהן הדיוט אבל למ״ד זהו פשיטא לן כדרב אדא דמחנכין אותו באבנט וא״כ מאחר שפסק ז״ל בריש פ״ח מהל׳ כלי המקדש דאבנט של כהן הדיוט רקום בצמר למה הוצרך לומר דעבודתו מחנכתו כיון דאשכחן חינוך קודם עבודה דניחא לן טפי וי״ל דכיון דקושטא הוא דעבודה מחנכתו דומיא דכלים סובר ז״ל דלמאי דאסיק ר״פ אף ר׳ אדא יודה בזה דהכיא דחינוך אבנט דוחק הוא שהרי אין כאן חינוך בגדים אלא בבגד אחד ולא כדינו בשמנה בגדים כמו שפסק ז״ל בפ״ד מהל׳ כלי המקדש ושוב ראיתי הקושי׳ והתירו׳ בהר״לב שם ומ״ש מרן שם ופס׳ כר״פ משום דברייתא מסייעי׳ ליה אין זה מובן לענ״ד דהא אביי מודה נמי לברייתא אלא דס״ל דדוקא התם דגלי קרא אותם במשיחה ולא לדורות במשיחה כדאיתא בפ״ב דשבועות וכמ״ש רש״י הוא דסגי לן בחינוך עבודה אבל הכא דבעינן לדורות נמי רבוי בגדים ומשיחה קודם עבודה כדאיתא לעיל ה׳ ע״א וכמו שפסק בכ׳ כ״ב שם ס״ל לאביי דלא אמרינן עבודתו מחנכתו ולהכי בעי לובש ח׳ ומהפך בצינורא קודם עבודת היום וא״כ מאי ברייתא מסייעא ליה דקאמר אלא נלע״ד דפסק כר״פ דבתרא הוא ועוד דמסתבר טעמיה טפי שלא להפסיק בשאר עבודות והיינו דדייק ז״ל לומר אלא עבודתו מחנכתו ומתחיל מעבודה שפסק בה הראשון וכמ״ש בפרש״י ז״ל יעו״ש ונראה דמשמע ליה ז״ל דהשתא לר״פ גם באירע בו פסול קודם תמיד של שחר בלאו טעמא חינוך ח׳ בגדים הרי עבודת התמיד שאינה כשרה אלא בכ״ג מחנכתו וה״ט דס״ל לר״פ דכיון דאין שני זה משמש אלא לפי שעה דאח״כ הראשון חוזר לעבודתו וכמ״ש שם סגלו בו לומר דעבודתו מחנכתו ובהכי ניחא דהגם דמכלים אין ראייה לכאן כמ״ש מ״מ ר״פ ה״ק דכי היכי דמצינו בעלמא דחינוך עבודה מקריא חינוך הכי נמי בכהן זה הקלו לומר כן והיינו דכתב ז״ל שם בין שאירע בו פסול קודם תמיד של שחר בין שאירע בו פסול אחר שהקריב קרבנו זה שנכנס תחתיו אינו צריך חנוך אלא עבודתו מחנכתו ע״כ ומ״כ לא קאמר סתמא דתלמודא פשיטא אירע וכו׳

מחנכין אותו בתמיד של שחר כלומר בשמונה בגדים כמו שפירש"י אלא למאי דס"ד דהכי נמי בכהן זה בעינן חינוך בגדים קודם עבודה אבל גמאי דאסיק תלמודא דר"פ ס"ל דעבודתו מחנכתו קודם תמיד נמי ניחא הכי דבכהן זה לא בעינן חינוך ממש וא"נ אפשר דסובר ז"ל דמעיקרא נמי ס"ל לתלמודא דהכא סגי לן בחינוך עבודה והיינו דקאמר מחנכין אותו בתמיד של שחר ולא קאמר מחנכין אותו בשמונ' בגדים לעבודת תמיד של שחר והיינו דסגי ליה לר' אחא בהכא בחינוך בגד א' לחודי' ולא בעינן שמונה בגדים אלא דס"ד לתלמודא דחינוך זה דעבודה בעינן ליה קודם עבודת עיק' היום ולהכי ק"ל למ"ד לא זה הוא במאי מחנכין קודם עבודת היום וכו' ותירץ ר"פ דלעולם אף חינוך עבודה סגי לן בשע' עבודת היום דבאותו פרק עבודתו מחנכתו ולא בעינן חינוך קודם עבודת היום כנלע"ד ועיין בס' עבודת ישראל דף ל"ב ע"א וע"ב.

שם מי לא תניא כל הכלים וכו' וכן פסק הרמב"ם בפ"ה מהלכות כלי המקדש דמשמע דהכי קי"ל מדאייתי מינה ר"פ ראיה ועוד דהכי משמע בירו' פ' אמר להם הממונה דקאמר ניחא של משה שנתקדשו בשמן המשחה ברס של שלמה וכו' יעו"ש ומה שהקשה בספ' משנה למלך שם דלפי מ"ש התו' בפ' כל המנחות כ"ז ע"ב דסוגיא דשבועות דדריש אותם במשיחה היינו לר"ע דאית ליה דמדת יבש לא נתקדשה אבל למאן דאית ליה נתקדשה מבפנים אלטריך קרא דאותם למעט מדת יבש מבחוץ ולפ"ז קשיא לרבינו שהרי בסוף פרקין פסק דלא כר"ע יע"ש ליישב עכ"ד ונראה דלהכי דייק הרמב"ם שם דמוכי' לה מקרי' דאשר ישרתו בם בקדש בשירות הם מתקדשים ולא הזכיר דרשא דאותם כלל משום דס"ל דלמ"ד דמדת יבש נתקדש' מבפנים להכי אילטריך אותם ודמשיחה אינה נוהגת לדורות נפקא ליה מאשר ישרתו לחודיה דאי משום דהו"א הכי הוא דמשיחה לדורות במשיחה ובעבודה דהא כתב וכן תעשו כדאיתא שם בשבועות ס"ל לכך מ"ד דמוכן תעשו לא מריא דאתבנית כלים דוקא קאי כמו שפירש"י בחומש ועיין בהרי"אס שם ולא אמשיחה וא"כ בלאו אותם ידעינן שפיר מאשר ישרתו דלדורות בעבודה לא במשיחה אלא דסתמא דתלמודא אשמועינן דאף למ"ד דמדת יבש לא נתקדשה דהשתא אייתר ליה אותם אפ"ג דכתיב אשר ישרתו הו"א דלדורות במשיחה ועבודה דהא כתיב וכן תעשו וכי היכי דקפיד קרא אפי' אתבנית אימא דקפיד נמי אמשיחה דומיא דמשכן וכמ"ש בחידושי שם אבל קושטא הוא דלמ"ד נתקדשה אותם אילטריך שפיר למעט מדת יבש בחוץ כנלע"ד ודו"ק.

שם תסתיים דר' הוא דאמר וכו' עיין מה שהקשה הריטב"א דמשמע ליה דתסתיים מדברי סתמא דתלמודא כשאר תסתיים שבתלמוד דאי רב דימי קאמר ליה ודאי דלייק כ"כ לומר דברייתי' דלקמן לא שמיע ליה ויש לפרש דתלמו' קאמר תסתיים דר' הוא דאמר של כלאים מכראיות שיביא ומעיקרא אייתי מהא דתניא וכו' וקאמר דמהא לא מכרעא ובתר הכי מייתי מהא דכי אתא רבין וממאי דאמר ר"י דמהתם תסתיים ודאי דר' הוא דאמר של כלאים כדקאמר הכא ובמ"ש לא יקשה עליך דקאמ' תסתיים ואח"ז דוחה סברה זו והגם דמלאנו כיוצא בזה בפ' המניח כ"ט ב' כמ"ש מהרי"ק בכלליו הנה כאן א"ל לזה דמאי דקאמר בתר הכי סמיך וק"ל.

שם ר' דוסא אומר להביא בגדי כ"ג וכו' דס"ל דהרמה ודאי עבודה היא ולא לריך קרא לרבויי עיין בסוגי' דלקמן כ"ג ע"ב וא"נ דס"ל כר"ש דאיתא בספרי פ' צו דממשמע שנאמר בד שומעני ד' כלים וזה דעת אונקלוס שתרגם מדו בד לבושי' כמ"ש הרמב"ן בפי' החומש שם והיינו לר' דוסא דס"ל דאבנטו של כ"ג דיוה"כ זהו אבנטו דהדיוט אבל לר"י דס"ל לא זהו ע"כ לומר דדריש ילבש לרבות שחקים משום דלהרמה ל"ל קרא וא"נ לר"ל לקמן ס"ל דלאו עבודה היא יע"ש וק"ל.

שם מה ת"ל ילבש וכו' מה שהלריך עיון בשכ"י דנימא דאילטריך ילבש לפרש דמדו דקאמר היינו הכתונת שהיא על בשרו וכמ"ש הרא"ם בפי' צו יע"ש הנה מלבד דבלאו יתורא דילבש מלינן למימר דעל בשרו אתרווייהו קאי מדלא הפסיק בין מדו למכנסים במלת ולבש כדכתיב באחרי מות כתונת בד קדש ילבש ומכנסי בד יהיו על בשרו וכו' ולימא והכהן מדו בד ילבש ומכנסי בד וכו' ועיין בפי' האברבנאל בפי' צו שם עוד זאת אפשר דלברייתא ילפינן דמדו היינו כתונת דאתיא ילבש ילבש מיוה"כ דהתם כתיב כתונת ומכנסיים גבי אהדדי אלא שהאמת דדברי הרא"ם שם שכתב אלא מוחזר וכתב ילבש ש"מ אתרווייהו קאי ל"ע דהא ילבש אילטריך לדרשות דהכא וראיתי בס' תפארת יוסף שרצה ליישב דבונת הרא"ם דמדלא כתב וילבש מכנסי בד על בשרו כי היכי דכתב ולבש הכהן מדו בד ש"מ דעל בשרו אמדו בד נמי קאי לאשמעינן דהיינו כתונת יעו"ש אלא דאין לשון הרא"ם מכוון לזה ועוד דמשמע דעל בשרו לא קאי אלא אמכנסיים דווקא דמהכא ילפי' שלא יהא דבר קודם למכנסיים כדאיתא לקמן כ"ג ע"ב וכן פסק הרמב"ם בפ"י מה' כלי המקדש ועיין בפסיקי' זוטרתי פ' צו ואי אמרת דאתרווייהו קאי לאשמעינן דמכנסים קודמים לכתונת וע"כ יותר נראה דוליף דמדו היינו כתונת מדיוה"כ כמ"ש ודו"ק.

שם לא נחלקו אלא באבנטו של כהן הדיוט וכו' סבר' אומר של כלאים וכו' וכן פסק הרמב"ם בדיש פ' ח' מהל' כלי המקדש וכתב מר"ן שם וידוע שהלכה כר' מחבירו ע"כ ולא זכיתי להבין דהכא הוי מחבריו דהא ר' דוסא דלקמן נמי ס"ל כרא"ס דאבנטו של כהן הדיוט דבון וכן משמע דס"ל לר"ש בתו"כ פ' צו דקאמ' ממשמע שנא' בד שומעני ד' כלים יעו"ש הרי דוחק לומר דלא חשיב מחבריו כיון שלא נחלקו בברייתי' אחת דהא כיון דתרווייהו פליגי עם ר' מה לי שיהיו בברייתא א' או בשני ברייתות ולענ"ד נראה דטעמו דבסוגיין דלעיל ה' ע"ב גבי סדר הלבשה מוכח דבני ר' חייא ור' יוחנן פליגי נמי בהא דאבנטו של כהן הדיוט ומשמע ליה דר"י הוא דס"ל דלא זהו אבנטו דהגם דמתלמודא לא מכרעא מאן אמר בזה אחת ומאן אמר אחרת ואח"כ בגיז מ"מ מדאמר ר' יוחנן בירו' ריש פ' בא לו ר' יעקב בר אחא ר' אבהו בשם ר' יוחנן טעמא דרבי ועשית לאהרן ולבניו ככה וכו' מה בגדי אהרן יש בו כלאים אף בגדי בניו יש בו כלאים ע"כ משמע דר"י ס"ל כר' מדמפרש טעמיה ומש"ה פסק כוותיה וק"ל.

שם ר"י ראשון חוזר לעבודתו וכו' הגם דהכא לא פליג הדר ליה לומר דה"ט דשני אינו ראוי לכ"ג משום דראשון חוזר לעבודתו והו"ל איבה ומש"ה גזרו אבל מדאורייתא מחזה חזי וק"ל.

רש"י ד"ה **משיחתן** וכו' אותם במשיחה ע"כ והכא נמי אע"ג דבעינן מיהת רבוי בגדים פעם אחת כדאית' לעיל ה' ע"א וכמו שפסק הרמב"ם פ"ד מה' כלי המקדש כיון דלא אפשר אמרינן דעבודתו מחנכתו דומיא דכלים ואי תיקשי לך לר"פ דכיון דהכא אפשר כדאביי בחינוך בגדים הכי אית לך למעבד ולא ילפינן מכלים כלל י"ל דטפי ניחא ליה בהכי חדא שלא להוסיף לו טורח ושיהא ממהר לעשות עבודת היום ועוד שלא יבואו לטעות דלובש שמונה לעבודת היום וע"כ לחלק בזה דלאח"כ אף למ"ד אבנטו של כ"ג זה הוא וכו' תיקשי לך דכיון דאפשר לחנכו בלבישת שמונה בגדים כדינו וכדאביי אמאי סגי ליה בחינוך אבנט ועוד אפשר דה"ט דר"פ דמחזי כמוסיף על עבודות היום אלא יש לו להתחיל ממה שפסק הראשון מיד וזה למדתי מדברי הרמב"ם בחי' ריש הל' ע"ש שכתב אלא עבודתו מחנכתו ומתחיל מהעבודה שפסק בה הראשון ע"ש וק"ל.

ד"ה **ה"ג** וכו' ולא גרסינן ביוה"כ וכו' ובסמוך כי אתא רבין וכו' לא נחלקו אלא באבנטו של כהן הדיוט בין בשאר ימות השנה בין ביוה"כ וכו' משמע דגרים ליה דהתם קאמר שלהי לדיין והגם דפשוטים הם ודומיא דקאמר דבכ"ג דיוה"כ ובשאר ימות השנה לא נחלקו הגם דמלתא דפשיטא היא דקראי כתיבי בהדיא ועיין בהריטב"א אלא שמלאתי בירו' פ' בא לו דמייתי ברייתא' בלישנא דרבין ומסיים בה ועל מה נחלקו על אבנטו של כהן הדיוט סבר' אומר וכו' וק"ל.

ד"ה **ומה** ת"ל וכו' משום דלא כתיב אלא מדו בד ומכנסים וכו' כצ"ל וכצ"ע בדפוס וגיליא ומדו היינו כתונת כמ"ש בפי' החומש וע"ש ועיין בגמרא דלקמן כ"ג ע"ב.

ד"ה **את** השחקין וכו' ואין נראה בעיני וכו' ועוד דבתו"כ פ' צו קתני א"כ מה ת"ל ילבש אפי' הם שחקים ע"כ וכן בירו' פרק אמר להם הממונה קאמר בד שיהיו חדשים אם אומר אף שלא ילבש שחקים והא תני ולבשם אפי' שחקים ר"ח בשם ר' יוסה במחלוקת וכו' יעו"ש וקושיא זו איתא נמי בתלמודא דידן בפ' כל הזבחים י"ח ע"ב והתם פריך למאי הוא דקתני דבעינן חדשים אבל לא לעכב דאפי' שחקים כשרים וגם מזה מוכח דלאו שחקים דוקא קאמר ועיין בתו' ושוב ראיתי בס' משנה למלך פ"ח מהל' תמידין ומוספין שעמד על ענין זה וכתב דסוגיא דזבחים הכי דלא כפרש"י

יע"ש ולי הלעיר נראה דסוגיא ריהטא כפירש"י וס"ד דדומיא דבד שיהיו שזורין ובד שיהיו חוטן כפול ששה דהיינו לעכב קתני נמי בד שיהיו חדשים לעיכובא ולהכי פריך שפיר דהתניא משוחקין כשרים דמילבש דכתיב גבי תרומת הכהן ילפינן לכל עבודה דמשוחקין כשרים [(כמש"כ רש"י לקמן כ"ד ע"א יע"ש)] א"כ משמע דלא לעכב נאמר ומה שתירץ שם דס"ד דאביי דבד אפי' חדשים לעיכובא משום דלמלוה מלכבוד ולתפארת נפיק יע"ש אי משום הא תיקשי דאימא דלכבוד ולתפארת לא ממעט אלא מטושטשין או מקורעין ואפי' הן חדשים אבל כל שאינם מקורעין אף ישנים לכבוד ולתפארת קרינן ביה ולהכי אילטריך בד ולטולם דלמלוה וא"כ מאי ק"ל לאביי וז"ל רש"י בזבחים שם ד"ה מקורעין ואפי' הן חדשים דלאו בגד הוא הראוי דבעינן לכבוד ולתפארת ע"כ והיינו דהתוספות שם הקשו דלמסקנא דממשמעות דבד ליכא למילף תאשים וה"ה דמלכבוד ולתפארת נמי ליכא למילף מידי א"כ מהיכא תיתי למיפסל שחקים דאילטריך ריבויא דילבש אלא דהתוס' דהכא ניחא להו דהגם דמלכבוד ליכא למימר דדוקא חדשים ממש בעינן מ"מ שחקים דהיינו ישנים ממש הו"א דלאו לכבוד מקרי דומיא דמקורעין קמ"ל ילבש לרבות שחקים ומלכבוד לא אמעיט אלא מקורעין דוקא וז"ל רש"י לקמן כ"ד ע"א ד"ה לרבות שחקים דכשרין לכל עבודה ובלבד שלא יהיו מקורעין והכי קאמר בזבחים ע"כ אלא שהוא ז"ל לא ניחא ליה בישוב זה משום דמדברי הרמב"ם ה' כלי המקדש פ"ח דין ד' משמע דמלכבוד ולתפארת נ"ל דבעינן חדשים יע"ש אלא דלרש"י אין אנו מוכרחין לפרש כן אלא כמ"ש דדומיא דאחריני דלעכב ס"ד לאביי דתנא נמי חדשים והנה מה שהקשה הריטב"א בחי' לפי' דמאי אריא תרומת הדשן אפי' שאר עבודות נמי דתניא בזבחים משוחקין עבודתו כשרה וכו' יע"ש הנה מדבריו ז"ל דלקמן שהעתקנו מוכח דס"ל דשאר עבודות נמי מהכא ילפינן להו דהא כיון דעבודה היא מ"ל תרומת הדשן מ"ל שאר עבודות ואף לר"ל דס"ל דלר' לאו עבודה היא ע"כ דלשאר עבודות אלטריך דלתרומת הדשן מהיכא תיתי למפסל שחקים כיון דלאו עבודה היא וק"ל. ומ"ש ואני שמעתי להביא שחקים וכו' מה שהקשה בשכ"י דאם כן לא אלטריך בגדים אחרים פחותים מהם גבי הולאת הדשן דמק"ו דהרמה אתי ועוד דבגדים אחרים משמע משונים מבגדים דהרמה דלעיל ומיניה ע"כ תיכן דבריו. ירלה דאישתמיטתיה דברי הרמב"ם דפ"ב מהל' תמידין ומ"ש הכ"מ שם יע"ש.

ד"ה **כל** מלות וכו' ומשמש וכו' וה"ה מקריב אונן ומקריב חלק בראש וכו' כדאיתא בהוריות י"ב ע"ב.

ד"ה **אינו** ראוי וכו' ככהן הדיוט הס"ד ואח"כ מ"ה שאם עבד וכו' כל"ל.

ד"ה **שאם** עבר וכו' דהא כ"ג הוא אלא דאמרי רבנן וכו' ועיין עוד לקמן ע"ג ע"א וזה כמ"ש התוס' ואפ"ה פי' ז"ל דבד' **פסול** משום חסר בגדים הגם דתלמודא יהיב טעמא משום מעלין בקדש וכו' ס"ל דמשום דמדאורייתא לא ברירא לן אם ראוי לכ"ג ונימא דהא דדרשינן בת"כ פ' לו ומייתי לה בירוש' דפרקין ביום המשח אותו אין מושחין שני כ"ג כאחד דהיינו שביום אחד אין למשוח אבל בזמנים חלוקים אף בשודם בחיים עושין וכמו שפירש בס' קרבן אהרן שם או נאמר דבזמנים חלוקים נמי קפי' קרא וכנראה מדברי הרמב"ם ז"ל פ"ד מה' כלי המקדש [(ועיין בס' קרבן העדה)] ולהכי אשמעינן ר"י דאפי' תאמר דמדאורייתא אינו ראוי לכ"ג מ"מ לכהן הדיוט נמי לא חזי דהא מעלין בקדש וכו' אבל קושטא הוא דמדאורייתא ראוי הוא ודוקא למשוח שנים ביום אחד אסר התנא כדמשמע פשט לשון ת"כ אלא דמדרבנן אסור אף בזמנים חלוקים משום איבה והיינו דקאמר עלה בירו' א"ר יוחנן מפני איבה ע"כ דאע"ג דהאי טעמא מדרבנן הוא ה"ק דהגם דמדאורייתא בזמנים חלוקים שרי רבנן אסרו הכל משום איבה והיינו נמי דהרמב"ם ז"ל שם סתם למלתיה וקאמר ואין ממנין שני כ"ג כאחת ע"כ דלהכי שינה מלשון הספרי דקתני אין מושחין וכו' לאשמועינן דהיינו מדאורייתא דמדרבנן אמינוי הוא דחיישינן שלא יהיה להם ממשלה לשניהם בבת אחת משום איבה כנלע"ד ודו"ק. תוספות ד"ה **ילבש** וכו' דאין עניות במקום עשירות וכו' הולרכו לזה

לגירוף עטס זה משום דאימא דלא ממעטינן

מלכבוד אלא דוקא מקורעין ואפילו חדשים אבל שחקים כל שראויים ללבשם לכבוד קרינן ביה עיין מ"ש בפירש"י ז"ל ולאפוקי משכ"י שהגיה אי נמי דאין שגיות וכו' ופי' דלטעמא דלכבוד ממעטינן שחקים שהם בלוים מאד קרוב למטושטשין ולא"כ ממעטינן כל שעברו שנתם דאין לריך לזה אלא כמ"ש וק"ל.

באד ומד"א דבכל שנה וכו' קמלין וכו' שלומר לתרומת הדשן ולא ליוה"כ דליכא למימר דהגם דקרא בתרומת הדשן קאי מהכא ילפינן גם לעבודת יוה"כ דשחקים כשרים דמאי שנא מתרומת הדשן דעבודה היא ועוד דאתיא ילבש ילבש כמו שפירש"י לקמן כ"ג ע"ב והיינו דקאמר ר' דוסא להביא בגדי כ"ג ביוה"כ וכו' וכן ממה שאמרי בירו' פ' אמר להם הממונה והא תני ולבשם אפי' שחקים ע"כ משמע דליוה"כ ילפינן מדכתיב באחרי מות כתונת בד קדש ילבש וכו' ורחץ במים את בשרו ולבשם דיתירא הוא דהא כתיב ברישא ילבש וכו' ואע"ג דבת"כ שם דריש ליה למעט שלא יהיה לריך טבילה בין מכנסים לכתונת וכו' אפשר דאסמכתא בעלמא היא ועיקר קרא אלטריך דאפי' בעבודת יוה"כ דחמירה דהויא לפני ולפנים יכול לגנוש בגדי לבן אפי' שחקים דהא ליתא דע"כ ל"פ אלא אי טעונין גניזה אבל לכ"ע לכ"ג עלמו פסולים וזה דוחק לפרש שחקים דירוש' שנעשו מעיקרא חדשים ובלו מעלמו' ועדין לא נשתמש בהם שום אדם ואשמועינן ולבשם דכשרים הם לכ"ג ביוה"כ אלא העיקר דט"ס נפל בירו' וצ"ל ילבש אפי' שחקים וכמ"ש בס' משנה למלך בפ"ב מהלכות תמידין סוף דין י' יעו"ש ועיין עוד בירו' ריש פ' בא לו הלכה ג' דהתם דריש ולבשם דיוה"כ ובלו שם ללמד דטעונים גניזה וק"ל.

באד ובפ"ג דזבחים וכו' וזה משמע מגירי' רש"י דאלטריך וכו' ודשאר עבודות ילפי' מתרומת הדשן להכשיר שחקים ולא תימא דוקא תרומת הדשן מפני שהבגדים מתבזים דזה אינו אלא בהולאת הדשן אבל לפי' השאר דדוקא שחקים קאמר מהיכא תיתי למיפסל שחקים בשאר עבודות כיון דבתרומת הדשן לכתחילה בעינן שחקים ואמאי אלטריך התם לאשמועינן דבשאר עבודות שחקים כשרים ועיין בספר משנה למלך שם וק"ל.

ד"ה **כ"ג** וכו' מכלל דמן הדין ראוי להיות כ"ג מדאורייתא וא"כ אפילו תאמר דבעלמא מורידין בקדש הכא אין לומר כן דכיון דמדאורייתא ראוי אם אתה מורידו הו"ל מחוסר בגדים ומעתה נמ"ל טעמא דאין מורידין דלאו עיקר טעמא הוא וגם דממילא ידעינן דודאי אין לנו כח להורידו ליתא עיקר טעמא דמחוסר בגדים הוא ואי שפיר דהגם דתורה זיכתה לו להיות כ"ג כיון שעבד ביוה"כ מ"מ הא בירו' דריש נמי מקרא דיש כח בידינו למנותו ולסלקו והו"א דה"נ להורידו ולעשותו כהן הדיוט וא"כ אי לאו טעמא דאין מורידין דמיכה נמי מקרא כדאיתא' בפ' שתי הלחם ל"ט ע"א לא היה כאן משו' מחוסר בגדים כיון שהיה כח בידם להורידו ולעשותו כהן הדיוט ועיין בחי' הריטב"א ודו"ק.

באד וליכא למימר דהא דקאמר וכו' היינו לאחר מיתה וכו' אבל כל עוד שהראשון קיי' אינו ראוי להיות כ"ג כלל אף מדאורייתא וה"ק דלאחר שמת א' אינם יכולים למנותו כ"ג משום איב' וכו' והגם דהדבר מבואר דלא מלי איירי בהכי מדקאמר בסמוך ומודה ר"י וכו' הולרכו לזה משום דמלינן לפרושי דמלתיה דר"י ודאי בחיי א' איירי וה"ק שני אינו ראוי לכ"ג אפי' מדאורייתא דמשום פעם אחד לא נעשה כ"ג לגמרי ולא לכהן הדיוט משום מעלין אבל מה שאמרו חכמים שני אינו ראוי וכו' ועלה קמפרש כ"ג משום איב' מלינן לפרושי דלאחר מיתת ראשון קאמרי ובהא פליגי אר"י דס"ל במת ראשון דשני חוזר לעבודתו ואפ"ה מייתי ר"י ראיה ממלתייהו דאם אף לאחר מיתת ראשון ס"ל לרבנן דאינו עובד כ"ג מחיים של ראשון ואפ"ה אין נראה לפרש כן מדקאמר בסמוך ומודה ר"י שאם מת וכו' ופרכינן עלה פשיטא וכו' ואם איתא דלרבנן לאחר מיתה א' נמי חיישינן לאיבה מאי פריך פשיטא הא טובא אשמועינן דבהא לא ס"ל כר"י כרבנן ואדרבא תיקשי דמ"ל לר' יהודה לומר ומודה ר"י וכו' דמדמייתי ר"י ראיה ממלתייהו אימא דלגמרי ס"ל כרבנן אלא ודאי משמע דרבנן נמי בחיי ראשון קאמרי דאינו ראוי לכ"ג משום איב' וא"כ הדר קושיין לדוכתין דמשמע דמדאורייתא חזי ואכ"ל דהוו מלו למימר נמי דהניחא הכא מלינן לפרושי דלאחר מיתת א' איירי אבל לקמן ע"ג ע"א גבי משוח מלחמה דקאמר התם נמי אלא בכ"ג משום איבה דלכהן הדיוט משום

מעלין וכו׳ לא שייך לתרץ כן דודאי אף בחיי כ״ג איירי ועיין בתוספות ישנים שם אלא תירוץ היותר פשוט נקטו בגלע״ד וק״ל.
בא״ד ובירושלמי דריש ליה מקרא וכו׳ כלומר דמתמנה בפה ע״ש ובת״כ פ׳ אחרי מות ובקרבן אהרן שם וסברא הוא דכיון דמתמנ׳ בפ׳ הוא הדין דמסתלק בפה והא דאיתא בירו׳ בפ״ג דסנהדרין אר״א כ״ג שחטא מלקין אותו ואין מעבירין אותו מגדולתו ומוכח לה מקרא יעו״ש היינו כשאין כאן סיבה לסלקו אבל אם לורך שעה וראוי להם כן יש כח בידם לסלקו וה״ז כההיא דאיתא בתלמוד דידן שם י״ח ע״א כ״ג שהרג את הנפש וכו׳ והרי הוא כהדיוט לכל דבריו וכו׳ יעו״ש וק״ל ומ״ש ומסתברא שהדבר תלוי במלך ובאחיו הכהנים וכו׳ בתוספתא פ״ג דסנהדרין איתא אין מעמידין לא מלך ולא כ״ג אלא בב״ד של שבעים ואחד וכן פסק הרמב״ם ז״ל בחי׳ פ״ד מה׳ כלי המקדש ושמא דלהכי כתבו נמי ובאחיו הכהנים דהיינו סנהדרין דמיוחס בכהנים כדאיתא בספרי וכמו שפסק הרמב״ם בפ״ב מהל׳ סנהדרין דמההיא דהבא על יבמתו אין ראיה לאחיו הכהנים ואע״ג דפשטא דתוספ׳ משמע דאין לריך לעלת מלך בזה משמע להו הכי מכח ההיא דינאי והגם שאין מושיבים אותו בסנהדרין כדאיתא בפ׳ כ״ג י״ח ע״ב ושוב ראיתי בדבריהם דפ״ק דמגילה ט׳ ע״ב ד״ה ולא שכתבו כיון דעל פי ב״ד הוא וכו׳ יעו״ש וא״כ על כרחינו לפרש כמ״ש ולהרמב״ם נ״ל דלעולם הרשות ביד ב״ד לעשות מבלי לורך מלך אלא דינאי מלכא שאני שלא היה שומע לעלת ב״ד דמה״ט אמרו דמלכי ישראל לא דן ולא דנין כדאיתא שם י״ט ע״א וק״ל.

דף י״ג ע״א גמרא, **הלכה** כר׳ יוסי וכו׳ הא דהולרכו לפסק זה אע״ג דודאי הלכ׳ כמותו דר״מ ור״י הלכה כר״י כדפסק ר׳ יוחנן גופיה בפ׳ מי שהוליאוהו והגם דרב לית להו הני כללי כדאיתא התם מ״מ הכא כיון דר״י מייתי עובדא דאמרו חכמים וכו׳ פשיטא דהלכתא כותיה י״ל משום דסתמא דפ״ק דמגילה ודפ״ג דהוריות דקתני אין בין כהן משמש לכהן שעבר אלא פר יוה״כ וכו׳ כר״מ כדמפרש תלמודא התם והו״א דהלכתא כותיה קמ״לן דאע״ג דקי״לן סתם במתני׳ ומחלוקת בברייתא הלכה כסתם מתני׳ כדאיתא בהחולץ הכא פסקינן כר״י דמעשה רב ושוב ראיתי בס׳ שער יוסף להוריות ב׳ ע״ד שעמד ע״ז יעו״ש וק״ל:

שם ומודה ר״י שאם עבר ועבד וכו׳, ולא תימא דכיון דיש כח בב״ד לסלקו כמ״ש התו׳ לעיל א״כ השתא דגזרו משום איב׳ סלקהו מכ״ג קמ״לן דלא אלא הרי הוא בקדושתו וכל חומרי כ״ג עליו אלא דלענין עבודה דוקא אמרו שלא יעבוד משום איב׳ וא״כ ודאי דבעבד עבודתו כשירה וכן נמי במת ראשון חוזר לעבודתו כדבסמוך וק״ל:

שם הלכה כר׳ יוסי וכו׳ וכן פסק הרמב״ם ז״ל בחי׳ ריש הל׳ ע״כ, ועיין מ״ש מרן שם כי הוא הנכון לדעת הרמב״ם, וכן נראה מלשון הרב המאירי ז״ל שאעתיק בסמוך דמ״ש בספר פני יהושע בחי׳ למגילה לא זכיתי להבין הלעת דבריו שם שכתב דלר״י אם עבד בח׳ בגדים עבודתו פסולה יעו״ש דהא הכא אמרינן בהדיא ומודה ר״י שאם עבר ועבד עבודתו כשירה והיינו בח׳ בגדים כפירש״י וכן מוכרח וכיון דטעמא דר״י משום איבה משמע דמדאוריי׳ חזי וכמ״ש התו׳ ולא אאריך בזה להיות דשוב ראיתי בס׳ שער יוסף להוריות ג׳ ע״ג שהקשה על דבריו יעו״ש, ויראה לע״ד שעיקר הגי׳ בלשון הרמב״ם שם השני עובר כר״י עיין בהרל״ם שם והכוונה שעובר מהעבודה וכדאיתא בירושלמי עבר זה וכו׳, וכן נמי במתניתין דמגילה קרי ליה כהן שעבר ושמא דה״ק עובר מדין כהונה ואינו ראוי אפילו לכהן הדיוט משום מעלין וכו׳, ושוב ראיתי בספר עבודת ישראל ל״ג ב׳ כמ״ש יעו״ש וק״ל:

אלא שלריך לבאר למה לא ביאר באירע בכ״ג פסול ושימש זה תחתיו פר ואיל של יום מאיזה מהן קרבין וכדאיתא בירושלמי דפרקין עיין בתו׳ ישנים ד״ה שני שהביאו שני פי׳ ודעת התו׳ פ״ק דמגילה ט׳ ע״ב נוטה לפי׳ ריב״א דס״ל לירו׳ דקרבין משל ראשון יעו״ש וכבר בספר קרבן העדה שם תמה על הרמב״ם דלא ביאר זה ולא תירץ מידי ולפרש דע״כ לא מבעיא ליה לירושלמי אלא לר״מ דכיון דשני נשאר בקדושתו ועבודת יוה״כ דשאר ימות השנה כשירה בו אמרינן דפר משלו או נאמר דכיון דבעבודת יוה״כ זה הראשון עיקר שהופרש ז׳ ימים קודם ומסתמא הפר״ע נמי פר ואיל לעבודת היום קרב משל ראשון אע״ג דאירע בו פסול דהא סוף סוף משל שני נמי מקרי דבי גזא דאהרן אפקריה רחמנא לאחיו הכהנים כדאיתא לקמן נ״א ע״ב. אבל נר״י דאח״ז עובר הרי בעבודת יוה״כ זה כשלוחו של א׳ ושפיטא לן דמשל ראשון קרבין וכיון דאיהו ז״ל פסק כר״י לא הולרך לבאר וכן היה אפשר לדייק מדברי ה״י שהביאו ענין כיוה׳ אמלתיה דר״מ יעו״ש זה אין נראה דפשט סוגית הירושלמי משמע דאדר״י מבעיא ליה דאהא דמייתי התם מלתיה דר״י לחודיה הראשון כל קדוש׳ כהונ׳ עליו השני אינו כשר לא לכהן גדול ולא לכהן הדיוט וכו׳ מבעיא ליה בתר הכי עבודתו משל מי וכו׳ אם לא שנאמר דהרמב״ם היה גורס בברייתא שהביא הירו׳ גם סברת ר״מ ובאופן זה עבר זה ושמש זה הראשון חוזר לכהונה גדולה וזה שימש תחתיו כל קדושת כהונה עליו ריי״א אעפ״י שאמרו כל קדושת כהונה עליו השני אינו כשר וכו׳ וזה קרוב לגירסת התוספתא דפרקין יעו״ש דהשתא מלינן לפרושי דאליבא דר״מ דוקא מבעיא ליה בתר הכי עבודתו משל מי אלא דקשה בשינוי לומר כן כיון דגם בירושלמי דפ״ק דמגילה ודפ״ג דהוריות לא הובא שם אלא ס׳ ר״י דברייתא משמע דסתמא דתלמודא לא חש להביא ס׳ ר״מ דלית הלכתא כותיה ועוד דמייתי לה מפו׳ מאי דהוה ר׳ יוחנן אמלתי׳ דר׳ יוסי דאם עבר ועבד עבודתו כשירה יעו״ש וע״כ הנראה יותר לומר דסמך ז״ל על מה שפסק בסוף ה׳ ע״י דאם מת כהן גדול קודם ששחט ספר הכהן שעומד תחתיו אינו מביא פר אחר אלא שוחט את של ראשון וזה מטעם שהמקדיש הפקיר ממונו לכל אחיו הכהנים וכמסקנת תלמודא דידן לקמן נ״א ע״ב יעו״ש, ואם כן מהאי טעמא יש לומר כן גם באירע בו פסול ומשמע דס״ם הוא דאי התם הגם דהעומד תחתיו הרי הוא ככ״ג לכל דבריו אף לאחר יוה״כ אפילו הכי אמרינן דכיון דכבר הופרשו קריבין משל ראשון כ״ש הכא דהעומד תחתיו לאחר יוה״כ עובר וראשון חוזר לעבודתו דודאי אין לריך להביא אחר ולא תקשי דהא קמן דבירושלמי פ׳ טרף בקלפי הלכה ג׳ לכ״ע במת כ״ג אם עדיין לא נשחט הפר אין לריך להביא אחר וע״כ ל״פ אלא בנשחט ומת מהו שיכנס אחר בדמו יעו״ש, ואפ״ה מבעיא ליה הכא באירע בו פסול ממי כן קרבין משמע דאמי ליה להירושלמי בין זה למת די״ל דהכא מבעיא ליה אי איכא למפשט מברייתא דודאי מפלוגתא דאמוראי במת איכא למפשט דהכא נמי אין לריך להביא פר אחר והנה לפי׳ השני שכתבו בתוי״ט דס״ל להירושלמי באירע בו פסול דפר קרב משל שני נ״ל דס״ל דדוקא התם במת ראשון שנסתלק ידו ממנו לגמרי הוא דאמרינן דא״ל להביא אחר הרי הוא הפקר לאחיו הכהנים אבל הכא דחי הוא אכתי שמו של ראשון עליו וכיון דאירע בו פסול דין הוא לקרב משל הנכנס תחתיו בגלע״ד ודו״ק.

והרב המאירי ז״ל כתב כהן שאירע בו פסול ומינו כהן אחר תחתיו לאחר כשכשר הראשון חוזר לעבודתו ושני כל מלות כ״ג עליו הן לאיסור׳ טומאת קרובים ולאיסור נשואי אלמנה ולעבוד בח׳ בגדים ואם שבד בד׳ חלל ועבודתו פסולה. אין בין זה לזה אלא פר יוה״כ ועשירית האיפה שבכל יום, שאין זה הב׳ מביאן בחיי הראשון כמו שביארנו במגילה ומ״מ לכתחילה לא יעבוד מפני הקנאה ואם עבד בח׳ כשר בד׳ פסול. ואם מת האחד ה״ז השני מתמנה תחתיו עכ״ד.

שם ורבנן נמי הא חיישי לשמא וכו׳, יש לדקדק דהא עמידהו מפור׳ דאמרו לו אם כן אין לדבר סוף וע״כ לפרש כדלקמן דדוקא באירע פסול חשו דכיון דעבדינן ליה לרה מהדר מפי דאי לאו הכי לא הוה לן למיחש כלל דומיא דמית׳ ועיין בהגה׳ חי׳ הריטב״א. ויש לומר דהשתא ס״ד לפרש מלתייהו דרבנן דדוקא גבי אשה אחרת דכפרת כל ישראל תלוי בזה קאמרי דאי חיישת למיתה דחדא יש לך לחוש לתרתי ותלת. משא״כ בתקנת כהן אחר דמעלה בעלמא היא דמסתמא ימלאו הרבה ראויים לעבוד׳ די לנו לחוש לאחד וכמ״ש התו׳ בריש מכילתין יעו״ש דהשתא פריך שפיר דכיון דרבנן חיישי לשמא באירע בו פסול. כ״ש שיש לחוש לשמא בתקנת אשה אחרת לפחות בחדא לתקן בה איזה תיקון כיון דהוי מלתא דשכיחא ולפ״ז לריך לומ׳ דהמקש׳ **דפריך** בסמ׳ ורבנן נימרו איכו לנפשייהו לאו היינו המקש׳ דהכא דאלת״ה מאי פריך דשאני טומאה דבקל ימלאו ראוים לעבוד. ואפ״ה

דהמתרץ הו״מ לחלק בהכי אלא דבלא״ה משני שפיר כמ״ש התוס׳ שם, ושוב ראיתי דגם בח״י דסוגיין הרגישו בזה יע״ש ודו״ק.

שם שפיר קאמרי ליה לר״י וכו׳. דדוקא בטומאה דשכיחא יש לחוש מיהא בתיקון אחד אבל מיתה דלא שכיחא אי חיישת למיתה דחדא איכא למיחש נמי דתרתי ור״י אמר לך דהיינו טומאה היינו מיתה דס״ל דמיתה נמי שכיחא. וכדאמר בפ׳ הישן כ״ג ע״ב ועיין בתוספות ריש פרק ד׳ אחין כ״ו ע״ב ד״ה למיתה דתרתי וכו׳, ואף למאי דקאמר משום מעלה עשו בכפרה שויה למיתה כשכיחא ולהכי כי היכי דבטומאה סבירא לכו דדי לנו לחוש לחד ה״ה במיתה ס״ל דלמיתה דחדא חיישינן וכו׳ ורבנן אי איכא למיחש למיתה דלא שכיחא משום דלגבי כפרה כרי״ל כשכיחא אפילו למיתה דתרין יש לחוש וזהיינו דפריך השתא [(עיין בלשון רש״י ז״ל)] ורבנן נימרו איהו לנפשייהו דהא קמן דאפי׳ טומאה דשכיחא לא חששו אלא לחד וכ״ש מיתה דלא שכיחא אלא דמשום מעלה שויה כשכיחא דפשיטא דדי לנו לחוש לחדא דוקא ותרין שפיר דטומאה לאו עיקר טעמא דחיישינן בה משום דשכיחא דאדרבא הכהן זריז הוא אלא דמשום זהירות עפי תיקנו ולהכי משוה לה בשכיחא אפי׳ לתרין חיישינן ולפ״ז לעיל ה״ק אמרי לך רבנן טומאה שכיחא ומש״ה הגם דכהן זריז הוא מ״מ כיון דמלתא דשכיחא היא בשאר אינשי יש לנו לתקן לקיים זריזותא בכל האפשר ולהכי עבדינן ליה לרה דבשתא כ״ש דמזהר עפי אבל מיתה לא שכיחא כלל, ועיין מ״ש לעיל כנלענ״ד, ודו״ק.

שם ומי בגי ליה בתקנתא וכו׳, דס״ד דלישנא דמתקינין הזמנה בעלמא היא כמו שפרש״י ודומיא למתקינין כהן אחר דקתני דהיינו הזמנה בעלמא שעדיין לא נתחנך בכהונה גדולה כלל וכדבעי׳ לעיל במה מחנכין אותו ועוד דע״כ לפרש כן דאל״ה הו״ל שני בתים, ותרין ליה דלעולם דכניס לה ומתקינין היינו שעושין תיקון יפה באופן דלא ליהוו שני בתים וכדמסיק אלא לחדא אמר לה וכו׳ והיינו נמי דמקריא הזמנה בעלמא להיות שעדיין אינה ודאי כאשתו דאפשר דהו״ל גיטא דכך גיטא, וק״ל.

שם ודילמא מיתה חבירתה בפלגא דעבודה וכו׳, עיין מ״ש בת״י, ובחי׳ הריטב״א, ולעד״נ דכיון דודאי עיקר קפידא משום כפרה פר חטאת שלו דכתם כתיב וכפר בעדו ובעד ביתו להכי נקט פלגא דעבודה וה״ה בסוף וק״ל.

רש״י ד״ה **בל** ימי וכו׳ ותינשא לאחר מיתת פלוני וכו׳, עיין מ״ש הריטב״א בחי׳, וכבר הביא הר״ן בפ׳ מי שאחזו חילוקי סברות בעניינים אלו יע״ש ולנלע״ד דמ״ש בפ׳ המגרש פ״ג ע״ב ד״ה ה״ז כריתות מיד והיא תקיים התנאי ע״כ דהיינו לענין שאין כאן חיוב אשת איש אבל לא שתנשא מיד.

תוספות ד״ה **הלכה** כר״י וכו׳ שכשיעבור האונס וכו׳ בלומר שהראשון יחזור לשהרתו לגמרי אלא שנוהגין כבוד בשני שלא לבזותו אבל נוהגין בו כבוד לאיזה דברים לא שבשותו לגמרי לראשון משום איבה כדר״י ועיין בלשון הריטב״א והיינו כההוא מעשה דר״ג ור״א דריש תפלת השחר דאייתו דקאמ׳ התם דנדרוש ר״ג תלת שבתי ור״א חד שבתא דהא קמן מהא דל״ש לן בין כ״ג לפרנס ולא תימא דדוקא בכ״ג חיישינן לאיבה כנלע״ד ועיין במהרש״א, ושוב ראיתי בס׳ אם דת מ״ה ב׳ שפי׳ כמ״ש יע״ש, ועיין עוד בספר עבודת ישראל ל״ה א׳ וק״ל.

בא״ד פסיק הכי בהרי דוכתי לאלומי פיסק׳ דמילה וכו׳, דאע״ג דקמלריך לכו התם דפסח ממילה לא אתי דאית ביה כרת מ״מ למאי איצטריך כיון דהלכתא למשיחא היא אי לאו לאלומי פסקא דאפילו פסח דאיכא כרת לא דחי וכל שכן מילה וכמו שכתב מהרש״א שם בפר״א דמילה, ולאפוקי מהכ״י שהאריך עיון בזה, שכתב ואי קשיא הא קשיא דקאמר התם ואי אשמועינן מילה דליכא כרת אבל פסח דאיכא כרת אימא לידחי צריכא אגמא משמע דפסקא דפסח לגופה איצטריך משום דלא יליף ממילה ולא לענין מילה פסיק התם עכ״ד וק״ל. ומ״ש וקשה דבס״פ התכלת פסיק כאבא יוסי וכו׳ כנ״ל, וכן הוא בדפוס ויניציאה, ועיין בלשונם דסנהדרין ודזבחים שם דר״פ לא הוזכר שם בהתכלת בכאי פלוגת׳ כלל. ומ״ש וי״ל דאין הפ״ם וכו׳ אלא ר׳ יוסף מקשה אותו בפ׳ ד׳ מיתות וכו׳ נראה דגרסי התם הכי הגם דבגירסת הספרים גרסינן בפ׳ בית שמאי רבה.

בא״ד כי היכי דמהדר ליה לר׳ יוסף בפ׳ ב״ש אלא מעתה וכו׳. הגם דשם בפ׳ ד׳ מיתות גופיה אהדר ליה הכי ניחא להו לאתויי מפ׳ ב״ש דאי מהתם הו״ל דאביי הדר ביה והודה לדברי ר״י דהלכתא למ״ל דשאני דרוש וקבל שכר הלימוד מפסק הלכה אבל ממאי דחזינן דהדר תו אביי בפ׳ ב״ש לשנויי. אלא מעתה וכו׳ משמע דלא ס״ל לחלק בזה אלא דבפסק הלכה נמי יש לנו להבין הלכה כדברי מי משום דרוש וקבל שכר ואע״ג דאפשר לדחות דמשום דהוה ס״ד דאביי דע״כ לא מחלק ר״י אלא דוקא התם בפ׳ ד׳ מיתות דלא נ״מ מידי אלא לתיקון הלשון כמו שפירש״י שם, אבל ההיא דפ׳ ב״ש דנ״מ לענין הדין אין לנו לחלק דהא נמי דרוש וקבל שכר הוא, ומש״ה הדר תו לשנויי התם אלא מעתה וכו׳. ואה״נ דבתר דקאמר׳ ליה ר״י התם דהכא נמי יש לחלק, דמיגרס בעינן אבל הלכה למ״ל הדר אודי ליה אביי מ״מ נראה לה׳ יותר דאביי ודאי ס״ל דמשו׳ דרוש הלכה נמי יש להבין דהא ר״י קא תמה מעיקרא הלכתא למשיחא משמע דמשום הלכ׳ קמבעי׳ ליה ואפ״ה הדר ליה אביי דרוש וקבל שכר משמע דהכא פליגי וסוגיין דשמעתא כאביי ומש״ה לא בעי תלמודא בכל איך הלכתא למשיחא כנלענ״ד, ועיין בספר שער יוסף להוריות דף ק״ה ע״א וק״ל.

בא״ד ור״ח תירץ וכו׳ הלכתא למשיחא ועבירה וכו׳, כלומר שעשה איסור, עיין בלשונם דסנהדרין וזבחים וזה לא שכיחא ליעות המשיח דעמך כולם לדיקים כתיב כמ״ש בת״י ומה שהקשה בשו״ת חוות יאיר סי׳ קכ״ד מסוגיין דמיירי בכ״ג שאירע בו פסול ועפי לא שכיח מדיני פיגול בזבחים שהרי אפשר להיות בשוגג כהא דתנן הכהנים שפגלו במקדש שוגגין וכו׳ עכ״ד הך מתני׳ איתא בהנזקין נ״ג ע״ב ולא גרס שוגגין אלא מזידין חייבין וכמ״ש התו׳ שם דל״ג במתניתין שוגגין פטורין יע״ש, אבל האמת דהכי הוא קושטא דמלתא דשוגגין פטורים מפני תיקון העולם שיודיעו לבעלים משמע בהדיא דפגול שייך בשוגג כגון שלא ידע שהזבח נפסל בכך, עיין ברש״י שם ולשיקר קושיתו י״ל דשאני שוגג דפגול שקרוב למזיד הוא שהיה לו ללמוד דיני הקרבנות ולא למד וכל כי האי לא שכיחא משא״כ אירע בו פסול דל״מ אם היה פסול שנגע בו לגורא דכותים כעובדא דלקמן מ״ז ע״א או מת עליו מת פתע פתאום דודאי שאין כאן שמץ עבירה ואנוס הוא ומלתא דשכיחא הוא אלא אף שהיה טומאת קרי קרוב לאנוס הוא והא קמן דבבית ראשון בלא אירע היה ע״י סיוע הנס, ומה שרצה לתרץ בס׳ שער יוסף להוריות ק״ז ע״ד דר״ח לא תירץ אלא ההיא דהתכלת אבל בכך דאירע בו פסול אגפקותא דפרנס סמיך יע״ש, הנה לעד״נ דאין זה במשמע פשט דבריהם וכן מוכח מסידור לשון הריטב״א בחי׳ דתי׳ ר״ח תירוץ כולל הוא יע״ש, וק״ל.

ד״ה **על** מנת שתמותי הו״מ למיפרך וכו׳. כוונתם דמדקאמר ע״מ שתמותי דמשמע שאם לא תמות לא היה צריך לגרשה ע״כ דשתמותי דקאמר היינו קודם עבודה וא״כ תיקשי דלמאי מגרש לה. ותי׳ דה״ק ה״ז גיטך ע״מ שתמותי בפלגא דעבודה דאם תמותי קודם עבודה לא הייתי צריך לגט זה אבל אה״נ דכ״ש אם לא תמותי בעידן עבודה דצריך הוא לגט והיינו דפריך ודילמא לא מיתה וכו׳, ועיין בת״י שאם לא תפרש דבריהם כן לא ידענא מה רלו בזה אחר שהתי׳ מבואר וכמו שפי׳ רש״י ודו״ק.

בא״ד דלא ליהוו עד ההיא שעתא וכו׳, ואה״נ דלפ״ז הו״מ לאקשויי אתירוצא דע״מ שלא תמותי דדילמא מיתה בפלגא דעבודה וקם ליה עד ההיא שעתא בב׳ בתים וכן נמי אתי׳ דשתמותי הו״מ לאקשויי וכי האי גוונא מי הוי גיטא וכו׳ כדפריך לקמן. וכמ״ש בת״י והיינו שכתב רש״י ז״ל וכל סוגיא זאת וכו׳ ואינו משיב כל תשובות שיש להשיב וכו׳ וגם הם ז״ל הכי ס״ל אלא דבאחה קושיות ערחו ליישבם, ועוד אפשר דלא ס״ל הכי אלא דאתי׳ דשלא תמותי ניחא ליה למיפרך עפי ודילמא היא לא מיתה וכו׳ דמשכחת לה דקם בלא בית כלל. וכן נמי אתי׳ דעל מנת שתמותי פשיטא דכי האי גוונא לא הוי גיטא אלא דפריך עפי דאפי׳ את״ל דהוי, אכתי הו״ל שני בתים ולקמן פריך לה דהוי רבותא ואע״ג דאי אמר ע״מ שתמות חברתיך הוי גיטא היכא דתלה נמי במיתתה מגרע גרע וכמ״ש בסמוך ד״ה כל ימי אבל הכא דתלה במיתה דידה לחודה הדבר ידוע ודאי דאין זה כריתות, ומש״ה לא חיים למיפרך בדרך זה אלא פריך בדרך רבותא דאפי׳ את״ל דהוי גיטא עדיין לא תיקן כלום דדילמא לא מיתה וכו׳.

ד״ה **על** מנת שתמות א׳ וכו׳ מתה לה חדא מגייהו וכו׳ כלומר
הראשונה, וכמ״ש בח״י דודאי אי מתה בתרייתא הא
קיימא ראשונה דלא גרש כי אם לאחרונה כדקאמר אלא דאמר לה
וכו׳ ובמסקנא דוקא קאמר אלא דמגרש להו לתרווייהו וכו׳, ושוב
ראיתי למהרש״א שכ״כ יע״ש.

ד״ה **כל** ימי חיי וחייכי וכו׳ אינו לא כדקא סלקא וכו׳ כצ״ל וכגי׳
ד״ו וכונת׳ דאינו דומה ללשון דס״ד מעיקרא ואף שלענין
הדין שוים דודאי אי כל ימי חיי הגם דאפשר דחייל גיטא בחייה
אין זה כריתות כ״ש כל ימי חייכי וז״ל התו׳ שם ולא כדבעי למימר
הכא מעיקרא דלא מדכר כל ימי חייכי וכו׳ וק״ל. ומ״ש וכ״ש
והאמר רבא וכו׳ וכ״ש כל ימי חיי וחייכי אין זה כריתות וכו׳
כה״ג בד״ו וכלומר דתלמודא נקט חרי לישני דהתם כל ימי חיי
וכ״ש חייכי כלישנא קמא וחייכי היינו בלישנא בתרא דדוקא חייכי
דעכ״פ תקשי דהכא דאיירינן בחייכי לכולהו לישני דהתם אין זה
כריתות ועיין בהגהת מהרש״א.

ד״ה **אלא** דאמר לה הרי זה וכו׳, נראה לפרש דאמר לה נמי
וכו׳ נכנסו בדוחק זה הגם דמדקאמר אלא משמע
שסותר תי׳ הקודם משום דלא ס״ל לפרש כפרש״י דאינו משיב כל
תשובות וכו׳, עיין מ״ש לעיל סד״ה על מנת שתמותי וכו׳ ועיין בח״י.

ע״ב, גמרא, **אלא** מעתה שתי יבמות וכו׳ יבמתו וכו׳ יש לדקדק
דמאי פריך ולמאי איצטריך ריבויא דהתם שאני
דמיעוטא דביה מלינן למימר דקאי אלא יבנה דסמיך ליה ולמימר
דביה א׳ הוא בונה ולא שני בתים כדאיתא בהחולץ מ״ד ע״א
אבל הכא למאי איצטריך אי לאו דלא יהיו שני בתים דליכא
למימר דקרא לא קפיד אי אית ליה שני בתים אלא דלא יתכוין
לכפר אלא אחדא דזה אין סברא דמאן פלג לן דחדא צריכא וחדא
לא צריכא הא תרווייהו בעו חיי. ושמא דהכי פריך דכיון דמהכא
ילפינן דבית לא משמע אלא אחת ולא שתים אימא דהתם נמי ה״ק
דדוקא היכא דאית ליה לאחיו בית א׳ קם ליה בלא יבנה אבל
באית ליה שני בתים לא קאי בלא יבנה ואימא דאפילו אחת לא
המיא עליה ליבם ועיין בלשון רש״י, ושוב ראיתיו יותר מבואר בח״י
יע״ש ובמ״ש שם ודו״ק.

שם אמר רבה לא נצרכה אלא להביאו מתוך ביתו וכו׳ וקרא
דמן המקדש לא יצא אורחא דמלתא נקט שדרכו לישב במקדש
כל היום וזה תפארתו כמ״ש הרמב״ם פ״ה מה׳ כלי המקדש
וכ״ה דאם יצא דיכול לבא ולעבוד דעבודה באנינות הותרה לו
לגמרי וא״כ דה״ק ומן עבודתו המקודשת לא יצא ויסלק ידו ממנה
וכנראה מדבריו דפ״ב מהל׳ ביאה״מ [הל׳ ו׳] יע״ש, וכן פרש״י ד״ה
מקריב וכו׳ וק״ל.

שם כ״ג מקריב אונן וכו׳ הרמב״ם ז״ל בפ״ב מהל׳ ביאת המקדש
כתב א״כ מפני מה נשנית אזהרה זו בכ״ג שכהן הדיוט שהיה
במקדש בעבודתו ושמע שמת לו מת שהוא חייב להתאבל עליו
אעפ״י שאינו יוצא מן המקדש אינו עובד מפני שהוא אונן וכו׳
אבל כ״ג עובד כשהוא אונן שנאמר ומן המקדש לא יצא ולא
יחלל כלומר ישב ויעבוד עבודה שהיה עוסק בה ואינה מתחללת
ע״כ, ועיקר כונתו כמ״ש בס׳ משנה למלך שם בסוף לשונו דה״ה
דאם רצה להתחיל בעבודה הרשות בידו יע״ש, וכן בס׳ המצות
לאוין קס״ה כתב שמותר לו לעבוד ביום שמת וכו׳, וכבר התבאר
בסוף הוריות שפורש הזה והוא שכהן הדיוט אונן לא יעבוד וכ״ג
עובד והוא אונן וכו׳ ע״כ שאם כפי מה שהבין הכ״מ שם דהרמב״ם
מפרש לברייתא דהיה עומד דפליגי ר״י ור״י בכ״ג כפי׳ התו׳ ופסק
כר״י דאמר יגמור יע״ש, תיקשי דלמה הניח סתמא דמתניתין
דפ״ג דהוריות דקתני כהן גדול מקריב אונן דמשמע מקריב כל
היום ואפי׳ להתחיל ומסתמא דספרי דפ׳ אמור דקתני ומנין אם
עבד עבודתו כשירה ת״ל לא יחלל וכו׳ דמשמע דלכתחילה אסור
לעבוד לא תיקשי דהתם ספרי רבי יהודה הוא ולהיות דס״ל
דמדרבנן משום גזרה אסור לעבוד לכתחילה לכך נקט התם ליתנא
דדיעבד ולא קיי״לן כותיה אלא כת״ק דס״ל מקריב אונן ולא גזרי׳
שמא יאכל ומ״ש ישב ויעבוד עבודה שהיה עוסק בה מלבד מה
שפי׳ בס׳ מ״ל שם עוד זאת נקט הכי משום דקאי לפרושי קרא
דמן המקדש וכו׳ דע״כ אין להבינו כפשוטו דלא יצא לחוץ אלא
כלומר מעבודת המקדש לא יצא ולא יסלק ידו ממנה אם היה
עוסק בה אבל ה״ה דאפי׳ להתחיל שרי כדקאמר אבל כ״ג עובד
וכו׳ ומה שפסק בכהן הדיוט דאפי׳ התחיל בעבודה ושמע שמת
לו מת דאם עבד וסיים חלל, הנה י״מ אם יפרש כפי׳ התו׳ דברייתא
דהיה עומד בכ״ג הוא דפליגי דבשתא בהדיוט לכ״ע אם עבד חלל
כדמשמע מתוספתא דזבחים כמ״ש התו׳ ומסיים בה לפיכך אם
זרק את הדם או שהקטיר קטורת כל עבודה שעבד הרי אלו
פסולות ע״כ וכן בספרי שם ומנין אם עבד עבודתו כשירה וכו׳
הא כהן הדיוט שעבד אונן עבודתו פסולה ע״כ, אלא אף אם
יפרש כפירש״י דבהדיוט פליגי לא תיקשי דאמאי פסק דלא כר״י
דאמר יגמור משום דסתמא דמתני׳ דריש כל הזבחים ע״ש ע״ב
דקתני אונן בהדי זר וכולהו איגך דבכל גוונא עבודתן פסולה
אתיא דלא כר״י והיינו תנא דבי דר׳ ישמעאל יליף חילול עבודה
דאונן ק״ו מבעל מום וכמו שכתב ז״ל שם ובעל מום בכל גוונא
חלל עבודה כדתנן פ״ה דתרומות, ועוד דלפרש״י ר״ש דתוספתא
דזבחים ס״ל נמי כר׳ יהודה ומש״ה פסק כותיה כנלענ״ד, הגם
שלא נתחוורו דבריו להרב המאירי ז״ל כדבסמוך, ושוב ראיתי בס׳
מגילת ספר בחלק לאוין דף קנ״ז שעמד על ענין זה גם בפרש״י
ז״ל יע״ש וק״ל.

וז״ל הרב המאירי כ״ג שמת לו מת מקריב אפי׳ בשעת אנינותו
ר״ל קודם שנקבר המת, אלא שאינו אוכל בקדשים ואף לערב
אינו חולק בהם אבל כהן הדיוט אינו מקריב אונן ואם היה עובד
ובאה לו שמועה בשעת עבודה שמת לו מת א״ל להפסיק אף קודם
קבורה אלא יגמור, ומגדולי המחברים כתבו שאינו עובד וכן
אינו יוצא מבית המקדש ולא נ״ל כן עכ״ד.

שם אמר רבה לא נצרכה אלא להביאו וכו׳, עיין בסוגית הירושלמי
דסנהדרין דריש פרק כהן גדול ובפ״ב דהוריות, ובמ״ש
הרמב״ן בהשגותיו לס׳ המצות בעיקר חמשי יע״ש כי אין להאריך.

רש״י ד״ה **מקריב** אונן וכו׳, מקדושתו בלל ויכול להיות וכו׳ כן
הגיה בשכ״י [בשיטה כ״י], ועיין בדבריו דפרק
כל הזבחים י״ו ע״א ד״ה ומן המקדש וכו׳.

ד״ה **ואינו** אוכל וכו׳ וקדשים אסורים לאונן ק״ו וכו׳, כדאיתא
בפרק טבול יום ק״א ע״א יע״ש.

ד״ה **השתא** לר״י וכו׳, אלמא ר״י וכו׳ וכן פי׳ בעל המאור אלא
דשם פי׳ דקי״ל דר״י אדר״י להודיה יע״ש בלשונו,
ואיהו ז״ל הוסיף לבאר דקי״ל נמי דרבנן אדרבנן דמסתמא ת״ק
דברייתא דלעיל היינו ר׳ יוסי בר פלוגתיה דר״י וכמ״ש התוספות
לעיל י״ב ע״א סד״ה הא דרבים יע״ש ויראה דטעמו דמדמייתי
נמי מלתיה דר׳ יוסי משמע דקי״ל נמי מהך ואע״ג דאביי קאמר
השתא לר״י וכו׳ משום דקושיא דר״י אדר״י מבוארת יותר דלאידך
קושיא יש לדחות דרבנן דלעיל לאו ר׳ יוסי נינהו להכי נקט
השתא לר״י וכו׳ והוכרח ז״ל לפרש ברייתא דהיה עומד בכהן
הדיוט מכמה טעמי חדא דאי בכ״ג למסקנא תצטרך לומר דת״ק
דברייתא דכ״ג וכו׳ לאו היינו ר׳ יוסי דאיהו ס״ל יגמור דמשמע
אבל לא יתחיל בעבודה אחרת ות״ק דלעיל קתני מקריב אונן דמשמע
בין לגמור ובין להתחיל דאם תפרש מקריב ומסיים העבודה שהיתה
בידו א״כ היינו סברת ר״ש דסיפא דמסיים עלה בתוספתא דזבחים
פר״א רש״א גומר את העבודה שבידו ובא לו ע״כ. ועוד דלמסקנא
צריך לומר דר״י מדרבנן הוא דקאמר מניח עבודתו וילא גזירה
שמא יאכל כמו שכתבו התוספות לפי דרכם ואמאי הא כיון
דאסרת ליה להתחיל בעבודה אחרת אית ליה היכירא ולמה מניח
עבודה שהתחיל דמשמע דה״ע דר׳ יהודה לא קאמר בברייתא
דלעיל מניח עבודתו ויצא אלא קאמר כל היום אסור להתחיל
ולעבוד לאפוקי מת״ק דקאמר מקריב ומתחיל בעבודה אלא דזה
יש לדחות דלהכי קאמר כל אותו היום לאשמעינן דבלילה דאניטתיה
מדרבנן יכול לעבוד ולא גזרינן וכמו שפירש ז״ל לקמן אבל לעולם
דאף לגמור אסור וכן משמע מדסיים בתוספתא רש״א גומר וכו׳
דפליג עליה דר״י דאפילו מדרבנן אין לגזור אלא שלא להתחיל אבל
לגמור ליכא למיחש דאתי למיכל דאית ליה היכירא במה שאסור
להתחיל ועוד מדקאמר אפוקי מפקינן ליה משמע דצריך להוציאו
מן המקדש ובשלמא אי איירי בכהן הדיוט ניחא דצריך לצאת
להתעסק במתו כס׳ הראב״ד בפ״ב מה׳ ביאת המקדש אבל אי
איירי בכ״ג אמאי צריך להוציאו אדרבא יותר טוב שישב במקדש
כדי שלא יבא לידי טומאה כדקאמר ר״י גופיה בריש פרק כהן

גדול י"ח ע"א יעי"ש ולענין מה שיש להקשות לפי' עיין במ"ש בתו' ובתו"י וק"ל.

תוספות ד"ה **ודילמא** לא מתה חברתה וכו', וגביה דידיה דמלי למימר ע"מ שאכנס וכו', כל"ל וכונתם דגבי דידיה הנס דודאי לריך הוא לאחר שלא ליכנס דדילמא מתה חברתה יקם ליה בלא בית מ"מ אם השניה חולה רשאי ליכנס והשתא אינו מעלה ומוריד דאי ראשונה נמי מייתה בלא"ה קם ליה בלא בית דזו נמי נטויה למות ומש"ה ניחא ליה למימר שאכנס דהכא ודאי לא שייך למפרך דילמא לא מייתה חברתה ושייל איהו לבה"כ וקם ליה בלא בית דליכא למיחש כולי האי דילמא עביד מעשה וכו' וק"ל.

ד"ה **אלא** לחדא אמר לה וכו' וכ"ש כ"ג דזריז טפי וכו' למ"ש בסד"ה ודילמא לא מתה וכו', הו"מ לתרולי דבדידה דקיום הנס תלוי שלא תכנס קרוב הדבר לשכחה אבל בדיד' דתלוי במעשה הכניסה ליכא למיחש היכא דלא מייתה חברתה שיכנס וקם ליה בלא בית וק"ל. ומ"ש ועוד גבי דידה וכו' שאינה תדיר בכאן וכו' כונתם דאותה שאמר לה ה"ז גיטך ע"מ שלא תכנסי לבה"כ אינה תדירה בכאן במקדש כדי שיראו בית דין שאם בשעת עבודה קיימת השתא. הו"ל דראשונה גיעא וכי היכי דלא תקום בלא בית יאמרו לזו שתכנס לבה"כ לבטל את גיטה אבל כ"ג שהיה בבית המקדש כל היום ואם השניה קיימת נזכירהו שלא יכנס לבה"כ דבהכי בטיל ליה גיטא דהניה ולפ"ז נלטרך לומר דמ"ש לראות אם לא תמות חברתה וכו' הכונה לראות אם נתקיים תנאי דאם לא תמות הברתיך והיינו דהשנייה קיימת. אבל זה אין להגיה בדבריהם לראות אם תמות חברתה וכו' ולפרש על הדרך המ' שאינה תדירה שם במקדש לראות שאם תמות חברתה שב"ד יזכירוה ליכנס מיד בבה"כ כי היכי דלא ליהוי בלא בית שהרי אין זה מענייננו דקיימי לתרולי דהאי לא חיישינן נמי בדידיה דילמא לא מייתה חברתה ועייל לבה"כ וקם ליה בלא בית כנראה מרהט דבריהם בנלענ"ד, ועיין מ"ש מהרש"א ודו"ק.

ד"ה **לחדא** אמר לה ע"מ שאכנס וכו' כל"ל, ולא גרסי בגרסת תפרינו לחדא אמר לה ה"ז גיטך ע"מ שלא תמות חברתך ולחדא וכו' וכ"כ הריטב"א ומ"ש בדבריהם לעיל ריש ד"ה דמגרש לה וכו' כדמסקינן דלחדא אמר לה וכו' קושטא דמלתא נקטו דע"כ לפרש כן בדברי המתרץ דלשון קלר נקט והו"ל כאלו אמר לחדא אמר לה וכו' ולחדא וכו' כמ"ש כאן וק"ל. ומ"ש וגם בלשון משמע כן וכו', ריהטא דסוגיא נמי משמע הכי מדקאמר מאי א"ל דילמא מייתה חברתה בפלגא דעבודה כלומר השניה דהשתא בטיל ליה גיטא דקמייתא שתלה קיומו בע"מ שלא תמות חברתיך וכו' ואפשר דהכי קאמר דאל תתמה היאך לא הזכיר בדבריו מה שאמר לראשונה משום דלשון לחדא דקאמר ממילא משתמע דגם אמר לראשונה ואפי' קמא דשם הזכיר שני התנאים סמיך וכאן לא בא אלא לחדש דתלה תנאי השניה בדידיה ולא בדידה כדסוה ס"ד מעיקרא וק"ל.

בא"ד דפריך התם ויקדש מאתמול וכו' בהזמנה בעלמא וכו', ולפ"ז לריך ליישב הא דאיתא התם לעיל מהך מנין כשם שמתקינין לו בכן אחר וכו' כך מקדשין לו אשה אחרת על תנאי שמא יארע וכו' דברי ר"י משמע דמעי"כ היה מקדש אותה על תנאי אם תמות הראשונה שיחולו קידושי זאת וא"כ מאי פריך השתא ויקדש מאתמול וזה דוחק לומר דתרי תנאי איכא דר"י דתנא דמתני' ס"ל דלר"י מתקינין בהזמנה בעלמא ולהך תנא היא דפריך דאמתני' קאי ועוד דבלאו הכי דלעיל תיקשי דלהירושלמי דמשמע ליה דבקידושין בעלמא תשיבה כאשתו אמאי התירו לו שבות לקדשה ביוה"כ כיון שיכול לקדשה על תנאי מאתמול ושמא דכיון דבשאר ימות השנה נמי אסור לכתחלה בשתי נשים כס' הרמב"ם בפי' י"ז מהל' איסורי ביאה יעי"ש ובפ"ה מהל' כלי המקדש ס"ל להירושלמי דאף במקדש בתנאי מחזי כשני בתים ולהכי לא רלו להתיר אלא ביוה"כ דוקא וברייתא דמקדשין על תנאי ביוה"כ היא דמשום דאפשר דמתה קמייתא ולא נודע מיד וקם ליה הכיא שעתא בלא בית להכי היה מקדש אותה בתנאי דלכשתמות ראשונה שיחולו קידושי שניה כך רלה ליישב מורי הרב נר"ו אלא שעדיין יקשו עלינו דבריהם דמשמע שלא היה מקדש אותה כלל עד שתמות ראשונה ונולי דבריהם היה אפשר לפרש דאברייתא קאי דאמאי בלריך לקדש מאתמול בתנאי יקדש אותה ממש קידושין גמורים

מאתמול ומשני וכפר וכו' ולא בעד שני בתים ופריך ולא נמצא קונה קנין בשבת דכיון דלא חיילי קדושין אלא עד שתמות הראשונה ביוה"כ הו"ל כקונה קנין דעל תנאי דקתני ע"כ דלא אמר מעכשיו קאמר אלא דלא יחולו הקידושין כלל עד יוה"כ דלאח"ה הו"ל שתי נשים מאתמול בעוד הראשונה קיימ' ועוד דאי מתה קמייתא בפלגא דעבודה הרי עבד פלגא קמייתא בשני בתים ותרין שפיר דשבות לריכה התירו והשתא דאתינן להכי אפי' נפרש דמתני' קאי וכדבריהם ז"ל לא תיקשי דלמה התירו שבות דליקדש מאתמול בתנאי דכיון דע"כ בלא אמר מעכשיו איירי כך לי לקדשה מאתמול דתנאי כמו לקדשה ביוה"כ דבתרווייהו איכא משום קנין וע"כ משום שבות לריכה הוא דהתירו וברייתי' דקתני דהיו מקדשין בתנאי ביוה"כ הוא וטעמא כדי שיחולו הקידושין מיד בשעת מיתת ראשונה ולא ליהוי שעתא בלא בית כמ"ש ואפשר דמתני' דקתני ומתקינין לא פליג אהך דאם ירלו לעשות כן יכולים אבל קושטא הוא דפשטא דלישנא דמתקינין משמע הזמנה בעלמא שתהא מזומנת לקדשה מיד במיתת הראשונה וכמ"ש הם ז"ל בנלע"ד ודו"ק:

ד"ה **היה** עומד וכו' ודוחק עלמו לפ' לפי זה וכו' כלומר דמייתי ליה בהדרגה מכהן הדיוט וזה יש לדחות דלא תליא הא בהא דגבי כ"ג דכתיב ומן המקדש לא ילא ת"ק ס"ל דאם הוא במקדש לא ילא מקדושתו ועומד ומקריב אבל אם ילא אין נזקקין להביאו ור"י ס"ל דכיון דלא ילא הכתוב שלא ילא מקדושתו דבילא נמי יביאוהו לשם לפכת לערו אבל גבי כהן הדיוט דנפקא לן מדיוקא דהא אחר שלא ילא חלל כמ"ש רש"י ז"ל ר' יהודה ס"ל דהיינו הא אחר שלא ילא מיד חלל וא"כ דנפקא ליה חילול עבודה דאונן בק"ו מבעל מום כס' דהי רבי ישמעאל דריש כל הזבחים ר"ו ע"ל ובהיה מקריב ונודע שהוא בעל מום עבודתו פסולה כדתנן ברים פ' ח' דתרומות ולהכי סבר מניח עבודתו ויולא ור' יוסי ס"ל דיגמור כיון שהתחיל בהיתר וקרא ה"ק ומן המקדש לא ילא אלא מקריב כל היום כל עוד שלא ילא משם הא אחר שלא ילא והקריב אח"כ חלל וא"כ דנפקא ליה חלול עבודה מקרא דכן הקריבו אני הקרבתי ולא הם כס' ר"א שם דלפ"ז משמע הקריבו תחלת הקרבה הם אסורים אבל לא גמר עבודה וכיון שכן מאי מקשי תלמודא מכהן הדיוט וכן רמזו בתו"י שכתבו אבל לפי' הקונ' דמוקי לה בכהן הדיוט ופריך מהחליפו שיטתן קשה דמאי פירכא היא וכו' ע"כ. ושוב ראיתי שקושיתם מבוארת יותר בתי' הריטב"א ומה שתירץ שם לענ"ד אינו מספיק לפי מ"ש דדילמא ר' יהודה נ"ל חילול עבודה מבעל מום ור"י מהן הקריבו ולאו מקרא דמן המקדש לא ילא יעי"ש אם לא שנאמר דתלמודא קם ליה כדרשה דהא אחר שלא ילא דהכי משמע מדבפרק הגשרפין פ"ד ע"א לא מייתי אלא הך ולפום הך דרשא פריך הכא [(ועיין בהרמב"ם פ"ב מהלכות ביאת המקדש דמייתי מק"ו דבעל מום)] ואם כן י"ל דאפי' תימא דר"י יליף מבעל מום מ"מ כיון דקרא לא מפרש בהדי' בכ"ג דנזקקין להביאו אף אם ילא אלא דר"י מסברא קאמר כמ"ש א"כ אי ס"ל דבהדיוט מניח ויולא די לך לרבות מן הכתוב דבכ"ג נ"מ דגומר אלא גם מתחיל ומקריב אבל גומר דנזקקין להביאו זה מנין לנו ומה שהקשו עוד בתו"י דלפירו' לא ידעינן טעמא דר"י דאמר יגמור הגה לא מיבעי אם נאמר דנ"ל מהקריבו דטעמא היינו דמשמע ליה תחלת הקרבה כמ"ש אלא אף אי יליף מדיוקא דהא אחר וכו' ל"ק דכיון דמשמע ליה ומן המקדש לא ילא דמקריב כל היום סברה לאוקמיה מיעוטא דהדיוט לשלא יתחיל להקריב אבל אם התחיל קודם זה גומר וכן כתב הריטב"א שם ודו"ק.

בא"ד אבל מדרבנן ס"ל לר"י מניח וכו' והא דלא משני דהא דאמר ר"י לא נלרכה אף להביאו דהיינו מדאורייתא ולא תיקשי דר"י אדר"י משום דדומיא דקאמר ת"ק כ"ג מקריב אונן דהיינו אפי' מדרבנן דלא אשכחן דמחלק בין דאורייתא לדרבנן קתני ר"י כל היום ועוד דמאי פליג עליה ר"י דאימא דת"ק נמי ס"ל דמדאורייתא נזקקין אף להביאו אבל רבנן אסרו כשילא מן המקדש כי היכי דתהוי ליה מילתא היכירא בהא דחייל עליה אנינות ולא יצא גאבול ודומיא דמחלק ר"י גופיה בהא אם לא שתאמר דשמעיה ר"י לת"ק בהדי' דמדאורייתא נמי אין נזקקין להביאו וכל זה דוחק ולהכי ניחא ליה לתרץ מאי כל היום לומר שאינו עובד מדרבנן דומיא לאידך דקאמר ר"י מניח עבודתו ויולא דהיינו מדרבנן

ולפירושם הא דקאמר ר"י ויוצא לאו למימרא שצריך לצאת מן המקדש מדרבנן כדי שלא יאכל אלא כלומר ויוצא מקדושתו דהכי נמי אי מפרשינן לה בהדיוט הכונה כן שהרי לא נאסר אלא שלא לעבוד וכ"כ הרמב"ם בהדיא בפ"ב מה' ביאת המקדש יעו"ש ואף לס' הראב"ד שם דס"ל לפרש ויוצא ממש מ"מ לפי' דמפרשי לברייתא בכ"ג משמע דאפילו מדרבנן אינו יוצא דהא ר"י גופי' קאמר בריש פ' כ"ג י"ח ע"א דאינו יוצא מן המקדש וילך אחר המטה משום שנאמר ומן המקדש לא יצא והתם אף מדרבנן קאמרי כדמשמע פשטא דמתני' ועוד דמפרש התם טעמיה דר"י דלאו מדינא דילמא מקרי ואתי ונגע והא דקאמר תלמודא אפוקי מפקינן ליה כלומר מקדושתו וק"ל ומ"ש מדאורייתא כל היום גזרו ביה רבנן א"כ וכו' כנ"ל.

בא"ד ועוד לכאורה משמע וכו' אע"ג דאכתי לא התחיל וכו' הנה לס' רש"י יש ליישב דאע"ג דאשכחן היה עומד ומקריב דהכונה היה מזומן להקריב כהא דאיתא לעיל ז' ע"א היה עומד ומקריב מנחת העומר ונטמאת בידו וכו' מ"מ הא אשכחן נמי פ"ח דתרומות דקתני היה עומד ומקריב וכו' ונודע שהוא בן גרושה וכו' והתם היינו שהתחיל להקריב מדקתני סיפא ר"א אומר כל הקרבנות שהקריב ע"ג המזבח פסולין ועיין עוד בקידושין ס"ו ע"ב ומה גם דהכא דקתני ר"א יגמור פשטא משמע שהתחיל כבר וגם הא דלעיל יש לפרש שהתחיל להקריב מנחת העומר ונטמאת השאר בידו ומשמע עוד דאף לפי' דבהתחלה איירי ע"כ לא קאמר ר"י יגמור אלא דוקא עבודה זו שכבר היה מזומן לעשותה קודם אנינותו אבל שאר עבודות אסור להתחיל דלאת"ה לישמועינן רבותא דמקריב והולך כל היום כדקאמר ת"ק דברייתא דלעיל ולפ"ז ס' ר"י היינו סברת ר"ש דתוספתא דפ"א דזבחים דקאמר רש"א גומר את העבודה שבידו ובא לו ומשמע נמי דמדרבנן הוא דס"ל דמה שאסרנו לו שלא להתחיל להתעסק בעבודה אחרת אית ליה היכירא וכמ"ש בפירש"י יעו"ש אבל מדאורייתא ר"י נמי ס"ל דעובד כל היום דהא קרא כתיב ומן המקדש לא יצא כלומר מקדושתו אלא שמצאתי להרמב"ן בהשגותיו לס' המצות בעיקר ה' שהביא ירושלמי דריש פ' כ"ג ופי' דר"ש מדין תורה קאמר יעו"ש ושוב ראיתי להרב בעל ס' משנה למלך בפ"ב מהל' ביאת המקדש שכתב כדברינו יעו"ש אלא דמעיקרא מה שנסתפק שם אי מאי דאמרינן דאם לא היה עסוק בעבודה כלל דאינו מתחיל אליבא דכ"ע אם הוא מדין תורה אי מדרבנן יעו"ש לא זכיתי להבין הדא דהא קמן ת"ק דברייתא והוא סתמא דמתני' דפ"ג דהוריות דס"ל דכ"ג מקריב אונן ואף שנפרש מילת לכ"ע שכתב דלאו דוקא אלא כלומר לר"י ולר' יוסי דאיירי בהו שם מ"מ לדידהו נמי מדאורייתא ודאי מתחיל ומקריב דהא קרא סתמא כתיב ומן המקדש לא יצא שלא יצא מקדושתו ועוד דהא כתיב הן היום הקריבו וכו' ואכלתי חטאת היום וכו' שלא הקפיד הכתוב אלא על האכילה ולא על ההקרבה וכמ"ש הרמב"ם בפי' המשנה בהוריות שם וכדאיתא בזבחים י"ו ע"א ושם ק"א א' יעו"ש ודו"ק.

בא"ד וכן משמע בתוספת' וכו', וליכא מאן דפליג וכו', גם זה יש ליישב דס"ל לרש"י דר"ש דקאמר התם דכ"ג גומר דוקא הוא דמסיים דבכהן הדיוט אפי' גומר לא וה"ה נמי לר"י דקאמר התם כל היום אסור לעבוד דמכ"ש בהדיוט נמי אסור אבל לת"ק שם דס"ל דמקריב כל היום בהדיוט מיהא אם התחיל קודם גומר כסברת ר' יוסי דברייתא דלפי' היינו ת"ק דתוספתא שם כמ"ש וק"ל.

ד"ה שאינו עובד וכו' ולא הוה מצי לשנויי דכל היום אינו אוכל וכו', יש לדקדק דמאי אולמיה דהאי תירוצא מאידך דבשלמא לפרש"י ניחא דהו"מ לתרוצי דלעולם בהא דקאמר ת"ק כ"ג מקריב כל עוד שהוא במקדש לא פליג ר"י דאיהו נמי לא גזר שמא יאכל דהשתא לא תיקשי ומי גזר ר"י שמא יאכל והתנן ר"י אמר וכו' ומאי דחידש ר"י דכל היום אינו אוכל הא בלילה אוכל ולאפוקי מת"ק דס"ל דבלילה נמי אינו אוכל דסבר אנינות הלילה נמי דאורייתא כמו שפי' מהרש"א יעו"ש, אבל לפי' דע"כ ר"י ס"ל דבכ"ג נמי מניח עבודתו ויוצא אימא דטפי ניחא ליה לתרץ דאמקריב אונן קאי אבל במאי דקאמר ת"ק ואינו אוכל מודה ליה מלמימר דאאינו אוכל קאי אבל במאי דקאמר ת"ק ואינו אוכל מודה ליה מלמימר דאאינו אוכל קאי דהשתא פליג עליה בתרתי וזה דוחק לפרש דאף לפי' ליתא דאאינו אוכל קאי אבל במקריב מודה ותרי תנאי אליבא דר"י חדא דאף לאוקמתא דלא גזרה אלא לביאה וכו' מצי לתרוצי תרי תנאי ואף שאמר דבביאה לא ניחא משום דהו"ל מחלוקת בקלות מ"מ טפי ניחא ליה לתרוצי לומר שאינו עובד כל היום דהשתא אין כאן מחלוקת בס' ר"י ושמא י"ל דטעמא דתירו' דשאינו עובד כל היום דחוק הוא מצד הלשון דהעיקר חסר מהלשון דצריך לדחוק ולפרש כל היום שהוא אכילה להקרבה וכו' משא"כ לשנאמר דאאינו אוכל קאי ניחא דה"ק מה שאתה אומר דאינו אוכל דוקא כל היום אבל בלילה מותר לו לאכול וק"ל.

דף י"ד ע"א גמרא **והתנן** ר"י וכו'. יש לדקדק דמאי פריך אימא דוקא בשאר ימות השנה העמידו דבריהם להיות דאפי' קרבנו יכול לעשות ע"י אחרים וכדאיתא בזבחים דף ק"א אם היה כ"ג אונן נותנו לכל כהן שירצה משא"כ הכא דכל עבודות היום אינם כשירות אלא בו דכ"ג לא אמרו מתקינין כהן אחר אלא לשיארע בו פסול קרי או שאר טומאות אבל באנינות לא העמידו דבריהם לעשות עבודת היום ע"י כהן שלא הופרש כדינו ושוב ראיתי בח"י שהקשו כן יעו"ש. ויש ליישב דהכי פריך דכיון דלר"י אף שהתחיל קודם אינו גומר משום חששא דשמא יאכל ולא סגי ליה בהיכרא דלא יתחיל לכתחילה לפחות הו"ל לגזור ביוה"כ דאם מתה אשתו קודם שהתחיל בעבודה דיכנס אחר תחתיו ומדלא גזרינן התם מידי ש"מ דלשמא יאכל לא חיישינן ואפשר דלזה דייק תלמודא וקאמר ואם מייתה אשתו עבד עבודה כלומר מתחיל לעשות העבודה אגב שנעשה אונן קודם זה וק"ל.

שם הכי השתא התם כיון דיוה"כ הוא דכ"ע לא קא אכלי וכו'. מדלא קאמר בקיצור התם כיון דכ"ע לא קא אכלי וכו' משמע דה"ק התם כיון דיוה"כ הוא ואימת יוה"כ עליו ועוד דכ"ע לא אכלי וכו' וק"ל.

שם וכי האי גוונא מי הוילא וכו' נראה דאין כונה סתמא דתלמודא לסתור שאין אנו צריכים לחילוק האמור כלל דהא ודאי הגם דמתה קמייתא שקוס גיטה תלוי בלא תמות חברתה מערב' וקיימי' למפרע מ"מ במתה בתרייתא קודם התחלת עבודה דגיטה תלוי בע"מ שאכנס לבה"כ ובכגון זה אין צריך ליכנס דדוקא במתה בפלגא דעבודה צריך משום איסור דב' בתים כדאיתא לעיל וא"כ ממילא גט בטל הוא והו"ל אונן וגילבא למימר דהבא נמי כי חזי דבעיא לנימת קדים ועייל לבה"כ כי היכי דלא תיחול עליו אנינות דדילמא הכא יעכה הדוקא משום איסור ב' בתים דאורייתא הוא רמי אנפשיה ומדכר ליכנס אלא ודאי משמע דה"ע דהכא לא חיישינן כיון דכ"ע לא אכלי ויאלא דהיינו דקאמר וכי האי גוונא וכו' כלו' דאע"ג דודאי אנו צריכים לחילוק האמור להיכא דמיתה בתרוי' מ"מ במאי דקיימינן שמא תמות אשתו דהיינו קמייתא מי הוילא הא מגרשא וקיימא ממילא כיון דלא מתה חברתה אלא דמדברי רש"י דפי' קושיין משום בתרייתא שכתב דהכי אוקימנא וכו' קדים ועייל לבה"כ וכו' ואע"ג דבקמייתא קיימינן משמע שדעתו לפרש דבעי לאקשויי לסתור חילוק האמור לגמרי דגם משום מיתת אחרונה לא הוי אונן דהא קדים ועייל וכו' ומכ"ש משום מיתת ראשונה דגיטה ממילא חייל ואף שהאמר דמסוגיין דלעיל אין הכרח דאמר לקמייתא על מנת שלא תמות חברתיך דאפשר לומר דלאו אמר לה על מנת שאכנס לבה"כ מ"מ הכי למדנו מדבריו דגם משום איסור עבודה באנינות דרבנן רמי אנפשיה ומידכר וא"כ ע"כ לומר דטעמו ז"ל דפריך דלא צריכין כלל לחילוק האמור דבין משום מיתת ראשונה או אחרונה משכחת לה שפיר דלא חייל עליה אנינות כלל ושוב ראיתי בהגהה ישנה הכתובה בחי' הריטב"א שהרגיש במ"ש על דברי רש"י ז"ל יעו"ש ודו"ק.

שם דאי ר"ע הא אמר וכו' דל"מ לר"ל לעיל ד' דאית ליה דהזאה מעלה בעלמא היא דפריך שפיר דהכי תקון רבנן עבודת ז' למקור דבר תורה דעל הטהור טמא ופסול לעבודה בקום עשה שיעבוד דכיון דהזאה מדבריהם הזאה שאינה צריכה היא והו"ל טמא מדאורייתא' אלא אפי' לר"י דיליף הזאה ממילואים וא"כ צריכה היא מדאורייתא והו"ל טהור הרי כבר כתבו התוס' שם דהאסמכתא בעלמא היא מדקאמר נכנסו מ"ט אחת דם ואף למ"ש שם דמלינן למימר דדרשה גמורה היא סוף סוף משום ספק ע"מ

נגעו בה וא"כ אמאי תקנו לעבוד כל ז' כיון דאפשר דאוחו יום לאו ג' או ז' הוא והו"ל הזאה שלא לצורך ודו"ק.

שם נתכון להזות על הבהמה וכו' עיין בפי' הרמב"ם למשנה זו ובחי' פ"י מה' פ"א ולמה שהשיג עליו הראב"ד שם מהתוספתא נראה דאיהו ז"ל גרים טבל את האזוב לשום דבר שאינו ראוי להזאה מים הנוטפין טמאים וכשרים להזאה אם יש באזוב ישנה וכו' וה"ק דמים הנוטפין טמאין מאחר שלא עשו מצותן דטבילה זו פסולה היא וכמו שביאר בפי' שם [(ושלא כדברי בעל קרית ספר שכתב אפילו הטבילו לדבר שאינו מקבל טומאה וכו' יעו"ש)] ומאחר שכן אם יש באזוב צריך לשנות ולהטביל לשם כונה למי שראוי להזאה לשום דבר שהיה ראוי להזאה והזה על דבר שאינו ראוי להזאה על הגוי וכו' המים הנוטפין טהורים ופסולין להזות אם יש באזוב לא ישנה דמאחר דטבילה היתה לשם כונה הגם דהזאה לא נעשית כראוי מ"מ הו"ל כמי שעשו מצותן ולפיכך מים הנוטפין אין עוד דין מי חטאת עליהן ופסולין להזות ולהכי אם יש באזוב אין צריך לשנות לפי שטבילה זו כדינה היתה והשתא קיהיב טעמא לכולא מלתא וקאמר לשם דבר שאין ראוי להזאה והזה על דבר שהוא ראוי להזאה הואיל והתחלת טבילתו פסולה כך הזאתו פסולה כלומר בין מה שהזה ובין מה שנשאר באזוב פסול להזות כיון דמתחילה לא טבל לשם דבר ראוי להזאה.

שם ותנן הכי לדברים המקבלים טומאה וכו', ור"ע ס"ל דלהא ג"ל קרא דודאי כיון דלאו בר הזאה הם נפסלו במלאכה ואין השיריים כשרים להזות, ולפי' הרמב"ם דדריש עד שיתכוין לטמא וכדאיתא בספרי זוטא הביאו מרן פ"י מה' פ"א צ"ל דס"ל לר"ע דאי הוה קאמר והזה הטהור עליו שמעינן נמי עד שיתכוון להזות עליו ומדכתיב הטמא דריש על הטמא טהור וכו', והיינו דקאמר מ"ע דר"ע כלומר דהגם דחזינן מברייתא שהביא דמעמא יתירא קדרש מ"מ הא איצטריך לדברים המקבלים וכו' ומשני שפיר וק"ל.

שם מאי מזה נוגע וכו' והכתיב מזה וכו', ומעיקרא ס"ד לאוקמיה תרוייהו בנוגע ליש בו שיעור ולאין בו וכדר' שבקשו התו' ד"ה אלא וכו' והא פריך דכתיב מזה והא כתיב נוגע דמדשני קרא בדיבוריה משמע דמזה לאו היינו נוגע ועוד דמדכתיב מזה משמע דדוקא בנוגע בהם דרך הזאה בעי כבוס אבל בנוגע לחודיה אף בכשיעור לא בעי כיבוס בגדים והיינו דלא קאמר מזה כתיב ביה כבוס בגדים נוגע לא כתיב דהא ל"ק כיון דמוקמינן רישא בנוגע בכשיעור אבל כונתו להקשות דמשמע דדוקא בנוגע דרך הזאה בעי כבוס דאל"כ לימא בתרוייהו לישנא דנוגע ומסברא הוה מוקמינן חד לכשיעור וחד לאין בה שיעור כגלנט"ד ודו"ק.

שם הניחא למ"ד הזאה וכו' ואע"ג דפלוגתא דתנאי היא ואימא דמאן דס"ל שם דהזאה אין צריכה שיעור ס"ל דמזה טמא כפשטיה דקרא וס"ל דוהזה הטהור איצטריך ללמד דטבול יום כשר בפרה ומעתה ל"ק מידי מ"מ פריך דקים ליה דליכא מאן דפליג אהא דמזה טהור והא קמן תוספתא סתמיה שהביא הרמב"ם בפ"ק דכלים דקתני טהור שהזה על הטמא טהור המזה ועהור הטמא וזה חה אומר טהרתי וטהרתיו ע"כ וק"ל.

שם למזה ולמזין עליו טהור, משמע לכאורה דבהזו עליו בחנם ממש דאף לרבנן טמא אלא שמדברי התוספות פ"ק דנדה ט' ע"א סד"ה ונוגע אין נראה כן אלא דכל שהיה דרך הזאה לרבנן טהור וכן צריך לפרש להרמב"ם ר"פ פ' ע"ו דה' פ"א [(ועיין מ"ש לעיל בדברי ח"י בר"פ מסכתין ד"ה מטמאין וכו')] אבל מזה דוקא לצורך דבלא"ה המזה הנוגע טמא אבל טהור שנפלה עליו שלא כדרך נגיעה אף שלא לצורך טהור וכן נראה דעת המאירי ז"ל והיינו דבהל' עי"כ לא הצריך שיזו עליו לעת ערב ואע"ג דסתמא דתלמודא לקמן י"ע ע"א קאמר להדי פניא מדו עליה זה כר"ע כמו שפירש רש"י שם לא חש ז"ל לזה כיון דחכמים פליגי עליה דר"ע ודאי קי"ל כותייהו ומש"ה לא חש נמי לס' הירושלמי דפריך אמתניתין ואינו טמא משום הזייתו אר"י בי רבי בון משהיה מקריב קרבנותיו היו מזין עליו ע"כ דהך נמי אתיא כר"ע ושוב ראיתי להפר"ח בלקוטי מ"ח שכ"כ יעו"ש וק"ל.

ודו"ל הרב המאירי ז"ל מזה עצמו אעפ"י שנוגע או נשא טהור שהרי לצורך הזאה הוא א"כ מהו שאמרו אזוב קבל מספקו בגום שנראין הדברים לפרש בו כדי שלא יגע במים שעל האזוב

אלמא אף הוא טמא במגע אפשר שכשהוא מטביל את האזוב אינו נקרא מזה עד שיעלה האזוב מן הכלי. טהור שניתזו עליו לנורות של הזאה או שנפלה עליו הזאה בטורח אפי' מדעת לא טמאתו שאין זה נקרא מגע ומתוך כך לא היה כ"ג טמא בהזאה שמזין עליו כל ז' אעפ"י שמספק היו מזין עליו וטמא טהור היה עכ"ד.

רש"י ד"ה **גזרה** שמא יאכל משנקבר המת ביום וכו' כלומר דביום קבורה איירי דביום מיתה דאנינות לילה מדאורייתא לר"י ודאי דבלילה נמי לא יעבוד וכמ"ש התו' סד"ה שאינו עובד וק"ל.

ד"ה **מי** לא מטריד וכו', עיין מה שהקשה בשו"ת הרב לבי סי' קכ"ז וכבר גם התו' ישנים הרגישו בזה ומה שהקשה עוד שם וכו' לא ידע המקשה דביוה"כ יכול ליגע באוכלין יעו"ש י"ל דהכא שאני דכיון דבשאר ימות השנה אינו מקריב אונן משום חששה דשמא יאכל אם אתה מתיר לו להקריב ביוה"כ טעי וסבר דמותר לאכול ומה שהקשה עוד דאין ביוה"כ קרבן הנאכל אלא חטאת החיצונה לא ידענא מאי ק"ל דהא חששה דשמא יאכל שייכא נמי בקדשים שנשחטו מאתמול כגון שלמים וכו' ואין החששה שמא יאכל בשעה שהוא עובד ומתעסק בבשר, אלא מתוך שמותר להקריב יסבור שהותר לו אכילת קדשים יהיה מה שיהיה ודו"ק.

ד"ה **ונוטל** חלק בתחלה אכילת קדשים ע"כ כלומר קדשי מקדש כגון חטאת ואשם דמפרש ברייתא לקמן אבל קדשי גבול הרי הוא כשאר כהנים כדאיתא בתוספתא דפרקין והביאו הרמב"ם בפי' ופסק כן בחבו' פ"ה מהל' כלי המקדש וק"ל.

ד"ה **היכי** עביד וכו' כל שבעה וכו' דלמ"ד נמי לעיל ח' ע"א דלא היו מזין עליו אלא ג' וז' דקתני מיהא כל ז' לא משכחת לה.

ד"ה (כדתניא) [כדתנן] נתכוון וכו' על אדם זה שצריך הזאה דלא נתכוון לו וחוזר וכו' כגלנט"ד שצ"ל ועפ"י הפי' הראשון שכתב הריטב"א בשמו יעו"ש וק"ל.

ד"ה **לא** ישנה דנפסלו וכן פי' הר"ש בפי"ב דפרה ועוד הביא שם פי' אחר דבתר כונה אזלינן יעו"ש ובפירש"י ז"ל הכי מוכח בתוספתא' שם דקתני טבל את האזו' לשום דבר שהיה ראוי להזאה והזה על דבר שראוי להזאה מים המטפטפין טמאין וכשרין להזות הא קמן דשגין שהיה על הראוי דלאו בתר כונה אזלינן אלא בתר הזאה אלא שצריך ליישב סיפא דתוספתא' דקתני לשום דבר שאינו ראוי להזאה הואיל ותחלת טבילתו פסולה וכך הזאתו פסולה ע"כ וראיתי להראב"ד בהשגותיו לפ"י מה' פ"א שמפרש בפי' וכהזאה שלא כוה היה גורם הך סיפא יעו"ש ויש ליישב דהיינו לשם דבר שאינו ראוי להזאה הואיל ותחלת טבילתו היתה שלא בכונה כך בהזאה שהזה על האדם שלא במתכוין פסולה וצריך להזות פעם אחרת וזה מן השיריים של האזוב דכשרים להזאה, וכן ראיתי להר"ש שם מפרש ד' דגרים לשם דבר שאין ראוי להזאה והזה על דבר שהוא ראוי להזאה הואיל ותחלת וכו', וע"כ לפרש כן דהא מתניתין קתני דהזה על האדם אם יש באזוב ישנה ושיריים כשרים להזות אלא שהרמב"ם מפרש מתני' דבתר כונה אזלינן וה"ק לא ישנה הא"ל שיטבול אזוב פעם שנית, ויבואר בסוגיי' יעו"ש ועל מ"ש ז"ל דנפסלין במלאכה עיין בחי' וכמ"ש שם וק"ל.

תוספות ד"ה מאי מזה וכו' ומנ"ל לגמרא וכו' נראה דלגמרא שכתבו לאו למימרא דקושיתם אסתמא דתלמודא לחודה דהוי נמי אי ברייתא או אמורא ס"ל דמזה טהור אכתי מקשה מנ"ל לאפוקי קרא ממשמעותו וכן מוכרח דהא דמזה טהור ר"א קאמר הכי פ"ק דנדה ט' ע"א ועוד שכי תניא נמי בתוספתא כמ"ש בסוגיא וק"ל. ומ"ש אלמא דהמזה טהור וכו' דאם לומר שיהיה טהור גמור אף מטבול יום מש"ה כהן השורף הפרה הא נפקא לן מטבל במים איש טהור כדאיתא בספרי פ' חקת רע"א טהור למה נאמר וכו' אם האוסף טהור המזה לא יהיה טהור הא מה ת"ל טהור טהור מכל טומאה ולאיזה זה טבול יום וכו' ע"כ ואפ"ה הא דדרשינן לקמן מוכחא דטהור דטבול יום כשר בפרה היינו באם אינו ענין למזה דהא כתיב וטבל במים איש טהור תנהו ענין לכהן השורף את הפרה דכשר בטבול יום ולר' נתן דס"ל שם בספרי דמזה נמי כשר בטבול יום וכוותיה פסק הרמב"ם פ"א מהלכות פרה אדומה אתיא דרשה כפשוטה דמזה כשר בטבול

יוס הוא הדין כל עסק הפרה מתחלה ועד סוף ועיין בתוספות לקמן מ״ג ע״ב ד״ה לימד.

בא״ד י״ל תרתי שמע מינה וכו' ומה גם דהך נפקא לן מואסף איש טהור בג״ש דטהור דמעבר שני כמ' ר״ע שם בספרי ועיין בדברי הרמב״ם שם דאע״ג דלקמן מצריכנן ליה לגביא את האפר י״ל דהא נמי שמעינן י׳ ניה בג״ש אלא דסתמא דתלמודא שם באסמכתא בעלמא דריש לטהור דהזה להכשיר ע״י ולעולם דעיקר קרא אילטריך ללמד דמזה טהור אלא דלא ניחא להו לתרץ דמהכא נילף למזה טהור משום דמאסיפה ועבילה ליכא למשמע הזאה דעיקר טהרה היא כשרה בטבול יום להכי כתבו דתרתי שמע מינה כיון דסוף סוף הך אתיא בג״ש דטהור דמ״ש כנלע״ד ודו״ק.

ד״ה **אלא** מאי מה וכו' ומה דבעי כבוס היינו כי נגע בשיעור וכו', יש לדקדק דהא לא מצי לאוקמה הכי משום דתנינן בהדיא בריש כלים למעלה מהם נבלה ומי חטאת שיש בהם כדי הזייה וכו' ותשוכי בגדים במגע כ״כ ופירשו המפרשים שם שאם נגע בהם בלא משא מטעים הבגדים מליטמא שהרי אינו מטמא אפילו בגדים שעליו ולא בעי כבו' בגדים ושוב ראיתי בכ״מ פט״ו מהל' פ״א דעל מה שכתב הרמב״ם שם דהנוגע בהם או נושאן מטמא בגדים הוקשה לו מהך מתני' ותי' עם מ״ש הרמב״ם פ״ו מהלכות אבות הטומאה דנגע במי הנדה מטמא בגדים מתורת היסט שא״א ליגע אלא אם כן מסיט והכי איתא בתוספתא דזבים בהדיא כמ״ש בעל מ״ל שם והיינו דקאמר ותשוכי בגדים מתורת מגע אלא מטעם היסט יעי״ש וליישב דבריהם נ״ל חדא מתרתי או שנאמר דה״ק דלימא דנוגע להודיה בכשיעור מטמא בגדים ויפרש דתשוכי בגדים ממגע דקתני לא קאי אלא אנבלה ואי קשיא לך דמה הרווחנו בזה הא עכ״פ מתורת משא הוא דהא לא משכחת נוגע בלא מסיט י״ל דה״מ במי חטאת קדושים דאיכא מגע בלא היסט וכמ״ש הכ״מ שם בה' אבות הטו' משם מהר״י קורקוס יעי״ש או שנפרש דמתני' לא נחית אלא לאשמעינן דמסתמא לא משכחת במי חטאת מגע בלא היסט דקדושים לא שכיחי כ״כ אבל אה״נ דקדושים שיש בהם כדי הזייה מטמאים בגדים במגע ולמסקנת דבריהם שכתבו דנוגע אפי' בכשיעור לא מטמא בגדים היינו בקדושים אבל בשאינם קדושים מודו דהיינו נוגע היינו נושא כדאיתא בהדיא בתוספתא שם וכן יש לפרש דברי רש״י ז״ל בחומש שכתב מכאן בנוגע דהיינו בקדושים והשתא לא תיקשי מלשון הספרי שהביא הרא״ם שם דמשמע דבשיעור הזייה בין נוגע ובין נושא מטמא בגדים דקושטא הכי הוא דהא לא משכחת נוגע בלא היסט ולהכי לא מחלק בספרי שם בין נוגע לנושא יעי״ש ובס' קרבן אהרן פ' ויקרא פ' ח' בפרק ב' דין ג' ודו״ק.

אלא דמלשון הרב המאירי ז״ל משמע קצת שהבין מדברי הרמב״ם ז״ל דמתורת נוגע הוא דהצריך כבוס בגדים שכתב ז״ל נשא מהם בכדי שיעור הזאה טעון כבוס בגדים ומגדולי המחברים כתבו כן אף במגע בכדי שיעור הזאה שטעון כיבוס בגדים ואף סוגיא זו מוכחת כדבריהם ויראה עוד מדבריהם שהנושא בפחות מכשיעור אינו טמא אלא שלא כתבוה בפירוש עכ״ד.

בא״ד לישני אי הוה כתיב נושא הו״א דוקא במשא וכו' דהשתא הו״א דקרא איירי אף באין בהם שיעור הזייה ודוקא נושא אבל נוגע דסיפיה אף דיש בהם שיעור לא בעי כיבוס בגדים אבל השתא דכתיב מזה דילפינן מיניה דבעי שיעור אתי תרווייהו דהי מנייהו מפקת ואמאי קמשני הא קמ״לן דבעינן שיעור הזאה דלא הוי רבותא אלא גנושא לתודיה לישני ליה טפי דמעיקרא לא הוה מרבינן נוגע אי לא כתיב מזה אלא ודאי דלא איירי במגע כלל וק״ל. ומ״ש דקאמר עד דדרי וכו' לגי' דלפנינו דגר' הא קמ״לן דבעינן שיעור הזאה ודאי מלינן לפרושי דאתרווייהו קאי ובפ״ק דנדה ט' ע״א הגי' עד דדרי וכו' כמ״ש הם ז״ל.

בא״ד וי״ל דלהכי וכו' ובמשא טהור גמור וכו', כונתם דאי הוה מפרש לקרא דמאי מזה נוגע ואיירי בכשיעור א״כ מהשתא י״ל דדוקא במגע מטמאים אבל במשא דטומאה חמורה אין לנו דכיון דמי חטאת אין להם טומאה בעלם והרי היא מטהרת הטמאים אלא דגזרת הכתוב היא דנוגע שלא לצורך הזאה יטמא א״כ דייך לרבות בה טומאת מגע ואנן קיל״ן דבמשא נמי מטמו סתמן בריש כלים ולהכי ניחא ליה לפרושי מזה דהיינו נושא וסיפיה דקרא דכתיב והנוגע גבי לן דרישא לא איירי בנוגע ומהשתא ע״כ לומר דנוגע לא בעי כבוס כלל וסיפיה דקרא איירי אף ביש בהן שיעור שכן מלינו טומאה נבלה כיוצא בה דמטמאה אדם ולא בעי כיבוס וכו' ובזה יתורץ מה שהקשה בשכ״י [בשיטה כ״י] דאדרבא משום דלא אשכחן טומאה דנוגע בעי כבוס ונושא טהור הוא מרבינן נמי נושא ואכתי לוקמה בנוגע ועוד דאמאי לא מוקים ליה בתרווייהו ע״כ ודו״ק.

ע״ב **גמרא** והא איפכא שמעינן וכו' בירו' לקמן הלכ' ג' משני אהך קושיא א״ר יוחנן תמיד דר״ש איש המצפה היא א״ר יעקב בר אחא ולא כולה אלא מילין דצריכין לרבנן וכו' כלומר כי מה שצרי' לרבנן כי היכא דלא תקשי סתמי אסתמי קאמרי דאליבא דר״ש ניגהו אבל אה״נ דיש דברים שם דלא כותיה אלא כדרבנן ופליגי עליה כי הכיא דבא לו לקרן וכו' אלא דסתמי' דתלמודא דידן הכא ובפ' חלון ע״ט א' לא ניחא ליה לדחוק בזה וק״ל.

שם ותמי סדר יומא וכו' פיים הג' חדשים לקטורת וכו' יש לדקדק דסדר הפיים אין מכריחנו שכך סדר העבודה דהא ע״כ הא דקתני רישא מי זורק והדר מי מדשן לאו כסדר עבודה היא בין לרבנן ובין לאבא שאול אלא משום דזריקה עיקר עבודה עפי מדישון אקדימוה בפיים וכמ״ש בס' באר שבע ריש פ״ג דתמיד ועיין בהרע״ב שם וא״כ אף אנו נאמר דקטורת קודם בעבודה לדישון מנורה כי מתני' ז״ל דל״מ למאן דס״ל דדישון אין זו הדלקתן כמ' רבינו ברוך שהביא הרע״ב שם משנה ט' דפשיטא דאי לאו דסדר עבודה כך היא אין טעם להקדים בפיים דישון ואח״כ קטורת דעדיפא אלא אף לס' הרמב״ם שם דדישון הייתו הדלקה מ״מ זו וזו עבודה היא ואמאי הקדימו בפיים דישון אי לאו דכן סדר עבודה ולא דמי לזורק דם התמיד דהוי עיקר עבודה עפי מדישון מזבח הפנימי ומנורה ועוד דמספר הוא כדלקמן ל״ג ע״ב וק״ל.

שם והא אביי מסדר מערכה וכו' נ״ל דהא דמסיים בה לקמן ל״ג א' ואליבא דא״ש ליטנא דתלמודא הוא לפי מאי דאסיק הכא תנא הברייתא דאלת״ה מעיקרא מאי פריך כיון דבעיקר המימרא מפורש כן אלא ודאי כדאמרן וס״ד דמשמא דגמ' היינו שכולם היו מודים ולא היה בזה שום חולק וק״ל:

רש״י ד״ה מי שזכה וכו' הפגימי נוטל את הטני וכו' מי שזכה במנורה ומפרש וכו' כל״ל וע״ש בפ״ו:

ד״ה **מאן** תנא תמיד וכו' דשמעינן לה בברייתא וכו' לא שידע ברייתא שהביא אה״ז דא״כ מאי ס״ד דר״ה אלא כלומר דידע דר״ש דיבר בברייתא על ענין זה דתמיד וכמ״ש התו' כאן ובפ' חלון ע״ט ע״א ועיין עוד בת״י.

ד״ה **והא** איפכא שמעינן ליה דאיירי פלוגתייהו הא דשמעינן וכו' כה״ג בדפוס ויניליאה ונראה שיש להגיה היכא דאיירי פלוגת' הוא דשמעינן וכו' וק״ל.

ד״ה **מאן** תנא סדר יומא וכו' דשמעינן ליה דפליג וכו' בלאו הך יש ראיה ממתני' דלקמן כ״ג ע״א דקתני הראש והרגלים וכו' אליביה דר״ש המצפה הוא כדמסיים בה בתוספתא דפרקין יעי״ש אלא דלגי' תלמודא דידן שם דלא מסיים בה הכי ע״כ ממאי דאשכחן דפליג אסדר תמיד הוא דקאמר הכי וק״ל.

תוספות ד״ה **ורמינהו** וכו' והדר קתני שחיטת התמיד וכו' דהא דקתני התם ריש פ״ג מי שוחט מי זורק וכו' מי מדשן המנורה וכו' התם לאו בסדר עבודה איירי אלא כמ״ש הר״ע שם דנקט שוחט וזורק ברישא מפני שהם עיקר עבודה ועיין עוד בספר באר שבע שם וכן מהא דקתני ריש פ״ג מי שזכה בדישון מזבח הפנימי וכו' מי שזכה בדישון המנורה וכו' מי שזכה בקטורת וכו' לא תיקשי דהא הכא קתני קטורת בהדי מנורה דהתם בעבודות הנעשות מאולם ולפנים כדקתני התם עולים במעלות האולם איירי ולעולם דזריקה התמיד וכו' קודם לקטורת כדקתני פ' ד' וכו' יעי״ש וק״ל.

בא״ד ומנרות דקתני התם ברישא וכו'. האמת דזה דחוק קצת דאמאי לא פריך מזריקת דם דקתני הכא ברישא דכך מתני' איירינן הכא ולע״ד יראה דמזריקת דם לא פריך דהתי' מבואר דמתני' דהכא רבנן דאיקה קודם לנרות והביא דהתם אבא שאול אבל עיקר קושיתו מדקתני הכא ומיטיב את הנרות משמע

שהיה מטיב את כולן לאחר קטורת והא דלא כרבנן דשכ"פ הטבת חמש קודמה לקטורת ומכ"ש לאבא שאול דכולן קודמין לקטורת ולהכי פריך מנרות וכלומר דאפילו תוקמה להההיא כאבא שאול מכל מקום לכ"ע נרות קודמין לקטורת כדקתני התם ואילו הכא קתני קטורת ברישא ודו"ק.

ד"ה **מאן** תנא וכו'. לא ידע היכא ס"ל ע"כ אלא קאמר דאפשר דמאי דפליג ר"ש יהיה מכוון למאי דתנן במס' תמיד וא"כ נאמר מאן תנא תמיד וכו' ועיין בתו"י וכמ"ש שם וק"ל.

ד"ה **אמר** אביי וכו' ומתני' דתמיד בחמש נרות וכו' דאע"ג דהתם פ"ג משנה ט' משמע שהטבת כל הנרות קודמין לקטורת וכן דעת הרשב"א בתשובה סי' ע"ט ס"ל כפי' ר' ברוך שהביא הרע"ב שם דהטבת חמש נרות הוא העיקר שם דהשתים לא היה אז מחליף הפתילה אם כדי כי אם לאחר זריקת דם התמיד יעו"ש ונספר בהר שבע שם וא"כ אף אנו נאמר דהוה מצי לאוקמא הכי ולעולם דהשתים היה מטיבן אחר הקטרת בקטורת דקתני בתר הכי כי היכי דלפי האמת דמוקמא כאבא שאול הטבת השתים היה אחר זריקת דם התמיד דקתני בתר הכי יעו"ש ועיין בתו"י ובס' לחם משנה פ"ו מהלכות תמידין ובס' עבודת ישראל פ"ב ב' וק"ל.

באו"ד והא דלא קתני צמתני' וכו' דע"כ לא מקשינן לקמן אלא דאמאי קתני ברישא הטבת ב' והדר חמש שלא כסדר ואמאי ל"ק ליה נמי הך ותו' דבכלל מאי דתירץ ליה לקמן איירי בעלמא הוא דקא מורה דלפי' שם ד"ה אוריי הבונה דכאן מורה לנו העבודות שהיה רגיל לעשות הכהן גדול בימים אלו איתרצא נמי הך דה"ט דלא קתני ה' משום דלא היו בכ"ג וזה פשוט ועיין בספר עבודת ישראל שם וק"ל.

מ"ש מהרש"א ובתמיד ל"ק לא וכו'. כוונת דבריו דלפי האמת משמע דמשנה דפ"ג דתמיד איירי בהטבת חמש דוקא והגם דקתני התם הטבת כלם דאמ"כ הו"ל ס' שלישי' דכולם היו קודם קטורת ותמיד ואין כאן הפסק בנתיים וזה דוחק וכמ"ש בס' באר שבע שם על ס' הרשב"א יעו"ש וא"כ אמאי לא קתני התם בתר מי שזכה בקטורת הטבת וחילוף פתילה בשתים אלא שתירוץ מהרש"א דחוק ונלענ"ד לומר דכיון דסוף סוף הזכירם שם בהדי הטבת חמש להכי לא חש להזכירם בתר דם התמיד לאבא שאול או בתר קטורת לרבנן משום דהדבר פשוט דבעינן הפסקה דהכי מוכחינן לקמן מקראי וע"כ ל"ל כן לגרי"ש התוספות בסמוך הו"ל מאן תנא תמיד אבא שאול וכו' דהגם דקתני התם הטבת כלם קודם זריקת דם התמיד קושטא הוא דהטבת ב' נרות אחר זריקת דם הוי' כמ"ש רבינו ברוך שם וק"ל.

ד"ה **ההיא** לאבא שאול וכו' לעיל כי קאמר מאן תנא יומא וכו'. יש לדקדק דלרב הונא דקאמר מאן תנא תמיד ר"ש אמאי ל"ק להו נמי הך כיון דאין מבורר לו היכי ס"ל ר"ש כמ"ש לעיל ואי משום דלפ"ז תגערך לומר דמתני' דהכא בהטבת שתי נרות איירי וכרבנן דא"ש דבקטורת מפסיק להו ותיקשי קושיא דלקמן תנא ברישא הטבת שתי נרות וכו' אם כן גם לר' יוחנן לא תיקשי להו מידי וכ"כ בתו"י יעו"ש וכן ראיתי שהקשה בשכ"י והניח בצריך עיון ויש לומר דר"ה ס"ד דר"ש איש המצפה ס"ל דכל הטבת ז' נרות הוו קודם זריקת דם תמיד וקטורת ולא בעינן הפסקה דלא דריש בבוקר בבוקר להפסיק בעבודת בנתיים וכדר"ל לקמן ל"ג ע"ב דלא דרי' ליה וכמ"ש הרשב"א בתשובה שם דהשתא לפ"ז אתיא מתני' דפ"ג דתמיד כפשטה משא"כ אי מוקמינן לה כא"ש דל"ל עכ"פ דבהטבת חמש דוקא איירי ודהטבת השתים דקתני התם לא היו אלא אחר דם התמיד ולהכי ניחא ליה לאוקמיה כר"ש הגם דלא ידע בבירור היכי ס"ל אבל לר"י דע"כ סדר תמיד כא"ש דלא אשכחן לדידיה תנא דס"ל דהטבת כולם קודם לדם תמיד וקטורת א"כ אמאי כדר בתר תנא אחרינא דר"ש לוקמא כתנאי דברייתא דלקמן דא"ש ורבנן דפליגי בענין זה ממש ולא כר"ש דאין לנו מבואר דבהא פליגי אלא דממאי דפליג אסדר תמיד אמרינן דפליג נמי אהך כמו שפרש"י ותו' שפיר הוה דניחא ליה לאוקמינהו שם תנא דמתני' ולעולם דמתני' דתמיד א"ש ורבנן דפליגי עליה בייתו ר"ש והבירו ועוד משום דאשכחן ליה בהדיא דקאמר למלתיה אמס' תמיד לתלוק עליה כדקאמר ר"ש איש המצפה משנה בתמיד וא"כ סברא הוא מטתה לתוקמא לסדר יומא דפליג אסתמא דתמיד כותיה משא"כ ההיא כרבנן דא"ש דמתוקמת בפ"ע הוא ולאו אמתני' קיימי ודו"ק.

דף ט"ו ע"א **גמרא** ר"פ אמר ל"ק הא רבנן הא אבא שאול וכו' הרמב"ם ז"ל בפ"ו מהלכות תמידין ובפירוש המשנה לסוף פרק ו' דתמיד פסק כרבנן ונראה טעמו דאף על גב דאיתא סתמות דתמיד כאב"ש מכל מקום כיון דאיכא סתמי דיומא כרבנן ואשכחן מחלוקת בברייתא דמהתם מוכח דסתמי דתמיד אליבא דיחידאה נשנו לא שבקינן רבנן דרבים נינהו ועיין בס' הליכות עולם ל"צ ה' ובס' יבין שמועה שם ואע"ג דאביי מסדר מערכה משמיה דגמרא ואליבא דאבא שאול מ"מ עדיין אין זה מכריחנו לפסוק כמותו דהדרכה היא ואליבא דאב"ש ורבנן פליגי עליה יקו"ן כותיהו וכבר ראיתי בס' עבודת ישראל פ"ג ס"ד שהאריך בענין זה יעו"ש וקו"ל.

שם אמר קרא ושעיר עזים וכו' על עולת התמיד וכו' דאם נלמד דמוסף ר"ח קרב אחר תמיד של שחר הא נפקא לן מקרא דמלבד עולת הבוקר וכו' כדאיתא בריש כל התדיר פ"ט ע"א ועיין בתוספות שם וצ"ל דהא דאיתא בספרי פ' פנחס על עולת התמיד מגיד שאין מוספין קרבין אלא בנחיים דאסמכתא בעלמא היא וא"נ דאליבא דרבנן דר"ש ה"כ היא יס"ל דקרא איצטריך לעשיית מוסף ר"ח אחר תמיד מיד ולא יהיה קרבן אחר מפסיק ביניהם עיין בלשון הרא"ש בפ' שמיני בד"ה את העתחק וכו' אלא דאין לשון הספרי ופסיקתא זוטרתי מסכים לזה ויותר נראה לומר דאי מקרא דמלבד איממא דלא קאי אלא אמוסף של פסח דביה איירי קרא ולהכי איצטריך על עולת התמיד ומתניתין דכל התדיר בפסוק הכולל נקט דכיון דכתב קרא בכל חד על עולת התמיד ע"כ דקרא דמלבד וכו' תעשו את אלה אבל מוספין דשבת ור"ח דלעיל קאי וא"נ אפשר דהכא מיתורא דעשה ילף דהו"ל על עולת התמיד ונסכו כי היכי דכתיב לעיל מינה עולת שבת בשבתו על עולת התמיד ונסכה אלא ש"מ דהמלה מעשה חטאת על עולת התמיד יעשה דהיינו פיסוק מתנות כחטאת וק"ל.

שם וליתן שתים שהן ד' וכו' דכיון דקרא מצריך לעשות בה מעשה חטאת איממא דבעי מעשה הניכר בכל הקרבנות וגם שיהיה במקום חטאת למעלה מחוט הסקרא ולהכי ליעביד בתר הכי ארבע שהן ארבע כדין חטאת וכו' עד התם פיסוק מתנות בעלמא דע"כ קרא לא בעי מעשה חטאת ממש דלא מגינו כיוצא בזה אלא בפיסוק מתנות בעלמא סגי גיה והא דפריך יעביד אחת שהיא שתים וכו' אף על גב דהא קאמר דלא מצינו דמים שחציים חטאת וכו' ולהכי ע"כ יש לנו לעשות היכר בעלמא בפיסוק מתנות במקום עולה לא מעשה חטאת ממש במקום חטאת י"ל דהיינו דקאמר דסבירא לך דפיסוק מתנות אין כאן מעשה ניכר לחטאת ומשמע דהיינו טעמא מפני שאין כאן ארבע שהן ארבע מתנה גם שינוי מקום אינו משנה ומוריד כיון שאינו שוה למעלה אלא ב' שהן ב' ומה גם דכיון שהקישם הכתוב איממא דאף בזה אין כאן מעשה חטאת ממש והא ר"ש א"ב לא הצריך בהזאות ב' שהן שתים שיעשה בהזאה באצבע כדין חטאת אלא זורק ממנו במזרק כדין עולה ומאחר שכן לא שייך למפרך בזה לא מצינו דמים שחציין חטאת וכו' כי היכי דאמרת דלא שייך למיפרך אפיסוק מתנות כנלענ"ד.

שם מ"ט דר"ש איש המצפה וכו' דאי בעי פיסוק מתנות אף בעולה דיליף סביב סביב מחטאת וכס' ר' ישמעאל דפ' איזהו מקומן נ"ע ע"ב ליבעי כולהו וכולהו עולות וק"ל.

רש"י ד"ה **אין** לך עבודה שכשירה וכו' עבודת יום וכו'. דעבודת לילה הא אשכחן אברים ופדרים שקרבים והולכים כל הלילה וכמ"ש בתו"י יעו"ש ומ"ש דדרי' הכי אותו וכו' כדאיתא בפרק תמיד נשחט נ"ט ע"א יעו"ש.

ד"ה **ר"פ** אמר וכו' אסדר יומא וכולה בהטבת שתי נרות וכו'. ואע"ג דלפי זה סדר יומא אסדר תמיד נמי לא תיקשי מ"מ ר"ש אדאביי קאי וכי היכי דאביי לשנויי סדר יומא אסדר יומא דוקא קאי כמו שהכריחו התוס' לעיל ד"ה אמר אביי וכו' ה"נ לרב פפא ותו' דלעיל מאן תנא סדר יומא ר"ש א"כ כדקאי קאי ומהטעם שכתבו בתוספות לעיל ומ"ש לה"ש התו' ד"ה איממא סיפא דדילמא ר"ש ס"ל דלאבא שאול דם התמיד קודם לדישון ולנרות דפשיטא דלדידיה לא מצינן לאוקמה להכיא דהתמיד דקתני זריקה דם בתר נרות כא"ש אלא תנא אחרינא הוא וק"ל.

ד"ה **ואביי** אמר לך וכו' ולא קפיד אסדרא וכו'. ולהנ"ל דמשום מתניתין דפ"ק לא הוה צריכין לשנויי כאן בהטבת ב' נרות וכו' אלא עיקר רמיותא דסדר יומא אס"י היינו מתני' דפייס ומתניתין דפ"ג דבתרוייהו קפיד אסדרא ודקאמר לעיל ורמי ס"י אס"י וכו' אמתני' דפ"ג סמיך דמהתם מוכח דעכ"פ מתני' דפ"ק הגם דלא קפיד אסדרא דנרות דקתני מעיקרא הטבת ב' מ"מ במאי דקתני קטורת והדר נרות בדוקא הוא ועיין בתו' וק"ל.

ד"ה **הזה** ממנו וכו' ו"א ס"ד אחת מאמצע עוביה למעלה וכו'. ומתני' ה"ק שלא היה מתכוין להזות לא למעלה ממש בחודו העליון ולא למטה ממש בחודו התחתון אלא למעלה מאמצעו ולמטה באיזה מקום שיהיה דהיינו אלא כמצליף לשון ויסלף דברי צדיקים בחילוף לד"י שמו שהביא בס' עבודת ישראל קע"ה א' כלומר שלא היה מדקדק שתהיה למעלה ולמטה ממש אלא מעט מהנקודה הביא כמו שירצה ועיין בלשונו דלקמן נ"ג ע"ב ובזבחים בפ' ב"ש ל"ח ע"א ושוב ראיתי להת"י שפי' כן ועיין בהריטב"א וק"ל.

ד"ה **ומשני** כמצליף האי למטה ולמעלה וכו'. אלא ראשונה נתן תחילה וכו' מלשונו משמע דקרא לראשונה למעלה מפני שהיא הראשונה בשורה שבארץ אבל בזבחי' פ' ב"ש ל"ח פי' דהיינו לענין מצדד ידו כלפי מעלה כדתני' לקמן נ"ד ע"א וכ"כ הריטב"א כאן בשמו יעו"ש:

ד"ה **טיהרא** וכו' א"א לצמצם וכו' דלא ניחא ליה לפרש כפי' התו' משום דאכן לא חיישינן אם בדם הקרבן יעשה בו שתי מצות של הזאות אחת מהם למעלה ואחד למטה כי התם דהזאת קרנות והזאת פלגיה המזבח שתי מצות נינהו כדכתיב ונתן על קרנות המזבח וכו' והדר כתיב והזה עליו מן הדם וכו' אבל דבמצוה א' של הזאה תהיה מקצתה למעלה ומקצתה למטה כזה לא מצינו וא"כ ע"כ לפרש דפריך מהזאות פלגיה המזבח גופיה דא"א לצמצם וכו' ועיין עוד מ"ש לקמן ס' ע"ב בתו' ד"ה תנא ר"י וכו' וק"ל.

ד"ה **אפלגיה** נגד אמצע וכו' לאו למימרא שלא היה נוגע בגופה דמזבח דהא קרא כתיב והזה עליו מן הדם ולקמן נ"ט ע"א לא כתב נגד ועיין עוד בלשון ת"י ולפי זה הא דמשני לא אגופי' דמזבח הגם דמעיקרא נמי ס"ל שהיה מזה אגופיה מ"מ יותר נקרא גופיה דמזבח למעלה בגגו שהיה שם מקום הקטרת קטורת ושם עיקר תשמיש מזבח וק"ל.

תוספות ד"ה אימא סיפא וכו' ליפרוך מהביא דפ"ב גופה וכו'. למ"ש לעיל בסוגי' דפייס אפשר שהיו מקדמין זריקה דעיקר עבודה היא כמ"ש הריטב"א ריש פ"ג דתמיד דקתני שחט כי האי גוונא ומוכרח לפרש כן דאל"כ קשיא לן סתמיות דתמיד אהדדי דמהתם מוכח נמי דזריקת דם בתר דישון ונרות היא וכמ"ש התוספות לעיל ד"ה ורמינהי וכו' מעתה יש לתרץ דלהכי לא אקשי מהך אלא ממתני' דפ"ג דקאי בסדר עבודה דקתני קטורת והדר נרות דמה שתי' הם ז"ל הוא קצת דוחק דאם כן צ"ל דר"ש לית ליה הפסקה בנרות וכס' ר"ל לקמן ל"ג ע"ב ואם כן אמאי לא קאמר תלמודא נמי דאביי לא אמר כר"ש לאוקמה למתני' דפייס כאבא שאול משום דאית ליה הפסקה בנרות לכ"ע ועוד תיקשי דמאי פריך אביי לרב פפא לקמן שם א"כ אפסוקי במאי מפסקא להו וכו' ומתיק ר"פ לימא ליה דר' יוחנן שם דאית ליה הפסקה היינו כרבנן דא"ש דאמלתיה שקלו וטרו התם סבירא לי' דל"ל הפסקה כלל אלא ודאי כדאמרן וע"כ דבריהם צל"ע ועיין מה שכתבתי שם ועיין בברל"ים פ"ז מהת"מ ודו"ק.

ד"ה **אורויי** בשלמא וכו' ארומיא דמתני' אמתני' דתמיד וכו' דאע"ג ארומיא נמי דסדר יומא אסדר יומא לפ"ז לא צריכין לשינויא דשני לעיל מ"מ צריכין ליה ארומיא דס"י דפייס אס"י דנכנס להקטיר קטורת וכו' ומצינן למימר דרומיא דלעיל ארומיא דנכנס להקטיר וכו' סמיך כמ"ש בפרש"י יעו"ש אבל רומיא דמתניתין אדתמיד ודאי לא צריכן ומדלא אמר אביי לעיל אלא מוכח דקים ליה כשינויא דר' יוחנן כמ"ש התוספות לעיל וק"ל.

באר"ד וכ"פ הא דלא תנא וכו' ואביי ה"ק דאה"נ אי הטבת ה' היו בכ"ג הוה תני במתני' הטבת ה' קודם קטורת אבל כיון דלא היו בכהן גדול ומתני' בא להודיע לנו מה היה רגיל לעשות מעתה אין כאן קושית תנא ברישא הטבת שתי נרות וכו' וסדרא הדר תני ליה דהשתא מתני' דפייס שלא היו בכהן גדול איירי בהטבת חמש ומתניתין דנכנס וכו' דאיירי בכ"ג איירי בהטבת שתי נרות ומתוך דבריהם למדנו דביוה"כ גם כן היו שם פייסות וכדעת הרמב"ן בס' המלחמות יעו"ש דמדברי הרמב"ם פ"ד מה' עי"כ אין הכרע כ"כ אי ס"ל דהטבת ה' היו בכ"ג או לא דמ"ש הפר"ח שם דאדרבא הטבת ה' עדיפי הנה כבר כתבו התוס' לעיל דהטבת ב' נרות עדיפי שהם גמר עבודה ומשמע דאע"ג דלא כתב שם הרמב"ם דמפייסין לה' נרות מכל מקום מדכתב בתר הכי ואחר כך נכנס להיכל ומקטיר קטורת של שחר ומטיב את הנרות דע"כ בהטבת ב' איירי ולא הזכיר הטבת ה' כלל משמע שהיו בכהן הדיוט כדעת התו' וכ"כ בס' עבודת ישראל דף פ"ע ע"א יפ"ה ב' ועיין בהרמב"ן שם שחילק דדישון מנורה היה בכהן הדיוט כדעת התוספות אבל ההדלקה היה בכהן גדול ולדבריו שם צ"ל דמתניתין דנכנס להקטיר קטורת ולהטיב את הנרות בהטבת ובהדלקת כולם איירי יעו"ש וזה אפשר לאמר לתירוץ דרב פפא דהביא א"ש אבל לאביי ע"כ בהטבת ב' נרות איירי וזה דעת הראב"ד ז"ל בשיטתו לתמיד נדפס בפראג ולפי שאין ספרו מצוי אעתיק דבריו וז"ל אלא מש"ה לא קתני הטבת ה' נרות משום דלישנא קלילא נקיט דרך קצרה להקטיר קטורת ולהטיב הנרות משום שהן גמר הטבה כדי שיוכל אח"כ לאחר לתפוס עבודה אחרת היינו הקרבת הראש שגם ה' נרות היה מטיב דמה לי זה הטבה ומה לי זה הטבה וכמו שצריכה כהן גדול כך זו שהרי הכל היו ביום ושנינו דמשאיר המזרח לא היו רשאי לעבוד כי אם כהן גדול כדתנן הורידו כהן גדול לבית הטבילה עכ"ד וה"ק.

ד"ה **כמצליף** וכו' תנן נה הכי כמצליף וכו' דמדלא קאמר כמצליף דמייתי ר"י כמנגדנא משמע דעיקר התירוץ אינו אלא מאי דקאמר כמצליף ותו לא והדר באגב מייתי מלתיה דר"י דלקמן אבל ממאי דקתני מתני' בהדיא לא למעלה ולא למטה ל"ק להו דיש לפרש לא למעלה בחודה העליונה וכו' ולעולם דהיה מכוין מאמצע עוביה ולמעלה וכמ"ש בפירש"י ותירצו דלעולם דמלתיה דר"י מעיקר תירוצא הוא דמאי שייכי' הכא והכי קאמר דהא מדמפרש ר"י כמנגדנא דאינו מכה עד שיורד ומשפיל ידיו וכך היה עושה הזאות אלו אם כן אם תפרש דהזאה דלמעלה היה מגביה ידו מנגד עיבי הכפורת ולמעלה או מכנגד כפורת ולמטה אין זה כמנגדנא שעושה ההכאות במקום א' אלא ע"כ לפרש שהיה מזה לעולם כנגד מקום אחד מהכפורת ומתניתין הכי קאמר ולא היה מתכוין להזות לא למעלה מכנגד עוביה וכו' אלא כמצליף שמכה במקום אחד וכן כאן מזה כנגד מקום אחד ולמעלה ולמטה דקתני היינו כלפי לצדד ידיו כדתניא לקמן דלא ניחא להו לפרש כפרש"י שאינו מכה מקום אחד מכח קושית הת"י יעו"ש וכמ"ש שם ועיין בלשון ר' ירוחם בנתיב ו' בסוף סדר העבודה ודו"ק. ושוב ראיתי בס' בית דוד חלק א"ח בסוף הלכות עי"כ בפי' סדר עבודה שהאריך בענין זה יעיי"ש.

ע"ב גמרא **ניתוב** ברישא דחטאת וכו' כדקי"לן בריש כל התדיר דדם חטאת קודם לדם עולה וכו'.

שם כתיב דרומית מזרחית והדר וכו' לכאורה משמע דה"ק דכיון דפגע ביה ברישא אין מעבירין על המצות כדר"ל לקמן נ"ח ע"ב אלא דהתוס' לא פי' כן וטעמא דאם כן מאי פריך בתר הכי ניתוב ברישא מערבית דרומית כיון דאסיק אדעתיה הכא הא דכל פינות וכו' דמה"ט פריך הכא הכי ועוד דלפי' זה קושיא זו שייכא נמי לרבנן דר"ש א"כ והו"ל למיגמר כולהו קושייתין דאקשו לר"ש דהיינו גם ההיא דבסמוך וממאי דבעולה הוא וכו' ולא להפסיק בקושיית אלו דשייכי נמי אדרבנן ועל כן פי' ז"ל דמכח מעשה חטאת הוא דפריך ולר"ש דוקא פריך וק"ל.

רש"י ד"ה **עולה** טעונה וכו' דהכי אמרי' בזבחים אל יסוד וכו', כונתו דאי לאו ק"ו מהכא קרא אתי אבל קושטא הוא דקרא אילטריך לשפיכת שירים ותחילת מתנות מק"ו אתי כדאסיק התם נ"א ע"ב וזה על דרך מה שפי' ז"ל שם נ"ז ע"א דקאמר עולה גופה מנלן דכתיב על יסוד וכו' ופירש שם כדי נסבא דהא מק"ו ילפינן וכו' יעו"ש ולפרש דהכא ס"ל כדעת התו' שם נ"א ע"ב דס"ל דק"ו לגג יסוד אילטריך אבל תחילת מתני'

ביסוד אי לאו קרא מק"ו לא אתי יעו"ש כל זה דוחק ויותר נראה כמ"ש דלשון קצר נקט הכא וק"ל:

ד"ה **קרן** מזרחית דרומית וכו' אמה א' כשהלפון כלה למזרח וכו' כתב הריטב"א ואחרים מן הגאונים ז"ל פירשו כי לכל היה יסוד חוץ מקרן מזרחית דרומית ממש אמה מכאן ואמה מכאן ודברי רש"י ז"ל עיקר וכן מוכח בזבחים ע"כ והיינו מדקאמר התם נ"ג ע"ב מזבח אוכל בחלקו של יהודה אמה ולדבריהם היה אוכל יסוד המזבח בחלקו של יהודה יותר ויותר מאמה ועוד דכיון דחלקו של יהודה במזרח כדתניא לעיל מה היה בחלקו של יהודה הר הבית והלשכות וכו' למה יהיה יסוד בכל הרוח זולת סמוך לקרן מזרחית דרומית כיון שלא היה בחלקו של טורף וכן תיקשי מלד דרום ועוד מאי פריך התם ת"ש נמלא פורח אמה על יסוד וכו' כיון דלדבריהם היסוד היה גם על פני דרום זולת סמוך לקרן יעו"ש אלא דק"ל דאמאי לא קאמר הריטב"א דהכי מוכח בהדייא ממתני' דמדות דקתני אוכל במזרח אמה א' וכו' ותו לא ועי"ב דברי הגאונים ז"ל ל"ע ועיין בס' לורת הבית סי' ל"ז ובס' חנוכת הבית סי' ל"ב שכתבו דהמליירים המזבח בפירוש הרמב"ם דלא כהיו' פנוי כי אם הקרן דרומית מזרחית שגגה היא היוצאת מלפני המדפיס יעו"ש אמת הוא כי מדברי הרמב"ם בפי' למדות ובחי' פ"ב מהלכות בית הבחירה משמע שסובר כפרש"י ז"ל אבל איך שיהיה טעות גמור אינו דהרי הגאונים סוברים כן ועיין בס' שלטי הגיבורים סוף פ' כ"ו וק"ל.

ד"ה **ברישא** בההוא פגע וכו' בפתח כניסת וכו' נ"ל כפתח בכ"ף.

ד"ה **דילמא** בחטאת דר"ה וכו' דשאר חטאות כא ילפינן בפ' בית שמאי ל"ז ע"ב מקראי דבעינן ארבע שהן ארבע.

תוספות ד"ה **ניתיב** דרומי' וכו' נמלא כי קאי בלפון וכו' דהשתא ס"ד דבעולה יש לו להקיף דרך לפון כיון שהיא עומד למטה ואינו עולה בכבש ולא דמי לחטאת אלא דמכח קושית דמקשה בתר הכי דאם כן ניתיב ברישא מערבית דרומית דפגע ביה ברישא בהקיפו דרך לפון לימין הולרך לפנות לו דכיון דאמר' כל פנות וכו' דרך ימין למזרח כלומר דכיון דבחטאת שעולה בכבש היה לריך להקיף ללד מזרח דרך ימין גם בעולה אע"ג דשוהו בלפון והקפתו היתה ללד מערב מכל מקום לריך לבא ללד דרום ולהקיף דרך מזרח כמתנות דחטאת ולהכי בקרן מזרחית לפונית פגע ברישא וזה ע"ד פירוש רש"י ז"ל ועולה בידינו מזה דמילת למזרח שייכא נמי הכא והיינו מ"ש לקמן בדיבור הסמוך ואע"ג דאי שהוא וכו' ס"ל לר"ש אף"ה וכו' והיה שוהו לכאן וכו' כלומר דהשתא הדר ביה מסברא קמייתא וס"ל דיש לנו לדמותו לחטאת בכל מה שיוכל ולהכי היה שוהו לכאן מן הפתח כדי שבהקפתו דרך ימין יפגע מיד בקרן מזרחית לפונית ויתחיל ממנה כדרך מתנות חטאת ולא כדס"ד דדרך לפון היה מקיף אלא דלא ניחא להו לפרש לגמרי כפרש"י דס"ל דאי לאו מטעם דהיה שוהו לכאן מן הפתח משום דמיון מתנות חטאת לא היה בא לדרום דכיון שכבר היה עומד בלפון היה מקיף דרך שם ועיין לקמן ושוב ראיתי למהרח"ש בשו"ת תורת חיים ח"ג סי' ט' שפירש דבריהם כמ"ש יעו"ש וק"ל.

ד"ה **נתיב** ברישא וכו' דכיון דבעיא מעשה חטאת וכו' אע"ג דלכאורה למה שפירשתי לעיל הו"מ לפרושי בפשיטות דכיון דבעולה מקיף דרך לפון נתיב ברישא במערבית דרומית דפגע ביה ברישא מ"מ לגיות דהקפת לפון לא החזרה לעיל אלא דאכן ממאי דלא תריץ אקושיין דלעיל כיון דעולה משתעת וכו' הוא דאמרינן דאדרבה וכו' אבל לעולם דקושיה דניתיב דרומית מזרחית וכ' מכח מעשה חטאת פריך דאם לא כן תיקשי הנך קושיי גם לרבנן ומשמע דלהס"ד דוקא מקשה מעתה גם קושיא זו יש לפרש דמכח מעשה חטאת דוקא פריך ודו"ק. ומ"ש מ"מ ניתיב ברישא וכו' שהיה עולה בו וכו'. דהגם דאל"ל דכי יהיב ברישא מזרחית לפונית והדר מערבית דרומית הו"ל כסדר מתנות חטאת מ"מ אל"כ איפכא מכל מקום יותר היכר יש כי יהיב מערבית דרומית ברישא מטעם דסמוך לו בעליית הכבש דאע"ג דעולה מתן דמה למטה כחטאת העיבה והו"ל כמו שעלה בכבש ויהיב בקרן הסמוך לו ממה שיתחיל במזרחית לפונית דאין בזה היכר כל כך דמשום מעשה חטאת הוא דעביד הכי אלא איכא דהוי מטעם דכיון דהשתא בלפון הו"ל קרן לפונית מזרחית סמוכה לו טפי ממערבית דרומית השתא דלא אסיק אדעתיה הא דכל פנות וק"ל.

בא"ד ס"ל לר"ש וכו' וכו' והיה שוהו לכאן וכו'. יש לדקדק דגם לרבנן ע"כ דס"ל הכי דאל"ה למה היה מתחיל במזרחית לפונית דכיון דקאי בלפון כשמקיף דרך ימין בקרן מערבית דרומית פגע ברישא וזה דוחק לפרש דמתני' דתמיד דקתני נותן מזרחית לפונית וכו' איירי בששהו לכאן מן המזבח ואפ"ה דאם על ירך המזבח יהיב ברישא דמערבית דרומית ועוד דהרי הרמב"ם ז"ל פסק בפ"ו מהלכות בית הבחירה דאינו נקרא לפון לשחיטת קדשים אלא עד קיר המזבח וכמ"ש התו"ט במסכתין פ"ג משנה ט' יעו"ש ואפ"ה כתב בפ' ה' מהלכות מעשה הקרבנות דנותן מזרחית לפונית ברישא ויש לומר דרבנן ס"ל דכיון דבחטאת ע"כ יהיב ברישא מזרחית לפונית הכי נמי הבוו בכל הדמים כן אי לאו מטעם דגלי קרא דעביד בה מעשה חטאת אלא מטעם שכתב רש"י ז"ל דמתחיל להקיף דרך דרומית שהוא פניו של מזבח דלפרש"י משמע דהכי קושיות לרבנן נמי שייכי שהרי כתב לעיל אמלתייהו דרבנן ולקמיה מפרש מ"ש הני תרתי קרנות ע"כ וכן פי' המפרש דמס' תמיד פ"ד והרע"ב והראב"ד שם והרב המאירי כאן וק"ל.

ד"ה **אמר** להם הממונה וכו' פיתח"י הסגן וליתא וכו' וכ"ה במנחות ק' ע"א ולא זכיתי להבין דהא מלתי' דרש"י ז"ל מבואר בסנהדרין פרק כ"ג י"ט ע"א דקאמר התם מ"ש הייני סגן היינו ממונה וכו' יעו"ש וכן פי' ז"ל בפ"ק דברכות י"א ע"ב אלא דמ"ש שם כדאיתא ביומא נראה שנ"ל כדאיתא בסנהדרין וכיון שכן מאי קא דחי למלתיה מהירושלמי דדילמא פליג אגמרא דידן ועוד דא"ל נמי לא פליג ותנא ושייר וכ"פ הרמב"ם ז"ל בהלכות כלי המקדש פרק ד' והוא הנקרא סגן והוא המקרא ממונה וכן פירש הרב המאירי כאן והראב"ד בתמיד שם ושוב ראיתי בס' באר שבע ריש פ"ג דתמיד ובס' עבודת ישראל כ"ט ע"ב שכתבו בזה יעו"ש ועיין עוד בס' שושנים לדוד לקמן תפ"ג וק"ל.

ד"ה **ואחת** לשבי וכו' משמע דלפי שהוא לורך מזבח יכול להבעיר בשבת וכו' דבריהם תמוהים לע"ד דהא מתני' קתני התם בהדיא דמחזירין האור במדורת בית המוקד עם חשיכה דוקא לא בשבת ועוד דמאי טעמא דבכל מושבותיכם לא קאי התם דפריך ר"ח אי הכי אפילו בשבת אלא א"ת קרא כי אתא למשרי איברים ופדרים הוא דאתא אבל מדורת בית המוקד שאינה לורך גבוה אלא לורך כהנים לא הותרה כמו שפירש"י שם ואם כן סוגיא לפירוש רש"י מכוונת יותר דלפר"א לריך לדחוק ולומר דכיון שכבר היה שם מערכה לקיום האש לא התירו להבעיר בשבת בבית המוקד ועיין בלשון המפרש דריש פ"ק דתמיד וע"כ לפרש דקולרו בדבריהם ומפני שלא הלריכו כאן לאחוז האור ברוחו כמו שהלריכו בגוזלין להכי קאמרי יכול להבעיר בשבת ולאו דוקא וס"ל דמשום לורך כהנים הגם דזריזים הם לא היו מתירים אי לאו מטעם דהוי קצת לורך מזבח לשיכבה מערכה של קיום האש והיינו נמי דס"ד לר"ח שם דהותר זה דמחזירין הו"ל בכלל מיעוטא דבכל מושבותיכם וכו' כיון דלורך מזבח יש בו ומ"מ אכתי תיקשי סוף דבריהם למה שטרחו ליתן טעם לפרש"י כיון דבעזרה הוא וכו' שהרי הטעם מבואר שם משום דכהנים זריזים הם ולא שנאמר דלמאי דס"ד דר"ח התם הוא שכתבו כן אבל למסקנא הגם שבב"מ הקטן לא היה בעזרה אלא בהיל של חול מ"מ התירו מטעם כהנים זריזים ובזה נ"ק כ"כ מה שהקשה בס' חנוכת הבית סי' י"ט י"ב ע"א יעו"ש ודו"ק. ומ"ש ורש"י פירש וכו' היו שני בתי המוקד וכו' ז"ל המפרש ספ"ג דתמיד ולשכת בב"מ הוא הנקרא בב"מ קטן היא לשכה שיורדין בה לבית הטבילה כדתנן במדות והכהן הטובל שם מיד כשעולה מבית הטבילה היה מתחמם באותה לשכה ומסתפג וכו' ע"כ ועיין בהריטב"א.

דף ט"ו ע"א רש"י ד"ה **ששקצום** וכו' קתני בגמרא הטלאים וכו' אבל מלאם הפנים אלאם הפנים לא פריך השתא אלא לקמן דקאמר ממאי דמדרמינן להם הפנים וכו' ועיין בתוס' וק"ל.

ד"ה **ושלחה** וכו' ואחוכה בכל רוחב ההר וכו' וכן העתיק התוס' בפ"ב דמדות ולא זכיתי להבין מי הכריחו לפרש כן דדי לנו שיהיה ארוכה עשר אמות כרוחב הפתח ודבר נמי

איכסי שאר מזרח שכנגדה וממעלה היתה שם דקאמר ראב"י פ"ב דמדות אין זאי דשאני ההיא דמעשיה להבדיל בין ע"ב לע"ג והו"ק.

ד"ה **ר' אדא** וכו' והמזבח גובהו ע' וכו' וכן הסמיק הריטב"א ואע"ג דמזבח גובהו עשר כדאיתא בזבחים נ"ט ע"ב ובמנחות צ"ז ע"ב וכ"כ הרמב"ם פרק ב' מהלכות בית הבחירה מ"מ מקום הקרנות לא קחשיב דכיון שהיה אמה בכל קרן נגד לא מכסי פתחא שהרי נראית מרווח שבין הקרנות וק"ל.

תוספות ד"ה **דרומית** מזרחית וכו' לקמן פריך וכו' וקשיא לן וכו' דהא לאו קושיא דלקמן י"ל דהותמות ובה"מ אתריני ניגהו והיו באמצע בין לשכת טלאים ולשכת לחם הפנים ולעולם דלשכה לחם הפנים היתה בקרן דרומית מזרחית ואיכך דקתני במדות היו בשתי קרנות האחרים והתם בתמיד לא נחית למנות את כולם וק"ל. ומ"ש טובא איכא וכו' שמשמשין שנים וכו' לפי' המפרש דתמיד שהעתקנו לעיל לשכת בית המוקד היה סמוך לבית הטבילה כדי להתחמם בעלייתו והיינו הך וכן כתב הרמב"ם בפי' לפ"א דמדות ומבואר הוא שהלשכה הנקראת בתמיד לשכת החותמות היא שנגזו בה וכו' והלשכה שיש בה מדורת האש ששם מתחמם מי שטבל כמו שנתבאר בתחלה תמיד היא נקראת בג' מתמיד לשכת בה"מ והוא שאמר כאן עליה שבה יורדין לבית הטבילה עכ"ד ומשמע דס"ל להרמב"ם דע"ב לא אמר ר"ח דבה"מ היה לקיום האש אלא בבה"מ הגדול אבל לשכת בה"מ היה להתחמם דוקא שהרי הוא ז"ל פי' בפ"ק דבבת כפירוש ר"ח והגם דהם ז"ל לגבי' כתבו דלר"ח שתיהם היו לקיום האש הרי לפנינו שהריטב"א כתב בשם ר"ח דבה"מ הקטן היה לקיום האש יע"ש וק"ל. ועיין בהגהות הקדמונים על הרמב"ם שבראש ס' משנה רוקח ה' ע"א שכתבו שהרמב"ם בפירוש התלמוד חזר בו ממ"ש בפי' המשנה שהיתה לקיום האש אלא כתב שהיתה דולקת תמיד לצורך השלים מן הטבילה ואמר שזו היתה דעת רבותיו יע"ש.

ד"ה **הא** מני וכו' וי"ל דבלאו הכי מקשה ליה וכו' ומה גם דיש לדחות דרב אדא אמרה התם בתר דהדר ביה מהך הלכה ולפירוש רבותיו צריך לפרש דהא דקאמר הא מני ר"י בכוגה דאתיא כמ"ד מזבח ממוצע ואתיא לגמרי כר' יוסי אלא משום דר' יהודה קאמר הכי בהדיא נקט ר' יהודה דבר' יהודה ממש לא מתוקמא דאיהו ס"ל דמזבח גבוה ג' אמות כדאיתא בזבחים נ"ט ע"ב אלא כר' יוסי אתיא דס"ל התם גבוה עשר אמות ובזה יתיישב קושית הריטב"א יע"ש.

ע"ב גמרא **כל** העזרה היתה אורך וכו' עיין מ"ש התי"ע פ"ה דמדות ביישוב דעת הרמב"ם ומ"ש ואע"ג דקאמר התם מאן תנא מדות וכו' לאו כללא הוא וכו' יע"ש וז"ל הירושלמי לקמן פ"ב הלכה ג' ר' חזקיה וכו' מדות דראב"י היא אר"י בר' בון ולא סוגה אלא מילין דצריכן לרבנן ועיין מ"ש לעיל בסוגי' י"ד ע"ב ונראה דגם לתלמודא דידן ז"ל עכ"פ דה"ק דסתמי דמדות דצורת בנין כראב"י אבל ודאי דלא כולה והא קמן סתמא דסוף פרק ב' דמדות דמדקתני התם ראב"י אומר במסיבה ההולכת תחת החיל יוצא והולך לו בעדי מכלל דסתמא דרישא לאו ראב"י היא ועיין בתו' לקמן ל' ע"ב ד"ה ריא"ה וכו'.

רש"י ד"ה **רובא** דמזבח וכו' נמלא עשרים ושבע וכו' כלומר דכשתוליא מן המזבח חמש אמות להשלים רוחב לפון עזרה נשאר רוב המזבח שהם עשרים ושבע נגד דרום ועם הכבש שהם שלשים כדאיתא בזבחים נ"ד [וכתבו התי"ע בפ"ה דמדות] ועם החצי הנשאר מן הכבש לכותל שהם עשרה וחצי הרי כאן ס"ז וחצי נגד דרום ומזבח בדרום קאי ומ"ש ונמלא לפונו של מזבח כלה וכו' שהרי פתח ההיכל הרוחב עשר חציו לצפון וחציו לדרום ומ"ש כנלה"ה כאן חמש אמות של חצי וכו' כנ"ל ופשוט.

תוספות [ד"ה] **רובא** דמזבח וכו' לא ידענא מי דחקו וכו' והא דמסיק וכו' שונים דא"ת דגם רש"י ז"ל מפרש דעיקר קושיין דלא מלית לאוקמיה סתם מדות כר"י דהא מוכח דמזבח לאו ממוצע הוא וכמ"ש בד"ה ואי ס"ד וכו' אלא דהוכרח לבאר דאכתי פש ליה פלגא דאמתא דאלת"ה אלא שכולו מכוסה א"כ ליקמה אפילו כרבנן דראב"י דלית להו מעלה היתה שם אלא דאיכסי ליה פתחא מכח מזבח דס"ל דהיתה רובו מן הדרום ומיעוטו מן הצפון ולהכי קאמר מהדרי נמוך היה לא כתבו דיי"ל משום דלא

אשכחן וכו' ועיין מ"ש התי"ע פ"ג דיומא משנה ט' ביישוב דברי הרמב"ם ומ"ש בס' דרך הקדש בסוף ספרו וק"ל:

בא"ד עפי הוה ניחא למימר מדאשכחן בריש וכו' לזה יש ליישב קלת דאע"ג דרב אדא גופיה הוא דקאמר התם הכי מ"מ כיון דיש לדחות דר"י הגלילי היא כדאמר רב שרביא התם להכי ניחא ליה עפי לר"א הכא להוכיח ממאי דפליג אההיא דמדות וק"ל. ומ"ש ועי"ק לימא אבא שאול וכו'. לזה יש לומר דמשום דא"ש לא איירי בצורת בנין אלא בסדר עבודה ור"י איירי בצורת בנין להכי ניחא ליה לאוקמיה למתני' דתמיד דצורת לשכות כר"י ולא כמ"ש ע"ד מה שחילק הריטב"א לעיל לתרץ אמאי לא קאמר מאן תנא מדו' ר' שמעון איש המצפה יע"ש.

ד"ה מן השולחנות וכו' תימא דתנן במס' תמיד וכו' דאע"ג דסתמי דתמיד ומדות פליגי אהדדי מ"מ הך מתני' דבין העמודים איתא נמי במס' מדות פ"ג משנה ה' וא"כ תיקשי סתמי דמדות אהדדי כנלע"ד ובזה אין צורך למ"ש מהרש"א יע"ש ומ"ש שם וכה"ג כתבו התוס' וכו' הייעו לק' סד"ה והא אמר מר וכו' וק"ל. ומ"ש הייעו ח' שלהבות של שיש דאמר פי' לא היו כופתין וכו' כלומר בגמרא שם דמייתי מתניתין דפ"ו דשקלים דקתני י"ג שלחנות היו במקדש וכו' ח' של שיש וכו' יע"ש וכ"כ המפרש דתמיד שם אמתניתין וק"ל.

דף י"ז ע"א גמרא **אמר** ר"ה וכו' מר קא חשיב דרך ימין וכו' יש לדקדק דלמ"ש לעיל בשם הרמב"ם וכן נראה דלשכה בה"מ דקתני בתמיד היינו לשכה דבית הטבילה דפ"ק דמדות וה"ה לשכת חותמות ולשכה דאבני מזבח כמ"ש שם א"כ אכתי תיקשי דלסדר דתמיד הו"ל לשכת חותמות לפונית מערבית ומוקד מזרחית לפונית ולסדר מדות איפכא חותמות מזרחית לפונית ומוקד לפונית מערבית ואלולי דמסתפינא אמינא דצריך לגרוס שם בתמיד איפכא לשכת המוקד ולשכות החותמות אלא דמלשון רש"י ותוס' משמע דגרסי' כגירסת הספרים ושוב ראיתי להתי"ע בפ"ק דמדות שהרגיש בזה יע"ש ובעת לנ"ע ועיין מ"ש בתו' ד"ה ומה וכו'.

רש"י ד"ה **רב** אדא וכו' בשתי המקלועות וכו' ודאתי מלפון וכו' נראה דדעתו ז"ל לפרש אקלויי דקאמר לשון מקלועות אבל הערוך ערך קן פי' לשון מוקלה שהיתה רחוקה ומובדלת מהמקלועות יע"ש כי הדבר מבואר יפה ועיין בס' דרך הקדש י"ן סוף ע"א שפי' שם הוא פירש"י ולא הזכירו יע"ש.

תוספות ד"ה **ומר** קא חשיב וכו' והנא דמדות קאי מאבראי וכו' חילוק זה מבואר יפה בס' באר שבע בחידושיו לפ"ב דסוטה יע"ש ובפר"ח א"ח סי' קכ"ח ס' י"ז.

ד"ה **ומר** קא חשיב וכו' תימא לי אמאי לא משני וכו' א"כ בההיא דתמיד משמע וכו' אבל לפי האמת ל"ק להו מידי כדרך הקושיא שכתבתי בסוגיא דאפשר דס"ל דלשכת החותמות היינו לשכת דטבילה ולשכת מוקד היינו לשכת אבני מזבח דמדות דלא ס"ל לפרש כפי' הרמב"ם ז"ל וק"ל ומ"ש מיהו קא קשיא לן וכו' מיתרלא שפיר ההיא דלחם הפנים כזה וכו' הציור שכתוב כאן בדפוס חדש וכן הוא במהרש"א נראה שהוא ט"ס וכנ"ל כזה:

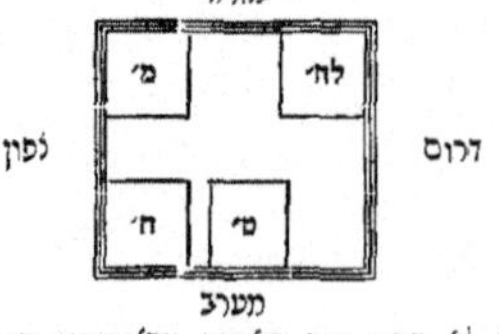

בא"ד והא לא קתני וכו' בארבע מקלועותיו וכו' כדקתני התם גבי עזרת נשים וארבע לשכות היו בארבע מקלעותיה וק"ל. ומ"ש וי"ל כיון דבלשכת הטלאים וכו' אין להקשות דאמאי לא תירצו דא"כ לא משכחת שתים בקודש ושתים בחול ולהכי ניחא לן עפי לתרולי דמקרב' עפי לקרן מערבית דרומית דהשתא לחם וטלאים היו בחול והחותמות ומוקד בקדש דהא א"נ מקרב' עפי למערבית לפונית א"ל דראשי פספסים מבדילים באופן שהיתה בחול והנה למ"ש התי"ע במדות ד"ה דרומית מזרחית דאתי' כמ"ד דאפייתן בפנים וא"ל דלשכת לחם הפנים בקדש היתה ומלינו

דהרמב"ם פסק כן בה' תו"מ וכתב בהלכות הבחירה בסדר הלישכות דרומית מזרחית לשכת לחם הפנים ל"ל דרומית מזרחית דקתני מתני' דמדות היינו כשגלייר רוח מזרח מלד של פתח עזרה שהיא דרך כניסה וכן מערבית דרומית דטלאים וכמו שליירס התי"ע בלורת מקדש דסוף מדות יעי"ש ומה שכתבו התוספות לעיל בקושיית' ולשכת בה"מ דרומית מזרחית וכו' היינו דבית המוקד הגדול עלמו וכלורה שלפנינו דהשתא הו"ל מוקד וחותמות בשתים שבחול ומשה לא תיקשי דאיך בעל קרי היה יכול ליכנס שם כמו שהקשה בספר חנוכת הבית סי' י"ע יעי"ש אלא דאכתי תיקשי דמה תירלו הם ז"ל וי"ל דעל כרחיך וכו' ואי אמרת אידי ואידי וכו' בההיא דתמיד משמע וכו' הא קושטא הוא דלסדר דמדות דקחשיב מזרח בה"מ נגד הפתח הו"ל מוקד וחותמות אחת במזרחית לפונית ואחת בלפונית מערבית והדר קושיא לדוכתה דאמאי לא משני דאידי ואידי וכו' אלא דלשכת לחם הפנים נמי אקלוויי מקליא וכו' ואין לי אלא לומר דס"ל דלעולם מוקד וחותמות היו מלד של קדש ולה"פ וטלאים מלד חוץ ואתיא כמ"ד דאפייתן בחוץ ולא תיקשי דהיאך היה בעל קרי הולך דרך בית המוקד חדא דתחת המחילה היה הולך כדתנן בריש תמיד ועוד דמעיקרא אין כאן קושיא דכיון שנטמא בפנים הקלו בו כדתנן בא ויושב לו אצל אחיו הכהנים וכמ"ש בס' באר שבע פ"ק דתמיד משמם וכ"כ הרע"ב בפ"ק דמדות וא"כ כל מה שהיה לצורך טבילה דהיינו להתחמם הקלו בו אבל אה"נ דאם רוצה להתעכב שם בעודו טבול יום היה יושב בחיל שבחול דאע"ג דסמוך למחנה שכינה הקלו ועוד אפשר דס"ל דמדורה היתה שם דקתני בתמיד לאו אבה"מ קאי וכפי' המפרש בפ"ג שם דאזלו לשיטתם שכתבו לעיל דבבה"מ היה לקיום אש של מזבח לא להתחמם בה הכהנים אלא אבית הטבילה דקתני התם קאי וכן יש לדייק מדבריהם דס"ל דבה"מ בעזרה היה שכתבו לעיל ע"ז ע"ע ד"ה ואהאת וכו' דהתירו לבעיר האש במדורות בה"מ וכו' כיון דהעזרה הוא וכו', כנלע"ד ודו"ק.

בא"ד אבל תימא לימא וכו'. ונימא דכולהו אקלוויי וכו' לכאורה אין דבריהם מובנים לע"ד שהרי כיון שיש לך ליתן כל א' ברוח שלה דאין סברה שיהיו שתים ברוח א' כמ"ש בסמוך א"כ לסדר תמיד דמונה והולך דרך שמאל טלאים חותמות מוקד לחה"פ ע"כ לצייר כזה:

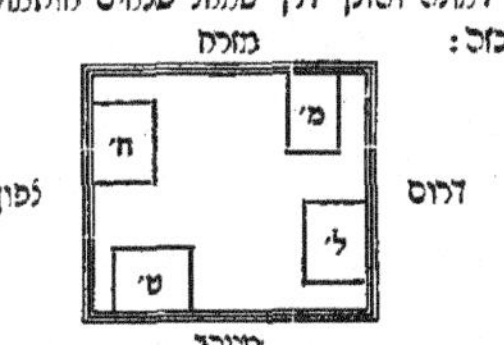

וא"כ לא משכחת לה"פ בדרומית מזרחית וכמ"ש רש"י ז"ל ונראה שטעמם להקשות דלימא שכולם היו עוקלים מהקרן דהשתא לתנא דתמיד דקאי בדרום מתחזי ליה כאלו טלאים מתחלת מקרן לפון ולתנא דמדות דקאי בדרום איפכא ולכן לשכת לחה"פ לדתמיד מתחזי ליה כאלו מתחלת ממערב ודמידות איפכא והא דקתני תנא דמדות מערבית דרומית וכו' היינו כלפי מראית עינו שנראה כאלו לשכת טלאים מגיע עד לקרן דרומית מערבית וכן לשכת לה"פ בעומדו במערב בדרך הקפתו לימין נראים לעין כאילו משוכה לגד מזרח ומגלאת קרן דרומית מזרחית וכן לתנא דתמיד בהקפתו מדרום למערב בעומדו בדרום למראית העין נראה כאילו לשכת טלאים משוכה עד לקרן מערבית לפונית וכן בעומדו במזרח נראית לו לה"פ כאילו משוכה לקרן דרומית מערבית ולציור זה היינו אומרים דראשי פספסין המבדילים בין שתים לחול לשתים של קדש היו עוברין באלכסון ברובע ונראה דמ"ש דמוקד וחותמות גמי אקלוויי מקלו משום דהא ודאי זה דוחק גדול לומר דשתים מהם היו עומדים במקלוענות ממש ושתים רחוקים ממנו אבל משום רמיותא דתמיד ומדות לא נרטין אב השתא דאמרינן דמר קחשיב דרך ימין ומר קחשיב דרך שמאל דע"כ לא כתבו לעיל דקשיא לן מוקד וחותמות אלא כי אמרינן אידי ואידי דרך ימין קאמרי ועיין במהרש"א ודו"ק.

גמרא האי לשכב אקלוויי וכו' עיין בפירוש הרמב"ם לפ"ק דמדות ומתוך דבריו שם נראה דל"ע כאי לשכב וכו' אלא דקאי בלפון וכו' ולפי דבריו ה"פ דקאי ברוח לפון מחוץ למקדש ונכנס לתוך בית המוקד דרך הר הבית מתחזיא דלשכה זו עומדת במערבית דרומית ומאן דקאי חוץ למקדש ברוח דרום ונכנס לבה"מ דרך לפון העזרה מתחזי ליה דקיימא מערבית לפונית כלפי לדדי העזרה ומשום דעדיין לא ידענו מזה מקומה בפרטות בבה"מ עלמו כי כך נוכל לומר שהיה בקרן מערבית לפונית ונפרש כאן דכי קאי בלפון מתחזיא ליה כאילו משוכה עד לקרן מערבית דרומית וכו' כמו בקרן מערבית דרומית וכי אתי וכו' להכי מסיים עלה וקאמר ומסתברא דבמערבית דרומית הוא וכו' כלומר בה"מ עלמו והכברת ממאי דרמינן וכו' דאא"ב דמערבית דרומית הוא היינו דמתרלינן שפיר דלתנא דתמיד דקחשיב דרך שמאל לפי רוחות העזרה ממערב ללפון ומלפון למזרח הו"ל לשכת לה"פ רביעית וברוח מזרחית לפונית כלפי העזרה וכלפי בה"מ דרומית מזרחית אלא אי אמרת דבלפונית מערבית דמוקד עלמו הואי מאי תירולא דלה"פ שהרי כשאתה מונה דרך שמאל הו"ל לה"פ בלפונית מערבית דעזרה דהו"ל מערבית דרומית דמוקד עלמו וא"כ תיקשי אכתי דתני' דמדות מני לה במזרחית דרומית ועיין בלורה שצייר הרמב"ם שם כי הסוגיא מבוארת לדעתו ז"ל ובמ"ש יתורץ מה שהקשה בס' דרך הקדש ע"ז ע"ב על פי' ז"ל יעי"ש ושוב ראיתי בס' חנוכת הבית סי' י"ע שכתב שפירוש הרמב"ם הוא הנכון בסוגיא יעי"ש ודו"ק.

ע"ב גמרא **אבל** הכא חושבנא בעלמא וכו' וטעמא דנקט דרך שמאל ולא דרך עבודה עיין מ"ש בס' המאור.

שם ר' אומר לעולם חמש שנאמר והיתה לאהרן וכו' ורבנן דרשו ליה לקרא כדאיתא בספרי פי' אמור לאהרן שלא במחלוקת ולבניו במחלוקת וכו' כלומר שהוא יטול מה שירצה לא בתורת שותפות עם אחרים עיין בק"א שם ומיהו הא דבעי שיתנו לו החלי פחות א' נ"ל דגמרא גמירי על דרך מ"ש הריטב"א בחידושיו יעי"ש אלא שמדברי ת"י ד"ה דאמרי וכו' משמע דס"ל דרבנן נמי אית להו דרשא דר' אלא דס"ל דמחלה לאו דוקא אלא קרוב למחלה יעי"ש וק"ל.

תוספות ד"ה **והא** אמר מר וכו' ומלאתי כתוב וכו' דבה"מ גדול היה ללפון עזרה כזה וכו' הצורה שהדפיסו כאן במרי"ס ז"ל חדשות ע"ם הוא ומהרש"א כתבה לעיל בדבור הקודם על מאי דקשי' ליה דלימא דשתי לשכות אקלוויי וכו' יעי"ש וכאן אין לורך כי אם בצורה שיבא ופשוט. ומ"ש הויא לחם הפנים רביעית גה וכו' בה"מ גדול כזה וכו' הגם שלורת מהרש"א בכאן מדויקת מ"מ יותר נלע"ד לצייר מערב ומזרח בדרך עזרה שהכניסה ממזרח וכמו שצייר הרמב"ם בפי' לפ"ק דמדות ועוד פרטים אחרים שיובנו מתוכם בנקל כזה:

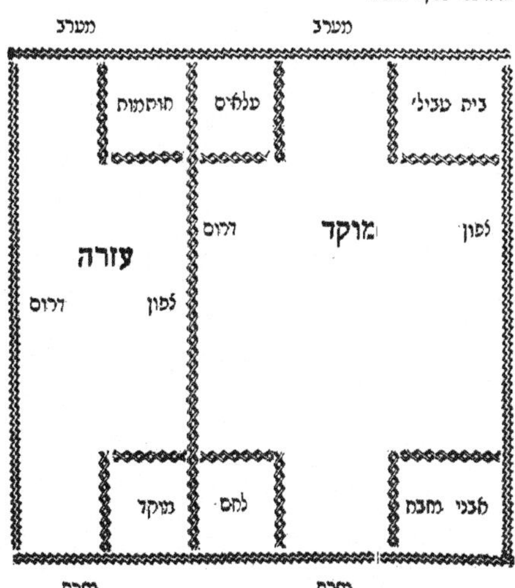

והדברים מבוארים ועיין עוד בתוספת י"ט ובלשון הגהות הר' בצלאל ז"ל שהביא בס' דרך הקדש דף י"ו ע' א' ששם הביאו קושיא ריב"א ומה שהקשו עליו וק"ל. ומ"ש אבל תימה לי מאי דוחקיה דר"ה וכו' דבשלמא לר"א שהוא תי' מבואר ניחא ליה טפי למימר דהד תנ' ניהו אבל ר"ה דצריך לדחוק ולומר דמר קחשיב דרך שמאל ודבתושבגא בעלמא לא קפדינן מאי דוחקיה וכו' וק"ל.

בא"ד אבל במקום הלשכות לא אשכחן וכו' אע"ג די"ל דבהא נמי פליגי בפלוגתא דתנאי דפי"א דמנחות אי לחכ"פ אפייתו בפנים או בחוץ דהשתא בין תנא דתמיד ודמדות דרך ימין נקטו אלא דתנא דתמיד נקט לחכ"פ רביעית בקרן מזרחית לפונית דהו"ל בפנים דקסבר דאפייתו בפנים ותנא דמדות נקט לה שניה בקרן דרומית מזרחית דהו"ל בחוץ דקסבר דאפייתן בחוץ ומכח פלוגתא זו דלחכ"פ נהפך הסדר בלשכות מוקד והותמות דלתנא דתמיד חדא במערבית דרומית וחדא במזרחית דרומית ולתנא דמדות חדא במזרחית לפונית וחדא בלפונית מערבית לתנא דתמיד כזה:

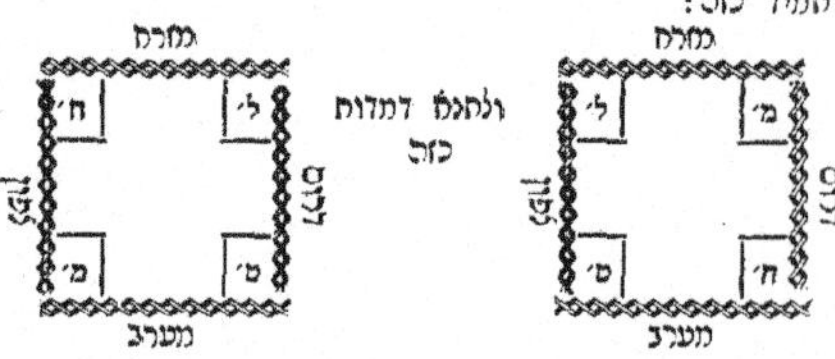

די"ל דכיון דודאי משמע דקי"ל כמ"ד דאפייתן בפנים דהו"ל ר"ש דס"ל דאפייתן בחוץ יחיד לגבי ת"ק ור"י יעו"ש לא ניחא ליה לר"ה למימר דסתם לן ר' חדא סתמא כמ"ד דאפייתו בחוץ וכי תימא דהא למאי דתריץ נמי מר קחשיב דרך ימין וכו' תרווייהו סתמי דמדות ותמיד ס"ל דהיתה בחוץ כמו שאתה רואה בצורה השניה תריץ דפשתלייר רוחות בה"מ כלדדי עזרה דהוי מזרח מגד הפתח ילא לך דתרווייהו ס"ל דבפנים היתה כזה:

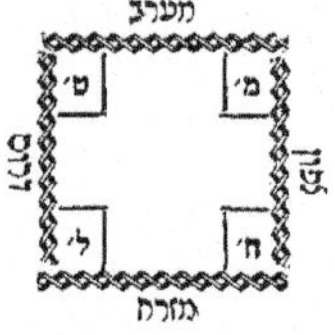

וכלפי נורה זו כתב התי"ט בפ"ק דמדות שם דמתניתין סבר כמ"ד דאפייתן בפנים וכמ"ש לעיל בדיבור המתחיל ומר קחשיב וכולי יעויין שם כנלענ"ד ודו"ק.

ד"ה ומודו רבנן וכו' ורבנן נבליר ליה חומצא זכו' אלא ודאי דה"ע משום דלאו אורח ארעא בפרוסה ואי הכא דיש לו כבר שלימו' השתו אפרוס' כ"ש בשתי חלות דודאי לאו אורח ארעא למיהב ליה פרוסה לחודה וק"ל.

דף י"ח ע"א גמרא ומאי ארבע וכו' לר"י דאמר וכו' ולפ"ז רבי ס"ל כר' יהודה וה"ק לעולם לר"י חמש דמחלה בעי למשקל וא"כ דה"ק לר"י חמש ולרבנן שש ולא חיים לפרושי דהא קרא קאמר והיתה לאהרן ולבניו מחלה לאהרן וכו'. ובודאי דלרבנן די"ש שם שנים עשר חלות ששה בעי למשקל והא דלא אוקמא ד' וה' כולה כרבנן דר"י ונחלק בין דאיכא משמר המתעכב להיכא דליכא כמו שהקשה מהרש"א יעו"ש נלענ"ד דס"ל לאביי דבזה אין הידוש דכיון דתקנו חכמים שהמתעכב נוטל שתים ודאי שכהן גדול יש לו ארבע דוקא אבל כי מוקמינן כר"י השתא אשמועינן רבותא דלא תימא דכיון דהשתים שנוטל יותר הוא בשכר הגפת דלתות ואין עבודה זו מוטלת על כהן גדול כי אין זה כבודו גם לר"י יש לו לחלק מתוך י"ב וחמש שקיל קמל"ן דלא ומה שהקשה עוד לרבא יעו"ש י"ל דניחא ליה טפי לאוקמה ד' או חמש כולה כר"י א"נ כמו שתירץ בשב"י דכיון שמתעכב מלתא דלא שכיחא אין סברא לאוקמא כולה במתעכב ושביק תנא מלמימר שאין מתעכב דשכיחא עפי וק"ל.

שם דהא אמר כולה ר' היא וכו' הרמב"ם ז"ל בחי' ספ"ד מהל' תמידין ומוספין פסק דלעולם נוטל מחלה ומשמע מדעתו לפסוק כרבא דכולה ר' היא כלומר דלכ"ע נוטל מחלה ואין כאן מחלוקת כמ"ש בחי' ואע"ג דרבא נשאר בקושיא קושיא כל דהיא קאמר די"ל לתרץ דלעולם דקאמר היינו משום דמתעכב לא שכיחא כמ"ש בפירש"י או דתנא אחריגא הוא דלית ליה שכר הגפת דלתות כמ"ש הריטב"א בחי' ואפילו תימא דקי"ל כאביי דרבנן ור' פליגי בהא מ"מ פסק כר' דהא משמע בפ' מי שמת קמ"ג ע"א דר' יוסף ס"ל כותיה ופסק שם תלמודא כר' יוסף וכן בפ"ק דע"ז ו' ע"ב ר"מ ס"ל כר' וכ"כ הריטב"א בחי' וסוגיין דעלמא דהלכתא כר' ע"כ והנה אפי' תאמר דפסק כרבא לא תיקשי ממ"ש שם דאין כ"ג נוטל פרס שאין זה כבודו דזה לא נאמר אלא לאביי שהרי למ"ש התוס' ד"ה ומודו רבנן וכו' לכ"ע ס"ל דלאו אורח ארעא בפרוסה אלא מה שתירץ אביי הוא דבשתי חלות י"ל ש נוטל מחלה אף לרבנן משום דלאו אורח ארעא יעו"ש ושו"ב ראיתי להרל"ס [לחם משנה] שם שעמד ע"ז ומה שהקשה עוד שם דאי פסק כרבא היה לו לחלק בין היכא דאיכא משמר המתעכב וכו' לא זכיתי להבין דהא כיון שפסק שם דכ"ע לעולם נוטל מכל משמר חצי החלות שזכה בהן לעיל מיניה שם פסק דאל יום א' להפסיק וכו' דהמתעכב נוטל שתים סתמו כפי' משמע דהיכא דאיכא מתעכב נוטל חמש דוקא שהרי משמר הנכנס לא זכה אלא בו' חלות וק"ל.

שם והחניה הכהן הגדול וכו' אחרים אומרים וכו' דודאי אחרים לא פליג את"ק ויתאמר דלא בעי שיהא גדול גם בחכמה דהא מיתורא דמלת מאחיו קדריש והכא משמע בהדיא בת"כ פ' אמור דשם לא הוזכר אחרים כלל אלא חד תנא קאמר לתרווייהו יעו"ש בק"א ומהא מוכח נמי דת"ק לא פליג אאחרים וכן משמע נמי בפ"ב דהוריות ט' ע"א דקאמר סתמא דתלמודא בפשיטות ולא נשיא ומשיח שאין באין לידי עניות וכו' יעו"ש והיינו דהרמב"ם ז"ל פ"ה מה' כלי המקדש העתיק לתרווייהו יעו"ש וק"ל.

שם שיהא גדול וכו' בת"כ פ' אמור ובתוספתא דפרקין הוסיפו ובתרא"ה וכן העתיק הרמב"ם פ"ה מה' כ"ה וכתב עוד שם ואין אחד מכל אלו מעכב אלא כל זה למלוה אבל אם נתרבה וכו' משמע שלמד כן ממה שאמרו בתוספתא מלות בכהן גדול להיות גדול מאחיו בנוי וכו' וק"ל.

שם כיון דעל חטא וכו' ז"ל הרב המאירי בפי' דמתני' ומפרש הואיל ועל חטא וכו' ופירשו בו שמא יפקפק שלא יקובל תפלתו ול"נ שהוא רומז אל אמונה כוזבת היו רבים נכשלים בה בימי בית שני והיו מחזיקין שמא יחלש שכלו ויחטא עונו כראותו השעיר עכ"ד וריהוט הסוגיא לא משמע בפירוש זה דק' בכולהו ישראל לא ידע וכו'.

שם ת"ר זב חולין לו וכו' אין מאכילין אותו לא תגב"י ולא גבי"ת וכו' משמע דה"ה לכהן גדול שהיו מונעין ממנו דברים אלו ובריית' דלעיל חנא ושייר וכן נראה מדברי הרמב"ם בחי' פ"א מהלכות עי"כ שכתב ולא היו מאכילין אותו דברים המרגילים לש"ז כגון בלים וחלב חם וכיולא בהן ע"כ וכ"כ הרב המאירי אלא שראיתי בחי' שכתבו לחלק בין זב לכהן גדול יעו"ש אבל בירושלמי משמע בהדיא כדברי הרמב"ם דקתני עלה דמתני' תניא לא היו מניחין אותו לאכול לא חלב ולא בלים ולא גבינה ולא בשר שמן ולא יין ישן ולא קונדיטון ולא גריסין של פול ולא עדשים שמואל אמר ולא אתרוג ולא כל דבר שהוא מרגיל לזיבה וכו' ע"כ ואף שתאמר דברייתא גבי זב איירי מ"מ מדמייתי לה אמתני' ומאי דקאמר בתר הכי אעפ"י כן היו קורין עליו את הפסוק וכו' ולא מן הגסים וכו' משמע דבכ"ג נמי היו עושין כן ודברי התוס' צ"ע.

שם ת"ר [זב] חולין לו וכו' ר"י בן בתירא אין מאכילין אותו חגבים וכו' תמה שלא ראיתי להרמב"ם בפ"י מה' מחוסרי כפרה שהעתיק דין זה משמע דהוה גרים משום ריב"ב אף חגבים וגב"ם וכל דברים המביאים לידי טומאה וכלומר דגם בדברים אלו חולין ואפי' אכל מהם מועט וכמו שפי' ז"ל בפי' המשנה ריש פ"ב דזבים ולא בא לומר שאין מאכילין את הזב דברים אלו וזה מסכים לגירסת התוספתא דפ"ב דזבים דקתני ר"א בן פנחס אומר בשם ריב"ב שחלב והגבינה ובשר שמן וכו' מרגילין לדבר זיבה יעו"ש א"נ אפי' תימא דגרים הכי' שלפנינו מ"מ ס"ל ז"ל דריב"ב עלה מוכח

קמל"ן שלא יאכל דברים אלו כדי לברר ראיותיו לטומאה ולקרבן ולאו מדינא דהכי משמע ממאי דבתוספתא לא אמרו אלא דמרגילין ולא דאין מאכילין אותו ועוד דמתני' שם קתני בז' דרכים בודקין וכו' וחדא מינייהו במאכל ובמשתה שכולל בין אכל הרבה או דברים המביאין לידי שכבת זרע א"כ משמע שהרשות בידו לאכול כמו שירצה וזה דוחק לומר דאיירי מתני' בעבר ואכל וק"ל.

ושוב ראיתי להרב המאירי שכתב ואם נטמא ומונה ז' נקיים צריך ליזהר שלא יאכל מאלו ומכיוצא בהן שמא מסיבתם יראה ויסתור וכו' ע"כ.

שם לאתויי מאי לאתויי הא דת"ר וכו' ניחא ליה טפי לאתויי ברייתא דמרבינן מינה עובא אבל בלא"ה מצי למימר דאיצטריך לאתויי אתרוג דלא קתני ליה הכא וק"ל.

רש"י ד"ה אי הכי וכו' מאי לעולם חמש ע"כ כלומר דלא קשיא ליה דמדסיפא ר' ש"מ דרישא ומציעתא לאו ר' היא דהא יש לומר דה"ק שר' אומר וכו' אלא ע"כ אלישנא דלעולם חמש קשיא ליה דהא היכא דאיכא מתעכב ד' מינהו כדקתני במציעתא ד' או ה' ואם כן מאי לעולם דקאמר וצ"ל דרבא ס"ד דכיון דמתעכב לא שכיחא להכי נקט לישנא דלעולם דרוב הפעמים ואפשר כולן כך הוא ועיין בחי' הריטב"א וק"ל.

ד"ה זב תולין וכו' שמחמת רוב מאכל ראה וכו' והתניא מלתא פסיקתא ושכיחא טפי נקט שמחמת רוב המאכל בא לידי שינה ומביאו לידי קרי ועיין בלשון הרמב"ם דפ"א מהלכות מ"כ וק"ל. ומ"ש ולא מחמת אונסו וכו' שהזוב דומה וכו' כדאיתא בפרק בנות כותים דף ל"ה וברים פ"ב דכריתות.

ד"ה אין מאכילין אותו בימי בדיקתו ע"כ מ"ש בחי' הריטב"א דזב תולין לו במאכל פי' בראיה שניה ושלישית וכו' שגם הכא ראיה באונס וכו' היינו לר"א דפ"ב דזבים אבל לרבנן שם וקי"לן כוותייהו ג' אין בודקין אותו כלל וכמו שפסק הרמב"ם בפ"ו מהל' מחוסרי כפרה וכן מ"ש שם לאפוקי ראיה ראשונה וכו' דלא בעיא בדיקה ע"כ היינו דוקא לטומאה אבל לקרבן בעיא כדאיתא בפ' בנות כותים ל"ה ע"א וכמו שפסק הרמב"ם שם וק"ל.

ע"ע משנה והעלוהו בית אבטינס וכו' גי' הירושלמי לעלי' בית אבטינס וכן גי' המשניות ומדוייקת היא דהכי תנן ברים תמיד בית אבטינס ובית הנילוץ היו עליות וכו'.

שם ובמה קורין לפניו באיוב ובעזרא וכו' ומשמע דאין קפידא במה שיקרא ודי שיהיו מכתבי הקודש שהם מושכים את הלב אם מגד הספור כעזרא וד"ה ודניאל ואם מגד עיב המליצה והמשל והשיר והשבח כתהלים ומשלי ואיוב והיינו דמייתי בירושלמי עלה דמתני' תני במשלי ובתהלים מפני שטעמן מפיג את השינה ע"כ ולזה דקדק הרמב"ם ז"ל בחי' ריש הל' עי"כ שכתב ובמה קורין לפניו בכתבי הקדש ע"כ ויתורץ בזה קושית הרל"ם שם יעו"ש וק"ל.

תוספות ד"ה יחודי בעלמא וכו' להכי פרי"י וכו' עיין בדברי התוי' דהחולץ ל"ז ע"ב ובתו"י כאן ובהרמב"ם פי"א מה' איסורי ביאה. ומ"ש מ"מ הכא שרי כיון שהיו להם נשים בביתם וכו' וים ראיה לדבריהם ממתני' דפ' בתרא דקידושין דקתני לא ילמד רווק סופרים דמשמע דלת"ק כל שיש לו אשה אף שאינה בעיר עמו לא תקיף יצריה עיין בדברי ה"ה דפ' כ"ב מה' איסורי ביאה ומ"ש הפר"ח בפ"ב מהלכות ת"ת וק"ל.

באו"ד כי לפי' ר"י קשה הלשון וכו' דהו"ל לייחודי וכו' דבשלמא לפרש"י דהכא לא שייכא גזרה דהוא ישן וכו' ניחא דאתרי קושיי דפריך משני דכאן לא היה אלא יחוד בעלמא ולא היו נזקקין לכן כלל אבל לפי' ר"י מהלשון משמע דלא משני אלא אפרכא דרא"י ומאי משני הא אפי' ביחוד איכא יש חשש דם תמיד כיון שהיא אינה יודעת שהיא ליחוד בעלמא דאם היו מודיעים הכי הו"ל ואבע"א לייחודי כלומר שהיו מודיעין וכו' ולזה תירץ שפיר דאי הוה קאמר לייחודי וכו' לא מוכח מכונת הלשון דאת"ז לא היו באין עליהם אלא אימא דכונתם היה לתקן חשש דם תמוד וא"כ זה מוכיח דדעתם לבא עליהם אלא שלא היו מגלין וא"כ הכתי תיקשי קושיא דרא"י להכי נקט לישנא ייחוד בעלמא וכו' כלומר שדעתם מבוררת היתה ליחוד בעלמא וכך היו מודיעים להם וא"כ דאי לבסוף תקיף יצרייהו והיו צריכים להזקק להם היו מביאים אותם לעירם משום חשש דרא"י ועיין בת"י בגלע"ד

ועיין במהרש"א ודו"ק. ומ"ש אבל ביסודו וכו' משום אפושי שמחה וכו' ועוד יש חילוק נכון בזה משמע של הרמב"ן כתבו הב"י ביו"ד סי' שפ"ג יעו"ש.

דף י"ט ע"א גמרא תנא ללמדו חפינה וכו' כבר פירש"י ז"ל במשנה דהיינו חפינה דלפני ולפני' כדאיתא לקמן מ"ט ע"ב אלא שמדברי התוי' בפ"ק דמנחות י"א ע"א ד"ה והא איכא חפינה וכו' משמע קצת דלא כפי' וכן נראה בהדיא מדברי הרמב"ם בפי' משנה זו שכתב וזה לדעת האומר שהוא מן העבודות הקשות שבמקדש ועוד נבאר בתחלת מנחות כי אין הדבר כן אלא כמו שאמרו גם מלא חפניו כדחפני אינשי וכו' הא קמן דמפרש ללמדו חפינה דבחוץ דאילו שבפנים לכ"ע עבודה קשה היא אפילו לר"פ לקמן מ"ז ע"ב ובמנחות שם והיינו דבחי' ברים ה' ע"ב השמיט הך דללמדו חפינה דפסק כמ"ד כדחפני אינשי כמ"ש בפי"ג מהל' מעשה הקרבנות ואפ"ה בפ"ד מהל' עי"כ כתב דסדר חפינה שבפנים עבודה קשה היא וירא' טעמו דמשמע ליה דכיון דקאמר ללמדו חפינה סתמא משמע תחילת חפינה דאילו חפינה דבפנים לאו עיקר חפינה היא אלא דהיה חוזר וחופן ומתקנתא דרבנן כמ"ש התוי' לקמן מ"ט ע"א ד"ה אי חופן וכו' ואי קשיא לך דחפינה דבחוץ מאי עבודה קשה היא דבשלמא דמנחות יש לכהן לצער להשוות דבר קשה כדאית' במנחות שם דהא משמע דאדרבא יותר קשה חפינת קטורת להיות שאינו מגובל וכדאיתא בפ' כל המנחות באות מצה י"ד ע"א ה"ר אילא אין לך קשה לקמיצה יותר ממנח' חוטא וכו' ופרש"י חריבה היא וקשה לקמוץ שלא יהא קומץ חסר כשהוא מוחק בגודל מלמעלה ובאצבעו קטנה מלמטה נושר מן הקמח יותר מדאי ע"כ ועיין בתוי' לקמן מ"ט ב' ד"ה והאיכא קמיצה וכו' ומהתימה על הפר"ח ז"ל בפ"ד מה' עי"כ דממאי דס"ל דבחפינה עצמה אין בה קושי כלל כתב דדבריו שבפי' המשנה באו שלא בדקדוק ובכאן חזר בו וכו' יעו"ש כי לענ"ד אין כאן חזרה כלל ודבריו ז"ל כתבם בדקדוק גמור ומ"ש התוספות במנחות י"א ע"א דהא דפריך התם והא איכא חפינה היינו חפינה דבפנים שהיא היתה עבודה קשה מאד ולא כשהיה חופן בלשכת בית אבטינס יעו"ש אפשר להסכימם למ"ש דלאו למימרא דאין בחפינת חוץ קושי כלל אלא כוונתם דההיא דבפנים קשה היא מאד והיינו טעמא דפריך התם מחפינת קטורת ולא פריך נמי ממנחת חוטא משום דלא פריך אלא ממלתא דיש לצער כמ"ש לקמן שם ולהרמב"ם נאמר עוד דלעולם מחפינת דבחוץ פריך דהיא העקרית חפינה סתמא כמ"ש ועלה הוא דקאמר ר"פ התם כדחפני אינשי ואפ"ה לא היקשי אמאי לא פריך נמי ממנחת חוטא דלשיטתיה אזיל דס"ל דלא כר' אילא אלא דגבלה במים כשרה כמ"ש בפי"א דה' פסולי המוקדשין ומעתה אין כאן קושי בקמיצתה וכ"כ בס' ברכת הזבח במנחות שם ג"ד ה' ומה שהקשה מהרי"ו קורקוס ז"ל דאיהו כה פסק הרמב"ם ז"ל כר"פ כיון דהבריית' דמנחות י"א ע"א אתיא דלא כותיה כמו שהשתיק הכ"מ בפי"ג מהל' מעשה הקרבנות יעו"ש י"ל דס"ל דכיון דרבא ור"פ שם ס"ל כדקמלי אינשי משמע דס"ל דברייתא יחידאה היא ודמתניתין דקתני התם כיצד הוא עושה פושט את אצבעותיו על פס ידו ולא קתני חופה שלש אצבעותיו וכו' ומוחק בגודל מלמעלה וכו' פליגי אברייתא וכותייהו קימ"לן דבתראי נינהו ומה שכתו' בס' קרבן אהרן פ' ויקרא פרשה ט' דברייתא דת"כ דקתני כיצד חופה את פס ידו וכו' ולא קתני חופה שלש אצבעותיו על פס ידו וכו' אתיא כר"פ דסבר כדקמלי אינשי בכל האצבעות ומש"ה פסק הרמב"ם ז"ל כר"פ דהך ברייתא מסייעא ליה יעו"ש וכ"כ בס' לידה לדרך בפ' ויקרא יעו"ש הנה לא זכיתי להבין דבריהם דעיקר הקושי היה למחוק בגודל ובאצבעו מלמטה ולמעלה שלא יהא חסר ויתר כנראה מפרש"י שם ומלשון רש"י שהעתקנו לעיל וא"כ לפרש לדעת הרמב"ם דס"ל דאין כאן קושי דהא דקאמר ר"פ כדקמלי אינשי דהיינו שהיה עושה בכל האצבעות וגם שלא היה מוחק כלל והן הן דברי מהרי"ו קורקוס שם שכתב שר"פ הולך על מ"ש בג' אצבעות לבד ושמוחק ושיש בה קושי ע"כ וזה מוכרח שהרי הרמב"ם שם בה' מעה"ק לא הזכיר מחיקה כלל וכיון שכן ברייתא דת"כ דמסיים בה ומוחק בגודלו באצבעו מלמעלן ולמטן אתיא נמי דלא כר"פ ולפי"ז ל"ל הכ' דסתם לן תנא הכא כמ"ד דחפינה דחוץ עבודה קשה היא תנן אסתמא דמנחות דהוי סתמא בדוכתא דדיני קמיצה ובתרא הוא

סמכינן ומה גם דסתמא דהשא לא מכרעא כ"כ דתוספתא הוא דמפרש דהעלוהו לעליית בית אבטינס ללמדו חפינת דחוץ ודאתיא כמ"ד דעבודה קשה היא וכבר נוכל לומר דאתיא אף כמ"ד דלאו קשה היא וללמדו היינו סדר חפינת פנים דקשה היא לכ"ע ואפ"ה לא (ו) חשש הרמב"ם לומר זה כיון שאין הדבר מבואר בתלמוד דזה דרכו ועיין מ"ש הרל"ס בה"ל עיה"כ שם ומה שהקשה דכיון דר"פ ס"ל כדתפני איגמי היכי קאמר בסוגיין שתי לשכות היו לו לכהן גדול וכו' ואחת לשכת בית אבטינס וכו' הנה מלבד ש"ל דר"פ אתנא דברייתא קאמר וליה לא ס"ל עוד זאת אגי' מתנ' והיא גי' בפי' המשנה דגרס העלוהו לעלית בית אבטינס מלינן למימר דלשכה ב"א דקאמר ר"פ מלתא אחריתי היא והיתה למטה מעליית בית אבטינס או חדר מיוחד בעליה ההיא לדירת כהן גדול על דרך מה שכתב ז"ל בפ"ה מהל' כלי המקדש ובית יהיה לו מוכן במקדש והוא הנקרא לשכת כ"ג ותפארתו וכבודו שיהיה יושב במקדש כל היום אע"ג דלשכה זו משמע שהיא לשכת פרהדרין שהרי כתב בספ"ה מה' בית הבחירה ח' לשכות היו בעזרה וכו' ולשכת העץ היתה אחורי שתיהן והיא היתה לשכת כ"ג והיא הנקראת לשכת פרהדרין וכו' מ"מ לא ימנע שהיו לו לשכות אחרות במקומות אחרים והא דלא מנה שם לשכה זו אפשר דמשמע ליה דעיקר דירה לא היה שם אלא בלשכת העץ דהכי משמע מדהיא נקראת בסוף מדות לשכת כ"ג סתמא ועוד אפשר שלא מנה אלא לשכות שהיו בקודש לאפוקי זו ועיין עוד בס' ח"ה ריש סי' כ"ד והא דקאמר בסמוך ומסתברא לשכת פרהדרין וכו' ואזיל לצפון וגמר חפיגה וכו' לאו מלתיה דר"פ היא אלא סתמא דתלמודא קאמר לה דהא ע"כ ל"פ אלא אי חפיגה צריכה לימוד או לא אבל במקום עמידה לשכת ב"א בהא ל"פ וא"כ כי היכי דלמ"ד דצריכה לימוד ל"ל דעליית ב"א בצפון היתה ה"נ לר"פ ל"ל דלשכת ב"א בצפון היתה וכבר אפשר לומר עוד דשבועה זו היו משביעין אותו בלשכת בית אבטינס ולזה הוא דקאמר ר"פ שתי לשכות היו לו לכהן גדול וכו' לא לענין החפינה וכ"פ ז"ל בפי' לסוף מדות ומתבאר בגמ' דיומא וכו' ושלשכה זו שבדרום על שער המים הוא לשכת בית אבטינס שמשביעין אותו שם ערב יוה"כ כמו שביארנו שם עכ"ד אלא דמשמע ליה ז"ל דאין דבר זה מעכב שישביעוהו שם בדוקא ולהכי בחי' שם הזכיר סתם שהיו משביעין אותו ולא פירש היכן ואח"ז מצאתי לבעל שלטי הגבורים שכתב בפרק כ"ה ז"ל ועוד היו שם בתים ולשכות אחרות והם היו בית אבטינס וכו' ועליות על גבה ששם אבטינס ומשפחתו היה מפטם הקטורת וגם במקום ההוא היה בעולי בית הכ"ג ששם היו משביעין אותו כדאי' ביומא פ"א וכו' עכ"ד כגלע"ד ושוב ראיתי בספר עבודת ישראל שהאריך כרחיב בענין זה יעו"ש דף ל"ט ועיין עוד בספר לח' יהודה הל' עיה"כ.

שם אבא שאול אומר לשכת כ"ג היתה אחורי שתיהן וכו' משמע דא"ש ורבנן לא פליגי (עיין בהגה' שבחי' ריטב"א שדבריו ל"ע יע"ש) ואפי' תימא דפליג קילין כותיה מדר"פ אייתי ראיה ממלתיה להוכיח לשכת כהן גדול שבצפון וכ"פ הרמב"ם ז"ל בספ"ה מהלכות בית הבחירה שכתב ולשכת העץ היתה אחורי שתיהן והיא היתה לשכת כ"ג והיא הנקראת לשכת פרהדרין עכ"ד ומ"ש דהיא לשכת פרהדרין הכי מוכח מהא דאסיק לקמן וכמו שרמז בפי' לסוף מדות יע"ש דאף על גב דקאמר ומסתברא דלשכת פרהדרין בדרום הואי וא"כ אינה לשכת העץ שהיתה בצפון הא דחינן לה דקאמר מסרחינן ליה טפי וכו' ולכן דיחויא אבתי נוכל לפרש דהיינו לש"פ ואי קשיא לך דסוף סוף מהיכא פשיטא ליה להרמב"ם למימר דלש"פ בצפון כיון דר"פ גופיה מסתפקא ליה ואדרבא היה נראה לפרש הא דקאמר בלד דרום ובלד לשכתו היתה וכו' דמשמע לשכתו המיוחדת לו דהיינו לש"פ משא"כ אם תפרש לשכת בית אבטינס דלא אתי שפיר כ"כ כיון דמיוחדת ג"כ לשאר דברים וכבר כרל"ס בריש הלכות ערב יום הכיפורים הרגיש בזה אלא שתירץ שם דחוק קצת ולעד"נ דס"ל ז"ל דע"כ לשכת עץ בחול היתה כיון שהיתה אחורי שתיהן דגזית וגולה וגזית חציה בקדש וחציה בחול כדאיתא לקמן כ"ה ע"א ועיין מ"ש התי"ט פ"ה דמדות משנה ד' ד"ה לשכת העץ וד"ה והיא היתה וכו' ובס' ח"ה סי' כ"א וא"כ ע"כ לפרש דהיינו לשכת פרהדרין דיש סברה לומר שהיתה בחול כיון שהיה ישן בה וכמ"ש תי"ו ז"ל ו' א' ד"ה מביתו למה פירש וכו' ועיין מ"ש בתו' דריש מכילתין ודף ח' ע"ב ד"ה דאי ר"א וכו' ובמ"ש שם דאם תפרש לשכת בית אבטינס דשם היו אומני קטורת הרי קיל"ן דכל מעשיה בקדש בתוך העזרה כדאית' בפ"ק דכריתות וכמו שפסק ז"ל פ"ב מהל' כלי המקדש וא"ת דהא קמן שהיו יושבים ושומרים בעליית בית אבטינס כדאיתא בריש תמיד וי"ל דגגין ועליות לא נתקדשו וקרוב לזה מצאתי בס' דרך הקודש דף ה' ע"ג יע"ש ור"פ דמספקא ליה היינו משום דמספקא ליה אי קיל"ן כמ"ד דמעשיה בקדש אי לא דפלוגתא היא בירו' כמ"ש הכ"מ אבל כיון דבתלמודא דידן שם בכריתות אין כאן מחלוקת הכי נקטינן כמ"ש שם ומעתה פשיטא לן דלשכת העץ היינו לשכת פרהדרין ולפ"ז ל"ל דהגם דקתני שם לשכות היו בעזרה משום דרובם בעזרה הוו נקט האי לישנא אבל אה"נ דלשכת העץ לא היתה בעזרה וא"כ י"ל דהיתה בחלל העזרה אלא דפתוחה לחול ועיין בס' דרך הקדש י"ז סוף ע"ד ועוד דכיון דגג שלשתן שוה מיחזי כאלו היתה בעזרה ושייך שפיר לומר שהיתה בעזרה ועי"ל דס"ל ז"ל דהגם דתלמודא דידן מספקא ליה כיון דחזינן דתלמוד ירו' פשיטא ליה דלשכת בית אבטינס היתה בדרום דעלה דמתני' מייתי התם ברייתא דקתני דבית הטבילה דחול על גבי שער המים היתה וסמוך ללשכתו היתה ע"כ דמשמע דאשמועינן הירושלמי בזה דב"א בדרום הוי דאי מספקא ליה הד' דהו"ל לפרושי ועוד דליתי' נמי הך אמתני' דריש מכילתין דלשכת פרהדרין אלא ודאי דפשיטא ליה ומעתה הכי נקטינן וראיתי בס' חנוכת הבית אות כ"ד שרצה לקיים דגי' מדות בית האמיתות ולשכת העץ בדרום הואי כדברי הריטב"א בפ"ו דשקלים ולע"ד דברי הרמב"ם ז"ל כנים ואמתיים וכ"כ הרב המאירי ז"ל כדלקמן ורוב קושיותיו שם נתיישבו מכלל דברינו זולת מה שהקשה בסוף דבריו קושיא אלימתא דשם בצד צפון המקום דחוק ללשכת הגזית יע"ש שהאריך והנה מחלה עלה בדעתי לומר דלעולם שהיתה בנויה חציה בקדש וחציה בחול והיתה מתפשטת לצד צפון מחוץ לעזרה די הסיפוק וכדמשמע מסוגיא דלקמן דקאמר אמר אביי ש"מ לשכת הגזית חציה בקדש וחציה בחול ולא קאמר חציה קדש וחציה חול דמשמע ודאי דתרוייהו איתנהו שם מצד הבנין ואם מצד שפתוחה לחול ולקדש וכ"כ התי"י שם בהדיא וכ"כ הרב המאירי ז"ל אלא שבדבריו ז"ל בפי' לסוף מדות משמע דס"ל דהיתה בנויה כולה בקודש אלא שהיתה פתוחה לחול ולקדש שכתב שם וכבר נתבאר בגמ' יומא שלשכת הגזית חציה קדש וחציה חול ויש לה שני פתחים אחד פתוח לקדש ואחד פתוח לחול ושחציה של חול הוא לצד מערב ובאותה המחלה יכולין לשבת וכו' ע"כ וכן בחי' פ"ה מהל' בית הבחירה כתב לשכת הגזית שבה סנהדרי גדולה יושבים וחציה היה קדש וחציה היה חול ולה שני פתחים וכו' משמע דגרים במלתיה דאביי חציה קדש ואפי' תימא דגרים כגי' הספרים ה"ק חציה בקדש מצד שהיתה פתוחה לקדש וחציה בחול מצד שהיתה פתוחה לחול וכדמוכח ממתניתא ותוספתא דפ"ג דמעשר שני וכמסקנת התי"י שם ומה גם למ"ש שם דהרמב"ם השמיט סיפא דמתני' דבנויות בקדש ובחול וכו' דסמך אההיא דלשכת הגזית יע"ש אלא שהאמת דשטע הסוגיא שם רהטא דחציה בחול וחציה בקדש ממש קאמר ויותר נראה דגם הרמב"ם ז"ל ה"ק חציה קדש מפני שבנוי' בקדש ובחול וכן משמע מדבריו דתרתי קאמר מדלא קאמר שהרי יש לה ב' פתחים וכו' ואפ"ה לא נוכל לפרש לדעתו שהיתה מתפשטת מחוץ לעזרה לצד צפון שהרי פי' ז"ל דחציה של חול מצד מערב ועל כן הנלע"ד ליישב וקודם כל נדקדק לשונו ז"ל שבפי' שכתב ושחציה של חול לצד מערב וכו' ונראה סמך קצת לזה ממ"ש לקמן זקן ויושב במערבה יע"ש אלא דלצד מערב דקאמר היינו מערב של הלשכה שהיתה פתוחה לצד עזרת נשים וחיל וחלק זה דין ע"נ היה לה שהותר בישיבה דאם תפרש מערב של מקדש לא משכחת לה שיהיה חול באותו צד שהרי פתוח לקדש לעזרת ישראל ועזרת כהנים דדוחק לפרש שהיתה עשויה כמין גם שחלק של חול היה מתפשט מבחוץ לצד מערב אלא ע"כ לפרש כמ"ש וכיון שכן נוכל לומר דאותו החלק של חול המשיכו אותו בשעת בנין באופן שהיתה מתפשטת לתוך עזרת נשים כפי מה שהיו צריכים באופן שכולה היתה בקדש כלומר תוך המקדש אבל קצתה היה לה דין ע"י וקצתה דין ע"נ וז"ל הריטב"א לקמן שם והחצי שבמערבה שהוא חול היה לו פתח פתוח כלפי חוץ לחול שממנו נכנסים ויוצאים לשם והחצי שבמזרחה שהוא קדש

היה פתוח לעזרה כלפי פנים עכ"ד והא דלא ניחא ליה ז"ל לפרש שהיתה משוכה מצד דרומה חוץ לעזרה בתוך החיל דלא תגעיה אי גרים חליה קדש דמשמע דעולה היתה בקדש ולא היתה מתפשטת חוצה למקום חול אלא אפילו אי גרים חליה בקדש וכמ"ש מ"מ לישנא דזקן יושב במערבה דייק טפי לפי זה דאל"כ הול"ל זקן יושב בדרומה ועוד דכיון דבעינן ב"ד הגדול סמוך לשכינה כמ"ש התו' פ"ק דע"ז ח' ע"ב וכדאיתא בספרי ריש פ' משפטים יעו"ש טפי ניחא לן למימר שהיתה מתפשטת למקום מקודש דע"כ דהגם דהשתא רחוקה טפי ממקום שכינה דשער נקנור ולפנים מ"מ יותר היתה נראה רחוקה ממקום שכינה אילו היתה יוצאת למקום חול ממש ואי קשיא לך דכיון דהיתה לצפון עזרה א"כ היאך היתה מתפשטת דרך עזרת נשים כיון שהיו בה ד' לשכות בד' מקצועותיה כדתנן במדות תרין דמאן לימא לן שהיתה לשכת הגזית במקצוע לפוגית ממש אלא הכונה דהיתה משוכה לצד לצפון ולעולם שהיתה רחוקה מקרן לפוגית מזרחית של עזרה וכ"כ הרא"ד בהדיא גבי לשכת פרהדרין הובא לשונו בספר דרך הקדש י"א ע"א יעו"ש ושוב ראיתי בס' שלטי הגבורים בפ' כ"ו שדעתו לאייר' קאתה במקום חול ממש לצד לפון ושם עמד גם על דברי הרמב"ם וכתב שם שנתקשה לו מאד מגלת מערב שכתב ז"ל דהיאך יזדמן מקום חול לצד מערב וכתב שם משם גאון אחד שדיבורו שהיה מגיה מזרח במקום מערב ואז נוכל לומר שתהיה פתיחה לחול היינו לעזרת נשים וכו' יעו"ש ובספר ח"ה אות ל' והנכי הלפיר לא ידענא מאי ק"ל דהרמב"ם ז"ל מערב של לשכה קאמר והכי דייק לישנא דתלמודא לקמן דקאמר יושב במערבה וכן היה נראה ממ"ש הרב המאירי לקמן שם דהכהנים מתקבלים בחליה של קדש שהיה בצד מזרחה של לשכה וזקן מתקני הסנהדרין יושב בחליה של חול לצד מערבה של לשכה ע"כ אלא דבסוף דבריו כתב ולעגין ביאור מיהא יש כאן מקום עיון היאך היתה חליה של חול לצד המערב וחליה שבקדש למזרח והדין היה נותן בהפך שכל כמה שנכנס לפנים יותר ראוי לומר שהוא קדש אפשר שמצד הפתחים היה כן שחליה הבנוי במקום קדש ר"ל בצד המערב פתוח לחול וחליה שבמזרח פתוח במקום קדש והוצרכו לכך לדעתינו להיות הסנהדרין יושבין אצל המזבח וכמו שאמרו במכילתא מנין לסנהדרין שיושבים בלשכת הגזית סמוך למזבח וכו' עכ"ד. [ודבריו ל"ע דהא משמע דאתרתי בעינן כמ"ש לקמן כ"ה ע"א בסוגיא יעו"ש] ושוב מלאתי כדברי בס' דרך הקדש י"ח ע"א אלא שמדקדוק לשונו משמע דלא ניחא ליה לפרש בלשון הרמב"ם הכי וגם שם ח"ע ייצב קושית ס' ח"ב באופן אחר יעו"ש ולע"ד יראה כמ"ש ושאר הקושיות שהקשה בס' ח"ב שם בנקל ליישבם מתוך מ"ש יעו"ש כי אין להאריך יותר אלא שהאמת הוא דאין לייר מקדש של הרמב"ם מסכים למ"ש דשם לייר לשכת הגזית כולה חוץ עזרת ישראל וע"כ אם הציור אמת עדיין ל"ע ואיך שיהיה הנה פשטא דסוגיין מוכחא דגרסי' במתני' דמדות שש בצפון לשכת העץ וכו' דהיינו דמייתי ר"פ מסכתא דהיתה לו לשכה בצפון דא"א לגרוס כאן אחד בדרום דתנן וכו' דע"כ לקמן צריך לגרוס אחת בדרום דתנן שבעה שערים וכו' דהא ממאי דקתני על גבי שער המים ובצד לשכתו וכו' בא להוכיח דיש לו עוד לשכה אחרת ושער המים בדרום היא וכדתנן נמי בגמ' מדות וא"כ לשכה זו בדרומה הואי דקתני בצד דמשמע סמוך לשער ולבית הטבילה דבדרום וכיון שכן קמייתא דר"ש להוכיח לשכה דבצפון אתא ומעתה ע"כ לומר דלשכת גזית בצפון הואי וכדברי הרמב"ם וקרוב לזה הוכיחו בתוי"ט דגרסי' סוגיין עיקר ולא דמדות יעו"ש דמ"ש בס' ח"ה אות כ"ח ואות ל"א ליישב בסוגי' לדעת הרע"ב ולשכת גזית בדרום דחוק הוא והאמת יורה דרכו כדעת הרמב"ם ז"ל ודו"ק.

שם לשכת הגזית שם היו סנהדרין וכו' מ"ש בחי' הריטב"א שהיתה בנויה אבני גזית שנגררו בחוץ שלא נאמר אלא במזבח וכו' עיין בסוגיא דריש תמיד כ"ו ע"ב ובפי' המפרש וסי' באר שבע שם. כתב הרב המאירי ז"ל ועוד היו שם שתי לשכות א' מימין שער המזרחי והיא לשכת פנחס המלביש וא' משמאלה והיא לשכת עושה חביתין ולא הוזכרו וכן היתה עוד בצד דרום מתחוך מעט לשכה אחרת והיא של בית אבטינס ע"כ.

שם שני לו שער הקרבן וכו'. הרע"ב בפ"א דמדות כתב דגרסינן שער הבכורות יעו"ש ובגי' שלפנינו והיא גי' הרב המאירי ז"ל צריך לפרש נמי דשער הקרבן היינו שער הבכורות כדמוכח ממלתי' דאלא יוסי ספ"ב דמדות דהכא משמע דלא פליגי ושער הקרבן בתרא היינו שדרך שם מכניסים ק"ק שמחיטתן בצפון כפירוש הרע"ב דפ"ו דשקלים וכן מוכח מדברי התו' דסוף פרק שני דזיני גזרות ק"ו א' דגרסי' כגירסי' שלפנינו שכתבו שם באמצע ד"ה שבעה שערים והמעיין שם ימצא דשער הקרבן דפ"ק הוא שער הבכורות דפ"ב וכו' יעו"ש.

שם ושלפנים הימנו החיל וכו' גי' מתני' דמדות ופתח היה לו לחיל יעו"ש.

שם ומסתברא וכו' מקדים קאי ומיסך את רגליו וכו' בלאו הכי היה צריך טבילה כיון שעתיד ליכנס לעזרה דאפי' טהור צריך טבילה דהביא דכל המיסך וכו' אלטריך למי שהיה כבר במקדש וילא וכמ"ש התו' לקמן כ"ט ע"ב יעו"ש אלא אורחא דמלתא נקט שכן דרך המשכימים כמ"ש רש"י ד"ה מקדים וכו' ולפ"ז ל"ל דמ"ש בד"ה ומיסך את רגליו וכו' וכל המיסך רגליו טעון טבילה ליכנס לעזרה וכו' למאי דקמן דמיסך רגליו הוא שכתב כן אבל אה"נ דבלאו הכי צריך טבילה וק"ל.

שם א"כ תסגי ליה בחדא וכו' למ"ש לעיל דלשכת בית אבטינס צריכה במקום קדוש משום קטורת דמעשיה בקדש א"כ צריך לייסב דמאי פריך תסגי ליה בחדא הרי צריכין אנו ללשכת פרהדרין שהיא במקום חול כדי שיוכל לישב ולישן בה כל שבעה אם לא שנאמר דבלשכת ב"א דאומני קטורת היו שם לשכה מיוחדת ומופרשת לכ"ג לישב בה שהיתה פתוחה למקום חול אבל עיקר הלשכה היתה קדש ופתוחה לקדש וכך יש לדייק מלשון הרב המאירי שהעתקנו בסמוך וזה מוכרח לפי האמת דהיה לו לשכה מיוחדת שם דמשום פעם אחת שהיה הולך ללשכת ב"א לגמור חפינה לא הוה תני ובצד לשכתו דמשמע לשכה המיוחדת לו ולגי' מתני' דגרסי' העלהו לבית אבטינס י"ל עוד דמעשה הקטורת היה למטה שהיה קדש אבל עליית בית אבטינס לא נתקדשה דהשתא ה"ק תסגי ליה בחדא היינו בבית אבטינס שהיתה שם עלייה לישב ולישן בה ולמטה בלשכה לגמור חפינה אלא דטפי ניחא לומר שהיה לו לשכה מיוחדת כמ"ש דלשון ובצד לשכתו משמע שהיתה לשכה ולא עלייה כנלע"ד ודו"ק.

רש"י ד"ה **לשכת** אבטינס ללמוד חפינה ע"כ הנה אם תעיין בפי' הסוגי' במ"ש לדעת הרמב"ם תבין דהוצרך ז"ל לחזור ולבאר זה לאפוקי מפי' הרמב"ם יעו"ש כי מבואר הוא.

ד"ה **לשכת** הגולה וכו' עולה גולה ע"כ עיין בתוי"ט שם במדות ובס' דרך הקדש י"ח ע"א ולפי' הר"י דסוף עירובין נוטים דברי הרמב"ם בספ"ה מהל' בית הבחירה שכתב שממלאין הימנו בגולה וכו' ועיין בריטב"א וק"ל.

ד"ה **ואזיל** נדרוס וכו' כר"ע וכו' אגולה מילתא קאי דהא דקאמר נמי להדי פניא מדו וכו' אליביה דר"ע היא כדאי' לעיל וכ"כ התוי"ט בסוגיין בהדיא ועיין בחי' הריטב"א וק"ל.

תוספות ד"ה **ששם** מדיחין וכו' י"ל דבשר קדשים מדיחין על השלחנות וכו' יש לדקדק דהא מתני' דשקלים פ"ו קתני בהדיא י"ג שולחנות וכו' שמנה של שיש בבית המטבחים שעליהן מדיחין את הקרביים וכו' וכ"כ הם עצמם לעיל י"ו ע"ב ד"ה מן השולחנות וכו' וכן תיקשי נמי להרמב"ם שכתב בספ"ה מהל' בית הבחירה ובו שלחנות של שיש שעליהן מניחין הנתחים ומדיחים את הבשר לבשלו וכו' אלא דלהרמב"ם י"ל דלאו דווקא נקט בשר לאפוקי קרבים וסמך למ"ש בפ"ו מהל' מעשה הקרבנות הכרס מדיחין אותו בבית המדיחין כל צרכה והקרבים אין פוחתין מג"פ ומדיחין אותן על שלחנות של שיש שבין העמודים ע"כ והכי מוכח ממס' תמיד פ' לא היו כופתין דקתני דכרס מדיחין אותה בבית המדיחין דמשמע דהיינו לשכת המדיחין דהשתא לדידיה ז"ל לא תיקשי מידי והגם דשם בהל' כ"ה העתיק כלשון משנתינו לשכת מדיחין וכו'. וזה ע"ד מ"ש המפרש דתמיד שם לחלק דכרס דהוה מאים טפי דהיו מדיחין אותו בפני עצמו בלשכה זו והקרבים היו מדיחין אותם בשלחנות שלא תשלט לשונם יעו"ש אבל לשונם ז"ל קשה אם לא שתדחוק לפרש דלהכי כתבו אבל קרבי קדשים שיש בהם פרש כלומר דהיינו כרס ולא שאר קרבים והנהו בכלל בשר קדשים שכתבו ניהו ושוב ראיתי למהרש"א ולהתוי"ט שם במדות

שהרגישו בזה יעו"ש ועי"ל דתחילת הדחה קאמרי דבשר תחילה הדחתו היתה על השלחנות ודי להם בזה אבל קרביים דמאיסי תחלה היו מדיחין אותם בלשכת המדיחין בלנטה ואח"כ היו מדיחין עוד בשלחנות של שיש כדקתני מתני' וכן מצאתי שכתבו התוספות בפסקי מדות בהדייא יעו"ש אבל מה שראיתי בשכ"י שרצה לתרץ לקושי' התוספות דבשלחנות היו מדיחין קרבי קדשי קדשים ששחיטתן בצפון וכמ"ש רש"י לעיל גבי טבעות יעו"ש ובלשכת מדיחין שבדרום היו מדיחין קרבי קדשים קלים ע"כ אינו נראה לענ"ד חדא שלא מצאנו חילוק זה בגמ' וגם הרמב"ם לא חילק בזה כלל ועוד דהרי עולה תמיד דק"ק ואפ"ה קתני מתני' דפ' לא היו כופ' והכרס מדיחין וכו' דמשמע דהיינו לשכת מדיחין ועוד דמה יענה לגי' מתני' המדות דלאות' גיר' לשכת מדיחין בצפון והגם שהתוי"ט דחאה ועיין בת"י דסוגיין מ"מ בס' חנוכת הבית כתב שהיא גי' הרע"ב והראב"ה יעו"ש בטעמו וע"כ יותר נראה תירוצם ז"ל דהוא תי' כללי לשתי גירסאות ונראה דבשכ"י נכנס לחילוק זה להיות שראה העתקת התו' דגרסי ששם מדיחין קדשי קדשים וכו' אבל נראה דט"ס הוא וצ"ל קרבי קדשים וכה"ג בכל הספרים וכן העתיק מהרש"א בלשונם וק"ל.

ד"ה **לשכת** בית הפרוה וכו' דהי תנא להו ברישא וכו' וי"ל אי הוי מפרש וכו' כותם דמעיקרא ס"ד דתנא לא קפיד ברישא אסדרא דידהו מדלא קתני הכא שניה לה לשכת בית הפרוה כדקתני לקמן גבי שערים אלא דכיון דלשכת המלח ופרוה שתיהן היו לענין אחד של מליחה ומכ"ש למ"ש התוס' בהקומץ רבה כ"א ע"ב דמלשכת מלח היו לוקחין למלוח עורות בלשכת פרוה לכך תנינהו גבי אהדדי אלא דא"כ תיקשי דאמאי כי פריש להו הקדים מדיחין לפרוה ותי' דלעולם ברישא קפיד אסידרא דכך הם סדורים במקדש כמו שמנאם וכמ"ש התוי"ט שם במדות ואפ"ה כי פרשם הפך הסדר משום דהיכי לתני ועל גגה וכו' דאם לא תפרש אלא כנראה מפשט דבריהם דלא פסיקא להו אם הם סדורים כסדר שמנאם וזה ממה שהקשו ארישא נמי מאי שנא וכו' א"כ לפי תירוצם אכתי תיקשי דאמאי לא מנאם ברישא כסדר שהיה צריך לפרשם בסיפא ואם משום דמנאם על הסדר א"כ מעיקרא מאי ק"ל ארישא אלא ע"כ לפרש כמ"ש ושוב ראיתי בס' אור יקרות בתו' יומא שהרגיש בזה יעו"ש ודו"ק.

ע"ב גמרא **והם** פורשים ובוכים דאמר ריב"ל החושד בכשרים וכו' בירו' אמרינן והם פורשין ובוכין שצרכו לכך ע"כ משמע דה"ק שבאו לידי מדה זו בבית שני דשכיחא מינות ושיתמנה כ"ג כזה ע"פ ממון וכמ"ש הרמב"ם בפי' אבל אפשר להשכים עם טעם תלמודא דידן דה"ק שצרכו לכך לחשוד בכשרים עיין בלשון הרמב"ם שם ושוב ראיתי בס' יפה מראה שפי' כפי' הא'.

שם ומלאו כפו רגל עגל בין כתפיו וכו' בירו' הגי' וכמין פרסת עגל עלתה בתוך מלאו ע"כ והיינו משום דהכהו על פניו כמ"ש בס' י"מ שם ולגי' תלמודא דידן צ"ל דהכהו על פניו והגיעה סוף ההכאה בין כתפיו וק"ל.

שם מחויא רב הונא ואזיל קליה וכו' לפרש"י ז"ל ניחא הלפי שהיה נראה לתלמידים דבהכאת אצבע לגודל הקול נמוך מאד וכמ"ש התו' דהקומץ ל"ה ע"ב לכן הוצרך להראות במין תמיני אמון ידים שאפשר להשמיע בזה קול גדול וגם לפי' התו' יש לומר דהגם שהשמיע בו קול ברור מ"מ היה ספק לתלמידים שיוכל לעשות בזה קול חזק שיהיה בו כח בדי לעוררו להכי מחוי וכו' ואזיל קליה בכולי בי רב וק"ל.

שם אמר ר' יצחק על חדא וכו' עיין פירש"י וה"ק דלהכי קתני מתני' והפג אחת ולא קאמר והפג על הרצפה לרמוז שעל דבר אחר היינו על דבר חידוש היו מבקשין ממנו שיראה להם וכדי להפיג שינתו מאי היא וכו' ועיין בהריטב"א ובגי' וז"ל הרב המאירי הפג שינתך באחת שתראה לנו וכו' להראות להם קידה וכו' ולשון הפגה נאמר על כל דבר המתגבר על האדם ואדם מחליש כחו וכו' עד כאן אלא שהרמב"ם פי' באופן אחר שכתב וענין והפג אחד על הרצפה ר"ל הפשיר חמימות רגלך שתעמוד שעה אחת על הרצפה וכו' וכ"כ בחי' ריש ה' ע"כ ולא הזכיר כלום מענין אחוי קידה ואפשר דהרמב"ם גריס אמר ר"י עוד על חדא וכו' ובגי' הריטב"א וס"ל ז"ל דר"י לאו לפרושי אחת דמתני' אתא אלא להוסיף אתא לומר שאם לא הי' מתעורר בהפגת וקרירות הרצפה

כדקתני מתני' עוד היו אומרים לו שיראה דבר חידוש דהיינו קידה כי בתנועה זו החזקה יתעורר ויפיג שינתו וגמרא גמיר ר"י מרביה דהיו אומרים לו כן ומעתה כיון שאין זה מעכב להכי לא פי' בהי' ועוד דאפשר דכל זה בכלל מ"ש שם ומתעסקין עמו וכו' כלומר דמשתדלין עמו לעשות לו דברים כדי לעוררו הן לשורר לפניו כדקאמ' תלמודא לקמיה או דמחוי קידה כדאר"י וה"ט דלא חשש לפרש דהיו משוררין לפניו בפה וגם הא דמיקירי ירושלים וכו' כדי שישמע כ"ג וכו' אלא העתיק ומתעסקין עמו סתמא שכולל הכל כנלענ"ד ועיין בס' עבודת ישראל מ"ט ע"א שתי' דרך דחוק מאד לס' הרמב"ם יעו"ש וק"ל.

רש"י ד"ה **הכי** קאמרי ליה וכו' האי דקא"ל אתה שלוחינו וכו' כלומר ולא שמגיה המשנה אלא בלשון הזה ממש אומרים לו והכונה על דעתינו ולא חשש מתני' לפרושי בהדיא דודאי שבועה זו כשאר שבועות היא שהיו אומרים לו על דעתינו וכו' כדאיתא בשבועות שתים כ"ט ע"א והיינו דהרמב"ם ז"ל בריש הל' עיה"כ העתיק המשנה כלשונה והגם דפסק בפ"ו דנדרים דשלוחי דרחמנא נינהו משום דסמך על מ"ש בפ"א דשבועות דהיא על דעתינו וכו' והכא נמי דכוותה והכי קא"ל ועיין בס' שיירי כנה"ג ה' עיה"כ ושוב מצאתי קרוב לזה בס' אור יקרות יעו"ש וק"ל.

ד"ה **מחוטמו** שהוא ראשון לאיברים ליכנס וכו' כלומר שיכנס כולו משא"כ ידיו המחזיקים בכף ובמחתה שלא נכנסו אלא קצתם קודם כניסת חוטמו באופן שקודם שגמרו ידיו ליכנס כולם כבר נכנס כל חוטמו ובדין הוא שהוא ילקה כן נראה ליישב דבריו לתרץ מה שדקדקו בת"י ע"ש וק"ל.

ד"ה **בפרק** ראשון צריך כונה וכו' אבל הרי"ף בפ' היה קורא כתב דטעמא לאו משום כונה אלא משום דהוה ליה עראי ועיין בדברי בעל המאור והרמב"ן שם:

ד"ה **ומעסיקין** אותו בהפיגותם וכו' למה שנראה השתא מפשטא דמתני' שלא הוזכר בה שהיו משוררין לפניו הוא שפי' כן אבל לפי האמת דמייתי תלמודא תנא לא היו מעסקין אותו לא בנבל וכו' אלא בפה וכו' יש בכלל זה גם שהיו מתעסקין עמו לשורר לפניו.

ד"ה **צרתה** דדא וכו' באצבע הסמוכה לגודל וכו' אבל בת"י דסוגיין ובתו' דפ' הקומץ ל"ה ע"ב פי' אצבע אמצעי יעו"ש וכמ"ש הרמב"ם בפי' המשנה וישוב הסוגיא לדעתם עיין בתוי"ט ומ"ש הפר"ח ז"ל בה"ל ע"כ דמתוך לשון הרמב"ם משמע לי שלא היו מכין על הכף אלא היו מכין זו"ז והוא הנקרא קאסטאנייטאס בלע"ז אבל בירו' אמרינן באצבע צרדה ביד דהיינו מכין על הכף וכפרש"י וכו' יעו"ש הנה גם לדעתם צריך לומר שהיו מכין על הכף שהרי בחוש הראות אנו רואים דכשנשמט האמ' מעל הגודל מכה על הכף וגם זה מסייע לחזק הקול וגם לשון רש"י יש לפרש כן ולאו למימרא שהיה מכה על כפו האחרת דזה כמעט אינו נשמע כלל אבל כונתו ושומט' ומכה באצבע על אותו הכף עצמו ואף לפי הבנתו אין כאן סיוע מלשון הירו' ואין הכונה שם באצבע צרדה ביד וכו' שהיה מכה על ידו האחרת אלא כלפי הא דאמר מעיקרא ר' הונא באצבע צרדה בפה כלומר שהיה מניח אצבעו בפה ומשמיע קול שיר דומיא דהגרוס בן לוי דלקמן קאמר ר' יוחנן באצבע צרדה ביד כלומר שניגון זה היה עושה אותו בידו לא בפה ולעולם שלא היה מכה על ידו האחרת אלא באותה היד עצמה כעין הקאסטא' שעושין בעת הניגון והשמחה כמ"ש הרמב"ם והיינו דמסיים בירו' דגרי"י דאמר שהניגון ביד הא דתני שהיה הנעימה בפה לא בנבל ולא בכנור פתר לה נעימה הנאמרת באצבע צרדה אומרה בפה וכו' כלומר שאותו הניגון והנועם שהיה אומר בפה היה עושה בידו בתנועות ההם וכמו שסיים הרמב"ם שם ויעשו בו תנועות ערבות ע"כ וממ"ש אתה דן דמה שסי' בסדר עבודה כמנהג ק"ק רומה ישמיעו נעימת צרדה בפה ולא בכנור וכו' היינו כס' ר"ה דירו' עיין בס' ע"י מ"ע ע"ב ודוק.

ד"ה **אם** ה' לא יבנה וכו' הזהר בעבודתך שתהא וכו' אבל בירושלמי משמע דה"ק ליה דהגם דהרבה השתדלנו הן בענין המאכל והן בהפגת השינה כדי שלא תבא לידי קרי מ"מ אם ה' לא יבנה בית וכו' דהכל תלוי בסיוע אלהי יעו"ש ומשמע דלהי' דתירץ התם בירושלמי כאן בראשון כאן בשני דבראשון היה הגם דתאן באבות ולא אירע קרי וכו' דלפ"ז דוקא במקדש שני

דלא נפיש זכותייהו היו אומרים לו כן לא במקדש ראשון דכיון דצדיקים היו ונגולין בגם לא היו צריכין לומר לו פסוק זה דידעי ודאי דהגל מאתו יתברך ובזה יתיישב למה הרמב"ם בריש הלכות עי"ה השמיט זה דכ"ש הא דלימות המשיח לא שייך לומר זה ועיין גם' הון עשיר בפרקין משנה ד' וק"ל.

ד"ה מיקירי ירושלים מחשובי ירושלים הס"ד ואח"כ מתחיל הדיבור עושין כך שלא היו ישנים כל"ל וקאי אהא דאמר אף בגבולין היו עושין כן וכו' וכן מצאתי שהגיהו בגי' א' דפוס ויניציאה והדברים פשוטים ובזה אין מקום למה שתמה בס' עבודת ישראל מ"ע ע"ב דמה בא ללמדנו דהא בגמרא בפי' איתמר וכו' יעו"ש וק"ל.

תוספות ד"ה מי איכא מידי וכו' ומילתא דר"ה בריה דר"י דאמר שלוחי דידן וכו' כה"ג בד"ו וכונתם דהשתא לפי' דר"ה ה"ק שלוחי דרחמנא נינהו וקלא נמי שלוחי דידן או דילמא שלוחי דידן ולא שלוחי דרחמנא כלל אין לפרש מילתיה לענין מידר הנאה וכפירש"י דהרי אף אי הוו שלוחי דרחמנא כיון דקלא נמי שלוחי דידן אסור דקמהני ליה ולזה רש"י לפי דרכו פירש הכא ובפ"ק דקידושין שלוחי' רחמנא ולא שלוחי דידן ומשמע דפשט סוגיין יותר מרווח' לפרש"י דלפי' ל"ל דהגם דר"ה קאמר דהוו נמי שלוחי דידן כיון דעיקר שלוחי דרחמנא נינהו מתניתין דקתני ואתה שלוחינו ושליח ב"ד דמשמע מינה דעיקר שלוחי דידן נינהו אתיא דלא כותיה א"נ יש לומר דמשום דלא ברירא לן היכי קאמר ר"ה אי שלוחי דידן להכי לא הוה מלי לשנוי דקתני מתניתין שלוחינו משום דהוו קלא שלוחינו אלא משני ליה בפשיטות דה"ק על דעתינו וכו' ואכתי בעיא דנדרים תיקם בדוכתא כנלענ"ד וק"ל.

בא"ד ואי אמרינן שלוחי דרחמנא וכו' שלא יקריבוהו וכו' ויש גילוי לס' זו בס"פ הגוזל עלים דקאמר דכהן נותן קרבנו לכל כהן שירצה ואם היה בעל מום נותנה לכהן משמר דוקא וקאמר נמי התם האי זקן או חולה היכי דמי וכו' ואי דלא מצי עביד עבודה שליח היכי משוי וכו' יעו"ש ולפ"ז הא דאמר רבי יוחנן שם בנדרים הכל צריכים דעת חוץ ממחוסר כפרה וכו' ומשמע מסוגיא דהתם דאיירי נמי שהכהן לא יוכל להקריב מבלי דעת בעלי' עיין בר"ן ובהרשב"א שם שכתבו לתרץ דלא תיקשי דר"י דהתם אר"ה דהכא דה"ק רחמנא לכהני כי יהיב אינש לדעתיה הוו שלוחי דידיה ועיין עוד בתו' שם צריך ליישב לדעתם דהשתא דקבעו משמרות להקריב קרבנות הרי הוא כמי שכבר נטלו רשות מישראל להקריב וכבר הם שלוחי דרחמנא ואינם יכולים לעכב על ידם משא"כ אי הוו שלוחי דידן דאפי' דאיכא משמרות כל אחד היה יכול לעכב בשלו. אלא שעדיין צריך ליישב מ"ש הר"ן והרשב"א שם בנדרים שהקשו בתוספות מהא דאמרינן בקדושין כ"ג ע"ב בהמה שנגנבה מירושלים וכו' זכרים עולות וכו' והתם לא ידעי בעלים מאן נינהו אלמא א"צ דעת ותירצו דנאבד שני וכו' יעו"ש ומאי קשיא להו למסקנא דר"ה דשלוחי דרחמנא נינהו ובהכי משמר לא מצו מעכבי ולא בעינן בהו דעת דז"ל דכונתם להקשות דכיון דלא ידעינן מאן נינהו בעלים דילמא של כהנים נינהו דהם נותנים לכל כהן שירצו כדאיתא בהגוזל ומשמע דבעינן דעת דידהו אף לאחר שקבעו משמרות כנלענ"ד. ושוב ראיתי בס' עצמות יוסף לקידושין כ"ג ע"א שהרגיש בזה יעו"ש ודו"ק.

דף כ' ע"א רש"י ד"ה תורמין וכו' ונותנו במזרחו של כבש וכו' כדתנן בסוף פרק קמא דתמיד ומ"ש וילפינן לקמן כ"ד ע"א. ומ"ש ונבלע במקומו וכו' עיין בתוי"ט לקמן כ"א ע"א ד"ה מורא שכתבו בשם ר"ת שלא היה נבלע וכ"כ התוספות והמפרש בספ"ק דתמיד יעו"ש.

ד"ה ומועלין וכו' דאבר שיש בו עדיין ממש וכו' כלומר בשרידי שנתקשו מחמת האש שנבלע בהם אבל עדיין יש בהם ממש שלא נעשו פחם אלא כעלים יבשים כדאוקימנא בפ' המזבח מקדש וכמ"ש התו' וק"ל.

ד"ה וכתוב אחר וכו' דסמוך ליה להבוא קרא ולבש הכהן וכו' וע"כ אבל הלילה קאי דהא לא כתב ולבש הכהן בבקר מדו בד וכו' כמו שפי' ז"ל בפ' המזבח מקדש פ"ט ע"ב יעו"ש.

תוספות ד"ה אהיכא קיימינן וכו' אלא בתרומה אתריתו איירי מתני' וכו' ומ"מ ע"כ נראה לומר אף לסברא זו דמאי דקתני עלה לקמן ריש פ' בראשונה כל מי שרוצה לתרום את המזבח תורם וכו'. התקינו שלא יהיו תורמין את המזבח אלא בפיים וכו' דבכלל זה גם תרומת הדשן ממש דאל"כ לא הוזכרה בפיים כלל וזה אין סברה לומר דלעיקר מלות תרומת הדשן לא היה פיים וזה פשוט.

בא"ד דפשטיה דקרא משמע הכי וכו' עד הבקר והדר כתיב והרים וכו' ונ"ל לפ"ז דהא דקאמר רב וכתוב אחד אומר כל הלילה והרים וכו' דאסמכתא בעלמא היא דמחלות ואילך עשה עיכול אבל ודאי דפשטיה דקרא בתרומת הדשן ממש איירי ולא תיקשי מידי דוהרים אבקר דסמיך ליה קאי ולעולם דכל הלילה והקטיר כלומר דיש לו זמן להקטירם כל הלילה כדתנן בריש ברכות ובמגילה כ"א ע"א יעו"ש וזה כמעט מוכרח נפי דבריהם דהא קרא כתיב והרים את הדשן וא"כ לא מלי איירי בהרמת איברים דאכתי לאו דשן נינהו כמ"ש בתו"י בסמוך אלא ע"כ דאסמכתא בעלמא הוא והגם דהיה אפשר לומר דדרשא גמורה היא ומתאכל האש יתירא קדייק וכמ"ש הריטב"א בחי' מ"מ יותר נלע"ד לפי' דבריהם כמ"ש ודו"ק.

בא"ד וכדפרישית לקמן בשם ריי"ן הבחור וכו' בגומר דס"ל דיש כאן מין הרמה לענין העלאת איברים מעוכלים לתפוח אבל לא לגמרי כריי"ן דאיהו ס"ל לפי פרש"י דמפרש חגיו להרמה דהיינו הרמת הדשן ממש שהרמת הדשן מתירתן לאוספן לתפוח ולפי' השתא יכול לעשות הרמת איברים לתפוח קודם תרומת הדשן שהיה סמוך לבקר וק"ל. ומ"ש ולא שיעשה מהן הרמה וכו' לשון תו"י זה שהוסיף מהרש"א כתוב לקמן בשיטת ריי"ן הבחור יעו"ש ומ"ש ולכך תנן יחזיר וכו' כלו' דהא דתנן קודם חלות יחזיר למאי דמוקמינן בזבחים בשרידי דמעלה בהם האור אע"ג דמדאורייתא יוכל להרימם בכל עת שירצה מ"מ מסתבר לרבנן לומר דיחזיר כדי למרק מלותן אם לא בשמוכרחים להרימם קודם חלות כמו ברגלים וק"ל.

בא"ד לא מסרם הכתוב וכו' כמו שנראה להם להקדים לפנות וכו' כן נראה של"ל ולפ"ז מתני' נמי דקתני קודם חלות יחזיר ומועלין אורחא דמלתא נקט דקודם חלות אכתי צריכים מירוק דלא משלה בהם האור יפה ולאחר חלות מסתמא תו לא צריכי מירוק. ומ"ש ורב כהנא פריך עלה וכו' גם לפי' ל"ל דעיקר מילתיה דרב אמתני' דהתם איתמר כמ"ש בסמוך וגם ר"כ אדהתם קאי ולכך הוצרך להביא בקושייתו מתני' דהכא דאם תפרש מלתיה דרב לפרושי הרמה דמתני' אתא הו"ל לר"כ להקשות בקילור אי ס"ד מחלות דאורייתא היכי מקדימינן וכו' כיון דאמתני' דהכא קיימינן וק"ל. ומ"ש ולא כדקס"ד מעיקרא אלא מסרן הכתוב וכו' דס"ל לר"כ דמן הפסוק אין גלוי להרשות לחכמים להקדימה דס"ל דפשטיה דקרא והרים אבקר דסמי' גיה קאי ולא תיקשי מידי ומה גם למ"ש לעיל דרב נמי אסמכתא בעלמא קאמר אבל דרשא דעד בוקר יתירא דקאר"י אתי לן שפיר:

בא"ד ובפ' המזבח מקדש וכו' משמע ליה וכו' כונתם דכיון דלמסקנא מלינן לפרושי אמתני' תרומת דשן ממש והכי ס"ל לר"י א"כ מאי פריך התם לרב דקאי אמתני' דהתם דאיירי בהרמת איברים ממתני' דהכא דאיירי דתרומת דשן שאני דקאמר רחמנא תן בקר לבוקרו כמו שירצה לחכמים אבל בהרמת איברים דאין לנו רשות מפורש אמרינן דמדאורייתא חגיו להקטרה וחגיו להרמה ותלות. דוקא עושה עיכול ותירץ דמשמע ליה וכו'. א"נ י"ל דלר"י נמי מתני' דהכא בהרמת איברים איירי והיינו דאכתי פריך התם ר"כ אף למסקנא דהכא דר"י לא אתא אלא למימר דאין להוכיח חגיו להרמה מרמיותא דקראי כדקאמר רב דהרי יש לתרגם קרא קמא כולו להקטרה להקטרת איברים וכו' אלא מקרא דעד בקר הוא דנפקא לן שפיר דחלות עשה עיכול ודמסרן הכתוב לחכמים כדקתני הכא וזה כפירש"י דלקמן וכמ"ש שם ד"ה אלא אר"י וכו' ולתי' הא' ס"ל כפרש"י דהמזבח מקדש דר"י ס"ל ברמיותא דקראי כרב ולסגנון פי' דהכא שייך שפיר גירסא אלא אר"י וכו' שהרי בא לסתור במקלת דברי רב לענין דלא תוקמה מתני' דהכא בהרמת איברים אלא בתרומת דשן ממש כנלע"ד ושוב ראיתי למהרש"א שפי' כן יעו"ש ודו"ק.

ד"ה איברים שפקעו וכו' משמע דאין ראוי לתרום ממנה וכו' ודומיא דהכי גבי איברים כל עוד שהם קשים ויש בהם קלת ממש אינם ראויים להרמה דהא דחלות עושה בהם

עיכול אינן אלא לענין דאין צריך להחזירם לכשפקעו מע"ג המזבח לארץ אבל בעודם במזבח דמו לגחלת ואין חילוק בהם בין קודם חצות לאחר חצות דלעולם יחזיר שהרי אינם ראויים עדיין להרמה ופשוט.

בא"ד ועד דבסיפא גבי איברים הוא וכו'. לכאורה אין דבריהם מובנים לע"ד דהא דמפליג בסיפא בין קודם חצות לאחר חצות אינו מוכרח דהיינו בין קודם הרמה גלאחר הרמה ואדרבא משמע דבהרמה לא מיירי דהא בכל יום תורמין בקריאת הגבר אלא הכונה דחצות עושה עיכול ולכך אם פקע אבר מע"ג מזבח לארץ א"צ להחזיר ועוד דאי בהרמה איירי א"כ אמאי לא תירצו דמסיפא דקתני דאחר חצות לא יחזיר הא פרשו ע"ג מזבח יחזיר ואפילו לאחר הרמה דייקינן דה"ה רישא בגחלת שפירשה ע"ג מזבח יחזיר אף גלאחר הרמה ושפיר פריך מינה לרב דס"ל דלאחר הרמה אין מועלין באפר תפוח ויש לפרש כונתם בדרך זה דכיון דמוכח ודאי דדוקא בסיפא גבי איברים הוא דיש לחלק בין קודם חצות ללאחר דקודם חצות לא חשיבי כמעוכלים אבל ברישא דגחלת אפילו קודם חצות לא יחזיר דחשיבא מעוכלת ועומדת מעתה הא דדייקינן מינה הא ע"ג מזבח יחזיר ע"כ לאו קודם תרומת דשן איירי דהוה משמע דמשום דצריך לקיים בה תרומת דשן הוא דיחזיר וזה אין סברא דבלאו כך טובא דשן איכא התם דאין לפרש דיחזיר מטעם דלא נתעכלה דהא גבי דידה כבר מיתוקדא וקיימא אפילו קודם חצות אלא ע"כ לפרש דמשום דהכתי אית בה ממשא ולא נעשית אפר ואינה ראויה להרמה להכי יחזיר שהרי לא נגמרה מצותה וכיון שכן אף לאחר תרומת הדשן צריך להחזיר דהא בתרומה שמשינו קודם לה לא נפטרה גחלת זו דבאותה שעה לא חלה בה מצות הרמה וא"כ דוק מינה דאפילו לאחר תרומת הדשן מועלין בה כיון דצריך להחזיר ותיקשי מיניה לרב ועיין בדבריהם דפ"ק דמעילה שם במ"ש השר מקוצי ודו"ק. ומ"ש וא"ת כשמאספין האפר וכו' וכ"ש דאסור להוציא וכו' דאע"ג דהאסיפה ע"ג תפוח במזבח היה כדתנן בתמיד וכמ"ש בס' באר שבע שם מ"מ הרי אפשר דבאותו פרק שהניחו בו הדשן עם הגחלים יצטרך להוציאו חוץ למחנה מפני שהדשן רבה ולא ידקדק ויוציא גם גחלים אלו לחוץ ופשוט.

בא"ד ור"י הבחור מיישב פירש"י וכו' וגם לענין שימשה מהן תרומת הדשן וכו'. ומה שפי' ז"ל בהמזבח מקדש שם ד"ה ממשמע וכו' ומחצות ואילך ראויים להרמה כדשן מעילה וכו' צריך לדחוק דלאו ממש כדשן אלא דוקא לענין העלאה לתפוח הוא דהוו כדשן מעילה וק"ל. ומ"ש אבל אם רוצה להניחם במקום מערכה וכו' דהא דקתני לאחר חצות לא יחזיר היינו דאין צריך להחזיר כמו שפירש ז"ל ומ"ש הילכך יחזיר וכו' כלומר דמאי דדייקינן איברים שפקעו מעל גבי מזבח לארץ לא יחזיר הא פירשו ע"ג מזבח יחזיר דומיא דדייק במעילה בגחלת כ"ע דיחזיר בתרוייהו משום דעדיין חסר מהם מירוק מצוה וכו' ולא מגד החיוב דהא רחמנא קאמר דתרומת הדשן מתיר להעלות אלו לתפוח אפילו קודם מירוק אלא דלכך עלה טובה קאמרי רבנן דלכתחילה יחזיר להשלים מצוה ומעתה לפירוש זה ניחא דבין בתרומת דשן של כל יום ובין בהעלאת אפר לתפוח לא היו צריכים לדקדק אם היו שם גחלים לוחשות ולפ"ז הא דקתני בתמיד בתרומת דשן של כל יום דחותה מן המעוכלות הפנימיות לאו מטעמא דהיה אסור להורידן אלא משום דכתיב והרים את הדשן אשר תאכל האש וכו' וכמ"ש המפרש שם בספ"ק דתמיד והכי איתא בת"כ פ' צו ובירוש' דפ"ב והרים את הדשן אשר תאכל האש וכו' יכול איברי עולה ת"ל אשר תאכל האש הא כיצד חותה מן המאוכלות הפנימיות וכו' וק"ל.

בא"ד דקתני האיברים שלא נתאכלו וכו' כצ"ל וכ"כ בהמזבח מקדש ומ"ש אלמא דלא היו מסלקין האיברים שלא נתעכלו וכו' וכגי' הספרים וכה"ג בדבריהם דפ' המזבח מקדש שם והיינו אלמא דלא היו מסלקין ומעלין לתפוח האיברים שלא נתעכלו ממש ולא משלה בהם האור אבל משלה אלא דשיירי וה"ה גחלים אפילו לוחשות חשיבי עיכול ולא היו נזהרים לדקדק שלא להעלותן ע"ג התפוח וכפרש"י ובמ"ש א"ל להגהת מהרש"א ושוב ראיתי בס' ברכת הזבח שם שפי' כמ"ש וק"ל.

ע"ב **תניא** כותיה דרב גביני כרוז מהו אומר וכו' אבל ממאי דתנן בשקלים גביני כרוז אין ראיה דאימא שהיה מכריז שיתאספו לפיים שהיה אחר קריאת הגבר כדתנן בריש תמיד אבל ממאי דקתני הכא עמדו כהנים לעבודתכם וכו' שבכללו גם עבודת תרומת דשן מוכח ודאי דהיינו קריאת גבר דמתני'.

ודע דבירושלמי פרק החליל אמתניתין קרא הגבר תקעו והריעו ותקעו מייתי התם נמי פלוגתא דרב ור' שילא ופריך רב התם והתנינן בן גבר אית לך מימר בר תרנגולא ע"כ והיינו הא דתנן פ"ה דשקלים בן גבר על נעילת שערים ופירש הרמב"ם שם בן גבר היה מכריז בבא השמש לנעילת שערים וכו' ותלמודא דלא פריך מינה אפשר דהוה גריס בן גבר בנו"ן סגי' המשניות ואפילו תימא דגריס בגימ"ל לא חייש להא דס"ל דר' שילא לאו כללא כייל דבכל דוכתא דתני גבר דהיינו תרנגולא אלא דוקא היכא דקתני קריאת גבר בשחר ואפשר דה"ט דס"ל דקריאת גביני כרוז לעבודה ולדוכן וכו' היה מאוחר לתרומת דשן דכשיקומו הכהנים לעבודת תמיד ימלאו הכל מוכן ולהכי מפרש הכא קריאת תרנגולא שהיה קודם ההכרזה בעלות השחר או קרוב לו וכמ"ש הרב המאירי דקרא תרנגולא הוא שיעור מוקדם הרבה לשיעורו של רב וק"ל.

שם נשמע קולו בשלש פרסאות וכו' בירו' דשקלים פ"ה הגי' בשמנה פרסאות יע"ש.

שם דאמר מר וכבר אמר אנא השם וכו' עיין פרש"י ויש לדקדק וא"כ מאי רבותיה דהא גביני כרוז משמע שבכל יום היה נשמע קולו כך ועוד דפשט לשון המשנה דפ"ג דתמיד דקתני וי"א אף קולו של כ"ג בשעה שהוא מזכיר את השם ביוה"כ וכו' משמע דלהכי מ"ד תמיד היה כך ומ"ש התוי"ט שם דאין נראה שיהא קול של כהן גדול לבדו נשמע עד יריחו וכו' יעו"ש נלע"ד דודאי על דרך גם היה ומה גם למ"ש האר"י ז"ל שהיה יוצא הקול מעצמו כדכתיב בכל מקום אשר אזכיר את שמי ולא אמר תזכיר והיינו דקתני מתני' לקמן יוצא מפי כ"ג כלומר יוצא מעצמו א"כ ודאי יש בכחו להשמע אפילו יותר מיריחו ולא כל כהן גדול היה זוכה לזה כי אם הצדיקים והגם דהיה ע"י גם שייך שפיר למימר ואעפ"י כן כהן גדול משובח ממנו וכו' ומעתה להיות שלא היו כולם זוכים לזה להכי קתני ושבר אמר וכו'. ופעם אחת שכתב רש"י ז"ל לא דוקא אלא כונתו שלא היה זה רגיל תמיד אלא לפי זכות הכ"ג ומה שפי' התוי"ט שם קולו של כהן גדול בהצטרפות אחיו הכהנים פשטא דסוגיין לא משמע הכי אם לא שנאמר דהכא מודה ז"ל דהיינו קולו של כהן גדול ממש והיינו דהכא לא מייתי ממתני' דתמיד משום דגבוה כרוז עדיף שהיה יחיד בהרמת קולו ומ"מ העיקר כמ"ש שעל דרך נס היה וכבר ראיתי בס' קול הרמ"ז ובס' הון עשיר שם שהקשו על התוי"ט כמ"ש ולפ"ז הא דלא מייתי הכא ממתניתין דתמיד משום דהתם קתני וי"א אף וכו' והיה אפשר לדחות דת"ק פליג וס"ל דלא היה כן להכי מייתי מברייתא דקתני וכבר אמר אנא וכו' דתידוק מינה דלא כל הפעמים היה כך דעל דרך נס היה וא"כ ודאי ת"ק דתמיד שם לא פליג עליה אלא דלא ס"ל למנות אלא אותם שהיו דרך טבע וכמ"ש בס' הון עשיר וכן מצאתי אח"ז להריטב"א לקמן ל"ט ע"ב שכתב משם הירושלמי שלא היה זה אלא בזמן הנס כשישראל עושין רצונו של מקום ושוב ראיתי בס' ע"י דף ק"א שהאריך בזה יע"ש.

רש"י ד"ה **דנפישי** קרבנות וכו' לפיכך צריך להקדים לתרום מאשמורת וכו' והא"כ דמשום הא הוה סגי להקדים מחצות אי לאו מטעם דהוו מקדימין לבא בקריאת הגבר וכדמסיים כדקתני טעמא לא היתה וכו' ואפשר דלא חשש ז"ל לפרש זה דס"ל דהיינו דקאמר דנפישי ישראל כלומר שמקדימים כלם לבא מהרה ונפישו ובפי' המזבח מקדש הגיר' שם במגלים דנפישי קרבנות דקדמי אתו ישראל וכו' ובזה יתיישב מה שדקדק ריב"א בתו"י יעו"ש וק"ל.

ד"ה **קרא** גברא מכריז הממונה על הכרוז וכו' כדתנן פ"ה דשקלי' אלו הן הממונים שהיו במקדש וכו' גביני כרוז וכו'.

תוספות ד"ה **היכי** מקדמינן וכו' וכ"ל דשפיר וכו' ורש"י ז"ל גם ניחא ליה בפי' זה דפשט הלשון דקאמר היכי מאחרינן משמע דמגד אוסר הוא דבעי דמן התורה צריך להקדימו מחצות דומיא דהא דבעי היכי מקדימינן וזה אינו דזריזים מקדימין אין כאן איסור למי שלא יעשנו ועוד דס"ל דמשום זריזים די להקדים מיד בבקר כדמוכח מקרא דוישכם אברהם בבקר ולא הקדים בלילה כדפי'

בפ"ק דפסחים ד' ע"א עיין ברש"י ובתו' שם ומ"ש עוד לקמן פ' א"ל הממונה והנה לפירושם ולגירסתם ז"ל דלמסקנא דאלא אמר ר"י וכו' הגם דכל הלילה כשר לתרומה לא עשו אותה בתחילת לילה כשיש דשן מועט משום זריזין כדי שיעלה מצות הרמה זו גם לאיברי תמיד שמתעכלין והולכים כל הלילה והיינו דלא קבעו מאמש דכיון דאין יכולים לעשות בתחילת לילה דהוי תחילת זמן מן התורה קבעו לעשותה בקריאת הגבר דבהכי סגי והשתא דאתית להכי גם לרש"י י"ל מלבד האמור דכיון דהא דאמר מצות עשה עיכול לאו לענין שיוכל לתרום מהם דאכתי צריכים מירוק כפי' ר"י הבחור שכתבו לעיל להכי לא הקדימו לעשותה מחצות אלא בקריאת הגבר משום דאז כל האיברים נעשו דשן ותרומה זו עולה גם בשבילם כנלע"ד ושוב ראיתי בס' קרבן אהרן פ' ט פ' ב' סעיף ה' שישב כמ"ש יע"ש וק"ל.

ד"ה אלא אמר ר"י וכו' היכי מוקמינן ליה בהרמה וכו' כלומר בהרמה לחודה דבשלמא קרא דכל הלילה דהגם דכתוב בהקטרה מוקמינן ליה גם להרמה ניחא אבל עד בקר דכתיב בהקטרה אימא דליתן בקר להקטרה אתא לומר דלאחר חצות נמי לא חשיבי כמעוכלים ובכלל הקטרה ניהו וק"ל.

בא"ד ובפ"ב דמגילה וכו' קשה אמאי וכו' דבשלמא לפרש"י דהמזבח מקדש, דלכ"ע תליו להרמה אלא דדאיכא נורך מסרן הכתוב לחכמים להקדים להכי לא נקט הרמה משום דכל הלילה כשר להקטרה דקתני היינו תחלת הקטרת חלבים ואיברים דכשרים להעלותם במזבח כל הלילה לכשירצו [(עיין בס' המאור דפרקין)] משא"כ הרמה לכתחילה מדאורייתא תליו להרמה דוקא אבל לפרש"י דכאן דכל הלילה והרים לכשירצה אמאי לא קתני לה התם ושוב ראיתי בס' ברכת הזבח שם דפי' סגנון דבריהם הכי אלא שכתב אבל לפרש"י דכאן אתי שפיר דאינו כשר אלא מאשמורת הראשונה אבל לפי' התו' בדשן כשר אף מתחילת הלילה עכ"ד ולי הלעיר משמע דאף לפרש"י דהמזבח מקדש אם היה נורך היינו מקדימין אפי' מתחילת הלילה וכ"כ רש"י שם בד"ה מה ת"ל בקר לומר שתורמין כל הלילה וכו' וע"כ יותר נלע"ד כמו שפי' ולעיקר קושייתם התו' שם הניחוה בצ"ע דנראה להם דוחק כתירוץ של כאן כיון דסוף סוף כשירה כל הלילה היא ולעד"נ לתרץ דכיון דתרומת דשן תחילת עבודת יממא היא כדקאמר תלמודא לקמן ריש פ"ב ואפי' לאחר עמוד השחר ביום זמנה היא וכ"כ רש"י לעיל ד"ה תורמין וכו' והיא היתה תחילת עבודת שחרית בהשכמה ע"כ וכ"כ התוספות לקמן דף ל"ג ע"א ד"ה אמר אביי מסדר וכו' יע"ש וכ"כ הרמב"ם ז"ל בפ"ב מהלכות תמידין אימתי תורמין הדשן בכל יום משיעלה עמוד השחר וכו' מעתה לא שייך למיתנייה דכולהו דקתני התם בלילה ביום פסולין כדאיתא במנחות ע"ב ע"א קתני לילה דומיא דיום מה דיום בלילה לא אף דלילה ביום נמי לא וכ"כ הר"ן בהלכות שם במגילה ודו"ק.

ד"ה ומשום תולשא וכו' וכן עשה הפיים הוקמה מחצות וכו' בדבריהם דהמזבח מקדש הגי' לגעה בפיים דשן הגערה וכו' ועיין מ"ש הרמב"ן בספר המלחמות בענין זה ושם הסכים כפר"י בראיות נכוחות וכן יש לפרש דברי רש"י ז"ל דכונתו שהרי עליו לבדו הוא מוטל כל עבודת היום להכי צריך להשכים יותר שיעשו הכהנים תרומת הדשן מהרה ועיין בלשונו דפ' המזבח מקדש וק"ל.

תוספות [(**השייך** לעמוד זה)] ד"ה והיה קולו וכו' תימא דבפ"ג וכו' מה שתי' בס' לחם משנה על משניות דתמיד ז"ל ול"נ כי לא תמיד היו שומעין מריחו אך בזמנים מיוחדים כשרצה להגביר קולו וכן כל המשנה לא תמיד קאמר אלא דרך הפלגה שהיה פעם שנשמע בריחו וככהן גדול אמר שם מעשה וכבר נשמע פעם אחת בריחו ומיהו בכ"ע אפשר דר"א פליגי בהא עכ"ד לא ידענא מאי תירץ דאם כן אין כאן חילוק בין גביני כרוז לכ"ע דגם הכרוז כשהיה רוצה היה נשמע עד יריחו ותלמודא משמע דכ"ק וכ"ע משובח ממנו כן לענין עשר פרסאות וכן לענין חולשא ויממא ואם בא לומר דכהן גדול משובח דתמיד היה נשמע כן וכ"א דפ"ג שם א"כ הו"ל לתלמודא לאסוקי למלתיה כמתני' דתמיד דמברייתא דקאמר וכבר אמר אנא וכו' אין ראיה אלא דאיזה פעם אירע כן וע"כ העיקר כמו שתירי' הם ז"ל ומה שהקשו בתי"ו

דסוגיין דא"כ הו"ל לתלמודא לחלק גם בזה דבכ"ע היה קול ברור משא"כ בגביני כרוז צריך ליישב לדעתם דבלפי מאי דקיימינן בברייתא ושמע קולו בג' פרסאות דהיינו קול ברור קאמר דמשובח ממנו בעשר פרסאות וחולשא ויממא אבל אה"נ דאכתי משובח ממנו לתנא דתמיד דקתני עשר פרסאות דשם קול ברור משא"כ בכרוז אלא דבהא לא איירי תלמודא וק"ל.

דף כ"א ע"א גמרא **פתח** במקדש וכו' איתא תרתי אחרנייתא וכו' וניחא ליה לאשמועינן אידך תרתי דשייכי בין בירושלים ובין במקדש דמלבד דהסברה נותנת כן עוד אתא הכי תני באבות דר"נ בפסקא דעשרה נסים וכו' מעולם לא נפגע אדם בירושלים ולא ניזק אדם במקדש מעולם וכו' והטעם דהשמיט הנך תרתי דשייכי במקדש דוקא כבר כתב הריטב"א בחי' משום דהוו ידועי מובא ע"כ כלומר דאע"ג דלקמן מסקינן דניסי דבראי בידועים לכל קחשיב הני ידועים יותר ולעדיין דתנא קפיד אמנייני' דעשרה דוקא דכוליה פירקא הכי אזיל ואה"נ דטובא הוו מלבד אלו ושקלא דתלמודא לקמן עדיפא מיניה משני ניסי דגואי וכו' ועיין בס' עץ החיים להרח"א ז"ל ע"ב ע"א וק"ל.

שם ותו ליכא והאמר ר' נוי וכו' אם נאמר דהא דחשיב לא אירע קרי היינו בבית ראשון וכתו' א' דירושלמי אמתני' דלעיל ניחא דלא מאי לשנויי דנסים השוים בבית ראשון ושני דוקא קחשיב ואפי' לאידך תירוצא דמשמע דבבית שני היה ג"כ עדיפא מינה משני דאפי' תימא דגם דקרי לא היה אלא בבית ראשון לא תקשי מהני דניסי דגואי לא קחשיב וק"ל.

רש"י **נמשכין** אחת עשרה וכו' ונכנסין דרך בית החליפות וכו' עיין בלשון הריטב"א וכמ"ש בס' דרך הקדש י"ז ב'.

ד"ה **לא** הפילה אשה וכו' מ"ש ז"ל בפי' פרקי אבות כגילו בחי"ע שם פ"ה ז"ל שאלו הריחה ובאתה לטעום מהם אין שומעין לה להאכילה בשר קדש ע"כ יש לדקדק דלקמן פ' יוה"כ תניא בהדיא שאם לא נתיישבה דעתה מאכילין אותה אפילו השומן יע"ש ויש ליישב דה"ק שאלו הריחה ורצתה לטעום מיד מהבשר עצמו אין שומעין לה אלא מתחילה חוחבין לה כוש ברוטב אם לא נתיישבה דעתה מאכילין אותה רוטב וכו' כדאיתא שם ואפשר שבין שהיות הנלו תפיל קמל"ן דבזמן מקדש לא הוצרכו לזה כלל וה"נ ועיקר דה"ק דבזמן מקדש כיון שהיו רגילים בנס זה אלו עוברה הריחה לא היו שומעין לה להאכילה כפי הדין שבטוחים היו בנס ואף על גב דאין סומכין על הנס באיסור בשר קדש דחמיר היו סומכין והא קמן דלתירוץ א' דאיתא בירושלמי דפרקין אמתני' דלעיל בזמן מקדש ראשון לא היו נזקרין מלהאביש דברים המביאין לידי חימום והיו סומכין על הנס ושוב ראית בס' שמות בארץ בתוס' יוה"כ שהקשה ותירץ כמ"ש יע"ש ועיין עוד בספר בער יוסף דף ק"ו ק"ז וק"ל.

ד"ה **משתחוים** רוחים וכו' עד שיש ביניהם ד' אמות וכו' כדאיתא בויקרא רבא סוף פרשת לו ובאבות דר' נתן בפסקא עשרה נסים וכו' יע"ש וכמ"ש בשו"ת תשב"ץ ח"ג סי' ל"ז ומה שרצה להכריח שם דביוה"כ היה נס זה מן המדרש אין הכרח וגם לישנא דסוגיין דקאמר בשעה שישראל עולין לרגל וכו' משמע דאף ברגל לבשהיו נאין בפעם א' לקרבנות או להתפלל כדמוכח בסוכה שהיו רגילין להתפלל כדקאמר משם לתפלת השחר וכו' נעשה להם נס זה האמת דלשון רש"י שכתב וידוי של חבירו דייק כסברתו דברגלים לא שייך וידוי אלא דבמדרש הגי' שומע קול חבירו מתפלל וכו' וגם רש"י ז"ל יש לפרש דלאו דוקא קאמר דבין ביוה"כ בשעת וידוי או ברגלים בשעת תפלה היה נס זה אבל מ"מ נראה דעיקר הנס היה צריך ליוה"כ שהיו רגילים וגברים קול לחזוק הכונה וכמ"ש הב"י א"ח סי' ק"א יע"ש דבשאר ימות השנה בגלאו הכי היו מתפללין בלחש כדאיתא בפ' אלו נאמרין מ"מ תקנו תפלה בלחש שלא לבייש עוברי עבירה ובזה יתיישב מה שהקשה הרח"א בס' עץ חיים פ' בשלח ע"ב עמוד ד' דאמאי נעשה נס זה על מגן מאחר שהן מתפללין בלחש יע"ש ולדעת התשב"ץ צריך לפרש סוגיין דה"ק דהגם דברגלים עומדין צפופים מ"מ כשהן משתחוין ביוה"כ וכו' וכן נראה מדבריו בס' מגן אבות יע"ש וק"ל.

ד"ה ולא נמלא פסול וכו' אין אחר להביא וכו' דס"ל לפסוק כמ"ד דנקלר ביום פסול וכמ"ש התוספות בפ' ר' ישמעאל ס"ו ע"א יע"ש ואף לדעת הרמב"ם שפסק בפ"ז מהל' תמידין ומוספין דנקלר ביום כשר יש לפרש דאם נמלא פסול והיו לריכים לקלור ביום להביא אחר קרוב לודאי שהיו מתעכבים אף לאחר חלות היום דטרחתו מרובה בר"ע נפה וספקא מינה הורכה לרחוקים שלא ידעו מפסול זה שיאכלו חדש מחלות יום ולכלה על חזקת שאין ב"ד מתעלגין בו כדאיתא במשנה דמנחות שם וזה נלע"ד יותר ממ"ש המשב"ץ שם סי' קל"ה דלהרמב"ם אמר שאין לא נמלא פסול ממנין הניסים וכו' יע"ש ובס' מגן אבות שלו פי' טעם אחר מפני שגאלי לקרבן לבור שיפסל יע"ש ושוב ראיתי בדברי הרב המאירי שכתב שאילו היה כן לא היו יכולים עוד לקלרו ולהביאו ואעפ"י שקלירתו דוחה שבת מ"מ לא היו מולאין אותו כ"כ אלא ברחוק מקום ע"כ וזה קרוב למה שפירשנו וק"ל.

ד"ה בקלנבו שם מקום ע"כ שנקרא על שם ע"א כדכתיב קרס נבו בכ"ב בפ' דס תעלת ל"ו יע"ש והכי איתא בבדיא בפ' ד' מיתות ס"א ע"ב א"ל רבא והיכא בת מר א"ל בקלנבו א"ל והא כתיב שם אלהים אחרים וכו' יע"ש.

ד"ה ודישון מזבח הפנימי כדתנן גבי וכו' וכדילפינן להו בפ' ולד חטאת י"ב ע"א יע"ש.

ע"ב רש"י ד"ה שמגביהין וכו' אותו לחוץ ע"כ עיין מ"ש בחידושי לחגיגה כ"ו ע"ב בתו' ד"ה שלא תגעו וכו'.

סליק פרק שבעת ימים

בס"ד פרק בראשונה

דף כ"ב ע"א גמרא והרי איברים ופדרים וכו' ותיקנו לה רבנן פייסא וכו' ולמאי דאסיק לקמן כ"ו ע"א דמתרץ תלמודא כולהו ברייתות כר' יוחנן דאמר התם אין מפייסין על תמיד של בין הערבים לריך לפרש מילתיה דדוקא בפני עלמו אין מפיסין אבל תקינו רבנן להפיס עליו בפיים דמי מעלה איברים וכו' דשחרית עיין בלשון רש"י ודומיא דסידור ב' גזירין דבין הערבים שכתבו התו' שם ד"ה אלא כהן וכו' יע"ש ועל כרחך לריך אתה לפרש כן בסוף פרקין דקאי אמלתיה דר"י ופריך התם והרי איברים ופדרים וכו' וכן נראה מדברי התו' שם סד"ה יפיסו לה וכו' עיין מה שפירש מהרש"א שם. אלא שראיתי להרב המאירי ז"ל שכתב כאן וז"ל תמיד של בין הערבים לא היו מפייסין בו אלא סומכין היו בו על פיים של שחרית ומי שזכה בא' מן העבודות בתמיד של שחר ע"י הפיים הוא זוכה מאליו באותה עבודה עלמה בין הערבים וכו' ואחר שכן זו שאמרו כאן באברים ופדרים ר"ל העלאתם מן הכבש למזבח שע"י פיים היה נעשה ועל כל הפניס בתמיד של בין הערבים הוא אומר כן וכמו שאמרו בה עבודת לילה היא אלא שהיא סוף עבודת היום כלומר שכבר נשחט ביום ונזרק דמו ביום אין הלכה כן אלא שנאמרה על דעת הסובר שאף בתמיד הערב היו מפיסין. ואי אפשר לפרש בסוגיא שעל סמך פיים של שחרית הוא אומר כן ולא שהיו חוזרים ומפייסים שהרי נאמר בה והרי איברים ופדרים דאיכא אונס שינה ותקינו רבנן פיים ואם על סמך פיים של שחרית אמרוה הרי אינו מתעכב שם על הספק שהרי נודע מי שזכה בו אלא ודאי שלא כהלכה נאמרה עכ"ד ואני הלעיר מלבד שלא זכיתי להבין היכן נאמר דעת הסובר דאף לתמיד הערב מפיסין דהא לא אשכחן מאן דפליג עליה דר"י דלפרש דתלמודא קאמר הכא למאי דמשמע מפשט הברייתות שהביאו שם דמשמע מהם שהיו מפיסין זה דוחק כיון שפירשו ותירלו אותם אליביה דר"י יע"ש עוד זאת גם הקושיא שהקשה מאונס שינה וכו' זהו לפי הבנתו שהבין דממילא היה זוכה בלי שום פיים אבל למה שנראה מדברי התוספות דחוזרין ומפיסין באותו מעמד דשחרית לשל בין הערביים מעתה שפיר פריך תלמודא דהא קמן לאיברים דבין הערבים דתיקנו רבנן פיים הגם דאיכא אונס שינה ולא אתו ולא היו לריכים לפיים אלא היה להם לתקן דהזוכה בדשחרית ממילא יזכה בבין הערבים בלי שום פיים ושוב ראיתי להתו' שפירש כן דסוגיין אתיא ככ"ע יע"ש וק"ל.

שם א"ד מעיקרא סבור כיון דאיכא אונס שינה לא אתו וכו' אלא מעט ואם אתה אומר שיזכו בפיים ימנעו אף אלו מלבא כי שמא יעלה הגורל על חבירו שעשה כבר אתמול וכדאמר בסמוך מי יעלה דמתרומי וכו' והכי נמי איתא בירושלמי אם אומר אח' יפיס אף הוא אינו מפיס על הספק אבל עתה כל אחד סובר בכחו להקדים את חבירו וק"ל.

שם אימא שכבר קדם מתחילה לעבודה וכו' עיין בהריטב"א שכתב דלא"ד דבסמוך מימרא דר"י אתיא כפשטה והכי קיי"ל כדמוכח מסוגיא דלקמן דסוף פרקין יע"ש ולא הרמב"ם ז"ל בפ"ד מה"ל ביאת המקדש כתב בלשון הזה שהרי בתחילת עבודה קידש ע"כ וק"ל.

שם פשיטא לי דגבי מזבח תנן וכו' וכן בירושלמי איתא א"ר בי' ר' בון בפי' תני לה ר' חייא כל הקודם את חבירו לתוך ד' אמות למזבח זכה ע"כ וכתב הרב המאירי ואעפ"י שנשארה בספק נראים הדברים שלא היה זוכה אא"כ היה ממש בתוך ד' אמות של מזבח.

רש"י ד"ה אלא בפיים זהו שפירשנו ע"כ הייט הממונה אומר להם הלביעו וכמו שפירש שם אבל מעתה כולם באים להטיל גורל וכו' שלא תפרש דאומר להם אאותם שנים קאי ופיים דקתני הכא היינו בין כל הכהנים דבשנים מה גורל שייך שם וכמ"ש התי"ע יע"ש וק"ל.

ד"ה כיון דעבודת לילה וכו' הואיל והוכשרה וכו' דודאי עבודה דיממא נמי מקריא שהרי גשחה ביום וכמ"ש לעיל כ' ע"א ד"ה תורמין אלא הכונה כיון שהוכשרה וכו' ומה גם דעיקר מלוה בלילה כמ"ש התוספות לקמן ל"ג ע"א ד"ה אביי וכו' אבל מ"מ רגילין היו לעשותה ביום כדתנן לעיל והיינו דפריך והרי איברים ופדרים דעבודת לילה ופעמים היו מעלין אותם בלילה ותקינו פייסא וכ"ש זו שרגילים לעשותה ביום דאתו לאינלויי ותריך שפיר דמ"מ סוף עבודה דשחיטה וזריקה דאיכא אלא ביום היא ולהכי חביבא להו יותר מזו דכשרה בלילה והגם שרגילים לעשותה מתחילתה ביום כנלע"ד ועיין מה שאכתוב בדברי התוספות ד"ה שאני וכו' וק"ל.

בא"ד ולא אתו לאינלויי וכו' דאין לפרש לא חביבא ולא אתו שלא היו באים רבים אלא מועטים דסוף סוף מעטים אלו אתו לאנלויי דכיון שבאים משמע דחביבא להו וע"כ לפרש דה"ק דאף שהיו באים רבים מעיקרא סבור דלא הוה חביבה להו ולא אתו לאנלויי כיון דחזו דקאתו לאינלויי ואתו לידי סכנה כמעשה שהיה תקנו פיים.

ד"ה למחר וכו' אם לא ילא מן המקדש וכו' כלומר והסיח דעתו דביליאה לחודה בעיא דלא איפשיטא היא בפ"ב דזבחים כ' ע"ב ומספיקא לא פסלינן עבודה וכן פסק הרמב"ם פ"ה מהל' ביאת המקדש כמ"ש הכ"מ שם וק"ל.

ד"ה שני גזירי וכו' במידת רוחב המערכה וכו' כדאיתא' בפ' קדשי קדשים ס"ב ע"ב יע"ש.

תוספות שאני מיגלא ממיקם תימה לי' וכו' אבל אשינויא דלעיל כיון דעבודת לילה וכו' לא מלי לשנויי הכי דתרומת דשן נמי רגילים לעשותה ביום ואפ"ה לא תיקנו פיים משום דכשירה בלילה וא"כ שפיר פריך דאיברים ופדרים הגם דכשרים ביום כיון דכשרים בלילה אמאי תקנו פיים וכמ"ש לעיל בפירש"י יע"ש וכן ראיתי בשכ"י שפי' כמ"ש ועיין מ"ש מהרש"א וק"ל.

ד"ה שתי תקנות וכו' דאתו הוה ומשום הכשא וכו' כנ"ל וכ"ג ד"י. ומ"ש אין לחוש דלא דק וכו' כלע הוה בתרי זמני וכו' ומ"מ נקט לה הכי מטעם שכתבו לעיל דהו"ל כשתי

תקנוה ומתני' לא קתני לה משום דלא איירי אלא ליתן טעם למה הולרכו לתקן פיים אבל במה שחיזקו הענין בסידור שני גזירי עלים לא איירי ומ"מ יותר נכון לתי' א"נ נ"ל וכו' שכתבו בסמוך דהשתא ניחא שפיר דמלינן למימר דתקנתא דמתניתין קדמה לתקנתא דברייתא דמי שזכה בת"ה וכו' וכמ"ש הריטב"א בפ' ב' דכתובות כמ"ש בס' יבין שמועה כלל תמ"ע ומש"ה לא הוזכר זה במתני' וק"ל.

בא"ד א"נ נ"ל ופעם א' היה שלא באו וכו' ותלמודא ה"ק מעיקרא סבור לא אתו ואין לריך פיים לת"ה שאינם באים לידי סכנה וכן נמי לא תקנו פיים לסידור מערכה וגזירי עלים כיון דנא"ה אין יכול לעשותו לבדו מבלי סיוע האחרים דה"ע דקתני בפ"ב דתמיד בלשון רבים כמ"ש התוי"ע שם במשנה ג' יעו"ש ובס' באר שבע שם כיון דחזו דאתו ואתו לידי סכנה תקנו פיים לתרומת הדשן כיון דחזו דלא אתו דאמרי מי יימר וממילא נפיק מיניה חורבה שלא היו שם כהנים מרוזים לסייע בסידור מערכה כדקתני בריש פ"ב דתמיד מהרו וקדשו וכו' נטלו את המגרפות וכו' אז אמרו מי שזכה בת"ה הוא יזכה בסידור מערכה ובב' גזירי עלים תחילה ואחיו יסייעו עמו דבזה מרבין לבא כיון שבלשתן בכהן אחד ולפירוש זה ניחא דליכא למימר דאימא דתקנה אחת הואי דמשום דהיו חוששין שלא יהיו מרבין לבא די הסיפוק לסידור מערכה אמרו מי שזכה וכו' דא"כ הול"ל מי שיזכה וכו' יזכה וכו' אלא ע"כ מדקתני מי שזכה לשון עבר הכי הוה מעשה דלאחר שהסכימו והתחילו לעשות פיים לת"ה פעם אחת אירע שלא באו אלא מועטין ולא היה בהם די הסיפוק לסידור מערכה אז אמרו דמי שזכה בת"ה כתקנה שעברה בפיים יזכה מכאן והלאה בסידור וכו' ולא תהיה עוד בלתי פיים כאשר היתה מקדם ועיין מ"ש מהרש"א ומ"ש בת"י וגם במ"ש שם כנלע"ד ודו"ק.

דף כ"ג ע"א גמרא **והתניא** אין מוליאין לא שלש וכו' אפי' למאי דס"ד דר"ל מונין לו שתים הא דקאמר גודל אין מונין לו ע"כ דהיינו אין מונין כלל כדפירש"י ז"ל דאם לומר דגודל אין מונין לו אלא אחת א"כ דוק מינה דמוליאין ואיפכא ממאי דקתני רישא וליכא למימר דהכא בחולה דהא עלה דקתני מתני' או שתים דהיינו בחולה קאמר יאין מוליאין אגודל במקדש וק"ל.

שם א"ה ל"ק כאן בבריא וכו' עיין פירש"י אבל הרמב"ם בפי' המשנה פי' יאה"כ ישליך כל אחד מהם אלבע אם הוא חגס או חולה או שתי אלבעות אם הוא בריא וכו' ע"כ וכן העתיק הרב המאירי ז"ל משמע דגרי' כאן בחולה כאן בבריא וכן בברייתא דלקמן גרים בד"א בחולה וכו' ולשיטתיה אז"ל שכתב בפ"ד מהל' תמידין והן מוליאין אלבעותיהן אחת או שתים ואם הוליא שלש מונין לו שלש וכו' משמע דאין קפידא להוליא שלש ומונין לו כמנין האלבעות שהוליא ולזה חולה שאינו יכול לפשוט אלבעותיו היטב אם יוליא ב' אפשר שהממונה לא ימנה אלא א' אבל בריא דיכול לפשוט הותר לו להוליא ב' דימנה אותם שתים ולא יטעה אלא דסוגיין דגי' שלפנינו נ"ע לדעתו ז"ל דאפילו תימא דגרים שלש כגיר' שהביא הריטב"א בחי' מ"מ הא קתני דאין מוליאין שלש ומסיק תלמודא דאם הוליאן אין מונין אלא אחד ועוד הא דקתני והיחידים מוליאין ב' וכו' אי לדידיה בחולה איירי כדפירש"י הרי פי' ז"ל דבחולה מוליא אחד ואי בבריא איירי ויחיד היינו ת"ח כמ"ש בפירש"י הא נמי לא אפשר חדא דמה רמאות שייך כיון דמונין שתים ועוד דהא קתני דאין מונין אלא א' וכבר ראיתי להרל"ם שם שהרגיש בזה ולא תי' כלום האמת דבירושלמי דפרקין קתני התם הוליאו א' מונין לו ב' מונין לו ג' אין מונין לו מהו אין מונין לו כל עיקר אין מונין לו היתרה ארבע הממונה מכה וכו' והגם דמהכא משמע דבהוליא שנים מונין לו ב' מ"מ בהוליא ג' ליכא למ"ד דמונין ג' כדבריו ז"ל אם לא שנגיה בדבריו שלש אין מונין לו שלש ואף לפי"ז מ"מ לריך טעם למה פסק שלא כתלמודא דידן ותוספתא דפרקין דקתני לא היו מוליאין שתים אלא אחד אחד היחידים שבהם מוליאין ב' ולא היו מונין את היתירה ע"כ ומה שנלע"ד בפי' סוגיין לדעתו ז"ל דס"ל דבבריא אפילו שגם מונין לו שלש אלא דבחולה ל"מ אם הוא להלטרפות כהנים אחרים דאין מוליא שתים ואם הוליא אין מונין לו אלא אחד מכעס שאמרו אלא אפילו ישב שם רחוה והאחרים כפרש"י

דבזה אין טעות למשוגה שברי רואה ביחוד שהוליא שתים מ"מ לא תלקו חכמים אלא דבכל חולה אין מונין אלא אחד והיינו דקתני אבל בבריא אפילו שתים מוליאין כלומר ומונין לו שתים אבל היחידים כלומר חולין שיושבין בפני עלמס דמוליאין ב' אין מונין להס אלא אחד ופריך ואין מונין כלומר לחולה אלא אחד והתניא אין מוליאין לא ג' וכו' ומדקתני אלא ג' ע"כ דבחולין איירי דבבריא אפילו ב' ואפילו ג' יכול להוליא דדוקא בגודל אסרו מפני שנוח לפושטו ולכופפו מפני שהוא קטן כמו שפירש שם וקתני ואם הוליא שלש מונין לו דמשמע שלש ומשני מאי מונין לו א' ולעולם דבחולה אבל בבריא מונין לו כמספר האלבעות שהוליא ולפ' ז"ל אתי שפיר הא דקתני והיחידים וכו' דלפרש"י לריך לדחוק קצת כמ"ש שם וכן ס"ל דאיסור הולאת גודל לא מפני שיכול להרחיקו מהאלבע כפירש"י דלפי' לריך לדחוק כמ"ש התו"ע ונ"ל שהיו עומדין לפוסים וכו' יעו"ש אלא מפני שנח לפשטו ולכופפו וכיון שכן ע"כ דבבריא מוליאין ב' ומונין ב' כיון שגדולים הם ואין נוח לפושטס ולכופפס דבשלמא לדרך רש"י דטעמא דגודל משום דיכול לעשות הרחק הרבה כשני בני אדם אסרו לכתחילה הולאת שתים ודאין מונין אלא א' הגם דבזה אין רמאות כ"כ משום לתא דהולאת גודל עם אלבע אבל לפי' סוגיין ריהטא כמ"ש אלא שעדיין ל"ע לבאר למה השמיט דחולה לכתחילה אין מוליא שתים וכן השמיט דיחידים לכתחילה מוליאין שתים דליכא למימר דהוי מלתא דלא שכיחא שיבא לעביד דמי לא משכחת לה שאינו חולה ממש אלא שיש לו חולשה בידיו שאינו יכול לפשוט אלבעותיו היטב וכעת לל"ע וק"ל.

שם אמר אביי וכו' אמינא פתילתא וכו' דהיינו שהיה ממונה נמא הפתילות לימות החורף והקיץ כדתנן בירושלמי דשקלים פ"ה ובפרקין הלכה ב' יעו"ש ובמ"ש בת"י לעיל ע"ב ע"א ד"ה חן מדת' וכו'.

שם אלא דנשברי רגלו קדים וכו' דליכא למימר דתרווייהו אירעו בזמן א' ולא נקט מתני' הך דשפיכות דמים לאשמועינן דאף משום סכנה שבירת רגל לחודי' היו מתקנין פיים דמאי נ"מ בזה כיון דסוף סוף תיקנו פיים אדרבה הו"ל לאשמועינן הך עובדא דהשתא טעמא רבה איכא לתקוני פיים וק"ל.

שם ומעיקרא סבור אקראי בעלמא וכו' דודאי טינה היתה בלבו של זה על אחיו ד"ה ולא משום שהקדימו לאחויה הרגו דכיון דעבודת לילה היא לא חשיבא להו כ"כ אבל כיון דחזו דבדחיפה בעלמא אתו לידי סכנה וזה יכול להיות ממילא מכח מרוצתם תיקנו פיים וק"ל.

רש"י ד"ה **ויחידים** בחולים שאינם יושבים וכו' ולגי' שלפנינו דכבר אשמועינן ברישא דחולה שתים מוליאין נ"ל דהך סיפא משים אין מונין לו אלא אחד אילטריך דלא תימא דכיון דיושב לבדו אין חוששין לרמאות קמ"ל דלא פלוג ועיין מ"ש בסוגייא ונעד"נ לפרש יחידים אנשים ת"ח דליכא למיחש בהו לרמאות כהביא דתענית התחילו היחידים מתענים ושוב מלאתי כדברי בס' הערוך ערך יחיד יעו"ש.

ד"ה **על** מעלות וכו' בן גורדון על מעלת האולם וכו' בנותו דכיון שמאלמי שהיו אולמות בהר הבית ניחא לן נפרושי על מעלות האולם דקאמר דהיינו בהר הבית שהיו שם כל ישראל דאילו במעלות אולם עלמו דלאחר מזבח לא היה שוחד שם להכריז וכמ"ש הריטב"א. ועוד הביא הכרח אחר דבתוספתא גרסינן על מעלות האולמות דמשמע שהיה שם יותר מאולם אחד וע"כ דבאולמות דהר הבית איירי אלא דגי' התוספתא דמסכתי' וכן גירו' דפרקין הגי' על מעלות האולם ובס' חנוכת הבית אות ל' פי' משום דבמעליית האולם ממש אחוריו אל היכל ה' יעו"ש וק"ל.

ד"ה **על** מי להביא וכו' או מן הכהנים וכו' וגם גי' ירושלמי ותוספתא דפרקין דגרסינן מהיכן לנו למוד מן ההיכל או מן העזרות וכו' ר"ל מן ההיכל דהיינו מהכהנים שהותר להם ליכנס לשם והואיל להו דירהס או מן העזרות ע"כ עזרת ישראל ויבא משל ישראל.

תוספות ד"ה **שתים** מוליא וכו' קתני לה זא"ז וכו' יש לדקדק דברי כתבו התוספות בריש האיש מקדש דבשתי תיבות לא אמרינן נזא"ז ואף למה שחילק בס' יבין שמועה

דף פ״ט ע״א הכא נמי מלא אחת אין בו חידוש דודאי אחת יש נהוליא אם לא שנאמר דיש מקלא רבותא דעי״ י אלבעות נמנין ואין איסור למנותס אלא שאין זה מספיק דהא שמעינן ליה מרישא דקאמר אומר להם הלבישו והעיקר דתוס׳ דהכא לא ס״ל הך כללא כי הם ממהר״ם מרוטנבורג כמ״ש מהר״י ערלאי וכמ״ש בריש מכילתין והכי ס״ל להריטב״א שם בקידושין והיינו דבת״י לא כרגי׳ אלא דלימא אפילו טובא אבל דהוי לאו״ז ל״ק נהו משום דאזלו לשיטתם דבשתי תיבות לא אמרינן ושוב ראיתי בס׳ שער יוסף להוריות ו׳ ע״א שהאריך בכלל זה יע״ש וכן מלאתי בס׳ באר שבע בספ״ק דתמיד שהרגיש בדבריהם דהכא יע״ש וק״ל.

בא״ד מ״מ היכא דאיכא שינויא וכו׳ ומה גם הכא דבלא״ה צריכין לשינויא דכאן בבריא לשנויי רמיותא דמתני׳ אברייתא׳ דקתני שתים אין מוליאין וכו׳ וק״ל. ומ״ש בפ׳ אלמנה מונת וכו׳ אע״ג דהתם לאו דוקא וכו׳ דלא ניחא להו למימר דכיון דאיכא שנויא אחרינא פריך ליה דהא כיון דקושטא הוא דהיכא דהוי לאו דוקא קתני כי האי לישנא כדמוכח בריש מפנין א״כ מנ״ל בפ׳ אלמנה שם לחלק בין עניה לעשירה וכן בסוף בבא קמא שם לומר ד׳ מתוך חמש או לחלק בין עדר קטן לעדר גדול דהכא שאני דבלא״ה מוכרחים אנו לחלק בזה מכח הברייתא וכמ״ש ואי קשיא לך אכתי מסגדל המסומר דכיון דהוי לאו״ז מנ״ל לר״א לחלק שם בין קטן לגדול כיון דאין הכרח לזה מברייתא כי הכא די״ל דמ״מ כיון דהוי דוקא ד׳ וה׳ דאי ל״מ הכי התרת סגדל המסומר וארבע בכלל חמש לגמרי הוא מעתה לא הו״ל למתנייה כלל אלא ודאי דה״ק ד׳ מסגדל קטן וכו׳ כנלע״ד וק״ל. ומ״ש וכן בסוף ב״ק וכו׳ אבל לא שתים ופרי׳ וכו׳ כנ״ל וכמו שהגיה מהרש״א ועיין בלשון התוספות דריש סוכה שם.

בא״ד וגבי תינוק יונק כו׳ דפשיטא ליה דה״ה טובא וכו׳ כתו׳ שם בפ׳ במה אשה ובפ׳ אעפ״י כתבו דדוקא קתני והוכיחו כן מתוך הסוגיא ותו׳ כתו׳ א״נ שכתבו כאן ולתו׳ זה נ״ל דהא דקאמר התם אידי ואידי חד שיעורא הוא כלומר דל״פ אהדדי אלא דסתמא קאמר דא״ל אלא ד׳ וה׳ ואה״נ שאם צריך יותר אפי׳ תבילתו על כתפיו שרי וכ״כ בדבריהם דפ׳ בנות כותים שם ועיין עוד בלשון רבינו יונה הובא בס׳ אסיפת זקנים לפ׳ אעפ״י שם דף ע׳ ושוב ראיתי בס׳ בני דוד פ׳ ח׳ מה׳ לולב שעמד על דבריהם אלו ועיין בס׳ מגילת ספר חלק לאוין ס״ד ד׳ וכנראה דאישתמיטתי׳ דברי התו׳ דנדה דנראה בהדייא דס״ל הכא לקושטא דמלתא וכס׳ רבינו יונה שם שהביא בשם רבני צרפת וכן מלאתי משנה למלך שם בהל׳ לולב אלא שהניח בצ״ע יע״ש וק״ל.

בא״ד אי נמי בההיא וכו׳ וד׳ לבריא וכו׳ אע״ג דהכא ובפ׳ בנות כותים פריך ומשני כאן בבריא כאן בחולה והכא נמי בהך הו״ל למיפר׳ ולתרולי כי הנך י״ל דשאני טובא דהכא מסברא לא הוה מפלגינן בין חולה לבריא דכיון דאפילו בריא אין יכול לעשות הרחק גדול בין אלבע לאלבע לדידיה נמי הו״א דלא חיישינן לרמאות וכן נמי בפ׳ בנות כותים אין הסברא פשוטה כ״כ לחלק בזה משא״כ גבי יניקה המילתא דפשיטא היא דתינוק חולה לריך לינק יותר מבריא ולהכי לא חייש תלמודא למיפרך ולתרולי בהא מידי.

ודע דמה שכתב הריטב״א בחי׳ לריש עירובין משם התוספות וז״ל ומשום דהכא מיירי על דברי תורה לא טרחינן למיפרך ולתרולי הכא כדעבדינן התם ע״כ לא זכיתי לבבין דהא התם אמלתיה דר״י דברייתא איירי ועוד דההיא דפרק אלמנה נזונת אמלתיה דר״י דהוא אמורא פריך ומשני אם לא שנאמר דה״ק דהיכא דהוי אפילו טובא מתני לי׳ בדרך לאו״ז אין דרך התלמוד לדייק כן אלא אמאי דקתני במתני׳ כי ההיא דריש מפנין אבל אמלתיה דברייתא כי ההיא דר״י מכשיר עד ארבעים וחמשים וכו׳ לא חייש אבל היכא דהוי בדרך זו וא״ל זו התם דייק תלמודא אפי׳ אמלתיה דאמורא כי ההיא דפ׳ אלמנה נזונת ודברי אמורא שכתב בלשונו גאו דוקא אלא הכונה דברי ברייתא אבל בגי׳ תו׳ שלפנינו בריש עירובין אין שם סיום דברי הריטב״א יע״ש וק״ל.

ד״ה וירושלים וכו׳ ועוד דקאמר על העיר או על העזרה וכו׳ ותלמודא לא חייש למיפרך מהך דהשתא הוה פריך לכ״ע דיש נדחות דה״ק על מי נביא כפרה זו לכפר על הכהנים שעל ידם אירע זה או לכפר על כל ישראל שלא תיקנו בה פיים כשאר עבודות ולא היו באים לידי זה וק״ל.

ע״ב גמרא **אלא** כדי להרבות בבכיה וכו׳ דמתוך דש״ד היה קל בעיניהם כדמסיק לבכי הולרך ר״ל לבקש דרך לעוררם לבכות ואה שהודיעם בתחילה שכלם ידם במעל כהנים וישראל והיינו דקאמר על מי נביא וכו׳ וא״כ מעתה יש להם להזהר בעון זה כי לולי רגילותו ביניכם לא היה בא דבר כזה תוך מקדש ה׳ ועיין בחי׳ הריטב״א וק״ל.

שם או דילמא ש״ד כדקיימא קיימא וכו׳ ונאמר דברייתא ה״ק אל תתמה אי תמירא להו טהרת כלים מש״ד דמתוך שהורגלו כימי מנשה שהיו שופכים דם נקי גרס להם בבית שני להיות טהרת כלים חמור בעיניהם יותר ולעולם דש״ד כדקיימא באיסורו מתחילה קיימא נמי השתא ולא שהיה קל וזל בעיניהם ומסיק דס׳ לומר דש״ד זל דהשתא מייתי ראיה ממנשה דומה מדומה והכי נמי מסיי׳ עלה בירושלמי דפרקין מלמד שהיתה טומאה קשה להם מש״ד לגאלי ע״כ וק״ל.

שם ר״א אומרים אחרים והוליא וכו׳ לאו לאיפלוגי את״ק אתא אלא דס״ל דכיון דמהיקשא דבגדיו בגדים שמעינן דהשניים בגדי קדש ע״כ דפחותים מהם קאמר דליכא למימר חשובים מהם או בשוים דעפי חשיבא עבודה הרמה שהיא במזבח ובתוך עזרה מהולאה שהיא חוץ למחנה וא״כ אחרים למ״ל אלא אהוליא דבתריה סמיך ואחרים אכהנים קאי לומר על וכו׳ וכן ראיתי שכתבו התו׳ והת״י בסוגיין יע״ש וכן מסיק הריטב״א שזהו הפי׳ האמיתי ונראה מתוך דבריו שם דבמקום אמר מר אחרים פחותים מהם כדתנא דבי ר״י וכו׳ דהוה גרים ולר״א בגדים פחותים מנ״ל נפקא ליה מדתנא דבי ר״י יע״ש וכן בס׳ משנה למלך פ״ב מה׳ תמידין פי׳ כן יע״ש וק״ל.

שם מ״ט דר״ל אמר לך אי ס״ד וכו׳ ובירושלמי קאמר טעמא דרשב״ל עבודה מתנה יצא זה שהוא בהרמה מה טעמא דר״י לכל דבר המזבח ע״כ ועיין בס׳ משנה למלך שם ומה שהקשה שם דלמאי איצטריך ר״ל למימר דהרמה לאו עבודה הא גמרינן לה מהולאה להכשיר בעלי מומין אפי׳ תימא דעבודה היא יע״ש ויראה לתרץ דאי הרמה עבודה היא הו״א דלבא מלתה לא ילפינן מהולאה דשאני הולאת דעבודת חוץ ועוד דהלריך בה הכתוב בגדים פחותים דאפי׳ לר״א איתיה כמ״ש לעיל ועוד דהכן כתיב בפרשה ואוקמיה מיכת אהרמה ועוד דלמ״ש לעיל דאחרים פחותים נ״ל לר״א מהיקשא דבגדיו בגדים ומסברא דתנא דבי ר״י בגדים שבשל וכו׳ מהשתא אימא מדסמך אחרים לוהוליא ללמדך דדוקא על ההולאה הוא דהכשיר בעלי מומין לא בהרמה ועיין בת״י ובחי׳ הריטב״א ודו״ק.

שם יש לך עבודה שכשרה בשני כלים וכו׳ הנה חכם א׳ מאהובי אמר לנו לעיין בזוהר פ׳ קדושים דף פ״ז ע״א ומשמע לע״ד דס״ל כמ״ד דאבנט כהן הדיוט דכלאים וס״ל נמי כס׳ ר״ל דהרמה היתה בשני כלים ולהכי קאמר התם דבתרומת דשן של מזבח העולה בעי לאתחזאה בהו בלחודייהו ולא בערבוביא ועיין עוד בפ׳ פקודי דל״ע ע״א וכן תמלא בפי׳ הרמ״ז שם בפ׳ קדושים שפי׳ כמ״ש יע״ש.

שם נימא כתנאי וכו׳ מה ת״ל ילבש להביא מלנפת וכו׳ והא דקאמר לעיל ור״י גלי רחמנא בכתנת ומכנסים וכו׳ דמשמע דבלאו יתורא דילבש נ״ל ד׳ בגדים וכמו שדקדק בפרש״י נלע״ד דתלמודא הוא דקאמר הכי לפי המסקנא דדחי בסמוך דכ״ע עבודה היא וכו׳ ומר סבר לא לריכי קרא לרבויי עיין בפירש״י שם ול״ל דתלמודא עפם הקלר יותר נקט ולאו למימרא דר׳ יוחנן ס״ל כר׳ דוסא דאלת״ה א״כ ר״י ס״ל נמי כר״ד דוהניחם כיימו שלא ישתמש בהם יוה״כ אחר דהא בהא תליא כדאיתא לעיל פ״ק י״ב ע״ב דקאמר ואזדא ר״ד לטעמיה דתניא והניחם שם וכו׳ ואן קי״ל כת״ק דר״ד דטעונין גניזה כמו שפסק הרמב״ם ז״ל פ״ח מהל׳ כלי המקדש ולדידיה איותר ילבש לרבות מלנפת ואבנט וכן הרמב״ם ז״ל בפי׳ המשנה לספ״ב דתמיד תפס טעם זה עיקר יע״ש:

שם אר״ל כמחלוק׳ בהולאה וכו׳ עיין בלשון הרמב״ם פ״ב מהל׳ תמידין הלכה י׳ והלכה י״ד והמובן לי מדבריו ז״ל דס״ל דלהוליא הדשן חוץ למחנה ליכא למ״ד דחשיבה עבודה דלא מליא עבודה בחוץ וכן א״ל שעשוה בגדי כהונה כיון דלאו עבודה היא ולא

דאיתא בפ"ב ממעילה ע' ע"א הנהנה מאפר תפוח שע"ג מזבח
וכו' ור' יוחנן אמר מועלין בו ומפרש התם דפלוגתייהו לאחר
תרומת הדשן דר"י אמר כיון דכתיב ולבש הכהן מדו בד וכו' כיון
דצריכה לבגדי כהונה בקדושתי' קאי איירי בעוד האפר על המזבח
שלא הורידוהו למטה אלא עומד שם לבור ע"ג מזבח כמו ברגלים
כדאיתא בתמיד והיינו דקאמר דכיון דלהוציאו מהמזבח לאורידו
למטה או לדשן המזבח ולהעמיד האפר בתפוח שבמזבח
בעי בגדי כהונה בקדושתיה קאי אבל לאחר שהורידהו למטה
להוציאו חוץ למחנה ליכא למ"ד שימעלו בו וכמ"ש בפי' המשנה
לפ' ב' דמעילה ז"ל וכשמרימין כל האפר מע"ג המזבח ומשליכין
אותו בבית הדשן אין מועלין בו ע"כ ומ"ש בסוף פ"ב מהל' תמידין
דאסור ליהנות היינו איסור הנאה לחודי' אבל לא שימשול בו והגם
שמדברי מהר"י קורקוס שהביא הכ"מ שם אין נראה כן לענ"ד
כמ"ש וכמ"ש בפי' מהמשנה וכן מצאתי להרב בעל בני יעקב
בהגהותיו ובס' לחן קדשים במעילה שם שפי' כן באופן דלדעתו
הרמת הדשן דקרא כולל בין תרומת הדשן ממש ובין הוצאת דשן מן
המזבח לתפוח או לארץ שכל אלו היו נעשים בכל יום והא דקאמר
רחמנא והוציא את הדשן וכו' מלתא אחריתי היא ואינה חובה של
כל יום אלא כשהיה הדשן רבה שם למטה היו מוציאין אותה חילה
וכיון שכן ע"כ לפרש קרא דופשט את בגדיו ולבש בגדים אחרים
דהיינו בגדי קדש אבל פחותים מהם כדקתני בברייתא דלא קאי
אהוציא את הדשן דסמיך ליה אלא אוהרים את הדשן דלעיל
מיניה קאי והשתא אם לא היה עסוק בקרבן ולא היה לבוש בגדי
כהונה ולבש הכהן מדו בד ומכנסי בד והרים אבל אם איחר
לעשות תרומת הדשן או שהיה לבוש בלילה בגדי כהונה לצורך
עבודת איברים ופדרים [ועיין לעיל בתוספות ריש פרקין]
באופן שהיה עסוק בקרבן וכבר היה לבוש בגדי כהונה חובה עליו
לפשוט בגדיו אלו ולבש בגדים אחרים לעשות הרמה זו ותמהא
בדידה שכן דעתו ז"ל בפי' הפסוק מלבד מ"ש בחי' שם וכמ"ש
הכ"מ עוד זאת ביאר ז"ל דבריו היטב בפי' המשנה סוף פ"ב
דתמיד ע"ש ותמלא נחת ועמ"ש שם וראוי לך שתדע שהרמת הדשן
היתה באלו ארבעה כלים עכ"פ וכו' מבואר כמ"ש דהוצאת הדשן
אינה בבגדי כהונה וכן מוכיחין דבריו שבחי' שם דדוקא גבי הרמה
כתב מי שזוכה לתרום טובל ולובש בגדי הרמה וכו' יעו"ש ואחר
הדברים והאמת האלה יש לנו לפרש סוגיא דשמעתין לדעתו
ז"ל ומתחילה נאמר דגירסתו ז"ל תנו רבנן ופשט ולבש
שומעני כדרך יוהכ"פ ולא גרים והוציא את הדשן כגי'
שלפנינו וכן בגי' תורת כהנים פרשה צו ובילקוט שם בגי' דשמעתין
בגי' ופשט ולבש שומעני וכו' דהשתא ההרמה דוקא קאי
והכונה שומעני דמה שהצריך הכתוב באם היה לבוש ועסוק
בקרבן לפשוט בגדיו ולבש לעשות הרמת הדשן שומעני כדרך יוהכ"פ
שהיה שני בעלם בין פשיטה לפשיטה אחרת וכאן יפשוט בבגדי
חול ונאמר דעמ' משום דלאו עבודה היא ת"ל ופשט וכו' מקום
בגדים שלובש לבגדים שפושט שהיו לצורך קרבן מה
להלן וכו' והיינו דקתני בנוסחת בברייתא דספרי שם [ולענ"ד
שכצ"ל] מקום בגדים שלובש לבגדים שפושט מה בגדים שפושט
הראויים למלאכתי כלומר שלבשם לצורך הקרבת הקרבן דהיינו
מלאכתו המיוחדת לו אף בגדים שלובש הראויים למלאכתו וכו'
ע"כ א"כ מה ת"ל אחרים פחותים וכו' ר"א אומר הואי אחרים
לאו אלבישת בגדים דהרמה קאי דמסברא ידעינן שפיר דיהיו
פחותים מטעם בגדים שבשל קדרה לרבו וכו' אלא אהוציא את
הדשן דבתרי' סמיך והיק דאצ"ע דבהרמה בעינן ולבש הכהן
בכיהונו להוצאת דשן שאינה חוב' ועבודה אלא הוצאה חוץ
למחנה אפילו אחרים דהיינו בעלי מומין כשרין להוצאה זו ות"ק
ס"ל דכיון דאחרים איצטריך לפחותים להרמה דמסברא לא ידעינן
דכיון דעבודה היא אימא דהויא כעבודת מזבח ממש ואין לשנות
בין בגדים לבגדים מעתה אדרבא אימא דהוצאה את הדשן
אאהרן דלעיל מיניה קאי והגם דאבגדים ע"כ לא קאי דהא לאו
עבודה היא הא מיהת שמעינן מיניה דכהן כשר לשאר עבודות
בעינן לאפוקי בעלי מומין ור"ל כמחלוקת בהוצאה דלר"א כשרין
בעלי מומין כך מחלוקת בהרמה ור"י אמר מחלוקת בהוצאה אבל
בהרמה כיון דאפי' ר"א מודה דעבודה היא דהא כהן כתיב ובעי'
בגדי כהונה וחובה של כל יום היא משא"כ בהוצאה ודאי דבעלי

מומין פסולין בה והשתא בין ר"י ובין ר"ל לא פליגי אלא במאי
דס"ל לר"א אבל בסברת ת"ק כ"ע מודו דס"ל דהוצאה לאו עבודה
היא דע"כ לא איירי אלא בהרמה דבה מצריכין בגדי כהונה וזה
עולה נכון לפסקו ז"ל שם וגפ"ז לא הוזכר בגדים פחותים אלא
להרמה דוקא אבל להוצאה אפי' בגדי חול כשרים ומה שהקשה
רש"י ז"ל לעיל י"ב ב' דתרומת הדשן דאינה אלא מלא מחתה
ליום אין שם לכלוך בגדים ואמאי לריך בגדים פחותים יע"ש
כבר נתישב זה ממ"ש בפי' המשנה שם ספ"ב דתמיד ז"ל ולמה
היו הבגדים שלובש בשעת תרומת הדשן פחותים מבגדים שהיה
לובש בשעה שהיה מתעסק בקרבן לא מחמת שמירת הבגדים שלא
יבלו לפי שסבר הודעתיך שהעיקר במקדש אין עניות במקום
עשירות אלא הטעם בזה הוא מה שזכרנו יאמרו בגד שבשל בו יכו'
עכ"ד והנה שיטתו ז"ל קרובה לשיטת החסיד שכתב הריטב"א בחי'
יע"ש וכמ"ש הכ"מ שם אלא דלדעתו ז"ל אין נצריך בגדי כהונה
בהוצאה אף לת"ק דר"א וכמ"ש ושוב ראיתי בשו"ת הרדב"ז
המחודשות בח"א בלשונות הרמב"ם סי' י"ב שגם הוא ז"ל פי'
כמ"ש הכ"מ והגלע"ד כמ"ש וכן באיזה דברים שכתב שם בפי'
דקרא אינו מסכים עם מ"ש הרמב"ם גופיה בפי' המשנה דתמיד
יע"ש יאם תדקדק בדבריו תמלא יישוב לרוב הקושיות שהקשה
ע"ז הרב בעל משנה למלך שם יע"ש כי אין להאריך זולת זה נריך
אני ליישב לשיטתו ז"ל לשון הירושלמי דפרקין שהביא בס' מ"ל
שם וז"ל הוליא שאר הדשן בפלוגתא דר"י ור"ל אתיא כמ"ד אחרים
פחותים מהם ברם כמ"ד אחרים לרבות בעלי מומין היא זר הוא
בעל מום ע"כ ופי' דאם זר הוליא שאר הדשן לאחר שהורידהו
למטה חוץ למחנה בפלוגת' דר"י ור"ל דלר"י חייב דהא נמי
הגם דלאו עבודה היא מ"מ לורך מזבח הוא ובכלל לכל דבר המזבח
הוי ולר"ל פטור דאפי' בהרמה פטר התם מטעם דעבודת מתנה
כתיב ילא זה שהוא בהרמה וכ"ש זה דמעיקרא לאו עבודה הוא
והשתא אשמועינן דמחלוקת זה לא שייך אלא למ"ד אחרים אתרומת
הדשן דלעיל מיניה קאי לומר דבעינן פחותים מבגדי עבודת קרבן
דהשתא לדידיה בעלי מומין פסולים להוצאת אבן וא"ל דה"ה
זרים ברם כמ"ד דאחרים אוהוליא דבתריה סמיך ולרבות בעלי
מומין ע"כ דלכ"ע אפילו לר"י היא זר היא בעל מום דכולם כשרים
להוצאה ובהרמה דוקא פליגי ואי קשיא לך דא"כ קיל"ן כר"י דזר
שהוליא חייב וכת"ק דאמר אחרים פחותים והיאו ז"ל פסק בפ'
ע' מהל' ביאת המקדש דהרמת הדשן דוקא פסול הוא בזר ולוקה
עליה יע"ש י"ל דכיון דודאי לס' תגמודא דידן לקמן קי"ל כרב
דזר שתרם פטור ממיתה וטעמא דעבודת מתנה בעינן ולא עבודת
סלוק ולית ליה לרב טעמא דר"י דירו' דרבי רחמנא לכל דבר
המזבח מעתה בהוצאה לרב ודאי אפי' מלקות ליכא דהא לאו
עבודה היא לכ"ע וכותיה קיל"ן והיינו דבתלמודא דידן לא הוזכרה
פלוגתא בהוצאה כלל ובמ"ש דגם הירו' ס"ל דהוצאה לאו עבודה
היא ניחא דהגם דלכ"ע בעינן עבודה תמה לשתהיה פסולה בזר
כדלקמן בסוף פרקין אפ"ה להירו' מחייב ר"י בהרמה משום
דהוצאה דבתרה לאו עבודה היא וע"כ לא מחייב עלה אלא
מטעם דלורך מזבח היא ובכלל לכל דבר המזבח הוי ובזה יתורץ מה
שהקשה בס' מ"ל שם יע"ש והנה מ"ש מרן שם הג' כ"ו ופסק
כת"ק אליבא דר' יוחנן ע"כ הקושיא מבוארת דבין לר"ל ובין
ר"י תרוייהו ס"ל דלת"ק אין בעלי מומין מוליאים את הדשן וכמו
שהגיה בשו"ת נריר הכסף בלקוטים קי"ח ב' יע"ש ויש ליישב
דה"ק דמ"ש לפסול בעלי מומין היינו כת"ק ומ"ש דהוצאה דוקא
לאו עבודה היא היינו אליבא דר"י דלר"ל נת"ק הרמה נמי לאו
עבודה היא כיון דלא בעי' אלא שני כלים ועיין בס' שתי ידות
דף נ"ח ב' כי הראיה שהביא מהמדרש רבה רי"ט ב' יש ליישבה
לדעת הרמב"ם יע"ש כנלע"ד ודו"ק.

והרב המאירי ז"ל נאהר שהעתיק סברות בענין זה ושדעתו
דבין תרומה והוצאה היו בבגדי כהונה פחותים סיים וי"מ
שהמקרא נדרש להרמה ר"ל שלא נאמר בגדים פחותים אלא להרמה
אבל להוצאה אינה טעונה בגדי כהונה שאינה עבודה אלא שמ"מ
אין בעלי מומין מוליאין אותה עכ"ד:

רש"י ד"ה **ה"ג** וכו' והו פרשה וכו' עיין מ"ש בפי' החומש פ'
צו ובמ"ש הרא"ם והרמב"ן שם ומשם יתבאר לך
לתרץ מה שהקשו בת"י ועיין בחי' הריטב"א דלפי' הא דמייתי

מיוה״כ היינו דהכא נמי הובה עליו לשנות בגדים מתרומ׳ להולאה ומאחר שאין בגדי זהב להדיוט ע״כ לומר דישנה מבגדי קדש לבגדי חול והיינו דקתני ברייתא פושט בגדי קדש וכו׳ ולי״ג שפושט וכמו שהביא ז״ל פושט וכו׳ יאכבן המוליא קאי ולא אדיוה״כ ומה שהקשה עוד הריטב״א שם דלמאי דס״ל השתא למילף פשיטה ולבישה דהולאה מיוה״כ למאי אילטריך אחרים וכו׳ יעי״ש י״ל דהשתא ס״ל דאחרים לומר שהם בגדי חול שהם אחרים ומריוהקים מהראשונים ואהני לן ילפותא דיוה״כ לומר שהוא חובה ולא מטעם די״א כדר״י בגדים שבשל וכו׳ אבל לבתר דמסיק מביקשא דבגדיו בגדים שעיהם בגדי קדש מקשה שפיר א״כ מה ת״ל אחרים וכו׳ וקרוב לזה יישב הוא ז״ל שם ולפ״ז למסקנא לא תיקשי דלמג״מ כתב בגדים כדרך שהקשה בספר משנה למלך פ״ע מהל׳ תמידין ומוספין דאי כתב ולבש אחרים הו״א מאי אחרים בגדי חול ממש דגמרינן מיוה״כ לגמרי שיהיה שנוי בעלם בבגדים השניים להכי כתיב בגדים לגלויי דתרוייהו בגדי קדש ואחרים היינו פחותים מהראשונים ועיין עוד בס׳ קרבן אהרן פ׳ לו וק״ל. ומ״ש אם בא להוליא דשן וכו׳ דסובר דאינה חובה בכל יום כתרומת הדשן וכ״כ בהדיא בחומש פ׳ לו שלא כדעת הרמב״ם והראב״ד פ״ב מה׳ תמידין דסברי דהיתה בכל יום עיין בס׳ משנה למלך שם הלכה י״ג ובספר שתי ידות להר״ס לונזאנו כ״ח ע״ב וק״ל.

ד״ה ת״ל בגדיו וכו׳ גגאי למלך וכו׳ כלומר אינו מדרך חובה אלא מלד גדר המוסר ודרך ארץ וכמ״ש בחומש שם כמו שביאר הרמב״ן שם והיינו דמסיים עלה תלמודא כדתנא דבר״י בגדים וכו׳ דאי גזרת הכתוב היא וחובה למאי אילטריך תו דבר״י ועוד דמיניה משמע שהיה מגדר ד״א דוקא אלא ע״כ דה״נ קאמר מעיקרא ולא מגזרת הכתוב ועיין בחי׳ הריטב״א וק״ל.

ד״ה ר׳ דוסא וכו׳ כדאמרינן בפ״ק ע״כ דלא גרים לקמן וכניהם שם וכו׳ כגירסת הספרים שלפנינו דאין זה שייך כאן דסגי לן לאשכוחי תנאי דמחלוקת ר״י ור׳ דוסא וכמ״ש ז״ל סד״ה לרבות שחקים וכו׳, ומ״ש ואחיא ילבש וכו׳ ואפ״ה יש מקום לומר דסבר דוקא שני כלים ולא ילפינן נמי מהתם דג״ש דכל ד׳ בגדים בעינן דמדפירש הכתוב הני תרתי שמעינן דלהא מילתא לא ילפינן מיוה״כ דאלת״ה לישתוק קרא מינייהו ואי משום דהשא דכמדתו ושלא יהא דבר קודם וכו׳ ליכתביעו לכולהו ומדשני קרא בדיבוריה מדו וכו׳ ולפינן כולה מלתא וק״ל.

תוספות ד״ה יש עבודה וכו׳ דבגדי כהונה ניתנו וכו׳ כותם דכיון שלא בעידן עבודה ניתנו ליהנות בדיעבד וכמ״ש שם ד״ה בגדי כהונה וכו׳ אין לתמוה אם גזר הכתוב כאן בתרומת הדשן שהיתה בעזרה דניתנו ליהנות לכתחילה וכן אין לתמוה אם מותר ליהנות אפילו במדינה כהולאת הדשן שהיתה חוץ למחנה אע״ג דבמדינה היולא בהם אסור כדלקמן דכיון דתחילת לבישתן היתה בעזרה דשם הותר בדיעבד אפי׳ שלא לצורך עבודה להכי שרינן הכא אפי׳ חוץ למדינה וק״ל. ומ״ש וי״ל משום דבעל מום וכו׳ עיין בספר משנה למלך ריש פ״ו מהל׳ ביאת המקדש ופ״ע שם ופ״ע מהל׳ תמידין ומוספין:

ד״ה מנין שלא יהא דבר קודם וכו׳ אילטריך למיהדר וכו׳ בתי״כ פ׳ לו איתא מכנסי בד ילבש על בשרו ולא רעיה על בשרו כשהוא אומר להלן מכנסי בד יהיו על בשרו שלא יהיה דבר קודם למכנסים ע״כ ומזה הקשה שם בספר ק״א לדברי התוספות דהכא יעי״ש וכך דהשא איתא נמי בתלמודא בפרק ב׳ דזבחים י״ע ע״א ובערכין ג׳ ע״ב ילבש על בשרו שלא יהא דבר חולץ בינו לבשרו ע״כ ובודאי דאין לומר שלא ראו גמ׳ ערוכה והגלפ״ד דמעיקרא אין כאן קושיא דלא כתבו כן אלא לר״י דמדכתב מכנסי בד דיתירא הוא לדידיה כמו שפרש״י הוא דדייק כן דהשתא תרתי שמעינן מינה מעל בשרו שלא יהא דבר חולץ וכו׳ והדר מדפרש כאן מכנסיים יותר משאר בגדים דרשינן מכנסיים על בשרו שילבשם בעודו ערום דהשתא על בשרו דכהן גדול דפרשת אחרי מות אייתר ליה לגמרי אבל לר״ש לקיש דאילטריך מדו ומכנסיים לומר דכשרה בב׳ כלים וע״כ דלא יהא דבר קודם וכו׳ מעל בשרו דוקא נפקא ליה ודאי דלדידיה לא תיקשי מידי דעל בשרו דכ״ע ע״כ שלא יהא דבר חולץ אתא ותרוייהו אילטריכו וזה מוכרח בסוגייא דלר״ל דוקא קאמר תלמודא שלא יהא דבר וכו׳ מעל בשרו נפקא וכו׳ משמע דלר״י מדסמיך מכנסיים לעל בשרו נפקא ליה אלא שמדברי רש״י ד״ה ילבש על בשרו וכו׳ משמע דלר״י נמי מעל בשרו יתירא קדייק ועיין עוד בסנהדרין מ״ע ע״ב ואפשר ליישב להספרים עם דעתם ז״ל דהי״ק דאי לא תימה הכי על בשרו למאי כתביה בהדי מכנסיים דאי משום שלא יהא דבר חולץ לימא קרא ולבש הכהן מדו בד על בשרו וכו׳ וכבר אפשר לומר עוד דלר״ל נמי תרוייהו שמעינן מקרא דתרומת הדשן דאי לדרשה דתליה דוקא אתי לימא קרא ולבש הכהן על בשרו מדו בד ומכנסי בד וכו׳ ומדסמך על בשרו למכנסיים ש״מ תרתי ודרשת הספרי אסמכתא בעלמא היא ולעולם דהכא לא מלי למילף מכ״ג כדבריהם ז״ל וק״ל.

ד״ה ילבש וכו׳ וק״ל גבי הולאה מנ״ל וכו׳ הא דפשיטא להו דהולאה בעינן ד׳ בגדים דלמאי דס״ד השתא דהאי תנא כר״י אימא דס״ל דהולאה לאו עבודה היא דמש״ה מכשיר בה ר״א בעלי מומין משום דמשמע דת״ק דר״א ס״ל דעבודה היא כדקאמר ר״י מחלוקת בהולאה וכו׳ וה״ע דפסול בה בעלי מומין וה״ה דמלריך בה ד׳ כלים ומעתה סברא היא דהאי תנא דילבש וכו׳ ס״ל נמי דהולאה עבודה היא דהא הרמה נמי אי גלאו דגלי ריבויא דילבש הו״א דלאו עבודה וסגיא בב׳ כלים ומעתה אין לך לחלק כ״כ בין הולאה להרמה לומר דאינה עבודה וא״ל ד׳ כלים ודי לך לחלק במאי דגלי קרא בהדיא אחרים פחותים מהם ושוב ראיתי למהרש״א שתי׳ קרוב לזה יעי״ש וק״ל. ומ״ש וי״ל דשמא וכו׳ אבל בגדי כהונה וכו׳ א״כ כמ״ד וכו׳ וכ״כ התוס׳ בפ״ק דשבועות י׳ ד״ה ואיתקש וכו׳ יעי״ש ועיין בדבריהם דסוף פרק איזהו מקומן.

ודע דבפסיקתא זוטרתא פרשת לו יליף ד׳ בגדים להרמה מג״ש דהכא איתא התם ולבש להביא מלנפת ואבנט שאין עבודה במקדש בלא ד׳ כלים נאמר כאן ולבש ונאמר להלן ורחץ במים את בשרו ולבשם מה להלן כל הכלים לובש אף כאן וכו׳ ע״כ ואף לפי׳ זה שייכא קושייתם דהא באיזהו מקומן שם איכא מ״ד דדבר הלמד בג״ש אינו חוזר ומלמד בהיקש יעי״ש וק״ל.

דף כ״ד ע״א גמרא מה להלן בקומצו אף כאן וכו׳ ולפ״ז שיעורה בשני זתים דקיל״ן כריב״ל דאמר בהקומץ רבה כ״ו ע״ב דאין קומץ פחות מב׳ זתים וכן פסק הרמב״ם בספי״ג מהלכות מעשה הקרבנות והא דמשמע בירושלמי דפרק ן דתרומת הדשן בכזית דקתני התם אבר תאכל אין אכילה אלא בכזית היה בכולו כזית ליטול מקלתו אין את יכול שאין בו כזית ליטול את כולו אין את יכול שאין כאן שיור ע״כ אתיא כר״י דס״ל התם בהקומץ דיש קומץ פחות מב׳ זתים יעי״ש וזה מוכרח דהא משמע שם בירושלמי דיליף תרומת הדשן מקמילה דקאמר ולא דמיא אלא לקמילה שזו בהרמה וזו בהרמה וכו׳ ועיין עוד שם דמייתי פלוגתא דר״י וריב״ל וק״ל.

והנה ל״ע למה שהרמב״ם בחי׳ פ״ב מהל׳ תמידין השמיט דין שיעור תרומת הדשן וכמו שהרגיש בס׳ מ״ל שם וראיתי להסמ״ע עשין קל״ע והרב המאירי שהזכירוה יעי״ש.

שם מת״מ ילפינן לה או מתרומת מדין וכו׳ מה שהקשה בחי׳ הריטב״א דאמאי לא אמרינן תפסת מועט תפסת תפסת מרובה לא תפסת וכו׳ ולא תירץ מידי יעי״ש י״ל דהכא שאני דסברה יותר למילף מת״מ ולא מתרומת מדין דהוי דורות משעה וע״כ לא מספקא ליה אלא משום דהתם כתיב לשון יחיד והרמות כי הכא או משום דהוי לבור ולבור כמ״ש התו׳ לפרש״י יעי״ש וגם לפי׳ התוספות דאי מני קאמ׳ דהוי דורות מדורות דגלי קרא אחד מחמשים כל שאתה אוחז וכו׳ י״ל דבדבר שיש לו קלבה דהיינו עד עשרה לא שייך למימר תפסת מרובה לא תפסת כמ״ש הם ז״ל לקמן ע״ב ע״א ד״ה נשיד וכו׳ ואף לפי׳ האחר המוסכם בתוספות דסוכה ה׳ ע״ב משום דבכלל המרובה המועט יעי״ש י״ל דת״מ עדיפא דכתיב גביה לישנא דזכרים משא״כ בא׳ מחמשים דתרומת מדין דלא כתיב גביה אלא לישנא דתקא אחד אחז מן וכו׳ אלא דס״ד למילף מהתם משום דוהרמות מכם וכו׳ אבוליה עגיינא קאי ועיין בתוספות וק״ל:

שם עבודת מתנה ולא עבודת סילוק והא דאיתא בספרי פ׳ קרח ועבדתם שומע אני מעורבבין ת״ל עבודת מתנה מה מתנה בפיים אף עבודה בפיים ע״כ אסמכתא בעלמא היא דפיום

תקנת חכמים היא כדאיתא בר"ש פרקין וכה דאיתא בפסחים פרק אלו דברים ע"ג ע"א הרי הוא אומר עבודת מתנה וכו' עשו אכילת תרומה בגבולין כעבודת בית המקדש יעו"ש הא נמי אסמכתא היא תדע דמסיים עלה בספרי רבי אומר לעשות אכילת קדשים בגבולים כעבודת מקדש מה עבודת מקדש במקדש מקדש ידיו ואח"כ עובד כך אכילת קדשים בגבולים מקדש ידיו ואח"כ אוכל וכו' נמצינו למדין נט"י מן התורה ע"כ ועיין בפסיקתא שם ומשמע דבסתם ידים איירי דאינה אלא מ"ח דבר כדאיתא פ"ק דשבת י"ד ע"א ועיין ברש"י שם וק"ל.

שם ורב דבר וכל דבר לא דריש וכו' כלומר לא דריש כגוונא דדריש לוי אלא ס"ל דמכלל מרבינן אף דבר דלא שייך במזבח כהזאות שבפנים ודבר המזבח עבודת מתנה מדריש לדידיה בכלל ופרט כדפריך בסמוך וכמ"ש הריטב"א בחי' ודכותיה אשכחן בר"ש פרק אלו עוברין מ"ג ע"ב דקאמר רבנן כל לא דרשי ור"ל שהנהו דרשות דלא מסתבר לרבותא כמ"ש התוספות שם ועיין עוד בדבריהם בפ"ק דמנחות י"א ע"ב ד"ה ור"ש את לא דריש וכו' ובזה יתורץ מה שראיתי שהקשה מפר' א' דאמאי לא מתרץ דרב דרי' ליה בכלל ופרט ולא תיקשי דמשיקרא לרב למאי איצטריך דבר המזבח דקמל"ן קרא דאפי' עבודות השובות שעל גבי מזבח ולמבית לפרוכת בעינן בהו עבודה תמה ועבודת מתנה.

תוס' ד"ה **ת"ש** דמהרמת קומץ וכו' כלומר ואין זה כדרך שאר ת"ש שבתלמוד שפושט אחד מהצדדים שנזכרו בבעיא וכמ"ש בתו"י דסוגיין יעו"ש. ומ"ש דהא ליכא למימר דוקא קאמר וכו' ודומיא דהרמת קומץ דתנן פ"ק דמנחות ו' ע"א שהקומץ ביתר והחסר פסול ולומר שיעשה מדה לקומץ הרי במנחה נאסר כדכתיב בקומצו וכדאיתא לקמן ר"פ הוציאו לו ואי קשיא לך דכיון דלא מלינן למילף מהתם דומיא דידיה אימא דניליף מתרומת מעשר או מדין דהוי באומד ממש כבר כתב הריטב"א דאפשר דהכי גמירי להו דמהכא ילפינן או שמא דמעבודה ממש ניחא לן טפי למילף אבל הא לא תיקשי דכיון דתרומת מעשר אינה ניטלת באומד לרבנן דקי"ל כוותייהו כדתנן פ"ד דתרומות למה לא פי' ז"ל גם לעיל כי יליף לה מתרומת מעשר דלאו דוקא קאמר וכמו שקשה בשכ"י ד"ל דס"ל כסברת התוספות בפ"ג דגיטין ל"א א' ד"ה ניטלת מאומד דלרבנן מאומד נמי הוי תרומה אבל אין מצוה לעשות מאומד יעו"ש הגם שאין כן דעת הרמב"ם בפ"ג מהלכות תרומות וכמ"ש התי"ע במסכת אבות פרק א' אמתני' דאל תרבה לעשר אומדות יעו"ש ועיין בתוספות סד"ה מתרומת וכו' וק"ל.

ד"ה **ארבע** עבודות וכו' הגפ"י שכולן מוזהר וכו' עיין בריטב"א וכן משמע דקרא דאזהרה כתיב ביה וזר לא יקרב אליכם כדאיתא בספרי פרשת קרח היינו כל מיני קירוב לעבודה.

ד"ה **עבודה** תמה וכו' כגון שחיטה וכו' דאין לפרש דגם דרשא דועבדתם לעבודה דתרומת דשן דאיירי ביה קאי דעוד יש למעטה מטעם שאינה עבודה תמה שהרי יש אחריה עבודת הוצאה כדשן דהא לכ"ע לאו עבודה היא וכמ"ש בסוגיין דלעיל בפי' דברי הרמב"ם יעו"ש וכן משמע בירושלמי דר"ש פרקין דלא קאמר טעמא דמאן דפטר בה אלא משום דכתיב עבודת מתנה ולא זה שהוא בהרמה אלא ע"כ לפתוח דתלמודא מסיים לפרושי מלתיה דרב אמאי לא מחייב בשחיטה וקבלה וכו' והגם דלוי לא פליג עליה בהא ואף לגבי' התו' לקמן בסוף פרקי' דלת"ק דר"א דלעיל דפסיל בעלי מומין בהוצאה ס"ל דחשיבא עבודה מ"מ כתבו שם דרב לא פטר אלא מטעם עבודת סילוק אבל עבודה תמה היא יעו"ש וכן ראיתי להריטב"א שכתב כן יעו"ש וק"ל.

ד"ה **שבע** הזאות וכו' שמזה מלוג שמן בהיכל וכו' כלומר כנגד ההיכל וקדש קדשים אבל הוא היה עומד בעזרה ומזה על קרקע העזרה כדתנן בסוף נגעים וכמ"ש הר"ש שם.

תוספות ד"ה **מתרומת** מעשר וכו' לא כתיב במלות צוויה לשון הרמה וכו' דבלאו לשון צוויה אשכחן דנקראת תרומה בסוף פ' קרח ונחשב לכם תרומתכם דמהכא ילפינן דתרומה גדולה ניטלת במחשבה ועוד כתיב כתרומת גורן וכו' והא דכתיב התם מכל מתנותיכם תרימו את כל תרומת ה' ומפרש בספרי שם דבת"ג איירי ולפי שהוא אומר ראשית דגנך וגו' חובה אתה אומר חובה או אינו אלא רשות ת"ל תרימו את כל תרומת ה' חובה ולא רשות ע"כ ועי"ש י"ל דהתם לאו עיקר צוויה אלא בלוים משתעי קרא בשלקחו מעשר ראשון שעדין לא הפרישו ממנו ת"ג דמחוייבים להפרישה ולא דמי לכשהקדימו בשבולים וכמו שפירשה הרא"ש שם אלא דאכתי קשה לדבריהם דבפ' שלח לך כתיב והיה באכלכם מלחם הארץ תרימו תרומה לה' ומוקמינן ליה בספרי שם בת"ג לומר שהיא חובה יעו"ש והיה אפשר ליישב עם מ"ש בפי' הילקוט שם דאין כוונת הספרי לומר דחייב בת"ג אלא בת"ג הכתוב מדבר ולאקושי לה חלה לומר מה תרומה גדולה א' אף חלה א' יעו"ש אלא שאין לשון ספרי מורה כפי' זה ועוד דלאקושי חלה לת"ג הא בהדיא כתיב כתרומת גורן כן תרימו אותה דבשלמא לענין חובה דת"ג לא תיקשי דתרי קראי למ"ל דחד איצטריך לחובה דישראל וחד לחובה דלוים כשהקדימו בכרי דחייב הלוי בת"ג ועיין בתו"י דסוגיין דמשמע מדבריהם דגם בת"ג כתיב לישנא דתרומה והיינו תרימו תרומה לה' שכתבנו דלא"ה אמאי נקטו בקושייתם גם ת"ג יעו"ש. ולדבריהם יש ליישב דהך קרא נמי לאו עיקר צווי' הוא דהא כתיב והיה באכלכם מלחם הארץ תרימו דמשמע דאינה נפרשת בכרי אלא דעיקר צווי היינו קרא דראשית דגנך וכו' והתם לא כתיב לשון תרומה וק"ל.

בא"ד וא"ת ואמאי וכו' אי ילפינן מחלה וכו' ונימא דאין בה שיעור כתרומת גרן כמ"ש לעיל והא דאיתא שם דכמאי דכתיב התם לישנא דנתינה עד שיהיה בה כדי מתנה לכהן של ב"ה אחד מעשרים וכו' אסמכתא בעלמא היא וכמ"ש הרא"ש שם וליכא למימר דהא כתיב נמי התם לישנא דנתינה מראשית עריסותיכם תתנו לה' תרומה לדורותיכם דהא גבי תרומת מעשר כתיב נמי ונתתם ממנו את תרומת ה' וכו' ואפ"ה יליף מהתם וק"ל. ומ"ש אי נמי י"ל וכו' ילמד סתום מן המפורש וכו' ודוגמא לזה איתא בספרי פ' שלח לך גבי שיעור חלה דקאמר ר"י אומר אתה מקישו לתרומת גורן סתומה אני אקישנו לתרומת מעשר המפורשת ותינטל א' מעשרה וכו' אלא הרי הוא אומר כתרומת גורן לתרומת גורן הקשת ולא הקשת לתרומת מעשר ע"כ. ומ"ש ואין להקשות וכו' תרומה גדולה וכו' בהאי ג"ש וכו' דאע"ג דבת"ג לא כתיבא במלות צוויה אלא לישנא דנתינה ניליף בג"ש דתרומת ה' דהכא נמי כתיב כמ"ש לעיל וא"נ דניליף חלה מת"מ בג"ש דכן תרימו והדר לילף ת"ג מחלה בג"ש דראשית ראשית וק"ל.

בא"ד די"ל כיון דכתיב בה וראשית וכו' כדאיתא בירושלמי פ"ד דתרומות לית כאן שיעורא דכתיב ראשית דגנך וכו' ואפי' כל שהוא ע"כ ועיין עוד בגמרא דילן פ' ראשית הגז קל"ז ע"ב אבל מ"ש וכן בחלה נמי כתיב ראשית עריסותיכם ל"ע דהא בספרי ילפינן לה מדכתיב כתרומת גורן כמ"ש לעיל וכ"כ רש"י בחומש האמת דיש לדקדק על הספרי דאימא דלא איצטריך היקשא דכתרומת גורן אלא ללמד דעולה באחד ומאה כת"ג כדאיתא התם אבל לשיעורא לא צריך דלא ס"ד לאקושה לתרומת מעשר דהא כתיב בה ראשית כת"ג ודומיא דראשית הגז דאיהו נמי אין לו שיעור מן התורה כדמוכח בפ' ראשית הגז שם ומשמע דהיינו משום דכתיב ביה ראשית וכ"כ מהרי"ו קורקוס והרדב"ז ז"ל בהרמב"ם פ"י מהל' בכורים יעו"ש אלא דלזה י"ל דהאי לא כתיב כתרומת גורן כיון דנקראת תרומה כדכתיב תרימו תרומה לה' אימא דילמוד סתום מן המפורש מתרומת מעשר ראשית איצטריך לגופיה לומר מן המובחר כדדריש שם בספרי וכן דבעינן שירים נכרים כדתנן פ"ק דחלה משנה ט' משא"כ ראשית הגז דלא נקרא תרומה מהיכא תיתי למילף מתרומת מעשר וכיון דלא פי' בו הכתוב שיעור הרי הוא כת"ג דכתיב בה ראשית אבל דבריהם ל"ע ודו"ק.

בא"ד וגי' היה נראה יותר וכו' כדדרשינן בירושלמי בינונית וכו' בפ"ד דתרומות ומיהו משמע דאסמכתא בעלמא היא ומדרבנן קאמר דמדאורייתא אין לה שיעור כדקתני התם בתר הכי עד כמה פוטר אדם טבלו דבר תורה וכו' יעו"ש וכיון שכן מהכא אין ראיה כ"כ לפירושם והיינו דבפרק התודה ע"ז ע"ב גבי תרומת לחמי תודה דפריך וגילף מתרומת מדין ומשני דנין תרומה הנוהגת לדורות וכו' לא מקשה תו דניליף מאחד מק' משום דאסמכתא בעלמא היא ומה שהקשה בס' לוי' חן מסוגיית

זו לדבריהם ז"ל דלפי המסקנא נילף משם לאחד מחמשים דכתיב שם קרא לדורות וכו' יעו"ש וי"ל דבמאי דתרין התם תנא דבי ר"י דנין דבר שנאמר בו ממנו תרומת ה' לאפוקי תרומת חלה דלא נאמר בו ממנו תרומת לה' דהתם לא כתיב אלא תרימו תרומה וגו' איתרלא לה נמי הא דמדין דהתם לא כתיב ממנו כלל ונראה דלהכי פרש"י שם ונילף מתרומה מדין דהוי א' מחמשים לאשמועינן דלמסקנא לא תיקשי מהך מידי אם מגד דדרשא זו אסמכתא בעלמא היא ואכתי אימא דורות משעה לא ילפינן ואם דאפי' תימא דדרשא גמורה היא הא לא כתיב ממנו אבג הכא ניחא ליה לפרש היותר פשוט דהיינו אחד מחמ"ק דכתיב סמוך לוהרמות כמ"ש הם ז"ל וא"נ דהיא נקראת בפרעות תרומת ה' וא"נ דתפסת מועט תפסת עיין בהריטב"א והא דס"ד הכא למילף מתרומת מדין הגם דדורות משעה לא ילפינן כדאמר התם דזה אין לומר דלמאן דיליף דורות משעה קמבעיא ליה פלוגתא היא בהקומץ ויע ע"ב דמשמע דהכא מודה רב דניחא טפי למילף דורות מדורות אלא כ"ע כדבריהם ז"ל דמלשון יחיד או משום עבודת לבור ניחא ליה למילף הגם דהוי דורות משעה והנה גם מה שהקשו ברחש דבריהם דאמאי לא מספקא ליה אי ילפינן מה"ג הא נמי מקשה לה התם וקאמר דין תרומה שאין אחריה תרומה וכו' ואל יוכיח בכורים שיש אחריהן תרומה יעו"ש ובתו' שם דתרומת מדין ממתנית כיולאים לצבא אין עוד תרומה אחריה כי אם ממחלית האחד של העדה והיינו דפריך התם אברייתא ונילף מתרומת מדין גם במה שתירץ אקושיא דחלה א"נ י"ל וכו' ילמד סתום מן המפורש וכו' ל"ל דהתם הו"מ לשנויי הכי דמ"ש רש"י שם ד"ה ונילף מתרומת חלה דהוי אחד מארבעים ושמנה ע"כ מדרבנן הוא דמדאורייתא אין לה שיעור כדאיתא בספרי וכמ"ש לעיל וא"כ משמע דה"ק דנילף מחלה דאין לה שיעור דומיא לקושיות בכורים דפריך התם אלא דהאמת משני כדתנא דבי ר"י דנין דבר שנאמר בו ממנו וכו' כנלע"ד ודו"ק.

ומה שכתבו ואפי' לפירש"י יש לומר וכו' כצ"ל.

ד"ה ולוי רבי וכו' אבל ק"ל א"כ ליחייב אסידור מערכה נמי וכו' כותם דהשתא מיהא הו"ל לרבות אף סידור מערכה אע"ג דלאו תמה הוא כדאיתא לקמן משום דהוי דבר מזבח כי היכי דמרבינן עבודת סילוק תרומת הדשן מהאי טעמא ומה ראית למעט אותה ולרבות עבודת סילוק לחודיה כדאמר אף תרומת הדשן ותירץ שפיר דבתרומת הדשן איכא תרתי דהו"ל עבודה תמה ועוד שהיא קודמת לכל עבודות הנעשות ביום כדאמר בריש פרקין דתחילת עבודה דיומא היא משא"כ סידור מערכה כנלע"ד ועיין במהרש"א וק"ל.

ד"ה לאתויי שבע וכו' ומשכחת להו שכן באין וכו' דניסוך יין נמי משכחת לה במתנדב יין בפני עצמו כדאיתא פי"ב דמנחות.

ד"ה אין בכלל וכו' א"כ לכל דבר המזבח למ"ל כדקאמר דבר לכל דבר ואדרבא ליפרוך לאידך גיסא וכו' כצ"ל סגי' ויגילאה וכותם דכיון דשמעינן דלוי סבר דתרי ריבויי איכא כדקאמר נ"ל מדבר וכל דבר מאי פריך ליה הא עפי ניחא שלא לדונו בכלל ופרט דהשתא איצטריכו חד לרבות הזאות שבפנים וחד לרבות עבודת סילוק דאם אתה דן בכלל ופרט תיקשי דליפתוק קרא מחד ריבויא ומהיכא תיתי לרבות עבודת סילוק דתרומת הדשן וכ"ש דהולאה דאי משום ריבויא דלכל אדמסתבר עפי מוקמינן ליה לרבות הזאות דחשיבא עבודה טפי ועוד דבזה אין אנו סותרים פשטיה דקרא דבעי עבודת מתנה ולא עבודת סילוק כלל אפי' דת"כ ואדרבא הו"ל למיפרך לאידך גיסא דאימא דלהכי איצטריך תרי ריבויי לדונם בכלל ופרט וכלל ונרבה אפי' עבודת סילוק ושאינה תמה וכמו שפי' כן תמלא בתו"י יעו"ש משא"כ להגה' מהרש"א דתיקשי דמאי תירצו לקושיא קמייתא הא הגם דאיצטריך לכל להזאות שבפנים מ"מ ריבויא דדבר למאי איצטריך וכי תימא דדבר נמי בכלל הכלל הוא ומשום דמכלל ופרט לא הוה מרבינן הזאות דדבר המזבח כתיב להכי איצטריך ריבויא דכל הא ליתא דליכתוב כללא בלישנא דלא מרבינן מידי דהיינו תשמרו את כהונתכם במזבח ועבדתם עבודת מתנה והזר הקרב וכו' **דהשתא** במזבח הו"ל כלל דמשמע דבכל מילי עבודת מזבח אפי' הסילוק והזר הקרב וכו' אלא ודאי דמלבד הכלל תרי ריבויי איכא הכא לכל ודבר וזה מוכרח אתה לפרש בדברי התו"י יעו"ש ולומר דמחד ריבויא לא הוה מרבינן אלא הזאות שבפנים דחשיבי טפי וגם דבמקו' מקרו דבר המזבח כיון דמאותו דם וכלי עצמו שבא בפנים אחר ומזה על מזבח הפנימי משא"כ הזאת שמן דמצורע דהזאות חוץ נינהו כמ"ש בפרש"י ועוד שאין בהם שייכות למזבח כלל ולהכי איצטריך ריבויא אחרינא אין זה במשמעות דבריהם ועוד דא"כ אמאי לא משני דרב הריש נמי דבר וכל דבר לתרי מיני דהזאות אלא ודאי משמע דשקולים הם ויבואו שניהם ולפי דרכינו. אקושיא קמייתא לא משני מידי דמה שתירץ בתו"י נראה להם דוחק יעו"ש ומ"ש בסוף דבריהם ואפי' את"ל דלכל וכו' שלא במקומו לקמן נגיה כנלע"ד ודו"ק.

בא"ד והכי אמרינן פרק שור שנגח את הפרה ובר"פ מרובה דכל כללא וכו' כצ"ל וכדאמר התם אבע"א כל נמי כללא הוא וכו' יעו"ש. ומ"ש ואפי' עבודת סילוק ואפי' את"ל דלכל מרבה הזאות שבפנים ושבמצורע מ"מ קשיא כיון דלכל משמע כללא אע"ג דלא דמי כללא בתרא וכו' כנלע"ד שכאן נ"ל מ"ש בסוף דבריהם שלא במקומם והכונה מבוארת דאע"ג דלכל מרבינן כל מילי אפי' מה שאינו דבר המזבח כגון הזאות וכו' ואילו כללא בתרא דבר המזבח לא מרבה אלא מה שנעשה במזבח מ"מ קשיא כיון דלא שאני לן בין בכל ללכל דתרוייהו חשיבי כללא אע"ג דלא דמי כללא בתרא לקמא הא לתנא דבר"י באלו טרפות שם דיינינן ליה בכלל ופרט וכלל אלא דצריך להבין דמאי ק"ל אימא דלא פריך הכי משום דאימא דרב ולוי ס"ל כתנא דבי רב דפליג התם אתנא דבי ר"י וס"ל דהיכא דלא דמי לא דיינינן ליה בכלל ופרט וכלל ועיין בס' יבין שמועה כלל קכ"ע ומש"ה פריך ללוי מדבר מוסבם ולפרש טעמם דס"ל דהכא אפי' לתנא דבי רב דרשינן ליה דדוקא התם דפריש קרא בהדיא בכללא קמא אשר לו כרעים דהכן סימנא סגי וכן בפרק מרובה ס"ד ע"א כתיב גניבה דפשטיה משמע אפי' דברים שאין בהם רוח חיים וכן בזבחים ח' ע"ב דכתיב זבח דמשמע דבר השייך בשחיטה לאפוקי שופות דמליקה אבל הכא דכללא דלכל אין לו ענין מפורש בפני עצמו לומר דמרבה כל דבר אף שאינו דבר מזבח אלא דמשום דבתרי' כתיב דבר מזבח אמרינן דלכל הייגו אפי' דלאו דמזבח כזה וכיוצא בו אפי' לתנא דבי רב אמרינן דהכל פרט ביניהם וכו' כיון דאין סתירה דמיון הכללים מפורש בהדיא כל זה דוחק דפשט דבריהם לא משמע שכיוונו לזה ולפרש דה"ק דמדהמקשן לא חייש לריבוי המיותר משמע דס"ל דמ"מ קשיא דאף דהוו תרי ריבויי יש לדונם בכלל ופרט וכלל וא"כ אדרבא ליפרוך לתרוייהו לאידך גיסא וליכא הניחא אי ס"ל לרב ולוי כתנא דבי רב אלא אי ס"ל כתנא דבי ר"י מאי איכא למימר כל זה דוחק וכעת לנ"ע ולמה שיש לדקדק דאימא תשמרו את כהנתכם כלל לכל דבר המזבח כלל וכו' עיין מ"ש בסוגי' דלקמן דדף כ"ז ע"א ודו"ק.

בא"ד ונראה דשמא וכו' אלא כשיש שום תיבה וכו' וכ"כ רש"י ז"ל בפ"ק דזבחים ח' ע"ב ד"ה אלא לזבח ריבוי וכו' יעו"ש אלא שנ"ע מסוגיא דפרק בית שמאי מ"ד ע"א דהוה דרשינן קרא דואם האכל יאכל מבשר וכו' בכלל ופרט וכלל והגם דמשמע דריבויי נינהו וזה דוחק לומר דהך סוגיא כרבינא דפ"ק דזבחים שם ד' דקאמר לעולם דכין כלל שאינו מלא יעו"ש ועוד דאכתי תיקשי פ' ב"ש דלמ"ד אין דנין במאי אתי אי במה מלינו וכו' יעו"ש וכן תיקשי מסוגיא דפ' מרובה ס"ד ע"ב דקאמר שדי שור בין המלא לתמלא וכו' וכן ממ"ש בפ"ק דמליעי' י' ע"ע ד"ה ת"ל וכו' שדי ידו בין המלא תמלא והו"ל כלל וכו' יעו"ש וצריך לחלק דכל כי האי הו"ל כאילו מפורש הענין בכללא קמא נמי דבין אם האכל ובין אם המלא ענין הוא אלא שהדבר סתום ואדבתריה גריר משא"כ מלת כל דאין לה שייכות ענין בפני עצמה אלא דהכיא דפ"ק דזבחים לפי' רש"י שם צ"ע ודו"ק.

ע"ב גמרא **ועבדתם** הזר שרביה הרמב"ם ז"ל בחי' פ"ט מהל' ביאת המקדש פסק כרב דפטר אעבודת סילוק וכתב הכ"מ ובס' משנה למלך שם דאע"ג דלוי פליג פסק כרב ע"כ. ויש לתמוה דהא רב ולוי הלכה כלוי דגדול מרב הוה וכמ"ש הב"י גופיה בא"ח סי' תקי"ע וכמ"ש בשיירי כנה"ג בכללי אות ל"א משמו ועוד דמדבעי רבא בסמוך עבודת סלוק וכו' אליבא דלוי אלמא כותיה ס"ל ועוד דהא ר"י ור"ל פליגי נמי בהא מלתא

בירושלמי וקאמר התם דר״ל כר׳ ור״י כלוי וקי״ל דר״י ור״ל הלכה כר״י וכמו שהקשה בספר משנה למלך שם ואפשר לומר דכיון דלקמן מייתי תניא כותיה כרב וכלוי השתא הו״ל מחלוקת תנאים וליכא להכי כללי אלא פסקינן כההיא תנא דפטר בעבודת סילוק משום דפשטא דקראי כותיה אזלי ויש ראיה לזה ממ״ש הכ״מ בהל׳ מעשה הקרבנות פ״ה הלכה ו׳ יעו״ש ושוב ראיתי בס׳ יד אהרן על דברי הב״י שם דלא ס״ל להאי כללא וכן בכללים שבסוף ספרו סי׳ ס״ו רמז לעיין בס׳ קול בן לוי ושם ראיתי בדף כ״א שהשיג בסתירה זו שכתבנו ולא תירץ מידי ובס׳ הלכות קטנות ח״ע סי׳ קי״ג קי״ד רפיא בידיה האי כללא יעו״ש משמע דהכל תלוי בפשט הסוגיות לפסוק כמי מהם ואפשר שזה היה כונת הכ״מ שם כלומר דרבינו פסק כרב משום דפשט הפסוק משמע כרב וסמך על המעיין שם בסוגיא כי הדבר מבואר הדוחק שיש לס׳ לוי לחלק הפסוק ולימר דועבדתם קאי אכולה מלתא בין אמזבח ובין אמבית לפרוכת ואיגו עבודת מתנה לא קאי אלא אמבית לפרוכת לחודי׳ ועל דרך מ״ש הכ״מ גופיה בפ׳ ב׳ מהל׳ בית הבחירה הלכה ו׳ שכתב ופסק רבינו כרב משום דפשטא דמתני׳ כותיה יעו״ש ושוב הראה לי אהוביגו החכם השלם מלאכי הכהן נר״ו מ״ש בזה בס׳ הכללים שחיבר ודעתו דעת עליון כמ״ש דאחר שהביא ראיות נכונות שאין העמדה וקיום לכלל זה כתב ומאחר שכן כל היכא דאיפליגו רב עם לוי מדקדקין היטיב בההיא סוגי׳ וכפום הוכחא דאית בה הכי מסקינן להלכתא ובדליכא הוכחא בסוגי׳ בשל תורה הלך אחר המחמיר ובשל סופרים אחר המיקל עכ״ל אבל הא ליכא למימר דהטעם דפסק כרב משום דתלמודא קא בעי מ״ע דרב ולא בעי מ״ע דלוי אלא בתר ינפותא דרב קאמר ולוי ומשני וכו׳ משמע דעביד תלמודא עיקר מילתה דרב טפי מלוי שהרי כתב הרא״ה ז״ל הובא בספר אסיפת זקנים לכתובות ל״ד ע״א מחוורתא דמלתא דאליבא דר״י הסגדלר פליגי וכו׳ וכדאמרינן לעיל מ״ע דרי״ה וליכא הכרחא מינה דהיאוי הלכתא כותיה אע״ג דפליגי בטעמי׳ וכו׳ ע״כ וכ״כ הרמב״ן שם בסוף דבריו וא״ל לכך דאיגהו פירושי מפרש לה ולא משום במתניתיה אלא אף תרומת הדשן אפשר דה״ק ת״ה ודכוותיה מפרש אלא מלתיה דרי״ה לחודיה ולא שקיל וטרי בתר הכי אמלתיה דרבנן מידי אפ״ה לא מכרעא לכו דתיהוי הלכתא כותיה כ״כ בנ״ד דשקיל וטרי תלמודא גם אמלתא דלוי אין ראיה מזה לפסוק כרב וזה פשוט אלא עיקר טעמו של הרמב״ם לפסוק בנ״ד כרב מטעם שכתבנו דקראי דייקי טפי לסברתו וק״ל.

שם בעי רבא עבודת סילוק בהיכל מהו וכו׳ דאטו״ג דלוי לא תני במתניתיה אלא אף תרומת הדשן אפשר דה״ק ת״ה ודכוותיה שהם עבודות חשובות דחוץ כגון דשון מזבח הפנימי ומנורה לאפוקי הוצאת דשן דהגם דעבודת חוץ היא לא חשיבא או דילמא דדוקא קתני דסילוק דהיכל חשיב ושוב ראיתי בת״י שהרגישו בזה ולא תירצו מידי יעו״ש ובספרי ראיתי שכתב דלהכי דייק הש״ס לפרש בד״ה עבודת סילוק כגון דישון וכו׳ לתרץ זה והיינו משום דהכי אפשר דהוו בכלל תרומה הדשן דקתני לוי והיינו דמצטייא ליה אי ת״ה דקאמר היינו ת״ה דמזבח חילון דוקא או תרומת דשן מזבח הפנימי ודישון המנורה נמי עכ״ד והנה מלבד דאין מלב״ד דרש״י כיון לזה אלא עיקר כונתו להודיענו דעד כאן לא בעי הכא אלא על עבודת תמה דוקא כדרך שכתב לעיל ד״ה לכל דבר וכו׳ ולאפוקי מהפי׳ האחר שכתבנו בת״י ד״ה לרבות וכו׳ יעו״ש עוד זאת בשלמא אי הוה תני לוי אף הוצאת הדשן יש סברה לומר דהכי נמי בכלל אבל כיון דתני תרומת הדשן מהיכא תיסק אדעתין דמאי ת״ה שייך בהו ועיין מה שכתבתי בת״י ד״ה רבי רחמנא וכו׳ וק״ל.

שם אלא מעתה זר שסידר את השלחן וכו׳ פשטא דסוגיא משמע דהאי דוקא פריך דלרב נוכל לומר דלית ליה חייב עבודה בהיכל אלא כמאורות דם שבפנים ודכוותיה והיינו דקאמר דבשלמא אי אמרת דהא דתני לוי אף תרומה הדשן הכונה ת״ה ודכוותיה כגון עבודת סילוק דהיכל ניחא דכיון דנחית לשיור שייר נמי שאר עבודות תמות דהיכל וה״א איצטריך לאפוקי הוצאת הדשן כמ״ש לעיל אבל השתא דאמר׳ דעבוד׳ סילוק בהיכל פטור ותרומה הדשן דנקט בדוקא הוא א״כ תיקשי אמאי לא תני שאר עבודות תמות היכל דלדידי׳ משמע דחייב מדאיצטריך ולמבית אלא דרש״י ז״ל לא ניחא ליה לפרש כן דס״ל דדומיא קושיא דלקמן אלא מעתה זר שסידר את המערכה לחייב דהכוונה ע״כ לרב נמי פריך בדרך זה פריך נמי הכא לתרווייהו ועיין מ״ש שם וק״ל.

שם איכא סידור בזיכין וכו׳, והא״ע דזריקה נמי איכא שפיכת שריים ותשיבה עבודה תמה עיין בת״י סד״ה לרבות עבודת וכו׳ שאני בזיכין דמעכבין את הלחם כדתנן בהקומץ דף כ״ז דהסדרים והבזיכין מעכבין זה את זה ועוד תנן פרק שתי הלחם דף ק׳ סידר את הלחם בשבת ואת הבזיכין וכו׳ יעו״ש משא״כ שפיכת שירים דלא מעכבי הזריקה וגם הם עצמם לא מעכבי וכמו שפסק הרמב״ם בסוף הל׳ ע״כ יעו״ש ושוב ראיתי להריטב״א שפי׳ כן ועיין בת״י וק״ל.

שם תניא כותיה דרב עבודות וכו׳. זריקה דם בין לפנים בין לפני לפנים וכו׳ לשון הרמב״ם פ״ט מהלכות ביאת המקדש [הל׳ ג׳] כולו על הזריקה בין שזרק בפנים בין שזרק בחוץ וכו׳ וכתב הכ״מ שם לאו בחוץ קאמר דהיכי יתחייב על זריקה בחוץ משום זר שעבד אלא בפנים היינו לפני ולפנים ובחוץ היינו בהיכל והכי תניא התם וכו׳ עכ״ד וכונתו מבוארת דלהיות שהיה מקום לפרש דבחוץ שכתב היינו חוץ למקדש דאי בעזרה גמאי איצטריך דהא לא גרע זריקה הנעשית בעזרה מניסוך המים והיין שהיו נעשים שם על גבי מזבח החילון שכתב קודם זה שחייב עליהם מיתה להכי הוצרך לומר שאין לפרש בחוץ ממש כלומר חוץ למקדש דהיאך יתחייב בחוץ משום זר שעבד דבהא איירי דבחוץ לאו עבודה היא אלא דחייב משום זורק דם בחוץ וכמו שביאר בפי״ט מהל׳ מעשה הקרבנות אלא ע״כ לפרש דבחוץ היינו בהיכל דהשתא איצטריך ליה משום דקרא דועבדתם דמיניה נפקא לן לחייב מיתה על עבודה תמה לא כתב התם אלא מזבח דהיינו עזרה ומבית לפרוכת דהיינו לפני ולפנים אבל היכל אימא דלא מחייב להכי הוצרך להודיענו דבחוץ דהיינו בהיכל חייב נמי אעבודה תמה דע״כ לא פליגי רב ולוי אלא בעבודת סילוק דהיכל ודפנים דוקא אבל עבודה תמה בהיכל שפיר ילפינן מהו״ל למיכתב מבית וכתב ולמבית לרבות היכל אלא דלגוי איצטריך ג״כ למעט עבודת סילוק בהיכל ולרב איצטריך לחייב אעבודה תמה ועבודת מתנה בהיכל דוקא והדברים מבוארים ולא הוצרכתי לפרשם אלא מפני שראיתי בס׳ לחם יהודה על הרמב״ם שם שמתקשה בלשון הכ״מ ורצה לומר דהכ״מ דעת אחרת אתו בפי׳ הסוגיא וס״ל דאזריקה דמזבח החילון לא מחייב יעו״ש וק״ל. ולעיקר כוונת הרמב״ם היה אפשר לפרש דשם כלל להזאה בלשון זריקה וא״כ זרק בחוץ היינו הזאות המצורע דמפרש אח״ז יעו״ש בלשונו וז״ל כרב המאירי וענין הזריקה הוא שזרק את הדם בין בזריקה בין בהזאה בין בהזאות שבפנים כגון ז׳ הזאות שעל הכפורת וכו׳ בין בהזאות שבחוץ כגון הזאות של מצורע אעפ״י שאינן במזבח אלא כנגד בקה״ק כדכתיב לפני ה׳ שהרי הזריקה נתונה דבר על המזבח הוא עכ״ד:

שם אלא מעתה זר שסידר את המערכה וכו׳ יראה דהאחר דסיים קושיית אלא מעתה זר שסידר וכו׳ דעיקר פרכ׳ למאי דסליק מינה מדרשא דרבא למבית ולמבית כמו שפי׳ שם השתא הדר למאי דמפרשינן לעיל טעמיה דרב דקאמר ד׳ עבודות דוקא משום דבעינן עבודה תמה ועבודת מתנה דאי אמרת בשלמא דטעמיה משום דעבודות חשובות הם לאפוקי הולכה ושחיטה ואף סידור שולחן עיקרה סילוק והקטרה דבתרה והא תני הקטר׳ שבולל בכל השתא י״ל דגם סידור מערכה ושני גזירין מכשירי עבודה הם להקטרת איברים ואלו עבודות חשובות הם אבל כיון דאמרת דלרב הכל תלוי בעבודה תמה הא נמי ליחייב וא״כ אפשר דקאי אדסמיך ליה דאא״ב דאף שהיא עבודה תמה אם אינה חשובה לא מחייב ניחא אבל כיון דהדרת אסידור שלחן משום שיש אחריה עבודה ואהדלקה דלאו עבודה משמע דסבירא לך דכל שהיא עבודה תמה אף דלא חשיבא כ״ע חייב א״כ אמאי לא קתני סידור מערכה כנלע״ד ועיין בתוס׳ וק״ל.

שם והא א״ר אסי א״ר יוחנן זר שסידר וכו׳ דס״ד דר״י אמוטיגן שהכל מודים בה כדקאמר בירושל׳ בתר מחלוקת רב ולוי הכל מודים בזר שסידר מערכה של עולים שהוא חייב א״ר זעירא ובלבד שני גזירי עלים שהכתוב מחיר עליהם לעבודת כהונה ונתנו בני אהרן הכהן אש על המזבח וכו׳ ע״כ ומשני דאין הדבר כן

אלא בהא פליגי ור"י אליבא דידיה דוקא קאמר הכי דאם לא תפרש כן יקשה דגברא אגברא קא רמי והא דקאמר תלמודא לישנא דבהא פליגי וכו' הכונה דאע"ג דר"י ס"ל כלוי לרבות עבודה סילוק וכדאיתא בירושלמי מ"מ בהא דסידור שני גזירין פליגי אהדדי דלוי נמי דוקא קאמר תרומת הדשן יתו לא ופליג תלמודא דידן אירושלמי דס"ל דבזה הכל מודים והריטב"א תירץ באופן אחר יעו"ש וק"ל.

שם זר שסידר שני גזירין חייב וכו' וכן פסק הרמב"ם ז"ל בפ"ט מהל' ביאת המקדש וכתב בכ"מ שם בפ"ב דיומא פלוגתא דרב ור"י ופסק כר"י וכו' ע"כ ואיכא למידק דהא משמע דלוי נמי פליג עליה מדלא הוסיף אלא תרומת הדשן וכן משמע דפרכי דסוגין אתרווייהו פריך אלא נראה מזה דס"ל ז"ל כמו שנראה מלשון רש"י והריטב"א דלרב דוקא פריך דנהית למניינא אבל ללוי לעולם דאיכא נמי שאר עבודות תמות דלא קא נחית אלא לחלוק על מאי דפטר רב בעבודת סילוק דהשתא לא קיימינן בלוי מאי דס"ל וקם ליה רב ור"י דהלכתא כר"י ומה גם דבירושלמי דפרקין אמרינן דבזר שסידר שני גזירין לכ"ע חייב כמ"ש לעיל והטעם שכתב ז"ל שם הרי הוא כמקטיר איתורים וחייב מיתה שהעצים קרבן הוא משום דלהירושלמי דקאמר דהכל מודים והיינו אפילו רב דלא מנה אלא ד' עבודות כדמוכח התם צ"ל משום דב' גזירין חשיב כמקטיר אמורים ובכלל הקטרה הוא אלא דלפ"ז תיקשי לתלמודא דידן דאמאי קאמר דבהא פליגי לימא דבכלל הקטרה הוא ורב נמי מודה בהא וי"ל דס"ל דסוף סוף מכשירי קרבן נינהו כדאמר לקמן ל"ט ע"א אפ"ה מכשיר עדיף יעו"ש ומ"מ כיון דאין נפקותא בזה דאיך שיהיה קי"לן כר"י לא חשש ז"ל למימר טעם המיוסד לפי הירושלמי הגם שאין נראה כן מתלמודא דידן וא"א אפשר דלהמקשה מסידור ב' גזירין דאגמא דס"ל דלאו בכלל הקטרה הוא הוא דשגי ליה איכא סדור איברים וכו' ובהא פליגי וכו' אבל לקושטא דמלתא ס"ל להמתרץ דלכ"ע חייב דבכלל הקטרה הוא וזה נכון ליאמר להסכים סברת תלמודא דידן עם הירושלמי וק"ל.

שם והמעלה ע"ג המזבח בין דבר כשר וכו' מה שהקשה בס' משנה למלך פ"ט מהלכות ביאת מקדש למה השמיט הרמב"ם דין זה דמשמע דבהא לא פליגי יש ליישב דמדחזינן דברייתא דת"כ דרב לא חייש למיתני הא משמע דס"ל דודאי בכלל המקטיר ושאר עבודות הוא דכיון דקי"לן דאם עלו לא ירדו חשיבא עבודה ובכלל דבר המזבח הוא וכמ"ש רש"י והריטב"א והא קמן דמעלה בהם האור אפי' שירדו יעלו פעם שניה משום דקדשינהו מזבח כדאיתא פ' המזבח מקדש פ"ה ע"ב והו"ל כשרים כדמעיקרא וחדע נמי דפגול ונותר שעלו לראש המזבח משמשגה בהם האור ילאו מידי פגול כדאיתא בפ' בית שמאי מ"ג ע"ב ומעתה פשיטא דזר חייב עליהם וכיון שכן מזה הטעם עלמו לא חשש הרמב"ם לבארו שכבר הודיענו דינים אלו דאם עלו לא ירדו בפ"ג ובפ' י"ח מהל' פסולי המוקדשין דמהתם שמעינן דחזרו להכשירם ועבודה היא ובכלל העבודות שכתב כאן הויא נמי דבר פסול ועל מה שהאריך הרמב"ם שם בקטורת שיעור כזית וכו' עיין מ"ש בזה בס' משנה למלך בפ' י"ט מהל' מעשה הקרבנות וק"ל. וז"ל הרב המאירי וענין ההקטרה כגון שהקטיר איברי עולה וכו' אפי' הקטיר דברים הפסולים למזבח כל שכן מאותן שאם עלו לא ירדו כגון שהיה פסולן בקדש וכו' ע"כ.

שם למה מפיסין כדאמרן וכו' כאן הטעם מפורש במשנה בהדי' וקמתמה שפיר עיין בתוספות פרק כל התדיר פ"ט ע"א ד"ה מנל"ן וכו' וק"ל.

רש"י ד"ה **ועבדתם** וכו' ויו"ד מוסיף לענין ראשון וכו' ולהכי איצטריך דבר המזבח ואי קשיא לך דלכתוב לכל המזבח דהשתא דדריש ליה בכלל ופרט משמע לכאורה דמלכל לחודי' מרבינן הזאות שבפנים ושבמלורע ועבודת סילוק דחוץ משום דאפסקיה לכלל' אל מבית לפרוכת ומזבח איצטריך לועבדתם דאפי' בחוץ בעינן עבודה תמה וא"כ דבר למ"ל והיה אפשר ליישב דלכל המזבח הוה משמע לכל צרכי המזבח אף הוצאת הדשן מעליה ולסדר המערכה והא קמן דר"י בירושלמי דפרקין ס"ל דחייב גם עליה להכי כתיב דבר כלומר דבר עבודה הנעשה שם כגון הי"ה לאפוקי הוצאה דלאו עבודה היא ואל תתמה

דמעיקרא ס"ל למדרש דבר לרבות והשתא למעט דכלפי ת"ה דהוי' עבודה יש לרבות ולא למעט דבכלל דבר המזבח היא ובזה היינו מתרלים מה שהקשו בתוי' הסוגיין ד"ה הא בחוץ וכו' יעו"ש אלא דפשטא דסוגיין מוכחא דאפי' אי דרשא ליה בכלל ופרט אי לאו ריבויא דדבר לא הוי מרבים מן הכלל אלא עבודות חשובות לאפוקי סילוק אפי' דהגמרא אבל השתא דכתיב דבר מרבינן בכלל אף דסילוק ולא אהני פרטא אלא למעט סילוק דמבית לפרוכת דוקא וכן מוכח מדברי הריטב"א ז"ל לעיל ד"ה ולוי רבי וכו' יעו"ש וק"ל.

ד"ה **אלא** מעתה דעבודה תמה מחייב וכו' כגי' ס"א והיא גי' וינציאה והכונה דודאי לרב לא תיקשי כ"כ דאימא דמבית ולמבית לא דריש וקושטא הוא דבהיכל לא מחייב כלל דלא כתיב אלא מזבח ופרוכת ואין עושין מן הדין אבל עיקר הקושיא ללוי דע"כ דריש בדקאמר רבא אליביה והיינו דקאמר אלא מעתה דבשלמא אי אמרינן דמסברא ס"ל ללוי דהיכל לאו בכלל חיוב זר הוא ניחא דלא תיקשי מידי אבל השתא דקאמרת דרבי קרא דלפנים דמי א"כ גלי קרא בהדיא דאעבודה מתנה ותמה מחייב בהיכל ומעתה זר שסידר וכו' וא"כ ועיקר דלכולהו פריך דהא לכ"ע אית להו דלכל מרבה הזאות שבפנים ושמחה קאמר אף בהזאות דפרוכת דמבחוץ שהיא עושה בהיכל ועוד דלהזאות דלפני ולפנים הא כתיב מבית לפרוכת וא"כ הרי לך דגם היכל בכלל החיוב וע"כ לא מספקא ליה לרבא אלא בעבודת סילוק ואפ"ה קאמר שפיר אלא מעתה וכו' משום דזה יש לדחות דלא הוה מרבינן מכלל אלא עבודות חשובות כגון מתנות דם אבל סידור שלחן לא אבל השתא דרבא חידש ריבוי דולמבית דכתיב היכל בהדיא דמי ואדידיה נמי קאי ובנדחם עבודה מתנה דבכל עבודה תמה מחייב תיקשי זר שסידר וכו' והיינו דפי' ז"ל מדרביה ולמבית ולא כתב מריבוייא דלכל ולעולם דלרב נמי פריך דאפי' תימא דפיעור עבודת סילוק בהיכל במכ"ש דמבית לפרוכת שמעינן ליה ולדידיה אין לורך לדרשה דולמבית מ"מ הא מיהא פשטא משמע דמריבויי' דלכל שמעינן דאעבודה תמה מחייב בהיכל ואימא דה"ה סידור שלחן והיינו דפי' ז"ל בדיבור הסמוך ואמאי אמרינן לעיל ד' עבודות ותו לא דרב הוא דקאמר האי לישנא ומ"מ לרב בלאו הכי רבא כו"ע למיפרך אלא משום דללוי הקושיא מבוארת יותר עם מאי דחידש רבא להכי קאמר אלא מעתה ושוב ראיתי למהרש"א שהרגיש במ"ש ודעתו ז"ל כפי הדרך הא' וא"ל לדעתו דמריבויא דלכל אימא דלא מרבינן אלא הזאות שבמלורע הנעשות בחוץ בעזרה כדאיתא בסוף נגעים עיין בהר"ש שם ולעולם דהי לאו בעיא דרבא כו"א דהיכל לאו בכלל חיוב זר הוא כלל וניחא ליה ז"ל בגי' שמלא בס"י עבודת מתנה במקום עבודה תמה משום דמאי דדייקינן ממלתיה דרבא הוא דעבודת מתנה חייב בהיכל מדאיצטריך דרשה דולמבית למעט עבודת סילוק ואתי שפיר לישנא דאלא מעתה אבל לנלע"ד דא"ל למחוק גי' הספרים דמ"מ אי דייקינן ממלתי' דאעבודה מתנה מחייב ה"ה אעבודה תמה דחרווייהו כחדא אזלי דהא דוקא א"כ ללוי דאשאינה תמה אפי' בחוץ לא מחייב משא"כ עבודת סילוק אבל שנאמר לחייב אעבודת מתנה ולפטור לגמרי אעבודה תמה כזה אין לנו וניחא ליה לרש"י ז"ל לפרש דפריך מכח עבודה תמה דהוא לד המוסכם בכל הסוגייא דאפילו מאן דמחייב אעבודת סילוק בעינן בה עבודה תמה כמ"ש לעיל ועיין מ"ש בסוגייא ודו"ק.

ד"ה **שסידר** את המנורה וכו' בבקר היו מסלקין את הנרות וכו' דאע"ג דבפ' במה מדליקין כ"ב ע"ב קאמר תלמודא והא הכא כיון דקביעי נרות וכו' וכ"ש הרמב"ם בפ"ג מהל' תמידין כבר כתבו התו' שם דבפ' שתי מדות פ"ח ע"ב איכא מ"ד דלא הוו קביעי אלא היו מסלקין לגמרי בשעת הטבה ואפשר דמדלא קאמר שדישן משמע כמ"ד זה דלאחר שהיה פורק' היה חוזר ומסדרן אבל אה"נ דגם לאידך מ"ד תיקשי שאם דישן וקנח עפרה ליחייב דהוי"ל עבודה תמה וק"ל.

ד"ה **זריקת** דם וכו' ובד"ה **ובין** לפנים וכו' מדבריו משמע דגרים ובין בפנים בוי"ו דהשתא ניחא דנקט הנא גם זריקה דמזבח החיצון וה"ק זריקה דם סתמא שהיא בחוץ במזבח ובין לפנים וכו' דהיינו הזאות דבכלל זריקה נינהו ואף לגי' שלפנינו י"ל דלפנים דקתני בכללה עזרה והיכל וכן לריך לומר

לגי׳ התוספתא דסוף פי״ב דזבחים דגרסי׳ זרק את הדם לפנים ולפני לפנים וכו׳ ואפי׳ תימא דאף לגי׳ זו שלפנים אין בכללו אלא היכל דוקא י״ל דזריקה דמזבח לא איצטריך ליה למיתני דהא קרא כתיב דבר המזבח אלא עיקר רבותא משום הזאות דהיכל דלא כתיבי בהדיא אלא מריבוי ואגב״ה תני נמי הזאות דלפני ולפנים הגם דכתיבי בהדיא משום דתרוייהו הזאות נינהו וק״ל.

תוספות ד״ה **אלא** מעתה וכו׳ דליכא בתרה בסידור עצי מערכה מידי וכו׳ דסידור ב׳ גזירין סדור אחר מחודש הוא דסידור ראשון של עצי מערכה כבר נעשה ומשני איכא סידור ב׳ גזירין דבתרה דמעכב ולא דמי להקטרה דלא מעכבא וכן יש לפרש כל הסוגיא וכו׳ ומ״מ אכתי ק׳ לשנא דאלא מעתה דמאי אתא״ב שייך כאן דמשמע דמכח שקלא וטריא דסוגיין נתחדש לו עתה קושיא זו ולכן כתבו בראש דבריהם לא ידענא וכו׳ ועיין מ״ש בסוגיא.

ד״ה **והמקטיר** וכו׳ אמאי לא קאמר נמי והמולה וכו׳ אם גירסתם כגי׳ שלפנינו דגרסינן המולה נ״ל דס״ל דאחטאת העוף קאי ואתיא כמ״ד במעילה דמילוי מעכב אלא שמדברי רש״י והתי״ו משמע דמפרשי דאעולה העוף דבתרי׳ קאי יע״ש אבל יותר נראה דהתוס׳ דהכא לא הוו גרסי המולה כלל דאי גרסי ליה הוו מצו לפרושי דאתרוייהו קאי ע״ד שכתב הריטב״א בחידושיו וכ״כ עוד מדיוקא הסמוך לזה ואפשר דהרמב״ם בחי׳ נמי נ״ל ליה עיין מה שכתבתי בחי׳ וק״ל. ומ״ש ובתוספתא דזבחים עייתי וכו׳ והוס׳ שלי מוטעות וכו׳ נראה דגירסתם כגירסת תוספתא שלפנינו בפי״ב דזבחים דגרים ואלו חייבין עליהן מיתה זרק את הדם לפני ולפנים המולה בעוף מקטי׳ ע״ג מזבח והמנסך וכו׳ ע״כ והיינו טעותא דלא קתני והמזה בחטאת העוף. ומ״ש ולפי הספרים שלי וכו׳ נראה שלי שנגו במקום שלי וכונתם ולפי גי׳ הברייתא דגמ׳ שלפנינו דלא קתני מילוי דעולת העוף וגם לא קתני סחטה והמקטיר בכל הקדשים נ״ל דה״ק ואף המקטיר בעולת העוף ולא מבעיא מילוי דאיתא נמי בחטאת העוף וכן ל״מ הקטרה דכל הזבחים אלא אף הקטרה דעולת העוף וכו׳ וק״ל.

ד״ה **זריקת** דם וכו׳ הרי ד׳ ע״כ והזאות שמן שבמצורע בכלל זריקת דם דהיינו נמי בחוץ כמ״ש רש״י אי בכלל הזאת פנים דהיכל שהרי היו נעשים כנגד היכל כדתנן בסוף נגעים והגם דזריקת דם קתני וזו נעשית בשמן מ״מ בכלל זריקה הם וכמ״ש התוספות לעיל אמילתיה דרב דהזאת שמן בגלל זבה שיש עמהם מיני דמים וכו׳ יע״ש.

ד״ה **והמעלה** וכו׳ בכלל זה יש זריקה והזאות וכו׳ כלומר הזאות שעל מזבח הזהב שבהיכל מפר ושעיר של יוה״כ וכן נמי מתנות חטאת במזבח החיצון שטעונין אצבע ועיין בחי׳ וכמ״ש שם ונ״ל דמאי דקתני הזאות שבפנים כלומר כל מיני הזאות שבפנים מן ההיכל והלאה ובכלל זה הזאות דלפני ולפנים וק״ל.

דף כ״ה ע״א גמרא **ואידך** הא ל״ק וכו׳ ולא היו מניחין וכו׳ ואי קשיא לך דלמאי איצטריך דפשיטא שהמכנסים של קדש שלבש לעשות העבודה המוטלת עליו היו מניחין אותו עד שיסיים ללבוש שאר בגדי קדש דבשלמא לר״ש איצטריך שלא תאמר דבשעה שהיו מפשיטים מהם שאר בגדי קדש היו מפשיטים גם המכנסים עמהם אלא דמפני הכבוד שלא יעמדו ערומים הניחום עליהם שיפשטו אותם במקום שאין שם אדם וי״ל דנדיוקא איצטריך דממילא שמעינן דמה שהתחיל ללבוש מבגדי קדש היו מכנסים ואשמועינן מתחיבין דלא יהא דבר קודם למכנסים וכן נראה מדברי הריטב״א יע״ש וק״ל.

שם אין כדתני ר׳ יהודה וכו׳ כלומר דכי ה כי דאשכחן שהיו רגילין בזה והיו מוסרין אותה לגזבר ואפ״ה לא היו עובדין בה אלא עבודת יחיד כדלקמן כך י״ל שהיו עושין בגדי חול ממש בני מסירה דומיא דבגדי כהונה ללובשם בל היום להיותם רגילים בכניסתן והיינו דקתני׳ ר״נ לעיל בגדי חול דאילו הני לאו בגדי חול הם שהרי עובד בהם עבודת יחיד ומה גם לס׳ הרמב״ם בפ״ח מהל׳ כלי המקדש שדין בגדי כהונה יש להם לכל העבודות וטעמו דס״ל לפסוק כאותם הסוגיות דמוכח מינייהו דלא חיישינן

שמא לא ימסור אותם יפה יפה כמ״ש בס׳ משנה למלך שם דניחא לן טפי לפרש דתלמודא הכא לדוגמא בעלמא נקטיה ולשולם הוצינן למימר דר״נ ס״ל דהני בגדי כהונה גמורים הם אלא שהריטב״א בחי׳ לא פי׳ כן יע״ש וק״ל.

שם אמר ר׳ ששת מנא אמינא לה וכו׳ הרמב״ם ז״ל בפ״ד מהל׳ תמידין פסק כמותו וכתב הרל״ס שם דהך מלתא הוי כאיסורא והלכתא כר״ש באיסורי ע״כ ולעד״נ דאין אנו צריכים לזה דהגם דכלל זה מוסכם מ״מ אין כלל זה אלא מדברי הגאונים כמו שהאריך החכם השלם הנ״ל בכלליו וע״כ יותר נראה לומר דסוגיין מוכחי כותי׳ דרב ששת משום דברייתא דאייתי ר״נ ראיה מינה דייקא טפי כר״ש דלדידיה צריך לדחוק דה״ק תני עד שעודן עליהן וכו׳ משא״כ דברייתא דאייתי ר״ש דלדידיה רווחא טפי דלר״נ צריך לומר כדתני רב יהודה וכו׳ וק״ל.

שם פיים במזרחה וזקן יושב במערבה עיין פירש״י אבל מלשון הרמב״ם ספ״ב בהל׳ בית הבחירה שכתב ובחצי של חול היו הסנהדרין יושבים ע״כ וכן ממ״ש רפ״ז שם והסנהדרין שהיו יושבים וכו׳ יע״ש משמע שדעתו לפרש זקן כלומר סנהדרין ואמר זקן לשון יחיד שכן מצינו בריש מסכת אבות מקובל אני מפי שבעים ושנים זקן וכו׳ עיין בפי׳ הרע״ב שם דס״ל דלהורות סדר הפייסות כבר היה שם הממונה ע״ז וזה אין לומר דהיינו זקן דקאמר דבכל דוכתא קרי ליה ממונה ולא זקן ומכאן אתה דן דמה שהקשה הרל״ס פ״ב מהל׳ תמידין דלמה השמיט הרמב״ם פ״ד
ז״ל דהפיים היה במזרח והזקן יושב במערב וכו׳ ע״כ דאין מקום להקשות אלא ממה שהשמיט פיים במזרחה לחודיה ואף בזה י״ל דכיון שכתב שם והממונה נוטל מצנפת מעל ראשו של אחד מהם ומחזירו וכו׳ דמשמע דהיינו טעמא מפני שעומד במקום מקודש ואין דרך לעמוד שם אף שאינו בעזרה בגלוי הראש [(עיין בתוספות ובספר חנוכת הבית אות ל׳)] ולהכי מחזירה מיד א״כ ממילא משמע דמקום מקודש בעינן ועי״ל דס״ל דפיים במזרחה לאו לעכובא כיון דלאו עבודה היא דמעיקרא לא היה צריך פיים אלא שהרכס היה לעשותה שם דאפשר שהמקום היה רחב שם יותר משא״כ זקן יושב במער׳ דלעכובא איתמר וכא דפריך והא בעינן בבית אלהי׳ היינו דמדאמר ר״י לעיל דמפייסין וחוזרין ומפי׳ כדי להרגיש כל העזרה וכו׳ משמע שהרכס היה לעשותה בבית אלהי׳ כלומר מקום מקודש ואי כולה בחול אין כאן מקום מקודש כלל דבשלמא לכשתאמר דהליה מקודשת הגם דלפעמים היו עושין בחליה של אול מ״מ חדר זה יש בו מקום מקודש ושייך שפיר למימר הכא בבית אלהים כנלע״ד וק״ל.

שם וש״מ ב׳ פתחים וכו׳ מה שהקשה בשכ״י דהשתא למל״ל שבנויה חליה בקדש וכו׳ הו״מ למימר דכולה בקדש אי כולה בחול וב׳ פתחים היו לה אחד בחול וכו׳ עכ״ד הגה מלבד דפשטא דמתני׳ דפ״ג דמעשר שני דמסיים בה בנויות בקדש ובחול ופתוחות לקדש ולחול תוכן וגגותיהן מכנגד הקדש ולקדש קדש מכנגד החול ולחול חול ע״כ מוכח בהדיא כאביי דתרתי בעינן עוד זאת אישתמיטתיה תוספת׳ שהביא הר״ש שם דקתני בהדיא בנויה בקדש ופתוחה לקדש ולחול כולה קדש בנויה בחול ופתוחה לקדש ולחול כולה חול וכו׳ ע״כ ובאמת שצריך ליישב למה הרמב״ם השמיט דין תוספת׳ זו בחי׳ פ״ו מהל׳ בית הבחירה דבשלמא מה שהשמיט סיומא דמתני׳ בנויות בקדש ובחול וכו׳ לא תיקשי דמהדין שכתב שם ספ״ה גבי לשכת הגזית שמעינן לה יע״ש אבל דין זה דאע״ג דפתוחה נמי לחול כיון שכולה בקדש יש לה דין חול וכו׳ הו״ל לאשמועינן אם לא שנאמר דהא נמי מדין לשכת הגזית איכא למשמע דמהתם מוכח דתרתי בעינן להחשיבה כקדש שתהיה בקדש ופתוחה לקדש שאם חסר אחת מאלה אזלינן בתר מקום בנין שהוא העיקר ומעתה מבואר דבבנויה כולה בקדש הגם שפתוחה נמי לחול מקום בנין עיקר וכן להפך ושוב ראיתי למהרח״א בספרו עץ חיים פ׳ לו י״ע ע״א שהצריך עיון למה שהרמב״ם השמיט סיומא דמתני׳ בנויות לקדש ולחול וכו׳ ולעד״נ כמ״ש ולשון הרב המאירי שהעתקנו לעיל י״ע ע״א בסוגיא דמשמע דסבר דאפי׳ בנויה בקדש כיון שפתוחה לחול דינה כמקום חול דבריו צ״ע יע״ש וק״ל.

רש״י ד״ה **והא** בעינן בית וכו׳ אלמא פיים וכו׳ דהא מהכא מוכח לעיל דמש״ה מפיסין וחוזרין ומפיסין ואי

אמרת דלא בעינן בית אלהים וקרא לאו בהכי מיירי הדר קושיא דלעיל לדוכתא למה מפיסין וכו' וק"ל.

ד"ה **לעבודה** אחת וכו' כהנים שמוקפים לימינו וכו' בירו' מיבעיא ליה אם לימין או לשמאל וקאמר א"ר בון בר חייא מן מה דתני מי שזכה בקטורת אמר לזה שעל ימינו וכו' הדא אמרה לימין הפיים מהלך וע"ש וכן מדבריו לקמן ד"ה לא היה וכו' משמע דגרים לזה שבימינו ולא כגי' הספרים דגרים שעמו וכ"א מדברי התו' והרמב"ם לא הולך לבתר זה בחי' פ"ד מהל' תמידין וכו' כיון דתלמודא דידן לא מבעיא ליה הא כלל ולקמן קאמר סתמא י"ב אחיו הכהנים נמשכין עמו משמע דפשיטא ליה דודאי לימין כיון שכל פינות שאתה פונה לא יהיו אלא לימין וק"ל.

תוספות ד"ה **מאי** לאו וכו' דדייקא סתמ וכמר ע"כ דלר"ש דלעיל מיניה קאי אמר להם חדשים לקטרת באו והפיסו הפיסו זכה מי שזכה וכו' והשתא קאמר דהנשארים שלא זכו בפיים מסרום לחזנים וכו' וכמו שפי' הרמב"ם והרע"ב שם ובשבי"י כתב דנ"ל דמייתי ר"י מדתנן את בגדיהן דמשמע בגדי חול שכן משמעות בגדיהן דאל"כ הו"ל למיתני וכיון מפשיטים אותם ולא היו מניחים וכו' עכ"ד ויראה דמהא לא מכרעא דשפיר מצינן למימר בגדיהם בגדי קדש כיון שמיוחדים להם והא קמן שבריש תמיד כדבעי למימר בגדי חול קתני ומתכסין בכסות עצמן ולא קתני בכסותן ובגד קראה הכתוב בגדיו כדכתיב ולבש הכהן מדו בד וכו' ופשט את בגדיו וכו' ואדרבא איפא דלהכי תני את בגדיהם כלומר המיוחדים להם משאר העם לאפוקי בגדי חול וכר"ש וק"ל.

ד"ה **נוטל** מגרפה וכו' לפי ריב"א עיין מה שהאריכו בזה התו' לקמן פ' בא לו ע"א ע"ב ד"ה אמר ר' זירא וכו' ועיין בהרא"ש פר' אמור ובהרמב"ם ריש פ' ח' מהל' כלי המקדש.

ד"ה **אין** ישיבה וכו' אבל אכילה לורך עבודה היא וכו' ודומיא להא דאמר לקמן ריש פרק בא לו דמהאי טעמא הותר לאכול בבגדי כהונה יע"ש ובדבריהם אלו מיושב קרא דיחזקאל דקאמר ישב בו לאכול לפני ה' וכמ"ש בס' דרך הקדש י"ד ע"א יע"ש. ומ"ש דהא בשמעתין משמע וכו' כותם מדלא דחי סתמא דתלמודא דלעולם דלשכת הגזית כולה בנויה בחול אלא דפתוחה לקדש ולהכי כיון דיש לה דין עזרה לאכילת קדשים בית אלהים מיקרי וניחא שפיר דפיים במזרחה אבל כיון דהויא כעזרה לענין חיוב טומאה להכי זקן יושב במערבה אלמא משמע דלא משכחת היתר ישיבה אלא כדאמר אביי משום דפתוחה לחול ומקלתה בנויה בחול אבל בנויות בחול ופתוחות לקדש דין עזרה יש לה אף לאיסור ישיבה ועוד יש לפרש דבשלמא אי אמרת דאף בהם אסור ישיבה ניחא דמייתי שפיר מהא דתנן הלשכות הבנויות בחול וכו' תוכן קדש כלומר דאסור לישב בהן וכ"ש הכא דהליה מילתא בקדש אבל לבהתאמר דהותר בהם ישיבה מאי מייתי דאע"ג דמהתם ליכא תיובתא דדוקא התם דכולה בנויה בחול הותר ישיבה משא"כ הכא מ"מ סייעתא נמי ליכא דו"ל דלעולם גם באיה בקדש הותר ישיבה ומתני' רבותא נקט דאע"ג דבנויות בחול תוכן קודש לאכילת קדשים אבל בהיתר ישיבה לא איירי ולעולם דלא שאני לן בין בנויות כולן בחול או חליה בקדש דכולהו מותר לישב בהם כנלע"ד ועיין במהרש"א וק"ל.

ד"ה **והא** בעינן וכו' בעזרה עומה דקדים טפי וכו' הא ודאי דהאיה של לשכת הגזית הבנויה בקדש ופתוחה לקדש דין עזרה יש לה לכל הדברים כדמוכח במתני' דפ"ג דמעשר שני ובתו' שם ועכ"פ לא מפלגינן בפרק איזהו מקומן נ"ו ע"א אלא בלשכות הבנויות בחול ופתוחות לקדש דוקא אבל כותם דקדישא טפי דשם מזבח ומשם רואים פתח היכל ויש שם מורא יותר ומ"ש ואה"נ וכו' גנאי היה לעמוד וכו' כלומר ואפי' לפי שעה כדי שידעו שממנו הפיים מתחיל וכמ"ש הרמב"ם פ"ד מה' תמידין שהיה מחזירה מיד והכי מסתברא דמשום הודעה למה יצטרך לעמוד כך עד שיפייסו אלא שהתוס' לא כ"כ יע"ש ועיין עוד בס' שתי ידות נ"ח ע"א ומ"ש והרד"ו וכו' היה מאריכים וכו' כותו משא"כ בלשכת הגזית דלא חיישינן כ"כ

כיון דמוקפת מחיצות עיין בס' תגוכה הבית אות ל' ומיהו לפי' הרמב"ם שכתב בפי"ה ממס' תמיד ועומדים בלשכת הגזית כאלו הם קלת עגול' וכו' ע"כ משמע דמלד ההיכל לא היו עומדים שם מטעם זה דאף במקום מוקף יש לחוש לזה ולדידיה נ"ל כטעם ר"ת וא"כ דמשום אותם העומדים נגד הפתח הפתוח להיכל ולקדש הוא דפי' כן ולעולם דגם הוא ז"ל סובר דמוקף מחיצות אין לחוש לזה וכמ"ש ז"ל בהדיא בתשובה שהביא הב"י א"ח סי' ל' יע"ש וק"ל.

ע"ב גמרא רי"א לא היה פיים וכו' אומר לזה שעמו וכו' מה שהקשה הרל"ם בפ"ד מהל' תמידין הלכה ה' וכן הקשה מהר"ם לונזאנו בס' העבודה עיין מ"ש הפר"ח ז"ל בנקוטי מים חיים בשם הרדב"ז דהסכים שם דט"ס הוא ושם בסע"ף ז' דפיים הב' את' שכת' ומי שזכה בפיים זה הראשון הוא יזכה לסקטיר קטורת שייך והוא מכנים מחתה מלאה אש מן המזבח החיצון וכו' יע"ש וזה כס' ר"י לפי תירוץ א"כ שכתבו התו' דהכל תלוי בדעת המקטיר ולא היה זוכה שעמו מכח שהיה סמוך לו לימינו והיינו נמי שכתב פ"ג שם ונכנס עמו א' במחתה וכו' כלומר יהיה מי שיהיה כפי דעת המקטיר אלא שלריך לייצב דבשלמא דלא פסק כרלב"י דס"ל לקמן דהיה פיים למחתה ניחא דהא סתמא דמתני' דלא קתני לה אתיא דלא כרלב"י אבל מ"מ הוא ז"ל נפסוק כת"ק דר"י דס"ל דמכח פיים שהיה עומד לימינו היה זוכה במחתה ומה גם דהכי דייק טפי לישנא דמתני' דפ"ה דתמיד דקתני מי שזכה במחתה וכו' אם לא שנאמר דסובר ז"ל דהא דקתני רי"א וכו' היינו משום דרלב"י ס"ל דהיה פיים למחתה ולעולם דאין כאן מחלוקת שלישי כדברי התוספות ושפיר מייתי מדר"י דהא התם לן תנא כותיה ומש"כ פסק כותיה וא"כ אפי' תימא דס"ל כפי' התו' מ"מ מתני' דלקמן אתיא כר"י דוקא דאם איתא דהיה זוכה במחתה מכח שהיה נמשך לזה שבימינו אמאי לא קתני לה לקמן גבי פיים דקטורת כי היכי דקתני הכא י"ב כהנים הנמשכין עמו אלא ודאי משמע דס"ל למתני' כר"י דבדעת מקטיר תליא מילתא והא דקתני התם בתמיד מי שזכה במחתה זכה מכח דעת מקטיר קאמר אלא שאין כן דעת הרמב"ן בס' המלחמות דפרקין שכתב ועוד שר"י יחיד הוא ורבנן סברי פיים היה במחתה ומתני' דתמיד כותיה וכו' יע"ש בדבריו וק"ל.

שם זמנין דשחיט זר וכו' אבל ליכא למיחש דאי שוחט מקבל זמנין דאגב חביבות הקבלה לא גמיר שחיטה דמאי חביבותיה דקבלה טפי משחיטה דתרוייהו לאו עבודות מזבח נינהו אבל עבודת זריקה עבודת מזבח היא לשון שב"י אלא דאכתי תיקשי דמ"מ לאו עבודה היא משא"כ קבלה ויותר נלע"ד לומר דכיון דאם לא גמר כל השחיטה לא קיים מצות קבלה כדינה דמצוה לקבל כל דמו א"כ מאי חביבות שייך כאן משא"כ גבי קבלה וזריקה דזריקה לא תליא בקבלה דאף אם לא קיבל כל הדם מקיימא זריקה כהלכתה ולהכי חיישינן התם דאגב חביבותיה דזריקה לא מקבל וכו' וק"ל.

שם אלא כהן שזכה בתמיד וכו' הרע"ב פי' במשנתינו דהראשון שכלה בו החשבון הוא הזורק והסמוך לו שוחט וכו' יע"ש ולע"ע דמנין לו זה דהא הכא ובתמיד הקדים התנא שוחט לזורק וכן פרש"י ז"ל ד"ה לעבודה אחת וכו' וכ"כ הרב המאירי אם לא שנאמר דהאי לישנא דקתני סתמא שזכה בתמיד וכו' משמע ליה דהיינו זריקה שהיא עיקר עבודת התמיד האמת שגם הרמב"ם ז"ל כתב כן בפי' משנתינו ז"ל והקדמנו בזה הפיים זורק על שוחט לפי שהזריקה מועלה כיון שהעיקר אגלגו שחיטה כשירה בזרים ע"כ אלא שמזה אין ראיה להרע"ב דהא משמע דגרים הרמב"ם בנוסח משנתינו זורק קודם שוחט שכן מוכח ממה שכתב בפי' המשנה לריש פ"ג דתמיד דהתם הגי' מי שוחט קודם וכן פי' שם שכל מי שעלה תחילה בגורל שוחט וכו' וסיים שם ושם בכפורים הקדים זורק לשוחט ובארנו שהטעם בזה מפני ששחיטה כשירה בזרים וכו' עכ"ד אבל להרע"ב דגרים הכא והתם מי שוחט קודם אין טעמו ברור למה בפי' הפיים הקדים זורק לשוחט והרמב"ם בחי' פ"ד מהל' תמידין תפס גיר' תמיד דהקדים שוחט לזורק עיקר וטעמו נראה דסתמא דתמיד חשיב ליה עיקר דשם נשנו סדר עבודות כל יום בפרטות

וגם עיקר מקומם ושוב ראיתי בס' באר שבע ריש פ"ב דתמיד וכאן בס' לחם שמים על משניות שהרגישו בזה יעו"ש וק"ל.

שם אמר בן עזאי וכו' בירושלמי מפרש אר"י טעמיה דבן עזאי והקטרת את כל האיל המזבחה כדי שיהיה נראה כמהלך ע"ג המזבח ופריך הא לדידיה נמי הראש והרגל קרב ברישא ואת אמר הבין דרך הלוכו א"ר מנא הא נמי דרך הלוכו שכן דרכה פשט ראשה עקר רגלה ע"כ ולפ"ז הא דמפרש תלמודא לקמן מ"ט סלקא רגל בהדי רישא משום דרישא נפישי ביה עצמות וכו' היינו לאינך תנאי דלבן עזאי טעמא נמי מפני שכן דרך הלוכו אלא שמדברי רש"י ד"ה הראש אין נראה כן וכ"כ התוי"ט בהדיא יעו"ש וק"ל. ושוב ראיתי להרב המאירי שכתב ז"ל חוץ מן הראש שצריך להקדימו מדכתיב את ראשו וכו' ומתוך כך חלק בן עזאי לומר שדרך הלוכו וכו' ואעפ"י שהרגל מיהא אחרון והוא מקדימו עם הראש פי' בגמ' שמתוך שהראש בעצמות וכו' ומ"מ בתלמוד המערב אמרו עקר רישיה ופשט רגליה כלומר שהרגל הימני קודם לתנועת ההילוך אחר שהכינה ראשה לקום וכו' ע"כ.

שם אמר רבא בין תנא דידן וכו' הרמב"ם ז"ל בפי' כאן ובחי' פ"ו מהל' מעה"ק ובפ"ד מהל' תמידין פסק כתנא דידן וטעמא דאע"ג דסתמא דמתני' לא חשיב סתמא כיון דמחלוקת בצידו מ"מ סתמא דתמיד כתנא דידן הוא מבלי מחלוקת כלל וזה פשוט.

רש"י ד"ה **אף** אנן וכו' ובא לו לזרוק גרסינן ע"כ דלגי' מס' תמיד שלפנינו דגרסינן בא לו בלא וא"ו יש מקום לומר דה"ק שחט השוחט מי שזכה עליו הגורל לשחוט וכן קבל המקבל מי שזכה לו ואח"ז בא לו אותו שזכה עליו לזרוק כדקתני לעיל מי שוחט מי זורק וא"כ מהכא ליכא סייעתא ואדרבא תיובתא דמשמע דגם המקבל היה איש אחר ותיקשי סתמיות תמיד אהדדי דלעיל לא קתני אלא מי שוחט מי זורק להודיע ולהכי פי' ז"ל דגרסי' ובא לו בוא"ו דהשתא ניחא הכל דה"ק שחט השוחט ואח"כ קבל המקבל וזה עצמו ובא לו לזרוק כי הזורק הוא המקבל ולהכי לא הוזכר שם גבי מי שוחט מי זורק כנלע"ד ובמ"ש יתיישב מה שהקשה בס' באר שבע שם יעו"ש ויראה דרש"י ז"ל הכי גרים התם שחט השוחט וקבל המקבל ובא לו לזרוק בא לו לקרן מזרחית צפונית וכו' דבהכי לא תיקשי למאי דמשמע מדבריו לעיל י"ד ב' ד"ה דתנן וכו' דגרים בא לו בלא וא"ו יעו"ש וק"ל.

ד"ה **והכתיב** כל נתח וכו' אלמא ירך וכו' יש לדקדק דהאי אר"י הגלילי פריך כדמשמע מפשטא דסוגיא מאי פריך הא לפי גירסתו שכתב ה"ג בילד וכו' והרגל ושתי ידיו מתחילה הקדים ירך דהיינו אגל לשתי ידים דהיינו כתף ובחי' הריטב"א משמע דגרים במלתא דר"י שתי ידים והשוקן והרגל יעו"ש וכ"כ בת"י בהדיא וכתבו דלאידך גירסא נ"ל דאכולהו פריך יעו"ש ובעת לע"ע.

תוספות ד"ה **ת"ש** וכו' לייתי מת"ק איפכא וכו' והא ראב"י דאית ליה לקמן דהמעלה איברים לכבש הוא מעלה אותם למזבח ע"כ ס"ל דיש פיים למחתה כדאמר לקמן אמר רבא לא ראב"י אית ליה דר"י וכו' ואע"ג דלכאורה משמע דהך בעיא אפירושא דמתני' קאי אי מאי דקתני מי שוחט מי זורק ר"ל דלאחר שידעו מי השוחט היו צריכין להפיס לידע מי הוא הזורק או דה"ק דלאחר שנודע מי הוא השוחט ידענו מי זורק מי מהשן וכו' וא"כ שפיר מייתי מדר"י דהא סתמא דמתני' דלקמן דקתני פיים במעלה אברים כר"י וה"ה רישא דמתני' דהכא י"ל דלמאי דס"ד השתא דבאסיפה אחת יש מקום לומר דחוזרין ומפיסין לכל עבודה ועבודה מצינן למימר דת"ק דר"י נמי ראב"י היא אלא סברא מציעא' דסבר דהיה פיים למחתה בכל עבודה ועבודה וס"ל נמי הא דלקמן דיש פיים למעלה איברים וכו' אבל למאי דמסיק דאין כאן אלא פיים א' בכל אסיפה ואסיפה ע"כ דמתני' דלקמן ס"ל דליכא פיים במחתה כר"י דאל"כ הו"ל ה' פייסות ואנן ד' תנן ועיין בס' לחם שמים אמתני' דלקמן ואידך קושיא שכתב שם בקל י"ל דנקט מלתא דר"י דמפרשה בהדיא יעו"ש ודו"ק.

בא"ד וי"ל דהכי מייתי וכו' אבל בעלמא מודה וכו' ומאי דתריץ שאני מחתה וקטורת דהוא עבודה היא ה"ג קאמר דאי

אמו דס"ל לת"ק דבשאר עבודות נמי מפיסין לא הוו מצריכים פיים במחתה מטעמא דמעתרא כיון דסוף סוף עבודה אחת היא ולהיכא דאמרי אי ר"י ס"ל דשאר עבודות בעו פיים כ"ש לרבנן דבעו פיים במחתה אע"ג דעבודה אחת היא דפשיטא דבשאר עבודות נמי בעו פיים וחריץ מחתה איצטריכא וכו' הואיל ולא שכיחא ומעתרא וכו' ולרבנן ס"ל להמתרץ דמה"ע נמי בעו פיים דוקא במחתה אבל לא בשאר עבודות וק"ל. ומ"ש א"נ נ"ל וכו' אלא בדעתו וכו' והא דאיתא בירושלמי אמתניתין דלקמן נמלאת אומר שני כהנים היו מתברכין בכל פעם משום דאורחא דמלתא ורוב הפעמים היה נעשה בכהן אחד קאמר בכל פעם וא"נ אליבא דרבנן היא וכן הא דתני בתוס' דמסכתין פ"ב בכל יום ב' כהנים נכנסים א' בכף וא' במחתה מתפרשת כמ"ש וק"ל.

ד"ה **מנין** וכו' בכלל הראש הוא ע"כ דהכא לא קפיד לפרש סדר' בפרטות והא קמן דבפ"ד דתמיד והתם עיקר דוכתא קתני בפרטות הראשון בראש וברגל וכו' בית שחיטתו מלמעלה והפדר נתון עליה ע"כ.

ד"ה **נותן** פדר וכו' י"ל דסד"א וכו' ואז מסיר הפדר וכו' דהא בהך קרא כתיב מעיקרא וערכו וכו' את הנתחים ואת הראש ואת הפדר דהיינו ללמד סדר עמידתם קודם שישימם על האש והו"א דעל העצים אשר על האש דבתריה אראש לחודיה קאי אבל פדר אקרבו וכרעיו וכו' והקטיר הכהן את הכל סמיך ולהכי איצטריך קרא אחרינא ואת ראשו ואת פדרו וערך אותם על העצים דהכא דכתיב וערך בתרייהו ע"כ דאהקטרתם נמי קאי שיקטירם יחד קודם כל האברים וק"ל.

דף כ"ו ע"א גמרא **אסוקי** שמעתא אליבא דהלכתא וכו' והא קמן דעל יהודה עצמו הוצרך משה להתפלל עליו כדאי' בסוטה ז' ע"ב ובהחובל צ"ב ע"א יעו"ש.

שם א"ש בר"י הכא בשבת עסקינן וכו' משמע דהשתא מתרצא כולה מלתא וקטורת נמי לא היו מפיסין ערבית אלא דוקא כשהמשמרות מתחדשות וכן בירושלמי דפרקין פרכינן כי האי גוונא ומתרץ סתמא ר"ח בשם ר' בון בר כהנא תפתר שהיתה בשבת אחד משמר הבא ואחד משמר היוצא ע"כ וכ"כ בת"י דהאי שינויא הוי כמו אלא יעו"ש אבל הרמב"ם בפי' המשנה לסוף פ"ה דתמיד ובחי' פ"ד מהלכות תמידין כתב תמיד של בין הערבים אין מפיסין לו פיים אה' וכו' חוץ מן הקטורת שהן מפיסין לה פיים אחר בין הערבים ויצא כל מי שלא הקטיר קטורת מעולם מאנשי אותו בית אב ויפיסו עליה ואם כבר הקטירו כולן מימיהן מפיסין להם כולם בשחרית בפיים ג' וזה שזכה בה שחרית מקטירה בין הערבים עכ"ד [(וכ"כ הרב המאירי ז"ל)] משמע שדעתו ז"ל מדלא קאמר אלא דחידושא דקטורת כדקאי קאי דהא לעיל קאמר מעולם לא שנה אדם בה ופשטא דלישנא היינו דלא שנה כלל אפילו באותו יום לעשותה בבין הערבים ואי קשיא לך דאם איתא דלעולם סבירא לן דלקטורת של ב"ה צריך להפיס מאי קאמר ולמאי דסליק אדעתין מעיקרא וכו' הא לקושטא דמלתא נמי תקשי דהו"ל ה' פייסות דזה יש לתרץ עם מ"ש התוי' ד"ה אלא כהן וכו' יעו"ש דלפי האמת דפיים דשחרית מועיל גם לבין הערבים השתא י"ל דאה"נ דקטורת מפיסין בשחרית גם לאותה של ב"ה אבל למאי דס"ד דהיו חוזרין לעשות פיים לכל העבודות אין סברה לעשות פיים דקטורת ומכ"ש דכולהו עבודות דבה"ע בשחרית שעדין אין זמנם יעו"ש ולדרכו ז"ל ניחא דאיצטריך ברייתא לאשמועינן כשם שמפיסין לו וכו' בתמיד ובקטורת דאי בשבת להודיה מיירי פשיטא דמפיסין נמי לקטורת כשאר עבודות אבל השתא אשמועינן דלקטורת מפיסין לעולם כשלא זכו השאר בה וברייתא תרתי קתני כשם שמפיסין לו וכו' בשבת משום משמר יוצא ונכנס וכשם שמפיסין לה וכו' אפי' בשאר ימים משום דמעולם לא שנה אדם בה והיינו דפלגינהו בתרי בבי ולא קתני בקיצור כשם שמפיסין לו ולה שחרית כך מפיסין לו ולה ערבית משום דלא דמו אהדדי כדאמרן ומה שהוסיף ז"ל דאם כבר הקטירו כולן וכו' פשוט הוא דהשתא הו"ל קטורת כשאר עבודות דמי שזכה בה שחרית יזכה בה ערבית כמו שביאר שם והוצרך לבאר זה בפרטות שלא תפרש דהא דקאמר תלמודא כי תניא ההיא בקטורת דה"ק דמשום דמעתר' חביבא

להו עובא ובדין הוא להפים בו לעולם אף בין הערבים קמל"ן דעיקר טעמא כדתנא לעיל דמעולם לא שנה אדם בה וכדפרש"י ומעתה אם יהיה במציאות שהקטירו כבר כולם חזרה קטורת כשאר עבודות ויראה דמש"כ ז"ל בפי' המשנה שם אלא לקטורת בלבד שמפיסים לה חדשים עם ישנים בין הערבים כמו שהקדמנו ע"כ דע"ס הוא ול"ל חדשים בין הערבים והדבר מוכרע מלד עלמו שהרי סיים כמו שהקדמנו והיינו מ"ש שם ריש פ"ה אמתניתין דחדשים לקטורת יעי"ש אלא דמה שסיים שם וכבר אמרו בגמ' סוכה וכו' נראה שחיסור לשון יש שם ול"ל ובשבת מפייסין לתמיד של בה"ע וכבר אמרו וכו' יעי"ש. ושוב ראיתי בחי' הריטב"א שכתב דממס' מנחות מוכח דלא היה שם פיים לקטורת של בה"ע יעי"ש בהג' שפי' ראיתו ופשוט דיש לדחות כמו שהשיג הרב המגיה שם דגמרא שם נ' ע"א ה"ק אמר רבא ה"ק גבי לא הקריבו כבש בבקר לא יקריבו הם כלומר בית אב של אותו יום אבל אחרים בחי אבות של שאר הימים יקריבו דקנסינן להו לאותו בית אב הגם שמן הדין ראוי לו להקריב באותו יום דמי שזכה שחרית יזכה ערבית בלא פיים אבל בקטורת דלא שכיחא דפשעי יקטירו בה"ע כלומר הבית אב של אותו היום ולעולם בפיים וכמ"ש ושאר הקושיות שהקשה הרב המגיה שם כבר נתישבו מכלל דברינו יעי"ש כי אין להאריך ודו"ק.

שם אמר רבא לא ראב"י אית ליה דר"י וכו' דלא תימא דהא דקתני מתני' וד' פייסות היו שם מיינא למעוטי מאן דקתני ג' והיינו ראב"י דאית ליה דר"י וכו' דגמרא גמירי דבליר מד' פייסות ליכא [(עיין בתו' לעיל סד"ה ת"ש וכו')] וע"כ מניינא למעוטי מאן דקתני חמש ומעתה אי משכחת תנא דתני חמש דאפשר דמשכחת ליה ההוא תנא דלא כראב"י וכו' דליכא למימר דהגם דסבר כראב"י או כר"י הו"ל ולדידיה ה' עם פיים קטורת דבין הערבים אם יש כאן הדשים לס' הרמב"ם שכתבנו לעיל חדא דאי משכחת תנא דתני ה' בשחרית קאמר ועוד דשם קטורת חד הוא ואנן ה' פייסות לחמש עבודות שאינן דומות קאמרינן אלא ע"כ דההוא תנא מוסיף פיים למחתה והעלאת איברים מן הכבש למזבח ודלא כראב"י ור"י כנלע"ד וקי"ל.

שם מר סבר ברוב עם הדרת מלך עיין בחי"ע שכתב א"נ הא דברוב עם אעיקר עבודה קאי דנהכי מחלקים העבודה ולא קאי אפיים ע"כ ופי' זה עיקר דכן משמע מדברי רש"י ז"ל בפי' תמיד נשחט ס"ד ע"ב ד"ה ברוב עם וכו' שהיו כולן עסוקים בעבודה ע"כ וכן משמע עוד בהלל נ"ב ע"ב יעי"ש וקי"ל. והרב המאירי פי' אמתני' והרביעי חדשים עם ישנים וכו' ומי שזכה בכך מעלה את כולם ומקטירם ומנסך ואעפ"י שבהעלאתם לכבש היו רבים בזו משום ברוב עם הדרת מלך אבל כל שמן הכבש למזבח הדבר יותר הדור באחד שלא ידמה כמי שהוא עלין למשא שכ"ד.

רש"י ד"ה **למאי** אתא וכו' דרשינן ליה וכו' שכבר הותז בשחיטה וכו' דמהא שמעינן דשחיטה מן הלואר אבל ודאי דתיבוי ראש בכלל עריכה מאידך קרא שמעינן ליה וכמ"ש התוספות שם בחולין יעי"ש.

ד"ה **והא** כתיב וכליל וכו' בההוא קרא גופיה ע"כ נתכוון לאפוקי פי' ר"ח שכתבו התו' דפי' דעולה אשכחן דמקריא כליל כדכתיב בשמואל ויקח עלה וכו' ויעלהו עולה כליל בפסיקתא זוטרתי שם מצאתי בלשון הזה יכליל על מזבחך אלו מנחות שאינן נאכלין שנאמר וכל מנחת כהן כליל תהיה לא תאכל ע"כ ועיין בספרי שם דמהתם מוכח דכליל היינו איברי עולה כפירש"י ולא קאי אקטורת כמו שנ"ל נפי' ר"ח עיין מה שכתבתי בת"י ודו"ק.

ד"ה **הוא** מעלה וכו' כדי שלא יצטרך וכו' והניחם למטה ולא למעלה כדי שתראה הולכה למזבח כשיחזור להוליכה להקטיר וכמ"ש המפרש בפ"ד דתמיד יעי"ש.

תוספות ד"ה **יהודה** מחוקקי יש מקשים וכו' וי"ל ההוא בברכה וכו' הגם דקרא נמי דיורו משפטיך בברכה הוא דכתיב או פירושו דאיים אע"ג לכך כפרש"י בחומש והמתרגם ואיגו מדבר במעשה שכך היה מ"מ הכא ביהודה דאשכח תרי קראי עדיף ליה לאתויי ממעשה שהיה אבל גבי לוי דליכא קרא אחרינא מייתי הא דודאי מלתא דמשה תהיה אמת ובזה מתורץ

מה שהקשה מהרש"א בחי' אגדות שכתב ודוחק וכו' לא נתקיימה ברכת יעקב וכו' יעי"ש דודאי דס"ל להתו' דמקיימא אבל כוונת דמאחר דאיכא תרי קראי קרא דמשנה עדיפא ליה עכ"ל שכ"י וקי"ל.

ד"ה **אלא** כהן וכו' תימא לי והא ע"כ וכו' קשיא לי דכיון דבריש פרקין סתמא איתמר מי שזכה בתרומת הדשן יזכה בסידור מערכה ובב' גזירי עצים אימא דזה עצמו היה זוכה בהם לערב ולהיות דצריך שני כהנים היה אומר לזה שעמו זכה עמו בשני ע"ד מחתה של קטורת לר"י ושוב מצאתי כן בתו' ישנים ולהריטב"א וגם הביאו הכ"מ בפ"ד מהלכות תמידין וכן נראה מסתמיות דברי הרמב"ם שם וכ"כ בהדיא בפי' המשנה לפ"ג דתמיד יעי"ש ויש ליישב דמשמע להו דמשום תקנתא דליתו לתרומת הדשן די לנו לתקן שיזכה בסידור מערכה וב' גזירין דשחרית דוקא אבל ב' גזירין דערבית דהצריך בהם הכתוב ב' כהנים חשיבא טובא ובעיא פייס ועוד דב' גזירים דשחרית דלא חשיבי משום שהוי לפני שחיטת התמיד וכמ"ש התוס' בפ' שתי מדות פ"ט ע"ב ד"ה תמיד של שחר וכו' יעי"ש הלכך הסכימו שהכה בו הזוכה בתה"ה מבלי פייס משא"כ אותם של ערבית וקי"ל.

בא"ד בשביל סידור ב' גזירין וכו' אבל מקטורת ל"ק להו דודאי השתא ס"ל דהזוכה בבוקר זוכה בו בערב דשם קטורת חד הוא משא"כ ב"ג דבבקר לא היה שם פייס כלל דע"כ לומר דלערב צריך להפיס בשבילם וכ"כ הריטב"א בחי' עיין מ"ש בסוגייא ועיין במהרש"א וקי"ל. ומ"ש דא"כ כי פריך וכו' לרשב"י נמי וכו' דאמר לקמן דב"ג של בה"ע צריך ב' כהנים יעי"ש דזה אין לומר דרשב"י תני ה' פייסות דהא מדאמר בסמוך ואי משכחת תנא דתני חמש וכו' משמע דלא אשכחן דאית ליה חמש וכן משמע עוד ממאי דפריך לר"י מברייתא ומאי קושיא אימא נמי דברייתא סברא דיש כאן הרבה פייסות ופשוט. ומ"ש ודוחק וכו' ולא היה בערב וכו' וכ"כ עוד לעיל י"ד ע"ב ד"ה ורמינהי וכו' אבל אין כן דעת הרמב"ם שכתב בפי' במשנה לפ"ו דתמיד ודע שבין הערבים א"א ג"כ בלי דישון מזבח הפנימי ובלי דישון מנורה כמו שזכרנו בבקר ע"כ וכן ראיתי למהר"ם לונזאנו בס' עבודת הקדש שהביא ב' סברות אלו ולא הכריע ועיין בשו"ת הרשב"א סוף סי' ע"ע ובחי"ע דתמיד פ"ג משנה ט' ד"ה ומטי' וכו' וקי"ל.

ד"ה **דתנן** וכו' לא הוה מגי וכו' דהא אסחמי דיומא נמי וכו' הוצרכו לזה הגם דלכאורה דברים פשוטים הם משום דאפשר לדחות דמתני' דהכא לא נהית לאשמועינן אלא דיש כאן ד' פייסות ואה"נ דלראב"י היה שם פיים רביעי מי יעלה איברי תמיד לכבש ומן הכבש למזבח והיינו דאשמועינן תלמודא מתני' דלא כראב"י וכו' דלמאי איצטריך כיון דפליג בהדיא במשנה דתמיד אלא הא אשמועינן דראב"י לית ליה פיים ד' לדבר זה כלל אלא היה זה נכלל בפיים השני בכהנים הנמשכים אחר מי שוחט וכו' ומהשתא הייגו דס"ד דהו"מ למימר לעיל מאן תנא יומא ראב"י דאשכחן דפליג אסדר תמיד כדקתני בהדיא התם דאי משום דמשמע הכא דפליג א"ל כדאמרן והיינו נמי דלא הובא כאן פלוגתא דראב"י דהכא לא נחתינן אלא לשם ד' פייסות בעלמא ולזה חירלו דהא ל"ק דכיון דמלינן למימר דפליג אדהכא כדמסיק תלמודא הכא להכי ניחא ליה למימר עפי דר"ש איש המצפה היא כנלע"ד ליישב דבריהם ודו"ק. ומ"ש ואע"ג דאיכא נמי סתמא וכו' אין נראה לפרש וכו' בלא"ה ל"ק דניחא ליה עפי למימר ר"ש איש המצפה היא דלא אשכחן סתמא דיומא דאתיא דלא כותיה משא"כ גראב"י אלא דקושטא דמלתא קאמרי דלא ס"ל כפרש"י מכח קושיה אמאי לא פריך רישא וכו' ולרש"י יש ליישב דכונתו לומר דפשטא דמתני' כראב"י אבל לא ימנע ליישבה גם אליבא דרבנן בדרכים שכתבו הם ז"ל בסמוך וה"ט דלא פריך תלמודא רישא ראב"י וכו' וקי"ל.

בא"ד ונראה דתמיד קרב וכו' ליכא למ"ד וכו' כלומר דלכ"ע אף אליבא דרבנן תשעה משכחת לה משא"כ עשרה דזמנין לא הוו וקי"ל.

מה שהקשה מהרש"א דאמאי לא תירלו בפשיטות דלא קחשיב אלא דפיים א' החי' ודאי פשוט דכאן דאשמעינן סדר הקרבתו יש לו להשמיענו כל הכהנים המתעסקים בו משא"כ לעיל איכא למימר דלא קתני אלא י"ג דבסדר פיים א' איירי

אלא דעיקר קושייתו דכן נ"ל בדבריהם לקמן ד"ה הכיא דלא וכו' וכמ"ש שם ועיין מ"ש שם דאין אנו צריכים למה שתירץ שם ואפילו לדבריו שם אכתי שאני התם דבסדר פייס איירי כדקתני פייס פעמים י"ג ולדרכו שם ה"נ קאמר פייס פעמים י"ז וא"כ הכא דלא איירי בפייס אמאי לא קתני כהן המוליך איברים למזבח ועיין בהריטב"א לקמן ודו"ק. ומ"ש זכה אחד מהנך וכו' ובזה מדויק דהוצרכו לומר בפייס זה חדשים עם ישנים וכו' שלא תאמר דאותם שזכו בפייס שני לא יכנסו לפייס זה כדי שלא יזכה כאן כהן המעלה בכבש דבעינן שיהיה נעשה בב' כהנים משום ברוב עם הדרת מלך להכי קאמר חדשים כלומר אותם שלא זכו עדיין בפייס שעבר עם ישנים היינו אותם שזכו כלם יכנסו בפייס דלא חיישינן לזה כנלע"ד ועיין במפרשי המשניות וק"ל. ולשון הרב המאירי הוא ומתוך שהופקעו הישנים מפייס שלישי חוזר וקורא לפייס זה חדשים גם ישנים ע"כ. ומ"ש אבל גמר הולכת איברים מהכבש למזבח וכו' כנ"ל.

ד"ה **מקום** שכינה וכו' דהתם לא שייך וכו' ועוד נלע"ד לחלק דהתם אפי' שהיה הולך לו אין כאן בית מיחוש כיון שמניח אחרים שוסקים בו לגמור עבודתו מיד אבל הכא שמניחו שם מבלי התעסקות עד שיעשו את הקטורת דקודמת לאיברים כדלקמן ל"ג ע"א ודאי דאם לא היה הוא עצמו חוזר להתעסק בו ולגמור העלאתו לאו אורח ארעא היא וק"ל.

ד"ה **ואי** משכחת וכו' ומפייסין נמי להקטרת וכו' דוק שלא כתבו ולקטורת אלא להקטרת לכלול בין פייס הקטרת איברים דמי מעלה איברים לכבש וכו' דהיינו מקטיר וכמו שפירש הרב המגיה בחי' הריטב"א לעיל יע"ש ובין פייס רביעי דקטורת דהשתא הו"ל בין הכל שבעה פייסות והיינו אי ס"ל כר"י ואי ס"ל כראב"י נמי הו"ל שבע ד' דשחרית וג' דערבית תמיד קטרת ומחתה אלא דאיכא למידק דאימא דס"ל להאי תנא דאין כאן פייס אלא לקטורת של בין הערבים משום דלא שנה אדם בה כדלעיל דהשתא הו"ל חמש ומני סבר כראב"י או כר"י ועיין מ"ש בסוגיא ולדבריהם י"ל דכיון דמשכחת לה דאין כאן פייס לקטורת של בין הערבים שכולם זכו בו דמידי הוא טעמא דמצריכנן נמי ערבית אלא מפני שלא שנה אדם בה וכמ"ש הרמב"ם ז"ל בחי' בהדיא כמ"ש לעיל מעתה משום זה אין לו להחליט הדבר דיש כאן ה' פייסות דמשמע לעולם אלא ע"כ דפייס דמחתה וכו'. הוא דקאמר ועיין במהרש"א ומה שהקשה שם דאכתי אין זה מספיק דאימא וכו' יע"ש י"ל דע"כ אי חוזרין ומפיסין לתמיד כלומר מי שוחט מי זורק א"כ לא הועיל פייס דשחרית גבי ערבית כלום ומעתה הרי יש כאן פייס אחר לב' גזירין של בין הערבים וכמ"ש התוספות לעיל ואם כן אפי' תימא דס"ל כראב"י ור"י דהשתא הו"ל דשחרית ג' מ"מ איכא ג' אחרים לבה"ע והו"ל שש פייסות וה"נ דהוו מלו למימר דאי ס"ל דחוזרין ומפיסין וכו' א"כ היו חוזרין נהפים להקטרת ולב' גזירין אלא דלא חששו להזכיר ב' גזירים כיון דבלא"ה הוה ליה טפי מחמש כנלע"ד ודו"ק.

ע"ב גמרא **אם** אינו ענין לתמיד של שחר וכו' דהגם דקרא דוערכו בעולת נדבת יחיד איירי מ"מ אין סברה לומר דביחיד הצריך שני כהנים ולא בצבור אלא ע"כ דבאם אינו ענין לעולת יחיד דילפינן לה מעולת צבור מוקמינן ליה בעולת צבור של בה"ע להצריך ב' כהנים וא"כ דכיון דקרבנות יחיד נעשים אחר תמיד של שחר דוקא א"כ וערכו אסדור מערכה לצורך תמיד של בין הערביים קאי ולא שמסדר לכתחילה לצורך קרבנות יחיד ושוב ראיתי בספר קרבן אהרן פ' ויקרא ספ"ו שהרגיש בזה יע"ש וגם בת"י דסוגיין וק"ל.

שם א"כ נימא קרא ובעה ובער וכו' כלומר בשווי הלשונות אבל לעולם דכוונתו שיאמר בשני ובערו דהא מה שהקשה והדר עביד הכוגה ודאי בשני כהנים אלא דהמקשן הבין דבדוקא קאמר בתרוייהו לשון יחיד ומש"ה הקשה אי כתב רהמנא ובער וכו' וכמ"ש בספר קרבן אהרן שם וק"ל.

שם מנין להפשט וכו' שנאמר ונתחו וכו' דלעיל מיניה כתיב והפשיט את העולה ונתח אותה לנתחיה ונתחו וכו'.

רש"י ד"ה **ממאי** וכו' ואי אמרת אף וכו' דודאי אין לפרש ואי ס"ד בין הערבים דוקא מנסכין ולא בבקר כלל דהא קתני רישא בהדיא בחג ביד אחד צלוחית של מים הרי כאן י' בתמיד של שחר וק"ל.

ד"ה **ולמנסך** וכו' כמין חוטם דק שהיין וכו' נראה שצ"ל שהמים מקלחין וכו' דבהא איירינן ועוד דאותו של יין היה מעובה כדאיתא בסוכה מ"ח ע"ב וכמו שפי' שם וכן הגיה בשכ"י.

ד"ה **באתרוגיהן** נמ"ל וכו' עיין מה שפי' בהגהת חי' הריטב"א והגם דלכאורה יש ראיה לפי' מתוספתא דסוף סוכה דקתני מאימתי מנסכין אותן עם איברי תמיד שכבר היה מעשה בביתוסי א' וכו' דמשמע דה"ק דמנסכין בתמיד של שחר בעוד היום ברור כדי שיפחד להיות שהעם רואים אותו שכבר וכו' מ"מ גם לפירש"י יש לפרש דמנסכין באותה שעה שהעזרה מלאה ישראל הבאים להתפלל דיפחד מפניהם שכבר היה וכו' וק"ל.

ד"ה **פעמים** וכו' עסוקין בעבודת התמיד וכו'. כלומר די"ג כהנים עסוקין בעבודות בעת שהיו מקריבין תמיד של שחר אבל לאו למימרא דכלם היו עסוקים בעבודת התמיד ממש דהרי דישון מזבח פנימי ומנורה אינם לצורך תמיד וה"ט דלעיל פי' אמתני' דקתני י"ג כהנים זוכין בו דאפייס קאי ולא אתמיד יע"ש וק"ל.

ד"ה **פעמים** ט"ו בשבת ע"כ לכאורה היה יכול לפרש בה"ע של כל יום דשנים בידם ב' גזירים וכן משמע בירושלמי דפרקין אלא דהגי' כתובה בטעות עיין בספר קרבן העדה אבל האמת דלמאי דאסקינן לעיל דאין מפיסין לתמיד של בין הערבים לא שייך למימר ביה דפייס פעמים בע"ו ולהכי פי' בשבת כלומר בין בשחרית דאיכא שני בזיכי לבונה ובין לתמיד של בין הערבים דיש כאן פייס מפני משמרות המתחדשות כדאמר לעיל ומהירושלמי דפרקין לא תיקשי מידי דלמאי דגרים התם ותני עלה פעמים בי"ד וכו' מלינן לפרושי דבכלל ע"ו תמיד של בין הערבים דיש כאן ע"ו כהנים עוסקים בעבודות אבל לגי' ברייתא דתלמודא דידן דגרסי' פייס פעמים וכו' ע"כ לפרש פעמים בע"ו בשבת דוקא כפי' ז"ל וק"ל.

ד"ה **הכי** גרסי' וכו' ואני שמעתיה בלשונות אחרות ואי אפשר להעמידה דאי שמעינן וכו' כנ"ל וכונתו דשמע אותי' בלשונות אחרות כלומר בגיר' אחרת דגרים ודלא כר"י ובפי' אחר די"ז היינו עם כהן דמחתה דהשתא הוי דלא כר"י וא"א להעמידה דהא הו"מ לאוקומי כר"י והכונה שהיו כאן י"ז עוסקין במיני עבודות וזה מתבאר מתוך דברי התו' והתי' יע"ש אלא שהריטב"א בחי' כנראה שגי' אחרת הי"ל בפירש"י יע"ש ובת"י וק"ל.

ד"ה **הבשר** בהמשה ככבש התמיד כצ"ל ככבש בכ"ף כמו שנתבאר במשנה הקודמת.

ד"ה **הסולת** ב' עשרונים היה וכו' והיין נכבש רביעית ההין ובאיל שלישית ההין וכו' [(וה"נ גסכי פר מרובים מאיל)] כ"כ התי"ע והוסיף שם ג"כ דכבש שנה ואיל בן שתי שנים וכו' נראה שנתכוון ליתן טעם גם למה שהיה כאן הקרבים בשנים מפני שהיו גדולים יותר דהרי הוא בן שתי שנים יע"ש אלא שאין זה מספיק דא"כ גם הבשר הוא יותר ולמה היה בחמשה ככבש אלא עיקר הטעם בזה כמ"ש הריטב"א בחי' בשם התו' יע"ש וק"ל. אלא שהרב המאירי כתב כדבריו שכתב אבל יש בהמות גסות שטעונות יותר ואמר שקרבן האיל שהוא בן שתי שנים הקרבתו טעונה י"א והוא שהבשר בהמשה על הדרך שביארנו בכבש אבל הקרבים וכו' מפני שהוא גדול וקרביו גסים וכן הסלת בשנים מפני שהוא טעון שני עשרונים והיין ג"כ בשנים מפני שהוא שלישית ההין ואעפ"י שהוא בכלי א' מ"מ ב' כהנים היו אוחזים בו ונמלאת בין כולם י"ד עכ"ד.

ד"ה **אם** רצה וכו' ובלא פייס ע"כ אבל מדברי הרמב"ם בפירוש המשנה כאן ובחי' פ"ו מהל' מעשה הקרבנות משמע דס"ל דלא קאי אלא דיכול להקריב בפחות או יתר אבל פייס משמע דבעי מדלא ביאר חילוק זה גם בפ"ד דה' תמידין ומוספין גבי פייסות וטעמו דכיון דמשמר הקבוע מקריב נדרים ונדבות אפי' דיחידים כדמוכח בסוף סוכה ודוקא בחג הראוי לעבודה

יכול ליתן קרבנותיו לכל כהן שירצה כדאיתא בסוף הגוזל עלים א"כ כאן דיד כל המשמר שוים בהם בדין הוא דבית אב של אותו יום יזכו בהם ע"י פיים וממאי דמסיים בתוספתא דפרקין אמתני' מעשה בשנה של מרתה בת בייתום שהיה אחד מהם נוטל שתי ירכות וכו' והיה מהלך עקב בצד גודל ומעלה אותם לגבי מזבח לא תיקשי מזה לפירש"י דמשמע דאם רצה להקריב אינו אלא להוליך בפתות דע"כ לאו אמתני' קאי דהך עובדא בקרבנות צבור היה כדמוכח בהאגיל ל"ב ע"ב דמסיים ולא הניחוהו אחיו הכהנים לעשות כן משום ברוב עם וכו' עיין פירש"י שם אלא דתיקשי לפי' דאמאי לא חיישינן לאינצויי ושיבואו לידי סכנה כמ"ש התי"ט דמה שפי' הרמ"ז ז"ל דביד אותו יחיד לברור כהן שירצה כלומר ממשמר של אותו השבוע אין לזה ראיה מכרחת דאימא דכיון דמספקא לן בנדרים אי שלוחי רחמנא נינהו לא מלי לעכב והרי נסינו מ"ש התו' לעיל י"ט ע"ב ד"ה מי איכא מידי וכו' דלאו בל כמיניה לעכב על ידם שלא יקריבוהו כהני משמר ושמא י"ל דאף להתו' מה שאינו יכול לעכב היינו דלא יקריבוהו משמר של אותה שבוע אבל לעולם דיכול לעכב דבבית אב של אותו יום יכול לומר בכהן זה אני רוצה ובזה היינו מתרצים מ"ש לעיל שם בשם התו' שכתבו הרשב"א והר"ן דמשמע דבעינן דעת בעלים יע"ש והשתא היינו דא"ב בין כהן המביא קרבנותיו לישראל דכהן יכול לעכב וליתן להקריב אף לכהן שאינו ממשמר של אותו שבוע כדמוכח בהגוזל מה שא"כ בישראל דלא מלי מעכב אלא אבית אב של אותו יום לומר בזה אני רוצה ומעתה להכי הוכרח רש"י ז"ל לפרש דקאי אכולהו דבקרבנות יחיד אין כאן פיים כיון דבידו לברור מי שירצה וכדמוכה הכיא דר"י דקאמר בנדרים ל"ה ע"ב הכל צריכים דעת בעלים חוץ ממחוסרי כפרה וכו' יע"ש ועיין בספר לחם שמים על המשניות ומה שרצה לחלק שם בין קרבנות ישראל לדכהן ודמתני' איירי בדכהן הנה הגם דחילוקו אמת כדכתבינן מ"מ זה אין נראה דא"כ ליפלוג מתני' בקרבנות יחיד גופייהו אלא ודאי משמע דבכל קרבנות יחיד איירי ומה שנסתייע מדברי רש"י דרים מכילתין למ"ש שם אין ראיה מזה כלל יע"ש ודו"ק.

תוספות ד"ה **ההיא** דלא כראב"י וכו' פי' בכל בקר וכו' ירצה דאמאי דאסיק הביא דלא כראב"י וכו' קאי הך פירושא אבל המקשה הוה ס"ד הכי והתניא ד"ש פעמים בזמן מהזמנים דהיה שם בפיים שני פיים לי"ז ומשני דהך ברייתא בכל בקר איירי ומנה כהן הזוכים בכל הפייסות ודלא כראב"י וכו' וכן משמע מדברי בעל המאור דפרקין יע"ש דפי' קרוב לפירוש' והא דלא ניחא ליה לפרש כר"י ואשבת שבתוך החג קאי דהך תנא קתני י"ז עם בכהן הזוכה בפיים ד' מי מעלה איברים מן הכבש למזבח וכפרש"י דא"כ הו"ל מעיקרא פעמים בי"ד דהיינו בכל יום ותמילא דבאחרים נמי נתוסף כאן אחד יותר להך תנא ומאי שנא מנין דשבת שבתוך החג דנקט לימא פעמים י"ד פעמים ט"ו פעמים י"ז אלא ודאי מוכח דהך ברייתא מלתא באנפי נפשי' היא דקתני י"ז כהנים זוכים בפייסות של כל יום וכן ראיתי בס' המאור דפרקין שכתב פי' הכא לא קתני פעמים ולא קתני כהנים אלא בכל יום וקתני ופייסות קחשיב וס"ל לכל עבודה ועבודה מפייסין ודלא כדתני ר' חייא וכו' יע"ש אלא דזה לא נראה להם לפרש דסבר דלכל עבודה מפיסין דא"כ אמאי לא מייתי הך לעיל להקשות על הא דתני ר' חייא לא לכל עבודה ועבודה מפייסין ולכן פירשו דה"ק דבכל בקר היה י"ז הזוכים מכח פיים קלתם היו מפייסים ממש לאותה עבודה וקלתם היו זוכים מכח פיים שהיו נמשכים העבודות זה אח"ז אחר שנודע בפיים מי שוחט וכו' והיינו שכתבו ובמחתה לר"י לא היה פיים כלל כדפרישית לעיל וכו' כלומר שלא היה זוכה מכח שהיה נמשך אל הזוכה בקטורת אלא בדעת המקטיר תלוי ליתן מחתה למי שירצה דאם כונתם לפרש כפי' בעל המאור דהך תנא סבר שעולם היו זוכים בפיים מיוחד לכל א' ואחד למה הוצרכו לזה הא אי נמי נפרש דלר"י היה זוכה במחתה מכח פיים שהיה עומד סמוך לו אכתי לא אתיא כר"י דהא הכא ס"ל דהיו מפיסין למחתה ג"כ לבדה ועיין מה שאכתוב לקמן בסוף דבריהם ובמ"ש יתורץ מה שהקשה מהרש"א יע"ש והנה למ"ש לעיל ד"ה אלא כהן וכו' דבשחר מפיסין לב' גזירין דבה"ע צריך לפרש דלא קתני אלא כהנים הזוכים לצורך עבודות שחרית א"כ דלא קתני אלא הפייסות המפורשים במשנתנו דהגם דמתני' לא קתני נמי מחתה איכא למימר דבכלל חדשים לקטורת איתיה משא"כ ב' גזירים דלא הוזכרו בסדר פייסות כלל וק"ל.

בא"ד וגירס' שבספרים היא כפר"ח וכו' כנ"ל וכה"ג בד"ו וכלו' דמפי' ר"ח נראה שגורס כגי' הספרים דלא כר"י אבל ר"ח מפרש לה באופן אחר דהדתני אידך תנא בשבת שבתוך החג ששה עשר קאמר הך תנא פעמים י"ז דמוסיף נמי פיים במחתה וכול' בפיים ב' דוקא איירי וכמו שכתבו התו' והריטב"א משמו יע"ש ול"ל דאה"נ דהך ברייתא קתני פעמים י"ד פעמים ט"ו פעמים י"ו פעמים י"ז אלא דתלמודא אותיב מסיפא בקיצור דודאי דתיקשי נמי אאינך פעמים י"ג וכו' דהוספ' מחתה אכולהו קאי כנלע"ד וק"ל.

בא"ד ואין להקשות וכו' אית ליה ה' פייסין וכו' מהא משמע דמ"ש לעיל יתרי דקטורת ודמחתה דכונתם דהיו מפיסין למחתה בפיים ובאסיפה בפני עצמה דאל"ה מאי קשיא להו אימא דה"ק דלא משכחת תנא דאית ליה דה' פעמים היו נאספים לפיים דהא משמע דד' פייסות היו שם דקתני בריש פרקין ה"ק ד"פ ביום נאספים כמו שפרש"י שם והכי דייק מהא דאמר תלמודא לעיל כ"ד ע"ב למה מפיסין וחוזרין ומפיסין וכו' יע"ש וכפירש"י ולפ"ז דייק נמי האי ואין להקשות שכתבו אחר בפר"ח וכו' דהכונה דלפר"ח לא תיקשי הך דס"ל דפיים דמחתה היה בכלל פיים שני ולא היה שם אסיפה אחרת כמ"ש בח"י יע"ש וכ"כ בפי' המאור פיים ראשון לתרומת הדשן פיים שני לי"ג כהנים הזוכים בתמיד וכו' פיים ג' לקטורת פיים ד' להעלות איברים ופיים דמחתה וכו' יע"ש אלא דתיקשי דמי הכריחם לזה כדי שנדחק עלמינו לומר דהכי לא ידע לברייתא דהכא לימרו דבפיים דקטורת היו מפיסין באותה אסיפה למחתה ומה גם דלא מסתברא דלמחתה לחודא יהיו נאספים פעם אחר ושמא י"ל דסוברים הם ז"ל דכיון דלראב"י ע"כ היו נאספים למחתה כך יש לפרש להך תנא ויהיה הטעם דמלתא דקטורת חביבא להו עובא אבל לומר דסוברים דע"כ לא אמר רב נחמן לעיל כ"ה ע"א דמתני' ה"ק ד"פ נכנסים וכו' אלא לכשנאמר דלכל עבודה ועבודה מפיסין אבל למאי דאסיק התם דלעבודה אחת מפיסין מתני' ה"ק דב' פייסות היו שם לעבודת מקדש ולאו למימרא שהיו נאספים ד"פ ביום והתם ה"ק למה מפייסין וכו' יעשו הכל בפיים אחד מי יתרום וכו' ואחריו ימשכו כל העבודות כסדר העומדים לימינו ובדרך פיים השני כמו שפי' רש"י שם ותאמר דהא דאמרינן לעיל ולמאי דסליק אדעתין מעיקרא נפישי להו פייסות ומשני מייתי כולהו מלפרא אתו וכו' ומאי משני הא הגם דאין כאן אלא ד' אסיפות מ"מ נפישי להו פייסות ומתני' קתני דלא היה שם אלא ד' פייסות דה"ק דכיון דבאותו פרק שהיו מפיסין למי שוחט התמיד דשחר היו מפייסין גם למי שוחט דתמיד של בין הערביים לא מחזי כשתי פייסות כיון דעל מין עבודה א' לבד היו מפייסין אין נלע"ד לפרש בדעתם כן ודו"ק.

מה שהקשה מהרש"א דמי הכריחם לפרש דיש כאן חמש פייסות אימא דס"ל כח"ק דר"י שכתבו לעיל דס"ל דהיה זוכה במחתה מכח שהיה סמוך למקטיר ולא שהיה שם פיים ממש יע"ש הנה מלבד שיש לומר דכונתם לתרץ אף לתי' א' שכתבו לעיל ד"ה תא שמע וכו' דלהבות תירוצא ח"ק דר"י ס"ל כראב"י דיש פיים ממש למחתה ולר"י היה זוכה מכח פיים דמקטיר יע"ש דלפ"ז ע"כ לומר דקים ליה לתלמודא דלהך תנא היה זוכה בפיים ממש דאל"כ אמאי קאמר דאתי דלא כר"י וא"כ הא אשכחן תנא דאית ליה ה' פייסות עוד זאת י"ל דודאי מודו דיש מקום לפרש כן וכן מוכח מפשט לשונם שכתבו אלא ע"כ לא קחשיב אלא הנך שזוכים ע"י פיים ובמחתה לר"י לא הוה פיים כלל כדפרישית לעיל וכו' כלומר דאף שנפרש דלא היה פיים ממש במחתה אלא היה זוכה מכח שהיה סמוך למקטיר אכתי אתי דלא כר"י דלא היה פיים כלל אלא בדעת מקטיר הדבר תלוי ולפעמים שהיה עושה ככל כמ"ש לעיל שם אלא כלפי דיש מקום גם לפרש דלהך תנא היה זוכה במחתה בפיים ממש הוא שכתבו דתלינן למימר דהך תנא אית ליה ה' פייסות וכ"כ בפי' בעל המאור בפשיטות יע"ש ודו"ק.

דף כ"ז ע"א גמרא **וכי** מאין באת מכלל שנאמר ואתה ובניך אתך וכו' מלכל דבר המזבח קדריש

כמ"ש בספר קרבן אהרן פרשת ויקרא יע"ש דל"מ קדשי קדשים דשחיטתן בצפון המזבח אלא אף קדשים קלים דשחיטתן בכל מקום בעזרה צרכי מזבח ודבר המזבח הוא והגם דבהאי קרא כתיב ועבדתם דדרשינן מיניה לעיל עבודה תמה לאפוקי שחיטה שיש אחריה עבודה מ"מ אימא דהיינו דוקא מחויב מיתה אבל פסולה מיהא הוי ולוקה זר עליה מוזר לא יקרב אליכם דומיא דיוצק ובולל ומקבל כמו שביאר הרמב"ם פ"ט מה' ביאת המקדש אבל מכלל דזר לא יקרב אליכם לא מצי למימר דאימא דבקריבה למזבח דוקא קאמר כדכתיב לעיל מיניה ואל המזבח לא יקרבו וכו' א"נ י"ל דהשתא דס"ד למיפסל שחיטה אימא דעבודה היא ולאו משום צורך דם לחודיה היא ומעתה הו"א דעבודה תמה היא דבתחילת סימנים אין עוד עבודה אחרת דומיא דזריקה שכתבו התוס' לעיל כ"ד ע"ב דאע"ג דאיכא בתרה הקטרה מ"מ בדם מיהא עבודה תמה היא ועוד עיין בת"י שם ד"ה לאתויי ז' הזאות וכו' השני כמ"ש בסוף פרקין וא"נ דס"ד למימר דתשמרו את כהונתכם כלל לכל דבר המזבח כלל ועבדת' עבוד' מתנה פרט והטול פרט ביניהם ודונם בכלל ופרט וכלל ונרבה אף מה שאינו דומה לפרט אפי' עבודה שאינה תמה כגון שחיטה על דרך מה שהקשו התו' שם ע"א ד"ה אין בכלל וכו' יע"ש דהכא ליכא למימר דלא דמי כללא קמא לבתרא דלא מרבה אלא דבר מזבח דהא כללא קמא נמי אעבודת מזבח סמיך דלעיל מיניה כתיב ואת משמרת המזבח והיינו דקתני ברייתא וכי מאין באת מכלל וכו' ולמסקנא נ"ל דהש"ע דלא דרשינן לעיל הכי ונרבה אפי' עבודה שאינה תמה משום דמשמע ליה תשמרו את כהונתכם אף למה שאינו דבר המזבח דכולם בכלל כהונתכם נינהו וא"כ לא דמי כללא קמא לכללא בתרא ולא דיינינן ליה בכלל ופרט וכלל ושוב ראיתי להת"י בסוגיין שהרגישו בזה ועיין מ"ש שם וכן בספר צאן קדשים בחי' לזבחים ל"ב ע"א הארוך עיון בזה יע"ש והנלע"ד כתבתי וק"ל.

שם וסמך ידו ושחט לימד וכו' לאו מהיקשא דשחיטה לסמיכה קא דריש דהא מדכתיב כהן בקבלה ולא בשחיטה שמעינן שפיר דכשרה בזר וכבר התוספות בריש כל הפסולין ד"ה ת"ל והקריבו וכו' נתנו טעם למה שיש להקשות דתיפוק ליה מהיקשא דסמיכה לשחיטה יע"ש אלא הכא ה"ק דכיון דמוכח דמקבלה ואילך דוקא מצות כהונה מעתה ושחט אדלעיל מיניה סמיך דבעלים הסומכים יכולים לשחוט וכדפרש"י והנה בת"כ פרשת ויקרא אין שם זה וכן שם בריש כל הפסולין ושמא תוספ' דברי אביי הם למסבר ליה לבריה ומ"ש רש"י ז"ל וסמך ידו ושחט וכו' ע"כ לשון המשנה וכו' אפשר דה"ק ענין המשנה והסברתה שאמר אביי לבריה ושוב ראיתי בספר לשון ערומים בחלק הדרושים דף ע' ע"א שהרגיש בזה יע"ש וק"ל.

שם ואימא למעוטי סידור ב' גזירי עצים וכו' דלעיל מיניה כתיב וערכו עצים על האש דמהכא מ"ל לעיל סידור ב' גזירין דבין הערביים וסמיך ליה טפי מקרא דוהפשיט וכו' ולפ"ז אפי' לא היה כתוב כהן בסדור ב' גזירין דשחרית לא הוה ממעטינן ליה מקרא דוערכו דסברא הוא דאדסמיך ליה ממעט והו"א דקרא דובער עצים דפ' צו אכהן דלעיל מיניה ולבש הכהן וכו' קאי אלא דרש"י ז"ל ניחא ליה לפרש קושטא דמלתא דהתם כתיב כהן עיין בלשונו וק"ל.

שם אדרבא סידור דכותיה ממעט ומה גם דבסברא איפכא מסתברא דהפשט ונתוח דשייך בגוף הזבח חמיר טפי ובעי כהונה ואידך ס"ד דכיון דבקרא דסידור כתיב כהן ברישיה לא מסתבר דאתא וערכו למעוטי הך אע"ג דסמיך ליה טפי אלא למעוטי הפשט ונתוח דלא כתיב בהכוא קרא כהן כלל ואי משום קרא דלעיל מיניה והקריבו בני אהרן הכהנים אימא דמדשניה בלשונו דהתם כתיב והקריבו לשון רבים והכא כתיב והפשיט לשון יחיד משמע דלאו הכהנים דלעיל קאי ודומיא דושחט את בן וכו' והקריבו וכו' דשחיטה לאו הכהנים קאי כנלע"ד וק"ל.

שם ואימא ה"נ לגופיה אלא והקטיר וכו' הא ודאי דליכא לפרושי ה"נ לגופיה לומר דבעיא כהונה הגם דלא מעכבא כפרה דהא מנחות אם ילפינן לה וכמ"ש רש"י ז"ל ועיין בת"י דמשמע דבין לגיר' רש"י או לגי' ר"ת לא גרסי ואימא ה"נ וכו' יעיין במ"ש שם ולייש גי' הספרים שלפנינו היה נראה דה"נ לגופיה היינו דרשא דלקמן ללמד דעלה טעון שטה אלא דבעי לסיומי' מהיכא נ"ל מיעוט הפשט ונתוח ונעתר הדר לפרושי האי דרשא דלגופיה דוערכו מצורף לכל שאר דרשות דכהונה למאי איצטריכו ולגי' זו לא תיקשי מ"ש בת"י דמאי שייכיה דדרש' דלקמן וערכו שנים וכו' הכא יע"ש ושוב ראיתי למהרש"א שהרגיש בזה ויישב כדברינו יע"ש וגי' הילקוט שכתב שם היא כגיר' רש"י שכתבו הת"י דלאותה גי' ל"ל דתרתי שמעת מיניה מדרשא דוערכו ע"ד מה שיישב הריטב"א למאי דס"ד יע"ש והנה גי' ר"ת שכתבו הת"י מתיישבת יותר דגרים וערכו למ"ל למעוטי הפשט ונתוח אלא והקטיר הכהן את הכל למאי אתא אלא והקטיר הכהן למעוטי הפשט ונתוח והקריב הכהן וכו' דהשתא ה"ק דהן אמת דיש מקום לומר דוערכו למעוטי הפשט ונתוח אבל מ"מ תיקשי לך כהן דוהקטיר למ"ל אלא יש לך לתרץ ולפרש כהונה דקראי באופן אחר דכהן דוהקטיר איצטריך למעט הפשט ונתוח והקריב וכו' ולגי' שלפנינו תיקשי דאמאי לא קאמר אלא מהכא והקטיר הכהן למעוטי הפשט וכו' כדקאמר באידך דלעיל ועוד אפשר לפרש דהאי ואימא ה"נ וכו' דקאי אקרא דוהקריב וה"ק ואימא דכהן דהולכה לגופיה איצטריך דהגם דקי"לן כרבנן דהולכה עבודה היא מ"מ לכ"ע אפשר לבטלה לכתחלה במפשיט ומנחה אצל הכבש ומעתה לא הוה ילפינן כהן להולכה לא ממנחות אם ולא מעריכת איברים דא"א לבטלם לכתחילה וכיון שכן הדר קושיין לדוכתא דאימא וערכו למעוטי סידור ב"ג ולעולם דהפשט ונתוח דבגופו של זבח בעי כהונה אלא יש לך לפרש דכהן דוהקטיר הוא דאצטריך למעט הפשט ונתוח דהשתא ליכא לאקשויי ביה דאימא למעט ב"ג דמסתברא דבר השייך בגופו של זבח דכותי' ממעט וכיון דחזינן דמעט קרא הפשט ונתוח הגם דא"א לבטלם לכתחילה מעתה יש לך לומר דצורך כהונה אינו תלוי במה שאפש' לבטלה או לאו אפשר אלא כל מאי דמקרי' עבודה בעלמא בעיא כהונה וא"כ ה"ה הולכה דפסלה בה מחשבה לרבנן דר"ש אלמא דחשיבא עבודה ודאי דבעיא כהונה ומעתה כהן דהולכה למ"ל אלא ע"כ לדיוקי דסידור ב"ג בעיא כהונה ואי קשיא לך אכתי כהן דוערכו למ"ל איצטריך ללמד דטעון שטה דהשתא לפי דרך זה דייק שפיר הא דלא קאמר אלא מהכא והקטיר וכו' וגם הא דסדר תלמודא דרבא דוהקריב וכו' וכבר ראיתי בספר שו"ת מקום שמואל בשער הפירושים דפרקין שהביא שם בשם הגם א' מפרש שרצה לפרש האי ואימא ה"נ דקאי אקרא דוהקריב כמ"ש אלא שאין פי' ברור כמ"ש שם ועיין עוד בס' בית הלוי בחי' לפרקין ומה שרצה לפרש בס' אמרי נרופה ואימא ה"נ לגופה פי' לכדאיתא בזבחים דף י"ח דכהן הדיוט שלבש בגדי כהונה עבודה פסולה דהכהנים אבני קאי ע"ש הנה מגבד שהענין רחוק עוד זאת התם מהכהנים בכיהונם לחודיה נפקא לן והכא יליף מבני אהרן כמ"ש התו' בסוגיין ד"ה אלא מהכא וכו' יע"ש ודו"ק.

שם אלא והקטיר וכו' והקריב הכהן וכו' לשון הרמב"ם פ"ג מהל' ביאת המקדש וכן ההפשט והנתוח והולכת עצים למזבח כשרה בזרים שנא' באיברים והקטיר הכהן את הכל המזבחה זו [הולכת איברים לכבש] הולכת איברים היא שצריכה כהונה ולא הולכת עצים ע"כ ול"ע דהא בסוגיין מוכח דמוהקטיר ממעטינן הפשט ונתוח ומוהקריב הולכת עצים וזה מוכרח דוהקטיר לא איירי בהולכה כלל דנימעיט מיניה הולכת עצים ויותר קשה אצלי מ"ש בספר קרית ספר שם וכדר כתיב והקטיר הכהן וכו' דלא הוה צריך למיכתב כהן אלא למעוטי הפשט ונתוח וכו' את הכל המזבחה זו הולכת איברים לכבש הולכת איברים הוא דבעיא וכו' ע"כ דלא ידענא מהיכא נ"ל דרשא זו מאת הכל דזו הולכת איברים ועל כן אילולי דמסתפינא הו"א דל"ל בדברי הרמב"ם והקריב במקום והקטיר ולא מייתי ראיה אלא להולכת עצים דוקא כדמסיים במלתיה כי זה דוקא הוצרך לבאר דכשרה בזר להוליכה למזבח אבל הפשט ונתוח שהיה למטה אין צורך לראיה וע"כ לא הוצרכו ראיה אף בתלמודא אלא מפני שהיה אפשר לומר דבעי' כהונה כיון דכתיבה בקבלה ואילך כנלע"ד וק"ל.

רש״י ד״ה **דהוה** מסבר ליה לגריה הא דחזקיה וכו׳ כצ״ל וכה״ג בד״ו. [וכן הוא הגיר׳ בדפוס ווילנא].

ד״ה **מכדי** וכו׳ בתר קבלה כתיבה וכו׳. דאע״ג דלמעשה סדור מערכה ונתינת אש קדמה לשחיטה וקבלה כדמהדר

אביי לקמן ל״ג א׳ וקרא דונתנו וכו׳ בסידור מערכה כדאמרינן לקמן איזהו דבר שנאמר בו עליה וכו׳ מ״מ מדלא אקדמה קרא אימא לאשמועינן דכהן דקבלה הכא נמי סמיך וק״ל.

ד״ה **למעוטי** הפשט וכו׳ לא איצטריך מיהדר וכו׳ בהערכ׳ נתחים וכו׳ דמונתנו ילפינן דהא דאמר מקבלה

ואילך וכו׳ היינו אפי׳ בעבודה דלא מעכבא כפרה וכמ״ש בתו׳ ד״ה כיון דלאו וכו׳ יע״ש ולהכי קאמר מכדי מקבלה ואילך וכו׳ ולא קאמר מכדי מונתנו ילפינן להערכת נתחים דהגם דלא מעכבא בעיא כהונה ולאפוקי משכ״י שנתקשה בזה וכתב בדבריו דלעיל ד״ה דלא מעכבא כפרה וכו׳ ז״ל ממה שפי׳ אין כפרה אלא בדם נמשך לו דערכת נתחים נמי לא מעכב׳ כפרה והולרך לכתוב אחר זה בד״ה למעוטי וכו׳ לא איצטריך למיכתב כהונה בהערכת נתחים וכו׳ הגם שפשט לשון הש״ס לא משמע הכי דקאמר מכדי מקבלה ואילך וכו׳ דאם איתא דהערכת נתחים לא מעכב׳ הו״ל מכדי כתיב ונתנו וכו׳ דמקבלה ואילך לא נפקא לן מידי לעבידה דלא מעכבא דאיכא לאקשויי ואכתי איצטריך סד״א כיון דלאו מעכבא וכו׳ עכ״ד והרואה בתו׳ שם יראה דג״ק ול״מ ופירשו נכון וברור ומה שרלה לפרש שם הא דאמר סד״א כיון דלאו עבודה דלא מעכבא וכו׳ דהיינו משום דנתינת אש איגה חובה גמורה דאש יורדת מן השמים אלא שמצוה להביא מהדיוט משא״כ הערכת נתחים דמעכבא ולהכי ילפינן לה מקבלה וכו׳ והביא ראיה שכן פירש״י גופיה בפ״ב דזבחים י״ח ע״א ד״ה אי מהתם וכו׳ וגם ממאי דהדר מקשה תו התם מוערכו בני אהרן וכו׳ ומתרץ א מהתם הו״א הני מילי חיסו׳ וכו׳ משמע דהערכ׳ נתחים מעכבא וש״כ הרא״ם פ׳ ויקרא סוף ד״ה בני אהרן וכו׳ יע״ש שקושיתי היא קושיה הגמ׳ שם בזבחים ע״כ קילור דבריו הנה לתרץ כל זה ושאין סתירה מדבריו דהכא נמה שפי׳ בזבחים יראה דודאי פשטא דלא מעכבא כפרה דקאמר היינו דהקרבן כשר בלתה ואינה מעכבת כפרתו ואין הכונה דכבר יש דבר אחר במקומו דא״כ לימא כיון דלאו עבודה דמעכבא היא לחודיה ומעתה הגם דודאי חילוק יש בין הפשט ונתוח דא״א בלאם לנתינת אש מ״מ לענין דהקרבן עלה לבעלים לשם חובה כולם שוין דאם נאבד או נטמא בשר אחר זריקה הורלה וכמ״ש שם בתו׳ שם וא״כ ע״כ לפרש כאן דלא מעכבא מטעם דאין כפרה אלא בדם ובכלל זה הפשט ונתוח והערכת איברים דלא מעכבי אבל בסוגיא דזבחים שם כיון דתרי קראי כתיב לחייב משום מחוסר בגדים בין בעבודות שזר חייב מיתה כגון זריקה והקטרה ובין בעבודות שאין זר חייב מיתה כגון קבלה והולכה וכו׳ מעתה מוכרח אתה לומר דלא בלבד בעבודת דם המעכבת כפרה כגון זריקה וקבלה חייב הכתוב אלא אף בהקטר אמורים דלא מעכבי כפרה חייב וכיון שכן אין מקום לפרש שם ה״מ עבודה דמעכבא כפרה דהיינו כפרת דם שאין הקרבן כשר בלתה כי הכא אלא התם ה״ק ה״מ בעבודה המעכבת בעשיית הקרבן שאין שם דבר במקומו כגון הפשט ונתוח ועריכת איברים אבל נתינת אש דיש שם כבר אש מן השמים אימא לא והיינו דדייק ז״ל שם בפירוש שכתב אי מהתם וכו׳ הכיא בעבודה המעכבת וכו׳ ולא כתב כפרה כלישנא דגמ׳ וסוגיין היינו כההיא דמנחות י׳ ע״א גבי הולכת איברים דקאמר התם דלא בעי ימין משום דכי בעינן אלבע או כהונה בדבר המעכב כפרה כהזאות מלורע דלא הוכשר המלורע אם לא עשאם כדלקמן פ׳ הוליאו לו ס״א ע״ב משא״כ הולכת איברים יע״ש ובפ״ב דזבחים כ״ד ע״ב ועוד עיין בפ״ק דזבחים י״ד ע״ב כנלע״ד ודו״ק.

ד״ה **אלא** מכהא וערכו בני אהרן הכהנים שאין לריך כהונה למדנו מקבלה למעוטי כפרה וכו׳ כה״ג בד״ו ולריך להגיה דלמדנו וכו׳ אלא למעוטי הפשט וכו׳ אלא דלא ידענא מאי אתא לאשמועינן וזה דוחק לומר דהוה גרים אלא מהכא וערכו וכו׳ ואת הסדר למה לי למעוטי וכו׳ ושמא דבא ליישב הלשון וערכו למה לי דשכונה למ״ל דלכתוב ביה כהונה וכמ״ש לקמן ד״ה וערכו למ״ל וכו׳ יע״ש ולומר דנתכון דממחד דוקא פריך

למ״ל אבל בני אהרן מיהא איצטריך לדרשא דיתור בגדים דפ״ב דזבחים כמ״ש התו׳ ד״ה אלא מכהא וכו׳ אין נראה דאדרבא הו״ל למפרך דבני אהרן א״ל דדרשא דהתם מהכהנים בכהונם נפקא ליה וק״ל.

תוספות ד״ה **והקריבו** וכו׳ כגון הולכה או זריקה וכו׳ זריקה ודאי לא אפשר דהא כתיב וזרקו וכן

רש״י ז״ל בזבחים ד׳ ע״א לא נתן טעם אלא להולכה יע״ש וכ״כ התו׳ שם י״ג ע״א ובחגיגה י״א ע״א יע״ש ולעיקר קושייתם עיין מ״ש בחידושי לחגיגה שם ועיין מ״ש הרא״ם ריש פרשת ויקרא אך לא ידעתי מי הכריח לרז״ל וכו׳ דכנראה שלא ראה דברי רש״י דזבחים ודברי התו׳ דהכא ודאידך דוכתי ושוב ראיתי להרב בעל ספר שמע שלמה בפרשת ויקרא שהרגיש בזה ומתוך מ״ש שם היה אפשר ליישבה גי׳ או זריקה הכתובה בתו׳ שלפנינו דה״ק או זריקה וכ״מ דתרי קראי חד למלוה וחד לעכב יע״ש וגם בס׳ נמוקי שמואל וק״ל.

ד״ה **אלא** מכהא וכו׳ בפ״ב דזבחים דריש הכהנים וכו׳. הא דל״ק להו נמי מעיקרא מונתנו בני אהרן הכהן אש וכו׳ דהתם דריש ליה דאפי׳ עבודה דלא מעכבא כפרה פסל במחוסר בגדים ואינו הכא דריש ליה לגופיה לומר דבעיא כהונה משום דלמסקנא דהתם מגינן למימר דכולה מלתא ילפינן מוערכו בין דאפי׳ עבודה דלא מעכבא ובין איתור בגדים פסל ועיין מה שהאריך עיין בס׳ לאן קדשים שם מסוגיא דהכא כנראה שנעלם ממנו דברי התוספות דהכא ואי קשיא לך לתירוצא דאכתי בני אהרן איצטריך ללמד לטלה שעון ששה כדלקמן איכא למימר דזהתי שמעת מינה כמ״ש הריטב״א בחידושיו לקמן יע״ש אלא דהא קשיא לי דאם איתא דמחוסר בגדים דנתינת אש ילפינן מוערכו למאי איצטריך הכהן בכיהונו ועוד דאפי׳ בני אהרן למ״ל ניגף מוערכו דאע״ג דהיא נמי לא מעכבא בעיא כהונה אלא ודאי משמע דמוערכו ליכא למילף לנתינת אש משום דאינה בגופו של זבח ע״ד מ״ש בתו׳ ד״ה כיון דלאו וכו׳ דאי כתב רחמנא כהן בהפשט ונתוח לא הוה ילפינן נתינת אש מהאי טעמא יע״ש וא״כ הדר קושין לדוכתא אמאי ל״ק להו מעיקרא מונתנו וכו׳ ושמא י״ל דכיון דאגן מוערכו בעינן למילף בגילוי מלתא דקרא דויהיה להם כהונה איירי גם במאי דלא מעכב כפרה וכודאי דמוערכו איכא למילף שפיר פסול חסור בגדים בנתינת אש דזה אין סברא דעריכת איברים דלא מעכבא כפרה משום דהיא בגופו של זבח פסל בה בין חסור ובין יתור ובנתינת אש לא פסל כלל אפי׳ חיסור וכיון שכן הא מיהא ילפינן מהתם דנתינת אש הויא בכלל קרא דויהיה להם וכו׳ ומעתה כיון דקרא דוערכו גלי לן דקרא דויהיה איירי אפי׳ ביתור ה״ה לנתינת אש פסל בה נמי יתור וא״כ איתר ליה כולי׳ דרשא דהכא ולהכי לא הקשו בה מידי ואי משום בני אהרן דנתינת אש דמייתי ר״ל דאיצטריך למעט חללים ובעלי מומים והכי דייק מהא דאיתא לקמן בפ׳ ערך בקלפי מ״ה ע״א ובת״כ פ׳ ויקרא ונתנו בני אהרן הכהן אש לימד על הצתת אליתא שלא תהא אלא בכהן כשר ובכלי שרת וכו׳ והגם דכלי שרת דהיינו בגדי כהונה כמו שפרש״י שם ע״ב לומר למ״ש דאסמכתא בעלמא היא מ״מ הא דקאמר בכהן כשר דהיינו לאפוקי חללים ובעלי מומים וכההיא דאמרינן גבי קבלה בפ״ק דזבחים י״ג ע״א והקריבו וכו׳ בני אהרן הכהנים שלא תהא אלא בכהן כשר ובכלי שרת וכו׳ יע״ש וכדאיתא בת״כ ריש פרשת ויקרא גבי קבל׳ יע״ש עיקר דרשה היא דהל״ל בני אהרן למ״ל ואע״ג דגבי עריכת איברים לא איצטריך מיעוט לבעלי מומין היינו דכיון דשייכא בגופו של זבח ילפינן מקבל׳ משא״כ נתינת אש וגם דאפשר בלאו דהא איכא אש מן השמים לא הוה ילפינן מקבלה למעט בעלי מומין ועיין מ״ש בספר קרבן אהרן פרשה ד׳ פ׳ ה׳ סוף הלכה ט׳ כנלע״ד ודו״ק. ומ״ש ד״ל דאפשר דקאי אתרעא וכו׳ ולא דמי למליקה דאינה אלא בראשו של מזבח והתם דוקא כולהו מודו דבעיא כהן מסברא דוכי תעלי וכו׳ כדאיתא בפ׳ קדשי קדשים ס״ג ע״א עיין בתו׳ שם משא״כ עריכת איברים דמצוין בזריקה כדאיתא בפ׳ כיצד צולין ע״ז ע״א ובפ׳ ק״ק ס״ב ע״ב והגם דהתם בזריקה מן הכבש למזבח איירי מ״מ דוק מינה דבדיעבד אי קאי אתרעא וזריק איברים למזבח דקיים מלותם וק״ל.

ד״ה **הולכת** עלים וכו׳ דילמא מההוא קרא ממעטין הולכת עלים וכו׳ ול״ל דס״ל דאי לאו מעוטא הו״א דהולכת עלים בעיא כהונה משום דהויא בכלל דוערכו עלים דכתיב בענייא דמקבלה ואילך דאלת״ה מאי ק״ל הא ע״כ הך מיעוטא דוהקרי׳ לדיוקא איצטריך דהא סדור שני גזירין בעי כהונה וכמ״ש הריטב״א בחי׳ וכמו שכתבתי בת״י ד״ה הא סידור וכו׳ יע״ש וק״ל.

בא״ד ומשני היכא דגלי גלי וא״כ כיון וכו׳ דאף למאי דאסיק עולא התם דהולכת דם בזר פסולה אפי׳ לר״ש אכתי צריך קרא להולכת איברים דהו״א דכיון דלר״ש לא פסלה בה מחשבה לאו עבודה היא וה״ה הולכת איברים לאו עבודה וכשירה בזר קמל״ן ולא ניחא להו לתרולי דהתם בזבחים דרשא פשוטה נקט ואה״נ דל״ל דמנתינת אש ולפינן להולכת איברים דהויא בגופו של זבח דודאי בעיא כהונה דא״ל דשאני נתינת אש דלכתחלה א״א לבעלה דמלוה מן המזבח מיהא בעינן להביא מן ההדיוט משא״כ הולכת איברים דאפשר לבעלה דאם רלה מפשיט ומנתח אצל המזבח כמ״ש רש״י שם וק״ל. ומ״ש ותירץ לו וכו׳ וה״ה בסידור ב׳ גזירין וכו׳ ולמעוטא דהולכת עלים לא בעיא כהונה ס״ל לר״ש דל״ל דמהיכא תיתי כהונה כיון דלאו בענייא דמקבלה ואילך כתיב ואי קשיא לך דלפי דבריהם אלו דלר״ש לאו אורה ארעא למיעבד נמי בזריקה למאי איצטריך בני אהרן גבי וערכו וכו׳ תריץ דהא מסקינן לקמן ללמד דעלה טעון שבה וק״ל.

ד״ה **תחלת** עבודה וכו׳ דנהוא ליטנא לא משכחינן וכו׳ רולה לייטב וכו׳ דהך דהכא לא חשיב אלא תיקון לשון בעלמא דהא דקאמר ר״י שסידר את המערכה לאו כולה מערכה קאמר אלא סיומא דסידור דהיינו ב׳ גזירין וזה פשוט ובהכי לא תיקשי מ״ש בשכ״י ז״ל לא ידעתי מה ישוב הוא שמשבש לשון ר״י במקום סידור מערכה סידור ב״ג ויותר טוב היה לייטב דברי ר״י בלתי שבוש ואתי כלישנא קמא מלשבש לשונו ואתי ככולהו לישני וכו׳ עכ״ד וק״ל.

ע״ב גמרא **כיצד** הוא עושה וכו׳ פי׳ להכשיר המערכה אבל במיתה כבר נתחייב וכמ״ש הריטב״א בחי׳ יע״ש ואפינו שלא אחז בהם האו׳ דלא אהנו מעשיו דזר כלום חייב דהא קי״לן כרבא דס״ל דכל מלתא דאמר רחמנא לא תעביד אי עביד לא מהני שאין חיובו תלוי מטעם דאהנו מעשיו אלא האי דלקי משום דעבר אמימרא דרחמנא כדאיתא בפ״ק דתמורה ד׳ ע״ב ול״ע מהסוגיא דהמגיע ל״ד ע״ב ועוד עיין בדברי הרמב״ם פ״ו מה׳ בכורות ובמ״ש ע״ז בספר ידי אליהו דף ק״א ע״א יע״ש ודו״ק.

שם והרי תרומת הדשן וכו׳ לכ״ע פריך דע״כ לא פטר רב לעיל אלא מטעם דעבודת סילוק הוא אבל לא מטעם דעבודת לילה וכמ״ש בת״י ד״ה שכבר וכו׳ ועוד נראה דקים ליה לתלמודא דר״י ס״ל כלוי דמחייב לעיל מיתה אתרומת הדשן והכי איתא בירושלמי דריש פרקין דר׳ יוחנן כלוי יע״ש וק״ל.

שם למימרא דעבודת וכו׳ והרי אברים ופדרים וכו׳ דנהי דאין מפייסין להם בפני עצמם מ״מ כהנים הזוכים בהם מכח פייס שחרית זוכין כדאמר ר״י לעיל כ״ו ע״א אין מפייסין על תמיד של בה״ע אלא כהן שזכה בו שחרית וכו׳.

שם וכי יש לך עבודה שיש אחריה וכו׳ אבל מאי דכשירה בלילה נ״ק ליה וכל״ק משום דאין זה מבואר דחיוב מיתה תלוי בזה וכמ״ש התו׳ ד״ה וכי יש לך וכו׳ ולעיל כ״ד ע״א ד״ה לרבות עבודת וכו׳ יע״ש וק״ל.

רש״י ד״ה **חייב** מיתה ע״כ דהא כיון דסידור מערכה בעיא כהונה כדכתיב לו את אהרן וכו׳ על מוקדה וכו׳ ואש המזבח תוקד בו ודאי דלא גרע משאר עבודות דיש בהם מלקות מזר לא יקרב וע״כ דאשמועינן דחייב מיתה ואי קשיא לך אמאי לא קשיא ליה נמי להך ליטנא שהרי לאו עבודה תמה היא כדפריך באידך ליטנא י״ל דס״ל דכיון דבעלי מערכה שהגיע ראשונה ע״ג המזבח אין שם עוד באלו עבודה אחרת עבודה תמה מקרי׳ והגם דאיכא בתרה סידור אחר של ב״ע ועיין בתוספות לעיל כ״ד ע״ב ד״ה אלא מעתה וכו׳ ובמ״ש שם ועוד עיין מ״ש כאן ד״ה איכא דאמרי וכו׳ וק״ל.

ד״ה **והרי** תרומת הדשן דכתיב כהונה ע״כ אין כונתו דא״כ פסולה בזר ואע״ג דעבודת לילה דהא ודאי גם סידור מערכה כ״ע ל״פ דפסולה בזר דכהן כתיב בה וע״כ לא קמתמה אלא דפסולה בזר להתחייב מיתה כמ״ש בת״י יע״ש ומעתה מאי כ״מ דכתיב בה כהונה דאנן עיקר פירכא מדחייב בה מיתה אליבא דלוי הוא דפרכינן כמ״ש בסוגייא וכדרך קושיית והרי איברים ופדרים שפי׳ בסמוך אבל כוונתו לפרש קושיין בין לרב ובין ללוי ולהכי פי׳ לה בסתמא דכתיב כהונה כלומר לא מבעיא ללוי דסבר דחייב מיתה דתיקשי בפשיטות אלא לרב נמי תיקשי דע״כ לא פטר אלא משום דהוי׳ עבודת סילוק אבל בלא״ה מחייב מיתה כיון דכתיב בה כהונה דבזה הדבר תלוי ולא בעבודת לילה וא״כ אף אתה אל תתמה אסידור מערכה דכיון דכתיב בה כהונה חייב וק״ל.

ד״ה **אלא** מעתה וכו׳ שהיא עבודת יום וכו׳ מפשט לשונו משמע דמתרוייהו פריך אלא מעתה דהגם דכתיב בבקר בבקר י״ל דמשום עבודת לילה היא ונתן הכתוב בקר לבוקרו ואפי׳ בלילה וכדרך שכתבו התוספות והריטב״א לקמן אמלתיה דר׳ אבי יע״ש אלא דהכא לא פי׳ הריטב״א כן וכן בת״י יע״ש וק״ל.

תוספות ד״ה **למימרא** וכו׳ וי״ל דהכא אתי למימר דבעינן תרוייהו וכו׳ והדר פריך מה״ה וכו׳ אנכי הלעיר לא זכיתי להבין דבריהם לגי׳ שלפנינו דהדר פריך למימרא דעבודת יום ושזר חייב וכו׳ ומדיבור הסמוך משמע שכן היא גירסתם א״כ ע״כ דפרכא קמייתא מעבודת יום להודיה הוא וכן פרש״י לגי׳ שלפנינו יע״ש וזה דוחק לפרש דבריהם דלעולם ס״ל דהשתא מעבודת יום דוקא פריך אלא דמשום דאת״ה הוא מני לאקשויי דאף דהוי׳ עבודת יום את״ל דס״ל כרב אכתי תיקשי דאע״ג דלא מחייב זר בעיא פייס כדפריך בתר הכי ומש״ה משני הכא משום מעשה שהיה דבהכי מתרי׳ כולה מלתא ואה״נ דהמקשה דפריך והרי ת״ה ה״ק דמ״מ קשיא בין אם תאמר דהויא עבודת לילה או עבודת יום דאין זה במשמע דבריהם מדסיימו וכן פרש״י למימרא וכו׳ משמע שכונתם לפרש פרכא קמייתא דמתרוייהו פריך וכעת ל״ע וק״ל.

ד״ה **אין** זר חייב וכו׳ ודישון מנורה תחילת הדלקה וכו׳ יש לדקדק דמה חשיבות יש בזה לומר דבעיא פיים כיון דהדלקה גופא לאו עבודה היא וכשירה בזר כדאיתא לעיל כ״ד ושוב ראיתי למהרש״א שהאריך עיון בזה ונלע״ד לתרץ דודאי הא דכשירה בזר היינו כשהוליאה לחוץ שהרי זר הנכנס בהיכל חייב וכ״כ הרמב״ם פ״ט מהלכות ביאת המקדש ופיכך אם הטיב הכהן את הנרות והוליאן לחוץ מותר לזר וכו׳ מעתה כיון דבדרך הדלקה במקומה יש כאן חיוב לזר להכי חשיבא דישון דידה לקבוע לה פיים ואע״ג דהא דמחייב זר מיתה אביאה ריקנית דהיכל במחלוקת שנויה כמ״ש התוספות בפרק הנשרפין פ״ג ע״א ועיין מ״ש בס׳ מנחה למלך שם בסוף פ״ט ומשמע דהעיקר דקאי באזהרה לחודה וא״כ אכתי איכא למימר דדוקא שחיטה ודישון מזבח דתחילת עבודה שחייבין עליה מיתה הוא דחשיבא לקבוע לה פיים משא״כ דישון דהדלקה גופה אפי׳ במקומה אינה אלא איסור מלקות מ״מ הא מיהא במקומה חשיבא דלורך פנים היא והשתא דאתית להכי י״ל מעיקרא דתלמודא ה״ק שאני שחיטה דעשו לה מעלה זו להיות שהיא תחלת עבודות היום כדקאמר לקמן באידך ליטנא ולאו למימרא מפני שהיא תחלה לעבודות שחייבין עליהן מיתה ומהשתא שפיר תרלו דגם בדישון המנורה שהיא תחילת הדלקה דחשיבא דהויא לורך פנים תקינו לה פיים והכי דייקי דברי התו׳ והריטב״א בחי׳ שכתבו ודישון מנורה תחיל׳ לעבודת נרות ועבודת פנים ע״כ ומשמע דה״ק שהיא עבודת פנים כלומר לורך פנים דאלת״ה מאי שאר עבודת פנים איכא כיון שכתבו בדישון מזבח הפנימי שהיא תחילה לעבודת קטורת והכי דייק לשון ת״י שכתבו תחילת עריכת נרות עבודת פנים בלא ו״ו ועיין בדברי המפרש דתמיד דפ״ד כנלע״ד ודו״ק.

בא״ד וא״ת לרבנן דראב״י וכו׳ א״כ אין זר וכו׳ דלא ניחא להו השתא לתרולי הכך נמי תחלת הקטרת איברים הוא וכמו שתי׳ בת״י והריטב״א דכיון דאיכא בתרה העלאת איברים מן הכבש למזבח לא חשיבא העלאה לכבש תחילת הקטרה

ולא דמיא לדישון מזבח ומנורה אלא דבסוף דבריהם הדר מסתבר להו הכי משום דהולכת אוברים דבתרה גמר תחילת הולכה היא וא"כ אף בזו נוכל לומר דמשום דתחילת הקטרת אוברים היא בעיא פיים וק"ל. ומ"ש וי"מ וכו' ולא נהירא וכו' טעמם דלמ"ש בדיבור הקודם דהא דקאמר למימרא דעבודת יום בעיא וכו' תלמודא דייק הכי מדקאמר רבא אלא מעתה תיבעי פיים וכו' וע"כ דרבא ה"ק תיבעי פיס בין בפני עצמה או מגד זכיית הראשון דאם תפרש תבעי פיים בפני עצמה דוקא מאי קאמר אישתמיטתיה הא דתניא וכו' וכמ"ש בח"י דלהאי לישנא דחיקא ליה לפרש מלתיה דרבא דהיינו בפני עצמה יע"ש וכיון שכן כא דדייק נמי ממלתי' דרבא למימרא דעבודת יום בעיא וכו' ושזר חייב מיתה בעי' פיים וכו' הכונה דאפי' פיים מגד זכיית הראשון לא בעיא אלא בעבודה שזר חייב וא"כ אכתי תיקשי אמאי לא פריך מדישון והולכת אוברים וק"ל:

ד"ה איבא דאמרי וכו' נ"ל לפרש דאדלעיל קאי וכו' גם לפרש"י ולגירסתו בתם נמי קאי אלא דבאגב פי' סוגין מתחלה ועד סוף ופשוט. ומ"ש שהיא זקוקה לעיכול אוברים וכו' דלכשנתעכלו האוברים חורם מהם ולא קודם כדאיתא בפרקין כ' ע"א וע"ב יע"ש ואע"ג דאם יש שם דשן מעוכל מאתמול תורם מזה הגם שלא נתעכלו אוברים של היום מ"מ כיון שלא ימנע מלתרום מדשן של האוברים כדכתיב והרים את הדשן אשר תאכל האש ס"ד דגמר עבודת אוברים היא וק"ל. ומ"ש ותרומת הדשן זמנה איננה אלא בלילה וכו' כלומר ולא ביום ברור כמו אוברים אלא בקריאת הגבר דהיינו מעלות עמוד השחר וכמ"ש הרמב"ם בפ"ג מה' תמידין וכן ראיתי בסכ"י שפי' כן וא"נ דה"ק דעיקר מצותה בלילה כמ"ש לקמן ל"ג ע"א ד"ה אביי וכו' משא"כ אוברים דעיקר מצותם ביום ומגד אונס הוא שהתירו להקטירם בלילה וק"ל.

באה"ד וסידור שני גזירי עלים לא הויא אלא ביממא וכו' עיין מה שהקשה מהרש"א ויש לתרץ דדחיקא ליה לשנויי הכי דפשטיה דקרא דנעשית בבקר דלס' רב אשי לקמן ל"ל דה"ק תן בקר לבוקרו כמ"ש התו' שם ור' אשי ס"ד ממאי דמתני' לא תני ליה דעבודת לילה היא והיינו טעמיה דר"י דחשיבא לסידור ב"ג עבודה תמה אבל ודאי דלהאי לישנא נמי א"ל דאפי' דהויא עבודת יום חשיבא עבודה תמה דסידור אוברים דבתרי' סידור אחר בדבר אחר הוא וכמו שפרש"י לעיל כ"ד ע"ב ד"ה בהא פליגי יע"ש ואפשר דרב אשי נמי בתר דדחי ליה סייעתא דאייתי הדר ביה וסבר דעבודת יום היא כפשטי' דקרא ולפ"ז מ"ש התו' לקמן ד"ה יפיסו לה וכו' דעבודת לילה היא וכו' היינו למאי דס"ד לר' אשי בהאי לישנא אבל לאו לקושטא דמלתא כנלענ"ד ודו"ק. ומ"ש והרי תרומת הדשן וכו' לר"י גופיה אליבא דת"ק דר"א וכו' כדאיתא לעיל כ"ג ע"ב ומסתמא ס"ל לר"י כת"ק וכן בירושלמי דריש פרקין איתא הוליא שאר הדשן פלוגתא דר"י ור"ל וכו' ועיין מ"ש לעי' שם בלשון הרמב"ם ז"ל וק"ל.

באה"ד ומשני תחילת וכו' דהוצאת הדשן איננה עבודה וכו' צריך ליישב לפ"ז דלמאי איצטריך לאתויי הא דאר"י קידש ידיו וכו' דהא אפי' תימא דהויא עבודת לילה עבודה תמה היא כיון דהוצאת הדשן לאו עבודה בכל יום היא וכבר בס' משנה למלך פ"ב מה' תמידין הרגיש בזה יע"ש וי"ל דמ"מ כיון דלכשהיו צריכים מוציאין את הדשן בתרה אימא אכתי דלא מקריא עבודה תמה וכמ"ש בסוף דבריהם ולכן צריך להוכיח ממלתיה דר"י דת"ה תחילה עבודה יום היא ונגררת בתר עבודת יום והוצאת הדשן דכשרה בלילה לא שייכא בדידיה כלל דאי שייכא ביה מקום לומר דקידוש לת"ה לא סגי לעבודת יום כיון דבתרה הוצאת דשן דהויא נמי עבודת לילה כנלענ"ד ודו"ק.

באה"ד וקס"ד דלאו דוקא עבודה הדומה לה אלא שאין אחריה וכו' כנלענ"ד של"ל וכן מוכח מתוך דבריהם שכתבו דלא מיקרי עבודה תמה אלא עבודה שאין אחריה עבודה לעולם ולא הזכירו עבודה הדומה לה ועוד עיין בדבריהם לקמן ד"ה יפיסו לה וכו' והיינו דכתבו וקס"ד וכו' כלומר דלמאי דס"ד השתא דסידור ב"ג עבודת לילה היה כ"ל עבודה שאין אחריה עבודה כלל בכל אותה הלילה וכמ"ש לקמן שם וזו ביום שכתבו כאן לאו דוקא

אלא כלומר ביום שעבר דבו ביום ממש הא איכא עבודות אחרות אחריה וגם עבודה דומה בב"ע דבין הערבים והיינו נמי דהכא דוקא פריך יפיסו לה בפני עצמה כיון דחשיבא כ"כ שאין עבודה כלל אחריה דאי משום דהויא עבודה תמה שאין אחריה עבודה דומה לה הרי כמה עבודות תמות כגון זריקה וכו' דלא היו מפיסין להם בפ"ע דמה"ט הוא דלא פריך הכי לעיל שהרי כמה עבודות יום יש דלא היו מפיסין בפ"ע וכמ"ש לקמן שם וטעמא דקס"ד דרבא לפרש עבודה תמה דקאר"י הכי והגם דלענין חיוב מיתה ד' לגו במה שאין אחריה עבודה דומה לה היינו משום דהא איכא סידור אוברים בתרה דלא משמע ליה לחלק בין סידור לסידור כמ"ש רש"י לעיל כ"ד ע"ב אלא ס"ל דשם סידור חד הוא וא"כ ע"כ לפרש דר"י ה"ק דהואיל דעבודת לילה היא עבודה תמה מקרי' שאין אחריה עבודה כלל ולהכי פריך שפיר דהאלא מעתה יפיסו וכו' וק"ל. ומ"ש והרי אוברים וכו' ולא נבעי פיס וכו' עיין בדבריהם דלקמן סד"ה יפיסו לה וכו'.

דף כ"ח ע"א רש"י ד"ה והרי אוברים וכו' לגבי פלוגתי' דרב ולוי וכו' ולכ"ע עבודה תמה היא וע"כ לא פטר רב התם אלא משום דהוי עבודת סילוק כמ"ש התוס' ד"ה איכא דאמרי וכו' ועוד דר"י ס"ל כלוי כדאיתא בירושלמי ריש פרקין וכמ"ש התוספות לעיל ד"ה למימרא וכו' וק"ל.

ד"ה ואלו זמן שני גזירין וכו' אלמא עבודת לילה הוא וכו' נראה דגם לפי' ולגי' צריך לפרש כמ"ש בתוספות

ד"ה איכא דאמרי וכו' דרבא ס"ד דעבודה תמה דקאר"י היינו שהיא עבודת לילה ואין אחריה שום עבודה כלל דהשתא למאי דקאמר אלא כדאמרינן כלומר כל"ק דטעמא דר"י משום דעבודת יום היא וכמ"ש מהרש"א ניחא דמחייב ר"י דמ"מ עבודה תמה היא דסידור אוברים דבתרה סידור אחר בדבר אחר הוא וכמ"ש ז"ל לעיל כ"ד ע"ב דאל"כ אלא דלפי' עבודה תמה שאין אחריה עבודה דומה לה קאמר והא פריך רבא אלא מעתה יפיסו לה בפ"ע תיקשי חדא דמאי פריך הרי זריקה וכו' דהיא ע"ת ואין מפיסין לה בפ"ע כמ"ש התו' ועוד דמאי משני אלא כדאמרינן אכתי תיקשי דיפיסו לה בפ"ע דע"כ עבודה תמה דמש"ה חייב בה וסוגיין דלעיל שם קאמר דלר"י עבודה תמה היא אלא ודאי כדאמרן וק"ל.

תוספות ד"ה יפיסו לה וכו' שכן עבודת יום לא שייכא ליה וכו' דהשתא ס"ל לפרש עבודה תמה שאין אחריה עבודה השייך לה דאע"ג דאיכא בתרה סידור אוברי תמיד דלהכי נסדרו עלים לצורכם מ"מ לא שייכא לה מיקרי' כיון דזו עבודת לילה וזו עבודת יום ולהכי קשיא להו אמאי לא פריך מהקטרה דהא אע"ג דאיכא בתרה הקטרה לא שייכא לה כיון דהקטרה לא מעכבא ואתי' שפיר ועוד תירצו דעבודה תמה דקאמר הכונה שאין אחריה שום עבודה כלל וכדרך שפי' לעיל ד"ה איכא דאמרי וכו' והשתא לא תיקשי מידי מהקטרה דהא יש אחריה כמה עבודות כנלענ"ד לפרש דבריהם וק"ל.

באה"ד וא"ת קטורת וכו' י"ל שאני קטורת וכו' הא דל"ק להו נמי מהעלאת אוברים דשחרית מן הכבש למזבח דהוו בפיים רביעי בפני עצמה הגם דאיכא בתרה עבודה מנחת תמידין ונסכים דבזה לא שייך לתרוצי סוף עבודה דיממא י"ל דתלמודא לא פריך אלא לרבא דדילמא ס"ל כראב"י דלעיל כ"ו ע"א דהמעלה לכבש הוא שמעלה למזבח ופיים ד' למתחת דדמיא לקטורת דמעשר' ובעי' חדשים כדמשמע בירושלמי דפרקין ואפ"ה פריך תלמודא מהעלאת אוברים למזבח דתמיד של בין הערבים אגב ריהטא דלישנא דלעיל ומה גם דבזה יש לתרץ בפשיטות דאפי' תימא דסבר רבא כת"ק דראב"י דבפיים ד' היו מפיסין לאוברים דשחרית ובין הערבים שאני הכא דסוף עבודה דיממא היא ולהכי ל"ק להו אלא אמאי לא פריך מקטורת דמנחת דפסיקתא היא דבעיא פיים בפ"ע לכ"ע ועיין בסוף דבריהם ובמה שפי' מהרש"א שם ודו"ק. ומ"ש ועוד תור לסוגיא דלעיל וכו' כ"ל כלומר דאית ליה דר"י מסיים בה כל"ק דלעיל הואיל ועבודת יום היא דהיינו הא דקאמר תלמודא לפי גירסתינו אלא כדאמרינן וכמ"ש מהרש"א ואין כאן הפרש בין גירסתם ז"ל לגי'

שלפנינו כלל ולאפוקי ממה שראיתי בס' תולדות יצחק נדפס מחדש יע"ש וק"ל.

באי"ד וכיון דדחי נה לסייעתא תו לא מתוקמא וכו' דאי הו"ל סייעתא ממתני' דהויא עבודת לילה לא הוה חיישינן כ"כ לקושיית רבא ואי קשייא דמ"מ אמאי דחינן ליה להאי לישנא לגמרי כיון דאית ליה פתרי ואפשר לפרש דה"ק דאע"ג דהויא עבודת יום מ"מ עבודה תמה היא דסידור איברים דבתרה סידור אחר בדבר אחר הוא כמו שפרש"י לעיל כ"ד ע"ב והגם דרבא לא הוה ס"ל לפרש כן אלא דשם סידור חד הוא וכמ"ש לעיל מ"מ אנן אמאי דחינן ליה ומה גם דע"כ רבא צריך להודות דלר"י עבודה תמה היא דאל"כ אף ללישנא קמא אמאי מחייב ר"י דהא לכ"ע עבודה תמה בעינן וכדאיתא לעיל שם בהא פליגי דר"י סבר עבודה תמה היא יע"ש ויש לישב דאפ"ה ניחא ליה לסתמא דתלמודא טפי כלישנא קמא משום דללישנא בתרא תיקשי דאמאי איצטריך לפרושי דהא ודאי כיון דחיוב מיתה אתי לאשמועינן דלאזהרה ולמלקות פשיטא דכיון דכתיב כהן ודאי בכלל לאו דזר לא יקרב הוא וא"כ מדחייב מיתה ממילא שמעינן דעבודה תמה היא דלכ"ע לא מחייב אשאינה תמה אבל ללי"ק ניחא דמשום דממתני' דאמר להם הממונה וכו' יש מקום לדייק דעבודת לילה היא כדדייק ר' אסי ואימא דזר פטור עליה הגם דעבודה תמה היא להכי אצטריך לפרש דעבודת יום היא דממתני' ליכא ראייה כדדחי תלמודא ואשמועינן נמי דחייב מיתה תלוי גם בזה דלא הוי מלתא ברירא כולי האי וכמ"ש בתו"י לעיל ד"ה וכי יש לך וכו' יע"ש וק"ל.

באי"ד ולא"ת הכא נמי איכא ניסוך היין וכו' וי"ל כיון דיש אחריהן וכו' והגם דלכאורה משמע דאחי' הב' שכתבו לעיל גבי זריקה איתרנו נמי הני מ"מ האמת הוא דהיה מקום לחלק דדוקא בזריקה דיש אחריה העלאת איברים מן הכבש למזבח וכן מנחת סולת דכולהו שייכי לגמר עבודת תמיד וכן יש אחריה סיום שאר עבודות שחרית חביתין וניסוך היין להכי לא חשיבא להפיס לה בפ"ע כסדור ב"ע אבל נסוך היין דהיא גמר עבודות שחר אימא דהגם דאיכא בתרה שאר עבודות דתמיד של בה"ע או נדרים ונדבות מ"מ כלפי עבודת שחרית עבודה שאין אחריה עבודה מקרי' ודמיא לב"ע ותי' דאפ"ה לא דמיא כיון דסוף סוף יש אחריה כמה עבודות בו ביום וק"ל.

ד"ה **אף** אנן וכו' כיון דכתב בבקר וכו' הא דלא תי' דהכי בבקר איצטריכו למלתא אחריתי כדאיתא לקמן נ"ב ע"ב ומעתה בפשיטות י"ל דעבודת לילה היא דהו"ל כאילו לא כתיב התם בבקר כלל י"ל דעדיפא מינה מתרלי דאפי' תאמר דלרבנן דאי"ש דקי"לן כותיהו לא אמרינן דלא צריכי דהכיא סוגיין קיימא לאבא שאול מ"מ י"ל כיון דכתב בבקר וכו' ואכתי לא תיקשי ליפשוק מבבקר בבקר דמהיכא תיתי שיהיו ביום אדא דהו"א דקרבן דמו שאינו אלא ביום ועיין בהרמב"ם פ"ט מהל' ביאת המקדש ועוד דלא תימא דכשרים אפי' בתחלת הלילה קמל"ן מן בקר לבוקרו דמ"מ סמוך לבקר בעינן ולא דמי לתרומת הדשן דהתם כתיב כל הלילה כדאיתא לעיל כ' ע"ב יע"ש ועיין מ"ש לקמן שם בסוגיא ודו"ק.

סליק פרק בראשונה

בס"ד פרק אמר להם הממונה

רש"י ד"ה **אמר** להם הממונה הוא הסגן ע"כ עיין בתוספות לעיל ט"ו ע"ב ובמ"ש שם.

ד"ה **למה** הוצרכו לכך לעלו' וכו' דלא ניחא ליה לפרושי דאמתיא בן שמואל קאי למה הוצרכו האיר פני כל המזרח עד שבחברון ולא סגי להו בהאיר קאת המזרח וכפי' בעל ספר הון עשיר יע"ש וכן פי' הה"ב המאירי ז"ל חדא דפשטא משמע דאמלתיה דת"ק נמי קאי ועוד דמאי קושיא דכיון דכתיב ביום זבחכם לכתחילה בעינן יום ברור הא קמן דקתני בפ"ב דמגילה אין קורין את המגילה ולא מלין וכו' עד שתנץ החמה וכולן שעשו משעלה עמוד השחר כשר ופרש"י שם עד הנץ החמה שילא מספק לילה וכו' יע"ש והגם דהכא הקלו קודם הנץ החמה היינו מטעם דכהנים בקיאים עיין בלשונו שם וכמ"ש בס' מנחת כהן מאמר א' פ' ב' ושם ספי"ד אבל מ"מ אימא דיום ברור בעינן וק"ל.

תוספות ד"ה **אמר** להם וכו' וי"ל דמ"ה וכו' אינן ניזוקין וכו' דהכא לא חשיב שכיח היזיקא בודאי כי הכיא דפ"ק דפסחים ח' ע"ב גבי סכנת נכרים יע"ש וק"ל. ומ"ש מיהו קשה דהיא גופא דלא ילא וכו' יליף התם וכו' והיכי יליף דילמא הא דלא הקדים משום דאין כאן מלות זריזין דמלפרא די ועוד דאי נימא דהך סוגייא סברא דהיה כאן מלוה זריזין להקדים בלילה ומש"ה מוכח מהכא דלא ילא יחידי תיקשי דהיכי נמנע אברהם מפני זה כיון דשלוחי מלוה וכו' וק"ל. ומ"ש ועוד דשני נעריו עמו הוה וכו' דאפילו שהיה שבר דרך חורבה דבמקומן חיישינן להיזקא אפי' בתרי הוא ויצחק בנו כדאיתא פ"ק דברכות ג' ע"ב הרי גם שני נעריו היו עמו וא"נ דלהכי כתבו לא היה ירא כלום וכו' כלומר דל"מ שלא היה לו לירא מהיזק המזיקין שהרי היו כבר שנים אלא אפי' מראייתם דלשני' נראה ואינו מזיק גם כן לא היה לו לירא שהרי היו גם שני נעריו עמו וק"ל.

באי"ד ולא הוה נמי וכו' ש"ש בעדם וכו' דהגם שכבר נהפכה סדום מ"מ אברהם כשהלך לשם לא היה יודע מזה וסבור היה להתפלל עוד עליהם ועיין מ"ש מהרי"א אברבנאל ז"ל בפי' שם משם הר"ן בי היה מסופק בזה יע"ש ומפני החשש שמא נהפכה ואין אדם רשאי לראות על כן הלך יחידי וא"נ שלא יהא אדם עמו בשעת תפלה כמ"ש בפרק גיד הנשה שם ואע"ג דמשמע דהלך לשם להתפלל תפלת שחרית דמהכא נ"ל בפי' תפלת השחר כ"ו דאברהם תקן תפלת שחרית מ"מ תרתי ש"מ דלהכי לא התפלל בביתו כדרכו אלא הלך לשם להתפלל באותו פרק גם עליהם ואפ"ה לא מקרי שליח מלוה משום תפלת שחרית כיון דהיה יכול להתפלל בביתו וק"ל.

ע"ב גמרא **מתיא** בן שמואל אומר הממונה וכו' מ"ש בבכ"י זה הלשון מגומגם מאד ואין לו ישוב דבין אם אמרנו שהממונה על הפייסות היינו דקאי אאיגרא או קאי אארעא קשה שהרי ביאר מתיא דבריו ומאי בעי תלמודא לקמן מאן אמר כן וכו' ומשני אבע"א וכו' ותו דלמסקנא דלקמן אחד אומר האיר וכו' ואחד אומר עד שבחברון והיכי קאמר הכא הממונה על הפייסות אומר וכו' דמשמע שהכל אומר א' אשר על כן נ"ל שט"ס יש כאן וכן נ"ל מתיא ב"ש אומר האיר פני כל המזרח וכו' והשאר נמחק עכ"ד אישתמיטתיה דברי התוספות דפ' שתי הלחם ק' ע"א שכתבו דגי' הר"ס מתיא ב"ש הממונה על הפייסות אומר וכו' וכ"כ בתו"י בסוגיין ועיין מ"ש שם דהכל מתורץ וק"ל.

שם תניא ר"י"א ברק ברקאי וכו' ומתני' דקתני סתמא ברקאי כר"י אתיא כלומר ברקאי כל דהוא שהתחיל להאיר פני המזרח הגם שלא עלה ונתפשט והכי משמע בירושלמי דפרקין דקאמר מהו בורקי ברקת תמן אמרין ברוק בורקה אנהר מנהרא ע"כ וכ"פ הרמב"ם בפי' דמתני' יע"ש וגם המפרש בפ"ג דתמיד פי' אמתניתין דהתם הרואה אומר ברק ברקאי וכו' יע"ש ועיין בס' עבודת ישראל דף מ"א ע"ב וכמ"ש עליו בספר שושנים לדוד אמתניתין כי דבריו ברורים יע"ש כי אין להאריך בזה וק"ל.

שם אמר ר' ספרא ללותיה דאברהם וכו' לכאורה משמע דלא שייכא כאן מלתא הכא דהגם דתפלות כנגד תמידין תקנום מ"מ הכא בתמיד של שחר איירי וי"ל דהכונה לתרץ בזה מאי דאיכא למידק אמתני' דמה להם כל הטורח הזה לעלות ולראות כדי לשחוט התמיד ברגע שהאיר המזרח וימתינו בהנץ החמה וכדתנן במתני' בפ"ב דמגילה לא תטבול עד שתנץ החמה

וכולן שעשו משעלה עמוד השחר כשר דבשלמא ביוה״כ היו נריכים לזה משום חולשא דכהן גדול אבל בכל יום למה דהכי משמע ממתני׳ דרפ״ג דתמיד דבכל יום היו עושין כן להכי מייתי מאברהם שהיה מדקדק בתפלת מנחה להתפלל מיד בהגיע זמנה מכי ינטו צללי ערב וה״ע משום זריזים מקדימין וה״ה הכא דמתני׳ דמגילה הייגו משום דלאו כ״ע בקיאי ויבואו לטעות וכמו שפרש״י שם אבל הכא שהנים בקיאים וזריזים במצות ואה״נ דכוונת ר׳ ספרא לאשמועינן נמי דלמצוה מן המובחר יש לו לאדם להיות זריז ולהתפלל מנחה מיד כשיגיע זמנה כמו שהיה עושה אברהם וכמש״כ הריטב״א בחי׳ זהו אמיתות ההלכה דלצותיה דאברהם היינו תפלת מנחה כפרש״י והגאונים והערוך ערך שחר כמ״ש הריטב״א וכן הת״י בסוגין והתוספות בפרק תפלת השחר כ״ו ע״ב לאפוקי מספר לוית חן דחוץ מכבודו היפך עלינו השמועה בפי׳ רחוקים שפי׳ צלותיה דאברהם תפלת שחרית ומכי משחרי כתלי היינו כתלי שמים דבעמוד השחר משחירים וכו׳ יעי״ש וזה שלא כדרך עיון היושר של רבותינו הקדמונים אשר מימיהם אנו שותים ומפיהם מפי כתבם ודרכם הנכון יש לנו ללמוד כי באורם נראה אור הם המורים והם המלמדים וכל הפורש מהם כפורש מן החיים מי יתן והיה לבבנו כלבבם הישר והאמיתי באמיתה של תורה ודי לנו להבין דבריהם על עומקם וברורם ומה לנו לבקש לפרש פי׳ אחרים ומה גם רחוקים כי מה ידענו ולא ידעום הקדמונים ואם דחקוהו הקושיות שהיה לו בסוגיא ע״פ פי׳ הקדמונים הי״ל לטרוח לקיים דבריהם כי בודאי בשכלו הזך היה מגיע לכלל ישוב כאשר אנו בעניותינו זכינו מאת הבוחר האמיתי להבין דבריהם קצת כי זה חפצי מכל עמלי לבאר דברי הראשונים על דרך האמת והנכון והישר הרחמן ישים חלקנו עמהם והרי לפניך כי מה שהקשה בתחלת דבריו פרש״י תפלת הערב וכו׳ ולכאורה תמוה מאד דלפ״ז מאי יש שייכות להאי דלעיל כבר זה נתיישב ממ״ש ומ״ש ועוד תמוה מאד מי הגיד לר׳ ספרא זה ואי דינא הכי הוא להתפלל בתחי׳ ז׳ א״כ מאי רבותא דאברהם גם זה ל״ק דודאי ר״ס קבל מרבותיו כן ונפקא להו מדכתיב בילחק לשוח בשדה לפנות ערב דמשמע דמיד בפניית ערב היה מתפלל וכמ״ש הריטב״א והערוך שם ובודאי דזה למצוה מן המובחר נאמר והיינו רבותי׳ דאברהם שהיה זהיר במעשיו ובעבודתו ומ״ש ועוד דאמר ר״י ואנן מאברהם ניקים וניגמור במה ראה ר״י דכונת ר״ס דמאברהם נגמר הא נמי ל״ק דהל״ל מאי קמל״ן ר״ס מאי דהוה הוה אלא ודאי דנגמר מהתם אתא לאשמועינן וכמ״ש הריטב״א יעי״ש גם מ״ש ועוד דמסיק דילמא כותלי בהמ״ק וכו׳ דלא מכוונא טובא ופי׳ רש״י לא היו זקופים בצמצום וכו׳ ותמוה דגאברהם דוקא היו אומנים לכוון את הכותל לבנות זקוף בצמצום ולבהמ״ק לא נמצא כמוהם לצמצם כ״כ והוא תמוה מאד וי״ל לפרש פי׳ אחר וכו׳ ע״כ גם בזה לא נדק דכיון דמאי דלא הוו מכווני היינו מצד שהיו רחבים מלמטה וצרים מלמעלה דבזה אינו מצל אוד עביו העליון על צד התחתון הרחב הבולט להלן מתוד העליון כי גגולי השמש מאירים עליו וכמו שפי׳ ז״ל מעתה ל״ק ול״מ דבהמ״ק שהיה בנין גבוה ע״כ לבנות הכותלים בדרך זה כדרך הבניינים החזקים לא מצד חוסר בקיאותם לבנות כותלים מצומצמים כאברהם וזה פשוט והארכתי בזה להקשות ולתרץ על דברי האחרונים שלא כדרכי להראות למעיין דבקצת היה יכול ליישב תמיהותיו ולקיים דברי הראשונים ז״ל וק״ל.

שם אלא אמר רבא וכו׳ וקרב בשבעה ומחצה ונשחטיה מכי משחרי וכו׳ בל״ל.

שם ודילמא כותלי דבהמ״ק בו׳ ומחצה משחרי וכו׳ אי קשיא לך וכי הנמנע מאתם לידע רגע חצות ע״י עמוד נצב מצב על שטח ישר כאשר עושים התוכנים כדי לידע קו חצי היום וכמבואר בספר יסוד עולם בראש ספרו וביארו גם הרב בעל ס׳ ישועה בישראל בפי״ מה׳ קדוש החדש ואף שתאמר דכיון שכר הבית היה הולך ומשפע לא היה העמוד נצב על היושר בכוון גם שזה מן הדוחק שהרי קרקע המקדש ישר ומיושר היה עוד זאת הימנע מלעשות קו חצי היום על שטח ופני כותל ישר כאשר עושים היום תריץ כי בודאי תורה וחכמה מאתם תצא אלא שאם יקדימו לשחוט התמיד קודם שישחירו כתלי בהמ״ק יבואו

הטם לטעות ולומר דקרב נמי קודם חצות וכמו שתי׳ בת״י יעי״ש וק״ל.

שם אי נמי משום דזקן ויושב בישיבה וכו׳ עיין בת״י ובריטב״א ולענ״ד עוד לפרש דמשום דזקן ויושב בישיבה וקרוב הדבר להמשך בלימודו להכי היה זהיר להתפלל מיד בהגיע זמנה דבזה אית ליה היכירא ורמי אנפשיה למידכר ואם כן לאברהם ולדומה לו נאמר הקדמה זו ולא לכ״ע פן יטעו ויקדימו לפעמים קודם חצות.

שם מאן אמר הן אלימא הך דקאי אאיגרא הוא חגים וכו׳ דהכי משמע פשטא דמתני׳ דמתיא ב״ש הרואה אומר דקאמר ת״ק קאי דרואה זה היה אומר בלשון אחר האיר פני וכו׳ אלא דתיקשי לך דמאי והוא אומר הן דע״כ הרואה היה אומר הן דהך דקאי אארעא מנא ידע וזה לא יתכן דהוא חגים וכו׳ ולפרש דהממונה היה אומר לאו וראו אם הגיע זמן השחיטה כדקתני רישא והרואה היה משיב האיר וכו׳ עד שבחברון והממונה דקאי אארעא היה משיב הן זהו מה שהייתי רוצה לידע לא ניחא ליה דלפ״ז והוא אומר הן שפת יתר הוא דלמתיא ב״ש דבעינן זמן שחיטה ברור שהגיע האור עד חברון כדקתני בברייתא ולעיל ודאי דכששאל לו אם הגיע זמן השחיטה היינו כדינה דלא סגי בהתחיל להאיר לד מזרח לחודיה ובודאי שזהו מה שהיה שואל וא״כ יותר משמע דהוא אומר הן היינו הך דקאי אאיגרא. אלא הך דקאי אארעא ותאמר דלמתיא ב״ש דבעי שיאיר עד חברון אפשר לידע זה בקרקע העזרה במקום המגולה והיינו דהרואה היה אומר להך דקאי אארעא הנראה לך מתוך האור שלמטה שהגיע האור עד חברון והיה משיב לו הן הא נמי לא אפשר דמה לורך לשאול לו כן דאפי׳ תימא דאפשר לידע מ״מ מנא ידע אם הוא האור של עמוד השחר או מאור של לבנה דהא להכי הוצרכו לו לעלות ולראות כדקתני מתני׳ ומשני שפיר אבע״א הך דקאי אאיגרא אמר איהו האיר וכו׳ וכפשטא דמתני׳ דהרואה דת״ק קאי מתיא ב״ש כמ״ש ואי קשיא לך אמאי לא מפרש בפשיטות דהך דקאי אארעא היה שואל האיר פני כל המזרח עד שבחברון ודקאי אאיגרא היה משיב הן דאי משום פשטא דמתני׳ שכתבנו הרי לא חשש לזה באבע״א בתרא דמפרש דהאיר המזרח אדקאי אארעא קאי ולא ארואה דזה דוחק לומר דמ״מ עד שבחברון ארואה קאי כפשטא דמתני׳ משא״כ להך פירושא דבשלמא לאבע״א בתרא לא תיקשי אמאי לא מפרש דהך דקאי אאיגרא היה משיב למ״ש לאו ורואו ופו׳ וכמ״ש דהא לפ״ז והוא אומר הן שפת יתר הוא וכמ״ש משא״כ השתא דמשום דהך דקאי אארעא קאמר האיר פני כל המזרח לחודיה הוצרך להשיב לו דגם מה ששאל ממנו קודם הוא זה אם האיר והגיע עד חברון והרי לפנינו דרש״י ז״ל בפי׳ שתי הלחם ק׳ א׳ לגי׳ לשונו שהעתיק התו׳ שם פי׳ לה למתניתין הכי שכתב והשואל שואל אם הגיע זמן אומר לאותו שעולה על הגג אמור אם האיר פני כל המזרח עד שבחברון והוא אומר לו הן וכו׳ ע״כ ולפי׳ זה הוה ניחא ול שפיר ברייתא דלעיל דקתני מתיא ב״ש הממונה על הפייסות אומר האיר פני וכו׳ דמשמע שאחד היה האומר הכל תריץ דכיון דודאי הך דקאי אארעא הוה מספקא ליה נמי אם האיר המזרח מעתה אין דרך לשאול עד שבחברון דמשמע דפשיטא שהאיר אלא דמספקא ליה אם הגיע האור עד חברון ולהכי מסתבר טפי לפרש שהיה שואל אם האיר המזרח והא דקאי אאיגרא השיב דל״מ שהאיר אלא שהגיע עד חברון וכו׳ ולשון רש״י דמנחות שם הנה ל״מ לגי׳ רש״י שלפנינו שם שלא הזכיר עד שבחברון דיש מקום לפרש דבריו שם בדרך אבע״א קמא דסוגיין וה״ק אמור אם האיר והוא משיב שהאיר ואח״ז אומר לו עד שבחברון והוא משיב הן וקלר במובן אלא אף לגי׳ התו׳ שם כך יכולים להתפרש וקלר במובן שם דסמך אסוגיין דהכא וכן ראיתי להרמ״ז בפי׳ משנה דפתקין שכתב דשמא התו׳ אמרו בלאת טעם הענין ולא דקדקו במלות ושם תי׳ לקושיא הנז׳ באופן אחר יעי״ש ועיין עוד בס׳ גופי הלכות קי״ט א׳ ועיין בס׳ עבודת ישראל ס״ג ב׳ ובס׳ שושנים לדוד לפרקין יעי״ש כי אין להאריך ודו״ק.

שם ואבע״א הך דקאי אאיגרא אמר איהו וכו׳ הרמב״ם ז״ל בפי׳ המשנה כתב והיו אומרים לו אותם שהיו בעזרה עד שבחברון

והיה אומר להם הן וכו' ופשוט דהיינו כל"ק דהכא משמע פשטא דמתני' דהאיר פני וכו' דקתני מתי' ב"ש אתא' דת"ק קאי וה"ע דלא הוצרך לבאר שהרואה היה האומר האיר פני וכו' דממילא הכי משמע ועוד דממ"ש שהעומדים בקרקע העזרה היו אומרים עד שבחברון ע"כ דרישא דמלתא דהאיר וכו' הרואה אומר כן ולפ"ז מ"ש ז"ל והיו אומרים וכו' מלתא באנפי נפשה הוא ואמאי דקאמר מתיא ב"ש קאי וכן דרכו ז"ל בפי' לפרש כללות המשנה מבלי הזכרת לשון המשנה איכא קאי ועיין בפי' דמס' תמיד פ"ג וכגם שזהו פשוט בעיני הוצרכתי לכותבו כי ראיתי בס' עבודת ישראל דף ס"ד ע"ב שכתב עוד אשוב אתפלא הפלא ופלא במ"ש הרמב"ם בפי' המשנה וכו' וא"כ כיון שפסק כת"ק איך כתב אח"כ דאומרים לו עד שהוא בחברון וכו' דזהו אליבא דמתיא וכו' וגמלא דזיכה שטרא לבי תרי וכו' יעו"ש ומכ"ש שאין צורך להטעות דבריו כמ"ש בס' שושנים לדוד יעו"ש כי אין להאריך. והרי לפניך שהרב המאירי ז"ל העתיק לשון הרמב"ם בפי' כדרכו וכגירסא שלפנינו ממש ואח"ז בפי' שעשה משלו לפי' המשנה כדרכי פי' כל"ק ממש וק"ל.

והנה לענין פלוגתא דתנאי דמתני' ודברייתא דלעיל פסק הרמב"ם ז"ל בפי' המשנה כאן ובתמיד שם ובחי' פ"א מהלכות תמידין כמתיא ב"ש וצריך טעם אמאי שבק ת"ק דרבים ניהו ועוד דהא ר"ע וכו' פליג עליה בברייתא וכבר היה אפשר לומר דטעמו משום דשקלו וטרו טובא הכא אמלתי' אלא שאין כלל זה ברור לע"ד הגם שכתבוהו הפוסקים דלפעמים לא כתבו כן והרי לפנינו סוגיא דריש מסכתין דשקיל וטרי טובא אמלתי' דר"י דקאמר אף אשה אחרת מתקינין לו ולית הלכתא כותיה ומה גם הכא דהוי כנגד רבים ותוי"ט כתב דכיון שהיה ממונה על הפייסות ורואה וידע הענין מש"ה פסק כמותו אלא שגם כלל זה איני ברור וכבר כתבנו לעיל ה' ע"א שהוכיח אהובינו הרמ"ך נר"י שאין לסמוך לפסוק כר"ח סגן הכהנים משום דהוה בקי במילי דמקדש ודכותה נמי הכא ולאיתי להרמ"ז ז"ל שכתב טעם דשקלו וטרו ועוד הוסיף טעם אחר דמדתני למה הוצרכו לכך נראה שלא היה די בברקאי אלא עד שידעו בלי ספק שהוא יום וכו' יעו"ש וכלומר דמשמע דמתני' לפרושי מלתי' דמתיא ב"ש קאי אלא שגם טעם זה אין נלע"ד דמדברי רש"י ז"ל דמתני' משמע בהדיא דאדת"ק נמי קאי וכמ"ש שם אם לא שנפרש דכונתו דכיון דיש ספק בדבר גמינקט כמתיא ב"ש דהוא זמן יותר ברור ורחוק מן הספק עדיף טפי ואפשר לומר עוד שטעמו דכיון דקי"לן דתפלות כנגד תמידין תקנום ותפלה זמנה לכתחילה עם הנץ החמה הגם דבתמיד לא המתינו עד הנץ משום טפול קרבנות היום או משום דכהנים בקיאים כמ"ש לעיל שם בשם ס' מנחת כהן מ"מ אם תאמר דתמיד כשר לכתחילה משהבריק נקודת מזרח הרי כאן הפרש גדול ביניהם ולהכי ניחא ליה טפי לפסוק כמתיא ב"ש ומ"מ משמע דס"ל ז"ל דביוה"כ דעבודת היום מרובה ואינה אלא בכ"ג כיון דתנן במגילה דכולן שמלותן ביום אם עשאן משעלה עמוד השחר כשר לכ"ע יוה"כ הו"ל כדיעבד והיו שוחטין משעלה עמוד השחר ולפיכך כתב פ"א מהלכות עי"כ דלא היו שוחטין עד שמכירין שעלה עה"ש בודאי וכו' הרי שלא התנה כאן שהאיר פני כל המזרח וכמ"ש בפרש"י דבודאי שכתב הכונה שיעלו במקום גבוה לראות מספק לילה ולהנצל מן הבעות דאף ביוה"כ דאין כאן מאור הלבנה איכא למיטעי כמ"ש בספר עץ חיים על משניות יעו"ש דבמקום גבוה בהבריק השחר לחידיה יכירו הדבר היטב דהא למה הוצרכו וכו' את"ק נמי קאי כמ"ש ולפ"ז מתני' דאייתי פלוגתא דמתיא ב"ש אעבודות של כל יום קאי ודומיא דפייסות דלעיל לדעת הרמב"ם ז"ל כמ"ש הפר"ח בריש הל' עי"כ והורידו כ"ג דקתני בתר הכי אמלתיה דת"ק דשייכא נמי ביוה"כ קאי וקצת סעד לזה ממאי דקאמר תלמודא לקמן ה"ק וביוה"כ כי אמר ברק ברקאי הורידו כ"ג וכו' ועיין מ"ש שם וקרוב לזה ראיתי שכתב בס' ע"י ועיין בשושנים לדוד וק"ל. אלא שאין נראה כן מדברי הרב המאירי ז"ל שכתב והלכה כמתיא ודבר זה לא ביוה"כ לבד היה אלא בכל הימים וכו' עד זמה **שאמר** אח"כ והורידו כ"ג לבית הטבילה וכו' אלא על סדר יוה"כ הוא חוזר כלומר כשנתברר להם שעלה עמוד השחר והוא כשהיה כלופה רואה מכה האורה עד חברון היו מורידין מיד כ"ג לבית הטבילה עכ"ד.

רש"י ד"ה **מכי** משחרי חומות הפונות למזרח וכו' כלומר הכותלים המערביים וכמ"ש הריטב"א ומ"ש בערוך ערך שחר הכתלים שבמזרח וכו' הכונה אותם שפניהם לנד מזרח וק"ל.

ד"ה **צלותיה** דאברהם תפלת הערב שלו ע"כ כלומר התפלה שהתקין לומר לעצמו דלא תיקן לאחרים אלא תפלת שחרית משא"כ יצחק דתיקן תפלת מנחה לעצמו ולאחרים ונתכוון לתרץ בזה קושי' התוספות דפרק תפלת השחר כ"ו ע"ב וזה ע"ד תי' א"כ שכתבו התו' בסוגיין יעו"ש וק"ל.

ד"ה **ואבע"א** וכו' ומלינו בהש"ם ירושלמי כדי להזכיר וכו' הכי איתא התם ולמה עד שהוא בחברון והוא אומר כן בא להזכיר זכות אבות ע"כ ונראה דה"פ דכיון דמה ששאלו ממנו היה אם האיר פני כל המזרח מה לו להשיב עד שבחברון ותי' דודאי כשהאיר פני כל המזרח היטב היו יכולין לראות משם חברון אלא שרצה להזכיר זכות אבות ולפ"ז מתפרש הירושלמי כליבנא בתרא דגמרין וכדרך שהעתיקו ז"ל הכא משום דלל"ק לא היקשי דא"ל דכיון דהיו שואלין ממנו עד שבחברון משמע דלא סגי להו שהאיר כל פני המזרח להודיה אלא שהגיע האור היטב עד חברון ואפשר לדחות דלא משום הזכרת זכות אבות שאלו כן אבל יותר נראה דאיהו ז"ל העתיק כלישנא בתרא וה"ה דלל"ק נ"ל כן וזה דכיון דהך דקאי אאיגרא א"ל האיר כל פני המזרח דמדלא קאמר הבריק אלא האיר סתמו משמע דהאי היטיב שראוי ליהנות מאורו מרחוק וא"כ מה זו עוד שאלה עד שבחברון אלא ודאי דלזכות אבות נתכונו אבל אמתני' לא שייך להעתיק זה דכיון דהתם ס"ד דאחד היה אומר הכל איכא למימר דלפרש דבריו היטב נתכוון שהאיר פני המזרח היטיב עד שיכולין לראות משם חברון וגעולם דלא לזכות אבות נתכוון כל זה כתבתי לסדר פירושו שלא העתיק זה אמתני' אבל פשט הדברים משמע כמ"ש הרב המאירי ז"ל דאמתני' נמי אף שאחד היה אומר הכל תיקשי למה הזכיר חברון דוקא שכתב וז"ל ופי' בתלמוד המערב שזה שהיו שואלין לו מחברון ולא ממגדל אחר לזכור ישיני חברון כלומר להזכיר זכות אבות שבחברון ע"כ והנה דבר פשוט הוא דבכל ימות השנה נמי היה נריך להזכיר זכות אבות להגן בעדם שיעלה קרבנם לרצון וכדמשמע פשט הירושלמי ומתני' דתמיד פ"ג וכמ"ש הרמב"ם בפי' שם ולפ"ז מ"ש ז"ל בפרק שתי הלחם ק' ע"א ובהש"ם ירושלמי גמלא שלפיכך היה אומר עד שבחברון ביוה"כ כדי להזכיר ישיני חברון ע"כ וכן העתיקו התו' שם שמא דע"ם הוא וכצ"ל ובהש"ם ירושלמי ביוה"כ [(כלומר במסכת יומא)] גמלא זכו' שבחברון כדי וכו' ועיין בספר באר שבע בחי' לתמיד שם שהשמיט תיבת ביוה"כ או שמא י"ל דה"ק דאפי' ביוה"כ דלא היו מקפידים כ"כ שהאיר פני כל המזרח היטב עד שבחברון והוה סגי להו משעלה עה"ש להקדים העבודות כל מה שיוכלו משום חולשא דכ"ג ועיין מ"ש הפר"ח בא"ח סי' פ"ט סד"ה ואם התפלל וכו' ובס' מנחת כהן מאמר א' פ' ב' אפ"ה לא היו משנים הלשון ממה שהיו רגילים לומר בכל יום כדי להזכיר גם ביום זה זכות אבות והכי דייק לשון הרמב"ם בחי' דבפ"א מה' תמידין בעבודת כל יום כתב שוחטין אותו קודם שתעלה החמה משיאיר פני כל מזרח ואילו **בסדר** עבודת יוה"כ פ"א כתב ולא היו שוחטין עד שמכירין שעלה עה"ש בודאי שמא ישחטו בלילה ע"כ, וכלומר שיכירו ממקום גבוה שעלה עה"ש אבל לעולם דמשעלה עה"ש הגם שעדיין לא האיר פני כל המזרח סגי ועיין עוד בסוגיא מ"ש בלשון הרמב"ם ז"ל כנלע"ד ועיין בס' ע"י ובס' שושנים לדוד וק"ל.

דף כ"ט ע"א גמרא **אמר** ר' אבהו מ"ע דר' וכו' הגם דלכאורה אין לשאול מ"ע בדבר הנראה וניכר לעין אפשר לפרש דה"ק דהן אמת דבעת שאנו רואים עה"ש נראה הפרש זה בין חמה ללבנה וטעמו בלדי כי מלד שהחמה אורה גדול מתפשטים גילויי הארתה בעולם ומאירים מתחת לאופק לכאן ולכאן אבל עדיין יש לומר דתחלת תימור עה"ש דהיינו כשמתחיל החמה להתקרב לאופק שלנו קרוב ל"ח מעלות כמ"ש בעלי התכונה ובודאי דמיד מתחיל להבריק השחר בהיאה שיעור אלא שאין הדבר ניכר למראית עינינו וכאשר יש מחכמי התכונה

השוכרים כי האור הנקרא אלבא קריפוסקולו הוא אותו האור הקלוש והדק אשר כמעט א"א לעמוד עליו בין האור והחשך אשר הוא התחלת היום ותימה א"כ שאימור זה כיון שגלויי הארתו חלושים מאד כשל לבנה אף הוא עולה ומאיר כמקל ועי"כ דר' גם התחלת תמורת של חמה אתא לאשמועינן שאף הוא מפציע דכשהבריק תימורו וניכר לענין מאי אתא לאשמועינן ולהכי קא בעי מ"ע דר' ומהיכא יליף דגם התחלת אימור חמה שאינו ניכר לענין אף הוא מפציע כמו שאנו רואים בחוש ובסוף אימורו ומשני שפיר דמקרא יליף לה דע"כ קרא אף בהתחלת אימורו שמיד מתחיל השחר איירי זהו הנלע"ד ועיין בספר תולדות יצחק הנדפס מחדש וק"ל.

שם לא סגיא דלאו כ"ג וכו' לשון הריטב"א דאין לומר דמעשה שהיה כך היה משום שאין דרך התנא לתפוס כ"ג אפילו ע"י מעשה שהיה אם לא ללמדינו חידוש ע"כ ולענ"ד לומר דלישנא דהורידו משמע מדרך החיוב שעליו דוקא היה מוטל ואילו בשאר ימות השנה תנן בסוף תמיד דהדבר תלוי ברצונו אם רצה להקריב מקריב וק"ל:

שם הכי קאמר וביוה"כ כי אמר ברק וכו' הרמב"ם ז"ל בפירוש המשנה כתב שגם אירע מעשה ביוה"כ ואומרו פעם א' כלומר זולת יום כפור וכו' יעי"ש והגם דמאור הלבנה מי איכא אופן הטעות מפורש בספר עץ חיים על המשניות יעי"ש ויראה שהוכרח ז"ל לפרש כן והגם שיוכל לומר דהשוו את מדותיהם ועשו יוה"כ כשאר ימים שהצריך לעלות משום דשאני יוה"כ שיש לנו להקדים כל מה שנוכל משום חולשא דכ"ג דומיא דת"כ דסוף פ"ק ולהכי אי לאו שאירע גם בו טעות אחר לא היו חוששין שיעלה ויראה אלא דצריך ליישב למאי דמשמע שדעתו לכלול במשנתינו גם מעשה דיוה"כ מאי פריך לא סגיא דלאו כ"ג דאימא דהורידו וכו' אמעשה דכפור קאי וכדרך שפי' ז"ל שם בסוף לשונו אם לא שנאמר דגירסתו היתה הכי קאמר וביוה"כ הורידו כ"ג לבית הטבילה ע"כ דהשתא מעיקרא ס"ד דמתני' כפשטה דביוה"כ לא אירע טעות כלל אלא דרצו להשוות מדותיהם ולהמתנה דזמן מועט לעלות ולראות לא חששו ולא דמי לתרומת הדשן אלא דמכח קושייא לא סגיא בכ"ג הוצרך לפרש דמתני' ה"ק ולמה הוצרכו לכך לעלות ולראות בין ביוה"כ ובין בשאר ימות השנה לפי שפעם אחת זולת יוה"כ אירע שעלה מאור הלבנה וכו' ונתקלקלו בתמיד שהוציאוהו לבית השריפה וכן ביוה"כ אירע טעות כזה דומה לו שדימו שהאיר המזרח ומלבד קלקול התמיד נתוסף כאן שהוצרכו להוריד פעם אחרת לכ"ג לבית הטבילה ואיחר להתחיל בעבודת היום דזה דוחק לפרש לגי' שלפנינו דה"ק וביוה"כ עוד אירע שם קלקול דלכיו' ששחטו התמיד בעוד לילה הוצרכו כי אמר הרואה דהשתא ברק ברקאי ולא קודם להוריד את הכ"ג פעם אחרת לבית הטבילה וישחוט מיד אחר ולכן דבריו צ"ע והרב המאירי ז"ל פי' כפרש"י ז"ל וק"ל.

רש"י ד"ה **אימת** אילימא וכו' קאמר הורידו כ"ג וכו' אחרי הטבילה וכו' כלומר שרצה הכ"ג לשחוט התמיד וטבל וקדש ידיו כדינו כדתנן לקמן דלא משמע לפרש דגם הראשון ששחטו קודם ע"ה נעשה בכ"ג וכיון שלא הועיל חזר לטבול ולקדש דאין לנו ראיה מכרחת שיצטרך לחזור ולטבול דכיון דטבילה זו מטעם דהשנה ממקום חול למקום קודש לבא ולעבוד כדאיתא לקמן ועיין בתו' שם משמע דכל שעשה אותה לשם עבודה סגי דלא דמי למאי דתנן בפ"ב דחגיגה טבל ולא הוחזק כאילו לא טבל אלא שמתוך דברי הרמב"ם בפי' משמע דטבילה זו לא הועילה מצד שהיתה בלילה יעי"ש וכ"כ הרב המאירי ז"ל דכל שנפסל התמיד ודאי טעון טבילה אחרת לשחוט תמיד אחר ע"כ וצ"ל דס"ל דאע"ג דלא מצינו דפסלה לילה אלא בקידוש ידים ורגלים דוקא שאם קדש בלילה צריך לחזור ולקדש ביום כדאיתא בזבחים וסמו שפסק בחי' בפ"ה מה' ביאת המקדש מ"מ מאחר שהוא צריך לחזור ולקדש צריך הוא ג"כ לחזור ולטבול כדרך שאר ימים שהבא למקדש לעבוד טעון טבילה וקידוש ידים ורגלים סמוך לה וא"כ דע"כ לא כתב הרמב"ם דצריך לחזר ולטבול אלא בכ"ג ביוה"כ דהכא איירי דמשום מעלה היום הצריכו לחזור ולטבול דהא משמע דלאו משום ביאת המקדש לחודיה נגעו בה שהרי כ"ג עומד שם ז' ימים קודם בלשכתו והולך ובא במקדש

לעבוד אלא דמלשון הרב המאירי שכתבנו משמע דבשאר ימים נמי חוזר וטובל ועיין מ"ש בתי' בסוגיא דלקמן ל' ע"ב ד"ה הא דטביל על דעת ביאת מקדש וכו' יעי"ש ודו"ק.

ד"ה **לא** זו בלבד לא זבח לבדו וכו' דהא קרא כתיב ביום זבחכם דמיניה נ"ל בספ"ב דמגילה דשחיטה ביום ולא בלילה אלא דקמיצה ומליקה גמרה להו משחיטה כדמסיק אלא שלא זכיתי להבין דמליקה וקמיצה ביום ולא בלילה נ"ל התם במגילה מקרא דביום צוותו ופי' ז"ל שם דכתיב שם להקריב את קרבניהם וכל הני הקרבה קרבן נינהו וכו' וקמיצה איתקש להקטרה דכתיב וקמץ והקטיר מליקה עוף מליקתו והזייתו כאחד והזייתו היא הקרבתו וכו' יעי"ש ושוב ראיתי שכן פי' התו' בפרק שתי הלחם ק' ע"א ד"ה אלא אפי' עולת העוף וכו' רבותא היא מהני אע"ג דלאו בכלל ביום זבחכם נינהו קמל"ן דנפקי מביום צוותו כדמפרש במגילה וכו' עכ"ד וגם רש"י שם פי' באופן אחר דרבותא אע"ג דלאו קרבן ציבור הוא ושם ד"ה וקומץ פי' דקרב ביממא מביום צוותו ע"כ יעי"ש ועיין בהריטב"א דאחר שהביא פי' אחרים דמפרשים דנ"ל מדכתיב ביום צוותו כתב ופירש ר"י [(רש"י נ"ל)] ז"ל יותר נכון דכיון דעל שחיטה מייתי לה סתמא משחיטה גמרינן לה דכתיב ביום זבחכם ע"כ ולא זכיתי להבין דבריו דגמרא מפורשת שם במגילה כפי' אחרים וכמ"ש אשר על כן ליישב פירש"י דהכא ודברי הריטב"א נראה דה"ג דעיקר ילפותא דביום לקמיצה ומליקה מביום צוותו נפקא כדאיתא במגילה אלא דמהתם איכא למצוה ולא לעיכובא דהשתא קיימינן ומש"ה לעכב ילפינן משחיטה דשנה בה הכתוב קרא דביום זבחכם וקרא דביום הקריבו את זבחו דהגם דאיצטריך לאין זורקין דמים אלא ביום השחיטה כמ"ש הרמב"ם רפ"ג דה' מעה"ק מ"מ ממילא שמעת מינה דשחיטה ביום ודומיא דקרא דביום זבחכם יאכל וכו' וא"נ דגלי קרא דביום זבחכם דשחיטה הגם דלאו עבודה היא לענין זה שוה לשאר עבודות דביום דוקא ומהשתא ילפינן נמי שחיטה מביום צוותו לעכב הגם דהתם כתיב להקריב את קרבניהם ושחיטה לאו עבודה היא כמ"ש התוספות שם במגילה וה"ט דבירושלמי שם מייתי לה שחיטה נמי מקרא דביום צוותו יעי"ש ובדרך זה יש לפרש דבריו דמנחות דה"ק אלא אפי' עולת העוף וכו' דלאו קרבן צבור וחשוב היא ותימא דלא נאמר כאן מביום צוותו אלא למצוה קמל"ן דילפינן משחיטה דהא דילפינן להני מביום צוותו דהיינו אפי' לעיכובא וק"ל.

תוספות ד"ה **אלא** אפי' וכו' משמע דמשום וכו' וכן לשון התוס' דהתכלת מ"ב ע"ב יעי"ש דל"ג כגי' שלפנינו וקמיצה מנחה בלילה דלגי' זו אין מקום להסתפק כלל דמשום פיסול קודם לתמיד היא אבל לגירסתם יש מקום לפרש דהגם דטעמא דתמיד דמתני' משום פסול לילה שרפוהו ה"ק ולא זו בלבד דמשום פסול לילה טעון שריפה אלא אף מטעם פסול קודם לתמיד או קודם פתיחה דלתות היכל כגון מליקת העוף וכו' טעון שריפה אלא דיותר משמע דאפסול לילה קאי דומיא דתמיד דקיימינן ביה ועוד דמאי שנא מליקה וכו' דנקט אבל אי משום פסול לילה ניחא דסד"א דאינם בכלל ביום זבחכם קמ"ל דילפינן להו מביום צוותו וכמ"ש התו' לקמן ד"ה נהדריה ובפרק שתי הלחם ק' א' יעי"ש וק"ל.

בא"ד משלמים גמרינן וכו' מדברי רש"י ז"ל בפ' קדשי קדשים ס"א ע"א משמע דס"ל דדוקא שלמים וכ"כ הם ז"ל לקמן ס"ג ע"א משמו וכתבו התו' במנחות ל"ה ע"א דלדעתו מתני' דתמיד לא היה השוחט וכו' למצוה בעלמא יעי"ש וכ"כ בתי' דפרקין אלא דהם ז"ל משמע להו מלישנא דמתני' דעיכובא קאמר והגה כוונת קושייתם לאו למימרא למ"ל קרא דהא איצטריך למימר דבעינן פתיחת דלתות בין בשלמים ובין בתמיד אלא כונתם דר' יהודה אמר שמואל למ"ל לפוסלם מהך קרא תיפוק לי דפסולים ועומדים הם מצד עצמם שהקריבם קודם לתמיד ועיין בלשונם דעירובין שם ודהתכלת מ"ע ע"ב וז"ל הריטב"א בריש עירובין והקשו בתו' ולמ"ל לפוסלה מהאי קרא תיפוק לי וכו' כנלענ"ד ומהרש"א פי' באופן אחר יעי"ש ובזה יתורץ מה שהקשה התי"ט בפ"ג דתמיד יעי"ש ושוב ראיתי בספר אור יקרות בחי' לעירובין שתירץ כמ"ש יעי"ש ומה שתירץ בס' חזון נחום שם אדבריהם דעירובין דהיס להו בתמיד פתיחת דלתות מהלכה ל"מ ולאו

מקרא יעו"ש נראה דאישתמיטתיה דבריהם דהכא ומה שהקשה עוד התוי"ט שם על דברי הרמב"ם י"ל דס"ל כדעת רש"י ז"ל דלשלמים נאמר לעיכובא אבל בתמיד למצוה וגם בפ"ה מהל' מעשה הקרבנות העתיק מימרא כלשונה בשלמים דוקא ובפ"ו מהל' תמידין העתיק מתני' דתמיד דהיינו למצוה ועיין עוד בס' אור יקרות שם וק"ל.

באו"ד וי"ל דאיצטריך קרא למיפסל וכו' מפשט דבריהם משמע שלא בהו ליישב אלא הכיא דעירובין דאיירי בשחיטה דכיון דלאו עבודה היא לא היה כאן חשש להקדימה לתמיד אלא מטעם פתיחת דלתות אבל מליקה וקמי' דעבודות נינהו אכתי תיקשי דתיפוק ליה וכו' וכן נראה בהדיא מדבריהם דהתכלת שם אלא דלא ניחא לי כ"כ לישנא דועוד אור"י וכו' שכתבו בסמוך דמשמע דגם בתי' זה איתרילו כולהו דומיא דתירץ ר"י וכן משמע מדברי ת"י דסוגיין יעו"ש ויש לפרש דבריהם דהכיא בהקטרה דוקא איירי כלומר בהקטרת איברים בזה דוקא הקפיד הכתוב שלא יוקטרו איברים על המזבח קודם לתמיד דבהכי אית ליה היכירא שהוא קודם לכל הקרבנות אבל בשחיטה דלאו עבודה ואפי' במליקה וקמיצה כיון דלאו מינא דזבח נינהו לא חיישינן אבל מ"מ בהקטרת קומץ כיון דשם הקטרה חד הוא ודאי דחיישינן כדמוכח בפ"ק דתמיד כ"ה ע"ב דקאמר למימרא דתביתין הוו קדימי והתניא מנין שאין דבר קודם לתמיד וכו' יעו"ש ועיין עוד בסמוך וק"ל.

באו"ד בהקטרה דוקא איירי בדמוכח בר"פ דתמיד נשחט וכו' לא מצאתי שם הכרח לזה אלא דמייתי התם דרשא דהעולה עולה ראשונה ואי משום פשטיה דקרא דהעולה דאיירי בהקטר' א"כ היינו ועוד דכוליה קרא וכו' שכתבו ולומר דכונתם לתרץ בזה הכיא דעירובין דוקא מטעם דשחיטה לאו עבודה וגם להגי' בדברי' כדמוכח בספ"ק דתמיד ועוד בוליה וכו' והיינו דמדשני התם אקושיא למימרא דתביתין הוו קדימי וכו' אר"י להתם חמין לרביכה ע"כ א"כ דוק מינה דלא מה שהיא עבודה אלא מכשירי עבודה אין חשש להקדימו לתמיד וה"ה שחיטה ומשום ד"ש לדחות דשאני שחיטה דפסלה בה מחשבה להכי כתבו ועוד דכוליה קרא כל זה דוחק אלא דשוב ראיתי שיש לקיים דבריהם ותו"ל דליתא מהא דמוכח התם נ"ט דעשה דהשלמה דנ"ל מסיפיה דקרא דוערך עליה וכו' בהקטרה דוקא הוא ולא ילפינן לשאר עבודות והיינו מדקאמר התם אמר רב חסדא הכא בחצות השוק עסקינן שאין למזבח אלא דמה וכו' יעו"ש וא"כ ה"ה לרישיה דקרא דוערך עליה בהקטרה דוקא איירי [(ושוב ראיתי בתוס' דהתכלת שם דמסתברא להו לחלק ביניהם יעו"ש)] ולא תיקשי דהא משמע התם דלת"ק דפליג אר"י בנו של ריב"ב אית ליה עשה דהשלמה אפי' אזריקה דא"ל דהיינו טעמיה משום דאי שריא ליה זריקה אתי למיעבד הקטר' וכמ"ש לקמן וכן נ"ל למ"ש בהתכלת שם וכן למה שהקשו בסמוך וא"ת הכתי אמאי יצא לבית השריפה וכו' וכן ראיתי שכתב בספר אור יקרות לקמן שם.

באו"ד ועוד אר"י וכו' והכי איתא בהדיא בפ' התכלת וכו' וגם בירושלמי דפרקין דלעיל פריך ומתרץ כעין קושייתם דאיתא התם ר"י בר אחא אמר חילפיי שאל קומץ שנתנו ע"ג מערכת לילה מה הן ר' ירמיה אמר חילפיי שאל אומרין שמתנן ע"ג מערכת לילה מה הן ולא מתני' היא אין לך קודם לתמיד של שחר אלא קטורת בלבד ומשני מתניתין למצוה מה צריכה ליה לעיכוב ע"כ ונ"ל דטעמא דלא פשיט בעיין ממתניתין דהכא דמוכח מינה דפסול לילה לעיכובא איתמר מדשרפוהו לתמיד דהקטרת קומץ נמי נ"ל מביום צוותו דפסול בלילה כדאיתא בירושלמי פ"ב דמגילה משום דיש לדחות דדוקא בשחיטת תמיד דשינה עליו הכתוב פיסול לילה כמ"ש ברש"י דבור המתחיל לא זו וכו' הוי עיכובא משא"כ הני וק"ל. ומ"ש והא דלא פסלינן בשמעתא וכו' ואף למ"ש לקמן ד"ה בתו שסדרו וכו' דהכא איירי דומיא דמתני' דספורין שהוא יום יעו"ש וא"כ מאי קושיא הא ודאי שפתחו הדלתות ושחטו התמיד קודם לכן וכמו שהקשה בשכ"י וכ"כ בתי' דהכא איירי יעו"ש י"ל דעכ"פ לא כתבו לקמן כן אלא לתירוץ דרב אשי לחלק אמאי לא אמרינן נמי הכא נעשה כמי שפתחו הקוף והדר קושיא דא"כ גיגדל ונקמליה בימינא לדוכתא אבל לאמאי דתירץ רבינ' שקודם וסלקו מאי איירי הכא במלק וקמץ וכסבור שהוא לילה דאינו מוכרח בזה דאיירי דומיא דתמיד דכסבור שהוא יום דלא דימה אותם אלא לענין פסול מטעם לילה כמ"ש בראש דבריהם וא"כ לתירוץ דרביגא מקשו שפיר אמאי בשמעתא לא פסל מטעם פתיחת דלתות וכו' ומה שהקשה עוד בשכ"י לתירוץ שכתבו דלא מפסל אלא בשחיטה וכו' דהא גבי זמן דיום כתיב נמי ביום זבחכם ואפ"ה אמרינן דקמילא מנחה ומליקה במקום שחיטה הויא וכמ"ש רש"י ז"ל דאלת"ה מנ"לן דלא זו בלבד אמרו וכו' והכי נמי אמרינן הכא דה"ה מליקה וקמילה עכ"ד מעיקרא קושיא ליתא דזמן יום לא יליף מליקה וקמילה משחיטה דנ"ל מביום צוותו כדאיתא בהדיא בספ"ב דמגילה וכמ"ש התוספות פרק שתי הלחם ק' ע"א ומ"ש הם ז"ל לקמן ד"ה גיהדריה וכו' ולא זו בלבד דכתיב ביה בהדיא ביום זבחכם וכו' אלא אפי' נקמלה וכו' דאע"ג דלא כתיב בה ביום בהדיא וכו' פשוט שכונתם דלא כתיב בה בפני עצמה ביום בהדיא אלא נ"ל מקרא דביום צוותו וכו' להקריב את קרבניהם דהני נמי בכלל הקרבן נינהו דלא חשיב כ"כ בהדיא דעיקר שם הקרבה היינו הקטרה יעו"ש וא"כ הכא דכתיב ושחטו תימה דאין כאן אלא שחיטה ועוד דקרא איירי בשלמים ואי גמרינן מיניה לשאר קרבנות כמ"ש לעיל תימה דוקא במיני דזבח לאפוקי מליקה והקטרה ומה שהביא ראיה מדברי רש"י כבר פי' כונתו שם יעו"ש וק"ל.

באו"ד והשתא למאי דאמרינן וכו' א"כ עליה השלם וכו' גלומר סיפיה דקרא דוערך עליה העולה דדרשינן מיניה העולה ראשונה למצוה כתיב והקטיר עליה חלבי השלמים דדרשינן מיניה פ' תמיד נשחט נ"ח ע"ב ולקמן ל"ג ע"א השלמים עליה השלם כל הקרבנות כולם על תמיד של בין הערבים ופשוט. ומ"ש וכי האי גוונא וכו' לר"י וכו' עד שעשאום כמי שנטמאו וכו' וא"כ ודאי דה"ה הכא בא"א להקטירם דע"כ לא אמר התם לר"י דמלינן משום דכל דאפשר לן בתקנת אימורים יש לעשותו אבל להאי אמורא דסבר דאין לינה מועלת לא יהיה אלא כמאן דליתנהו דלא מעכבי אבשר ומה שהאריכו כאן להביא מהא דר"י ולא הביאו בקיצור סברא דעשאום כמי שנטמאו או אבדו וכמו בתמלא בדבריהם דהתכלת שם י"ל שכ"כ לאלומי קושייתם דאי התם דיש תקנה להקטירם למחר למאי דס"ל לינה מועלת אפ"ה התירוהו מיד לאכול בקדשים ועשאום כמי שנטמאו וכו' כ"ש הכא דס"ל דאין לינה מועלת ואין כאן תקנה לאימורים דודאי מימא דעשאום וכו' ואמאי יצאו לבית השריפה וכמ"ש יתורץ מ"ש מהרש"א יעו"ש וק"ל.

באו"ד ור"י וכו' לית ליה הכיא גזירה וכו' נראה לפרש דלית ליה בהכיא דמחוסר כפורים דכיון דהוה חזי להקריבו קודם התמיד בהא לא גזרו רבנן אבל בהכיא דמשכו הבעלים אית ליה דגזרו ומה שחידשו בתי' זה הוא דלמתני' דמשכו הבעלים וכו' אפי' תימא דלא מחלק בין הא להא דנטמאו או אבדו אימורים אע"ג דהכא חזו מעיקרא והתם לא חזו י"ל באופן אחר דהיכא דאימורים ראוים מצד עצמם להקרבה ואין פיסולן ניכר בהם כהכיא דמשכו גזרו שלא יזרק דם להתיר בשר כי היכי דלא ליתי למטעו להקטיר אימורים אבל בנטמאו דאית ליה היכירא וכ"ש אבדו דליתנהו לא גזרו אבל לר"י עדיין צריכין הנו לתירוץ הא' שכתבו דאם לא תפרש כן אלא דלר"י לא גזרו כלל אף במשכו בעלים והתם נמי יזרוק דם להתיר בשר הא בהדיא תניא בסוף אלו דברים דר"י לא ס"ל הכי דקתני התם ר"י בנו של ריב"ב אם יש שהות ביום לידע אם משכו בעלים חייב ותעובר צורתו ויצא לבית השריפה יעו"ש ועיין בדבריהם דהתכלת שם שלא כתבו הא דר"י יעו"ש וק"ל.

ע"ב **באו"ד** תיפוק לי' דפטור וכו' בזמן פסח דהוי בתר תמיד וכו' אבל למאי דפרישית וכו' קושטא קא אמרי אבל אה"נ דבזה יש ליישב דאצטריך להגיה טעמא דאפי' שחטן לאחר חצות קודם תמיד דפטור דזמן פסח מיקרי דהא תנן התם ס"א ע"א שחטו קודם לתמיד כשר וכו' ואם נזרק כשר יעו"ש ושוב ראיתי שכן תירצו התו"י לקמן ל"ג ע"א ד"ה עליה השלם וכו' יעו"ש וק"ל. ומ"ש ונראה דפסולין דקאמר היינו הבשר וכו' דכיון דעבדה לזריקה באיסור' דרבנן חכמים עשו חיזוק לדבריהם לפסול בשר באכילה ועיין בדבריהם דהתכלת שם שכתבו יותר מזה דמדרבנן מפסיל אפי' הקטיר ועשה הכל וכו' יעו"ש

ובזה יתורץ מ״ש מהרש״א וק״ל. ומ״ש והיה נראה לדקדק דלא מפסל וכו׳ כלומר ל״מ מדאורייתא אלא אפי׳ מדרבנן אפי׳ בשר לא מפסיל היכא דלא אפשר כגון פסח שנתערב בבכור או ה׳ שנתערבו וכו׳ דבאלו לא העמידו דבריהם וכמו שסיימו בסוף דבריהם דהתכלת שם וק״ל.

בא״ד מדפריך עלה בגמ׳ והא אין מביאין וכו׳ כלומר והול״ל ירעו דהיינו מחיים וכמ״ש בהתכלת שם מה שהקשה בשכ״י דאף אי לא מפסל מ״מ קשה שהרי נתערבו מחיים ואסור לכתחלה לשוחטם מדאורייתא וכמו שהקשו בסמוך בהביא דפ׳ האשה ודוחק לומר דמשום שלא ינתקו הקדשים לרעיה דאין עשה דהשלמה ול״ע עכ״ד האמת הוא דמה שהקשו לקמן ומיהו אפי׳ לא יהא נפסל וכו׳ דמ״מ לכתחילה אסור וכו׳ אהך דבכור נמי קאי וכן נראה מדבריהם דהתכלת שם שכתבו וגבי בכור דותה נמי וכו׳ יע״ש והיינו שסיימו כאן בסוף דבריהם אז ניחא הא דפריך ולייתו וליתנו כלומר אבל הביא דבכור קשיא ועין מה שתירצו בהתכלת שם ועיין בת״י שם וק״ל. ומ״ש דהא נמי שייך כו׳ דאיכא למ״ד וכו׳ ושייך נמי דנשחט בג׳ כיתות וביקור ד׳ ימים קודם דלכ״ע איגו נוהג בשני וכמ״ש בפ׳ מי שהיה פ״ה ע״א ד״ה מה בין וכו׳.

ואחר שכתבתי כל הנז׳ מצאתי להרב בעל ספר משנה למלך פ״א מה׳ תמידין שפירש דברי התו׳ דהכא ודפ׳ התכלת ובקלת דברים שפירש יש לעמוד עליו לע״ד ולא אאריך כי המעיין ירגיש אותם מתוך מ״ש ועיין מה שהקשה שם על מה שירלה מדבריהם שכתבו והא דפריך והא אין מביאין וכו׳ דמותר פסח דקרב שלמים דינו כשלמים דנאכל לשני ימים ולילה אחד דזה הפך מסוגיא דפרק האשה פ״ע דמוכח דהוי כפסח ואינו נאכל אלא ליום ולילה וכו׳ וכן הקשה הפר״ח בליקוטי מים חיים בתו׳ לפתקין יע״ש והוא דין מוסכם בתוספתא דזבחים פ״ח כמ״ש רש״י שם וקושיא אלימתא היא ול״ע וכן תקשי על הרמב״ם ז״ל שלא ביאר בחידושיו דין זה אלא כתב בפ״ד מה׳ קרבן פסח דשלמים הבאים מחמת פסח הרי הם כשלמים לכל דבר טעונין סמיכה וכו׳ וזה כלשון הברייתא דס״פ התודה ומדלא סיים בה אלא שבן נאכלין ליום ולילה כדסיים בן עזאי בתוספתא דזבחים שם משמע דס״ל דגם לזה דינו כשלמים ול״ע ועיין מ״ש בס׳ מלבי בקדש בלשונות הרמב״ם שם בה׳ ק״פ וק״ל.

גמרא **בשלמא** רגלים משום ניצוצות וכולי דלא משמע ליה לפרש טעמא דמתני׳ משום היסח הדעת דא״כ תפשוט מהכא דיולאה מועלת ובעיא היא בפ״ע דזבחים כ׳ ע״ב אלא הכא משום מיסך רגליו דוקא היא ואפי׳ לא הסיח דעתו וגם ילא מן המקדש כלל יע״ש והא דלא אוקי מתני׳ בנגע במקום הטנופת משום דכל המטיל מים קתני ואפי׳ לא נגע וק״ל.

רש״י ד״ה **פסולה** שלא נסדרה וכולי ולי נראה וכו׳ והכי מוכח נמי וכו׳ וכן מוכח מתוספתא דספי״א דמנחות דקתני אם יש שם לחמה מן המובחר יביאו ואם לאו ימתין לשבת הבאה הלחם מותר באכילה וכו׳ אבל האמת דאף אי גרים פסולה יש מקום לפרש כמו שפי׳ הוא ז״ל גופיה בפ׳ שתי מדות פ׳ ע״א א״נ כמו שפירשו התו׳ שם והת״י כאן יע״ש ובחי׳ הריטב״א וגי׳ רש״י שבספרים ישנים משמע דמפרש פסולה דקאי אלחם וכלומר דכיון שמתירין לא הועילו גו לחם זה אסור לאכלו עד שבת שניה הבאה וכמו שפי׳ שם בפ׳ שתי מדות וק״ל.

ד״ה **אמר** רבא האי וכו׳ בכלי שרת שחרית וכו׳ ובלילה הילך אחר היום וכו׳ וכמ״ש בפרק שתי הלחם ק״א יע״ש.

תוספות ד״ה **ניהדריה** וכו׳ ומיהו בהגס דתק רש״י וכו׳ אלא המנחה נתקדשה בכלי ונקמצה בלילה וכו׳ כלומר שנתקדשה בלילה אלא דס״ד דלא חשיב קידוש כיון דהוי שלא בזמנה ותירץ שפי׳ דכ״ש מקדשין וכו׳ ונפסלה כל המנחה בעמוד השחר ולייטב פירש״י נראה דקשיתיה קושייתם דבסמוך דאמאי נקט נקמצה בלא נקמצה נמי ליתני ומנחה שנתקדשה בלילה דדחיקא ליה לפרושי דנקמצה לאו דוקא כדרך שכתבו התו׳ פרק שתי הלחם ק׳ ע״א ד״ה אלא אפי׳ וכו׳ יע״ש ואי קשיא לך דלפירש״י דמשמע לכאורה דקידוש מנחה בכלי נעשה ביום דנקמצה קתני הא כיון דנתקדשה מנחה בכלי קודם קמילה כדאיתא בסוטה י״ד ע״ב ובפרק הקומץ כ״ו ע״א הרי נפסלו שיריים בלינה בעמוד השחר כדקתני מתני׳ דפ״ב דמעילה קדשו בכלי הוכשרו ליפסל וכו׳ ובלינה ומאי פריך נהדר ונקמלה ביממא דיי״ל דגם לפירוש׳ איירי שנתקדשה בכלי וקמלה הכל בלילה ונקט נקמלה משום דבפיסול עבודה דלילה איירינן דומייא דתמיד ולא בפסול לינה ומ״ש בד״ה ליקרב וכו׳ וזו גם היא נפסלת בלינה וכו׳ אמנחה קאי אבל קמילה פסולה מחמת עלמה משום עבודת לילה והיינו שסיים ונפסלת קמילת לילה וכו׳ ועיין בפי׳ דפ׳ שתי הלחם שם ואפ״ה הוכרח לפרש דנתקדש הקומץ דמשמע ליה דאי לא נתקדשה בכלי שרת כדינו לא חשיבא עבודת לילה להפסל מיד הא קמן דבפ״ק דמנחות ו׳ ע״ב קאמר רב נחמן דלא גמרה עבודתה עד דעביד לה מתן כלי יע״ש וזה דעת הרמב״ם בפ״ג מהל׳ פסולי המוקדשין יע״ש אבל הם ז״ל ס״ל כתו׳ דבסמוך דאפילו בלא קידוש קומץ נפסל מיד משום עבודת לילה דאין לפרש דבריהם משום לינה דמקלת לילה דא״כ לאו דומיא דתמיד קתני ועוד דאין לינה פוסלת אלא בעמוד השחר מיהו למ״ש בת״י ד״ה ומנחה שנקמלה וכו׳ היה מקום לפרש דבריהם משום לינה דמקלת לילה דכיון שנקמלה הו״ל כדם שנפסל בשקיעת החמה וכ״ש בלילה ממש וכמ״ש שם אבל יותר נראה לפרש דבריהם כמ״ש דכיון דלפי׳ בלא נתקדש קומץ איירי מנין לנו להשוותו לדם ומה גם דבמתני׳ דפ״ב דמעילה הקומץ והלבונה והקטורת וכו׳ דמהדר ותנא קומץ הוכיחו הת״י דקומץ הוי דומיא דדם יע״ש קתני התם קדשו בכלי וכו׳ משמע דבלא נתקדש׳ בכלי לא דמי לדם ומעתה לפי׳ צריך ליישב סוגיא דמנחות שם דמשמע דאפי׳ לרבנן דבן בתירא קידוש קומץ בעינן לשיפסול בו עבודת פסולין וה״ה לפסול בו עבודת לילה דמאי שנא משא״כ לפי׳ רש״י דניחא הכל ולדבריהם צ״ל דס״ל כהיכא דאמרי דהתם דאשמועינן רב לבן בתירא דקמן דוקא מכשיר בחזרה אבל קידש במתן כלי לא דהשתא ת״ק פליג עליה דאפי׳ לא קידש אין תקנה בחזרה וה״ה הכא בפיסול לילה דלא יחזיר אפי׳ לא קידש וא״נ אפי׳ כל״ק דהתם דכי היכי דב״ב איירי בכולהו גווני דבין קידש או לא קידש יחזור ויקמוץ בימין ה״ה ת״ק איירי אפי׳ בלא הידש כנלע״ד ועיין במהרש״א ודו״ק.

ד״ה **כמי** שסדרו וכו׳ הכי נעי״ג וכו׳ דלא נראה להם לפרש כפרש״י ז״ל משום דלעיל נמי הו״ל סוף שלא במלותו כיון דזמנו ביום וגלא בלילה ולפירושו לימא טון שסידרו במחוסר זמן וכו׳ אלא משמע דמר זוטרא לאו מטעם מחוסר זמן קאמר דכיון שכן תיקשי דלעיל נמי וכו׳ ותי׳ שפיר וק״ל.

דף ל׳ ע״א גמרא **מצוה** לשפשף וכו׳ ומשום דעדיין לחלוחית מי רגלים טופחים לכן לריך לקדש גם רגלים א״נ כמ״ש התו׳ סד״ה מלוה לשפשף וכו׳ דיהיו רוב ניצוצות וכו׳ וגם יש לו עורח וכו׳ יע״ש ולזה נטו דברי הרב משה אמהריליוו ז״ל בספרו ידי משה יע״ש בליקוטים דף ק״ס ע״ג וק״ל.

שם זאת אומרת מלוה לשפשף וכו׳ ממה שהפוסקים לא הביאו הך תקנתא דשפשוף עיין בהרמב״ם פ״ד מה׳ תפילין ובטור א״ח סי׳ ג׳ משמע דס״ל כמ״ש התו׳ סד״ה מלוה וכו׳ דאם אינו אוחז אכתי איכא רוב ניצוצות יע״ש וכיון שפסקו דאסור לאחוז מטהו אין תקנה זו מבוררת ולהכי לא כתבו אלא תקנתא דפרק כל היד דיעמוד במקום גבוה או עפר תחוח וכ״כ בס׳ מ״א שם סי׳ ג׳ וק״ל.

שם היכי דמי אי דנראית פשיטא וכו׳ והגם דרב הונא לקמן מתיר בלואה על בשרו וסתמא משמע אפילו נראית מ״מ בלואה במקומה דגפים זוהמא יודה דאסור דודאי השתא נמי אסיק אדעתיה האי חילוקא דהא ר״פ לואה במקומה קאמר אלא דכי תירץ ליה דר״פ אסר במקומה אפי׳ בשאינה נראית כשהוא עומד השתא משמע ליה דה״ה דיאסור אפי׳ שלא במקומה כשהוא במקום מגולה לגמרי ומש״ה פריך ליה דהשתא להאי תירולא מאי שנא וכו׳ ותירץ ליה דא״נ דגם בזה נחלק דכיון דשלא במקומה קילא לא אסרינן בה אפי׳ כשנראית משא״כ במקומה דל״מ כשנראית לגמרי דודאי אסור אלא אפי׳ כשאינה נראית לגמרי כיון דגפים זוהמא חמירא לאסור גם בזה ובזה יתורץ מה שהקשה רבינו יונה בפ׳ מי שמתו יע״ש. ושוב ראיתי בכרל״ס פ״ג מה׳ ק״ש ובפר״ח סי׳ ע״ו שעמדו על זה יע״ש וק״ל.

שם א״ר פפא נוהו וכו׳ משום דקתני מתני׳ כל המסך את רגליו טעון טבילה דטעמא כמ״ש הרב המאירי שם שמא נשארה צואה על בשרו להכי מייתי הכא הך דר״פ הגם דעיקר מקום זה שייך בפ׳ מי שמתו וק״ל.

שם אר״א לא אמרן אלא לשתות וכו׳ דבהכי ניחא דלא תקשי רישא אסיפא דרישא קאמר נוטל ידיו אתת ונכנס וכו׳ משמע שנוטל מבחוץ ובסיפא קתני ובשהוא נוטל לא יטול מבחוץ וכו׳ אלא דרישא איירי לאכילה וסיפא לשתייה ופי׳ זה למדתי מסידור לשון הרמב״ם פ״ז מהל׳ ברכות יעו״ש לפ״ז לא אמרן וכו׳ כלומר לא אמרן דכשהוא נוטל לא יטול מבחוץ וכו׳ ועיין בפי׳ רש״י ובפי׳ ריב״א שהביאו התו״י ושוב ראיתי קרוב למ״ש בהרשב״א בס׳ משמרת הבית ריש בית ו׳ יעו״ש וק״ל.

שם מחזיר הטפיח וכו׳ גי׳ הרמב״ם פ״ז מה׳ ברכות וכן הרשב״א בס׳ תורת הבית ריש בית ו׳ ומחזיר פניו לאורחין ועיין פי׳ הדברים בכ״מ שם.

שם אמר להם ימה המשנה מקדש לקדש וממקום שענוש כרת וכו׳ הנה ק״ז זה עשאו משני לדדין דאם המשנה ונכנס ממקום קדש למקום קדש הגם ששניהם שוין צריך טבילה כ״ש מחול לקדש וכן אם כששניהם שוין בעונש כרת כלומר דבקדש עצמו מבלי שנכנס מחול לקדש משכחת גם כרת בנטמא בפנים ושהה בכדי השתחואה כדתנן בשבועות אפ״ה צריך טבילה כ״ש ממקום שאין ענוש כרת מצד עצמו כלל למקום שענוש כרת מצד עצמו דודאי צריך ופי׳ זה יש לו קצת סמך מן הירושלמי דפרקין יעו״ש דאין זה סותר פרש״י שכתב ועל שניהם ענוש כרת הנכנס בטומאה וכו׳ דודאי הא נמי איתיה דהנכנס ממקום חול לשם ענוש כרת אלא דלהכי תנא תרתי הגם דמשמע דחדא היא וכמו שהקשו התו״י לפי׳ רש״י ז״ל משום דיש בכלל זה גם הפרש מצד המקום עצמו דבחול לא משכחת חיוב כרת לא מצד המקום עצמו ולא מצד הנכנס לו ממקום אחר משא״כ בקדש דמשכחת חיוב כרת משני לדדין בין בנטמא בחוץ ונכנס ובין נטמא בפנים ושהה ודע דבתוספתא דפרקין גרסינן אם הנכנס מקדש לקדש מקום שאין ענוש כרת טעון טבילה הנכנס מחול לקדש מקום שענוש כרת אינו דין שיטעון טבילה וכו׳ ע״כ והכונה מבוארת עפ מ״ש בירושלמי וה״ק דטמא שנטמא בפנים ולא שהה מקום שאין ענוש כרת היא משא״כ בנטמא בחוץ שנכנס מחול לקדש מקום שענוש כרת הוא בכל גוונא אפי׳ בלא שהה דכי גמירי שהייה בנטמא בפנים הוא והנה מה שרצו התו״י לפרש מקדש לקדש דהיינו שמשנה מבגדי קדש וכו׳ אין נראה כן מן הירושלמי דקתני התם מה אם בשעה שהוא נכנס מקדש לקדש וכו׳ יעו״ש ובמ״ש הריטב״א לקיים פרש״י ודו״ק.

שם במאי קמפלגי וכו׳ אם נאמר דלב״ז נמי מדרבנן הוא וק״ו דקאמר אסמכתא בעלמא הוא ובטעם תקנת טבילה זו קמפלגי דלב״ז אסמכיה משום שינוי מקום מחול לקדש דומיא דכ״ג ביוה״כ דבהכי ניחא דמחייב מטעם זה לכל אדם אף שאינו בא לעבוד או נאמר דב״ז ק״ו גמור קאמר מדאורייתא לעבוד דוקא דשאר אדם מדרבנן ובהא פליגי אי מדאורייתא אי מדרבנן ונ״מ אי מיחל עבודה או לא וכו׳ וק״ל.

רש״י ד״ה **ורב** חסדא וכו׳ קשיא לר״פ מתרוייהו ע״כ דהשתא ניחא דלא שייך לאקשויי הכא גברא אגברא קא רמית דהא ר״פ הוי דלא כמאן ולפי׳ הרי״ף בפ׳ מי שמתו דמדרי׳ הונא דוקא פריך י״ל דמשום דקיפ ליה לתלמידא בפשיטות דקיי״לן כר״ה פריך שכן דרך התלמוד וכמ״ש בס׳ כריתות בלשון למודים שער ג׳ סעיף י׳ ול״ל לפרש״י דלא מגינן לפרושי טעמיה דר״פ משום כל עלמותי ולא תיקשי מידי דס״ל כר״ה דא״כ ליפמועינן רביתא אפי׳ שלא במקומה כגון על בשרו דאסור מטעם כל עלמותי אלא ודאי דמשום ר״ה הוא דאסר ועיין במ״ש הריטב״א ודו״ק.

ד״ה **אדם** וכו׳ אותה וכו׳ ומ״מ גיכנס למקדש בעינן קידוש לבי׳ ידיו דכיון דהמירא קדושתיה חיישינן דילמא שפשף בשתי ידיו ולאו אדעתי׳ ובזה יתורץ מה שהקשה בשב״י דלפרוך אכתי לעיל דמשום ניצולות הוה סגי בידו אחת והאריך בזה וק״ל.

ד״ה **לעבודה** לאו דוקא וכו׳ וטעמא מפרש וכו׳ אפשר דדייק הכרה הדבר ממאי דמפרש ר״י טעמא כדי שיזכור טומאה ישנה ויפרוש מלגוא בעזרה דזה שייך אפי׳ בטהור שלא לעבודה שיהיה טומאה בידו שאסור ליכנס לשם ומינה דלבן זומא נמי ה״ה אפי׳ שלא לעבודה דבהא לא פליגי ולא קאמר תלמודא דהא איכא בינייהו ואי קשיא לך דאמאי תני לעבודה וכמו שהקשו בתו״י י״ל דעיקרא משום עבודה נתקנה וכדי שלא לחלק ושיבואו לידי טעות השוו מדותיהם לכל הנכנס שם מתני׳ טעמא דתקנתא אתא לאשמועינן ולא חיים שנטעה לפרש דוקא לעבודה דהא קתני אין אדם וכו׳ דמשמע אפי׳ ישראל דלאו בר עבודה א״נ דאשמועינן דל״מ שלא לעבודה דאפי׳ טהור לריך לטבול דלמא לא טהר עלמו לגמרי אלא אפי׳ לעבודה דזריז לטהר עלמו טעון טבילה ופשט לשון הירושלמי דפרקין משמע טפי כפי׳ ז״ל דאפי׳ בשון עבודה לא בעינן וכמ״ש בתו״י יעו״ש וק״ל.

ד״ה **טבילה** זו של כל שחרית וכו׳ דאילו של כ״ג ביוה״כ הא ילפינן לה לקמן ל״ב ע״א מקרא דלריך ה׳ טבילות אלא דאין זה מבורר לענ״ד דמקרא לא ילפינן אלא שינוי עבודות ומהתם ליכא למילף טבילה משינוי בגדי חול לבגדי קדש אלא משמע דמק״ו מייתו לה וכ״כ התו״י לקמן ל״א ע״א ד״ה חמש טבילות ועיין בהגהת הריטב״א לקמן ל״ב ע״א שהאריך בזה ולע״ע דלמ״ש התו״י שם דאף לר״י טבילה ראשונה דיוה״כ מק״ו היא וגלו משום סרך וא״כ נוכל לומר דה״ט דפי׳ נה בשל כל שחרית דאי אדיוה״כ נמי קאי לא ניחא הא דפליג ר״י דמשום סרך היא מ״מ יותר נלענ״ד לומר שכונתו שלא תפרש דב״ז אטבילה ראשונה דיוה״כ דוקא קא בעי והיא דוקא אתיא בק״ו דלשאר ימות השנה איכא למיפרך כמ״ש התוס׳ קמ״לן ז״ל לפרש דב״ז אטבילה של כל שחרית נמי קאמר ולעבודה הויא מדאורייתא מתורת ק״ו דבהכי ניחא דעד כאן לא פליג ר״י דהויא מדרבנן אלא בשאר ימות השנה אבל ביוה״כ לדידיה נמי מדאורייתא היא כדמוכח לקמן דגמירי ה׳ טבילות וכדקאמר ר״י גופיה לקמן שם וק״ל.

ד״ה **סרך** טבילה וכו׳ ויפרוש מלבוא לעזרה וכו׳ דכן משמע דיפרוש קאי אעבודה או אביאה ממאי דקתני בירו׳ דפרקין אר״י כל עלמן לא התקינו טבילה זו אלא מפני טבילת סרך שפעמים שאדם הולך לרחוץ והוא נזכר קרי ישן שיש בידו וחוזר ובא לו ע״כ וקרוב ללשון זה אמרו בתוספתא דפרקין אלא שמתוך דברי הרמב״ם בחי׳ רפ״ג מה׳ ע״כ משמע דמפרש ויפרוש דאטומאה קאי ועיין מה שפי׳ בס׳ ידי אליהו דף קי״ג דכונתו שאם יזכור טומאה ישנה שכבר טהר וטבל ממנה אלא שלא טבל על דעת ביאת מקדש יפרוש ממנה עכשיו בטבילה זאת לשמה כלומר לשם אותה טומאה יעו״ש שהאריך אלא שלא נתקן בזה לשון ירושלמי ותו׳ דמשמע שפירש ממש מהעבודה שרולה לעבוד וחוזר לביתו וכמ״ש רש״י ז״ל ועוד דממאי דמייתי בירושלמי מהאי מתני׳ דזב שראה קרי וכו׳ משמע דטבילת סרך היינו שיזכור טומאה ישנה שלא טבל ונטהר ממנה כלל יעו״ש ומה שנלענ״ד דודאי גם הרמב״ם ז״ל בהא איירי שעדין לא נטהר מאותה טומאה שיזכור ואה״נ דלכשיזכור ויטבול גם לשם טומאה זו הרי הוא אסור לעבוד כל אותו היום וזה לא הולרך לפרש דמלתא דפשיטא הוא שלריך הערב שמש וכדקאמר וחוזר ובא לו כלומר דטובל וחוזר ובא לביתו ואפ״ה לא ניחא ליה לפרש ויפרוש דקתני ברייתא דהכא דהיינו יפרוש מלעבוד משום דפשט לשון יפרוש נאמר על מי שעוסק בדבר אחר ופורש ממנו כמו הוא פורש ובוכה דלעיל ודומיהם רבים וכיון שעדיין לא התחיל ליכנס לעזרה או לעבוד שהרי בחול היא טובל לא שייך בזה לישנא דיפרוש אבל אי קאי אטומאה דיפרוש ממנה בטבילה זו ניחא ולפ״ז כי היכי דלא חשש ברייתא דהכא לפרושי דחוזר ובא לו מליכנס ולעבוד דפשוט הוא כך לא ביארו היא ז״ל מטעם זה והנה מה שהקשה בס׳ הגו׳ לפרש״י דאם הכונה לומר שיזכור הטומאה ולא יעביד מה לי טומאה ישנה או חדשה וכו׳ לזה הוסיף רש״י ז״ל לומר ויזכור טומאה ישנה שיש עליו ושכחה וכו׳ כלומר דמשום זכירת טומאה חדשה לא היו לריכין לתקן זה דקרוב לודאי שהוא זוכר מבלי טבילה דה״ע דבמלורע לא הלריך ר״י טבילה בשמיני וכמ״ש בד״ה כדתני טעמא וכו׳ ומה שהקשה עוד מפרכא דלקמן עיין מ״ש שם וק״ל.

תוספות ד״ה **מצוה** לשפשף וכו׳ ותשיב אוחז באמה וכו׳ וסתמא קתני משמע דל״מ כשאוחז משום דבר אחר

אלא אף באוחז משום צואות ומ״ש וי״ל אם לא יאחוז וכו׳ ואפי׳ אם משפשף וכו׳ אבל השתא דאוחז אין שם אלא צואות מועטים שאינם ניכרים לכל אלא משום השמא דיהיו ניכרים לקצת בני אדם ויראה ככרות שפכה אמרו דמצוה לשפשף עיין בדבריהם ריש פרק כל היד שם ואי קשיא לך דלמ״ש דרבנן חזרו והודו ואסור לאחוז א״כ מה הועילו חכמים בתקנתן דמצוה לשפשף כיון דאיכא רוב צואות וכו׳ י״ל דודאי שפשוף מועיל במקצת שלא יהא ניכר וגלוי לכל אלא משום דאכתי המשים לבו אל מה שברגליו אפשר לו להוציא לצד להכי אמר ר״א מועב יוציא לצד וכו׳ וק״ל.

ד״ה **אין** אדם נכנס וכו׳ מוכח לקמן וכו׳ דע״כ לא מבעיא ליה לקמן מהו שיעשה סכין ארוכה וישחוט וכו׳ אגא לרבנן דר״י דילמא בשחיטה דמקצת עבודה היא מודו הכלל דלר״י דמחייב בכל אדם כי מתני׳ פשיטא לן דצריך טבילה אלא דמספקא ליה דדילמא ע״כ לא פליגי רבנן ור״י אלא היכא דלא קעביד עבודה וא״נ דע״כ לא מבעיא אלא היכא דעומד בחוץ אבל בנכנס לפנים לעביד נכ״ע אפי׳ בשחוט יהא דלא הוכיחו גם מכאן דבלאו עבודה נמי מחייב ר״י דאי רבנן פוטרים בלאו עבודה דוקא מכלל דר״י אף בזה מחייב וכמ״ש בת״י יע״ש משום דהא מילתא לא ברירא לן דדילמא רבנן אפי׳ בשחיטה פטרי והא דוקא מחייב ר״י בכל אדם ולהכי הוצרכו להוכיח זה מהירושלמי וא״נ דמהכא יש לדחות דע״כ לא מחייב אלא בענין עבודה כגון הכנסת ידים לבהונות וכו׳ והא דקאמר תלמודא ע״כ לא קאמרי רבנן התם דלא קא עביד עבודה וכו׳ כלומר דלא קעביד עבודה בידים וכמ״ש הריטב״א שם אבל בלאו עבודה כלל אימא דאפי׳ ר״י פוטר אבל מן הירושלמי פשט הלשון מוכיח דאפילו כעין עבודה לא בעינן ולהכי דייקו לכתוב ואפי׳ בלאו עבודה רק שנכנס לעזרה וכו׳ כלומר שאין כאן עבודה כלל ולאפוקי מפי׳ הת״י דבעו כעין עבודה ומפרשים הירושלמי בדרך זה יע״ש וא״נ יש לפרש דטעמם להוכיח מהירושלמי דגם לבן זומא מדרבנן גזרו טבילה אפילו שלא לעבודה כמבואר בדבריהם דכולה סוגיא ומהכא אין ראיה אלא לר״י והשתא ניחא שלא כתבו בתחלת דבריהם אלא אפי׳ בשחיטה והכנסת ידיו לבהונות צריך טבילה כדמוכח מסוגיין דע״כ לא פטר ר״י אלא מפני שטבל אמש הא לא״ה אפי׳ בכעין זה צריך [(עיין בת״י)] דמשמע דעפי עדיף שחיטה דקעביד עבודה בידים מהני כמו שפי׳ הריטב״א אלא דמזה אין ראיה אלא לר״י וכונתם להוכיח דמתניתין אתיא אפי׳ כבן זומא ולעבודה לאו דוקא דמדרבנן מודה דצריך ולפ״ז היינו הוכחת הירושלמי דאם תפרש דבן זומא בעי עבודה ממש מאי דוחקיה לומר לא סוף דבר לעבודה וכו׳ לאוקמא כר״י אימא לעבודה ממש כפשטה ואתיא כבן זומא אלא ודאי משמע דלתרוייהו אפי׳ שלא לעבודה מדרבנן מיהא צריך כנלענ״ד ודו״ק.

בא״ד וכן מוכח לקמן כמו שאפרש וכו׳ נראה דהיינו הא דפי׳ לקמן ד״ה הולך וכו׳ דבעיא דהתם היא אפי׳ לבן זומא מדלא קאמר לר״י הולך וכו׳ יע״ש דהשתא מהתם מוכח דלתרוייהו אפי׳ שלא לעבודה צריך דאי תימא לעבודה דוקא מאי קא מבעיא ליה דודאי פסלה בה הולכה כיון דבעינן טבילה לשם עבודה דחמירא ולא גריע מטבילה לאכול קדש דפסלה בה הולכה כדאיתא בריש חומר בקודש אבל אי מבעיא שלא לעבודה ניחא דכיון דאין כאן חשש טומאה אלא מעלה בעלמא וחומרא יתירה גרע משאר טבילות שהתקינו כמ״ש שם ומה שלא הביאו ראיה גם מהא דאמר לקמן נימא רבנן דפליגי עליה דר״י כבן זומא ס״ל וכו׳ דאם איתא דלב״ז לעבודה דוקא היכי אתו רבנן דברייתא קמייתא ורבנן דמדות דהצריכו טבילה גם למצורע כבן זומא הא מצורע לא בא לעבוד עבודה וכמ״ש בת״י יע״ש י״ל משום דמהתם לא מוכח אלא לבן זומא ואימא דלר״י דוקא לעבודה והיינו דנקט התם לב״ז וכו׳ ואע״ג דהאמת היא דלר״י מוכיח שפיר מהאי דקאמר המצורע צ״ל טבילה מפני שכבר טבל הא לאו הכי צריך ואפי׳ שלא לעבודה מ״מ היו צריכים להאריך ולבאר ולהכי לא נקטו בדבריהם אלא ראייה כוללת לתרוייהו וכמ״ש וק״ל.

ד״ה **ומה** המשנה וכו׳ אבל טהור הנכנס וכו׳ המשמע דברייתא דבן זומא לפרושי מתני׳ אתא ולא קאי לטבילה ראשונה דיוה״כ דוקא וכמ״ש רש״י ועוד דמדקאמר טבילה זו למה ולא קאמר מנין משמע דקי״ל נמי דמסברא לא צריכא והשתא בשלמא אי איירי נמי בטבילה שלא לעבודה ניחא אבל אי איירי לעבודה הרי יש כאן סברא להצריך טבילה לכל הבא לעבוד דומיא דכ״ג ביוה״כ אלא דאיקשי לך מנין דמיוה״כ דאחמיר אימא דליכא למילף ותי׳ שפיר דודאי עיקר ק״ו לעבודה הוא אלא דגזרו נמי מכח זה אף שלא לעבודה ואתרוייהו מתרץ בק״ו דאייתי ועיין בספר ידי אליהו קי״א ריש ע״ג וק״ל.

בא״ד וא״ת אכתי וכו׳ שכן טובל במקום קדוש וכו׳ דמשמע מזה שאין טבילה זו לתכלית האדם עצמו ומחייב לכל אדם בנכנס מחול לקדש אלא דגזירת הכתוב היא ביוה״כ דוקא כדי שיהא נזהר היטב בעבודת היום החמורה ותי׳ דאכ״נ דמדין ק״ו זה ילפינן נמי מקום קדוש לשאר ימות השנה דאם ביוה״כ דכבר זהיר מצד חומר היום ומשנה מקדש לקדש אפ״ה טעון טבילה במקום קדש כ״ש בשאר ימות השנה כדי שיהא זריז לטהר עצמו לעבוד דיותר צריכים אנו לזרזו בזה שהרי הוא בא מחול לקדש ומתני׳ דקתני חוץ מזו בלבד שהיתה במקום חול אימא דר״י הוא דלית ליה האי ק״ו וכדאמר לקמן דכל אדם היו טובלין בלשכת מצורעים שהיתה בעזרת נשים שאינה מקום קדוש כמ״ש התו׳ לקמן ד״ה רי״א וכו׳ וד״ה נימא רבנן וכו׳ וק״ל.

בא״ד אלא נ״ל וכו׳ דאדרבא אלימי וכו׳ דוק בדבריהם שלא כתבו בקיצור דבן זומא יבנים אותם אומרי בק״ו וכו׳ אלא כתבו דב״ז לא מחשיב להו פרכות וכו׳ כלומר דכיון דאין ברור לנו שפרכות אלו יהיו הם הגורמים להצריכו טבילה ממקום למקום דאדרבא י״ל מטעמים אלו שלא להצריך טבילה אלא פעם אחת כיון שכבר טבל טבילה חשובה ואימת יום המרובה בעבודתו עליו וכ״ג זריז במעשיו מאד מעתה נכנים אותם אומרי בק״ו וכו׳ דודאי אם היו ברורים לא היינו יכולים להכניסם ולהבליעם בקל והומר כיון שהם פרכות הכתובות בתורה וכמ״ש התוס׳ בפ״ק דקידושין ה׳ ע״א דפרכת מה לכסף שכן פודין בו הקדשות ומעשר שני אין להבליעה בק״ו דהכתובה בתורה יש לנו לומר שהיא הגורמת מעלה יע״ש דודאי בזה י״ל שהיא הגורמת דמשום דאלים קנין כסף לפדות בו מ״ש אימא דאלים נמי לקנות בו אשה מה שאין כן שטר וכן הא דאמרינן פ״ק דזבחים ט׳ ע״א מה לחוץ לזמנו שכן כרת ולכך החמיר בו הכתוב בשוחט על מנת לזרוק דמו חוץ לזמנו דפסול יע״ש וכמ״ש התוס׳ בפרק כילד הרגל ב״ה ע״א ד״ה אני לא אדון וכו׳ ובספר כריתות ריש בית מדות סי׳ ו׳ אבל הני פרכי דהכא לא דמו כלל ושוב ראיתי שכן תירץ בספר ידי אליהו קי״ד ע״א יע״ש והנה לפ״ז נ״ל דר״י חשיב להו פרכות ואין אנו יכולים להבליעם מהטעם האמור ולכך ס״ל דלאו מדאורייתא היא אבל לטבילה ראשונה דיוה״כ שפיר מייתינן אף לדידיה מהאי ק״ו וכמ״ש בפרש״י דהכא לא שייכי הני פרכי אלא דצ״ל אכתי דפרכת שכן טעון מקום קדוש לא חשיב לה פרכא משום דהכא לא שייך כיון שלא נתקדש דאלת״ה ליוה״כ נמי אין להוכיח טבילה זו משאר טבילות דבעו מקום קדוש ועיין בת״י ד״ה רי״א וכו׳ ולקמן ל״א ע״א ד״ה חמש טבילות ודו״ק.

בא״ד והאי דלא טבול וכו׳ כיון דאכתי לא נתקדש וכו׳ מדבריהם משמע דאיסורא נמי איכא אם רוצה לטבול במקום קדוש אבל הרמב״ם ז״ל כתב בפ״ב מה׳ עיו״כ חוץ מטבילה ראשונה שהיא רשאי לטבול אותה בחול שאינה אלא להוסיף כונתו וכו׳ וזה דוחק לומר דדוקא אי מייתינן לה מדין ק״ו הוא דאמרינן מסברא דאינו רשאי אבל למאי דמשמע מדבריו דס״ל דאף טבילה א׳ דיוה״כ ס״ל לר״י דלאו דאורייתא אלא מטעם כדי שיזכור וכו׳ לטעם זה יש סברא שיטבול במקום קדוש שבז׳ יזכור יותר ולכך ביוה״כ שאנו צריכים שיטהר עצמו יותר רשאי לעשותה במקום קדוש. ואפשר דמשמע ליה ז״ל לפרש דלב״ז גם זו היתה במקום קדוש ומתני׳ ר״י היא ומדלא קאמר תלמודא דהא איכא בינייהו ש״מ דגם לר״י אם ירצה לעשותה במקום קדוש רשאי דהשתא ניחא לן טפי למימר דא״ע הפרש יותר למיקם בשבה וכו׳ דלר״א לא קאי בשבה כלל ועיין מה שתירץ בס׳ שושנים לדוד דלתי׳ א׳ תיקשי דמי סני ליה להרמב״ם להעתיק בלשון הברייתא דלקמן וליתא חוץ מטבילה ראשונה שהיתה בחול אבל תי׳ הב׳ שכתב דכ״ג שאני דכבר טבל מאתמול לא כסית דעתו

כל בלילה יע"ש ניחא ולאשר דמטעם זה לא כתבו התו' דסברה הוא שיטבול קודם שיכנס למקום שענוש כרת וכמ"ש בתו"י סד"ה ה' טבילות וכו' משום דבלפי טבילה א' דכ"ע לא היינו חוששים לזה אי לאו מטעמא דאכתי לא נתקדש בבגדי קדש אלא שהרמב"ם ז"ל לא חשש לסברה זו ומה שתי' גם' לאם שמים על משניות בסברה שהמגיא דדוקא בעזרה הוא שהתקינו דאין אדם נכנס וכו' שהוא מקום עבודה לא בלשכות ואפי' המקודשות בקדושת העזרה ולהכי היה רשאי אם ירצה לטבול בקדש על גג בית הפרוה יע"ש הנה מתני' דפ"ק דתמיד דקתני דלכפים לתרומת הדשן היו מובלים קודם [(עיין מ"ש בלשון הרמב"ם)] הוא תיובתיה שהרי פיים לא היה בעזרה אלא בלשכת הגזית כדלעיל כ"ה ע"א אלא שאפשר לדחות דכדי שיהיו מוכנים לעבוד מיד ועוד משום שהיו לובשים בגדי כהונה לפיים כדלעיל להכי היו מקדימין לטבול אלא דאין סברה זו ברורה דכיון דחיישינן משום טומאה לנכנס בגג בית הפרוה שהרי שוה לקרקע העזרה כמ"ש התו' לקמן ל"א ע"א ד"ה וכולן וכו' ועיין ברמב"ם פ"ו מה' בית הבחירה סברה הוא דגם בה עשו מעלה זו כדי שיזכור וכו' וכבר היה אפשר לומר עוד דממאי דקתני לקמן ובלד לשכתו היתה וכו' דייק הרמב"ם דלעבי יוה"כ לאו מדינא הוא ומלד החיוב אלא משום חולשה דכ"ג הקילו עליו לטבול מיד בשיקום במקום הסמוך ללשכתו אבל אם ירצה לטרוח רשאי לטבול גם זו במקום קדוש דאלת"ה בלד לשכתו מאי אשמעינן כנלע"ד ודו"ק.

ע"ב גמרא **לבן** זומא קאי בעשה וכו' מכאן ראייה מפורשת למה שנראה מדברי הרב המגיד סוף פרק כ' מהלכות שבת וכ"כ הרל"ם שם דלאע"ג דאין מחזירין מן הדין מדאין עשה מן הדין כיון שאין בו מלקות וכמו שרמז בס' יד אהרן בכללים שבסוף ספרו אות י' ועיין עוד מ"ש בחידושי לחגיגה י"א ע"ב ברש"י ד"ה לנתו וכו' וק"ל.

שם ומי אית ליה לר"י האי סברה והתניא וכו' ברייתא זו איתא בתוספתא דנגעים פ"ח ומסיים בה אמרו לו לא מן השם הוא זה אלא כל הנכנס לעזרה דרך שער ניקנור היה טובל ע"כ ולהכי ס"ד דלר"י אין צריך טבילה לכל הנכנס בעזרה והס"ק ל"מ בשאר כל אדם שאין נכנסין לעבודה דאין צריך אלא אפי' במצורע דסברה להצריכו שהרי נכנס הוא לקבלת עבודת מתן בהונות א"ל שהרי כבר טבל מבערב ואפ"ה פריך עליה ודקאמרי לה וכו' משום דפשטה משמע מדלא קתני שכבר טבל מאתמול דה"ק דהגם דאנו מצריכים לנכנסים לעזרה יום אחר יום אע"ג דטבל מאתמול הכא שאני דטבל מבערב כלומר בסוף יום ז' דהגם דיכול לטבול מתחילת יום ז' כדתנן ספ"ב דמגילה אפשר שהיו מוכנים לטבול בערב סמוך להערב שמש דומיא דבעל קרי דכתיב ביה והיה לפנות ערב ירחץ וכו' [(עיין בהרמב"ם ריש פ"א מהל' מקואות)] ואפי' תימא שהיה טובל בבקר כיון שלא היה נעצר עדיין שיעריב שמשו זכיר טובא ולא אסח דעתיה כ"כ [(עיין בתו' הריטב"א)] בשאר אדם ועוד דאידך ברייתא דקא בעי למירמא מינה קתני בהדיא דר"י מצריך טבילה בשאר כל אדם וא"כ ע"כ לפרש דרבנן ה"ק לא מן השם הוא זה דכמו שאתה מודה בשאר כל אדם דצריך מטעם כדי שיזכור גם במצורע יש לומר כן אע"ג דטבל מבערב משום דדיים בטומאה טפי וא"כ מעיקרא מאי פריך דמותיב מהך לסייעה מאידך ותירץ משום דקא בעי למירמא וכו' כלומר דכיון דחזינן דהני ברייתות פליגי אהדדי דהכא ס"ל לר"י דמצורע א"ל ובאידך קאמר דצריך להכי הוא ס"ל דפליגי נמי בשאר כל אדם דבכך דלא הצריך במצורע הגם דנכנס לקבלת עבודה כ"ש שלא יצריך בשאר אדם אבל לאידך דמצריך במצורע מצריך נמי בשאר כל אדם להשוות מדותיו בכולם כדי שיזכור אבל מ"מ קושיין מתרלא דודאי אית ליה לר"י האי סברה אף לברייתא קמייתא דפשטא דלישנא שכבר טבל מבערב משמע דבשאר אדם שטובלין בשחרית בכניסתן דאיכא היסח הדעת טפי הוא לריכים לטבול:

והנה לפאי דמשמע מפרש"י שדעתו לפרש שכבר טבל מבערב לכל טומאה שעליו כלומר ואין שייך כאן לצאר טבילה פעם אחרת משום טומאה ישנה וכמ"ש הריטב"א בתו' וע"ש לא תיקשי דמ"מ נצריך טבילה בכניסתו ביום ח' כדי שיזכור ביום אחר טומאה ישנה שלא זכרה מאתמול בשעת טבילה כמו שאנו מצריכים בשאר אדם אעפ"י שטבלו מאתמול דודאי משמע דאה"נ בשאר אדם אם לא היו מסיחים דעתם מעת טבילה של אתמול עד עת כניסתם ביום אחר לא היה מצריך ר"י טבילה פעם אחרת דהיסח דעת דלינת לילה הוא דמצריך טבילה דע"כ לא מבעיא לן בזבחים כ' ע"ב לינה מה שתועיל בקידוש וכו' הכיון דבידו לחזור לא מסח דעתיה וכו' אלא ביצא ביום חוץ לעזרה אבל בדאיכא הפסק לילה שהולך לביתו ולאו שעת עבודה היא לכ"ע ודאי אסח דעתי' משא"כ מצורע דהיסח דעת מצריכו ג' וז' כדלקמן לא אסח דעתיה משמירת גופו ואפ"ה ס"ל לרבנן דאין לחלק בין מצורע לשאר אדם והנה גם לפי' יפורש ס"ד דמקשה כמ"ש אבל מאי דפריך ודקארי וכו' הלא הטעם מפורש הכי פריך הודאי כיון דלא קא עביד עבודה כדלקמן מהיכא תיתי להצריכו טבילה משום זה והא קמן דעמייהו דרבנן לאו משום זה הוא אלא משום דדיים בטומאה כדלקמן וא"כ מדאולרך לתת טעם ש"מ דמשום דס"ל דבשאר אדם צריך הולרך לפרש דהכא לא צריך מטעם דכבר טבל מבערב וכו' ושוב ראיתי קרוב למ"ש בס' ידי אליהו קי"א א' ומה שהקשה שם קו"ע ב' דלמה פטר אותו ר"י מכח טבילה של אתמול בטבל לטומאתו וע"י אינו זוכר טומאה ישנה אלא כשאנו מצריכים טבילה למי שהוא טהור לגמרי כמ"ש רש"י לעיל יע"ש הא ל"ק דכיון שצריך בזה לטבול על דעת ביאת מקדש הא ודאי שנותן אל לבו לטהר עצמו מכל טומאה שעליו בין ישנה ובין חדשה והכי דייק לשון רש"י שכתב שהרי טבל אמש לכל טומאה שעליו משא"כ אדם טהור דמתני' דמי לא עסקינן שלא טבל על דעת ביאת מקדש ולהכי כשיכנס הלריכוהו טבילה אחרת על דעת ביאת מקדש כי בזה יזכור טומאה ישנה המונעת מליכנס שם ועיין בתו"י ד"ה הא דטביל על דעת ביאת מקדש וכו' דמשמע דלר"י אי טבל על דעת ביאת מקדש ולא הסיח דעתו כלל דאין צריך טבילה דומיא דמצורע וזה מוכרח ומה גם לסברא דלקמן דאי במצורע דדיים בטומאה סגי ליה בהכי כ"ש בשאר אדם כנלע"ד ודו"ק.

שם ולבע"א תני לא מצורעים אמרו וכו' הגם דלכאורה משמע דעפי ניחא תי' דלעיל מלהגיה הברייתא יראה דדחיקא ליה הגיה תרולא דכיון דת"ק דקאמר משם מצורעים וכו' היינו אפילו בטבל מאתמול על דעת מקדש בהכי נמי איירי ר"י דהא לא אתא לפלוגי עלייהו הכא כי אם במה שהוסיף. אלא כל אדם ועוד דלימא בקיצור ר"א אפי' כל אדם ועוד דדומיא דכל אדם דקאמר דאיירי אפי' טבל מאתמול על דעת מקדש דצריך בכל פעם שיכנס איירי נמי הא דקאמר לא מצורעים בלבד וכו' ומפני כל זה ניחא ליה טפי להגיה הברייתא כי מתני' דפ"ד דנגעים וק"ל:

שם א"ל אבי גר"י נימא רבנן וכו' א"ל שאני מצורע וכו' דע שהרמב"ם בחי' פ"ה מה' ביאת המקדש ה' עתיק המשנה כלשונה ומשמע דלעבודה דוקא בעי טבילה ומה גם דבעינן בהן כעובד דוקא איירי התם ודבריו צריכים ישוב דמסוגיין וכן מהירושלמי לא משמע הכי ואפי' שנאמר דדוקא לר"י דטעמא כדי שיזכור וכו' הוא דאפי' שלא לעבודה אבל **לבן** זומא דיליף מיוה"כ דוקא לעבודה דאל"כ מאי ק"ו הוא שאני התם דרולה לעבוד וכמו שהקשו התו' ומתני' כבן זומא אתיא אלא דבירו' בעו לאוקמה אפי' כר"י וכבעיא דבסמוך אפשר דגורס לר"י חולן וכו' דלב"ז דמדאורייתא היא פשיטא דחולן והא דאמר דרבנן דברייתא דמחייבי במצורע כב"ז ס"ל דלמא דמצור' שאני דמ"מ הרי הוא בא לקבל עבודת מתן בהונות הצריכה כהונה אבל שלא לעבודה כלל לא כל זה לא יתכן למה שנראה מדבריו דריש פ"ב מה' ע"כ שדעתו לפסוק כר"י בטעמא דטבילה יע"ש וא"כ לר"י אפי' שלא לעבודה כלל דאיכו מקל מכלהו דאלת"ה הא דאמר בירו' אפי' שלא לעבודה כמאן תוקמא והנלע"ד שדעתו לפסוק כרבנן דר"י דחילקו בין מצורעים לשאר כל אדם מטעם דשאני מצורע דדייש בטומאה כדמסיק תלמודא וכ"כ בהדיא בפירוש המשנ' לפ"ד דנגעים דמתני' דהתם קרוב ללשון הברייתא דאייתי תלמודא הכא [אלא דברייתא מפרש טעמא דר"י טפי עיין מה שהקשה הר"ש שם] דקתני בא לו אצל מצורע ומצורע טבל בלשכת המצורעים בא ועמד בשערי ניקנור ר"א לא היה צריך טבילה ע"כ ופי' שם שהמצורע כיון שנכנס בטומאה בימי חלוטו והוא עלול שלא ישמר ואולי יטמא בשביעי אחר טבילתו חייבו טבילה מספק וכו' עד ואין הלכה כר"י ע"כ

וכ"פ בהי' פ"ד מה' מחוסרי כפרה יע"ש וטעמו מלבד דהלכה כת"ק לגבי ר"י עוד זאת סתמא דפ"ב דמדות דקתני לפונית מערבית היא היתה לשכת מצורעין וכו' כוותייהו אתיא למאי דאסיק תלמוד' ורבינא דר"י ס"ל דמצורע אין צריך טבילה כלל וכדמשמע פשטא דמתני' דנגעים והשתא ס"ל ז"ל דע"כ לא פליגי רבנן עליה דר"י דשאר כל אדם אין צריך אלא דומיא דמצורע שלא בא לעבודה וכן בדין דהא ר"י דקאמר א"ל בהא איירי דוקא אבל כשבא לעבוד אפי' רבנן מודו דצריך ומתניתין דהכא עפי ניחא לן לאוקמה אליבא דרבנן דהלכתא כוותיהו ולעבודה דוקא קתני ועוד דהשתא ניחא דלא פליג סתמא דהכא אסתמא דריש פ"ק דכלים דקתני עזרת ישראל מקודשת ממנה שאין מחוסר כפורים נכנס לשם וכו' ולא קתני נמי הך דאפילו אביאה ריקנית ואפילו טהור חייב לטבול דהוי רבותא טובא כמו שהקשה הר"ש שם משום דקיל"ן כרבנן דלעבודה דוקא הוא שהצריכו דהשתא כיון דהויא דרבנן ואין בה חידוש כ"כ לא חייש למיתני' ולפ"ז הא דמסיימי רבנן בתוספתא דנגעים פ"ח אמרו לו לא מן השם הוא זה אלא כל הנכנס לעזרה דרך שערי נקנור היה טובל באותה לשכה ע"כ לומר דה"ק כל הנכנס לעזרה לעבודה וכו' היה טובל כדי שיזכור וכו' ואפי' טבל מבערב ודומיא דהכי תקנו במצורע אפי' שלא לעבוד משום דדייש בטומאה א"נ דלדברי ר"י קאמרי לדידך דס"ל דכל אדם הנכנס אפי' שלא לעבודה דצריך כדי שיזכור טומאה וכו' אודית לן נמי במצורע דאפי' טבל מבערב כיון דדייש בטומאה משאר בני אדם דצריך לחזור ולטבול בשמיני ויש ראיה למ"ש דרבנן מודו דבנכנס לעבוד בפנים צריך דע"כ לא מבעו' לדידהו לקמן אי בשאר כל אדם צריך אלא דוקא בעומד בחוץ ומושיט ידו לפנים לשחוט אבל בעומד ועובד בפנים לא קמבעיא לן דאלת"ה הא מאי דסבירא להו דאפי' בעובד בפנים א"כ אתיא במכ"ש הך וזה פשוט דזה דוחק לומר דה"ה לרבנן אפי' עובד בפנים מבעיא ליה [(וכנראה מדברי הרב המאירי שאעתיק בסמוך)] ונקט עומד בחוץ משום בעיא דבן זומא והא דמבעייא ליה לאביי אי רבנן ס"ל כבן זומא הכא אפי' תימא דב"ז שלא לעבודה נמי צריך וכמ"ש התו' לא תקשי מידי דאביי ודאי ראה מאי דמסיימו רבנן בתוספתא ומספקא ליה אי אפי' שלא לעבודה קאמרי וס"ל כב"ז וה"ה כר"י כמ"ש התוס' או דילמא דלעבודה דוקא קאמרי דכן ממאי דמסיים ר"י באידך בריתא לא מצורעין אמרו אלא כל אדם דשפת יתר הוא משמע דלרבנן בשאר כל אדם א"ל ופשיט ליה דודאי כן הוא דבאי מצורע דמשום דדייש בטומאה החמירו אפי' שלא לעבודה אבל שאר כל אדם לעבודה דוקא הצריכו כפשטה דמתני' והא דמסיים בתו' לדבריהם דר"י קאמרי וכמ"ש ומה שלא ביאר ז"ל בהביא דמצורע דפ"ד מה' מחוסרי כפרה דתגילה פוסלת ודבשלמא בהביא דה' ביאת המקדש דאיירי לעבודה וכן בהביא דה' עיוה"כ דהיא לעבודה וביאר בה דצריכה לשמה לא תקשי כ"כ דודאי לא גרע מטבילה לקדש שכתב בפי"ב מה' אבות הטומא' דפסל' בה תגילה אבל בהך דמצורע הו"ל לבאר אם לא שנאמר דכיון שביאר שם טעמו של דבר משום דשמא נגומא וכו' סתמו כפי' משמע דפסלה בה תגילה וא"נ דכל שלא ביאר דלא פסלה תגילה סתם טבילה בדיעה משמע וא"נ דע"כ לא מבעיא לן אלא לר"י דהצריך לכל אדם אפי' שלא לעבודה כלל אי הוצץ וכו' אבל לרבנן אין כאן בעיא דודאי אפי' מצורע כיון דלצורך לקבל עבודת מתן בהונות בגופו נכנס פשיטא דטבילה הגונה בעינן דלא גרע מטבילה דלאכול קודש ועיין מ"ש בפרש"י דלקמן ד"ה חוצץ וכו' כנלע"ד לפרש דעתו ז"ל ושוב ראיתי להרל"ס שם בה' מחוסרי כפרה שהאריך בזה ומתוך מ"ש יתיישבו הקושיות שכתב יע"ש כי אין להאריך ומה שרצה לומר שם לדעתו דרבנן דר"י מצו סברי כב"ז דטבילה לעבודה מדאורייתא היא מכח ק"ו אין נלע"ד אלא דאפי' לעבודה מדרבנן היא כדי שיזכור וכו' דכן משמע ממ"ש בריש פ"ב מה' יוה"כ וכמ"ש הפר"ח שם אלא שאין דבריו ברורים אצלי ומשמע מדבריו דדעתו ז"ל לפסוק כר"י לגמרי וזה א"א מהטעמים שכתבנו יע"ש [(ולא ידעתי למה הרע"ב פי' למתני' כטעמא דב"ז כיון דלית הלכתא כותיה אלא דמעלה בעלמא היא)] והנה לדעתו ז"ל דלעבודה דוקא טובל אתיא שפיר מתני' דריש פ"ק דתמיד דקתני מי שהוא רוצה לתרום את המזבח משכים וטובל וכו' אמר להן מי שטבל יבא ויפיס וכו' דאלמא דוקא הנכנסים לעזרה להפיס לצורך עבודה צריך טבילה אבל שאר כהנים הנכנסים לשם הגם דהסיחו דעתם שישנו חוץ לעזרה כל הלילה אינם צריכים טבילה וכן פי' הרע"ב שם משכים וטובל שלא היה אדם נכנס לעזרה לעבוד עבודה אפי' טהור עד שהוא טובל ע"כ ולדברי רש"י והתו' צריך לפרש דלהוי דמסתמא לא היו נכנסי' בעת ההיא לעזרה אלא הנכנסים לפיס קתני הכי אבל א"כ דאחר זה בשאר היום מי שהיה נכנס אפילו שלא לעבודה היה טובל [(ודברי הרע"ב צריכים ישוב שהרי הוא כתב אמתני' דהכא דלעבוד' לאו דוקא ועיין בס' באר שבע שם בתמיד)] ושוב ראיתי בס' ידי אליהו קו"ג שהאריך והרחיב בפי' סוגיין בטוב טעם ישר ואמיתי וגם ראיתי שפי' דברי הרמב"ם כמ"ש אלא שנשאר לו ליישב הירושלמי לדעתו ז"ל דמאי דוחקיה להגיה המשנה לאוקמה כר"י לוקמה כרבנן דהלכת' כוותיהו ולימא דלעבודה דוקא אשר מפני זה יראה שכתב הרב המאירי ז"ל בחידושיו על הסוגייא וכן לא סוף דבר אם נכנס בעזרה לעבוד אלא אף נכנס בה שלא לעבוד ואעפ"י שנשארה כאן בספק בתלמוד המערב נאמרה כן להדיא עכ"ד וכמ"ש התו' לעיל אמתני' יע"ש ואפשר לדחוק ולומר דמשום דאפי' לרבנן הא איכא מצורע דצריך אפי' שלא לעבודה ומתני' סתמא קתני אין אדם וכו' לעבודה וכו' להכי אמרו בירושלמי דלא סוף דבר לעבודה אלא אף שלא לעבודה צריך נמי שרגיל בטומאה כמצורע. וא"ל עוד לדעתו דמה שלא הביא שם בה' ביאת מקדש בעיא דלקמן דמהו שיעשה סכין ארוכה וכו' דכיון דקיימא לן כרבנן ור"י דטבילה זו אפי' לעבודה מדרבנן היא להלכה קיי"ל דדוקא בנכנס ועבד בפנים הוא דצריך טבילה אבל בעומד בחוץ דמספקא לן לרבנן אי צריך פסקינן לקולא וזה לא הוצרך לבאר שהרי כבר כתב שם אין אדם נכנס לעזרה לעבודה וכו' דמשמע דוקא בנכנס בפנים הוא דהצריכו לא בענין אחר זולת ביאה במקצת שכבר ביאר בכמה מקומות בחי' דשמה ביאה עיין פי"א מה' ביאת המקדש ופ"ג דה' מעשה"ק הל' י"א ועיין בהרל"ס שם א"נ י"ל דגרים כגירסת הח"י תבעי לב"ז תבעי לר"י וכו' דהשתא משמע דלרבנן לא מבעיא לן כלל דכיון דפטרי בכניסה שלא לעבודה ה"ה דפטרו נמי לעבודה בלא כניסה דאתרתי בעינן להצריכו טבילה אבל לב"ז ור"י דמחייבי מדרבנן אף בכניסה שלא לעבודה מספקא לן לדידהו אי מחייבי נמי בעבודה בלתי כניסה זהו הנלע"ד והד"ק.

רש"י ד"ה **ולב"ז** וכו' והא מכ"ע וכו' דמסיפא דקתני ואחד כהן הדיוט שלא קידש וכו' דמשמע דקידוש דוקא מעכב ולא טבילה אין ראיה דאימא דמדלא נקט טבילה לא כתיבא וכ"ש קידוש דכתיב ש"מ דאפי' טבילה ראשונה נמי לא מעכבא דומיא דטבילות דכ"ע דבין בגדי קדש לבגדי קדש דקתני רישא דלא מעכבי אלא עיקר קושיא מדיו לבא מן הדין וכו' ומשמע דבריתא זו אליבא דב"ז נמי היא דמסתמא לא פליג אכולהו טעמי דאמרי אמוראי עליה דהך בריתא בפ"ב דזבחים י"ט ע"ב דמוכח מינייהו דטבילה לא מעכבא יע"ש ועיין בח"י וק"ל.

ד"ה **ששם** מצורעים וכו' שמכניסים בהונותיהן לעזרה ע"כ דאי בטבילות שבעי' איירי מה שייך לומר אלא כל אדם הנכנס לעזרה דמה ענין זה לזה ועיין בתו' ד"ה אי דלא טביל וכו'.

ד"ה **דדייש** בטומאה. בטומאה הורגל וכו' כצ"ל.

ד"ה **נימא** כרבנן וכו' במתני' קמייתא וכו' דרבנן דמדות כא משמע ממלתי' דרבינא דלעיל דפשיטא ליה דדוקא במצורע אמרו וזה אין נראה לו לומר דהשתא קאמר תלמודא דאע"ג דרבינא פשיטא ליה לאביי הוה מספקא ליה ותריץ ליה רב יוסף כפשיטותיה דרבינא דליגנא דתלמודא משמע דמלתא באפי נפשה היא ולא קאי אדרבינא כלל ועוד דמדסיים ר"י אלא כל אדם משמע דרבנן פליגי נמי בהא ועוד דמתני' דפ"ב דמדות דקתני סתמא לפונית מערבית היא היתה לשכת מצורעים משמע דבהם דוקא יש חיוב לא לאחרים ואפשר שלזה כיון ז"ל שכתב דפליגי עליה במשנה דמדות וכו' אע"ג דהא דלעיל בריתא היא ולא משנה כמ"ש בתו' ד"ה ר"א וכו' אבל רבנן דמתניתא קמייתא יש מקום להסתפק דס"ל לחייב אף בשאר אדם דהא מסיים בה בתוספתא דנגעים אמרו לו לא מן השם הוא זה אלא כל הנכנס לעזרה דרך שערי נקנור היה טובל ע"כ וכמ"ש בסוגיין ואפ"ה

מסיק דשאני נהו בין מצורע לשאר אדם דיש לפרש דלדבריהם דר״י קאמרי או דאיירי לעבודה או דומה לה וכמ״ש לעיל בש׳ הרמב״ם ע״ש וכן מדברי בתו״י ד״ה הא דטביל וכו׳ נימא רבנן דאמר מצורע שומד וכו׳ משמע שמסכימים לפי׳ ז״ל ומה שהקשו עליו בתו׳ שלפנינו עיין מ״ש שם ושוב ראיתי בס׳ תולדות יצחק שעמד בפי׳ דבריו ומ״ש שם לס׳ דלכ״ע צריך טבילה נטהור וכו׳ סוגיא דלקמן ודברי רש״י עצמו ד״ה מיבעי לרבנן הויא תיובתיה וק״ל.

בא״ד הלכך לא שנא טבל מבערב וכו׳ אע״ג דנקטי׳ דואצטרית אימא תני לא מצורעים וכו׳ רבנן דמדות נמי איירו אפי׳ בטבל מבערב על דעת ביאת מקדש מ״מ לא פשיטא לן לדידהו דהא לתי׳ אחרינא דאיירו בלא טביל על דעת ביאת מקדש אימא דבטביל מודו ליה לר״י משא״כ הכא דע״כ איירי בדטביל על דעת מקדש דאי שלא לדעת לא הוה פליג ר״י בהא דודאי צריך טבילה אחרת והו שהיה מכריאו לומר דכב״ז ס״ל דכיון דמדאורייתא הוא אין לחלק דהא דומיא דכ״ג דאיירי על דעת מקדש מייתינן בקי״ו וכמ״ש בתו״י יע״ש או דילמא דס״ל דטבילה זו מדרבנן דוקא במצורע ואפי׳ טבל לדעת משום דדיש וכו׳ ולפי׳ דייק שפיר דנקט ב״ז ולא ר״י עיין בתו׳ וגמלא לפי׳ זה דלמסקנא הייגו דאית בין רבנן לר״י דלר״י בשאר כל אדם חוץ ממצורע אפי׳ טבל לדעת חוזר וטובל בכל יום ליכנס לעזרה דהא אסח דעתיה ולרבנן דמתני׳ קמייתא ודמדות לא תקנו רבנן טבילה אלא במצורע דוקא אפי׳ טבל לדעת ואפי׳ לא הסיח דעתו מטעמא דדיש וכו׳ וכמ״ש הרמב״ם רפ״ד מה׳ מחוסרי כפרה וק״ל.

תוספות ד״ה **ר״א** לא מצורע וכו׳ לפרש״י וכו׳ דפליג אסתמא דרישא וכו׳ ומה גם דכוי מצי לאתויי הך דהכא שנאמרה קודם בפ״ב דמדות ולא מההיא דהתם דכל העזרה היתה וכו׳ דקתני לה בפ״ה אלא דמה שנראה מדבריהם דהך דלשכת מצורעין וכו׳ ר״א וכו׳ דמתניתין היא דהיינו דלפי דבריהם אלימא להו הך מברייתא דמזבח ממולא וכן נראה בהדיא ממה שכתבו בתו׳ שאני הכא דפליג בהדיא במשנה וכו׳ הנה בגי׳ מדות שלפנינו לא גרסינן ר״י כלל אלא סתמא קתני לפונית מערבית היא היתה לשכת מצורעים וכדמייתי לה תלמודא לעיל ר״ע ע״א והנה אע״ג דגם לפי׳ רבותיו דרש״י דלעיל יש מקום להקשות נמי דאמאי פריך לעיל דלא מצית לומר דסתמי דמדות ר״י ממאי דסבר דמזבח ממולא ולא פריך מהך אלא דמשום דלרבותיו התו׳ פשוט דבמדות גופיה במאי דאשכחן דפליג פליג אבל אסתמי לא פליג משו״ה לא הקשו אלא לפרש״י דס״ד דמצינן למימר דסתמא דתמיד ר״י מהא דפליג במשנה אסתמי דמדות וק״ל.

ד״ה **אי** דלא טבל וכו׳ אלא במחנה שכינה וכו׳ שהרי טומאה שרץ הוא כדבסמוך שמותר ליכנס במחנה לויה ועיין בתוספות פ׳ אלו דברים ס״ז ע״ב ד״ה שכן עושה וכו׳ ומ״ש מדנכנסו לו מחוסרי כפורים וכו׳ ובפ״ק דכלים תנן דאינו נכנס לעזרת ישראל וה״ה דהוו מצו למימר דהרי לשכה זו במחנה לויה היתה בעזרת נשים כדתנן במדות וכמ״ש בסוף דבריהם וק״ל. ומ״ש י״ל דהכי פריך וכו׳ ל״ל דמייל וכו׳ ולעד״ן לפרש דהכי פריך דמדקתני לא מצורעין וכו׳ אלא כל אדם משמע דקתני מצורע דומיא דכל אדם שטובלין ליכנס מיד לעזרת ישראל והיאך יכול ליכנס היום הא בעי הערב שמש והבאת קרבנותיו ושוב ראיתי שכ״כ בשכ״י וק״ל. ומ״ש ובפ״ק דכלים וכו׳ שאין שום טבול יום וכו׳ לשון המשנה שם שאין טבול יום וכו׳ אלא הוסיפו מלת שום לאפוקי מפרש״י פ״ק דיבמות ז׳ ע״ב דס״ל דטומאת שרץ וכו׳ נכנסין למחנה לויה ולדידיה צריך לפרש מתני׳ בטבול יום דבעל קרי דוקא אלא דלא משמע להו לפרש כן דלכל טבול דאיירי התם לעיל איירי נמי הך וכמ״ש התוס׳ שם ומ״ש ולשכת מצורעים וכו׳ עיין בתוי״ט פ״ב דמדות ובספרו צורת הבית סי׳ ע״א וק״ל.

ד״ה **היסח** הדעת וכו׳ נ״ל הגון דלא אסחו דעתייהו ע״כ כלומר מטומאת מת הגם דהסיחו דעתם מטומאת שרץ כדאיתא ר״פ פרק טבול יום ל״ט ע״א דודאי היסח הדעת פוסל בקדשים בכל מין טומאה שיהיה לטבילה או להזאת ג׳ וז׳ דחיישינן שנגע במת כמו שפרש״י וכמו שפסק הרמב״ם ז״ל ר״פ פי״ג מה׳ אבות הטומאות ועיין בתו׳ שם שכתבו היסח הדעת פוסל בקדשים

והא דנקט אונן משום דרגיל לאסוחי וכו׳ ור״י נמי הכי קאמר דהיסח הדעת בכל הטמאין מצריך הזאה משום חששא ז׳ ועיין בתי״ו וכמ״ש שם וק״ל.

ד״ה **נימא** רבנן וכו׳ א״נ מאי מספקא ליה וכו׳ לפי מ״ש בפי׳ רש״י יש לתרץ דאביי מבה מאי דמסיים בתוספתא דמשמע מינה דלרבנן דמתני׳ קמייתא ה״ה שאר כל אדם משום הכי הוה ס״ל דיש מקום לומר דפליג אהכיא דמדות דלפרש דלדברי ר״י קאמרי דהיקא ניה מלתא ואין הסוגה בכאן לומר תרי רבנן מסברא דהא לא מצינו אלא הכיא שגיות אליבא דב״ז ואידך דמדות סב׳ פליגות היא ואע״ג דתרוייהו פליגי עם ר״י ומשמע דחד תנא ניגהו וכמ״ש בס׳ שארית יוסף בנתיב המתרץ בכלל ז׳ מ״מ הכא דאשכחן בר״ש סוגיין דב״ז פליג אדר״י אינו רחוק לומר דברייתא קמייתא דמשמע מינה דה״ה שאר כל אדם ב״ז היא ודו״ק. ומ״ש משום דעיקר לשכה וכו׳ א״נ נקט מצורע וכו׳ א״נ דוקא נימא וכו׳ עיין במהרש״א והנה לכאי תירוצי אביי אתרתי מתנייתא קאי דנימא דס״ל כב״ז וכו׳ וטעמא דנקט דקתני מצורע לאודיעך וכו׳ חד מתרי טעמי נקט משא״כ לתירוצא דבסמוך דל״ל דאביי אברייתא קמייתא דוקא קאי דהכיא דמדות כולה ר״י אבל כותא דאידך נמי לא פליג אהך כפרש״י ודו״ק.

ד״ה **כבן** זומא וכו׳ ה״ה דהו״א וכו׳ דלא מסתבר להו לפרש דמשום דמשמע דמדרבי טבילה במצורע אפי׳ טבל מאתמול על דעת מקדש להכי נקט ב״ז דהא הכא לא איירי אלא מאי ס״ל בשאר כל אדם וא״כ נימא כר״י הגם דפליגי עליה במצורע ועיין מ״ש בפרש״י ולא ניחא להו לתרץ דנקט ב״ז משום דמחייב מדאורייתא דהא במאי דאיירינן בשאר כל אדם דהיינו שלא לעבודה אפי׳ לב״ז הוי מדרבנן כמ״ש לעיל ד״ה ומה המשנה וכו׳ ועיין בתי״ו ומ״ש שם וק״ל.

דף ל״א ע״א גמרא **ביאה** במקצת שמה ביאה וכו׳ אע״ג דאביי ידע לה כך ברייתא דפשט מינה כדמוכח לעיל ועוד דמתני׳ היא בנגעים דמצורע טובל וכו׳ י״ל דמספקא ליה דדילמא דוקא במצורע החמירו להחשיבה כביאה משום דדיש בטומאה ואע״ג דלר״י אין צריך היינו דקתני טעמא שבכבר טבל וכו׳ אבל כשלא טבל אפשר דס״ל דדוקא במצורע הוא דהצריכו טבילה אפי׳ למקצת ביאה ופשיט ליה רב יוסף דודאי בזה אין לחלק בין מצורע לשאר כל אדם וכמ״ש התו׳ ועיין מ״ש שם ובשכ״י ראיתי שתי׳ דלפי מה שהביאו התו׳ מדברי רש״י דלר״י דוקא בעי אפשר דאביי מספקא ליה במאי דקאמר ר״י שכבר טבל מבערב אי ס״ל השמש ביאה וכו׳ דאי לא טבל משמע דצריך או נאמר דס״ל לא שמה ביאה ור״י לדבריהם קאמר ע״ד מה שכתבתי בתו׳ יע״ש ופשיט ד״ל דלכ״ע שמה ביאה ור״י אליבא דנפשיה קאמר דאם לא טבל צריך ומינה דה״ה לכל אדם דבזה אין לחלק וק״ל.

רש״י ד״ה **חוצץ** וכו׳ גר״י וכו׳ דלב״ז לא שייך למבעי דכיון דלדידיה טבילה דאורייתא היא לכל אדם כמ״ש לעיל ד״ה נימא רבנן וכו׳ פשיטא דפסלה בה חציצה ואפי׳ נפרש כותו דמשום דלא דאורייתא קאמר דמדאורייתא ממש לא אפשר דאי מקיא איכא למפרך כמ״ש התו׳ לעיל ד״ה ומה המשנה וכו׳ להא נמי פשיטא דכיון דאורייתא תקון ואימא דלהטבר עצמו יותר לקדושת המקום הותקנה דכיון דטבילה שטבל אסח דעתיה מינה חיישינן דילמא נגע בדבר המצריכו טבילה והיסח הדעת פוסל בקדשים וכיון שכן פשיטא דפסלה בה חציצה דומיא דטבילה דכלים לקדש דבעינן טבילה חשובה כדאיתא בר״פ חומר בקדש וכמ״ש יתורץ מה שהקשו עליו בתו׳ יע״ש וק״ל.

ד״ה **מהו** שישטה וכו׳ ויושיט ידו לפנים וכו׳ כלומר הסכין אשר בידו אבל הוא עומד כולו בחוץ דאלת״ה הו״ל ביאה במקצת דאפסיק לעיל דשמה ביאה וכן מוכח בר״פ כל הפסולין דסכין ארוכה היינו שאינו מושיט אבריו כלום לפנים וכן ראיתי שכתב בשכ״י דלאו דוקא קאמר ועיין בתי״ו וק״ל.

ד״ה **תיבעי** גב״ז דמחמיר בה ע״כ בין דס״ל דלעבודה מדאורייתא ובין דמחמיר מדרבנן שלא לעבודה בכל אדם אפי׳ במצורע שטבל מבערב דאימא דע״כ לא מחייב מדרבנן לשאר כל אדם אלא לגופו וכו׳ דבחיובא מדאורייתא ליכא לספוקי בהכי דהא דומיא דכ״ג שנכנס לפנים לעבוד בעינן ומכ״ש דחיבנו

לר״י דקילא ליה דמדרבנן וכן דבמלורע א״ל דודאי יש גלדד ולומר דעי״כ לא הלריך בשאר כל אדם אלא לגואי וכו׳ ועיין בתו״י שכתבו גירסא דגרים תבעי לר״י יע״ש וק״ל.

תוספות ד״ה **חוצץ** וכו׳ לר״י וכא דקא מבעיא ליה וכו׳ דבשלמא לפרש״י כיון דלזכור טומאה היא שיפרוש מלבא בעזרה וגא לטהר פשיטא דלא דמיא לשאר טבילות דר״ח דבר שבאו לטהר אבל לפי׳ דב״ז נמי קא בעי ולדידיה יש מקום לפרש דלזרזו ולטהרו יותר שמא יעבוד תקנה א״כ מאי שנא מ״ח דבר דאיכא נמי לטהר ותי׳ שפיר דלא דמו דהכא אין לגו בו חשש טומאה המונעו מליכנס אלא מעלה וחומרא היא משא״כ ב״ח דבר וכיוצא דים בהם קצת חשש טומאה וכגון ההיא דסוף פ״ג דחגיגה דשמירת אוכלי תרומה אינה חשובה שמירה לאוכלי קדש מלד חשש טומאה יע״ש.

ד״ה **ותניא** וכו׳ לפרש״י שפי׳ דלר״י מבעיא וכו׳ אין זה מבואר בדבריו אלא מכח פי׳ בבעיא דלעיל קאמרי וכבר אפשר לפרש דהכא ס״ל לרש״י ז״ל דאפי׳ לב״ז קא בעי בין אי ס״ל דטבילה זו מדאורייתא או מדרבנן אי אמרינן דביאה במקלת מלריכו טבילה מדרבנן דמדאורייתא לא קמבעיא לן דהא לא פסיקא לן מלתא כדמשמע בריש כל הפסולים ועיין בהרמב״ם פ״ג בה׳ ביאת מקדש דין י״ח ובמ״ש הכ״מ שם ובלשון רש״י דפ׳ כילד לולין פ״ה ע״ב ד״ה עומדין וכו׳ ועוד דומיא דכ״ג ביוה״כ בעינן שהיה נכנס כולו בפנים וק״ל. ומ״ש י״ל אעפ״י כן פשוט וכו׳ הא דלא תירלו בפשיטות דמדקאמר ר״י שכבר טבל מבערב מוכח דאל״ה היה לריך טבילה למקלת ביאה משום דא״כ הו״ל לאתויי כך דהוי עיקר ראיה אלא ודאי משמע דמהא לא מכרעא דא״ל דלדבריהם קאמר לדידי א״ל טבילה בכל גוונא דביאה במקלת היא אלא אפי׳ לדידכו אודו לי מיהא דבמלורע א״ל שכבר טבל וכו׳ אבל לתי׳ אתי שפיר דאע״ג דלרבנן חמירא להו מלורע משום דדייש בטומאה הייגו להלריכו טבילה שניה אבל לענין ביאה במקלת אי בשגגה ס״ל דלא חשיב ביאה אפילו מדרבנן ה״ה כאן אלא משמע ודאי דרבנן עבוד מעלה אפי׳ לביאה במקלת דהיחשב ביאה לענין טבילה בתיקנו בביאת מקדש וא״כ ה״ה לר״י וכו׳ וק״ל.

ד״ה **וכולן** בקדש וכו׳ תמאי לא פריך ממתני׳ דפרקין וכו׳ וי״ל מאי נ״מ וכו׳ וכו״ל דאי מהכא יש לדחות דדלמא בשעת בנין קדשו גג בית הפרוה משום לורך טבילה לכ״ג וכדרך שכתב הרב בנלאל ז״ל בהגהות תמיד הובא לשונו בס׳ דרך הקדש ה׳ א׳ יע״ש אבל אמתני׳ דמ״ש דקתני הלשכות וכו׳ ליכא לשנויי הכי ומה שניגע לענין קושייתם ותי׳ עיין מ״ש שם י״ו ע״ג ובס׳ חנוכת הבית אות כ״ז והנה מה שגראה מדברי התו״ע פ״ה דמדות ד״ה ועל גגה דמשום דבית הפרוה היתה בנויה בקדש חוך העזרה להכי נתקדש גגה יע״ש לא זכותי להבין דהא בפ׳ כילד לולין פריך לרב דאמר גגין לא נתקדשו מהא דתניא דגג היכל קדש ואם איתא שאני התם דהיכל ודאי נתקדש וע״כ לא קאמר רב אלא בגגין של לשכות הבנויות בחול ופתוחות לקדש יע״ש וק״ל.

ד״ה **אמה** על אמה וכו׳ וא״ת וא״כ היה עין עיטם גבוה יותר וכו׳ מלד שבית הטבילה היה ודאי גובהו יותר מג׳ דאפי׳ חימא שיכוף ראשו לתוכו מ״מ בהכנס לתוכן המים לפים למעלה יוצאין לחוץ ותי׳ דודאי עין עיטם לא היה אלא כ״ג שדופני הטבילה מבחוץ לא היו אלא ג׳ אמות אלא שבחקק שתבפנים היה יותר מג׳ שקרקעה לא היה שוה לדפנות שמבחוץ וק״ל.

ע״ב מתני׳ **ואת** החביתין וכו׳ כתב בתוי״ט תימה דלא תנן והסולת והרמב״ם העתיק ג״כ המשנה כלשונה בפ״ג מה׳ עיוה״כ עכ״ד הנה הרמב״ם שם וברפ״ד שם במקום והיין העתיק והנסכים שהוא שם כולל ליין ולסולת כמו שהקדים בפ״ד מה׳ מעה״ק וכ״כ התוי״ט בפ״ד דזבחים יע״ש ומעתה להרמב״ם נגי׳ שבידינו ל״ק מידי ואמתני׳ יש ליישב דנקט יין וה״ה סולת הקודם לו ולחביתין וכדתנן לעיל פ״ב והקרבים והסולת והחביתין והיין דליכא למיטעי בהא וכן הרב המאירי כתב וכן מנחת התמיד אעפ״י שלא הוזכרה כאן ומה שרלה לתרץ בס׳ לחם שמים דהחביתין שם כולל לסולת ותביתין ולכתחלה מערבין והביא מתני׳ דפ״ט דמנחות עיין בתוי״ט שם דבנתערבו ייגות דוקא איירי יע״ש

כי אין להאריך בזה אבל תי׳ יכול גואמר שכ״כ התו״י לקמן דף ל״ג ד״ה ואת החביתין יע״ש ועיין בס׳ מ״י פ״ז ב׳ וק״ל.

גמרא **והא** איכא אמה תקרה וכו׳ דס״ד דהי היכי דתנן פ״ד דמדות גבי היכל אמה תקרה וכו׳ הכי נמי היה כאן ע״ג שער המים להגין מפני לחלוחית המים וכמו שפרש״י וק״ל.

שם אמרה רבנן וכו׳ הא דלא כר״מ וכו׳ ופליג בסיפא וה״ה הכא ברישא והגם דאיכא למטעי דטעמא דר״מ כדאמר גהו ר״מ ודהכא לא מלריך ר״מ אלא חד קדוש אלבישה מ״מ תנא לא חייש לאשמעינן אלא מלתא דרבנן דהלכתא כותייהו ודאפי׳ אפשיטו׳ דבגדי קדש שכבר קידש קודם לבישתם לריך לקדש ג״כ קודם פשיטו׳ והיינו דאייתי עיקר פלוגתייהו לקמן וא״נ דהו״א דדוקא הכא מלריך ר״מ קידוש אחר פשיטה להיות שפשט בגדי חול אבל כשפושט בגדי קדש אימא דמודה לרבנן דגם בקידוש ראשון כשהוא לבוש מקדש שאם אתה אומר אחר פשיטה יש כאן גנאי לבגדים שפשט קמל״ן ושוב ראיתי בתו״י ובהריטב״א שהרגישו בזה לקמן יע״ש והגם דאע״ג דאי ר״מ תרי קדושי אלבישה ס״ל הו״ל להלריך גם קידוש ראשון אחר הטבילה וחד קודם לבישה וחד אחר לבישה י״ל דודאי גם להך פי׳ אית ליה דרשא דופשט ורחץ וכו׳ אלא דפליגי בטעמא דמלתיה וא״נ גזירת הכתוב הוא דקידוש ראשון יהיה סמוך לפשיטה מיד ואעפ״י שהוא לורך לבישה שאחר טבילה וק״ל.

שם ופשט ורחץ ורחץ ולבש וכו׳. הגם דבגי׳ דפוס ויניליא גרסי׳ ופשט ורחץ ולבש וכמו שהגיה מהרש״א הגה אין לורך למחוק גי׳ שלפנינו דהיא גי׳ רש״י ותו׳ כנראה מדבריהם וכן לקמן ל״ב ע״א.

שם ר״מ סבר מקיש פשיטה וכו׳ מה לבישה לובש וכו׳ כדליף לקמן וכמו שפרש״י והא דכתב קרא רחילה קודם לבישה גלמדינו דקאי אתרוייהו ומ״מ ס״ל לר״מ דופשט ורחץ כפשטיה הוא דפשיטה קודם לקידוש דאי משום היקישא אדרבא להכי הוא דאתא שלא תפרש דה״ק ורחץ קודם פשיטה וקרא לאו דוקא אלא הכא דוקא קאמר דהכי אקשינן מה לבישה לובש ואח״כ מקדש וכו׳ ומה גם דבהכי ניחא לן טפי דאיכא היכרא דקידוש זה משום פשיטה הוא דלמשמעותו בעודו לבוש אין כאן היכר כ״כ ישיכיה משום לבישה שאחריו ליכא למיטעי כיון שעושה אותו קודם טבילה ורבנן סברי דהי היכי דורחץ ולבש לאו דוקא הכי נמי ופשט ורחץ ואדרבא להכי אתא היקשא דלא תפרש כלפי זה קרא כדכתיב ופשט והדר ורחץ אלא יש לך להקדימו ללבישה דאף כאן כשהוא לבוש מקדש ומה גם דבהכי עדיף טפי שלא יעשה קידוש שהלריך בו הכתוב מקום קודם כשהוא עומד שלא בבגדי קדש ושוב ראיתי להתו״י והריטב״א שהרגישו בזה יע״ש.

רש״י ד״ה **וקידש** ידיו ורגליו מן הכיור וכו׳ הקושיא מבוארת דלקמן מ״ג ע״ב תנן והוס מן הקיתון של זהב וכן ראיתי להתו״ש שכתב דלא דוקא יע״ש וכבר אפשר ליישב דס״ל דעבודה ראשונה השוה לכל יום לא חילקו שתהא נעשית בקיתון כי היכי דלא ליתי למטעי בשאר יומות השנה לעשותה כן דהא קולין כת״ק דר״י שם דבשאר ימים מקדש מן הכיור בכל אחיו הכהנים ושוב ראיתי דפלוגתא היא בירושלמי לקמן פרק טרף בקלפי ומשמע ליה ז״ל לפסוק כמ״ד חוץ מקידוש ראשון דהכי רהטא סוגיין דפ״ב דזבחים כ״ב ע״א יע״ש וכמ״ש בספר קרבן העדה שם ועיין מ״ש הפר״ח ז״ל בה׳ עוה״כ פ״ג וגם׳ ע״י ס״ט ע״א וגם׳ לחם שמים על משניות וק״ל.

ד״ה **חד** אפשיטה וכו׳ קידוש ראשון שלפני כל טבילה וכו׳ כנ״ל.

ד״ה **והתניא** וכו׳ וגבי טבילה וכו׳ כנ״ל.

תוספות ד״ה **כדאמר** ר״כ וכו׳ שלא יטמא וילבש וכו׳ כלומר שלא יטמא ללבוש בגדי זהב עם בגדי בוץ וגם בשאר עבודות היום כדרך שהוא עושה עתה לעבודה זו הראשונה השוה לכל ימות השנה לכך פורסין עתה סדין של בוץ להודיעו דשאר העבודות אינם אלא בבגדי בוץ לבד ולא עם בגדי זהב וק״ל.

ד״ה **ופשט** וכו׳ וי״ל התם לא שייך וכו׳ אבל אי הוה כתיב תרי זמני ע״ב דאתרוייהו קאי וכמ״ש התו׳ שם באתהו גשך יע״ש ונראה דעיקר הכל משום תקום דלא שייך אפני

וגא אזקן אבל והדרת מלינן למימר דקאי אשיבה כדכתיב והדר זקנים שיבה וק"ל.

דף ל"ב ע"א גמרא **אלא** לרבנן תשעה הוו וכו' כי פשיט וכו' יש לדקדק דמעיקרא מאי קשיא ליה הא מתני' היא לקמן סוף פרק בא לו עי' ע"א דלאחר גמר עבודה קידש ידיו ורגליו ופשט הביאו לו בגדי עצמו ולבשם ועוד מאי עביד ליה התם דקאמר דהא ודאי דקידוש במקום קדוש הוא ושמא י"ל דס"ד דוקא כשפושט ולובש לעשות עבודה אחרת הצריך הכתוב מקום קדוש אף אקידוש דפשיטה אבל קידוש זה דאינו עושה יותר אימא דלא צריך מקום קדוש דבגשתם אל המזבח כתיב בקרא דכיור ואנן גמירי עשרה קידושים דכולם במקום קדוש ותריץ דאה"נ דקידוש בתרא כי פשיט וכו' דכיון דלכבוד בגדי קדש שפושט היא עושה עביד ליה התם במקום קדוש כשאר הקדושין א"נ י"ל דה"ק דאנן גמירי עשרה קידושין לחמש טבילות אחד קודם טבילה ואחד לאחרי' ובקידוש בתרא אין כאן טבילה [(דמ"ש לקמן שם ירד וטבל וכו' ט"ס הוא כמ"ש הפר"ח בפ"ב מה' עיוה"כ יעי"ש)] ותריץ דלעול' רבנן גמירי להו דאיכא עשרה קידושין אבל לא שיהיו לחמש טבילות וא"כ מהשתא י"ל דקידוש בתרא הוי בכלל שהרי הוא במקום קדוש ופי' זה יש לדייק קצת מדברי התוי"ט ז"ל שכתב עשרה קידושין לחמש טבילות ע"כ וק"ל.

שם ת"ר ובא אהרן למה הוא בא וכו' שאין הנה קושיותיו למה הוא בא דמה שייך לשון ובא כיון דהתם קאי וכמ"ש התו' וכן גא פי' הכתוב מה הוא בא לעשות כי כבר נגמרו עבודותיו וכמו שפרש"י דלא ס"ל השתא להוציא כף ומחתה דכיון דהתם קאי לא שייך ובא ותרין דלעולם לזה בא ושייך לשון ובא מפני שכל הפרשה וכו' הון מפסוק זה שקדם לו ללאת לעשות עולתו וכו' ועתה הוא בא להוציא כף ומחתה אבל אם נפרש דל"ק ליה אלא מה בא לעשות שם לא ניחא כל כך לישנא דשכל הפרשה וכו' דמשמע שזה מכריחנו לפרש דהיינו הוצאת כף ומחתה אלא היה צריך לגרוס וכל הפרשה וכו' וכגי' הת"י דהשתא מלתא באנפי נפשה היא וכן משמע מלשון ת"כ דגרסי' התם ובא אהרן כל הפרשה כולה אמורה על הסדר חוץ מפסוק זה ובא אהרן וכו' ולמה בא כדי להוציא וכו' יעי"ש והאמת דלגירסא זו דייק שפיר הא דקאמר ר"א מ"ע וכו' דלגי' שלפנינו דצריך לפרש דמדכתב ובא אע"ג דהתם קאי זה מכריחנו לומר שנכתבה שלא כסדר מאי מ"ע דקאמר וכבר הרגישו התו' בזה יעי"ש וק"ל.

שם תניא א"ר וכו' הא למדת וכו' וה"ה מחוץ לפנים כדפרש"י וכלומר דהשתא ס"ד דכ"ג לפנים דהמיר טפי אבל למאי דמסיק לקמן דאדרבה א"ל דבגדי זהב חמירי נ"ל מחוץ לפנים מדר' ויראה דלהכי קאמר אמר רבי ולא רבי אומר כדקאמר רהב"ש אומר משום דאע"ג דר' פליג אדרשא דר"י דנ"ל מקרא אחרינא מ"מ ר"י מודה לדרשא דר' לענין מחוץ לפנים אלא דלא משמע ליה דרשא מבגדי קדש למיגמר מהכא כולה מלתא אבל בת"כ פ' אחרי מות הגי' רבי אומר והכי איתא התם ר' אומר וכי מכאן אני למד והלא כבר נאמר קדש הם ורחץ במים את בשרו ולבשם מלמד שהמשנה מבגדי זהב לבגדי לבן ומבגדי לבן לבגדי זהב טעון טבילה ע"כ וה"ק וכי מכאן מדרשא דר"י אני למד הרי מהכא אין ללמוד כלל אם דאיצטריך לקידושין כדמסיק התם ולקמן ואם דמהתם אין ללמוד אלא למשנה מבגדי לבן לבגדי זהב ואפי' ר"י נמי צריך הוא ללמוד מכאן למשנה מבגדי זהב לבגדי לבן וכיון שכן טפי ניחא למילף מהכא כולה מלתא דלהכי כתב בגדי קדש הם ורחץ ללמדינו שבכל מין חילוף בגדי קדש צריך טבילה ואפשר דר"י דריש בגדי קדש להקיש כל הבגדים אף של אחיו הכהנים שיהיו משל קדש כדאיתא בת"כ ריש פרק המ' ור' סבר דהתורה שמע מינה דבגדי קאי אטבילה בין למאי דקאמר קדש ילבש דהיינו שיהו באים משל קדש ובין למאי דכתיב בתריה ורחץ במים וכו' ועוד ראיתי בס' קרבן אהרן שפי' כמ"ש יעי"ש וק"ל.

שם וחמש עבודות וכו' אילו ואיל העם בבגדי זהב וכו' בת"כ שם הגי' אילו ואיל העם ושבעת כבשים התמידים וכו' ועיין בתוס' דלעיל ד"ה לא משכחת וכו' וכמ"ש שם.

שם אי מה להלן קידוש אחד אף כאן קידוש אחד וכו' כלומר דלגבשה שבכל טבילה וטבילה ומנין להצריך קידוש גם לפשיטה אלא דבירושלמי דפרקין הגי' אי מה להלן אחת כל היום אף כאן אחת כל היום וכו' ולריכה יישוב דמ"ש בכל פעם שהצריך הכתוב טבילה יש להצריך מיהא קידוש אחד מק"ו דבשלמא מתירולא דמלתא לא תקשי מידי דה"ק דמאחר דהצריך הכתוב קידוש גם לפשיטה תו ליכא למימר דפעם אחת דוקא יהיה צריך ב' קידושים דכיון דאפיקתיה מקידוש אחד כל היום יש לך לומר דבכל טבילה צריך ב' קידושין חד אפשיטה וחד אלבישה ויש ליישב דה"ק אי מה להלן אחת כל היום דלא הצריך קידוש במים קדושים אלא בתחלת עבודתו דוקא אף כאן אין להצריך יותר דדיו לבא מן הדין וכו' דהגם דהצרי' כאן טבילה בכל פעם במשנה עבודה לא ימשך מזה להחמיר בכל פעם לקדש במים קדושים דדוקא בתחלת עבודה דין הוא להשוות עבודת היום לתחילת עבודת של כל השנה מדהצריך בה טבילה לא בכל פעם ופעם ועיין בת"י ד"ה מקום שטעון וכו' ועיין בספר קרבן אהרן בת"כ שם שכנראה דגם בגי' תורת כהנים הוה גרים כגי' הירושלמי יעי"ש ודו"ק.

שם מה ת"ל אשר לבש כלום וכו' יש לדקדק דהא מהכא מוכח רבא לקמן עא ע"א דפרשה נאמרה שלא כסדר דזה דוחק לומר דרהב"ש ס"ל כדמשמע מפשטא דמלתא דרב חסדא דלעיל דמכה מאי דגמירי הל"מ דחמש טבילות וכו' הוא דקתני ברייתא דנאמרה שלא על הסדר ורבא ס"ל כר' דנפקא ליה קידושין מופשט ורחץ וכו' דהשתא אייתר ליה אשר לבש למאי דקאמר וי"ל דלרבא נמי אתיא הך דמשמע דגילוי מנתא בעלמא היא דהא קיל"ן כבר מהל"מ דבעי' עשרה קידושין אלא דמהדרינן סדר עשייתן כמ"ש התו' לעיל ד"ה גמירי וכו' גבי טבילות יעי"ש והא דקאמר אי מה להלן קידוש אחד וכו' אילו לא נאמרה הלכתא קאמר דהשתא כיון דלפי האמת מקרא זה לא בא ללמדנו להצריך יותר מקידוש אחד דמהלכתא גמירי להו אלא דילפינן מיניה בגילוי מילתא דקידושין אלו חד אפשיטה וחד אלבישה א"כ אינו רחוק לומר מעתה דעיקר קרא דאשר לבש לדרשא דרבא איצטריך וכדלך זה היה אפשר לתרץ קושית התו' ד"ה מה לבישה וכו' דכיון דעיקר קידושין הלכתא גמירי להו כל כי האי גא השיב מלתא דאתיא בק"ו ויכולה ללמד אפשיטה דבשלמא לדעת הת"י לעיל דטבילות לא הוזכרו בהל"מ אלא שינוי עבודות דוקא ומקראי הוא דמוכחי' טבילות וקדושין ע"כ דקרא דהכא דרשה גמורה היא אבל להתו' דס"ל דהוזכרו טבילות ומשמע דה"ה קידושין כדקאמר מעתה ע"כ דלדעתם קרא דהכא לאו דרשה גמורה היא ומעתה לא תיקשי כ"כ מההיא דאיהו מקומן ועיין בתחלת הגהת הריטב"א ושוב ראיתי להת"י לקמן שם שהרגישו בקושיין דרבא ותי' באופן אחר יעי"ש וז"ל סמ"ג סוף עשה ר"ע ואמר רב חסדא שם גמירי חמש טבילות ועשרה קידושין ומסמיכן שם אמקראות וכו' ע"כ ודו"ק.

שם אלא להקיש פשיטה ללבישה וכו' בירושלמי דפרקין מסיים בה אמר ר' מנא לא מסתברא אלא חילופין הקיש לבישה לפשיטה מה פשיטה בקידוש ידים ורגלים אף לבישה בקידוש ידים ורגלים ע"כ וצריך יישוב דהא לבישה דוקא ילפינן מק"ו מקידוש של כל יום לא פשיטא וכדאיתא שם לעיל הכל מודים בקידוש ראשון שהוא לבא וא"כ היאך אפשר להקיש בהפך ומה שפי' בספר קרבן העדה שם מה פשיטא בקידוש ידים ורגלים שנאמר ופשט ורחץ אף לבישה בקידוש שכ"ד לא ידענא מאי קאמר דהא אנן לרהב"ש דלית ליה דרשא דר' דופשט ורחץ לקידושין אלא לטבילות וכר"י וכמו שפרש"י בסוגיין וכדמוכח התם בירושלמי קיימינן וזה פשוט וכעת דברי הירושלמי צ"ע.

שם א"ר מנין וכו' הגם שמן הראוי היה לומר אמר מר ר"י וכו' כדרך התלמוד בכל מקום הנה כבר כתב בספר הליכות אלי בכללי האלף אות פ"א דכיוצא בזה מצינו בפ"ק דתענית דף ג' ופרש"י שם דהוי כעין אמר מר ועיין עוד בכללי שמואל שבס' תומת ישרים באות גימ"ל מלת גופא שהאריך שם ומייתי נמי בכיוצא בזה מפ' המוכר את הבית יעי"ש ויותר מזה תמלא בפ' כדר ס"ד ע"ע דקאמר איני האמר רב נתנן וכו' ולא קאי אמאי דתרין התם אלא אפרושי ברייתא דאייתי דקתני ולמדנו שאין מפירין נדרים לא רכוב וכו' [(ושלא כפי' שהאליא בספר קרבן נתנאל על הרא"ש שם עיין עליו)] אלא דקיק על רש"י

ז"ל דאמאי לא פי' הכא מאי דפי' לקמן אמלתיה דר' לפרושי מתני' דלעיל קא מהדר וכיוצא בזה הקשה בס' הליכות אלי אמאי לא פי' כן רש"י שם בההיא דלעיל דפריך שפיר קאמר ר"א יעו"ש וי"ל דבזה לא חשש לפרש דכיון דלא הפסיק במלתא אחריתי י"ל דלא הויא תלמודא כ"כ לומר אמר מר משא"כ בכא דר' דהכא ובההיא דר"י דהתם דכבר הפסיק למלתא דבריתא דאייתי ומש"ה השמיענו ז"ל הכא והתם דהוי כעין אמר מר ומה גם הכא דיש לטעות דאהא דקאמר אלא נפקא ליה מדר' קמהדר וק"ל.

רש"י ד"ה **למה** הוא בא אל ההיכל וכו' אף במקרא זה וכו' עיין בס' קרבן אהרן פ' אחרי מות דפי' דבריו עם מ"ש בסוגיא דהרחתי מקשה יעו"ש ולא משמע שכיון לזה אלא נלענ"ד דה"ק הרי נגמר עבודותיו דהוצאת כף ומחתה לא משמע דמקריא עבודה להצריך גה טבילה בפני עצמה וכמ"ש התו' ואפי' תימא דצריך כל כי האי הו"ל לפרושי בהדיא ובמקרא זה לא פי' מה יעשה לשם יתרין דלעולם להוציא כף ומחתה ולא הוצרך לפרש דממילא משמע דכיון דכתיב לעיל מיניה ונתן את הקטורת על האש וכו' ולא הזכיר דשוב לקחה משם דאין סברה שעזבה שם עד שיכלה כל הקטורת דהרי היה ממהר לצאת הואיל שלא היה מאריך בתפלתו כדלקמן וא"כ סתמו כפי' משמע דובא וכו' היינו להוציא כף ומחתה של הקטורת שהזכיר והיינו דפי' בסמוך אינו בא וכו' כדכתיב ונתן את הקטרת וכו' ושוב ראיתי בפי' הרמב"ן לחומש שם קריב למ"ש יעו"ש וז"ל הרב המאירי ז"ל וכן הדעת סובלת שא"א להוציא כף ומחתה תכף שהכניסן שהרי עדיין לא נשרפו הבשמים שהניח ע"ג הגחלים לפיכך היה מניחם ויוצא לעשות אילו וכו' עכ"ד וק"ל.

ד"ה **שכל** הפרשה וכו' והיה לו לכתוב בתחילה ויצא וכו' כלומר ורחץ את בשרו במים במקום קדוש ולבש את בגדיו ויצא וכו' וכמו שפי' בחומש שם ופשוט ועיין בס' תפארת יוסף על רש"י שם.

ד"ה **אמר** רב חסדא וכו' מכוני חמש טבילות וכו' הד"א כנלענ"ד שצ"ל דהשתא ניחא דאשמועינן דאע"ג דלקמן ילפינן זה מקראי אילטריך הלכתא לומר שהם חמש ולא שלש וכמ"ש התו' ד"ה גמירי וכו' ומ"ש גמירי הל"מ וכו' כי הא דאיתא בכמה דוכתי ומהם בספ"ב דסנהדרין אלא גמרא גמירי לה ואתא יחזקאל וכו' יעו"ש ובס' הליכות עולם י"ג א' ועיין בס' רמת שמואל מ"ש בתוס' וק"ל.

ד"ה **לא** משכחת וכו' אילו ואיל העם בבגדי זהב וכו' הקשה בשכ"י [בשיטה כ"י] ולי"ג שהיא סותר למ"ש בפי' בחומש שם וז"ל ואילו ואיל העם ומקצת המוספין בבגדי זהב וכו' ושירי המוספין ותמיד של בין הערבים וכו' אלמא מקצתם נעש' עם אילו ואיל העם ומקצתם עם תמיד של בין הערבים עכ"ד ויותר קשה על הרא"ש שם שהעתיק דבריו דהכא ולא הרגיש בסתירה זו וקשה נמי דשם בד"ה ועשה את עולתו פי' הרא"ש דלאפוקי מוספין הוא דאתא וכו' אלא המוספין עם תמיד של שחר וכו' יעו"ש וזה שלא כפרש"י שם ושוב ראיתי להרל"ס פ"ב מה' עי"כ שעמד על דבריו דחומש ודברי הרא"ש ועיין בפר"ח שם דמסיק דדבריו דחומש היינו גם' ר"א ושירי המוספין היינו שעיר הנעשה בחוץ יעו"ש ובס' עבודת ישראל דף ל"א כי אין להאריך כאן בזה וק"ל.

ד"ה **וחמש** וכו' אתיא בין לרבי וכו' ודייק שפיר גי' שלפנינו דגרים וחמש עבודות וכו' בתר מאי דמסיים ר' למלתיה ואומר בגדי קדש וכו' משא"כ לגי' ח"כ דגרים ואומר וכו' בתר הא דקאמר ר' וה' עבודות וכו' אבל גם לאותה גי' ל"ל דהגם דר' מסיים בה הכי כר"י נמי אתיא וק"ל.

ד"ה **ת"ל** ופשט וכו' ואייתר ליה האי קרא וכו' והיינו דבת"כ שם הגי' א"כ למה נאמר ורחץ את בשרו במים במקום קדוש ולבש את בגדיו הא אינו מדבר אלא בקידוש ידים ורגלים ומנין ששני קידושי ידים ורגלים על כל טבילה וכו' ע"כ.

תוס' ד"ה **ואי** כסדרן וכו' דילמא קטרת וכו' דבריהם ל"ע דלמה שפי' אח"ז הו"ל קטרת כסדר הכתוב ממש אלא דאילו ואיל העם הוא הנכתב שלא כסדר וכבר ראיתי למהרש"א שהרגיש קרוב לזה ומה שרצה לפרש שם דקטרת היינו הוצאת כף ומחתה וכו' יעו"ש לא זכיתי להבין חדא דלא משמע כן ממה שתי' ו"ל אם איתא דלא הוה הפסק בין הוצאת כף ומחתה לעבודת היום שלפניה וכו' משמע דלפי קושייתם קרא דהוצאת כף בדקאי קאי אחר עבודת יום דקטרת והזאות ועוד דלמה יצטרכו להפך גם פסוק דהוצאת כף כיון דעיקר קושייתם נמצא חמש טבילות באופן אחר וכבר מצאו אותם לכשנאמר דקרא דאילו ואיל העם נכתב שלא כסדר וכל עיקר כונתם להקשות דלמה נאמר דפסוק דהוצאת כף נכתב שלא כסדר דבהא קיימינן דילמא דכסדר נאמר ואפשר דצ"ל בדבריהם דילמא עבודה דיוה"כ כלומר דקטרת והזאות אינם כסדר הכתוב זו אח"ז סמוכים אלא אילו ואיל העם היו מפסיקים ביניהם אבל זה דוחק לקיים גי' הספרים ונפרש דמשום דלא סמיך לקטרת הזאות דכתובי בתר הכי אלא סמיך ליה אילו ואיל העם להכי קאמרי דקטרת נכתב שלא כסדר וראיתי בשכ"י דלאחר שהקשה שם על סידור קושית מהרש"א כתב ואמר אני אחזה לי דכונת' דמאחר שמפסיק באילו ואיל העם בין קטרת לעבודת היום כמו שפירשו בקושייתם הנה בהיות זה אמת ימשך דקטרת שלא על הסדר נאמר דבסדר הכתובים כתיב והקריב אהרן את פר החטאת אשר לו וכפר וכו' ושחט את פר החטאת אשר לו ולקח מלא המחתה וכו' ואח"כ ולקח מדם הפר וכו' שהקטרת הי' מפסיק בין שחיטת הפר להזאת דמו ואי אמרינן שאחר הקטרת עשה עולתו ועולת העם לא אתי שפיר דאיך נאמר שעבודות חיצוניות יפסיקו בין שחיטת הפר והזאתו דהוו עבודת פנים ותו דא"כ איכא שהייה טפי ויקרוש הדם דאפי' בשהיית הקטרת דלא שהי כ"כ הוצרכו למרס בדמו שלא יקרוש וכ"ש בשהיית עשיית עולתו ועולת העם דקרוב הדבר שיקרו' אף שימרס בו ואח"כ עי"כ נומר דלפי"ז צריך להקדים קטרת קודם שחיטת הפר וקרא דולקח מלא המחתה קודם לקרא דוהקריב אהרן ואח"כ נכתב קטרת שלא על הסדר ע"כ ועם כי דבריו נראים נכונים לקיים דבריהם והגם דלפי"ז קלרו מאד מ"מ אין נראה מע"ד דא"כ מעיקרא מאי ק"ל דהא טפי ניחא לן לומר דחד קרא דזאת אהרן וכו' נכתב שלא כסדר מלמימר כקושייתם דצריך להפך כמה קראי קרא דויצא ועשה את עולתו וקרא דולקח מלא המחתה וכו' וקרא דונתן את הקטרת וכו' ואי קשיא לך דגם למ"ש בכונת קושייתם מאי מקשו דהא טפי ניחא לן סירוס מיעוט קרא דויצא קודם ובא ולא לסרסו עד למעלה אחר הקטרת וכמו שהקשה מהרש"ם [illegible] ז"ל בספרו זבח השלמים דף י' ע"א חרין דאפשר דס"ל דאדרבה ניחא לן טפי למימר דב' מקראות הרחוקים הם שנכתבו שלא כסדר מלומר כן בב' מקראות הסמוכים זה לזה דוגמא לדבר הא דאמר בפ"ק דפסחים ו' ע"ב דכי אמרינן אין מוקדם ומאוחר בתורה לא אמרן אלא בתרי ענייני אבל בחד עניינא מאי דמוקדם וכו' ולפי מ"ש הא דכתבו קטורת דיוה"כ בבגדי לבן וכו' מה שהוא עיקר עבודה והיא דבלבישה זו היה [illegible] מושב הגורל ושחיטת פר דכתיבי קמיה דקטרת ודו"ק.

בא"ד ו"ל אם איתא וכו' והא התם קאי וכו' ואע"ג דלאחר הזאות פנים צריך הוא לצאת לשפוך שירי על יסוד מערבי של מזבח חיצון כדתנן לקמן נ"ח ע"ב ואימא דכלפי זה קאמר ובא וכו' הא מ"מ שירים לא כתיבי בסדר עבודה דאחרי מות דס"ל מקרא דואת כל דם הפר ישפוך דכתיב גבי פר כהן משיח כדלקמן נ"ב ע"א יעו"ש ואף למאן דאמר לקמן ס' ע"ב דשירים מעכבי וס"ל מקרא דעבודת היום דכתיב וכלה מכפר וכו' אם כלה כפר מ"מ הא לא כתיבי בהדי' דפשטיה דקרא דוכלה בהזאות פנים איירי וא"ג דכיון דקיי"ל כמ"ד דשירים לא מעכבי כמ"ש הרמב"ם סוף הלכות עי"כ לא משמע לן דאהא קאי ובא וזה נכון יותר דלחי' קמא תקשי דהא לקמן מא ע"א פריך אדרבה דדילמא מפסיק להו בשעיר חיצון יעו"ש ואע"ג דלא כתיב הכא בכלל אלא בפ' פנחס מלבד חטאת הכפורים אלא דהא איכא למידק דהא כתיב קמיה שעיר המשתלח סמיכתו ווידויו והוא היה עומד בעזרה כדתנן לקמן בא לו למזרח העזרה לצפון המזבח וכו' א"כ שפיר קאמר השתא ובא אל ההיכל ובשלמא מקריאת הפרשה בעזרת נשים לא תקשי ואע"ג דבירושלמי ריש פרק בא לו איכא מ"ד ובא אהרן מהיכן בא מקריית הפרשה וכו' משום דהתם קאמר לפי סדר עבודות היום והגם דפשטיה דקרא לאו בהכי איירי דהא קריאת הפרשה לא כתיב התם בכלל

אלא ילפינן לה מקרא דזה הדבר דמילואים כדלעיל ה' ע"ע וכמו שפירש"י לקמן ר"ס פרק בא לו ועיין בירושלמי שם ועוד דלא משמע דקאי אהך דלאו עבודה היא דהא תנן אם רצה לקרות בבגדי בוץ וכו' אבל משעיר המשתלח תיקשי וראיתי בספר זבח שלמים שם שהרגיש בזה ולא תי' מידי יעו"ש והגם דסמיכה ווידוי שעיר הו"ל מדברים הנעשים בבגדי לבן בחוץ דקי"ל דלא מעכבי סדרא כדאיתא לקמן ס' ע"א וכמו שפסק הרמב"ם ר"ס פ"ב מה' עי"כ מ"מ ודאי דלכתחלה כסדר הכתוב בעינן ולא מעכבי היינו לפסול וכמו שפרש"י שם מיהו הך קושיא תקשי נמי לאביי לקמן ע"א ע"א דאמאי דפריך ר"ז אהך דהכא ודילמא מפסיק ליה בשעיר הנעשה בחוץ תירץ אביי אמר קרא ויצא ועשה את עולתו מי"צאה ראשונה עביד אילו וכו' יעו"ש והרי קדם לגו יציאה אחרת לשעיר המשתלח אלא ודאי צ"ל לתרץ ולומר דכיון דשעיר המשתלח מעכב למתן דמו של הזאות פנים של חברו כדילפינן לקמן ס"ב ע"א מקרא דיעמד חי הו"ל כעבו' פנים וכלפי זה לא היה אומר הכתוב ובא אלא כלפי יציאה לעשות עבודה חיצונה שאינה לצורך פנים כלל דומיא דאילו ואיל העם על דרך מה שתי' התוספות ישנים שם ד"ה אמר קרא וכו' דיציאה הכתובה שם כדי לשחוט שעיר הפנימי אין זו יציאה של עבודת חוץ כי הכל לצורך עבודת פנים ע"כ והתם קאי שכתבו בדבריהם הכונה דקאי בצורך עבודת פנים ולא שייך לומר ובא ולא דהתם קאי ממש קאמרי כנלע"ד.

ודע דמה שתי' בספר זבח השלמים דהכרח סירוס הכתוב מיתורא דאשר לבש יעו"ש בגמ' מפורשת היא לקמן עא ע"א יעו"ש ודו"ק.

בא"ד וי"ל דה"א גזרת הכתוב הוא ביוציא וכו' ואע"ג דהשתא קאמר ובא כלפי יציאה חוץ להוציא כף ומחתה דהו"ל צורך פנים מ"מ לבא שייך שפיר ובא דעבודת קטורת הא גמרה לה והוצאה זו יציאה לצורך חוץ ממש מקרי' להגיעם עם שאר כלי שרת ועיין בס' קרבן אהרן פ' אחרי מות וק"ל. ומ"ש וא"ת ואימא דהאי ובא אהרן אתו להוציא וכו' כלומר דלפי מ"ש דע"כ לומר דובא אהרן לא פסיקא ליה בודאי דלבא להוציא כף ומחתה דוקא איירי דאלת"ה תיפשוט מהכא דשלא כסדר נאמר מעתה אימא הכתי דלאו להוציא וכו' ופשוט ומ"ש אלא להפסיק בעבודת פנים וכו' דכיון דלפי זה הוצאת כף ומחתה כבר נעשית בכלל עבודת פנים מבלי הפסק וא"ל עוד ללבוש בגדי הבד דגמרה לה עבודת פנים להכי כתב השתא ובא אהרן אל אהל מועד לעשות העבודות שאמרנו ופשט את בגדי הבד וכו' ומתחיל מעתה בעבודות חוץ דמוספין ותמיד של בין הערבים בבגדים אחרים והגם דהכא לא כתיבי עבודות חוץ דאילו ואיל העם דבתריה לפ"ז היה עושה אותם באמצע עבודת פנים מ"מ הפסק עבודת פנים היא לקרבנות חוץ הכתובים בפ' פנחס ותירץ שפיר דכיון דבכולהו עבודות כתב יבא והביא [(כנלע"ד שצריך להיות יבא במקום ובא דובא לא כתיב התם אלא הך דאיירינן ביה)] בזאת יבא אהרן אל הקדש בפר וכו' ולקח מלא המחתה וכו' והביא וכו' ושחט את שעיר החטאת והביא את דמו וכו' מעתה יש מקום לומר דממה שלא אמר דובא ג"כ להוציא כף ומחתה שאמר משמע דישארו שם ולא ישתמש בם עוד דומיא דבגדי הבד דכתיב בהי והניחם שם דקיל"ן כמ"ד לעיל דטעונין גניזה כמ"ש הרמב"ם פי"ד מהל' כלי המקדש ולהכי ניחא לן טפי למדרש קרא דובא דהיינו להוציא כף ומחתה מלאוקמיה בהפסק עבודת פנים דהיכא דגלי קרא דטעון גניזה גלי לא במקום אחרים כנלע"ד לפרש כונת דבריהם ועיין בס' קרבן אהרן וכנראה מדבריו שם שהבין דברי התו' באופן אחר ומשמע לפי הבנתו שם דקרא היק דכשבא אהרן להקטיר או להזאות יפסיק שם בעבודה חיצונה ופשט את בגדי הבד וכו' ויצא ועשה את עולתו וכו' יעו"ש בדבריו ומה שתי' שם דהסברה מחייבת יותר שלא להפסיק בין עבו' פנים ולהכי טפי מסתבר לאוקמיה דובא אהוצאת כף ומחתה יעו"ש להתו' מהא לא מכרעא דהא יש סברה אחרת כנגדה דאין סברה להצריך טבילה להוצאת כף דמגלין דעבודה היא משא"כ לתי' דניחא הכל וכמ"ש ודו"ק.

ד"ה ומה במקום וכו' וי"ל מה להתם וכו' ודאי דאין סברה להצריך קידוש אלא נגא לעבוד כדכתיב או בגשתם

אל המזבח לשרת וכו' דדוקא מן ההיכל ולפנים יש סברה שהצריך קידו' אפי' אביאה ריקנית לא בעזרה וכמ"ש לעיל ה' ע"ב ד"ה להביא וכו' יעו"ש אבל כונתם דאדרבא ממאי דלא הצריך הכתוב קידוש אלא בגשתם אל המזבח לא בביאה ריקנית ואף בטמא דטעון טבילה גילף דיש מקום דטעון טבילה ואינו טעון קידוש ותי' שפיר דמה להתם שאינו עובד דאפי' אם יהיה כהן אין בדעתו לעבוד בטבילה זו אלא ליכנס ואפי' ספק דשמא ירצה לעבוד אין כאן דמי לא משכחת לה בכהן טמא שאינו מבית אב של אותו היום תאמר ביוה"כ שכל העבודות עליו והוא רוצה ומכוין לעבוד בטבילה זו דודאי דטעון קידוש והיינו דלא כתבו בקיצור תאמר כאן שהוא עובד כנלע"ד וק"ל.

ד"ה **מה** לבישה וכו' ובעיא היא וכו' דליכא למימר דלהכי כתב אשר לבש יתירה דהשתא הו"א כמאן דכתיב בגופיה דפשיטא טעון קידוש ואין זה בכלל למד מן הלמד דהרי אין זה ברור דאשר לבש לבא אצטריך דא"ל דאצטריך לומר דפרשה נאמרה שלא כסדר כדאמר רבא לקמן ע"א ע"א וכן בדין דאלת"ה תיפשוט מהכא דדבר הלמד בק"ו אינו חוזר ומלמד בהיקש וכדאיתא בסוגיא דזבחים שם מ"ע ע"ב גבי כאשר יורם יעו"ש ולעיקר קושייתם עיין מ"ש בסוגיא וק"ל.

ע"ב גמרא **א"ר** מנין וכו' מה מבגדי לבן שכן נכנס בהן לפני ולפנים וכו' מה שהקשה הפר"ח ז"ל בליקוטי מים חיים בפ"ב מה' עיוה"כ דהא לקמן ל"ג ע"א פשיטא לן דכפרתה מרובה עדיפא ותי' דהיינו דוקא כלפי היכל דהא איירי התם אבל כלפי לפני ולפנים דילמא לא יעו"ש עוד נלע"ד לתרץ דהכא מספקא לן משום דביוה"כ עצמו אין כפרת בגדי זהב מרובה מבגדי לבן אלא כמצטרף דבגדים אלו משמשין לכל ימות השנה משא"כ התם דבאותו יום עצמו כפרה של מערכה גדולה מרובה ממערכה שניה שאינה אלא לקטורת וכ"ה דהוה פשיטא לן נמי הכא דעדיפי אפי' כלפי לפני ולפנים אם בגדי זהב היו כפרתן מרובה ביוה"כ עצמו מבגדי לבן וק"ל.

שם היינו דקתני ואומר בגדי קדש וכו' יש לדקדק דמעיקרא מאי ס"ד לומר דר' יליף מבגדי לבן לבגדי זהב בק"ו הא בהדיא קאמר ר' ואומר בגדי קדש הם הוקשו כל הבגדים וכו' דאי מבגדי זהב לבגדי לבן אתא לאשמועינן מאי ואומר הא שפיר ילפינן טפי בהדיא מקרא דכתונת בד קדש ילבש וכו' ורחץ במים וכו' וכג' ברייתא דת"כ שבידנו גרסי' הכי בהדיא כמו שהעתקנו לעיל יעו"ש וי"ל דס"ד דמשום דא"ל דדוקא בפעם ראשונה שמשנה מבגדי זהב לבגדי לבן הוא דהצריך הכתוב טבילה אבל כשמשנה בשאר עבודות היום אימא דלא צריך להכי קאמר ואומר בגדי קדש הם הוקשו כל הבגדים וכו' כלומר שכל חילופי בגדים שיעשה היום מבגדי זהב לבגדי לבן טעון טבילה ולעולם דמבגדי לבן לבגדי זהב אין לנו אלא מק"ו וק"ל.

שם ורחץ במים את וכו' כל"ל אע"ג דלעיל לא מסיים בה הכי הכא רצה לפרש טעם הדבר דתלה הכתוב טעם הטבילה וכו' כמו שפרש"י.

שם נ"ל הדראב"ש וכו' ודלהוי קידוש במקום קדוש נ"ל מהכא ק"ו גופי' דכל הקדשין דאם בשאר ימות השנה שלא הצריך טבילה הצריך קידוש במקום קדוש כ"ש כאן דודאי בכל פעם שהצריך טבילה צריך קידוש כדינו במקום קדוש ועיין עוד בסמוך מ"ש בדברי הרמב"ם וק"ל.

שם אמר רב חסדא וכו' ומפקא מדרבנן וכו' אע"ג דאית לבו דרשא כר' כדאיתא לעיל ל"א ע"ב מ"מ בהא פליגי דרבנן ור"מ אית לבו דרשא דבגשתם כדדריש רב אחא בסמוך וכדס"ל לראב"ם בפ"ב דזבחים י"ט ע"ב ומש"ה מקשינן מה לבישה כשהוא לבוש מקדש וכו' כמו שפרש"י לעיל ור' אילטריך ליה בגשתם לדרשה דהתם דבכל גישה מקודשת בשחרית טעון קידוש פעם אחרת ומש"ה לא שייך לדידיה לאקושי פשיטה ללבישה אבל ר' אחא ס"ל דר' לא פליג אדרשא דמי שאינו מחוסר וכו' אלא תרתי שמעת מינה וכמ"ש התו' שם ולעולם דמלי סבר ר' או כרבנן ואי כר' מאיר והכי ניחא לן טפי מלאוקמיה כר' דלא כמאן וק"ל.

שם א"ל ר' אחא וכו' לא רב חסדא וכו' דהיכי מקום לומר דמלה ר"א בדרשא דבגשתם אלא דמלמד הקידוש שהצריך הכתוב שבכל יום סמוך לעבודה ממש הצריך עוד כאן שני קידושין

קודם לו בין פשיטה ללבישה וכיון דגלי קרא כאן דבכל שינוי עבודות צריך טבילה ושני קידושין ה"ה דנילף מעבודה של כל יום להצריך עוד בכל שינוי עבודה קידוש שלישי סמוך לעבודה ובדרך זה היה אפשר לומר דרב אחא אית ליה דר"ה ולאו לאפלוגי עליה קאי אלא אמילתי' דר"מ ורבנן קאי דלכ"ע קידוש שני לובש ואח"כ מקדש מטעמא דבגשתם והיה דגלי יש כאן מלבד זה שני קדושין כדאמר ר"ח מודה הוא בקידוש ג' דכשהוא לבוש מקדש ולהכי אשמעינן ר"א בריה דרבא דליתא דאנן עשרה קידושין דוקא גמירי כדקאמר ר"ח גופיה לעיל ומשמע נמי דכ"ע מודו בהא ואח"כ הו"ל חמיסר אלא ע"כ דר"ה ור"א פליגי בדרשא דבגשתם אליבא דר' וכמ"ש לעיל כנלענ"ד.

ודע שהרמב"ם בהי' פ"ב מה' עיוה"כ נקט לה כר"י דקרא דופשט ורחץ לענין טבילה איירי אלא שלא חשש להאריך ולבאר טבילה דמבגדי זהב לבגדי לבן דנ"ל לר"י מקרא דכתונת בד קדש כמו שלא חשש לבאר מהיכא נ"ל שני קידושין [(דהיינו מק"ו כרמב"ם כדקאמר בסוגיין)] וטעמא דנקט כר"י משום דרמב"ם דמוכח קידושין מקו"ח ס"ל כותיה דר"י דקראי דופשט וכו' בטבילה איירי כמו שפרש"י ז"ל וסוגיין דלעיל דמייתי אפלוגתא דר"מ ורבנן דגבי קידושין קרא דופשט ורחץ יש לפרש גם אליבא דר"י ומה גם למה שהגיה מהרש"א דנ"ל ופשט ורחץ ולבש דהשתא לעולם דקרא בטבילה איירי אלא דהקדים הכתוב פשיטה ללבישה ובאם אינו ענין לטבילה מוקמינן ליה להקיש זה לקידוש וסוגיא דפ' כל הזבחים י"ט ב' דקאמר מכדי חמש טבילות ועשרה קידושין דאורייתא וחקה כתיב בהו לעכבי אתיא נמי כר"י והגם דקידושין נפקא לן מק"ו מקידוש של שאר ימות השנה ולא כתיבי בענייני' דיוה"כ לומר דקאי עליהו חוקה י"ל דמטבי' דכתיבי התם דוקא הוא דק"ל לר"י ולר' אקשי נמי מקידושין אי נמי י"ל דלר"י נמי כיון דהיקשא דופשט וכו' אשר לבש וכו' איצטריך למילף אקידושין אי כר"מ אי כרבנן הו"ל כאלו קידושין נמי כתיבי בענייניה דיוה"כ ולפ"ז מ"ש שם כל הטבילות האלו והקידושין כולן במקדש שנאמר ורחץ בשרו במים במקום קדוש וכו' אטבילה דוקא קאי דקידושין מקידוש של כל ימות השנה דהחרב בו הכתוב במקום קדוש כדכתיב ונתת אותו בין אהל מועד וכו' הוא דנ"ל דבדין הוא שיהיו שוין לו דהא מק"ו דהתם הוא דילפינן קידושין ביוה"כ אליבא דר"י כדקאמר רמב"ם א"נ י"ל דמטבילה דלא בעינן בה מים מקודשין ואפ"ה הצריך בה הכתוב במקום קדוש ילפינן מכ"ש לקידושין דבעינן בהו מים מקודשין דפשיטא דבעינן נמי מקום קדוש ושוב ראיתי בס' קרית ספר להר"ם מטראני שכתב וקידוש כתיב ביה ונתת אותו בין אהל מועד וכו' אלא דמה שהעתיק שם סוגייא דלהכי אפקיה רחמנא לקידוש בלשון טבילה וכו' וכן לעיל מזה הזכיר דרשא דופשט ורחץ לענין קידושין לא זכיתי להבין דמה שייך זה בדברי הרמב"ם דילוף כר"י כמ"ש והנה ממה שסיים שם חוץ מטבילה ראשונה שהוא רשאי לטבול אותה בחול שאינה אלא להוסיף כוונתו וכו' משמע דס"ל דגם ביוה"כ ס"ל לר"י דטבילה ראשונה אינה אלא מדרבנן ולפ"ז הא דאמר ר"ח לעיל גמירי חמש טבילות לאו דוקא חמש הל"מ אלא משום דקושטא הוא דיש כאן חמש נקט וכו' הוכי (דבשא) [דבשאר] קידושין לאו דוקא שכולם הל"מ דהא קידוש ראשון לעבודת תמיד של כל יום מקרא ומדאורייתא הוא ובדרך זה יש לפרש הא דקאמר ר"י מנין לחמש טבילות ועשרה קידושין וכו' וא"כ דס"ל דגמירי וכו' לאו הל"מ קאמר אלא שכך קבל מרבותיהם וכן משמע שכוונ ז"ל לא הזכיר שם שהם הל"מ אלא שא"כ דעת התו' דס"ל דאף לר"י ביוה"כ הוי מק"ו ועיין בהגהת הר' הריטב"א והנה מלשון זה שכתב חוץ מטבילה ראשונה מוכח בהדיא דכל הקידושין ואפי' קידוש ראשון בקדש היה וכן בדין דלא גרע מקידוש של כל יום דאם קידש בחוץ אפי' בכלי שרת עבודתו פסולה כדתניא בהדיא בפרק כל הזבחים כ' ע"ב וכמו שפסק ז"ל פ"ה מה' ביאת המקדש ולפ"ז לא ידעתי במה נסתפק בספר עבודת ישראל ל"ע ע"ב אי קידוש ראשון היה בחול ודברי מוהר"ם עזריה שכתב בשם הר"ן גואת ל"ע יע"ש וק"ל.

שם מאי קרא אמר עולה לישנא דקטלא וכו' לאו לשון כריתה והבדלה סימנים הוא כדכתיב מחומר קורלתי גם אני אלא לישנא דקטלא ושחיטה הוא דהכי דייק דסגי ברוב שנים דהא אזלא ליה חיותיה משא"כ אם תפרש לשון כריתה ועקיר' דבר מדבר דהשתא יפורש שחיטת שנים ממש דבזה הם עקורים ומובדלים זה מזה וכן בירו' דפרקין כולי עלמא ל"פ דקרא דמתני' לשון שחיטה וקטלא הוא ולא פליגי אלא בפי' דקרץ מצפון והכי איתא התם ר' אליעזר בשם ר' אושעיא עד שישחוט בו שנים או רוב שנים אר"י מתני' אמרה כן הביאו לו את התמיד קרצו כתיב קרץ מצפון בא בא ר"ח וריב"ל חד אמר נכוסה [(פי' שחיטה)] וחורנא אמר נסוחה [(פי' עקורה)] מ"ד נכוסה מן הדא הביאו לו את התמיד קרצו מ"ד נסוחה מגלייא מחומר קורלתי גם אני ע"כ ועיין בספר קרבן העדה והיינו דקאמר תלמודא דידן מאי משמע דהא כך יש לפרשו לשון קטלא ושחיטה כמו לשון עקירה וכריתה ומתרץ שפיר דמתרגם ר"י וכו' והיינו נמי דקאמר בתר הכי אמר עולא ברוב שנים דהכי דייק מתני' דקתני קרצו למאי דפריש בה עולא גופיה וכ"כ בת"י ד"ה לישנא וכו' ודע שרש"י ז"ל לפי פשט הכתוב פי' בירמיה מ"ו גם פסוק מחומר קורלתי כענין קרץ מצפון אף לפי' התרגום שכתב שם וז"ל קרץ עממין קטולין קרץ לשון חתוך וכן מחומר קורלתי ע"כ וכבר אפשר שאין כונתו להשוותם אלא לענין חיתוך אבל יש הפרש ביניהם דקרץ מצפון ענייני קטלא ואינו כריתה והבדלה גמורה אבל מחומר קורלתי הוא חיתוך והבדל גמור וק"ל.

שם ותניא כל עבודות וכו' כצ"ל וכן הגי' בחולין כ"ע ע"א דברייתא היא בכוריות וכמו שפרש"י שם.

רש"י ד"ה **כפרתו** מרובה שמשמש בהן וכו' לגי' שלפנינו היה אפשר לפרש כונתו כדרך פי' התו"י שמכפרים הרבה כל השנה כלה משא"כ דיוה"כ שאינו אלא פעם אחת בכל שנה והגם דלפ"ז הו"ל לסיומיה מילתיה אבל דיוה"כ אינו אלא פעם אחת י"ל דעדיפא מינה אשמועינן דעיקר עבודת היום דהיינו ש"פ מלבד דאינה אלא פעם אחת בשנה עוד זאת אינה מכפרת על כל עבירות אלא אטמו"ק דוקא ומש"ה לא הוצרך לפרש משעיר המשתלח דפשוט הוא דהגם דמכפר על כל העבירות מ"מ לאו עבודה ממש הוא כעבודות של כל יום ובדרך זה יש לתרץ קושיית התו"י לפי גירסתם בפירושו יעי"ש דהגם דשעיר המשתלח הנעשה בבגדי לבן כפרתו מרובה מ"מ בעיקר צורך לבישת בגדי לבן דהיינו לעבודת פנים של יום בגדי זהב עדיפי שכפרתן מרובה כנלענ"ד ודו"ק.

ד"ה **האי** בטבילה כתיב דהא כתיב בשרו ע"כ דמורחץ אין ראיה דגבי קידוש נמי כתיב ורחצו אהרן וכו' ירחצו מים וכו' ול"ל דראיית בשרו היינו דמשמע כל בשרו שיהיה מכוסה במים ודומיא לקרא דורחץ את כל בשרו דילפינן מהתם בפ' בתרא דפסחים ק"ע ע"א מים שכל גופו עולה בהם והיינו מדלא כתיב בשרו כמ"ש ז"ל שם והגם דהכא לא כתיב כל יליף בשרו דהכא מבשרו דהתם ומה גם דמדלא כתיב ידיהם ורגליהם כדכתיב בקידוש משמע דבשרו לאוסופי אתא וע"כ דהיינו טבילה ולפ"ז הא דאמר לקמן ולכתביה רחמנא בל' קידוש היינו דלימא ידיהם ורגליהם והנה לפי דרכו ז"ל בפ"ק דחגיגה י"א דמבמים שנקודתו בפתח משמע מים המיוחדים לאפוקי שאובין יע"ש היה אפשר לפרש דהכא נמי דכתיב במים למעוטי שאובין הוא וא"כ ע"כ דבטבילה איירי דלקידוש אין בו פסול שאובין ועוד יש לפרש דמדהקדים הכתוב רחיצה ללבישה פשטיה משמע דמשום דיש לו לטבול ולרחוץ כל גופו הוא דאי בקידוש הרי יכול לקדש כשהוא לבוש וכן הוא לפי האמת דלכ"ע קידוש שני כשהוא לבוש מקדש כדאיתא בסמוך וק"ל.

ד"ה **ה"ג** אם אינו ענין לטבילה דכ"ל מבגדי וכו' אפשר דבא לאפוקי גי' אחרת דהוה גריס דכ"ל מכתונת בד קדש ילבש דהיינו עיקר ילפותא דר' והשמיטו ז"ל דיש לגרום דנ"ל מבגדי קדש דהא קרא דופשט ורחץ דביה איירינן מבגדי לבן לבגדי זהב איירי והך נ"ל לר' מדרשא דבגדי קדש כדאיתא לעיל וק"ל.

ד"ה **מה** קדוש וכו' כדכתיב במקום קדוש וכו' אבל מקידוש של כל יום דבעי מקום קדוש כדכתיב ונתת אותו בין אהל מועד וכו' וכדאיתא בזבחים כ' ע"ב אין ראיה משם אלא לעבודה ראשונה אבל בשאר פעמים של היום אימא דהגם דבעי קידוש לא בעי מקום קדוש קמ"ל וע"כ לומר כן דאלת"כ לא

נכתוב רחמנא הכא במקום קדוש ואי משום טבילה כיון דבאם אינו ענין ע"כ לאוקמיה לקרא בקידוש מהשתא אימא נמי דלהכי אפקיה בלשון טבילה למימר דהויא כקידוש דהצריך בו הכתוב בפ' כי תשא מקום קדוש וק"ל. ומ"ש דהא לאו דאורייתא היא ע"כ אבל היא הל"מ כדאמר לעיל גמירי וכו' ואף לר"י דלית ליה נפיל בשאר ימות השנה ביוה"כ מודה דהויא מהל"מ או מק"ו כמ"ש התו' לעיל ועיין בהגהת הריטב"א דסוגיין וק"ל.

ד"ה **ור"י** דמספקא וכו' דלא דריש בגדי וכו' כנ"ל וכלומר דלא דריש לענין זה אבל מ"מ מיותר הוא כמ"ש לעיל וצריך לדרוש בו דרשא דה"כ שהעתקנו לעיל וק"ל.

ד"ה **מפקא** מדר"מ וכו' כדקתני ברייתא וכו' דהתם מפורש בהדיא דמתני' לקמן ל"ד ב' הגם דמשמע דע"כ לא פליג ר"מ אלא אקידוש קמא דוקא יש לדחות דפליג בקמא דכשאינו לבוש מקדש וה"ה לבתרא וכדס"ל לר' וק"ל.

ד"ה **הכל** מודים ואפי' ר' וכו' דאע"ג דלא קאמר רב אחא ב"י אמר וכו' ע"כ אמילתיה דרב חסדא קאי ואליבא דר' אחא לאשמועינן כדמשמע בסמוך דקאמר ולא רב אחא אית ליה וכו' דאי אפלוגתא דרבנן ור"מ קאי הכל מודים למ"ל פשיטא דהכי משמע פשטיה דמתני' לקמן דר"מ לא פליג בקידוש בתרא כלל וכדאיתא בהדיא בברייתא דלעיל ואי אמתניתין דלקמן איתמר מלתיה הכי הו"ל מ"ט דהכל מודים בקידוש שני שלובש וכו' אלא ע"כ דאר"ח קאי כדקים ליה לסתמא דתלמודא ומה שפי' הוא ז"ל בזבחים י"ט ע"ב ד"ה הכל מודים ר"מ ורבנן וכו' לאו למימרא דרב אחא לר"מ ורבנן דוקא איצטריך אלא משום דהתם ר' דרש לגבשתם למלתא אחריתי משום הכי לא נחית התם לפרש בדר' אחא סברת ר' כלל אבל אה"נ דמודה הוא ז"ל דר' אחא לר' נמי אתא לאשמועינן כדמשמע מסוגין ולדידיה תרתי שמעת מיניה כמ"ש התו' שם אלא שלא רצה להאריך בזה וק"ל.

תוספות ד"ה **תנא** דבי ר"י וכו' כרבי יהודה וכו' חדא מינייהו נקטו וכ"ה דמצי סבר כר' דהא לדידיה נמי איכא תרי קראי כדמסיק מיהו יותר נראה לפרש דבדוקא נקטו דקרא דבגדי קדש לאו מיותר לגמרי הוא דהא איצטריך לבגדי אחיו הכהנים שיהיו באים משל קדש כדאיתא בת"כ אלא דפשטיה דקרא משמע נמי דבא ליתן טעם לרחיצה מפני שהם בגדי קדש וכמ"ש בסוגיין דלעיל ומשום הכי לא שייך שפיר למימר לר' דלא לימא קרא דבגדי קדש והגה לא מסתבר להו לתרוצי דתרי תנאי דבי ר"י פליגי אהדדי כדאשכחן בעלמא דקאמר הא תנא דבי ר"י מפקא מאידך וכו' ונימא דבהא פליגי אי כפרתו מרובה עדיף אי לפני ולפנים עדיף דדוחק לומר כן ושוב ראיתי להריטב"א בחי' שהרגיש בזה וסיים דאין לנו לומר כן מדלא פריש ליה תלמודא הכא כדפריש לה בפ"ק דיבמות יע"ש וק"ל.

ד"ה **נפקא** ליה וכו' ונימא הכי מה לבישה דבגדי זהב וכו' אע"ג דפשטא משמע דיש לעשות היקש מפשיטה ולבישה דבגדי לבן דהא אשר לבש דמייתר גבי בלבישה דבגדי לבן שלבש קודם איירי מ"מ אימא דלהכי אתא יתורא דאשר לבש לומר דיש לך גם להקיש פשיטה ולבישה הכתובים כאן דהיינו ופשט את בגדי הבד וכו' ולבש את בגדיו וכו' דהיינו בגדי זהב וכיוצא בזה צריך לפרש לפי' רשב"ם שכתבו התו' לעיל דמפרש מה לבישה של בגדי זהב של כל יום טעון קידוש וכו' וכמ"ש שם ולא תימא לתרץ קושייתם באופן אחר דמדכתב אשר לבש גבי בגדי לבן ש"מ דיש לך להקיש פשיטה ללבישה דבגדי לבן דוקא יע"כ דהיינו לענין קידוש דהא כיון דגלי קרא דמקשינן פשיטה ללבישה אימא דמקשינן נמי לבישה דבגדי לבן ללבישה דבגדי זהב ומה גם דתרוייהו שם לבישה נינהו ואי קשיא לך אכתי דשקולים הם ויבואו שניהם וגשדי האי אשר לבש לופשט בגדי הבד לאקושי פשיטה ללבישה דבגדי לבן לענין קידוש ונשדייה גם לאחריו אולבש את בגדיו לאקושי לבישה דבגדי לבן ללבישה דבגדי זהב לענין טבילה ואכתי תיקשי דקרא דרבי לר' יהודה למ"ל הא ליתא דיותר יש לך להקישו ופשט וכו' שבהם בפסוק אחד כי זהו דרך ההיקש מלהקישו שלבש וכו' הכתוב בפסוק אחר והיינו דהתוס' לא הקשו בפשיטות דנקיש אשר לבש שלבש את בגדיו לענין טבילה דבגדי לבן אלא שתבו אף בגד שהוא פושט וכו' כשהוא לובשן וכו' ומ"ש מה לבישה דבגדי זהב וכו' אין כוונתם להקיש מהם ופשט וכו' שלובש את בגדיו וכו' אלא דאשר לבש דמייתר גלי לן דיש לך להקיש לבישה ופשיטה בין דבגדי לבן ובין ללבישה דבגדי זהב הכתובה אחר זה ותי' שפיר דכיון דלעולם ההיקש הוא ופשט וכו' אשר לבש וכו' כדרך שאתה מפרש ופשט לענין היקש לטבילה דהיינו אף בגד שהוא פושט כשהוא לובש וכו' כך יש לך לפרשו לענין קידוש וא"כ קידוש לפשיטה לא הוה נפקא לן וכו' כנלענ"ד ודו"ק.

באו"ד וי"ל וכו' דנימא הכי מה שהיא לובש וכו' אע"ג דהשתא קרא דאשר לבש עקרינן ליה מפשטיה לגמרי דאיירי בבגדי לבן וא"כ טפי הוה ניחא לן למימר דכלפי היקש זה נפרש ופשט וכו' דהתכלית על הפשיטה לבד דהשתא נפרש אשר לבש בבגדי לבן לאקושי פשיטה ללבישה דידהו וילפינן תרוייהו קידוש וטבילה מ"מ טפי דחיקא לן לפרש ופשט וכו' בשני אופנים מלמימר דאשר לבש הגם דבבגדי לבן איירי באם אינו ענין מוקמינן ליה בלבישה דבגדי זהב ולהכי כתביה גבי בגדי לבן לאקושי לבישה דבגדי לבן לבגדי זהב לענין טבילה וק"ל.

ד"ה **א"כ** הויא לה וכו' שחיטה בשנים וכו' פסול כדמוכח בהשוחט וכו' וכ"כ בדבריהם שם ויש לדקדק דהא מסיק אביי התם אדרבנ"ה אר"י זו דברי ראב"ש סתימתא אבל חכמים אומרים ב' שוחטין זבח אחד ע"כ ומשמע דקי"ל כחכמים דרבים נינהו ועוד דסתם ספרי בפרשת קדושים אתיא כרבנן וכמ"ש בס' ק"א יע"ש וכן פסק הרמב"ם בהי' ריש פ"א מה' פסולי המוקדשין וי"ל דהם ז"ל ס"ל דכיון דרב אשי קאמר התם דסיפא בקדשים מכח דקתני סיפא השוחט שני ראשים כאחד וכו' יע"ש מעתה קיימא סתמא דמתני' כראב"ש דלא ס"ל להנך כס' הרמב"ם שם דבשוחט שני ראשין כאחד דיעבד אין לכתחילה לא ובשנים שוחטין אפי' לכתחילה אלא דהא בהא תליא ולרבנן כי היכי דמכשרי לכתחילה ובשנים שוחטין ה"ה באחד שוחט שני ראשין דאפי' לכתחילה וא"כ סתמא דמתני' דהשוחט ב' ראשין כראב"ש וקי"ל כותיה אלא שבאמת דדוחק הוא לפרש כן דלרבנן אחד שוחט שנים ואפי' לכתחילה דהא תזבחהו כתיב וכ"פ הריטב"א בחי' שם דלרבנן לגופיה איצטריך שאין אחד שוחט שני זבחים יע"ש אלא משמע דסיפא דהשוחט ב' ראשין כרבנן אתיא ובמוקדשין איירי כדקאמר רב אשי וסיפא דסיפא נמי דשנים אוחזין כרבנן ובמוקדשין והגם דהתי"ט ביאר שם דבחולין איירי כבר השיגו הפרי"ח ז"ל בליקוטי מים חיים בחי' חולין יע"ש יש ליישב דבריהם דה"ק דהוה מצי נמי למיפרך דאין לך לומר דאם לא מירק יהא פסול דהא למ"ד דאין שנים שוחטין זבח אחד ע"כ דס"ל דאינו פסול אלא דבעי למפרך לר"ל מפרכא דכ"ע מודו בה דא"כ הו"ל עבודה באחר וכו' והגה מ"ש התו' כאן דאם שנים שוחטין זבח אחד דפסול דמשמע מדבריהם אפי' בדיעבד אין כן דעת התוספות דחולין שם ד"ה תרי גברי וכו' אלא דבדיעבד כשר דומיא דהשוחט ב' ראשין וגפ"ז יש לתרץ עוד דלא מצי למיפרך מהך משום דהכא הו"ל בדיעבד שאין כ"ע יכול לעשות הכל ולכך התירו כאן שישחטו שנים ולעולם דאם לא מירק פסול ולהכי פריך מאידך דאינם כשרות אלא בו דאפי' בדיעבד ושוב ראיתי בס' מלכי בקדש קכ"ו ע"ג בחי' חולין שהבריח דכתו' דהכא שכתבו פסול היינו אפי' בדיעבד דאל"כ ל"ק מידי וכתי' שכתבתי וסיים שם אבל קשה דזה הפך ממאי דאמרו בסוגיין רב אשי אמר סיפא בקדשים מהכא דתנן השוחט ב' ראשין כא' אא"ב בקדשים היינו דלכתחילה לא וכו' אלמא דרב יוסף לכתחילה הוא דקאמר הכי לא דיעבד עכ"ד וי"ל דהתו' דהכא ס"ל דיש לחלק ביניהם ודהגם דהשוחט ב' ראשים בדיעבד כשר מ"מ שנים שוחטין אפי' בדיעבד פסול דהכי משמע מפשט דברי רב יוסף שם דקאמר תרי גברי בחד זבחא וכו' ולא אקשו ליה דאכתי לפלוג בהכשר דפרה בדיעבד וכקושית התו' שם דמה"ט הוא שכתבו כאן ובחולין דאפי' בזה אח"ז דאלת"כ אכתי ליפלוג בהכשר דפרה בתרי גברי בזה אח"ז ואע"ג דטפי משמע קרא דתזבחהו לומר דלא ישחוט ב' ראשים דהא קמן דרבנן הגם דמכשירים לכתחילה בשנים שוחטין בהא פסלי מיהא לכתחילה וכמ"ש וי"ל דרבנן משום דלית להו יש אם למסורת הוא כמ"ש הרשב"א שם ולעולם דלמאי דאית ליה אדרבא אימא דעיקר קרא דכתיב תזבחהו ולא כתיב תזבחוהו כדכתיב ברלונכם וכו' לומר דאין שנים שוחטין אחא אלא דמדכתיב הוא בכינוי ליחיד דריש

נמי דקאי אזבח שיהיה אחד ולא שני ראשין וכן משמע מסידור דברי ר"י דמעיקרא דריש דרשא דאין שנים שוחטין ובתר הכי אידך דרשא ולהכי ס"ל להתו' ז"ל דעיקר קרא דדרשא דאין שנים שוחטין אפי' בדיעבד נמי פסול דע"כ לא קאמר רב אשי דבדיעבד נמי כשר אלא באידך דרשא דאינה מוכרחת כ"כ לומר דלהכי הוא דאתא ועיין מ"ש הרמ"ז בחי' למשניות שם משנה ב' דשנים שוחטין אפי' בחולין לכתחילה לא יעו"ש ואצ"ע דשוחט ב' ראשין בחולין אפי' לכתחילה כדקאמר רב אשי התם בהדיא ועיין בס' שושנים לדוד שם ודע דלס' הרמב"ם דפסק כחכמים דב' שוחטין בקדשים ואפילו לכתחילה הא דאיתא בריש פ' האיש מקדש מ"א ע"ב דאמר ר"י בן קרחה ושחטו אותו וכו' וכי כל הקהל שוחטין והלא אינו שוחט אלא א' וכו' לאו מכח דרשא דתזבח הוא דקאמר הכי וכמ"ש הר"ן בהלכות שם אלא ה"ק והלא אין דרך לשחוט אלא א' ואפי' דשנים שוחטין כשר מ"מ לא יהיה במציאות דכל הקהל שוחטין וא"נ דאפי' תימא דמפרש כפי' הר"ן ריב"ק ס"ל כראב"ש אבל אנן קי"ל כחכמים ומ"מ ילפינן מהתם אף לרבנן דשלוחו של אדם כמותו כיון דאינו במציאות שיהיו כולם שוחטין כנלענ"ד ודו"ק.

באו"ד וא"ת ומאי ק"ל מעבודה באחר וכו' ליישב דבריהם שכתבתי לעיל אתי שפיר וא"ת שכתבו דה"ק דהא"צ דהוה פריך תלמודא נמי פרכא דהו"ל שחיטה בשנים למאן דפסל וכמ"ש לעיל ניחא דבדרך זה היינו מפרשים הך פרכא דהו"ל עבודה באחר דלמאן דפסל שחיטת פרו דוקא ק"ל דס"ל לסתמא דתלמודא דאין לחלק בינו לתמיד כי היכי דלא ליתו למטעי ואפי' תימא דמדאורייתא כשר מדרבנן מיהא פסול להך מ"ד אבל השתא דנייד מאידך פרכא משום דבעי למיפרך אליבא דכ"ע תיקשי חדא דהא איכא מאן דמכשר בפרו וה"ה הכא ועוד דאיכא למימר דאפי' מאן דפסל התם בפרו הכא מכשיר ואפי' מדרבנן דא"כ הו"ל למיפרך עפי מפסולא דשנים שוחטין דפשיטא לן ביה דאיכא מאן דפסיל לגמרי ותירצו דמ"מ הכא לכ"ע מסתבר עפי דפסיל מדרבנן משא"כ בההיא דב' שוחטין דמאן דמכשיר אפי' מדרבנן ואפי' לכתחילה מכשיר ומש"ה הך פרכא אלימא ליה טפי כנלענ"ד וק"ל.

באו"ד אבל תמיד וכו' בשחיטה כיון דלאו עבודה וכו' משמע מדבריהם דאי הויא עבודה הוה קאי עליה נמי אהרן וחוקה ומלבד דזה ספק ממ"ש קודם דלא שייך לחובת יוה"כ וכו' דמשמע דגם עבודות התמיד ממש לא קאי חוקה מהך טעמא גופה עוד זאת תקשי דע"כ לא פליגי תנאי לקמן בפ' הוציאו לו ס' ע"א אלא אי חוקה קאי אדברים הנעשים בבגדי לבן בפנים דוקא או אפי' בחוץ אבל דברים הנעשים בבגדי זהב כגון תמיד ליכא למ"ד דקאי עלייהו חוקה ועוד תיקשי דהא במאי דקיימי למ"ד דשחיטת פרו פסול לא חשיב ליה הך טעמא דשחיטה לאו עבודה לענין זה כלל דהא קאמר דקאי חוקה אפי' אשחיטת פרו וכן משמע מסוגיא דלקמן שם ולשון התוס' בפ' השוחט שם דייק שפיר שכתבו אבל תמיד דלא שייך לחובת יוה"כ ולא קאי אהרן וחוקה לא וי"ל וכו' ע"כ וקושיא קמייתא תיקשי נמי לפרושי י"מ שכתבו בסמוך דמשמע דס"ל דבשאר עבודות תמיד כגון קבלה קאי עלייהו אהרן לפסול אפי' מדאורייתא באחר ובתו' דחולין שם לא כתבו פירושי י"מ כלל יעו"ש ועיין בחי' הריטב"א לעיל י"ב ע"ב שכתב בשם רבינו הגדול דמדאורייתא אין חובה בכ"ג אלא בעבודת היום ממש אבל תמידין ועבודות של כל יום ויום כשירות אפי' בכהן הדיוט וכו' יעו"ש וליישב דבריהם דהכא י"ל דס"ל דע"כ לא אמרי תנאי לקמן אלא דחוקה לא קאי אלא אנעשים בבגדי לבן אבל אהרן ע"כ דאדברים הנעשים בבגדי זהב נמי קאי דהא אילו ואיל העם דכתיבי התם בבגדי זהב נעשים ומעתה אע"ג דתמיד לא כתיב התם מ"מ לכתחילה אהרן בעינן דומיא דהני אלא דאילו ואיל העם דחובת היום נינהו אפי' בדיעבד פסולין אם עשאן כהן הדיוט אבל מ"מ דוקא בעבודות התמיד ממש הוא דלכתחילה בעינן אהרן אבל בשחיטה דלאו עבודה היא לא דדוקא בשחיטת פרו דחשיב מעבודות היום יש סברה לומר דקאי אהרן וחוקה אפי' בשחיטתו דלא גרע מחפינת קטורת דאמרינן לקמן ס' ע"ב דאם חפנה קודם שחיטתו של פר לא עשה כלום ואפי' לר"י משום דלצורך פנים כפנים דמי יעו"ש

אבל בשחיטת תמיד של כל יום לכ"ע לאו עבודה היא וכשירה אפי' לכתחילה בכהן הדיוט וא"כ מאי קאמר הו"ל עבודה באחר וזהו שכתבו אבל תמיד דלא שייך לחובת יוה"כ לא קאי עליה אהרן וחוקה בשחיטה וכו' כלומר דכיון דאינה חובת יוה"כ הכא כ"ע מודו דבשחיטה לא קאי עליה אהרן כלל כיון דלאו עבודה היא וחוקה שכתבו אגב אהרן נקטו גם דחוקה ודאי לא קאי אף אשאר עבודות תמיד דלא כתיבי התם כלל כנלענ"ד ושוב ראיתי להפר"ח ז"ל בליקוטי מ"ח פ"א מה' עיוה"כ שהרגיש בזה ותירץ דהכי גמירי וכו' יעו"ש ועיין בס' עבודת ישראל מ"ז ע"ע ודו"ק.

באו"ד ועוד י"מ כיון וכו' והאי מירוק אינו מעכב בחולין וכו' כלומר דאינו מעכב בחולין בדיעבד אבל לכתחילה צריך לשחוט כל הסימנים ולמאי דמשמע מדבריהם [(וכ"כ בשו"ת בית יעקב ס' ל"ב)] לקמן בדיבור הסמוך דבתרי גברי בחולין לכתחילה לא יעשה משום דמחזי כשהיה ניחא עפי דהשתא מירוק בשנים דאיירינן ביה אינו נוהג בחולין כלל ולהכי חשיבא עבודה ועיין עוד מ"ש בסמוך ועיין לקמן מ"ע ע"א מה שהקשו על עיקר פי' זה וק"ל. ודע שהרשב"א בחידושיו לחולין תי' על קושיא זו ז"ל וא"נ למ"ד פרו פסולה לאו דוקא פרו אלא כל הקרבנות דגמרינן מיניה ולא נקיט התם פרו אלא משום דקרא כתיב ביה וכן דעת רבותינו בעלי התוספות ז"ל עכ"ד כנראה שתו' אחרים נזדמנו לו ז"ל דאילו התו' שלפנינו הכא והתם כתבו דליכא למילף מפרו דזה דוחק לפרש דבריו דבדרבנן ילפינן מפרו דפשט דבריו משמע דילפינן מפרו לפסול מדאורייתא וק"ל.

דף ל"ג ע"א גמרא **מצוה** למרק וכו' מ"ש הרמב"ם פ"ד מה' מעה"ק ושחט שנים או רוב שנים וכו' יעו"ש פשוט הוא דה"ק שנים לכתחילה דמצוה למרק כל דמו כמ"ש שם קודם זה וצריך להתכוין לקבל כל הדם וכו' או רוב שנים בדיעבד ומה שסיים שם כדי שיתקבל הדם כולו בכלי אשוחט שנים לכתחילה קאי וכבר העתיק למשנתינו בפ"ד מה' עיוה"כ שכתב ושוחט בתמיד רוב שנים ומניח אחר לגמור השחיטה ע"כ ומה שהוצרך לומר שם ומניח וכו' אינו אלא לומר דהגם דעבודתו בכ"ג הכא דלא אפשר שאני אבל שצריך ומצוה למרק מ"מ בה' מעה"ק שמעינן לה והיינו דכתב שם סתמא גבי פר ואח"כ שוחט את הפר וכו' ולא פי' דמניח אחר דמלתא דפשיטא דצריך לכתחילה לקבל כל דמו בכל הזבחים כדכתב בה' מעה"ק ועיין מ"ש הפר"ח שם בהל' ש"כ וק"ל.

שם למה לי למרק וכו' דאע"ג דאמרינן לקמן מח ע"א וכ"ו ע"ב השוחט צריך שיקבל את כל דמו של פר שנאמר ואת כל דם הפר וכו' ופשיטא דצריך למרק לקבל כל הדם [(ועיין מ"ש הפר"ח בה' עיוה"כ פ"ד)] ס"ד דאימא דוקא גבי פר דיש בו הזאות פנים דחשיבי צריך כן לא בעבודת חוץ דתמיד וק"ל.

והרב המאירי ז"ל כתב על משנתינו וז"ל וכהן א' מבית אב שהיה ראוי לעבוד באותו יום אילו לא היה יוה"כ גומר' ואין אנו חוששין למה שכהן אחר גומר שמאחר שנשחטו רוב סימנים אין גמר השחיטה נקרא עבודה ואעפ"י שמצוה למרק כדי שיצא כל הדם יפה וכדכתיב ואת כל הדם וכו' מ"מ אינה אלא מד"ס וקרא אסמכתא בעלמא הוא ואף סופרים לא אמרוה אלא לכתחילה אבל בדיעבד לא פסל עכ"ד.

שם מגלין דתניא וכו' זו מערכה גדולה וכו' דעולה היינו עולת תמיד הנעשית על מזבח החיצון ומדהדר ואמר ואש המזבח וכו' דהא במזבח איירי ע"כ דבמזבח אחר קאמר דהיינו פנימי וה"ק דאש הצריך למזבח הפנימי לצורך קטורת תוקד בו בזה המזבח החיצון וכמ"ש רש"י ז"ל ולמדך שתהא וכו' וכדאיתא לקמן מ"ה ע"ע ועיקר קרא להא איצטריך אלא דממילא שמעת מינה דמערכה גדולה קודמת כסידורא דקרא והיינו דפריך ואיפוך אנא וכו' כלומר דלעולם מערכה שניה קודמת דקרא לאו בהכי מיירי ומסידורא לא תקשי דהא לאו בתחילת סידור מערכה בבקר קאי אלא בהקטר איברים ופדרים שיהיו מתעכלים והולכים כל הלילה ולמדנו עוד שאש מזבח פנימי תוקד בו מזה ולעולם דבתחילת שייתס קדמה מערכה שניה וקרא ה"ק היא העולה כל הלילה וכו' ובבקר מיד אש המזבח תוקד בו לצורך מערכה שניה וא"כ לצורך מערכה השניה כדכתב בתר הכי ובער עליה הכהן עצים

בבקר וכו' דאפ"ה דאיירי בסידור ב"ג כדלקמן מ"מ נקוט מיהא היינו דלא חשש להזכיר בהדיא סידור מערכה ראשונה דממה שהזכיר' בהקטר כל הלילה וממה שהזכיר כאן סידור ב"ג שמענו שכבר סידר המערכה קודם להם כדכתיב עליה [(עיין ברש"י בסמוך ובהרא"ש פ"ב מה' תמידין)] אבל מוהאש על המזבח תוקד וכו' וביער עליה וכו' ליכא למשמע דאיצטריך למלתא אחריתי כדלקמן שם אלא דלמ"ד התם דאיצטריך להצלת אליתא יש לשמוע ממנו סידור מערכה גדולה וא"כ ילא לנו מזה דנוכל לומר דשניה קודמת וקרא כסידורא אתי והיינו דכתב רש"י ז"ל ד"ה ואיפוך וכו' וקרא כסידורה דהא בהקטרת כל הלילה קאי ומבואר כונתו עם מה שביארנו וממ"ש תבין ג"כ דהיינו דהכריחו לומר איפוך אנא דהא מעיקרא כתיב והאש המזבח תוקד בו ובתר הכי כתיב והאש על המזבח תוקד בו ובער וכו' ועוד זאת דס"ד דמערכה שניה דלצורך פנים עדיף וכזה ראיתי ג"כ להריטב"א אלא שני' אחרת היתה לו בפרש"י וקרא לאו בסדרה איירי וכו' יעו"ש ותריץ מסתברא מערכה גדולה עדיפא וכו' עד אפ"ה כפרתן מרובה עדיף אבל מ"מ אכתי צריכין לברייתא דמהא הוא דאייתי ולא מסברא משום דסברא זו לא מכרעא כ"כ אלא דסידורא דקרא אהני לן להכריע סברת דכפרת מרובה ובזה הרווחנו עוד תירוץ אחר למה שהקשה הפר"ח ז"ל דמסוגיא דלעיל משמע דמספקא ליה איזה מהם עדיף ועיין מ"ש שם דהא ודאי הכא נמי הוה מספקא לן אי לאו סידורא דקרא וכ"כ בשכ"י ועוד כתב א"נ י"ל דמה שהביא דתניא איפו להוכיח דמערכה גדולה קודמת אלא לאורויי לך שהם שתים מערכות דלא תימא דממערכה גדולה גופה משתמש ממנו לקטורת [(וכדאמר לקמן מ"ב ע"א דכ"ע מיהת תרתי אית להו תנא"ן אמר קרא היא העולה וכו')] ולכן מפרש דבריו ואמר דמה שהבאתי הברייתא היינו להוכיח שהיו שתים מערכות והשתא הוי אפ"ה כפרתה מרובה עדיפא כמשמעו דכן הוא הכרעת הדבר מסברא וסוגיא דלעיל שאני דהתם איירי לפני ולפנים וכו' [(וכתי' הפר"ח שכתבנו לעיל)] ואפשר לזה כיון רש"י ז"ל שכתב ד"ה כפרתה מרובה וכו' לפנים להיכל ע"כ כלומר דלא תיקשי לך מהביא דלעיל דשאני הכא דהוי להיכל כאמור' שכ"ד אבל יותר נלענ"ד דרכו הראשון דא"ל כאן להוכיח מהיכא נ"ל לאביי דיש כאן שתים מערכות דמתני' היא בתמיד ולקמן שם ועליהם יש להתלמד שבאר מהיכא כ"ל וכדקא מפרש עלה לקמן דכ"ע מיהת תרתי אית להו וכו' לא אמלתיה דאביי אלא שדברי המפרש ריש פ"ק דתמיד ד"ה המערכה של קטורת וכו' דייקי שפיר כפי דרכו האחרון ועיין עוד בתוי"ט שם ובתר הכי קאמר ואי בעית אימא אי לא משכח וכו' ונראה דהדר אהירולא אחרינא משום דאתי' קמא יש להקשות קצת דאפ"ה אימא דמערכה שני' עדיף שהיא עבודה שאין אחריה סידור אחר ולאפוקי מערכה גדולה שעוד יש לערכה סידור ב"ג דמהאי טעמא לעיל ספ"ב לא חשיב לה עבודה תמה יעו"ש ואע"ג דודאי גם סידור מערכה שניה לא חשיבא עבודה תמה דאלת"ה הו"ל לאוקמה לעיל להא דר"י דקאמר שסידר המערכה כפשט' דהיינו שניה מלאוקמה בסידור ב"ג ועוד דלעיל כ"ד ע"ב הו"ל למיפרך סידור מערכה שניה ליחייב מ"מ כל זה לענין חיוב מיתה בזר אבל ודאי דיש לומר דמערכה שניה חשיבא עבודה גמורה טפי שא"ל לסדר עוד דבר עליה ממערכה ראשונה שעוד צריכה סידור ב"ג ואהני לן זה לענין שתקדים שניה על הראשונה ולהכי תריץ תירוץ מרווח יותר דכיון דהיגה ראויה לב' בדין הוא להקדימה וק"ל.

שם תרי עליה כתיבי וכו' דמוערך עליה העולה דסמיך ליה שמעינן מאי דאיצטריך לגופיה שסידור ב"ג אלו יהיו על מערכה גדולה של עולה ומעתה מעליה קמא נידרוש ולא על סברתה וכו' ועיין מ"ש בתו"י ולא תיקשי דלמאי דאית להו מערכות אחרות לקיום האש ולעיכול איברים ופדרים דנ"ל מוהאש על המזבח תוקד בו כדלקמן מ"ב ע"א השתא אימא דמכלל דאיתא להברתה היינו מערכה של קיום האש וכו' דעליה לאפוקי מאי דסמיך ליה טפי והאש על המזבח וכו' קאי וא"כ נימא דדוקא מערכה של קיום שבאה לתשלומי מערכה גדולה היתה נעשית קודם סידור ב"ג אבל מערכה שניה היתה אחר שני גזירין ואין מוקדם ומאוחר בתורה דליתא דהא ודאי לא צריך קרא למעט ושלא יסדר ב"ג על של קיום שלא היתה אלא לתשלומין אלא למעט

מערכה שניה דחשיבא כראשונה וק"ל.

שם רבינא אמר הואיל והתחיל במערכה גומר וכו' וכדין הוא דיקדימו למערכה שניה שהרי לגמר מערכה גדולה הם אי לאו קרא דעליה ומשמע לכאורה דלרבינא אין אנו צריכים לטעם דמכשיר עדיף דבהאי טעמא לחודי' סגי אלא דא"כ תיקשי קרא אמאי נער לבסוף מלתי' דרב אשי דמשמע ודאי דלדידי' אכתי צריכין לטעמא דמכשיר דאלת"ה אימא דעפי עדיף דישון דלעולם הוא לצורך קטרת מב"ג דלפעמים אפשר שיהיו לצורך קטורת ולפעמים לא יצטרכו כלל וע"כ יותר נראה לפרש דרבינא הק' דודאי טעמא דשום עלים מכשירי קטורת להודיא לא סגי לן כיון דסוף סוף הני לאו מכשירי קטורת ניכהו אבל צריך לצרף עם זה טעם אחר הואיל והתחיל וכו' וכך טעמא להגדה לא סגי לן דכיון דאפסקי' למערב' גדולה במעשי' דשניה לא הוה חיישינן תו לסמוך אחריה סידור ב"ג אי לאו מהטעם דאחר ג"כ דשום עלים מכשירי קטורת ניכהו ומכשיר עדיף כנלע"ד וק"ל.

שם אמר אביי סברה לא ידענא וכו' דליכא למימר טעמא משום דהדלקה לאו עבודה היא וכשרה בזר משא"כ דישון דפסולה כדלעיל כ"ד ע"ב ועיין בהרמב"ם פ"ט מה' ביאת המקדש דא"כ מ"ט דהטבת חמש נרות קודמת לדם התמיד אלא משמע דאין הטעם תלוי בזה והא קמן דגלי קרא דנרות קודמין לקטורת כדכתיב בהטיבו את הנרות והדר יקטירנה כדלקמן וק"ל.

רש"י ד"ה **מצוה** למרק כדי להוציא וכו' ובפי' השוטה כ"ע ע"א הוסיף ז"ל ואני שמעתי ביומי' משום ברוב עם הדרת מלך ואין לבי כך דא"כ כל עבודות נמי והרי הכתוב הקפיד בכ"מ וגירס את רוב עם ע"כ ושמא י"ל דואי שמעתי ס"ל דיש פייסות ביוה"כ אף לאחר עבודות תמיד כס' הרמב"ן ז"ל בס' המלחמות וכיון דשייך טעם ברוב עם אף ביום זה דה"ע דפייסות להכי במיהוק דא"ה בכ"ע יש לנו לקיימו באחר ולא לבטלו כי בזה יש סידור למצוה שנעשית ברוב עם בכל מאי דאפשר ואיהו ז"ל אפשר דס"ל כדעת הת"י ובעל המאור דאין כאן פייסות כנראה מפשט דבריו דלעיל כ' ע"ב ד"ה ביוה"כ וכו' הגם דאין משם הכרה כל כך כמ"ש שם וכ"כ בס' ע"י פ"ב כי דעת רש"י כבעל המאור יעו"ש ומש"ה לא ניחא ליה ז"ל לפרש אלא כמ"ש כאן מצוה למרק משום דם ומה גם דכן משמע דהתמיד ילוף מפר דצריך לקבל כל דמו וכמ"ש בסוגיא וק"ל.

ד"ה **משמיה** וכו' דבי מדרשא ע"כ שקבלו מרבותיהם וכמו שפי' לעיל י"ד ע"ב דהיינו לישנא דגמרא ודומה ללשון הגמרא גמיר לה דלעיל אבל לא משמע ליה לפרש הל"מ כהביא דלעיל דדחיקא ליה למימר דהיה בזה מחלוקת בין א"ש לרבנן ומדברי הרמב"ם בפי' המשנה לספ"ט דתמיד משמע קצת דמפרש הל"מ שכתב וכבר ביארו בגמ' יומא סדר הקרבות התמיד של כל יום והסמוך לו ואמרו שהי' קבלה משומרת ואפשר שהיא קבלה הביאו לראיה ענינים כדי לסיים אותו הסדר וכו' עכ"ד וק"ל.

ד"ה **ואליבא** וכו' לכל הקטרת ע"כ כלומר לכל מיני הקטרה נ"מ להקטרת איברי תמיד דבהא אפי' רבנן מודו אלא אפי' לקטורת ממש אבל אין לפרש לכל הקטרת אף לקטורת של בין הערבים דהתם אפי' א"ש מודה דמעיקרא קטורת והדר נרות כדאיתא לעיל ע"ו ע"א וק"ל.

ד"ה **מערכה** גדולה וכו' יקטירו כל הקטרת ע"כ כלומר בין איברי התמיד ואימוריו ובין הקטרת מנחת הסולת הבאה עמו ובין מנחת חביתין של כל יום שכולם כליל ואישים וכן חטאות ואשמות ונדרים ונדבות הבאים מידי יום ביומו והיינו נמי מה שפי' לקמן ד"ה כפרתה מרובה שעליה מקטירין כל הקטורת וכו' וח"ל הריטב"א שם פרש"י ז"ל שעליה כל הקטרות שעליה מקריבין כל החטאות והאשמות ע"כ ומ"ש מהרש"א כאן ר"ל הקטרות דאמורים ואיברים ע"כ פשוט הוא דהרי מגייהו נקט וה"ה לשאר דכל עיקר כונתו לפרש הקטרות שכתב רש"י שם מושאל הוא ולא איירי בקטורת ממש וכן ראיתי שפי' בשכ"י וק"ל.

ד"ה **שנאמר** והקטיר עליה וכו' ודרש ליה לשון השלמה וכו' כדאסיק רבא בפרק תמיד נשחט נ"ח ע"ב דמה שפי' הריטב"א כי על עולת התמיד של שחר דוקא מקריב חלבי השלמים ושאר כל הקרבנות וכו' יעו"ש היינו כדבעי למימר אביי התם והא פריך עליה רבא התם דאימא שלמים הוא דלא מקריב

הא שוחט נקריב יעו"ש ולפרש כונת הריטב"א דדריש ליה נמי לשון השלמה והיינו דכתב ושאר כל הקרבנות דמהיכא אתו כיון דקרא שלמים כתיב אי לאו דדריש ליה לשון השלמה אין נראה שכיון לזה וקו"ל.

ד"ה **זו** מערכה שניה ולימדך וכו' עיין מ"ש בסוגיא דלפי האמור שם כונתו להודיענו דעיקר קרא לאו לסדר' אתא אלא גדרשא דלמדך וכו' וממילא שמעינן סדרא דבהכי ניחא הא דפריך ואיפוך אנא וכו' ובשכ"י פי' דהוקשה ליה ז"ל הקושיא עצמה שהקשו התו' ד"ה מכלל וכו' ותי' תי' התוספות עצמו וזהו שאמר ולמדך וכו' כלומר דעיקר קרא לא בא ללמד על עיקר המערכה דמעליה נפקא אלא למדך שתהא על מזבח החיצון מה שלא שמענו מקרא דעליה עכ"ד ועוד פי' באופן אחר דכונתו להודיענו מהיכא ס"ל דבמזבח פנימי איירי ולא העתקתי דבריו להיות שהאריך בהם ועוד שגם פי' זה רמזתיו בפי' תחילת הסוגיא קודם שראיתי דבריו יעו"ש וקו"ל.

ד"ה **ובער** עליה וכו' וערך עליה העולה וכו' כצ"ל.

ד"ה **והבא** כתיב וכו' ואין קטורת אלא לאחר דישון ע"כ דעיקר מצות דישון לאו מהכא נפקא לן אלא מקרא אחרינא כדאיתא בירושלמי לעיל פ"ב הלכה ג' יעו"ש וכבר האריך בזה בהגהת הריטב"א דף ח"י ע"ג יעו"ש.

ד"ה **מכשיר** עדיף וכו' ועצים מכשירי קטורת וכו' דאין לפרש דמכשיר עצים אף דמזבח חיצון עדיף מדישון מפני שזה מתקן הדבר בעצמו משא"כ דישון שהוא ליתן מקום לעשות הדבר ומה גם שבלאו יוכל הקטורת להעשות דא"כ מאי פריך והא אמרת ב"ג למערכה גדולה וכו' אלא ודאי ע"כ לומר דעדיף טפי דישון להיות שהוא לצורך פנים ממכשיר דחיצון והכא מכשיר דקטורת קאמר וכדמסיק שום עצים וכו' וק"ל.

תוס' ד"ה **למ"ל** למרק וכו' נראה כשהייה ונראה כאילו וכו' משמע דמשום מחזי כשהייה לחודיה לא היינו **אוסרים** דהרי בהמה שחוטה לפניך מלד הכ"ג כהלכתה ואין עוד כאן שהייה אלא עיקר טעם האיסור משום דנראה בשנים שוחטין דבזבח פסול אפי' בדיעבד לשיטתם דלעיל כמ"ש שם ולפ"ז משמע דבחולין אין לנו לאסור שאחר יגמור שחיטת כל הסימנים משום טעם מחזי כשהייה ומה גם למסקנא דמלוה למרק בקדשים ולא חיישינן למחזי כשהייה ולעיקר טעמא דאין זבח נשחט בשנים והגם דהתם שאני דלדם הוא צריך היינו דאי לאו האי טעמא לא היה לנו להתיר בקדשים כיון דאיכא תרתי דזבח ולא שנים ומחזי כשהייה אבל חולין דאין כאן אלא טעמא דמחזי כשהייה להא לחודיה לא חיישינן ויכול אחר לגמור כל השחיטה והכי דייק דבריהם דלעיל שכתבו והאי מירוק אינו מעכב בחולין וכו' והא התם במירוק דע"י אחר איירי ואפ"ה כתבו דבחולין אינו מעכב דמשמע דוקא בדיעבד אבל לכתחילה צריך וכן משמע מסתימות דבריהם בפסקיהם שכתבו יש לשחוט שני סימנים לכתחילה ואפילו בחולין עד כאן ולא חלקו בין חד לתרי וכל זה שלא כדברי שו"ת בית יעקב סי' ל"ב שדעתו להוכיח מדבריהם דבחולין בתרי גברי אסיר יעו"ש כי אין דבריו מוכרחים לע"ד ולעיקר קושיית התו' עיין מה שתירצו עוד התו' דחולין שם והוא תי' הריטב"א כאן וע"כ משמע מדבריהם דבחולין אפי' בתרי גברי שרי דהא אהא קאמר התם למ"ל למרק דהיינו בשנים כתבו ואע"ג דבחולין נמי בעי' כל השנים לכתחילה וכו' יעו"ש וק"ל.

ד"ה **אביי** וכו' דהוי נמי תחלת עבודת יממא וכו' וכלישנא בתרא דר"ש פ"ב לעיל כ' ע"ב דמפרש טעמא משום אונס שינה דלההוא לישנא ניחא לן טפי דלא צריכינן לשנויי מלתיה דר"י שכבר קידש מתחילה לעבודה עיין בדבריהם לעיל כ"ו ע"א ד"ה תחלת עבודה וכו' א"נ י"ל וכו' דאביי ס"ל כאידך לישנא דעבודת לילה היא ועיקר מצותה בלילה דוקא כדכתיב כל הלילה והרים וכמ"ש לעיל ספ"ב ד"ה איכא דאמרי וכו' ועיין מ"ש שם אלא שצריך לבאר מה שסיימו אבל הני אי בעי וכו' דמשמע דסידור מערכה יכול לעשותה ביום וזה הפך ממ"ש לעיל שם דסידור מערכה זמנה רק בלילה כדכתיב על המזבח כל הלילה וכו' יעו"ש וי"ל דדבריהם דהכא היינו בל"ק דאתקפתא דר"ז דהתם דקאמר וכי יש לך עבודה שכשירה בלילה וכו' משמע דאדרבה עיקר מצות סידור מערכה ביום היא אלא דכשרה בלילה והגם דלההוא לישנא משמע דתרומת הדשן עבודה דיממא היא מ"מ אימא דאביי ס"ל הכי דת"ה עבודת לילה וסידור מערכה עבודת יום וכן צ"ל לדברי הריטב"א בחי' שכתב והא דלא איירי בתרומת הדשן משום דלא מיירי אלא בעבודת היום וכו' ע"כ וכבר אפשר לפרש עוד דבריהם דה"ק א"נ י"ל דאפי' למ"ד דת"ה תחילת עבודת יממא מ"מ מודה הוא דעיקר מצותה רק בלילה אלא דמשום טורח כהנים שיהיו צריכים לעמוד ממטתם בלילה לבא ולהפיס תקנו' בקריאת הגבר שאינו יום ברור אבל ביום ברור ודאי אין לקבוע לעשותה שהרי לפעמים היו צריכים לעשות אחריה הוצאת דשן מהתפוח כדתנן בתמיד וכמ"ש לעיל שם וא"כ היו מתעכבים מאד להתחיל בעבודות התמיד והקרבנות משא"כ סידור מערכה דאם רוצה לעשותה ביום ברור אין בזה חשש דבלא"ה לפעמים היתה נעשית כך כשהיו צריכים לעשות הוצאת הדשן קודם לה כדתנן בתמיד וכ"ש סידור ב"ג דאינו אלא ביום כדלעיל כ"ו ומש"ה איכא למימר דבעבודות יום איירי ואפי' תימא דת"ה עבודה דיממא היא כנלע"ד ודו"ק.

ד"ה **מכלל** דאיכא וכו' וי"ל דאי מהכא וכו' יש לדקדק דהך נמי שמעינן מהכא דמדאצטריך קרא דוערך עליה העולה למעוטי ש"מ דתרוייהו במזבח החיצון נינהו דאלת"ה מהיכא תיתי דיסדרו העולה על מזבח פנימי שאינו אלא לקטורת דאיצטריך למעט וי"ל דה"ק דאי מהכא הו"א דתרתי אשמעינן שלא תאמר לעשות מערכה שניה במקום מזבח החיצון ותאמר ג"כ לסדר העולה על מערכה זו אלא עליה ולא על חברתה וממילא שמעינן נמי דמקום מערכה שניה היא במזבח פנימי דומיא דמערכה גדולה והכי צריך קרא דלעיל דמהתם שמעינן דהויא בחיצון וא"כ הכא לא מיעט קרא אלא ולא על חברתה דוקא והא דמשמע לקמן מ"ה ע"ב דמקרא דאש תמיד תוקד ילפינן למערכה שניה שתהא על מזבח החיצון יעו"ש ע"כ דהוא קרא לאש תמיד דמנורה דוקא אתא דמערכה שניה מהכא ילפינן שפיר וכן מוכיח מדברי רש"י דחומש פ' צו ושוב מלאתי בספר תפארת יוסף בפי' שם שכתב כן יעו"ש כי הוא מוכרח וק"ל.

מה שהקשה מהרש"א דל"ל קרא דהיא העולה וכו' יעו"ש נלע"ד דל"ק דודאי איצטריך לגופיה לומר דאיברים ופדרים יהיו מתעכלים והולכים כל הלילה כדאיתא בספרי ריש פ' צו אלא דממילא שמעינן דהיה שם מערכה גדולה ואם תאמר דממוקדה הוא דדריש כדמשמע מדברי רש"י ד"ה מוקדה הא נמי איצטריך לגופיה דאי הוה כתיב היא העולה על המזבח כל הלילה לא הוה משמע שיהיו מתעכלים והולכים באש אלא שמלינן שם כל הלילה ובבקר יעכל אותם באש דואש המזבח תוקד בו לא קאי אהיא העולה אלא למד דמערכה שניה תהא במזבח חיצון וק"ל.

ד"ה **אפי'** הכי וכו' אינו אלא פעם אחת וכו' וכ"כ לעיל י"ד ע"ב ד"ה ורמינהי וכו' אבל לדעת הרמב"ם ספ"ו דתמיד שהיה בכל יום ב"פ ל"ק מידי וכ"כ גם בהגהת הריטב"א לקמן ח"י ע"ג יעו"ש ומ"ש וי"ל דלא גמרינן וכו' דלא ניחא להו לתרוצי דכיון דדישון לצורך פנים הוא כפנים דמי ולהכי עדיף ליה מב"ג הגם דתדירי טפי דהא מדקאמר אפ"ה מכשיר עדיף משמע דלית ליה האי **סברא** אלא דעדיף טפי ב"ג הגם דלצורך חוץ מפני שמכשיר הדבר בעצמו וא"כ לימא בפשיטות משום דתדירי טפי ואכתי לא תיקשי דלימא טעמא דהקדמה משום דדישון הוי עבודת סילוק ואין זר חייב עליה מיתה משא"כ ב"ג הא דמדגלי קרא דמערכה שניה שאין בה חיוב מיתה כדלעיל כ"ד ע"ב קודמת לב"ג משמע דאין הקדמה זו תלויה בחיוב מיתה ועוד דהך טעמא לא פסיקא לן דהא איכא מ"ד לעיל שם דאסידור ב"ג נמי לא מחייב גם אין לתרץ אקושייתם דלא שייך תדיר קודם אלא דומיא דתמידין ומוספין דחד הוי בכל יום וחד פעם בחדש אבל כששניהם בכל יום אלא דזה פעם אחת וזה פעמים כי הכא לא נאמר בזה תדיר קודם דהא משמע דכי היכי דמוספי שבת קודמין למוספי ר"ח [(כדאיתא בר"ש פרק כל התדיר)] הגם דשניהם תדירי בכל חדש אפ"ה דשבת תדירי טפי ה"ה בתדירות הימים נימא דמאי דהוי ב' פעמים ביום תדיר טפי להקדים. ומ"ש אלא היכא דתרוייהו וכו' כלומר דכששניהם שוים במין עבודה שייך לומר דזה תדיר יותר אבל סידור ב"ג הגם דהוי' עבודת מתנה דחשיבא טפי לענין חיוב

מיהו בזר מ"מ אין שייך לומר דתדירה יותר מדישון כיון שאין מין עבודת' דומים זה לזה ועיין מ"ש בסוגיא לקמן ל"ד ע"א וק"ל.

ד"ה **אין** מעבירין וכו' וא"ת ולמה לי קרא וכו' כותם דהא ודאי דקרא דאשר פתח אהל מועד אילטריך ליסוד של מזבח חיצון ולא של פנימי כדאיתא פ' איזהו מקומן שם אבל מ"מ לפי גרסתו של רש"י משמע דבלאו קרא לא ידעינן ליה מסברא דאין מעבירין ואמאי ותי' שפי' ונלע"ד דלפי תירוצם האי קרא לא הוי אלא גילוי מלתא בעלמא דהא נמי אמרינן אין מעבירין כדנפקא לן מקרא דושמרתם את המצות כמו שפרש"י והשתא ניחא דהגם דקרא דאשר פתח אילטריך לומר שיהיה יסוד למזבח חיצון מ"מ הך נמי דיסוד מערבי שמעינן מיניה וכמ"ש התו' שם כ"א ע"ב ד"ה ה"ג מאשר פתח וכו' וכמ"ש יתורץ מה שהקשה בספר פנים מאירות שם על ד"ה אשר פתח וכו' יע"ש ומיהו ודאי דלדעת רש"י נוכל לומר דתרתי פתח אהל מועד כתיבי וכמ"ש הרל"ם בפרק ה' מהלכות מעשה הקרבנות הלכה י"א ומה שתי' שם לסברת הרמב"ם הדבר מוכרח שהרי הוא ז"ל בפי' המשנה ריש פרק איזהו מקומן יליף יסוד מערבי מאשר פתח אהל מועד יע"ש וק"ל.

ודע שבדברי התו' כאן כן תמצא שם בפ' איזהו מקומן ובמנחות ס"ד ע"ב אבל בתו' דמגילה ו' ע"ב הדברים בסגנון אחר ולא זכיתי להבין מ"ש שם בתחילת דבריהם דיליף יסוד מערבי מיסוד מזבח העולה דמלבד שאין לזה הבנה עוד זאת אין כן סוגיא דאיזהו מקומן דהאי אילטריך לגופיה שישפכם אל היסוד כדאיתא התם ואף שהיינו מגיהים בדבריהם מאשר פתח אהל מועד עדיין יקשה סוף דבריהם שם שכתב אחי' קושי' התו' דהכא דמטעם דאין מעבירין לא חזינן אלא דכל מערבי של מזבח כשר אבל יסוד לא חזינן דצריך מש"ה אילטריך קרא לאשמועינן יסוד ע"כ ואין דבריהם מובנים דמפתח אהל מועד דמינה נ"ל יסוד מערבי לא נ"ל מיניה יסוד אלא משמע דמיסוד מזבח העולה הוא דנ"ל יסוד מערבי כמ"ש בתחילת דבריהם ושוב ראיתי בספר ידי אליהו דף פ"ע ע"א פ"א שעמד על ביאור דבריהם יע"ש כי עדיין אין דבריו מספיקים לע"ד וכעת דבריהם שם צל"ע ודו"ק.

בא"ד וי"ל דלא שייכא וכו' מה שהקשו התו' דמגילה שם על תי' דהכא מסוגיא דהתם דקאמר דקורין את המגילה באדר ראשון ולא בשני מטעם דאין מעבירין והגם דהתם ליכא אלא מצוה אחת כבר הדבר מתורץ מדברי התוס' דאיזהו מקומן ובמנחות שם דלקבוע מקום שיהיה יסוד מערבי ולא ברוחות אחרות לא ילפינן ממעבירין אי לאו דגלי קרא יע"ש דהשתא הכיא דמגילה כיון דבכל שנה פשוטה הקריאה קבושה באדר הסמוך לשבט וכדקאמר התם בטעמיה מעתה בתחילת שם אדר שנפגע הו"ל מקומו ואין מעבירין משא"כ שפיכת שירים דלא ידעינן כלל מקומו מסברא אין לנו לקבוע מקום והביא דמנחות ס"ד ע"ב דמצות העומר לבא מן הקרוב הגם דהתם לא בעי למעבד תרוייהו אלא מן הקרוב דוקא מ"מ אין זה קביעות מקום לעולם דלפעמים ישתמש משדה זו ולפעמים מאחר היותר קרוב שבכר קודם ולפעמים ממקום רחוק אם לא ביכר הקרוב כדתנן התם והנה למ"ש לעיל דהאי קרא גלוי מלתא הוא דבשטה מצוה אחת נמי שייך טעמא דאין מעבירין מעתה לא תקשי מידי מקריאת המגילה ומעומר דהשתא דגלי קרא מהתם ילפינן בכל דוכתא דהכא נמי אין מעבירין וק"ל. ומ"ש ונעבד לתדיר וכו' כלומר שאם יש לנו לעשות מליה אחת מן שתי מצות נעשה התדירה וניח שאינה תדירה והגם דהתדירה לא פגע בה ברישא אבל ודאי דלא קיימי אשפיכת שיריים דהתם מאי תדיר ושאינו תדיר שייך דאם הכתוב לא היה קובע מקום היינו עושים באיזה רוח היסוד שנרצה וק"ל.

ע"ב גמרא **ומנורה** בדרום משוכה וכו' מפני שכ"ג כשנכנס לבית קדש הקדשים נכנס בין המנורה והכותל וצריך שיעבור ברוח עד שלא יגע בכותל ולא במנורה ע"כ לשון הרב המאירי ז"ל ועיין במתני' דפרק הוציאו לו נ"ב ע"ב.

שם ובטבה חמש נרות וכו' מ"ט אמר אביי וכו' יש לדקדק דמאי קבעי הרי הטעם פשוט דחמש נרות דכתיב בהו **תרי בבקר** בדין הוא שיהיו קודמים **לתמיד** דלא כתיב ביה **אלא חד בבקר** וכדאיתא לקמן יוקדם דבר שנאמר בו **בבקר** בבקר וכו' וכן בדין הוא שיקדים דם תמיד לשתי נרות כדי להפסיקם כדקאמר בסמוך דדוחק לתרץ דאליבא דר"ל קבעי דלא בעי הפסק עבודה בנתים ודעיקר שאלתו אהא דוקא דלמה יקדים תמיד דכתיב ביה חד בבקר אפי' לשתי נרות כיון דכתיב בהו תרי בבקר ועוד דהא טעמא אחרינא איכא דכיון דסליק ליה מדישון מזבח הפנימי יש לו לעשות הטבת ה' נרות ברישא דאל"כ הו"ל כמעביר דליכא למימר דכיון שיולא מההיכל להניח דישון מזבח הפנימי רחוק מן הכבש כעשר אמות ששם מקום הנחתו כדתנן בספ"ק דתמיד אין כאן מעביר דהא ודאי כשהיה מדשן גם המנורה אז היה מוליך שתיהם למקומם דהשתא אכתי בהיכל קאי ואם יעשה דם תמיד קודם נרות הו"ל כמעביר דכן מוכח בהדיא בספ"ג דתמיד ושם ריש פ"ו דלא היה מוליכה מיד למקום הראוי לה עד שהיה מדשן שתיהן מזבח ונרות יע"ש וכפי' הרע"ב וי"ל דודאי אהקדמת חמש נרות לדם התמיד ל"ק ליה כיון דהתם תרי והכא חד אלא אדם תמיד לשתי נרות הוא דק"ל מ"ט דאם משום הפסקה אימא דקטורת מפסיק להו וכפ' רבנן דה"ק רחמנא בעידן הטבה תהא מקטיר קטורת כדאיתא לעיל י"ד ב' והבא שאול שם אין לו מופת ברור לסתור זה ומעתה כיון דתרי בבקר דנרות מכריחנו לומר דכולהו נרות קודם תמיד זה יכריחנו ג"כ לומר דקטורת מפיס להו ועיין בתו"י סד"ה שדיגהו וכו' ובדברי הריטב"א וע"ל דאהקדמת חמש נרות נמי ק"ל דכיון דלרבנן דם התמיד קודם לכלהו נרות כמ"ש הרמב"ם בפי' המשנה ספ"ז דתמיד ובחי' פ"ו מה' תמידין ומוספין וכמ"ש הכ"מ שם וכן מוכח ממתני' דפ"ק דקתני כל שבעה הימים הוא זורק את הדם וכו' ומטיב הנרות ואוקימנא לעיל שם כרבנן וכן מתני' דפייסות דקתני דם קודם נרות אוקימנא כרבנן ויראה משום דלדידהו נמי תרי בבקר דשני גזירים דלא צריכי תשדיי' חד לדישון מזבח הפנימי דיקדים לתמיד וחד לתמיד דיקדים לנרות משום דמכפר עדיף וכדפריך ר"פ לקמן ומעתה היינו דקא בעי מ"ט דא"ש דטעם רבנן היה פשוט אלא כמ"ש ושוב ראיתי בס' שושנים לדוד בפ"ג דתמיד שכתב טעם אחר לרבנן ונלע"ד עיקר הטעם כמ"ש יע"ש וכן ראיתי שוב להריטב"א לקמן ד"ה גרסת מקלא וכו' שכתב כדברי.

שם ההוא בבקר בבקר דב"ג דלא צריכי וכו' הגה נ"מ לפי מר זוטרא לעיל ספ"ב דס"ל דב"ג עבודת לילה היא דודאי לא צריכי כלל [(ועיין בתו' שם ובמ"ב שם)] אלא אפי' למ"ד דעבודת יום היא וכ"ל מדכתיב בבקר וכמו שפרש"י שם מ"מ י"ל דמאחר שהעלאת ב"ג כקרבן חשיבי וכמ"ש הרמב"ם בחי' פ"ע מה' ביאת המקדש והמסדר ב"ג על המערכה הרי הוא כמקטיר אברים והייב מיתה שהעצים קרבן היא ע"כ ויראה שלמד כן ממתני' דפ"ג דמנחות ק"ו ע"ב דקתני הרי עלי עצים לא יפחות מב"ג ותניא התם קרבן מלמד שמתנדבים עצים וכו' ועיין בפי' המשנה שם מעתה לא צריך קרא לומר שיהיו ביום דלא גריעי מקרבן דאינו אלא ביום כדנ"ל מביום צותו ואידך ס"ל דלאו כקרבן ממש ניגהו ומש"ה כשרים בלילה והיינו דסתמא דתלמודא לא קאמר טעמא לעיל משום דקרבן עדיף אלא קאמר טעמא דמכשיר עדיף דהוא טעם יותר פשוט ומוסכם ועיין בתו"י ד"ה בבקר וכו' שתי' באופן אחר ועיין עוד בסמוך וק"ל.

שם חד שדיי' להטבת חמש נרות וכו' הא ודאי דהאי מדכתיבי' הכא בשני גזירין ולא כתבינהו כל חד אדוכתיה יש ללמוד עוד דלב"ג נמי אילטריך לגילוי מלתא בעלמא לומר דעבודת יום היא וכקרבן דמו וזה תי' נוסף מלבד מ"ש לעיל לתי' קושיית תו"י יע"ש ואי קשיא לך דאימא דבקר דנרות לדרשה דר"י דלקמן דוקא אלטריך ולא נדרוש הא דהכא כלל ועיין בפי' ר"ח שכתבו בתו"י דלפי' היינו דפריך תלמודא לקמן הניחא נר"ל וכו' יע"ש תריץ דתרתי שמעת מינה דאי כגי תרי בבקר חד קאי אחמש וחד קאי אשתים וכדדר' דר"י דוקא א"כ לימא קרא בהטיבו את הנרות בבקר בבקר יקטירנה דהוי ניחא טפי דהשתא דכתיב והקטיר עליו אהרן קטורת סמים בבקר בבקר בהטיבו איכא למטעי דהאי תלתהו קאי אקטרת שיקטיר אותו בהפסקת עבודה בנתים אלא ודאי לגבי כתב קרא ברישא בבקר בבקר והדר בהטיבו להודיענו דהני תרי בבקר אתרוייהו נרות קאי ולמדרש דהטבת חמש קודם לדם התמיד דהכא תלת והתם תרי ואם תאמר אכתי

מנ"ל לר"י דרשא דהלקהו ובשלמא אם נאמר דדרשא דהכא אסמכתא בעלמא היא דסדר עבודות הל"מ וכנראה מלשון הרמב"ם בפי' המשנה וכמ"ש לעיל בפי' הסוגייא ניחא דודאי עיקר קרא לדר"י איצטריך וי"ל דאם איתא דמדאורייתא א"ל להפסיק עבודת נרות בעבודה אחרת א"כ לישתוק קרא מחד בבקר דנרות דהא ממילא תרי בקר דב"ע דל"ל גשדיינהו כולהו או חד מינייהו אנרות נומר דכולם מקדימים לדם התמיד דהכא תרי והתם חד דאם תאמר דמשדיינהו כולהו אתמיד דלקדום אנרות לישתוק מתרי בקר דב"ע ואנא ידענא דתמיד קודם אנרות דכיון דהכא חד והתם חד מכפר עדיף וא"נ דלישתוק מתרי בקר דב"ג ודאי דנרות קודמים לתמיד דהכא תרי והתם חד אלא ודאי להכי כתביגהו נמי גבי נרות להודיעך שצריך לחלקם לשני בקרים ולהפסיקם בעבודה אחרת ומעתה יש לך לומר דתרי בקר דב"ע חד שדיגהו אחמש נרות וחד אדם התמיד ולמדנו מזה דבדם התמיד מפסיק להו ועיין בתי' ד"ה שדינהו וכו' וכמ"ש שם ואילולי דמסתפינא הייתי אומר עוד דודאי ר"י דרשה פשוטה נקט והגם שאינה עיקר דרשה דדין הפסקה ממאי דכתיב בהטיבו את הנרות יקטירנה ילפינן דיקטירנה מייתר דהא כתיב קמיה והקטיר עליו אהרן קטרת וכו' בהטיבו את הנרות אלא ללמד בא להפסקת העבודה בין ההטבה דלרבנן משמע להו לפרש יקטירנה דבקטרת מפסיק להו וה"ק קרא בעידן הטבה תהא מקטיר אבל לא"ש משמע לי' סידורא דקרא כדכתיב בהטיבו את הנרות והדר יקטירנה כדאיתא לעיל י"ד ע"ב וכך מרישא דקרא שמעינן לה דכתיב והקטיר עליו קטורת סמים והדר בהטיבו את הנרות אלא האי יקטירנה אם אינו ענין לומר דבקטורת מפסיק להו תנהו ענין לומר דבדם תמיד מפסיק להו ועיין בתי' סד"ה הלקהו

וכו' ובריטב"א סד"ה הניחא לר"ל וכו' ודו"ק.

שם א"ל ר"פ לאביי וכו' דנקדים להטבה וכו' דמשמע ליה

לר"פ דדם התמיד כיון דמכפר יש לנו להקדימו בכל מה שנוכל דאי לאו דגלי קרא בדישון תרי ובתמיד חד היינו מקדימין גם לו מהאי טעמא וכ"ש שיש לנו להקדימו לנרות דהדלקה לאו עבודה היא ואין זר חייב עליה וא"צ דאי לאו דגלי קרא בהטיבו והדר יקטירנה היינו מקדימין קטורת לנרות מטעם זה ואי משום בבקר דב"ע אימא חד שדייה לדישון וכו' ואי קשיא לך דמעיקרא מאי ק"ל הרי התי' מבואר דמאי מפסקת וכו'

עיין מה שכתבתי בתי' ד"ה חד שדינהו וכו' וק"ל.]

שם הניחא לר"ל הא ודאי דר"ל נמי אית ליה דלרבנן בקטרת

מפסיק להו ולא"ש בדם התמיד מפסיק להו דזה פשוט ומוסכם בסוגיין דלעיל אלא דאטעמייהו קא מהדר למה היו עושין כן וס"ל דמדרבנן הוא כדי להרגיש קול בעזרה דומיא דפייסות דאמר ר"י לעיל כ"ד ע"ב האי טעמא גופה אלא דבדי שלא יהו פגויים מעבודה בנתיים תקנו חכמים להפסיקם בעבודה לרבנן בקטרת דם התמיד ס"ל דקודם לנרות כולם דמכפר עדיף וכמ"ש לעיל ולא"ש דאית ליה קרא כדכתיב בהטיבו והדר יקטירנה הרי אין כאן להפסיק אלא בדם תמיד ולר"ל ניחא דפריך ר"פ דמנין להם לתקן להפסיק בעבודה בנתיים כיון דס' הוא דחד גשדינהו לדישון וכו' אבל לר"י דס"ל דמדאורייתא היא ע"כ לפרש לא"ש כדקאמר אביי דא"כ במאי מפסקת וכו' ור"פ נמי אית ליה הפסקה לא"ש אלא אטעמא דאביי פריך ולמה שנראה מדברי התוספות לעיל ע"א ע"א סד"ה אימא סיפא דר"פ פליג אדאביי ולית ליה הפסקה לא"ש יע"ש וכמ"ש שם היה אפשר לפרש דה"ק הניחא לר"ל דקאמר דלא היה אלא להרגיש ואין כאן עבודה בנתיים וכמו שפרש"י ז"ל שפיר תוכל לומר כן דדלמא לא"ש נמי דם התמיד קודם לנרות ולדידיה אין כאן הפסקה אלא לר"י דנפקא ליה מקרא דהלקהו ואין כאן חילוק אלא בהפסק עבודה בנתיים ומוכרח דרשה זו גם לא"ש וכמ"ש לעיל דתרתי

שמעינן מהאי בבקר בבקר דנרות מאי איכא למימר וק"ל.

שם הניחא לר"ל וכו' הרמב"ם ז"ל פ"ג מה' תמידין פסק כר"ל

ועיין מ"ש הכ"מ שם והנה כבר כתבתי לעיל דודאי לר"ל נמי צריך להפסיקם בעבודה דאביי הוא דקאמר לר"פ שיוכל לומר דלר"ל אין צריך אבל קושטא הוא דהכא ל"פ ר"י ור"ל ולהכי נקט טעם היותר פשוט והגם דר"ל קאמר לה דהא לא נ"מ לדינא כמ"ש הכ"מ שם וכן הרב המאירי ז"ל פי' כשני הטעמים דר"י ור"ל ומה גם דבירושלמי דפרקין משכחן היפוך סברות דר"י ס"ל כדי להרגיש כמ"ש התי' יע"ש ועוד דסוגיין דדרשה דבבקר דב"ע לאביי ולר"פ רהטא טפי כר"ל מלר"י דדריש להו לבקר דנרות נומר הלקהו דמשמע דתו אין מקום לדרשות דלעיל ואפשר דאיהו ז"ל מפרש כפי' הגאון שהביאו התי' דהיינו הא דפרי' הניחא לר"ל וכו' יעיי"ש דהשתא משמע בהדיא דאביי ור"פ ס"ל כר"ל ולא כר"י ומש"ה פסק כמותו ומה שהתי' הרל"ס שם יעי"ש ירא"ה דטפי משמע הפסקת עבודה לר"י מלר"ל דהא קמן פייסות דמשום הרגש' הוא כדלעיל שלא היה אלא הפסק זמן בנתים ומהאי טעמא מ"ש המגיה בכ"מ שם דנקט האי טעמא משום דר"י אמרו' לעיל כד ע"ב גבי פייסות יע"ש מהתם לא תסייעיה מידי דשאני מהכא דבשו' הפסק עבודה ולעולם דעיקר טעמא דהכא משום דרשה דהלקהו ושוב ראיתי בהגהת הריטב"א כאן שהתי' כמ"ש יע"ש וק"ל. ודע דסוגיא דידי' דפרקין הלכה כ' והיא ע"ד ברייתא דת"כ דפ' לו דדריש להו בבקר בבקר דב"ע לענין אחר ל"ע ליישבה עם סוגיא דידן יע"ש כי אין להאריך וק"ל.

שם א"ל רבינא וכו' נקדמו למערכה שניה וכו' כלומר ומלבד

דתיקשי דא"כ סדרא הטבה דתמיד לאבא שאול מנ"ל עוד זאת תקשי דמנ"ל להקדים מערכה שניה לב' גזירין והגם דמעיקרא כתיב והאש על המזבח תוקד בו דמהתם נ"ל סידור מערכה שניה והדר כתיב ובער עליה הכהן עצים מ"מ הא גלי קרא דקודמי דהא כתיב בבקר בבקר ואי קשיא לך דבחד בבקר סגי דהא במערכה ב' לא כתיב בבקר כלל והגם דתו ליכא למדרש דרשה דאביי דלעיל מ"מ משמע דרבינא ס"ל דכולהו תרי בקר דב"ע צריכי להכי תריץ דהא מיהא כתיב בההוא ענינא במערכה גדולה כל הלילה עד הבקר דמשמע דבבקר יחזור ויסדרנה ואשניה דכתיב בתריה והאש המזבח תוקד בו נמי קאי וכיון שכן הו"ל חד וחד ולא ידעינן מי יקדים כיון דתרווייהו מכשירי קטורת נינהו להכי כתב תרי בקר ואי אמרת דמהאי טעמא ליקדימו נמי אמערכה גדולה הא לא אפשר דהא כתיב ובער עליה וכו' דאמערכה גדולה קאי א"כ משמע דקודם זה סידרה ונראה דהיינו טעמי' דרבינא דלא הוה משמע ליה למדרש עליה ולא על חברתה כדקאמר רב אשי משום דלהקדמת מערכה גדולה לב"ע איצטריך ואפ"ה שני רב אשי שפיר דהא תרי עליה כתיבי כדאמרינן לעיל ומה גם דאפי' תימא דרבינא דריש ליה למלתא אחריתי מ"מ עדין יש לומר דהקדמת מערכה גדולה לב"ע הא שמעינן מקרא דריש פ' ויקרא ונתנו בני אהרן אש על המזבח וערכו עצים על האש דבסידור מערכה גדולה וב"ע דשחרית איירי כמו שפירש"י לעיל כ"ו ע"ב ומדסקדים עצים לאש דרך מלוחו כדאיתא בירושלמי לעיל פ"ב הלכה א' מלוה להקדים אש לעצים וכו' ועיין בהקומץ כ"ז ע"ב א"כ משמע שקודם זה סידר עצי מערכה עם האש והיינו דקאמר קרא ונתנו בני אהרן אש וכו' דאל"כ לא נזכר כאן סידור מערכה כלל דעצים היינו ב"ע כדמשמע מסוגיא דלעיל כ"ו ע"ב וא"צ דמדכתיב ובער עליה הכהן עצים בבקר בבקר וערך עליה העולה משמע דמיד לאחר סידור ב"ע יערוך ואי מערכה גדולה מאוחרת לב"ע לאו מיד הוא אלא ודאי דבבר קדם סידור מערכה וא"כ אייתר לן עליה למדרש כדקאמר עליה ולא על חברתה וכו' כנלע"ד.

שם מאי שנא דעביד הטבת שתי נרות וכו' הך קושיא לרבנן

דא"ש נמי שייכא דע"כ לא פליגי אלא אי בדם תמיד או בקטורת מפסיק להו אבל לכ"ע סדר הפסקה חמש והדר שתים היינו דפריך דכיון דגם לרבנן נ"ל הפסקה מקרא דבהטיבו את הנרות יקטירנה דמשמע דבתוך הנרות יקטירנה וכמ"ש בתי' ד"ה הלקהו יע"ש אימא דה"ק בהטיבו את הנרות שבהטיב שתי נרות דמיעוטא רבים שנים מיד יקטירנה ולא"ש נמי הגם דמשמע ליה בהטיבו והדר יקטירנה מ"מ הא ילפינן הפסקה מדרשה דר"י בבקר בבקר הלקהו ואימא דלהכי כתיב בהטיבו את הנרות ולא בהטיבו את המנורה [(עיין בתי' שם)] לומר דמעיקרא ייטיב נרות דהיינו שנים ומשני דכיון שבתחיל במצוה יש לו לעשות כל מה שיוכל דהיינו רובא דאל"כ הו"ל מעביר ביון דמקיימה הפסקה כל כמה שלא סיים מלות נרות ופריך דא"כ בחד שמניח סגי נקיים הפסקה ומשני דאמר קרא בהטיבו את הנרות דמשמע דבכל פעם שמטיב יהיה לצורך נרות דהיינו שתים וק"ל.

שם ואיברים למנחה וכו' אע"ג דמנחה לצורך תמיד היא באה וסברא הוא לגמור מעשה התמיד קודם לה מ"מ הו"א כיון דעיקר עבודת תמיד אינו אלא בדם ואיברים גמר עבודה (בדלמא) [בעלמא] ניכנו אימא דעדיף הקטרת מנחה דתחילת עבודה היא ועוד כיון דאיברים ואימורים יש לו זמן להקטירם כל הלילה דבתמיד של שחר נמי דינא הכי עיין בהרמב"ם פ"ד מה' מעשה הקרבנות ובפ"א מה' תמידין ומוספין וכמ"ש התי"ט ריש ברכות ד"ה הקטר חלבים וכו' ומנחה הבאה עם הזבח אינה כשירה אלא ביום כמ"ש הרמב"ם פ"ד שם וכדאיתא בפ"ב דתמורה י"ד ע"ב [(ועיין ברש"י דמגילה כ' ע"ב ד"ה לקמילה ולהקטרה וכו')] מטעה אי לאו קרא הו"א דמנחה קודמת שאם יארע אונס לא יוכלו להקריבה בלילה קמל"ן ומהא דתנן בפרק כל התדיר דעופות קודמין למנחות מפני שהן מיני דמים אימא דהיינו דוקא לאקדומי זריקת דם אבל איברים דכבר נעשה זריקה דמן לא ידעי' אי קדמי למנחה מהטעמים שכתבתי ושוב ראיתי בתי"ט שהרגישו בזה יעו"ש ודו"ק.

רש"י ד"ה בבקר בבקר וכו' דהא אמרן מכשיר וכו' יש לדקדק דמדקאמר לעיל אע"ג דקרא כתיב בבקר וכו' ואפ"ה מכשיר עדיף משמע דוקא מפני שאויס בתרי בבקר הוא דאמרינן דב"ג עדיפי מטעם מכשיר הא אי לא הוה כתיב התם בבקר כלל הו"א דדשון קודם וכן מוכח מסוגיין דהגם דדם התמיד מכפר ועדיף טפי מנרות דמלבד דלא מכפרי עוד זאת הדלקה לאו עבודה היא אפ"ה אי לאו דשדינן חד אתמיד הו"א דנרות קודמים משום דהתם תרי והכא חד וכ"ש בב"ג דאי לא כתיב בקר כלל בסברא דמכשיר עדיף לחודיה אין להקדימם וי"ל דלעיל קושטא דמלתא קאמר אבל אה"נ דאפי' אי לא כתיבי בב"ג ככתיבי דמו כיון דמכשירי קטורת ניהו כדקאמר רב אשי לעיל אי לא משכח עלים וכו' ומש"ה הגם דהכא צריכי לאו אינו ענין מ"מ קודמין לדישון מטעם מכשי' עדי' כיון דהנהו בבקר דכתיבי בקטורת הו"ל כאילו כתיבי בגופייהו ושוב ראיתי בתי"ט ד"ה מכפר עדיף וכו' שדעתם לפרש הא דלעיל דהגם דלא כתיב בבקר כלל מכשיר עדיף ולא דמי לסוגיין דהכא דניחא קרא למכתב חד בקר בתמיד אי לאו דשדינן חד אתמיד הו"א דנרות עדיפי דהתם תרי וכן ראיתי להריטב"א שהרגיש מלישנא דלעיל יעו"ש.

ד"ה אלא לר' יוחנן וכו' חלקהו לב' בקרים גבי נרות אנו יקדימו עבודה אחת וכו' כנלענ"ד של"ל. ומ"ש והא ליכא למימר דפסקיה בדשון מזבח פנימי וכו' כלומר דנשדייהו כולהו תרי בקר דבלא"ה אתמיד דנקדמיה לדישון דהתם תלת והכא תרי ונעביד לדישון בתר הטבת חמש נרות דאע"ג דהכא תרי והכא תרי ומאי חזית ואדרבא דישון חשיבא עבודה טפי מנרות דכשירה בזר מ"מ ע"כ לעשות כן משום דרשא דתלקהו וזה כקושית התוס' ד"ה ואימא וכו' ושוב ראיתי למהרש"א שפי' כן אבל עדיין אין נח לי לומר שכיון לזה כיון דמעיקרא אין סברא לומר כן בלאו קושיה מעבירין שכתב ז"ל כמו שכתבו התוס' וכמו שהרגיש מהרש"א בזה והיה אפשר לפרש כונתו באופן אחר דלר"י דאמר תלקהו הו"ל כאילו כתיב חד בבקר אהטבת חמש וחד אהטבת שתים אבל אדישון דהו"ל כאילו כתיב בההוא ענינא מטעם דאין קטורת בלא דישון כמו שפי' ז"ל לעיל ודאי דתרוייהו קיימי אדידיה והשתא אימא דהכתי לאו בדם התמיד מפסיק להו אלא בדישון דתרי בבקר דב"ג חד שדייה אחמש נרות דיקדימו לדישון דאע"ג דהכא תרי והכא תרי ע"כ לאחר דישון משום הפסקה אבל אי לא הוה שדינן חד אנרות מנא סברא דהפסקה לחודה לא הוה אמרינן לאחר דישון כיון דע"כ הקדימו הכתוב דהכא תרי והתם חד וכמ"ש בתי"ט ד"ה שדינהו וכו' יעו"ש וחד שדייה אדם התמיד דיקדים אפי' לחמש נרות דאע"ג דהכא תרי והכא תרי מכפר עדיף והוי שפיר דאפילו תימא דלר"י הו"ל כאילו כתיב חד אחמש וחד אתרי נרות הגם דלפי האמת אין הדבר כן לפי' דאלת"ה ליפרוך מכח דר"י אדרשא דאביי גופיה וכדרך פי' ר"ת שכתבו התי"ט ד"ה הניחא וכו' יעו"ש מ"מ אין שייכה הא לאו קושיה הוא דאין סברה להקדים נרות לדישון דהו"ל מעביר על המצות ושוב ראיתי בחי' הריטב"א דנראה מתוך דבריו דגי' בפרש"י היא והא ליכא למימר אפסקי' בדישון מזבח הפנימי דהא אף לתמיד אית לן לאקדומיה ועוד דא"כ דמקדים וכו' הו"ל מעביר וכו' יעו"ש ולגי' זו א"ל לכל מ"ש וק"ל.

ד"ה לדבר שלא נאמר וכו' וא"ת מכפר עדיף וכו' דבריו צריכים ביאור דהא משמע מטעמא דאביי ור"פ דלעיל דאי לאו דשדינן חד אתמיד נרות הוו עדיפי מדם תמיד והגם דמכפר משום דתרי וחד ניהו והגם דהדלקה לאו עבודה היא וכ"ש איברים כלפי קטורת דעבודה חשובה דודאי לא עדיפי אי לא הוו תרי ותרי ולפר' דה"ק דנימא דבבקר דתמיד לא קאי אלא אדם דהוי עיקר הקרבן דהשתא כיון דלא נחית קרא למיכתב בבקר אאיברים אימא דעדיפי מקטורת מטעם דמכפר דומיא דהא דאמרינן דב"ג עדיף מדישון מטעם מכשיר עדיף דבקר דכתיב בהו לא צריכי לגופיה וכמ"ש התי"י ואיהו ז"ל לעיל ד"ה בבקר בבקר וכו' וכמ"ש שם זה דוחק דהא קרא כתיב תעשה בבקר דאכולהו עשיותיו דתמיד קאי ולא דמי לב"ג דהוו כאילו לא כתיבי התם כלל ויש ליישב דה"ק דא"ת מכפר עדיף וא"כ נשדייה אידך דב"ג אאיברים ולא אדישון ואימא דאיברים קודמים לקטורת דאע"ג דתרי ותרי ניהו מכפר עדיף ונאמר דבאיברים מפסיק להו דודאי אחר הטבת שתי נרות ליכא למימר דהא בעי קרא בהטיבו והדר יקטירנה מיד בלי הפסק ביניהם ומשני שפיר דכיון דאין כפרה אלא בדם א"כ עפי עדיף דישון דלצורך פנים הוא מאיברים דעבודת חוץ ולהכי מסתבר טפי למשדיי' אידך אדישון דנקדמיה לדם התמיד ומדברי הריטב"א בחי' משמע דמפרש דה"ק ואפי' שתאמר דנשדייה ההוא בקר דדם נמי אאיברים [(והגם דלא מסתבר מדלא כתביה בתמיד גופיה)] והו"ל קטורת ואיברים תרי ותרי ומכפר עדיף הא נמי ליתא דאין כפרה אלא בדם וא"כ אפילו דהו"ל תרי ותרי הוה עדיף קטורת דעבודת פנים מאיברים ואי קשי' לך לפ"ז למאי איצטריכו תרי בקר בקטורת הא א"כ הוו קטורת ואיברים חד וחד קטורת עדיף דעבודת פנים היא תריץ דהכ"נ אבל תרי בקר לאו משום קטורת לחודי' איצטריכו דהא קיימי נמי אדישון ואהטבת נרות דהתם בעינן תרי לאקדומי הטבת חמש נרות לדם התמיד ולרבנן לאקדומי דישון אדם תמיד כפרכת ר"פ וכמ"ש לעיל והשתא דאיצטרכו לנרות וע"כ דאקטורת נמי קיימי נקט' ברייתא טעם היותר פשוט יוקדם דבר וכו' ועיין מ"ש מהרש"א ולפי סגנון דבריו דלקושית אמאי לא שדינן ההוא בקר דב"ג נמי אאיברים הא תרין משום דאיברים לא מכפרי יעו"ש תיקשי דמעיקרא קושיא אין כאן דא"כ אמאי כתב רחמנא ההוא בקר גבי גזירין ולא בתמי' גופיה כיון דעליה קאי אי לאו משום דאז הוה קאי נמי אאיברים ולהכי לא כתביה הכא כי היכי דנשדייה אדמסתבר טפי דהיינו דם וכמ"ש הריטב"א שם אלא צריך לפרש בדרך אפי' בתאמר דנשדייה נמי האיברים הגם דלא מסתברא הכי מדלא כתביה בתמיד גופיה וכו' וכנראה מדברי הריטב"א וכמ"ש ודו"ק.

תוספות ד"ה עבורי וכו' קשה לפי' וכו' וי"ל דמסדרא דקרא אין ראיה אלא לכתחילה אבל בדיעבד אם הניח של ראש תחילה אימא דאין כאן איסור קמל"ן הא דר"ל דלפיכוכא איתמר דיש כאן איסור מעביר ולהכי יש לו לחלוץ של ראש ולהניח של יד תחילה כסדר הכתוב [(וכ"כ בס' הלכות קטנות ח"א סי' נ"א והביאו בספר יד אהרן א"ח סי' כ"ה)] וא"נ איפכא דהשתא דזה בכלל מעבירין אמרינן דסידורא דקרא לעיכובא איצטריך וק"ל. ומ"ש ומפרש ר"ת וכו' וכתבו התי"י דלפי זה ל"ג היכי עביד מדרעא וכו' והטעם פשוט דלהאי פירושא הו"ל היכי עביד מטוטפתא אדרעא כלומר דתחילה יעביר ויחלוץ של ראש ויניחם בתיק ואח"כ של יד ויש לפרש מ"ש התי"י דאין כונתם דל"ג ליה כלל אלא דגרסינן איפכא וכמ"ש אלה דמאריכות לשון הערוך בערך עבר שהביא פי' זה למדתי שדעתו לפרש כן היכי עביד יחלוץ של ראש תחלה ויניח בכים ועליו של יד באופן שכשיבא להניחם יהיה מדרעא לטוטפתא שיניח זרוע תחילה שימלאנו למעלה ואח"כ של ראש יעו"ש ושוב מצאתי כדברי בחי' הריטב"א יעו"ש ומ"ש שם דלפי' זה עבורי היינו לשון אקדומי הכה מלשון התי"י והערוך משמע דמפרשים לשון הסרה והלילה כמו ואת העם העביר אותו לערים וכו' אבל האמת דלפי' דייק לישנא דתלמודא טפי והגם מה שהקשה במרדכי בהלכות

קטנות שכתב דלפי׳ זה לא גרסינן התם טוטפת דהוה משמע כפ״א אלא גר׳ טופתא ע״כ נראה שיש להגיה ולא גרסינן התם מדרעא לטוטפתא דהוה משמע כפ״א אלא גרסי׳ מטוטפתא לדרעא ועיין מ״ש בס׳ שארית יוסף בהגהותיו שם כי אין דבריו נוחים לע״ד יעו״ש ובשכ״י פירש היכי עביד מדרעא לטוטפתא פי׳ מדלג מדרועא הסמוך לו ולא יעבור ממנו עד שיעביר לטוטפתא עכ״ד וק״ל.

ד״ה **ואימא** חד שדייה וכו׳ וא״ת ניעדי תרווייהו וכו׳ אבל הא ל״ק להו אמאי לא קאמר ר״ש איפכא דחד נשדייה לדם תמיד דליקדום לדישון הגם דהכא תרי והכא תרי מכפר עדיף וחד נשדייה לדישון דליקדום לחמש נרות דהכא תלת והכא תרי דהתו׳ מבואר ופשוט כמ״ש בתי״ו ובתו׳ הריטב״א יעו״ש וק״ל. ומ״ש אדם התמיד דניקדום וכו׳ דהא כיון דמכפר עדיף יש לנו להקדימו כל מה שאוכל לדרוש בו והגם דהא חזינן דקרא בעי לאקדומי לדישון דהכא כתב תרי והתם חד [ועיין בתי״ו ד״ה שדיוהו ובמ״ש שם מ״מ י״ל דכיון דדישון לא כתיב התם בהדיא אלא מכח דאין קטורת בלא דישון שמעינן ליה כדפי׳ רש״י לעיל מעתה חד בקר דתמיד דכתב ביה בגופיה בהדיא עדיף ותו׳ ספור דמ״מ כיון דלכ״ע הו״ל כאילו כתי׳ תרי בדישון לא סגי דלא נשדי ביה מידי דהא ודאי אי לאו דשדינן חד אדם תמיד הוה עדיף לן להקדמה קטורת מתמיד והא קמן דקטורת קודמת לאיברים כדלקמן ואיתא נמי בפ׳ תמיד נשחט נ״ט ע״א אין לך דבר שקודם לתמיד של שחר אלא קטורת בלבד שנאמר בה בבקר בבקר וכו׳ וה״נ שיקדים לו מכשירי קטורת דהיינו דישון שכן דרך לדשן קודם הקטרה ומעתה אי שדינן תרווייהו אתמיד הו״ל יליבא בארעא וכו׳ וק״ל.

ד״ה **והכא** תלתא וכו׳ והוי כמו פרש׳ וכו׳ דלא נשנית אלא בשביל דבר שנתחדש בה משא״כ איצך בקר דתמיד דלא שייך לומר דגמו דכל חד נאמר לענייני כמו מלבד עולת הבקר וכו׳ כמנחת הבקר וכו׳ ומעיקרא ס״ד לומר דכיון דהוי״מ למיכתב מלבד עולת התמיד תעשו את אלה וכן בכולהו איצך ש״מ דבקר לדרשא וניחא להו דלא דרשינן דרשא דהכא אלא היכא דכתיבי גבי אהדדי.

ד״ה **יוקדם** דבר וכו׳ וקשה לי נימא וכו׳ הנה לסברת הריטב״א שכתבנו בפרש״י ד״ה לדבר וכו׳ מתורץ זה דאם איתא דהרי בקר דב״ג כולהו אתמיד קיימי ליכתבינהו בתמיד גופיה וליפתוק מבקר דכתב ביה דהא השתא נמי הו״ל דם תמיד ואיברים כלפי דישון והטבת שתי נרות תרי ותרי ושמא י״ל דס״ל דאי כתבינהו בתמיד גופיה הו״א דלא קאי אלא אדם דעיקר׳ כפרה והו״א דקטורת מפסיק להו כס׳ רבנן דא״ש אבל השתא דכתבינהו גבי ב״ג ע״כ למשדייה נמי חד אאיברים איצטריך דלדם תמיד בחד הוה סגי ולימדך דאברים מפסיק להו וה״נ נמי דלא מצית למימר דחד בקר דכתב בתמיד גופיה אדם דוקא קאי והשתא כי תשדייה נמי חד דב״ג אאיברים אכתי הו״ל נרות ואיברים תרי וחד ונרות קודמים דא״כ לענין מה כתב קרא אידך בקר יתירא דב״ג אלא ע״כ לומר דההוא בקר דתמיד אאיברים נמי קאי דהשתא להכי כתב אידך דב״ג למשדייה אאיברים דליקדמו אהטבת ב׳ נרות וק״ל.

דף ל״ד ע״א גמרא **ומנחה** לחביתין עולה ומנחה וכו׳ עיין פרש״י דמהכא ילפינן נמי דאין להפסיק בנסכים בין עולה למנחה כדאיתא בהתכלת מ״ד ע״ב אלא דאיכא למידק דלהקדמת מנחה לחביתין קרא ל״ל דתיפוק ליה דמנחה דבר של צבור וחביתין של יחיד דכ״ג נינהו וכן מלאתי עמס זה בירושלמי פ׳ דלעיל סוף הלכה ג׳ דקאמר סולת קודמת לחביתין אעפ״י שזה לאישים וזה לאישים זה קרבן יחיד וזה קרבן צבור וי״ל דתלמודא דידן טעם הפשוט יותר נקט דאי מהכא א״ל דכיון דדמו לקרבן צבור דדחו שבת וטומאה ועוד דמדאורייתא בשמת כ״ג ועדיין לא מינו אחר תחתיו קריבין משל צבור כדאיתא בהתכלת נ׳ ע״ב וג״א ע״ב אימא דכקרבן צבור דמו וקודם למנחת תמיד כדי שיקרבו מנחת תמיד ונסכים יחד קמ״ל קרא דעולה ומנחה ולהירושלמי לא תקשי קרא למה לי דאיצטריך להיא דהתכלת מ״ד ע״ב וכמ״ש ואי קשיא לך דמהכא תיגון למילף דאברים קודמין למנחת תמיד כדכת׳ עולה והדר מנחה והכי איתא בספרי פ׳ אמור עולה ומנחה אם אין עולה אין מנחה שתקדים עולה למנחה שאם קדמה מנחה לעולה פסולה ע״כ ולמאי איצטריך לעיל קרא דוערך עליה וכו׳ לומר דאיברים קודמים למנחה ודאיתי דמכח זה פי׳ התו׳ בר״פ כל התדיר ובהתכלת מ״ט דההיא דלעיל איירי במנחת חביתין יעו״ש לכו׳ דודאי הא דקאמר ואיברים למנחה במנחת תמיד איירי וזה פשוט אך כונת׳ דקרא דוערך דאייתי היינו להוכיח דה״ג׳ מנחת חביתין דלא שייכא לתמיד מאוחרת לאיברים ול״מ מנחת תמיד דקרא כתיב בהדי׳ עולה ומנחה ועיין מ״ש הרב בעל ס׳ משנה למלך בר״פ פ״א מה׳ תמידין והנה עם מ״ש לעיל דיש סברא לומר דעדיפא מנחה דתחילת עבודה מהקטר איברים דאינם אלא גמר עבודה וכשרים בלילה יעו״ש בזה יש לתרץ עוד דאי מקרא דעולה ומנחה אימא דעיקר עבודת עולה דהיינו דם הוא שקודם למנחה אבל מוערך דאמערכ׳ אש קאי ע״כ דלהקטר נמי איברים קודמים ועיין מ״ש הריטב״א וק״ל.

שם וחביתין לנסכים שום מנחה דאל״כ נסכים היו קודמים דשייכי אמנחת תמיד שהקריב ועוד דחביתין מתחלת מעשה הוא דעדין לא נגמרה המצו׳ עד שיקריב מחצית האחר בערב משא״כ נסכים והא דלא קאמר דחביתין עדיפי מניסוך יין שזה לאישים וזה לספלים וכדאיתא בירושלמי שם י״ל דס״ל לתלמודא דידן דאם מטעם זה אימא דכיון דחביתין מיהא משל יחיד אתו נסכים עדיפי ועוד דיש לנסוכם סמוך למנחה דתמיד כל מאי דאפשר ועוד דאימא נסכים עדיפי שכן השיר של קרבן נאמר עליהם וכן מלאתי סברה זו בפרק התכלת מ״ד ע״ב יעו״ש אבל לטעם דשום מנחה ניחא דכיון דגלי קרא דשוים למנחת תמיד כמו שפרש״י ז״ל יש להקדימם ועי״ל דשמא טעמא שזה לאישים וכו׳ לא אמרינן אלא בשני דברים הראויים לאשים כגון איברי עולה ואיברי חטאת דמשום דעולה כולה כליל משא״כ חטאת עולה קודמת כדאיתא בר״פ כל התדיר אבל יין דמצד עצמו אינו ראוי לאישים משום דמגלאת מכבה את המדורה כדאיתא בספרי וכמ״ש הכ״מ רפ״ב מה׳ מעשה הקרבנות כלפי דידיה לא חשיב מעלי׳ מה שחביתין הם לאשים וק״ל.

שם ונסכים למוספין זבח ונסכים יש לדקדק דתיפוק ליה דנסכים תדירי ממוספין ותדיר קודם וכטעם זה תמלא בירושלמי שם דקאמר חביתין קודמים לבזיכין אעפ״י שזה קרבן יחיד וזה קרבן צבור זה תדיר וזה אינו תדיר ולהירושלמי שם תיקשי נמי דלמאי איצטריך שם תביאנה דחביתין לומר דתיקדום למוספין ת״ל דתדיר קודם ושמא י״ל דלא נאמר כלל זה אלא כששניהם מין זבח דומיא דתמידין ומוספין דר״פ כל התדיר אבל הכא דמוספין מין זבח משא״כ נסכים אימא דעדיפי מנסכים הגם שתדירים יותר ודומה לחלוק זה תמצא שכתבו התוס׳ לעיל סד״ה אפ״ה מכשיר וכו׳ יעו״ש וק״ל.

שם תנאי היא וכו׳ מה שהקשה בשכ״י דהשתא אמאי לא קאמר אביי נמי ואליבא דר׳ ישמעאל דהא ר״ע פליג עליה התם בפסחים כמו שפרש״י כי היכי דקאמר ואליבא דא״ש משום דרבנן פליגי עליה י״ל דדוקא רבנן דפליגי אא״ש בתרתי דדם תמיד קודם להטבת חמש ודקטורת קודם להטבת שתים בהא דוקא חייש לפרושי אבל ר״י דפליג עליה דא״ש בחדא לחודה לא חייש ועי״ל דכיון דאין זה מוכרח דר״י ור״ע פליגי במוספין קודמין לבזיכין כדקאמר אביי התם דהא רבא פליג עליה התם וס״ל דבמכמר בשרא קמפלגי ולדידיה לכ״ע מוספין קודמין לבזיכין יעו״ש להכי לא נקט אביי אליבא דר״י משום דלא ברירי כולי האי דבהא פליגי משא״כ פלוגתא דא״ש ורבנן דברור הוא מתוך המשניות וברייתא בהדיא קתני פלוגתייהו כדאיתא לעיל י״ד ע״ב יעו״ש.

שם אמר אביי מסחברא כמ״ד מוספין קודמין לבזיכין וכו׳ וכן פסק הרמב״ם בפ״ד מה׳ תמידין ה׳ י״א דמ״ש שם סוף פ״ו דשבת מקטירין את שני בזיכי לבונה עם המוספין וכו׳ הכונה אחר המוספין כמו שביאר בפ״ד וכמ״ש הכ״מ שם ופשוט הוא וטעמו דהא אביי מסדר כן משמא דרבנן דבי מדרשא כמו שפרש״י לעיל והנה ל״מ לס׳ רבא דר״פ פ׳ תמיד נשחט דס״ל דר״י ור״ע במכמר בשרא פליגי ודלכ״ע מוספין קודמין לבזיכין דיש לנו

נפסוק כן אלא אף נחביי שם דס"ל דבהא פליגי ודר"ע סבר בזיכין קודמין מ"מ הו"ל ר"ע חד לגבי ר"י וא"ש דתרווייהו ס"ל דמוספין קודמין אלא שצריך לבאר מ"ש שם ספ"ו דיקטיר בזיכין קודם ניסוך היין של מוספים דהא כיון דבמוספין ונסכיהם כתיב ביום וכבזיכין ביום ביום בדין הוא לאחרם דמהאי טעמא קדמו מוספין להם דזה דוחק לומר דדוקא מוספין דמין זבח קודמין לבזיכין אבל כלפי נסכים דידהו בזיכים עדיפי שכן הם לאישים דמנין לני לחלק בזה ומה גם דאין טעם זה ברור לפי תלמודא דידן וכמ"ש לעיל ועוד דבריתא דסוף מס' סוכה ופסקה שם פ"ד סתמה משמע דמשמר היוצא היה מקריב קרבן מוספין עם נסכיו והנכנס מקטיר בזיכין עם תמיד של בין הערבים יעי"ש ומתוספתא דפי"א דמנחות דקתני כיון שמרק דם התמיד נטלו ב' כהנים ב' בזיכים וכו' אלו ב' כהנים שבידם ב' בזיכי לבונה של לחם הפנים ישנה היו נותנין אותה ע"ג המזבח עם איברי תמיד וכו' ע"כ לא תיקשי מידי דההיא ודאי אתיא כמ"ד בזיכין קודמין למוספין ועם איברי תמיד לאו דוקא אלא כלומר בשעת הקטרת איברי תמיד ולעולם אחר מנחה ונסכים של תמיד דבהא לא אשכחן דפליגי גם לא תיקשי דאם איתא דבזיכין קודמין לנסכי יין דמוספין לשמי ברייתא דקתני בזיכין קודמין למוספין דהיינו לנסכי מוספין ואמאי קאמר תנאי היא דהא כיון דאשכחן דאיכא פלוגתא בהא כמ"ש רש"י ועוד דמתניתין דלעיל כ"ו ע"ב ס"ל כמ"ד דבזיכין קודמין וכמ"ש בת"י שם להכי ניחא ליה לתרץ כן ואם תאמר דא"כ למה פסק דמוספין קודמין כיון דהוי סתם במתניתין ומחלוקת בברייתא דהלכה כסתם משנה די"ל דהכא דתמורה דהיינו אביי לא ס"ל כסתם מתני' דהא קאמר מסתברא כמ"ד מוספין קודמין הכי פסקינן וכמ"ש הרא"ש ז"ל הובא בס' גותי הכלות אות ס' סי' תמ"ו יעי"ש אלא שעדיין טעמו דהקדמת בזיכין לנסכי מוספין צ"ע דמלבד האמור עוד זאת משמע דדרשא דזבח ונסכים שלא יהא דבר מפסיק בין זבח לנסכים כל מאי דאפשר אמוספין נמי קאי ועיקר קרא אמוספין כדכתיב אלה תעשו לה' וכו' להקריב אשה לה' עולה ומנחה זבח ונסכים וכו' ועיין בהרל"ם שם ושמא י"ל דילא לו מהא דאיתא בירושלמי לעיל ספ"ב בזיכין ויין מי קודם ולא מתניתא היא לבונה ליין כאן לקרבן יחיד כאן לקרבן צבור ע"כ ומשמע ליה דבנסכי יין דמוספין קא בעי דבהא איירי התם לעיל מינה דקאמר תביאנה לפני המוספין וכו' יעי"ש וע"כ לפרש דהכי קא בעי דאע"ג דזה לאישים וזה לספלים ועוד דבזיכין תדירי עפי מנסכי יין דמוספין מ"מ אימא דיין קודם שלא להפסיק בין הקרב' לנסכים כדכתיב זבח ונסכים דע"כ לא אמרו שם דתביאין קודמין ליין שזה לאישים וזה לספלים אלא משום דגלי קרא דתביאנה לפני המוספין דמהכא משמע שיש להקדימם כל מאי דאפשר אף קודם נסכי יין דתמיד ובעיא זו לא אפשיטא ומעתה ס"ל דיש להקדים התדיר יותר וכליל לאישים דהיינו בזיכין דאי משום דרשא דזבח ונסכים אין ראיה כ"כ דבלא"ה קרא איצטריך לדרשא דזעירי דפ' התודה דאין הנסכים מתקדשין אלא בשחיטת הזבח ואפשר דלאו לעיכובא איתמר ואם הקדימם לזבח כשרים עיין בירושלמי דפ' לולב וערבה לענין ניסוך המים וכמ"ש בסוף הלכ' תמידין והא קמן נמי דדרשא דשלא יהא דבר קודם לתמיד של שחר לאו עכובא היא כדאיתא בהתכלת וכמ"ש בתו' כאן ולעיל כ"ט ע"א ד"ה אלא אפי' וכו' וכיון שכן הכא יש לנו להקדים בזיכין לנסוך יין מיהא אבל לא למנחה סולת דכיון דשניהם כנ"ל עפי עדיף לסמוך נסכי סולת למוספין ושוב ראיתי בספר משנה למלך שם שכתב ומ"ש מר"ן ומ"מ צריך לימוד מנין לו וכו' ועיין בירו' פ"ב דיומא סוף הלכה ג' ועיין היטב שם ע"כ דבריו כנראה שרמז הר' ז"ל למ"ש ועיין עוד מה שתירץ ע"ז מהר"ם לונזאנו ז"ל בס' ב' ידות ס"א ע"ב וק"ל.

שם גמר חוקה וכו' לכאורה משמע דהא דגמר חוקה חוקה אסמכתא בעלמא היא דחק עולם דחביתין איצטריך לר"ש שתהיה משל עולם דהיינו משל צבור ולר"י חקה לעולם תהא שתהא מוגבת אף לדורות כדאיתא בהתכלת נ"א ע"ב יעי"ש וכן חק עולם דבזיכין איצטריך לומר דמעכבין זה את זה כדאיתא בהקומץ רבה כ"ז אלא דשוב ראיתי סוגיא דפ"ז דמנחות ע"ו דיליף התם חביתין שיהיו י"ב חלות דומיא דלחם הפנים בג"ש דחוקה ומשמע התם דג"ש גמורה היא ושם ראיתי להתוס' שהקשו דומה למ"ש ומייתי דרש' דחוקה דחביתין דאיצטריך דשלמה מביאה לעיכובא כדאיתא פ"ק שם ח' ע"א יעי"ש כי אין להאריך וק"ל.

שם לעולם רבנן ובסידרא לא קמיירי וכו' כלומר דכיון דקושטא הוא שהיתה באמצע שתי עבודות אלו דדם ואיברים לא חשש לפרש הסדר ולומר שעוד היה כאן עבודת נרות בתוכם ובאמצעם היה מקטיר דהא שמעינן ליה מרישא דקתני נכנס להקטיר קטורת ולהיטיב את הנרות דאיירי בהטבת שתים כדאוקמה אביי לעיל י"ד ע"ב דלא נחית תנא הכא לאשמועינן אלא להפרש דשל שחר נשל בין הערבים דזה קודם לאיברים וזה לאחריהם אלא איידי דאיירי בדם תמיד הזכירו כאן וללמדינו שלא היו עבודות דם והקטרת איברי תמיד תכופות זו אחר זו אלא דהיה הפסק ביניהם בקטורת וה"ה בנרות כדמשמע מרישא ושוב ראיתי להרמב"ם ז"ל בפי' המשנה כאן קרוב למ"ש יעי"ש ועיין בהריטב"א וק"ל.

שם אר"י דאמר קרא כמנחת הבקר וכו' דהגם דקרא לגופיה איצטריך להצריך מנחה ונסכים גם לתמיד של בין הערבים כאותם של בקר הא כתיב קרא אחרינא בסוף תלוה כמנחת הבקר וכנסכה תעשה לה דאע"ג דהכתי אצטריך לדרשא דספרי פ' פנחס דקאמר כמנחת הבקר וכנסכו תעשה למה נאמר לפי שהוא אומר ואת הכבש השני שומע אני יקריב תמידין [(של שחר וערב כל אחד בזמנו)] ואח"כ נסכיהם ת"ל כמנחת הבקר וכנסכו תעשה מגיד כשהזבח קרב נסכין קרבין עמו ע"כ מ"מ תרתי שמעת מינה דאכתי מדהקישו אותם הכתוב לענין מה אתקוש אם לא נלמד הא דר"י והגם דבמקרא זה לא הוזכר קטורת כבר תיקן רש"י ז"ל במ"ש כמנחת הבקר תהא מנחת הערב ע"כ כלומר דממילא כיון שהוקשו זה לזה וע"כ לסדרא איתקוש כמ"ש מעתה אם מנחת הבקר מאוחרת לקטורת ה"ה דנסכי מנחת ערב תהא מאוחרת ועיין בחי' הריטב"א:

שם ושל בין הערבים וכו' מה"מ וכו' הרמב"ם ז"ל ספ"ו מהלכות תמידין כתב וכסדר שעושין בכל יום בבקר כך עושים בין הערבים וכו' וכבר תמה בס' שתי ידות כ"ו ע"א ובס' משנה למלך שם שהר"ל לבאר חילוק זה וכמו שביארו הסמ"ג במ"ע קל"ב יעי"ש אבל גם הרב המאירי ז"ל כתב בפי' המשנה וז"ל ושל ערבית ר"ל קטורת של בין הערבים קריבה בין איברים לנסכים וזו מיהא אינה הלכה אלא דינה בערב כבשחרית ע"כ והנה לא מלאנו הכרח לזה דלומר דכיון דאביי משמא דאבא שאול לא הזכיר חילוק זה אלא אמר ובזיכין לתמיד של בין הערבים וזו לא משמע דסדר קטורת של בין הערבים כמו של שחר שהזכיר בו וקטורת קודמת לאיברים ויסבור א"ש דכמנחת הבוקר שהזכיר הכתוב לאו דוקא אלא ה"ה באיברי הבקר שהושוה לשל שחר לגמרי ועיין בסמוך כל זה דוחק לדחות סתם מתני' דלא איתמר בתלמודא מי שיחלוק עליה ועיין בס' לחם יהודה שם בהל' תמידין כי עדיין צ"ע וק"ל.

שם ת"ר ונסכו רביעית ההין ילמד של שחרית וכו' דלכבש הא' מייתר דהא כתיב קמיה את הכבש אחד תעשה בבקר ואת הכבש השני וכו' ועשירית האיפה וכו' ונסכו רביעית וכו' דודאי מנחה ונסכים אלו אתרווייהו קאי דהא כתיב בתריה ואת הכבש הב' תעשה בין הערבים כמנחת הבקר וכנסכו תעשה וכו' אלא דלהכי כתב הכא לכבש האחד לומר שיש לך לעשות עיקר מאחד מהם וג"מ כמ"ש התו' יעי"ש אבל הא ודאי דידעינן שפיר דשניהם טעונין נסכים מקרא דכמנחת הבקר וכו' והא פליגי דרבנן סברי דהאי לכבש האחד אדסמיך ליה קאי ואת הכבש הב' תעשה בין הערבים וממנו עשה הכתוב עיקר וילמוד שחרית משל ערבית ואע"ג דמדכתיב כמנחת הבקר וכנסכו משמע דאדרבה של ערב למד משל בקר הה"נ והבוא אצטריך לדרשה דר"י דלעיל מה מנחת הבקר קטורת קודמת וכו' ומדכדר קרא ואת הכבש השני וכו' כמנחת הבקר וכו' אין לומר דמשמע דעד השתא בפי' מנחה ונסכים דשל בקר איירי דכך אהדריה למודרש מינה דאם לא הקריב תמיד של שחר מקריב של ערב כדאי' בספרי פ' פנחס וכמ"ש רש"י ז"ל בפ' התכלת נ' ע"א יעי"ש ור' סבר דילמד ערבית וכו' ושוב ראיתי בשו"ת סם חיי בלקוטים דף ו' ע"ד שנשאל על פי' ברייתא זו יעי"ש ומה שהקשו

לו דאם איתא דנסכו קאי אשל ערבית איך קאמר כמנחת הבקר דעד השתא לא קאמר נסכי הבקר ונסכי הערב כבר אמרם וכו' יע"ש אין לתרץ דמדכתיב שנים ליום אימא דהשוום הכתוב זה לזה לנסכים דהשתא הו"ל כאילו כבר כתיב גם בשל שחר נסכים ולהכי שייך שפיר למימר בתריה כמנחת הבקר וכו' ולדרשא דר"י דהא לקמן בפ' שני שעירי ס"ב ע"ב קאמר דאיצטריך לומר שיהיו שניהם כנגד היום ולאו למימרא שיהיו שניהם שוים יע"ש ור"ל דמ"מ מדכתיב התם עולת תמיד העשויה בהר סיני ולהקיש עולת הר סיני לתמיד מה זו טעונה נסכים אף עולת הר סיני היתה בנסכים כדאיתא בספרי שם א"כ מהכא ימי נ"ל לכל עולת תמיד אפי' של בקר דטעונה נסכים כיון שגם היא קרויה עולת תמיד ועיי"ל דאפי' תימא דמקרא דמנחת הבקר נ"ל דילמד שחרית משל ערבית לא תיקשי דהו"ל למיכתב איפכא ואת הכבש האחד תעשה בבקר כמנחת הערב וכו' שהרי הוצרך לכתוב כן משום דרשא דר"י ולהכי כתב קרא הכי דהשתא תרתי שמעת מינה דבקר נמי טעונה נסכים ודמנחת ערב דוקא מאוחרת לקטורת כאותה של בקר והנה מה שתמצא בס' בני דוד בריש פ"א מה' תמידין ומוספי' משם מהר"י שטן ז"ל דרצה לפרש דהאי ילמד זה מזה היינו לענין שיביא התמיד ומיד יביא הנסכים עמו ולא שיביא שני התמידי' בזמנם ואח"כ יביא נסכיה' יע"ש הנה מלבד שזה שלא כפרש"י שכתב דההקי' הוא מה זה טעון נסכים וכו' עוד זאת הא נ"ל בספרי פ' פנחס שם מדכתיב כמנחת הבקר ונסכו שמיד יביא הנסכים השייכים לכל תמיד עמו כמו שהעתקתי לעיל ועיין עוד בספר מנחת בכורים בליקוטיו ליומא וק"ל.

רש"י ד"ה **ת"ל** וכו' נכתוב וערך עליה עולה כנלע"ד שצ"ל וכמו שתמצא בדבריו דפרק הזהב נב ע"א דמה"א דהעולה יתירה דריש שתהא היא ראשונה יע"ש וכן פי' דבריו דפ' התכלת מ"ט ע"א אבל בפ' תמיד נשחט כ"ח פי' באופן אחר דהקדמה יליף מעליה ומה"א יתירה ילפינן דאיירי בעולת התמיד וכ"כ עוד פי"ב דזבחים קי"ג ע"א וזה דעת התו' כאן וגם בח"י וכבר כתבנו שם לעיל בד"ה תרי עליה וכו' יע"ש וכן נראה בהדיא מדברי התו' שם דהזהב שהבינו כן דפי' דהזהב מחולק מפי' דתמיד נשחט שכתבו שם העולה עולה ראשונה הכתובה ראשונה בפ' פינחס וכו' וכן פי' רש"י פרק תמיד נשחט ועיין גם בח"י כאן וזה פשוט לא הוצרכתי לכתבו אלא מפני שראיתי בס' עין יוסף שם במליצה שכתב דודאי לא חלקו התו' עם רש"י וכו' יע"ש ועיין מה שכתבתי בח"י וק"ל:

ד"ה **שום** מנחה וכו' דכתיב בה ועשירית האיפה סולת מנחה תמיד וכו' כצ"ל והיינו קרא דפ' צו דכתיב בה בחביתין והיינו שכתב דהזקיקה הכתוב וכו' שדומה למנחת תמיד דבה נמי כתי' בפ' פנחס ועשירית האיפה סולת למנחה בלולה בשמן וכו' ועוד דכתיב בה מלת תמיד וכדאיתא בהתכלת נ"ב ע"א אמר קרא סולת מנחה תמיד הרי היא לך כמנחת תמידין יע"ש ובמ"ש בתו' ד"ה נסכי' משם שכ"י וק"ל.

ד"ה **זבח** ונסכים וכו' שלא יפסיק קרבן אחר וכו' דע"כ לא אמרו להקדים מנחה להם אלא משום דגלי קרא עולה ומנחה כדלעיל ועיין בהתכלת מ"ד ע"ב וק"ל.

ד"ה **תנאי** היא ר"י ור"ע פליגי בה בפסחים וכו' והתם קאמר אביי דבהא פליגי יע"ש והיינו דאשמועינן סתמא דתלמודא אלא שלא רצה להאריך ועוד דלס' רבא שם בהא לא פליגי יע"ש אבל לקמן נ"ב ב' דאמר תני חדא נותנה וכו' אמר אביי תנאי היא ע"כ צריך לפרש כמ"ש מהרי"ק ז"ל בכללי הגמ' ק"ע א' דבא לומר דאעפ"י שלא מצינו בעלמא תנאים חולקים בכך ע"כ אית לן לומר דתנאי היא וא"א ליישבם בשום פנים שלא יחלוקו זה ע"ז ע"כ וק"ל.

ד"ה **לעולם** רבנן ניחא ליה וכו' משום דרבים נינהו כמ"ש הריטב"א בחי' דלא ניחא ליה לפרש כפי' התו' יע"ש משום דרישא לא דייק כרבנן אם לא שתדחוק לומר דאיירי בהטבת ב' נרות ודהטבת חמש לא הזכרו במתני' וא"כ כי היכי דקאמר הכא דבסדרא לא קמיירי נימא נמי ברישא ונוקמה כא"ש אלא עיקר טעמא משום דרבים נינהו וק"ל.

תוס' ד"ה **העולה** עולה וכו' תימא למ"ל קרא תיפוק לי ממלבד וכו' הא ודאי דמהכא לא מצינן למילף הקדמת איברים למנחת תמיד דאיירינן ביה כיון דשניהם תדירים אבל כונתם דעיקר קרא לאו להכי איצטריך דהקדמת איברים למנחת [תמיד] מעולה ומנחה נמי נפקא אבל פסוק דוערך איצטריך שלא יקדים אפי' קרבן אחר לתמיד והא הוא דקשיא להו שפיר דכל קרבן אחר שיהיה לא הוי תדיר כי תמיד וא"כ למ"ל קרא וכו' ועיין מ"ש בסוגיא גבי ומנחה לחביתין וק"ל. ומ"ש וכי תימא דהכוא וכו' והא בפ' התכלת מייתי לקרא וכו' דאע"ג דהשתא דאית לן תרי קראי אין קפידא להביא קרא דנדרים ונדבות אהקדמת תמידים למוספין מ"מ טפי הו"ל לאתויי מתני' דריש כל התדיר ולא ברייתא ופי' דרבא ובדבריהם ר"פ שני דייני גזרות ק"ו ע"ב בלשון מתוקן יותר שכתבו אלמא אקדימה דעולה ומוספין מייתי ותימא דרשת המשנה הו"ל לאתויי דקתני בהדיא מלבד עולת הבקר וכו' ע"כ וק"ל. ומ"ש ועוד קשה טפי וכו' הו"ל למיפרך ממתני' וכו' דאפי' תאמר דהי לאו דרשא דהעולה הוה מפרש לקרא דמלבד עולת הבקר שעדיין לא עשה מ"מ השתא מיהא משמע לן שעשה וא"כ ליפרוך ממתני' ועוד דא"כ מאי פריך שאני התם דגלי קרא דוערך אבל במלבד חטאת הכפורים אימא שעדיין לא עשא' אלא ודאי משמע דס"ל דבלאו קרא דהעולה ידעינן לה וכפשטא דמתני' דכל התדיר וא"כ תיקשי ממתני' וכו' אלא שהתו' שם בהגוזל לא ס"ל לפרש כן אלא דלהכי פריך מדרשא דהעולה דמהתם ידעינן פי' דקרא דומלבד דהיינו להקדים והיינו דפריך דמהתם נילף נמי לקרא דומלבד חטאת הכפורים יע"ש ובח"י כאן וק"ל.

והנה מ"ש ועוד קשה טפי הדבר פשוט משום דקושיא קמייתא לא קשיא כ"כ דאימא דאיצטריך לנדרים ונדבות ומהכא דהתכלת לא תקשי דסוף סוף פריך שפיר כיון דמקרא דהעולה נמי מצינן למילף הקדמת תמידין למוספין השתא דאית לן תרי קראי וכמ"ש לעיל אבל הך קשיא טפי דאכתי הו"ל לאקשויי מקרא דומלבד גופיה דדריש ליה במתני' דכל התדיר איפכא ושוב ראיתי בשיטת זבחים בס' פנים מאירות שם שפי' קרוב לזה יע"ש וק"ל.

בא"ד וליכא למימר נמי וכו' אלא כדי אחד מהם וכו' וכ"ה שם בזבחים ובפ' תמיד נשחט נ"ח ע"ב והגם דלכאורה הא נמי מדרשא דהעולה ראשונה נפקא דאם כששניהם לפנינו תמידין קודמין ה"ה נמי כשאין כאן אלא לאחד מהם י"ל דאי לאו קרא דומלבד דילפינן מיניה דתמידין עדיפי מטעם שהם תדירין יותר הו"א דמה שהצריך קרא דהעולה להקריב תמיד קודם לא מפני חשיבותו יותר ממוספין דזה וזה לאישים אלא משום דתמיד זמנו עד ד' שעות ביום ומוספין זמנם כל היום יש לך להקדימו דכיון שזמנו קצר יותר שמא יארע אונס ולא יספיקו להקריבו וכיון שכן כשאין כאן אלא לאחד מהם דאין כאן טענה זו לא ידענו מי קודם אי לאו דגלי לך קרא דמלבד דתמידין חשיבי טפי מטעם תדירותם ודה"ט נמי שהצריך הכתוב להקריבו ראשון וראיה לדבריהם דהא בהתכלת קאמר היכי דמי אלימא דאית ליה ולקדם והתניא מנין וכו' העולה עולה וכו' אלא פשיטא דלית ליה ואי דיומיה אמאי תדיר ומקודש וכו' ולא קאמר הכא נמי אמאי הא בעינן העולה עולה ראשונה והגם שיש לדחות דטעם פשוט יותר נקט השתא דאית לן קרא דמלבד להקדמ' תדיר מ"מ לס' זו דייק שפיר טפי ושוב ראיתי בס' פנים מאירות שם שהרגיש בזה והוסיף להקשות עוד דא"כ דמקרא דהעולה לא משמע להקדים תמיד אלא בדאיכא שניהם מאי פריך בהגוזל שם דלמא באמת גם קרא דמלבד עולת הבקר מוספין ברישא בדלית ליה אלא לאחד מהם דמקרא דהעולה דאייתי אין ראיה אלא בדאיכא לשניהם ואי סמיך אמתני' דכל התדיר דדריש מלבד להקדמת תמיד ולא למוסף א"כ הדר קושיא לדוכתא דמהכא הו"ל לאקשויי ומדברי התו' משמע דאי לאו קושיא דדומיא דדם חטאת קודם וכו' היה מתורץ הכל לדרך זה כך צריך לפרש קושייתו הגם דקיצר בדבריו יע"ש ונלע"ד לתרץ דודאי לדידן קרא דמלבד עולת הבקר איירי להקדים תמיד לשלם אפי' דליכא אלא לאחד מהם כדמוכח מתני' דכל התדיר ואפ"ה פריך שפיר דמדמפרש לקרא דמלבד איל הכיפורים בדאית ליה

לשניהם כסף ואיל ולהקדיש כסף ברישא בדרך זה לדידיה לריך לפרש קרא דמלבד דתמיד דאית ליה לשניהם ומוספין קודמין הא לא יתכן דהא מקרא דהעולה ילפינן דבדאיכא שניהם תמיד קודם וה״נ הכא דאיל קודם מאי אמרת דאדרבא כיון דאית לן קרא דהעולה ע״כ לפרש קרא דמלבד להקדיש מוספין בדליכא אלא לחד א״כ לדבריך גם בגזל ואשם ליבעי תרי קראי להקדיש כסף דאי מקרא דמלבד איל הכיפורים אימא דאיירי בים לו לשניהם דאז יש לו להקדיש להביא את הגזל לתקן הדבר שחטא בו קודם הבאת הקרבן. אבל אם אין לו אלא לקרבן אימא דיביא מה שיוכל עתה ולבסוף לכשיזדמן לו מעות ישלם מה שגזל ומתני׳ קתני סתמא דאם הביא אשמו עד שלא הביא גזלו לא יצא וי״ח אלא ודאי משמע דסבירא לך דאין לחלק בזה משום דקרא סתמא קאמר דל״ש היכא דאית ליה או דלית ליה לשניהם לעולם כסף ברישא וא״כ דומיא דהכי קרא דמלבד עולת הבקר בכל גוונא איירי דמוספין ברישא והתניא שלא יהא דבר קודם וכו׳ וכן מה שהקשה עוד שם לתי׳ דלעיל דחד שיקדים למוספין וחד לנדרים ונדבות מאי פריך שם אימא כ״ע דמוספין ברישא כיון דקבו׳ להם זמן יעו״ש הא נמי ל״ק דודאי כיון דקרא דהעולה סתמיה משמע דהיא קודמת לכל הקרבנות יהיו מה שיהיו מעתה כל כמה דמלינן לפרושי לקרא דמלבד להקדמת התמיד לקיים פשטי׳ דקרא דהעולה ולומר דבכל גוונא מתוקם בהכי ניחא לן טפי ולא לומר דקרא דמלבד היינו דמוספין קודמין דבהכי מפקינן לקרא דהעולה מפשטיה ועוד דאם אמרו כן לס״ד בעלמא דהיינו אומרים דמוספין קודמין משום קביעות זמן לא מפני זה יאמר כן לפי האמת כיון דתמידין עדיפי בתרתי שקבוע להם זמן ותדירי טפי והיינו דפריך מכלל דמוספין ברישא והתניא וכו׳ דכיון דאין הכרע לפרש קרא דמלבד למאוחר דוקא יש לנו לומר דמשמעותם בכל מקום להקדים דבזה אנו מסכימים אותו עם קרא דהעולה ראשונה ותי׳ זה יספיק גם לקושיתו דלעיל כנלע״ד ודו״ק.

באה״ד וליכא למימר נמי חד למצוה וחד לעכב וכו׳ ותאמר דמקרא דוערך עליה העולה דבדרך ליווי נאמר נ״ל עיכובא והכי משמע מדקאמר מנין שלא יהא דבר קודם וכו׳ כמ״ש בסמוך ולהכי ניחא ליה בגזל שם למיפרך מקרא דהעולה דלא מצית לפרושי כלל מלבד להקדמת המוספין ואפי׳ בדיעבד וק״ל. ומ״ש וי״ל דהעולה וכו׳ להקדמה דהקטרה וכו׳ דאי מקרא דהקדמי׳ שחיטה לחודי׳ הו״א דדוקא שחיטה דלצורך דם דהוי עיקר כפרה הוא דחייבי׳ להקדים התדיר יותר א״נ משום דזמן שחיטתו עד ד׳ שעות יש להקדימו אבל הקטרה דלא מעכבא חמנה כל היום ובלילה יקדים בזה מי שירצה קמל״ן ואי מקרא דהקטרה לחודיה הו״א דוקא הקטרה דלריכה זמן מה לתקן האיברים ולהעלותם ולסדרם ע״ג מזבח וגם דהקטרת עבודה היא הוא דהיה כאן גנאי לתמיד התדיר אם היינו קודמים להם בהקטרת איברי מוספין אבל שחיטה דלאו עבודה היא ועשיית בזמן מועט אימא דאין כאן גנאי ומי שירצה יקדים קמל״ן מיהו התו׳ דכל התדיר שם דהו פי׳ זה מכח קושיא דאמאי לא גמרינן הקטרה ודם מהדדי ועוד דהקשו דקראי דקמי דמלבד הבקר בעבודת דם איירי כדכתיב לעיל מיניה ושעיר חטאת אחד לכפר עליכם וכפרה בדם היא ע״כ ולכתו׳ דהכא דפסחים ודכתובות ודמנחות שם שתפסו כפי׳ זה נ״ל דכן אמת דקראי דלעיל דם נמי משתעי מ״מ הא ודאי נמי דתעשו את אלה מייתר דלימא קרא מלבד עולת הבקר אשר לעולת התמיד דודאי כהווה לומר שיעשו את אלה מלבדו כדקאמר בתר הכי מלבד עולת התמיד ומנחתה ונסכה אלא להכי אתא לומר דעיקר עשייה דידהו דהיינו דם יהיה אחר התמיד דלומר שיהיו הם קודמים ל״ל כיון דכתיב מעיקרא ושעיר חטאת א׳ לכפר והדר מלבד עולת הבקר וכו׳ כנלע״ד ושוב ראיתי בספר משנה למלך רפ״ח מה׳ תמידין שעמד על זה יעו״ש וק״ל.

באה״ד והשתא ניחא דמייתי בפ׳ התכלת מהעולה וכו׳ לאשמועינן בהקטרת דלא תנן וכו׳ דאי הוה מייתי ממתני׳ דכל התדיר אכתי הוה מלינן לפרושי מתני׳ דהתם התמידין אין מעכבין את המוספין בדאית ליה לשניהם ודאין קפידא להקדים דלי״ל לענין הקטרה ולהכי מייתי מהעולה דלא הוים דהשתא נמי נפרש אין מעכבין זה זה לענין שחיטה דמתניתין דכל התדיר דשמעינן מיניה דבשחיטה נמי תמיד קודם ידועה היא לכל ועיין בתו״י וכתבו עוד א״י נמי משום דהוה ס״ד דמקשה שהוא מעכב וכו׳ כלומר דמשום דמלינן לדחויי דמתני׳ דכל התדיר היינו לכתחלה אבל בדיעבד היינו דאשמועינן שם דהתמידין אין מעכבין את המוספין מש״ה אקשי ליה מדרשא דוהעולה דמשמע עיכובא וא״כ ע״כ דמתני׳ לא מתוקמא בדאית ליה ולמימר דלא חיישינן להקדמה בדיעבד ואפ״ה שני ליה אביי התם לעולם דאית ליה ולקדם ודקשיא לך לישנא דשלא יהא דבר דמשמע עיכובא אין זה מוכרח דאימא דמלוה בעלמא הוא וע״ש בסוגיא דהתכלת כי הדברים מבוארים מיהו התו׳ דכתובות לא הוזה להם בזה שסיימו על תירוץ זה ומיהו ההיא דמנחות ודאי ס״מ לאחויי ההיא דפרק כל התדיר עד כאן וכלומר דהוה מצי לאתויי תרוייהו לאוכוחי דמתני׳ דהתמידין וכו׳ לא מתוקמא לא בשחיטה ולא בהקטרה כמ״ש בתו״י כאן יעו״ש. והנה ודאי אי לא היה קשיא לן נתי׳ ראשון שכתבו דהוה למוספין והאי לנדרים ונדבות וכו׳ אלא מההיא דהתכלת לחודיה היה אפשר ליישבו עם מ״ש כאן דהכא דקרא דוהעולה מיירי בנדרים ונדבות מ״מ כיון דמשמע דעכובא הוא וממילא דגם הקדמה תמידין למוספין עכובא דאי שנא להכי ניחא ליה לאתויי מהאי קרא כי היכי דלא תוקמה מתניתין דהתמידין אין מעכבין וכו׳ להקדים מוספין בדיעבד אלא משום קושיא דפ׳ הגוזל הוא שהוכרחו לפרש בדרך אחר דחד להקטרה וחד לשחיטה וכו׳ ושוב ראיתי בס׳ משנה למלך שם שכתב דשמא י״ל דלהכות תירולא דחד בנדרים ונדבות וכו׳ נימא דהיכא דאיתמר לישנא דעיכובא הוי לעכובא היכא דלא איתמר לא ומש״ה אכתי תיקשי מההיא דהתכלת דאיירי בהקדמת תמידין למוספין דלא מלינן למימר דמייתי קרא דוהעולה דמשמע מיניה עיכובא דההוא היינו לנדרים ונדבות יעו״ש וויותר נלע״ד כמ״ש דכיון דמלישנא דקרא דוהעולה לא משמע לן עיכובא אלא מלישנא דברייתא ודאי דכי היכי דפסיקא ליה לברייתא דקרא דנדרים ונדבות היינו עיכובא ה״ה קרא דמלבד דזה דוחק לומר דמשום דקרא דוערך כתיב דרך ליווי להכי משמע ליה לברייתא עכובא דאדרבא אימא דהקדמת תמידין למוספין משמע לן עכובא טפי דשנה בו הכתוב בפ׳ פנחס בכל המוספים:

מה שהקשה בס׳ צאן קדשים שם בזבחים דלסברתם דהמקשה ס״ד דלעכובא איתמר אמאי דחקו לפרש דמלישנא דברייתא הוא דמשמע ליה הכי אימא דס״ד דמדכתיב תרי קראי ש״מ חד למצוה וחד לעכב ואביי נמי תקשי דהא כתיבי תרי קראי יעו״ש י״ל דמלבד דא״כ ה״ל להביא דרשא דתרי קראי דבלא״ה אין מקום לקושייתו עוד דזאת אפי׳ תדחוק לפרש דדרשא דמלבד האמורה במשנה הידועה לכל לא חשש להזכירה אכתי תקשי דמאי פריך אימא דכולהו קראי איירי בהקדמת הקטרת תמידין והכו דוקא כתיב עיכובא אבל שחיטת תמידין אימא דאפי׳ לכתחילה יקדים מי שירצה ונפרש תמעו אהקטרה דבה איירי קרא ונוקמה למתני׳ דהתמידין אין מעכבין את המוספין אפי׳ בדאית ליה בשחיטה דלא חיישינן בה להקדמה אלא ודאי משמע דס״ל להמקשה נמי דחד בשחיטה וחד בהקטרה ודייק מלישנא דברייתא דמשמע עכובא ול״ש לן בין שחיטה להקטרה ואביי שני ליה שפיר דכיון דע״כ לומר דחד להקטרה וחד לשחיטה מהשתא אימא דלישנא דברייתא לאו דוקא ולעולם למצוה ואי קשיא לך דא״כ לאביי אמאי נקטה ברייתא לישנא דמשמע עיכובא תירץ הכא ודאי אם שחט מוספין או קרבן אחר קודם תמיד של שחר דאין כאן תקנה אם לא שתפסול הקרבן ההוא ויביא אחר במקומו כיון דמלוה בעלמא הוא אין לפוסלו ועלו לבעלים לשם חובה אבל אם סידר איברי קרבן אחר ע״ג מערכה קודם לתמיד דיש כאן תקנה לסלקם לצד אחר מקום שאין שם אש עד שיסדר איברי תמיד כל כי האי משמע דיש לעשות כן דלכתחילה דמי אם לא יסלקם לצד אחר ודומיא דשחט שניהם כא׳ דצריך למרס בדם האחר עד שיזרק דם התדיר או המקודש כמ״ש הרמב״ם ז״ל רפ״ט מה׳ תמידין והשתא כלפי הא דוקא נקטה ברייתא לישנא דעכובא וכס׳ מ״ל שם תי׳ לזה באופן אחר יעו״ש ודו״ק.

באה״ד מיהו תימה למ״ל קרא דהעולה ומלבד וכו׳ דודאי כוליה קרא דמלבד מייתר דאם לומר שמלבד מוספין עוד צריך להקריב תמיד של יום הא כתיב בתריה כאלה תעשו

ליום שבעת ימים וכו' על עולת התמיד יעשה ונסכו ושוב ראיתי בספר משנה למלך שם שרצה לפרש מכח זה דכוונת התו' דלישתוק מתעשו את אלה דוקא דמלבד איצטריך לומר שצריך להקריב גם תמיד יע"ש ונראה דאין צורך לפרש כן אלא כמ"ש ועיין עוד בסמוך וק"ל. ומ"ש תיפוק ליה דבתמידין כתיב בבקר וכו' ובפרט דלהקדמת דם תמיד א"נ הוה כתיב בבקר במוספין דם תמיד קודם דכתיב ביה תרי בקר דחד בקר דשני גזירין שדינן עליה כדאיתא לעיל ומש"ה אפי' תימא דדוקא תרי ביום משמע לאחר אבל חד ביום לא וא"נ כמו שאכתוב לקמן דאצטריך ביום לומר דזמנן כל היום אכתי שייכא קושיתם דדרשא דמלבד להקדמת דם למ"ל דכיון דכתיב ביה תרי בקר פשיטא דקודם למוספין דלא כתיב ביה אפי' חד ועוד דבלא"ה הא חזינן דמוספין בשם כדאיתא פ' תמיד נשחט ומשמע דנ"ל מביום לאחר והיינו שכתבו ואמרינן נמי וכו' ועיין בדבריהם דהתכלת וק"ל.

באו"ד אבל קשה עדיין וכו' למ"ל קרא דמלבד וכו' דלא ניחא להו לתרולי דדוקא גבי הקטרה הוא דאין מעכב סדר' אבל בדם דמכפר מעכב ולהכי איצטריכו תרי קראי גבי דם חד למצוה וחד לעכב ואימא דאביי לא קאמר התם למצוה אלא אקרא דהעולה דאיירי בהקטרה דוקא הדא דמתני' דקתני התם התמידין אין מעכבין וכו' דאוקמה אביי דאין מעכבין סדרא סתמא קתני דמשמע אפי' הקדמת עשית דם לא מעכבי ועוד דא"כ מהיכא פשיטא ליה לאביי לומר דמצוה בעלמא הא כיון דברייתא קתני לישנא דעיכובא אימא דהקטרה מעכבא כמו עשיית דם וה"ט דבקר דתמיד אכוליה עניינא קאי אף אהקטרה דהכי רהטא סוגין דהשתא אית לן תרי קראי בין בהקטרה ובין בדם לעיכובא אלא ודאי משמע דקים ליה לאביי דאין כאן עיכוב כלל לא בהקטרה ולא בדם ובנראה שלאי' שכתבתי רמזו התו' דהתכלת שם שכתבו על קושיא זו ואי מפסיל בכך נראה שפיר דמהכא לא שמעינן פסולה ע"כ ולא כתבו כאן ובסמוך נפקא דלא מפסיל כמ"ש לעיל שם אקושיא דלמ"ל קרא דהעולה להקדמת הקטרת איברי תמיד תיפוק לי דהא שמעינן מקרא דמלבד דגבי עשית דם שכל התדירים קודמים ואי מיפסל בכך ניחא ובסמוך נפקא דלא מפסיל והיינו הא דקאמר אביי [(וכמו שפי' דבריהם בספר משנה למלך וכן תמלא בת"י דסוגיא יע"ש)] ע"כ דהתם דקיימי אקושיא דלמ"ל קרא בהקטרה הדבר מוכרח מדברי אביי דלא מעכבא אבל הכא דקיימי אקושיא דלישתוק מקרא דמלבד דגבי עשיית דם שפיר יש לתרץ אף למסקנא דאביי דבדם דמכפר אף אביי מודה דסדרא מעכב ולהכי איצטריכו תרי קראי גבי דם אלא דלהתו' דהכא לא ניחא להו בהו' זה מטעם שכתבנו. ועוד תירצו התוספות שם דקרא דמלבד איצטריך דאפי' אם עבר ושחט קרבן אחר קודם תמיד לא יגמור והתו' דהכא לא ניחא להו בזה מהטעם שכתב שם בס' משנה למלך דמסוגיא דכל התדיר ל"א ב' משמע שאם עבר ושחט שאינו תדיר ברישא שיגמור ויקריבנו וא"כ ה"ה להקדמת תמידין למוספין דמאי שנא יע"ש ועיין בספר קרבן אהרן ריש פ' צו שכנראה שנעלם ממנו שכן הי' התו' בהתכלת דאיצטריך להיכא דעבר ושחט דלא יגמור יע"ש וק"ל.

באו"ד וי"ל דאיצטריך מלבד למיגמר בעלמא וכו' מכאן מוכח אמיתת פירושנו שכתבנו לעיל דקושייתם דלישתוק לגמרי מכוליה קרא דמלבד וכו' דאם תפרש כפי' ס' משנה למלך דלישתוק מתעשו את אלה א"כ לא הו' עדיין כלום להקדמת כל התדירין נפקא לן שפיר אי כתב קרא מלבד עולת הבקר אשר לעולת התמיד אלא שצריך לבאר דלמה להם כל האריכות הזה בתירוצם הרי דבריהם הם דברי אביי שם בריש כל התדיר וכמו שפרש"י שם יע"ש וזה אין נראה לומר דלא הוו גרסי התם מלתא דאביי וכמו שצ"ל לדברי התי"ט כמ"ש שם דאם כן תקשי אדבריהם דהא נ"ל מדרשא דאלה כאלה וכמו שהקשו בת"י ועוד תקשי דמדקאמר אביי התם א"כ דאיתא דדוקא תמידין הם דקדמו למוספין לימא קרא מלבד עולת הבקר ולישתוק משמע דלא סגי לן להקדמת תמידין בלאו קרא דמלבד עולת הבקר מיהא ועוד יקשי מה שהקשה בס' משנה למלך דמאי פריך תלמודא שם דלמא דקרא דמלבד לתמידין קדמי למוספין וא"כ מוספין למוספין מנלן ואיצטריך ר' אלעא לדרוש הקדמת שאר תדירין מאלה כאלה ואביי מצריך דקרא ה"ל דכיון דלא איצטריך להקדמת תמיד למוסף ע"כ דלשאר תדירים איצטריך ועל כן כנראה לומר דלא הוו גרסי התם מלתא דאביי כלל וס"ל דמקרא דכאלה לא שמעינן אלא בקרבנות דאשיבי להקדים תדיר כגון מוספין למוספין דבהא איירי קרא אבל בעלמא כגון להקדים ברכת היין לברכת היום משום דתדירה כדאיתא בברכות פ' אלו דברים ודכוותה אין לנו ראיה לומר דגם בזה חיישינן להקדים התדיר ולהכי איצטריך קרא דמלבד והיינו שסיימו בדבריהם דהגם דמתניתין דכל התדיר איירי בהקדמת תדירי קרבנות והא מייתי קרא דמלבד מ"מ הא קתני ברישא כל התדיר מחבירו דמשמע דכללא הוא לכל מקום והא מייתי קרא דמלבד דהקדמת קרבנות מכאלה ילפינן להו אלא דכיון דלפי האמת דאית לן תרי קראי מלינן למילף כולהו מקרא דמלבד נקט טעם היותר פשוט וקיצר וה"ט נמי דנקט מתני' הקדמת תמידין למוספין הגם דהא נ"ל מדהכא כתיב בבקר והתם ביום והשתא לא תיקשי קושיא ספר משנה למלך דודאי תרי קראי איצטריכו דאלת"ה תיקשי דמנ"ל בעלמא להקדים גם התדיר כדמשמע לישנא דמתני' ולהכי מהדר ר' אלעא אקרא אחרינא למוספין דהשתא ממילא מתוקם קרא דמלבד דאייתי מתני' לשאר תדירים דעלמא ומאי דקשיא ליה ז"ל מלישנא דתלמודא אפשר ליישב דהאי מקשה ס"ד דהקדמה זו לעכב נמי נאמרה וכדס"ד למקשה דהתכלת שם ולהכי פריך דדילמא דקרא דמלבד איצטריך להקדמת תמידין אף בדיעבד דמדרשא דבקר וביום לא שמעינן אלא למצוה ותריץ ליה ר' אלעא אמר קרא כאלה וכו' והא דלא אקשי ליה תו דאכתי לעכב במוספין מנ"ל חדא דמאי לתרולי דמתמיד ילפינן להא ועוד דאין סברתו מוכרחת לומר שיהיה כאן עיכובא ואה"נ דר' אלעא הו"מ לתרולי דלא בעינן לעכב בהקדמת תמיד כס' אביי שם דהשתא ע"כ קרא דמלבד להקדמת מוספין למוספין איצטריך אלא דהדר אקרא דכאלה כי היכי דהשתא אייתר קרא דמלבד לשאר תדירים דעלמא והשתא דאתינן להכי אפשר לומר עוד דאפי' אי גרסי מלתא דאביי [(דכן נראה יותר דהא בפרק בתרא דהוריות יב ע"ב גרסי' ליה)] הא אתו לאשמועינן דלפי האמת גם אביי לא פליג אדרשא דר' אלעא דאכתי איצטריך דרשא דמלבד להקדמת שאר תדירין דעלמא ואביי ה"ק א"כ לדבריך דסבירא לך דבעינן בתמיד לעכב אי משום זה לימא קרא מלבד עולת הבקר ולישתוק וכו' אשר לעולת התמיד ל"ל וכו' כנלע"ד ודו"ק.

ד"ה **העולה** עולה ראשונה וכו' ופלוגתא היא וכו' וצ"ל דלאידך תנאי דס"ל התם דעולה ראייה הואי מ"מ נ"ל הקדמת איברים למנחה מסברה דאיברים עדיפי שכן מין זבח וכמ"ש בת"י יע"ש וה"א דהעולה לשום דרשא איצטריך וא"נ דראשונה היינו שנא' ראשונה בפ' פנחס או ראשונה לחינוך מזבח כמ"ש התו' בזבחים צ"ה ע"א ובת"י כאן אלא דהת"י ד"ה בעולה דחו פי' זה מכח דפלוגתא היא יע"ש וק"ל.

ד"ה **חביתין** לנסכים וכו' הא דלא קאמר וכו' לעיל במנחה לחביתין ל"ק להו מידי אם דטעם פשוט נקט דכתיב עולה ומנחה ואם דהתירוץ פשוט דכך כתיב בקר בחביתין כמו במנחה אבל כאן ס"ד דמלינן למימר דבקר דומנחת הבקר ונסכו לא קאי אלא אמנחה דוקא וא"כ לימא טעם זה דעדיף וניחא להו דודאי כיון דבההוא עניינא כתיב וכנסכו אדידיה נמי קאי דיותר מזה ראינו בסוגיין דתרי בקר דכרות קיימי נמי אדישון הכנס דלא כתיב התם כלל אלא מכח דאין קטורת בלא דישון כמו שפרש"י לעיל וק"ל.

ד"ה **נסכים** למוספין וכו' אלמא דלא משמע ליה ביום לאחר וכו' כותם דהיכא דכתיב ביום ביום ודאי משמע ליה לאחר כדמסיים להכי קתני ביום ביום לאחר אבל היכא דכתיב ביום לחודיה כי מוספין לא משמע ליה איחו' דיום נמי בקר הוא וזה מוכרח דאלת"ה לישתוק קרא מחד ביום דבזיכין דאי משום דלא נגמר כולה מלתא מחביתין ותקדום בזיכין אף לנסכים ביום לחודיה סגי כיון דבנסכים כתיב בקר ובבזיכין כתיב ביום אלא ודאי משמע דביום לחודיה לא סגי וא"כ ה"ה נסכים ומוספין להאי תנא דהאי לא כתיב זבח ונסכים ממאי דהכא כתיב ביום ובנסכים בקר אין הכרע להקדים נסכים למוספין ואי קשיא לך דא"כ לאידך מ"ד נמי נימא דאיצטריך דרשא דזבח ונסכים דהא מלינן למימר דע"כ לא משמע ליה איחור אלא כי כתיב תרי

ביום דוקא דליתא דהא מדקאמר לאו מי אמרת בבקר בבקר להקדים וכו' משמע דדוקא לישנא דבקר משמע ליה הקדמה לאפוקי ביום ועי"ל כותנם דאה"נ דלהך מ"ד לא משמע ליה אפי' ביום ביום לאחר דבהכי ניחא דכיון דג"ש דחוקה חוקה דחביתין כבר יש לה מקום לענין שיהיו י"ב חלות כדאיתא במנחות וכמ"ש בסוגיא א"כ אמאי לא קאמר דגלי קרא דביום ביום לאחר אף למוספין ודלהא מלתא לא תילף מתמידין והא עדיפא לן דס' הוא להקדים מוספין שהן מין זבח לבזיכין אלא ודאי דלא משמע ליה מביום ביום איחור כלל ולדידיה הא דלא גמר הולא מלתא מחביתין להקדים בזיכין אף לנסכים משום דזה אין סברא דע"כ לא הקדמנו חביתין אלא מטעם שום מנחה ועוד דתדירי בנסכים אבל להקדים להם בזיכין דאינם אלא פעם א' בשבוע לא דיש לנו לסמוך נסכים לקרבן תמיד כל מאי דאפשר והא דקאמר להכי אהני וכו' סתמא דתלמודא הוא דמשני הכי כלפי מאן דפריך לסיועיה לאידך מ"ד אי מהתם גמר ליגמריה וכו' דלדבריך דמשמע לך ביום ביום לאחר ל"ק דלהכי אהני מיהא לאחר אותם לנסכים ואה"נ דלאותו מ"ד הטעם כמ"ש כיון דלא משמע ליה מזה איחור כלל כנלע"ד ושוב ראיתי למהרש"א שהרגיש בזה וכבר נתיישב הכל כמ"ש יעי"ש ושוב מצאתי בשכ"י שפי' דברי התו' כפי הדרך הראשון שכתבתי והקשה שם על דברי מהרש"א ז"ל ואין דבריו נראים ראשונה שהש"ם תלי תניא בדלא תניא דאמר להכי אהני ביום ביום דלא הוי קושטא ועל מאי דסמך דהוי עיקרא דמלתא דהיינו זבח ונסכים לא מייתי ליה ותו קשה דא"כ יקשה הרי מנחה היא מפסקת בין זבח לנסכים אלא מאי אית לך למימר משום שזה אמרו הכתוב ומוכרח שיוקדם וכמ"ש התו' עצמם בסמוך וכן נמי חביתין קודמין לנסכים מטעם שאף הם בכלל מנחה דקרא אשר זה הוקשה לו לרש"י ז"ל ד"ך שום מנחה הואיל והחביתין וכו' דקשה דמה לו להאריך בענין זה הלא הבנת הש"ם פשוטה דמשום דהוי מנחה כמוה ושמם אחד קריבי אהדדי ומה לו לומר שהיא זקוקה לתמיד ונכללה בקרא דעולה ומנחה שלא נצרך אלא שהרב הוקשה לו וכי מפני סברא זו דשם מנחה תדחי משמעותא דקרא דקאמר זבח ונסכים בשלמא מנחת נסכים ניחא משום דאקדמה קרא אלא מנחת חביתין מ"ט ולכן ביקש הרב לדדין ולידי נדדין לכוללה בקרא ואמר דמשום שהזקיקה הכתוב עם התמיד א"כ נכללה בעולה ומנחה דקרא ומה שאמר הכתוב זבח ונסכים היינו שלא יפסיק קרבן שאינו נזכר בכתוב אשר זה כיון רש"י ז"ל שכתב למדנו שלא יפסוק קרבן וכו' דקדק שלא כתב שלא יפסיק שום קרבן אלא קרבן אחר שהוקשה לו שהרי יש קרבן מפסיק ביניהן מנחה וחביתין אלא ה"ק שלא יפסיק קרבן אחר חוץ מאלו הנזכרים בכתוב אלמא שהנזכרים בכתוב יקדימו לנסכים וא"כ אי אית לן ג"ש למימרא דבזיכין קודמין הוי כאילו כתיב בקרא בהדיא אשר על כן מ"ש הרב לא ישר בעיני דהיכי סמך הש"ם על זה דמ"ט לא יקדמו בזיכין משום זבח ונסכים הרי כמו שקודמין מנחה וחביתין משום דקרא קאמר להו ליקדמו נמי בזיכין מכח ג"ש והנראה אלי וכו' עכ"ד.

והנה לעיקר קושיתם נלע"ד לתרץ עוד דאימא דע"כ לא אהני ביום אלא לאחר דברים שאינם באים לכפר כמוספים ובזיכים למ"ד מוספין קודמין אבל נסכין ומוספין הגם דנסכים כתיב בקר משא"כ במוספין אדרבא אימא דכיון דלא נחית קרא למיכתב בקר מכפר עדיף שיקדימו אף לנסכים [וכמ"ש התו' לעיל ד"ה מכפר עדיף וכו' יעי"ש)] והא לא דרשינן ביום לאחר אלא אימא דלהכי כתב גבי מוספין ביום ולא בבקר לומר דזמנם כל היום כדאיתא בפרק תפלת השחר משא"כ נסכים דתמיד דבעינן בקר כי תמיד אבל לעולם דלענין הקדמה אי לאו קרא דזבח ונסכים הו"א דמוספין קודמין שהרי הם מכפרים על טומאת מקדש וקדשיו כדאיתא בריש שבועות משא"כ נסכים ומהשתא כיון דגלי קרא דנסכים קודמין למוספין הגם שמכפרים להכי צריך ראיה לומר דמוספין קודמין לבזיכין דבלא"כ פשיטא דמוספין עדיפי כנלע"ד ושוב ראיתי קרוב לזה בתו' ד"ה העולה וכו' השני יעי"ש ודו"ק.

באד"ה אין להקשות וכו' דבכל דוכתא כתב מנחה וכו' כדכתיב כמנחת הבקר וכנסכו ובהך קרא גופיה כתיב עולה ומנחה ומעתה ע"כ דהא דכתיב זבח ונסכים לדרשא דזעירי שכתבו איצטריך אלא דקשה כי כל ענין זה מפורש בהדיא בסוגיא דהתכלת מ"ד ע"ב ולא היו צריכים לביאור זה כלל יעי"ש ול"ע. ע"ב גמרא **ורבנן** מאי אחד מיוחד שבעדרו ולהא מלתא נמי יליף שחרית משל ערבית וא"כ מדכתיב ביה

בגופיה את הכבש אחד תעשה בבקר וכדאיתא במגילה כ"ח אם נאמר כבש למה נאמר אחד וכו' אמר לו אחד מיוחד שבעדרו ופרש"י שם אם נאמר כבש את הכבש אחד תעשה בבקר ע"כ ואפי' תימא דהכתי איצטריך אחד ללמד שלא להוסיף ושלא לגרוע מיין בספרי פ' פנחס מ"מ הא מקרא דתלוה שמעינן לה וכן נראה מספרי שם דמייתי קרא דאת הכבש האחד דפ' תלוה יעי"ש ועי"ל דמדכתיב בפ' תלוה הכבש האחד תעשה בבקר מה"א יתירא שמעינן דגם בבקר יהיה המיוחד שבעדר כדדרשינן בפרק גיד הנשה ובפ"ק דקידושין הירך המיומנת המרלע וכו' ולא תיקשי דלפ"ז אמאי קאמר ודבי ממבחר נדריך לימא דמדכתיב לכבש האחד בה"א דרשינן נמי המיוחד דהכתי איצטריך ליה ומבחר נדריך ללמד גם של ערב שיהיה מיוחד דקרא דלכבש האחד לדידיה בשל בקר איירי וא"כ דה"א דהאחד היינו לפרט אותו הידוע שנא' בו אחד דהיינו של בקר וילמד ערבית משחרית ובהכי ניחא דההיא דרשא דמגילה אתיא אפי' לר' דהכתי איצטריך ההיא דרשא על של בקר והגם דנדריך כתיב ובכלל זה גם של בקר אנן הכי קאמרינן דאי לאו קרא דאת הכבש אחד הו"א דמומבחר לא תילף כלל לנדרי חובה כדמחלק בסמוך אבל השתא דגלי קרא דבבקר בעינן מיוחד א"כ מהשתא ילפינן לשל ערב מומבחר דהא לא חילק הכתוב בין חובה לנדבה ויצא לנו מזה דגם ר' ס"ל דלא ילפינן חובה מנדבה בעלמא ועיין בהריטב"א והנה הגם דבעינן שיהיו שניהם מיוחדים שבעדר היינו שיהיו היותר טובים שבעדר ולאו למימרא שיהיו שוים ביניהם כדאמר לקמן בפרק ב' שעירי ס"ב ע"ב יעי"ש וכמ"ש התי' והריטב"א שם כנלע"ד ועיין בתי' כאן ובמ"ש שם ודו"ק.

שם תניא אר"י עששיות וכו' לכאורה משמע דתנא דמתני' ור"י פליגי דלמתני' לא הותר אלא מחמין לו חמין דהיינו מים חמין אבל עששיות דקרוב לצירוף לא ולר"י שרי עששיות ול"מ מים חמין וראיתי בירו' דפרקין דקאמר על הא דר"י ויחם לו חמין רבי יהושע וכו' טעם דהדין שלא יהו אומרים ראינו כ"ג טובל במים שאובין ביוה"כ ע"כ ויש לשמוע ג"כ ממאי דקאמר התם אלא כיני ר"י סבר מימר שאין תולדות האש כאש ורבנן סברי מימר תולדות האש כאש ע"כ דתנא דמתני' נמי פליג אר"י וכמ"ש ולפ"ז ק"ל על דברי הרמב"ם ז"ל בפי' כאן ובחי' פ"ב מה' עיוה"כ שכתב לשתי תקנות וכ"כ הרב המאירי ז"ל וי"ל דס"ל ז"ל דתלמודא דידן דמפרש טעמיה דר"י משום דהוי דבר שאינו מתכוין או מפני שאין שבות במקדש עיין בפי' ובחי' שם מהשתא ודאי דתנא דמתני' מודה בתקנ' דעששיות ומים חמים דנקט גרבותא דלא חיישינן לשיאמרו ראינו כ"ג וכו' כדחיי' ר"י אבל ודאי דר"י פליג אמתני' ופסק ז"ל בסתמא דמתני' ושוב ראיתי להפר"ח ז"ל בליקוטי מים חיים שהרגיש בזה ומאי דמשמע מדבריו שם דלהירושלמי נמי ר"י לפרושי מתני' קאתי מהירושלמי לא משמע כן וכמ"ש וגם שהקשה שם דאם היה אפשר במים חמין לא היו מתירין בעששיות דדוקא היכא דלא אפשר התירו שבות במקדש י"ל דאה"נ ותקנתא דעששיות לכשהיה זמן צינה ביותר כגון בשנה מעוברת או אפילו בפשוטה וא"נ לכהן איסטניס ביותר היו עושין המחממת יותר ועיין עוד בס' לחם יהודה וק"ל.

מתני' **אלו** משל צבור וכו' מ"ש התי"ט דנ"ל דמכאן למד הרמב"ם מ"ש בפ"ד מה' שקלים דבגדי כהונה מתרומת הלשכה

דס"ל דאין בין בגדי כ"ג לבגדי כהן הדיוט לענין וכו' נראה שעדיין צריך תלמוד מנין לו לומר שאין חילוק וכמו שהקשה הרמ"ז שם אבל האמת כי הדבר מבואר בת"כ פ' אחרי מות ז"ל קדש ילבש שיהיו משל קדש אין לי אלא אלו בלבד מנין לרבות שאר בגדי כהונה גדולה ובגדי אחיו הכהנים ת"ל בגדי קדש בנין אב לכל הבגדים שיהו משל קדש ע"כ והפר"ח ז"ל בליקוטי מים חיים שם בה' שקלים כתב דילא לו מתו' דיומא ספ"ק דקתני אחד בגדי כ"ג ואחד בגדי כהן הדיוט באין מתרומת הלשכה ע"כ ועיין עוד בספר מגילת ספר בחלק העשין דף ל' סוף ע"ד וק"ל.

רש"י ד"ה **בשחר** וכו' של מדינת פילוסיא וכו' כתב הרע"ב ארץ רעמסס תרגום ירושלמי רעמסס פילוסא ע"כ וכ"כ הרב המאירי וכן הוא בערוך ערך פלס.

ד"ה **שלא** הגיע וכו' שהיו נותנים בלילה בתוך גחלים לוחשות וכו' והא ודאי היו מלובנים מ"מ להיות שהגחלים מתעממות והולכות עתה אינם מלובנים כ"כ שיגיעו לגדר צירוף דהא דקתני ברייתא היו מחמין הכוונה שהיו מחממין אותם כל הצורך עד שהיו מתלבנים והיינו דבגי' תוספתא וירושלמי גרסי' היו מרתיחין אותם מעיו"כ וכו' וק"ל.

ד"ה **בכל** התורה וכו' ואין שבות במקדש ל"ג דהא וכו' והא דלא קאמר אביי טעמא דכיון דאפי' דבי קא מכוין בצירוף לא הוי אלא מדרבנן במקדש לא גזרו דאין שבות במקדש משום דכיון דסגי ליה אפי' בשלא הגיע דומיא דמחמין לו חמין לא התירו בהגיע דשבות צריכה דוקא התירו ואפי' תאמר דדלמא לא סגי להו בשלא הגיע מ"מ טעם זה דדבר שאין מתכוין פשוט יותר ובשכ"י תירץ דקושטא דמלתא קאמר לאודויי לן שמעתתא אליבא דהלכתא ולאשמועינן דאפילו במדינה שרי משום דהוי דבר שאין מתכוין במילי דרבנן ע"כ וכמ"ש התו' ועיין בהריטב"א סד"ה גי' הספרים וכו' וק"ל.

תוספות ד"ה ר' **אומר** וכו' יקריבום ערבית ע"כ דהכא ליכא למימר דכיון דתמיד של שחר קודם מצוה הבאה לידך אל תחמיצנה הדא דהא גלי קרא לדידהו שיעבירם לצורך של ערב ועוד כל כמה דלא נתקדשו נסכים בכלי יכול להביאם אחר עשר ימים אחד יחיד ואחד צבור כדאיתא במנחות וכמ"ש הרמב"ם פ"ב מה' מעה"ק והנה מה שהרמב"ם ז"ל לא הביא דין זה בחיבורו בספ"ח מהלכות תמידין יעו"ש משמע דס"ל דליכא ביניייהו אלא משמעות דורשין ונראה נ"כ מדברי התו' כמ"ש שם ועיין בחי' הריטב"א וק"ל.

ד"ה **ה"מ** וכו' מיהו הא ל"ק דמצי לשנויי וכו' וכה מצין דברי רש"י שם שכתב והלא מרף בשכלי מתכות חם ונותן לתוכו צונן מחזקין את הכלי וזו היא גמר מלאכת הצורפין וכו' ומה שהקשה בספר עבודת ישראל ע' ע"א דלתי' זה מאי פריך מבהרת שאני התם שנגמר ונעשה כלי כשר ע"ז ולהכי אי לאו קרא בהא הו"א דדבר דאין מתכוין אסור דומיא דמיהם יעו"ש י"ל דהכי לא נגמרה מלאכת המילה בקציצה זו דעדיין חסר פריעה דהויא עיקר וגמר המצוה דמל ולא פרע וכו' ועוד דמעיקרא לא שייך חילוק גמר מלאכה אלא לענין איסור שבת לא לענין איסור קציצת נגעים דקיימינן ביה ושאר דבריו שם עיין בסמוך וזה פשוט. ומ"ש מיהו קשה דבס"פ כירה וכו' וכן לשון ת"י יעו"ש דממתני' דביצה דמייתו בתר הכי דמוכח דר"י אסר בגרירת כלים יש לדחות דאיסורא דאורייתא היא דהוי חורש ממש ועיין בדבריהם דפרק כירה מ"א ע"ב והנה לכאורה הוו מצו לתרוצי עם החילוק דבסמוך דנהי כללא קאמר דבכל איסור דרבנן שרי ר"י שאין מתכוין אלא דוקא בצירוף דעששיות דליכא דררא דאורייתא שאין כאן גמר מלאכה כלל אבל התם באיסור גרירה דיש כאן דררא דאורייתא דגמר מלאכה דחרישה אע"ג דאיסור דרבנן הוא והוי כלאחר יד מ"מ בהא אסר ר"י אפי' מדרבנן ובזה הוה ניחא נמי קושייתם דבסמוך דלא פריך ממתני' דגרירה גופה משום דלא דמי' להיתר עששיות דמתני' אלא דלא ניחא להו בזה משום דאי אסיק אדעתיה לחלק לר"י בין דאיכא דררא דאורייתא לדליכא א"כ מאי פריך מכסיא דבהרת דהוי איסורא דאורייתא ממש. ושמא יש ליישב הך קושיא ודבסמוך דאי הוה מייתי מכסיא דבולה אימא דכי היכי דאיכא תרי תנאי התם אליבא דר"י דמר מפיק עגלה משאר כלים יעו"ש אימא נמי דתנאי דברייתא דהכא ס"ל דלר"י נמי דבר שאין מתכוין מותר ולהכי פריך ממלתא דאביי דע"כ ליישב קרא דבשר ערלתו דאיצטריך למ"ד דבר שאין מתכוין אסור ודאי אלימא דאיתא דהך תנא דעששיות ס"ל דע"כ לא פליג ר"י אלא בדבר האסור מן התורה אבל בדרבנן לא ופליג אתנא דגרירה דס"ל דר"י דרבנן נמי אסר ואי"ה י"ל דהכא מקום צורך גדול הוא כיון שהוא זקן ואסטנים וכדי שיוכל לעבוד עבודת היום בחמש טבילות ומשתה יוכל לומר דדוקא בזה וביוצא בו שרי ר"י שאין מתכוין בדרבנן דהא לא אפשר בלאו הכי דתקנתא דמים חמין לא שרינן ליה כדי שלא יאמרו דטבל במים שאובין ויבאו להתיר לטבול במים שאובין דאסורים מדאורייתא למ"ד ורש"י מכללם עיין בב"י י"ד ריש סי' ר"א וכדאיתא בירושלמי דפרקין דה"ט דר"י דלא שרי מים חמין וכמ"ש בסוגיא יעו"ש משא"כ גרירת כסא וספסל דלאו צורך גדול הוא כי הכא אסר ר"י התם אפי' בדרבנן והיינו דפריך ממלתא דאביי דהא קמן קציצת בהרת דלצורך גדול למצות מילה הוא ואפ"ה ס"ל לאביי דאי לאו קרא אסור ומעתה דוקא היכא דגלי קרא שרי אבל הכא לא ומשני שפיר דוקא התם דהוי איסורא דאורייתא אי לאו קרא אסור אבל הכא דצירוף דרבנן ואין כאן חשש שיבואו להתיר איסור דאורייתא בצירוף דכלי' דהכא לא עשו אינשי מ"ש בלאו קרא שרינן ליה כשהוא לצורך גדול כי הכא ושוב ראיתי להרב בעל ספר מגיני שלמה שם בפ' כירה שהו' כתי' הא"נ שכתבתי והביא ראיה גדולה לדבריו מסוגיא דפ' במה מדליקין כ"ט ע"ב ובפ' כל שעה כ"ה ע"ב יעו"ש שהאריך בטוב טעם ודעת כי מה שהקשה בספר פני יהושע שם דלשנא בתרא דפרק כל שעה שם דאביי ס"ל דלר"י הכל תלוי באפשר או לא אפשר דבלא אפשר כי קא מכוין נמי שרי וא"כ אי חשיב הכא לא אפשר אמאי תלי אביי טעמא משום דבר שאין מתכוין י"ל דהא ודאי חשיב הכא לא אפשר כלפי דא"א במים חמין מהטעם שכתבנו משם הירושלמי וכ"כ הוא ז"ל שם אבל מ"מ לא חשיב הכא לא אפשר כ"כ כהנהו דפרק כל שעה דהכא בשלא הגיעו לצירוף נמי מפיגין קרירות המים אלא משום דלפעמים לא סגי ליה בהכי אם מצד קרירות הזמן ואם מצד מזג הכה"ג חשבינן ליה הכא כלא אפשר להתיר מיהא באין מתכוין וזה נראה יותר מלומר דתלמודא דידן לית ליה טעמא דירושלמי יעו"ש ודו"ק.

בא"ד על כן נראה לר"י וכו' הוי בלא מתכוין וכו' כצ"ל והנה לפי' ר"י מלבד שצריך להוסיף בהא דקאמר אביי דבר שאין מתכוין מותר דהיינו מן התורה וכו' מאי דלא משמע לכאורה אלא דר"י לא חייש לזה משום דמכח קושיא דבהרת ע"כ לפי דרכו וגו' לפרש דמדאורייתא הוא דקאמר עוד זאת דהו"מ לשנויי בקיצור הכ"מ בכל התורה כולה אבל הכא מלאכת מחשבת אסרה תורה דהא מעיקרא נמי ס"ל דצירוף דהכא שאין מתכוין אינו אלא מדרבנן ועוד דמאי פריך דבהדיא קי"ל בכל דוכתא דגבי שבת מלאכת מחשבת בעינן אלא דניחא ליה טפי מכח הקושיות שכתב ולקיים הגי' לפרש כן וכבר יש לפרש דה"ק אפי' תימא בהגיע לצירוף הכא דבמקדש קיימינן דאין שבות דבר שאין מתכוין מותר ופריך מהביא דבהרת דמשמע מינה דבשבת נמי דבר שאין מתכוין אסור מן התורה ואין מקום לחלק בין מקדש למדינה וזה ממאי דקאמר אביי דקרא נצרכה לר"י וכו' ור"י לענין שבת אמרה משמע דגבי שבת נמי בזה לא אמרינן מלאכת מחשבת וכו' אלא בדבר שלא נעשה מחשבתו ועיין בחי' הריטב"א ובפי' המשנה להרמב"ם כאן ובלשון שטה ישנה שהביא בספר אסיפת זקנים לכתובות כ"ח ע"א יעו"ש וק"ל.

בא"ד וחומה דבפ' ספק אכל וכו' ח"ק סבר לה וכו' וכ"כ בפרק כירה שם אבל בפרק ספק אכל שם הגי' ח"ק סבר לה כר"ש וכו' ור"א בר צדוק סבר לה כר"י וכו' וזה מוכרח שם דהא ח"ק לא מחייב אלא אחד משום מכבה את העליונות וכן העתיקו בתו"י אם לא דהתוספות היתה להם גי' אחרת שם או שנגיה בדבריהם ר"א במקום ח"ק ומה שדחו התו' לקושיא זו דחייב דקאמר היינו מדרבנן דומיא לנא דקאמר בסוף המוציא יין היה מונח ע"ג קרקע מחייב משום תולש והיינו מדרבנן כמו שפרש"י והתו' שם דהתו' לא ניחא להו בזה לגי' שלפנינו בפ' ספק אכל שם דקאמר ת"ק החותה גחלים בשבת חייב חטאת ודומיא דהכי הא דקאמר ראב"צ אומר חייב שתים היינו שתי חטאות ועיין בדבריהם דשבת שם וק"ל. ומ"ש ועוד דר"ש מחייב מקלקל בחבורה וכו' כדאיתא בפ' האורג ק"ו ע"א ועיין דבשאר מלאכות וכו' וכדאיתא בספ"ק דחגיגה דקאמר דהחופר גומא ואין צריך אלא לעפרה דאפי' ר"י פוטר משום דמקלקל הוא ומלאכת מחשבת אסרה תורה א"כ ש"מ דר"ש במקלקל בחבורה לא בעי מלאכת מחשבת וכן מצאתי בדבריהם דהנזקין פ"ה ע"א יעו"ש וק"ל. ומ"ש ואע"ג דבפ' הבונה וכו' לא דמי לחותה וכו' כצ"ל.

בא"ד מ"מ מדמשני הכי מעיקרא וכו' כונתם דהא איתא דשאני ליה לאביי דבקרוב למתכוין כפסיק רישיה אסר ר"י מדאורייתא ובאין מתכוין כלל בלא פסיק רישיה לא אסר אלא מדרבנן א"כ אמאי לא אסיק אדעתיה נמי לאוקמה אפי' כר"ש ולומר דבלא מתכוין דפסיק רישיה אפי' ר"ש מודה אלא ודאי דמעיקרא לא ס"ד לאביי לחלק כלל בזה וא"כ אי ס"ל דלר"י בלא מתכוין דפסיק רישיה אסיר מדאורייתא ה"ה בלא פסיק רישיה ושוב ראיתי בס' מאיר עיני חכמים שם בשבת שפי' כן יע"ש ובמהרש"א כאן וק"ל. ומ"ש וא"ת משם יקשה לפי' הערוך מדלא קאמר וכו' כונתם מדלא פריך נמי לרבא דלמ"ל קרא למשרי קוצת בהרת דליעביד אחר שאינו מתכוין לטהרו ואין כאן איסור קציצה מכלל דלרבא אסיר נמי באחר מדאורייתא דכן משמע מדאסר פסיק רישיה בשבת מדרבנן מכלל דבשאר איסורין אסור מדאורייתא כי לא מכוין דומיא דאחר א"כ דוק מינה דלמסקנא אסיר נמי אגבי שבת מדרבנן בלא כפירוש הערוך וק"ל.

בא"ד ואין לדחות ולומר וכו' דא"כ מאי דוחקיה וכו' אבל רש"י פי' שם כן וז"ל דלר"י כיון דאפשר שיצטרך לה וכו"ל דעבד למפרע תיקון כלי אסיר אבל לר"ש כיון דהשתא לאו פסיק רישיה הוא אין כאן איסור וכמ"ש התו' בפ"ק דכתובות ו' ע"א יע"ש וכבר אפשר דרש"י מפרש הא דקאמר הכא במאי עסקינן דאית ליה וכו' דלעיקרא דמלתא מהדר דמעיקרא אין כאן תיקון כלי ושרי לכ"ע אלא דלפי זה איקשי קלא דהו"ל אלא הכא במאי וכו' מיהו בס' אסיפת זקנים לכתובות דף כח ע"ד מלאתי שדעתו לפרש בדברי רש"י ז"ל כן יע"ש ובס' שמות בארץ בחי' לסוכה שם יק"ל. ומ"ש דהא מפים מורסא וכו' לאו היה פטור כל"ל ועיין בדבריהם דפרק הבונה שם ודכתובות ו' ע"א והנה מ"ש כאן ובשבת וכתובות שם דהני שרו משום צערא דגופא אין זה מבואר בהדיא בתלמודא אלא שרש"י דייק כן בסוף האורג ד"ה וממאי וכו' מכח סוגיא דהנתנקין יע"ש ועיין עוד בזבחים סוף כל התדיר ד"ה במלאכה וכו' אבל בעל הערוך יכול לומר דמטעם דלא ניחא ליה הוא דשרו וכן תמצא להרשב"א משם רבו הובא לשונו בס' אסיפת זקנים לכתובות שם שדחה כן יע"ש ובס' פני יהושע לכתובות שם ראיתי שהרגיש בזה וע"ש ולהתו' יש ליישב דאם מטעם דאין נהנה הוא דשרו משכחת לה טובא פטור ומותר ולמה פרט אלו יותר מאחרים אלא ודאי דבעלמא פסיק רישיה אף שאין נהנה אסרו מדרבנן והכא משום צערא דגופא דוקא שרו וק"ל.

דף ל"ב ע"א גמרא **ותנא** מניינא אחא לאשמועינן וכו' דהוה ס"ד דבליר מהני מלי עביד וכו'

תימא דא"כ ר"מ ורבנן במאי פליגי י"ל דהגם דיכול לעשות בפחות מ"מ אם בא לעשות מעשרים לר"מ ומשלשים לרבנן כלם צריכים להיות משל צבור ואינו יכול לעשות של י"ט או כ"ט משל צבור והשאר משלו כי אם מעשרים או שלשים ואילך אבל השתא תני מניינא לאשמועינן דבפחות מזה לא אפשר ואי קשיא דמגלן לומר דאי בליר מהני ועפי אהני לית לן בה אימא דדוקא אמרו של שחרית י"ב וכו' י"ל דא"כ מאי איצטריך לומר הכל שלשים מנה לאשמועינן שלא יפחות דמהיכא תיתי שיכול דדייקו לומר של שחרית בי"ב אלא ודאי דה"ק קאמר הכל שלשים מנה שאין אנו מקפידין אלא שיעלה החשבון שיהיה כך ולא חיישינן אם יפחות על זה ויוסיף בזה אבל מ"מ מדפרט לומר של שחרית בי"ב וכו' ולא קאמר בשחר היה לובש פלוסין ובערב הנדוין שניהם יהיו כך וכך ש"מ דעינן לעולם שיעדיפו אותם של שחר על של ערב והיינו דקאמר בתר הכי דכ"ע מיהת דשחר עדיף וכו' וק"ל.

תוספות ד"ה **פרוה** וכו' כי אפר מהילה וכו' ולפי' זה אתי שפיר דהתירו להשתמש מנה הגם דודאי פרוה זה עכו"ם היה דאמגושא היה ואין להם חלק בבנין הבית כדכתיב לא לכם ולנו וכו' משא"כ לפי' (הר' שמעיה) [ר"ש] דסוף מדות שפי' דבית טבילה שע"ג פרוה מגושא בנאו ועשאה דומה לדומה בית טבילה בחול שבנו ע"ג שער המים ע"ב דקשי' דהיאך הניחוהו לטומאה וכנראה שהתוספות בחידושיהם למדות הקשו עליו כן אברי כתוב נפסקי התוס' דמדות סי' כ"ג עכו"ם לא היה בונה שום דבר בהר הבית ע"כ וכן מבואר בירושלמי דפ"ק דשקלים מעתה אין מקבלין מהם לא לאמת המים לא לחומת העיר ומגדלותיה וכו' שנא' ולהם אין חלק וכו' וכן בתלמודא דידן פ"ק דערכין ו' אמרינן בסוף דבר המסויים אין מקבלין וכו' היכי דמי דבר המסויים אר"י כגון אמה כולי עורב ע"כ ואי קשיא לפי' נמי הו"ל דבר המסויים שנשאר לו לשם י"ל דכיון דמהילה היתה תחת הקרקע אינה מסויימת כל כך ועוד שמא כיון דלא בנה אותה כדרך בנין ממש אלא ע"י חפירה אינו בכלל איסור דבר המסויים דדומיא דכולי עורב בעינן דהוי דרך בנין ממש וז"ל הרא"ש בפי' לסוף מדות ביומא מפרש מאי פרוה אמגושי פרש"י אדם מכשף עשאה וישראל הוה וכו' דכדאיתא [(נראה שצ"ל כדכתיב)] לא לכם לבנות בית ור"ח פי' שהיה מכשף אחד שעלה בדעתו לראות כה"ג ביוה"כ בשעה שהקטיר קטורת ועשה מחילות מירושלים לכר הבית ומלאוהו בלשכת בית הפרוה והרגוהו שם והיה שמו פרוה עכ"ד ואי קשיא לך דאכתי היאך קראוהו על שמו דרשעים לא מסקינן על שמייהו כדלקמן בסוף פרקין י"ל דלמאי דאסיק הרמב"ם בפי' המשנה לסוף מדות דנהרג על דבר זה וכמ"ש בשם הרא"ש להכי קראוהו על שמו כדי שכל העם ישמעו ויראו ולא יגשו לראות עבודת כ"ג ביוה"כ כנלע"ד ושוב ראיתי בספר עבודת ישראל ל"ה שהרגיש בזה יע"ש. והרב המאירי ז"ל כתב ומתוך שבנאה מכשף אחד שהיה שמו פרוה אחר שחזר בו קראוה בית הפרוה עכ"ד וק"ל.

ד"ה **הנדווין** וכו' כדקאמר ברישא וכו' דליכא למימר דמה בנדווין המטבע היה זוזים ולא מנים וכמו שפי' בספר לחם משנה על משניות דהגיהא אם מפרשים דשם מקומות הם כפרש"י אבל אי מפרשי' דשם מלבושים הם כפי' התו"י ועיין מ"ש שם מאי א"ל ועוד דהיה ניחא טפי שלא יקפיד על ענין מטבע המקום דלא נ"מ מידי בזה ולימא ליבנא דמנה דהשתא הו"מ למיתני גם במלתיה דר"מ הכל עשרים מנה ואשמועינן דבהא ל"פ ר"מ ארבנן דלדידיה נמי בליר מהני לא נעביד משא"כ השתא דאיכא למטעי דר"מ לא קפיד על מנין המנים אלא דיהיו של שחרית חשובין יותר ושוב ראיתי להתוי"ט שרצה לתרץ כן יע"ש גם עיין מה שפי' בסיום דברי התוס' ושמא אין הלשון וכו' וכמ"ש המפרשים שם וק"ל. ולעיקר קושית' אפשר לתרץ דרבינו הקדוש לישנא כדקתני לה ר"מ ממש נקט ור"מ נקט לה הכי לאשמועינן דלא יוכל לפחות מביעור זה מצורף עם י"ב מנה של שחרית אפי' בזוז אחד דדוקא שיעור זה מלומלם בעינן ואה"נ דגם בשל שחר הו"ל למינקט מספר זוזים לאשמועינן היא גופה אלא דשם דהמספר גדול היה צריך להאריך ולומר אלף וכו' מאות זוז ונהכי נקט בזה מספר הכולל וליכא למיטעי דודאי גם בכאן המספר מלומלם בדוקא שלא יפחות דמ"ש משל ערב ואדרבא בדשחרית חיישינן טפי בחשיבותם אבל זה אין נראה לומר דבשל ערב בעי דוקא שיעור זה וכן י"ב מנה בשל שחר דוקא דמסתמא לא פליג ארבנן דס"ל דאי בליר מהני ועפי אהני לית לן בה כנלע"ד וק"ל.

ד"ה **בד** וכו' נראה לי חד לגופיה וכו' ירצה דודאי לא נעלם מאתם בריתא דבפ"ב דזבחים י"ח ע"ב דדריש בד שיהיו של בוץ וכו' יע"ש אלא דלפי האמת אייתר לן התם תרי בד דשיהיו חדשים ושיהיו חוטן כפול ששה מקראי אחריני נפקא לן וכמו שפירש אותה ברייתא בספר משנה למלך פרק ח' מהלכות כלי המקדש יע"ש ובת"כ ריש פ' אחרי מות ולהכי באו ליישב דמאי בד דרשינן הכא ודברי התו"י מדוייקים בזה יע"ש ובמה שפי' שם ומ"מ הירושלמי דריש ליה ממאי דהכא כתיב ד' בד ובערבי' כתיב חד בד וכמ"ש בתו"י יע"ש וק"ל.

ע"ב גמרא **מאי** לאו אחרים וכו' הרמב"ם ז"ל בפ"ח מהלכות כל המקדש לא התנה שיהיו של שחר חשובים משל ערב אבל כתב בגדי לבן הן ארבעה כלים שמשמש בהן כ"ג ביוה"כ כתנת ומכנסים וכו' ושתי כתנות אחרות היו לו לכ"ג ביוה"כ אחת לובשה בשחר ואחת בין הערבים ושתיהם בשלשים מנה משל הקדש ואם רצה להוסיף וכו' ע"כ ועיין מה שהקשה בספר משנה למלך שם ויראה טעמו משום דבת"כ פרשת אחרי מות לא התנה אלא שיהיו לו בגדים אחרים לבין הערבים דקתני התם מנין לרבות כלים אחרים בין הערבים ת"ל ולבש את בגדי

הכד בגדי הקדש וכו׳ יעי״ש ובס׳ ק״א שם א״כ מוכח דאין כאן חיוב אלא שיהיו בגדים משונים אבל שיהיו אותם של שחרית חשובים יותר לא היה מצד הדין אלא שמעצמם הנהיגו כך להיות שעיקר עבודת היום היתה באותם של שחר והיינו דקתני בשחר היה לובש ולא קתני בשחר לובש פלוסין וכו׳ כלומר דהיה רגיל ומנהג להעדיף אותם של שחר לא מצד החיוב אלא דתלמודא דידן והירושלמי רצו למצוא סמך לדבר דשחר עדיפי מדרשא דבד בד ואינה עיקר דרשה מדלא אמרו כן בת״כ דודאי בי״ע איח להו דרשה דת״כ דאל״כ מהיכא מוכח תלמודא דבד מובחר שבבד דאדשל שחרית דוקא קאי הא קרא דכתונת בד קדש וכו׳ אעבודה דהוצאת כף ומחתה דכ״ל מקרא דובא אהרן אל אהל מועד כדלעיל ל״ב ע״א נמי קאי אלא ע״כ דס״ל דקרא דכתנת בד קדש נמי בשחר דוקא איירי משום דבגדים של ערב מקרא דולבש את וכו׳ נ״ל כדדריש בת״כ והיינו נמי דבירושלמי קאמר מאי כדון וכו׳ בשחר כתיב בד בד ארבעה פעמים ובמנחה כתיב בד וע״כ קרא דמנחה היינו וקרא דדרש בת״כ דלא כתיב התם אלא בד פעם אחת והשתא לפירושו דייק שפיר לישנא דתלמודא דקאמר הא אי בעיר מהכי ועפי אהכי לית לן בה דפשטא משמע דאפי׳ שיעדיף בשומא ובחשיבות אותם של ערב משל שחר לית לן בה מצד הדין דאל״כ צריך לדחוק בלשון ולומר דאי בעיר מהכי היינו מהמנין האמור במשנה כגון של שחר בי״ח ושל ערב בי״ג ולעולם נשמור הערך יותר בשחר והיינו דקאמר דהגם שאמרת דאי עפי אהני של ערב לית לן בה מ״מ אתה מודה דלכ״ע היו רגילין לעשות של שחר עדיפי כדקתני מתני׳ ומנל״ן דמנין מלאו סמך לזה כיון דמצד הדין סגי לן בשינוי בגדים אחרים. וז״ל הרב המאירי ז״ל אחר שהביא דרשה זו דבר מובחר וכו׳ ומ״מ דברים אלו אם לא עשה לא עכב אלא שראוי לעשות כן למצוה עכ״ד. והנה מ״ש ז״ל ושתי כתונת אחרות וכו׳ אין כונתו ז״ל לומר דמלבד ד׳ בגדי לבן דיוה״כ עוד היו לו שתי כתנות אחרות דזה לא מצאנו אבל כונתו דלהיות שהיה צריך לשנות בגדים בשחר משל ערב ע״כ היו עושים ב׳ כותנות משונות זו מזו בצורת התיתוך ואחת לובשה בשחר וכו׳ ולדעתו היינו דקתני מתני׳ בשחר היה לובש פלוסין וכו׳ דלא מפרש כפרש״י דהיינו שהפשתן היה חשוב זה מזה דלפ״ז ודאי דאכולהו קאי שהיה שינוי בשיווים ולאו דוקא בכתנות אלא כמו שביאר בפי׳ המשנה ז״ל פלוסין והנדווין מינים מן הבגדים ידועים אצלם בזמנם ויש הפרש ביניהם בצורת האיתוך בלבד וכו׳ ועיין מ״ש בת״י דהשתא ס״ל ז״ל דבכתנות דוקא שייך לעשות כן דצורת איתוך נכר בה משא״כ בשאר בגדים. ועוד שהיא עיקר המלבוש ומסתמא בה היו עושים שינוי זה וסמך לזה מעובדי דלקמן דאותם כ״ג היו עושים להם כתונת בשיעור מופלג משמע דבהא איירי מתני׳ דוקא ומ״מ אכתי לא פלטינן דלמה לא ביאר ז״ל שהיו עושין ד׳ בגדי לבן אחרים לצורך בה״ע דלמה פרט דוקא שינוי הכתנות וזה אין לפרש דדרשא דספרי היינו בגדי עצמו כשהולך לביתו כדאיתא בפסיקתא זוטרתי שם בפ׳ אחרי מות ולבש את לרבות כלים אחרים של בה״ע שהולך בהם לביתו ע״כ חדא דקרא בבגדי בד איירי וכמו שהקשה בספר קרבן אהרן שם ועוד דמה צריך רבוי לזה דודאי שלא היה הולך לביתו ערום דאין לפרש שהיו עושין לו בגדים מיוחדים לזה מתרומת הלשכה דזה אין סברא ועוד דמוכח בהדיא בירושלמי דמתני׳ דבגדי חול ניהו דקאמר אר״י הכל מודים בקידוש אחרון שהוא לשעבר א״ר יוסא מתני׳ אמרה כן הביאו לו בגדי עצמו ולבש ויש אדם מקדש ידיו ורגליו ללבוש בגדי חול ע״כ ועוד דהא איתא בספרי שם ומה ת״ל ילבש יחגור ויצנוף לפי שסופינו לרבות לו כלים אחרים בה״ע אין לו יכול לא ילבש בשחרית ת״ל ילבש ויחגור ויצנוף ע״כ ואי בגדים של בה״ע היינו בגדי עצמו מהיכא תיתי שאלו יעכבו הבגדים של שחר אלא עיקר פי׳ ספרי כמ״ש בס׳ ק״א שם בשם רבינו הלל דהיינו ארבע בגדי בד אחרים מתרומת הלשכה לצורך הוצאת כף ומחתה וכן נראה מדברי תו׳ דסוגיין יעי״ש ומ״ש בפסיקתא נראה דתוספתא אחה תלמיד הוא ונמצא שם פעמים רבות כיוצא בזה וזה אין נראה לפרש דהיינו דכתב ז״ל ושתי כתונות אחרות וכו׳ והזכיר כתונת וה״ה לשאר בגדים שביוה״כ היו אחרים ד׳ לשחר וד׳ לערב, וז״ל הרב המאירי ור״מ שחשיבות בגד לא נאמר אלא על הכתונת וכן כתבו גדולי המחברים ע״ב וכבר ידעת שגדולי המחברים שכותב ז״ל היינו הרמב״ם ז״ל וכמ״ש הר״ר בצלאל ז״ל בתשובותיו ולכן דבריו עדיין צ״ע וק״ל.

שם תני רב הונא וכו׳ ועובד בה עבודת יחיד וכו׳ ז״ל הרב המאירי ז״ל בגדי כהונה אינם באים אלא משל ציבור וכהן שיש לו כתונת משלו או שעשאתה אמו או אחד מקרוביו ונתנה לו אעפ״י שמקדישה לעבודת עצמו אינו כלום אלא א״כ מוסרה לצבור להיותה שלהם כשאר בגדים שבעזרה מסרה לצבור הרי היא אא״כ בשל ציבור ומותר לעבוד בה בין הוא בין אחר בד״א כשמסרה קודם שיבא לעבוד אבל אם לא מסרה בשעת הקדשן אלא שמעכבה לעצמו ועכשיו בא לעבוד בה ומוסרה ואינו מוסרה בלב שלם ובעין יפה ומתוך כך אין מניחים אותו לעבוד בה עבודת ציבור כגון תמידין ועבודת יוה״כ והדומים להם ומ״מ מותר לו בכך לעבוד בה עבודת יחיד כגון נדרים ונדבות ולפי דרכך למדת שיוה״כ שאין בו עבודת יחיד כלל אינו עובד בה אא״כ מסרה במוחלט מקודם שיבא לעבוד כך היא שיטתנו וכן הדברים נראין, ומ״מ יש לגדולי הרבנים שיטה אחרת וחילוק גירסאות בסוגיא ולדעתם יש קצת עבודות אף ביוה״כ שקרויות עבודת יחיד לענין זה ושעובד בה אותה עבודה במסירה לצבור אעפ״י בשעת עבודה הוא בא למוסרה ועבודה זו היא הוצאת כף ומחתה שאינה צורך צבור אלא היא מועלת עליו לפנות המקום שאינו דרך כבוד שיהיו מונחים שם ואעפ״י שזו הוא היוצא לנו משמועה זו אם לשיטתנו אם לשיטת גדולי הרבנים אני רוצה להעירך מעט בביאור הסוגיא והוא שגירסת הספרים בנוסח שלנו וביאורה לשיטתנו כך הוא. תני רב הונא וכו׳ אחר שכלתה עבודת צבור כלומר התמיד כהן שיש לו כתונת לובשה ועובד בה עבודת יחיד, ר״ל נדרים ונדבות ובלבד שימסרנה לצבור ר״ל קודם שיעבוד כלומר שאעפ״י שהקדישה לעבודת עצמו אינו כלום עד שימסרנה לצבור להחזיק בה כשלהם כשאר בגדי העזרה פשיטא כלומר שאחר שמסרה לצבור היא מהו דתימא שמא לא מסרה יפה כלומר שמאחר שבשעה שבא לעבוד הוא מוסרה אינו מוסר בלב שלם אלא שמתוך שהוא נכסף לעבוד בה קמ״ל ואין חוששים בכך לעבודת יחיד הא לעבודת צבור חוששים מיתבי מדכתיב ביחזקאל ולבשו בגדים אחרים והקריבו את אשר לעם ר״ל תמיד הערב ואין לפרש שלא יעשוהו בבגדי חול שזו פשוטה היא אלא שלא יעשה תמיד הערב שהוא עבודת צבור בבגדים שלבשן בעבודת יחיד כגון נדרים ונדבות מאי לאו אחרים חשובים מהם כלומר שמתוך שהיא עבודת צבור ראויים לבגדים חשובים יותר הא כל שאין חשובים יותר אין מחלקים ביניהם לדבר אחר וכל שמסרם לצבור אף בהגע הסמוך לעבודה דיו אף לעבודת צבור ראויים ותירץ לא פחותים מהם כלומר לא בא לדקדק בחשיבות אלא כל שהם שווים כהלכתם מותר בין בחשובים בין בפחותים ולא בא לחלק ביניהם אלא שלא יעבוד משלו אף במסירה לצבור תכף לעבודה זו היא שיטתנו ולמדת שאין בה מקום ליוה״כ שהרי אין בה עבודת יחיד וכל שביוה״כ אינו עובד בה כלל אלא א״כ מסרה במוחלט שלא בשעת עבודת עצמו אלא בשאר ימות השנה נאמרה וגדולי הרבנים מפרשים דברי רב הונא ביוה״כ ואחר שכלתה עבודת הצבור פירשו לדעתם בעבודה מיוחדת ליום כגון פר ושעיר והזאותיהם ווידוי ועבודת יחיד פירשו הוצאת כף ומחתה וכו׳ [(וכמו שפירש״י)] ונראין הדברים לענין פירוש ולענין פסק כשטה ראשונה עכ״ד ועיין מ״ש לקמן בסמוך.

שם מהו דתימא ניחוש וכו׳ ומשמע דלמסקנא דלא חיישינן לכ״ע כהן שלא ימסרנה יפה כמ״ש התו׳ ה״ה דאפי׳ עבודת צבור עובד בה ונקט עבודת יחיד לרבותא דאף להוצאת כף ומחתה דלאו עבודה גמורה בעי מסירה לצבור והיינו דבתוספתא דמכילתין פ״ק ובירושלמי דפ״ד דשקלים לא הזכירו שם עבודת יחיד וכן משמע עוד דהא בעובדי דלקמן קתני בתוספתא מעשה בישמעאל בן פאבי שעשתה לו אמו כתונת וכו׳ והיה עומד ומקריב ע״ג המזבח וכו׳ יעי״ש וא״כ ה״ה עבודת צבור ממש דאין סברא לחלק בין קרבן יחיד לצבור כיון דתרויהו בעו בגדי כהונה משל קדש וכמ״ש הריטב״א בחידושיו יעי״ש ויראה שזה היה טעמו של הרמב״ם ז״ל דבפ״ח מהלכות כלי המקדש כתב סתם ויחיד שהתנדב בגד מבגדי כהונה מוסרו לצבור ומותר ע״כ

ולזה כיון הכ"מ שם שכתב בפ"ג דיומא ובירושלמי פ"ד דשקלים ע"כ כלומר דמכח הא דירושלמי דלא הזכיר חילוק עבודת יחיד זה מוכח דלמסקנא דתלמודא דידן נמי ל"ש לן בה ובזה יתורץ מה שהקשה בספר משנה למלך שם ובס' עץ חיים למהרח"א ז"ל בפ' אחרי מות דף ל' ע"ד יע"ש ועיין מ"ש בת"י בסוגיין וק"ל אלא שדעת המאירי לחלק בין עבודת יחיד לדלבור וכמו שהעתקנו לעיל.

שם מפני שנראה כערום בירושלמי דפרקין מסיים בה מה עשה מילא אותה מים וסבב את המזבח ז' פעמים ע"כ כנומר להראות לכל שמה שהיה נראה בשרו מתוכה לא היה אלא מלד ליבוית הפשתן הדומה לכלי זכוכית אבל לא מלד שלא היה ארוג יפה או שהיה חוטין דקין ולא היה כפול ששה דמהחזיק בה המים ושהו בה שיעור מה בכדי שסבב את המזבח ז"פ וזה מורה שמחמת עלמו היה עב וגם כבגד וק"ל.

רש"י ד"ה **מיתיבי** וכו' אלא גבי בגדים שאכלו בהם וכו' אע"ג דבפסוק זה דיחזקאל מ"ב כתיב ביה ושם יחזקו את הבגדים אשר ישרתו בהם כי קדש הנה ולבשו בגדים אחרים וקרבו וכו' ויש לפרש דתרתי קאמר דלשכות הקדש שם יניחו קדשי הקדשים ושם יבואו הכהנים לאוכלם ועוד אמר דשם יניחו בגדיהם אחר שילאו מעבודתם וכן נראה מדברי רד"ק שם מ"מ משמע ליה ז"ל דחד ענינא הוא דקאמר ישרתו אאכילה קאי וקרי לה שירות להיות שבעלים מתכפרים בה כדכתיב ואכלו אותם אשר כופר בהם ועיין בפי' שם ואע"ג דלפ"ז משמע מהאי קרא דאכילתן היתה בבגדי כהונה שעליהן ומקרא לא משמע שיהיה לריך בגדי כהונה אלא בשעת עבודה דוקא מ"מ כיון דאם אין בגדיהם עליהן הו"ל כזרים ועוד דכפרה כתוב בה א"כ באותם קדשים הנאכלים ובמקום קדוש היו לובשים בגדיהם בשעת אכילתן וכן משמע בהדיא לקמן בר"ש פרק בא לו ועיד אפי' תימא לפרש דתרתי קאמר מ"מ לא הוה פריך מהא מידי דכיון דלאו בעבודה דיה"כ כתיב התם ודאי קרא הכי קאמר דלאחר מעבודתם ולבשו בגדים אחרים דהיינו בגדי חול וקרבו ויתערבו עם העם שבעזרת ישראל כמ"ש התרגום שם ויתערבין עם עמא ודוקא בקרא דולא יקדשו ס"ד לפרש ולבשו בגדים אחרים דהיינו לעבודת בה"ע משום דקרא איירי מעיקרא בעבודת חלר הפנימית דהיינו קדש הקדשים והיינו דכיים ז"ל ולא אפשר לאוקמי ביוה"כ כי זהו עיקר הברכה לומר דל"ג ליה וק"ל אבל הרב המאירי ז"ל קיים גירסא שלנו ז"ל וכמ"ש בסוגיא יע"ש.

באו"ד הא ודאי ביוה"כ כתיב וכו' דמה שהקשה רד"ק שם דאיך קרא הדביר חלר והוא בית ואיך אמר בבואם ילבשו לשון רבים והעבודה היתה לא היתה אלא בכ"ג וכו' יע"ש יש לומר דעל כל כ"ג וכ"ג קאמר ולאידך י"ל דהא כתיב בשערי החלר הפנימי וביתה וקרא לעזרת כהנים חלר הפנימית כלפי בית קה"ק שקדושתו מרובה והיינו דקאמר וביתה דהיינו קה"ק והא דכתיב בתר הכי ובלאתם אל החלר החילונה אל העם יפשטו וכו' ולבשו בגדים אחרים ופירש [רש"י] ז"ל שם דכפל הכתוב להיות שהיה מדבר בהיכל ולפני ולפנים וקראם חלר הפנימית והאלם יש לו לקרות עזרת ישראל חלר החילונה לכך הולרך לכפול ב"פ לומר שאל עזרת אנשים הוא אומר מקום שכל ישראל נכנסים ע"כ לפי פשט הכתוב כתב כן אבל למאי דס"ד בסוגיין לפרש מאי דכתיב ביה ולבשו בגדים אחרים דהיינו להולאת כף ומחתה ע"כ לומר דלכן כפל הכתוב לרמוז דבתרי ענייני איירי בחלר החילונה דעזרת כהנים שקרא חילונה כלפי היכל וקה"ק ואיירי נמי בחלר חילונה דעזרת ישראל ונשים והשני ענינים היינו מאי דכתב אחר זה ולבשו בגדים אחרים לבן להולאת כף ומחתה ובכלל זה בגדים אחרים בגדי זהב לעבודת תמיד של ערב ואחר שסיימו עבודתם שילאו אל עזרת ישראל [ועזרת] נשים יהיו לפשוט בגדים שעליהם ולבשו בגדי חול ולא יקדשו את העם בבגדיהם והיינו דנקט ז"ל קרא כאילו כתיב ובלאתם אל החלר החילונה יפשטו וכו' דהיינו למאי דאיירינן השתא דאילו אידך אל החלר החילונה אסיפיה דקרא סמיך ולא יקדשו וכו' דלא לריך לנדון שלפנינו ומשמע דאף לסוגיין למסקנא דדחי ליה לא אחרים פחותים מפרשינן לקרא דאחרים היינו בגדי חול וחלר החילונה היינו עזרת נשים וכולי חד ענינא בדפי' ז"ל שם דפשטא דקרא הכי מוכח טפי ודכתיב נמי התם והניחו אותם בלשכות הקדש דהיינו מאי דכתיב בחומש והניחם שם דאבגדים של הולאת כף ומחתה נמי קאי שכולם טעונים גניזה ועיין בפי' שם וא"כ ע"כ דולבשו בגדים אחרים דבתריה בגדי חול קאמר והיינו דפי' ז"ל וקס"ד דה"ק וכו' ומה שפי' במסקנא לא פחותים וכו' וזו אינה אלא לפנים המקום וכו' הכונה דלפי דבריו השיב לו דאף שאמר דאיירי בעבודה של ערב לעולם פחותין מהם קאמר אבל לעולם לדידן קרא בבגדי חול מיירי כמ"ש דזה דוחק לפרש כמו שראיתי בשכ"י דקאמר ס"ד אף דנשאר במסקנא משום דפשטיה דקרא לא משמע הכי ואי קשיא לך למסקנא ולבשו בגדים אחרים למ"ל דודאי לא ילכו ערומים י"ל דאורחיה דקרא הוא דאלת"ה ולבשו בגדים אחרים דגבי בגדים שאכלו בהם מאי דרשת ביה כנלע"ד ודו"ק.

ד"ה **מאי** לאו אחרים וכו' למ"ל למיכתב אחרים וכו' דודאי אילו כתיב נמי ולבשו בגדים נחודיה מכח יתורא דקרא הוה מוקמינן ללבישה אחרת דבגדי בד להולאת כף ומחתה ומסברא ודאי ידעינן דכיון דאינה אלא לפנות המקום פחותין יהיו משל שחרית וא"כ ע"כ דאחרים לעיולנהו אתא דדוקא גבי הולאת הדשן אילטריך למיכתב אחרים לומר פחותין הגם דמסברא דבגדים שבשל בהם קדרה לרבו וכו' ידעינן ליה כדלעיל כ"ג ע"ב יע"ש משום דכיון דאיתקש בגדים לבגדים לענין שיהיו בגדי קדש גם להולאת הדשן כדאיתא התם מהשתא הו"א דאיתקשו לגמרי שיהיו דומים להם בחשיבות וגזרת הכתוב שיהיה לו בגדים אחרים להולאה ומה גם שאלו מתלכלכים יותר ולהכי כתב אחרים לומר פחותין מהם אבל הכא מהיכא תיתי שיהיו דומים דאילטריך אחרים לומר שיהיו פחותין וכי תימא למאי דתריך לא פחותין מהם קרא למאי אילטריך י"ל דהו"א אדרבא מעלין בקדש דיהיו חשובין ייתר לכך שינה הכתוב לומר אחרים שיהיו פחותין ולמדך דלא שייך כאן טעמא דמעלין אלא בב' עבודות ממש אבל הכא לא דמיא שניה דאינה אלא לפנות המקום לראשונה שהיא חשובה ומכפרת וכמ"ש ז"ל בדיבור הסמוך ובזה יתורץ מה שהקשה הריטב"א ז"ל בחידושיו יע"ש וק"ל.

ד"ה **ובלבד** שימסרנה וכו' וק"ל בגווה וכו' דליכא למימר דכיון דקתני התם דאם רלה לקרותה בבגדי בוץ קורא אגמא דחשיבא עבודה וא"כ ממילא דבשקורא באלטלית משלו דבעי מסירה ללבור דהא בעינן בגדי קדש משל קדש דאדרבא אימא דמדקתני משלו משמע דלא בעי מסירה וה"ט דאם רלה לקרות בבגדי בוץ קורא משום דלורך עבודה היא דומיא דאכילת קדשים כדאיתא התם בגמרא וליכא למימר נמי דחני רב הונא פי' דמתניתין דהתם אתא לאשמועינן חדא דאמאי לא קתני לה התם אמתניתין ועוד מאי פריך פשיטא דעובד בה וכו' הא לא אתא לאשמועינן אלא פירושא דמתני' דבעינן מסירה ללבור ומאי משני נמי מהו דתימא וכו' הא מתניתא דלקמן דקתני דקורא באלטלית משלו במסירה ללבור שמעינן דלא חיישינן ובשכ"י ראיתי שחי' עוד דמדלא קתני התם עושה אלטליה לבן משלו וקורא בה וכדקאמר הכא כהן שעשתה לו אמו וכו' משמע שבעת שקורא בה עדיין היא שלו ולא מסרה ללבור וזהו מ"ש רש"י ז"ל דלא תנן התם ובלבד שימסרנה ללבור פי' דלא תנן התם ולא אפשר לפרושי הכי ע"כ ושוב ראיתי להריטב"א שכתב וליכא לפרושי דברייתא מאי דלא פריש במתני' אתיא לפרושי דהתם הו"ל נאהוי [(כל"ל)] עכ"ד ועיין בת"י שם בר"פ בא לו וק"ל.

ד"ה **פשיטא** דעובד בה וכו' דאין לפרש פשיטא דבעינן מסירה ללבור כיון דעבודה היא ומשני מהו דתימא ניחוש וכו' ולא תסגי במסירה ללבור קמל"ן דהא כיון דאינה אלא לפנות המקום ולאו עבודה ממש היא לאו פשיטא לן כ"כ דליבעי מסירה ללבור דהגם דלורך גמר עבודה היא מ"מ הא קמן מקרא פרשה דלורך עבודה היא דמש"ה אם רלה לקרות בבגדי בוץ קורא ואפ"ה אם קורא באלטלית משלו לא בעי מסירה לליבור וק"ל.

ד"ה **כחמרא** במזגא וכו' לכלי זכוכית וכו' משמע דמפרש במזגא לשון זכוכית וק' דהל"ל בזוגא כבהיא דאייתי כסא דזוגיתא וכו' בריש אין עומדין אבל במזגא משמע לשון מזיגת יין במים וכן העלוך הביאו בערך מזג יע"ש ולפ"ז יש לפרש דלא שהיה נראה בשרו ממש מתוכה אלא מחוך שהיה הפשתן מולבנ היה מתערב מראיתו עם מראית הבשר והיה מכסה הבשר מראה

לבנינות הפשתן מעט כמו שהיין כשמתערב במים מגהה מראית אדמימותו מעט ללובן מלד המים אלא דגם לפי׳ זה אין הלשון מיושב כ״כ דהול״ל כחמרא מזגא בלא ב״ית ויראה דמכח זה פי׳ ז״ל לשון זכוכית ואפשר דלפי׳ מזגא שם לכלי זכוכית וכדדייק לישניה שכתב מחוץ לכלי זכוכית כנלע״ד וק״ל.

תוספות ד״ה ניחוש וכו׳ ואפי׳ לרבנן וכו׳ למ״ש בסוגיא דלמסקנא ל״ש לן בין עבודת יחיד ללבור

ובנראה מדברי הרמב״ם ז״ל ניחא דמייתו הכיא דשומרי ספיחים והביא דבן בוכרי דאיירי בקרבנות ליבור ויתיישב בזה מה שהקשה עליהם בספר משנה למלך סוף הלכות שקלים יעו״ש וק״ל. ומ״ש דכ״ג מסר ליה יפה שהוא גדול בתורה וכו׳ ואף בבית שני דלא הוו גמירי היו מלמדין לו דבר זה שיזהר למסור יפה כמו שהיו מלמדין אותו דברים אחרים ובודאי שיהיה נזהר בדבר ועוד דמשמע דגם בגדי בד דהולאת כף ומחתה טעונין גניזה וכרבנן דר׳ דוסא לעיל י״ב ע״ב דהגם דקרא דולבש את בגדי הבד בגדי הקודש דמהתם יליף בת״כ פ׳ אחרי מות בגדים אחרים לבין הערבים וכמ״ש התי״ט כתיב בתר קרא דוהניחם שם דילפינן מיניה דטעונין גניזה מ״מ משמע דאכולהו בגדי בד קאי כמ״ש וכן משמע מסתמיות דברי הרמב״ם בפ״ח מה׳ כלי המקדש יעו״ש וכיון שכן למה לא ימסרם יפה כיון דאינן ראויים לו עוד ואי קשיא לך דא״כ אמאי לא חילקו בפשיטות דהכא דוקא לא חיישינן משום דטעונין גניזה משא״כ בעומר ושתי הלחם ושקלים חדא דהתם נמי כלים והולכין ואין שמו נקרא עליהם לעולם ועוד דאכתי לרבי דוסא דס״ל שהם כשרים לכהן הדיוט אדרבא בזה יש לחוש יותר שלא ימסרם יפה כדי שיהא נקרא שמו עליהם כל עוד שהם קיימים וראויים להשתמש בהם ומה שסיימו ועוד כיון שכל כבי׳ וכו׳ כותם דכיון דבגדי כהונה אלו לכבודו ולצורך עבודה שהוא עובד נעשו ודאי מסר להו יפה דאינו חסר כלום בזה ואדרבא אגב חביבות שהוא עומד גמר ומקנה להו ללבור כדי שתה׳ עבודתו שלימה מבלי פקפוק משא״כ גבי שומרי ספיחים לצורך עומר ושתי הלחם שנעשו לצורך לבור ואינם נקריבים על ידו התם לא גמר ומקנה דסבר דיותר זכות ושייכות יהיה לו בו כשלא ימסור לגמרי ועיין בספר משנה למלך שם וק״ל.

בא״ד כיון שכל ישראל מביאין שקלים וכו׳ כלומר דהכא ידועי׳ לכל שלריך מן הלבור כיון שרואים שכל ישראל מביאים שקלים ללורך קרבנות ומש״ה איגהו נמי נהי דפטירי ואין דינם שוה לישראל מכל מקום כשמביאין אותם ודאי מסרי יפה כשאר המביאים משא״כ שכר שמירה דספיחי עומר ושתי הלחם שאין הכל יודעים דבא משל לבור אפשר דטעי ולא גמר ומקני וכך למדתי לפרש ממ״ש הריטב״א בחי׳ יעו״ש ומה שסיימו ועוד שכל ריוח הקרבנות וכו׳ כותם שכל קרבנות לבור עולות וחטאות יש לכהנים ריוח בהם אם בשר חטאת הנאכלת להם ועורותיהם עם עורות העולה הכל לכהנים ובכלל זה העומר ושתי הלחם וא״כ באלו שאין מתרוקן רשותו מהם וה״ה כתונת דהכא בכל כי האי גמר ומקני משא״כ שומרי ספיחים שאח״ז אין להם הנאה מהם מקפיד הוא שלא למסור שכר טרחו ללבור לגמרי ועיין מזה בס׳ מ״ל שם ומה שהקשה שם ממתני׳ דפ״ק דשקלים אעפ״י שאמרו אין ממשכנין נשים ועבדים וקטנים וכו׳ יעו״ש ודאי הוא דהגם דתירולם זה לא שייך מ״מ תירולם הא׳ שייך דהכא נמי כיון שרואים שכל ישראל מביאין ולריכים משל לבור גמרי ומקנו ול״מ עבד וקטן דידם כיד אביו ורבו דאנן סהדי דמסרי יפה כמו שהם עושים לעלמם אלא אשה נמי דקיימא ברשות עלמה יהיב דעתה וידעה דלריכין משל לבור וגמרה ומקנה וכ״ש בנשואה דאדעתא ויד בעלה סמכה דפשיטא דמסרה יפה יפה ומה שהקשה עוד מההיא דפ׳ חטאת העוף ע׳ ע״ב דקאמר הלמדין לפני חכמים אומרים יביא דבר שכולו למזבח ומאי ניהו קטורת וע״כ **במסר** ללבור איירי דאל״כ הו״ל קטורת יחיד וכמ״ש התוס׳ **פרק התכלת** נ׳ ע״א ד״ה יכול ע״כ הנה הגם דלכאורה משמע דבזה לא שייך שום א׳ מהתי׳ שכתבו מ״מ מהא ל״ק להו ול״מ דבפשיטות יש לתרץ דבזה לכ״ע מסר יפה כי היכי דתיהוי להו כפרה מעליותא מנה שמעל **דבהא** איירי התם דנהנה **מבשר קדשי קדשים וכו׳ דמקרן** וחומש שחייב יביא בדמיהם קטורת ועוד בלא״כ י״ל דלפולם לתי׳ שכתבו ועוד כיון **שכל כבוד וכו׳ כדרך שפי׳ מיתרלא נמי** הך דכיון שנכנס מריח הקטורת כדלקמן ל״ע כלל שבירושלים איכא לריכה להתקשט מריח הקטורת וכו׳ ועיין בדבריהם שם גמר ומקני דלא דמי לשומרי ספיחים וכו׳ שאין לו הנאה ממנו כלל ובזה ניחא נמי הא דתניא בפ״ק דכריתות ו׳ ע״א ובפרק כל שעה כ״ו ע״א המפטם את הקטורת להתלמד בו או למוסרה ללבור פטור וכו׳ דאפילו מפרש למוסרה בחנם ללבור אתיא אפי׳ כרבנן דהבית והעליה דהכא מסר יפה יפה משום דאית ליה הנאה מינה. ומה שהקשה עוד מסוגיא דפ״ק דר״ה ז׳ ע״א דקאמר דיחיד שהתנדב לקרבן לבור משלו כשרים וכו׳ יעו״ש הא נמי מתרלא בתירולם שכתבו כיון שכל ישראל וכו׳ דהכא נמי כ״ע ידעי דקרבנות לבור באים משל לבור ולהכי מסר יפה יפה ולכ״ע משא״כ שומרי ספיחים דטעו וסברי דאינם לריכים לפרוע שכר שמירת הספיחים משל לבור ולא מסר יפה ונמצא שעומר ושתי הלחם באים משל יחיד ואפשר דלזה כיוונו התו׳ שם שכתבו ושמא יש לחלק דהכא ליכא למיחש כולי האי כמו בשומר ע״כ ובחילוק זה מתרלא נמי הכיא דקטורת מלבד מ״ש חזה דכיון דקטורת ידעי כ״ע דבאה משל לבור דהרי ראו שהביאו ישראל שקליהן ללורך קרבנות לבור ליכא למיחש דלא מסר יפה ובהא ניחא נמי דאפי׳ תאמר דסוגיין עבודת יחיד דוקא קאמר ולא עבודת לבור כס׳ התו״ח בסוגיין לא תיקשי דמ״ש מקטורת כמו שהקשו הם ז״ל שם ודהכא בזמן בהני בית שני דלא גמירי טעו וסברי דכיון דבגד זה אינו ללורך עבודה ממש אלא להולאת כף ומחתה הגם דמלמדין אותו למוסרו ללבור מ״מ לא מסר ליה מסירה גמורה והלוטה שנאמר שיהיה ראוי להשתמש בו לעבודה ללבור משא״כ ההיא דקטורת ועוד עיין בחידושי הריטב״א כנלע״ד ודו״ק.

ד״ה **אנא** השם בירושלמי יש וכו׳ עיין בס׳ עבודת ישראל ק״ע ע״ב שהאריך בזה.

דף ל״ו ע״א גמרא **ראב״ש** מוסיף אף בין האולם וכו׳ בירושלמי דפרקין הגרס׳ ראב״ש אומר מכנגד בית החליפות עד כנגד בית האולם ולמזבח ועד כותל העזרה המזרחית וכו׳ ע״כ וזה אין לו משמעות דהא ראב״ש לא מכשר נגד מזרח להכן מן המזבח אלא ר׳ ועוד דלא יתיישב הלשון שאמר מכנגד בית וכו׳ עד כנגד וכו׳ דמשמע ותו לא והגם דיש לישב דהיינו שמוסיף מלבד מה שאמר ר״י בר ר״י מכנגד וכו׳ מ״מ נראה שיש לגרוס בגי׳ תוספתא דפ״ו דזבחים ראב״ש מוסיף מכנגד בין האולם ולמזבח עד כנגד בית החליפות ישבו עשרים ושתים אמה ור׳ מוסיף וכו׳ ונ״ג עד החם ועד כותל העזרה המזרחי אלא במלתיה דר׳ יעו״ש א״כ לריך להגיה ועד כותל העזרה הלפוני במקום המזרחי וכגי׳ התו״כ פ׳ ויקרא ריש פ״ז יעו״ש וק״ל.

שם אלן הכי קאמרינן אי ר׳ היא נוקמה וכו׳ דכיון דאין דרך כבוד להטותו שם שמא ירבץ גללים יותר היה לנו לחוש לזה מלחוש לטרחא דכ״ג דבשלמא לראב״ש כיון דחוץ למקום מזבח נגד מזרח הא״ה נאוקומי דלאו לפון הוא מעתה כך לי מקום כנגד מזבח כמקום בין אולם למזבח לענין זה ומוקמינן ליה בין אולם למזבח הגם דחמור קדושתו יותר משום חולשא דכהן גדול ועיין בלשון רש״י פ׳ כל הזבחים שם. ושוב ראיתי להתו׳ שכתבו קרוב לזה וק״ל.

שם ומניח שתי ידיו בין שתי קרניו וכו׳ כדי לסמוך על הראש כדכתיב וסמך ידו על ראש העולה ותניא בסוף פ׳ שתי מדות ידו על הראש ולא ידו על הלואר וכו׳.

רש״י ד״ה **מאן** שמעת ליה שבמקום וידוי שחטו דקתני וכו׳ דודאי תכף קאמר דהא בעינן תכף לסמיכה שחיטה כדאיתא פרק שתי מדות ל״ע ע״א ועיין בפרק כל הפסולין ל״ג ע״א ואין עוד סמיכה אחריו וק״ל.

ד״ה **אבל** מן החליפות וכו׳ וסכין קרוי חלוף בלשון ערבי וכו׳ כתב הריטב״א בחי׳ דאין לורך כי על שם שחותכין בה קרוי כן מלשון כליל יחלוף וכן כתוב בספר עזרא מחלפות תשעה ועשרים והם הסכינים עכ״ד והכי איתא בירושלמי בפרקין הלכה ח׳ מחליפים תשעה ועשרים א״ר סימון אלו הסכינין מי דתנינן תמן היה נקרא בית החליפות וכו׳ ע״כ.

בא״ד קרוי לפנים מן החליפות ע״כ כלומר דאויר זה הוא שנכלל בדברי הברייתא שאמרה כאן אבל מן החליפות

ולפנים הכל מודים שהוא פסול אבל ודאי שאויר זה עזרה מקרי
ולא בית החליפות ועיין בלשונו דפ׳ כל הזבחים שם ובזה יתורץ
מה שהקשה עליו בספר דרך הקודש דף י״ד ע״ב יעו״ש והיינו
דהתו׳ לא הקשו עליו כמו שהקשו בפרק איזהו מקומן נ״ה ע״ב
יעו״ש דהכא יש לפרש כמ״ש והיינו דכתב כאן ואותו עודף קרוי
בית החליפות וכו׳ כלומר אותו עודף ותו לא ואף מ״ש שם
בפרק איזהו מקומן יש ליישב דבדרך השאלה היו קורין לאותו
אויר וחצר בית החליפות להיות שאותם החלונות שבהם היו
גונזים הסכינים היו מבחוץ נגד אויר החצר כמו שדייק שם וכן
בפרק כל הזבחים שם פי׳ והוא נקרא בית החליפות שהיה בכותל
האולם מאחריו חלונות שהכהנים מגיעין שם וכו׳ ולפ״ז אפי׳
תאמר דהיו מגיעין שם גם בגדי כהונה לא תיקשי מה שהקשה
שם דאיך היו בגדי כהונה תוך האולם דהא בין האולם ולמזבח
מחוסרי בגדים אינם יכולים ליכנס וכו׳ יעו״ש דלכך פי׳ ז״ל
דהיו החלונות מבחוץ ולא תוך האולם ועוד שאין זה מוכרח שהרי
הוא ז״ל לא הזכיר אלא שהיו מניחים הסכינים לבד וכן פי׳
בסוף סוכה וכמ״ש בס׳ חזון נחום בריש סדר עבודות יעו״ש
והכי איתא בירושלמי שם והגוגה סתומה שלא העמיד אותה על
סכיניהן ככהיא דתנינן תמן הוא היה נקרא בית החליפות ששם
ה״ו גונזין את הסכינין ע״כ וקרוב לומר שחלונות הבגדים היו
בלשכת הגזית ששם היו מפיסין ולובשים בגדי כהונה אותם שזכו
בפיים והכי דייק דבספ״ג דתמיד קתני וירדו ובאו להם ללשכת
הגזית וכו׳ ובתר הכי קתני בריש פ״ד היו מפשיטין אותם את
בגדיהם וכו׳ וחלונות היו שם וכתוב עליהם תשמישי הכלים ע״כ
ושוב ראיתי בס׳ חזון נחום בפי׳ לתמיד שמ״כ בשם הראב״ד
והרא״ש כמו שפי׳ דחלונות היו שם אלשכת הגזית קאי לפי שהיו
מפיסין שם והיו עושים חלונות בתוך החומה ע״כ.

ד״ה **השתא** רבי וכו׳ דגאו דוקא קאמרי וכי רבי וכו׳ כצ״ל
וכונתו דלמאי דס״ד דהכי קאמר לימא דמתני׳
דיקא ראב״ש דא״א לאוקמא בשום פנים אליבא דר׳ דלדידיה
בין האולם ולמזבח פסול פריך ליה דמאי תיבעי לך דפשיטא
דמתני׳ לאו בדוקא אמרה דין זה אליבא דראב״ש וכי רבי
דמוסיף וכו׳ ועיין בפרק כל הזבחים שם וק״ל.

ד״ה **שמא** ירבין וכו׳ נגד המזרח וכו׳ שלא כנגד המזרח וכו׳
הרע״ב העתיק המזבח במקום המזרח וכן בלשון
הריטב״א דודאי עיקר גנאי משום מזבח הוא והא קמן קדשי
קדשים דלקמן שלא היה שחיטתן בין אולם למזבח וקתני הזבח
עומד בלפון ופניו למערב ופי׳ ז״ל שם ואחוריו למזרח וע״כ ירא״ה
להגיה מזבח במקום מזרח וא״נ דקילר במובן וכונתו משום מזבח
וכדרך שכתב הרב המאירי ז״ל שהיו חוששים שמא ירבין גללים
נגד המזרחי וגנאי הוא שירא״ה בית הרעי שלו נגד המזבח ע״כ.

ד״ה **ועל** עולה וכו׳ ה״ג לה בתוספתא וכו׳ כלומר דהתם
גרסינן בהדיא על עולה עון לקט שכחה ופיאה שאין
להם וידוי דברי ר״י הגלילי וכו׳ ע״כ ולפ״ז הא דקתני מתני׳
דמעשר שם פ״ה לגר ליתום ולאלמנה זה מעשר עני הלקט השכחה
והפיאה אעפ״י שאין מעכבין את הוידוי ע״כ האי אין מעכבין
וכו׳ אלקט שכחה ופיאה דוקא קאי וכמ״ש התי״ט שם בשם
הרמב״ם בחי׳ פי״א מה׳ מ״ש והיינו דבתוספתא סיף מעשר שני
גרסינן לגר זה מעשר עני ע״כ והכי נקט ז״ל בפי׳ לחומש בפרשת
כי תבא כי נקט וכו׳ לא היה אומרם אלא באגב אבל אינם
מעיקר וידוי ועיין בתי״ו ובתוספות בסוגיין וכמ״ש מהרש״א וק״ל.

תוספות ד״ה **נוקמיה** וכו׳ ועוד שמא ירבין גללים ואצל המזבח
וכו׳ דהגם דאפשר להניח בית הרעי
שלא כנגד המזבח הנה הגריעות הוא מצד שהוא אצל וסמוך מאד
למזבח דהיה צריך להניחו בין מקום טבעות למזבח דשם מקום
פנוי שמונה אמות כדתנן פ״ה דמדות אבל בין אולם למזבח
שהמקום רחב עשרים ושתים אמה כדאיתא שם אפשר להניחו
באופן שיהיה רחוק מקדושת היכל ומזבח וק״ל.

ד״ה **ומעשר** עני וכו׳ דילמא ברייתא אחריתי היא וכו׳ דכבר
היא מחולקת במאי דמסיים התם שאין להם וידוי
וכו׳ והכא לא מסיים בה מידי מעתה נאמר דלברייתא דהכא
מתודה בעולה גם על מ״ע דההוא ודוי דזמן ביעור באגב
אמר וברייתא דהתם סברא דסגי ליה בההוא וידוי ומש״ה אינו
מתודה עליו בהקרבת עולה והא דפשיטא להו דמעשר עני
אינו יכול להתודות עליו בפני עלמו כתרומה משום דע״כ לא
מרבינן בכורים דטעונין וידוי בפני עצמן אלא מדכתיב בערתי
הקדש מן הבית דהיינו הקדש העליון והראשון כדאיתא בירושלמי
פ״ב דבכורים שם דמה״ט כתב הרדב״ז ז״ל בספר יקר תפארת
ספ״א ד״ה מ״ש דמי שאין לו אלא מעשר ראשון לא יתודה
יעו״ש דלא נראה להם לומר דמעשר עני דמפורש בקרא כדכתיב
לגר ליתום ולאלמנה ובמקום מ״ש עומד בשנים שאינו נותן מ״ש
אה״נ דמתודה בפני עצמן דלא דמי לתרומה דלא אתיא אלא
מרבויי׳ דגם נתתיו ולא שייכא כלל למ״ש ולרש״י ז״ל יש ליישב
דנראה לו יותר להסכים הברייתות ולומר דבהא לא פליגי. ומה
גם דאפשר דס״ל דאה״נ מעשר עני דין מעשר שני יש לו לענין
וידוי שיכול להתודות עליו בפני עלמו כיון שעומד במקומו ואפילו
לא תאמר כן מ״מ כיון דסוף סוף גם עליו מתודה הרי נתכפר
לו בזה ואין צריך עוד ריצוי עולה וק״ל. ומה שסיימו ומייתי לה
בפ׳ הזהב וכו׳ הנה לא מצאתי שם נ״ב ע״ב אלא רישא דפ״ב
דבכורים דלא שייכא בנ״ד כלל יעו״ש וק״ל.

באו״ד ועוד דוידוי דהתם היינו כשעשה כדין וכו׳ דהא קתני
התם ככל מצותך אשר צויתני הא אם הקדים מ״ש
לראשון אינו יכול להתודות וכו׳ וז״ל הרמב״ם בס׳ המצות עשין
קל״א ושצונו להתודות לפניו בהוצאת משפטי המעשרות והתרומות
ולהתנקות מהם במאמר ג״כ כמו שאנחנו נקיים מהחזיק בהם
בפועל וזהו הנקרא וידוי מעשר ע״כ אבל הכא מלבד דהא קתני
עון לקט וכו׳ דמשמע שעשה בהם איזה עון בפועל עוד זאת
הא אסיק אביי לקמן דבתשובה יתירא קא מפלגי והיינו דהכא
איירי בעבר ולקמן אי קאי בעשה דתשובה או בלאו והגם דודאי
בנתנם אח״כ לעני קא מפלגי דאם לא קיים העשה דתשובה לר״י
הגלילי נמי לקי ולא שייך בזה כפרת עולה למאי דקי״ל כר״י
דפ׳ אלו הם הלוקין דהתראת ספק שמה התראה כדפסק הרמב״ם
ז״ל פי״ו מה׳ סנהדרין וכן כאן בריש הלכות מתנות עניים כתב
עבר ולקטן אפילו טחן ואפה וכו׳ הא למדת שכולן מלות ל״ת
הניתק לעשה ואם לא קיים עשה שבהן לוקה ע״כ וזה פשוט מ״מ
הא מיהא עבר אלאו דולקט קצירך לא תלקט והיכי לימא לא
עברתי מלותיך וכו׳ וגדולה מזו איכא מ״ד בירושלמי שם דאפי׳
אם הקדים תפלה של ראש לתפלה של יד לא היה יכול להתודות
ודייק לה מדהדר וקאמר לא עברתי ממלותיך דמשמע שאר מלות
של תורה וליישב לרש״י ז״ל יש לדחוק ולומר דס״ל דדוקא אמ״ש
שעליו עיקר הוידוי הוא דבעינן שלא עבר בו כלל דהכי דייק
מתני׳ דנקט הא אם הקדים מ״ש לראשון דוקא אבל התרומה
ומעשר עני יכול להתודות עליהם באגב אף על מה בעבר ממש
כי הכא כיון שהוא מנוקה מעון מ״ש ולא משקר דלא עברתי
ממלותיך אמ״ש דוקא קאי דלא קיל״ן כההוא מ״ד דירושלמי
אלא כמ״ד התם דלא קאי אלא אמה שאמור בפרשה וכדדייק
פשטא דמתני׳ דקתני לא עברתי ממלותיך לא הפרשתי ממין על
שאינו מינו וכו׳ דכולהו אמ״ש קאי ומ״מ עון לקט שכחה ופיאה
אפי׳ באגב לא שייכי דהא קרא דלגר ליתום ולאלמנה פשטיה
אמעשר עני קאי דעומד במקום מ״ש וכדקתני מתני׳ אעפ״י שאין
מעכבין את הוידוי וכו׳ כמ״ש בפרש״י ז״ל יעו״ש ירא״ה דלפ״ז
אה״נ שהיה מתודה על העולה במה שעשה במ״ש שלא כדין
דלא נתכפר בוידוי דזמן ביעור וברייתא דנקט לקט וכו׳ לאו
דוקא דהא פריש טעמא שאין להם וידוי וכל מה שלא היה שייך
באותו וידוי בכלל וידוי זה הוא וכמו שצריך אתה לומר לפי׳
התוספות דבעולה מתודה אכל מה שעשה שלא כדין כן בתרומה
ובמ״ש ובמעשר עני ובלבד שלא היה איסור שיש בו מלקות ולקט
וכו׳ ומעשר עני דנקטא ברייתא לאו בדוקא היא ולרש״י ז״ל דל״צ
מ״ע ניחא טפי דנקט דוקא עון לקט וכו׳ לאשמועינן דבהא פליגי
אי תשובה דכתיב בהו משמע השתא או מעיקרא כדמסיק א״נ
יש ליישב דתוספתא ה״ק דלהיות שלא מלינו דהלריך הכתוב וידוי
על מה שעשה כדין בלקט שכחה ופיאה ש״מ דאיסור שעשה בהם
בפועל קי״ל ולהכי עולה מכפרת על עון דידהו אבל מ״ש שהלריך
בו הכתוב וידוי אף למה שעשה כדין ש״מ דאיסור דידיה חמיר
ולהכי אין עולה מכפרת על מה שעשה בו שלא כדין ובדרך זה
יש לפרש דברי רש״י ז״ל כן נראה לע״ד ודו״ק.

ד"ה **על** עשה וכו' לא ידענא אמאי לא קחשיב וכו' דליכא למימר דמשום דפליג אר"י הגלילי דחשיב ליה לעון לקט וכו' לאו הניתק לעשה נקט ר"ע נמי לאו הניתק לעשה כלומר לאפוקי עון לקט וכו' דל"א גמור הוא כדמסיק לקמן דא"כ אמאי נקט עשה. ועוד דפשטא משמע שבא לומר דעל אלו דוקא מכפרת כדמפרש בתוספתא על מה עולה באה אם על כריתות וכו' הא אין עולה באה אלא על עשה וכו' כמו שהעתיק רש"י ז"ל ומהאי טעמא נמי ליכא לתרולי דנקט לאו הניתק לעשה דהגם דמשכחת דלוקה עליו כשלא קיים העשה אפ"ה מכפרת אהעברת לאו כשקיים העשה וכל שכן דמכפרת על לאו שבכללות ולאו שאין בו מעשה דלא משכחת בהו מלקות כלל דא"כ אמאי נקט עשה דבמכ"ש דנתק לעשה אתי אם לא שתאמר דקיל טפי העברת לאו בקיום עשה אח"כ מביטול עשה לגמרי וזה מנין לנו ומ"ש דלחשוב לאו שאין בו מעשה לשיטתייהו אזלי שפי' במסכת מכות ד' ע"ב דהא דקאמר ר"ע המקיים כלאים בכרם לוקה היינו שעשה גדר סביב הכלאים ולעולם דסבר לאו שאב"מ אין לוקין עליו ועיין עוד בדבריהם דפ"ק דשבועות ד' ע"א ד"ה ר"ע וכו' ולעיקר קושייתם היה אפשר לתרץ דר"ע בפלוגתא לא קא מיירי ולהכי נקט עשה ולאו הניתק לעשה דליכא למ"ד דלוקין עליהם עיין פ"ק דתמורה ד' ע"ב לאפוקי לשאב"מ דאיכא ר' יהודה בפרק אלו הן הלוקין י"ו ע"א ור"י בפ"ק דשבועות ג' ע"ב דסברי דלוקין דה"ע נמי דלא קאמר לאו שניתן לאזהרת מיתת ב"ד משום דרבי ישמעאל סבירא ליה התם ובמכות י"ג ע"ב דלוקין ולאו שבכללות נמי כי היכי דאשכח' אביי ורבא בפ' כ"ש דפליגי אי לוקין או לא אפשר דגם בזמן ר"ע הוו פליגי נמי ביה וכבר הארכתי בזה במקום אחר על מה שכתב הכ"מ פי"ח מה' ע"ז הלכה י"א דלאו שבכללות ניכא למ"ד דלוקין ואילו בהל' סנהדרין פי"ח לא כתב כן אלא דאביי ורבא פליגי וכן מוכח מדברי הרמב"ם בספר המצות שורש ט' שכתב וכבר ידעת שכתבו בגמרא סנהדרין אין לוקין על לאו שבכללות ולכן מאמר אביי הוא נדחה וכו' ע"כ ועיין בס' דינא דחיי לאוין ל"ב דף ל' ע"ב אלא דהתוספות לא ניחא להו לתרץ כן דס"ל דלעולם לאו שבכללות גמור לכ"ע אין לוקין ושאני הכא דלא ומבוטל משום דמפרשי טפי לא חשיבי בדין לאו שבכללות ומש"ה סבר אביי דלוקין עליו וכמ"ש בפ' ד' מיתות ס"ג ע"ב ד"ה על כולם ועיין עוד לקמן בדיבור הסמוך לזה וק"ל.

ע"ב גמרא **והכא** בתעזוב קא מפלגי וכו' הרמב"ם ז"ל בפ"ג מה' מעה"ק כתב ועל עולה מתודה עון עשה ועון לא תעשה שניתק לעשה ע"כ ומשמע שדעתו לפסוק כאוקמתא דאביי דלכ"ע לאו דנבלה לאו מעליא הוא וכמו שפסק בה' סנהדרין שמנאו במנין הלוקין וכן בפ"ד מה' מאכלות אסורות וא"כ אין בכלל זה אלא כל לאו הניתק לעשה חוץ מנבלה והגם דלר"ע תעזוב מעיקרא משמע ואיהו ז"ל פסק בריש הלכות מתנות עניים דלאו הניתק לעשה הוא יעו"ש ל"ק ול"מ דמוכרח לפסוק כן דהא כ"ל ר"ע יחידאה לגבי סברת ר"י הגלילי דהכא וס' רבנן ור"י דברייתא דפיאה דאייתי לה תלמודא בהגוזל קמא ל"ד ע"א ובשאר דוכתי דכולהו ס"ל דתעזוב להבא משמע ולתקן הלאו ועוד דסוגיא דפ' בתרא דמכות י"ו ע"א וסוגיא דפ"ק דר"ה ד' ע"ב הכי רהטא וכמ"ש בת"י בסוגיין יעו"ש ומעתה פסק ז"ל כר"י הגלילי דעולה מכפרת גם על עון לקט שכחה ופיאה דקי"ל דניתק לעשה היא ולא חשש ז"ל להעתיק לשון ר"ע דהא ודאי אין לטעות דדעתו לפסוק כמותו דאעון לקט לא מכפרה שהרי כבר למדנו בהלכות מתנות עניים דניתק לעשה הוא וניחא ליה למינקט האי לישנא דלשון כולל הוא לכל עשה ולאו הניתק לעשה ומשום עני דהזכיר ר"י הגלילי בברייתא בכלל עשה הוא דכ"ל מוכחת בשעריך ואכלו בשעריך ושבעו כדכתב ז"ל בפ"ז מה' ומתנות עניים ובהא ודאי ל"פ ר"י ור"ע כנלע"ד והרל"ס שם בהל' מעה"ק תי' באופן אחר יעו"ש ושוב ראיתי בספר מגילת ספר בחלק לאוין דף קכ"ה ע"ג שתירץ בפשיטות כמ"ש ושם לדד ליישב דברי הכ"מ שכתב דפסק כר"ע יעו"ש וק"ל.

שם **ת"ר כיצד מתודה וכו' וכן במשה הוא אומר נושא עון וכו'** קשיא דהאי קרא כתיב בשמות ל"ג קמיה קרא דוהתודה וכו' מ"מ מקרא דיוה"כ גופיה ניחא ליה לאתויי ברישא אבל בירושלמי דפרקין הגי' נושא עון קודם משמע דעדיפא ליה האי קרא דבסדר תפלה נאמר כדאיתא פ"ק דר"ה י"ז ע"ב מלמד שנתעטף הקב"ה כש"ץ והראהו לו למשה סדר תפלה וכו' אלא שצריך ליישב מה שהקשה בשכ"י דמהכא משמע שמשה אמר פסוק זה אם ממה שאמר כאן וכן במשה הוא אומר וכו' ואם ממ"ש לקמן אלא מהו שאמר משה וכו' ואילו בר"ה שם משמע שהקב"ה אמר פסוק זה ע"כ וכן משמע עוד ממדרש תנחומא פ' כי תשא דקאמר על פסוק ויעבור ה' על פניו לימד משה היאך ילמד סנגוריא על ישראל וכו' אלא מכאן יהבא הוי אומר ה' ה' אל רחום וכו' ע"כ והנראה דודאי משה אמרם וכן בתרגום ירושלמי תרגם ועברת יקר שכינתיה דה' קדמוי וצלי משה ואמר ה' ה' אלהא וכו' וכן באדרת נשא קנ"א א' ומשה באתר דינא אמר לנחתא נון וכו' דהכי תנינן כמה חילא דמשה דאחית מכילן דרחמי לתתא וכו' והיא דפ"ק דר"ה ודתנחומא יש לפרש שהקב"ה הראה לו למשה במראה הנבואה סדר תפלה ומה יאמר ומיד נזדרז בעצמו ואמרם והיינו דקאמר ויעבר ה' על פניו דהיינו השפעת הנבואה ומה שהראהו לו ומיד ויקרא משה ה' ה' וכו' ועיין בפי' מהרי"ו אברבנאל שם בפ' כי תשא וק"ל.

שם **וכן במשה הוא אומר נושא וכו'** דאי מקרא דוהתודה וכו' איכא למימר דלאו לאורויי סדר וידוי אתא אבל אצטריך לאקושי חטאים לפשעים מה פשעים דלאו בני קרבן אף חטאים ולמימר דאבני קרבן לא מכפר כדאיתא בפ"ו דכריתות כ"ה ע"ב ואי מקרא דמשה איכא דשאני משה דנפיש זכותיה טובא שהיה מבקש על העונות תחלה אבל אנן אין להעיז פנינו אלא לשאול הקל הקל תחלה כמותים הללו שיודעים לשאול כדאיתא במדרש והביאו הטור בריש הלכות ראש השנה יעו"ש ולהכי אצטריך אידך קרא דוהתודה וק"ל.

שם **ומאחר שהתודה על הזדונות וכו'** ור"מ משמע ליה כי מתוך העונות והמרדים חוזר בתשובה על השגגות הקלים יותר בעיניו ולכן מתחיל להתודות על המרדים בלב שלם ומתוך זה מתודה על השגגות בלב שלם ועוד כי בדין יש לו להתחיל להתודות על הידועים לו בודאי משא"כ שגגות דאפשר שחטא בהם והוא לא ידע אבל על עונות ופשעים שהיהם ידועים לו יש לו להתחיל מהקל תחלה ועיין בחי' אגדות וק"ל.

שם **וכן בשלמה הוא אומר חטאנו והעוינו רשענו** כצ"ל כדכתיב במלכים א' ח' ודה"י ב' ו' וכן הגירסא בברייתא דירושלמי דפרקין ובת"כ פ' אחרי מות ובזה אין אנו צריכים למ"ש בספר תאוה לעינים יעו"ש.

שם **אלא מהו שאמר משה וכו'** בירושלמי דפרקין הגי' מהו שמשה אמר נושא עון ופשע וחטאה ואומר והתודה עליו את כל עונות בני ישראל וכו' אלא מכיון שהוא מתודה על הזדונות ועל המרדים כאילו הם שגגות לפניו ע"כ ולגי' שלפנינו י"ל שלא חששו רבנן להזכיר קרא דוהתודה די"ל דהתם לאו בעיקר סדר וידוי איירי אלא להכי היפך את הסדר לאקושי חטאים דבתריה לעונות ופשעים לומר דדוקא אחטאים דלאו בני קרבן נינהו מכפר דמהאי טעמא הוצרך ר"מ לאתויי קרא דמשה כמ"ש לעיל ואף לדברי הירושלמי י"ל דקאמר דקרא דוהתודה לאו בסדרא דוידוי איירי אלא מודיענו דכשיתודה על הזדונות ומרדים יהיו כשגגות ולעולם שהיה מתודה חטאים תחלה וכן פירש הת"י דסוגיין ושוב ראיתי בספר תאוה לעינים שתירץ כמ"ש יעו"ש א"נ י"ל דקרא דוהתודה בא להודיענו שיש בכח שעיר המשתלח לכפר בין על הזדון בין על השוגג ולא סדר וידוי אתא לאשמועינן אלא דר"מ ס"ל דמ"מ כיון שהכתוב סדרן כך י"ל שכך סידור וידוי וכדמוכח קרא דמשה והיינו שרש"י ז"ל פי' לעיל ד"ה וכן בשעיר וכו' עונות תחלה ואח"כ פשעים וכו' ועיין בפי' המשנה להרמב"ם ריש פרק טרף בקלפי ובס' עבודת ישראל קי"ח ע"ב. והרב המאירי ז"ל פי' דאפשר שבשעיר המשתלח כתיב את כל עונות וכו' אף הוא פירושי עונות ופשעים אחר שיתודה על החטאים וזהו לשון לכל חטאתם עכ"ד וק"ל.

שם **פשוטא יחיד ורבים וכו'** יש לדקדק דהא פשוטא דמתניתין דאתיא כר"ע חשיב כרבים כמ"ש התוס' בריש ביצה ועוד דהו"ל סתם במתני' ומחלוקת בברייתא דהלכה כסתם משנה כדאיתא בהחולץ וא"כ עוד אשמועינן לפסוק כחכמים ודוחק

פריך תלמודא ומשני בפ"ב דכתובות כ"א ע"א בענין הלכה כרבי מחבירו יעו"ש ועיי' בדברי הכ"מ פי"ז מה' אבות הטומאות וכמ"ש התי"ע סוף פ"ט דערכות דמוכח דס"ל דהלכה כסתם מתני' אף כנגד חכמים דברייתא וכמ"ש בס' אסיפת הכללים סי' ה' והוא מדברי בעל שו"ת חות יאיר סי' ל"ד יעו"ש אם לא שנאמר דהכא כיון דרבנן הקשו לר"מ וכי מאחר שהתודה וכו' ולא תירץ מידי פשיטא דכותיהו קיל"ן אף נגד סתם מתני' וכן נראה בהדיא בדברי הרשב"ם בפ' המוכר את הספינה ע"ט ע"ב ד"ה מתני' יחידאה היא וכמ"ש בשו"ת הלכות קטנות ח"ב סי' ק"ז דהלכה כסתם מתני' אף נגד סברת חכמים דברייתא ועיין עוד בס' יבין שמועה ל"ב א' אבל האמת דאין כלל זה ברור דהרי לפניך דיש מי שסובר דהלכה כחכמים דברייתא עיין בכ"מ פי"ד מה' מעשה הקרבנות הלכה י"ג וכ"כ בס' ראש יוסף א"ח נ"א ע"א ועיין בירושלמי דהחולץ דקאמר בענין סתם ואח"כ מחליקת הדא דתימר ביחיד אבל יחיד אבל חכמים לא בדא הלכה כסתם ועיין במה שפי' הרשב"א בחי' שם כי אין כאן מקום להאריך בזה וק"ל.

שם וכי תימא נילף משעיר הפנימי וכו' שהרי פנימי מפנימי עדיף טפי שבשניהם היה מזה מדמן לפנים לאפוקי שעיר המשתלח ועוד שבשניהם שוים במה שמכפרים על טומאת מקדש וקדשיו זה על ישראל וזה על הכהנים כדאיתא בפ"ק דשבועות לאפיקי משתלח דמכפר בשאר עבירות כדאיתא שם ובזה אין אנו צריכים למ"ש בס' תפארת יוסף בפי' לרש"י פ' אחרי מות דה"ק דנין וכפר דפר וכפר דשעיר פנימי ואין דנים וכפר מלכפר דשעיר המשתלח דכל היכא דאיכא דדמי ליה מדדמי ליה ילפינן כדאמרינן ריש פ"ק דיומא ע"ש עכ"ד ומ"ש עוד שם דה"ה דהמ"ל דאי כפרת דמים תרי זימני וכפר ל"ל וכו' י"ל דהו"א דאשמועינן קרא דבהזאות לפני ולפנים והזאות היכל הרי כאן שתי כפרות על טומאת מקדש וקדשיו דיש בה ואין בה וכפרה אין בה ויש בה דלישראל הוצרכו לזה שתי קרבנות שעיר פנימי ושעיר חיצון כדאיתא בשבועות ועיין בספ"ק שם וקמ"ל דלכהנים בדם פר לחודיה מתכפרים על כל טומאת מקדש וקדשיו כמו שהוא לפי האמת דבתרי וידויי שעושה על הפר ומתן דמו מתכפרין על הכל ואין צריך להם קרבנות מיוחדים על כל ספרה וספרה. ומ"ש עוד דרישא דברייתא דהכא דדריש לכפר דשעיר המשתלח בכפרת דברים דאתיא כר"ש דברייתא דלקמן מ' ע"ב דאילו ר"י שם דריש לכפר בכפרת דמים לומר דזקוק להיות חי עד שעת מתן דמו של חבירו אבל סיפא דברייתא דקאמר ואם נפשך לומר אחר' נמי כר"י והיינו ואם נפשך לומר דלכפ' דשעיר המשתלח נמי איירי בכפרת דמים הרי הוא וכו' ע"כ האמת דקצת דוחק יש בדבר לומר דברייתא דהכא דמייתי לה סתמא בת"כ דתיהוי דלא כר"י דסתם ספרא כוותיה כדלקמן מ"א א' והגם שמצינו לפעמים סתם ספרא דלא כר"י וכמ"ש בספר גן המלך סי' קכ"ה ועיין מ"ש בחידושי לשבועות י"ב ע"ב בתו' ד"ה ואין עולה השוף וכו' מ"מ הכא יש ליישב רישא דברייתא נמי אליבא דר"י דמודה הוא דפשטיה דלכפר בכפ' דברים איירי כדדריש הכא ואתא דוקא עבדינן ג"ש אלא דגדס איצו ענין לכפרת דברים דכבר כתב קרא והתודה עליו וכו' דלא ס"ל דתרוייהו איצטריכו ושנה עליו הכתוב לעכב דהא ס"ל דאין ודוי מעכב דבהא נמי פליגי כדקאמר בירושלמי לק' ריש פ' שני שעירי אברייתא דלקמן על דעתיה דר"י הוידוי מעכב על דעתיה דר"ש אין הוידוי מעכב מה נפק מן ביניהון [ועיין בס' קרבן העדה שם שכתב דנ"ל לגרוס על דעתיה דר"י אין הוידוי מעכב יעו"ש] שלחו בלא וידוי וכו' וא"כ האי לכפר תנהו ענין לכפרת דמים לומר שזקוק להיות חי וכו' דהשתא ניחא דלא קמפרש תלמודא האי ואם נפשך לומר כדלעיל משום דהאי אף לדרשא דר"י דלקמן מצינן למדרש ג"ש דהכא כיון דפשטיה בכפרת דברים איירי אבל שוב ראיתי להרש"י לק' שם שכתבו ברייתא דהכא דלא כר"י יעו"ש ובחי' הריטב"א שם וק"ל.

רש"י ד"ה **דקא** מסייע ליה קרא דוידוי וכו' וכן בפסיקתא זוטרתי פרשת אחרי מות בהא דקאמר לקמן כדכתיב בספר אורייתא וכו' פי' דהיינו קרא דוהתודה יעו"ש ואין לפרש קרא דמשה דנושא עון וכו' כדקאמר וכן במשה הוא אומר דמאי מסייע דקאמר הא תרילו ליה רבנן אבל קרא דוהתודה ניחא דהגם דיש לפרש גם בזה שיעשו זדונות כשגגות מ"מ לא דייק כ"כ לפרש כאן כן דשאני קרא דנושא עון דבלשון תפלה נאמר וכוף סוף מהאי קרא שמעינן דתחלה עונות כמ"ש לעיל וכבר אפשר דל"ע אלא דמסייע ליה קרא וכמו שהריטב"א גורס דקמסייעי ליה קראי יעויין שם ובזה הרווחנו דלא מצי לפרושי קמסייעי ליה קראי דמשה דהיינו מדברי תורה לאפוקי לסברת חכמים דלא מסייעי להו אלא קראי דדברי קבלה וכמו שהקשה בספר תאוה לעינים יעו"ש דלא גרים ז"ל דמשה כלל ועיין בספר אש דת למהרי"ר חיים אלפנדרי ז"ל דף מ' ע"ג וד' ובספר עבודת ישראל ק"ו ע"א ובחי' הרי"ף לעין ישראל וק"ל.

ד"ה **ההוא** דנחית וכו' בתפילותיו של יוה"כ וכו' דהגם דלכאורה אין הכרח שהיה ביוה"כ אלא בתפלות של חול כשהיה ש"ל אומר סדר הוידוי כמו שאנו אומרים מ"מ משמע ליה לפרש כגוונא דאיתא לקמן נ"ו ע"ב ההוא דנחית קמיה דרבא אמר יגא והניחו וכו' דבסדר עבודה איירי וכן בסוף יוה"כ עולא בר רב נחית קמיה דרב' וכו' דרבא גרסינן ולא רבה וכה"ג בדפוס ויניציא ובהרא"ש פ' יוה"כ ועוד נראה דס"ל ז"ל דבחול לא משכחת לה דהא נכון לכסות החטא ולא לאומרם בקול רם כדאיתא בטור וב"י א"ח סי' תר"ט ועיין בספר דרכי משה שם אבל בסדר עבודה דיוה"כ אין כאן חשש דמה שהיה כ"ג מסדר אומר וק"ל.

ד"ה **אם** נפשך לומר וכו' ואח"כ ושחט את פר החטאת וכו' דודאי מקרא כסדר נאמר ולא מצית לפרושי וכבר שחט פר החטאת וכו' ועוד שהרי יש בו שני וידויים כדלקמן פרק טרף בקלפי ע"ג ב' וכ"ל מדכתיב בפר תרי זמני וכפר בעדו וכו' עיין בת"כ פ' אחרי מות ובמ"ש ז"ל בספ"ק דשבועות ובוידוי קמא לא כתיב ושחט את הפר כלל אלא בתריה כתיב בוידוי שני וא"כ כיון דכפר קמא ע"כ הייטו כפרת דברים גם וכפר בתרא דכוותיה ומקרא כסדר נאמר אלא דיש לדקדק דהשתא דאית ליה הך ראייה גמורה למאי איצטריך מעיקרא לאתויי דרשא דנאמר כאן וכו' ושמא י"ל דהו"א דוכפר היינו שיכוין דפר זה יהיה לכפרתו ולכפרת אחיו הכהנים אבל לא שיצטרך לפרט ולומר עליו דברי וידוי מדלא פי' הכתוב כן אלא בשעיר המשתלח להכי איצטריך ג"ש לומר דכפרת דברים בוידוי קאמר דומיא דמשתלח דכתיב ביה והתודה עליו את כל עונות וכו' ושוב ראיתי בספר קרבן אהרן פרשת אחרי מות שהרגיש בזה ותירץ באופן אחר יעו"ש וק"ל.

תוספות ד"ה **לאו** דנבלה וכו' לכלב תשליכון אותו וכו' דל"מ לגר אשר בשעריך דנבלה דודאי חשיב עשה ומה גם נמ"ד בפרק כל שעה כ"א ע"ב דדברים ככתבן לגר בנתינה משום דאתה מלוה להחיותו אלא לכלב וכו' נמי דהא מיהא כבר (ו)פרט היתר הלאו יהיה למי שיהיה ולא דמי ללאו דחסימה שלא פרט בו שום היתר ועוד דהא נמי מלוה דבדין ליתן לו שכרו דלא יחרץ כלב לשונו וכו' כדאיתא במכילתא והביאו רש"י שם בפרק כל שעה וק"ל. ומ"ש וגבי נא ומבושל וכו' שם מ"א ע"ב ועיין בדבריהם דפרק ד' מיתות ס"ג ע"ב ד"ה על כולם וכו' והנה כדרך שתירצו כאן כן תי' ג"כ בפרק גיד הנשה ק"ב ד"ה אבל אבר מן החי וכו' אבל באלו הם הלוקין שם דעת אחרת אתם דאפילו גבי קדשים ועובר לה חשיב לאו שבכללות מטעם דשם יוצא חד הוא יעו"ש דס"ל לפרש נוקה דקאמר התם דהיינו מלקות ממש אבל התו' דהכא ס"ל כפרש"י שם במכות דנוקה ה' דקאמר התם היינו ה' איסורים בעלמא יעו"ש וק"ל.

בא"ד וכ"ל וכו' ולרבי יוסי הגלילי וכו' לתקן אחריו הלאו וכו' כצ"ל וכללות דבריהם בכוונתם דלר' ירמיה לא משמע ליה לומר דלר"ע חשיב ליה ללקט וכו' לאו גמור כיון דפשטיה דקרא דתעזוב השתא משמע לתקן הלאו לאחר שעבר כדדריש ר' ישמעאל ולהכי קאמר דלאו דנבלה דוקא איכא בינייהו ושון לקט דלקט ר"י חדא מינייהו נקט וה"ה לנבילה דלכן לא הזכיר ניתוק בדבריו דתעזוב מעיקרא משמע ליה ואפ"ה חשיב לדידיה ניתוק וא"כ ה"ה לנבלה דהי מינייהו מפקת ואפשר דנקט שון לקט לרבותא דלא תימא שבכל מתוקן כשיקיים עשה דתעזוב אחריו אלא צריך כפרת עולה לכפר על מה שלא הניח בקמה כדיה וכ"ש

עון דנבילה דאין כאן תיקון אחריו שצריך כפרת עולה וליכא למיטעי דלא מכפרת דהא להכי לא הזכיר ניתוק בדבריו אבל ר"ע ס"ל כר"י דתשובה ניתוק גמור הוא ולהכי מודה לר"י הגלילי בעון לקט ופליג עליה בלאו דנבלה דלאו ניתוק הוא. עוד כתבו דא"נ יש לומר דמעיקרא ס"ד דלר"ע אף לר"י הגלילי תשובה השתא משמע כדדרש ליה ר"י שם ואפ"ה דייק שפיר דלר"י הגלילי ה"ה עון נבלה הגם דלא הוי ניתוק גמור דמדלא הזכיר ניתוק בדבריו כמו שהזכיר ר"ע מוכרח דשמעיה ר"ע לר"י הגלילי דאפי' בלא ניתוק מכפרה וה"ה נבלה ונקט עון לקט לרבותא כמ"ש וק"ל. **והנה** דברי רש"י ז"ל אינם כשום א' מהדרכים שכתבו אלא משמע דלר' ירמיה בתרוייהו פליגי דלר"ע בין אמון לקט ובין אלאו דנבילה לא מכפרה משום דלאוין גמורים נינהו דתשובה ותתנהו מעיקרא משמע ונאמר לפ"ז דלר"ע אצטריך תשובה יתירא למפקיר כרמו והשכים בבוקר ובצרו דאפ"ה חייב בפרט וכו' כדאיתא בהגוזל קמא שם אלא דלפירושו צריכים אנו ליישב קושיתם דמנ"ל לר' ירמיה דבלאו דנבלה פליגי אימא דבלאו דלקט שהזכיר ר"י דוקא פליגי אי תשובה השתא או מעיקרא משמע אבל לאו דנבלה לכ"ע לאו גמור הוא כדאמר אביי וי"ל לרש"י ז"ל גם לפי דרכם דאם איתא דלר"י הגלילי לאו דלקט ניתק לעשה גמור מאי קאמר ליה ר"ע אין עולה באה אלא עשה ועל לאו הניתק לעשה דהא הכי נמי ניתק לעשה נינהו אלא ודאי משמע דשמעיה ר"ע דטעמא דר"י דכיון דיש בהם עשה לא חשיבי לאוין גמורים והגם דלא ניתק הלאו דתשובה מעיקרא משמע ליה לר"י נמי **והשתא** קאמר ר"ע שפיר דדוקא על הניתק לעשה כנותר ושלוח הקן עולה באה עליהם לאפוקי הני דלאוים גמורים הם כיון שאתה מודה דמעיקרא משמע וא"כ לפ"ז ע"כ לומר דבלאו דנבלה נמי פליגי ועיין בתו' ישנים סד"ה בלאו דנבלה וכו' ובחידושי הריטב"א וק"ל.

דף ל"ז ע"א גמרא **ומנין** שבאנא נאמר כאן כפרה וכו' אבל אי לאו גזרה שוה ממאי דאשכחן

שכן דרך המבקשים כפרה אם באחי יוסף דכתיב אנא שא נא דמדכתם יליף לקמן פ"ז ע"א דאל יבקש מנו יותר מג"פ וכן נמי ממשה שאמר אנא חטא וכו' וכן מדניאל שאמר אנא ה' וכו' חטאנו ועוינו וכו' לא הוה ילפינן דדלמא שאני הני דשעת רוגז הוה והיו צריכים להרבות מאד בתחנונים משא"כ כ"ג ביוה"כ דעת רצון הוא קמ"ל דגם כאן באנא דיום סליחה וכפרה הוא וצריכים אנו להרבות בתחנונים כנלענ"ד וק"ל.

שם תניא ר' אומר כי שם ה' אקרא וכו' מ"ש הפר"ח ז"ל בליקוטי מים חיים ה' עי"כ סוף פ"ב ובה' נשיאות כפים סי' קכ"ח [(ועיין בהשמטות כנה"ג א"ח)] דמכאן יש לדקדק דעל הזכרת השם אפילו בלא ברכה צריך לומר ברוך הוא וברוך שמו עכ"ד וכלומר דהא הכא לא היה כ"ג אומר ברכה אלא הזכרה לבד נלענ"ד דאין מכאן ראיה דהא עיקר קרא בברכה נאמר דמהכא ילפינן ברכת התורה לפניה כדאיתא פ' מי שמתו כ"א א' ופרש"י שם כי שם ה' אקרא בברכה אתם הבו גודל לאלהינו באמן הכי מפרש לה במסכת יומא עכ"ד וכן במכילתא פרשת בא פרק י"ו קאמר ר' חנינא בן אחי אומר כי שם ה' אקרא זה המברך הבו גודל לאלהינו אלו העונים אחריו ומה הם עונין אחריו ברוך ה' המבורך לעולם וכשהוא קורא בשמו יהו עונין אחריו בשכמל"ו וכו' רבי אומר זכר צדיק לברכה כשהוא מזכיר את הצדיק וכו' לברכה אמן ע"כ הא קמן דקרא דכי שם ה' בברכה נאמר ומדקדק הלשון דקאמר וכשהוא קורא בשמו וכו' נראה להבין דכשהוא קורא בשם המיוחד דהיינו שם המפורש דקרא איירי נמי בהא כדאי' ברכות ש"א ג' שהזכיר משה שם המפורש יע"ש הנה אז אף בקריאה בעלמא בלא ברכה חייב לענות בשכמל"ו לכבוד השם המקודש ובזה לא יקשה היכי מייתי הכא ראיה מקרא דכי שם וכו' דאיירי בברכה דיוה"כ דאינו אלא הזכרה לבד דודאי הכא שהיה מזכיר שם המפורש הו"ל כברכה דחייב לענות ולעולם דבמדינה שהיו מזכירין אותו בכינויו או השתא לדידן בכל מקום אין ראיה מכאן שיהיה חייב לומר בכל מקום ברוך הוא וברוך שמו כסברת הפר"ח ז"ל ועיין בכרי"ש אבוהב בספרו דבר שמואל סי' רל"ה ובפסקי תר' דסוף תמיד וק"ל.

שם ר' יהושע אומר זכר צדיק וכו' לפי מ"ש בסמוך דקרא דכי שם ה' אקרא איירי בשם המפורש אלא דר' משמע ליה גם לכל המברכים אפילו בלא שם המפורש ניחא דר' יהושע יליף מהך קרא דכתובים משום דדייק טפי דאפילו בלא שם המפורש קאמר כדכתיב זכר צדיק לברכה יהיה איזה שם שיהיה אתם תנו ברכה ועיין בספר תאוה לעינים וק"ל.

שם במתני' וראש בית אב וכו' והוא אותו שהיה ראוי לעבוד באותו היום לחשבון בתי אבות שבמשמר אלמלא שהוא יוה"כ לשון הרב המאירי ז"ל שהרי ממנים ראש לכל משמר ומשמר וראש לכל בית אב ואב כמ"ש הרמב"ם ז"ל הל' כלי המקדש פ"ד הלכה י"א ועיין בהוריות י"ג ע"א ולהסוברים שהיו פייסות ביוה"כ לשאר עבודות משכחת לה שהיה עובד הבית אב שלו באותו היום ממש ובדין לחלוק לו כבוד וק"ל.

שם וקלפי היתה שם וכו' כלומר שהיו רגילים להניחה שם כדי לעשות פרסום לדבר שידעו שזה מוכנת לגורלות אבל מצד הדין אם רצה להביא איזה כלי חול שיהיה כשר לגורלות וכדאי' בירושלמי ריש פ"ק טרף בקלפי לא סוף דבר קלפי אלא אפילו קלתות ולמה אמרו קלפי כדי לעשות פומבי לדבר ע"כ והיינו דהרמב"ם רפ"ג מה' עי"כ כתב תחלה מה שהוא כפי הדין ומניחין שני הגורלות בכלי אחד דמחזיק שתי הידים וכו' כלומר דדי לנו שיחזיק שתי הידים בכל מין כלי שיהיה ואח"כ אמר מה שהיו רגילים לעשות שכתב וכלי זה חול הוא ושל עץ היה וקלפי שמו ע"כ וק"ל.

שם ועשאן בן גמלא של זהב וכו' והיו מזכירין אותו לשבח ירו' ר' שמואל אחוי דרב בעי אבדו מהו לעשות תחתיהן של זהב יבא כהדא שמעלין בקדש ולא מורידין ע"כ כלומר דלאחר שעשאן בן גמלא של זהב אם אבדו מהו שיהיו הצבור צריכין לעשות של זהב דוקא מאחר שכבר התחילו או דלמא שהתורה חסה על ממונן של ישראל ואין לבזבז בזה מאחר דכשרים של עץ ת"ש דמעלין בקדש וכו' ומה גם דהכא לא שייך כל כך לומר דהתורה חסה וכו' אלא בדבר שכלה והולך בתשמישו כי הא דתנן לקמן מ"ד ע"ב דבכל יום היה חותה בשל כסף ומערה בשל זהב וכו' משום דהתורה חסה וכו' יע"ש ונראה דלהכי דייק מתני' וקאמר והיו מזכירין אותו לשבח לומר דמנהג טוב עשה וגם הצבור היו צריכים לעשות כן אי לאו דגורל גורל ריבה כדלקמן וכ"מ שאילו אבדו צריכים הצבור לעשותם של זהב משום דמעלין בקדש ואין בזה משום דהתורה חסה דאף הצבור אם היו רוצים מתחלה לעשותה של זהב היו יכולים והיינו דאשמועינן הרמב"ם ז"ל בהי' רפ"ג מה' עי"כ שכתב ובבית שני עשו אותם של זהב ע"כ אלא שהיה לו לבאר דין התחילו בזהב ואבדו דירושלמי שם בה' עיוה"כ ובפ"א דה' בית הבחירה ה' י"ע יע"ש אם לא שנאמר דסמך על מה שביאר בה' בית הבחירה ספ"ע דמעלין בקדש ואין מורידין וה"ה הכא בהתחילו ועיין בספר עבודת ישראל קי"ג קי"ד וק"ל.

שם כולה ראב"י היא ותני בבין וכו' עיין פרש"י ויראה דהא דקאמר ראב"י לאו לאפוקי מהא דאוקים לעיל מתני' כראב"ש דהא לתיקון זה דתני וכו' נמי צריך לומר דאתיא כראב"ש דקאשיב לפון אף בין האולם ולמזבח אלא דהשתא צ"ל דראב"ש נמי לאו דוקא קאמר בין האולם ולמזבח ממש אלא בבין וכו' ולא דייק בלישניה דלא בא אלא לאשמועינן דאף שם משכחת לה צפון ולאפוקי מר"י בר"י דבעי ירך דוקא אלא דמעיקרא ס"ד לתלמודא דמתני' דוקא קאמר כיון דאוקמה כראב"ש דבשלמא ממתניתין לחודיה ליכא למפרך דאימא הכי נמי דלאו דוקא קאמר אלא בבין וכו' אבל כיון דאוקמוה לעיל כר' אליעזר ב"ש זה דוחק לומר דמתניתין וראב"ש לאו בדוקא קאמרי ואהדר ליה דאה"נ תני וכו' ואף בראב"ש נאמר כן והיינו דבפ"ב דזבחים כ' מייתי סתמא דתלמודא אוקמתא דלעיל דמוקמינן למתני' אי כראב"ש אי כרבי יע"ש והא דקאמר הכא והא רישא ראב"ש וכו' לאו לאפוקי דלא מתוקמא נמי כרבי אלא משום דראב"ש הוסיף בין האולם ולמזבח נקט ליה ועיין מ"ש הריטב"א ז"ל בחי' סד"ה תני בבין וכו' ואה"נ דלפ"ז ראב"ש ורבי סברי כראב"י דמזבח בדרום קאי והא קמן דר' סתם לן במדות כראב"י כדאיתא לעיל י"ז ועיין בתוס' שם ואדרבא ניחא לן טפי לאוקמא רישא דלעיל

גר׳ דהשתא סיפא נמי דהכא דקתני בא לו למחרת וכו׳ דפשטא משמע דלפון עזרה הסמוך למזרח אלא הפתח מקרי לפון לענין שחיטה והגרלה אתיא נמי כרבי דמוסיף אף מקום דריסת רגלי ישראל ועיין בתו״י ודו״ק.

שם מני ראב״י וכו׳ הרמב״ם ז״ל הגם דפסק בה׳ בית הבחירה בפ״ה דקלא מזבח בלפון כסתמא דמתני׳ דמדות דסבר דרוביה בדרום קאי ומ״מ קלא ממנו בלפון ועיין בסוגייא דפ״ק דלעיל י״ן ע״ב אפ״ה בה׳ עי״כ כתב כלישנא דמתני׳ היכן מגריל במזרח העזרה בלפון המזבח וכו׳ וזה לריך ישוב דהא אתיא כראב״י דכולי׳ בדרום קאי וכפרש״י ועוד זאת דהכתב שם ופרו היה עומד בין האולם ולא כתב בבין וכמ״ש הכ״מ שם והנלע״ד לומר דלא סבירא ליה ז״ל לפרש טעמא דמתני׳ משום דהגרלה טעונה לפון כפרש״י דזה לא מלינו וכמו שהקשו בתו״י בסוגיין אלא מפרש באותו פירוש שכתבו התו״י שם וכ״כ כראב״ד כמ״ש בספר קרבן אהרן פרשה אחרי מות משמו דטעמא משום דבעינן שיהיה לפני ה׳ כדאיתא בת״כ וכמ״ש בפרש״י ז״ל יעו״ש דהשתא בעינן שיהיה כנגד פתח ההיכל ומש״ה אוקמא כראב״י דלדידיה לפון כולו פנוי ואה״נ דהר״מ לאוקומא לכשנאמר דתנא דמתני׳ סבירא ליה דסוף מזבח בלפון וכמו שהקשו בתוספות ישנים שם אלא דניחא ליה לאוקומא כתנא דהוזכר בהדיא ואין במחלוקת זה מפורש אלא ר״י דס״ל מזבח ממולע ור״י הגלילי דס״ל כולו בלפון וראב״י דס״ל כולו בדרום אבל קלת בלפון לא מלינו תנא מפורש כדאיתא בפרק קדשי קדשים נ״ח וכמ״ש התוספות לעיל י״ן ע״א יעו״ש והגם דפשטא דמתני׳ דמדות משמע דס״ל דקלתו בלפון ניחא ליה לאוקומא כתנא מפורש דהיינו ראב״י ומהשתא לדידן דקי״ל בסתמא דמדות וכמו שפסק ז״ל בהל׳ בית הבחירה דסוף מזבח בלפון מעתה שפיר קתני ללפון המזבח שהיה יולא מכנגד מזרחו של מזבח ללפון להעמידם לפני ה׳ ואתיא רישא כפשטא בין האולם ולמזבח ממש ולא נלטרך להגיה בבין והיינו דלא הזכיר בבין בדבריו וניחא נמי דבפ״ב דזבחים כ׳ ע״א מייתי סתמא דתלמודא סוגיין דלעיל דאוקמינן לרישא דמתני׳ דפרו היה עומד בין האולם ולמזבח כראב״י ומסוגיין דהכא משמע דלא קאי הכי אלא בבין קאמר וכראב״י אלא ודאי ע״כ לומר דלפי האמת מלינן לאוקומא כרבנן וזבין ממש קאמר ולפון המזבח דקתני הכא היינו משום דקלת מזבח בלפון אבל לא כולו ואה״נ דראב״י לא כל בין האולם ולמזבח קאמר אלא אותו בין המזבח ואולם דקאי בלפון דוקא ועיין בתו״י דסוגיין ואי קשיא לך דהא לעיל אמרינן דסתמא דמדות ראב״י היא והכא אמרינן דלראב״י כל לפון כולו פנוי וכן הקשו התו״י כאן לפו׳ זה י״ל דס״ל ז״ל כפרש״י לעיל שכתב דל״ג ליה ולעולם דתנא דמדות סבר דרובו בדרים אבל מקלתו בלפון יעו״ש. [(וכן מלאתי להתוי״ט פ״ג דתמיד שהיגך כן ועיין בספר דרך הקדש י״ט ע״ד)] ושוב ראיתי להרלב״ש שם ולהתוי״ט בפרקין שהאריכו בזה יעו״ש ולקו׳ אחרת שהקשה התוי״ט שם דהוה״ל להוסיף לפון עזרה להכשר קק״ק עד ס״ו ומחלה וכו׳ יעו״ש נלע״ד דס״ל דפשטיה דקרא דלפונה לפני ה׳ היינו שלא יהיה כאן הפסק בינו לפתח ההיכל בשעת שחיטה דהגם דלא קמבעיא לן בפ׳ איזהו מקומן נ״ה ע״ב גובהה מאי אלא גבי שלמים דבעינן פתיחת דלתות ומדבריו ז״ל פ״ה מהלכות מעשה הקרבנות משמע דוקא בשלמים נאמר דין זה ואה״כ בשאר קרבנות דלא בעינן פתיחת היכל איכא דלא היישינן להפסקה הרי כבר כתבנו לעיל כ״ע ע״א בתו׳ ד״ה אלא אפילו דס״ל ז״ל דבשלמים לעיכובא ולתמיד למלוה מיהא בעינן פתיחה דלתות יעו״ש וכיון שכן ע״כ לומר דלא הכשיר רבי אף לגד מערב מזבח שכלפי מזרח עזרה שהרי שם מפסיק מזבח בינו להיכל וע״כ לא הכשיר אלא כנגד סיום קיר לפוני של מזבח בכל אותו השטח מקיר מערב של אולם עד כותל מזרחי של עזרה ואה״נ דמודה ר׳ לרבנן דבין אולם ולמזבח שאין שם הפסק מזבח בינו להיכל כשר וכי תימא דהא קמן בשלמים דבעינן פתיחת דלתות לעיכובא והרי הם כשרים בכל העזרה אף במקום שהמזבח מפסיק וכיולא בזה הקשו התוס׳ שם באיזהו מקומן י״ל דדוקא בקדשים קלים דריבה הכתוב כל לדדי עזרה ע״כ סתמו כפירושו אף נגד מזבח משא״כ בקדשי קדשים דבעינן דוקא לפון אימא דכיון דבעינן פתיחת דלתות למלוה מזרח מזבח דמפסיק בינו להיכל לאו מקום שחיטה הוא לכתחילה ושוב ראיתי בספר פנים מאירות בחי׳ לזבחים שם שתירץ קושית התוספות דהפסק מזבח כמ״ש יעו״ש והגם דלפ״ז הרי כאן דבין אולם ולמזבח אנו מכשירים שבעה אמות יותר מה שהזכיר בה׳ בית הבחירה י״ל דלא חשש שם לפרש זה דמה שהזכיר בהלכות עי״כ דפרו היה עומד בין אולם למזבח ושוחטו שם שמעינן לה ולא פי׳ שם אלא מה שהיה דרך לשחוט שם דעי״כ לא העמידו לפר שם אלא משום תולשא דכ״ג כדאיתא בסוגיא דלעיל וקרוב לזה ראיתי שתי׳ הרמ״ז ז״ל יעו״ש ודו״ק.

אבל אין כן דעת הרב המאירי ז״ל שכתב ולתפ״י שרוחב המזבח נכנס בחלי הלפוני של עזרה ז׳ אמות והיה ראוי לדון מקום שחיטה כל קרן לפוני מערבי עד ז׳ אמות כל שכנגדו עד האולם וכן בלד המזרח אין אומרין כן אלא דוקא מקום כותל לפוני של מזבח עד כותל העזרה ושכנגדו למעלה ולמטה עד המקומות שכתבנו שמ״מ אותו הכותל נקרא ירך המזבח ושאר התחום נגרר עמו ע״כ. ובביאור שמועתינו סיים ואמר וז״ל ומ״מ לענין פסק מקלת המזבח בלפון והוא שבע אמות ממנו ומ״מ אין הפר עומד לגד המערבי ולא השעיר לגד המזרח מפני שאעפ״י שהם לפוניים אינם מקום שחיטה והילכך זה עומד אלל קרן מערבי לפוני וזה אלל מזרחי לפוני כמ״ש עכ״ד.

שם תנן הסגן בימינו וכו׳ וכ״ג חשיב כרבו דהא כתיב והכהן הגדול מאחיו ודרשינן שיהיה גדול מאחיו בחכמה וכו׳ ואפ׳ תימא דלא חשיב כרבו אלא מלך דוקא דקי״לן בריש פרק כהן גדול דאין מושיבין אותו בסנהדרין משום לא תענה על רב ומה גם בבבלי בית שני דלא גמירי כ״כ הא תניא בהדיא גבי רבו הרב במאלע וכו׳ ועיין בספר עבודת ישראל קי״א ע״ב וק״ל. **והנה** מה שהקשה מהרח״א ז״ל בספרו עץ החיים פרשת יתרו ע״ן בשם מהרד״ך ז״ל דלפי׳ רש״י ז״ל שכתב בפ׳ הדר גבי כילד סדר משנה וכו׳ דהא דאמרינן המהלך לימין רבו הרי זה בור דהיינו כשהשמאל פנוי מאי פריך הכא מדתנן הסגן בימינו וכו׳ דשאני התם שאין השמאל פנוי ואינו בור רק כשהשמאל פנוי ול״ע ע״כ וכתבו בס׳ עבודת ישראל שם ועיין עוד בספר לרור החיים בהרמב״ם בהלכות תלמוד תורה פ״ו נלע״ד לתרץ דעדיפא מינה בעי לשנויי שהרי לאותו תי׳ דרב יהודה איירי כשהשמאל פנוי לא אשמועינן ר״י מידי דבריית׳ דמ׳ דרך ארץ היא לעיל מהך דמייתי תלמודא דקאמר התם כילד מכבד אדם את רבו בזמן שניהם מהלכין בדרך נותנו לימין ואין נותנו לשמאל היו שלשה וכו׳ ולא בעי לדחוקי דר״י דלא ידע ברייתא דדרך ארץ ולהכי פסיקא ליה דבמהלכים בשלשה איירי ואשמועינן בהא ר״י פירוש דברייתא דבמלדד אלדודי איירי אבל סמוך לו ממש אפילו כשאין השמאל פנוי הרי זה בור אם הולך לימין רבו וק״ל.

שם והתניא המהלך כנגד רבו וכו׳ גי׳ הספרים דל״ג רש״י הלא היא כתובה בחי׳ הריטב״א היא והתניא המהלך כנגד רבו הרי זה בור אחורי רבו איתמר והתניא המהלך אחורי רבו ה״ז מגסי הרוח דמלדד אלדודי ע״כ ועיין מה שפי׳ הריטב״א שם ולעד״נ לפרש גי׳ הספרים בדרך זה תרגומה רב שמואל להא דרב יהודה דהולך לימינו ה״ז בור דהיימי בבדי שיתכסה כל לד רבי כלומר שהולך בלידו ממש שנראה שוה ודומה לו כיון שהם שניס דוקא [(דמעיקרא ס״ד דר״י בכל גוונא איירי אף בג׳)] אבל לעולם כשהם שלשה דיש היכר לרב שהוא באמלע אפילו בלד ממש מותרים וכן נמי בדר״י אם הולך בשמאל רבו מותר אף בלדו דיש כאן היכר שהוא רבו ממה שהולך בשמאלו ופריך והתניא המהלך כנגד רבו ה״ז בור וס״ד דכנגד היינו אללו וסמוך לו בלדו וסתמא קתני דאפילו לשמאל רבו נמי אסור דאלו אדעתייהו דאינשי ההולכים לדרכם לראות אם הוא לימין או לשמאל וקשיא לר״י דנקט דוקא המהלך לימין ומשני דכנגד דברייתא לאו היינו מלדו אלא אחורי רבו איתמר שהולך כנגד אחוריו ממש דהגם שאין כאן שיווי ודמוי כיון שרבו הולך לפניו והוא אחריו אפ״ה זה גנאי יותר דנראה שהולך לפניו כגרוע שמזרה את הדרך לבא אחריו על דרך לא ברוח ה׳ וכו׳ קול דממה דקה והנה ה׳ עובר כדאיתא בפרק הרואה גבי עובדא דרב ששת ועי״ד וה׳ הולך לפניהם יומם כדאיתא פ״ק דקידושין ל״ב ובפ״ק דע״ז י״א

יעו"ש ועוד דכשהולך אחריו בסמוך לו ממש אם יפנה רבו לאחוריו הרי הוא נכשל בו דמהאי טעמא אסור להתפלל אחורי רבו כמ"ש רבינו יונה פרק תפלת השחר יעו"ש אבל לעולם דבצד רבו אין כאן איסור אלא בימינו כדקאמר ר"י ופריך דאי אחורי רבו ה"ז בור ותו לא והתניא הרי זה מגסי הרוח ומשני דמצדד אצדודי כלומר דלעולם ברייתא דכנגד רבו בצדו ובסמוך לו קאמר וזה אף בצד שמאלו אסור ור"י לא לימין רבו בצדו ממש קאמר אלא דמצדד אצדודי דמתרחק מעט מן הצדדין לצד אחור ואינו מכוון כנגד כל אחוריו ממש אלא מכסה קצת אחורי רבו והיינו פי' דכדי שיתכסה בו רבו דקאמר רב שמואל ואפילו זה לימין רבו ה"ז בור דפעמים בדרך הלוכן יתקרבו זה אצל זה ממש ויש כאן גנאי יותר לרואים אותו אז בימין רבו והיינו דאשמועינן ר"י דאם לאשמועינן דבצדו ממש דלימין אסור הא מרישא דברייתא דמס' ד"א ידעינן לה כמ"ש בסמוך לעיל יעו"ש ולא תיקשי אמאי לא קאמר אלא דבכמה מקומות מצינו דלא חייש תלמודא ומה גם הכא דמילתיה דר"ש כדקיימא קיימא אלא דמעיקרא ס"ד לפרש דהיינו שיתכסה כל צד רבו והשתא קמפרש שיתכסה מקצת אחוריו ועוד דאפשר דהמתרץ ודאי אסיק אדעתיה לפרש כן ומאי דלא תריץ אקושיא קמייתא דר"י במצדד אצדודי איירי לדבריו דהמקשה דהוה ס"ל לפרש דהיינו שיתכסה צד רבו תריץ ליה דברייתא דכנגד רבו אחורי רבו איתמר.

והנה עלה בידינו מגי' זו ומה שפי' דברייתא דהיו ג' מהלכין וכו' בדוכתא קאי כפשטה דהיינו אפי' בצדו ממש דכיון דהרב באמצע אין כאן גנאי והכי משמע בפרק ערבי פסחים ק"א ע"ב דקאמר אביי הוה שקיל ואזיל ואזיל רב פפא מימיניה ור"ה בריה דר"י משמאליה וכו' ועיין בתו' והיינו דהרמב"ם ז"ל בפ"ו מה' ת"ת העתיק ברייתא כלשונה ולא פי' לה באצדודי כיון דבג' איירי אבל כשהם שנים הוא ורבו הוא שכתב שם בפ"ה ולא יתפלל לא לפני רבו וכו' ואצ"ל שאסור לו להלך בצדו אלא יתרחק לאחר רבו ולא יהא מכוון כנגד אחריו וכו' דבסדר הליכה נמי איירי ולא בתפלה דוקא כדקאמר שאסור לו להלך וכו' וכן ר"ש פ"ג דה' עי"כ העתיק מתני' כלשונה הסגן בימינו וכו' אלא דעדיין יקשה דלמה לא ביאר ז"ל דאפי' במתרחק מצדו לאחוריו דוקא לשמאלו אבל ימינו אסור כדקאמר ר"י ול"ע ועיין במ"ש כפר"ח ז"ל בהלכות ת"ת שם ובספר מגילת ספר עשין י"ג ובספר עבודת ישראל וספר צרור החיים שם וק"ל.

שם יכול יתן שנים על זה וכו' כתב הרב המאירי ז"ל ושמא תאמר ואיך הוא עולה על הדעת שיהו שני גורלות על שעיר אחד והא בהדיא כתיב גורל אחד וכו' שמא הייתי סבור לומר שהוא עושה ד' גורלות שנים מהם כתוב בהן שם ושנים כתוב בהן עזאזל אלא שיהיו שנים של שם דבוקים זה בזה שלא יזדמן של שם ושל עזאזל בבת אחת ומתוך שהם דבוקים זה בזה ושהם שם אחד קורא להם אחד והם שנים וכו' עכ"ד ועיין בתוספות ד"ה יכול וכו' וכמ"ש שם.

שם תנא שחרית במלואו מקדש וכו' ברייתא זו לפרושי שלא היה לו אלא שנים דקתני מתני' אתא דמשמע דהיו זה ע"ג זה דלכן עשו שנים א' סמוך לשפת עליונית של הכיור ואחד סמוך לתחתיתו בכדי שישאר מן הנקב ולמטה שיעור שיחזיק מים כדי קדוש ד' כהנים שזהו שעורו כדאיתא פ"ב דזבחים כ"א ע"ב שאם היה סמוך לשוליים ממש לא הוה חשיב כ"כ שמקדש מן הכלי ואך כלי בעינן אלא דכל הכלים דכלי שרת כשרים כדאיתא התם ודומיא לכלי שנקב בכונס מקשה דאיתא בפ' כל הבשר ק"ז ע"א דמן הנקב ולמעלה חשיב שבר כלי כמ"ש הרא"ש שם ועיין בטור א"ח סי' קנ"ט והנה ודאי דבעוד דד תחתון סתום עדיפא לן לקדש מן הדד העליון שמחזיק מים הרבה ממנו ולמטה אלא דהוכרחו לעשות דד התחתון כדי לקדש ממנו בעוד שהמים חסרו מן העליון ומעתה היינו דקתני שחרית במלואו כלומר שהבור מלא על כל גדותיו מקדש ידיו ורגליו מן הדד העליון מהטעם שאמרנו אבל השנים הבאים לקדש לעת ערב מצד שלא באו בשחר או מצד דהסיחו דעתם דטעון קידוש פעם אחרת כמבואר שם ובהרמב"ם פ"ה מהלכות ביאת המקדש מקדשים מן התחתון שעדיין המים לא חסרו משם וממילא אשמועינן ברייתא דהשני דדים שהיו עושים קודם תקנת בן קטין היו זה ע"ג זה מהטעם האמור דאם תפרש שהיו זה אצל זה כדי לקדש שנים כהנים בבת א' וכנראה מן התוספתא דפרקין יעו"ש תיקשי דלמה בחרו לעשות שנים ולא יותר מזה כמו שעשה בן קטין וצ"ל דבן קטין עשה י"ב דדין אלו סמוך לתחתיתו בעיגול כדי שיוכלו לקדש גם לעת ערב בירידתו ולא חשש לקדש מצד העליון שמחזיק יותר כי נוח לנו שיקדשו כולם בבת אחת לצהר העבודה ולעשות י"ב דדים למעלה ואיזה דד למטה לצורך הבאים לעת ערב כדי שלא להרבות בו נקבים שהיה מבטלו מתורת כלי לעיני הרואים ויאמרו שא"צ כלי לקדוש כמו שא"צ רביעית כדאיתא התם והיינו טעמא דקודם בן קטין לא רצו לעשות בו כל כך נקבים אלא דבן קטין חשש יותר לאיחור העבודה כיון דזה חשש בעלמא הוא לטעות הרואים ומכ"ש דאין להקשות מדוע לא עשה י"ב דדים בעיגול למעלה לצורך שחרית וי"ב אחרים למטה לצורך ערבית דאז לא הוה חשיב כלי מן הנקבים העליונים ולמטה להיות שהנקבים תחתונים פוחתים את שעת כלי העליון ברוב היקפו וכן מצד הדדים העליונים היה צריך לעשות הדדים התחתונים סמוך מאד לשולי הכיור כדי שלא יראה כולו מלא נקבים באופן שלא היו המים באים לדדים התחתונים מאוירו של כלי ולנלע"ד דהיינו כוונת הירושלמי דפרקין דפריך ויעשו דדין זה ע"ג זה כיום מרובה של תמיד א"ר יונה העליון משום כלי פחות ברובו והתחתון אין בו משום אוירו של כלי ע"כ [(כצ"ל ועיין בס' הרוקח סי' שע"ז דלא גרים א"ר)] והכונה מבוארת עם מ"ש והנה במה שפי' אתי שפיר שהרמב"ם לא הזכיר כלום מזה לא בפ"ג מה' בית הבחירה ולא בפ"ה מה' ביאת המקדש דכל זה היה למנהג הקדום שלא היו לו אלא שנים עליון ותחתון והוא ז"ל כתב שם מעשה בן קטין שהוא הנכון משא"כ לפי' קרבן העדה שם בירושלמי שרצה לחדש שהיו בכיור שני כלים תחתון ועליון דלדבריו תיקשי למה המפרשים ובפרט הרמב"ם ז"ל לא ביאר זה וכמו שהרגיש בעצמו ובס' לויה חן כתב עוד טעם אחר למה שעשו מתחלה עליון ותחתון לפי שהמים מכבידים מאד על התחתון ויוצאים במרוצה כמו שביאר בס' אליס להיישר מקנדיאה וא"כ אם לא היה שם. אלא תחתון היו המים בשחרית שהוא מלא על כל גדותיו כלים במהרה יעו"ש ולפי דבריו צ"ל שבן קטין עשאם באמצע באופן שלא יכבידו המים כל כך ויצאו בנחת יעו"ש בדבריו ולעד"ן עיקר כמ"ש דלפי דבריו תיקשי דלמה לנו לחוש לזה שיכלו המים במהרה הרי המים נמשכין לו מים של שלמה כמ"ש הרמב"ם בהלכות ביאת המקדש ועיין בירושלמי דפרקין וכי תימא דבבית שני קיימינן דאפשר דלא היה שם ים של שלמה וכמ"ש בת"י בסוגיין מ"מ מאן לימא לן שלא היו המים נמשכין לו מעין עיטם בנקל כמו שהיה נמשך משם לבית הטבילה של כ"ג כדאיתא לעיל ל"א ע"א ובזה אין כאן טורח למלאותו ודו"ק.

שם נעבדינהו לדידהו דזהב וכו' שהרי מלך היה ויש ביכולתו לעשות כן ומה גם דלא היה אלא אותם של יוה"כ דוקא כדקתני ויש לדקדק דמאי תירץ אביי בקתתא דנרגי וכו' אכתי תיקשי מכני כלים ומאוגני כלים דנעבדינהו לכלים עצמן דזהב דאין לומר דהם עצמם כבר היו משל זהב דמהיכא תיתי כיון דכשירים מכל מין מתכת שיהיה כדאיתא בהקומץ וכמ"ש הרמב"ם פ"א מהלכות בית הבחירה ועוד דא"כ מאי פריך אידות כלים אימא נמי דהוסיף לעשות גם הידות של זהב ואפשר דודאי כני כלים לרבותא קאמר דלא הכלים בלבד עשה של זהב אלא גם הכני והאוגני דה"ט דלא תני להו מתני' בכדי ידות כלים דהוה משמע דגם סכינים עצמן עשה של זהב דומיא דכני ואוגני ואפ"ה ממאי דנחית לעשות גם ידות סכינין של זהב מוכח דכל מה שהיה יכול לעשות של זהב עשה ולהכי לא חייש מתני' לאשמועינן הא דכני ואוגני והיינו נמי דלא מצי לשנויי דהה"נ דעשאם כולם מזהב ורבותא קתני דאפי' ידות וכ"ש הם עצמם דא"כ ליתני מתני' גם אוגני וכני כלים אבל ברייתא אשמועינן כולה מלתא בין עשיית כלים עצמן בין אוגניהם וכניהם ובין ידות סכינים ונרגי ותלוני ושוב ראיתי להת"י שהרגיש בזה ועיין מ"ש שם וק"ל.

רש"י ד"ה **ומגין** שבאגא יהא וידוי זה ע"כ. דודאי שאר וידויים של שאר ימות השנה אף שיתודה אחד על

כגלות הצבור לא משמע דצ"ל אנא דשאני כ"ג ביוה"כ דיום כפרה לישראל הוא דצריך להרבות בתחנונים כדי שיתכפרו עונותיהם דאם לא עכשיו אימתי והיינו דדוד ושלמה דלעיל דהגם שהיו מתודים על כללות הצבור לא מצינו שהתודו בלשון אנא וק"ל.

ד"ה **מאי** דהוה הוה כבר עבר דלא ניחא להקשות על זה כיון דעבר מעשה הורג ודומיא להא דפריך לעיל פ"ק כיצד בלבישן מאי דהוה הוה ואי קשיא לך אכתי דאם איתא דדינא הכי הוי דילפינן יה"כ מעגלה ערופה למה משה לא הזכיר כן בתפילתו י"ל דשאני משה שהיה מדבר עם ה' פנים אל פנים כדרך המדבר איש לרעהו שאינו מזכיר שמו בבקשת דבר ממנו והיינו דכתיב וישב משה אל ה' ויאמר אנא חטא וכו' ונראה שזה כיוונו ת"י דסוגיין שכתבו מאי דהוה הוה כלומר משה אמר תפלתו כמו שחפץ ע"כ ועיין בספר עבודת ישראל דף ק' ע"ב וק"ל.

ד"ה **והתנן** בהדיא מעשה עגלה וכו' דמסתמא דייק תנא במלתיה דהא סידור מעשה אתא לאשמועינן.

ד"ה **בא** לו וכו' כדתנן לקמן הביאו לו וכו' כלומר דלעיל מיניה קתני יצא והניחו על כן הזהב שבהיכל אלמא שבהיכל היה עומד וקתני בתר הכי הביאו לו משמע שמתחילה לא היה שם אלא סמוך לפתח ועתה היו מקרבין אותו בין האולם ולמזבח לשוחטו במקום שחיטת פרו והיינו דדייק מתני' לומר הביאו לו וכו' וכ"כ התי"ט לקמן פ"ה מ"ד ונראה שבעל ספר עבודת ישראל קע"ו ע"א לא ראה דברים אלו יע"ש ויותר מזה הקשה עניו בספר שושנים לדוד בפי' המשנה שם. ומ"ש כדכתיב והעמיד אותם לפני ה' וכו' וכדאיתא בת"כ שם לפני ה' פתח אוהל מועד מעמידן בשער ניקנור אחוריהם למזרח ופניהם למערב ע"כ ויראה דמעמידן בשער ניקנור אף סמוך לפתח ממש קאמר ונראה מדבריו שכתב סמוך לפתח וכו' אבל צריך שיהיו כנגד אותו אויר ואתיא כר' דלעיל דס"ל דמקום דריסת רגלי ישראל נמי לפון מזבח מקרי דלפ"ז משכחת לה אפילו סמוך לפתח ממש ושוב ראיתי להת"י שהביאו הך דת"כ יע"ש.

ד"ה **נפרשתא** מגורה וכו' ירושלמי חד אמר מנרתא וחרנא אמר קונביתא תרגם עקילס לקבל נברשתא לקבל למפרש ע"כ דהיינו מגורה שקורין בלע"ז לאמפרס ופי' קונביתא פ' בס' יפה מראה שם כמין אבוקה כמ"ש הערוך ערך קנ"ב יע"ש ועיין שם ערך נברש שפי' ב' פירושים הא' נר כדמתרגם אחפש את ירושלים בנרות במה דמבלשין בנברשתא וי"א מנורת זהב כדכתיב לקבל נברשתא ע"כ. והרב המאירי ז"ל פי' נברשת ר"ל מחילה תלון ועל הדרך שעושין אותה מזכוכית עשאתה היא מזהב טוב ומורע הרבה והניחוהו במקום גבוה על פתח ההיכל בדרך שבתחילת היום כשהשמש מתהיל וכו' ניצוצות יוצאין וכו' ע"כ והוא לקוח מפי' המשנה להרמב"ם יע"ש.

ד"ה **של** אשכרוע ברוש ע"כ וכן כתב הרמב"ם בפירושו וכן פירש הרב המאירי ז"ל אבל בירושלמי דפרקין קאמר מהו אשכרוע פסקינן ועיין בערוך ערך פקסן שהביא בשם בראשית רבה דקאמר תאשור פקסונין וכו', וכתב המגיה שם ואולי הוא הנקרא אשכרוע בלשון משנה ע"כ וספקו כודאי אילו ראה הירושלמי וכן בערוך בערך אשכרוע הביא שם לשון התרגום דמתרגם תדהר ותאשור מורנין ואשכרעין וסיים והוא פקסונית עץ שהוא לא לבן וכו' יע"ש באופן דאשכרוע היינו תאשור דקרא ולא ברוש ושוב ראיתי להתי"ט שהרגיש בזה וסיים דכך העתיק הרמב"ם בעצמו רפ"ב דנגעים יע"ש וק"ל.

ד"ה **מדקאמר** וכו' שהולרך למובחו וכו' דליכא למימר דלעולם מזבח בלפון קאי אלא דאי הוה קאמר בא לו למזרח העזרה ותו לא הו"א דאף לצד דרום של עזרה יכול להגריל ולהכי קאמר לצפון המזבח כלומר דכל מעשיהם צריכין לפון כמו שכתב במשנה דא"כ לימא בא לו למזרח עזרה כנגד מזבח דסתמא משמע כנגד אותו קצת לד מזרח שעומד בלפון עזרה למ"ד מזבח ממלע או כנגד כל לד מזרח ושל מזבח למ"ד דכוליה בלפון קאי כדאיתא לעיל י"ז ע"א דודאי ליכא למיטעי ולפרושי אפילו לצד דרום עזרה כל שהוא כנגד מזבח דלמג"מ יהיה צריך כנגד מזבח אם לא מהטעם דכל מעשיהם טעונין לפון אלא ודאי דלהכי קאמר לצפון המזבח לומר דלצד מזרח מזבח לאו לפון הוא ולהכי צריך למושכם לצפון המזבח דהיינו כנגד אותו אויר שבין לפון מזבח לכותל העזרה כמו שפירש' במשנה וק"ל.

ד"ה **צפונה** על ירך המזבח וכו' משמע הך ה' יתירה וכו' כלומר דמה"א יתירה משמע לדרוש אויר לפון עזרה שבין מזבח לכותל שיהיה פנוי ולאו למימרא דממשמעותיה דקרא דריש הכי ונראה שלזה הוסיפו בדפוס חדש ה' יתירה דבגי' וויניליאה אינו והיא מהגהת מהרש"א וכך מצוין דבריו שבפ' קדשי קדשים נ"ע ע"א שכתב לפונה מדהו"ל למיכתב על ירך המזבח לפון וכתב לפונה לדרשא אתא ע"כ דודאי פשטיה דקרא אלד לפון מזבח קאי דמהכא יליף שם ס"ב ע"ב דכבש בדרום שהוא ירך בלפון ופניו בדרום וכמ"ש הרמב"ן ז"ל בפי' החומש פ' ויקרא. ומה שפירש בספר קרבן אהרן בת"כ שם דדריש מדסמך לפונה אל לפני ה' דמקומו כפי סדר הדבור הו"ל ושחט אותו לפונה על ירך המזבח וכו' יע"ש רש"י ז"ל לא ניחא ליה בזה דאיצטריך סמיכות לפונה אל לפני ה' ללמד דאין לפון בבמה כדאיתא בסוף זבחים קי"ט ע"א וכ"פ הוא ז"ל בחומש שם והיא בת"כ שם לעיל אקרא דוסמך יע"ש ועיין עוד פירוש הראב"ד שהביא שם ומה שהקשה עליו וק"ל.

ד"ה **שלשה** שהיו וכו' לא ילכו זה אחר זה וכו' דאי לאשמועינן דקטן בשמאלו פשיטא ועוד דמרישא שמעינן לה דקתני דבזמן שהם שנים הוא ורבו שילך לשמאל רבו כמ"ש בסוגיא וכ"ש כאן שיש גדול ממנו אלא הא אשמועינן שלא ילכו בשורה זה אחר זה ותאמר דהא עדיפא לשמור את רבו מאחוריו וק"ל.

ד"ה **ת"ל** אחד ממשמע שנאמר גורל וכו' אבל לא ניחא ליה לפרש דאחד בתרא קדריש דמעיקרא דריש אחד דלה' שלא יכתוב שני גורלות לה' וכן לעזאזל ובתר הכי אחד דלעזאזל דריש שלא יתן גורל דלה' ולעזאזל על שעיר דעזאזל וה"ה בשעיר דלה' וכל א' למד על חברו דהא קתני בסיפא והוא גי' הילקוט פרשת אחרי מות [(כמו שהגיה מהרש"א וכן הוא לקמן בירושלמי ריש פרק טרף בקלפי)] ת"ל גורל א' לה' אין לה' אלא א' גורל אחד לעזאזל אין לעזאזל אלא אחד ע"כ משמע דתרי א' איצטריכו להך דרשא וא"כ ע"כ דדרשא קמייתא מגורל לחודיה דמשמע אחד קדריש והגם דבגי' ת"כ שם מסיים בה ת"ל גורל א' לה' וגורל א' לעזאזל אין כאן לעזאזל אלא א' ע"כ דמשמע דדרשא בתרייתא מאחד דעזאזל דריש לה מ"מ יותר נראה דבת"כ קיצר בלשון וכמ"ש בס' ק"א שם והנה מ"ש בספר גופי הלכות בלשונות הגמ' קי"ע ע"ב דאיכא למידק בברייתא דכי היכי דמקשה מה ת"ל גורלות לימא מה ת"ל אחד עכ"ד לא זכיתי להבין אם לא שכיון למה שכתוב בתוספות ד"ה יכול יתן של שם וכו' יע"ש וק"ל.

ד"ה **יכול** אף זה כן גורל שהשם וכו' כלומר דמכח צין לא ילפינן אלא אותו של שם אבל הכ"נ דלבתר הכי מה שהשוה הכתוב גורלות הוא אמרינן דשל עזאזל נמי של זהב ובספר גופי הלכות שם פירש באופן אחר דהו"א דגורלות לא השוום אלא לענין הגורל יע"ש וק"ל.

תוספות ד"ה **יכול** יתן וכו' אבל בירושלמי פריך וכו' בריש פרק טרף בקלפי ונלע"ד דאפשר דגם הירושלמי מפרש שנים על זה דקתני רישא דהיינו שניש שכתב עליהם לשם ופריך ולא דא היא קמייתא כלומר דמדרשא דגורל דמשמע א' דוקא דמהתם ממעטים שלא יתן שנים של שם על זה מהתם נמי אימעיט שלא יתן של שם ושל עזאזל ע"ז דהא הו"ל שני גורלות וקרא גורל קאמר ואי משום דכתיב גורלות אין לנו לעקור פשט הכתוב דקאמר שיתן על כל א' גורל דוקא ולהכי מפרש דה"ק יכול דלאחר שעשה הגורל כדינו כדכתיב גורל א' וכו' יחליף ויתן וכו' דלהכי כתב גורלות ת"ל אחד למעט לגמרי הנחת שני גורלות על כל אחד לא בשעת גורל ולא לאחר כן ומוכרח הוא שכן הבינו בת"י בסוגיין דפי' סיפא כדמפרש בירו' וכמו שסיימו וכן מפרש בירושלמי ואפ"ה פי' לרישא דהיינו שנים שכתב עליהם לשם יע"ש ויראה דמה שסיימו כאן יחליף וכו' ושל עזאזל על של שם היינו בהצטרפות אותו של שם יניח שניהם על של שם דהא לקיים קרא דגורלות הוא דהוה אמרינן הכי וכ"כ בת"י תחילה יגריל כהלכה ואח"כ יקיים מלות נתינה ליתן שניהם על

כל אחד וכו' וכן כתב הריטב"א יעו"ש ועיין בדבריהם לקמן בסמוך בד"ה יכול יתן וכו' וק"ל.

ד"ה **ת"ל** גורל גורל ריבה תימה לי וכו' כצ"ל וכמו שהגיה בספר גופי הלכות קי"ט ע"ב יעו"ש ובדברי הת"י דסוגיין ומ"ש לאו מהכא נפקא אלא מגורל וכו' הנה אף למה שנראה מדברי רש"י דדרשא דלא יתן שנים ע"ז דריש לה מדכתיב גורל ואחד איצטריך לאידך דרשא דלא יתן של שם ושל עזאזל ע"ז וכו' יעו"ש מ"מ השתא דמסיק דגורלות איצטריך לומר דשניהם שוים סברה הוא להשוותם בכל ואם אתה אומר דבשל שם לא יתן אלא כתב אחד ולא שנים וגם שלא יתן עליו של שם ושל עזאזל גם בגורל דעזאזל הדין כן ומעתה גורל אחד דעזאזל מיותר להך דרשא לרבות דכשרים מכל דבר וכי תימא דאכתי אחד דעזאזל למה לי תריץ דאי הוה כתיב גורל לעזאזל הו"א דדוקא בלה' מיעט הכתוב אחד שלא יתן עליו של שם ושל עזאזל אבל בשל עזאזל דלא כתיב אחד אימא דלא מיעט אלא שלא יתן עליו שני כתבים של עזאזל אבל יתן עליו של שם ושל עזאזל וא"כ דהא מיעט גורל ומדלא כתיב הכא אחד אימא דצריך ליתן עליו שנים של עזאזל ואינו דומה בזה לגורל דלה' דע"כ לא השוה אותם קרא דגורלות אלא באיכות הגורלות שלא יהא אחד של כסף וכו' אבל לא השוה אותם בפועל ובמעשה הגורל נהכי כתב ביה נמי אחד לומר ששוים בכל אבל ודאי דגורל מיותר לומר שריבה הכל דכא אי לא כתיב בשל עזאזל לא גורל ולא אחד בפשיטות הו"א דהשוה אותם גורלות אף למעשה הגורל דמהיכא תיתי לומר שלא השוה אותם גם לזה אבל השתא דאיצטריך למיכתב גורל בדעזאזל לדרשה דכל דבר איצטריך למיכתב ביה נמי אחד כדי שלא תאמר דמדלא כתיב ביה אחד כדלה' אשמועינן דבמעשה נתינת הגורל לא השוה אותם וכמ"ש כנלענ"ד ודו"ק. והנה מ"ש בספר קרבן אהרן פ' אחרי מות דמגורלות לשון רבים נ"ל שיהיו שוים בחמרם יעו"ש יפה דבר לפי דברי התו' דהכא דרישא דקתני גורלות של כל דבר לאו מגורלות יליף אלא כדמסיק גורל גורל ריבה ולבעל ספר קרבן העדה בריש פרק טרף בקלפי כנראה דאשתמיטתיה דברי התוספות דהכא יעו"ש וק"ל.

ד"ה **יכול** יתן של שם וכו' ואין נראה לפרש כן וכו' בצ"ל ויש ליישב לרש"י ז"ל דכיון דע"כ הך דרשא דועשהו חטאת אינה אלא לר"י דאמר הגרלה מעכבא אבל לר"ש דס"ל לא מעכבא לא דריש קרא להכי כדמשמע לקמן ועיין בת"י שם ובדבריהם פ"ק דחולין כ"ד ע"א וכן משמע בירושלמי ר"ש פרק טרף בקלפי יעו"ש מעתה הגם דודאי לר"ש הגרלה מיהא בעינן לכתחילה היינו בתר דדרשינן נקראי כדהכא דאינו יכול ליתן של שם ושל עזאזל על זה מכח מיעוטא דאחד אבל אי לאו הכי לעולם דהו"א מכח גורלות דצריך ליתן של שם ושל עזאזל על כל אחד ואחד ולא בא הכתוב לומר שיגריל עליהם לידע מי יעלה של שם וכו' דידיעה זו אינה אלא לכשיפרש הכהן ויאמר איזה לשם ואיזה לעזאזל דומיא דשאר קרבנות דמתפרש בלקיחת בעלים כדאיתא לקמן שם ועיין בחי' הריטב"א וק"ל. ומ"ש אי נמי לאחר שנקבעו יביא עוד וכו' וקרא ה"ק ונתן אהרן גורלות לאחר שנקבעו בגורל הא' דהיינו גורל א' לה' וכו' עוד יתן פעם אחרת גורלות כראשונות ובריית' ה"ק יכול יתן של שם על זה ושל עזאזל על זה ויחזור ויתן של שם על זה ושל עזאזל על זה ת"ל גורל א' שאין כאן נתינה לה' כי אם פעם אחת דוקא באופן דברישא מעט שלא יתן שנים של שם בפעם אחד ובסיפא מעט אפילו בב' פעמים וק"ל.

ע"כ גמרא **והכל** יודעים שהגיע זמן בתוספתא ובירושלמי דפרקין הגי' שבשעה שהיתה החמה זורחת היו הנילוות מנחזין ממנה היו יודעין שזרחה החמה ע"כ ואף לגי' זו אין לפרש דסימן זה לעולם דהיה לכהנים שבמקדש לשחיטת התמיד שהרי היו שוחטין אותו מיד שהתחיל להאיר פני המזרח באור מה כדתנן לעיל רפ"ב והא קמן שהיו צריכין לעלות במקום גבוה לראות דלא סגי להו בסי' נברשת וכ"כ הרמב"ם בפי' שסימן זה היה לענין קרית שמע וכן הרב המאירי ז"ל וכדאמר לשאר עמא דבירושלים וזה פשוט ולא הוצרכתי לכותבו אלא מפני שראיתי בספר תבנית היכל דף כ"ה ע"ב שכתב דזה היה להודיע למשרתי הקדש אשר כבר עלה השמש מאופק ירושלים על הארץ למען יוכלו הכהנים בעת ההיא להכין את קרבן התמיד במועדו מה שקודם לזמן הזה לא היה מותר להם לעשותו עכ"ד ורשם מבחוץ מהני' ורמב"ם עליו וזה אינו כמ"ש וכן בהו' רפ"א מה' תמידין כתב דזמן שחיטת התמיד קודם שתעלה החמה משיאיר פני כל מזרח וכו' וק"ל.

שם אימא רואה וכותב כמה שכתוב בטבלא וכו' עיין פרש"י והיה אפשר לומר דנכלל גם בזה שהיה כותב כפי שיעור ואיכות הכתב שבטבלא וסמך לזה מירושלמי דפרקין דמייתי נמי התם תני' רבי ינאי ופריך והא תני נכתב שכאן כן כתב שכאן לא מעובה ולא מידק אלא ביוני פתר לה באלף שכאן כן אלף שכאן וכו' וק"ל.

שם מיתבי כשהוא כותב וכו' ואם לא שכב אם שטית וכו' כמו שהגיה מהרש"א כן נראה גי' התו' אבל בגירסת הספרים שלפנינו בפ' המקין ס' ע"א לא גרים אלא אם שכב ואם לא שכב ותו לא ופרש"י שם אם שכב כלומר ואם כי שטית ע"כ ועיין גם בהריטב"א כאן וגי' זו נראה מדוייקת יותר דלגי' כאן אם שכב היינו אם שטית דקאמר בתר הכי ולכאורה מדברי רש"י ד"ה בסירוגין משמע דגרים כאן אם לא שכב אם שטית וכו' דמ"ש ואחריו ראשי תיבות ואם שכב וכו' נראה דע"ש דואם שכב לא כתיב כלל או אפשר דגרים כאן אם שכב וכונתו ואחריו ראשי תיבות ואם שכב דהיינו קרא דאם שטית ויותר נראה להגיה בדבריו דבור בפני עצמו ואם שכב ואם שטית ע"כ ושייך אדלעיל וכונתו דאם שכב שהזכיר התלמוד היינו אם שטית דלפרש כמ"ש ואחריו ר"ת ואם שכב וכו' אין לו הבנה דאין עוד פסוק אחר ובאו המים וכו' שהזכיר וקרא דאת כי שטית כבר הזכירו קודם זה וק"ל.

שם אמר ר"ל משום ר' ינאי באלף בית וכו' עיין פרש"י וכן פי' הערוך ערך אלף בית וערך שרג יעו"ש אבל הריטב"א בחידושיו לגיטין ס' ע"א פירש שעושה האותיות מפוזרות אבל כל האותיות היו שם ורש"י פירש שאין בו אלא ראשי תיבות עכ"ד ולפירו' הא דמשני אימא רואה וכותב כמו שכתוב בטבלא הכוונה דלשון מה שכתוב בטבלא משמע כדמיהו ממש אבל כמו שכתוב הכונה דומה לו וקרוב לו במקלת שכל הכתוב שם כותב כאן אבל לא ממש כמותו דאילו שם אותיות מפוזרות ואילו כאן תיבות מצורפות כל אחת בפני עצמה והא דמשני התם בסירוגין יתפרש כדרך שפרש"י דתחלת המקרא דאם לא שכב בתיבות ואח"ז באותיות מפוזרות דאין לפרש דהא דקתני ומה כתוב בטבלה אם לא שכב וכו' לא שהיה כתוב תיבות אלא בסירוגין שהיה ריוח והפסק בין אות לאות דא"כ לימא כלישנא דמעיקרא התם באלף בית ועוד דמעיקרא מאי פריך ודאי דיש לפרש דהיה כתוב אם שכב וכו' באלף בית ולא תיבות ממש קאמר אלא ודאי דהכי משני דאפי' תפרש ברייתא כפשטה שהיה כתוב ממש אם שכב וכו' לא תיקשי דתחלת המקרא היה כך וסופו במפוזרות דהיינו בסירוגין ולפי זה אתי שפיר הא דאיתא בירושלמי דפרקין דבתר דמפרש למתני' כר' ינאי באלף בית וכו' קאמר תני ר' הושעיא כל פ' סוטה היה כתוב עליה שממנה היה קורא ומתרגם כל דקדוקי הפ' ע"כ דמשמע דר' הושעיא לא פליג אר' ינאי דלדידיה נמי כל הפרשה היה כתוב שם באותיות מפוזרות משא"כ לפירש"י דל"ל דפליג או דכל הפרשה לאו דוקא כמ"ש בס' יפה מראה שם ועיין עוד בספר קרבן העדה שם חה דוחק.

ועוד יש פי' אחר והוא פי' הרמב"ם ז"ל בפ"ז מהל' ס"ת שכתב ואין כותבין מגילה לתינוק להתלמד בה וכו' כתב מגילה שלש שלש תיבות בשיטה א' מותר ע"כ ומתבאר מדבריו בתשובה הביאה רבינו ירוחם בנתיב ב' כמ"ש הרב"י בי"ד סי' רפ"ג דמפרש באלף בית כפרש"י ז"ל אלא דהא דמסיק התם בסירוגין דעתו לפרש שהפסוקים היו מופסקין שהיה כותב שלש תיבות ממנו בשיטה אחת ושלש אחרות בשיטה שנייה ואי קשיא לך דלפי' אמאי לא קאמר אלא התם בסירוגין כיון דסותר לגמרי הי' הא' י"ל דאע"ג דנסתר מכח ברייתא דקתני אם שכב וכו' מ"מ לענין הדין אה"נ שהיה יכול לכתוב הכל בראשי תיבות אלא דכדי שלא יטעה ראו לעשות כל התיבות בסירוגין ומש"ה לא קאמר אלא וזה נלמד ממ"ש שם באותה תשובה ז"ל ועוד דתנן אף היא עשתה טבלא של זהב שפ' סוטה וכו' ופריך תלמודא ש"מ כותבין וכו' ושני שזאת הטבלא היה חרות בה אות א'

מכל תיבה או היתה כתובה בסירוגין שלשה תיבות כאן ושלשה תיבות רחוקות מכן בשיטה שנייה שאינה נקראת עם הראשונה וכו' עכ"ד ולפ"ז הא דתני ר' הושעיא וכו' דירושלמי איירי בסירוגין וכתי' תלמודא דידן והה"נ דלא פליג אדר"י אלא דס"ל דיותר טוב לכתוב כולה כדי שיוכל לכתוב בדקדוק כדקאמר טעמא ולא חשש הירושלמי לגזור זה דממילא משמע דלריך לעשות איזה שגוי כדקי"ל דאין כותבים מגילה לתינוק וכו' ולפי זה אתי שפיר דנקט ברייתא כל הני קראי ולא קתני כלישנא דר"ה דירושלמי כל פרשת סוטה וכו' לאשמועינן אופן הכתיבה דבשיטה אחת היה כתוב אם לא שכב ובאחרת ואת כי שטית ובאחרת אם לא שטית דהיינו בסירוגין וירא"ה דהה"נ דר' ינאי ידע להך ברייתא דע"כ לאוקומא בסירוגין ואיהו נמי הוה מני לשנויי בסירוגין וקאמר באלף בית לאשמועינן דאפילו באלף בית היה מותר ואין כאן איסור כתיבה שלא מן הכתב כמ"ש התוס' ובזה נתיישב מה שהקשה הפר"ח ז"ל בליקוטי מים חיים בשיטתו גיטין שם ועי"ש. ושוב ראיתי בשו"ת הרשב"ץ ז"ל בחלק א' סי' ב' שהביא שם דברי אביו של הרמב"ם ז"ל בענין זה ופי' בסרוגין בג' תיבות וכן פי' ר' יוסף הלוי גאון ז"ל יעו"ש ומה שהקשה שם מהא דאיתא בהקומץ רבה ל' ע"א דבסוף הספר יכול לעשות דף אחד אפי' מתיבה אחת בכל שיטה משמע דמתכשר בהכי יעו"ש י"ל דודאי דף זה בפני עלמו אגרת מקרי ולא ספר דמה"ט אסור להרבות בדפין כדאיתא התם וא"כ במגילה לתינוק שיש ג' תיבות בכל שיטה אגרת הוא אלא דבסוף הספר לא סגי בלאו הכי כדי לגמור בסוף הדף ומתכשר בהכי שהרי מחוברת היא לשאר יריעות הס"ת הכתובות כהלכתן ואינה נראית כאגרת ומה שהקשה עוד שם מהא דאיתא בהקומץ רבה ל"א ע"ב מוזה שעשאה ג' ושלש ואחת כשרה דהיינו תיבות כפרש"י שם הנה מדבריו דריש פ"ה מהלכות תפילין משמע דמפרש שתים ושלש דפין ולעולם דיש כאן יותר מג' תיבות בכל שיטה דלא"ה חשיבא כאגרת ואיתא שם ל"ב ע"ב דעשאה כאגרת פסולה ועיין בתו' שם האמת דסוגיא דהתם לריכה עיון ליישבה לפי' דמשמע דתיבות קאמר כפרש"י [(ועיין עוד בירושלמי פ"ק דמגילה)] וכמו שהרגישו המפרשים עיין בספר מרכבת המשנה ובספר לחם יהודה ובספר מעשה רוקח שם כי אין להאריך כאן בזה כנלע"ד וק"ל.

רש"י ד"ה **לשאר** עמא הבאים לעזרה וכו' דהכא אין לפרש כל שאר עמא דירושלים דגבי תקיעות בפרק אלו קשרים קי"ד ע"ב דהיינו לכל העם היושבים בירושלים דשאני תקיעות דנשמעין למרחוק משא"כ כאן דבראיית נברשת שעל פתח ההיכל תליא מלתא ואינם יכולים לראותה היושב חוץ לעזרה והא קמן סוגיין דפ"ק י"ז ע"א בכהן העומד במקום גבוה בהר המשחה דכמה חשבונות נאמרו שם כדי שיוכל לראות פתח היכל ומנורות דשמחת בית השואבה שהיו מאירים בכל העיר שאני עיין בפרק החליל נ"א ע"א ודברי הריטב"א שכתב פי' דהכוא סימנא דנברשת וכו' אלא לשאר כל העם שבירושלים וכו' ע"כ יש לפרש דה"ק שהיו באים לשם לעזרה לראות אם זרחה חמה וכן פי' הרב המאירי ז"ל אלא לא עשאתה אלא לבני ירושלים כבאים בעזרה להתפלל שם למנהג ותיקין שהיו מתכוונים לגומרה עם הנץ החמה שיתפללו אחר זריחת החמה שהוא יום גמור.

תוספות ד"ה **אמר** אביי וכו' כדמשמע בפרק מי שמתו וכו' דבלא"ה יש מקום לפרש גומרין דהיינו קורין כפי' ר"ח דבסמוך ולעולם אחר הנץ מתחילין לקרות ומאי דקתני ברייתא התם כדי שיסמוך גאולה לתפלה ונמלא מתפלל ביום לאו למימרא דתפלה דוקא בעיקר יום דהיינו הנץ אבל ק"ש לא אלא טעמא קאמר דקורין ק"ש לאחר הנץ כדי שיתפלל ביום כדכתיב ייראוך עם שמש ולעולם דתרוייהו לאחר הנץ אבל מהכיא דפרק מי שמתו מוכח בהדיא דקודם הנץ קאמר והא דלא מקשו מינה לקמן לפי' ר"ח וכמו שהקשה בשב"י דיש לדחות דה"ק דאם יכול לעלות ולהתכסות עד שלא יהא הנץ החמה דנמלא דבשינן הרי הוא מטוסה ועומד יעלה ויקרא מיד בתחלת הנץ כותיקין וא"ל שאם יעלה ויתכסה יעבור תחלי' הנץ יתכסה במים ויקרא ולפ' נגי' הספרים דגרים אם יכול לעלות ולהתכסות ולקרות עד שלא תנץ וכו' יש לדחות דעד שלא תנץ אלעלות

ולהתכסות דוקא קאי ולא"כ כמו שפי' בעל המאור ז"ל בפ"ק דברכות דה"ק עד שלא יגמור הנץ החמה ולעולם דותיקין בתחלת הנץ דוקא היו קורין ולא קודם יעו"ש ושוב ראיתי להתי"ט בספרו מעדני מלך שם פ"ק דברכות שיישב לר"ח ז"ל כמ"ש ע"ש ועיין להפר"ח ז"ל בא"ח ריש סי' נ"ח שהקשה מזה לפי' ר"ח וק"ל.

בא"ד וכן בירושלמי וכו' עיין בלשון הרא"ש דפ"ק דברכות שם ובספר מעדני מלך שם וכן עוד בירושלמי שם קאמר אמתני' ר"א עד ג' שעות הלכה כר"י בשוכח ופריך וכי יש הלכה בשוכח כך היא הלכה ולמה אמרו בשוכח כדי שיהא אדם מרגז לעצמו לקרותה בעונתה ע"כ מוכח בהדיא דאף לר"י עיקר מצוה בעונתה כאחרים.

בא"ד ובפרק תפלת השחר משמע דקאי ייראוך וכו' אבל מהכיא דפ"ק ע' ע"ב דהכיא דותיקין וכו' קאמר אר"ז מאי קרא ייראוך וכו' אין ראיה כ"כ דהא"ל דאק"ש קאי דהא נמי איירי משא"כ הכיא דתפלת השחר דלא איירי אלא בתפלה ודברי רש"י שם פ"ק מבואר כפי' שפי' מאי קראה דמצוה להתפלל עם הנץ החמה ע"כ דמה שפירש אח"ז מאי מתיראין ממך כשמוראך מקבלים וכו' שמקבלים עליהם ק"ש עם שמש כשהשמש יוצא היינו עם הנץ ע"כ פשוט דכונתו לפרש ייראוך על ק"ש ועם שמש היינו סמוך ליציאת השמש אבל עדיין לא יצא ומוכח מזה דתפלה הנאמרת אחריה בהנץ החמה היא ולא רצה לפרש ייראוך דהיינו תפלה מכח קושייתם דבסמוך דלפ"ז עם דקרא נפרשהו אחר הנץ ועם הנץ החמה דברייתא היינו קודם הנץ ומה שפירש בפרק תפלת השחר שם ייראוך עם שמש זו תפלת יוצר ע"כ פשוט דסמך על מ"ש כאן ולעולם דייראוך אק"ש קאי שהיא עיקר מוראת מלכות שמים ועיין בספר מעדני מלך שם שרצה לומר דרש"י ס"ל כר"ח ולעד"נ כמ"ש ומתוך מה שכתבנו נתיישב קצת פי' ר"ח דבסמוך דהגם דמפרש לקרא דייראוך אק"ש ועם שמש היינו לאחר הנץ מיד מ"מ מינה שמעינן דתפלה נ"כ בהנץ דכן דרך לסמוך גאולה לתפלה ומש"ה מייתי ליה נמי בפרק תפלת השחר גבי תפלה ודו"ק.

בא"ד וא"ת והא אמרינן בפ"ק דברכות וכו' אלמא קודם הנץ לילה הוא וכו' מדלא נקט שתי פעמים קודם הנץ דהא דקאמר תלמודא התם לא לעולם יממא הוא וכו' היינו לענין שאר מצות אבל לק"ש לא דכיון דאיכא אינשי דגנו לאו זמן קימה הוא כמ"ש התו' שם ד"ה לעולם יממא וכו' יעו"ש וזה נראה פשוט לא הוצרכתי לכותבו אלא מפני שראיתי בספר עבודת ישראל ר"ה ע"ב שכתב על דבריהם אלו ותימה רבתי דהא מסקינן שם לעולם יממא הוא וכו' ומהתימה במ"ש אלמא קודם הנץ החמה לילה הוא וכו' דליתא מכמ"ה כמ' וכו' וק"ל.

בא"ד י"ל דבעי לאשמועינן וכו' אחר הנץ וכו' וכ"כ בברכות שם ועוד הוסיף הרא"ש שם וא"כ כדפי' לעיל שאם היה אנוס בפעם אחת על של ערבית ועל של שחרית אינו יכול לקרות שניהם ע"כ. ומ"ש בשם ר"ח נראה כונתו דלהיות עיקר זמן תפלה בהנץ ומעלה גדולה היא לסמוך גאולה לתפלה כדאיתא התם פ"ק לכן ראו ותיקין להקדים ק"ש שלא כדין והכי דייק לשון בירושלמי שם דקאמר אמר מר עוקבא הוותיקין היו משכימין וקורין אותה כדי שיסמכו לה תפלתן עם הנץ החמה ע"כ כלומר שהיו משכימין קודם זמנה [(וכהגיא דקאמר התם הקורא עם אנשי משמר לא יצא כי משכימים היו ע"כ)] אבל ודאי דכדין נמי היו עושין דהא תנן וכולן שמשו משעלה עמוד השחר כשר והא קמן אנשי משמר דמפני לורך העבודה היו מקדימין הכא נמי מפני חביבות התפלה וסמיכות גאולה לתפלה נראה להם להקדים וילפינן נמי מאנשי משמר דהתפלה עדיפא מק"ש דכי היכי דעדיף להו עבודה מק"ש ולא היו חוששין להקדימה ה"נ תפלות דכנגד תמידין תקנום דעדיף מק"ש דאמ"ע דחזינן דתפלה לא דמי לתמיד שהיו מקדימין אותו בהאיר המזרח התם היינו מפני לורך עבודות היום שלאחר התמיד משא"כ תפלה דעיקרא בהנץ כדמוכח קרא דייראוך וכו' וה"נ תמיד אם לא היה משום שאר עבודות וקרבנות לא היה נעשה אלא בהנץ דוקא דאז הוא עיקר של יום. ומה שהקשו עליו מברייתא דריש תפלת השחר

דקתני מצותה עם הנץ החמה כדי שיסמוך וכו׳ ולדידיה נמי ע״כ לפרש עם הנץ סמוך להנץ כדי שיאמר תפלה בתחילת הנץ א״כ משמע דזו היא עיקר מצותה ולא לאחר הנץ וי״ל דברייתא זו מתניא בתוספתא דפ״ק דברכות דקתני רישא מאימתי קורין את שמע בשחרית אחרים אומרים כדי שיהא ממנו חבירו בריחוק ארבע אמות ותיקין מצותה עם הנץ החמה כדי שיהא סומך וכו׳ וכן נמי מוכח מן הירושלמי שהזכירו ברא״ש דבריהם דהך ברייתא דמצותה וכו׳ אס׳ אחרים קאי דהשתא נוכל לומר דכלפי שאחרים הקדים זמנה טובא קאמר שלא יהא רגיל לעשות כן דאי משום סמיכות גאולה לתפלה אדרבא מצותה שיתפלל סמוך להנץ שנמצא מתפלל בהנץ שזהו עיקר מצות תפלה באופן דמשום סמיכות גאולה לתפלה קאמר שפיר דמצותה בכך ולאפוקי מהקדמה דמשיראה את חבירו דאין כאן מצוה כלל אבל אה״נ דמי שאינו חושש לסמיכות גאולה לתפלה בהנץ ודאי דעיקר זמן ק״ש לאחר הנץ ולא קודם ועיין בלשון הרמב״ן ז״ל בספר המלחמות בפ״ק דברכות שם. והנה מתוך מ״ש נתיישב ג״כ מה שהקשה הפר״ח זכרונו לברכה באורח חיים סי׳ נ״א דתיקשי לר״ת דמאן שם נהו לותיקין מתן שכרן של מצות ולא היה להם לקלקל זמן ק״ש בשביל סמיכות יעי״ש ומה שהקשה עוד שם ממתני׳ דפ׳ מי שמתו דקתני ואם לאו יתכסה במים ויקרא וכו׳ יעי״ש הנה למ״ש לעיל ברא״ש דבריהם דמלינן לפרושי מתני׳ שיקרא ק״ש אחר הנץ מעתה ל״ק מהתם מידי והגם דפי׳ מלתא דאביי דחוק מאוד לפי׳ וכמ״ש הפר״ח שם מ״מ אין זה מן הדוחק כ״כ דכיון דאביי גופיה קאמר הכא לשאר עמא דבירושלם מוכח דס״ל דמן הדין זמנה לאחר הנץ דוקא והתם סימנא בעלמא וכבר יש מקום לפרש דה״ק לתפילין כאחרים דיכול להקדים כמה שירצה מיד שיכיר את חבירו וכו׳ אבל לק״ש לא משכחת הקדמה לכתחילה אלא לותיקין דמשום זהירות סמיכות גאולה לתפלה בהנץ הותר להם להקדים ק״ש קודם הנץ וכדאמר ר״י ותיקין היו גומרין וכו׳ אבל ודאי דאין זה אלא לותיקין שזהירים בזה אבל מצד הדין מצותה לאחר הנץ דאין הכל זהירין להתפלל בהנץ ממש וכלפי הא דקאמר רב הונא התם דהלכה כאחרים אף לענין ק״ש קאמר אביי דלק״ש אפי׳ שנרצה להקדים עיקר זמנה דלאחר הנץ לא יהיה זה אלא לותיקין דהותר משום סמיכות וכו׳ וז״ל סמ״ג עשין י״ח מפרש רבינו יעקב דברי אביי כותיקין שנזכר זמן הנץ החמה בדבריהם לאפוקי דאחרים שאומרים זמן ק״ש משיכיר וכו׳ ולא ממש כותיקין וכו׳ ע״כ והרשב״א בפ״ק דברכות שם פי׳ משם ר״ת דה״ק לק״ש לדידן כותיקין לתפלה דהיינו סמוך להנץ החמה מלאחריו וכו׳ יעי״ש כנ״ל ע״ד ביישוב דברי ר״ת ז״ל ועיין בהריטב״א כאן שתפס כדעת ר״ת ודו״ק. והנה על הראי׳ שהביא ר״ת מהביא דמגילה סיים בסמ״ג שם דאינה תשובה כ״כ ראייה לענין ק״ש ע״כ כלומר דבק״ש דלא כתיב ביום אלא בקומך לעולם דקודם הנץ נמי עיקר זמנה היא דהוי זמן קימה כמ״ש התוס׳ בברכות ח׳ ע״ב וכ״כ מהרש״ל בביאורו לסמ״ג שם ועיין בלשון הרמב״ן בספר המלחמות.

באי״ד והרי״א פירש וכו׳ וקשה דלישנא דכדי שיסמוך וכו׳ כלומר דמדקאמר כדי שיסמוך וכו׳ ומייתי עליה קרא דייראוך משמע דקרא בתפלה איירי וכן לשון הרא״ש בפ״ק דברכות שם ועיין מה שכתבנו לעיל ליישב זה ומ״ש ר״ת ז״ל. ומ״ש ועוד דלשון גומרין וכו׳ דוק בדבריהם דאין כוונתם להקשות לבד מלשון גומרין אלא גם מסידור הענין דפשט לשון היו גומרין אותה עם הנץ החמה כדי שיסמוך גאולה לתפלה ונמצא מתפלל ביום משמע שעיקר הזהירות׳ היה להתחיל להתפלל ביום ברור דהיינו הנץ ויסמוך גאולה לתפלה באותו רגע וא״כ ע״כ לפרש שמתחילין לקרות קודם הנץ ומכוונין וכו׳ ועיין בספר מעדני מלך שם וקי״ל.

דף ל״ח ע״א רש״י ד״ה **בסירוגין** וכו׳ ובאו המים ואחריו ראשי תיבות הכא סוף דיבור ואחר כך מי״ה ואם שכב וכו׳ כנ״ל וכמו שכתבתי בסוגיא יעי״ש.

ע״ב תוספות ד״ה **דלא** מסקי בשמייהו וכו׳ ואשכחן שם אדם אבישלום וכו׳ ומכחם תידוק דלהכי שינו את שמו כדי שלא לקרות בשם אבישלום ודומיא דהכי יש לך לשנות שבנא במקום שבנא ועיין בספר עבודת ישראל ל״ז סוף ע״א ואף שתפרש כמ״ש שם דכוונתם להורות היכן מצינו שם זה לא תוקשי מידי משום שבנא דכאן קצרו דבריהם ובפ״ק דשבת שם ביארו דהוי נמי שם אדם כדאמר בסוטה אלא בשבנא אחי הלל וכו׳ וכמ״ש מהרש״א בפרק ב׳ דכתובות שם וצ״ל בדבריהם כדכתיב אביה בן מעכה בת אבישלום כמו שהגיה מהרש״א שם וקי״ל.

באי״ד כדמשמע בפרק זה בורר אבל אין מוקדם וכו׳ דבריהם מתבארים מתוך מ״ש התו׳ בפ״ק דשבת שם דאם תאמר דשבנא אשר על הבית אחר היה מוכרח אתה לומר ג״כ דבזמן סנחריב כבר מת שהרי כתוב במעשה סנחריב ויצא אליו אליקים אשר על הבית שנכנס במקומו כדכתיב בנבואה לך בא אל הסוכן הזה אל שבנא וכו׳ מה לך פה וכו׳ והיה ביום ההוא וקראתי לעבדי לאליקים וכו׳ וממשלתך אתן בידו וכו׳ כמ״ש התו׳ שם ומעתה ס״ל להתוספות דהכא דשבנא בתרא נמי רשע הוה שהרי הוא אשר השלים עם סנחריב כדאיתא בפ׳ זה בורר דשבנא קמא כבר מת וא״כ אכתי צריך לגרוס שבנא כיון דתרוייהו רשעים הוו [(ודברי התו׳ שם ל״ע ליישבם אם לא שנאמר דס״ל לר״י דנבואה דלך בא אל הסוכן מאוחרת היא במעשה סנחריב ולעולם דלדידיה שבנא הסופר צדיק היה)] ולכן הנכון לומר דאין מוקדם ומאוחר ותרווייהו חד שבנא הוו וזה מוכרח ממ״ש בשמות רבה פ׳ ב׳ דשבנא ויואח נטלו אגרת וכו׳ ונתנוה לסנחריב וכו׳ יעי״ש הא קמן דהגם דיואח בא אל חזקיהו קרוע בגדים לבסוף מרד בו ונעשה רשע וה״ה שבנא ומשמע נמי דשבנא הסופר מרד דהוא מוזכר נמי עם יואח כדכתיב ויצא אליקים וכו׳ ושבנא הסופר ויואח בן אסף וכו׳ וע״כ צ״ל דחד הוו והורידוהו מגדולתו כשנגלה לחזקיהו שהיה רוצה למרוד בו וכמ״ש הרד״ק בפ׳ ישעיה שם יעי״ש ובמ״ש יתורץ מה שהקשה מהרש״א יעי״ש וכן תירץ בשיטה כתיבת יד וקי״ל.

סליק פרק אמר להם הממונה

בס״ד פרק טרף בקלפי

דף ל״ט ע״א במשנה **ואומר** לה׳ חטאת וכו׳ משמע שכ״ג היה אומר הכל אבל בתוספתא דפרקין קתני הוא אומר לה׳ והסגן אומר לחטאת ע״כ ופשוט דזה אליבא דר״י משום ר״א דס״ל דסגן וכהן גדול מכניסין ידם בקלפי ולכן השוו אותו גם לדבר זה וכן בתוספתא שם סיפא דמילתיה דר״י היא אבל לתנא דמתני׳ דאתיא דלא כר״י כדמפרש תלמודא בסמוך אתיא נמי דלא כותיה במה שכ״ג היה אומר הכל וכן פסק הרמב״ם ז״ל סוף פ״ג מה׳ עי״כ ודברי הסמ״ג שם ואמתניתין העתיק הא דאתמר בתוספתא ל״ע דהא אתיא מתני׳ דלא כותיה עוד יקשה קצת שהוא עצמו אח״ז העתיק לשון הרמב״ם שם שערב פעמים היה מזכיר וכו׳ והעשירי כשאומר על גורל השעיר לה׳ חטאת ע״כ ויתבאר לך דלא דק בעל ספר לחם משנה על משניות שהביא לשון הסמ״ג ותוספתא אמתניתין וכן דברי הריטב״א בחי׳ ל״ע יעי״ש וקי״ל.

שם ר״י אומר לא היה צריך לומר חטאת וכו׳ בתוספתא מסיים בה אמרו לו והלא כבר נאמר ועשהו חטאת עד כאן וכן בתורת כהנים פרשת אחרי מות איתא ועשהו חטאת שיאמר לה׳ חטאת רבי יהודה אומר לא היה צריך לומר חטאת אינו אומר אלא לה׳ עד כאן ונראה דתנא קמא סבירא ליה כמאן דאמר דעיקר קביעות חטאת היינו הגורל כברייתא דלקמן דקתני ועשהו חטאת הגורל עושה חטאת וכו׳ ולכך צריך להזכירו בשעת העלאת הגורל ועיין בס׳ ק״א שם ובחי׳ הריטב״א כאן וקי״ל.

גמרא **מתקיף** לה רבינא וכו׳ אלא של חול נקדשיה וכו׳ ונעבדיה

דכסף וכו' אבל לעיל אגורלות של אשכרוע לא פריך מידי דדילמא לנורות הלכה למעשה דכשרים מכל דבר עשאום דוקא של עץ אבל אקלפי פריך דנעבדיה דזהב מפני הכבוד וליכא למיטעי שיהיה לריך דוקא של זהב דהא כיון דגורלות שהם עיקר מלוה יותר הם של עץ כ"ש קלפי דכשר מכל דבר ועוד דגורלות שהם מכוסים מן העין לא חיישינן בהו אבל קלפי שעומד שם בגלוי בעזר כבוד הוא ללבור לעשותם מעץ א"נ ועיקר דודאי אב' גורלות של אשכרוע לא מלי פריך מידי דבפשיטות יש לתרץ דהתורה חסה וכו' וה"ע דלא פריך הכא אדקאמר רבא וקלפי של עץ וכו' ונעבדנהו דכסף וכו' אלא פריך אמאי היתה של חול ונקדשיה דכיון דהגרלה מלוה היא ואיכא מ"ד דמעכבא ופסולה בזר כדלקמן ועיין בירושלמי ובהרמב"ם רפ"ב מה' עי"כ הי"ל להעלות הגורלות מתוך דבר מקודש והא קמן דאילטריך קרא דהגורל ריבה ללמד דגורלות כשרים מכל דבר א"כ בקלפי דכלי הוא ועומד שם בגילוי ניחא טפי להקדישו ותריץ דהכא נמי י"ל דהתורה חסה וכו' ויש לנו ללמוד מגורלות דכשרים מכל דבר ובזה יתבאר לך דאף למ"ד בעלמא אין עניות במקום עשירות הכא מודה דהא ילפינן מגורלות דגלי קרא והיינו טעמא דהרמב"ם שם לא ביאר טעם דהתורה חסה אלא מריהוט לשונו משמע דיליף קלפי מגורלות ובזה יתורץ מה שהקשה בספר עבודת ישראל דף קי"ד יעו"ש שהאריך ועיין בתוספות ישנים וק"ל.

שם הסגן וכהן גדול מכניסין ידן וכו' כלומר יד ימין וכה"ג בתוספתא דפרקין הסגן וכ"ג מושיטין ב' ימינהן כאחד וכו' ומאי דמסיים בה התם אם בימינו של סגן עלה ראש בית אב אומר לו אישי כ"ג הגבה שמאלך נראה מ"ש וא"ל דבר מילך כגי' תלמודא דידן ויראה דלהכי קאמר ליה דבר מילך כלומר הדבור המיוחד לך דהיינו מלת לה' כי מילת חטאת היה אומרה הסגן להך תנא וכדמסיים בתוספתא שם הוא אומר לה' והסגן אומר לחטאת אלא שרש"י ז"ל לא פי' כן וק"ל.

שם במאי קמפלגי וכו' אע"ג דמשמע דפליגי דלתנא דמתני' אין לסגן לעבוד שום עבודה בעולם כדקאמר ר"ח סגן הכהנים לקמן בסמוך וכמו שפרש"י שם ולהכי ע"כ הכל בכ"ג ולא חיישינן אי הויא עבודה בשמאל עיין בת"י ד"ה כי הדדי וכו' ולר"י הסגן יכול לעבוד ומש"ה עדיפא שיהיה גם הוא ימינו כדי שיהיה הכל בימין מ"מ אי הוה סבירא ליה לתנא דמתני' דימין סגן עדיף משמאל כ"ג הי"ל דבזה סגן עובד דכיון דסוף סוף לאו עבודה גמורה היא ניחא לן לעשות הכל בימין אלא עכ"ל דפליגי אי ימיניה דסגן עדיף או כי הדדי נינהו דהשתא לא חיישינן לשמאל של כ"ג ואדרבא הוא יעשה הכל דכל עבודות היום אינם כשרות אלא בו וה"ה בזו הגם דלאו עבודה גמורה היא וק"ל.

שם וכל כהן שמגיעו כזית וכו' משמע דהיו מהן שמגיען כפול וכן נראה מפרש"י כאן ובקידושין נ"ג ע"א אבל בירושלמי לק' ריש פ"ב שעירי משמע שהברכה היתה שלכל כהן מגיעו כזית יעו"ש ובחי' הריטב"א ועיין מ"ש מהרש"א בחי' אגדות שרלה להגיה וכל כהן מגיעו כזית וכו' וק"ל.

רש"י ד"ה **טרף** פתאום בטריפה וכו' אבל בערוך ערך טרף הא' פי' ערבבם ע"כ וזה כדרך שעושים בעלי הגורלות שדרכם לטרפם ולערבבם היטב קודם שיעלה הגורל אלא דלא ניחא ליה ז"ל לפרש כן דהא קאמר תלמודא טעמא דלא נכוין ולשקול ואם לא היה נוקחם פתאום בטריפה הגם שערבבם קודם זו אינו מועיל אי אית ליה סימנא בשל שם דכיון דאין כאן אלא ב' גורלות בקלפי שפיר מלי לכווני ומתרמי ליה מיד במשמושו אלא ודאי דעיקר הכונה טרף פתאום בטריפה וחטיפה ומה שרלה בעל לחם שמים לפרש בדבריו שני ענינים בטריפה בערבוב היטב ובחטיפה שביה לוקח פתאום הנה מדקדקים מלת פתאום לשתיהם מוכח דכונתו לפרש דטריפה דמתני' היינו בחטיפה ולא מלשון בילים טרופות וכמ"ש הרע"ב וכן הבין דברי רש"י ז"ל בחי' הריטב"א שכתב עליו וז"ל שמגמגם הקלפי וכו' חה פשוט ולשון תרגום יב"ע שכתב הרמ"ז ז"ל סיוע לפי' ערבב כדאיתא שם בפרשת אחרי מות יראה שיש לפרשו גם על פירש"י ז"ל יעו"ש וק"ל.

רש"י ד"ה **והן** עונין אחריו כשמזכיר וכו' יראה דכונתו שלא תאמר דסיומא דמילתיה דר"י היא ותאמר דלדידיה שלא היה מזכיר אלא לה' לחודיה ולא היה נצרך להקדישו להטאת דממילא הוקדש בעליית גורל אלא משום חובה דעשר פעמים נצריך להזכיר שם המפורש דלקמן כך היו עונין בשכמל"ו אבל לת"ק דהיה נצרך להקדישו תאמר דלא היה מזכיר שם המפורש ובריוחא דלקמן אתיא כר"י דוקא קמל"ן ז"ל לפרש כשמזכיר את השם כלומר נ"מ לר"י אלא לת"ק נמי מיד כשמזכיר את השם קודם שיאמר חטאת היו עונים בשכמל"ו דאף לת"ק שם המפורש היה מזכיר דעשר פעמים בעינן לכולי עלמא ואה"נ דבשמא גם לר"י היה צריך מיהא לומר לה' להקדישו בדיבור אלא דלא משמע ליה קרא לומר דצריך גם להזכיר חטאת אלא יעשהו חטאת אח"ז בפועל וכמו שכתב הריטב"א יעו"ש.

ד"ה **דלא** נכוין שלא יתמשמש וכו' הנה ל"מ למ"ד לקמן דהגרלה לא מעכבא דיש לחוש דמשום חביבות ימין יכוין אלא אף למ"ד דהגרלה מעכבא יש לומר דלא חששו לזה אלא בכהני בית שני דלהגדיל עלמם כשמעון הצדיק יכוונו לשיבא בימין אבל בכהני בית ראשון ודאי לא חשידי לבטל גורל דמעכב בקדושתו כדי להראות לעם חשיבותן ובת"י ובחי' הריטב"א כתבו באופן אחר יעו"ש וק"ל.

ד"ה **התורה** חסה וכו' ק"ו על ממונן של לדיקים ע"כ דלכאורה של לדיקים ודאי דיחוס אף על דבר שאינו נחסר והולך בקלפי הגם דממונן של מגורעים לא חס אלא על דבר שנחסר והולך לו ועוד דהכא הא גלי קרא דגורל דכשרים מכל דבר והא"ה קלפי ועיין מ"ש בסוגיא וה"ע דלקמן מ"ד ע"ב ד"ה חסה וכו' פי' דחתיית גחלים שוחקת את הכלי ומחסרתו דמשמע דלי נאו הכי לא אמרינן התורה חסה דמהך ק"ו אין ללמוד ממנו אלא דבר הנחסר וא"נ דקושטא קאמר התם דמחסרו ודומה ממש להביא דמגורעים ואה"נ דבלאו הכי מלינן נמילף מהתם דממונן של לדיקים חס הכתוב בכל דבר כדאמרינן ובזה יתורץ מה שהקשה בספר עבודת ישראל קי"ד ע"ב יעו"ש.

ד"ה **למה** סגן מימין וכו' שהולך תמיד לימינו וכו' ומשני דהיינו כדי שיכירו כל העם שהוא עומד לשמש תחת כ"ג כשיארע בו פיסול אלא דלא ניחא ליה ז"ל בגי' זו משום דכיון דמסגה היא לכ"ג כדתנן לקמן ריש פרק בא לו והסגן נותנו לכ"ג בדין הוא שילך לימינו ולהכי כתב דוקאי שמעתי דגרים למה סגן ממונה דאע"ג דחמשה דברים הסגן משמש כדאיתא בירושלמי בפי' דלעיל ועוד לפי' ריש פרקין דלעיל אמר להם הממונה הוא הסגן מ"מ כל הדברים ההם היו יכולים להעשות ע"י ראש בית אב אלא ודאי דנעגין דבר אחר עיקרי היה משמש דהיינו לשאם יארע וכו' ודע דבנזיר פרק כ"ג מ"ז ב' הגי' למה תיקנו סגן לכ"ג שאם יארע וכו' והתוספות כתבו שם ובפרק טרף בקלפי גרסינן למה סגן בימינו פי' לימינו ע"כ כלומר דמימינו משמע שהולך בלדו ממש וזה אינו דההולך לימין רבו ה"ז בור אלא הכונה לימינו קריב לימינו ולעולם במגדד אלדודי כדאיתא נעיל ל"ז ע"א יעו"ש וק"ל. ומ"ש למה סגן ממונה הס"ד ואח"כ מ"ה שאם יארע פסול וכו' כל"ל וכן הגיה בשכ"י.

תוספות ד"ה **טרף** בקלפי וכו' י"ל לפי שהוא חטף מהמלן אחר וכו'. דבריהם מבוארים יותר בפ"ב דקדושין נ"ג ע"א והכוונה דהאחרים היו חוטפין מחלק הצנועים שהיו יודעים שמושכין ידיהם ממנו ואין כאן גזל אבל זה חטף מחלק המלן כמותו שבדבר ידוע שלא היה מושך ידיו ממנו ויש כאן גזל ובכאן הוסיפו דא"נ אפי' תימא שגם האחרים היו חוטפין מהמלנין כמותן לא היו מקפידין זע"ז כי זה חוטף ממנו היום וזה חוטף ממנו בפעם אחרת אבל זה אירע הדבר דכשחטף הקפיד חבירו על זה ומה שכתבו דגרגרנין נוטלין ואוכלין דקתני דהיינו בחטיפה הכי איתא בקידושין שם מאי חולקין חוטפין וכו ובמ"ש יתורץ מה שהקשה מהרש"א יעו"ש ושוב ראיתי לו ז"ל בס' חידושי אגדות שיישב כן יעו"ש וק"ל.

ע"ב גמרא **אליבא** דר"י וכו' כ"ע לא פליגי דלא מעכבא וכו' דאע"ג דשנה בה הכתוב אשר עלה אימא דלורתא דקרא הוא דכ"ע דמ"ד דלא מעכבא לקמן בלישנא דאיכא דאמרי כמ"ש כתוי' ומ"מ אכני לן קראי דאשר עלה גם לבך

לישנא למימר דדוקא עלייה מעכבת ולא נתינה לרבי נחמיה ודחוקה לא קאי אלא אעלייה כיון שלא הזכיר הכתוב אחר ונתן אהרן וכו' אלא לישנא דעלייה ושינה בה ומאן דאמר לא מעכבא סבר דכיון דכי אהדדי ניהו קרא חדא מניינא נקט ומאי דשנה בה אורחא דקרא הוא ובמ"ש יתורץ מה שהקשו בתי' דסוגיין יע"ש וק"ל.

שם איכא דאמרי וכו' כ"ע לא פליגי דמעכבא וכו' נלע"ד דלאו מטעם דס"ל דעבודה היא דא"כ ללשון זה תצטרך לומר דמ"ד לעיל דסגן וכ"ג מכניסין ידן וכו' ס"ל דלאו עבודה היא וא"כ לימא התם דבהא פליגי אי עבודה היא או לא אבל נראה דמעכבא מטעמא דמפרש בסמוך דתנא בה אשר עלה דגלי קרא דחוקה אהגרלה נמי קאי והגם דלאו עבודה א"נ דכיון דלצורך עבודה היא כעבודה דמי דה"ע דמצריכנן בגדי לבן ודומיא דקריאת פרשה דלקמן ריש פ' בא לו ולהכי סברא היא דלר"ג חוקה עלה נמי קאי כיון דלצורך עבודה היא ועיין לעיל בתו"י ד"ה הסגן אומר לו וכו' וכמ"ש שם וק"ל.

רש"י ד"ה **אף** עלייה וכו' ואם יקרא הכהן וכו' דודאי אין כוונת ר"י לומר דדיקא עלייה מתוך קלפי בדרך גורל ממש אינה מעכבת אבל מ"מ כדרך גורל שיקח' בעינים סגורות אחד לימין ואי' לשמאל בעינן דגורל כתיב כמה זמני דהא לקמן מוכח דהגרלה גופא לא מעכבא משום דלאו עבודה היא והכי איתא בירושלמי דפרקין א"ר יוסי קובען אפי' בפה ובתר הכי קאמר על דעתיה דר"י [(נ"ל כמ"ש בס' קרבן העדה שם)] לאיזה דבר נאמר גורלות למצוה ע"כ וק"ל.

ד"ה **הני** מילי וכו' למ"ד לעיל הסגן וכו' ואפי' לאידך מ"ד היינו משום דס"ל דשמאל כ"ג שוב לימין סגן כדאיתא התם אבל משום דעבודה היא ואינה אלא בכ"ג לא קאמר דלדידיה נמי לאו עבודה היא וק"ל.

ד"ה **שאני** הכא וכו' ומקרא יתירא וכו' דאע"ג דחד אילטריך לגופיה לומר דהנחה לא מעכבא כדאיתא בברייתא לק' מ' ע"ב מ"מ אידך אשר עלה דשעיר עזאזל מיותר דאע"ג דבת"כ פרשת אחרי מות דריש נמי להך לומר דנתינה אינה מעכבא יראה דאסמכתא בעלמא היא דהא משל שם מצי למילף וכבר אפשר ליאמר דלמ"ד דלר"י לא מעכבא מלבד מ"ש התוספות דלדידיה אשר עלה אורחיה דקרא הוא דומיא דבלילה עוד י"ל דהו"א דדוקא בשל שם שעתיד להקריבו ולקדשו יותר הוא דנתינה לא מעכבא אבל בשל עזאזל דאין בו עבודה אימא דבעינן תרתי לעיכובא ואי כתיב קרא בשל עזאזל הו"א דמפני שאינו קרב הוא דלא הקפיד בו נתינה לעיכובא אבל בשל שם דעומד להקריבו אימא דהזמנה מעלייתא בעינן גורל ונתינה להכי כתב קרא מיעוטא דאשר עלה בתרוייהו והשתא אפשר דדרש' דת"כ אתיא כר"י דסתם ספרא כוותיה וסברא כמ"ד דלר"י הגרלה נמי לא מעכבא ולהכי דריש לתרוייהו למעט דנתינה לא מעכבא בשום אחד מהם ולפ"ז ניחא דלא תיקשי למאי דמשמע מדבריו ז"ל דלמ"ד מעכבא לאו מחוקה יליף כלל דא"כ מ"ט דמ"ד לא מעכבא דאי משום דס"ל דאורחיה דקרא הוא תיקשי למ"ד מעכבא ולא מצית לתרוצי לדידיה דאחוקה סמיך כתי' התוספות אלא לדבריו ז"ל טעמא דמ"ד לא מעכבא משום דדריש להו למלתא אחריתי ואין כאן יתור וכמ"ש ומאי דקשה עליו מבלילה עיין מ"ש בתוספות כנלע"ד וק"ל.

תוספות ד"ה **וציר** דלתות וכו' אבל השער עצמו וכו' כתוב בספר עבודת ישראל ק"א ע"ב כי דבריהם מבוארים עם מה שמצא בספר כ"י שכתב הראב"ד וז"ל ובתוספות לרפת מקשים דבפרק טרף בקלפי קתני בברייתא דציר דלתות וכו' וי"ל דציר דלתות היכל לחוד ושער הגדול לחוד דבשחרית כשהיה פותח שער הגדול דהיינו שער ההיכל היה פותח בבת אחת כל ד' דלתות שהיו לו כדתנן ברפ"ד דמדות הלכך נשמע עד למרחוק יותר עכ"ל ועיין עוד בפסקי תוספות דמסכת תמיד ומה שהביא בספר חזון נחום בפ"ג דתמיד בשם הרא"ש לתי' קושיא זו דהכא מיירי בשער ניקנור יע"ש הנה בגי' שלפנינו גרסינן בהדיא ציר דלתות ההיכל והיא גי' התוספות וק"ל.

ד"ה **כלה** שבירושלם וכו' א"כ לאביי וכו' וה"ה למאי דמסיק רב פפא התם דלאחר שתעלה תמרתו דנעשה מצותו אין בו משום מעילה תיקשי דמשמע הא איסורא מיהא איכא וכן ראיתי שכתבו התו"י בסוגיין ע"ש.

ד"ה **דתנא** ביה קרא וכו' כיון דלא כתיב ציווי וכו' וכ"כ התו' במנחות שם ועיין מ"ש בפרש"י ז"ל ולדבריו נ"ל דבלילה שאני דכיון דגלי קרא דכשרה בזר כדנפקא לן התם מדכתיב והביאה אל בני אהרן הכהן וקמץ מקמיצה ואילך מצות כהונה וכו' אין סברא לומר בה שתעכב אבל הגרלה דגלי קרא דאהרן בעינן דהא כתיב בריש עניינא ונתן אהרן וכו' ובודאי דאהגרלה דעיקר קביעות נמי קאי להכי ילפינן מאשר עלה דלעכובא נאמר ולאו יתור בעלמא כבלילה ועיין בירושלמי דפרקין דקאמר דלמ"ד מעכבא פסולה בזר ועיין בתו' דמנחות שם ד"ה ור"ש בני אהרן נידרש וכו' ואי קשיא לך אדבריהם מסוגייא דספ"ק דשבועות י"ד ע"א דדרש אשר לו לעכב והגם דלא כתיב בלשון ציווי עיין מ"ש בחידושי שם ודו"ק.

דף מ' ע"א גמרא ר' **שמעון** לא ידע מאי קאמרי וכו' ולפ"ז ניחא דהדר ר"ש למימר לא הגריל כשר דאי ס"ל נפרש בפשיטות דברי רבנן הגרלה ממש הא לא פליג עלייהו בהא ולא תיקשי דאימא דפשיטא ליה דלא הגריל דרבנן היינו לא הניח ולהכי הדר מלתייהו ולאשמועינן דאיהו ס"ל דאפי' לא הגריל ממש כ"ש דלא חשש שנטעה לפרש דבריו דהיינו לא הניח דומיא דרבנן דהא מדלא אשכח פסול אלא בלא התודה ולא קאמר נמי לא העלה הגורל ולא התודה פסול ש"מ דלא הגריל העלאת הגורל קאמר דהא אכתי יש לטעות דנקט לא התודה לרבותא דאפי' שלא שנה בו הכתוב פסול וכ"ש הגרלה ממש דתנא ביה אשר עלה דפשיטא דפסול וכיון שכן הול"ל בהדיא לא העלה הגורל כשר אלא ודאי נקט הכי משום דמספקא ליה לא הגריל דקאמרי רבנן מאי ניהו וכמ"ש התו' יע"ש וק"ל.

שם ח"ב פר מעכב וכו' בתוספתא דמנחות פ"ו הגי' בשניהם אין והגם דהתם דלא מסיים בה במתנות שבפנים יש לקיים הגי' דאיירי במתנות פר ושעיר דהיכל אליבא דר"י דלא מעכבי ועיין בתוספות ישנים ד"ה דאקדים מתנות וכו' מ"מ יותר נראה להגי' שם כגי' תלמודא ודע דבירושלמי דפרקין ל"ג אין בשו' אחד דהכי איתא התם רבי בון בר חייא בעא קומי ר' זעירא שחט את הפר עד שלא יגריל מהו שיהא חייב [(כלומר דאם שחט הפר בחוץ שיהיה חייב משום שחוטי חוץ דבהא איירי התם ובכלל זה נמי דחיבעי לן בשחטו בפנים קודם הגרלה מהו שיצטרך להביא פר אחר)] א"ל נשמעינה מן הדא פר מעכב את השעיר השעיר מעכב את הפר הדא אמרה שחט את הפר עד שלא הגריל חייב אין תימר פטור ניתני אין השעיר מעכב את הפר אמר רבי שמעון בר אבדימי וכו' כמו שהעתקתי בפירש"י ויראה דהגם דלכאורה משמע דשחיטה עבודת חוץ היא לר"י דלא דמי לחפינה דקאמר תלמודא דידן לקמן דף ס' עמוד ב' דלצורך פנים כפנים דמי שהרי היא סמוכה להקטרה מיד משא"כ שחיטת פר דקטרת מפסיק בינה למתן דם פנים על דרך מ"ש הריטב"א בסוגייא דלעיל ד"ה אליבא דר"י וכו' ע"ש העיקר יראה דשחיטה נמי לתלמודא דידן לצורך פנים ותחלת עבודת פנים היא דאין כאן הפסק בקטורת כיון דהיא נמי עבודת פנים וזה דעת רש"י ז"ל לקמן שם שכתב דר"י מודה בשחיטה וחפינה דכפנים דמי והכי מוכח מהא דאמר עולא התם ס"א ע"א שעיר ששחטו קודם מתן דמו של פר לא עשה ולא כלום ועיין מ"ש הרמב"ם פ"ג מה' עיו"כ הלכה ב' ולפ"ז א"נ דה"מ תלמודא למימר הכא אלא לאו דהקדים שחיטת פר מקמי הגרלה אלא נקט מתנות משום ברייתא דמסיים בה במתנות שבפנים ובמ"ש אין צורך לומר דהירושלמי ותלמודא דידן פליגי בהא כמו שרצה לומר בספר קרבן העדה שם וגם לענין גי' הברייתא היה נלע"ד להגיה אין השעיר מעכב את הפר כגי' תלמודא דכן מוכח ממאי דמסיים בירושלמי שם אר"ש וכו' הדא דתימא אין השעיר מעכב את הפר וכו' אבל צריך להוסיף דמשמע ליה להירושלמי לפרש אין השעיר מעכב את הפר בין לענין שעיר פנימי במתנות הבדים דאדרבה מתנות הפר קודם ובין לענין הגרלה דשעיר מתחלה דהגרלה לא מעכבא אשחיטת פר כלל בין לענין להתחייב בשחיטת פר משום שחוטי חוץ ובין לענין דאין צריך להביא פר

אחר יעו״ש ונמלא דמסקנת הירושלמי כתלמודא דידן דבהקדים מתנות פר להגרלה אין השעיר מעכב כנלע״ד ודו״ק.

שם ומדסדרא לא מעכבא וכו׳ דמשמע מזה דחוקה לא קאי אהגרלה היא עלמה לא מעכבא נמי דהגם דבה תנא קרא אשר עלה מ״מ מהך לחודיה לא סגי אלא בגילוי מלתא מהך דחוקה עלה נמי קאי כמ״ש התוס׳ לעיל וא״כ אימא דקאי נמי אסדרא אלא ודאי משמע דסבר דאשר עלה לאו מלתא היא ביון דלא כתיב בלשון ליווי וא״כ היא נמי לא מעכבא. ואף למה שנראה מדברי רש״י ז״ל דמאשר עלה ילפינן לגמרי עכובא בלאו חוקה כמ״ש שם י״ל דכי היכי דעכובא דחוקה דקאי אעבודת פנים סבירא לן דהיינו בין לעכב על עשייתן ובין לעכב אסדרן ה״ה נמי עיכובא דאשר עלה דמעכב נמי אסדרא וא״כ מדהך תנא סבירא ליה דסדרא לא מעכב ע״כ דלא דריש אשר עלה לעכובא כלל ולדידיה היא נמי לא מעכב׳ ולבסוף מסיק לחלק בין סדר להגרלה דס״ל דמדשינה הכתוב בעיכוב זה דלא כתיב חוקה גבי הגרלה אלא כפל לשון אשר עלה לאשמועינן דעכוב זה אינו אלא כלפי עליי׳ הגורל גופיה דמעכב אם לא עשאה ולא כלפי סדר עבודות המאוחרות לה ודומיא לעבודות היכל דהם עלמן מעכבים וסדרן לא מעכב וכמ״ש הת״י בד״ה מדסד׳ לא מעכבא ע״ש ועיין בסוגייא דפ׳ בית שמאי מ׳ ע״א ודו״ק.

שם לא דאקדים מתנות דפר במזבח וכו׳ וס״ד דמתנות שבפנים דקתני ארישא דוקא קאי דבמתנות בין הבדים עלמן לא משכחת אלא דפר מעכב את השעיר אבל איפכא שעיר מעכב את הפר לא משכחת לה דאדרבא פר קודם וסיפא איירי בעבודות מזבח והיכל וה״ה דהו״מ למימר נמי ופר אין מעכב את השעיר אם הקדים הזאות דפרוכת דשעיר מקמי הזאות דפרוכת דפר אלא דחדא מינייהו נקט ועוד דעדיפא ליה הך דאפילו במקומות מחולקים מזבח ופרוכת לא מעכב סדרא וכ״ש בפרוכת עלמו וה״ט נמי דרישא נקט פר מעכב וכו׳ דאפילו במקום אחד עלמו דבין הבדים מעכב סדרא וכ״ש שעיר מעכב את הפר אם הקדים מתנות פר דהיכל מקמי מתנות דשעיר בפנים ואפ״ה פריך והא מתנות שבפנים קתני דפשטא משמע דאסיפא נמי קאי כנלע״ד ועיין בת״י ד״ה דאקדים מתנות וכו׳ וד״ה דאמר הגרלה וכו׳ ודו״ק.

שם יאבע״א לעולם ר״י וכו׳ הגרלה מיהא מעכבא וכו׳ הרמב״ם ז״ל רפ״ג מה׳ עי״כ פסק דהגרלה מעכבא ועעמו חדא דקי״ל כר׳ ינאי דרביה דר׳ יוחנן הוה ועוד דר״ש דאמר לא מעכבא יחידאה הוא ורבנן דקאמרי מלוה להגריל ולהתודות וכו׳ דהיינו להניח פליגי עליה ועוד דלמ״ד לא מעכבא ס״ל כמת א׳ מהן דמביא חבירו שלא בהגרלה כדקאמר ר״ש בברייתא ומתני׳ לקמן בר״פ שני שעירי קתני דיביא זוג אחר ויגריל עליהם בתחילה אלמא דסתם לן תנא כמ״ד דמעכבא והיינו טעמא דבכול׳ סוגיין דתקינן לאוקומי כולהו ברייתי דמייתי כמ״ד מעכבא כי היכי דתתוקם אליבא דהלכתא ועוד דסתם ספרא נמי ס״ל דמעכבא דקתני הגורל שעשו חטאת וכו׳ כדלקמן ולא הולרך ז״ל לבאר דסדרא לא מעכבא שהרי כבר ביאר רפ״ב שם דדוקא עבודות דבגדי לבן בפנים בהיכל הוא דלריך לעשותם על הסדר ולא הוליא מן הכלל שם דאף הנעשים בעזרה מעכב סדרא אלא חפינה קטורת ושחיטת שעיר דעבודות גמורות ולא דמי׳ נבגרלה כמ״ש הת״י בסוגיין ד״ה הנחה אינה מעכבת ומ״ש עוד ז״ל דאעפ״י שאינה עבודה פסולה בזר הוליאו מהירושלמי דפרקין כמ״ש בר״ש פרקין בת״י ד״ה הסגן אומר לו וכו׳ יעו״ש וק״ל.

רש״י ד״ה **והתניא** מת אחד וכו׳ ואין לריך וכו׳ כל״ל.

ד״ה **במתנות** שבפנים דקאמרי דסדר הפר וכו׳ רישא דברייתא נקט וה״ה דקאי לסיפא נמי דאפי׳ במתנות דלפני ולפנים משכחת לה דשעיר אין מעכב את הפר כדמסיק דאקדים מתנות דפר דבין הבדים מקמי הגרלה ומשום דאסיפא נמי קאי פריך בסמוך והא במתנות שבפנים קתני אם לא שנאמר דמשום פירושא לא דאקדים מתנות דפר במזבח וכו׳ דס״ד דמתנות שבפנים ארישא דוקא קאי כמ״ש בסוגיא דייק ז״ל בשתא לפרש כן.

ד״ה **חוקה** כתיבא וכו׳ שהרי הקדים לה וכו׳ כל״ל והגם דמתנות היכל עבודת חוץ היא לר״י בדלקמן פ׳ הוליאו לו ס׳ ע״א הרי שינה מיהא בעבודת לפני ולפנים כמו שדייק ז״ל וכן כתבו הת״י יעו״ש הרי זה דומה להא דא״ר חנינא שם דקטורת שחפנה קודם שחיטה של פר לא עשה ולא כלום ואוקימנא התם אפי׳ לר״י דהגם דשחיטתו של פר עבודת חוץ היא מ״מ הרי שינה בהקדים עבודה דלורך פנים דהיינו חפינה [(ועיין מ״ש בסוגיא)] והכי איתא נמי בירושלמי דפרקין א״ר שמואל בר אבדימי הדא דתימר אין השעיר מעכב את הפר במתנות הבדים אבל במתנות הפרוכת שעיר מעכב את הפר איך עבידא שאינו יכול ליתן מדם הפר על הפרוכת עד שיתן מדם השעיר על בין הבדים ע״כ ועי״ש בס״פ הוליאו לו והא דלא קתני נמי דמשכחת לה דשעיר מעכב את הפר הנה מלבד מה שתירץ הריטב״א בחי׳ יעו״ש עוד י״ל דזה בכלל במה שסיים במתנות שבפנים דאסיפא נמי קאי וה״ק דדוקא במתנות שבפנים דבין הבדים עלמן היא דודאי אין שעיר מעכב את הפר דאדרבא בעי קרא להקדים פר לשעיר אבל במתנות דהיכל ודבין הבדים משכחת לה שפיר דשעיר מעכב את הפר וק״ל.

תוספות ד״ה **תני** מלוה וכו׳ שנויה בתוספתא וכו׳ בתוספתא שלפנינו בפ״ג דמכילתין גרס שני שעירי י״ה מלוחן בהגרלה אעפ״י שלא הגריל עליהן רשאי לשנותן לדבר אחר משהגריל עליהן אין רשאי לשנותן בדבר אחר עד כאן והדברים מוכיחים דע״ס יש דמאי אעפ״י שלא וכו׳ אדרבא משום דלא הגריל הוא דרשאי לשנותן והגם דיש לדחות דלשון קלר הוא וה״ק אעפ״י שלא הגריל כשרין וכן משלא הגריל רשאי וכו׳ מ״מ יותר נכון לגרוס אעפ״י שלא הגריל כשר עד שלא הגריל עליהן רשאי לשנותן וכו׳ ויש לדקדק אדבריהם שכתבו מדסיפא ר״ש וכו׳ דהא קתני התם מעיקרא שעירי הרגל שלא קרבו ברגל יקרבו בר״ח וכו׳ לא קרבו ביוה״כ יקרבו לרגל שבא שמתחלה לא הוקדשו לקרבנות לבור אלא ע״מ לקרב על מזבח החילון ע״כ ומשמע דהא אתיא כר״ש דאית ליה בפ׳ קמא דשבועות שיקרבו זה בזה וא״כ דוק מינה איפכא דמדהך ר״ש רישא נמי דמלוחן בהגרלה וכו׳ ר״ש היא. ואין לומר דע״כ לאו ר״ש היא כיון דיהיב טעמא שמתחלה לא הוקדשו וכו׳ דמשמע דמכח לב ב״ד מתנה עליהן אתינן עלה ור״ש לית ליה לב ב״ד מתנה כדאיתא התם י״א ע״ב ולדידי׳ טעמא משום דכולם באים לכפר על טומאת מקדש וקדשיו כדמפרש במשנה שם דהא בתוספתא דרים שבועות קתני בה ומודה ר״ש בשעיר שלא קרב ברגל שיקרב בר״ח וכו׳. עד שמתחלה לא הוקדשו וכו׳ ומייתי לה הכי בתלמודא דשבועות שם י״ב ע״ב וכתבו התוספות שם דתרתי בעינן מקדש וקדשיו ומזבח החילון לאפוקי שעיר פנימי וכו׳ א״כ משמע מזה דהתוספתא מילי מילי קתני ואין לדייק בזה מדסיפא ר״ש וכו׳ וכן בת״י ובחי׳ הריטב״א תירלו קושייתם באופן אחר יעו״ש ועוד תיקשי דאי ברייתא דמייתי תלמודא מלוה להגריל היינו ההיא תוספתא ליפרוך אמאי דמשני תני מלוה להניח דהא מדסיפא דקתני משהגריל עליהן אין רשאי לשנותם דע״כ הגרלה קאמר דאילו הנחה לכ״ע לא מעכבא וא״כ לא מלית למימר דאעפ״י שהגריל עליהן כל שלא הניח רשאי לשנות אלא הגרלה ממש קאמר ודומיא דהכי רישא איירי בהגרלה ולא בהנחה א״כ משמע מזה דברייתא אחרת היא וכעת דבריהם לל״ע ודו״ק.

ד״ה **ואזדו** לטעמייהו וכו׳ הגורל כלל קאמר ואזדו לטעמייהו וכו׳ עמו שעלה עליו הגורל לשם וכמו שפירשתי וכו׳ שלא בהגרלה דכיון דלא קרינן וכו׳ כל״ל וכן הגיה בשכ״י.

בא״ד הכא נמי פליג היכא דעלה הגורל וכו׳ דתניא יעמד חי וכו׳, כללות דבריהם דלר״י דשני השעירים מעכבים זה את זה דהא קמן דס״ל דאם מת המשתלח ישפך הדם ע״כ דסבר דהגרלה מעכבא דאי לא אמאי ישפך הדם הרי יש כאן תקנה להביא אחר בלא הגרלה והא נפקא ליה מדכתיב יעמד חי לכפר עליו כלומר שלריך הוא להיות חי כדי שיוכל לעשות כפרת דמים בחבירו אבל ר״ש ודאי ס״ל דלא ישפך שהרי יכול להביא אחר בלא הגרלה דלא מעכ׳ אהדדי דלכפר בוידוי דידיה איירי וא״כ ע״כ דס״ל הגרלה לא מעכב ומעתה שפיר קאמר דמחלוקת זה שנויים אי מעכבא אי לא מעכבא היינו משום דאזדו לטעמייהו בפי׳ דקרא דלכפר דמכח פי׳ דידיה ילוף ר״י דמעכבא ור״ש דלא מעכבא וא״כ הכא דשעיר אין מעכב את הפר מלית לאוקומה אי כר״ש אי כר״י דפשטא משכחא משכחא דס״ל לר״י דהגרלה מיהא

מעכבא. והנה מה שהביאו ראיה מת"כ דמהך קרא יליף ר"י דמת המשתלח ישפך הדם גם מתלמודא דידן יש ראייה. דהא לקמן שם ס"ה שיילינן מ"ט דר"י דאמר ישפך הדם ומשני אמרי הכי ר' ינאי אמר קרא יעמד חי עד מתי יהא זקוק וכו' ועיין בדבריהם שם וקי"ל. ומ"ש ומהאי קרא נפקא לר"י דמיד בתר וכו' כלומר דמהאי קרא דיעמד חי נ"ל לר"י דמת המשתלח ישפך הדם דמיד בתר פלוגתא וכו' א"כ יש לפרש דאדלעיל דקתני התם מת אחד מהם משהגריל יביא שנים וכו' נמי קיימי דמהאי קרא נ"ל נמי דאם מת המשתלח צריך להביא שנים ולהגריל דכיון דילפינן מיניה דמת המשתלח ישפך הדם ממילא שמעת מינה דלא סגי להביא אחר בלא הגרלה דאי סגי אמאי ישפך הדם וקי"ל.

באו"ד ודרוש יעמד חי כדי לכפר וכו' וכיון דלר"י מעכבי וכו'. הקשה בשכ"י דלמ"ד לעיל דהגרלה מעכבא לר"י משום דתנא ביה קרא אשר עלה למאי איצטריך למילף מקרא דלכפר דמעכבי אהדדי הא ודאי כיון דמעכבא באיזה אופן שיהיה צריך להביא שנים ולהגריל דמדר"ש דס"ל דמביא אחר בלא הגרלה משום דלא מעכב מינה נשמע לר"י נהי דאיצטריך קרא למימר עד אימתי זקוק להיות חי אבל למ"ל לאפוקי מיניה דמעכבי ול"ע ע"כ ולכאורה היה אפשר דאה"נ לפי' התוספות השתא לא צריכנן תו מאשר עלה ונאמר דלא חשיב עיכובא אלא סיפור דברים ובהכי ניחא לן טפי דלפי' לעיל ד"ה דתנא ביה קרא וכו' דעכובא דאשר עלה אחוקה סמיך דחיקא לן קצת דהשתא לר"י לא קאי אסדרי אלא אהגרלה גופה דמעכבא דוקא וכמ"ש בסוגיא ומשה אה"נ דלמאי דאסיק דר"י סבר לחלק בין סדרא להגרלה נפקא לן עכובא מלכפר ויהיה גם זה בכלל מאי דקאמר ואזדו לטעמייהו וכו' יעו"ל דמאשר עלה לחודיה איכא דבמת המשתלח לא ישפך הדם של ראשון אבל יביא שנים יגריל לצורך משתלח וראשון של שם קרב דלענין זה איכא דלא מעכבי אהדדי להכי איצטריך למדרש נמי לכפר דזקוק להיות חי עד מתן דמים לא בלבד לענין שצריך להביא שנים אחרים במת המשתלח קודם מתן דמים אלא גם לענין דדמו ישפך ומעכבי אהדדי לגמרי וכן משמע מסוגיא דפ' שני שעירי ס"ה ע"א דלענין זה לא מצינו למילף אלא מקרא דלכפר ועיין בדבריהם שם ולעולם דהבאת שנים אחרים להגריל מעיכובא דאשר עלה ילפינן לה וכך משמע מדבריהם לק' ס"א א' ד"ה כתם ספרא וכו' דדרשא דאשר עלה לר"י כדקיימא קיימא וקי"ל.

באו"ד ודרוש נמי לכפר עליו וכו' ימות המשתלח וכו'. אע"ג דלקמן ס"ה ע"א משמע דטעמא דר"י משום דבעלי חיים שאירע להם פסול הואיל ונדחה נדחה ואין להם עוד תקנה מ"מ אי לאו דגלי קרא דכפרת חבירו מעכב עליו הו"א דנשפך הדם לא חשיב פיסול כלפי משתלח לומר שנדחה אלא יביא שנים ויגריל לצורך של שם ומשתלח ראשון קרב קמ"ל ופשוט. ומ"ש ואת"ל א"כ וכו' שיהיו נקחין כאחת וכו' ואימא דגלי קרא דלכפר דלקיחתן כאחת לעיכובא איתא ול"ד למראה וקומה ודמים דלאו לעיכובא דשעיר שעיר רבה כדאיתא לקמן ר"פ שני שעירי ועיין בתי"ט שם ד"ה אחד למראה וכו' ובתוי"ט במשנה שם ומאי דתנן התם לקח א' מהם היום וא' למחר כשרים אימא דאתיא כר' נחמיה דס"ל הגרלה מעכבא דלדידיה מפרשינן טעמא דקרא דלכפר דישפך הדם משום הגרלה מעכבא דהשתא לקיחתן כאחד לאו לעיכובא דומיא דמראה וקומה ודמים ויראה דגם לתירוץ אי נמי וכו' שכתבו ס"ל דהך מ"ד דלקיחה כאחד לעיכובא דאי לא אפי' שהוקבעו כאחת אמאי ראשון ידחה וילך לאיבוד כיון דאין כאן פסול גמור דבדיעבד בשלא לקחן כאחת כשרים. א"נ ועיקר דלתי' זה לעולם דלקיחה כאחת לא מעכבא לכ"ע אלא גזירת הכתוב הוא דכיון דהוקבעו כאחת גם השני ידחה דהכל מודים בשחוטין דנדחין וכמו שפרש"י לקמן ס"ה ע"א ד"ה להיות חי וכו' יעו"ש ודו"ק.

ע"ב גמרא **עלה** בשמאל מהו שיחזור וכו'. דהגם דימין לא כתיבא מ"מ שאלו אם מפני כבוד כ"ג והפס הותר לעשות זה דסימן יפה הוא לכ' שעבודתו רצויה כדאיתא בר"פ פרקין. או נאמר דאדרבא כדי שיתבייש במקלא ויתקן מעשיו וגם שאר העם יתקנו מעשיהם נוח לנו יותר שלא להחליף וז"ל התוספתא דפרקין אם בימינו עלה היו כל ישראל שמחין ואם בשמאלו עלה לא היו כל ישראל שמחין שאלו לרבי עקיבא מהו לשנותן משמאל לימין וכו' וקי"ל.

שם ת"ש אילו נאמר את השעיר אשר עליו וכו' וש"מ הגרלה מעכבא וכו' וקשיא ללישנא קמא דלעיל דלמ"ד דלר' נחמיה נמי הגרלה לא מעכבא הא מני וכבר אפשר לפרש דעיקר פירכיה היינו דהך סתם ספרא היא כדאיתא בת"כ ור"י היא וא"כ תיקשי לכול' לישני ללי"ק דלכ"ע לר"י לא מעכבא ולל"ב למ"ד דלר"י לא מעכבא והגם דהכא לא מסיים בה סתם ספרא מני וכו' סמך אפירכא דלקמן ושוב ראיתי להתוספות ישנים שפי' כן יעו"ש וקי"ל.

שם אמר רבא ה"ק וכו' עד שעת שחיטה וכו' דהא כתיב בתריה ועשהו חטאת כלומר יהיה עליו עד שישחטנו לשם חטאת ואע"ג דבסמוך דריש ועשהו חטאת הגורל עושה חטאת אלמא דועשהו לא קאי אשחיטה מייתורא הוא דדריש הכי דהא כתיב בתריה ושחט את שעיר החטאת וכו' וכמ"ש הרא"ם בחומש אבל פשטיה דקרא דיעשהו חטאת בשחיטתו הוא ויותר נכון לפרש דרבא מסברא קאמר עד שעת שחיטה וה"ע דכל עוד שעומדים זה אצל זה הייתי אומר דגזירת הכתוב שיניחנו עליו כדי שיהיו עומדים וניכרים שם אחד לשם וכו' אבל אחר שחיטה שוב אינו צריך וקי"ל.

רש"י ד"ה **יעמד** חי ע"כ וכו' חי למה לי וכו'. יש לדקדק דהא איצטריך להא דאמרינן לקמן פרק שני שעירי ס"ו ע"ב והכ"א דחפו ולא מת ירד אחריו וימיתנו והכי איתא בירושלמי ר"פ פרק הנזכר יעמד חי מלמד שהוא עתיד למות עד מתי הוא חי עד וכלה מכפר וכו' דברי ר"י וכו'. וכן איתא נמי בת"כ פרשת אחרי מות יעמד חי לפני ה' לפני ה' מה ת"ל לפי שנאמר לשלח אותו שילוחו למיתה יכול שילוחו לחיים ת"ל יעמד חי לפני ה' לכפר עליו הא כיצד עמידתו חי לפני ה' ומיתתו בצוק עד מתי הוא זקוק להיות חי וכו' וכן פי' ז"ל בפי' התו' שם אם לא שנאמר דלעולם חי איצטריך לדרשא דהכא דעד מתי זקוק וכו' דהא אי נמי כתב קרא יעמד לפני ה' דרשינן מדלא כתיב יהיה לפני ה' לכפר עליו דדוקא עתה הוא עומד בחיים לא בשעה שיצ"ע למדבר דלשון יעמד לא שייך אלא בחי דמהאי טעמא תנן בסוף תמורה קדשי מזבח שמתו יקברו ואין להם פדיון משום דכתיב והעמיד והעריך יעו"ש ואי קשיא לך דא"כ בלאו חי נמי שמעינן מיעמד דזקוק להיות חי עד לכפר אה"נ אבל אימא דזה למצוה לא שאם מת צריך שיביא אחר להכי כתב חי יתירא לעכב דודאי מהאי לחודיה לא שמעי' עכובא כאשר רצה לפרש בס' קרבן אהרן שם דמהיכא תיתי כיון דלאו עבודה דלפנים הוא והא קמן בהגרלה דאי לאו דתנא בה קרא אשר עלה לא מעכבא ושוב ראיתי בס' תפארת יוסף על החומש שם שהאריך בזה ותו' בא' מהאי כמ"ש יעו"ש וקי"ל.

ד"ה **ועד** מתי זקוקו וכו' אלמא וידוי לא מעכב ע"כ והכי איתא בירושלמי לקמן ר"פ פרק שני שעירי וכמו שהעתקנו לעיל ל"ו בסוגיא יעו"ש וצריך לומר דהא דלא קאמר התם בירושלמי מת אחר מתן דמים איכא בינייהו דלר"י א"ל להביא עוד אחר ולר"ש צריך משום דהתם אמתני' דוידוי שעיר המשתלח איירי ולהכי קאמר שלחו בלא וידוי א"ב אה"כ אבל אה"נ דבעיקר פלוגתייהו ודאי דנפקא מינה נמי האי יעו"ש וקי"ל.

ד"ה **וכן** הוא אומר וכו' עד כאן צריך להיות חי ע"כ הכי איתא בת"כ אהך קרא יעו"ש והוצרכנו לזה משום דקרא דלכפר משמע טפי לאוקומיה כר"ש דכפרת גופו הכתוב מדבר דהא אשכחן בפרה דברים דילפינן לעיל ל"ו ע"ב מקרא דוכפר בעדו ובעד ביתו ושחט וכו' אבל האי יתירא דהכא משמעו דעד כאן זקוק להיות ולכפר היינו כפרת דמים ועיין בתי"ט בסוגיין וא"כ דמלכפר איכא כדי שיהיה חי עד כפרת דמים דלפני ולפנים שהם העיקר דסדרן נמי מעכבי להכי אשמועינן קרא דוכלה דכשאר הזאות נמי בעינן שיהיה חי דמקרא דוכלה דרשינן לקמן ס"א א' גם הזאות היכל ומזבח יעו"ש וכי אימא דא"כ חי יעמד למ"ל ו"ל דהשעיר האי עיכובא הוא דספור דברים הוא מאה"כ יעמד חי אבל השתא דכתיב יעמד אמרינן דהשעיר האי נמי עכובא גם לשאר הזאות ואי קשיא לך דגבי וידוי נמי כתיב וסמך אהרן וכו' על ראש השעיר החי והתודה ואימא דמהכא מוכח

כר״ש הא דריש ליה ר״י בת״כ שם ואיתא נמי במנחות נ״ב ע״א חי טעון סמיכה ואין שעירי ע״א טעונים סמיכה ור״ש נמי דריש ליה התם חי טעון סמיכה באהרן נמי וכו׳ יע״ש. וא״ת קרא דוהקריב את השעיר החי לר״ש למ״ל שמא איצטריך דאם יש ב׳ או ג׳ שעירי המשתלחים כגון בנשפך דם שעיר והולרכו להביא שנים ולהגריל עליהם דמלוה בא׳ כדאיתא בס״פ הוליאו לו ובפ׳ שני שעירי ס״ד ע״א פלוגתא דאימורים וכן פי׳ מהרח״א ז״ל בספרו עץ החיים יע״ש ועי״ל דאפשר דס״ל לר״ש כר׳ נחמיה דהזאות מזבח והיכל נמי אפי׳ סדרן מעכב דהשתא איצטריך והקריב לומר דדוקא כשכלה לעשות כל ההזאות הנה אז והקריב וכו׳ אבל אם לא כלה אף שהקריב את השעיר קודם גמר הזיה אחת דמזבח נמי מעכב סדרא דלא תימא דלא חיישינן לחוקה אלא היכא דשינה סדר מעשה שלם וכגון שהקדים סמיכת שעיר המשתלח קודם התחלת הזאות מזבח קמ״ל דבגמר הזאות נמי סדרא מעכב על דרך הא דאמר לקמן נ״ח ע״א גבי הזאות פר ושעיר והתורה אמרה יכלה מכפר את הקדש כלה דם הפר ואח״כ כלה דם השעיר ועיין בתוי׳ שם ובירושלמי ס״פ הוליאו לו באופן דאשמועינן קרא דבין הקדמת מין הזאות לגמר הזאות אחרות ובין הקדמת מעשה אחר במין אחר לגמר הזאות בכולן מעכבין

סדר הכתוב כנלע״ד ודו״ק.

ד״ה **לכפר** עליו בכפרה המוטלת וכו׳. כונתו דלא תפרש דעמיה משום דיליף מקרא דוכפר בעדו וכו׳ ופשט דהתם ע״כ איירי בכפרת דברים כדאיתא לעיל נ״ו ע״ב הדא דאדרבא לעיל בעי למילף כפרת פר דהיינו דברים משעיר המשתלח וע״כ לא הוי׳ ראייה מוכפר וכו׳ אלא כי היכי דלא נילף משעיר פנימי דהוי כפרת דמים יע״ש ועוד דמאי חזית למילף מהתם אימא דילפינן מובלה לכפר כר״י דבשלמא ר״י אית ליה ראייה מקרא דוהקריב את השעיר החי כמ״ש בסמוך אלא ודאי דע״כ לפרש דמגופיה דקרא יליף ר״ש דכתיב לכפר עליו כפרה דבגופו דהיינו וידוי כדכתיב והתודה עליו וכו׳ והכי מוכח בהדיא בת״כ שם דקאמר ר״ש אומר לכפר עליו כפרה שהיא בגופו ולר״י האי עליו אגשלח אותו דבתריה קאי לומר דאם נשפך דם עד שלא חברו ימות המשתלח

כדאיתא בתורת כהנים וכמ״ש התוי׳ יע״ש וק״ל.

ד״ה **כיון** שעלה וכו׳ ויודע איזו לשם וכו׳ זה כשיטת הגורלות

עליו כדכתיב ונתן אהרן על שני השעירים גורלות וכו׳

טוב אינו צריך להיות מונח עליו עד שעת שחיטה וזהו שלמדנו יתיר דעלה לא נומר שעליה מעכבת ונא הנחה אלא דיש כאן מלוה בין בעליה בין בהנחה בשעת העליה נדוקא אבל בשכ״י הניה ואיזו לעזאזל הס״ד ותופס בכיון שעג׳ דליבג׳ דבריה׳ ואח״כ מ״ה טוב אינו צריך ותופס בטוב אינו צריך דרבא עכ״ד וק״ל.

ד״ה **במקום** שנא קידש וכו׳ לא מלינו וכו׳ והיכא למימר דנפקא

ליה מולקחה ועשה דלקמן דאינם מתפרשים אלא בלקיחה או

בעשייה וכן מוכח דבריו דפ״ג דקידושין י״ד ע״א שסיים בזה דקי״ל בסדר יומא אין הקינים מתפרשות אלא או בלקיחת בעלים וכו׳ וכ״פ הרשב״א ז״ל בחי׳ פ״ק דחולין כ״ד ע״א יע״ש וק״ל.

ד״ה **קידש** השם וכו׳ וזו לחטאת כאן וכו׳ כנ״ל ומ״ש כדאמרינן

לקמן וכו׳ בפ״ק דחולין שם פירש דפסל כדכתיב

מולא שפתיך תשמור ועשית וכבר הרשב״א שם הקשה על זה

ובעלה כמ״ש ז״ל כאן יע״ש.

תוספות ד״ה **כיון** דקבעתיה וכו׳ כדאיתא בפ׳ וכו׳ אעפ״י

שאם לא הזכירו ר׳ נחמיה מ״מ תלמידו הוא

כדאיתא בפרק אלו הם הנחנקין פ״ו ע״א סתם מתניתין ר״מ סתם תוספתא ר׳ נחמיה וכו׳ וכולהו אליבא דר׳ עקיבא ופרש״י שם ממה שלמדו מר״ע אמרום אבל אין נראה לפרש כוונתם דר״מ שהוזכר שם בפרק הבא על יבמתו הוא ר׳ נחמיה כדאיתא בפ״ק דעירובין י״ג ע״ב ולא נהוראי שמו אלא ר׳ נחמיה שמו וכו׳ דהא משמע דרבי נחמיה שהוזכר לקמן במחלוקת סדרא דיוה״כ ר׳ נחמיה ממש הוא דמהיכא תיתי לומר שהוא רבי מאיר ועיין בספר יוחסין כ״ז ע״א בענין ר״מ ושם אות ט״ן יע״ש וק״ל.

ד״ה **ועשהו** חטאת וכו׳ וא״ת נהדר וכו׳. דלא ס״ל לתרץ כמ״ש

הרשב״א בחי׳ פ״ק דחולין כ״ד דמולקחה ועשה

לקמן ממעטינן גורל יע״ש דהנהו לגופייהו איצטריכו לומר דקריאת שם בשעת לקי׳ או עשייה כהן מקדש דלא ידעינן מהאי דוכתי

אבל הכא דריש שפיר דועשהו חטאת מייתר שהרי כבר נאמרו מקראי אחריני דגורל מקדש ולהכי ע״כ למעט מק״ו אתא ועוד דהם בקרא לא כתיב ואפשר נפרש ולקחה ב׳ תורים וכו׳ אחד לעולה ואי לחטאת שיפרש׳ בשעת לקיחה בשם או בגורל וקי״ל.

בא״ד אלמא אע״ג דפשיטא ליה וכו׳ כונתם דס״ל דמעיקרא

אסיק אדעתיה נמי דרשה דיגאלנו לזה ולא לאחר מדקאמר

בפשיטות ומה מי שאינו נגאל בגאלה וכו׳ ולבסוף נמי לא אקשי אלא מכח ג״ש דשכיר שכיר אבל מק״ו פשיטא ליה דליכא למילף נמכר לישראל דנגאל בקרובים אבל צריך לומר דהמקשה הוה ס״ל דמיעוטא דיגאלנו לא סגי אלא לאפוקי מק״ו דלמאן דאית ליה ג״ש דשכיר שכיר ילפינן שפיר נמכר לישראל מנמכר לנכרי דנגאל בקרובים ומוקמי׳ מיעוטא דיגאלנו בזה ולא בדבר אחר בשם ומיעוטא דגאלה אימא דאיצטריך למילתא אחריתי כדאיתא התם והמתרץ השיב שאני התם דאמר קרא יגאלנו כלומר דיותר סברא לדרוש מיעוטא דיגאלנו לזה ולא לאחר ומיעוטא זה אפקיה לגמרי דלא תידרוש לא ק״ו ולא ג״ש ובגאלה איצטריך למעט שם בנמכר לנכרי. אבל דע שאין כן דעת התוספות דקידושין שם ד״ה אמר קרא יגאלנו וכו׳ אלא דמעיקרא לא אסיק אדעתיה מיעוטא דיגאלנו כלל. ולמאי דמאי למילף נמכר לישראל בק״ו תוי׳ שם באופן אחר יעו״ש והיינו נמי דהתוספות פ״ק דחולין שם תוי׳ אקושייתם בד״ה ומה במקום וכו׳ די״ל דאיכא שום מיעוט דבעלמא לא יקדש הגורל דלא ס״ל כדבריהם דאי דרשי׳ דאין דבר אחר עושהו חטאת כ״ש דנידרוש לזה ולא לאחר דלפי בסוגיא דקידושין אין ראיה משם ואדרבא י״ל מדאיצטריך התם תרי מיעוטי בגאלה ויגאלנו דוק מינה דהכא לא דרשינן מעשהו אלא חד מיעוטא דאין השם עושהו חטאת אבל דבעלמא לא יקדש הגורל משום מיעוטא אחרינא ממעטינן ליה כנלע״ד ודו״ק.

בא״ד אבל תימא מאי שנא וכו׳ והתם לא ממעט וכו׳ דליכא

למימר דהא״ל דדרשינן נמי יגאלנו בזה ולא בדבר אחר כי הכא אלא דהך מיעוטא לא מפקא אלא מג״ש אבל אכתי נילף מק״ו מנמכר לישראל דנגאל בשם ולהכי איצטריך אידך מיעוטא דגאלה והיינו נמי דתנא דבריייתא דהתם לא מייתי ליה אלא בק״ו ולא מג״ש דשכיר שכיר דעדיפא דאי״ב בנמכר לישראל דליכא אלא חד מיעוטא דיגאלנו דאינך יגאלנו איצטריכו כדדרשי׳ שם בקידושין כ״א ב׳ ועיין בתוי׳ שם אימא דלא מפקא אלא מג״ש אבל אכתי נילף מק״ו מנמכר לנכרי דנגאל בקרובים אלא ודאי משמע דבחד מיעוטא סגי הכא לאפוקי מתרוייהו מק״ו ומג״ש ועיין מ״ש מהרש״א לעיל ובריייתא אשמועינן דאפי׳ למאן דלית ליה ג״ש דשכיר שכיר מ״מ איצטריך מיעוטא דגאלה דאי לאו הכי הוה מייתינן מק״ו מנמכר לישראל דנגאל בשם מיהו הוו מצו לתרוצי דהכא נמי ממיעוטא אחרינא הוא דנ״ל מיעוטא בעלמא כי התם והיינו מדלא כתיב והקריב אהרן את השעיר אשר עלה הגורל לה׳ אלא כתב עליו הגורל למעט עליו הגורל ולא בעלמא הגורל וכן תירץ הריטב״א אקושיא זו אלא שסיים כדאיתא לקמן ולא מ״ואי לקמן דרשא זו. ושמא דלא משמע להו נדרוש כן דאי הכי אידך עליו דמשתלח למה לי אלא משמע דלשום

דרשה אחרינא איצטרי׳ וק״ל.

בא״ד ושמא י״ל וכו׳ לגלויי אחוקה דקאי נמי וכו׳. כונתם

דלשום עיקר קרא דועשהו איצטריך לומר דבעלמא לא

מקדש הגורל דהיא הדרשה הפשוטה יותר כדמוכח מההיא דקי׳ אלא דבתר הכי בגלויי מילתא ילפינן נמי מיניה דגורל מעכבו וחוקה קאי נמי אהגרלה ולא דמי להתם דדרשה דאינו נגאל בשם ילפותא גמורה היא ומשום הכי איצטריך בגאלה להך דרשה דמיגאלנו ליכא למידרש תרתי אלא הפשוטה יותר לזה ולא לאחר וק״ל. ומ״ש א״נ משום דתנא וכו׳ להכי אצטריך ועשהו וכו׳ ולפי משמע דדרשא דעלה תרי זמני לא סמיך אחוקה כלל דהשתא לא דמי לגאלה משום דהכא איכא נמי מיעוטא דועשהו ומה שכתבו לעיל ד״ה דתנא ביה וכו׳ דחוקה סמיך היינו למסקנא דבריהם דהכא דסתמא דתלמודא קאמר התם הכי למאי דלא

אסיק אדעתי׳ אכתי דרשא דועשהו וק״ל.

ד״ה **ומה במקום** וכו׳ אי אתה יכול להחזירו וכו׳. יש לדקדק

שהרי כבר כתבו התוספות ביבמות שם ד״ה לפי שאלא

וכו׳ ובזבחים שם מ״ש ע״א דודאי כשסותר בלאו כאשה את השיב

שילא לידון בדבר חדש יעו"ש וא"כ הכא תוספת על הכלל שילא הוא שיקדש עוד בגורל ושפיר מלינן להחזירו לכללו בק"ו שיתקדש גם בשם ושוב ראיתי בס' הליכות אלי אות ה"א שהקשה כן ולא תירץ מידי ושמא י"ל דהכא סותר הכלל הוא דודאי בשתא אסיק אדעתיה דיש לדרוש ועשהו חטאת לזה ולא לקרבנות אחרים דהויא דרשא הפשוטה יותר אלא דהכתי לא אסקינן אדעתן דיש למשמע גם מכאן שלא יתקדש שעיר בשם ומעתה הא קמן דגלי קרא בכלל של כל הקרבנות דאין הגורל קובע בהן ויכול לשנותן לכל מה שירצה וא"כ מה שחדשה תורה בשעיר דגורל קובע ואינו יכול לשנות הרי זה סותר דין הכלל לגמרי ודומיא דאשת אח שבכלל נאסרו כל העריות וזו הותרה ולא דמי הך דהכא לחידוש חטאת מלורע טעונה נסכים ושאר חטאות אינן טעונות דהא ודאי לא חשיב סותר הכלל אלא תוספת קרבן הוא וכמ"ש התו' דזבחים שם משא"כ כאן דשינוי דין בעלם באותו ענין של הכלל עצמו הוא דמתחלה היה יוה"כ בכלל כל הקרבנות דשם קובע בהם ולא גורל ועתה יצא מכללו לומר דגורל קובע דודאי אי אתה יכול להחזירו לכללו ועיין בספר יבין שמועה נ"ח ע"ב ועו"ל עם מה שכתב בספר לאן קדשים שם בזבחים על קושית בעל ברכת הזבח שם דעי"כ לא כתבו התוספות דהא דחטאת מלורע טעונה נסכים חשיב תוספ' ולא סות' אלא משום דכל קרבנות לבור והיחיד טעונין נסכים יעו"ש בדבריו והכא כיון דלא מלינו בשום קרבן שמתקדש בגורל כל כי האי גוונא חשיב חידוש גמור ודו"ק.

באו"ד גמרי מהדדי בק"ו וכו'. והא דקתני עד שיחזירנו הכתוב לכללו בפירוש ק"ו או מ"מ חשיב נמי דאהדריה בפי' כיון דאין להשיב עליו וכיולא בזה ראיתי בספר יבין שמועה כלל קמ"ד שכתב לדעת הרא"ם דאפי' מדיוקא חשיב שהחזירו בפירוש יעו"ש אבל דע דדעת הראב"ד בחידושיו ליבמות שם הובא לשונו בספר תולדות האדם להרמב"ן ז"ל שם דאין להחזירו עד שיחזירנו בפי' דוקא ומסוגיא דיבמות אין ראיה דדחיה בעלמא קאמר ולא שדומה לדבר חדש והרמב"ן שם פי' דבריו והרשב"א בחי' שם הקשה עליהם והגיה הדבר בל"ע ולהיות שהדבר תלוי בדקדוק סוגית הגמרא שם לא אאריך כאן בזה ועיין בשו"ת מהרשד"ם חא"ח סי' ל"א וק"ל.

דף מ"א ע"א גמרא **אמר** רבא ה"ק וכו' מקום שקידש הגורל שלא בשעת לקיחה וכו' הא ודאי

דליכא למיפרך מה לגורל שכן חמור שמקדש אף שלא בשעת לקיחה תאמר בשם דקל יותר דאינו מקדש אלא בצירוף שעת לקיחה או עשייה דא"ת דאי גורל חמור יקדש גם בקרבנות דעלמא אה"נ דהייתי אומר כן אי לאו מיעוטא דועשהו לזה ולא לאחר במ"ש התוס' לעיל או כמ"ש התו' דחולין כ"ד ע"א דאיכא שום מיעוטא דהא ליתא דאדרבא איפכא דקידוש שם חמיר טפי שהוא כולל לכל הקרבנות וגלי בהו קרא דאינם מתקדשין בגורל וא"כ ע"כ צריך אתה לומר דמאי דמקדש גורל אפי' שלא בשעת לקיחה לא חשיב חומרא אלא תוספת קולא הוא שהקל כאן הכתוב בשעיר שיש מליאות לקדשו אף שלא בשעת לקיחה ולא מלד חומר הגורל וא"כ אי לאו ועשהו הו"א דה"כ שקידש השם החמור יותר ועיין בהריטב"א ד"ה ה"ק מקום וכו' ודו"ק.

כתב הרב המאירי על עיקר מימרא דר"ח דנראין הדברים שאין אומרין כן במקריבי חטאת ועולה של קרבנות בהמה מפני שקרבנות בהמה אין כתיב בהן לשון לקיחה בבעלים ועשייה לכהן ואעפ"י שבסוגיא זו יראה כן [(נ"ל שצ"ל אין נראה)] מאחר שהקשה לו מקרבנות בהמה אינו כן שמה שהקשו במקום שלא קידש השם וכו' ואחה סבור לפרש בה דביוה"כ מיהא אי לאו דכתיב ועשהו חטאת היתה קריאת השם מקדשתו ואעפ"פ שאינו לא בשעת לקיחה ולא בשעת עשייה ויש לדקדק ממנה שבשאר ימות השנה קריאת השם מקדשת שלא בשעת לקיחה ושלא בשעת עשייה ותירץ בה דה"ק ומה במקום שלא קידש הגורל אף בשעת לקיחה לבעלים ועשייה לכהן מקום שקידש הגורל אף שלא בשעת לקיחה ועשייה אינו דין שיקדש השם בשעת לקיחה ועשייה שמא מיהא בשעת לקיחה כגון ערב יום הכפורים או בשעת עשייה כשהוא בא לשוחטן עד שאתה מדקדק לפי פי' זה שכל מחוייבי שני מיני

קרבן של בהמה לא נתחייבו אלא שלא להתחלף אלא בשעת לקיחה או שעת עשייה אינו כן שקרבנות בהמה ודאי הואיל ואין לקיחה ועשיה כתובה בהן קריאת השם מקדש' ומה שאמרו כאן ומה במקום שלא קידש הגורל קידש השם לא על קרבנות בהמה לבד נאמרו אלא אף על הקינין והוא מקשה ממנה על בעת הקינין דקאמר דאפי' קינין קריאת השם מהניא בהו ומדקאמר ומה במקום שלא קדש הגורל וכו' משמע שהקינין מתקדשין בקריאת השם על דרך ששעירי יוה"כ מתקדשין בגורל ומה שעירין מתקדשין בגורל שלא בשעת לקיחה ועשייה אף הקינין כן ותירץ לו דאף היא פירושה מקום שלא קידש הגורל אף בשעת לקיחה ועשייה קדש את השם בשעת לקיחה והמפרש בקרבן בהמה לא פי' כהוגן ואף בד' של נזיר פשוטה כדברינו כמ"ש על כיוצא בה שהלכה היא בנזיר הא בשאר קרבנות בהמה לא עכ"ד וכבר האריכו התו' בדין זה בנזיר שם כ"ו יעו"ש ובדברי הרמב"ם ז"ל סוף פרק ה' מהל' פסולי המוקדשין כי אין כאן מקום ביאור זה.

רש"י ד"ה **סתם** ספרא וכו' והא בת"כ היא דהא קרא וכו'. נלפע"ד דמשום דלא הובאה ברייתא זו בגמ' בת"כ שלנו הוצרך לומר כן ולא קאמר דהא בת"כ איתא כמו שפי' בפ' ר"א דמילה קל"ז א' ובפרק הלוה מקדש נ"ג ע"א ד"ה סתם ספרא וכו' ואפשר דאפי' נמצא דרשא זו בספרי במדבר וכו' סתם ספרא ור"י היא כיון דקרא בספר ויקרא כתיב ועיין מה שכתב לעיל בתו"ד ד"ה ואין השם וכו' וק"ל.

ד"ה **אין** הקינין וכו' שקרא להם שם לאחר מכאן וכו'. כתב בשכ"י מהרש"א ז"ל הגיה במקום א' מהם אחר מכאן ובחנם הגיה כן שפירוש הדבר הוא שקראו להם שם א' מהם או הבעלים או הכהן עכ"ד ויראה דלונו היה להשיג על מהרש"א בחנם שהדין עמו שכ"כ בהדיא בהגהתו ברש"י ז"ל דעירובין ל"ו ע"א ודכריתות כ"ח ע"א יעו"ש דלפי דבריו מה שייכות יש לכהן לקרות עליו שם אלא בשעת עשייה ואז קבע בודאי וזה פשוט.

ד"ה **ולקחה** ועשה וכו' וכן במלורע וכו' דהגם דהתם לא כתיב ולקח מ"מ כתיב והיה אחד חטאת והאחד עולה והביא אותם וכו' אל הכהן דמשמע שכבר הם מפורשים בהפרשתו קודם שיביאם אל הכהן וכיולא בזה דריש בת"כ אקרא דוהביא דפרשת ויקרא דגבי קרבן עולה ויורד ע"ש פ' י"ח אבל יותר נראה דוכן וכו' אדבתריה וגבי זב ועשה הכהן וכו' סמיך דאע"ג דבת"כ פ' מלורע לא דריש הכי אלא אועשה הכהן דגבי זב מ"מ גבי מלורע נמי יש לדרוש כן דכתיב התם נמי ועשה הכהן את החטאת וכו' ואחר ישחט את העולה ועוד כתיב שם ועשה את האחד מן התורים וכו' את האחד חטאת ואת הא' עולה וכו' הנה מ"ש הריטב"א דבכל הספרים גרסינן בסוגיין ולקח ועשה וכו' יעו"ש הנה בפרק ו' דכריתות כ"ח ע"א הגירסא דכתיב ולקחה ב' תורים וכו' ועשה הכהן וגו' וזה כגי' הספ' שלפנינו דגרים נמי הכא ולקחה ועשה וק"ל.

ד"ה **והא** הכא וכו' וקס"ד וכו' בשעת קידוש גורל וכו' וה"נ בהדיא בכריתות שם קתני שם דומיא דגורל מה גורל לאו בלקיחה ולאו בעשייה אף השם נמי לאו בלקיחה ולאו בעשייה ע"כ.

ד"ה **והא** הכא דלאחר שהפרישם פירש וכו' לאו למימרא דבשעי הפרשה מיהא היה קובע דהא בהפרשת מעות איירינן והך לאו שעת לקיחה היא למאי דס"ד השתא אבל כונתו דפי' זה היה לאחר הפרש המעות דהכתי לא בא לידי לקיחה וז"ל בכריתות כ"ח ע"א והא הכא כשהפריש המעות לא לקיחה ולא עשייה היה וקתני דקבע וכו' ועיין עוד מ"ש בסמוך וק"ל.

ד"ה **אלא** מאי אית לך וכו' דהפרשה במעות כשעת לקיחה וכו' כל"ל כשעת בכ"ף וכלומר דאשמועינן ברייתא דכך לי שעת הפרשת מעות כשעת לקיחת העוף דבשניהם קבע וכן מבואר בדבריהם בכריתות שם אבל לבסוף דמסי' איפכא וא"כ לקה שעת לקיחה דוקא בעי' כמו שביאר הרמב"ם ז"ל ספ"ה מה' פסולי המוקדשין וכ"כ הרב המאירי ז"ל ועיין מה שאכתוב לקמן בסוגיא ולפ"ז גם דבריו דלעיל ד"ה והא הכא וכו' יש לפרשם כפשטם דאם היה מפרש בשעת הפרש' מעות לעולם דהיה קובע דאל"כ הוצרך לומר דמעיקרא ס"ד דבשעת הפרשת מעות

לאו כלום הוא והשתא ס"ל דקבע ולבסוף מסי' דלא קבע אלא שעת לקיחה דוקא וכל זה דוחק וק"ל.

תוספות ד"ה **סתם** ספרא וכו' זאת ואחת וכו' הנעשים בבגדי לבן וכו' ואידך מיעוטא לנעשים בבגדי זהב כדאיתא שם ובדברי התוספות דקידושין שם ובפ"ק דחולין כ"ד א' לא הוזכר אלא חד מיעוטא כי הוא הלריך כאן ולא תיקשי לתי' הר"ש דמאי פריך דלעולם דכל היכא דכתיב חוקה לא דרשינן ק"ו ואיצטריך וזאת למעט דלא קאי חוקה אף לדברים הנעשים בהיכל דמעשהו לא ילפינן אלא דחוקה לא קאי אהגרלה הנעשית בעזרה ואכתי דלא קאי בהיכל מנל"ן דודאי לר"י ההיכל נמי לא קאי חוקה כדמוכח סוגיא דלקמן דקאמר אחת בשנה מקום שמתכפרים פעם אחת בשנה דהיינו לפני ולפנים וכן מוכח עוד מסוגייא דפב"ש מ' ע"א כמ"ש הרל"ם ברפ"ח דכ' ע"כ יעי"ש הא ליתא דהא השתא נמי דכתיבי תרי מיעוטי זאת ואחת אימא דאיצטריכו חד למעט דברים דהיכל וחד דברים דחוץ והכל בבגדי לבן ואכתי דברים הנעשים בבגדי זהב דחמירי דמרובה כפרתן כדאיתא לעיל ל"ב ע"ב מנ"לן אלא ודאי משמע דאי מיעט קרא דחוקה לא קאי אכל מילי מסתבר לאוקי' חוקה דוקא אדברים דלפני ולפנים דחמירי ומש"ה מחד מיעוטא ממעטינן בין דהיכל ובין דעזרה ואייתר לן מיעוטא דאחת למעט הנעשים בבגדי זהב וכיון שכן ה"ה דאי לא כתיב זאת מיעשהו ממעטינן נמי דברים הנעשים בבגדי לבן אפי' בהיכל וכ"ת הכא לא מלית למעוטי דברים הנעשים בבגדי זהב דהא הגרלה בבגדי לבן היא והא קמן לפי המסקנא בעינן מיעוט מיוחד לבגדי זהב אה"נ וגם הר"ש אין כונתו להקשות אלא דליפתוק ממיעוטא דוזאת דממעט בגדי לבן וכמו שדייקו בדבריהם דקידושין ודחולין שם אבל ודאי דמיעוטא דאחת איצטריך למעט בגדי זהב דלא הוה ממעטינן להו מהגרלה.

מה שהקשה בספר עלמות יוסף בחידושיו לקידושין על תירוץ זה דאי לא כתיב זאת הו"א דחוקה קאי אכל מילי דחוץ ודפנים ואיצטריך ועשהו לגלויי דבהגרלה היא עלמה דוקא מעכבא ולא סדר שלה כדאסיק לעיל לר"י ולעולם דכל מילי חוץ מהגרלה סדרא נמי מעכב ולהכי איצטריך חאת יעי"ש י"ל חדא דהא מדתנא בה קרא אשר עלה נפקא והוה אייתר לן מיעוטא דועשהו לגלויי דחוקה לא קאי אדחוץ ואפילו תימא דהר"ש ס"ל כמ"ש כס ז"ל לעיל דאי לאו ועשהו הו"א דאשר עלה סיפור דברים בעלמא ולא עיכובא י"ל עוד דודאי אפילו תימא דחוקה קאי אכל מילי מ"מ בהגרלה דלאו עבודה די לך לומר בה דהיא עלמה מעכבא אבל לא סדרא וא"כ בלאו ועשהו ידעינן נמי דסדר הגרלה לא מעכבא וע"כ היינו אומרים דועשהו איצטריך לגלויי דחוקה לא קאי אדחוץ וכי תימא דא"כ אי לא כתיב זאת ה"א דחוקה קאי אכל מילי חוץ מהגרלה דלאו עבודה ולהכי איצטריך ועשהו וכמו שהקשו בסמוך וכתו' דחולין שם גם לזה י"ל דאה"נ אלא השתא דכתיב ועשהו שמעינן דאשר עלה עיכוב גמור הוא וא"כ הוה אייתר לן חד מינייהו לגלויי דחוקה לא קאי אדחוץ וא"כ זאת למ"ל וכי תימא דהשתא דכתיב זאת תרי מיעוטי דאשר עלה ועשהו למ"ל י"ל דס"ל להר"ש כתירוץ התוס' ישנים דאיצטריך לימר דהגמה לא מעכבא ע"ש ד"ה ת"ל ועשהו וכו' דלא ס"ל להר"ש כתירוצם דלעיל דועשהו איצטריך נמי לומר דבעלמא אין כשם קובע אלא אפשר דס"ל כתירוץ הרשב"א דחולין כמ"ש לעיל או כמ"ש התוספות דחולין שם דאיכא שום מיעוטא יעי"ש ובזה יתורץ קושייתם האחרת דבסמוך כנלע"ד ליישב תי' הר"ש ודו"ק.

בא"ד ויכולנא לשנויי וכו' חוקה דמשמע עיכובא לרבי נחמיה וכו' אין כונתם דאקשי נמי מר"י דהא יש לדחות בפשי' דדילמא ר"י לית ליה דרשא דועשהו כי היכי דלית ליה לר"ש דאמר דהגרלה לא מעכבא וכ"כ התוספות דחולין שם והתוספות ישנים כאן יעי"ש אבל כונתם דנקט חוקה משום דאיכא תנא דס"ל דיש כאן חוקה ועוד דעבודה דאשר עלה אחוקה סמיך אבל לעולם דלאו דוקא קאמר אלא עבודה דאשר עלה והייט דבסוף דבריהם לא הזכירו אלא דרשא דאשר עלה דמינה דוקא פריך. ופשוט הוא דלא עדיף חוקה מעבודה דאשר עלה דהגם דחוקה סדרא נמי מעכב היינו משום דקאי אכולה מילתא בין אהם עלמן בין אסדר שלהם משא"כ אשר עלה אין ללמוד הימנו אלא שהעלייה מעכבת דוקא ואדרבא משמע יותר עבודה אשר עלה לכשאמר דלאו ספור

דברים הוא מחוקה דהא קמן דחוקה אי לאו ג"ש דמחוסר בגדים לא הוה ידעינן דעבודה הוא כמ"ש ר"ח בפ"ק דמנחות י"ע ע"א ד"ה תורה בעיא וכו' יעי"ש ועיין בחי' הריטב"א כאן סוף ד"ה סתם ספרא וכו' ובהכי ניחא דבפ"ק דחולין פריך לפירושם מעכובה דאשר עלה דהוה דרשינן ק"ו אחוקה דעגלה ערופה יעי"ש.

מה שכתב מהרש"א לעיל דמה שהקשו להר"ש ועד אפי' אי קיימא חוקה אכל וכו' דלא יתישב גם לפי' יעי"ש כונת דבריו דהא השתא נמי תיקשי דמאי פריך התם לעולם דכל היכא דכתיב חוקה אי עבודה לא דרשינן ק"ו ותנא דברייתא ה"ק דאי לאו ועשהו הו"א דאשר עלה סיפור דברים בעלמא דהא דחוקה לא מהני ליה מידי דכיון דהגרלה לאו עבודה לא קאי חוקה עלה כלל ומש"ה היינו אומרים שקידש בו השם מק"ו והגרלה לאו דוקא ולהכי איצטריך ועשהו אבל לעולם דהיכא דכתב קרב עכוב ברור בהכה דגבי יבמה אי חוקה דפרה לא דרשינן ק"ו וקושייתו זאת שייכה נמי על דברי התוס' דחולין שם דמשמע דקושית הר' מנוח דהיא קושיית יעוד אפי' אי קיימא וכו' שכתבו כאן דלא שייכה אלא לתי' הר"ש דוקא יעי"ש ושמא יש ליישב דמדולרך תנא דברייתא לאתויי שיקדש את השם מק"ו ולא קאמר בפשיטות דבלאו ק"ו נמי אי לאו ועשהו הו"א דיקדש השם דאימא דאשר עלה סיפור דברים בעלמא ודחוקה לא קיימא אהגרלה ש"מ דס"ל דאשר עלה עיכוב גמור הוא מכח חוקה דמש"ה אי לאו ק"ו לא מצינן למימר תיקדש השם א"ב שמעת מינה דאפי' היכא דכתיב עיכובא דרים ק"ו ודו"ק.

ד"ה **מטמא** מקדש וכו' הא דלא נקט שמיעת קול וכו' אבל ממזורע ל"ק להו דבפשיטות יש לתרץ מפני שחלוק דינו כדאיתא לקמן בסמוך וכמ"ש בת"י ומה שתירלו דמילתא דשכיחא נקט נקט כלומר דשגגת שבועת העדות לא שכיחא כ"כ דהא בעינן בה זדון העדות שמזידין הם ויודעים לו עדות אלא שהם שוגגין על הקרבן כדאיתא בריש פרק שבועת העדות וכמו שפרש"י שם והיה אפשר לתרץ עוד קושייתם דתנא ניחא ליה למנקט מטמא מקדש דאגב אורחא קמ"ל שגם הוא בדלות וקרא דנפש אשר תגע איירי ביה שוב ראיתי דכן תי' בשכ"י וכתב דאפשר דלזה כיון רש"י ז"ל במ"ש והתם נמי כתיב או נפש וכו' ומוקמינן ליה וכו' וק"ל.

ד"ה **ולרבי** תנא וכו' וכ"ע אית להו וכו' דלא ס"ל לפרש דה"ק דמסתמא ר"ח ס"ל כר' חגא דלדידיה מתניתא מתרלתא היא וכמ"ש הריטב"א יעי"ש דס"ל דתלמודא לא מקשה השתא אלא לר' חגא דלדידיה דמתניתין מתרלתא היא תיקשי ליה מינה למאי דקי"לן דאין הקינין מתפרשות אלא בשעת לקיחה אבל לרב חסדא אין כאן עוד קושיא דאיהו ס"ל כר' אלעזר דמגיה הברייתא ואימא נמי שהכבר עמד משעת הפרשה ומעתה לפי סברתם בקושית הגמרא דלר' חגא דוקא פריך [(וכגם שמדברי רש"י ז"ל כאן ובכריתות כ"ח ע"א נראה דלר"ח נמי פריך)] הוצרכו לפרש דכ"ע אית להו דר"ח ואפשר דהיינו מכח דסתמא דספרי דפ' נשא אתיא כוותיה כמו שהעתקתי בחי' דסוגיין ד"ה והא הכא וכו' יעי"ש וק"ל.

שם ע"ב גמרא **מצורע** עני שהביא קרבן עשיר יצא וכו' אפילו לכתחילה מביא ותבא עליו ברכה ואידי דתנא סיפא לא יצא תנא רישא יצא לשון הר"ש בסוף נגעים וכ"כ באר שבע בחי' לכריתות כ"ח ע"א.

שם גופא אר"א וכו' ור' חגא וכו' לכאורה משמע דהגה"ה כר' חגא הדא דלר"א לא דייק ברייתא דלעיל דמטמא מקדש וכו' כוותיה אם לא שנהפך סדרא משא"כ לר' חגא דטעות דאימא לקח טעות מלוי הוא וכמ"ש רש"י ז"ל לעיל ועוד דלדידיה מדרים שפיר מיעוטא דאם דל הוא דמזורע דמשמע דבעלמא יצא אלא שמדברי הרמב"ם בפפ"י מהל' שגגות משמע דס"ל דאפי' במטמא מקדש לא יצא וכר"א וכמ"ש הכל"ם שם וכן פסק הרב המאירי ז"ל ואפשר שטעמו משום דלר' חגא לריך לדחוק פי' דברייתא כדר"ש כגון שלקח פרידה אחת וכו' דאשר ס"ל דאפי' בקרא שם בעודו עשיר קבע לא מלית לתרולי ברייתא לדידיה דאימא שהכבר אמר משעת הפרשה דאדרבא לשמועינן ברייתא רבותא טפי דאפילו כשהעשיר הסריס המצות ופי' איזה להעלאה וכו' דקבע אלא ודאי דבדוקא קאמר דאמר בעודו עשיר לאשמועינן דקבע וכ"כ דבדיעבד

אם הקריב יצא כמ"ש בתו"י וא"כ צ"ע לומר דאימא דלקח וכו' ומעתה צריך לדחוק כדרב פפא דאי משום מיעוטא דאם דל הוא מהא לא מכרעא לפסוק כר' חגא דלר"א אצטריך למלתא אחריתי למעוטי הא דאיתא בערכין פ' השג יד י"ז ע"ב ואדרבא לר' חגא צריך לדחוק ולומר דתרתי שמעת מינה יעו"ש ועוד אפשר לומר דמדרב ששת אתי לסיועיה לרב חסדא מהא דאמר ר"א הגם דודאי ידע דר' חגא לא ס"ל הכי ש"מ דס"ל לר"ש כר"א אלא די"ש לדקדק דכיון דלר"א כך לי שעת הפרשת מעות כמו שעת לקיחה למה לא ביאר ז"ל בספ"ה מהל' פסולי המוקדשין כן ואדרבא כתב שם דאפי' אמר אלו דמי חטאתי ואלו דמי עולתי יש לו לערב המעות וליקח בהם כאחת חטאתו ועולתו וכו' שאין הקינין מתפרשות אלא בלקיחה הבעלים וכו' ואע"ג דלכאורה משמע כן מברייתא דאייתי תלמודא בנזיר כ"ז ע"ב דקתני ושאר חייבי קינין שבתורה שהפרישו מעות לקיניהן רצה להביא בהם חטאת בהמה וכו' הנה כבר כתבו התוס' שם דבאמר לקרבנות נדעתו בשעת הפרשה חל מיד מקצת דמים לחטאת וכו' ולא יוכל להביא מכולן חטאת כדאמר הכא יעו"ש ואף שתאמר דס"ל ז"ל דמעיקרא הוה ס"ד תלמודא דשעת הפרשה נמי קבע אבל לבסוף דמסיק לרבי חגא אימא לקח גם לר"א נפרש כן ולעולם דהפרשה לא קבע כלל כדמשמע פשטא דברייתא דנזיר מ"מ עדיין יקשה למה לא ביאר ז"ל דין הברייתא וכדפי' רב פפא וכמו שהביאה הרב המאירי ז"ל אם לא שנאמר דכך דין לקח א' מהם כמו לקח שניהם יחד ולא הוצרך לבאר דבלקח א' מהם מוסיף ומביא חובתו מדמי חטאתו דוקא דממילא שמעת מינה דכיון שנקבעו אין יכול לשנות עולה לחטאת ועיין בדבריו דה' נזירות פ"ט ה' ד' ובמ"ש בתו"י ד"ה והא הכא וכו' ועדיין צ"ע ודו"ק.

במשנה **אנא** השם עויתי פשעתי חטאתי וכו' כצ"ל וכן לקמן גבי וידוי שעיר המשתלח ס"ו ע"א צ"ל עוו פשעו חטאו וכו' כפר נא לעונות ולפשעים ולחטאים וכו' וכן הגי' במשנה שבירושלמי כאן ושם וכן לשון הרמב"ם במשנתינו וזה שהראה כתוב בג' הוידויין עון פשע וחטאת הוא דעת ר"מ וכו' ועיין עוד מ"ש התוי"ט לקמן שם פרק שני שעירי וקי"ל.

שם איבעיא להו ולנשחט אקשירה קאי וכו' דהכי משמע טפי מדלא קתני והנשחט כנגד וכו' וכמו שדייק בספר הון עשיר וכ"כ הרב המאירי ז"ל ועוד מדלא קתני ושל שם כנגד צפון עזרה או דילמא דטפי מסתבר לומר דלא היה קושר אלא בשל משתלח דבה היה צורך לידע אם הלבין כדאיתא לקמן ס"ז ע"א ואי משום דלישנא דלנשחט ה"ק ואת השעיר העומד לשחיטה וכו' כמו שפירש"י ז"ל ואהדר ליה דודאי אקשירה קאי כדמשמע פשטא דמתני' דלא היה בלבד משום צורך ההלבנה דאם כן היה די לקושרו בו כשמוליכו למדבר דבשעת דחיפתו דוקא היה דרכו להלבין כדמשמע לקמן שם אלא דצורך אחר יש בו עתה כדי שלא יתערב באחר וכדקתני בברייתא וא"כ מהאי טעמא גופה גם בשל שם צריך לקשור כדי שלא יתערב באחרים וקי"ל.

שם אלא לאו ש"מ אקשירה קאי וכו' דכן משמע נמי פשט לשון משנתינו כמ"ש לעיל והיינו דהרמב"ם בפי' לא הוצרך לבאר זה דסתמו כפי' משמע וכן בחי' העתיק לשון משנתינו מטעם זה כי הדבר מבואר מעצמו ומה גם שם שהקדים קודם זה שהיו עומדין בשעת הגרלה פניהם למערב כדאיתא בת"כ וא"כ ע"כ לפרש דולנשחט שכתב שם אקשירה קאי כמ"ש לעיל וכן פסק הרב המאירי ז"ל אבל לפרש דס"ל ז"ל דרבי יצחק ור' יוחנן לקמן וסתמא דמתניתין דפ"ד דשקלים שלא מנו לשון של שעיר פנימי פליגי אהך דתני רב יוסף וסבירא להו דלא היה טעם קשירת הלשון משום חשש עירוב כלל שכבר הם מובדלים וניכרים בפני עצמם במה שכבר הניח עליהם שני גורלות אלא הטעם לבד לסימן הלבנת השני שזה לא שייך אלא במשתלח ולדידהו אה"נ דלנשחט אהעמדה דוקא קאי והגם דלכאורה כצ"ל לסדר אתה כוננת שסידר אף שעיר של שם יעמידנו כנגד שחיטתו ובזה לא יקשה עליו מה שהקשה הרא"ש ז"ל בפסקיו יעו"ש מ"מ לרמב"ם נראה דוחק לפרש כן ומה גם דיש לתרץ במ"ש התוס' ד"ה שלש לשונות וכו' יעו"ש ולעולם דכ"ע אית להו לשון דשעיר פנימי אלא דשוב ראיתי להפר"ח ז"ל בליקוטי מים חיים שרצה לתרץ כן לדעת הרמב"ם ז"ל ועיין עוד בספר לחם יהודה שם. וליישב זה נלפע"ד להוסיף דס"ל לר' יצחק ורבי יוחנן דמהא דתנא רב יוסף לא מכרעא דיש לפרש שלא יתערב זב"ז וכו' דקתני אהעמדה דלנשחט דוקא קאי דקשירת משתלח אין הטעם אלא לצורך סימן ההלבנה הא קמן דצריכה שיעור כדבסמוך ואי משום חשש עירוב בחוט א' של זהורית סגי דלפרש כמ"ש המפרש לסמ"ע בהלכות שקלים לחלק דחוט זה שמניחין עליו לאחר הגורל היינו כדי שלא יתערב ואח"ז מניחין עליו לשון של זהורית אחר בשעה שמוליכו יעו"ש דבר זה לא מצאנו ואדרבא מדמייתי הכא בתר הכי מלתיה דר' יוחנן דלשון של זהורית של משתלח שיעורה ב' סלעים משמע דהיינו לשון דמתני' דצריכה שיעור שצריך הוא לחלקה חציו קושר בסלע וכו' כדלקמן גם צ"ל דס"ל לפרש כנגד בית שחיטתו דקתני דהיינו כנגד בית האולם ולמזבח דומיא דפרו דתנן לעיל דשחיטתו היתה שם משום תולשא דכ"ג וה"נ בשעיר מהך טעמא גופה וכמ"ש התוי"ט לקמן פ"ה משנה ד' מדיוק דברי הרמב"ם ז"ל יעו"ש ולפ"ז ניחא דלא קתני כנגד צפון עזרה דהיינו צד מערב וכנגד מקום שחיטת קדשים אלא קתני בית שחיטתו כלומר מקום המיוחד לו דהיינו בין האולם ולמזבח ועיין בחידושי הריטב"א גם אתי שפיר דאע"ג דקודם זה נמי היה עומד פניו למערב מ"מ עתה מושכו ומביאו לכאן ממקומו הראשון ומעתה היינו דתני רב יוסף ולנשחט כנגד בית שחיטתו כלומר שמעמידו בין אולם ולמזבח ולא היה מניחו שם בעזרה עם שאר קרבנות היום ושעיר המשתלח כדי שלא יתערב שעיר פנימי בשל משתלח והכונה דאפילו תימא דלאו אדעתיה דכ"ג לראות היכר דהאי קטיר והאי לא קטיר עוד לא יוכל להתערב מטעם זה דהעמדה אבל עיקר תקנה דהעמדה כדי שלא יתערב באחרים דהיינו שעיר מוסף דחוץ כמו שפי' הריטב"א ובודאי ר' יצחק ור"י דיוחל יש לפרש כן מלפרש הך דתני רב יוסף דאקשירה קאי ולעולם שלא היה מעמידו בין האולם ולמזבח עד שעת שחיטה וקתני עלה דהיינו טעמא שקושר גם עליו לא מפני סימן ההלבנה אלא מטעם שלא יתערב משום דנהי שתקנו בקשירה זו שלא יתערב באחרים מאחר דהאי קטיר וכו' אבל בדחבריה בשל משתלח כיון ששניהם קשורים ושניהם עומדים במקום א' יכולים להתערב דאגב ערדא דכ"ג לאו אדעתיה לראות דזה קשור בראשו וזה בצוארו אלא לאו ש"מ דאהעמדה קאי. ואם כך היתה דעת הרמב"ם ז"ל בפי' סוגיין שפיר כתב ז"ל ולנשחט כנגד בית שחיטתו דסתמו כפירו' משמע דאהעמדה קאי אי משום דאדסמיך ליה ומעמידו כנגד בית שילוחו קאי ואי דמל' כנגד מורה באצבע דאמקום העמדה קאי דאלא"ה הוה ליה למימר ולנשחט בבית שחיטתו דומה למה שהזכיר בראש דבריו וקושר לשון וכו' בראש שעיר המשתלח וכו' ויתיישב גם בזה סדר אתה כוננת וכן מה שהפריז על המדה הר"ס ניגרין ז"ל בפי' סדר עבודה שכתב ובכאן טעו הרבה מבעלי הקרובות שפי' מתני' וכו' שהעמיד השעיר כנגד מקום השחיטה שהוא הצפון ולא הזכירו עליו קשירת לשון של זהורית וכן כתב הר"י יצחק בן גיאת ז"ל וכן החכם ר' יצחק הלוי ז"ל בקיקלאר וכו' וזה שגגה שלא עיינו בגמרא כמ"ש אלא כתבו שיריהם על פי המשנה וכו' עכ"ד והעתיק דבריו ג"כ בס' עבודת ישראל קי"ע ע"א יעו"ש ודבר זה קשה להאמין על אותם הגאונים שלא עיינו בגמרא דאותה משנה עצמה אלא הדברים מוכיחים מצד עצמם דהם ז"ל היו מפרשים כמ"ש דמדר' יצחק ור"י שמעינן דאהעמד' קאי ולדעתם יש לפרש הא דתני רב יוסף כמ"ש אי"ל ז"ל והוא העיקר לכשנאמר דנראה יותר דהעמדה זו היתה כנגד צפון ומערב דוקא ולא בין האולם ולמזבח כדדייק מדקתני לקמן הביאו לו השעיר משמע דעד השתא לא הוה קאי בין האולם ולמזבח ויהיה טעם העמדה זו משום צורך שחיטה דבהדיה כדקתני לעיל ל"ו ע"א כיצד סומך הזבח עומד בצפון ופניו למערב ועיין מה שאכתוב לקמן מ"ה ע"ב בתו' ד"ה הר"א דוקא וכו' וכן ברפ"ד דתמיד וכך היתה עקידתו ראשו לדרום ופניו למערב השוחט עומד במזרח ופניו למערב וכו' ומשום דמשתלח דחייתו לצוק זו היא שחיטתו לכן מעמידו כנגד בית שילוחו אבל נשחט כנגד בית שחיטתו ובדבר זה אינם שוים והיינו דאשמועינן מתניתין אלא דמיבעיא לן אי ולנשחט וכו' אקשירה קאי והעמדה אין צורך לאשמועינן דודאי הרי הוא כשאר קרבנות קדשי קדשים דשחיטה כנגד צפון ומערב או דילמא דאהעמדה דוקא קאי ואשמועינן דבזה אינם שוים ומסיק דאקשירה קאי

ומשחה כיון דקשירה זו משום חשש עירוב ולאו עיקר מלוה היא וודאי דבכל דבר היכר שלא יתערב סגי להכי לא הוצרכו בעלי הקרובות להודיענו וכמו שרבי ילחק ור' יוחנן לא מנו אותה ומהטעם שכתבו התוס' אבל העמדה הוצרכו ללמדנו שלא תאמר דגם בזה שוב למשתלח אלא הרי הוא כשאר קרבנות אשר מהם למדנו העמדה זו ולאו ממתני' דודאי מתניתין אקשירה קאי כדאסיק תלמודא ובדרך זה יש ליישב דברי הרמב"ם ז"ל אף אם נפרש דבריו דאהעמדה קאי אבל יותר נראה מסידור דבריו דאקשירה קאי וכמ"ש בתחילת דברינו ומה גם שכבר ביאר בפ"ג מה' מעה"ק דין סמיכה דכנגד מערב ומעתה ע"כ דולנשחט שכתב ז"ל אקשירה קאי וה"ה שחיטה דתכף לסמיכה שחיטה ודו"ק.

שם מתקיף לה וכו' דפרה נמי בעי כוכד וכו'. דאע"ג דכיון דכורכן ביחד כדלקמן הרי יש לה כוכד מהדברים האחרים מ"מ לאותו מ"ד לקמן משמע דקרא לא מסבב לומר שיהיו כולם כאח' אלא דחכמים תקנו כן כדי שיהיה כאן יותר כוכד והיינו דתני' בתוספתא דפרה ופסקה הרמב"ם ז"ל בפ"ו מה' פ"א ובין שהשליך שלשתם זו אחר זו כשרה ומעתה קרא דאל תוך וכו' ע"כ אכל חד מינייהו קאי שיהיה בהם שיעור ליפול תוך הפרה ולא ישרפו באויר השלהבת וכיון שכן פרה נמי לריכה שיעור ושוב ראיתי להח"י שהרגישו בזה יע"ש ובחי' הריטב"א וק"ל.

שם א"ל רבא כוכד תנאי היא וכו'. אע"ג דלכאורה משמע דמאן דמתיב ידע שפיר ברייתא דלקמן דאל"כ מנא ליה דבעינן כוכד ואי ידע לה הרי מוכיח מתוכה דכוכד תנאי היא. י"ל דס"ד דלכ"ע בעינן כוכד אלא דהא איכא בינייהו דרבי ס"ל דקרא ה"ק ולקח את עץ הארז וכו' שיקח אותם כלם כא' ועיכובא הוא דהא כתיב חוקה וא"כ אם השליכן זה אח"ז לא ילא ואה"נ דמפרשינן טעמא דקרא משום כוכד ורא"ש ס"ל דמן התורה אפילו בזה אח"ז כשרה אלא דחכמים תקנו כן משום כוכד ולהכי אם השליכן זה אח"ז ילא כדקתני בתוספתא וכמ"ש בסמוך ואהדר ליה רבא דכוכד תנאי היא כדמוכח ממילתיה דרב וכמ"ש בסמוך ולרבי אין הטעם משום כוכד כלל אלא דגזירת הכתוב הוא שיהיו לקיחתם כאחד ואפשר לומר עוד דהמקשה לא הוה ידע ברייתא ונפקא ליה כוכד משום דהוה מסתבר ליה לפרש טעמא דמתניתין דספ"ג דפרה דקתני כילד הוא עושה כורכן וכו' דמשום כוכד הוא דהכי דייק ברייתא דנתהבהב הלשון וכו' ודכ"ע ס"ל האי טעמא דהכי דייק קרא דוהשליך אל תוך וכו' וקרוב לזה ראיתי שכתב בשכ"י ואסמכיה אדברי רש"י ז"ל שכתב בעי כוכד וכו' כדכתיב אל תוך וכו' כלומר דמהא דוקא ידע השתא דבעי כוכד ולא משום ברייתא דלקמן וק"ל.

שם אמר אביי ל"ק כאן בקולחת וכו'. יראה דאביי ידע שפיר ברייתא דמייתי רבא בסמוך ואפ"ה ס"ל דלכ"ע בעינן כוכד הא דהכי דייק קרא דאל תוך וכו' ועוד דאי בכוכד פליגי יאתא רב לאשמועינן דהלכה כמאן דאמר דלא בעינן כוכד לימא רב אברייתא דהלכה כר' ורבא ס"ל דאדרבא משום דמברייתא יש לשמוע ולפרש דלכ"ע בעי כוכד ופליגי במלתא אחריתי כמ"ש לעיל להכי אשמועינן רב דודאי איכא תנא דס"ל דאם קלטתן שלהבת כשירה וטעמא משום דלא בעינן כוכד ולעולם דבהא נמי פליגי ושוב ראיתי בשכ"י שהסכים כן בתחלת דבריו דאביי שפיר ידע לברייתא אלא דס"ל דלכ"ע בעי' כוכד והביא ראיה מדברי התוספות בסמוך ד"ה כי אתא רבין וכו' שכתבו שמא רבין ס"ל כאביי וכו' יע"ש אלא שהקשה דא"כ איך יפרש אביי מילתיה דרבי ילחק בשתי לשונות שמעתי וכו' שא"א לפרש דשיר לא בעי שיעור דהא בעי חלוקה לכ"ע ודפר' נמי בעינן כוכד ואזו היא דאין לה שיעור ומכח קושיא זו חזר בו לומר דלאביי נמי תנאי היא ושלא כדברי התוספות ושמא י"ל דאף שנאמר דר"י ס"ל כאביי דלכ"ע בעי' כוכד מ"מ ס"ל דהיינו לענין שלריך לכורכן כלם יחד וכדקתני ראב"ש אבל לא לומר שבכל מין לריך להיות בו כוכד ולהכי אין להכריח מזה דפרה יש לה שיעור והיינו דאביי לא פריך לעיל אדריי אלא ממה שמלאנו דפרה בעי חלוקה אבל לא ממאי דבעיא כוכד כדפריך רמי בר חמא דזה יש לדחות כמ"ש כנלע"ד וק"ל.

והנה מדברי הרמב"ם ז"ל בפ"ג מה' פרה אדומה משמע שפוסק כמ"ד דבעינן כוכד שהרי כתב שם וכורך האזוב וכו' בין שהשליך שלשתן כאחת בין שהשליך זה אח"ז וכו' כשרה ע"כ ועיין במ"ש לעיל וכן בפי' המשנה לפ"ג דפרה פי' כן דטעם הכריכה כדי שלא יתפרדו הלהב יע"ש ועד דהא פסק שם דבעינן שיעור ואע"ג דלתירוץ רבא רב ס"ל כמ"ד דלא בעינן כוכד מ"מ להיות שאין הדבר מוכרח דהא יש לתרץ כדאביי כאן בקולחת וכו' ולעולם דבעינן כוכד ומשמע דכולהו אמוראי דלקמן דסבירא להו דשל פרה נמי בעיא שיעור טעמייהו משום כוכד להכי פסק ז"ל כן. אלא דלריך לעיין למה לא ביאר שם דאם נתהבהב הלשון מביא לשון אחר דלרבא הא כמ"ד דבעיא כוכד אתיא ואי ס"ל כתי' דאביי מכ"ש דהיה לו לבאר חילוק זה דקולחת או נכפפת אם לא שנאמר דודאי ס"ל כתירוץ דרבא אבל אינו מפרש כפירוש הריטב"א דמ"ד קידש ס"ל דלא בעיא כוכד ומ"ד לא קידש בעיא כוכד אלא מפרש ז"ל איפכא דמאן דאמר דלריך להביא לשון אחר ס"ל דלא בעיא כוכד אלא גזרת הכתוב ולקח את עץ הארז וכו' כולם ביחד והשליך אל תוך שריפת וכו' ואם נתהבהב הלשון קודם שיגיע אל תוך שריפת הפרה לא קיים המלוה דשבובה נאמר בכל מעשיה דהא כתיב התם חוקה אבל מ"ד דבעיא כוכד ס"ל דקרא לא קפיד שיהיה לקיחתם כאחד ויפלו כא' אל תוך וכו' אלא דחכמים תקנו כן משום כוכד ואסמכוה אקרא דאל תוך ומש"ה אם קלטתן שלהבת כשרה ולדרך זה ניחא טפי דאתי' מילתיה דרב במ"ד דבעיא כוכד דהכי סבירא ליה לאמוראי דלקמן דבעי שיעורא ומה גם למה שאכתוב לקמן בדברי התוספות בד"ה כי אתא רבין דגרסי הכא ר' יוחנן דלא תיקשי לפ"ז דר"י אדר"י כמו שהקשו התוספות שם ומעתה לא הולרך לבאר זו דמסתמא כפי' משמע דכשרה מאחר דלא פי' כדפי' שם דאם השליך לאחר שנעשה אפר דפסולה. ופשוט הוא דאע"ג דמתני' דפרה קתני כורכן בשירי הלשון כתב ז"ל שם וכורך האזוב עם הארז בלשו' וכו' משום דכיון דפסק ז"ל כמ"ד דבעי שיעור לישנא דלשון מדוייק יותר דע"כ לא קאמר תלמודא אימא בזוב לשון אלא ליישב מתניתין למ"ד דלא בעי שיעורא אבל למאן דבעי אדרבה להכי נקט שירי לאשמועינן דאיכא תו ושיעורא כמי כדפריך תלמודא ואפי' תאמר דאף למ"ד זה נקט שירי לאשמועינן שהיה מותח הלשון וכורכן מן הזוב ועיין בפי' המשנה לו ז"ל מ"מ אין כאן נפקותא לענין הדין דודאי כן דרך למתח' ולכורכ' אח"כ כדי שתכרך יפה וזו אין לריך לבאר כנלע"ד ושוב ראיתי בס' לחם יהודה שהאריך בזה ומה שהקשה שם דאי ס"ל להרמב"ם טעמא דלקיחתה כאחת משום כוכד למה פסק כן גבי מלורע בפי"א מה' טומאת לרעת דלקיחתן כאחד דמה כוכד שייך שם. י"ל דהתם גלי קרא שיהיו לקיחתן כאחד מדכתיב את הלפור החיה יקח אותה כלומר שהוא מפרישה לעלמה וכו' כדאיתא בתו"כ שם וק"ל.

אבל דע שאין כן דעת הרב המאירי ז"ל שכתב וטעם הכריכה כדי שיהיו שלשתן לאגודה א' וכו' עד ומ"מ למד' שכל שקלטה השלהבת אגודה זו ונתהבהבו שני התולעת שבה קודם שתפול לאור לריך להביא לשון אחר ולקדשו ולא סוף דבר כשהשלהבת נכפפת וכו' [(כמו שהעתקתי בפרש"י ד"ה בקולחת וכו')] ואם שנתרבה שיעורה משל חברותיה וכו' לא מפני שנלטרך בה לכובד ר"ל שתהא כבדה עד שמתוך הכובד תהא נופלת בפתע תוך השרפה כדי שלא תתהבהב השלהבת שהרי מכיון שכרוכה עם עץ ארז ואזוב דיה בכובד זה וכן לא מפני שתהא נכרכת יפה עם האחרים לעשות עמהן באגודה א' שאף בפחות מכשיעור זה אפשר בכך אלא כך היא הקבלה עכ"ד.

רש"י ד"ה **לא** תימה וכו' ואחר כך נקח לו לאחר כך וכו'. והולרך לזה לדפי' דלרב חסדא פריך דמשתמעא דיש לנו לומר דס"ל כר' הגא דלדידיה אין לריך לשבש הברייתא [(עיין מ"ש בחי')] משני ליה שפיר דאפי' תאמר דס"ל כר' הגא אימא ואחר כך לקח דטעות מלוי הוא אבל מודינא לך דלא תוקמה לרב חסדא כר"א דלדידיה לרך להפך סדר לשון הברייתא וטעות כזה אינו מלוי וק"ל.

ד"ה **כנגד** וכו' שיגלהו בו. כל"ל וכלומר ראשו כלפי שער חולדה ושער של שם ראשו כלפי עזרה דהיינו מקום שחיטה וכמו שפירש הריטב"א וירלה דמשום דבשעת הגרלה היה עומד אחוריו למזרח ופניו למערב כדאיתא בתו"כ פ' אחרי מות לפני ה' פתח אהל מועד מעמידו בשערי ניקנור אחוריהם

למזרח ופניו למערב ע"כ הוצרך לומר דלאחר ההגרלה מהפך ומעמיד פניו למזרח נגד המקום שיוליאוהו בו וזה ג"כ הכרח למאי דאיתא בסמוך דולגשתע אקשירה קאי ולא אהעמדה דלא"ה למאי איצטריך למתני דהגשתע מעמידו נגד מקום עזרה דהיינו פניו למערב הרי גם קודם זה כך היה עומד דאם לומר שעתה מכניסו ומעמידו יותר לפנים במקום שחיטתם מלבד שזה פשוט דודאי אין לו לשוחטו סמוך לפתח ומה גם דתיפשי' לטרחא דכ"ג כדלעיל ל"ו א' גבי פר עוד זאת ולגשתע בבית שחיטתו הו"ל למתני וק"ל.

ד"ה אקשירה קאי וכו' כנגד לוארו ע"כ דלא תפרש דמשנתינו לישנא קלילא נקט וה"ק ולגשתע ג"כ קושר הלשון בראשו כמו משתלח אלא שזה מעמידו כנגד בית שחיטתו דהיינו עזרה ותרתי קתני אלא יש לך לפרש דחדא קתני דכן משמע מדקאמר אקשירה קאי דלא חיישינן בזה אהעמדה כלל ועוד דאי אקשירה בראשו קאי מאי קאמר בסמוך אא"ב אקשירה קאי שפיר הא אכתי תערב של שם בשל משתלח ועיין בח"י וק"ל.

ד"ה אלא אי אמרת וכו' ומשום קשירת שעיר וכו'. כצ"ל וכלומר דבקשירת שעיר משתלח לחודיה קאמר דתקנו בזה שלא יתערבו כלל לא הם בעצמם ולא הם באחרים והאי דקתני ולגשתע לא קאי אהא דקתני שלא יתערב כי היכי דהא דקתני והעמידו כנגד בית שלוחו לא קאי לטעם עירוב כלל אלא אגב דבעי לסיומי מלתא דשעיר המשתלח גם לדין העמדתו קתני באגב גם דין העמדת שעיר פנימי. והנה גם לגירסת הספרים שלפנינו דקתני שלא יתערב זב"ז ולא יתערב וכו' לשון יחיד ע"כ דאכל חד מינייהו קאי דמאיזה טעם לא נחוש לעירוב גם בשעיר פנימי וק"ל.

ד"ה בשירי הלשון מדקתני וכו' וכ"כ הריטב"א פי' וכיון דאיה ביה שיריים שיעורא בעו ע"כ ואין כותם דהגם דקתני דמה שהיה משליך אל תוך הפרה לא היו אלא שיריים בעלמא מ"מ מתחילה היה מביא כשיעור ולוקח ממנה כל דהוא דא"כ מאי אקשי לר"י מהך הא שפיר קאמר דמה שהיה משליך לא היה בו שיעור כי זהו עיקר ההכשר ובהא איירי אבל כותם דמשמע דשירי הלשון דקתני לדיוקי אתא דבלשון זה היה שיעור שראוי להיות ממנו שירים ולמדך דבעינן בה שיעורא ודלא כר"י אלא שבערוך ערך שר מצאתי שכתב כורכן בשירי לשון פי' כגון שנחלקו ונטל ממנו הנותר נקרא שירי לשון ופריק אימא כורכן בזנב לשון כלומר הלשון הזה הוא ארוך והקצר היוצא ממנו נק' זנב ומחזיר וכורך בו עכ"ד [(כלומר דבתוך האגודה היה הלשון ומה שהיה יוצא ממנו לחוץ כמין זנב והוא הנקרא שירי היה כורך האגודה וכן תמצא להר"ש רפי"ד דנגעים שפי' כן ולשולם דלא בעינן שיעור)] ולפ"ז נ"ל דאע"ג דמה שהיה משליך באש נוכל לומר שהיה דבר שאין שיעור מ"מ כיון דמתחילה היה לוקח כשיעור אמאי קאמר ר"י דאין לה שיעור דאי משום דהכשר לא היה אלא בשירים הרי גם בשל משתלח העיקר מה שהיה נותן בין קרניו דמה שהיה קושר בסלע לא היה אלא כדי לראות אם הלבין כדלקמן ואפ"ה קתני דבעינן שיעור משום דבעיא חילוק וה"ה הכא נמי וק"ל.

ד"ה בזנב הלשון וכו' ונעשית קצרה וכו' וטעם שאינו כורכן בכל הלשון כדי שיראו שלשתם ולא יהא הלשון מכסם מכל וכל לשון הרב המאירי ז"ל.

ד"ה בקולחת וכו' נמוכה וכפופה וכו'. עיין בפתק הכונס ס"א ע"א ובמה שפירש שם ומכאן מוכיח קצת כלשון האחר שפירש שם אלא שהרב המאירי ז"ל פי' כשתי הלשונות שפי' בפסק הלכה וז"ל ומ"מ למדת שכל שקלט השלהבת אגודה זו וכו' צריך להביא לשון אחר ולקדשו ולא סוף דבר כשהשלהבת נכפפת שקלטתה בחוץ ממקום שרפתה אלא אפי' היתה קולחת וזקופה כעמוד שמ"מ היא מכוונת למקום השרפה אינו כלום או הלך לדרך זו לא סוף דבר בקולחת שהעמוד גבוה למעלה ורחוק ממקום הפרה אלא אפילו נכפפה ונמוכה שהיא סמוכה למקום הפרה אינו כלום עכ"ד ועיין בח"י.

ד"ה ואין לי לפרש ואיני יודע לפרש איזו גדולה וכו'. דלא קאמר דכסדר שנאן קודם פירשם אחת דהיינו של

פרה דקתני ברישא משקל עשר זוז וכו' ואין לי לפרש דקאמר היינו טעם הדבר למה של פרה יותר מכולן וכו' חדא דמדקא' בתר הכי כי אתא רבין וכו' משמע דהדיא שנסתפק לו סדר השיעורין. ועוד דאי ידע סדר שיעורן הטעם מבואר דפרה יותר מכולן משום דבעיא כובד וכו' הא קמן דרבין לא הוצרך לפרש טעם השיעורין. אבל עתה להיות שלא ידע סדר השיעורין נסתפק לו אם נאמר דשל פרה יותר להלכתא כמ"ד דבעיא כובד. או נאמר דשל משתלח יותר דבעיא חילוק. אבל של פרה הלכה כר' דלא בעי כובד ומשום הדור מגוה לחדיה הוא שהגדילו בה שיעור וכן נמי נסתפק לו בשל פרה ומצורע אם נאמר דפרה יותר משום דבדבר שיש לו שיעור מועט קרוב מאוד שישרף באויר השלהבת קודם שיגיע אל תוך שריפת הפרה דאף למ"ד דלא בעי כובד מודה דלכתחלה בעינן אל תוך דהא רב דמוקמינן ליה כהך מ"ד קאמר דדוקא דיעבד אם קלטתן שלהבת כשרה. או נאמר דמצורע יותר להיות שהיה מקיף וסומך אל האגודה ראשי אגפים וראש הזנב של הצפור החיה לטבול כולם יחד כדתנן פי"ד דנגעים בעינן שיעור הניכר יותר כדי שלא יתכסה השני תולעת בסמיכה זו ולא יהיה ניכר ועל כל זה קאמר אין לי לפרש כנלע"ד וק"ל.

תוספות ד"ה והא שלה וכו' אבל אי מחרמי ממילא וכו' וכן כתבו בשבועות שם והכי דייק דברי רש"י ז"ל שם שפי' אין לוקחין בדמי הנדבה עולת העוף ומ"מ הא דתנן בשקלים פ"ד המקדיש נכסי' והיו בהם דברים הראויים ע"ג המזבח יינות שמנים ועופות וכו' וקאמר התם בירושלמי דעופות לא קרבי היינו משום דאמדי' דעת המקדיש דלא הקדישם אלא הקדש דמים מאחר שיודע דלכתחילה אין עוף בא בנדר וכדקאמר התם בירושלמי אבל היכא שאין כאן תקנה אחרת כי הכא ודאי דמקיילין דמה יעשה בו וכמו שסיימו התו' שם ועיין עוד בתוס' דנזיר כ"ז ע"א. ומה שסיימו כיון דאם איתו כהן וכו' קאמר וכו' כן צריך לומר וק"ל.

ד"ה שלש לשונות הא דלא נקט נמי של שעיר וכו' הא דלא הקשה כן לעיל אמלתי' דר' יצחק דלכאורה לא שייך תירוצם שהרי תנה של פרה הגם דאין לה שיעור וכן תמלא לבח"י שהקשו כן לעיל דבשלמא של מצורע לא קתני דלא איירי אלא באותם של נזיר כדתנן פ"ד דשקלים י"ל דבשלמא לר"י יש לתרץ בפשיטות דלאו כל שיעורי לשונות אתא לאשמועינן אלא רלה להודיענו דאין כל שיעורי לשונות שוים דיש מהם של פרה ודעותיה דשעיר פנימי דאין להן שיעור אבל ר' יוחנן דאתא לאשמועינן כל שיעורי לשונות הו"ל לאשמועינן כך דיש לה שיעור כמותן ואם אין לו שיעור עפי הוה אשמועינן דיש מהן שאין בה שיעור כלל ותירלו שפיר דכיון דאין לה שיעור מטעם דאיכה אלא לסימן דבר פשוט היא ואין בזה חידוש דודאי אף כל דבר היה כשר בה אלא שנהגו ליקח של זהורית דומיא דמשתלח ועיין בח"י ובמ"ש שם וק"ל.

דף מ"ב ע"א גמרא של פרה משקל עשרה זוז וכו'. הרמב"ם בחי' פ"ג מהלכות פרה אדומה כתב משקל ה' סלעים וכתב המגיה שם דבגמ' איתא משקל עשרה זוז ותימה לי על הכ"מ וכו' ובאמת דאשתמיטתיה להמגיה דברי הרמב"ם גופיה בפי' המשנה לפ"ג דפרה שכתב וכבר נתבאר בהש"ס דשני תולעת אשר יושלך בה משקל עשר זוזים לא פחות מזה וכבר נת' במעשרי מתרומות שזה השיעור הוא ה' סלעים וכו' ע"כ וכ"כ התי"ט שם. ולנע"ד דילא לו להרמב"ם ז"ל דעשרה זוזים דפרה היינו דיהודה שהם חמש סלעים בגליל כדתנן בתרומות מהא דאיתא בירושלמי דפרקין אמתני' ובפ"ד דשקלים א"ר בא בר זבדא בשם ר"ש בן חלפתא של פרה בשני סלעים ומהלה אית דמפקין לישנא בי' זוזין ע"כ ולמאי ר"מ מפקי לישנא אם לא להוסיף דהכונה עשר זוזין דיהודה שהם ה' סלעים ומעתה כיון דתלמודא דידן נקט לישנא דעשרה זוז ולא נקט בסלעים דומ"א דאינך הכי נקטינן כהוא לישנא ומה גם דלחומרא אזלינן בתר שיעורא רבא משום כובד. ושוב ראיתי להרב המאירי ז"ל שכתב ולשון זה של פרה אף הוא צריך שיעור ושיעורה משקל עשרה זוז שהוא ב' סלעים וחצי וגדולי המחברים כתבו משקל חמש סלעים ולא ידעתי למה ע"כ ולעד"נ יראה לפרש דעתו כמ"ש וק"ל.

שם ורב מאי שנא וכו' פרו נמי הא כתיב וכו' דאפי' אי ס״ל לרב כר״י דלקמן ס' ע״א דלא כתיב חקה אלא אדברים הנעשים בבגדי לבן בפנים מ״מ בשחיטת פר מודה דקאי עלה חקה דלורך פנים הוא וכפנים דמי דומיא דהפינה כדאיתא שם וכמו שפרש״י שם ועיין מ״ש התי״ט לעיל ל״ע ע״ע סד״ה הנחה אינה מעכבת וכו' ופשוט.

שם אי הכי פרה נמי וכו' דאע״ג דהגם דלאו עבודה היא כיון דלצורך עבודה היא כעבודה דמי דמהאי טעמא תנן לקמן בר״פ בא לו אם רוצה לקרות בבגדי בוץ קורא ניחא דודאי חוקה קאי נמי אשחיטה בין דפרה ובין דפרו אלא מיהו גבי פרו מדגלי רחמנא דרשא דועשהו חטאת לומר דהגרלה מעכבת ולא סמכינן אהך טעמא דכיון דהגרלה לורך עבודת פנים כפנים דמי ש״מ דהכא חוקה לא קאי אהגרלה וה״ה אשחיטה דהו״א דלרב לא שאני ליה בינייהו עיין בתי״י שם אבל השתא דאמרת דטעמיה דרב בפרו מש״ס דכיון דלאו עבודה היא לא קאי עלה חוקה הך טעמא גופה אימא נמי בפרה דלא קאי חוקה אלא אעיקר עבודות דהיינו הזאה ושרפה וכו' וק״ל.

שם ושמואל שלא יסיח דעתו מנ״לן וכו' דליכא למימר דתרתי ש״מ דמדהלריך הכתוב שישחטנה לפני אלעזר ע״כ טעמא כדי שלא יסיח דעתו ממנה דאימא טעמא כדי שלא יזלזלו בשחיטתה כיון דלאו קרבן הוא אלא שיש לדקדק דאמאי לא קאמר דנפקא ליה מדכתיב אותה דמשמע לבדה שלא יתעסק בדבר אחר עמה ויסיח דעתו ממנה וכדאיתא בספרא פרשת חוקת ושחט אותה בא הכתוב ולימד על הפרה שתהא מלאכה פוסלה בשחיטתה ופי' הרמב״ם ז״ל בפי' המשנה פ״ד דפרה דמאותה דריש יעו״ש ושמא י״ל דתלמודא דידן ס״ל דהך לאו עיקר דרשא היא דהא דריש נמי כתם אותה דאין עושין שתי פרות כאחת והיינו דלקמן קאמר תלמודא ושחט אותה שלא ישחוט אחרת עמה אלא דא״כ יקשה על הרמב״ם ז״ל בחי' ספ״ד דהל' פרה אדומה דהעתיק כדרשא דספרי דפסול מלאכה בשחיטה מאותה דרשינן יעו״ש ושם רפ״ד העתיק דרשא דתלמודא דידן דלא ישחוט אחרת עמה ועוד זאת דלמאי דפסק ז״ל בריש הלכות פסולי המוקדשין דכל השחיטות כשירות בזר אף דפרה כדס״ל לרבי יוחנן לקמן בסוף הסוגיא מעתה אייתר לן ודאי לפניו לדרשא שלא יסיח דעתו דהא משמע דר' יוחנן דקאמר לא מלינו שחיטה פסולה בזר אכללא דושחט והקריבו בני אהרן וכו' סמיך שלא חילק הכתוב דבכל השחיטות זר כשר אם לא שנאמר דפרו ודאי דבר קרבן הוא הוי בכלל אבל פרה הו״א דנפקא מהאי כללא ודחוקה אכולהו עבודות דידה קאי דלא שייך בה חילוק עבודות כדלעיל ומש״ה איצטריך לפניו להכשיר זר אף לר״י ומעתה ע״כ לומר דפסול מלאכה בשחיטה נפקא לן מאותה ותרתי דרשינן מיניה דהא משריפה לא אתיא משום דהשתא מתכשרא וכדבסמוך ומ״ש הכ״מ שם בפ' טרף בקלפי מ״ב אליבא דרב ובספרי ע״כ לא זכיתי להבין דרב דריש פסול מלאכה מלפנים ולא מאותה והדרשא שכתב שם ז״ל מאותה וכדאיתא בספרי אליבא דשמואל שייכא דמכשיר זר מלפניו בדדרש בספרי שם ולהכי פסול מלאכה בשחיטה אליבא דשמואל מאותה ילפינן דמשריפה לא אתיא כדקאמר תלמודא אליבא דרב. ומכאן אנו למדים טעם למה שפסק ז״ל דשחיטת פרה כשרה בזר דמלבד מ״ש הכ״מ ברפ״א מהל' פסולי המוקדשין יעו״ש הרי כתב הספרי שם כן ועיין בספר לחם יהודה פ״ב מה' פ״א ובספר מלכי בקדש בלקוטיו קנ״ג קנ״ד ובליקוטי הפר״ח ז״ל בשיטתו לגיטין דף נ״א ע״ש וק״ל.

שם נפקא ליה מושרף את הפרה לעיניו וכו' הקשה הריטב״א דדילמא הכא למי שישרוף אותה אחר בפניו של אלעזר וכו' יעו״ש האמת דהכא נמי דריש בספרא שם שיהיה אחר שורף ואלעזר רואה ודריש נמי לעיל מינה ושרף את הפרה וכו' את עורה ואת בשרה וכו' בא הכתוב ולימד על הפרה שתהא מלאכה פוסלת בשריפתה וכו' יעו״ש וצ״ל דמאת הפרה דמיותר דלימא קרא ושרף את עורה ואת בשרה וכו' ישרוף לעיניו דריש דפרה לבדה תהיה שם מבלי מלאכה אחרת ודומיא לדרשא דושחט אותה דלעיל אלא מיהו תלמודא לא תמשמע ליה למידרש הא אלא מלעיניו וכמ״ש בדרשא דלפניו דלעיל דעוד דריש בספרי שם את הפרה למעט פרים הנשרפים שאין המלאכה פוסלת בשרפתם יעו״ש

וא״כ תלמודא דידן ס״ל דלכך לחודי' אתא ואידך מדרשא דלעיניו נפקא לן ולכן הרמב״ם ז״ל בספ״ד מה' פרה אדומה העתיק כדרשא דתלמודא דידן שכתב ושרף את הפרה לעיניו שיהיו עיניו בה ללמד שהמלאכה פוסלת בה וכו' והשמיט דרשא דספרי דדוקא שחיטה העתיק שם כדרשא דספרא דדרש היסח דעת מאותה משום דלפני איצטריך למעט זר אליבא דרבי יוחנן דקי״ל כוותי' וכמו שכתבנו לעיל ושוב ראיתי להתוי״ט שכתבו דדרשא זו דספרי דלא כרב ושמואל דהכא. ולעיקר קושית הריטב״א הנה מה שתי' שם דכיון דלא כתיב לעיל מיניה ונתתם אותה אל אלעזר הכהן כדכתיב גבי שחיטה לא דרשינן הכא הכי יעו״ש הן אמת דהכא לא כתיב בגופה דשרפה כדכתיב גבי שחיטה אבל מ״מ הא כתיב לעיל מיניה ולקח אלעזר הכהן מדמה באצבעו וכו' ובתר הכי כתיב ושרף את הפרה לעיניו וא״כ יש לדרוש ושרף את הפרה אחר לפני אלעזר הנז' ולכן נלע״ד לתרץ דשמואל סבר דשרפה דעיקרא גזה באת ובהא מיתכשרא כדבסמוך אין סברא לדרוש שיהא אחר שורף ולא ס״ל כרב דעדיף ליה שחיטה דאינה אלא בכ״ע משרפה דאפי' בכהן הדיוט כדלקמן מ״ע ע״א ואע״ג דמשמע מסוגיין דלשמואל היסח הדעת בשחיטה ילפינן משרפה. וא״כ הא קמן דלשמואל שחיטה עדיפא ליה משרפה מטעם דתחילת עבודה היא כדבסמוך אה״נ דלתלמודא דידן נ״ל כן הגם דלספרא דנ״ל היסח דעת בשחיטה מאותה וקאמר התם אקרא דושרף וכו' הא עד שלא יאמר יש לי בדין אם פוסלת בשחיטתה לא תפסול בשריפתה וכו' נ״ל דשריפה עדיפא ליה ואפ״ה לסברת תלמודא דשחיטה עדיפא לא תיקשי לשמואל אמאי לא דרשינן נמי אחר שורף דמצינן למימר דלשמואל קך לי שחיטה כמו שריפה דלא שייך בה חילוק עבודות כיון דקדשי בדק הבית היא כדלעיל. והא דדרש גבי שחיטה הכשר זר מלפניו ולא בשרפה לאו משום דשחיטה גריעא משרפה אלא כיון דגלי קרא בשאר קרבנות דשחיטה בזר כשרה כך יש לומר בשחיטת פרה ויש לנו לדרוש לפניו שיהא זר שוחט וכו' אבל בשרפה דבעלמא בהקטר חלבים ואברים [(עיין בהרי״ש רפ״ד דפרה)] לא הכשיר בה זר מסתבר טפי למדרש לעיניו שלא יסיח דעתו מלהכשיר זר דאע״ג דמצינו שריפת כל הנשרפים דכשירה בזר כמ״ש הרמב״ם ז״ל פ״ז מה' מעשה הקרבנות הא גלי קרא לענין פסול מלאכה דלא ילפי פרים הנשרפים מפרה כדאיתא בספרא שם וא״כ ה״ה דלא ילפא פרה מהתם להכשיר זר בשרפתה דמה לפרים הנשרפים דקילי דאין מלאכה פוסלת בהם תאמר בפרה דפוס' וא״כ י״ל דמדשני קרא בדיבוריה דכתב הכא לעיניו ולא לפניו בשחיטה ש״מ דלהיסח דעת דוקא אתא דהכי דייק פשט לעיניו שיהיו עיניו ודעתו בה כמ״ש הרמב״ם ז״ל והיינו דשמואל סבירא ליה דגבי שחיטה דכתיב לפניו יש לדרוש ולהכשיר זר אתא דאלת״ה ליכתוב הכא והתם לעיניו ולרב נ״ל דאי כתב בתרווייהו לעיניו הו״א דלא סגי בשלא יסיח דעתו הימנה אלא בעי' נמי שיתן עיניו וראייתו בה מתחילה ועד סוף ואי כתב בתרווייהו לפניו הו״א דלזר שוחט ושורף לפניו אתא להכי גלי קרא בשריפה לעיניו לומר דבהיסח דעתו איירי וגלי לפניו לומר דלא בעי קביעות ראיתו בה אלא שלא יסיח דעתו משמירתה כנלע״ד ודו״ק.

רש״י ד״ה **של שעיר** וכו' ודייק **בכך** ע״כ ולא תימא דכדי לפרסם הנס של הלבנת הלשון כל מאי דאיכא טפי מעלי אלא דייק בכך דבחלייה שהיה קושר בסלע ניכר הנס ואין צריך יותר ועיין בתי״ט ד״ה בשעיר המשתלח וכו' וק״ל.

ד״ה **ולאו** כל דכן וכו' אשחיטת פרו וכו' ואי סבירא לך דע״כ בפרה לא חלק הכתוב וחקה קאי אכולהו א״כ נילף מהתם בק״ו לשחיטת פרו דפסול בזר והיינו דפריך תנאת בסוף ס״ח ע״א גרסי' ולאו כל דכן הוא קב״ה בעי כהונה קדשי מזבח מבעי' ומשני שפיר מודי דהוה אמראות נגעים כלומר דמאי דבעי כהונה בפרה לא מגד קדושתה דתיליף בק״ו לקדשי מזבח דמראות נגעים יוכיחו דלא שייך בהו לא עבודה ולא קדושה ואפ״ה גזירת הכתוב הוא דבעו כהונה וכן נאמר בפרה דאין בה חילוק עבודות דבכולן צריך כהונה אבל בפרו דשייך ביה עבודות אימא דלא כתיב חוקה אשחיטה דלאו עבודה היא וכן נראה מלשונו ז״ל פ״ק דמנחות ו' ע״ב שכתב אמר ר' שישא לעולם לאו עבודה

והאי דבעיא כהן גבי פרה אדומה גזירת הכתוב היא מידי דהוה אמראות נגעים ע״כ והנה אין כונתו ז״ל דנעביד ק״ו דליף פרה מפרו דכשירה בזר דהא שאני פרה דקדשי בדק הבית היא וכל העבודות שוים בה ומסתברא דאכולהו קאי חוקה אלא סיום דבריו כמו שפירשתי דגילף פרו מפר׳ וכדאיתא בזבחים ובמנחות שם וק״ל.

ד״ה **ורב** לעולם אלעזר שחטה וכו׳. דאין לפרש דלרב נמי אחר שוחטה כלומר כהן הדיוט ואלעזר רואה כדי שלא יסיח דעתו ממנה ובזה הייתו מיישבים דרשא דספרא פ׳ חוקת דקתני ושחט אותה לפניו שיהא אחר שוחט ואלעזר רואה גם אליבא דרב דהא ע״כ לרב ע״י כהן הדיוט פסולה וזה דקאמר היינו שהוא זר אללה כמ״ש בתוספות ישנים ד״ה אתא כשרה בזר וכו׳ ולפרש לשון ספרא א׳ שוחט דהיינו כ״ג אחר הא לא משכחת שני כ״ג בזמן א׳.

תוספות ד״ה **כי** אתא רבין פי׳ משמיה דר׳ יוחנן וכו׳. אע״ג דרבי יוחנן וכו׳ דלרבי יוחנן לית ליה וכו׳ דגרסינן כי אתא רבין פירשה משמיה דר׳ יהונתן וכו׳ כנלע״ד שנ״ל דגרסי כי אתא רבין פי׳ משמיה דר׳ יוחנן דהיא עיקרית כדמלינו בכמה דוכתי דרב דימי קאמר הכי משמיה דר״י ורבין קאמר משמיה באופן אחר וא׳ מהם ברפ״ג דשבועות ועוד עיין בפ״ג בכורות ב״ג ענין כיולא בזה ממש אלא דנ״ל דגרסי לעיל אמר רבי יוחנן עץ ארז ושני תולעת שקלטתן וכו׳ וכן נראה גי׳ רש״י ז״ל ד״ה בקולחת וכו׳ והא דאמר ר׳ יוחנן וכו׳ והייתו דהקשו דלרבא דתריץ לעיל אהך כובד תנאי היא קס ליה ר׳ יוחנן דאמר דבשקלטתן שלהבת כשירה כמ״ד דלא בעינן כובד וכמו שפי׳ הריטב״א שם וא״כ לא בעינן שיעורא דהא בהא תליא דהא רבא גופיה תריץ טעמא דרבי ילחק דקאמר דפרה לא בעי שיעור משום דס״ל כמ״ד דלא בעי כובד וכיון שכן היכי קאמר רבין משמי׳ דרבי יוחנן דשל פרה משקל עשרה זוזים וע״כ טעמא משום כובד הוא דבשלמא לרב דימי הגם דע״כ לדידיה נמי קיה״ל רבי יוחנן שיעורא גם אדפרה מ״מ אפשר דהוי כשיעור המועט דהיינו שקל וכמ״ד לקמן הכי ואין הטעם משום כובד אלא משום הדור מלוה מיהא בעינן שקל אבל לרבין דקיה״ל ר״י שיעורא רבה לפרה ע״כ טעמא משום כובד הוא ותי׳ שפיר דשמא רבין ס״ל כתי׳ דאביי דלעולם לכ״ע בעינן כובד וטעמא דר״י דמכשיר בקלטתן שלהבת היינו משום דאיירי בשלהבת נכפפת דהסיבא כתוך השריפה ממש וסיימו דאפי׳ לספרים דגרסי כי אתא רבין פי׳ משמיה דרבי יונתן לריך עדיין לתי׳ זה דהא רבין לפרש מלתיה דר׳ יוחנן דקאמר שלש לשונות שמעתי אתא וא״כ גם לגי׳ זו יש להוכיח דרבי יוחנן ס״ל דבעינן כובד הפך ממלתיה דלעיל אי נמי י״ל לכל הגירסאות ג׳ לשונות שמעתי דקאמר וכו׳ **ובמ״ש** יתיישב מה שהקשה מהרש״א יעו״ש ומה שסיים שם גם נראה מדבריהם דהוה גרסינן כי אתא רב דימי אמר רבי יונתן וכו׳ היינו כפי גי׳ ד״ו [= דפוס ויניליא] דהגי׳ בדבריהם דמ״מ אליבא דר׳ יונתן פירשה וכו׳ דלפי גירסא דפוס חדש דגרסי אליבא דרבי יוחנן פירשה וכו׳ אין מקום להבנת דברי מהרש״א ז״ל וק״ל.

ד״ה **שחיטה** לאו עבודה היא וכו׳ וכיה נראה ליישב פי׳ רש״י כן וכו׳ וכן פירש״י שם בגירסאות שלפנינו שכתב ומשני שחיטה לאו עבודה היא מדאיתכשרו בה כל הפסולין ע״כ ועיין בדברי התו׳ שם דאפי׳ לפי׳ זה הקשו קושייתם דהכא והיינו משום דסוף סוף אכתי תיקשי מה תשובה היא דהא אנן פרכינן דכיון דהא״א לבעלה היה לגו לפסול זר וה״ה כל הפסולין כיון דעבודה תשובה היא ומאי משני ולפס הסכימו לתרן פרש״י דה״ק דכיון דבשום מקום לא בעינן כהן בשחיטה לאו עבודה ולהכי פריך עלה מפרה יעו״ש ודברי בעל לאן קדשים שם לא זכיתי להבין דבשלמא דבריהם דמנחות ה׳ דכתבו פי׳ הקונטרס מדאכשרה רחמנא בזר וכו׳ ניחא דיש מקום לומר דלגירסת רש״י שלפנינו לא תיקשי מידי כדרך שיישבו התוס׳ כאן אבל דבריהם דזבחים שם שכתבו פי׳ הקונטרס מדאתכשרו בה כל הפסולין וכו׳ משמע להדיא דאף לדבריו אלו קשיא להו וכמ״ש יעו״ש וק״ל.

באו״ד כדדרשינן פי׳ איהו מקומו מולקה לו יקח וכו׳ כנ״ל והכי איתא התם מה ע״א יעו״ש ומה שסיימו ובשוחט לא

בענין וכו׳ בדאיתא שם עמוד ב׳ ושחט אותו על ירך וכו׳ לפי שאלינו עומד בצפון ומקבל בצפון יכול אף זה כן ת״ל אותו בצפון ואין השוחט בצפון ע״כ ועיין עוד פרק כל הזבחים כ״ו ע״א והנה המדקדק בדברי התוספות דזבחים ודמנחות שם יראה שגם הם הביאו הפרש זה דקדשי קדשים משחיטה לקבלה אלא דס״ל דמזה אין להוכיח דשחיטה לאו עבודה היא דהא מ״מ עומד בפנים הוא ועל כן לא הוכיחו שם אלא משלמים דהכשיר הכתוב בשוחט עומד בחוץ והושיט ידו לפנים משא״כ קבלה ש״מ דשחיטה לאו עבודה היא מדהכשיר הכתוב חוץ וכן סיימו שם אבל קבל קבלתו פסולה משום דכתיב לעמוד לפני ה׳ לשרתו אלמא כל שירות לפני ה׳ ש״מ מדמכשר רחמנא עומד בחוץ והושיט ידו לפנים ושחט מכלל דשחיטה לאו עבודה היא וכו׳ וכ״כ במנחות שם ואכתי מקשו שפיר דלשמעון התימני דבעי בכל דוכתא ידו של שוחט בפנים לדידיה היא צריך לומר דשחיטה עבודה היא ולא מצינו מי שיאמר כן ומעתה תו לא מצינן לתרוצי מחילוק קבלה ושחיטה דקדשי קדשים דהתם כולם בפנים מיהו התו׳ דהכא ס״ל דמ״מ יש ליישב דכיון דהא אשכחן חילוק ביניהם אימא דטעמא משום דלאו עבודה היא לא בעינן שוחט בצפון לעיכובא אלא שאין זה מוכרח וכמו שדייקו התו׳ שם ומעתה לא היה פריך בעל ספר לאן קדשים בזבחים ובמנחות שם לומר דהתו׳ דיומא מיישבו גם לר״ש התימני יעו״ש שהרי בהדיא מוכח מדבריהם שם דלא ניחא להו ביישוב זה וכמ״ש ודו״ק. ומ״ש וכי פריך בפ״ק דזבחים וכו׳ תימא ליפרוך מפרו וכו׳ קשיא זו שייכא לכל הפי׳ ואף לפרש״י ואין זו כדרך קושית התו׳ שם בזבחים כמ״ש ומדפריך הכא וכו׳ מפרה וכו׳ משמע כפי׳ הקו׳ וכו׳ דענין אחר הוא כמו שפי׳ בס׳ לאן קדשים במנחות ה׳ ע״א יעו״ש ופשוט הוא. ומה שתי׳ אקושיא זו דטעמא דפרו משום דעלים הוא וכו׳ כן משמע בפ׳ הקומץ רבה י״ט ע״א דקאמר ר״ש התם דלא מצינן למימר בעלמא שחיטה בעלים דומיא דסמיכה משום דגלי רחמנא ביה״כ ושחט את פר החטאת אשר לו מכלל דשחיטה בעלמא לא בעינן בעלים וכו׳ יעו״ש וק״ל.

ד״ה **שאני** פרה וכו׳ מי מפסלי ברביעה שאני פרה דחטאת קרייה רחמנא אלא מעתה וכו׳ כנ״ל ומה שסיימו ופירש״י דלרבנן קדשי מזבח וכו׳ בגי׳ רש״י שלפנינו שם אין כתוב זה אלא דמ״מ הדבר מוכיח לפרש כן למאי דגרים ז״ל שם אלא שאני פרה וכו׳ דמשמע דסותר שני טעמים שאמר דקדשי מזבח ודחטאת קרייה רחמנא אלא דלעולם קדשי בדק הבית ודה״ע דלר״ש איגה נפסלת ביולא דופן וא״כ דוק מינה דלרבנן דפוסלין ביולא דופן קדשי מזבח היא עיין בדבריו ז״ל שם. ואיך שיהיה לגי׳ רש״י שלפנינו שם יראה דל״ק דא״ל לרבנן נמי לעולם דקדשי בדק הבית היא וטעמא דפוסלין ביולא דופן משום דחטאת קרייה רחמנא כדקאמר מעיקרא ולא קאמר אלא כי אם למאי דס״ד מעיקרא דגם למ״ש טעמא משום הכי הוא והשתא מסיק דלא אלא דלר״ש איגה אלא קדשי בדק הבית ולא חטאת כלל ואפ״ה פסלה כהרביעי׳ מטעם דהואיל ומום פוסל בה וכו׳ וכן הבינו התו׳ שם דברי רש״י ז״ל חה על דרך מה שפי׳ תוס׳ ישנים כאן אף אי גרסי׳ התם אלא יעו״ש וק״ל.

ד״ה **למעוטי** מאי וכו׳ וליכא למימר וכו׳ דאדרבא אינן באים כאחד וכו׳ לכאורה לא היה להם לורך לזה כיון דתלמודא קאמר בהדיא דמלרך לריבי. ואפשר לומר דהו״א דע״כ לא קאמר דמלרך לריבי אלא משום דלא אסיק אדעתיה דרשא דלמשמרת למי נדה אבל מאן דפריך השתא למעוטי מאי דאסיק אדעתיה הך דרשא כדמסיים במלתיה יש לומר לדידיה דלשתוק מדין היסח הדעת דשחיטה ושרפה ולייתו במכ״ש דמלוי מים דאינו במעשה פרה וכשר באשה כבאיש כדלקמן ואפ״ה פוסל בו היסח דעת והכי משמע בספרא דגרע מילוי מהנך דקתני התם והיתה לעדת בני ישראל למשמרת למה נאמר שיכול אין לי אלא שמלאכה פוסלת בפרה במים מנין ת״ל והיתה וכו׳ אלא נ״ל דהו״א דאדרבא גמר פוסל הדבר עדיף דהייתו מילוי מים שמוכן להזות ממנו והוה ממעטינן בפשיטות שחיטה דתחילת מעשה הוא אבל לא הוה ממעטינן שרפה דהשתא הוא דמתכשרא וסמוך לגמר מעשה הוא ולא גרע ממילוי ומשחיטה וכיון שכן לדידיה היסח הדעת דשרפה דכתב רחמנא למ״ל אלא משמע דהו״א כי היכי וליכוו

ב׳ כתובים הבאים כאחד ולא ילמדו דברים אחרים מכאן לפסול בהם היסח הדעת והיינו דפריך למעוטי מאי ולזה הוצרכו הם ז״ל לבאר דהא ליתא דאדרבא מצרך צריכי אף למאן דפריך למעוטי מאי דהגם דחשיב שרפה גמר מעשה עפי משחיטה מ״מ הו״א דשחיטה עדיפא שכן היא נוהגת בקרבנות בפנים משא״כ שרפה וגמר מעשה לא הויא דהא איכא בתרה אסיפת אפרה וא״כ מצרך צריכא ולא הוו שני כתובים הבאים כאחד לכולי עלמא כנלע״ד ושוב ראיתי מחוק לדברי מ״ש לקמן בדיבור הסמוך לזה יע״ש ודו״ק. ומ״ש ולא עבודה דהשתא הוא דמתכשרא פרה וכו׳ כן צ״ל ועיקר כונתם דהא ודאי דהיה נך לומר דאינך לא אתו מאסיפה או ממילוי וכמ״ש לקמן בדיבור הסמוך לזה יע״ש אבל המקשה לפי דברי המתרץ דמשמע מדבריו דחשיב ליה שחיטה ושרפה משאר עבודות פרה פריך ליה דלדבריך ע״כ דלמעט דבר אחד אתא דאי פסיל בכולהו מאי איצטריך וכו׳ וק״ל.

ע״ב גמרא **למשמרת** למי נדה כתיב וכו׳ מה שהקשה בשכ״י דהא אצטריך לחילוק אפר הפרה שחלק

א׳ היה מניח בחיל מגזרת הכתוב למשמרת כדאיתא בתוספתא וכמ״ש הרמב״ם בפי׳ המשנה לספ״ג דפרה וכ״כ רש״י ז״ל בהומש וניחא ליה עם מ״ש הרא״ש ז״ל בפ׳ חוקת דחילוק זה ע״פ הקבלה הוא אלא דאסמכוהו אקרא יע״ש ע״כ הנה ודאי דקושייתו זאת שייכא נמי בספרי שם דמייתי התם לדרשא דהכא והכיא נמי דחילוק אפר ומהתם מוכיח דעיקר קרא לדהכא אתא ואידך אסמכתא בעלמא כמ״ש הרא׳ ז״ל יע״ש ועי״ל דהרתי שמעת מינה דאי למשמרת חיל אתא ליכתוב והיתה לעדת בני ישראל למשמרת ותו לא למי נדה למ״ל אלא בא ללמד דאם הם שמורים הם מי נדה ואי לא לא והכי איתא בספרי שם אמר לו הרי הוא אומר והיתה לעדת וכו׳ למשמרת למי נדה כשהם שמורים הרי הם מי נדה ע״כ וכ״כ הרמב״ם ז״ל בחי׳ רפ״י מהפ״א יע״ש ושמעת מינה נמי דאין מלאכה פוסלת בה אחר קידוש כדאיתא בספרי שם וכ״כ הרמב״ם ז״ל בפי׳ המשנה פ״ד דפרה יע״ש.

שם אלא למעוטי השלכת עץ ארז וכו׳ ל״מ לרב דס״ל לקמן דכהן דהשלכת ארז איצטריך לומר דכהן הדיוט בעינן בה בהזאה ושרפה דפשיטא דאי לאו מיעוטא הו״א דפסיל בה היסח הדעת כמותם אלא אף לשמואל שם דאיצטריך למעט כ״ג ממנה ולא דמי לאינך מ״מ הו״א דלענין היסח הדעת שוים והא המן דאיצטריך למעט דאינה בכ״ג דומיא דאינך קמ״ל מיעוטא דלא פסיל בה היסח הדעת כלל ועיין בח״י וק״ל.

שם מנין לרבות שחיטתה וכו׳ ושרפתה וכו׳ מיהו בספרי פ׳ חוקת דריש חטאת היא מגיד שנשרפה בלילה כביום ופי׳ הר״ש ברפ״ד דפרה דמדאיתקש לחטאת דריש שנשרפת בלילה כמו הקטרת אימורים שכשרים כל הלילה יע״ש. ויראה דהספרי לשיטתיה אזיל דדריש התם מושרף לעיניו שיהא אחר שוחט ואלעזר רואה וכיון דהכשיר בה זר מן הדין שתהא כשרה בלילה דומיא דאסיפה ומילוי וקידוש כדבסמוך אבל הך ברייתא סברא דלהיסח דעת אתא כדס״ל לרב ושמואל ולעולם דשרפה צריכה כהן דאלעזר דגביל מיניה סמיך כדפרש״י ד״ה אשה וכו׳ ומש״ה לא נפקא מכלל הזאת מימיה דביום וברייתא דהכא היינו כתוספתא דפרה הביאה הר״ש שם סוף מ׳ ד׳ דקתני כל מעשה פרה ביום חוץ מאסיפת אפרה והמילוי והקידוש וכו׳ וזה יתורץ מה שהקשה הר״ש שם שכתב וקצת קשה דנקט חוץ מאסיפת פרה ושבק שרפה דכשירה בלילה וכדתניא בספרי עכ״ד דתוספתא זו כדרשא דברייתא דהכא אתא דסברא דאין שרפה כשירה בזר ומילתא דמעטיה דוקא ביום דומיא דהזאת מימיה וכן פסק הרמב״ם ז״ל ספ״ד מה׳ פ״א שכתב כל מעשה פרה מתחלה ועד סוף אינו אלא ביום ובזכרי כהונה וכו׳ אבל משתעשה אפר אם כנס אפרם בלילה או שכנסתו אשה וכו׳ וק״ל.

שם ת״ל תורה וכו׳ דלעיכוב מעטיה בחוקה לחודיה סגי לן דהא אסקינן בפרק הקומץ רבה יע״ש דחוקה לא בעיא תורה ועיין בתו׳ שם ד״ה חוקה וכו׳ שכתבו דבכל דוכתא תורה דגבי חוקה אתא לשום דרשא וק״ל.

שם ולאיכא דאמרי לדורות בכהן הדיוט וכו׳ נראה פשוט דאף בכהן הדיוט קאמר וכ״ש דכשרה בכ״ג והכי כתבו התו״י והריטב״א דפלוגתא זו היינו פלוגתא דספרי ריש פרשת חוקת

והתם קתני בהדיא ושאר הפרות בין בכ״ג בין בכהן הדיוט ועיין בדברי הרא״ש שם שמדבריו נראה שדעתו לפרש בכהן הדיוט דוקא דומיא דאלעזר דמצותה בסגן בדוקא וזה היה מסכים לגי׳ הסמ״ג דגרים במסכת פרה בכ״ג פסולה וכמו שהאריך בזה שער יוסף להוריות ק״א ע״א יע״ש אלא שהעיקר כמו שכתבתי וכגירסת ספרי וכן כתב הרמב״ם ז״ל בחיבורו ריש הלכות פרה אדומה אף כהן הדיוט כשר לשרפת הפרה וכו׳ ושאר כל הפרות בין בכהן גדול וכו׳ וק״ל.

שם גמר חוקה וכו׳ יראה דהיינו חוקת עולם דסוף פ׳ פרה דמהתם יליף בספרי שם דנוהגת לדורות דזאת חוקת התורה דרישא לא מסתבר לעשות ממנו ג״ש לענין זה כיון דהתם כתיב אלעזר בדוקא ולא כ״ג ואע״ג דבספרי דריש מהך בג״ש דחוקה דיוה״כ שתהיה בבגדי לבן הא ודאי ניחא דצריך ללמוד דגם אותה שבימי משה בבגדי לבן נעשתה. ועוד דאף בזו גי׳ הרמב״ם ז״ל בפי׳ לרפ״ד דפרה דדרש מחוקת עולם דסופיה יע״ש ועיין בח״י וק״ל.

שם ר״ש היא דדריש טעמיה דקרא וכו׳ למה שיש להקשות דהרמב״ם בעלמא לא פסק כר״ש דדריש טעמיה דקרא וכאן פסק כמותו וכמו שהקשה התוי״ט פרק ג׳ דפרה והרב בעל בני יעקב בהגהותיו להרמב״ם שם ועיין במה שתירץ בזה מוהרמ״א ז״ל בספר עץ חיים פרשת חוקת ל״א ע״ב יע״ש ועוד יקשה דלמה לא הביא ז״ל דרשא העיקרית דוהוציא אותה דאיתא בסוגיין ובספרי שם ונימא עגלה לא רצתה פרה וכו׳ דהיינו טעמא דקרא דבהכי הוה ידעינן דאיסור זה דאורייתא הוא ולא מדרבנן משום השמא דשמא יאמרו וכו׳ ומ״ש בעל ספר קרית ספר שם ומשמע דלת״ק הוי מדרבנן יע״ש לא זכיתי להבין דהא מסוגיין מוכח דלכ״ע מדאורייתא היא אלא דמ״מ לענין הדין אי דרשינן טעמא דקרא היכא דאפיק חמור וכו׳ ולעיקר קושית התוי״ט היה נלע״ד דהרמב״ם ז״ל סמך לפסוק כאן כר״ש מכח סוגיית דפ״ק דחולין לג ע״א דקאמר והוציא אותה ולא אותה ואת חברתה ומשמע דדומיא דידה דוקא ממעטינן שלא יוציא עמה אבל חמור לא והא כר״ש שייכא ויקרוב לזה ראיתי שכתב בעל מלכי בקודש בליקוטיו דף קנ״ג א׳ ע״ב יע״ש ושוב ראיתי להרב המאירי ז״ל שכתב הא אם רצה להוציא עמה בהמה טמאה רשאי שאין לחוש בזו כלום ולא נאמר להוציא אותה ולא אותה וחברתה אלא בחברתה רוצה לומר כשירה כמוה. ומ״מ יש פוסקין שאף בהמה טמאה אינו מוציא עמה מפני שהוא פוסק כדעת האומר אותה לבדה בלא שום בהמה אחרת עמה ומגזרת הכתוב ולא מטעם אחר עכ״ל. אלא דלמה שהקשיתי עדיין צ״ע וק״ל.

רש״י ד״ה **למשמרת** וכו׳ עד שיזה וכו׳ ואסיפה נמי בכלל זה דהא כתיב לעיל מינה ואסף איש טהור וכו׳ וכמ״ש בח״י יע״ש ומאי דמשמע מדבריו דהיסח הדעת פוסל אף לאחר קידוש עד שעת הזאה עיין מ״ש בליקוטים שבסוף ספר מלכי בקודש קנ״ד ע״ב ועוד עיין בח״י לעיל פ״ק י״ד ע״א ד״ה רש״י גרים וכו׳ ובמ״ש שם. ועיין בהרמב״ם ז״ל ספ״ה מה׳ פרה אדומה.

ד״ה **הזאת** מימיה אין כשרה באשה וכו׳ מלשונו דהכא ודבסמוך ד״ה מנין וכו׳ משמע דגרים כגי׳ שלפנינו ולא כמ״ש התו׳ דר״ה לא גרים אין כשרין באשה וכו׳ יע״ש והנה הגם דמאי דאיירינן אינו אלא לענין הכשר דביום ז״ל דס״ק אין לי אלא בהזאה דפי׳ בה הכתוב פסול באה ופיסול לילה מנין לרבות שחיטתה שנאמר דהואיל דפסל בהם אשה פסל נמי לילה ת״ל תורה אחת לכל העבודות יכול דמעטה לפי הרבוי נרבה הכל אף מה דכשר באשה שיהיה בו מיהא פסול לילה מרבויא דקרא דרבה הכל ת״ל זאת ומה ראית לרבות וכו׳ דמאחר דיש כאן מיעוט וריבוי יכול אני לרבות ולמעט את מה שארצה דבעלמא אם מכח מה מצינו מהזאת מימיה ילפינן להא ודאי שלא היינו מרבים אלא מה שגילה בה הכתוב דפסול באשה דומיא דהזאה ומשני דאפ״ה בגילוי מלתא בעלמא ילפינן מהזאה לידע מה מיעט ומה ריבה הכתוב וק״ל.

ד״ה **ואין** כשרה וכו׳ דכתיב הוא יתחטא וכו׳ והא דפ״ב דמגילה כ׳ ע״א ובירושלמי שם מייתי מקרא דבהריה והזה הטהור על הטמא ביום וכו׳ כדי להוכיח בפסח אחת גם

אטבילה מהיקשא דהך קרא דכתיב בתריה ורחץ במים וכמו שפי' ז"ל שם ופשוט.

ד"ה **אחר** שריפה וכו' מעתה לא מסרן וכו' את האמת וכו' לכאורה היה נראה דאחר שריפה וכו' דקאמר ביומא דקושיא הוא דמה ראית וכו' מאחר שריפה ומיעט והדבר סתום ושני ליה אמרת בתמיה דיש סברא לדרוש בהפך הרי אנו למדין וכו' ועי"כ פי' ז"ל דאחר שריפה וכו' התחלת התירוץ הוא דמאחר שריפה ומיעט וסתם הדבר יש לנו לדרוש האמת והישר מאי דמסתבר טפי ולפי זה מגת אמרת בניחותא הוא וכאילו אמר שאתה צ"ל על כרחך דהרי אנו למדין וכו' כי זהו המסתבר לדרוש הדומה להזאה שפסול בלילה מפורש בה כמ"ש בדיבור הסמוך וק"ל.

ד"ה **אלעזר** וכו' מהיכא ממעטה אשה וכו' דאפי' תימא דחטאת קריא רחמנא הרי במוקדשין נמי אשה כשרה לשחוט ואפי' לכתחילה כמו שכתבו התוספות בריש כל הפסולין ובריש חולין ומשמע דלשמואל דסבר דכשרה בזר ולא קאי אלעזר אשחיטה מ"מ צריך לומר דסבר דפסולה בנשים דאי לא אתה מכשירה בלילה דומיא דאסיפה ולא אשכחן ברייתא אחרת דפליגא דמפקא מכלל פיסול לילה אלא שרפה מטעם דחטאת קרייה רחמנא כמו שהעתקתי בסוגייא מדרשא דספרי ועוד דהא קמן דהרמב"ם פסק בפ"א מהלכות פסולי המוקדשין כר"י לקמן דס"ל לא מלינו שחיטה פסולה בזר ואפ"ה פסק פ"ד מה' פ"א דכל מעשה פרה אינה אלא ביום ולא הוליא מהכלל אלא אסיפה ובפ"ו מילוי וקידוש ואע"ג דבזכרי כהונה שכתב שם לא קאי ודאי אשחיטה מ"מ הא דביום אשחיטה נמי קאי אלא צריך לומר דלשמואל ורבי יוחנן נ"ל פסול שחיטה בנשים מהשלכת עץ ארז וכו' דלאו גופה דפרה הוא ואפ"ה הצריך בו הכתוב מיהא כהן הדיוט כדלקמן כ"ש שחיטה דבגופה דפרה ותחלת עבודה היא דודאי צריכה כהן הדיוט כדתנן ברפ"ד דפרה וכמ"ש התו' לעיל ד"ה אחת כשירה וכו' דכהן הדיוט בעינן וזר לאו דוקא אלא זר אצלו קאמר יע"ש ומעתה ילפינן מהזאה לפסול לילה ואע"ג י"ל דאפי' אי ס"ל להכשיר אשה בשחיטה נפקא להו פסול לילה משום דחטאת קרייה רחמנא ושחיטת המוקדשין אינה אלא ביום כדכתיב ביום זבחכם כדאיתא בספ"ב דמגילה והא קמן דמדרשא דחטאת קרייה רחמנא נ"ל הא דתנן רפ"ד דפרה פסול שחיטה שלא לשמה כדאיתא בספרי וכמ"ש הר"ש שם ועיין בתו' ד"ה מנין לרבות ודרך זה נוח יותר לסברת הרמב"ם דמשמע מדבריו בהלכות פסולי המוקדשין דאפילו זר ממש כשר בשחיטת הפרה יע"ש וק"ל.

ד"ה **משמע** מוליא וכו' ויש בה משמעות מקראות שמתקיימין ממילא שהמשמע הראשון עומד וכו' כצ"ל וכמו שהעתיק הריטב"א ז"ל.

ד"ה **בשלמא** וכו' קרא בהדיא סגן וכו' עיין בריטב"א שלא הזכיר סגן דהא ודאי מיעטיה קרא מאותה דאלעזר היינו סגן כדפי' בסמוך וכן הקשה בספר חוט המשולש בדרשותיו לפרשת חוקת יע"ש אבל האמת דמעיקרא ל"ק ולא מידי דתלמודא ה"ק אותה הצריך הכתוב אלעזר בדוקא ולא לדורות אלעזר דוקא אלא כל הכהנים כשירים בין סגן וכהן הדיוט וכהן גדול דאם תפרש של דורות אלעזר דהיינו סגן פסול בה אמאי לא אשמועינן ר"י אך במלתיה דספרי שם ועוד דסתמא דרפ"ג דפרה דקתני כהן סתמא כל הכהנים אף סגן במשמע וכמ"ש הרמב"ם בפי' שם והיו כאן שלש מחלוקות ואין סברא לומר כן וכן מוכח מלשון התוספתא הביאה הר"ש רפ"ד דפרה דקתני ר"י בר"י ור"ש ורא"י אומרים אותה באלעזר שהוא סגן ושאר כל הפרות אפי' בכהן הדיוט ע"כ וק"ל.

תוספות ד"ה **למשמרת** וכו' ובשרפה ובהני וכו' כצ"ל וכלומר באסיפה ומילוי וקידוש דאסיפה נמי כתיבה דלמשמרת ואסף איש טהור דלעיל מיניה נמי סמיך כמ"ש בתו' וכונתם פשוטה דודאי הדא מהדא לא אתיא דמלמשמרת הו"א דוקא הני שהם גמר פועל מעשה הפרה וראויים מעתה להזות ואי כתב בשחיטה משום דתחילת עבודה היא וכן בשרפה משום דהשתא הוא דמתכשרא כדלעיל אבל הא ודאי תיקשי דתיתי הדא שחיטה מתרתי שרפה ואינך דלמשמרת או שריפה משחיטה ולמשמרת או למשמרת משרפה ושחיטה דכי פרכת מה לשחיטה שכן תחילת עבודה שרפה יוכיח וכו' הלד השוה שהם עבודות השייכות בגוף הפרה אף אני אביא אסיפה ומילוי וקידוש ומוליא אני השלכת עץ ארז דלא שייך בגוף הפרה. אלא דמ"מ ותלת וכו' ליסנא דעלמא נקטו אבל הכא לא שייך דליכא אלא תלת דלפרש שיפרט הכתוב שניהם הכלולים במשמרת וחד מאינך שחיטה או שרפה אין לזה מקום ובשכ"י ראיתי שמחק תיבת תלת אלא שהאריך בכונת דבריהם באופן אחר ואמר דתרתי שכתבו היינו למשמרת וחד מאינך שחיטה ושרפה דמשחיטה ושרפה לא אתו אינך דלמשמרת מכח פרכי דלעיל דשחיטה תחלת עבודה וכו' והנראה עיקר כמ"ש וק"ל.

בא"ד ואין להקשות וכו' למכתב בכל שלשתן וכו' כלומר דנכתוב ואסף איש טהור את אפר הפרה לעיניו וכו' ולא צריך תו למכתב למי נדה גבי למשמרת לרבות מילוי וקידוש להוסיף הדעת דודאי משמרת איצטריך לדרשה דחלק אחד היה מניח בחיל כמ"ש בסוגיא ואם נאמר דאסמכתא בעלמא כמ"ש שם בשם הרא"ש כונתם להקשות דלא הוה לכתוב אפי' למשמרת. ולדרשה דספרי שכתבתי בסוגיא דאיצטריך לומר דעד שיגיעו למי נדה צריך משמרת לא אחר קידוש הא ודאי דאין צורך לזה מקרא מיוחד דהא אי הוה כתב לעיניו גבי אסיפה מהיכא תיתי לרבות גם אחר קידוש שנגמרו מעשיה אלא דמאחר שהוצרך הכתוב דלמי נדה למילוי וקידוש דרשו בספרי מפשטיה דלמי נדה דלאחר שהם מי נדה לא צריך תו משמרת וק"ל.

דף מ"ג ע"א גמרא **לשמואל** לאהדורי לאלעזר וכו' אבל בספרי שם הגם דדריש קרא דלפני כשמואל קתני הכא דולקח הכהן איצטריך לומר בכיהונו וכדדריש תלמודא בכהן דלקמן יע"ש וצ"ל דס"ל לספרי דאף אי לא הוה כתיב כהן גבי לקחה ממילא משמע דהוזאה דבעינן אלעזר קאי ולא אשחיטה דדוקא בה גלי קרא דלפניו דזר נמי כשר אבל קבלה והזאה ודאי לא גריעי מהוזאה דבעינן כהונה ועוד דעקר מעשיה קבלה והזאה ושרפה ולא גריעי מלקיחת עץ ארז דלאו גופה דפרה היא ובעיא כהונה אלא על כרחיך דכהן דלקיחה לכיהונו אתא וק"ל.

שם ולקח הכהן עץ ארז וכו' לשמואל דאפי' כהן הדיוט וכו' משמע דלשמואל נמי אטעמיה דקאמר לרב כיון דלאו גופה דפרה וכו' סמיך דאי לא תימא דאלעזר דלקיחת דמה קאי ולבעי דוקא סגן ואיצטריך לאשמועינן דלא תימא כיון דלאו גופה וכו' לא לבעי סגן אלא ודאי משום דלא עדיפא השלכת עץ ארז משחיטה דבגופה דפרה הוא ואפ"ה לשמואל כשרה בכהן הדיוט ומכ"ש נמי ממעטינן נמי לעיל השלכה מהיסח הדעת קאמר הכא בפשיטות דלשמואל בכהן הדיוט וק"ל.

שם וכבס בגדיו הכהן בכיהונו וכו' עיין פרש"י ויש לדקדק דהא כבר בספרי דרשינן מג"ש דחוקה חוקה מיוה"כ דבעיא בגדי לבן וכמ"ש הריטב"א ז"ל ולולי פירש"י היה נראה לפרש דאיצטריך הכהן דמשום דיליף מיוה"כ לא תימא שהם בבגדי לבן דכ"ג אלא בבגדי כהן הדיוט וכמ"ד לעיל דאבנטו של כ"ג לא זהו אבנטו של כהן הדיוט ואפשר דמכאן נמי יצא לו להרמב"ם ז"ל מ"ש בפ"ק דה' פ"א הלכה י"ב והעושה אותה לובש ארבעה כלים של כהן הדיוט בין שעשאה כהן גדול ע"כ והיינו משום דוכבס בגדיו הכהן בכהן הדיוט איירינן דומיא דכהן דלקיחה דלכ"ע בכהן הדיוט איירי ועיין מ"ש בספר משנה למלך שם וכי תימא דאכתי ג"ש למ"ל דהא מהכא ידעינן דבבגדי לבן דכהן הדיוט נעשית י"ל דאי לאו ג"ש הו"א דה"ה אם עשאה כ"ג בבגדי זהב דכשרה קמל"ן ג"ש דחוקה דבעינן דוקא בגדי לבן ובבגדי זהב פסולה וכדתני בתוספתא הביאה הרמב"ם ז"ל בפי' לרפ"ד דפרה יע"ש והשתא דאתינן להכי גם לפרש"י שפי' בכהונו לאפוקי אם עשאה בבגדי חול אכתי איצטריך ג"ש ללמד דפסולה בבגדי זהב דמהכא לא ילפינן אלא דבעינן בגדי כהונה והו"א כל אחד בבגדים שלו וכ"ג בבגדי זהב שלו קא משמע לן ואי מגזרה שוה הוה אמינא דכ"ג בבגדי לבן שלו כשרה קמל"ן הכהן דבגדי כהן הדיוט דוקא בעינן וכמ"ש הרמב"ם ז"ל כנלע"ד ליישב דרשא דספרי. אבל יותר נראה דתלמודא קאמר דרשא זו דבכיהונו למ"ד בסמוך דלדורות בכהן הדיוט ולית ליה ג"ש דחוקה חוקה כלל ולמ"ד לדורות בכ"ג ואית ליה ג"ש דחוקה דוקא לענין

כ״ג דכתיב מיעוטא דאותה ילפינן בגילוי מלתא מג״ש דכ״ג בעינן אבל לבגדי כהונה כין לפרה דמשה ובין לדורות לא הוה יכפינן מג״ש דשאני התם שכן נכנס לפני ולפנים אלא דמק״ו הוה ילפינן לה וערה וכתב לה קרא כדקאמר בסמוך ודו״ק.

שם אלא למ״ד לדורות בכ״ג השתא כ״ג בעינן וכו׳ הא דלא פריך בפשיטות אי אית ליה לתלמודא כדרשת ספרי דדריש ג״ש גם לבגדי כהונה דהא נמי ילפינן מג״ש דחוקה דליכא למימר דמהתם לא ילפינן דלבעי כ״ג וה״ה בגדי כהונה אלא במה שהוא עבודה אם היה בפנים כגון שחיטה וקבלה והזאה ושרפה אבל בהשלכת עץ ארז לא דא״כ השתא נמי מאי פריך אימא דאיצטריך הכהן בכיהונו להשלכת עץ ארז וכו׳ אלא ודאי דכיון דפרה קדשי בדק הבית היא אין לחלק בין עבודה לעבודה ומייתינן מג״ש לכולהו עבודות דידה דליבעי כ״ג ודרשות דלעיל לא נאמרו אלא לפרה דמשה אלא דשוב ראיתי בתוספתא דפרה והעתיקה הר״ש רפ״ד שם דקתני שריפת הפרה והזאתה בכ״ג ושאר כל מעשיה בכהן הדיוט שנאמר ונתתם אותה וכו׳ אותה באלעזר שהוא סגן ושאר כל הפרות בכ״ג וכו׳ [(כן הגיה הר״ש שם)] הא קמן דאף למאן דאית ליה ג״ש דחוקה לא מייתינן מינה לכל העבודות וכן נראה מדברי הריטב״א שכתב דהגם דיש עבודות שכשירות בכהן הדיוט מ״מ פריך אכתי בכיהונו למ״ל דהא ודאי כיון דבמקצת עבודות בעי כ״ג לא נחתינן תרי דרגי בשאר עבודות דבעו כ״ה לומר ג״כ דלא בעינן בגדי כהונה יעו״ש ולפ״ז ניחא גם קושייתינו דלהכי פריך מכח ק״ו דהשתא לא איצטריך דרשא דכיהונו כלל אף לעבודות שכשרות בכהן הדיוט משא״כ אי הוה פריך מכח ג״ש דחוקה דמהכא לא מלינן למילף אלא למה שהצריך בהם כ״ג ילפי נמי בג״ש דבעו בגדי כהונה לא למה שהכשיר הכתוב בכהן הדיוט דלא הוו בכלל ג״ש כלל ועיין עוד מה שתי׳ לעיל בסמוך ודו״ק.

שם טהור להכשיר את האשה וכו׳ הכי איתא בספרי פ׳ חוקת ואסף איש טהור להוציא את הקטן משמע מוציא את הקטן ומוציא את האשה ת״ל טהור להביא את האשה דברי רבי ישמעאל רבי עקיבא אומר ואסף איש טהור להוציא את האשה דברי רבי ישמעאל רבי עקיבא אומר ואסף איש טהור להוציא את האשה ומביא את הקטן ת״ל והניח מחוץ למחנה לא אמרתי אלא במי שיש בו דעת להניח וכו׳ ע״כ ומשמע מינה דלר״י דמכשיר אשה מרבויא דטהור מוציא את הקטן ממעוטא דאיש ולפ״ז צריך לומר דתלמודא הביא הברייתא בקיצור והגם דסיפא דממעט קטן מוהניח אתיא כר״ע דמוציא את האשה ממיעוטא דאיש ואיצטריך ליה מיעוטא אחרינא דוהניח למעט קטן ולכן דקדק הרמב״ם בחיבורו ספ״ד דפרה שלא הביא מיעוטא דוהניח שלא משמע מדבריו דממעט קטן מאיש משום דפסק שם כר״י דמרבינן אשה מטהור וכמ״ש וכאילו אמר אדם טהור בין איש בין אשה וכו׳ כלומר דלא הקפיד הכתוב אלא שיהיה טהור יהיה מי שיהיה חוץ מקטן דהא כתיב איש וע״כ לא מרבינן אשה אלא מריבוייא דטהור ובזה יתורץ מה שהקשה הכ״מ שם ויש לתמוה על רבינו שהשמיט ראיות אלו וכו׳ יעו״ש גם בזה יתיישבו קצת דברי רש״י ז״ל בהערל עב ע״ב ע״ש בתוספות ד״ה חוץ ואי קשיא לך דלמה פסק ז״ל כר״י דמכשיר אשה ולא כר״ע דהלכה כמותו מחבירו דר״י נמי מקרי חבירו כמ״ש בספר גופי הלכות בכללי הה״א אות קפ״ב משם הרי״ף ז״ל ועו״ש תרין דסתמא דתלמודא לא הביא אלא מלתיה דר״י ש״מ דהלכה כמותו ועוד דרבנן דפליגי ארבי יהודה לקמן גבי קידוש ס״ל כר׳ ישמעאל דמכשיר אשה כדקאמר לקמן בטעמייהו והנך דאכשרי לך באסיפה וכו׳ ואם תאמר לר״ע טהור למ״ל הא תרילו בספרי התם דאצטריך להכשיר טבול יום דקתני טהור שרבי ישמעאל אומר [(לא זכיתי להבין דהא ר״י דרש ליה להכשיר אשה כדלעיל ויראה דע״ס הוא ועיין שם בספרי בפסוק וטבל במים איש טהור)] למה נאמר עד שלא יאמר יש לי בדין אם המזה טהור האוסף לא יהיה טהור הא מת״ל טהור טהור מכל טומאה ואיזהו זה טבול יום וכו׳ וצריך לומר דר״ע סבר דאצטריך טהור נמי גבי אסיפה דטוהז הטהור דדריש נמי לקמן מכלל שהוא טמא לא הוה ילפינן אסיפה דחמירא דבעינן דעת פוסל בה כדאיתא לעיל משא״כ הזאה כמ״ש התי״ט לעיל ד״ה מה הזאה וכו׳ ועל דרך מה שכתבו התו׳ לקמן שם דשאר עבודות

לא הוה ילפינן מהתם דפסולים בזר ואיפכא נמי השתא דכתיב אסיפה לא היה ילפינן מינה הזאה דאימא דהזאה דעיקרה להכשר גברא קאתיא פסולה בטבול יום וא״נ דקרא דוהזה הטהור דריש ליה ר״ע למנתא אחריתי כדאיתא לעיל יד ע״א ובספרי שם כנלע״ד וק״ל.

שם והניח מי שיש בו דעת וכו׳ ואיפכא ליכא למימר איש ילא אשה טהור לרבות את הקטן דומה למאי דס״ל לר׳ יהודה בקידוש מהטעם שכתב רש״י ז״ל בפרק הערל ע״ב ב׳ יעו״ש ונלענ״ד דר׳ ישמעאל נמי אדרשא דוהניח מי שיש בו דעת להניח סמיך דמהתם יליף למדרש הכא איש ולא קטן אלא דמוהניח לחודיה לא משמע בהדיא למעט קטן בזה היינו מיישבים דבדוקא מייתי לה תלמודא דרשא דוהניח גם לר״י הגם דבספרי ממעט קטן מאיש ולא נצטרך לימר דתלמודא קיצר בלשון הברייתא כמ״ש לעיל בסמוך וק״ל.

שם ור׳ יהודה א״כ וכו׳ דאפי׳ אי ס״ל כר״ע דספרי דפוסל אשה באסיפה מ״מ הכשר קטן מנ״ל דהא ר״ע פסיל ליה באסיפה מדרשא דוהניח כדאיתא שם ופשוט.

שם דאפי׳ שקלי תרי ויהיב חד וכו׳ וכן פסק הרמב״ם ז״ל רפ״י מה׳ פ״א אלא שהוסיף לבאר דג״כ מקדש אחד ומזה אחר יעו״ש וזה דכיון דלא הקפידה התורה שהלוקח יהיה עצמו המקדש ה״ה בזה דהכא ודאי נאמר דמה שהכשרתי במילוי וקידוש דיכולים להעשות בשני בני אדם ה״ה בקידוש ובהזאה וק״ל.

שם הכל כשרים להזות וכו׳ וקטן שיש בו דעת וכו׳ במסכת פרה הגירסא ותינוק שאין בו דעת וכו׳ ומשמע דלאו אפיסולא קאי דהא לרבנן מכשרינן קטן בהזאה ואף שאין בו דעת מדלגבי קידוש פסלינן מדרשא דוהניח מי שאין בו דעת וכו׳ כדלעיל אלא אדבתריה סמיך וה״ק וקטן אפי׳ שאין בו דעת יכול להזות בסיוע אחרים ולא מבעיא בסיוע איש אלא אפי׳ האשה מסעדתו וכו׳ ומדברי הרמב״ם בפי׳ אין הכרח לומר דגריס שיש בו דמגינן לומר דגריס שאין בו יעו״ש אלא מיהו משמע מדבריו דאפסולא קאי דתינוק שאין בו דעת נמי פסיל הא יש בו דעת כשר והא דקתני האשה מסעדתו מלתא אחריתי היא והיא כלל לכל הכשרים להזות שהאשה הגם דפסולה היא יכולה לסייע להחזיק המים בידיה יעו״ש בדבריו ויותר היה נראה לומר דגריס כגי׳ שלפנינו וקטן שיש בו דעת אשה וכו׳ דכן משמע מדבריו שבחי׳ פ״י מה׳ פ״א שכתב הכל כשרין להזות חוץ מאשה וכו׳ וקטן שאין בו דעת אבל קטן שיש בו דעת כשר להזות וכו׳ קטן שיש בו דעת שהזה והאשה מסעדתו כגון שאחזה לו המים וכו׳ ע״כ דלומר דלשלם גריס שאין בו והאשה מסעדתו דקתני אדייקא קאי דהא יש בו דעת כשר והאשה מסעדתו וכו׳ זה נראה דוחק לפרש כן בלישנא דמתניתין וצריך לומר לדבריו דמחלק כאן ביש בו לאין בו דגבי קדוש פסלינן אפי׳ יש בו דעת וה״ט דמיעוטא דהתם היינו מאיש ולא קטן אלא דסמיך אמיעוטא דוהניח וכמ״ש לעיל לדעתו ז״ל יעו״ש והא דקאמר לעיל מי שיש בו דעת להניח הכונה דמסתמא אין בהם דעת ואפי׳ יש בהם מיעוטא נינהו וכמו שאין בהם דעת דמו והכא גבי הזאה היינו טעמא דלא מרבינן אלא אותם שיש בהם דעת חדא דלדבריו שם רפ״י היסח הדעת פוסל גם במים שנתקדשו ועוד דהא כתב בתר הכי דהמזה צריך לכוון ולהזות על הטמא לטהרו ואם הזה שלא בכונה הזאתו פסולה ע״כ וא״כ ע״כ דדעת מזה בעינן וממילא משמע דע״כ לא הכשיר הכתוב אלא בקטן שיש בו דעת בדוקא ושוב ראיתי להתוי״ט שם שכתב כן יעו״ש.

רש״י ד״ה **איש** להכשיר וכו׳ אכהן קאי דלעיל וכו׳ כצ״ל וכן הגיה בשכ״י והכי איתא בספרי ואסף איש טהור לפי שמלינו שכל מעשה פרה בכהן שומע אני אף אסיפת האפר תהיה בכהן ת״ל ואסף איש טהור מגיד שאסיפת האפר כשירה בכל אדם וכו׳.

ד״ה **לקדש** לתת מים על האפר וכו׳ וכ״כ לעיל מב ע״א ד״ה לקידוש היא נתינת מים על האפר ע״כ אבל בפי׳ ר״א דמילה קל״ו ע״א פי׳ לקדש מי חטאת לתת עפר על המים ע״כ וכנראה דכיון דתנאי פליגי בהא מילתא בהקדים עפר למים דלר״ש רלה זה נותן תחילה וכו׳ כדאיתא בפ״ב דסוטה ט״ז ע״ב ובתמורה י״ע ע״ב ואיתא נמי בספרי פרשת חוקת ובתוספתא דפרה פ״ה

ואע״ג דאנן קי״ל כרבנן דפליגי אר״ש וס״ל דבהקדים עפר למים פסול וכן פסק הרמב״ם ז״ל רפ״ט מה׳ פ״א מ״מ לא חשש ז״ל הכא לפרש כר״ש ועיין מה שאכתוב בתוס׳ ד״ה עד דשקיל וכו׳ ודברי התוספות ד״ה הכל כשרים לקדש ל״ע דלא הביאו סוגיא דסוטה ועוד זאת דפי׳ ונתן עליו דהיינו בשבילו והרי בסוגייא דסוטה שם מקשינן מהא לרבנן ותרגינן עליו לערבן כלומר דלאחר שנתן אפר על המים צריך להפך עליו את המים ולערבן כמו שפי׳ ז״ל שם וכ״כ הרמב״ם בחי׳ שם ושוב ראיתי בתשובות הרב צבי אשכנזי ז״ל סי׳ קנ״ד שכתב תמה אנכי דאשתמיט להו תלמוד ערוך פ״ב דסוטה דף י״ו ע״ב ול״ע עכ״ד וכן מצאתי להתוי״ט בתמורה פ״א משנה ג׳ שתמה כן ועיין במ״ש רש״י ז״ל פרק לולב הגזול ל״ז א׳. ומה שסיים ז״ל בכלי חרס הדא מנייהו נקט וה״ה כל הכלים כדתנן פ״ה דפרה בכל הכלים מקדשין אפילו בכלי גללים וכו׳ אלא אגב סוטה נקט ז״ל כלי חרס ועיין בספרי פרשת חוקת אקרא דונתן עליו וכו׳ וק״ל.

ד״ה **ולקחו** לטמא וכו׳ זו היא עבודה שאחר אסיפה וכו׳ כלומר דהגם דלאו בתריה וסמיך ליה דאסיפה כתיב דכולה פרשה דעברת עומאת מת כתיבה קמיה מ״מ אין עבודה אחרת של פרה מפסיק בנתים וכמ״ש ז״ל בהערל עב ע״ב וק״ל.

ד״ה **אשה** מנ״ל וכן אנדרוגינוס משום ספק וכו׳ ולא פסיל ליה מטעם שהוא בריה בפני עצמה הכי איתא בהדיא בתוספתא דפרה הביאה הר״ש שם פ״ה דקתני אנדרוגינוס קידושו כשר ור״י פוסל מפני שהוא ספק אשה ואשה פסול ע״כ והכי איתא בפרק הערל ע״ב ע״ב ועיין עוד בפרק ר״א דמילה קלו ע״ב וק״ל.

ד״ה **ורבנן** וכו׳ והוא עצמו יתנהו וכו׳ וכן הא דקאמר עד דשקלי תרי ויהבי תרי מתפרש כך דודאי אין סברא לומר שהקפיד הכתוב שיהיה אחד או שנים וכמ״ש הרמב״ם ז״ל בחי׳ ליבמות ע״ב ע״ב ולמסקנא דאסיק דאפי׳ שקלי תרי ויהיב חד מהשתא כיון שלא הקפיד שהאדם עצמו הלוקח האפר הוא יהיה הנותן ויגמר כל המעשה באחד עוד אין לומר שהקפיד שאחד מאותם השנים שלקחו האפר הוא עצמו יהיה הנותן וכן פסק הרמב״ם בחי׳ רפ״י מה׳ פ״א הממלא מים לקידוש אינו צריך שיהיה הוא עצמו המקדש והמזה אלא מקדש אחר וכו׳ וכן הרב המאירי ז״ל כתב ואין צריך בפרה שיהיו כל מעשיה נעשין באחד אלא אפי׳ זה ממלא וזה נותן את האפר וכן בכולם וחהו הרמוז כאן הו״א עד דשקיל חד ויהיב חד וכו׳ שיהא הממלא את המים והנותן את האפר אחד קמל״ן ולקח ונתן עד אפי׳ שקלי תרי ויהיב חד ומינה שאין צריך שיהא הכל בא׳ או בשנים אלא בכמה שירצו עכ״ד. אלא שמדבריו ז״ל דיבמות שם שכתב דשקל חד עפרה ויהיב חד מים ע״כ משמע שמפרש שם שהיינו אומרים שהקפיד הכתוב שתהא נעשית ביחיד או ברבים וה״ק עד דשקיל חד וכו׳ ולא שקיל שנים ויהיב שנים ולפלול פירוש זה כתבו התוספות שם קרוב לפי׳ דהכא וזהו שסיים הרמב״ן שם אחר שהביא פי׳ התו׳ דהתם ולשון הגמרא נוטה לפי רבינו שלמה ע״כ ושלא כדברי בעל ספר בית יהודה שם שרצה להשכים דבריו דהכא ודהתם ולומר שהתוספות שם לפרש דברי רש״י באו יעויין שם ועיין מה שאכתוב עוד בדברי התוספות וק״ל.

ד״ה **ורבנן** וכו׳ דא״כ לשתוק וכו׳ אבל בספרי דריש רבי ישמעאל אקרא דהכא כדלעיל ונ״ל דמשום דהו״א דדוקא בקידוש דפסיל ביה היסח הדעת פסול קטן אבל בהזאה דלא מפסלא בהיסח הדעת כמ״ש התי״ט בר״פ מה הזאת מימיה וכו׳ וכן דעת הראב״ד רפ״י מה׳ פ״א אימא דקטן נמי כשר קא משמע לן איש להוציא את הקטן.

תוספות ד״ה **לרב** וכו׳ יש לומר דלדורות וכו׳ אבל התוספות ישנים לעיל דבור המתחיל אתת בשירה וכו׳ כתבו באופן אחר יעי״ש.

ד״ה **הכל** כשירין לקדש וגו׳ בכמה דוכתי משמע וכו׳ יש לפרש ונתן עליו וכו׳ עיין מה שכתבתי ע״ז בפרש״י ד״ה לקדש לתת מים וכו׳.

ד״ה **ונתן** וכו׳ מדשני קרא בדבוריה וכו׳ אבל התי״י כאן והתוספות דהערל עב ע״ב כתבו דמכח יתורא קדריש וכו׳ יעי״ש ומשמע דהיינו דהוה מצי למכתב ולקחו לטמא מעפר שרפת החטאת עם מים חיים אל כלי ואפי׳ תימא דהא אצטריך עליו לרבנן דצריך לערב ולר״ש רצה נותן עפר תחילה כדאיתא בפ״ב דסוטה י״ו ע״ב אבתי הו״מ למיכתב שרפת החטאת ועליו מים חיים וכו׳ דממילא משמע שיתן על העפר האמור מים חיים וא״כ ונתן למה לי והגם דפשטא דסוגיא דקאמר בסמוך לרבנן ואי כתב רחמנא ולקחו ונתנו וכו׳ משמע דדרשא דאשה לר״י היינו מדשני בדיבוריה ובתירולא דהכא וכמ״ש בחידושי הלכות מהדורא בתרא בחי׳ יבמות שם מ״מ יש לדחות דה״ק וכי תימא דהשתא ליכתוב נמי ונתנו כי היכי דלא נימא דנתינה דוקא בחד והריטב״א ז״ל בחי׳ הוכיח מכאן דמכח יתורא דריש דאלת״ה הגם דאיצטריך לרבנן לומר דשקלי תרי ויהיב חד מ״מ אכתי אימא דהכא תד ליהוי גברא מדרבא דונתן ולא ונתנה אלא ודאי דר״י מכח יתורא קממעט אשה יעי״ש אלא דאין ראיה זו מספקת לסתור שלא נפרש דדרשא דר״י מדשני קרא בדיבוריה כדבריהם דהכא דודאי גם לפ״ז שפיר תריצו רבנן דהא דשני בדיבוריה לאו לפסול אשה הוא אלא לומר דאפי׳ שקלי תרי ויהיב חד ועיין מ״ש לעיל בפ״ק יא ע״ב בתוספות ישנים ד״ה ביתך ולא בית׳ וכו׳ וק״ל.

ד״ה **עד** דשקיל וכו׳ מערב ליה וכו׳ לכאורה גם רש״י ז״ל פי׳ כן ומה באו להוסיף וזה דוחק לומר דהוו גרסי ברש״י ז״ל דשקל חד עפרה ויהיב חד מים כמו שפי׳ ביבמות וכמ״ש בפרש״י יעי״ש דהשתא לשלול פי׳ זה כתבו כן עד דבריהם דיבמות שם אלא נראה דבאו לקיים פירושם דלעיל דכתבו דנותן מים תחלה בכלי ואח״כ האפר שלא כפרש״י לעיל ומשום דמלשון זה שהקדים דשקיל חד דהיינו האפר ואח״ז ויהיב חד דאותו עצמו יתן עליו המים כדכתיב ונתן עליו מים וכו׳ הוה משמע כפרש״י לעיל לזה כתבו פי׳ ההוא גופיה דשקיל ליה האפר ליתן תוך המים הוא עצמו יהיב ליה כלומר שמערב האפר תוך המים דבהכי איירי קרא דונתן עליו עירוב מים על האפר כדאיתא בסוטה וכמ״ש בפרש״י ד״ה לקדש וכו׳ והגם דבדבריהם לעיל ד״ה הכל כשרים לא פי׳ עליו לעירוב ולא הזכירו סוגיא דסוטה כלל כמ״ש בפרש״י שם אין זה מן התימא למ״ש ברא״ש מכילתין דתוספות אלו של מהר״ם הם ואפשר שהעתיק כאן לשון תוספות דפרק הערל שכתבו פי׳ אותו שנותן האפר בתוך מי חטאת הוא עצמו יערב המים והאפר יחד ע״כ דמלבד שכיוונו שם לשלול פי׳ רש״י שם כמ״ש בפרש״י וכנראה מדברי הרמב״ן שם עוד זאת ודאי דקדקו לפרש למאי דקשה מתוך הלשון דמשמע שנותן אפר תחלה ואח״כ מים וכמו שפי׳ מהרש״א שם והנה מ״ש רש״י ז״ל כאן והוא עצמו יתנהו על המי׳ הגם דפשטיה דקרא דונתן המים דסיפא קאי וכן נפי׳ דמס׳ סוטה שם ה״ק ונתן מים עליו על האפר לערבו יפה אפשר דכאן לא דקדק בזה ומפר׳ עליו בשבילו וה״ק ונתן בשביל האפר מים תוך הכלי ויתן האפר על המים וכפי׳ התוספות לעיל או אפשר דיתנהו דקאמר היינו יערבהו עם המים שיבואו המים עליו וקיצר בלשון ובד״ז נפרש מה שפי׳ לעיל לקדש לתת מים על האפר דהיינו העירוב שזהו גמר פועל הקידוש וכן פירש בפ״ק דערכין לקדש לערב מים חיים באפר חטאת ע״כ ולעולם שמתחילה היה נותן המים ואח״כ האפר ובהא לא מיירי ובזה לא היה קשה מה שהקשו התוספות לעיל וגם לא היה קשה דבריו דלעיל אמ״ש בפר״א דמילה היא נתינת מים על האפר וגם לא תיקשי דבריו דהכא אהדדי דלעיל כתב שנותן אפר תחלה וכאן כתב שנותן מים תחלה כנלע״ד ודו״ק.

ד״ה **הכל** כשרין וכו׳ וה״ק דר״י דמתני׳ היינו ת״ק דר״י וכו׳ לא זכיתי להבין דהא בריש פ״ק דערכין ג׳ ע״א קאמר תלמודא דהכל כשירין להזות לאתויי ערל וכמ״ד דערל שהזה הזאתו כשירה יעי״ש וא״כ ע״כ לומר דלאו ת״ק דר״י דברייתא דהערל היא דלת״ק דמתני׳ טומטום כשר לקדש דבין שיהיה ספק ערל או ספק אשה כשרים נינהו ואע״ג דמלישנא דר״י דברייתא שם דקתני ר״א אף אנדרוגינוס שקדש קדושיו פסולים וכו׳ משמע דסבר דטומטום נמי פסול אפ״ה לא תקשי אמאי לא קתני הכא במתני׳ ופוסל באשה ובטומטום וכו׳ ודלא כת״ק דמכשר ליה הדא דר״ל דר״י תנא ושייר דשייר נמי ערל דמשמע מברייתא שם דר״י פסיל ליה ועי״ל דגבי פסולא כיון דקתני ר״י

דפוסל באשה פשיטא דטומטום דספק אשה הוא פסל ואנדרוגינוס אילטריך ליה דלא תימא דבריה בפ״ע הוא ועדיף מאשה [(עיין בטור אורח חיים סי׳ תרפ״ט ובמ״ש הב״י שם)] אבל בהך דהכל כשרים להזות אילטריך ת״ק לאשמועינן דטומטום נמי כשר לסייע את הקטן דומיא דאשה ולא תימא דעדיף אשה מטומטום [(עמ״ש הב״י שם)] וכמ״ש כן נראה דעת הרמב״ם ז״ל בחי׳ דבפ״י פסק דערל כשר להזאה ופסק שם כת״ק דהכל כשירין להזות חוץ מטומטום וכו׳ ואילו ברים פרק ו׳ לא הוציא מהכלל גבי קידוש אלא חרש שוטה וקטן דוקא כלשון ת״ק דר״י דמתני׳ יע״ש ולא אאריך עוד בזה להיות דשוב ראיתי להתוי״ט ספי״ב דמסכת פרה שעמד על זה יע״ש שישב דבריהם בדוחק וק״ל.

ד״ה **אשה** מסעדתו וכו׳ בתו׳ מפרש וכו׳ תוספתא זו לא מצאתיה שם ולפי מה שהעתיקו קשה להבין דהא אפילו דקתני לא קאי אהכשר סעד אשה דכיון שאינה יכולה לאחוז בידו כלל אלא בתחזיק המים בידה כדי שיטבול ויזה מה רבותא יש בין שיזה מיד שהטביל או אחר כן אלא ע״כ אהכשר קטן קאי דאפילו בהזאה מכשרינן ליה כנראה מדבריהם שכתבו משום דקרא דמכשרינן מיניה קטן וכו׳ וכן מסוף דבריהם שסיימו ונגבי הכשר קטן וכו׳ ולפי זה למאי אילטריך האי אפילו הא בהדיא קתני מתני׳ הכל כשירין להזות וכו׳ וקטן שיש בו דעת וכו׳ ועוד קתני מתני׳ אשה מסעדתו ומזה וכו׳ אלא ע״כ נ״ל דתוספתא לאו לפרושי מתני׳ אתא ומעתה התו׳ ז״ל אלישנא דאפי׳ דתוספתא קשיא להו וכמ״ש מהרש״א ז״ל יע״ש ותוספתא ה״ק דהכשר קטן בסעד אשה אפי׳ כשירלה הקטן להזות נמי היא אלא דמ״מ לישנא דבשעת הזאה לא דייק שפיר והכא כמו שסיימו ותי׳ וכ״ל דלא קשיא וכו׳ כן תמלא להר״ש שם שפי׳ כן אלא שצריך להגיה בדבריו שם ד״ה מסעדתו כדמפרש טעמא אוחזת לו במים הס״ד ואח״כ מ״ה אפי׳ בשעת הזאה וכו׳ יע״ש וק״ל.

ע״ב גמרא **והזה** הטהור לימד על טבול יום וכו׳ מה שהקשה הרשב״א בחידושיו ליבמות עב ע״א דדילמא לא לימד אלא על מחוסר כפורים שהעריב שמשו שכשר בפרה וכו׳ וג״ל דהטהור כל דהו משמע וכו׳ יע״ש אבכי הלעיר לא זכיתי להבין דהא בפרק כל הזבחים י״ז ע״ב איתא בהדיא פלוגתא דתנאי בהא דמר סבר טומאה דכל התורה ואפי׳ מחוסר כפורים ומר סבר טומאה דהך פרשה אבל מחוסר כפורים דזב חמיר ולא אתי מיניה יעיין שם ועיין בתוספות ובתוספות ישנים כאן ובמ״ש שם ומ״ש רש״י שם ביבמות דמוקמינן ליה אטבול יום משום דאשכחן ליה דמקרי טהור דכתיב ורחץ במים וטהר ע״כ וכ״כ בזבחים שם דאיקרי טהור למעשר וכו׳ וע״ע בחגיגה כג ע״א ירא״ה דנתכוון ז״ל לדרשא דספרי דאיתא בפרשת חוקת דקתני התם אקרא דואסף ואקרא דוטבל וכו׳ כא מת״ל טהור טהור מכל טומאה ואיזהו טבול יום ר׳ נתן אומר נאמר כאן טהור ונאמר להלן טהור מה טהור האמור להלן טמא לתרומה וטהור לחטאת וגו׳ דהטומאה שהוא הטהור למעשר כמ״ש הרמב״ם בפי׳ פ״ג דפרה מ״ז ובחי׳ ספ״א מה׳ פ״א אלא דנ״ל דקרא דורחץ במים וטהר שכתב רש״י היינו קרא דכתיב במלורע ביום השביעי וכבס את בגדיו ורחץ את בשרו במים וטהר דהכוונה שהרי הוא טבול יום דמותר במעשר וכמ״ש הר״ש במ״ל בפ״א מהלכות טומאת לרעת יע״ש ולטעם זה מחוסר כפורים נמי בכלל דהא טהור למעשר הוא דהא קיל״ן דמחוסר כפורים לאו כזב דמי כמו שפסק בפ״ג מה׳ ביאת המקדש וכמ״ש הכ״מ שם ובמחוסר כפורים כשירה כמ״ש בפ״ד מה׳ פ״א והיינו טעמא משום דטומאה דכל התורה קאמר ומעתה ל״מ למ״ד התם דמהוסר כפורים כזב דמי דודאי אין שייך להקשות דדילמא ביה דוקא איירי אלא אף אם קושית הרשב״א לאידך מ״ד דלאו כזב דמי דמאן לימא לן דטומאה דכל התורה קאמר דילמא דמחוסר כפורים דלמאי דקיי״לן דלאו כזב דמי קיל מאיכך הא נמי יש לומר דאדרשא דספרי דילפינן ממעשר סמיך דהכל בכלל ול״ע וק״ל.

שם מאי שנא בוידוי ראשון וכו׳ מדלא פריך בקילור מ״ש בוידוי ראשון דלא אמר ובני אהרן עם קדשך ובוידוי שני אמר הוה משמע לכאורה דשתים הנה קושיותיו והק׳ דאי מתני׳ ר״ש דס״ל ספ״ק דשבועות דכהנים מתכפרים בפר גם כפרת שאר עבירות א״כ מ״ש דבוידוי ראשון לא קאמר נמי בני אהרן דהשתא יש להם ג׳ כפרות תרי ווידוי ודם פר לכפר על שאיס דטומאת מקדש וקדשיו וכפרת שאר עבירות ואם תאמר דמתני׳ ר׳ יהודה היא דס״ל דכהנים מתכפרים בשעיר המשתלח בשאר עבירות ולהכי בחד וידוי אינו מזכירם שהרי אינם צריכים אלא לב׳ כפרות דעמרי״ק מ״מ אכתי תקשי דמ״ש דאיתר כפרתם בוידוי ב׳ יזכרם מיד בוידוי א׳ ולא יזכרם בוידוי שני ותריץ שפיר דמתני׳ מתוקמא אי כר״י ואי כר״ש מטעמא דתנא דבי ר״י וכו׳ דנר״ש נמי הגם דמתכפרי בודאי גם בוידוי א׳ מ״מ אין להזכירם בהדיא מטעמא דתנא דר״י וכמ״ש התו׳ שם ד״ה ב׳ וידוים וכו׳ ולקמן ס״ו ע״א ד״ה אמר ר׳ ירמיה וכו׳ יע״ש ועוד יש לפרש דה״ק מ״ש בוידוי ראשון וכו׳ אם תאמר דבכלל ביתו ניהנו כדכתיב בית אהרן וכו׳ וכדאיתא בשבועות שם א״כ מ״ש בוידוי שני שהוצרך לפרט בני אהרן וכו׳ כיון שהזכיר כאן ג״כ אני וביתי וכו׳ וק״ל.

שם תנא דר״י וכו׳ ואל יבא חייב וכו׳ ומה שהזכיר בוידוי ראשון ביתו קודם שיכפר על עצמו היינו משום דאשתו כגופו וכמ״ש הריטב״א יע״ש ונ״ל דאשתו דבידו למחות בה הרי הוא נענש בעונות שעשתה וכעונות עצמו דמו וק״ל.

מתני׳ שחטו וקבל במזרק את וכו׳ הדבר פשוט כמ״ש התוי״ט דהכא נמי מירק אחר שהיטה על ידו וכמ״ש בליקוטי מים חיים דאלת״ה אלא דמתני׳ בדוקא קתני ואם מירק אחר פסול ליפריך לעיל מהכא למ״ד דשחיטת פרו כשרה בזר והרמב״ם ז״ל בחי׳ לא הולרך לבאר זה שהרי כבר ביאר ברפ״א מה׳ פסולי המוקדשין דכשרה בזר ופשיטא דהכא נמי מסייע לו אחר דומיא דתמיד ומ״ש בעל ס׳ לחם שמים בזה דבריו לא האירו לעיד יע״ש.

גמרא והכתיב וכל אדם וכו׳ תני של היכל וכו׳ והא דלא קתני בהדיא שבעזרה כדקתני סיפא דהגב אורחיה אשמועינן טעמא שמפני עבודת היכל דהיינו קטרת היה צריך להרחיק עצמו משום א״נ טעמא קאמר שלא ירחיק עצמו יותר כדי שיהא מוכן שם לעשות ממנו הזאות היכל ולפני ולפנים בצאתו מהקטרה ולפ״ז לעולם דנוכל לומר דבאותו רובד עצמו שהיה ממרם שם היה מגיה ג״כ המחתה וכ״כ ר׳ ירוחם בסדר עבודה שלו סוף נתיב ז׳ אח״כ הביאו לו מחתה וכו׳ והניחה בעזרה אלל דם הפר ע״כ והיינו דבירושלמי קאמר כיני מתניתא על הרובד הרביעי שבעזרה וכן הסכים הרמ״ע מפאנו ז״ל בתשובה סי׳ י״א דשניהם א׳ יע״ש ועמ״ש התוי״ע ובס׳ לחם שמים אמתני׳ ובליקוטי מים חיים פ״ד מהלכות ע״כ וק״ל. ועל מה שפי׳ רש״י ז״ל כשיולא מן ההיכל לעזרה וכו׳ עיין מה שאכתוב לקמן מ״ד ע״ב בסוגיא.

שם ת״ר וכל אדם לא יהיה יכול אפילו בעזרה וכו׳ כן נראה של״ל יהי״ג לה בת״כ פ׳ אחרי מות דהכוונה דאי לא כתב קרא באהל מועד הייתי מרבה אפי׳ עזרות ת״ל באהל מועד ובתר הכי קאמר אין לי וכו׳ כאילו אמר ואימא דאהל מועד אילטריך למעט שילה ובית עולמים אבל עזרות לא נמעט וכן פי׳ בשכ״י וכנראה מדברי התוס׳ סד״ה בשילה וכו׳ ושוב ראיתי שכן פי׳ בס׳ ק״א שם וכן הא דקתני אין לי אלא בכניסתו וכו׳ ת״ל עד לאתו הגי׳ בת״כ שם ת״ל בלאתו עד לאתו ופי׳ בס׳ ק״א שם דהו״ל בלאתו דאז היינו מבינים כשנעתק ללאת אבל בהיותו יולא לא ואמר עד לאתו דמשמע עד שילא לגמרי ע״כ וק״ל.

כתב הרב המאירי ז״ל אין הכהנים רשאין ליכנס להיכל שלא בשעת עבודה שנאמר ואל יבא בכל עת וכו׳ ואעפ״י שזה נאמר בבית קדשי הקדשים מ״מ מבית לפרוכת לרבות כל ההיכל וכל שנכנס חוץ לקדש קדשים שלא ללורך לוקה ובקה״ק חייב מיתה בידי שמים אחר שכן יש לשאול על מה הולרך להקשות בסוגיא זו מוכל אדם לא יהי׳ וכו׳ ואף הפסוק למה הולרך והלא חייב על ביאה הואיל ושלא ללורך עבודה היא אפשר שאינו חייב אלא דרך ביאה ר״ל דרך פתח המזרח אבל הנכנס דרך גגות ופספסין ר״ל פתחים קטנים שבלידי עזרה פטור ובא להשמיענו שבשעה זו מיהא לא יכנס בשום פנים או שמא בא לנכנס אף ללורך עבודה כגון להכניס את המחתה עכ״ד. ועיין בספר משנה למלך רפ״ב מה׳ ביאת המקדש סוף הלכה ב׳.

רש״י ד״ה **מבלל** שהוא טמא שיצא מכלל טומאה כל״ל וכלומר דלאו למימרא שעכשיו הוא טמא ממש אלא

שילא מכלל טומאה שהיה לו מעיקרא אבל מ"מ עתה טהור כל דהוא ולא טהור ממש והיינו טבול יום אבל בהערל שם פי' הטהור שטהרתי לך כאן מכלל שהוא טמא לדבר אחר כגון ע"י שהוא טמא לתרומה וכו'.

תוס' ד"ה **ולא** פליג ר"י תימה וכו' לכאורה אין כאן כ"כ תימה דבזה וכיוצא בזה יש לומר דהמקשה ידע דמשבשתא היא ולא מותבינן מינה וכמ"ש בספר גופי הלכות בכללי התי"ו אות תקל"ד בשם הרא"ש ז"ל ופשוט הוא שכוונתם להקשות דמה הוצרך לדייק דר"י מכשיר בקטן מדלא פליג הא בהדיא קתני בתוספתא דמכשיר וכמ"ש הר"ש בפי"ב דפרה שם אבל לאביי לי"ק יל"מ דודאי יאמר דמשבשתא היא דהא כיון דע"כ משמע מוליא מיד משמע לר"י קטן פסול והיינו דסיימו בדבריהם ושמא המקשה וכו' ועיין בספר תולדות יצחק בחו' לפרקין אלא שצריך להבין דהא לרבנן נמי מכשירין קטן שיש בו דעת וא"כ ה"ק דתוספתא שם דקתני הכל כשירין להזות חוץ מחרש שוטה וקטן מני דזה אין לומר דה"ק פסל בקטן שאין בו דעת ור"י פליג התם ומכשיר גם בזה דהא באין בו דעת אין סברה כלל להכשירו דבעינן שיתכוין להזות כמ"ש בסוגיא ושמא י"ל דהיינו כר' ישמעאל דסברי דס"ל לפסול קטן בכל גוונא גם בהזאה וצ"ב ליה בינה גלהוסיפה כמ"ש בפרש"י ד"ה לרבנן יעו"ש וק"ל.

ד"ה **לימד** על טבול יום וכו' הא הזאה לאו עבודה וכו' והא קמן דהפי' במוקדשים טמא ששחט דבדיעבד שחיטתו כשירה כדאי' בר"פ כל הפסולין אבל מדברי רש"י לעיל משמע דס"ל כהאי טעמא שכתב ד"ה להכשיר את האשה דאי למעוטי טמא פשיטא דחטאת קרייה רחמנא ע"כ וכן כתב ביבמות ע"ג ע"א בהך דרבא דזהזה גופה יעו"ש ושמא י"ל דכוונתו ז"ל דכיון דפרה קדשי בדק הבית היא ולא שייך בה חילוק עבודות כדאיתא לעיל מ"ב ע"א מעתה כיון דחטאת קרייה רחמנא אי ס"ל לפסול טמא בעבודות מעבודות שלה הפסולות בזר ה"ה דיש לן לפסול בכולן דמאי דגלי קרא להכשר זר גלי ולא יליף מזה להכשיר טמא אלא שצריך לפרש דמעיקרא מאי קשיא להו אימא דאיצטריך להכשיר טבול יום בשאר עבודות שלה הפסולות בזר דהגם דקרא בהזאה כתיב מוקמינן ליה בהא"ש בשאר עבודות דודאי שאר עבודות נמי כשרים בט"י כדתנן במסכת פרה ובמעורבי שמש היתה נעשית וי"ל דאם איתא דטהור לא אצטריך לגופה דהזאה א"כ אדרבא אימא דלהכי כתביה גבי הזאה לומר דדוקא בה וכיוצא בה דהכשיר בזר הכשיר נמי בטב"י משא"כ בשאר עבודות אלא ודאי דלגופה איצטריך ומהכא ילפינן לשאר עבודות מהטעם שסיימו אחר זה ועו"ל דהם באו ליישב למאי דמשמע מפשטא דתלמודא דאיצטריך לגופה דהזאה והיינו דכתבו בתר הכי וא"ת והיכי גמר וכו' כלומר דאא"ב דלא אצטריך לגופיה ניחא דבהא"ש מוקמינן ליה לעבודות הפסולות בזר אבל השתא דמקרא דוהניח במקום טהור דריש מיניה בספרי שיהיה מקומו טהור וכו' יעו"ש הוה משמע לן דמדקפיד קרא דגם בתר עשיית הפרה תהיה הנחת האפר במקום קדוש ה"ה דגם ההזאה דבתרה לריכא גברא טהור גמור ולהכי לימד אהזאה גופה דכשירה בטבול יום מהשתא תקשי מהיכא יליף שאר עבודות.

באד וי"ל דלפ"ה כיון דעיקר טהרה וכו' אבל בהך טעמא להודה לא סגי להו לתרץ קושתם הראשונה דהא ודאי כיון דלאו עבודה היא הכשר טהרה לא מעלה ומוריד לענין זה דהא קמן שחיטה מוקדשין נמי מכשיר קרבן ועיקרו הוא ואפ"ה טמא שחיטתו כשירה אבל כלפי ללמוד שאר עבודות ממנה ודאי אמרינן דכיון דכולם לתכלית ההזאה נעשו לא עדיפי מינה לענין זה וק"ל. ומ"ש וא"ת וא"מ לרבות מחוסר כפורים וכו' דהשתא דאמרת דט"י לפסול כאן כיון דקפיד קרא אהנחה במקום טהור מעתה יש לך למעט הכשר טומאה כל מאי דאפשר ולומר דע"כ לא הכשיר אלא מחוסר כפורים דטהור למעשר ולתרומה אבל ע"י דטמא לתרומה לא וק"ל.

באד והכי אמרינן בפ"ב דזבחים וכו' וכיון דמכשירינן טמא מת דאיירי וכו' אע"ג דהתם לא קאמר טעמא דטומאה דאותה פרשה אלא לאידך מ"ד מ"מ משמע להו דלאידך מ"ד נמי ע"כ לומר כן דאי לא מהיכא תיתי למימר טומאה דכל התורה אף מחוסר כפורים דזב אלא ודאי דה"ק דכיון דהכשיר הכתוב ע"י דמת דמיירי באותה פרשה דחמיר שטמא לתרומה ולקדשים ע"כ דהכשיר נמי מחוסר כפורים דהגם דכזב דמי היינו לענין קדשים אבל מ"מ קליש' טומאתו מע"י דמת שהרי טהור לתרומה הוא ומש"ה נמי הגם דמחוסר מעשה דכפרה הוא משום זה לא חמיר טפי מע"י דמת ואידך מ"ד ס"ל דכיון דמחוסר מעשה הוא אכתי שם זב עליה ובדין הוא להחמיר עליו דהגם דקלישא טומאתו מ"מ טומאה זו הקלה חמירא מע"י דמת שכן טומאה יוצאה מגופו וכדמסיים התם מחוסר כפורים דזב חמיר שכן טומאה יוצאה עליו מגופו ע"כ ומעתה מכלל דברים אלו נתהלה קושיתם דה"ה דליכא לאוקמיה קרא דוהזה הטהור במחוסר כפורים בדוקא דהא לכולהו תנאי דהתם עיקר קרא בטומאה דאותה פרשה כתיבא דלא שייך בה מחוסר כפורים אלא דפליגי אי מייתינן מיניה מחוסר כפורים נמי או לא ועמ"ש בת"י דסוגיין ובמ"ש יתורץ לך דלא תקשי אמאי דסיימו דטעמא דמאן דפסיל התם מחוסר כפורים משום דמחוסר כפרה הוא והתם קאמר טעמא משום דלא אתי בק"ו מע"מ דאותה פרשה דאיכא למפרך שכן טומאה יוצאה מגופו דהא ודאי חד טעמא דכיון דאכתי שם זב עליו משום דמחוסר מעשה מעתה פרכינן מה לזב וכו' אבל אי לא הוה מ"מ ודאי דהו לא הוה קרינן ליה שם זב הגם דהיה חסר איזה ענין דממילא ונראה דלזה כיון רש"י ז"ל בפרק הערל ע"ד ע"א שכתב ד"ה ה"ג וכו' מחוסר כפורים פסול דכיון דמחוסר מעשה הוא עדיין טומאה עליו ולא קרינן ליה טהור עכ"ד ועיין בדברי התוס' דהערל ע"ג ע"א כנלע"ד ודו"ק.

ד"ה **אמר"י** וכו' והכא איירי בהקטרת קטרת וכו' כלומר דעל כרחך בהא איירי דהא כבר הקטיר של שחר בין דם לאיברים של תמיד כדתנן לעיל ל"א ע"ב והקטרה דלפני ולפנים קודם להזאות כדתנן לקמן נ"ג דמיד אחר שהקטיר לפני ולפנים נטל את הדם ממי שהיה ממרס וכו' וק"ל. ומ"ש ולקמן כי בעי וכו' הו"מ לאוכוחי ממתני' וכו' דהגם דע"כ לתקן לשון המשנה וכאילו אמר של היכל אין לנו להוסיף ולהגיה המשנה דתני על הרובד הרביעי שבעזרה כדקא' בירושלמי ולעולם דלא היה בין אולם ולמזבח ואין כאן סייעתא דבכל מאי דאפשר לתקן הלשון ולא להגיה עדיפא טפי אבל מ"מ מתניתין דכלים אמתניתין לא בעי למפרך דאז הו"א ליישב שניהם דתני שבעזרה דומיא דסיפא דמ"ש ועמ"ש מהרש"א וק"ל.

באד וא"ת א"כ אמאי וכו' אבל לרב יהודה דהכא ודאי לא שייך להקשות כן דאיהו ס"ל כר"א וכמסקנא דלקמן דבהקטרה דלפני ולפנים מבין אולם ולמזבח לא פרשי ואפילו שלא לצורך דע"כ לא חילקו התו' כן אלא למקשה דלקמן דהוה ס"ל דמהתם נמי פרשי ואילו הכא קתני דהיה עומד שם למרס ומ"ש מהרש"א בזה לא זכיתי להבין דבריו וכן ראיתי בשכ"י שהקשה עליו כן ושוב חזרתי ועיינתי להבין דבריו כי כך חובתינו ונלע"ד דאפשר נפרש כוונת קושיתו דודאי למ"ש התו' קודם דהמקשה דלקמן ס"ל דבין אולם ולמזבח דמרבנן לצורך לא גזרו פשוט הוא שנאמר דלרב יהודה אפי' שלא לצורך לא פרשו כלל אבל לתי' האחרון שכתבו דהמק' דלקמן ס"ל דאפי' מהיכל לצורך עבודה לא פרשי מוכרח דר"א דלקמן דקאמר דבשעת הקטרה דלפני ולפנים מבין אולם ולמזבח לא פרשי דהיינו דוקא לצורך אבל שלא לצורך מאולם נמי פרשי דהא ע"כ לומר דגם לר"א חשיב מירוס צורך עבודה מידא דאל"כ הו"ל מחלוקת בקלוות דלהמקשה חשיב ליה צורך גמור דשרי ליה אף בהיכל דפרישה דידיה מדאורייתא משמע דר"א דקאמר לא שנו וכו' ממתני' דהכא דייק לה דעומד וממרס בין אולם למזבח בשעת הקטרה דלפ"ולפ וס"ל כרב יהודה דקאמר אני של היכל וכיון שכן מהכא אין ראיה אלא דלא פרשי לצורך אבל שלא לצורך אימא ודאי דפרשי ומעתה תקשי לרב יהודה נמי לימא דא"ב דמהיכל פרשי אפי' לצורך דומיא דמירוס משא"כ אולי' דלא פרשי אלא לצורך דוקא ולא תקשי דא"כ לשני לקמן דאפי' תימא לר"א דברייתא דר' יוסי איירי בהקטרה דלפ"ולפ ניחא דפרשי מבין האולם דאימא דאיירי בעומד שם שלא לצורך דהא ליתא דדומיא דרישא דפרישת היכל דאיירי ודאי לר' אלעזר אפי' לצורך איירי נמי סיפא דפרישת אולם. ואם כיוון ז"ל לקושיא זו יש ליישב דודאי ר"א גמרא גמיר ליה

מרביה לפרש מתני' דכלים כן ולאו ממתני' דהכא מוכח לה דלאח"כ אכתי תקשי דמנ"ל לחלק כן דאימא דמבין אולם בעלמא פרשי ואפי' לצורך והכא דוקא שרו משום טרחא דכ"ג אלא ודאי דלפי' תימא דחשיב ליה מרום צורך עבודה כסברת המקשה מ"מ הכי גמיר לה מרביה דמאולם לא פרשי כלל ואפי' שלא לצורך ומהיכל פרשי ואפי' לצורך והיינו דלא מוקי מתני' דכלים אפי' בהקטרה דלפני ולפנים ושלא לצורך ורב יהודה נמי הכי ס"ל ומעתה לא קשה מידי כנלענ"ד ודו"ק.

דף מ"ד ע"א גמרא **מתיב** רב אדא וכו' ר"א בשם וכו' ומתני' דכלים ר"י כדקתני התם א"ר יוסי במשה דברים וכו' ופורשין וכו' ומאחר שכן לא מלית למימר דתנאי היא וי"א דאמר כתנא דכלים דבשעת הקטרה סתמא משמע דהיינו של כל השנה ועיין בלשון הרע"ב דכלים שם וכמ"ש התוי"ט כאן וק"ל.

שם כך פורשין בשעת וכו' ושירי ע"א ודמים של יוה"כ וכו' כן הגי' בתוי' דפ"ק דכלים ולגי' שלפנינו עיין מ"ש התוי' גם שם הגי' הוי מה מעלה וכו' אלא של בין האולם ולמזבח נכנסין לעבודה ושלא לעבודה ולהיכל אין נכנסין אלא לעבודה בלבד ע"כ ולגי' זו מלתא אחריתי קאמר דבהיכל חייב אביאה ריקנית כדאי' בקומץ רבה ובמ"ש התוי' ד"ה הא וכו' יעו"ש ועיין בסמוך וק"ל.

שם אלא שבהיכל פורשין בין בשעת הקטרה וכו' מאי לאו בשעת הקטרה דלפו"לפ וכו' דס"ד דלא הולרך לומר דפורשין בהיכל בשעת הקטרה דידיה דהא פשיטא ואמאי משום מעלה הוא אלא ודאי דהאי שבהיכל פורשין משום מעל' בין בשעת הקטרה דלפו"לפ ובין שלא בשעת הקטרה דכל שאינו לצורך עבודה היה פורש דהא מחייב אביאה ריקנית אלא דבשעת הקטרה דלפו"לפ אף לצורך עבודה דהיכל היה פורש ומבין האולם ולמזבח אין פורשין אלא בשעת הקטרה הנז' דלפו"לפ וכ"ש דהיכל אבל שלא בשעת הקטרה לא היה פורש מליכנס לשם אף ביאה ריקנית וזה מספיק לגי' התוספתא שכתבתי אלא דלגי' תלמודא הוסיף פרישת שעת הקטרה אף לצורך עבודה ופרישת אולם בשעת הקטרה וכמ"ש וא"כ מוכח דלא כר"א דאף בהקטרה דלפו"לפ פרשי נמי מאולם ותמני לא בשעת הקטרה דהיכל דהגם דבהיכל ג"ל למתני דפורשין משום סיפא דאשמועינן דבין האולם פרשי בשעת הקטרה דהיכל ניקט לה ברישא ואה"נ דברישא לא נחית לאשמועינן אלא דבהיכל פירשין ממנו אפי' שלא בשעת הקטרה כלומר אפי' שלא בשעת עבודה משא"כ בין האולם ונקט לישנא הכי לדיוקי דבשעת הקטרה דלפו"לפ פרשי מהיכל ואפי' לצורך עבודה ובדמסיק ופריך אי הכי וכו' והא איכא הא מעלה דאילו דהיכל פרשי בין בקדושה דידיה וכו' כלומר דבשלמא לדידי דס"ל דבהקטרה דלפו"לפ פרשי נמי מאולם ודאי דכ"ה מהזאות דלפו"לפ דמאי שנא אלא לדידך ע"כ דהזאות אלו נמי לא פרשי וא"כ אפי' שתאמר חילוק מעלה דהקטרה הרי הוא בכלל במה שאמר אלא שבהיכל פורשין וכו' ובין שלא בשעת הקטרה אכתי הו"ל למתני הך מעלה בהדיא ובהאי לישנא דאילו דהיכל פרשי בין בקדושה וכו' לכלול גם חילוק פרישה דהזאות דלפו"לפ ומשני שם פרישה א' היא ומהקטרה שמעינן חילוק פרישה דהזאות ולא הולרך לפרשם כן לענ"ד לפי סוגיא זו ולפי' זה יתורץ קושית התוי' ד"ה מאי לאו וכו' וכן בתי"י ד"ה בשעת הקטרה וכו' יעו"ש אלא שרש"י ז"ל לא פי' כן ועיין בריטב"א ודו"ק.

רש"י ד"ה **לא** שנו וכו' שבוא מרוחק וכו' מה שהקשה הריטב"א דאמאי לא גזרו אולם אטו היכל דאורייתא ותי' יע"ש ואפשר לומר עוד דאימת יוה"כ עליהם וכיף ילרייהו ומה גם כיון שבסימן הקטורת יודעים שנתכפרו עונותיהם בודאי יהיו זהירים וכדאיתא במדרש תנחומא סוף פרשת תצוה ז"ל בשעה שהיה כ"ג נוטל את הקטורת וכו' ביוה"כ ונכנס לפני ולפנים וכו' כיון שהיה ענן הקטורת מתמר ועולה וכו' היה יודע שנתכפרו עונות ישראל וכו' עד נמצאת אומר שכ"ג וכל ישראל מרתתים בשעה שכ"ג נכנס לפנים וכו' וע"ש וק"ל.

ד"ה **הא** מה וכו' כלומר מעתה מה מעלה יש בפרישה וכו' נתכוון ז"ל למ"ש התו' ד"ה מה מעלה וכו' יע"ש.

ד"ה **בין** בשעת הקטרה וכו' אין פורש משום לפו"לפ אלא וכו' כנ"ל והדא"ה והכוונה דע"כ סיפא דבין האולם דמשמעינן

הזאת דמים בהקטרה דלפו"לפ איירי דאי בהקטרה דהיכל ומשמע שלא בשעת הקטרה דהזאות דהיכל האליבא דהא נמי מאולם פרשי כדקתני רישא וכמ"ש הריטב"א בשם התו' יע"ש.

תוס' ד"ה **שילה** וכו' ובפ"ב דסוטה וכו' קאמר שילה ובית עולמים מגין וכו' מדבריהם נראה דלא הוו גרסי שם נוב וגבעון משום דמשכן ממש הוי עמ"ש התי"י כאן יהתו' דשביעית וסוטה שם וק"ל. ומ"ש ובפ"ב דשבועות קא' וכו' כנ"ל דמהמשך הקושיא היא ועמ"ש בחדושי לשבועות שם ומ"ש יכול אף בשילה וכו' ת"ל זאת וכו' בתי"י כאן ובתו' דשבועות שם הגי' ת"ל לעבוד עבודה וכו' וכנ"ל בדבריהם כאן וכדגרסי' בהילין שם דזאת אילטריך גדרשא אחריתי שם וכ"כ בשכ"י ומ"ש וריב"א גרס בפ"ב דשבועות ב' קראי וכו' דבריהם מיגנים בגי' שכתבו התוספות דשבועות שם ועיין בדברי התו' דסוטה ובמ"ש מהרש"ל ומהרש"א שם וק"ל.

ע"ב גמרא **ש"מ** מעלות דאורייתא וכו' מ"ש בספר מ"ל בפ"ז מהל' בית הבחירה ז"ל ויש עוד מחלוקת אחר בין הראשונים אי הני מעלות הוו מן התורה ע"כ הדבר פשוט דלא קאי אכללות מעלות דמתני' דהא בהדיא אסקינן הכא דמדרבנן ניהו וכמ"ש הר"ש והרא"ש שם אלא אמעלות דשלא רחוץ ידים דבין האולם וכו' קאי כמ"ש הר"ש והרא"ש שם ועיין בהרע"ב שם ובספר דרך הקדש י"ט ע"ג וס' התי"י דסוגיין דהוו מדרבנן כס' הרע"ב שם וק"ל.

שם לא אגס ובין האולם ולמזבח חדא קדושה וכו' והשתא מה שפירש רש"י ז"ל לעיל תני של היכל בשיולא מן ההיכל לעזרה וכו' אין הכוונה שהיה לריך ללאת גם מאולם דהא ודאי כיון דבהקטרה של לפני ולפנים לא פרשי אלא מהיכל ואולם בהדי קדושה דבין אילם ולמזבח גריר היה יכול לעמוד אף באולם אלא אגב נמי מיקרי עזרה דרך השאלה ע"ד שכל המקדש כולו קרוי עזרה כדתנן במדות כל העזרה היתה אורך וכו' דלפרש שפי' כן למאי דס"ל לרבא דאולם והיכל חדא קדושה היא זה אין נראה כיון דדחינן לה ועוד אפשר דלהויות דגבי מחתה תנינן עזרה נקט ז"ל הכא נמי עזרה ומה גם לפי הירושלמי דקתני ארישא תני שבעזרה וכמו שכתבנו בסוגיא לעיל אבל לעולם דמן הדין באולם נמי מלי קאי והיינו דהרמב"ם ז"ל בהי' פ"ד מה' עי"כ דייק לכתוב גבי דם פר ומגיחו על הכונך הד' של היכל מבחוץ וכו' ולא כתב בעזרה כדכתב גבי מחתה להודיענו דמן הדין אף מיד חוץ להיכל ממש דהיינו באולם יכול לעמוד וזהו שהכ"מ שם העתיק פרש"י הנז' הרי שהבין פרש"י ז"ל כמ"ש דלאו דוקא עזרה ממש ושוב ראיתי להתי"ע שכתב להרע"ב שהעתיק כלשון רש"י דס"ל דקדושת היכל ואולם חדא קדושה היא וכרבא ועמ"ש הרמ"ז עליו ואף למ"ש שושנים לדוד שם ואייתי מתניתא בידיה מדברי התו' דזבחים רפ"ו ד"ה קדושת היכל ואולם וכו' דהש"ס מסופק בכל מקום וכו' יעו"ש ומעתה אנן נזיל לחומרא לפרוש גם מאולם משום ספקא יעו"ש כדבריו מ"מ אין זה מספיק כ"כ כיון דגמ' הכא דחי מלתיה דרבא וכן סוגייא דריש ערובין מהדר לאוקומיה אף מלתיה דר"י כרבנן דסברי ב' קדושות הם משמע דהכי קי"ל אף לענין פרישה וכמ"ש בחי' הריטב"א לעירובין שם ועיין בספר לחם שמים מ"ש על התי"ע בזה וק"ל. אלא שהרב המאירי ז"ל כתב ומעלות אלו יש מהן כלי"ת ויש מהן ד"ס וכן שמפתח אולם ולפנים נקרא היכל והיכל בקדושת היכל עכ"ד.

שם דתניא ר"י וכו' בשל קבים היה מכנים וכו' ומסתמא ס"ל כרבנן דהיה חותה בשל ד' כמו שפרש"י ז"ל דאי כר"י למה ליה לחתות בשל סאה כיון שאינו לריך ממנה אלא לד' קבין והנה הרמב"ם ז"ל בהי' פ"ג מה' עי"כ פסק כרבנן חדא דרבים נינהו ועוד דסתמא דתמיד דנתפזר הימנה קב וכו' דייק טוותייהו וכמ"ש בפרש"י ז"ל והכי איתא בירושלמי אמתניתין ועוד דכו"ל ר"י בנו של ריב"ב כרבנן דחותה בשל ד' אלא דבשל קבים היה מכנים לא קיימ"ל כוותיה דהא רבנן ור"י תרוייהו ס"ל דבשל ג' היה מכנים והגם דרב אשי דחיק לאוקומיה בריותא דקבים כר"י לאו משום דס"ל כוותיה אלא דניחא ליה לאוקומיה בריותא כל' מן התנאים שהזכיר רבי במשנתינו וק"ל.

שם רב אשי אמר וכו' בשל סאה מדבריה וכו' והשתא דייק שפיר דלא קתני ר"י אומר חותה בשל סאה ומערה בתוך של

אלו שאלה לדיוקי דמדברית קאמר ולא דמי לג׳ קבים דקתני דהיינו ירושלמיות ולרב חסדא דלדידיה ר״י סאה ירושלמית קאמר נקט סאה לקצר בלשון ונקט ג׳ קבין אגב מלתייהו דרבנן וק״ל.

שם תנא בכל יום היתה גלדה עבה וכו׳ וזה מוכרח בלשון משנתינו דהא כיון דבשאר ימות השנה נמי היה מכניס בשל ג׳ קבין א״כ למובד הגחלים הכל שוה ואדרבא משמע דמעדיף הכובד בשל יוה״כ דידה ארוכה יותר אלא ע״כ דגלדה דקה היתה ופשוט דתוספתא לפרושי מתני׳ אתא והיינו דכתב רש״י ז״ל ד״ה היה גלדה עבה וכו׳ לכך היתה כבדה ע״כ ובזה לא יקשה מה שהרמב״ם ז״ל בספ״ב מה׳ עיו״כ העתיק לשון משנתינו ולא כתב הא דגלדה עבה וכו׳ ולאפוקי מהמגיה שם שנתקשה בזה יע״ש וק״ל.

שם בכל יום היתה קלה והיום ארוכה מ״ע וכו׳ כצ״ל ענין בפ״ע ותפס לשון משנתינו ומפ׳ עלה מ״ע וכו׳ אלא דבגי׳ התוספתא שבידינו מסיים בה כדי שתהא זרועו מסייעת וכטעמא דמפרש תלמודא ופי׳ הדבר כבר ראיתי מה שפי׳ רש״י ז״ל אמתני׳ ופי׳ דבריו דבידה קלה מוכרח הוא ליעלה בידו ממש ומכביד משאה על הכ״ג אבל כשידה ארוכה מניח ראש ידה סמוך לזרועו וסומכה בידו מתחת נמצא שזרועו וידו מסייעין להוליכה. וז״ל הרב המאירי ז״ל והוא שיניח הבית יד תחת אצילי ידיו וזרועו שטוח תחתיו בדרך שהפרשים עושים בהבאת הרומח להקל בטרחו. ועיין בספר עבודת ישראל קל״ז ע״א.

שם אר״ח שבעה זהובים וכו׳ ירלה דאשמועינן תלמודא דלא תפרש טעמא דר׳ מנחם דקתני והיום אדום מפני שהוא יותר חשוב דהא מהך דר׳ חסדא שמעינן דזהב סגור הוא חשוב יותר והגם דחשיב ליה מקמיה דזהב פרוים דהא קאמר דכל החנויות נסגרות וא״כ ע״כ טעמא מפני שדומה לדם פרים ויהיה טעמו דכיון דזהב קטיגור הוא משום מעשה העגל לכך יש ליקח הדומה לדם פרים שמבטל קטרוגו ועיין בתי״ט ובס׳ עבודת ישראל קל״ז ע״א אבל משמע דרבנן פליגי עליה דר׳ מנחם וס״ל דאין להקפיד בזה דהוטא בל יתנאה דוקא קאמרינן דאיכא קטרוג כדמפרש תלמודא דפ״ג דר״ה וכמ״ש בתי״ט ד״ה והיום חותה וכו׳ ואדרבא יותר טוב שלא יהיה דומה לדם פרים דהא אפילו בדם עצמו הוצרכנו לטעם דהואיל ואשתני כדאי׳ התם והיינו דהרמב״ם ז״ל לא העתיקה להא דר׳ מנחם בהל׳ עיו״כ דפסק ז״ל כרבנן וכמ״ש הפר״ח ז״ל שם ומה שהק׳ בס׳ עי״י קל״ח א׳ דהא אמראי ר״ח ס״ל כוותיה ותניא כוותיה יע״ש מן הברייתא אין הכרח דודאי אליבא דר״מ מתניא ור״ח נמי סימנא קיהיב דנקרא זהב פרוים לפי שהוא אדום ביותר כדם פר ולאו למימרא משום דם פר דיוה״כ ואפי׳ לסברתו הא איכא יש אומרים בירושלמי דפרקין דקאמר שנקרא כן לפי שהוא עושה פירות וכו׳ יע״ש ומעתה ודאי דיש לפסוק כרבנן דרבים נינהו וק״ל.

רש״י ד״ה **מעלות** דאורייתא וכו׳ דקרא לא איצטריך פרישה אלא מהיכל כדכתיב וכו׳ ואתו רבנן וגזור וכו׳ דאע״ג דקרא בקטורת דלפני ולפנים איירי מ״מ נילף מניה גם לקטורת דהיכל דמהיכל מיהא צריך לפרוש דע״כ לא אמרי׳ התורה בקטורת דלפני ולפנים דצריך לפרוש גם מהיכל משום דמבית קה״ק פרוש ועומד הוא כל השנה אבל בקטורת דהיכל שאינו פורש משם מדאורייתא סגי ליה שיפרוש מהיכל אלא דרבנן גזרו אף מבין אולם ולמזבח וא״כ דגם מאי דקאמר תלמודא לעיל גבי מתן דמים דפר כהן משיח וכו׳ מנ״לן ומשני אתיא כפרה לאו למימרא דמהכא נמי מוכח דצריך לפרוש מדאורייתא מבין אולם וכו׳ כדקתני ברייתא דודאי לאו דמו לקטרת דלפני ולפנים מהטעם שאמרנו ועוד דאי משום זה תסגי ליה בפרישת אולם לחוד אבל הכונה מנ״לן דמדאורייתא צריך לפרוש מהיכל מיהא ולפ״ז גם מ״ש הרמב״ם בחי׳ פ״ב מה׳ תמידין ומוספין בכל יום פורשין כל העם מן ההיכל ומבין האולם וכו׳ וכן בשעה שיכנס בדם חטאות הנעשות בפנים פורשין הכל מבין האולם ולמזבח עד שיצא שנאמר וכל אדם לא יהיה באהל מועד וכו׳ פשוט הוא דלא מייתי מקרא אלא פרישת היכל דאהל מועד כתיב אבל בין האולם וכו׳ מדרבנן היא כדמוכח בסוגיין וכן צריך לפרש דבריו שבפי׳ המשנה לפ״ז דתמיד יע״ש וכן פי׳ הריטב״א בריש סוגיין דפרישה זו מדרבנן יע״ש וק״ל.

ד״ה **ש״מ** וכו׳ ולמזבח פרישה הס״ד וא״כ מ״ה קדושת היכל וכו׳ מבין האולם ולמזבח דילמא טפי וכו׳ כצ״ל וכמו שהגיה מהרש״א ז״ל דודאי פרישת כל העזרה דמנכרא מילתא בהפסקת מזבח לא גזרו כדאי׳ לעיל ובחנם הצריך עיון בזה בעל ספר לוית חן יע״ש וק״ל.

ד״ה **חסה** על ממונן וכו׳ עמ״ש לעיל ל״ט ע״א ד״ה התורה חסה וכו׳.

ד״ה **קב** גחלים וכו׳ מתפזר לו וכו׳ דאין לפרש דאם נתפזרו קאמר דא״כ אפי׳ כר״י מתוקמא כפשטה וה״ק אם נתפזר ממנה קב וה״ה ביותר מזה אלא ה״ק דע״כ מתפזר לו קב שמותר במחתה הא׳. והנה כבר כתב הריטב״א בסמוך בקושיא לא רבנן וכו׳ דלאו קושיא רבה היא דהא אין כולן מתפזרין וכו׳ יע״ש ויראה דמ״ה בעי לאוקמיה תלמודא בריש פרק קדשי קדשים משנה א׳ דתמיד כר״י ולא חייש להך מתני׳ דנתפזרו דאתיא דלא כותיה משום דיש מקום לומר דאפי׳ כר״י אתיא ואם נתפזרו קא׳ ובזה יתורץ קושית התוספות שם ד״ה ר״י היא וכו׳ ומ״מ פשטא דלא כר״י אתיא דמשמע דמתני׳ בדוקא קא׳ ולאשמועינן דאם נתפזר יותר מקב חוזר וחותה דמלא מחתה גחלי אש בעינן כמ״ש המפרש בפ״ב דתמיד וכן כתב הרמב״ם בחי׳ פ״ג מה׳ תמידין יע״ש ואל תטעה במה שפי׳ ז״ל בריש פרק קדשי קדשים מתני׳ דפ״ק דתמיד דקתני גבי סידור מערכה שניה בררו משם עצי תאנה וכו׳ באומד חמש סאין גחלים וכו׳ ופי׳ שם כך שיעורו לחתות וכו׳ שהוא חלק מחתה של סאה לר״י דאמר בסדר יומא בכל יום חותה בשל סאה וכו׳ דלפ״ז סתרי סתמי דתמיד אהדדי דודאי לא פי׳ כן אלא כלפי מאי דבעי לאוקמיה התם סימנא דקתני בהך מתניתין כנגד קרן מערבית דרומית וכו׳ כר״י אבל ודאי דאפ׳ לפרשה גם אליבא דרבנן דבעי׳ ה׳ סאין גחלים ברויות שיוכל לחתות פעם אחרת אם נתפזרו כולם או אם כבו מקצתן שיוכל למלאות שיעור ד׳ קבין של גחלים והא קמן דהמפרש דתמיד פירשה אליבא דרבנן וכתב כך שיעורו לחתות וכו׳ מחתה של ד׳ קבין ברויות וכו׳ וכן מוכרח מדברי הרמב״ם בחי׳ שבפ״ב מה׳ עיו״כ פסק דמחתה של כל יום מחזקת ד׳ קבין כס׳ רבנן ואפ״ה בפ״ב דה׳ תמידין פסק שהיתה בה כמו ה׳ סאין גחלים והנה אל תתמה דבפ״ג מה׳ תמידין כתב סתם ונוטל מן הגחלים וכו׳ ויורד ומערן לתוך מחתה של זהב וכו׳ ולא פי׳ שם דהיה חותה בשל ד׳ ומערה לתוך ג׳ שהרי הדבר מוכרח ממ״ש בה׳ עיו״כ דמחתה א׳ של כל יום היתה של ד׳ קבין ופסק שם בה׳ תמידין שאם נתפזר יתר על קב חוזר וחותה וע״כ דבשל ג׳ היה מערה ודומיא דיוה״כ דבזה אין חילוק ועמ״ש בפירוש המשנה לסוף פרק ה׳ דתמיד ומה שסיים ז״ל לתוך אמה כילון של עזרה עיין מה שהקשה התוס׳ בזה בסוף פרקין ד״ה כי פליגי וכו׳ וק״ל.

תוספות ד״ה **אתיא** כפרה וגו׳ וי״ל למ״ד וכו׳ הכי נמי אהני להאי מילתא וכו׳ אע״ג דלכאורה אין מזה כ״כ הכרח דאימא דע״כ לא אהני אלא להיקשא דפר כהן משיח דבהא איירי כדאיתא התם מ״מ יע״ש יש לפרש כוונתם דכיון דבהאי קרא גופיה כתיב וכפר עליהם ומהכא ילפינן מיוה״כ לענין פרישה מעתה י״ל דהא דאהדר קרא ועשה לפר אע״ג דאיירי ביה לומר דחשיב כאילו כתיב הכא בהדיא בין מאי דנ״ל מהיקשא דכאשר עשה לפר החטאת לענין יותרת וכו׳ ולילפו מהכא שעירי ע״ז ובין היקשא דסיפיה דוכפר דיליף מיוה״כ לענין פרישה דנילף מהכא פר כהן משיח דהא איתקש לפר העלם בהך קרא גופיה ודו״ק. ומ״ש ולמ״ד לפר וכו׳ הרי איתקשו פר יוה״כ וכו׳ דהא מקיש ליה התם לענין לאו בדם וטבילה וכפרש״י שם מ׳ ע״א ועיין בתו׳ שם במ״ש בשם ריצב״א וזהו שישבו שם פרש״י ז״ל. ודע שהרמב״ם ז״ל מכח קושיא זו פי׳ דלא ב״ש קאמר אלא כלומר בנין אב כנראה מדבריו שבפי׳ המשנה לפ״ז דתמיד וכמ״ש הרל״ם ספ״ג מהלכות תמידין יע״ש וק״ל.

ד״ה **בכל** יום וכו׳ לפי שהיו הגחלים שוהים וכו׳ ומה גם שע״י שגלדה דקה משאר ימים מתחממת ביותר ועיין בערוך ערך נשתק ואפ׳ להליץ בעד רש״י ז״ל דודאי לא נעלם ממנו דברי הירושלמי אלא דלהיות דהכא מסיים עלה דברי בן הסגן וכן בתוספתא ואילו בירושלמי שם לא מסיים בה הכי ועוד דהתם

ירושלמי גרים נרתק והכא גרים נאשתק ס״ל ז״ל דהכיא דירו׳ מנחא אחריתי היא וכן משמע דודאי בההיא דנרתק לא הוו פליגי רבנן דסברה הוא להצריך כן כדי שלא יכוה אבל בהך דטבעת ניחא דקתני דברי בן הסגן כל׳ דרבנן פליגי עלי׳ דלא צריך בהא ונשמע קולו וכו׳ ומיהו הרמב״ם ז״ל בפ״ב מה׳ עי״כ לא הפסיק לא הא דנרת׳ ולא הא דנאשת׳ משמע דס״ל דחדא מנחא היא וכפי׳ ז״ל וס״ל דבן הסגן הוא דס״ל הכי ורבנן פליגי עלי׳ וקי״ל כוותייהו וטעמא דרבנן אפשר לומר דהגם דשולי׳ בה בגחלים זמן מרובה מ״מ הרי הם מתעממות והולכות ומתמעט חומם ולא יכוה בהוצאתם ומה גם דארוכה ביותר ובסוף בית יד שלה לא יכוה כל כך כנלע״ד ועמ״ש הפר״ח ז״ל בליקוטיו שם ובספר עבודת ישראל קל״א ע״א וק״ל.

ודע שהרב המאירי ז״ל הביא פרש״י ז״ל ופי׳ עוד דנשתיק הוא שהמחתה היתה עגולה מתחתיה כדרך הסף ונשתיק הוא מענין בסים ובכל יום לא היו צריכין לעשות לה בסים שהרי לא היו צריכין להושיבה על שוליה שהרי על המזבח היו מקטירין ומערין גחלים שבמחתה על המזבח אבל ביוה״כ היו צריכים למחתה שיש בסים תחתיה מפני שבהקטרת לפני ולפנים המיוחדת ליום היה הקטורת על המחתה עצמה והיו צריכים שתשב על בסיסה שלא תתגלגל ויתפזר הקטורת ע״כ.

ד״ה **זהב** טוב מפרש בירושלמי וכו׳ אע״ג דשם מפרש זה על זהב טהור מ״מ ס״ל דכיון דתלמודא דידן לא מייתי זהב טהור בכלל זהב טוב הוא ולא מפרש טובוי דהוא בביתיה וכו׳ כדאי׳ בירושלמי שם אלא מפרש טוב מגד עצמו שאין בו סיגים כזהב סתם והגם דזה ע״י מלאכה נעשה שצורפים ומוזרים וצורפים כדאי׳ שם ויקרא משמע דהוא זה בטוב מגד עצמו וטבעו מ״מ י״ל דקרא ה״ק דהוא טוב מכל השאר דלהיות שיש בו סיגים מועטים בנקל ובצירוף מעט יצא לגדר דכשצורפים עוד אותו אינו נחסר כלום והיינו דקאמר רב אשי בסמוך דכל חד מנייהו אית ביה זהב כגו׳ בסיגים הרבה וזהב טוב במעט סיגים ועיין בס׳ יפה תואר לבראשית רבה פ׳ י״ו ד״ה טובוי וכו׳ שכתב שם ומפרש בירושלמי דזהב טוב הוא שאינו נחסר וכו׳ יעי״ש ובפי׳ לירושלמי כאן וזה אינו דהא בירושלמי מפ׳ זה על זהב טהור ושוב ראיתי בס׳ נזר הקדש בפי׳ לבראשית רבה שם שגם הוא תמה על היפ״ת וגם חראה קרוב לדברינו בהבנת דברי התו׳ ז״ל אלא דגם הוא ז״ל שם כנראה שלא עיין בדברי הירושלמי במקומם שהרי שיטת הירושלמי היא כדברי בראשית רבה יעי״ש וק״ל.

דף מ״ה ע״א גמרא **והיום** עולין באמצע וכו׳ בגי׳ המשנה והיום כ״ג עולה באמצע וכן משמע דרש״י ז״ל גרס הכא נמי הכי מדפי׳ כאן משום כבודו להראות חיבותו וכו׳ ומקיף לצורך וכו׳ אלא דבגי׳ המשנה שבירושלמי גרים כי הכא והיום עולין וכו׳ וכבר הביא התי״ט ז״ל שינוי גרסאות אלו והיא גי׳ הרמב״ם בחי׳ שכתב פ״ב מה׳ עי״כ והיום עולים באמצע ויורדים באמצע לפני כ״ג כדי להדרו ע״כ ולפי׳ משום כבודו דכ״ג ה״ק דהגם דלא היה צורך לעלייה שאר כהנים [(דדחיקא לה ז״ל לפ׳ כפי׳ התו״י שכתבו לצורך היפוך בגורלא יעי״ש)] מ״מ הטריחו אותם לעלות להדר כ״ג וזהו שכתב בפי׳ המשנ׳ מפני כבוד כ״ג הטריחו הכהנים שיהיה עלייתם וירידתם באמצע הכבש לפניו עכ״ד וה״ע לפי״ז שהיו עולים באמצע ולא לצדדים כי בזה יש הדור יותר לכ״ג שהם הולכים ביחד לפניו והוא הולך אחריהם ועיין בס׳ ע״י קל״ז ע״ב ויראה דאף לגי׳ הר״ם גרס׳ במלתיה דר״י לעולם כ״ג עולה באמצע וכו׳ וכגי׳ המשנה שבירושלמי והגם דת״ק לא מיירי אלא ברבותא דכהנים דהיום עולים באמצע ואה״נ דמלי סברי דכ״ג לעולם באמצע מ״מ מוכרח לו׳ דשמעי׳ ר״י דת״ק בכ״ג נמי איירי והכי משמע מסידור׳ דמתני׳ דחילוק זה בכ״ג נמי שייך דתלי״ה הו״ל לסיומי חילוקי כ״ג בכל יום כ״ג מקדש וכו׳ ולתני הך בתרה דלא שייכא אלא בשאר כהנים ומעתה ודאי דאין לומר דר״י לפרושי מלתיה דת״ק אתא ועוד דלא מצינו להרמב״ם ז״ל בחי׳ שחילק בזה בפי״ה מה׳ כלי המקדש ומה גם כמ״ש שם בזמן שרוצה כ״ג להקריב היה עולה בכבש וכו׳ אם איתא להא לא הוה שתיק מלאשמו׳ בזה דלעולם היה עולה באמצע אי״ו דלא״ק דין כ״ג בזה כשאר כהנים הוא כנלע״ד ועמ״ש הרל״ס ז״ל בפ״ב מה׳ עי״כ וק״ל.

שם בכל יום מקריב פרס וכו׳ בכל יום היתה דקה וכו׳ מ״ש הרל״ס ז״ל פ״ב מה׳ עי״כ דלא הוצרך רבינו ז״ל להזכיר דבכל הדינים שיתבארו בהל׳ אלו יובן זה עכ״ד הנה אם כיון ז״ל להך דפרס בשחרית וכו׳ הדבר מבואר בדבריו דפ״ג מה׳ תמידין ואם כיון לחילוק דקה ודקה מן הדקה גם זה מבואר בדבריו דרפ״ג מה׳ כלי המקדש יעי״ש ושוב ראיתי בס׳ ע״י קל״ח ע״א שכ״כ יעי״ש וק״ל.

שם ור״י בהצתת אליתא מנ״ל וכו׳ דפשטא דברייתא מדלא קאמר ר״י לא כי אלא מנין שעושה מערכה וכו׳ משמע דמודה ר׳ יוסי בהצתת אליתא כדר״י ומעתה נאמר דר׳ יוסי תרתי שמעת מיניה ומוי״ו דוהאש קמרבה מערכה של קיום כי היכי דמרבה ר״מ לקמן של איברים ופדרים מוי״ו דוהאש או נאמר דכוליה קרא להכי הוא דאתא והצתת אליתא נפקא ליה מקרא אחרינא והיינו דקאמר מנ״ל וק״ל.

שם דתניא ונתנו בני אהרן וכו׳ דברי ר״י וכו׳ בירושלמי לעיל ריש פרק ב׳ פריך עלה וקאמר התיבון והכתי׳ והאש על המזבח תוקד בו לא תכבה מכאן להצתת האש שלא תהא אלא בראשו של מזבח דברי ר״י מתחלפא שטתיה דר״י תמן הוא צריכה כהן כשר וכאן היא אינה צריכה כהן כשר אמר ר׳ תנחום בר יודן מה אם שמע מינה נאמר בראש המזבח וזר ע״כ ועיין מה שפי׳ בספר קרבן העדה כי אין פי׳ מחוור ונלע״ד דס״ק דמאי דר״י הוצרך להוכיח שתהא בראשו של מזבח מקרא אחרינא ולא מוכח לה מהאי קרא גופיה דמוכח מיניה דצריכה כהן דהא כתיב האש על המזבח משמע דלאידך ברייתא ס״ל לר״י דהצתת אליתא אינה צריכה כהונה ומשום הכי קרא דונתנו דכתיב האש בכהן לא מצי איירי בהצתת אליתא כלל ולהכי הוצרך להוכיח מקרא דוהאש דצריכה מיהת ראשו של מזבח ומשום דקשיא לן דאיך אפשר דצריכה ראשו של מזבח וכשירה בזר לזה בא ר׳ תנחום לומר דאה״נ דאת ש״מ דאע״ג דנאמר בראשו של מזבח כשירה אפילו בזר לר״י דהא אפשר דקאי אארעא ועביד במפוחא ונשארת קושית התיבון במקומה כי כן דרך הירושלמי בכמה מקומות אי אפשר לפרש דר׳ תנחום לתרוצי קושית התיבון אתא ובתמיה קאמר למלתיה מה את ש״מ כגומר מאי ס״ל לשמוע מאידך ברייתא דקאמרת דמחלפא שטתי׳ וכי זו היא סברה לומר דהגם דנאמר בראש המזבח דכשירה בזר הא ודאי ליתא אלא ע״כ לפרש דלאידך ברייתא נמי צריכה כהונה לר״י דאי משום קושיא אמאי לא מוכח כולה מלתא מקרא דונתנו הא נזה יש לתרץ דאי לאו קרא דוהאש אימא דכוליה קרא דונתנו נתינה אש הדיוט ודליבעי כהונה הוא דאתא וע״ד מה שהילכו תוספות דסוגין סד״ה וכי תעלה וכו׳ יעי״ש וק״ל.

שם ור״מ איברים וכו׳ נפקא ליה מואש וכו׳ הוא דאיתא בירושלמי דפרקין מה טעמא דר״מ וכו׳ ובער עליה הכהן זו מערכת עיכול איברים ופדרים וכו׳ תלמודא דידן סבר דההוא בב׳ גזירין איירי וללמד שיהיו בבקר בבקר כדאיתא בת״כ שם ואי״כ ע״כ דעליה אמערכה גדולה קאי שבה היו מסדרין ב״ג והא דדרים בת״כ ובירושלמי שם מערכה שניה של קטרת מקרא אחרינא י״ל דהכתי אצטריך קרא דואש המזבח תוקד בו לומר דמקום מערכה שניה תהיה במזבח חיצון ולא בפנימי וע״ד מה שהילכו התוספות לעיל דף ל״ג ע״א ד״ה מכלל דאיכא יעי״ש וק״ל.

שם ורבנן איברים וכו׳ מאי עביד להו וכו׳ תלמודא הוא דבעי לברורי מלת׳ וטעמייהו דרבנן דהא משנה שלמה שנינו בספ״ב דתמיד האברים והפדרים שלא נתאכלו מבערב מחזירין אותן למערכה דהיינו מערכה גדולה דאיירי בה התם וכדדייק ליפנא דמחזירין וה״ט דמייתי מברייתא דמפ׳ בה טעמא מנ״ל ולא ממתני׳ דהא עיקר מאי דבעי הוא לידע טעמא אמאי לא עביד להו מערכה בפ״ע כנלע״ד וק״ל.

שם דתניא מנין לאיברים וכו׳ שפודרן ע״ג מזבח וכו׳ עד שיעשה מערכה גדולה ת״ל אשר תאכל וכו׳ דקרא בתרומת הדשן של כל יום איירי כדכתיב ברישיה והרים את הדשן וה״ק דאחר שהרים ועלו לראש המזבח ונטלו את המגרפות לכבד מקום המערכה לסדר עלי המערכה לצורך היום ימצא שם איברים

ופדרים שלא נתעכלו יניחם ע"ג המזבח ושורפן אח"ז במערכה גדולה והיינו דקאמר את העולה על המזבח דאם אינו ענין לתחלתה תנהו ענין לסופה כמו שפרש"י ז"ל וכן בפי' לחומש שם בנוסח ישן פי' ז"ל על המזבח מלא אברים שעדיין לא נתאכלו מחזירן על המזבח לאחר שחתה גחלים אילך ואילך ונטל הפנימיות [(דהיינו תה"ד)] שנאמר את העולה על המזבח ע"כ ועיין ברפ"ב דתמיד והגם דלפ"ז לא מפרש קרא באיברים אנו היכן יחזור לסדרם מ"מ מאחר דסתם הכתוב יש לך לומר דסתמו כפי' שיחזרו למערכה גדולה כתחילתן דלעשות להם מערכה בפ"ע מנין לנו ועוד זאת דדרוש נמי אשר תאכל האש הידוע דהיינו מערכה גדולה דאיירי בה לעיל מינה היא העולה על מוקדה וכו' את העולה דהיינו איברים אלו שלא הספיקו להתעכל ולא ניחא ליה לרש"י ז"ל לפרש דמאשר תאכל האש דייק דהיינו דבר שהתחיל לאכול בהם האש מבערב דהיינו איברים וכו' וכדרך שפי' המפרשים דתמיד שם אלא פי' מכח יתורא דעל המזבח באם א"ע לתחילתה וכו' משום דאשר תאכל האש לגופיה אצטריך לענין תה"ד שירים מן המאוכלות הפנימיות ולא איברי עולה שנשרפו אבל לא נשרפו לגמרי כדאי' בת"כ ריש פרשה לו יע"ש והגם דקרא דאת העולה איצטריך נמי התם לומר שירים מן גחלי עולה ולא מן גחלי עצים מ"מ על המזבח מיותר לדרשא דהכא והכי דייק פרש"י ישן דחומש דמעל המזבח קדריש וכך לריך לפרש דבריו דהכא דה"ק דהאי על המזבח אם אינו ענין לתחלתה שיסדר העולה על המזבח דהא כתיב וכו' כנלע"ד ובזה לא יקשה על רש"י ז"ל מה שהקשה בספר באר שבע בפירושו לרפ"ב דתמיד ועיין בס' ק"א בפ' ויקרא שם ואה"נ דאת העולה נדרש לפניו ולאחריו והרים את הדשן אשר תאכל האש את העולה שירים מאיברי עולה את העולה על המזבח שסודרן לאיברי עולה שניאות' על המזבח וכו' וע"ד דדריש לקמן את העולה אחה מחזיר עכולי עולה ואי אתה מחזיר עכולי קטרת וק"ל.

והנה לענין פסק מחלוקתם הרמב"ם ז"ל פ"ב מהלכות תמידין ופ"ב מה' עי"כ פסק כר"י חדא דר"י ור"י הלכה כר' יוסי וכ"ש דהלכתא כותיה לגבי ר"מ דליח הלכתא כותיה לגבי ר' יהודה ועוד דהא ר"ש דיליף הלתת אליתא בראשו של מזבח מקרא דונתנו ע"כ דמוקי לקרא דוהאש על המזבח למערכה של קיום וכר' יוסי ואע"ג דהכתי אפשר דסבירא ליה לר"ש כר"מ דמוסיף מערכה של איברים ופדרים מ"מ מאחר דחזינן דר"ש ור"י לא דריש הגם דבאיזה מקומות דריש ור"י כמ"ש התו' בפ"ק דסנהדרין י"ד ע"א יע"ש הכא דלא מפי' תלמודא מידי יש לנו לומר דלא דריש ור"י וכדס"ל לר"י ור"י ולא תימא דהלכתא כוותיה דר' יהודה דהא סתמא דספ"ב דתמיד דקתני והליתו שתי מערכות כותיה דייק דהא כבר כתבו התו' דאין מזה הכרח והא קמן דבפרק קדשי קדשים מוקי להביא מתניתין כר' יוסי וכן ממלתיה דאביי לעיל ל"ג א' שלא מנה הך של קיום אין ראיה מהכוא טעמא גופה וכמו שכתבתי בתו' יע"ש ולא האריך בדברי הרמב"ם ז"ל נביות שכבר עמד עליהם הרל"ס ז"ל וגם בספר עבודת ישראל דף נ"ה נ"ו נ"ז וכו' האריך מאד יע"ש וק"ל.

רש"י ד"ה **שדומה** לפז מלהיב כמרגלית ע"כ עיין ברד"ק תהלים סי' י"ט שהביא ב' פירושים במלת פז א' שהוא הזהב הטוב והנקי וב' פז אבנים יקרות יע"ש ומלישנא דתלמודא הכא משמע כפירוש האחרון ועיין בתרגום שם ובסי' כ"א וק"ל.

ד"ה **שנטווה** כחוט מפני שהוא דק ע"כ וכדאיתא בירושלמי דפרקין זהב שחוט שהיה נמשך כשעוה ע"ש.

ד"ה **שמוסיפין** וכו' לקטורת של לפני וכו' וכן פי' הרב המאירי ז"ל והכי מתנייא בהדיא בתוספתא דפרקין ואה' שמוסיפין לקטורת של לפני ולפנים וכו' ודברי הרמב"ם בחי' ספ"ב מהלכות עיוה"כ שפירש טעמא כדי להדר המזבח ולעטרו נ"ע ועמ"ש הפר"ח ז"ל שם וק"ל.

ד"ה **שלא** נתעכלו שלא נתנו וכו' אי הא דאיתא לקמן מ"ו ע"א ודוקא שמשלה בהן האור וכו' בחול איירי דבלא משלה לר"מ אין עושין להם מערכה בפ"ע ומשמע דכ"ש בלא ניתנו כלל על המערכה לריך לומר דאיכו ז"ל פי' כאן כמ"ד התם דדוקא בפסולין מחלקין בהכי אבל בכשרים אפי' לא משלה ואפי' לא ניתנו עושים להם מערכה בפ"ע והאך דהתם איירי לעשות להם מערכה בשבת ניחא דמאי דפי' הכא היינו ככ"ע דבחול לעולם עושים להם מערכה בפ"ע אלא דלפי גרסתו שם דל"ג עולת חול והך דינא לא איירי אלא בחול וכמו שפי' דבריו בהריטב"א שם נ"ל כמ"ש בתחילה וק"ל.

ד"ה **וכי** תעלה וכו' והלא נאמר אך אל כלי וכו' עיין מ"ש הרב בעל ספר משנה למלך בסוף הלכות ביאת המקדש ובלשון הריטב"א דסוגיין.

תוספות ד"ה **ר"א** וכו' ולא קחשיב אלא הנך ב' דדמין וכו' כי אלו הב' מערכות להם מיד דאותה של קיום איכא אלא לתשלו' מערכה גדולה כמו שפירש רש"י ז"ל ועוד זאת דאי ליכא בשניה שקיל ממערכה גדולה כדאי' לעיל ל"ג ע"א ולפ"ז מאי סבר אביי דמסדר מערכה לעיל שם אפי' כר"י ולא קתני מערכה שניה של קיום האש מהאי טעמא גופה ושוב ראיתי בספר תפארת יוסף בפרש"י לפרשת צו שכתב כן יעו"ש ומה שסיימו ומחד קרא מפיק להו אין כוונתם דלהכי לא תני אלא הני דהא אדרבא י"ל דכיון דאותה של קיום נ"ל מקרא אחרינא הו"ל למתני' דהא מלינן למימר דליכא אלא אותם שתים דנ"ל מקרא קמא דאידך קרא להלתת אליתא אתא וכר' יהודה וכמו שהקשה בספר עבודת ישראל נ"ה ע"ב יעו"ש אבל כוונתם חדא דדמין ושייכי אהדדי דהא מסתברא כן לאוקמא לקרא קמא בתרוייהו ולא בשל קיום ואי לאו קרא אחרינא לא הוה מרבינן לה ואה"נ מש"ה לא נקיט תנא למתני אלא הנך תרתי שהם העיקר ולא ניחא להו לתרוצי כתי' הרא"ד שהביא בספר עבודת ישראל שם דאה"נ דכשהיה מסדר מערכה גדולה היה מסדר אותה של קיום דכולה חדא מלתא היא שהרי היא באה לתשלום גדולה ומש"ה לא קתני לה יעו"ש משום דלשון הליתו ב' המערכות דקתני לא דייק שפיר לדרך זה דמשמע דלא היה כאן אלא שתים בדוקא ולכך מסתבר להו טפי לומר דלעולם שהיו מסדרין אותה אח"ז ולא קחשיב אלא הנך דדמיין וכו' וק"ל.

בא"ד והקשה ר' אלחנן וכו' כדאמר בפרק קדשי קדשים [(ס"ב ע"א)] ואמרינן נמי התם גזירין וכו' דודאי הב' גזירין על המערכה גדולה דוקא קיימי כדכתיב ובער עליה הכהן עצים וכו' דמהכא נ"ל סידור ב"ג כדאי' לעיל כ"ז ע"ב ואה"כ תלטרך לומר שמקום עלי מערכה גדולה היה אמה ועיין לעיל רפ"ב ברש"י ד"ה שני גזירי וכו' א"כ כל הני מערכות לר"מ של יוה"כ שהיו ד' אלא אף ג' של כל יום היכא קיימי ואה"נ לר' יהודה נמי תקשי שניה של כל יום ושניה וג' של יוה"כ היכא קיימי אלא משום דלר' יוסי קשיא טפי נקטי לה הך קושיא במלתיה ותירלו דלריך לומר וכו' והיו מסבבין המערכה גדולה עם הני מערכות [(כצ"ל)] וכלומר שהמערכה גדולה היתה באמלע וסביב לה במקום הילוך הכהנים היו מסדרין שאר מערכות אבל לריך להוסיף דהיו מסדרין אותם ברוחב מועט באופן שלא יעכבו מקום הילוך רגלי הכהנים דמה"ט אמרו התם דב"ג היו באמה גדומה כדי שלא יצאו מן המזבח כלום ויעכבו הכהנים מלהקיף יעו"ש ואף למ"ש הרא"ש ז"ל בפי' לו שב"ג מעכבות זהו במקום אחד אכתי תקשי במערכה שני של קטורת שאף לדבריו ז"ל היתה במקום אחר ועוד זאת שלא ידענו מנין לו לומר כן כמ"ש בספר לחם שמים דפרקין ועמ"ש בספר עבודת ישראל נ"ה ע"ע יעו"ש שהאריך בפי' דברי הרא"ש וק"ל.

ד"ה **וכי** תעלה וכו' דמערכה בראש מזבח היא וכו' ועוד דהא כתיב בתריה וערכו ב"א הכהנים את הנתחים וכו' על העצים אשר על האש אשר על המזבח ולכאורה מוכרח לומר כן דהא בת"כ פ' ויקרא ילפינן מהאי קרא תרתי הלתת אליתא ונתינת אש דהדיוט אם לא שתאמר דדרשא דנתינת אש אליבא דרבי יהודה היא דסתם ספרא כוותיה ולעולם לרבי יוסי דדריש ליה להלתת אליתא בראשו של מזבח לא ילפינן נתינת אש וזה דוחק דמשמע דדרשא דנתינת אש ליכא מאן דפליג עלה ועוד דהכן לרבי יוסי למ"ל ולפ"ז מה שפירש בספר ק"א שם סוף פרק ב' דמיתורא דעל המזבח דריש נתינת אש הדיוט הנה לי"מ דלרבי יוסי אדרבא מעל המזבח דריש הלתת אליתא ומהכהן את דריש נתינת אש דהדיוט והכהן אלא אפילו לרבי יהודה דעיקר קרא לנתינת אש אתא וממלא ילפינן הלתת אליתא נמי דלריכה כהן

כמ״ש בסוף דבריהם לאו מעל המזבח קדריש אלא דמוכרח בעצמו דאי באש דשמים איירי מאי ונתנו הרי כבר עומד שם והכי דייקי דברי רש״י ז״ל בחומש שפי׳ ונתנו אש אעפ״י שהאש יורדת וכו׳ ומה שתירץ ויו״ל דבאש דהדיוט וכו׳ עיין בת״י לעיל כ״ז ע״א ד״ה בספרים וכו׳ וכמ״ש שם ועיין בספר ק״א פרשת צו פרק ב׳ וק״ל.

בא״ד וקשה לי וכו׳ דהא ר״י גמר מהתם הצתת אליתא וכו׳ וע״כ מעל המזבח דמייתר דריש דאיירי נמי בהצתת אליתא לענין כהונה וא״כ מפשטא דעל המזבח לדרוש נמי אידך דתהא בראשו של מזבח ותי׳ דאי לאו קרא דוהאש מסברא הו״א דקרא דונתנו לא איירי בהצתת אליתא שאינה אלא הכשר הדלקה בעלמא ואימא דלא בעינן בה לא כהן ולא ראשו של מזבח ואי משום יתורא דעל המזבח אימא דאיצטריך לשום דרשא וכן תמצא להת״י כאן שכתבו אהך קושיא דעל המזבח הוא דאתא לדרשה אחריתי יעו״ש ולמסקנא איצטריך על המזבח לגלות דכל דבר המזבח אף הצתת אליתא צריכה כהונה השתא דאית לן קרא דוהאש וכו׳ ועמ״ש בספ׳ ק״א פ׳ ויקרא פ״ה ס״א ובפרשת צו שם ודו״ק.

ע״ב גמרא **ור״מ** עכולי עולה אתה מחזיר וכו׳ ורבנן נמי ודאי דמודו בהך דינא והא קמן להרמב״ם שפסק כרבנן דר״מ כמ״ש ברפ״ב מה׳ תמידין אבל איברים ופדרים שלא נתאכלו מבערב נותנין אותן בצידי מערכה גדולה ופסק שם רפ״ג דעכולי קטרת אין מחזירין ופ״ו מה׳ מעה״ק פסק דעכולי עולה מחזירין ואפשר דלרבנן תרתי שמעת מינה דכיון דנחזיר איברים שלא נתעכלו ה״ה דמחזיר פוקעי עולה וכן משמע בת״כ פרשת צו דבתר דמייתי התם דרשא דרבנן קאמר או מנין לאיברים שפקעו מעל המזבח קודם לחצות יחזיר ומועלין בהם ת״ל אשר תאכל האש וכו׳ א״כ דנ״ל מהיא העולה על מוקדה כדקאמר תלמודא בר״פ המזבח מקדש אליבא דר״ג וכך מעין דברי הר״ם ז״ל בהלכות מעה״ק שם ודעכולי קטרת אין מחזירין ס״ל דל״ל קרא יתירא להכי אלא דמדקאמר קרא עולה ממילא שמעת מינה דעכולי קטרת אין מחזירין וכדקאמר תלמודא התם אליבא דר״י יעו״ש אבל זה לא משמע לי לומר לרבנן דמקרא דאשר תאכל האש דרשינן מיניה להחזיר איברים שלא נתעכלו דייקינן דדוקא עולה ולא קטרת דהא לא ברירא לעי״ד לומר דאף קטרת שלא נשרפה בשעת הקטרה דאין מחזירין דע״כ לא קאמר תלמודא אלא בקטרת שפקעה מעל המזבח וירדה אבל מה שנשאר במזבח הרי היא כאיברים ופדרים שלא נתעכלו דמחזירין אבל זה תוכל לומר לדרשא דת״כ דדריש נמי מאשר תאכל החזרת פוקעי עולה דפוקעי קטרת אין מחזירין וכל שכן לכשתאמר דרבנן דרשי החזרת פוקעי עולה מקרא דהיא העולה דדייקינן מיניה בפשיטות דפוקעי קטרת אין מחזירין כנלע״ד ודו״ק.

שם לכדתניא אש תמיד וכו׳ לימד על מערכה שניה וכו׳ עמ״ש לעיל ל״ב ע״א בתוספות ד״ה מכלל דאיכא וכו׳ ועתה מצאתי הדבר מבואר בת״כ פרשת צו דברישא דהך ברייתא קתני בה הכי ואש המזבח תוקד בו ומנין לאש המזבח הפנימי שלא תהא אלא ממזבח החיצון ת״ל אש המזבח תוקד בו אש מחתה ומנורה מנין ודין הוא נאמר תן אש ממזבח הפנימי ונאמר תן אש במחתה ובמנורה מה אש מזבח הפנימי ממזבח החיצון אף אש מחתה ומנורה ממזבח החיצון או כלך לדרך זו נאמר תן אש במזבח הפנימי ונאמר תן אש במחתה ומנורה מה אש מזבח הפנימי ממזבח הולך לו אף אש מחתה ומנורה ממזבח הולך להם וכו׳ יעו״ש דהשתא ע״כ לפרש נוסח ברייתא שלפנינו דה״ק לפי שכבר לימד מקרא דהאש המזבח תוקד בו למערכה שנייה הוצרך עוד ללמד מקרא זה דאש תמיד על מחתה ומנורה משום דמאש מזבח פנימי ליכא למילף דיש לדרוש לכאן ולכאן כדמסיים וכן ראיתי בשכ״י שפירש כן ולפ״ז היה אפשר לפרש דהא דקתני נאמרה אש בקטורת לאו למימרא דכתיב בהם אש ובפירוש התוספות אלא דמכח קרא דהאש המזבח תוקד בו למדנו דנאמרה תן אש במזבח הפנימי ממערכה שניה שבמזבח החיצון לצורך קטורת ועיין בספר ק״א שם וק״ל.

שם אש מחתה ומנורה מנין וכו׳ ז״ל הירושלמי סוף פרקין וניחא לרבי יהודה מערכת קיומי אש מה מקיים ר׳ יוסי אש תמיד אש שאמרתי לך תהא תמיד ולא תהא אלא על מזבח החיצון ע״כ ולאו למימרא דמאן דאית ליה מערכת קיום מוכח לה מקרא דאש תמיד דהא קאמר התם ברישא דס״ל לר״מ מערכ׳ קיום תוספת על המזבח תוקד בו דמה שתמצא להרמב״ם ז״ל רפ״ב מהלכות תמידין שכתב שלישית אין עליה כלום אלא לקיים מצות האש שנאמר אש תמיד תוקד לרואה דמלתא דיותר פשוט נקט וכבר אח״ז הביא מפסוק אחר וכמ״ש הרל״ס יעו״ש אלא ודאי דלכ״ע תוקד דהאש תמיד איצטריך למנורה כדמוכחא פשטא דסוגיין ועוד דהא דתנן בפ״ו דתמיד ומדליקה ממזבח העולה ליכא מאן דפליג על הא וע״כ מאש תמיד נפקא ליה ואי קשיא לך לרבי יהודה אימא דהך קרא למערכת קיום אתא ולא למנורה וכדרך שהקשה בספר תפארת יוסף בפרשת צו יעו״ש ובהכי הוה ניחא לן טפי דהוה דרשינן כולהו מוקדות דעניינא כל אחד לסדר מערכה בפ״ע משא״כ השתא דלאש מנורה אין כאן מערכה נפרדת וכמ״ש התו׳ ד״ה תמיד וכו׳ תרין דודאי מתמיד הוא דילפינן דאיירי בכל מנורה דנאמרה בה תמיד וכדקתני אש תמיד שאמרתי לך וכו׳ דאי למערכת קיום בלא תמיד ילפינן לה כדנ״ל לר״מ ור׳ יוסי מואש המזבח תוקד בו הגם דלא כתיב התם תמיד אבל הא לא תיקשי דלמסקנא דילפינן אש דמחתה מקרא דלפני ה׳ נילף נמי מנורה מהתם כי היכי דהיה ילפ מחתה ממנורה אי לאו או כלך לדרך זו וכו׳ דבפשיטות י״ל דהו״א דמנורה דשלהבת בעלמא הוא צריך יכול להדליק מכ״מ שירצה ולא דמי למחתה דצריך הוא לאש ממש דהתם ודאי צריך ליטול מעל המזבח ועיין בתוספות שם ובהריטב״א ד״ה מה להלן בסמוך לו וכו׳ ועיין בסימן הנז׳ שם ומה שהקשה עוד דלמ״ל קרא למחתה הא מדרשינן לעיל מוי״ו ה״א דוהאש לצורך מערכה במוסיפים בו ביום לצורך קטרת דלפרש״י כמו שפרש״י לעיל שפיר ידעינן דממזבח החיצון הוא נוטל יעו״ש. ולכאורה זה היה מסייע לסברת הרמב״ם ז״ל שכתבתי למעלה דתוס׳ מערכה זו היתה לסדר המזבח ולא לצורך קטורת גם לזה יש לומר בפשיטות דהגם דקרא דוהאש על המזבח תוקד בו איירי במזבח חיצון הו״א דדוקא למערכה שניה הוא דצריך מזבח חיצון אבל להתוס׳ דמ״ל מוי״ו ה״א ילפינן במה מצינו מאש דקטורת של כל יום מה להלן בסמוך לו אף כאן בסמוך לו דהיינו מזבח הפנימי להכי איצטריך מלפני ה׳ ואכתי איצטריך דרשא דוי״ו ה״א לומר שיעשו מערכה בפ״ע לצורך מחתה דאי מקרא דלפני ה׳ הוא דמערכה שניה שהיא לצורך קטרת דהיכל הסגי נמי ליטול ממנה לצורך קטורת דלפני ולפנים קמ״ל ועיין בחי׳ שם כנלע״ד ודו״ק.

שם או כלך לדרך זו וכו׳ נאמרה אש בקטורת ונאמרה אש במחתה מה להלן בסמוך וכו׳ דממנורה דלא בעינן סמוך ליכא למילף דהא קטורת מקטורת עדיף לן למילף ועוד דמדגלי קרא במנורה דוקא אימא דקטורת דלפני ולפנים דחמיר בעינן מן הסמוך לו דהיינו מזבח פנימי וע״ע בהריטב״א וק״ל.

שם הו״א מאי מזבח מזבח פנימי וכו׳. כלומר דלצורך קטורת דלפני ולפנים יסדר שם אש במזבח פנימי ומטעם דבעינן סמוך לו והכי הוה מפרשינן דרשא דוי״ו ה״א דוהאש ולאפוקי ממה שהבין בספר תפארת יוסף פרשת צו ועיין בהריטב״א וק״ל.

רש״י ד״ה **אש** תמיד וכו׳ כיון דדרשת כל מוקדות וכו׳. דמתוקד דוקא הוא דקשיא לן למאי אתא דהתמיד איצטריך לומר אף בשבת אף בטומאה כדאיתא בת״כ פרשת צו ובירושלמי סוף פרקין וזה יתורץ מה שהקשה בספר תפארת יוסף בפרש״י דחומש שם וק״ל.

ד״ה **נאמר** אש בקטורת של כל יום הס״ד ואח״כ מ״ה ולקח מלא וכו׳ כצ״ל.

ד״ה **ולקח** מלא וכו׳ ומהיכן מלפני ה׳ וכו׳ וכדתניא בת״כ פרשת אחרי מות מעל המזבח יכול כולו ת״ל אשר לפני ה׳ הא כיצד הסמוך למערב ע״כ ומלבד פשט הסוגיא דמוכח לפרש כן ולא כפירוש רבינו הלל בספר קרבן אהרן פרשת צו שפירש הא דקאמר בסמוך איזהו מזבח שמקצתו לפני ה׳ כלומר דיש בו לה׳ זכיה וגם לכהנים וכו׳ יעו״ש עוד זאת מן הת״כ

גופיה מוכח בהדיא דלפני ה' מדרש לענין סימן המקום שבוא נגד מערב ועוד עיין בסוגיא דפר קדשי קדשים כ"ח ע"ב וק"ל. תוספות ד"ה **סודרן** וכו' אבל גבי יסוד לא וכו' ויראה דה"ה בכבש מכנגד הסובב ולמטה וכדתנן רפ"ב

דתמיד סודרין אותן בסובב על הכבש ופירש הרע"ב שם כלומר על הכבש שכנגד הסובב וכן לשון הרמב"ם בחיבורו ספ"ב מהלכות תמידין ומ"ש דאין ליכה מועלת בראשו וכו' כדאיתא בפרק המזבח מקדש פ"ז ע"א ומ"ש וכן כבש דכן משמע ממתניתין שם דקתני כשם שהמזבח מקדש כך הכבש מקדש ועיין בהרמב"ם פ"ג מהלכות פסולי המוקדשין הלכה י"א ובמ"ש בעל ספר מ"ל שם ומ"ש דאיסור יש להורידו וכו' עיין במשנה שם ובהרמב"ם ריש פרק ג' מהלכות פסולי המוקדשין וק"ל.

ד"ה **נאמר** אש בקטורת וכו' ותנו בהן אש וכו' והא דלא מייתו מקרא דפרשת שמיני גבי קטורת נדב ואביהו

דכתיב ביה ויתנו בהן אש וישימו עליה קטורת משום דאיכא מ"ד דמן הכירים נטלו אש ולא מן המזבח כדאיתא בת"כ פרשת שמיני יעו"ש ועוד דמשמע התם שהקטירו בבקה"ק וכמ"ש התוספות בעירובין ס"ג ע"א יעו"ש והכא בקטורת של כל יום דמזבח פנימי איירינן והא דלא מייתי מקרא דקח את המחתה ותן עליה אש מעל המזבח ושים קטורת כמו שרצה לפרש בספר ק"א בפרשת נו משום דקטורת של חוץ היה כדכתיב וירץ אל תוך הקהל וכו' ויתן את הקטורת וכו' והוראת שעה היתה וכמ"ש הביא לשונו בספר עץ החיים למהרח"א בפ' קרח יעו"ש וכן אמרו בתנחומא [(דפוס ויניזיה)] סוף פרשת נו שאהרן היה מלעטר להוציא אש קדש לחוץ יעו"ש וכי תימא דגם קרא דהביא היה קטורת חוץ דמהאי טעמא הק' הרמב"ן ז"ל בפירושו לחומש שם על מ"ש רש"י ז"ל שם אקרא דכי קדשו המחתות והם אסורים בהנאה דלא ידע טעם לאיסור זה שהרי קטורת זרה הקרי' חר שעשה כלי שרת להקטיר בחוץ באיסור אינו מקודש וכו' יעו"ש האמת כי אנכי לא זכיתי להבין מנין לו להרמב"ן ז"ל שהקטירו בחוץ דהא קרא כתיב והקרבתם לפני ה' וכו' דהייני היכל דאף למ"ש התו' בסוגיין משם ר"י הבחור מספרי דכי תשא דכל מקום שנאמר לפני ה' היינו במזרח פשוט דהכוונה דאף מזרח במשמע כמו שכתבתי שם וא"כ הכא דבקטורת שהקריב גם אהרן איירי הו"ל כפרט הכתוב שהיה במערב כדינו אלא דאיסור ביאת היכל הוראת שעה היתה ועוד דכיון דזה היה נסיון לראות אם הם ראוים לכהונה מסתמא היה במקום הראוי לקטורת ואי משום דכתיב וישימו עליהם קטורת ויעמדו פתח אהל מועד וכו' דמשמע ששם הקריבו הקטורת ועיין בתרגום יב"ע שם הרי יש לפרש דלאחר שהקריב הקטורת לפנים יצאו לחוץ אל פתח אהל מועד ושם ויקהל עליהם קרח וכו' וכן פשט סוגיא דפרק שתי הלחם ל"ט ע"א דמוכח מהכא דמעלין בקדש ואין מורידין משום דמתחלה תשמישי מזבח ועכשיו גופו של מזבח יעו"ש וכן תמלא בתרגום יב"ע בפסוק זה משמע דבתחלה הוקדשו כדינם מכח קטורת דלפנים כדברי רש"י ז"ל וזו היא דעת התוספות כאן ואפשר דלהכי העתיקו גם קרא דבתריה ואתה ואהרן איש מחתתו דלכאורה אין צורך לו ועוד דמייתו במקראות שלא יסדר הכתוב לדיוקי דע"כ קטורת פנים היה שהיה רגיל אהרן לעשותו בכל יום דאם כוונתם משום מלת מחתתו כלומר שלקחו האש מן המזבח במחתה כדרך קטורת הו"ל לאתויי רישיה דקרא דונתנו בהן אש גופיה דכתיב ביה זאת עשו קחו לכם מחתות ולמה הביאו קרא דאתה ואהרן איש מחתתו דלא כתיב בההוא ענינא כלל אלא בתר הכי בענין המעשה אלא ודאי דלהכי הביאו והביאו זה בתחלת דבריהם כי מכאן יסוד דבריהם להוכיח דקטורת כדינו היה דאל"כ לא אתי שפיר לפרש הא דקא' הכא נאמר אש בקטורת דהיינו קטורת של כל יום דבהא איירי' וכו' שכיון לקטורת שהקריבו **עדת קרח** בחוץ **שלא** כדינו דשוב ראיתי להרש"י לקמן ר"פ הוציאו לו שדי הכא מחתה דקטורת שדעתם דקטורת קרח וכו' היה על מזבח החיצון יעו"ש הנה דעת התוספות כאן נראה כדעת רש"י ז"ל. והא דלא ניחא להו כפרש"י ז"ל דהאי **נאמרה** אש משום דכתיב יקטירנה ואין הקטרה בלא אש והגם **דיותר** מזה תמלא לעיל ל"ג ע"א דקאמר תלמודא דגבי דישון **כתיב בבקר** בבקר והיינו מכח דכתיב יקטירנה ואין קטורת בלי דישון יעו"ש משום דלשון נאמרה לא דייק שפיר לפירו' ועוד דדומיא דאש מחתה דכתיב בה אש בהדיא קתני ורש"י ז"ל אמר דהרי גם במנורה לא כתיב אש בהדיא אלא ממאי דכתיב בהעלותך את הנרות ע"כ דאין נרות בלא אש והכא נמי דכוותה כנלע"ד ודו"ק.

ד"ה **תמיד** שאמרתי לך וכו' דלא היה צריך ליקח שום גחלים וכו' ולא דמי למערכה של קיום דלפעמים ילטרך

ליקח ממנה להוסיף על מערכה גדולה כמו שפרש"י לעיל דלא ס"ל לפרש כנראה מדברי הרמב"ם רפ"ב מה' תמידין דלא היתה לצורך כלו' וכמו שהבין בדבריו הרל"ס שם [(והיה טעמו דלצורך תוספת מערכה גדולה כבר היו מדליקין במדורת בית המוקד כאשר פירש בפירוש המשנה ספ"ק דשבת יעו"ש)] דלפ"ז היינו יכולים לומר דגם גזרת הכתוב שיהיה שם מערכה נפרדת לצורך מנורה אלא דעתם כפרש"י ז"ל וכן תמלא בהדיא בדבריהם דפ"ק ע"ו ע"ב ד"ה ואתא לשבת וכו' יעו"ש וכבר אפשר לפרש גם דברי הרמב"ם ז"ל דכלפי איך מערכות שכתב שם דהי' להם תשמיש קבוע כתב בזו דאין עליה כלום כלומר דאין מקריבין עליה שום דבר ואין עליה צורך מיוחד אבל אה"נ דאם חסר אש ממערכה היו לוקחין מכאן וזה טעם צווי הכתוב ובהכי ניחא דלמ"ש בפ"ק לעיל שם משם הגהות קדמונים שחזר בו הרמב"ם ז"ל וסבר כדעת רבותיו דמדורת בית המוקד היתה לצורך העולים מבית הטבילה להתחמם דיקא מעתה סברה הוא שנאמר גם לדעתו דמזה היו לוקחין גם לתשלום מ"ג ופשוט דהא דנקטו בקושיתם כי היכי דמצרכי' מערכה לקטורת וכו' היינו כדי להקל גם אליבא דר' יהודה וכ"ש דתיקשי לרבי יוסי ולר"מ דאם הצריכו מערכה לקיום האש שלא היה שם תשמיש מיוחד כ"ש דהיה לנו להצריך בשביל הדלקת מנורה הצריכה בכל יום ואגבולהו תרלו שפיר גם פשוט הוא דאין לתרץ קושיתם דכיון דלפעמים אין צורך להדליק המנורה מראשו של מזבח כגון שנשארו איזה נרות דולקים שמדליק השאר מהם אין סברה להצריך מערכה נפרדת תדא דזה במחלוקת שנויה דלדעת הרמב"ם בפי"ג מהלכות תמידין נר מערבי לעולם היה מדליקו מאש של מזבח החיצון ואפילו לדעת הראב"ד בהשגותיו שם דהיה מדליקו מן הדולקים אם ישנם מ"מ הרי מערכה של קיום נמי לפעמים לא נצרך ממנה כשיש די צורך אש במ"ג וה"ה למנורה אלא העיקר כמו שתי' הם ז"ל ומ"ש וי"ל כיון דלא היה צריך ליקח שום גחלים וכו' כלומר דמן הדין אין צורך בזה אבל ודאי שהיו נוהגים ליקח גחלת מעל המזבח לצורך מנורה כדמשמע מסוגיא דסוף פרקין יעו"ש וק"ל.

באי"ד לא מסתבר שיעשו בשביל זה מערכה וכו' ולפ"ז קרא ה"ק אש שאמרתי לך בו תמיד דהיינו מנורה תוקד מאש

העיקרי שעל מזבח החיצון דהיינו מ"ג ולכך אני מצוה שלא תכבה אש זה כדי שיהא מוכן למה שילטרך ממנו ועוד תירלו דודאי פשטיה דקרא באש של מערכה איירי לומר שתהא דולקת תמיד ואפילו בשבת והדר לומר לא תכבה אפילו במסעות כדאי' פרשת לו ועיין ברש"י דחומש שם אלא דאכן מוקדות דעניגא דרשי' וכמ"ש ברש"י יעו"ש דאי לבא לחודיה אתא ליכתוב אש תמיד על המזבח לא תכבה אלא תוקד ריבה לך הכתוב דליקה אחרת שתדליק מכאן לצורך מנורה ואין לפ"ז רמז בכתוב שילטרך לזה מערכה בפ"ע דעיקר קרא באש של מ"ג איירי והכריחו ז"ל דאלת"ה אלא דעבדינן מערכה נפרדת לצורך מנורה והיינו מקרא יתרא וה"ק שתעשה אש תמיד מיוחד על המזבח לא תכבה לצורך מנורה א"כ תקשי דלמאי איצטריך בפרטות באש זו שתהיה תמיד מה שלא הצריך במערכות אחרות ואדרבא יותר היה לנו להצריך תמיד במערכה גדולה הצריכה בתמידות לצורך קרבנות מבזו אלא ודאי דעיקר קרא במ"ג איירי ולמדך יתורא דתוקד בסמיכות מלת תמיד לומר דגם אש תמיד דמנורה תוקד מאש תמיד זה דמערכה גדולה ומאי האי דקתני ברייתא אש תמיד שאמרתי לך וכו' לאו למימרא דבלא תמיד לא ידעינן לה דלעולם מתוקד יתירא מסברא הוה מוקמינן ליה למנורה דמה יש לך לרבות אלא דבאגב רמזה לנו בברייתא דמלבד הסברא עוד זאת ראו לדרוש כן מדסמך הכתוב מלת תמיד לתוקד ולא כתב תוקד אש תמיד על המזבח וכו' לומר מה שאמרתי לך תמיד תוקד מכאן אבל אה"נ **דבלא"ה ידעינן מסברא** דיש לנו לראות אש

דמנירה והוצרכתי להאריך בפירוש דבריהם להיות שראיתי להרב בעל ספר ק״א פרשה לו שפירש כוונת דבריהם באופן אחר יע״ש ודו״ק.

ד״ה **הוי** אומר וכו׳ מאי איצטריך קרא לקטורת דהיכל וכו׳ אבל מאי איצטריך וי״ו ה״א דוהאש למערכה של תוספת כיון דילפינן מקרא דולקח מלא המחתה דלוקחין לצורך קטורת דלפני ולפנים ממזבח חיצון ל״ק להו משום דלא פסיקא לן בגמרא בהדיא דלמערכה של תוספת לצורך קטורת דלפני ולפנים הוא דא״ל משום הדור מזבח הוא כסברת הרמב״ם ז״ל בחיבורו עמ״ש בסוגיא ועוד דקטורת דיוה״כ בפשיטות יש לתרץ דאי לאו יתורא דוי״ו ה״א לא הוה ידעינן דיעשו לו מערכה נפרדת דכיון דלפעם אחד הוא ישתמש היום ממערכה שניה אבל בקטורת דהיכל ס״ד דבלאו קרא דאש המזבח תוקד בו ידעינן שפיר דצריך לו מערכה נפרדת כיון שהוא צורך של כל יום ותירץ שפיר דאע״ג דבכל יום ידעינן מסברה דצריך מערכה נפרדת מ״מ ביוה״כ דהא איכא מערכה של קטורת דלפני ולפנים הו״א דאין צריכים היום מערכה נפרדת לקטורת דהיכל ועוד כתבו א״נ מהכא לא מלינו למילף בכלל ל״מ למערכה בפ״ע אלא גם שיקחו ממזבח חיצון דהו״א דכל דבר הצריך לעבודת מקדש אפילו דלפני ולפנים בדין ליטול ממזבח חיצון המוכן לכל דבר אבל קטורת דהיכל שכבר יש לו מזבח בפ״ע להקטרתו סברה לעשות שם מערכה ודומיא דקרבנות שמערכה שלהם במקום הקטרתן והנה פשוט הוא דמ״ש בראש דברי׳ מאי איצטריך קרא לקטורת דהיכל וכו׳ דהיינו קרא דלעיל דואש המזבח תוקד בו זו מערכה שניה וכו׳ דקרא דאש תמיד וכו׳ דהכא לא איירי במערכה שניה כלל וכמ״ש בסוגיא יע״ש וק״ל.

ד״ה **הו״א** דוקא וכו׳ דהכא אמרינן לפני ה׳ כנגד הפתח וכו׳. עיקר קושיתם לא משום נגד הפתח אלא משום דמפ׳ לפני ה׳ דהיינו מערב וכדאיתא בת״כ פרשת אחרי מות מעל המזבח יכול כולו ת״ל אשר לפני ה׳ הא כילד הסמוך למערב ע״כ ועיין בלשונם דריש פרק קדשי קדשים ד״ה משוך מן הקרן וכו׳ ודפרק כל המנחות שם וזה פשוט ואע״ג דקאמר ר״י התם בת״כ ואיתא נמי בריש פרק קדשי קדשים זה סימן כל הניטל מבחון ליתן בפנים ניטל מן הסמוך לפנים יע״ש מ״מ משמע דר״י מהך קרא יליף לה ומנ״ל אימא דלפני ה׳ היינו מזרח ואע״פ שהוא לד רחוק יותר ועוד דאי בלאו קרא ידע להא מאי פריך בפרק קדשי קדשים שם דמאי אשמועינן ר״י אילימא גחלים של יוה״כ בהדיא כתיב בהו ולקח מלא המחתה וכו׳ ומאי קושיא הא טובא אשמועינן דלא תפרש לפני ה׳ דהיינו מזרח דומיא דתנופה אלא ודאי משמע דפשיטא לן משום טעמא דיש לפרש הכא דהיינו מערב ולהא לא הוה צריך ר״י לאשמועינן והוו מלו לאקשויי נמי מלפני ה׳ דכתיב גבי שעירים והעמיד אותם לפני ה׳ פתח אהל מועד מעמידן בשערי ניקנור אחוריהם למזרח ופניו למערב ובתירולם יתורץ נמי הך דלפני ה׳ למ״ל דכיון דכתיב פתח אהל מועד מהיכא תיתי להכשיר בחוץ דבשלמא גבי שחיטה דקדשים קלים הגם דכתיב התם פתח אהל מועד הוה אמינא דיוכל לעמוד בחוץ כנגד הפתח כיון דאשכחן דנאכלים בכל העיר וכמ״ש אלא ודאי דלפניהם כנגד מערב איצטריך ובדרך זה יתורץ לפני ה׳ דמלורע דכתיב ביה והעמיד הכהן המטהר לפני ה׳ פתח אהל מועד ותניא בת״כ שם מעמידו בשער ניקנור אחוריהם למזרח ופניהם למערב ולכאורה אקושיא דלפני ה׳ דשחיטה שכתבו היה אפשר לומר דהוא נמי במערב קאמר ואיצטריך שיהיה הזבח בשעת שחיטה פניו למערב דומיא להא דאיתא לעיל ל״ו ע״א גבי סמיכה והסומך עומד במזרח ופניו למערב אלא דהא לא אפשר דכיון דשחיטתו בכ״מ בעזרה ה״ה דלא חיישינן שיהיו פניו למערב וכן משמע מדברי הר״ס ז״ל בחי׳ ספ״ג מה׳ מעה״ק דדיני׳ אלו לא נאמרו אלא בק״ק שקבע להו הכתוב שחיטת לפון יע״ש ועוד דמשמע בהדיא מסוגיא דר״פ כל הפסולין ל״ב ע״א וע״ע כדבריהם ז״ל דלפני ה׳ דשחיטה איצטריך למעט שחיטת חוץ יע״ש ודו״ק.

בא״ד כתיב לפני ה׳ למעוטי בחוץ וכו׳ היינו קראי דלפני ה׳ דפ׳ ויקרא דכתיבי גבי שלמים תמים יקריבנו לפני ה׳ וסמך ידו וכו׳ ושחטו פתח וכו׳ והיינו שכתב ר״י הבחור בסמוך דלא כתיב לפני ה׳ אלא בסמיכה ומ״ש וכן גבי תנופה וכו׳ דבריהם מבוארים בר״פ קדשי קדשים דאע״ג דהתם בתנופת אשם מלורע איירי דנאכל לפנים מן הקלעים מ״מ כיון דתנופה מחיים הו״א דלא חשיב עבודה וכשרה אפילו בחוץ יע״ש ומה שהקשה ר״י הבחור מאי שנא דתנופה וכו׳ כוונת קושייתו דהשתא דאמרת דלפני ה׳ דתנופה לאו לקבוע מקום בעזרה אתא אלא למעט חוץ אימא השתא דילפינן משחיטה דגלי בה קרא׳ דלפני אהל מועד להכשיר כל מקומות העזרה כדאיתא בא״זהו מקומן נ״ה ע״א דהא בדידיה נמי כתיב לפני ה׳ ואפ״ה הכשיר בה הכתוב כ״מ בעזרה והכא נמי דכוותה ומה גם דמחיים היא וק״ל ומ״ש ואי׳ דודאי לפני ה׳ במזרח וכו׳ גבי תנופת איל חיר וכו׳ וכן דריש התם גבי מנחת סוטה ופשוט דכונת ספרי לומר דאפי׳ מזרח בכלל כל שלא פירש הכתוב דוקא מערב והכי דייקי דברי רש״י דפרק כל המנחות שם שכתב כלומר אפילו במזרח קרינן ביה לפני ה׳ ע״כ דודאי מערב מקרי טפי לפני ה׳ דשכינה ועיקר מקום מקדש במערב והיינו שכתבו בסמוך שכשאתה אומר לפני ה׳ במזרח לא אתא לאפוקי אלא לפון ודרום וכו׳ ולפ״ז לא תקשי כ״כ לר״י הזקן מהך דהכא גבי מזבח ומנורה ע״כ לדרום מערב מהטעם שכתב ומעתה הו״ל כאילו פרט הכתוב כן אבל שחיטה אה״נ דהו״א דוקא מזרח אי לאו דגלי קרא דה״ה שאר מקומות אבל תנופה דלא גלי בה קרא נשאר לפני ה׳ במשמעותו דהיינו מזרח אלא דקושית התוספות דריש פרק קדשי קדשים ודפרק כל המנחות שם אין דרך לתרצה אלא לתי׳ ר״י הבחור דוקא יע״ש ודו״ק.

בא״ד ואפשר דאפילו סמיכת עולה היא בכ״מ בעזרה וכו׳ אבל הרמב״ם בחי׳ ספ״ג מהל׳ מעה״ק לא כתב כן אלא דשל קדשי קדשים לריכה מזרח וזה מוכרח דאלת״ה הא דתניא לעיל ל״ו ע״א כילד סומך הזבח עומד בלפון וכו׳ והסומך עומד במזרח וכו׳ אמאן תרמיה והכי נמי מסתברא דהא קיל״ן דבמקום שסומכין שוחטין וא״כ ק״ק ששחיטתן בכ״מ ה״ה סמיכה אבל קדשי קדשים שקבע בהם לפון לשחיטה ה״ה דסמיכה לפני ה׳ דוקא דהיינו מזרח וז״ל הרמב״ם שם היה הקרבן שלמים סומך בכ״מ שירלה מן העזרה במקום שחיטה ע״כ ודסמיכה שיירי מלוה היא אלא לומר דאם לא סמך כפר כדאיתא בסוף פרק שתי מדות וכמ״ש הרמב״ם שם אבל כשהוא סומך סמיכה במזרח לכתחילה בעינן ומה שהביאו ראיה מת״כ דדריש אעפ״י שסמך דחוץ וכו׳ וכלומר דאם תפרש לפני ה׳ לקבוע מקום במזרח אתא מהיכא תיתי דסמיכת חוץ כשירה אפי׳ בדיעבד דאיצטריך למעוטי יש לומר דהתם ודאי מדכתב וסמך ולא כתב יסמוך דריש וכמו שפי׳ בס׳ ק״א שם ואיצטריך דכיון דסמיכה שיורי מלוה היא דאם לא סמך כפר וכדאיתא נמי בתורת כהנים שם הוה אמינא דהוא הדין אם סמך בחוץ כפר קמל״ן אבל לעולם דלפני במזרח דוקא קאמר וכ״ת דכיון דאצטריך לגופיה מגין לדרוש הא דקאמר התם ואי׳ נמי בסוף זבחים לפני ה׳ וסמך אין סמיכה בבמה י״ל דהא נמי דריש מדלא כתיב וסמך עדו על ראש העולה לפני ה׳ כדכתיב בתריה ושחט את בן הבקר לפני ה׳ מדשני הכא קרא בדבוריה דריש נמי לפני ה׳ דוקא וסמך לאפוקי במה ועיין בדברי התוס׳ דריש כל הפסולין ד״ה מ״ש סמיכה וכו׳ ועי״ל דתרתי שמעת מינה כי היכי דדריש התם בסוף זבחים דאין תנופה והגשה בבמה מדכתיב בהו לפני ה׳ והגם דלגופייהו איצטריכו להצריכם מזרח ומק״ו דשחיטת שלמים ליכא למילף לסמיכת עולה דכשירה בכ״מ כמ״ש דהא אפי׳ בסמיכת שלמים גופייהו יש לד לומר דסמיכה עדיפא משחיטה כדאיתא בת״כ שם כנלע״ד לדעת הרמב״ם ז״ל וק״ל.

וד״ע דבפסיקתא זוטרתי פרשת ויקרא מסיים בתר דרשא דת״כ לפני ה׳ אעפ״י שסמך בחוץ וכו׳ ותנן גבי תמיד כן היתה עקידתו ראשו לדרום ופניו למערב השוחט עומד במזרח ופניו למערב עד כאן ומשמע דרלה לדרוש גם מקרא דיקריב אותו לרלונו לפני ה׳ דהשוחט יעמוד פניו למערב דהיינו לפני ה׳ או שמפרש לפני ה׳ מזרח והיינו דהשוחט עומד במזרח דלפ׳ דאשחיטת תמיד דבית שחיטתו כלפי מערב קאי הא מושחט את בן הבקר לפני ה׳ דרשינן לה וכמ״ש כמפרש ברפ״ד דתמיד וכן הפתיק כחו״ע שם אלא דר״י הבחור

לשיטתו דלפני ה' משמע נמי מזרח ס"ל דלפני ה' דושחט אינו אלא לדרוש דלא שוחט לפני ה' כמ"ש בסמוך ולשיטה המפרש דתמיד י"ל דתרתי שמעת מיניה דאי גביה שחיטתו כלפי מערב לחודיה אתא ליכתוב קרא ושחט אותו לפני ה' בן הבקר למ"ל דהא בדידיה קמיירי אלא דתדרוש נמי בן הבקר לפני ה' ולא שוחט וק"ל.

בא"ד וסד"א דאצטריך לאקושי לשלמים וכו' וכי היכי דמקיש ליה התם בת"כ לשלמים דקאמר מה שלמים לשמן אף זה לשמו מה שלמים מביאים שנים בעולם וכו' קמל"ן ועוד אצטריך כאשר יורם לדרשות אחרות עיין בפרק איזהו מקומן מ"ט ע"ב ובתוספת שם ודע שעוד יש לפני ה' אחר בפר כהן משיח אל פתח אהל מועד לפני ה' וסמך וכן בפר העלם וסמכו זקני העדה וכו' לפני ה' ובת"כ לא דרשו בזה כלום ולשיטתם י"ל דאיצטריך למעט סמיכת חוץ שלא תאמר דהשירה כיון דנשרף חוץ למחנה ועמ"ש התו' בריש פרק כל הפסולין ל"ב ע"א דלרש"י ז"ל איצטריך לפני ה' וסמך בפר כהן משיח לאפוקי במה יע"ש ועמ"ש בענין זה בעל ספר ק"א בפ' ג' סעיף ז'.

דף מ"ו ע"א גמרא מאי קמל"ן תנינא בכל יום וכו' אבל הא ל"ק ליה דממתני' משמע דלר"מ בכל יום היו מסדרין ארבע אפי' כשלא היה שם איברים שניתותרו ואילו מלישנא דר"א משמע דוקא בשניתותרו דודאי לא נקט ר"א האי לישנא אלא כלפי שבת דהתם ודאי אם אין שם צורך אין לחללו בחנם וממילא שמעת מינה דליכא למימר דהא אשמעינן ר"א דאפי' בחול דוקא בשניתותרו דהא בכל יום תנן וק"ל.

שם ואפי' בשבת תנינן והיום חמש וכו' דמבכל יום ד' לא בעי למפרך דיש לדחות בכל יום דחול קאמר וכן מוכח מלשון הירושלמי שהעתיק בפי' רש"י דאגימא עפי ראיה דוהיום ה' יע"ש והגם דהשתא דאוקים ר' אבין מלתיה בפסולין מעתה ה"ה סיפא דאפי' בשבת פסולין נמי דחו . שבת וא"כ עובא אשמועינן ר"א בהא מ"מ פריך שפיר דכיון דאשמועינן ר"א דר"מ בפסולין נמי ס"ל דעושין מערכה בפ"ע מהילא שמעינן דמתני' בפסולין נמי איירי דבכל יום ד' וא"כ ה"ה דסיפא דהיום ה' אפי' לפסולין וכיון שכן למאי איצטריך לאשמועינן תו ואפי' בשבת הא ממתני' שמעינן לה דודאי רישא וסיפא בחד גוונא מתוקם ועמ"ש הרב בספר משנה למלך פ"ג מה' מעה"ק אבל רבא לא ס"ל לפרש כן אלא דמפשטא דמתני' ידעינן שפיר דבכל יום ואפי' בשבת ועוד דדומיא דאיך בכל יום דקתני התם דהיינו אפילו בשבת קתני נמי הך וכוונת קושיתו בין להמקשה דלא חייש לאקשויי מרישא דבכל יום ובין לרב אחא דהיכי תיסק אדעתין לומר דבאמצע השבת לא הא בכל יום תנן. והנה מלבד מ"ש הריטב"א דלאו קושיא אלימתא היא ולהכי לא קאמר תלמודא תיובתא עוד זאת משמע דלהכי קאמר תלמודא בתרה ופליגא דרב הונא וכו' וכלומר דכיון דלדידיה צריך אתה לומר עכ"פ דכל יום לאו דוקא מעתה לא יקשה לך כ"כ אם המקשה דלעיל ור' אחא ס"ל דהוה מצינן לפרושי בכל יום דמתני' לבר משבת. והנה הגם דקי"לן דהקטרה לא מעכבא אפ"ה דוחה שבת וכדאיתא בירושלמי דפרקין דפריך על הא דר"א דבר שאינו מעכב דיחה אמר ליה עידי החדש הרי אינן מעכבין ודוחים דתנינן תמן שעל מהלך לילה ויום מחללין את השבת ויוצאין לעדות החדש ע"כ וכלומר דכי היכי דהתם גלי קרא דאשר תקראו אותם במועדם ואפי' בשבת כדתנן בפ"ק דר"ה והגם דלא מעכב דהא אם לא באו מקודש ועומד הוא ה"ה דהכא גבי תמיד דכתיב ביה נמי במועד' אימא דסופו נמי דאיברים שניתותרו דיחה שבת והגם דסופו לא מעכב וק"ל.

שם אמר רבא מאן האי דלא חייש לקמחיה וכו' לפי הנראה מדברי רש"י ז"ל ד"ה ופליגא דרב הונא וכו' דגרים הכא רבה בה"א ניחא טפי דהשתא רבה הוה מפרש מלתיה דרב הונא דבסמוך כדמפ' ר"א התם דוחה את השבת וכו' דלכ"ע בכל יום תנן ואפי' בשבת דלגי' שלפנינו דגרים הכא ולקמן רבא באלף תיקשי דהא לדידיה גופיה דמפרש בסמוך מלתיה דרב הונא דוחה את הטומאה ואינו דוחה את השבת ע"כ דלרב הונא מתני' דבכל יום לאו דוקא ומאי קא' דלא חייש לקמחיה כיון דר"ה קאי כותיה ושוב ראיתי הדבר מבואר בדברי התו' דלקמן סד"ה תחלתו וכו' שכתבו ורבה דא' סופו אינו דוחה לית ליה פרכא דרבא דאמר בכל יום תנן וכו' [(כה"ג דפוס ויניציאה דבשני גרים רבא באלף)] יע"ש אלא דמשמע מדבריהם דהכא גרסי רבא באלף ולקמן רבה בה"א ומ"מ מדקאמר התם א"ל אביי לדידך וכו' משמע קצת דהתם רבא גרסינן וק"ל.

רש"י ד"ה ה"ג וכו' הא אתא לאשמועינן שבת וכו' כלומר דאיברי עולת חול שניתותרו עושה להם מערכה ואפילו בשבת דע"כ לגי' זו חדא דקתני וכמו שפי' דבריו הריטב"א בחי' דבשלמא אי לא גרסינן עולת חול י"ל מדלא קאמר אפי' בשבת בלא וא"ו שמעינן דתרתי אתא לאשמועינן דאיברים שניתותרו בחול עושה להם מערכה בחול עצמו ואשמועינן נמי דאיברי עולת חול שניתותרו עושה להם מערכה ואפי' בשבת שכן תמצא בדברי התו' דפ' התכלת מ' ד"ה תכלת וכו' דעיקר דיוקא דהכא מדקתני ואפי' בוא"ו אלא דהם ז"ל גרסי התם עולת חול ואפ"ה ס"ל דיש לדייק כן מדקתני בוא"ו יע"ש ועיין בת"י דסוגיין אבל נראה שגי' רש"י ז"ל עיקר וכמו שהספים הריטב"א הדא דלגי' עולת חול ריהטא דלישנא משמע דחדא קתני ולא שייך הנך תרתי פרכי דבסמוך ועוד דבירושלמי דסוף פרקין מייתי הך מימר' דר"א ולא גרים בה עולת חול והכי איתא התם אר"א האברים והפדרים שלא נתאכלו מבערב עושה אותן מדורה ושורפן בפ"ע ודוחין עליהן את השבת ר"י בר אחא בשם ר"ש בר אבא מתני' אמרה כן בכל יום היו שם ד' מערכות מה את ש"מ [(כלו' דאימא בכל יום דחול קאמר דמה"ט נשארה קושית רבא דתלמודא דידן בקשיא ולא בתיובתא כמו שפי' הריטב"א ז"ל יע"ש)] א"ר מנא והיום חמש ע"כ ואשמועינן ר"א דלא תפרש מתניתין דוקא בחל יוה"כ אחר השבת וכדקא' תלמודא דידן והנה ממאי דר"א קתני בירושלמי שלא נתעכלו תידוק דלישנא דניתותרו דקתני תלמודא היא היא ולא תימא דלהכי דייק למנקט ניתותרו לדיוקי דאפי' לא התחילו להתעכל עושין להו מערכה דמלישנא דברייתא דר"מ דלעיל לא דייקינן אלא בהתחילו יע"ש חדא דדרך האמורא לפרש ומה גם דהיינו עיקר רבותא דאשמועינן ועוד דא"כ ר' אבין דס"ל דבכשרים אפי' לא משלה בהם האור עושים להם מערכה נפרדת כדאסיקו התו' ז"ל נימא דהיינו דאשמועינן ר"א ולעולם דפסולין אפי' משלה בהן האור אין עושין להם מערכה בפ"ע לר"א אלא ודאי דמלישנא דניתותרו לא דייקינן כלל. ולא ניחא ליה ז"ל לפרש לגי' בעולת חול דר' אבין דתריץ לא נגרעה וכו' ה"ק דלעולם תרתי קתני ורישא לסדרה בחול איירי ואשמועינן דאפי' פסולין וכלפי הבנת ר' אבין שחידש עתה דתרתי קתני הוא דהדר פריך תו מסיפא ואפי' בשבת תנינן וכו' חדא דאין פשט דברי ר' אבין מוכיחים כן דמדלא קאמר אלא א"ר אבין לסתור מה שהבין המקשן דחדא קתני משמע דר' אבין לפי סברת המקשה דס"ל דחדא קתני הוא דהשיב לא נגרעה וכו' ואפי' לפסולין כיון שנעשו לחמו של מזבח ניתנה שבת לידחות ·וא"כ הדר קושיא לדוכתא מאי פריך תו ואפי' בשבת וכו' ואה"נ דלגי' זו תקשי נמי דרחוק קצת לומר דניתנה שבת לידחות אף לפסולין וכ"כ בשכ"י דרש"י ז"ל הו"מ למפרך נמי מהך אלא דחדא מנייהו נקט אבל יותר נראה דמהך ל"ק דאה"נ דנתנה לידחות אפילו לפסולין וכמו שראיתי שוב להרב בס' מ"ל פ"ג מהלכות מעשה הקרבנות שכתב כן יע"ש בסוף דבריו.

ד"ה תחילתו דוחה תמיד של שבת נשחט בשבת וקרב בשבת ע"כ כלומר בין שחיטה וזריקה והקטר חלבים ואיברים וה"ה לתמיד של ע"ש אם לאו משום דבר יום ביומו הוה נשחט ונזרק מיהא בשבת ויש בכלל זה דתחלת תמיד של כל יום דהיינו שחיטה וזריקה דוחה את הטומאה אבל סופו דהיינו הקטר חלביו ואיבריו אינם דוחים את הטומאה אלא דהשתא פי' כולה מלתא לענין דחיית שבת דהיינו דפי' עוד סופו אינו דוחה תמיד של ע"ש אין אבריו נקטרין משתחשך וכו' וזה כדמפרש רבא בסמוך דפירוש דרב חסדא היינו מה שפי' בד"ה מאי אינו דוחה וכו' דלענין טומאה איירי רב הונא כמ"ש אבל שבת סופו נמי דחי והוכרח כאן לפרש אליביה דרבא דהא קאמר ופליגא אדבר קפרא וזה אינו אלא לפי' רבא

דלרב חסדא לרב הונא נמי דחי שבת בכל גוונא וכמ"ש הת"י ד"ה ופליגא וכו' ועמ"ש שם ועיין עוד בדבריהם ד"ה תחלתו וכו' ובדברי הריטב"א ושם תמצא לשון רש"י דהגא ול"א שכתב לקמן בשם רבותיו מבואר כל הצורך וק"ל.

תוס' ד"ה **אבל** דהאי גיסא וכו' ה"מ דיעבד וכו' אבל הרמב"ם בפ"ד מה' עי"כ סתם וכתב ואותה בה אש מעל המזבח מן הסמוך למערב ע"כ משמע דלא בעי כנגד הפתח ואפי' לכתחלה וכפשטא דסוגיין וי"ל דס"ל דסוגי' דריש פרק קדשי קדשים אליבא דר"י היא ורבנן פליגי עליה והכי דייק לישנא דקתני התם ומאי סימנא ר"י היא דתניא ר"א זה סי' כל הניטל וכו' אבל רבנן פליגי עליה וס"ל דקרא לא קפיד כנגד הפתח אלא שיהיה מלד מערב וא"כ דיש מקום לפ' סימנא דמשנת תמיד גם אליבא דרבנן דמשוכה מן הקרן ד' אמות דה"א בלא כן מלד דחד אמה סובב וכו' והיינו דפסק ז"ל כן בפ"ב מה' תמידין וכמ"ש הרל"ס ודברי הפר"ח ז"ל שם בה' עי"כ שרלה להסכים לס' הרמב"ם דבעינן כנגד הפתח מדבריו דה' תמידין שם ל"ע דלסברת הרמב"ם דפסק דרוביה בדרום לריך להרחיק יותר כדי שיהיה כנגד הפתח וכמ"ש הרל"ס שם ועמ"ש הת"ע שם בתמיד.

בא"ד ואי מדכתיב חוקה לר' יהודה דא' וכו' אבל לר' נחמיה פשיטא להו דכיון דהתיית גחלים היתה בבגדי לבן ובכהן ודאי דמעכבא דלא גרעה מהגרלה דאיכא מ"ד לעיל דלר"נ מעכבא ואפי' למ"ד לא מעכבא היינו משום דלאו עבודה היא ואינה לריכה כהן וכן פרש"י שם בהדיא יע"ש ל"ע ע"ב אבל כתוס' דריש פרק קדשי קדשים ד"ה משוך וכו' קשיא להו לר"נ נמי שכתבו אין זה בדברים הנעשים בבגדי לבן לא בפנים ולא בחוץ ובין לר"י ובין לר"נ ליכא עכובא עכ"ד משמע דס"ד דחתית גחלים לאו עבודה וכשרה אף בבגדי זהב ודבריהם ל"ע דהא משמע דלריכה בגדי לבן והא קמן דאיבעיא לן לקמן מ"ח ע"ב אי פסלה בה מחשבה ופסקה הרמב"ם בסוף ה' עי"כ דפסלה ועמ"ש הפר"ח שם ושוב ראיתי בס' לאן קדשים שם שהסכים דע"ס הוא יע"ש. והנה משמע דמ"ש ה"מ דיעבד וכו' דהכוונה דבדיעבד כשר כל לד מערב של מזבח אבל שאר לדדים אפי' בדיעבד פסולים דכן משמע פשט הסוגיא וכמ"ש רש"י אע"ג דלד מערבי הוא וכו' דודאי אי לא כתב קרא אלא לפני ה' הגה דלא שנה הכתוב ועכב מסתייך להכשיר אף שלא כנגד הפתח אבל אף שאר לדדים מנין לנו כיון דקפיד קרא כנגד הפתח והיינו דלא קאמר תלמודא דאי כתב קרא מלפני ה' הו"א דכל המזבח כשר בדיעבד קמ"ל מעל המזבח לפני ה' דעכ"פ לד מערב בעינן אלא ודאי משמע דשאר לדדים בלאו מעל המזבח ידעינן דפסילי וע"כ מעל המזבח להכשיר בדיעבד דהאי גיסא שלא כנגד פתח אתא ומעתה הקשו שפיר דלמאי אלטריך קרא וכו' אלא שבעל ספר פנים מאירות בשיטתו לזבחים שם לא פירש כך יע"ש וק"ל.

ד"ה **אבל** לא מעלה וכו' דקא' עולת שבת וכו' הכי איתא בפרק במה מדליקין כ"ד ע"ב ופרש"י שם כגון אברי תמיד של ערב יו"ט שלא הוקטר מבעוד יום אין מעלין אותן משחשכה ע"כ דלהכי דייק לכתוב אין מעלין גומר דבלא מעלה בהם האור איירי ולהכי פי' בפ"ק דשבת שם דלמשרי איברים היינו אפי' איברי חול כמ"ש התו' שם והיינו במעלה תב כשיטת התו' שם ושיטת ר"י וריב"א שכתבו לקמן ומיהו כל זה לענין שבת אבל בחול אפי' לא מעלה עושה להם מערכה נפרדת כיון דכשירים ניניהו והיינו שפי' ז"ל לעיל מ"ה ע"א ד"ה שלא נתעכלו שלא ניתנו על המערכה וכו' ועמ"ש שם ויראה וגם הם ז"ל ס"ל הכי דע"כ לא פי' מלתיה דר' אבין דלל"ק נמי ה"ה אפי' כשירין אלא משום סיפא דאפי' בשבת אבל למאי דאיירינן השתא ברישא דמלתיה דר"א דמסדר מערכה בחול כדפרש"י ז"ל דתרתי קתני פשיטא דבכשרים לא בעינן מעלה והשתא ניחא דודאי איכא בינייהו דהני תרי לישני לענין סידור חול דללישנא בתרא אפי' בחול ואפי' בכשירין בעינן מעלה והגם דפשט דברי התוספות כאן ופ"ק דשבת שם ופרק כיצד צולין פ"ג ע"ב משמע דס"ל לפרש מלתיה דר' אבין דאפי' בחול בעינן מעלה ואפי בכשרים וכן הבין הרב בס' משנה למלך פ"ג מה'

מעה"ק במ"ש ויש לחקור בפשט ההלכה וכו' יע"ש מ"מ יותר נלענ"ד כמ"ש ושוב ראיתי להח"י ששם הדבר מבואר כמ"ש שכתבו ואפילו ללישנא דמפלגינן בין כשרים בין פסולים לענין מעלה בהם האור היינו לענין מער' בפ"ע אבל לא לענין דחיית שבת עכ"ד ועמ"ש שם וק"ל.

בא"ד ומקשים והאמי' פ"ק דשבת בכל מושבותיכם וכו' דלא ניחא להו לאוקימי במעלה בהם האור וכמ"ש בספר משנה למלך שם דכיון דמעלה ועשו לחמו של מזבח מסברא ידעינן דידהו דאי משום דלא מעכבי קדוש החדש נמי לא מעכב כדאי' בירושלמי וכמו שהעתקתי בסוגיא ועיין בתוספות בפרק כיצד צולין שם שכתב ריב"א דהתם דוקא במעלה בהם האור איירי דנעשו כבר לחמו של מזבח דמכיון שהם לחמו של מזבח הרי הן קרבן היום ודחו מצמועדו אפילו בשבת ע"כ והגם דלריב"א אילטריך קרא דבכל מושבותיכם לאשמועינן הא מ"מ השתא ס"ל ניש מקשים דבלאו קרא ידעינן לה ועיין בת"י כאן וק"ל. ומ"ש ותי' הרב רבי יוסף וכו' היינו של שבת וכו' וכן משמע לכאורה מל' מכילתא פ' ויקהל והביאה בילקוט שם דקרא אילטריך למשרי לעשות מערכה גדולה במקדש ללורך קרבנות היום דקתני התם ד"א לא תבערו אש וכו' לפי שהוא אומר אש תמיד וכו' לא תכבה וכו' שומע אני בין בחול בין בשבת ומה אני מקיים מחלליה מות יומת בשאר כל המלאכות חוץ מן המערכה או אינו אלא אף המערכה ומה אני מקיים לא תכבה בשאר כל הימים חוץ משבת ת"ל לא תבערו אש בכל מושבותיכם במושבות אי אתה מבעיר אבל אתה מבעיר בבית המקדש ע"כ ולפי זה היינו יכולים לפרש קרא דעולת שבת מלבד מ"ש הר"י פורת דהיינו שידחה שבת לענין הקטרת איברים ופדרים אבל לא לענין הבערה אלא יניח את הרבה במערכה מבערב שבת ללורך יום שבת להכי אילטריך קרא דבכל מושבותיכם להתיר אף מכשיר קרבן דהיינו מערכה ולדרך זה לא הוה קשיא לן מהביא דהלו דברים שהקשו בסמוך והנה לסברת ר"י וריב"א דמשמע להו לפרש הביא דלמשרי איברים ופדרים בשניתותרו בדוקא דאי קרבן תמיד דשבת כולה מלתא שמעינן מעולת שבת בשבתו לריך ניישב דברי המכילתא דקרא אילטריך לשאר מערכות כגון של קיום האש דאינה אלא להשלומי מערכה גדולה וא"כ דלא קיל"ן כהביא דרשא דמכילתא תדע דהא בת"כ פרשת אחרי מות ובירושלמי סוף פרקין דרש מאש תמיד אפילו בשבת א"כ ע"כ לומר דאייתר לן קרא דבכל מושבותיכם לאיברי חול שניתותרו בדוקא כנלע"ד וק"ל.

בא"ד ולא נהירא לר"י וכו' אטו קרבן שבת נשחט וכו' וה"ה דתיקשי נמי דהיכי דרים מהכא ולא עולת חול בשבת אטו עולת חול נשחט בשבת דאילטריך קרא למעוטי ואי משום זריקה הרי נפסל דם משקיעת החמה כדאי' בזבחים וכמ"ש התו' בפ"ק דשבת שם ועוד הוו מלו לאקשויי מסוגיא דפרק תמיד נשחט נ"ט ע"ב דמייתי התם דקרא דעולת שבת בהקטרת איברים איירי דקא' לבקר הוא דלא ילין הא כל הלילה ילין והכתיב עולת שבת וכו' יע"ש ופשוט דר' יוסף לא הו"מ לתרולי דאי מקרא דעולת שבת לא הוה שרינן אלא המורים ולהכי אילטריך קרא דבכל מושביתיכם למשרי נמי איברים חדא דמאי שנא דהא הקטר חלבים ואיברים זמנן כל הלילה ואי גלי קרא דאפי"ה חלבים דחו שבת ה"ה איברים ועוד דהתם בשבת קאמר למשרי איברים ופדרים משמע דקרא דעולת שבת לא איירי אלא בשחיטה וזריקה בדוקא כתי' ז"ל וזה פשוט ולאפוקי מספ"י שנתקשה בזה ומ"ש אלא על כרחך אהקטרת תמיד דשבת דרשינן גופיה דקרא וכו' כל"ל וק"ל.

בא"ד וא"כ הא דקאמר וכו' סיומא דמלתיה דר"י וריב"א היא וכאשר תמלא לשונם בתו' דפ"ק דשבת וכיצד צולין שם וא"כ דגם לפי' הרב פורת לריך לפרש כן וכמ"ש בסוף דבריהם ולכל הפירושים נ"ל דוחק שאנו לריכים לפרש וכו' וזה מוכרח דלא מלי למימר לפי' הר"פ דכשירים אפי' לא מעלה קריבין ואפי' בשבת דהא כיון דלדידי' קרא דעולת שבת איירי בשחיטה וזריקה והיתרא דבכל מושבותיכם היינו לאיברים ופדרים דשבת גופיה מהיכא תיתי למשרי איברים דחול להקטירן בשבת ועיין בת"י דמשום דהבינו דלפירוש ר' יוסף לא שרינן איברי חול בשבת

כלל ואפילו במשלה הקשו ואין נראה דקשה משמעתין וכו' וכמו שאבאר שם ועוד דהא משמע דזריקה עדיפא מהקטרת איברים ואי ממעטינן מקרא דעולת שבת דאיירי בזריקה דעולת חול בשבת לא כ"ש הקטרה דחול בשבת ואדרבא משום דהוה משמע לכאורה יותר מזה דלפי' הר"פ אפי' במשלה איברי חול בשבת כלל לא דגם זה מהיכא תיתי הוצרכו ז"ל לבאר זה וכתבו בסמוך וא"ל לפי' כמו כן דמודה הוא דאפי' דחול שרי בשבת היכא דמשלה וכו' וטעמא דלזה אין צורך לראיה דכיון דמשלה נעשו לחמו של מזבח וה"ל כתמיד דשבת וכמ"ש לעיל בשם ריב"א דפרק כילד צולין ולפ"ז מה שהגיעו בראש דבריהם לאו דוקא פסולין וכו' דקא' עולת שבת וכו' אפי' לפי' הר"פ הוא דבלא משלה ליכא מאן דפליג דאסירי ומ"ש נמי דקאמר עולת שבת וכו' גם זה איתא לפי' הר"פ לפי מה שיישבו לקמן בסמוך דלמסקנא גם להר"פ קרא דעולת שבת איירי בהקטרה מעתה ע"כ דהא דקאמר ולא עולת חול בשבת בלא משלה היא דבמשלה הא מוכח סוגין דדחו שבת אלא דלא משמע ליה להר"פ לפרש ההיא דלמשרי איברים וכו' דבשל חול קמיירי כפי' ר"י וריב"א ורש"י שם דהא סתמא משמע דשבת גופיה מדלא קאמר איברים ופדרים שלא נתאכלו מבערב כדקתני ברייתא דלעיל ושוב ראיתי בספר מ"ל שפירש דבריהם באופן אחר והנלע"ד בכוונת דבריהם כתבתי ודו"ק.

בא"ד ומיהו יכולני ליישב וכו' דרשינן ליה הכי אם נאנסו וכו' דאע"ג דכתיב דבר יום ביומו כדאי' בתמורה י"ד היינו בשהזידו אבל בנאנסו הוי"א דיש להם תשלומין ורמז לדבר מהא דאיתא בריש פרק תפלת השחר גבי תפלה דבשוגג יש לה תשלומין ואע"ג דהתם קאמר דאי תפלה במקום קרבן עבר יומו בטל קרבנו היינו לפי האמת אבל אינו רחוק לומר לפי הס"ד דהוי"א דקרא דעולת שבת אתא לאשמועינן דיש תשלומים בנאנסו ועוד הא קמן בפרק התכלת מ"ט ע"א גבי לא הקריבו כבש בבקר דמחלק ר"ש שם בין מזידין לשוגגין וא"נ י"ל דהוה מוקמינן לקרא דבר יום ביומו לשאר קרבנות חוץ מתמיד ומשמע דכן צריך לומר לדרשא דספרי פרשת פנחס וכן פירש רש"י בחומש שם דדריש משבת בשבתו הרי שלא הקריב לשבת זו שומע אני יקריב לשבת הבאה ת"ל עולת שבת בשבתו מגיד שאם עבר היום בטל קרבנו ע"כ ולמ"ל הא מדבר יום ביומו נפקא כדאיתא בתמורה ואיתא נמי בת"כ פרשת אמור דבר יום ביומו מלמד שכל היום כשר למוספים ביומו עבר זמנו אינו חייב באחריותם וכו' ע"כ אלא ודאי דהוי"א דתמיד של כל יום עדיף ויש לו תשלומין קמל"ן ולתלמודא דידן דדריש ליה לחלבי שבת קריבין בי"ט וכו' צ"ל דכולה מלתא שמעינן מדבר יום ביומו אע"ג דהתם לא כתיב תמיד כלל מ"מ פשט דבר יום ביומו היינו כל מה שלוה הכתוב להקריב מדי יום ביום יהיה ביומו דוקא וא"נ דדרשא דספרי מוי"ו דבשבתו דריש כי היכי דממעט התם באלו קשרים של יוה"כ בשבת של יוה"כ בשבת מוי"ו דבשבתו ממעטי' נמי שלא יקריב תמיד של יום זה ביום אחר ועמ"ש בס' משנה למלך שם וק"ל.

בא"ד וכ"ל דהא דאמר ולא עולת חול וכו' היינו בליל שבת וכו' וכן משמע קצת מסוגיא דפרק תמיד נשחט נ"ט ע"ב דקא' לא ילין לבקר זבח חג הפסח לבקר הוא דלא ילין הא כל הלילה ילין [(שיכול להקטירם בלילי י"ט)] והכתיב עולת שבת בשבתו ולא עולת חול בשבת וכו' יעו"ש ולפ"ז הא דמייתי בפרק במה מדליקין כ"ד ע"ב מהכא דאין שורפין קדשים ביו"ט והיינו אפי' ביום הכי מייתי דמדאסר רחמנא להקטיר עולת חול בליל שבת ואע"ג דכשרים ניגהו דוק מינה דקדשים פסולין אפי' ביום נמי לא דלא ניתנה שבת לידחות אצלם כלל ופסולין דסוגיין מלתא אחריתי היא ושרו מטעם שהם על המזבח ומשלה בהם האור קודם זה דנעשו לחמו של מזבח וק"ל.

הנה מה שתמה להרשב"א פ"ק דשבת שם שתי' אהך קושיא דדרשא דמושבותיכם היינו במשלה אבל לא לעשות להם מערכה בפ"ע דהא אסיר מקרא דעולת שבת אלא לחתות ולהוסיף בכם אש במערכה שלהם יעו"ש וכ"כ הרמב"ן שם בחי' כתיבת יד דלפ"ז תרוייהו איירי במשלה פשוט שזהו אליביה דרב הונא לקמן דודאי הא דקאמר סופו אינו דוחה היינו לעשות מערכה נפרדת דוקא אבל דחי שבת לענין הוספת אש וכמ"ש הרשב"א גופיה שם כ"ד ע"א יעו"ש דלכך קפרא הא קאמר בבדיא דעושה להם מערכה בפ"ע ולדידיה ע"כ לפי כשיטת ר"י וריב"א דקרא דעולת שבת היינו בלא משלה וזה פשוט אלא דלא זכיתי להבין דכיון דהתם לרב חסדא קיימינן ולדידיה סופו נמי דחי אף לעשות מערכה בפ"ע [(עיין בתו' לקמן)] א"כ מ"מ פי' הרשב"א לקרא לפי סברת רב הונא מיהו יש לפרש דבריו דה"ק דלא לעשות להם מערכה בפ"ע קאמר רב חסדא התם למשרי איברים וכו' דהא ע"כ לא קא' הכא הכי אלא אליבא דר"מ אבל לרבנן דלית להו הך מערכה יתירה וקי"לן כותיהו פשיטא דבשבת ג"כ אין לעשותה דהא לא ניתנה שבת לידחות בעשיית מערכה מחודשת אלא לקרבנות היום אבל לצורך קרבנות שניתותרו כלפי זה אמרינן עולת שבת בשבתו ולא עולת חול וכו' וכי היכי דאסרינן מהכא איברי עולת חול בשלא משלה בהם האור ואפי' ליתנם במערכה גדולה כ"ש שנאסור לאלה לעשות מערכה נפרדת אלא ודאי דקרא דמשבותיכם למשרי איברים ופדרים להוסיף אש למערכה שנעשית מבערב שבת איירי ודו"ק.

ד"ה **תחלתן** דוחה וכו' והקשה ר"י דהכהן בפרק כילד צולין חמשה וכו' ועוד תיקשי ממתני' דאייתי לעיל ז' דקתני על מה הציץ מרצה על הדם ועל הבשר ועל החלב שנטמא בין ביחיד בין בצבור ואוקימנא לה התם אפי' למ"ד טומאה הותרה בצבור והא דבעי ציץ היינו בהנך דלא קביעא להו זמן ואם איתא ליקשי ליה דאטומאת חלב קתני דבעי ציץ דע"כ לא הותרה אלא אשחיטה וזריקה והיה נלע"ד ליישב קושיא זו וגם מה שהקשו שם ז"ל דהא ודאי דע"כ לא אמרינן טומאה הותרה או דחויה אלא בק"ל דקבוע להם זמן כדמוכח מהך סוגיא שהבאתי וכדתנן ברפ"ב דתמורה א"ר מ והלא הביאו כ"ג וכו' אלא שזמנו קבוע יעו"ש וע"ע לקמן ר' פ"א וז"ל בתוספתא ספ"א שם כלל אמר ר' יעקב כל שיש לו זמן קבוע מן התורה ואין יכול לעשות מע"ש אין דוחה את השבת ע"כ ודכוותה נאמר גבי טומאה דמה שיש לנו זמן קבוע כגון תמיד של כל יום דהיינו שחיטה וזריקה דוחה את הטומאה עכ"פ ואף במציאות שאם היינו ממתינים למחר היה נשחט בטהרה אבל הקטר חלביו ואיבריו דכשרים כל הלילה ודאי אם כשנמתין עד הלילה יעשה בטהרה לא נוכל להקריבם ביום בטומאה לר"ח דס"ל טומאה דחויה היא בצבור כדבסמוך ואיתא נמי בפרק כילד צולין ע"ע ע"א ובמציאות זה הוא דאיירי רש"י ז"ל ומעתה לסברתו ז"ל בכל דוכתא דאשכחן דאף הקטר חלבים ואיברים דוחה את הטומאה היינו במציאות שאף אם נמתין עד הלילה יעשה בטומאה בזה ובכיוצא בזה יעשה מיד בטומאה דהא חביבה מצוה בשעתה כדאי' באלו דברים ס"ח ע"ב ובמנחות ע"ב ע"א גבי דחיית שבת דמה שהי' שם ז"ל אהביא דאין נאכלין דנקט לישנא דשייך בכלהו וכו' לא משמע הכי מלשון הירושלמי שם דפריך וכשם שהם באין בטומאה כך יהיו נאכלין בטומאה ומשני גזרת הכתוב הוא והבשר אשר יגע בכל טמא לא יאכל ע"כ משמע דלא ממעטינן בכלהו אלא אכילה בדוקא יעו"ש וע"ע בתלמודא דידן פרק כילד צולין ע"ט ע"א וק"ל.

והנה מה שתמהו בהריטב"א משם רש"י ז"ל דהכא איירי בנזרק בטהרה דהא אין מקטירין האברים בטומאה ומה שאמרו במועדו אפי' בטומאה דוקא בשנטמאו קודם זריקה יעו"ש ונראה שזה הרחבת ביאור דעתו כפרש"י ז"ל דמלבד ת"י דסוגיין משמע שרש"י לא ביאר זה יעו"ש בסוף ד"ה תחלתו וכו' ומ"מ הגם שבדין אמת דבנטמאו אמורים אחר זריקה לא נאמר בזה שקרבים בטומאה וכדמשמע מסוגיא דפ' תמיד נשחט נ"ט ע"ב ועיין בדברי הרמב"ם ז"ל ספ"א מהל' פסולי המוקדשין ובזה הרוחנו לתרץ ההיא דה' דברים באים בטומאה מ"מ מדברי רש"י ז"ל שכתב ד"ה טומאתו מה תחלתו בר מדחי טומאה היא אם אין כהן טהור לזרוק דמו ע"כ משמע דלא איירי הכא בטומאת עצמן ומעתה בזה מנין לנו שלא יקרבו חלבים ואיברים בטומאת כהן היכא דליכא כהן טהור כיון דטומאה דחויה ועיין בסוגיא דפרק כילד צולין פ"א ע"א גבי כהן המרצה בתמיד וכו' אם לא שנאמר דכיון דהקטרה לא מעכבא אינו בדין להקריבם

בטומאה כהן ואף במציאות שיוכל להקריבם מבלי שיטמא אותם כגון ע"י פשוטי כלי עץ ודכוותיה כנלע"ד ודו"ק.

בא"ד ומיהו קשה דר"א וכו' ולא מיירי באיברים שניתותרו וכו' ויש ליישב דלר"א באיברים שנתותרו נמי איירי וה"ק תמיד תחלתו לענין שבת בכל מעשיו ולענין טומאה תחלתו ממש שחיטה וזריקה דוחה אבל סופו דהיינו חלבים ואיברים אינו דוחה לענין טומאה אבל לענין שבת דוחה אפי' באיברים שניתותר והכי דייק מלתיה דר"א דלא בא לפרש אלא אינו דוחה דקאמר רב הונא דלאו אכולה מלתא דרישא מהדר לענין שבת וטומאה דלא מהדר אלא אטומאה בדוקא אבל שבת דוחה וכן לרבא ה"ק תמיד תחלתו כתמיד של שבת בכל מעשיו וכן לטומאה דוחה ותחילתו לאו תחילת מעשיו קא' אבל בכונה תחלת הקרבתו ומצותו של היום לאפוקי איברים שניתותרו מאתמול דזה אינו דוחה כדמסיים רב הונא סופו אינו דוחה באופן דלר"א משמע ליה לפרש תחלתו ממש ואגב טומאה דהתם הוי תחלתו דוקא דהיינו שחיטה וזריקה קתני נמי גבי דחיית תמיד של שבת לישנא דתחלתו הגם דהתם סופו נמי דחי ולרבא משמע ליה לפרש תחלת מצותו של יום ולעולם דטומאה סופו נמי דחי ובזה יתישבו שאר הקושיות שהקשו ודו"ק.

והנה לרש"י ז"ל לא ניחא ליה לפרש כפי' רבותיו ובדרך שפי' ר"י בסמוך כי מלבד מ"ש הם ז"ל בסוף הדבור וכ"כ בתו' עוד זאת משמע ליה דכולה סוגיין רהטא דלא דחי דקאמר היינו דלא דחי טומאה כלל אפי' למערכה גדולה דבאיזו סברה נאמר דדוקא למערכה נפרדת לא ידחה דכיון דכהן מקריב בטומאה מה לי נפרדת ומה לי מערכה גדולה דבשלמא לענין שבת דמוסיף מלאכה בזה ניחא לחלק בכך ועוד דלפי' זה אצטרך לומר דרב הונא אליביה דר"מ דסבר דעושין להם מערכה בפ"ע אמרה למלתיה דהיינו דקמפרש רבא דסופו איברים שנתותרו אין דוחה שבת לענין מערכה נפרדת וזה דוחק דמשמע דאליבא דרבנן דקי"ל כוותייהו קאמר דסופו לא דחי שבת כלל אפי' למ"ג וממילא שמעינן דלר"מ נמי דינא הכי דבהא לא פליגי וא"כ ע"כ דבכל יום דקאמר ר"מ לבר משבת והיינו דקאמר ופליגא דרב הונא לפי פי' רבא וכמ"ש ז"ל והיינו דפי' ז"ל ד"ה סופו וכו' אלא מעלן מבע"י כלומר דאין לך היתר אחר אלא זה ולפ"ז רב חסדא דקאמר בפ"ק דשבת דמעשבותיכם למשרי איברים ופדרים דע"ש אתא כמו שפי' ז"ל שם לשיטתיה דהכא אזיל אבל לרבא מדרש למלתא אחריתי עיין בתו' שם סד"ה למשרי וכו' ולעולם דאין יכול להקטירם משתחשך דזה בכלל מה דקאמר ולא עולת חול בשבת וגם דברי הרמב"ם פ"א מה' תמידין מסכימים לפרש"י שכתב שם איברים של תמיד דוחין את הטומאה ואין דוחין את השבת אלא בע"ש בלבד מקטירין איברי תמיד של ע"ש שהתמיד תחלתו דוחה שבת וסופו אינו דוחה עכ"ד דמשמע שפסק כרב הונא אליביה דרבא ולא התיר באיברים שנתותרו אפילו במערכה גדולה אלא מקטירין מע"ש בדוקא וכן ראיתי להרב בעל ספר משנה למלך שהסכים לפרש דעתו כך יע"ש ואי משום דלפירושו ניחא טפי דפליגא היינו בין לרבה ובין לרב חסדא גם בזה יאמר רש"י ז"ל דמצינן לומר דר"א דקאמר דאיברים שנתותרו דדחו שבת דבפסולין לא קאמר הא כיון דלתי' ר"י דלעיל קרא דבכל מושבותיכם איירי במשלה בהם האור וטעמא משום דנעשו לחמו של מזבח כך נאמר ג"כ בפסולין דכיון דשבת הותרה אימא דהותרה נמי לפסולין ולא דמי לפסול טומאה דדחויה הוא ולכך לא יקטירו בטומאה במערכה נפרדת וא"כ דבשאר פסולין דאם עלו לא ירדו מודה ר"א לב"ק דעושים להם מערכה בפ"ע כנלע"ד.

בא"ד על כן נראה לר"י פי' שני וכו' ביאור פי' זה בארוך ובריוח תמצאנו בספר משנה למלך שם והנה מה שסיימו ורבה דאמר סופו וכו' לית ליה פרכא דרבא [(כצ"ל וכמ"ש בסוגיא)] וכו' ודאי דגם לפרש"י נ"ל כן אבל כוונתם דהגם דלפי' רב הונא פליג אבר קפרא בין לרבה ובין לר"א מ"מ ל"ש תרוייהו אפרכת רבא דלעיל דר"א הכי ס"ל דבכל יום תנן אפילו בשבת אלא רבה דקאמר דסופו אינו דוחה שבת איהו דוקא לית ליה פרכת רבא דלעיל ואי תלמודא דקאמר ופליגא וכו' קאי נמי אפרכת רבא דבסמוך בלפי זה ודאי נ"ל דרב הונא אליביה דרבא דוקא פליג ולאו אליבא דרב חסדא וכדרך פרש"י ז"ל ומ"ש לדחות פרש"י וגדולה מזו אמרינן לעיל וכו' אבל הפשט ונתוח דמעכבא כפרה וכו' הנה אין לשון התלמוד לעיל כך אלא מדיוקא הוא דשמעינן לה וכבר רש"י ז"ל עצמו כתב שם ספק זה שפי' דלא מעכבא כפרה דאין כפרה אלא בדם ע"כ משמע שדעתו לפרש באותו פירוש אחר שכתבו התו' שם דלאותו פי' הפשט ונתוח נמי לא מעכבי כפרה יע"ש ועיין בתו' כאן שנראה מדבריהם דמראיה זו אין הכרח לדחות פרש"י ז"ל יע"ש וק"ל.

הגהות השייכות לדבור פרש"י תחלת תמיד וכו' אבל כל השאר בא וכו' עד אומרים לו הוי פקח ושתוק וכו' כ"ש בהקטרה דדומיא נימא וכו'.

ע"ב ד"ה **כי** פליגי וכו' ול"ל דלא"ק וכו' וחזי למצותה וכו' כלומר למצות קטורת ומנורה והכי לא אתעביד מצותה ולהכי אכתי אם המזבח מקרי ורבא ס"ל דכיון דלא קאי לאהדוריה אע"ג דלא אתעביד כל מצותה מ"מ כיון דנתקה ולא מיקרי תו אם המזבח דלא מחייב אלא כגון מוריד גחלת דקיימא לאהדוריה וזה כתי' הרב אלחנן שהביאו התו' לעיל מ"ד ע"ב סד"ה מכבדן לאמה וכו' אבל יותר נראה לפרש דבריהם כדרך תירוץ א' שכתבו התו' שם דכיון דהתם במתכוין חותה בשל ד' ומערה בתוך של ג' ועל דעת כן חותה שילך קב א' לאיבוד ואין דעתו לאוספו אפילו אביי מודה הכא דאיתיק ממצותיה לגמרי אבל אם מחתה ומנורה שנצבר ועומד תוך הכלי וראוי למצות מחתה ומנורה לא איתיק ממצותיה ואכתי אם המזבח מקרי. ומ"ש עוד תי' דמכבדן לאמה לאחר שכבו וכו' נ"ל דלא ס"ל לרבי' ברוך כפי' הרא"ש והרע"ב בפ"ב דתמיד דהאי דקתני התם ובשבת כופין עליו פסכתר פי' כדי שלא יכוו הכהנים דלפ"ז משמע דבחול בעודן לוחשות היו מוליכין אותן לאמת המים דאלת"ה גם בחול היו צריכים לפסכתר כדי שלא יכוו הכהנים ההולכים יחפים בעזרה ושוב ראיתי קושיא זו בתו' ומתוך זה דחו דאין לפרש דמוליכן לאחר שכבו וכן הקשה בספר באר שבע שם בתמיד אבל רבינו ברוך מפרש דבשבת אף לאחר שכבו לא היו יכולים להוליכם לאמה משום איסור טלטול דפחמים שלא לצורך דשבות בזה אסרו אף במקדש וס"ל דדומיא דעל הארץ בשבת קתני דהכא משום איסור טלטול היא כנראה מפרש"י דסוף עירובין ועיין בתוי"ט שם בתמיד וכמ"ש בספר משנה למלך פ"ג מהל' ביאת מקדש ולפי' היו כופין עליהם פסכתר משום דגנאי הוא למקדש שיראו שם פחמים ודשן מושלכים לארץ ושוב ראיתי בתוי' הרע"ב לתמיד שכתב אבל בשבת אסור לטלטלו היה כופה עליו פסכתר דאע"ג דגרף של רעי מותר לטלטלו ממקומו למקום אחר שלא יראה מחמת מיאוס היינו דוקא גרף של רעי או צואה אבל גחלת או מיאוס אינו יכול לטלטלו ועוד שגורם כיבוי ודאי נראה דלאו לאחר שכבה עסקינן אלא בעבור שהיו מבוערות היו מכבדין לאמה דאי ס"ד לאחר שכבו קאמר א"כ למה היה צריך לכפות עליה פסכתר דבשלמא אי אמרת בשלא כבה עסקינן חיישינן שמא יהנה מהם כדאמר' גבי חמץ דכופה עליו כלי אלא אי אמרת דבשכבו עסקינן א"כ מה הנאה שייכו בהו עכ"ד. ולדעתי הקצרה ירא' דרבינו ברוך יפרש משום איסור טלטול פחמים דמוקצין נינהו וכמ"ש ואף שיש כאן מיאוס ודמי לגרף של רעי דומה לשברי כוסות ודלף היורד על ריחים דפרק מפנין יע"ש מ"מ לא התירו להם לטלטלם כיון דיש תקנה לכפות עליהם פסכתר ודומיא לצואה בחצר אחרת שאינו דר שם דלא התירו אלא בכפיית כלי כדאיתא בפרק כל כתבי וא"נ דכיון דלא מאיסי כל כך אלא משום גנאי וכבוד מקדש נגעו בה אין להתיר אלא בכפיית כלי והרי לפניך דשרץ נמי לא רצו להתיר להוציאה וכמ"ש הרא"ש בתמיד שם וז"ל על שרץ בשבת שנמצא בעזרה וחוששין שמא יגע בו אדם כופין עליו פסכתר ואין מוליכין אותו בשבת משום איסור שקלה ויש שבות שאסרו במקדש כדאמרינן גבי לחם הפנים דנטילת קנים ונתינתן אין דוחין שבת וכו' ויש מפרשים משום דעזרה ר"ה ונ"ל שטעו בזה דאמרינן בפ"ק דפסחים זאת אומרת ר"ה הוא ולא היא דהתם לענין ספק טומאה קאמר אבל לענין שבת כיון דמוקפת מחילה ודלתות נעולות בלילה ואין שערים זה כנגד זה הויא רה"י מן התורה עכ"ד ועיין בספר משנה למלך שם וק"ל.

בא"ד וכתב שרבינו נסים הקשה אותה וכו' אע"ג דר"נ קשיא ליה מטעם מפסיד קדשים שנתקדשו בכלי שרת דמחתה ואף בלא איסור לא תכבה עיין בעי"מ מ"מ במאי דתירץ ר"נ דלא קדש מתרצא נמי אידך דאיסור כבוי ומה שסיימו לא מצרפן להו ואינן קדו' ולכך מכבדן לאמה וכו' פירוש דמעיקרא כשנטלן מהמזבח פקעה קדושתן וגם כשמכניסן למחתה של כסף לא קדשי מטעם כלי שרת שהרי אינו כלים ואין כלי זה מצרפו לענין שפסל את כולן ומיהו רבי' ברוך פירש הירושלמי בע"א דהירושלמי לא מקשה מכח שאינן קדושים לא בקדושת מזבח ולא בקדושת כ"ש אלא אמאי פסל את כולן בעודן במחתה דכסף כי היתר מן השלשה קבין אין הכלי צריך לו שהרי עתיד להתפזר ממנו וכיון שכך אין הכלי מצרפו ומשני בשל יוה"כ שהיו כולם קדושים בקדושת כלי שרת שכולם היו צריכים לכלי דלפ"ז לא נכנס הירושלמי לומר דמותר גחלים דמחתה של כסף לא קדשי כלל לא בקדושת מזבח ולא בקדושת כ"ש דמאי דקאמר כההיא דתנינן נתפזר וכו' הכוונה להוכיח דמותר זה לא היה צריך לכלי אבל אפשר דקדושת מזבח עלייהו והדר קושיא לדוכתה דלמה מכבדן הא איכא איסור כיבוי וע"כ לתרץ כמו שתי' רבינו ברוך לעיל מיהו מה שסיימו וה"נ דהו"מ לתרוצי במחתה שניה וכו' גם לפירוש רבינו נסים צריך לומר כן והכי מוכח בהדיא מדברי הריטב"א לעיל מ"ד ע"ב יעי"ש וע"ע מ"ש בזה ובשאר דבריהם דבסמוך בחידושי לחגיגה כ"ג ע"ב בתוספות שם ודו"ק.

בא"ד והכי נמי אין לומר וכו' לא היתה כלי שרת וכו' כוונתם דלקושיא דמקשה בירושלמי גחלים מאי לא מציא לפרושי דמקשה מכח דלא קדשי כלל בקדושת כלי שרת ומטעם דלא הוי כ"ש דהא כתיב ולקח מלא המחתה דאע"ג דביוה"כ כתיב מסתברא דילפינן מינה לשל כל יום כי היכי דילפינן מיניה לענין שחותה מכנגד הפתח כדאיתא בזבחים ריש פרק קדשי קדשים ועוד דכיון דהוו על המזבח הרי המזבח מקדש את הראוי לו בקדושת כלי שרת לענין פסל את כולן וא"כ הוה מצי לאוקומי לצרוף גחלים דקאמר ר"ע בעודן על המזבח שזה דוחק לומר דדוקא לקרבנות חשיב מזבח כלי שרת ולא לגחלים אבל ודאי דמה שהקשו בראש דבריהם אמאי מכבדן דהא איכא איסור כיבוי לא מתרצא בכך אלא כמו שכתב לעיל וכן צ"ל לתירוץ ר"ח אלא דלפ"ז היה נראה דקושיא זו דועוד שייכא לכל הפירושים וע"כ יותר נראה לפרש דלתירוץ ר"ת דוקא קאי דכיון דהוי על המזבח וכבר נתקדשו בקדושת כ"ש תו לא צריך דעת בקידוש מחתה של כסף ואם כן אמאי מכבדן ומפסידי קדשים בידים דאפילו תימא דאין כאן איסור כבוי כמו שתירץ בראש דבריהם מ"מ אכתי קדשי בקדוש' כ"ש והשתא דאתית להכי מצי קאי האי ועוד וכו' גם למאי דסיימו וה"נ אין לומר וכו' דהגם דודאי דאם במזבח היה להם דין צרוף בקדוש כ"ש השתא דהניחן במחתה של כסף דאינה כלי שרת תו לא שייך דין צירוף מ"מ קדוש' כ"ש דמזבח משמע דלא פקע מנייהו. אלא דוקא איסור כבוי פקע משום דקרא כתיב והאש על המזבח תוקד בו לא תכבה דמשמע בעודן בו במזבח לא תכבה וכיון שכן אף לפירוש זה דמחתה לא קדישא אכתי הדר קושיא לדוכתה אמאי מכבדן לאמה ומפסיד קדשים שנתקדשו בקדושת כלי שרת דמזבח בידים ויוין בחידושי שם וק"ל.

סליק פרק טרף בקלפי

בס"ד פרק הוציאו לו

דף מ"ז ע"א גמרא **מחתה** תנא ליה וכו' הכא מחתה וכו'. בירושלמי דפרקין איתא נמי הך קושיא ומשני כוני מתניתא את הכף ואת הבזך ע"כ ונראה דלאו היינו בזך שהזכיר פ"ה ופ"ו דתמיד שאיתו בתוך הכף עצמו היה מלא קטורת כדי שלא יתפזר ולא שייך לומר בו שהיה מערה ממנו בחפניו לתוך הכף כדתנן הכא ועיין בהרמב"ם פ"ג מהלכות תמידין אבל זה היה מחתה מלאה קטורת שממנה היה ממלא את הבזך שבתוך הכף וכאילו תנן הכא הפן לתוך חפניו ונתן לתוך הבזך שבתוך הכף והיינו דתניא לקמן מ"ט ע"ב כילד הוא עושה אוחז את הבזך בראשי אצבעותיו וכו' כנלע"ד הגם שיש לפרש הירושלמי באופן אחר זה מתיישב אלוי יותר וק"ל.

שם כף ביוה"כ נמ"ל דאע"ג דגם בשאר יוה"ש היה מחזירה לחפניו כדתנן פ"ו דתמיד נתפזר הימנו לתוכו נותנו לו בחפניו משום דילפינן מיוה"כ כדליף מהך קרא דולקח וכו' בריש פרק קדשי קדשים שצריך לחתות מכנגד הפתח מ"מ בשאר יוה"ש כף בעי' לאיקדושה בקדושת כ"ש דהשיבא קידוש כלי דידה כמ"ש התוס' לקמן מ"ח ע"א ד"ה מדפסול ביה וכו' וגם התו"י שם אבל כאן שהכתוב גילה בפירוש דאין צורך קידוש כלי אלא חפניו הוו בכלי שרת וכמ"ש התו"י שם א"כ כף למ"ל וק"ל.

שם ואפילו בזמן שגיהם שוים ובמעשה דר"י וכו' כה"ג בדפוס ויניציא ובמעשה בבי"ח וכלומר דאפילו במליאות חפניו של כהן גדול היו ג' קבין דהו"ל שוין ואפילו במעשה דר"י שהיו ארבעה קבין והכף כבדה יותר אפ"ה לעולם נוטל מחתה בימינו משום דזו חמה וזו צוננת ועוד אפשר דהגם דהכף היה דומה לתרקב גדול של זהב מחזיק שלשה קבין כדאיתא פ"ה דתמיד מ"מ שמא המחתה בהיותה ריקנית כבדה יותר מהכף ומה גם מחתה זו דיוה"כ דצריכה כיסוי עור או תוספת בסים מתחתית כדלעיל מ"ד ע"ב בתוס' ד"ה בכל יום וכו' יעי"ש והשתא הגם שבכף היה ד' קבין של קטורת ובמחתה ג' קבין של גחלים היו משחוים בכובדן ושוב ראיתי להתו"י שהרגישו בזה וכתבו דלא דק ועיין במהרש"א שפי' באופן אחר ובשכ"י ראיתי שפי' כדרך הראשון שכתבתי. וז"ל הרב המאירי ואפי' היו ידי הכהן גדולים שהיו חפניו מחזיקים ג' קבים אלו יותר ע"ד שהעידו על ר"י בן קמחית שהיה חופן ד' קבין מ"מ זו חמה וכו' וכן מאחר שרוב כהנים אינם חופנים כל כך הולכים אחר הרוב ע"כ.

עוד סיים ז"ל ולענין ביאור מיהא יש לתמוה כהן שחופן ג' קבים היאך מקטיר על מחתה שבה ג' קבים גחלים והיא מלאה וכמו שאמרו מחזקת ג' קבים וא"כ לא היה הקטורת נבור אלא בגודש המחתה וא"א שיהא הגודש מחזיק בכל הכלי שהרי אמרו גודשא תלתא. תדע שזו שאמרו היום חותה בשל ג' קבים פירושו לכהן בינוני אבל כל שהיו רואים בו שהיו מחזיקות יותר משאר בני אדם היו מכינים לו מחתה גדולה יותר וכן לקטן ביותר קטנה מג' קבין ומתוך כך נוטל את הכף בשמאל ומחתת הגחלים בימין עכ"ד. דודאי אין סברה לומר שהיה נותן על המחתה מעט מעט עד שישרי' כולה חדא דמדתנן לקמן נ"ב ב' צבר את הקטורת וכו' משמע שהיה נותן כולה בפעם אחת ועוד דא"כ היה שוהה שם יותר מדאי ואפי' בארוכות תפלה חששו שלא להבעית את ישראל כדלקמן שם.

שם או דילמא יליף מלא מלא וכו' יש לדקדק דלא ליכתוב מלא אלא לימא קרא ויקח בחפניו קטורת סמים וכו' ואנא ידענא דהכא נמי לא יעשה מדה לקומץ ובשלמא לשמואל דס"ל בהקומץ רבה י"א ע"ב דגבי מנחה לאו לעכובא הוא ניחא דאצטריך מלא כי היכי דתילף ממנחה דלאו לעכובא דאי כתב בחפניו הו"א דלעכובה דהא חוקה קאי עלה ואפי' לר"י אמינא דקאי חוקה הדא דלצורך פנים כפנים דמי כדלקמן ועוד דהא חוזר וחופן בפנים ואי הו"א דיכול לעשות מדה לקומץ בפנים נמי לא היה צריך לחזור ולחפון אבל לרב דס"ל התם דמנחה נמי לעכובא הוא הדר קושיא לדוכתה דלא לכתוב מלא וי"ל דאצטריך לדרשא דלקמן דאי היה כתב בחפניו הו"א אפי' בראשי אצבעותיו קמ"ל מלא ואפ"ה יש לך לדרוש ג"ש דמלא מלא ממנחה לומר שלא יעשה מדה לקומץ דהגם דהכא והתם אצטריך לגופיה לומר שלא יחסר מקומץ ואפי' בדיעבד פסול וכמ"ש התו' שם בהקומץ סד"ה ושמואל אמר דורות וכו' מ"מ הא איכא מ"ד בהמפלת דאפי' באין מופנה כלל למדין אלא דאם יש להשיב משיבין ואפי' למ"ד התם דאין למדין כלל יש לפרש דה"ק או דילמא להכי כתב מלא כי היכי דתילף כולה מלתא

ממנחה בין לענין שלא יעשה מדה לקומץ כדכתיב התם בקומצו ובין לענין שלא יחפון בראשי אצבעותיו כדכתיב התם מלא קמצו ודו"ק.

שם מאי לאו שאם רצה לעשות מדה אחרת וכו' דאם לומר שלא יחסר ולא יותיר כדלקמיה הא לא אצטריך דכיון דכתיב מלא חפניו ודאי דלא יחסר ממנו ואי אשמועי' דלא יותיר דהו"א מלא חפניו ואפי' מבורץ כדהוה דרשינן לקמן גבי מנחה מלא קמצו אפי' מבורץ אי לא כתיב התם בקמצו דחיקא לן מלתא לפרש וכך היתה ומדהוה דקתני דמשום לא יותיר דוקא הוא ועפי ניחא לן לפרש דאשמועינן דאמדת חפינה הוא דיש לחוש ולא חיישינן שתהא בחפניו דוקא כדחיישינן קמולה ושנו ליה דילמא שאם רצה וכו' א"נ שלא יחסר וכו' ורבותא משום לא יותיר הוא ולעולם דלא יעשה מדה לחפינה דזה מסתבר יותר להשוותה למנחה וק"ל.

שם ת"ל מלא קומצו כדקמלי איכשי בפ"ק דמנחות י"א ע"א ל"ג לה וכן בדין דהא כדקמלי איכשי היינו בכל האצבעות כדפרש"י שם והיכי מסיים בה הא כילד חופה שלשה אצבעותיו וכו' והגם דלפי הראב"ד שהביא בספר ק"א פרשת ויקרא יש לקיים גירסא זו שכתב שם שלשה אצבעות נמי דרך העולם הוא יע"ש יותר נראה דל"ג לה וכגירסת ת"כ שם וכן משמע מפרש"י דחומש שם וכן כאן שכתב ת"ל מלא וכלו' דממילא הוא דשמעינן דאינו בראשי אצבעותיו וג' אצבעות כ"ל ממה שקורין העולם לאצבע הסמוך לקטנה קמילה וכמו שפירש בספר ק"א ועיין במנחות שם ומיהו יש לקיים גירסא זו למאי דפרש"י ז"ל שם ולקמן אמתיה דר"פ דקמלי אגשי דהיינו לידו של אצבעו' וכו' יע"ש ועיין בספר ע"י מ' ע"ב וק"ל.

רש"י ד"ה **הוציאו** לו מלשכת וכו' הא ודאי דמחתה מלאה קטורת מלשכת בית אבטינס היו כדתניא בברייתא דלקמן אלא משום דמשמע דגם היא היו מוליאין מלשכת הכלים אלא שאח"כ היו ממלאין אותה בלשכת בית אבטינס להכי כתב ז"ל סתמא ולעולם דאמחתה נמי קאי וזה דעת הרע"ב שהעתיק כלשונו ז"ל ובזה יתיישב מ"ש הרמ"ז שם שלא דק הרע"ב בזה. אלא דמתוך מ"ש הרב המאירי ז"ל דמחתה זו היו סבורין בגמרא שאף היא מלשכת הכלים ושהיא ג"כ מחתה של גחלים ומתוך כך הקשו והא תנא ליה וכו' ותירץ בה שמחתה של קטורת קאמר והיו מוליאין אותו מלשכת בית אבטינס וכו' ע"כ ומשמע דסובר דלא כפירושו וק"ל.

ד"ה **הבאה** אחת וכו' ולקח הכהן מלא וכו' כה"ג בכל הספרים והגם דקרא כתיב ולקח מלא וכו' ויראה שנתכוון ז"ל להוסיף מלת הכהן להודיענו דגם חתיית גחלים עבודה היא ופסולה בכהן אחר וכמ"ש ז"ל לעיל ל"ט ע"ב ד"ה ה"מ וכו' יע"ש ולאפוקי מאותו פירוש שכתב הריטב"א על הא דאמר תלמודא לפי גירסתו נשקליה לקטורת בחפניו ונקטיה לה ולישול דהיינו דלחתיה כהן אחר שאין זו עבודה כדי שתהא פסולה בכהן אחר וכו' יע"ש. וכן נראה גי' הרב המאירי ז"ל שכתב וא"ת שיחפון הוא ויביא כהן אחר חתת הגחלים ויצא לו מיד אף מן ההיכל מדכתיב וכל אדם לא יהיה וכו' א"כ תינח בהיכל כשיגיע מיהא לפני ולפנים היאך יעשה שהרי אין חבירו יכול ליכנס ע"כ וק"ל.

ד"ה **אפי'** בזמן וכו' כיון דברוב כהנים וכו' דס"ל דע"כ לא צריכין לטעמא דזו חמה וכו' אלא בההיא דר"י דהם ודאי היה לנו לחלק בינו ובין שאר כהנים כיון דכובד הכף מרובה אי לאו מטעם דזו חמה וכו' אבל כשניהם שוים בפשיטות י"ל דלא חלקו ולא צריך בזה טעמא אחרינא דזו חמה וכו' ועמ"ש בסוגיא וק"ל.

ד"ה **פעם** אחת יוה"כ היה ע"כ וכתב הרב המאירי ז"ל דנראה שבין עבודה לעבודה יצא ועוד כתב אבא דקאמר ונכנס ישבב אחיו וכו' דנראה שהיה ממונה לסגן ואף הוא הולך עמה לספר עם הגמון א' ויצאה וכו' ונכנס את שלישי ושמש תחתיו וראתה אמן ב' כ"ג ביום א' [(כך נראה שהיה גורס ועיין בתוספות ישנים)] ולמדת שכשם שאם אירע פסול בכהן גדול משמש כהן המותקן לכך תחתיו כך אם אירע פסול בזה שמשמש אחר תחתיו אעפ"י שלא הותקן לכך ושלא פי' ז' ימים קודם היום שהרי אף הסגן היה עומד בלא פרישה לדעתינו כמ"ש בפ"א עכ"ד ובדאיתא לעיל ג' ע"ב יע"ש.

ד"ה **לא** לאו וכו' ראיתי בהש"ס ירושלמי וכו' הכי איתא לעיל פ"ק אמרין כל קמחיה קמח וקמחא דקמחית סלת וקרינן עלה כל כבודה בת מלך פנימה ממשבצות זהב לבושה ע"כ ומפרש ז"ל דה"ק אשה לנועה וכו' והכי דריש לה בתנחומא ריש פרשת במדבר יע"ש.

ד"ה **ה"ג** וכו' והרים ממנו בקמצו ולא שיעשה כלי וכו' בפרק הקומץ רבה י"ט ע"ב הגירסא דתניא מלא קמצו בקמצו שלא יעשה מדה לקומץ ופי' ז"ל שם מלא קמצו כתיב בחד דוכתא הדר שני בדבוריה וכתב בקומצו למדרש מיניה בידו יקמוץ לא יעשה כלי למדת קמצו עכ"ד וכן פי' הרא"ש ז"ל בפ' לו יע"ש ואם כונתו ז"ל כאן למחוק גי' זו ל"ל דהכא ס"ל ז"ל דלאו מדשני קרא בדיבוריה דריש אלא מבו"ה דבקמצו דריש מדלא כתיב והרים ממנו קמצו וכן פי' בס' ק"א בפרשת צו פרק ג' יע"ש ועיין בתוספות הקומץ שם ד"ה בקמצו דדבריהם מסכימים לומר דתרתי שמעינן מבו"ה דבקמצו כמ"ש בס' ק"א ועיין בספר לדה לדרך בפי' החומש שם דלפי הנראה נעלם מאתו דברי הק"א מדלא העתיקם כדרכו בכל מקום וק"ל.

תוספות ד"ה **וכך** היתה וכו' י"ל דלמה היה להם לעשות כן וכו' ולעד"נ לתרץ דאם איתא אמאי לא קתני בפרק דלעיל דבכל יום היה הכף מחזקת ג' קבין כדתנן פ"ה דתמיד והיום מלא חפניו דוקא כי היכי דקתני התם חילוק דמחתה דהיום ארוכה וכו' היכי דקתני חילוק קטרת דלפני ולפנים דהיום דקה מן הדקה אלא ודאי דכף של כל יום היתה ומש"ה לא תלינן לפרושי דהיתה מחזקת מלא חפניו וק"ל.

ע"ב גמרא **אי** הכי השתא נמי וכו' עיין בהריטב"א שכתב דהאי א"ה לאו דוקא דהא בין הכי ובין הכי איכא השתא ורעותא או משום בירים שהסרו או משום כל שממנו לאשים וכו' יע"ש ולעד"נ לפרש דבדוקא הוא וה"ק דאא"נ דהא דפשיט ר"י בן עוזאה דבין הבינים ספק הוא הכוונה שאין לו תקנה ומתפזר על הדשן לכ"ע דלאו בר הקרבה הוא כדקאמר רהב"ע גבי מנחת חוטא בפ' אלו מנחות ע"ד ע"א ועיין בסוגיא דפ"א דיבמות ק' ע"א דקאמר התם דבלאו בת הקרבה אפי' רבנן מודו יע"ש ניחא דל"ק וג"מ אבל למאי דס"ל לר' חנינא לפי' דספק הוא וקרב וקאמר דמקטר קומץ תחילה משום חששא דבירים שחסרו אכתי תק' ליה דמאי תיקן דהכתי איקרי כאן כל שממנו וכו' וק"ל.

שם א"י בעי ר"י בן עוזאה בבין הבינים וכו' מה שהאריך עיין בספר גוית חן אמאי לא פשיט הא ממתני' דפ"ד דפאה גבי ראש היד וראש המגל וכו' דלר"י דמדמי התם לתוך היד הוה נמי הכא כתוך היד והוה קמילה וכו' יע"ש ויראה דלא דמו כלל דהתם מטעם דרך קלירה נגעו בה אם דרך לגשר בשעת קלירה והא קמן דהכא דבראי דהיינו מה שנראה מבחוץ לא מספקא מידי דליהוי כתוך היד ועיין בת"י וזה פשוט.

כתב הרב המאירי ז"ל כדביק אצבעותיו זה בזה אם אעפ"י כן נכנס מן הקמח בין האצבעות כגון שהיו ידיו כהוסות ופרקיהן בולטין ונותנין ריוח בין הדבקים וא"א לו להדביקם כ"כ בל שנראה מבחוץ אחורי האצבעות בכלל הבירים ונאכל וכל שהוא נראה בפנים בכלל הקומץ ונקטר ומה שהוא בין האצבעות והאצבעות סותמין אותן ואינו נראה לא מבחוץ ולא מבפנים והוא הנקרא בסוגיא זו ביני ביני י"א שהכל בכלל הקומץ ולא עוד אלא שיש פוסקים כן אף במה שנראה מבחוץ הואיל והדביק הוא את ידיו כפי היכולת ומ"מ יש פוסקים שהוא ספק ואינו מקטירו עם הקומץ ואף לבדו לכתחילה לא יקטיר ואם הקטיר הורצה ודוקא שהקטיר בין הבינים תחלה ואח"כ הקומץ ואז אין השירים נאכלין שמא שירים ונמצא שחסרו בין קמילה להקטרה וכל שחסרו השירים בין קמילה להקטרה או נטמא קלתן ונשאר מעט מהן בכשרות מקטירין את הקומץ עליהם אלא שאין השיריים נאכלין [(וכמ"ש התו' ד"ה אמר מר אליבא דר"י יע"ש)] אבל אם הקטיר את הקומץ תחלה אינו מקטיר עוד של בין הבינים שכל שממנו לאישים וכו' ולא סוף דבר לשם הקטרה אלא אפי' לשם עצים [(כרבנן דר"א)] ומתוך כך

לדעת הפוס' כן ראוי לברור לקמילה כהנים שיודיעם שמנות ובעלות בשר שלא יכנס דבר בין אלבעותיהם. אף מלא הפניו של יוה"כ לדעת המעמיד זו של מנחה בספק אף זה ספק וא"א לברור כהן שמן להפינה שאינה כשירה אלא בכ"ג [(דבעיא היא לקמן מ"ט ע"א יעו"ש)] ומ"מ נראה מתוך כך שצריך להדביק אלבעותיו ביותר עד שלא יכנס ביניהם כלום עכ"ד. וכנראה שסברא הראשונה היא סברת הרמב"ם ז"ל שלא תמלא לו ז"ל דספק בבין הבינים ודבראי דמנחה והפינה כלום וכן לא הצריך בהם כהן שמן כלל משמע דסובר דקילין כרב פפא דפשיט ליה לקמן דקמילה והפינה כדמני ואפני איגבי הכל בכלל ודוקא לר"י בן עוזאה הוא דאליביה מבעיא לר"פ בין הבינים דהפניו מהו וכדרך שלא ביאר ז"ל חופה ג' אלבעותיו וכו' מהטעם הזה עצמו כמו שבארנו לעיל י"ט א' יעי"ש וע"כ אין לפסול לדעתו אלא דוקא שלא ירחיק אלבעותיו כדי שלא יהא קומץ יתר כמ"ש ספי"ג מהלכות מעשה הקרבנות דמ"ש הפר"ח ז"ל בלקוטי מים חיים בסוף הל' עי"כ הנה לא יספיק ליתן טעם למה בדין מנחה לא הביא ז"ל דין הבינים כלל יעו"ש וק"ל.

שם א"ר פ פשיטא לי מלא קמצו כדקמלו וכו' מלא חפניו כדחפני וכו' לענין קושית מהר"י קורקוס על הרמב"ם ז"ל בפי"ג מהל' מעשה הקרבנות עמ"ש לעיל פ"ק י"ט ע"א ובמ"ש הרע"ב רפ"א דמנחות.

רש"י ד"ה **והאיכא** מליקה וכו' וזו היא עבודה קשה בפרק קדשי קדשים [(ס"ד ע"ב)] כצ"ל וכמ"ש בפרק כל המנחות י"א ע"א דהבכל שותפין לא הזכיר דבר זה. ד"ה ה"ג אימא זו היא וכו' משמע שבא למחוק מלת אלא דגר' שלפנינו דלא שייך דכיון דלא פי' פירוש אחר וסתר אותו מאי אלא דקאמר אבל בפרק קדשי קדשים ס"ד ע"ב ובפ"ק דמנחות י"א ע"א לא הגיה כלום והגם דגרסי' התם אלא יעי"ש וק"ל.

ד"ה **אי** גמר מלא וכו' מה קומץ ברגלו אינו נקטר וכו' כדאסיק לעיל דקמלי שמיני דהא משמע דבעי' ר"פ אבעיא דלעיל קאי דאפילו את"ל דבין הבינים דמנחה אינו נקטר דבכלל בירולין הוא בין הבינים של מלא חפניו מהו ומאי קמבעיא ליה הא מדלא מבעיא ליה אלא בין הבינים דהפינה מהו משמע דפשיטא ליה דמדה להפינה לא יעשה דאי יכול לא שייך תו הכא בין הבינים דודאי כולם יעשו במדה דליכא ספקא דהכא ליכא תקנתא דקמלי שמיני דקמילה בכ"ג בעינן דהא לא ברירא ליה לר"פ לקמן אי יכול אחר לחפון ועוד דאם יכול כאן לעשות מדה ולא ילפינן בג"ש דמלא מלא א"כ לא פסלינן הכא מלא חפניו בעינן דמשמע מבורך דהא קמן גבי מנחה לעיל דאי לא הוה כתיב בקמלו אלא ממלא קמלו הו"א מבורך דוקא וא"כ תו לא חיישינן אבין הבינים כלל דלא יהיה אלא מבורך דא"ל למחוק ובכלל הקטרה הוא אלא ודאי משמע מהכא דפשיטא ליה לר"פ דילפינן מג"ש דמלא מלא לענין פסול מדה ופסול מבורך וכיון שכן מאי מבעי ליה תו לבין הבינים דמלא חפניו הא אי פשיטא לן בדר"י בן עוזאה דספקא הוו כ"ה הכא ומשני שפיר ועיין בדברי דבדיבור הסמוך ושוב מלאתי קרוב לזה שפי' כוונתו בשכ"י ועיין במהרש"א ודו"ק.

ד"ה **כדקמצי** אגבי לידו וכו' כלו' שמכנים חוד לידי אלבעותיו ודוחק בקמח והקמח נכנס בתוך ידו כמו שפי' בפ"ק דמנחות י"א ע"א ועיין בתויו"ט שם.

ד"ה **מן** הלד וכו' אלא מוליך גב ידו וכו' כצ"ל וכלומר שכונת גב ידו למטה נגד הקמח ולא תחת אלבעותיו לתוך הקמח כדרך הקומלים אלא הוליך גב ידו על הקמח בדוחק באופן שהיה נכנס הקמח ממילא דרך לידי אלבעותיו וח"ל שם פ"ק דמנחות מן הלדדים שנותן גב ידו על הקמח והוליך ידו עד שנכנס הקמח דרך לידו לתוך ידו ע"כ וק"ל.

תוספות ד"ה **הדר** פשטה וכו' למפשט אי בכלל וכו' דספק הוא בודאי ואין לחזור וכו' ומאי דבראי להו שירים וכו' כצ"ל ומ"ש ונפקא מינה אי טבלא הוי וכו' אבל לא מליא למימר דנ"מ דאי טבלא הוי יכול להקטירם תחלה משום עלים וכמ"ש מהרש"א יעי"ש דהא משמע דלרבנן דר"א לא נמי בכלל דכל שממנו לאשים וכו' דאינו יכול להקטירו לשום עלים ל"מ שירים אלא אף דביני ביני דטבלא הוי וכן נראה מלשון הרב המאירי ז"ל שהעתקתי בסוגיא יעי"ש וא"כ לא היה שייכות לבעיא זו אלא אליבא דר"א וזה דוחק ולהכי ניחא להו טפי למימר דנ"מ לכ"ע אי טבלא הוי אם נתערב בחולין וכו' והנה פשוט הוא דלדרך הנפקותא דמהרש"א היה לריך לפרש הא דקאמר תלמודא היכי עביד דסיומא דמלתא הוה אשמועינן תלמודא דהשתא דספק הוא ע"כ דמקטר קומץ ברישא כדר"א ובהא אשמועינן נמי נפקותא דבעיין ובזה אין מקום למ"ש בשכ"י על קושית מהרש"א ול"נ דקושיא ליתא משום דחזינן דאחר דפשיט דספק הוא קא בעי היכי עביד ואם איתא דהבעיא מעיקרא היא דאי הוי טבלא מקטר ליה ברישא ואי הוי ספק מקטר ליה לבסוף א"כ כד פשיט דספק הוא הכוונה דמקטירו לבסוף ומאי קבעי תו היכי עביד אלא ודאי דהבעיא לענין אחר היתה ופשיט דספק הוי והשתא בעי מעיקרא אי ספק הוי היכי עביד עכ"ד. והנה מ"ש ז"ל דקומץ אדעתיה דכהן תליא מלתא יש ראיה לזה ממאי דתרין רב אשי בהקומץ רבה כ"ד סע"ב וע"ע בפי"ג דמנחות ק"ו סע"א יעי"ש.

באד אם נתערב בחולין וכו' לא בטיל וטבל במקהו וכו' משום דבחולין קרוב לודאי שיהיה בהם כדי ביטול נקטו חולין ולא נקטו שנתערבו בשירה הנאכלים ועיקר כוונתם בזה דהא ודאי כי היכי דבעלמא טבל לא בטיל משום דאכתי לא הופרשו ממנו תרומות ומעשרות ה"נ בבין הבינים אי טבלא הוו הוו להו כדמעיקרא קודם קמילה כמ"ש לעיל אבל אי ספק קומץ ספק שירים נינהו בטיל דלא יהיה אלא כודאי תרומה שעולה בק' וק' ויש לה ביטול ועיין בהרמב"ם ז"ל ספ"ו מה' פסולי המוקדשים ואפי' תאמר דספקא דקומץ תמיד שהרי הוא לאשים וספקו נמי דאורייתא הוא לדעתם ז"ל דס"ל דספקא דאורייתא לחומרא דמדאורייתא הוא כמו שהוכיח הפר"ח ז"ל בחלק י"ד בכללי ספק ספקא יעי"ש מ"מ הכא דאין כאן תערובת קומץ ודאי כלל אלא דמספקא לן בבין הבינים מה דינו דודאי ליכא למימר דמדאורייתא יש לו דין קומץ ודין שירים דהא קמי שמיא גליא וכמ"ש הת"י דסוגיין יעי"ש וכיון שכן בכל כי האי אמרינן נמי דבדעתיה דכהן תליא מלתא לומר דספקו בטיל ובזה יתיישב מה שהקשה מהרש"א יעי"ש ובשכ"י כתב עליו ול"נ דקושיא מעיקרא ליתא משום דאי הוי טבל ודאי ידעינן דביה קדש וקדש ודאי לא בטיל אבל אי אמרינן ספק הו"ל ספק קדש ספק חול וספק קדש בטיל עכ"ד וק"ל.

ד"ה **ואמר** מר וכו' והכי יש ברוב ספרים אין מקטירין עליהם וכו' ולהכי קאמר דלא ליקטיר וכו' כצ"ל ופשוט דמה שטרחו ז"ל בדיוק זה משום דהא דקאמר היכי עביד אדר"י קיימינן דמשמע דס"ל כר"י בן עוזאה דבין הבינים ספק וא"כ ע"כ לפי' דאין מקטירין עליהן אהיתר שירים באכילה קאי דהקטרת קומץ מקטירין לר"י אבל בסוגיא דפי"ג דמנחות ק"ו ע"א דקאמר התם היכי מקטר ליקטר נדבה ברישא דחובה היכי מקטר לה דילמא כולה חובה היא ותסרי להו שירים ואמר מר שירים שחסרו בין קמילה להקטרה אין מקטיר קומץ עליהן וכו' יעי"ש התם ודאי כיון דאמילתיה דרבה קאי מלינן למימר דאיהו ס"ל כמ"ד דאין מקטירין קומץ כלל ולהכי לא דייק התם למנקט כי הכא אין מקטירין עליהן וכו' אבל אה"נ דהתם נמי אפי' למ"ד מקטירין אכתי לאו מתקנתא היא להקטיר נדבה ברישא משום היתר שירים באכילה וק"ל.

ד"ה **אלא** ר"פ וכו' פי' את"ל דגבי קומץ פסול משום דכתב וקמץ וכו' ירא"ה דגם הם ז"ל מודים לרש"י ז"ל דלמאי דס"ד דבעיא דר"פ היינו אי גמר מלא מלא וכו' ע"כ לפרש פסול בין הבינים משום פסול מבורך ועיין בדבריהם לקמן ד"ה הפן ברא"ש וכו' אלא השתא דבעינן למימר דלא נחית ר"פ לג"ש דמלא מלא ואפשר דפשיטא ליה לפסול הכא מבורך כדין מנחה וכמ"ש בפרש"י ומשמע דבעי באת"ל דבין הבינים דמנחה פסול הכא מאי מפתה ע"כ לפרש ולחלק דטעמא משום דהתם כתיב וקמץ הכהן וכו' אבל הכא מספקא לן בקרא דולקח והביא ומ"מ ע"כ לומר דאין טעם זה ברור דאלת"כ תיפשוט מהכא לעיל דבין הבינים דמנחה לאו בכלל קומץ הם משום דכתיב וקמץ הכהן ועיין מ"ש מהרש"א בפרש"י ובמ"ש שם ודו"ק. ומ"ש

או דילמא ולקח והביא וכו׳ קאי נמי וכו׳ כי היכי דוהביא דקטורת קאי נמי אמחתה לומר דבמה שחתה יכנים כדדרש בת״כ שם פרק ג׳ או נאמר דולקח לא קאי אקטורת וכן והביא לא קאי אמחתה והביא דרשא אסמכתא בעלמא היא דהא משום טרחא דכ״ג נגעו בה כדלעיל מ״ד ע״ב וק״ל.

ד״ה **ממטה** למעלה וכו׳ כנגד הקמח וקומץ וכו׳ בראשי אלבעותיו דקא מבעיא וכו׳. כל״ל ועיין בתוספות דפ״ק דמנחות י״א ע״א.

דף מ״ח ע״א גמרא **אפכיה** למנא וכו׳ ממה שלא פרש״י ע״ז כלום משמע דל״ג ליה הכא וכגי׳ רוב ספרים שכתבו התו׳ יע״ש ופרש״י במנחות שם כארעיתא דמנא כגון שהיה לכלי בית קבול מאחוריו כמו שיש לקערות ע״כ וכלומר מאחריו נגד שוליו כדקא׳ בארעיתא דבאחורי דופנו אפי׳ בפנים מספקא לן ופשיט. והא דתנן בריש תומר בקדש אחורים ותוך דלקדש אם נטמא א׳ נטמאו כולן לאו משום דאחורים חשיבי בתוכו אלא מעלה דרבנן היא והיינו דאמר לקדש ולא לתרומה אבל מדברי הרמב״ם בחי׳ ספי״א מה׳ פסולי המוקדשין משמע דמפרש שהפך הכלי על פיו ובעודו הפוך הדביק הקומץ בשולי הכלי ומבעיא ליה אי חשיב הנחה בתוכו כיון שלא היה הכלי בתיקונו וכמושבו שכתב שם או שהפך הכלי על ידו וקמץ מתוכו ופיו למטה ע״כ וכ״כ הרב המאירי ז״ל כמו שהעתקנו בפרש״י יע״ש ופשוט שלא הזכיר כדביק הקומץ משום דסתמו כפי׳ דהא״כ היאך יחזיקהו הכלי כיון שפיו למטה ועוד דאהדביק הקומץ דרישא סמיך ויראה דלא ניחא ליה ז״ל כפרש״י משום דהא אמרינן בפ׳ המזבח מקדש פ״ב א׳ דכלי שרת אין מקדשין אלא מתוכן ופסק כן בפ״ג מהל׳ פסולי המוקדשין ומאי קמבעיא ליה לרב אשי ולרש״י ז״ל דכיון דהתם איכא תרי לישני במלתיה דשמואל דחד קאמר אלא מתוכן וחד קאמר מבפנים דהיינו בעזרה לפירושו שם להכי מהא לא מכרעא לרב אשי מידי למפשט בעין והא״נ דהו״מ למימר התם איכא ביניהו אחורי הכלי אלא דחדא מינייהו נקט א״נ בירולי מדות אבל הרמב״ם לגי׳ שם דל״ג דאיכא תרי לישני בהא וכמו שהכריח הרל״ס שם לדידיה ע״כ לפרש הכא כדפי׳ א״נ ס״ל ז״ל לפרש״י וגי׳ שם דאכתי מספקא לי׳ לר׳ אשי דאימא דמהתם ליכא לאפוקי אלא מאחורי הכלי בלא בית קבול אבל בחקק שם בית קבול אימא דיש לו דין תוכו והא לא מיעט שמואל וגם לפי׳ ר״ת שהביאו התו׳ נוכל לפרש כך ועמ״ש שם או שמא דאיהו ז״ל מפרש בעיא דרב אשי כפי׳ הרמב״ם ז״ל וק״ל.

שם בעי ר״פ מלא חפניו שאמרו מחוקות וכו׳ יש לדקדק דכיון דגבי מנחה פשיטא לן דמוחק בדקתני ברייתא לעיל מוחק בגודלו וכו׳ א״כ אי יליף מלא מלא פשיטא דהכא נמי בעינן מחוקות ואי לא יליף פשיטא דהכא בעינן גדושות דהא כתיב מלא והא קמץ גבי מנחה דאי לא כתיב בקומצו ממלא קמצו הו״א שיהיה מבורץ כדתניא לעיל שם ותיקשי לן למסקנא אמאי סגי לן בטפופות והריטב״א כתב אלא טפופות כלומר לפות מעט ודוקא בחפינה דכתיב מלא חפניו אבל בקמילה דכתיב בקומצו אינו אלא מחוק כדא׳ לעיל וכן פי׳ בתו׳ עכ״ד ושמא י״ל דהכי קמבעיא ליה דאפי׳ תימא דלא ילפינן מלא מלא ממנחה לדילמא דאע״ג דכתיב מלא כיון דצריך לחזור ולחפון לפני ולפנים הוא לבדו מהכף לתוך חפניו ואם היו גדושים קרוב הדבר מאד שיתפזר הקטרת מהכף לארץ ולהכי ניחא לן הכא שיהיו מחוקות ולא דמי לקומץ ומלא דכתב רחמנא אצטריך דאי כתב בחפניו הו״א בחפמין כל דהו אפי׳ שיהיו קלת חסרים ודומיא דמנחה דאמרינן לעיל דאי כתב בקומצו הו״א אפי׳ כל דהו בראשי אלבעותיו כ״ש אי נאמר דמלא דכתב רחמנא דוקא הוא שיהו מלאים על כל גדותיו דהיינו גדושות ופשיט ליה מברייתא דקתני מלא חפניו שאמרו לא מחוקות דמא כתיב מלא ולא גדושות משום הפסד ופיזור קטורת אלא טפופות שילאו מכלל מחוקות ולכלל גדושות לא באו כנלע״ד ודו״ק.

שם והאמר ר״י המקבל לריך שיקבל את כל דמו וכו׳ היינו לכתחלה אבל בדיעבד אפי׳ מקלת דם כשר ונשפך הדם על הרלפה דקתני מתני׳ דפסול היינו שנשפך כל הדם ופסול הקרבן א״נ אפי׳ מקלת והי״ק פסול אותו הדם לזרוק אלא יזרוק השאר ומתכשר הקרבן בו אבל הרמב״ם כפי׳ לזבחים שם ובחי׳ פ״א מה׳ פסולי המוקדשין פי׳ דפסול היינו שנפסל הזבח דמשמע ליה דנשפך כל הדם איירי דומיא דרישא דקתני שקבל דמן זר וכו׳ שהרי הוא ז״ל כתב שם דאם נשפך מקלת דם וקבל מקלתו מלואר בהמה ה״ז כשר ועיין בכ״מ שם שכתב דהא דכל דמו היינו לכתחלה יע״ש וכן משמע מהא דאמר לעיל ל״ג ע״א מלוה למרק דבדיעבד אף אם לא מירק ולא סיים להוליא כל דמו כשר ומשנה שלמה שנינו בפ׳ כל הפסולין ופסקה הרמב״ם שם וכולן שקבלו את הדם חוץ לזמנו וכו׳ אם יש דם הנפש יחזור הכשר ויקבל אלמא דבדיעבד אפי׳ מקלת דמו כשר וע״ע בדברי הרמב״ם ז״ל פ״ד מהל׳ מעשה הקרבנות הלכה ח׳ וכן כתבו התוס׳ דפרק כל הפסולין ל״ד ע״ב ד״ה למעוטי שירים וכו׳ ולפ״ז בנתפזרה קטורת דבעי ר״פ בסמוך משמע דהיינו כולה אבל מקלתה יקטיר הנשאר דומיא דדם או אפשר דהכא כיון דכתיב מלא חפניו וחקה כתיב בה אפי׳ בדיעבד מלא חפניו ממש בעינן וע״כ ל״מ ליה לר״פ אלא אם מה שנשפך לארץ יכול לאסוף אותה ולהחזירה לתוך חפניו ואל תשיבני מקרא דולקח מדם הפר דאמרינן דהוי לכתחילה הגם דבעינא דעבודת יוה״כ כתיב שכבר פי׳ התו״י דהגי׳ אמיתית היא ולקח הכהן המשיח מדם הפר יע״ש וק״ל.

רש״י ד״ה **דבקיה** הקומץ וכו׳ ואם לא נתנו וכו׳ משמע מדבריו דאנתינת קומץ בכ״ש לאחר שקמץ מבעיא ליה דאע״ג דקודם קמילה נמי בעיא כ״ש כדאי׳ במנחות שם כ״ט ע״א מ״מ לישנא דבעין דקאמר דבקיה לקומץ משמע דלאחר קמילה מבעיא לן ול״נ דמספקא ליה נמי לר״ש בהדביק המנחה בדופני הכ״ש הראשון וקמץ אי חשיב קידוש כלי דידה אלא משום דעפי שכיח דבוק קומץ שהוא דבר מועט מכל המנחה להכי נקט לה בדבקיה לקומץ לתוך כ״ש השני וא״נ דהרי זו בכלל מאי דבעי לעיל מן הלדדין מהו לפי׳ האחר שכתב רש״י ז״ל בפ״ק דמנחות שפי׳ מן הלדדין מלידי הכלי שלא קמץ באמלע הכלי ע״כ ומלשון הרב המאירי נראה שכך היה מפרש בעית רב פפא וקומץ לאו דוקא שכתב או שבטה את הכלי ונפל הקמח לגדו וקמץ משם שאעפ״י שהיא תוך כלי אינו מונח בשולי הכלי או שהפך הכלי על ידו ר״ל כלי שרת שבא ליתן הקומץ בתוכו ונתן הקומץ בבית קבול שבשוליו שאעפ״י שהוא תוך כלי אינו עומד בתיקונו כל אלו ספק וכו׳ עכ״ד. אבל מה שתמלא להרמב״ם ז״ל ספי״א מה׳ פה״מ שכתב הדביק הקומץ לדופן הכלי וקמץ או שהפך הכלי על ידו וקמץ מתוכו ופיו למטה וכו׳ אין נראה לפרש דאיירי בקידוש מנחה בכלי ראשון דהא בקמץ כבר איירי התם וכן משמע מדקאמר הדביק הקומץ אלא וקמץ שכתב הכוונה שנטלו משם להקטירו לאחר קידוש וק״ל.

ד״ה **והבא** נמי וכו׳ דהנהו תרוייהו בעיי וכו׳ לאתויי הכא בחפניו וכו׳ כל״ל וגם לפי דברי התוספות יש ליישב כך לפמ״ש לעיל בדברי׳ ד״ה אלא ר״פ וכו׳ ועיין במהרש״א.

תוספות ד״ה **בעי** ר״פ וכו׳ אבל בפ״ק דמנחות איתא וכו׳. כל״ל וכמו שהגיה מהרש״א ז״ל. ומ״ש וכיון דמייתי לכולה מלתא דהתם וכו׳ כוונתם דהגם דמלתא דר״פ דקאמר פשיטא לי מלא קמלו וכו׳ פשיטא לי מלא חפניו וכו׳ לאו אגב גררא דהתם היא דסוגין בעינן דרך קמילת קומץ ומלא חפניו איירי מ״מ הך בעי׳ דר״פ דדבקיה לקומץ דלאו משום אי דרך קמילה בכך היא על כרחך דאגב גררא דהתם מסיים הבא לכולה מלתא דבתם וכיון שכן ה״ה דגרס נמי הכא בעיא דר״א לסיומי לכולה מלתא כדהתם אבל משום דיש לדחות דדוקא בעיא דר״פ מייתי הכא אגב גררא דהכך בעיי דר״פ גופיה דאלטריכו הכא להכי כתבו נראה דגרסינן וכו׳ דכן משמע יותר לסיומי כולה מלתא דהתם וק״ל.

בא״ד ותימא לי וכו׳ ופר״ת למעוטי חקק מושבו וכו׳ והיכי מספקא ליה לר״א כדבקיה לקומץ בארעיתא דמנא דהיינו שחקק שם מבחוץ בית קבול וכמו שפרש״י שם דבשלמא הא דקאמר שמואל התם בל״ק אין מקדשין אלא מתוכן יש לפרש דלא אתא למעוטי אלא שלא יקדשו מבחוץ בלא בית קבול או נימא דתוכן ממש קאמר ומפיק לגמרי אחוריו אפילו בבית

קבול והיינו דמספקא ליה לר״א אבל להך לישנא דלא הזכיר ענין תוך אלא קאמר מבפנים ע״כ דאתא למעוטי כל שהוא מצד חוץ אף שיש לו תוך ומאי קא מבעיא ליה לרב אשי וק״ל. ומ״ש ושמא י״ל וכו׳ ובזו תוכו אי שפיר מקדש וכו׳ כן נראה שצ״ל לגירסא שלפנינו דהא בעיין לא איפשיטא אבל בגירס׳ ויגילאה ל״נ שפיר מקדש כלל. ופשוט שכוונתם לומר דהפך הכלי ונעשה תוכו ברו ודיבק הקומץ בארעיתיה דמנא מבחוץ אי חשיב כתוכו כיון שזה היה תוכו דמעיקרא קודם ההיפוך דלפר׳ שהניח הקומץ בתוכו דהשתא ומבעיא ליה אי חשיב תוכו מלבד דלא שייך בזה בעי׳ דכיון דהשתא תוכו הוא פשיטא דשפיר מקדש דודאי משום היפוך לא גרע והא קמן גבי שופר דאי אפכיה כהונא כשר כדאיתא פרק ראוהו ב״ד כ״ז ע״ב לפי ה״מ שהביא הרא״ש בפסקיו שם ואפילו למסקנת הרא״ש שם דאפכי׳ כהונא פסול היינו דוקא משום דהדך העברתו וגידולו בעי׳ והרי ביטל את חללו מכמות שהיה בעת בריותו וכדקא׳ בירושלמי הביאו הרא״ש שם זה ביטל חללו וכו׳ אבל הכא לענין קידוש כלי דתוך ובפנים בעי׳ ל״ש לן בין תוכו דמעיקרא לתוכו דהשתא דכולהו תוך מיקרו והנח׳ כתיקונו ניהו ושפיר מקדשי עוד זאת אם הניחו בתוכו דהשתא למאי קאמר ודבקיה לקומץ הא בלא דבוק הכלי מחזיקו אלא ודאי דבדבקו מבחוץ מבעיא ליה אם נאמר דהגם דאפכיה אכתי חשיב תוכו ויקדש כלי זה בין מבפנים בין מבחוץ ועיין מ״ש בסוגיא וק״ל.

ד״ה **גורעין** וכו׳ דהתם נמי נסיב עיין במהרש״א וכלומר דלא פריך התם הכי אלא אדאביי דמסרס תיבה שלמה דשארו ומחסרה מקומה הראוי לה ועוד זאת דלאחר ההיפוך צריך לפסוק הענינים ולומר דשארו ירש אותה מלתא אחריתי היא עיין בפירוש רשב״ם שם וז״ל תו׳ דפרק ב׳ דזבחים כ״ה לא שייך למיפרך סכינא חריפא מפסקא קראי אלא כשמחסר תיבה אחת כי ההיא דיש נוחלין ע״כ ועיין בספר ק״א פרשת ויקרא פ״ג סי׳ ז׳ שהעתיק ופירש דברי התוספות כגירסת ספרים ישנים והדבר פשוט דצריך להגיה כדברי מהרש״א ז״ל יעו״ש וק״ל.

באו״ד ותימא מדמעטינן דם הסכין כ״ש שעל הרצפה וכו׳. ולמאי איצטריך דרשא דגורעין ומוסיפין דאם הוא מפני יישוב המקראות דהכא משמע אפי׳ מקצת דם והתם כתיב כל דמו איצטריך דמ״ם דמדם אתא למעוטי שאר מיני דמים כדקאמר ולא מדם העור וכו׳ דמה שפירש בספר ק״א שם דהא נ״ל מיתורא דהפר דהא ביה איירינן אין נלע״ד דהפר איצטריך לדרשא דרב יהודה למעט דם סכין אלא הכא מ״ם דמדם קדריש ודרשי׳ נמי מדם הפר דם מהפר וחרתי שמעת מינה ועיקר מ״ם לא איצטריך דלענין דם הנפש הא כתיב קרא אחרינא פ׳ אחרי מות כי נפש הבשר בדם הוא ואני נתתיו לכם על המזבח לכפר וכו׳ דמשמע דדם הנפש דוקא מכפר והכי מוכח בפרק תמיד נשחט ס״ה ע״א דקאמר דמודה ר״י לענין כפרה דדם התמצית אינו מכפר שנאמר כי הדם הוא בנפש יכפר דם שהנפש יוצאה בו מכפר וכו׳ יעו״ש בכריתות כ״ב ע״א באופן דודאי אי לאו דרשא דגורעין ומוסיפין ע״כ הוה מוקמינן מ״ם דמדם למעוטי שאר מיני דמים והו״א דאשמועינן קרא הכא נמי בענין מעשה בקרבן דמדם ולא כל מיני דמים יקח אלא דם הנפש דלמדרש אפילו מקצת דם לא אפשר דהא כתיב קרא אחרינא כל דמו אבל השתא דמצינן למדרש דרשא דגורעין ומוסיפין דמדם סכין לא אתי כמ״ש הם ז״ל בהכי ניחא לן טפי מלמימר דמ״ם דמדם למעוטי שאר מינים דוקא איצטריך כנלע״ד ובזה יתיישב מה שהקשה בספר פנים מאירות בשיטתו לזבחים ובספר לאן קדשים כ״ה ע״א וזה נראה יותר לפרש כוונת דבריהם הכא והתם דלא מקשו למה לי מ״ם דמדם כמו שרצו לפרש שם אבל כוונתם להקשות לבד למה לי למדרש גורעין ומוסיפין ולעולם דלפי זה הוה מוקמינן מ״ם דמדם למעט שאר מיני דמים דוקא ודו״ק.

באו״ד כדאמרינן במנחה לא בלל כשר וכו׳ בהו׳ דזבחים שם לא הביאו ראיה זו אלא כתבו שהמא דדילמא דם סכין גרע משום שנתקבל בפסול ע״כ ונראה דס״ל דמהך דמנחה אין ראיה דודאי בחוץ מגרע גרעא משא״כ בפנים די״ל דאי מכשרינן בלא קבלה בנשפך על הרצפה כ״ש בדם סכין והא קמן **בפרק** קדשי קדשים ס״ג ע״ב **דקאמר** גבי מלוי חטאת העוף דמילה דמה בכל מקום במזבח כשר שהרי אף אם לא מילה דמה כשרה וכ״כ הם ז״ל במנחות שם ד״ה ר״י אמר פסולה וכו׳ בהדיא יעו״ש וצ״ל לפי דבריהם דגבי סכין שייך לחלק בכך דהו״א דנשפך על הרצפה דכשרה לאו משום דכשר בלא קבלה כלל דהא עבודה היא והצריך בה הכתוב כהונה אלא דהו״א דבדיעבד הכשיר הכתוב קבלה מן צואר הפר ברצפה שהרי היא נמי מקדש׳ ככ״ש בדאי׳ בזבחים כ״ד ע״א ומש״ה הו״א דסכין שנתקבל בפסול גרע ולדברי התוס׳ דהכא דמשמע מדבריהם דדמי הך דהכא להביא דלא בלל דהכא נמי נשפך על הרצפה לאו קבלה היא כלל צריך לחלק דשאני מלוי דלא שינה בו במלוי עצמו אלא שינה מקומו ומש״ה מכשירינן ביה מטעם דאם לא מילה כשר אבל הכא דשינה בדם עצמו שלא לקח איתו דם המקלח מן הצואר לאחר הגבהת הסכין כדינו אלא רוצה לזרוק הדם שנדבק בסכין בשחיטת הפר דין הוא לפוסלו דאם לא עשה הקבלה כשר מ״מ דם סכין גרע ולפ״ז הראיה דמייתו מבלילה בהדרגה מייתו לה דכי היכי דהתם פסלינן אפי׳ בשנוי מקום וזה להיות שינה מפני׳ לחוץ הכא נמי בפנים פסלינן מיהא כששינה בדם עצמו אבל ודאי דבשינוי מקום בפנים כהיא דמלוי לא פסלינן כיון דאף אם לא מילה כשר והשתא דאתית להכי גם לדברי התוספות דהתם נוכל לחלק בכך לתרץ ההיא דמילוי ולא נצטרך לומר דס״ל דרצפה חשיב קבלה קלה כנלע״ד ודו״ק.

ד״ה **או** דילמא וכו׳ וליפקליה למחתה ולותבה וכו׳. כצ״ל ומ״ש והדר יגביה הקטרה וכו׳ וכ״ת דהא לא אפשר מסור דצריך לחזור ולחפון בפנים דהכי איפשיטא בעיין לקמן וקשה הדבר להחזיר כולה מן הארץ לתוך חפניו הא ליתא דהרי כתבו לקמן ד״ה אי חופן וכו׳ דהא דצריך לחזור ולחפון בפנים תקנתא דרבנן היא שמא נתפזר לו קטורת מן הכף וחסרה המדה אבל אם היה באפשרות להביאה במלא חפניו אפילו מדרבנן לא היה צריך לחזור ולחפון שהרי מדה מלא חפניו לפנינו שלא חסרה כלום וק״ל.

ד״ה **מי** יליף וכו׳ ותימה לי והאמר באיזהו מקומן וכו׳ דליכא למימר דהו״ל הימנו ודבר אחר דאגב דלמד חפינה קטרה שלא יעשה מדה לחפניו דכתיב ביה בהדיא בקמצו יליף נמי מאי דאתיא ליה בהיקשא לפסול בה מחשבה ע״ד מה שתירצו התוס׳ לקמן ס״ה ע״א ד״ה תן לו וכו׳ יעו״ש דהרי כבר כתב רש״י דהכא א״צ לא דרשי ג״ש לענין בקמצו קאמר לתרוצי אמאי לא פריך ה״נ היינו הך יעו״ש וזה דוחק לומר דג״ש דהכא לענין פסול מחשבה גלוי מלתא בעלמא דהא לפני ולפנים חמיר מקמיצה ודין הוא שיפגל וכ״כ הריטב״א לתרץ דה״ט דלא פריך הכא היינו הך יעו״ש ושמא יש ליישב דהא מדמבעיא ליה חפינה מכלל דבהקטרה קטורת פשיטא ליה דפסלה מחשבה ומהיכא פשיטא ליה הא בהדיא היקשא לא כתיב קטורת אלא ע״כ דגם לסברת רש״י ז״ל דמלהקריב את קרבניהם דסיפיה בכלל גם קטורת וכיון שכן הו״ל דקטורת כתיב נמי בהך היקשא דשלמים אלא דמספקא לן אי חשיב חפינה עבודה והויא נמי בכלל קרבניהם כי היכי דפשיטא לן דלמנחה דכתיב בהיקשא איירי נמי בקמיצה והשתא מג״ש דמלא מלא ילפינן דחפינה חשיבא כקמיצה ובכלל קרבניהם הוי והיא נמי ילפא מהיקשא דשלמים לענין פסול מחשבה כי היכי דלמנחה בכללה נמי קמיצה באופן דמ״ש רש״י ז״ל לאו למימר דהדר יליף חפינה ממנחה גופה אבל כוונתו דאהני לן ג״ש דמלא מלא לגלויי דבכלל קטורת הוי נמי חפינה ובכלל קרבניהם היא והיא נמי יליף מהיקשא דשלמים כנלע״ד ודו״ק.

באו״ד למ״ד במנחה הקטרה מפגלת וכו׳ כדאיתא שם ריש דף י״ז ועיין בפירוש מהרש״א ואפילו לאידך מ״ד דאין מפגלין וקי״ל כוותי׳ כמו שפסק הרמב״ם ז״ל בפי״ו מהל׳ פסולי המוקדשים ה״ט משום דקומץ לאו מתיר דלבונה הוא כדאיתא שם אבל אם חישב בשעה הולכת הלבונה להקטירה חוץ לזמנה משמע דפגול הוא והוא הדין קטורת וק״ל.

ד״ה **מדפסיל** ביה טבול יום וכו׳ אבל קטורת דיוה״כ דלא חשיב קדוש כלי דידיה וכו׳ ואי משום קידוש חפניו י״ל דמחשבה דשלא בזמנו קדמה לקידוש חפניו ואפילו תימא דמחשבות קידוש חפניו באין כאחת הא לעיל מספקא לן אי עשו

חפנים ככ"ש וכן בירושלמי דפרקין קאמר חפנים מהו שיעשה ככ"ש לקדש ועיין בתו"י ומ"ש אבל הכא לא הוו מחמרי טולי האי דליטמא אפילו ע"י צירוף ולהכי דייק שפיר וכו' כנ"ל ומהרש"א הגיה באופן אחר ועיין בתו"י ובתוספות דזבחים ק"ד ע"ב ומה שהקשו התו' דשבועות י"א ע"א סד"ה הואיל ולורתה וכו' על תו' זה עיין מה שיישבו התו"י וק"ל.

ודע דתירוץ זה לא שייך אלא לשיטת התו' דפ"ק דפסחים י"ט ע"א דס"ל דטומאת לבונה וגחלים דאורייתא אבל לשיטת רש"י שם דס"ל דמדרבנן א"כ הרי מצינו דבטומאה דרבנן החמירו אפי' ע"י צירוף ואפילו טבול יום ועיין עוד בפרק ב' דחגיגה כ"ג ע"ב ד"ה והא דרבנן וק"ל.

באו"ד אע"ג דאפר חטאת וכו' כדמשמע ס"פ התכלת וכו' מ"ש מהרש"א ז"ל והכי מוכח בהדיא בפ' חומר בקדש וכו' כפי' רש"י שם וכו' יעו"ש בדבריו הנה ודאי לפירוש התו' שם ופ"ק דפסחים י"ט ע"א שפירשו דדייק דצירוף דרבנן דומיא דרישא דאפר חטאת שאין בה טומאה אלא מדרבנן מוכח שפיר אבל לפרש"י שם שפי' דמוכח מרישא דע"כ צירוף דאפר חטאת מדרבנן דאי מדר' חנין ליכא למילף אלא קדשי מזבח יעו"ש א"כ אי מהתם היה אפשר לומר דבנגע טמא באפר חטאת עצמו את מה שנגע בה הוי טומאה דאורייתא אבל מהביא דהתכלת מוכח שפיר דאין בה טומאה כלל אלא מדרבנן וכן הקשה בשכ"י דלפרש"י לא מוכח מהרש"א מידי וק"ל.

באו"ד ואע"ג דאמר דרבנן וכו' ולעולם צריך לכלי בעינן וכו' על מה שהקשה מהרש"א כאן עיין מה שתירצתי בחידושי לשבועות סד"ה הואיל ולורתה וכו' ועמ"ש בחידושי לחגיגה משם תו' דהקומץ כ"ד ע"א ד"ה שאין צריך וכו' יעו"ש ובשכ"י ראיתי שתירץ באופן אחר וז"ל נ"ל דלק"מ דא"כ הוי גזירה לגזרה דתוך כלי גופיה אינו מצרף אלא בצריך לכלי וחוץ לכלי אפילו בצריך לכלי אין הכלי מצרפו והיכי אתו רבנן וגזרו באין לו תוך אפי' באין צריך דאין צריך גופיה הוי דרבנן אפילו בתוך כלי ולא אמרו שם לעיל אלא בדבר דהוא גופיה אין צריך לכלי אפילו תוך כלי וגזרו רבנן אין צריך כצריך אבל דוקא תוך הכלי אבל הכא דגזרו באין לו תוך ודאי דבצריך דוקא הוא דבתוך הכלי הוי דאורייתא וגזרו בחוץ לכלי דאי תוך כלי גופיה הוי שאין צריך ודאי דהוי דרבנן ולא הוו גזרי נמי גזרה אחריתי אפילו בחוץ לכלי וק"ל.

באו"ד ולהכי לא מייתי מהביא דמעילה וכו' הו"א מדרבנן וכו' כלומר דכלפי קטרת אימא דמדאורייתא א"ל לכלי אלא מדרבנן ולהכי לא פסלה בה לינה אלא מדרבנן אבל ודאי דקומץ ומנחה דקתני התם מדאורייתא פסלה בה לינה דהא מדאורייתא לריכה קידוש כלי וקדשו בכלי דקתני התם אימא לגדדין קתני כלפי מנחה מדאורייתא וכלפי קטורת מדרבנן ומה שסיים ואע"ג דכתיב כף א' לא ילפינן דורות משעה וכו' ל"ע דהא בפרק הקומץ רבה י"ט ע"ב קאמר תלמודא דאפילו לשמואל דלא יליף דורות משעה מהכא יליף משום דתנא בה תריסר זמנין יעו"ש ומ"מ הרוחנו בזה דלמסקנא שפיר ילפינן שטעונה כלי מהתם דהא דורות משעה ילפי' הגם דלא כתיב בלשון צווי כי היכי דיליף שמואל התם משניהם מלאים סולת דמזרקות מקדשין אפילו יבש וכמ"ש ומיהו למאי דאוקמן וכו' דכן צריך להיות וכמו שהגיה מהרש"א כגירסת ספרים ישנים דל"ע קשה דמסקנא דמלתא דריב"א היא וק"ל.

באו"ד וני נראה וכו' ותדע דלא קאי אקטורת וכו' והא קמן נמי דע"כ אקומץ לא קאי דהא קודם קידוש קומץ נמי תפסלה בלינה כדקתני התם לעיל מינה המנחות מועלין וכו' קדשו בכלי הוכשרו ליפסל בט"י וכו' וכ"כ התוס' שם רפ"ב דמעילה ד"ה קדשו בכל וכו' ושוב ראיתי בתו' דשבועות שם ד"ה אלא מעתה וכו' שהביאו ראיה מזה יעו"ש אלא דהתם לא ניחא להו למימר דקתני קטורת משום דין רישא דוק' דמועלין בהם משהוקדשו אלא משום סיפא נמי אצטריך לאשמועינן דפסלה בה לינה והיינו שכתבו שם אבל מלינה פריך שפיר וכו' דאם כן אמאי תנא כלל קטורת בהדייהו וכו' יעו"ש אבל הכא משום דאצטר לחות דמשום רישא חוקא נקט קטורת ולעולם דלא

פסלה ביה לינה ניחא ליה למפרך בפשיטות טפי מהך דהוסיף ר"ע וכו' וק"ל.

ע"ב גמרא **הולכה** בשמאל מהו וכו' תניתיה נטל את המחתה וכו' אע"ג דשאני התם דלא אפשר כדלעיל ר"פ [ריש פרקין] ומשמע דכן נ"ל למאי דאסיק דהולכה בשמאל פסולה וכן כתב הרב המאירי ז"ל מ"מ ס"ד דטעמא דאמר רחמנא והביא הבאה א' ולא ב' הבאות משום הכנסה יתירה הוא כדקאמר בירושלמי דפרקין הכל מודים שאם הכניסן א' א' כפר אלא שהיא עובר משום הכנסה יתירה ע"כ דהשתא אם איתא דהולכה בשמאל פסולה לא היתה כאן הכנסה יתירה ואימא דלא דרשינן והביא הבאה א' וכו' אלא ודאי דכשרה היא ומש"ה יש כאן הכנסה יתירה אבל למסקנא סבירא לן דהגם דבשמאל פסולה מ"מ ביוה"כ הותרה עון שמאל וכך הוא הכשר מלותו וגזרת הכתוב היא כדאיתא בקומץ רבה כ"ה ע"א אימא עון שמאל שהותר מכללו ביוה"כ וכו' אמר קרא עון לאפוקי יוה"כ דהכשרו בשמאל הוא ע"כ דמשום דלא אפשר דהבאה א' בעינן הכשיר בה הכתוב שמאל והכי איתא בירושלמי שם דהאי דס"ל לר' ינאי שם דהילוך בזר פסול קאמר מתניתא פליגא על ר' ינאי נטל את המחתה בימינו ואת הכף בשמאלו [(דשמאלו בזר הוא כדאיתא שם)] ימשני שניי' היא שאינו יכול לעשותו יתלה איתו בזרוע וכו' יעו"ש והן הם דברי הרמב"ם ז"ל בחיבורו פ"ד מהלכות עי"כ שכתב כבר בארנו שהולכה בשמאל פוסלת בדם קדשים ובשאר העבודות לפיכך היה מן הדין שיוליך המחתה בשמאלו [(דעבודה מחתה לא חשיב כקרבן ממש גם לענין זה ואף למה שפסק שם סוף הל' ע"ד דהכשר קרבן בקרבן דמו יעו"ש אלא דמיא להולכת איברים לכבש ועמ"ש הרל"ש שם)] וכף הקטורת בימינו אלא מפני כובד המחתה וכו' ע"כ ומה שהקשה הכ"מ דהילך הכשירו כאן מפני טעמים הללו ואפ' דהולכה בשמאל לא פסלה אלא מדרבנן א"נ אע"ג דהולכה בשמאל בדם פסלה מדאורייתא משום דהו"א שלא בהילוך בקטירת לא פסלה והכי אכשר רחמנא עכ"ד יהעיקר כתו' האחרון דהילכה בשמאל פשיטא דמדאורייתא היא ואפילו בקטורת כדמוכח סוגיא דהקומץ רבה שהבאתי וזה פשיט ומשום דרחמנא אמר והביא דפשטיה משמע ולא ב' הבאות ראו לומר כן דאי הכשיר הכתוב בהדיא כאן הולכה בשמאל משום דלא אפשר ישוב דאיתי להפר"ח ז"ל שהסכים כן דהעיקר כתו' האחרון יעו"ש ועמ"ש התוי"ט ריש פרקין ובס' בית יהודה ח"ב ל"ג ע"א וק"ל.

שם ונפשוט להו מהא דתנן הרגל של ימין וכו' ה"מ הולכה דלא מעכבא וכו' לכאורה משמע דלמסקנא דהולכה בשמאל פסולה ה"ה בהולכת איברים דהא כיון דפסולה בזר כדאיתא פ"ק דזבחים י"ד ע"ב ה"ה דפסולה בשמאל דכן משמע בירושלמי דפרקין דקאמר ושמאלו לאו בזר הוא יעו"ש אלא דזה לא יתכן דא"כ מ"ט דרגל של ימין בשמאל דאי משום סדר פייסות היה אפשר לעשות באופן אחר ולא חשיב הכא לא אפשר בקטורת וע"כ הנראה יותר דדוקא פסיל זר כיון דכתוב בה בהן בדין הוא לפסול אבל שמאל כיון דלא מעכבא כפרה היתר בה וכן משמע מסוגיא דפ"ב דזבחים כ"ב ע"ב דקאמר והרי הולכת איברים דכתב בהו כהונה וכו' ותנן הרגל של ימין בשמאלו וכו' ומשני כי אמרינן אלבא או כהונה בדבר המעכב כפרה וכו' יעו"ש וכן פירש הרע"ב פ"ד דתמיד וכן פסק הרב המאירי ז"ל והנה דברי הרמב"ם ז"ל בחי' רפ"א מה' פסולי המוקדשין דין כ"ג יש ליישבם דהו"ל דבהולכת איברים בזר נפסלו אותם האיברים מלהקטירן אבל לשון נפסל הזבח לא שייך אלא בדם דמעכב כפרה ועיין מה שכתב הרב בספר משנה למלך שם וק"ל.

רש"י ד"ה **חישב** בחתית גחלים מהו לפסול קטורת וכו' כוונתו שחשב בחתייה גחלים להקטיר קטורת חוץ לזמנו או חוץ למקומו ומבעי' ליה אי חשיבא חתיה עבודה למפסל מחשבה מעבודה לעבודה וכמ"ש הריטב"א יעו"ש ומשמע לפי' זה דפשיטא ליה דחשבינן עבודה למפסל גחלים במחשבה זו דהא מדפסיל בה לינה כדתנן לעיל פסיל בה נמי מחשבה אלא הא מבעיא אי אלימא עבודתא למפסל גם קטורת במחשבה זו ולגשון אחר מבעיא לן אי אפילו בפסול גחלים גופייהו וכ"ש לפסול קטורת דאיגלמא. כיון דלאו גופה דהקטרה נינהו ניחא בהכא

דהגם דפסל בה לינה לא פסלה בה מחשבה ולא דמי לחפינה דפשיט לעיל מדפסל בה לינה פסל בה נמי מחשבה דעבודה דבגופיה דקטורת כיא משא״כ חתיית גחלים והיינו שכתב ז״ל לינה שמעינן דפסלה בהו וכו׳ מיהו הא מבעיא לן אי הויא חתייתן עבודה וכו׳ וכ״כ הריטב״א ז״ל בשמו יעו״ש ולהתוס׳ ד״ה חישב וכו׳ משמע דהיה להם גי׳ אחרת בפרש״י ז״ל דלגי׳ שלפנינו כבר הרגיש רש״י ז״ל בקושיא ותירלה כדבריהם ז״ל וק״ל.

ד״ה **ותיפשוט** ליה וכו׳ דבגופו של מזבח וכו׳ ומה גם דההיא דכף יש לדחות דשאני התם משום דלא אפשר ועמ״ש בסוגיא וק״ל.

ד״ה **ובית** עורה וכו׳ ומקום אחך לפנים כלפי כהן וכו׳ כל״ל וכן פירש המפרש דפ״ה דתמיד יע״ש.

תוספות ד״ה **חישב** בחתית גחלים מהו הקשה רש״י אמאי לא פשיט וכו׳ דאפילו תימה דההיא בגחלים של יוה״כ איירי דלריכים לכלי דמה שהוא חותה מכניס כדאיתא בירושלמי העתיקוהו הם ז״ל לעיל ס״פ טרף בקלפי ומש״ה פסל בהו לינה כיון דלריכים לכלי כדמוכח מההיא דעל מחבת וכו׳ כמ״ש בדבור הקודם מ״מ ר״פ נמי בחתית גחלים דיוה״כ מבעיא ליה דבהא איירינן הכא בכלהו בעיי ומשמע דאה״נ דגם בגחלים של כל יום תבעי נמי כשחשב בעת שעירה לתוך של ג׳ קבין דאותם לריכים לכלי הם אלא דר״פ לא איירי בהו וק״ל.

והנה מדבריהם ומדברי רש״י ז״ל אתה דן שאין מקום לתרץ בעד הרמב״ם ז״ל שפסק בפשיטות דחתיית גחלים פסל׳ מחשבה דסמך על מתניתין דהוסיף וכו׳ וכ״כ הרב המאירי ז״ל וגדולי המחברים פסקו שאף החתייה נפסלה במחשבה ויש להביא סעד לדבריהם ממה שנכללו הגחלים עם הקומץ ליפסל בטבול יום אלא שמ״מ בסוגיא זו נשארה בספק ואינו דומה לפיסולין שבטבול יום שאין הטעם אלא שהכלי מלרפן כמו שנבאר אבל ליפסל במחשבה לא עכ״ד ועיין מ״ש הפר״ח בליקוטיו בסוף הלכות עי״כ.

בא״ד בס״פ טבול יום בעי וכו׳. הגם דזה שייך לעיל במאי דקאמר ומדלינה פסלה וכו׳ וכן תמלא להתי״ט שהקשו שם כן מכל מקום העתיקוהו כאן כי מתוכו למדנו עוד לתרץ אקושי׳ רש״י ז״ל דבחתית גחלים דלאו גוף דקרבן נינהו אימא דהגם דפסלה לינה לא פסלה מחשבה ודמי להביא דפרים הנשרפין וכן התי״י תירלו כן יע״ש ד״ה חישב בחתיה וכו׳ וק״ל.

בא״ד ואפ״ה קאמר התם מודה ר״ש לפסול וכו׳ מה שהקשה בספר פנים מאירות בשיטתו לזבחים ק״ד ע״ב בתוספות שם דלפ״ז מתרלא נמי קושיא הקודמת דאין כאן סתירה דהא דקאמר התם לא מחשבה לא פסלא לינה פסלא היינו לענין חיוב כרת דאפליגו ביה ר״ש ורבנן אבל לענין פסול בעלמא הוא דאמרינן הכא דמדלינה פסלה מחשבה נמי פסלא יעו״ש הנה היישוב מבואר דהא פשטא דלישנא דקתני התם שלא עשה כלום משמע אפילו לענין פסול והיינו דדייק למנקט התם מאי לאו מדמחשבה לא פסלה וכו׳ ולא קאמר לא מפגלא וכו׳ ועוד דאפי׳ לפסולא בעלמא מ״מ דומיא דשלמים בעינן דהוי דבר הראוי לאכילה לאפוקי נשרפין כמ״ש רש״י שם וקטורת אכילת מזבח מיהא הוי ואהמי ג״ש דמלא לומר דאפילו חפינה מיפסלא במחשבה דהויא במקום קמילה דמנחה עיין בדבריהם לעיל ד״ה מי יליף מלא וכו׳ וק״ל.

ד״ה **הולכה** בשמאל וכו׳ האמר בפ״ק דזבחים דלכל מילי וכו׳, בגי׳ שלפנינו לא גרים לכל מילי אלא למימרא דהולכה לא נפקא מכלל קבלה ואיכא למימר דלענין שלא לשמו דאיירי ביה התם הוא דקאמר הכי אלא דמ״מ קרא סתמא כתיב דאפקיה רחמנא לקבלה בלשון הולכה וס״ד דלכל מילי הוא אלא דלפי מה שפרש״י דס״ד דכיון דלא כתיב כהונה בהדיא אין זה בכלל דכל מקום שנאמר כהונה וכו׳ משמע דמיושב קושיתם דהגם דלכל מילי לא מפקא מ״מ כיון דלא כתב קרא הולכה בכהונה בהדיא יש ללמוד דלענין זה מפקא מכלל קבלה אלא דלא ניחא להו ז״ל בזה דמ״מ כיון דסוף סוף כתיב בה כהונה ומעכבא כפרה היא דין קבלה יש בה אף לענין שמאל ועיקר כוונתם בתירוצם כנלע״ד לפרש דמאן דבעי מספקא ליה אי גמרינן מכף דשאני התם משום דלא אפשר ואין ללמוד ממנו להכשיר

בעלמא שמאל בשאר הולכות ועוד מספקא ליה דאפילו תימא דבכף אפילו אי הוה אפשר היינו מכשירים בשמאל מ״מ בהולכת דם מבעיא אי גמרינן מהולכה דבכף או נאמר דדוקא התם הכשיר רחמנא אבל כאן מקבל׳ דדם גופי׳ איש לן למילף לפסול שמאל ופשיט ליה רב ששת דגמרינן מכף דהא כיון דמאי דמוכרח לעשות בשמאל הוא מכח דהבאה א׳ אמר רחמנא אי לאו דבכל הולכות מכשרינן בשמאל לא הוה מצריך רחמנא הכא הבאה א׳ דבזה מוכרח לעשות בשמאל שהוא דבר הפסול בשאר הולכות אלא ודאי דמהכא גמרינן לשאר הולכות דשמאל הותר בהם לגמרי ומאי דמספקא לך תו אם נאמר דאפ״ה הולכת דם מקבלה יליף אדרבא עפי הוי סברה לגמור הולכה מהולכה מלמגמר הולכה מקבלה הגם דכלהו מעבודות דם נינהו ושוב ראיתי בספר בית יהודה ח״ב ל״ג ע״ד שפי׳ כוונת דבריהם בדרך אחר יעו״ש וק״ל.

דף מ״ט ע״א גמרא **א״ל** רב הונא בריה דר״י לרב פפא אדרבא אי חופן וכו׳ א״א שלא יחסר ושלא יותיר וכו׳ ולא קרינן ביה מלא חפניו והביא דבשעת הבאה לאו מלא חפניו של זה הוא ולהכי אין כאן תקנה בחפינה שניה להחסיר או להעדיף אבל ר״פ סבר דכיון דמן התורה יכול לחפון כמה פעמים שירצה מלא חפניו והביא קרינן ביה [(ועיין בתוי)] ויכול אחר ליכנס בחפינתו של ראשון ואם יצטרך שם להחסיר או להעדיף יעשה דבזה לא הקפיד הכתוב ויראה דרב הונא נמי ידע דיש לדחות כן אבל כוונתו דמאי דסבר ר״פ למפשט בעיין מכח חוזר וחופן מהא לא מכרעא דיש לדחות לכאן ולכאן ומעתה אף למאי דפשיט תלמודא בסמוך דחופן וחוזר וחופן מ״מ בעיין דהכא בדוכתה קאי והיינו דהרמב״ם ז״ל הגם דפסק פ״ד מה׳ עיו״כ דחופן וחוזר וחופן מ״מ כתב שם ספ״ה דבעין לא איפשיטא יעו״ש ופסק ז״ל כרב הונא דמסתבר טעמיה ואם כן למאי דקי״ל כפר ואפילו בדמו של פר כמו שפסק שם מעתה ודאי בעיין לא איפשיטא והיינו דלריב״ל לעיל ולחביריו דר׳ חנינא דסברי ואפילו בדמו של פר לא איפשיט להו בעין דאף שנאמר דהוה פשיטא להו דחוזר וחופן מ״מ סברי כרב הונא דמהך לא מכרעא מידי ושוב ראיתי להרל״ם שם ספ״ה שכתב כן ומה שהלריך עיון בזה ממה שפסק הרמב״ם ז״ל שם בפלוגתא דלקמן כ״א ע״ב כר״פ יע״ש גם זה מתורץ מה שכתבתי דשאני הכא דריב״ל וחביריו של ר״ח מסייעי לסברת רב הונא וכמ״ש ושוב ראיתי להפר״ח ז״ל שתירץ כן יע״ש וע״ע בספר בני יעקב בהגהותיו על הרמב״ם שם וק״ל.

רש״י ד״ה **זר** ואונן וכו׳ עיין מ״ש בתו׳ ד״ה זר וכו׳.

ד״ה **שמע** מינה וכו׳ כלו׳ לי אמר וכו׳ נתכוון בזה לאפוקי שלא נפרש דדייק מלישנא דהתיר דהוי לישנא דהוראה כדרך שרלה לפרש הריטב״א ז״ל דהא ודאי לישנא דהתיר לאו דוקא אלא ה״ק דממה שאמר לי שהיא רפואה בדוקה נודע לי שמותר לעשותה וכאילו אמר לי אמר וכו׳ וק״ל.

ד״ה **דאמר** ר׳ חנינא וכו׳ העבודות ובעיין דחפן וכו׳ כן נראה של״ל.

תוספות ד״ה **זר** ואונן וכו׳ ודלא כר״י דאמר חייב מלקות וכו׳ כל״ל דכן מבואר בהדיא בסוגיא דכריתות י״ג ע״ב דלר״י שאר משכרין באזהרה יע״ש וכפרש״י שם באלו מומין וכוונת קושיתו דמדלא נקט הכא לישנא דשתויי יין כדתניא בסוף אלו הן הנשרפין פ״ג ע״א יע״ש משמע דאף בשאר דברים המשכרים איירי ואתיא כר״י דמחלו עבוד׳ וכמ״ש בדבריהם דפרק אלו מומין שם ומזה אתה למד דכן כוונת דבריהם בזבחים שם שכתבו אלא שכור בשאר דברים שמשכרים וכר״י דאמר וכו׳ וכלומר ושלא כפרש״י שכתב דאיירי בשתויי יין ולבסוף כתבו מיהו שכור וכו׳ כלומר דיש לקיים פרש״י דלעולם שכור דהכא היינו שתויי יין והא כדאיתא וכו׳ והיינו יישוב רילב״א שכתבו כאן יעי״ש כי בזה אין לורך למה שהגיה בספר ברכת הזבח שם דל״ל ודלא כר״י כמו שהגיהו בדפוס חדש ושוב ראיתי דגם בספר פנים מאירות בשיטתו לזבחים שם ובספר לאן קדשים שקיימו גירסת ספרים ישנים יע״ש. ומה שסיימו ורילב״א פי׳ דפרש״י עיקר וכו׳ אבל הכא דקתני ליה בהדי מחללי עבודה וכו׳ אפשר דלזה כיון רש״י ז״ל כמ״ש ד״ה זר וכו׳ כולהו נפקי

לן מקראי דמחלי עבודה וכו' דגלאורה אינו מוכרח דהא הכא קתני פסל ואיכא למימר דשכור לא מחלל דבשאר משכרין איירי ורבנן דר"י כי היכי דקתני התם בבכורות פסולין באדם אבל כוונתו להכריח דשכר נמי מחלל עבודה קאמר אפילו ורבנן דבשתוי יין איירי דהא דומיא דאינך קתני דפשיטא לן בהו דמחלי עבודה א"כ אפשר דתיקן בזה למאי דאיכא למידק דמאי פריך תלמודא מהכא לר"ש אימא דהולכה בשמאל פסול לכתחלה קאמר ומבעיא ליה לרב ששת אי מחללא עבודה ובריית' נמי ס"ק או דילמא דלגבי הולכה בשמאל פסול בעלמא קאמר לכן פי' דהא לא אפשר דכלהו נפקא לן דמחלי עבודה ודומיא דהכי קתני שמאל בהולכה ואם כן תקשי לר"ש וק"ל.

ד"ה **בעי** ר"פ וכו' וקרי ביה מלא חפניו והביא וכו' והג' דגרסי' בלא חפניו בע"כ לן וכו' הוי כאילו אמר נמי והביא וכדקאמ' ר"פ לעיל שם והכוונה נדעתם דגם לגד זה ולקח אמלא חפניו נמי קאי דהא בהא"ל דבעיא דלעיל מבעיא ליה הכא וה"ק דדוקא והביא דסמיך למלא חפניו בעינן שהוא עצמו יהיה המביא אבל ולקח מצינן לפרושי ולקח אחר אלא דמ"מ פשט בעיא דהכא לא משמע דלגד ראשון ולקח קאי נמי אמלא חפניו אלא משמע דדומיא דבעיא דלעיל קאמר ולעיקר קושיתם היה אפשר ליישב בדרך אחר דהכא ר"פ ה"ק אפי' את"ל דבין בפנים לא נתחנין ביה מטעם דולקח וכו' אלא תאמר דפשיטא לן בהי דפסולין דילפינן מלא מלא מקומץ מ"מ אכתי מבעיא לך אי ולקח קאי אמלא חפניו או לא לענין הפך חבירו וכו'.

ד"ה **אי** חופן וכו' ולהכי תקינו רבנן וכו' והיינו דקאמר אי חופן וחוזר וחופן כלומר דאי פשיטא לן דרבנן תקנו מלא החיוב לחזור ולחפון ע"כ לומר דמן התורה אין קבלה לדבר וא"כ ה"ק דהכא מקיימא מלות חפינה דאורייתא בחפינה שנייה דודאי אין לפרש אי חופן וחוזר וחופן אם יכול לחזור ולחפון כיון דמן התורה אין קבלה חבירו נכנס וכו' דהא לקמן משמע דצריך לחפון ולחזור ולחפון קאמר מדבעי למפשט מלישנא דכן היתה מדתה דהיינו חיובא דכך מדתה מבפנים וכן משמע נמי ממאי דאסיק כיצד הוא עושה וכו' חו היא עבודה קשה וכו' וכן פרש"י ד"ה אי חופן וכו' אם צריך לחזור וכו' ומה שסיימו וא"כ אי חפן וכו' ומת בחוץ וכו' דאילו מת כשנכנס לפנים וכבר החזירה לתוך חפניו פעם שניה ודאי שנתפזרה לארץ בשעת מיתתו והא איבעי' לן לעיל אם נפסלה קטרת בזה ולא אפשיטא וא"כ היה צריך להביא קטרת אחר אבל אין כוונתם דבעיין במת בחוץ קודם שיתחיל להביא כף הקטרת לפנים דא"כ ליכא למבעי מידי דהא השתא לא מקיים קרא מלא חפניו והביא דבשעה שמביאו לפנים לאו מלא חפניו הוא אלא בו ראשון דהא ודאי כל כמה שחוזר שני וחופנו ונותנו לתוך הכף קודם שיכנס לפנים ובשעת כניסתו מחזירו לתוך חפניו מלא חפניו והביא קרינן ביה ועיין מ"ש מהרש"א ודו"ק.

ע"ב גמרא **וצוברה** כדי שיהא עשנה וכו' וכן פסק הרמב"ם ז"ל פ"ד מהלי' ע"כ וכתב הכ"מ שם ופסק כת"ק ע"כ אבל ירא"ה טעמו של הרמב"ם משום דמתני' לקמן נ"ב ע"ב סתם לן כהך מ"ד כדאי' בתלמודא שם וכ"כ הרב המאירי ז"ל כמו שהעתיק בסמוך וכ"כ הפריח ז"ל אלא שצריך להבין דהא בפ"ג דתמיד סתם לן תנא כמ"ד מפזרה דקתני התם גבי קטרת של כל יום התחיל מרדד ויוצא ופי' הרמב"ם שם שיוצא ויפזרם אותו במחתה ע"כ ועיין בפי' הרע"ב ובתוי"ט שם וא"כ משמע דקיי"ל כמ"ד מפזרה דסתמא בתרא עדיף אבל ירא"ה דיש לחלק דדוקא בקטורת דלפני ולפנים דחמיר קדושת המקום הוא דסתם לן תנא צוברה כדי שיהא עשנה שוהה לצא ויתעכב שם שהרי לא היה יוצא עד שיתמלא כל הבית כולו עשן כדמשמע פשטא דמתני' לקמן וכמ"ש הרמב"ם בהדיא בהי' שם וממתין שם עד שיתמלא הבית עשן ויוצא ע"כ וא"כ אם היה מפזרה כדי למהר עשנה היה מרה שקשה עליו עמידתו שם בעבודתו מש"ה בהיכל לא חיישינן להכי ועוד טעם אחר דכיון דבקטורת של יוה"כ כתיב וכסה ענן הקטורת וכו' כל כמה דאיכא עשן מרובה עדיף לן ומש"ה צוברה כי בזה אינו מתעכל הקטורת באש כרגע ובזה מתרבה העשן כנראה לחוש ומש"ה בהיכל דלמעט בעשן עפי עדיף וכמ"ש הרא"ש כהנא לשונו בספר חזון נהוס לתמיד שם על הא דקתני ורדדן בשולי המחתה היה מפזרן על גבי המזבח כדי להשליך הקטרת עליהן בפשטה דק ולא עב כדי שיהא נשרף מהר ולמעט העשן עכ"ד אבל י"א ס"ל דשל יוה"כ נמי שוה לשאר ימות השנה ואדרבא הכי עדיף לן שיהא עשנה ממהרת לצאת ויצא מהר מן המקום המקודש ההוא ומה גם כדי שלא להבעית את ישראל דמה"ט לא היה מאריך בתפלתו וכדתנן לקמן ותילוק זה מוכרח הוא לדעת הרמב"ם שהרי בפ"ג מה' תמידין ומוספין בקטורת של כל יום פסק כסתמא דתמיד דהיה מפזרו שכתב שם ומתחיל ומשליך הקטורת על האש בנחת כמי שמרקד סולת עד שתתרדה על כל האש ע"כ וזה שלא כדברי בעל ספר לחם משנה למשניות שכתב בתמיד שם ז"ל דמתני' פליגא אהא דתנן ביומא צוברה על גבי גחלים ואמרינן התם מתני' כמ"ד צוברה כדפי' הרע"ב אבל מתני' דידן ס"ל דרדידה עדיף כי"א דברייתא דמפזרה וכו' יע"ש אלא העיקר לחלק ביניהם כמ"ש וכדברי הרמב"ם ז"ל ושוב ראיתי להרב המאירי ז"ל שכתב ומפזרה ע"ג הגחלים שיהא עשנה ממהר ולא יחוש עיניו מבית קדש הקדשים וכשיתמלא הבית עשן יוצא לו על הדרך שיתבאר למטה ובגמ' נחלקו לומר שלא היה מפזרה אלא צוברה כדי שיהא עשנה שוהה ולא ימות בעשן ואף משנה זו מוכחת כן שאמר צבר את הקטורת וכו' וכן הלכה עכ"ד ולדרכו אפשר ג"כ לחלק דשל כל יום שאני שהיה בהיכל מקום פתוח יותר משא"כ בקה"ק כדאמר בירושלמי אמתני' דמשניטל הארון דהיה מגשש ויוצא וכו' יע"ש א"נ דמהיכל היה יכול לצאת מיד שלא מצינו שכתב הרמב"ם דצריך להמתין עד שיתמלא עשן אלא בקטורת דיוה"כ והטעם אפשר משום דכתיב ונתן את הקטורת וכו' וכסה ענן וכו' או אפשר שהיה גורס כגי' הראב"ד בתמיד שם התחיל המרדד יוצא וכו' דהיינו אותו שרדד הגחלים בשולי המחתה כדקתני התם וכלומר דהגם שלא המרדד לא היה מקטיר מיד אלא עד שהיה הממונה אומר לו הקטר יע"ש דלפ"ז אפשר לומר דלעולם גם בשל כל יום קיל"ן דצוברה כי הכא.

שם ואם איתא עד שיזרק מבעי ליה וכו' ור' שמעון ס"ל בפסחים פ"ב ע"א הכי אלא מדרבנן פריך דאין לפרש דממנין דוקא פריך דלכ"ע עד שישחט כדאי' התם דא"כ ליטני ליה עיקר טעמא ואימא שאני התם דכתיב במכסת נפשות והדר תבוסו דכ"ע דמודה ר"ש בהא כדאי' התם אלא ודאי דממושכין פריך דלרבנן בהא נמי עד שישחט והיינו דשני ליה שאני התם דכתב מהיות משה דהך קרא בנמשכו ונתמעטו איירי כדכתיב ואם ימעט הבית מהיות משה ומדברי רש"י ז"ל ד"ה ואם ימעט משמע דגריס הכי שאני התם דכתיב ואם ימעט הבית וכו' ול"ל דה"ע דלא פריך רבי אמי מנמנין דהוי ככ"ע משום דידע ודאי דהתי' מבואר דשאני התם דכתיב במכסת וכו' דה"ע דמודה ר"ש כדאי' שם בברייתא בהדיא אבל ממושכין לרבנן פריך שפיר דהגם דידע ודאי דטעמייהו מדכתיב מהיות משה דבהא פליגי דרבנן סברי מחיותיה ור"ש סבר מהוויותיה קודם גמר עבודותיו דהיינו עד שיזרק כדאיתא התם מ"מ קשיא ליה דאם איתא דפר משמע אפי' דמו א"כ שה נמי דם במשמע ומעתה עפי ניחא לפרושי מהיות דהיינו לשון הויה כר"ש ומ"מ דרבנן ואפ"ה אהדר ליה ר' יצחק נפחא שאני התם דכתי' מהיות וכו' דאדרבא להכי כתב קרא מהיות למדרשיה לשון חיות דהיינו עד שישחט ולא תימא דשה אפי' בעוד דם זריקה קיים במשמע דאם איתא דהכא נמי דרשינן שה ואפי' דם שה א"כ לישתוק מהיות ואנא ידענא דבהוויותיה נמי יכולים לימשך דהא ואם ימעט הבית משה אפי' מדם שה במשמע דהיינו עד שיזרק אלא ודאי דלהכי כתב קרא מהיות למעט דהכא לא תדרוש משה אפי' דם אלא מהיות דהיינו לשון חיות וא"כ אדרבא מהכא מוכח דבעלמא בפר אפי' דמו במשמע מדאיצטריך הכא מהיות לגלא מפרש משה ואפי' דם שה כנלע"ד ועיין מה שכתוב בדברי רש"י ז"ל ועיין בירושלמי דפ"ח דפסחים הלכה ג' דיליף משה דמצרים דלקיחה שהיה חי יע"ש וק"ל.

שם מתיב מר זוטרא אין פודין וכו' ירא"ה דודאי אסיק אדעתיה ג"ש דשה שה והיינו דאין פודין וכו' וכדאיתא פ"ק דבכורות י"ב ע"א ומה"ט ס"ל למר זוטרא גופיה שם דאין

פודין בבן פקועה אלא דס"ד דכיון דמתפדה סופנו נרבות בעל מום ה"ה דנרבה מינה אפי' שחוט ולהא מלתא לא הוה יליף אלא ודאי ע"כ לפי' טעמא דלא בשחוטה משום דכתיב שה דמשמע חי ותקשי למ"ד בפר אפי' בדמו ושנו ליה שאני התם דיליף שה שה ולעולם דהא נמי תילף מהתם למ"ד בפר ואפי' בדמו של פר דהכי קים ליה לבן בג בג דכולהו יליף מפסח כדקתני בברייתא בבכורות שם והדר אקשי מר זוטרא אי מה להלן זכר תם וכו' אבל יותר יראה לפרש דסתמא דתלמודא הוא דמקשה ומתרץ גברורי מלתא ולאשמועינן דלאו ג"ש גמורה היא לכל מילי והשתא ניחא דבבכורות שם מר זוטרא הוא דשני התם לרב אשי דאקשי ליה מאי דעתיך דילפת מפסח אי מה להלן זכר תמים וכו' ושני ליה מר זוטרא תפדה תפדה רבה והכא איהו מקשה אי מה להלן וכו' אלא נראה דדברי סתמא דתלמודא הם וכמ"ש כנלע"ד וק"ל.

רש"י ד"ה **כיצד** וכו' ומעלה **בב'** גודליו וכו' הריטב"א ז"ל גרים בין שני גודליו ושם הי' נמה

שיש להקשות דלמה צריך לכל זה הלא יד ימינו ריקנית כיון שכפים במחתה לארץ ע"ש אבל הרמב"ם ז"ל פ"ד מהל' עי"כ כתב ואוחז שפת הכף בראשי אצבעותיו או בשיניו ומערה הקטורת בגודלו לתוך חפניו עד שמחזירה למלא חפניו כשהיתה ע"כ משמע מדבריו שלא היה גורם עד שמגעת לבין אצילי ידיו ועוד משמע שהיה גורם ומערה בגודלו במקום ומעלה ואקטורת קאי ועמ"ש הפר"ח שם וכן יש לדייק מדברי הסמ"ג שם שכתב ותניא בגמ' שפת הכף בראשי אצבעותיו או בשיניו ומערה הקטורת בגודלו וכו' יע"ש ועיין בירושלמי דפרקין הלכה ב' וק"ל.

ד"ה **ואם** איתא וכו' קרינן ביה על השה וכו' יש לדקדק דהא קרא דתכוסו על השה לכ"ע עד שעת שחיטה

במשמע כדאי' בפסחים וכמ"ש בסוגיא ועוד דלפ"ז צריך לפרש דמנמנין פריך והיכי שני ליה מדכתיב מהיות דההוא קרא בנמשכין איירי וכמו שפי' ז"ל בסמוך ועוד דמדבריו בסמוך ד"ה מהיות משמע דגרים הכא מהויותיה דשה ולא מחיותיה כגירסא שלפנינו ומשמע ליה מהויותיה דהיינו עד שישחט והרי בסוגיא דפסחים שם משמע בהדיא דמאן דדריש מהויותיה היינו עד שיזרק ודברי הריטב"א שכתב כאן דבין מאן דגרים מחיותיה או מהוויותיה הכל ענין א' יע"ש הגה בפסחים שם מפורש בהדיא דרבנן ור"ש בהא פליגי דרבנן דסברין דנמנין עד שישחטו משום דדרשי מחיותיה דשה ור"ש דסבר עד שיזרק דדרש מהויותיה דשה יע"ש. ושוב ראיתי להתו"י שהקשו על רש"י ז"ל ולא תי' מידי יע"ש ויראה ליישב דס"ל לרש"י וריטב"א ז"ל דלכ"ע מהיות משה דדרשינן ליה מהויותיה דהא כתיב מהיות ולא מחיות אלא דרבנן סברי דהויותיה היינו בעודו חי ולהכי כתב קרא משה דאין נקרא שה אלא בעודו חי וכדאיתא במכילתא פרש' בא רבי יצחק אומר במי הענין מדבר בחי עד כאן ולפרושי דברי רבי ישמעאל שם אתא שלא כלשון האחר שפי' בס' זה ינחמנו שם יע"ש ור"ש סבר דהויותיה אפי' לאחר שחיטה במשמע כל עוד שלא נזרק דמו ולא שלמו עבודותיו וכנראה שלזה כיון רש"י ז"ל שם בפסחים שכליע ופירש שם בתחילה בד"ה אם ימעט וכו' מהיות משה בעוד היותו לשה וכו' להודיענו דלרבנן נמי מפרשינן ליה לשון הויה וכמ"ש וכן נראה מדבריו בחומש פ' בא שכתב אך אם באו למשוך ידיהם ולהתמעט מהיות משה יתמעטו בעוד השה קיים בעודו בחיים ולא משנשחט ע"כ וניחא נמי לפ"ז אף גי' הרא"ש שם דגרים בלשון רש"י בהויתו בחיים ושלא כדברי בעל ס' נחלת יעקב שכתב שם דזה טעות דאגיבא דר"ש מפרש הכי דדברי רש"י דהכא הויא תיובתיה דנפקא ליה עד שישחט מהוויותיה וכמ"ש ול"ל עוד דס"ל לרש"י ולהריטב"א ז"ל דר' אמי מנמנין ומושכין פריך דאם איתא דפר אפי' בדמו של פר משמע ע"כ דה"ה על השה אפי' לאחר שחיטה משמע וקרא ה"ק איש לפי אכלו תכסו ויתמנו על השה אפי' לאחר שחיטה ולא דרשינן לפ"ז תכוסו לשון שחיטה כדקאמר רבי בפרק תמיד נשחט ס"א ע"א לשון סורסי כאדם שאומר לחבירו כוס לי טלה זה וכן תרגם יהונתן בן עוזיאל שם תכסון ית אמרא אלא לשון מנין וכתרגום אונקלוס וכן פרש"י שם תתמנון על אמרא וא"כ לדידך תיקשי מ"ט דרבנן דאין נמנין

עד שישחט וכן תיקשי נמי לדידהו ממושכין דהתם נמי כתיבי שה דהיינו אפי' לאחר שחיטה ואחריהו תרין דשאני התם דכתיב בנמשכין מהיות משה דלהכי כתב מהיות לאשמועינן דהכא יש לך לדרוש מהויותיה דשה בעודו בחיים ומהכא נמי תילף דעל השה דכתב רחמנא גבי מנוי בעודו בחיים איירי ויש לך לפרש תכוסו לשון שחיטה וקרא הכי קאמר במכסת נפשות והדר תכוסו דלא שני לן בין מנוי למשיכה דתרויהו עד שישחט וקרוב לומר ג"כ לרבנן דילפינן נמי לפרש הויה זו דהיינו קודם שחיטה מקרא דתכוסו ובא זה ולמד על זה דהויותיה דשה בעודו בחיים דימיא דמינוי ובזה ניחא לשון המכילתא דפ' בא דיליף מקרא דתכוסו על השה גם למושכים ידיהם עד שישחט והגם דקרא במינוי איירי ולא במשיכה וכן מייתי התם אקרא דאם ימעט דאיירי במשיכה ללמדך שלעולם נמנין על הפסח וכו' וכן יתיישבו בזה דברי הרא"ש שם דעל לשון רש"י דאיירי בקרא דואם ימעט וכו' לענין משיכה הביא דברי המכילתא דאיירי בתרויהו דאין חשש בזה כיון דילפי מהדדי ועיין בספר נחלת יעקב שם כנלע"ד ודו"ק.

תוספות ד"ה **והאיכא** קמיצה ומה שמקשה ר"י דבפ"ק דמנחות וכו' הא ודאי דאסוגיא דהכא ל"ק להו

ול"מ חדא דקמי' דקאמר יש לפרש כל מין קמיצה אפילו דמנחת חוטא ועוד דלא בעי למפרך אלא מקמיצה דמנחת מחבת ומרחשת ומליקה דתניא בהו בהדיא דהוו עבודות קשות משא"כ מנחת חוטא דפליגי אמוראי בהא פרק כל המנחות שם ולר' יצחק בר אבדימי דס"ל שם דמגבל' במים אין כאן עבודה קשה כלל וכנראה שלזה כיוונו התו' בפרק קדשי קדשים ס"ד ע"ב שכתבו אמאי דפריך התם גבי מליקה והאיכא קמיצה וחפינה בכולהו תנינא עבודה קשה עכ"ד כלומר ולאפוקי מנחת חוטא וכמ"ש אבל קושית ר"י אברייתא דפ"ק דמנחות שם דקתני גבי קמיצת מנחת מחבת ומרחשת זו היא א' מעבודות קשות וכו' דתקשי מינה לר' אילא דס"ל פ' כל המנחות שם דאין לך שקשה לקמיצה יותר ממנחת חוטא דמברייתא לא משמע הכי וכמ"ש התו' שם קלא קביא דלעיל בספ"ק ה"ל למתניה גבי מחבת ומרחשת זו היא אחת מעבודות קשות שבמקדש עכ"ד ובדרך זה יש לפרש דבריהם דהכא.

בא"ד כדמפרש שנוטל הבזך בשיניו וכו' כל"ל וכגי' ספרים ישנים והיותר קשה נקטו וה"ה דבראשי אצבעותיו נמי עבודה קשה היא. ומ"ש ועוד מפרש לקמן שהיה צריך ליזהר מאד שלא יכוה וכו' הגם דזו היא ע"ק דקתני לכאורה משמע דאקושי חפינה דוקא קאי וכן שם בזבחים ובמנחות פריך והאיכא חפינה וכן לעיל י"ט ע"א גבי והעלוהו בית אבטינס תנא ללמד חפינה מ"מ משמע להו מדקתני ברייתא זו היא עבודה קשה בסיפא דמלתא משמע דאמאי דקתני נמי ומוברה וכו' קאמר נמי שהיא עבודה קשה והיינו שלא יכוה כדלקמן והגם דברייתא איירי בקטורת דלפני ולפנים וכך דלא יכוה אפי' בקטורת של כל יום איתיה כדתנן בתמיד ולקמן נ"ב מ"מ יותר קושי והכירות צריך בדלפני ולפנים מפד שהיה מערה מחפניו לתוך האש משא"כ בשל כל יום דיוכל לערות מהכף שהיא ארוכה כדלעיל אלא דמלשון המשנה דפ"ו דתמיד דקתני נתפזר ממנו לתוכו נותנו לו בחפניו וכן לשון הרמב"ם בחי' פ"ג מה' תמידין ומוספין משמע שגם בכל יום צריך לערות בחפניו ושוב מלאתי שכן כתב הרא"ש בהדיא הובא לשונו בס' שתי ידות בחלק עבודת מקדש ס' ע"ב כי דרך כבוד הוא ליתן מתוך חפניו על האש ולא מתוך הבזך וכו' והמחבר שם הלך עליו יע"ש ואיך שיהיה בדיוה"כ כיון שהיה צובר הקטורת ע"ג המחתה והיה הקטורת והאש מכוגם ביותר קרוב הדבר יותר שיעלה להב הקטורת בחוזק ויכוה משא"כ בשל כל יום שהיה מרדדו כמ"ש בסוגיא וק"ל.

ד"ה **שאני** התם וכו' ולא כמו שפרש"י בפ' אותו ואת בנו וכו' וכן פי' שם במרובה דהאהא דאמר דלר"א

דמתיר בכלאים בנין אב דרבא אצטריך לטמא שנולד מן הטהור וכו' פי' דכתי' זאת הבהמה אשר תאכלו שור שה כשבים וכיון דכתיב שה פרט לכלאים כה"ג הוא עכ"ד ואם היה זה בגירסתם הו"ל לאקשויי טפי מהך דהיכי קאמר שם בתר הכי דאי ר' יהושע משה כשבים ושה עזים נפקא ליה וכו'

וכיון דמהכא נמי הוא דמוכח לה ר"א אלא ודאי דלוותת רש"י ז"ל דלר"א נפקא ליה מיתורא דשה כדפי' ז"ל וכיון דכתיב שה וכו' והיינו ב"א [בנין אב] דרבא כמו שפי' באותו ואת בנו שם מדלא כתיב שה כשבים ועזים ש"מ דלא מקרי שה עד שיהו אביו ואמו כבשים וכו' אבל ר"י נ"ל טמא שנולד מן הטהור וכו' מכשבים לשון רבים דמשמע שה הבא משני כבשים כדמשמע מפרש"י דפ"ק דבכורות ז' ע"א וכ"כ התוספות שם בהד"א דר"י מדכתב כבשים ועזים ולא כתב כבש ועז דריש וכדקאמר תלמודא התם ליכתוב קרא שור וכשב ועז וכו' יע"ש בת"כ פ' שמיני דקא' אקרא דשה כשבים אין לי אלא כבשים ועזים המיוחדים מנין לרבות את הכלאים וכו' יע"ש ודוק מזה דמשה כשבים יש למעט כלאים בעלמא היכא דלא רבי קרא להתירא והיינו ב"א דרבא וכדברי רש"י ז"ל וכיון שכן מסוגיא דהכא אין ראיה לסתור פרש"י ז"ל די"ל דכלאים לאו מג"ש דפסח נ"ל אלא אינך מילי דשחוטה וכו' וכמ"ש הם ז"ל לקמן לפי שיטתם והגם דלבן בג בג בבכורות שם נ"ל כלאים נמי מפסח וכמו שפי' ז"ל שם מ"מ רבא לא ס"ל הכי אלא דמשה כשבים ילפינן לה כדמשמע מברייתא דת"כ שכתבנו וניחא טפי לשיטתו שלא נצטרך לדחוק כמו שפי' רבינו יצחק לשיטתו דב"א דרבא מן הכבשים ומן העזים דפסח דהתם במרובה ה"ק אי לקדשים ותימא דמן הכבשים וכו' וכה"ג איתא בכתובות וכו' דפשוט הוא גרש"י דאי לא הוה כתיב בקדשים בהדיא הוה ניחא דיתורא דשה כשבים וכו' הוה מוקמינן ליה לקדשים ושוב ראיתי בספר מר דרור בחדושיו לקמא שם שהרגיש קצת בישוב זה ועיין בספר פני יהושע שכ כנלע"ד וק"ל.

בא"ד ועוד מ"ש דנקט רבא להוציא כלאים טפי מטריפה וכו'

דאי לאשמועינן דלר"א נמי דמתיר כלאים בפטר חמור אכתי מדרש לענין כלאים בהדיא דטמא שנולד מן הטהור וכו' למאי חייש לזה כיון דלא קי"ל כוותיה דר"א ומה גם דאף במאי דאסר ר"א טמא שנולד מן הטהור וכו' מב"א לא קי"ל כותיה אלא כסתם מתני' דבכורות שם דהיולא מן הטהור טהור דסתמא קתני אפילו עבורו מן הטמא וזה פשוט. ומ"ש ועוד דבאותו ואת בנו וכו' ממעט כלאים אי לאו דכתיב או וכו' דמשמע דליכא לרבויי מיניה אלא כלאים דלהכי כתב רחמנא שור או שה דאין אתה יכול להוציא כלאים מביניהם כי היכי דנידרוש הכי או לרבות כלאים כדקאמר רבא פרק מרובה שם אבל טריפה דלאו מעניניה דקרא הוא כלל מהיכא תיתי לרבויי ובזה יתיישב מה שהקשה מהרש"א. ומ"ש וליכא למימר דהני וכו' דאמר בשמעתא דפר שחוט וכו' דאפילו למ"ד בפר ולא בדמו של פר היינו דדם גופיה לא איקרי פר אבל פר עצמו אפילו שחוט אקרי פר כדקאמר ר"פ בסמוך בעור ובשר ופרש דכ"ע נ"פ וכו' ומר זוטרא במכ"ש פריך דאי היכא דמפתי קרא בשה עצמו ממעטינן שחוט כהויא דפטר חמור כ"ש בדיוה"כ דמפתי בדם דודאי דם אקרי פר ועיין בת"י דסוגיין ובדבריהם דפרק אותו ואת בנו שם וק"ל.

בא"ד וי"ל דב"א דרבא וכו' דהוה שרינן לה כר"א וכו' כלאים

מסתבר להו וכו' דהא חזינן דאע"ג דרבי אלעזר מתיר בכלאים אוסר בטריפה ושחוטה וע"כ טעמו מג"ש דשה ומ"מ י"ל דאין סברה זו פשוטה ולעולם דאיכא למימר איפכא דטפי מקרי שה טריפה ושחוטה מכלאים דאלת"ה ג"ש דשה שה לענין פטר חמור למ"ל הא מב"א דמן הכשבים דממעטינן כלאים לענין פטר חמור אמטו' נמי טרפה ושחוטה דגריעי מכלאים ושוב ראיתי להרש"ך בתשובותיו בחידושיו לפרק מרובה שם שהקשה מזה לתוספות ז"ל ולא תירץ מידי יע"ש ומה שהקשה עוד שם דלשתוק קרא מרבויא דתפדה דאם לומר דלא בעינן כאן זכר תמים ובן שנה דומיא דפסח הא מדאצטריך ב"א שמעינן מיניה דג"ש דפסח לאו לכל מילי היא דאל"כ לישתוק מב"א וממעטינן גם כלאים מהתם יע"ש בת"י ולעד"ן דהא ודאי דרבויא דתפדה אצטריך כבר לומר דתפדה אפילו מיד תוך שלשים ואפי' בכל שהוא ולא בעינן שלשים וב' סלעים דומיא דאדם כדדריש בברייתא דפ"ק דבכורות י' ע"ב יע"ש וכיון שכן ניחא לן למדרשיה נמי לרבות אפילו שאינו זכר תם ובן שנה דהוי דרשא פשוטה יותר מלומר דשמעינן להו מדיוקא מדאצטריך ב"א וק"ל.

בא"ד דמן הכבשים ממעיט שפיר דלגופיה דפסח לא אצטריך

וכו' מה שהקשה בספר יבין שמועה מ"ח ע"ב דאימא דאצטריך לגופיה דמשום דפטר חמור נוהג בכלאים כדהוה מרבינן מתפדה תפדה והוה ילפינן מיניה נמי לפסח בג"ש דשה שה להכי אצטריך גבי פסח מיעוטא דמן הכבשים למעט כלאים יע"ש הנה מלבד מה שתי' שם בתי' הראשון נלע"ד לתרץ דהא דודאי נהא מלתא לא הוה ילפינן מפטר חמור דלא גרע פסח ממעשר דאינו נוהג בכלאים כדיליף תחת תחת מקדשים וכן לא גרע מבכור דיליף העברה העברה מקדשים כדאי' במרובה שם אבל מה שתי' בתי' האחרון עם מה שכתבו התוספות באותו ואת בנו שם דשה שה דפסח הינה ג"ש מופנית ובהא ניחא דהא קיל"ן באינה מופנה דמשיבין ואיכא למפרך מה לפטר חמור דין הוא שרבה בכלאים שכן ריבה שאינו זכר וכו' יע"ש בדבריו וכתב שתי' זה נכון אנכי לא זכיתי להבין דהא ודאי ג"ש דשה שה לענין פטר חמור מופנה היא לגמרי ל"מ שה דפסח דהרבה פעמים שה נאמרו שם אלא אף שה דפטר חמור שנה בו הכתוב בפרשת בא ובפרשת תשא ומ"ש התו' שם באותו ואת בנו היינו מ"ש כאן לקמן לתרץ הא דטרפה נוהג באותו ואת בנו ובתשלומי ד' וה' ולא ילפינן בג"ש דשה שה דהיינו טעמא דשה דידהו לא מייתר וכן פי' דבריהם במ"ש שם והא דלא ממעטיה באותו ואת בנו ובתשלומי ד' וה' טרפה דג"ש דשה שה מפסח אפשר דאינו מופנה עכ"ד כלומר ג"ש זו אינה מופנת מלד אותו ואת בנו וכו' אבל ודאי ההיא דפטר חמור מופנת היא וז"ל ת"י דסוגיין והא דלא ממעטינן טרפה גבי תשלומי ד' וה' ודאותו ואת בנו משום דאינו מופנה כמו שה דגבי פדיון פטר וכו' ע"כ ומכלל דברים אלו יתורץ ג"כ מה שהקשה בספר בית יהודה בתי' למרובה שם דאימא דנדרוש קרא דמן הכבשים דפסח להתיר כלאים וה"ק מן הכבשים ומן העזים דהיינו שאביו כבש ואמו עז אפ"ה תקחו יע"ש דודאי אין מקום לדרשא זו דהא לא גרע מבכור ומעשר דאינם נוהגים בכלאים ועוד דמן הכבשים מזה בפ"ע ומזה בפ"ע קאמר רחמנא כדדריש במכילתא פרשת בא יע"ש וק"ל. ומה שהקשה עוד בספר יבין שמועה שם דאימא דאצטריך מן הכבשים למעט כלאים בפסח כי היכי דתהוי פסח וקדשים ב' כתובים הבאים כאחד ואין מלמדין יע"ש יראה לתרץ בפשיטות דהא מדאצטריך רחמנא למכתב או גבי אותו ואת בנו וגבי גנבה לרבות כלאים כדאי' במרובה ובפרק אותו ואת בנו שם על כרחך דלא הוו ב' כתובים ודמן הכבשים דפסח לפטר חמור אצטריך דאלת"ה לישתוק קרא מאו דמהיכא תיתי למילף מפסח וקדשים למעט בהם כלאים כיון דהוו ב' כתובים הבאים כאחד דאין מלמדין וק"ל.

בא"ד ואע"ג דהאי קרא דמן הכבשים במצרים נאמר וכו'

מ"מ בתר דנכתבו וכו' ואע"ג דבתר דנכתבו קדשים נמי אילטריך האי קרא ללמד לפסח דורות שיבא ג"כ מן הכבשים דלהכי כתב רחמנא תקחו יתירא כדדריש במכילתא פרשת בא מ"מ אכתי מדכתב כבשים ולא כבש עז יש לדרוש דרשא דכלאים עד שיהיו אביו ואמו כבשים ולפ"ז מ"ש לא אצטריך למכתב להאי קרא לאו דוקא אלא כמו שפי' א"נ בדוקא קאמרי וכאינך תנאי דדרשי התם דלדורות נמי דוקא שה ולא מבקר מקרא אהרינא יע"ש וק"ל.

בא"ד וא"ת תמים דכתב וכו' קבל' מיהא גמרה מינה וכו'

אבל מדברי רש"י שם שכתב אבל תם לא תילף מיניה דהא יהיב לאו אתמי' וקבלה בקדשים קלים בתמימות הואיל וגלי בקדשים גלי עכ"ד משמע לפי' דהשתא הדר ביה ודאין צריך לימוד לקדשים קלים אלא יליף מקדשי קדשים וכההוא דמדם הפר דלעיל שם דלא בעי קרא מיוחד לק"ק אלא אמרינן כיון דגלי הכא ה"ה התם וכמ"ש התו' שם והיינו דהתו' דפרק אותו ואת בנו כתבו דתמים לשום דרשא נכתב ולא ניחא להו למימר כתוס' דסוגין ועיין בדברי הרמב"ם ז"ל פ"א מהל' פסולי המוקדשים הלכה כ"ט. ויראה דודאי תמים דקרא לפסח מצרים הוא שהיה תמים בלא מום ואפי' דוקין שבעין דאי למחוסר אבר ל"ל דהא אסיר לבני נח כדאיתא כל זה בירושלמי פרק מי שהיה טמא ועיין בגמרא דילן פ"ק דע"ז ה' ע"ב ומ"מ קשיא להו למאי אצטריך תמים דהא משמע דלדורות

נמי אצטריך דומיא דבן שנה וזכר אבל זה אין לומר משום דאכתי מאי קמל"ן קרא לפסח מצרים דא"כ תיקשי נמי מאי קמל"ן מתפזון ושאר דברים שאינם נוהגים בפסח דורות כדאיתא בפסחים א"כ י"ל דלמ"ד שם בירושלמי דאין דוקין שבעין פוסלין לפסח מצרים ודאי דתקשי דתמים אפילו לפסח מצרים למ"ל כדמקשה בירושלמי שם ומשמע התם דלמ"ד שה תמים אצטריך לדתני בן בג בג דאפי' בלא גיזה תמים מקרי ע"ש דמשום דפסח הכשיר בו הכתוב להקריבו אפי' ביום ח' ללידתו כדתנן ספ"ק דפרה וכמו שפירש הרמב"ם שם ה"א דמ"מ בעינן שגדל צמרו וגיזתו דאל"ה אכתי לא נגמר גידולו קמ"לן שה תמים כלומר די לך שהשה יהיה תמים באיבריו ויוכר שהוא שה אבל לא בעינן שגיזתו תהיה תמימה וזה אף לפסח דורות אצטריך וק"ל.

בא"ד ותימה דקא דייק במרובה וכו' אז לא הוה מיותר מן הכבשים וכו' מדבריהם דהכא וממ"ש לעיל אבל מבנין אב דכבשים ממעיט שפיר דלגופיה דפסח לא אצטריך וכו' הוה משמע לכאורה דס"ל דאין לעשות בנין אב בכל מקום אם לא שאותו פסוק לא אצטריך לגופיה וזהו היה מתורץ מה שהקשו התו' דסוגין בסוף דבריהם על תו' ר"י ז"ל שכתבו ולא ידענא מאי קשה מהכיא דמרובה וכו' דהא כיון דאצטריך לגופיה דפסח לא שייך לומר זה בנה אב אע"ג דשאר קדשים מצו למילף מפסח מהקישא דזאת העולה ומה גם דהוה משמע דשאר קדשים מבנין אב אתו ולא מהיקשא וכן תמצא עוד לעיל ג' ע"ב שכתבו בהדיא דמדנקט זה בנה אב משמע דמיתורא נפיק ועיין במ"ש שם ועתה ראיתי לבעל ספר הליכות אלי בכללי הב' אות קנ"ה שכתב דבמקום שהוצרך הכתוב לגופיה אז אמרינן זה בנה אב ללמד בעלמא כיוצא בו יע"ש וזה הפך מדברי התוספות דהכא ודמרובה ודאותו ואת בנו שם וממ"ש התוספות לעיל שם והיא עצמו העתיקם בספר יבין שמועה בכלל תע"ח האמת שדברי התוספות לעיל צ"ע כמ"ש שם ודברי התוספות דהכא נוכל לומר דלעולם ס"ל בעלמא דבלאו יתורא אפשר לעשות בנין אב אבל הכא כיון שמצאנו דלענין אותו ואת בנו דנוהג במוקדשין ריבה בו הכתוב כלאים מרבויא דאו מהשתא אין לעשות כאן בנין אב כולל לכל המקומות למעט כלאים ולהכי אי לאו דכתב רחמנא מיעוטא גבי קדשים דהשתא אייתר לן מיעוטא דפסח לא היינו עושים ב"א מפסח לפטר חמור דאימא לעשות ב"א מאותו ואת בנו דנוהג בכלאים אבל השתא דאייתר לן מיעוטא דפסח על כרחך לענין פטר חמור הוא כדאיתא במרובה שם וכן נמי אי לא כתב רחמנא מיעוטא גבי קדשים הגם דודאי מהקישא דזאת תורת וכו' הוה ממעטינן בהו כלאים מ"מ מבנין אב דפסח לא אתו ואף קדשי קדשים דחמירי טפי דאימא אדרבא מצד חומר שלהם תל אף על כלאים שהקדישם לקרבן דהא מ"מ שה מקרי ומשום הקריבהו לפחתך לא חיישינן דהא לא מאים כיון דאין חסרונו ניכר כל כך כמ"ש התו' בפ"ק דע"ז ו' ד"ה תמים וכו' גבי טרפה וא"כ אימא דמרבינן להו מב"א דאותו ואת בנו ומעתה שפיר מקשו הם ז"ל כאן ובשאר דוכתי אהכיא דמרובה דמשמע דאי לא כתיב בקדשים אתו מבניינא דפסח והיכי אתו כיון דהשתא אצטריך לגופיה אבל האמת דפשטא דסוגיין דלקמן נ"ב ע"א ודהקומץ רבה כ"ז משמע דבנה אב דרשינן ליה מיתורא דקרא יע"ש ושוב ראיתי למהרש"א שיישב קושית לא ידענא דבסמוך דא"כ מהיקשא אתי ולא מב"א יע"ש אלא דאין ישובו מספיק דיש מקום לפרש דבריהם דבסמוך דלענין קדשים ילפינן מפסח בלאו יתורא כיון דחזינן שהקישן הכתוב לשאר מילי בקרא דזאת העולה משא"כ לענין פטר חמור דאי לאו יתורא לא אתו מבנין אב אבל אין כוונתם לומר דהא מלתא נילף מהיקשא אלא מבנין אב דפסח אתי אלא שצריך להוסיף לתרץ כמ"ש כנלע"ד ודו"ק.

בא"ד שפיר מהכא דקדשים מקדשים וכו' כנ"ל ומ"ש וא"ת מאי קמבעי' וכו' וא"כ נדמה מהיכא תיתי וכו' דהא כיון דאביו ואמו ממין א' אלא שהוא דומה למין אחר כדאמר התם א"כ מן הכבשים קרינן ביה אבל מג"ש דשה שה מפסח מצינן למעוטי דהא ודאי נדמה פסול בפסח בי היכי דפסול בשאר קדשים כדנ"ל מרבויא דאו עז כדא' שם ותו' שפיר דכיון דכלאים הוא מסתבר לרבויי ואתא ב"א למעוטי מעתה סברה הוא להשוות לענין זה פטר חמור לקדשים ולאסור אף נדמה דדמי לכלאים מג"ש וק"ל.

דף נ' ע"א גמרא **איתיביה** ר"י נפחא לר' אמי הוציא את כל הפר וכו' דס"ד לר"י דע"כ לר' אמי שור ובשר נמי לא מקרי פר דאי מקרי יכול אחר ליכנס בדמו דהא דם של פר שחוט הוא ושפיר קרינן ביה בפר ואפי' תאמר דדם לחודיה לא אקרי פר עד דאפסיק ר"פ דלעולם אע"ג דשור ובשר מקרי פר זה שאינו נכנס בפנים אלא בדם לאו פר מקרי ואין זה מצותו אם לא שהוציא תחלה פר ממש דהיינו פשטיה דקרא לדידיה שהוכשר גבה לקדש בפר ויראה דר' אמי נמי הכי ס"ל והיינו דלא חייש לשנויי לר"י קושית דואת פר החטאת ואה"נ דאקושיא דהוציא את כל הפר הו"מ לשנויי שאני התם דאיירי בעור ובשר אלא ניחא ליה לשנויי דאפי' למאי דסבר ר"י דבבשר נמי פליג לא תקשי דהתם ה"ק שיוציא את כולו אבל ודאי דלדידיה בבשר לא פליג וכדאסיק ר"פ ולעיל דפריך ר' אמי ממתני' דנמנין ומושכין הגם דלדידיה נמי שה שחוט מקרי שה ותקשי ליה נמי דעד שיחרק מבעי ליה מ"מ לדידיה א"ל דמנוי על דם שה נמי בעינן משום זריקה ולהכי לאחר שישחט אינו נמנה יותר שהרי לא יהיה מנוי על דם אלא אבשר ודם לא אקרי שה ועוד אפשר היה לומר דאותיביה ר"י וכו' דקאמר היינו סתמא דתלמודא דפריך הכי לס' ר' אמי וכיוצא בזה כתבו התו' בנזיר פרק המפלת גבי איתיביה ר"י לר"ל שלא היו דברים מעולם יע"ש ובמ"ש בחדושי לחגיגה ז' ע"א והשתא ניחא דודאי לר' אמי הוה מתרץ לכולהו קראי כדר"פ אלא דהמקשה לא ברירא ליה הך דא"ל דשה שחוט ובפר שחוט נמי פליגי ומ"ש הקשה לעיל לר"י ממתני' דנמנין וכו' דמוכח מינה דשה שחוט לא מקרי שה וכ"ש דם אבל לר' אמי לא פריך מינה דלדידיה ודאי לא מקרי שה דומיא דדם והכא פריך לר' אמי מקראי דמוכח מנייהו דפר שחוט מקרי פר וה"ה דם עד דתריץ ר"פ למקשה דודאי בעור ובשר לא פליגי כדסבירא לך והא דלא קאמר אלא אמר ר"פ כיון דסותר סברת המקשה הכא ולעיל אקושיא דנמנין וכו' משום דל"מ אקושיא נמנין דלעיל דהגם דנסתר סברת המקשה דאותיב מינה לר"י דוקא ולר' אמי נמי תקשי מינה דהא לכ"ע שה שחוט מקרי שה דאיכא למימר דכיון דאכתי צריכים לתו' דלעיל שאני התם דכתב מהיות משה להכי לא קאמר אלא דאפי' לקושיא דהכא דנסתר סברת המקשה וגם אין אנו צריכים לתו' שיוציא את כולו מ"מ כלפי זה לא קאמר אלא כיון דתו' שיוציא את כולו שפי' קאמר דהא כל כתיב ולא צריכינן לתירוץ דרב פפא אלא ליישב קרא דואת פר החטאת וכו' וקרוב לדרך זה ראיתי שתירץ בשכ"י וכתב דדברי רש"י ז"ל שכתב ד"ה שיוציא את כולו תירוצא הוא ר"ל שהוא תירוץ טוב ואין לו פרכא מצד עצמו שיכול להיות דאף דמתרצינן תו' אחרינא לקראי אחריני מ"מ פירוש את כל הפר שיוציא את כולו אלא דבתירוץ דרב פפא לא צריכינן להאי ולכן לא קאמר אלא דאין דרך לאומרו אלא כשנופל התירוץ מעיקרו אבל האי תירוצא הוא וכו' עד כאן דבריו ומה שסיים שם אך קשה למר זוטרא דלא אסיק אדעתיה ג"ש והוה ס"ל דטעמא משום דלאו שה מקרי היכי משני לקרא דואת פר החטאת ול"ע ושמא דריש ביה שום דרשא אחרינא עכ"ד ואפשר דהוה דריש ואת פר החטאת שהיה כבר וללמדך שצריך להוציא את כולו אם נאבד ממנו אבר אחד לא קיים מצותו דומיא לדרשא דלקמן מדם הפר דדריש תלמודא בזבחים שהיה כבר כמו שהביאו התוספות ד"ה ואת וכו' והגם דהכא לא כתב כל כמו שחלקו התוספות מ"מ למ"ז הוה משמע ליה למכתב יתורא דפר דכתב הכא השתא לאו פר מקרי דרשינן פר שהיה כבר דהיינו כולו חוץ מדם ואמורים אלא דלר"פ לא משמע ליה לפרש כן כיון דלא מצית לפרושי פר שהיה כבר ממש דהא חסר ממנו דם ואמורים ולא דמי לדרשא דולקח מדם הפר דהתם פר שהיה כבר ממש קאמר דאפילו לורס אוזן פסלינן ביה וא"כ דלמסקנא למ"ז נמי שה שחוט מקרי שה דמכח קרא דואת הפר ושאני התם דילוף שה שה מפסח כנלע"ד וק"ל.

שם אמר רב אשי מסתברא כמ״ד דם אקרי פר וכו׳. וכן פסק הרמב״ם ז״ל בסוף הלכות עי״ה מטעם דרב אשי קאמר מסתברא כמ״ש הכ״מ שם ועוד נלע״ד טעם אחר דאע״ג דאמוראי דהכא הו״ל תרי ותרי מ״מ הא איכא ריב״ל לעיל דמבעי דבעי חפן ומת מהו שיכנס וכו׳ ע״כ ס״ל אפילו בדמו של פר דאל״ה הו״ל קטרת שחפנה קודם שחיטת הפר שלא עשה כלום ומאי קמבעיא ליה כדקאמר תלמודא שם וכן נמי קאמר ר״ח שם דשאלת ריב״ל כשאלת ראשונים דנחלקו עליו חביריו ואמרי אפילו בדמו של פר ומש״ה פסק ז״ל כן וטעם הכ״מ אינו מוכרח כל כך דאי״ל דלבתר דקאמר ואידך במה הוכשר וכו׳ אפשר דמקרא אין להכריע כמותו ור״א מסתברא בעלמא קאמר ולא בזה יכריח לפסוק כן וק״ל.

שם ותיפוק ליה דחטאת שמתו בעליה וכו׳. דאע״ג דע״כ לומר דבי גזא דאהרן אפקריה רחמנא לגבי אחיו הכהנים דאם לא כן לא היו מתכפרים כדקאמר תלמודא לקמן נ״א ע״ב היינו ודאי שהם זוכים על ידו כי היכי דתהוי להו כפרה בשעת וידוי וזריקה וא״כ בשמת אין כאן מי שחכה להם והו״ל חטאת שמתו בעליה א״נ אפילו תאמר דמשעת הבאה ווידוי זכו בו אחיו הכהנים לגמרי מכח דאפקריה להו רחמנא מ״מ ס״ד דחטאת שותפים למיתה אזלא במת א׳ מהשותפות כדס״ל בפ״ק דהוריות ו׳ ע״א יעי״ש ומתו בעליה דקאמר היינו מקצת בעליה ודו״ק.

שם דתנן אמר לו ר״מ וכו׳. הריטב״א כתב דתניא גרסינן דמתניתא היא ע״כ דהגם דלשון כיולא בו שנינו בפ״ב דתמורה מ״מ התם ל״ג פסח אלא הכי איתא בתוספתא שם אלא דהתם מייתי לכולה מלתא בשם ר׳ יעקב יעי״ש ומ״מ אפשר לקיים גי׳ שלפנינו וממתניתין הוא דפריך אלא דתלמודא הוסיף בה פסח דקתני בבריתא וע״כ צ״ל כן לדברי רש״י ז״ל שכתב ד״ה א״ל ר״מ במסכת תמורה היא ולגי׳ הריטב״א צ״ל דממתניתין לא פריך דבפשיטות יש לתרץ דאת״ק קמהדר ולעולם דלכ״ע קרבן יחיד הוא כדמסיק אבל מבריתא דייק שפיר דמדקתני א״ל ר״מ משמע דרבנן פליגי עליה וס״ל דק״ל הוא ועיין מ״ש בפרש״י ז״ל וק״ל.

שם איתיביה אביי פר ושעיר וכו׳ שאין חטאת צבור וכו׳ כלומר דמוכח מהכא דלר׳ יהודה נמי פר של יוה״כ ק״ל הוא דמדר״ש נשמע לר״י ועוד דאי לאו הכי לא הוי רבותא לר״י למתני פר של יוה״כ דודאי ימות כחטאת יחיד ואם כן תקשי מינה לרבא דדחי לעיל ולטעמיך וכו׳ ומסיק דלעולם ת״ק דר״ש שם במשנה דתמורה דהיינו ר׳ יהודה כדמסיים בה בתוספתא דתמורה שם בהדיא נמי ס״ל דפר יוה״כ קרבן יחיד הוא דהא מהכא מוכח דר״י תשוי ליה ק״ל ובזה יתיישב מה שהקשה בשכ״י ז״ל וקשה קצת דמאי מותיב ליה וכי׳ רבא אמר דליכא מ״ד דקרבן צבור הוא שמא רבא לדבריו שאמר דתנן אמר לו וכו׳ דחי ליה שאין מזאת במשנה ראיה ואדרבא איפכי מסתברא מסיפא ומכל מקום יסבור דאיכא מאן דאמר דצבור היא עכ״ד וק״ל.

רש״י ד״ה **חטאת** צבור וכו׳ ועל כל קהל ישראל וכו׳ ובעד כל קהל וכו׳. כה״ג בספרים ישנים ואף על גב דתניא לקמן נ״א ע״ב דאין צבור מתכפרין בו ומשנה שלמה שנינו בסוף פ״ק דשבועות אלא שפר מכפר על הכהנים ועוד לשון וידוי דמתני׳ דלעיל ולישנא דקרא יוכיח שלא הוזכר אלא ובעד ביתו הא פשוט מ״מ להיות שכפרת שעיר של צבור תלוי בו דיבא זכאי ויכפר על החייב נהכי חשיב ליה במקצת כפרת צבור וע״ד שכתב ז״ל לעיל פ׳ קמא ו׳ ע״ב ד״ה הותרה היא וכו׳ וכמ״ש שם ועיין בהריטב״א שם והיינו דמייתי קרא דוכפר דבעי דמעיקרא יכפר עליו ועל ביתו בפר שהביא והדר על כל קהל ישראל ואע״ג דלעיל מ״ד ע״א דרשיק ליה למלתא אחריתי הא נמי שמעינן מינה כדדרשי בספרי שם ולפ״ז קרי ליה חטאת צבור אם מפני שכפרת צבור בשעיר תלוי בו ואם מפני דהכהנים רבים צבור מקרו והאי לישנא לא ניחא ליה לרבא לקמן מפני שהתלמידים יטעו לומר דהכהנים צבור מקרו גם לענין פר בהוראה וכמו שפירש ז״ל שם ועמ״ש מהרש״א ומה שנראה מדבריו לפי׳ דהשתי ס״ד דצבור מתכפרים בו ממש ולהכי קרי ליה חטאת צבור יעי״ש לא זכיתי להבין דהיכי מלינן למימר דס״ד הכי כיון דמקרא וממתניתין משמע בהדיא דאין צבור מתכפרים בו אלא נראה לענות דעתי ליישב כמ״ש וק״ל.

ד״ה **לאו** מכלל וכו׳ מכלל דשמעיה לת״ק וכו׳ דלשון מכלל דאיכא מ״ד לא יתיישב שפיר דמשמע דר״מ לאו את״ק קאי אלא דייק בסתמא דמדר״מ קאמר הכי מכלל דאיכא מאן דפליג עליה וזה א״א דלא הוה ידע אהיכא קאי ר״מ דהא מתני׳ היא במסכת תמורה וידע שפיר מינה דודאי ר״מ את״ק היא והיינו שכתב בדיבור הקודם א״ל ר״מ במסכת תמורה ע״כ לכן תיקן הלשון דהוי כאילו אמר מכלל דשמעיה לת״ק וכו׳ והא דקאמר בסמוך אלא לת״ק קמהדר וכו׳ לפרושי מלתא מעיקרא אתא ולאו למימרא דמעיקרא ס״ד דלאו את״ק קא מהדר ולא ניחא ליה לפרש דמעיקרא סלקא דעתך דודאי ת״ק נמי מודה באלו שהם קרבן יחיד ואיזה טעם יש לומר באלו שיאמו מהכלל ודיוקא דר״ע דאם איתא דלכולי עלמא קרבן יחיד ליקשי ליה ר״מ בסתמא והלא פר יום הכפורים ופסח דדוחים שבת אלא מדאצטריך לפרושי דקרבן יחיד דייקינן דאיכא מ״ד דצבור וה״ק והלא פר יום הכפורים וכו׳ שכנראה שאתה מודה שהם קרבן יחיד כי היא סברה יותר מוסכמת ואקשי ליה מר׳ יעקב דאת״ק נמי קאי כמו שפי׳ ז״ל בסמוך וכדאיתא בתוספתא דתמורה דאמאי אצטריך לפרושי התם דק״ל כיון דהתם ודאי ליכא למ״ד דיחיד דאם תפרש כן הו״ל דר״ע קאמר למלתיה דלא כת״ק ור״מ וזה דוחק אלא ודאי ע״כ לפרש דה״ק מכלל דת״ק ס״ל דלצבור הם והיינו טעמי׳ בדוקא ואין לו טעם אחר דהשתא ניחא דר״ע אמר למלתיה כת״ק דהתם ולמסקנא דקאמר אלא נקוט האי כללא בידך כל שזמנו קבוע וכו׳ וכדמסיים ר״מ שם במתניתין אלא שזמנו קבוע וכו׳ וכן ר׳ יעקב מסיים בתוספתא שם כלל אר״י כל שיש לו זמן קבוע מן התורה וכו׳ יעי״ש צ״ל דודאי ת״ק נמי הכי ס״ל האי כללא אלא דלא נחית לפרושי מלתא בפרטות וכמ״ש התי״ט בתמורה שם וק״ל.

ד״ה **חגיגה** וכו׳ צבור הס״ד ואח״כ מ״ה דאמן קבוע בכל יום כתמיד ואביאתי כ״ג או דבר הבא לחובת היום כגון פר יוה״כ ופסח. וחגיגה אין זמנה וכו׳ כן הגיה בשכ״י ונכון הוא.

ד״ה **כולן** ימותו דהויא לה חטאת שכפרו הבעלים וכו׳ וס״ל דאף בלצבור מתה וכ״כ ז״ל בהוריות ו׳ ע״א רי״א כולן ימותו דהכי ס״ל דאפילו חטאת צבור מתה עכ״ד ואה מוכרח דהא ליכא למימר טעמא דסבירא ליה דבחטאת שותפין מתה אבל בלצבור לעולם דאינה מתה חדא דהביאה פר מלינן למימר ביה מתורת שותפות אבל שעיר מאי איכא למימר ועוד דבהדיא שנינו פרק ב׳ דתמורה ט״ז ע״א דר״י סבירא ליה דחטאת שכפרו בעליה בלצבור נמי מתה יעי״ש ומה שהקשה מהרש״א ז״ל בהוריות שם לא ידענו מי הכריחו לזה וכו׳ יעי״ש לע״ד הדבר מוכרח ופשוט כמ״ש ושוב ראיתי בספר שער יוסף נ״ב ע״ד שהקשה כן בשם חד מרבנן יעי״ש והנה מה שסיים ז״ל כאן וחמש חטאות מיתות וכו׳ לסימנא בעלמא הוא דנקט אבל לאו למימרא דר״י סבירא ליה בכלהו דבלצבור מתה דהא ע״כ במתו בעליה לא פליג דהא אין מיתה בלצבור וכדמוכח בסוגיא דתמורה וכמו שכתבתי בתי״ו דסוגיין ד״ה ור״ש וכו׳ יעי״ש ומפשטא דמתניתין דתמורה ט״ו ע״א משמע דע״כ לא פליג ר״י עליה דר״ש אלא בנתכפרו בעליה ועברה שנתה בדוקא יעי״ש וק״ל.

ד״ה **דלא** מייתי כהנים וכו׳ ב״ד של כהנים וכו׳. עמ״ש בזה בספר שער יוסף נ״ו ע״ב ועיין בהריטב״א. ומה שסיים ז״ל אלא אותן שנטלו נחלה ע״כ עיין בספר באר שבע לחידושיו בספ״ק דהוריות שהקשה דהא רבא התם דחה טעם זה דשם קהל תלוי באחוז׳ יעי״ש ואפשר ליישב דאין כוונת רבא שם לדחות דאינו תלוי באחוזה כלל אבל דעתו דשבט לוי נמי בכללות כהנים ולוים אקרו קהל דגם הם נטלו אחוזה דהיינו ערי מגרש דמהאי טעמא קתני ר״י בסוף מעי״ש דכהנים ולוים מתודים ומפרש בירושלמי שם דטעמיה משום דס״ל דערי מגרש אלו למחלוקת ניתנו כשאר חלקי הכהנים יעי״ש והכי קיל״ן כמו שפסק הרמב״ם ז״ל סוף הלכות מע״ש [(ועיין בתוספות דברכות כ׳ ע״ב כי דבריהם ל״ע דמשמע דמר׳ מאיר קשיא להו דסובר שלא נטלו חלק כדקתני התם ושוב בא לידי תוספות ישנים דברכות כתיבת יד ושם הגיהו קושייתם על ס׳ ר״מ וסיימו אם לא שתאמר דלא קיל״ן כר״מ אלא כר׳ יוסי דנימוקו עמו וכו׳ ושוב ראיתי בתשובת שי למורא סימן ל״ד שעמד על דבריהם יעי״ש)] וא״כ בדין הוא דשבט לוי בכללו אקרו קהל אבל כהנים בפ״ע לאו קהל מקרו דהא אין להם

חלק מיוחד ורשום בפ"ע כשאר השבטים ולכך דין שותפים יש להם ולא מייתו פר בהוראה ולפ"ז מה שסיים ז"ל אלא אותן שנטלו נחלה כוונתו שנטלו נחלה מיוחדת בפני עצמם כשאר שבטים לאפוקי כהנים דהגם דיש להם נחלה הרי הם בכלל הלוים והם בפני עצמם ודאי לא אקרו קהל כנלע"ד ושוב ראיתי ספר שער יוסף שהביא לשון בעל ספר עיון יעקב שתירץ קרוב למ"ש יע"ש כ"ז ע"ד ודו"ק.

תוספות ד"ה **איתיביה** ר"י וכו' הכא משמע דלמ"ד וכו'. וכן מוכח נמי מדפריך מר זוטרא
ממתניתין אין פודין בשחוטה למ"ד אפילו בדמו של פר ואם איתא דאף לדידיה לאחר זריקה נו לא מקרי שב מאי פריך הא התם כלאחר זריקה דמי ומש"ה אין פודין לב"ע אלא משום דמהכא מוכח מלתא בהדיא טפי קבעו דבריהם הכא ולא אדמ"ז [אדמר זוטרא] דלעיל ותו דאי ס"ל דהאי איתביה ר"י לר' אמי ממש קאמר עיין מה שכתבתי בסוגיא מעתה ודאי ניחא להו טפי לאוכוחי ממילתיה דר"י נפקא גופיה דהוא ניהו מ"ד אפילו בדמו של פר ולא ממילתיה דמ"ז דלא הוזכר בהך פלוגתא וק"ל.

ד"ה **חטאת** לבור וכו' הא רועה היא וכו'. והכא דלא מלי' למימר רועה דהא בשחט פר ומת עסקינן הו"ל
דלא קרב' ועיין בתי"ו דסוגין ובמ"ש התוספות בפ"ב דתמורה ט"ו ע"ב ד"ה וקא קרב' וכו' ומ"ש ד"ל דהביא רעיה מדרבנן וכו' כן מוכח בסוגיא דפ"ק בשבועות י"ב ע"א דקפריך אהא דקאמר ר"ש ירעו יאמאי נקרבו איננו גופייהו עולה אלא לאו ש"מ גזרה לאחר כפרה וכו' ועיין בתוספות שם וק"ל.

ד"ה **פר** העלם וכו' בכל דוכתא נקט וכו' היינו הכא במלתיה דר' יעקב ובסמוך בברייתא דפר ושעיר וכו' למאי
דמפרש פר העלם וכן בברייתא דפרק התכלת נ"ב ע"א ודהוריות ה' ע"ב יע"ש וכתבו דאי כמ"ד [דבע"ז] כל שבט ושבט מביא שעיר והכי נקט שעירי א"כ נימא נמי בכל דוכתא פרי ל"מ בהך דהכא דאיירי נמי בעולות לבור דהוה מלי למתני פרי דהא אפי' אי האי העלם דקתני בע"א ובשאר מלות ניחא דהא הך תנא סבירא ליה בכולהו דכל שבט ושבט מביא פר כדקתני במתניתין שם ר"א י"ב שבטים מביאים י"ב פרים ובע"א מביאים י"ב פרים וי"ב שעירים אלא אף בברייתא קמייתא דבסמוך דאיירי בחטאות אכתי תקשי דלמאי דבעו לפרושי פר העלם אמאי לא קתני פרי דהגם דע"כ בשאר מלות איירי דע"א פר דמייתי לבור היינו לעולה כדכתב קרא בפרשת שלח לך וכמו שפירש"י שם בהוריות מ"מ הרי הך תנא סבר דבשאר מלות נמי דינא הכי והיינו שכתבו דבשאר מלות כל שבט ושבט מביא פר וכו' דאין כוונתם למעט דבע"א אין הדין כן דהא ליתא כדמוכח ממתניתין אבל שאר מלות דנקטו היינו כלפי ברייתא דלקמן דאיירי בחטאת דלא מתפ' אלא בשאר מלות ותירץ שפיר דלעולם ס"ל לתנא דהנך ברייתי דכל שבט ושבט מביא שעיר והיינו דקתני בכולהו שעירי אלא דמשום דבברייתא דלקמן לא פסיקא ליה למתני פרי דהיה אפשר לטעות דלהכי נקט פרי לשון רבים לכלול גם פר העלם דע"ז ולאו מטעם דס"ל דכל שבט ושבט מביא פר וזה אינו דההוא עולה הוי ומתה ורועה בחטאת דוקא גמירי ולהכי נקט פר לשון יחיד דתידוק מדלא קתני פרי כדקתני שעירי לאשמועינן דבחד מין פר שמביאין לבור איירי דהיינו בשאר מלות דלמעטי דשם יביאו פר לכל השבטים הא ליכא למ"ד ומעתה אגבה נקט הכא ובמנחות שם פר לשון יחיד ועיין מ"ש מהרש"א בשם ת"י דלכאורה משמע מדבריהם דאפי' למ"ד דבע"ז מייתי כל שבט ושבט שעיר פר לא מייתי אלא אחד יע"ש וזה אין גו הבנה דהא התם מוכח דשוים ניהו כמ"ש וכ"כ התוס' בהדיא פ"ק דשבועות י"א ע"ב ופ"ד דזבחים מ"א ע"ב סד"ה והא תנא ליה וכו' והיה אפשר ליישב דבריהם דה"ק דאפילו אם יביא כל שבט שעיר חטאת בע"ז מ"מ פר חטאת לא מייתי כלל ואפילו אחד הלכך נקט פר וכו' ושוב ראיתי בספר שער יוסף להוריות כ"ד ע"א שהרגיש בזה יע"ש ודוק.

ד"ה **והתניא** וכו' וברייתא אהריתי וכו'. וכן משמע דלעיל קתני וכן שעירי ע"א והכא לא קתני ועוד דאי ברייתא
דלעיל היא למה ליה לאהדורי השתא כולה ברייתא לימא בקיצור והא קתני פר של יוה"כ ושעיר של יוה"כ וק"ל.

ד"ה **ונפקא** מינה וכו' כדמשמע בפ"ק וכו' ולא בשל שותפין וכו'. אף של גב דלעיל אין ראיה אלא דאינו של
אהרן מהדרינן ואיכא למימר דדוקא אילו שאין לכהנים חלק בו וכמ"ש התי"ט דסוגיין ד"ה ולטעמיך וכו' יעו"ש אבל פרי דיש לכהנים בו שותפות אימא דכלבור מהם דמי מ"מ משמע להו דכיון דסוף סוף משל צ"כ הוא בא דין יחיד יש לו לענין זה ועיין בדבריהם בפ"ק שם סד"ה אמר רב תחליפא וכו' דלפי פירושם שם בסוגיא דפרק כל הפסולין מוכח דפסח נמי דין יחיד יש לו דלריך לאהדורי אטהורים יעו"ש. ומ"ש לריך להגיה נמי בדבריו וכו' דהאי נמי שכתבו משום דרבא אדברי רב עמרם דלעיל נמי קאי דע"כ לא קאמר ר"ש אלא חטאת השותפין וכמ"ש בתי"ו דסוגין ד"ה לא תימא וכו' ומעתה הגם דלר"ש ודאי הו"מ למימר הך נפקותא דמסתמא איהו נמי כרבה רביה ס"ל דטומאה הותרה מ"מ כיון דרבא לתקן נמי דברי ר"ש אתא והיא עיקר מלתיה להכי קאמר נפקותא דהוראה דנפקא מינה גם לר"ש.

ע"ב גמרא **לאו** מכלל דאיכא למ"ד דלבור וכו'. דהיינו סברת ר"ש דקאמר שאין חטאת לבור מתה והיקשי
לרבא שרלה לפרש שאין חטאת השותפין אבל ממילתיה דת"ק דר"מ דתמורה גם ר' אלעזר מודה כדאסיק רבא לעיל דת"ק נמי קרבן יחיד משוי ליה אבל אין להכריח דאי פלוגתא דת"ק ור"מ דלעיל קאי הו"ל לאתווי הך פרכא לעיל קודם פרכה אביי דזה אינו דמעיקרא בעי פריך ליה כל מאי דמלי מברייתא והדר פריך ממימרא דאמורא אלא כך היה נראה לפרש כמ"ש משום דכן משמע דת"ק נמי קרבן יחיד משוי ליה כמו שהכריח רבא לעיל אבל יותר נראה לפרש דאמתניתין דתמורה דלעיל נמי קאי למאי דמשמע מתוספתא דתמורה דסבר ת"ק ר' יהודה הוא ומשמע דפר יוה"כ לר"י נמי חטאת לבור הוא דהבאת אלטריך ליה למתניה בין לר"י דאפ"ה מתה ובין לר"ש דרועה וכיון שכן שפיר דייקינן לעיל מאמר לו ר"מ וכו' מכלל דת"ק ס"ל דלבור הוא ודלא כרבא דפריך ליה ולטעמיך דקתני אמר לו רבי יעקב וכו' דהתם ודאי אין לפרש כן ודרך זה נכון וכ"כ התי"ו דסוגין ד"ה לדברי האומר וכו' דפליגי לעיל אי קרבן לבור הוא או לא ודלא כרבא דאמר לעיל דליכא פלוגתא בהא עכ"ד וק"ל.

שם לאו מכלל דאיכא למ"ד דלבור וכו'. דמשמע דר"א הכי
קמבעי' ליה דמי נימא דקרבן יחיד דקאמר ר' מאיר דוקא
קאמר שהרי משל כ"ג בא ואחיו הכהנים מקופיא מתכפר או נימא דלאו דוקא אלא כלומר דשותפין דמקבע' מתכפרי וקרי ליה יחיד מטעם דמשלו הוא בא ומעתה להך לד ע"כ דת"ק דר"מ כלבור משוי ליה והרין ליה לא מכלל דאיכא למ"ד דשותפין כלומר דר"א פשיטא ליה דת"ק דר"מ כשותפין משוי ליה דסבר דמקבעא מתכפרי ועושה תמורה אבל לר"מ מספקא ליה בקרבן יחיד דנקט אי דוקא קאמר ופליג את"ק ולדידיה עושה תמורה או לאו דוקא קאמר ולא פליג את"ק בהא אלא את"ק קמהדר וכו' וכמו שתירץ רבא לעיל ולעולם דלר"מ נמי דשותפין הוי ואינו עושה תמורה ושוב ראיתי להתוס' ד"ה לדברי האומר שדעתם לפרש בדרך אחר
והנלע"ד כתבתי ודוק.

שם פשיטא דבתר מתכפר וכו' אר"י המקדיש וכו' דזה דוחק
לומר דמאי דפשיטא ליה לר"י מבעיא לר' אלעזר דהא
סתם ר' אלעזר הוא ר"א בן פדת תלמיד ר' יוחנן כדפרש"י בפרק הערל ע"ב ע"ב ומסתמא כי היכי דשמעה ר' אבהו שמע לה נמי ר"א מר"י רביה [(דמ"ש בדפוס חדש ר' אליעזר ע"ס הוא וצ"ל ר' אלעזר כגירסת ספרים ישנים)] וצ"ל דמדלא קמבעיא ליה בעלמא במקדש קרבן לצורך חבירו מי עושה תמורה המקדש או המתכפר דאי פשיטא לן בהא ילפינן מהך לפר יום הכפורים משמע דפשיטא ליה ושמע לה הא דר"י דבתר מתכפר אזלינן וא"כ מאי קא מבעיא ליה תו בפר יום הכפורים ושוב ראיתי בספ"י שהרגיש בזה ותירץ ז"ל ונראה דבלא הא דר' אבהו הוה מלי למיפרך דדבר פשוט הוא שהנותן דבר לחבירו הוא של ניתן ולא של נותן ואין אדם ממיר דבר שאינו שלו ואפשר שזה רמז רש"י ז"ל במ"ש דבור המתחיל פשיטא דלענין תמורה מתכפר הוי בעלין דיש לדקדק מדוע שינה לשון הש"ס שאמר בתר מתכפר אזלינן וכתב הוי בעליו אלא כוונתו לומר דבלא הא דרבי אבהו הוה מלי פריך פשיטא מטעם האמור ותומש וטובת הנאה גופייהו מן הדין היה דלבוו

למתכפר אי לאו דגלי קרא כמ"ש רש"י ז"ל ור' אבהו אר"י גופיה לאו האי דתמורה דמתכפר אתא לאשמועינן אלא טובת הנאה וחומש אצטריכא ליה ואגב קאמר הא דתמורה משום דבעי למימני כל הני תלתא דאיכא במתן מעלו לחבירו ואפשר שזה רמז רש"י ז"ל בד"ה דאמר ר' אבהו וכו' שלשה דברים וכו' וכמ"ש עכ"ד ועם כי לכאורה נראה שדבריו נכונים וסמוכים עם פרש"י ז"ל מ"מ יראה דאשתמיטתיה סוגיא דפ"ק דתמורה י' ע"א דהתם מבעיא ליה לרמי בר חמא מקדיש עושה תמורה או מתכפר עושה תמורה ואיצטריך רבא התם להוכיח כן מסברא דא"כ מלינו לבור וכו' ומרב נחמן א"ר הונא מקר' דקרבנו וכו' עד דמסיק מאי הוי עלה ומייתי הא דר' יוחנן דהכא א"כ משמע בבדיא דר' יוחנן הא נמי איצטריך לאשמועינן ומכולא שמעי' דהכא בלא ר"י לא מצי למיפרך מידי אבל נלע"ד עיקר כמו שתירצתי ולענין דקדוקיו בדברי רש"י ז"ל עמ"ש שם וק"ל.

שם חומר בזבח שכזבח נוהג בצבור כביחיד וכו' כן היא עיקר הגירסא והכי גרסינן לה בתוספתא דספ"ק דתמורה וכן נראה גירסת רש"י ז"ל ד"ה אלא לאו דפר וכו' ובתוספות ד"ה ואי ס"ד וכו' וכן משמע דהא אסיפא דמשא"כ בתמורה דאינה נוהג בצבור מהדר ול"מ למאי דמוקמינן לה בפרו או באילו דאתי שפיר דכ"ק דמין זבח זה דהיינו חטאת או עולה נוהג בצבור אלא אף למאי דבעי לאוקומה לקמן בפסח אתי שפיר דהא פסח דינו כשלמים בשאר ימות השנה ומשכחת לה שלמים בצבור כבשי עצרת ועיין בחי' דסוגיין דלקמן ד"ה ונוקמא בפסח וכו' שפירש באופן אחר ומ"מ מדבריהם ומדברי התוספות שם למדנו דאף אי מוקמינן לה בפסח הגי' ונוהג בצבור כביחיד כן נראה הגם שמהרש"א לא כתב כן עיין עליו וק"ל.

רש"י ד"ה **לדברי** האומר ר"מ קרייה לעיל וכו' אפשר שכיון למ"ש התוס' דאין לפרש דר"מ נמי ס"ל דשותפין הוי ולאפוקי מת"ק אתא כדפירש רבא לעיל דלא משמע ליה לר' אלעזר לפרש כן מדנקט קרבן יחיד ולא קתני שאינו קרבן צבור יעו"ש ולהכי הגם דיש לדחות דליכא למ"ד דלצבור מ"מ ע"כ דשותפין פליגי דלר' מאיר הוי קרבן יחיד ולא דשותפין וכן ראיתי בשכ"י וק"ל.

ד"ה **אי** נימא וכו' לענין תמורה וכו' דלענין חומש פשיטא ליה דבתר מקדיש אזלינן כדכתיב אם המקדיש יגאל כמ"ש בסמוך וכדפשיט רבא בפ"ק דתמורה י' ע"א יעו"ש וא"כ כוונתו דכוונת הדברים דבעלמ' במי שהקדיש קרבן לצורך שיתכפר בו חבירו בדוק' מספקא לן אי בתר מקדיש וכו' וממילא שמעינן לפר יוה"כ דלשון זה דאי בתר מקדיש וכו' לא שייך גבי פר יוה"כ דהא מקדיש דהיינו כ"ג מתכפר נמי בפר וגם לשון דבסמוך פשיטא דבתר מתכפר היינו לענין תמורה דעלמא דהכא גם הכ"ג מתכפר בו וה"ש בסמוך פשיטא דלענין תמורה מתכפר הוי בעליו כלומר ולא המקדיש וה"ה לפר יוה"כ דהמקדיש דהיינו כ"ג ושאר אחיו הכהנים המתכפרים בו כלהו בעליו ניהו וק"ל.

ד"ה **דאמר** ר' אבהו וכו' שלשה דברים בנותן וכו'. דאלת"ה מאי שייכיה דהתורם משלו וכו' באינך תרתי דשייכי אהדדי חד במקדיש וחד במתכפר ופשוט.

תוספות ד"ה **לדברי** האומר וכו' רבי אלעזר משמע וכו' כצ"ל ולפ"ז היינו ספיקיה דאע"ג דלר"מ פשיטא לן דקרבן יחיד ממש הוא מ"מ לענין תמורה מספקא לן אי בתר מקדיש אי בתר מתכפר אזלינן כדס"ד בסמוך והיינו דסיימו ולמסקנא דמסקינן וכו' היינו ספיקיה וכו' ולא ניחא להו לפרושי השתא נמי דהיינו ספיקיה אי קרבן יחיד דוקא ופליג את"ק דס"ל דשותפין או דילמא לאפוקי מת"ק קאתי כדפי' רבא לעיל ולדידיה נמי הוי דשותפין דא"כ מאי קאמר בסמוך מאי קמבעיא ליה וכו' ומיהו זה אפשר לדחות דלעולם מאן דקאמר הכא ת"ש דבעי ר"א וכו' ומאן דמתרץ לאו מכלל וכו' ס"ל במסקנא דלקמן דספיקיה היינו אי בקביעותא או בקופיא מתכפר דהשתא מבעיא לן נמי אי יחיד דקאמר ר"מ דוקא או לאו דוקא אלא דסתמא דתלמודא מייתי בתר הכי מימרא דר' אלעזר לפרש בעייתו ועיין מ"ש בסוגיא ודו"ק.

ד"ה **אחיו** הכהנים וכו' אע"ג דמסיק התם דיורש לא מכפר וכו'. דכן אמת דמעיקרא ס"ד התם דאפילו שאין נכס קנין לא מצו יורשים להמיר מגזרת הכתוב דאחד ממיר ואין שנים ממירים אבל לבתר דקאמר רב אסי התם ומינה אא"ב קניא להו היינו דחד מיהא מימר וכו' ועל הא מסיק מקופיא מכפרא וה"ט דחד מימר ואין שנים ממירים משום דלגבי תמורה די לנו בקנין מועט להחשב כשלהם וכמו שפרש"י שם מטעה לאו גזרת הכתוב הוא אלא עיקר טעמא דקד' דחד ממיר ואין שנים ממירים משום דכפרת קופיא מיהא איא להו ותיקשי אדהכא דלא סגי לן בכפרת קופיא לענין תמורה כנלע"ד לפרש דבריהם ובזה תתורץ מה שהקשה בספר פנים מאירות בשיטתו לזבחים יע"ש וז"ל הרמב"ם ז"ל רפ"א מהלכות תמורה היורש מימר הניח בהמה לשני בניו ומת ה"ז קריבה ואין ממירין בה שהרי הם בה שותפין והשותפין אין עושין תמורה כמו שביארנו ע"כ ודו"ק.

מה שתמלא להעריך ערך קף שפירש בקופיא מתכפר דסוגיין פירוש אין לאחיו הכהנים בפר כ"ג ביוה"כ עד שעת הקפת הוידוי וכשמתקבלים ביוה"כ להאזין הוידוי באותה שעה מתכפרין ואם המיר קודם לכן תמורתו תמורה או לא ס"א כגופיא עכ"ד הן אמת דפירוש זה מתורץ היא דזבחים דהתם ודאי פירוש מקופיא כדבר הלף כמו שפרש"י כאן ושם ופירוש בקביעותא כפרה עיקרית וקבועה אבל הכא ענין אחר הוא ומלינן למימר דלעולם כפרת' קלה לפה אבל מבעיא אם כפרה זו הקלה היא מתחילת לקיחת הפר ועד סוף גמר מעשיו ולא שייך ביה תמורה כלל או דילמא משעת וידוי מתחיל כפרתם וקודם לכן יכול להמיר אבל באמת שזה דוחק לחלק בפי' ההיא דזבחים מההיא דהכא כיון שהלשונות שוים ועל כן יותר נראה פרש"י ז"ל וכמו שיישבו התוספות ז"ל ההיא דזבחים וק"ל.

ד"ה **או** דילמא וכו' וביתו נמי מקופיא וכו'. אי ביתו שכתבו היינו אשתו דלא ניחא לפרש היושבים בביתו דהא ודאי פשיטא דלא עדיפי משאר אחיו הכהנים דכלן קרויין ביתו כדאיתא ספ"ק דשבועות יע"ש א"כ אין זה מבואר לע"ד דמלינן למימר דכיון דקיל"ן דמה שקנתה אשה קנה בעלה ואשתו כגופו דמיא עיין פ"א דנדרים פ"ה ע"ב ובדברי הר"ן שם וכן לענין חומש קיל"ן דאשתו נמי מוספה חומש כמו שפסק הרמב"ם ז"ל פ"ז מהלכות ערכין ועיין פ"ד דמעשר שני ובירושלמי שם ומטעם כחד חשיבי דמקבעי מכפרא ועושין תמורה וה"ט דלא מבעיא ליה לר"א אלא באחיו הכהנים דמשום אשתו פשיטא ליה דאינה של שותפין אלא כעצמו דמיא ול"ע.

ד"ה **חומר** בתמורה וכו' תימא לי אמאי לא חשיב וכו'. דבריהם צריכים עיון דהא בתוספתא דספ"ק דתמורה מסיים עלה דהך ברייתא גופה ר"י בר ר' יהודה אומר שגגה כזדון ע"כ כלומר דהא נמי איכא בינייהו וכן תנן ספ"ב דתמורה ר"י בר"י אומר עשה שוגג כמזיד בתמורה ולא עשה שוגג כמזיד במוקדשים ע"כ ואם נפרש דר"י בר"י אין שום חולק עליו כפירוש הרמב"ם שם לא תיקשי קושייתם (דהם) [דהא] כבר ר"י בר"י מסיים בה הכי וכן אם תפרש דרבנן פליגי עליה כנראה מדברי התי"ט שם מכ"ב דלא תיקשי מידי דהא ת"ק דברייתא פליגי עליה ומש"ה לא קתני הא ושוב ראיתי למהרש"א שהרגיש בזה והניח הדבר בצ"ע וק"ל.

בא"ד לא איירי במעשר שהרי אינו דוחה שבת וטומאה וכו'. מה שהקשה מהרש"א ובשכ"י ראיתי שתירץ ז"ל דניחא להו למינקט עיקרא דמלתא דמייתי הש"ס לראיה לעיל שאמר אילימא דיחיד מי דחי שבת וטומאה שהסברא נותנת דבחד זבח קמיירי ואי לאו דאשכחן דקתני שם תמורה לא הוה פרכינן זבח נמי שם זבח שכן משמע מתלא אי הכי ובתר דמשנינן דשם זבח לא קתני מייתינן ראיה ממה שאמר משא"כ בזבח נמצא דהוי' קושיא איתמר ולא לעיקר דמלתא דעיקר דמלתא היינו מה שתירץ לעיל אי דצבור וכו' ואי דיחיד וכו' עכ"ד והאמת שעדיין אין תירוץ מספיק דסוף סוף כיון דכלפי מעשה נוכל להכריח מסיפא גופה דודאי לא איירי בה למה להו להוכיח מרישא ומה גם דאי אמרינן דרישא שם זבח קתני מלינן למימר דאיירי נמי במעשר אי לאו משום סיפא א"כ עיקר ההכרח דלא איירי במעשר היינו מסיפא וזה פשוט ועל כן דבריהם צ"ע וק"ל.

ד"ה **תמורת** חטאת וכו' ולא מצי לשנויי ר"ש היא וכו'. אין דבריהם מובנים דהא הכא מדעושה תמורה ש"מ דפר יום הכפורים קרבן יחיד משוי ליה כדקאמר תלמודא והיכי בעו לאוקומה כר"ש דס"ל דחטאת שותפין היא ולדידיה ודאי

פשיטא ליה לר״א דאינה עושה תמורה ואפשר ליישב דלאו כר״ש ממש קאמרי אבל כוונתם דר״מ דס״ל קרבן יחיד הוא דמש״ה לדידיה עושה תמורה מ״מ ס״ל דכיון דמקופיא מיהא מתכפרי מחזי כחטאת שותפין וס״ל כדסבר ר״ש בעלמא דחטאת שותפין לאו למיתה אזלא וק״ל.

ד״ה **ואי** ס״ד וכו׳ הא דלא אוקמה בזבח שלמים וכו׳. כלומר דאפילו אי אמרת דשם זבח לא קתני אכתי לא מוכח מידי לפרו דמלינן לאוקמה בזבח מיוחד כגון שלמים דנוהג בצבור כביחיד ודוחה שבת וכו׳ דהיינו כבשי עצרת אבל ודאי דמשא״כ בתמורה שם תמורה קתני דהיינו תמורות דעלמא דאתמורת זבח שהזכיר לא מלי קאי דהא איכא שלמי צבור דלא שייך בהו תמורה והא עדיפא לן דמכל מקום אשלמי יחיד דבכלל זבח שהזכיר קאי משא״כ אי מוקמת לה בפרו ודכוותיה דהיינו מין חטאת דאז משא״כ בתמורה לא מלי קאי אמין זבח חטאת שהזכיר בכלל דתמורת חטאת למיתה אזלא ועיין מ״ש מהרש״א בפרש״י ד״ה שם זבח וכו׳. ומה בסיומו ובעולה או בחטאת לא אוקמוה וכו׳ פשוט הוא דהגם דלמאי דמוקמינן לה בפרו או באילו ע״כ דאיירי נמי בעולה או בחטאת דעלמא דהא נוהגת בצבור כביחיד לא משכחת לה בהו וכמו שפירש מהרש״א שם מ״מ להני אוקמתי פרטי דבריתא אאילו או פרו קאי דדוחה שבת וטומאה ועושה תמורה ומינו נוהג בצבור אבל לדבריהם הכוונה דלוקמה בכלהו מיני דעולה או חטאת הנכללים בשם זבח וה״ק דיש מהם דדוחין שבת וטומאה ויש מהם דעושין תמורה ולעולם דלא מוכח מידי אי פרו עושה תמורה דהא יש מהם קאמר ואימא דדין דחיית שבת וטומאה הוא דשייך בו לא תמורה וק״ל.

דף נ״א ע״א גמרא **ולרב** ששת וכו׳ לוקמה בפסח וכו׳ דהשתא אתי שפיר טפי הא דקאמר ונוהג בצבור כביחיד דהיינו בגופיה דפסח כמו שפירש בת״י יעי״ש ותירולא שייך נמי אפסח שני עיין בהריטב״א משא״כ לכי נוקמא באילו דל״ל דמינו דהיינו עולה נוהגת בצבור לא באילו עצמו ועוד דהשתא אשמועינן עובא דעושה תמורה ולא תאמר דדין קרבן צבור יש לו וכמ״ד דאין שוחטין על היחיד משא״כ באילו דליכא למ״ד דקרבן צבור הוא דפשיטא דעושה תמורה ואי משום דחיית שבת וטומאה הא ודאי דחי כיון דקביע ליה זמן ואפילו תאמר דמ״מ אשמועינן דלא כת״ק דר״מ דלעיל דתלי דחיית שבת וטומאה בקרבנות צבור בפסח ניחא לן טפי לאוקמה דהשתא איצטריכו ליה כולהו גם ההיא דעושה תמורה ועיין בתו׳ שכתבו באופן אחר וק״ל.

שם א״ל רב הונא וכו׳ ותנא מ״ש פסח וכו׳ אע״ג דתרי תנאי נינהו ואיכא למימר דלר״מ דקרי לפסח קרבן יחיד ה״ה חגיגה ור׳ יעקב דקרי לחגיגה קרבן צבור מטעם דאתו בכנופיא ה״ה פסח מ״מ הא אשכחן בתוספתא פ״ק דתמורה דר׳ יעקב פריך נמי איפך פרכא דר״מ וקרי לפסח קרבן יחיד ורב הונא ידע ודאי להא ולהכי פריך בפשיטות כאילו חד תנא אמר לכלהו פרכי אבל זה אין לומר דאתנא דסידר אותה בריתא פריך וכנראה לכאורה מדברי רש״י ז״ל דהא לאו חד תנא סידר לכולהו פרכי דהך דר״מ מתניתין ואידך דר׳ יעקב ברייתא היא ועיין מ״ש לעיל שם דאף לגירסת הריטב״א שם דגרים דתניא דהשתא מלינן למימר דכולה חדא ברייתא היא מ״מ יותר נראה לפרש כמ״ש דהא אמסדר ברייתא לא הוה פרכא אלימתא די״ל דלא רצה לשנות מאותו לשון שקיבל שאמר ר״מ והלשון שקיבל שאמר ר״י ואע״ג דפליגי אהדדי כנלע״ד וק״ל.

שם א״ל א״כ יהא דוחה את השבת ואת הטומאה וכו׳ כדקתני ר״מ לעיל ומשני אין כמ״ד דחי דהיינו סברת ר״י כדמסיק ואע״ג דלכאורה זה דוחק לאוקמיה פרכה ר״מ דלא כהלכתא דהא קיל״ן כרבנן דאינו דוחה את הטומאה מ״מ למ״ש לעיל דת״ק דר״מ היינו ר׳ יהודה כדמסיים בה בתוספתא דפ״ק דתמורה מעתה נאמר דודאי ר״מ ס״ל דאינו דוחה טומאה אבל כיון דלת״ק דהיינו ר״י פריך להכי קאמר והרי פסח שני דקרבן יחיד הוא ולדבריך דוחה את השבת ואת הטומאה ועיין בחי׳ הריטב״א ד״ה פסח שני וכו׳ וק״ל.

רש״י ד״ה **שם** תמורה כל התמורות שוות וכו׳ דהא אפי׳ תמורת פר האמת הוא דאינה דוחה שבת להקריבה דהא אפילו בחול לא קריבה דלמיתה אזלא דע״כ לא קאמר לעיל דשם תמורה קתני משום דלא דייק לישנא כ״כ כלפי דידה דמשמע דהא בחול קרבה אבל בשם זבח לא מלי למיתני כלל משא״כ בשם זבח דאינו אלא על בעל מום דהא בבכור ומעשר אדרבא חל בתמורה גופה וק״ל.

ד״ה **קסבר** וכו׳ כר״י דאמר הכי וכו׳ וזה אין לפרש דאפילו לר׳ יוסי דאמר שוחטין אמרה דכיון דלכתחילה מיהא אין שוחטין כדמשמע מסוגיא דפ׳ מי שהיה טמא ל״ה ע״א וכמו שפירש הכסף משנה רפ״ב מהלכות ק״פ יעי״ש [(ועיין מ״ש הפר״ח בליקוטיו שם ובס׳ מלכי בקדש שם)] להכי אינו עושה תמורה כיון דעיקר מלוחו לא בשותפות דא״כ מאי קסבר דקאמר הא ככ״ע היא דמכ״ש לר׳ יהודה דאפילו בדיעבד אין שוחטין [(ועיין בירושלמי דס״פ האשה)] דודאי אינו עושה תמורה אלא ע״כ לפרש דה״ק דרב ששת קסבר כר״י דאמר אין שוחטין ומש״ה לא אוקמה בפסח ואע״ג דהא אנן קיל״ן כר׳ יוסי לגבי ר״י ועוד דהא קאמר התם ל״א ע״ב דר״ש סבר לה כר׳ יוסי יעי״ש וא״כ אכתי תיקשי לרב ששת לוקמה בפסח ואליבא דהלכתא דשוחטין על היחיד נראה לפרש דהתלמודא הכי קאמר דה״ט דלא מוקים לה בפסח משום דבפלוגתא לא קמירי ואפשר דהאי תנא סבר כר״י דאין שוחטין ומש״ה ניחא ליה טפי לרב ששת לאוקמה באילו אבל לעולם דר״ש ס״ל כמ״ד דשוחטין כנלע״ד ועיין מ״ש הריטב״א לקמן בסמוך ד״ה פסח שני מי דחי וכו׳ ודוק.

ד״ה **מי** דוחה טומאה איכא למ״ד וכו׳ כלומר וקיל״ן כוותייהו דרבנן ועוד דהתם לן תנא בפרק מי שהיה טמא כוותייהו דשבת דוחה טומאה אינו דוחה כדאיתא שם ל״ד ע״ב ואית לן לאוקמה בריתא כהלכתא וכמ״ש הריטב״א יעי״ש וה״ט דהכא לא קאמר קסבר דלא דחי טומאה כדקאמר לעיל קסבר אין שוחטין אלא קמתמה בפשיטות מי דחי טומאה כלומר דהא ודאי אית לן לאוקמה בריתא כהלכתא כמ״ד דלא דחי וראיתי בפרש״י שפירש באופן אחר וז״ל ושמא משום שכבר הקשה ולוקמה בפסח ומשני דסבירא ליה כחד תנא ולא כאידך וא״כ מן הראוי היה שלא יקשה לו תו מפסח שני אי לאו דלכ״ע דחי טומאה דאל״ה אחר דשני ליה הכא דלעיל קסבר אין שוחטין דאי דהכא נמי יאמר לו דס״ל כמ״ד דלא דחי לכן אמר לו בתמיה מי דחי טומאה לכ״ע כי היכי דתיקשי לי אחר תירולא קמא והרי יש מי שסובר דלא דחי ובודאי שאשיב דס״ל כותיה כמו שהשבתי לקושיא ראשונה וזה דקדק רש״י ז״ל בלשונו שאמר איכא למ״ד דלא דחי ולא אמר כת״ק דלקמן כמו שאמר לעיל בר״י אלא כוונתו למה שאמרנו מאחר דאיכא מ״ד הכי ולאו כ״ע מודו דדחי מאי פרכא לי אחר תירולא קמא עכ״ד וק״ל.

ד״ה **בכנופיא** ברגלים ע״כ אדחגיגה קאי דהתם כל א׳ מביאה בפני עצמו לכשירצה ואין כאן כנופיא אלא מגד עליית עולי רגלים אבל פסח מלבד זאת איכא נמי דהוא עצמו קרב בכנופיא כדתנן הפסח נשחט בשלש כתות וכו׳ וק״ל.

תוספות ד״ה **נוקמה** בפסח וכו׳ לא הו״ל למיתנייהו בלשון זבח סתמא וכו׳ דאע״ג דבלשון חכמים לשון זבח שם כולל הוא לכל הקרבנות כדפי׳ הרמב״ם ז״ל הביאו התי״ט ז״ל ריש זבחים מ״מ הכא דבזבח מיוחד איירי לא הו״ל למיתני סתמא כיון שאינו ידוע מהכתוב שקרוי זבח כפסח ודכוותיה וה״ט נמי דאילו דהגם דעולה הוא ומלינו שם זבח בעולה כדכתיב וזבחת עליו את עולותיך ואת שלמיך כמו שהשיב הראב״ע בפי׳ לפרשת יתרו והביאו התי״ט שם מ״מ אכתי מסתבר טפי לאוקמה בפסח שידוע יותר בשם פרטי שכתוב בו בעצמו משא״כ אילו דנקרא זבח בשם שכלל הכתוב בכל העולות אבל לא מצאנו לשון זבח בו בפרטות כפסח ועיין מ״ש בסוגיא וק״ל.

בא״ד כדאמר בפרק מי שהיה טמא דפסח בשאר ימות השנה וכו׳ משמע דהיינו מתניתין שם דקתני אחר שחיטת הפסח קרב שלמים וכן בתמורתו ועוד אמר התם אברייתא דקתני אם כשב לרבות תמורת הפסח שקריבה שלמים היכי דמי אי לימא שנמלא אחר שחיטה והימר בו אחר שחיטה פשיטא וכו׳ יעי״ש ואע״ג דסוגיא דהתם על כרחך איירי למ״ד דשוחטין על היחיד דעושה תמורה אפילו בפסח עצמו קודם שחיטה יעי״ש אין כוונתם אלא להוכיח מכאן דאף בשאר ימות השנה יש לו כח להתפיס קדושה בתמורתו ולא תימא דקדושה דחויה היא ואינו עושה תמורה לכ״ע אבל דעושה תמורה בשאר ימות השנה

אפילו למ"ד דאין שוחטין על היחיד הא פשיטא להו כיון דהו אין שם פסח עליו אלא שם שלמים ואי משום דרבים נמנו עליו הרי כבר משכו בעליו ממנו ולא נשאר עליו אלא אחד דבהא דיקא איירי כמו שכתבו. ופשוט הוא דמ"ש לוקמה בפסח ראשון וכו' היינו דלוקמה לברייתא בתרתי דמאי דקתני דוחה שבת טומאה היינו בפסח עלמו דמותר פסח ודאי לא דחי ואפי' בתמורה דפסח לא ברירא לן אי דחיא שבת עיין בת"י דסוגיין וכמ"ש גם בשם תוס' דזבחים אבל הא דקתני ועושה תמורה איירי במותר פסח ועיין במהרש"א. גם פשוט דהוצרכו לפרש משא"כ תמורה וכו' משום דעיקר מלתא דברייתא בפסח עלמו איירי דאינו עושה תמורה להך מ"ד דדוחק לפרש דאתמורת מותר פסח דאיירי ביה נמי קאמר משא"כ בתמורה ולאו שם תמורה קאמר ולריך לומר לפ"ז דעפי הוה ניחא לן לאוקמה אכתי בפסח עלמו הגם דלריך לפרש דשם תמורה קתני מלפרש באילו של אהרן דאע"ג דהשתא תמורה דידיה ממש קאמר מ"מ לא מסתבר לאוקמה בדידיה כיון דזבח סתמא לא איקרי וכמו שהליטו ברא"ש דבריהם וק"ל.

בא"ד וי"ל דמותר פסח נמי וכו' כיון דקדם הקדשו דפסח וכו' דאע"ג דמאי דאינו יולא לחולין לאו מכח מותר פסח הוא אלא מלד שהקדישו מעיקרא לפסח והרי הוא כשאר קדשים שנפל בהם מום לאחר הקדשן מ"מ שם מותר פסח חל עליו אפילו לאחר מומו לענין דלכשיפדנו יביא בדמיו שלמים כדין מותר פסח עיין בפרק מי שהיה טמא ל"ז ע"ב א"כ הא משכחת לה דחל עליו שם מותר פסח על בעל מום ואינו יולא לחולין וכו' וק"ל.

ד"ה **דוחה** את השבת וכו' וניתא דיו לבא מן הדין וכו' דאם משום דא"כ בעלת ויעשו בני ישראל את הפסח וכו' הרי כשבולם זבים מאי א"ל אלא היכא דאפשר אפשר וכו' כדאמר רב בפ' כילד לולין פ' ע"א גבי היו רובן זבים ומיעוט טמאי מתים וכו' יעו"ש ואעיקר דבריהם נלע"ד דלעולם מלינן למימר דה"ע דר"י דלא יליף מג"ש משום דאדרבא איפא דהכי גמרי' מה פסח ראשון אינו ביחידים וכו' ואי משום דא"כ מנ"לן דמיעוט לבור דוחין שבת הא לא דמי לתמיד י"ל דר"י דחיית שבת בפסח ראשון לא יליף מתמיד אלא ממשמעותיה דמועדו דכתיב גבי פסח יליף אפי' בשבת ואפילו בטומאה וכהכוא תנא דפרק כילד לולין ע"ז ע"א וכמ"ש התוס' בריש פרק אלו דברים ס"ו ע"א ד"ה מה מועדו וכו' ורבק דר"י נמי הכי ס"ל וה"ט דלא דרשי ככל חוקת הפסח לענין דחיית טומאה בפסח שני דילפינן מג"ש מה פסח ראשון לא דחי טומאה ביחידים וכו' ולהכי אדרבא הכי דרשינן ככל חוקת הפסח מה פסח ראשון ברוב לבור וכו' אלא דהא מג"ש ילפינן לה ועיקר קרא דככל חוקת למלות שבגופו ושעל גופו איצטריך כדאיתא בפרק מי שהיה טמא ל"ה ע"א יעו"ש ולדרך זה ניחא דלהכך תנאי דהכא לא תיקשי קושייתם דבסמוך דהיכי גמר פסח שני בהיקשא למ"ד דבר הלמד בג"ש אינו חוזר ומלמד בהיקש דדחיי' שבת וטומאה ממשמעותיה דמועדו דפסח נפקא וכן נאמר לרבי ישמעאל דס"ל הימנו ודבר אחר הוי היקש ודו"ק.

בא"ד וליכא למימר דת"ק ס"ל וכו' וגמר מככל חקת הפסח וכו' כלומר לענין דחיית שבת וכן נלמוד ממנו לענין טומאה מה פסח ראשון אין דוחה אלא ברוב לבור כמ"ש ברא"ש דבריהם אבל ר"י דסבר במועדו אפסח שני קאי ילפי' ג"ש ל"מ לשבת אלא אף לטומאה הכי גמרי' שלא יתבטל מפני הטומאה כמו שהכריחו בסמוך אלא דלא יתכן זה דהא בשמעתא קאמר וכו' ימיהו לגירסת הספרים שלפנינו בפרק מי שהיה טמא ל"ה ע"ב דלא גריס התם ור"י אמר לך אמר קרא וכו' אלא גרים ור"י התורה חזרה עליו וכו' לאותה גירסא יש לפרש כמ"ש דאי כתיב במועדו אפסח שני פליגי. ומ"ש וא"ת למ"ל ג"ש וכו' דממעט מכעין הפרט וכו' דהכי נמי דרשינן בפרק מי שהיה ל"ה ע"א כני פרטי למעוטי יעו"ש. ומ"ש על לשון ספרי בגי' ספרי שלפנינו כתובה בטעות אבל בגי' ילקוט בפ' בהעלותך כתובה בתיקון כמו שהעתיקו הם ז"ל ועיין בפסיקתא זוטרתי שם שהשמיט רישא דספרי לענין כרת ולא הביא אלא הך דדחיית שבת וטומאה ולאותה גירסא ניחא שפיר יעו"ש וק"ל.

בא"ד עוד נ"ל לקיים הכל וכו' דאי מככל חקת א"ל כדפרישית לעיל וכו' כלומר לרבנן איפכא דאין ראיה מזה לדחיית שבת דממעט מכעין הפרט מ"מ דלא דחי נ"א שיש בו כרת ואי מבמועדו א"ל כדפרישית לעיל דלא קאי אלא אפסח ראשון דוקא אבל טומאה לא ילפינן מהכא מטעם דמפני טומאה דחיתו וכו' ואדרבא איפכא מה פסח ראשון אין מיעוט דוחה את הטומאה וכו' ור"י נמי איצטריך ליה לתרוויהו לדחיית טומאה דאי מככל חקת יש לפרש כמשפט פסח ראשון דאין מיעוט דוחה ואי מבמועדו מלבד דחייה זו בעלמא עוד י"ל דאפסח ראשון דוקא קאי להכי איצטריך תרי קראי וילפינן מהך שבת וטומאה דלדידיה שקולים הם ויבואו שניהם דאי מטעם מפני טומאה דחיתו וכו' הא י"ל דהתורה החזירה עליו וכו' והא דנקט תלמודא לר"י טעם דככל חקת הדא מינייהו נקט ולעולם דאכתי צריכינן לדרשא דמועדו וסיימו מיהו לרבי נתן דס"ל דמועדו אפסח ראשון דוקא קאי נ"ל דדחיית שבת מככל חקת לחודיה נפקא וה"ה אי סבר כר"י דדוחה גם כן את הטומאה מהכא יליף כולה מלתא וזהו הנראה כפי מסקנת דבריהם וק"ל.

ע"ב משנה רי"א לא היתה שם אלא פרוכת אחת שנאמר והבדילה הפרוכת וכו' ז"ל תוספתא דפרקין מהלך בהיכל עד שמגיע לבין שתי הפרוכות שמבדילות בין הקדש ובין קדש הקדשים וביניהן אמה זה מקום הדביר שעשה שלמה רבי יוסי אומר לא היה שם אלא פרוכת אחת שנאמר והבדילה הפרוכת לכם אמרו לו מה ת"ל בין הקדש ובין קדש הקדשים אמר להם בין קדש העליון לקדש התחתון דבר אחר בין נוב לגבעון לשילה לבית עולמים ע"כ הא דקאמר זה מקום הדביר כלומר שאמה זו היא מקום מחילת הדביר שעשה שלמה דבבית שני דא"א לעשותו לריך לב' פרוכות משום דמספקא לן אי קדושתו כלפנים אי כלחוץ רי"א לא היה שם אלא פרוכת אחת דבעינן כעין משכן דכתיב פרוכת לשון יחיד ואי משום ספקא לא חיישינן להכי אמרו לו מה ת"ל וכו' דהא קרא משמע דפרוכת לריך להבדיל בין הקדש ובין קדש הקדשים דהיינו היכל ובין קדש הקדשים דהיינו דביר בסוף כותלי פנימי או חילון של פרוכת יתחיל שם היכל וקדש הקדשים ואי כדקאמרת דאין שם אלא פרוכת אחת הרי אם תניחהו בסוף אמה טרקסין לגד היכל אפשר שקדושת היכל יש לו ואין זה מפסיק בין היכל לקה"ק שהרי גם לפנים ממנו עדין יש אמה מקדושת היכל וכן אם תניחהו לגד בית קה"ק אפשר שקדושתו כלפנים ואינו מפסיק בינו להיכל ותריץ נהו דקרא לא קפיד שיהיה פרוכת מפסיק ממש בין סוף קה"ק לתחילת ההיכל אלא ה"ק והבדילה הפרוכת מקום המקודש של קה"ק בין הקדש העליון דהיינו עלייה של קה"ק שגם היא תהא מובדלת בפרוכת ובין קה"ק התחתון גם הוא יהיה מובדל מן ההיכל בפרוכת ולמדך הכתוב גם כן שפרוכת של עלייה יהיה מכוון כנגד פרוכת התחתון כדאיתא בתוספתא דסוף שקלים והיתה נתונה בעלייה כנגד שבתחתונה שנאמר והבדילה הפרוכת לכם בין הקדש וגו' דבר אחר למדך הכתוב שלא זו בנוב וגבעון דהיינו קדש לריך פרוכת אלא אף בבית עולמים דהיינו קה"ק שהיה שם מחילה מ"מ לריך פרוכת בפתח היכל להבדיל כדאיתא לקמן נ"ד ע"א ועם מה שפי' יהיו דברי הירושלמי דפרקין מבוארים לפניך דקאמר התם מ"ט דרבנן הא קרא כתיב פרוכת לשון יחיד ומשני והבדילה הפרוכת וכו' כלומר דקרא משמע שיהיה מבדיל ממש בין סיום היכל לתחילת בית קה"ק ופריך מה עבד לה ר"י בין קודש קדשים שלמעלן לקדש הקדשים שלמטן ופריך ולית לרבנן כן כלומר שגם יהיה הבדל למעלה בעליית בית קה"ק דהא קרא לדידהו בהבדל של מטה איירי ומשני אית לן כהכיא דתנינן תמן והאי פספסין מבדיל בעליה בין קדש לבין קדש הקדשים ע"כ כלומר דס"ל דלמעלה לא בעי פרוכת וסגי לן בהבדל מועט דהאי פספסין כיון שאין נכנסין שם בתמידות כלמטה שהיו נכנסים תמיד בהיכל וקרוב הדבר ליכנס בבית קה"ק והגם אם התוספתא והירושלמי מתפרשים כך ילא לנו מזה דגם ר' יוסי מספקא ליה בקדושת אמה אי כלפנים אי כלחוץ וכדרך הא' שכתבו התוס' ד"ה ועבוד דהלת"ה אלא דפשיטא ליה וכדרך הב' שכתבו התוס' שם והת"י דסוגיין אמאי דחיק נפשיה לפרושי קרא בין קדש עליון וכו' כיון דלדידיה אף בפרוכת אחת מקויימא

שפיר והבדילה בין סיום היכל לסיום בית קה״ק דלמעה אלא ע״כ דלר״י נמי מספקא ליה והכי משמע בירושלמי שם ואי משום סיבא לטעות כמ״ש הת״י שם ועיין במה שפירשתי שם ר״י לא חייש להכי דכהנים זריזים ובקיאים הם ומכ״ש אם נאמר דיניחוה לצד הון דהשתא הטעות הוא ביד כ״ג דודאי לא חיישינן ליה דזהיר מאד במעשיו הוא אלא דלמה שפי׳ בדברי הירושלמי דלרבנן סגי לן בעלייה בהבדל ראשי פספסין תיקשי לן מהא דאמר רב לקמן נ״ד ע״א דשתי פרוכות היו בדביר ושתים כנגדן בעלייה והא אתיא דלא כמאן דאי לר״י כרוכת אחת דוקא היה ועוד שהרמב״ם פסק לשניהם להא ולהביא דראשי פספסין משמע דתרתי בעי וכמו שכתב התי״ע בפ״ד דמדות יע״ש ועל כן צריך לפרש הא דמשני בירושלמי אית לן דה״ק דגם לרבנן אית להו שתי פרוכות למעלה בעלייה כי היכי דאית להו ראשי פספסין ובעיקר הטעם למה בעלייה הצריכו שני דברים עיין בתי״ע שם ובספר שלטי הגבורים י״ב ג׳ וק״ל.

רש״י ד״ה **ותיפוק** לי וכו׳ דהא אשר לו כתב ביה תלתא זימני וכו׳ כלומר דאפילו בדיעבד אם הביא מאחיו הכהנים פסול וא״כ ע״כ דמקופיא מתכפרו דבשלמא אי אמרינן דבדיעבד כשר מצינן למימר דלעולם מקיבעא ולהכי הוכרח להביא ברייתא דהיא עיקר הקושיא בעינן אשר לו לעכב ועיין בתו׳ וק״ל.

ד״ה **אלא** שאני בי גזא וכו׳ גרסינן ע״כ ולא כאותה גירסא שכתבו התוס׳ דל״ג אלא דודאי לפי׳ ז״ל אין לה משמעות דהא מאן דפריך ולטעמיך ה״ק דולטעמיך שאתה רוצה להוכיח מדאינו מביא משל אחיו דמקופיא מתכפרי תיקשי לך ברייתא גופה דקתני מיהא שאחיו הכהנים מתכפרים בו ואי לא דקנו בגויה היכי מכפר אלא ודאי צ״ל דאיזה קנין יש להם בו וכיון שכן משום הא מספקא ליה לר״א אי מקבעא או מקופיא והכא תריץ ליה שאני בי גזא דאהרן וכו׳ ומאי תריץ כ״ש דבזה יש מקום יותר לספקא דר״א דדילמא מקבעא מכפר כיון דאפקריה רחמנא לדידהו ועוד דלגי׳ שלפנינו דמסיים בה הכא נמי שאני בי גזא וכו׳ [(הגם בי מדברי תו׳ נראה דל״ג לה)] משמע מינה בהדיא דסיומא דלישנא דמ״ד ולטעמיך הוא ולא תירוצא אקושיא דולטעמיך אלא ודאי דגרסינן אלא שאני בי גזא וה״ק ולטעמיך וכו׳ אלא צ״ל דבי גזא דאהרן אפקריה דמש״ה מתכפרים בו ומעתה הכא נמי לענין תמורה יש צד לומר מטעם זה דאינו עושה תמורה והיינו בעיא דר״א ועיין בתו׳ וק״ל.

ד״ה **מהלך** בהיכל נכנס ומהלך וכו׳. דלשון מהלך משמע שכבר נכנס ומהלך בתוכו וזה אינו דהכתי לא נכנס להיכל דהפינה ראשונה בחוץ היתה כדקאמר לעיל כמדתה בחוץ וכו׳ אלא תיקון הלשון כאילו אמר נכנס ומהלך וכו׳ וק״ל.

ד״ה **שתי** הפרוכות פרוסות מן הצפון וכו׳. בצ״ל דפרופות למאי איצטריך ליה הכא הא קתני לה במתניתין דבסמוך ועוד דהו״ל פרופות מן הצפון ומן הדרום וזה פשוט.

ד״ה **וביניהן** אויר אמה ע״כ ולא חפרש וביניהן משעה חיצוני של חיצונה עד פעת פנימי של פנימית אמה אלא אויר אמה ממש קאמר מלבד עובי שתי פרוכות שהרי לקלוט ביניהן עובי אמת מחיצה של הקדש ראשון נעשו כדקאמר תלמודא בסמוך ופשוט.

ד״ה **אבל** במקדש שני שהיה גבוה מאה אמה וכו׳. עיין בתי״ע ובמ״ש עליו בעל ספר לחם שמים שם גם בספר חנוכת הבית מ״ג א׳ ב׳.

ד״ה **ר״י** היא וכו׳ בצפון הוה ע״כ דזה דרך כבוד שכינה שבכניסה תהיה ימינו לצד הארון דה״ע דלא עבוד איפכא חיצונה פרופה מן הצפון ופנימית מן הדרום כמ״ש הת״י אמתניתין דלקמן יע״ש ובתי״ע שם.

תוספות ד״ה **תיפוק** לי וכו׳ אי לא דרשינן הכי אלא הוה וכו׳ כצ״ל. ומ״ש ועוד דבכל הספרים וכו׳ כוונתם ואם כן מאן דפריך ותיפוק לי הוא ניהו דקאמר שאני בי גזא וכו׳ לתרץ קושיא דולטעמיך ואי ס״ל הכי היכי פריך הכא דמשלו הוא מביא ואם כן מקופיא מתכפרי הא א״ל דמקבעא מתכפרי מכח סברה זו דאפקריה אשר מכח קושיא זו הוכרח רש״י לפי דרכו להוסיף תיבת אלא וזה דוחק וכ״ל דהכי פירושו שלא כפרש״י וכו׳ ועיין מה שכתבתי בפרש״י ז״ל וק״ל.

בא״ד וי״ל דהכי פירושא וכו׳ אבל אחריני לא מכפרי וכו׳. כוונתם דהמקשה ס״ד דמדכתיב אשר לו וכפר בעדו ובעד ביתו ש״מ שהוא העיקר בכפרה זו אבל אחריני לא מכפרי מקבעא אלא מקופיא דהא ודאי פשיטא ליה למקשה דכפרה מיהא יש להם כדמשמע מלישנא דוידוי פר ועוד דהכן בהדיא בסוף פ״ק דשבועות אלא שהפר מכפר על הכהנים וכו׳ אלא דלא אסיק אדעתי׳ דרשא דמשלו הוא מביא וא״נ אסיק אדעתי׳ אדרבא מהכא מוכח דאחריני מקופיא כיון דאינהו לא מייתו וכדפריך בתר הכי ומאן דתריץ ליה משלו הוא מביא כוונתו היתה כדמסיים שאני בי גזא וכו׳ אלא דהשתא למאי דתריץ בסתמא דהאי אשר לו לאו למימרא שהוא עיקר בכפרה זו כדס״ד אלא דמשלו הוא מביא ואהכי מצינן למימר דאחריני מקבעא מתכפרי נתן מקום להקשות ולעטמיך מה תקנת בדרשא זו אדרבא בזה נתחזקה הקושיא יותר דכיון דברייתא דריש דמשלו הוא מביא ומשמע מינה נמי דאחיו הכהנים מתכפרים בו אם כן ע״כ לומר דאחיו הכהנים לא מכפרי בי מקבעא אלא מקופיא דאי לאו דקנו ליה בגויה שגם הם יוציאו חלקם היכי חיסק אדעתין לומר דמתכפרי ביה מקבעא ואם כן מאי קמבעיא ליה לר״א ותריץ ליה שפיר דאפילו הכי יש צד לומר דמתכפרי ביה מקבעא מטעם דבי גזא דאהרן אפקריה וכו׳ זהו הנראה בכוונת דבריהם דמאי דמשמע מתוך דברי מהרש״א ז״ל שהבין בדבריהם דהמקשה ס״ד דאחרים לא מכפרי ביה כלל אין נראה לע״ד מהטעם שכתבתי והכי דייקו דברי׳ ז״ל כמו שפירשתי ממ״ש בדברי המתרץ אבל לעולם אימא לך דאינהו נמי מכפרי מקבעא וכו׳ כלומר ולא כדס״ד דמקופיא דוקא מתכפרי וצריך לומר דלא היה בגירסתם הכא נמי שאני בי גזא וכו׳ דלפירוש׳ לא דייק אלא לפי דרכו של רש״י יע״ש ושוב ראיתי בשכ״י שפי׳ כוונת דבריהם כמ״ש וק״ל.

ד״ה **טרקסין** פרש״י פנים וחוץ וכו׳. כצ״ל וכן תמצא בלשון רש״י לקמן בסמוך ד״ה טרקסין וכו׳ וכלומר דאיסתפק לן בקדושתו אי כלפנים אי כלחוץ וכמו שכתבו התוספות בפרק קמא דבבא בתרא ג׳ ע״א ובערוך ערך טרקסין.

ד״ה **ועבוד** שתי פרוכות תימא ולעביד פרוכה אחת שעוביה אמה וכו׳. דבהכי דומה יותר למחילה של מקדש ראשון ומוד דבשתי פרוכות שמא יטעו הכהנים ליכנס חוץ החלל ההוא דהו״ל ספק קדש הקדשים דבמיתה. ומ״ש אבל השתא דעבוד שתי וכו׳ הדא אוקמוה בתחילת מקום אמה טרקסין וכו׳ עמ״ש מהרש״א ולכל הדרכים צריך לומר דאין כאן ביניהם אויר אמה ממש דהא איכא עובי פרוכה של חיצונה או פנימית בממעט חלל אמה טרקסין ולישנא דמתניתין דייק דהיה בניהם אויר אמה ממש וכמו שפרש״י אמתניתין ועיין מ״ש שם אם לא שנאמר דמשום ההוא פורתא דעובי פרוכה [(דמשמע דהיה עפת כדתנן בפרק בתרא דשקלים יעויין שם בפירוש הרע״ב)] לא קפיד תנא מלמיתני אמה ושוב ראיתי בספר שלטי הגבורים י״ד ע״א שהסכים בטעמים נכונים שצריך להיות שם ריוח אמה יע״ש ואעיקר קושיתם כאמת דזה רחוק מטע לעשות פרוכת מלמר ופשתים בעובי אמה וכן ראיתי שכתב בספר חנוכת הבית מ״ג ב׳ יע״ש וגם׳ שלטי הגבורים י״א ד׳.

דף נ״ב ע״א גמרא **ור״י** אמר לך חביבין ישראל וכו׳ דר״מ סבר דיותר טוב לבא מן הצד דמחזי כנוטל רשות ע״י שליח ליכנס ור״י ס״ל דאדרבא זהו חביבות ישראל שלא הצריכן הכתוב ביום הזה לשליח אצל המלך קודם שיכנס אלא נכנס להדיא כנכנס לביתו ועיין פרש״י ושוב ראיתי להת״י שפי׳ באופן אחר קרוב למה שכתבתי יע״ש וק״ל.

שם ור״י נמי ניעול בין מנורה לכותל וכו׳. דהא כיון דס״ל דפתחא בדרום קאי ע״כ דס״ל כרבנן דשתי פרוכות היו שם דאי סבירא ליה דלא היה שם אלא אי צריך להיות פתחא בצפון כדי שבכניסתו יהיה ימינו לארון דכן צריך דרך כניסה לכולי עלמא כמו שפרש״י לעיל ד״ה ר״י היא וכו׳ וד״ה פתחא בדרום וכו׳ וכיון שכן לא שייך כאן לתרץ לאו אורח ארעא למיעל להדיא ועיין בת״י ד״ה ניעול וכו׳ וק״ל.

שם אלא קדושתיה אי כלפנים אי כלחוץ וכו'. והכי דייק שתמא דתלמודא לעיל ואיספקא להו לרבנן בקדושתיה וכו' וכן כתב הרב המאירי ז"ל מפני שספק היה וכו' אם אותו עובי לענין קדושה היה כלפנים או כלחוץ עד כאן ומעתה יש לתמוה על הרמב"ם ז"ל דלפי הנראה מדבריו בין בפירוש המשנה דמדות פ"ד ובין בחיבורו פרק ד' מהלכות בית הבחירה משמע דמקום הספק היה במדה אם אמה זו בכלל היכל או כקדש הקדשים כדס"ד לרבינא וזה דוחק לומר דסמך על הירושלמי דפרקין דמשמע דספק מדה היה וכן מתין דברי הכ"מ שם שהביא לשון הירושלמי ולא הזכיר כלל סוגין יעו"ש וכן ראיתי בספר דרך הקדש כ"ג ע"ד שתמה על הרמב"ם בזה ולא תירץ מידי יעו"ש וצ"ע.

תוספות ד"ה **בותל** ההיכל וכו' ותימא והכתב והוליא וכו'. עיין בתוספות דריש פרק המוכר את הבית שכתבו זה בלשון ביאור לא בלשון תימא כי התירוץ מבואר דאיירי בתיכונה כדכתב קרא בהדיא אלא דמכח דמסתמא תנא מתחתונה לריך למנו' הוא דהוה סלקא דעתיה דבתחתונה איירי. ומה שכתבו והוצרכו לגרו' ממנה אמה כנגד תקרת התא האמצעי וכו' עיין בספר חנוכת הבית ל"ג ע"א כי שם מלוייר היטב. ומה שכתבו והקשה ר"י בר מרדכי אי למטה קא חשיב וכו' דאיהו סבירא ליה דכותל ההיכל היה התחלתו בעובי שש אבל סבירא ליה כפר"י שלא היו נוקבין בכותל היכל להניח ראשי קורות אלא היה כונס אמה מן הכותל ומשום הכי קשיא ליה דהכא בסוגין דקתני כותל ההיכל שש והתא שש אי למטה בתא התחתונה קחשיב שם לא היה רוחב התא אלא ה' ואי בתיכונה קא חשיב היכי קתני כותל היכל שש שהרי כבר נתמעט וכנס אמה להניח עליו ראשי קורות של תחתונה ואין הכותל רחב שם אלא חמש אבל לפי מה שפירש שרוחב הכותל בתחלתו שבע ניחא וכו' וק"ל.

בא"ד עוד פר"י דנראה לו וכו' דלמטה לגמרי וכו' מדות דבית שני היו חלוקין וכו'. אפשר ליישב כוונתם שהיו חלוקים במה שלא היו חמש על חמש מרובעות אבל הרובד דהיינו שורות קרקעה כדתנן לעיל הניחה על הרובד הד' שבעזרה וכו' היה שם והיתה מתמעטת והולכת עד חמש והיינו מתניתין דמדות דקתני התחתונה חמש ורובד שש ולא מייתו התם במדות מקרא דשלמה אלא להוכיח שהיו שם ג' תאים אבל עדיין הם חלוקים דאותם היו מרובעות ובזה אפשר ליישב קושית מהרש"א יעו"ש ובספר חנוכת הבית שם וק"ל.

בא"ד אי נמי נראה לר"י וכו' ושלשה כתלי התא וכו' נמלא התא התחתונה חמש על חמש וכו'. וכן סיימו בדברי' דפרק המוכר את הבית בלשון זה והשתא ניחא דכל התאים היו מרובעים וכו' יעו"ש ולכאורה היה נראה דכוונתם דהא משמע דקרקעית תיכונה אורכה נמי שש שהרי אורך דממזרח למערב קא חשיב התם וקתני והתא שש ומעתה לדרך ראשון גם תקרה תחתונה שהיא קרקעית תיכונה היתה אורכה שש שהרי לא מיעט כניסת אמה דכותל היכל בתחתונה אלא ברחבה דמלפון לדרום שהעמידה על חמש אבל להשתא כדרך השני שבכל תא ותא היה כאן מיעוט חצי אמה מכל לד מישוט חצי אמה דכותל היכל ושלשה חצאי אמה של כניסת כל אחד מכתלי של כל תא ותא מעתה גם באורך מעטו כתלי התא בתקרת התחתונה חצי אמה מכל לד והרי היא מרובעת ממש חמש על חמש וכן בשאר אלא דאם כן כוונת ר"י תיקשי דלמה לא פירש בפשיטות בדרך הא' דלהתחתונה הוא דקתני הכא והתא שש ולאורך קאי דהא בהא קיימינן עיין בתו' ר"י הבחור לקמן ומ"כ הנראה יותר לומר דגם לדרך ראשון גם אורך התחתונה היתה ה' בדוקא ולפ"ז לריך לפרש כוונתם באופן אחר דאין הכי נמי דגם לדרך הראשון מלינן למימר שהיו מרובעות אלא שלדרך זה דהמגרעות היו סביב לכל הכתלים מוכרח הדבר יותר לומר דמרובעים היו ולא מלינן לפרושי התא שש דלאורך תחתונה קאי אלא אתיכונה דוקא קאי כדרך הא' וכרוחבו לדרך זה דלהכי לא קחשיב מן התחתונה משום דלא מלי למיתני מנין שלש וז"ל הריטב"א בחדושיו לבתרא כ"ו ואי"ת סוף סוף למה לא שבי מן התחתונה י"ל דאם כן הו"ל מלאין כותל ההיכל שש אמות וחלי וכותל התא חמש אמות וחלי והתא חמש ולא בעי לאתויי בחלאין והא עדיף ליה שנוטל המדה שוה לכותל ההיכל ולתא וכן תרלו בתוספות עכ"ד ולריך לומר דאין הכי נמי דגם לדרך זה הוו מלו לפרושי רובד דהיינו תקרה המפסקת כמו שפי' בדרך הראשון אלא דלדרך זה דיש בליטה גם מלד כותל התא כנגדו רויחא טפי לפרושי רובד דקאי אמגרעת ולשון בליטת שורות הוא כההיא דמסכת תמיד ושוב ראיתי למהרש"א כאן ובפרק המוכר את הבית שעמד על זה יעויין שם ועיין בספר חנוכת הבית שם ודו"ק.

בא"ד ואני שמעתי בשם ר"י הבחור וכו' אבל מלפון לדרום התחתונה חמש. וכו'. והא דקתני התחתונה חמש ורובד שש וכו' ארחבה דמלפון לדרום קאי ומה גם לגירסת התוספות לעיל דגרסי התחתונה רחבה חמש וכו' ודקתני רובד שש דלפירושו משמע דהיינו תקרה כפירוש ראשון אי האורך תקרה המונחת ממזרח למערב קאי הא לא אפשר שהרי האורך שוה בכולם ועם כניסת חצי אמה מכל לד אורכה בתחתונה שבעה ולא שש ועוד דאם כן התיכונה יהיה אורך התא שבעה לפי שיעור אורך תקרה של תחתונה וכן בעליונה יותר ועוד תיקשי במה שסיים ז"ל וכותל התא המש בין למטה בין למעלה שהרי כותלי התא דמזרח ומערב היה מתמעט עובין לפי הכניסה וזה פשוט אלא ודאי על כרחך לפרש דסובר ז"ל שגם מלד טותל היכל היה לתא כותל נפרדת ממנו דהשתא גם לפי' היו הקורות מונחין לפון ודרום והיינו דקאמר התחתונה חמש וכו' התיכונה שש וכו' על דרך מגרעות דפר"י ז"ל דהשתא לפ"ז בכותלי התא שממזרח ומערב לא נתמעט עוביין כלל אלא שלא ידעתי מה הרויח ר"י הבחור בפירוש זה דהא ניחא דרישא דמתניתין דקחשיב אורך שממזרח למערב מקדש הא דקתני והתא שש אגובהו קאי אבל הא דקתני סיפא מן הלפון לדרום שבעים אמה כותל המסבה וכו' והתא שש וכו' אי קחשיב נמי רחב של אותם של מערב ע"כ לפרש דאתיכונה דוקא קאי שהיתה רחבה שש אף לפי' ז"ל ועיין בספר חנוכת הבית שם מה שפירש בשיטה זו ודו"ק.

ע"ב משנה **מהלך** ביניהם וכו' עד שמגיע ללפון וכו'. ומסיים בה בתוספתא ובירושלמי דפרקין דומ' היה באלילי ידיו כדי שלא ישרפו הפרכות עד כאן ופשוט הוא דלאו אשעת כניסה בבין הפרוכות קאמר שהרי הפרוכת היתה פרופה ופתוחה אלא כשהיה מהגך ביניהם שאין שם אלא רוחב אמה והמקום לר להוליך כף ומחתה בשתי ידיו וקרוב הדבר שישרף הפרוכת במחתה קאמר דהיה דוחק באלילי ידיו בדרך הלוכו להרחיק הפרוכת מן המחתה ועיין בהרא"ש בסדר עבודה ומתוך דברי בעל שלטי הגבורים י"ד ע"א יש להבין כמ"ש יעו"ש וק"ל.

שם עד שהוא מגיע וכו'. למקום ארון קאמר כדמפרש תלמודא בסמוך וכמו שפירש הרמב"ם בפירושו יעויין שם ואפשר דסתם לן רבי הכא כמאן דאמר לקמן דארון במקומו דהיינו בבית קדש הקדשים נגנז והיינו דקתני עד שהוא מגיע לארון כאילו היה שם ארון ממש וכתב בספר שלטי הגבורים למאן דאמר דבלשכת דיר העלים נגנז כדתנן פ"ו דשקלים שקרוב לומר דבלשכת דיר העלים מתחת לארץ היה פתחו של בית שבנה שלמה לגנוז שם הארון ושעשה מערה תחת הארץ ההולכת מדיר העלים עד תחת אבן שתיה שהיתה בקה"ק והקדושה היתה בוקעת ועולה מבין שני הכרובים שהיו בבית התחתון שבנה שלמה אל מקום מלב אבן שתיה שבמקדש שני עכ"ד ולפ"ז ניחא דהגם דתנא לקמן כמאן דאמר שגלה לבבל דקתני משניטל הארון וכו' כדאיתא בגמרא שם מ"מ פסק הרמב"ם ז"ל פ"ד מה' בית הבחירה כמ"ד שנגנז משום דסתמא דהכא דייק כמ"ד שנגנז וכמתני' דשקלים ור"נ נמי לקמן ל"ד ע"א תני לה בלשון חכמים יעו"ש ואפשר דאין כונת רבי לקמן לסתום כמאן דאמר שגלה אלא בא להודיענו דאף למאן דאמר שגלה מ"מ היה מכוין להניח מחתה במקום ארון דהיינו באבן שתיה וניחא לפ"ז דלא תיקשי דהא מדקתני לקמן משניטל שמע מינה דרישא דהגיע לארון בארון ממש קאמר ודאיירי בבית ראשון ועיין בספר שושנים לדוד במתניתין ד"ה לארון וכו' וק"ל.

שם ילא ובא לו בדרך בית כניסתו ירושלמי הגיע ללפון והפך פניו לדרום חוזר היה לאחוריו כדי שלא יהא נראה

כמפסיע בין הבדים ע״כ והכונה דכשהיה גומר הקטורה לא היה יוצא והולך מהלך של דרום שנכנס בו דכיון שהיו הבדים מגיעים לפרוכת היה נראה כפוסע והולך על גבן אלא היה אחר לאחוריו ויוצא דרך לפון דכיון שאין כף המחתה בידו היה יכול להגביה בידו פרוכת החילונה של לד לפון וזהו המכריחנו לפרש מתני׳ דאין הכונה שהיה יוצא בלד דרום דרך המקום שנכנס אלא כלומר שיוצא כדרך שנכנס שפניו לקדש כמו שפרש״י וכדאיתא לקמן. וזו איתא התם יצא ובא לו כדרך כניסתו [(וכגירסת המשנה שם דרך כניסתו)] ברבי יוסה ברם כר״מ אפילו בעי לא יכיל למה שלא יתן אחוריו לקדש כתיב ויבא שלמה לבמה אשר בגבעון וכו׳ עד כאן ונלענ״ד לפרש דלעיל מייתי קאמר תני מן המנורה לדרום היה נכנס דברי ר״מ רבי יוסי אומר מן השולחן ולצפון היה נכנס עד כאן [(ועיין בסוגיין דלעיל דתלמודא דידן ס׳ ר״מ באופן אחר)] והשתא ס״ד דמתניתין הכי קאמר דיצא ובא לו דרך כניסתו שיצא דרך המקום שנכנס בתחלה ולהכי קאמר דמי נימא דהא אתיא כר״י שהיה נכנס בתחלה דרך הצפון ועתה גם כן יוצא דרך שם דאם כר״מ שנכנס תחילה דרך דרום אפילו רוצה לצאת גם כן דרך הדרום אינו יכול מהטעם שאמר למעלה דנראה כפוסע בין הבדים וזה לא יתכן לומר דמתניתין ר״י דהא קתני שהיה נכנס תחילה דרך דרום ואם כן למה ולאי זה ענין קתני מתניתין יצא ובא לו דרך כניסתו ומשני דמתניתין לאו כדסד״ד שהדמיון לומר שיוצא דרך המקום שנכנס תחילה מן הדרום אלא הדמיון דרך יציאה לדרך הכנסה שהיו פניו כלפי הקדש ושלא יתן אחוריו לקדש כדמוכח מההיא דשלמה ולעולם דגם לר״מ היה יוצא דרך לפון ופניו כלפי הקדש מהטעם שלא יהא נראה כמפסיע וכו׳ דאם תפרש דלמסקנא מוקים מתניתין כר״י וכפירוש ספר קרבן העדה יעויין שם זה אין לו מקום דהא ודאי מתניתין דלא כר״י בין דהא קתני דהיה שם ב׳ פרוכות ולר״י לא היה שם אלא אחד כדתנן לעיל ובין דמתני׳ קתני דנכנס דרך דרום ולר״י מן השולחן ולצפון היה נכנס ועוד שאין פירושו ברור יעו״ש ודו״ק.

שם תנן כמ״ד לוברה וכו׳ כבר נתבאר זה לעיל מ״ע ע״ב יעו״ש וטעם מ״ד לוברה חולה ולא חיים לשמא יכוה פי׳ הרב המאירי ז״ל מטעם מעביר על המלות שלא להעביר על הגחלים אלא לצבור עליהם ראשון ראשון ע״כ.

רש״י ד״ה **ויעלו** עולות כבשים וכו׳ נ״מ לפסוק וכו׳ דאל״כ מאי דהוה הוה והכי פריך ומתרץ בפ״ק דחגיגה ו׳ ע״ב יעו״ש אבל לעיל בבעיית יוסף איש הולל לא קשה מידי דמהדר יבנה בית המקדש וכ״כ בשכ״י והגם דאכתי הוי הלכתא למשיחא וכדפריך בפ״ק לעיל כילד הלבישן לעתיד לבא לכשיבואו וכו׳ מ״מ הי נ״מ איסור והיתר כי הכא דנ״מ לידע בנין הבית לא פריך תלמודא הכי וכתו׳ החום׳ דפרק ארבע מיתות והביא דכילד הלבישן דפריך הגם דנ״מ לסדר הלבשה עיין מ״ש בחידושי לחגיגה בתוספות שם וקי״ל.

ד״ה **פרופה** וכו׳ ואחזת בקרס וכו׳ פשט דבריו שהיתה כפולה בה בעלמה נאחזת בפרוכת עלמה בקרס של זהב והיינו לשון פרופה כמו פורפת על האבן וכו׳ שהוא דבר העשוי בבגד עלמו ועיין בתוי״ט שפי׳ באופן אחר. וז״ל הרב המאירי ז״ל כלומר שהיה ראשה כפול על עלמה ונתונה בקרסי זהב על שאר היריעה וכו׳ ע״כ ועוד כתב ולא היו שתיהן פרופות זו כנגד זו מלד אחד שאילו כן היו העומדין בהיכל יכולים לראות לפני ולפנים וכו׳ עכ״ד ואי קשיא לך דא״כ לר״י דס״ל דלא היתה שם אלא פרוכת אחת ופרופה מן הלפון כדאיתא בסוגיין דלעיל א״כ היה נראה לכל בית קה״ק הא לא״ק דיסבור ר״י דלא היתה פריפה זו אלא ביוה״כ בשעה שהיה כ״ג הולך להקטיר ובאותה שעה היו כלם פורשים מההיכל ואי משום ראיה מפתח היכל הרי היה עליו פרוכת בתחלה לקמן כ״ד ע״א ואה״נ דלאחר כן היו מחזירין הכפל למקומו עתה שהיה מוליך הכף והמחתה בשתי ידיו הוא להולרך לפתיחה זו משא״כ להולכת דם להזאות בית קה״ק ולהוצאת כף ומחתה הרי יכול להגביה בידו את הפרוכת. וכ״כ הרב המאירי ז״ל שטעם פריפה זו מלד שאין ידיו פנויות להגביהו ולמ״ש לעיל מ״ד ע״א בסוגיא דמתוספתא דכלום מוכח דגם בהזאות דיוה״כ היו פורשים מכל

לומר דהיה נשאר כך עד סיום האות ולאחר כן היו מחזירין הכפל למקומו ושוב ראיתי בספר שושנים לדוד דפרקין שלא נראה בעיניו לומר כן יעו״ש ויראה עיקר כמ״ש וקי״ל.

ד״ה **מהלך** לשמאלו וכו׳ שהמהלך מלפון וכו׳ והפרוכת היתה למזרח החלל הס״ד ואחר כך מ״ה בין שני וכו׳ כל״ל ומ״ש והבדים היו ארוכים עד הפרוכת וכו׳ כדאיתא לקמן נ״ד ע״א ותיקן בזה שאל״כ היה לריך לפנות למערב לילך למקום הבדים וממתניתין משמע שלא היה נוטה מכנגד דרום אלא הפרוכת אבל כיון שהבדים היו מגיעים עד הפרוכת אתי שפיר אלא שהרב המאירי פי׳ והולך כנגד דרום עד שמגיע לאמלע הפרוכת שכנגד הארון ומשם הופך פניו למערב והולך אצל הארון ומניח מחתת הגחלים בין ב׳ הבדים וכו׳ עכ״ד.

ד״ה **דרך** כניסתו כשם שנכנס וכו׳ ולא תפרש דרך המקום שנכנס תחלה דהיינו לדרום דא״כ היה נראה כמפסיע בין הבדים וכמ״ש בסוגיא מהירושלמי יעו״ש ואפילו **בבית** שני יש טעם זה לזכר הבדים כי היכי דמניחה כנגד מקום הבדים ופשוט דאם לא היה מטעם זה הוה מבעיא לן לתלמודא בסמוך דמנין לנו לפרושי מתניתין דרך כניסתו שפניו כלפי הקדש דמייתי עלה הא דשלמה ומש״כ הולרך מהרי״ב ז״ל הובא לשונו בספר עבודת ישראל קס״ג לבקש הכרח מיתור מלת לו יעו״ש דאין כאן קושיא מה שהקשה עליו המחבר שם אבל האמת דתלמודא פשיטא ליה הכי מטעם הירושלמי ולא מיתורא דלו וקי״ל.

ד״ה **בבית** החילון בהיכל ע״כ ולא תפרש בין הפרוכות שהרי כיון שהיה יולא דרך לפון שהיתה פרופה ופניו כלפי הקדש עד שילא מן הפרוכות אין דרך להתעכב שם להתפלל שיזונו עיניו מבית קה״ה אלא ע״כ לפרש בהיכל וז״ל הרמב״ם בחיבורו והוא מהלך אחרוני׳ מעט מעט פניו לקדש ואחוריו להיכל עד שילא מן הפרוכת ומתפלל שם בהיכל אחר שילא תפלה קלרה וכו׳ ע״כ והא דלא קתני בהיכל היה אפשר לומר דאשמועינן באגב דאליבא דר״י דס״ל דלא היתה שם אלא פרוכת אחת אפילו שילא מן הפרוכת ונכנס להיכל עדיין אין לו להתפלל שם בהיכל כנגד הפריפה מהטעם האמור אלא יש לו להטות עלמו חולה מכנגד אותו השטח ושם יתפלל ואף לרבנן יש לומר כן דהגם דמלד לפון חילונה פרושה ועומדת מ״מ אפשר דדרך סדק בין פרוכת לכותל לפון יראה משם בקה״ק בעומדו שם להתפלל ולהכי גם לדידהו יש לו ללאת מכנגד אותו מקום חולה לאמלע פרוכת שלא יראה משם כלל וקי״ל.

ד״ה **מי** הוו פרוכת וכו׳ כה״ג בד״ו [בדפוס ויניליא] ודייק שפיר דודאי אפילו בבית ראשון היה שם פרוכת על פתח בקה״ק כדלקמן נ״ד אבל פרוכות במקום מחילה לא היה שם אלא אמה טרקסין וק״ל.

ד״ה **תשימו** בארגז וכו׳ אלמא גבי ארון הוה קאי וכו׳ כלומר דכיון דפלשתים חברו ארגז זה בארון מסתמא כך הניחוהו ונגנז עמו אבל אין כונתו ז״ל לומר דמזה מוכח דבתחלת עשיית הארון עשו ארגז דהא ודאי פלשתים עשו אותו וקודם זה לא היה שם ארגז כלל כדמוכח פשט סוגיא דפ״ק דב״ב י״ד ע״ב יעו״ש ובמדבר רבה פרשה ד׳ ומה שפירש בספר עבודת ישראל ק״ם ע״א אין פי׳ ברור לענ״ד יעו״ש וק״ל.

ד״ה **יוליך** ה׳ אותך ודאג וכו׳ כדאיתא בירושלמי רפ״ו דשקלים וכמ״ש ז״ל בהוריות י״ב ע״א ובכריתות ה׳ ע״ב יעו״ש.

תוספות ד״ה **שאת** משוקדים וכו׳ והכי הול״ל שאת ארור מחר וכו׳ וכן הסדר במכילתא סוף פרשת בשלח ובירושלמי פרק ב׳ דע״ז ועיין בספר זה ינחמנו על מכילתא שם. ומ״ש וכן מחר אי קאי אמלחמה ואנכי נלב וכו׳ היום להתפלל וכו׳ וכך היה נראה לפרש גם דברי רש״י ז״ל ד״ה מחר ולא הלחם בעמלק מחר וכו׳ דסיפיה דקרא ה״ק והיום אנכי נלב להקדים תפלה ללרה אלא דסתמיות דבריו משמע שהוא מפרש לא הלחם בעמלק מחר ואז למחר בעת המלחמה אנכי נלב וכך הבין בשכ״י וכן יש לדייק קלת מדבריו שבפי׳ החומש בפ׳ בשלח יעו״ש בספר נחלת יעקב שם ועיין בדברי התוספות דפ״ק דע״ז ב׳ ע״א שדבריהם ל״ע ואין להאריך כאן ועיין בספר יכין

שמעה דף ע׳. ומ״ש כדכתיב היערך שועך וכו׳ כדדרשינן מניה בסנהדרין מ״ד ע״ב דיש להקדים תפלה לצרה וק״ל.

בא״ד וי״ל משום דאיכא אתנחתא וכו׳ וקרא אחריני מוכחא דמשוקדים וכו׳ הא ודאי דמפסוק טעמים אין להוכיח דאל״כ תיפשוט קרא דמחר וארור דיש לו הכרע אלא דנ״ל דשכחוס וכמ״ש מהרש״א בשם ספר פענח רזא ועיין עוד מ״ש בחידושי לחגיגה בתו׳ ד״ה לפסוקי טעמא וכו׳ אבל כוונתם דכיון דמקרא וכן מפסוק טעמים יש להוכיח דלא קאי אלא אחד מינייהו ובתר פסוק טעם אין לילך אחריו דדילמא שכחוס והא קמן דקרא מוכח הפך הפסוק וכן מקרא אין להוכיח דדילמא חדא מינייהו נקט וה״ה דכפתוריה נמי היו משוקדים להכי הא נמי אין לו הכרע ועיין במהרש״א וק״ל.

בא״ד והא דפליגי תנאי בזבחים וכו׳ ואיכא דמוקי אתרוייהו יש לפרש טעמא וכו׳ דהתם נמי אין הפירוש שוה דאי אצבעו קאי אלקיחה אין פירושו שיקבל הדם באצבעו ממש אלא דעביד אזן לשפת מזרק כדאיתא התם ואי קאי אנתינה הפי׳ שיתן הדם באצבעו ממש וא״כ נימא דאין להם הכרע דומיא דחמש מקראות ותירץ שפיר משום דהכא פשטיה דקרא אצבעו אלקיחה דלפניו קאי דמדלא כתיב ובאצבעו ונתן סיומא דרישיה דולקח הוא שפי׳ דלקיחה זו תהיה באצבעו ימנית [(ולאפוקי מספר עין יהוסף בחידושיו למציעא ס״א א׳ שנתקשה בזה)] ימה שסיימו ומאן דמוקי ליה אנתינה יליף ממילואים וכו׳ וכ״כ במציעא אבל בחולין קי״ד ע״א הכריחו הדבר יותר זכתבו ומד מוקי ליה אנתינה דיליף סתום מן המפורש ולא בעי נמי לאוקומיה אלקיחה דלא שייך לקיחה אאצבע אלא בדעבד אזן לשפת המזרק וכו׳ יעו״ש ועיין בדבריהם דהקומץ רבה י״ט ע״א מה שהקשו מההיא דתענית והנה לעיקר קושייתם מההיא דפרק איזהו נשך עיין ישוב אחר נכון בספר בית יהודה בחידושיו לחולין שם ופירש כוונת התוספות שם לפי דרכו וכן תירץ בספר נזר הקודש על בראשית רבה פרשה פ׳ יעו״ש וק״ל.

ד״ה **הוא** יוסף הבבלי וכו׳ וי״ל דלא קחשיב התם אלא שמות דאיסי וכו׳ והא דלא חשיב נמי התם הוא איסי בן עקיבא נראה דהתם לשבח עצמו שלא היה ירא מרבי שילא הוא דקאמר הכי ובכל הנך שמות שהזכיר שמם מורים על השבח והחוזק לומר שלא היה ירא ממנו משא״כ זה דעקיבה לשון עקב הוא דמשמע שישלוט עליו ומה״ט נמי אם היה נקרא איסי איש הוצל היה לו להזכירו לרמוז שינצל ממנו אבל כיון שנקרא יוסף לא הזכירו כמ״ש הס ז״ל ושוב ראיתי בספר רצוף אהבה במהדורו של סדר מועד סימן קנ״ז שהרגיש בזה ותירץ דלא חשיב אלא השמות שבהם חידוש יעו״ש וק״ל.

ד״ה **יצא** ובא לו וכו׳ דאע״ג דכתיב ויצא אל המזבח וכו׳ יש לדקדק דהאי קרא בתר הזאות שעיר דהיכל דעל הפרוכת שהיה הולך להזות על מזבח הפנימי שבהיכל כתיב ואע״ג שהיה בהיכל כתיב ויצא כדאיתא לקמן נ״ח ע״ב וא״כ בתר קטרת דלפני ולפנים דהא איירינן לא אשכחן בתריה לשון יציאה אם לא שנפרש דס״ל דגם כשהיה גומר הזאות דם דהיכל והולך לעשות הזאות דמזבח הפנימי לא היה יוצא דרך אחריו אלא פניו כלפי הכפורת דלד היכל שבו גמר עבודות הזאות וס״ל דזה בכלל הא דאמר לקמן וכן כהנים בעבודתן לא היו מחזירים פניהם וכו׳ וראיתי לרש״י ז״ל דחולין י׳ ע״ב שפי׳ באופן אחר שכתב שם ד״ה כ״ג ביום הכפורים יוכיח כשהוא יוצא מבית קדשי הקדשים לאחר הוצאת כף ומחתה כתיב ויצא ועשה את עולתו וכו׳ ע״כ ואע״ג דודאי גם דבריו צ״ע דהא אמרינן לעיל ל״ב ע״א דזבא אהרן שלא כסדר נאמר וקרא דויצא את עולתו קודם הוצאת כף ומחתה הוא מ״מ כשגומר עבודות דם בהיכל ויוצא לחוץ לעשות עולתו ודאי דפניו כלפי היכל היה יוצא וא״כ הא אשכחן דיציאה דרך אחוריו שמה יציאה ואע״ג שכבר קודם זה יצא לעזרה לסמוך ידיו על שעיר המשתלח ולשלחו מ״מ קרא דויצא אעבודות היום דהזאות דם סמיך דהיה יוצא מן ההיכל אל מזבח החיצון לעשות עולתו דאי אסמיכת שעיר המשתלח קאי מאי ויצא הא התם קאי ופשוט דאין כוונתם להודיענו דיציאה דרך אחוריו שמה יציאה כדמוכח הכא דזה אין צורך וגמרא מפורשת היא בחולין שם אבל כוונתם לתרץ אמאי שלא לן בין ביאה ליציאה וכדרך שכתבו התוספות שם ובשבועות שם והיינו דסיימו כתלמיד הנפטר מרבו כלומר דכיון דאשכחן בזה שהוא דרך יציאה ה״ה בכל דוכתא אפילו כשאין כאן כבוד רבו דהכי עכ״א מחולין שם דמהכא ילפי׳ בכל דוכתא ולאפוקי מספר עץ חיים בפי׳ מתניתין שסיים על דבריהם וצריך עיון אי אמרינן הכי לענין הוצאה והכנסה דשבת עכ״ד אם לא שנאמר דדוקא ביציאה חוץ לתחום הוא דפשיטא לן מהא דדרך אחוריו נמי מקרי יציאה אבל הוצאת חפץ שאני דדרך רוב המוציאין בעינן והנה לפי דרכו של רש״י ז״ל דייק שפיר דהא ויצא מייתר דודאי לעשות עולתו ועולת העם צריך הוא לצאת להקטיר אמורים במזבח חיצון אלא ללמד בעלמא בא דדרך אחוריו שמה יציאה אבל לדבריהם דילפי מויצא אל המזבח דאיצטריך לגופיה בין לומר שבפנים היה מזה ובין לומר עד דנפיק מכוליה מזבח בדלקמן שם ע״ב לפרש כמ״ש דמהתא ילפינן בכל דוכתא ול״ש לן בין תלמיד לאחר כנלע״ד.

דף נ״ג ע״א גמרא **תנו** רבנן ונתן את הקטורת וכו׳ שלא יתקן וכו׳ דהא כיון דכתיב קמיה ולקח מלא המחתה גחלי אש וכו׳ והביא מבית לפרוכת הוה סגי דלימא וכסה ענן הקטרת וכו׳ דממילא משמע שהיה נותן הקטורת על האש אלא ודאי משום דאז הוה משמע שיתקן מבחוץ כדמשמע מאידך קרא דכי בענן אראה להכי כתיב והביא מבית לפרוכת דהיינו בבית קה״ק ושם דוקא ונתן את הקטורת וכו׳ והיינו נמי דכתב קרא הכא לפני ה׳ שלא תפרש והביא מבית לפרוכת וכבר ונתן את הקטורת וכו׳ בהיכל דמלינו זה״ז במקום כיוצר כדאיתא בסוטה להכי הדר קרא הכא לפני ה׳ דהיינו בקה״ק דהגם דהיכל נמי מקרי לפני ה׳ מ״מ יותר ביחוד מקרי קה״ק לפני ה׳ ממש מהיכל והא דקאמר מאי דרוש וכו׳ בת״כ פרשת אחרי מות ובירושלמי בפ״ק הגירסא שהרי הצדוקין אומרים יתקן מבחוץ ויכניס אם לפני בשר ודם עושין כן ק״ו לפני המקום ואומר כי בענן וכו׳ ע״כ וק״ל.

שם רב אשי אמר וכו׳ דעייל שתי הקטרות וכו׳. כגון שלא הקטיר שחרית ונאמר בפ׳ התכלת שאם לא הקטיר שחרית יקטיר בין הערביים ר״ל שתי פעמים וכו׳ לשון הרב המאירי ז״ל.

שם אמר מר ומנין שנותן וכו׳ קרא לקרא וכו׳. יש לדקדק דהא מקרא דכי בענן לא שמעינן מיתה לשלא נתן בה מעלה עשן דלא ימות אביאה ריקנית קאי ולהכי איצטריך וכסה והיה מקום לפרש דהכי פריך דהשתא דכתיב וכסה ענן וכו׳ דמשמע דהוא עיקר קרא דחיוב מיתה וחיסור מעלה עשן וסממנים למאי איצטריך אידך קרא דכי בענן וכו׳ אלא שרש״י לא פירש כן כאן ולעיל ד״ה ומנין וכו׳ ויש לייסב דס״ל להמקשה דשפיר מצינן למילף מקרא קמא חיוב מיתה דהגם דפשטיה דקרא דאל יבוא בחיוב מיתה אביאה ריקנית היא מ״מ כיון שלמדנו הכתוב בו שצריך ליתן מעלה עשן הרי אם לא נתן לא קיים מצות קטורת וכו״ל ביאה ריקנית וחייב מיתה ומשמע ליה דילפינן מיניה נמי חיסור סממנים שהם עיקר גוף הקטרת במכ״ש דמעלה עשן שאינו אלא מכשיר וכי תימא דהכתי איצטריך קרא בתרא להיכא דשגג בביאה דהפ״ב מחייב משום קטורת חסרה מעלה עשן כדאמר לעיל ס״ל להמקשה דהא נמי ילפי׳ מהתם דולא ימות נדרש לפניו ולאחריו ולא ימות דהא בענן מעלה עשן אראה שאם לא נתן בה ימות וא״כ דלימא בקרא בתרא ונתן את הקטורת על האש [(דמשמעו שלמה בכל)] ולא ימות וכסה ענן ענן למה לי דחיוב נתינת מעלה עשן הא שמעינן מקרא קמא דכי בענן ועוד יש לפרש דודאי ידע המקשה דקרא בתרא איצטריך לחיוב מיתה וכדמסיים בבריתא הא אם לא נתן בה וכו׳ אלא לישנא דברייתא קשיתיה דקתני ומנין שנותן בה מעלה עשן דמשמע דמלבד דאיצטריך הך קרא לחיוב מיתה בדמסיים עוד זאת איצטריך ללמוד נתינת מעלה עשן וכולהו אמוראי דמתרצי קושייתו הכי ס״ל בפשט הבריתא לבר מרבא דמתרץ לקמן חדא לשונא וכו׳ דס״ל דבריתא חדא קתני ובראש דבריו נמי ה״ק ומנין שיש חיוב מיתה בדקיל״ן בעלמא לשלא נתן בה מעלה עשן וכדמסיים הא לא נתן וכו׳ והשתא ניחא דהגם דתירוץ רבא פשוט מאד לא ניחא להו לאינך אמוראי לתרץ כן משום דלישנא דברייתא משמע דתרתי קאמר וכמ״ש ומה שתמלא בס׳ קרבן אהרן פרשת

אחרי מות שכתב דלישנא דבריתא דייק טפי כרבא יעו״ש לעד״ן כמ״ש וראיתי בשכ״י שתי׳ כדרך הראשון שכתבתי ואסמכיה אדברי רש״י שכתב בתירוץ רבא ד״ה חד לעונש וכו׳ ואילו לא ימות דאל יבא לאו אחסרון ענן וכו׳ יעו״ש דוק מדבריו דלאינך אמוראי ס״ל דאל ימות נדרש לפניו ולאחריו ושוב ראיתי בספר משנה למלך פ״ב מהלכות כלי המקדש שהרגיש בקושיא זו ותירץ שם באופן אחר לפי דרכו של הרמב״ם ז״ל יעו״ש ודוק.

שם א״ל אביי והא איפכא תניא דתניא נתן בה עיקר וכו׳ דמשמע דבריתא סדר עשית קטורת קאמר ומדהיו נותנין בה עיקר ש״מ דיותר יפה הוא ועוד משמע דבריתא ה״ק כשנתן בה עיקר מעלה עשן אז היה מתמר ועולה יפה לא בעלה וכו׳ מפרש״י והא דקתני ממשמש ויורד וכו׳ גם בשאר עשן הוא כך וכמו שפרש״י שהרי כאן אין חילוק אלא דמעלה עשן מתמר ועולה כמקל ואינה פושה לכאן ולכאן מיד אלא עד שיגיע לשמי קורה ואח״כ ממשמש ויורד בכותלים ופושה לכאן ולכאן וכדאיתא בתוספתא פ״ב ולעיל ל״ח ע״א של בית אבטינס היתה מתמרת ועולה עד הקורות ואח״כ פושה ויורדת למטה של אלכסנדרין היתה פושה מיד ע״כ וק״ל.

שם האי מוכן יעשה לאהל מועד השוכן אתם נפקא וכו׳ דהגם דעיקר קרא בהזאות פר ושעיר כתיב דמהכא ילפינן לקמן נ״ז ע״ב דצריך להזאות גם בהיכל יעו״ש מ״מ מיתורא דהשוכן אתם ילפי׳ דבכל מקום שישכון שם צריך לעשות הזאות אלו וה״ה סדר קטורת דכתיב לעיל מיניה וה״ה דהו״מ למימר מדכתיב בתר סדרא והיתה לכם לחקת עולם ודרשי׳ בספרי שם לחוקת עולם לבית עולמים. ומסיק אלא ה״ק אין לי אלא ביוה״כ וכו׳ דהיינו דכאן דוקא הקפיד הכתוב במעלה עשן כיון דצריך הוא לעשן להחשיך הבית משום כבוד שכינה וכמו שפירשב״ם ברים פרשת אחרי מות אבל בשאר ימות השנה בקטורת דהיכל דאין אנו חוששין לעשן אימא דלא ניחוש ג״כ לתיקון מתמר ועולה במעלה עשן ת״ל וכסה דבאם אינו ענין ליוה״כ תנהו ענין לשאר ימות השנה ומה גם דאיכא למימר דלהכי הדר קרא הכא לפני ה׳ דאי משום דלא יתקן מבחוץ הא מוכחא מבית לפרוכת ונתן על הקטורת על האש וכו׳ נפקא אלא קרא ה״ק לפני ה׳ וכסה ענן וכו׳ דכל לפני ה׳ דבכללו נמי היכל צריך ענן דהיינו מעלה עשן כנלע״ד וק״ל.

שם רב אשי אמר חד למצוה וחד לעכב וכו׳. אע״ג דכיון דבקרא בתרא כתיב ולא ימות אין לך עיכוב גדול מזה וא״כ למאי איצטריך קרא קמא למצוה יש לומר דהו״א דולא ימות דקרא בתרא אהקטורת דמשמע שלמה דילפינן מיניה חיוב מיתה בחיסור סממנים קאי וכן בדין שהרי הם עיקר גוף קטורת אבל לא קאי אוכסה ענן כיון דמעלה עשן אינו אלא מכשיר בעלמא אבל השתא דתני ביה קרא חד למצוה וחד לעכב אמרי׳ דולא ימות איסור עשן נמי קאי וניחא נמי בזה דאע״ג דחקה כתיב לעכב וה״ה במעלה עשן דהגם דאינו אלא מכשיר מ״מ צורך פנים הוא לשיתמר ויעלה וכפנים דמי ולא גרע ודאי מחפינה דאמר לעיל דמעכבא מ״מ אלא דלהכי איצטריך עיכובא בפרטות ללמדנו דולא ימות אדידיה נמי קאי ועיין בהריטב״א כנלע״ד ועיין מ״ש בתוספות ודו״ק.

שם תניא ר״א אומר ולא ימות עונש וכו׳ הא דלא קאמר תניא כותיה דרבא וקרוב לזה הקשה בשכ״י ולא תירץ מידי יראה משום דא״ל דר״א קאמר הכי ורבנן פליגי עליה וס״ל דכי היכי דולא ימות קאי אביאה ריקנית כמו שפרש״י ד״ה חד לעונש וכו׳ ה״נ ולא יבא דכתיב קמיה לא קאי אאזהרה זו אלא אביאה ריקנית ועיין בהריטב״א ואע״ג דגירסא ת״כ ריש פרשת אחרי מות ובירושלמי ספ״ק דגרים ולא ימות ה״ז עונש כי בענן אראה הרי זה אזהרה אמר ר״א וכו׳ משמע דרישא דכ״ע היא גירסת תלמודא דידן עיקר ועוד דהתם נמי י״ל דכלא חדא ר״א היא יעו״ש ועוד דאיך שיהיה לא משמע להו לאינך אמוראי דלישנא דבריתא דלעיל דקתני ומנין שנותן בה מעלה עשן וכו׳ דהכונה לומר ומנין שיש עונש למעלה עשן ורישא דקתני היינו לאזהרה וכמ״ש לעיל בסמוך וק״ל.

שם אמר רבא אמר קרא כי בענן אראה וכו׳. והכי מתרץ רבי זעירא בירושלמי דס״פ דלעיל אלא דמסיים בה מכאן שאין הקב״ה עונש אלא אם כן הזהיר ע״כ ולכאורה משמע דפלי׳ אסוגיין וס״ל דעשן זה מתו בני אהרן דהגם שלא נאמר העונש מ״מ כבר הזהיר אותם אבל אין נראה לפרש כן דהא מ״מ לא היו יודעין שהיו ראויים למות מפני זה אלא נראה לפרש דהכי קאמר מכאן דילפינן בעלמא אף כשנאמר עונש סתם דודאי הזהיר בו הכתוב קודם כי הכא דאזהרה דקרא דאל יבא דרשינן ליה נמי למעלה עשן מדכתב הכא כי בענן וכו׳ הגם דלכאורה בביאה ריקנית איירי.

שם אלא מצדדין פניהם והולכים וכו׳. משום דא״א לאדם לילך לאחוריו לגמרי דצריך הוא להטות פניו מעט שלא תגוף באבן רגלו וכמ״ש הכ״מ רפ״ז מהלכות בית הבחירה ורבא דלקמן דאזיל לאחוריה עד דמנגפן כרעיה מדת חסידות הוא דעבד ולהכי קאמר ליה רב יוסף יהא רעוא דתירום רישיך וכו׳ כיון שאתה עושה יותר מן החיוב דודאי לא אמר זה מטעם שלא היה חייב לחזור אחוריו כיון שסומא היה ואינו רואהו כדחזינן דר״א הוה אזיל לאחורי׳ עד דמכסי מיניה דר״י וכמו שרצה לפרש בשכ״י דהא ודאי מפני אחר׳ היושבים שם צריך להחזיר אחוריו ודומה למ״ש התוספות בקידושין דלפני אחרים צריך לעמוד אפילו שלא בזמן שחרית וערבית וז״ל הרמב״ם שם אלא מהלך אחורנית מעט מעט ומהלך בנחת על צדו וכו׳ ומשמע דבנחת שכתב לאפוקי שלא ילך מעט מעט ודרך הדיוטות אלא בנחת באימה ויראה וכמ״ש הטי״ד סימן רמ״ב ועל דרך שפירש הראב״ד שם כא דקאמר התם וכל הנכנס לעזרה יהלך בנחת יעו״ש ובזה יתורץ מה שהקשה הכ״מ שם ושוב ראיתי להפרי חדש ז״ל בליקוטי מים חיים שם שפירש כן וק״ל.

שם וכד הוה בעי ר״א לסגויי הוה קא אזיל לאחוריה עד דמכסי מיניה וכו׳. הרמב״ם ז״ל פ״ה מה׳ ת״ת וכן הטור י״ד סימן רמ״ב לא ביאר בזה דצריך עד שיתכסה ממנו משמע דסוברים דזה מדת חסידות היה להטריח עצמו לילך לאחוריו עד שיתכסה אלא שהרב המאירי ז״ל פסק גם בזו כן שכתב ואף התלמיד כשהוא זז מלפני רבו מלדד פניו כנגדו עד שיעלם רבו מעיניו או שימחול רבו על כבודו בכך עכ״ד ואפשר להשכים ולומר דהרמב״ם סמך למ״ש שם אח״ז גבי לעמוד מפניו ומה גם שכבר ביאר רפ״ז מהל׳ בית הבחירה גבי מקדש שצריך עד שילא מן העזרה וה״ה לזה שהרי כהנים בעבודתם ילפי לה משלמה דהיינו הנפטר מרבו וק״ל.

רש״י ד״ה **שמא** תכוה וכו׳ נכוה בתימור וכו׳ והרמב״ם בפירוש המשנה דתמיד פירש כדי שלא יתיז הקטורת לידו וישרפנה ע״כ ולפירושו דייק שפיר דהגם דהתם בשל כל יום מרדדה ואינו נוכרה כמ״ש לעיל מ״ט ע״ב בסוגיא יעו״ש בהא נמי חיישינן שמא יתיז משא״כ לפרש״י דמשום תימור ועשן הוא צריך לפרש דהכי מייתי דסברא הוא לחוש בזה גם בנוכרה הגם שאין תימור העשן עולה במהרה כל כך והיינו דקאמר אביי מסתברא וכו׳ כלומר דהגם די״ל דביוה״כ דנוכר אפי׳ חולה שהוא פנימה לו שפיר דמי מ״מ מסתבר שלא לחלק בזה והיינו נמי דקאמר אביי תנאי היא בלומר ולא תפרש דחד תנא ניכו ומ״ד פנימה שהיא חולה לו בשל כל יום איירי דמרדד׳ ויש עשן מרובה ומ״ד חולה שהיא פנימה לו בדיוה״כ איירי דנוכר ואין העשן מתרבה מיד דאין סברה לחלק בזה. והנה לשיטת הראב״ד שכתבנו לעיל שם דבשל כל יום נמי נוכרה וכך יש לדייק מפירושו ז״ל שכתב שהקטרת צוברת גלדך וכו׳ י״ל דהא דלא קאמר אביי בפשיטות תנן כמ״ד פנימה וכו׳ משום דיש לדחות דשל כל יום שאני שהיה מערה הגחלים ע״ג המזבח כדתנן בתמיד מרדדן בשולי המחתה וכמו שכתב הראב״ד שם דנמלא שהאש מתרבה יותר מלד מערכות המזבח וחיישינן יותר שיעלה הלהב מהרה משא״כ בדיוה״כ שהיה מקטיר בתוך המחתה שהגחלים היו מתעממות והולכות ואין חומם מתרבה בשל כל יום אימא דלא חיישינן ועמ״ש בתוספות וק״ל.

ד״ה **הבמה** וכו׳ הו״ל לכתוב בירושלים וכו׳ והכי איתא בירושלמי דמתני׳ מה בן קיימין אם מירושלים היה בא נימר מירושלים לבמה אם מבמה היה בא נימר מבמה

לירושלים א"ש בר אבודמא לבמה היה בא שלא ליתן אחוריו נקדש ע"כ ואע"ג דקרא כתיב לאחר שהלך לגבעון ונראה לו ה' שם והיכי נפרש שמירושלים היה בא לבמה הדא ועוד קאמר דמלבד דמהמשך הסיפור לא משמע הכי עוד זאת מהך קרא גופיה לא משמע נמי הכי והגם דמהירושלמי משמע דמפרש טליה קרא ביציאתו מגבעון לירושלים וקרא הכי קאמר דחזרתו לירושלים היה נראה כאילו היה בא לבמה שהיו פניו כלפי במה שלא ליתן אחוריו וכו' ואילו ז"ל פירש בסמוך דתרתי קאמר קרא הזכרה לפרש כן משום דהכי משמע מדקאמר תלמודא דידן מקים יציאתו וכו' דקרא תרתי קאמר להקישם זל"ז ושוב ראיתי בספר יפה מראה שפירש כונת הירושלמי כמ"ש אלא דמה שהקשה שם על רש"י יראה כמ"ש וק"ל.

תוספות ד"ה **שלא** תתחיל וכו' דילמא הא בריתא וכו'. הקושיא מבוארת דאף אם גרסתם דתניא מ"מ ודאי דלאו דוקא דהא משנה מפורשת היא במסכת תמיד ושפיר קאמר אביי דמסתבר כהכוא מאן דאמר דסתם לן תנא כוותי' וכבר ראיתי שהרגישו בזה בתי"ט שם וכמוהר"ר לבי בשאלותיו סימן קנ"ה באמת דאיך שיהיה יראה דמדקאמר מסתברא ולא קאמר תנן כמ"ד פנימה וכו' דתנן מלמדין וכו' משמע דבלאו טעם דסתם לן תנא כוותיה עוד יש טעם מכח הסברה להכריע כמותו והיינו טעמא דמפרש מתניתין שלא תתחיל מפניך וכו' אלא דלא שייך בזה קושייתם שהרי כונת אביי גם כן לאתויי דסתם לן כוותיה ולהכי לא קאמר טעמא לחוד ושוב ראיתי בספר גופי הלכות סימן ש"מ שדייק מדברי התו' דברכות כמ"ש יע"ש ולפי חומר הנושא נלע"ד ליישב דבריהם במה שכתבתי בסוגיא דלעיל מ"ע ע"ב דמהך מתניתין דתמיד מוכרח לחלק דבקטורת של יוה"כ היה טרחה ושל כל יום היה מפזרה ובזה היה העשן ממהר לבא יותר בפעם אחת יע"ש ואם כן יותר יש לחוש בה שיטה זהתו בתימור עשנה המרובה מבשל יוה"כ דמלבד דשעה קלה היא עוד זאת עשנה שוהה לבא ועיין מ"ש בפרש"י ומעתה למאי דמשמע מדבריהם דגרסי דתניא מלמדין וכו' ס"ל דמדלא מייתי ממתניתין דתמיד משמע דמינה אין ראיה דדוקא התם חיישינן מהטעם האמור ולכן מייתי מברייתא דמתניי' גבי יוה"כ עצמו דבכלל הדברים שהיו מלמדין לכ"ג עוד זאת היו מלמדין אותו הזהר שלא תתחיל וכו' והשתא מקשו שפיר. ומ"ש ושמא י"ל וכו' כונתם דאי לאו דאשכח טעמא בברייתא הו"א דלהא אין סברא לחוש לשעה קלה ופליגי במלתא אחריתי אי חיישינן הכא למעביר על המצות או לא עיין מה שכתבתי בסוגיא בשם הרב המאירי ז"ל אבל השתא מוכח דבהך טעמא פליגי וקאמר אביי שפיר מסתברא כההוא מאן דאמר דלשעה קלה נמי יש לחוש ובזה יתיישב מה שהקשה בספר גופי הלכות סימן שנ"ט על תירוץ זה יעויין שם ושוב ראיתי בספר מנחת בכורים בליקוטיו ליומא שעמד על ביאור דבריהם יעויין שם וק"ל.

ד"ה **חד** למלוה וכו' וי"ל דהוקה וכו' ולעולם דקרא דזכשה איירי בתרוייהו אף ביוה"כ אלא דעיקרו איצטריך לשבב בשאר ימות השנה והיינו דסיימו והשתא קאמר דתרוייהו בין ביוה"כ וכו' אבל ודאי דעיקר חילוק תירוץ קמא לתירוץ רב אשי הוא בקרא קמא דלר"ש איירי ביוה"כ דוקא ולרב אשי איירי נמי בשאר ימות השנה למלוה ושוב ראיתי למהרש"א שפירש כן יע"ש ועיין מה שכתבתי בסוגיא ובספר משנה למלך פ"ב מהלי' כלי המקדש ועוד יש לפרש כונת דבריהם דבדוקא קאמרי דלרב אשי קרא בתרא איצטריך נמי ליוה"כ אבל אינו אלא גילוי מלתא בעלמא דמדמעכבא בשאר ימות השנה מהשתא אמינא דהקה דיום הכפורים קאי נמי אמשלה עשן אבל בלאו הכי הו"א דכיון דאינו אלא מכשיר בעלמא לא קאי עליה חוקה וזה דומה למה שכתבו לעיל ל"ט ע"ב ד"ה דתנא ביה קרא גבי הגרלה יעויין שם ועיין בספר פרי האדמה חלק א' ק"ן שפי' באופן אחר וק"ל.

ד"ה **שהורו** וכו' בתי"כ איכא פלוגתא וכו'. אפשר שבאו לתרץ בזה לשון ר"א דקאמר אלא על שהורו וכו' דמשמע דיש מקום לומר מטעם אחר והיינו טעמים אלו ולפי"ז הא דקאמר תלמודא מ"מ איענש ודאי ידע טעמים אלו אלא דבעי דר"א כמאן ס"ל ושוב ראיתי בספר משכנות יעקב קמי"א א' שכתב קרוב לדבריהו יעויין שם ומ"ש איכא מאן דאמר מפני נשא שאמרו מתי ימותו שני זקנים וכו' [(כצ"ל)] ולא כמו שהגיהו בדפוס חדש ואית דאמרי מפני וכו' דודאי הכל אחד וה"נ בתורת כהנים ריש פרשת שמיני דין כ"א וכמו שפי' בספר קרבן אהרן שם דמה שסדרם הקב"ה בסיני אחה ואהרן נדב ואביהוא באו לומר מתי ימותו וכו' יע"ש ועיין עוד שם בת"כ דין ל"ב סברות אחרות בזה ועיין בויקרא רבה שם וק"ל.

ע"ב גמרא **אמר** ליה רב מרדכי כיון שפסע וכו'. מדברי תשובות הרשב"א סימן תל"ו משמע דלא גרים ליה וכן בגי' הלכות גדולות בפרק אין עומדין וכבר האריכתי בזה בביאורי לשולחן ערוך אורח חיים ריש סימן קכ"ג יע"ש.

משנה **עמד** במקום שעמד. דהיינו בין הבדים כמו שפרש"י ונראה דלהכי סתם תנא למילתיה לכלול דגם בבית שני דאיירי ברישא היה מזה כנגד מקום בין הבדים דומיא דקטורת כדאיתא בסוגיא דלעיל וכמו שכתב הרדב"ז ז"ל בשאלותיו במחודשות ח"ב סימן תרמ"א יעויין שם וכן כתב הרב המאירי ז"ל. והא דצריך להזות אפילו כשאין ארון יליף לה בהקומץ רבה כ"ז ע"ב מדכתיב וכפר את מקדש הקדש מקום המקודש לקדש יע"ש.

שם שכנגד הארון מבחוץ דכתיב בפר כהן משיח אל פני פרוכת הקדש שיהיה מכוון כנגד בין הבדים כדאיתא בת"כ שם והיינו דקאמר בירושלמי אמתניתין הקדש צריך לכוין כנגד הקדש ועיין מה שכתב בספר משנה למלך פ"ה מהלכות מעשה הקרבנות הלכה י"ג.

גמרא **ר"י** בר אלעאי וכו'. כן היא הגירסא האמיתית וכמו שכתב מהרש"א והכי גרסינן בירושלמי ריש פרק ו' דשקלים יע"ש.

תוספות ד"ה **וכי** תימא וכו' נראה לי לפרש וכו'. דלא ניחא להו כפרש"י משום דרבנה מימינך אימין אדם קאי ואכן בימין של הקב"ה איירינן וכמו שהקשה הריטב"א יעויין שם ולכן פירש דלהכי מייתי קרא דיפול מצדך דמדקאמר שמאל ברישא שמע מינה דיש לבקש כנגד השמאלי שהוא ימינו של הקדוש ברוך הוא ויראה דאה"נ דידע אביי שפיר לברייתא זו אלא דהוה סבירא ליה כפרש"י דמייתי קרא דיפול מצדך להוכיח דימין אדם עדיף וא"כ ר"ש לימין אדם קאמר עד דאמר ליה רבא לשמאל דידך קאמינא כלומר דיש לך לפרש כונת הברייתא דמוכיח דימין של הקדוש ברוך הוא ברישא ועיין מ"ש מהרש"א ושוב ראיתי שכן פירש בשיטה כתיבת יד ולפירושו צריך לומר דטעמא דבשמאל יפול אלף מיקין כדאיתא פ"ק דברכות ו' ע"א עיין שם וכמו שפירש"י דלאו משום גריעותיה דשמאל היא אלא אדרבא היינו עדיפותיה דשמאל אדם דכיון דהיא כנגד ימינו של הקדוש ברוך הוא העומד לנגדו תמיד כדכתיב שויתי ה' לנגדי תמיד אין בכח המזיקין להתרבות בה כמו מצד ימין של אדם ושוב ראיתי בספר צלוף אהבה במהדורות וכן בספר לחם יהודה פ"ה מהלכות תפלה הלכה י"א שפירש כמ"ש יעויין שם וק"ל.

ד"ה **תנן** כמאן דאמר וכו' י"ל פליג בבריתא וכו', והיינו בריתא דאייתי בסמוך אלא דרבינו הקדוש לא חשש להאריך ולבאר מחלוקת ר"י בזה דלא קמיירי אלא להודיענו באיזה מקום היה מניח המחתה בבית שני וק"ל.

דף נ"ד ע"א גמרא **תניא** נמי הכי וירא��ו ראשי הבדים יכול לא יהיו זזין ממקומן וכו' אלא היו נראין דרך פתח שבמחילה קה"ק ת"ל ויאריכו וכו' ויראו וכו' דמשמע שראיה זו היתה מצד שהאריכו וזזו ממקומן יכול היו מקרעין בפרוכת וכו' דאל"ה היאך נראין ת"ל ולא יראו החוצה וכו' זה נראה ליישב גירסת הספרים ועיין במהרש"א וק"ל.

שם מתיב רב חנא בר קטינא מעשה בכהן אחד וכו' הא ודאי דרב קטינא ידע דמעשה זה בבית שני היה ואין לך גניעות גדול מזה שנגנז הארון ולא זכו בו אלא דמ"מ ק"ל דכיון דזכו מיהא לבית והו"ל כבית חמיה לא היה לו להקפיד על אותו כהן כל כך דלא הספיק לגמור את הדבר עד שיצא נשמתו ותירצו ליה שפיר דנתגרשה שאני דהעפ"י שחזרה מ"מ לא היתה חזרה שלמה והו"ל כבית אביה ובדין היה להקפיד שלא יודע מקומו וק"ל.

שם במאי עסקינן אי נימא במקדש ראשון וכו׳ אמגלין להן פרוכת קאי וכמו שפרש"י וכ"נ מדקאמר מי הוה כרובים וכן מדתרין רב אחא לעולם במקדש שני וכרובים דצורתא וכו׳ וזה פשוט והא דלעיל דקתני הא כיצד דוחקין ובולטין ויוצאין בפרוכת וכו׳ לא קבעי מידי דפשיטא דבמקדש ראשון איירי דקרא דויאריכו בבא איירי אלא שצריך להבין דהא לעיל נמי קאמר יוצאין בפרוכת ותיקשי ליה מיהא מי הוה פרוכת דאי ס"ל לפרש בפרוכת דבבי מאי ק"ל הכא לוקמה בפשיטות במקדש ראשון ושוב ראיתי בספר ברכת הזבח בפ׳ שתי הלחם ל"ח ע"א שהניח קושיא זו בצ"ע יעו"ש ומה שנלע"ד דבמילתיה דרב קטינא גרסינן מגלין להם את הפרוכת [(לשון רבים)] וכן הגירסא בדפוס ויניציאה ברש"י ד"ה במאי עסקינן וכו׳ מגלין להם הפרוכות וכו׳ והיינו דק"ל דבמקדש ראשון מי הואי פרוכות הרי לא היה שם אלא פרוכת אחת בפתח המחילה של בקה"ק יתרין מאי פרוכות דקתני לשון רבים. פרוכת דבבי של פתח אולם בהיכל ובקה"ק כמו שפרש"י שהיה צריך לגלותם כלם כדי שיראו מרחוק דרך הפתחים ענין של הכרובים אלא דרב אחא דחיקא ליה לפרש פרוכות דבבי ומש"ה בעי לאוקמה במקדש שני ובכרובים דצורתא והיו מזכירים להם חיבתם לפני המקום שהיה להם בבית ראשון כרובים ממש מעורים כדמות אלו כדי שיתנו לבם לשוב ויזכו לחזרה שלמה ושוב ראיתי שכן נראה גם מדברי הרב המאירי ז"ל שכתב שמא תאמר והלא במקדש ראשון לא היו שם פרוכות וכו׳ תדע שאף בבית ראשון היו שם פרוכות בהיכל ובאולם כנגד הפתחים וכו׳ וכשם שהיו פרוכות בבית שני כך בבית ראשון ועליהן הוא אומר שהיו גוללין אותן עכ"ד. ואי קשיא לך דסוף סוף היאך היו יכולים להביט בהם מעזרת ישראל שהיתה רחוקה מאד מבית קה"ק דאפילו תאמר שהותר להם מפני זה להכנס בעזרת כהנים שנכנסין לשם בשעת צריכתם לסמיכה וכו׳ כדתנן בריש כלים מלבד שזה מן הדוחק להתיר עוד זאת אכתי איכא בין האולם ולמזבח שתים ועשרים אמה וההיכל אורך מאה אמה ואין לומר שהיו נכנסין דרך לשכות ופתחים סמוכים לבית קה"ק דמלבד שזה דוחק שכל ישראל יכנסו דרך שם עוד זאת מדקאמר ומגלין להם הפרוכות משמע דדרך פתח אולם והיכל וקדשי הקדשים היו רואין את זה וכא קמן בגם של לחם הפנים שהיו מראין להם כדאיתא בסוף חגיגה צריך לומר שהיו מוליאין אותו לחוץ ועיין מה שכתוב שם ומה שנראה לעניות דעתי בזה דומראין להם דקאמר לאו למימרא שכל העולין היו רואין אותם ממש אלא הכהנים היו רואין אותם ומודיעים להם ואומרים להם ראו חבתכם וכו׳ ושוב ראיתי בספר עבודת ישראל קנ"א ע"ב שהרגיש בזה והניחו בצ"ע ויראה ליישב כמו שכתבתי ושוב מצאתי קרוב לדברי בספר שלטי הגבורים בפרק ב"ע מספרו שכתב בענין שהיו מראין לחם הפנים משם גאון אחד וז"ל שם ועתה ברור הוא כשחקים שבבחורים הגי׳ טעו בחשבונם כשהאמינו שכל ישראל היו יכולים להכנס בהיכל ברגל כי הנה לא התירו רבותינו ז"ל אלא לכהן עם הארץ בלבד גם כי בשאר ימות השנה לא היה עובד ולא היה נכנס בהיכל כמו שהיה עושה הכהן חבר בשעת משמרתו וכו׳ יעו"ש ועיין בתו"י ד"ה ומראין וכו׳ וק"ל.

שם וכרובים דצורתא הוו קיימו דכתיב ואת כל קירות הבית וכו׳ וצפה זהב וכו׳ לאו חד קרא הוא אלא דבעשיית בית קה"ק כתיב ואת כל קירות הבית מסב קלע פתוחי מקלעות כרובים ותימורות ופטורי צצים מלפנים ולחצון דמהכא מוכח שהיו כרובים מצויירים בקירות ובתר הכי בעשיית דלתות היכל כתיב וקלע כרובים ותימורות ופטורי צצים וצפה זהב מיושר על המחוקה והגם דאנן בכרובים דצורתא שבבית קה"ק איירינן הוצרך להביא קרא דהיכל לגבויה שאותם הכרובים המצויירים בקירות היו נכרים מאד לגבות שצפה אותם זהב מיושר ודבוק על הצורה המחוקה באופן שהיו נראים הכרובים מן הזהב וכמו שפי׳ בספר אברבנאל שם והגם דהוה מצי לאתויי מבית קה"ק עצמו דכתיב ביה וירד על הכרובים את הזהב ניחא ליה טפי בהך קרא דמשמע מיניה טפי שהיו נראים מתוך הזהב וגם כא דקאמר וכתיב כמער איש ולויות הגם דהך קרא כתיב במכונות שעשה לכיורות מ"מ ילפינן מהא דבי היכי דהתם היו

צורת הכרובים ריבורין זה בזה כן אותם הכרובים המצויירים שבבית קדש הקדשים היו מעורים ומכל זה למדנו דנוכל לומר דגם בבית שני הגם שלא היו כרובים כלל לא אותם שעשה שלמה ולא אותם שהיו דבוקים בארון שעשה משה מ"מ היו שם כרובים דצורתא מעורים תמיד דומיא למה שעשה שלמה והגם דבאלו אין כאן שום נס במה שהיו מעורים מ"מ מתוך זה היו מזכירין להם חיבתם שהיה להם בבית ראשון כרובים מעורים כדמות אלו ע"ד נס וכמ"ש לעיל ובזה יתורץ מה שהקשה הריטב"א על דברי יש מתרצים וכו׳ לקמן ד"ה בשעה שנכנסו עכו"ם להיכל וכו׳ יעו"ש וק"ל.

רש"י ד"ה **מתעסק** בעוג׳ ושחוק ע"כ וכן הא דקאמר ר׳ חלבו מתעסק בקרדומו כלומר שהיה שוחק בו וכמו שפי׳ בתו"י לפ"ז עובדא דר׳ ישמעאל דבסמוך מעשה אחר היה ודייקא נמי דהתם היו שני כהני אלא שראיתי להרמב"ם בפירוש המשנה בפ"ו דשקלים שפי׳ מתעסק ידוע כמו עושה מלאכתו בכהן לא אמר עובד לפי שזה הכהן שארע לו זה הדבר היה בעל מום והיה כורת עצים בלשכת העצים למערכה וכו׳ עכ"ד ויש ראיה לפי׳ מן הירושלמי שם דקאמר ורבנין אמרין בלשכת דיר העצים היה ארון גנוז מעשה בכהן אחד בעל מום שהיה עומד ומפלי׳ עצים וכו׳ תני משום ר׳ אושעיא הקיש עליה בקורנס ויצא האור ושרפתו ע"כ ולפ"ז יראה דעובדא דר"י היינו כך עובדא אלא דלדידיה היו שני כהנים וק"ל.

ע"ב גמרא **מאי** כמלליף מחוי ר"י כמגדלא וכו׳ עיין מ"ש לעיל ע"ו ברש"י ובתוספות ובת"י שם.

רש"י ד"ה **הוציאום** לשוק קיפלוס מן הכותל ע"כ והגם דקרא במקדש ראשון איירי מ"מ משמע דכשגנה יאשיהו את הארון גנז ג"כ את הכרובים שעשה שלמה שהרי לצורך הארון נעשו כדכתיב במלכים א׳ ח׳ ויביאו הכהנים את ארון ברית ה׳ וכו׳ אל תחת כנפי הכרובים וכו׳ והגם שהיה אפשר לפרש שהרגיש ז"ל בקושי הר"י בן מיגאש ז"ל דהיאך היו מעורין כיון שלא היו עושין רצונו של מקום וס"ל ז"ל כתי׳ י"מ שכתב הריטב"א בהי׳ דהכא בכרובים המצויירים בכותל איירי יעו"ש יותר נלע"ד לפרש כוונתו כמ"ש מדלא נקט מלתיה אהא דקאמר ראו כרובים המעורין וכו׳ אבל זה אין נראה דפי׳ כן משום דבהיכל לא הוו כרובים ממש אלא מצויירים בכותלים כדכתיב ואת כל קירות הבית כרובים וכו׳ מלפנים ולחיצון כמו שפירש בספר אברבנאל שם דודאי ה"ק שנכנסו להיכל ולקה"ק ואה"נ דהוה מצי לפרושי כרובים ממש וס"ל לר"ל כמ"ד דארון גלה לבבל אלא דניחא ליה לאוקומיה מילתיה דר"ל ככ"ע ושוב ראיתי בספר עבודת ישראל ק"ס ע"ב שעמד ע"ז יעו"ש כי אין להאריך וק"ל.

תוספות ד"ה **כרובים** דצורתא וכו׳ ואפי׳ חדא ליכא בציורים שכן מיני צבעים בעלמא וכו׳ יראה דדוקא בצורות חיה ועוף דע"ז נשאל הוא דקאמר הכי אבל בצורת חמה ולבנה אפילו בצבע בעלמא אסיר דבהו אין שייך לחלק בין שוקע לבולט וכמ"ש התו׳ שם סד"ה וכא ר"ג יחיד הוה יעו"ש ועוד דלישני התם דשל ר"ג המין צבע היו וליכא חשדא כלל אפילו דיחיד. ומ"ש וי"א להביא בסורזירים וכו׳ במכילתא הובאת בילקוט פר׳ יתרו הגירסה שבירים וכן הגירסא בשו"ת מהר"ם הקצרות סי"ד [(דשם חמלא לשון זה שהביאו כאן וכמ"ש בריש מכלתין)] ופירש המפרש בילקוט שם מין שרץ המים וכנראה שכל"ל בדבריהם מין שרץ ולא מין שד. ומ"ש פני הכפיר אל התימורה וכו׳ לא נמלא בכתוב כן בציור היכל וקה"ק אבל כתוב שם ואת כל קירות הבית וכו׳ פתוחי מקלעות כרובים ותימורות וכו׳ ובמעשה המכונות כתיב ויפתח על הלוחות וכו׳ כרובים אריות ותמורות וכו׳ אלא דבבנין יחזקאל כתיב ופני אדם אל התימורה מפה ופני כפיר אל התימורה מפה ומ"מ דבריהם כאן ובתשובות שם צריכין תיקון ועוד דהו"ל לאתויי מקראי דשלמה דבהא איירי כדקאמרי ומה שעשו וכו׳. ומ"ש י"ל על פי הדבר הכל בכתב וכו׳ דאע"ג דאין נביא רשאי לחדש דבר כדכתבו בסמוך הכא שאני דהואיל דצוה הכתוב לעשות כרובים במקדש הכי הותר מכללו של כדיוט ומש"ה ע"פ הדבר יכולים להוסיף אבל להדיוט דלא התיר הכתוב כלל ואדרבא להכי כתב קרא אלהי כסף וכו׳ לא תעשו לכם כדאיתא במכילתא

שלא תאמר הואיל ונתנה תורה רשות לעשות בבית עולמים הרי אנו עושים בבתי כנסיות ובבתי מדרשות ת"ל לא תעשו לכם בזה וכוונה בו אין נביא רשאי לחדש וכא דאי' במכילתא שם אלהי כסף ואלהי זהב למה נאמר לפי שנאמר ועשית שנים כרובים זהב אמר הריני עושה ד' ת"ל אלהי זהב אם הוספת על שנים הרי הם כאלהי זהב וכו' היינו בהוסיף מדעתו שלא עפ"י נביא ואדרבא מכאן ראיה מדאיצטריך קרא שלא יוסיף משום דהיה מקום להתיר כיון שהותר מכללו אצל גבוה ש"מ דעל פי נביא אין זה נקרא מחדש דבר שוב ראיתי בשכ"י שהרגיש בזה שכתב על דבריהם אלו ואע"ג דאין נביא עתיד לחדש דבר מעתה וכדאמר לעיל בסמוך שאני הכא הכל בכתב ודוק עכ"ד ולעד"ן עיקר לפרש כמ"ש דודאי הכל בכתב לאו למימרא דפתקא משמיא נפל אבל הכונה שדוד ידע כל זה או ע"י רוח קדשו כדכתיב בד"ה עלי השכיל או ע"י נביא וכמו שפרש"י ז"ל בפי' החליל נ"א ע"ב שהודיעו הבי"ה ע"י גד החוזה ונתן הנביא יע"ש ועלי השכיל היינו אותי לימד ע"י אחרים כדפי' ז"ל בר"פ כיסוי הדם יע"ש.

באו"ד ועוד נ"ל דלפי סוגיית פרק כל הצלמים וכו' אבל מילי אחריני שרו וכו' הקשה בשכ"י תימא לי מהביא דתניא לעיל במכילתא אפי' בהמה חיה ועוף ודגים ותגבים עכ"ד ולכאורה משמע דלזה הנישו וכתבו דלפי סוגיית וכו' כלומר ולעולם דפליגי גמרא דידן אהביא דמכילתא אבל אפשר לייצבה דההיא איירי בלעובדם אפילו שלשול קטן שבים נמי כדאיתא בגמרא שם ולומר שיעבור עליהם משעת עשייה וק"ל.

ד"ה **אלו** ואלו וכו' פירוש אמצעיתן וכו'. דודאי לא מני קאי אתולדות שמים דקאמר ר"א דהא קרא דמייתו דבר ויקרא ארץ כתיב ולא שמים ומשמע להו דתולדות ארץ מארץ נבראו דקאמר ר"א היינו שלדדי הארץ דהיינו תולדותיה והתפשטותה נבראו מארץ דהיינו אמצעה ולהכי קאמרי אלו ואלו בין הארץ עצמה דהיינו אמצעה ובין הצדדים דהיינו תולדותיה כולם מציון נבראו או אפשר לפרש דר"א הא קתני באידך ברייתא דלעיל דעולם מאמצעיתו נברא וסתמו כפי' דהיינו אמצעית העולם כולו בכלל המיושב והחרב אבל רבנן ס"ל התם דמציון נברא שהוא נקודת המיושב ועיין בזוהר פרשת תלוה והיינו נמי מחלוקתם כאן דר"א קאמר תולדות ארץ דהיינו לדדיה נבראת מארץ סתמא דהיינו אמצעית נקודת העולם שנבראת תחילה וחכמים אומרים אלו ואלו וכו' כנלע"ד ובזה יתיישב מ"ש מהרש"א בחידושי אגדות יע"ש וק"ל.

דף נ"ה ע"א גמרא **אף** על דלאו על וכו' הרמב"ם ז"ל פ"ג מהלכות עי"כ לא הוצרך לבאר שאינם צריכים ליגע שהרי כבר כתב שם קרוב לכפורת כטפח ועוד שהרי כבר סיים שם וכל אלו ההזאות אינו מתכוין בהם להזות לא למעלה ולא למטה וכו' דמהכא משמע שאינם צריכים ליגע וכמו שפרש"י במשנה ובין הבדים נמי פשיטא דאין צריכים ליגע דמהיכא תיתי ועיין בספר משנה למלך שם אלא דאכתי תיקשי אמאי לא ביאר הא דתנא בשהוא מזה למעלה מצדד ידו למטה וכו' דאפילו אם היה מפרש דהיינו פי' כמצליף וכפי' הערוך שהביאו התי"ט לעיל ע"ו א' מ"מ היה לו לבאר אמאי היה מצדד ידו למטה או למעלה ועיין מ"ש הפר"ח שם ול"ע.

שם אדרבא לא יאמר למעלה בפר וכו' הא דלא קאמר ומאי חזית וכו' אלא קאמר אדרבא דמשמע דעפי מסתבר לומר כן נלע"ד משום דסברה הוא לומר שצריך שיגעו בכפורת ודומיא דהזאות מזבח דכתיב בה והזה עליו מן הדם וכו' ועוד דמתנות פר כתיבי ברישא ומתחלה יש לך לדרוש יתורא דמעלה דידיה וק"ל.

שם מבעי ליה לכדתנא דבי ר"א וכו' זה בנה אב וכו' ובת"כ פרשת אחרי מות מסיים בה דבר אחר אל פני הכפורת קדמה אינו מתכוין להזות לא למעלן ולא למטה אלא כמצליף ופירש בספר קרבן אהרן שם דמדכתיב אל פני ולא על פני או לפני דריש וכו' יע"ש ולא זכיתי להבין דהא קרא כתיב על פני ולא אל פני ונראה ודאי דטעות יש שם בת"כ ונ"ל על פני וכן הגי' בילקוט שם וזה פשוט. ומ"מ למאי דמשמע בת"כ דמעל פני הכפרת יליף נמי שא"ל ליגע וכן נראה מלשון ירושלמי דפרקין לפי פי' ספר קרבן העדה שם בהא תלמודא דידן פליג דסברא הוא דבלאו היקשא דעל ולפני לשון על עליו משמע ולהכי אייתר לן על פני הכפרת לדרשא דראב"י וכבר אפשר דת"כ נמי הכי ס"ל והיינו דקתני דבר אחר כלומר שלא תלמוד מכאן דרשא דראב"י אלא להכי כתב קרא על פני ללמדך דעל לאו ממש הוא דאל"כ פני למ"ל אבל אה"נ דלראב"י לאו הכי מדרים אלא הא ילפינן לה מדאקים על ללפני והגם דהדרשות סותרות זו את זו דלראב"י על פני משמע על ממש דלהכי דריש ליה לבנין אב ולדבר אחר אדרבא יליף מהכא דא"ל ליגע שפיר קאמר דבר אחר כיון דלראב"י נמי על לאו ממש הוא אלא דיליף ליה מהיקשא דלפני ועיין בתוספות לעיל נ"א ע"א סד"ה דוחה את השבת והשתא תלמודא דידן דריש לקראי אליבא דראב"י דרבנן הכי ס"ל כוותיה כדאיתא בהקומץ רבה כ"ז ע"ב יע"ש אבל זה אין נראה לומר דתלמודא דידן נמי אכתי איצטריך על פני בפר לגלויי נמי בדידיה דא"ל ליגע דמשעיר לא אתי וכמו שהקשו התו' יע"ש ותאמר דתרתי שמעי' מיניה דהא לא ברירא לן דלדרוש בנה אב צריך יתור גמור עיין מ"ש לעיל מ"ט ע"ב בתוספות ד"ה שאני התם וכו' דפשטא דסוגיין משמע דעל פני דפר כוליה קרא לדרשא דראב"י איצטריך וילפינן משעיר בגילוי מלתא דא"ל ליגע וכמ"ש התוס' והיינו דקאמר תלמודא אדרבא לא יאמר למעלה בפר וכו' מה על ממש וכו' וכלומר ושעיר נמי יליף הכי בגילוי מלתא ודוק.

שם למעלה בפר איני יודע וכו' שאין ת"ל כאשר עשה וכו' לכאורה הוה משמע דהכא האי לישנא לאו דוקא דודאי איצטריך לאקושי מטה דשעיר למטה דפר שבע וכן נמי איצטריך לדרשא דת"כ שם דהוקש פר לשעיר שיביא את דמו לפני ולפנים ולא שיניחהו בחוץ ויוליך ההזאה בפנים אבל קושטא הוא דבדוקא קאמר דכיון שאנו אומרים בפר שדנין גופו מגופו כך נאמר גם כן בשעיר וא"כ הרי הם חלוקים בהזאות דבפר למעלה ולמטה שבע ובשעיר אחת ונאמר שכן חלוקים נ"כ בהבאת דמו דדוקא בשעיר צריך להביא דמו לפני ולפנים וכיון שכן כאשר עשה למ"ל אלא ודאי דיש לך להקישם זה לזה לכל דבר שאתה יכול להקישם והיינו דהדר וקאמר בסיפא דמלתא כשם שלמטה בפר שבע וכו' והגם דהכא למילף אחת למעלה בפר קיימינן אבל הכוונה דהשתא הוא דילפינן נמי שבע למטה בשעיר דהא בהא תליא וכמ"ש וק"ל.

שם שבע ואחת כן היא הגירסא האמיתית כמו שהגיה מהרש"א שלא כגי' ויניציאה דל"ג כאן אחת דהגם דאמרינן בירושלמי דצריך לסיים מתוך שבע הא פריך התם מהך דר"י דקאמר שבע ואחת ולא חיים לשנויי כמ"ש בת"י דלר"י נמי מסיים מתוך שבע מקרי יע"ש מוכח מזה דעיקר הגי' שבע ואחת ועיין מ"ש בזה בספר דבר שמואל להרב נרפחי בליקוטים מ"א א'.

שם ולא פליגי מר כי אתריה וכו' שלא הפרש דפליגי וטעמא דר"מ שיש לו לסיים מתוך שבע כדסיימינהו קרא ור"י סבר שיש לו לסיים מתוך אחת שהיא עקרית שהקדימה הכתוב ועיין בירושלמי דפרקין דודאי אין כאן עדיפות לאחת יותר משבע וכן להפך דטעם קדימת הכתוב שכן הדרך להקדים מעלה למטה בסדר עשייה אלא לא פליגי ומר כי אתריה וכו' וק"ל.

שם ר"א אמר שלא יטעה וכו' מאי בינייהו הרמב"ם ז"ל רפ"ג מהלכות עי"כ פסק כר"א ואף על גב דהלכה כר"י לגבי ר"א דרביה הוא כדמוכח מסוגיא דלעיל נ"ג ע"א ובשאר דוכתי אפשר דגירסתו היתה ר"י אמר כדי שלא יטעה וכן משמע דלגירסה שלפנינו תיקשי קצת דהקדים דברי ר"א לר"י וכן בירושלמי דמתניתין גרסינן אר"י כדי שלא יטעה וכו' יע"ש ומברייתא דתורת כהנים שהביאו התי"ט בסוגיין ד"ה לימד וכו' לא תימא דדייק כמאן דאמר דגזרת הכתוב היא וכמו שפירש בספר קרבן אהרן שם ואם כן הו"ל לפסוק ז"ל כן דודאי דהביא לא מכרעא וכמו שכתבתי בת"י שם ואדרבה לפירושו שכתבתי שם דייק טפי כמ"ד שלא יטעה מדלא הזכיר בתורת כהנים דרשא זו יעויין שם ושוב ראיתי להפרי חדש ז"ל בליקוטי מים חיים שכתב קרוב לדברינו יע"ש וק"ל.

כתב הרב המאירי ז"ל ויראה מכל מקום שאין המנין מעכב אלא כל שהשלים הזאותיו אף בלא מנין יצא ואעפ"י

שבסוגית הגמרא יראה שלא ילא שהרי לא נחלקו אלא במנין העליונה עם האחרות הא מנין כל אחד בעצמה ראוי לומר שיעכב אפשר שדרך סוגיא נאמרה עכ״ד ולדעתי הקלרה יראה דכיון דבת״כ דריש מדכתיב שבע פעמים ולא שבע טיפין או שבע הזאות ללמדך שלריכים מנין מעתה ודאי דמנין מעכב כיון דכתיב חוקה כדרך שהיה מעכב אחת עם כולן לר״י דיליף לה מקרא מטעם דחוקה כתיב כמו שפרש״י וה״ה אחת דלמעלה דמנין עלמה מעכב הגם דילפינן לה מאו.ו ולא כתיב לשון מנין הא איתקש מעלה למטה לענין דלאו על ממש וה״ה דמקשינן לה נמי דלריכי מנין לעיכובא. אבל מנייהו עם כל אחת מהשבע הא ודאי דקיי״לן כר״א דמסברא הוא כדי שלא יטעה ולאו מקרא ילפינן לה וכך יש לפרש בלשון תורת כהנים כמ״ש בח״י יעויין שם.

שם תנן התם ר״י אומר לא היו שופרות וכו׳. האי ליטנא לאו דוקא דאיגה משנה בשום מקום אבל ברייתא היא בתוספתא ברפ״ג דשקלים ומייתי לה בירושלמי שם רפ״ו אמתניתין דר״ג שופרות דלקמן וכן כתב מהריק״א בכלליו בספר יבין שמועה ק״י ע״א וקי״ד ע״א משם התוספות דכיולא בזה מלינו בשאר מקומות דאומר תנן התם ואינה אלא ברייתא יעי״ש וק״ל.

רש״י דיבור המתחיל **מר** כי אחריה וכו׳ כגון שעירים ואחת וכו׳. למה שיש לדקדק דמשמע דלא הוי באחריה ממש דמקדימין המרובה תחלה עיין מה שיישב בספר דבר שמואל בליקוטים מ״א ע״א. אבל הריטב״א כתב פירוש במקומו של ר״מ מקדימין למנות המנין המועט ובמקומו של ר״י מקדימין המנין המרובה עד כאן דבריו.

ד״ה **שלא** יטעה שיהא לו שהות וכו׳ דלא ניחא ליה לפרש כפירוש הרמב״ם בחיבורו רפ״ג מהלכות עי״כ שמא ישכח וימנה הזיה ראשונה מכלל השבע וכן פירש ריב״א בח״י מטעם הקושיא שהרגיש בה ריב״א עלמו דאם כן היה לו למנות שמונה ואין כאן טעות וההכרח שהביא ריב״א שם מהירושלמי שיש לו לסיים מתוך ז׳ לא חשיב ליה ז״ל הכרח וכמו שאכתוב שם יעויין שם ועיין מה שכתב בספר קרבן אהרן פרשה ויקרא פרשה ג׳ דין ע׳ ועיין מה שכתבתי בח״י ד״ה לימד וכו׳ וק״ל.

ד״ה **מפני** תערובת וכו׳ שמא יתחלף שופר בשופר וכו׳. דודאי דשל נדבה היו בשופר בפני עלמם ועוד זאת שתורין היו בשופרות א׳ ושל בני יונה באחר כדקתני ר״י במתני׳ דשקלים דמייתי בסמוך ועיין בתוספתא רפ״ג דשקלים ולפי״ז הא דפריך לר״י ונעביד תרי האי ליטנא לאו דוקא דאי עבדינן שופר לקיני חובה תלתא הוא דהוו א״נ דאי לא הויגו עושים אלא שתים אחת לתורים ובני יונה דחובה ואחרת לאותם של נדבה כדי שלא להרבות בשופרות אבל הא לא תידוק דמדפריך ונעביד תרי ולא פריך ונכתוב עלייהו הי דחובה וכו׳ ותו לא משמע דס״ד לפרש דר״י הכי קאמר לא היו שופרות לקיני חובה שיהיו של חובה ושל נדבה בשופר אחר ודומיא דקושית דס פר דבסמוך והיינו דחייש לשמא יתערבו וכן משמע מפירוש הריטב״א יעי״ש ותיקשי למאי דפירש ז״ל שמא יתחלף שופר בשופר דליתא דודאי כיון דחזינן דחייש ר״י טפי לטעות לגבי נדבה שתי שופרות מהיכא קס״ד לפרש שיהיו של חובה ונדבה בשופר אחד אלא ודאי הכי קאמר לא היו שופרות ל״מ נדבה וחובה בשופר אחד במחילה מבדלת ביניהם דודאי חיישינן לעירוב אלא בשתי שופרות נמי מפני התערובות דהיינו שופר בשופר ולעולם דסלקא דעתיה נמי שהיו שם ב׳ שופרות ולא דמי לקושית דס פר דבסמוך דהכא כלפי דלר״י לפי האמת היו שם שתי שופרות לנדבה להכי פריך ונעבד תרי כלומר דאין הכונה להקשות שיהיו שם שלשה וליכתוב עלייהו וכו׳ אבל הכוונה דנעביד תרי דוקא ונכתוב עלייהו וכו׳ כנלע״ד ודו״ק.

תוספות ד״ה **אלא** אי אמרת וכו׳ ודבר הלמד בהיקש אינו חוזר וכו׳ ואע״ג דהכא הו״ל דבחד זימנא גמר דהגב דלמד פר משעיר שיתן אחת למעלה דכתיב ביה בשעיר בהדיא כדלקמן וגם שיביא את דמו לפני ולפנים ולא שיניח הדם בחוץ ויביא באלבעו לפנים כדאיתא בת״כ גמר נמי מאי דאתיא בהקישא מ״מ יש סברא לומר דהאי נמי חשיב היקשא כמו שהקשו לקמן כ״ז ע״א על פרש״י וכי תימא דהכתי הו״ל הימנו ודבר אחר דהא כבר כתיב למעלה בפר ולא ילפי׳ משעיר אלא כמנין דאחת מ״מ הא איכא מ״ד באחתו מקומן דהוי היקש ועיין בדבריהם לקמן שם ד״ה הימנו וכו׳ שכתבו דברייתא דהכא סברא דהימנו ודבר אחר הוי היקש ומש״ה תירץ בכללות דז״ל גילוי מלתא וכו׳ ומה שסיימו אי נמי וכו׳ מקשי׳ נמי גבי פר וכו׳ ואע״ג דפשטא דסוגיין משמע דלמעלה דפר לדרשא דראב״י לחודיה איצטריך מ״מ כוונתם דודאי אי לאו משום דרשא דראב״י לא הוה כתב קרא למעלה בפר והוה ילפינן כולה מלתא מלמטה דשעיר אבל השתא דכתב קרא מקשינן נמי על ולפני ולאו מכח יתורא אלא מכח גילוי מלתא דשעיר דכי היכי דהתם מקשינן על ולפני ה״ה הכא ושני התירוצים קרובים זה לזה אלא דלתי׳ זה ניחא להו טפי דמגופיה דפר יליף דעל לאו דוקא ודו״ק.

ע״ב גמרא **מיתיבי** שלש עשרה שופרות וכו׳ כתב הרב המאירי ז״ל וז״ל שואלין בחמשה השופרות הללו לא תקנו שופרות לכמה דברים אחרים ושאלה זו ודאי אין לה מקום לענין קרבנות חובה לבהמה כגון חטאות ואשמות ועולות ושלמים שאף לדעת חכמים שפי׳ ג׳ וד׳ א׳ לקני חובה וא׳ לקני נדבה מודים הם באלו שלא היו בהם מפני שהמחוייב בהן צריך להיות שם ולסמוך עליהם ולהתודות על חטאת עון חטאת ועל אשם עון אשם ועל עולה עון לקט שכחה ופאה והשלמים אף הם טעונים סמיכה ואין סמיכה אלא בבעלים מש״ה בכל אלו שבי״ג שיכול לשלח משותיו ואין הוא עצמו צריך להביאם שהשקלים רובם ע״י שליח הם באים וקינין הן חובה הן נדבה א״ל סמיכה ולא וידוי ואע״ל בשאר וכן חטאות ועולות ושלמים אין מגדלין בהמה דקה בא״י והם עצמם היו צריכים להביאם ואעפ״י שהיו שם סוחרי בהמה מ״מ לא היו מספיקים לכך וכן לא תקנו שופר למנחה שהאומר הרי עלי מנחה יתן נותן לחובה וכמ״ש בכריתות מכאן לעשירית האיפה בפרוטה ואפי׳ שהיה שם אדם הממונה על הסלתות והיה מוצא ליקח מהן בכל שעה ואין השופרות באים אלא לנדבה לדברים שלא היו מצוים ליקח כל כך ואעפ״י שבממוני לא היה אלא במנחת נסכים [(כדתנן פ״ה דשקלים)] ומנחה הבאה בפ״ע לא היתה מצויה יין מ״מ דברים מצויים הם וכן נראה שלסברא זו נ״כ לא תיקנו שופר לאומר הרי עלי יין הרי עלי שמן עכ״ד.

שם ומי חייבין והתקן השולח חטאתו וכו׳ בירושלמי פ״ו דשקלים פריך מדתניא האשה שאמרה הרי עלי קן מביאה דמיהן ונותנת בשופר ואוכלת בקדשים ואינה חוששת שמא מתקלקל בהן ואין הכהן חושש שמא דמי חטאות מתות מתערבות בהן ומתרץ כדהכא כי קאמרינן בחטאת שמתו בעליהן ודאי וכו׳ יעי״ש ותלמודא דידן לא פריך מינה דמתני׳ אלימא ליה טפי ואי משום דאיירי בחטאת העוף גופה הך נמי לר״ש בפרק כל הגט איירי בחטאת העוף ועוד דודאי הסיא רבנן קאמרו לה דלר״י לא היו שם שופרות לקיני חובה והירושלמי פריך מינה דס״ל דעי״כ לא פליג עלייהו ר״י אלא בהא אבל במאי דאין חוששין שמא דמי חטאות וכו׳ לא פליג ונראה דתי׳ האמור שם בירושלמי תוספת איזה תלמיד הוא דהבקי בהלשון הנהוג בירושלמי יבחין כי אינו מהירושלמי ובהא הוה ניחא לי דבירושלמי דמסכתין פ״א סוף הלכה א׳ משמע דמפרש להך דר״י משום ספק ולא משום ודאי יעי״ש וכבר ראיתי בספר קרבן העדה שם שהרגיש בזה וק״ל.

שם אלא משום חטאת שמתו בעליה ודאי וכו׳ מה שהקשה בשכ״י דלמ״ש התוס׳ לעיל סד״ה מפני תערובת דלרבנן כל אחת נודרת מעותיה לעצמה וכו׳ יעי״ש השתא דס״ל דר״י לית ליה כתיבה יתקנו לכתוב כל אחת שמה על צרור כספה ואם ימות א׳ מהם ישליכו את צרורו ע״כ יראה דכל כי האי לא מטרחינן לציבור וטפי ניחא ליה לר״י שיתנו כל אחד משותיו לכהן ומה גם כי עדיין יש לחוש לשתי נשים ששמותיהן שוות ומת א׳ מהם ולא ידעי׳ כי מניהו והרי יש כאן הפסד לאחת מהן וק״ל.

תוספות ד״ה **קינין** כן תורין המתנדב וכו׳ והכי תני בתוספתא פ״ג דשקלים ר״א לא היה שופר לקינין מפני התערובות אלא האומר הרי עלי תורין מביא ונותן לשופר של תורין בני יונה מביא ונותן לשופר של בני יונה ע״כ והוצרכו

מכ לא לאשמועינן דבנדבה איירי דזה מבואר אם מדברי ר״י עלמו שסיים וכולן עולות ואם דהא ס״ל לר״י דלא היו שופרות נקיני חובה אבל הולרכו לבאר תיקון הלשון דמשמע דקינין הן תורין וזה אינו דקינין סתם כולל תורין ובני יונה ולזה ביארו המתנדב תורין וכו׳ ועיין בתי״.

ד״ה **והתנן** וכו׳ וא״כ נימא דמשום דילמא דאיכא וכו׳ קושייתם זאת אינה אלא לרבה דס״ל התם הכי אבל לאביי שם לא אותיב ליה התם מברייתא דאפילו הגיע לגבורות נמי וכן פסקו הפוסקים שם ומיהו הא ל״ק להו לכולהו דבגוסס ליחוש דאפי׳ לאביי נמי בגוסס לא אמרינן נותנו לה בחזקת שהוא קיים דודאי משום זה לא היה לנו לחוש דמלתא דלא שכיחא הוא אבל משום זקן שהגיע לגבורות היה ס״ד דהוה לן למיחש זהו הנראה באמיתות דבריהם ועיין מ״ש בספר משנה למלך רפ״ד מהל׳ פסולי המוקדשין וק״ל.

ד״ה **ונברור** ד׳ זחי עמדו ברובע סלע וכו׳ כצ״ל.

ד״ה **הלוקח** יין וכו׳ שאינה משנה בשום מקום וכו׳ אבל היא בתוספתא פ״ז דדמאי יע״ש. ומ״ש ור״י ור״ש אע״ג דס״ל במנחות וכו׳ כלומר ואילו הכא משמע דמטעם ברירה דוקא הוא דפליגי אבל בעיקר מלתא דשרי ליקח מהכותים אם נתקן לא פליגי ועיין בדבריהם דפרק ר׳ ישמעאל שם. ומ״ש עוד יש חילוק אחר וכו׳ לפי שבע״ש איירי כמו שפרש״י וכו׳ דלא הוו גרסי בברייתא דהכא בגי׳ שלפנינו ערב שבת עם חשיכה וכן במסכת סוכה כ״ד ע״ב ובשאר דוכתי ל״ג ליה ועיין בתוס׳ דסוכה שהאריכו על חילוק זה יותר יע״ש. ומ״ש ועוד אם היה שותהו בחילול בלא הפרשה וכו׳ אאידך קושיא סמיך דכיון דאין כאן קביעות מקום ואין חילולו חילול מעתה אם לא יפרישנו נמלא שותה טבלים למפרע ועיין בלשונם דפרק בכל מערבין ופרק כל הגט ד״ה מיחל וכו׳. ומ״ש א״כ מעשר ראשון נמי דפתיך ביה תרומת מעשר וכו׳ [(כצ״ל)]. ומ״ש ואיכא נמי למ״ד וכו׳ תרומת הכרי וכו׳ כלומר דממנו עליו לא חשיב מקום מסוים ועיין בהר״ש שם בפי׳ השני שפירש שם אבל מה שהביאו מהביא דמעשר שני לא זכיתי להבין דלא קרא שם דהתם היינו שלא אמר זה פדיון מעשר שני כדמפרש בירושלמי והביאו הר״ש שם ולעולם דקביעות מקום למעשר בעי׳ כדי שיוכל לפדותו ולחללו וזה מוכרח דאל״כ תיקשי דר״י אדר״י דתוספתא שהביאו לעיל דעובדא דרשב״ג וכו׳ דמוכח מינה דר׳ יוסי קביעות מקום בעי ול״ע ומה שסיימו מדקתני סיפא וכו׳ היינו סיפא דמתניתין דלוקח מהעכו״ם דקתני היו לו תאנים וכו׳ היו דמאי אומר וכו׳ ומ״ש בלפונו או בדרומו וכו׳ וא״כ אפילו תימא דאיכא תנא דס״ל דלא בעינן קביעות מקום מ״מ תנא דידן בעי ותיקשי לפרש״י וק״ל.

דף נ״ו ע״א תוספות ד״ה **עשרה** מעשר וכו׳ אין לומר כן דאם תיקן וכו׳. ועוד דלא יתכן לומר כן בסיפא דתאנים של טבל דקתני התם נמי כי כך לישנא וכמ״ש הר״ש שם והתוספות דפרק הישן ולכאורה היה נלע״ד לתרץ דעשרה דקתני לאו לוגין קאמר אלא עשרה חלקים ממה שנשארו כשעריותא דבי רבי ושוב ראיתי להתי״ דסוגיין שתירץ כן יעויין שם.

ד״ה **דברי** ד״מ וכו׳ ואם מתי יצא גט ולכי מייתי וכו׳ וכל המתלקט ולמה חוזר וכו׳ כצ״ל. ומ״ש כיון דמתנה בין ירדו בין לא ירדו חשיב עפי וכו׳ נראה כוונתם דכיון דבכל ענין דבריו מתקיימים שיהיה שם תרומה ואין התנאי אלא שיהיה רמון זה או זה חשיב עפי ואין לריך כאן לטעם ברירה אלא דתיקשי לזה לגבי ואם בא חכם וכו׳ בכל ענין עושה עירוב ואפילו הכי לריך לטעם ברירה כדלקמן וכן הקשו הר״ש בפ״ז דדמאי והתוספו׳ דסוכה כ״ג ב׳ ד״ה ר״מ וכו׳ אלא עיקר התירוץ דלמאן דאית ליה ברירה קאמר וכן תמלא בתוספות דגיטין ודעירובין שם שלא כתבו אלא תירוץ זה. ומ״ש ועוד כי הוה משני נמי הכי אכתי הוה קשה ליה הכיא דכל הגט וכו׳ דזה דוחק לומר דגבי גט לא אמרינן די״ש ברירה אפילו היכא דמתנה בפירוש משום דכתיב **וכתב לה** דכיון דאמר יש ברירה גבי כל הנלקט סברי היא דהוא הדין גבי גט והכי׳ דרים כל הגט כ״ה ע״א דקאמר תלמודא דאי אחמר בהא קאמר ר״י דאין ברירה משום דבעינן לה לשמה וכו׳

יע״ש היינו משום דבעלמא הוא דאית ליה לר״י ברירה אפילו גבי אחין שלא התנו ולהכי אמרי׳ דגבי גט דאפילו מתנה בפירוש אינו מועיל אבל אי אמרינן דבעלמא בעינן תנאי מפורש לומר די״ש ברירה מעתה דין ברירה זו אף לגבי גט מועיל אלא שמדברי התוספות דפרק מרובה שם ד״ה אלא לעולם וכו׳ אין נראה כן יע״ש וכן בפרק כל הגט כ״ד ב׳ ד״ה לאחו שארלה וכו׳ ודוק: ע״ב גמרא **ודילמא** שאני התם וכו׳ ואמר להם לכשיבקע וכו׳ הגם דלכאורה לענין קושיתו אין לורך

לאשמעת ר״מ יש לומר דמכבא מוכח לה משום דכיון דחששא בעלמא היא כדקאמר ר״מ אי הוה ס״ל דאין ברירה ועיקר טעמא לאו משום בקיעות הנוד הוא לא הוה ליה לאקשויי לר״מ מהך טעמא אלא ודאי דסברי די״ש ברירה וס״ל דאין לומר כן אלא כשהדבר יתברר מבלי ספק כלל מה שאין כן הך דהגם דחששא רחוקה היא הרי אין כאן ודאות גמור שיתברר ובכל כי האי לא אמרינן יש ברירה ור״מ סבירי ליה דאף בזה אמרינן יש ברירה כיון דחששא רחוקה היא ועיין בתוס׳ וק״ל.

שם וכי תימא לא מקביל ליה כוליה וכו׳ ותאמר דהגם דבשחיטת תמיד קתני מתני׳ לעיל ל״א קרלו ומירק אחר שחיטה ע״י ומפרש תלמודא שם דמלוה למרק כדי שיקבל כל דמו יפה וכמו שפרש״י והתוספות שם מ״מ כיון דגבי פר לא קתני ליה במתניתין לעיל מ״ג ע״ב איכא טעם יש לחלק ביניהם ותאמר דהכא יש לדרוש מדם ואפילו מקצת דם עיין לעיל מ״ח א׳ הא לא אפשר דהא אר״י השוחט וכו׳ את כל דמו של פר וכו׳ אלא ע״כ לומר דמתניתין דפר אמאי דפירש בתמיד סמיך וכמו שכתב הפרי חדש ז״ל פ״ד מהלכות עי״כ ובמה שכתבתי ניחא דלא פריך ממאי דקתני מתני׳ גבי תמיד דלריך למרק כל הדם והיינו לפר משום דמשמע דלא קתני הכי גבי פר היה אפשר לחלק ביניהם מאיזה טעם ולהכי פריך ליה בפשיטות ממלתי׳ דר״י דאיירי בפר גופיה וק״ל:

כתב הרב המאירי ז״ל דבשחיטת שעיר אין לריך לו כהן אחר למרק שחיטת של ידו כמו בתמיד שבשעיר מתוך דקותו אין לריך בו לכך ובשחיטת הפר מיהא אעפ״י שלא הוכר שם ירלאה שלריך היה לכך או שמא בכולם כן והחכרה בתמיד וכ״ה לאחרים עד כאן דבריו:

שם ההוא דנחית קמיה דרבא וכו׳ א״ל חדא כרבנן וכו׳ נלע״ד דההוא דנחית טעה בלישנא דמתני׳ דהוה משמע ליה דהא דקתני נטל דם הפר וכו׳ נטל דם השעיר וכו׳ סיומא דמלתייהו דרבנן בסדר הזאות היא דאי מסקנא דמלתיה דר״י היא כאשר הוא האמת וכמו שפרש״י שם יקשה קלת למה רבינו הקדוש בתר לסיים סדרא דהזאות כסברת ר״י ולא סיימה כמו שהתחיל אליבא דרבנן ומכח זה הוה משמע ליה דרבנן קאמרי לה והיה נראה לו דטעמא דגם לרבנן לריך ליטול דם הפר תחילה ואח״כ להניח דם שעיר אם משום חיבוב מלוה כדי שלא יהיו ידיו ריקניות משסק מלוה בעוד שמניח דם שעיר קודם שיטול דם פר ואם דמיד יש לו ליטול דם פר כבא לפניו שיש לו להזות ממנו מתה דמלוה כבאה לידו אין להחמילה ולהעבירה וסמך לזה מהא דתנן פ״ב דפסחים מקבל את המלוה ומחזיר את הריקן יע״ש בגמרא אבל רבה ס״ל דסיומא דמלתיה דר״י היא דכן נראה דאי רבנן היא לריך לפרש הא דקתני נטל דם הפר וכו׳ דתנא ברישא יצא והניחו על כן השני וכו׳ והדר מפרש שזה היה לאחר שנטל דם הפר הניח דם שעיר על כן השני ואין נראה כן פשט משנתינו וסובר דדוקא לר״י מלד ההכרח יש לעשות כן אבל לרבנן אין להטריח לכ״ג שיטול דם הפר קודם שיניח דם השעיר ויהיו שתיהם בידיו דמשום חולשא דכ״ג לא חיישינן אחיבוב או אהעברת מלוה לפי שעה אלא לריך להקל עליו הטורח שיניח דם הפר ואח״כ יטול דם השעיר ועוד זאת דבזה אית ליה היכרא טפי שלא יטעה דאם יניח אחד מהם בעוד שניהם בידיו אפשר שיטעה להניח דם פר ויטול דם שעיר במקומו ולקושית אמאי סיים לה רבי׳ הקדוש אליבא דר״י ניחא ליה אגב אורחיה לאשמועינן דטעמיה דר״י משום אחלופי הוא ואפילו אמר דבזה שלא היה שם אלא כן אחד אינו בא לידי טעות כי הרי נטל דם הפר והניח דם השעיר וכו׳ וכי תימא טעמא דר״י דלא קיילין כוותיה אתא לאשמועינן הא ל״ק ד״מ נמי לרבנן דאין בזה חשש דאם היה רולה לעשות כסדרא דר״י ליטול מתחילה ואח״כ להניח יכול

לפשות דע"כ לא אמרו לדידהו שיניח תחילה ואח"כ יטול אלא כדי להקל העורח מעליו דמשום טעות ליכא למיחש לדידהו כל כך כי היכי דלדידהו היו שם שני כנים ולא חיישי למידי כנלע"ד ושוב ראיתי בספר בתי כהונה חלק ב' בחלק בית אבות כ"ה ד' שהרגיש בהגיא דפסחים שכתבתי יעו"ש וק"ל.

שם ת"ר וכן יעשה לאהל מועד מה תלמוד לומר וכו' בת"כ פרשת אחרי מות ל"ג מת"ל ועיין בזבחים נ"ז א' דודאי קרא אילטריך לומר שיעשה כן בהיכל אלא משום דלא תפרש דקאי אדסמיך ליה דהיינו דם שעיר מפרש תנא דהאי וכן יעשה אכולהו עשיות קאי בין דפר ובין דשעיר באותם שלפני ולפנים ממש ויש לייסב גירסה שלפנינו דמשום דמשמע להאורה דוכן יעשה קאי אדסמיך ליה ממש וכפר על הקדש מטומאות וכו' להכי קמתמה מה ת"ל דמה שייך בכפרה לשון עשיה וכמו שפי' בספר קרבן אהרן שם. והא דלא כיילינהו בחד בבא ולימא מה לפני ולפנים אחת למעלה ושבע למטה מדם הפר ואחת למעלה וכו' מדם השעיר כך מזה בהיכל אפשר משום דאין פשיטותם שוה דעפי מסתבר דוכן יעשה קאי אמתנות שעיר דסמיך ליה מדפר דלעיל מיניה אלא דכך יש לנו לדרוש דאכולהו עשיות דלעיל מיניה קאי וכגם דהו"ל למינקט תחלה מה שלמד משעיר דהוא פשוט יותר ניחא לי' למינקט להו כסדר עשייתן פר תחילה ואח"כ שעיר וק"ל.

רש"י ד"ה **והדינן** בה וכו' והוא באלכסון וכו' עיין בפי' הרר"ף שכתבו התוספות בסוף ביצה ל"ח ע"א.

ד"ה **והשתא** דאמרת טעמא דר"י בקיני חובה וכו' תיקן בזה דמלשון תלמודא הוה משמע דקושית יוה"כ נמי וכו' הוא גם כן מכח דלר"י אין ברירה וזה אין לו שחר והכי הול"ל והשתא דאמרת דר"י בתיבה אית לי' יוה"כ נמי וכו' לכן פי' ז"ל דה"ק והשתא דאמרת דטעמא דקיני חובה משום דאין ברירה הוא אבל בתיבה אית ליה כדמוכח מהא דשקלים ה"נ גבי יוה"כ נעביד וכו' וק"ל.

תוספות ד"ה ר' יהודה וכו' רב אמר חייב באחריותו ואם בא לחזור אינו חוזר וכו' שחייב באחריותו אם בא לחזור חוזר וכו' דלשמואל הולך לאו בזכי וכו' אם בא לחזור חוזר לדבריו וכו' כרב דזכי דמי לא הוה אמרינן חוזר מהאי טעמא [(כלומר מטעם חוב אחריות)] וכו' כל"ל וכסוגיא שם וכמו שהגיה מהרש"א ומה שיישבו מה שמקשים לר"י וכו' מפורש בפרק השולח וכו' בתוספות שבידינו תמלא קושיא זו ותירוצה בפרק כל הגט כ"ה ע"ב סד"ה רבי יהודה וכו' ובפרק ב' דסוכה כ"ד ע"א ובפרק יש בכור נ"ג יעו"ש וק"ל.

ד"ה **מאי** שנא וכו' דאי מפליג מאי פריך וכו' וסבירא להו דר"י גופיה הוא דפריך מאי שנא וכו' וכמו שכתבו התוספות בסוף ביצה ל"ח ע"א ד"ה ואמר ר' יוחנן וכו' יעו"ש. ומ"ש ז"ל דלאו מכח וכו' ובלאו הכי וכו' ועוד תירצו התוספות דפרק בכל מערבין ופרק כל הגט שם דנהי דלר' יוחנן ליתא לדאיו דאמר דלר"י אין ברירה מ"מ מכח שפיר דר' יוחנן לית ליה ברירה מדמשני ליה ע"כ וכ"כ בסוף ביצה שם ועיין במסקנת דבריהם דבסמוך אלא דהכא דחיקא להו לומר כן דכיון דרבי יוחנן קים ליה דהלכה כסתם משנה אם כן משמע דהלכה כסתם מתניתין דעירובין דסתם לן תנא כמאן דיש ברירה דרישא דהתם רבנן קתני לה ועוד הא איכא סתמא אחרינא דהלוקח יין וכו' דסתם לן תנא פ"ז דדמאי כר"מ דיש ברירה ואם כן אפי' ניחא לומר דר' יוחנן הכי סבירא ליה ודהתם בלאו הכי ניחא ליה לשנויי וכו'. ומ"ש והיה נראה לי לתרץ וכו' הרואה הסוגיא שם במקומה יראה דלענין היפוך הסברות הוא דאיתמר דחד מקמי תרתי אפיך יעו"ש ואם כן יש לדחות דלעולם להסיר סברת המשנה לגמרי ולתקן דבר אחר אלא כחסר במשנה כלל לא אמרינן שמי מתני' אפילו מכמה ברייתות ויראה דלזה כתבו והיה נראה לי וכו' כלומר דהיה נראה להאורה נלמוד משם לנדון דידן ולומר דאין חילוק והיינו טעמא נמי דמכללי אפירוך אחרינא כי התירוץ הזה אינו ברור כל כך ושוב מצאתי שחילוק שכתבתי בספר יבין שמועה כלל ש"ו יעו"ש. ומ"ש ולפי מה שפירש וכו' מקמי מתניתין דשופרות וכו' מאי דמשמע מדבריהם דמתניתין היא ל"ע דאינה אלא ברייתא וכמ"ש לעיל נ"ה סע"א בסוגיא ומכל מקום דבריהם מתקיימים דהא מיהא מדקתני בפ"ו דשקלים וכולן עולות דברי ר"י ודייקינן דלר"י לא היו שופרות לקיני חובה וע"כ טעמא כדמפרש בברייתא מפני התערובות אם כן שמעינן דר"י לית ליה ברירה ומעתה איכא למימר שפיר ליתא למתניתין דעירובין מקמי מאי דמשמע ממתניתין דשקלים דלר"י אין ברירה וניחא טפי בזה דלא מלי לאתויי התם בעירובין מהך משום דמלבד דאפילו אי הוה מפרש מתניתין טעמא מפני התערובות אין מבואר דמטעם דאין ברירה היא וכמ"ש ז"ל עוד זאת מתניתין לא מפרש טעמא כלל. ומ"ש והכיא דמה היא וכו' סבירא לר"י דלא דייקינן וכו' הוו מלו לתרולי דלדידיה נמי דייקינן כדקאמר תלמודא התם אלא דהכא אית ליה לר"י ברירה משום שהדבר עומד להתברר בודאי וכמ"ש לעיל סד"ה דברי ר"מ וכו' יעו"ש משא"כ הנהו דאיו והלוקח ודשופרות דשמא לא יבואו לידי בירור. ומ"ש ורבינו אלחנן תירץ וכו' זה מבואר יותר בדברי הת"י דסוגין סד"ה מ"ש לכאן וכו' יעו"ש ומ"ש כאן כגון הכוא דלעיל דרבא וכו' כוונתם דע"כ לרבא צריך לחלק לרבי יהודה בין מתנה בפירוש ללא מתנה כמ"ש לעיל בסמוך ד"ה דברי ר"מ וכו' ואם כן לרב נמי נאמר דמדמי ברירה דתולה בדעת אחרים ולא התנה להיכא דאמר וכו' ושוב ראיתי למהרש"א שפירש יעו"ש וק"ל.

דף נ"ז ע"א גמרא **תנא** כשהוא מזה אינו מזה על הפרוכת וכו' הגם דכבר אשמועינן הא בהזאות דלפני ולפנים בכפורת כדלעיל נ"ה אצטריך ליה הכא לאשמועינן דחוץ מפנים בחדא זמנא גמר כל מה שיכול ללמוד דלא תימא דדוקא מנין הזאות יש ללמוד משם ולא הא דאין צריך ליגע כיון דאתי מהיקשא דעל ללפני כדלעיל ותאמר דוכן יעשה מתקיים שפיר במנין הזאות והגם שכאן יגעו בפרוכת ודומיא דהזאות מזבח דלקמיה שהיו עליו ממש קמשמע לן דלגמרי הקישם הכתוב בכל סדר עשיות ועיין מ"ש ריטב"א בתו' סוף ד"ה חוץ מפנים וכו'.

שם דהזא דעבידי כסדרן וכו' וטעמא דגבי פר העלם וכו'. לא בעינן כסדרן עיין מ"ש בזה בספר משנה למלך פרק ה' מהלכות מעשה הקרבנות ואפשר שלדבריו זאת היתה טונת ת"כ בפרשת ויקרא דקתני גבי פר כהן משיח שבע פעמים שיהא מונה שבע פעמים לא אחת ושבע עד כאן ועיין מה שכתבתי בזה לעיל נ"ה ע"א בת"י ד"ה לימד על הזאה וכו' דאכתי צריך לפרש מאי לא אחת ושבע דקאמר דמהיכא תיתי אבל לדברי בעל ספר משנה למלך שם אתי שפיר דה"ק דמדכתיב שבע פעמים ש"מ דלא קפיד קרא הכא לעשותן כסדרן אחת למעלה והשבע תחתיה דומיא דיוה"כ שהיו א' ח' וכאילו אמר לא אחת ושבע וק"ל.

אבל שוב ראיתי להרב המאירי ז"ל שכתב וכשמזה על הפרוכת עומד מרחוק ומזה בזריקה כמ"ש למטה [(וכדלקמן נ"ח ע"ב)] ומתוך כך אינו יכול לכוין הזאותיה בשורה אחת אבל בשל יוה"כ עומד בקרוב לפרוכת כמו שכתב למטה ג"כ ונותן מתנותיו מכוונות בשורה אחת עד כאן דבריו אלא דלהרמב"ם ז"ל שלא מצינו שחילק בזה דפר העלם עומד מרחוק כמ"ש לקמן שם ע"כ דטעמא כמו שביאר בספר משנה למלך שם. ולריך לומר דהגם דמזבח היה נתון בחצי הבית וחולק הבית כדאיתא בירושלמי דשקלים כמו שכתבו התוספות בפרק שתי הלחם ל"ח. ומעתה זה שעומד חוץ ממזבח הרי הוא רחוק מן הפרוכת קרוב לעשרים אמה מכל מקום אפשר דבהתזת הדם מרחוק יגע בפרוכת כדקאמר ראב"י.

שם ותנן נמי גבי פר העלם וכו' לא היו נוגעין בפרוכת וכו'. דהא כתיב התם את פני פרוכת הקדש דמשמע ולא עליו כדאיתא לעיל נ"ה א' לאקושי על ללפני וכו' ובאמת שצריך עיון על בעל ספר משנה למלך בפי"ב מהלכות מעה"ק שהוכיח דאין צריך ליגע מדברי התוספות דספ"ק דזבחים וכן פ"ג מהלכות עבודת יום הכפורים הוכיח מזה והרי דבר זה מפורש בסוגיא דהכא ובסוגיא דלעיל דכל הזאות בין דיוה"כ ופר העלם דאין צריך ליגע ואי משום דמספקא ליה אי הלכה כראב"י דמשמע

דסבירא ליה דצריכים ליגע אין זה ספק חדא דהא ודאי קימא לן כרבנן דפליגי עליה דאין עדותו סותר דבריהם כיון דאם נגעו נגעו וכמ״ש הריטב״א ועיין בת״י ועוד שאין זה מוכרח לומר דראב״י פליג כיון דאם נגעו נגעו וכן דוחה בירושלמי יעו״ש ובמה שכתבתי בת״י ד״ה והיו עליה וכו׳ ושוב ראיתי לבעל ספר קרבן העדה בפירוש הירושלמי דפרקין שהקשה עליו כן יעו״ש וק״ל.

שם ותנן נמי גבי פר וכו׳. הא דמייתי כך הכא מלבד שהרי הוא דומה לנדון דלעיל דאיכא לאקשויי נמי הכא כעין קושיא דלעיל עוד זאת נלע״ד דאשמועינן בהא דגם הזאות דיום הכפורים אי בדיעבד נגעו בה יצא מידי הזאה ולא תאמר דכיון דגבי יוה״כ ילפינן דאין צריך ליגע מהיקשא דעל ללפני אם כן עכובא הואי דחקה אכליה סדרא דפנים קאי ואפילו לר״י לקמן דלא קאי חקה אלא אסדרא דלפול״פ מ״מ הא מיהא תאמר דבהזאות דלפני ולפנים אם נגעו צריך לחזור ולהזות קמשמע לן דלא וכן מוכח מלשון ירושלמי דפרקין דמעיקרא קאמר התם הכל מודים בפרי מביה ועדה באימו צריך שיהא נוגע מה פליגין בפר ושעיר של יום הכפורים ובתר הכי קאמר אית תניי תני צריך שיהא נוגע וכו׳ אראב״י אני ראיתיה מליאה טיפין של דם אמרתי אלו מן הדמים שהיו מזין עליה ביוה״כ הדא אמרה צריך שיהא נוגע, ודחי ואפי׳ תימר אין צריך שיהא נוגע ואם נגע נגע ע״כ כלומר אפילו תאמר דראב״י הוא מאותם התנאים הסוברים שאין צריך שיהא נוגע מ״מ קאמר דהיו עליה טיפי דמים הואיל דקיי״ן דואם נגע נגע אפשר שנזדמנו שם טיפים מאותם הפעמים ששכחה כהן ונגע ולפ״ז ראב״י בברייתא דיוה״כ לאו לאפלוגי את״ק אתא אלא לפרש דבריו דאינו מזה וכו׳ דקאמר לאו לעכובא איתמר והכי דייק מדלא קתני ראב״י אומר וכו׳ ובאידך ברייתא דפר העלם ראב״י אתא לאתויי ראיה למה שאמר תנא קמא ואם נגעו נגעו ועוד ראיה מתוספתא דמסכתין ספ״ב דקתני התם גבי הזאות היכל ואחר כך היה מהלך לשמאלו עד הפרוכת ולא היה מגיע לפרוכת אם הגיע הגיע אמר ראב״י אני ראיתיה וכו׳ ואמרו לה אלו מדמים של יום הכפורים עד כאן הא קמן דגם ביום הכפורים אם נגעו נגעו ומשמע דהוא הדין לשל לפני ולפנים דמאי שנא אלא שצריך ליישב דאמאי לא מעכב כיון דכתיב עליה חוקה דזה אין לומר משום דלא כתיב בהדיא הדא דזו מנין ועוד דהניחא לאחת למעלה דנ״ל מהיקשא דעל ללפני דאינו נוגע אבל שבע דלמטה דכתיב בהו בהדיא לפני דמשמע ולא עליו אמאי לא קאי עליה חוקה ושמא יש לומר דמסתמא נגיעה זו לא מעכבא כפרה דהא קמן דאפי׳ שינוי סדר מתנות הו״א דלא מעכבא אי לאו דכתיב וכלה מכפר כמו שכתבו התוספות לקמן בסמוך ד״ה כלה דם הפר וכו׳ יעו״ש ומעתה אימא דלא קאי עליה חוקה ועיין בת״י לקמן ס׳ ע״ב סד״ה אבל בדברים וכו׳ שכתבו דכי כתיבה חוקה גבי כפרה כתיבה יעו״ש אבל האמת דיותר נלע״ד לומר לפי סברת תלמודא דידן דודאי עכובא יש כאן באם שכח הכהן והזה אותם על הפרוכת או על הכפורת דלא גרע מחפי׳ קטורת דאמרי׳ לקמן ס׳ ע״א שאם שינה ועשאה קודם שחיטת הפר לא עשה ולא כלום והגם שי״ל דהיא עצמה חשיב׳ עבודה דהא פסלה בה מחשבה כדלעיל מ״מ ע״א מכל מקום הא משמע מדברי רש״י לקמן ריש פרק שני שעירי דלקיחתן כאחת אם לא היה מתחמול שלשום הוה מעכבא יעו״ש ד״ה עכובא וכו׳ והא דקאמר ואם נגעו נגעו הכונה דאם בשעה שהיה מזה כנגד הפרוכת בקרקע כדינו התיזו ונגעו בפרוכת שלא במתכוין א״ל לחזור ולהזות דבזה ודאי אין כאן עיכוב כיון שנעשה שלא בכוונה וההזאה נעשית כבר כדינה בקרקע נגד הפרוכת ועיין בלשון הריטב״א ובת״י ד״ה והיו עליה וכו׳ ובמ״ש שם והכי דייק לישנא דלא קאמר ואם נגע נגע דאז הוה משמע דקאי אכהן והזה בפרוכת ולא בקרקע אלא קאמר ואם נגעו כלומר דממילא שלא בכונת הכהן התיזו ונגעו בפרוכת אלא שפשט דברי הירושלמי משמע דאפילו בכהן ששכח והזה אותם בפרוכת עשה מצוה ואין צריך לחזור וכדרך הא׳ שכתבתי כנלע״ד ודו״ק.

שם אמר רבא נותן אחת למעלה וכו׳ הא קא יהיב למעלה דשעיר וכו׳. ורבא סלקא דעתו׳ דאין עכוב אלא בהקדמת כל הזאות דשעיר לפר דהיינו דקתני מתניתין סתמא לקמן ס׳ ע״א הקדים דם השעיר לדם הפר וכו׳ אבל בהקדמת הזאה אחת אין כאן עיכוב ורבי ירמיה נמי הכי הוה סבירא ליה אי לאו דגלי קרא וכלה מכפר וכו׳ וכמ״ש התוספות ד״ה כלה דם הפר וכו׳ יעו״ש ורבא הך דרשא לא שמיע ליה ואי נמי שמיע ליה הוה ס״ד דקרא אצטריך לדרשות דר״י ור״ע לקמן ס׳ לחיסר אחת מן המתנות או לשפיכת שיריים אבל הקדמת מתנה אחת לא תילף מיניה דלא כיפר ורבי ירמיה ס״ל דתרתי שמעינן מיניה דהא ודאי אפילו נאמר דסבירא ליה לר׳ ירמיה כרבי נחמיה לקמן דאוקה כתיבה אף אמתנות דהיכל ולא צריך קרא דוכלה לחיסר אחד מן המתנות וכן בדין דהכא במתנות היכל איירינן וכמו שכתבתי בפרש״י יעו״ש מ״מ אצטריך קרא לומר דשיריים מעכבי או לא מעכבי אלא ודאי צריך לומר לדידיה דתרתי שמעינן מיניה דאי אסדרא דמתנות לחודיה קאי הוה ליה למכתביה בתר גמר מתנות פר ושעיר דלפני ולפנים והיכל ומדכתב התם מתנות מזבח ש״מ למדרש נמי דין שפיכת שיריים וליכא למימר דילמא לדין שפיכת שיריים לחודי׳ אתא דמדכתב הכא וכלל גבולהו הזאות דקאמר וכלה מכפר את הקדש ואת אהל מועד ואת המזבח ש״מ למידרש האי וכלה גם להזאות פנים דכלה דם הפר תחילה וכו׳ דהגם דדרשינן להו לקמן ס״א ע״א לומר שכל אחד כפרה בפני עצמו מכל מקום הא נמי דרוש מינה מדכתב גבייהו וכלה ומה גם דדרשא דהכא גילוי מלתא בעלמא היא לגלויי דהקרא נאמרה אף בשינוי סדר מתנה אחת ושוב ראיתי בתוי״ט דסוגיין שרצו למחוק גירסת זו מכח דרשא דלקמן ועם מה שכתבתי אפשר לקיימה ולפ״ז הא דקאמר בסמוך והתורה אמרה תן למעלה ואחר כך למטה מוכלה וכו׳ נמי נפקא דכלה מתחילה הא דכתב והזה אותו על הכפורת דהיינו אחת למעלה ואחר כך תן למטה דהיינו לפני הכפורת כנלע״ד ודו״ק.

שם נתערבו לו דמים בדמים וכו׳ סבר ר״פ וכו׳ כתב הריטב״א דלא שמיע ליה לר״פ גדופא דר׳ ירמיה דלעיל עכ״ד ואפשר לומר דא״נ שמיע ליה ס״ד דהגם דיש כאן עכוב אם בהקדמה הזאה אחת היינו דוקא בשני מיני דמים כההיא דלעיל דיהיב למעלה דשעיר מקמי מטה דפר ובזה דוקא הקפיד הכתוב וכלה מכפר כלה דם הפר וכו׳ אבל בדם שעיר עצמו לא השיב משנה אי יהיב למעלה מקמי מטה דידיה ובהא לא קאמר קרא וכלה ואהדר ליה רבא דודאי כיון דאשמועינן קרא דלא בעינן שינוי סדר של מעשה שלם כך לי שני דמים כמו שינוי מקצת מעשה בדם אחד עצמו דוכלה ככל מה שאמור בענין קאמר שיש לך לסיים המסודר קודם ואח״כ תתחיל הבא אחריה וכמו שפרש״י ד״ה וכלה כלה הכפרה כמו שהן אמורות בענין כנלע״ד וק״ל.

רש״י ד״ה **אני** ראיתיה וכו׳ נעשה נס לראב״י שריפה וכו׳ מה דצריך ליה הכא נקט דהנס היה בהצטרפות ראב״י כדאיתא התם.

ד״ה **דמים** בדמים וכו׳ קודם שנתן בפנים כלום ע״כ הקושיא מבוארת דלקמן ס״א א׳ קאמר עולא דשעיר ששחטו קודם מתן דמו של פר לא עשה ולא כלום ומשמע התם דליכא מאן דפליג עליה וא״כ למאי דמשמע מדבריו דאיירי שעדיין לא נתן מדמו של פר לפני לפנים הרי הקדים שחיטת השעיר למתן דמו של פר וכן תמהא לכת״י דמכח זה פירשו דהכא במתנות דהיכל איירי יעו״ש וכ״כ הרב המאירי ז״ל ר״ל אחר שהזה בפנים שהרי השעיר לא נשחט עד שהזה מן הפר בפנים וכשנשחט השעיר מזה מן השעיר בפנים קודם שיניח את המזרק שקבל בו דם השעיר וא״א לטעות לו להתערב הדמים בהזאות אלו אלא אחר שהזה מדם הפר בפנים ויצא לו והניחו על כן הזהב ושחט את השעיר והזה ממנו בפנים ויצא לו ליטול דם הפר להזות על הפרוכת עכ״ד וכן משמע נמי דכולה סוגיין בהזאות דהיכל איירי והתוס׳ לקמן בסמוך ד״ה נותן וחוזר ונותן הקשו כעין קושיא זו ולא ידענא אמאי לא אקשו אדבריו דהכא ושוב ראיתי להכ״מ פ״ה מהלכות עי״כ שהקשה כן לרש״י ז״ל משם מהר״י קורקוס ז״ל ולא תי׳ מידי יעו״ש ולפרי דס״ל ז״ל דעולא שחט שעיר ועשה הזאותיו קאמר דלא עשה כלום אבל שחיטה הנעשית בחוץ לא

ועיין בירושלמי דסוף פרקין ובפי' ספר קרבן העדה שם ובזה הוה דייק שפיר הא דקאמר תלמודא לעיל מ' א' פר מעכב את השעיר במתנות שבפנים דמשמע דבהקדמה שחיטה שעיר אין פר מעכב שעיר זה אין נראה כלל דודאי דכיון דשחיטת שעיר צורך עבודת פנים היא כפנים דמי וסדרא מעכבא כסדר עבודות הזאות גופייהו דודאי לא גרע מחפינה דאמר לקמן ס' ע"ב דכפנים דמי כגם שנעשית בחוץ וכ"כ ז"ל בהדיא שם ע"א ד"ה בבגדי לבן וכו' אבל בשחיטה ובחפינה מודה הוא דצורך פנים כפנים דמי וכ"כ הרמב"ם שם הלכה ב' דה"ע דעולא יע"ש וזה פשוט ושמא י"ל דהאי בפנים דקאמר היינו בהיכל דהוא נמי פנים מקרי כלפי עזרה דהאי דקרי ליה לקמן ס' ע"א מבחוץ היינו כלפי לפני ולפנים וכלום דנקט ז"ל לאו למימרא שלא התחיל בהזאות כלל אלא כלפי הך דלקמן דקאמר נתערבו וכו' במתנות האחרונות שכבר נתן אחת למעלה דפר ופי' ז"ל דהכא איירי שעדיין לא התחיל בהזאות היכל כלום ולפ"ז ניחא דהתו' לא הקשו כאן כלום אלא שעדיין יקשה מה שפי' ז"ל לקמן דזה דוחק לומר שטעות נפל שם ול"ל שהרי קדם פר לשעיר אף בהיכל ועיין מ"ש בזה בס' תולדות יצחק הנדפס מחדש בחי' כאן כי עדיין צ"ע וק"ל.

ד"ה **במתנות** אחרונות אחר שנתן אחת וכו' וה"ה אם נתערבו במתנה אחרונה דמטה דנותן אחת למטה לשם פר ואחר וגותן אחת למעלה ושבע למטה דשעיר ולא תימא דצריך להזות מתחילת שבע או מעלה דפר ואפילו למ"ד לקמן ס"א ע"א בנשפך הדם דיביא דם אחר ויתחיל מתחילת ההזאות הכא שאני שדם פר עצמו שמתחלה הוא אלא שנתערב וכן פסק הרב כמאירי ז"ל ומעתה אפשר דאף שנאמר דהרמב"ם ז"ל גרים כגי' שלפנינו מ"מ נקט נה בפ"ה מה' עי"כ בנתערבו במתנה אחרונה דפר לרבותא וע"ש בכ"מ וק"ל.

תוספות ד"ה **הימנו** ודבר אחר וכו' הא דקאמרינן לעיל אברייתא וכו' כן נראה שצ"ל דהאי לא יאמר למטה וכו' רבי זירא הוא דקאמר הכי לפרושי מנ"ל לברייתא שם דאחת דלמעלה נמי א"ל ליגע יע"ש וכונת קושייתם מבוארת דא"כ דלא הוי הימנו ודבר אחר הדר קושיא היכי יליף חוץ מפנים ותירץ שפיר דהוא תנא דברייתא דלעיל ס"ל דהימנו ודבר אחר הוי היקש וא"כ צריך לתרץ לדידיה כדתרין בסמוך מקומות הוא דגמירי וכו' וכי תימא דאכתי תיקשי למ"ד דיליף חוץ מפנים מטעם דהו"ל הימנו ודבר אחר ולדידיה איצטריך למטה בשעיר א"כ מנ"ל דאחת למעלה אין צריך ליגע דאימא דלמאי דאסיק תלמודא בסמוך מקומות הוא דגמרי גם למ"ד זה צריך לתרץ כן דהשתא אייתר לן למטה בשעיר לאקושי על ללפני דא"ל ליגע אלא דתלמודא לא חש להאריך עתה בזה וכמו שראיתי להח"י שכתבו כן לעיקר קושיא יע"ש אי נמי אפילו תימא דלמ"ד זה לא צריכינן לתירוץ אחרינא כנראה מפשטא דסוגיין אפשר דס"ל דצריכין ליגע כדס"ל לראב"י לקמן בסמוך דפליג את"ק וס"ל דצריכין ליגע במ"ש הח"י שם ואפילו תימא דלא פליג אלא עמיה משום דקי"ל דאם נגע נגע כדקאמר בירושלמי דפרקין מ"מ הא קאמר נמי התם אית תניי תני צריך שיהא נוגע ואית תניי תני אינו צריך שיהא נוגע אלמא דפלוגתא היא בודאי וכיון שכן למ"ד דצריך ליגע הו"ל ודאי הימנו ודבר אחר עוד אפשר לתרץ דלמ"ד הימנו ודבר אחר הוא יליף דא"ל ליגע מדכתיב גבי פר על פני הכפורת כדדריש בת"כ שם ולית ליה דרשא דראב"י דלעיל זה בנה אב כל מקום שנאמר פני וכו' וכמו שכתבתי לעיל נ"ה ע"א יע"ש והא ניחא לי דלמאי דמשמע מסוגיא דלעיל שם דכוליה קרא דלמעלה דפר איצטריך לדרשא דראב"י שם א"כ אכתי תקשי להך מ"ד דלאו הימנו ודבר אחר הוא אבל לכשנאמר ליה דרשא דראב"י דלעיל ניחא א"נ דלמ"ש דסבר דצריכים ליגע לעולם דאית ליה דרשא דראב"י וס"ל דאתרתי שמעת מינה דהגם דלמעלה דפר ודאי אצטריך כי היכי דתיהוי הימנו ודבר אחר אכתי מדלא כתיב והזה באצבעו על הכפורת כדכתיב בשעיר אלא כתב הכא על פני הכפורת קדמה למידרש בנין אב בעלמא כל מקום שנאמר פני וכו' בדראב"י כנלע"ד ודו"ק.

ד"ה **חוץ** מפנים בחד זמנא גמר וכו' כצ"ל וכמו שהזכירו בסמוך ולא נהירא לריב"א לשון בחד זמנא גמר וכו' וכן גרים רש"י ז"ל והתוספות ס"פ איזהו מקומן. ומ"ש מיהו כל זה צ"ל לתרץ וכו' אבל הנך לאו חד עניינא נינהו וכו' הנה תירוצם מספיק לסוגיין דהכא אבל לסוגיא דס"פ איזהו מקומן אינו מספיק דהא משמע בהדיא התם מדברי רש"י ז"ל דאם היינו צריכים ללמוד לבכור תנופה חזה ושוק וזמן אכילה מתודה עצמה היינו אומרים דמאוך שתודה יכול' ללמד זמן אכילה דכתיב בה מלמדת עליו גם תנופת חזה ושוק והגם שלמדתו בהיקש משלמים יע"ש ובהעתקת לשונו שם בתוספות כא קמן דאמרינן לדעתו בחד זמנא גמר אף בשני עניינים חלוקים כי התם זמן אכילה ותנופת חזה ושוק והדר קושיין לדוכתא והיינו דריל"ב"א בסמוך לא בחר בתירוץ זה אלא תירץ דהכא דוקא י"ל כן משום דכתיב וכן יעשה דהשתא לדבריו נוכל לומר דגם בבכור דכתיב ובשרם יהיה לך וכו' והשוק הימין וכו' אם היינו צריכים ללמוד מתודה עצמה יש לנו להביא אף תנופת חזה ושוק דהא יהיה לך וכו' משמע כחזה ושוק תודה עצמה יהיה ממש שלא יהיה הפרש ביניהם כלל ומה שסיימו דהי' ריל"ב"א קרוב לתירוצם פשט דברי ריל"ב"א משמע דכן יעשה דכתיב הכא הוא המכריחנו להשוות חוץ לפנים לגמרי אף למאי דאתי מהיקשא לא מלד שענינם אחד כתירוצם ודבריהם צל"ע ודו"ק.

בא"ד **ולא** נהירא לריל"ב"א לשון בחד זימנא גמר וכו' דהגם דיש לייש[ב] דאחת למעלה בחד זמנא גמר גבי הבהמות בחוץ מאחת למעלה דשעיר וכמו שביאר רש"י ז"ל מ"מ לא דייק שפיר לשון בחד זמנא דפשט הדברים משמע דכל מה שצריך ללמוד בחוץ מפנים בחד זמנא או למדים הכל וכדרך פרש"י ז"ל ולר"י אכתי צריכים אנו ללמוד שבע למטה לשתי הבהמות בחוץ משבע למטה דפר ובתרי זמני אנו למדים הכל לא בחד זמנא ועוד דלמה לו להזכיר בחד זמנא לומר דשתי הבהמות דחוץ למדים בחד זמנא מאחת למעלה דשעיר דפנים דודאי דאחת למעלה דשעיר דחוץ למד ממנו דהא כתוב ביה בהדיא ואין זה מגדון שלנו והכי הול"ל פר בחוץ למעלה משעיר גמר וכן באידך א"ל להזכיר דשבע למטה דפר חוץ למד משבע למטה דפר דפנים דמהיכא תיתי שלא ילמוד ממנו כיון דכתיב ביה בהדיא אלא הכי הול"ל ושעיר בחוץ למטה מפר גמר וכו'. ומ"ש משתמא קאי אהזאות וכו' שהרי לא היה עושה לפני ולפנים אלא הזאות וכו' דאקטורת דלפני ולפנים ודאי לא קאי דלמה לו להקטיר פעם אחרת בהיכל שהרי כבר הקטיר קטורת של כל יום דהאי דנפקא לן לעיל כ"ג ע"א מוכן יעשה וכו' דשלה ובית עולמים נמי צריך ליתן בקטורת מעלה עשן לאו משום דוכן יעשה אקטורת דלעיל נמי קאי אלא מיתורא דהשוכן אתם נפקא כמ"ש שם וכאילו כדר ואמר וכן יעשה ככל הסדר המוזכר במקום שישכון עמם אבל גופיה דוכן יעשה ודאי ופשיטא דאעניינא דהזאות דוקא קאי וק"ל.

ועוד יש פירוש אחר בזה לרבינו הננאל ז"ל דאין כאן אלא היקש אחד ובאותה שעה שאנו למדים סדר מנין הזאות דפנים למדין בחד זמנא גם לאותם דחוץ ומסייע לו גירסת הספרים דגרסי חוץ ופנים בחד זמנה גמר וכמו שכתבו התוספות בסוף איזהו מקומן ואף לגירסא שלפנינו יפורש כמ"ש דאותה שעה וכו' וכמו שכתב הריטב"א יע"ש ובספר פנים מאירות בשיטתו לזבחים שם.

ד"ה **אני** ראיתיה וכו' והא בבית ראשון לא הוו פרוכת וכו'. דס"ד לריב"א דאל פני פרוכת הקדש פרוכת דנקט קרא משום דבמשכן איירי וה"נ דבבית ראשון היו בכותל המבדיל בין היכל לבית קדש הקדשים כנגד מקום ארון דלענין זה לבד ילפינן ממשכן דלהכי כתב פרוכת הקודש כדאיתא בתורת כהנים גבי פר כהן משיח אל פני הפרוכת יכול אל פני הפרוכת כולה תלמוד לומר הקדש מלמד שהוא מכוון כנגד בין הבדים. וכן צריך לומר דודאי לריב"א נמי מתני' דמגילה בפר כהן משיח איירי כדמוכח מברייתא דמייתי תלמודא התם עלה אבל סבירא ליה דהא נמי בכלל דפר העלם ככן משיח מקריבו כדכתיב ביה והביא הכהן המשיח מדם בפר וס"ד דכי היכי דתנן התם דמרובה בגדים לא מייתי פר בהוראת עצמו הכי נמי בהקרבת פר העלם במקום שאין משיח להקריבו אין מביאין ושוב ראיתי שכ"כ בספר משנה למלך פרק ה' מהלכות מעשה

הקרבנות ובספר שער יוסף ק' ע"ב ועי"ש במ"ש על תירוץ ר"י דלקמן מהכיא דאורת כהנים כי אין להאריך וק"ל.

ע"ב גמרא **נתערבו** לו כוסות בכוסות וכו' אע"ג דהכא בעירוב שתי כוסות איירינן וכמו שפירש"י והרמב"ם ז"ל סוף הלכות עי"כ אפשר דנקט הכי לומר דהוא הדין אם נתן דם פר ודם שעיר כל אחד בשתי כוסות ונתערבו דכאן גם כן יתן ג"פ מהג' כוסות הראשונים וחוזר ונותן מן הראשון דממ"נ יוצא בזה דאם שנים הראשונים של פר ושנשה של שעיר הרי יצא כדינו ואם ב' הראשונים של שעיר ושלשה של פר הרי כאן שעיר אחר פר במה שחזר ונתן מן הראשון והגם דאין זה דומה למציאות שתי כוסות שנתערבו דשם קתני דאינו נותן אלא שלש פעמים לבד והכא ודאי לא סגי דשמא שנים הראשונים כלם של שעיר מ"מ לא קפיד למיתני סדר תקנתא דד' כוסות דמתקנתא דב' כוסות שנתערבו דקתני שמעינן נמי כך ונראה שזה הכריחו להרמב"ם ז"ל לפרש כך דבסמוך מקלט דמים נתערבו וכו' דלאו בנתערבו הדמים ממש איירי כפרש"י אלא ס"ל ז"ל לפרש דארישא דנתערבו כוסות בכוסות דיש בכללו שד' כוסות נתערבו וב"ז כמו שכתבנו קאי כאלו אמר דאם מקלט כוסות נתערבו וכו' ואפשר דגרים מקלט כוסות במקום מקלט דמים וכו' אלא דרש"י לפי גירסתו משמע ליה לפרש דבעירוב דמים ממש איירי מדלא נקט כוסות **דומיא** דרישא וק"ל.

שם למעוטי שירים שבצואר בהמה שכן נעשין שירים על ידי הדם הנתקבל ושפכו לאמה לשון רש"י דפרק כל הפסולין ל"ד ע"ב וכתבו התוספות שם והא דאמר דצריך שיקבל כל דמן של פר היינו למצוה ע"כ ובדאיתא שם כ"ב ע"א וה"ה לשאר קדשים כנראה מדברי הרמב"ם ז"ל פ"ד מהלכות מעה"ק ועיין לעיל מ"ח ע"א ובמ"ש בתו' שם ומ"ש דהיינו למצוה כדאיתא לעיל ל"ג ע"א מצוה למרק ועיין מה שכתבתי בסוגיא דלעיל מ"ח ע"א. ופשוט דלת"ק נמי לא צריך מיעוטא דאם שאר כוסות שנראו לקבלה אע"כ נדחין מכח אותו כוס שנתן ממנו הד' מתנות כ"ש דם שבצואר בהמה שלא נראה לקבלה כלל דודאי נדחה והריטב"א כתב באופן אחר יעי"ש וק"ל.

שם תסתיים דר' יאשיה הוא דאמר מערבין וכו' כלומר וממילא דר' יונתן בר פלוגתיה דהתם בדרשא דאיש איש כי יקלל וכו' דס"ל התם דמלינן למימר כל א' בפני עצמו עד שיפרוט הכתוב יחדיו הוא דאמר הכא אין מערבין ולא תם להזכירו אם מצד דרבי יאשיה עדיפא ליה דמתניתין כותיה אתיא וכמו שתי' בשכ"י ואם מצד דיודע היה דיש לדחות כדבסמוך ודאין להכריח מכח טעמא דר"י ס"ל דאין מערבין אלא מכח הסברה דאי רבי יאשיה ס"ל דמערבין ממילא אידך דס"ל אין מערבין היינו ר' יונתן וקאמר אפילו תימא ר' יונתן כלומר דודאי מודינא לך דיש להכריע באיתמר דלעיל דרבי יונתן הוא דקאמר אין מערבין דהא עכ"פ ר' יאשיה סבר מערבין מכל הלדדין אפילו לא כתיב אחת נ"ל כן לסברתו דקאמר גבי איש איש וכ"ש דניתוסף כאן דכתיב אחת אבל הא קשי' לי על בעל אוהב ממרא דאימא דמשולם לא נחלקו בדבר זה דאפילו ר' יונתן ס"ל הכא דמערבין דהו"ל כפרט הכתוב יחדיו דהא כתיב אחת והיינו דתרין ליה תניא דלא כשמוין ולקח מדם הפר וכו' דמברייתא זו ילא לך דר' יונתן דריש אחת למלתא אחריתי וא"כ הכא נמי הדר לכלליה דמשמע כל אחד בפני עצמו ומעתה שפיר קבל בעל המימרא דגם בכאן נחלקו ותסתיים דר' יונתן הוא דאמר אין מערבין כדקאמינא כנלע"ד והתוספות לקמן ד"ה ר' יונתן וכו' פירש' באופן אחר יעי"ש וכפירוש' כן נראה מדברי רש"י ז"ל ד"ה תניא דמאן דדתי הוה ס"ל דר' יאשיה ס"ל דאין מערבין וכ"כ בח"י יעי"ש וק"ל.

רש"י ד"ה **נתערבו** לו כוסות בכוסות שאינו מכיר אחה כום וכו' הקושיא מבוארת דהא אמרינן לעיל דהאי חיור והאי סומק דאין לומר דמשום חולשא דכ"ג לא יוכל להבחין אי נמי דמכח חולשתו שכח אי חיור ואי סומק וכמו שרצה לפ' מהרי"ר נבי בתשובותיו סי' קכ"ו יעי"ש דלעיל ה"ק דמשום חולשא דכ"ג לא יהיב אדעתיה לראות אבל אם יהיב דעתיה להבחין כי הכא ודאי דיוכל להבחין ודומיא דכתיבה קאמר התם דודאי אפילו בחולשא גדולה יוכל להבחין דאל"כ מה ראיה מייתי התם לכתיבה מסימנא דנפיש וזוטר וחיור וסומק דאימא דוקא התם חיישינן לחולשא שהרי אפילו ירצה להבחין לא יוכל וכן יוכל לשכח סימן ההוא מכח חולשתו משא"כ בכתיבה דאין לומר בה דאם ירצה לא יוכל אימא נמי דלא חיישינן בה לחולשא והכתי תיקשי דלעביד חרי וליכתוב עלייהו וכו' ועוד זאת דסוגיין דלעיל אליבא דר"י דלא היה שם אלא כהן אחד היא ומשמע דלרבנן שהיה שם שני כהנים לא חיישינן לאיחלופי משום חולשא אם מפני דס"ל דאפילו בחולשתו יכול להכיר אי חיור או מפני דאכ"נ לדידהו היו כותבין עליהם הי דפר והי דשעיר וא"כ לרבנן לא שייך הך דיוקא דנתערבו כוסות וכו' וזה דוחק לומר דהך מלתא אליבא דר"י דלא קי"ל כותיה קאמר ליה אלא ודאי משמע דיש מציאות שיתערבו לכ"ע והדר קושיא לדוכתיה ועיין מ"ש בשו"ת חוות יאיר סי' ל' ומה שירצה לע"ד בזה דכיון דהאי חיוור וכו' לא ממש לבן הוא דהכתוב יעיד שאינו כן אלא דיהא ממנו קאמר וכמ"ש בשו"ת שם מעתה דוקא לומר דלא חיישינן שיתחלף לכ"ע הוא דאמרינן הכי אבל כשנתערב לו בודאי כי הכא אין לנו לסמוך לכתחלה על סימן זה דאפשר שנטעה בהבחנה זו ומש"כ ניחא לן טפי לומר דנותן וחוזר ונותן ועיין מ"ש בזה בספר לוית חן כנלע"ד ודו"ק. ושוב ראיתי להרב המאירי ז"ל שכתב נתחלפו לו כוסות ר"ל שאחר שהניח מזרק של דם הפר על הכן ושחט את השעיר והזה מדמו והניחו על כן שניה הסיח דעתו וכשבא ליטול את של דם הפר להזות על הפרוכת נשתכח לו איזו של פר ואיזה של שעיר ואין לו סימן בריבוי הדם של פר שמא נשפך מאותו של פר וחזר שיעורו כשל שעיר וכן אין לו סימן מצד לבעו כגון שהיה זקן ואין אור עיניו שולט כ"כ כיצד הוא עושה וכו' עכ"ד.

ד"ה **נותן** וחוזר וכו' כדתניא פר מעכב את השעיר וכו' לעיל מ' ע"א. ומה שסיים ז"ל וכן בהיכל עיין מה שהקשו התוספות על זה ומה שכתבתי לעיל בפי' בד"ה דמים בדמים וכו' ואפשר ליישב בדוחק דאין כוונתו לפרש דכן בהיכל יעשה כסדר זה אלא אברייתא דמייתי קאי דלהויות דמתנות שבפנים דבין הבדים איירי כמו שפירש ז"ל לעיל שם לזה סיים דהגם דסוגיין במתנות היכל איירי ואילו ברייתא במתנות דבין הבדים הא ודאי דלמ"ד דחוקה אעבודות היכל נמי קאי ה"ה בהקדים מתנות שעיר לפר דהיכל דכאן נמי פר מעכב את השעיר אלא דברייתא דלעיל בפלוגתא דר"י ור' נחמיה לא איירי ומה וגם דלמסקנא דמוקי לה כר"י מש"ה נקט לה במתנות דבין הבדים וה"ה לר' נחמיה דמעכב פר את השעיר אף במתנות דהיכל והכא ניחא לי דהתוס' סוגיין ד"ה נתערבו לו וכו' הגם דפירשו לסוגיין במתנות היכל לא הקשו לרש"י ז"ל לא מבעיא מדבריו דלעיל דיש לפרש בפני דנקט דהיינו היכל כמו שכתבתי שם אלא גם מליבעיה דהכא לא תיקשי דאפשר לפרש כוונתו כמ"ש וירצה דגם התוספות דסוגיין הרגישו שיש לפרש כך ומש"ה לא הקשו בפשיטות לרש"י ז"ל אלא כתבו משמע דאיירי נמי וכו' יעי"ש וק"ל.

ד"ה **או** דילמא דהויין ניגהו הוהיל ואין מתנות הראשונות וכו' לפי מה שכתבנו התוס' ד"ה יותן וכו' דלפירושו סוגיין בנתערבו קודם שנתן מתנות דלפני ולפנים איירי הכא ה"ק דהוהיל ולא ניתן מדם זה שבמזרק ג' שום מתנה ממנו אפי' מתנות הראשונות דלפני ולפנים ומן הדין לעשות המתנות מהב' הראשונים הרי מזרק ג' נדחה לגמרי ודומיא לנתן ד' מתנות מאחת מהם דהשאר נדחין לת"ק דראב"ש דברייתא דלקמן ורב הונא בריה דר"י ס"ל דדוקא התם השאר נדחין כיון שמעיקרא דחינהו בידים במה שקיבל דם כל אחד בפני עצמו אבל כאן שמתחילה קיבל כל הדם בב' מזרקות הראשונות שמהם נותן המתנות אימא לך דלא נדחה מזרק ג' במה שנתן הא"ז משתיהם למזרק זה וכמ"ש לקמן ד"ה אבל וכו' יעי"ש אלא דא"כ ילא לנו מזה דר"פ יודה דאם נתערבו מקלט דמי' לאחר שנתן מתנות דלפני ולפנים דלכ"ע אין מזרק ג' נדחה שהתחיל במתנות גם מדם זה וכל כי האי הו"ל לר"פ לבאר אלא נראה דבכל גוונא ס"ל לר"פ דהויין הוו וטעמא דמתנות ראשונות דבין הבדים אלו לבד והשאר ענין חדש הוא וכיון שמן הדין ליתן מתנות היכל מן הב' הראשונים הו"ל ג' דחוי לגמרי ולפ"ז מתנות ראשונות דנקט ז"ל היינו למעלה וכו' דפר בהיכל דודאי אם נתערבו מקלט דמים לאחר שנתן למעלה דפר או דשעיר הו"ל שהתחיל במתנות בכל הדם ובזה ודאי אין

שירייס דמזרק ג' גדחיס דע"כ לא קאמר ת"ק לקמן דהשאר נדחין אלא בנתן כל הד' מתנות מכוס ראשון אבל בנתן מהם אחת וכו' כולם נשפכין ליסוד וה"ה הכא אלא שמדברי הרמב"ם ז"ל ספ"ה מה' עי"כ שכתב בזו הרי זה מזה כל ההזיות כמלותן מן הכוסות שלא נתערבו וכו' משמע דמפרש להא קידם הזאות דלפני ולפנים אבל נראה דכל דנקט לאו דוקא אלא כלומר כל הזיות דהיכל דהא איהו ז"ל פסק שם כדעילא דשעיר ששחטו קודם מתן דמו של פר לא עשה כלום ומה"ט נמי כתב שם נתערב לו דם הפר וכו' קודם שגמר ההזיות וכמ"ש שם בשם מהרי"י קורקוס ז"ל כנלע"ד ודו"ק.

ד"ה **אבל** היכא דלא דחייה בידים שהרי הדמים וכו' כנלע"ד שנ"ל וכן ראיתי שהגיה בשכ"י והדברים מבוארים מתוך מ"ש לעיל ד"ה או דילמא וכו' יעי"ש דמ"ש מהרש"א בזה כפי הגירסא שלפנינו אינו מתיישב לע"ד יעי"ש.

ד"ה **למעלה** היא אומר הכי גרסינן מנין וכו' וכן הגי' בת"כ פ' ויקרא גבי חטאת יחיד ועיין בירושלמי דפרקין שגם הגירסא באופן אחר ונראה שהיה הגירסא שלנ' רש"י ז"ל דבודאי צריכה תיקון וכמו שהגיה בספר קרבן העדה שם יעי"ש.

תוספות ד"ה **אלא** אמר רבא וכו' דעולין אין מבטלין וכו' כדאיתא בהקומץ רבה כ"ב ע"ב. ומ"ש אפילו רבנן דר"א מודו וכו' דם הפר למעלה כאילו יכו' דכן צריך לומר דאלת"ה מלבד דהו"ל שתים למעלה מדם הפר עוד זאת הו"ל דם פר שלמטה שנתנו למעלה אבל לעיל שיש לו ליתן ג"כ למעלה דפר מדם זה המעורב ליכא למימר התם הני תרי טעמי ועיין מה שכתב המהרש"א ודו"ק:

ד"ה **עירה** דם פר וכו'. וכיון דעירב דם פר לתוך דם שעיר א"כ איפכא וכו' דליכא למימר דמתניתין אורחא דמלתא נקט דדרך לערות המרובה לתוך המזרק שיש בו מעט וה"ה דמצי למיעבד איפכא דם שעיר לתוך דם פר וכלפי מליאות זה קאמר שפיר התם דדם שעיר המועט הי"ל להתבטל מתוך דם פר המרובה אי לאו מטעם דעולין אין מבטלין זא"ז דודאי מתניתין בדוקא קאמר כדי שיתערב יפה וכמו שפי' התו' יעי"ש ועוד דמ"מ אכתי תיקשי דבלאו טעמא דפר מרובה הי"ל לדם שעיר להתבטל מכח דראשון ראשון בטל וע"כ לחלק בדבריהם דהכא דנפיש עמודיה לא אמרינן הכי וק"ל.

והנה למ"ש התוספות במסכת ע"ז שם דלא אמרינן ראשון בטל אלא עד דאיכא ששים כנגד האיסור נראה דל"ק קושיה' דהכא ודאי אין בדם שעיר ששים בנגד דם פר ואדרבא שיעורי' זוטר מיניה אלא משום דלפרש"י שם אפילו אין בהיתר ס' אמרינן קמא קמא בטיל להכי הירלו תירוץ כולל לשתי הסברות והיינו טעמא נמי דהו"מ לתרולי דקאמר התם הכי דדם שעיר הי"ל להתבטל משום דהיכא דנפל בפעם אחת בקילוח אחד לא אמרינן קמא קמא בטיל כמ"ש התוספות שם אלא דניחא להו בחי' כולל אפילו תימא שהיה מערה דם פר בשירוגין לא אמרינן ראשון בטל כיון דנפיש עמודיה כנלע"ד ודו"ק.

ד"ה **תניא** דלא כשווין הכי נמי הו"מ לאתויי ברייתא וכו' לאותו פי' שכתבתי בסוגיא דמאן דדחי סבר דאימא דמעולי' לא נחלקו בדבר זה ודלכ"ע מערבין ניחא דבריהם דהו"מ לאתויי מברייתא דכתי' דע"כ איכא תנא דס"ל אין מערבין אלא דניחא ליה לאתויי מהך דדחי ליה בתרתי דמלבד דע"כ תנאי היא עוד זאת ר' יונתן גופי' כוה דס"ל אין מערבין דלא כדקס"ד אבל למה שפירשו הם לקמן בדיבור הסמוך דמאן דדחי ס"ד דרבי יאשיה כוה דס"ל אין מערבין מהטעם שכתבו שם על כרחך דמהכי ברייתות דהקומץ לא הוה דחי ליה מידי דאימא אכתי דברייתא דסד"א התם אין מערבין רבי יאשיה היא וע"כ להביא מברייתא דולקח מדם הפר דמוכח מינה דר' יאשיה הוא דסבירא ליה מערבין ולא כדקא סלקא דעתיה דרבי יונתן הוא דסבר הכי וכמו שפירש רש"י ז"ל ושוב ראיתי למהרש"א ז"ל שכתב קריב לזה יעי"ש וק"ל.

באיד אבל תימא אמאי קסבר וכו' כיון דכתיב מדם הפר ומדם השעיר וכו' אבל בדרשא גופיה דפליגי ל"ק להו הגם דכתיב התם ואת אמו בוי"ו המוסיף דה"ל דאת הפסיק העגין יעיין בלשון רש"י דסנהדרין ס"ו ע"א והגם דכתיב ומקלל אביו ואמו ילימא שם דוי"ו מוסיף מ"מ הא גלי הכא מדכתיב ואת דמשמע כל אחד בפני עצמו ועוד שכבר תירץ רש"י ז"ל בפרק שתי מדות שם דהתם לא אפשר בלא וי"ו והיכי ליכתוב ומקלל אביו אמו משמע אביו קלל אמו ע"כ ולפ"ז מ"ש בסמוך דאילו כתיב הכא מדם הפר והשעיר אז הוה דמי וכו' הגם דהתם אי לא כתב וי"ו לא היה שום משמעות לומר ולקח מדם הפר השעיר ולא דמי לימן הלאן דבלא וי"ו יש לו משמעות מן הבהמה ומאיזו מהם מן הבקר מן הצאן מ"מ כונתם לומר דאז הוה דייקינן דמדלא כתב ומדם השעיר להפסיק הענין אלא כתב והשעיר לומר משניהם יחד דוי"ו מוסיף ואה"נ לדבריהם גבי אביו ואמו נמי אי לאו קרא דיקלל את אביו ואת אמו דהפסיק הענין הוה דרשי' נמי הכי דמדלא כתב ומקלל אביו ואת אמו אלא כתב אביו ואמו ש"מ וי"ו מוסיף כנלע"ד. והנה מ"ש כאן בשם רש"י ז"ל הגה בגירסא שלפנינו שם בפרק שתי מדות משמע דדרש ליה מהא וי"ו מוסיף וכדבריהם ז"ל יעי"ש ובתוספות שם. ומה שסיימו ואז מוקמינן ומן הצאן להוציא את הנוגח כדאיתא בפ"ו דתמורה כ"ח ע"ב ועיין בתו' דפרק שתי מדות שם כי הדברים מבוארים וק"ל.

דף נ"ח ע"א גמרא **אמר** לו רבי יונתן והלא כבר נאמר מדם וכו' דאע"ג דמשמע ליה נמי שניהם כאחת ויאה עפי למדרש הכי שלא להוסיף על ההזאות מבלי ראיה מכל מקום מדלא כתב רחמנא מדם הפר והשעיר אלא הפסיק בתיבת מדם הא גלי קרא דהכא כל אחד בפני עצמו והיינו טעמא נמי דברייתא דלקמן דאתיא כרבי יאשיה לא משמע ליה מפשטיה דקרא לומר שניהם כאחת אלא משום דכתיב אחת דהכא שאני ליה דלא אמרינן כמאן דכתיב יחדיו דמי מהטעם האמור דמדם הפסיק הענין ובמ"ש יתורץ מ"ש התוספות ד"ה ר' יונתן וכו' ועיין מ"ש שם ושוב ראיתי להתו' ד"ה וסתמא יכו' שפירש כן ועיין עוד שם ד"ה ואפילו תימא וכו' והי"ק בסמוך יהלא כבר נאמר וכו' דמשמע דס"ל נמי דר' יונתן פריך הכא כדרך שפירשנו יעי"ש וק"ל.

שם מאי לאו הושיב מזרק מלא לתוך מזרק ריקן וכו'. דכיון דהמזרק מלא מדם שניהם להכי הניחו בתוך מזרק הריקן שאם ישפך ממנו דרך הלוכו יפול בריקן ודומה לקטורת דתנן פ"ה דתמיד דהבזך שהיה מלא וגדוש קטורת היה נתון בתוך כף גדול כדי שהקטורת יפול בכף וכמו שפירש הרע"ב שם ולא ניחא לן לפרש דמתניתין עירה קאמר דא"כ ליתני עירה את המלא בריקן כדקתני רישא עירה דם הפר וכו' ועוד דס"ד דא"ל לעירוי זה וכדפריך בסמוך ושני ליה לא עירה מזרק מלא וכו' ונתן דקתני לאו דוקא אלא כלומר עירה והיינו טעמא דלא קתני עירה משום דאז היה מקום לטעות ולפרש דאין כאן עירוי מתידה אלא פירוש דרישא הוא וה"ק דלהכי עירה דם הפר לתוך דם השעיר ולא איפכא משום דבזה היה מתערב יפה שדם הפר המרובה והמלא נופל בדם השעיר המועט והריקן ואשמועינן בזה דרישא דוקא קתני וכמ"ש התו' לעיל ד"ה עירה דם הפר וכו' ואה"נ היה אפשר לפרש דהוה אשמועינן בזה דס"ד דמאי למיעבד איפכא אלא שכן דרך לערות הכלי היותר מלא לתוך הכלי הריקן שאין בו אלא דם שעיר המועט ועיין בירושלמי דפרקין דקאמר אמר רבי מנא נימר מדם הפר שהוא מלא לתוך דם השעיר שהוא ריקן וכו' יעי"ש ולהכי שינה תנא בלשוניה וקתני נתן לדיוקי' שנתינה מחודשת היא שחוזר ומערה עוד פעם אחרת כל הדם לתוך כלי ריקן ממש ופריך הא תנא ליה רישא כלומר דהיה מערבן ומה לורך עוד לעירוב מחודש דודאי בזה היה מתערב יפה כיון שנופל עליו דם הפר המרובה כדקתני עירה וכו' ומשני כדי לערבן יפה יפה מפני שהדמים קשים להתערב וכו' כמו שפירש הריטב"א יעי"ש כנלע"ד וק"ל.

שם היכא דאמרי הכי בעי מיניה דרך עירוי בכך וכו'. וס"ל להך לישנא דהכא ליכא למישמע ממתניתין דנתן את המלא אפילו למאי דס"ד לעיל מעיקרא דאימא דזה לא היה אלא בשעת הילוכו כדי שלא ישפך הדם אבל בשעת עבודת הזאה היה אוחז כלי הפנימי דוקא בידו דשלא בשעת עבודת הזאה לא חיישינן והרי לפנימו שהיה מוליך את הקטורת בכלי תוך כלי

כדאיתא פ״ב דתמיד משנה ד׳ ועיין עוד שם פ״ו משנה ג׳ אלא בשעת עבודה כי הכא דבשעת קבלה הויא מזרק תוך מזרק הוא דמבעיא ליה אי דרך עבודה בכך או לא וכן ללישנא קמא משום דס״ד דכך היה אוחז הכלי בשעת הזאה מזרק תוך מזרק הוא דס״ד למיפשט בעיין מהתם ולא מהכא דקטורת דשאני התם דלאו שעת עבודה היא ועמ״ש בס׳ באר שבע בחידושיו לתמיד שם. אלא דשוב ראיתי להרלב״ד שם דלאחר שנתן טעם הצטרפות כבזך לקטורת כתב ובשביל כך אין להביא ראיה מכאן לא לענין חציצת מזרק בתוך מזרק דפרק הוציאו לו ולא לענין לקיחה ע״י דבר אחר דפרק החליל דהכא כיון דאי אפשר אלא בב׳ כלים ככלי אחד דמי ע״כ וכן הרא״ש שם כתב והרי כף חוצץ בין ידו לבזך כדאמרינן בזבחים מזרק במזרק חוצץ וי״ל דכיון דצורך עבודה היא לא הויא חציצה א״נ הוה לקיחה בדבר אחר שמה לקיחה וכו׳ ע״כ משמע דסוברים דהולכת דם נמי כיון דקיימא לן כרבנן דר״ש דזבחים דעבודה שאי אפשר לבטלה היא מעתה הגם דעיקר קרא דולקח אהזאה דוקא כתיב הוא הדין דהולכה נמי בעינן בה לקיחה בעצמו של כהן עיין מ״ש בתוספות ד״ה מין במינו וכו׳ וכיון שכן הולכת קטורת נמי כיון דצורך עבודה היא כעבודה דמי ופסלה בה חציצה ואם כן תיקשי אמאי לא פשיט בעיין (ו)דלעיל מהכך גם צריך לומר לתי׳ דמזרק בתוך מזרק הגם דמשמע דמשום צורך עבוד׳ שלא ישפך הוא כמ״ש מ״מ יותר צורך היה בקטורת מהטעם שכתב הרלב״ד שם דאלת״ה תיקשי לגי״ק דבעי למיפשט בעיין מהכא דמזרק בתוך מזרק דשאני התם דצורך עבודה היא שקרוב יותר להשפך בדרך הילוכו ומשום הכי בכלי אחד דמו ואינו חוצץ וכן צריך לומר לדעתם דכ״ש דפריך בירושלמי אהכא דבכל יום היה לה כאשתיק ואינו חוצץ וכו׳ כמ״ש התוספות לעיל מ״ד ע״ב משום דהגם דצורך עבודה היא שלא יכוה במחתה מ״מ כיון דיכול לקובעה במסמרים דבטיל לגבה ואין כאן חציצה כדמשני התם אין לנו להתיר בדרך אחר דדוקא היכא דלא אפשר כהכא דבזך התירו.

הנה הרמב״ם ז״ל פ״א מהלכות פסולי המוקדשים פסק דהניח מזרק תוך מזרק וקיבל כשר דמין במינו אינו חוצץ כנראה שפסק כאיבעיא דאמרי כמ״ש הכ״מ שם דפשיטא ליה דמשום חציצה ליכא למיבעי דודאי אינו חוצץ אלא משום דרך שירות וכן מהאי דבעי רמי בר חמא גופיה בסמוך הניח סיב וכו׳ מהו מין בשאינו מינו חוצץ וכו׳ משמע דפשיטא ליה דמין במינו לא חייץ ומה שלא כתב ז״ל טעמא דדרך שירות בכך שהוא עיקר הטעם ללשון זה וכמו שהקשה הרל״מ יע״ש נלע״ד משום דבכלל טעם שכתב ממילא שמעינן נמי שדרך שירות בכך ואפילו לכתחלה כיון דלא חייץ משא״כ אם היה אומר מטעם שירות הכתי אמינא דמשום חשש חציצה צריך שלא יאחוז הכלי בשוליו אלא בשפתותיו דהשתא אין כאן חציצה עיין בתוספות סד״ה מין במינו וכו׳ דמכ״ע לא מצי למיפשט ללישנא קמא מכך דבי ר״י דמין במינו אינו חוצץ כמ״ש הת״י ד״ה שאני כלים וכו׳ להכי כתב טעם דמב״מ אינו חוצץ להודיענו שיכול לאחוז המזרק החיצון אפילו בשוליו ואי קשיא לך דלפ״ז הי״ל לפרש מתניתין דנתן את המלא דהיינו הושיב מזרק מלא לתוך וכו׳ כדס״ל לרב חסדא דמהכא תיפשוט דמב״מ אינו חוצץ ובפרק ד׳ מהלכות עי״כ פי׳ לה דהיינו עירה וכן פירש בפירוש המשנה כאן וכמו שהקשה הרל״ס שם ומה גם דלמ״ש לעיל דמדקתני מתניתין נתן ולא עירה דייק טפי לפרש דהיינו הושיב י״ל דסמך על הירושלמי דמשמע התם דלקושטא דמלתא קאמר ר״י בי רבי בון דמתניתין ה״ק עירה דם הפר לתוך דם השעיר מלא מיכן ואילך חוזר וכוללן לתוך כלי אחר כדי שיבללו כל צרכן עד כאן ולהכי ניחא לן נמי לומר דרב חסדא נמי קיבלה לפרושא דמתניתין מרמי בר חמא דנתן דקתני היינו עירה וכמ״ש הרל״ס שם וק״ל.

וז״ל הרב המאירי ז״ל קבלת הדם של כל קרבן צריך שיהא הכהן אוחז את הכלי שהדם מתקבל בתוכו ומקבל ואם הניח בתוך הכלי דבר החוצץ בין הדם ובין הכלי פסל ומ״מ אם היה מין במינו וכן שביטלו עד שעת גמר עבודה כשר מעתה הניח מזרק בתוך מזרק ואחז את החיצון ונתקבל הדם בפנימי כשר שהרי מין במינו הוא וכן שדעתו לבטלו שם עד שעת גמר עבודה ולא סוף דבר בדיעבד אלא אף לכתחילה דרך שירות הוא שכך למדוה מפי השמועה כלי השרת אפילו שני כלים בשירות אחד עכ״ד.

שם בדם כשר בקומץ פסול ועיין פרש״י אבל הרמב״ם ז״ל בחי׳ פי״א מהלכות פסולי המוקדשין כתב אבל אם עשה כן בקמיצת המנחה וקמץ מתוך הסיב פסולה ע״כ משמע דמפ׳ דדומיא דהניח סיב בתוך המזרק וקבל קתני נמי הניח סיב בתוך כלי המנחה וקמץ וטעם הפסול מפני שהסיב חוצץ בין הקמח ולא עלתה קמיצה לכל הקמח ודומה לחלקו במחיצה מלמטה שכתב שם סוף פי״א דלא יקמוץ וכדאיתא בקומץ ואפילו באין ביניהם מחיצה אלא שאין חלקיו נוגעין זב״ז אבעיא לן התם ולא איפשיטא ופסק ז״ל שם לפיכך לא יקמוץ וכו׳ אבל רש״י ניחא ליה לפרש בנתינת קומץ בכלי לקדשו דבמקום קבלה היא ובהא איירינן וכמ״ש הרל״ס שם וק״ל. ומ״מ לענין הדין תרווייהו איתנהו וכ״כ הרב המאירי ז״ל ומ״מ לענין קומץ המנחה אם הניח סיב בכלי שבא ליתן העשרון בתוכו וקמץ מעל הסיב או נתן סיב בכלי שבא ליתן קומץ בתוכו ונתן הקומץ על הסיב פסל עכ״ד.

רש״י ד״ה **על** גבי רגל חבירו אלמא וכו׳. נתכוון לשלול שלא תפרש דכונתו לפשוט דמין במינו אינו חוצץ כפשיטות הראשון מנתן את המלא וכו׳ והכי קאמר טעמא דהוי רגל חבירו הא רגל עצמו אינו חוצץ משום דמין במינו הוא ותריץ שאני רגל דלא מצי מבטיל ליה כלומר דאין הטעם דרגל חבירו משום דמין בשאינו מינו דודאי מין בשר הוא אלא טעמא משום דלא מבטל חבירו את רגלו משא״כ רגל עצמו דמבטל ליה ואם כן לא תיפשוט מהכא מידי דהא ודאי לא מסתבר לפרש דס״ד דרגל חבירו חשיב מין בש״מ כיון דשניהם מין בשר נינהו ולהכי פי׳ ז״ל דכונתו לפשוט דמין במינו חוצץ ועיין בחי׳ הריטב״א וק״ל.

ד״ה **סיב** וכו׳ מי הויא כי האי גוונא חציצה וכו׳. דודאי לא מבעיא ליה אי מין בשאינו מינו חוצץ כנראה לכאורה חדא דאמאי מבעיא ליה בסיב דוקא ועוד דמבעי ליה לעיל במין במינו מכלל דבשאינו מינו פשיטא ליה דחייץ אלא ע״כ לפרש כי האי גוונא דוקא מבעיא ליה מפני שהוא רך וכו׳ ושוב ראיתי קרוב לזה בתו״י ובחידושי הריטב״א יע״ש. ומ״ש שהוא רך וסופג את הדם וכו׳ וכהא דאמרינן בחגיגה כ״ב ע״א דהא ארעא מחלחלי מחלחלא אבל הרמב״ם בפרק א׳ מהלכות פסולי המוקדשין כתב מפני שהסיב חוצץ וכו׳ יע״ש וק״ל.

ד״ה **מים** שבספוג וכו׳ וליתנה בצלוחית או בשפופרת וכו׳. להצניעם ולשומרה לעת הצורך קאמר לא לקדשן שהרי כבר קדשן בשוקת שזהו הכלי שמקדשין בו וכמ״ש בדיבור הקודם שוקת היא אבן וכו׳ ומקדשין בה אפר חטאת וכו׳ דלא״מ לצלוחית שדרך לשמור בה מים מקודשין כדתנן שם רפ״ט צלוחית שנפל לתוכו וכו׳ עיין בפירוש הרמב״ם שם אלא גם השפופרת הגם שהיו מצניעין בו האפר גם כן הוו מצניעין בו מים וכן ביאר ז״ל בפרק לולב הגזול ל״ז ע״א ד״ה אזוב קאר וכו׳ ושם ד״ה נפל משפופרת וכו׳ יע״ש ומעתה נתבאר מה דודאי מתניתין לדידיה בקידוש איירי כדקתני המקדש ולא במילוי ואין כאן קושיא ממה שהקשה עליו הר״ש בפ״ט דפרה דבגירסא שלפניו לא גרסי דבשעת מילוי היה ספוג וכו׳ וכן בגירסת הריטב״א ליתיה יע״ש ובפירוש הרע״ב ותוי״ט שם וק״ל.

תוספות ד״ה **רבי** יונתן וכו׳ תימא לי וכו׳ והכא משמע דאית ליה דוקא וכו׳ יראה דקושייתם זו אינה אלא לתירוץ האחרון שכתבו בדיבור הקודם א״נ ז״ל מדכתיב גבי בן צאן וכו׳ דלתי׳ ההוא לא דריש מוי״ו מוסיף ואי״ל לפ״ז לומר דהכא ר״י דריש מדם הפסיק הענין דלתירוץ קמא שכתבו שם התירוץ מבואר דהכא דוקא משמע ליה כ״א בפני עצמו דמדם הפסיק הענין וכמ״ש בסוגיא ודכן נראה מתו״י יע״ש וס״ל דתי׳ בתרא שכתבו לעיל עיקר דתירץ מדם הפסיק לא ניחא להו כ״כ דהא התם נמי בפלוגתייהו דר״י ור״י איכא למימר דואת הפסיק ואפ״ה משמע ליה נמי לר׳ יונתן שניהם כאחת וה״ה הכא אלא שצריך להבין דאיך הא כיון דמשמע הכי ומשמע הכי שפיר קאמר דיש לעשות כ״א בפני עצמו דהכי משמע לדידיה פשטיה דקרא או האי או האי וכן הקשה בשב״י והביא ראיה מסוגיא דפרק אותו ואת בנו ע״ח ע״א דקאמר התם לחלק לא צריך קרא דסבר לה כר׳ יונתן וכו׳ ופרש״י שם ד״ה כר״י דאמר

אע"ג דלא כתיב או כמאן דכתיב או דמי וכל היכא דכתיב פלוני ופלוני או האי או האי משמע עכ"ד ועיין עוד פ"ג דשבועות כ"ז ע"א ובהשואל ל"ד ע"ב וי"ל דכוונתם דמדלא קאמר הכא ר"א משמע שניהם כאחד ומשמע נמי בפני עצמו כדקאמר גבי עיקר פלוגתייהו דאיש איש אשר יקלל וכו' ירצה מזה דהכא לדידיה אין משמעות כלל לפרש שניהם כאחד ואמאי דמאי שנא מההיא דאיש איש ותירץ דהכא משמע ליה דוקא כ"א בפני עצמו משום דילמד סתום מן המפורש ומש"ה לא מצי למימר הכא משמע שניהם כאחת אבל ודאי מודו דבעלמא הגם דמשמע שניהם כאחת יש לנו לפרש כ"א בפני עצמו דהכי משמע פשטיה דקרא עפי כל כמה דלא פרט הכתוב יחדיו ושוב ראיתי בספר לשון ערומים בלשונות הרא"ש דף י"ד ע"ב שהרגיש בזה ותירץ כדברינו יעו"ש וק"ל.

בא"ד ילמד סתום מן המפורש כי היכי דלפני ולפנים וכו' דליכא למימר דאדרבא ילמד ממפורש דמזבח גופיה מהזאה ז"פ על טהרו דהתם לכ"ע מערבין דהא מדלא כתב הכא ולקח מן הדם כי התם אלא פרט פר ושעיר משמע כ"א בפני עצמו כלפני ולפנים וכמ"ש בסוף דבריהם וגם להירושלמי שאכתוב שם י"ל דמדלא פרט כאן ולימא ונתן על קרנות המזבח סביב ארבע פעמים למעט שלא יתן כ"א בפני עצמו דאז יהיה שמנה פעמים כי היכי דפרט שם שבע פעמים ש"מ דלא דמי להזאה אלא הכא כ"א בפני עצמו כלפני ולפנים וכו'. ומ"ש בתר דאייתי קרא דאחת הדר ביה וכו' כלומר אחר שראינו שר' יאשי' עצמו אייתי בברייתא ואקשי לר' יונתן מקרא דאחת הדר ביה סתמא דתלמודא ממאי דס"ל מעיקרא וס"ל דיש לפרש ברייתא דר' יאשיה דלדברי עצמו נמי קאמר ואי לאו קרא דאחת הו"א אין מערבין וכו' ומש"ה אוקי תלמודא ברייתא דלקמן אף ע"ג דמפרש מטעם אחת כר' יאשיה. ומכלל דבריהם יצא לנו תי' נכון למה שפסקו בעלמא כר' יונתן משום דרבא בפרק השואל ל"ד ע"ב ס"ל כוותיה וכמ"ש הר"ן הובא בספר אסיפת זקנים שם והא הכא סתם מתניתין כר' יאשיה דמערבין לקרנות אבל למ"ש דטעמא דר' יאשיה משום דכתיב אחת ניחא דהשתא אין זה תלוי בפלוגתייהו דאיפליגו בעלמא אי משמע שניהם כאחת והא קמן דרבי יהודה הגם דס"ל בעלמא כר' יונתן הכא ס"ל דמערבין משום דכתיב אחת וכמ"ש בסוף דבריהם וק"ל.

בא"ד אלא מפני שלא הובא בשמעתין וכו' ואי נמי דר' יוחנן הוא דמפרש התם בהקומץ דטעמיה דר"י דקתני אין דם מבטל דם משום מין במינו לא בטיל כדכתיב ולקח מדם הפר וכו' יעו"ש ואין זה מבואר כל כך דמלינן למימר דאע"ג דמפרש ר' יהודה לקרא דולקח כר' יונתן כ"א בפני עצמו ס"ל דגזרת הכתוב היא ואע"ג דקי"ל בעלמא דאין דם מבטל דם מאיזה טעם אחר ואפשר לומר מדרשא דדם דם דבסמוך ומש"ה ניחא ליה למוקמא כר' יאשיה. ומ"ש וא"ת למ"ד אין מערבין וכו' י"ל נפקא ליה וכו' לא ידענא אמאי נקטו לה בלשון קושיא ותירץ כיון דזה מתבאר שם בהדיא דלאחר דהביא תנאי דילפי מקראי אחריני דאין עולין מבטלין זא"ז קאמר והני תנאי מולקח מדם הפר ומדם השעיר לא ילפי קסברי אין מערבין לקרנות וכו' יע"ש. ומ"ש ואין לתמוה מאי שנא דשבע על טיהרו מערבין וכו' דודאי ליכא למימר דכי היכי דפליגי בקרנות פליגי נמי בהא למאי דס"ד השתא דוהזה עליו מן הדם דמצי' לפרושי דהיינו דם פר ודם שעיר כ"א בפני עצמו שהזכיר לעיל מיניה בהזאות קרנות דהא מדלא קאמר תלמודא תנן כמ"ד מערבין לקרנות ולהזאות טהרו של מזבח משמע דדוקא בקרנות פליגי אבל זה אין לומר דפשיטא להו מדקאמר בירושלמי דפרקין הכל מודים בשבע הזאות שלמטן שהוא צריך להערות דהא התם מסיים בה טעמא משום דכתיב שבע ולא ארבע עשרה ומדמהדרי אטעמא אחרינא מדלא הזכיר הכא פר ושעיר אלא כתיב סתמא מן הדם משמע מכל הדם שבע פעמים משמע מזה דלא אסיקו אדעתייהו הך דאירו' ועיין מ"ש בחי' ד"ה ואפילו תימא וכו' וק"ל.

ד"ה מין במינו וכו' וי"ל דהתם מיירי שכורך סודר סביב הלולב וכו' אבל רש"י פירש שם שכורך הסודר בידו ובנראה שזה דייק ז"ל בפרק מקום שנהגו שם שהוסיף על טעם חילה וכתב ועוד משום בזיון קדשים כלומר דלרבא דאית ליה התם בסוכה דשמה לקיחה יהיה הטעם כאן משום בזיון קדשים ועיין בתוס' דסוכה שם ולפ"ז סוגיין דהכא דפשיטא לן דאם היה מין במינו מינו חייץ לרבא מטעם בזיון נמי הוא דנראה שאינו רוצה לאחוז במזרק הפנימי עצמו כדי שלא יתלכלכו בגדיו אבל במין במינו לא מינכרא מלתא ולא מחזי כבזיון ולתרץ לפי' דמיזחא דרבא אדרבא שכתבו בסמוך נ"ל דדוקא בכרך ידו בסודר חשיב לקיחה משום דדרך לבישה הוא ובטיל לגבי ידו והיכא דבטיל ליה אפילו לפי שעה לא חייץ כדמוכח סוגיין דקאמר שאני רגל דלא מבטל ליה חבירו וכו' ועיין בלשון הרב המאירי שהעתקתי בסוגיא. ומעתה חשיב כידו ממש אבל אידך דנקרי טרפי לא בטילי לגבי לולב ומש"ה אי הוו מין במ"מ ס"ל לרבא דחייצי גם לפירושו הא דמייתי רבא בסוכה שם מדתנן אזוב קצר מספקו בחוט וכו' דלקיחה ע"י דבר אחר שמה לקיחה הכי מייתי דאי התם דבית יד זה של אזוב עומד וניכר בפני עצמו אפ"ה לא חייץ כ"ש סודר הכרוך בידו דודאי בטל לגבי ידו ושני ליה דאימא דהגם דהתם עומד בעצמו מ"מ כיון שחיברו לאזוב עצמו כגופיה דמי משא"כ בסודר שאינו מחובר בידו דלימא דחייץ ושוב ראיתי בחידושי הריטב"א לסוכה שכתב בשם רבינו הגדול דההוא דכרך סודר בידו מטעם דבטל לגבי ידו נגעו בה וכמ"ש ע"ש וק"ל.

בא"ד וי"ל דפשיטא ליה וכו' ביד אחת וכו' משמע מדבריהם דבשעת הזאות מזבח צריך לאחוז הכלי בידו ומש"ה כתבו דהיה צריך לאחוז הכלי בידו אחת כדי שביד האחרת יעשה ההזאות ואע"ג דהכא בחטאת קיימינן שמה באצבעו ולא במזרק וא"כ יכול להניחו שם במזבח וטובל באצבעו על כל קרן וקרן מ"מ כיון שהיה מסבב ברגל והולך סביב הקרנות כת"ק דר"א דלקמן דהכי קיי"ל כמו שפסק הרמב"ם ז"ל פ"ד מהלכות עי"כ מסתמא צריך להוליך המזרק עמו כדי שיהיה סמוך לו להזות ממנו ולקנח אצבעו במזרק בסוף כל הזאה כדאיתא בפרק דם חטאת צ"ג ע"ב דשיריים שבאצבע פסולין להזאה אחרת וכן נראה מדברי הרמב"ם ז"ל פ"ה מהלכות מעשה הקרבנות שהיה המזרק בידו יעו"ש דלפרש דבריהם דבשעה שהיה מוליך הדם למזבח היה אוחזו ביד אחד אין מקום לזה דמי מעכב שלא יאחזו בשפתותיו בשתי ידיו אלא נראה כמו שפי' דבשעת הזאה צריך לאחוז הכלי בידו וכן משמע פשטיה דקרא דלוקח מדם הפר ומדם השעיר וכו' והזה עליו מן הדם וכו' דבשעת הזאה יהיה כאן לקיחה דהך לקיחה אחוזת מזרק היא כמו שפרש"י ד"ה מאי לאו וכו' ודומיא דולקח אזוב וטבל דאמרינן בסוכה שם דבשעת טבילה בעינן לקיחה. ומה שסיימו וריב"א תירץ וכו' לא מקרי לקיחה אלא בעצמו של כהן כצ"ל. ומ"ש גבי כלי שרת דכתיב ולקח הכהן וכו' הגם דהכא דקבלה איירינן דנפקא לן מקרא דוהקריבו בני אהרן כדאיתא בזבחים ובספ"ק דחגיגה מ"מ הא דקבלה קרבנות מלינו ולקח הכהן גבי קבלה בפרשה ויקרא ולקח הכהן המשיח מדם הפר וכו' ואיתא עלה בת"כ שם נאמר כאן לקיחה ונאמרה להלן לקיחה מה לקיחה אמורה להלן בכלי אף כאן כלי ע"כ וא"נ לפירוש ריב"א מהכא ילפינן דבכל דוכתא דבעינן כלי שרת בעינן לקיחה בעצמו של כהן שלא יהא דבר אחר חוצץ בינתיים כלל וצריך לומר דטבילה אזוב לא ילפינן מהכא כיון דלאו כלי שרת הוא ומש"ה הוכיח רבא שם דשמה לקיחה מההיא דטבילת אזוב יעו"ש א"כ אפשר לפרש דהיינו קרא דולקח הכהן מלוג השמן דגבי מצורע שהיה טעון קידוש בכלי שרת כדמוכח פרק בית שמאי מ"ד וכמ"ש הרמב"ם ז"ל בהוי פ"ב מהלכות מעילה וזה ניחא טפי דהכהן דהכא מיותר דהא כתיב קמיה ולקח הכהן מדם האשם אלא בא ללמדנו שתהא לקיחה בעצמו של כהן ומהכא ילפינן בכל דוכתא דאילו קרא דולקח הכהן המשיח אילטריך לומר דמצוה במשיח שיקבל הדם לא כהן אחר כדאיתא בת"כ שם ומיהו לא דרשינן הכא בעצמו של כהן ממש בלי אמצעות כלי ודומיא דולקח הכהן מדם האשם ונתן דדריש לקמן ס"א ע"ב מהטעם שכתבו התוספות שם ובזבחים מ"ז ע"ב יעו"ש ודו"ק.

ע"ב גמרא **ת"ר** ויצא אל המזבח וכו' לפי שמצינו וכו' עיין פרש"י והנה לא ראיתי להרמב"ם ז"ל בחי' שחולק בזה בין הזאות פרוכת דפר הבא על כל המצות ובין פר יוה"כ לא בפ"ה מהלכות מעשה הקרבנות ולא בפ"ד מהלכות עי"כ וזה דוחק לומר דס"ל דהכי תנאי דלקמן דפירש שמואל טעמייהו

משום דבעינן וילא עד דנפיק מכוליה מזבח פליגי אדרשות אלו ועיין בזבחים פ"ג ע"א ובפרש"י שם וגאמר דקים להו לאמוראי דר' נחמיה הוא דדריש לקראי הכי אבל רבנן פליגי עלייהו וס"ל דאין חילוק ביניהם וקרא לשיאה יולא מכוליה מזבח בשעה מתנותיו הוא דאתא דעומד לפנים שכתב בהלכות ע"כ כבר הסכים הפר"ח ז"ל שם דט"ס הוא יע"ש דהא מלינן למימר דתרתי שמעינן מיניה וכמ"ש מהרש"א לתרץ קושית הרא"ם יע"ש ובספר עבודת ישראל ק"פ ע"א והכי מסתברא כיון דתלמודא אייתי ברייתא דרבי נחמיה בלי שום חולק וכן בירושלמי דפרקין וכן פסק הרב המאירי ז"ל וכעת גל"ע.

שם מר סבר ילפינן פנים מחוץ ומר סבר לא ילפינן וכו' ויראה טעמו כדמסיק דהדר אתי להכות קרן דאי חייב למיתב ברישא וא"כ ע"כ להקיף כאן בדרך שמאל וליתן המתנות רלופות ולא דמי למתנות מזבח חילון דפרק איזהו מקומן דשם ודאי יש לו לפנות למזרח בעלייתו לכבש ולהקיף דרך ימין וא"כ טעמא כדמסיק דמזבח פנימי במקום חדא קרן דחילון קאי ולכן אין להקפיד כאן בהקפת ימין ואין למדין זה מזה והוא לישנא פירוש דטעמי דהך לישנא הוא וק"ל.

רש"י ד"ה **זה** מזבח הזהב וכו' דאילו מזבח החילון וכו'. והכי איתא בת"כ בויקרא שם ומה שפירש הרב"ע שם זה מזבח העולה לא ידענא למה בחר לפרש שלא כדברי המשנה ות"כ.

ד"ה **התחיל** מחטא וכו' כדאמרינן במנחות וכו'. הכי איתא שם פרק רבי ישמעאל ס"ו ע"ב ועיין עוד בבכורות כ"ז ע"ב.

דף נ"ט ע"א גמרא **ואבע"א** אי ס"ל הקפה ברגל דכ"ע ל"פ דילפינן פנים מחוץ וכו' ואז בודאי היה אומר ר"ע דלאחר שעשה בקרן מזרחית דרומית עושה מזרחית לפונית וכו' לפנות לימין ואינו חושש לחזור לקרן דרומית מערבית דאתחייב ברישא ולעולם דהיה עושה אותו אחרון לכולם ויראה דבלשון זה ל"ל גם כן דאי הוה ס"ל הקפה ביד לכ"ע אפילו ר"י לא הוה יליף פנים מחוץ לפנות לימין ומה שהיה עושה הסדר זה לאו מטעם פניית ימין אלא כיון דס"ל דפתחא בצפון קאי ומדינא בקרן לפונית מערבית דפגע ברישא הו"ל להתחיל אלא משום וילא הוכרח ליתן בקרן לפונית מזרחית שאחריו הדר תו לקרן לפונית מערבית דאתחייב ברישא והולך ונותן לשאר קרנות הנשארים כסדר ואי קשיא לך דאם כן מנ"ל דר"י סבר הקפה ברגל י"ל דקושטא מלתא קאמר דכן מוכרח מת"ק דמתניתין כדפריך בסמוך והגם דלקמן ואבע"א אחרינא משמע דלא ידע להכרח זה איכא למימר דידע לה אלא דהתם ס"ד לאוקמה למתניתין כרבי ישמעאל ולעולם דר' יוסי נמי סבר הקפה ביד וכמו שאכתוב שם ולפ"ז ל"ל דלעיל דקאמר מר סבר ילפינן פנים מחוץ וכו' דמשום ר"ע קאמר הכי אבל אה"נ דר' יוסי אפילו תימא דלא יליף פנים מחוץ מוכרח לעשות כסדר הזה מהטעם האמור וא"כ דהתם למאי דלא אסיק אכתי טעמא דלריך לחזור לאותו קרן שנתחייב בראשונה קאמר שפיר דאי לאו דס"ל לר"י דילפינן מחוץ לפניית ימין הו"ל ליתן אחריו מזרחית דרומית וכו' שהוא מקום חשוב יותר שמשם מתחילין במזבח החילון והשתא דאתית להכי יראה לתרץ באופן אחר דדוקא לר"ע הוכרחנו אותו טעם דהדר אתי להוות קרן דאתחייב ברישא אם מפני דלסדרו לא הוי דרך ימין וגם שמתחיל כסדר מזבח חילון ואח"ז משנה אבל לר"י דמלי' לפרש טעמיה משום פניית ימין אין לנו לפרש מטעם דהדר אתי וכו' דהאי טעמא לא סגי כל כך דאדרבא אימא שיש לו לעשות אחריו מזרחית דרומית אי משום דמקום חשוב הוא כדאמרן ואי משום דאין דרך לחזור לאחוריו אלא הולך ועושה לפניו בקרנות הנשארים אבל עיקר הטעם לדידיה משום דיליף פנים מחוץ וס"ל הקפה ברגל ולדרך זה ניחא נמי הא דקאמר בסמוך מר סבר ילפינן יד מרגל דמשא ליה הא אימא דטעמיה משום דפתחא בצפון קאי ומוכרח לעשות כסדר הזה וכמו שהקשו בתו' לפרש"י ז"ל דפירש פלוגתייהו בפתחא בצפון או בדרום קאי יע"ש.

ומה שהקשו עוד שם לפרש"י ז"ל דלפירושו מתני' דהכא דנקט כסדר ר"י הגלילי סברא דפתחא בצפון קאי ולא היה שם אלא פרוכת אחת ומתניתין לעיל סתם לן כרבנן וכר"ע דהיו שם ב' פרוכות גם לזה י"ל דכיון דבמקום שלא היה שם אלא פרוכת אחת כמקדש ראשון ודאי פתחא בצפון קאי ואפילו לרבנן וכמו שפירש ז"ל לעיל נ"א ע"ב ד"ה ר"י היא וכו' דבהא לא פליג דכניסתו וכו' בצפון הוה יע"ש מעתה שפיר קתני מתניתין הכא סדר זה אפילו לרבנן במקדש או לעתיד ומש"ה ניחא לי' למינקט בסדר הזה ולא למסת' כר"י דלא היה שם אלא פרוכת אחת נקט הכי אלא משום דבזה אשמועינן סדרא בין לרבנן לעתיד ולר"י לעולם ומגילא שמעינן דבמקדש שני דהיה יולא דרך דרום שהיה הסדר באופן אחר ומה שהקשו עוד אמאי לא פריש הכא דפליגי בהא כי היכי דפריש לקמן במילתיה דחנינא ור"י גם לזה י"ל דס"ל ז"ל דאדרבא מהכא נשמע דהכא בהא פליגי ועיין בפירושו שם ולא חייש לפרש כן תלמודא הכא כי הדבר מבואר לדעתו דאל"כ למה זה מתחיל ממקום זה וזה ממקום אחר כנלע"ד ליישב שיטת רש"י ז"ל ועיין בתוספות ישנים שם פירוש אחר ודו"ק.

והנה מכלל האמור יצא לנו טעם נכון לפסק הרמב"ם ז"ל פרק ד' מהלכות עי"כ שכבר האריכו המפרשים שם בענין זה יע"ש ולמ"ש ניחא דאפילו שיפרש כפרש"י ז"ל דפתחא בצפון קאי מ"מ לאורויי סדר עבודה דלעתיד אתא דלא היתה שם אלא פרוכת אחת ומעתה שפיר פסק ז"ל שם דמתחיל מקרן לפונית מזרחית וכו' דלעתיד כן יהיה הסדר בודאי דשם לכולי עלמא פתחא בצפון קאי דומיא דמקדש ראשון ושוב ראיתי להתוספות י"ט במשנתינו שתירץ כן יע"ש וק"ל.

שם והא מדקתני סיפא וכו'. ואידך ס"ד דמלינן למימר דמתני' רבי ישמעאל דברייתא דלקמן היא דס"ל דיכול לעשות כמו שירלה ביד או ברגל כדאיתא בירושלמי דפרקין וכמ"ש בת"י יע"ש ומתני' דקתני מחטא ויורד דמשמע דאיירי בהקפת רגל כמו שפרש"י שם וכן מוכח מדקתני ר"א אומר וכו' כדקאמר תלמודא חדא מינייהו נקט וה"ה דמקיף ביד נמי דינא הכי שלריך להקיף דרך ימין כר' יוסי אי אפשר דבדוקא נקט ולעולם דאם יעשה בהקפת יד ס"ל כר' ישמעאל דאין לחוש בדרך ימין וכר' עקיבא אבל המקשה סבר דיש לומר דמתניתין ר' יוסי היא שהוא כסדר דבריו ועוד דמדקתני ר"א אומר במקומו עומד ומחטא דבדוקא קתני שאינו יכול להקיף ברגל דומיא דהכי נת"ק הקפת רגל דוקא קתני ואינו יכול להקיף ביד וא"כ מתניתין אמאן תרמייה אלא ע"כ דר' יוסי דברייתא ס"ל הקפה ברגל דוקא ומתניתין אתיא כותיה ויראה דלהכי סיים המקשה וקאמר אלא מחוורתא וכו' דכוונתו לומר דהגם דיש מקום לתקן מאי דאמרת דכ"ע הקפה ביד דתוקמה מתניתין כרבי ישמעאל דלקמן מ"מ מחוורתא ופשטא דמתני' משמע טפי כדשנינן מעיקרא מר סבר הקפה ביד וכו' דלהוא תי' תוקמה מתני' כפשטה דהקפת רגל דוקא קתני וכר' יוסי כנלע"ד וק"ל.

שם ואבע"א בהא קא מפלגי מר סבר סביב דמזבח וכו' אפשר דהדר אתירוץ אחרינא הגם דקאמר לעיל אלא מחוורתא וכו' משום דדחיקא ליה מסברא דר' עקיבא סבר הקפה ביד דהא מדקתני בר"ע מלתיה התחיל מחטא ויורד משמע דאכולהו קרנות קאי שבכולן היה נותן דרך ירידה מלמעלה למטה כמו שפי' רש"י במתניתין ואי ס"ל דבמקומו עומד ומחטא אין זה אלא באותה שהיתה לפניו כדקתני ר"א במתניתין אלא משמע דבהא לא פליגי ולר"ע נמי הקפה ברגל והיינו דסיימו בברייתא מקום שר"י הגלילי מתחיל וכו' דלכאורה שפת יתר הוא אלא בא לאשמועינן שאין ביניהם אלא הפרש זה בדוקא בסדר מקום המתנות אבל בכהן הנותן לא פליגי כלל דלהרווייהו היה מקיף ברגל ולהכי קמהדר אסברא דקראי ואטעמא דבמקום חדא קרן דמזבח חילון וכו' ודכן אשכחן בברייתא דבני כ"ג קאמרי הכי טעמי דהשתא ודאי אימא דבהאי פליגי ולר"ע הקפה ביד ומלישנא דקתני ר"ע מחטא ויורד לא תיקשי דאימא דס"ל דבכל המתנות יש לו ליתן כאותה שלפניו דמוכרח לעשות' מלמעלה למטה וכדקתני ר"מ לקמן אליבא דר"א אלא דלא ס"ל לר"ע לחלק באותה של אלכסון כדמחלק ר"א וא"כ דלא חשש ר' עקיבא להלק בזה דלא איירי אלא בסדרא דקרנות ולישנא דמקום שר"ע וכו' סימני' לפלוגתייהו כדי שלא תטעה אתא לאורויי ולעולם דאכתי אי"ב דלמר הקפה ביד ולמר הקפה ברגל כנלע"ד וק"ל.

שם במאי קא מפלגי מר סבר פתחא בדרום וכו'. אבל בירושלמי פירש באופן אחר דמ"ד לצד צפונית ר' אליעזר דקתני לעיל במקומו היה עומד ומחטא ומשמע דבצד מזרחית צפונית היה עומד דהא בסדרא דהזאות מודה לת"ק ולהכי היה מזה על טהרו במקום שהיה עומד ומ"ד לצד דרומית רבנן שהיה מסבב ברגל ונמצא שלבסוף היה עומד בדרומית מזרחית ושם היה מזה וכדקאמר התם לעיל דרבנן אמרי סביב להילוך ורבי אליעזר אומר סביב לקרנות ותלמודא דידן הגם דאסיק לעיל דרבנן ור"א בהא פליגי מ"מ ס"ל דהא נמי בכלל אין מעבירין ואין טעם בזה לילך אחר מקום שהוא עומד ואפילו לר"א בצד דרום יש לו להזות דשם גמר מתנות קרנות ולא להעביר המצוה לצד צפון והא דמהדר תלמודא אטעמא אחרינא דוטהרו וקדשו היינו משום דהוה מצינן למימר דאדרבא ניחא לן טפי שלא להזות במקום שסיים מתן קרנות כדי להפסיק אלו מאלו שלא יראה שכולם דבר אחד ומש"ה מייתי גילוי מלתא בעלמא מקרא דוטהרו וקדשו דפשטיה דקרא ה"ק וטהרו לשעבר מן הטומאה שהיה בו וקדשו לעתיד כדדרים בת"כ שם וכך צריך לומר להירושלמי אליבא דר"א שלא היה מזה במקום שסיים מתן קרנות וגם ס"ל להירושלמי דאדרבא לר"א יותר נראה מעביר אם אינו מתחיל להזות ממקום שהוא עומד בו ממה שלא יתחיל להזות ממקום שסיים המתנות כן נלע"ד.

והנה הרמב"ם ז"ל בחיבורו פ"ד מהלכות עיוה"כ תפס עיקר כתלמודא דידן שכתב שם ומזה מדם התערובות על טהרו של מזבח ז"פ בצד הדרום במקום שכלו מתנות קרנותיו ע"כ הא קמן דפסק ז"ל כטעם דאחר מקום סיום מתנות אזלינן ומה גם דאיהו ז"ל פסק שם כר"א דבמקומו היה עומד ומחטא וכמ"ש הפר"ח שם והר"ב לחם משנה פרק ה' מהלכות מעשה הקרבנות וכהירושלמי לר"א בצד צפוני צריך להזות אלא דתפס עיקר כתלמודא דידן דלהכא טעמא אף לר"א אחר מקום סיום מתנות אזלינן וכמ"ש והטעם דפסק ז"ל כר"י לא מבעיא למ"ש לעיל דסדרא דלעתיד אתא לאורויי דודאי ניחא דהתם לכ"ע שלא יהיה שם אלא פרוכת אחת דומיא דמקדש ראשון פתחא בצפון קאי ולכ"ע בצד דרום סיים המתנות ושם יש לו להתחיל להזות אלא אפילו תימא דאיירי אפילו למקדש שני ופתחא בדרום קאי מ"מ למה שהוכרח ז"ל שם לפסוק בסדר מתנות כמשנתינו מהטעם שכתבו המפרשים שם הרי סיים בדרומית מזרחית ושם ודאי יש לו ליתן לכ"ע וכמ"ש הפרי חדש שם ומ"ש שם אלא קושטא דמלתא קאמר דר"י אזיל לטעמיה וכו' עיין מה שכתבו הת"י דסוגיין סד"ה מר סבר וכו' דהגם דאכתי פליג עליה דלר"ע פתחא בדרום ולר"י בצפון ותמילא דפליג בסדרי ההזאות מ"מ לא ניחא ליה נומר דס"ל פתחא בדרום דהשתא פליג עליה בכללא דיליף פנים מבחוץ או יד מרגל דר"מ לשאר מקומות יע"ש וק"ל.

שם דאמר קרא ואת כל דם הפר וכו'. ירושלמי ואת כל דם הפר ישפוך לרבות פר דם יוה"כ לשפיכה ולמה לא אמר ושעיר אמר רבי מנא בלא כך אינו זקוק להערות אשכחת אמר ואת כל דם הפר ישפוך לרבות דם פר יוה"כ ושעיר לשפיכה ע"כ ומשמע דברייתא דאשכח אתיא כמ"ד לעיל דאין מערבין לקרנות ומשום הכי הוצרך לפרש בה גם דם שעיר ובהכי הוה ניחא לי לשון רש"י דפרק איזהו מקומן נ"א דלדרשא זו דמייתי התם ולא הזכיר אלא פר פירש ז"ל ובשעיר כתוב ועשה את דמו כאשר עשה לדם הפר ע"כ דלמ"ד אין מערבין פירש כן והגם דסתמא דמתניתין כמאן דאמר דמערבין לקרנות מ"מ בחר לפרש הכיא ברייתא ככולי עלמא אלא דזה לא יתכן דהא לעיל קאמר בירושלמי וכן כתבו הת"י והתו' לעיל דלהזאות טהרו של מזבח לכולי עלמא זקוק להערות יע"ש בטעמו ואם כן על כרחין דבשפיכת דם ליסוד שאחר הזאות אלו כבר דם פר ושעיר מעורב ואם כן למאי אצטריך ז"ל לזה קרא דועשה את דמו וכו' דבשלמא הירושלמי יש לפרש דלאו למימרא דאתיא כמאן דאמר דאין מערבין אלא כלומר דאשכח תני שפי' הדבר בפירוש והגם דלא צריך לפרש דבלא זה הרי הם כבר מעורבין ובשופכו דם פר הרי הוא שופך גם דם השעיר אבל דבריו ז"ל כעת צל"ע וק"ל.

שם ת"ר יסוד המזבח וכו' או אינו אלא יסוד מערבי וילמד סתום מן המפורש אמרת וכו' כן הגירסא באיזהו מקומן נ"ג ע"א וכן נראה מלשון רש"י שם הגם דמסידור דבריו דהכא דלא פירש מידי אלא לקמן נראה דל"ג לה הכא ובת"כ פר' ויקרא גרים כדהכא.

מה שתמצא להרמב"ם בחי' פ"ה מהלכות מעה"ק גבי חטאות חיצוניות שכתב ועל יסוד אותה הקרן שהשלים בה המתנות הוא שופך שירי הדם וכו' אין כוונתו שזהו הטעם שהיה נותן על יסוד דרומי כי זה לא נאמר אלא לעיל גבי הזאות טהרו של מזבח פנימי דגלי קרא התם וטהרו וקדשו ועוד דהא הכא ילפינן לה בהדיא מיציאתו מן ההיכל בסמוך לו וכן פי' ז"ל בפי' המשנה דפרק איזהו מקומן יע"ש אלא סימנא בעלמא נקט והכי דייקי דברי הכ"מ שכתב שם ומ"ש זה יסוד דרומי בגמרא יליף לה ע"כ וק"ל.

שם ת"ר מועלין בדמים דברי ר"מ וכו' במעילה דלאחר כפרה פליגי ומתניתין ר"מ ור"ש היא וכמ"ש הריטב"א דקודם כפרה אפילו מדרבנן אין כאן מעילה דהא ר"ש גופיה קתני במעילה י"א ע"א דם בתחילתו אין מועלין יצא לנחל קדרון מועלין ובמעילה מדרבנן איירי התם כדמסקינן הכא ע"כ לא פליגי וכו' ועיין בתוספות שם וק"ל.

רש"י ד"ה **ואבע"א** וכו' אלא ס"ל להני תנאי וכו' כלומר רבי אליעזר דמתניתין ור"ע דברייתא דר"י הגלילי ודאי ס"ל כהך לישנא דהקפה ברגל כדקאמר תלמודא בהדיא דה"ע דיליף פנים מחוץ וק"ל.

ד"ה **ועל** כולן הוא נותן וכו' אלא משכופף גופו ופושט זרועו וכו' ז"ל הריטב"א ולפיכך כשעומד כיון שכפף עצמו בקרן הסמוך לו להזאה מלמעלה למטה מזה מלמטה למעלה ע"כ ואפשר לכלול גם זה בדברי רש"י ז"ל וק"ל.

ד"ה **אפלגיה** דמזבח באמצע גובה כותלו ע"כ דאין לפרש אפלגיה דמזבח למעלה ממש במקום תשמישו דא"כ מאי פריך מברייתא דכשהוא מזה וכו' דאה"נ דלאחר שהיה חותה בגחלים היה מזה אפלגיה דאיהו מקום הזאה דוקא אתא לאורויי ולפרושי וכי תימא מ"מ למאן דפריך תיקשי דאימא דאפלגיה היינו עליו ממש ולא תיקשי מברייתא די"ל דבשלמא אי בגובה קירו קאמר ניחא דהוצרכנו שיזה אפלגיה דכיון דכתיב והזה עליו בפחות מגובה זה היה נראה כמזה ע"ג קרקע דלא היה גובהו אלא אמתים כמ' בספר מעשה חושב פ"ז יע"ש אבל אם נפרש דאפלגיה דקאמר היינו למעלה ממש אין טעם לחלק בין פלגיה לסמוך למקום קרנות דודאי אין לטעות במתן קרנות שאותן היו מבחוץ כמ"ש הרמב"ם פ"ה מהלכות מעה"ק ועוד דדי לשוה ממקום קרנות ולהלן ואפילו בסמוך להם וק"ל.

ד"ה **דאמר** קרא וכו' ותניא בת"כ וכו' והכי איתא בזבחים נ"ב ע"א אלא משום סיפא דאשר פתח וכו' נקט לה מת"כ יע"ש.

תוספות ד"ה **דאמר** קרא וכו' ולעיל בפ' אמר להם הממונה פירש אין מעבירין על המצות ע"כ ומלת גרסינן הכתובה בדפוס חדש ט"ס הוא ואינו בדפוס ויניציאה וכונתם דלעיל פירש אמאי צריך קרא לזה ולא ילפינן לה מאין מעבירין על המצות וא"נ אפשר של"ל פירש גבי אין מעבירין וכו' כלומר בסוגיא דאין מעבירין וכו' וכן הגיה בשכ"י ועיין במהרש"א כי כוונתם מבוארת.

ד"ה **משכוה** גברי וכו' ע"כ נראה כמו שפרש"י וכו' מיהו הכי פירושו וכו' וכן נראה של"ל שהרי גם לרש"י הגירסא כאן משכוה גברי אלא דההיא דפ' בתרא דזבחים הוא דלפירוש' משנים הגירסא דגרסי' כי הכא גברי לגברא והדבר מבואר בתו' דאיזהו מקומן שם ובדברי הריטב"א כאן וכן מה שסיימו וכן פירש בערוך וכו' בתוספות דזבחים שם כתבו בדיוק שלא כתבו אלא וכן בערוך וכו' דהערוך שם לא הביא פי' בזה אלא למדנו מדבריו דגרים בתרוייהו גברי לגברא יע"ש וק"ל.

בא"ד ואפילו אי גרסינן בתרוייהו גברא לגברי כגירסת רש"י דהתם נראה וכו' כצ"ל וכמו שהגיה מהרש"א וכלומר דאפילו אי גרסינן נמי הכא גברא לגברי כגירסת רש"י דפרק בתרא דזבחים לא תיקשי מה שהקשו הם ז"ל לעיל לפרש"י דכיון דדרך הרבים למשוך היחיד א"כ אתו למטעי ולומר משכוה גברי דהיינו ר"י לגברא דהיינו רשב"י ד"ל דזה היה ידוע וכו' אבל

עם זה אין ליישב דברי רש"י ז"ל דהא לגי' דפרק איזהו מקומן זה וזה יסוד מערבי הרי משכוה גברי ר' ישמעאל לרשב"י הגם שהיו נמשכים אלנו ואם כן אכתי תיקשי דבההיא דפרק בתרא לדידיה איכא למעטי שיאמרו גברי לגברא אבל אה"נ דלגירסא כאן זה וזה יסוד דרומי אין כאן קושיא הגם דהכא גרים גברי לגברא ובפרק בתרא דזבחים גברא לגברי דהא ליכא למעטי מידי שלעולם תלמידי ר' ישמעאל היו נמשכים אחר רשב"י מהטעם שכתבו הם ז"ל ועד כאן לא הוצרכו הם ז"ל לפרש פירש אחר דגברי היינו רשב"י וגם לשנות גירסא דפרק בתרא דזבחים אלא מפני שנראה להם דוחק לפרש כן דמאי שנא דהכא קרי לרשב"י גברי והתם גבר ולכך הוצרכו לומר דגרסינן בתרוויהו גברי לגברא שכן מלאנו גירסא זו בערוך ודפי' גברי היינו רשב"י והן הנה דברי התוספות דפרק איזהו מקומן אלא דהתוס' דמסכתי' הוסיפו על דבריהם דאפילו אי גרסינן גברא לגברי הענין מתבאר יפה אבל התוס' דזבחים דחו חד דוכתא דגרסינן גברא לגברי מקמי תרי דוכתא הכא ופרק איזהו מקומן דגרסינן גברי לגברא ומה גם שכן מלאו הגירסא בערוך ומה שלא פירשו לגי' שכתבו דגרסינן בתרוויהו גברי לגברא כפרש"י תלמידי ר"ש וכו' וכמו שהקשה מהרש"א יעו"ש בתי' וי"ל דלא מבעיא לעיל דאכתי לא אסיקו הך טעמא דזה היה ידוע וכו' דודאי איכא למעטי לפרש בהפך דגברי היינו תלמידי ר' ישמעאל דמאי שנא משא"כ לפירוש גברי דתרי שמות הדבר ניכר ועומד וליכא למעטי אלא אפילו להך טעמא דהשתא ודאי ליכא למעטי כיון שהיו בבית רשב"י מ"מ כיון שהיו נמשכים אחר רשב"י שהאריך ימים ולא מצד תלמידיו מעתה לא דייק שפיר לפרש משכוה גברי וכו' דהיינו תלמידי רשב"י דמשמע כי מצדם ג"כ היו נמשכים תלמידי ר' ישמעאל לסברת רשב"י אלא הנכון לפרש גברי על רשב"י נגדו שהיו לו שתי שמות ומצדו היו נמשכים אחר סברתו כנלע"ד ודו"ק.

ע"ב גמרא **ולא** והרי תרומת הדשן וכו' הנה ל"מ לשיטת ריצב"א שכתבו התוספות ד"ה והרי דבתרומת

הדשן אין שם אלא איסור הנאה דודאי היה צריך דרשא דהוא לאחר כפרה כלפני כפרה לשיהיה בדם גם איסור מעילה אלא אף לשיטת ר"י שכתבו שם דבתרומת דשן יש שם מעילה מ"מ צריכינן בדם דרשא דהו' לומר דאין שם אלא מעילה כלפני כפרה ולא תאמר דצריך גם קבורה בתרומת דשן עצמה דגלי בה קרא ושמו דטעון גניזה ובזה יתורץ קושית בעל ספר פנים מאירות בשיטתו לזבחים מ"ו ע"ב יעו"ש כתירולו כנלע"ד וק"ל.

רש"י ד"ה **אלא** מדרבנן וכו' לשלם קרן וכו' וסיים הריטב"א ונראה מדבריו ז"ל שאין תוספת חומש בכל

מעילה דרבנן וכן עיקר ע"כ ולא ידענא מאי אתא לאשמועינן דודאי כן עיקר דהכי איתא בהדיא בריש מעילה מאי איכא בין דאורייתא לרבנן דאורייתא משלמין חומש דרבנן לא ע"כ וק"ל.

תוס' ד"ה **עד** כאן וכו' היאך נמכרים וכו' דליכא למימר דלעולם בדאורייתא פליגי ומתני' רבנן דר"ש

היא דס"ל אין מועלין מדאורייתא אלא מדרבנן ולהכי נמכרים לגננים דהא משמע דמתני' ר"ש היא דקתני במעילה דם בתחילתן אין מועלין יצא לנחל קדרון מועלין ובודאי דמעילה מדרבנן היא דאל"כ אמאי אין מועלין בתחילה ולבסוף מועלין דמאי שנא אלא ע"כ דבמעילה דלבסוף מדרבנן פליגי ומתניתין ר"מ ור"ש היא וכמ"ש בסוגיא ואה"כ דהוו מצו לאוכוחי ממתניתין דמעילה מס' ר"ש דשאני ליה בין בתחילה לבסוף אלא ניחא להו טפי להוכיח ממתניתין שהיא ראיה מפורשת יותר ומוכח נמי מינה גם לר"מ דע"כ במעילה דרבנן פליגי וק"ל.

ד"ה **הוא** לפני כפרה וכו' אבל מחייס לא וכו' דהתם אפילו מעילה מדאורייתא אית ביה דכיון דלא חזי לזריקה

חשיב כגופה דבהמה ומועלין בו כדאיתא התם בפרק ולד חטאת וכן כתב הרמב"ם ז"ל ספ"ב מהלכות מעילה. ומ"ש ומייתי מקדשים שמתו דדמו וכו' וה"נ כמי דלא מייתי ממעילה דאפר חטאת שכתבו לקמן דהתם לא בדילי מינה דהא משום דהיו משתמשים למכתן הוא דגזרו בה מעילה כדאיתא בהתכלת שם ועיין בתוס' דפ"ק דמעילה שם. ומ"ש ור"ח ז"ל פי' וכו' מדאורייתא לפי שב"ד מקדשין וכו' ולפ"ז מועלין בדמים דקתני היינו שחכמים

תיקנו להקדישו כדי שימעלו בו מדאורייתא ותכ"א אין מועלין דלא תיקנו להקדישו משום דבדילי אינשי מיניה מגד איסורו והיינו דקאמר תלמודא ע"כ ל"פ אלא מדרבנן כלומר אי רבנן תיקנו להקדישו או לא אבל מדאורייתא בלא הקדש פשיטא דאין מועלין בו מה"מ וכו' ושוב ראיתי בתי"ט שכתבו לפי' זה דמעילה דקאמר מדרבנן היינו מדאורייתא ע"י תקנת רבנן שמקדישין אותו ב"ד עכ"ד ועיין במהרש"א דודאי אין לפרש פליגתא דמועלין בדמים כלפני כפרה והא קאמר ע"כ ל"פ אלא מדרבנן והיינו ממש מדרבנן דלפני כפרה למ"ד מועלין היינו דרבנן ולעולם דלאחר כפרה דקיל להו לאינשי טפי תקנו להקדישו כדי שימעלו בו מדאורייתא ויהיה חמור בעיניהם מליהנות בו והא דקאמר לפני כפרה כלאחר כפרה היינו קודם ויצאתו לנחל קדרון שעדין לא הקדישום ב"ד וכמו שרצה לפרש קרוב לזה בשבי"י אדא דמייתי תלמודא כך ברייתא עלה דמתני' משמע דפליגי במעילה דלאחר כפרה ולאוקמה למתני' כר"מ כמ"ש בסוגיא ועוד דהא ר"ש גופיה קתני במעילה דם בתחלה אין מועלין בו משמע דאין מועלין בו כלל אפילו מדרבנן. ופשוט דשיטת ר"ח גומר שהיו מקדישין אותו ב"ד קדושת דמים דאם תאמר קדושת הגוף מדאורייתא תיקשי היאך נמכרין לגננין וכן דייקו בתי"י שכתבו אלא לפי שב"ד מקדישין אותו קדושת דמים וכו' וכן בתוספות דפרק בית שמאי מ"ז ע"א שב"ד מקדישין אותו שלא יהנו ממנו בלא פדיון אבל זה אין לפרש שהיו מקדישין על תנאי למכור לגננין דא"כ מאי אקשו ליה בסמוך מאפר פרה אימא התם נמי הקדישו על תנאי דלהזאה אבל לשאר הנאות ימעלו בה מדאורייתא אבל השתא דקדושת דמים קאמר ניחא דאין סברא לומר באפר פרה דבכל פעם שיצטרכו להזות יהיו פודים האפר ועוד דאיזה פעם חיישינן שיזו בלא פדיון ומ"מ איך שיהיה הרווחנו דמהאי דאפר פרה לא תיקשי כ"כ לר"ח דיוכל לתרץ דהא"כ שהיו מקדישין על תנאי דלהזות ולעולם דמדאורייתא היא והיינו דהת"י דסוגיין והתוספות דפרק התכלת שם לא הקשו קושיא זו כלל דיש לתרץ כמ"ש אלא דהתוספות דפרק בית שמאי שם הקשו כתוספות דהכא יעו"ש.

והנה מדברי הרמב"ם ז"ל ספ"ב מהלכות מעילה שסתם וכתב יצא לנחל קדרון מועלין בו מפני שהוא נמכר לגננות ודמיו

הקדש ע"כ משמע שדעתו כשיטת הר"ח דמעילה מדאורייתא קאמר משום דלב ב"ד מתנה להקדישו קדושת דמים כיון שהיה נמכר לגננין לדמיו חוזרין להקדש ובזה יתישב מה שהשיג הראב"ד שם שכתב אותה מעילה אינה אלא מדרבנן והכי איתא ביומא ע"כ וכן הרב המאירי ז"ל כתב ומ"מ דוקא מעילה מד"ס וכו' ואני תמה על גדולי המחברים שכתבו בה מעילה סתם ולא שכבר הרגישו בהן גדולי המגיהים עכ"ד. ושוב ראיתי בספר חזון נחום בפ"ג דמעילה שעמד על שיטת הר"ח יעו"ש כי אין להאריך וק"ל.

ד"ה **אין** לך דבר וכו' אבל מדשן אין להביא ראיה וכו' וכן בתי"י דסוגיין ובתוספות דפ"ג דמעילה לא הביאו

אלא מעגלה ערופה אלא שדברי התוס' דחולין קי"ז ע"א ודפרק בית שמאי מ"ז ע"א שהביאו ראיה גם מתרומת הדשן שכתבו דהא דשן אין מועלין בו עד שעת תרומה יעו"ש צריכים יישוב דמלבד סוגיא דמעילה דמוכח בהדיא דמועלין לכ"ע קודם הרמה כמ"ש עוד זאת מדבריהם ז"ל שם בדיבור הסמוך ולא והרי תרומת הדשן וכו' מוכח דקודם הרמה נמי מועלין יעו"ש ולפרש דבריהם דבשעת הזמנתם לתרומה היו מועלין לא קודם לזה אין נראה דפשט סוגיא דמעילה שם משמע דמשעה שנעשית דשן עד שעת תרומה מועלין מטעם דלא נעשה מצותו יעו"ש ושוב ראיתי בספר מאיר עיני חכמים שם בחולין שנחלק זה הלה לתרץ סתירת דבריהם שם אבל לענ"ד אין נראה לחלק בכך וכמ"ש ושמא דס"ל דמעילה דאפר תפוח מדרבנן היא דכיון דנשרפו ונעשו דשן דמו לקדשים שמתו שאלו ידי מעילה דבר תורה ודוקא תרומה הדשן עצמה מועלין בה דבר תורה דכתיב ושמו כדדריש בסוף תמורה ושמו בנחת וכו' וכמ"ש התוס' דחולין ודזבחים שם ולפ"ז כוונת דבריהם שם דבסוגיין דאיירין במעילה דאורייתא לא מצינן למימר איפכא דהא קמן דשן דאין מועלין בו דבר תורה אפילו קודם שנעשית מצותו אלא לאחר תרומה הדשן מועלין באותו הדשן שתרם מדאורייתא ואפשר שלזה כיון הראב"ד ז"ל בהשגותיו לסוף הלכות

פסולי המוקדשין דעל מ״ש הרמב״ם שם וכל הנשרפים של הקדש אפרם מותר חוץ מדשן המזבח החיצון כתב א״א הרמת הדשן ע״כ דמ״ש הכ״מ שם דרבינו לטעמיה אזיל שפסק בספ״ג דמעילה [(כמו שכתב בספר משנה למלך שם)] דדשן שעל המזבח אסור בהנאה יעו״ש אין זה מספיק דגם הראב״ד יודה בזה דהא פלוגתא דרב ור״י היא במעילה וקי״ל כר״י דלאחר הרמה נמי מועלין בה אבל עם מ״ש כוונתו להשיג דברייתא דכל הנשרפין של הקדש וכו' בדשן של תרומת הדשן עסקה איירי מדמייתי בסוף תמורה שם קרא דושמו ובאיסורא דאורייתא איירינן משא״כ שאר דשן דמזבח דבין קודם הרמה ולאחר הרמה מדרבנן היא וכמ״ש וכן נפרש דבריו ז״ל בהשגתו לספ״ב מהלכות תמידין דבתרומת הדשן דוקא יש מעילה מדאורייתא מדכתיב ושמו. יעו״ש ומ״מ יאמר הרמב״ם דכיון דסוף סוף אסורה בהנאה ומועלין בה א״כ אין בזה חשש לומר חוץ מדשן מזבח החיצון ומקלא ראיה למ״ש דהא מהיכא תיתי לומר דמועלין בדשן מדאורייתא דאי משום דאכתי לא נעשית מצותו עגלה ערופה יוכיח ויעיד דאימא נמי דלהכי גלי קרא ושמו לומר שעד עתה לא היה אסור בהנאה ואע״ג דאצטריך לומר דאף לאחר שהוסר מעל המזבח ונעשה מצותו מועלין מ״מ אימא דהא נמי שמעינן מיניה אלא ע״כ דהויא מעילה מדרבנן כנלע״ד ודו״ק.

ד״ה והרי וכו' ואדרבה אפילו מעילה אית ביה מדכתיב ושמו וכו'. ולהכי לא מייתי מרישיה דקרא וגימא בשלמא מזבח החיצון מצוה לדשנו דכתיב והרים את הדשן וכו'. משום דאז הוה משמע דלאחר שהביא ריבוי לדישון מזבח פנימי הרי הם שוים דגם תרומת דשן חיצון לא נהנין ולא מועלין כיון שנגמר מצותו ולהכי מייתי סיפיה דקרא דושמו והכי קאמר בשלמא מזבח חיצון לא זו שמצוה לדשנו אלא גם חמור קדושת עבודה זו כל כך דלעולם מועלין בו אלא פנימי מנל״ן ותריץ מקרא דאל מקום הדשן באם אינו ענין והשתא אין לטעות להשוותם דגם בזה מועלין דהא כתיב מיעוטא דושמו לזה ולא לדישון פנימי. ומ״ש ורילב״א מפרש וכו' כמו לא נהנין שבהש״ם וכו' כלומר כמו לא נהנין דאיתא שם לעיל מינה גבי ולד חטאת וכו' וגבי המפרש משוח לנזירותו וכו' דהוו מדרבנן עיין בתוי״ט שם ובהרע״ב לפ״ד דתמורה ועיין בספר חזון נחום שם פ״ג דמעילה. ומ״ש ואף היא דרש אבל פירוש ואם ללמד וכו' והיינו קושיא תלמודא דידן במעילה י״ב ע״א וכפירוש האחרון שכתבו התוס' שם יעו״ש. ומ״ש אל מקום טהור שיהא מקומו טהור וכו' כלומר דבהוצאת דשן מזבח חיצון כתיב אל מקום טהור ועל כרחין הכי קאמר שאם היה מקומו טמא שצריך לטהרו כדי שלא לטמאות הדשן בידים וכדדרש בת״כ פרשת ויקרא גבי הוצאת פר כהן משיח לשורפו דכתיב נמי אל מקום טהור שיהא מקומו טהור ואם טמא יטהרנו וכו' וכן פרש״י בחומש שם לפי שיש מחוץ לעיר מקום מוכן לטומאה להשליך אבנים מנוגעות ולבית הקברות הוצרך לומר מבחוץ למחנה זה שהוא חוץ לעיר שיהא המקום טהור עד כאן ומפר כהן משיח לא אתי דשן מיניה דאימא דדוקא התם שעדיין בשר פר קיים מועלין בו אפילו בבית הדשן כל שלא ניתך הבשר כדתניא פרק טבול יום ק״ד ע״ב הוצרך מקום טהור לא בדשן שכבר כלה ואבד הבשר קמל״ן קרא דגם בזה בעינן מקום טהור וע״כ משום דאכתי קדושתיה עליה דאסור מיהא בהנאה דאם מותרת הרי יצא לחולין לגמרי ולא היה צריך מקום טהור ואף על גב דהאי קרא כתיב בהוצאת דשן של מזבח חיצון מוכח מהכ' גם לדישון מזבח פנימי דשם דשן אחד הוא ואדרבא זה שהוא נתון אצל המזבח ודאי חמירא קדושתי' לאסור מיהא בהנאה טפי מדשן חיצון שמוציאו חוץ למחנה אבל זה אין נראה לפרש דאל מקום טהור דפר כהן משיח דל״ל דבמכ״ש דדשן אתי מוקמינן ליה באם אינו ענין לדשן פנימי עיין בספר קרבן העדה שם דודאי פשט וסתמיות דברי הירושלמי נוחים יותר לפרש דמאל מקום טהור דכתיב גבי דשן עצמו הוא דיליף וכמו שכתבתי וק״ל.

בא״ד ואם תאמר אם כן לימא וכו' שלשה כתובין וכו'. דהא דישון מנורה נמי מיתורא דה' דהדשן נפיק כדאיתא במעילה שם ואם כן לא צריכי מעוט דושמו והערופה ותי' שפיר דאין כאן פסוק מיותר דעיקר קרא אצטריך לומר שמצוה לדשן מזבח פנימי ומנורה ולהניחו אצל מזבח חיצון כתרומת דשן של חיצון אלא דמסברא או מק״ו ילפינן בהו איסור הנאה כמ״ש בסמוך. ומ״ש דאם לא כן הוכי נפיק בירושלמי מקל וחומר הא שני כתובים וכו' כלומר דתרומ' דשן חיצון ועגלה ערופה הוה ליה שני כתובים ואין מלמדין אפילו בקל וחומר או בבנין אב וכמ״ש בספר יבין שמועה ס״ו ס״ח בשם התוספות יעו״ש דזה דוחק לומר דההוא מ״ד דירושלמי סבירא ליה דמלמדין ועוד דהא אהכי איכא תרי מעוטי דושמו והערופה אלא על כרחינו לומר דכל הדשנים שוים וגילוי מלתא בעלמא היא דמאחר שלמדנו הכתוב בהם דמצוה לדשנן כחיצון יש להם כל דין שלו ליאסר אף בהנאה וירא' דלההוא מ״ד דירושלמי דקא' התם מנין לדישון מזבח חיצון שיהא אסור בהנאה ת״ל אל מקום הדשן שיהא מקומו לעולם לא משמע ליה למדרש מושמו איסור הנאה אלא כוליה קרא אצטריך לומר ושמו לזה ולא לאחר דבעלמא לאחר מצותו מותרים בהנאה דלומר דבאם אינו ענין מוקמינן לאיסור הנאה דדישון פנימי וקל וחומר דקאמר התם לאו דוקא אלא הכונה דאפילו אי לאו כתיב יתורא דאל מקום הדשן אלינן למילף בק״ו ומלתא דאתי' בק״ו טרח וכתב לה קרא אין נראה פשט בירושלמי כן אלא כמו שכתבינו בס ז״ל דיליף מקל וחומר לחודיה והגם דהוו ב' כתובים ילפינן משום דכל הדשנים שוים. ומ״ש וקאמר בגמרא דגמר אמו אמו וכו' הכי איתא התם י״ג א' גבי ולד מעשרות לא ינק מן המעשרות יעו״ש וכן מ״ש דכתנן התם היינו כך דאיתו דקתני בהדיא לא מועלין וטעמא משום דלאו קדשי ה' ניהנו כמ״ש התוספות שם י״ג ע״ב סד״ה הלב המוקדשין וכו' יעו״ש ולפי זה הא דמייתי תלמודא מתרומת הדשן לדם שיהיו מועלין בו מדאורייתא אף לאחר מצותו הכי מייתי דכיון דבתרומת הדשן גלי קרא דאסור בהנאה אף לאחר מצותו ש״מ דאכתי קדושתיה קאי אלא דאין מועלין בו משום דלא קרינן הו קדשי ה' ודוקא בדשן שנשתנה דמעיקרא איברים והשתא דשן אבל דם אימא לך דאכתי קדושתיה עליה אף לדין מעילה והכי מקשינן לאחר כפרה כלפני כפרה וכו' דהא קמן דאפילו לדידן בדם איכא מאן דאמר דמועלין בו מדרבנן אף לאחר מצותו מה שאין כן בתרומת הדשן ועל כרחינו לומר דחמיר דם מדשן לפרש דבדם נמי לאו מעילה קאמר אלא איסור הנאה וכמ״ש מהרש״א יעו״ש אין נראה לע״ד דהא ר״ש דקתני לעיל מועלין משמע דמעילה דוקא קאמר מדקתני בפרק ולד חטאת י״א ע״א דם בבדי נסכים דם קל בתחילה דאין מועלין וחמור בסופו ולא נהנין קדרון מועלין בו ונסכי' בתחילה מועלין בהן וכו' משמע דדומיא דנסכים דהתם מעילה ממש הוא קתני מעי' בדם ועוד דהא קאמר תלמודא ואימא לאחר כפרה מה לפני כפרה יש בו מעילה אף לאחר וכו' משמע דבעי למימר דלאחר כפרה יהיה בו מעילה ממש כלפני כפרה ועוד עיין בירושלמי דפרקין דמשמע התם דלרבנן הדמים לא נהנין ולא מועלין לפיכך אם מכרם תופס את דמיהן דוק מינה דר״ש סבירא ליה דמועלין ממש כנלע״ד וק״ל.

בא״ד אלא מקדיש דשן כירתו וכן פרש״י וכו'. אף על גב דאינו ראוי למזבח וכו'. בגירסת רש״י שלפנינו שם ליתא אלא התוספות שם הביאו פירוש זה ודחו אותו משום דאטו גרע ממקדיש זבל אשפתו דקאמר בסמוך דמועלין ואם כן מאי קמשמע לן וכו' יעו״ש אלא שמדברי הרמב״ם רפ״ה מהלכות מעילה משמע דמפרש לה באפר כירתו וצריך לומר דאשמועינן דלא תימא דבאפר תקנו חכמים שלא יהיה אל בו הקדש משום דאתו למטעי דהא נמי אדשן מזבח פנימי דאם הקדישו מעל ויביא קרבן בתנס קמשמע לן דלא ולהכי ניחא דמייתי לה אהא דקתני דישון מזבח פנימי לא נהנין ולא מועלין דלפירושו דאשמועינן אע״ג דאינו ראוי למזבח ליתני ליה התם גבי אינו ראוי למזבח וכו' ולישב דבריהם נ״ל דאגב דאיירי בדישון פנימי קתני דאע״ג דבדישון אין מועלין אף אם הקדישו דהא לא נהנין מכל מקום המקדיש אפר כירתו מועלין והגם דאינו ראוי לא [נ]מזבח ולא לבי״ה ומכל לא שמעינן הא דאימא דוקא זבל שראוי לזבל שדות שהוקדשו לבי״ה אבל אפר לא חזי למידי קמשמע לן דחזי מיהא לדמיו ועיין בספר חזון נחום שם. ומ״ש דאיירי בדשן מזבח לאחר שהוציאוהו חוץ וכו' דהואיל ואזלא לה לגמרי קדושתיה דמעיקרא במקדישה בתוך הו״ל מקדיש בתחלה. והנה מאי דמשמע מדבריהם דאינו אסור בהנאה כ״ש משום דושמו בתרומת דשן כתיב והכי משמע בסוף תמורה דמקשי

ברייתא דקתני התם יאפר הקדש לעולם אסור בתרומת דשן דלעולם אסור דתני ושמו בנחת וכו' אלא דתיקשי לזה מלשון ירושלמי שכתבו לעיל דיליף איסור הנאה מאל מקום טהור דכתיב בדשן מחוץ למחנה משמע דהוא נמי אסור בהנאה וזה דוחק לומר דפליג אתלמודא דידן וכן תמצא להרמב"ם ז"ל ספ"ב מהלכות תמידין ומוספין שכתב וכשמוציאין אותו לחוץ לעיר וכו' ולא יפזרנו שם שנאמר ושמו שיניחנו בנחת ואסור ליהנות בו עד כאן ואף למה שהשיג הראב"ד שם וז"ל זה לא נאמר אלא על תרומת הדשן ואין מעילה אלא בתרומת הדשן ע"כ פשוט שגם הוא ז"ל מודה דאסור בהנאה אלא כונתו דלא ילפינן זה מקרא דושמו כמ"ש הרמב"ם ז"ל דהאי קרא לא איירי אלא בתרומת הדשן ותדע דמהכא ילפינן בה איסור מעילה כדקאמר סוגיין ואם כן תאמר דגם בדשן שחוץ למחנה יהיה בו איסור מעילה וזה לא שמענו אלא ע"כ דמקרא אחרינא דאל מקום טהור ילפינן לה וזהו כונת הראב"ד לע"ד והרמב"ם לא חשש לזה דמכל מקום מאחר שגלה הכתוב דאל מקום טהור דאסור בהנאה ילפינן נמי מקרא דושמו לענין דגם בדשן שחוץ למחנות יניחנו בנחת שלא יפזרנו הרוח כיון דאסורה בהנאה ונותן תקלה לרבים אבל מעילה מהיכא תיתי למיפך דכיון דיצאה לחוץ ודאי אין מועלין ועיין בפרק ולד חטאת י"א ע"ב וכן מתבאר מאותם שהביא שם ר"ש פ"ב דמעילה דמשנשרפו תו לית בהו מעילה וכדתניא גבי פרים הנשרפין בפרק טבול יום ק"ד ע"ב כולם מועלין בהם בבית הדשן עד שיותך הבשר ועיין בפרש"י שם והיינו דספ"ב מהלכות מעילה לא כתב ז"ל אלא דשן המזבח החיצון וכו' מועלין בו כלומר בעודו במזבח מועלין בו לעולם אף לאחר הרמה דקימא לן כר"י דקאמר הכי במעילה שם אבל לאחר שהוציאוהו הגם דאסור בהנאה אין מועלין בו ומ"ש הכ"מ שם בהלכות תמידין בשם מהר"י קורקוס שדין ההנאה למד רבינו ממה שנחלקו רב ור"י בנהנה מאפר תפוח וכו' יעו"ש לא זכיתי להבין דהכא דמעילה נמי אית בה ואפשר דהכי קמייתי לה דלהיות שבעודו במזבח אית בה מעילה בהוציאו לחוץ לפחות איסור הנאה מיהא אית בה אלא שאין זה מוכרח ולע"ד נראה עיקר דמאל מקום טהור יליף לה וכדיליף בירושלמי מהכא איסור הנאה לדישון מזבח פנימי וכי תימא דאם כן אמאי מוקי לה בסוף תמורה בתרומת דשן דוקא אפשר דגירסתו היתה באותן שטעונין גניזה כדגרסינן בפרק כל שעה כ"ז ע"ב וכל דשן מזבח בכלל בין דתרומה ובין דחוץ וכן מעין דבריו בסוף הלכות פסולי המוקדשין יעו"ש ולגירסא זו ניחא דתלמודא נמי מייתי ראיה מכל אפר דמזבח דאסור בהנאה מקרא דושמו וכדרך שכתבתי לדעתו ז"ל ומה גם דהמדקדק בדבריו ז"ל יראה דלא מייתי ראיה התם לושמו אלא לענין שלא יפזרנו אבל איסור הנאה אכ"נ דנפקא ליה מאל מקום טהור וליישב דבריהם צריך לומר דלמה שאנו מוכרחים לפירוש ריטב"א לפרש סוגיין באיסור הנאה להודיה אם כן מדפריך תלמודא מתרומת הדשן ולא מדשן מזבח דחוץ למחנות ועוד דהו"מ למימר דהו"ל שלש כתובים קרא דושמו דתרומת דשן וקרא דאל מקום טהור דדשן חוץ וקרא דעגלה ערופה וכן נמי מדנקט תלמודא בסוף תמורה תרומת דשן דוקא מכל הני משמע ליה לריטב"א דתלמודא דידן ס"ל דדשן חוץ מותר בהנאה דמאל מקום טהור דכתיב ביה אימא דמשום בזוי מצוה הוא דהקפיד הכתוב להשליכו במקום טהור ומיוחד לכך ולא במקום אבנים מנוגעות שחוץ למחנה כי אין זה כבוד מצוה וכבר כתבו דלתלמודא דידן נפקא ליה איסור הנא' דדישון פנימי מסברא או מק"ו דה"ט דלא חשש להביא שם במעילה קרא לאיסור הנאה אם כן משמע דלתלמודא דידן מאל מקום טהור לא ילפינן מיניה מידי לאיסור הנאה אבל הרמב"ם ז"ל לפי שיטתו דסוגין איירי נמי לאיסור מעילה שהרי כתב בספ"ב ד"ה מעילה דשן המזבח החיצון בין קודם הרמת הדשן בין אחר הרמה מועלין בו [(וכן פי' רש"י בסוגיין)] מעתה אין ראיה להיתר הנאה בדשן שחוץ למחנות כנלע"ד ודו"ק.

בא"ד ולמאי דפרישית וכו' ניחא הא דתנן במעילה אין מועל וכו' דאם היה בו מעילה כיון שאינו יוצא לחולין ע"י מעילה כדמוכח בסוף תמורה דלעולם אסור א"כ הרי מצינו בו מועל אחר מועל וכן תמצא מבואר בדברי התוספות דפרק בית שמאי מ"ו ע"א סד"ה ולא והרי וכו'. ומ"ש דגם לפירוש ריטב"א צ"ל תירוץ ר"י וכו' הנה למה שכתבתי בראש דבריהם דמוכרח לומר מדברי התוספות דחולין וזבחים דהיא מעילה דאפר תפוח מדרבנן היא יעו"ש אין לומר דהכי ס"ל לריטב"א ומעתה בההיא נמי לא משכחת מועל אחר מועל מדאורייתא ותאמר דמקצת ראיה דהכי ס"ל לריטב"א דהא לשיטתו דאין מעילה בתרומת דשן משמע דה"ה בדשן שנשאר במזבח לאחר התרומה דמאי שנא דהגם שעדיין היא במזבח מ"מ הרי היא עומדת להוציאה חוץ למחנה וא"כ ע"כ לומר דהא דסבר ר' יוחנן שם במעילה דלאחר הרמה נמי מועלין מדרבנן היא וה"ה מאי דקאמר התם דקודם הרמה מועלין דמדרבנן היא הא ליתא דהא משמע דמ"ש לקמן בסמוך י"ל דבדשן מזבח חיצון מועלין כיון שמחוסר עבודה וכו' מדברי ריטב"א הם וכמו שסיימו כל זה דקדק ריטב"א וא"כ משמע דס"ל דקודם הרמה מועלין מדאורייתא כיון דעבודה אהדיה וכדקאמר תלמודא הכא גבי דם מה לפני כפרה יש בו מעילה וכו' אלא שבאמת לא זכיתי להבין קושייתם על ריטב"א דמאן לימא לן שאם נהנה מאפר תפוח שלא יצא לחולין אותו השיעור שנהנה והכ"ע שבזה לא נתקיים בו מצות הרמה אלא בדשן שנשאר ולעולם דלא שייך בזה מועל אחר מועל דבשלמא בתרומת דשן כיון דגלי קרא ושמו שלעולם אסור בהנאה וכן נמי בירושלמי דפרקין דדריש מאל מקום הדשן שיהא מקומו של תרומת דשן לעולם באיסורו ודאי דאי שייך ביה מעילה הא אשכחן ביה מועל אחר מועל ובשלמא לשיטת הרמב"ם דס"ל הדשן שחוץ למחנה אסור בהנאה לעולם לדידיה א"כ דגם באפר תפוח לא יצא לחולין במכ"ש דדשן חוץ דמחנות אלא ודאי משמע דלדעת ריטב"א דבתרומת דשן אין מועלין לא צריכין כלל לתירוץ ר"י דהא לא משכחת באפר מועל אחר מועל כלל ולהכי כתב ריטב"א דלפי' ניחא נמי מכל צד ההיא דאין מועל וכו' כנלע"ד ליישב דברי ריטב"א ודו"ק.

בא"ד וא"ת מאי שנא דדישון וכו' כיון שמחוסר עבודה שצריכי' בגדי כהונה וכו' דמה"ט ס"ל לר"י במעילה שם דלאחר הרמה נמי מועלין בו כיון שהוצאת אפר תפוח טעון בגדי כהונה ומה גם לדידיה דצריכה ד' כלים כדאיתא לעיל כ"ג ע"ב אלא שצריך להבין דכיון דהכתוב הצריך דישון למזבח פנימי כדיליף בירושלמי דלעיל למה יגרע שאינו צריך בגדי כהונה כהוצאת דשן דמזבח חיצון חוץ למחנה ואמאי לא ילפינן בק"ו דצריכה כדיליף בירושלמי איסור הנאה לפנימי מק"ו דחיצון יהיא סברת תלמודא דידן כמ"ש לעיל דמ"ש לקמן אינו מספיק לזה דודאי בק"ו דתרומת דשן אין להביא בגדי כהונה מהטעם שכתבו בסמוך דשאני דישון פנימי דאין בו שום עבודה אחר שנעשה דשן אבל מהוצאת דשן דאינה עבודה דהא לעיל שם איכא מ"ד דבעלי מומין כשרים להוציאה משמע דאתיא דישון מיניה בק"ו אם לא שתאמר דהכא אליבא דת"ק דר"א קיימי דדריש אחרים פחותים ולא הכשיר בה הכתוב בעלי מומין ותאמר דחשיבא עבודה טפי מדישון וזה ודאי דוחק וכ"ש למ"ש הם ז"ל לעיל כ"ז ע"ב ד"ה איכא וכו' דהוצאת דשן אינה בכל יום אלא כשהיו צריכים משא"כ דישון שהיה בכל יום כדמוכח במס' תמיד א"כ משמע דחשיב טפי דישון מהוצאה ועיין בס' משנה למלך פ"ג מהלכות תמידין ד"ה ועוד יש לחקור וכו' ובשלמא לזה נוכל לתרץ דס"ל לריטב"א כדעת הרמב"ם שם שגם הוצאת דשן היתה בכל יום ועיין בספ' מ"ל שם והגם שמדבריו דבסמוך שכתב דלאחר הרמה לא מחסר ביה תו שום עבודה לא משמע כן ועוד דכיון דלשיטתו דשן שחוץ למחנה מותר בהנאה ודישון פנימי לאחר שהניחו אצל מזבח החיצון אסור בהנאה א"כ משמע דחשיב טפי דישון להצריכו בגדי כהונה מק"ו ועוד דמדאסיק לעיל כ"ד ע"ב דכל הכהנים ההולכים לפיים היו לובשין בגדי קדש ולא היו מפשיטין אלא אותן שלא זכו לפיים וכ"פ הרמב"ם ז"ל בחי' פ"ב מהלכות התמידין א"כ משמע דגם מי שמדשן מזבח פנימי ומנורה היה נשאר בבגדי קדש אלמא משמע דצריכה בגדי כהונה וכי תימא דא"כ אמאי אין מועלין בדישון דהא משמע דהא בהא תלי' כדמוכח מהא דאמר ר"י במעילה שם וי"ל דאה"נ דמועלין והיא דכל שעה שכתבו דוקא ריח קטרת הוא דאמרינן דאין מועלין וכ"כ בתי"ט דלעולם בדישון מזבח פנימי מועלין דומיא דחיצון יעו"ש ואם כן לדידהו ודאי צריכה בגדי כהונה כדמוכח הא דר"י דהא בהא תליא סוף דבר דברי ריטב"א בזה צ"ע ועיין

נס׳ מ״ל שם שהביא דברי ריב״א דדישון אינה צריכה בגדי כהונה ולע״ד דבר זה צ״ע ודו״ק.

דף ס׳ ע״א גמרא תרי מעיטי כתיבי ושמו הערופה וכו׳ ותרוויהו איצטריכו דאי כתיב ושמו הו״א דדוקא בקדשים ממש כתרומת דשן דמעילתו מכח דקדשי ה׳ מיקרו בדין מיעט הכתיב דבעלמא לאחר מצותו שוב אין מועלין דלאו קדשי ה׳ מיקרו וכמ״ש רש״י ז״ל אבל בדבר דלאו קדשים ממש בעגלה ערופה אימא דילפינן מינה דלאחר מצוה נמי יש כאן איסור הנאה קמל״ן מיעוטא דהערופה ואי כתב כך מיעוטא הו״א איפכא דדוקא בדבר דלא נחתא ליה קדושת הגוף ממש כעגלה ערופה הוא דמיעט הכתוב דלאחר המציה אין כאן איסור הנאה אבל בקדשים ממש דקדושים קדושת הגוף אימא דלאחר מצותי נמי לא פקע קדושתייהו ואכתי אית בהו איסור מעילה קמל״ן מיעוטא דישמו ובזה יתורץ קושית התוספות ד״ה תרי מעוטי וכו׳. ושוב ראיתי בתוס׳ דפרק כל שעה כ״ו ע״א דאפשר לפרש דבריהם שם לפי תי׳ שכתבתי ועיין עוד בח״י ובהריטב״א דסוגיין. ויל״ל דמעיקרא הוה ס״ד דכיון דעגלה ערופה כפרה כתיב בה כקדשים הי״ל כקדשים דתרומת דשן ממש ואין לחלק ביניהם ולהכי קאמר דהו״ל שני כתובים אבל למאי דאסיק השתא דתרי מעיטי כתיבי אה״נ דהשתא לא היו שני כתובים דכיון דמהד לא אתי אידך משמע דחלוקים הם וכמ״ש ולא דמי למ״ש התוספות בקדושין פרק האומר נ״ח ע״א ד״ה ושני כתובים וכו׳ יעי״ש וכן מוכח מסוגיא דפ״ק שם ל״ד ב׳ יעי״ש וניחא בזה דלא פריך הכא למ״ד אין מלמדין הני מעוטי למ״ל כדפריך בקידושין מ״ג ע״א משום דהכא לפי האמת אה״נ דלא הוו שני כתובים ואי לאו מעוטי הוה ילפינן מנייהו ועיין מה שכתבתי בח״י ד״ה אין לך דבר וכו׳ יבד״ה התם הערופה משם תוספות דמעילה כנלע״ד וק״ל.

שם והני תלתא קראי בדם למה לי חד למעוטי וכו׳ מה שהקשה בספר פנים מאירות בשיטתו לזבחים מ״ו ע״ב דלפ״ז למ״ל קרא התם דאשר הם מקדישים ללמוד דחייבים משום טומאה אף דבר שאין לו מתירין תיפוק ליה מדאצטריך למעט דם מטומאה שאין לו מתירין כי היא עצמו מתיר ש״מ דבכל מקום חייבין משום טומאה אף שאין לו מתירין דאל״כ למ״ל קרא בדם הלא ניגף בק״ו מפיגול יוש לייבב וקי״ל עכ״ד וה״ה דהיה יכול להקשות גבי נותר נמי למ״ל ריבויא דלא יתללו ללמד דנוהג אף במתיר עצמו כדאיתא התם תיפוק לי מדאצטריך הכא למעט דם מנותר דאל״כ מיעוטא למ״ל לילף נותר עון עון מפגול אלא שבאמת לא ידענא מאי קשיא ליה דהא קרא דאשר הם מקדישים אצטריך גם ללמד דנוהג פגול בעופות ומנחות ולוג שמן של מצורע ולא תימא דומיא דשלמים דוקא כדאיתא שם מ״ד ע״א יעי״ש הם מקדישים כל דבר במשמע ואי קשיא לך אכתי ממה שהקשיתי דלמ״ל ריבויא דנותר הא ודאי ל״ק דגילוי מלתא בעלמא הוא ועיקר ילפותא מטומאה דלחומרא נפקא לן וכמו שכתבתי בח״י ד״ה חד למעט וכו׳ יעי״ש וכיון שכן ברייתא ותני לוי שם הטעם יותר פשוט נקטו ואה״נ דהו״מ למימר טעמא מדאצטריך מעוטי למעט דם מנותר וטומאה ועוד נראה דודאי השתא דאית לן ריבויא דאשר הם מקדישים דמרבינן נותר וטומאה אף במתירים עצמם הוא דמוקמינן הני מעוטי בנותר וטמא דבדם איני נוהג אבל אי לאו ריבויא אה״נ דהוה מוקמינן הני מעוטי לשום דרשא אחריתי וקל להבין.

משנה כל מעשה יוה״כ וכו׳ לכאורה דייק מתני׳ כר״נ לקמן דכל מעשה יוה״כ עלמו על הסדר נאמר דאילו ואיל העם מכלל מוספין הם ולהכי קתני שתמא הקדים דם השעיר לדם הפר דאיירי אפילו במתנות דהיכל והכי תרגמה עולא ור׳ אפס לקמן ס״א ע״א במתנות שבהיכל וראיתי להרע״ב ז״ל שפי׳ למשנתינו כל מעשה יוה״כ כל עבודת שעובד בבגדי לבן בפנים ובהיכל ע״כ וכתב בספר לחם משנה על משניות שם דהרע״ב פסק כר״נ יעי״ש וזה אין נראה דא״כ הו״ל למימר נמי דברים הנעשים בבגדי לבן בחוץ בעזרה כגון וידוי והגרלה אלא משמע דהרע״ב פסק כר״י ושיטה אחרת יש לו בזה דלר״י נמי היכל מעכב וכדברי הרמב״ם ז״ל בחי׳ ועיין בהרל״ם שם וכן נראה שהבין דבריו התי״ט שם וזה פשוט וק״ל.

שם ואם עד שלא גמר המתנות וכו׳ בגי׳ המשנה שבירושלמי גרסינן אם עד וכו׳ בלא וי״ו וכן נראה דהא מלתא אחריתי קאמר ילא שייכא הך בטעם שינוי סדר כההיא דלעיל אלא פליגי אי דרשינן הטאת אחת או חיטוי אחד כדלקמן וכן בגי׳ תלמודא לקמן סוף ע״ב גרס בלא וי״ו וק״ל.

גמרא ת״ר כל מעשה יוה״כ וכו׳ אר״י אימתי וכו׳ למ״ש הפר״ח ז״ל רפ״ה מהלכות עי״כ דהרמב״ם ס״ל דאיכא ס׳ אמצעית דאין סדר מעכב אלא לפני ולפנים ובהיכל ולא בעזרה [(וכ״כ הרב המאירי ז״ל שזו היא סברתו אלא שאין דעתו מסכמת כן)] יעי״ש בטעמו כי הוא קצת דחוק אבל נלע״ד לייסבו כשנסמוך לזה דס״ל להרמב״ם ז״ל דאימתי דר״י לחלוק את״ק אתא דברייתא פעמים לחלק כמ״ש התוספות בעירובין דף פ״א והשתא א״ב בין ת״ק לר״נ דברים הנעשים בבגדי לבן בעזרה דלר״נ בכלל דברים שמתכפרים בהן פעם אחת בשנה נינהו ות״ק דר״י סבר דאין כאן בכלל אלא עבודיות חשיבות ככפרת דמים דמתנות דהיכל אבל וידוי יהגרלה דלאו עבודות נינהו וגם נעשים בעזרה אינם בכלל והגם דתלמודא לא מפרש אלא טעמא דר״י ור״נ לאו לממרא דאין כאן סברא ג׳ אלא לא חשש לפרש טעמא דת״ק כי מתוך טעם דר״נ מתבאר לני טעמו ומעתה פסק ז״ל כת״ק דברייתא דנקט מתניתין כלישניה ועוד זאת דלהכי קתני מתני׳ בתרה הקדים דם השעיר לדם הפר וכו׳ ולא קתני בהקדמת וידוי והגרלה שלא כסדר דהוי ריבותא טפי לאשמועינן דדוקא בהיכל וכ״ש לפני ולפנים מעכב סדרא לא דברים הנעשים בבגדי לבן בעזרה. ולי הלעיר היה נראה לומר דטעמו של הרמב״ם ז״ל דס״ל דע״כ אין סברא לימר אפילו לר׳ נחמיה דהגרלה מעכבת סדרא דהגם דמעכבא מ״מ הא לאו עבודה היא וכמו שפסק ז״ל שם רפ״ג וכן וידוי לאו עבודה היא וסדרא לא מעכב ביה ולעיל מ׳ ע״ב פליגי אם וידוי מעכב או לא יעי״ש ודוקא בשחיטה וחפינה פסק ז״ל שם דסדרא מעכב משום דצירך פנים כפנים דמי דטעם זה אין לומר בהגרלה כמ״ש הת״י לעיל שם ד״ה הנחה מעכבת וכו׳ ומעתה מפרש פלוגתייהו מבפנים דהיינו לפני ולפנים ומבחוץ היינו היכל ובעיקר עבודות פליגי ומש״ה קתני ר״נ אבל בדברים הנעשים בבגדי זהב מבחוץ כלומר אפילו עיקר עבודות לא מעכבי דהגרלה ווידוי הנעשים בבגדי לבן בעזרה לא הוצרך למעט דלכ״ע לאו עבודות נינהו אלא שמבחוץ דקאמר הכא ע״כ בעזרה קאמר וא״נ אפילו בהיכל דהא איכא קטורת של כל יום הנעשה בהיכל בבגדי זהב עיין במ״ש ז״ל שם רפ״ד ואשמעינן דסדריה נמי לא מעכב ומעתה פסק ז״ל כרבי נחמיה דמתני׳ דייקא כוותיה דסידרא דהיכל נמי מעכב דקתני הקדים דם השעיר וכו׳ דאוקמוה עולא ור׳ אפס לקמן במתנות היכל ובהא ניחא ליה נמי מה שפסק ז״ל שם דשירים לא מעכבי דהייט כר׳ נחמיה ממש דדריש חד קרא למעוטי שירים ועיין מ״ש הרל״ם שם ד״ה שפיכת שירים וכו׳ אלא דממ״ש ז״ל בפי׳ המשנה לריש פרק איזהו מקומן משמע דמסברא דשירי מצוה הוא דנפקא לי׳ דלא מעכבי יעי״ש. ואם כך היה דעתו ז״ל צריכים אנו לפרש סוגיין דלעיל ל״ט ע״ב דפשטא משמע דר״נ אפילו דברים הנעשים בבגדי לבן בעזרה דומיא דהגרלה מעכב סדרן וכמו שפרש״י שם וזה בהקדים דע״כ הא דקאמר התם אליבא דר״י דאמר דברים הנעשים בבגדי לבן מבחוץ לא מעכבי וכו׳ דהייני דלא מעכבי סדרייהו אבל הם עצמם ודאי דמעכבים אם לא עשאם כדדריש אם כלה כפר וכ״כ הת״י שם בהדיא ד״ה ומסדרן לא מעכבא וכו׳ ומעתה ה״ק אליבא דר״י דס״ל דדברים דלבן דחוץ לא כתיב בהו חוקה כ״ע לא פליגי דהגרלה הנעשית בעזרה לא מעכבא אפילו היא עצמה דמהיכא תיתי להשוותה לעבודות גמורות דהיכל כי פליגי אליבא דר״נ דס״ל דחוקה כתיבא אעבודות גמורות דבגדי לבן אפילו דהיכל מ״ד דהגרלה נמי מעכבא כר״נ דס״ל להך מ״ד דהגרלה כיון דלצורך עבודת פנים היא חשיבא לומר דמעכבא מיהא היא עצמה אבל ודאי דסדרה לא מעכבא דהא לא כתיב חוקה אפילו לר״נ אלא אדברים דהיכל ולא דמי לחפינה ושחיטה דסדריהו נמי מעכבא דהא עבודות גמורות נינהו לצורך פנים ולהכי כפנים ממש דמו דמעכבי בין הם עצמם ובין סדר שלהם ועיין מה שכתבתי בארוכה סוגיא דלעיל שם באופן דלר״י דדברים דהיכל סדרם לא מעכב אלא הם עצמם בהגרלה יש לנו לומר ואפילו

היא עצמה לא מעכבא ולר״נ דסבר דאפילו דהיכל סדרם מעכב בהגרלה יש לומר דהיא עצמה מיהא מעכבא כיון דלצורך עבודת פנים היא וקאמר תו התם ומ״ד לא מעכבא ה״מ שאתה יכול להביא עכוב בהם עצמם אפילו בדברים דעזרה בדבר שהם עצמם עבודה לצורך פנים כשחיטה ותפיסה לא בהגרלה דאינה עבודה ואי משום דלצורך פנים היא הרי היא ג״כ צורך חוץ דשעיר המשתלח ולא שייך להחשיבה מהך טעמי וכמ״ש התו׳ שם וכיון שכן אין ראיה מסוגיא זו לומר דר״נ ס״ל דחוקה קאי נמי אדברים דבגדי לבן אף דעזרה וכל שכן דלמאי דאסיק התם טעמא דמ״ד דאפילו לר״י מעכבא משום דתנא ביה קרא אשר עלה נוכל לומר בפשיטות דה״ע נמי למאי דסבירא לן דלר״נ מעכבא היא עצמה ולעולם דסדרא ודאי לא מעכבא דהא חוקה אדברים דהיכל דוקא קאי דהא ודאי אין הכרח לומר לר״נ דתליא הא בהא וכדאסיק התם לר״י דנהי דבסדרא לא מעכבא מ״מ הגרלה מיהא מעכבא יעו״ש כנלע״ד וק״ל.

רש״י ד״ה **ראויין** הן וכו׳ וקי״ל בגדי כהונה אין מועלין וכו׳ הכי איתא בפרק הא׳ מקדש כ״ד ע״א אלא שצריך להבין למאי אצטריך לזה דאם כונתו לתקן בזה דאכתי תיקשי מבגדי כהונה דמשמע דמועלין בהם לאחר מצותן דהיינו אחר פשיטה ולהכי קאמר דהא ליתא דקי״ל דאין מועלין וכו׳ הא לא אצטריך דאפילו תימא דהתם מועלין היינו משום דאכתי מצותן קיימת דראויים לגונזן לעבודה אחרת ולא דמי לתרומת הדשן כלל ואין כאן אלא כתוב אחד ואם תאמר דהכי קאמר בגדי כהונה אין בהם מעילה לעולם אף לאחר שבלו ואינם ראויים עוד למצוה כלל דהשתא ניחא דאם היה בהם מעילה לאחר שבלו ילפינן ודאי מבגדי כהונה דיש מעילה לאחר המצוה אכתי תיקשי דהא איתא שם כתונת כהונה שבלו מועלין בהם דברי ר״מ ואם כן לר״מ ודאי הו״ל תרומת הדשן ובגדי כהונה שני כתובים הבאין כאחד ומה שירצה ליישב דאיהו ז״ל סבירא ליה דמועלין בהם דקאמר לאו דוקא מדאורייתא אלא מעילה מדרבנן ובהא ניחא דהיו משתמשים מהם לפתילות בשמחת בית השואבה כדאיתא בהחליל דבמקום מצוה לא גזרו עיין בתוספות בפרק במה מדליקין כ״א ע״א וניחא נמי דלא תיקשי מהא דקאמר הכא דלאחר מצותו אין מועלין בכל דוכתא דהא מעטינהו רחמנא מושמו וכו׳ ועיין בספר מ״ל סוף פ״ה מהלכות מעילה ואם כן לעולם דהכי קאמר דבבגדי כהונה לא אשכחן מעילה כלל מדאורייתא לא בתחלה דהא לא נתנה תורה וכו׳ ולא בסוף כשבלו דלא עדיפי מקדשים שמתו שיצאו מידי מעילה דבר תורה ועוד נראה דאנן לרבי דוסא קיימינן דלא דריש והניח׳ שם לגניזה וה״ה דלדידיה כתנות כהונה שבלו אין מועלין בהם וכן ראיתי בשיטת קדושין דפוס קוסטאנדינא שכתב שם בשם הראב״ד אם תאמר הא קי״ל דכל דבר שנעשית מצותו אין מועלין בו וכו׳ י״ל בעלמא היאך [(נראה שצ״ל איך)] לא גמרינן מינייהו אבל כתנות כהונה גמרינן מבגדי כ״ג ביוה״כ דדמו להו ואעפ״י שבלו ונעשית מצותן עכ״ד אבל יותר נראה לפרש דאפילו תאמר דלרבי דוסא נמי בלו מועלין בהם מאיזה טעם אחר מ״מ לא שייך בזה שני כתובים כי אין לנו פסוק מפורש למעילה דבגדי כהונה דהדיוט שבלו ויותר מזה כתבו התוספות ד״ה והרי דלא חשיב דישון פנימי כתוב א׳ כיון דקרא איצטריך למצות דשן להניח אצל המזבח יעו״ש ואיהו ז״ל נתכון לתרץ דלכאורה מאי מקשי דלר׳ דוסא אכתי נילף מתרומת הדשן דמועלים אדרבא נילף מבגדי כהונה דקי״ל דאין מועלים בהם והגם שעדיין לא כלה מצותן וכ״ש לדם דכלה מצותו לגמרי דפשיטא דאין מועלין ותירץ שפיר דהא דקי״ל דאין מועלין היינו מפני שלא נתנה תורה וכו׳ ואם כן בדם דלא שייך האי טעמא אימא לך דלר׳ דוסא ילפינן מתרומת הדשן דמועלין אף לאחר מצותו ועיין בלשונו ז״ל דפסחים ודחולין ודזבחים ודמעילה שלא כתב שם האי וקי״לן וכו׳ שכתב כאן יעו״ש ומכלל הדברים תבין דמ״ש בספר באר שבע בחידושיו לכריתות ו׳ ע״א ד״ה משום וכו׳ דבריו ל״ע יעו״ש כי אין להאריך ודו״ק.

ד״ה **האמורים** על הסדר במשנתינו ע״כ והכי מוכח בסנהדרין נ״ע ב׳ דקאמר ר״פ אמר אף סדר יומא וכו׳ יעו״ש דאין לפרש דאסדר פרשה קאי דהא קרא דובא אהרן וכו׳ שלא על הסדר נאמר כדלעיל ל״ב ע״א ולקמן ע״א יעו״ש ולפ״ז ברייתא דבסמוך דקתני נמי כי האי לישנא אסדרא דמתניתין נמי קאי ויותר נראה דברייתא אקרא קאי ומשום הך קרא דשלא כסדר לא חשש כיון שודאי ביארה לנו סדר ברייתא אחרת לעיל ל״ע ע״א וכן אתא צריך לומר לתורת כהנים בפרשת אחרי מות דקאמר מנין שכל הפרשה אמורה על הסדר ת״ל ויעש כאשר צוה ה׳ את משה יעו״ש וק״ל.

ד״ה **מבפנים** לפני ולפנים וכו׳ עיין מ״ש ספרי חדש ז״ל פרק ה׳ מהלכות עי״כ שהכריח שם פירושו ז״ל יעו״ש.

ד״ה **בבגדי** זהב מבחוץ וכו׳ שהקדים להם הוצאת כף ומחתה וכו׳ לרבותא נקט הכי דלא חשיב משנה בסדר עבודת פנים וכדבריו איתא בהדיא בתוספתא דפרקין דקתני התם כל מעשה יום הכפורים האמורים על הסדר הקדים מעשה לחבירו לא עשה כלום חוץ מן הוצאת כף שאם הקדים מעשה לחבירו מה שעשה עשוי וכו׳ עד כאן ועיין בתי״ט ובמה שכתבתי שם וק״ל.

תוספות **משום** דהוי וכו׳ במעילה וכו׳ ואיברי שעיר וכו׳. ואפשר ליתן טעם לתלמודא הכא ובפסחים ובחולין ובזבחים ובכריתות דלא מייתי מהך משום דניחא ליה לתרוצי סברת ר׳ יוחנן ממלתא דתנאי דתרומת הדשן ברייתא הוא בסוף תמורה ושמו בנחת וכו׳ וכן עגלה ערופה ברייתא היא בפ״ק דכריתות ו׳ ע״א מה שאין כן איברי שעיר המשתלח דפלוגתא דאמוראי דרב ושמואל היא לקמן ס״ז ע״א ומה גם דהא רבא קאמר לקמן שם דמסתברא כמאן דאמר מותרין יעו״ש ולהכי לא בעי תלמודא לומר דה״ע דר״י וס״ל דאסורין כנלע״ד וק״ל.

ד״ה **אלא** למאן דאמר וכו׳ הוה מצי לשנויי דמ״ד מלמדין סבר לה כרבנן וכו׳. וכן משמע דהא ר׳ יהודה הוא דסבירא ליה מלמדין כדאיתא בסוף פ״ד מיתות ור״י מדריש לעיל י״ב ע״ב ילבש לרבות את המשקים ולא דריש ליה כרבי דוסא בר פלוגתיה לרבות בגדי כ״ג דיוה״כ שכשרים לכהן הדיוט משמע משום דסבירא ליה כרבנן דטעונים גניזה דהא בהא תליא כדקאמר שם ואזדא ר׳ דוסא לטעמיה וכו׳ ועוד דהא ר׳ דוסא נמי אי לאו ריבויא דילבש הוה דרי׳ ליה נמי לומר שטעונים גניזה וכמ״ש רש״י שם ד״ה ר׳ דוסא וכו׳ אלא דתלמודא בעי לשנויי דאפילו אי איכא תנא דס״ל כר״י דמלמדין וכר׳ דוסא דאין טעונין גניזה מכל מקום לא תיקשי מידי כנלע״ד וק״ל.

ד״ה **תרי** מעוטי וכו׳ כתיבי בחד דוכתא הו״ל מיעוט אחר מיעוט וכו׳ כל יסוד דבריהם הוא לכשנאמר דב׳ כתובים או שלש כתובים הוה ליה כמעוטי דלהכי כתב רחמנא בכולהו כי היכי דבעלמא נילף איפכא אבל לשיטת רש״י שכתב בכריתות ז״ל דלא הוו מיעוטא וגם התוספות מודים כאן לזה כמו שכתבתי בתו״י ד״ה אין לך דבר וכו׳ יעו״ש מעתה אין מקום לומר דהוה ליה מיעוט אחר מיעוט לרבות דלהכי אצטריך אודך מיעוטא אלא לדעתם צריך לתרץ כמ״ש בסוגיא יעו״ש אם לא שנאמר דגם התוספות דהכא מודים בזה אלא דהכא הוה אמינא דכיון דכתב מיעוטא בהדיה הוה דרשינן כולהו למעוטי הגם דבעלמא ג׳ כתובים לאו מיעוטי נינהו וכן נראה שהבין בספר יבין שמועה יעו״ש דף ס״ח ע״א וק״ל.

באר״ד וזה אין להקשות וכו׳ תדע דלדידהו כיון וכו׳ כצ״ל כמו שהגיהו בדפוס חדש לדידהו במקום לדידכו הכתוב בד״ו ובזה אין צורך למה שהגיה בספר יבין שמועה ס״ח ע״ב ומה זה פירש דבריהם באופן אחר יעו״ש כי הדבר מבואר. ומ״ש א״נ אי לא כתיב ג׳ וכו׳ תרומת הדשן לאו מיעוטא הוא וכו׳ דהא אפילו שני כתובים לא חשיבי לכך מ״ד מיעוטי אלא מלמדין וכ״ש השתא דלא הוה כתב אלא כתוב א׳ ותרומת הדשן דודאי הוא עצמו לא חשיב מיעוט אבל השתא דכתב עגלה ערופה דהו״ל ג׳ כתובים דלכ״ע אין מלמדין והוה ליה כל אחד כמו מיעוט וכו׳ ועיין בספר יבין שמועה מה שפירש בזה באופן אחר ומה שרצה לתרץ שם כבר הוא עצמו הרגיש שם דלא דמי מיעוט ראשון למיעוט אחרון אבל לדברי התוספות אתי שפיר דכיון דהוה כתיב תרומת הדשן ומיעוט שלה ועגלה ערופה השתא כולהו הוו מיעוטי שהרי הם ג׳ כתובים ואם כן תרומת הדשן עצמו חשיב מיעוט למעט בעלמא דלאחר המצוה אין מועלין וכן מיעוט שלו דושמו ולא באחר וה״ה נמי אי הוה כתב עגלה ערופה ומיעוט שלו ותרומת

דכן דשם עגלה ערופה הוי נמי מיעוט למעט בעלמא ודמי ודאי מיעוט קמא למיעוט בתרא מה שאין כן לפי דרך תירוצו שם היכי תיסק אדעתין לדרוש עגלה ערופה ומיעוט במיעוט אחר מיעוט לרבות בעגלה ערופה דנהגין לאחר מלוחה ולא תילף מתרומה כדבן הא לא דמו מיעוטי אהדדי דבן אמת דמיעוט קמא דשם היינו למעט בע״ע דאין נהגין לאחר מלוחה אלא שם תהא קבורתה מכל מקום מיעוט בתרא דהערופה למעט בעלמא הוא לא מיעוט בעגלה ערופה ועוד דהא לא מקרי מיעוט אלא ריבוי שאנו מרבים בה איסור הנאה אף לאחר מלוחה ואם כונתו שם לפרש מיעוטי נמי למעט בעלמא ואפילו הכי יש לנו לרבות בעגלה ערופה גופה דנהגין מגדר הסברא לרבות בעלמא דבהכי איירו מיעוטי עוד זאת לומר שנהגין בע״ע אחר מלוחה זה נקרא מיעוט לא ריבוי ועוד דקדוקים אחרים שיש ע״פ תירוצו יעו״ש כי אין להאריך וק״ל.

ד״ה **חד** למעוטי וכו׳ תימא דבחד קרא וכו׳ וליקשה וכו׳. לא ידענא אמאי לא תירצו בפשיטות בהא דאיתא פרק בית שמאי מ״ה ע״ב דלא מלינן למילף דטומאה איננה אלא בדבר שיש לו מתירין בהאי קל וחומר מפגול תילו משום דגבי טומאה כתיב אשר הם מקדישים לי ריבה כל המוקדשים יעו״ש ומעתה אי לא כתיב אלא חד מיעוטא הוה מוקמינן ליה אנותר דוקא אבל טומאה חייב אף על הדם מהך ריבויא ומכ״ש דאי לא הוה כתיב שום מיעוטא דהו״א דבדם חייב עליו משום נותר ומשום טומאה דכיון דלא הוה ילפינן טומאה בקל וחומר מפגול מכח ריבויא דאשר הם מקדישים הדר הוה ילפינן נותר מטומאה לחייב בדם אף משום נותר ושוב ראיתי בחי׳ דסוגיין ובתוספות דפרק ב״ש מ״ה א׳ שתירצו כן יעו״ש ושמא י״ל דתוספות דסוגיין ס״ל דכיון דהא כתיב חד מיעוטא בדם למעוטי מעילה אם כן לא חשיב בקדשים ואינו בכלל דאשר הם מקדישים ולהכי ודאי ילפינן מק״ו דפיגול אבל לומר דלא ניחא להו בתירוץ זה משום דהא אסיק התם דקרא דאשר הם מקדישים בנותר נמי איירי מדכתיב ולא יחללו ואם כן מאחר טעם הוה ממעטינן נותר ולא טומאה אדרבא דוקא טומאה הוה ממעטינן דנותר חמור עפי וכדרך שהקשה בעל ספר פנים מאירות אתירוץ שכתבו התוספות שם יעו״ש זה אין נראה חדא דהא מ״מ עיקר קרא דאשר הם מקדישים גבי טומאה כתיב ומסברא הוה ממעטינן נותר דלא אתי אלא מריבויא [(ועיין עוד מה שכתבתי בחי׳ דסוגיין)] ועוד דאכתי הקושיא דניליף מקל וחומר מפיגול הוי מצו לתרוצי שפיר דאדרבא הוה מרבינן בדם איסור נותר וטומאה מכח ריבויא דאשר הם מקדישים דבתרוייהו איירי ועיין עוד בספר לאון קדשים שם וק״ל.

באו״ד ואע״ג דג״ש עדיפא וכו׳ דג״ש איצטריך למילי אחריני היקשא עדיפא וכו׳. נראה שכונתם לומר דכיון דכאן הג״ש סותר ההיקש אם כן עדיף טפי לעשות הג״ש למחלה ולומר דאיצטריך למילי אחריני כי בזה אנו מקיימין ההיקש לחייב טומאה אף בדבר שאין לו מתירין מלמשות הג״ש לגמרי לפיגול ולומר דאין חייב דומיא דפיגול אשר בזה נסתר ההיקש וכמו שכתבו התוספות בפרק איזהו מקומן מ״ח ע״א ד״ה דכ״ע היקשא עדיפא יעו״ש ולעיקר תירוץ קושיתם יראה לפרש טונתם דבזה תיקנו קושיה ולי קשה וכו׳ שכתבו דלא מלינן למילף בקל וחומר מפגול דהא קל וחומר פריכא הוא וכי תימא דהכתי מאי למילף נותר שון שון מפגול והדר יליף מיניה טומאה מחילול חילול דמהיקשא דאכילת קדש בטומאה לשמוש בטומאה דאפילו בדם איתיה לא הוה ילפינן דכיון דפגול חמיר בכמה ענינים ואפ״ה פטור הוא בדין נמי הכי דמג״ש אית לן למילף לפוטרם בדם י״ל דלא דמי דבעלמא התם ניחא לומר דלהכי רבי רחמנא אשר הם מקדישים משום דבסברא מיעטת מג״ש וממקלא קל וחומר הוה מדמינן טומאה ונותר לפגול לפטור בדבר שאין לו מתירין אבל הכא איצטריך רחמנא למעוטי בהדיא משום דאדרבא הוה אמינא דהיקש אכילה קדש לשמוש בטומאה עדיף לן להחמיר וליתן בדם איסור טומאה ונותר ומה גם דאפשר לקיים ג״ש למילי אחריני ועוד זאת דלאחר שריבה הכתוב שם דאיסור נותר וטומאה נוהג אף בדבר שאין לו מתירין אימא דנוהג גם בדם דאע״ג דמקדישים כתיב והאי לאו קדש הוא מדאין מעלין בו, מ״מ קדושה הגוף מיהא יש בו אלא דגזרת הכתוב כן הוא דאין מועלין וכיון שכן תימא ודאי דהכי לן היקשא דאכילה לשמוש לומר דדם נמי בכלל ריבויא דמקדישים הוא ולהכי איצטריך קרא למעוטי בהדיא וממילא דאיתרלא נמי קושיא קמייתא דאי הוה כתיב חד מיעוטא הוה מוקמינן ליה אנותר דוקא אבל טומאה לא הוה יליף מיניה בג״ש דחילול מכח היקשה דשמוש לטומאה דעיקר קרא דוינזרו בה איירי ולא בנותר כמ״ש אלא דהשתא הא קשיא להו דפגול ודאי אתי מינייהו בג״ש ולמאי איצטריך טעמא משום דתנן כל שיש לו מתירין לימא דאפילו אם היה נוהג במתיר עצמו בדם לא היה נוהג משום דהוה ילפינן בג״ש מנותר דהגם דנוהג במתיר עצמו הכא גבי דם מעטו הכתוב ועל כן חזרו ותירצו כל הקושיות באופן אחר וכתבו אלא י״ל וכו׳ כנלע״ד ושוב ראיתי למהרש״א ז״ל שהרגיש במ״ש הכא ולעיל יעו״ש ודו״ק.

והנה דבר פשוט הוא דמ״ש ברא״ש דבריהם ולי קשה וכו׳ הוא דמתחלה העתיקו קושית התוספות שהקשו בזבחים שם והוסיפו עוד לומר דלי קשה מלבד קושית התוספות וזה עם מה שהודענו בתחלת המסכתא דתוספות אלו ממהר״ם ז״ל הם ואם תדקדק בדברים תמלא שבכל מקום שכתבו תימא לי או ונראה לי וקשה לי הוא תוספת על מה שלא תמלא בתוספות במקומות אחרים ולא הוצרכתי לכתוב זה אלא מפני שראיתי בשכ״י דמכח דקדוק ולי קשה דהטו קושיא א׳ למי היתה רלה לפרש ולהגיה במקום ולי קשה ולא קשה ובזה רלה לתקן דברי התו׳ בדרך רחוק ואין להאריך וק״ל.

באו״ד וכיון דלא נפקי אלא באם אינו ענין לא גמרינן מינייהו בג״ש ע״כ. מה שהקשה בספר גופי הלכות כ״ד ע״א מסוגיא דפרק הנשרפים פ״ג ע״ב דקאמר טבול יום ששמש מנא לן דבמיתה דתניא רבי סימאי אומר רמז לטבול יום שאם עבד חילל מנין ת״ל קדשים יהיו לאלהיהם ולא יחללו אם אינו ענין לטמא וכו׳ תנהו ענין לטבול יום ששימש ויליף חילול מתרומה מה להלן במיתה וכו׳ הרי דרשינן ג״ש אף במידי דאתי באם אינו ענין ע״כ ועיין בחי׳ שם ולעד״ן דהתם שאני דכמפורש דמי דכיון דכתיב בהאי קרא חילול למדרש ג״ש מחלול דתרומה ואשכחן טבול יום דפוסל בתרומה מסתמא בהא איירי קרא דמה״ט לא אמרינן תנהו ענין ליקרחו קרח׳ ולמשחית פאת זקן דמינייהו סליק לא יקרחו קרחה וכו׳ קדשים יהיו וכו׳ וכדקאמר תלמודא בפ״ב דזבחים י״ז ע״א מה שאין כן בהנך קראי דשמעתין דלא כתיב בהו לא עון ולא חילול לגלויי דבנותר או בטומאה או בפגול דכתיב בהו עון וחילול איירי ולהכי ודאי להך מלתא לא נתנה ג״ש לידרש והרי זה דומה קצת למ״ש הכריתות בבתי מדות בית ב׳ ז״ל אבל בדבר שכתיבה דבעינן למיעבד מינה ג״ש כתיב בקרא אע״ג דדבר דדרשינן מיניה לא הויא בקרא עבדי מינה ג״ש כדדרשינן באלו נערות תחת אשר ענה מכלל דאיכא בושת ופגם וילפינן בהו מיעט מג״ש דתחת וכו׳ עכ״ד וכן ההיא דטבול יום דכתיב בההוא קרא חילול הגם שאינו מפורש דקרא איירי בטבול יום אלא באם אינו ענין דרשינן ג״ש אבל הכא דלא כתיב בקראי התיבות הלריכים לג״ש וגם לא מפרש במאי איירי ה״ה נמי דאין להביא דיני׳ אלו באחרים מכח גזירה שוה ועיין בספר גופי הלכות מ״ש אח״ז שם כנלע״ד ודו״ק.

ע״ב גמרא **ר״י** סבר מקום שמתכפרים וכו׳ דלעיל מיניה כתיב וכפר את מקדש הקדש ואת אהל מועד וכו׳ ובתר הכי כתיב והיתה זאת לכם לחקת עולם לכפר על בני ישראל מכל חטאתם אחת בשנה וכו׳. וקרא ה״ק דמה שאמרתי תקה בכפרה היינו כפרת מקדש הקדש שהוא לפני ולפנים [(כתניא לק׳)] שאמרתי שהוא המקום שנכנס בו אחת בשנה ור״נ סבר דאחת בשנה אלכפר דכתיב בהאי קרא שבכלל גם כפרת דמים דהיכל קאי דסתמו כפירושו משמע כיון דבהאי קרא מקום לא כתיב והיינו דפריך בתר הכי אטו לר״י מקום כתיב כלומר בהאי קרא ועיין בירושלמי דפרקין דקאי דפליגי בקרא דמדם חטאת הכפורים אחת בשנה וכו׳ וכנראה שיש בזה טעות דהא האי קרא במתנות מזבח פנימי דהיכל כתיב והיכי ממעט ר״י מהכא מתנות היכל ועוד דהתם לא כתיב חוקה וכן נראה שיש שם טעות בנוסחת הברייתא יעו״ש כי אין להאריך וק״ל.

שם בדאניא וכלה מכפר וכו׳ עיין בפרש״י דפרק איזהו מקומן מ״ב ב׳ כי שם מבואר יפה ברייתא זו והנאמר עליה ולמאי

מפירושו שם דלמ"ד משמעות דורשין א"ב ולכולי עלמא שירים לא מעכבי דאצטריך מיעוטא לשאר מתנות משום דס"ל לר"י דחקה לא כתיבה אלא אלפני ולפנים וכן צריך לומר לר"ע אבל למאן דאמר דשירים מעכבי א"כ ובהא עיקר פלוגתייהו מעתה מאי סבר ר"ע דחוקה קאי נמי אדברים דחוץ וכדי שלא תאמר דקאי נמי אמה שלמי ממקום אחר דהיינו שירים להכי כתיב וכלה מכפר אם כלה לכפר דהיינו עיקר מתנות כלה אבל שירים דלאו עיקר כפרה לא מעכבי כלל דזה דוחק לפרש דלעולם לר"ע חקה קאי אחוץ נמי ואפ"ה אצטריך דרשה דוכלה כדי שלא תלמוד ממזבח חיצון דדוקא מתנה א' מעכבת ועיין בירושלמי דפרקין וכן ראיתי בספר קרבן אהרן פרשה אחרי מות שפירש כן לגירסא דמשמעות דורשין וכו' דהרוויחו ס"ל דחוקה לא קאי אדחוץ יע"ש וק"ל.

רש"י ד"ה למעוטי שירים וכו' אין סידרן מעכב ע"כ וממילא דהם עצמם נמי לא מעכבי אם לא עשאה דמהיכא תיתי מכובה אי לא קאי עלייהו חוקה והא קמן לעיל ל"ט ע"ב דטעמא דמאן דאמר דלר"י הגרלה נמי מעכבת משום דתנא קרא אשר עלה הא לאו הכי ודאי לא מעכבא יע"ש וטעמא דלא פירש ז"ל כדמשמע לכאורה למעוטי שירים דלא מעכבי הם עצמם וכן משמע מדפריך בתר הכי ומי אמר ר"י דלר"נ שירים מעכבים והאמר ר"י וכו' משום דלפי זה מאי קאמר ור"י אי מעכבי מעכבי וכו' דהא שפיר קאמר ר"נ דמיעטינהו קרא דלא מעכבי ואי משום דאיהו דריש לקמן בברייתא וכלה מכפר אם כלה כפר לא מפני זה יקשה לר"נ דדילמא איהו דריש לקרא כרבי עקיבא דאעיקר מתנות קאי אם כפר כלה אבל שירים מיעטינהו קרא הכא ועוד דמהו לשון אי מעכבי וכו' לימא ור"י סבר לה דמעכבי כדתניא וכו' אבל למה שפירש ז"ל דר"נ בעכוב סדרא איירי ניחא דה"ק ור"י אמר לך אי סבירא לך דדברים הנעשים בבגדי לבן בחוץ מעכבי סדרא שירים נמי מעכבי סדרא דהא איהו נמי מעכבים הכפרה אם לא עשאם ואי דברים הנעשים בבגדי לבן בחוץ לא מעכבי סדרא כדס"ל לדידי שירים נמי לא מעכבי סדרא דיש לך להשוות העניינים ולא לחלק ביניהם לומר שאלו מעכבין הסדר ואלו אינם מעכבים מאחר שכלם מעכבים כשלא עשאם דהיה ס"ד לר"י דר"נ נמי ס"ל דשירים מעכבים מיהא הם עצמם דדריש מוכלה כפר וכו' והיינו דאסיק בדתניא וכו' דסבר ר"י דשירים מעכבים הם עצמם כשאר המתנות אשר זה היה כח קושיתו על ר"נ ומעתה מכח זה צריך אני לומר דר"נ סבירא ליה דשיריים לא מעכבי אפילו הם עצמם דאי לאו הכי אין טעם לדבריו דלמה נמעט אותם מעכוב הסדר טפי מעבודות האחרים כדקאמר רבי יהודה והיינו דפריך ומי אמר ר"י הכי דסבר ר"נ דשיריים לא מעכבים הם עצמם דהא אסיק בפירוש מנחה דרבי יוחנן דלר"נ חד קרא למעוטי שיריים דלא מעכבי דעל כרחך לפרש מכח קושית רבי יהודה דלא מעכבי כלל קאמר והאמר רבי יוחנן גופיה דלר"נ שיריים מעכבים הם עצמם ואם כן אהדר קושיא לדוכתא דמאיזה טעם ממעט ר"נ שיריים דלא מעכבי סדרא דכיון שהם עצמם מעכבים כפרה הו"ל כשאר עבודות ועל כרחך דקשיא דר"י אדר"י ואסקא בקשיא ולא בתיובתא משום דאפשר לדחות דהא ר' יוחנן לא קאמר לעיל בהדיא דר"נ ס"ל דשיריים לא מעכבים הם עצמם אלא קאמר דלא מעכב סדרא ואיכא למימר דלעולם הם עצמם מעכבי דגלי בהו קרא וכלה מכפר וה"ז דומה להגרלה דאסיק לעיל מ' ע"א לרבי יהודה דנהי דסדרא לא מעכבא מ"מ היא גופה מעכבא כשלא עשאה וכדס"ל לרבי יהודה גופיה הכא גבי שיריים יעויין שם ואי משום קושית רבי יהודה דאיזה טעם יש לחלק בין העבודות אפשר ליישב דלא החשיב הכתוב נעכב הסדר אלא עבודות הנעשות פעם א' בשנה לזכור כגון מתנות דלפני ולפנים ודהיכל אבל שפיכת דמים הנשפכים על מזבח החיצון כשאר מצות חיצונות דלזכור לא החשיבם הכתוב לומר שיעכבו הסדר ואין הכי נמי דר"נ מיעט שיריים נפקא ליה מאחת בשנה ואידך למעט בגדי זהב דהשתא קרא גופיה יהיב טעמא דלא קאי חוקה דסדרא עלייהו משום דאינם אחת בשנה כשאר עבודות כן נראה לענ"ד דעתי לפרש סוגיין לפירושו ז"ל וממה שפירש' תבין שאר דבריו שפירש בסמוך ויתורץ גם כן מה שהקשו עליו בתי"ט ד"ה ואחד למעוטי וכו' יע"ש ועיין גם בריטב"א ובמה שכתבתי עוד בתי"ט ד"ה אי מעכבי וכו' ודו"ק.

תוספות ד"ה תנא ר' נחמיה וכו' ליפלוג וליתני בדידה אפילו בדמים כשירים בשלש מתנות וכו' מדבריהם משמע דלא מפרשי כפרש"י שם כי תניא הביא בדמים הפנימים וכו' דהיינו שירים אבל בדמים החיצונים דהיינו שירי דם פטור דא"כ לא הוו צריכים להוכיח דשירים חיצונים אין מעכבים מדיוקא דשלש מתנות שבחטאת אבל הם מפרשים כולה בשלש מתנות עצמם דהטאת פנימית או חיצונה ואע"ג דברייתא קתני התם יצאו שירים והקטרת אמורים שאין מעכבין הכפרה שאין מחשבת מועלת בהן ע"כ סברי דהך נמי בג' מתנות שבחטאות חיצונות איירי וקרו להו שירים להיות שאינם מעכבים כשירי הדם עצמם ועיין מ"ש התוס' שם סד"ה הגהה הא מני וכו' דמשמע שדעתם לפרושי כולה בשירים עצמם כפרש"י יע"ש ובדברי התוס' שם ד"ה הא מני וכו' וק"ל.

באו"ד ואין לתרץ דסוגיא דרפב"ש כר"י כיון דבפרק וכו' כוונתם דאין לתרץ דכיון דר"י איתותב שם במאי דבעי למימר דלר"נ שירים מעכבי מעתה לא קיל"ן כוותיה אלא דאפילו אי לא מעכבי ס"ל לר"נ דהקריבן בחוץ חייב והיינו סוגיא דפרק ב"ש דהא במסקנא שם בתר דקאמר והשתא דאמר רב אדא וכו' מתוקמא שפיר מלתייה דר"י דר"נ בשירים פנימי' הוא דקאמר דמעכבי ולהכי הקריבן בחוץ חייב וכוונתם לדחות תירוץ התוספות שכתבו כן בפרק ב"ש שם ולענ"ד ליישב דבריהם דההיא סוגיא ס"ל דלא תליא הא בהא ור"נ בכל שירים קאמר דאם הקריבן בחוץ חייב ולאו משום דמעכבי דמהיכא תיתי דדוקא בפנימים דגלי בהו קרא וכלה מכפר וכו' ולא ניחא לן בהכוא תי' דקאמר והשתא דאמר ר"א וכו' דצריך לדחוק דלדבריו דר"ע קאמר יע"ש באופן דהגם דרב אדא שפיר קאמר דבשיריים חיצונים לכ"ע לא מעכבי והיא סברת סוגיא דפ' ב"ש שם ובר"פ שם גבי הביא דלא מצינו דמים חציין למטה וכו' מ"מ ליישב בזה דברי ר"י ולומר דדוקא בשירים פנימים הוא דקא' ר"נ דהקריבן בחוץ חייב זה אין נראה לסוגיא דפרק ב"ש והיינו דקמסיק לה תלמודא התם בתיובתא דמשמע דאין מציאות ליישב דברי ר"י וסמוך ונראה קאמר ליישב לדבריו מהכיא דרב אדא אלא ה"ע משום דלאו תי' גמור הוא ליישב דבריו אלא בדוחק וכמ"ש ושוב ראיתי למהרש"א שפירש דבריהם דהכא כמ"ש יע"ש וק"ל.

באו"ד ותירץ רבינו חיים כהן וכו' ולא נהירא לריצב"א דהיכי קאמר וכו' וכן הקשו בתוס' דפרק ב"ש שם ויראה דהיינו הא דקאמר התם בהשוחט והמעלה ואם איתא לימא ליה הני נמי מעכבי ופרש"י שם ואם איתא דלר"נ מעכבין נימא ליה הני נמי בתחלת עבודה הן כשאר מתנות ע"כ ולענ"ד ליישב סברת הרח"ך דאיכו ז"ל מפרש ואם איתא דמעכבי מאי פריך ליה ר"ע התם לא אם אמרת באיברים ופדרים שכן תחילת עבודה ומלד זה ראוי להחשיבה ולומר דהמקריבן בחוץ חייב הא הני נמי שירים פנימים ראוי להחשיב'. שהרי הגם שאינם תחילת עבודה אלא שירים מ"מ הרי הם מעכבין משא"כ איברים ופדרים ולעולם דסבר תלמודא התם דסוף עבודה הם וא"כ שפיר קאמר הר"ח דא"ל שירים הפנימים יוכיחו שהם סוף עבודה וכו' ומה שפי' בספר לאן קדשים שם דראיה מברייתא דר"ע דלפי המסקנא בדמים הילונים וקאמר תאמר בשירי הדם שאין מעכבין עבודה משמע דפנימים מעכבי עבודה כמו תחלת עבודה יע"ש לא זכיתי להבין שהרי הגירסא שם תאמר בשירי הדם שאין תחלת עבודה וכן מוכרח דהא לענין עיכוב גם איברים ופדרים לא מעכבי כפרה אם נטמאו או נאבדו ואף אם נאמר שטעות נפל בדבריו שם ומ"מ דייק דמשמע דפנימים המעכבים חשיבי כתחלת עבודה וכמו דשוב ראיתי כן בספר ברכת הזבח שם יראה דגם מזה אין דיוק דאכ"נ דגם פנימים לא הוו תחלת עבודה אבל מ"מ מלד חומרא שמעכבים כפרה עדיפי מאיברים ופדרים כנלענ"ד וק"ל.

באו"ד על פי' ריצב"א וכו' אלא גבי אילעבא היסוד וכו' כדאיתא בזבחים פ"א ע"א הכי א"ר יהודה שירים צריכים אילעבא וכו'. ומ"ש והא דפריך ליה מעיקרא וכו' פי' אפילו בפנימיים וכו' ול"ג כגירסת הספרים שם ור"ע לא ידע מאי קאמר וכו' וקא מהדר ליה שירים החיצונים וכו' אלא כגי' רש"י שם. ומ"ש ולא לגמרי לדבריו דאפילו לדברי עצמו צריך וכו' ובזה אין צריך למ"ש התוס' שם ד"ה וכי תניא וכו' יע"ש. ומ"ש ומאותו טעם

וכו׳ הוה ס״ד דמעכבים חילונים וכו׳ דאע״ג דאיברים ופדרים גופייהו לא מעכבי היינו משום דלאו מיני דמים נינהו אבל הכי כיון דילפינן מאיברים דהוו תחלת עבודה מעתה חזרו לדיני דמים דמעכבי וכן נמי הגם דשלש מתנות דחטאת גופיה לא מעכבי ס״ד משום דהוו סוף עבודה אבל שירים דהוא תחלת עבודה הו״ל כתחלת מתנה אחת דחטאת דמעכבא ולא תיקשי דהיכי ס״ד לומר כן דאם כן מלינו דמים שחלייס למעלה וכו׳ בחד מקום דהוה ס״ד דדוקא במתמת קרנות או במתן יסוד גופיה הוא דלא מלינו אבל אה״נ דבב׳ מיני מתנות מלאנו מתן קרנות חטאות חיצוניות למעלה ושירים למטה דלמאי דהוה ס״ל דשיריים לתודייהו קיימי ותחלת עבודה הם הרי לא מלאנו בחד עבודה כן ואה״נ דכו״מ תלמודא בריש פרק ב״ש לשנויי הכי אלא עדיפא מינה משני דבחד מקום קאמרינן יע״ש ועיין מ״ש לעיל פ״ק ט״ו ע״א פרש״י ד״ה עיקרה וכו׳ ובדרך זה אפשר ליישב קושיא זו גם לר״ת עיין בתוספת דפרק בית שמאי ובספר פנים מאירות שם וק״ל.

ד״ה **וכפר** את מקדש וכו׳ אלא י״ל לענין נשפך הדם וכו׳ בתו״י דסוגיין ודספ״ק דשבועות י״ג ב׳ ודמנחות ל״ב ע״א לא פירש כן אלא דלענין חיוב סדר הזאות איירי ולומר דגם משיח ומרובה בגדים צריך לעשות כן לדורות ולפי׳ אתי שפיר הא דקתני יכפר אלו עזרות שצריך גם לשפוך שירי הדם על יסוד מזבח החילון ונקט עזרות לשון רבים מהטעם שכתבו שם משא״כ לפי׳ דהכא לא מסתבר לומר דאם נשפכו שירי הדם לאחר שהתחיל במתן יסוד שצריך להביא פר אחר שהרי כבר קיים מלותו במה שנתן דאפילו למ״ד מעכבי חסרו אינו מעכב כדאיתא בזבחים פ״א ע״ב יע״ש ואפילו תפרש בזה דאם נשפך הדם קודם שנתן מתן יסוד דצריך פר אחר תיקשי דהא לקמן קאמר גמר מתנות שבמזבח ונשפך הדם דברי הכל לא מעכבי ואפשר דהא דנקמן לאו לכ״ע קאמר אלא לת״ק ולר״א ור״ש דהתם אבל לעולם דלתנא דהכא דהיינו ר״י שירים מעכבי כדאמרן וכן בירושלמי דפרקין מוכיח מברייתא זו דמעכבין דקאמר רבי בורקיי בשם רבי יוחנן מתניתא אמרה שהשירים מעכבין דתנינן וכפר את מקדש הקדש זה לפני ולפנים וכו׳ וכפר אף על העזרות מה אית לך כפרה בעזרות לא השירים ע״כ ועיין עוד בתוספתא דפרקין וצריך לומר דלמ״ד לעיל דמשמעות דורשין א״ב ולעולם דלר״י נמי שירים לא מעכבא מהך ברייתא לא מכרעה ליה דסבר ר״י דמעכבי דיש לפרשה בחיוב הזאות כפי׳ תו״י או בכפרת טומאה כפרש״י ודוקא רבי יוחנן דאמר לעיל דשירים מעכבי א״ע כדמוכח בירושלמי וכמו שכתבתי שם הוא דמפרש לה לברייתא דהכא בעכוב הזאות ומוכח מינה דשירים מעכבים כנלע״ד ובזה נתיישב מה שהקשה בספר קרבן אהרן בת״כ פרשת אחרי מות דלפירושם לא יתיישב כפי זה אומרו העזרות יע״ש וק״ל.

בא״ד מזבח כמשמעו וכו׳ ולא שהה כשיעור השתחויה ועבד עבודה וכו׳ דאם שהה ואתה מחייבו על ששהה שם בטומאה הרי זה בכלל היכל אי במזבח פנימי איירי או בכלל עזרות אי במזבח חילון איירי ועיין בתו״י ובמ״ש שם וכן פרש״י ז״ל בפרק הזרוע קל״א ע״ב ד״ה מזבח במשמעו על מי שעבד בטומאה במזבח בלא חיוב מקדש כגון נטמא במקדש דעבד בלא שהייה דאין כאן טומאת מקדש וכו׳ יע״ש אלא דלפי זה יקשה קושית התו׳ דשבועות ודמנחות שם דאין שעיר מכפר אלא על טמו״ק לא על טמאה שמים ובשלמא מה שפי׳ ז״ל בשבועות שם ד״ה זה מזבח מזבח הזהב אם הקטיר קטורת בטומאה ובשבי׳ ע״כ יש ליישבם וכמו שכתבתי בחי׳ לשבועות יע״ש אבל דבריו דהזרוע ודהתו׳ דהכא ל״ע ושוב ראיתי למהרש״א שהביא קרוב למ״ש יע״ש וק״ל.

דף ס״א ע״א גמרא **בקטורת** לא קמיירי ע״כ השתא הו״מ לאקשויי ממתניתין דלקמן דפריך לעולא דאם איתא דאפילו כר״י אתיא דלורך פנים כפנים דמי וה״ה דבשחיטה י״ל כן כמו שפרש״י לעיל א״כ מתניתין דהקדים דם השעיר למאי דקס״ד דאיירי במתנות שלפני ולפנים ולא קתני יחזור וישחוט כמאן דבשלמא אי הוה אמרינן דלר״י חפינה וה״ה שחיטה לא מעכבא סדרא כיון דנעשית בחוץ הוה מוקמינן למתני׳ כותיה אלא דניחא ליה לסתמא דתלמודא לומר הך פרכא אממרא

דשולא דאיירי בשחיטה גופה וממילא דמאי דתריך התם במתנות שבהיכל תריך נמי לר׳ חנינא הכי ואע״ג י״ל דהוה מצי לדחויי דלעולם ר״י היא וס״ל דדוקא בחפינה אמרינן הכי שאינה אלא לצורך לפני ולפנים בלבד משא״כ שחיטת פר ושעיר שהם ג״כ לצורך חוץ מתנות היכל ודמזבח ולהכי לא מעכבא סדרא ועיין בתו״י לעיל ל״ט ע״ב ד״ה הנחה היא מעכבת וכו׳ וכי תימא א״כ אמאי לא תריך הכי לשולא דאפילו תימא דאיירי מתניתין במתנות שבפנים ר״י היא דס״ל דבשחיטה לא אמרינן צורך פנים כפנים דמי הא ל״ק דניחא ליה לאוקמי מתניתין במתנות שבהיכל דהא רישא דמתני׳ דקתני כל מעשה יוה״כ וכו׳ דמשמע דכל מעשה דיוה״כ המעשה בבגדי לבן אפילו בעזרה אם הקדים וכו׳ דייק דלא כר״י ועוד דמשמע דשולא אפילו לר״י אתא לאשמועינן דלא עשה כלום ודאמרינן נמי בשחיטה דצורך פנים כפנים דמי דלרבנן אין זה רבותא כל כך דהא אפילו הגרלה דלאו עבודה היא כלל מעכב הסדר וכ״ש שחיטה דעבודה היא לענין מחשבת פיגול וכו׳ וכיון שכן אין מקום לתרץ דמתניתין דלא קתני יחזור וישחוט ר״י היא דהא לשולא אפילו ר״י מודה נמי בהא דאמרינן בה נמי דצורך פנים כפנים דמי ואפשר דלהכי סיים שולא לקמן למלתיה בלומדו וכן אמר ר׳ אפס במתנות שבהיכל להביא ראיה שלא תאמר דמתני׳ ר״י היא ודשאני ליה בין חפינה לשחיטה דהא כן אמר ר׳ אפס וכו׳ משמע דא״א לפרש מתני׳ אלא בדהיכל והגם דקתני סתמא וע״כ משום דגם ר׳ אפס ס״ל כוותי דלר״י אמרינן נמי בשחיטה דלצורך פנים כפנים דמי ולהכי ע״כ לאוקמא למתני׳ בפרטות דבהיכל דוקא כנלע״ד.

שם ת״ר וכלה מכפר וכו׳ מלמד שבולם כפרה כפרה בפני עצמם וכו׳ דלא מבעיא למ״ד לעיל דחוקה קאי אף אהזאות דהיכל ודמזבח דהשתא אין אנו צריכים לפסוק זה לעבודה אלא ללמד דכ״א כפרה בפ״ע אלא אף למ״ד לעיל דלא קאי אלא אלפני ולפנים דאצטריך מקרא זה לומר שהם עצמם מעכבים ואי לא כלה לא כפר מ״מ ילפינן דכ״ע כפרה בפ״ע מיתורי דלא את דהפסיק הענין כדאיתא בריש מגילה ובשאר דוכתי וכמ״ש הריטב״א וא״נ אפילו תימא דאהל מועד ומזבח אילטריכו לעכב מ״מ קודש דהיינו לפני ולפנים ע״כ לכפרה בפ״ע אתא ומהכא ילפינן לאינך דמאי שנא ועיין בספר קרבן אהרן בת״כ שם וק״ל.

שם נתן מקצת מתנות שבמזבח וכו׳ יביא דם אחר וכו׳ וה״ה אם גמר מתן קרנות ונשפך הדם קודם שיתן הזאת שבע דעל טהרו שיביא דם אחר ויחזור ליתן על הקרנות שהרי הגם דחלוקים במקום מזבח מ״מ כפרה אחת הם שהרי כללם הכתוב במה שאמר ואת המזבח ונפקא מינה מזה דלמאי דאמרינן לעיל דבהזאות טהרו לכ״ע צריך לערות דם פר עם דם שעיר כמו שכתבו התוס׳ שם והוא מבירושלמי כמו שכתבתי שם דהשתא צריך לשחוט פר אחר ולחזור ולחפון קטורת ולהקטיר כדאמר לעיל קטורת שחפנה קודם שחיטתו של פר וכו׳ ואח״כ יתחיל במתנות מזבח וה״ה אם נשפך בנתן מקצת מתן קרנות למ״ד לעיל דמערבין לקרנות דצריך הוא לחזור ולעשות בסדר הזה וז״ל הרמב״ם בחי׳ ספ״ה מהלכות עי״כ ואם דם הפר הוא שנשפך קודם שיגמור כל המתנות הרי זה מביא פר אחר ויחפון קטורת פעם שניה אחר [(כמו שהגיה בספר כ״מ שם וכ״כ הרב המאירי ז״ל)] שחיטת הפר ויקטיר הקטורת ואח״כ יביא דמו ויזה ממנו עכ״ד ופשוט דה״ה לאותם הזאות שמעורב בהם דמו של פר שצריך לעשות כן דכיון דגזרת הכתוב בן הוא הו״ל כנשפך דם פר בהזאות דלפנים או דהיכל ושוב ראיתי דבר זה דשניהם השיבי חד כפרה מבואר בתו׳ דפרק ב״ש מ״ב ע״א ודמנחות י״ו ע״א ד״ה כגון שפיגל בראשונה וכו׳ יע״ש וק״ל.

שם גמר מתנות שבמזרח וכו׳ דברי הכל לא מעכבי ע״כ סיומא דברייתא היא ולאו מלישנא דתלמודא הוא והכי גרסינן לה בת״כ ובתוספתא דפרקין גמר מתנות המזבח ונשפך הדם אין מתן היסוד מעכב ע״כ וכבר כתבתי לעיל בתוספות ד״ה וכפר וכו׳ דהאי דברי הכל לאו דוקא דהא איכא ר״י ור״נ לעיל דס״ל השירים מעכבי אלא כלומר להנך תנאי דהכא וכ״כ בספר קרבן אהרן בת״כ יע״ש ומשמע דכדי שלא תטעה לומר דסיומא דמלתייהו דר״א ור״ש היא אבל לת״ק מתן יסוד מעכב לכפי שינה סתמא דתלמודא בלשון הברייתא וקאמר דברי הכל לא מעכבי דבהכי

ניחא דת"ק דברייתא דהיינו ר"מ כדבסמוך אתיא כסתמא דמתני' דפרק אחרו מקומן דקתני אם לא נתן לא עכב ועוד דהא ר"מ קתני בברייתא דפרק בית שמאי מ"ב ע"א ארבעים ושלש של יוה"כ ומדלא קאמר מ"ד ש"מ דמתן יסוד אינו מעכב עיין בסוגיא דמנחות י"ו ע"ב וק"ל.

שם גמר מתנות שבמזבח וכו' דברי הכל לא מעכבי וכן פסק הרמב"ם ז"ל בחי' שפ"ה מהלכות עי"כ ומלבד הטעם שכתב הפר"ח שם דהכי סתם לן מתני' פרק אחרו מקומן דאם לא נתן לא עכב והכי איתא בירושלמי דפרקין עוד זאת מתניתין דהכא נמי דקתני וכן בהיכל וכן במזבח הזהב דלריך להביא דם אחר ולא קתני וכן במזבח חולן ש"מ משום דשירים לא מעכבי ועוד דהא הו"ל ת"ק ור"א ור"ש ור"ש דברייתא דלעיל רבים כלפי ר' נחמיה ורבי יהודה דסברי לעיל דמעכבי ועוד דר"י עלמו למאי דקאמר ריב"ל דמשמעות דורשין א"כ לדידיה נמי לא מעכבי וזה פשוט.

שם ר"מ סבר חטאת אחת וכו' אע"ג דלא הוזכר בברייתא דת"ק היינו ר"מ מ"מ בודאי כן הוא דהא סתמא דמתניתין דהיינו ר"מ כוותיה אתיא ואע"ג דברייתא זו איתא בת"כ וקי"ל דסתם ספרא ר' יהודה מ"מ אימא דר"י סבר לה נמי כר"מ ועי"ד דאשכחן נמי סתם ספרא דלאו ר"י היא כמו שהעתקתי בחי' לשבועות י"ב ע"ב בתוספות ד"ה ואין עוף בדביר וכו' יע"ש והגם דבת"כ לעיל מהך קאמר מלתיה דר"י דלעיל אם כלה כפר וכו' אינו מוכיח דסיפא ר"י קתני לה ומה גם לרבי יוחנן גופיה דס"ל לעיל דשירים מעכבי א"כ דלר"י שירים מעכבי לא מלינן לאוקומה הך ברייתא דקתני סיפא דלא מעכבי כר"י וק"ל.

שם והתניא נתן מקלת מתנות שבפנים ונשפך הלוג וכו' נלע"ד לפרש דהא דבגמר מתנות היכל ונשפך הלוג דא"ל להתחיל בתחילה ילפינן לה במה מלינו מיוה"כ שבהי הושו לענין שגם מתמות מלורע לריכי' שיהיו על הסדר כדאיתא פ"ק דמנחות וכמ"ש הרמב"ם ז"ל בסוף הלכות מחוסרי כפרה וכי היכי דהתם הגם שהם על הסדר לא חשיבי כל ההזאות ככפרה אחת ה"ה נמי הכא ועוד נראה דדוקא ביוה"כ שכל ההזאות נעשים בדרך אחד הוא דהולרך הכתוב ללמדנו שכל אחת כפרה בפ"ע וכפרה שנגמרה נגמרה אבל כאן דמתנות היכל היו לריכים טבילה ואלבע על כל א' כדתנן בסוף נגעים ונתינות בהונות לא מלאנו שיהיה כן והכי דייק קרא דגבי הזאות היכל כתיב והזה מן השמן באלבעו ובמתן בהונות כתיב יתן הכהן על תנוך וכו' ועוד דהתם כולם היו במקום אחד מקודש אבל כאן ההזאות היו כנגד בית קה"ק ומתן בהונות בגופו של מלורע מעתה ודאי שאינם תלויות זב"ז ופשיטא דכל אחד כפרה בפני עלמה היא ומה שיראה לכאורה מדברי רש"י דממילת מיתר ילוף עיין מה שכתבתי בסוגיא לקמן בסמוך אלא דבאם מתנות היכל או מתן בהונות תלויים זב"ז בהם בעלמם בהא פליגי דרבנן סברי דלהכי כתיב ולוג אחד שמן לומר דהכפרה עלמה לריכה להעשות בלוג אחד ולא בשנים והכי נתן מקלת מתנות שבפנים ונשפך הלוג לריך להתחיל בתחילה ור"א ור"ש סברי דיש לנו ללמוד זה מיוה"כ דמה התם כל הזאה חשיבא בפ"ע הוא הדין הכא דאי משום לוג אחד הא אלטריך למעט שלא יביא בעשירות שלש לוגין כדאיתא בת"כ פרשת מלורע ורבנן סברי דאי נמי הוה כתיב ולוג שמן הוה משמע נמי אחד כפשטיה ועוד מדכתיב קמיה ושלשה עשרונים וממלורע עני לא הוה ילפינן להביא כאן ג' לוגין שהרי אין עניים שוה וכמו שכתב בספר קרבן אהרן שם יע"ש אלא ודאי דאייתר לן אחד לומר דאין כפרה אחת נעשית בשתי לוגין ושוב ראיתי להריטב"א שכתב דר"א ור"ש אומרים ממקום שפסק ותימא מנ"ל הא דהא הכא ליכא קרא למידרש חיטוי אחד ולא שני חיטויים כדאיתא לעיל וי"ל דממתנות יוה"כ גמר שהוא בנין אב לכל מקום עכ"ד וכ"כ התוספות לקמן סד"ה אשם וכו' ועיין עוד בהר"ש ספי"ד דנגעים וק"ל.

שם גמר מתנות שבבהונות וכו' דברי הכל וכו'. הכא נמי היינו להכי תנאי דהא איכא ר"ש דס"ל דמתנות הראש נמי מעכבות כדתנן בספי"ד דנגעים ומייתי לה בפ"ק דזבחים ו' ע"ב ועיין מה שכתוב בתוספות.

שם אלא מעתה והנותר מן המנחה וכו' אבל מיתר השמן לא פריך דהאות לאו לעשותו שיריים אתא דהא קמן גבי מלורע עני דלא כתב מיתר אלא כתיב ונתן הכהן מן השמן אשר על כפו על תנוך וכו' ובתר הכי כתיב והנותר מן השמן וכו' יתן על ראש המטהר אלא היינו אומרים דלשום דרשא אלטריך ותריץ ליה שפיר שאני הכא דלהכי כתב רחמנא הכא גבי מלורע עשיר ומיתר והנותר לעשות לשמן שניתן על הראש שירי שירים לומר שאינו מעכב וה"ה גבי מלורע עני דמאי שנא ועיין בתוספות ובשכ"י ראיתי שתירץ דמיתר השמן לא פריך דפשיטא דאתא למימר דהויא עבודה בהונות עבודה שניה וכמו שכתב רש"י ז"ל ד"ה יתחיל בתחילה וכו' שהיא עבודת שניה כדכתיב ומיתר השמן דאין לומר דאתא למימרא דהוי שיריים דהא עדיין חסר מתנות הראש ולכך פריך מוהנותרת מן המנחה דלא אתא לשום דרשא ולא חסר בו שום עבודה עכ"ד ולע"ד שאין מדברי רש"י הכרח לזה דאין כוונתו אלא לבאר ענין בהונות כדרך הדבור הקודם דמה שהיא עבודה שניה ואין לריך להתחיל ממתנות היכל זה למדנו מיוה"כ במ"ת כמו שכתבתי לעיל בסוגיא חב מוכרח דאלת"ה למסקנא דאלטריך האי מיתר לעשות מתמות הראש שירי שירים לומר שאינם מעכבים מהיכא ילפינן שהיא עבודה שניה ואפילו אם תרלה לפרש כוונת רש"י ז"ל שמפ' זה למדנו שהיא עבודה אחרת לאו מיתר יליף לה אלא מגופיה דקרא שכיון שמתמות אלו של בהונות הם בגופו של מלורע מה"כ מתנות בפנים שהם בקרקע עזרה הרי הם ודאי שתי עבודות מחולקות זו מזו וכמ"ש לעיל בסוגיא יע"ש וק"ל.

רש"י ד"ה **בקטורת** לא קמיירי ומיהו זדאי לריך להקטיר וכו' ולא תפרש בשנקטר הקטורת ממש כדינו ועבה קלת מתנות כי מתני' לא מיירי ר' חנינא דמודה דאין לריך לחזור ולהקטיר ודוקא בחפינה הוא דקאמר דלריך לחזור ולחפון ובזה הוה ניחא לן דלא פליג תלמודא דידן אסוגיא דירושלמי דפרק טרף בקלפי הלכה ג' דמשמע התם דבחתה והקטיר ונשפך הדם אין לריך לחזור ולהקטיר יע"ש דהא ודאי כיון דפר ראשון כמאן דליתא דמי לריך הוא לחזור ולהקטיר אליבא דר' חנינא אלא ע"כ דתלמודא דידן פליגא וכן ראיתי להפר"ח ז"ל פ"ה מהלכות עי"כ שכתב כן ושוב ראיתי בספר קרבן העדה שרלה לפרש כמ"ש לקיים סוגיא דירושלמי יע"ש וק"ל.

ד"ה **זה** לפני ולפנים וכו' אם נכנס וכו' כאילו אמר או אם נכנס ועיין בלשונו דספ"א דשבועות שלא הזכיר נכנס וכן בחולין קל"א ב' ועיין בלשונו בריטב"א דלא העתיק אלא כניסה בטומאה ועיין במהרש"א ומה שהקשה שם דל"ל קרא לנכנס לפני ולפנים כיון שכבר נתחייב בנכנס לעזרה ולהיכל בטומאה ע"כ הנה מלבד דיש מליאות דיכנס לבית קה"ק דרך פתחים אחרים ושלא יכנס דרך עזרה והיכל עוד זאת לאופן קושייתו י"ל דאלטריך דגם אטומאה דלפני ולפנים דחמירא יש בכח שעיר להגן ולתלות וכן נמי אלטריך להיכל ולעזרות ולא אתו במכ"ש דקה"ק דהו"א דבהנהו דאין עומאתם חמורה כ"כ אין לריך לכפרת שעיר לתלות אלא די בזה דלכשיודע לו יביא קרבן קמל"ן וק"ל.

ד"ה **מכאן** אמרו וכו' לאו אנתן מקלת מתנות וכו' דנתן מקלת מתנות שבפנים אין מקום להוכיח מדרשא זו דבין שיתחיל בתחלה ובין ממקום שפסק הרי נעשית כפרה בפני עלמה וא"ת דבהא פליגי דר"א ור"ש ס"ל דגם כל מתנה ממתנות פנים חשיבא כפרה בפ"ע ומשום הכי אינו מתחיל אלא ממקום שפסק דכפרה שנגמרה נגמרה ות"ק סבר דכל מתנות פנים דוקא חשיבא כפרה אחת דהכי משמע קרא מכפר את הקדש הא ליתא חדא דמ"ע דר"א ור"ש דהא קרא דייק כת"ק ועוד דא"כ ליתא ר"י בסמוך דבהא פליגי אלא ודאי דזה תלוי במאי דקאמר ר"י ושניהם מקרא אחד דרשו מדם חטאת וכו' ואי קשיא לך לשון משנתינו דקתני שכולם כפרה בפני עלמה דמשמע דאאם לא גמר את המתנות שבפנים וכו' קאי כבר תקנו ז"ל בפירוש לשם דאוכן בהיכל וכו' קאי וה"ק וכן במתנות היכל עלמם יש זה הדין דנתן מקלת מתנות לריך להתחיל בתחלה וכן במזבח הזהב אבל מבפנים להיכל ומהיכל למזבח אין לריך לחזור בתחילה שכולן כפרה בפ"ע

ר"א ור"ש אומרים דלעולם ממקום שפסק משם מתחיל ואפילו בכפרה אחת בעצמה יעיין שם ועיין בספר קרבן אהרן בת"כ שם שרצה לפרש דלת"ק תרתי שמעינן מינה שכל מתנות פנים כפרה אחת ולא תתחלק לב' ולהכי בנתן מקצת יתחיל בתחילה וכן דריש שכל מתנות פנים כפרה בפ"ע וא"צ להתחיל בתחילה בשגמר מתנות פנים ונשפך הדם יע"ש בדבריו ומלבד דתיקשי לזה דא"כ ר' יוחנן בסמוך לא היה צריך לבקש טעם אלא לר"א ור"ש עיד זאת זה דוחק לדרוש מחד קרא שתי דרשות סותרית זו את זו דלדרשא א' אינו יכול להלקם ולדרשא ב' מחלקם ועל כן פרש"י עיקר וכן ראיתי להריטב"א שהסכים לפירושו מהטעם שכתבתי יע"ש וק"ל.

אלא דשוב ראיתי בסוגיא דירושלמי דסוף פרקין דמשמע דמפרש פלוגתייהו כמ"ש דלת"ק כל שבע ושבע כפרה בפני עצמה ולר"ע ור"ש כל הזאה והזאה כפרה בפ"ע וקרא דוכלה מכפר מפרשים דאפילו שלא נתן מדם פר בפנים אלא מתנה אחת ונשפך הדם אמרה תורה בחוץ פר אחר וכלה מה שנשאר לך לעשות ולא תתחיל לעשות אותה ראשונה שכבר נגמרה כפרתה שהרי כפרה בפ"ע היא והכי איתא התם ורבנן אמרו כל שבע ושבע כפרה בפני עצמה ר"א ור"ש אמרי כל אחד כפרה בפני עצמו ר' זעירא בשם רבי לעזר טעמא דרבי לעזר ור"ש וכלה מכפר את הקדש אפילו אין שם מתנה אחת אמרה התורה כלה עד כאן ורבנן סברי דאכל ז' מתנות דקדש דהיינו לפני ולפנים למדנו הכתוב דבנשפך הדם אחר גמרם דכלה שאר מתנות הכל ומזבח בפר אחד וא"צ לחזור ממתנות פנים וכלפי דת"ק ור"א ור"ש ס"ל דמתנית יסוד אינו מעכב ולא דרשי וכלה לזה כדדריש ר"י לעיל להכי אייתר להו יכלה לדרשא זו ומשמע דסבירי ליה נמי דחוקה אהיכל ומזבח נמי קאי ולהכי לא צריך נמי וכלה לעכב במתנות דידהו אלא לכך דרשא לתודה אצטריך ומעתה לסוגיא דירושלמי יש לפרש ברייתא דת"כ דאתרוייהו קאי מאי דקתני מכאן אמרו חלוקה אחת מוסכמת לדברי הכל דהיינו דכפרת קדש בפ"ע יאין צריך להתחיל אלא ממתנית היכל וחלוקה אחרת בפלוגתא דרבנן דרשי שכל שבע כפרה אחת ובנתן מקצתם יחזור בתחילה דבזה לא אמרה תורה כלה ור"א ור"ש סברי דכל א' מהשבע כפרה בפ"ע וגם בזה אמרה כלה ואינו חוזר אלא למקום שפסק ולפ"ז ברייתא קאמר ברישא סתמא מלמד שכולן כפרה בפ"ע ובתר הכי קאמר מכאן אמרו וכו' אשר מזה תבין היאך יתפרש גדר כפרה בפני עצמ' שאמרו לכל אחת מהסברות שמביא ומכל מקום לסוגית תלמודא דידן דמפרש פלוגתייהו בקרא אחרינא דמדם חטאת וכו' על כרחך לפרש כפרש"י ז"ל וכמ"ש וק"ל.

ד"ה חטאת אחת אמרתי לך להתכפר הכפרה בה וכו' כלומר כל כפרה וכפרה שאמרנו לעיל אבל בכללות הכפרות לא הקפיד הכתוב שלא יהיו בשתי בהמות דהא האי קרא בכפרה א' לחודה דקרנית המזבח איירי ועוד שאם תאמר שהקפיד אם כן תאמר שאף בגמר מתנות פנים ונשפך הדם יביא דם אחר ויתחיל ממתנות פנים ואם כן הא דחילקן הכתיב בקרא דוכלה מכפר וכו' לא ז' ענין חילקם שהיו כל אחת כפרה בפני עצמה אלא ודאי דבכפרה אחת בעצמה הוא שהקפיד שלא תהא נעשית משתי בהמות וק"ל.

ד"ה ה"נ דלא מעכבי וכו' אין מקטירין וכו'. לרבותא נקטה דאיכא מ"ד התם דאפילו חסרו מעכב מלהקטיר הקומץ וכ"ש באבדו כי הכ' שלא נתן מתנות הראש כלל דודאי מעכב וא"כ דגם לרבי יוחנן דס"ל התם דמקטירין וקיל"ן כותיה לגבי ר"ל וכמו שפסק הרמב"ם ז"ל ספי"א מהלכות פסולי המוקדשין דתיקשי דהא מודה באבדו ולא נשתייר דאין מקטירין כדקאמר התם ומאן דמכשר עד כאן לא אמר ר' יהושע התם אלא דלא אשתייר וכו' יעי"ש ושוב ראיתי שיש הכרח לזה דע"כ קושית תלמודא הוא בין לר"ל ובין לר"י מדברי הרמב"ם ז"ל סוף ה' מחוסרי כפרה הלכה ה' וכמ"ש הרל"ס שם ועיין בפ' חטאת העוף ח' ב' ובתוספות שם וק"ל.

תוספות ד"ה דברי הכל וכו' ואם לא נתן לא כפר דברי ר"ע ר"י בן נורי וכו' כצ"ל. ומ"ש דאם כן זהו דלא כתנאי דהכא ועל כרחין נראה דר"י בן נורי וכו' כמו שהגיה מהרש"א וכן כתב בספר ברכת הזבח שם דט"ס נפל כאן יעו"ש. והנה הרואה בדברי התוספות שם יראה שכוונתם להקשות דלפרש"י שם דלר"י בן נורי נמי מתנות הראש מעכבות אם כן הוה ליה ר"ע וריב"ן דלא כתנאי דהכא והיכי קאמר הכא דברי הכל דהגם דעל כרחך ר"ע דהתם פליג וס"ל דמעכבות מ"מ משום חד תנא דלא סבר הכי לא חייש מלמתני ד"ה ותו' דלעולם לריב"ן נמי אין מעכבות וכו' יעו"ש ובדרך זה צריך לפרש דבריהם דהכא לפי הסוגיא האמורה והגם דלעיל נמי גבי שירי הדם קתני דברי הכל לא מעכבי והגם דאיכא ר"ע ור' נחמיה דסבירא ליה דמעכבי מכל מקום כיון דאין דברי ר"י מוכרחים דסבירא ליה הכי דאי"ל דבממשמעות דורשין פליגי משום חד דהיינו סברת ר"ן לא חייש מלמיתני ד"ה אבל הא לא קשיא להו לפרש"י דמהכא משמע דלר"ע אפילו אם היינו אומרים דמתנות הרא' מעכבות מכל מקום בנשפך הלוג אחר מתנות בהונות לא היה צריך להתחיל אלא ממתנות הראש ודומיא דמתנות פנים ובהונות שהרי כל אחד כפרה בפני עצמה ובהא לא פליגי ואילו התם לר"ע צריך להתחיל אף במתנות בהונות דאיתא הכי נמי דרבי עקיבא פליג אהך תנאי וסבירא ליה דכולם כפרה אחת היא דדוקא ביוה"כ גלי קרא שכל אחת כפרה בפני עצמה עיין מ"ש בסוגיא אלא הא קשיא להו דלמה דחק לפרש דלריב"ן מתנות הראש מעכבות דהשתא אין שום תנא דהתם דסבר כתנאי דהכא והיכי קאמר ד"ה ועוד דלישנא דריב"ן דהתם דקאמר שירי מלוג הן פשטא משמע דלא מעכבי ולזה כיוונו ז"ל במאי דאהדרו וקאמרי בחידושם וע"כ נראה דריב"ן דאמר התם דמתנות הראש שירי מלוג הן וכו'.

והנה ליישב דברי רש"י ז"ל נלע"ד דס"ל דודאי שאני לן בין נשפך הלוג דהכא להביא דהתם דנשפך הלוג לאחר מתן בהונות לכ"ע לא מעכבי וא"צ להביא לוג אחר דהא שירי מלוג נינהו וה"ל כאיברים ופדרים שנטמאו או שאבדו דלא מעכבי כפרה ואפ"ה ודאי דהיכא דאיתנהו מעכבי ואפילו להקטירם בשבת כדקא' בא וראה כמה חביבה מצוה בשעתה וכו' וכן נמי איתא במעילה ח' ע"ב דאפילו למאן דאמר מילוי אינו מעכב מ"מ אם נשאר ימלא יעו"ש והוא הדין במתנות הראש כשהלוג לפניו ואיחר מליתן שאר השמן על הראש לא כיפר אפילו מתן בהונות שכבר נתנו על גופו אלא צריך להביא לוג אחד ולחזור ולילוק על כפו וליתן על בהונות ומתנת הראש דשאר השמן שנשאר בלוג ראשון נעשו שירים ואינו כשר למתנת בהונות וריב"ן סבר דמתן בהונות כפר יאין צריך להתחיל אלא ממתנות הראש ועיין בספר קרבן אהרן בתורת כהנים פרשת מצורע סוף פרשה ג' ולפ"ז ניחא נמי דדוקא התם שנתעגל מלסיים טהרת גופו הוא דקאמר ר"ע דצריך לחזור לראש טהרת גופו למתן בהונות אבל בנשפך דמאי הוה ליה למעבד בהא אמרינן דכפרה שנגמרה נגמרה כדאמר הכא גבי מתנות פנים ומתנות בהונות ושוב ראיתי שמדברי הרמב"ם ספ"ד מהלכות מחוסרי כפרה ובפרק ה' שם יש ללמוד החילוק שכתב לדעת רש"י ז"ל וכן ביאר שם מהר"י קורקוס ז"ל הובא בכ"מ שם ועיין בהרל"ס שם וק"ל.

ע"ב גמרא תנו רבנן וכולן מטמאים בגדים וכו' בן הגיהו בת"י והיא שנויה בתורת כהנים פרשת אחרי מות ובתוספתא דפרקין יע"ש.

שם בעא מיניה רבא מר"נ כמה שעירים וכו'. יראה לע"ד דגם לרבנן דקיל"ן כותייהו שייכא בעיא זו דהא יש ללדד ולומר דע"כ לא קאמרי רבנן התם דאין נשרף אלא אחרון אלא משום דראשון כיון דאיר' בהם פיסול דנשפך דמם ונדחו נדחו נמי מהלכתן וכמ"ש בת"י ד"ה דברי ר"א וכו' אבל כאן שלא אירע בהם פיסול כולן משלח או דילמא כיון דהזקיקו הכתוב להיות חי עד מתן דמים של חברו מעתה הרי הוא תלוי בו ואם נדחו ראשונים מלד שנשפך דמם גם אלו ידחו מתורת שילוח והדר ליה ר"נ דאפילו תאמר שאינם נדחים מ"מ אין סברא לשלוח כולם דוכי עדרו משלח והדר ליה רבא וכי עדרו שורף דהא קמן דלר"ש לעיל כולם נשרפין וע"כ לא פליגי רבנן עליה אלא מטעם דאחרת גמר בו הכפרה ודוק מינה דבמקום דליכא האי טעמא כי הכא דאפילו רבנן מודו דאין קפידא לשלוח כולם מטעם וכי עדרו משלח והדר ליה ר"נ שפיר דמאי דשני ליה מעיקרא וכי עדרו משלח לא מסברא קאמר ליה הכי אלא משום דכתיב אותו

דמשמע א׳ ויתו לא וכיון שכן אין ראיה מפרים ושעיר הנשרפין דהתם לא כתיב אותו וממ״ש יתבאר לך דאין מכאן ראיה לפסוק כר״א דס״ל דכולן נשרפין וכמו שכתב הפר״ח ז״ל בהלכות עי״כ פ״ב הלכה ט׳ יעי״ש וק״ל.

רש״י ד״ה **והא** אותו כתיב וכו׳ אותו שהוקף עם הלוג ולא אחר ואפילו לר״מ וכו׳ דאע״ג דלדידיה דכמאן דליתיה דמי יביא אשם אחר ויניפנו עם הלוג ואותו קרינן ביה דהא קיל״ן דיכול לשנות הלוג לאשם אחר כדאיתא בפ״ק דמנחות ע״ין ע״ב הא ליתא דהכא שגם נתן מדמו על בהונות לכ״ע קובע אשם זה ללוג שלא לשנותו ועוד שהרי לר״מ גופיה שם הוקבע בשחיטה כלחמי תודה ומעתה פשוט נמי שאינו יכול להביא לוג אחר ולהניפו עם אשם זה שמביא דהא לוג א׳ אמר רחמנא ולא שנים וק״ל.

ד״ה **להכשירו** למצורע זה לעבור לאכול בקדשים ע״כ אבל בפ״ק דמנחות ה׳ ע״א פירש להכשירו למצורע בהקהל ע״כ ועיין עוד שם כ״ח א׳ ד״ה לרצות וכו׳ ולהתיר מצורע בקהל וכו׳ יעי״ש והאמת דכן מצינו בפ״ק דשבועות דקאמר תלמודא וקרבן לאישתרויי בקהל אלא שהדבר קשה וכמו שכתבתי שם בשם בעל ס׳ באר שבע פ״ו דכריתות ופי׳ דהכא דייק טפי וק״ל.

ד״ה **צריך** העברת תער וכו׳ וזה אין לו שיער וקתני צריך ואמר ר׳ אבינא וכו׳ הס״ד ואח״כ מ״ה ופליגא וכו׳ כנ״ל.

ד״ה **וכולן** מטמאין בגדים וכו׳ אשר הובא את דמם וגו׳ והשורף אותם וכו׳ כצ״ל ופשוט דנתכוון ז״ל לאפוקי מאותו פירוש שכתבו התי״ דמפרשי לפלוגתייהו בהתחיל במתנות פנים ונשפך הדם ואזדו לטעמייהו דלעיל דלרבנן דצריך לחזור בתחילה הוי כמאן דליתיה ואינו נשרף ולר״א ור״ש דס״ל ממקום שפסק ואהני גם ראשון למקצת מתנות להכי נשרף גם הוא דא״כ תיקשי מאי קאמרי רבנן בטעמייהו הואיל וגמר בו כפרה דמשמע דגם הראשונים הועילו בכפרה אלא שזה גמר אותה וזה דוחק לפרש דלדברי ר״א ור״ש קאמרי דאפילו לדידהו אחרון עיקר שגמר בו כפרה ולכן פירש ז״ל דאנשפך הדם בגמר מתנות פנים והביא אחר למתנות היכל איירי דאף בזה ס״ל לחכמים דאין נשרף אלא אחרון דבתר גמר כפרה אזלי׳ ומ״מ לא ימנע מפני זה דוכולן דקאמרי ר״א ור״ש דאף בנשפך באמצע מתנות קאי דלדידהו ודאי אהני לן גם הראשונים וכן משמע מה״כ דמייתי להא בתר פלוגתייהו דלעיל אלא משום מלתייהו דרבנן פירש ז״ל להאי וכולן בנשפך לאחר גמר מתנות פנים וכו׳ כנלע״ד וקל להבין.

תוספות ד״ה **אשם** מצורע וכו׳ תמה ריב״א מאי קא מדמי וכו׳ כמאן דליתיה דמי וכו׳ ואפילו לר״א ור״ש דשאני לעיל דמתן בהונות נעשו כהלכתן קודם שנשפך הלוג וליכא למימר דשחטו שלא לשמו דקאמר לאו דוקא שחטו בשעת שחיטה אלא חדא מנייהו נקט והכונה שזרקו שלא לשמו וכההיא דאמרינן בריש זבחים כל הזבחים שזבחו שלא לשמן כמ״ש התוספות שם ותאמר דהכא נמי נעשו מתן בהונות כהלכתן קודם זריקה ולהכי הגם שלאחר כן בשעת זריקה נגמרה בפסול מ״מ לר״א ור״ש אינו יכול להביא אחר דהא משמע מסידור משנתינו דסוף נגעים דמתחילה היה זורק את הדם ואחר כך היה עושה מתן בהונות והכי איתא בהדיא בת״כ פ׳ מצורע ואיני יודע איזה יקדים אם מתנה אם בהונות כשהוא אומר הוא לכהן הכהן יקדוש מה מצינו וכו׳ יעי״ש וקושייתם שייכא לגרסת רש״י ז״ל ולפי׳ וכמו שהקשו בתי״ יעי״ש ואין ליישב דס״ל ז״ל דלעיל נמי בנשפך הדם הו״ל למפרע דלא עלה פר זה לצבור לשם חובה ואפילו הכי ס״ל לר״א ור״ש דהזאות שעשה בו חשיבי וה״ה הכא דהא לקמן משמע דכולם עלו לצבור לשם חובה מדקאמרי דכולם מטמאין בגדים ונשרפין בבית הדשן ואפילו נפרש דמ״מ סברי דעיקר כפרה באחרון הוא ועיין בתי״ שם מ״מ ע״כ לומר דגם הראשונים עלו למקצת חובה וכיון שכן אכתי לא דמי לדהכא דלא עלה כלל לשם חובה והוא שדייקו לומר ולא עלה לבעלים כלל לשם חובה וכו׳ וקל להבין.

בא״ד על כן נראה לי כגירסת ר״ח אשם מצורע שנשפך דמו קודם מתן בהונות וכו׳ כלומר קודם שנגמר מתן בהונות וכמו שפי׳ התי״ בשם רשב״ם יעי״ש דהשתא דומה להביא דנתן מקצת מתנות פליגי דאין לפרש קודם שלא נתן כלל על בהונות וה״ק לר״מ יביא אחר ויתחיל בתחילה לזרוק דמו ואח״כ מתן בהונות ולר״א ור״ש אין לו תקנה דהא הו״ל תחלת עבודה וזריקה שנגמרה נגמרה ולכ״ע א״ל לחזור לכתחילה אלא ודאי דנתן מקצת מתן בהונות ואח״כ נשפך הדם הוא דפליגי. ומ״ש וקמל״ן וכו׳ אפ״ה מביא אחר וטעמא הוי כמו שאפרש וכו׳ ולפ״ז צריך לפרש דר׳ יוחנן לא אמר אלא בהני למחלוקת וכו׳ ותלמודא אייתי מאי דפריש במלתיה דר׳ יוחנן ומאי דאקשי בה רב חסדא לאותו מונה שכך מתפרשין דבריו והיינו דאסיק לה בקשיא ולא בתיובתא לפי שיש לפרש דר״י ה״ק דלר״א ור״ש נמי צריך להביא אחר ויתחיל ממקום שפסק ולא שאין כאן תקנה ואי משום אותו לא דריש נהא מלתא אלא לשום דרשא דהא הכא ילפינן במה מצינו מיוה״כ וכמו שאתה צריך לומר לרבי יעקב דלעיל דלא דריש לוג אחד משום דיליף מיוה״כ כמו שכתבתי שם והיינו דמייתי תלמודא בתר הכי דתניא כוותיה דר״י וכו׳ אלמא דאיכא תנא בר״י דלא דריש אותו ובסוף דבריהם הביאו מה שהכריחם לפרש כאן דלר״י אע״ג דכתיב הכא אותו מ״מ לכ״ע יכול להביא אחר ודסתמא דתלמודא הוא דמייתי הכי שהרי אם תפרש דר״י גופיה קאמר דלר״מ יביא אחר אבל לר״א ור״ש אין תקנה יקשה ודאי דכיון דר״י גופיה קאמר לעיל דטעמא דר״א ור״ש משום היטוי אחד וכו׳ דאל״כ הוו דרשי העלאה אחד ולא שתים א״כ הכא לכ״ע דרשינן אותו אחד ויתו לא ואפילו לר״מ וכיון שכן ע״כ דר״י דידיה אמר דלכ״ע הכא לא דרשינן אותו משום דיליף מיוה״כ דלכ״ע יכול להביא אחר ולא פליגי אלא מהיכן יתחיל כדפליגי לעיל כנלע״ד לפרש כונתם והמשך דבריהם ובזה אין צורך למ״ש מהרש״א דלהך גי׳ לא גרסינן הכא אין לו תקנה וכו׳ יעי״ש ועוד שנראה בהדיא מדברי הריטב״א דאף לגי׳ ר״ח גרסינן דלר״א ור״ש אין לו תקנה וכו׳ יעי״ש ודו״ק.

והנה ממה שהרמב״ם ז״ל לא העתיק דין זה להודיענו דיש מגילות לרבנן דאפילו אם גמר עבודת בהונות צריך להביא אחר כגון בשחט אשם שלא לשמו אלא העתיק ברייתא דלקמן ויתו לא יש להבין דגרים כגי׳ ר״ח דהשתא לא חשש לבאר זה להיות שמדין הלוג שהעתיק שם שמעינן ליה וק״ל.

ד״ה **נזיר** מצורע וכו׳ וכהנה רבות בהש״ס וכו׳ עיין בתוספות דמנחות נ״ח ע״ב ד״ה ואיכא דאמרי וכו׳ שהביאו שם הרבה כיוצא באלו.

ד״ה **אף** לקיחה וכו׳ וכיון דלא מצינן למידרש כולהו וכו׳ כונתם דגבי שעיר נשיא וכשבה ושעירה דכתיב בכולהו ולקח הכהן מדם החטאת באצבעו ונתן על קרנות וכו׳ ליכא לאקושי לקיחה לנתינה שתהי׳ בעצמו של כהן דהא כתי׳ באצבעו וא״א לקבל באצבע אלא ע״כ דבכלי קאמר ועביד אזן לשפת מזרק לאחוז באצבעו ומש״ה גבי פר חטאת כהן משיח נמי הגם דלא כתיב התם ולקח באצבעו לא מקשינן לקיחה לנתינה כי היכי דלא מקשינן באינך ומה גם שהרי הוקש לפר העלם כדכתיב בפר העלם ועשה לפר כאשר עשה לפר החטאת וכו׳ עיין בפרק בית שמאי מ׳ ע״ב והתם לא כתיב לקיחה כלל ואין ללמוד שתהיה בעצמו של כהן דומיא דהזאות אלא הרי היא כשאר קבלות שהם בכלי כך למדתי לפרש מדברי התי׳ דפרק איזהו מקומן שם ד״ה אף לקיחה וכו׳ אלא שלדבריהם שם תיקשי דגבי פר כהן משיח דלא כתיב ולקח באצבעו אמאי לא מקשי׳ לקיחה לנתינה דזה דוחק לפרש משום דהתם אפסקיה קרא ולא כתיבה לקיחה ונתינה גבי אהדדי דהכתי אימא דנקיש לקיחה דהיינו קבלה לטבילה דכתיב גביה וטבל הכהן את אצבעו בדם וזה מוכרח דמדאצטריך בת״כ שם גבי פר כהן משיח ללמוד לקיחה לקיחה בג״ש דהוי בכלי משמע דאלי״ה הו״א ביד מכח ההיקש שכתבתי דמ״ש שם בסוף דבריהם ומשום דלא נימא ולקח באצבעו היינו וטבל דוקא ולא מיירי בקבלה להכי אצטריך לג״ש דגמרינן מזיקה אלי הדם וכו׳ יעי״ש משמע דגבי פר כהן משיח לא הוה מצינן למימר הכי דהא כתיב ולקח הכהן המשיח מדם הפר וכו׳ והדר כתיב וטבל הכהן וכו׳ א״כ ודאי

דולקח בקבלה איירי ולא בטבילה ודרשא דת״כ שכתבו שם אנכי לא מלאתיה אלא בפר כהן משיח דוקא וע״כ לפרש דאצטריך לאפוקי דלא נקיט לקיחה לטבילה כמו שכתבתי ובזה ניחא לתרץ דעל כרחך גבי פר כהן משיח אין להקיש דאם נקיט ג״ש דלקיחה לקיחה למה לי אלא דלפי דבריהם שם א״א לתרץ כן דאימא דאצטריך ללמד לשעיר נשיא וכשבה ושעירה דלא כתיב אלא ולקח באצבעו והו״א דבטבילה איירי להכי אצטריך ג״ש ללמד דבקבלה איירי ועיין מ״ש בזה בספר קרבן אהרן פרשת מצורע פרק ג׳ דין ג׳ ומה שתי׳ שם דכיון דבאצבעו אנתינה קאי [(הגם שאין זה מוסכם עיין בסוגיא דפ׳ כל הזבחים כ״ד א׳)] מדלא כתיב ולקח ונתן באצבעו אלא אפסקיה באצבעו בין לקיחה לנתינה לומר דלא נקיט להו יעי״ש אין תירוצו מספיק לתרץ קרא דפר כהן משיח שכתבנו ושמא י״ל דדוקא לקיחה לנתינה שהוא גמר הלקיחה מקשינן אבל לקיחה לטבילה לא מקשינן ומש״ה גבי כהן משיח דלא כתיב אצבע אלא בטבילה דהזאות אבל לא גבי נתינה דקרנות הגם שגם הם צריכים אצבע מ״מ לקיחה לנתינה לא מצינן לאקושי בהדיא אלא לקיחה לטבילה והיקש זה לא נאמר אלא שכאמת שאין זה מספיק ולכן ליישב קרא דפר כהן משיח לפי דבריהם שם כעת צל״ע ודו״ק.

והנה כבר אפשר לפרש דבריהם דהכא באופן אחר דה״ק דכיון דלא מצינו למדרש כולהו לקיחות דהתם דליהוו ביד דוקא דאם כן ג״ש דלקיחה לקיחה למ״ל ועל כרחך למילף חד מינייהו בג״ש להכי לא דרשי׳ להו אלא כולהו ילפי בג״ש דהוי בכלי דוקא דמאן פלג לן לומר דזה תלמוד מהג״ש ולא השאר ולפ״ז צ״ל דה״ע דגבי מצורע נמי לא ילפינן לקיחה לקיחה ולא נקיש דשמא דג״ש זו לחטאת דוקא גמירי לה וא״נ דמתנות בהונות דלא הוו במזבח אין ללמוד מלקיחה דשיני דאיירי במזבח א״נ כיון דאצטריך כחטאת האשם לומר דלמזבח בכלי ש״מ דלגבי נתינת בהונות מקשי׳ הכא לקיח׳ לנתינה ולא גמרינן מג״ש בנלע״ד וק״ל.

ד״ה **מה** חטאת וכו׳ וכיון דמהיקשא יליף וכו׳ כמאן דכתיב בגופה וכו׳ ולא הוה מצי למילף אשם מחטאת וכו׳ כוונתם דודאי הוא דאשם נמי כתיב בהוא היקשא דזאת התורה וכו׳ לאשם וכו׳ ואשם מצורע נמי בכלל אלא דהוה מפקינן ליה מההוא היקשא מכח היקשא דולקח ונתן אלא דאהדריה קרא בהיקשא דכחטאת כאשם ואי לאו ג״ש דלקיחה לקיחה בחטאת הו״א דלא אהדריה אלא לענין מתן דמים ואמורים למזבח דכתיבי בחטאת בהדיא אבל כלי דאפילו בחטאת לא ידעינן אלא מהיקשא אימא דלהא מלתא לא אהדריה דלא מצי למילף מחטאת דהו״ל היקש מהיקש אבל השתא בג״ש דלקיחה לקיחה הו״ל כאילו כתיב כלי בהדיא בגופיה דחטאת ופשי׳ דלהא מלתא נמי יליף אשם מצורע מחטאת בהקישא דכחטאת האשם וסיימו דגם למ״ד דבר הלמד בג״ש חוזר ומלמד בהיקש דהשתא לדידיה לא צריכינן ליתורא דהיקש חטאת לשלמים לענין כלי כי היכי דתיהוי ג״ש דחטאת כאילו כתיב בגופיה וילמוד אשם מצורע ממנו דהא בלאו הכי הוה יליף מיניה בפשיטות דלדידיה הלמד בג״ש חוזר וכו׳ מ״מ אילטריך היקש לשאר קרבנות אבל בלאו ג״ש לא סגי למילף אשם מחטאת דהא הו״ל היקש מהיקש דהא חטאת עלמו לא היה לומדה אלא מהיקשא דזאת תורת כנלע״ד לפרש דבריהם וכן יש להבין ממ״ש התוס׳ בזבחים שם לגי׳ שלפנינו ועיין בסמוך ופשוט דבדברי ריצב״א נתיישבו דברי רש״י ז״ל דפרק איזהו מקומן אלא דמדבריו דהכא משמע דבלאו ג״ש יליף שפיר אשם מצורע מהיקש דבחטאת כאשם והמדקדק בדבריו ימצא דס״ל דהכא לא הוי היקש מהיקשא אלא גילוי מלתא בעלמא דכיון דאשם מצורע מגי גמר שפיר מהיקשא דשלמים אי לאו דילא לידון בדבר חדש מעתה כי אהדריה קרא לכלליה לענין מתן דמים ואמורים אהדריה להיקשא קמא דאיקש לשלמים דטעון כלי דלענין זה הו״ל היקשא דכחטאת האשם גלוי מלתא בעלמא ולא דמי לדבר הלמד בהיקש שאינו חוזר ומלמד בהיקש דהתם היינו דבר שלא היה יכול ללמדו כלל מעיקרא אי לאו מכח היקשא וכבר היה אפשר לומר דרש״י סמך אמאי דפירש באיזהו מקומן ובזה אין דבריו סותרים זה את זה דתרוויהו אלטריכו וכמ״ש ריצב״א ושוב ראיתי שפי׳ בשכ״י בשתי הדרכים שכתבתי אבל יותר נלע״ד הדרך הראשון דבזה ניחא דלא הקשו התו׳ אדבריו דהכא מידי דהא הו״ל היקש מהיקש די״ל לפרש דדעתו דגילוי מלתא בעלמא הוא וכמ״ש. והנה אם תדקדק בדברי התו׳ דזבחים שם שכתבו בסוף דבריהם ולא גמרי׳ מעיקרא וכו׳ דא״כ ג״ש דלקיחה וכו׳ דדבריהם תמוהים כמו שהרגיש בספר צאן קדשים שם וראיתי בספר אמרי נרופה בחידושיו לפרקין שכתב שמצא בדפוס ישן נושן משנת רפ״ח הגי׳ בתוספות כן וקשה ג״ש דלקיחה מסיני למה לי ליגלף כולהו משלמים ועוד י״ל דחטאת וכו׳ יעי״ש ולפי הגהה זו תמצא דתירון א׳ שכתבו התוס׳ שם הם דברי רש״י כאן והתירוץ האחרון היינו דברי ריצב״א אלא שבאמת צריך ליישב לפי׳ דהכא דא״כ ג״ש דלקיחה לקיחה למה לי אשר מכח קושיא זו תי׳ התוספות ושם תירץ ריצב״א דהכא יעי״ש ושמא י״ל לדעת רש״י ז״ל דאי לאו ג״ש הוה מקשינן בכולהו חטאות לקיחה לנתינה לומר בעלמו של כהן אבל השתא דגלי ג״ש דיש לך ללמוד מסיני דטעונה כלי מהשתא בכולהו יש לומר כן ולא מקשינן בהו כלל לקיחה לנתינה וכדרך שתירץ התוס׳ בדיבור הקודם לפי דרך האחרון שכתבתי שם יעי״ש ושוב ראיתי בספר קרבן אהרן פרשת מצורע ריש פ׳ ג׳ שהביא דברי התו׳ דזבחים והגיה בהם כמ״ש בספ׳ אמרי נופה ופי׳ כמ״ש וגם הביא דברי התו׳ דהכא יעי״ש שהאריך וק״ל.

בא״ד הקשה ריצב״א וכו׳ דומיא דמתן שמן וכו׳ דכתיב ביה בהדיא וטבל הכהן את אצבעו הימנית וה״ע דלא כתבו דומיא דמתן בהונות דבעינן קבלה ונתינה בימין כמו שכתב הרמב״ם ז״ל בהי׳ פ״ד דהלכות מחוסרי כפרה וכתב הכ״מ דהוא תוספתא דפ״ק דזבחים יעי״ש משום דהתם לא כתיב בהדיא אלא דיליף ממתן שמן בי הביא דלעיל דבעלמו של כהן כמו שכתבו התוס׳ שם אבל קבלת דם של מזבח וזריקתו לכ״ע אין צריך ימין אפילו באשם מצורע וכמו שכתב הרמב״ם ז״ל רפ״ע מהלכות מעשה הקרבנות אשם מצורע יש בקבלת דמו שינוי כמו שיתבאר וכו׳ ואעפ״י כן שאר מעשיו וזריקת דמו על המזבח ואכילתו כשאר האשמות לכל דבר עכ״ד והיינו דקשיא להו דתיסוי קבלת דם וזריקה למזבח דמצורע בימין דומיא דמתן שמן דאף על גב דלא כתיב התם מ״מ מאחר דילפינן מהיקשא דבחטאת הו״ל כאילו כתיב בגופיה מתן דמים ומה גם דמהיקשא דבחטאת ילפינן מינה זריקה דבימין דומיא דחטאת ותירץ שפיר דכיון דאהדרי׳ קרא דהרי הוא כחטאת לענין מתן דמים ואינו חלוק משאר אשמות מעתה אמרינן דאהדריה לגמרי לדין שאר האשמות ואין כוונת היקש זה להשוותו לחטאת אלא להחזיר את דינו כשאר האשמות דטעונין מתן דמים כדינם לא בימין כחטאת דהא ודאי אין כוונת הכתוב להקישו לחטאת דא״כ יהיה דמו ניתן למעלה מחוט הסיקרא וכבר מיעטו זה בת״כ פרשת מצורע יעי״ש ולפ״ז הא דקתני רישא שם בת״כ כי כחטאת האשם הוא לכהן מה חטאת מן החולין ביום בידו הימנית אף אשם מן החולין וביום ובידו הימנית וכו׳ ע״כ לאו למימרא שטעון מתן דמים בימין כחטאת אלא לענין הדברים שטעונין בו ימין כמתן בהונות ומתן שמן וימין כדי נסבא וכמ״ש בס׳ קרבן אהרן שם יעי״ש וק״ל.

בא״ד עוד הקשה למ״ד דבר הלמד בג״ש וכו׳. שהרי ימין בחטאת ילפינן בג״ש דאצבע ממצורע כדאיתא פרק ב׳ דזבחים כ״ד ע״ב ולא ניחא ליה לריצב״א להקשות לכ״ע אף למ״ד דאין חוזר ומלמד דהכא חוזר ומלמד כיון דמלמד ראשון מצורע חולין הוא וכדרך שכתבו התוספות בפ״ב דזבחים כ״ב ע״א סד״ה והרי זריק׳ וכו׳ דס״ל דכיון דאצבע ימנית כתיב במצורע גבי טבילת אצבע מלוג שמן להזאות שבע פעמים לפני ה׳ הו״ל מלמד קדש והגם שהוי׳ נותר ממנו על בהונות מצורע העומד בחוץ במקום חול מכל מקום מלמד קדש חשיב ליה והנה עם מ״ש התוספות שם אבל ר״ש דמכש׳ בברייתא הכא שמאל בזריקה לא בעי למילף ימין בהיקשא דזאת התורה מחטאת דסבר דזריקה מהזאה לא ילפינן ע״כ מתורץ בזה קושית ריצב״א אלא דהתוספות דסוגיין הכריחו הדבר יותר אמאי לא בעי למילף דהיינו מטעם דהא גלי קרא כחטאת כאשם דכתיב גבי מנח׳ דדרשינן מיניה דבא למועדה בכלי עובד׳ בשמאל כאשם וממילא ילפינן דאשם דהוי בזריקה בכלי כרי הוא בשמאל דוקא ולא ילפינן מחטאת דהוי בדרך הזאה באצבע וק״ל.

דף ס"ב ע"א גמרא **איתמר** רב פפי וכו' בשלמא רב שימי וכו' קסבר הואיל וגמר בו כפרה וכו'. ז"ל הירושלמי דפרקין הלכה ד' ולקמן ר"פ שני שעירי הגריל ג' זוגות ליתן מאחד על הבדים מא' על הפרוכות מאחד על מזבח הזהב אתה מהן משתלח ר' זעירא אמר לכפר עליו [(כלומר קרא דיעמד חי לפני ה' לכפר עליו דקתני לעיל מ' ע"ב דלר"י בכפר' דמים הכתוב מדבר להזקיקו להיות חי עד שעת מתן דמים של חבי' יע"ש)] את שהוא מכפר בו חבירו משתלח וכו' ר' הילא אמר לכפר עליו את שהוא גומר בו כל הכפרה חבירו משתלח את שאינו גומר בו כל הכפ' אין חבירו משתלח על דעתיה דרב זעירא שלשתן משתלחין על דעתיה דר' הילא אינו משתלח אלא אחרון בלבד ע"כ והגם דפליג אתלמודא דידן דהא ליכא למ"ד לשלוח יותר מאחד דהא כתיב אותו מכל מקום למדנו ממנו טעמו של רבא דאמר אחרון משלח הואיל וגמר בו כפרה דהא נפקא ליה מקרא דלכפרה ורב פפי משמע ליה לכפר אפילו מקצת כפרה וראשון משלח משום דמצוה בראשון כר"י ועיין בתו"י ריש ד"ה אלא לרב פפי וכו' ובודאי דלדעת ר' זעירא דירו' צריך לומר דאותו לא דרש ולשום דרשא אחרת אצטריך וכמו שצריך לומר לברייתא דלעיל גבי אשם מצורע לר"י דאמר צריך ויש לו תקנה דאותו לא דריש יעו"ש וק"ל.

והנה לא תמצא להרמב"ם ז"ל בספ"ה מהלכות עי"כ שיאמר בזה מה דינו משום דסמך על מה שפסק שם ה' ע"ז כרב דס"ל לקמן ס"ד ע"א כרבי יוסי דמצוה בראשון והוא הדין הכא דקיל"ן הכי וכן ראיתי שכתב בספר קרבן העדה בירושלמי שם יעו"ש. וז"ל הרב המאירי ז"ל ונמצא שאם יש כאן שנים או שלשה לעזאזל בזה אינו משלח אלא ראשון הואיל ואין ראוי לומר בו גמר כפרה אלא מצד בן זוגו והאחרים ירעו ע"ד האמור במת א' מהם משהגריל שיביא שנים ויגריל עליהם והראוי להקים שם המת עומד במקומו והשני מן הב' ירעה עכ"ד.

רש"י ד"ה **וכי** עדרו שורף רבא קא מהדר ליה לר"נ וכו' משמע לכאורה דלא הוה גריס ז"ל אמר לו וכי עדרו וכו' ומשום דלא תפרש דדברי סתמא דתלמודא נינהו דמקשה על ההוא תיובתא דר"נ ומסיק דמאותו הוא דקאמר ליה ר"נ וכי עדרו וכו' להכי פירש ז"ל רבא קא מהדר וכו' דלגי' שלפנינו דגרסינן אמר לו לא ידענא למאי איצטריך לפרש רבא קמהדר וכו' וק"ל.

סליק פרק הוציאו לו

בס"ד פרק שני שעירי

משנה ובלקיחתן כאחד וכו'. כלומר וגם שוין לענין שצריך ליקח אותם כאחת אבל בסדר המשנה שבירושלמי הגירסא ולקיחתן כאחד וכן נראה מהתו"י ומחידושי הריטב"א יעו"ש וכן הגירסא במשנה דפי"ד דנגעים גבי שתי צפורי מצורע והיא נראית עיקר דאין שייך שוין אלא במה שבגופן לא במה שנמשך מצד זמן הלקיחה ותדע דאם גם זה נכנס בכלל שוין לימא. ואעפ"י שאין שוין כשרים ותו לא דהכל בכלל ולמאי אצטריך לפרטתו לקח אחד היום וכו' אלא ודאי שאין זה בכלל שוין וה"נ נמי דלא עריב להו תנא וליתני ואעפ"י שאין שוין או לקח אחד היום וכו' כשרים אלא קתני להו בתרי בבי לפי שאינם דומים ועיין בס' שושנים לדוד וק"ל.

שם שוין במראה ובקומה ובדמים בירושלמי דפרקין קאמר דאם שוין בדמים שקנאם במקח שוה לשניהם אבל אין שוין בשבח הדמים שאחד משובח מחבירו אין השעירים כמצותן אבל אם שוין בשבח דמים ואין שוין בדמים השעירים כמצותן שהרי הגם שקנה א' פחות מחבירו מכל מקום בשבח גופן ערך דמיהן שוים עוד אסיק התוספות דמשובח בגופו משובח במראיו משובח בגופו קודם יעו"ש.

רש"י ד"ה **במראה** וכו' או שחופים כצ"ל בש"ין וכדתנן ריש פרק ראשית הגז היו לו שני מינים שחופות ולבנות וכו' ופי' ז"ל שם לא שחור ולא לבן ע"כ.

ד"ה **ויאמר** וכו' הכי מפרשא אם של שם מת יאמר וכו'. דודאי לא איירי הכא בנתערבו אחר הגורל ואינו יודע את זה שנשאר של מי הוא דאם כן אכתי מאי תיקן כיון שאינו יודע מה לעשות בזה שנשאר מן הזוג הראשון ועיין בפי' המשנה להרמב"ם שהבריה זה באופן אחר ואיך שיהיה פירוש המשנה ודאי כן הוא והכי איתא בירושלמי עלה דמתניתין דקאמר כיני מתניתא יביא ב' ויגריל עליהם בתחלה ויאמר זה שעלה עליו הגורל לשם יתקיים תחתיו עד כאן וק"ל. וז"ל הרב המאירי ז"ל וזה שאמר אם של שם מת לא שיהא הוא מספק בכך שמאחר שכבר הגריל עכ"פ יודע הוא איזה מת ואף לכשתאמר שאינו יודע איזה מת אין תנאו כלום ואין לו תקנה וכו' ע"כ.

תוספות ד"ה **שני** שעירי וכו' וקשה ר"ש מנ"ל דבעינן שיהו שוין וכו'. כלומר בשלשה דברים הא כיון דלדידיה לא אייתר אלא תרי שני אימא דאין להשוותם אלא במראה וקומה שהם דבר שבגופן יותר מערך שיווי הדמים וא"כ כיון דקרא בלקיחה איירי נאמר דצריכין שיהו שוין בדמים ובחד מנייהו דמראה או קומה עוד כתבו וליכא למימר משום דאין היקש למחצה ונקיש להו לכל מילי וכו' מותם ותאמר לפ"ז דכולה מלתא ילפינן מהכא ואידך שני שני איצטריכו לדרשות אחריני והא קמן דבת"כ דריש מולקח את ב' השעירים מלמד שהם מעכבים זה את זה ואע"ג דמשמע דאסמכתא בעלמא היא דהא נפקא לן מחוקה והכי איתא בהקומץ רבה כ"ז בהדיא יע"ש מכל מקום אימא דלשום דרשא אצטריכו לר"ש וק"ל.

בא"ד ולמאי דפרישית ניחא דקרא קמא איצטריך שיהו שוין בדמים וכו'. ולפ"ז הא דאיתא פ"ק דחולין י"א ע"א רב אחא בר יעקב אמר אתיא משעיר המשתלח דרחמנא אמר ולקח את שני השעירים שיהו שניהם שוין וכו' היינו כר' יהודה א"נ אפילו לר"ש ולא דייק התם למנקט מקרא קמא או בתרא דאיירי בשיווי דמים ומראה וקומה כיון דלפי האמת מצינן לפרושי בך קרא נמי בשיווי דמים ומראה וקומה. ומה שסיימו אבל לומר שיהו שוין במראה וקומה לא הוה דרשי' כלל כיון דלא אשכחן בשאר זבחים וכו' כלומר דהא דכתיב שני ושתי במצורע גבי לקיחה הו' דכתיב דהיינו השואת הדמים בשעת לקיחה אבל מראה וקומה אין לנו אבל אה"נ דלבתר דגלי קרא הכא דבעינן גם השואה מראה וקומה מכשתא דרשי' נמי גבי מצורע השואה לכל מילי הגם דלא כתיב התם אלא חד והיינו דתנן בפי"ד דנגעים שתי צפרים מצותן שיהו שוות במראה ובקומה ובדמים ולקיחתן כאחת וכו' ושוב ראיתי להתוי"ט שכתב שם כן ולענין מהיכא נפקא לן לקיחתן כאחת עיין בתו"י ד"ה חד למראה וכו' וק"ל.

ע"ב גמרא **תלמוד** לומר שעיר ויעשה וכו' דבתר שני בתרא כתיב את השעיר אשר עלה עליו הגורל לה' והשעיר אשר עלה עליו הגורל לעזאזל ושניהם יתירים דהול"ל ואשר עלה עליו הגורל לה' ואשר עלה עליו וכו' דפשיטא דבשעירים משתעי אלא שבוין להפרידם לומר שהשיווי אינו אלא למצוה אבל לא לעכב כ"כ בס' ק"א שם פ' ע"ב.

שם חד למראה וחד לקומה וכו' דאי הוה כתב חד שני הוה מוקמינן ליה אדמים דבהא איירי קרא ומאת עדת בני ישראל יקח וכו' ואי הוה כתב תרי הוה מוקמינן חד אדמים וחד אקומה אבל מראם שניהם שחורים או לבנים אימא דאין להקפיד בזה להכי כתב להו לכולהו ועיין לעיל בתוספות סוף ד"ה שני שעירי וכו' וק"ל.

שם תניא נמי הכי וכו' ת"ל כבש כבש ויעשה וכו' דבתריה כתיב ולקח הכהן את הכבש האח' וכו' ושחט את הכבש וכו' והוה מצי למיכתב ולקח את האחד וכו' ושחט אותו וכן פירש בספר קרבן אהרן שם וכ"כ הרב המאירי ז"ל ולא ידענא למה הרמב"ם השמיט זה בריש הלכות מחוסרי כפרה שלא התנה

דצריכים להיות שוים וכמו שהתנה בשתי צפרים בהלכות טומאה צרעת יעו"ש דזה דוחק לומר משום דמתניתין פי"ד דנגעים משנה ז' לא התנה בזה כמו שהתנה לעיל מיניה בצפרים דהא מאחר דברייתא היא כאן ובתורת כהנים והכי מייתי לה בירושלמי דפרקין ודאי דהכי קיל"ן ועיין בירושלמי דפריך מועמדו שני האנשים אשר להם הריב וכו' ומשני לה יעו"ש וק"ל.

שם תהיה למ"ל לשאר הויתו של מצורע וכו'. כגון הקדים מתן שמן למתן דם דיחזור ויתן שמן אחר מתן דם וכו' כדאיתא בפ"ק דמנחות ה' ע"א וקאמר ר"פ התם דטעמא משום דכתיב תהיה אלא דלמסקנא דאסיק שם דיש מחוסר זמן לאו ביום צריך לומר דתהיה לא לעיכוב הסדר אתא אלא לעכב בעבודותיו שיעשו כן מבלי שינוי ודומיא דס"ד מעיקרא הכא דאתא למימר דלעכובא בעינן שניהם שוין וכ"כ הרב המאירי ז"ל אבל שאר דברים הכתובים בו כגון הבאת קרבנות ועץ ארז ואזוב ושני תולעת ודאי מעכבין עכ"ד ועיין בהרמב"ם סוף הלכות מחוסרי כפרה ובמ"ש הרל"ס שם וק"ל.

שם ותנן נמי גבי מצורע וכו' עכובא מנא לן וכו'. דס"ד דתהי' לא קאי אלא אעיקר טהרת מצורע במה שנעשה בגואו לפני ה' בשער ניקנור לא במה שנעשה חוץ למחנה כמעשה דשתי צפורים וכו' ואהדר ליה סד"א תהיה כתיב דהא תהיה ביום טהרתו כתיב ועל כל טהרה דידיה אף דחוץ למחנה קאי וא"נ דלמסקנא אף במעשיו דחוץ עכב הכתוב לעשותם כמו שהם דה"ט דאצטריך לפור לפור ריבה לומר שאין זו בכלל.

והנה בירושלמי דפרקין מוסיף עוד אחרת הצורות מיעוט הצורות שתים אם כן למה נאמר שתי שיהו שוות ע"כ ויש לייש סברת תלמודא דידן דלא מייתי הך עם הא דאיתא בספרי פרשת בהעלותך והצורות מיעוט הצורות שתים או אם רלה להוסיף מוסיף ת"ל שתי הצורות שלא להוסיף עליהם ולא לגרוע מהם שתי הצורות שיהו שוות במראה ובקומה ובנוי ע"כ והגם דמהכא משמע דתרתי שמעינן מינה מכל מקום תלמודא דידן סבר דהכא ב' לשלא יוסיף עליהם לחודיה הוא דאצטריך דדוקא גבי שעירים דיוה"כ וכבשים ולפורי מצורע דבלאו הכי אית גן עכובא שלא יוכל להוסיף על שתים הוא דדרשינן שני ושתי לומר שיהו שוין לא גבי הצורות ועיין בפסיקתא זוטרתי שם והכא ניחא לי דלא דרשינן נמי ב' תורים או שני בני יונה דכתיב גבי קרבן עולה ויורד דסוף פרשת ויקרא לומר שיהיו שניהם שוים וכן ולקחה שתי תורים או שני בני יונה דגבי קרבן יולדת בפרשת תזריע משום דהתם דליכא עכובא לגופי' אצטריך לומר שיביא שנים בדוקא והא קמן דבת"כ שם פרשת ויקרא דריש שתי תורים או שני בני יונה שנים הוא מביא ואינו מביא אחד וכו' וכן בפרשת תזריע דריש ולקחה שתי תורים וכו' שנים היא מביאה ולא ג' ואילו גבי כבשי ולפורי מצורע דריש ללמד שיהו שניהם שוין אלא ע"כ לחלק כמו שכתבתי ופשוט דגבי יוה"כ נמי הגם דלמסקנא מוקמינן לתלתא שני למלתא אחריתי היינו משום דעיכובא לשלא יביא שלשה לא אצטריך דהא חוקה כתיב דודאי הכא נמי קאי שלא להוסיף בקרבנות היום המפורשים בפרשה ומכאן אתה דן דמ"ש הריטב"א לעיל אהא דקאמר מיעוט שעירי שנים דמהא שמעינן דכל היכא דאמרינן מיעוט לשון רבים שנים לא ספיקא הוא כלל אלא כאלו נכתב שנים בפירוש ע"כ דאם כונתו לומר דלאו ספקא הוא דאם ירצה יותר יביא אלא הו"ל כאילו כתיב שנים דוקא ולא יגרע ולא יוסיף עליהם הנה לדבריו תיקשו מהנהו דרשות דת"כ שהבאתי דאע"ג דכתיב תורים ובני יונה איצטריך שתי ושני לומר דדוקא שנים וע"כ דהכא אעכובא דחוקה או תהיה סמיך דמהתם ילפינן דדוקא שנים ולעולם דבעלמא מיעוט רבים אפשר להיות יותר והא דקאמר נמי לקמן אי הכי גבי תמידין נמי נימא מיעוט כבשים שנים וכו' היינו נמי משום דלא איצטריך לומר שלא יפחות ולא יוסיף דהא נפקא לן מדכתיב את הכבש האחד וכו' כדאיתא בספרא פרשת פנחס יעו"ש וכן הרב המאירי ז"ל כתב דהיינו טעמא דבשעירים ובצפורים ובכבשים אין צריך למיעוט שנים ולא יותר דבכולהו כתיב אחד וכן בתמידין וק"ל.

שם אי הכי גבי תמידין נמי נימא וכו' נלענ"ד דארישא דמלתא קא מהדר דאסיק לעיל דתלתא שני אצטריך חד למראה וחד לקומה וחד לדמים וה"ק דאה"נ דברייתא דריש כולה מלתא מיקח שני שעירי עזים קמא ואידך שני שני איצטריכו לשום דרשא ניחא דדוקא התם דכתיב שני גבי שעת קנייה ולקיחה הוא דדריש שיקנה אותם שוים וכן שני דכבשי ולפורי מצורע דגבי לקיחה כתיבי דרשינן להו נמי הכי אבל שנים ליום דתמיד דכתיב גבי הקרבה לאו להכי אתא אבל בשתא דאמרה דמגלגה את שני השעירים והעמיד אותם לפני ה' ומונתן על שני השעירים גורלות דהגם דלא כתיבי גבי שעת קנייה ולקיחה דהשינן ממייהו להשוות מראה וקומה א"כ הכא נמי נדרוש הכא ועיין בהריטב"א שפי' באופן אחר. אלא שצריך להבין דמעיקרא מאי קשיא ליה הרי הסברא נותנת דדוקא גבי שעירי יוה"כ דמעכבין זה את זה וכן כבשי מצורע דודאי מעכבין זה את זה דהא כתיב תהיה הוא דבעינן שיהיו שוים אבל תמידין דאין מעכבין זה את זה כדתנן בהתכלת מ"ט ע"א לא הקריבו כבש בבקר יקריבו בין הערבים ואפילו מודין אליבא דת"ק שם דקי"ל כוותיה מעתה אין מקום לדרוש שיהיו שניהם שוים וודאי דשנים לשום דרשא אחרת אצטריך כדמסיק וכן נמי צריך לייבש הא דקאמר ומנין שאף על פי שאין שניהם שוים כשרין וכו' דהכא נמי תיקשי עיכובא מנלן וכבר ראית מה שתירלו התו' על קושיא זו שהוא קלת דוחק יעו"ש ונלענ"ד דס"ד דמקשה דכיון דהרי שנים ליום כתיבי חד בפרש' תצוה וחד בפרשת פנחס מעתה היה לנו לדרוש שבא ללמד שיהיו שניהם שוים ואפילו לעיכובא אי לאו דגלי קרא כבש כבש ריבה והא"כ דלמאי דאסיק דלאו לעיכובא וכן לקמן למאי דאסיק דאצטריך שיהיו כנגד היום כו"מ לאקשויי דשנים שנים למ"ל אלא דלא חש לזה דהא כולה פרשה דתמיד נשנית שם והו"ל כמו פרשה שנאמרה ונשנית ומה גם דכיון דתצוה בשעת חינוך נאמרה אין לחוש כל כך אם נשנית לאחר חינוך ועיין מ"ש בתיו"ט פ"ד דמנחות משנה ד' ד"ה אמר ר"ש אימתי וכו' והא"נ דלמאי דס"ד דבעינן שיהיו שוים מיהא למצוה הוה לן למימר דיעכבו זה את זה דומיא דשעירים וכבשי מצורע אלא דשאני הכא דגלי קרא ואת הכבש השני תעשה בין הערבים לומר דאפילו לא הקריב בבוקר יקריב בין הערבים כדדריש בספרי שם וכתבו ברע"ב בפ"ד דמנחות שם וכיון שכן הגם דגלי קרא הכא דאין מעכבין אכתי נדרוש שנים לומר שיהו שוין מיהא למצוה ואדרבא אימא דמשום דשוים ניהו להכי אצטריך קרא ללמד דאין מעכבין זא"ז ודו"ק.

שם מוספין של שבת ודאי צריכים וכו' עיין פרש"י וצריך להבין דהא הכא אצטריך לגופיה לומר שיהיו שנים ולא יותר ועיין מ"ש בסוגיא מפס ח"כ אהביא דולקחה שתי תורים וכו' אבל נראה דהכא שאני דאפילו אי כתיב כבשים משמע שנים דוקא מדכתיב בתריה ושני עשרונים סולת מנחה בלולה בשמן ונסכו דהיינו שיעור נסכים לשנים כדכתב לעיל מיניה גבי תמיד של כל יום ואם כן ע"כ דלשניהן שוין אתא והכי איתא בפסיקתא זוטרתי שם שני כבשים בני שנה שיהיו שוים ע"כ ובמ"ש ניחא לי דלא תבעיא דאין מקום לדרוש אלים שנים ושני כבשים דגבי קרבנות עלרת בפרשת אמור לומר שיהיו שוים דהא איצטריך לגופן לומר שיהו שנים דוקא דהתם לא מפרש נסכים בשבת אלא גם פרים בני בקר שנים וכו' דכתיבי גבי קרבנות ר"ח ורגלים בפרשת פנחס אצטריכו נמי לגופיה דהגם דמפרש בהם תורת נסכים שלשה עשרונים לפר הא' אין בזה גילוי לשלא נפרש אי הוה כתיב פרים סתמא שלא יהיו יותר משנים וראיתי להרב המאירי ז"ל דמשמע מתוך דבריו דהוה גרים מוספין של שבת ודאי אין צריכין שיהיו שניהם שוים מדלא כתיב אחד אחד שכתב ז"ל ומעתה אף המוספין שנאמר בהם בשל שבת וביום השבת שני כבשים אין אומרי' שיבא ללמד להיות מלותן בשוין שהרי אימא מיותר שאפשי' שמיעוט שעירים שנים מכל מקום לריך היה לדקדק משם לומר שנים ולא ארבעה שהרי לא נאמר בהם א' א' בשעירי וכבשים ולפורים שביארנו ואעפ"י שכל שאתה תופס מועט תפסת כל כיוצא בזה עלרת וכתב לה קרא וגדולי הרבנים סוברים שהמוספין מלוה להיותם שוים ומותקין בגירסת הספרים כמ"ש בפירושינו ואין דבריהם כראין ע"כ לשונו ולפי גירסתם ופי' ניחא שלא מלאנו להרמב"ם ז"ל בחיבורו בהלכות תמידין ומוספין שהתנה במוספי שבת שלריכים להיות שוים כלל ומלשון פסיקתא

וטעמו יאמר הרמב"ם דהוספה היא מאחר תלמיד לפי גירסתו בתלמודא דידן שכבר כתבתי שכמה פעמים מצאנו בס' ההוא תוספת מגמ' דילן ונראה שאין לסמוך עליה דהא קמן בספרי בפ' פנחס שם שלא נזכר שם דרשא זו כלל וק"ל.

שם קסבר ר"א אין מחוסר זמן וכו'. ואע"ג דלפ"ז היה לגו להכשיר אם עשה מוספין קודם עבודת היום כדמשמע מסוגיא דפ"ק דמנחות ה' ע"א יעו"ש והכא ודאי פסול וכמ"ש הרמב"ם ז"ל רפ"ה דהלכות עי"כ שאני הכא דחוקה כתיב דאם איחר אותה והקדים לה עבודת חוץ הו"ל משנה בסדר שלה עיין בתי"י לעיל ד"ה אבל בדברים הנעשים וכו' מיהו מסוגית הירושלמי דפרק טרף בקלפי סוף הלכה א' משמע דלר"א אם הקדים מוספין לעבודת היום כשירין ודברי הרמב"ם ז"ל צ"ע וכמו שהקשה בס' קרבן העדה יעו"ש וק"ל.

רש"י ד"ה **ולעכובא** מנל"ן וכו' שכן מן העבודה וכו'. כלומר דבר השייך לעבודה של יום כגון חפינה של קטורת אפילו לר"י או הגרלה לר' נחמיה שכל אלו נעשין ביוה"כ עצמו לצורך עבודה של יום לא על הלקיחה שהגם שהיא עיקר צורך העבודה מכל מקום הרי היא מתמול שלשום ועיין בתוספות ישנים ד"ה משהגריל עליהן ומ"ש שם וק"ל.

ד"ה **סד"א** וכו' תלתא כתיבי ושנה עליהן וכו' כלומר דנדרוש שנים מאלו לעכב אבל לאו דלעכב צריכי תלתא כדהוה משמע להאורה מפשטא דתלמודא דלעכב בתרי סגי ולהך סלקא דעתין ודאי דאידך שני לשום דרשא אצטריך וא"כ אפשר דס"ד דתרי איצטריכו חד לדמים וחד למראה וקומה עיין בתוספות לעיל סד"ה שני שעירי וכו' ואידך לעכב בכולן וק"ל.

ד"ה **ולמצוה** הכי נמי וכו' והלא לא שנינו זאת אלא תמידין ע"כ כמו ששנינו כאן אלא שעירים ואצל צפורי מצורע בפי"ד דנגעים והגם דגם כבשים לא שנינו שם בנגעים וליתני שם משנה ד' דאשם ועולה יהיו שוים במראה וכו' להכיא י"ל דסמך אמאי דקתני גבי צפורים דזיל בתר טעמא דהכא נמי בני כתיב אבל תמידין אם איתא להא הו"ל למתנייה במסכת תמיד או בפרק התכלת ולשמועינן רבותא התם דהגם דאין מעכבין זה את זה מצותן שיהיו שוים וכבר אפשר לפרש דה"ק והלא לא מצינו ששנינו דין זה גבי תמידים לא במשנה ולא בברייתא כמו שמצינו באחרים ועיין בדברי התוספות ד"ה מוספין וכו' פירוש ואם איתא הו"ל למיתנייה בשום דוכתא וכו' יעו"ש. ופשוט הוא דלפירושו מתפרש הלשון בתמיה וכמו שכתב הריטב"א ומ"ש שם לפרש בניחותא וה"ק דלמאי הכי נמי דבעינן ומשום דגמרינן מהתם משעירים וכו' לא תנינן לה אלא התם דאילו קרא דהכא מיבעי ליה לכדתניא יעו"ש הנה ודאי שהעיקר כפרש"י ז"ל דלפירוש זה תיקשי דא"כ למאי איצטריך שתי ושני גבי מצורע ליגמר במ"מ וכי תימא דקרבן יחיד מקרבן צבור לא ילפינן מ"מ ליגמר כבשי מצורע מצפורים ועוד דגבי שתי תורים דעולה ויורד ודיולדת נאמר דילפינן במ"מ מצפורי מצורע וזה לא שמענו אלא ודאי לא גמרינן חד מאידך וכן הרמב"ם בחי' רפ"א מהלכות תמידין לא התנה בהם שצריכין להיות שוים אף כפרש"י ז"ל וק"ל.

ד"ה **כנגד** היום כנגד זריחת השמש ע"כ כלומר לצד מזרח כדי שיהא רואה השמש דהיינו טעמא שהיה מרחיק עצמו לצד מערב מפני שהחמה בשפולי רקיע ואל הכותל עומד כנגדו והיינו טעמא נמי שפני השוחט ואוחז הבהמה לצד מזרח וכמו שפי' בסמוך ואע"פ שיותר טוב היה שלא יראה השמש וישחוט בשפניו למערב כדי שלא יראה כעובד לשמש מכל מקום גזרת הכתוב היא והיינו שכתב הרמב"ם ז"ל ספ"א מהלכות תמידין תמיד של שחר היה נשחט על קרן צפונית מערבית וכו' כדי שיהיה כנגד השמש דברי קבלה הן שיהו נשחטין כנגד השמש עכ"ד. וז"ל הרב המאירי ז"ל היתה מצותן לשוחטן כנגד השמש נרמז על השפלת עובדיה ע"כ ולפ"ז מ"ש בס' באר שבע בחידושיו לפ"ד דתמיד הטעם שהיה נשחט כנגד היום כלומר הפך מקום זריחת השמש מפני שאז היו אומות העולם עודדים לשמש עכ"ד דהגם שכוונתו לומר טעם שלא היה נשחט לצד קרן צפונית מזרחית שהוא מקום זריחת השמש וכו' מ"מ האמת שלא היה מפני טעם זה אלא אדרבא כמ"ש רש"י כאן דכדי שיראה השמש

היה מתרחק לצד לפונות מערבית וכמו שהעתיק הוא עצמו שם אחר זה וקל להבין.

ד"ה **או** איזו וכו' ובא ללמד שיהו שנים וכו'. ולא תאמר ד' ליום עם אותם דפרש' תצוה וכדאיתא בספרי שם פ' פנחס יעו"ש.

ד"ה **על** טבעת שניה וכו' ופני השוחט ואוחז הבהמה באלכסון לצד מזרחית לפונית וכו'. אבל לעולם שהי' מטה פניו כלפי מערב כדתנן ברפ"ד דתמיד וכן היתה עקדתו ראשו לדרום ופניו למערב השוחט עומד במזרח ופניו למערב וראיתי בלשון המפרש דתמיד והעתיקו התוי"ט שם שכתב ופני השוחט ואוחז הבהמה לצד מערב לפון באלכסון וכו' ע"כ ואפשר לקיים גירסא שלפנינו כמ"ש ומ"ש ואני שמעתי כדי שתהא הראבוגה מסייעתו וכו' הנה מגבד מה שהקשו עליו התו"י שאין זו סברא שיספכו רגליה כלפי מזבח וכו' יעו"ש תיקשי נמי דהא תנן דראשו היה עומד לצד דרום ועם מה שכתבו התוספות שם דאם סדרי הטבעות היו עומדים לדידיה לפון ודרום אין כאן קושיא יעו"ש ובסדר ליוצן בס' חנוכת הבית אות ל"ד דלפי"ז היה מעמיד אחוריה למערב ורגליה אחוזים בטבעת ראשונה של צד מערב ומקרי שפיר ראשו לדרום שהיו פניו פונים לצד דרום אבל משמע שהיה צריך לעקם ראשה כלפי דרום באופן שפניה יהיו מוטים לצד מערב כדתנן ראשו לדרום ופניו למערב אלא דלפי"ז צריך לפרש מ"ש לא בטבעת שאצל המזבח אלא בשניה לה המשוכה לצד לפון וכו' דהא"כ דקאי שסדר שורות הטבעות היו סדורות מזרח ומערב ניחא דשניה משוכה יותר לצד לפון אבל אם סדורים לפון ודרום הך לי טבעת ראשונה כמו שניה דשניהם אצל המזבח ועוד דאף לפירוש ראשון תיקשי דהרי עכס טבעת שניה ברור כדי שתהיה משוכה יותר לצפון מקום שחיטתן ומאי קאמר בתר הכי וטעמא דטבעת שניה לא ידענא אלא ודאי צריך לפרש דה"ק לא בטבעת שניה של שורה ראשונה שאצל המזבח אלא בטבעת השניה הסמוכה לה בשורה השניה המשוכה לצד לפון יותר וגם היה נותן על טבעת שניה של שורה שניה ועמ"ש המפ' שם בתמיד כי דבריו צריכים ביאור יעו"ש כי אין להאריך והו"ק.

ד"ה **ומוספין** של שבת וכו' מדלא הדר כתב בהו אחד וכו' כלומר את הכבש האחד וכו' ועיין בהריטב"א ומה שסיים ישיטא דתלמידי תרבילאי היא בהריטב"א הגירסא ושיטא דתלמידי וכו' והכוונה שזה אינו מלשון סתמא דתלמודא אלא מה שהוסיפו בו רבנן בתראי וז"ל התוספות בפ' התודה פ"ב ע"ב ובתרבילא אומר הוא בית המדרש מקום שמגדילין בו תורה ולשון שהוסיפו בו רבנן בש"ס ע"כ וזה דומה למ"ש רב שרירא ז"ל באגדתו הובאת בספר יוחסין ז"ל וכמה סברי אקבעו בגמרא דאינון מרבנן בתראי כגון רב עינא ורב סימונא וכו' יעו"ש וק"ל.

ד"ה **שני** שעירי יוה"כ שמשלקחן הם קדושים וכו' ולא תפרש דלא נחתא עלייהו קדושת הגוף עד לאחר הגרלה והיינו דפרי' לקמן עד שלא הגריל למאי חזו דודאי כבר הם קדושים דמתרומת הלשכה באו ולקמן הכי פריך למאי חזו דלאחר קרבן ראויים הם בפנים קודם הגרלה וכמו שפי' בסמוך וק"ל.

תוספות ד"ה **הא** מה אני וכו' יש לומר אי לא כתיב שני וכו' והשתא לפי דבריהם יש לפרש דהמקשה ידע ודאי לברייתא דמייתי אלא דהוה ס"ד דהכיא ילפינן מיתורא דליום והכתי שנים אצטריך לדרשא דשוין והשתא ניחא דלא תיקשי להמקשה ליום למה לי ואפשר לומר נ"כ לפ"ז דלמסקנא כבש כבש אצטריך לרבות דאפילו לכתחלה לא בעינן שוין דלא תימא דמשנים ליום תרתי שמעינן מיניה קמ"ל כבש כבש אפילו לכתחילה ודכוליה קרא דשנים ליום תפרשהו לדין דכנגד היום דוקא ועיין בתוספות ישנים ד"ה מבעי ליה וכו' וק"ל.

ד"ה **על** טבעת שניה וכו' כולי האי למזבח בלי הפסק וכו' דבריהם הם על פי פרש"י וכפי הבנתם דאחורי הבהמה היו לצד המזבח ועיין מה שהקשו התו"י דלפי' יש כאן גנאי שמא ירבין גללים אלא דלהתוספות דהכא נראה להם לתקן דה"ע שהיו עושים בטבעת שניה דעתה אין כ"כ גנאי ועיין מ"ש בפרש"י ז"ל וק"ל. ועיין טעם אחר בטבעת שני' שכתב בעל המאור בפרקין.

ד״ה **מוספין** ודאי וכו׳ כתיב עולת שבת וכו׳ דהוי כמו שנה עליו וכו׳ נלע״ד לפרש כונתם מדכתיב עולת ולא עולות כהי הזר והשוה אותה ועיין מ״ש בדיבור הקודם עוד כתבו דאף על גב דאצטריך לדרשא אחריתי דאיברי עולת תמיד של בין הערבים קריבין ביה״ש או ביוה״כ מ״מ אין זה פשוטו של מקרא ואע״ג דהא איתא בספרי שם עולת שבת בשבתו ולא עולת שבת זו בעולת שבת אחרי׳ הרי שלא הקריב לשבת זו שומע אני יקריב לשבת הבאה ת״ל עולת וכו׳ מגיד שאם עבר היום בטל קרבנו ע״כ ודרשא זו ודאי קרובה לפשוטו של מקרא ולעכב מנל״ן למה שפי׳ ניחא דמ״מ מדלא כתיב עולות דרשינן נמי לעכב בבשואתן דאין לומר דאי הוה כתיב עולות הו״א דוקא שהיכן לא יקרבו לשבת אחרת אבל אם שכח אחד מהם יקרב דמאי שנא זיל בתר טעמא משום דעבר יומו וכו׳ וזה פשוט ועוד נראה דס״ל דלדרשא זו לא איצטריך דהא כתיב קרא אחרינא זבח ונסכים דבר יום ביומו ומהכא ילפינן בתמורה י״ד ע״א דאם עבר היום ולא הביאן אינו חייב באחריותן ומייתי לה נמי בספרי פרשת אמור. ומה שכתב אלא הוה מצי לשנות עליו בענין אחר וכו׳ דהוה מצי למכתב זאת עולת שבת על עולת התמיד ונסכה. ומה שכתבו וא״ת והא פריך לעיל וכו׳ י״ל דלעיל דוקא פריך וכו׳ ולעד״ן דלפי מ״ש דלמסקנא נמי כיון השתא י״ל דדוקא תמידין היה צריך התנא לשנותם כדי שלא תאמר דכבש כבש ריבה לגמרי ואפילו מלוה ניכא ותאמר דשנים אצטריך לגופ דרשא אבל מוספין דשינה עליו הכתוב פשיטא ליה לתנא ולא צריך כל כך לשנותם וק״ל.

דף ס״ג ע״א גמרא **הא** סתמא לשמו הוא ופטור וכו׳ דליכא למידק מרישא איפכא דהא סתמא שלא לשמו הוא וחייב דודאי עקירה בעינן וכל כמה דלא עקר ליה לשמו קאי ואינו ראוי לפנים וכי תימא אי ס״ד דבעי עקירה מאי פריך יש לומר דס״ד דהכא נמי גבי שעיר עקירה בעי דהגם דשמותיהן שוים דזה חטאת וזה חטאת מ״מ אינם שוים בעבודות ואהדר ליה דלעולם הכא לא בעי עקירה דבתר שמא אזלינן משא״כ גבי פסח כן נראה ליישב גרש״י ז״ל ובזה יתורץ קושית התוספות ז״ל עליו ושוב ראיתי להריטב״א ז״ל שכתב כן יעו״ש וק״ל.

שם **הכי** השתא התם בעי עקירה וכו׳ הא דלא פריך אכתי ממימרא דאושפה מי״ע לחול דרב חסדא ס״ל דלוקה משום דלא אמרינן הואיל ואי מקלעי ליה אורחים וכו׳ כדפריך מינה בפרק תמיד נשחט ס״ג ע״א וליטני כי לית ליה לקולא אבל לחומרא אית ליה כדשני התם התם משום דבפשיטות יש לדחות דהואיל דהכא אינם עפי שהרי סדר עבוד׳ חוץ לפניו לשוחטו לשם שעיר דחוץ אבל הואיל דמקלעי לא אינם כ״כ בי שמא לא יזדמנו לפניו וכי תימא דא״כ מאי פריך נמי התם מהך נימא דהואיל ואי בעי לתקן ולמול את עצמו אינם עפי שהדבר מוזמן לפניו לעשותו משא״כ האי הואיל דמקלעי וכו׳ די״ל לומר דגדול צער המילה ואינו קרוב כל כך שימול את עצמו כנלע״ד וק״ל.

שם **רבה** בר שימי מתני להו בדרבה וכו׳ הגם דודאי פשטא משמ׳ דהכי גמיר ליה מרביה מ״מ אפשר לומר דהוה ק״ל למאן דמתני להו בדר״ח קושית התו״י דסוגיין דהא ר״ח אית ל׳ הואיל לחומרא אפילו בדבר המחוסר מעשה כדאיתא שם פ׳ תמיד נשחט והכא מדלא קאמר הואיל וראוי לשעיר דפנים משום דמחוסר הגרלה משמע דלית ליה אפילו לחומרא ומש״ה מתני להו בדרבה דהשתא ניחא דרבה לית ליה הואיל במחוסר מעשה אפילו לחומרא כדאיתא התם וכן נמי ניחא דאיכו אית ליה התם הואיל אפילו בדבר שאינו קרוב כ״כ לבא דהיינו הואיל ומקלעי ליה אורחים וכ״ש דאית ליה הכא הואיל וראוי לשעיר דפנים שהוא דבר המוזמן לפניו לעשותו אם ירצה כנלע״ד וק״ל.

רש״י ד״ה **עקירת** חוץ וכו׳ אלא דפנים ובעקירת השם וכו׳ דאילו סבירא לן דלא בעי עקירה וממילא הוי שלמים הא ודאי ליכא לאיפלוגי בין פנים לחוץ לשון הריטב״א ז״ל ועוד כן משמע מדקאמר ר׳ ירמיה בשלמא לשמו דהא לא חזי ליה ואי ס״ל דלא בעי עקירה וסתמא לשם שלמים קאי אמאי לא חזי הא קי״ל שלמים ששחטן לשם פסח דכשירין אליבא דרבי יהושע דפ״ק דזבחים י״א ע״א וקיל״ן כותיה וק״ל.

ד״ה **עולותיהן** וכו׳ ואף מלורע לא שינו במשנה וכו׳ כלומר בגי׳ המשנה שסידר רבינו הקדוש אלא דלבסוף קבעוה במתניתין למיתני מלורע כדקתני הכא אבל דנזיר לא קבעוה תנאי וכדאיתא בתלמודא שם יעו״ש ובתוספות שם וק״ל.

תוספות ד״ה **שלמים** ששחטן וכו׳ בל הקדשים שנשחטו שם פסולין והוה ליה מחוסר זמן וכו׳ כלומר דפסולין מטעם דהו״ל מחוסר זמן מלד שמחוסר המעשה לבנות ולתקן המזבח כמו שהוכיחו בדבריהם דזבחים כ״ט ע״א ד״ה עד שלא נבנה דהא מקרי מחוסר זמן עיין בס׳ לאן קדשים שם ואפילו מחוסר פתיחת דלתות פטור כל שכן מחוסר מעשה גדול דודאי הו״ל מחוסר זמן דפטור מטעם שאינו ראוי לבא לאהל מועד ומשום שלא תאמר דהא דקאמר הכא פטור מכרת דשחוטי חוץ אבל מלקות יש בו והיינו דקאמר ר״י התם דחייב כלומר מלקות לזה הוסיפו ותנן בפרק בתרא דזבחים דמחוסר זמן אפילו ל״ת אין בו כנלע״ד לפרש המשך דבריהם ועיין בתוספות דזבחים שם ובזה אין לורך למה שהגיה בשכ״י דל״ל פסולים והוה ליה מחוסר מעשה ואפילו מחוסר וכו׳ מעשה גדול ותו דהו״ל מחוסר זמן ותנן וכו׳ עכ״ד וק״ל.

בא״ד ועוד אמרינן בפ״ק דע״א וכו׳ היכי משני מפני שמטיל מום בקדשים וכו׳ הא בקדשי ב״ה אין כאן איסור מדאורייתא ועיין בדבריהם דע״א ודזבחים שם שמפורש יותר ושם יישבו דברי רש״י ז״ל יעו״ש. ומ״ש אי נמי בהעלאת מנחה וכו׳ בתוספות דזבחים דייקו לפרש בהעלאת מנחה שמקלה בכלי שרת בפנים אעפ״י שאין בית וכו׳ יעו״ש וכן בדין דאל״ה הו״ל מנחה פסולה ואינה ראויה לפתח אהל מועד דקמלה בחוץ נפסלה ואפילו בלילה בחוץ לר״י גופיה פסולה כדאי׳ פ״ק דמנחות ט׳ ע״א וכי תימא דהכתי איפסילא כיולא הא ליתא דגזרת הכתוב בזה דאפ״ה מחייב בחוץ עיין בפרק השוחט והמעלה ק״י ע״א גבי בעייא חסרון דחוץ וכו׳. ומ״ש אבל אין לתרץ דר׳ יוחנן כר״י ס״ל וכו׳ מ״מ בעי וכו׳ הקושיא מבוארת דאפילו אי הוה שרי להקטיר לר״י בנפגם מזבח אכתי לא מחלה הא דר״י דהא מודה ר׳ יהודה בדמים דבעינן מזבח כדאיתא התם וא״כ אפילו דעזרה בקדושתה קיימ׳ דקדושה ראשונה וכו׳ מ״מ אינה ראוי לפתח אהל מועד כיון דאין שם מזבח לזריקת דם דזה דוחק לומר דאיירי ר׳ יוחנן בזרק בחוץ קודם שנחרב הבית והקטיר לאחר שנחרב ואשמועינן דמחייב נמי משום הקטרה ושוב ראיתי בס׳ פנים מאירות בשיטתו לזבחים שם שהרגיש בזה ולא תירץ מידי ושמא יש ליישב דאי לאו מכח דודאי ר״י לא שרי בנפגם הו״א דר׳ יהודה אפילו בדמים דלא בעי מזבח אמר׳ דמהביא דאייתי רבא התם ס׳ ע״א לא מכרעא ליה לר״י וכדדחי התם ודילמא משום דבעינן מלוה מן המובחר יעו״ש.

ודע שהרמב״ם ז״ל בסוף הלכות מעשה הקרבנות כתב בלשון הזה מי ששחט קדשים בזמן הזה והעלה חוץ לעזרה חייב מפני שהוא ראוי להקרב בפנים שהרי מותר להקריב אעפ״י שאין בית מפני שקדושה ראשונה וכו׳ ע״כ משמע מדבריו דאיתיה למלתיה דר״י אף בזבחים ומשמע נמי דאפי׳ בשלא בנה מזבח במקומו מחייב וא״כ לדבריו ודאי לריך ליישב מאי שנא משלמים ששחטן קודם פתיחת דלתות דפסולים משום דמחוסר מעשה כמו שפסק שם פרק י״ח וכן ממחוסר זמן שפסק שם דפטור מטעם דאינו ראוי לבא עתה בפנים והרי הוא ז״ל גם כן פסק להביא דמזבח שנפגם כל הקדשים שהיו שם שחוטין נפסלו בפ״ג מהלכות פסולי המוקדשים ויראה דכיון דרבי יהושע דקאמר בסוף עדיות שמעתי שמקריבין ואעפ״י שאין בית וכו׳ פשט הדברים משמע ודאי דהיינו דוקא בשבנה שם מזבח דאפי׳ בחוץ אינו חייב אלא בשבנה מזבח כמ״ש שם והיינו שכתב ז״ל ברפ״ב מהלכות בית הבחירה ושלשה נביאים וכו׳ ואחד העיד להן שמקריבין על המזבח הזה כל הקרבנות אעפ״י שאין שם בית ע״כ והוסיף ז״ל על לשון תלמודא דקתני בזבחים ס״ב ע״א ואחד שהעיד להן שמקריבין אעפ״י שאין בית ע״כ להודיענו דדוקא בשבנה מזבח מעתה מ״ש בהלכות מעה״ק חייב מפני שהוא ראוי להקרב בפנים שהרי מותר להקריב וכו׳ סתמו כפי׳ משמע דהיינו דוקא בשבנה מזבח במקומו וכן משמע מלשון בעל ס׳ כפתור ופרח בפ״ו מספרו דאחר שהעתיק הך פלוגתא דר״י ור״ל במעלה בחוץ בזמן הזה וכתב שהרמב״ם ז״ל בספר המלות פסק כר״י כתב אח״ז כתב בעל התרומה ז״ל השוחט בחוץ מיירי כגון שבנה מזבח במקומו בפנים

דהלא״ה אינו חייב בחוץ עכ״ד ומדלא כתב הרמב״ם ז״ל פליג עליה משמע שדעתו לפרש כותו נמי בדרך זה יע״ש וק״ל. ומה שסיימו תימה אמאי פטור וכו' דבריהם מבוארים יותר בתוספות חכמים שם ועיין עוד שם ס״א ע״א ד״ה קודם שיעמדו וכו'.

ד״ה **טעמא** דשלא לשמו וכו' ודוחק הוא לומר דלשמו דרישא היינו סתמא וכו' הכא דאיירינן בשחט בשאר ימות השנה ודאי דדוחק לומר כן אבל בפרק תמיד נשחט שם דאיירי בשחט במועד לשמו אין זה דוחק כל כך לומר דסתמא קרי לשמו כיון דבמועד דפסח קאי ומש״ה אין מקום לדייק אלא מסיפא דמשמע דוקא דפירוש שלא לשמו בהדיא הא סתמא פטור וכן תמצא שרש״י עצמו פירש כן בחולין פרק השוחט ל' ע״א יע״ש אלא דגם שם הקשו התוספות עליו משום דלא ניחא להו לפרש כן דכיון דעבר י״ד הוה ליה תוך המועד כשאר ימות השנה דסתמיה לאו לשמו ואכתי מצינן למידק מרישא איפכא והיינו נמי דסיימו כאן וקשיא נמי התם וכו' אלא יש לפרש וכו' ועיין מה שכתבתי בסוגיא. ומ״ש אלא נראה בספרים דלא גרסי טעמא וכו' אלא גרסי שלא לשמו חייב ואמאי לימא הואיל וראוי שלא לשמו בפנים וה״ק דאפילו בשחט בחוץ לשמו לשם פסח מ״מ ליחייב הואיל וראוי לשוחטו בפנים סתמא דהיינו שלא לשמו דאע״ג דבמה שהוא שוחט בחוץ לשמו אין לומר בזה הואיל מ״מ כיון דלא בעי עקירה יכולים אנו לומר הואיל בכהאי גוונא דהא קמן גבי שעירים ששחטן בחוץ דמסתמא שוחטן לשם מה שהן ואין כונתו לשוחטו לשם שעיר דחוץ אפ״ה אמרינן דחייב הואיל ואי בעי להקריבו לשעי' דחוץ וה״ט משום דלא בעי עקירה וה״ה הכא אלא דהא דאמר נק' בשלמא לשמו דהא לא חזי ניה וכו' דייק כפרש״י ז״ל דלא אמרינן הואיל וראוי לפנים אלא באותו הדרך שהוא שוחט בחוץ אבל מלישנא דרבין דלקמן דייקינן שפיר כפירוש ועיין בהריטב״א. ומה שסיימו אלא י״ל שם כדפרישית הכא ע״כ כלומר דיש לפרש גם שם דאמאי דקתני לשמו פטור הוא דק״ל אמאי פטור ולא אדיוקא דהא סתמא פטור כפרש״י לפי גרסתו אבל ודאי דהתם פריך באופן אחר דאמאי פטור הא הו״ל שלמים ששחטן לשם פסח דכשירים לר' יהושע וכמו שפירשו התו' בפסחים ובחולין שם ומה שלא פירש גם כאן בדרך זה דאמאי פטור נימא הואיל וראוי להתקבל בפני' אפילו בכה״ג דשחטן לשם פסח משום דלישנא דתלמו' דלא קאמר ואמאי לימא הואיל וראוי לפנים אלא קאמר הואיל וראוי שלא לשמו משמע דפריך הואיל וראוי סתמא לפנים דסתמא קאי שלא לשמו וה״ט דתלמודא משום דבעי למפרך לכ״ע דאפילו לרבי אליעזר דפוסל אחרים לשם פסח כדאיתא בפסחים ס״ב ע״ב ובפ״ק דזבחים י״א ע״א מ״מ מצינן למימר הואיל וראוי סתמא שלא לשמו בפנים והתם בפרק תמיד נשחט אה״נ דה״מ לשנויי דס״ל לר' שמעון דמתניתין כר״א ומש״ה במועד לשמו פטור דלאו שחיטה ראויה היא אלא דדחיקא ליה לאוקמיה ר״ש כר״א דלית הלכתא כותיה ומשום הכי קאמר דלעולם סבר כרבי יהושע אלא דהכא בעי עקירה יע״ש ודו״ק.

ע״ב גמרא **ומנא** תימרא דפסיל ביה מומא וכו' אף לאחר שהגריל דתניא ואשה וכו'. לה' לרבות שעיר המשתלח ועל כרחך לאחר הגרלה איירי דאי קודם קרא למה לי הא אין הגורל קובע אלא בראוי לשם והכי מוקמינן לה בתמורה ו' ע״ב יע״ש.

שם דאי כתב רחמנא מחוסר זמן וכו' אבל בעל מום דמטי זמניה אימא לא וכו' הקושיא מבוארת דהא במחוסר זמן לחודיה סגי דכיון דע״כ לאוקמה לקרא כגון שהומם וכו' ממילא שמעינן דבעל מום פוסל בו וכבר הת״י דסוגיין הרגישו בזה לעיל יע״ש בתירוצם ולפע״ד נראה לתרץ דממחוסר זמן לא שמעינן אלא דפסיל ביה מומא אבל אכתי אימא דלא לקי ביה משום מקדיש בעל מום וכגון שחללו על אחר שהוא בעל מום כיון שאינו קודשי מזבח דהא קמן במקדיש בעל מום לדמי נסכים סבר רבי דלא לקי משום דבהוצאה גופו הכתוב מדבר כדאיתא בתמורה ז' ע״ב ולהכי אצטריך קרא דאשה וכו' לרבות אף בשחללו על אחר שהוא בעל מום דלוקה במקדיש בעלי מומים לקדשי מזבח דבהכי איירי דרשא זו וכמו שפירש רש״י ז״ל בתמורה ז' ע״ב ד״ה כגון שהומם וכו' יע״ש ולפ״ז תלמודא ה״ק אבל בעל מום דמטי זמניה אימא דהגם דפסיל ביה מומא מכל מקום לא לילקי במקדיש קמ״ל ועיין בשו״ת מקום שמואל בליקוטיו ליומא שהרגיש בזה ותי' כמ״ש הת״י יע״ש וק״ל.

רש״י ד״ה **אי** קרבן וכו' כלומר או אינו אומר קרבן להוצי' וכו' דהגם דקרבן משמע ולא חולין מ״מ השתא דמצי' למידרש מיניה לרבות קדשי ב״ה חולין לא נמעט דיש לרבותו מדין קל וחומר ומשמע דלפירוש זה גרסינן או קרבן וכדמשמע מדבריו ז״ל וכן הגירסא בזבחים קי״ג ע״ב ובפירושו שם אבל בפ״ק דתמורה ו' ע״ב כתב וז״ל דה״ג אי קרבן ופירש שם באופן אחר דה״ק אם באת לדרוש קרבן דמצד זה מעטה חולין אם כן שומע אני כל מה שנקרא קרבן אף קדשי ב״ה ותרתי שמעינן מיניה מיעוט לחולין וריבוי לקדשי ב״ה יע״ש בדבריו ומכאן יתבאר לך דמה שרצה לפרש בספר קרבן אהרן פרשת אחרי מות פרשה ו' לגירסא שלפניו דגרים אי ביו״ד דה״ק או אינו אומר וכו' הנה מדברי רש״י ז״ל משמע דאין לפרש כן אלא לגי' או בוי״ו אבל שם בת״כ צריך לפרש כפירוש אחרון שכתב שם דהוא פרש״י דתמורה וכן מ״ש בספר צאן קדשים שם בתמורה ובזבחים וביומא לא פרש״י כן וכו' משמע שהבין שיש סתירה בפירושו ואין הדבר תלוי אלא בחילוף הגירסאות וכמ״ש אלא דשוב ראיתי לרש״י עצמו שם בתמורה י״ע ע״א דכתב דכאי אי הוא כמו או בלשון תורת כהנים ולפי זה יש לדחות דהכא נמי גרס אי ואשמועינן דהוי כמו או ויש חילוק בפירוש ומה שסיים בצאן קדשים שם דפרש״י דתמורה ניחא טפי דתרוייהו ש״מ דחולין לא איקרי קרבן ע״כ כבר נתיישב זה ממ״ש דאפ״ה מדין ק״ו הוה מייתינן ליה וק״ל.

ד״ה **הראוי** לפתח וכו' ואני שמעתי וכו' בעלי מומין וכו' וכן לפי' זה מפרשים הא דקתני ולא הוציא שעיר המשתלח שהוא ראוי לבא וכו' דהיינו מצד שהוא תמים בודאי דלא ידעינן הי מהרמי וכן תמצא מבואר בפירושו לזבחים קי״ג ע״ב ד״ה אוציא את אלו וכו' וסיים ז״ל ואי אפשר להעמידה וכו' כונתו מהשני טעמים שכתב שם אם מצד דמתניתין דהתם קרי לפרת חטאת שאינה ראויה הגם דתמימ' היא וה״ה דממעטינן נמי קדשי ב״ה אפילו תמימים ואם מצד דהא דשעיר המשתלח מוקי לה התם קודם הגרלה ווידוי דמש״ה מקרי ראוי לבא לפתח אהל מועד למעשים אלו וכמו שסיים שם בדיבור הנזכר ולפי סוגיא של שמועה זו משמע דקרי ליה ראוי ועתיד ליכנ' משום הגרלה ווידוי עכ״ד והיינו שפירש כאן בסמוך ולא אוצי' שעיר המשתלח שהוא ראוי לבא בא״מ להגריל ולהתוודות עליו הכי מפרש וכו' כלומר ולאפוקי מפירוש ואני שמעתי דגם כאן מפרשים ראוי לבא מצד תמימותו. ומה שהקשו עליו בתו' זבחים שם דמפרת חטאת אין ראיה למעט אפילו תמימים דשאני קדשי ב״ה דכל הראוי למזבח אינו יוצא מידי מזבח לעולם יע״ש יראה ליישב דמכל מקום הרי כתבו שם בסוף דבריהם לפי פרש״י ז״ל [(כמו שהבין בס' פנים מאירות שם)] דלא משום זה מקרי ראוי כיון דמחוסר מעשה דפדיה דלא גרע ממחוסר הגרלה דסוגיין וכיון שכן לא מצינן לפרש יצאו קדשי ב״ה שאינם ראויים מצד מומם דמשמע דהא תמימים חייב ומעתה כך לי פרת חטאת כמו קב״ה תמימים דשניהם אינם ראויים וסברה הוא ללמוד קדשי ב״ה מפרת חטאת דהיא נמי קדשי ב״ה היא כדאיתא בפ״ק דשבועות י״א ע״ב יע״ש וניחא לן טפי לפרש אינו ראוי מצד שאינו מעותד לבא דהוא פירוש כולל אף לתמימים וכן התוספות דסוגיין הסכימו לפי' ועמ״ש בזה בספר ק״א פרשת אחרי מות פרשה ו' וק״ל.

ד״ה **ולא** הוציא פרת חטאת ל״ג שאף היא אינה ראויה לבא וכו'. אבל לפירוש ואני שמעתי שפיר גרסינן לה דאף היא ראויה לבא מצד תמימותה וכן פירש ז״ל בהדיא בפ״ק דתמורה יע״ש ובמה שסיים הכי מפרש ז״ל בזבחים מלבד מ״ש לעיל עוד נתכוון ז״ל להכריח דל״ג לה מדרמי התם שעיר המשתלח דבריתא דקרי ליה ראוי אמתניתין דקרי ליה שאינו ראוי ומפרש לה הכי ואי איתא אכתי קשיא פרת חטאת אפרת חטאת ועיין בתוספות דסוגיין ובתוספות דתמורה שם ולפירושו משמע דגרסינן נמי בסיפא ת״ל לה' מי שמיוחדין לה' יצא שעיר המשתלח שאינו

מיוחד לה' וקרוב לזה גרסינן בזבחים שם ועיין בפי' שם ד"ה ת"ל לה' וכו'. ומה שסיים ז"ל שהוא ראוי לבא לא"מ להגריל ולהתוודות וכו' ראיית ביאתו קמפרש אבל אה"נ דלאחר שמיעטנו זה מלה' לא נמעט אלא לאחר הגרל וקודם וידוי אבל קודם הגרלה לה' קרינן ביה דלא ידעי' הי מתרמי וכדאסיק התם כמ"ש התו' בזבחים ובתמורה שם ובזה יתיישב מ"ש הריטב"א שכתב ולא דק מר"ן ז"ל דהא תניא לעיל דקודם הגרלה חייב וכו' יע"ש וק"ל.

ד"ה ולה' להוציא כוה בשעיר המשתלח וכו'. דודאי הא אשכחן בעלמא דלהוציא הוא דמקרבן לה' דכתיב גבי תמורה ממעטינן מיניה בפרק' קמא דתמורה י"ג קדשי ב"ה יע"ש אבל כונת הקושיא דהכא בשעיר המשתלח דיש סברא לרבותו מגד שהוא ראוי נבא הו"ל לדרוש לה' לרבות כי היכי דדריש לקמן וק"ל.

תוספות ד"ה ולא הוליא וכו' והכי פירושו ולא הוליא פרת חטאת וכו' שהרי ראויה במקלא לפתח א"מ דבעינן שכהן העומד בהר המשחה שיראה פתחו של היכל בשעת הזאה כדכתיב והזה נכח וכו' כדאיתא לעיל י"א ע"א ואפילו את"ל דהא נמי ממעי' מ"מ לא הוליא שעיר המשתלח שהרי הוא בא לפתח אהל מועד ממש להגרלה ולוידוי ת"ל לה' דמהכא יש לך למעט כל שאינו ראוי נה' ל"ב ראוי לפתח א"מ ממש ל"ש קאתו ראוי ומ"מ עיקר מיעוטא דלה' למשתלח איצטריך דפר' ודאי לאו ראויה היא והיינו דסיימו ילה' לשעיר המשתלח וכו' כן נראה שצ"ל א"כ יש להגיה אינה ראויה לפתח אהל מועד לה' לשעיר וכו' וכבר היה אפשר נפרש דבריהא לא בהא"ל היא אלא ה"ק ילא הוליא פרת חטאת ושעיר המשתלח מגד שראויים לבא דגם פרה כתיב בה והזה וכו' ולא פריך התם מפרה דבפשיטות יש לתרץ דמחני' קרי לה שאינה ראויה לבא כיון דאינה בזה ממש לפתח א"מ משא"כ בשעיר המשתלח דראוי לבא ממש קאמר תיקשי אמתני' ועיין בס' ק"א פרשת אחרי מות שהביא שם פירוש אחר ויקשה עליו דודאי אם דם פרה היה נכנס לאהל מועד ממש היה מקום להסתפק אם ראוי היינו על הדם או על הבאת עלמו אבל כיון שהיה שומד בהר המשחה הא ודאי דשעיר המשתלח עדיף שהרי בא ממש גשם ואין מקום לספק בזה יע"ש.

ד"ה זריקת דמים וכו' ובבעלי מומין אמאי איצטריך למכתב תיתי מביניהו וכו' כלומר משחיטה והעלאה והגם דבסוגיין לא מייתי אלא קרא להעלאה וזריקה עיין בסוגיא דפ"ק דתמורה ו' ע"ב דשם תייתי קרא לאיסור שחיטה וגם איסור מקדיש בבעלי מומין ושם הובא ג"כ פלוגתא דר"י בר יהודה שכתבו לקמן דמחייב נמי אקבלה בבעלי מומין יע"ש. ומ"ש מלינו למימר דהיינו דוקא במקדיש וכו' כדקא' התם בכולהו הקדישו מהו ולא נקט קמן סלת של מנחות לאחר שהתליע מהו והכי דייק לשון רש"י ז"ל שם שכתב הקדישן לצורך מנחות מהו שילקה עליהן משום מקדיש בעל מום וכו' ופשוט שכונתם לומר דדוקא משום איסור מקדיש מספקא ליה אבל קמילה וה"ה הקטרה קומן לר"י בר"י פטור דהא כיון שכתבו דקמילה דמקום שחיטה היא לא ה"ה העלאה ואפ"ה מספקא ליה התם אי איסור מקדיש איכא אית בהו או דילמא דכיון דאיצטריכו כולהו דבכללן מקדיש בעל מום דבהמה לומר דמנחה לא אתא מביניהו ואיכא למימר דלא ילפא מהכא כלל אפילו לאיסור מקדיש עוד כתבו א"נ אפילו תאמר דגם באיסור קמילה והקטרה מבעיא ליה איכא לאוקמה אליבא דרבנן דר"י בר"י דלדידהו איצטריך לגלויי אקבלה דלא אתא מביניהו אבל מנחה לא אימעיטא אלא דמספקא ליה אי שייך איסור דבעל מום גם בסולת דמנחות או דילמא דדוקא בבהמה נאמר ולזה נוטים דברי הרמב"ם ז"ל פ"ג מהלכות איסורי מזבח שכתב המקדי' יין פסול או סולת וכו' הרי הדבר ספק אם דומים לבעל מום כבהמה דלוקה או אינם כבעל מום וכו' ועיין מ"ש בספר משנה למלך שם דאפשר דלאו דוקא המקדיש אלא דתחלת האיסור נקט יע"ש וכן נ"ל הגד אז שכתבו דאתיא כרבנן וק"ל.

באו"ד אי נמי י"ל וכו' וא"כ מקדיש ושוחט לא הוה נפקא לן וכו' אע"ג דהרבעה לא תקריבו כתיבי בפרש' בעלי מומין ודריש להו ר"י בר"י התם לשוחט ומקדיש וזריקה וקבלה וא"כ אפילו אי לא כתיב קרא לזריקה אכתי הו"ל תלתא ומרבינן מיניה שוחט ואתי מקדיש מביניהו וי"ל דכיון דאיכא למידרש לא תקריבו בתרא כפשטיה לומר דאפילו מבן נח לא יקבלו בעלי מומין וכדדרשי ליה רבנן התם מעתה אי לא הוה כתיב קרא לזריקה אפילו ר"י בר"י היה מודה דלא מפקי' קרא בתרא מפשטי' מלשון הקרבה ולאוקמיה בשוחט ומקדיש אלא דרשינן לרבות מבן נח אבל השתא דכתב קרא לזריקה דהו"ל ד' כתובים ואפילו תדרוש דרשא דבן נח אכתי אייתר לן חד וע"כ להוציאו מפשוטו ולדורשו באם אינו ענין לשחיטה או למקדיש ה"ה דאידך נמי לאו לדרשא דבן נח אתא אלא לרבות קבלה ואינך איצטריכו למקדיש שוחט וזורק. ומ"ש וגבי השוחט את הפסח על החמץ וכו' [(כל"ג)] ומ"ש למ"ל קרא לזריקה היינו קרא דדם זבחי כדאיתא במכילתא פרשת משפטים וכמ"ש רש"י ז"ל בפ' תמיד נשחט שם והכי איתא בירושלמי שם הזורק מנין ת"ל לא על חמץ דם ע"כ ופשוט דמה שהקשו תיתי מביניי' כלומר משחיטה והקטרה דאין זה אלא להוצא חנא דמקיש הקטרה לשחיטה דהקטרה נמי קאי בלא תעשה דלא תשחט על חמץ יע"ש ולפי"ז נלע"ד לתרץ קושי' זו באופן אחר דאי לא כתיב קרא לזריקה הו"א דדוקא שחיטה דחמירה דפסיל בה מחשבת דשלא לאוכליו כדאיתא בהשוחט והמעלה שם הוא דקאי בל"ת דלא תשחט אבל זריקה וה"ה הקטרה לא וקרא דלא ילין חלב חגי לא דרשינן מיניה אלא לומר הנך דקיימי עליה משום לא ילין ולאפוקי אחד בסוף העולם אבל כהן המקטיר אע"ג דקאי עליה בלא ילין לא מרבינן כיון דליה ליה שייכות בגויה אבל השתא דכתיב זריקה ה"ה דמרבינן מלא ילין גם כהן המקטיר דכיון דקאי בלא ילין קאי בלא תשחט על חמץ דלמה שתירצו קשיא לע"ד דאכתי לגלויי אקבלה לא איצטריך דהכתיב זבחי ודרשינן בירושלמי שם יכול המקבל והמהלך על חמץ יהא חייב ת"ל זבח מה זביחה מיוחדת שחייבין עליה בחוץ יצא המקבל והמהלך על חמץ שאין חייבין עליהן בחוץ וכו' ע"כ ולא תיקשי דא"כ היכי מרבינן בתלמודא דידן מולק דהא אע"ג דאין חייבין בחוץ מ"מ בכלל זבח הוא דמליקה במקום שחיטה היא ודוקא גבי חיוב חוץ ממעטינן לה משום דכתיב אשר יעלה עולה מה העלאה שהיא גמר עבודה כדאיתא בהשוחט והמעלה קט"ו ע"ב יע"ש. ומ"ש וכן הקשה בע"א וכו' היינו בסוגיא דפ"ד מיתות שכתבו לקמן בסמוך יע"ש וק"ל.

באו"ד עוד הקשה וכו' מה להנך שחייבין בבעלין מומין וכו' וכמו שהגיה מהרש"א דלגי' שלפנינו תיקשי מאי קאמר ירליתי לומר מנסך יוכיח הא מנסך חייב לע"א ואכתי פרכינן מה להנך שוחט ומקטיר ומנסך שכן חייבין בע"א וכמו שהקשו לקמן בסמוך וה"ה דהוה מצי לאקשויי מה להנך שכן חייבין על החמץ ולתרץ מנסך יוכיח דפטור על החמץ דהא זבח כתיב כי היכי דממעט בירושלמי מהכא קבלה אלא דהדא מתרי פרכי נקטו. ומה שכתב מיהו יש לומר מנסך מים יוכיח וכו' דלא אשכחן שילקה עליהם וכו' לא זכיתי להבין מה הפרש גם בינם ליין דכיון דהושוו לענין חיוב חוץ כדאיתא בהשוחט והמעלה וכן הושוו לענין גילוי כדאיתא בפרק לולב וערבה שהמים והיין המגולים פסולים מע"ג מזבח ומפרשים טעמא התם משום הקריבהו נא לפחתיך ובירושלמי שם מפרשי ממשקה ישראל מדבר המותר לישראל וכיון שכן ה"ה אם נשתנו מראיהן אם הם עכורים פשיט' דפסולין לניסוך וא"כ גם הם בכלל בעיא דהקדישן מהו שילקה וממאי דלא בעי התם אלא ביין אין ראיה משום דמתני' לא איירי אלא בפיסול יין והה"נ דאי הוה קתני נמי פסול מים הו' מבעי' לי' נמי בהו והא קמן נמי דבתוספתא דסוף מס' סוכה קתני מי החג חייבין עליהן משום פגול נותר וטמא לפי' אם לנו או שנטמאו יצאו לבית השריפה ע"כ ואע"ג דחיוב פגול ירלה דמדרבנן קאמר דהא מוכח ממתני' דפרק בית שמאי מ"ג דאין פגול בנסכים הבאים בפני עלמם מ"מ אינך משמע דמדאורייתא נינהו וכיון שכן אמאי לא נסתפק גם בהם אי לוקה משום מקדיש וראיתי בס' משנה למלך בפ' מהלכות איסורי מזבח שהביא דבריהם אלו בסתמא ולי הדיוט דבריהם צל"ע. גלעיקר קושייתם הא ודאי אין לייש' דסוגיא דזבחים אתיא כר"י בר"י דמחייב בקבלה משום בעל מומין ולהכי כתיב זריק' כי היכי דלא תיתי מביניי' אבל לרבנן בלא"ה לא אתיא וכי תימא למ"ל למכתב זריקה אימא דאיצטריך לחייב שתים וכדקאמר ר' אבהו שם דלר"ע שחט וזרק חייב שתים חדא דזה דוחק לאוקמה לסוגיא דלא כרבנן דהלכתא כותייהו ועוד דלאביי דס"ל התם דאפילו לר"ע אינו

חייב אלא אחת למ"ל למכתב זריקה אלא יש ליישב דסבר תלמודא דאין חומר איסור בעלי מומין מושך חיוב חוץ דהא קמן מקדיש דהגם דאין בו איסור חוץ יש בו איסור בעלי מומין וכן שעיר המשתלח לאחר הגרל' ווידוי הגם דאין בו איסור חוץ דאינו ראוי לפתח אהל מועד כדאיתא לעיל ובהשוחט ומעלה קי"ג מ"מ יש בו איסור מום וכי תימא דהכי נעביד ק"ו בהאי גוונא ומה מקדיש החמור דיש בו איסור בעלי מומין אין בו איסור חוץ קבלה שהיא קלה שאין בו איסור בעלי מומין לכ"ש שלא יהיה בה איסור חוץ איכא למיפרך מה למקדיש שכן שייך בחולין תאמר בקבלה דאינה אלא בקדשים והרי היא דומה לזריקה ושחיטה שחייבין עליהם בחוץ ולהכי איצטריך למיכתב זריקה לגלויי אקבלה דלא תיתי מביניא ועוד יש לתרץ קושייתם דא"ל קרבן עוף יוכיח דלא שייך בו איסור מקדיש בעל מום כדקיל"ן דאין תמות וזכרות בעופות ואפ"ה יש בו איסור שוחט ומעלה בחוץ כדאיתא בהשוחט ומעלה ק"ז ע"א כנלע"ד ודו"ק.

בא"ד ויש לומר דלאו דוקא נקט לגלויי אקבלה וכו' דהרואה הסוגיא שם יראה דאיירי בפטור קומץ ומקבל בחוץ מג"ל ומעתה י"ל דעיקר קרא דזריקה איצטריך לגלויי אקמילה דלא תיתי אבל קבלה בלא"ה לא אתיא ומה גם לגי' שלפנינו שם דקאמר תלמודא סתמא להכי כתב קרא למימר דלא אתא מביניא ע"כ דמלינן למימר דאקמילה דוקא קאי אלא שבאמת פשט הסוגייא משמע כמו שפרש"י שם דאפטורא דקמילה וקבלה קאי ועל כן נלפ"ד ליישב קושיא זו בדרך אחר דא"ל דשוחט בהמת קדשים בחוץ להדיוט שלא נתכון לשוחטה לקרבן יוכיח דחייב בחוץ כדתנן שם חומר בשחיטה שהשוחט להדיוט חייב והגם דאין חייב בכגון זה לעבודה זרה לא מבעיא משחט להדיוט בהמה שהפרישוה יהקריבוה לעבודה זרה דודאי פטור דמגבד שלא נתכון לעבודה זרה עוד זאת לא דמיא לבהמת קדשים שחל קדושתה עליה משא"כ תקרובת בהמה לע"ז דלא נאסרה ואפילו השתחוה ליה כדקאמר ר"י בפרק ר' ישמעאל נ"ד ע"ב ועיין בהרמב"ם רפ"ח מהלכות ע"ז אלא אפילו עשאה תגיפין בע"ז דנאסרה מיד כדאיתא התם והשתא דמיא לבהמת קדשים מ"מ לא אשכחן דאם בא ושחט בהמה זו להדיוט שיהיה חייב משום שוחט לע"ז דדוקא בשחוטי חוץ אמרינן דחייב אפילו בכי האי גוונא משום דגלי קרא התם דם יחשב לאיש ההוא דם שפך אפילו השוחט לאיש כדאיתא שם ק"ח ע"ב אבל בעלמא לא וכיון שכן אי לא כתיב זריקה הוה אתיא קבלה שפיר מבעיא א"נ גם כאן יש לתרץ בדרך שכתבנו לעיל דאין איסור ע"א מושך איסור חוץ דהא קמן שוחט בעל מום לע"ז דחייב כדאיתא בירושלמי פ"ד מיתות הלכה י"א אע"ג דאין חייב משום שחוטי חוץ לגבוה דאין ראוי לפתח אהל מועד וק"ל.

בא"ד וא"ת בקמילה נמי וכו' כדמשמע בפרק תמיד נשחט וכו' אע"ג דבהדיא איתא התם אבל הקומץ את המנחה אינו עובר בלא תעשה מ"מ כתבו כדמשמע משום דלמסקנא דאסיק שם הקטרה אהקטרה ל"ק תנאי היא דאיכא דמקיש הקטרה לשחיטה ואיכא מאן דלא מקיש מעתה י"ל דברייתא קמייתא דקתני מקטיר חייב משום דמקיש הקטרה לשחיטה כיון דעובר בהקטרה משום לא ילין ה"ה דמקיש קמילה לשחיטה מהאי טעמא גופה דבקומץ נמי יש בו איסור לינה כדתנן פ"ב דמעילה הקומץ והלבונה וכו' קדשו בכלי הוכשרו ליפסל בטבול יום ובמחוסר כפורים ובלינה ומה גם דקמילה במקום שחיטה היא לכל מילי והו"א דהיינו טעמא דלא קממעט מחובה אלא מולק את העוף דוקא אבל קמילת מנחה בכלל אחד השוחט היא אלא דסברא הוא למימר דתיתי מביניא משחיטה וזריקה דכתיבי גבי שחוטי חוץ מחלוקת בקלות דלתנא דברייתא קמייתא מולק פטור וקומץ חייב אפילו בארבעה עשר דבהא איירי בדאיתא התם ולתנא דברייתא בתרייתא קומץ אפילו בחול המועד פטור וק"ל.

בא"ד י"ל איכא למיפרך מה למנסך שכן קבע לו ראשו וכו' והיה צריך לומר שחיטה יוכיח דאפילו קדשי קדשים סגי בשחיטתן על ירך המזבח ואי קשיא לך דהכתי ממנסך ושחיטה או ממנסך וזריקה הוה אתיא שפיר קמילה מביניא ולמאי איצטריך לפ"ז ג' מלמדין עיין בסוגיא שם י"ל דניחא ליה למימר דתיתי מביניא משחיטה וזריקה דכתיבי גבי שחוטי חוץ

משא"כ מנסך דלא כתיב אלא דמסברא אמרינן דחייב משום דאורייתא הוא עיין שם ק"י ע"ב ועיין בסמוך ומ"מ אי הוה אתיא ממנסך לחודיה הא הוה עדיף לן למימר הגם דלא כתיב אלא דק"ל. לפי זה דלמאי דמשמע דכוונתם להקשות בין אמאי דקאמר התם דקמילה אתיא מביניא ובין למאי דקאמר דזריקה אתיא מביניא דבתרווייהו הו"מ למימר דאתיא כל חדא ממנסך לחודיה דכן מוכרח ממה שכתבו הא ממנסך לחודיה אתו וכו' וגם ממאי דתריצו ותאמר בזריקה שעומד וכו' הא אי לא כתיב זריקה מריבויא דדם יחשב כדאיתא התם היכי אתיא ממנסך אימא דמנסך נמי פטור כזריקה דזה דוחק לומר דמדפשיטא לן גבי ע"ז מנסך עפי מזריקה דלא נפקא אלא מכל אסיך נסכיהם מדם כמ"ש לעיל אימא דעדיף מנסך מזריקה דהא ליתא דודאי זריקה דכפרת קרבן היא עדיפא ומסתברא טפי לחייב בחוץ דומיא דשחיטה והעלאה ואלאי גבי ע"ז משום דכתיב ישתו יין נסיכם הוה ס"ד דאזריקה פטור אבל הכא דלא כתיב מנסך אדרבא זריקה עדיף והיכי בעינן למילף זריקה מניסוך גם אין לומר דלסוגיא דאיתא שם קט"ו ע"ב דילפינן מה העלאה שהיא גמר עבודה אף כל וכו' מעתה אי לא כתיב זריקה עפי פשיטא לן מנסך דחייב שאין אחריו עבודה כלל משא"כ זריקה דיש אחריה העלאת איברים ופדרים וא"כ שפיר ילפינן לה ממנסך חדא דמשמע דסוגיא זו פליגא וכמ"ש התוס' שם ועוד דאף שנייחב הסוגיות כדרך שכתבו בס' פנים מאירות וס' לאן קדשים שם אכתי זריקה נמי עבודה שאין אחריה עבודה דם מקריא יעוד דאיברים ופדרים דבתרא לא מעכבי והא קמן דזר חייב עליה מיתה משום דעבודה תמה היא כדאיתא לעיל כ"ד ע"ב וזה פשוט סוף דבר דבריהם בזה צריך לעיין ודו"ק.

דף ס"ד ע"א גמרא **במאי** קא מפלגי רב סבר בעלי חיים נדחין וכו'. מה שהקשה בבכ"י אמאי לא קאמר לעיל בס"פ הוציאו לו דרב פפי ורב שימי משמיה דרבא בהא פליגי י"ל דהתם ראשון לא נדחה לגמרי שהרי הועיל מעשה חבירו למתנות פנים מיהא ואימא דהתם אפילו ר"י מודה דאין נדחין ואפילו תאמר דכל כמה דלא גמר כולהו מתנות הו"ל דשעיר משתלח חבירו נדחה עדיין י"ל דלא בעי לאוקמיה מלתיה דרבא בפלוגתא דרב ור"י אלא ניחא ליה למימר טעמא אחרינא דלא תליא בפלוגתייהו כלל וק"ל.

שם **ואידך** נפקא ליה מגם בהם וכו' לפירוש רש"י ולפי' ראשון של תוי' שאמרו דרב ס"ל כר"א הו"מ למימר דר' יוחנן ס"ל כרבנן דלית להו הך דרשא אלא דעדיפא מיניה קאמר לשון שכי' דודאי לפירוש אחרון של תוי' דכאן וזבחים הגם דלכתחי איכא רבנן דברייתא דלית להו הך דרשא זה אין סברה לומר דשבק ר"י רבנן ור"א דמתניתין דאית להו דרשא זו וסבר כרבנן דברייתא וזה פשוט.

שם **ורב** נהי נמי וכו' אי בעי נקריב וכו' דאי משום דהכי משמע ליה דאסיפא דאם של עזאזל מת דיביא שנים ויגריל דהרי יש כאן שנים של שם דקתני עוד והשני ירעה כלומר שני דזוג שני דאיירי ביה הוא דירעה הא יש לדחות דלהכי סתם לה מתניתין דלא קתני שני שבזוג שני בהדיא לאשמועינן דאי בעי האי נקריב וכו' ורב נמי משמע דבדוקא קאמר אבל איפכא לא דאלת"ה כיון דלפרושי שני ירע' דמתניתין אתא לימא שני שבזוג שני או שבזוג ראשון ירעה וממילא משמע דאת מה שנשאר קרב אלא ודאי דלהכי קאמר במלתיה דשני שבזוג ראשון יקרב לאשמועינן דדוקא זה קרב ולא האחר ולמאי אי בעי האי נקריב וכו' וק"ל.

שם דתנן המפרש וכו' וכן הגירסא ס"פ דלעיל וירא' דל"ל דתני' דאינה משנה בשום מקום אבל היא בתוספתא פ"ע דפסחים וכן תמצא בתוספות דפסחים צ"ז ע"ב סד"ה קודם שחיטת הפסח וכו' יע"ש.

רש"י ד"ה **בעידנא** וכו' אינו ראוי לשחט עד לאחר מתן דם הפר וכו' וה"ה היכא דמת של שם והביא שנים והגריל דהרי יש כאן שנים דעזאזל דלא נראה ראשון לשלוח עד לאחר מתן דמים של חבירו וכמו שפי' לעיל ס"פ הוציאו לו יע"ש אלא דכאן פירש כן משום דבנשארו שנים של שם איירי רב כדקאמר ראשון יקרב שני ירעה ולפי' דהכא לא תיקשי דמי לא עסקינן הכא נמי כשמת של עזאזל לאחר מתן דם פר

דכבר איתחזי של שם ליפטע קודם שימות של עזאזל וקודם שיה׳ ראוי האחרון של שם ובשלמא במת של שם כיון דשל עזאזל תלוי בו לא משכחת דאיתחזו של עזאזל אלא בבת אחת דוקא דיש לומר דהא רב בכל גווני קאמר דמלוה בראשון ואפילו היכא דמת של עזאזל קודם מתן דמו של פר דהשתא בשידנא דאיתחזי ראשון של שם אתחזי נמי אחרון וא״כ במליאות זה לא דמי להא דר״י דקופות בלל ועיין בתו״י דסוגיין דפירש לה הכא נמי כדרך פרש״י דספ״ק דלעיל כנראה דלא ניחא להו פי׳ דהכא מטעם דבמת עזאזל משכחת לה בלד אחד שיהיה דומיא דקופות משא״כ לפירושם דלא משכחת לעולם שיראו אלא בבת אחת ועיין שם בלשונם אלא דרש״י ז״ל לא חייש לזה וכמ״ש וק״ל.

ד״ה **אלא** ר׳ יוסי וכו׳ והרי שניהן עומדים כשהגיע זמן השחיטה וכו׳. דליכא למימר דר״י איירי כשנאבד הראשון אחר חלות דהשתא אתחזי מעיקרא ובהא דוקא ס״ל דמלוה בראשון דהא מדקאמר ת״ק והרי שתיהן עומדים משמע דאשמועינן בזה דהיו שם שניהם יחד בשהתחיל זמן חיוב שחיטת פסח ואף בזה קאמר ר״י מלוה בראשון אלא דלפ״ז לריך להלק ולומר דע״כ לא קאמרי רבנן דר״י דאיזה מהן שירלה יקרב אלא דוקא במליאות זה דשניהם נראו בבת אחת אבל כי הויא דקופות אפילו רבנן מודו דמלוה בראשון וס״ט דהחם ל״ש עליה כלל אלא דהשתא לריך ליתן טעם דרב היכי שבק רבנן ועבד כר״י וכיולא בזה תיקשי לסוגיא דס״פ דלעיל ובשלמא אי הוה אמרינן דרבנן אקופות נמי פליגי ניחא דכיון דסתם לן תנא גבי קופות בפ״ג דשקלים דהיה כתוב עליהן אלף בית וע״כ טעמא כדמפרש ר״י בברייתא מעתה אף בזו קיילן כר״י והיה אפשר ליישב דס״ל לרב דהכא אפילו רבנן מודו דכיון שאין דהיוי מלד עלמו אלא מלד חבירו שמת מלוה בראשון ודוקא התם בנאבד דהדיחוי מלד עלמו הוא דסברי רבנן דאין כאן תו מעלה לראשון ואלא ר״י דפסח דקאמר תלמודא היינו דאיהו חידש ענין זה דמלוה בא׳ אבל לאו למימרא דרב ס״ל התם גבי פסח כר״י וקרוב לזה ראיתי שתירץ מהר״י קורקוס ז״ל לדעת הרמב״ם בפ״ד מהלכות ק״פ הלכה ו׳ יע״ש בכ״מ ועיין בשו״ת שם חיי בליקוטיו דף י״ד ע״ג דאין חי׳ ברור דהא רב בכל גוונא איירי אפילו במת קודם מתן פר דלפ״ה מלוה בראשון וכמ״ש בדברי רש״י דלעיל ועוד דגבי שעיר משתלח ע״כ שנים נראים בבת אחת דוקא וא״כ אין מליאות לומר דרבנן מודו לרב אם לא שנחלק בין דיחוי עלמו לדחוי מלד חבירו כמ״ש יע״ש כי אין להאריך ועיין בתו׳ דפסחים ל״ו ע״ב ד״ה קודם שחיטת הפסח וכו׳ וק״ל.

תוספות ד״ה **דחייתו** לגוק ובפ׳ תעלת הטוף בזבחים אמרינן דעריפה מטהרה וכו׳. זהו עיקר הקושיא דמהיא דאותו ואת בנו ה״ה אפשר לדחות ל״מ למאי דס״ד התם דרשב״ל הוא דקאמר דאינה משנה דלא מלי לתרולי דמתניתין טורף קתני דהא איהו ס״ל דבטורף פטור לכ״ע ושוחט דוקא קתני כדאיתא בירושלמי פ״ט דסוטה סוף הלכה ו׳ רבי אמי בשם רשב״ל אפילו דברי ר״מ טרפה פטור אמר ר׳ אילא ופוטרה משום אותו ואת בנו ע״כ אלא אף למאי דאסיק דר׳ יוחנן הוא דקאמר אינה משנה מלינן למימר דסבר כרשב״ל דשוחט דוקא קתני אבל השתא דמוכח מסוגיא דגמרא דילן ס״פ תעלת הטוף דפשיטא לן לר״מ דעריפה מטהרה טפי משחיטה כדקאמר התם היכא דערף מערף לא איצטריכי ליה יע״ש משתה משמע ודאי דעריפה כשחיטה ראויה היא לחייב משום או״ב לר״מ וע״כ לתלמודא דידן שוחט דקתני לאו דוקא דהא משמע בירושלמי דהא בהא תליא דלמאן דס״ל דפטר ר״מ בעריפה משום או״ב אין עריפתה מטהרתה מידי נבלה דהכי איתא התם לעיל מינה הלכה ה׳ חד סב שאל לרבנן דקסרין עריפתה מהו שתטהר טריפתה מטומאתה אמרין ליה ולאו מתניתא השוחט ונמלא טריפה [כלומר פלוגתא דר״ש ורבנן דפ׳ או״ב] אמר לון מה אנן בעיין ערפה כלומר [כלומר עריפה] ואתון מייתו ליה שחיטה אמרין ליה לא כן אמר ר׳ ינאי דברי ר״מ אפילו עריפה חייב ואמר לון ומן הדא דר׳ ינאי אתון מגיבין לי [כלומר דאיתא כר״ל דסבר דפטר ר״מ בעריפה משום או״ב וה״ה דאין מטהרה מידי טומאתה] ע״כ הא קמן דהא בהא תליא ודשחיטה עדיפא ליה מעריפה וכיון שכן ע״כ לומר דתלמודא דידן פליג אדירושלמי ודלכ״ע עריפה מטהרה מידי נבלה וה״ה דחיי׳ או״ב לר״מ ומעתה שפיר הקשו דמאי קאמר אינה משנה לימא דטורף קתני ומ״מ נלענ״ד ליישב קושיית הר״מ ז״ל דתלמודא דידן סבר דלאו הא בהא תליא וסבר כר״ל דמתניתין שוחט דוקא קתני דהא גבי או״ב לא תשחטו כתיב דמה״ט פטר נוחר ומעקר כדאיתא במשנה שם ובת״כ פ׳ אמור ודוקא הכא אמרינן דחייתו לגוק זו היא שחיטתו דהא אפילו אם שחטו לאחר שדחה אותו לגוק ולא מת יצא ידי חובתו כדאמר לקמן ס״ו ע״ב משא״כ גבי עגלה ערופה דלא משכחת בה דמתכשרא בשחיטה דהא מיעט רחמנא וערפו העגלה בעריפה אין בשחיטה לא כדאיתא פ״ק דחולין כ״ד ע״א והא דעריפה דמטהרה מידי נבלה לאו משום דכשחיטה חשיבא אלא דזו היא מלותה ולא נעשית נבלה משום זה והא קמן דלר״ש הגם דשחיטה שאינה ראויה לאו שמה שחיטה לחיוב או״ב מ״מ ראויה היא לטהר מידי נבלה כדאיתא פרק כיסוי הדם פ״ה ע״ב ושוב ראיתי שכתב קרוב לזה בס׳ פני משה בפי׳ הירושלמי שם יע״ש ועיין מה שאכתוב עוד בתו״י דסוגיין וק״ל.

ד״ה **התם** לא אתחזי וכו׳ לא דמי למחוסר זמן דהתם מעטה שהקדישה וכו׳. כונתם דה״ט דלא יליף ר״י דחוי מעיקרו ממחוסר זמן ולימא דלא הוי דחוי משום דהתם היינו בבהמה של שני שותפין הו״ל דחוי מעיקרו משעת הקדשה אבל מחוסר זמן קס״ד דאינו יבול להקדישו עד יום שמיני והיינו דסיימו ואע״ג דגבי מחוסר זמן נמי אמרינן בזבחים שם לילה לקדושה דיכול להקדישו ליל שמיני ללורך מחר אלמא אפ״ג וכו׳ ומה שנראה מדברי מהרש״א שהבין דבריהם דאמחוסר זמן קיימי יע״ש פשט דבריהם יראה כמ״ש ושוב ראיתי בס׳ אמרי לרופה שהשיג על מהרש״א בזה ופי׳ כמ״ש יע״ש. ומ״ש ואין לתרץ לילה לאו מהוסר זמן וכו׳ כדקאמר בזבחים שם אליבא דרבי יוחנן דהא הכא חשיב נדחה שעיר של שם אף על גב דהדר איחזי באותו יום עלמו שנדחה כשיביא שנים אחרים ויגריל כדקאמר הכי נראה ונדחה וכו׳ ותירץ שפיר דמחוסר זמן לא חשיב דחוי מעיקרא וכן כל קרבן שהקדישו ביום לא חשיב נראה ונדחה אם מטעם דממילא חוזר ונראה מבלי שום מעשה ואם דבשעת לילה שנדחה אין ראויה להקרבה אבל הכא גבי שעיר של שם דלריך מעשה ההגרלה כדי שיהא חוזר ונראה ועוד שנדחה ביום דהוי זמן הקרבה אימא דאינו הוזר ונראה והא קמן דלעיל ס״ב ע״ב במחוסר מעשה לא אמרינן אין מחוסר זמן לבו ביום וממילא ודאי דאיתרלא בזה קושית ר׳ יוחנן שכתבו דליכא למילף הכיא דבהמה שהקדיש חליה דמחוסרת מעשה דלקיחה והקדש חליה השני׳ כדי שתהיה חוזר ונראית ממחוסר זמן דממילא הדר חזי ומש״ה סבר ר״י התם דדחויה מעיקרא היא וכן תירץ התוספות ישנים דסוגיין והתוספות דזבחים שם ד״ה וש״מ דחוי מעיקרו וכו׳ אלא דהתו׳ דפסחים ל״ח ע״א סד״ה ש״מ וכו׳ תי׳ באופן אחר יע״ש וק״ל.

ד״ה **ואידך** וכו׳ והא דמשמע התם דדרשא דר״א מה״א דבהם וכו׳ כל״ל וכמו שהגיה מהרש״א ועיין בתו׳ דזבחים ובמה שהגיה בספר לאן קדשים שם ועיין בתו״י דסוגיין ובמה שכתבתי שם וקל להבין.

ע״ב גמרא **תנן** ועוד אר״י וכו׳ בשלמא לר״י וכו׳. דהא מדלא פליג ר״י בהדי׳ וליתני ר״א ב׳ שבזוג א׳ ימו׳ דהשתא הוה אשמועינן שפיר דבתרתי פליג דת״ק סבר ב׳ שבזוג ב׳ ואיהו סבר שני שבזוג ראשון דב״א נדחין וכן ת״ק סבר ירעה ואיהו ס״ל ימות משמע דאמאי דקאמר ת״ק שני שבזוג שני לא פליג עלייהו דאיהו נמי סבר דאין ב״א נדחין והא לא אפשר דהא קאמר בהדיא נשפך הדם ימות המשתלח אלמא דס״ל דב״א נדחין אלא ודאי ע״כ לומר דת״ק נמי סבר דנדחין וב׳ שבזוג א׳ קאמר דירעה ואתא ר״י בריש דמלתיה לפלוגי אהא דקאמר ת״ק ירעי׳ אבל בסיפא דמלתי׳ את״ל אוסופי אמלתי דת״ק דלא זו שמית׳ הא׳ דוחה את חבירו אלא גם שפיכת דמו דוחה את חבירו והיינו דקאמר ועוד ארוכות וכבר אפשר לפרש דבסיפא נמי פליג דכלפי מאי דמשמע ממלתיה דת״ק דדוקא במיתה של שם נדחה חבירו של עזאזל אבל לא בנשפך דמו משום דסברי כר״ש דלא הזקיקו הכתוב להיות חי אלא עד שעת וידוי ולא עד כפרת דמים של חבירו דהשתא אין תלוי בשל שם ולר״ש נשפך הדם לא ימות המשתלח כמ״ש התו׳ לעיל מ׳ ע״ב סוף ד״ה ואזדו לטעמייהו

וכו' יע"ש קאמר השתא ר"י ועוד וכו' דבהא נמי פליגנא עלייכו וס"ל דתלוי בו עד שעת כפרת דמים ומש"ה בדין הוא דאם נשפך הדם ימות המשתלח וכיון שכן מדקתני ועוד אין לדייק דת"ק סבר דאין ב"ח נדחין באופן דהשתא ס"ד דמתניתא דייקה כוותיה דר"י דמדלא פליג ר"י בדחות שני שבזוג שני דאיירי ת"ק ואשמועינן דין דחיית ב"ח בענין אחר דנשפך הדם ימות וכו' ש"מ דת"ק נמי סבר דנדחין וכ' שבזוג קאמר והשתא לא אתא ר"י לפלוגי בסיפא אלא אמלתא אחריתי כמו שכתבתי אבל לבתר דנחת לדיוקא דועוד כדקאמר כי קא אמינא אליבא דרבנן וע"כ לפרש אליבא דרב דלרבותא נקט רבי יהודה דין הדחייה בנשפך הדם דל"מ דמיתת חבירו דוחה אלא אף שפיכת דמו מעתה דייק טפי האי ועוד לרב מלרבי יוחנן דצריך לדחות לדידיה דלאוסופי את"ק אתא א"נ דפליג אמאי דסבר ת"ק דדוקא מיתה דוחה אבל לא נשפך הדם דאין זה מבואר בהדיא דהא יש לדחות דנקט מיתה משום דבדחייה הבאה מכח שעיר עזאזל לא צריך לדחות חבירו אלא מכח מיתה דוקא והיינו דקפריך השתא איפכא בשלמא לרב בהא פליגי ר"י וכו' והיינו דבסיפא דסוגיין קאמר תלמודא דאיכא מאן דמתיב הך קושיא מעיקרא לר"י ולא לרב כלל דכן משמע פשטא דועוד וכו' דאתא לפלוגי אמאי דסבר ת"ק דאין ב"ח נדחין זהו הנראה לענ"ד בפי' הסוגיא ובזה תבין מ"ש רש"י ז"ל בד"ה ימות המשתלח אלמא בעלי חיים וכו' דלכאורה אינו מובן מה בא לחדש דזה פשוט דמהכא דייקינן דב"ח נדחין אלא הדבר מובן במ"ש בעלי הכללים בדרכי רש"י ז"ל כשכותב לשון אלמא דמשום דלכאורה לא הוה משמע קושיא כ"כ לכן בא להודיענו בלשון אלמא דקושיא גמורה ואלימתא היא וכן בכאן לכאורה אין כאן קושיא דאדרבא תליסנא דועוד דקאמר ר"י דייקינן דת"ק סבר דאין נדחין ומה הוכיח כאן מדר"י לרבנן לזה כתב ז"ל אלמא וכו' דודאי מהכא תוכח שפיר השתא דבין ר"י ורבנן סברי דב"ח נדחין דאי משום דועוד דקתני יש לפרש באופן אחר וכמ"ש והגם דשוב ראיתי בתוספות דסוגיין שפי' כמו שכתבתי אמרתי להגיה הדברים להיות שבאו בביאור יותר ובחילוק ממה שפירשו הם ז"ל כאשר יראה המעיין ודו"ק.

רש"י ד"ה **יעמוד** חי וכו' עמידה אחת וכו' דלא ניחא ליה לפרש יעמוד חי שתהא עמידתו נמשכת מבלי דחוי באמצע לאפוקי זה שנדחה מעמידתו כשמת חבירו ועתה צריך לחזור ולעמוד דהא כיון שלא היה דחוי מצד עצמו ומיד חזר והגריל עמידה נמשכת מקריא אלא ע"כ לפרש משום דמיעט רחמנא עמידה אחת ולא שתי עמידות ועיין בריטב"א וק"ל.

תוספות ד"ה **ואם** היה שני וכו' ובמתני' נמי וכו' לעיל בס"פ לא הוצרכו לבאר זה דהתם בשעיר המשתלח איירי דלא דמי כלל לפסח שיש בו לשחיטה ואכילה אדם אבל גבי שעיר פנימי כיון דדמו נכנס לפנים ולשחיטה והקטר חלבים יש מקום לספק בזה אלא דאגב גררא הזכירו בדבריהם גם שעיר המשתלח אלא שבתוס' פי' כן לעיל יע"ש ובמ"ש בשם הריטב"א ובשכ"י ראיתי שרצה לתרץ לזה דשמא משום דהתירוצא קמא שכתבו דדייקא טפי הכא ממתניתין דקתני סתמא והשני ירעה ולא פירש בהדיא שני שבזוג שני משום דלפעמים ירעה שני שבזוג ראשון אם השני משובח ומשולח ממנו עכ"ד וק"ל.

ד"ה **יעמוד** חי וכו' ואפילו דחוי מעיקרו הוי דחוי וכו' הוצרכו להוסיף זה משום דהכתי תיקשי דלימא טעמא דר"י משום יעמוד חי וכו' כדקתני ברייתא ודמהכא יליף לשאר דחויין דהואיל ונדחו ידחו אבל השתא דסבר ר"י דאפילו דחוי מעיקרו ידחה וניחא דלא מצי למילף משעירים דשאני התם דנראה ונדחה הוא אבל דחוי מעיקרו אימא לך דלא ידחה כי הדר איחזי כדפריך לעיל אבל מבעל מום יליף שפיר אפילו דחוי מעיקרו דמי לא עסקינן נמי שהיה בעל מום מבטן אמו דלא איחזי כלל וכמ"ש התוס' לעיל בד"ה מי דמי וכו' יע"ש. ומה שסיימו וצריך לומר וכו' והאי תנא סבר אין דיחוי אלא כשחוטין וכו' דלומר דהאי תנא יליף מהכא לכל דחויין דנראו ונדחו דאין חוזרים ונראין לבד מדיחוי מעיקרו דלא מצינן למילף מהכא והוא אינו נדחה ולפי"ז היה קרוב יותר לפי' ר"י אין נראה להם לומר כן משום דהא חזינן דרב דאית ליה דנדחין השוה את מדותיו גם בדיחוי מעיקרו ולהכי ניחא להו טפי לומר דלתנא דברייתא לא הו"א מן הכלל אלא הך דהכא משום דגלי ביה קרא יעמד חי אלא שבאמת דבריהם דחוקים קצת לפרש דקאמר כותיה ולא מטעמיה ולענ"ד לתרץ דלכולם תנא דברייתא סבר כותיה דר"י לגמרי ותרוייהו איצטריכו דאי מדרשא דבהם אימא דלא מיעט רחמנא אלא דבעלמא כי נראו ונדחו דידחו דומיא דמום עובר אבל כי לא איחזי כלל ודחוי מעיקרו אימא דלא ידחה כי הדר איחזי אבל השתא דנראה ונדחה דידחה ילפינן בפשיטות לכל דחויין מיעמד חי ואדרבא משמע דבמכ"ש אתי דאי התם דאין דחויו מצד עצמו אלא מצד חבירו שמת אפ"ה אמר קרא דידחה כ"ש לשאר דחויין דמצד עצמן וכיון שכן על כרחך לאוקמיה למיעוטא דבהם לומר דבעלמא אפילו דחוי מעיקרו ידחה דהא קרא אפילו בבעל מום מעיקרו נמי איירי כמ"ש וק"ל.

ד"ה **ברייתא** כותיה דר"י וכו' וי"ל דלא דמי וכו' למה שכתבו התוספות בס"פ אלו דברים ד"ה האמר רב וכו' דמוקי להו רב כר' יהודה דאית ליה דנדחין יע"ש מעתה מהכא לא הוה דייק מידי אלא דוקא מברייתא דאתא לפרושא טעמא דרבנן דמתני' דלרב אית להו דאין נדחין אלא דעדיפא מינה משני דאפילו תאמר דסתם לן רבי התם כרבנן לא דמיא ההיא להכא דשאני התם דהוי דחיא גמורה ודוק שלא תרצו דשאני התם דדחייה בידים על דרך שכתבו התוס' דסוגיין ד"ה שני שבזוג שני וכו' והתוספות דפסחים ל"ו ע"ב אלא כתבו דהוי דחייה גמורה דלעולם נקבה לא חזיא וכו' משום דלפי"ז ניחא דרב אית ליה דאין נדחין אפילו בדחייה בידים כדמוכח מהא דקאמר ר"י גבי בהמה של שני שותפין וכמ"ש התוספות דפסחים שם דשאני התם דאינה דחייה לעולם דהא הדר מחזיא כשחוזר ומקדיש חציה האחרת ומיהו לתרץ מתני' דפסחים שם ל"א ע"ב הפסח שנמצא קודם שחיטת הפסח ירעה וכו' ע"כ לחלק כמ"ש התוספות שם דשאני התם דדחייה בידים משא"כ בדיחוי דרך הקדש לא מקרי כל כך דהוי בידים יע"ש דהא הכא אין זו דחייה לעולם במה שהפריש אחר תחתיו שהרי אפשר שימצא הראשון קודם שחיטתו של זה ויראה דה"ה שלא הביאו גם ממשנה דהפסח שנמצא וכו' דדייקא כותיה דר"י חדא דמההיא דאיירי אפילו בדיחוי מעיקרא אלימא להו טפי לאקשויי וכמ"ש הם ז"ל ועוד דההיא ר' יהושע יר"ה קאמר לה ואפשר לדחות דס"ל כר' יהודה דסבר דנדחין אבל משנה זו דהמפריש נקבה וכו' דסתמא מתנייא זה דוחק לאוקמה אליבא דר"י ולא כרבנן ושפיר הוה דייקא כותיה דר' יוחנן וק"ל.

באו"ד ובהא נמי מתרצא מה שמקשים וכו' קושיא זו ותירוץ דתמורה כיוצא בה אתא לאשמועינן תמצאנה בתוספות דפסחים ל"ו ע"א ד"ה ב"מ וכו' יע"ש אבל בתוספות דזבחים י"ב ע"א תמצא קרוב לתירוצא דהכא שכתבו דמפריש נקבה דחייה בידים ע"כ ובזה ניחא דמתרצא נמי אידך מתניתין דהפסח שנמצא וכו' דלא דמי למלתיה דר"י דבדרך הקדש לא מקרי דחוי בידים כל כך ומש"ה איצטריך לאשמועינן דבהא נמי ב"ח נדחין. ומה שסיימו אלא י"ל וכו' שאני התם דלא חזיא לעולם לפסח שכופרתא וכו' ואפילו לדמי פסח שתמכר ויביא בדמיה פסח לא חזיא דהא בנשחייה לאחר פסח איירי כמ"ש התוספות דפסחים ל"ז ע"ב ד"ה המפריש ואע"ג דקודם פסח חזיה לדמי פסח בדאיתא בכריתות כ"ח ע"א וכמ"ש התוספות שם בפסחים מ"מ היא גופה לא חזיא לעולם לא לפסח ולא לשלמים והיינו דאשמועינן ר"י דמאן דסבר דנדחין לא שנא ליה בין לא חזיא לעולם ובין היכא דהדר חזיא והיינו דקאמר ר' אלעזר אמר ר' אושעיא בכריתות שם דמטעמא מקדש עשיר שהפריש קן לכבשתו והעני הואיל ונדחה ידחה וראייתו מהך דהא המפריש נקבה וכו' דקאמרי רבנן בברייתא שם דתרעה וכן אם ילדה זכר ירעה עד שיסתאב יע"ש דאף על גב דהתם מכח אמו שהיתה נקבה דלא חזיא לעולם לפסח אתיא מש"ה מטעמא מקדש ע"ש דיש מציאות דקן גופיה חזי כי מעני מ"מ ר' אלעזר אמרה דר' יוחנן רביה סמיך דאשמועינן דלרבנן אין חילוק ובכולהו גוונים ס"ל דנדחין דלפי"ז שפיר מייתי ראיה מהותה ברייתא וקרוב לזה תמצא שכתב בס' מלכי בקדש בהלכות קרבן פסח דף ס' ע"ג יע"ש וק"ל.

ד"ה **האמר** רבא וכו' ועוד דלאיכא דאמרי וכו' מסיק לר"י בקשיא וגו' הגם שכתב רש"י ז"ל שם ד"ה

קשיא כדאמרן דייקא מתני' כותיה דרב ע"כ נראה שהרגיש בזה וס"ל דהיא היא מ"מ אכתי לא יתיישב שפיר אמאי נקט שם לשון קשיא. ומ"ש ואיכא למימר דאיירי כגון שמת קודם וידוי וכו' הגם דודאי בהא איירי שהרי וידוי שעיר המשתלח לאחר שחיטו' שעיר פנימי הוא לפי סדר המקראות וגסדרא דמתני' מ"מ כיון דאם הקדים וידוי אין מעכב בסדר דהא לאו עבודה הוא וכמ"ש בסמוך דאפילו אם הקדים וכו' מש"ה לא מכרעא כל כך דאיירי הכא בקודם וידוי ולהכי כתבו בלשון ואיכא למימר וכו' ועיין מ"ש בסוגיא דסם פי' אופן פלוגתא דר"י דסיפא באופן אחר ולאותו פי' ניחא דהקדים ר"י במתני' דין דנשפך הדם ימות המשתלח דבהא הוא דפליג ת"ק דאין שפיכת דם דוחה את חבירו יע"ש משא"כ לפירושם דתיקשי דכיון דר"י אתא לפלוגי במאי דקאמר מת המשתלח ישפך הדם ואפילו לאחר וידוי כדמשמע מדבריהם הך הו"ל לומר ברישא וכנראה שלזה כתבו בדבריהם משום דלישנא דמתניתין לא משמע ליה הכי דאתא לאשמועינן הא וכו' כלומר דמדהקדים ר"י דין דנשפך הדם ימות המשתלח משמע דהאי הוא דפליג ת"ק דסבר אין ב"ה נדחין כדקאמר רב אלא דבאמת צריך להבין דלמה שכתבו לעיל מ' ע"ב דלר"ש נשפך הדם לא ימות המשתלח וכמ"ש בסוגיא אמאי לא פי' נמי דהכא מאי דסבר ת"ק דבוידוי הדבר תלוי ולא בכפרת דמים דלפ"ז נשפך הדם לא ימות המשתלח פליג ר"י ואמר נשפך הדם ימות וכו' וכמ"ש בסוגיא ומאי י"ל דזה לא הוצרכו לפר' דמבואר הוא אלא מה שהוצרכו לפרש הוא דסיפא דמלתיה נמי דקאמר מת המשתלח ישפך הדם אהא נמי פליג ת"ק דבמת לאחר וידוי לא ישפך ומה שסיימו משום דלישנא דמתניתין וכו' כוונתם לומר דפשטא דמתניתין משמע דאתא לפלוגי בדין אי ב"ה נדחין לא אם תלוי בוידוי דברים או בכפרת דמי' דזה לא הוזכר במלתיה דת"ק בהדיא אלא מכח דיוקא וק"ל.

דף ס"ה ע"א גמרא **ר' יהודה** אומר עולין לבן וכו' סיומא דשם ברייתא הוא דבגירסת המשנה שבידינו פרק ב' דשקלים לא מסיים בה הכי.

רש"י ד"ה **בשלמא** נשפך הדם וכו' דם ותוקה וכו' ולפי' לא דמי לא איתעבד מלותיה קמא לבתרא דקמא קאי אדם שעיר של שם ובתרא אמשתלח דלא ניחא לי' לפרש קמא נמי אמשתלח ולא איתעבד מלותיה היינו כיון שעדיין הוא חי דשילוחו למיתה ואמר נמי דלקמן דחפו ולא מת וירד אחריו וימיתנו וכיון שעדיין לא נעשה מלותו בעינן עמידת שני שעירים לפני ה' וליכא וע"כ ליקח שנים אחרים ולהגריל ומשתלח ראשון ידחה וימות דהא מ"מ תיקשי דלמה ליה בהאי טעמא כיון דמאי למימר בפשיטות דמכח שפיכת דם שעיר מוכרח הוא ליקח שנים אחרים ומש"ה משתלח ראשון ידחה וימות ומפני זה לא חשש ז"ל לדוחק זה דלא דמי איתעבד מלותיה קמא לבתרא וק"ל.

באה"ד ואי"א בלא הגרלה וכיון דאית ליה ב"ה נדחים וכו' ענין הגרלה שהזכיר כאן ובדיבור הסמוך היינו לומר דהראשון ידחה ושני יקרב או ישתלח אבל ענין כח הדחייה לאו מכח ההגרלה היא אלא הכא נדחה משתלח מלד שפיכת דמו של שם שלא הועילו מעשיו ונשאר משתלח יחידי וכן בדיבור הסמוך מלד מיתה המשתלח אלא דקשיא ליה לסתמא דתלמודא דכיון דאיתעבד מלותיה לא נדחה דם שעיר בזה ותריץ ליה שפיר דגם כפרת דם תלוי במשתלח שיהיה חי עד שעת מתן דמו ואם מת קודם לזה נדחה הדם בזה כנלע"ד לפרש כוונתו אלא שבח"י דסוגיין הבינו דכוונתו דנדחה מכח ההגרלה שלאחר כן והקשו עליו דלא אשכחן דחיה כזו בכולה סוגיא יע"ש וקל להבין.

תוספות ד"ה **א"ר** ינאי וכו' דאי מהכיא הו"א אם מת קודם וכו' כוונתם דהו"א דלא נהיה קרא אלא לפסול שעיר המשתלח דהיכא דמת קודם מתן דמו של חבירו אכתי לא איתעבד מלוה דשעיר המשתלח וצריך להביא אחר אבל לא בא לומר שנפסל הדם מכח מיתת משתלח ורבי ינאי אשמועינן דפסול דם נמי בכלל ועיין במה שפי' בח"י דסוגיין דלאותו פי' ג"כ נאמר דאי מדרשא דר"י לא שמעינן אלא פסול משתלח גופיה דאם נשפך הדם ימות המשתלח אבל לפסול דם במת משתלח לא קמ"ל ר' ינאי דזו נמי בכלל יע"ש וקל להבין.

ד"ה **נשבעין** לגזברין וכו' וקשה דא"כ הו"ל זו ואצ"ל זו וכו' יש ליישב ולפרש בדרך לזא"ז דה"ק דלא זו כשנאבד ולא נודע לבעלים דאנוסים נינהו דמאי הו"ל למיעבד דודאי עבוד להו תקנתא לתרום עליהם אלא אף על הגבוי שעדיין לא הגיע דהו"א דכיון דסופו להגיע לא עבדינן תקנתא להא ול"ז גבוי דעבדינן תקנתא כיון שנזדרז לשולחם מיד אלא אף על העתיד לגבות שעדיין לא שלחם כלל עבוד תקנתא כיון דמחמת אונס היה זה כמו שפי' בהזהב שם. ומה שסיימו והא דאמר בפ"ב דכתובות וכו' אבל בעתיד לגבות לא איירי וכו' כלומר ולאפוקי מפרש"י שם שפי' דמעתיד ליגבות ייתי דאפילו לא נתן כלל תורמין עליו וגמלא דלא מהני ליה מידי וכמ"ש בהזהב שם יע"ש בדבריהם ולפירושם ההיא דשוקל את שקלו באבוד וגבוי איירי שכלה שקלו אלא שאבד או עדיין לא הגיע ליד גזבר וחבירו שקל שם בשבילו דגמלא דלא מהני ליה ולא מידי דהא אינו חייב באחריות וכמ"ש מאבוד וגבוי מייתי וכו' וכן התוספות דכתובות ק"ח ע"א סיימו בדבריהם והא דאמר הכא שוקל לו את שקלו באבוד וגבוי דלא מחייבי בעלים באחריות עכ"ד אלא דרש"י ז"ל נראה לו דוחק לפרש כן ומש"ה ס"ל דהכיא אפילו בלא שקל עדיין כלל איירי ואפ"ה בשקל חבירו בשבילו לא מהני ליה מידי כיון דיש מציאות דיש לו חלק בקרבנות אפילו לא שקל כלל כדהכיא תורמין על העתיד ליגבות יע"ש.

ד"ה **וכן** שעירי ע"א וכו' אמאי לא נקט פר העלם וכו' והא קמן דסתמא דתלמודא לעיל נ' ע"א הוה בעי לפרושי פר דהיינו פר העלם אי לאו משום אידך ברייתא דאשכח יע"ש ולמה שתירץ משום דלא פסיקא ליה וכו' אבל בשעירי ע"א הגם דאיכא נשיא דמביא שעיר ליכא למיטעי ביה הדא מדנקט שעירי לשון רבים ש"מ דאיירי בצבור דמביאים כל שבט ושבט שעיר לר"י כדתנן בהוריות ועוד דנשיא בשאר שגגות נמי מביא שעיר ולא בע"א דוקא ועיין בתוספות דשבועות י"א ע"ב וק"ל.

ע"ב גמרא **שאני** קרבנות לבור כדרבי טבי וכו' הא תינח שעיר פר מאי איכא למימר וכו' וה"ה דהו"מ לאקשויי נמי שעירי ע"א מא"ל דהא ר"י ס"ל דבתחילה מגבין ואינם באים מתרומה הלשכה כדאיתא בהתכלת נ"ב ע"א אלא משום דאיתא התם דאיכא דמתני איפכא דר"י סבר מתרומת הלשכה אע"ג דאסיק התם דקמייתא עיקר מ"מ הא קושיא דפר ניחא ליה טפי דהיא פשוטה יותר מזו ואין לורך להאריך בה וק"ל.

רש"י ד"ה **מצוה** היא ולא עיכוב הס"ד ואח"כ מ"ה שאין גורל וכו' כצ"ל ותיקן בזה דאין כונת ר' זירא לומר שאינו יכול להגריל בשנה זו שיהיו מזומנים לשנה אחרת דהא לר"י קיימינן דלדידיה סדרא דהגרלה לא מעכבא אלא היא גופה כדאסיק לעיל מ' ע"א אלא כונת ר' זירא דגורל שעשינו בשנה זו אינו מועיל לשנה אחרת שהרי הוא לריך ליקח שעיר אחר ולהגריל על שניהם יחד ללורך שנה הבאה ולפ"ז היינו דפריך דהכתי אמאי ימות נייתי שעיר אחר ונגריל על שניהם בשנה זו ללורך שנה הבאה ועיין בח"י שפירש באופן אחר יע"ש וק"ל.

ד"ה **ומשום** גזירה ימותו בתמיה וכו' לעיל לא הולרך לפרש דודאי בתמיה קאמר מדמסיים בה ועוד הא דר' טבי וכו' אלא א"ר זירא וכו' וכן לקמן לא הולרך לפרש דהא הדר וקאמר אלא גזירה משום תקלה שעברה שנתה וכו' אבל כאן היה מקום לפרש דבניחותא קאמר דמשום גזירה זו שמא יאמרו הגורל קובע וכו' יש לגזור אפילו מיתה עיין מ"ש בח"י דסוגיין ד"ה משום גזירה וכו' לזה פי' ז"ל דהכא נמי בתמיה קאמר דמאן פלג לן לומר דגזירה זו אלימא טפי מאידך וכן משמע מדהדר אמרוה רבנן קמיה דאביי מטעמא אחרינא ולא סגי להו בטעמא דר' זירא משום דלדידיה נמי תיקשי ומשום גזירה וכו' וק"ל.

תוספות ד"ה **גזרה** משום תקלה וכו' ראוי לגזור כפר וכו' כצ"ל וכונתם דראוי לגזור כפר שימות אפי' במת אחד מן הכהנים גזרה משום תקלה שמתו בעליה דעלמא או בפר עלמו כשמת כהן גדול ממש דיבואו לומר בהם דלא ימות וא"כ דה"ק דאפילו דמקופיא מכפרי ראוי לומר שגם הם בכלל חטאת שמתו בעליה וראוי לגזור כאן שימות אף משום חשש מיתת אחד מן הכהנים והנה מאי דפשיטא להו בזה עיין בח"י לעיל נ' ע"א סד"ה ומאי כ"מ וכו' דמספקא להו בזה ודעתם מסכמת

דלר"י דוקא במת כ"ג נפסל הפר יע"ש וזה כס' רש"י ז"ל ולעיקר קושייתם על פרש"י יש ליישב דתלמודא ה"ק גזרה שמא ימות כ"ג בשנה זו ולשנה הבאה לעת הצורך לא מסקי אדעתייהו שזה הופרש משנה שעברה והו"ל חטאת שמתו בעליה אלא טעו וסברי שהופרש בשנה זו משל כ"ג של שנה זו ויביאו להכשירו ומש"ה אין להשהותו כלל ואם למסקנא חיישינן שיקריבנו קודם זמנו כ"ש שיש לחוש שיקריבנו ביוה"כ ולא אסיק אדעתיה לפוסלו משום מתו בעליה ומה גם שנוכל להוסיף דמעטה טעו ולא משמע להו שמתו בעליו כיון דנשארו אחיו הכהנים דה"ע לר"ש דלא גזרו ביה רעיה כששחטו ומה כמ"ש הם ז"ל לעיל שם ד"ה חטאת ליבור היא וכו' יע"ש. והנה מ"ש הם ז"ל לפי דרכם דלמא מיית אחד מן הכהנים היה נראה לפרש דכונתם שיצא הקול שמת ודאי אחד מן הכהנים אלא שאינו קול ברור כל כך ולא נוכל לעמוד בברור על אמיתת הדבר וכיון דבספק מה אין כאן משום חטאת שמתו בעליה כדמסיק לעיל כ"ה ע"ב יקריבו את הפר ביוה"כ הבא ובסוף יהיה נודע לנו בברור שמת בשנה שעברה אחד מן הכהנים ונקרב הפר בפסול ומש"ה אין להשהותו משנה לחברתה אלא עוד נגו להפרישו דוקא בעת הצורך דלשעה מועטת לא נחוש למת ודאי א' מן הכהנים אפילו ביצא הקול וע"ל דאיירי הכא בנודע למקצת כהנים שמת אחד מן הכהנים בודאי אלא שאין כולם יודעים בזה דלא מפרסמא מלתא כל כך כמת כ"ג וא"כ יש חשש שלא יהיה נודע לכ"ג שמת אחד מן הכהנים בודאי ויבא להקריבו בחזקת שהם כולם קיימים דלספקא לא חיישינן אלא דפשט דבריהם משמע טפי כדרך הראשון כל זה כתבתי ליישב קושית רש"י שהקשה על דבריהם מסוגיא דלעיל דלא חיישינן לספק ושם רצה לתרץ עם מה שכתבו הם ז"ל בריש מכלתין ד"ה ותנ"א דמשום תקלה דכפרה חיישינן יע"ש והנה למה שפי' בכונת רש"י ז"ל בפירושו לא תיקשי מידי דאיהו ז"ל ה"ק שמא ימות הכהן בודאי בשנה זו ולא מסקי אדעתייהו לפוסלו משום זה לשנה הבאה וכמ"ש וק"ל.

ד"ה **משום** חטאת וכו' דשמא לא גמירי וכו' משמע דס"ל דפסול יותר מבן שלש לרבנן מדאורייתא הוא וכן משמע בת"כ פ' ויקרא גבי פר כהן משיח דקתני פר יכול זקן ת"ל בן אי בן יכול קטן ת"ל פר הא כיצד בן שלש כדברי חכמים וכו' יע"ש ומה שהקשה בס' משנה למלך בפ"ג מה' איסורי מזבח הלכה ו' מסוגיא דפרק עגלה ערופה מ"ו ע"א דמוכח דאין שנים פוסלים בקדשים יע"ש ולענ"ד ליישב דאה"נ דהוה מצי תלמודא לתרוצי התם אטו כל קדשים לא פסלו בהו שנים כרבנן אבל בעי לתרוצי כב"ע דאפילו לר"מ דפסל מדרבנן מפני הכבוד אי אפילו מדאורייתא מפני הכבוד אבל לא לעכב וכמו שפי' הראב"ד כמ"ש בס' קרבן אהרן בת"כ שם ותאמר דלא לריך קרא דמקי"ו דעגלה לא אתיא דמה לעגלה שכן שנים פוסלות בה מ"מ אטו אפי' לר"מ מי ליכא קדשים דפסלי בהו שנים מדאורייתא באותם שהצריך בהם הכתוב בן שנה כמו שפרש"י שם וכיון שכן כי איצטריך קרא לאותם קדשים דפסל בהו שנים דהוו אתו מקל וחומר מעגלה יע"ש בסוגיא וק"ל.

דף ס"ו ע"א גמרא **ועוד** חטאת שעברה שנתה לרעי' אזלא וכו' ואידך סלקא דעתיה דלא קיל"ן כותיה דר"ל בהא פשטה דמתני' דרפ"ד דתמורה משמע דהא נמי למיתה אזלא דלר"ל לריך לדחוק דמתני' דהתם ה"ק עברה שנתה ואבדה כדאסיק רבא שם יע"ש וק"ל.

שם ותניא אידך לא יקרב וכו' כלומר לא יקרב לשנה הבאה אבל לשני יקרב וכדמשמע מדברי רש"י ד"ה וכן המעות וכו' וזה מוכרח דאי פליג נמי דלא יקרב בשני היכי ס"ד לומר דפליגי בפלוגתא דר' ורבנן דהא בפסח שני לא עברה שנתו לכ"ע ומ"ט לא יקרב בשני אלא דל"ל דלמאי דקאמר בתקלה פליגי דוקא בתקלה דזמן מרובה היינו אבל לתקלה דזמן מועט מראשון לשני לא חיים ואע"ג דבסוגיא דספ"ק דפסחים איכא תנא דחיים לתקלה אפילו לזמן מועט מ"מ כך תנא דהכא לא ס"ל הכי א"נ אין לדמות הענינים זה לזה דהתם איכא למיחש טפי שיבא לשתות ממנו דהוא דבר הרגיל בו יותר משא"כ תקלה דהקרבה דלא חיישינן אלא לזמן מרובה ועיין בתו' ד"ה ותקלה עלמה וכו' וק"ל.

שם והניחא וכן המעות וכו' אע"ג דבריתא דקתני יקרב לשנה הבאה מסיים בה גופה מעות שלא קרבו בראשון יקרבו בשני וכו' כדקתני בתוספתא דספ"ע דפסחים ס"ד לפרש דאידך תנא לא פליג אלא אבהמה אבל מעות מודה דיקרבו דלא שייך בהו טעמא דעברה שנתה וכן במאי דמסיים בה התם חגיגה שלא קרבה בראשון תקרב בשני וכו' אהא נמי לא פליג אלא דפשטא משמע דפליג נמי אמעות ומש"ה פריך ליה מהך א"נ י"ל דאפילו תימא דכונת שמא דתלמודא לומר דהיכא בריתא אחריתי דפליג ההוא תנא בהדיא דמעות נמי לא יקרבו וכן נראה מדברי רש"י ז"ל ד"ה וכן במעות וכו' מלבד דהמתרץ לא ידע לה אפשר דאפילו ידע לה ס"ד דגזרי מעות נמי אטו בהמה. והא דמסיים אלא לאו ש"מ בתקלה פליגי וכו' כלומר ותרוייהו ס"ל כרבי דיש מציאות דלשנה הבאה אכתי לא עברה שנתו דאי ס"ל כרבנן למ"ל למימר דלא יקרב מטעם תקלה תיפוק ליה דהא לא משכחת לה דהא עברה שנתה דזה אין לומר דלאמעיה דוקא ס"ל דלא ישהה אותם משום תקלה ולעולם דסבר כרבנן דהא מדקאמר תלמודא אלא לאו ש"מ וכו' משמע דהדר לגמרי ממאי דקאמר מעיקרא דפליגי בפלוגתא דר' ורבנן כנלע"ד וק"ל.

משנה חטאו עוו פשעו וכו' בגי' המשנה שבירושלמי הגי' עוו פשעו חטאו וכו' והיא נראית עיקר דהא"ט דבתוספתא גרסינן ר' יוסי אומר כך הוא אומר חטאו עוו פשעו לפניך וכו' ומשמע דעלה דמתניתין קאי וכ"כ התי"ט שכן נראה מדברי הרמב"ם דמתניתין ובבש"י הוסיף על דבריו שכ"נ בהדיא ממ"ש הרמב"ם בפרק טרף בקלפי וזה שתראה כתיב בשלשה הוידויין עון פשע חטאה הוא דעת ר"מ וכו' [(וכ"כ הרב המאירי ז"ל)] אלמא דהכי הוה גריס בכולהו ג' וידויין השנויים במשנתינו.

גרסינן בירושלמי עלה דמתני' תני בר קפרא עוו פשעו חטאו שלא להזכיר גניין של ישראל ע"כ ומשמע דה"ק דלבר קפרא לא היה אומר עמך בית ישראל דלפרש דה"ט שלא היה מזכיר העונות שעשו בפני' שלא להזכיר וכו' אין נראה חדא דמי ידע כ"ג חטא כל אחד ואחד ועוד דגבי וידוי פר לעיל פרק טרף בקלפי אמאי לא קתני עלה בר קפרא נמי דה"ט שהיה אומר עויתי פשעתי וכו' סתם כדי שלא להזכיר גנאי עלמו וגנאי הכהנים בפירוש וכן ראיתי בס' קרבן העדה בפי' הא' שפי' כמ"ש אבל בפי' האחרון הוא דחוק ואין לו מובן ואף דנדרך שפירש בו בס' הין עשיר דלכך לא היה מזכיר פשעו בסוף שלא להזכיר עמך בית ישראל אבל הפשעים וכו' יע"ש גם זה אין נלע"ד דהא כיון דמתניתין ר"מ היא טעמו ברור משום דכן סדרם הכתוב נושא עון ופשע וחטאה כדאיתא בברייתא דלעיל ל"ו ע"ב ומה לו לבר קפרא לבקש טעמים אחרים ואם לומר דהכא אפילו רבנן מודו דיש לומר כסדר שזה לא שמענו ואדרבא מברייתא דלעיל דאייתי ר"מ ראייה לקולתיה מסדר קרא דשעיר המשתלח והתודה עליו את כל עונות וכו' משמע דאפילו בהא רבנן פליגי עליה וכן מבואר בהדיא מדברי הרמב"ם ז"ל שהעתקנו ואי קשיא לך לפי' שכתבתי דמה וידוי הוא זה כיון שאינו מזכיר בהדיא על מי מתודה הא ל"ק דכיון דמסיים וידוי בקרא דכי ביום הזה יכפר עליכם וכו' למטהר אותם בהדיא דמי וק"ל.

שם אנא ה' וכו' עיין בתי"ט שהביא בשם הירושלמי דבשני' היה אומר אנא בשם בנית יע"ש בטעמו ולעד"נ כי בראשונה היה אומר בהא השם הידועה הוא השם הגדול מקום בינה הא ראשונה שבשם כי שם סוד הכפרה בסוד מ"י יעמוד וכדחזן לקמן אשריכם ישראל לפני מי אתם מטהרים אבל בשניה היה אומר אנא בשם לרמוז לשם התחתון מלכות והיא נקראת שם סתם ולכך לא היה אומר בה"א הידיעה בראשונה שהיה יותר עליונה באופן שמשתי אמירות אלו יאירו ויופיעו שרשי נשמותינו לטהר אותנו מכל פגם כידוע כל זה לי"ח ועוד זאת אם תשכיל מ"ש האר"י ז"ל דיש שם אדני עליון מאד דזהו שאמר הכתוב אם עונות תשמר יה אדני מי יעמוד בזה יוערב לך לפרש כי שניהם במלכות אלא שבראשונה היה אומר בה"א הידיעה לרמוז לאותו העליון כל זה כתבתי לכשנאמר שלא היה מזכיר השם בפירוש אבל אם נאמר דהכא לא הזכירו בהדיא להיות שהיה מזכיר שם המפורש מעתה אפשר לומר דלכך בשניה היה אומר בשם כלומר באותו השם שהזכרתי בראשונה בפירוש וזה אם נאמר דבשניה לא היה

מכיר השם בפירוש אבל אם נאמר דבכולם היה מזכיר בפירוש וכנראה מדברי רבינו הא שכתב הטור סימן תרפ"א ועיין בב"י שם א"כ אין טעם לחלק בין השם לבשם וכן מסדר עבודת יוה"כ להרמ"ק ז"ל משמע דבשניהם היה מזכיר השם בפי' יע"ש ובס' לחם שמים נתן טעם לשימוש הבית אף בהזכרה בפירוש יע"ש ועיין בספר עבודת ישראל דף ק"ה ע"א דמה שהקשה שם על הב"י פשוט דטעות נפל בב"י שם ול"ל משמע דלאפלוגי אדלעיל מייתי וכו' וכדמוכח מדבריו שם יע"ש וק"ל.

שם אר"י מעשה והוליכו ערסלא וכו'. אין זה מעשה לסתור אלא לחזק דברי ת"ק אתא דתדע דמה שעשו הכהנים קבע לא היה מלד הדין שזרים פסולים לשילוח שהרי בפעם אחת אירע שהוליכו ערסלא דבאותו פעם נתרלו הכהנים שיוליכנו ישראל זה א"כ ע"כ דמלד הדין הכל כשרים להוליכו כדקאמר ת"ק ועיין בספר כון עשיר וק"ל.

שם וכבש עשו וכו' ירושלמי אית תניי תני כבש גופו אית תניי תני כבש ממש ע"כ ועיין בספר קרבן העדה שם שפירש כבש גופו שכבשו והטמינו המשלח שלא יראו אותו כמו כבשו פניהם בקרקע ע"כ ויותר נכון במו רישא בכבשא ודוגמתם שהכונה לשון הגנעה והטמנה. והנה פשוט הוא שאין כונת הירושלמי לומר דאיכא מאן דמפרש מתני' שהיו מלניעין ומטמינין את המשלח דהא וכבש עושין לו תנן דמשמע שהיו עושין לו כבש ממש אבל הכונה דיש תנאין שונין בברייתות שלא היו עושין לו כבש ממש אלא היו מלניעין את המשלח שילא בהחבא ויש תנאים שונים בברייתא כי מתניתין שהיו עושין לו כבש ממש ורבי ס"ל כהך תנא וה"נ נמי דסתם לן פרק ד' דשקלים כבש פרה וכבש שעיר המשתלח באין משירי הלשכה והא"נ דלהאוא תנא דקאמר שהיו מלניעין אותו ביליאתו דלית לי' בשקלים אלא כבש פרה לחודיה ובזה נתיישב מה שתמה בספר הנזכר שם דהא תנן בשקלים וכבש שעיר וכו' הרי מפורש דכבש ממש היה עד כאן ועיין בתוספתא דפרקין דקתני כי לישנא מתניתין וכן היה להם ברייתא אחרת דקתני שהיו מכבשין ומטמינין אותו מפני הבבלים וכו' וק"ל.

שם עול ולא עול זלא לביות שלריך הוא ללאת מבעזרה ואח"כ מהעיר עיין ברש"י ד"ה וכבש וכו' להכי קאמרי לו עול ולא שתי פעמים ועיין בספר ע"י קל"ח ע"ב.

רש"י ד"ה **ואם** נתעברה וכו' אלא שס"ד ע"כ נראה של"ל שס"ב דהא ימות החמה יתירים י"א יום כמ"ש לעיל ואפילו כשתמנה שמנה ימים שהיו לו קודם יוה"כ אכתי חסר ג' ימים לתשלום י"א יום ואפילו שתמנה גם יוה"כ הבא בכלל אינו אלא שס"ג ושוב ראיתי בספר לוית חן שרלה לקיים גי' שלפנינו עם מה שיש שימה שנ"ה יום יע"ש ועיין בתו"י דסוגיין וק"ל.

ד"ה **פר** וכו' שהוא בן ג' ובזה לא שייך לגזור משום עברה שנתה דהלכה דחטאת שעברה שנתה באותם שהלריך בהם הכתוב בן שנה דוקא נאמרה וכדרך הא' שכתבו התו' לעיל ד"ה משום חטאת וכו' יע"ש.

ד"ה **יקרב** בשני בפסח ב' ימכר וכו' וה"ה שראוי למי שהפריש אותו לצורך א' ואח"כ נטמא או שהיה בדרך רחוקה שיקריב אותו בב' אלא דמלתא פסיקתא נקט דלפ"ז ברייתא דקתני שלא קרב בא' איירי בכל גוונא אפילו ביצא ידי א' באחר ונותר לו פסח זה יוכל למוכרו לטמא וכו' וק"ל.

ד"ה **אלא** שעשו וכו' שהרגילו לעשות את הכהנים קבע וכו'. מדבריו יראה דלא הוה גרים כהנים גדולים אלא דבגי' המשנה שבירושלמי גרסינן ליה וכ"ג הרמב"ם בחי' פ"ג מהלכות עי"כ וכמ"ש התי"ט ומ"מ אין חילוק בין הגירסאות דלגירסת הרמב"ם נמי היה מוליך אותם אח' מן הכהנים שכך קבעו והתקינו הכהנים גדולים שלא היו מניחין את ישראל להוליכו וק"ל.

ד"ה **וכבש** וכו' בגי' ונילאה גרים משלח בלא וי"ו והיינו שהיו תולשין בשער האיש המשלח השעיר וכן גי' הרע"ב ואף לגי' שלפנינו קרי ליה משולח מלד שהוא משולח מהכהן גדול כדכתיב ושלח ביד איש עתי וכדאמר לקמן ע"א ע"א מנאו בשוק לכ"ג אומר לו אישי כ"ג עשינו שליחותך וכו'

ועיין בס' שושנים לדוד ובס' עבודת ישראל קל"ח ע"ב נראה שהבין שהיו תולשין שער דשעיר עצמו יעו"ש ואין זה פשט משנתינו ושוב ראיתי להרב המאירי ז"ל שכתב מפני הבבליים שהיו שם והיו נמהרים ורגילים לתלוש בשערו של אותו המוליכו וכו' ע"כ וק"ל.

תוספות ד"ה **אין** מקדישין וכו' והא רבן יוחנן בן זכאי הי לאחר חרבן קאמר וכו'. עיין בפרק ד' דר"ה ל"א ע"ב וברש"י שם.

ד"ה **ואין** מחרימין וכו' וי"ל בזמן הבית וכו' אי נמי בזמן הבית שכיחי כהנים וכו'. והכא דעולא דספ"ז דערכין דמשמע דחרמי כהנים לא שייך בהו תקלה דיכול ליתנם לכהן מיד דמכאן הביאו ראיה בתו' דע"ז י"ג ע"א לחזק פרש"י ז"ל יעו"ש התוספות דהכא ס"ל דהן אמת דיכול ליתנם מיד היינו דוקא במקרקעי דהא איירי ההיא דעולא כדאיתא התם וכמ"ש לקמן בדיבור הסמוך אבל במטלטלי חיישינן לתקלה ואין להם תקנה וכן תמלא שכתבו התו' דבכורות י"ג ע"א יעו"ש וק"ל.

ד"ה **פירות** כסות וכו' אבל מטלטלי עבוד להו כדמפרש הכא וכו'. אבל בתוס' דע"ז כתבו ויכול להיות שאף למטלטלין עלתה התקנה לפי שהקדישו ביחד עם הקרקעות ע"כ ולתירוצם דהכא דייק שפיר הא דקאמר עולא התם אי הואי התם הוה יהיבנא כולהו לכהנים וכו' דמאי כולהו דקאמר אלא משום דלמ"ד סתם חרמים לבדק הבית ושרי להו בחולין אין היתר זה מועיל אלא לקרקעות קאמר עולא דמאי דס"ל דסתם חרמים לכהנים דהוה יהיב כולהו בין קרקעות ובין מטלטלין לכהנים אלא דלפ"ז דעולא איירי אף במטלטלין תיקשי מהא דגרסינן לעיל דפי' הך דהכא בחרמי כהנים דעכ"פ צ"ל דמטלטלי מיהא לא שרו אפילו לכהנים וכמ"ש שם אלא יותר נראה דמדקאמר כולהו לא מכרעא מידי דהכונה לומר דהיה נותן את כולה ולא היה מלריך ליטול מהם ארבעה זוזי כדקאמר אידך אלא איגהו נמי הוה יהיב לכהנים מבלי פדיון כלל וק"ל.

ד"ה **אמר** ר' ירמיה וכו' דע"כ ר"ש נמי אית ליה וכו' ואם כן אי לאו טעמא דהתם ממה שהלריכו שני וידויים אין ראיה דאימא משום דיבא זכאי וכו' אבל השתא דגלי קרא דאינם מתכפרים בשעיר המשתלח ע"כ לומר דוידוי עומד תחת כפרה זו אלא דמ"מ אין לו להזכיר בני אהרן בהדיא עד וידוי שני כדי שירלה כזכאי וכמו שכתבו התו' שם בסוף הפרק ד"ה שני וידויים וכו' ולר"ש אם לא היה וידוי במקום כפרת שעיר משום הא דיבא זכאי וכו' הוה סגי דבחד בראשון לא לימא בני אהרן אלא אנא ה' חטאתי וכו' ובתר הכי לימא אנא ה' כפר נא וכו' שחטאתי וכו' אני וביתי ובני אהרן עם קדושך אלא דהשתא דיש כאן שני וידויים לשתי כפרות ניחא לן טפי דבוידוי ראשון לא יזכיר בני אהרן כלל עד וידוי שני משום יבא זכאי וכו' והיינו דקאמר התם בשלמא לר"ש היינו דכתב תרי וידויין וכו' דאי מטעם דיבא זכאי וכו' בחד וידוי סגי כסדר שכתבנו אבל לר"י וכו' ומשני לר"י משום הא דאמר ר"י יבא זכאי וכו' דס"ל לרבי יהודה דמשום זה להודיה לריך לשני וידויין דבחד וידוי אכתי לא נתכפרו עד שיאמר אנא ה' כפר נא וכו' וא"כ עדיין אינו זכאי כדי להזכיר שם בני אהרן אלא דוקא בוידוי שני ולעיקר קושייתם עיין מה שכתבתי בחי' לשבועות שם בסוף הפרק בשלמא לר"ש וכו' יע"ש וק"ל.

ע"ב גמרא **עתי** שיהא מזומן עתי ואפילו בשבת וכו'. דדרשינן איש עתי שיהיה מוכן ומזומן לשולחו לעת שירלה והדר דרשינן עתי המדברה שוב לך לשולחו המדברה בעתו ובמועדו אפילו בשבת ואפילו בטומאה ועיין בספר עבודת ישראל קל"ז ע"א.

שם מהו דתימא כפרה כתיבה ביה וכו' היינו קרא דיעמד חי לפני ה' לכפר עליו ואפילו לר"י לעיל מ' ע"ב דסבר דבכפרת דמים הכתוב מדבר יעו"ש מ"מ כיון דשעיר פנימי כפרתו תלוי' בשעיר המשתלח דהא נמי שמעינן מלכפר כדאשמועינן ר' ינאי לעיל ס"ה ע"א וכמ"ש התי"ט שם מעתה הו"א דזר פסול קמל"ן ובפ"ק דחולין י"א ע"ב לא קאמר דטרפה פסול במשתלח משום דכפרה כתיב ביה כקדשים כדקאמר התם גבי עגלה ערופה דטעם פשוט יותר נקט משום דאין הגורל קובע אלא בראוי לשם ואף שתאמר דאדרבא טעם הכפרה עדיף דלפ"ז פסלינן ליה אפילו בנטרף לאחר הגרלה

עיין מ"ש בספר משנה למלך סוף הלכות עי"כ מ"מ אין טעם זה פשוט כ"כ ל"מ לר"י דבכפרת דמים הכתוב מדבר ולא קאי אמשתלח אלא אף לר"ש הא קאמר דבכפרת דברים הכתוב מדבר ולא הוי כפרת קרבן כקדשים כי היכא דעגלה ערופה וקו"ל.

שם אמר רב ששת לומר שאם נטמא משלחו נכנס טמא וכו' ולא אמרינן דמשלחו ביד אחר כדקאמר לקמן גבי חלה דטומאה שאני דהותרה אצל צבור וקו"ל.

שם שאלו את ר' אליעזר וכו' אמר להם יכול הוא להרכיב אני ואתם וכו' עיין פרש"י ויש לפרש דהפ"ה אמר להם דעתי ברמיזה דאפילו שחלה כבריא חשבינן ליה דיכול להרכיב אני ואתם ולהכי אם יכול לילך על רגליו יוליכנו ואם לא יקחו אחר תחתיו וכן בחלה משלחו אמר להם אהא בשלום אני ואתם כלומר דאנחנו נהא בשלום ובהשקט במקומינו משא"כ משלח דצריך הוא לצאת ממקומו עכ"פ אפילו אם חלה וכן בדחפו ולא מת אמר להם כן יאבדו וכו' כלומר דמשעת הגעתו לצוק ודחיפתו הרי הוא כאבוד ומת ואין צורך לירד אחריו ולהמיתו וא"נ אפשר דסבר כר"י דלקמן סוף פרקין דמשהגיע למדבר נעשית מצותו יעו"ש והיינו דקאמר בתר הכי דחכמים פליגי אר"א וס"ל דחלה מרכיבו על כתיפו וכו' וקרוב לזה ראיתי שפירש בשכ"י ויהיה טעמו של ר"א דלא משמע ליה קרא דעיתי אלא לומר שיהא זה מוכן ומזומן מאתמול להוליכו לא שנא חלה או נטמא ולא אחר שאינו מזומן אבל לא משמע למידרש נמי אפילו בשבת לומר אם חלה מרכיבו כיון דיש תקנה באחר וא"נ דריש אפילו בשבת לענין איסור תחומין וס"ל דתחומין דאורייתא ועיין בהריטב"א וקו"ל.

שם מהו להציל רועה כבשה מן הארי וכו' בתוספתא דפרק ג' דיבמות הגי' מה הוא להציל את הרועה מיד הזאב אמר להן דומה שלא שאלתם על הכבשה ואת הכבשה מהו להציל אמר להם דומה שלא שאלתם אלא על הרועה ע"כ ולפי הנראה שכך היה צריך לתקן גי' שלפנינו מהו להציל רועה מן הארי אמר להם לא שאלתוני אלא על הכבשה מהו להציל הכבשה מן הארי וכו' וכן תמצא דהכי גרים בערוך שם ובחי' הריטב"א כאן אבל מדברי ת"י משמע דגר' מהו להציל כבשה מן הארי וכו' ברישא יעו"ש ובחי' דסוגין ועיין בתוספ' שם ששאלוהו עוד שאלות אחרות וקו"ל.

שם אביו אבי אמו מישראל וכו' אבל אמו לא אם לפרש דבפסי' יש לפרש אמו ממש מישראל וכן ראיתי בגי' עין יעקב דגרים הכי אמר להו אביו אבי אמו מישראל אמו אמו מישראל וכו' ועיין בח"י ובמ"ש שם וקו"ל.

שם אמר רבה בב"ח לא בבליים היו וכו' הגם שנאמר דשמיע ליה ברייתא דתני ר"י לקמן מ"מ אשמועינן דר"י לא פליג אמתניתין אלא לפרושי אתא דמתני' נמי סברה דאלכסנדריים היו אלא מתוך ששונאין את הבבליים וכו' והא דמייתי תלמודא תניא ר"י וכו' להוכיח דמ"ל לרבב"ח לפרש כך מתני' ולא דבבליים דוקא היו ועיין בתוספתא ובירושלמי דפרקין וכאילו אמר תניא נמי הכי ר"י אמר וכו' וה"ג בהדיא בפרק שתי הלחם ק' ע"א יעו"ש ושוב ראיתי בספר עבודת ישראל קל"ח ע"א שדרך בדרך אחר יעו"ש ופשט הסוגיא היא כמ"ש וקו"ל.

רש"י ד"ה **למאי** הלכתא וכו' אי משום תחומין דרבנן בעלמא ניהו וכו' ואפילו למ"ד דחוץ לי"ב מיל מדאורייתא וכן פסק הרי"ף ז"ל כמ"ש הב"י סימן שצ"ז והכא ודאי היה הולך למקום רחוק דהא קמן בברייתא דבסמוך דר"מ סבר דעשר סוכות י"ב מילין וא"כ שפיר איצטריך קרא אפילו בשבת שיוכל לצאת חוץ לתחום מ"מ אכתי אימא דלהא לא צריך קרא דמאי שנא משאר מלאכות שהותרו בו ביוה"כ דהא אם לא מת ירד אחריו וממיתו כדלקמן וה"ה לאסור הוצאה יהיה שבת או יוה"כ דכיון דקרא סתמא כתיב דצריך לעשות כסדר זה בכל יוה"כ מהיכא תיתי לחלק בין שבת ליוה"כ דאיצטריך קרא לרבות ומשני לומר שאם היה חולה וכו' ולא תימא דכיון דיש תקנה ליקח אחר במקומו בזה לא התיר הכתוב קמ"ל קרא דשבת היתרה לגמרי לסדר יוה"כ ומרכיבו על כתיפו ואין בזה איסור כלל כנלע"ד וקו"ל.

ד"ה **זאת** אומרת וכו' עירוב כדי נסבה וכו' דלא ניחא ליה לפר' כאותו פירוש שכתבו התו' דכריתות י"ד ע"א אם נתערבה הוצאה עם שאר מלאכות יעו"ש דלאותו פי' צריך לגרום עירוב הוצאה בלא וי"ו וכמ"ש התוספות בפ"ק דביצה י"ד ע"א ד"ה דילמא בעירוב והוצאה וכו' יעו"ש וקו"ל.

ד"ה **נכנס** טמא לעזרה שהכהן מוסרו לו שם ע"כ דהכי משמע קרא וסמך אהרן את שתי ידיו וכו' דהיינו בעזרה ושם ושלח ביד איש עתי וכו' והיינו דהדר קרא וקאמר ושלח את השעיר במדבר דקמא היינו שלוחו חוץ לעזרה למדבר ובתרא היינו שילוחו חוץ לצוק למדבר.

ד"ה **יכול** להרכיב וכו' לקמן אמרינן שלא היה חפץ ואע"ג דלא איתמר אלא אשאלות דלקמן משמע לרבינו ז"ל דאכולהו קאי ומשום הא מייתי להו תלמודא לשאלות דלקמן אגב שאלות אלו משום דכולהו בחדא מחתא מחתינהו לשון הריטב"א ז"ל ועוד כן מוכח בירושלמי דלא מייתי הנך דלקמן אלא הנך דהכא ומסיים עלה לא שהיה ר"א מפליגן וכו' אבל הרב המאירי ז"ל פירש דהנך דהכא לא השיב עליהם מטעם שאינם דברים מצויים ואין מדרכי המוסר להערים את רבו בשאלות כאלו ועיין מ"ש בסוגיא דיש מקום לפרש דמ"מ הגיד להם דעתו ברמזים אלו יעו"ש וקו"ל.

ד"ה **דחפו** לצוק וכו' מהו שיהא צריך לירד וכו' דאין לפרש דמבעי' ליה אם מותר לירד אחריו ולהמיתו ביוה"כ דהא אם מן הדין צריך שימות ודאי דיכול לירד ולהמיתו בידיו אלא הכי קמבעיא ליה אי אמרינן דכיון דדחפו לצוק כבר נעשה מצותו וממילא דאינו יכול להמיתו ביוה"כ או אמרינן דכיון דכתיב יעמד חי לפני ה' למדנו דעמידתו חי לפני ה' ומיתתו בצוק כדדריש בת"כ שם ואם כן עכ"פ צריך לירד אחריו ולהמיתו דאל"כ עדיין לא נגמר מצותו וקו"ל.

ד"ה **פלוני** מהו וכו' על אדם אחד וכו'. שהיה בדורם וכמו שהעתיק הריטב"א ור"א דהא באומרו שמא לא שאלתוני אלא על פלוני אחר שבדורנו ועוד כתב ויש פותרים על שלמה וכו' ולפי' זה ה"ק שמא על אבשלום שאלתוני כמו שפירש בדיבור הסמוך לזה וכן פי' בשכ"י והוסיף להגיה שצ"ל בכל דבור אחד בן דוד ושאלה אלא על פלוני וכו' ומה שהקשה שם דלפי' מה שייך בזה לומר אלא מפני שלא אמר דבר שלא שמע מפי רבו וכו' יש ליישב חדא דקאי אהנך ולא אשאלה דפלוני מה נראה בעיניך בצדיק או רשע ועוד דממה שהיה זהיר מאד עד שדין שהיה יודע בברור לא רצה לאומרו אם לא שמע מפי רבו כל שכן שלא רצה לומר על מי שיהיה בצדיק או רשע כי אפשר שהיה טועה בדמיונו או אפילו שהיה יודע ברוח קדשו אין לפרסם מעשיו הטובים כי שמא אותו אדם אין רצונו שיוודע מעשיו ומכ"ש אם רעים הם שאין לפרסמו וקו"ל.

רז"ל הרב המאירי וכתב לתלמיד שלא יערים לשאול בדברים הנעלמים וזהו ששאלו לר"א פלוני וכו' כלומר מה מעשיו בעיניך והשיב לא שאלתוני וכו' כלומר עד שאתם שואלים אותי על פלוני שהוא מוחזק אצלכם ברשע שאלו על פלוני שהוא מוחזק אצלכם בצדיק כלומר ששאלה זו אינה שלנו וברוך היודע ע"כ.

תוספות ד"ה **אמר** רפרם וכו' אמרינן בפרק אמרו לו וכו'. וסיימו התוספות שם אלא רגילות הוא דברי תורה עניים במקומה ועשירים במקום אחר ע"כ ולעד"נ דהכא לא חיישי תלמודא לדחויי מלתיה משום דממלתיה דרב ששת דאייתי בסמוך מוכח דלא ס"ל כרפרם דלא"כ מאי פריך למאי הלכתא אימא דלדיוקא איצטריך ולאשמועינן דביוה"כ אין בו איסור הוצאה כדדייק פרק קמא דביצה למ"ד אין עירוב והוצאה ליו"ט מקרא דכתיב ולא תוציאו משא מבתיכם ביום השבת וכו' ועוד דלמ"ש בפרש"י דלמ"ד תחומין דאורייתא ע"כ הכי פריך למאי הלכתא איצטריך דמ"ש משאר מלאכות שהותרו ביוה"כ לצורך שעיר וה"ה שבת ואי ס"ל דאין הוצאה ביוה"כ אכתי הדר קושיא לדוכתא דהוצאה איצטריך דמיוה"כ לא ילפינן היתר הוצאה לשבת אלא על כרחין דסבר רבי שמעון דיש איסור הוצאה ביום הכפורים ואפילו הכי איצטריך לאשמועינן שריותא גבי שבת דאם היה חולה מרכיבו וכו' ואי"נ כדדחי התם בבריתות הדר"א דדוקא ביוה"כ משום דהכשרו בכך ביוה"כ ולא ילפינן שבת מיוה"כ ומה גם דשבת חמירי דזדונו בידי אדם כדתנן פרקא קמא דמגלה אין בין שבת ליום הכפורים וכו' וקו"ל.

ד״ה **פלוני** מהו וכו׳ ובתוס׳ בתחילת יבמות ע״ב לא מלאתי שם כלום ממאי דסיימו אלא דשם ספ״ג מייתי הני שאלות דר״א דאייתי תלמודא והיה נלע״ד דלשון קצר הוא וכונתם לרמוז דשאלות אלו הובאו שם בסגנון אחר ועיין בערוך ערך פלן ובחידושי הריטב״א כאן וק״ל.

ד״ה **מהו** להציל הכבשה מן הארי כלומר בת שבע מיד דוד וכו׳ ונאמר דלא זכתה בת שבע להיות שמותרת לדוד היתה וה״ה דנ״מ מזה גם הצלת דוד שלא חטא כי על זה נאמר הא דכל היוצא למלחמת בית דוד לומר שלא חטא אלא אגב דבשאלה שניה נקט אוריה נקט הכא הצלת בת שבע. ומ״ש עב״ל היינו לשון פר״ח שכתבו בדיבור הקודם לזה וכן הובא בערוך שם ומ״ש פיר׳ משום דקאמר ואדוני יואב וכו׳ וכן פי׳ בערוך שם יפי׳ זה כתבוהו לפי׳ דברי ר״ח דקאמר דמורד במלכות היינו משום דאין חולקין כבוד לרב וע״כ לפרש כונת ר״ח משום דקאמר ואדוני יואב דאם כפי רבינו מאיר שהביאו התוספות בפרק במה בהמה שם שדוד אמר לו לעשות ולא עשה יע״ש מאי קאמר ר״ח מי סבירא לן חולקין כבוד לרב וכו׳ והיינו כונת התוספות כאן במ״ש פירש משום דקאמר ואדוני וכו׳ כלומר דלר״ח צ״ל כפי׳ רש״י ולא כהר״מ אבל לעולם דהם ז״ל לא ס״ל כפי׳ זה אלא כפי׳ הר״מ וכמ״ש שם ובזה יתורץ לך מה שהקשה בשב״י דדברי התוספות סותרים זה את זה דכאן תפסו כפירוש זה ושם הסכימו לפרש כפירוש הר״ם והגם דלמה שכתב בריש מכלתין דתוספות דסוגיין ממהר״ם הם לא היינו צריכים לכל זה מכל מקום עדיין צריכים אנו לתי׳ דסוגיין שפירש כן אלא במ״ש מתורץ כי הכל מפירוש רבינו הנגהל כמו שכתבתי שם ד״ה פלוני מהו וכו׳ פירש ר״ח וכו׳ וקל להבין:

אבל הרב המאירי ז״ל פירש לשאלה זו בדרך אחר שכתב כל פסידא שבממון אין מחללין עליה את השבת אפילו היתה פסידא ידועה כגון להציל כשבה מפי ארי בהריגת הארי אבל כל שיש בה סכנת נפשות מחללין אפילו יש בה דבר הנראה שלא יהו אחרים צריכים לכך אלא שהמסתכן עצמו יכול להשתדל בהצלתו בלי עזר אחרים וזהו ששאלו לר״א מהו להציל כבשה מפי הארי ר״ל בשבת ובהריגת הארי והשיבם לא שאלתוני אלא על הרועה כלומר שזו ששאלתם איגה כדאי לשאול שהאיסור פשוט ומבורר אלא שמא על הרועה וכששאלו על הרועה אמר להם לא שאלתוני אלא על הכבשה כלומר שעל הרוע׳ איגה כדאי לשאול שהתירה ברור. ויש מפרשים אותה בענין אחר כמ״ש בפירושינו אלא שאין צורך בה לענין פסק עכ״ד.

ד״ה **אמר** ליה ר׳ יוסי וכו׳ של יום הכפורים הבבליים אוכלין אותו וכו׳ כנ״ל.

דף ס״ז ע״א משנה **אלא** עומד מרחוק ורואה את מעשו כדי שיעשה הדבר כהוגן ומה גם למה שכתב הזוהר בפרשת אחרי מות דאיש פגים ובעל מום הוה דיש מקום לאושדו שלא יעשה שליחותו כראוי. מ״ש התי״ט ז״ל דלכך לא עשו סוכה י״א שאם כן לא היה מקרי ארץ גזרה וכו׳ יע״ש לעד״ן טעם אחר משום הא דאיתא בירושלמי דפרקין עתי שלא ישלחנו ביד שנים ואם היה שום סוכה אחרת שמו לצוק לא היה אלא מיל היה אפשר לאותם שבתו בסוכה זו לילך לצוק עמו והיה נראה כאילו היה שילוח בשנים ומש״ה עשו בדוקא עשר סוכות דלפי זה מאחרונה עד צוק היה ב׳ מילין יותר מתחום שבת באופן ששום אדם לא יוכל לילך עמו אלא יהיה שלוחו באחד דוקא והיינו דאשמועינן מתני׳ דקתני שאינו מגיע עמו לצוק דפשיטא שאינו מגיע כיון דיש יותר מתחום שבת אלא הכונה דכך צריך לעשות בדוקא שלא יגיע עמו לצוק אלא עומד מרחוק וכו׳ כדי שלא יראה שלוחו בשנים ושוב ראיתי בס׳ לחם שמים על משניות שכתב קרוב לדברינו אלא שלא עשה סמוכות לדבריו ומן הירושלמי שכתבתי שהוא עיקר התירוץ ומה שיסוד קושיתו שם דהיה לנו לעשות סוכת י״א כדי שלא ילך המשלח חוץ לתחום יע״ש העיקר בסגנון קושית התי״ט כי פשוט הוא דאפי׳ שיעשו סוכת י״א עדיין המשלח ילא חוץ לתחום שהולך עשרה מילין שבין סוכה לסוכה כנראה מפרש״י וכמ״ש הרמב״ם בפירוש המשנה דמה״ט כתב רש״י ז״ל שאותם היושבים בסוכות היו הולכים שם לפני יום הכפורים וכן כתב הרב המאירי ז״ל בהדיא חה פשוט ומבואר

ועיין בת״י ד״ה לא וישב וכו׳ דשם כתבו טעם שלא ירצו בהלבנת הלשון וכמ״ש עוד בס׳ הח׳ שם וק״ל.

גמרא **כמאן** אזלא הא דתניא וכו׳ לכאורה הי׳ נראה להגיה דתנן ולאמתני׳ קאי כיש ספרים שכתבו התו׳ דמ״ש הס ז״ל דסיפא דברייתא דבסמוך היא הנ׳ בשתי מקומות שהובאת ברייתא זו בירושלמי ובתוספות דפרקין לא מצינו סיום לשון זה אלא נראה דאמתניתין קאי וה״ק דודאי רישא דקתני תשעים רים וכו׳ כר״מ דוקא אתיא דהיה שם י״ב מילין אבל סיפא דקתני חוץ מאחרונה וכו׳ מי נימא דאתיא ככ״ע דל״מ לר׳ יוסי דנוכל לומר דהיה שם ברחק ב׳ מילין מסוכה אחרונה עד צוק ובזה לא איירי אלא בשיעור הברחק שמירושלים עד סוכה אחרונה שהיו שם חמשה אוירים ולכל אויר שני מילין ובני סוכה האחרונה לא היו מערבין לילך עד צוק אלא אדרבה הכי עדיף טפי בלא עירו׳ דבזה לא יוכלו ללותו כי אם מיל ולא יראו את מעשיו אלא אפילו לר׳ יהודה דפשט דבריו משמע שהוא מונה כל שיעור הברחק לשמירות עד צוק שיש שם עשרה אוירים ולכל אויר מיל עדיין נוכל לומר דלעולם שלא היו מלוין אותו אלא עומד מרחוק או נימא דסיפא נמי כר״מ דוקא אתיא דל״מ לר׳ יוסי דקאמר והולך ע״י עירוב דמשמע דאף בני סוכה אחרונה היו מערבין כדי ללותו עד צוק אלא אף לר״י סתמו כפי׳ משמע דלכך לא הרחיקו סוכה אחרונה מצוק אלא מיל כדי שילוו אותו עד צוק עיין מה שכתבתי בתוס׳ ד״ה רי״א וכו׳ ופשוט דודאי סיפא נמי כר״מ דוקא אתיא דכן משמע טפי פשטא דמלתייהו דלר״י ור״י היה מגיע עמו לצוק וק״ל.

שם ת״ר בראשונה היו קושרים וכו׳ בירושלמי אי׳ בראשונה היו קושרים אותו בחלונותיהן ויש מהם שהיה מלבין ויש מהם שהיה מאדי׳ והיו מתביישין אילו מאילו חזרו וקשרו אותו בפתחו של היכל ויש שנים שהיה מלבין ושנים שהיה מאדים חזרו וקשרו אותו בסלע ע״כ ונראה ודאי דהך קודם תקנתא דברייתא דאייתי תלמודא היא דקודם זה הוה אלים זכותייהו דאפילו על פתח ביתם היה מלבין ואפילו תאמר דגם עתה היה מלבין אפילו בדרך זה מ״מ פשט הדברים יראה כמ״ש ואולם והיכל חדא מלתא היא והיכל לאו דוקא אלא הכונה פתח אולם וקודם תקנתא דברייתא היא וק״ל.

שם א״ר נחום וכו׳ בראשונה היו קושרים וכו׳ ואשמועינן בזה דלמה להם מעיקרא לקשור הלשון בפתח אולם מבפנים כיון דהכתי יש חשש דהיו מלוין וכו׳ ולזה הודיענו כי לא היה תכלית קשירת הלשון לידע אם הלבין לסימן כפרה אלא ג״כ לידע שנעשית מצותו ויוכל לסיים עבודות היום וכי תימא דהכתי אמאי קאמר לה משמא דר״א הקפר ומאי אשמועינן דמתניתין היא בס״פ דקתני רבי ישמעאל אומר לשון של זהורית היה קשור על פתחו של היכל וכשהגיע שעיר למדבר היה הלשון מלבין וכו׳ י״ל דודאי ר״א הקפר פליג אתנא דברייתא דלעיל דלדידיה שכל תכלית היה לסימן שהגיע שעיר מעולם לא התקינו לקשור מבחוץ אלא בראשונה התקינו לקשור מבפנים לסימן לכ״ג שהגיע שעיר אלא דלהיות שנמשך מזה שהיו הכהנים מלוין לראות אם הלבין להודיע לישראל התקינו שיהיו קושרין אליו בסלע וכו׳ ולסימן הגעת שעיר עשו דורכיות בדקאמר ר״י לקמן בס״פ וכמ״ש התי״ט שם יע״ש ולפ״ז ברייתא דירושלמי שהעתקתי בסמוך דלא אייתי הני שתי תקנות דבחוץ ובפנים ר״א הקפר היא והגם דהתם קתני היכל לאו דוקא וכמ״ש בסמוך והא קמן נמי דר״י קתני נמי היכל כנלע״ד וק״ל.

רש״י ד״ה **תשעים** רים וכו׳ לאלפים אמה המיל דברייתא וכו׳ כן נראה של״ל דראיה למאי דסליק היא וכמו שביאר מהרש״א יע״ש ומ״ש בפיוט ארחן בנקיון כפות ברוחב ע״ה אלותיה וכו׳ כנ״ל וכמו שהגיה מהרש״א וענין זה תמלאהו בסידור האשכנזי׳ ביוצר שני של סוכות אכן מ״ש שייסד הרים בשלשים קנים כעת לא מצאתיו.

ד״ה **הרי** מזון והרי מים בגמ׳ מפרש אינו דומה וכו׳ משמע כונתו ז״ל שלא תפרש הרי מזון והרי מים ואם הולרך לאכול אוכל דודאי לא התירו לו אלא באחזו בולמוס דוקא כשאר כל אדם אלא דברים בעלמא היו אומרים לו לפי שאינו דומה וכו׳ כדמפרש בגמרא וברייתא ה״ק מעולם לא הולרך לכך שאחזו

בולמוס ויצטרך לאכול אלא שאינו דומה וכו׳ וזה כפי׳ שני שכתבו התו״י דסוגיין יע״ש וכמ״ש שם וכן כתב המאירי ז״ל כתב כלומר אם אתה חלוש וכו׳ ע״כ וק״ל.

ד״ה **בא** ויטב לו וכו׳ לזה התירו וכו׳ עיין מ״ש התו״ע ולעד״ן דודאי להרע״ב שלא הביא אלא טעמא דלפי שירא צ״ל כמ״ש שם אבל לרש״י ז״ל אין הכרח לפרש כך דנקט לשון לזה משום טעם מעונה ואלא אבל לטעם שירא וכו׳ אינו לזה דוקא דהתם נמי התירו מפני יראת האויבים והתם לא מייתי ראיה מהך משום דמלי לדחויי דטעמא לאו משום יראה הוא אלא מטעם לפי שהוא מעונה וכו׳ וק״ל.

ד״ה **מאימתי** מטמא בגדים דכתיב וכו׳ ותנא אקרא קאי דהא בכל פרקי דלעיל לא הזכיר דמטמא בגדים כי היכי דלימא מאימתי וכדדייק תלמודא בריש ברכות ופשוט.

ד״ה **סח** לו וכו׳ בלשון שחוק וכו׳ כמו איני יודע מה אתה שח אבל בירושלמי דפרקין הגירסא וכן אמר לי אליעזר בני יכול אני לעשותן שתים ע״י עירוב משמע דבלשון פלוגתא קאמר לא דרך שחוק ומלה וכן נראה ע״ם וצ״ל אמר לי וכו׳ ובתוספתא דפרקין הגירסא אר״י בן ר״י יכול אני לעשותן שתי סוכות והנה בודאי שלא שחק על דברי אביו אלא בלשון שאמר היה נראה כאילו שחק וח״ש ז״ל בלשון שחוק וזה כי באומרו שהיה להם לעשות בדרך זה באופני עירובין אלו דמקלתן יעשו כך ומקלתן כך זה נראה כמשחק כי למה לנו בעורח זה אם הדבר מתוקן בחמש סוכות ועיין מ״ש בספר קרבן העדה שם. ומה שסיים ז״ל ומקלתן מערבין לצד צוק ללוותו שני מילין הגם דלר״מ ודאי היה מתרחק ממנו מיל כדתנן במתני׳ מ״מ מדר׳ יוסי קאמר וכלן על ידי עירוב דמשמע שאף בני סוכה אחרונה היו מערבין ללוותו עד הצוק ממש וכמו שפי׳ בסמוך בן נפרש דברי בנו דקאי על דבריו וק״ל.

ד״ה **דגמיש** ליה וכו׳ ולא יכול לראות וכו׳ וסיים הרמב״ם ז״ל בפי׳ המשנה ותחלוש דעתן שיחשבו שהכפרה לא נשלמה ע״כ וכ״פ הרע״ב ויהיו כל ישראל עלבין ע״כ דודאי המשלח היה מגיד לאותם אנשים שבסוכות ומשם נודע לכל ישראל ביוה״כ עצמו אם הלבין או לא כי מה שהוליאה הברייתא למה שהיו מלילין ורואין וכו׳ משום דאין דרך לראות בפרסום וכל שכן שיגיע מן הביוש לישראל בפרסום וז״ש התו״י דסוגיין ד״ה בא ויטב וכו׳ כי אין נכון לראות בכולן אם הלבין החוט וכו׳ יע״ש אבל למה שהיה מגיד המשלח בהלנע הגם שאח״כ היה נודע לכל ישראל לזה אין חשש להגיד אף אם לא הלבין ואדרבא יותר טוב להם שידעו כדי שיחזרו בתשובה ומה שכתבנו אין צורך לכל מה שהאריך בזה בספר שושנים לדוד יע״ש וק״ל.

תוספות ד״ה **ר׳ יהודה** אומר וכו׳ יש ספרים שיש בהם עשר סוכות וכו׳ וה״ג בירושלמי דפרקין אבל בתוספתא הגירסא תשע והנה לגי׳ ויש ספרים ניחא דקאמר תלמודא בסמוך כמאן אזלא וכו׳ כמאן כר״מ דאף לר׳ יהודה היה מגיע עמו עד צוק שהרי מסתמא לא היתה סוכה ראשונה סמוכה חוץ לירושלים מיד כי אז ביליאתו אין צורך לסוכה אלא כשהלך דרך מה וכיון שכן סוכה ראשונה היתה רחוקה מירושלים מיל ותשע מילין אחרים שבין עשר סוכות כל אחת רחוקה מחברתה מיל הרי כאן עשרה מילין שהיה לר״י מירושלים ועד צוק אבל לגי׳ שלפנינו מהיכא פשיטא ליה דלר״י היה מגיע עמו עד צוק כיון דודאי סוכה האחרונה היתה רחוקה מצוק לפחות מיל אחד אלא שיש ליישב דהכי דייק דמדלא הרחיקו מצוק שני מילין דהכי הוה עדיף טפי שלא ילכו שם עמו ויראה כשלוחו בשנים וכמ״ש במשנה יע״ש מ״ת דאדרבא לר״י שיגיעו עמו בעינן שלא יירא ליישב שם יחידי ולא חיישינן ליאמרו שלוחו בשנים דהדבר מוכיח דהוא בעצמו המוליכו בידו ולא האחרים ומש״ה לא היה שם אלא הרחק מיל שיוכלו לילך עמו בני סוכה האחרונה. ופשוט דכונתם ז״ל ליישב קושית התו״י דסוגיין יע״ש ובמ״ש בסוגיא וק״ל.

ד״ה **וכולן** ע״י עירוב מכאן מקשים וכו׳ והיינו אלפים ותו לא כמו שהוכיח רש״י וכו׳ היינו מה שהוכיח מברייתא דכאזינו דכל מיל אלפים לפי ערך ע״כ מיל דקאמר התם וכן תמלא מבואר בתו״י דסוגיין יע״ש ומה שתפסו דבריהם אמאי דקתני ר״י וכולן ע״י עירוב לאו למימרא דמהכא קשיא לן אלא לגלויי דהכא איירינן נמי לענין תחום שבת אשר זה היה טעם הרחק הסוכות למר כדאית ליה ולמר כדאית ליה דודאי אין לפרש דמדר׳ יוסי מקשים דלמה הוצרך עירוב כיון שנותנים ג״כ אלכסונן שהם אלפים ושמונה מאות אמות דהא אפילו תאמר דלר״י נמי היתה סוכה אחרונה רחוקה מצוק ב׳ מילין ומיל מירושלים עד סוכה ראשונה אכתי נשארו שבעה מילין וכאשר תחלק את אלו לארבעה רווחים שבין החמש סוכות יצא לך מיל אחד והני וה׳ מאות אמות בין כל סוכה וסוכה ואף שתאמר דגם מירושלים עד סוכה ראשונה שני מילין עדיין נשארו ה׳ מילין ולארבעה רווחים שהוא מיל והני לכל ריוח שבין סוכה לסוכה וע״כ צריך לערב אף שתתן לו אלכסונן ועוד דא״כ מאי תרצו לזה במ״ש מיהו י״ל דסימנא בעלמא וכו׳ והא פשוט וק״ל.

ד״ה **כמאן** אזלא וכו׳ תימא לי אמאי לא קאמר כמאן אזלא וכו׳ וליכא למימר דגרסינן וכו׳ כונתם דמעיקרא ס״ד הכך דתניא חוץ מאחרון וכו׳ ברייתא באנפי נפשה היא שלא הוזכר שם פלוגתייהו דר״מ ור״י ור״י כלל וקמבעיא ליה אי אתיא כב״ע או כר״מ דוקא עיין מ״ש בסוגיא והכא קשיא להו דאמתני׳ נמי הו״מ למיבעי בדרך זה עלמא מאי אמרת דמתני׳ פשיטא ליה דכר״מ היא מדקתני רישא י״ב מיל א״כ מהיא גופה נוכיח ג״כ דברייתא דוקא כר״מ דכן הסברא נותנת דלר״י שלא היה אלא מיל ולר׳ יוסי שהיו מערבין דודאי היו מגיעין עד צוק עוד כתבו דליכא למימר דגרסי׳ דתנן ומבעיא ליה אי אתיא כר׳ יהודה דהכנס דרישא קתני י״ב מילין שמא ר״י ה״ק עשר סוכות ועשרה מילין תשעה באוירים שביניהם ואחד מירושלים עד סוכה ראשונה ולעולם שהיו שם עוד ב׳ מילין מאחרונה עד צוק ואימא דל״ש הנך תנאי אלא במשך שיעור סדר הסוכות כמה היה ולא איירי בשיעור שמאחרונה עד צוק ואדרבא מימא דמתני׳ דקתני מירו׳ עד צוק י״ב מילין ותו לא ר׳ יהודה היא ולא ר״מ או נאמר דאיירי הנך תנאי בכל שיעור המקום שמירושלים ועד צוק ולפי״ז מתניתין ר״מ דוקא היא דהא ליתא דא״כ אמאי מבעיא ליה אסיפא ארישא נמי הו״ל למיבעי אי הך דקתני י״ב מילין אתיא כר״י או כר״מ ואי משום דפשיטא ליה דהנך תנאי פליגי בכל השיעור דמירושלים ועד צוק וא״כ רישא דקתני י״ב מילין כר״מ דוקא אתיא א״כ מרישא הו״מ לאוכוחי דכולה מתני׳ ר״מ היא אלא נראה לי דגרסי׳ דתניא ולא כדקס״ד דברייתא באנפיה נפשה היא אלא סיפא דברייתא דאתינן עלה היא דקתני הך בתר פלוגתייהו ועל כן מתמה גמרא וקאמר כמאן אזלא דכיון דר״מ החכר ברישא והדר ר״י לבסוף משמע דמסקנא דמלתיה דר׳ יוסי דוקא היא להכי איצטריך לאשמועינן ולומר כמאן כר״מ ואתאן לת״ק דוקא וכי האי גוונא איכא וכו׳ כנלענ״ד לפרש דבריהם ולפי״ז צריך להגיה בדבריהם ועל כן מתמה גמרא דכיון דר״מ וכו׳ לבסוף וכו׳. והנה המעיין בדבריהם יראה דאזלו הכא כפי אותה גירסא שכתבו לעיל דגרים עשר סוכות במילתיה דר׳ יהודה דלגי׳ שלפנינו דגרסינן תשע אמאי לא הזכירו ראיה קודמת דודאי לא אתיא מתניתין דקתני עשר סוכות לא כר׳ יהודה ולא כר׳ יוסי דלמר תשע ולמר חמש ודו״ק.

ע״ב גמרא **לכדתניא** המדברה המדברה במדבר וכו׳ וכן הגי׳ בת״כ פ׳ אחרי מות וכמו שפרש״י שלש׳ מקראות וכו׳ אבל הריטב״א גרים מדבר מדבר המדברה והיא גי׳ הילקוט שם ופי׳ הריטב״א שלא כפרש״י אלא דכולה מחד קרא קא דריש מדיכול למכתב מדבר וכו׳ דאילו אידך חד איצטריך לגופיה וחד שיהא המשלחו מזומן לכך איש שהוא רגיל במדברות וכן הוא במדרש עכ״ד וכן פי׳ רשב״ם בחומש שם אבל מדבריו שם משמע דמעתי דייק הכי יע״ש ויראה לע״ד דגם רש״י יודה בזה דלשלח אותו לעזאזל המדברה איצטריך לגופיה לומר שישלחנו במדבר ולא ביישוב כדתניא לקמן ובת״כ שם וכן ושלח ביד איש עתי המדברה שיהיה בקי במדברות אלא הכא יתורי דה״א ומלת במדבר קדרים לרבות נוב וכו׳ ומשום קרא דבמדבר דהתם הוי יתורא דקרא ממש נקט ג׳ מקראות ולפי׳ הריטב״א תיקשי דאידך המדברה מאי דרשת ביה דאי משום שיהא איש שהוא לימא קרא ושלח ביד איש עתי במדבר וצריך לומר דאידך דדריש במדבר לומר שהוא הפקר כמדבר ומותר בהנאה דנפקא ליה נוב וגבעון

וכו' מיתורי דה"א ובתרי ריבויי סגי לרבות שלשתם דמאחר שריבה הכתוב אף שאינו בית עולמים נוב וגבעון תרווייהו בכלל וא"נ דסבור דארבעה ריבויי כתיבי מדהו"ל למיכתב בתרווייהו מדבר וכת' המדבר וכתב המדברה הרי לך ארבעה ה' יתירות לרבות ג' מקומות נוב וגבעון וכו' ואידך ריבוייא לשום דרשא איצטריך:

שם ומ"ד אסורים דכתיב גזירה דלשון חומר ואיסור הוא כמו שפרש"י וברייתא דלקמן דריש נמי לשון חתוך ולשון מתגז' דכולהו שמעת מיניה ודריש נמי לשון גזרה וחומר לקיים מה שה' גזר וכלפי לשון זה שמעינן מיניה נמי הך דהכא א"נ דס"ל למ"ד זה דחומר וגזרה לכך לחודיה דאסורים בהנאה איצטריך והא דגזרה היא ולא תהרהר אחריה ס"ל כאידך תנא דברייתא דאייתי בסמוך דנפקא ליה הך מקרא דאת חוקותי תשמרו וכו' אני ה' חקקתי ואין לך רשות וכו' וק"ל.

שם אמר רבא מסתברא וכו' לא אמרה תורה וכו' ומ"ד מותרין סבר דכיון דמקום מדבר אין שם בני אדם לא חיישינן לתקלה ולא דמי לצפור חיה דמצורע דמותרת בהנאה מטעם זה עצמו כדקאמר רבא גופיה בקידושין נ"ז ע"ב ועיין עוד בפ' שילוח הקן ק"מ ע"א דהתם כיון שהיא חיה יכולה לפרוח ולילך למקום שמצויים בו בני אדם משא"כ זה דמסתמא ימות כיון דבעינן דבר המתגזר ויורד כמו שפרש"י ולהכי אימא דלא חשש הכתוב להתירו בהנאה מטעם דלא אמרה תורה וכו' וה"ה דלא חשש לבזמן שאין ישראל עושין רצונו של מקום שהיה בורח חי למדבר ולמקומות אחרים כמ"ש בפרש"י בשם הירושלמי וממ"ש תבין ג"כ דאין טעם רבא מכריח להתירו מטעם זה לבד ולהכי איצטריך למ"ד מותרין להוכיח מהיקשא דבמדבר דבטעם זה לחודיה לא סגי דיש לדחות כמ"ש וק"ל.

שם ת"ר עזאזל וכו' יכול בישוב ת"ל המדברה וכו' בנ"ל דהכי כתיב קרא לשלח אותו לעזאזל המדברה וכן הגי' בת"כ שם. והאי דקתני יכול בישוב וכו' כלומר דהוה ילפינן משלוח צפור חיה דמצורע דלא הצריך הכתוב לשולחה למדבר אלא על פני השדה דעומד בתוך העיר ושולחה חוץ לחומה כדתניא בפ"ב דקידושין נ"ז ע"ב וע"ש וק"ל.

שם ת"ר את משפטי תעשו דברים שאלמלא וכו' בנ"ל אלמלא באל"ף ולא ביו"ד כגי' הספרים לפי פי' ר"ת שהביאו בתוספות דפ"ב דמגילה יע"ש.

שם ת"ר המשלח מטמא וכו' יכול משיצא חוץ לחומת עזרה ת"ל המשלח וכו' ואין נקרא שילוח אלא כשיצא חוצה מהעיר כשילוח דצפורי מצורע דמעל פני השדה ממעטינן שלא יעמד חוצה וישלחנה לתוך העיר וכדאיתא פ"ב דקידושין נ"ז ע"ב יע"ש וכ"כ הרב המאירי ז"ל והמשלח כלומר משהתחיל להיות משלח ר"ל מלוה והשלוח מתחיל משיצא מחומת העיר שכל שהוא בתוך העיר אינו קרוי לויה ע"כ והדר קאמר אי המשלח יכול עד שיגיע לגמר שלוחו דהיינו עד שיגיע לצוק ת"ל והמשלח בוי"ו יתורא ריבה לך טומאה אפילו קודם גמר שלוחו דהיינו משיצא חוץ לחומת ירושלים דהיינו תחלת השילוח אלא דבת"כ שם הגי' יכול יטמא בגדיו משיצא חומת העזרה ת"ל לעזאזל יכבס בגדיו אי לעזאזל יכבס בגדיו יכול לא יטמא בגדים עד שיגיע לצוק ת"ל והמשלח את השעיר וכו' הא כיצד וכו' ע"כ ויראה לפרש גם גי' שלפנינו בדרך זה ולאו מהמשלח קדייק אלא כאילו אמר המשלח וכו' ומסיפיה דקרא קדייק מדכתיב לעזאזל וכבס בגדיו כדדרים בת"כ אלא דלפ"ז היה צריך להגיה ברישא נמי ת"ל והמשלח וכן ראיתי בשכ"י שהגיה כן וכתב ורש"י ז"ל תפים ברא שונה עכ"ד דהיינו מה שפי' ד"ה ת"ל והמשלח משמע משילחו כבר לצד המדבר ע"כ וכונתו לפ"ז דמסיפיה דקרא דכתיב לעזאזל יכבס דייקי' דוהמשלח היינו שילא כבר לצד עזאזל שהוא במדבר אלא שבס' קרבן אהרן שם כתב דגי' תלמודא פליגא אגי' דת"כ ולעד"נ כמ"ש ודברי רש"י ז"ל מוכיחים כן דפשט דבריו ארישא דברייתא קאי וכמ"ש משמע משלחו כבר וכו' כלומר לאפוקי משיצא חוץ לחומת העזרה שעדיין לא שילחו לצד המדבר דאי קאי אסיפא דברייתא הכי הול"ל דמשמע משעה ששילחו לצד המדבר כלומר לאפוקי דלא בעינן שיגיע עד צוק וכאותו לשון דנקט בס' קרבן אהרן שם יע"ש אבל ר' יוסי סבר דאי לאפוקי דבעינן תחלת שלוח לצד המדבר

א"כ לימא קרא והמשלח את השעיר למדבר וכבס אלא להכי כתב לעזאזל עד שיגיע לצוק דהיינו לעזאזל כדדרים לעיל שיהא עז וקשה ור"ש סבר דא"כ לימא קרא והמשלח את השעיר לארץ גזרה יכבס דגזרה היינו צוק כדדרים לעיל אלא להכי כתב לעזאזל דהיינו לכפר על מעשה עזא ועזאל לאשמועינן דאינו מטמא בגדים עד שישלים גמר הכפרה והמעשה דהיינו זורקו בבית ראם ועיין בפרש"י ז"ל ובס' קרבן אהרן שם כנלע"ד ודו"ק.

רש"י ד"ה גזרה לשון חותך וכו' דלא ניחא ליה לפרש דהקישו הכתוב לארץ גזרה כלומר ארץ חרבה שאין בה שום תבואה שהיא גזורה ונכרתת מכל טוב כמו שפי' רשב"ם בחומש וכן זה נכרת מכל טוב דאסור ליהנות ממנו דא"כ גם ממדבר היה יכול ללמוד בדרך זה וק"ל.

ד"ה דכתיב במדבר ושלח את השעיר במדבר וכו' דהכא סמך הכתוב שעיר למדבר להקישו לו משא"כ אינך המדברה דלעיל דבחד סמך עזאזל המדברה שיהיה במדבר ולא בישוב ובחד איש עיתי המדברה לומר שיהא איש שדה כמ"ש בסוגיא בשם הריטב"א ובזה יתורץ מה שהקשה בשכ"י דאמאי מייתי תלמודא קרא דבמדבר דבתרא הוא ולא מייתי קראי דהמדברה המדברה הקודמין לו עכ"ד.

ד"ה לתקלה שימאס אדם וכו' שלא ידע שהיו וכו' דאם מפני שיברח כמו שהיה אחר זמן שמעון הצדיק כדאיתא בירושלמי דפרקין אין שם תקלה כי סימן יש לו בלשון של זהורית שתליה היה קושר בין קרניו והא דקאמר התם דהסדקיין היו אוכלים אותו היינו אנשים ריקים ופוחזים וגזלנים שבמדבר כמו שפי' בחי' קרבן העדה שם ובליקוטי מים חיים בהלכות עי"כ ועכו"ם היו או ישראלים רשעים שאינם חוששים להבחין אם הוא השעיר וק"ל.

ד"ה עזא ועזאל וכו' כלומר על העריות וכו' וה"ה על שאר עבירות דכריתות ומיתות ב"ד כדתנן ספ"ק דשבועות אלא דנקט עריות משום דעזאזל קדרים וז"ל מדי אבכיר הובא בילקוט סוף פ' בראשית עזאל לא חזר בתשובה ועדיין הוא עומד בקלקולו להסית בני אדם לדבר עברה במיני צבעונין של נשים ולכך היו ישראל מקריבין קרבנות ביוה"כ איל א' לה' שיכפר על ישראל ואיל א' לעזאזל שיסבול עונותיהם של ישראל הוא עזאזל שבתורה ע"כ ועיין בספר עבודת ישראל קל"ו ע"א.

ד"ה השולח את המשלח המלוים אותו וכו' דכ"ג לא איצטריך מיעוטא דכיון דקרא קאמר דגומר עבודת היום ואת פר החטאת וכו' ודאי דלא מטמא בגדים שהרי היה צריך הערב שמש כדין כל טומאת בגדים כמ"ש הרמב"ם ז"ל פ"ה מהלכות פרה אדומה יע"ש והוא עצמו טמא כדקתני בת"כ פ' אחרי מות יכבס בגדיו וכו' יכול יהא גזרת מלך ת"ל ואחר יבא מה ואחר האמור להלן בטומאה וכו' ושוב ראיתי בס' קרבן אהרן שכתב על דבריו ז"ל ולי נראה דהמשלח את המשלח הוא הכ"ג המשלחו חוץ וכו' ע"כ והגם שהרב המאירי ז"ל הביא ג"כ פי' זה מ"מ העיקר כפרש"י ז"ל וכ"כ בס' תולדות יצחק הנדפס מחדש יע"ש וק"ל.

ד"ה בא לו וכו' אחר שמסר וכו' בא לו אצלם וכו'. והכי משמע פשטיה דקרא דכתיב והמשלח את השעיר לעזאזל יכבס בגדיו מה כתיב בתריה ואת פר החטאת ואת שעיר החטאת הכי מפרש בירושלמי אמתניתין ועיין בדבריו ז"ל לקמן ס"ח ע"ב ד"ה אמרו לו ובמ"ש עליו בחי"ע שם וק"ל.

ד"ה קלען במקלעות כמין קליעה וכו' כדמפרש ר' יוחנן בסמוך כמין קליעה שלא תפרש שהניחם על גבי עלים ומוטות מסודרים ועשויים עלים אלו כקליעה אלא תפרש שהשעיר ופר עם המוטות מכה סדורם נעשה בזה צורת קליעה כי שלמין היו ודי לנו בשני מוטות דודאי אם היו מנותחים היה צריך להניחם על גבי עלים מקולעים כדי שלא יפלו אבל הרמב"ם ז"ל פירש קלען במקלעות פירש שירים חתיכות הבשר בלי הפשטה לאומרו ית' את עורם ואת בשרם וכו' וכן בחי' פ"ג מה' עי"כ כתב ומחתך שאר בשרם חתיכות גדולות מעורות זו בזו כמין קליעה ואינו מפרק אותם ומשלחן ביד אחרים להוציאן לבית השריפה ומנתחין אותם שם בעורן ע"כ משמע דמפרש הך דהכא כההיא דפרק לולב הגזול ל"ב ע"ב גבי הדס ת"ר קלוע כמין קליעה ודומים לשלשלת זהו הדס ע"כ וכן כאן כיון שהעור נשאר מחובר

כין החיכה לחתיכה היו נראין כל החתיכות בכללן כמין קליעה ושלשלת והיינו דאשמועינן ר"י פי' דמתני' דלא הפרש שהיו מניחי' ע"ג קליעת עלים או בשגי מוטות וכו' כפרש"י אלא שהאברים עצמן היו קלועין ומעורים זה בזה וכאילו אמר כמקלעות בכף ונמדנו שאין זה כעולה שהיה מפשיט העור והיינו דמייתי תלמודא בתר מלתיה דר"י תנא לא היה מנתחן ניתוח בשר עולה וכו' וגפי' הרמב"ם דייק שפיר דקאי נמי אכ"ג גופיה דאיירינן ביה דלפי' ז"ל שהיה מוציאן שלמים למי שהיה שורפן דוקא קאי כמ"ש ז"ל שם ולפי' הרמב"ם הגם דקרא דאת עורם בשורף איירי מ"מ מיניה ילפינן לכ"ג שהיה מנתחן מחוברות בעור אלא דברייתא דלקמן דקתני וקרבו ופרשו מלמד שמוציאו שלם דייק טפי כפרש"י ז"ל דלהרמב"ם צריך לפרש לאפוקי מנותח ומפרק לגמרי ושוב ראיתי בס' עבודת ישראל ר"א ע"א שדחה פי' הרמב"ם מכח ברייתא זו ולעד"נ כמ"ש וכ"כ הפר"ח ז"ל בליקוטי מים חיים ר"ג מהלכות יוה"כ יע"ש בדבריו וק"ל. ומ"ש אלא שנקרע כריסן להוציא אימוריהן וכו' כד"א כנ"ל.

ד"ה **ה"ג** והקטירן וכו' תנינן טובא מעלו ומקטירו בכלי שרת מעלו ומקטירו בהמיינו [(מנחות כ"ו)] וכו' כצ"ל

כי מה שרשמו בדפוס פפ"ד סוטה י"ד ע"ב הוא דשם ג"כ מקשה תלמודא אלא היינו ההיא דמנחות דהתם לא פריך מידי וכ"כ התו' ובת"י יע"ש. ומ"ש ויטבול שליפית לנוספין ואימורי חטאת וכו' וכן העתיקו בת"י יע"ש והדבר צריך עיון דהאי סדרא לא כר"א ולא כר"ע דלקמן פ' בא לו ע' ע"א לפי' שם יע"ש וכמו שהקשה בס' לחם יהודה בחידושיו על הרמב"ם והסכים שם דט"ס הוא וצ"ל אימורי חטאת בהדי אילו ואיל העם אלא שדברי הת"י צ"ע שכתבו בסוגיין כן מפרש"י ד"ה הקטירן ס"ד וכו' ושם ד"ה אלא אימא וכו' כתבו עוד ואין מקטירן עכשיו עד שהוא מקריב מוספין כדפי' ר"ש וכו' וצ"ע.

תוספות ד"ה **אטו** במגם וכו' שאני התם כיון דמנחה בעיא קידוש וכו' וכן משמע מדפליג ר"ש התם

במנחות כ"ו ע"א דכיון שקמצו וקדשו בכלי שרת מעלו ומקטירו שלא בכלי שרת ודיו דוק מינה דלרבנן התם מעלו ומקטירו בכ"ש כיון דטעון קידוש דאל"כ במאי פליגי ועיין בת"י. ומ"ש והקשה הר' שמואל וכו' ומעתה אין צריך וכו' כלומר מעתה י"ל כסברת ר"ת דאין צריך למחוק הספרים אבל לא מטעמיה אלא דא"ל כיון דפריך לה חדא זמנא וכו' אבל יותר נראה דכונת ר"ש להקשות לפרש"י למה שהיה קשה לו ולשון נמשך הוא וכדרך שהקשו בתו' דס"פ תמיד נשחט ואה"נ דתיקשי נמי מכאן לפי' ר"ת וכמו שכתבו הת"י יע"ש. ומ"ש ולספרים דגרסי' וכו' ניחא לפר"ת וכו' דלעולם גבי מנחה דבעיא קידוש כלי לא פריך אטו בכלי תקטיר וכו' ומה שהקשה ר"ש מההיא דסוטה י"ל דהתם כונת הקושיא משום מאי דקתני בתר הכי מולחו וכו' דלמה שהגיה מהרש"א ניחא לפרש"י תיקשי דלפי' ל"ג מקטירו בכלי שרת אלא ומקטירו ס"ד וכמו שפרש"י ז"ל שם בסוטה יע"ש ומ"ש התוספת דס"פ תמיד נשחט ולפ"ז יתכן פרש"י לאו למחרא דרש"י שם אינו מוחק הגי' אלא כלומר דלפ"ז יתכן לפרש כפרש"י דזו היא כונת קושיא זו בכל מקום דאטו מקטיר אותם מיד הלא עדין חסר מעשה אחר היא אבל לעולם דבשום דוכתא אין דרך להקשות אטו במגם גופיה מקטיר דכך דרך למתני הקטרה בכלי שרת וכן נראה מלשון ת"י דסוגיין שסיימו על זה וזה היה נוח לפי שיטת רש"י וכו' יע"ש ובזה תבין למה שכתו' בתמיד נשחט בסוף דבריהם הביאו פי' ר"ת ולא הקשו עליו מההיא דסוטה שכתבו שם ברא"ש דבריהם משום דלגי' שכתב דגרסינן ומולחו וכו' יש ליישב ההיא דסוטה גם לפי' ר"ת במ"ש התוס' דהכא אלא דעם מ"ש יש ליישב גם לפי גיר' מהרש"א דלאו למחרא פרש"י יפרש כך וכן ראיתי בשכ"י שכתב אינו ר"ל שרש"י ז"ל יפרש להביא דסוטה הכי שהרי מחקה אלא ר"ל דאפילו להר' שמואל שלא רצה למחקה ליכא לאקשויי מינה לרש"י ז"ל שיש לומר דהכי פי' וכו' עכ"ד וסיים בשכ"י שם וזהו פי' התו' כפי מה שהבינו שרש"י ז"ל מחק הגי' משום שהיה קשה לו דבכמה דוכתי במנחות לא פריך הכי והבינו כן ממה שכתב דדכוותה תנינן טובא וכו' אבל לפי עניות דעתי נראה שהטעם שמחקה הוא משום דהמקשה מקשה בכח ומאי פריך אטו במגם מקטר להו דאדרבא הכי עדיף

טפי להעלות' למזבח דרך כבוד בכלים וס"ל לר"ש ז"ל שכן היו עושים תמיד משום כבוד וא"ש ושפיר הוה צריך למיתני לתנא והקטירן דבמגם מעלה אותן למזבח וכו' ומ"ש דדכוותה תנינן מביא ראיה לדבריו דהכי הוה דבמגם מעלן ולא כמו שכתבו התו' שא"כ הו"ל והקטירן במגם דדכוותה תנינן וכו' בהמיינו דבמגם מעלה אותם למזבח ובמס' פסחים כתב וא"ת דמפרשי אטו במגם מקטיר להו ולאו מלתא היא דודאי אורחיה למיתני הקטרה בכלי שרת ע"כ פי' דהכי אורחיה למיתני קושטא דמלתא דהכי הוה שהיה מעלן בכלי שרת ודבריו עניים שם ועשירים כאן עכ"ד ולעד"נ שאין מספיק לדחות מה שכתבו התוספות והת"י דסוגיין והתו' דס"פ תמיד נשחט בכונת רש"י ז"ל דאימא ה"נ דהכי פריך אטו במגם מקטיר דאדרבא עדיפא לן טפי להעלותן בלא כלי כדי שיהיו מעשיו מוכיחים דקרבנות לא בעו קידוש כלי כמנחה וכדרך פי' ר"ת ועוד דמה ראיה מייתי לכך דהכא שכן דרך לעשותן כן תמיד מההיא דמנחות דהתם איירי במנחה דבעיא קי' כלי אלא העיקר כמו שכתבו התוספות וכדמוכיחים פשט דבריו ז"ל דפסחים שם דה"ק דגי' משובשת היא דא"כ ליפרוך נמי שם במנחות דהגם דבעו קידוש כלי מ"מ לא הו"ל למיתני בלישנא דמשמע דגם בכלי עצמו מקטירו עם הקומץ אלא ודאי דאורחיה דתנא למיתני הכי בכל דוכתא וק"ל.

באה"ד ולי נראה דגרסינן שפיר וכו' וכי חובה הוא שיוליכנו במגם למזבח וכו'. יכול להעלותן בידים וכן בפרק ב' דסוטה וכו' אלמא חובה הוא וכו' לא זכיתי להבין דבריהם דבשלמא הכא ובפסחים שם ניחא דפריך בדרך זה דנהי"ל מגם להעלותם למזבח יעלם בידו אבל התם בסוטה דאיירי במנחה מאי פריך אה"נ דחובה לעשות כן להעלותן למזבח בכלי שרת דברייתא דהתם כחכמים דפליגי עליה דר"ש בהקומץ רבה כ"ו ע"א דבעו גבי מנחה שיעלה אותה למזבח בכלי שרת יעו"ש וכן מה שסיימו אבל בבשר דוכתי לא פריך הכי דהיינו ההיא דמקטירו בכלי שרת מעלו ומקטיר בהמיינו דמנחות שם וכמ"ש בראש דבריהם מאי הו"ל למיפרך התם כיון דלר"ש בעי' מיהא כלי להעלות למנחה למזבח אלא דבהמיינו סגי כדאמר ר' ינאי שם ולרבנן בעי כלי שרת דוקא מעתה שפיר קתני התם המיינו וכלי שרת וכדברי הת"י דסוגיין הובא תירוץ זה על נכון דלעולם כונתי הקושיא אטו במגם מקטיר להו שיצטרך להקטיר גם המגם עם האמורים או מנחה והיכא דקתני כל סדר הדברים הוה ס"ד דגם זה דוקא שיתנם תוך המגם ויקטירם עמו אבל בהני דמנחות ידע שפיר שאין הכונה לומר שיקטיר המיינו או כלי שרת עם המנחה אלא שיעלם למזבח בהמיינו או בכלי שרת להקטיר המנחה לבדה על המזבח לא בתוך הכלי שרת דהא בהא פליגי התם אי לר"ש עובדה ביד או בכלי וכן רבנן ור"ש פליגי התם אי בעינן העלאה למזבח בכלי שרת או לא ומש"ה לא שייך למיפרך התם מידי יע"ש בדבריהם אבל סגנון התו' שכתבו התוספות כאן כפת לצ"ע.

דף ס"ח ע"א גמרא **נאמר** כאן ראשו וכרעיו וכו'. דאע"ג דגבי הוצאה כתיב מ"מ אם אינו ענין להוצאה דהא מוציאו שלם בעינן כדיליף קמיה תנהו ענין לשרפה שיהיה בנתוח כעולה.

שם מה להלן על ידי נתוח ולא ע"י הפשט וכו'. התוספות ז"ל בפרק איזהו מקומן נ"א ע"א סד"ה מה להלן וכו' כתבו דשלא בהפשט נקט אגב אורחיה ולא צריך למילף דמגופיה דפר יוה"כ שמעי' דכתב ושרפו באש את עורותם ואת בשרם ואת פרשם דאיתקש עורם יבשרם לפרשם עכ"ד ועיין בדברי רש"י שם והכי דייק גי' ת"כ פ' אחרי מות דלא גרס אלא נתוח לחודיה יע"ש ובס' ק"א שם אלא דפשטא דסוגיין דבעי עלה דברייתא דקתני לא היה מנתחן וכו' אלא עור על גבי בשר מה"מ וכו' משמע דגם שלא בהפשט מפר כהן משיח ילפינן ולדבריהם צריך לדחוק ולפרש דה"ק מה"מ מעיקרא דצריך לנתחו דהא להוציא את כל הפר וכו' ושרף אותו וכו' כתיב דמשמע שהיה שורפו שלם והא מייתי ברייתא לומר דבעי נתוח אבל בלא הפשט לעולם דמגופיה דקרא ויוה"כ ילפינן לה. ונראה דהתוספות כתבו שם כן לפי מה שפרש"י שם וכן פי' התו' כאן דהיקשא דקרבו ופרשו אשריפה קאי ופשיטא לן ביה דפרשו בקרבו משום דגנאי היה לשרוף הפרש בפני עצמו ולא מקרבו יליף דהוא איצטריך לפרש

כל איבריו ראש כרעיים וקר' ואם כן מכח סברה זו גבי יוה"כ נמי מגופיה דקרא שמעינן דהא דכתיב ופרשם בתוך קרבם שורפו והדר ילפינן מיניה בשר שלא בהפשט בהיקשא אבל לפי פרש"י כאן דהיקש זה בהוצאה כתיב וילפינן דפרשו בקרבו משום דאין דרך להוציא הפרש לבדו ודבשרפה נמי יהיה כן נוכל לומר לפ"ז דילפינן מהוצאה ושרף כי היכי דיליף מהתם בשרו בעורו ואין כאן לפ"ז גילוי מן הכתוב לסברה זו דגנאי לשרוף הפרש לבדו משתה אין מקום ללמוד מקרא דיוה"כ דגם בשעת שרפה פרשו בקרבו אלא יליף מפר כהן משיח ושפיר קאמר הכא מה להלן וכו' ולא ע"י הפשט וכו' כפשטא דסוגיין ואפשר דמש"ה חזר בו רש"י כאן ממה שפי' שם משום דלפי' שם פר ושעיר דיוה"כ מלי למילף שלא בהפשט מגופיה ואילו סוגיין משמע דמפר כהן משיח יליף ועמ"ש עוד בזה בחו' ולעיקר קושיתם שם עיין מ"ש בס' פנים מאירות בחי' לדף כ"א ע"א שם להוכיח דלא הוי היינו ודבר אחר יעו"ש וק"ל.

רש"י ד"ה **וקרבו** וכו' בת"כ ה"ג לה ואת עור הפר וכו' ולא כגיר' שלפנינו דגרים וקרבו ופרשו והוציא מלמד וכו' דמהך לא משמע שמוציאו שלם אלא מדכתיב ואת עור הפר וכו' דייק שפיר דאי במנותה היאך הכל יוציא בהוצאה אחת הנתחים וקרבו ופרשו וכמו שפי' באיזהו מקומן נ' ע"א יעו"ש ועיין בס' ק"א בפ' ויקרא וק"ל.

ד"ה **ת"ר** וכו' ואיתקשו להדדי לשריפה ולטומאת בגדים וכו' כדמסיים לקמן מדרשא דחטאת וכו' ומה שכתב כדאמרינן גבי פר העלם דבר ועשה וכו' ודרשינן לפר וכו' לאו למימרא דדרשא זו לשריפה אבית אדשן וטומאת בגדים איצטריך דאדרבא מהכא יליף פר יוה"כ לאת בדם ועבילה כדאיתא בפרק בית שמאי מ' אבל כונתו שהרי מצאנו ב' מקומות שהוקשו זה לזה הא דועשו לפר וכו' ואידך דחטאת חטאת וכו' ונוכל להביא מזה ג' מחנות גם לפר יוה"כ וז"ל דסוף פרק טבול יום והלא אף אלו פנימיים ואייתי לכולהו כי הדדי בריבוייא דחטאת חטאת בשלהי כל הזבחים ואמר נמי בפ' ב"ש לפר זה פר יוה"כ עכ"ד ועיין בלשון ס' קרבן אהרן פ' אחרי מות אברייתא דהכא. ומ"ש לפי שלא למדנו שיהו מטמאין בגדים ונשרפין אבית הדשן וכו' כבר פי' ז"ל בסוף כל הזבחים פ"ג ע"א דנשרפין אבית הדשן כדי נסבה דאדרבא עיקר קרא דעל שפך הדשן ישרף בפר העלם דבר כתיב יעו"ש וק"ל.

ד"ה **ה"ג** אמר מר להלן וכו' כן הגיה מהרש"א ז"ל על פי פי' ישן ואנכי לא זכיתי להבין למאי איצטריך האי אמר מר הכא דתלמודא מסיק למלתא וקאמר והתם מנא לן וכדרך דקאמר לעיל בסמוך והתם מנא לן דתניא וקרבו ופרשו ואפילו שנחלק ונאמר דלעיל ניחא משום דלא אסקינן ראיה דע"י נתוח אלא מכח אידך ברייתא דיליף פר כהן משיח מעולה דבעי נתוח והדר יליף יוה"כ מיניה ומש"ה לשון נמשך הוא ולא שייך למגרס התם אמר מר אבל הכא דכבר הוכיח מברייתא קמייתא דמחוץ למחנה אחת מטמאין בגדים כדקאמר מתני' תו לא צריכינן לאידך ברייתא דג' מחנות לנדון שלנו אלא לפרושי ברייתא באגב וא"כ יש לגרוס אמר מר דמלתא באנפיה נפשה היא כדרך התלמוד כשבא לפרש הברייתא שהביא מ"מ הרי בזבחים שם קאמר תלמודא נמי והיא גופה מנלן דת"ר והוציא את כל הפר וכו' ולא הגיה שם רש"י מידי כמו שהגיה שם גי' הברייתא כדהכא אלא נלע"ד דתוספות איזה תלמיד הוא וארא"ש דבריו קאי שכתב שהגירסא משובשת ובת"כ הכי איתא ת"ר להלן וכו' ותלמיד זה הודיענו דבת"כ הגי' מה להלן אתה נותן להם ג' מחנות וכו' וכלומר דהרווחנו בזה כדפרש"י ז"ל דבלשון תמיה הוא דכן משמע לשון מה וכמו שפי' בספר ק"א שם פ' אחרי מות. ולהבין תיקון הנלע"ד אעתיק גי' ראשונה דדפוס ויניציאה והיא זו אמר מה להלן אתה נותן להם ג' מחנות וכו' מחוץ למחנה בדשן בהוצאת דשן וכו' ול"ל בת"כ אמר מה להלן אתה נותן לכן ג' מחנות וכו' הס"ד ואח"כ מ"ה מחוץ למחנה בדשן וכו' כנלע"ד וק"ל.

ד"ה **מחוץ** למחנה בדשן וכו' דכתב בפרים הנשרפין וכו' וכן לשונו בס"פ טבול יום והגם דעיקר קרא בפר כהן המשיח כתיב מ"מ כיון דלמדין זה מזה נקט פרים הנשרפין בכללות ובסנהדרין ר"פ נגמר הדין דייק התם בלישניה שכתב שהרי נאמר בפר כהן משיח אל שפך הדשן וכו' ועיין בזבחים פ"ג ע"א ובמ"ש התוס' שם:

ד"ה **נאמר** כאן בפר יוה"כ וכו' מה כאן בפרים הנשרפין וכו' וכן לשונו בס"פ טבול יום יעו"ש וכתב בשכ"י וז"ל יש לדקדק אמאי נקיט בלישניה פרים הנשרפין בכלל מאחר דבפר יוה"כ קיימי' וי"ל דרש"י ז"ל בקולר דבריו ומתק אמרו בא להשיב לקושית התוס' שהשיגו עליו דהיכי יליף פרה מפר בג"ש מאחר דפר יוה"כ גופיה יליף בהיקש מפרים הנשרפין ואגב אורחיה קא פריק כל קושיות התוספות ז"ל בכלל שהקשו בד"ה ליתן לו וכו' וכוונתו לומר דהרי הוא כאילו נכתבו ג' מחנות בפרים כולהו ולאו בהיקש ילפי מאחר דבפר כהן משיח מוקמינן ג' מחנות חד דידיה וחד דפר העלם וחד דדשן דלגופייהו לא איצטריכו ומוקמינן להו באם אינו ענין בפר כהן משיח והשתא דכתיבי ביה ג' מחנות וכתיב בפר העלם ועשה לפר כאשר עשה לפר דהיינו פר כהן משיח וכתב ושרף אותו כאשר שרף את הפר הראשון משמע בהדיא דנשרף חוץ לג' מחנות ולאו היקשא איקרי מאחר שכתוב בו בפירוש ושרף אותו כאשר שרף את הפר הראשון ובראשון כתיב ג' מחנות בהדיא הרי הוא כאילו כתיב בגופיה והכי נמי אמרינן גבי פר יוה"כ דכתיב ביה ועשה לפר כאשר עשה לפר העלם הכלל בעולה היכא דכתוב ועשה כאשר עשה או ושרף כאשר שרף לאו היקש איקרי אלא הוי כאילו כתיב בגופיה והשתא א"ש דיליף פרה מפר יוה"כ דהוי כאילו בו ביוה"כ כתיבי ג' מחנות וגם ממילא מתיישב דיליף שפיר פר העלם מפר כ"מ ויליף מקלל מפרים הנשרפין דבכולהו כתיבי ג' מחנות וזה רמז הרב בלשונו באומרו מה פרים הנשרפים כונתו לומר דשקולים הם ובכולהו כתיב ג' מחנות ויש לי ראיה לזה ממה שכתב הוא ז"ל בפרק נגמר הדין דף מ"ג גבי ליתן לו מחנה שלישית וז"ל ליתן לנוגם מחנה שלישית דעל כורחין במקום א' נשרפין כולם ולאבורה דבריו מוקשים דאכן קיימי' בפר כ"מ ולו אנו נותנים מחנה ג' והיכי קאמר ליתן לכולם גם צריך להבין מאי ועל כורחין דקאמר ובמה שאמרנו אתי שפיר וכוונתו לתרץ כל מה שהקשו התו' הכא ולכן אמר דכשאנו נותנים לפר כ"מ מחנה ג' כאילו נתננו אותו לכולם כמו שאמרנו ונתן טעם לדבריו ואמר דע"כ במקום אחד נשרפין כולם ירלה לומר דאינם כשאר היקשות שאינם מוכרחים כגון מה פרשו בקרבו אף בשרו בעורו וכיוצא כי זה אינו מוכרח מכח הבנת הכתוב אלא מכח י"ג מדות אבל כשאמר הכתוב ועשה כאשר עשה הוא מוכרח מהבנת הכתוב דלא סגי בלאו הכי וא"כ מהבנת הכתוב מוכרח שנשרפין כולם חוץ לג' מחנות ובזה נחו שקטו כל קושיות התו' עכ"ד ועם כי לכאורה נראים דבריו נכונים ומוכרחים בטעמם מ"מ יש סתירה ליסוד שבנה דהיכא דכתיב ועשה כאשר עשה וכו' דלא חשיב היקשא אלא כמאן דכתיב בגופיה דהא קמן בפרק בית שמאי מ"א ע"א דקאמר התם דלמאן דדריש לפר זה פר העלם דאיצטריך משום דבעי לאגמורי פר העלם דבר של ליבור ביותרת ושני כליות לשעירי ע"ז ופר העלם דבר של לבור בגופיה לא כתיב בהיקשא אתי איצטריך לפר למהוי כמאן דכתיב בגופיה ולא ליהוי דבר הלמד בהיקש חוזר ומלמד בהיקש ע"כ ועיין בפרש"י שם הרי מבואר דאי לאו דכפל הכתוב בהיקשא וכתב לפר יתירה אלא הוה כתיב ועשה אותו כאשר עשה לפר החטאת כדכתיב ושרף אותו כאשר שרף וכו' הוי ליה היקשא ולא הוה ילפינן שעירי ע"א מיניה בהיקשא משום דבר הלמד בהיקש וכו' וכן מוכח מסוגיא דאיזהו מקומן מ"ט ע"ב גבי היקשא דכתיב גבי מצורע במקום אשר ישחט את החטאת ואת העולה דקאמר התם דאי אקשיה רחמנא לחטאת ולא אקשיה לעולה הו"א בעלמא דדבר הלמד בהיקש חוזר ומלמד יעו"ש והיכי הוה אמרי' שאני התם דאקשינהו רחמנא בהדיא אלא ודאי דלא שנא לן דכולהו היקשא חשיבי ועוד תמלא שכן דעת רש"י ז"ל גופיה בפ"ק דחולין כ"א ע"א וכמו שפי' התוספות שם כונתו בד"ה כמשפט חטאת בבהמה וכו' יעו"ש והגם דדברי התוס' שם לריכים עיון במ"ש דכאשר יורם חשיב היקש דלכאורה זה הפך מסוגיא דפרק איזהו מקומן שם דמשמע התם דכאשר יורם הו"ל כאילו כתיב בגופיה דפר העלם בהדיא יעו"ש [ובתוספות כתיבת יד מצאתי שממה שכתבו שם והדין עמו וכו' עד פרק איזהו מקומן מגליון תוספות הוא] מ"מ מקוט מיהא דגם הם

ז"ל ס"ל דאפילו היכא שביקשם הכתוב בהדיא אכתי חשיב היקש ושוב ראיתי בס' אליהו רבה למהרי"א אלגזי בשער ב' ע"א ג' ופ"ג א' שגם הוא ז"ל הוכיח שם כן דהגם דאפשר ז"ל שם דלענין היקש וג"ש אתא מכן עדיף ס"ל דהיקש שביקשם הכתוב הו"ל כמאן דכתיב בהדיא ועדיף מג"ש מ"מ ס"ל ז"ל דלענין דבר הלמד בהיקש וכו' בקדשים הו"ל היקש גמור יעו"ש דשם תיקן גם דברי התוי' דחולין שהזכרנו אלא נראה דפרים הנשר' שכתב ז"ל לאו בדוקא נקטיה והכונה פר יוה"כ דמינה יליף בג"ש וז"ל הריטב"א מה כאן ביוה"כ חוץ לג' מחנות אף להלן וכו' ואפילו תימא בדוקא נקט ליה י"ל דנתכוון בזה להודיענו דס"ל דהר"מ ר"ש למעבד ג"ש מפר כ"מ גופיה הגם דלאו מופנה הוא כדילפינן מקלל מפרים הנשרפים גופייהו בר"ש נגמר הדין אלא דמשום דלא תילף פרה משחוטי חוץ דהוי חוץ למחנה אחת להכי איצטריך יתורא דחוץ למחנה דיוה"כ למימר דפרה נילף מהכא מדין פרים הנשרפין דהוי חוץ לשלש מחנות עיין פרק נגמר הדין שם ובתוספות דהכא ובתוספות דזבחים קל"ז ע"ב ד"ה יכול וכו' באופן דיתורא דיוה"כ אהני לן לגילוי מלתא דפרה מדין מחנות דנשרפין אית לן למילף ולא משחוטי חוץ ולעולם דהשתא עבדינן ג"ש מפרים נשרפים גופייהו והיינו דכתב בגמר הג"ש מה כאן בפרים הנשרפים ובדרך זה יתורץ קושית התוי' דלפי האמת מפר כ"מ ילפא דהו"ל כאלו כתיב ביה ג' מחנות בהדיא ולא הוי היקש מהיקש דהרי בהס אינו ענין מייתינן לכולהו מחנות בפר כ"מ גופיה והרי זה דומה למאי דקאמר תלמודא שם באיזהו מקומן דלאשר יורם דכתיב גבי פר כ"מ דלא צריך מייתינן ליה באם אינו ענין לפר העלם דליהוי כמאן דכתיב יותרת ושתי כליות בגופיה דפר העלם והדר לילף שעירי ע"ז מיניה ולא הוי דבר הלמד בהיקש והכא נמי לא מבעיא דמלי למילף שפיר פר העדה מפר כ"מ ולא הוי היקש מהיקש אלא פרה נמי ילפא שפיר מפר יוה"כ דהכיא ילפותא גילוי מלתא היא דתילף פרה מדין מחנות דהכא וכמ"ש ושוב ראיתי בתוי' ריש דאיזהו מקומן ד"ה אלו ואלו נשרפין וכו' שכתבו דדרשא דג' מחנות אינה אלא גילוי מלתא בעלמא יעי"ש וקי"ל.

תוספות ד"ה **כשם** שפרשו וכו' פרש"י ואיתקש שריפה להולאה ותימא לי והא בקדשים וכו' הנה למ"ש בסוגיא דהכא כאם אינו ענין מייתינן לה א"כ היקשה דהוליא ושרף שכתב רש"י ז"ל גילוי מלתא בעלמא הוא דאם אינו ענין זה מייתינן ליה אשרפה דהא ודאי להולאה לא איצטריך ילפותא דבשרו בעורו דאפילו נתוח נמי לא עביד ליה דהא מוליאו שלם בעינן כדכתיב ואת עור הפר וכו' ואפילו תימא דלהולאה איצטריך דהא אי נמי מפשיט תחלה את עורו ומוליאו כך בלי נתוח איברים מוליאו שלם מקרי מ"מ י"ל דהכא לא הוי היקש מהיקש דכיון דלא הוסיף לך הכתוב מעשה אחר בשרפה אלא כתב בתר הכי והוליא ושרף סתמו כפירושו משמע שישרפנו כמו שהוליא אותו בשרו בעורו דדוקא במאי דגלי קרא ראשו וכרעיו לומר דבשרפה ינתחנו גלי אבל במאי דלא גלי שכאן יהיה בשרו בלא עורו לא גלי אלא הרי הוא שוב לשעת הולאה שהיה בשרו בעורו ואימא דלהכי כתב רחמנא ראשו וכרעיו דיליף מיניה נתוח גבי הולאה ולא גבי שרפה ללמדנו דנתוח זה הרי הוא בלא הפשט בשעת הולאה שהיה בשרו ועורו עלי' ולא כנתוח דעולה ולפי"ז מ"ש ז"ל וכתב והוליא ושרף מה הולאתו וכו' לאו היקשא קאמר אלא כונתו דכמו שהיה בשעת הולאה כן יהיה בשעת שריפה בשרו בעורו והיינו דלא פי' כאן היקש שריפה להולאה כדפי' קמיה הקיש הולאת עור ובשר להולאת קרבו וכו' דהכא לאו היקשא הוא וכמ"ש ושוב ראיתי בס' ק"א בת"כ שם שתי' כתי' האחרון שכתבתי אלא שבדרך שכתבנו מתורץ מה שהוקשה לו ז"ל שם יעי"ש וקרוב לזה ראיתי שכתב בשכ"י דאחר שפי' דברי רש"י כדרך האחרון שכתבנו כתב וא"ת וכי היכי דאמריק לגבי נתוח דאין שרפתו כהולאתו מכח ג"ש דעולה וג"ש הויא פירושא דקרא הכי נמי נימא לענין הפשט דנילף מג"ש שישרפנו מופשט והיינו פרושא דקרא והיקשא דכשם שפרשו בקרבו לא הויא אלא להולאה י"ל מכיון דהולאה נמי הוה גמרינן בג"ש לשיולאתו מופשט דהא"ג דהפשט דעולה ולאו וכרעים בהקטרה כתיבי מ"מ ראש וכרעים דפר בהולאה כתיבי דלא"כ

מהיכא תיתי למימר דמוליאו מופשט דאיצטריך היקשא אם לא מכח ג"ש והשתא דגלי לן קרא דלא ילפינן הפשט בהולאה איכא למימר נמי דלא ילפינן הפשט בשריפה דאי הוה ילפינן הו"ל לקרא לפרושי מאחר דהורע כח הג"ש לענין הפשט בהולאה ומהשתא אמרינן דג"ש לא איתמרי' בסיני אלא לענין נתוח דוקא ולא למלתא אחריתי וכו' עכ"ד ודו"ק.

בא"ד דהא בפרק איזהו מקומן מייתי הא ברייתא דהכא וגמר מינה דבר הלמד וכו' כלומר מהך ומברייתא דרבי דלעיל דהא הכא פר כהן משיח יליף בג"ש מעולה דבעי נתוח בשרפתו והדר מלמד בג"ש אפר ושעיר דיוה"כ כדקתני רבי דלעיל דליכא למימר דהתם חשיב שפיר בקדשים משום דמלמד ראשון דהיינו עולה קדשים היא אבל הכא כולהו היקשי בפר כהן משיח כנשרף חוץ לג' מחנות דהוי חולין דא"כ הו"ל למיפרך התם דניחא דמלית למילף מהך ברייתא דדבר הלמד בג"ש חוזר ומלמד בג"ש בקדשים למ"ד דבתר מלמד אזלינן אבל למ"ד דבתר למד אזלינן הכא למד דהיינו פרים הנשרפין חולין הם וכדפריך התם ס' ע"ב הניחא למ"ד בתר למד אזלינן וכו' יעי"ש וברש"י שם נ' ע"א ד"ה אמר אמרה וכו' וקי"ל.

בא"ד אלא יש לומר דשריפה גופה וכו' דושרף קאי על בשרו וכו'. הוצרכו לזה משום דקרבו ופרשו בהולאה הוא דכתיב אלא דאמרינן דוהוליא ושרף אכל מאי דכתיב לעיל מיניה קאי. והנה רש"י ז"ל באיזהו מקומן שם פי' בדרך זה אלא דהכא לא ניחא ליה לפרש כן משום דזה דוחק קלא דכיון דקרא בהולאה כתיב א"כ היקשא דקרבו ופרשו וכו' להולאה עבדינן מעיקרא והדר יליף שרפה מינה ובס' ק"א בת"כ שם דרך בדרך אחר ופרשי' ז"ל עשה עיקר פירושו דזבחים ומהכרח דאומרו ואת עורו וקרבו ופרשו אע"ג דכתיב קודם בהולאה לא קאי אשרפה דבהולאה הרי אמר והוליא את כל הפר ודרשנו שמוליאו שלם ואי מוליאו שלם מה לנו לידע החלקים אלא ודאי דלא קאי אלא אשרפה כמ"ש למעלה והנה כתיב היקשא דעורו בשרו וכו' וא"כ בשרפה עלמו נאמר מה קרבו וכו' יעי"ש שכן דעתו נמי בכונת התוי' דהכא דלא קאי אלא אשרפה יעי"ש ולעד"נ דהא ודאי איצטריך גם בהולאה לימר שיולאנו שלם דמהכא דייקי' ולא מכל הפר שכ"כ רש"י ז"ל עלמו בזבחים שם והעתקנו לשונו כאן בדבריו ד"ה וקרבו יעי"ש ועוד דהיקשא דקרבו ופרשו נמי איצטריך להולאה דאי משום שצריך להוליאו שלם אימא דלא הקפיד הכתוב אלא שלא ינתחנו אבל שיפריד את עורו ויוליאנו עמו אין בזה חשש אלא דלהכי' התוי' יכול לפרש כן דהולאת שלם מאת כל הפר יליף וקרא דואת עור הפר וכו' אושרף דוקא קאי ורש"י ז"ל לא ניחא ליה הכא בזה אלא דקרא בהולאה איירי מדכתב בתריה והוליא ועוד דמכאן למדנו שמוליאו שלם מדפרט בו הכתוב כל החלקים האלו כמו שפירש כאן ובזבחים שם. ומה שסיימו מיהו יכולני ליישב פרש"י וכו' אפשר שהוא היישוב שכתבנו לעיל וקי"ל.

ד"ה **תנן** לו מתנה וכו' בשלמא מזרחה של ירושלים וכו'. לרב פפא דפי' איזהו מקומן דאמר בתר מלמד וכו' ע"ש בסוגיא נ' ע"א דמר זוטרא הוא דס"ל הכי דר"פ סבר דבתר למד אזלינן ועוד יקשה דהא לר"פ נפשטה הבעיא שם וקיל"ן דדבר הלמד בג"ש חוזר ומלמד בהיקש ולא שייכא קושיתם אלא למר זוטרא דלמאי דסבר דבתר מלמד אזלינן לא נפשטה הבעיא ולפי הנראה דמכח זה כתב בשכ"י דכל"ל בשלמא מזרחה של ירושלים דגמר יוה"כ מפרה אע"ג דשרפת פרה ילפא בהיקש מהזאתה מלי הדר למיגמר לר"פ כל"ל פירוש דבשרפת פרה לא כתיב מזרח רק בהזאתה דכתיב והזה אל נוכח פני וכו' ומהיקשה יליף דכתיב והזה וסמך ליה ושרף ודוק עכ"ד דהשתא הו"ל דבר הלמד בהיקש דאינו חוזר ומלמד בג"ש דלא נפשטה בעיא זו שם מ"מ ע"כ וניחא נמי הגהה זו דלגי' שלפנינו תיקשי נמי דאם כן אדמהדרי אטעמא דהיכי הדר יוה"כ וגמר אפרים הנשרפים מקום מזרח תיקשי לכו דהיכי גמר יוה"כ גופיה מפרה מקום מזרח כיון דפרה גופה מהזאתה יליף בהיקשא ודבר הלמד בהיקש אינו חוזר ומלמד בג"ש אלא ע"כ דהכא חוזר ומלמד משום דחולין הוא וכך נאמר ודאי מטעם זה דמלי הדר יוה"כ למילף מקום מזרח אפרים הנשרפין ולמאי איצטריך להו לאשמועינן הא וכן תמלא להתוי' דס"פ טבול יום שהרגישו כדרך כמ' ותי' כן יעי"ש אלא

שצריך להוסיף אמה שהגיה בשכ"י דז"ל בדבריהם למר זוטרא במקום ר"פ. והנה מה שהראה להתוספות שם דס"פ טבול יום דבמוגח זה דפרה חולין היא מתרלו שתי קושיות אלו היכי מלמד יוה"כ מחנות אפרה והיכי מלמד פרה איוה"כ מקום מזרח להתו' דהכא לא ניחא להו בזה דהאמת דבריהם שם ל"ע דהרי לתרץ קושיא ראשונה ל"ל דבתר למד דהיינו פרה דחולין היא אזלינן וכן פי' דבריהם בס' פנים מאירות ובלאו קדשים שם ואם כן היכי מסיימי והשתא נמי אתי שפיר דיליף בג"ש מזרחה של ירושלים אף ע"ג דשרפת פרה ילפא מהזאתה לקמן בפרק בתרא עכ"ד דהא לפ"ז ל"ל דבתר מלמד דהיינו פרה דחולין היא אזלינן וא"כ הדר קושיא קמייתא לדוכתא דהיכי ילפא פרה מיוה"כ כיון דמלמד קדש הוא וכמו שכתבו התו' כאן. והנה כבר אפשר לקיים גי' התוספות שלפנינו ודי לנו להגיה בדבריהם מר זוטרא במקום ר"פ כמ"ש דלדידיה לא איפשיטא אי פר יוה"כ שלמד בג"ש מקום מזרח מפרה אם חוזר ומלמד זה בהיקש אפר כהן משיח ומעיקרא ס"ד דדוקא במעשר דגן הוא דקאמר מר זוטרא שם דתשיבי חולין אבל פרה דקדשי ב"ה היא וחטאת קרייה רחמנא כקדש חשיבא וא"כ דלמוגח זה הו"מ לאקשויי טפי היכי יליף יוה"כ גופיה מקום מזרח מפרה שלמד זה בהיקש ממקום הזאתה דהו"ל דבר הלמד בהיקש דלכ"ע אינו חוזר ומלמד בג"ש מכח ספיקא ועוד דזו דומה לקושיא שסיימו היכי גמר פרה מיוה"כ וכו' דהו"ל דבר הלמד בהיקש וכו' משא"כ קושיא דנקטו דאינו דומה דהו"ל דבר הלמד בג"ש דאינו חוזר ומלמד בהיקש אפר כהן משיח אלא דלהביא היה אפשר לדחות דהזאה ושרף לא חשיב היקשא דכיון דסמיך ליה ושרף בתר והזה דכתיב בה אל נכח פני אהל מועד משמע דגם שרפה תהיה במקום ההוא עצמו ודוקא שחיטה דכתיב לעיל מינה חשיב היקשא והגם דמסוגיא דזבחים קי"ג ע"א שם משמע דלא שנא לן בין היקש שחיטה או שרפה להזאה עיין בתו' שם ד"ה שנאמר וכו' מ"מ לר"ש לא ברירא לן קושיא זו דאימא דאיהו סבר דלא חשיב היקשא משא"כ קושיא דנקט דפשוטה יותר היא דודאי יוה"כ אפר כהן משיח לא מצי נלמד אלא בהיקשא וא"כ הו"ל ודאי דבר הלמד בג"ש דאינו חוזר ומלמד בהיקש כנלע"ד ודו"ק.

באו"ד וי"ל דפר יוה"כ וכו' ולא כמו שפרש"י דהיקש הוא וכו' וכ"כ התו' דזבחים קי"ג ע"ב סד"ה מה כאן וכו' ושמא ג"ש הוא וכו' יע"ש ולכאורה הכי משמע מלשון ת"כ פ' אחרי מות דבמקום האי דקתני בגירס' ברייתא דתלמודא דמ"א אינו לריך קתני שם רבי אומר ממקומו הוא מוכרח וכו' דפשט לשון זה משמע ולא כדסבירא לך להוכיח זה ממקום אחר מכח ג"ש עיין בפ"ק דשבועות ז' ע"ב וכן פירש בס' ק"א בת"כ שם. אלא שצריך להבין דבריהם דמאי תרילו למיקר קושייתם ברחא דבריהם וכמו שהקשה מהרש"א יע"ש ולפי הנראה דכל כונתם דלא תיקשי לן הכא קושיא דדבר הלמד בהיקש אינו חוזר ומלמד בהיקש דהכי איפשיטא לן בעיא זו בפרק איזהו מקומן מ"ט ע"ב אבל קושיא דדבר הלמד בהיקש אינו חוזר ומלמד בג"ש לא חששו לתרלה להיות דלא איפשיטא לה שם ונוכל לומר דהני תנאי דהכא סברי דחוזר ומלמד ומש"ה ילפינן מפר כ"מ בג"ש דאע"ג דפר כ"מ גופיה בהיקש דדשן מייתינן להו וכן תמלא להריטב"א בחידושים שכתב אמלתיה דר"א דיליף פרה מיוה"כ דאע"ג דיוה"כ גופיה מהיקש בא סבר לה כמ"ד דבר הלמד בהיקש חוזר ומלמד בג"ש וכו' יע"ש ולא תיקשי דא"כ אמאי לא פשיט התם בעיא זו מהנך תנאי דסברי דחוזר ומלמד דהא אין מוכרח לפרש טעמם משום זה דיש לדחות דטעמא משום דסברי דהימנו ודבר אחר לא הוי היקש וכן נאמר דאגב דנתנה ג"ש ללמוד מפר כ"מ מחנה דכתיב בגופיה מייתינן נמי בג"ש אידך מחנה דדשן דאתיא ליה מהיקשא עיין בתוספות דזבחים נ' ע"א ד"ה מה להלן וכו' וכלל הדברים דהאי וי"ל דפר יוה"כ וכו' שכתבו אינו אלא לתרץ למ"ש וכל שכן דקשה הכא וכו' דהיכי גמר יוה"כ אפרה דכיון דיליף מפר כ"מ דהו"ל היקש מהיקש לפרש"י דדרשא דחטאת חטאת היינו היקשא היאך יכול ללמוד אפילו בג"ש כיון דהוא עלמו אינו יכול ללמוד מפר כ"מ וכן בהו לתרץ קושי' דפר העדה דהו"ל היקש מהיקש אבל קושיא דמקלל לא חששו לתרץ דאימא דסברי דדבר הלמד בהיקש חוזר ומלמד בג"ש כי היכי דלא חששו לתרץ דאפתי לפי

תירוצם היכי מצי למילף פר כ"מ דלמד בהיקש מדשן לכלהו אחריני בג"ש וכמ"ש ושוב ראיתי בשכ"י שפירש כונתם בדרך אחר וז"ל וי"ל דיישב פירוש דבריהם לכשנאמר דדבר הלמד בהיקש חוזר ומלמד בג"ש בכה הימנו ודבר אחר לכ"ע דאף למ"ד הוי כהיקש ולא ילפינן בהגב היינו דוקא בהיקש ולא בג"ש וכן היתוך דברי התוס' מעיקרא הקשו דפר העלם היכי יליף מפר כ"מ והא הו"ל היקש מהיקש ותירצו למ"ד הימנו ודבר אחר לא הוי היקש אבל למ"ד הוי היקש קשיא דהכא הוו תרווייהו למד ומלמד היקש ואח"כ כתבו וכן קשה וכן קשה וכן קשה פירש וכן יתורץ מה שהקשה פירוש במה שתרצנו לפר העלם למאן דאמר לא הוי היקש יתורץ נמי כה דכולהו ילפי בהגב מאחר דהוי ג"ש כאמור ואע"ג דלא דמו להדדי לגמרי דבפר העלם לא מתרלו רק למ"ד לא הוי היקש מ"מ דמו במאי דתרלינן בהגב והכא דהויא ג"ש אתיא שפיר כ"ע לא נשאר להם עכשיו רק קושית פר העלם למ"ד הוי היקש לכן השיבו דפר העלם נמי יליף בג"ש כאחרים ואתי ככ"ע ומה שכתבו התו' בפרק נגמר הדין מ"ב ע"ב ד"ה ונאמר וכו' תימא והא בקדשים וכו' ולמ"ד בסוף אחהו מקומן הימנו ודבר אחר אתי שפיר וכו' לא השיבו כן לקושייתם הראשונה דהקשו ממקלל דהוי ג"ש דהכא אתיא ככ"ע בכה הימנו ודבר אחר אלא לקושייתם השנית שהקשו מפר העלם דס"ל התם דיליף מפר כ"מ בהיקש ועלה אמרו דלמ"ד הוי היקש לא מתרלא ומ"מ דמיין להדדי בתירוץ אגב אבל מקלל אתי ככ"ע ופר העלם לא כנס שאפשר לומר שהתו' חדשו זה הכלל כאן והתם לא נחתי להכי וכדרכם פעמים רבות עכ"ד והנה הגם כי לכאורה מדברי התו' דזבחים ד"ה מה להלן וכו' שהזכרנו היה אפשר לדייק כן ממ"ש הלא כי האי גוונא אפילו למד בהיקש וכו' מ"מ אינו מוכרח דאפילו תימא דשוים נינהו כונתם להקשות שם דהו"ל לתלמודא שם למימר דהניחא למ"ד הימנו ודבר אחר לא הוי היקש דילפינן שפיר מהתם דדבר הלמד בג"ש חוזר ומלמד בג"ש וכו' יע"ש וכן נראה דהא כיון דאותו דבר לא כתיב ביה אלא אתיא ליה בהיקשא לא עדיף משום זה כח הג"ש מהיקש דאם בהיקש לא יוכל להביא אלא מה שכתוב בו בהדיא כך נאמר בג"ש דהכא הו"ל דבר הלמד בהיקש דאינו חוזר ומלמד בג"ש והנה לשיטת התו' דר"פ איזהו מקומן שהזכר' בפרש"י ז"ל ל"ק ול"מ כל הקו' שכתבו התוספות כאן יע"ש ודו"ק.

באו"ד אי נמי יליף שריפה חוץ לג' מחנות מג"ש דמחוץ למחנה כר"ש וכו' ולאו כר"ש ממש קאמרי דהא לדידיה בעי חוץ למחנה מיותר לג"ש ור"מ אפילו תימא דלא מייתר ליה חוץ למחנה דיוה"כ לעשות ג"ש מפר כ"מ דיוה"כ נמי בעינן ג' מחנות מ"מ חוץ למחנה דפר העדה לא מייתר דאיצטריך ליתן לו לפר כ"מ מחנה שניה אלא כונתם דנפקא ליה לר"מ מג"ש דחוץ למחנה הגם דאינה מופנית [(ודומיא דג"ש דפרה לרבנן שכתבו בסוף דבריהם)] וכר"ש דאית ליה ג"ש דחוץ למחנה כה כדאיתא וכו' ומשום פר העדה כתבו כן דאי משום יוה"כ הא איכא ג"ש דעור ובשר שכתבו בסמוך והיינו דכתבו בתר הכי דלר"ש אמאי איצטריך יותר נגמר לה מפרים הנשרפין וכו' כדקאמר תלמודא בס' נגמר הדין וכמו שאנו אומרים לר"מ ותי' דשמא לר"ש מקלל נמי מפר יוה"כ גמר וכו' כלומר דשמא לר"ש אי לאו יתור' דחוץ למחנה דיוה"כ שבא ללמד אשאר מקומות דכתיב בהו חוץ למחנה דהיינו ג' מחנות הו"א דאדיליף פרה ומקלל מפרים הנשרפין ליליף משחוטי חוץ דלא הוי אלא מחנה אחת וכדפריך תלמודא בריש נגמר הדין שם דהא דמסיק התם דאת"כ מכשיר ממכשיר עדיף ליה כהאי טעמא לא מכרעה לר"ש והיינו נמי דר"ש שם מהדר לטעמא אחרינא יע"ש עוד הקשו לדידן כלומר לרבנן דחוץ למחנה דיוה"כ איצטריך ללמד שטמאה בגדים חוץ ממחנה אחת וג' מחנות לשרפה פר ושעיר דיוה"כ ילפינן מג"ש דחטאת חטאת א"כ הרי מצאנו חוץ למחנה אחריתי דהכונה חוץ למחנה א' ובשלמא מחוץ למחנה דשחוטי חוץ לא יליף מקלל מיניה כדקאמר טעמא בפרק נגמר הדין שם דמכשיר ממכשיר ילפינן לאפוקי חוץ למחנה דשחוטי חוץ דהדהבא עבירה הוא ולא מכשיר אבל מחוץ למחנה דטומאת בגדים מצי למילף דמכשיר הוא וא"כ אימא דמקלל ופרה חוץ למחנה אחת הוו כטומאת בגדים דיוה"כ דבשלמא אי לאו כהאי דיוה"כ בג"ש ילפינן תרווייהו מפרים הנשרפין דחוץ לג' מחנות הוו בלא אשכחן חוץ למחנה דהוי מחנה א' אלא גבי שחוטי חוץ ומהתם

לא ילפינן וכמ״ש התו׳ בשוחט והמעלה דק״ז ד״ה יכול יע״ש. ומ״ש אבל קימא מאי איצטריך וכו׳ ונראה לי אי כתב במחנה הוה גמרינן מפרה וכו׳ הא דלא תירצו בפשיטות דהוה גמרינן ממקלל דדמי לשחוטי חוץ שכן אדם חוטא בנשמה כדקאמר תלמודא בר״פ נגמר הדין שם דדמיון פרה אלימא להו טפי דזה וזה שחיטה תוך משא״כ מקלל דלאו שחיטה אלא סקילה ועוד דקדשים מקדשים ילפינן דהא״ט דלרבא דנ״ל שם מקלל ממשה היכא הוה יתיב וכו׳ דאיצטריכו אכתי מחנות דפרים משום דהוה ילפינן משחוטי חוץ ולא ממקלל משום דקדשים מקדשים ילפינן וכמ״ש התוספות שם ד״ה משה וכו׳ יע״ש. ומ״ש ופרה גמרינן מפרים הנשרפין וכו׳ כלומר בג״ש דחוץ למחנה ילפינן בגילוי מלתא מפרים הנשרפין דהוו חוץ לג׳ מחנות והגם דלאו מופנה וכן פי׳ בשכ״י יכבוא ראיה ממ״ש התו׳ בזבחים פ׳ השוחט והמעלה ק״ז ד״ה יכול יע״ש דאין לפ׳ מכח ג״ש דחטאת דפרה נמי חטאת קרייה רחמנא דעד כאן לא הוצרך התו׳ לעיל לג״ש זו אלא דוקא לפר העדה ולפר ושעיר דיוה״כ דמכח ברייתא משמע דחוץ למחנה דפר העדה שדינן ליה אפר כ״מ וכן חוץ למחנה דיוה״כ היינו מחנה אחת לטומאת בגדים אבל דפרה שפיר מצינן למילף בג״ש מפרים הנשרפין דהויא חוץ לג׳ מחנות וכי תימא דא״כ נילף מהכא דפרים נמי מקום שריפתן במזרחה של ירושלים הא ליתא דכיון דלאו ג״ש מופנה היא לרבנן איכא למיפרך מה לפרה שכן אינה חטאת ממש משא״כ אלו דנעשו בהם מעשה חטאת בדין הוא שיטעונו צפון בכל מעשיהם וכמו שפרש״י ז״ל לקמן ד״ה לצפונה של ירושלים וכו׳ וקרוב לזה פי׳ בשכ״י. והנה השתא דאתינן להכי נלע״ד לומר דאפילו תימא דר״ש אית ליה דמקלל יליף מפרים הנשרפין בסוגיא דר״פ נגמר הדין מ״מ הכא גבי פרה דבעי מופנה מצד אחד לאו משום דבהכי יליף פרה מחנות מיוה״כ דבלא״ה יליף בגילוי מלתא מפרים הנשרפין אלא עיקר יתורא דיוה״כ איצטריך לדידיה כי היכי דנילף מזרחה של ירושלים מפרה וס״ל כמ״ד דמופנה מצד אחד למדין ואין משיבין כר׳ ישמעאל דפ׳ המפלת כ״ב ע״ב אבל רבנן דס״ל התם דלמדין ומשיבין וכ״ש הכא דלדידהו אין כאן הפנאה כל עיקר דודאי אין מקום ללמוד מהתם מקום מזרח אלא הרי הם כשאר חטאות דטעון צפון ועיין מ״ש בס׳ יבין שמועה כלל ק״ב בשם רבינו פרץ דבג״ש דאינה מופנה כי אם מצד א׳ אפילו למ״ד אין משיבין מ״מ לא גמר כי אם המופנה ממי שאינו מופנה וכו׳ יע״ש ובמה שהקשה עליו שם מסוגיא דהכא לדרך שפירשתי לא תיקשי מהכא מידי ועי״ע מ״ש בספר גופי הלכות כלל ק״ח ודו״ק.

ע״ב גמרא רי״א אבית הדשן נשרפין וכו׳. הנה ממה שהרמב״ם ז״ל בפ״ז מהלכות מעשה הקרבנות לא קרא שם בית הדשן אלא לאחרון והגם דבפרק טבול יום ק״ד ע״ב קאמר שלש בית הדשנין הם וכו׳ נראה שהודיענו בזה שצריך לשורפן במקום שהיו שופכין דשן המזבח שהוא הנקרא בית הדשן סתמ׳ וכמו שביאר בס׳ משנה למלך שם ולפי מ״ש בפרש״י יע״ש פסק ז״ל כת״ק דר״י וכראב״י דלרבא לפלוגי נמי אבית הדשן אתא דלא בעינן שיקדים שם דשן אלא די שישרפם במקום המוכן לדשן המזבח ומש״ה סתם ז״ל דבריו שם ולא הצריך שכבר הקדימו ליתן שם דשן אלא דלפ״ז צריך לבאר למה לא הצריך שיהא מקומו מדרון כדקאמר ראב״י דדוחק לומר דזה בכלל מ״ש שם בסוף הפרק ולא יפזרנו שם וכו׳ דלפ״ז צריך לעשות מדרון כדי שיהא מכונס ולא מפוזר בשטח ישר ועוד קשה שלא מצאתי בדבריו שיצריך מקום מזרח או מקום צפון לשרפת פרים הנשרפין כמו שהצריך מקום מזרח למקום שרפת פרה אדומה והנלפ״ד לומר דדעתו בפי׳ הסוגיא הוא דלת״ק דבעיק צפון לשרפה ס״ל דלא היה מקום שריפתן במקום דשן המזבח ממש דבההיא לא אשכחן דבעינן צפון ואין טעם בה לומר כן כי הכא שכל מעשה חטאת טעונות צפון אלא דמיון הכתוב דאל שפך הדשן קמא שיהיו נשרפין באותו המחנה שמוציאין דשן המזבח לא דמיון שיווי מקומות ממש ומש״ה ילפינן שפיר גם לדידהו שלש מחנות דמחנה דדשן לא צריך שהרי כבר הורה כאן שנשרפין חוץ למחנה אלא אותו מחנה ששם היו מוציאין דשן מזבח ור׳ יוסי פליג עלייהו וקאמר אבית הדשן נשרפין ונפקא ליה מדשנה הכתוב אל שפך הדשן ישרף דהא תו להורות מקום למ״ל אלא לומר שיש לך להשוות שיווי המחנות ושיווי המקומות ממש וקאמר רבא מאן תנא דפליג עליה דר״י ראב״י הוא דס״ל דאל שפך הדשן כולי׳ קרא איצטריך להצריך מקום מדרון ולעולם שאין המקומות שוים ממש ודחי ליה אביי דדילמא ראב״י לא דריש אלא מדכתיב שפך אבל אכתי דריש כר״י דמדשנה הכתוב הוראת מקום דשן בא לומר שישרוף בבית הדשן של מזבח בדוקא ולפ״ז פסק ז״ל כר׳ יוסי חדא דלפי דיחוי אביי דלא שני ליה רבא מידי מצינן למימר דראב״י סבר כר׳ יוסי ועוד סמך ז״ל אסוגיא דפרק טבול יום שם דקאמר ר״י אמר רבה בר אביה וכן תני לוי שם דשלש בית הדשנין הן ודייקינן מהת׳ דלא היה שם אלא שלש ואם איתא דלא היו נשרפין במקום דשן מזבח אכתי היה עוד בית דשן אחר דזה דוחק לומר דלא מנה שם אלא מה שהיו במחנות חלוקים משא״כ דשן מזבח שהיה באותו מחנה עצמו דפרים הנשרפין אלא יותר נראה לומר דבמקום אחד ממש היו ובאותן של פרים הנשרפין כמצותן נכלל גם זה וכס׳ ר״י דהכא וניחא השתא דלא הצריך ז״ל לא מקום צפון כרבנן דר״י ולא מקום משופך כראב״י ואי קשיא לך דלת״ק דברייתא דראב״י דהיינו כס׳ ר״י קאמר בספרי שיהא שם דשן שיקדום את הדשן ששם יהיו נותנין את הדשן והוא ז״ל לא הצריך שיקדים דשן מזבח מעיקרא אעפ״י שאין עתה דשן תריץ דזה הודיענו במה שלא קרא שם בית הדשן אלא לשלישי בדוקא כמ״ש בראש דברינו וא״ב סתמו כפי׳ משמע שכבר התחילו קודם זה ליתן דשן שבזה קנה לו שם בית הדשן וכמו שר״י עצמו לא הזכיר אלא אבית הדשן סתמא וכפי׳ משמע דהיינו שהקדים ליתן בו דשן כת״ק דברייתא דראב״י ודוק בדבריו דספ״ב מה׳ תמידין שכתב גבי הוצאת דשן מזבח ומוציא חוץ לעיר לשפך הדשן וכו׳ שלא כתב למקום הדשן אלא בחר בלשון אל שפך הדשן האמור בפרים הנשרפין להודיענו שבמקום אחד ממש היה שם דשן מזבח ודשן שלהם וכס׳ ר״י ומלשון תוספתא דפרקין דקתני היכן שורפים אותם בבית הדשן הגדול חוץ לירושלים לצפונה של ירושלים חוץ לג׳ מחנות וכו׳ לא תיקשי מינה דמשמע מדקתני גדול דהיינו משום דשן מזבח המרובה וא״כ לת״ק נמי היה במקום דשן מזבח דהא בפרק טבול יום שם קתני נמי כי האי לישנא בבית הדשן דעזרה הגם שלא היה שם מקום דשן מזבח יע״ש אלא משום רוחב המקום שהיה צריך לשרוף בהמות אלו קרי להו בית דשן גדול כנלע״ד וק״ל. אלא שהרב המאירי ז״ל כתב ולצפון ירושלים היה ולא היה צריך שיהו נותנים שם מדשן המזבח מגד מ״מ בו שפך הדשן ולא שיהא מקומו מדרון שאין קרוי שפך הדשן אלא על שם ששם שופכין את הדשן עד כאן דבריו.

שם ת״ר והשורף וכו׳ ולא המצית את האור ולא המסדר את המערכה וכו׳ וכן הגי׳ בפרק טבול יום שם ובירושלמי דסוף פרקין ובת״כ פר׳ אחרי מות וכן לשון הרמב״ם פ״ה מהלכות פרה ומה שהקשה בספר קרבן העדה דהא מתחלה היה מסדר את המערכה ואח״כ הצית בה את האור כמ״ש הרמב״ם ז״ל פ״ג מהלכות פרה וכו׳ יע״ש הדבר מתורץ עם מ״ש הריטב״א בחידושיו פי׳ ואפילו המסדר האיברים עליה וכו׳ יע״ש ולהכי שינה התנא בסדרא לאשמועינן דבסידור האיברים נמי איירי והגם דגם סידור זה היה קודם שהצית האור וכמ״ש הרמב״ם שם מכל מקום אין מעכב אם היה רוצה לסדרם אחר שהצית האור קלא ובתוספתא דפרקין הגירסא מסדר את המערכה ברישא יע״ש וקל להבין.

שם ראב״ש אומר הפר מטמא וכו׳. וכן נראה גי׳ רש״י סד״ה דשוית הרוכה וכו׳ דלא פר מקרי ע״כ והגם דבהאי קרא לא כתיב פר מ״מ אותם או את פר החטאת ואת שעיר החטאת דלעיל מיניה קאי דאם עדין נכרים היותם פר ושעיר כדמותם מטמא לאפוקי שוייה חרוכה אלא דבפרק טבול יום ובת״כ שם הגירסא רש״א אותם מטמאין בגדים ניתך הבשר וכו׳ דמשמע דבהא פליגי דלת״ק כל שלא נעשו אפר ונתפזר חיבור גיפם אכתי אותם מקרו ור״ש סבר כל שנשתנה מראיתו וצורתו דהיינו שויה חרוכה תו לאו אותם מקרי ואפשר דגם לגירסא זו אפר דלעיל מיניה סמיך כדאמר הכא וכן משמע ממ״ש בס׳ ק״א בת״כ שם יע״ש וק״ל.

במשנה דירכאות היו עושין עיין מ״ש התי״ע ואולו היינו גורסים דרכאות בלא יוד אזי היתה מלה מורכבת דרך אות כלומר שזה נעשה דרך להורות האות שהיו רוצים לבראות

דהיינו הנפת הסודרין אלא שבערוך הביאו ערך דד וגורס דדכאות וכן בירושלמי הגירסא דידכאות ופי' בירושלמי שם מאו דידכאות קבלן ע"כ ויראה שקראם קבלן לשון נגד שהיו מניחין אותם נגד העיר להראות להם סימן זה כמו ומחי קבלו דיחזקאל כ"ו עיין בשרשים ערך קבל דמה שפירש בספר קרבן העדה מלבות גדולות וכו' לא מלאתי שקבל יהיה פי' מלבה וק"ל.

שם הולכין מיל וחוזרין מיל ושוהין כדי מיל וכו' כלומר כאומד הדעת היו משערים שיעור מיל אפילו לאותם ההולכין בנחת ויודעים בודאי שהגיע למדבר ומעיקרא לא שיערו כל השלשה מילין באומד הדעת דאין כל הפסיעות שוות ולשער אפילו להולכים בנחת היה שיעור מרובה ביותר ומש"ה הולכין מיל וחוזרים מיל ורואים שנתרחק המשלח מיל ואח"ז שוהין כדי מיל בריוח ויודעין שהגיע ובזה מתורץ מה שהקשה בספר קרבן העדה בפירוש להירושלמי כאן יע"ש והנה הא דקרי ליה סימן גדול הגם דיותר סימן מובהק הוא הנפת הסודרין משא"כ זה דיכול להיות דאף ששהו כדי מיל עדיין לא הגיע מלד שאירע לו איזה אונס חולשא ונשתהה שם זמן מה יותר משיעור מיל משום דסימן זה ניכר ונודע לנו יותר משא"כ הנפת הסודרין דאנו לריכים לסמוך על אותו המניף הראשון הסמוך למדבר ודילמא משקר כדי למהר' עבודת וכפרת היום על דרך שהיו ממהרין למשלח ואומרים לו טול ולא כדלעיל וק"ל.

גמרא אמר אביי שמע מינה בית חדודו במדבר קיימא וכו'. כלומר בראש המדבר כמו שפירש רש"י אמתניתין דהשתא קמל"ן תנא דלר"י ל"מ דלא בעינן שיגיע עד הלוק כדסבר ת"ק וכמו שפרש"י ד"ה דורכיאות וכו' מירושלים לשוק וכו' אלא גם לא בעינן שיגיע לתוכיות המדבר אלא משהגיע לתחלת כניסת המדבר כבר נתקיים בו ושלח את השעיר במדבר דאלת"כ אלא דבעי ר"י שיהא שיכנס לתוכיות המדבר למ"ל למינקט בית חדודו לימא מירושלים למדבר ג' מילין וכו' אלא ש"מ מדנקט בית חדודו דבראש המדבר קיימא דבית חדודו היינו תחילת כניסת המדבר שהוא בית חדודו דהיינו לוק כנראה מדברי רש"י וכמו שפירש התי"ט יע"ש שמעינן דכיון שהגיע לתחילת מדבר נעשית מלותו וגי' ת"י דסוגיין וקמל"ן ר"י דכיון שהגי' שעיר לראש המדבר נעשית מלותו יע"ש ובשכ"י ראיתי שפירש וז"ל והא קמל"ן וכו' פי' שהוקשה לו להש"ס בדברי אביי דמאי קמל"ן פשיטא דבמדבר קיימה ומאי ש"מ דקאמר והשיבו דקמל"ן אביי דלא תימא דבית חדודו בלוק קיימה וס"ל לר"י דלא נעשית מלותו עד שיגיע ללוק ואביי לא רלה בזה שהרי ר"י גופיה אמר לעיל מירושלים ועד לוק עשר מילין והכא אמר ג' מילין לכן אשמועינן אביי דס"ל לר"י דכיון שהגיע למדבר אעפ"י שלא הגיע ללוק נעשי' מלותו ואח"כ בית חדודו במדבר קיימה ולא בלוק עכ"ד ועם כי לפי הלשון מדוקדק יותר מ"מ זה דוחק לומר דאשמועינן אביי מלתא דשמעינן לה ממתניתין דלעיל בהדיא.

והנה ממאי דקאמר תלמודא דקסבר ר"י וכו' מוכח בהדיא כפרש"י ז"ל דלת"ק בעינן עד שיגיע ללוק וכ"כ הרמב"ם ז"ל בפי' המשנה וסיים ואין הלכה כר"י ולפ"ז לריך להבין למה לא ביאר זה בפ"ג מהלכות עי"כ דליכא למימר דסתם לשון הגיע למדבר שכתב שם היינו לוק דהא ר"י נמי קתני בהאי לישנא ואין הכונה אלא בתחילת המדבר ושוב ראיתי להפר"ח ז"ל שם שהרגיש בזה ולא תירץ מידי ושמא י"ל דממ"ש שם וסוכות היו עושין מירושלים עד תחילת מדבר וכו' דהיינו העשר סוכות דקתני מתני' ממילא שמעינן דמאי דקאמר בתר הכי כדי שידעו שהגיע שעיר למדבר דהיינו עד שיעבור כל מקום הסוכות ואח"כ ודאי כת"ק הוא ולא כר"י דלדידיה אינו אלא הילוך של ג' מילין וסובר ז"ל דלא היו עושין דרכיות עד הלוק ממש דהא לא היה הולך שום אדם שם כדתנן לעיל עומד מרחוק ורואה את מעשיו וכן נ"ל דללוק שכתב רש"י לאו דוקא אלא הכונה קרוב לה בכדי שיוכל לראות כשהגיע ללוק וק"ל.

רש"י ד"ה אבית הדשן לריך שיקדים וכו' דאם להורות המקום קאמר דלא ס"ל שיהא נשרף חוץ לג' מחנות הו"ל לפרש באחד בית הדשן איירי דג' בית הדשן היו שם אחד בעזרה וכו' כדאיתא בפרק טבול יום ק"ד ע"ב ומדלא נקט ת"ק בבית הדשן שחוץ לג' מחנות משמע דס"ל דלא קפיד קרא אלא שיהא חוץ לג' מחנות אעפ"י דאין שם דשן אהא פליג עלייהו וקאמר ר' יוסי אומר וכו'. ומ"ש שיהא נקרא קודם לכן מקום שפך הדשן וכו' כלומר שלא הקפיד הכתוב שיהא שם הדשן מתמקום אחר קודם שישרפ' אלא די לנו שהיה שם הדשן מעיקרא היה נקרא בית הדשן ואעפ"י שאין עתה שם הדשן כלל והכי דייק גירס' דס"פ טבול יום דגרס שיהא לשם הדשן שיקדים לשם הדשן וכו' דסיפא פרושא דרישא יע"ש והיינו מה שפי' ז"ל בפי' לחומש פ' ויקרא אל שפך הדשן מקום ששופכין בו הדשן המסולק מן המזבח כמו שנאמר והוציא את הדשן אל מחוץ למחנה על שפך הדשן ישרף שאין ת"ל אלא ללמד שאפילו אין שם דשן עכ"ד ובזה יתורץ מה שהקשה עליו הרא"ם שם וכן ראיתי בס' ק"א שם שפי' כוונת רש"י ז"ל דחומש כמ"ש ודייק לה מדבריו דהכא יע"ש ומיהו גם ת"ק דר"י סבר דצריך שיהו נשרפין במקום ששופכין דשן המזבח כדכתיב קמיה והוציא את כל הפר אל מחוץ למחנה אל מקום טהור אל שפך הדשן וכו' אלא דפליגי בסיפיה דקרא על שפך הדשן ישרף דהוליה מיותר דלר"י איצטריך ללמד שלא די לשורפן במקום המוכן ליתן שם דשן המזבח אלא צריך שכבר נתחילו ליתן שם והוכר לכל ששם מקום דשן מזבח ולת"ק דהיינו ראב"י לא אשמועינן אלא שיהא מקומו מדרון ולפ"ז צריך לגרום בגמרא הברייתא על שפך הדשן ישרף וכו' והגם דבת"כ דריש להא מאל שפך הדשן וכו' ודאי דאסמכיה ארישיה אבל עיקר דרשא מסיפיה דקרא ודרשא דקאמר התם מיתורא דישרף אעפ"י שאין שם דשן אליבא דראב"י היא דלא בעי שיקדים שם דשן מזבח כמ"ש אי"ל אפילו תימא ר"י היא וכמו שפי' בספר ק"א דלא בעינן שיהיה שם עתה דשן יע"ש וכמו שנראה מפרש"י דחומ' והנה הגם שנראה לומר דדרשא דת"כ מרישיה דקרא דוקא דריש אין חשש בזה דדי לנו יתור קמא או בתרא דשפך הדשן להביא בפר כ"מ אותו המחנה הכתוב בדשן ליתן לו מחנה שלישית כדקתני בברייתא דלעיל ובת"כ שם ובכל מ"ש יתורץ לך מה שהקשה בשכ"י וז"ל קשיא לי בסוגיא זאת ראשונה דהיכי מוקי לרבנן כת"ק דר"י והרי ת"ק דר"י ס"ל שאין נשרפין אבית הדשן ורבנן ס"ל דנשרפין אבית הדשן שכן אמר בברייתא דלעיל וכשהוא אומר מחוץ למחנה בדשן שאין ת"ל שהרי כבר נאמר אל שפך הדשן וכו' ותו קשה בהאי שמעתא דקאמר ת"ק חוץ לג' מחנות והוא ס"ל דאין נשרפין אבית הדשן והם תרתי דסתרן דכל עלמם של ג' מחנות לא ילאו אלא מיתורא דקרא דמחוץ למחנה דכתיב גבי דשן שאין ת"ל שהרי כבר נאמר בפרים הנשרפין אל שפך הדשן ואי האי תנא לא ס"ל דנשרפין אבית הדשן ג' מחנות מנ"ל וכו' עכ"ד ושם האריך ביישוב קושי' זו ובפרש"י והרא"ם דחומש ולעד"ן כמ"ש ושוב ראיתי בתי"י דסוגיין שפי' כמ"ש יע"ש וק"ל.

ד"ה ראב"י היא דאמר לא אשמועינן אלא וכו' דאי משום דא"כ לכתוב רחמנא אל שפך ישרף לא הוה משמע דטעמא משום דשן הוא והיינו דסיים שיהא דשנו משתפך ואביי סבר דאה"נ דמאל שפך ישרף הוה ילפינן שפיר דאי לא למה איצטריך מקום מדרון וא"כ אימא דלראב"י נמי אכתי אייתר לן דשן לכדר"י ולא פליגי אלא במקום משופך וק"ל.

ד"ה השורף וכו' דכתב אותם וכו' והגם דלקמן דריש אותם לאפוקי משנעשה אפר מ"מ תרתי שמעינן מיניה דלא ניחא ליה לפרש דנ"ל הכא מוהשורף לחודיה דהא מלית את האור והשורף מקרי שע"י נשרפין אלא מסמיכות אותם לוהשורף יליף וכן ראיתי שפי' בשכ"י והוסיף שם דשמא י"ל דמעיקרא דרשינן כינוי דאותם דהו"ל למכתב והשורף סתם דעלייהו קאי ואה"כ דריש מדהו"ל למכתב והשורפם וכתב אותם ש"מ תרתי עכ"ד ועיין בס' ק"א בת"כ פ' אחרי מות. ומ"ש והאי תנא אית ליה כר' שמעון וכו' וכ"כ בפ' טבול יום הנה מדברי הרמב"ם ז"ל בחי' פ"ה מהלכות פרה לא משמע כן דלאחר שהביא דרשא דהכא כתב כך למדו מפי השמועה שהנושא פרים ושעירים הנשרפין לבית הדשן לשורפן טמא ומטמא בגדים דין תורה כל זמן שהוא עוסק בהולכתן וכו' יע"ש וכ"כ בפי' המשנה לפ"ב דזבחים היו סובלין וכו' דסובר ז"ל דעמין נושא לאותם הוא ענין אחר מלבד טומאת בגדים דשעת שריפה וזה לא נמעט מוהשורף אותם כי כבר ריבה הכתוב את זה מחוץ למחנה יתירא וכמ"ש שם יע"ש וכן משמע מת"כ פ' אחרי מות דמייתי התם דרשא דחוץ

למתנה דלעיל ודרשא דהכא בפתח יעו״ש והשורפו דנקט שם לאו דוקא אלא כלומר המתעסקים בהוצאתו לחוץ לשורפו אבל לאחר שהגיעו במקום השרפה הנה אז לא יטמא בגדים אלא המסייע בשעת שרפה דוקא והא מוכחא לגי׳ ת״כ שם דמסייע בהך ברייתא דהכא דברי ר״י רש״א אינם מטמאין בגדים עד שיצא האור ברובן אותם ניתך הבשר אין השורף מטמא בגדים ע״כ דיק מינה דרישא כמ״ד דחוץ למחנה אחת מטמא בגדים ואפ״ה ממעטינן דבשעת שרפה אין מטמא אלא המסייע בה אלא דרש״י ז״ל שמא גי׳ אחרת היה לו בת״כ שם והא קמן דבגירסא שלפנינו ל״ג דברי ר״י וכו׳ כי התם וכמ״ש מהרש״א יעו״ש וקו״ל. וז״ל הר״ב המאירי ז״ל ואעפ״י שהמוציאן לשרפה טמא המצית את האור או המסדר את המערכה טהור וי״מ שהוא טמא שלא נאמר כאן טהור אלא לדעת האומר מציתין את האור ברובו עכ״ד.

ד״ה **אמרו** לו לכ״ג וכו׳ ואח״כ ואת חלב וכו׳ עיין מ״ש בתו״ט דלאו דוקא קאמר וכו׳ יעו״ש אבל בשבי רלה להגיה ואח״כ ויצא ועשה את עולתו ואת עולת העם וסיים ואין כונתו לומר דאחר שגלה את השעיר מיד מקריב אלו ואיל העם דהא הפרשה הוא שקורא אז אלא כונתו להביא ראיה מן התורה שאינו יכול לקרות הפרשה עד שיגיע שעיר למדבר ובתורה לא נזכרה קריאת הפרשה בהדיא אלא מג״ש דמלואים ילפינן לה כדאיתא לעיל פ״ק ולכן הביא ראיה מהעבודות הכתובות בתורה וממילא ש״מ דהפרשה נמי אינו רשאי לקרות׳ עד שיגיע שעיר למדבר כן נ״ל ועיין מ״ש התו״ט ואתה תבחר עכ״ד ולפי דרכו הי׳ נכון להגיה יותר ואח״כ ויצא ועשה את עולתו וכו׳ ואת חלב החטאת וכו׳ אבל האמת שאין צורך לזה דהאי דקתני אמרו לו דלעיל והדבתריה סמיך נתכן במגם להקטירן כשאמרו לו שהגיע שעיר אמרו לו וכו׳ ואח״כ בא לו כ״ג לקרות הפרשה וכלפי הא דלעיל נקט קרא דאמורי חטאת וכמ״ש התו״ט וכלפי הא דבתריה בא לו וכו׳ פי׳ לקמן ד״ה נעשית מצותו ומתחיל לקרות הפרשה עד כאן וקל להבין.

סליק פרק שני שעירי

בס״ד פרק בא לו

גמרא **דילמא** שאני אכילה דצורך עבודה היא וכו׳. ועדיפא מקריאה שהרי הותר לישב משום אכילה כמ״ש התוספות לעיל כ״ה ע״א ולא הותר לישב משום קריאה כדלקמן ואפילו תאמר דאין זה עדיפות דגם אכילה אם היה באפשרות לאכול בעזרת נשים לא היו מותרים לישב מ״מ דומיא דקריאה מיהא הויא דניתנו בגדי כהונה ליהנות לצורך שלה ומש״ה לא בעי לשנויי הכא ה״ה דאכילה נמי לא ומשום סיפא נקט שינה כדמשני בסמוך דהלוכי נמי לא וכו׳ וקרוב לזה פי׳ בשכ״י וק״ל.

רש״י ד״ה **בא** לקרות דילפינן ממילואים וכו׳ וסבירא ליה ז״ל דהא דבירושלמי דפרקין מוכח לה מקרא דכאשר ליה ה׳ את משה וכמ״ש בתי״י דאסמכתא בעלמא היא ועיקר ילפותא ממילואים ותדע דבת״כ פ׳ אחרי מות דריש להאי קרא דכאשר לזה לענינים אחרים יע״ש וק״ל.

ד״ה **בית** הכנסת היה סמוך וכו׳ מה שהקשה בשו״ת בתי כהונה ח״א דף ע״ד מסוגית דפ׳ לולב וערבה מ״ג ומ״ה דלא משני התם דבית הכנסת שבהר הבית קאמר ותרווייהו בזמן שבית המקדש קיים יעו״ש נלע״ד ליישב דכיון דמתני׳ דקתני בהר הבית מסיים בה וסודרין אותן ע״ג אצטבא דהיינו האצטבאות שהיו בהר הבית כמו שפרש״י שם וכדקאמ׳ בגמרא שם תש״ה אין לפרש׳ דבהכ״נ שבהר הבית קאמר דבשלמא אי איירי בהר הבית אשמועינן בזה דאצטבאות היו סביב לו מקורות ע״ג דלא היה מניחן שם להתייבש כדדייק בגמרא שם מ״ה א׳ וכ״מ בזה להבין משנה ח׳ דפ״ג דתענית דקתני עד שילאו ישראל מירושלים להר הבית מפני הגשמים וכדקאמר בירושלמי הביאו בתי״ט שם הדא אמרה הר הבית מקורה היה וכו׳ אבל אי בהכ״נ שבהר הבית קא׳ למאי אצטריך דמ״ל אם מניחן ע״ג אצטבא או מקום אחר וק״ל.

ד״ה **שינה** הוא דלא שמא יפיח ע״כ שהוא דבר המצוי יותר וה״ה די״ל לחוש שמא יראה בהם קרי.

דף ס״ט ע״א גמרא **הניחא** למ״ד אבנטו של כ״ג בשאר ימות השנה זהו אבנטו וכו׳ נ״ל דבשאר ימות השנה אכבן הדיוט קאי דאי של הדיוט שוה לשל כ״ג דשאר ימות השנה א״כ תרווייהו הוו דכלאים וכן נראה מפי׳ רש״י ז״ל ויותר נכון לגרוס כדלעיל י״ב הניחא למ״ד אבנטו של כ״ג זה הוא וכו׳ וכל חד מתפרש לפי ענינו דלעיל היינו של שאר ימות השנה והכא דיה״כ ובפ״ק דתמיד שם גי׳ אחרת בזה ועיין בס׳ באר שבע שם אלא דאי גרסינן הכי תקשי מכאן למ״ש הריטב״א בפ״ק לעיל י״ב ע״א דכל היכא דאתמר האי לישנא סתם פירושה באבנט של כ״ג בשאר ימות השנה וכו׳ יעו״ש דהא הכא ע״כ אבנט של יוה״כ קאמר וכמו שפי׳ רש״י ז״ל ושוב ראיתי בדפוס חדש של ילנבאך שהגיהו של יוה״כ במקום בשאר ימות השנה וק״ל.

שם **הכי** נמי מסתברא וכו׳ דאי ס״ד תחת ראשיהן תיפוק לי משום כלאים וכו׳ ומאן דבעי לעיל למפשט מהכא דניתנו ליהנות דסבר תחת ראשיהן ממש הוה ס״ד דמתניתין כמ״ד דלא זהו אבנטו וכו׳ ואין כאן איסור כלאים אבל המתרץ דהכא דקאמר הכי נמי וכו׳ מסתבר ליה עפי לומר דמתני׳ דתמיד ככ״ע אתיא וכמ״ש התוספות ד״ה אלא למ״ד וכו׳ ועוד יש לפרש בדרך אחר עם מה שנדקדק דהאי פשיט ליה מעיקרא מהך דיוקא שינה הוא דלא הא הלוכי וכו׳ לימא ליה בפשיטות דניתנו ודאי ליהנות מדקתני בהדיא ומניחן תחת ראשיהן וכו׳ אלא נ״ל דלא חשיבא ליה ראיה כ״כ די״ל דמות דהיה מפסיק באיזה דבר בין ראשו לבגדים כדי שלא יטנפו דמלותן שיהיו חדשים ונאים כמ״ש הרמב״ם ז״ל פ״ח מהלכות כלי המקדש והגם דאף בזה יש כאן עדין קצת הנאה מ״מ אימא דמדאורייתא אין איסור הנאה בדרך זה דהא גבי כלאים גזירת חכמים היא אפילו עשר מצעות וכו׳ כדלקמן והכא משום צורך שמירת הבגדים שיהיו מוכנים אלו ללובשם מיד לבשאחר כיום ילך מיד לעבוד לא גזרו בזה וא״כ אין לנו ראיה מכאן דניתנו ליהנות אפילו דרך לבישה אבל בשתירך לו דסיפא איצטריכא ליה להיתה תחת ראשיהן ואין גנאי הפתח כמו שפרש״י מזה דייק להמתרץ דהכין תחת ראשיהן ממש מבלי הפסק דבר דהא״כ מאי רבותא היא דמותר דדוקא גבי תפילין דיש בהם אזכרות הרבה החמירו בזה ואפילו בין כר לכסת ואפילו כנגד ראשו אבל הכא לא וא״כ השתא בעי למפשט דש״מ מסיפא דניתנו ליהנות דאי לא לא היו מתירין אפילו בלתי הפסק דבר כיון דיכול לעשות בתקנה זו דבשלמא משום כלאים לא גזרו כאן באיסור הנאה של דבריהם מהטעם האמור ותירץ לו ר׳ פפא לא תימא וכו׳ אלא אימא כנגד ראשיהן ודייק רב משרשיא ממלתיה מדלא מתרץ אפילו תחת ראשיהן ממש והפסק דבר ש״מ דהחמירו כאן חכמים בכלאים עצמן דאין להתיר כאן משום זריזות עבודה דנוסף עוד בזה גנאי הפתח ואפ״ה כנגד ראשיהן מותר ואין כאן גנאי הפתח וא״כ ש״מ דתפילין מן הגד וכו׳ ובתר הכי מסיים תלמודא לפרושי מלתיה דר״פ דלמאי דס״ל דמתניתין מבלי הפסק מיירי ודאי דה״נ מסתברא לומר דכנגד ראשיהן קאמר דאי תחת ראשיהן ותיפוק לי משום כלאים וכו׳ עד וכי תימא דמפסיק ליה מידי והאמר ר״ש וכו׳ וה״ה דכאן נמי גזרו דאם תאמר דהכא משום צורך זירוז עבודה הקלו בכלאים של דבריהם א״כ מאי מוקיה דר״פ לאוקמה כנגד וכו׳ לימא אפילו תחת ראשיהן כיון דיש מקום לומר דאין כאן איסור הנאה בגדי קודש מדאורייתא כיון דמפסיק ביני ביני אלא ודאי דסבר ר״פ דאין מקום להקל משום זה לא באיסור הנאה דקדש ולא באיסור כלאים ומש״ה ע״כ לדידיה לפרש כנגד וכו׳ דאי לא תיפוק ליה משום כלאים אבל המתרץ דלעיל סבר דבהפסק לא גזרו הכא ולא דמיא לכלאים דמש״ה לא פשיט ליה מעיקרא מסיפא וכן סבר דמשום

כלאים לא גזרי הכא ואפילו בלא הפסק כיון דמדבריהם הוא וכמ"ש ובדרך זה יתורצו במה דיוקים אשר בסוגיין כאשר יראה המעיין כנלע"ד ודו"ק.

שם אמר ר"פ לא חימא תחת ראשיכן אלא אימא כנגד וכו' וכן פי' הרמב"ם ז"ל בפי' המשנה לפ"א דתמיד וכן בחי' פ"ח מה' בית הבחירה כתב אלא מקפלין אותם ומניחין אותן כנגד ראשיכן וכו' ימה שלא נראה לו לפרש תחת ראשיכן ממש וכרב אשי דלאיסור כלאים אין לחוש דקשים הם וכמו שביאר פ"י מהלכות כלאים דבקשים כשיש דבר מפסיק בינו לבינם מותר לישב עליהם וכן לאיסור הנאת בגדי קדש ליכא למיחש דהא אסקינן דניתני ליהנות בהם מברייתא דבגדי כהונם היוצא בהם וכו' וכן פסק ז"ל פ"ח מה' כלי המקדש ובספ"ג מהלכות עי"כ ובספ"ה דהלכות מעילה יע"ש. יראה טעמו משום דתירוצא דרב פפא מרווח טפי חדא דסוגיא דריש פ"ק דערכין ודירושלמי רפ"ט דכלאים פשטה אתיא כמלתיה דר"פ דבגדי כהונה יש בהם משום כלאים מדאורייתא דלרב אשי צריך לחלק בין הלעה ללבישה כמ"ש התוס' ועוד דלא משמע ליה לר"פ לומר דקשים הם כ"כ שלא יהא בהם איסור כלאים שהרי אין קושיין אלא מלד שחוטן כפול ששה כדלקמן ואפשר שיהיו רכים וראויים לחמם הגוף וזהו שדקדק ז"ל בפי' המשנה לספ"ק דביצה שכתב ואמרו אעפ"י שיש בהם כלאים בבגדים שהם בתכלית הקושי והעובי ומיעוט הריכוך וכו' הודיענו בזה שאין דומה היותר קשין שבהיר שם התלמוד למה שבהיר כאן רב אשי בבגדי כהונה ועוד דהא רב משרשיא דדייק ממלתי' דר"פ ש"מ תפילין מן הלד וכו' משמע דס"ל כתירוצא דר"פ דכנגד ראשיכן קתני והגם דברייתא דבסמוך קתני סתמא מפני שבגדי כהונה ניתנו ליהנות וכו' ע"כ לפרש לר"פ דהוץ מהאבנט קאמר וסתמו כפירושו דהא ברייתא לא באה להשמיענו אלא היתר הנאת בגדי קדש לא היתר כלאים. ובזה יתורץ השגת הראב"ד ז"ל בהלכות כלי המקדש שם וכן ראיתי להכ"מ בסוף הלכות כלאים שתירץ כן ועל מ"ש שם דהתם לא איירי אלא בבגדי כהן הדיוט ועיין במהרי"י קורקוס ז"ל שם עיין בדברי הרמב"ם ז"ל בפירוש המשנה לתמיד כי הדבר מבואר והגה מ"ש הכ"מ שם בהלכות כלי המקדש לדעת הרמב"ם כתי' התוספות דלרב אשי דוקא להציע אבל ללבוש אסור יע"ש לא זכיתי להבין דהא גרב אשי מתני' תחת ראשיכן ממש קאמר ואיהו ז"ל פי' לה דכנגד ראשיכן קאמר וזה כס' ר"פ. ועיין בלשון הרי"ק דכתיבה יד שהביא בס' חזון נחום בפ"ק דתמיד אבל מתוך דברי הרב המאירי ז"ל יראה שדעתו לפסוק כתי' דרב אשי ושוב ראיתי בס' עבודת ישראל דף ר"ה ע"א שהאריך הרחיב בענין זה ושם ר"ג ע"ב דרך ובא לו בדרך שכתבתי ועיין עוד בספר בתי כהונה ח"א חלק בית ועד ס"א ע"ד ששם הרחיב ליישב דעת הראב"ד יע"ש ועיין במ"ש הראב"ד גופיה בהשגותיו להרז"ה בספ"ק דביצה הובאו דבריו בס' תמים דעים סי' רמ"ב יע"ש כי אין להאריך וק"ל.

שם ת"ש בגדי כהונה היוצא בהם למדינה אסור וכו' בתוספתא דסוף כלאים הגי' בגדי כהן גדול היוצא בהן למדינה חייב וכו' יע"ש ויראה דלרבותא נקט כ"ג דאפילו שחייב לנהוג כבוד בעלמו ושיהא גדול מאחיו בנוי וכו' לא משום זה הותר לו ללבוש בגדי כהונה חוץ למקדש ונראה שלזה כיון הרמב"ם ז"ל פ"ח מהלכות כלי המקדש שכתב כ"ג מניח בגדי זהב בלשכה שלו בלילה או בעת שילא מן המקדש דהיינו רישא דברייתא בגדי כ"ג היוצא וכו' ואחר זה העתיק סיפא דברייתא שכתב בגדי כהונה מותר ליהנות וכו' ואפילו שלא בשעת עבודה וכו' אסור לכהן הדיוט וכו' ונקט לה לסיפא בכל בגדי כהונה דהכי הוה רבותא טפי דאפילו לכהן הדיוט שרו להו אפילו שלא בשעת עבודה כי זולת זה לא תמלא להרמב"ם ז"ל שהעתיק לרישא דברייתא אסור ליולא למדינה וס"ל נמי דהאיסור זה מדרבנן הוא וכמ"ש בפרש"י ז"ל יע"ש ומש"ה לא כתב דאם ילא בהם חוץ למקדש חייב אלא כתב כ"ג מניח וכו' כלומר דכן תקנו חכמים להניחם שם ושלא לנאת בהם חוץ למקדש כדי שלא ינהוג בהם דרך חול ולא פסק ז"ל דמשום לורך מותר לנאת כההיא דשמעון הלדיק הדא דהיה לריך להאריך דבאיזה לורך דוקא התירו ועוד דהא מלתא מספקא לן דהא לאבעיא קמא דראוין לבגדי כהונה היו אפילו משום נצרך לא התירו ושוב ראיתי בספר בתי כהונה ח"א בחלק בית

ועד ס"ב ע"ד שכתב והיכא נמידק על הרמב"ם שלא הזכיר דין המדינה וכו' וי"ל דסתמו כפירושו כיון שכתב ביום עבודתו ואפי' שלא בשעת עבודה ולא כתב ואפילו במדינה ש"מ דבמקדש הוא ולא חש לבאר הדבר דסתמא כפי' עכ"ד ולעד"נ עיקר הטעם שכתבתי ועיין בלשון הרי"ק דכתיבה יד שהביא בס' חזון נחום בחי' לפ"ק דתמיד וק"ל.

רש"י ד"ה **למדינה** אסור שנהנה וכו' דבריו נוטים לפי' הרז"ה ספ"ק דביצה וכן דעת הראב"ד שם דהאסור מדרבנן קאמר וכמ"ש בספר באר שבע בחי' לתמיד שם ומה שהקשה שם מדפריך ובמדינה לא וכו' ומשני עת לעשות לה' הפרו תורתך ודוחק לומר דדרבנן נמי שייך הפרה ע"כ לעד"נ דאין זה דוחק דהא לכתוב ספרא דאפטרתא לא משמע דאיא בה איסורא דאורייתא ואפ"ה אמרי' בפרק הניזקין ס' ע"א דשרי לה משום עת לעשות לה' יע"ש וגם עיין בס"פ בתרא דברכות ותוספתא דכלאים שהביא שם דקתני חייב יש לדחות לרש"י דמדרבנן קאמר כמ"ש התוס' לעיל וכמו שהביא בספר באר שבע שם ומה שסיים שם דמתוספתא זו יש סתירה לדברי התוס' שכתבתי דהיינו דברי התוס' דסוגיין יע"ש הנה כבר קדמוהו התוס' עצמם בפ' התכלת מ' ע"ב סד"ה תכלת אין בה וכו' יע"ש כי שם נסתפקו ג"כ אי חייב מדרבנן קאמר וק"ל.

ד"ה **לתלמיד** במקום הרב לראש הכנסת ולסגן וכו' כלומר שהיה החזן חולק כבוד לראש הכנסת וכן ראש הכנסת חולק כבוד לסגן וכמו שפי' ז"ל בפ' אלו נאמרין מ' ע"ב וסיים שם וסתמא כמ"ד חולקים דפלוגתא היא בית נוחלין גבי בנות צלפחד ע"כ וכונתו ז"ל בין הכא והתם לאפוקי מפי' ריב"ם שכתבו התו' שם דמפרש חולקים כבוד וכו' דקאי לסגן בדוקא משמע דסובר דמה שהיה נותן חזן הכנסת לראש הכנסת לאו משום כבודו הוא אלא דגנאי היה שחזן בכנסת יתנכו מידו ליד הסגן וכ"ש ליד כ"ג יע"ש ובמ"ש עוד התוס' שם על סוגיא זו וק"ל.

תוס' ד"ה **תפילין** מן הלד וכו' דילמא מגנדר וכו' ופירש המפרש שם דמדשרי בגדי כהונה תחת ראשיכן ולא חייש דילמא מגנדר וישכב עליהם די"ל כאן איסור הנאה דאורייתא כ"ש דשרינן בתפילין דאינו אלא מדרבנן משום בזיון תפילין יע"ש ומ"ש רבנו יונה בפ' מי שמתו והביאו הב"י א"ח סימן מ' דמן הלד יש להחמיר דהוי כמרגלותיו ואסור ליסן דילמא יתגלגל וישכב עליהם וכן פסק בש"ע שם לא חיקשי מסוגיין ומה גם למה שאכתוב בסמוך דאפי' בלא כלי איירי דהא לתי' דאסיק רב אשי דלעולם תחת ראשיכן ושאני בגדי כהונה דקשין הם מעתה אין מקום להוכיח מכאן דתפילין מן הלד שריין ויש להחמיר מכח חשש זה דנראה וכו'. ולעיקר קושייתם על רש"י ז"ל וכן הקשו בתו"י עיין מ"ש בס' באר שבע בחידו' לתמיד דנראה דנגי' רש"י לי"ג ליה כי הכא יע"ש ואפי' דגרים התם דילמא מגנדר מ"מ סובר ז"ל דסוגיין שלא הזכיר טעם זה סתמא משום הפתה הוא ונראה שלזה התו' דסוגיין לא כתבו זה כדרך קושיא על רש"י ז"ל כדרך לשון התו"י אלא כתבו דשם מפרש טעמא אחרינא כלומר ולעולם דלפי סוגיין יכול להיות טעמו של רש"י ז"ל דמה שהקשה המפרש דתמיד שם דהאיסור דשמא יפית בהם לא הוי אלא בזמן שהוא לבוש דאז הוא גנאי אבל אם הם בין כר לכסת ליכא איסורא דשמא יפיח ע"כ וכ"כ עוד שם מעבר לדף ד"ה שריא וכו' יע"ש ועיין בסוגיא דפרק מי שמתו כ"ג ע"ב דשם מסיק מניחן בין כר לכסת שלא כנגד ראשו וי"ל דגם רש"י ז"ל יודה בזה דכיון שהם תוך כלי א' בין כר לכסת אין כאן גנאי דהפתה כלל אבל הכא איירי כשהם מונחים אצלו ממש במטה דומיא להא דקתני פושטין ומקפלין ולו' ובכה"ג ודאי היה כאן גנאי בהפתה ולפ"ז הא דנקט מן הלד לאו למימרא דכנגד ראשו אסור וכסוגיא דפ' מי שמתו וכמו שרלה לדייק בספר באר שבע שם דלסוגיא דהתם שלא בין כר לכסת כי הכא אפי' שלא כנגד ראשו אסור כמ"ש רבי' יונה שם אלא מן הלד דקאמר לאפוקי תחת ראשו ממש וכאילו אמר אללו ח"ש רש"י ז"ל מן הלד להניחן אללו וכו' וניחא נמי שסתמא דאילו היה תחת ראשיכן ממש לא היה כאן גנאי הפתה דמסתמא היה מניח איזה דבר ביני ביני כדי שלא יעמדו מחוסת

ראשו זהוה ליה כמו בין כר לכסת דהתם ומש"ה לא מלי למימר בסמוך דאי ס"ד תחת ראשיהן וכו' והכי נמי דניתנו ליהנות בהם תיפוק לי משום שמא יפית כמו שהקשה המפרש שם וכן נמי אין מקום לדייק מדברי רב אשי הכי כמ"ש אלא דוקא לר"ש דמפרש כנגד ראשיהן שהיה מניחן אלא דמסתמא משמע תבלי דבר מפסיק ויש כאן גנאי הפחה הוא דדייק ש"מ תפילין מן הלד וכו' כנלע"ד ודו"ק.

ד"ה **אלא** למ"ד וכו' הכיא דמקפלים ומניחים תחת ראשיהן וכו' דבשלמא רישא דהיה בעינן לדיוקי מינה שינה הוא דלא הא הלוכי מהלכי וניתנו ליהנות לא קשיא לן אהביא דת"ל משום כלאים והיכי ס"ד לדיוקי הכי משום דאימא דאתיא כמ"ד זהו אבנטו אבל הך דמקפלין דהיו רגילין לעשות כן דהיקא לן למימר מתלוקת במליאות ודלמ"ד לא זהו אבנטו לא היו עושים כן וקי"ל.

ד"ה **קשין** הם וכו' ודלא כפרש"י שפי' קשין הם ומותרים בלבישה וכו' לא נמלא כן בגי' שלפנינו אלא דממה שפי' קשין הם ואינם מחממין לפיכך אין בהם וכו' משמע כונתו דאין בהם איסור כלאים כלל אפי' בלבישה כיון שאין בה הנאת חימום וכמו שפי' ד"ה שרי וכו' ועיין בתו' דסוגיין אלא דמדבריו דספ"ק דבילה שפי' ד"ה בקשין בגדים קשין שאין מחממין מותר לישב עליהם וכן שם ד"ה שרוי לישיבה שאינו מחמם ע"כ משמע דדיקא בהלעה שרו וכן הביאו התו' שם מדבריו יעו"ש. וזה אין ליישב דברי רש"י לפי מה שהבינו ז"ל דאפי' בלבישה שרו דהתם בערכין קאמר אישתרי וכו' משום שאר בגדי כ"ג דהוו דכלאים עיין לעיל פ"ק ו' ע"א תוספות ד"ה אמר לך וכו' ואימא דאותם אפילו לרב אשי היו רכים דהכא לא איירינן אלא באבנט חדא דבהיא סוגיא דערכין לכל כהנים משמע דקאמר דאשתרי ועוד דפשט לשון רב אשי משמע דכל בגדי כהונה קשין היו מלד שהיה חוטן כפול כדלקמן ע"א ע"ב ועוד דרש"י ז"ל גופיה פירש שם בערכין דאשתרי נהו משום אבנט יעו"ש וגם אין לפרש דסוגיא דערכין כרב פפא דסבר דבהם נמי יש כאן איסור כלאים דא"כ נימא התם הניחא לר"פ אלא לרב אשי הכל היידין וכו' נמה לי אלא נלע"ד ליישב לסברת רש"י ז"ל דודאי כי שרי רחמנא כלאים לאבנט לגמרי שרי ניה שהרי לא לוה הכתוב לעשותם קשים דאם היה באפשרות לעשותם רכים כגון לעשות חוטין דקין מאד מאד נמי שרי נהו וא"כ שפיר קאמר התם הואיל ואשתרי וכו' והכא קושטא דמילתא קאמר רב אשי דלמה שהיה דרכן לעשותם קשין מלית לפרושי תחת ראשיהן ממש דכיון דקשין אין כאן איסור כלאים ואפי' שלא בשעת עבודה שרי. ושוב ראיתי לבעל המאור בספ"ק דבילה ורמזו הריטב"א בחי' לכאן שפירש סוגיא דערכין בבגדי כ"ג כדרך הראשון שכתבתי יעו"ש ומלאתי להראב"ד ז"ל בהשגותיו שם בס' דרך חמים סי' רמ"ב שהשיג עליו דאדרבא החושן והאפוד שכפולים יותר כל שכן שיהיו קשין יותר ומותרים יעו"ש וקל להבין.

באה"ד ותירץ ר"ת דלבישה והעלאה דהוו דאורייתא אסירי אפילו בקשין וכו' ונ"ל לפי' דהנאה קלה יש כאן וכדרך שכתב הראב"ד שם לפי דעתו יעו"ש דאלת"ה מדאורייתא שרו דהא דומיא דלבישה דאית בה הנאת הגוף בעינן כדתניא בספרי פרשת כי תלא הביאה הר"ש ז"ל מן הירושלמי ברפ"ט דכלאים וכן משמע מסוגיא דפ"ק דיבמות ה' ע"ב יעו"ש. ומ"ש וא"ת והלעה וכו' ליתסרו אפי' בהלעה כדתניא במס' כלאים וכו' כן נראה שנ"ל ובריתא זו היא ג"כ בפ"ט דנדה ס"א ע"ב יעו"ש ובתו' שם ובהר"ש פ"ט דכלאים משנה ד' ומה שסיימו וכ"ש להליע תחתיו וכו' כלומר דאם גזרו במרדעת שהיא קשה ביותר כ"ש להליע בגד שאינו קשה במרדעת דודאי אסור. ומ"ש וי"ל דבמלמעות שייך כריכה וכו' מדבריהם משמע דסברי טעם דאיסור שער מלמעות משום כריכה ומ"ש הרמב"ם והטור שלא כדברי הרין כמ"ש בספר באר שבע בחי' לתמיד שם ועש"ש דשוב ראיתי שגם הוא הרגיש בפרש"י מהכא למסכת ביצה והביא שם תירוץ בעל המאור שכתבתי לעיל ע"ש וקי"ל.

ד"ה **בגדי** כהונה וכו' וכן משמע בפרק הא"ש מקדש דאפילו בעזרה וכו' כונתם דלהכי דייק תנא למיתני היוצא ולא קתני אסור ללבוש בגדי כהונה במקדש וכו' לומר דאפי' אם תחילת לבישתן היו לצורך עבודה ומקדש אסור לצאת בהם במדינה וממילא שמעי' דשפיר נמי דהתיר שלא בשעת עבודה בהא איירי שלבשן תחילה לצורך עבודה אבל ללובשן לכתחילה שלא לצורך עבודה לא התירו וכן משמע בפרק הא"ש מקדש וכו' והרווחנו בזה דרב דקאמר בקידושין שם הך דלא ניתנה תורה וכו' לא פליג אבריתא דהכא ולא נצרך לומר דרב תנא הוא ופליג כאשר כתב בספר באר שבע בחי' לפ"ק דתמיד וכך אפרש כונת התו' דפ' האומר ס"ו ע"א דמדקאמר לא ניתנה תורה וכו' משמע דללבוש לכתחילה שלא לצורך עבודה כההיא דינאי אסיר ותלמודא דפריך מעובדא דשמעון הצדיק שלבשו לכתחילה שלא לצורך במכ"ש פריך ולאו למימרא דבריתא בהא איירי בדיקא אבל בלבשן תחילה לצורך עבודה מותר לצאת אפי' במדינה ובשב"י ראיתי שהגיה בדבריהם משמע בפ' הא"ש וכו' ומחק מלה וכן ולעד"ן כי דבריהם מדוייקים כמ"ש. אלא שצריך לבאר קושייתם דבסמוך וא"ת הא אמרינן וכו' דבלאו הך דהא"ש מקדש הוה מצי לאקשויי שפיר דאפי' תפרש איסור יוצא למדינה בלבשן לכתחילה אבל אם תחילת לבישתן לצורך עבודה מותר לצאת מ"מ עובדא דינאי בלבישה לכתחילה איירי וכן הקשה הריטב"א ז"ל בפשיטות יעו"ש וזה דוחק לפרש כונתם דהשתא דבריתא משכחת היא אפי' לרב דהתם פרכינן מהא דינאי אבל אי איכא מאן דפליג עלה כן נאמר ג"כ דאיכא תנא דפליג ומקל אפילו לצאת בהם למדינה ומש"ה לא הקפידו בעובדא דינאי וי"ש ליישב איך מהכא לא תיקשי לן דיש לומר דלא אסרו אלא היוצא בהם למדינה בשווקים וברחובות בפרסום דהא כך איסורא מדרבנן הוא שמרגש בהם דרך חול כמ"ש בפרש"י יעו"ש ועובדא דינאי בביתו היה כדמשמע התם ואה"נ דכ"ה בעזרה אפי' לכתחילה מותר ללובשן שלא לצורך כיון דלא מפרסמא מילתא כ"כ והי"ע דלא פריך תלמודא אלא מעובדא דשמעון הצדיק דהיה בפרסום ולא מעובדא דינאי אבל השתא דמשמע מההיא דהא"ש מקדש דטעמא דניתנו ליהנות משום דלא אפשר ליזהר הא אפשר כגון ללובשן לכתחילה שלא לצורך אסור ואפי' בעזרה דלא מפרסמא מעתה תיקשי לן שפיר מעובדא דינאי וקי"ל.

באה"ד ומיהו למ"ד דוקא שעודהו על מלחו מרלה יכול וכו' לרלון על טומאת שיארע בכל היום ומיהו כיון שאין זה מדרך החיוב להכי לא ניחא ליה לתלמודא לעיל ז' ע"ב לאוקמיה דרשה דתמיד להך מ"ד בהכי אלא קאמר דאתא לומר שלא יסיח דעתו ממנו ומ"מ שפיר שמעינן נמי מתמיד דיכול להניחו כל שעה דהא פשטיה דקרא תמיד דהנחה הוא וסברא הוא שיכול להניחו כל שעה כיון שיש בו צורך לרלות ועיין במ"ש בתו' לעיל שם יבמ"ש שם וסיימו ואומר ר"ת דלכ"ע אפי' לר"ש דדריש לעיל תמיד מרלה אף שאינו על מלחו וא"כ אין צורך בהנחה כדי לרלות דבלא"כ מרלה מ"מ לדידיה נמי יכול להניחו כל שעה דהא מיהא פשטיה דקרא והיה על מלחו תמיד אהנחה קאי אלא דלא בעי לעיל לאוקמיה לתמיד דקרא בהכי מלד שאין זה מדרך החיוב וכמ"ש ועוד דבעי לאוקמי לקראי שיהא תמיד ממש והא לא משכחת אלא בריצוי דהנחה לאו תמיד ממש הוא דמי לא בעי למינם וכו' כדקאמר התם וכמו שכתבתי בח"י שם והשתא הקשו הם ז"ל בין לתי' קמא ובין לתי' ר"ת דסוף סוף כיון דהא מוקמי' ודרשי' לתמיד למ"ד עודהו על מלחו לומר שלא יסיח דעתו ולאידך מ"ד לומר שתמיד מרלה אימא כוליה קרא להכי אתא ואין ללמוד ממנו להיתר דהנחה כל שעה ובשלמא למ"ד דתמיד אריצוי קאי לא תיקשי כל כך דהא מיהא פשטיה דקרא אהנחה דעל מלחו כתיב ודרשינן שיוכל להניחו כ"ש אבל למאן דדריש ליה לעיל לשלא יסיח דעתו שפיר הוי פשטיה דקרא בהכי שידע שתמיד הוא מונח על מלחו ולא יסיח דעתו ממנו ומשמע דלדידיה אין מקום כלל לדרשא דהיתר הנחה בכ"ש והיינו שבדבריהם ובקושייתם לא הזכירו אלא דהא אילטריך לדרשא דשלא יסיח וכו' דהיא עיקר הקושיא וקושיא זו שייכא נמי אפילו לר"ת שהרי כתב דלכ"ע מתמיד דרשינן היתר דהנחה ותי' דשמא ז"ל דמדכתב תרי זמני וכו' כלומר דוכיה והיה תרי זמני למ"ל אלא דרוש ליה אדבתריה והיה תמיד שבכל שעה שרולה להניחו על מלחו הרשות בידו דאין לפרש כונתם משום דכתיב מלת תרי זמני דהא כולהו אצטריכו דלמ"ד עודהו על מלחו מרלה דריש ליה מדכתיב על מלח ונשא ולאידך

על מלאו אלטריך לקבוע לו מקום ולמ"ד תמיד מרלה דרים על מלה ראוי למלה מרלה לאפוקי נשבר הלין ועל מלאו לקבוע לו מקום כדאיתא לעיל שם ועיין בתי"ט דלעיל שם ובתוס' דפ' האומר שם דתמלא מבואר דמ"ש כאן ואע"ג דאלטריך וכו' מלשון תוס' דהכא הוא ולא מלשון ר"ת ז"ל כנלע"ד לפרש דבריהם ובכל מ"ש יתורץ לך מה שהרבה להקשות בשכ"י על דבריהם שכתב וז"ל הדבור הלזה קשה להולמו דאשונה קשה מ"ט למ"ד עודהו על מלאו מרלה יכול להניחו כל שעה אי מטעם כדי שיהא תמיד מרלה ניחא דלעולם איכו מניחו כ"ש ואעפ"י שאינו מרלה גזירת מלך היא שבגדי כהונה אסור ללבשם אם לא בשעת עבודה ומקדש דיעבד ולין כבולהי בגדים וגזירת הכתוב נמי שאינו מרלה הלין רק בעת שהוא לבוש ובעת שמותר להניחו ותו קשה שנראה מדבריהם דלמ"ד עודהו על מלאו מרלה ל"ל קרא להתיר ללובשו כ"ש דמסברא נפקא וא"כ כשאומר ר"ח דלכ"ע יכול להניחם פירושו אפילו למ"ד תמיד מרלה ולא מבעי' למ"ד עודהו על מלאו מרלה דמסברא נפקא אלא אפילו למ"ד תמיד מרלה יכול כ"ש להניחו מדכתיב תמיד וא"כ קשה מאי קאמר ואע"ג דאלטריך קרא לדרשה אחריתי שלא יסיח דעתו והא האי דרשה אתיא לעיל למ"ד עודהו על מלאו מרלה ולדידיה לא לריך קרא דמסברא נפקא ומה שכתבו מדכתיב תמיד היינו למ"ד תמיד מרלה והיה לו לומר ואף ע"ג דאלטריך לעיל לבין עודהו על מלאו בין אינו על מלאו מרלה דהכי דרשינן לעיל אליביה ואם אמרנו דר"ח אינו רולה בתירולא קמא ומתמיד נפקא לתרוייהו סוף סוף יקשה אמאי לא הרגישו רק בלריכות דרשת דשלא יסיח דאתיא למ"ד עודהו על מלאו מרלה ולא הרגישו נמי בלריכות דרשת תמיד מרלה דאתיא למ"ד תמיד מרלה ותו קשה במה שאמרו דלכ"ע יכול להניחו דהא לא אפשר דמאן דדריש תמיד לומר דתמיד מרלה ס"ל דלא אתי קרא לענין כנתב דהכי אמרינן לעיל ור"ש סבר תמיד לרלון מאי תמיד אילימא תמיד על מלאו מי משכחת לה וכו' אלא תמיד מרלה אלמא דמתמת קושיא מי משכחת לה לא מוקמינן קרא לענין כנתב כלל ותו קשה שראיתי להריטב"א ז"ל שהשיג על ר"ח דהא האי קרא דתמיד דרשינן ליה לעיל ואם איתא דר"ח גופיה הרגיש בתולשתו וכתב ואע"ג דדרשינן לעיל וכו' מאי קא פריך ליה הריטב"א ותו קשה במה שאמר ושמא י"ל מדכתיב תרי זמני והיה על מלאו דר"ח אמר בפי' דמתמיד נפקא לי' והיכי מתרץ אליביה דמיתורא דמלא מלא נפקא ליה ותו קשה דלעיל דרשינן מלא מלא תרי זמני לכ"ע למר כדאית ליה ולמר כדאית ליה והוא ברה מחמת קושיה דאלטריך ולא נולל ממנה ולע"ע עכ"ד ורלה להגיה בדבריהם ופי' באופנים אחרים שאינם נוחים לע"ד. ואם תדקדק בכל מ"ש יתורץ לך הכל על כנכון ומה שהקשה בספר לדה לדרך על דבריהם דהכא שכתבו יכול להניחו וכו' עיין מה שכתבתי לעיל בתי"ש שם וק"ל. ומה שסיימו מיהו מהכא לא הוה מלי וכו' כנ"ל.

ע"ב גמרא והיכא איתמר דרב חסדא אהא דתני מיתיבי היכן קורין וכו' כן הוא גירסת ספרים ישנים ומהרש"א ז"ל הגיה אהא מיתיביה דתניא וכו' והלשון משונה דלא אשכחן מיתיבי דתניא סמוכים זה לזה וכן מלשון תי"ש דסוגיין נראה דל"ג הכי יעו"ש. ויותר היה נכון להסיר מלת דתני וק"ל.

שם היכן קורין בו בעזרה וכו' וס"ד דהיינו עזרת ישראל מדאשכחן שעזרא קרא לפני הרחוב אשר לפני שער המים דהיינו כנגד עזרת ישראל בשם היתה שער המים כדתנן בסוף מדות אלא דסברי רבנן דהכא משום כבוד כ"ע ראוי לקרות מבפנים בעזרת ישראל ומתרץ רב חסדא דעזרה דקאמרי רבנן היינו עזרת נשים ומעזרה אין ראיה דשם להיות שהולרך לקבץ את כל ישראל אנשים ונשים לשמוע אל דברי התורה על מגדל של עץ שעשה כדכתיב התם על כן הוכרח לעשות זה בהר הבית ולא בעזרת נשים דהוה דחיקא להו עזרה טובא ודוקא בקריאה בקהל משום כבודו של מלך יש לדחוק עלמם ולקרות בעזרת נשים כדאיתא בסוטה שם מ"א ע"ב. ועיין במגילה ה' ע"א מה שהביא רש"י שם בשם הירושלמי כנלע"ד וק"ל.

שם א"ל אביי לרב דימי ודילמא שגדלו בשם המפורש וכו' כדקאמר רב יוסף דהכי משמע טפי דהא בתר הכי כתיב ויענו כל העם אמן ואמן ולדיך אתא לומר לרב גידל שאתמו בלותו היום מן העולם וכו' לומר כן בפעם אחרת כמ"ש בפרש"י יע"ש וא"כ מאי דוחקיה לרב גידל שלא פי' שגידלו בשם המפורש דבהכי ניחא טפי ופריך ולא והכתיב ויענו כל הקהל ויאמרו קול גדול [(עזרא י')] וא"ר גידל דהאי קול אתא לומר שגדלו ושבעו בשם המפורש לעשות מה שאמר להם עזרא להבדל מעמי הארץ ומשני דהתם הוראת שעה היתה לחזק את לב עזרא שכמנו וגמרו בכל לבם לעשות מה שאמר להם אבל הכא מה לורך הי"ל לעזרא להזכיר שם המפורש בגבולין וכן נראה שנ"ל דקרא דמייתי ויעמד עזרא בההוא ענינא דלעיל כתיב והדרא קושיא לדוכתה וכמ"ש מהרש"א בחידושי אגדות יע"ש וקרוב לזה מלאתי בגי' הילקוט שם דגרים ולאו והא כתיב ויזעקו בקול גדול וא"ר גידל שגדלו בשם המפורש וכו' אלא דלריך להגיה ויאמרו קול גדול דקרא דויזעקו וכו' לא תמלאהו בעזרא בכלל וכן לקמן לריך להגיה בגמ' ויקראו בקול גדול מאי אמור וכו' ואפשר דדרשא זו פליגא אדרב גידל דהכא וא"נ שהזכירו שם המפורש לשימסר ילה"ר בידם כמ"ש הרי"ף יע"ש ושוב ראיתי קרוב להגהה שכתבתי בספר תאוה לעינים יע"ש ששם הביא גירסת הילקוט שכתבתי אלא שלא הרגיש לתקנה וק"ל.

שם לא קשיא כאן בכדי שיפסוק וכו' במגילה כ"ד ע"א ובסוטה מ"א ע"א הגירסא אמר אביי ל"ק כאן וכו' וכן לקמן גרים אלא אמר אביי ל"ק כאן בענין א' וכו' והיא הגי' הנכונה ול"ל דמעיקרא ס"ד לאביי דסיפא דמתני' דעד כמה וכו' אמאי דמסיים ואין מדלגין בתורה קאי כדרך שכתבו התוס' יע"ש אלא דפריך דפשט לשון ועד כמה הוא מדלג משמע דאמה שהתיר לדלג בנביא הוא דבעי עד כמה התירו אבל בתורה כלל כלל לא דאלת"ב הו"ל למתני אבל מדלגין עד כדי שלא יפסוק וכו'. ולא זכיתי להבין למה לא תירצו התוספות כן ואילו היינו מגיהים בדבריהם לא בעי לשנויי וכו' בכדי שיפסוק התורגמן משום דלשון עד כמה לא משמע הכי וצי"ל דאין הכי נמי וכו' הוה ניחא שפיר וגם היה מתיישב דבריהם שהתחילו לומר לא בעי וכו' וסיימו דהה"נ דהוה מלי וכו' וק"ל.

רש"י ד"ה ברוך ה' אלהי וכו' כך תקנו באותו היום וכו' שיאמרו מן העולם ועד העולם כדאמר במס' תענית י"ו ע"ב אבל ודאי דגם במקדש ראשון היו אומרים מיהא מן העולם כדאיתא בס"פ הרואה נ"ד ע"א וכמו שפי' הוא ז"ל שם בהדיא שכתב כל חותמי ברכות שבמקדש היו אומרים עד העולם במ' תענית אמרינן אין עונין אמן במקדש וכו' ואשמעינן הכא דבמקדש ראשון לא היו אומרים אלא ברוך ה' אלהי ישראל עד מן העולם עכ"ד. ומעתה לגירס' רש"י ז"ל שלפנינו לא תיקשי מה שהקשו עליו בתי"י דסוגיין וכן בהריטב"א יע"ש ומ"ש כך תקנו באותו יום וכו' אבל באותו יום עלמו לא התחילו לברך כן דהא כתיב שם ויענו כל העם אמן ואמן וכו' ולאחר התקנה היו עונין בשכמל"ו כדאי' בתענית י"ו ע"א אלא ליום עשרים וארבע לחדש עברו את עלמ' ויבדלו מכל בני נכר הנה אז התחילו לומר כן כדכתיב התם קומו ברכו את ה' אלהיכם מן העולם עד העולם וכו'. אלא שמלאתי להרשב"א בסוף ברכות שכתב בשם הראב"ד ז"ל דלשאר ברכות לא היו מאריכין והביא ראיה מהם יע"ש וק"ל.

תוספות ד"ה עד כמה וכו' לא בעי לשנויי וכו' וי"ל דה"נ דהוה מלי לשנויי הכי וכו' עיין מ"ש בסוגיא.

דף ע' ע"א גמרא וכל כך למה כדי שלא להוליא וכו' אפשר דדייק בהאי לישנא דלמה הולרך נמי להניחה בחיקו ומשני אכולהו כדי שלא להוליא וכו' ולכך לא הספיק לו בלבד באמירה דיותר וכו' אלא היה מניחה ג"כ בחיקו כדי שיראו כל העם דס"ת שלם וכשר מדהיה מתכנו כ"כ להניחו בחיקו עד גמר הקריאה ומה גם דאף מי שלא שמע אמירה דיותר וכו' יכיר בהנחת חיקו שודאי שלם וכשר הוא וכל זה בכלל במה שאמר כדי שלא להוליא לעז וכו' ולפ"ז אין לורך למ"ש בספר עבודת ישראל כ"ה ע"ב דמה שהיה מניחו בחיקו אפשר שהוא להורות לכל חבת התורה עליו וקיומה ע"ד כתבם על לוח לבך וכו' יע"ש אלא דלפי מה שפרש"י בסוטה מ"א ע"א דהאמירה לתודה קאי שפי' שם וכ"כ למה לו לומר לכם ע"ב. וכן פי' הריטב"א ז"ל טעם הנחת חיקו כמ"ש בספר הנזכר וק"ל.

שם אמאי נגלול ונקרי וכו' הקושיא מבוארת דהא ע"כ ידע למתני' דמגילה דקתני עד כמה הוא מדלג עד כדי שלא יפסוק המתורגמן וידע נמי לברייתא דלעיל דבתורה מדלגין בענין אחד ודוקא בכדי שלא יפסוק המתורגמן וכדאסיק לעיל דאי לא ידע האי מקשה לשקלא וטריא דלעיל מהיכא פשיטא ליה דבתורה מותר לדלג הא פשטא דמתני' דמגילה אנביאים דוקא התיר לדלג ואם כן הכא ודאי אין לגלול כ"כ בכדי שיפסיק המתורגמן מפני כבוד הצבור ושמא י"ל דס"ד דיותר היה לנו לחוש שלא יקרא על פה משום דברים שבכתב אי אתה רשאי וכו' מלחוש לכבוד הצבור והדרו ליה לפי שאין גוללין וכו' דאדרבא יותר יש לחוש לכבוד הצבור דלקריאת על פה אין לחוש מטעם שהוא סדרו של יום כדאמר בירושלמי דפרקין ושוב ראיתי להח"י שהרגישו בקושי' א אלא שתירוצם דחוק קצת יעי"ש וק"ל.

שם וניתי אחרינא ונקרי וכו' אע"ג דידע ודאי הא דאמר לעיל דאומר יותר ממה שקריתי כדי שלא להוציא לעז על ס"ת וא"כ כ"ש שיש לעז אם יוציאו ס"ת אחר מ"מ ס"ד דבספר אחר אין לחוש לפגם דרגילות הוא בכך כדפריך בתר הכי ומי חיישינן לפגמא וכו'. וכי תימא דאכתי מאי משני משום פגמו של ראשון ניתי אחרינא ונימא יותר ממה שקריתי לפניכם כתוב בראשון ובשלמא למה שפי' לעיל דגם הגהת תיקו היה להוציא מהלעז לאותם שהיו רחוקים ולא שמעו אמירה דיותר וכו' ניחא דכאן שצריך הוא להניח ראשון כדי לקרות בשני אכתי איכא פגמו של ראשון לרחוקים אבל למה שנראה מפרש"י דסוטה כמ"ש לעיל קשה וכן תיקשי למסקנא דקאמר מד גברא בתרי ספרי איכא פגמא דיאמר יותר ממה שקריתי וכו' ואין כאן פגם די"ל דדוקא בשקורא על פה ואינו מוציא ס"ת אחר הדבר ניכר מתחילה ועד סוף דס"ת שלם הוא אלא משום עורח צבור לא קראו בו אבל אם יוציאו אחר אף שיאמר יותר ממה שקריתי וכו' אכתי משמע להו לסינם דאיכא איזה פגם בראשון מדהוציאו אחר ולא קרא בעל פה דאין בזה חשש כדאיתא בירושלמי וכ"ש לאותם שלא שמעו אמירה דיותר וכו' דאיכא ודאי פגם ראשון בראותם שהוציאו אחר ודו"ק.

שם ומי חיישינן לפגמא והאמר ר"ל ר"ח עבת וכו' עיין בשאלת יעבץ סי' קכ"ט.

שם ומאי מגוה וכו' ירמה דאע"ג דהא דפריך פשיטא אקריאה נמי פריך דפשיטא דרשאי לצאת בשעה שגולל לראות פרים הנשרפים כמ"ש בח"י יעי"ש מ"מ הכא פריך דוקא מאי מגוה יש בראיית פרים הנשרפים דאילו אקריאה ודאי שיש מצוה לשמוע דברי התורה ומה שפרש"י ומאי מגוה יש בראייתן ע"כ אפשר דנקט לשון רבים משום פר ושעיר הנשרפים וק"ל.

שם כל אחד ואחד מביא ס"ת וכו' י"מ אותו לדעת האומר שאין ערוב והוצאה ליוה"כ וא"ל בכך שירושלים דלחותיה נעולות בלילה ושמא היו מערבין את כולם בעירוב א' או שמא מבערב היו מביאין אותם לבה"כ ע"כ לשון הרב המאירי ז"ל.

רש"י ד"ה **ופר** העולה נמי וכו' של בין הערבים וכו' דגם דלמסקנא דתוספתא דלקמן עם תמיד של שחר קתני מ"מ הכא פי' לפי הס"ד כדרכו דהכי משמע עפי פשטא דמתניתין מדקתני היו בלשון רבים וכמ"ש התו' ד"ה שעיר וכו' אבל יותר היה נלע"ד להגיה דדיבור זה שייך לקמן בגמרא אחר דיבור היכי קאמר וכו' וק"ל.

ד"ה **ואח"כ** וכו' למדנו ששעיר חטאת הפנימי קדמו ע"כ לענין הזאות דם עבודת היום אבל שיקדים גם הקרבת אימורים שלו לשעיר החיצון הא לא אפשר דהא ע"כ שעיר חיצון קודם לאילו ואיל העם שהרי בדין היה להקדימו מכח קרא דמלבד אף לעבודת היום וקרא כתיב בפ' אחרי מות בתר אילו ואיל העם ואת חלב החטאת יקטיר. וא"כ ע"כ לומר דלא הקדימו הכתוב אלא להזאות היום וק"ל.

תוספות ד"ה **ובלבד** שלא ידלג וכו' אלא מסוף הספר לגד תחלתו וכו' ולזה כיון רש"י כמ"ש מסוף הספר לתחלתו למפרע ע"כ כלומר שאין הקפידה מפני ההפסק אלא מצד איכות הקריאה עצמה שהיא למפרע וב"כ בב"מ פי"ע מהלכות גרכות יעי"ש וק"ל.

ד"ה **ושעיר** וכו' מאי מספקא ליה אם איתא וכו' [(כמו שהגיה מהרש"א)] דילמא אימורי חטאת וכו' או דילמא דתני לשון רבים משום פר העולה אבל אימורים קריבים קודם והיינו דקאמר בסמוך. ותו בין לר"א בין לר"ע אימורי חטאת וכו' אבל בח"י כתבו דל"ג היו קריבים מטעם זה ועי"ש דדחיקא להו לפרש דקאי אאימורי שלא הוזכרו כאן כלל אבל התוספות דהכא ניחא להו בזה דכיון דליכא למימר הכא תנא ושייר דהא לא שייר אלא אמורי חטאת א"כ ע"כ דבכלל היו קריבין דהיינו אמורי שעיר דחוץ איתא נמי אמורי חטאת דפר ושעיר הנשרפים ולהכי תני לשון רבים וק"ל.

ד"ה **דתנא** דבי שמואל וכו' דאיכא למיבעי עלה כמו אמתניתין ע"כ דהא ודאי אילו ואיל העם דקתני ר"א בברייתא לאו עם תמיד של בין הערבים היו קריבין דהא איכא הוצאת כף ומחתה בתרייהו כמו שפירש"י בסמוך וא"כ איכא למיבעי אי פר העול' דקתני קאי אאילו וכו' או אשבעה כבשים דהיו קריבין עם תמיד של בין הערבים דומיא דבעי תלמודא היכי קאמר ר"ע עם תמיד של שחר וכו' ותו פר דעולה וכו' אימת עביד ליה ועיין בח"י דסוגיין וק"ל.

ע"כ גמרא **ור"א** האי מלבד חטאת הכפורים מאי עביד ליה עיין פירש"י ואפילו תאמר דלר"א קרא בהקטרת אימורי חטאת הכפורים איירי וע"כ דאילו ואיל העם קודמין להם כסדרא דפ' אחרי מות וא"כ ע"כ דקרא הכי קאמר תעשה שעיר עזים חטאת א' דחוץ מלבד חטאת הכפורים הקודם ט וכ"ש שהוא מאוחר לאילו ואיל העם הקודם להקטר חלבים מ"מ תיקשי דלמאי אצטריך דודאי יש לעשותם קודם לשעיר דחוץ דהא סברא הוא לדידיה דבעי' בריש דח"כ וכו' ומשני דהוה מבעי ליה על מה שזה מכפר וכו' ור"ע אפשר דסבר כר"מ דריש פ"ק דשבועות דקאמר כל השעירי' כפרתן שוה א"כ דתרתי שמעינן מיניה מדלא כתיב עם חטאת הכפורים במ"ש התוי"ט יעי"ש וניחא לתירוצו דלא קאמר בפ"ק דשבועות ע' ע"א דלר"מ ולר' ישמעאל שם אצטריך קרא לדרשא דר"ע דהכא ולאו להיקישא אתא אלא קאמר דאצטריך להיקש מה פנימי אינו מכפר באחר עבירות וכו' יעי"ש אלמא דכולהו תנאי אית לאו כך היקישא וק"ל.

שם מ"ע דרבנן וכו' וכתיב ויצא ועשה וכו' דמשמע דאחר עבודות היום יעשה איל העם שהוא מכלל המוספין כדאמר לקמן דכ"ע מיהא חד איל הוא וכן הם דברי רש"י ז"ל ד"ה דילמא פשע וכו' וכולהו מוספין לא עביד דח"כ קדם וכו' ושלא כדברי שכ"י שרצה למחוק גי' הספרים וכתב דמדברי רש"י שכתבנו ומדברי התוספות ד"ה עביד חד וכו' משמע נמי דל"ג ליה דלנע"ד איני רואה הכרח גמור למחוק גי' הספרים ושוב ראיתי בס' לוית חן בחידושיו לפרקין שפירש כמ"ש יעי"ש וקל להבין.

שם דילמא פשע וכו' פי' דילמא חליש ואינו מחליף כח ולא דמי לעבודת היום דאע"ג דחליש זריז ומחליף כח אבן דמוספין אי חליש פשע ולא עביד להו ואינו מחליף כח ודו"ק לשון שכ"י.

תוספות ד"ה **אח"כ** שעיר וכו' ולפרש"י ברייתא ע"כ פליגא וכו' נלע"ד דגם רש"י ז"ל מפרש דלא פליגא דכן משמע מדבריו דלעיל ד"ה לא משגחת לכ וכו' או לר"ע דתוספתא שפי' שם את דבריו יפה וכו' הא קמן דלדעתו ז"ל נמי כרחבת הביאו' לבד למדנו מהברייתא מה שלא פירש משנתינו וזה דלהיות דמתניתין לא נחתא לאשמועינן אלא סדר הקרבת מוספין דלר"א אחר שעשה עבודת היום יצא ועשה אילו וכו' וה"ה אמורי חטאת דכתיבי בתרייהו ואח"כ הקריב שאר המוספין שבעה כבשים וה"ה שעיר ולר"ע קצת מן המוספין היו קריבין עם תמיד של שחר דהיינו שבעה כבשים ופר וקצת דהיינו שעיר הנעשה בחוץ ואיל העם היו קריבין לעת ערב בזמן הקרבת תמיד של בין הערבים לא שיהיו נקרבים עמו ממש דהא יש כאן אימורי חטאת והוצאת כף ומחתה בינם לתמיד של בין הערבים אלא דלהיות דהכי לאו עבודה גמורה נינהו כמ"ש הם ז"ל בסמוך לפי דרכם קאמר שפיר דקריבין עם תמיד של בין הערבים. ומה שהקשו ועוד דלקמן בסמוך פריך וכו' הנה הגם דמדבריו לקמן שם ד"ה בשעיר הנעשה בחוץ כדכתיב מלבד חטאת הכפורים וכו' משמע דלר"ע

פריך דלדידיה שעיר דחוץ היה סמוך לאחר עבודת היום כדמוכח מקרא דמלבד חטאת הכפורים מ״מ יש ליישב דלמאי דמשני אמר קרא ויצא וכו׳ דביציאה ראשונה יש לו לעשות אילו ואיל העם ממילא משמע דיש לעשות אחריהם אמורי חטאת דכתיבי בתרייהו דהא קאמר דכל הפרשה כולה נאמרה על הסדר חוץ מפ׳ וצא אהרן וסברא הוא לאחר אותו אחר אמורי חטאת ג״כ דאלת״ה הרי אנו מחליפים גם סדר כתובים אלו דקאמר ויצא ועשה את עולתו וכו׳ והדר ואת חלב החטאת וכו׳ והגם דע״כ להקדים קראי דואת פר החטאת לקרא דאילו ואיל העם כדקאמר תלמודא בסמוך מ״מ להך אין כאן הכרח לשבש סדרא דקראי ועוד יש לפרש דלר״א נמי פריך לקמן שפיר דהגם דסברא הוא דרישא עביד דת״כ דכתיבי ברישא מ״מ כיון דגמירי חמש טבילות ע״כ אתיא הלכתא להודיענו דלגבי שעיר דחוץ לא אזלינן בתר הכיא סברא דיש לך להפסיק בו דבהכי ניחא טפי שלא להפך סדר המקראות דומיא להא דאמרינן לר״ע דהגם דמקרא דמלבד עולת הבקר משמע שכל המוספין יש להקדימן לעבודת היום מ״מ למדנו מקרא דמלבד חטאת הכפורים דשעיר חצון יש לאחרו ועוד דאף לר״א נוכל לומר בדרך זה דכיון דהכתוב הקישם זה לזה סברא הוא להפסיק בשעיר דחוץ ולעשותו סמוך לשעיר פנימי דהא דמו לאהדדי בכפרתן ובהכי לא נצרך להפך סדר המקראות ועיין בירושלמי דפרקין וכן התי״ט לקמן שם פירשו דאפילו לר״א פריך יע״ש ובמ״ש יתורץ ג״כ מה שהקשו עוד אמאי קרי לה מתקנתא דאיכא למיבעי וכו׳ וכונתם דלשיטת׳ דבסמוך שהיו קריבין עם תמיד של בין הערבים ניחא דלא הוצרך לפרש דממילא משמע דהא להפסקה די לנו באילו ואיל העם וא״כ פשיטא דיש להקריבם אחר עולת כף ומחתה עם תמיד דערב והנה גם לרש״י נתיישב תמיהתם קרוב לדרכם דהא ודאי אמורי חטאת קודם עולת כף ומחתה עם אילו ואיל העם בטבילה ג׳ עביד להו כדמוכח סדרא דקראי ולא הוצרך ברייתא לבאר זה דממילא שמעינן לה ועד כאן לא איבעיא לתלמודא לעיל אלא משום דלא שנה אותם במשנתי׳ כלל הגם דתנן אילו ואיל העם אבל היכא דתנא להו פשיטא דעם אילו ואיל העם מקריב להו ושוב ראיתי בספר המאור להרז״ה ז״ל בחי׳ לפרקין שפי׳ כפרש״י ז״ל יע״ש אלא שהרמב״ן ז״ל הובאו דבריו בספר עבודת ישראל רי״א ע״ב לא ס״ל כפירש״י ז״ל מכח הא דאמר בירושלמי דהכל מודים בעולת כף ומחתה שהוא לאחר תמיד של בין הערבים ושם הרגיש דברייתא דלעיל ל״ב ע״א משמע כפירש״י ז״ל ויישבה שם לפי שיטתו יע״ש וזוהי דעת הרמב״ם עיין בהרל״ס ובפר״ח ז״ל שם וקל להבין.

ד״ה **ואח״כ** וכו׳ ודייקינן מינה וכו׳ י״ל דהכא קאמר וכו׳ כנ״ל וכל זה כתבו למה שפי׳ בסמוך דלר״ע פריך לקמן אבל למ״ש שם דנוכל לומר דלר״א פריך אתי שפיר דודאי לדידיה יציאה ראשונה היתה לאילו ואיל העם דוקא וק״ל.

ד״ה **עביד** חד וכו׳ ואי משום דכתיב לבסוף וכו׳ אפ״ה מקריבו בבקר וכו׳ כלומר דאי משום דכתיבי לבסוף בת״כ הרי פר העולה כתיב נמי בת״כ ואפ״ה מקריבו בבקר דהא ע״כ לא פליגי הני תנאי אתוספתא דר״ע דלעיל אלא בכבשים אבל במאי דתני דפר העולה קרב עם תמיד של שחר בהא לא פליגי וק״ל.

דף ע״א ע״א רש״י ד״ה **בשעיר** וכו׳ כדכתיב מלבד חטאת הכפורים וכו׳ עיין מ״ש לעיל בתו׳ ד״ה ואח״כ שעיר וכו׳.

ד״ה **ה״ג** קראי כתיבי ולא גרסי תרי ע״כ דאז הוה משמע פשט הלשון דיש לנו איזו סתירה בפסוקים או מאחד לחבירו או לפסוקים האמורים לעיל לכן כתב דל״ג תרי ופי״ל משום דלפי״ז הוו תלת קראי הכתובים שלא במקומן׳ דהיינו נמי קרא בתר והשורף אותם וכו׳ אבל מ״ש בשבי״ דרש״י ז״ל הרגיש דלפי״ז קרא דאילו ואיל העם שלא כסדר בלא הכרח דחמש טבילות [(והיא קושית התי״ט יע״ש)] ולזה פירש ז״ל דל״ג תרי משום דתלת קראי ניכנו שנכתבו שלא כסדר ויצא ועשה את עולתו ואת חלב ואת פר החטאת וא״כ אפשר לומר מעתה דקראי כתיבי דקאמר בש״ס קאי אכולהו תלתא אלא דתלמודא נקט קרא דואת חלב משום דסמיך אקרא דואת פר החטאת ולכן ל״ג תרי קראי דמשמע דוקא תרי עכ״ד אין נלע״ד שכיון לזה ועיין בתי״ט ובמ״ש שם וק״ל.

ד״ה **אמר** קרא והמשלח וכו׳ ובאותו לשון שלמו נאמר והשורף ע״כ דאע״ג דלא דמי דגבי שרפה כתב לוי׳ שריפתן כאן והדר והשורף ומנין לנו להיקישן מ״מ מדלא כתיב והמשלח וכו׳ סמוך לגזור דושלח את השעיר כדכתיב והשורף וכו׳ גבי לוי שריפתן ש״מ להיקישן ולומר דוהשורף נמי מעקר הוא ונכתב שלא במקומו ופריך דאדרבה אימא דלהכי כתיב קרא הכא והמשלח להקישו לוהשורף מה שורף דהשתא וכו׳ ומשנין שפיר וכמ״ש בסמוך וק״ל.

ד״ה **אף** המשלח וכו׳ ושלוח שעיר האמור למעלה מהם ה״ק וכו׳ דזה אין לפרש דכונת המקשה דאימא דקרא דלוי שלוח שעיר הוא דנכתב שלא כסדר דהא ברייתא קאמר שכל הפרשה נאמרה על הסדר חוץ מפסוק וצא אהרן ואילך ולומר דפריך נמי אברייתא זה אין במשמע אלא לאביי דוקא פריך והיינו נמי דפריך ומאי חזית דמקשת קראי שבין מתניתא דהכוונתו נמי בזה דלא תצטרך להגיה הברייתא ולומר חוץ מפסוק זה ואילך וקל להבין.

ד״ה **רבא** אמר וכו׳ והיא עבודת היום וכו׳ לאפוקי עבודת אילו ואיל העם דעבודת מוספין היא ואינו עיקר עבודת היום ולאפוקי עבודת אמורי חטאת דהגם שהם משעיר פנימי שהוא עבודת היום מ״מ עיקר כפרה במתן דמים היא וכיון שכן אין סברא שהקיקו הכתוב להיות חי עד עת הקרבת אילו ואיל העם ואימורי חטאת דלאו עיקר כפרה ועבודת היום וק״ל.

ד״ה **אליכם** אישים אקרא ברשא פרשת ושנות חיים הוא וכו׳ מ״ש מהרש״א בחידושי אגדות דאינו כן דקרא דושנות חיים הוא בסי׳ ג׳ ואליכם אישים הוא בסימן ח׳ יע״ש ירא״ה ליישב דשם בפרשת אליכם אישים בתחילה קרא דכי ירבו ימיך ויוסיפו לך שנות חיים דבהך נמי יש לדרוש כן ומה גם דקרוב הדבר דרש״י ז״ל היה גורס פסוק זה בתלמוד׳ במקום קרא דכי אורך ימים וכו׳ דגבי׳ שלפנינו וגגיה בדבריו ברשא פרשת שנות חיים וכו׳ וק״ל.

ע״ב רש״י ד״ה **ייתון** וכו׳ לשון גנאי וכו׳ לא שנתכון הכ״ג לגנותם אלא אמר להם לשון של גנאי דמשמע בני עממין ממש אבל הוא לא נתכון לזה שהרי אף ישראל נקראו כן כדכתיב אחיך בנימין בעממיך וכמ״ש הריטב״א ז״ל ומ״מ השיבו לו כך להיות שלא היה לו לדבר בלשון כזה שיש בו צד גנאי לשומעים ועיין בחידושי אגדות וק״ל.

ד״ה **בכתונת** ומכנסים וכו׳ להודיע וכו׳ ע״כ ירא״ה כונתו להודיענו דמלנפת דקתני להודיע ממש קאי ולא תאמר דנקט מלנפת משום סיפא דמוסיף עליו כ״ג וכו׳ אבל הדיוט חלוק היה דמגבעת שמה אלא הכל א׳ הוא וכמ״ש התי״ט בשמו יע״ש ועיין בס׳ שושנים לדוד שפי׳ כונתו בדרך אחר שאינו מדוקדק כ״כ בדבריו יע״ש וק״ל.

תוספות ד״ה **ואימא** עשרה וכו׳ וליכא למימר דכ״ע אית להו וכו׳ א״כ מאי פריך בפ״ק דיבמות וכו׳ עיין בתי״ט דסוגיין שחולקו כן דע״כ ל״פ רבנן עליה דר׳ אלא גבי ציצית דוקא מטעמא דרבא דכנף מין כנף ולדידהו צריך ליישב כמ״ש התוספות ביבמות שם ד״ה שאפילו נמר וכו׳ דסוגיא דהתם כר״י בר יצחק דמפרש אף כל לאתויי ציצית דלהכי פירושה ודאי דלית ליה דרבא ועיין מ״ש מהרש״א שם אשר מדבריו תבין דלרבא ודאי דהכנף רבויא הוא ואין משמעתו בגד ומש״ה מפקינן ציצית מבגין אב דאף כל למר ופשתים וכזה ניחא דלא תיקשי אכתי דלרבנן אדיליף מב״א דנגעים לינף מגילוית דודאי גם בגד דכתיב ביה למר ופשתים הוא אלא דהכנף מרבי׳ שאר בגדים ודמי למ״ש הם ז״ל בסמוך בטעם אמאי לא גמר ר״י משרלים אלא דדברי התוספות דהתכלת ל״ע ע״ב דר״ה אף כל וכו׳ מסכימים לדברי התוספות דהכא ואיך שיהיה להתי״ט דסוגיין צריך ליישב כמ״ש ודו״ק.

בא״ד ולמאי דפרש״י פ״ב דזבחים כנ״ל וכן תמצא בפרש״י שם לגירסא נוסחא שגורים שם גרעים במקום גזומים הכתוב בנוסחא שלפנינו שם וכ״כ התוספות שם בשמו ומיהו למ״ש רש״י כאן ד״ה דבר העולה וכו׳ הפשתן והקנבוס אין להן בדים וענפי׳ וכו׳ משמע דשיים הם בסדר גידולם דבריו דהכא מסכימים

לאותה גירסא שלפנינו שם דגורס קנה יחידי מכל גזעים ואין ב' קנים עולים מגזע אחד ע"כ וק"ל.

דף ע"ב ע"א גמרא **אר"ז** המקרע בגדי כהונה לוקה שנאמר לא יקרע וכו' אע"ג דהאי קרא במעיל כתיב ואימא דדוקא בו הקפיד שלא יקרע דלכן הוצרך לעשות שפה לפיו מ"מ ודאי דה"ה שאר בגדים דמידי הוא טעמא אלא משום בזיון דבגדים דומיא דנותן אבן מן המזבח דרך השחתה ובזיון שלוקה כדאיתא בספרי וכמ"ש הרמב"ם ז"ל פ"א מהלכות בית הבחירה וזהו שכתב ברפ"ט מהלכות כלי המקדש והקורע פי המעיל לוקה שנאמר לא יקרע וה"ה לכל בגדי כהונה שהקורען דרך השחתה לוקה ע"כ כלומר דכיון דודאי חיוב דמעיל אינו אלא בדרך השחתה ובזיון ודאי דה"ה שאר בגדי כהונה ועיין בספר משנה למלך שם וכבר אפשר לומר דלא יקרע דכתיב בפ' פקודי דלענין עשיה לא אצטריך ובאם אינו ענין למעיל דהא כבר כתיב לא יקרע בצוואה תנהו ענין לשאר בגדים וק"ל.

שם מי כתיב שלא יקרע וכו' כלומר דאז לא הוה משמע אלא נתינת טעם לא יקרע כתיב ומשמע דמלבד פשטיה דקרא דנהכי כתבו גבי מעיל דרוש נמי דללאו אתא והיינו שפרש"י בחומש לא יקרע כדי שלא יקרע והקורעו עובר בלאו וכו' ולא הוו תרתי דסתרן אהדדי וכן פי' בשכ"י וכן תמלא בספר קרבן חגיגה סימן ס"ח יע"ש וק"ל.

שם ודילמא הכי קאמר רחמנא תדקינהו וכו' כנ"ל וכן הוא בילקוט פ' תלוה יע"ש.

שם מאי דכתיב את בגדי השרד וכו' אלמלא בגדי כהונה וכו' אע"ג דקרא משמע דלאו היינו בגדי כהונה מדכתיב בתרי' ואת בגדי הקדש לאהרן הכהן ומטעם זה פרש"י בפרשת כי תשא דעל פשוטו היינו בגדים שמכסים בהם הכלים בשעת מסעות יע"ש י"ל דסבר תלמודא דמ"מ בגדי שרד קאי לכל הבגדים אלא שחזר ופרט את בגדי כהונה בפני עצמם וכן משמע מדקאמר לשרת בקדש דהיינו עבודה דבשעת מסעות מאי שירות איכא והיינו דלא מייתי תלמודא קרא דואת בגדי השרד הכתוב קודם זה בפ' כי תשא אלא מייתי קרא דבתריה דפר' ויקהל דהתם כתיב שירות וע"כ דאבגדי כהונה נמי קאי וקאמר דבשלמא בגדי מסעות קראם שרד להיות שעשוים כמין קליעות כמ"ש רש"י ורשב"ם שם בפ' כי תשא אבל בגדי כהונה לאיזה ענין קראם שרד ועיין בפי' הרמב"ן שם בפ' כי תשא שפירש בגדי שרד בגדי כהונה בדוקא כפשטה דסוגיין וכמ"ש שם וכן הביא בחי' אגדות יע"ש וק"ל.

רש"י ד"ה **בליל** גדיל וכו' ובפירוש החומש פ' תלוה פי' כליל תכלת כולו תכלת שאין מין אחר מעורב בו ע"כ והכי אמרינן נמי בסוף המזבח מקדש ת"ר מעיל כולו של תכלת היה שנאמר ויעש את מעיל האפוד כליל תכלת וכו' ושמא דתרתי שמעינן מינה דמדלא כתיב גדיל אלא כליל דרוש נמי כולו תכלת אבל זה אין לומר דלכולו של תכלת לא אצטריך דמהיכא תיתי שיערב בו מין אחר ועיקר קרא לגדיל אצטריך דאימא דאצטריך לומר שכולו יהיה לבוע מהמראה העיקרי של דם חלזון כדדריש בפרק התכלת מ"ב ע"ב ועיין בתוספות שם וק"ל.

ד"ה **וקצץ** פתילים פתילים משמע תרין וכשקוצץ כל אחד לשנים וכו' שהרי אין פתיל פחות משנים וכמ"ש התוספות בריש התכלת יע"ש ולפ"ז קרא הכי קאמר וקצץ מן הזהב שני פתילים שראוי לקצץ כל א' לשנים חוטים דהו"ל ארבעה חוטין דכן הוא צריך לערב בתוך כל אחד מארבעה מינים שבו כן יראה לפרש דבריו אלא דשוב ראיתי בספר מגילת ספר שפין כ"ו דף ז' ע"ב שהבין כונתו באופן אחר יע"ש וק"ל.

ד"ה **חדקינהו** וכו' ועל הטבעות וכו' כלומר דמשום טבעות דהתם לא שייך לשון קשירה נקט לישנא דהדקינהו אבל ודאי דאחושן נמי פריך דאימא קשור את הטבעות יפה כדי שלא יזח כדכתיב וירכסו את החשן מטבעותיו אל טבעות האפוד בפתיל תכלת וכו' וק"ל.

ד"ה **כתיב** לא יסורו וכו' וכתיב והבאת וכו' והיא גי' התי"ו ושם הביאו גירסא שלפנינו דגרים וכתיב והוצאת את בדיו וכו' והיא גירסת התוספות דסוגיין. ופשוט הוא דמדלא כתיב ושמת את הבדים כדכתיב באידך קרא גבי מסעות ושמו בדיו דרים דלהכי כתב והבאת לאשמועינן דלאחר ששם אותם יהיו הולכים ובאים ובזה אפשר לתרץ קושיית התי"ו ותוספות דסוגיין שהקשו אמאי לא מייתי קרא דושמו בדיו דהגם דמהתם משמע ודאי שהיו נשמטים ממנו קודם זה מ"מ אכתי אימא דבעומדת תוך הטבעות היו דחוקים וצרים ואינם נשמטים לכאן ולכאן וכלפי זה כתוב לא יסורו ממנו ולהכי מייתי קרא דוהבאת דרולה להוכיח דגם בעומדים תוך הטבעות היו הולכים לכאן ולכאן ועוד דהמדקדק בדבריו ז"ל יראה דכונת הקושיא דמדכתיב לא יסורו משמע שמעולם אינם זזים מתוך הטבעות אלא עומדים בתוכם דחוקים וצרים וכתיב והבאת וכו' ומעתה מקרא דושמו בדיו אין סתירה לשלא נאמר שהיו דחוקים וצרים דאי משום דמשמע שהיו יכולים להשמט ממנו דילמא שהיו שומטין אותן בכח לעת הצורך ועיין מה שכתבתי בתי"ו ומ"ש הם ז"ל ד"ה מתפרקין וכו' לפרש"י ז"ל כנלע"ד ודו"ק.

ד"ה **מתפרקין** וכו' לפי שהם עבים וכו' כנ"ל.

ד"ה **שמעמידין** וכו' לשון אחר שלא התליעוהו וכו' משום דללשון ראשון צריך לומר שלא היה הגפוי עם א' שעומד מאיליו מבלי מסמרות לכן פי' דאפילו תימא שהיה עם אחד קאמר שפיר שמעמידין שלא התליעוהו וכו' כך למדתי ממה שפירש במס' סוכה מ"ה ע"ב יע"ש וקרוב לזה פי' בספר מעשה חושב פ"ב פסקא י' יע"ש ומה שהביא מסוגיא דסוף חגיגה ודברי התוספות שם וק"ל.

תוספות ד"ה **נעביד** ארבעה וכו' וא"ת אה"נ וכו' הא ודאי דלמאי דפריך ואימא זהב נמי שכה דומיא דשאר חוטין משני רב אשי שפיר דהוו לכו תמניא ולדידך פשיטא לך דשם אזהב נמי קאי אבל כונתם להקשות למסקנא דאסיק דע"כ ארבעה והליק הוא משאר מינים תיקשי לן דארבעה מנין דלכאורה הכא לא שייך כ"כ לומר תפסת מועט תפסת דשמנה יש לו קצבה דאין לך לומר יותר דדי לך לרבות כאן שני חוטין משאר המינים כדי להשוות עירוב הזהב בכל א' מהמינים משום דכתיב ועשית ותי' דרב אשי נמי אית ליה דרשא דפתילים למעט לפי האמת שמנה אלא דקאמר דלמעט ששה לא איצטריך דמקרא דלעשות וכו' ועשית וכו' ילפינן לה כנלע"ד לפרש דבריהם ושוב ראיתי למהרש"א שהרגיש בדבריהם ופי' באופן אחר ומ"ש שם דמדכתיב בכל חד בתוך מוכח שפיר דהוו ארבעה וכו' יע"ש יש ליישב קרוב למ"ש הוא ז"ל שם דאי לאו דרשא דפתילים הו"א דכי נמי הוו שנים חוטי זהב בכל א' מהמינים שפיר קרינן ביה בתוך ואימא דקרא ה"ק וקצץ פתילים שראוי לקצץ כל פתיל מהם לשני' [(עיין מ"ש בפירש"י ז"ל)] חוטים וזה לעשות ולערב פתיל אחד דהיינו שנים חוטין בכל א' מהארבעה מינים התכלת וכו' ובשכ"י ראיתי שהשיג על פי' מהרש"א ז"ל ופי' שם באופן אחר אלא שצריך ליישב למה שהקשה על מהרש"א שהגיה זהא דפריך ואימא זהב וכו' במקום ואית דפריך הכתוב בספרים ישנים וז"ל שם עוד ק' בהגהתו שהגיה והא דפריך נראה מדבריו שר"ל שנמשכה קושיא זו מאמרם תפסת מרובה לא תפסת ודבריו תמוהים שאלו הן דברי התרלן אשר חידש לתרץ קושייתו אבל המקשה הוה ס"ל דפתילים הוו ששה אחר הקלילה ומידשו רב אחא ורב אשי אמר קרא וקילץ פתילים ומיעוט פתילים שנים ותפסת מועט תפסת וכי יקשה למקשה מתשובת המתרץ ותו קשה שזה פשוט ומבואר מדברי הש"ס דפריך כי היכי דליהוי זהב דומיא דשאר מינים ומה חדשו התוספות פה וכו' עכ"ד ולעד"נ דלשון נמשך הוא וכאילו אמרו דהא דפריך וכונתם דאל תתמה היאך לא חשש רב אשי לתרץ גם את זה דלא נאמר שמנה מטעם דתפסת מרובה לא תפסת דהא גם המקשה ידע דיש לומר כן ולדרוש פתיל פתילים הרי כאן ארבעה ולא יותר דתפסת וכו' אלא דהוה ס"ד דהגם דאין לרבות שמנה מ"מ ששה לא ממעטינן ואימא פתילים ג' דלאחר קלילה הו"ל ששה משום דדומיא דשאר מינים בעינן וכיון שכן לא אלטריך לרב אשי לתרולי אלא דששה לא מליא אמרת משום דכתיב ועשיה וכו' ותו לא לריך לפרש מיעוט שמנה דגם המקשה מודה בההיא דרשא והשתא דאתית להכי נאמר עוד דה"ט דנייד רב אשי מתי' דרב אחא משום דאכתי אימא דמשום דמיון שאר מינים נפרש כאן פתילים דהיינו ג' דהו"ל ו' ודו"ק.

והנה פי׳ שכתבו בתפסת מרובה וכו׳ כבר התוספות דר״ה ה׳ ע״ב ודחגיגה י״ז ע״א דחו אותו ועיין עוד מה שהקשה בספר הליכות אלי כמ״ש בחי׳ לחגיגה שם ועיין בספר שמות בארץ לקמן פ׳ ע״א ולפי׳ התו׳ שם י״ל דהא דלא משני לעיל תפסת וכו׳ משום דסברה דנלמוד מחושן ואפוד ולא מפרוכת בדקאמר דנין בגד מבגד אלימא ליה טפי ולהכי עדיפא ליה לתרוצי אלא דנין מאבנ׳ דהו״ל בגד מבגד מלשמויי תפסת מרובה לא תפסת ולעולם דיליף מפרוכת דהו״ל בגד מאהל וכן צריך לתרץ אמאי דפריך משוליו ורמוניו מה להלן ח׳ וכו׳ דסברה דדנין גופו מגופו אלימא ליה טפי ועוד דבעו לאסוקי קושט׳ דמלתא היינו דאמרי׳ לשאר בגדים שלא נאמר בהן שש וכו׳ וק״ל.

ד״ה **כתוב** בטבעות הארון וכו׳ ולבי מהסס וכו׳ כדכתיב ולא יבואו וכו׳ כדדרשינן לעיל נ״ד ע״א בשעת הכנסת כלים לנרתק שלהם ומה גם דהכי דייק קרא דכתיב וכלה אהרן ובניו לכסות את הקדש ואת כל כלי הקדש בנסוע המחנה ואחרי כן יבואו בני קהת לשאת ותמלא להרד״ע בפי׳ התורה שם שפי׳ כפי׳ הר״י אבל הרמב״ם ז״ל פי׳ דהנכון כי ושמו שיתקנו אותם להיות יוצאין לשאת אותו בהן וכו׳ יע״ש בפ׳ במדבר וכן מצאתי בס׳ פענח רזא בפ׳ תרומה שפי׳ בשם מהר״ר משה ז״ל וי״ל דודאי לא הוסרו כדכתיב כאן רק שבחנייתם היו רפים בטבעותיהם באופן שהיו יכולים לילך אנה ואנה מבלי הסרה לגמרי והיו נמשכין באופן שכל בליטתן היתה בצד אחד והיו נראין בפרוכת כדדי אשה ובמסע הוצרכו לתקנם ולתווכם בתוך ממש להתמצע לבלוט בצד זה כמו בצד זה כדי להשוות המשא ואז היו מהדקין אותן שלא יוכלו לזוז אנה ואנה ובהנייה הוסר ההידוק עכ״ד וכן פי׳ הרב המאירי ז״ל וכנראה שזה הפי׳ נכון מאד דלפי׳ שכתבו בסמוך דהיינו שמושכין הבדים לצד חוץ וכו׳ תיקשי דזה לא מצינו כי אם בעת שהיה מונח הארון בבית קדש הקדשים שהיו בולטין כמין דדי אשה כדדרשינן לעיל שם ובפ׳ שתי הלחם דף צ״ח ומנין להצריך כן בשעת מסעות ומה גם שאותו היה ע״י נס כמ״ש התו׳ בפרק שתי הלחם שם וא״כ מה יתן ומה יוסיף לעשות בליטה זו בשעת מסעות וק״ל להבין.

באר״ד ואי לא דמסתפינא וכו׳ הוי״א דה׳ טבעות היו בארון וכו׳ וקרוב לפי׳ כתב הרא״ש שם אלא שכתב שהד׳ טבעות האחרים היו לנוי אבל רש״י ז״ל פי׳ שם שלא היו אלא ד׳ טבעות ויישב הכתוב לדעתו יע״ש וגם הרמב״ן ז״ל הסכים לפי׳ אלא שחלק עליו במה שאמר שהיו מונחים הטבעות בזויות העליונות יע״ש וסוגייא דפ׳ שתי הלחם שם מסייעת לפרש״י ז״ל וכמו שהקשה בספר מעשה חושב פ״ה דלפי׳ התוס׳ היכי מוכח שם מכח דתרי גברי באמתא ופלגא לא מסתגי להו דבדים היו מונחים לרוחבו של ארון ומעתה ארון מונח ארכו לרחבו של בית דכיון דבבדים אחרים היו נושאין דילמא דהיה מונח ארכו לאורך הבית ואי משום דא״כ בדים היו מונחים לארכו של ארון ותרי גברי וכו׳ הא ל״ק דלא היו נושאין בבדים הבולטים מן הפרוכת אלא בבדים אחרים ואימא דאותם דוקא היו מונחים לרחבו של ארון יע״ש והיא באמת קושיא חזקה על דבריהם ומהתימא שהם עצמם הביאו סוגיא זו לקמן להוכיח דבארבעה הוו דרו להו ולא הרגישו בסתירה שיש משם לפירושם ושמא יש ליישב קושיא זו עם מאי דאסיקו לקמן דקרא דוהבאת את הבדים בטבעות על צלעות הארון וכו׳ איירי בבדים הקבועים ומעתה נאמר דהתם פריך מכח דודאי כלם היו מונחים לצד אחד דאם אותם שהיו למשא היו מונחים לרחבו של ארון כך היו מונחים גם הקבועים דאי משום שהכתוב שינה בלשונו דבאלו אמר פעמותיו ובאלו אמר על צלעו כמ״ש בס׳ מעשה חושב שם הרי דהכא דאיירי בקבועים קאמר על צלעות ולא פעמותיו וללמדך בא דכולם היו מונחים בסדר אחד עלתו ועיין עוד תי׳ אחר לקמן וק״ל.

באר״ד ולהכי מייתי נמי קרא דוהובא וכו׳ הנה למה שכתבתי בפרש״י ז״ל דמדלא כתיב ושמת אלא והבאת דייקינן דהיו הולכין ובאין ולא שהיו קבועים לגמרי במקומן מעתה בלאו קרא דוהובא הוה מצי למיפרך ומה גם דלפירושם דמבדים שאינם קבועים ילפינן לקבועים ובשאינם קבועים הא כתיב ושמו בדיו דמוכח דלא היו קבועים ומהתם ילפינן ודאי להבאת דהיו זזים ממקומם בלאו קרא דוהובא ע״ד מה שתי׳ הריטב״א בחי׳ יע״ש מ״מ יש לפרש כונתם דמשום דסבר׳ הוא דלא איירי קרא אלא בקבועים דאותם שהיו למשא בשעת מסעות מה צורך להזכירם כאן וכמ״ש לקמן בסמוך וא״כ מאי פריך אימא דקרא איירי בקבועים דוקא ואי משום לישנא דוהבאת אימא דבא למעט שלא יחבר הבדים מבחוץ ע״י חוט ומשיחה אלא והבא׳ את הבדים ממש תוך הטבעות בפנימיותם להכי הוצרך לאתויי קרא דוהובא לגלויי דוהבאת איירי נמי באותם שאינם קבועים ומהשתא נשוה קבועים לשאינם קבועים מיהא לענין שנוים וגדים בהיותם תוך הטבעות. ומ״ש ואין לתרץ דבכולהו וכו׳ ושנים מהם היו ארוכין ושנים האחרים קצרים מהם וכו׳ כונתם דאם היו שוים בארכם לא היו יכולים לילך ארבעה בני אדם זה אח״ז באורך מקום הארון שהיה שתי אמות וחצי דהא תרי גברי באמתא ופלגא לא מסתגי להו כדקאמר בפרק שתי הלחם שם דמה״ט לא מצינן למימר דהיו בדים מונחים לארכו של ארון ופשוט דהא דלא דחי התם דלעולם שהיו מונחים לרחבו אלא ששני בני אדם אלו לא היו הולכין זה אח״ז בשוה משום דא״כ תצטרך לומר ששני הבדים לא היו מונחים בשוה אלא א׳ נכנס יותר מחבירו ואין סברה לומר כן אלא שהיו מונחים באופן שהיו בולטין בשוה מכל הצדדים דהוו נויי של ארון ועוד דכיון דב׳ הבדים היו בודאי שוים ביניהם א״כ גם בשעת משא היו בולטין בשוה כדי להשוות המשא שיהיה באמצע הבד שהוא מרכז הכובד כנו׳ וכמ״ש לעיל בשם פענח רזא אבל שנאמר ששני בדים האחרים היו קצרים יותר אין בזה חשש מאחר שכל שנים מהם היו מונחים ובולטין בשוה וק״ל.

באר״ד ונראה לי דוהבאת לא קאי אלא אהנך בדים הקבועים וכו׳ ואע״ג דמסיים קרא הכא לשאת את הארון בהם ואותם לא היו קבועים כדמוכח קרא דושמו בדיו כמ״ש לעיל י״ל דאין כונת הכתוב לומר שיהיו אלו לצורך משא דודאי עיקרן של אלו היו לתפארתן של ארון אלא דלמדך הכתוב בזה דאם הוצרכו איזה פעם מאיזו סיבה לשאת באלו היו יכולים לשאת בהם ובשכ״י ראיתי שפי׳ בדבריהם באופן אחר ז״ל פירוש ובאלו הקבועים היו נושאים הארון והאחרים גזרת הכתוב וכמו שהיינו אומרים דהזזים בהם היו נושאים והקבועים גזרת הכתוב השתא נימא בהפך דקבועים היו נושאי׳ והיו משימים בעת המסעות שנים אחרים שלא לצורך גזרת הכתוב וכמו שהיא ג״כ גזרת הכתוב בבדי הארון שלא יסורו ממנו משא״כ בבדי שאר כלים עכ״ד ואיך שיהיה נ״ל דסברי דבקבועים היו נושאי׳ ומעתה הרווחנו תי׳ אחר לקושית מעשה חושב שכתבנו לעיל דשפיר מוכח שם תלמודא דקבועים היו מונחים לרחבו של ארון דהא כיון שהיה נרכס גם למשא אם היו מונחים לארכו של ארון תרי גברי באמתא ופלגא לא מסתגי להו וילפינן בודאי מבדיו שהיו בולטים נגד פרוכת דהארון היה מונח ארכו לרחבו של בית. ומ״ש תדע שהרי בכולהו וכו׳ כונתם דלשון והבאת משמע שהוצרך משה לעשות כן בעת הקמת המשכן וכן תמצא בסוף פ׳ פקודי שלא הזכיר שם שהביא משה את הבדים לא בשלחן ולא במזבח הנחשת ובמזבח הזהב אלא דוקא גבי ארון כתב וישם את הבדים על הארון אלמא דוהבאת בקבועים איירי דבשאינם קבועים לא היה צריך משה לשומם כי אם לעת הצורך והגם דבמזבח הנחשת כתיב והובא מ״מ מדלא כתיב והבאת משמע דה״ק והובא ע״י אחרים לעת צורך המשא וא״כ דגזרת הכתוב הוא שיהיו מונחים שם מעתה לעת הצורך אבל לא שיהיה זה מעכב לגמרי בהבאת בדים של ארון דלהכי הוצרך להזהירו שהוא עצמו יביאם ובהכי ניחא דגבי עשיית בצלאל כתיב בפ׳ ויקהל גבי מזבח הנחשת ויבא את הבדים בטבעות וכו׳ דכיון שלא צוה משה בהבאה זו רצה בצלאל לעשותו בעצמו וכן מצאתי בס׳ הנז׳ פ״ו פסקא י׳ שהכריח כן דמיד נתנו בדיו וכתב הטעם משום דשם המקום פנוי ולא היו דברים מעכבים הכהנים משא״כ בשלחן ובמזבח הזהב דשם המקום צר יע״ש ואי קשיא לך דהא שם נמי גבי ארון כתיב ויבא את הבדים בטבעות וכו׳ ופשטיה אבצלאל דרישיה קאי הא ודאי דלאו הבאה ממש היא אלא דלהיות שהיה צריך שלא יסורו ממנו נסה כדבר בהבאתן לראות אם היו עשויים על נכון ומיד הסירן לשימם משה ויביא אותם בעת הקמת המשכן ולפ״ז מ״ש הם ז״ל כדכתב גבי ארון בין בצוואה בין בעשיה וכו׳ עשיה זו היינו הקמת המשכן ואין כונתם דשם כתיב ויבא ממש גבי ארון אלא וישם

את הבדים וכו' דהיינו הבאה כדכתיב והבאת שהוכר שהוא עלמו יביא אותם לתוך הטבעות כנלע"ד לפרש דבריהם וזהו יתורץ מה שהקשה מהרש"א ז"ל ושוב ראיתי בספר קרבן חגיגה סימן ס"ט שפי' דבריהם כמ"ש יעו"ש וק"ל.

ע"ב גמרא **מתיבי** בגדי וכו' שנאמר מעשה אורג וכו' דס"ד דמקשה דאלו מעשה מחט דקאמר ר"ל היינו דמה שנשאר משארית הבגד יכול לעשותו כולו מעשה מחט ומש"ה פריך דהא ברייתא קתני סתמא דבגדי כהונה אין עושין כלל מעשה מחט ותריץ אביי דלא נצרכה הא דר"ל אלא לבית יד דלאחר שארגה כדין בגדי כהונה דהותר לו לתפרה ולדבקה לבגד במחט דבתפירה מועטת לא איירי תנא דברייתא ולעולם דגם ר"ל מודה דאפי' אותו השיור צריך לאורגו כשאר בגדי כהונה וכך מעין דברי התו"י ד"ה אלא לבית יד וכו' שלאחר שבית יד וכו' יעו"ש וק"ל.

שם מעשה רוקם כמעשה חושב וכו' פסוק זה לא מלאתי כלל ובילקוט פ' תרומה סוף סימן ש"ע הגי' מעשה חושב מעשה רוקם אמר ר' אילא שרוקמין במקום שחותכין וכו' ולפ"ז יש לתרץ דאשמועינן ר' אלעזר דמעשה חושב ומעשה רקם הדא מילתא היא אלא דקראו לפעמים מעשה חושב מלד שקדם מחשבת הלו' על הבגד כמו שפרש"י ז"ל וכך יש לפרש גי' שלפנינו מעשה רוקם הוא כמעשה חושב ונקרא כך דאמר ר' אלעזר שרוקמין במקום שחושבין ובתר הכי קאמר תלמודא תאנא משמיה דר"נ דלא כר' אלעזר אלא דיש הפרש ביניהם דרוקם מעשה מחט וכו' ושוב ראיתי בס' משנה למלך ספ"ח מה' כלי המקדש שכתב שעיקר הגי' מעשה רוקם מעשה חושב וכו' יעו"ש ומה שפי' שם לדעת הרמב"ם כך מעין דברי הריטב"א ז"ל שכתב לפיכך ב' פרלופין פי' שפרלוף נראה משני לדדין פנים ואחור ומ"ש עוד שם אך הדבר הקשה אלי בדברי רבינו הוא דבש"ס דילן קאמר דמעשה רוקם הוא מעשה מחט ומעשה חושב הוא מעשה אורג ורבינו השמיטו ולא הזכיר מכל זה כלום וכו' יעו"ש הנה כרואה שם יראה דלא זו שהשמיטו אלא שכתב כל מקום שנאמר בתורה מעשה רוקם הוא שתהיינה הצורות הנעשות באריגה נראה מלד אחד בפני האריג וכו' משמע דלדידיה רוקם נמי מעשה אורג הוא אבל יראה ליישב דהרמב"ם ז"ל מפרש דאין כונת תלמודא לומר דרוקם הוא מעשה מחט ממש דא"כ תצטרך לומר דאבנט דכתיב ביה ואבנט תעשה מעשה רוקם שהיה מעשה מחט וזה הפך מה דתניא לעיל דבגדי כהונה אין עושין אותם מעשה מחט דבכללו גם אבנט וכל בגדי כהונה במשמע וכמו שהעתיק שם בסוף הפרק ובגדי כהונה כולן אין עושין אותן מעשה מחט אלא מעשה אורג וכו' אלא ודאי ע"כ לומר דה"ק דרוקם כמעשה מחט שאין הצורה נראית אלא מלד אחד אבל לעולם דבאריג' היה וכיינו נמי דירושלמי דשקלים שהביא בספר משנה למלך שם לא חילקו בין מעשה חושב למעשה רוקם אלא דזה פרלוף אחד וזה שני פרלופין אבל בשאר דברים שוים הם דכולם מעשה אורג הם וק"ל. אלא שהרב המאירי ז"ל כתב כבר ביארנו שכל שנאמר בו מעשה רוקם ענינו שלא היתה הצורה נראית אלא מלד א' והוא בפני האריג לבד ומעשה חושב הוא שהצורה נראית משני לדדין והוא שאמרו כאן פרלוף ושתי פרלופות אבל מה שאמרו שהרוקם הוא מעשה מחט אין הלכה כן אלא הכל היה באריג עכ"ד.

רש"י ד"ה **אלמלא** בגדי כהונה שע"י מקריבין וכו' אבל לא ניחא ליה לפרש כפרת בגדי כהונה עלמם כדאיתא בערכין ובירושלמי דסוף פרקין שמכפרין על כמה מיני עבירות חדא דעיקר כפרתן משום שבהם מקריבין ועוד דלא שייך לומר בזה לא נשתייר וכו' דהא איכא קרבנות דמכפרין אלא ע"כ דאקרבנות קאי שהם עיקר הכפרה וק"ל.

ד"ה **שלש** ארונות וכו' וחיפה שפתו העליונה בזהב וכו' כדאיתא בברייתא דמלאכת המשכן עיין בילקוט פ' תרומה ומשום דודאי היה דק מאד מאד משא"כ משהו דשולים שהיה בהם שיעור מה לתבר בו כדפנות שיהיו עומדים וקיימים וכן משהו זר דלקמן כיון שהיה לסי' כתר תורה היה בו שיעור מה להכי חשיב לקמן הכי ולא משהו דחיפוי שפתו וזהו יתיישב מ"ש מהרש"א יעו"ש וק"ל.

ד"ה **יכול** יהא בנו וכו' יכול שאני מרבה אף משוח מלחמה וכו' דהא והכהן המשיח כתיב והרי זה משוח ואשמועינן קרא דמלמד מה שאמר לעיל זה קרבן אהרן ובניו אשר יקריבו לה' ביום המשח אותו וכו' דהיינו כ"ג עוד זאת גם המשיח דהיינו משוח מלחמה יעשה אות' בכל יום ובתר דממעטינן ליה אמרינן דהד עשירית האיפה אמר רחמנא ולא שתים והיינו דפי' ז"ל לקמן ד"ה יכולן נוהגות דאימעיט משוח שעבר משום דהדא אמר רחמנא דהקריב וכו' וזהו יתורץ מה שהקשה מהרש"א יעו"ש. ומ"ש וגבי כ"ג תמיה דבזוכתא אחריתי וכו' עיין מה שהקשה מהרש"א ויותר מזה תיקשי דרש"י ז"ל בפי' החומש בפ' תצוה יליף לה מקרא דשבעת ימים שכתב תחתיו מבניו מלמד שאם יש לו לכ"ג בן ממלא את מקומו ומניהו כ"ג תחתיו ע"כ ואיתא במכילתא פ' תצוה וכן תיקשי אהך דרשא שהביא מת"כ דפ' אחרי מות דבת"כ גופיה בפ' צו יליף לה מקרא דמבניו יעשה אותה האמור בעשירית האיפה מלמד שיהא בן קודם יעויין שם ואפשר דאסמכתא בעלמא הוא ועיקר דרשא מקרא דלכהן וכן משמע מדמסיים עלה יכול אעפ"י שאינו ממלא ת"ל ואשר ימלא וכו' יעו"ש ונראה ליישב דתרוייהו איצטריכו דאי מקרא דשבעת ימים וכו' תחתיו מבניו הו"א דאין הכהן לחייב שבנו קודם לכל אדם אלא בא לומר דאם ימנו את בנו תחתיו צריך ריבוי שבעה ומשיחה שבעה להתחלה דהכהונה עניית כתיב וכדדרשינן בפ"ק לעיל ד' ע"א ולא תאמר דכיון דבנו הוא סגי ליה בחינוך בעלמא ואי מקרא דלכהן תחת אביו הנה דפשטיה משמע דהוא העומד לכהן תחת אביו ולא אחר מ"מ מדכתיב התם אשר ימשח ואשר ימלא אימא דאפילו להתחילה סגי ליה במשיחה ומילוי יום אחד כיון שהוא בנו קמ"ל אידך דשבעת ימים וכו' וזהו ניחא דרש"י ז"ל בס' החומש הביא דרשא זו דבנו קודם בשתי מקומות אלו יעו"ש ולא תיקשי דהכתי אימא דאין כאן חיוב שיהא בנו קודם וקרא דלכהן תחת אביו ה"ק דאם ימנו את בנו לכהן תחתיו צריך חינוך דמילוי ומשיחה ולא תאמר דלהיות שהוא בנו סגי ליה בלתי חנוך כלל דלהא ודאי לא איצטריך דהא כתיב קרא אחרינ' בפ' תצוה ובגדי הקדש אשר לאהרן יהיו לבניו אחריו למשחה בהם ולמלא בם את ידם ובלאו קרא דשבעת ימים ידעינן שפיר דאפילו בנו צריך חינוך מיהא אלא ודאי דקרא דלכהן וכו' איצטריך לומר שבנו קודמו דוקא ומאי דאיצטריך רש"י ז"ל לאתויי הכא אידך דרשא דלכהן וכו' משום דהוה"א דלעולם גם משוח מלחמה בנו עומד תחתיו דמה שמיעט הכתוב אימא דהיינו דוקא כשאינו ממלא מקומו משא"כ בכ"ג דסתמא אפילו באינו ממלא כתיב תחתיו מבניו להכי מייתי אידך דרשא דאפי' בכ"ג ממלא מקומו דוקא בעינן ומעתה ודאי דאשמעינן בין משוח מלחמה לגמרי אפי' בממלא מקומו וזהו יתורץ מה שהקשה מהרש"א יעו"ש ובפרש"י ראיתי שתי' בדרך דחוק לע"ד שכתב כ"ל דהכתוב הזה של שבעת ימים מיירי בכהן משוח וריבה שבנו קם תחתיו וקרא דלכהן תחת אביו איצטריך למרובה בגדים דהתם כתיב אשר ימשח אותו ואשר ימלא את ידו ותניא בת"כ והביאו רש"י בחומש ואשר ימלא את ידו לרבות מרובה בגדים ועליו קאי לכהן תחת אביו שבנו קם תחתיו ואע"ג דכתיב אשר יבא ומרובה בגדים אשר יבא קרינן ביה מ"מ הכתוב חשש שמא ידרוש שום דורש מקרא למעט מרובה בגדים שאין בנו קם תחתיו מאחר שאינו טוב ממש לכהן משיח שכן לכל מילי צריך הכתוב לרבותו ומאי דכתיב אשר יבא לאו לרבות מרובה בגדים ופירושו כל אשר יבא אלא למעט מי שאינו בא כגון משוח מלחמה אבל יש מי שבא ואין בנו ממלא את מקומו ממיעוט מה ולכן ריבה אותו מלכהן תחת אביו וזהו יובן למה הביא זה רש"י ז"ל שהקשה לו אומרם ולא זה שאין בנו קם תחתיו משמע הא כהן מרובה בגדים דאיתרבי מוכהבן בנו קם תחתיו ומגלין הא דילמא איכא שום מיעוט למעטו לכן אמר דפשיטא מקרא אחרינא שדרשו בת"כ לכהן תחת אביו למרובה בגדים דהוא נמי כ"ג סתמא מקרי שבנו קם תחתיו עכ"ד.

דף ע"ג ע"א גמרא **דתניא** דברים שבין כ"ג וכו' כתב בשכ"י ל"ע אמאי לא קתני שאלה אורים ותומים שישנה בכ"ג ואינה בכ"ה ואין לומר דהוי' בכלל משמש בח' בגדים דמשוח מלחמה יוכיח שאינו משמש בח' ושואל כמו שאמר רבין לקמן עכ"ד והנראה דודאי כיון דאשמועינן דאינו

משמש בח' פשיטא דכ"ג אינו שואל דמכילא תיתי דדוקא משוח מלחמה להיות שבקלא דברים שוה לכ"ג משא"כ שואל וקתני שפיר וכולן אין במשוח מלחמה וכו' משום דהכא לא איירי כלל בשאלת אורים ותומים.

שם ואהדרינהו רבי אמי וכו' דלא אמרה רבי יוחנן וכמו שפי' רש"י והכי אמקינן בירושלמי לעיל פ"ק דר"י אמר נשאל ונפקא ליה מקרא דובגדי הקדש וכו' יעו"ש וכ"כ הרב המאירי ז"ל דיש פוסקים כן. ותמה לי"ע על הרמב"ם ז"ל שלא פסק דין זה בספ"י מה' כלי המקדש ושוב ראיתי בספר משנה למלך שם שהרגיש בזה ולא תירץ מידי.

רש"י ד"ה **משום** איבה אבל מדאורייתא חזי ע"כ ורב דימי מדאורייתא קאמר דמשמש וכי תימא דמאי נ"מ כיון דמדרבנן אסור לשמש משום איבה י"ל דנ"מ באם מת כ"ג ולא מינו אחר עדיין דיכול לשמש בח' בגדים דהשתא מיהת ליכא איבה וק"ל.

ד"ה **כלפי** שכינה כלפי אורים ותומים וכו' אבל הרמב"ם בפי' ובחי' ספ"י מהלכות כלי המקדש פי' כלפי ארון ועיין בתוי"ט ובכ"מ שם ובס' לחם יהודה שם מה שיישב לשיטת רש"י ז"ל.

תוספות ד"ה **וכולן** נוהגות וכו' ואמאי לא הדר במיתת משוח שעבר וכו' שגם הם מחזירין הרוצח וכו' מדלא הוציא במשיח שעבר אלא פר יוה"כ וכו' ועוד תנן במכות שם אחד משוח בשמן המשחה וכו' ואחד שעבר ממשיחותו מחזירין וכו'.

מה שהקשה בספר אורח מישור רפ"ז דמיר דלאורה איסתמיעני' בעיא דאלו הן הגולין שם ע"ב אבעיא להו במיתת כולן הוא חוזר וכו' יעו"ש ואפשר ליישב דמדלא פשיט תלמודא התם אלא מרישא דמתניתין נגמר דינו בלא כ"ג אינו יוצא משם לעולם והכא הוא דדחי בדליכא השתא מספקא להו ז"ל אם נאמר דבהורג כ"ג וכו' דהוה פשיטא ליה תלמודא דאינו חוזר במיתת האחרים דע"כ לא מבעיא ליה אלא בשלא היה כ"ג בשעה שהרג ונגמר דינו אבל בהיה כ"ג פשיטא לן דהוא העיקר ואינו חוזר במיתת האחרים או נאמר דאכולהו מבעיא ליה ופשיט מרישא וה"ה מסיפא ואכולהו קאי בדליכא דאפי' בשהיה שם כ"ג בשעה שהרג ונגמר דינו אין שניהן עיקר ומתו וחוזר במיתת האחרים ולהכי נקטו קושיתם אסיפא דמתניתין ולא ארישא דנגמר דינו בלא כ"ג וכו' דבההיא הא קאמר תלמודא בדליכא ומתחלה תירצו דשמא בהא י"ל דכ"ג עיקר והא דקתני דמחזירין כגון דלא היו כ"ג בשעה שהרג וה"ה בשעה שנגמר דינו כדדחי התם ועוד תירצו דא"נ דגם בזו י"ל כמו שדחה שם התלמוד דהא דקתני אינו יוצא כגון דלא הוו משוח וכו' ובתירוץ זה תפסו התוספות דסנהדרין דף' כהן גדול שם שגם שם כתבו זה אסיפא דמתניתין דההורג כ"ג וכו' דמסוגיא ובעיא דמכות לא ידעינן בזה מה דינו וכמו שכתבנו וכן משמע מדברי הרמב"ם בחי' כתי' זה דבעיא אכולהו קאי שכתב בספ"ז מהל' רוצח וז"ל רוצח שנגמר דינו לגלות ולא היה שם כ"ג וההורג כ"ג ולא היה שם כ"ג אחר וכ"ג שהרג ולא היה שם כ"ג אחר הרי אלו גולין וכו' עד כאן ועיין בספר מל"מ שם דלפי הנראה מדבריו שגם הוא ז"ל הרגיש בקושית בעל ס' אורח מישור יעו"ש ושוב ראיתי בס' שער יוסף להוריות קי"א ע"א שתירץ באופן אחר יעו"ש וק"ל.

ע"ב גמרא **ואם** הוצרך הדבר לשנים שנאמר וישאל דוד וכו' אבל בירושלמי קאמר דהתם השיבו לו ע"י רחמים שבקש ואמר ה' אלהי ישראל הגד נא וכו' תדע לך שהרי שתים שאל והשיבו שלש וכו' יעו"ש ואפשר שמפני זה השמיטה הרמב"ם ז"ל בסוף פ"י מהלכות כלי המקדש יעו"ש משום דלא מכרעא כל כך ועיין בספר פרשת דרכים דרוש ד' ובספר לחם יהודה להרמב"ם שם וק"ל.

שם והא לא כתיב בהו לד"י וכו' דבשלמא אם היה נעשית תשו' השאלה בקול ניחא וכדאיתא בירושלמי דסוף פרקין אית תניי הקול היה שומע אית תניי תני הכתב בולט וכו' יעו"ש.

סליק פרק בא לו

בס"ד פרק יום הכיפורים

משנה יוה"כ אסור וכו' ברחיצה ובסיכה וכו'. שאלו דומים לענין אכילה ושתיה כדתנן מנין לסיכה שהיא כשתי' וכו' ובתר הכי תני נעילת הסנדל שהוא דבר הרגיל מתשמיש המטה ובזה יתורץ מה שהקשה בס' שמות בארץ יעו"ש וק"ל.

שם כל האוכלין מצטרפין לכותבת וכו' וכל המשקין וכו' והכי תנן נמי בפ"ד דמעילה לענין פסול גויה יעו"ש ואשמועינן דאפילו שתי שמות כגון פגול ונותר מצטרפין לחייבו משום יוה"כ וכמו שמצטרפין לענין חיוב אכילה פגול דבתניא התם כל הפגולי' מצטרפין זה עם זה יעו"ש ועוד אשמועינן הא דאמר ר"ל לקמן פ' ע"ב דאומלא ומלחא מצטרף ואע"ג דלאו אכילה היא וכן נמי י"ל גבי משקין שהשותה משקה שאין דרך לשתותו לבדו עם משקה אחר שדרך לשתותו דאם דרכם של בני אדם לשתות בדרך זה דחשיבה שתיה ומצטרף ועיין בס' שמות בארץ שתי' באופן אחר וקל להבין.

שם האוכל ושותה אין מצטרפין להכי לא תני אוכלין ומשקין אין מצטרפין כמו שהקשה בספר עץ חיים על משניות לרמוז דאפילו רבנן דפליגי לענין טומאה דאכילה ושתיה מצטרף הכא מודו משום דיתובי דעתא בעינן וליכא כדקאמר תלמודא לקמן פ"א ע"א וכלומר דמצד שהוא אוכל ושותה כדרכם של בני אדם ליישב דעתם להכי אין מצטרפין לכ"ע ועיין בס' הנז' ובספר שמות בארץ שתירץ באופן אחר וק"ל.

גמרא **א"ר** אילא וכו' לא נצרכה אלא לחצי שיעור וכו' הא דלא קאמר מתניתין בחצי שיעור משום דרוצה להכריח בזה דמתניתין ודאי בחצי שיעור איירי דאילו בכשיעור לא הוה צריך למתני אכילה ושתיה שהם ודאי עיקר עינוי דפשיטא' שחייבין כרת ועוד דהא קתני בתר הכי אינך דלית בהו איסור כרת בדתניא לקמן אלא ודאי מתני' לא נצרכה לאשמועינן אלא איסור חצי שיעור בדוקא וקרוב לזה ראיתי שהרגיש ותי' בספר ש"ב יעו"ש וכתב בשכ"י ומתני' נמי דייקא דקתני סיפא האוכל ככותבת וכו' חייב דמדסיפא בשיעור שלם קמיירי רישא בחצי שיעור וה"ק יוה"כ אסור באכילה אבל האוכל ככותבת חייב ואפשר לע"ד שלזה כיון רש"י ז"ל שכתב ד"ה לחצי שיעור וכו' שהוא שיעור ליוה"כ כדתנן מתני' עכ"ד וק"ל.

שם הניחא לר"י וכו' דמלבד דלא תיקשי ליה ממתני' כדקאמר לעיל הניחא למ"ד ח"ש אסור מן התורה וכו' עוד זאת לא תיקשי לי' מאי אשמועינן דמתניתין היא דיוה"כ בחצי שיעור איירי דהא אצטריך ליה לאשמועינן דכן הדין בכל האיסורין ולא תימא דדוקא ביוה"כ דחמיר טפי דינא הכי לאסור מן התורה אף בח"ש והיינו דתנא לא השמענו דין זה אלא הכא דוקא קמל"ן ר"י דה"ה בכל האיסורין ויוה"כ אצטריך ליה דמשום דתלוי ביישוב דעת הו"א דאין כאן חיוב בח"ש אלא נר"ל אכתי תיקשי ממתני' דליכא למימר דהשתא למאי דאמרן אימא דביוה"כ מודה דאסור מן התורה דא"כ הי"ל לפרש כיון דר"י בכל איסורין איירי ומה גם דאיכא למימר איפכא דיוה"כ קיל ועוד כיון לחזק קושייתו דהגם דר"ל קאמר מותר מן התורה דמשמע הא מדרבנן אסור הא ודאי דאין זה תי' ועי"כ מדרבנן נמי קאמר ואיידי דר"י נקט מן התורה וכו' וכמ"ש בתי"י יעו"ש דאל"כ תיקשי אי הכי לא נחייב עליה קרבן שבועה וכו' כדאסיק קושייתו לקמן כנלע"ד ועיין בספר ש"ב שפירש באופן אחר וק"ל.

שם מודה ר"ל שאסור מדרבנן ופשוט דבין לדידיה ובין לר"י מתני' נקט הך דינא גבי יוה"כ לא שמעינן דאף בזה דתלוי ביישוב דעת דה"ע דהכא האוכל ושותה אין מצטרפין משא"כ לענין טומאה לרבנן כדאמר תלמודא לקמן פ"א ע"א אפ"ה יש כאן איסור בחצי שיעור וכ"ש בשאר איסורים דלא בעינן יישוב דעת וכן ראיתי שכתב בס' ש"ב ע"ש ומה שהקשה שם דלמ"ד דשאר עשיים מדרבנן היכי כייל בהדייהו ח"ש דמן התורה לס' ר"י וכן למ"ד

דהוי מדאורייתא תיקשי מס' ר"ל דהיכי ס"ל ח"ש דמדרבנן בהדייהו יש ליישב דכיון דאין בח"ש חיוב כרת או חטאת או מלקות אלא איסורא בעלמא עיין בתו' דפ"ג דשבועות כ"א ע"ב ד"ה כר"ש וכו' וכמ"ש שם הו"ל באיסור דרבנן וכן למ"ד דאינך אסורים מן התורה כיון דודאי מודה דאין בהם חיוב כרת או חטאת כדתניא לקמן בהדיא הו"ל כאיסורין דרבנן ולהכי לא חייש מלמתני בהדייהו איסור ח"ש דמדרבנן ואדרבא ניחא ליה בזה לאשמועינן דאין בהם עונש כרת או חטאת דומיא דחצי שיעור דמדרבנן וק"ל.

שם אי הכי לא נחייב עליה קרבן וכו' דאא"ב דר"ל סבר דאפי' מדרבנן מותר ומתניתין לדידיה בכשיעור איירי כי קתני אסור אשארא כדמשני לקמן ניחא אבל למאי דבעית למימר דלר"ל נמי בחצי שיעור ובאיסור מדרבנן איירי תיקשי דלא נחייב עליה קרבן וכו' וק"ל.

רש"י ד"ה **יוה"כ** וכו' מפרש בגמרא דכל הני איקרו עינוי וכו' כלומר דהכי ניחא דמגז"ש שיווי שם עינוי שבניהם כייל להו באהדדי אע"ג דאכילה ושתיה חמורים מכולן שיש בהם כרת כדלקמן וה"ט נמי דלא קתני הכא איסור מלאכה משום דבשם עינוי איירי ושוב ראיתי בספר ש"ב שפי' קרוב למ"ש יעו"ש וק"ל.

ד"ה **דברי** ר"א אכולהו קאי וכו' כדמוכח מסוגיא דלקמן ע"א ע"ב והכי איתא נמי בירושלמי דפרקין והתיר תנעול את הסנדל דברי ר"א הוינן סברין מימר על סופה אשכח תני על כולהון ע"כ ומשמע דלפ"ז וחכמים אוסרים אכולהו נמי קאי וז"ל שבולי הלקט ב"י סי' ש"ד ירושלמי הוינן סברין מימר על סיפא תנא איתו לכון וחכמים אוסרים בשניהם פי' ברחיצת פניו של מלך וכלה ובנעילת סנדל של חיה וכו' עכ"ד וכן משמע מסוגיא דלקמן שם דת"ק דפליג התם אר"א אוסר בכולם יעו"ש אלא שראיתי להר"ן בהלכות שכתב וכתבו בתוס' דמספקא ליה לר"י ז"ל אי חכמים דאוסרים במתני' קיימי אמלך וכלה או לא וכו' יעו"ש ולא זכיתי להבין מקום הספק דהא כיון דלקמן שם לא אשכחן אלא תרי תנאי דחד אוסר בכולהו וחד מתיר בכולהו בודאי צריך לפרש דחכמים אכולהו קאי דאל"כ הו"ל מחלוקת שלישית דרבנן אסרי בחיה ומתירין במלך וכלה וזה דוחק לומר דכיון דברייתא דלקמן פליגינהו בתרתי ש"מ דתרי תנאי הם ותנא בתרא לא פליג אר"א אלא אחיה דוקא וז"ל המגיד משנה פ"ג מהלכות שביתת עשור הלכה ח' ושם מבואר שחכמים אוסרים אכולה משנה קיימי אפילו מלך וכו' יעו"ש ושוב ראיתי להרל"ם שם שהרגיש בדברי הר"ן שכתבתי יעו"ש ובספר שמות בארץ ועיין לקמן שם ד"ה המלך והכלה וכו' ובמ"ש שם כי יתיישב קצת וק"ל.

ד"ה **חצי** שיעור כלומר פחות מכשיעור אסור מן התורה לקמן וכו' והיינו דפריך ליה הניחא למ"ד ח"ש אסור מן התורה דהבין המקשה בפשיטות דר' אילא הגם דלא פי' דבריו ע"כ מדאורייתא קאמר ל"ת אם נאמר דעינוי דרחיצה וסיכה וכו' הוו דאורייתא דפשיטא ליה מכח זה דרישא דח"ש דאכילה ושתיה נמי מדאורייתא אלא אף למאן דס"ל דמדרבנן נינהו וקרא אסמכתא בעלמא עיין בתו"י ריש פרקין ובהר"ן על ההלכות מ"מ ס"ד דאיסור אכילה ושתיה מדאורייתא דוקא הוא דידע המקשה לברייתא דלקמן דדרש מכל חלב איסור ח"ש ומשמע ליה דדרשה גמורה היא עד דאסיק ליה המתרץ דמודה ר"ל דאסור מדרבנן וכלומר דאינו מוכרח דר' אילא מדאורייתא איירי אלא מדרבנן קאמר ודרשא דכל חלב אסמכתא היא כדמשני עלה ר"ל לקמן והיינו שפי' בדיבור הסמוך שאסור מדרבנן ומתני' נמי מדרבנן קאמר ע"כ ועיין בס' ש"ב שפי' המשך דבריו בדרך אחר יעו"ש ומ"ש שם דה"ה לפחות מחצי שיעור והיינו שפי' רש"י ז"ל כלומר פחות מכשיעור וכו' והכי דייק לשון הירושלמי שלא הזכיר לישנא דחצי אלא קאמר התם ענוש כרת ואת אמר הכין א"ר הילא לפחות מכשיעורין נצרכה ע"כ וק"ל.

ד"ה **בכולל** שבועה שלא אוכל לא בשר שחוטה וכו' דכן משמע מדקאמר בכולל דברים וכו' דפשט הלשון ה"ק **דהכא בכולל דברים האסורים עם המותרים בפי' אלא דבפ"ג דשבועות כ"א ע"ב פי' ז"ל אהך דהכא גופה ד"ה בכולל וכו' כלומר אם היה נשבע על הנבלה לבדו לא היתה שבוע' חלה אבל** זה שאמר לא אוכל סתם כלל דברים המותרין והאסורין יחד ומגו דחיילא שבועה על המותרין וכו' ע"כ משמע מדבריו דאפילו בלא אוכל סתמא יש בכלל דברים האסורים אלא דהכא ס"ל ז"ל דלא אוכל בדברים הראויים לאכול הוא דאסר נפשיה ועוד דשם באותו פרק גופיה כ"ג ע"ב אוקמינן לה במפרש והיינו דפי' ז"ל שם אהכיא גופא כדהכא שכתב ד"ה בכולל שפי' ואמר שבועה שלא אוכל נבלות ושחוטות ע"כ אבל מה שנראה יותר דממה שלא פי' כאן בקיצור בכולל שבועה שלא אוכל נבלות ושחוטות כדפי' שם ועוד ממה שלא הזכיר כאן שפי' ואמר וכו' משמע דה"ק בכולל דשבועה שלא אוכל סתמא משמעו לא בשר שחוטה ולא בשר נבלה ובזה הרווחנו ליישב מה שהקשה בס' ש"ב דלפירוש שם בשבועות כ"ד ע"א לא מתוקמא מתני' במפרש דהא ליתיה בלאו והן אלא בסתם מתוקמא יעו"ש וק"ל.

תוספות ד"ה **יוה"כ** וכו' והדר נקט ליל יוה"כ וכו' היינו הא דתנן פ"ק אם היה חכם דורש וכו' ותרומת הדשן דרפ"ב דהיא סדר של לילה דיוה"כ נעשית מחלות כדתנן בספ"ק והונתס לייש' אמאי לא שנה פרק זה בתחלת המסכתא שהוא דינים הכוללים לכל ישראל בעינוי היום ולזה כתבו דמתחלה הוכרח להתחיל במה שנעשה קודם כפור ולכן הוכרח מכח זה להתחיל בסדר עבודת כ"ג ומש"ה הדר נקט מה שהיו עושים עמו בליל יוה"כ ובתר הכי כל סדר העבודה שהיה עושה והשתא נקט הלכות היום שאינם מסדר העבודה אלא לענין איסור והיתר וק"ל.

דף ע"ד ע"א גמרא **והא** משחק בקוביא וכו' דזה דוחק לומר דר"ל סבר למשוי תלך אבל משחק בקוביא הלה שבועה כיון דמדאורייתא חזי דהי"ע דר"ש דלא קאמר אלא תלך כדמפרש תלמודא פ"ד דשבועות ל"א א' ורב אחא בר יעקב סבר כר"י דחצי שיעור אסור מן התורה ומתניתין דשבועה שלא אוכל מתוקמא בכולל כדאמר ר"י וק"ל.

שם וכל היכא דתני ענוש כרת לא תני איסור וכו' כלומר דמאי דוחקיך לאוקמא למתניתין בחצי שיעור תוקמה בשי' שלם דהכי איסור שייך גם בענוש כרת דהכי משמע מברייתא דקאי אמתני' וקתני אעפ"י שאמרו ושנו במשנתינו איסור בכולן דמשמע שכולם שוים בענוש כרת מ"מ לא אמרו ענוש כרת וכו' ומשני דברייתא ה"ק כשאמרו אסור וכו' ואין כוונתו לומר שיש חסרון בברייתא זו אלא לפי מה שפירש הכי מתפרש' אעפ"י שאמרו אסור בכולן דאף כלפי אכילה ושתיה תני לשון אסור ועל כרחך בחלי שיעור איירי לא תאמר מעתה דלעולם יש באחרים ענוש כרת והא דנקט לשון אסור משום דבעי לאשמועינן דין אסור וחצי שיעור באכילה ושתיה אלא יש לך לומר דלא אמרו ענוש כרת אלא על אכילה ושתיה וה"ט דנקט נמי לשון אסור אי משום דאיירי בחצי שיעור ואי משום האחרים דאין בהם אלא איסור בעלמא ואבע"א דאפילו תימא דמכח ברייתא זו דקאי אמתניתין משמע דסברה דמתני' איירי בשיעור שלם מ"מ הא מיהא לא תיקשי לר' אילא דהא קמן דלשון אסור יאמר אף בענוש כרת דמלינן למימר דברייתא סברה דכי קתני במשנתינו אסור אשארא קאי ולא אאכילה ושתיה דהתם לא שייך לשון איסור כיון דענוש כרת הוא וכדסבר ר' אילא וברייתא ה"ק אעפ"י שאמרו אסור בכולן אין כונת התנא להשוות' בעונש שלהם ותאמר דנקט לשון אסור משום חצי שיעור אלא יש לך לומר דאיירי בשיעור שלם ואסור דקתני אשארא קאי דאין בהו עונש כרת וכו' ושנויי דאיקי' לא משמע לך דהא אשכחן דתני רבה וכו' דלא קתני אסור אלא אאינך ולא אאכילה ושתיה וא"כ אין זה מן הדוחק לומר דברייתא סברה בפירושא דמתניתין הכי אלא מיהא ר' אילא ניחא ליה לאוקמה למתני' בפירוש מרווח ולומר דאסור אכולהו קאי ובחצי שיעור איירי כנלע"ד בפי' הסוגיא ובזה יתורצו כמה דיוקים כאשר יראם המעיין ועיין בס' ש"ב ודו"ק.

שם ר"י אמר אסור מן התורה כיון דחזי לאיצטרופי וכו' דמריבויא דכל חלב דברייתא דלקמן לא הוה מרבינן אלא כוי דסוף סוף שיעור אכילה אית ביה אלא דמשום דאכילת ספק הוא מיעטה רחמנא ממכרת אבל חצי שיעור כיון דאכילה כתב רחמנא כדקאמר ר"ל לא הוה מרבינן ליה ואימא דכל חלב אלא: תאכלו דבתריה סמיך ולעולם דבעינן שיעור אכילה וקרוב לזה ראיתי שכתבו התו' דסוגיא יעו"ש והכא ניחא נמי דקאמר ר"י

ח״ש אסור מן התורה דמשמע אסורא בעלמא ואין שם אפילו מלקות וכמ״ש התוס׳ דשבועות וכמ״ש לעיל ואילו לקמן מרבינן ליה אפילו לאזהרה דודאי לר״י נמי לא מפקינן אזהרה דחלב מפשטא דלא תאכלו כתיב דהיינו שיעור אכילה אלא דמדסמך כל חלב כמ״ש רש״י ז״ל מרבינן חצי שיעור לאסורא בעלמא כיון דחזי לאיצטרופי ואזהרה דנקטה ברייתא משום הוי נקטי לה דבכלל אזהר׳ דלא תאכלו הוא משא״כ בח״ש דליכא למימר הכי דזה אין לומר דגבי חלב מלקות נמי אית ביה מרבויא דכל חלב אלא דמהסתם גמר ר״י דבעלמא איסור מן התורה מיהא אית ביה חדא דהא משמע דר״י בחצי שיעור דכל איסורין אפילו דחלב מיירי ועוד דמאי לא ילפינן מחלב לחייב אף באזהרה ומה גם יוהכ״פ דאית ביה כרת בחלב גופיה דזה אין נראה לומר דאזהרה דנקט לאו דוקא אלא כלומר איסורא בעלמא דמשמע דבכוי נמי אין בו מלקות דכיון דספק הוא התראה ספק היא ולאו שמה התראה חדא דהא ר״י אית ליה במכות י״ו ע״ב דשמה התראה ועוד דסבר לקמן דבריה בפ״ע היא וק״ל.

כתב הרב המאירי ז״ל חצי שעור אסור מן התורה אלא שאין בו מלקות ואחר שהוא אסור מן התורה אם נשבע שלא יאכל חצי זית חלב יראה מסוגיא זו שאין שבועה חלה עליו שהרי מושבע ועומד הוא אעפ״י שאין בה מלקות ומ״מ אנו פסקנו בשבועות שהשבועה חלה עליו ופירשנו הטעם שאף ר״י לא אמרה שהוא מן התורה אלא כיון דחזי לאיצטרופי וה״ז כתחלת אכילת איסור אבל כשנשבע על חצי שיעור הרי הוא מגלה דעתו שאינו מכוין לצירוף ואף ר״י מודה שהוא מד״ס וכבר ביארנו שם שכל שהוא מד״ס שבועה חלה עליו. ומ״מ סוגיא זו מעידה כדעת הראשון והוא שהקשה לר״ל וכו׳ א״כ לא ניחול עליה קרבן שבועה וכו׳ אלמא כ״ש לר״י שהוא באיסור תורה שאין שבועה חלה עליו ומ״מ אנו מפרשים בה א״כ לא ניחול עליה וכו׳ דלר׳ יוחנן הא לא קשיא לי דדילמא אף אנא אמינא אליביה דלא ולא קשיא ליה מתני׳ דשבועות שאמרו שהשבועה חלה על הנבילות שהרי הוא פירשה דוקא בכולל אלא לר״ל דמוקים מתני׳ דשבועות בחצי שיעור קשיא ומ״מ אין זה אלא דרך סוגיא ולתרץ אף לר״י חיילא אלא דניחא ליה כמתני׳ דשבועות לאוקמה באכילה גמורה ובכולל עכ״ד.

שם כוי וחצי שיעור וכו׳ ת״ל כל חלב לאו״ש בפרש״י דמעיקרא לא הוה ממעטינן כוי אלא משום דכיון דמיעט כל שהוא הגם דאיסורו ברור כ״ש שנמעט כוי דאפשר דאין בו איסור כלל מעתה דמרבינן לאיסור כ״ש ה״ה דמרבינן כוי למסקנא דסבר דבריה בפ״ע היא ולאו ספקא הוא כמ״ש התוספות לקמן והתוס׳ דכריתות כ״א ע״א דודאי גם הוא בכלל האיסור דמהיכא תיתי למעטו דאי משום דשור וכשב מיוחדין בעינן הא מרבינן בת״כ שם אפילו כלאים ומ״מ לענין כרת ממעטינן ליה כיון דמשונה הוא עיין בסוגיא דפ׳ אותו ואת בנו פ׳ ע״א ובס׳ ש״ב וק״ל.

שם מדרבנן וקרא אסמכתא וכו׳ איצטריך קרא לאתויי ספיקא וכו׳ ולפ״ז לר״ל ריבוי׳ דכל חלב לשום דרשא איצטריך וכ״כ התי״ט ד״ה ואי ס״ד וכו׳ וסוגיא דפ״ב דכריתות כ״א ע״א כר״י יעו״ש ואמא י״ל דר״ל דריש ליה האי כל דקאי אדבתריה וחלב נבלה וחלב טרפה וכו׳ דיכול חלב שמותר בהנאה יהא טהור חלב שור הנסקל ועגלה ערופה מנין ת״ל כל חלב כדדרשינן בזבחים בס״פ חטאת העוף ובת״כ פ׳ צו והגם דמשמע דדריש ליה מריבויא דסמיך ליה כי כל אוכל חלב וכמו שפרש״י שם אפשר דר״ל סבר דההוא איצטריך לרבות חלב חולין כדדריש בת״כ שם ובפ׳ אלו עוברין מ״ג ע״ב יעו״ש ור״י סבר דתרתי שמעינן מיניה דמדכתיב כי כל דמלת כי לא תחשיבא אי לא הדר אדלעיל כמ״ש בס׳ קרבן אהרן שם דרשינן נמי דקאי אדלעיל לטהר מידי נבלה אף חלב של שור הנסקל הגם דאסור בהנאה כנלע״ד ועיין בספר ש״ב שתירץ באופן אחר ומה שתירץ בשכ״י דר״ל מוקי ליה לרבוי כל החלבים המגויים דלא תימא דוקא חלב המכסה את הקרב אסור עכ״ד זה א״א דהא מקרא דמן הבהמה אשר יקריב ממנה אשה לה׳ נפקא לן דכל חלב שקרב למזבח אסור ואף חלב דפמא שאין בשר ליקרב כדאיתא בת״כ פרשת צו וא״כ לא צריכין תו ריבויא לשאר חלבים דכיון שקריבים למזבח הרי הם ודאי בכלל האיסור וזה פשוט וק״ל.

רש״י ד״ה **שבתון** וכו׳ הכא נמי וכו׳ להוסיף וכו׳ דוק שלא כתב גם כאן אסמכו׳ ביה רבנן להוסיף וכו׳ משום דאין הדמיון אלא שפי׳ שבתון בא להוסיף אבל עדיין חלוקים הם דהכא מדאורייתא שהרי מלבד זה יש להם ראיה אחרת דהתשה ענויים הכתובים בתורה ועוד דכיון דרובה התורה עינוי דשב ואל תעשה כדלקמן מעתה בגלוי מלתא ילפינן מדברי קבלה דהנך נמי אקרו עינוי׳ ובכלל תענו׳ דקרא נינהו והיינו דפי׳ ז״ל לקמן ע״ב ד״ה מה מלות וכו׳ ולא ישתה ולא ירחץ ע״כ כלומר דגם שאר עינויים רחיצה וכו׳ בכלל דרשא דתענו ומדאורייתא נינהו וכן מוכח ממה שפי׳ לקמן פ״א ע״ב ד״ה תשבתו שבתכם וכו׳ דדרשא דשבת שבתון דרשא גמורה היא ולא אסמכתי׳ יעו״ש והיינו דבפרק הערל ע״ד ע״א ד״ה שמותר לסוכו וכו׳ משמע דסבר דסיכה כשתיה מדאורייתא היא יעו״ש ולפ״ז דעתו ז״ל כסברת הרמב״ם ז״ל דסבר דכולהו מדאורייתא ואין סתירה בדבריו כמ״ש בעל ס׳ פרי חדש סי׳ תרי״א יעו״ש וק״ל.

ד״ה **אין** לי וכו׳ דגבי עונש לא כתב כל אחלב וכו׳ דאע״ג דהאי כל איצטריך לרבות חלב חולין וכו׳ כדאיתא באלו עוברין מ״ג ע״ב יעו״ש וא״כ משמע מזה דכל אחלב קאי מ״מ הא מיהא להכי שני קרא הכא בדבורי׳ דכתב כל האוכל למעט חצי שיעור וכ״ש דנמעט כוי דאפילו איסור כ״ש אין ברור שיהיה בו כיון דספק הוא ומש״ה ע״כ לרבות מהאי כל חלב חולין כדדריש התם דאי הוה כתיב נמי הכא כל אחלב הוה מרבינן כל שהוא חלב ל״ש דחולין או חצי שיעור וכו׳ ובזה יתורץ מה שהקשה בס׳ ש״ב יעו״ש וכבר היה מקום לומר דרש״י ז״ל סבר דבריתא דהכא סברה דכי כל האנשים האוכלים דוקא קאי ולפי תימה דמה יש לרבות כדפריך תלמודא שם וי״ל כדאיתא בת״כ פרשת צו אין לי אלא בני ישראל מנין לרבות הגרים והמשוחררים ת״ל כי כל אוכל חלב ע״כ אלא דאין לורך לזה וק״ל.

תוספות ד״ה **כיון** דחזי וכו׳ דהא בסמוך קא מותיב מינה וכו׳ דזה דוחק לומר דסתמא דתלמודא הוא דפריך הכי אליביה דר״י וכמ״ש התו׳ דהמפלת כ״ד ע״א וכמ״ש בחידושי לחגיגה ז׳ ע״א בסוגיא יעו״ש.

ד״ה **כוי** ספיקא וכו׳ תימה אמאי לא הכריעו וכו׳ וכן הקשו בתו׳ דפרק אלו טרפות פ׳ ע״א ולמה שהקשה בס׳ ש״ב דמאי פרכא אימא דכוי אין לו קרנים וכו׳ יעו״ש י״ל דכיון דמשמע דלאיך תנאי שם דסברי דכוי זה איל הבר וי״א זה הבא מן התיש ומן הצבייה וכו׳ הוו לו קרנים מינה דה״ה לר״י דקאמר התם בריה בפני עצמה וספקא הוי כמ״ש בתוספות לקמן הוו לו קרנים דהא אין לנו הכרח לומר דפליגי וק״ל.

ד״ה **איצטריך** קרא וכו׳ ובס״פ על אלו מומין וכו׳ אלא מאנדרוגינוס פריך וכו׳ עיין מה שהקשה בס׳ ש״ב והאמת יורה דרכו דודאי משמע ליה לתלמודא דבריתא ממעט לתרוייהו מאבר יתירא ולא בעי לדחוקי ולאוקמה כח״ק ולומר דאנדרוגינוס בדי נסבא כיון דמצי לאוקמא כר״י או כרבנן בתראי דלפ״ז בריתא כפשטה אתיא ומה שהקשה שם דהכתי מנ״ל לתנא למעט תרוייהו מחד מעוטא דהזכר אימא דלא מיעט קרא אלא חד מינייהו יעו״ש הנה הרואה ברייתא זו במקומה בת״כ בריש פ׳ ויקרא יראה דכן מיעוטא גילוי מלתא הוא דניליף משלמים דהתם מיעט קרא תרוייהו מאם זכר אם נקבה זכר ודאי נקבה ודאית ואף למ״ש לקמן בסוף דבריהם דהתם ליכא אלא חד מיעוטא זה כתבו לר״ח דס״ל שם דסמי מכאן טומטום אבל בשתא ודאי משמע דבשלמים תרוייהו ממעטינן מחד מעוטא או מתרי מעוטי וה״ה הכא כנלע״ד ודו״ק.

בא״ד כיון דאיכא לאוקמי מיעוט לאנדרוגינוס שיש לו נקבות וכו׳ כל״ל וכגי׳ ד״ו וטעם זה הוא אפי׳ לת״ק דהתם דס״ל דאנדרוגינוס נמי ספיקא הוא כטומטום מ״מ כיון דיש לו ודאי סי׳ נקבות טפי מסתבר לאוקמיה מיעוטא אדידיה וכ״ש למאן דסבר התם דבריה בפני עצמה היא דעדיף טומטום דשמא יקרע וימלא כשאר זכרים ולעיקר כונת דבריהם הענין מבואר יותר בתוס׳ דפרק ר״א דמילה קל״ו ע״ב ד״ה הזכר וכו׳ ובתוס׳ דחולין כ״ב ע״ב יעו״ש כי הדבר מבואר וכמו שפי׳ בס׳ ש״ב יעו״ש וק״ל. ומ״ש ובפ״ק דחגיגה תניא זכורך וכו׳ עיין בספר ש״ב ונמה שהארכתי בחידושי לחגיגה שם ומ״ש י״ל דהתם

פריך וכו' הנה מ"ש בס' ש"ב דלפ"ז ל"ל דסמיכה בכל כחו בעינן וכו' כבר התו' דחגיגה שם הרגישו בזה יע"ש. ומ"ש וא"ת והא רב דסבר וכו' וי"ל דבההיא דרב וכו' דבריהם מפורשים יותר בפ' המפלת שם ד"ה שנאמר מחכר וכו' וכמו שפי' בספר שמות בארץ יע"ש וק"ל.

באד"ה ולפי מה שפירש' אית ליה לרב שפיר ההיא דר"ח וכו' כונתם דהגם דר"ח איירי וקאמר דלרבנן בתראי דסברי דאנדרוגינוס בריה בפ"ע בטומטום מודו דקדוש מספק א"כ לרב דסבר דאנדרוגינוס ספיקא הוי משמע דשניהם שוים הא ליתא דודאי לדידי נמי יש לחלק דדוקא באנדרוגינוס שיש לו סימן נקבות הוא דפטרו הכתוב אבל טומטום דאפשר שימצא זכר קדוש מספק וכמ"ש לעיל והיינו דקאמרי דשפיר אית ליה דר"ח דהתם דליכא אלא חד מיעוטא מסתבר לאוקמי אאנדרוגינוס דוקא ועיקר כונתם דשפיר מצי סבר רב הך חילוקא דר"ח דהיכא דליכא אלא חד מיעוטא הוה מסתבר לאוקמיה אאנדרוגינוס דוקא אי לאו קושית דאצטריך קרא למעוטא ספיקא אבל ודאי דמעוטא דהזכר דממעטינן מיניה לר"ח שם אנדרוגינוס דוקא מודי רב דאתיא כמ"ד בריה בפ"ע היא דלדידיה דסבר דאנדרוגינוס ספקא הוא תיקשי אצטריך קרא וכו' כדפריך התם למאי דהוה בעי לאוקמיה בריתא כת"ק דסבר דספיקא הוי כרב ובזה יתיישב מה שהקשה בס' ש"ב והיא קושית מהרש"א בפר"א דמילה שם יע"ש ובבר הי' אפשר לפרש דכונת דר"ח אית ליה שפיר דרב דהיכא דאיכא תרי מעוטי ממעטינן נמי טומטום והכי דייקי דברי התו' דפ' ר"א דמילה סד"ה הזכר וכו' יע"ש ובשתי הדרכים שכתבתי שוב ראיתי שכן פי' בשכ"י ובדרך זה כתב ז"ל וכעת נ"ל לומר בדקדק האי דקא פרכי בת' הכי וא"ת א"כ מאי פריך התם וכו' והיאך נמשכה קושיא זו לכאן ומקומה לעיל כשהביאו דברי ר"ח ותו מאי א"כ דאמרי ולכן קרוב לאמת נ"ל להגיה בזה הלשון וכצ"ל אית ליה דרב דהמפלת שפיר לר"ח דהא דאית ליה גבי בכור דטומטום קדוש מספק דחד וכו' כצ"ל וכ"פ דר"ח דמוקי חד מעוטא לטומטום ס"ל דהיכא דאיכא תרי מעוטי וכו' ולהכי פרכי וא"ת א"כ דס"ל דר"ח דרב דהמפלת מאי קא פריך התם וכו' כמו ההיא דהמפלת בטומר דהא אמרינן דס"ל כההיא דהמפלת עכ"ד ובעיני דוחק להגיה דבריהם דא"כ תצטרך להגיה גם בדבריהם דפרק אלו מומין שם שכתבו כדהכא אלא שאפשר לפרש דבריהם כן כדרך שהקשו בפר"א דמילה אבל יותר נראה כדרך הראשון שכתבתי וכן קרוב לזה ראיתי שפי' בס' קיקיון דיונה בחדושיו לפר"א דמילה שם יע"ש ומה שהקשו בתוס' שם דא"א נצרך מדכתב תרי מעוטי דהא אי לא כתב אלא זכר א"כ ה"א אשה לא מחייבה בעיאת מקדש מדכתיב זכר ולא כתיב אדם ומכח זה כתבו דלית ליה לרב דר"ח ובתירוץ השני שכתבו בבכורות שם יש ליישב להתוספות דהכא דכיון דהשוה הכתוב אשה לאיש לכל עונשין שבתורה מסברא אמינא ודאי דמעוטא דהזכר למעוטי אנדרוגינוס דוקא איצטריך לפי שהוא משונה אבל ודאי אשה עדיפא דמכח היקשא דאיש או אשה השוה וכו' מחייבינן לה עמ"ש בחדושי לריש חגיגה ועיין בתוספות דפ"ב דסוכה כ"ח ע"ב ד"ה השוה הכתוב וכו' ודו"ק.

באד"ה הוה ממעטי' ליה מערך זכר דלא גרע וכו' ופשוט דה"ה איפכא אי הוה כתיב מעוטא דואם נקבה לאודיה דהו"א דמיעט הכתוב שלא תאמר דלהיותו זכר משונה יהיה בערך אשה ולכך מיעטו מערך אשה לומר שיהיה בערך זכר ותאמר לפ"ז הסברא בהפך דעדיף מאשה וכך הם דברי התוספות דהמפלת כ"ח ע"ב ד"ה לא מחכר וכו' הו"א דאפקיה רחמנא מערך זכר ואוקמיה בערך נקבה אפילו הוא זכר וכן איפכא עכ"ד ולא הוצרכתי לזה אלא מפני שראיתי בשכ"י שכתב על דבריהם ק"ק דנימי איפכא לימעט ליה מנקבה וכ"ש מזכר דאי תימא דאי הוה ממעט מנקבה הו"א דהוי בערך זכר למה להו למימר דלא גרע מאשה ול"ש ושמא לרווחא דמילתא נקטו לא גרע עכ"ד וק"ל.

באד"ה וא"ת הא אשכחן דכתב קרא כדי שלא וכו' למ"ש בראש דבריהם דכונת קושיא דאצטריך קרא למעוטי מטעם ספק דהא קמיה שמיא גליא ויאמר לנו אם חיה אם בהמה לפ"ז אין מובן לקושייתם זו דודאי צריך קרא כדי שלא נטעה אע"ג דקמיה שמיא גליא וכן בס' ש"ב הרגיש בזה ולא תי' מידי ועיין עוד בספר קיקיון דיונה בחדושיו לחולין שם ובשלמא אדבריהם דחולין שם לא הזכירו בדבריהם דהו"מ למימר לן וכו' נוכל לפרש דכיון דכונת קושיא דאצטריך וכו' היא דהא קמיה שמיא גליא מהו ולא שייך למעטו מטעם ספק אהא קפי' להו דמאי פריך דלשני ליה דאיצטריך למעטו כלפי דידן שלא נטעה ונחשוב אותו כודאי חיה או כודאי זכר דהא אשכחן דחייש קרא לברר ולפרש כדי שלא נטעה אנחנו כההיא דסנפיר וקשקשת ונזה תרצו דשאני התם דקרוב הדבר לטעות דסנפיר נופל בו לשון קשקשת אבל הכא גבי כוי ואנדרגינוס אפילו כלפי דידן לא צריך למעטו דכיון דאנו מסופקים בהם ממילא היינו ממעטים אותם מלהחשיבם ודאי ח"ה או ודאי זכר ומספקא היינו מחמירים בהם והשתא דאתית להכי גם דברי' דהכא יש ליישב בדרך זה דהגם דכונת הקושיא דהו"מ למימר בהדיא אי חיה וכו' מ"מ ליטני ליה דלא צריך דהא כלפי דידן הוא דממעט ליה מטעם ספק דהשכחן דחייש לדידן כדי שלא נטעה כי ההיא דסנפיר וכו' ותי' שפיר דדוקא התם שייך לומר כן משום דלשון קשקשת וכו' אבל הכא לא צריך למעט דממילא היינו ממעטים אותם אלא ודאי משמע דמכח ספק ממעט אותם והרי קמיה שמיא גליא ואי משום דטרח ומיעט רחמנא בהדיא אע"ג דממילא היינו ממעטים אותם דמעוטא כלפי דידן עפי הוה ניחא לן דלשמועינן רחמנא בהדיא אי חיה או בהמה אי זכר או נקבה כנלע"ד ליישב דבריהם ועיין בחדושי הרשב"א לחולין פ' אלו טרפות ס"ו ע"ב דשם תי' קושייתם זו באופן אחר ודו"ק.

באד"ה וי"ל דלשון קשקשת וכו' וסנפיר נמי כן הוא וכו' אבל לאחר שבכיא שם קרא דשריון קשקשים הוא לבושו ליכא לספוקי דקשקשת היינו סנפיר והיינו דפריך התם תו דלכתוב רחמנא קשקשת וכו' ומשני יגדיל תורה ויאדיר ופי' התו' שם הרבה אמר לנו טעמים לידע מהו קשקשת ע"כ כלומר שלא תפרש שכתב לנו סנפיר הגם דלא צריך כלל להגדיל ולהאדיר ולפרש סימני דגים. אלא יש לך לפרש דודאי כונת התורה לכתוב סנפיר כדי שתדע מהו קשקשת והגם דילפינן לה מקרא דושריון וכו' מ"מ הרבה לנו טעמים וכו' והיינו שהקשו כאן וא"ת הא אשכחן וכו' דלפי' שם אפי' למסקנא טעם הראשון בדוכתיה קאי דסנפיר דכתב רחמנא לפרושי קשקשת הוא כדי שלא נטעה ובמ"ש יתיישב מה שהקשה בספר גופי הלכות בכללי האלף אות נ"ו יע"ש ועיין בספר קיקיון דיונה בתוספות דחולין בנראה שלא ראה דברי התוספות דפ' בא סימן נ"א ע"ב שכתבו דמקבלה הוה ידעינן וכו' יע"ש ודו"ק.

ע"ב גמרא **ת"ר** תענו את נפשותכם יכול ישב בחמה וכו' דאם הוא עינוי של אכילה לימא קרא תענו את נפשותיכם בצום כדכתיב. עניתי בצום נפשי עיין מ"ש הרא"ש בפרשת אחרי מות שם אלא ודאי הוה משמע דכל מין עינוי סגי אפילו יושב בחמה וכו' וקאמר ת"ל וכל מלאכה וכו' בוא"ו החיבור להקיש עינוי למלאכה כמו שפי' בספר קרבן אהרן בת"כ שם ושם פי' עצמא דס"ד יכול וכו' באופן אחר כדרך שפי' בספר ש"ב יע"ש ועיין בתו' לקמן ע"ו ע"א ד"ה ובעשור דלגירסתם שם יליף בה ההיקש דמלאכה בדרך אחר וכמו שאכתוב שם וק"ל.

שם לא נימא ליה קום תוב בטולא וכו' דלשון שב ואל תעשה היינו שב"ד אומרים לו כן כההיא דב"ד מתנין לעקור דבר מן התורה בשב ואל תעשה ולהכי קאמר דלא נימא ליה קום תוב בטולא אלא אדרבא נימא ליה שיתמיד לישב בשמש והיינו שב ואל תעשה ויראה דלהך תנא פשיטא ליה דלא איירי קרא בעינוי דתשמיש מטעמא דיהיב דומיא דמלאכה השוה איסורה לכל אדם לאפוקי תשמיש דלא שייך להזהיר אלא לנשוי וא"כ דכיון דאפיקתיה מעינוי כל דהוא דקום עשה כגון ישב בחמה אלא היינו עינוי דשב ואל תעשה מעתה יש לך לרבות כל דבר המענה ואיקרי עינוי בדלקמן דהי מינייהו מפקת ובנראה שלזה כיון רש"י ז"ל שכתב ואין זו אלא כגון הני מתניי' לא יאכל ולא ישתה ולא ירחץ ע"כ ובמ"ש יתיישב מה שהקשה בספר ש"ב יע"ש וק"ל.

שם תניא אידך וכו' אביא פגול ונותר שהן בכרת וכו' והגם שכבר אסורים מצד עצמם אשמועינן קרא דאם אכלם ביוה"כ עובר בשני כריתות דמשיאכל כזית אחייב ליה משום

פגול ונותר וכשוגלים לכותבת אחייב ליה משום יוה״כ וקרוב לזה ראיתי שפי׳ בספר קרבן העדה על ירושלמי יעו״ש וכבר הי׳ אפשר לפרש דאין הכונה לרבות פגול ונותר ממש אלא שכיוצא מרבים דוקא בשר קדשים דשייך בהם פגול ונותר באכילה זו וכהכוא דלקמן דקאמר וכי תימא בעריות קמשתעי קרא דהיינו עינוי תשמיש כמו שפרש״י שם וכן יש לדייק מדבריו כאן שפי׳ אף עינוי בדבר אכילה קאמר שאינו שחייב עליו במקום אחר וכו׳ וכמו דשוב ראיתי בספר שמות בארץ שפירש כל הברייתא בדרך זה יעו״ש ועכ״ל לא האריכתי בפירושה. ומה שרצה לפרש שם דריבוי דשבה עינויים קא דריש עיין בחו׳ וקו״ל.

שם הרי הוא אומר והאבדתי את הנפש וכו׳ אע״ג דהאי קרא באיסור מלאכה הוא דכתיב מ״מ כא איתקש עינוי למלאכה כדדריש הכא ובברייתא דלעיל אלא דברייתא דהכא סברי דמהיקשא דמה מלאכה שב ואל תעשה אין להוכיח מזה עינוי אכילה ביחוד דאימא תשמיש או רחיצה וכו׳ דאיהו נמי שב ואל תעשה ניהו אלא להכי אקשינהו רחמנא דעינוי היינו אבוד נפש והא דלא כתיב רחמנא והאבדתי וכו׳ בעינוי גופיה משום דאז הו״א דלא אצטריך אלא לגלויי דעינוי היינו מאכילה שהיא איבוד נפש ולא למדנו מזה דכל מקום שנאמר ונכרתה דהיינו איבוד נפש להכי כתביה גבי מלאכה ללמד דכרת האמור בכל מקום אינו אלא אבדן נפש כדדריש בת״כ פ׳ אמור שם והביאו רש״י בחומש יעו״ש כל זה כתבתי לגי׳ שלפנינו אבל בת״כ פר׳ אחרי מות וכן בירושלמי דפרקין הגירסא באופן אחר דקאמר דבר אחר תענו את נפשותיכם עינוי שיהא בבית נפשותיכם ואיזו זו אכילה ושתיה ועיין בס׳ ק״א שם ולגי׳ זו ניחא דלא דריש מקרא דוהאבדתי דהכוא באיסור מלאכה הוא דכתיב ואיצטריך לדרשה דדריש בפ׳ אמור שם שהזכרנו ושוב מצאתי בילקוט פ׳ אחרי מות דגרים בסוגיין ת״ל תענו את נפשותיכם ריבה ואם נפשך לומר הרי הוא אומר תענו את נפשותיכם אחהו עינוי שיש בו איבוד נשמה הוי אומר זו אכילה ושתיה מאי אם נפשך לומר וכי תימא בעריות קמשתעי קרא הרי הוא אומר תענו את נפשותיכם עינוי זו אבידת נפש ואיזו זו אכילה ושתיה ע״כ והיא גי׳ נכונה מסכמת עם ת״כ וירושלמי דפרקין וכן מפרש״י דסוגיין יש לדייק דמקרא דתענו את נפשותיכם גופיה דריש שהוא עינוי המענה ומאבד את הנפש מתוך חלל הגוף וז״ל הרמב״ם ז״ל בפה״מ מה׳ שביתת עשור מ״ע אחרת יש ביוה״כ והיא לשבות בו מאכילה ושתיה שנאמר תענו את נפשותיכם מפי השמועה למדו איזו היא עינוי שהוא לנפש הצום וכו׳ ובס׳ המצות שלו עשין קס״ד כתב שלנו להתענות ביום עשירי מתשרי והוא אמרו יתעלה תענו את נפשותיכם ובא הפי׳ בספרא תענו עינוי שהוא אבוד נפש ואיזהו זו אכילה ושתיה עכ״ד אלא שבפי׳ למשנה בפרקין כתב אמר הש״י בעונש העינוי והאבדתי את הנפש ההיא מקרב עמה ובאה הקבלה דבר שהנפש תלויה בו זו אכילה ושתיה עכ״ד וזה כגירסא שלפנינו דדריש מקרא דוהאבדתי וצ״ל דאמר הש״ית בעונש העינוי שכתב לאו דוקא אלא כלומר בההוא ענינא ומה גם דלמ״ש דהא צ״ל מהיקש עינוי למלאכה מעתה הו״ל כאילו כתיב בעינוי גופיה וכן מלשון ת״י דפרקין משמע דגרסי כגי׳ שלפנינו ע״ש כנלענ״ד וקל להבין.

שם דבי ר״י תנא נאמר כאן עינוי וכו׳ מה להלן עינוי שרבון וכו׳ דודאי קודם שבא המן היו רעבים וכן פי׳ הרא״בע בפרשת עקב וירעיבך קודם בא המן וכו׳ יעו״ש דאע״ג דנתפרנסו מהרה שהוציאו ממצרים ועיין במכילתא שהביא הילקוט פרשה בשלח ס״ס רכ״ו מ״מ לא היה מספיק להם והיו רעבים ועוד זאת דלאחר שכלתה להם לא היו אוכלים כלל והכי דייק קרא שם דכתיב וילונו כל עדת בני ישראל וכו׳ להמית את כל הקהל הזה ברעב ופרש״י ורשב״ם שם דלא פסקו להם עוגות שהוציאו ממצרים יעו״ש ובתריה כתיב ויאמר ה׳ אל משה הנני ממטיר וכו׳ וכן פי׳ בספר ש״ב יעו״ש וקו״ל.

שם וגילף מאם תענה את בנותי וכו׳ דהאי אין שייך לומר אין למדין מקודם מתן תורה דהאי אינו אלא גילוי מלתא בעלמא אלישנא דתענו והכי עדיף ליה משום דדמו טפי ללשנא דתענו את וכו׳ משא״כ לישנא דויענך עיין בריש מכילתין ועיין בריטב״א שפירש באופן אחר. והנה למ״ד דשאר ענויים נמי דאורייתא הי״ע דיליף לקמן תשמיש המטה מאם תענה הגם דזה בידי אדם וזה בידי שמים דודאי לומר דאקרי עינוי ילפינן שפיר מהתם דמה לי בידי אדם או בידי שמים אבל הכא דבעי לדחויי דתענו לאו עינוי אכילה הוא אלא דתשמיש בדוקא שפיר קאמר דטפי ניחא לן למילף מויענך דעינוי בידי שמים ולעולם דתענו מאכילה נמי קאמר רחמנא ובס׳ ש״ב תי׳ באופן אחר יעו״ש וקו״ל.

שם וגילף מעינוי מצרים וכו׳ ואמרינן זו דרך ארץ וכו׳ ה״ה דהו״מ לשנויי דר׳ ישמעאל סבר וירא את עניינו כדכתיב וראיתן על האבנים וכו׳ כדדריש בספרי פ׳ כי תבא אלא עדיפא מינה משני וקו״ל.

תוספות ד״ה **כוי** בריה וכו׳ ואי הוה בריר לן וכו׳. ועוד כן מוכח מטעמא דיהיב התם ר״י למלתיה כסוי שאין ודאו דוחה שבת אינו דין שאין ספקו דוחה י״ט אלמא דהשיב ליה ספק׳ יעו״ש פ״ד ע״ב ועוד כן משמע לישנא דלא הכריעו כמו שהכריעו התוספות דיבמות פרק הערל פ״ג ע״א ובפרק המפלת כ״ח ע״א ובכריתות כ״א יעו״ש ומשמע ודאי לפ״ז דמתניתין דר״פ כסוי הדם דקתני כלישנא דר״י דברייתא ונוהג בכוי מפני שהוא ספק ואין שוחטין אותו בי״ט ואם שחטו אין מכסין את דמו דאתיא כר״י וכן מצאתי להרשב״א שכתב כן בחי׳ לפ׳ אותו ואת בנו פ״ט ע״ב ד״ה אלא הא דתנן וכו׳ וכן משמע עוד מדברי התוספות דפרק אותו ואת בנו פ׳ ע״א דהאי דקאמר רב יהודה התם כלישנא דר״י דברייתא כוי בריה בפ״ע היא ולא הכריעו בה וכו׳ כתבו דרב יהודה אמתניתין דכסוי הדם קאי דתנן ונוהג בכוי מפני שהוא ספק וכו׳ יעו״ש דודאי אין לפרש דבריהם דאמלתיה דר״י דברייתא קיימי זקאמרי דר״י אתנא דמתניתין קאי דסבר דספק הוא ואיהו פליג עליה וס״ל דבריה בפ״ע היא הדא דא״כ תלערך לומר דסברי דר״י בריה ממש קאמר זלא ספק וזה הפך ממ״ש בכל המקומות שהזכרנו ועוד דהא סיימו כדפי׳ בקונטרים ורש״י שם ביאר זה אמלתיה דרב יהודה יעו״ש ד״ה בריה וכו׳ וזה פשוט ולפי האמור לא זכיתי להבין דברי הריטב״א בחי׳ לחולין בר״פ כיסוי הדם שכתב אמתניתין וז״ל ונוהג בכוי מפני שהיא ספק וסתמא דלא כר״י דאמר כוי בריה בפ״ע היא כדאיתא ביבמות עכ״ד ולומר דמכח קושית הרשב״א דפרק א״וב שם דאמאי לא מוקי תלמודא התם מתניתין דר״פ כיסוי הדם כר״י ס״ל להריטב״א דקים ליה לתלמודא דלא אתיא כר״י אין נראה כיון דלישנא דמתניתין היינו כלישנא דר״י דברייתא וכמ״ש הרשב״א יעו״ש גם לומר דכונתו לר״י דמתני׳ דפרק הערל שם דס״ל דאנדרוגינוס לאו ספקא הוא וה״ה כוי והיינו דקאמר כדאיתא ביבמות ולא קאמר כדאיתא בפרק א״וב דשם עיקר פלוגתא דר״י אין נראה דהא לר״י דמתניתין שם אנדרוגינוס בזכר הוא מדמאכיל בתרומה וכן משמע בתלמודא שם פ״ג ע״ב דלר״י דמתניתין מפוי ליה כודאי זכר יעו״ש וא״כ בכוי מאי סבר אכתי דספקא הוא ועוד דמדברי הריטב״א גופיה דפרקין דערת לפ׳ בריה בפ״ע דשמעתין שכתב טי בריה בפ״ע פי׳ ולא חשיב ספיקא אלא שגזרת הכתוב שיהא דינה כבהמה לענין זה ע״כ משמע קצת דדוקא הכא מתפרש הלשון כך וכדבריהם ז״ל אלא דאחר החיפוש מצאתי להרמב״ן ז״ל בס׳ תולדות אדם ליבמות בסוף הספר דלאחר שהביא דעתם ז״ל חלק עליהם והסכים דעתו ז״ל שם דבריה בפ״ע דקאמר ר״י בברייתא היינו כי הא דשמעתין דלאו ספיקא הוי יעו״ש שהאריך ולפ״ז שמא הריטב״א ס״ל נמי הכי ומש״ה סבר דמתניתין דר״פ כיסוי הדם דקתני מפני שהוא ספק אתיא דלא כר״י וס״ל דה״ט דלא מוקי לה תלמודא בפרק א״וב כר״י אלא דלמ״ש הרמב״ן שם לתרץ טעמא דר״י דסבר מכסין את דמו הגם דבריה ממש היא משום דאשכחן דרבייה רחמנא לענין דם וחלב וכו׳ ושמא נתנה עליו תורה חומרי בהמה וחומרי חיה וכו׳ והיינו ספיק׳ דר״י דקאמר בפרק כיסוי הדם כיסוי שאין ודאו דוחה שבת אינו דין שאין ספיקו וכו׳ יעו״ש בדבריו מעתה יראה דאיהו ז״ל מודה דמתניתין דפרק כיסוי הדם אתיא שפיר כר״י וכמ״ש הרשב״א ולפיכך דברי הריטב״א ז״ל עדיין צריכים ביאור מנ״ל לאוקמה דלא כר״י כנלענ״ד וקו״ל.

דף ע״ו ע״א גמרא אמר אביי ש״מ כסא דדוד וכו׳ זה מוסכם כי בנועם שיח שפתותם של רז״ל

שם רמ"ז ואין מספר לסודות אשר רמזו במשליהם ובחידותם ומה גם בזה אשר כמשמע אין לו הבנה ועל כן מלאני לבי לפרשו ע"פ הקדמות האר"י ז"ל חכ כי ידוע כי התמדת חיבור המאורות העליונים ת"ת ומלכות תלוי שיהיו גבורות המלכות ממותקות ומבוסמו' אשר בזה תהי' מוכנת לשולם וראויה להעלות מ"ן וידוע כי הטעם שעתה בגלות הזה אין חיבור מתמיד הוא להיות שגבורות המלכות נאחזים ויונקים מהם החיצונים בהשתלשלות המדרגות אם לא ע"י הצדיקים שמבררים גבורותיה בסוד תנו עוז לאלהים עיין בדרוש ק"ש. וידוע מ"ש הרב בספר הכוונות בדרושי ר"ה בענין יהי שם ה' מבורך דאיתא בזהר פ' תלוה מאי מברך מ"ע ר"ך שירותיה קשה וסופיה רך ופי' שם על הגבורות שהם שם מ"ב כידוע שנעשים רכים לאחר המיתוק וההתבסמות יעו"ש. ומעתה יאמר כוסו של דוד היא המלכות אשר שם אחוז דע"ב הנה כוסו שהם גבורות המלכות הנקראים כוס בגי' אלהים לעולמא דאתי שבלע המות לנצח ויתבטלו אחיזת החיצונים מגבורותיה ויתעלו יותר מהחסדים כנודע בא"ח בסוד פסוק אשת חיל עטרת בעלה הנה אז ודאי יהיו מאתן ועשרים וחד לוגא מאתן ועשרים שהוא כמספר ר"ך ירמוז כי משם והלאה גבורות אלו יהיו תמיד רכים וממותקים ואמר לוגא לרמוז כי גבורות אלו עיקרם ושרשם מן אורות המוחין מן הדעת הכולל עמו חו"ב אשר שהם שורות המוחין הם ע"ל כמספר שם יהו"ה במילוי אלפין שהוא בגימטריא ע"ל וכן לוג שולה כמנין ע"ל וחד היתר על ר"ך הוא מקור הגבורות אשר משם יוצאים דהיינו ספירת דעת והוא לר"ג אחד שהרי הוא כולל ג' אורות המוחין כאמור וכידוע מדרוש השופר יעו"ש ורמז גם כן כי במלת רויה יש אותיות ר"יו שהוא בגימטריא גבורה וה' יתירה על מספר המ' לרמוז כי הגבורות של המלכות הנקראת ה' אחרונה שבשם נעשו רויה שבעים מכל טוב כי הטבע מורה על הרחמים שגוברים משא"כ הרעב מורה על התגברות הדינו' כמ"ש הרב בליקוטי תורה בפסוק ויהי רעב בארץ האמור באברהם יעו"ש ועוד תשכיל בר"ת שתי מלות כוסי רויה הרי ר"ך ובפ"ש שם י"ה שם רמז כי אור מוחי המלכות שהם סוד שם י"ה כידוע הם רכים ומבוסמים ועוד ראה כי ר"ת כוסי רויה אך טוב וחסד וכו' הוא רכ"א דהיינו מה שהזכיר רכ"א לוגין ועוד הוא אותיות ארך סוד אריך וכאשר כתב הרב ז"ל בכונת ערבית דשבת יעו"ש כי שם הרחמים גוברים למתק כח אלהים בסוד האמור באדרא רבה יתיב על כרסיו' דשביבין לאכפיא לון כמו שפי' הרב שם ועמ"ש בס' אדרת אליהו במאמר זה בחידושיו לפרקין. ואמרתי אני לגלו' לתשלום הענין באמר רישיה דקרא תערוך לפני שלחן נגד צוררי דשנת בשמן ראשי וכו' וזה שמקדים כי דוד המדבר ברוח קדשו אכן רוח הוא באנוש וכאילו המלכות עצמה מדברת כמו שפי' הרב דומה לזה בס' הכוונות בדרושי השומר על פסוק ובלילה שירה עמי יעו"ש. ומעתה תאמר המלכות אל הקב"ה כי לעתיד לבא שיתבטלו אחיזת החיצונים והיו כלא היו ויהיה החיבור תדירי הנה אז תערוך לפני שלחן רמז להתחלת החיבור הנקרא בלשון אכילה כמ"ש הרב דומה לזה באוצרות חיים על פסוק אכלה ומחתה פיה וכו' יעו"ש ואמר לפני כי הוא כחיבור החשוב והמעולה כי אז יאר ה' פניו אליה וידוע כי להתחלת החי' צריכים ת"ת ומלכות לקבל אור מוחין מלמעלה כנודע מדרוש ק"ש ח"ש כי להתחלי החיבור הנה קודם זה דשנת בשמן ראשי שהוא השפעת מוחי החכמה הנקראים שמן כידוע מדרוש הדלקת הנרות והגם כי גם מוחי הבינה נמשכים אליה מ"מ עיקר החיבור תלוי בחיה שהוא מסוד החכמה כמ"ש הרב בס' אדם ישר בתחילתו יעו"ש ועוד כי גדולה כח החכמה להבריח ולבטל אחיזת החיצונים ולא יתקרב זר אל הקדש שנימר כנודע בא"ח בדרוש הלרעת יעו"ש וזה ממש דקדק הכתוב באמרו נגד צוררי כי הוצרך לדשן בשמן הקודש את ראשה מצד צוררי שהם החיצונים לבטל אחיזתם ואם ידעת סדר התלבשות יונעם מאד לתכך מלת נגד כי הם ממש נגדה עיין מ"ש הרב בכוונת מלבים ערומים. והנה כיון שנתבטלו אחיזתם ונעשה החיבור על מתכונתו הנה אז ודאי כוסי שהם בחינת גבורותיה כאמור הם רויה שבעים ומלאים מכל טוב מאחר שהת"ת משפיע והאיר בהם משפע חסדיו ונתמתקו ונתבסמו. זהו הנלע"ד ואם שגיתי ה' יכפר בעדי כי לא באתי למדה זו להעלות דברים אלו על ספר ובפרט במקום הזה כי אם להראות כי דברי רז"ל כלבנות אש. צרופים. וטהורים מתוקים מדבש ונופת צופים.

שם שתיה בכלל אכילה היא וכו' אין הכונה דאמור הכתוב כאן ביוה"כ אכילה בכלל שתיה אלא הכונה דכיון שלמדנו מברייתות דלעיל דאשר הכתוב אכילה בכלל גם איסור שתיה דחשיבה הנאתה כאכילה גופה כדאשכחן גבי מעשר דקראה הכתוב אכילה וזה ודאי משום דהנאתה כאכילה ומש"ה אין צריך ענוי מיוחד לאיסור שתיה ובזה יתורץ מה שהקשה בספר ש"ב יעו"ש וקל להבין.

שם ודילמא דגילה קטילית וכו' מה שהקשה בספר ש"ב דלימא תמרים יעו"ש בתי' הנה לשיטת התוספות דפ"ג דכריתות י"ג ע"ב שכתבו דמדרבנן הוא ומדאורייתא אינו חייב א"כ לא הוי בכלל שכר אלא דגילה קטילית דוקא דאשכחן דחייב עליה אלא דמ"מ עדיין צריכים אנו לתירץ שם דהא משמע דתלמודא לכ"ע פריך אפילו לרבנן דר"י דכריתות דס"ל דפטור אדגילה קטילית ואם איתא מאי פריך ליטני ליה דכיון דמדאורייתא פטור משמע דלא משכר כולי האי ואין זה בכלל שכר דקרא אלא ודאי משמע דסבר תלמודא דכיון דמשכר מיהא הגם דלא הוי בכלל דשכר אל תשת מ"מ הוי בכלל שכר דמעשר שני דקיימינן ביה וא"כ לימא תמרים ועיין בתוספות לקמן ד"ה גמר שכר וכו' וכמ"ש שם וק"ל.

רש"י ד"ה **ובעשור** וכו' בכולהו כתיב תענו וכו' כלומר דהוו לשון ענוי לאפוקי קרא דאשר לא תעונה דאינו לשון ענוי ולהכי לא קא חשיב ליה וכמ"ש התו' ד"ה הני חמשה וכו'. אבל הירושלמי משמע דפליג אתלמודא דידן דקאמר התם ולמה ו' דברים כנגד שבה ענויים האמורין בפרשה ופריך והא ליתנון אלא חמשה דס"ד שאין למנות אלא חמשה ענויים דאחרי מות ופ' אמור דכתיבי בעניינא דעונש ואזהרה דיוה"כ לאפוקי אותו דפ' פנחס ושני ליה א"ר תנחומא וחד מוסף ע"כ כלומר דגם אותו הכתוב גבי מוסף דפ' פנחס יש למנותו דהגם דלא כתיב גבי עונש ואזהרה מ"מ מייתר הוא דלמאי איצטריך התם לפרושי ענוי דעינוי כיון שלא בא הכתוב לומר שם אלא קרבנות מוספי היום והרי כשבא לפרש מוספי ר"ה וסוכות לא פי' שם ענוי שופר סוכה ולולב אלא להכי כתביה הכא למדרש ז' ענויים עם אותם הכתובים במקומות אחרים ועיין בספר קרבן העדה בפי' לירושלמי שם שפי' קרוב לזה יעו"ש וק"ל.

ד"ה **אנגרון** מין מאכל וכו' ובכמה מקומות וכו' עיין בלשונו דפ"ג דשבועות כ"ג ע"א כי שם מבואר יותר יפירושו להביא ראיה שרגילין לתת יין לתוכו הגם דהוי תבשיל של סילקא ותרדין כדקאמר רבה בר שמואל ושם הביא ראיה מתוספתא דגילה שהוא מין מאכל ולא תפרש שהוא מים בעלמא כדהוי משמע לכאורה ממתניה דרבה ב"ש אלא הם בישול של תרדין וסילקא עם ממיהם והיינו שפי' בסמוך מיא דסלקא מים שנלקי בהם תרדין ע"כ וכן פירש שם מיא דסלקא תבשיל של תרדין ע"כ.

תוספות ד"ה **הני** חמשה וכו' לאו סתמא דהש"ס וכו' וכ"כ הרמב"ן ז"ל בחידושיו שם הובא לשונו בשיטה מקובצת למציעא שם ועיין מ"ש שם אהביא דלא יחפור שדבריו צריכים ביאור ובחידושי הריטב"א כתובת יד לפ' לא יחפור שם כתב כדבריהם דגם שם צריך לפרש דלאו סתמא דתלמודא בעי לה ועיין עוד ברמב"ן שם שכתב דכי האי גוונא צריך לפרש בפ"ק דחגיגה ד' ע"א אהא דבעי עבדים מנלן יעו"ש וכמ"ש בחידושי לחגיגה שם וגם כאן נלע"ד שיש מקום לפרש דתלמודא לא בעי ודאי תענוי אכילה כנגד מי דהא כבר הביא לעיל ברייתא דמוכח ליה מקראי אלא דהאיך הוא דבעי כנגד מי ובתר דתריץ רב חסדא כנגד ה' עינויים שבתורה פריך ליה בשלמא דודאי חד מיניהו דאצטריך לגופיה דעינוי דאכילה כדיליף בברייתא דלעיל ומה גם לר' ישמעאל דמוכח לה מג"ש דתענו ויענך וא"כ צריך אתה לבקש שבה ענויים בתורה כנגד דהא אנן שתא תנן ותריץ ליה ספור שתיה בכלל וכו' ושוב ראיתי בס' ש"ב שפי' כמ"ש יעו"ש וק"ל.

ד"ה **ובעשור** וכו' אלא לגמרי מלמטה למעלה וכו' כלומר שמביא כסדר הפרשיות מלמטה למעלה מעיקרא **דפנחס** והדר דאמור והדר דאחרי מות אבל אין כונתם דמביא

סדר הפסוקים שהם מלמטה למעלה שהרי אז היה הסדר ובעשור שבת שבתון אך בעשור שבת שבתון והיתה לכם וכי תימא למה לא הביאם בסדר זה י״ל דניחא ליה לסמוך אך בעשור לבעשור ושבתון לשבתו׳ דדמו אהדדי והיינו דסיימו אלא שוהיתה לכם כתב בריש׳ כלומר והו״ל לשמור סדר הפרשה עלמה בי היכי דשמר סדר פרשה דאמור דקאמר אך בעשור והדר שבת שבתון אלא ה״ט דניחא ליה בסדר זה לסמוך הפסוקים הדומים זה לזה ולא חששו לסיים פירושא דמלתא כי הדבר והסדר מבואר מלד עלמו כמ״ש ול״ק להו אלא אמאי נקט להו כסדרא דמלמטה למעלה. ומ״ש נראה לי וכו׳ דמיניה נפקא לן וכו׳ ת״ל כל מלאכה וכו׳ ולא גרסי וכל בוי״ו כגי׳ שלפנינו לעיל וכיא גירסת ח״כ פ׳ אחרי מות דמההוא קרא גופיה דאחרי מות יליף בולה מלתא אלא גרסי כל בלא ויי״ו וכן היא גירסת הילקוט פ׳ אחרי מות וה״ג בירושלמי דריש פרקין דלפ״ז נפקא ליה היקשא דעינוי למלאכה מועניתם יתירא דכתיב בפ׳ פנחס דלא הו״ל למכתב אלא מקרא קדש יהיה לכם כל מלאכה לא תעשו כדרך שבפסוקי ר״ה וסוכות לא כתב רחמנא ליוי שופר סוכה ולולב אלא איסור מלאכ׳ להודיה אלא להכי כתב ועניתם להקישו למלאכה דבתריה ללמדנו דעינוי אכילה הוא דומיא דמלאכה כדיליף לעיל ואה״נ דלגי׳ זו הי״ל לברייתא לומר ת״ל ועניתם את נפשותיכם כל מלאכה וכו׳ דהא בקרא דהתם קאי אלא לא חש להאריך דמדנקט כל בלא ויי״ו ממילא משמע דהיקש׳ מועניתם דפנחס הוא אלא דנקט דרשא אקרא דהתם הכתוב בתורה ראשון ולגירסא זו דייק ילפותא דלעיל שפיר דלגי׳ שלפנינו שם לריך לומר דדריש מסמיכות וי״ו כמ״ש בסוגיא לעיל בשם ס׳ קרבן אהרן יעו״ש ולפ״ז לריך לומר דקרא דועניתם דפנחס הוא דאלטריך לעינוי אכילה ואינך לשאר ענויים אלא שאין לורך לזה למאי דסבירא להו לקמן ע״ז ע״א ד״ה דתנן וכו׳ בס׳ ר״ת דהנך קראי דהכא אסמכתא בעלמא דלפ״ז אף אם נפרש דקרא דתענו איירי באכילה בדמשמע מבריתות דלעיל מ״מ מיתורא דועניתם דפנחס ילפינן דהיינו עינוי אכילה מדהקשו למלאכה ואינך אלטריכו לשום דרשא ומ״מ בסדר האסמכתא דהכא לריכים אנו ליתן טעם שכתבו דמשום דמקרא דפנחס ילפינן עיקר עינוי נקט ליה ברישא וכו׳. והנה לגי׳ שלפנינו דלעיל יש ליישב דנקט הכא ובעשור ברישא דחביבא ליה משום דהיה מקום לומר שאין למנוחו כיון שאינו כתוב בענין עונש ואזהרה כאחרים וכדס״ד מעיקרא בירושלמי דפרקין כמו שהבאתי בפרש״י יעו״ש ושוב ראיתי בספר ש״ב שעמד בביאור דבריהם אלו ובמ״ש יתיישב הכל ועיין עוד בס׳ תולדות ילחק בחידושיו לפרקין וק״ל.

בא״ד ויש ספרים שגורסין שבת שבתון שבת שבתון אך בעשר וכו׳ כן נראה שנ״ל. ומ״ש ועל אותה גירסא אין אדם וכו׳ נלע״ד ליישב דמעיקרא מייתי הענויים הנראים לבדיא מיותרים מאותה הפרשה עלמה דהיינו קראי דשבתון דהכא קודם זה שם הזכיר על העינוי ואח״ז הביא הענויים הנראים מיותרים מכח שהכבר הזכיר עליהם בפרשה אחרת והביא סמוך להם קרא דאך בעשור הכתוב בפר׳ אמור ולא והיתה וכו׳ כאמור קודם משום דבתר לסיים הענויים השוים שבכולם נאמר ועניתם דומיא דעינוי דשבתון שהתחיל ומה גם דתענו דוהיתה לא מיותר דאילטריך לגופי׳ לעינוי דאכילה כדריש ברייתא לעיל ועל כן אמר קודם ועניתם דאך בעשור דאמור והדר ועניתם דובעשור דפנחס ואח״ז הביא תענו דוהיתה וכו׳ דפ׳ אחרי מות שאינו דומה להם. וא״נ י״ל קרוב לזה דהקדים קראי דשבתון דמנייהו נמי נפקא לן לעיל בריש פרקין אסמכתא דשאר ענויים והדר סיים קראי דועניתם הדומים להם וכמ״ש ועיין מה שייטב עוד בס׳ ש״ב ובס׳ תולדות ילחק וק״ל.

ד״ה הני חמשה וכו׳ תימא לי דבקראי וכו׳ דליכא למימר דפרי׳ תלמודא לר״ה דלא אייתי אלא חמשה ואה״נ דלהמקשה שיתא הוו עם קרא דלא תעונה ואתיא ליה מתניתין שפיר דה״כ כי שנו ליה שתיה בכלל וכו׳ אמאי לא פריך תו דאידך דלא תעונ׳ כנגד מי אלא ע״כ דהכי פריך הני חמשה הוו ובקראי ליכא תו עינוי אחרינ׳ ואנן שיתא תנן ועיין מ״ש בפרש״י משם הירושלמי וק״ל.

ע״ב גמרא **והכתיב** ותירוש יקביך יפרוצו וכו׳ דבשלמא לעיל הוכל לפרש דבר הבא מן התירוש דשם יש

טעם למאי דלא נקט יין בהדיא. לרמז דיגרב בתולות לגלות סתרי לבו ולבסוף יהיה נעשה רש כדרך דדריש לקמן אבל הכא דקרא איירי שכ׳ יצוה ברכתו אליו וימלאו אסמיך שבע ותירוש יקביך יפרוצו לאיזה ענין נקט תירוש ולא יין ותריץ דהכא נמי נפרש דבר הבא מן התירוש ונקט לישנא דתירוש לומר שיהיה נעשה ראש ומלא ברכת ה׳ כדדריש נמי בסמוך זכה נעשה ראש ושוב ראיתי בספר ש״ב שפי׳ באופן אחר יעו״ש שאין פי׳ ברור לנ״ד וקל להבין.

שם והכתיב ותירוש יקביך יפרוצו וכו׳ הא דלא פריך מקרא דהשיקו היקבים תירוש ויצהר הכתוב קודם [(יואל ב׳)] ועוד דהא עדיף דפשטיה דקרא דומיא דיצהר קתני, דהיינו שמן ממש משום דיש לדחות דדוקא תירוש הכתוב אצל יצהר הוי יין אבל תירוש הכתוב לבדו לאו חמרא הוא וזהו מתיישב אמאי לא פריך מקרא דראשית דגנך תירושך ויצהרך דהתם הוי יין דפירות אין מע׳ נוהג מן התורה עיין במ״ש הפרי״ח ז״ל ריש הלכות מתנות עניים ובסוגיא דר״פ כילד מברכין וכמו דשוב ראיתי למהרש״א בחידושי אגדות שהרגיש בזה יעו״ש. אלא שצריך ליישב למסקנא דאסיק דתירוש דקרא חמרא הוא ונדרים שאני הרי מלאנו בקרא דתירוש ענבים הוא כדכתיב במיכה ו׳ אתה תדרוך זית ולא תסוך שמן ותירוש ולא תשתה יין ומשמע הכי שתדרוך את התירוש דהיינו הענבים ולא תשתה יין וכן תרגם המתרגם שם ותעצר ענבין ולא תשתי חמר ועוד ראיתי בס׳ מגילת ספר לאוין רמ״ב שהקשה מקרא דישעיה [(ס״ה)] דכתיב כאשר ימצא התירוש באשכול וכו׳ דאשכול של ענבים קרוי תירוש ולע״ד עכ״ד אבל האמת דהכל מיושב עם מ״ש רד״ק במיכה שם דקרא לענבים תירוש על שם סופו כמו ועתני קמה יעו״ש ובדרך זה נמי פי׳ קרא דכאשר ימצא התירוש באשכול וכו׳ יעו״ש וכך נפרש דעת המתרגם הגם שתרגם ענבים מ״מ נקראים כן על שם תכלית׳ שהם לעשות תירוש ולעולם דחמרא הוא. ומ״מ לפעמים נקט קרא תירוש במקום יין משום דאיירי ביין החדש שהוא הנקרא תירוש וכמ״ש רד״ק ז״ל בשרשים שלו ערך ירש יעו״ש וק״ל.

שם רב כהנא רמי כתיב תירש וכו׳ דה׳ בתורה ב׳ חסרים ורוב דגן ותירש ודגן ותירש סמכתיו ושלשה אחרים מלאים כמ״ש במסורת ומהני הוא דפריך רב הונא ולא מקראי דאייתי לעיל דנביאים וכתובים דהתם כולם מלאים ושוב ראיתי בספר ש״ב שפי׳ דמקרא דאייתי לעיל לתירושך ויצהרך פריך יעו״ש ונלע״ד עיקר כמ״ש וק״ל.

שם אמר רב יהודה וכו׳ אפי׳ נהמא דחיטי וכו׳ בגי׳ הילקוט לדניאל ל״ג אפי׳ אלא ה״ג אר״י וכו׳ משמיה דרב לחמא חמימא דחטי דעייתא לא אכל וכו׳ ע״כ ועיין בהריטב״א אבל שאר לחם אכל דמשמע דלא התענה לגמרי דהא שלשה שבועים ימים שהם כ״א שנה כפרש״י שם עשה כן ולגי׳ שלפנינו יש לפרש דלא מבעיא דשאר מיני לחמים העשויים לתענוג ולהמשיך תאות המאכל לא אכל אלא אפילו לחם כתית שהוא כיון שהיו מחטים נאות ונקיות לא אכל. ויראה דמייתי הך דרי״ הכא ובאמצע ענין למאי דבעי למילף דאיקרו עינוי משום דלכאורה אי לאו דרי״ אין מכאן ראיה דאימא דלעולם דניאל היה מתענה לגמרי בכל יום ודומיא דבשר ויין שלא בא אל פיו בכלל קאמר דלחם נמי לא אכל וחמודות דקאמר לא בא לפרש מן לחם פרטי אלא קראו חמודות שכל בני אדם חומדין לאכול ולשבוע ממנו וכיון שכן אימא דקרא אשר נתת לבך להבין ולהתענות לעינוי אכילה העיקרית קאי אבל סיכה וה״ה רחיצה לעולם דלא מיקרו עינוי להכי מייתי מרי״ דמפרש דשאר מיני לחם אכל וא״כ טפי מסתבר דלהתענות קאי למה שנמנע מהם לגמרי כרחיצה וסיכה ממה שנאמר דקאי לעינוי אכילה לחם דוקא דלא חשיב עינוי כיון שהיה אוכל שאר מיני לחם. וכמ״ש התוס׳ ושוב ראיתי בספר ש״ב שהרגיש במ״ש יעו״ש ובמ״ש בגי׳ אפי׳ וק״ל.

שם אמר קרא ותבא כמים וכו׳ והא תנא איפכא וכו׳ אלא אמר רב אשי וכו׳ מה שהקשה בס׳ ש״ב על מ״ש רש״י בפרק אלו מגלחין דרחיצה בכלל סיכה דכתיב ותבא כמים וכו׳ וזה הפך מסקנא דהכא יעו״ש וכן הוקשי׳ ליה נמי מסוגיא דפרק בנות כותים ל״ב א׳ דיליף התם לענין תרומה דסך כשותה מקרא ותבא כמים וכו׳ כמו שהביאו התוספות ד״ה דתנן וכו׳ אבל

ירלה לייטב עם מ"ש התו' בפרק ארבע פ"ו ע"א דה"ע דקתני מתניתין התם זכר לדבר משום דפשטיה דקרא ברחילה איירי דומיא דשמן יעו"ש ומעתה כיון דהביא אסמכתא בעלמא היא דאבלות מדרבנן להכי לא חייש רש"י ז"ל למנקט קרא דותבא כמים וכו' כיון דפשטיה ברחילה איירי וילפינן מינה דרחילה בכלל סיכה מדרבנן ועיין עוד מ"ש לקמן בסמוך ומה שהקשה בלשון הרמב"ם בחי' רפ"ה מהלכות אבל דיליף לה מקרא דורחצת וסכת יעו"ש ומה שהקשה הרל"ש שם הדבר מתורץ עם מ"ש בספר לחם יהודה שם וק"ל.

שם ולימא כשתיה וכו' למ"ש לעיל בסמוך מדעת תוספות דשבת דמתניתין דהתם קאמר זכר לדבר משום דפשטה ברחילה איירי והכא הכי פריך והא תנא איפכא קא נסיב וכו' דאי חשיב' ראיה גמורה דרחילה כסיכה כדאמרת לא הו"ל לאתויי תנא למעבד מינה אפילו זכר בעלמא יעו"ש מעתה אתי שפיר דלא מאי פריך ליה ממתני' דמנין לסיכה וכו' דהא קמן דס"ל לתנא פי' דקרא דהיינו שתיה דאדרבא להכי קאמר זכר משום דפשטיה ברחילה איירי כדאמרן אלא פריך ליה ולימא כשתיה כלומר דכיון דיש מקום לפרש דהיינו שתיה הא לאו ראיה גמורה היא והמתרץ הבין דקושייתו לומר דפשטיה דקרא בשתיה דוקא איירי ואין מכאן ראיה כלל ולזה תירץ לו דאדרבא ברחילה דוקא איירי דומיא דשמן וחזר המקשה לבאר קושייתו בהדיא דגם הוא מודה דפשטיה ברחילה איירי אלא מיהא כיון דחזינן דתנא קאמר דיש מקום לפרשה כשתיה הא לאו ראיה גמורה היא ועוד נתכון להקשות בסדר לשונו דהמקשה והא תנא איפכא קנסיב וכו' כלומר דאף שנודה לדבריך דאין מקום לפרש בקרא אלא רחילה מ"מ יש לך לשמור סדר הדרשה דמתנא דמתני' דהתם מוכח דמקיש האמור בפסוק אחרון דהיינו סיכה לאמור בכתוב ראשון ותבא כמים ולפי דרכך אתה מקיש בהפך רישיה דקרא לסופיה ולזה נתכוון רש"י ז"ל במ"ש אלמא מים דקרא שתיה ושמן הוא דיליף וכו' כלומר דשתים הנה קושיותיו ולאו כדמשמע לכאורה דלא מקשה אלא מהתהפכות הדרשות וקרוב לזה ראיתי שפירש בספר ש"ב יעו"ש ומה שהקשה שם לדרך זה דאיך רב זוטרא נעלם ממנו המשנה דמפרש לקרא בשתיה יעו"ש הנה עם מ"ש בשם התוס' יתיישב דלמתניתין נמי ברחילה איירי דמש"ה קאמר זכר [ל]דבר וכן תירץ שם מסברא דנפשיה ואם תקשה למה שפירש בכונת המתרץ דאדרבא ברחילה דוקא איירי דומיא דשמן וכו' דמי לא ידע מתניתין דיש מקום לפרש בשתיה ואם כן שפיר הקשה לו דלאו ראיה גמורה היא י"ל דסבר דמתניתין דהתם נמי סברא דברחילה דוקא איירי קרא אלא דאסמכתא וזכר בעלמא קאמר דכיון דהקיש הכתוב רחילה לסיכה מצד הדמיון שניהם שנכנסים תוך פנימיות האדם דדמיון מאכראי לא כתיב בקרא ש"מ שנדמה סיכה לשתיה מטעם זה ולאו משום דס"ל לתנא דותבא כמים היינו שתיה והשתא דאתית להכי נוכל לומר דרב זוטרא נמי מפרש לה הכי ומשום הכי ל"ק ליה מהך אלא דרב אשי לא ס"ל לפרש מתניתין הכי ומשום הכי מוכח לה מגופיה דקרא והרווחנו בזה דכיון דמר זוטרא למסקנא סבר דלמתניתין נמי קרא ברחילה דוקא איירי להכי לא חשש רש"י ז"ל בפרק אלו מגלחין ט"ו ע"ב לאתויי רחילה בכלל סיכה מקרא דותבא כמים וכו' ועיין מ"ש לעיל בסמוך. גם עם מ"ש בשם תו' דשבת יתיישב קושיית התוספות דסוגין ד"ה מנין לסיכה וכו' דה"ע דלא מוכח דסיכה איקרי שתוי מקרא דותבא כמים וכו' דאתקש לשתיה כדקתני מתני' משום דזכר בעלמא קאמר דפשטיה ברחילה איירי ולאו ראיה גמורה היא ומש"ה התוס' שם הקשו בהפך דאמאי לא מייתי מתניתין שם ראיה גמורה דסיכה כשתיה מדחשיבא עינוי כשתיה מקרא דהכא דוסוך לא סכתי יעו"ש כגלע"ד וק"ל.

רש"י ד"ה **אסור** בכל מיני מתיקה בפירות חדשים וכו' שאז הם במתיקותם ועיקר טעמם ולא"נ אפשר דל"ל בפירות הנושים בתפוחים וכו' ומ"ש בדיבור הסמוך ומותר ביין בן ארבעים יום ע"כ כלומר דאז נקרא יין גמור שאבד מתיקתו לגמרי ונתחזק וכמו שפירש ז"ל בברכות כ"ה ע"א אמתני' דעדיות ושל יין בן ארבעים שמתנסך וכו' יעו"ש אבל קודם זה שהוא מתוק הרי הוא ככל מיני מתיקה דאסור בהם ושוב ראיתי בספר מגילת ספר לאוין רמ"ב ב' שהרגיש בזה יעויין במה שפירש שם ואף גמ"ש

יש ליישב ירושלמי דנזיר שהביא שם דגרוגרות נקראים תירוש הגם שהם יבשים דרש"י ז"ל לא נחית לחלק בין לחים ליבשים אלא בפירות שמאבדים מתיקותם קצת כשהם ישנים וה"ע דלא נקט תאנים שאותם אף כשהם יבשים הם מתוקים מאד וק"ל.

ד"ה **והכתיב** יין ותירוש וכו' ואכילת ענבים אינה משכרת ע"כ דאין לפרש תירוש דבילה קטילית שהיא מתוקה ומשכרת כדלעיל דא"כ תצטרך לומר דתירוש דקרא היינו דוקא דבילה קטילית והיא הנקראת תירוש סתמא ואם כן מאי טעמא דברייתא דהנודר מן התירוש אסור בכל מיני מתיקה השתא דלא נחתינן לחילוק דבנדרים הלך וכו' דבסמוך ושוב ראיתי בספר מגילת ספר שם שהרגיש בזה ותי' באופן אחר יעו"ש וק"ל.

ד"ה **אלא** אמר רב אשי וכו' מריבויא דלישנא וכו' ומה גם דכיון דדברים אלו עשאם דניאל לאבלות משום חרבן הבית כדכתיב התם ברישיה בימים ההם אני דניאל הייתי מתאבל וכו' אין סברא לומר דסיכה יש בה משום אבלות ורחילה לא על דרך טעם שכתב הב"י י"ד סי' שפ"א דה"ע דקאמר תלמודא פרק אלו מגלחין גבי אבל דרחילה בכלל סיכה לפי שלא מצינו אסור ברחילה ומותר בסיכה והם דברי הרמב"ן ז"ל בספר תורת האדם אלא שצריך לגרום בלשון הב"י כמ"ש הרמב"ן שם לפי שלא מצינו אסור בסיכה ומותר ברחילה ע"כ ואע"ג דאיהו ז"ל פירש שם טעמא מקרא דותבא כמים וכו' וכמ"ש בסוגיא מ"מ אהני לן מיהא סברא זו לפרש בפשיטות ריבויא דלא סכתי דאתא לרבויי רחילה וכמ"ש יתורץ מה שהצריך עיון בספר ש"ב לדעת הרמב"ם ז"ל דאוסר ביוה"כ אף סיכה שאינה של תענוג לימא דאתא לרבויי הך ולא רחילה וכן לדעת התוספות מג"ל דשאינה של תענוג מותר דילמא דהכתוב ריבה אותה יעו"ש דהא ודאי מסתבר טפי לרבויי רחילה וכמ"ש וטו"ל דכיון דגבי אבל קי"ל דסיכה שאינה של תענוג כגון להעביר הזוהמא מותר כמו שפסק בפ"ה מהלכות אבילות וכדאיתא פ"ק דתעניות י"ג ע"ב משא"כ ביוה"כ כדמחלק בירושלמי דפרקין בין יוה"כ לט"ב ותענית צבור וטעמא ודאי דגבי אבל דמשום צער הוא אינו בדין לאסור אלא של תענוג בדוקא עיין בדברי הרל"ש ז"ל פ"ה מהלכות תעניות. מעתה כיון דמעשה דדניאל משום אבלות היה אין לפרש דקרא בא לאסור סיכה שאינה של תענוג ואין כאן קושיא בין לדעת הרמב"ם ובין לדעת התוספות ז"ל כגלע"ד וק"ל.

תוספות ד"ה **גמר** שכר וכו' תדע דהא הכא אליבא וכו' כונתם דאע"ג דודאי פשט הסוגיא הוא דהא דקאמר אלא יליף שכר וכו' אדר' אחא דוקא קאי דלהכי יליף מהתם שתיה בכלל אכילה משום דיליף שכר דמעשר מנזיר דווקא יין וא"כ מצינן למימר דרב אחא סבר כרבנן דר"י דאית להו ג"ש דשכר וכו' כדמשמע בכריתות שם אבל לר"י לית ליה ג"ש כלל וכלפי סברה זו הוא דהקשו בראש דבריהם וא"ת לר"י וכו' מ"מ מדפריך לרב אחא ממתניה דר"י ומשמע דהכי פריך דלר"י דדבילה קטילית הוי בכלל דשכר אל תשת וחייב ה"ה דהויא בכלל שכר דמעשר אבל לרבנן ודאי לא פריך מידי דבפשיטות י"ל דכיון דלא הויא בכלל דשכר אל תשת לא הויא נמי בכלל שכר דמעשר דכיון דלא חייב עלה רחמנא משמע דלא משכרא כולי האי ומעתה שכר דכתב רחמנא סתמא דכל דוכתא הויא מידי דמשכר כיון דכתיב גביה. וכיון שכן מאי פריך דילמא רב אחא סבר כרבנן ולדידהו שפיר יליף מהתם דשתייה בכלל אכילה אלא ודאי משמע דהכי פריך דהניחא לרבנן אבל לר"י דסבר דדבילה קטילית משכרת כיין מדמחייב עלה רחמנא לדידיה מהיכי' ילפינן דשתייה בכלל אכילה לרב אחא ומעתה הא דמשני יליף שכר וכו' לר"י נמי משני וא"כ ע"כ לומר דהכא מודה ר"י דילפינן מנזיר זהו דעת תוספות דהכא. אבל בתוספות דשבועות שם דייקי לכתוב בראיה זו בלשון וכן משמע קצת וכו' משום דיש לדחות דמדרבנן דוקא פריך וכמ"ש בחידושי שם ועיין מ"ש כאן בסוגיא וכמ"ש יתורץ מה שהקשה בס' ש"ב יעו"ש וק"ל.

מה שהקשו בח"י על תירוץ זה מסוגיא דפ"ק דנזיר יעו"ש יש ליישב לדעת תוספות דהכא ודשבועות דכיון דילפותא דשכר מעשר מנזיר אינה אלא ללמד דשתיה בכלל אכילה ולזה כבר יש לנו סברא דאלימא טפי אלא משום דאין הסברא פשוטה כל כך הוצרכו ללמוד ממעשר וכמ"ש התוספות בשבועות שם ד"ה אבעיים

קרא וכו׳ משום הכי ניחא ליה לתלמודא שם בנזיר לתרץ דשכר אצטריך לר״ש לענין מקדש דהיא דרשה פשוטה ולריבה יותר מלמימר דאצטריך לענין מעשר דאתיא כבר מסברא והגם דהוי לאפוקי מר״י להא לא חייש תלמודא דהא איכא תנאי התם בכריתות דפליגי עליה ועפי ניחא לן למימר דר״ש סבר כותייהו דלדעתם ז״ל ר״א התם סבר כת״ק דלא מרבינן שאר משכרים כדמשמע שם מדברי התוספות ד״ה אמר רב וכו׳ ועיין בכ״מ רפ״א מהלכות ביאת המקדש וכו׳ ש בספר שמות באהרן כאן ד״ה תנא וכו׳ כנלע״ד וק״ל.

באו״ד ואי״ת דהשתא מסקינן וכו׳ כתב רחמנא יין ע״ג קנקנו משמע וכל שכן דבילה קעילית וכו׳ כצ״ל וכלשון התוספות דשבועות שם כי מדברי התוספות הם לא דברי סוגיא דעירובין שם ועיין בספר ש״ב שפירש הסוגיא שם באופן אחר דלאותו פירוש אין דבילה קעילית נקחת בכסף מעשר יע״ש. ומ״ש ואי״ת דהשתא מסקינן הכא וכו׳ כונתם דבשלמא אם היינו מפרשים כדס״ד מעיקרא דסוגיין כרבנן וכתי׳ א׳ דר״י מסברא נפקא ליה ולעולם דר״י לית ליה ג״ש דשכר שכר ניחא דמצינן למימר בדוחק דסוגיא דהתם כר״י אבל למה שכתבו דר״י נמי אית ליה ג״ש דשכר דמעשר תיקשי בפשיטות וכך יש לפרש דברי התוספות דשבועות הגם שכתבו שם זה בדיבור בפני עצמו דכיון שכתבו ואי״ת ברא״ש הדיבור שאין זה מדרכם צריך לתת קשר למ״ש קודם זה וכמ״ש בעלי הכללים וז״ל ת״י דסוגיין ודוחק הוא לדחות דמלתא דהתם אתיא למ״ד דמחייב בשאר משכרין ונכנס למקדש ולית ליה שכר שכר מנזיר ע״כ ודוקא לדעתם דאסיקו שם בדיבור הקודם מכח קושית הר׳ אלחנן דבשום דוכתא לית ליה לר״י ג״ש דשכר שכר הוא שהיה מקום לתרץ כן בדוחק ושוב ראיתי בספר ש״ב שפירש קשר קושייתם כמ״ש יע״ש. ומ״ש והשתא ניחא בשמעתא דבכלל וכו׳ כלומר דהשתא ניחא נמי קושייתם דסתירת המסקנא דהכא אדעירובין דהכא מסיק דבכלל שכר דקרא ודאי לא הוי דבילה קעילית אלא דהתם מריבויא דבי״ת מרבה לה במכ״ש דיין אגב קנקנו ועיין בספר ש״ב ד״ה כתבו עוד ואי״ת השתא וכו׳ ובפרק בכל מערבין וכו׳ ועוד אפשר לפרש דכונתם להוסיף דמלבד שיתורצו בזה שאמר דריבויא דביתין קדרש שתי הקושיות שכתבו עוד יתורץ קושיא אחרת והיא הקושיא שכתבו הת״י דסוגיין דמהתם משמע דאי לאו ריבויא דביין הו״א מאי שכר דבילה קעילית והיכי מצינו למימר הכי כיון דיליף שכר שכר מנזיר יע״ש והיינו שכתבו והשתא ניחא בשמעתא דלעולם שכר דקרא אין משמעו דבילה קעילית והתם ה״ק דאי לאו ריבויא דבי״ת דביין הוה מרבינן מבי״ת דבשכר דבילה קעילית וכמו שתירץ הת״י יע״ש וק״ל.

באו״ד ואי״ת ולמה לי לרבויי התם וכו׳ עיין מ״ש בחי׳ לשבועות ועוד יש לפרש דאה״נ דבן בג בג דברייתא דעירובין שם דריש הנהו דרשות מגופיה דקרא ולא מריבויא דביתין היה מקום לומר דבן בג בג לא דריש להו בכללי ופרטי ולהכי צריך ריבויא לדבילה קעילית אבל השתא דאמרינן דבן בג בג מריבויא דביתין קדריש משום דאינהו גופייהו איצטריכו לכללי ופרטי תיקשי דלמה לי וכו׳ ועיין בס׳ ש״ב. ומ״ש שם לתרץ דה״ע דלא״ק לכו אסוגיא דהכא למאי דבעי למימר דשכר היינו דבילה קעילית דהא מכלל ופרט נפקא משום דהכא שאני דדריש מחיבת הפרט גופיה וכמ״ש מהרש״א בשבועות נלע״ד דהכא א״א לתרץ כן דא״כ מה הקשו התו׳ אה״ז דלישני הכא דמיין אגב קנקנו נפקא דהא מ״מ ל״ק כיון דמחיבת הפרט דריש ליה ולעולם דאצטריך לשום דרשא וכן תמצא בת״י דאקושיא דבסמוך תי׳ כן ואי התו׳ אסיקו דעתייהו להך חילוקא אין מקום לקושייתם דבסמוך ובשלמא בתו׳ דשבועות שם ודאי יש מקום לפרש כן כמ״ש מהרש״א שם שהרי למה שפירשנו שם בדרך השני יתבאר לך דאקושייתם דבסמוך שהביאוה התו׳ שם ברא״ש דבריהם תירץ ממש תי׳ זה כדרך שתי׳ הת״י דסוגיין יע״ש. אלא דשוב ראיתי דגם כאן יש לקיים תירץ זה ובזה נבין קשר קושייתם דבסמוך והוא דבשלמא כשנא׳ דדבילה קעילית לא גרע מכעין הפרט מעתה הכא ל״ק מידי דפשטיה דשכר קמפרש והגם דלא אצטריך לגופיה בכלל פרטא הוי ולשום דרשא איצטריך ומה״ט לא תיקשי נמי הכא דהא מריבויא דיין אגב קנקנו נפקא אלא התם דוקא תיקשי דלמ״ל ריבויא דקאמר התם דאי לא כתיב בי״ת דביין הו״א דבי״ת בשכר מרבה דבילה קעילית הא מכעין הפרט ילפינן לה שפיר אבל למה שתירצו דלא חשיבא פרי כולי האי ואי לאו ריבוי׳ לא הוה מרבי׳ לה מכעין הפרט מעתה מוכרח חזה לפרש הא דפריך הכא ואימא דבילה קעילית דהיינו דמשכר דקרא דמיותר דאילו לכלל ופרט בתרתי מנייהו סגי וליין סגי מרבינן מיניה דבילה קעילית הגם דאינה דומה לפרטי וכיון שכן תיקשי קושייתם דבסמוך דלישני ליה דמריבויא דיין אגב קנקנו נפקא ושכר דקרא למ״ל וא״כ טפי ניחא לן לומר דאצטריך ללמד דשתיה בכלל אכילה מלומר דהוי פרטא יתירא. ולענין קשר קושייתם דלקמן בסמוך מלבד מ״ש עוד יש לפרש כדרך מ״ש ברא״ש דברינו דבשלמא אי בן בג בג לית ליה דרשא דכללי ופרטי דלאו מריבויא דביתין קדריש ניחא דסוגיין כמ״ד דאיצטריכו לכללי ופרטי דהשתא אין מקום לרבות משם יין אגב קנקנו אבל למ״ש דמריבויא דביתין קדריש ולעולם דכ״ע אית להו דרשא דכללי ופרטי א״כ ודאי דסוגיין סברא ריבויא דביתין דבן בג בג דהתם וא״כ תיקשי דלישני דמיין אגב קנקנו נפקא ועיין בס׳ ש״ב וק״ל.

באו״ד ונראה לי דשפיר פריך וכו׳ דוק שלא כתבו כאן ויש לומר כמ״ש בקושיות האחרות אבל כתבו ונ״ל וזה מטעם שכתבנו בפרקים הקודמים דבכל מקום שכתבו התו׳ דסוגיין בלשון זה היא סברת עצמם ממהרי״ם ז״ל דנהיות שהתו׳ דעירובין ודשבועות ס״ל איפכא דדבילה קעילי׳ חשובה מעי״ תערובת ע״כ כתבו ונ״ל וכו׳ דמכח סוגיא דעירובין משמע דכולהו דנ״ל מריבויא דביתין אינם נקחים בפ״ע אלא ע״י תערובת ודומיא דהכי הויא דבילה קעילית. ומ״ש ואי״ת אמאי לא גמרינן דשתיה בכלל וכו׳ גם כאן יש לפרש קשר קושייתם כדרך שפי׳ בקושיות דלעיל דאא״ב דסוגיין לית ליה דרשא דבן בג בג דדריש מגופיה דקרא חמד משהחמיץ אלא אצטריך לכללי ופרטי ניחא וכו׳ ועיין בס׳ ש״ב ולעיקר קושייתם עיין מ״ש בחידושי לשבועות שם. ומ״ש ואי״ת כי גמרינן וכו׳ ועוד מאי קמל״ן קרא וכו׳ כצ״ל וכלומר דהא אתיא מכעין הפרט ומיין אגב קנקנו דבשלמא דבילה קעילית שמא אינה ראויה לאכילה והיא בפ״ע גריעא כמ״ש לעיל ועיין בת״י בסוף דבריהם דהתם דלא נחתי לפרושי דהכא פריך ואימא דבילה קעילית בעינה קאמרי שפיר דליכא למפרך מאי קמל״ן דהא בדבילה קעילית נמי תיקשי מריבויא דיין אגב קנקנו נפקא עיין שם ברא״ש דבריהם ושם תי׳ עוד כי שמא אותו יין מתוק ואינו משכר ע״כ ועוד אפשר דאפילו שיהיה חזק וחריף כשאר יין שמא דרך אכילה אינו משכר אלא דרך שתיה וכנראה שלזה כיון רש״י ז״ל ד״ה אף כאן יין ביין אין שכרות בשתייתו עכ״ד ועיין בס׳ ש״ב וק״ל.

ד״ה ומנל״ן דחשיבא וכו׳ אלא לחם חמודות לא אכל וכו׳ וה״ה אשתיה יין שהם עיקר עינוי והיינו דסיימו בתירוצם ואינו שותה יין ושותה משקה אחר וכו׳ וכן פי׳ בשב״י ומה שהקשה שם מדקאמר לקמן ואבע״א רחיצה דאקרי עינוי וגמר לה מדוד וכן נמי נעילת הסנדל גמרינן מיניה והיכי ילפינן דנימא דכל אשר התענה קאי ארעב ולמא שהיה פורש ממאכל ושתי׳ לגמרי וליכא למימר דכל אשר התענה קאי לאחריני דנימא דכל קאי אאכילה ושתיה ופי׳ בכל אשר התענה אבי מאכילה כן נמי התענה אביתר אבל האחרים אינם קרויים עינוי ועוד לשון הש״ס משמע דלא מכל נפקא ליה ול״ע עכ״ד והאמת הוא כמו שתי׳ דמכל נפקא דאם איתא דשתם עינוי אינו אלא אכילה ושתיה א״כ לימא קרא וכי התענית כאבי אלא ודאי לומר שעשה אביתר ככל העינויים שעשה אביו גם מרחיצה וכו׳ וכן ראיתי בס׳ ש״ב לקמן שם שפי׳ כן בפשיטות וק״ל.

דף ע״ז ע״א גמרא רעב מלחם ולמא ממים עיף ממאי נאו וכו׳ דס״ד דכיון דעיף היינו משתייה כדכתיב במלכים ב׳ י״ו והיין לשתות היעף במדבר ועוד כתיב באיוב לא מים עיף תשקה וכן בישעיה לא שתה מים וייעף ועוד אשכחן עיף אצל רעבון דכתיב הלעיטני נא מן האדום כי עיף אנכי וכן בשופטים ח׳ תנו נא ככרות לחם לעם אשר ברגלי כי עיפים הם אלא הכא כיון דכתיב רעב דהיינו מלחם ולמא דהיינו ממים על כרחך לפרש עיף מרחיצה הדומה להם דלהכי כתב ליה בין שניהם דאי מנעילת הסנדל דלא שייך לא ללחם ולא למים לימא קרא רעב ולמא ועיף ודחי ליה דילמא מנעילת הסנדל דגבי יתושב מאי כי אמרו העם רעב וכו׳ דמשמע שהוא דוקא היה רעב

הרי גם כל העם ההולכים אתו היו רעבים וצמאים דכן משמע מדכתיב לעיל מיניה ויבא המלך וכל העם אשר אתו עיפים ועוד כתיב התם ודבש וחמאה וכו' הגישו לדוד ולעם אשר אתו לאכול כי אמרו וכו' אבל אי פרושא דעיף היינו מנעילת הסנדל ניחא משום דדוקא דוד היה הולך יחף ולא שאר העם כדכתיב התם בשמואל ב' ע"ו ידוד עול' וכו' וראש לו חפוי והוא הולך יחף וכל העם אשר אתו חפו איש ראשו וכו' להכי כתיב כי אמר העם רעב שדוד היה יותר מעונה מהם להיות שנתוסף בו גם עינוי זה ואיכו ס"ד דאדרבא זה המכריחנו לפרש עיף מרחילה ודהוה ס"ל דכי אמרו רעב וכו' על העם עצמו קאי שאמרו כן ולשון יחיד דנקט אכל חד וחד קאי שאמר כן ומעתה אם תפרש נעילת הסנדל הרי הם לא היו יחפים אלא חפו ראשם לבד ועיין מה שפי' בס' מהר"י אברבנאל שם וכפי' משמע מסדר הטעמים כי אמרו אלו שהביאו דבש וחמאה כי בודאי העם רעב ועיף וכו' ולהיות דפשטיה דקרא משמע עפי דהיינו מרחילה דלמאי דדחי ודילמא מנעילת הסנדל צריך לפרש דקאי אדוד שהיה רעב וכו' ואי קאי גם לעם צריך לפרש דגם העם היו יחפים ונקט קרא דחפו ראשם וה"ה שהיו יחפים כדוד להכי לא דחי ליה אלא בדרך דילמא וק"ל.

מה שכתב בס' מהר"י אברבנאל שם ועוד אמרו שאותו היום היה יוה"כ והוכיחוהו מאשר היה העם רעב להיותו יום אסור באכילה ולמה להיותו אסור בשתיה ויעף מנעילת הסנדל עכ"ד לא ידעתי מנין לו זה דאי מסוגיין וכאשר רשמו שם מבחוץ אין מכאן ראיה דאין כונת סוגיין אלא להוכיח דדברים אלו שעשה בבריחתו מפני אבשלום מקרו עינוי כאשר פרש"י ז"ל והר"ן בהל' ועוד קשה שפי' עיף מנעילת הסנדל הפך מסקנת סוגיין דהיינו רחילה וק"ל.

שם מים קרים על נפש עיפה ודילמא משתיה וכו' דכן משמע פשטיה דקרא דמסיים ושמועה טובה מארץ מרחק דכמו שהנאה למים יש לו שמחה רבה במולאו מים קרים לשתות כן שמועה מארץ מרחק כבאה לו בהיסח הדעת ואין כונת הקושיא לומר דכל מקום נפרש עיף משתיה דהא ודאי גבי דוד א"א נפרש כן דהא כתיב כבר ולמא וכן בשאר מקומות מלאנו עיף נמי מאכילה כאשר כתבנו לעיל אלא הכונה דהכא נפרש משתיה כדכתיב מים וגבי דוד נפרש מנעילת הסנדל ולעולם דרחילה לא איקרי עינוי ובזה יתורץ מה שהניחו בל"ע בתוספות ישנים דסוגיין יע"ש ושוב ראיתי בהר"ן על ההלכות שפי' כן יע"ש ועיין בס' שמות בארץ דכנראה שלא ראה דברי הר"ן וק"ל.

שם אלא אמר ר"נ בר יצחק מהכא מים קרים וכו' בגירסת הרי"ף והרא"ש ז"ל ל"ג אלא שהרי אדרבא בא לקיים האמור דעיף היינו מרחילה דודאי אכתי צריכין לקרא דאביתר דמקריא עינוי וכמו שפרש"י ז"ל ויש ליישב גירסא שלפנינו דכלפי שהיה רוצה להוכיח מקרא דדוד גופיה דעיף על כרחך היינו רחילה וכמו שפירשנו לעיל להכי קאמר אלא דאין להוכיח מהאי קרא לחודיה דהא ודאי יש לדחות דילמא מנעילת הסנדל אלא עיקר הראיה דעיף היינו רחילה מקרא דמים קרים ועיין עוד בסמוך וק"ל.

שם ודוד עולה וכו' יחף ממאי לאו מנעילת הסנדל וכו' דמדנהג אבילות או נידוי בעצמו להיות ראשו חפוי מינה דיחף היינו מנעילת הסנדל שאבל ימנודה אסורים בהם ודחי ודילמא מסוסיא ומרדעקא דכלפי דוד בלא אלו יחף מקרי כמו שפירש הר"ן וניחא נמי דבשאר העם לא כתיב אלא שהיו ראשם חפוי דאם תפרש יחף מנעילת הסנדל תיקשי קצת למה שאר העם לא נהגו עינוי זה כראותם שדוד עשה כן עד אלא אמר ר"נ בר יצחק דמגופיה דקרא דדוד אין להוכיח כדבריך דיחף היינו מנעילת הסנדל אלא צריך לסיוע דקרא דישעיה לך ופתחת השק וכו' אבל לעולם דאכתי צריכי' לקרא דדוד להוכיח שנקרא עינוי וק"ל.

שם ואימא במנעלים המטולאים וכו' והיינו דכתיב ונעלך כלומר המיוחד לך דת"ח לא יצא במנעלים המטולאים כדאיתא בפרק אלו קשרים קי"ד ע"א ועלה מייתי הך קרא דישעיה יע"ש ויהיה אות ומופת שינהג מלך אשור את שבי מצרים יחף במנעלים המטולאים כדי שיטפו בלכתם בגולה אבל עיקר ההכרח דדומיא דערום קאמר הכא ולכן בפרק אלו מגלחין ט"ו ע"ב דיליף דאבל אסור בנעילת הסנדל מדקאמר ליה רחמנא ליחזקאל ונעליך תשים ברגליך מכלל דכ"ע אסיר לא פריך דאימא דדוקא בנעלו המיוחד הוא דאסור אכ"ע אבל במטולאים דלא איירי בהו לא אסר אלא יליף מהתם דכל מידי דמקרי מנעל אסור וק"ל.

שם מנעי עצמך מן החטא וכו' וכיון דקרא הכי מדרש אין מקום לפרש כאן יחף במנעלים מטולאים חדא דאין זה עונש כל כך למי שחטא ועוד דדומיא דגרונך מלמאה דהתם למאה היינו שלא בא נגרונו מים כלל קאמר נמי שלא יבא רגלך לידי יחוף שילא ברגליו בלא מנעל כלל ועוד י"ל דהתם גולים מוליכים אותם יחפי רגל לגמרי לבזותם יותר וכנראה שזה דקדק רש"י ז"ל שפירש בלאתך בגולה ע"כ וכן כתבו בהדיא בח"י יע"ש וכי תימא דהא אפי' לעיל קרא דישעיה במנעלים מטולאים וא"כ גם קרא דבתריה כן ינהג מלך אשור את שבי מצרים ערום ויחף וכו' היינו במנעלים המטולאים וכיון שכן הרי מלינו הולכי גולה שאינם הולכים יחפים לגמרי י"ל חדא דהשתא מפרשינן נמי קרא דישעיה בלי מנעל כלל ועוד דלעולם דהגולים היו הולכים יחפי רגל ממש אלא דלהיות שאין כבוד ישעיה לילך כך לא הראה אות ומופת זה אלא בלאתו במנעלים המטולאים וזה הורה שהם ילכו בלי מנעל כלל דומיא דערום דהם הלכו חשופי שת ערות וכו' וישעיה ודאי לא היה ערום ממש כדקאמר לעיל ושוב ראיתי שקרוב לזה פירש בשכ"י ז"ל ונ"ל לומר בדקדק אמאי מייתי דרשא דמנעי עצמך מהחטא וכו' לראייתו דבלשון הכתוב להודיה סגי לכן נ"ל דמדרשא זו נפקא והכונה דדרך כל המפחידים לומר אל תעשה דבר פלוני פן יבואך כך וכך הם מפחידים בדבר היותר קשה שיוכל להיות דהיינו שילכו יחפים לגמרי בגולה דאי מיירי מסוסיא ומרדעקא או בבגדים המטולאים הרי אפשר להפחידם בדבר יותר קשה רע ומר שילכו יחפים לגמרי אלא ודאי יחפים לגמרי קאמר ומ"ה מייתי ר"נ האי דרשה דמינה מוכח דיחף מנעילת הסנדל דוקא קאמר עכ"ד ועיין מה שפירש מהרש"א ועיין בספר ש"ב וק"ל.

רש"י ד"ה **וכתיב** כי אמרו העם וכו' אפשר שנתכון לומר דל"ג כגירסא שלפנינו וכתיב ביה בדוד וכו' וכן בגי' הרי"ף והרא"ש לא גרס ליה דהא ודאי בענינא דדוד כתיב ועוד דסבר דכי אמרו העם רעב וכו' לאו אדוד קאי אלא כפירוש מהר"י אברבנאל ז"ל שהבאתי בסוגיא יע"ש וק"ל.

ד"ה **ויעש** כן וכו' ישעיה לא היה רגיל במרכבת סוסים וכו' אבל ממאי דכתיב בתריה ויאמר ה' כאשר הלך עבדי ישעיהו ערום ויחף וכו' כן ינהג מלך אשור את שבי מצרים ערום ויחף וחשופי שת וכו' אין ראיה דכן דרך הגולים להוליכם יחיפי רגל דאימא דלהיות דרך מלך אשור להוליך הגולים למקום רחוק מארצם בא לומר שילכו כל הדרך ההוא ברגליהם ולא על סוסים ינהלם גם לא רצה להכריח הדבר ממאי דכתיב ונעלך תחלוץ כדרך שפירש בח"י יע"ש משום דאימא דערום קאי אליווי דנעלך תחלוץ שהלך ערום רגל דמאי דכתיב ופתחת השק לאו היינו שיסיר השק ממנו אלא שיתגור אותו בדוחק למעלה ממתנים כמ"ש ז"ל בפי' ישעיה שם יהגם דכתיב בתריה וחשופי שת ערות מצרים דמשמע שישעיה נמי הלך ערום מלבוש אימא דלהיות שאין כבוד לנביא בזה לא עשה ולא לוה לעשות אות ומופת מזה וכן צריך לומר למאי דקאמר תלמודא דלאו ערום ממש אלא בבגדים בלויים מטעם דודאי לא הלך ישעיהו חשוף שת וכו' דאין זה כבודו וכי תימא דאיך נפרש יחף מבלי מרכבת סוסים כיון שה' לא לוה לו בזה דהא ודאי ל"ק דממילא הבין זה דכיון שצוה לו שילך ערום מבלי מנעל ברגלו ודאי שלא ינהוג כבוד בעצמו לרכוב על סוס. ועל כן פי' ז"ל דהמכריחנו לפרש יחף דהיינו ממנעל ולא מסום משום דישעיה לא היה רגיל למרכבת סוסים וכו' ועיין בספר ש"ב וק"ל.

תוספות ד"ה **דתנן** מנין לסיכה וכו' והשתא קשה דמעיקרא וכו' כלומר דבשלמא מהך דהכא לפי גרסתם דלא הוו גרסי הכא אע"פ שאין ראיה וכו' לא הוה קשיא לן אסוגיא דנדה דמעיקרא מייתי מדברי תורה והדר מדברי קבלה דלא שייך להקשות יהודה ועוד לקרא אלא כדקאמר לישנא דועוד אבל היכא דקאמר ואיבעית אימא לא פריך דהוי כהא דאמרינן דבר זה כתוב בתורה שנוי בנביאים וכמ"ש בספר כללי הגמרא כ"ד ע"א משם הר' הרי"ט מוגר הבית אבל לגי' השבה השתא

תיקשי ודאי דלמאי איצטריך לאתויי ראיה מדברי קבלה שאינה אלא זכר בעלמא ושוב ראיתי שכן פירש בספר ש״ב יעו״ש. ומ״ש וי״ל דה״ק וכו׳ מה שהקשה בספר ש״ב דא״כ אמאי לא מייתי מתניתין דשבת ראיה גמורה מקרא דלא יחללו דסיכה כשתיה מדאורייתא יעו״ש י״ל קרוב למה שתי׳ הוא ז״ל דהא ודאי לענין יוה״כ סיכה אינה כשתיה כדתניא לעיל דלא אמרו ענוש כרת אלא באכילה ושתיה שהם עיקר עינוי רעבון כדילפינן לעיל משא״כ בתרומה דלכשנאמר דקרא דלא יחללו ,ראה גמורה היא הו״ל כשתית תרומה עצמה כנראה מדברי הרמב״ם ז״ל רפ״י מהלכות תרומות יעו״ש וכיון שכן אין מקום ללמוד מתרומה ליוה״כ. ומ״ש אי נמי וכו׳ אסמכתא בעלמא וכו׳ מה שהקשה בספר קרבן אהרן בת״כ פ׳ אמור פ״ו דאחר דאסמכוה אקרא דתורה עדיין יקשה למה הדור אסמכוה אקרא דכתובים וכו׳ יעו״ש הנה עם מ״ש התוספות דר״פ מוכר הבית יתיישב זה דה״ק דבר זה יש לך סמך בתורה וסמך בכתובים ועי״ל דלהיות דסמך התורה אינו מבואר כ״כ לכן הדר אסמכוה אקרא דכתובים שמבואר יותר עיין בתירוצו שם. והנה תירוצם ז״ל יש לו סמך בירושלמי דפרקין דהכא דמייתי הך דרשה דלא יחללו קאמר לית כאן סך לית כאן שותה יעו״ש וסוגיא זו איתא נמי ברפ״ב דמסכת מעשר שני וכ״כ הר״ן ז״ל בחידושיו לנדה ל״ב ע״א דהכי איתא בהדיא בירושלמי בפ״ב דמ״ש דסיכה כשתיה אינה מן התורה עכ״ד ועיין בפירוש מהר״א ניב שם ול״ל דהא דקאמר התם בתר הכי מנין שהוא כחוור בעשה ויליף לה מקרא דלא נתתי ממנו למת וכו׳ דוקא לענין מ״ש היא ולא ניליף מהכא בכל דוכתא דסיכה כשתיה מן התורה יעו״ש ועיין עוד בהרא״ש דפרקין. אלא שאין כן דעת הרמב״ם ז״ל בחידושיו וכמ״ש ול״ל לדידיה דסוגין דנדה פליגא אירושלמי ולדידיה נפרש כתי׳ הא׳ שכתבו דה״ק דבלאו קרא הי׳ לן לאסור מדרבנן ועיין מ״ש מהרי״ קורקוס ז״ל בפ״י מהלכות תרומות וכן מתבאר כתירוצו שם מדברי הרמב״ם גופיה בפירוש המשנה לרפ״ד דתרומות יעו״ש כי אין להאריך. ולשיטתם הא דתנן רפ״ו דתרומות דסך שמן של תרומה משלם קרן וחומש היינו מדרבנן וכ״כ בת״י ומה שהקשה בספר ש״ב דאמאי לא מייתי תלמודא בפרק הזהב נ״ה ע״ב דהא אשכחן דעשו חיזוק לדבריהם כשל תורה יעו״ש נלע״ד דדוקא מחומש תרומת מעשר של דמאי דעיקר תרומה זו אינה אלא מדרבנן דהא רוב עמי הארץ מעשרין הם הוא דקמתמ׳ דהיאך עשו חיזוק לדבר זה אבל בחומש סיכה דתרומה דאורייתא אה״נ שעשו חיזוק לשלם חומש לעשות סייג לאיסור אכילה ושתיה שהיא מדאורייתא ועיין בתוספות שם ד״ה וכי עשו וכו׳ ועיין בלשון הריטב״א שהביא בספר אסיפת זקנים שם דו״ל דגם שירי הטאת חילוקות שאין בהם חומש הו״ל כדמאי דלאחר שנעשית מלוגו פקע מינייהו איסור תורה ולא שייך לגזור כאן משום סייג כסיכת תרומה דאורייתא יעו״ש ודו״ק.

בא״ד ופר״ת דכל עגויים וכו׳ ליתנהו אלא מדרבנן וכו׳ מה שהקשה בספר ש״ב מהא דתניא לעיל ר״פ אע״פ שאמרו אסור בכולן לא אמרו ענוש כרת וכו׳ יעו״ש עיין בהר״ן על ההלכות [(וגם בסמ״ג עשין ל״ב)] דהקשה עליהם כך ואפ״ה בסוף דבריו נראה דמשמע ליה עפי כשיטת ר״ת דמדרבנן ניהו וכן הרא״ש ז״ל סבר הכי וצריך ליישב דכיון דברייתא דלעיל אמתניתין קאי עיין מה שכתבנו שם מעתה הוצרך ללמדנו שלא תטעה במשנתינו שכללם לכולם באחת בלשון אסור ותאמר דאסורים שוה דדרשות דנפקי מינייהו שאר עינויים דרשות גמורות ניהו אלא יש לך לפרש שאין איסורם שוה ואסור דשאר עינויים קאי שהם איסורא בעלמא מדרבנן אבל אכילה ושתיה מלבד שהיא מדאורייתא עוד זאת יש בה כרת וא״כ יש לך לומר דלא אמרו ענוש כרת אלא האוכל ושותה וכו׳. ומה שהקשה עוד שם למה לא הביא ר״ת ראיה מהא דתקן המלך והכלה וכו׳ והחיה תנעול וכו׳ עיין בת״י שם וכן הרא״ש הביאה יעו״ש אלא משום דלאו ראי׳ ברורה היא דהא יש לדחות כמ״ש בת״י ברי״ף להכי לא חשש ר״ת ז״ל להביאה וק״ל.

בא״ד ובמס׳ כריתות וכו׳ ואי הוי דאורייתא היה אסור וכו׳ דבריה׳ תמוהים דהא קאמר טעמא התם משום דכתיב ומתו בו כי יחללוהו כיון דחלליה הא אחיל וכו׳ ופשט הסוגיא שם משמע דהוי מדאורייתא וכמו הקשה בספר ש״ב יעו״ש ובדברי הרא״ש דפרקין וכן בת״י ובדברי התוספות דפרק בנות כותים אין שם ראיה ז״ל כלל ואע״ג דלשיטת ר״ת יש לפרש דהתם הכי פריך דכל דתקון רבנן כעין דאורייתא תקון וכי היכי דגבי איסור סיכה שמן של תרומה דרבנן לאחר שנסמא בו הכהן, ועשה מלוגו מותר לישראל ליהנות בו אפי׳ מדרבנן ה״ה באיסור סיכה דשמן המשחה דאורייתא לאחר שנתנו על ראשו ועשה מלוגו מותר ליהנות מיהא הוא עצמו מ״מ להביא ראיה משם להוכיח דמדרבנן כסברת התוס׳ דהכא אין לזה הכרח ונלענ״ד ליישב דבריהם כשנבין דהיכי מוכח התם מקרא דומתו בו כי יחללוהו דהכהן שסך בתרומה טהורה כבר מחוללת ועומדת הא קרא בתרומה טמאה איירי ולדיד׳ גופה איצטריך לגמרו דהכהן טמא שאכל תרומה טמאה דאינו חייב מיתה דכתיב ומתו בו כי יחללוהו פרט לזו שמחוללת ועומדת כדאיתא לס״פ הנשרפין פ״ג ע״א ובחולין קי״ג ע״ב אלא ע״כ דאסמכתא בעלמא היא והא״ק דכי היכי דגבי תרומה טמאה אין בה מיתה מטעם דמחוללת ועומדת ה״ה גבי סיכת תרומה טהורה ע״כ לא ראו חכמים לגזור אלא דוקא קודם שנהנה הכהן ממנה אבל לאחר שנהנה הרי היא מחוללת ואין בה חשש אבל אה״נ דאם איסור סיכה היתה מדאורייתא הוה אסירא אף לאחר שנהנה ממנה והוה ילפינן שפיר משמן המשחה דכל עוד שיש בו לחות שמן אכתי לא נעשית מלוגו מקרי עיין בתוספות חדשים דכריתות שם ד״ה מנין לכ״ג וכו׳ ואח״כ שפיר הוכיחו התוספות ז״ל מסוגיא זו דמדרבנן דאי דמדאורייתא היא אסור בכל ענין דומיא דשמן המשחה ועיין בירושלמי דפ״ב דמ״ש אמתני׳ דר״ש או׳ אין סכין בשמן מ״ש בירושלים וכו׳ ודו״ק.

בא״ד וחלב חי של שור הנסקל וכו׳ הא מהותך אסור וכו׳ ז״ל התוספות דפרק בנות כותים שם אבל סיכת של שומן חזיר ושל חלב שריא ובפרק כל שעה אמר כמניח חלב של שור הנסקל ע״ג מכתו פטור אבל אסור הוא משום דאסור בהנאה משמע אבל חלב דעלמא אפילו איסורא ליכא עכ״ד אבל דבריהם דהכא אינם מובנים לענ״ד חדא דהתם לא״ג חלב חי אלא גבי אוכל דהוי חי שלא כדרך הנאתו אבל ע״ג מכתו אפילו מהותך במשמע דכל גוונא הוי שלא כדרך הנאתו וכמו שפרש״י שם חלב אין דרך הנאתו אלא בהבערה ולמשוח עורות ולא לרפואה וכו׳ ואחר החיפוש מצאתי להרב בעל ספר מחנה אפרים בליקוטיו להרמב״ם בהלכות מאכלות אסורות דף כ״ב ריש ע״ג שהרגיש בזה והניח בצ״ע יעו״ש בדבריו אלא מיהו לפי גרסתם שהיו גורסים שם חלב חי דמשמע הא מהותך אסור והגם דלא הוי כדרך הנאתו וע״כ טעמא משום דנבלע בבשרו והו״ל סיכה כשתיה כתבו שפיר דמוכח מהכא דדוקא באיסורי הנאה חשיב סיכה כשתיה אבל בהיתרי הנאה לא אלא שגירסא זו לא מצאנו בדברי התוספות דשאר דוכתי ועוד דא״כ תיקשי לדבריהם דאי מהותך אסור אפילו במקום צער דמכה ללישנא בתרא דהתם היכי הוה שייך רב אשי לברותיה בגוהרקי דערלה כיון דסיכה כשתיה שהרי לומר דחלב מהותך חשיב דרך הנאתו כמו שדרכו למשוח בו עורות משא״כ גוהרקי דלאו דרך הנאת׳ בכך למשוח בשמנים בעודם בוסר וכמו שפרש״י שם א״כ הדר קושיא לדוכתא דטעמא משום איסורי הנאה הוא ולאו משום דסיכה כשתיה וכמו שהקשה בספר הנזכר אלא הנראה יותר בדבריה׳ לפרש כדברי התו׳ דבנות כותים דהכא נמי סברי לפי גירסת׳ דטעם איסור חלב מהותך משום דאיסור הנאה הוא וחשיב דרך הנאתו לדעתם והכי דייקי דבריהם שכתבו הא מהותך אסור משום דאיסורי הנאה ניהו וכו׳ ולא כתבו משום דסיכה כשתיה והמשך לשונם יתפרש כך דלא תשכחן דאיתסר סיכה כשתיה אלא ביוה״כ ובתרומה מטעם דסיכה כשתיה ובאיסורי הנאה מטעם שהרי נהנה מהם בסיכה כל דהיא כי ההיא דפרק כל שעה וכו׳ עד אמר ליה שלא כדרך הנאתן קא עבידנא דמשמע הא אם היה השמן מענבים בשולות היה אסור אף בסיכה וכן בחלב של שור הנסקל דמהותך היה אסור ובשניהם הטעם משום דאסורי הנאה ניהנו אבל חלב דהיתרי הנאה מותר בסיכה לא חשיב כאכילה ואי משום דחשיבי מיהא כשתי׳ זה לא נאמר אלא בתרומ׳ משום דאיכא אסמכתא דסיכה כשתיה ואפילו ביוה״כ ע״כ לא אסרו אלא משום תענוג אבל משום רפואה שרי וכו׳ כנלענ״ד.

והנה מתוך מה שסיימו דביוה״כ אסרו משום תענוג וכו׳ משמע דבהיתרי הנאה שכתבו דמותר לסוך היינו אפילו במקום תענוג שלא כדברי איסור והיותר הארוך בכל ל״ע שפירש

דבריהם לפרק בנות כותים דוקא במקום צער יע"ש וכן משמע בהדיא מדברי סמ"ג בחלק הלאוין ה' שבת דף כ"א ריש ע"ב וכמו שהאריך בזה בעל ש"ך ליורה דעה סימן קי"ז בספרו נקודות הכסף שם לדעת ר"ת יע"ש ובט"ז שם ובספר כנה"ג שם הגהת ב"י אות י"ז יע"ש כי אין להאריך כאן בזה. ומה שסיימו כללא דמלתא היכא דאינו בשביל תענוג שרי כנ"ל וכמו שהגיה מהרש"א ז"ל וק"ל.

ד"ה **מנין** לסיכה וכו' תימא לי וכו' הא מהאי קרא נפקא וכו' קושייתם זו שייכא למה שכתבו בדיבור הקודם בשם ר"ת דכל הני קראי אסמכתא בעלמא ומדרבנן נינהו ומעתה קשיא להו דהגם דפסוק זה אינו אלא זכר לדבר מ"מ לסמוך ע"ז איסור מדרבנן די לנו וא"כ כיון דמתני' קתני בהדיא דאיסור סיכה דיוה"כ אסמכוה רבנן אהך קרא דותבא כמים אמאי אצטריך תלמודא לעיל לאהדורי אקרא דסוך לא סכתי ובשלמא אי אמרינן דסיכה מדאורייתא אסירא ניחא דאצטריך תלמוד למילף בגילוי מלתא דסוך לא סכתי [(עיין בסוגיא דריש בבא קמא)] דמקרא דותבא אין שם אלא רמז בעלמא ואה"נ דהוה קשיא לן איפכא דאמאי מתני' שם לא אייתי קרא דסך לא סכתי המפורש יותר וכמו שהקשו בתוספות שם בפרק אר"ע אבל כיון דמדרבנן היא ובסמך בעלמא דמתני' סגי לן תיקשי למאי איצטריך לאהדורי אקרא דדניאל ותירצו דלהכי מייתי מקרא דדניאל דמשמע שלא נמנע אלא מסיכה של תענוג מדכתיב להתענות כלומר שלא היה סך כרצונו בין לרפואה ובין לתענוג אלא היה מענה עצמו דשלא לצורך כברתי לא היה סך כלל אבל בענין הלחם לא היה מענה עצמו אלא מלחם חמודות דוקא אבל משאר לחם היה אוכל כרצונו בין כשהיה רעב ובין כשלא היה רעב וכמו שחילקו לעיל ד"ה ומנ"ל דחשיבא וכו' יע"ש. ובמה שפירש יתורץ מה שהקשה בספר גופי הלכות בכללי האלף אות מ"ז יע"ש ועיין בספר ש"ע. ומה שהקשה עוד שם דכיון דאיכא תרי גווני סיכה היכי יליף מייתור וסוך לא סכתי רחיצה אימא כוליה לסיכה אתי וחד לתענוג וחד ללא עכ"ד וכעין קושיא זו הקשה בספר ש"ב לעיל ועיין מה שתרצתי בפרש"י ד"ה אלא א"ר אשי וכו' וק"ל.

באו"ד ואי לא כתב אלא קרא דדניאל וכו' דכמה עניינים של צער וכו' כונתם דמדניאל אימא דאין ללמוד ממנו לחייב באותן עינוים ביוה"כ שהרי הפריז על המדה לעשות זה ג' שבועים ימים ולהתענות בכמה ענייני צער לחם חמודות וכו' ולהכי מאותם הדברים דקאי עלייהו להתענות דהיינו רחיצה וסיכה שלא היה רוחץ וסך כלל והם עיקר העינוי כמ"ש לעיל ד"ה ומנ"ל דחשיבא וכו' גבי סיכה אימא שאין ללמוד מהם אלא דוקא חד מעינויים שבשב והייתי אומר שהיא רחיצה הנוהגת יותר אבל סיכה דניאל לגרמיה עבד להכי איצטריך קרא דותבא ללמד דסיכה כשתיה ואין צורך ללמוד זה מדניאל ומעתה ע"כ מדכתיב בדניאל להתענות בשנלמוד איזה עינוי ממנו ללמוד לאיסור רחיצה דוקא אתא דשאר עינויים חוץ מרחיצה לא חשיבי כל כך עינוי ולא קאי עלייהו קרא דלהתענות דה"ע דפשיטא ליה לתלמודא לעיל ללמוד סיכה מדניאל הגם דלא ידע אכתי דרשא דותבא כמים וכו' משום דכיון דאכתי לא הוה ידע ריבויא דסוך לרחיצה א"כ ע"כ דלהתענות אסיכה שלא סך כלל דוקא קאי כמ"ש התוספות שם כנלע"ד לפרש דבריהם ובזה יתורץ מה שהקשה עוד בספר גופי הלכות שם יע"ש בדבריו ושוב ראיתי בשכ"י שפירש קרוב למ"ש וז"ל כונתם דאי לא כתיב אלא קרא דדניאל לא הוה אסרינן סיכה פירש לא היינו אומרים דלהתענות קאי אסיכה דכמה עניינים של צער שהיה מענה ומצער נפשו כגון לחם חמודות וכו' ולא גמרינן מהתם פירש לא גמרינן דהכי איקרו עינוי דאמרינן דלהתענות לא קאי עלייהו משום שלא היה פורש ממאכל ומשתה לגמרי אלמא כל היכא דמלינן לאוקומי קרא דלהתענות אעינוי דמצער טפי מוקמי' ליה וא"כ מאחר דסוך וכו' ברחיצה וסיכה דילמא דלהתענות ברחיצה דמצער טפי מסיכה וסיכה לא אקרי עינוי והכי שאמרו דילמא חד משאר עינויים שעשה הוה אסרינן דקאי עלה להתענות אבל סיכה דלא מצער כולי האי לא אסרינן דלא קאי עלה להתענות קמשמע לן מקרא דותבא כמים סיכה כשתיה השתא דשמעינן דלהתענות קאי לסיכה מכ"ש דקאי לרחיצה דמצער טפי ולהיות שארוכות זה לא שייך למאן דיליף לקמן רחיצה מדוד לפיכך אמרו ועוד דמקרא דותבא וכו' עכ"ד. ומה שסיימו ועוד דמקרא דותבא וכו' למילף גבי תרומה וכו' אע"ג דלתרומה הא איכא אסמכתא דולא יחללו כדאיתא בפ' בנות כותים וכמ"ש בדיבור הקודם מ"מ איכא אסמכתא מפורשת דהיינו דקאמר התם ולאב"א מהכא ותבא כמים וכו' וכמו שכתבתי לעיל שם על דברי בעל ספר קרבן אהרן יע"ש וק"ל.

ע"ב גמרא **אם** תענה מתשמיש וכו' והא דלא יליף מהא דאמר לעיל ע"ד ע"ב וירא את עניינו ואמרינן זו פרישות דרך ארץ משום דאינו מבואר כל כך די"ל לדרוש באופן אחר כמ"ש שם. והא דאצטריך לפרש ואם תקח מגרות הגם כי מבואר הוא בכתוב דכתיב ואם תקח נשים על בנותי משום דבזה רצה להכריח דפי' אם תענה היינו מעינויי תשמיש שימנע מהם עונתן דלכאורה הוא הפך עינוי האמור בכל מקום דהיינו עשיית תשמיש כן אמת דהכא ע"כ א"א לפרש שלא יעשה עמהם תשמיש שהרי נשיו היו אבל מ"מ היינו מפרשים אם תענה אותם להכעיסם ולצעריהם בעסקי הבית על דרך מה שתירגם יונתן בן עוזיאל שם אין תסגיף ית ברתי למעבד לכן עולבנא וכו' ועיין מ"ש הרא"ש שם להכי קאמר דדומיא דואם תקח דהיינו מגרות שיקח נשים אחרות נשכב עמהם אשר ימשך מזה למנוע עונת בנותיו במקצת קאמר נמי אם תענה שתמנע מהם עונתן מאיזו סיבה אחרת מבלי סיבת הצרות וכהאי שלזה כיון רש"י ז"ל במ"ש ואם תקח מגרות השביעו כמשמעו וכו' כלומר שלא בא התלמוד להוסיף פי' בזה יותר ממשמעו של מקרא אלא נקט תלמודא פשטו של מקרא שכשביעו כמשמעו וכו' וזה ללמוד הימינו דאם תענה נמי היינו להשבית עונתן ובס' שמות בארץ פי' כונתו באופן אחר שאינו מחוור לע"ד יע"ש וק"ל.

שם ואימא אידי ואידי מגרות מי כתיב אם תקח ואם תקח כתיב וכו' דבשלמא אי הוה כתיב אם תקח נשים על בנותי ואם תענה את בנותי הו"מ לפרושי שפיר אידי ואידי מגרות וו"ו דואם תענה נתינת טעם אל הקודם מה טעם אני מזהיר אותך שלא תקח צרה להיות שימשך בזה לענות את בנותי אבל כיון דכתיב ואם תענה ברישא אי אמרת אידי ואידי מגרות ע"כ לפרש ואם תקח פי' דאם תענה היא דהכא לא שייך לפרש מ"ט אם תענה מגרות משום ואם תקח וא"כ לימא אם תקח בלא וי"ו וכן מתבאר מדברי רש"י ז"ל שפי' מי כתב אם תענה אם תקח וכו' מילתא אחריתי היא עכ"ד והוצרכתי לבאר זה לאפוקי ממה ששמעתי מקשים שבחגיגה י"ב ע"ב הוריות י"ב ע"א כריתות ה' ע"ב יומא פ"ו ע"ב מלינו דדרים וא"ו דקרא שבא ליתן טעם אל הקודם יע"ש דמעיקרא אין כאן קושיא דלא דמו לענין דרשא זו כאשר יראה המעיין וק"ל.

שם וחד לצרות דאתיין ליה מעלמא דומיא דואם תקח וכו' מה שהוצרך להוסיף כאן דהכי מסתברא דומיא דאם תקח וכמו שפרש"י ז"ל משום דאם תאמר מי הכניסני לדוחק זה דאין דרך להזהיר מתחילה על הקל ואח"כ על החמור כדפריך ליה בתר הכי תריץ דיותר נח לנו לסבול דוחק זה דהשתא דומיא דאם תקח קאמר מלפרש אם תענה מתשמיש דלא דמי כל כך לאם תקח ועוד דהוי הפך לשון המקרא דהיינו עשיית תשמיש ומה גם כי י"ל דלהיות שהכיר לבן ביעקב בטוהר וזכות מעשיו לא רצה להזהירו קודם על לקיחת נשים אחרות כאילו היה חושדו שטוף בתאוה אלא הזהירו תחילה על הדבר המצוי שלא ישוה את השפחות לבנותיו להיות שגם הם ילדו לו בנים כמותם ומכ"ש שלא ליקח נשים אחרות נכריות שאינך צריך להם ואין זה מדרכך להיות שטוף בנשים והמתרץ השיב לו דאפ"ה היה לו להזהירו תחלה על החמור כי הרי יש מקום ללבן לומר שאני חושדך בלקיחת נשים אחרות מצד תאוה אלא לסיבת שעדיין לא השלמת להעמיד י"ב שבטים כי עדיין בזמנין לא נולד שמא יערב לך ליקח נשים אחרות למהר ולהשלים הי"ב שבטים וא"כ אכתי לימא קרא אם תקח ואם תענה וכו' דכן דרך להזהיר על החמור תחילה ועיין מה שפרש"י בחומש פי' ויצא על פסוק הבה את אשתי וכו' וק"ל.

שם אמר ליה התם שעיבה מביאות אחרות וכו' והא דכתיב בס' דברים תחת אשר עניתה אשר ענה את אשת רעהו תחת אשר ענה ובנביאים מלינו ואת פלגשי ענו וכו' ויחזק ממנה ויענה נשים בלשון ענו ודומיהם בשלמא לפי' ואני שמעתי שפרש"י דמביאות אחרות היינו שלא כדרכה איך נמי יתפרשו בדרך זה

אבל לפרש״י שעינה אותה שלא בא עליה בימים שעמדה אצלו זיקשי מהנך דהא אשכחן דתשמיש גופיה איקרי עינוי ושוב ראיתי למהרש״א ז״ל שהוקשה לו זה והך לא קשיא לי לכולהו פרושי דאמאי לא מתרץ תלמודא דדילמא דינה באונס נבעלה ולהכי כתיב בה ויענה אבל תשמיש דברצון לא אשכחן דאיקרי עינוי דהא בנערה מאורסה דנסקלת ובודאי שהתרו בה כדאיתא בספרי פ' כי תצא שם אם כן ברצונה ומזידה היתה ואפ״ה כתיב בה ואת האיש על דבר אשר עינה וכו' ומה שהקשה רש״י ז״ל לפי' ואני שמעתי דאימא אם תענה נמי בשלא כדרכה י״ל דדומיא דואם תקח דהיינו שבלקיחת הצרות ימנע מהם עונתן קאמר נמי אם תענה להשבית עונתן ועיין בחומש פ' וישלח דאיהו ז״ל פי' שם בן ויענה שלא כדרכה והכי איתא בילקוט שם ועיין במנחת יעקב שם מה שתירץ על זה ועיין בס' תפארת יוסף על רש״י סוף פ' וישלח שיישב קושיות רש״י ז״ל על פי' ואני שמעתי יעי״ש וכן בליקוטי מים חיים לפרקין כתב דמפי' תו' לקמן ד״ה מה רואה וכו' משמע דס״ל כפי' ואני שמעתי. ושמא יש ליישב פרש״י דמודה ז״ל דהיכא דכתיב עינה לחודיה שנפרש בשלא כדרכה אלא דהכא דכתיב ויענה בהדי וישכב משמע דבדרך שכיבה כדרכה הוא שעינה אותה וה״ט דלא פריך תלמודא דאימא אם תענה היינו בשלא כדרכה דדומיא דאם תקח דמסתמא לוקח אותם לבא עליהם בדרך כל הארץ קאמר נמי אם תענה אבל לפי' ואני שמעתי שרוצה לפרש ויענה שלא כדרכה הגם דכתיב בהדי וישכב ה״ה דתיקשי לדידהו דהכי נמי נפרש אם תענה הגם דכתיב בהדי אם תקח ועי״ל דס״ל ז״ל דמעשה דדינה ברצונה היתה דכן משמע קצת מהא דאי' בב״ר הובא בילקוט פ' וישלח אקרא דויקחו את דינה וכו' היו גוררין בה ויוצאין א״ר הונא הנבעלת מערל קשה לפרוש וכו' יעי״ש ואם מתחילה שלא ברצונה לא היתה בא' לגדר זה שלא היתה רוצה לצאת מבית שכם וזה מסייע לנו לפרש שהיא היתה מתאוה יותר אלא שעינה אותה ועיין בספר תפארת יוסף שם ובשתא ניחא מאינך קראי וה״ט דלא פריך ר״פ מנייהו משום דיש לפרשם בבעל כרחה אבל לעולם דתשמיש ברצון לא איקרי עינוי וכן ראיתי את״ז להרמב״ן ז״ל בחומש שם דלאחר שהביא פרש״י והראב״ע שם כתב ואין צורך כי כל ביאה באונסה תקרא עינוי וכן לא תתעמר בה תחת אשר עניתה וכו' ויגיד הכתוב כי היתה אונסה וכו' יעי״ש והגם שחלוק על מ״ש דאיהו סבר דמעשה דינה באונס היתה מ״מ נקוט מיהא דשאר עינויים הכתובים בתורה יש לפרשם באונס ובזה תגוק עליו רש״י ז״ל כאן דמעשה דינה ברצון היתה דכן מוכיח סוגיין דלפי' הרמב״ן מאי מקשה ר״פ מעיקרא שאני הכא דקרי ליה עינוי משום אונס ולעולם דתשמיש ברצון לא איקרי עינוי וכן מצאתי בס' שמע שלמה פ' וישלח שהקשה עליו כן יעי״ש. ואי קשיא לך אכתי לפרש״י ז״ל דאמאי לא פריך תו רב פפא מקרא דנערה המאורסה תחת אשר עינה דהתם ברצון איירי ומשמע דלא שייך לשנויי התם שעינה מביאות אחרות י״ל דהתם נמי ה״ק דלהיות שאין אשה כורתת ברית אלא למי שעשאה כלי הרי זה נחשב לה לעינוי מעתה שלא יוכל לבא עוד עליה להיותה אסור' עליו א״נ י״ל כמ״ש הרמב״ן שם פ' כי תצא דנקט אשר עינה להיות שלא פתה אותה ולא דבר על לבה להשמע אליו יעי״ש ועיין מה שהקשה הפר״ח שם לפי' ואני שמעתי מסוגיא דפ״ק דקדושין יעי״ש ובס' תפארת יוסף שם כנלע״ד ליישב פרש״י ז״ל ועיין בס' ש״ב ובס' מגלת ספר בחלק הלאוין פ״א דף כ״ב ע״א וק״ל.

שם התם שעינה מביאות אחרות וכו' מה שהקשה בספר שמע שלמה פ' וישלח מהא דגרסינן בכתובות מ״ז ע״ב עונתה אלו אונות וכה״א וירעבך א״כ כפי דברי ר״א שם בכתובות ליפרוך התם ביומא ממאי דהאי אם תענה תשמיש דילמא אם תענה מאונות ואם תקח נשים מצרות והשתא לא מצית לתרוצי אם תקח ואם תענה מבעי ליה דהיי נפש עדיף עפי ויש ליישב בדוחק עכ״ד נלע״ד לתרץ בפשיטות דהכא מודה ר״א דהיינו תשמיש דהא דומיא דואם תקח דאיירי בלקיחת צרות דימשך מהם להשבית עונתן איירי נמי אם תענה ועוד דזה לא היה חושד לבן שלא יתן להם אונות דאפילו קל שבקלים לא יעשה כן אלא דוקא במניעת עונתן או בלקיחת נשים אחרות מלד שהגיד לו שעתיד לעמוד ממנו י״ב שבטים כדפרש״י בחומש אקרא דהבה את אשתי יעי״ש יהבי איתא בילקוט שם חשש דלאחר שיולד לו בנימין ונשלמו י״ב שבטים לא יחוש עוד לעונה שלהם ולא״י שלאחר לידת בנימין יקח נשים אחרות מש״ה הוצרך להשביעו על זה ולא על אונות וכו' תימא דא״כ אמאי לא יליף ר״א מהכא דהיינו תשמיש כדקאמר ת״ק התם י״ל משום דמשמע ליה גופי לפרש שארה דהיינו עונה כדכתיב את כל שאר בשרו ולא משמע ליה לפרש אונות מדכתיב ואשר אכלו שאר עמי דלדידיה לא מכרעא האי דרשא כ״כ ולהכי אייתר ליה עונתה לאונות דיש מקום לפרשה כן מדכתיב ויענך וכו' וק״ל.

שם אסור לסוך וכו' ואם היה חולה וכו'. מדלא נקט הכא בדלעיל ואם להעביר את הזוהמא מותר שכך היה דרכם כדמוכח בברכות דלאחר הסעודה היו סכין ידיהן בשמן משום ידים מזוהמות שמעינן דסיכה אפילו אינה של תענוג אסורה והכי איתא בירושלמי דפרקין דבי״כ בין סיכה שהיא של תענוג בין סיכה שאינה של תענוג אסורה בט״ב ובתענית צבור סיכה שהיא של תענוג אסו' שאינה של תענוג מותר ופשוט דשאינה של תענוג לאו היינו מי שיש לו חטטין בראשו וכמו שפי' בספר קרבן העדה שם דהא פשיטא דבמקום צער לא גזרו רבנן ואף למ״ד דאיסור סיכה מדאורייתא היא הא צריך לומר כמ״ש הר״ן בריש הלכות דפרקין דהתורה מסרו לחכמים והם יאמרו באיזה מקום אסור יעי״ש ולמה נפרש דירושלמי פליגא אתלמודא דידן אלא ודאי דשאינה של תענוג דירושלמי היינו להעביר הזוהמא אבל מי שיש לו חטטין מותר כדקאמר תלמודא וכן מבואר בהדיא בדברי הר״ן שכתב ד״ה ואם היה חולה או שהיו חטטין וכו' אבל בלאו הכי כל סיכה אע״פ שאינה של תענוג אסורה דגרסינן בירושלמי סיכה בין שהוא של תענוג וכו' וזה פשוט וכן מתבאר מדברי הרמב״ם והרב המגיד בסוף הלכות שביתת עשור יעי״ש וכ״כ הטור ז״ל סימן תרי״ד אבל בלאו חולי אפילו אם אינו סך לתענוג אלא להעביר הזוהמא אסור ע״כ וכתב הב״י דכ״כ הר״ן מדגרסינן בירושלמי וכו' וזה פשוט. ובמ״ש יתורץ לך דלמה ברחיצה התירו אפילו להעביר זוהמת ליכלוך ידים ורגלים משא״כ סיכה והא תרוייהו ילפינן להו מדריבוא דוסך לא סכתי וכמו שהקשה הפר״ח ז״ל סימן תרי״ג וכן כתב הב״ח שם דל״מ לר״ת דסבר דמדרבנן ניגהו דראו להקל ברחיצה הצריכה יותר מבסיכה אלא אפילו למ״ד דמדאורייתא הרי הדבר מסור לחכמים והם ראו להקל ברחיצה עפי ועיין עוד מ״ש רבינו מנוח בחידושיו על הרמב״ם שם אלא שבאמת דמסתמיות דברי התוספות דלעיל סד״ב דתנן מנין לסיכה וכו' משמע דכל שאינו משום תענוג מותר אף בסיכה גם' ר״ת יעי״ש אבל מדברי המרדכי סוף הלכ' יוה״כ מתבאר כדברי הר״ן דרחיצה דוקא של תענוג אסרו יעי״ש. והנה מה שנראה מדברי ה״ה ז״ל סוף הלכות תענית דזו״כ סיכה שאינה של תענוג להעביר הזוהמא מותר דהא שכתב הרמב״ם שם דבט' באב אסור סיכה של תענוג כתב בריוחא שם אסור בסיכה ובנעילת הסנדל וכו' ודבר ברור הוא דלא עדיף מיוה״כ וכן הדין לרחיצה שמותר ביוה״כ ע״כ וכבר תמה עליו הרל״ם שם ונלע״ד לפרש כונת ה״ה דהגם דבריותא קתני גבי ט״ב סתמא דאסור בסיכה ע״כ דלאו כל סיכה קאמר דהא לא עדיף ט״ב מיוה״כ דבשאינה של תענוג כגון מי שיש לו חטטין דמותר אלא אדרבא יש לנו לומר דגרע ט״ב מיוה״כ דהא לדידיה כל עינויים דיוה״כ דאורייתא ניגהו ולהכי בט״ב כל שאין של תענוג אפילו להעביר הזוהמא מותר ולא אסרו אלא של תענוג בדוקא וכמבואר בירושלמי דפרקין שהעתקנו לעיל ושוב ראיתי בס' ש״ב שהאריך בזה ופי' כונת ה״ה כמ״ש יעי״ש ובס' משנה רוקח להלכות תענית שם וק״ל.

שם מאי טעמא וכו' משום דהיה מקום לפרי' דה״ט משום דמאכיל תקינו נמי רבנן נטילה באוכל עצמו להכי בעי תלמודא מ״ט וקאמר אביי שיבתא אבל משום מאכיל אין צריך נטילה כדמסקינן בפרק כל הבשר ק״ז ע״ב יעי״ש.

כתב הרב המאירי ז״ל מדיחה אשה וכו'. ודבר זה מקצת חכמי צרפת פירשוהו אף בנוטל ידיה שחרית ולא עוד אלא שהם מתירים ליטול את הידים בשחרית משום רוח רעה השורה על הידים ומביאים ראיה משהרי התירו להדיח ידיה כשנותנת פת לתינוק משום שיבתא הא״ש שאנו מתירים לו מסכנת עצמו והרי אמרו

יד לעין וכו' ומה שהוצרכו להתיר בהדחת ידה פירושו משום שיבתא מועטת שאע״פ שנטל בשחרית מ״מ אחר שהסיח דעתו יש לחוש משום שיבת' מועטת שהיא כדאי להזיק לקטן ולא לגדול ומה שפירשו בתוס' מחמת מאכיל שאין המאכיל צריך נ״י פי' במאכיל לגדול שאין שיבתא מועטת מזקת לו. ומ״מ יש להקשות בזה ממה שאמרו בפ' כל הבשר אבוה דשמואל אשכחיה לשמואל דקא בכי א״ל אמאי קא בכית א״ל דמחיין רבאי א״ל אמאי מחייך א״ל דאמר לי ספית לינוקא לברתי כי לא משית ידיך א״ל ואת אמאי לא משית ידיך א״ל הוא אכיל ואנא משינא א״ל לא מסתייה דלא גמירי אלא מימחא נמי מחו דהא אוכל מחמת מאכיל אין מאכיל צריך נ״י אלא אוכל והרי אוכל זה קטן היה ואעפ״כ אמרו שאין המאכיל צריך נ״י אלא זו שבכאן כשלא נטלה ידיה שחרית אבל בנטלה שחרית אינה צריכה ליטול בשעה שנותנת פת לתינוק. וא״כ למדנו שלא היתה רשאה ליטול שחרית שא״כ תיטו' שתי ידיה מצד עצמה אלא ודאי אין היתר נטילה משום שיבתא אלא לצריך להאכיל ומה שאמרו יד לעין תקנן כלה היא להזהיר על הנקיות. ואף לבודק עצמו הם אומרים שלא ליטול ידיו אלא מתפלל כדרך כל הטמאים המתפללים או יתנקה בעפר צרורות ואף גדולי המחברים נראה דעתם שאף לבודק עצמו אסור לו ליטול. ומ״מ רוב גאונים מתירים והדבר נאה להיות תפילת יוה״כ בטהרה ואף גדולי המפרשים מתירים נטילה אף למי שלא בדק עצמו ולא עוד אלא שמצריכים לה שהרי מצוה היא שמברכין עליה ולא הוצרכו להתיר באשה בהדחת ידה א' אלא בנותנת פת לתינוק בלילה קודם שחרית שאין עדיין חובת נטילה עליה אלא שהיא צריכה להדחת יד א' משום שיבתא וכו' שמחצי הלילה ואילך יש שם שיבתא אבל בשחרית נוטלת היא מצד עצמה שהנטילה מצוה היא והרי כל טבילת מצוה הותרה כמ״ש ואם בדק עצמו אפילו בשאר שעות היום נוטל ואעפ״י שא״צ לתפלה שכל שאינו מתכוין להנאה מותר כ״ש במקום שיש שם נדנוד מצוה כזה שבדק עצמו שבודאי מצוה עליו להיות כל שעה מוכן לתורה ולתפלה וכן שיש שם סרך נקיות וכמ״ש זה בכלל במקדש כל המטיל מים טעון קידוש ידים ורגלים וה״ה אם ראה קרי ורצה לטבול שמותר אע״פ שאמרו בטבילותא מ״מ הואיל ואין כוונתו להקר אלא לטהרה ונקיות ושתהא תפלתו ערבה עליו כשהיא בטהרה מותר. אלא שקי״ל בשיטה זו היאך נאמר שמאי הזקן היה מאכיל את בנו קודם שחרית ואין הדבר נאה לומר שיהא הוא זקוק לכך אלא בבן הכרוך אחריו והיה הוא מתכוון אף קודם זמנו ומאכילו אחר שכבר הגיע שעה הראויה לו. אלא שנ״ל שזו של פרק כל הבשר עדיין נטילה המאכיל לא נתרחקה כ״כ שמתחדש שם רוח רעה חוזמתא שבשחרית היה אבל זו שבכאן הענין בתינוקות שמתחילין להכנס קודם זמנם ונ״י שבשחרית כבר נתרחקה הרבה ונתחדשה שם רוח רעה חוזמתא אם מתוך שינה אם מתוך היסח הדעת ארוך ומתוך כך הוצרכו להדחת יד א' או שמא זו שבפרק כל הבשר אף המאכיל קטן היה והולך לבית הספר ואין חוזמתא מצויה בו כל כך לחוש בו כמו בגדול שהוצרכו להתיר בו הדחת יד א'. ומ״מ רחיצת הפנים אין ספק באיסורה אלא שמי שעיניו נוזלות או שאיזו ליחה מתקבצת בעיניו הרי היא במקום טינופת ומותר להעביר יד טופח עליהם אבל פניו עצמם לא התירו בכם אלא העברת מפה כמו שכתבתי ובתלמוד המערב אמרו ר״י בריה דריב״ל בתענית צבור מרחיץ ידיו ופניו כדרכו בט״ב מרחיץ ידיו ומעבירם על עיניו ביוה״כ מרחיץ ידיו ומקנחם ומעביר את המפה על פניו עכ״ד.

שם אבעיא להו הרב אצל התלמיד מהו וכו' תא״ש דמדלא אשמועינן ברייתא רבותא טפי דאפילו אצל התלמיד מותר לעבור שמעינן דאביו וכו' דוקא קאמר י״ל דמבעיא ליה דאי״ל דנקט אביו וכו' לומר דאף בזה לא התירו אלא עובר במים ברגלו אבל מעבר לשוט אסור ובספר בה״ג הביאו הטור סימן תרי״ג יעי״ש ולס' הטור שם דמעבר לשוט הוי קיל טפי מבעיא ליה אי אצל תלמיד מותר לעבור כדרכו ולעבור על איסור רחיצה או דילמא דתלמיד במעבר דוקא התירו או דילמא דאפי' במעבר אסרו ופשיט משיורי דאזל במים כדרכו וכו' א״נ י״ל דלמאי דקאמר לקמן דע״כ לא התירו אלא בתנאי שלא יוציא ידו מתחת חלוקו משום משאוי או משום סמיכה משתה אימא דדוקא גבי אביו ורבו התירו משום דאימת רבו עליו אבל אצל תלמיד ליגזור דילמא יוציא מתחת וכו' קמ״ל ועיין עוד מה שפירש הפר״ח ז״ל סימן תרי״ג סעיף ז' ושוב ראיתי בספר ש״ב שהרגיש בזה ותירץ באופן אחר יעי״ש. בירושלמי דפרקין איתא היה הולך אצל רבו אצל בתו ועבר כיס או נהר אינו חושש ע״כ ובספר שדה יהושע בירושלמי ספ״ק דתענית דאיתא נמי הך רצה להכריע מכח זה דה״ה אצל תלמיד יעי״ש אבל יש לדחות דאפשר דאיירי כגון שבתו צריכה לו מאד לסיבת מה או הוא צריך לה דלא גרע משומרי פירות דמותרים לעבור בהליכה אבל הרב אצל תלמיד שלא לצורך גדול אכתי מספקא לן. וז״ל הרב המאירי ז״ל ואף רב אצל תלמיד אע״פ שבגמרא נשאר בספק יראה שכל שמתכוין בו למצוה או לצד מוסר שמותר ע״כ וק״ל.

שם תא שמע דאר״י בב״ח אנא חזיתיה לזעירי וכו' רב אשי אמר כהוא ר״ח בר אשי הוא דאזיל וכו' בשכ״י פירש דרב יצחק כד אתא לקמיה דזעירי מצא לזעירי מעבר הנהר ומזג הנהר לאחוריו ורבי חייא הוא אתי לקמיה וחשב מתא שזעירי עבר הנהר לכבוד תלמידו א״ל רב אשי שהוא היה שם מעיקרא ולכן ראה כל המעשה ולא כן היה המעשה אלא שר' חייא אתא לגביה דזעירי וכשראית אותם אתה היו מטיילים דרך טיול בעלמא עכ״ד וק״ל.

שם א״ל אביי א״כ אתה מכשילן וכו' הגם דסברא זו תנן לה בספ״ק דר״ה גבי עדי קידוש החדש ואמרינן התם דמ״ד שר״ע עכבן וכו' יעי״ש מ״מ ס״ד דרב יוסף דדוקא לקידוש החדש דשמא אנו צריכים להם לשנה אחרת הוא דעבדינן תקנתא כדי שלא תהא מכשילן אבל הכא אם תבקשנה ככסף וכו' כתיב וכל אחד יש לו לזרוז עצמו לבא לפרק' ואף אם ישאר שם ולא יוכל לחזור וק״ל.

הנה לכאורה היה אפשר לדקדק ממאי דתלמודא הפסיק בין ענין להקביל פני רבו ובין הך דמבעי' למיתי לפרק' בהביא דרבא דשרא למעבר במיא לנטורי פירי שאינו מכניס לאשמועינן דבשמירת פירות נמי אמרינן דבחזרה מותר דהך נמי הפסד ממונו הו״ל כמצוה וחסה תורה על ממונן של ישראל והכא נמי עבדינן תקנתא כדי שלא ימנע מלעבור וז״ל הר״ן בד״ה לנטורי פירי וכו' ומשום הפסד ממונו התירו לו כמו שהתיר משום מצוה ע״כ וכן משמע מדברי סמ״ק בפנים כמ״ש הב״ח בסימן תרי״ג יעי״ש אלא שהטור שם כתב דהכא בחזרה אסור וכמו שביאר הב״י שם וכן דעת הרב המאירי ז״ל ובהכי ניחא דלא אשמועינן ברייתא לנטורי דשמור פירות עובר וכ״ש להקביל פני רבו וכו' משום דהוי קילי טפי דאפילו בחזרה מותר והיינו נמי דנקט הא דשומרי פירות בין הדבקים לאשמועינן דברייתא לאו דוקא להקביל פני רבו אלא ה״ה נמי לשמור פירו' ונקט רבו מהטעם שאמרנו וק״ל.

שם תלמוד לומר כי גאו המים מי שחו וכו' כצ״ל ומלת מכיות ע״ש הוא ודכתיב ביחזקאל וכן בגירסת הילקוט שם ל״ג מכיות.

רש״י ד״ה שלא רצה וכו' לא היה נוטל לתת פת וכו' ולא היה מאכילו אלא מעצמו היה נוטל ואוכל ואם היה קטן ביותר היה מאכילו ע״י אחרים אבל הוא עצמו לא היה מאכילו וכ״ש ז״ל בפרק כל הבשר ק״ז ע״ב אפילו ידו אחת לא רצה להדיח כדי ליתן פת לתינוק ב״ה ומונע מלהאכילו וכו' וכן משמע בתוספתא דריש פרקין הגם שהובאה בשעות דקתני ר״ש היה מפטיר מבית המדרש בשביל תינוקות שיאכילום אבותיהם מעשה בשמאי הזקן שלא רצה להאכיל את בנו וגזרו עליו חכמים והאכילוהו בידו ע״כ דודאי שמאי עצמו לא היה מאכיל לתינוק בלי נטילה דהא חמירא סכנתא וק״ל.

ד״ה לנטורי פירי שהיו להם פרדסים וכו' אפשר שכוונתו משום דבהכי מפרסמא מלתא שכולם יודעים שהולך מפני זה הא לא״ה אסור דהרואה יאמר דלרחיצה קמכוין על דרך מ״ש רבינו מנוח פ״ג מהלכות שביתת עשור מסתברא דדוקא שהיה שומר פירותיו קודם יוה״כ דאגלי מלתא דלאו משום תענוג רחיצה העביר דהא כ״ע ידעי שרגיל לשמור פירותיו אבל אם לא שמר אותם קודם יוה״כ איך נכיר לו איסור רחיצה משום דבר ברשות ניחוש דילמא נפיק מיניה חורבא דהרואה אומר לרחיצה קמכוין וכן נראה מלשון הגמרא דאמרינן שומרי פירות וכו' כלומר שהם

שומרי פירות כל השנה וכו' יעו"ש ועיין בלשון הר"ן בהלכות שכתב שהיו להם פירות וכו' במקום פרדסים שפירש ז"ל משמע דאין לו פרדסים נמי דינא הכי אבל אפשר שיודה לדברי רבינו מנוח ז"ל וק"ל.

ד"ה **מתחת** חפת חלוקו וכו' אלא כנושאה וכו' דאי משום היכרא שלא יבא לידי סחיטה כנראה מדברי תו"י דסוגיין וכ"כ הרא"ש בפרקין והטור סימן תרי"ג הרי אף שמוליא ידו מתחת חפת חלוקו כיון שלא התירו לעבור אלא דרך מלבוש אית להו היכרא דומיא להביא דפ"ב דבילה שהביא הרא"ש שם אלא שהרא"ש סבר דאם היה מוליא ידו מתחת חפת וכו' תו לא הו"ל היכירא ולא דמיא להביא דבילה. ופשוט דאיכא נפקותא בין הפרושים וכמ"ש הריטב"א בחי' דלרש"י אף בהולך חוץ לנהר אסיר יעו"ש ועוד עיין מ"ש הפר"ח ז"ל סימן תרי"ג ס"ה וק"ל.

ד"ה **כי** האי גוונא דקתני לעיל עד צוארו וכו' דאין לפרש דאדסמיך ליה מנהר ספא דוקא פריך מתוך שהיה גדול ומסוכן יותר משאר נהרות אבל אהני דלעיל לא פריך מידי דמים בעלמא קאמר דעובר דאי אסיק אדעתיה לחלק בזה מאי פריך הרי בפשיטות יש לתרץ שאני נהר וכו' אלא ע"כ לפרש דאכולהו דלעיל שהתיר לעבור עד צוארו פריך ולא שאני ליה בין נהר קטון לגדול ומש"ה פריך ליה שפיר וק"ל.

ד"ה **שאני** נהר היוצא מבית קה"ק וכו' מדקדוק דבריו משמע דדוקא בנהר כזה דאפילו ני אדיר לא יעברנו כדמייתי בסמוך הוא דאסור לעבור בו כלל שהיו מימיו הולכים מהר מאד אבל בעלמא לי"ש נהר או נחל אפילו רדיפי מיא מותר לעבור אפילו עד צוארו והיינו דהרמב"ם ז"ל ושאר פוסקים השמיטו זה ויתורץ תמיהי מהרי"ט יוסף בספר פי למורא סימן ר"ח דאמאי השמיטוהו אלא שלדעת הפר"ח ז"ל בי"ד סימן קי"ו שהעתיק זה שם בדברים האסורים משום סכנה תיקשי ודאי דאמאי השמיטו זה הפוסקים יכן תיקשי לדעת הב"י וש"ע שם בסימן תרי"ג שחילק בשיעור מתנים משמע דחי' דשאני נחל וכו' בנחלים דעלמא נמי איתיה ושוב ראיתי בספר אליהו רבא על ש"ע א"ח שם שהקשה כן והביא ראיה מדברי רש"י והניח בל"ע יעו"ש וכן ראיתי בספר יד אהרן שם שהביא כן בשם ספר תפארת שמואל יעו"ש דזה ודאי אין לומר דהפוסקים סמכו על הא דאיתא בפרקי ר' אליעזר הובא בילקוט ביחזקאל שם ושלשה כלפי לפון לעבור בהם עד מתנים ושלשה כלפי מזרח לעבור בהם עד הצואר וכו' יעו"ש דהא משמע דפליג אתלמודא דידן ועיין בספר שלחן גבוה בש"ע שם שהביא בשם הכלבו וז"ל ואמר בגמרא דכא דשרי במיא דלא רדיפי אבל במיא דרדיפי אפילו בתול אסור לעבור בהן עד צוארו משום סכנה עכ"ד וזה סיוע לספר הב"י וש"ע שם אלא דמה שאסר שם עד מתנים ל"ע וכמו שתמה מהרי"ט יוסף שם ועיין בספר ש"ב ובספר אליהו רבא שם ובספר בית דוד סימן תכ"ג וק"ל. ושוב ראיתי להרב המאירי ז"ל שכתב כל שהתרנו לעבור במים עד צוארו פירש שלא לחוש לאיסור ומ"מ לענין שמירת נפש כל שיש בו לחוש לסכנה יזהר בעצמו ולא יהא אדם מוסר עלמו לסכנות וכל מסירה לסכנות אסור ודרך כלל אסרו לעבור בנחל שוטף כל שמימיו ממתניו ולמעלה ובאמת המים מיהא ר"ל שאינם מים שוטפים אף עד צוארו מותר שאין כאן סכנה עכ"ד.

תוספות ד"ה **משום** שיבתא וכו' ואין לך מלוכלך וכו' כדאמר בפרק ח' שרצים וכו' ולרש"י ז"ל צריך ליישב דסבר דמשום רוח רעה דשחרית סגי בכל מידי דמנקי עיין מ"ש הב"י א"ח סימן ד' וכמו שהארכתי בחידושי על הש"ע שם אבל משום אכיל' תינוק תמיר עפי שהונקת אם לא נטל ממש ועיין עוד מ"ש בספר מגדל עוז בפ"ז מהלכות תפלה א"נ דסובר ז"ל דההיא דפרק שמנה שרצים לא קי"ל הכי וכמו שצריך לומר לדעת הרמב"ם ז"ל כמ"ש בחידושי שם ושוב ראיתי שכן פירש בספר ש"ב יעו"ש. ומ"ש בשבא ליתן פת שחרית לתינוק בן ד' וה' שנים וכו' וכ"כ בתוספות דפרק כל הבשר אבל בת"י דסוגיין ובהרא"ש והר"ן דפרקין לא כתבו ד' וה' שנים וצריך לומר דאורחא דמלתא נקטו שאז מתחיל לאכול וה"ה בפחות או יותר כל שצריך להאכילו והנה מה שנראה מדבריהם דשיבתא הוא רוח אחר ואינו הרוח השורה על הידים בלילה והוא מדברי ר"ת כמ"ש שם בפרק כל הבשר אין נראה כן מדברי בעל **הלכות** גדולות שבידינו וכ"ב בערוך ערך שיבתא בשמו יעו"ש [(עיין בלשון הרב המאירי ז"ל שהעתקתי בסגיא)] ועוד הביא שם פירוש אחר שהוא רוח האוחזת התינוקות בצואר ומייבשת אותם וכו' וחונס מבן ב' חדשים ומתירא ממנה עד שבע שנה יעו"ש ומשמע דגם לפירוש זה הנותן לתינוק לאכול בלא נטילת ידים גורם לאותו רוח שתשרה על התינוק כדרך שכתב שם וממה היה בשעה שאמו באה מבית הכסא או מנער ומניקה בנה לאלתר ע"ב ויהיה כפירוש ר"ת ז"ל וא"כ זה ראיה למה שכתבנו דארבעה וחמשה שנים לאו דוקא ועיין בת"י וק"ל.

מה שהקשה בספר ש"ב דאין מתיר ר"ת ליטול ידיו הלא אין רוח רעה מצוי בדורות הללו ול"ע יעו"ש בדבריו וכן הקשה בספר לחם יוסף בהלכות יוה"כ סימן תרי"ג יעו"ש וכ"כ מהרש"ל בפרק כל הבשר סימן ל"א וז"ל גם מה שכתב דבשחרית בעינן ג"פ משום רוח רעה אידנא אין רוח רעה מצויה בינינו מ"מ לריכים טהרה ומשום זוהמא כמו לסעודה עכ"ד ומתוך דבריו יראה ליישב דעד כאן לא נחית ר"ת אלא להקשות על פרש"י דפי' להך דמדיתה וכו' משום רוח רעה דשחרית דהא בלאו פת לתינוק בבר נטל משום רות רעה המצויה לדידהו והגם דמדברי תו"י דסוגיין ומדברי הרא"ש וסמ"ג לאוין ס"ח משמע דמכח זה התיר ר"ת גם לדידן י"ל דלאו דוקא קאמר אלא עיקר ההיתר משום ידים מטונפות דשכיבת הלילה ומשום זוהמא כמ"ש מהרש"ל וז"ל רבינו מנוח בחידושיו לפ"ג מהלכות שביתת עשור ומ"ש בפר"ש מכתיבת נרפתית מש"ה מותר לרחוץ ידיו הואיל ואין מתכוין להפר ענוי וכו' והלכך שחרית נוטל ידיו כדרכו ואינו חושש ומברך ענ"י דהיאך יקבל עליו מלכות שמים שלימה בלא נע"י וההוא יומא דכפורי יומא דצלותא ורחמי וצריך כל אדם להיות בו נקי כפים ובר לבב יותר מכל ימות השנה וכו' ותו אם לדבר הרשות וכו' התירו לעבור במים וכו' לנט"י שחרית שהיא מלוה שאין יכול ליגע באחד מאיבריו כדאמרינן יד לפה וכו' לא כ"ש שמותר לרחוץ ידיו וכו' יעו"ש ועיין עוד בלשון הרא"ש דסוף תענית הרי שגם טעם אחר יש כאן להתיר וכמ"ש וק"ל.

דף ע"ח ע"א גמרא **נעשה** כנחל שוטף שבו רואין זבין וגלוח וכו' ואע"ג דיש סכנת רדיפת המים מ"מ לא ימנע מליכך בו במקום מן המקומות ומן הצדדים סמוך לשפת הנחל שלא יהיה בו סכנה ועוד דהא אפשר לעשות היקף בתוך הנחל מקום מובדל ממנו כדי לרחוץ בו אבל זה אין נראה לומר דבפתח בית דוד עדיין לא הגיעו המים אלא עד ברכים או מתנים דא"כ אפי' רמז אין כאן שצריכה ליישב עד צוארה במים וק"ל.

שם ולית הלכתא כותיה וכו' אלא כהא דריש לקיש בפרק תנוקת ס"ז א' האשה לא תטבול אלא כדרך גדילתה וכו' ועיין בלשון הרשב"א שהביא הב"י י"ד ס"ס קנ"ח.

שם תינח יוה"כ דליכא מנעל וכו' אע"ג דביוה"כ הותר מנעל של עץ ושל בגד לס' קצת פוסקים ואף לצאת בהם לרשות הרבים מותר כמ"ש הרא"ש והר"ן לקמן בפרקין יעו"ש ואף לגי' רש"י דל"ג תינח וכו' עיין בהר"ן ובחי' הריטב"א מ"מ הא לא מבעיא ליה אלא בשבת משמע ביוה"כ ניחא דלא אתי לאתויי משום דליכא מנעל י"ל דכיון דלא חשיבי כשל עור לא חיים לאתוגייהו וליכא למיגזר ולא דמי לקב הקטע דלקמן דאסר ר' יוסי משום דאתי לאתויי דההיא חשיבא ליה לקטע טובא שע"י יכול לילך וק"ל.

שם רב אשי אמר סנדל לכתחילה לא וכו' ואפשר דרבינא בתר דשמעה מרב אשי הדר ביה והיינו דמייתי בתר הכי עובדא דרבינא דס"ל כרב אשי ועיין בת"י שפירש באופן אחר. ואיך שיהיה אפילו תימא דרבינא פליג ארב אשי ודאי דקי"ל כרב אשי וכן פסקו הרי"ף והרא"ש ז"ל בפרקין והטור בהלכות שבת סימן ש"א ולל"ע על הרמב"ם ז"ל שלא מצאתי שפסק זה בהלכות שבת כלל. ושמא י"ל דסמך ז"ל על מה שהעתיק שם פי"ט הלכה ט"ו ולא יצא הקטן במנעל גדול וכו' ולא חלא אשה במנעל רפוי וכו' והיא ברייתא בס"פ חולין קמ"א ע"ב וטעמא דילמא נפיל ואתי לאתויי ושמעינן מהא דברפוי מטעם חיישינן וה"ה לסנדל אבל כל שאינו רפוי לא חיישינן וה"ה למנעל ואע"ג דע"כ צ"ל דהכא הוה מבעיא לן משום דבמים העור מתרכך וגם המים גורמים להוליאו מרגלו ואפילו במנעל איכא למיחש דאג"ה אפי' בלל. לעבור במים תיבעי ליה ועוד דאמאי לא פריך מברייתא דס' חולין לרבינא

דהתיר אפילו בסנדל הגם שהוא רפוי מ״מ כיון דאשמועינן דברפוי אסור להלך ברה״ר כ״ש לעבור במים דבקל יולא מרגלו ואתי לאתויי. ואפילו תימא דע״כ לא הוה שרי רבינא אלא לעבור כך גלורך להקביל פני רבו ולהכי הכא לא חיישינן דילמא נפיל וכו׳ מ״מ כיון דלרב אשי בהא נמי הוה ע״כ. לא הולרך ז״ל לחלק בזה וסתמו כפירוש משמע דלא תלא במנעל רפוי כלל ואפילו ללורך מלוה כנלע״ד וק״ל. ושוב ראיתי להרב המאירי ז״ל דלאחר שפסק כרב אשי כתב ויש חולקים להתיר לכתחילה אף בסנדל וממה שאמרו בסוגיא הנא חזיתיה לרבינא וכו׳ ואין הדברים נראין חדא שהרי רב אשי חלק עמו ואמר לכתחילה לא ועוד שהרי רבינא עלמו חזר לחוש לדברי רב אשי והוא שאמרו ריש גלותא וכו׳ עכ״ד.

שם רב יהודה מלטנן בקרא וכו׳ ולא פליגי אלא מר ארחיה בהכי ומר ארחיה בהכי ומיהו משמע דרב יהודה עדיף ורבותא מכולהו דהוה מלטנן בפירות הגם דדרכן להיות לחים והיינו דהרמב״ם ז״ל פ״ג מהלכות ש״ע לא העתיק אלא הך דפירות משום דאינך במכ״ש שמעינן להו ונראה שלזה כיון הפר״ח ז״ל סימן תרי״ג סעיף ע׳ יע״ש וק״ל.

שם אמר רב כסא דכספא וכו׳ רב אשי אמר כסא דכספא חסר נמי וכו׳ כל״ל וכיה גי׳ הרי״ף והרא״ש והרב המגיד פ״ג מהלכות ש״ע. וכודאי דקי״ל כרב אשי דבתראה הוא וכן פסק הרב המאירי ז״ל ומה שתמלא להרמב״ם ז״ל פ״ג מהלכות ש״ע שכתב לא ימלא אדם וכו׳ דמשמע דזה הפך מסקנת סוגיא וכמו שהקשה רבינו מנוח שם כבר עמדו ע״ז המפרשים ז״ל עיין בספר ב״ח סי׳ תרי״ג ובשיירי כנה״ג ובפר״ח שם ומ״ש כאן בעל ספר ש״ג. ודברי ספר התניא שכתב בהלכות יוה״כ וכסא דכספא אם מלאו מים אסור להלטנן בה שמא יפלו מן המים על בשרו ויהנה ואסור להושיט אלבעו במים אבל אם היה חסירה מותר להלטנן בה שאין לחוש שמא יפלו ממנה מים דפחרא בין מליאה בין חסרה אסור להלטנן בה משום דמלריף [(כלומר מפני שפולטת המים מנהון)] עכ״ד ל״ע דלמה פסק כרבא במקום רב אשי וק״ל.

שם מטפחת היה לו בערב יוה״כ ושורה אותה במים וכו׳ כתב המרדכי בסוף פרקין ואותן ששורין מפה במים ביום כפור שכתבתי הוא מנהג שטות דאי משום תענוג כגון להקר הא ודאי דאסור ואי ליטול ידיו מלוכלכות הא ודאי שרי כדפירש לעיל עכ״ד ופשוט שכונתו דכלפי מאי דאסיק שם כר״ח דבשחרית מותר ליטול ידיו ואין כאן בית מיחוש כתם דאותם ששורין מפה במים יום כפור באופן שלא יגעו ידיהם במים ואח״כ מקנחין ידיהם במפה משום נטילת שחרית דהוא מנהג שטות דאפילו נטילה בהדיא שרי וגם ריב״ל לא איירי ללורך נטילת שחרית אלא להקר בה בשאר היום ועיין בהגהות מימוניות פ״ג מהלכות ש״ע ובסמ״ג לאוין ס״ח וכן תמלא הדבר מבואר בחי׳ רבינו מנוח שם שכתב וכתב הרב בעטור ומה שנהגו היום ששורין מפה במים ונוטלין ידיהם בשחרית לתפלה במפה ביוה״כ ובט״ב מנהג שטות הוא דנט״י מלוה היא ונוטלין כדרכן והכי מסתבר וכו׳ יע״ש ובזה יתיישב מה שהקשה הב״י סימן תרי״ג על לשון זה שכתב ואיני יודע למה כתב שהוא מנהג שטות דהא בגמ׳ מייתי לה וכו׳ יע״ש ושוב ראיתי להב״ח סימן תקנ״ד שפירש ועיין עוד בספר יד אהרן סימן תרי״ג ובספר מעין גנים שם ועיין בלשון רבינו ירוחם נתיב ז׳ ח״ב דיש לפרש לפי מ״ש שם דהטעות היה שלא היו מנגבים אותה כפירוש הא׳ שכתב בספר מעין גנים שם וק״ל. וז״ל הרב המאירי ז״ל מטפחת וכו׳ ע״כ מביאין לו ושורה אותה ועושה אותה כמין כלים נגובים ר״ל להלטנן בה ולא הוזכרה כאן פניו ידיו ורגליו שלא נרחילה היה מתכוין אלא להלטנן והראיה ממה שהביאום בסוגיא זו עם הדברים שהתירו להלטנן בהם ונט״י מיהא כבר ביארנו את דינה אם לאיסור אם להיתר ויש גורסים בשמועה זו שבעט״ב לא היה שורה במים אלא מביאין לו מטפחת ומקנח בה פניו ידיו ורגליו ולמחר מעביר על גבי עיניו ואינו חושש ולא היתה ע״ב חמור מיוה״כ אלא משום תוספת אבילות ומ״מ מפה שרוי׳ ביוה״כ עלמו או מאתמול ועדין לא נסתפה אסור ביוה״כ. משני לדדים א׳ משום לחות שבה וא׳ משום סחיטה עכ״ד.

שם ובן כי אתא וכו׳ ומניחה תחת מראשותיו וכו׳ אין זה תנאי לשמתנגב יותר מכח חום המטה דא״כ תיקשי מאי וכן הא משיקרא לא התנה בט״ב בזה כלל אלא עיקר הפי׳ כמ״ש רבינו מניח בהלכות ש״ע פ״ג דמניחה תחת הבגדים כדי שתשאר בה לחות ולא תתנגב לגמרי ע״כ דלפ״ז גם ללישנא דאוספ״זכניה סבר כן אלא שלא הולרך לפרש ולפ״ז מ״ש הרמב״ם ז״ל בהלכות ש״ע ושורה אותה במים ומנגבה מעט ומניחה תחת הבגדים וכו׳ אע״ג דמשמע מסוגיין דלא התירו כן אלא בט״ב מ״מ סתמו כפי׳ משמע דבזה אין חילוק ביניהם שהרי כיון שמנגבה מעט אם לא ישמרנה תחת הבגדים האויר ינגב אותה לגמרי ולא ישאר בה שום לחות ועוד דבירושלמי דפרקין הכי איתא רבי יונה תרי מרעוטה ויהב ליה תותי כרה ע״כ והגם דהירושלמי לא הזכיר דיעשוה נגובה מ״מ נקוט מיהא דביוה״כ נמי לשומרה בעינן תחת הבגדים בפיר דמי דשדיפא מינה משמע שהתיר הירושלמי שישמור אותה תחת הכבד של חרס כדי שיתקיים יותר בקרירותה ובלחותה דמה שפירש בספר קרבן העדה שם דנתנן תחת הכר ליסתום קלא לעשותה כמין כלים נגובים וכו׳ אין פשט לשון הירושלמי מורה כן ובפי׳ שדה יהושע לירושלמי דפ״ק דתענית גרים תותי כרא ברי״ש וכן היא גירסת כלבו ואורחות חיים בהלכות יוה״כ ופירש שהיה נותן תחת הכר בעת שהיה ישן בלילה וכו׳ יע״ש וק״ל.

שם תא אימא לך וכו׳ כמין כלים נגובים ולמחר מקנח בה פניו ידיו ורגליו וכו׳ בגי׳ הרי״ף והרא״ש גרים בתרוייהו למחר מעבירה ע״ג עיניו והיא גירסא מדויקת יותר דודאי יותר לחות יש באותה של ע״ב מיוה״כ ואה״כ הו״ל דבט״ב למחר מקנח בה פניו ידיו ורגליו וכדאמר בסמוך בלישנא דכי אתי רבה בר מרי וכו׳ והגם דסוף סוף הו״ל כדבסמוך ז״ל דאגב דנקט בדיוה״כ מעבירה ע״ג עיניו להודיע מתוך שהיה בה לחות מועט נקט נמי בט״ב הכי.

מה שלא תמלא להרמב״ם ז״ל בפ״ה מהלכות תענית דין מטפחת זו הגם דבהלכות ש״ע העתיקה וראה שגי׳ כגי׳ שלפנינו דמערב ט״ב לא היה מקנח בה פניו ידיו ורגליו [(כגי׳ הרי״ף)] אלא למחר מקנח בה וכו׳ והיא גי׳ ה״ג יע״ש דלפי״ז היה בה לחות מים הרבה וכן משמע נמי מדקאמר ואותבינך שמיטה ושבירה ליה ז״ל דלא קי״ל הכי מכח ברייתא ומימרא דר׳ אלעזר בפרק מקום שנהגו נ״ד ע״ב דקאמר אין בין ט״ב ליוה״כ אלא שזה ספיקו אסור וכו׳ הא לכל דבריהם זה וזה שוין מסייע לר׳ אלעזר דאמר ר״א אסור לו לאדם שיושיט אלבעו במים בט״ב כדרך שאסור להושיט אלבעו במים ביוה״כ יע״ש בסוגיא והיינו שכתב בהלכות תענית שם ואסור ברחילה בין בחמין בין בלונן ואפילו להושיט אלבעו במים וכו׳ וכ״כ ג״כ בפ״ג מהלכות ש״ע וע״כ לא התירו מטפחת ביוה״כ אלא כשהתחיה נגובה ואין בה אלא קרירות בעלמא וכמו שדייק שם שכתב ואינו חושש ואפ״ה יש בה קור הרבה ופשיטא דבט״ב באופן זה מותר כדרך יוה״כ ולא הולרך שם לבאר זה שהרי הטעם אותו שם לאיסור רחילה דיוה״כ והיינו שכתב בפ״ז מהלכות תפילה ביוה״כ ובט״ב שאין שם רחילה וכו׳ וסוגית הירושלמי דפרקין ודפ״ק דתענית כן מוכיח דמשום דריב״ל סבר דיש חילוק בין ט״ב ליוה״כ לענין רחילה להכי חילק בתלמודא דידן לענין המטפחת אבל לדידן אין חילוק דגרסינן התם זעירא בר חמא וכו׳ בשם ריב״ל בתענית ליבור מרחיץ פניו ידיו ורגליו כדרכו בתשעה באב מרחיץ ידיו ומעבירן על פניו ביוה״כ מרחיץ ידיו ומקנחן במפה ומעביר את המפה על פניו וכו׳ יע״ש. ושוב ראיתי להרל״ס בהלכות ש״ע שעמד על זה יע״ש כי לעד״נ כמ״ש ועיין עוד מ״ש בספר מרכבת המשנה ומה שהקשה שם דאמאי ל״ק להו דהיאך החמיר בט״ב יותר מיוה״כ ול״ק ליה אלא מקושיא כבר הא״י דפרקין הרגישו בזה ותירלו שפיר יע״ש ומה שהכריע שם מן הירושלמי שהביאו התוספות בפ״ק דתענית י״ג ע״א ד״ה א״ר חסדא וכו׳ ירושלמי יוסף בריה דריב״ל בט״ב וביוה״כ מרחיץ ידיו ומקנח במפה וכו׳ אלמא דלהירושלמי שוים הם כפ׳ הרמב״ם ז״ל ולפי מונה זה הוקשה לו שם על דברי התוספות דלמה הולרכו להביא יע״ש נלעד״ד דאין מן הירושלמי הכרע אלא בדרך שכתבנו דנראה פשוט דט״ס נפל בדברי התוספות וצ״ל כלשון הירושלמי שהעתקנו. בט״ב מרחיץ ידיו ומעבירן על פניו וביוה״כ וכו׳ וכן גי׳ הרא״ש בסוף תעניות והשתא הביאו הא זה לומר דהירושלמי פליג דמתיר לרחוץ ידיו בלונן בט״ב דלא משמע להו לפרש כפירוש הטור סימן תקנ״ד דמעבירן ע״ג עיניו לאחר שנגבם ועדיין לחות קלת וכן לא משמע להו לפרש מרחיץ ידיו דהיינו

בהם נתלכלך והוצרך לרחוץ כדינו ינגבם ויעבירם על פניו כדרך שפירש בספר שדה יהושע בפ"ק דתענית שם או כפירוש שבולי הלקט שהבאתי בפרש"י יעו"ש אלא משמע להו דהירושלמי פליג אגמרא דידן ומתיר במקלא רחילה בלוגן דהיינו שירחוץ ידיו ויעבירם כך על פניו אבל לרחוץ ידיו ורגליו כדרכו זה לא הותר אלא בתענית צבור כדקאמר התם בגלע"ד וק"ל.

שם עמד ר' צדוק בן אקולא כצ"ל וכן גי' ד"ו והרא"ש ז"ל בפרק כל פסולי המוקדשין ל"ו א' גורס ר' יצחק בן אקולא.

והנה מה שלא מצא להרמב"ם רפ"ג מהלכות בכורות שלא ביאר דאפילו זקן ויושב בישיבה צריך ליטול רשות משום דלמסקנא דקאמר לא כך היה וכו' כך בעיא לא אפשיטא ומשמע דאזלי' לחומרא משום כבוד נשיא וכן פסק הרב המאירי וסתמו משמע דאפילו זקן בכלל וכן למסקנא לא הוצרך לבאר בספ"ב שם דאפילו זקן אינו נאמן על של עצמו כדרך שביאר הרא"ש שם משום דסתמו כפירושו משמע שהרי כתב שם שכל הכהנים חשודין להטיל מום וכו' ואפילו זקן בכלל ועוד שהרי כתב שם דין י' דאפילו חבר הרי זה לא ישחוט יעו"ש וק"ל.

שם מאי קא מבעיא להו וכו' דהא פשיטא שזה בכלל שאר בדיינים דאלהים בעינן סמוכים מארץ ישראל כדאיתא בהחובל וכמו שביאר הרמב"ם ז"ל רפ"ד מהלכות סנהדרין ותירץ כי הא דאמר רב אידי דבר זה להתיר בכורות מן הדין לא היה צריך סמוכים אלא הניחו להם להתגדר וכו'. והא דאמר תו דקא מבעיא ליה אי הלכה כר' מאיר או כרשב"ג אע"ג דקיי"ל דכל מקום ששנה רשב"ג במשנתינו הלכה כמותו אפ"ה מבעיא ליה משום דהכתי מבעיא דבחבר או זקן יושב בשיבה דילמא אין הלכה כמותו ולא כר"מ ואפילו לעצמו נאמן דלא מסתבר טעמיה בהא וא"נ ע"כ לא קאמר רשב"ג אלא בע"ה כמ' ר' יהושע בפרק כל פסולי המוקדשין ל"ו ע"א ופשיטא דהלכה כרשב"ג דסתמא קאמר דאפילו בחבר לאחרים נאמן ועל עצמו לעולם אינו נאמן וכמ' ר"ג שם [(וכדמוכח מסוגיא דבכורות ל"ה סוף ע"ב דר' מאיר ורשב"ג בחבירים נמי פליגי עיין בדברי הרא"ש שם בראיה שהביאו משם רבינו יונה)] ועיין בלשון הרא"ש שם ובמה שפירש בספר מעדני מלך שם ועוד יש לתרץ בפשיטות דלעולם לא מבעיא ליה לר' יוסי בן זמרא אלא אי הלכה כרשב"ג שיתיר בכורות מיהא לאחרים וה"ק מסתבר טעמיה דרשב"ג בהא שמתיר לאחרים או לא דע"כ לא נאמר כלל דכל מקום וכו' אלא היכא דמסתבר טעמיה כמ"ש התוי"ט פ"ד דפסחים משנה ד' יעו"ש. ושוב ראיתי בפרק ש"ב שהרגיש בזה ותי' דנסתפק להם משום דיש סתם משנה כר"מ ספ"ד דבכורות זה הכלל כל החשוד על הדבר לא דנו ולא מעידו עכ"ד ולא זכיתי להבין דההיא סתם ואח"כ מחלוקת היא דבתרא מסכתא יש סדר ומצאתי כן בהדיא וזהו טעמו של הרמב"ם ז"ל דפסק בכל דוכתא הלכ' כרשב"ג ואע"פ שהראב"ד השיג עליו בפי"ב מהלכות מעשר וכתב וסתם לן תנא בבכורות כר"מ מ"מ כבר כתב הכ"מ ומהרי"י קורקוס שם כמ"ש דהכיא הויא סתם ואח"כ מחלוקת ועוד דעד כאן לא כתב הראב"ד כן אלא לסניף למה שאמר דדילמא בדיני בכור דוקא הוא דפסקו כרשב"ג דלפ"ז יש מקום לסתקיים סתמא דפ"ד אפילו כרשב"ג בשאר דברים עיין מ"ש התוי"ט שם פ"ב דבכורות אבל שאמר מכח סתם זה דאין הלכה כרשב"ג בכלל אפילו בדיני בכורות כמו שרצה לומר בספר ש"ב ודאי אין לו מובן לענ"ד ועיין בדברי ת"י דסוגיין ולפי מה שכתבי' שם דכוונתם להביא מסתמא דספ"ב דנגעים דסתם לן תנא כרשב"ג דתנן כל הבכורות אדם רואה חוץ מבכורות עצמו צריך ליישב דמאי קמבעיא ליה ושמא י"ל דס"ד דבזקן ויוש' בישיבה ואדם חשוב שאני דיש להחמיר יותר דאפילו לאחרים לא יהא נאמן דכיון שהוא כהן חיישינן לגומלים ובנוגע בדבר מקרי וה"ק הלכה כרשב"ג שיהא נאמן לאחרים אף בזקן ויושב בישיבה או לא וסתמא דפ"ב דנגעים בשאר כל אדם איירי ועוד י"ל דמבעיא ליה דדילמא כיון דהוי בתרי מסכתי אין סדר למשנה וכסתם ואח"כ מחלוקת היא דפלוגתא דאמוראי היא לפי מה שפירש בספר יבין שמועה למהרי"ש אלגאזי סוף כלל ר"ס יעו"ש וק"ל. ושוב ראיתי להרב המאירי ז"ל שכתב וז"ל והלכה כרשב"ג ומ"מ י"א דוקא בשאינו חשוד גמור אלא חששא בעלמא וכגון זו שנחלקו בבכורות בפרק פסולי המוקדשין שחששו לגבי כהן בבכור להתיר בו את האסור או אף להטיל בו מום וכו' אבל חשוד גמור לא דנו ולא מעידו ומביאים ראיה מסתם משנה שבבכורות פרק עד כמה החשוד להיות מוכר וכו' זה הכלל החשוד על הדבר לא דנו וכו' ולא מכר שם מחלוקת ומ"מ רוב המפרשים פרקוה אף בחשוד גמור ואין הלכה כסתם משנה שכתבנו שהרי סתם ואח"כ מחלוקת הוא עכ"ד.

רש"י ד"ה **מפכין** וכו' למפתן העזרה ע"כ כן נראה של"ל ובגי' רש"י שהביא בילקוט דיחזקאל שם גריס כשמגי' למפתן יעו"ש ושוב ראיתי בספר לוית חן בחידושיו לפרקין שהרגיש בזה וכתב דנראה לו כגירסא בעל עין יעקב דגריס ההיא דראב"י בתר דרשא דביום ההוא יהיה מקור נפתח וגריס דבי ראב"י תנא מים מפכין א"כ אתי שפיר השתא דמשמעות הלשון משמע דפליג ראב"י אדלעיל ולכאורה מוכח הגירסא הנ"ל דלגי' שלפנינו דגרס והיינו דתנן הא זה ליכא משנה בשום דוכתא ע"כ ומלבד כי מדברי רש"י משמע דגריס ההיא דמפכין קודם דרשא דאר"י מכאן רמז לנדה וכו' עוד זאת גי' דבי ראב"י תנא ע"ש היא דהא משנה מפורשת היא ברפ"ו דשקלים ובספ"ב דמדות ואפ"ה דת"ק קתני התם דנקרא שער המים שבו מכניסין צלוחית של נסוך מים בחג לא משמע דפליג אראב"י דאה"נ דאית ליה דלעתיד מים מפכין מפתח העזרה אלא דלא נראה לו לומר דקראוה על שם העתיד כיון שיש טעם דניסוך המים שהיו מכניסין דרך שם וכן בגי' הילקוט שם גריס כגי' שלפנינו יעו"ש וק"ל.

ד"ה **דמזדריב** מחליק וכו' משמע דה"ה לשאר מיני מתכו' שהם חלקים דלא מיעט אלא דפחרא דלא שייך בו טעם זה אלא דמשתל שחיל וכן כתב הרמב"ם ז"ל פרק ג' דהלכות שביתת עשור דאפילו שאר מתכות וכגם דיש לחלק דלפי' שפי' שם מזדריב שמא יתנועעו המים והוא פי' הרי"ף הוא שכתב דה"ה שאר מתכות מ"מ יראה דגם לפי' ז"ל הדין כן אלא שראיתי בהגהת ביאורי מהרש"ל בחלק הלאוין הל' יוה"כ שפי' דלרש"י דוקא דכספא יעו"ש אבל בחי' רבינו מנוח להרמב"ם שם מצאתי כדברי דעל מ"ש הרמב"ם אפילו כלי מתכות אסור שמא יתחזו וכו' כתב ולשון הגמרא משום דמזדריב והכל אחד כי מזדריב ר"ל שהוא מחליק ונשמט מידו ונשפכין המים עליו דעת הרב דלאו דוקא כסא דכספא דה"ה בשאר כלי מתכות וכי נקט כסא דכספא משום שריותא דרבה דהוה שרי כסא דכספא חסר [(כלומר ורבא נקט כספא לפי שהיה רגיל להצטנן בו וה"ה בשאר מתכות חסר נמי שרי)] ואית דאמרי דכסא דכספא דוקא והטעם מפני שהוא חלק אבל שאר כלי מתכות שרי ולא מסתבר עכ"ד וק"ל.

ד"ה **מטפחת** וכו' ואני שמעתי דה"ג וכו' ושתי הגרסאות הם סברות מחולקות בירושלמי דפרקין דגרסינן התם ביוה"כ מרחיץ ידיו [(כלומר לצורך תפלת שחרית ומשתמש במפה להקר בשאר היום וכן מצאתי בשבולי הלקט סי' בה' תענית)] ומקנחן במפה ומעביר את המפה על פניו רבי יונה הוי מרטיבא וכו' כמו שהעתקתי בסוגיא ועם גי' זאת היה נלע"ד לפרש עוד פירוש אחר בדברי המרדכי שהעתקתי בסוגיא דהיה גורס כן ולהכי כתב על אותם שעורין ממש דטועים הם אלא שאין צורך לזה. הנה מ"ש בספר קרבן נתנאל בפירוש להרא"ש דפרקין להקשות על מ"ש בד"מ בסימן תרי"ג דמדברי הג"מ וסמ"ג נראה דיש לאסור אפילו בנגובה יעו"ש וכתב וצ"ל שהג"מ וסמ"ג ומהגיה כולם לדבר א' נתכוונו שהיה להם גי' רש"י סע"ב מקנח ידיו במפה וכו' ועיו"כ שורה אותה וכו' ואותבינא סתיעה דכמין כלים נגובים עדיין יש כדי לסחוט עכ"ד אין נראה לומר דא"כ תאמרך לומר דבעיקר המימרא ומה שנשאר לפי האמת היו גורסין דביוה"כ מקנח וכו' ובדברי סמ"ק סימן רכ"א מבואר בהדיא שהיה גורס דביוה"כ שורה ועושה כמין כלים נגובים וכן יש לדייק שכן גי' הג"מ בפ"ג מהלכות שביתת עשור יעו"ש אבל מקור דין בד"מ נלע"ד שיש להוכיח כן מדברי הא"ח כי דברי סמ"ק יש לפרשם שבא לאפוקי אותם השורים ממש ואינם מנגבים אותה כלל כמ"ש ר"י נתיב ז' ח"ב אבל מדברי הג"מ ומדברי הא"ח יש להוכיח כן דאסור אפילו בנגובה יעו"ש כי אין להאריך כאן בזה וק"ל.

ד"ה **שאלו** את ר"א וכו' אמרינן בסנהדרין וכו' עיין מ"ש בספר ש"ב ומ"ש בספר קרית ספר בב' בכורות שם פ"ג

ובמ״ש הרמב״ם ז״ל בפירוש המשנה דבכורות פ״ד אמתניתין דהשוחט הבכור וכו׳ כי מבואר הוא.

תוספות ד״ה **מכאן** רמז וכו׳ והש״ג ק״ו וכו׳ עיין מ״ש התוס׳ דחגיגה י״א א׳ ד״ה לא נצרכה וכו׳ ובמ״ש שם.

ע״ב גמרא **ואמינא** ליה בתענית צבור מאי וכו׳ אבל ט״ב לא קמבעיא ליה דהא אין בין ט״ב ליוה״כ אלא שזה ספיקו אסור וזה ספיקו מותר הא לכל דבריהם זה וזה שוין כדאיתא פרק מקום שנהגו נ״ד ע״ב אלא בתענית צבור של גשמים קמבעיא ליה כמו שפרש״י דאפילו בבבל היו נוהגים בו חומר נעילת הסנדל אם היה במציאות שהיו צריכים לגשמים עיין פרש״י שם ד״ה אין ת״ל בבבל וכו׳ ועיין פ״ק דתענית י״ב ע״ב אם נאמר דשוה ליוה״כ או דילמא דת״ל חמיר טפי לענין זה כדי שילטערו יותר משא״כ יוה״כ דמלוה לענגו ובמידי דלאו מנעל אין איסו׳ וכן יש לך לומר דת״ל דספיקו מותר ולא חמיר כ״כ ביוה״כ הותר מנעל של שעם אבל ביוה״כ דחמיר טפי ומה גם דענויים שבו יש להם סמך מן הכתוב אפילו של שעם נמי אסיר והיינו בעיא דרבב״ח דלקמן ואמינא ליה ביוה״כ מאי וכו׳ ועיין בח״י וק״ל.

שם א״ל רבא ואי לאו מנא הוא וכו׳ ועוד כל תענוג דלאו מנעל וכו׳ כלומר דממה נפשך אם כונתך לומר דאפי׳ ר״י סבר דהני כתיתין דלתענוג עבידי משוו ליה כמנעל ליוה״כ זה אין סברא דאי לאו מנא ומנעל הוא לענין שבת כתיתין וכו׳ ואם כונתך לומר דלעולם לאו מנעל הוא כלל אלא דבאית ביה כתיתין ביוה״כ דחייב לענות את עלמו אף זה אסור גם זה אין סברא דהא רבא בר״ה הוה בריך וכו׳ אלא דבפרק מלות חליצה ק״ב ע״ב לא פריך ליה רבא התם אלא הדא יעו״ש ומש״ה נראה לפרש דקושיא קמייתא מכח סיפא דמתני׳ פריך דקתני ואם יש לו בית קבול כתיתין טמא וכו׳ והשתא קאמר שפי׳ דאי לאו מנא הוא כתיתין לא משוו ליה מנא לענין טומאה ומש״ה התם ביבמות לא שייך למיפרך כך אלא קושיא שניה יעו״ש וק״ל.

שם אלא אמר רבא לעולם דכ״ע מנעל הוא וכו׳ ודקתני עלה ושוין לר״מ אילטריך דביוה״כ מיהא אסיר משום איסור נעילת הסנדל ואשמועינן דלא תימא דבמנעל אי לאו מנעל פליגי ולר״י מותר לצאת בו בתוך ביתו ביוה״כ אלא יש לך לומר דלכ״ע מנעל הוא ושוין וכו׳ ובגזרה דילמא משתמיט וכו׳ פליגי וכן כתב בשכ״י וק״ל.

שם מתיב רמי בר חמא הקיטע וכו׳ הנה מתוך דברי הרמב״ם ז״ל בפי״ט מה׳ שבת הלכה ט״ו שהביא דין קב הקיטע גבי לא ילא קטן במנעל גדול ולא תלא האשה במנעל רפוי וכו׳ ואין הקטע יולא בקב שלו וכו׳ משמע דסובר דמנעל הוא אלא גזר בו ר״י משום דילמא מפסיק וכו׳ וכמסקנת רבא דבסמוך וכן סובר שמואל דמנעל הוא כדאיתא בירושלמי דפ׳ במה אשה שם הלכה ה׳ יעו״ש אלא דיקשה לזה מה שפסק בהל׳ יבום וחליצה פ״ד דמנעל של עץ הליצתה פסולה אלמא לאו מנעל הוא וירא׳ דאיהו ז״ל מפרש לסוגיין הכי דרמי בר חמא ס״ד דבמנעל או לאו מנעל פליגי ואפ״ה תני עלה דושוי׳ שאסור הקטע עגמו לצאת בו ביוה״כ אלמא דאפי׳ דלאו מנעל אסיר ותיקשי נהנך אמוראי דלעיל עד דאסיק רבא דלכ״ע בין לר״מ ור״י מנעל הוא לקטע עלמו שדרכו בכך ומטעם זה הוא דשוין דהקטע עלמו אסור לנועלו ביוה״כ ובשבת בהא פליגי וכו׳ אבל לעולם דנשאר איגשי לאו מנעל הוא ומותרין לנעול סנדל של עץ ביוה״כ וה״ה בשל שעם וכו׳ וה״ע דאמוראי דלעיל וכך היינו אומרים גם לר״מ אלא דכיון דסתם מתני׳ דחליצה דקתני בסנדל של עץ חליצתה כשרה משמע דכר״מ אתיא מעתה ע״כ דלר״מ ה״ה דחשיב מנעל לכל אדם ועוד דאל״כ בריתא דמלות חליצה דמכשר אמאן תרמי׳ והנך אמוראי סברי כר״י דהלכתא כותיה לגבי ר״מ והיינו דשמואל דקאמר בפרק במה אשה ס״ו ע״א דמתני׳ דפ׳ מלות חליצה חלצה וכו׳ בסנדל של עץ וכו׳ חליצה כשירה דר״מ דקב הקטע היא וכן רב הונא שם קאמר גבי סנדל של סיידין דהיינו דען כמ״ש ז״ל בפי׳ המשנה דפ״ג דעדיות ובחי׳ ספכ״ב בהל׳ כלים מאן הודו לו ר״מ ומאן לא הודו לו ר׳ יוסי יעו״ש והיינו נמי דרבא גופיה דקאמר הכא דכ״ע מנעל תוקי בריתא דפ׳ מלות חליצה דקתני בסנדל של שעם ושל סיב בקב הקיטע וכו׳ חליצתה כשירה כר״מ ולא כר״י משום דע״כ לא קאמר ר״י דחשיב מנעל אלא לקטע עלמו שדרכו בכך אבל לשאר כל אדם לא והכי מוכח מתוספתא דיבמות פי״ב דמסיים עלה דהך בריתא א״ר יהודה אילו ראה ר׳ אגעזר [(נ״ל ר׳ אליעזר)] בסנדל של עץ עכשיו היה אומר עליו הרי הוא בסנדל לכל דבר ע״כ כלומר דר׳ אליעזר סבר נמי דהקיטע יולא בקב שלו כדמייתי לה בתוספתא דפ״י דשבת משום דחשיב מנעל לכל אדם והיינו דמכשיר בהך בריתא גם של שעם וכו׳ וקאמר ר׳ יהודה דאילו ראה ר׳ אליעזר דיש מקומות דעושין לורת סנדל של עץ היה אומר עליו שהוא כסנדל לכל דבר כמו שאמר בקב הקיטע ואין עלינו לומר כן אלא דוקא בדבר הרגילים בו בני אדם לא בשל עץ. ומעתה ודאי יש לפסוק כר״י הדא דהלכתא כותיה לגבי ר״מ ועוד דר׳ יהודה נמי הכי ס״ל ואי משום דסתם מתניתין דפרק מלות חגילה כותיה לא חיישינן לה כיון דהא אשמועינן שמואל דר״מ היא כלומר דיחידאה היא ולא קיל״ן כותיה והכי נמי ס״ל לרב שם דאפי׳ סנדל התפור בפשתן אין חולין בו משום דכתיב ואנעלך תחש ומהכא ודאי ילפינן לכל המקומות דדומיא דתחש דהיינו עור בעינן לא שאר מינים והיינו נמי דבירושלמי שם פרק מלות חליצה הלכה ב׳ קאמר סנדל של עץ חבריא בשם רב והן שיהו חובטין של עץ כלומר אבל השאר של עור ואע״ג דר׳ יוחנן דהלכה כותיה לגבי רב קאמר התם דאפילו כולו עץ כשר וקאמר תלמודא שם דמתני׳ דסנדל של סיידין טמא מסייעא לר״י מ״מ אנן לא שבקינן סברת שמואל דאוקמה מתני׳ כיחידאה וכן סברת רבא שם דקאמר דלר׳ יוסי לאו מנעל הוא משום סברת ר׳ יוחנן דירושלמי וממתני׳ דמסייעא אין משם כ״כ הכרח לדעתו ז״ל וכמו שנכתוב בסמוך ומה גם דסתמא דמתני׳ דפ׳ מ״ח איכא נאוקמה נמי כר׳ יהודה ור׳ יוסי ובמחופה עור מיירי כדקאמר אבוה דשמואל שם וכן פירשה ז״ל בפירוש המשנה שם וזו היא ג״כ דעת הרי״ף ז״ל דבפ׳ מלות חליצה לא נמנע מלהעתיק מתני׳ דמכשר בסנדל של עץ ופירשה במחופה עור ודוקא דיעבד אבל לכתחילה לא דתחש בעינן כמ׳ רב כמו שהעתיקה שם לעיל והשמיט בריתא דמכש׳ בשל שעם וכו׳ דר״מ היא ולא קיל״ן כותיה זהו דעתם ז״ל לענין חליצה. וכן לענין איסור נעילת הסנדל ביוה״כ כתב ז״ל סוף ה׳ ש״ע אסור לנעול מנעל וסנדל אפילו ברגלו את׳ ומותר לצאת בסנדל של שעם ושל גמי וכיוצא בהם וכורך אדם בגד על רגליו ויוצא בו שהרי קושי הארץ מגיע לרגליו ומרגיש שהוא יחף עכ״ד ובמ״ש וכיוצא בהם הרי כלל כאן כל המינין אפי׳ של עץ וביארו עוד בטעמו שהרי קושי הארץ וכו׳ ובשל עץ נמי הרי הוא מרגיש קושי העץ ונראה לו שהוא יחף ולא בחר ז״ל ליסד דינו על של עץ כי בחר במה שמבואר בגמרא בהנהו אמוראי דנפקי בשל שעם וכו׳ וה״ה בשל עץ דהא לר״מ דחשיב עץ מנעל ה״ה של שעם כדמוכח מבריתא דמ״ח באופן דדין מנעל של עץ אינו מבואר בהדיא בדין יוה״כ אלא למדנוהו מדין חליצה גם לא חשש ז״ל לבאר בריתא דושוין דלקטע עלמו אסור לצאת בו ביוה״כ שהרי ממ״ש בהל׳ שבת נלמד כיון שלמדנו מדבריו דמנעל הוא וכמ״ש ואי משום דכיון שאינו אלא ברגלו אחד היינו אומרים דמותר הוא שאין זה דרך נעילה לזה למדנו ז״ל דאפי׳ ברגלו אחד אסור והגם שדבר פשוט הוא כמ״ש ה״ה שם ועוד שלא מצאתי ענין זה בשום מקום ואין דרכו להביא אלא מה שמפורש בגמ׳ וכו׳ אבל כונתו בזה ללמדנו דאף קטע נמי אסור לנעול הקב שלו בלבד ביוה״כ והנה הגם שמדברי רבינו מנוח שם משמע שהבין בדעתו ז״ל דוקא של שעם אבל של עץ אסור שכתב שם גבי הא דאיתא בירושלמי בקורדקוסין לא יהלך אדם ביוה״כ וכו׳ ואית דאמרי דדוקא דבר המחופה עור וכו׳ מדבר שהוא של עור אסור דכמנעל דמו ומנעל של עור הוא דכתיב ואנעלך תחש אבל סנדל של עץ מות׳ וכן אתה דן באבל ובט״ב ואיני מודה בזה דהא אמרינן גבי קב קטע אלא אמר רבא לעולם מנעל הוא ומש״ה אסור לצאת בו ביוה״כ עכ״ד מ״מ יראה כמ״ש וכך הבינו כל המפרשים [(והקושיא שהביא כבר נתיישבה בסברה שכתבנו דדוקא לקטע עלמו חשיב מנעל ועיין בהגהות אשירי בפ׳ במה אשה שם)] וכן מוכרח מדלענין חליצה פסק דלאו מנעל היא ובגמרא שם מדמינן בהדיא יוה״כ לחליצה וכמ״ש בח״י דסוגיין יעו״ש וכן דעת הרי״ף ז״ל

כמו שהביאו הר"ן בפרקין ובפ' במה אשה והרמב"ן והרה"מ דפרקין יעו"ש ועיין בהרל"ס שם וזה פשוט.

אלא שנשאר עדיין לבאר למה פסק ז"ל בפכ"ב מהל' כלים דסנדל של סיידין והוא סנדל של עץ מטמא במדרס מפני שהסייד פעמים מטייל בו עד שמגיע לביתו ע"כ והרי בסוגי' פ' במה אשה מוכח דמאן דמטמא ליה במדרס חשיב ליה נמי מנעל ובדמסיים ר"ע ואשה חולצת בו וכן רב הונא שם קאמר עלה מאן הודו לו דמטמא במדרס ר"מ ומאן לא הודו לו ר"י וכן מוכח מירושלמי דפ' מ"ה שהעתקנו לעיל דהא בהא תליא. ויראה דס"ל ז"ל דכיון דרבא [(לפי גירסת הרמב"ן ז"ל בס' המלחמות דפרקין)] שם נייד מאוקימתא דרב הונא וקאמר אמר רבא מאן לא הודו לו ריב"ן דתנן כורת הקש וכו' ר"ע מטמא וריב"ן מטהר הכי נקטינן ומשמע ליה ז"ל דר"ע דרבא משום דס"ל דלאו הא בהא תליא דהך דין מדרס תלוי במה שהוא מיוחד לדרוס עליו יהיה דרך נעילה או דרך סמיכה בכל ענין מדרס חשיב וה"ט נמי דרבא שם דפליג עליה דאביי וס"ל דהא דקתני ואם יש לו בית קבול כתותין טמא דאף טמא מדרס מטעם דסמיך עלויה משמע דלענין מדרס בסמיכה תליא מלתא וכן דייק ז"ל שם בהל' כלים שכתב קב של קטע שיש בו בית קבול כתותין מיטמא בשאר טומאות מפני בית קבולו ומיטמא במדרס שהרי נשען עליו ע"כ ולא כתב שהרי נועלו דאין הדבר תלוי בזה וכן בסנדל של סיידין מה שפעמים מטייל בו היינו סמיכתו ולא מטעם נעילה נגעו ביה וכיון שכן כאוקימתא דרבא נקטינן ויש לנו לפסוק דמטמא מדרס כר"ע דהלכה כמותו מחבירו ולהכי אשמועינן שם דלא הודו לו יחידאה הוא ולא קיי"ל כוותיה והיינו דהלכה כשו בפ"ק דסוכה גבי מחצלת של קנים דמטמא מדרס ועיין בהרמב"ן ז"ל ור"ע דקתני בה ואשה חולצת בו אליבא דר"מ אמרה דשל עץ חשיב מנעל אבל אנן כר' יוסי נקטי דלאו מנעל נינהו. ומ"מ מטמא במדרס מהטעם שכתבנו וזהו כנלע"ד בפי' דעתו ז"ל ומזה יובנו ג"כ דברי הרי"ף ז"ד דמ"ש הרמב"ן שם והרשב"א בפ' במה אשה לדעתו הנה לדעת הרמב"ם דפסק בפ' כ"ב דכלים דלא כריב"ן א"א לומר כן ועיין בהרל"ס שם כי אין להאריך יותר ושוב ראיתי בס' מלכי בקדש בליקוטיו שבסוף הספר לה' ש"ע שהאריך בזה ולעד"נ כפי' הסוגיא כמ"ש ודו"ק:

שם מ"ש נעילת הסנדל דאמר אביי וכו' ותפרש דהיינו דמסיים בה בתוספתא דפרקין ואסורים בנעילת הסנדל מפני מראית העין הכך נמי וכו' ומסיק אלא הכך נעילת הסנדל דלאו רביתייהו גזרו בהו רבנן למונעם מהם משום מראית העין שלא יאמרו שגדולי' הנעילום ולפ"ז אף אם הקטן מעצמו רוצה לנעול מונעים אותו משום ליתא דגדולים והכי דייק לשון הרמב"ם בחי' סוף הל' ש"ע שכתב התנוקות אע"פ שכן מותרין באכילה וכו' מונעין אותם ממנעל וסנדל וכן מתבאר מדברי רבינו מנוח שם והביא התוספתא שכתבתי יעו"ש ואע"ג דקיי"לן דקטן אוכל נבילות אין ב"ד מצווין להפרישו הכא מפרישין משום מראית העין עיין מ"ש המ"א בהל' שבת ריש סימן שמ"ג משם הר"ן ועיין בלשון הרב המאירי ז"ל שאכתוב בסמוך וקל להבין:

שם והא מותרין לכתחילה קתני וכו' עיין פרש"י דבשלמא אי הוי קתני התינוקות אין מעגין אותן בכולן חוץ מנעילת הסנדל וכליסנא דמתניתין לקמן היה מקום לפרש דהם עצמם ירחצו מבלי סיוע גדול אבל ע"י גדול אסור כיון דהאי גדול שרחץ אותו ידע שפיר דהיום שעשה לו ונאמר ג"כ דאם בא גדול לישאל אורויי לא מורינן אבל השתא דקתני מותרין משמע דהיתר גמור הוא מדינא ומורין כן לבא לישאל ואפי' על ידו מותר כיון שאין כאן איסור בדבר והנה לאותה הסברא שכתב הב"י ריש סימן תרי"ו דברחיצה וסיכה לא שרי ע"י גדול כיון שנהגו ל"ל דהכי פריך והא מותרין לכתחילה קתני דמשמע דהיתר גמור הוא ואפי' היכא דנהגו לאביהם הוא כגון שהמים או השמן עדיין עומדים על בשרו מותר כיון שכך ורחץ מעצמו וכיון שכן ע"כ דאין טעם ההיתר משום דאימא מאחמול וכו' והמ"א שם ח' באופן אחר יעו"ש ואף למה שדחה הב"ח שם דלעולם לכ"ע מותר לרחוץ אפי' גדול וכו' יסודה שם עיקר דבוחי' דמותר לעכו"ם להבעיר האש ולהחם חמין יעו"ש מ"מ היכא מאן דפליג אהא וזה לשון הרב המאירי ז"ל היתר התינוק שהם קטנים עד שלא הגיע לחינוך לא סוף דבר שמותרין באכילה ושתיה אלא אף ברחילה וסיכה מותרין מפני שהם דברים הצריכים לגידולו ומותר אף בסיוע גדול אבל נעילת הסנדל הואיל ואין בה תועלת לגדולו אסור לעשות מיהא ע"י גדול אלא שאם נעל מעצמו אין מוחין בידו ואע"פ שמתחלת הסוגיא יראה שכולם אסורים ע"י גדול וכמ"ש רחילה וסיכה נמי אמרי אחריני עבדי הרי מ"מ אמרו בסוף השמועה והא מותרין לכתחלה קתני כלומר שאם בא גדול לימלך אומרים לו לסייעו ונעשות ע"י ואף לכשיאמרו אחריני עבדי להו לא נקפיד שאם עשו כדין עשו והשיבו שכל שמועי' בגדול התינוק מותר אף ע"י גדול וי"א שלא הותר ע"י גדול אלא באכילה ושתיה וסוגיא זו דוקא ע"י עלמו ומנעל אף ע"י עלמו אין מניחין לו והם מפרשים במ"ש והא מותרין לכתחילה קתני כלומר ואם טעם ההיתר אינו אלא מפני שאמרו מאתמול סיכוה והרחילוה היאך מותרין לכתחילה עד שהשיבו שכל שמועיל בגדול התינוק הותר ע"י עלמו ולא חששו לחשד הרואים הא ע"י גדול אסור ומנעל וסנדל אף ע"י עלמם אסור שאעפ"י שקטן אוכל נבלות אין ב"ד מלווין להפרישו שלא אמרו לא תאכלום לא תאכילום להזהיר גדולים על הקטנים אלא נהאכילו בידים מ"מ אביו ואמו מלווים הפרישו ולגעור בו כדי להפרישו לקדושה ומ"מ נראה כדעת הראשון שלא אמרו כן אלא באיסורין ומשום דאתי למיסרך וכדכתיב חנוך לנער ע"פ דרכו אבל מנעל וסנדל אין כאן סרך ולא אסרוהו אלא שלא לעשות כן ע"י גדול עכ"ל ולפרש"י דהותר רחילה וסיכה ע"י גדול ל"ל דהגם שהוא נהנה כיון שאינו מתכוין ליהנות שרי וכן מלאתי בספר יראים עמוד זמנים סי' קי"ח שכתב ואם אינו מתכוין כגון הרוחץ ידיו בבוקר משום רוח רעה או משום עינוף לכתחילה שרי כדתניא שומרי פירות והמקביל פני רבו או מי שגדול ממנו עוברין במים עד לוארן ואינם חוששים ומסקינן ובלבד שלא יוליא ידו מתחת חפת חלוקו ופסיק רישיה ולא ימות לא הוי שיש כמה בני אדם שאינם נהנים ברחילה כזו וכו' יתנא דבי מנשה אשה מדיחה ידה במים ונותנת פת לתינוק וכו אלמא על רחילה דהויא שלא לצורך הנאה שריא ע"כ. ומה שנסתפקו לעיל הרב אלל תלמיד וכן שומרי פירות דאסורים לחזור לאו משום לאו דרחילה אלא משום דשמא יבא להוליא ידו מתחת חפת חלוקו ויבוא לידי הולאה לפרש"י או לידי סחיטה לפי' הטור סי' תרי"ג ועין בס' ש"ב ד"ה והא מותרין וכי תימא דהכא כיון דאפשר לרחילה וסיכה ע"י כלי לא שרינן בידי הגדול עלמו עיין מ"ש הט"ז שם סי' תרי"ג הא ל"ק דכיון דהתירו לגמרי משום דהיינו רביתיה למיעבד בדרך רחילה וסיכה אהני ליה טפי לתינוק ובכל גוונא שרו ליה רבנן כנלע"ד וק"ל.

שם מתני' מני וכו' הגם דלכאורה יראה שאין זה כרדך מתני' מני דעלמא דהא הכא מבואר דדברי ר"א הם כדמסיים י"ל דתלמודא מספקא ליה ברישא אי כ"ע היא או כולה מילתא דר"א היא וכ"מ דלמאי דקיי"לן כחכמים אי אוסרי' דקאמרי אכולהו קאי או אחיה דוקא אבל במלך וכלה מודו כמ"ש לעיל ריש פרקין בדברי רש"י משם הירושלמי יעו"ש והיינו דקאמר מתני' מני כלומר רישא דמתני' מני ואהדר דר"א בן תרדיון היא דממאי דקתני בשם ר"א מבואר דכולה מלתא דר"א היא וחכמים אוסרים אכולהו קאי וק"ל.

שם מ"ע מלך וכו' לס' התו' שכתב הר"ן בהל' שפסקו כחכמים ל"ל דהא דבעי רב כלה עד כמה משום דמספקא ליה דדילמא כלה מקריא כל שנתה כדכתיב נקי יהיה לביתו וכו' ואימא דע"כ ל"פ רבנן אלא במה שהתיר ר"א לרחוץ כל שנתה אבל תוך ל' מודו דמותרת כדי שלא תתגנה וקאמר דכל ל' דוקא מקריא כלה ורבנן אף בזה אסרו וק"ל.

שם החיה וכו' משום לנה כדאמר בפ' מפנין קכ"ע א' אריי אמר שמואל לחיה ל' יום למאי הלכתא אמרי נהרדעי לטבילה ע"כ שכל ל' יום הלנה קשה לה וכמו שביאר הר"ן בהל' ריש פרקין וכן פסק הרמב"ם ז"ל סוף הל' ש"ע וז"ל רבינו מנוח שם משום לנה שרגליה מלטננות בשעה לידה כדכתיב. וראיתן על האבנים בשעה שרגליה מלטננות כאבנים כדאיתא בפ"ק דסוטה וסבת הלנה שאוחזת. אותן בשעת לידה הטעם כי כן שופעות דם ובחסרון הדם יתקרר הגוף בהכרח וכו' ע"כ. וה"ע

דלא פי' תלמודא הכא גבול דלידה כדפי' גבי בלה משום דהא איתפרש התם גבי טבילה וס"ל הכא דתרווייהו משום טעמא דלידה ניהו אלא דיש לדקדק דאם איתא לכא אמאי לא קאמר התם לטבילה ולנעילת הסנדל ביוה"כ ובשלמא למי שפוסק כחכמים דאסרי בכולהו ניחא וזה דוחק לומר דמטבילה נשמע לנעילת סנדל כיון שהגנה קשה לה דהא ע"כ החק לינה דטבילה הוה עפי ומה גם דיכולה לנעול במנעל של שאר מינים וע"כ לריך אתה לומר כן למי שפוסק כחכמים ואסורה בנעילת הסנדל ואפ"ה קים לן דלטבילה עד ל' ושמא י"ל דכיון דשמואל לא קאמר מלתיה אמתניתין דהכא ולימא חיה שאמרו כל ל' משמע דלאו אהתר דמנעל דיוה"כ קאי וק"ל.

רש"י ד"ה ור"י איסר קסבר לאו מנעל וכו' ואפ"ה בזין שאסור וכו' אלמא אע"ג וכו' דודאי אין לדחות דלהקטע עלמו הוא דשרין דלדידיה מנעל הוא א"כ בשבת נמי אמאי אסר לו ר"י לנאת בו גם אין לחלק דעץ שאני דמ"מ מגין הוא קושי הקרקע דהא כל שאינו שוב בכל לאו מנעל הוא וכך לי של עץ כמו של שעם וכך יש לאסור בזה כמו בזה וק"ל.

ד"ה **מנעל** הוא וכו' אבל דהיטוני וכו' ולא תפרש כפי' הרי"ף שכתב הר"ן דכולם מותרים חוץ משל עור ולא כפי' המאור דלמסקנא כולהו אסירי ולפירושו הנהו אמוראי דלעיל מפנקי הוו כדרך שאמרו בירושלמי דפרקין יע"ש וכן נראה בהדיא מדברי בה"ג ועי"ש [(וזהו לא יקשה עליו מה שהקשה הרמב"ן ז"ל בספר מלחמות יע"ש)] דכל זה היה לו לרבא לבאר אלא יש לך לפרש דרוקא של עץ אסרו ולא הם לבאר דסברא מפורשת היא לביחירא בשאר מינין כיון שמרגיש בהם עדיין קושי הקרקע ומה גם דאפשר דסובר ז"ל כספר ריא"ז שכתב בשלטי הגבורים דאם הם קשים דומיא דעץ בשאר מינים נמי אסור ובזה יתורץ מה שהקשה הרמב"ן ז"ל על פי' יע"ש וכ"כ בת"י בסוגיין לחד תירוצא ועיין בלשונו ז"ל דיבמות ק"ב ע"ב ד"ה שעם וכו' ולפירושו ה"ה דהוה מצי רבא לשנויי התם בפרק מלות חליצה כאן באנפליא של עץ וכו' אלא אורחא דמילתא דדרך לעשותה מעור או מבגד נקט וע"ש וק"ל.

ד"ה **מותרין** בכולן בכל הני דמתניתין אכילה וכו' שלא תפרש דעיקר רבותא משום רחילה וסיכה שאין בהם צורך כל כך לתינוק אלא אכל הני דמתני' קאי דהגם דאכילה ושתיה פשיטא שאין מונעים מהם מ"מ היינו רבותא דאפילו להאכילה בידים שרי כדמוכח סוגיין וכמ"ש הר"ן בהלכות ועיין בטא"ח ריש סימן תרט"ו בב"י ובב"ח שם וק"ל.

ד"ה **הא** מותרין וכו' האכילהו ורחוץ וכו' דליכא לפרושי מותרין שמורין לו שהתינוק ירחוץ ויסוך מעלמו דהא בכולן בכל הני דמתני' דבכללו אף אכילה קתני וזה פשיטא לן דאף ע"י גדול מותר כדתנא לעיל מדיחה אשה ידה אחת ונותנת פת לתינוק ודומיא דהכי רחילה וסיכה מורין לו כן והיינו דנקט ז"ל האכילהו הגם דסוגיין ברחילה וסיכה איירי. ומה שסיים ז"ל והאי שפיר ידע וכו' כונתו שלא תפרש כונת הקושיא מכח שהמורה ידע שהיום עשאו לו דאין זה ודאי דשמא לידע הדין הוא ששואל כן אבל מקשה מכח שהשואל כשיעשה מעשה הוא ידע שפיר דהיום עשאו לו וכלפי דידיה אין לתלות דמאתמול עבדי ועיין בספר ש"ב וק"ל.

ד"ה **אם** מחמת וכו' שיש לחוש לעקרבים וכו' והיינו דאשמועינן שמואל דאף משום חששא בעלמא מותר לנעול כדרך חול וכמ"ש הטור בסימן תרי"ד וכמ"ש הב"י שם שזהו דעת רש"י והרמב"ם ז"ל דלאו בריה היזיקא פשיטא דמותר ובבר היה אפשר לפרש דאפילו בבריה היזיקא אשמועינן דמותר לנעול כדרכו אף אם היה יכול להגלל במנעל של שאר מינים דלא פלוג רבנן ושוב ראיתי בספר ש"ב שפירש כונת דבריו כן יע"ש ומ"ש שם בפירוש שיטת בה"ג שכתב הנה הרואה דברי בה"ג במקומם שכתב היכא דמספק אי נמי קא בעי למיעל דוכתא דחורבה וכו' יבין דבבריה היזקא איירי ועיקר פירוש דבריו כמו שפירש הפר"ח ז"ל בסימן תרי"ד דס"ל לבה"ג דאותם המינים שהתירו לקטן הוא למיפקי [(עיין בספר הרז"ה ז"ל בספר המאור דפרקין)] והיינו דסיים בה"ג שם וכן נמי לענין מאי דמפנק ולא יכיל לסגויי שפיר דמי למיפק בגורביה דהא ר"י נפק בסנדל ארקיעתי אביי נפיק בדהולי וכו' אבל מסאני בין מיפנק ובין לא מיפנק אסיר עכ"ד וק"ל.

תוספות ד"ה **הקיטע** וכו' ור"ח הקשה וכו' כיוחם מבוארת דבשלמא בלא פרש"י יש לפרש ההיא דהגולה בקב הקיטע דלר"י פסולה נפי שהיא רחב ולעולם דמנעל מיקרי וכפירוש ר"י דבסמוך אבל לפרש"י דמשמע טעמא דר"י משום דלאו מנעל הוא וסובר דבחליצה נמי פליגי בהכי תקשי ליה מסוגיין וכך כונתם בפרק במה אשה שם ועיין מ"ש בספר מגיני שלמה שם והגם כי מדבריהם דפרק מלות חליצה ד"ה באנפליא משמע דקושית ר"ח לא קיימא אפי' רש"י דבריהם דהכא יש לפרשם כמ"ש וכן בת"י דסוגיין כתבו כן יע"ש ד"ה הקיטע וכו' ועיין מה שישב בספר מגיני שלמה לפרש"י ז"ל וק"ל.

בא"ד וא"ת כיון דמעיקרא ס"ד וכו' משום דילמא מפסיק וכו' כונתם דמשמע דלא הדר ר"י לפרש כן דודאי המקשה ס"ד לפרש טעמא דר"י משום דלאו מנעל אלא מכח קושית רבינו שמעון והרי בלא"ה תיקשי ליה מאי חריך רישא במחופה עור וכו' ותירלו דודאי משום הא יש נפרש במחופה עור בפנים דהשתא מיהדק ולעולם דהמקשה נמי סבר טעמא דר"י משום דילמא מפסיק אבל מכח קושית ר"ש דוקא הוא דע"כ יש לפרש דהמקשה ס"ד טעמא משום דלאו מנעל וכן תמלא בת"י דקושיא זו לא שייכא אלא לכשנאמר דהמקשה ס"ל טעמא דר"י משום דילמא מפסיק וכן מבואר בדברי הרשב"א בפרק במה אשה שם ועיין מ"ש מהרש"א דלפי הבנתו תיקשי דאין מוכרח מסוגיין דאביי מפרש כרבא דבדילמא מפסיק פליגי אלא לדידיה במנעל או לאו מנעל פליגי וכן תמלא בהרשב"א שם שתי' קושיא זו דמחופה עור דאליבא דאביי היא דס"ל הכא דבמנעל או לאו מנעל פליגי יע"ש וק"ל.

מה שכתב בספר מגיני שלמה שם דבסנדל של סיידין לא ידע אם יש לפרש התם כפי' התוספות וכו' יע"ש כבר עמד על זה הרשב"א שם דודאי גרב הונא התם פליגי במנעל או לאו מנעל כדס"ד להמקשה דיבמות אבל לרבא [(לפי גי' הרשב"א וגי' הרמב"ן כאן בספר מלחמות)] שם שדחה ואמר מאן לא הודו לו ריב"ן היינו משום דסבר דלרבי יוסי סנדל הוא דליכא למיחש ביה דילמא מפסיק יע"ש.

ד"ה **הקיטע** יולא בקב שלו פרש"י וכו' והא אינו יכול לילך בע"א וכו' כלומר וא"כ מנעל גמור הוא ושם מוכח דר"י מטעם דלאו מנעל אסרו לפרש"י שם כמ"ש בדיבור הקודם ואף למאי דמסקינן הכא תיקשי דהא אינו יכול לזוז וכו' וכן תמלא בספר התרומה לרבינו ברוך סימן ר"מ יע"ש. ומ"ש מיהו אר"י וכו' שהוא נשען על מקלות וכו' כן יש ללמוד מדברי רש"י שם שכתב ד"ה ואין עמא מדר' דלא מסתמי' עליה וכו' דקסבר לאו נסמיכה עבידי אלא לתכשיט וכו' וכן פירש בהדיא בפרק מלות חליצה ק"ב ע"ב ד"ה בקב הקיטע וכו' ויש בה בית קבול קטן ומכניס שם ראש שוקו ואין נסמך עליו והוא קרוי קב ולמשענות הליכה יש לו אשקוגא קטנה בשוקיו ומשענה ידיו שקורין קרוקא עכ"ד. ומ"ש ולא כמו שפרש"י שעושה עור וכו' כגומר דמדקתני שלו משמע דאקטע דרגל אחד דלעיל מיניה קאי ורש"י ז"ל מפרש דאמין קטע קאי ולעולם דהכא איירי בשתי רגליו והיינו דשנה שם אלשון המשנה שכתב ד"ה סמיכות שלו סמיכות של קטע יש קטע בשתי רגליו וכו' ויראה ליישב דרש"י ז"ל סובר דכולה מתני' בדבר הדומה למנעל איירי והיינו דאיצטריך לאשמועינן דנכנסים בהם לעזרה וא"ל נהסירם ולילך במשענת ידיו לבד משום דלאו מנעל ניהו דאם תפרש סמוכות מקלות שבידיו כיון שאינו יכול לילך בלא' ודאי דנכנסין בהם לעזרה ולא דמי ללא יכנס במקלו וכו' דהתם באפשר לילך בלאו דהיינו בבריא ועיין בירושלמי דפרק במה אשה שם הלכה ו' דיש לדקדק כפרש"י ז"ל דסמוכות שלו מטעם מנעל וסנדל נגעו בהו יע"ש כי אין להאריך והנה בספר התרומה שם הקשה עוד ז"ל וגם מה שפירש סמוכות היינו של עור שעושה לשוקיו כשנקטעו רגליו תימא הוא היאך נשען בהם והולך על הארץ עכ"ד גם לזה י"ל דודאי גם כאן יש לו סמוכות בידיו כדי לסייע גרירת רגליו וכן משמע בפרק מלות חליצה שם לגי' ז"ל שם דגרים כסמיכת הרגלים סמוכות הידים יע"ש

נפירושו וכן כאן ודאי דעיקר הלוכו על שוקיו וארכובותיו דה"ע דטמאים מדרס אלא דמסייע גם בידיו וקי"ל.

באי"ד כתיתין היו בגדים או מוכין וכו' בנ"ל. ומ"ש ואיכא מאן דאמר טומאת מדרס לפי שהוא נשען וכו' כלומר דלפעמים כשהוא יושב הוא נסמך עליו וכמ"ש התוספות דשבת שם. ומ"ש אי נמי כיון דגבוה וכו' דנכנסין בו וכו' וזה עיקר דהא שמואל סבר דנכנסין כדאיתא בירושלמי דפרק במה אשה יעי"ש. ומ"ש ואפילו וכו' דמפרש סמוכות שלו ששתי וכו' דכן פירש הוא עצמו בנקטעו שתי רגליו וכמו שהביא בספר התרומה שם משמו וז"ל נקטעו שתי רגליו ועושה שני דפוסים של עץ לתת בהם ראשי שוקיו וכופף לאחוריו שתי רגליו ועושה שני סמוכות של עץ וכו' וכן העתיקו בהגהות מיימוניות פי"ט מהלכות שבת יעי"ש וז"ל סמ"ג בחלק הלאוין הלכות שבת בדיני תכשיטין הקיטע וכו' פירש הרב ר' יוסף וכו' שמדבר באדם שנקטעו שני רגליו וכו' ועושה שתי סמוכות וכו' ומכאן יש ראיה לחגר וכו' שמותר ללכת בשבת במקלו וכו' יעי"ש ולפי"ז נ"ל דאגב פרש"י שהעתיקו שפירש בנקטע רגל אחד העתיקו התוספות כאן ובשבת פירש הרב פורת ברגל א' אבל האמת דלפי' בשתי רגליו איירי והיינו כראיה שכתבו כאן [(אלא שדברי התוספות שם צריכים יישוב דשם החליטו דלפירוש הרב פורת אין ראיה מזה יעי"ש)] ועיין במהרש"א וקי"ל.

הנה פרש"י שהעתיקו בסוף דבריו אין הגירסא כן בספרים שלפנינו שם אבל כן העתיקו בספר התרומה ובסמ"ג שם משמו ושם כתוב נותן עגבותיו בקב רחב וכו' ופעמים נסמך עליהם כשעולה בקרקע גבוה וכו'.

דף ע"ט ע"א גמרא **בעי** ר"פ בכותבת שאמרו בגרעינתה וכו' ונאמר דלהכי קתני גסה לומר כל במה דגסה או דילמא בלא גרעינתה וגסה דקתני למעוטי כותבת דשאר מקומות שהם פחותין מכותבת דארץ ישראל וכדמסיים בתוספתא דפרקין ומייתי לה בירושלמי האוכל ביוה"כ ככותבת הגסה כמוה וכגרעינתה שבארץ ישראל חייב רשב"א אומר אפילו ככותבת הגמרין. והנה הגם דפשטא דמתניתין דקתני וכגרעינתה בוי"ו משמע דעם גרעינתה קאמר מ"מ מדלא קתני בכותבת הגסה וכגרעינתה והוסיף מלת במוה יש מקום לפרש דה"ק דבין שיאכל כמוה דהיינו האוכל שלה ובין שיאכל כשיעור גרעינתה חייב ונאמר דהכי קים להו לרבנן דלעולם אזלינן בתר שיעורא זוטא דבמקומות שהגרעין פחות מהאוכל אזלינן בתר גרעין ובמקומות דהאוכל פחות אזלינן בתר אוכל ולהכי לא היה יכול להחליט הדבר ולומר שיעור המועט כמו שכתבו התוספות לפרש"י ז"ל משום דהדבר תלוי בכותבת של כל מקום ומקום ועל כן לימדך דיש לשער באוכל או בגרעין ולחומרא משערינן כדאמרן אבל מ"מ עדיין נשאר הספק במקומו דדילמא עם גרעינתה קאמ' וקתני כמוה לאפוקי שלא נשער גם בחללה והיינו דקתני במוה כלומר דהאוכל וכגרעינתה יש לך לשער לא עם דבר אחר דהיינו חללה וכדמפרש בירושלמי שכתבו התוס' יעי"ש וזהו הנלע"ד בפי' הסוגיא לפרש"י ז"ל ושוב ראיתי סיוע לדברינו מדברי הת"י דסוגיין יעי"ש ובספר ש"ב פי' כונתו באופן אחר יעי"ש.

והנה עוד אפשר לפרש כונת רש"י ז"ל בדרך אחר והיינו דהיכי קאמר כמוה וכגרעינתה יחד ויהיה שיעור האכילה כשיעור הכותבת וכשיעור הגרעין שלה לבד או דילמא ה"ק האוכל ככותבת גסה כמוה דהיינו בלא הגרעין ונחשוב כל חללה בכלל השיעור ועוד נוסף על זה שיעור הגרעין שלה ופשטה רב אשי לחומרא דמשיאכל כשיעור כותבת עם גרעינתה יחד חייב דהא גסה איתמר כל במה דגסה כלומר דבהכי נמי גסה מקריא ולא בעינן שיעורא רבה טפי ולפירוש זה דייק שפיר לכל הצדדים ו"ו דוכגרעינתה דמתני' ולא תיקשי ג"כ קושית התוספות אלא דמשמע דלפי' זה ה"ג גסה איתמר כמה דגסה. וז"ל הרב המאירי ז"ל שאלו בגמרא בגרעי' או שלא בגרעי' כלו' בגרעי' שיהא שיעור אכילתו בכותבת כמות שהיא עם גרעי' שאין בשיעור זה תוספת עם הגרעינה והרי היא גסה שלא בגרעינתה כמו שהיא בגרעינה או שמא שלא בגרעינה כלומר שלא יתחייב עד שיאכל כשיעור כותבת ועוד כשיעור גרעינה ופירשה רב אשי לחומרא כמה דגסה תן כלומר שהיא עם גרעינתה והתלמוד כמערב גר' שפירשו' בדרך אחרת ושיעור בגרעינתה גדול משיעור שלא בגרעינת' ופי' בענין בגרעינתה ר"ל שהגרעינה תהיה בתוכה ותהא הכותבת כולה שלימה ויהא החלל שבין הגרעינה לגוף הכותבת מכלל השיעור או שלא בגרעינתה ר"ל שאין הגרעינה בתוכה אלא שמשערין אותה מבחוץ ויהא שיעור האכילה משוער לגוף הגרעין ובגוף הכותבת ולא שיהיה בכללו שיעור החלל ופירש רב אשי לקולא כמו שהיא בגרעי' והחלל מכלל השיעור ומ"מ שם פסקוה לחומרא וזהו שאמרו שם אר"י צריך למעך את חללה דאל"כ ליתני כמוה וכגרעינתה וכחללה ומ"מ כל הפוסקים הביאוה כפי' ראשון ופסקו כר' אשי והביאו בסתם ככותבת הגסה ויתבאר בגמרא על שיעור זה שהוא פחות מכביצה עכ"ד ומה שפי' בפי' שני כפי דברי הירושלמי קצת דוחק לפי' לחלק בין מסקנת תלמודא דידן למסקנת הירושלמי ועוד דמשנה שלימה שנינו בפ"ב דעוקצין לענין שיעור ביצה דטומאת אוכלין דצריך למעך החלל יעי"ש ויראה שמטעם זה לא ביארו הרמב"ם ז"ל בפ"ב דה' ש"ע דמלב' שכבר כתב דהוי פחות מכביצה ויהיה זה בלא החלל עוד זאת כבר הביא משנה זאת פ"ד מה' טומאת אוכלין דמשם יש ללמוד לשיעור כותבת דיוה"כ דגם צריך למעך החלל דמאי שנא ונראה דמה שהוכרח לפרש פי' אחר בסוגיין לפי' הירושלמי משום דלפי' ראשון תיקשי דלא דמי לבעיית רב אשי דמעיקרא קאמר גד המרובה וכדר הגד המעוט ועיין בתוס' וקי"ל.

שם ר"פ לא קא מבעיא ליה וכו' כתב בשכ"י ז"ל כונת הש"ס בזה להשמיענו דהני בעיי דר"פ ור"א לא מיקרו בעיי דלא אפשיטו ואזלינן בהו לחומרא דר"א פשיט בעיא דר"פ ור"פ בעיא דר"א ובזה א"ש מאי דקאמר בסמוך השתא שתי כותבות וכו' כותבת הגסה גרעי' הוי יתירה מכביצה דמשמע דפשיטא דהויא בגרעי' עכ"ד וסיוע לזה שלא ביאר הרמב"ם ז"ל בפ"ב מה' טומאת מת אי שיעור דעלם כשעורה הוי בקליפתה וכו' משום דס"ל דנקטינן כר"פ ולהכי נקט ז"ל שעורה דסתמא משמע בקליפתה ויבשה כדקאמר ר"פ ועיין מ"ש הרב בעל משנה למלך שם וכן הרב המאירי ז"ל פסק כן וקי"ל.

שם אמר רבא א"ר כותבת הגסה שאמרו יתירה מכביצה וכו' אע"ג דרב יהודה ודאי ידע מתני' דפ"ג שאכלו דלר"י שיעו' בכילה יש בה כדי שביעה ומברך בה"מ וא"כ ליישוב הדעת סגי בפחות וכדפרי' תלמודא לקמן מהך מ"מ י"ל דס"ל לפרש דלאו מטעמא דשביעה מצריך ר"י כביצה אלא מטעם דשיעור חשוב בעינן דכן ל"ל לר' יוחנן דקאמר התם איפוך ולא מתרץ כדאביי דהכא מה שמברך בה"מ על כביצה היינו מגד שהם החמירו על עצמם כדקאמר ולא אשא פנים לישראל וכו' ועיין מ"ש התוספות שם דשיעור כביצה מדרבנן דמדאורייתא בעינן שביעה גמורה וכיון שכן לעולם דליתובי דעתא בעינן יותר מכביצה ותלמודא לקמן הכי פריך דפשטא דמתניתין משמע דמטעם שביעה דלאידך צריך לומר איפוך וא"כ כך מתניתין מסייעא למ"ד דכותבת פחות מכביצה ומה גם דלרב יהודה ל"ל דכביצה אין בו אפילו יישוב הדעת ודאפ"ה החמירו על עצמם לברך בה"מ וזה דוחק וקי"ל.

שם ותני עלה לא מפני וכו' וכן גי' הר"ן בה' פ"ב דסוכה אלא שמדברי התוספות כאן ושם כ"ז א' ד"ה ואמרו וכו' משמע דלא הוו גרסי ותני עלה אלא דמסיים בה הכא הכי כאילו שנויה במשנה וכדמתרץ לה למתני' התם דחסורי מחסרא יעי"ש וגי' זו ניחא טפי מדלא מייתי שם בסוכה בתר דקאמר חסורי מחסרא תניא נמי הכי לא מפני שהלכה כך וכו' כדרך התלמוד בשאר דוכתי וגם בתוספתא דסוכה שם לא מצאתיה ולא בירושלמי שם ולפרש לשון ותני עלה דהסוגיא דבמאי דשקלינן וטרינן בה התם מוכרח לשנות כך אין זה במשמע ועיין מ"ש רש"י ז"ל בברכות ל"ז ע"ב ד"ה ותני עלה וכו' וכמ"ש בספר פני יהושע שם וקי"ל.

רש"י ד"ה **קים** להו וכו' ואע"ג דכל שיעור אכילת איסור וכו' דאין לפרש דר"י ה"ק דאע"ג דלענין אכילה לחיוב בה"מ סגי בכזית או בכביצה הכא בישו' הדעת תליא מלתא וקים להו וכו' דהא ודאי הני שיעורי מדרבנן נינהו דמדאוריית' בעינן שביעה גמורה שכן דעתו ז"ל כמ"ש התוספות בפ"ג שאכלו מ"ט ע"ב ד"ה ר"מ סבר וכו' וא"כ פשוט דלחיוב יוה"כ מדאורייתא בעינן מידה יותר מכביצה ולמאי איצטריך לאשמועינן הא אלא

ודאי דה"ק דאע"ג דלחייב אכילה איסור מדאורייתא סגי בכזית וא"כ אפילו תאמר דהכא דלא כתיבא לשון אכילה בעינן טפי מ"מ תיסגי ליה בכביצה דשיעור חשוב הוא אלא דהכי קים להו לרבנן דבהכי מיתבא דעתיה וכו' משום דהכא תעונה כתיב ונמצא דלמ"ד לקמן דכותב' פחות מכביצה ניחא טפי דודאי הכא שאני דכתי' תעונה וע"כ לא הוצרך ר"י ליתן טעם אלא לסברתו דמצריך אף יתר מכביצה ועיין בספר ש"ב שכתב קרוב לזה וק"ל.

ד"ה **נטלו** במפה וכו' אחד שלא נטל ידיו וכו' דהשתא ניחא דנקט פחות מכביצה דאם תפרש דלאו קולא היא זו אלא מדינא משום דהתירו מפה לאוכלי תרומה דר' לדוק כהן הוה א"כ אפילו כביצה נמי הן אמת דמלינן למימר דנקט פחות מכביצה משום סוכה וברכה וכדדחי תלמודא בפ' כל הבשר ק"ז ע"א אלא דניחא ליה ז"ל לפרש דמשום כולהו נקט ליה וכי תימא סוף סוף כיון דר' לדוק כהן הוה ודאי דאפילו כביצה במפה סגי וכמו שהקשו התוספות שם בפ"ב דסוכה י"ל דס"ל ז"ל דע"כ לא התירו מפה לכהנים אלא באכילת תרומה אבל באכילת חולין גרידי לא התירו דקרוב הדבר דכיון שאינו מקפיד עליהם אתי ליגע ולשונו דפ' דכל הבשר שם ד"ה ולא התירום וכו' יש לפרשו כך וכן משמע מדברי הרמב"ם ז"ל בהו' פ"ח מה' אבות הטומאה ה"ט דלכהנים לא התירו מפה אלא בתרומה דוקא יעי"ש ומשמע ליה דר' לדוק שהיה ביחד עם ריב"ז ור"ג כדקתני **ובשנתנו לו וכו' אוכל חולין כמתם** הוה והשתא ניחא דלא מלי למימר תלמוד' בפ' כל הבשר שם וליטעמיך וכו' כמו שהקשו התו' שם וניחא נמי דהגם דדעתו ז"ל דאפי' כל שהוא מקבל טומאה מ"מ הכא דידים שניות לחולין משום סרך תרומה היא דאין שני עושה שלישי בחולין ע"כ לא גזרו אלא באוכל שיעור חשוב דכביצה דיש בו כדי שביעה לא באוכל פחות מזה ומש"ה ע"כ לפרש דמה דנטלו במפה משום נקיות הוה ולאו משום טומאה ומ"ש ז"ל שם בסוכה אמתניתין דקסבר פחות מכביצה לא בעי נטילת ידים וכו' היינו דבחולין אין כאן טומאת סרך כלל אבל לאו נמימרא דס"ל בכל דוכתא דפחות מכביצה אינו מקבל טומאת אוכלין דא"כ תיקשי מיני' לשיטתו ז"ל דס"ל אפי' בכל שהוא עיין בתו' פ' המלניע נ"א והכי דייק לישניה שכתב לא בעו נט"י וכו' ושוב ראיתי להתו' לקמן ד"ה כביצה שחילקו כן ובזה יתורץ מה שהקשה בס' ש"ב על פי' ז"ל יעי"ש וק"ל.

תוספות ד"ה **כותבת** הגסה וכו' והאנן וכגרעיניתה תנן וכו' כל"ל וכלומר דמדקתני בוי"ו החיבור משמע דעם גרעי' קאמר ואי מספקא ליה לר"פ דוי"ו זו יהיה במקום או כמו תלן וכו' מ"מ מאי מספקא ליה וכו' זהו כונת המשך דבריהם ובזה יתורץ מה שהקשה בספר ש"ב יעי"ש ובמה שכתבתי בסוגיא ליישוב פרש"י ז"ל וק"ל.

באה"ד מכדי לא שוו להדדי דא"א לגמלם וכו' כונתם דאפילו תאמר דמאי דאמר ר"פ לקמן היינו דאמרי אינשי תרי קבי וכו' לס' ר' ירמיה הוא דקאמר הכי ואשמועינן דאין כונת ר"י לחלק בין כותבת סתמא לכותבת הגסה דהויא יתירה מכביצה דא"כ לימא שאר בותבות בלא גרעי' לא הוו וכו' אלא יש לך לפרש דסבר דהגרעי' מרובה מהאוכל לעולם וכדאמרי אינשי וכו' אבל ר"פ אימא לך דסבר כרב זביד שם דכותבת הגסה פחותה מכביצה ולדידיה יש לפרש דלא סבר הא דאמרי אינשי דזה ימלא כשהכותבת הם גרועים ויבשים שהאוכל מועט וא"כ אית ליה מ"מ יכולים אנו לחלק לדידי' בין כותבת סתמא לכותבת הגסה דבה יהיה האוכל והגרעי' שוים זה לזה וכיון שכן אין כאן קושיא נפרש"י ז"ל ולזה דחו הם ז"ל דאכתי מנא הסברא ודאי דא"א גלמלם ולומר שיהיו ממש שוים וכו' ובזה יתורץ מה שהקשו' מהרש"א יעי"ש וק"ל.

באה"ד וי"ל לפר' דמבעיא ליה כותבת הגסה וכו' ועוד גרעין אחר וכו' ונאמר דלהכי קרי ליה גסה אם מלד דלא משערינן בכותב' בינונית וכדתנן בפי"ז דכלים ויש שאמרו במדה גסה וכו' האוכל ביוה"כ ככותבת הגסה וכו' ואם מלד דהכא לא סגין לן בכותבת וגרעין לתודיה כשיעורא דתמן לצ"ש כדתנן בריש בילה ומייתי לה לקמן אלא בעינן עוד גרעין אחר דה"ע דהכא קתני וכגרעינתה או דילמא כותבת הגסה דקתני בלא גרעין משמע וכגרעינתה היינו גרעין שבאותו כותבת ולא קתני גסה אלא כלפי דהכא לא סגי לן בבינונית וגרעינתה דקתני היינו

נאפשוטי חלה וכדמייתי בסמוך מהירו' וקאמר תלמודא דרב אשי נ"מ ליה הא כלומר ופשיטא ליה דגרעי' היינו גרעין שבאותו כותבת ותו לא משום דגסה איתמר על כמה דגסה כלומר דפשטא דמתניתין משמע דלא חילקו בשיעור כותבת דיוה"כ אלא דנשער בו בגסה כל כמה שנוכל למצוא לא בדבר אחר דאי משום דקתני וכגרעינה מהא לא משמע מידי שהצריכו כאן עוד גרעי' אחר כיון שנוכל לפרש דלמעט חלה אילטריך וכמסקנת הירושלמי ונמצא דלמסקנא אפי' ר"פ דמבעיא ליה ס"ל דאלאי' לחומרא וכשיאכל כותבת הגסה עם גרעין שבתוכו חייב כדקאמר רב אשי כנלפע"ד לפי פירושם ובזה יתורץ מה שהקשה הפר"ח ז"ל בס' יוה"כ ריש סי' תרי"ב וכן הקשה בס' ש"ב יעי"ש ובמ"ש לקמן ד"ה מיתיבי וכו' וקרוב לדברי ראיתי שכתב בשכי"י וז"ל אשר על כן נ"ל שפי' כל כמה דגסה לדברי התו' הכי הוי דקא פשי' דגרעי' היינו בגרעין שבתוכו' לחוד וכוונתו לומר דמאחר שהם מבקשים על כותבת הגסה כדי לשער הכל בדבר אחד ולא בחלקים שלכן ביקשו כותבת הגסה כל כמה דגסה ודאי שאין כונתם עם גרעין אחר דא"כ למה להם לבקש על כותבת הגסה אחר שסוף סוף הם שוים השיעור מחלקי' יאמרו שלש זתים או שלש גרעינין וכיוצא אלא ודאי כותבת הגסה בגרעין שבתוכה קאמר זאת היא ס' רב אשי וכן נמי סבר רבא אר"י עכ"ד וז"ל רבינו נסים גאון ז"ל הובא בערוך ערך כתבת כמה שני קא קשיא לי והוה מלטערנא עלה דאי נקטה פשטא דמתני' וקא מלרכת בכותבת הגסה וכגרעי' [(כלומר ועוד גרעין אחר כפי' התו')] הא בכולי גמ' לא מדבר אלא כוכותבת ביוה"כ וכו' ונמי אי לתרי שיעורי קא בעי נימא כביצה גדולה אי נמי מידי אחרינא דהוה שיעוריה ככותבת וכגרעי' ולא נלטרך למיתלא מילתא בתרי שיעורי וכו' יעי"ש ומכאן אתה דן דר"ג לא ס"ל לפרש כפירוש' וסיינו דהם ז"ל אחר שיום דבריו פי' סוגיין בדרך אחר כלומר דנר"ג צריך לפרש דבחלה היא דבעי ר"פ הגרעין וכו' והנה הגם שהם ז"ל ודאי ראו דברי ר"ג במקומו' מ"מ ס"ל דר"פ בעי אם עוד גרעי' אחר קאמר משום דפסיקא ליה דלא מלי למימר כביצה גדולה או כשלש זתים כי לא יגיע שיעור המקובל בהנ"מ לשיעור איזה דבר שלם אם לא שנתלה הדבר בב' שיעורי' כגון ביצה ידיעא או ב' זתים ומחצה וא"כ כך לי נמתלא שיעורא בכותבת וגרעי' כמו בשני שיעורין אחרים וק"ל.

באה"ד שהיא לריך למעט חלה דנכון פי' שאם לא כן יהיה כל"ל וכיון בגי' ויניליא. ומ"ש יהיינו דקא מבעיא וכו' בגרעי' דהיינו לאחר וכו' כנימר דר"פ מבעיא ליה בגרעינת' דבעינן שיהא האוכל דביק בגרעין ולהכי הדר יהא כמוה וכגרעינתה אי דינמא דמשערינן כבריותה שאין האוכל דביק בגרעין וכו' דלהכי הדר ותנא כמוה וכו' לומר דיש לך לשער הגל שלה כמות שהיא עם גרעי' ועיין פי' הרב המאירי שהעתקתי בסוגיא דלאותו פי' בלא גרעי' פחות השיעור דומה לאידך בעיא דרב אשי דבלא קליפתה פחות השיעור והנה ממה שלא פי' הם ז"ל דרב אשי פליג אמסקנת דירו' דסבר דכל כמה שהיא גסה משערינן אפי' חלה וכדרך שפי' הרב המאירי יעי"ש משמע דהם ז"ל מפרשים דה"ק דודאי אין מקום לפרש דכמוה וכגרעי' דקתני לרבות חלה דהא גסה איתא כל כמה דגסה ואפי' חלה בכלל וא"כ אמאי הדר ותני' כמוה וכו' אלא ודאי למעט' חלה אילטריך וכדקאמ' בירו' ובזה יתורץ מה שהקשה הפר"ח ז"ל שם ועיין בס' ש"ב וק"ל.

ד"ה **נטלו** במפה וכו' ובתנם פי' כן וכו' ויהיה אוכל על טהרת תרומה וכו' למה שחילקו לקמן ד"ה כה כביצה וכו' דהכא לאו תרומה הוה וע"כ לא החירו מפה אלא באכילת תרומה דוקא על כרחך דמפה משום נקיות הוה ולא נטל ידיו משום דסבר דלא הצריכו נט"י לחולין אלא בשיעור חשוב דכביצה וכמ"ש בפרש"י יעי"ש ולפי מ"ש בתחילת המסכתא דתו' אלו ממהרי"ם הם ודרכו להעתיק דברי התו' שבמקומות אחרים בתוספת דרים מאלו מעתה העתיק כאן דברי התו' דפ"ב דסוכה שכתבו והקשו כן לפרש"י דהם ז"ל לא נחתו לחלק בהכי וס"ל דלכל החירו מפה לכהנים משום דזריזים הם ומש"ה בקושיא דלקמן ד"ה הא בבילה וכו' לא תי' שם בסוכה ד"ה הא כביצה וכו' מידי וכן בפ' כל הבשר ק"ז דחו ואמרו דהימ"ל וליטעמיך וא"כ ודאי דנראה שהוסיף מהר"ם לקמן לחלק דדוקא לתרומה

החירו ודהכא לאו בתרומה איירי אכ"ג דלק"מ לפרש"י ז"ל וקילר כאן וסמך אדלקמן א"נ י"ל דס"ל דאף לחילוק דלקמן היינו דבכבילה לא שרינן מפה אלא לאכילת תרומה בדוקא אבל בפחות מכבילה דלאו שיעור חשוב הוא לעולם דהחירו מפה לכל דבר ולא גזור בהא דילמא נגע ומש"ה אפי' חימא דהכא לאו בתרומה איירי אכתי לריך מפה משום טומאה דלא ס"ל גומר דנט"י דחולין לא גזור אלא בכבילה דהא כיון דמשום סרך תרומה היא סברה הוא שהשוו אותה לתרומה לגמרי ומש"ה לכל הלדדים ס"ל דרש"י ז"ל בהגס פי' כן אלא משום דזה אינו מוכרח כ"כ די"ל לדחות לפרש"י דבפחות מכבילה ס"ל לר' לדוק דלחולין לא גזרו נט"י מש"ה לא הקשו לו אלא עם ההלעה דר"ל כהן הוה וכן נמי לא מלו לאקשוי דמשמע מפרש"י דפחות מכבילה אינו מקבל טומאה ואנן קיל"ן דמקבל משום דאין זה במשמע דבריו דאף לדבריו דפ"ב דסוכה ה"ק דבפחות מכבילה סבר ר' לדוק דבחולין לא גזרו נטילת ידים לטומאה דידים שניות דמשום סרך תרומה היא אבל לעולם דלתרומה ס"ל ז"ל דמקבל טומאה וכמ"ש בפרש"י ז"ל ומעתה עלו דבריהם ז"ל כהוגן בלי גמגום עיין מה שהקשה בספר ש"ב וק"ל.

ד"ה ולא בירך אחריו וכו' אכילה שיש בה שביעה דהיינו כבילה וכו' וכן פרש"י בפ"ב דסוכה וז"ל דס"ל לר"ל דר"מ ור"י בכל המינים נחלקו דאף ברכה דמעין שלש אין לברך לר"י אלא בכבילה והגם דמלתייהו לענין זימון איירי והכי מוכח בהדיא בירוש' דסוכה שם דקאמר דר"ל לא ברך אחריו כלל אפי' מעין שלש והיינו דהס ז"ל מייתו ראיה לפסוק כר"מ מההיא דר' יוחנן דזית מליח הוה ש"מ דלר"י אפי' בזית ושאר מינים בעינן כבילה וז"ל ת"י דברכות כ"י [(פ' כילד מברכין ל"ט ע"א)] מלאתי בשם ר' דמספקא על ברכת בנ"ר אם יברכנה על פחות מכשיעור וכו' לבסוף וכו' עד ומר"ל בפ' הישן אין ראיה דדילמא בה"מ הוא דלא בירך הא בנ"ר בירך מ"ר. ובירושלמי דסוכה גבי סוכה ר' ילחק הוה סברא מימר שלא בירך אחריו שלש ברכות הא ברכה אחת מעין שלש בירך אשכח תני לא ברכה א' בירך ולא ג' ברכות וכו' עכ"ד וכבר עמד על זה בס' פני יהושע שם בסוכה יעו"ש וק"ל.

באו"ד ונראה לר"י וכו' אני ראיתי ר"י שאכל זית מליח וכו' כל"ל וכמו שהעתיקו לקמן וכן לשון התוס' דסוכה. ומ"ש אבל שמא שני וכו' היה זית שלם ואכלן עם הגרעין וכו' כותם שבא לפניו שלם ואכלו בעוד גרעינו בתוכו ולאחר כן השליך הגרעין דבזית מיירי שאין הגרעין ראוי לאכילה וכדאמר גריכה לי מפני שגרעינתו ממעטתו וכו' אבל היא דזית מליח שהובא לפניו בלא גרעין אין כאן דין בריה ועיין בתו' דברכות ל"ט ע"א וז"ל הרא"ש שם אבל אפשר דשני מעשים היו והאי דירו' הויא זית שלם כשהובא לפניו אע"ג שהשליך הגרעיני' כיון שהובא לפניו שלם וגהנה מבריה שלמה מה שדרך לאכול ממנה יש כאן שיעור וכו' יעו"ש ומה שסיימו וזית דירו' זית קטן מזית בינוני הוה כלומר דאפי' בזית של כל שהוא איירי דומיא דפרידה של רימון דהא מדין בריה הוא דמברך וז"ל בפסקיהם ועל בריה כמו ענב ואפי' כל שהוא וכו' וכ"כ בפסקיהם דסוכה שם ועיין בלשון מפרש הירושלמי מהר"א ליב ז"ל שם ר"פ כילד מברכין סד"ה שגרעינתו וכו' וכבר אפשר דה"ק דזית קטן ממין זית בינוני הוה וק"ל. ועיין בדברי רבינו יונה והרשב"א דפרק כילד מברכין ובמ"ש עליהם המפרש שדה יהושע בירו' שם ומ"מ פשט דברי' משמע כדפי' ע"פ דברי הרא"ש ז"ל דר"י דירו' לא אכל הגרעין והיינו דכתבו דתרי מעשים הוו דלמ"ש הרשב"א שם דפליגי דלהירושל' אכלו עם הגרעין ולתלמודא דידן אכלו בלא גרעין מעשה אחד היה וע"כ לא סייס הרשב"א שם וכן נראה שמתרלים התוס' אלא לדברי הר' יוסף שהביאו התוס' שם שלא הזכיר דשני מעשים היו וכן נראה מדברי ת"י דברכו' שם שכתבו ז"ל בליר ליה שיעוריה פי' הר' יוסף דדוקא כשהוא מלוח דדרך להסיר הגרעין אבל ודאי אם אכלו שלם עם הגרעין נהנה הוא מגוף הזית שלם והוי הגרעין כאוכל ע"כ אלא שלריך להוסיף דעד כאן לא אמרה ר"י אלא כשאכלה שלם כמות שהיא דמטעם בריה אמרינן דגרעין חשיב כאוכל לענין ברכה והיינו תירולא דירושלמי כנלע"ד וק"ל.

באו"ד ועוד אומר בפ"ג שאכלו לעולם אינו מוציא וכו' כזית דגן וכו' דאף למ"ש בסוף דבריהם דמדאורייתא אפי' לא אכל כלל מוציא ומה שהצריכו כזית דגן אינו אלא שיוכל לומר שאכלנו משלו כמ"ש בפ' הג' מ"מ ע"כ מ"מ ודאי דמדרבנן בעינן מיהא שיאכל שיעור כזית להתחייב בברכה כל דהיא והתוס' שם בברכות קילרו בדבר ועיין בהרא"ש שם דסיים מכח ירושלמי דספק מי שמתו דברכת המזון מדרבנן מיהא לריך שיהא מחויב בברכה כל דהיא וכן נמלא בח"י דברכות ב"י שסיימו כן וכן ביאר הרשב"א שם והילכך בזמן שהוא מחויב בברכה כלל באחו ברכה שהיא אוקמה אדינא דאורייתא ומוליא אפי' מי שאכל שעורה דאורייתא אבל כשלא אכל ואינו מחויב שכשיו בברכה כלל אינו מוליא מדרבנן וכו' עכ"ד וכ"כ רבי' יונה שם בשם ר"י בעל התוס' ז"ל ומעתה למ"ש ברא"ש דבריהם דר"מ ור"י פליגי אפי' בשאר ברכות וגם כתבו לקמן דשיעורים אלו מדרבנן א"כ מהכא מוכח ודאי דקילין כר"מ דמתחייב בברכה דלאחריה אפי' בכזית ולא"ה נכונה היא וזה נתיישב מ"ש בס' ש"ב דיש לגמגם בה יעו"ש וניחא נמי דלא תיקשי קושיא מהרש"א שם דאי משום נברך שאכלנו אפי' בעלה ירק נמי ועיין מ"ש בס' לשון למודים על טור א"ח סי' קפ"ו וז"ל ח"י דכ"י שם ד"ה עד שיאכל כזית דגן אבל שחיה ועלה של ירק לא מהני דבעינן אכילה ודבר שראוי לומר עליו ג' ברכות או שמא ברכה אחת מעין ג' שפיר דמי מדנקט כזית דגן ולא נקט כזית פת וטעמא דכיון שהיא אכילה ואיכא ברכה דאורי' אי הוה בה שיעורא שפיר דמי עכ"ד ומקלא לשום הוגא בהרא"ש שם הא קמן בהדיא דאף לדעתם אין תכלית הדבר משום נברך אלא דמחויב בברכה מדרבנן מיהא בעינן וק"ל.

באו"ד ובירו' משמע דבריה וכו' למ"ש לעיל דטוחם להוכיח מהירו' דכשהובא לפניו זית שלם אפי' שהסיר הגרעין באכילתו חייב לברך משום בריה להכי כתבו לשון משמע דהא יש לדחות כפי' הרשב"א דאיירי הירו' באכל הגרעין כמות שהוא אבל בהסיר הגרעין דילמא דלא חשיב בריה אלא דהמשמע לכו דלא איירי בהכי כמ"ש ועוד דיש סכנה בדבר באכילת גרעין זית וכמו שדחה הרדב"ז ז"ל מטעם זה ס' הרשב"א ז"ל עיין במחודשות ח"ב סי' ח"ב ובס' ש"ב פי' כוחס בדרך אחר יעו"ש כי דחוק הוא הירו' ודאי דס"ל כר"י דמאחריה דהוא אלמודא הוא ועוד דלא אשכחן מאן דפליג עליה כתם בהא. ולענין קשר דבריהם מגלד מ"ש בס' ש"ב שם עוד יש להוסיף דודאי טעם בריה לא שייך אלא לר"מ דס"ל בכזית משום דכתיב ואכלת דהיינו סתם אכילה דבזית וה"נ בריה כיון שאוכלה כשהיא שלמה כמ"ש לעיל בשם הרא"ש אבל לר"י דבעי כביצה משום דכתיב ואכלת ושבעת אכילה שיש בה שביעה משמע ודאי דבריה לא דלא עדיפא משיעור כזית א"כ מהכא נמי מוכח דקי"ל כר"מ וק"ל.

באו"ד הא א"ל אחת וכו' כר"ע כדפרישית כל"ל וכ"כ בפ' הישן. ומה שסיימו דשביעה דשתיה הוי פחות מכביצה דכל הני שיעורי הוו מדרבנן וכו' כוונתם דבשתיה אפי' במה שמתיישב דעתו של אדם מעט היינו שביעתו מדרבנן לחייבו לברך לאחריו דדרשא דושבעת זו שתיה אסמכתא בעלמא היא אבל לענין יוה"כ דמדאורייתא הוא בעינן שיתיישב דעתו לגמרי דהיינו בשיעור מלא לוגמיו כדלקמן ולא בעינן שיעור שביעה דאורייתא דהויא טפי כנלע"ד וזה יתיישב מה שהקש' בס' ש"ב יעו"ש וגם מה שהקשה בס' תפארת שמואל בהגהותיו על הטא"ח סי' תרי"ב יעו"ש וק"ל.

ע"ב גמרא **השתא** שתי כותבות וכו' דהא כיון דתני עלה לא מפני שהלכה כן וכו' והיינו דשקלינן התם בסוכה ומסקינן דחסורי מחסרא כמ"ש לעיל ע"כ דפסיקא ליה דאפי' אם היו שתי כותבות גסות לא הוי כביצה ואכילת עראי היא ומעשה לסתור הוא דלתנ"ה אימא דגסות הוו ויתירים מכביצה ולהכי אמרו העלום לסוכה דכל כי האי אכילה קבע מקרי' ומלד הדין הוא שאמרו כן ואפשר שלא כיון רש"י ז"ל בד"ה שתי כותבות וכו' ואמרו עליהן לא שהלכה כן דלכאורה שפת יתר הוא כי כבר פי' בדיבור הקודם אבל כוונתו דמהא הוא דפסיקא לן דאפי' שהיו גסות לא הוו כביצה ממה שהחליטו הדבר ואמרו עליהן שמלד החומרא הוא שאמרו כן ונמלא דתלמודא הולך להביא ראי' דתני עלה לא מפני שהלכה וכו' אם להוכיח דפחותות

מכבילה הוו ואם להוכיח דנוכל לומר דאפי' אי הוו גסות היו פחותים מגבילה והיינו שהוא ז"ל העתיק ענין זה בשני דבורים אלו ובזה יתורץ מה שסק' בס' ש"ב ומה שהקשה עוד שם על פי' תו' דלעיל כבר תירלתי שם יע"ש ודו"ק.

שם הא כבילה בעי סוכה וכו' למה שהקשה בס' ש"ב מסוגיא דפ' הישן והיא קושית התו' דסוגיין יע"ש הדבר פשוט דיש ליישב דעדיפא משני אפי' תאמר דכבילה קאי אכולהו דהבוא דפרק הישן דיחויא בעלמא קאמר ועיין בפרק כל הבשר ק"ז ע"א דהתם דחי תלמודא בדרך אחר דילמא כבילה בעי סוכה ובעי ברכה והיינו דסיימו התו' ושמא ניחא ליה לישנא בלאו הכי אלא שעדיין הלריכו עיון כדבר דאכתי תיקשי לרבא דהידס מכח קושיא זו דפירי לא בעו סוכה ומנין לו כיון דיש לדחות הא כבילה בעי נע"י וברכה ועיין מה שתי' הר"ן בזה בהג' פ' הישן סד"ה מעשה וכו' ואין תירולו מספיק אלא לפי דעתו דס"ל דכד טעים בר בי רב דהתם היינו כבילה כפרש"י שם אבל למ"ש הרמב"ן שם דהוי יותר מכבילה א"כ אפי' תאמר דהמקשה סבר להשוות שיעור כותבת הגסה וגרעי' לשתי כותבות בלא גרעינן והוו יותר מכבילה ודאי דלהכוא תירולא דהא כבילה בעי נע"י וברכה אבל סוכה אפי' יותר מכבילה לא בעי מעתה לא תיקשי מידי ולא לריכינן לתירולא דר"י ודרבא וכן התו' יסדו קושייתם במוגח דכד טעים בר בי רב היינו יותר מכבילה יע"ש אלא דלא ס"ל להר"ן לומר כן מהטעם שכתב שם. ולפי' של הר"ן שם בסוגיין איכא למידק דאמאי לא מקשה ממתניה דר"ג גופיה דהא כיון דקיל"ן דיותר מכבילה בעי סוכה ע"כ דהך דר"ג דתני עלה דמגד החומרא עשה לא הוו יותר מכבילה ואי כותבת הגסה יתירה מכבילה וה"ה שתי כותבות בלא גרעינן דכי אהדדי ניגהו מדינא בעי סוכה והא הוה עדיפא לן לאקשויי דאי מדר"ל. אימא דהא נמי פליגי דלר"ל כבילה בעי סוכה ולר"ג אפי' יתר מכבילה נמי לא בעי משא"כ לס' הרמב"ן ניחא דמר"ג ליכא לדיוקי מידי דאפי' תאמר דיותר מכבילה הוו לא בעי סוכה אבל קשי' ליה דמדר"ל נשמע לר"ג דהא לא פליגי אלא באם בא להחמיר על עלמו אי איכא משום יוהרא או לא עיין שם אבל בשיעורא ל"פ וכי היכי דלר"ל כבילה בעי סוכה ה"ה לר"ג וא"כ ע"כ דפחות מכבילה הוו ואי ס"ד כותבת וכו' אלא דלס' הר"ן יש ליישב דכונת המקשה להוכיח דר"ג ודאי ביותר מכבילה מודה דבעי סוכה כדקיל"ן בעלמא דהא כיון דמוכח דר"ל בכבילה בעי אפילו תימא דר"ג פליג עליה די לך לומר דר"ג בכבילה לא בעי אבל ביותר מודה דאפושי פלוגתא לא מפשינן וכיון שכן ע"כ דשתי כותבת לא הוו יותר מכבילה וה"ה כותבת הגסה דכי אהדדי ניגהו וק"ל.

שם אימא אכלנוס כאכילת עראי וכו' ולפ"ז אשמועינן ר' בעדות זה דפירי לא בעו סוכה אבע"א אכלנוס אכילת קבע ואכלנו פת וכו' ואשמועינן דאפי' ת"ת רשאי שלא נהחמיר על עלמו ולאכול אכילה עראי חוץ לסוכה ולא חשיב כמו שאינו מדקדק במלות וכדתרלינן מתניתין דלעיל מעשה והביאו לריב"ז וגו' התם בסוכה וכמ"ש הר"ן יע"ש אבל הך דפירי לא בעו סוכה לא חייש ר' לאשמועינן בהדיא ולימא ואכלנוס אכילת קבע דהא פשיטא דקבע דידהו חשיב כעראי כנלע"ד וק"ל.

שם ואגא אמינא ומה תמן וכו' ואע"ג דקי"ל דאין מזהירין מן כדין אפשר דהכא גילוי מילתא בעלמא היא דכיון דנענין אכילה השוה הכתוב שאור לחמן לחיוב כרת מדכתיב כל אוכל מחמלת ונכרתה כדאיתא במכילתא פ' בא ועיין עוד בדרשא דר' זירא דאיתא פ"ק דבילה פתח הכתוב בשאור וכו' הוה ילפינן בק"ו מחמץ דעבר אלאו דלא יראה דומה למ"ש הרמב"ם ז"ל בספר המלות סוף שורש י"ד דכשהעונש מפורש מביאים האזהרה מדין ק"ו וכ"כ התוספות ז"ל בסנהדרין פ"ח ע"א ד"ה הא בנגו וכו' יע"ש אבל אין כן דעת הרמב"ן ז"ל בהשגותיו לשורש ב' דס"ל דלהזהיר בק"ו זה לא יהיה בשום פנים אפי' שהעונש יהיה מפורש יע"ש [(והנה סוגיא דרים השוחט והמעלה קשיא לע"ד לס' הרמב"ם דמהתם מוכח כי' הרמב"ן ז"ל יע"ש כי אין להאריך כאן בזה)] ואין לתרץ דכיון דב"ש וב"ה בביעור פליגי הו"ל לאו שאין בו מעשה ומזהירין כיון שאין בו מלקות דומה למ"ש התוס' במליצא ס"א דכשהלאו ניתק לעשה מזהירין דהא ודאי משכחת

לה שילקה עליו כגון שלקח החמץ בפסח יקנאו שעשה בו מעשה וכמו שביאר הרמב"ם ז"ל בס' המלות בל"ת ר' ר"א יע"ש ושמא י"ל דהכא שאני דכיון דשאור מינא דחמץ הוא והחמץ עלמו ראוי הוא לבא לידי שאור אם כן בגילוי מלתא בעלמא ילפינן שאור מחמץ ובזה ניחא דאיגם חוששים לב"ש לגד האחר דאיכא למימר דלא אתי שאיר מחמץ שכן ראוי לאכילה דה"ע דב"ה כדאיתא בפ"ק דבילה משום דבגילוי כל דהוא סגי ומה גם דלענין אכילה שוים הם דהכא לא פליגי כדאיתא התם ושוב מלאתי שתי' כן בשיטה מקובלת דבילה שבס' נחלת יהושע ומלת השיעור שכתב בס ז"ל הביעור אם לא שנאמר שכיון לתי' בעל ס' ש"ב שנכתוב בסמוך יע"ש. ומה שתי' בס' גופי הלכות אות ה' ונסתייע מלשון מדפלגינהו רחמנא וכו' יע"ש פשוט דה"ק דכיון דשאור מינא דחמץ ובכלל חמץ שאור ועוד דלימא קרא מחמלת בכולל גם שאור המחמיץ אחרים כמ"ש בסמוך מלשון מכילתא ואמאי פלגינהו בתרתי שאור וחמץ אלא ללמדך דאין שיעורם שוים. ומה שתי' בס' ש"ב דב"ש ה"ק דליפשוק קרא משאור דכתיב גבי לא יראה אבל משאור דכתיב גבי לא ימלא כדקאי קאי וא"כ מהתם הוה ילפינן לחובא דביעור שאור ומק"ו הוה ילפינן שיעורא בכזית כי חמץ יע"ש הנה הגם כי מדברי רש"י ז"ל שכתב שאור בכזית לענין בל יראה ובל ימלא יש לדקדק קלת דאשאר דלא ימלא נמי קיימי ב"ש מ"מ מסוגיא דפ"ק דבילה דקאמר וב"ש לית להו דר' זירא. דאר"ז פתח הכתוב בשאור וכו' ומשני לענין אכילה כ"ע ל"פ וכו' הדבר מוכרח דב"ש משאור דלא יראה דוקא קאמרי דליפשוק מיניה ויע"ש כי תירולו נכון והגם דמקרא דשאור לא ימלא בבתיכם לא ילפינן חובת ביעור אלא בבתים אבל בבורות שיחין ומערות ילפינן מבכל גבולך דגבי לא יראה עיין בסוגיא דפ"ק דפסחים ה' ע"ב מ"מ כל כי האי גילוי מלתא הוא ואפילו אי לא הוה כתיב שאור גבי לא יראה הוה ילפינן מק"ו דחמץ דה"ה בכל גבולך כיון דגלי קרא בשאור דחייב לבערו מן הבתים ה"ה מבורות וכו' דומיא דחמץ וק"ל.

שם ליתני כבילה וכו' דלא ס"ל לחלק ולומר דכותבת סתמא כבילה והדא מינייהו נקט כדדחי בסמוך משום דמשמע לי דב"ש משיעור יתובי דעתא דיוה"כ דהוי ככותבת הגסה ילפי לה וכמו שפי' התו' ורש"י ז"ל בפ"ק דבילה והתוס' דסוגיין ואפ"ה פריך דניתני כבילה דכיון דשיעור חשוב הוא לר"י דבעי ברכה תיסגי נמי בהכי ואמאי מהדרי אשיעורא רבה למילף מיוה"כ ומאן דדחי סבר דכיון דקאמרי ב"ש כותבת סתמא ע"כ דלאו בגסה איירי ולא יליף מיוה"כ אלא הלכתא גמירי לה כמ"ש רש"י שם ולהתו' דדחו בס פי' זה סברי דאפילו דיליף מיוה"כ מ"מ הכא בבינונית משערינן בלא יהא מופלג הרבה משיעור שאור וכמ"ש התוספות כאן וק"ל.

שם הא סתמא כבילה וכו' כלומר קרובה לשיעור ביצה ולהכי נקטו ב"ש שיעורא דזוטר מכבילה דהיינו כותבת סתמא ואי נמי שתאמר דכי הדדי ניגהו וכותבת סתמא כבילה ממש היא מ"מ לא תיקשי מידי דחד' מגייהו נקט ואגב דנקטו שיעור שאור כמין פרי דזית נקטו שיעור חמץ בככותבת וה"ג אשמועינן דכותבת סתמא כבילה כי היכי דתילף מינה דגסה דיוה"כ יתירה מכבילה. והנה מדברי התו' דסוגיין שכתבו וכותבת סתמא הוא כבילה או מעט פחות כדמשמע בשמעתא אין להוכיח לשנות גירסא שלפנינו ולומר דהוו גרסי הא סתמא חסרה מכבילה וכו' אלא דהדבר מוכרח לפרש כבילה דקאמר דהיינו קרובה לכבילה וכמ"ש ועיין בס' ש"ב מ"ש על דברי התו' וק"ל.

רש"י ד"ה אם השלים י"ד סעודות וכו' לפרש"י שלפנינו בסוכה כ"ז ע"א והיא גי' התוס' שפי' דחזר בו ר"א מהא דקאמר י"ד סעודות וכו' א"כ אין מקום לפרש כאן כן אבל ראיתי בחי' הריטב"א שם שהביא דרש"י פי' דחזר בו מהא דקאמר ר"א מי שלא אכל יום טוב ראשון ישלים וכו' דלפ"ז חיוב י"ד סעודות לר"א איתנהו וניחא פי' דהכא ואף לגי' רש"י שלפנינו שם דחזר בו מן הראשונ' י"ל דהכא ס"ל לפרש כפי' התו' שם ועוד נלע"ד דרש"י ז"ל מפרש דברייתא זו אמאי דקאמר ר"א קודם חזרה דחייב בי"ד סעודות קאי דהך לישנא דהשלים לא משמע לשון תשלומין אלא לשון השלמת י"ד סעודות ובזה יתורץ מה שהקשו עליו התו'

שם אלא דמינה שמעינן נמי לבתר חזרה דמשלים במיני תרגימה
סגי ושוב ראיתי בס' ש"ב שהרגיש בזה יעו"ש וק"ל.

ד"ה **שאור** בכזית שגין בל יראה וכו' אבל לענין אכילה כ"ע
מודו דזה וזה בכזית כדאסיק תלמודא בפ"ק דביצה
ז' ע"ב יעו"ש.

ד"ה **שיעורו** של זה וכו' ולא מחייב עליה אלא בשיעורא רבה
וכו' כונתו דהשתא דכתביה רחמנא לתרוייהו
לימדך משום דשיעוריה דחמץ נפיש והו"א דה"ה שאור מכח דיו
להכי הוצרך לכתוב שאור לומר דשיעורו בכזית אבל ודאי דאי
לא כתב רחמנא אלא חמץ הו"א דבכזית מטעם דלא תהא ראיה
חמורה מאכילה והוה מייתינן מיניה בק"ו לחייב שאור בכזית
דומיא דידיה והינו דקאמר תלמודא ואנא אמינא ומה חמץ
שאין חמוצו קשה אסור בכזית וכו' והגם כי מדבריו דפ"ק דביצה
ז' ע"ב ד"ה שיעורו וכו' להכי לא יליף שאור מחמץ וכו' להכי
כתביה וכו' משמע דאפי' אי לא כתב רחמנא שאור הו"א דחמץ
נפיש שיעוריה מ"מ גם שם צריך לפרש דה"ק דהשתא דכתב
תרוייהו הודיענו הכתוב בזה דמשום דחמץ בככותבת והיינו
מרבים שאור דומה לו בשיעור מכח דיו להכי כתביה בהדיא לשער
בשיעורא זוטא אבל ודאי אי לא כתביה כלל הו"א דחמץ בכזית
והיינו דקאמר נמי התם ומה חמץ שאין חימוצו קשה בכזית
וכו' וזה פשוט ואין כאן תימא בדבריו וכמו שתמה בס' ש"ב
ובס' גופי הלכות אות ת' יעו"ש ושוב מצאתי בשיטה מקובצת
לביצה שבס' נחלה ליהושע שכן פירש כונתו ז"ל יעו"ש ועיין עוד
בספר אסיפת זקנים למציעא בחידושיו לדף ל"ב ע"א על מ"ש
שם פריקה בחנם טעינה בשכר במה שהביא שם בשם תלמידי
הר"ף גם בלשון השיטה שהביא שם וסיים וכיוצא בה בי"ט
גבי שאור בכזית וחמץ בככותבת יעו"ש וק"ל.

ד"ה **מזמנין** מברכין על המזון וכו' כלומר דהא נמי איתיה
ונקט מזמנין לרבותא דאפ"ה סגי בכזית וכמ"ש
התוספות בפר' שלשה שאכלו מ"ח ע"ב אבל אין כונתו לשלול דלא
איירי בזימון ובזה לא יקשה לך (אה) [הא] פי' ז"ל שם מ"ה ב'
ובסוף אלו עוברין לענין זמון יעו"ש וקל להבין:

תוספות ד"ה **הא** כביצה וכו' ותימא והא ר' צדוק וכו' לכאורה
אין קושיא זו שייכא הכא אלא התם בסוכה דדחי
הא בכביצה בעי נט"י אבל הכא מצינן לפרושי דסבר המקשה
דאה"נ דכביצה לא קאי אלא אסוכה וברכה אבל נט"י אפי' כביצה
נמי דר' צדוק כהן הוה אלא משום דפשט דברי המקשה משמע
דסבר דאכולהו קאי דאי נהית לפרושי דלא קאי אנט"י אימא
נמי דלא קאי אסוכה ולעולם דכביצה נמי לא בעי סוכה להכי
שייכא נמי הכא קושיא זו אבל מ"מ לא יסדו קושייתם אדהכא
לחודה משום דיש לדחות דסובר המקשה דע"כ לומר דאחרי
מינייהו קאי דדחיקא מלתא לפרושי דמשום חד דהיינו ברכה
נקט פחות מכביצה וא"כ ע"כ דאסוכה וברכה קאי דנט"י
אפי' כביצה נמי לא בעי דהתירו מפה וכו' להכי הביאו ההיא
דסוכה ועוד יש לפרש דכונתם בזה להודיענו דדחויא דהתם
איכא למידק עליה וצריך לתרץ מסברא דע"כ לא התירו מפה אלא
כשאוכל תרומה בדוקא ודהכא לאו תרומה הוה וקצת דוחק הוא
זה וכיון שכן יצא לנו מזה לתרץ קצת ת"י דסוגיין אמאי לא
דחי הכא כי התם דה"ע דר' ירמי' ורבא לא ניחא ליה בההוא
דחויא דדחוק הוא ומהדרי אתירוצי אחריני דאפי' תאמר דלנט"י
אפי' כביצה לא בעי דכן מסתבר ומהשתא ע"כ לומר דאחרי
מינייהו סוכה וברכה קאי ותדוק דכביצה בעי סוכה מ"מ יש
לתרץ אקושיין באנפי אחריני כנלע"ד וק"ל.

ד"ה **מיני** תרגימא וכו' והכא משמע דמיני תרגימא לאו פירות
וכו' דלרבא דקי"ל כותיה דפירי לא בעו סוכה
ע"כ לפרש דלאו פירות נינהו וכ"כ התו' דסוכה כ"ז ע"א וכבר
היה אפשר לתרץ דרש"י ס"ל כס' הרי"ף ופי' דבריו הרמב"ן
ז"ל בספר המלחמות שם דסבר דמימרא דרבא אדחיא מכח
סוגיא דהתם וקי"ל דבעו סוכה יעו"ש והיינו דבפרק ערבי
פסחים ק"ז ע"ב פי' נמי פירות והתו' שם הקשו עליו וסיימו
ומיהו בפרק בתרא דיומא איכא חד שנויא דמשני ואבע"א מאי
מיני תרגימא פירי ע"כ ואם לא תפרש כונתם על הדרך שכתבנו
דלא קי"ל כרבא אין דבריהם מובנים דהא מ"מ קי"ל כרבא

ולדידיה צריך לפרש דלאו פירי נינהו ועוד אפשר לתרץ לדעת
רש"י ז"ל עם מ"ש בדבריו ד"ה אם השלים וכו' דהך קודם חזרה
דר"א גשנית ואהשלמה די"ד סעודות שאוכל בסוכה קאי דמכיון
שאוכלה בסוכה אפילו בפירי דלא בעי סוכה יצא והתם בסוכה
דייק תלמודא מהך דכיון דלר"א דקודם חזרה סגי ליה בפירי
משמע דבהשלמה כל דהיא סגי וא"כ ה"ה שנאמר לר"א דאחר
חזרה דאפי' בי"ט אחרון דאין כאן סוכה יכול להשלים במיני
פירות דסגי לן בהיכר כל דהוא להביא לפניו מה שאין דרכו
להביא משום השלמה דסוכה ושוב ראיתי דהכי סבירא להו
להת"י דסוגיין יעו"ש וק"ל.

בא"ד ואפילו אי הוה אמרינן וכו' כמו גבי סוכה וכו' דס"ל
דבריתא דואם השלים אמלתיה דר"א דקודם חזרה נמי
קאי והיינו שכתבו ברמא דבריהם אם השלים י"ד וכו' לאכול
בסוכה וכו' ולפירושם דפ' הישן כ"ז ע"א הדר ביה ר"א מסוכה
חה כמ"ש בפרש"י יעו"ש ולהכי יש סברה להשוות סעודת ג'
לסוכה דהא כיון דלר"א דקודם חזרה יכול להשלים סעודה של
כל יום במיני תרגימא ש"מ דהשיבא סעודה אבל ודאי דאי הוה
אמרינן דלא קאי בריתא אלא אר"א דלאחר חזרה שיכול להשלים
בי"ט אחרון הי"ד סעודות שלא אכל בתוך ימי החג מודו הם
ז"ל דלא היה ראיה מכאן לסעודה ג' דדוקא הני דא"א בריפתא
משום דלא היה היכר בדבר דיאמרו דסעודתא דיומיה קא אכיל
להכי ישלים במיני תרגימא עכ"פ אבל בסעודה ג' פת דוקא
בעינן ובזה יתיישב מה שהקשה עליהם הריטב"א ז"ל בחידושיו
לסוכה שם סד"ה והא דפרכינן מאי ישלים וכו' יעו"ש ועיין
בלשון רבינו יונה דפ"ג שאכלו אלא מיהו התו' שם מ"ע ע"ב
סד"ה אי בעי אכיל נסתפקו בדבר מכח מתניתין דכתובות ס"ד
ע"ב המשרה אשתו ע"י שליש וכו' יעו"ש ועיי' בטור דפי' ע"פ
ק"א א' ד"ה טעימו מידי וק"ל.

ד"ה **לומר** לך וכו' וכותבת סתמא הוא כביצה וכו' כונתם דודאי
הוא דקושייתם שייכא בין למ"ד דהכא נמי בכותבת
גסה מיירי אלא דחסרה מכביצה דכיון דמעט פחות הוא
כדי שלא תחלוק ביניהם ה"ה וכמ"ש הר"ן בהלכות יעו"ש א"כ
לימרו ב"ש כגרוגרת דבליר טובא מכביצה ובין למ"ד דהכא
בכותבת סתמא איירי תיקשי דכיון דלדידיה הויא כביצה או
מעט פחות כדמשמע בשמעתא דקאמר הא סתמא בבילה כלומר
קרובה לכביצה א"כ כי הדדי וכו' וכמ"ש בסוגיא יעו"ש א"כ
לימרו גרוגרת דבליר טובא מכביצה ומאי דנקטו בקושייתם כותבת
סתמא משום דלאידך **דסבר** דהיינו כותבת הגסה פשוט יותר
דודאי מעט פחותה מכביצה היא ומה שהוצרכו לומר הוא דאפי'
למ"ד כותבת סתמא אין לך לומר דכשיעור גרוגרת היא ולא
תיקשי מידי דהא משמע משמעתא דפחותה מעט מכביצה
היא ולדידיה נמי תיקשי אמאי לא קאמרי ב"ש גרוגרת ובש"י
רלה לפרש כונתם וז"ל ויש ליישב דה"ק דכותבת דתני ב"ש
סתמא דהיינו כותבת הגסה לרב זביד דלא פליג היינו כביצה
וכו' פירוש דרך גוזמא אמרו כביצה להגדיל קושייתם ואח"כ
אמרו כאמת או מעט פחות מכביצה כדמשמע בשמעתא והאי
כדמשמע לא קאי רק למעט פחות מכביצה שאמרו וכונתם לומר
דכביצה או פחות מעט הוא שיעור גדול בערך הגרוגרת עכ"ד
ופי' דחוק והעיקר לע"ד כמ"ש וק"ל.

בא"ד ושמא י"ל וכו' אוקימנן אשיעורא דיוה"כ וכו' ולהכי לא
חשיב לבער אלא שיעור המיישב דעתו של אדם מבא"כ גרוגרת
דבליר טובא מכביצה דאין כאן יישוב הדעת וה"ה דאי הוו נקטי
ב"ש כביצה נמי לא תיקשי דהו"א דאשיעור יישוב דעת מהדרי
דהא כביצה משבעא נמי מדרבנן והיינו דפריך תלמודא ואי ס"ד
כותבת הגסה יתירה מכביצה וכו' נתני כביצה דאפי' תימא דילפי
מיוה"כ יישוב הדעת מיהא איכא ותשיבא לענין ברכה אפי' לר"י
וא"כ תסגי ליה בהאי שיעורא והיינו דסיימו מכאן קשה וכו'
לאו הייט ככותבת הגסה דיוה"כ וכו' א"כ מכח דלאידך לאו
מהתם ילפי' ואפ"ה מספקא ליה אי כותבת סתמא הויא כביצה
ומאי מספקא הא פשיטא דלא הויא כביצה [(בגי' ספרים ישנים)]
דאי הויא אמאי שיערו בזה כיון דאשיעורא זוטא מהדרי וה"ה
דתיקשי נמי לדידיה אפי' אי לא הויא כביצה אלא קרוב לה
אמאי לא אוקמה אגרוגרת דבליר טובא כיון דלא יליף לדידיה

מיוה"כ אבל עיקר כונתם להקשות אמאי מספקא ליה דליהוי כבילה דהשתא נפיש טובא מגרוגרת ותיקשי כן טפי אמאי לא אוקמה אגרוגרת אלא ודאי צ"ל דלא פליגי בהא אי ילפינן מיוה"כ אי לא אלא ב"ש דלא מסתברא להו לוקמה אגרוגרת משום דאית להו דרשא דר' חנן וכו' ומיניה נמי גמרינן חמץ בכותבת וכו' והיינו כותבת הגסה דומיא דידיה ואפי' מאן דבעי בסמוך דחמץ לאו ככותבת הגסה וכו' דלא מסרן הכתוב אלא לחכמים וכו' וגבי חמץ בכותבת בינונית משערי' וכו' והשתא אפי' אי הוי"א כבילה לא תיקשי מידי אמאי לא שיערו בגרוגרת דלא מסתבר לאוקמא לקרא דתאנה בתרי עניני הוצאה ואכילה כן נראה לפרש כונת וכמבן דבריהם וזהו אין צורך למה שהגיה מהרש"א וכס' ש"ב יע"ש ובשכ"י ראיתי שקיים בג' ספרים ישנים ופי' ז"ל והכונה כם הקשו פשיטא דלא הוי"א כבילה דב"ש אשיעורא דנפיש מכזית קא מהדרי מה תאמר דמספקא להו אי הוי כבילה מאחר דבילה הוי שיעור במקום אחר משא"כ פחות מכבילה ולדדי בספק הם אם נאמר חסירה מכבילה משום דב"ש אשיעורא דנפיש מכזית קא מהדרי או דילמא הויא כבילה משום דהוי שיעור במקום אחר א"כ נפול בקושיא אחרת דאי האי דאוקמוה בכבילה היינו משום דהוי שיעור למקום אחר נוקמה אגרוגרת דהוי שיעור במקום אחר ומשני דלאוקמי בגרוגרת לא אפשר וא"כ השתא נימא כדאמרינן דמספקא להו אי הויא חסרה משום דבית שמאי אשיעורא דנפיש מכזית קא מהדרי או נימא דהויא כבילה דהוי שיעור במקום אחר עכ"ד וק"ל.

בא"ד לאוקמה קרא' דתאנה להוצאה ולאכילה וכו' ואף למסקנא דפ"ק דביצה דלא פליגי ב"ש וב"ה אלא בשיעור אבל באכילה ד"ה בכזית מ"מ אכתי תרי עניני נינהו ונימא טפי דנילף מדבש בכותבת הגסה דשיעור אכול' דיוה"כ דשיעור נמי משום ניחא דאכילה שלא יצא לאכלו חוץ הפסח הוא עיין מ"ש הר"ן ז"ל בה' ר"פ פסחים. והנה מאי דמשמע לכאורה מדבריהם דהך דרשא דארץ חטה וכו' דאוריתא היא אין הדבר כך אלא דהלכתא ואסמכוהו רבנן אקראי כדמסקינן בסוכה ובעירובין שם וכך לריך לפרש כונתם דשיעור גרוגרת לשבת וכותבת ליוה"כ הל"מ ואסמכוה אהנך קראי דתאניה ודבש אלא דשיעור חמץ ושאור לשיעור לא נאמרה בזה הלכה דב"ש וב"ה בקראי פליגי וכמ"ש לקמן בסמוך אלא דס"ל לב"ש דמכיון שגילה לך הכתוב דאין שיעורם שוה יש לך ללמוד שיעור חמץ מהלכה וקרא דדבש דמידי דאכילה ולא מהלכה וקרא דתאנה דמידי הוצאה ותרי עניני נינהו ואפי' למ"ד בסמוך דבחמץ לאו בכותבת גסה משערינן ניחא דדילמא לא נאמרה הלכה אלא בכותבת ליוה"כ ונמסר הדבר לחכמים והם אמרו דבגסה משערינן דבהכי מיתבא דעתיה וכשרצו ללמוד שיעור חמץ מכאן ראו שלא לדמותו לגמרי אלא אמרו דהכא משערינן בבינונית שלא יהא מופלג יותר מדאי מאחר. ומה שסיימו ועוד דבכבילה וכו' כיון דהיינו שיעור אוכל וכו' כלומר דהוי שיעור לענין אכילה לטומאת אוכלין דנפקא לן לקמן מכל האוכל אשר יאכל אוכל הנאכל בבת אחת וכו' ועיין בתוספות בפ' המצניע צ"א ע"א שם כן מינה ילפי' הך דהוי לענין אכילה אבל בגרוגרת וכו'.

בא"ד ומדמייתי קרא ש"מ וכו' דאם לאשמועינן דב"ש בשיעור דוקא פליגי ולא באכילה דהא מייתי לה בתם א"כ לימא תשביתו שאור מבתיכם זהו מחלוקת וכו' ועוד דלישמועינן בהדיא ולימא בש"א שיעור שאור בכזית וכו' אלא ודאי דטעמא דפלוגתייהו נמי אתא לאשמועינן. והנה לדעת רש"י ז"ל שם בפ"ק דבילה שפי' סד"ה שיעורו וכו' אי נמי שיעורין הל"מ ע"כ צ"ע דב"ש מהדרי לאסמוכה הלכתא אקראי ודומיא דדרשא דר' חנן ובהכי ניחא דלא חיישי ב"ש למאי דקאמרי ב"ה דתרוייהו לריכי משום דאי כתב רחמנא חמץ הו"א משום דראוי לאכילה וכו' וגם דרשא דבריתא אסמכתא בעלמא היא והכא כ"ק אפי' תימא דבקראי פליגי כדס"ד לא תיקשי מידי דאמינא דהא סתמא כבילה ואי נמי כי כדדי וכו' ובזה יתורץ מה שהקשו עליו בתוספות שם ושוב ראיתי בספר עצמות יוסף בליקוטיו לבילה שבסוף בספר שתי' לרש"י ז"ל בדרך אחר דכך נאמר הלכה בתחם דדומיו מבותבת ומ"ש בי אין לבהריר בהו בזה וק"ל.

דף פ' ע"א גמרא **ומאי** שינו חכמים בשיעורים ככותבת וכו' אף על גב דכותבת הלכתא גמירי לה כדאיתא פ"ק דסוכה ו' א' וגם טעמא דשינוי הכתוב דלא תשנה למ"ל אפשר דלאסמוכה הלכתא אקרא בעי וקאמר לשון שינוי חכמים משום דהם אמרו דבכותבת הגסה משערינן דבהכי מייתבא דעתיה והא נפקא להו מדכתיב לא תשנה דכל כמה דלא מיתבא דעתיה עינוי הוא כמו שפרש"י לעיל ד"ה קים להו וכו' [(אי נמי דסבר כאחרים דלקמן דשכחום וחזרו ויסדו אותם חכמים וזה דוחק)] ומעתה ע"כ הא דפריך ומאי ראיה לדבר יוה"כ אין הכונה להקשות מה הכרח יש בפסוקי יוה"כ לומר דשינו בשיעור מכח הכתוב יותר מפסוקי טומאת אוכלין דהא ודאי גבי יוה"כ מוכרח יותר דהלכתא דכותבת לימדך טעם שינוי הכתוב משום דהוא משונה בשיעור ומהתם למדו חכמים לומר דבגסה משערינן וא"כ מכאן תלמוד דמה ששינו בטומאת אוכלים משום שינוי הכתוב הוא אבל כונת קושייתו דס"ד מדקאמר בפשיטות וראיה לדבר יוה"כ ותו לא משמע שהוא דבר מפורסם וידוע במשנה דטעם השיעור מכח שינוי הכתוב ומה פירש במשנה יותר וכו' וכמו שפרש"י ז"ל עיין עליו ולזה תירץ לו דאי מהתם וכו' כלומר דאין הכונה להביא הכרח מן המשנה אלא משום דים לדחות דטעם שינוי טומאת אוכלין לאו מכח שינוי הכתוב הוא דאורמיה דקרא הוא וכמו שפירש"י ז"ל ועיין בס' ש"ב וק"ל.

שם ואימא גדי וכו' מה שהקשה בס' ש"ב דלימא עגל שהוא גדול מגדי יע"ש לא ידעתי מנין לו זה דהא עגל בן שנה הוא כדאיתא בפ"ק דר"ה י' ע"א ופסק כן הרמב"ם ז"ל רפ"א מה' מעשה הקרבנות והרע"ב בפי"ג דמנחות משנה ז' פי' גדי בן שנה מן העזים ע"כ אבל האמת הוא דגדי בכללו אף עגל וכבש כדאיתא בפרק כל הבשר קי"ג א' וכתבו רש"י בחומש פרשת משפטים יע"ש וק"ל.

שם ואימא בילת בר יוכני וכו' דאע"ג דאסור באכילה אוכל מקרי לענין טומאת אוכלין דלא קיל"ן כר"ש דדריש מכל האוכל אשר יאכל אוכל שאתה יכול להאכילו לאחרים קרוי אוכל וכו' אלא כרבנן דפליגי עליה כדאיתא בפ"ק דבכורות ט' ע"ב ולדידהו הוא דדרשינן הכא דקרא אילטריך ללמד שיעור טומאת אוכלין בכביצה והא דדריש בת"כ פ' שמיני יכול כל אוכל ת"ל אשר יאכל פרט לאוכל סרוח אפי' לרבנן אתיא דהא מ"מ שיהיה נחשב לאוכל בעינן ותרתי שמעת מיניה וכמ"ש בס' ק"א שם ולר"ש שיעור כביצה אפשר דסבר דהלכתא גמירי לה א"נ דאיהו נמי דריש דרשא דהכא מדסמך יאכל ליטמא כמ"ש בס' כמ' בפי' דרשות דת"כ יע"ש ועיין בלשון הרמב"ן בפי' לחומש שם וק"ל.

שם והתניא אשר לא תעשנ' וכו' אע"ג דר"ש קאמר לכא כדאי' בפ"ק דחולין ה' ע"ב ובהוריות ו"א ע"א מ"מ לרבנן נמי שב מידיעתו בעינן ואדרבא לדידהו שב מידיעתו לגמרי בעינן דלהכי תימר לאכול חלב לתיאבון לאו שב מידיעתו הוא כדאיתא התם ואפי' לר' יוחנן דריש הוריות דסבר בהורו ב"ד שחלב מותר ונתחלף לו חלב בשומן ואכלו כיון דכי מתידע להו לב"ד הדרי בהו והוא נמי הדר ביה שב מידיעתו קרינן ביה וחייב שאני התם דבעת אכילתו ודאי איסורא קאכיל וקרוב לידיעה הוא אמרינן כיון דכי מתידע וכו' אבל הכא דבעת אכילתו לא נתחדשה הלכה כלל ואין כאן חיוב כרת בפחות מכזית בכל כי האי לא אמרינן כיון דאם יבא ב"ד ויחייב על פחות מכזית הוה הדר ביה השתא נמי שב מידיעתו היא דידיעה רחוקה היא ומכחה לא חשבינן ליה שב מידיעתו למפרע ולזה מוטים דברי רש"י ז"ל ד"ה והתניא וכו' כלומר וכי אתי וכו' האי דאכל קודם שנתחדשה הלכה וכו' ושוב ראיתי בספר ש"ב שהקשה ע"ז ובמ"ש יתורץ קושיותיו וכן מלאתי בספר משנה למלך פ"ב מהל' שגגות הלכה ב' שתירץ לקושיא הב' כמ"ש ולקושייתו הא' עיין מ"ש עוד שם פי"ג הלכה ז' ועיין עוד בספר שער יוסף להוריות בחידושיו לדף ב' ע"א סד"ה אינו לריך וכו' וד"ה כיון דמתידע וכו' ועוד עיין בס' בתי כהונה ח"ב חלק בית אבות ב"ה ע"א וק"ל.

שם והא אנן תנן מלא לוגמיו אימא כמלא וכו׳ דהכי תנן בפי״ז דכלים ויש שאמרו הכל לפי מה שהוא אדם וכו׳ והשותה כמלא לוגמיו וכו׳ ואפשר דמשנה זו הכריחו לשמואל לומר דהכא נמי לא מלא לוגמיו ממש קתני וגם לפרש דמלא לוגמיו דקאמרי ב״ה בברייתא דבסמוך דהיינו כמלא וא״כ מלא לוגמיו דחוק משום דאלת״ה א״כ סתם ר׳ שם בכלים כר״א ולא כב״ה. ויראה דהיינו הא דקאמר בירושלמי עלה דמתני׳ תני כמלא [(כל״ג)] לוגמיו מה ופליג מלא לוגמיו שהוא ניתן ללוגמא אחת ע״כ וממתני׳ דכלים פריך ותני לאו דוקא אלא הכונה שנינו במשנה ועיין בס׳ קרבן העדה שם. ועם מ״ש יתבאר לך כונת המקשה דודאי ידע דשמואל מתני׳ ידע אלא דהוה ס״ד דשמואל סמך הוראתו אמתני׳ דכלים דהתם קתני כמלא משום דכולהו דהתם הלכתא פסיקתא נינהו והיינו דפריך והאנן תנן וכו׳ דמתני׳ דפרקין עדיפא דסתמא בדוכתה עדיף ומשני דהכא נמי אימא כמלא ופריך מיתיבי וכו׳ וכיון דאשכחן פלוגתא דתנאי בהא יש לך לומר דהכא דוקא קתני וסתמא כב״ה והתם לא חייש ר׳ לאשמועינן כר״א כיון דאין הלכה כאותו סתם אלא כסתמא דהכא ותיקשי אם כן לשמואל ומשני שפיר ועיין בס׳ ש״ב וק״ל.

שם ריב״ב אומר כדי גמיעה וכו׳ משמע דהוי בליר אפי׳ ממלא לוגמיו דחוק דר״א דכל חד פותח בשיעור מדחברי׳ ויראה דלזה כיונו התו׳ שכתבו ברי״פ המוליא יין בדי גמיאה פי׳ הר׳ פורת מלא לוגמא ולא משמע כן במס׳ יומא בפ׳ בתרא עכ״ד וכך יש לפרש כונת הר״ן בהל׳ שם דודאי למסקנא דב״ה נמי לוגמיו קאמרי היה אפשר לפרש כדי גמיעה דהיינו מלא לוגמיו ממש אם לא מהטעם שכתבנו דכל חד פותח אשיעור דחבריה יע״ש וק״ל.

שם א״ל כי אתשיל בשוג וכו׳ כלומר דנמנו וגמרו דב״ה אפי׳ לשוג שיערו בשיעור זה דהשתא לענין זה הו״ל לקולא וכדרך שאמרו בירושלמי הביאוה התו׳ ר״פ האשה שנפלו דלא תנא בעדיות אלא דבר שהוא המור מבני לדדים וקל מבני לדדים וכו׳ יע״ש וז״ל הירושלמי דפרקין ולמה לא תנינתה מקולי ב״ש ומחומרי ב״ה א״ל מפני לוגמו של בן אבטיח שהיה מחזיק יותר מרביעית ע״כ ועיין בתוס׳ ריש קדושין ד״ה בש״א בדינר וכו׳ ודו״ק.

שם איכא בינייהו מלא לוגמיו דחוק וכו׳ דלב״ה בעינן ברווח כמפרש״י והיינו דקאמר שמואל ויראה כמלא לוגמיו דסתמו בפי׳ משמע דלענין בל יראה כן והיינו דהרמב״ם ז״ל ושאר פוסקים לא הוצרכו לבאר זה אבל העתיקו מימרא דשמואל כלשונה דסתמא בפי׳ משמע דהיינו ברווח:

ודע שהרב המאירי כתב וז״ל והשותה מלא לוגמיו הפלו בגמרא מלא לוגמיו ממש מלא שני הצדדין ולא כשיעור שאם יסלק את היין לצד אחד יראה אותו הצד כמלא לוגמיו אלא מלא שני לוגמיו ממש שאין הלכה כשמואל שאמר כן אלא שני לוגמיו ממש כבסתם משנתינו וסתם ברייתא שאמרו ב״ה מלא לוגמיו וזהו משוער כל אדם בשלו שאין דעתו מתיישב אלא במלא לוגמו של עצמו והוא שאמרו בתוספתא [(והיא משנה מפורשת בפי״ז דכלים)] הכל לפי מה שהוא אדם מלא קומצו למנחות מלא חפניו לקטורת מלא לוגמיו ליוה״כ ולדעת מה שפסקו כמלא ב׳ לוגמיו ממש יראה ממה שפי׳ בגמ׳ שאף באדם בינוני הוא יתר מרביעית וא״ל עוג מ״ה שאף מלא א׳ הוא יתר מרביעית שהרי בשהיה שמואל אומר מלא לוגמיו מלא א׳ והקשו לו ממ״ש ב״ש רביעית ב״ה מלא לוגמיו תירצוה ג״כ מלא א׳ כשמואל והקשו א״כ הו״ל מקולי ב״ש וחומרי ב״ה דמלא א׳ ודאי אינו רביעית ונמצאו ב״ה מחייבין פחות מב״ש אלמא שמתחלה כשהיה מפרש מלא לוגמיו ממש היה יותר מרביעית או שמא אין מלא לוגמיו אלא ברביעית וחומרת ב״ש היתה ששיערו רביעית אף לאדם גדול ביותר וב״ה שיערו ברביעית לבינוני כדבריהם אלא שבגדול ביותר כמלא לוגמיו דוקא ואעפ״י שבכ״מ הולכין ברביעית בזו משום ישוב הדעת נגעו בה וכן נתברר להם שבפי׳ זה הדעת מתיישב ולא בפחות עכ״ד והאמת שפסקו זה שבעלו בגמ׳ דמלא לוגמיו ממש לא מלאנו לשום פוסק שפסק כן דהגם שטעמו נראה משום דסובר ז״ל דתלמודא הוא דדחיק לפרש מימרא דשמואל וא״כ סובר ז״ל דלדידן

נקטינן כפשטא דמתני׳ וברייתא מלא לוגמיו ממש מ״מ הרי בירו׳ ג״כ העלו כן מלא לוגמיו שהוא ניתן ללוגמא אחת ועוד דסתמא דמתני׳ דכלים לגי׳ שלפנינו דגרסינן כמלא לוגמיו משמע כשמואל וכמאן פסקו לל״ע:

רש״י ד״ה כל השיעורין האמרים באוכלין ע״כ דאלת״ה לא איכא עלם כשעורה וכעדשה וכו׳ וכדפריך פ״ק דסוכה ו׳ א׳ אהא דאמר התם ארץ שכל שיעוריה בזתים כל שיעוריה כ״ד וכו׳ והתם לא מלי לאהדורי לענין אוכלין דהכוא קרא איירי אף בשיעורין שאינם לענין אוכלין ולהכי תריץ התם אלא אימא שרוב שיעוריה כזתים יע״ש וק״ל:

ד״ה אי מהתם וכו׳ דכתב גבי משקה אשר ישתה וכו׳ והתם נמי אימא דאורחיה דקרא הוא ולא חדרוש מינה דבעי׳ מחשבה לשתייה ולגבול לאפוקי מים שבבורות שיחין ומערות כדאיתא בת״כ פ׳ שמיני יע״ש וק״ל.

ד״ה מחוסר שחיטה וכו׳ לא הוא ולא אמו וכו׳ דמשמע ליה דמחוסר שחיטה דקאמר תלמודא אתרוייהו קאי דהא אוכל הבא מחמת אוכל בעינן והיינו דסיים מחסרי שחיטה ואע״ג דקאמר ר״א ואיזה זה בילת תרנגולת ובגם דמחוסרת שחיטה א״כ משמע דלא הקפידה תורה שבא מאוכל גמור י״ל דשמא ס״ל לר״א כההוא תנא דפ׳ השוחט כ״ת פ״א דאין שחיטה לעוף מן התורה אלא מדברי סופרים ובשפיכה בעלמא סגי ולאו מחוסר מעשה מקריא ואוכל גמור היא אלא דא״ה תיקשי דמאי משני אבן פקועה טעון קריעה הרי כמו שאתה מחשיב את אמו אוכל מלד שמחוסרת מעשה כל דהוא הכי נמי הבא לאו מחוסר מעשה הוא וע״כ הנראה ליישב דודאי לא חיישינן אאמו דקרא ה״ק מכל האוכל שכבר הוא אוכל והוא בא מדבר אשר יאכל ע״י מעשה דהיינו שחיטה אבל השתא לאו אוכל הוא והיינו דקאמר יאכל ומה שפי׳ ז״ל לא היא ולא אמו כונתו דאין אתה יכול להחשיבו באוכל לא מלד עלמו ולא מלד אמו דהרי שניהם מחוסרים שחיטה והיינו דפריך ואימא בן פקועה שנעשה אוכל מלד אמו שנשחטה ותריץ שפיר ושוב ראיתי בספר שמוח באהרן שהרגיש בזה יע״ש בחי׳ וק״ל.

ד״ה זוטר טובא ל״ג וכו׳ דלפי גירסתו שהיה גורס זוטר בלא דל״ת הוה משמע דבא לתרץ דמשום דזוטר טובא לא שערה תורה אלא בשיעור החשוב אוכל דהיינו בילת תרנגולת אכ אינו תי׳ דהא מ״מ אוכל מיקרי ואפי׳ זית חשיב מן התורה לענין אכילת אסורין אלא ה״ג ואימא ביעתא דלפרתא ותו לא ולהכי חזר ר׳ אבהו ולימדה בדרך אחר שאין להשיב עליו ואה״נ דהיה יכול ליישב הגי׳ אם נאמר דזוטר טובא אלא שאפי׳ בזה אין לורך ועיין בפ׳ המוליא יין פ׳ ע״ב ועוד דמשמע דמשום דאזוטר טובא הוא דפריך והא ליתא דאפילו בפחות מבילת תרנגולת בשיעור הנראה לעין פרכינן דכיון דהפסת מועט הפסת נתפוס בפחות והמועט ולהכי הסכימה דעתו שלא לגרוס זה כאן ובפ״ק דסוכה ה׳ ע״ב דגרסי׳ דזוטר טובא אפשר דאיהו לא היה גריס ליה כגי׳ שהיה לפניו ומש״ה לא פי׳ שם מידי כדהכא ועוד דהכא משום דהוה גרים זוטר בלא דלת דמשמע רבא לתרץ מש״ה לא גרים ליה וכמ״ש ושוב ראיתי בספר שמוח באהרן בעמוד ע״ז ולא תי׳ מידי יע״ש וק״ל.

ד״ה אלא דלא וכו׳ ונמלא מביא וכו׳ דאם יכתוב מחוייבני חטאת סתם אפילו תימא דמכח ספק אם אכל בינוני או גדול יפטרוהו מקרבן שלא להביא חולין לעזרה מ״מ הרי אפשר דגדול אכל ולא הוי ליה כפרה להכי יכתוב לזית בינוני דהשתא ידע ודאי דאינו מחוייב להביא כלל ועיין בס׳ ש״ב וק״ל.

ד״ה כמה ישתה מדביח הלל קפריך ע״כ נלע״ד שכונתו שלא תפרש דמכח ב״ש הוא דפריך דמדאמרי רביעית ע״כ דב״ה מלא לוגמיו ממש קאמרי דאלת״ה הו״ל מקולי ב״ש וליתנייה בעדיות דא״כ כשתירלו לו א״כ מלא לוגמיו דחוק אמאי לא הדר תו להקשות א״כ ליתנייה וכו׳ כדפריך רב הושעיא אלא ודאי דאין זה חשוב הכרח להמקשה דאיכא לשנויי כי אתשיל וכו׳ אבל כונתו להקשות מדב״ה לחודיה דע״כ מלא לוגמיו ממש קאמרי כדמסיק דאלת״ה היינו דר״א וק״ל.

ד״ה ה״ג וכו׳ יראה כמלא לוגמיו ברווח וכו׳ ולהכי נקט ב״ה לישנא דמלא לוגמיו משום דלדידהו הוו מלא לוגמיו

ממש משא"כ לר"א דנראה להם מלא לוגמיו דחוק ועוד דכן מסתבר דכל חד פותח אשיעור דחבריה עיין מ"ש בסוגיא וא"כ ע"כ דר"א מלא לוגמיו דחוקו קאמר ואפ"ה פריך שפיר א"כ הו"ל מקולי ב"ש וכו' דאפילו דב"ה בריות קאמרי מ"מ כיון דבכדי שיסלקנו קאמרי הו"ל ודאי בציר טפי מרביעית ולאו אדירוגא דא"ב מלא לוגמיו דחוק הוא דפריך א"כ וכו' אלא אעיקר דמלתא דאוקימנא לשמאל בכדי שיסלקנו פריך וכמו שפי' ז"ל לקמן בדיבור הסמוך וקל להבין.

ד"ה **אם** כן וכו' דליתנייה במס' עדיות וכו' והכי מסיים בירושלמי דפרקין ר' חייא בר אדא בעא קומי ר' מנא ולמה לא תנינתה מקולי ב"ש ומחומרי ב"ה וכו' דודאי כשכן בריתות שגורות ומוחזקות פרכינן הכי דכ"ע דלא דחינן בהו דמשכחת ניהו וכמ"ש בס' כללי שמואל באות בי"ת יע"ש דמה שרי' לא שנאה במקומן כי הך דהכא משום דסתם כב"ה דאמר כמלא לוגמיו ולא חש להאריך להביא מחלוקתם דמ"ש בס' ש"ב דכל אותם השנויות בעדויות הם משניות שנויות כבר במקומם הנה יש סתירה לדבריו דשם פ"ד משנה ו' חביה של זתים מגולגלים וכו' ושם משנה י' סדין בלילות וכו' כלכלת שבת וכו' לא נשנו במקום אחר כלל אלא משמע שהם ברייתות והביאם ר' לענין קולי ב"ש וכו' וא"כ ה"ה להך דהכא שייך למיפרך ולתנייה וכו' הגם שלא נשנה במקומה וכן נראה מדברי הרלב"ח סי' קי"ה שרמז בס' ש"ע שם וק"ל.

תוספות ד"ה **הכי** נמי וכו' בשלמא אי הוה בכמלא וכו' דבהכי מיתבא דעתא וכו' וה"נ דבעוג מלך הבשן דבכדי שיסלקנו הוי טפי מרביעית כדמשמע מדקאמר כי אתשיל בעוג וכו' בעי כוס קידוש טפי מרביעית ובפ' ע"פ איירי ברובא דעלמא דבכדי שיסלקנו הוי בציר מרביעית ולהכי סגי ליה בכוס רביעית והיינו דסיימו התו' שם ודוקא לאדם בינוני אבל לעוג מלך הבשן בעי טפי כדאמרינן התם עכ"ד וזה שלא כדעת הר"ן בהג' שם שחילק בין קידוש ליוה"כ ודאפי' לעוג ברביעית לחודיה סגי יע"ש. אלא דא"כ מה שסיימו כל העולם עובא וכו' אין דבריהם מובנים דמלבד דזה נאמר לקמן אאכילת כותבת דוקא עוד זאת בקידוש נמי בעינן מלא לוגמיו דידיה דאף לעוג מייתבא דעתיה כראוי ובשלמא אם נאמר דהתו' דהכא ס"ל כדעת הר"ן שכתבנו יש לפרש דה"ק דאם תאמר דכיון דגבי קידוש אפי' לעוג שערו ברביעית א"כ מוכח דלאו מכח יתובי דעת' נגעו בה הא ל"ק דאיכא למימר דגבי קידוש סגי ביישוב הדעת כל דהוא כלפי עוג כי לא רצו לחלק בשיעורין אבל הכא דלא תעונה כתיב לא סגי ביישוב כל דהוא לחייבו ולהכי חילקו בשיעורא וכלפי עוג הוי טפי מרביעית ושוב ראיתי למהרש"א שהרגיש בזה יע"ש ובס' ש"ב ועיין עוד בשו"ת בתי כהונה חלק ב' חלק בית אבות דף כ"ה ע"א וק"ל.

ד"ה **ושיערו** חכמים וכו' ושמינית וגרוגרת גדולה וכו' כל"ל ודברי התו' עם חי' ר"י תמלאם מבוארים יפה בדברי הב"ח א"ח סי' ת"ע ועיין סי' ת"ע ועיין בח"י דסוגיין וק"ל.

בא"ד ולא נהירא לר"י דגרוגרות אין בכן גרעין וכו' ואפ"ה קאמר בפ' המצניע דגרוגרת שנמעכה ונדרסה גדולה מכזית והדר קושיא דכריתות לדוכתה וכן תמצא בח"י דסוגיין אלא דשם כתבו מיהו יכול לומר וכו' דאותם דהמצניע היו נמעכות ונדרסות הרבה באופן דשיעור ג' גרוגרות יכולים ליכנס בבית הבליעה כשני זיתים ייע"ש בס' ש"ב וק"ל.

ודע שבתוס' החדשים דמס' כריתות כתבו ז"ל אין בית הבליעה מחזיק יותר מב' זיתים פי' כדרך אכילה עכ"ד בונחס דבדרך אכילה דבהא איירי התם הוא שאמרו כן דמחזיק ב' זתים בריוח כדרך אכילה וודאי שהוא פחות מכביצה כדקאמר התם וכותבת אית ביה שני זתים וסוגיין דעלמא כרב זביד דאמר לעיל דכותבת פחותה מכביצה אבל אה"נ דבדוחק ובצמצום מחזיק בית הבליעה כביצה דהיינו ג' גרוגרות והיינו הך דהכא דלא שיערו לענין טומאת אוכלין כדרך אכילה אלא מה שמחזיק בית הבליעה בצמצום דהיינו כביצה ועוד יש לפרש שכונתם לתרץ ענין אחר והוא מה שהקשה וחי' בתרומת הדשן סי' קל"ע יע"ש. ולעד"ן נתרץ קושייתם בדרך אחר דודאי כביצה עם קליפתה הויא ג' גרוגרות והיינו הכיא דעירובין אבל בלא קליפה לא הויא אלא ב' זתים וכיון דאכן קי"ל כחכמים דפי' אלון שם דלענין טומאת אוכלין בלא קליפתא משערינן א"כ שפיר קאמר בכריתות דהויא ב' זתים דהיינו פחות מכביצה בקליפתא דכן כותבת דהוא פחות מכביצה קאמר התם דהויא ב' זתים ועיין בכתבי מהרי"ו איסרלן סי' כ"ד עוד עיין בסוף שו"ת חוט השני דף ק"מ ב' ובמ"ש הפר"ח ז"ל בא"ח סי' תפ"ו ושוב ראיתי בספר הון עשיר בפי"ג דכלים שתי' כמ"ש וק"ל.

ע"ב גמרא **מתקיף** לה ר"ז מאי שנא אכילה וכו' דבשלמא אם נאמר דמלא לוגמיו דקאמרי ב"ה היינו שיעור קלוג והכונה פחות מרביעית ואפי' לעוג מ"מ ניחא אבל השתא דאמר' כי אתשיל וכו' דלעוג הוי טפי מרביעית וב"ה לכל חד וחד בדידי' שיערו א"כ מאי שנא אכילה וכו' ותיקשי נמי לאידך גיסא דאדם קטן הוי מלא לוגמיו בציר טפי מרביעית ואמאי שיערו באכילה אף לאדם קטן בכותבת והיינו דלא פריך בקילור מ"ש אכילה דכולי עלמא בכותבת ומ"ש שתיה דכ"ע בדידיה משום דשתים הנה קושיותיו וכמ"ש ואתרוייהו אהדר ליה אביי דקים להו רבנן בכותבת דבהכי מיתבא דעתיה ואפי' בעוג או קטן בעינן האי שיעורא אבל בשתיה קים להו דבדידיה מיתבא דעתיה ואפי' לאדם קטן דהוי בציר טובא מדחבריה לא מיתבא ולהכי לעוג מ"ה בעינן מלא לוגמיו דידיה והשתא ס"ד לר"ז דבכותבת דבהכי מיתבא דעתיה דקאמר אביי דהיינו דלכל העולם יש ישוב הדעת שוה בשיעור זה והיינו דהדר פריך וכל העו' כולו וכו' ואהדר לה אביי קים להו לרבנן דבכותבת יש שיעור ישוב הדעת לאדם מכלל לא חשיבה בציר מהכי לא מייתבא דעתיה כלל ואכתי מעונה הוא אבל ההפרש הוא דכ"ע טובא וכו' דאפי' עוג כיון שנתיישב דעתו מעט בשיעור זה הרי הוא יצא מכלל עינוי ופריך השתא דאמרת דע"כ אין ישוב זה שוה בכל דיוא מכלל עינוי סגי וה"נ דעוג א"כ תיקשי דודאי יותר ישוב דעת יש בבשר שמן מלולבי גפנים וא"כ תסגי להו לרבנן בבשר שמן בפחות מכותבת דשוה ליישוב דעת דכותבת דלולבי גפנים דודאי אי אמרת דבהם איכא פורתא אפי' לעוג גם בזה איכא ולא נצטרך להוסיף בשבילו שיעור כותבת בבשר שמן ובשלמא לדידי לא תקשי דאימא דאין שיעור כות' מטעם ישוב דעת אלא גזר' הל"מ הוא ואהדר ליה אביי דקים להו לרבנן דאפי' בבשר שמן אין דעתו של אדם מתיישבת הימנו אלא באוכלו שיעור אכילה השוה דהיינו כותבת אבל בבציר מהכי אף שודאי נהנה ממנו מ"מ אין נראה אכילה בעיניו ואכתי מעונה מאכילה הוא אבל ודאי דלאחר שאכלו יותר נהנה ומתיישב דעתו בכותבת דבשר שמן מכותבת דלולבי גפנים ושוב ראיתי בס' ש"ב שהרגיש בענין אהקפתות אלו ובפי' והנלע"ד כתבתי וק"ל.

שם מתקיף לה רבא וכו' וכותבת בכדי אכילת פרס וכו' כדקתני בתוספתא דפרקין אבל חזר ואכל אם יש מתחילת אכילה ראשונה ועד סוף האחרונה כדי אכילת פרס מצטרפין ואם לאו אין מצטרפין וכו' ע"כ והנה ודאי דרבא ידע דטעמא דשיעור כותבת משום יתובי דעתא הוא כדקאמר איהו גופיה לעיל ע"ע ע"א אלא דכלפי סברה שחידש אביי עוג מ"ה פורתא לולבי גפנים פורתא דביישוב הדעת מועט לאו מעונה הוא וחייב הוא דפריך דהגם דבכדי אכילת פרס מתיישב דעתו לגמרי מ"מ לא ימנע דאף בשוהה יותר משיעור זה יישוב הדעת מועט מיהא איכא וא"כ אמאי הקלו ואמרו דלא יצטרף אלא בכדי אכילת פרס ואהדר ליה אביי דקים להו לרבנן דאם שוהה יותר מזה לא מיתבא דעתיה כלל דאין נראה בעיניו אכילה כלל וקל להבין:

שם אר"פ אכל אומצא וכו' דהיינו בשר חי דראוי הוא לאכילה כדמוכח מסוגיא דפרק מפנין קכ"ח ע"א דבשר בין מליח בין תפל מותר לטלטלו ועוד דאומצא דכולי תלמוד' היינו בשר חי כדמוכח התם ובחולין מותר לבריא באומצא ובשאר דוכתי והרמב"ם ז"ל שכתב בחי' פ"ב מה' ש"ע אכל צלי במלח מצטרף המלח לבשר ע"כ צריך טעם אמאי נקט צלי והטור בסי' תרי"ב כתב מלח שעל הבשר דסתמו אפי' חי ועיין ברבינו מנוח שם והנלע"ד ליישב דהרמב"ם גריס אומצא דמלחא וכגי' הרב המגיד והגהות מיימוניות שם ומשמע דהיינו בשר שנמלח כדינו ולא הודח מהמלח שעליו וזה הכריחו לפרש דהכא מיירי בצלי שלא כסתם

אומלא האמור בכל מקום דודאי לא איירי באכל מה שאסור משום דם דהא בעינן הדחה דלאחר מליחה משום מלח הבלוע מדם ובשלמא אלי ניחא דלא בעי הדחה אח"כ משום דנורא משאב שאיב דמא והמלח מותר הוא ומה גם למ"ש פ"ו מה' מאכלות אסורות הלכה י"ב דגלגי מולח ואולה מיד יעו"ש ובטוי"ד רים סי' ע"ו מ"ש שם בשם הרשב"א ותלמודא ה"ק ואע"ג דמלח לאו אכילה היא הוא לבדו כיון שדרך האנשים לאכול הגלי עם מלחו חשוב אוכל להצטרף עמו והכ"ב מלאנו אומלא דהיינו גלי בפ"ק דקדושין ל' ע"א יעו"ש ועיין בספר בני יהודה ח"ב בלשונות הרמב"ם שם וז"ל הרב המאירי ז"ל כל האוכלין מצטרפין לכותבת אפי' מלח שעל הגלי ואעפ"י שאין המלח ראוי לאכילה בפני עצמו וכו' הואיל ומ"מ דרך בני אדם לאכלו עם הגלי או עם הבשר ה"ז מצטרף ע"כ וק"ל.

שם א"ר"ל ציר שעל גבי ירק וכו' פשיטא וכו' דאי לאשמועינן דאף על גב דציר לאו ראוי הוא כדתנן לקמן ושתה משקין שאינן ראויין לשתיה ושתה ציר פטור [(עיין בתי"ט שם)] אפילו הכי מצטרף כיון שדרך לאכול כן בהצטרפות האוכל הא נמי פשיטא וממתניתין דלקמן דייקינן הכי דדוקא בשתה בפני"ה אבל לא על ידי תערובת חייב ושני שפיר דמ"ד משקה הוא ובשלמא שיצטרף על ידי תערובת משקין הראויין לשיעור שתיה ניחא אבל שיצטרף להשלים שיעור אוכל אימא לא קמל"ן כל אכשורי אוכלא וכו' והנה לפירוש הא' שהביא רש"י בפי' הטור והרוקח ק"ך ע"א דהיינו ציר היוצא מן הירק עצמו ניחא טפי דפריך פשיטא שיצטרף כיון שיוצא מהאוכל עצמו והיינו נמי דהר"ש לא פריך פשיטא דאשמועינן טובא דאף שבפ"ע אינו ראוי מצטרף ע"י תערובת דבר הראוי אלא שמדברי הפוסקים משמע כלשון השני שהביא שם דהיינו ציר דגים שדרך לאכול ע"י טיבול וכן משמע מדקאמר קמשמע לן כל אכשורי אוכלא וכו' וכן פירש רבינו מנוח בפ"ב מה' ש"ע ומ"מ אדר"ש לא פריך פשיטא משום דהתם לאו מכשיר אוכל הוא דכן דרך לאכול האומצא במלח כמו בלא מלח דדוקא דג תפל הוא דאין דרך לאכול כמשמע בפרק מפנין קכ"ח ע"א יעו"ש וא"כ אימא שלא יצטרף עמו אבל ירק דאין דרך לאכלו אי אלא בדרך טיבול הציר הוא דפריך דפשיטא שיצטרף ושוב ראיתי בספר מגלת ספר בחלק הלאוין ס"ט דף ע"ו א' שהרגיש בזה והנלענ"ד כתבתי וק"ל.

שם א"ר"ל האוכל אכילה גסה וכו' ז"ל הרמב"ם בחי' פי"ג מהל' ש"ע היה שבע מאכילה גסה שאכל עד שקץ במזונו ואכל יותר על שובעו פטור וכו' ולהבין סתירת הדברים מאד משמע שאינו מפרש כפרש"י שאכל לילי יוה"כ וכו' אף בעצומו של יום משכחת לה וכגון שאכל פחות פחות מכשיעור בהפסק זמן שאין מצטרפות האכילות להייזו עד שקץ במזונו ואח"כ אכל יותר על שבעו שיעור כותבת בבת אחת פטור וכו' ועוד אפשר לפרש מאכילה גסה דקאמר דהיינו דבר שאינו ראוי לאכילה וגם וכבד על האדם והיינו שלא כתב בקילור היה שבע עד שקץ במזונו כדרך שכתב בפ"י מה' תרומות הלכה י' יעו"ש וזה כמו שפירש רבינו מנוח שם וכן בכלבו הובא לשונו בב"י א"ח סי' תרי"ב יעו"ש ועיין בחידושי הרמב"ם כ"י שבראש ספר מעשה רוקח שכתב שם שהבי' האמיתית בדברי הרמב"ם היא היה שבע מאכילה גסה שאכל אוכלין שאינם ראויים ואח"כ אכל אוכלין ראויין פטור וכו' יעו"ש ומ"מ משמע דמלתיה דר"ל ודאי קרי אכילה גסה למה שאוכל אחר כדי שבעו וכפרש"י ז"ל דאם תפרש לדעתו דלצבון קאי הוא וה"ק האוכל דברים ראויים על אכילה גסה מדברים שאינם ראויים פטור מלבד שזה דוחק עוד זאת נסה דתרומה דלקמיה אין לפרש כן דהתם באכילה גסה מדברים ראויין איירי אלא שהוא ז"ל הוסיף לפרשה בדרך זה כי הכי דהתוקם מילתיה דר"ל אפי' ביוה"כ עצמו דלפ"ז ניחא נמי אמאי לא נקט ר"ל הכא בכל האסורים וכמו שהקשה בס' ש"ב יעו"ש דהיינו רבותיה דאפי' ביוה"כ משכחת לה דפטור באכילה גסה ועיין בספר משנה למלך בהל' יסודי התורה בד"ה ונסתפקתי וכו' וכמ"ש שם בהגהה ובס' מעשה רוקח בהל' שביתת עשור וק"ל:

רש"י ד"ה אלא אסמכתא בעלמא וכו' ועיקר קרא דרשינן וכו' וכן בת"כ סוף פרשת שמיני מעיקרא דריש יכול לא יהו פוסלים את הגוף ת"ל ונטמתם בם ובתר הכי דריש ונטמתם בם ואם מטמאים אתם בהם סופכם ליטמא בם ע"כ והיינו משום דדרשא קמייתא אסמכתא בעלמא היא וק"ל.

ד"ה **חצי פרס** וכו' נפסל גופו מלאכול וכו' וכן לשונו בפ' כולד מסתתפין פ"ג ע"ב וכן בכתובות ס"ד ע"ב ובודאי דלפי שיטתו שפי' בפ"ק דשבת י"ג ע"ב ובפ"ק דחולין ל"ד ע"א דגזרת דטומאה גויה היינו גזרה דר"ח דבר לריך לפרש דמלאכול לאו דוקא אלא הכוונה לפסול אף במגע והיינו דשם בעי' התחיל לפרש מלאכול וכו' וסיים ופסל בתרומה וכן בפ"ב דכריתות י"ג ע"ב פי' אכל אוכלין טמאים נפסל גופו מן התרומה אם אכל חלי פרס וכו' אלא משום דעיקר גזרה דילמא אכיל תרומה בעוד שמשקין טמאין בפיו כדמפרש בפ"ק דשבת שם להכי נקט לה באכילה ועיין בס' ש"ב וק"ל.

ד"ה **אומצא** ומלחא שעליה ע"כ לאו במלח שנשאר עליה משעת מליחה קאמר דודאי לא איירי בהכי דכיון דבלוע מדם אסור דהי"ע דלריך להדיח אחר מליחה אלא בא לפרש שלא תאמר אכל אומלא ומלא מלח עמו דודאי אין דרך אכילה בכך אלא הכוונה שנתן עליה מלח ואכלה ושוב ראיתי בספר שמות בארץ שעמד על זה יעו"ש וק"ל.

ד"ה **פרט** למזיק לזה וכו' הלריך בזה משום דבשלמא לקמן ניחא דכתיב כי יאכל דהיינו כדרך אכילת בני אדם שאוכלים להנאת גופם פרט לזה שאכילתו מזיקתו אבל הכא לא שייך לשון פרט וכו' דאדרבא אף בזה בכלל עינוי הוא שמזיק את גופו ואין לו שום הנאה והכי הול"ל מ"ט אשר לא תעונה כתיב והאי מעונה הוא וז"ל רש"י בפרק החולץ מ' פטור דלא ענה על אשר לא תעונה שאף זה עינוי הוא שמזיק את עצמו ע"כ ולכן הכא דקאמר פרט וכו' פי' לה דה"ק אשר לא תעונה כתיב דלא חייב הכתוב אלא למי שבטל ממנו הטעינו ע"י הנאתו פרט לזה שלא בטל ממנו שום עינוי אלא אדרבא הזיק את האוכלין ואת גופו וק"ל.

ד"ה **פרט** למזיק את התרומה ע"כ משום דעיקר דרשא היא לומר כי יאכל שהוא נהנה לאפוקי מזיק ושופך את התרומה נקט הכי כדמשמע מסוגיא דפ"ה דמעילה י"ט ע"א יעו"ש ברש"י ותוס' אבל ה"נ שם לדרוש כי יאכל כדרך אכילה לאפוקי זה שהוא מזיק את עצמו וכמו שפירש לעיל גבי פרט למזיק דיוה"כ והכי נקט לה הרמב"ם ז"ל בחי' פ"י מה' תרומות כי יאכל לא שיזיק את עצמו ע"כ ועיין בס' ש"ב וק"ל.

תוספות ד"ה **וחצי פרס** וכו' שותה משקין טמאים אמאי וכו' דאין לומר דדרך שתיה ברביעית דהא לקמן לענין יוה"כ דשיעורו כמלוא לוגמיו דבציר מרביעית גם אין לפרש משום דלטעמא דמפרש התם דזמנין שתי משקין טמאים ושקיל אוכלין דתרומה וכו' ותאמר דאין דרך לאכול עם שתייתו אלא ברביעית דהא מעיקרא לא שכיחא שיאכל עם שתיתו כדאמר התם מ"ד וכו' והא לא שכיחא וא"כ לך לי שתיית רביעית כמו פחות וכ"ב בשכ"י וק"ל. ומ"ש מיהו לפר"ת וכו' הם דברי התוס' אבל ריב"א לא ס"ל הכי עיין בתו' דפ"ק דפסחים י"ז ע"א ד"ה דאוכלא משקין וכו'.

באו"ד תדע דהוה ס"ד וכו' במאי טעי וכו' לשיטת ריב"א והיא דעת הרמב"ם ז"ל פ"ח מה' אבות הטומאות ודעת רש"י ז"ל שם פ"ק דשבת וכן דעת רבינו נסים כמו שהביא בערוך ערך גויה יעו"ש יש ליישב דהוה טעי בס' ר"ת דמדנקטו פסול גויה משמע דלאכילה מדאורייתא היא וב"ש וב"ה גזרו שיהיה נפסל גופו אף ליגע ואהדר ליה דמדרבנן בעלמא היא ומגזרת י"ח דבר היא וכן פשטא דסוגיא דפ"ק דחולין ל"ד מוכח כסברתם ז"ל עיין בדבריהם דמסכת סוטה ל' ע"א וכי תימא דלהרמב"ם ז"ל דמשקין טמאים בכל שהן מדאורייתא כשיטת ריב"א דפ"ק דפסחים וכמ"ש הכ"מ פ"ד מהל' טומאת אוכלין א"כ אמאי גזרו ברביעית דוקא וי"ל דסובר ז"ל דכיון דאין שייך לגזור בטומאת גויה במאי דשכיחי נאחד הוא בפיו קודם שיגיע אוכלין דתרומה לפיו להכי אוקמוה אשיעור רביעית דהוי שיעור לכמה ענינים כגון רביעית יין לנזיר ולענין ברכה דלאחריה וכן נאמר לענין פסול אוכלין טמאים דאפ"ג דס"ל ז"ל דמדאורייתא מטמאה בכ"ש כמ"ש שם מ"מ כיון דמשום אין שייך לגזור מטעם האמור להכי אוקמוה אשיעור חצי פרס

דהוי שיעור ג"כ לבית המנוגע ועיין מ"ש בספר פני יהושע בחי' לפ"ק דשבת שם. ומ"ש שלא ישאר קלא בין השינים והחניכים וכו' בפ"ק דשבת מדוייק יותר שלא כתבו בין החניכיי' דהא קיל"ן שהיא מצטרפת כדאי' בס"פ גיד הנשה וכמ"ש הרמב"ם ז"ל בפי"ד מהל' מאכלות אסורות וק"ל.

דף פ"א ע"א גמרא זר שכוסס שעורים וכו' אבל חטה דרך אכילה היא ומשלם קרן וחומש וכרבי דפליג ארבנן כדאיתא בירושלמי דפ"ו דתרומות וכן פסק הרמב"ם ז"ל בחיבורו פ"י מהל' תרומות וכמ"ש הכ"מ שם בשם מהר"י קורקו' ז"ל יעו"ש.

והנה מה שהקשה בס' ש"ב על מ"ש הב"י א"ח סי' ר"ח לענין ברכה דאפי' כוסס שעורים יברך כיון שיש לו הנאה דהא הכא אמרי' דאזוקי מזיק יעו"ש יראה דהגם דמסוגיא דפ' כילד מברכין ל"ה ע"ב גבי שמן זית מברכין עליו בפה"ע קאמר היכי דמי אילימא דקא שתי ליה משתי אזוקי מזיק ליה דתניא השותה שמן של תרומה וכו' ואינו משלם את החומש וכו' משמע מזה דילפינן דין ברכה מענין תרומה מ"מ היינו דוקא שלא יברך ברכה הראויה לו דבהא איירי אבל שהנ"ב מברך כיון דאית ליה הנאה מיניה וכן משמע התם ל"ו ע"א דקאמר דקמחא דשערי מברכין שהכל דהא לא גרע ממלח וזמית וקמחא דשערי איצטריך לאשמועינן דהואיל וקשה ומזיק לתולעים אימא דלא ליבריך כלל קמל"ן דכיון דאית ליה הנאה מיניה בעי ברוכי וזה פשוט ומבואר כדברי הב"י ז"ל וכן הראב"ד בהשגותיו לפ"י דתרומות שם כתב גבי כוסס את החטים דקיל"ן כרבנן דלענין תרומה אינו משלם את החומש ואעפ"כ דמברכין עליה בפה"א אפשר דלגבי תרומה מזיק הוא עכ"ד הא קמן דאין ללמוד דין ברכה מדין תרומה ונראה שזה היה טעמו של הרמב"ם ז"ל שפסק בפ"ח מהל' ברכות דעל השמן לבדו מברך שהכל שכן מוכח מסוגיא דקמחא דשערי דאעפ"י דאזוקי מזיק שהכל מיהא מברך ועיין מ"ש הטור סימן ר"ב וכמ"ש הכ"מ שם ושוב ראיתי שכ"כ הב"ח שם סימן ר"מ יעו"ש אבל מודינא ודאי דאם נפסוק בשמן דלבדו אינו מברך כלל משום דאזוקי מזיק ה"ה ודאי דבשעורים נמי יש לפסוק כן דדוחק לחלק, ולומר דשמן מזיק יותר וצריך לחלק בין שעורים שלמים לקמחא דידהו דהפי' אכיל' ודרך הנאה טפי ולהכי תמלא בש"ע שהשמיט דין זה דשעורי' דכיון דפסק בסי' ר"ב דשמן לבדו מאכי מזיק ואינו מברך וכס' העור ה"ה בשעורים אבל מ"מ להרמב"ם ז"ל נוכל לפרש כמ"ש ושוב ראיתי בחי' אבן העוזר שבס' מגיני ארץ סי' ר"ח שקיים דברי הרד"א דסובר דכוסס שעורים אינו מברך כלל מכח פסק דשמן ועי"ש כי דבריו נכונים ולכן תמלא שהרד"א ז"ל גבי שמן כתב השותה שמן זית אם שותהו בעינו מזיק הוא לו ואינו מברך עליו כלום ע"כ ומשמע ליה נמי דלהכי מייתי תלמודא הכא הך לאשמועינן דגבי יוה"כ נמי אם כסס שעורים פטור דלהכי כתב שם והכוסס את השעורים אינו מברך עליהם כלום מפני שהם מאכל בהמה ולכן האוכל אותם ביוה"כ פטור עכ"ד אלא שאין זה מוכרח דהא קמן שתה ציר ומוריים דגבי יוה"כ פטור ולענין ברכה שהכל מיהא מברך כדקאמר התם על המלח וזמית מברך שהכל וזמית משמע מתוך פרש"י שם דהיינו מוריים גמור דע"כ לא חייב ר"פ אלא באומלא ומלחא שעליה אבל מלח לבדו פטור הוא דלאו אכילה היא והגם דאית ליה הנאה דלהכי מברך שהכל מ"מ גבי יוה"כ ביתובי דעתא תליא מלתא. ומה שהקשה עוד שם בס' ש"ב עיין בס' מעשה רוקח להלכות ברכות פ"ג יעו"ש כי אין להאריך כאן בזה וק"ל.

שם זר שבלע שזפין וכו' והקיאן וכו'. מה שהקשה בספר ש"ב כבר הרגישו בה התו' דסוגיין והתו' דמנחות פ' ר' ישמעאל ס"ע ע"א יעו"ש.

שם מאן תנא אר"ח במחלוקת שנויה ור"י היא דתנן כלל אר"י וכו' וכלומר דמשמע ליה דרבנן פליגי עליה מדקאמ' אר"י דהתם לא אשכחן בהדיא דפליגי רבנן עליה דהגם דתנין התם בסיפא הבגד והשק וכו' מצטרפין כבר יישב התוי"ט שם דאפילו ר"י מודה בהא מטעמא דר"ש דקאמר מפני שהם ראויים וכו' יעו"ש ולעולם דלמסקנא נוכל לפרש דלא פליגי עליה כלל וכ"ע דהרמב"ם ז"ל פ"ד מהל' טומאת אוכלין פסק כמותו והיינו דלא קאמר מאן תנא אר"ח ר"י היא וכו' אלא קאמר במחלוקת שנויה כלומר דמתני' דהתם משמע לן דבמחלוקת שנויה מדקאמר אר"י וכו' ומעתה ע"כ דהך דהכא ר"י היא ועיין בלשון רש"י ושוב ראיתי בספר ש"ב כמ"ש יעו"ש וק"ל.

מה שתמלא בתוספתא דפרקין דתני כשם שאכילה בכזית כך שתיה בכזית אכילה ושתיה אין מצטרפין ע"כ יראה דלענין חלב מתנייא וכן תמצאנה בתוספתא פ"ב דכריתות גבי חלב והכונה דכשם שאכילת חלב בכזית כך אם המחה את החלב וגמעו אם היה בו כזית קרוש חייב והכי איתא בירושלמי דפרקין והתני המח' את החלב וגמעו הקפה את הדם ואכלו אם יש בו כזית חייב ע"כ ורישא דברייתא איתא נמי בגמרא דידן פ' הטור והרועה ק"כ ע"א ובמנחות כ"א ונפקא לן מדאמר רחמנא נפש לרבות את השותה אבל סיפא דתוספתא אכילה ושתיה אין מצטרפין אם נשנית נמי לענין חלב דכן משמע מדהובאת גם בכריתות שם צ"ל דאם אכל זית חלב ושתה ממנו חצי זית מהותך דאינו מצטרף אלא שלא ידעתי למה דכיון ששיעורם שוה ועוד דשתיה בכלל אכילה אמאי לא יצטרף דבשלמא ביוה"כ ניחא משום דלהכי כתב רחמנא לא תעונה לומר דביתובי דעתא תליא מלתא והכא לא מיתבא דעתיה אבל גבי חלב כתיב לשון אכילה אימא דאכילה ושתיה מצטרפין ועיין בלשון רש"י דפ' הטור והרועה שם ד"ה ומשני התם וכו' וז"ל הרמב"ם ז"ל בפ"ג מהל' אבות הטומאות ה' י' האוכל מנבלת העוף וכו' או שהמחה החלב באור וגמעו ה"ז טמא כאוכל מבשרה שהשותה בכלל אוכל ע"כ ועיין מ"ש הרל"ס ז"ל ברפ"א מהלכות חמץ ומצה. אלא דלמה שפי' רש"י שם בפרק הטור והרועה דדרשא דנפש לרבות השותה היינו דמשמע כל דבר המיישב דעתו של אדם וכו' יעו"ש וכן פי' הרא"ש ז"ל בפי' לסמ"ג ה' חמץ ומצה מעתה לענין חלב נמי יתובי דעתא במקצת בעינן ואף שעורן שוה אכילה ושתיה אין מצטרפין וניחא השתא לשון התוספתא אלא דלהרמב"ם דמעטם שתיה בכלל אכילה נגעו בה עדיין צריכ' ביאור ועיין להרמב"ם פ"י מהלכות תרומות שהעתיק תוספתא זו ולא סיים בה הך דאכילה ושתיה ועוד תמצא תוספתא זו בפ"ק דפסחים לענין ממחה את החמץ וכן בפ"ו דתרומות וכמ"ש מהר"י קורקוס שם וסיים וכן בדין כיון ששתיה בכלל אכילה שוים הם ע"כ אלא שלא ביאר לנו סיפא דא"כ אמאי אוכל ושותה אין מצטרפין. והשתא דאתינן להכי גם תוספתא דפרקין לענין יוה"כ מתניא והכונה דאם המח' את האוכל וגמעו חייב בכותבת והגם דשיעורה שוה מ"מ אם אכל חצי כותבת מאוכל וחצי האחר דרך שתיה שהמח' את האוכל אין מצטרפין דיתובי דעת בעינן ויש בכלל זה גם כן דאכילה ושתיה ממשקין אין מצטרפים בין לרבנן ובין לר"י כדקאמר תלמודא וכזית דנקטה אגב אינך דוכתי דהוו בכזית נקט לה הכי וסיפא הכא ניח' דביתובי דעת' תליא מלתא אבל לאינך דוכתי אכתי קשיא אמאי אכילה ושתיה אין מצטרפין ועוד דאף לפרש"י דהטור והרועה ע"כ דלא יישוב הדעת גמור קאמר אלא ביתובי דעתא בל דהוא סגי דהא קמן שלא הצריכה תורה בחלב אלא כזית אע"ג דקים להו לרבנן דבפחות מכותבת אף מבשר שמן לא מיתבא דעתיה כדאיתא בסוגיא דלעיל וא"כ אימא דבחלב אוכל ומשקה מצטרף ולא דמי ליוה"כ דבעינן יישוב הדעת גמור ויותר מזה תמלא להתוס' ז"ל בזבחים ק"ע ע"א ד"ה עולה ואימורין דאע"ג דחלב בכזית ומשקין ברביעית ה"מ בשתיה אבל דרך אכילה ששרה פתו ביין שיעורו בכזית יעו"ש ובמג"א סי' ר"י ובספר גן המלך שבשו"ת גינת ורדים סי' כ"א ועוד דשם בתוספתא גופה בפ"ג דכריתות קתני אכל כחצי זית ושתה כחצי זית ממין אחד הרי זה חייב יעו"ש א"כ כל שהוא מין אחד ואיסור אחד מצטרפי' וה"ה דבין לענין תרומה ובין לענין חמץ ובין לענין חלב כיון שהם ממין אחד ושיעורם אחד ודאי דמצטרפין וכיון שכן על כרחנו צריכים אנו לומר דלענין יוה"כ דוקא מתנייא ואגב"ה נקטה הכי בכולהו דוכתי דזה דוחק לומר דאכולהו דוכתי קאי והיינו כשהאכילה ושתיה אינם ממין אחד ושיעור אחד ולאו אדלעיל מיניה קאי אלא מלתא באנפי נפשה היא כנלע"ד וק"ל.

שם אלא לענין טומאה דשם טומאה חד היא וכו' והכא נמי אי לאו משום טעמא דיתובי דעתא היו מצטרפין משום דחד שמא ניכהו בלשון בני אדם ומקרא נמי ילפינן דשתיה בכלל אכילה כדאי' בפ"ג דשבועות כ"ב ע"ב והיינו דתנן בסמוך אכל ושתה בהעלם אחד אינו חייב אלא חטאת אחד.

כתב הרב המאירי ז"ל וי"ל בשרה פתו ביין שדינו כדין ציר שע"ג ירק והוא שאמרו כל אכשורי אוכלא אוכלא הוא שאעפ"י שהמכשיר משקה כגון ציר ויין עכ"ד וכן יש ללמוד מדברי התוס' דזבחים שהעתקנו לעיל וק"ל.

משנה אכל ושתה בהעלם אחד וכו' עיין מ"ש בס' ש"ב. ולעד"נ דכיון שלא פירש בהגמרא דמתני' ר"ע [(דפ"ג דכריתות ע"ו ע"ב)] היא דסבר דתמחויין אינם מתחלקים אבל לר' יהושע דסבר התם דמתחלקים כ"ש אכילה ושתיה שאין שיעורן שוה ומה גם דלס' ר"ח ור"ל במתניתין דלעיל דמחלוקת שגויה ור' יהושע היא דוחק הוא לומר לדידהו דרישא ר"י והך סיפא לאו ר"י מכל זה משמע יותר לומר דהכא אפילו ר"י מודה דאינו חייב אלא חטאת אחת דדוקא התם בתמחויין שהם כל א' מין מבושל לעצמו וכמ"ש הרמב"ם שם רפ"ג שכן דרך בני אדם לאכול כל א' לעצמו בשהוי זמן מה בנתים הוא דסבר דמחלקין אבל אכילה ושתיה שדרכו לשתות אחר אכילת דבר מה חשיב הכל דבר א' וענין א' ואין שיעורין מחלקין כיון דחד שמא נינהו ושתיה בכלל אכילה וק"ל.

גמרא **אר"ל** מפני מה לא נאמרה אזהרה בעינוי וכו' בירושלמי דפרקין הכי איתא רשב"ל בעי מה הו"ל למימר ביה לא תענה אלא לא תאכל וכו' ולפ"ז ודאי דר"ל ידע ברייתא דלקמן דמייתי אזהרה לעינוי ממלאכה אלא דבעי עלה דאין צורך להביא אזהרה דבכל כיוצא בזה אמרינן לא ענש הכתוב אלא א"כ הזהיר ולא כתב אזהרה בהדיא משום דלא אפשר ואף לתלמודא דידן ה"ק מפני מה לא כתב רחמנא אזהרה בעינוי בהדיא כשאר אזהרות ולא נצטרך ללמוד ממלאכה ומשני שפיר נכתוב רחמנא לא אזהרות ולא נצטרך ללמוד המלאכה ומשני שפיר נכתוב רחמנא לא יאכל אכילה בכזית דאף אי הוה כתיב לא תאכל מכל האוכל אשר יאכל היינו משערין בכביצה דהיינו אוכל הנאכל בבת אחת כדדרשינן לעיל גבי טומאת אוכלין ושיעור יישוב הדעת היינו פחות ממנה או יותר כדאיתא לעיל והגם דגבי עונש כתיב כי כל הנפש אשר לא תענה וכו' הו"א דלעבור על לאו אפילו בכזית ולעונש הוא דבעינן כותבת. נכתוב רחמנא לא תענה כלומר דנכתוב תרוייהו לא תאכל לא תענה וה"ק לא תאכל כדי שלא תענה ושמעינן ודאי דבכותבת קאמר דבכזית אכתי מעונה הוא הא לא אפשר דמ"מ לא תענה קום אכול משמע ואין דרך לדבר כך דלפרש וה"ק דלכתיב לא תענה לחודיה אין לזה משמעות דלמאי אצטריך ר"ל לפרש דבר פשוט כזה אלא דמלשון הירושלמי שהעתקתי לא משמע כן ושמא י"ל דאפילו אי הוה כתיב לא תענה לחודיה ע"כ דהיינו מפרשים דה"ק שלא יאכל כדי שלא יבא לידי עינוי דהא גבי עונש כתיב כי כל הנפש אשר לא תעונה ונכרתה וכו' ועוד כתיב ועניתם את נפשותיכם והו"א שבקיה לקרא דאיהו דחיק וכו' אלא משום דסוף סוף פשט הלשון קום אכול משמע לא רצה הכתוב לדבר בלשון הזה וניחא ליה טפי ללמוד אזהרה זו ממלאכה ושוב ראיתי בס' ש"ב ובס' אדרת אליהו ובס' חוט המשולש מ"ז ע"א שביארו ענין זה יעי"ש ובס' פני יצחק זוטא בחי' לפרקין אם מאי דאיתי בכתובות מ"ז ע"ב עונתה מזונות דכתיב ויענך וכו' והכא נמי ס"ד לפרש לא תעונה שלא יהא ניזון אותו היום יעי"ש וק"ל.

שם א"כ השמר דלאו וכו' ורב ביבי אפשר דסבר דהכא הוי השמר דלאו דה"ק השמר במצות עינוי שלא תאכל לבטל מצות עינוי ודומיא להשמר בנגע הצרעת השמר שלא תקוץ עיין בתו' דעירובין צ"ו ע"א ד"ה השמר וכו' אבל תלמודא סבר דהשמר דעשה הוא דה"ק השמר שתתענה וכמו שפרש"י ודוקא בהנחת תפילין בלילה ס"ל לר"י דפ' הקומץ ל"ו ע"ב דהשמר דלאו לאו מפני שכולל עשה שתניח תפילין ביום ושב ואל תעשה שלא תניחם בלילה וכמ"ש התוס' שם ועיין בהריטב"א שם אבל הכא אין כאן אלא מצות עשה והוי כמו פסח דלר"ע בעשה אפי' לר"ע דסבר דקרא דושמרת את החקה לענין פסח נאמרה כדאיתא התם ונמצא דלדברי התוס' דעירובין סוגיין אתיא אפילו לר' יוחנן ולא נצטרך למה שכתבו התוס' דסוגיין ועיין מ"ש שם וק"ל.

שם והנא מייתי לה מהכא וכו' מה שהצריכו לנקוט אזהרה זו אע"ג דכלל גדול בידינו דלא ענש הכתוב אלא א"כ הזהיר כבר תירצו רש"י ז"ל בזבחים ריש השוחט והמעלה דהתם נמי מהדר אאזהרה דהעלאה ופי' שם דקא מחייבינן עלה חטאת שאין חטא' בזה אלא על לאו וכרת כדתנן הפסח והמילה מ"ע וכו' ע"כ והכא נמי זכותה וגם לפי' התו' שם דמהדר אאזהרה משום דבכלל הלוקין הם הא נמי בכלל הלוקין כדתנן ר"פ אלו הן הלוקין האוכל והעושה מלאכה וכו'. אבל הרמב"ם ז"ל בשרשיו לס' המצות שרש י"ד בסופו פירש טעם אחר וז"ל אמנם כשנמצא העונש בביאור התורה לעושה זה המעשה נדע בהכרח שהוא מעשה אסור מוזהר ממנו ואמנם נולא בהיקש האזהרה בשביל שיתחזק לנו שרש אמרם לא ענש הכתוב אלא א"כ הזהיר וכו' ע"כ ושוב מצאתי להרא"ם ז"ל בתוספותיו לסמ"ג בה' יום כפור שהרגיש בזה ותי' עם דברי הרמב"ם שהעתקנו יעי"ש. ומהך טעמא כתב בחו' ריש ה' שביתת עשור מאחר שענש הכתוב כרת למי שלא נתענה למדנו שמוזהרים אנו בו על אכילה ושתיה ע"כ דהגם דבגמר' יליף לה ממקום אחר היינו לחזק הכלל לא ענש אא"כ הזהיר ועיין מ"ש עוד בס' המצות לאוין קל"ג. ומתוך מ"ש בשם החו' יתבאר לך מ"ש בריש הנחנקין פ"ה ע"א ד"ה הא בבנו וכו' דדוקא להלקותו אין מחזירין מן הדין אבל להמיתו מחזירין יעי"ש דה"ט לדעת' דע"כ לא מהדרינן אאזהרה אלא משום מלקות אבל לעונש גופיה כבר הוא מוזהר מכח דלא ענש הכתוב אא"כ הזהיר והיינו דדייקו לומר להלקותו ולא הזכירו לקרבן כשיטת רש"י ז"ל דריש השוחט והמעלה יעי"ש וקרוב לזה כתב בס' יבין שמועה כלל ל"ג יעי"ש וק"ל.

שם ועניתם את נפשותיכם וכל מלאכה לא תעשו יכול וכו' קראי דפ' אמור קדריש דיתירי נינהו דכמה פעמים הזהיר וענש שם על המלאכה והגם דהך קרא דועניתם את נפשותיכם והקרבתם אשה לה' וכל מלאכה לא תעשו בעצם היום הזה וכו' גבי לאו כתיב וא"כ הי"ל לדרוש בעצם דכתיב באזהרת מלאכה ברישא ולימא יכול יהא מוזהר על תוספת מלאכה ת"ל וכל מלאכה לא תעשו בעצם וכו' הנה כיון שלא היה מקום לדרוש עוד בעצם היום הזה דכתיב גבי עונש דאם מעטת מאזהרה כ"ש מעונש להכי הוכרח לדרוש קראי דעונש בין דמלאכה ובין דעינוי ברישא ובתר הכי דרש קרא דאזהרת מלאכה וכו' ותימא דא"כ למאי איצטריך בעצם דגבי עונש למעט תוספת מלאכה מעונש הא ממעטא דאזהרה דקמיה ידעינן להא דא"כ והא איצטריך להטיל אזהרה אעינוי כדאמר לקמן האי תנא עצם עצם גמר. והא דלא נקט קרא דעונש ולימא וכל הנפש אשר תעשה כל מלאכה יכול יהא וכו' ועוד אמאי נקט ועניתם וכו' הכתוב בפסוק אחר והוא בענין עינוי י"ל דמכח דהקיש הכתוב עינוי למלאכה דכתיב ועניתם וכו' כל מלאכה וכו' וכבר ידענו דיש תוספת בעינוי מדרשא דועניתם את נפשותיכם וכו' מערב עד ערב וכו' כדדריש לקמן להכי אימא דגם יש תוספת במלאכה ויהא ענוש עליה ולזה תמצא בת"כ שם דמעיקרא דריש דרשא דלקמן ובתר הכי קאמר יכול יהיו חייבים כרת על התוספת. וקאמר תו וכול לא יהא ענוש כרת על תוספת מלאכה וכו' כלומר דמאחר שיש לך ללמוד עינוי ממלאכה כיון שהיא קל יותר דאינו נוהג בשבתות וי"ט ויש לך שלא ללמוד הימנה מצד חומר העינוי שלא הותר מכללו כדאמר לקמן מעתה אי לא כתב רחמנא בעצם גבי עונש עינוי הו"א דללמדך בא שלא תלמוד עינוי ממלאכה שמצד חומרו ענוש כרת אף על התוספת ת"ל בעצם היום למעט גם עינוי מעונש תוספת כמו שמיעט הכתוב במלאכה. עוד אמר יכול לא יהא מוזהר על תוספת מלאכה אבל יהא מוזהר על תוספת עינוי וכו' אע"ג דלא כתב רחמנא אזהרה בעינוי כלל מ"מ הו"א דמדכתיבי תרי קראי לאזהרת מלאכה וכל מלאכה לא תעשו בעצם היום הזה ואידך כל מלאכה לא תעשו חקת עולם וכו' ובהך קרא לימא כל מלאכה לא תעשו בעצם היום הזה חקת עולם אלא אימא מיתורא דקרא דה"ק דדוקא במלאכה בעצם היום הזה אתה מוזהר ולא על התוספת אבל עינוי אתה מוזהר אף על התוספת אלא שדין הוא להקל בעינוי יותר ממלאכה דמה מלאכה שנוהג' בשבתות וי"ט וכו' וכי תימא דאיפכא דעינוי חמור שהות' מכללו דמה"ט קאמר תלמודא לקמן דג"ש דבסמוך מופנית היא אה"נ ולא חשש לזה דמאחר שאנו עתידי' ללמוד אזהרה לעינוי ממלאכה הרי הוקש עינוי למלאכה ולא תחלוק בין זה לזה ומה גם דלמסקנא כולהו אזהרות דמלאכה איצטריכו חד לאזהרה דיממא וכו'. והנה בכל מה שפירשנו בכונת הברייתא שוב ראיתי בספר קרבן אהרן שם ובס' שמות בארץ כמ"ש, יעי"ש אלא דמה שפירש בספר קרבן אהרן שם בתחילת

דבריו דאינה קושיא דאחר שתלינו עונש בהכרת יהיה אזהרה דלא ענשה תורה אלא אם כן הזהיר ולזה המיח זה בהנחה דאיכא אזהרה וחקר אם היא כוללת גם לתוספ' עכ"ד אין נראה לעניד דעם מה שכבר קדם לך מדברי התוספות ורש"י דאמו מבקשים האזהרה למלקות או לקרבן דמכח כלל דלא ענש וכו' אין לנו מעתה כיון שכבר ידענו מדרשא דועניתם דדריש התם ולקמן דיש תוספ' לעינוי למ"מ מהדר טומר דיכול יהיה מוזהר על התוספת מכח לא ענש וכו' כיון שחזר הדין שאין כאן לא מלקות ולא קרבן אבל למה שפירשנו אתי שפיר דאותו לאו היתר במלאכה הו"א דאם אינו ענין לאזהרת מלאכה תנהו ענין לעינוי לאזהרה שילקה עליו גם לתוספת. ודע שמלאתי בפסיקתא זוטרתי פרשת אמור דדריש כל מלאכה לא תעשו חקת עולם לתוספת מלאכה וז"ל שם מה בא ללמדנו אם לאזהרה למלאכה כבר נאמר וכל מלאכה לא תעשו אלא הכתוב נאמר בעצם היום ופסוק זה נאמר על תוספת מלאכה מלמד שהוזהרו ישראל על תוספת מלאכה מבערב בכלל היום עצמו ע"כ ולפ"ז היה אפשר לפרש דהיינו דפשיטא ליה לברייתא דידן דיש תוספת למלאכה אבל אין נראה לפרש כן אלא כמ"ש דהא בת"כ דהיינו רישא דהך ברייתא דריש התם תוספת מלאכה מקרא דועניתם ודרשא זו לא הוזכרה שם כלל ועוד דכיון דדרשינן דבעצם היום מוזהרין ואין מוזהרין על תוספת אין לנו לפרש לאו היותר לתוספת אלא יש לך לפרש כמסקנת תלמודא דידן דאצטריך לאזהרה יממא וכו' ודרשא דפסיקתא שמא אסמכתא בעלמא היא ואקרא דועניתם סמיך והתם נמי מייתי לה בתר הכי יע"ש וק"ל.

שם לא יאמר עונש במלאכה וכו' ומה עינוי וכו' יש לדקדק דהא קיי"ל דאין עונשין מן הדין וזה דוחק לומר דאתיא כמ"ד דעונשין דפלוגתא היא עיין בסנהדרין נ"ד ע"א ובפ"ק דכריתות ג' ע"א והיה נראה לומר דהכא לכ"ע עונשין דכיון דיש כאן אזהרה מפורשת במלאכה וכן בעינוי מכח דלא ענש הכתוב וכו' מעתה דגילה רחמנא דשוים הם לענין אזהרה בגילוי מלתא הוה ילפינן עונש מעינוי ויש ראיה לזה ממה שפי' רש"י ז"ל שם בכריתות ד"ה אבע"א יליף עונש מאזהרה לר' יצחק אין עונשין מן הדין ועונש באחותו וכו' נפקא ליה דילו' עונש מאזהרה כשם שהזהיר עליה כשאר עריות כך ענש עליה וכו' וכן פי' עוד ז"ל בסנהדרין שם וכמ"ש בחי' הר"ן שם משמו יע"ש אבל בחי' ז"ל פ' אלו הלוקין י"ד ע"א ד"ה ואידך וכו' כתבו דע"כ לא קאמר ר"י דעונשין מן הדין אלא משום דגמר מאזהרה מכח דין ק"ו יע"ש א"כ מזה משמע דס"ל דלמ"ד אין עונשין היינו אפילו היכא דאיכא אזהרה ועיין בחי' דחולין קט"ו ע"ב ד"ה מה לחמץ וכו' ושמא י"ל לדעת' דהכא שאני דמלבד שהשוה הכתוב לענין אזהר' עוד זאת השוה אותם לענין חוי' כדרשא דועניתם דלקמן וכיון שכן הרי גילה לך הכתוב דשקולים הם ובגילוי מלתא הוה ילפינן עונש מעינוי בקל וחומר ושוב ראיתי בספר ש"ב שהרגיש בזה וחי' דסבר כמ"ד עונשין יע"ש וק"ל.

שם איכא למפרך מה לעינוי שלא הותר מכללו וכו' וליכא למימר דה"כ נלמוד אזהרה לעינוי מדין ק"ו דמה מלאכה הקלה הזהיר עינוי החמור לא כ"ש דהא אין מזהירין מן הדין לכ"ע כדאיתא בריש השוחט ומעלה וכמ"ש בסוגיות דלעיל להוכיח דאף במקום דהעינוי מפורש אין מזהירין מן הדין יע"ש ושוב ראיתי שכן כתב בס' ש"ב לקמן בד"ה אלא לא יאמר וכו' יע"ש וקל להבין.

שם אלא לא יאמר עונש בעינוי וכו' ענוי שלא הותר מכללו וכו' דלאעפ"י שהוא קל מצד אחד שאינו נוהג בשבתות וי"ט אימא דאין זה מצד שהוא קל אלא מצד דשבת מלי' לענגו וגזרת הכתוב הוא ועפי חשיב חומרא שלא הותר מכללו מחומרא דנוהג בשבתות והדר פריך דכיון דסוף סוף אינם שוים אימא משום דס"ד דליכא למילף עינוי ממלאכה להכי כתביה רחמנא לגבי כדבר מגלאי ספק ולהכי לאו מופנה הוא וק"ל.

שם אמר רבינא האי תנא עלם גמר וכו' ולמה שפי' לעיל דעלם דכתיב בעונש מלאכה מייתר דכיון דמיעט תוספת מלאכה מעלם דכתיב באזהרה איומעט נמי מעונש אלא דמייתר לכך ג"ש תיקשי דא"כ למאי מהדר תלמודא דחד קרא דמלאכה מייתר אפילו הימא דכולהו חמשה קראי איצטריכו למלאכה אכתי מלי' למילף ג"ש מעלם דעונש מלאכה וגימא מה עונש דמלאכה ענש והזהיר אף עונש דעינוי ודומיא לדרשות דלקמן ועיין בירושל' דפרקין דמשמע דמאי דיליף עלם עלם לאו היינו תנא דת"כ יע"ש אבל לתלמודא דידן דחד תנא הוא תיקשי למאי איצטריך למהדר אייתור קרא דמלאכה ועל כן יותר נראה לומר דעלם דעונש מלאכה לאו מופנה הוא דאי מעלם דאזהרת מלאכה למודיה הו"א דדוקא על עילומו ענוש בלאו וכרת אבל על תוספת אינו ענוש בלאו אלא בכרת למודיה ואין כאן לא מלקות ולא קרבן להכי איצטריך עלם דעונש למעט תוספת אף מכרת. והשתא ממילא רווחא שמעתתא וה"ק אמר רבינא האי תנא אין עיקר ראייתו מהפנא' דעונש אלא עיקר גזרה שוה הוא מעלם עלם ומשום דהינהו איצטריכו לגופייהו למעט תוספת מעונש ומאזהרה דמהיום הזה לחודיה הימא דגם תוספת בכלל היום כיון דדרשינן מועניתם דיש מליה בתוספת זה אבל עלם משמע בפרטות דוקא עילומו של יום ממש דהיינו לאת הככבים עיין מ"ש הרמב"ן ז"ל בפי' להומש פ' אמור נהכי קאמר תלמודא דע"כ לריכים אנו לומר דיש היזה מקרא מיותר במלאכה המלמדינו לעשות ג"ש זו דעלם עלם דהלת"ה אין מקום ללמוד מג"ש דעלם עלם דגם בעינוי יש אזהרה וג"מ להלקותו ולחייבו קרבן על השוגג לשיטת רש"י ותו' דר"פ השוחט והמעלה כמ"ש לעיל דאיכא למיפרך כדפרכינן דמה למלאכה שהוא חמורה דנוהגת בשבתות וי"ט ולכן החמיר בו הכתוב גם בעונש מלקות וקרבן תאמר בעינוי הקל דאימא דאין בו אלא עונש כרת לחודיה לא מלקות וקרבן וקאמר לאיי אפנויי מופנה וכו' ואל יקשה עליך דכיון דתיבות הג"ש אינם מופנים היאך נלמוד זה מזה דהא אף משינוי הלשון לחודיה עבדינן ג"ש הגם דקרא אצטריך לגופיה עיין בספר גופי הלכות סימן קי"ב וכ"ש כאן דחד קרא מייתר לגמרי ללמדנו לעשות ג"ש זו מכח דמיון התיבות וזה פשוט וכן הנלע"ד בפי' סוגיין ובזה יתורץ מה שהקשה בס' ק"א בת"כ שם כאשר יראה המעיין בדבריו ומה שרצה לפרש ג"ש דעלם עלם שילמוד מלאכה מעינוי הנה סתירה פי' מבואר בירושלמי דפרקין דקאמר תני ראב"י אומר נאמר בעלם היום הזה במלאכה ונאמר בעלם היום הזה בעינוי מה בעלם היום האמור שנאמר במלאכה לא תלקה בו בין יום ללילה בין עונש לאזהרה אף בעלם היום הזה שנאמר בעינוי לא נחלק בין יום ללילה בין עונש לאזהרה ע"כ והגם דמשמע מפשט לשון הירושלמי דתנא דת"כ לא יליף מהא היינו משום דלא נחית התם למיפרך דאדרבא עינוי חמור כדפריך תלמודא אבל נקוט מיהא דתלמודא דידן דנחית להכי ודמכה זה הולרך רבינא לומר דתנא דת"כ אג"ש דעלם עלם סמיך ע"כ דסתמו כמשמעו כדדרש לה ראב"י דהיינו ללמוד עינוי ממלאכה.

והנה בירושלמי שם מסיים עלה עד כדון כר"ע כר"י תנא ר"י והיתה לכם לחוקת עולם בחדש השביעי הקיש מלאכה לעינוי וכו' ע"כ וכלומר דג"ש דעלם עלם מופניה מצד א' היא ואתיא כר"ע דסבר דלמדין ואין משיבין כדקאמר התם לעיל מיני' אבל מתלמוד' דידן לא קאמר הכא כניחא למ"ד מופנה מצד א' וכו' כדרכו משמע דסבר דהכא לכ"ע למדין כיון שכבר השוה אותם הכתוב לענין תוספת כדלקמן ויותר נראה לומר דהכא לא חייש משום דלמ"ד משיבין יליף לאזהרת עינוי מהיקש דרבית דבסמוך דשמא מופנים הם משני לדדים דמדרשא דר"י דאייתי בסמוך אינו מוכרח שיהיה מופנה משני לדדים לתלמודא דידן דסבר דר"י ס"ל דמופנה מצד א' למדין ואין משיבין כדאיתא בפ' המפלת כ"ב ע"ב והריטב"א ז"ל בחי' למכות דף י"ד ע"ע ד"ה ואידך וכו' כתב דכל למילף עונש מאזהרה מצד א' סגי לדברי הכל ואפילו למאן דבעי מופנה משני לדדים עכ"ד ומשמע דה"ה למילף אזהרה מעונש כי הכא ולפ"ז ניחא נמי דלא קאמר הכא הניחא וכו' אלא דמדברי הירושלמי דפרקין לא משמע כן דוחק לומר דתלמודא דידן פליג אירושלמי בהך כללא ועיין מ"ש בספר גופי הלכות סי' ק"ח דמה שהקשה שם לשיטת ר"פ שכתב בס' יבין שמועה כלל ק"ב דבעינן הפנאה בנלמד לא במלמד קשיא מסוגיא דהכא יע"ש ויישב עם דברי הריטב"א שכתבנו יע"ש לעד"נ דהכא שכבר השוה אותם הכתוב לענין תוספת אפילו בהפנאה דמלמד יליף למד מיניה. ועיין בס' ש"ב שהאריך על סוגיא זו ודו"ק.

שם חד לאזהרה דיממא וכו׳ יראה דדוקא הכא משום דהולרך הכתוב לכתוב בעלם וכו׳ למעט תוספת מעונש ומאזהרה יהוי״א דלמעט לגמרי בא דבעלמו של יום ממש [(עיין בהרמב״ן פ׳ אמור)] הוא דמוזהר וענוש לא בלילה להכי הולרכו תרי קראי יתירי לעונש ואזהרה דלילה דבחד קרא לא סגי דאימא דריבה את הלילה לעונש לא לאזהרה לחייב קרבן ומלקות והיינו דקאמר דעינוי יליף ממלאכה בין דיממא בין דלילה משום דהתם נמי כתיב בעלם היום הזה אבל בשאר מקומות ודאי הוא דדברים האסורים ביום אסורים גם בלילה דאין יום בלא לילה עמו עיין פ״ק דפסחים ב׳ ע״ב ובזה יתבאר מה שנסתפקו בח״י דסוגיין שכתבו לא ידענא אי בעינן בכל דוכתא עונש דיממא ולילה במלאכה כגון שבתות וי״ט ומאי טעמא עכ״ד ושוב ראיתי בס׳ אדרת אליהו בחי׳ לפרקין שכתב כן וסיים שם אבל בילקוט רמז של״א בכי תשא על פסוק מחלליה מות יומת איכא מאן דס״ל דאף בשבת משום דכתיב ביה יום אילטריך פסוק אחר לעונש ואזהרה דלילה ע״ש עכ״ד עוד מלאתי להרא״ם ז״ל פר׳ אמור שם שהרגיש בזה ותי׳ כמ״ש אך מה שהקשה שם דבלאו קרא תיפוק לי מקרא דועניתם וכו׳ מערב עד ערב וכו׳ יע״ש לעד״נ פשוט דמהתם לא הוה ילפינן אלא עשה בעלמא בין על התו׳ ובלילה בין דמלאכה בין דעינוי אבל אזהרה ועונש לא שמענו דהא כתיב בהו בעלם היום הזה בין במלאכה בין בעינוי להכי אלטריך יתורא דקראי להביא אזהרה ועונש למלאכה ולעינוי בין דיום בין דלילה ובעלם היום הזה לא מיעט אלא תוספת דוקא ומ״ש בס׳ ש״ב בענין זה אין דבריו מבוררים לע״ד אלא העיקר כמו שתי׳ וכמו שתי׳ הרא״ם ז״ל.

ודע דבירושלמי דפרקין איתא אזהרה למלאכת היום כל מלאכה לא תעשו עונש והאבדתי את הנפש ההיא אזהרה לעינוי היום כי כל הנפש אשר לא תעונה [(כלומר סמך בעלמא והעיקר כדמייתי בתר הכי מברייתא דתני ר״א יע״ש ועיין בס׳ המלות להרמב״ם לאוין קל״ו)] עונש ונכרתה הנפש ההיא אזהרה למלאכת הלילה לית כאן עונש לית כאן אזהרה ועונש לעינוי הלילה לית כתיב ע״כ לשונו ונראה דה״ק אזהרה למלאכה הלילה לית כאן עונש ואזהרה מפורשת כדיום אלא אתיא מיתורא דקראי דכתיבי במלאכה אבל אזהרה ועונש לעינוי דלילה אינם בכתוב כלל אפילו מכח יתורא אלא למדנו בג״ש דעלם עלם ממלאכה כדקאמר שם בתר הכי משמא דרא״י כמו שהעתקנו לעיל וזהו אמיתות פי׳ הדברים לע״ד וכמסקנת תלמודא דידן ולאפוקי ממ״ש בס׳ קרבן העדה יע״ש וק״ל.

שם דבי ר״י תנא נאמר כאן עינוי וכו׳. יראה דמופנית משני לדדים היא דהנה עינויים כתובים ביוה״כ ואע״ג דלעיל דרשינן להו אסמכתא בעלמא נינהו כמ״ש התו׳ לעיל וגם קרא דעל דבר אשר ענה מייתר דהגם דנפקא לן מהכא התראה מן התורה כדאיתא בסנהדרין מ״א הרי דבי ר״י גופיה נפקא ליה התם התראה מהמוצאים אותו מקושש יע״ש ואף לאידך נמי וגם למאי דמפ׳ תלמודא שם דכולהו לריכי אכתי מופנית היא מדשינה קרא בדיבוריה ולא קאמר אשר שכב כדפתח ומצאה איש ושכב עמה עיין בספר גופי הלכות אות קי״ב ואפילו תימא דאימה מופנית אלא מלד אחד הרי לר׳ ישמעאל למדין ואין משיבין כדאיתא בפי׳ המפלת כ״ב ע״ב ועם מ״ש יתור׳ דהגם דאיכא למיפרך מה לנערה המאורסה שכן בסקילה החמורה ועוד שנוהגת איסורה בכל זמן תאמר בעינוי הקל שאינו אלא בכרת ואינו נוהג אלא ביוה״כ אימא דלא הזכיר בו לקרבן ולמלקות מ״מ למדין ממנו בין שתאמר שמופנית מלד אחד או משני לדדים ושוב ראיתי בס׳ ש״ב שהרגיש בזה ומתוך קושיא זו נכנס לפרש הסוגיא באופנים שאינם מבוררים לע״ד יע״ש וק״ל.

ודע דבירושלמי דפרקין אג״ש דעלם עלם קאמר עד כדון כר׳ עקיבא [(דסבר מופנה מלד א׳ למדין ואין משיבין ועיין מ״ש לעיל בסוגיא אדרשא דרבינא)] כר׳ ישמעאל תני ר׳ ישמעאל והיתה לכם לחוקת עולם בחדש השביעי הקים מלאכה לעינוי מה מלאכה שאסרתי לך מלאכה שחייבין עליה כרת אף עינוי שאסרתי לך עינוי שחייבין עליה כרת ע״כ והכונה דלעיל שם בריש פרקין ובתלמוד דידן לעיל ע״ד ע״ב נפקא ליה לתנא דת״כ **פ׳ אחרי מות** מהכי׳ דעינוי היינו מאכילה ושתיה לא שישב בחמה וכו׳ דהקים הכי עינוי למלאכה שהוא דבר שבמקום אחר חייבין עליה כרת אבל דבי רבי ישמעאל נפ׳ ליה הך מג״ש דעינוי עינוי דויענך וירעיבך כדאי׳ שם לעיל ובירושלמי שם וא״כ אייתר ליה היקשא דוהיתה לכם וכו׳ להקיש עינוי למלאכה מה מלאכה שחייבין עליו כרת והזהיר בה אף עינוי שחייבין עליו כרת הזהיר בו וריהוט לשון דרשא דת״כ דר״ש דלעיל נקט אבל ודאי לדידיה הכונה להקיש עינוי למלאכה לענין אזהרה ומה שפי׳ בס׳ קרבן העדה שם אינו מחוור יע״ש וק״ל.

שם רב אחא בר יעקב אמר יליף שבת שבתון וכו׳ ומופנית מב׳ לדדים היא דשבת שבתון האמור בפ׳ כי תשא לענין שבת הגם דבמכילתא שם דריש ליה לענין תוספת בכל מקום ששובת הא דריש לה ר׳ אחא מחשבתו שבתכם כדקאמר תלמודא בסמוך ואם כן אייתר ליה שבת שבתון לג״ש ועוד כתיב שבת שבתון יתירא בפרשת ויקהל וכן נמי דיוה״כ יתירא הוא דאפילו תימא דדרשא דחמשה עינויים דריש פרקין דשאר ספרי דבי רב דרשא גמורה היא הא איכא שבת שבתון יתירא בפ׳ אחרי מות והגם דדריש בת״כ שם לשבות מכל המלאכות יע״ש רב אחא ס״ל דאסמכתא בעלמא הוא דבכלל לאו דמלאכה איתנהו כולהו ועוד אפילו תימא דדרשא גמורה היא תימא דרב אחא נפקא ליה ה׳ עינויים מדרשא דר״ש דלעיל ע״ו ע״א ואייתר ליה הך לג״ש. ומעתה לא יקשה עליך אמאי לא פריך עלה מה לשבת בראשית החמורה שכן זדונו בידי אדם ולהכי הזהיר עליה לנקות ולהביא קרבן תאמר ביוה״כ שהוא קל שזדונו בכרת דהא כמופנית משני לדדים לד״ה אין משיבין כדאיתא בהמפלת כ״ב ע״ב וגם בזה יובן אמאי נייד רב אחא מדרשא דתנאי דלעיל דבשלמא ר״ש דבסמוך מגופיה דקרא עדיף ליה דה״ע דנייד מדר״א כדבסמוך אבל רב אחא ס״ל דג״ש דעלם עלם ודעינוי עינוי אינם מופנים משני לדדים דאף לדרשא דר״י אפילו תאמר דמופנית משני לדדים צריך לומר מכח דשני קרא בדיבוריה אשר עינה כמ״ש לעיל ועוד זאת דאם נאמר דה׳ עינויים לרב אחא ילפינן להו מדרשא דר״א דלעיל דה׳ עינויים כתובים בפרשה וכמ״ש אין כאן הפנאה אלא מלד אחד ומש״ה ניחא ליה לדרוש זה מג״ש דשבת שבתון שהיא מקובל בידו ממקומות והוא פירשה דלענין זה נאמרה ללמוד אזהרה לעינוי משבת בראשית ואם היינו אומרים שכך קבל רב אחא מרבו ג״ש זו שמכאן יש לנו ללמוד אזהרה דיוה״כ ניחא טפי ועל תנאי דלעיל לא תיקשי הך ג״ש דר״א לא קבלו אותו וכדרך שאמרו בפ׳ הזורק פ״ז ע״א ג״ש לא גמיר ועיין מ״ש התו׳ שם בשם ר״ת שהיה להם בקבלה מנין הג״ש יע״ש וכמ״ש יתורץ מה שהקשה בס׳ קרבן אהרן שם ומ״ש בספר ש״ב בזה לפי דרכו בסוגיא אינו מבורר לע״ד וכמ״ש יע״ש וק״ל.

רש״י ד״ה **שזפין** וכו׳ בלא כסיסה ע״כ ופירושו כי לסוכת תיקונם בעודם בכפו יבלעם **בלא כסיסה** ולעיסה והיינו שבלע דמקע לרבותא כ״כ מהרי״ו קורקוס בפ״י מהלכות תרומות.

ד״ה **אינו** חייב וכו׳ מחד קרא נפקי ע״כ כלומר דמאכילה נפקא לן שתיה כדאיתא לעיל ע״ו ע״א אבל לאו למימרא דדין הלירוף תלוי אי מחד נפקי או מתרי קראי וכמו שפי׳ ה״ה פ״ד מהלכות מ״א הלכה י״ז ועמ״ש עליו אהובינו הרב המופלא בעל ספר פני משה בתוספותיו למס׳ נזיר פ״ו ד״ה ע״א ד״ה כל האיסורין וכו׳ וכן נראה בהדיא דבפ״ד דכריתות י״ח ע״ב פי׳ דטעמא משום דשתיה בכלל אכילה יע״ש וכהי איתא בירושלמי דפרקין אמתניתין יע״ש וז״ל הרב המאירי ז״ל אבל ישתה בהעלם א׳ ר״ל כ״א בשיעורו אינו חייב אלא חטאת אחת ששתיה בכלל אכילה היא והרי הוא כדין שני זתי חלב בהעלם אחד אבל אם אכל ועשה מלאכה בהעלם אחד חייב ב׳ חטאות שזהו כחלב ודם בהעלם אחד עכ״ד וכן כתב הרמב״ם ז״ל פ״ו מהלכות שגגות יע״ש וק״ל.

ד״ה **א״ב** נפישי וכו׳ ואין לאו אחד וכו׳ בזה נתכון לתרץ קושית מהרש״א ז״ל דבכתוב השמר אם לא תעונה וכו׳ יע״ש דמ״מ תרי לאוי נינהו ולא רלה הכתוב אלא בלאו א׳ ועיין בס׳ ש״ב ושוב ראיתי שכן הי׳ בספר חוט המשולש מ״ו א׳ יע״ש וק״ל.

ד״ה **ותנא** מייתי אזהרה וכו׳ כונתו שאין זה כדרך שאר ותנא מייתי לה דהכונה שמתחלה נאמר משם תנא או אמורא דרשא

אמת ונהי דהכי קאמר דתנא מייתי הך דינא דלעיל ממקום אחר עיין בפי׳ פ״ב דביצה ע״ז ע״ב ובריש השוחט וכמ״ש בחי׳ לחגיגה ט׳ ע״א. דהכא לא הביא ר״ל אזהרה ממקום אחר אבל הכא ה״ק דודי היינו א״כ אזהרה בעינוי מנין הנה תנא מייתי לה אזהרה בעינוי מהכא וק״ל.

ד״ה **מה** לעינוי וכו׳ כלומר עונש דמלאכה לאו מופנה וכו׳ כונתו דאין כונת הפירכא על סיפא דבריתא במה שאמר׳ לדון ממנו ג״ש נאמר עונש בעינוי וכו׳ דהא אם איתא דמופנית מצד אחד היא אימא דתנא סבר כמ״ד דאף בזו אין משיבין וכדאיתא בירושלמי דפרקין אהך בריתא גופה א״ר זעירא הדא אמרה למדין ג״ש אפילו מופנה מצד אחד א״ר ולא דר״ע היא דר״ע אמר וכו׳ וא״כ מאי פריך להכי פי׳ ז״ל כלומר דכונת הפרכא היא ארישא דקאמר לא יאמר עונש במלאכה וכו׳ דמעיקרא אין זו מופנית אפי׳ מצד א׳ ולכ״ע משיבין עליה ועיין בס׳ ש״ב שכתב כן על הסוגיא ופירוש זה מבואר מדברי רש״י ז״ל וכמ״ש וק״ל.

ד״ה **חמשה** קראי וכו׳ באחרי מות ובאמור ובפרשת וכו׳ כנ״ל.

תוספות ד״ה **כל** שטומאתו וכו׳ דמיירי ברביעית דם הבא משני נפלים וכו׳ והיינו דסמיך ליה תנן בפ״ב דאהלות דם קטן שיצא כלו ר״ע אומר כל שהוא וחכמים אומרים רביעית ע״כ כלומר דמשום דר״ע חשיב ליה לדם קטן כדם גדול שיש בו רביעית להכי רביעית הבא מהם מצטרף אבל לרבנן לא משכחת בהו דין טומאה וצירוף כיון שאין בהם מעיקרא רביעית וכי תימא דלר״ע נמי ל״ל צירוף כיון דדם קטן בכל שהוא הא ליתא דהא דם שיצא כלו קתני דדוקא ביצא כולו הוא שטמא בכ״ש אבל בלא יצא כולו שיעור רביעית בעינן אפי׳ לר״ע וז״ל התוספתא׳ שם פ״ג אמר להן אף אני לא אמרתי אלא בזמן שיצא כולו יע״ש וצריך לבאר דתירוצם זה היינו לפי סברת רשב״י משום ר״מ דתוספתא שם דלא נחלקו ר״מ וחכמים על רביעית דם שפרשה משתי רביעיות משני מתים שהיא טמאה על מה נחלקו על רביעית שפירשה משני מתים שר״ע מטמא וכו׳ דהשתא לא בעינן שיצא שיעור טומאה מכל אחד וא״כ משכחת לה דין צירוף בדם קטן שלא יצא כולו דלר״י שם דסבר דפליגי ברביעית שפירשה משתי רביעיות שיצאו משני מתים אבל אם לא יצא שיעור טומאה מכל אחד אין כאן דין צירוף וד״ה טהורים א״כ ודאי בדם נפלים לא משכחת דין צירוף לר״ע דאי ביצא כולו מכל אחד דהו״ל כשתי רביעיות דגדול למ״ל צירוף בכ״ש נמי מטמא ונמצא דדבריהם אלו במחלוקת שנוי׳ בתוספתא דהא לר״י מוכח בהדיא דלרבנן אפי׳ ברביעית דם שפרשה משתי רביעיות משני מתים אף בזה מטהרים וא״כ לס׳ זו ע״כ לתרץ לעיקר קושיתם כמו שתי׳ התו׳ שם בסנהדרין דמהכא מוכח דר״ע דרביעית דם מן המת מטמא ואפי׳ ממת אחד אינו פשוט לו ממקום אחר אלא מהכא יע״ש ויש ראיה לדבריהם מסוגיא דנזיר נ״ח דקאמר התם דבפלוגתא לא קמיירי ומייתי דרשא דר״ע לרביעית דם משום דבעיקר טומאתו דילפינן מהכא בהא לא פליגי ר״ע ורבנן עיין בפרש״י שם ועיין מ״ש בס׳ ש״ב ומה שהקש׳ שם ממתני׳ דאהלות דפליגי ר״ע ורבנן גם בשדרה וגולגולת ואבר הבא משני מתים דהתם לא שייך לתרץ בנפלים יע״ש פשוט הוא דמהתם ל״ק להו מידי דאימא טעמא דר״ע דמטמא משום דטומאתו ושיעורו שוה ורבנן סברי דומיא דדם דנפשה כתיב ודוקא בדם דמייתי ר״ע קרא הוא דק״ל למ״ל קרא ואעפ״י שהרמב״ם והרא״ש שם פי׳ דמדין רביעית דם יליף לה ר״ע יע״ש ס״ל ז״ל דאין צורך לפרש כן ויראה דלפי׳ הרמב״ם ז״ל ה״ה נמי דרבנן ילפי מדם דכי היכי דהתם בעינן ממת אחד דיקא מדכתיב נפש הסר ה״ה לטומאת אוהל דבעינן שיעור אבר ושדרה וגולגלת ממת אחד דוק׳ הוא דמטמא אבל לטומאת מגע ומשא דעצם בכשעורה ובשר בכזית לא ילפינן מהתם אלא הדרינן לכללין דכל שטומאתו ושיעורו שוה מצטרפין וכך נוטים דבריו ז״ל בפי׳ שם שכתב וממה שראוי שתדעהו ותתעורר עליו במאמר החכמים באבר מב׳ מתים טהור בתנאי שלא יהיה בו עצם כשעורה ולא כזית בשר לפי שכבר קדם לך שהאיברים אין להם שיעור אולם כאשר היה כזית בשר מן המת או עצם כשעורה ממנו הנה הוא טמא בלא ספק ואעפ״י שזה קצת האבר וכו׳ עכ״ד ובזה יתורץ מה שהצריך עיין בס׳ ש״ב שם למה שפסק הרמב״ם ז״ל פ״ד מה׳ ט״מ והוא מתוספתא דאהלות פ״ד וגם בספ״א דמעילה דכזית הבא מב׳ מתים דמצטרפין יע״ש ומלבד מ״ש עוד פשוט ומבואר מדברי הרמב״ם בחי׳ שם שכתב ואבר מן המת מב׳ מתים כל אלו אינם מטמאים באהל אלא במגע ובמשא כשאר כל עצמות ע״כ ומשמע ודאי אפי׳ שאין בכל אחד לבדו שיעור טומאת מגע ומשא מצטרפין משום דהני לא דמו להם וצ״ל התוספתא דרפ״ג דאהלות ד״א לא אם אמרת בעצמות שמיעוט עצמות טמא ועצם כשעורה הפורש מהן טמא תאמר בדם שאינו טמא אלא ברביעית וכו׳ יע״ש וק״ל.

ד״ה **השמר** דעשה וכו׳ הכא אליבא דר״ל וכו׳ אע״ג דר׳ אליעזר הוא דפליג התם אר״י מ״מ סברי דר״ל נמי פליג עליה וסבר כר״א דהתם דהשמר דעשה עשה ודברי התו׳ כאן אזלו לפי הס״ד של התוס׳ דפ״ק דר״ה ו׳ ע״א ד״ה תשמור וכו׳ דלא ס״ד לחלק ולומר דהביא דר״י חשיב לאו משום דקאי אפלא יניח תפילין בלילה וכמו שחילקו התו׳ דעירובין צ״ו ע״א וכמ״ש בסוגיא אלא ס״ל דכל השמר לר״י לאו הוא אפילו כי הך דהכא דקאי אעשה דוקא והה״נ דמשנה דריש כריתות הפסח והמילה מצות עשה דלא כר״ע אלא שכל זה דוחק כמ״ש התוספות דר״ה שם והעיקר כדברי התוספות דעירובין דסוגיין אתיא כר״ע ועיין מ״ש בס׳ ש״ב ויראה שלא ראה דברי התו׳ דעירובין ודפ״ק דר״ה יע״ש וק״ל.

ע״ב גמרא **ר״פ** אמר הוא גופיה שבת איקרי דכתיב תשבתו וכו׳ דמרישיה דקרא שבת שבתון וכו׳ אימא דאמלאכה דלעיל מיניה קאי כלומר שבות מכל המלאכות כדדריש בת״כ פ׳ אחרי מות מנין שלא יעלה באילן וכו׳ ת״ל שבתון שבות וכו׳ יע״ש אבל מתשבתו שבתכם דכתיב בתר ועניתם מוכח ודאי דקאי אעינוי דאיהו גופי איקרי שבת אבל רש״י ז״ל פי׳ באופן אחר ולפרושו לא קיקשי דא״כ מהיכא קרא דרינה כל העינויי׳ תיפשוט ליה לר״פ דאינהו גופייהו שבת איקרו דודאי אימא דקרא שבת מטעם דמיון שיש בו לשבת בראשית מצד איסור המלאכות כדתנן אין בין שבת ליוה״כ וכו׳ אבל לא שיהיה דומה לו לגמרי לענין אזהרה וכמו שאינו דומה לו לענין עונש דזה זדונו בידי אדם וזה זדונו בכרת ולהכי בעינן קרא מיותר לאה לומר שבת להשוותו לאזהרה והיינו דסיים ז״ל נהכי נקט תשבתו שבתכם יתירא וכו׳ ומה שחזר ז״ל אחר תי׳ אחר שכתב אי נמי וכו׳ כונתו אפי׳ תאמר דדרשות דלעיל אסמכתות נינהו ושאר עינויים לאו דאורייתא [(הגם שדעתו ז״ל דמדאורייתא נינהו כמ״ש לעיל ע״ד ע״א ד״ה שבתון וכו׳)] מ״מ משבתון לא מוכח מידי ושוב ראיתי בספר קרבן אהרן שהרגיש בזה והכל מיושב עם מ״ש יע״ש וק״ל.

שם בשלמא ר״פ לא אמר כרב״י וכו׳ דבשלמא מה שלא אמר כתנאי דלעיל ל״ק לן דסבר ר״פ דלאו מופנית מב׳ צדדים הם וא״כ לרבנן דהמפלת דסברי למדין ומשיבין וכאן יש להשיב מה למלאכה שכן נוהגת בשבתות וי״ט ומה לנערה המאורסה שכן בסקילה ע״כ לדידהו צריך לומר דנפקא להו אזהרה מדאיקרי שבת אבל הא ק״ל דדילמא סברי כרב אחא דגמרי ג״ש דשבת שבתון דמופני׳ מב׳ צדדים היא כמ״ש לעיל אלא שי״ל דר״פ הא עדיף ליה דמגופיה עדיף אבל רב״י מ״מ לא אמר כר״פ דאי משום דג״ש גמיר דילמא נאמרה לאיזה ענין אחר בתלמוד יוה״כ משבת והה״נ דהו״מ לשנויי דגמיר ליה מרביה ג״ש זו לענין אזהרת יוה״כ בפירוש אלא דעדיפא מינה משני כנלע״ד ועיין בס׳ ש״ב וק״ל.

שם יכול יתחיל ויתענה בתשעה וכו׳ הא יהיה מצות עשה בעלמא אבל עיקר העינוי לעונש אינו אלא בעשירי כדכתיב אך בעשור לחדש וכו׳ ועניתם וכו׳ ויראה דר״פ סבר דעיקר דרשא דברייתא לתוספת יוה״כ אצטריך ודרשא דתשבתו שבתכם אסמכתא בעלמא היא דלדידיה אצטריך ללמוד אזהרה לעינוי מדאקרי שבת ותוספת לשבתות וי״ט מהא נמי נפקא לן מדאיקרי יוה״כ שבת למדין זה מזה לכל דבר דר״ע נמי שבתות איקרו אי נמי סבר ר״פ דמתשבתו מרבינן שבתות וי״ט לתו׳ דכולהו שבת איקרו ושבתכם אצטריך לאזהרת עינוי ורב אחא סבר דתרוייהו אצטריכו דמתשבתו לא הוה מרבינן אלא שבתות

דחמירי שהם בסקילה משא״כ י״ט דבמלקות והגם דמפסוק זה לא למדנו תוספת מלאכה ליוה״כ מ״מ מתוספת די״ט דבמלקות נפקא לן במכ״ש תוס׳ מלאכה ליוה״כ ועוד דכיון דילפינן מיניה תו׳ לעינוי ממילא ילפינן לאיסור מלאכה דהא איתקשו אהדדי מדרשא לעיל ע״ד ע״ב חה פשוט ועיין בס׳ ש״ב וק״ל.

שם הא כילד וכו׳ מכאן שמוסיפין מחול וכו׳ עיין לשון הרמב״ם ז״ל פ״א מהל׳ שביתת עשור וכבר המפרשים ראשונים ואחרונים עמדו על דבריו ודברי הה״מ שם עיין בס׳ קרבן אהרן פ׳ אמור ובמהריב״ל ובשו״ת דבר שמואל סי׳ ל״ד ובפר״ח ז״ל סי׳ תר״ח ובס׳ מלכי בקדש בה׳ שביתת עשור ובס׳ ש״ב ובס׳ מרכבת המשנה. ועכ״ל לא ראיתי להאריך בזה אבל המחוור לפי קוצר דעתי הוא מ״ש הרדב״ז ז״ל במחודשות ח״ב בלשונות הרמב״ם סי׳ קי״ג דגם הוא ז״ל הסכים לס׳ הרי״ף ז״ל ושאר פוסקים דיש תוס׳ מלאכה בשבת וביוה״כ יע״ש והכי דייק לשונו ז״ל שכתב כשם ששבות מלאכה בין ביום בין בלילה כך שבות לעינוי בין ביום בין בלילה וכו׳ כי בזה גילה לנו דיותר מבואר הוא בכתוב ענין איסור מלאכה דמיתורא דקרא דרשינן אזהרת ועונש יום ולילה ומיניה יליף עינוי וכמו שביאר רבינו מנוח שם וכיון שכן ע״כ דמאי דקאמר אח״ז וצריך להוסיף מחול על הקדש וכו׳ שנאמר ועניתם וכו׳ כלומר התחיל לצום ולהתענות וכו׳ ה״ה ודאי למלאכה אלא משום דקרא דתוס׳ בעינוי איירי העתיקו לעיניי דאין מקום לטעות כיון דעינוי יליף ממלאכה ליום ולילה כמו שהקדים ועוד דמלאכה כתיב בה אזהרה ועונש בהדיא משא״כ בעינוי דהוצרכנו ללמוד אזהרתו מכח דלא ענש הכתוב אא״כ הזהיר וכמ״ש שם קודם זה. ולא הוצרך להביא דין תוס׳ זה בה׳ שבת דודאי חמור הוא יותר מיוה״ך וכמ״ש הרדב״ז שם ומה גם דכבר הקדים בראש הפ׳ כל מלאכה שחייבין על זדונה בשבת וכו׳ כללו של דבר אין בין שבת ליוה״כ בענינים אלו אלא שזדון מלאכה בשבת בסקילה וביוה״כ בכרת עכ״ד מפורש יוצא מדבריו דאיסור מלאכה בשבת שוה בכל ענינים ליוה״כ ובכלל זה גם איסור התוס׳. ומה שלא ביאר זה בהל׳ י״ט הקל שהוא במלקות לבד הוא מפני שכבר כלל שם בפ״א הל׳ י״ו כל שאסור בשבת בין משום שהוא דומה למלאכה או מביא לידי מלאכה בין משום שבות הרי אסור בי״ט וכו׳ וכל שאסור לטלטלו בשבת וכו׳ יע״ש. והרי לפניך שהרב המאירי ז״ל בפסקיו הביא ענין תו׳ ליוה״כ ולשבתות וי״ט ולא הזכיר שום חולק בזה ואילו היה דעתו של הרמב״ם ז״ל שאין כאן תוס׳ לא הוה שתיק מיניה לחלוק או להסכים עליו כדרכו בחיבורו ושוב מצאתי בספר ראש יוסף בחידושיו להטור ריש הל׳ יוה״כ שגם הוא הסכים לבאר דברי הרמב״ם ז״ל מסכימים לדעת שאר הפוסקים יע״ש וק״ל.

שם אלא לומר לך כל האוכל וכו׳ דמדקאמר בערב על כרחיך לא מקפיד אעינוי דתשעה וכו׳ [לשון] רש״י דפ״ק דר״ה ט׳ ועיין בספר גופי הלכות סוף אות ק״ח וק״ל.

שם איתיביה היה רמ״א ממשמע שנא׳ וערלתם וכו׳ יש לדקדק דאימא דרבנן פליגי עליה דר״מ וסברי דפטורין משום דלא ען מאכל ניניהו ואדרבא מהכא אימעוט א״נ קרא אצטריך לדידהו לדרשא דת״כ פ׳ קדושים ומייתי לה בירושלמי ריש בס׳ ערלה את שהוא למאכל חייב לסייג ולקורות ולעצים פטור יע״ש וי״ל דמ״מ הא ודאי דל״פ רבנן ור״מ אי חזו לאכילה דמחזו חזו אלא דפליגי אי חשיב כאילן מפני שהוא ען שפל וכמו שפרש״י בלולב הגזול ל״ה ע״א יע״ש ועיין בס׳ ש״ב ד״ה ודע ומ״ש הפר״ח ז״ל הל׳ יוה״כ סי׳ תרי״ב סעיף א׳ וק״ל.

שם הוי אומר זה פלפלין וכו׳ דאין לומר זה אתרוג דלמאי אצטריך לרבויי כיון דמין אילן גמור הוא דזה אין סברא לומר דמפני שדרכו ליגדל על כל מים כירק הו״א דדין ירק יש לו לכל דבר עיין בריש קדושין ג׳ ע״א ושוב ראיתי שכן תירצו התוספות בלולב הגזול ל״ה ע״א יע״ש וכן תי׳ הרשב״א בחי׳ לברכות ל״ו ע״ב.

שם לא קשיא הא ברטיבתא הא ביבשתא אמרי ליה רבנן למרימר כם זנגבילא ביומא דכפורי פטור והא אמר רבא האי המלתא דאתי מבי הנדואי שריא ומברכין עליה בפה״א ל״ק הא ברטיבתא הא ביבשתא כך הגירסה בפרק כילד מברכין ל״ו ע״ב וכן גירסת רבינו יונה שם והיא גירסה נכונה דלגירסה שלפנינו תיקשי חדא דגברא אגברא קא רמי ועוד דאי המלתא היינו שעשויה מפלפלין דעלה פריך הרי כמו שהי׳ ארמיותא דברייתא הא ברטיבתא וכו׳ כך נתרץ זה דזה דוחק לומר משום דקאמר מבי הנדואי שהיא ארץ רחוקה הוה ס״ד דיבישי ניניהו אבל לגבי דהתם ניחא דס״ד דדוקא בפלפלין יש לחלק בין רטובין ליבשין אבל זנגבילא אפי׳ רטובין לא חזו ובשכ״י ראיתי שלא הרגיש בגי׳ דברכות ומכח הקושיות שכתבנו ר״ל ליישב גירסא שלפנינו וז״ל והדר פריך מהאי שינויא לרב נחמן ולאו לרבא קא פריך אלא לר״נ קפריך רבינא מברייתא כפום האי שנוייא דמשנינן הא ברטיבתא וכו׳ ורבינא הוה ס״ד מעיקרא דר״נ אשום דבר הנאכל כמו שהוא חי קפיד והכונה דמאחר דקאמר שריא משמע דשם הפלפל נאכל כשהוא חי תמיד דאי איתא דיבשתא אינה נאכלת חיה א״כ לא היה אומר שריא שהרי שם הפלפל נאכל מבושל בהכרח ביבשתא שאינה נאכל חיה אלא ודאי ס״ל לר״נ דסתם פלפל נאכל חי דאל״כ לא הוה שריא בהמילתא דרטיבתא מאחר דיבשתא אינה נאכלת חיה דשם פלפל חד הוא ונהי דהו״מ למימר דר״נ יפרש דברייתא איירי ברטיבתא וביבשתא אלא דעדיף מינה משני הא ברטיבתא וכו׳ ור״נ לאו אשם פלפל קפיד אלא על הדבר המתבשל ומאחר דהאי המלתא הויא מרטיבא שנאכלת חיה שריא עכ״ד וכל זה דוחק והעיקר כמ״ש וק״ל.

שם אכל עלי קנים פטור לולבי גפנים חייב וכו׳ בתוספתא דפרקין גרסינן אכל עלה קנים עלה גפנים עלה תאנים ועלה תרובין וכל דבר שאין ראוי לאכילה פטור עלה חזרים עלה כרשים עלה בצלים עלה ירקות וכל דבר שראוי אכילה חייב ע״כ ומשמע ודאי דהלולבים כשהוקשו אז נקראים עלה והיינו דקתני עלה גפנים פטור ולפ״ז ברייתא הו״מ לחלק בגפנים גופייהו בין עלים ללולבים אלא דאפשר דעלי קנים רכים יותר ולהכי נקט להו דאפ״ה פטור וכ״ש עלי גפנים וגי׳ ה״ה פ״ב מהל׳ ש״ע וכן נראה מדברי הרמב״ם ז״ל שם דגרים עלי גפנים פטור לולבי גפנים חייב ניחא טפי. והנה מ״ש הרמב״ם שם שלבלבו בארץ ישראל וכן כתב הרב המאירי בפסקיו עיין מ״ש רבי׳ מנוח שם וק״ל.

שם הא תומך חייב וכו׳ עיין בס׳ ש״ב מ״ש בפסקי הרמב״ם ז״ל דסתרי אהדדי מהכא לה׳ תרומות ועיקר התי׳ הוא מ״ש שם בשם מהר״ש סירליו ז״ל דמגמע לחוד יע״ש והא דאמר בירו׳ שם ומודים חכמים לר׳ במגמע חומץ של תרומה אחר טיבלו שהוא משלם קרן וחומש ע״כ י״ל דתרתי קתני דבין במגמע מעט מעט או באוכלו דרך עיבול תרוייהו דרך שתיה הוא ואינו מזיק והיינו דתני בתוספתא דתרומות ספ״ח גבי תרומה ניתנה לאכילה וכו׳ כילד לשתות דבר שדרכו לשתות אין מחייבין אותו להיות גומע אניגרון ואניגרון ולשתות יין בשמריו החושש בשיניו לא יגמע בכן את החומץ ויפלוט אבל מגמע ובולע ומטבל כדרכו ואינו חושש ע״כ משמע דבמגמע או במטבל כדרכו דרך שתיה הוא לכ״ע וניחא השתא דהא דקאמר ר׳ יוחנן התם המגמע חומץ של תרומה לוקה אתיא אפילו כרבנן דבמגמע בלחוד נמי מחייבי והא דבירושלמי דפרקין מייתי פלוגתייהו דר׳ ורבנן במגמע י״ל דלאו דוקא אלא כלומר השותה ועיין בתלמודא דידן בכריתות י״ג דפליגי ר׳ ורבנן אי תומך משיב את הנפש או לא ולא הוזכר מגמע וא״כ יש לנו לומר דבשותה דוקא הוא דפליגי אבל בגמע מודו ויותר נראה גירסת הירושלמי דפ״י דתרומות דלא הוזכר מחלוקתם במגמע וה״ק ומודים חכמים דהכוסס את החטה דהגם דהתם אין דרך אכילה בכך ומש״ה פטור מן החומש מ״מ מודים במגמע את החומץ דדרך שתיה בכך ומשלם קרן וחומש וקרוב לתירוץ זה תמלא שכתב מהר״י קורקוס בפ״י מהלכות תרומות יע״ש וק״ל.

שם דתניא ר׳ אומר חומץ וכו׳ בכריתות י״ג ע״ב הגירסא דתניא חומץ אין משיב את הנפש ר׳ אומר אני חומץ משיב את הנפש ע״כ.

שם אימר דאמרי אגא פורתא וכו׳ בהגהות מימוניות לפ״ב מה׳ שביתת עשור ראיתי שגורס שמע רב גידל ואיקפד אמר אימור דאמינא אנא חי מזיג מי אמרי אימור דאמינא אנא דעבד לכתחלה מי אמרי ע״כ ונראה שזו היתה גירסת הרמב״ם ז״ל שכתב דאפילו שתה הרבה מן החומץ ה״ז פטור מן הכרת

יעו"ש. ולגירסא שלפנינו תיקשי חדא דמעיקרא הו"ל אימר דאמרי אנא חי ועוד דמאי קאמר טובא מי אמרי דמשמע דטובא חייב אפילו בחי כא כיון דאין משיב את הנפש כך לי הרבה כמו מעט ואדרבא יותר ממה שישתה יזיק לו ואין כאן ישוב הדעת אם לא שנאמר דהגם דמזיק לו מ"מ בעת שתייתו הרי מתיישב דעתו בשתייתו שמסיר את צמאו בו והנה אם הרמב"ם ז"ל היה גורס כגירסא שלפנינו צ"ל דה"ק אימר דאמרי אנא דהלכה כרבנן בדיעבד אם שתאו שאינו חייב אבל לכתחלה איסורא מיהא איכא ואפילו שתאמר דרבנן אפילו לכתחילה שרו מ"מ הסברה נותנת דדוקא פורתא אבל טובא כיון שמתיישב דעתו קצת איסורא מיהא איכא ואפילו שתאמר דרבנן ל"ש להו בין טובא לפורתא ואפילו לכתחילה שרו משם דאדרבא מזיק מ"מ אין זה אלא בחי אבל מזג תיוב נמי איכא ושוב ראיתי להרב המאירי ז"ל שכתב כן וז"ל מזג אומץ ושתאו חייב כרת שהרי מיישב הוא הדעת אבל חומץ חי הרי הוא בכלל הדברים שאינם ראויים ופטור אפילו שתה הרבה מהם שכל שאינו ראוי אינו מיישב את הדעת אף בשיעור גדול ומה שאמרו כאן טובא מי אמרי לרווחא דמלתא נאמר כלומר אפילו הייתי בא להתיר לכתחלה טובא מי אמרי וכ"ש שאף בשיעור מועט לכתחלה אסור ומכין אותו מכת מרדות עד כאן דבריו וכ"כ הפר"ח ז"ל בסימן תרי"ב יעו"ש ובאר מפרשים וק"ל.

רש"י ד"ה **תשבתו** שבתכם ומשבת שבתון לא גמר וכו' עיין מ"ש בסוגיא והנה למ"ש לעיל בסוגיא דלר' אחא ג"ש מופנית היא ל"ק ליה אמאי לא יליף משבתון יתירא הכתוב ביוה"כ לומר דאיהו גופיה שבת איקרי דבפשיטות ס"ל לר' אחא דלאו לשון שבת הוא אלא לשון מנוחה והזהירך דמנוח לענגו ולכבדו כדדרשינן מלקדוש ה' מכובד אבל ר"פ דמשמע ליה תשבתו שבתכם לשון שבת הוא דקשיא ליה אמאי לא יליף משבת שבתון דרישא ואה"נ דהוה מצי תלמודא לשנויי לרב אחא דתשבתו שבתכם לשון מנוח הוא ואורחיה דקרא בהכי להזכיר כמה פעמים על מנוחתו דודאי לדידיה אפילו מכח יתורא לא משמע ליה לשון שבת אלא משום דאשכח דרשא דתוספת קאמר דרב אחא דריש ליה להא ובזה יתורץ מה שהקשה בספר ש"ב יעו"ש. ומ"ש דאף לשון מנוחה הוא לשון זכר וכו' כמו וירא מנוחה כי טוב ואשכחן נמי לשון נקבה כמו זאת המנוחה הניחו לעיף ישעיה כ"ח ק"ל.

ד"ה **ותנא** דעלם וכו' מדאצטריך וכו' דאע"ג דהאי תנא בתר דדריש ועניתם לתוספת עינוי הוא דקאמר יכול יהא ענוש על תוספת מלאכה כדמשמע בת"כ וכמ"ש לעיל מ"מ ע"כ לומר דבלאו האי דרשא נמי הייני מבקשים טעם למאי דכתב רחמנא בעלם כמה פעמים והיינו אומרים עכ"פ דבא לומר דבעצומו של יום אתה ענוש ולא בתוספת ולמדנו א"כ תוספת ליוה"כ בלאו קרא דועניתם ועוד נראה דע"כ דהאי תנא דריש לתשבתו שבתיכם לתוספת מלאכה דשבתות וי"ט דלדרשא דר"פ לדידיה נפקא ליה מג"ש דעלם והיינו דתלמודא לא בעי אלא האי בתשעה לחדש מאי עביד ליה וא"כ מהכא ילפינן לתוספת יוה"כ והיינו דקאמר יכול יהא ענוש על תוספת מלאכה אלא משום דמהכא לא ילפינן תוספת לעינוי ואדרבא אימא דכיון דמעלה עליו הכתוב כאילו התענה וכו' כל כמה דמצי למיכל בעי עדיף להכי פי' ז"ל מדאיצטריך וכו' דמהא ילפינן ודאי גם לתוס' ענוי מדאיתא בעלם גם בעינוי ושוב ראיתי בספר קרבן אהרן שהקשה ע"ז וכמה שכתבתי הכל מתורץ וקרוב לזה תמצא בספר שמות בארץ יעו"ש וק"ל.

ד"ה **מיתיבי** וכו' אלמא מאכל קרי ליה ע"כ כונתו דקושי' אלימתא היא ולא תאמר דלעולם לא מאכל הוא במות שהוא חי ומש"ה קאמר רבא פטור שאין זה דרך אכילתו כמ"ש בדיבור הקודם דודאי מדקאמר עץ מאכל ש"מ שהוא דומה לשאר אילני פירות דהם עצמם מאכל כמו שהם באילן וראויים לאוכלם חיים וק"ל.

ד"ה **שהפלפלין** וכו' מין אילן הוא ע"כ ולא תאמר מפני שהוא עץ שפל הו"ל בירק וכמ"ש בסוכה ל"ה ע"א יעו"ש ועיין מ"ש עליו התוספות שם.

ד"ה **שריא** וכו' ומדקאמר אין בו וכו' אבל מדקאמר שמברכין עליו בפה"א אין לדייק דנאכל כמו שהוא חי דדילמא הו"ל כברוב ושלקא דתתאתן שהכל וכשהם מבושלים שהשביחן והביא' לידי אכילה מברך בפה"א כדאי' בפ' כיצד מברכין ל"ח ע"ב והכא נמי זנגביל שהוא מין עשב עיין בערוך שם שלקו או כתשו וערבו עם דבש שאין ראוי לאוכלו מברך בפה"א דה"ע דפי' ז"ל לעיל בסמוך שהם בשמים כתושים דאילו היה זנגביל בעיניה אכתי לאו ראוי לאכילה ולא היה מברך אלא שהכל אבל מדאין בו משום בישולי עכו"ם דייק שפיר דע"כ אותם הבשמים של זנגביל כתוש נאכלים בעינייהו הם והיכי קאמר רבא דהא זנגבילי פטור דודאי כך לי זנגביל שלם בעיניה כמו בשמים כתושים בעינייהו קודם שנתערבו בדבש. אלא שהרב המאירי כתב ז"ל והמלתא זו עיקרה זנגביל ועיקר התירה שאם מדין גיעולי עכו"ם אתה בא נט"ל הוא ואם מדין בשולי עכו"ם נאכל כמות שהוא חי היא אלמא שדרך אכילתו אף כשהוא חי יכן ממה שמברכין עליו בפה"א שאם לא היה בכלל אוכלין לא היו מברכין עליו כן עכ"ד. ועיין מ"ש בספר ש"ב ומה שהקשה דלמ"ל טעמא דנט"ל תיפוק לי דסתם כלי עכו"ם אינן בני יומן וכו' יעו"ש האמת הוא דעיקר טעמא נקט ואשמועינן דודאי טעם מתיקות לאיסור מבטל חריפות הבשמים ופוגמים ולאפוקי מאותה הסברא שכתב רבינו יונה בפרק כיצד מברכין שהיו רוצים לאסור מרקחת דהגם דסתם כלי עכו"ם אינם בני יומן האיסור משביחן והקשה עליהם יעו"ש וקל להבין.

תוספת ד"ה **שהפלפלין** וכו' די"ל ברטיבתא וכו' ואה"נ דלפי"ז הוה מצו לשנויי התם אקושיא דשבת דהא דחייב במעשר היינו מפני שהוא רטוב דחזי לאכילה בעיניה וכמ"ש הרמב"ם ז"ל בפי' המשנה פ"ג דעוקצים משנה ד' ומתני' דאייתי היינו ביבשים דומיא דפלפלין דקתני בהדייהו אלא האמת קמשני דאיירי אפילו ביביבתא ושאני שבת דעשוי לכמך ואוכלין אותו ע"י תערובת הכותח ולאו לטעמא עביד יעו"ש ועיין בחי' הריטב"א לעירובין כ"ח ע"ב כי שם מבואר תירוצם יפה וק"ל.

בא"ד וי"ל דודאי וכו' וגובלין אותם וכו' חייבין במעשר וכו' ול"ל דנטעי להו אינשי אדעתא דהכי ודומיא הא דמתני התם בפ' בא סימן דשבת סתמא לכמך עשוי' ומשום דתירוצם זה דחוק קצת דהא משמע דפלפלין סתמא נטעי להו אינשי אדעתא דלקדרה דלא חזו בעינייהו להכי אהדרו אתי' אחרינא הי נמי י"ל וכו' וכן בתו' דערובין שם ובתו"י דסוגיין ובהר"ש פ"ג דעוקצים משנה ה' לא הביאו אלא תי' דבסמוך שהוא העיקר דכיון דלא חזו בעינייהו הגם דחזו ע"י גבול לא מחייבי במעשר. ומ"ש והא דנקיט התם ומטבילין בו לגי ולא נקט דאכילה וכו' דאף שנאמר כפי' הר"ש שם דמטבילין בו לגי אפי' בעיניה כדרך שאדם מטבל פתו במלח מ"מ משמע דבעיני' בגא לירוק הדבר מתבל בו לא חזו ועיין בהר"ש שם וק"ל.

בא"ד ועוד יש להקשות וכו' חושב נשאור ותבלין וכו' דליכא לשנויי דאיירי בתבלין רטובים דחזו לאכילה בעינייהו דומיא להך דפלפלין חייבין בערלה דהא דקאמר תלמודא התם עליה שאני שאור ותבלין דלטעמא עביד וכו' משמע שאינם ראויים אלא לטעמא ועיין בסמוך אבל הא ליכא למימר דכיון דקתני התם וקדרה לבשל מסתמא מניחים בתוכה בשמים יבשים כתושים דאפ"ה כיון דרטובים חזו וחל עליה חובת מעשר תו לא פקע מגייהו אפילו ביבשים וכמ"ש הריטב"א בחי' עירובין שם יעו"ש וק"ל.

בא"ד ולא נהירא וכו' ופי' רש"י דקאי אאין פותחין לשני וכו' וכן בירושלמי דסוף פאה מייתי לה אמתני' דאין פותחין וכו' דודאי אין לומר דלענין עירוב מתניא דהא אמר עלה וכן לעירו' ומ"ש וי"ל שיש מיני תבלין וכו' ובהגהו איירי בפ"ק דחולין וכו' והא דקאמר התם באני תבלין דלטעמא עביד אההוא עניינא דקדרה בלמוד קאי אבל אה"כ דדרך ג"כ לאוכלם כמות שהם ודומיא דשבת דפי' בא סימן דקאמר התם דלטעם עביד והגם דסתמו עשוי לכמך כדאיתא התם והיינו שכתבו וכמו שבת וכו' ועיין מה שהקשה ותירץ הר"ש בפ"ג דעוקצים שם ולענ"ד דמשמע מדהשיב התם רסומן מסיין תערובות דמאי הגם דודאי הכרשינין והעדשים נכרים הם אפילו ע"י תערובת מ"מ כיון דנמוחו ונתבשלו בדברים אחרים הו"ל בתערובת וה"ה תבלין דבלל וקפלוס כיון דנתערבו בבישול ונמוחו חשיבי בתערובת אע"ג דנכרים קצת בזה לא גזרו

יע"ש. ומה שסיימו מידי דהוה אחטין ושעורין וכו' ועיין בסוגיא שם דקאמר דלאו בני אכילה נינהו וע"כ לפרש משום דאין דרך לאוכלם חיים אלא ע"י תיקון דקליות דהא ודאי ראוים לאכילה הם מדחייבים במעשר ועוד שהרי מברך עליהם בכוסס אותם כדאי' לעיל ובפ' כיצד מברכין אלא ע"כ דעירוב שאני וכך נאמר לענין תבלין דכיון דצריכים תיקון קצת למלות הבלל או הקפלוטו לא חזו לעירוב.

ודע שגם הרמב"ם ז"ל בפי' המשנה למס' ערלה פ"ב משנה י' כתב ז"ל והזהר שלא יעלה על דעתך שאין נקראין תבלין אלא המרקחות והדברים שריחן טוב כמו הזנגביל והפלפל ודומיהן אינו כן אלא כל דבר שמתבלין בו התבשיל כגון השומים והבצלים והשמן והחומץ והיין כולם נקראין תבלין כשאדם מתכוין לתבל בהם או בזולתם קדרתו ותבשילו עכ"ד ועיין עוד בתוי"ט שם ובחי' פ"ו מה' מ"א ה' י"ו ועיין מ"ש התוי"ט בפ"ט דשבת משנה ה'.

והנה לתרץ דברי הרמב"ם ז"ל למה לענין עירוב פסק דמערבין בתבלין ואילו בפ"ו דהל' מתנות עניים השמיט להא דרשב"א דנותנין לעני בגורן שבלת תבלין וכמו שהקשו עיון בזה בס' ש"ב והפר"ח ז"ל בליקוטיו להל' מ"ע שם ועיין מה שכתי' בס' מעשה רוקח רפ"א מהל' עירובין והמעיין יראה שדבריו שם דחוקים לומר דהרמב"ם דחה הא דרשב"א מטעם דבמתני' דפאה לא קתני תבלין דהא איכא למימר תנא ושייר שאר מילי דקתני רשב"א והנלענ"ד לתרץ הוא דס"ל ז"ל דשבלת תבלין דקאמר רשב"א היינו תבלין ממש מדקא' תלמודא התם דלאו בני אכילה נינהו ועוד מדקתני רשב"א בתר הכי ולוטרא ירק משמע דעד השתא לא איירי ביה דאם יש חילוק בין העשויים לתבל לימא ושאר כל הירקות ליטרא ולא תיקשי דאם כן אמאי מחייב להו רשב"א במעשר כיון דלא חזו בעיינייהו דדילמא ס"ל כר"ע [(תבריה כמ"ש בהקדמת החיבור)] דאית ליה בפ"ג דעוקצין דראשי בשמים והפלפלין נלקחים בכסף מעשר והגם דגבי מ"ש כתי' ואכלת מ"מ כיון שמשביחין האוכל בכלל ואכלת נינהו דומיא למאי דהוה ס"ד לתלמודא בפרק בא סימן שם דכל מידי דעביד לטעמא מטמא טומאת אוכלין והגם דלא קאי הכי ור"ע גופיה מסיים בה התם דאינם מטמאים ע"א ע"כ נומר דכיון דעבידי למתק האוכל כאוכל חשוב לענין מעשר וז"ל הספרי פ' ראה על פסוק כי ירבה ממך הדרך וכו' אין לי אלא אכילה ושתיה מנין אף משביחי אוכלין ושתיה כגון הקושט והחימוס וראשי בשמים וכו' והפלפלין ת"ל מכל אשר תשאלך נפשך וכו' ומעתה כיון דהרמב"ם ז"ל פסק פ"ז דמעשר שני כר"ע דאינם נלקחין וכדקאמר התם נמנו וגמרו וכו' אין מקום לו ז"ל לפסוק ההיא דרשב"א בהל' מתנות עניים והיא דרפ"א דעירובין ודאי דאיירי בכתושים ומגובלים במים שדרך לאוכלם וכמ"ש בספר מעשה רוקח שם ולא חשש לבאר שכבר ביאר שם קודם לזה מהו תועלת העירוב שכולנו מעורבין ואוכל אחד לכולנו ועוד ביאר שם סמוך לזה דירק בשיל ולא בשיל אין מערבין בו. וכי תימא דאי פלפלין רטובין חזו לאכילה בעיינייהו וכמ"ש התו' אמאי לא ביאר שם דנותנין שבלת פלפלין לעני בגורן דודאי לא ס"ל לחלק כן אלא דפלפלין בכל גוונא פטירי משום דלאו עץ מאכל נינהו וס"ל דרבנן פליגי עליה דר"מ ופטרי להו מדין ערלה וכ"כ ממעשר וכמו שביאר הפר"ח ז"ל בא"ח סי' תרי"ב יע"ש גם תבלין דבצל וקפלוטו ס"ל ז"ל דהו"ל כירק דשיעורא בליטרא וכמו שהעתיק שם ועיין בספר יקר ת"א להרדב"ז ז"ל בהל' מתנות עניים וק"ל.

ד"ה **הא** ברטיבתא וכו' בכיצד מברכין דזנגבילא יבישתא וכו' הגם דהתם פליגי ר"ש ורבא בכס פלפלי דרבא אמר ולא כלום לא חששו לזה להביא ראיה מפלפלי עצמם כיון דדינם שוין בין לענין ברכה ובין לענין יוה"כ דהכא אם דבריהם קיימי אהידלא הא ברטיבתא וכו' כיוונו בזה שלא תפרש הא ביבשתא שאין בו ישוב הדעת ומש"ה ביוה"כ פטור אבל לענין ברכה כיון שנהנה מברך וכדמשמע לכאורה מדברי רש"י ד"ה כס פלפלין וכו' אלא יש לך לפר' הא ביבשתא דלאו מאכל הוא כלל ואין בו הנאה של כלום ואי אחירוץ דזנגבילי הא ברטיבתא וכו' קיימי ולפי הגיר' שכתבתי בסוגיא והיה ניחא בזה דנקטו בדבריהם זנגביל גם בזה כיונו כמ"ש שלא תפי' שאין בו ישוב הדעת אבל הנאה' מיה' אית ביה דא"כ מאי פריך מהא דאמר רבא כאי המלתא וכו' אימא דלענין ברכה כיון שנהנה מברך משא"כ ליוה"כ דביתובי דעת' תליא מלתא אלא ודאי ע"כ לפי' דה"ק דיבשתא' לא הויא מאכל כלל וז"ל הרמב"ם ז"ל בפ"ח מה' ברכות הפלפלין והזנגביל בזמן שהם רטובים וכו' אבל יבישין אין טעונין ברכה לא לפניהם ולא לאחריהם מפני שהם תבלין ואינו אוכל ע"כ. ולפ"ז מה שפרש"י ז"ל היינו למאי דס"ד דרבא איירי אף בפלפלין רטובין דבני אכילה נינהו ואפ"ה פטור ע"כ לפרש השתא דטעמא משום דאין דרך לאכלו בכסיסה אלא מבושל ואין בו יישוב הדעת אבל למסקנא דרבא איירי ביבישתא גם הוא ז"ל מודה דטעמא משום דלאו מאכל הוא כלל וק"ל.

דף פ"ב ע"א גמרא **אין** מעניו אותן ביוה"כ וכו'. משום סיפא נקט ליה דעד כאן לא הצריכו חינוך שעות אלא ליוה"ך דמדאורייתא אבל לשאר צומות דדבריהם אין בהם חיוב חינוך כלל וכן תמלא להרמ"ע מפאנו ז"ל סי' קי"א דחינוך שעות בשאר צומות מנהג יפה אבל לא מלד הדין ואפילו תאמר דבט"ב חיובא איכא שהרי הוא כיוה"כ כדאיתא בפרק מקום שנהגו כ"ד ב' אין בין ט"ב ליוה"ך אלא שזה ספיקו אסור וכו' ועוד דרש רבא התם עוברות ומניקות מתענות ומשלימות כדרך שמתע' ומשלימות ביוה"כ מ"מ בשאר צומות משמע דאין חיוב כלל כדרך שפטורות עוברות ומניקות עיין בלשון הרמב"ם רפ"ה מה' תעניות הל' ח' וכמ"ש ה"ה שם ועוד בפ"ה הל' י' וכיון שכן להכא תנא יוה"כ וכל דדמי ליה כט"ב למעוטי שאר צומות דלא חמירי כהני דאין חייב' לחנכן ושוב ראיתי בס' ש"ב שכתב קרוב לזה יע"ש וק"ל.

גמרא **אמר** רב הונא בן שמואל וכו' משום דלר"ה חינוך שעות הוא שנה אחת לחולה ושתים לבריא וכמ"ש הפירו' רש"י במשנה יע"ש לכן באו ר"ה ור"נ לחלוק על זה וסברי דיש לנו להקדים חנוך שעות כל מה שנוכל וכן השלמה דדבריהם כדי שיהא מורגל לעשות השלמה דאורייתא בזמנו וכן ס"ל דיש לנו להשוות השלמה דדבריהם לחינוך שעות כיון דתרוייהו מחד טעמא נינהו כדי להרגיל וכן ס"ל דדין שיעור חנוך שעות החולה והבריאה שוים בו בזה דבר שיוכלו לסובלו אבל מ"מ יש חילוק ביניהם לזמן ההתחלה אבל בדין השלמה דדבריהם שהוא דבר קשה לסובלו יש לחלק ביניהם לגמרי שהבריאה נוהגת שתי שנים להשלמה והחולה שנה אחת דוקא וכן לזמן ההתחלה חלוקים הם ולהכי לדין חינוך שעות דשתי שנים תינו' הבריאה מחנכין אותה לשעות שנת ט' וי' והחולה שנת עשר וי"א ולדין השלמה הבריאה משלמת בשנת י"א וי"ב והחולה בשני' י"ב דוקא אבל להשלמה דאורייתא שוים הם שכולם משלימים בשנת י"ג ומשם ואילך וכן בתינוק הדין כן וכמו שפי' רב נחמן. ולפ"ז מתניתין לדידהו הכי מתפרשא התינוקות אין מענין אותם בגלל ל"מ השלמה אלא אף חינוך שעות אבל מחנכין אותם חינוך שעות כשהגיעו לגדר זה דהיינו לחולה מחנכין אותו קודם השנה שחייב בהשלמ' מדבריהם ולבריי' מחנכי' אותו קוד' ב' שני' שחיי' בהשלמה מדבריהם והיינו דקאמר תלמודא לקמן בשלמא לרב הונא וכו' לפני שנה דדברי' ולפני שתים לדבריה' וכו' ומעת' מפי' זה למדו ר"ה ור"נ לומר דדין השלמה דדבריהם שנה אחת לחולה ושתים לבריא דע"כ מתניתין בהשלמה דדבריהם איירי דבדאורייתא אין לחלק בין בריא לחולה ועוד דמאי שתים לברי' הרי כל שלא הגיע לפרק השונשין אין כאן חיוב מדאורייתא וממה שסיעור לבריא בהשלמה דדבריהם שתי שנים למדו לשיעור חנוך שעות הגם שאינו מוזכר במשנה שיהיה ג"כ שתי שנים וממה שבמשנה לא חלקו בשיעור בין בריא לחולה אלא בהשלמה למדו דלדין חנוך שעות שוים הם בשיעור שתי שנים אבל מ"מ סברה היא לחלק ביניהם לזמן ההתחלה שהבריא יש לו להקדים כל מה שיוכל והמשנה לא חששה לבאר זה כי הדבר מובן מעלמו וז"ל הרב המאירי ז"ל תנן התינוקות וכו' בשלמא לר"ה ור"נ לפני שנה לדבריהם לפני שתים לדבריהם ר"ל שמאחר שביארנו במשנתינו לפני שנה הסמוכה לפרקן ולא תפס בה לפני פרקן ממש הורה שבשנה שלפני פרקן ממש יש בו השלמת סופרים וא"כ אין בה מקום להזכרת חנוך שעות וביאר הוא דין חינו' שעות לשנה שלפני השלמת סופרים וכן במה שאמרה לפני שתים ור"ל בשתיהן לפני שנה שמשלימין בה מדבריהם בחולה ולפני שתים שמשלימין בהם מדבריהם בבריא אלא לר"י אחר שאין

גם השלמה מד"ס הל"ל לפני פרקן ממש וכו' עכ"ד [(ומשום דודאי לר"ח נמי הכי מתפרשא מתניתין וכמו שפי' בפרש"י דמתני' יע"ש להכי לא הוזכר כאן ר"ח עיין בס' ש"ב ד"ה תנן התי' וכו')] ור' יוחנן אמר השלמה דרבנן ליכא בן עשר בן אחת עשרה מחנכין אותו לשעות בן שתים עשרה משלימין מדאורייתא בתינוקת וכן ר"ה בתינוק ה"ג הרב המאי' ז"ל ואף לגי' שלפנינו ע"כ דבתינוקת איירי ופי' דין תינוקת הקודמת בזמן וממילא נשמע לדין תינוק המאוחר בזמן. והכונה דר"י סבר דע"כ לא הצריכו חכמים אלא לחנכו בשעות אבל השלמה ממש לא הצריכו ליכנס בספק סכנה שמא לא יוכל לסבול וכ"ש להצריך זה אף לחולה כס' ר"ה ור"נ וסובר שאף חינוך זה אין להשוות בריא לחולה כלל ל"מ בזמן ההתחלה אלא אף בשיעור השנים יש לחלק ביניהם ולא להצריך להשוות כח שתי שנים כבריא וסובר ג"כ דאין לנו להקדים חינוך זה כל כך דכיון שהטעם להרגילו כדי שיוכל להתענו' בזמנו די לנו להצריך לבריאה שתי שנים לפני חיוב השלמ' דאורייתא ולחולה שנה אחת ולהכי מחנכין לשעות לבריאה שנת י"א י"ב ולחולה שנת י"ב. ומתני' לדידיה הכי מתפרשא דלפני דקתני הכונה לפני הזמן הידו' שהוא פרק העונשין וה"ק התינוקות אין מענין אותם תענית שלם אלא עד שיגיעו לפרק העונשין אבל מחנכין אותם חינוך שעות לפני הזמן הידוע שנה אחת לחולה ולפני הזמן הידוע שתים לבריא והגם דמתני' קצרה בזה אין להקפיד דכן מוכרח לפרש מלישנא דבריתא דקתני אבל מחנכין אותן שנה או שתי' סמוך לפרקן דפשטה חנוך שעות קאמר דדחיקא ליה לר' יוחנן לפ' מאי חנוך דקתני השלמ' כדקאמ' תלמודא בסמוך לר"ה ור"נ וממילא דממאי דקיל לן תנא ברישא התינוקות אין מענין למד ר"י שאין כאן השלמה כלל מדבריהם אלא מ"ש דוקא וכן מדקתני בברייתא דין חנוך שעות סמוך לפרקן משמע דאין כאן השלמה כלל וזהו כנלענ"ד בפי' סוגיא זו והיא ע"ד פרש"י הגם שמחולק קצת לפי חילוף הגי' שלפנינו לפני שנה לדבריהם ולפני שתים לדבריהם והיא גי' הרב המאירי שמצא בנוסחא ספרדי' מדוייקת.

ודע דבירו' דפרקן הכי איתא תינוקות אין מענין אותן ביום הכפורים רב הונא פתר מתניתא תינוקות אין מענין אותן ביוה"כ ולא מחנכין אותן קודם לשנה קודם לשנתים מחנכין רבי יוחנן פתר מתניתא תינוקות אין מענין אותן ביוה"כ אבל מחנכין קודם לשנה קודם לשתי משלימין עד איכן ר' אחא וכו' בשם ר"ש בן חלפתא כבן תשע וכבן עשר ע"כ ונראה דבירו' נתחלפו הסברו' לפי סדר תלמודא דידן דמאי דאיתמר התם בשם ר"ה היא סברת ר' יוחנן לתלמודין דלית ליה השלמה מדרבנן ומאי דאיתמר התם בשם ר"י היא סברת ר"ה לתלמודין דאית להו השלמה מדבריהם וחינוך שעו' כבן תשע כבן עשר וה"ק ר"ה פתר מתני' התינוקות אין מענין אותן כלל עד פרק העונשין ולא מחנכין אותם חינוך שעות קודם פרקן זמן הרבה אבל מחנכין אותן בשעות קודם לפרקן שנה אחת לחולה וקודם לפרקן שנתים לבריא ולא דבר משנתינו בהשלמה דדבריהם ואדרבא להכי קתני רישא דאין מענין אותו כלל. ור"י פתר מתני' דחנוך דקתני היינו השלמה וה"ק תינוקות קודם לפרקן זמן הרבה אין מענין אותם עינוי שלם ודוק מינה דעינוי שלם לא אבל חינוך שעות אית להו ובתר הכי קתני דלא תאמר שאין מענין אותה כלל עד שיגיעו לפרקן ממש אבל יש לך לומר דקודם פרקן לשיעור שנה לחולה וקודם פרקן לשיעור שתי שנים לבריא מחנכין אותם בהשלמ' כדי שיהו רגילים למצות העינוי דאורייתא לעת פרקן ומשום דלפירוש זה לא נתפרש במשנה שיעור חינוך שעות אלא שיעור השלמה מדבריהן בעי רב אחא עד היכן יפטר מן החינוך ומהיכן יתחיל לחנכו וקאמר כבן תשע וכבן עשר ובתינוק איירי כדקאמר ר"י בתלמודא דידן וממילא משמע לתינוקת כבן שמנה כבן תשע כדקא' ר"ה בתלמודין כנלענ"ד לפרש ומכאן יתבאר לך אמיתת גיר' שלפני' לפני שנה לדבריהם וכו' ולדר"ה דהיינו ס' ר"י דירו' מתניתין בבריא והוא איירי ובהשלמה דשנה אחת או שתים מדבריהם לפרש"י ולגי' דפי' מתני' בחולה בחולה יש בו קצת מן הדוחק וכמו שהקשה הרא"ש ז"ל בפסקיו עיין עליו. והגם דתלמודא דידן מפרשינן לר"ה נמי חינוך דמתני' חנוך שעות ואילו בירו' מפרש השלמה אין להקפיד בזה דניחא ליה לתלמודא לפרש חנוך כמשמעו ומה גם דבהכי ניחא טפי לישנא דלפני שנה דה"ק דחינוך זה יהיה לפני שנה דהשלמה דדבריהם ועוד דכבר אפשר לומר דלבתר דאסיק לרב הונא ור"נ דמאי חינוך דקתני בריתא השלמה גם במתני' נפ' כן וכפי' הירו' וכן ראיתי להרין בהל' שכתב כן יע"ש וק"ל.

משנה עד שתשיב נפשה כלומר אבל אחר שמתיישב נפשה אין לה לאכול שאר היום דלא אמרי' כיון שהותר מקצת היום באכיל' הותר כולו לשון רבינו מנוח פ"ב מה' ש"ע ובכלל זה ג"כ שמאכילין אותה מעט מעט וכמ"ש בס' ש"ב יע"ש.

גמרא **תוחבין** לה כוש ברוטב וכו' מאכילין אותה שומן עצמו וכו' ואף זה בפחות מכשיעור כדאיתא בבריתות התירו לה לעוברה לאכול פחות מכשיעור מפני הסכנה יע"ש וכ"כ בסמ"ק סי' רכ"א יע"ש וז"ל הרמב"ם ז"ל פי"ד מה' מ"א עוברה שהריחה מאכל איסור כגון בשר קדש או בשר חזיר מאכילין אותה מן המרק אם נתיישבה דעתה מוטב ואם לאו מאכילין אותה פחות מכשיעור ואם לא נתיישבה דעתה מאכילין אותה עד שתתיישב דעתה עכ"ד ונראה דס"ל להרמב"ם ז"ל דלאותה בריתא דכריתות אין לנו לחלק בין תוחבין כוש וכו' אלא בכשיעור לפחות מכשיעור אלא דקי"ל כך בריתא דהיכא לחלק בין מרק דהוו טעם האיסור לשומן דהוי ממשו של איסור ואה"נ שצריך ליתן לה מרק זה בפחות מכשיעור כדרך אכילת האיסור אבל כל שהוא פחות מכשיעור כך לי בתחיבת כוש כמו ליתן לה המרק עצמו ועיין בירושלמי דפרקן עלה דמתניתין ועוד אפשר דתוחבין לה בכוש דקתני הכא לאו דוקא אלא הכונה דנותנין לה פחות מכשיעור שהיא ואם לא נתיישבה דעתה מאכילין אותה כשיעור מהרוטב עצמו וכו' ופשוט הוא דלהיות שבריתא זו נאמרה לענין בשר קדש וכו' להכי העתיקה הרמב"ם בהלכות מ"א אבל ודאי שיש ללמוד הימנה לענין יוהכ"פ דודאי [לא] שנא וכן משמע ודאי מדמייתו לה תלמודא עלה דמתניתין וכן מוכח מירושלמי דפרקן ולהכי בה' יוה"כ מסתם לה בתומי יסמך אדהתם וכ"כ רבינו מנוח מטעם זה שיש ללמוד דאפילו ביום הכפורים שוין אם המריח לאשה המריחה כמו שביאר שם בהלכות מ"א יע"ש ומשמע שגם בשאר איסורין מודיעין לה תחלה חומר האיסור וכמו שביאר בהלכות יוה"כ ועיין מ"ש לקמן ברש"י ד"ה ההוא עוברה וכו' וז"ל הרב המאירי בפי' המשנה ויתבאר בגמרא שבתחלה מודיעין אותה חומר האיסור ואם נתיישבה דעתה מוטב ואם לא קבלה את הדברים מביאין לה מן הקל שבאותו איסור כגון רוטב או חצי שיעור ונותנין לחוך פיה ואם לא נתיישבה דעתה בכך מביאין לה מן החמור שבה עד שתתיישב דעתה עכ"ד. וכן בפסק הסוגיא לאחר שכתב לשון הברייתא דתחיבת כוש סיים ומכאן אתה למד שנותנין לה תחלה חצי שיעור ואם לא נתיישבה דעתה נותנין לה שיעור שלם ע"כ הרי שגם הוא ז"ל סובר דלאו דוקא אלא הכונה דבר מועט וה"ק כגון רוטב בפחות מכשיעור או חצי שיעור מן המאכל ומאחי בהגהות שבסיב המרדכי בפרק יוה"כ קורא דשיעור תחיבת כוש היינו רביעית ביצה יע"ש ובזה יתורץ מה שהקשה הב"י א"ח בסימן תרי"ז ובספר ש"ב דסוגיין יע"ש וק"ל.

מה שהקשה בספר ש"ב בלשון רש"י דפ"ה דאמרת במשנה ולא הפילה אשה וכו' והביאו החי"ט שם ונלע"ד דה"ק שאם באת לטעום ולאכול מיד מבשר הקדש עצמו אין שומעין לה להאכיל' בשר הקדש אלא מתחלה תוחבין לה כוש ברוטב וכו' ואפ' שבין לא לדא הפיל ומש"ה נקט הגם שלא הפילה ולא הוצרכה לכך וק"ל.

שם וכי מה ענין למדנו מרוצח לנערה המאורסה וכו' כלומר דהא ודאי נערה מאורסה תעבור ואל תהרג דקרקע עולם היא וכמו שפרש"י וא"כ האי קרא דבא ליתן טעם על ולנערה לא תעשה דבר אין לנערה חטא מות כי כאשר יקום וכו' לא למדה מרוצח כלום והגם שלמדנו מינה ממנו לבועל שיהרג ואל יעבור כדקתני מה רוצח יהרג וכו' מ"מ אהיקשא דכי כאשר יקום וכו' דהקיש נערה מאורסה לרוצח לאו למדה הימנו כלום וזה שהקדים רש"י ז"ל וכתב כי כאשר יקום בנערה המאורסה כתיב כלומר ולא איירי בהא קרא בבועל כלל ושפיר קאמר וכי מה ענין למדנו מרוצח לנערה המאורסה אבל אה"כ לאחר שלמד רוצח מנערה מאורסה כיון דאין היקש למחצה הדר מקשינן בועל דאיירי בהך עניינא לרוצח ואף לדעת המקיימים גירסא דתהרג ומפרשים היכא דקעבדה מעשה וכמו שהביאו התו' יש לפרש דהכי פריך דמה

למדנו מרולא אקרא דולנערה לא תעשה דבר הרי כבר פירש בה בהדיא דאנוסה היא ומאי קאמר דלא תעשה דבר מעטם דכי כאשר יקום איש על רעהו וכו׳ וכמו שפרש״י בפרק כל שעה כ״ה ע״ב ד״ה מה למדנו וכו׳ והלא פירש בה אונס פטור כדכתיב ולנערה וכו׳ אלא יש לך לפרש דלאו נתינת טעם הוא אלא בא להקיש ענין רוצח לנערה המאורסה ושוב ראיתי בספר ש״ב שכ״כ וכתב שכן פירש רש״י והתוספות בפרק בן סורר ומורה ע״ג ע״א יעו״ש וקו״ל.

רש״י ד״ה **אין** מענין אותן אין חייבין וכו׳ כונתו שלא תפרש דאשמועינן מתניתין שאין מניחין אותן להתענ׳ תענית שלם דזה פשוט ואין צורך לאומרו כיון שיכול לבא לידי סכנה אבל אשמועינן דאין חייבין הגדולים למנוע מהם מאכל כל מה שיוכלו שלא יניחום לאכול הרבה בכל פעם שירצו כדי לענות׳ במקצת דאין מענין אותן כלל כל שלא הגיעו לידי חנוך שעות וכל עיקר כונתו ללמדנו דלשון אין מענין אין הכונה תענית שלם אלא מניעת מאכל לענותם במקצת קאמר ולפ״ז דבריו מסכימים עם מ״ש הרמב״ם ז״ל ספ״ג מהלכות ש״ע קטן שהוא פחות מבן תשע אין מענין אותו ביוה״כ כדי שלא יבא לידי סכנה ע״כ כלומר אין מענין אותו כלל אפילו במקצת וכן ראיתי לרבינו מנוח שפי׳ שם כן ונקט ליה בלישניה דרש״י ז״ל שכתב ז״ל פירוש אין חייבים אביו ואמו והל״ל ב״ד למנוע ממנו מאכל אפילו שעה אחת כו׳ יעו״ש הלא שראיתי להר״ן בהלכות ולהב״י סוף סי׳ תרי״ו שהביאו מדברי רש״י ז״ל דאם רצו מתענין והוא חולק על הרמב״ם יעו״ש ועיין מ״ש בספר ש״ב והנלע״ד כתבתי וק״ל.

ד״ה **מחנכין** אותן וכו׳ היא שנה לפני שנה וכו׳ והא דלא קתני לפני שתי שנים ולפני שלש שנים וכו׳ ויתפרש לפני פרקן שתים ושלש שנים ללמדנו דשנה הסמוכה לפרקן דין אחר יש לה להשלים בו מדבריהם כשנת פרקן דחייב להשלים מדאורייתא וז״ל הרב המאירי בפי׳ סוגיא זו ופי׳ משנתינו וכו׳ אבל מחנכין אותם לפני שנה ולפני שתים ולא דברה משנה זו אלא בחנוך שעות ולפני שנה ולפני שתים אין פירושו לפני פרקן אלא לפני שנה הסמוכה לפרקן ולפני שתים הסמוכות ונמצא שלפני שנה הוא שתי שנים קודם שנת הפרק ושנה הסמוכה לפרק בהשלמה ולפני שתים הם ג׳ שנים קודם הפרק ושתים הסמוכות לפרק בהשלמה וזה שאינו תופס לשון לפני פרקן עצמו מפני שברור לו בשנה שלפני פרקן שהוא בדין השלמה מד״ס וכן בשתים לבריא עכ״ד וז״ל תוספתא דפרקין תינוקת סמוך לפרקן מחנכין אותן בפני שנה ובפני שתים בשביל שיהו רגילים במצו׳ ע״כ דלהכי הוסיף סמוך לפרקן ללמדנו דבפני שנה דקתני היינו בפני שנה הסמוכה לפרקן דהיינו שנת השלמה מדבריהם אלא משום דלא מכרעא כ״כ דיש לפר׳ סמוך לפרקן ממש מחנכין לשעות בפני שנה ושתים לפרקן ממש להכי לא מותיב מינה תלמודא לר׳ יוחנן דלי׳ ליה השלמה מדבריהם כדלקמן. ומה שסיים ז״ל בדיבור הסמוך ובגמרא פריך השתא וכו׳ כונתו דדוקא לפי זה שהקדים דשנה ושתי׳ דקתני השנה הסמוכה לפרקן קאי פריך עלה השתא וכו׳ וע״כ לתרולי כדר״ח כאן לחולה וכו׳ אבל אם נאמר כדמפרש לן לקמן כר״ה ולר״נ לפני שנה הסמוכה לפרק דהשלמה מדבריהם דהיינו לפני שתים הסמוכים לפרק דאורייתא וכמ״ש לקמן ד״ה תנן וכו׳ ודאי דהכא ל״ק מידי השתא וכו׳ אלא משום דסברה הוא דאחד עניינא דשנה שסמוך לפרקן קאי הוא דפריך השתא וכו׳ ועיין מ״ש בספר ש״ב ד״ה אבל מחנכין וכו׳ ובד״ה פרש״י או לפני ב׳ שנים וכו׳ ומה שהבין שם דלישנא רש״י לר״ח אין כאן השלמה מדבריהם ודייק לה ממ״ש לקמן ד״ה אלא לר״י וכו׳ כדאוקמה ר״ח נמי לא תוקמה דמתני׳ קתני שלשה לבריא שתים לחולה וכו׳ נלע״ד שאין זה הכרח דלפי סברת ר׳ יוחנן דלית ליה השלמה דבהא איירי הוא דנקט הכי אבל ודאי לר״ח מתניתין ה״ק מחנכין לחולה שנה אחת שקודם השנה של חיוב השלמת דבריהם ולבריא מחנכין לשעות שנה אחת שקודם השתי שנים של חיוב השלמה דדבריהם לבריא וברייתא דאייתי תלמודא בסמוך לר״ח הכי מתפרש׳ אבל מחנכין אותם חינוך שעות קודם חיוב שנה של השלמת דבריהם לחולה או שתים דבריא הסמוכים לפרקן דחיוב השלמה דאורייתא ולעולם דר״ח אית ליה השלמה מדבריהם וז״ל הרב המאירי בסוגיא דבסמוך והיינו כאן לחולה כאן לבריא כלומר לחולה שאין לו השלמת סופרים אלא שנה הסמוכה לפרקן מחנכין אותו לשעות שנה שלפניה שהיא שתים לפני הפרק ולבריא שהוא בהשלמת סופרים שתים הסמוכות לפרק מחנכין אותו לשעו׳ שנה שלפני השתים נמצ׳ שלדעת משנתינו אין חנוך שעות לא לבריא ולא לחולה אלא שנה אחת אלא שלבריא מוסיפין לשעות כפי כחו אבל להשלמה שתים לבריא ואחת לחולה וכו׳ עד כאן דבריו ומעתה נתבאר לך שפירש רש״י כאן לסברי רב חסדא אזיל ועיין מ״ש עוד בספר ש״ב לקמן ד״ה ת״ש דתני וכו׳.

ד״ה **תנן** וכו׳ כולה בחולה וכו׳ לפני השלמת דד״ת וכו׳ פשוט הוא שפירוש הוא לפי אותה הגי׳ שכתב הרב המאירי שגורסים ברוב הספרים בשלמא לרב הונא ור״נ שנה לדבריהם שתים דאוריתא ע״כ וע״כ נפרשה בחולה ואשמועינן מתני׳ דאפי׳ חולה ותשושת כח בעיא חנוך שעות והשלמה דדבריהם והגם דהשלמה זו לא הוזכרה כדי ליתן סימן עליה מ״מ י״ל דזה פשוט לנו שצריך לחנכו במצות דומיא דסוכה דקטן דאינו צריך לאמו חייב כדתנן בפ׳ הישן וכן לענין לולב תנן היודע לנענע חייב בלולב וכן לשאר מצות כדאיתא בברייתא דפ׳ לולב הגזול מ״ב ע״א וה״ה הכא בתינוק שיכול לסבול לפי שניו דחייב לחנכו מדרבנן דמאי שנא ומעתה מש״ה רמז לנו התנא דיש חנוך אפי׳ להשלמה וכמ״ש לעיל בפי׳ המשני׳ ויהיב ביה סימנא לחינוך שעות וכן נמי הגם שלא הוזכר במשני׳ חילוק בין בריא לחולה ואימא דאיירי בתרוייהו ודאין כאן חינוך שעות אלא שתי שנים לפני שנה דהשלמת דבריהם הנה מלבד דסברה הוא לחלק ביניהם ולהקדים חינוך שעות לבריא כל מאי דאפשר כדי להרגילו יותר לבא לידי השלמה עוד זאת מברייתא דמייתי דתלמודא בסמוך דלדידהו איירי בהשלמה וקתני בה שנה או שתים סמוך לפרקן דע״כ לפרש כאן שנה לחולה ושתים לבריא למדו ר״ה ור״נ דה״ה בחינוך שעות יש לחלק בהם ואם כן ע״כ לפרש דמתניתין בחולה איירי ובזה יתיישב מה שהקשה הרא״ש שפסקיו על פי׳ ועמ״ש מהרש״א ובספר ש״ב ד״ה בשלמא וכו׳ וק״ל.

ד״ה **אלא** לר״י וכו׳ דמתני׳ קתני שלשה לבריא וכו׳ ועוד דלאיזו נפקותא יהיב תנא סימנא דחנוך לפני אותה שנה הסמוכה לפרק כיון דהיא עצמה שוה להקודמת לה שאין בה אלא חינוך שעות ואין לפרש לדידיה דה״ק דמחנכין אותו לפני שנת פרק׳ שנתים לשעות ובבריא איירי דא״כ ליתני מחנכין אותן לפני שנה שנתים גם לפרש דלפני דמתני׳ כאילו אמר סמוך לפרקן כדקתני ברייתא דבסמוך וה״ק אבל מחנכין אותן לפני דהיינו סמוך לפרקן לחולה שנה קודם ולבריא לפני סמוך לפרקן שנתים זה נראה לו דוחק לומר דמתניתין קילרה בזה אבל מכל מקום למסקנא מכח הברייתא מפרש דה״ק אלא דהמקשה לא ס״ל לפרש כך ועיין בסמוך וק״ל.

ד״ה **אמר** לך ר״י לא תתני וכו׳ נלענ״ד שאין כונתו לפר׳ דר״י מגי׳ המשנה דלא משמע כן מלישנא דתלמודא מדלא קאמר אמר לך ר״י תני שנה וכו׳ אבל כונתו לא תתני ותפרש מלת לפני דקאי אשנה דבתריה דאז משמע לפני אותה השנה הסמוכה לפרקן דהיינו שתים וכו׳ אלא אימא ותפרש לפני דקתני מתניתין מלתא באנפיה נפשה וכאילו אמר אבל מחנכין סמוך לפרקן שנה וכו׳ וכמו שפירש בדיבור הקודם והגם דלא משמע כן לישנא דמתניתין על כרחך לפרשה בדרך זה דהכי משמע מברייתא דתני בהדיא הכי כדבסמוך.

ד״ה **לר׳** יוחנן ניחא ומוקי וכו׳ דלפ״ז ברייתא פי׳ דמתניתין אתא לאשמועינן כמ״ש בדיבור הקודם והגם דהיה מקום לפרש דברייתא ה״ק דלתינוק מחנכין אותו שנה דוקא סמוך לפרקו ולתינו׳ דסובלת יותר העינוי [(וכמ״ש הרמב״ם ז״ל בפי׳ משנתינו יעי״ש)] מחנכ׳ אותה שתי שנים קודם לפרקה ולעולם דבכל אחד השוו מדותיה׳ בין לבריא בין לחולה ודלא כר״י מ״מ לר״י ודאי ניחא ותוקמה ודאי שנה לחולה ושתים לבריא דכן מסתבר להקל לתשוש כח חינוך שעות מלומר ולחלק בין תינוק לתינוקת והיינו דקאמר בשלמא לר״י וכו׳ ומ״ש בס׳ ש״ב ד״ה ת״ש אין נלע״ד דודאי ר״י לא בא להגיה המשנה אלא לפרש כמ״ש קודם זה ומה שהקשה שם אמאי לא מותיב מינה לר״ח כל זה לפי מה שהבין מדבריו ז״ל

דלר"ת הוי חימך שעות ב' וג' וכבר כתבנו בזה לעיל במשנה דבור המתחיל מחנכין וכו' יעי"ש וק"ל.

ד"ה אלא לרב הונא וכו' לדידהו שלש שנים הוי וכו' כלומר עם שנת השלמת דדבריהם הו"ל שלש לפני פרקה ונלע"ד שתיקן בזה דאפי' תרלה נפרש חנוך דבריתא שהוא לשון כולל לחינוך שעות ולחינוך להשלמה דדבריהם אכתי אינה מתיישבת שהרי פחות שבחינוך שעות עם שנת השלמה הם שלש שנים לפני פרקה ובריתא קתני לכל היותר שתים לפני פרקה ואם היינו גורסים בדבריו ופחות שבחינוכין לדידהו וכו' הוה ניחא טפי וכמו שפירש' ועיין בגי' וינילא שכתוב שם ופחות שבחינוכין לשת לדידהו וכו' וכנראה שהגיהו בדפוס חדש לשעות במקום לשת אבל יראה דנ"ל לשתיהם במקום לשת וכלומר לחנוך דשעות ולחנוך דהשלמה והוא מה שפי' וק"ל.

ד"ה עוברה וכו' העובר מריח וכו' דלהכי לא קתני מעוברת אלא עוברה נרמז לזה וכמ"ש בס' שושנים לדוד וכדמשמע מעובדי דלקמן דקאמר קרי עליה בטרם אצרך וכו' והגם דעיקר התאוה הוא מהעובר מ"מ גם היא מסוכנת והיינו דקתני עד שתשוב נפשה וכ"כ התי"ט יעי"ש.

ד"ה על פי בקיאין וכו' שהוא מסוכן וכו' משמע שדעתו נוטה לס' התי"י דפרקין שלא כדעת ר"ת והרא"ש דסגי כשיאמר שאם לא יאכל אפשר שיכביד חוליו ויסתכן יעי"ש.

ד"ה רוצח יהרג וכו' אם אמרו לו הרוג חביר' וכו' דקעביד מעש' בידים אבל אם רוצי' להפילו על התינוק להורגו דלא עביד מעשה אינו חייב למסור עצמו וכן בדיבור הסמוך שכתב אם יאמרו בעול ארוסת חבירך וכו' כונתו לאפוקי אם הדביקוהו עכו"ם ושמש באבר מת דאפילו למאן דמחייב בעריות במשמש באבר מת הכא פטור ויעבור דלא עביד מעשה וכמו שביארו התו' יעי"ש ובשכ"י כתב דנ"ל שכונתו לשלול פי' השאלתות שהביאו התוס' שפירש אף נערה המאורסה יהרג ולא יעבור היינו שחלה ונטה למות וכו' וקאמר דימות ואל יעבור ורש"י שלל פי' זה מחמת ההיקש דנערה המאורסה גופה מהיקש דרוצח ילפינן לה וכמו דלגבי רוצח מוכרח הוא לפרש שאמרו לו קום הרוג ה"נ לגבי נערה המאורסה פרושה הויקום בעול ולכן כתב תחלה רוצח וכו' אם יאמרו לו קום הרוג ומיד כתב אם יאמרו בעול ר"ל כמו דלגבי רוצח מוכרח הוא שתפרש דקום הרוג קאמר ה"נ גבי נערה קום בעול קאמר עכ"ד ולמה שאכתוב בדברי התו' דהעלה בלבו טינא ותלה וכו' דנקט השאלתות לדוגמא בעלמא נקט ליה ומלתא דשכיחא נקט וה"ה דמשכחת לה נמי בנתקשה לאשתו ואנסוהו עכו"ם לבעול הערוה וכנראה מדברי הרמב"ן ז"ל בס' המלחמות מעתה גם לפי' השאלתות ניחא שפיר ההיקש בקום הרוג ובקום בעול ועל כן הנראה יותר לפרש כונתו כמ"ש וק"ל.

תוספות **ד"ה אלא** לרב הונא וכו' ולא מצי לשנויי דסמוך לפרקן להשלמה דדבריהם וכו' ונאמר דברייתא איירי בין בחי' שעות ובין בהשלמה דדבריהם ואגב חינוך שעות קרא גם להשלמה בלשון חינוך וה"ק אבל מחנכין אותן לדין השלמה שנה א' קודם זמן השלמה דאורייתא לחולה או שתים לחינוך שעות סמוך לפרקן דהשלמת דבריהם שהזכיר ברישא ולהכי דייקי למתני או ולא קתני שנה ושתים דאז היינו מפרשים כולה בחינוך שעות והיינו אומרים דדינא הכי הוי דנחולה שנה ולבריא שתי שנים קודם סמוך לפרקן דהשלמת דבריהם אבל מדקתני או למדנו דבתרי חינוכי איירי בהשלמת ובחינוך שעות והגם דחינוך שעות קודם ניחא ליה למנקט ברישא דין שנה דהשלמת דהויא רבותא טפי ונקט להא בחולה לרבותא דאף הוא בכלל השלמה דדבריהם אבל הא ליכא להו דלשני דה"ק אבל מחנכין אותם חינוך שעות קודם להשלמת דדבריהם דשנה לחולה או שתים לבריא הסמוכים לפרקן דהשלמתו דאורייתא דהא ודאי כיון דדין חימך שעות אתא לאשמועי' אין סברא לומר שיפרש בהדיא ובפרטות בין חולה לבריא שיעור השלמה דדבריהם ושיעור חינוך שעות לא יפרש כלל כנלע"ד ועיין מ"ש מהרש"א ובספר נחפה בכסף בסופו בליקוטיו על הסמ"ג יעי"ש ובשכ"י ראיתי שהאריך בזה עם מגוה גירסתו דגרים ולהשלמת דבריהם בוי"ו אבל האמת דעיקר הגי' להשלמה בלא וי"ו ובגי' ויניציאה וע"כ לא ראיתי להעתיק לשונו בזה וק"ל.

ד"ה מה רוצח וכו' ועוד דהקישא דקרא וכו' בתו' דפ' בן סורר ומורה שם וכן בהרא"ש פ"ק דכתובות וכן בחידושי הר"ן לסנהדרין שם לא הביאו ראיה זו וה"ט דאם איתא דרוצח אפילו היכא דלא עביד מעשה חייב למסור עצמו הוה ילפינן מינה לנערה המאורסה כיון דהיקשא הכתוב ואין היקש למחצה ואימא דטעמא דכתב קרא היכא דעביד מעשה משום היקשא דניתן להצילו בנפשו הוא דהא לא שייך אלא ברודף אחר חברו להורגו דקעביד מעשה אבל בתוס' דפרק הבא על יבמתו נ"ג ע"ב כתבו כדהכא יעי"ש וק"ל. ומ"ש אבל לענין גילוי עריות מודה דמהני קרקע עולם וכו' וכדמוכח מהא דאמר רבא גופיה אין אונס בערוה לפי שאין קישוי וכו' שהביאו בסמוך דמשמע דהיכא דלא קעבד מעשה כלל באשה יש טענת אונס וכ"כ הרא"ש בפ"ק דכתובות יעי"ש. ומ"ש אמאי הכתוב משבחה טפי מנשים וכו' בתוס' דכתובות ודפ' בן סורר ומורה שם לא כתבו טפי וכן בתי"י דסוגיין כתבו דאמאי משתבח בה קרא דכתב תבורך מנשים יעל ואמרינן בנזיר ובהוריות בעין נשים וכו' יעי"ש וכן בדין דהא מסיק התם דכמלוה שלא לשמה קאמר ושוב ראיתי בספר ש"ב שהרגיש בלשונם דהכא יעי"ש וק"ל.

בא"ד והקשה השאלתות וכו' דקאמר אף גילוי עריות יהרג וכו' דבאונס איירי דומיא דרוצח דמייתי היינו משום דקרא דולנערה וכו' באונס איירי והוקשו כל האונסים זה לזה והגם דע"כ עריות אפי' ברצון צריכים ללמוד מרוצח דלא הוו כשאר עבירות דיעבור וכו' הרי גם לאונס למדו ממנו והיכי משכחת לה וז"ל הרמב"ן ז"ל בספר המלחמות לפ' בן סורר ומורה לפי דעת רב אחא גאון ורב שמעון בעל הלכות גדולות ז"ל [(עיין בספרו הל' ע"ז)] כל אונס שהוזכר באדם בשמועה זו לא משכחת ליה אלא בכה"ג כדאמר רבא אין אונס בערוה וכו' יעי"ש. וירצה דלדעת השאלתות דאי הוה גרסינן הכא תהרג לא הוה ק"ל מידי דמכח ההיא דאביי דקרקע עולם היא הוה מוקמינן דהכא איירי בדעבדה מעשה כמ"ש לקמן אבל היכא דלא עבדה מעשה לא מחייבא למסור נפשה והיינו דאמר רבא התם דאי הוה משכחת לה קישוי שלא לדעת יעבור היכא דהדביקוהו עכו"ם דאין כאן שום מעשה עיין בדבריהם דפ' הבא על יבמתו שם סד"ה אין אונס וכו' אבל אי גרסינן יהרג תיקשי דבדידיה לא משכחת אונס כיון דאין קישוי אלא לדעת ובודאי דהעלה לבו טינא דנקט השאלתות ובה"ג שם לדוגמא בעלמא נקטו וה"ה דמשכחת לה בנתקשה לאשתו ואנסוהו עבו"ם אז לבא על הערוה דיהרג ואל יעבור עיין בתו' שם וז"ל הרמב"ן ז"ל בס' מלחמת ה' בפ' כל שעה וכ"ש שבגרסה נכונה לדעת הגאונים ז"ל שאמרו אונס בערוה היכי דמי והאמר רבא אין אונס בערוה שאין קושי אלא לדעת משכחת לה כשנתקשה לאשתו או שהעלה לבו טינא עכ"ד ובזה יתורץ מה שהקשו הם ז"ל דהו"ל ימות וכו'. והנה פשוט הוא שכונת השאלתות בתירוצו הוא דמשכחת אונס כשהעלה בלבו טינא ונפל לחולי מחמת זה והוא היה רוצה להבריא תאות יצרו ממנו בדי שלא לעבור אלא שיצרו אנסו ומביאו לידי חולי ומתקשה שלא מדעתו ורצונו וע"כ לבעול אותה מגד חוליו וז"ל שם בפ' וארא ואונס בדידיה מי איכא והאמר רבא וכו' משכחת לה להתרפאת שמאנים יצרו ונופל בחולי על תאות יצרו ע"כ. ובמ"ש יתורץ מה שהקשה והאריך בספר ש"ב על קושית ותי' השאלתות יעי"ש וק"ל.

בא"ד ור"י פי' וכו' אע"ג דע"י אונס בא לו וכו' כונתו דלטעם היכא דמתקשה מעצם שרולים להורגו אם לא יבא על הערוה הגם דאין קישוי אלא לדעת מ"מ אונס מיקרי שהוא מרצונו לא היה רוצה להתקשות ולעבור על האיסור והיינו אונס דשמעתין ורבא ס"ק דודאי היכא דאונסים אותו לבא על הערוה פשיטא דיהרג דהא אפילו באונס יהרג וכ"ש דעביד מעשה אבל אשמעינן דהיכא דהדביקוהו לא תאמר דקרקע ואונס הוא דלא קעביד מעשה ובכגון זה יעבור ואל יהרג דהא כיון דמתקשה מדעת אע"ג דע"י אונס בא לו מ"מ מכח קישוי זה הו"ל דקעביד מעשה ולא דמי לאשה דקרקע עולם ממש היא ועיין בדבריהם דפ' הבא על יבמתו שם כי מבואר הוא ושוב ראיתי בספר ש"ב שפי' כן יעי"ש וק"ל.

בא"ד ואע"ג דאיכא למ"ד המשמש מת וכו' א"כ מה לי משמש באבר מת וכו' כונתו דכיון דהוששו שניהם לחובא כשהוא

מעלמו בא על העריות וע"כ דבהדביקהו באבר מת פטור דהא טעמא קאמר משום דאין קישוי אלא לדעת הא אם לא היה מתקשה הוה מפטר מטעם אונס. מעתה אף אם הדביקוהו עכו"ם ונתקי' למה לא יועיל טענת אונס לפוטרו כיון דעיקר הביאה איהו לא קעביד מידי אלא דעכו"ם הדביקוהו ואנסוהו לזה ומכח זה נתקשה. ותי' חדא דרבא לטעמי' דהמשמש מת פטור והשתא לא רמו אהדדי ומש"ה קאמר דטעמא משום דאין קישוי אלא לדעת הא אם הדביקו .ו ושמש באבר מת פטור ולא מטעם אונס אלא משום דאפי' אם היה משמש מעלמו באבר מת פטור דלהכי כתיב שכבת זרע באשת איש למעיטי משמש מת כדאיתא בפ' הבא על יבמתו נ"ה ע"ע ועוד דאפילו למ"ד משמש מת חייב אמרי' למלתיה דהגם שעכו"ם אנסיהו והדביקוהו מ"מ היה לו למנוע בהנאה ובאיסור כל מה שיוכל כגון לשמש באבר מת או שיהיה תחילתו בהית' כמו בנתקשה לאשתו וכיון שכן כשהדביקוהו ושוב נתקשה אין זה אונס גמור ולהכי חשבינן ליה כמעש' ולא מפטר מטעם אונס כנלע"ד ודו"ק.

בא"ד וכן לפסול לכהונה פנויה שנבעלה לכותי וכו' כדאיתא בפ' אלמנה לכ"ג מנין לכותי ועבד שבא על בת ישראל ועל כהנת ולויה שפסלוה שנאמר ובת כהן וכי' מי שיש לו אלמנות וגירושין יצאו עכו"ם ועבד שאין לו אלמנות וגירושין וכו' יעו"ש וכן בפרק הבא על יבמתו שם לא מיעט אלא נבעלה למי שאינו איש דהיינו בהמה אבל כל שהוא איש אפי' עכו"ם פסלוה ועיין עוד בירו' שם סוף החולץ ועיין בלשון הגהות מיימוניות דפי"ח מהל' איסורי ביאה. ומ"ש לבשיתגייר דבלאו הך ביאה אסירה ליה לא הוה מחסרא עליה וכו' כל"ל. ומ"ש ותימא כיון דאיכא איסור מיתה וכו' כונתם דבשלמא לפירוש ר"ת דליכא איסור מיתה ל"ק כ"כ אמאי לא גירשה וכן לפי' ריב"ם בתחילתה שהיתה באונס וקרקע עולם היא נמי לא חשש לגרשה אבל הא מיהא תיקשי לפי' ריב"ם דכיון דאי' איסור מיתה אמאי לא חשש לגרשה בשעה שבאת לפני המלך להציל את ישראל שאז היתה נבעלת ברצון כדדרש במגילה ע"ו ע"א וכבן אבא אל המלך אשר לא כדת עד עכשיו באונס ועכשיו ברצון ועיין בתוספות דפרק בן סורר ומורה שם סוף דיבור המתחיל והא אסתר וכו' וק"ל.

ע"ב גמרא **קרי** עליה בטרם אצרך בבטן ידעתיך וכו' דבירושלמי דפרקין במעשה דומה לזה שבא לפני ר"ע קרא עליה מבטן אמי אלי אתה דלעיל מיניה כתיב עליך השלכתי מרחם שמעת היותו בבטן אמו השליך עצמו לסכנה על ציוויו יתברך ויראה דר"ט לא נקט קרא דר' משום דהתם כתיב בטרם אצרך שעדיין לא נולד בבטן אמו ומעשה זה היינו שנודע לדקתו מעת היותו בבטן אמו אבל קודם לא היה אפשר להכירו מתוך זה ור' דוגמא בעלמא נקט ומה גם דבכך קרא נמי מסיים ובטרם תצא מרחם הקדשתיך ועיין בס' ש"ב וק"ל. כתב הרב המאירי ז"ל כשלוחשין לעוברה להודיע חומר האיסור מגרפין בדבריה' הבטחה על העובר שאם תתיישב דעתה תהא בטוחה על העובר שתהיה יראת שמים מלויה בו דבך סערה אמרו בסוגיא זו הביא שובדא דארחא וכו' ע"כ.

רש"י ד"ה הביא עוברא וכו' ויוה"כ היה ע"כ כונתו דדוקא ליוה"כ הוא דהצריכו כן דקדושת היום לפעמים מועיל להשקיע דעתה ודעת העובר בהזכר' היום אבל בהריחה בשר קדש וכו' אין האזכרה מועיל ולהכי מתנין לה מיד א"כ דמשום דהיה אפשר לפרש דבהריחה דבר של איסור איירי ולחישו לה דיוה"כ הוא לרמות אותה כדי שתוסר תאותה להכי פירש ויוה"כ היה ועיין בספר שמות בארץ וק"ל.

דף פ"ג ע"א גמרא **אמר** ר' ינאי וכו' פשיטא וכו' הגם דלבאורה עובא אשמועי' דממתני' הו"א דע"פ עלמו לא וכדמקשה בסמוך מ"מ מדר' ינאי לא אשמועינן הא אמתני' ולימא דפי' באמר חולה לא צריך אבל באמר צריך שומעין לחולה א"כ משמע דפשיטא ליה דמתני' ודאי באמר לא צריך איירי דבצריך א"ל להשמיענו דודאי ופשיטא דשומעין לחולה א"כ תיקשי ליה נמי דלמאי איצטריך לאשמועינן כך ומשני שפיר דמ"ד רופא קים ליה טפי ומתני' באמר חולה צריך נמי איירי ודאפ"ה על פי עלמו לא קמל"ן ואה"נ דר' ינאי אמתני' קאי לומר דאיירי ברופא אומר צריך וחולה אומר אינו צריך והיא היא ועיין בתשובות הרד"ס א"ח סי' ל"ד וכמ"ש בס' ש"ב וק"ל.

שם מאי טעמא לב יודע וכו' כלומר אם נאמר דחולה לא קים ליה בגויה בחוליו כלל דאפ"ה מאכילין דלפחות מידי ספק לא יצאנו דשמא מרגיש בעצמו חולשה גדולה ויודע שבתענית יוסיף לו יותר יצאו משום דמכיר מהות החולי וקאמר דטעמא לאו משום ספק הוא אלא יש לך לומר דכל שהגיע לגדר זה שאומר צריך ודאי מכיר ומרגיש במהות חוליו וכדכתב קרא לב יודע וכו' וק"ל.

שם רופא אומר צריך וכו' מ"ט חונבא וכו' דכיון דאמרת דחולי ודאי יידע בחוליו א"כ הכא לאו ספק הוא להקל ואמאי שומעין לרופא ומשני חונבא וכו' די"ל גנו לחוש דלפעמים חוליו כבד עליו ואינו מכיר אם צריך או לא וכל זה משום דספק נפשות הוא צריך לחוש לכל הצדדים להקל וכמ"ש הר"ן בהלכות יעו"ש. ויראה דמשום דלמסקנא ר' ינאי פי' דמתני' הוא דאשמועינן להכי נקט מלתיה ברופא אומר צריך דכן משמע פשטא דמתני' דקתני מאכילין אותו על פי בקיאים האומרים צריך אבל ה"ה דברופא מסופק נמי מאכילין אותו כדאיתא בירו' דפרקין יעו"ש וא"כ דמשום רישא דמלתיה חולה אומר צריך דהתם דוקא באומר צריך בהדיא אבל באומר איני יודע אין מאכילין אותו כמ"ש הרמב"ן ז"ל בס' תורת האדם על לשון הירו' הנז' יעו"ש נקט נמי בסיפא דמלתיה רופא אומר צריך ולעולם דהכא לאו דוקא הוא ובזה יתורץ מה שהצריך עיון בס' שמות בארץ יעו"ש וק"ל.

שם פשיטא ספק נפשות הוא וכו' דליכא למימר דאשמועינן דלא תימא דשומעין לחולה משום לב יודע דא"כ לישמעי' בבקי חד לחודיה וכמ"ש בפרש"י מסם שכ"ו גם ליכא למימר דאימא דאי הוה אשמועינן בחד הו"א התם אין שומעין לחולה משום דאימור חונבא נקטיה אבל היכא דרופא האומר אינו צריך מסייעו אימא דחולה קושטא קאמר דלב יודע וכו' דזה אינו דאדרבא אימ' דהשתא מכח חונבא ומכח הרופא דמסייעו הוא דאומר אינו צריך ופשיטא ודאי דשומעין לאומרים דצריך דמאי קמל"ן וק"ל.

שם חסורי מחסרא והכי קתני וכו' הנה אל יקשה עליך למה נכנס ר' ינאי בכל הדוחקים האלו לפרש המשנה בפירוש דחוק ולתקן אותה הפך מאי דמשמע ממנה דאין משגיחין באמירת החולה אלא הכל יהיה ע"פ הבקיאים חדא דהכי גמר ליה מרביה וע"כ ניישב המשנה לפי הקבלה שהיתה בידו מהדיוקים שאמר ועוד דסברה הוא לומר לב יודע וכו' והרי לפנינו עוברה שהריחה דקתני לעיל מינה דכל שראו אותה שפניה משתנות אפי' שאינה אומרת צריכה אנו מאכילין אותה כמ"ש הרמב"ן ז"ל בס' תורת האדם וכ"ש חולה האומר צריך דודאי מאכילין אותו ע"פ עצמו ומעתה ע"כ לומר דאפי' ברופא אומר אינו צריך וחולה אומר צריך או ברופא אומר צריך וחולה אומר אינו צריך דמאכילי' אותו דלא יבצי' אלא ספק נפשות וכיון שכן ע"כ לפרש מתניתין הכי דעוברה שהריחה משראו פניה משתנות אפי' אומרת אינה צריכה מאכילין אותה מיד דקרוב' להפלה היא ואינה מרגשת בזה אבל חולה האומר אינו צריך אין כדין כן דודאי חוששין לדבריו ואז מאכילין על פי הבקיאים על אותו הדרך שפי' ר' ינאי ובמאי דמפרשינ' עלה דמתני' אליבא דידיה ושוב ראיתי בס' ש"ב שעמד על חקירה זו ופי' בדרך אחר יעו"ש וק"ל.

משנה מי שאחזו בולמוס וכו' ז"ל הרב המאירי ז"ל והוא חולי הבא לסיבת ליחה ארסית נושכת בפי האצטומכא ומאכילתו באה אזק מבטל הרגש המושים הדקים ותמיתתו בקרוב ומתחבולת הרפואה להעביר האצטומכא באיזה מאכל ומיד יקל החולי ומראותו חוזרת קודם לשאר הרגשים לדקות חוש הראות והוא סימן שנתרפא ואמר שקודם שנתרפא מאכילין אותו אפי' דברי' טמאים כגון נבלות שקצים ורמשים אם נזדמנו להם קודם לדברים הטהורים ואין משתדלין לאחרו עד שנתקן לו הטהורים כדרך שאנו עושים לשאר חולים שהרי בשהייה מועטת הוא מסתכן ומ"מ אם אפשר בטהורים בשיעור שוה להנהגת הטמאים מכוונין לו הטהורים כמ"ש ע"כ והיינו דקתני הכא אפי' דברים טמאים כלומר שנותנין לו מיד המוכן משא"כ בחולה דלעיל דמסתמא אין בו סכנה אם לא יתנו לו מיד אבל ודאי דגם שם אם אמרו הרופאים שהוא מסוכן אם לא יתנו לו מיד נותנין לו המוכן מיד והרי לפנינו שהוא קל יותר שאין צריך לדקדק ליתן לו הקל קל תחלה כעוברה שמתחלה תוחבין לה כוש ברוטב וכמ"ש הרמב"ן ז"ל הביאו הר"ן

ז"ל לעיל וכ"כ הרמב"ם ז"ל מה' ש"ע וכן מי שאחזו בולמוס מאכילין אותו וכו' ואפי' נבלות ושקלים מאכילין אותו מיד ואין משהין אותו עד שימלאו דברים המותרים. והנה פשוט הוא דמתניתין ה"ק דמי שאחזו בולמוס ביוה"כ אין אומרים למעט האיסור שיאכל דברים המותרים בחול שאין כאן אלא איסור יוה"כ אלא נותנין לו המלוי מיד אפי' דברים הטמאים שיש כאן איסור יוה"כ ואיסור טמאים ואין מדקדקים בזה כלל ושוב ראיתי בכ"מ פי"ד מה' מ"א שכ"כ יעו"ש וכן איירי דמי שנשכו וכו' לרבותי' דר' מתיא בן חרש נקט לה הכא דאפי' ביוה"כ דיש כאן ב' איסורי' מתיר ועיין בפי' המשנה להרמב"ם ז"ל וק"ל.

מי שנשכו כלב שוטה וכו' ור' מתיא בן חרש מתיר וכו' עיין בפיר' המשנה להרמב"ם ז"ל דלדבריו פליג אי סמכינן על רפואה בדוקה המועלת מלד סגולה לא מלד טבע הרפוא' ודקדק ז"ל לכתוב וחכמים סוברים כי אין עוברין על המלות אלא ברפואה בלבד וכו' לומר דשאני יולאין בבילת החרגול וכו' דכיון שיולא בו לרפואה דרך מלבוש ואין כאן איסור שבת מותר הוא וכמו שת' הרדב"ז במחודשות ח"א סי' ס"ג בלשונות הרמב"ם יעו"ש אבל מדבריו ז"ל בספר המורה ח"ג פ' ל"ז למדנו דההיא דיולאין היה באותו הזמן משום רפואה לא מלד הסגולה וז"ל שם ואל יקשה עליך מה שהתירו מהם במסמ' הללו' ושן השועל כי הדברים ההם בזמן ההוא היו חושבים בהם שהוליא אותם הנסיון והיו משום רפוא' והולכין על דרך תלות העשב שקורין פיאוניאה על הנכפה ונתינת לואת הכלב למורסות הגרון והעישון בחומץ ומרקשיע למרסות המכות הקשות כי כל מה שנתאמת נסיונו בהלו' אעפ"י שלא יגזרהו ההיקש הוא מות' לעשותו מפני שהוא רפוא' ונוהג מנהג שלשול הסמנין המשלשלין עכ"ד אבל נרא' שעדין לריכי' אנו לדברי הרדב"ז שבזמן הזה שלא נודע לנו שמועיל כי אם מלד הסגולה וכמ"ש בפי' המשני' לפ"ו דשבת חרגול וכו' וזה יועיל לחולש' עלבות הירכים בסגולה וכו' וכמו כן יזמו בעלי הסגולות כי כשיוקח מסמר מעץ הללוב וכו' ה"ע דיולאין בו משום שאין כאן איסור הולא' שבת ושוב ראיתי בספר ש"ב שעמד על ביאור דברי הרמב"ם ז"ל יעו"ש וק"ל.

גמרא ת"ר מנין היו יודעין שהאירו וכו' דכיון שאינו מאבד ראותו לגמרי אלא עיניו כהות כמ"ש רבי"י אמתני' וכיון שחושיו מתבטלים ואינו בגדר להשיב לנו אם חזרה מראיתו לגמרי כבריאים או לא א"כ מנין ידע לנו שחזרה מראיתו לגמרי שנמנע עלמו מלהאכילו עוד וקאמר משיבחין בין תבשיל יפה שאוכלו לתבשיל רע שפולטו ומשליכו מפיו אז נדע שחזרו כח חושיו לתוקפו ומילא ודאי שחזר חוש הראות היותר דק מכולם כמ"ש במשנה בשם הרב המאירי ז"ל אלא שראיתי לו ז"ל שפי' כאן ז"ל וכן משהאירו עיניו מונעין אותו מן הטמאים ואם היה בלילה ואין שם אורה עד שנכיר אם האירו עיניו אם לאו יש בזה סי' שכל שהוא מבחין בטעם המאכל בין טעם יפה לטעם נמאס כבר נתיישבה דעתו האירו עיניו וכן התבאר בגמ' עכ"ד משמע שדעתו שמכח החולי מתבטל חוש הראיה לגמרי ואם כן אף שהוא בגדר בטול ההרגשות מכל מקום כשמראיתו חוזרת וא"כ מאי קאמר מנין היו יודעין וכו' ולהכי פירשה ז"ל בשהיה במקום אפל שאין שם אורה כלל ובזה ניחא שהרמב"ם לא הולרך להביא זה לא בהל' ש"ע ולא בה' מ"א פי"ד דבריית' אלא עובדא קמ"לן במקום אפל ומשא"כ לפירוש שכתבתי שבאה לפרש גדר עד שיאורו עיניו דמתניתין דכל כי האי היה ליה לפרושי כפירוש והסרי דבריית' אבל נראה קלת דוחק לפרש בריית' לענין זה דהיה אפש' או כגון לסומא ושוב ראיתי בס' ש"ב שהאריך עיון בזה יעו"ש וק"ל.

שם מאכילין אותו הקל הקל תחלה וכו' ואשמועינן דאפי' אם האיסור החמור שמן וטוב יותר וקרוב לודאי שבו יתרפא יותר במהירות אין מאכילין אותו אלא הקל תחלה ויראה דאף מאיסור הקל מאכילין בתחילה הקל ממנו כגון רוטב ואח"כ שומן כדאמרינן לעיל גבי עוברה דדוקא חולה ע"פ הרופא הוא שאין מדקדקין בזה אלא מאכילין את מה שלריך כמו שאמרו הרופאים וכמ"ש הרמב"ן ז"ל בס' תה"א אבל הכא לא ואפשר דבזה נכלל ג"כ במה שאמרו מאכילי' אותו הקל וכן משמע מדקדוק לשון הרב המאירי ז"ל שאחר שביאר דין עוברה דמתחל' מותבין לה כוס וכו' ונותני' לה תחלה הלי שיעור וכו' כתב מאחר שביארנו בכל שאנו לריכים להאכילו איסור שמאכילין אותו מן הקל שבו תחלה אתה למד שאם יש שם איסור קל ואיסור חמור מאכילין אותו מן הקל תחלה משתה היו לפניו טבל ושביעית וכו' ע"כ וכן יש לדייק מדברי הרמב"ן ז"ל בס' תה"א שער הסכנה דף ח' ע"ד יעו"ש אלא שהכ"מ פי"ד מהל' מ"א לא כ"כ יעו"ש ועיין בספר ש"ב וק"ל.

שם טבל ונבלה מאכילין אותו נבלה בתוספתא דפרקי' מסיים בה נבלה ותרומה מאכילין אותו תרומה ובירושלמי פליך אר"י קשיתה קומי ר' בא תרומה בעון מיתה ונבלה בל"ת ואת אמר היכן ומשני כמאן דאמר מאליהן קיבלו עליהם את המעשרות ע"כ כלומר דסבר דקדושה שניה לא קדשה להתחייב במעשרות מדאורי' ופלוגתא זו תמלאנה בירושלמי דריש פ"ו דשביעית ועיין מ"ש הר"ש שם אלא דנ"ל דרישא דתוספתא דקתני טבל ונבלה מאכילין אותו נבלה איירי בזמן שהיו מחויבים מן התורה ובירושלמי דפרקי' ל"ג ליה יעו"ש וק"ל.

שם טבל ושביעית וכו' וכן הגי' בתוספתא ובירושלמי דפרקין אלא שהרא"ש ז"ל והרמב"ן ז"ל בס' תה"א גורסין נבלה ושביעית וכו' ולגי' זו ניחא דהשתא אשמועינן דגם באיסו' לאו ועשה נותנין לו איסור עשה ובס' ש"ב הרגי' בזה ולא תי' מידי ומה שנסתפ' שם באיסור לאו ואיסור עשה איזה מהם יתנו לו יעו"ש הדבר ברור לגי' הרא"ש והרמב"ן ז"ל דאיסור עשה קיל ומה שדייק מדברי הרמב"ם ז"ל בפי"ד מהל' מ"א אינו מוכרח דלפי גירסתו דגרים נבלה וספיחי שביעית הוא שהעתיק כן ואה"נ דאף שביעית עלמו מאכילין אותו במקום נבלה דהוא איסור לאו ובריית' אשמועינן שלא תאמר דכיון דבשר ודאי מיי' דעתו יותר מפירו' שביעי' לא נדקדק' כאן מלהאכילו איסור החמור קמ"ל ולאו למימרא דדוקא במקום ספיחי שביעית דרבנן אין נותנין נבלה אבל במקום שביעית דאוריתא נותנין וק"ל.

שם היכא דאפשר בחולין וכו' על מה שהקשה בס' פרש' דרכים דרוש י"ע למה לא תיקנו שיפרים התרומה ויערבנה אח"כ דאין כאן אלא איסור דמו' מדרבנן דמדאורית' חד בתרי בטיל בכל דבר יעו"ש בתי' עיין מ"ש על זה בס' אורים גדולים למוד ע"ד דף כ"א ע"ג ומ"ש בשו"ת יעב"ץ סי' קל"ה.

מה שהקשה הר"ן בהלכו' על מה שכתב הראב"ד יעו"ש עיין מה שהאריך הרחיב בזה בשו"ת חשב"ן ח"ג סי' ל"ז לתרץ דברי הראב"ד ז"ל יעו"ש וגם תראה דהקש' לתי' של הר"ן מהא דתניא לקמן מי שנשכו נחש וכו' ומאכילים אותו ואין לריך לעשר וכו' הרי שהתירו לו לאכול כמה זתים של טבל מדרבנן ולא רלו להתיר תיקון המעשר א"כ ש"מ שאין האיסור חמור מפני ריבוי הזתים ויראה דלא הקשה לו מהך דהכא דהרי כאן שהתירו לו לאכול כמה זתים של טבל ולא אמרו שיפריש התרומ' שלא היה כאן אלא איסור אכילת זתי כתרומה וכדרך שהקשה בס' ש"ב ובס' פרשת דרכים שם משום דהכא דאיכא איסור הרבה זתים גם בתרומה אין לומר שאיסור כטבל חמור מפני שיש בו יותר זתים ממה שיש בתרומה ועי"כ לא אמרה הר"ן ז"ל אלא בנבלה ושחוטה דבשחוטה אין בו אלא איסור אחד של שבת ובנבלה יש בה יותר מאיסור אחד ולא נלטרך לומר שהר"ן יש לו פירוש אחר בסוגיא הפך פרש"י דכל כי האי הו"ל לפרושי ואין לתרץ לדעת הר"ן דדוקא נבלה דעל כל כזית וכזית שבה לוקה ריבוי הלאוין עושין אותה איסור חמור מסקילה אבל טבל דמיתה בידי שמים הוא ואינו נדון בשתי מיתות בזה אין ריבוי הזתים מעלה ומוריד שהרי מיתה בידי שמים הרי היא דומה לחייבי כריתות שלקו וכמ"ש הרמב"ם ז"ל בהל' סנהדרין יעו"ש א"כ בזה נמי משכחת לה מלקות על כל כזית וכזית שבו ועיין בס' מנחת בכורים בתי' לפרקין ודו"ק.

רש"י ד"ה תוגבא שטות וכו' דמחמ' שטותו אינו מרגיש בחולש' שהוא לריך למאכל וכמו שפי' בפ' בנות כותים ל"ז ע"ב שאינה מרגשת בלערה מחמת שעמומית החולי יעו"ש וז"ל הערוך ערך תגב פירוש כעין ערידות דעת בעלמא דנקיט לה וכו' והמחו איתו להם תרגומו ומן תוגבא דנקיט ליה מרחקא נשמתיה מזונא ע"כ ועיין בל' הרא"ש דשמעתין. והרב המאירי ז"ל בפסקיו כתב שמא תישוב מאכל שמזדמן בחוליו ע"כ וזה כמ"ש הערוך משם התרגום אבל אין נראה לומר דאיהו ז"ל גרים תיובתא במקום תוגבא דהתם

בפ' בנות כותים על כרחין הגירסא חונבא ואין נראה לחלק בין גירסא דהכא לדהתם וק"ל.

ד"ה **הכא** במאי וכו' ואשמועינן מתני' וכו' דאי בחולה אומר איני יודע לא הוה אשמועינן מידי דודאי שומעין לרופא דאיני יודע דחולה לאו כלום הוא ובשכ"י כתב ז"ל כונתו לומר דכאן בערך חולה עם הרופאים אין להקשות פשיטא דהו"א דשומעין לחולה דלב יודע וכו' קמל"ן דשומעין לרופא וחולה תונבא נקטיה וכו' כדאמרינן בהא דר' ינאי והא דפריך תלמודא לקמן בסמוך פשיטא ספק נפשות וכו' היינו למאי דנקיט הש"ס משנה בקיאין תרי והשתא מוכרח לאוקומי דאיכא אחרינא בהדיה דהאי חולה ולהכי פריך מאי קמ"ל דנקט אותו בתרי ומשני אשמועינן דאין הולכין אחר רוב דעות וכו' עכ"ד וק"ל.

ד"ה **מכלל** דרישא וכו' על פי עצמו לא ע"כ אבל אידך קושיא דע"פ בקי א' לא תיקשי כ"כ דאימא דאיירי מתני' ברופאים טובא דאנורי צ"ל וקמל"ן דלא אזלינן בתר רוב דיעות אלא מאכילין ע"פ בקיאין תרי דאמרי צריך ולעיל ברישא דשמעת' פריך נמי מהך משום דאכתי לא ידע סברה זו דהכא לא אזלינן בתר רוב דעו' ולומר דאיירי בתרי דאומרים א"צ הא פשיטא ולא נצריך מתני' לאשמועינן והיינו דפי' לעיל ד"ה ע"פ בקיאין תיובתא דר' ינאי בתרוייהו כלומר דגם קושיא הב' תיובתא גמורה היא השתא דלא ידעינן דהכא לא אזלינן בתר רוב דעות וקרוב לזה פי' בשכ"י וק"ל.

ד"ה **במה** דברים וכו' כלומר דבעינן בקיאין דאמרי' וכו' תיקן בזה לשון דאמר לא צריך דקאמר תלמודא דהכונה בזה דחולה עם שני רופאים עמו אומרים צ"ל הנה אז להאכיל אותו בעינן שני בקיאין האומרים צריך אבל אמר החולה צריך אז הדין בספק דאם אין שם בקיאין תרי וכו' וק"ל.

ד"ה **מר** בר וכו' הך סיפא לא תפרש הכי וכו' משמע מדבריו דרישא דמתני' לדידיה נמי מתפרשא כר' ינאי דקמל"ן דהכא לא אזלינן בתר רוב דעות דלא ניחא ליה לפרש דלדידי' דחולה אומר צריך נאמן אפי' כנגד מאה לעולם דרישא מתוקמא בחולה אומר צ"ל כדקאמר ודאיכא אחרינא בהדיה וקמל"ן דאזלינן בתר שנים האומרים צריך ולא תימא דהכא נמי לחולה שומעין שאמר צ"ל וכן מצאתי להרמב"ן ז"ל שפי' כן לדעת השאלתות פ' שמות שפסקו דלמסקנא אזלינן הכא בתר רוב דעות יעו"ש בס' תורת האדם דודאי פשטא דסוגיין משמע דלא נחלק על ר' ינאי אלא אמאי דקאמר דבאומר חולה צריך ואיכא תרי דאמרי לא צריך דלהם שומעין ועוד דכיון דלדידיה נמי מתוקם רישא בדאיכא אחרינא בהדיה אכתי תיקשי נמי לדידיה פשיטא תרי ותרי נינהו דכיון שהרופא מסייעו בזה אין לומר דהו"א דלחולה דקים ליה בגויה שומעין דמשום אותו המסייעו הוא שאומר כן ולא דמי לסיפא דהיא לבדו אומר צריך וא"כ לימא מתני' רבותא טפי דומיא דסיפא דאפי' בחולה לבדו אומר צ"ל לא תימא דודאי קים ליה בגויה טפי אלא מאכילין אותו אפי' על פי בקי האומר צריך וכ"ש עפ"י שנים בקיאין אלא ודאי משמע דהסברא פשוטה לומר דבאומר צ"ל אין בקיאותו כלום דכן דרך החולים לחטב המאכל ומצד נפשו ועבדתו הוא שאומר כן וא"כ לדידיה נמי תיקשי פשיטא תרי ותרי נינהו וע"כ נאוקמא למתני' בדאיכא תרי אחריני בהדי דאמרי צ"ל וקמל"ן דלא אזלינן הכא בתר רוב דעות כדאמרינן אליבא דר' ינאי. ומה שפי' ז"ל לקמן פ"ד ע"ב ד"ה אבל מצטרפין לדעת אחרת כגון שנים אומרים צריך וכו' יעו"ש דמשמע דלדעתו ז"ל דאזלינן הכא בתר רוב דעות וכן הבינו בדעתו הרא"ש והר"ן ז"ל יעו"ש נלע"ד דהתם ה"ק כגון שנים אומרים צריך ואשה או כותי בכלל השנים האומרים צריך מצטרפין לעשות פלגא ופלגא ולא אזלי' בתר רוב דעות וכך למדתי לפרש מדברי הרב המאירי שכתב שם ז"ל אבל מצטרפין לדעת אחרת ר"ל שאם אמרו ב' א"ל וא' ואשה עמו אומרים צריך הרי אומדנת האשה חשובה לעשות לרופא כשנים אומרים צריך להיות נקרא תרי וכבר ביארנו תרי כמאה וכו' עכ"ד דלפי' הרא"ש תיקשי מדבריו דהכא דמשמע דמר בר רב אשי לא פליג אלא בפירוש' דסיפא דוקא וכמו שהקשה בס' ש"ב יעו"ש. והיינו נמי דבפ' שבועת הדיינין מ"ב ע"א אהא דאמר התם אימור דאמרי רבנן דאזלינן בתר רוב דעות ה"מ לענין אומדנא דממונא דנפישי בקיעי טפי אבל לענין עדות מאה כתרי וכו' פי' ז"ל שם לענין אומדנא דשומא כדאמר במס' ע"ז וכו' ולא נקט ז"ל אומדנא לענין חולה דלדעתו ז"ל דהתם לא אזלי' בתר רוב דעות וכמ"ש ולא תיקשי אמאי לא קאמר הכא אבל לענין עדות וחולה ביוה"כ דחדא מינייהו נקט ומה גם דעיקר מלתא דתרי כמאה לענין עדות נאמרה כנלע"ד וק"ל.

ד"ה **ור' מתיא** וכו' קסבר רפואה גמורה הוא עד כאן אין כונתו לומר דפליגי במציאות אי מרפא או אינו מרפא אבל כונתו דמצד שמנהג העם בכך סובר ר' מתיא דרפואה גמורה הוא מצד שהנשוך ממנו ישקיט את דמיונו הנובר בחולי זה עד שאמ' שיראה בהשתנה שלו כדמות כלבים קטנים ולפעמים אפשר שיתרפ' בזה הגם שבאמת אינה רפואה אלא מצד המנהג וז"ל הרב המאירי אין מאכילין אותו מחצר כבד וכו' והטעם מפני שאינה רפואה אעפ"י שההמון נוהגין כן ואין להאכילו את האיסור במקום שאין בו רפואה ורמב"ח מתיר מפני שהוא חושבו רפואה והלכה כת"ק שכל שאין רפו' אעפ"י שנהגו ההמון בכך אין עושין אותו בשבת ומכאן אמרו למטה שאין מקיזין לסרוכני והוא חולי בגרון ופיו ידעין שאין הקזה מועלת בו אלא שנהגו העם להקיז עליה ומ"מ כל שהרופא מסכים שהיא מועל' יעשו ויעשו שלא כל הגדולים שוים עכ"ד ועיין בס' ש"ב. וז"ל הירוש' דפרקין גרמני עבדיה דר' יודן נשייא נשכו כלב שוטה והאכילו מחצר כבד שלו ולא נתרפא מימיו אל יאמר לך אדם שנשכו כלב שוטה וחיה וכו' ע"כ משמע דאין רפואה זו מועלת כלל אלא דלפעמים משקיע דמיו' ברפואה זו ומצד זה סובר רבי מתיא דאפשר שיתרפא וכמ"ש וק"ל.

ד"ה **בדאפשר** בחולין שיש די בחולין וכו'. עיקר כונתו כאן ובדיבורים הסמוכים לשלול שלא תפרש בדאפשר בחולין שיש כאן הבעלים לתקנו וכדרך שפי' ש"ב ובס' פרשת דרכים דרוש י"ע לדעת הר"ן יעו"ש דא"כ הכי הו"ל **בדאפשר** לתקוני וכו' כי פליג בדלא אפשר לתקוני וכו' ולפי' הא דקאמר טבל ותרומה תנאי היא וכו' הכונה דמאי דפליגי באין לפניו אלא טבל אם יאכל הטבל כמו' שהוא או אם יפריש התרומה ממנו ויאכל כל אחד לעצמו שתי' דאם היו לפניו טבל ותרומה דלמר יאכילנו הטבל כמות שהוא ולמר יאכילנו התרומה וק"ל.

תוספות ד"ה **הא** מדקתני סיפא וכו' והכי קאמר וכו' כונתם לתקן דמאי פריך ולדידיה נמי תיקשי ליה רישא דמשמע דע"פ עצמו לא אסיפא דמשמע דע"פ עצמו מאכילין אותו ולזה פי' דבשלמא לדידיה מתני' ה"ק חולה אפי' שאומר צריך אין סומכים עליו אם יש לפנינו בקיאין לשאול מהם אלא מאכילין אותו על פי אמירת הבקיאים אם יאמרו צריך או אינו צריך אבל כשאין שם בקיאים מאכילין אותו ע"פ עצמו דלא יהיה אלא ספק וספק נפשות להקל וא"ת דמ"מ תיקשי ליה לדידיה נמי דמשמע על פי בקיאין אין על פי בקי אחד האומר צריך לא ואמאי כיון דהחולה ורופא עמו אומרים צריך והרי לפנינו דכשאין שם בקיאים מאכילין על פי אחד דהיינו החולה כ"ש כאן דחולה ורופא עמו וי"ל דהא ודאי יפרש דמה שהוצרך לשנות בקיאין תרי להודיענו דכיון דשנים אומרים צריך אפילו מאה אומרים אינו צריך מאכילין ואה"נ דאם אין שם מי שסותר לומר דאינו צריך ודאי ופשיטא דמאכילין אפי' על פי אחד האומר צריך ושוב ראיתי שקרוב לזה פי' בס' ש"ב ובמה שכתבנו מתורץ גם קושייתו שהקשה שם יעו"ש וק"ל.

ע"ב **גמרא** בשבת נמי פשיטא טלטול מדרבנן הוא וכו'. כלומר דאפי' תימא דהגם דלא שייך הכא איסור מתקן כיון שהיה מותר לחולה אם לא היה אפשר לתקן מ"מ יש כאן איסור טלטול והו"א דטוב יותר ליתן לו בלא הפרשה ממה שנעשה אנחנו בידים איסור טלטול הא נמי פשיטא דטלטול מדרבנן הוא ומוטב שנעבור אנחנו אאיסור דרבנן ולא יעבור הוא אאיסור טבל דבמיתה וכן בפרק החשה רבה ל"ג דקאמר איצטריך קרא למשרי טלטול דרבנן כלומר דאפי' תימא דנהי דמתקן לא אסר לן רחמנא מ"מ איסור טלטול איצטריך למשרי דהכונה דאורייתא היא וכמ"ש התוס' בעירובין דף ל"ח ע"א הא ליתא דודאי איסור טלטול דרבנן הוא והכונה שאני עיין בתו' שם. ונראה דלעולם עיקר טעמא דאיסור הפרשה בשבת היינו משום מתקן וכדאיתא בירושלמי רפ"ז דדמאי ולא נמצא דמתקן בשבת וכן נראה מדברי רש"י ז"ל בפרק במה מדליקין ל"ד ע"א ובפרק משילין אלא דהכא

וכתס נקט טעמא דאיסור עלטול לרבותא וזה יתורץ מה שהקשה בס׳ ש״ב יע״ש וק״ל.

שם מר סבר טבל חמור וכו׳ ונמלא דרבה סבר דפליגי רבנן ובן תימא בין בטבל דאורייתא ובין בטבל דרבנן ואשמועינן דגם באיסורי דבריהם נותנין לו הקל תחילה אף אם החמור טוב לו יותר דכל דתקון רבנן כעין דאורייתא תקון ומה גם הכא דמיחלף בטבל ותרומה דאורייתא:

שם דתניא מי שנשכו נחש קורין לו רופא וכו׳ הרמב״ם ז״ל לא הוצרך להביא הך רישא בפ״ב מה׳ שבת שכבר ביאר שם הל׳ ו׳ וכן מי שנשכו כלב שוטה או א׳ מזוחלי עפר שממיתין וכו׳ עושין לו כל צרכי רפואה להצילו ע״כ וסיפא דברייתא אם נאמר דהלכה כר׳ דבטבל דירק דלא מיחלף בדאורייתא א״ל לעשר צריך ביאור למה לא ביאר זה בפי״ד מהל׳ מאכלות אסורות ולפי מ״ש הרב המאירי כמו שאעתיק בסמוך דאפי׳ תימא וכו׳ דקאמר תלמודא דחייה בעלמא היא וקושטא הוא דר׳ אפי׳ במעשר דגן קאמר דא״ל לעשר ורבה אמרה למלתיה אליבא דראב״ש מעתה ודאי קי״ל כותיה דראב״ש ולהכי סתם ז״ל למלתיה שם בה׳ מ״א דדוקא בא״א לתקן הוא דמאכילים אותו טבל אבל באפשר לתקן ל״ש טבל דאורייתא ול״ש טבל דגן או ירק דרבנן בכולהו מוטב לתקן ממה שיאכילהו טבל דכן מסתבר והיינו דאשמועינן רבה דבדאפשר לתקן כ״ע ת״ק (וב״ח) [וב״ח] לא פליגי דמתקינינן ולא קי״לן כותיה דר׳ בהא א״נ י״ל דאפשר דהרמב״ם גרים רשב״א במקום ראב״ש וכגי׳ התוספתא דפי״ז דשבת וסובר דאין הלכה כר׳ במקום אביו ומה גם הכא דמסתבר טעמיה דרשב״א עיין בס׳ יבין שמועה דף פ״ז א׳ ובשו״ת עדות ביהוסף ח״ב סי׳ ב׳ ועיין מ״ש בס׳ ש״ב בזה וק״ל.

וזה לשון הרב המאירי ז״ל מעתה מי שנשכו נחש וכו׳ וגוזזין לו כרישין וכו׳ ואם יספיקו לו אחר המעשר מעשרין אותן ואח״כ מאכילין וכו׳ ואין בזה חילוק בין טבל של סופרים לטבל של תורה שמ״מ אם מן התורה ואם מד״ס איסור אכילת הטבל ואיסור אכילת המעשר שוים הם וזה שאמרו לא אמר ר׳ אלא במעשר דרבנן דחייה בעלמא היא. זה שאנו מתירין לעצמנו לתקן לחולה את האיסור כדי להאכילו היתר לא סוף דבר באיסור האכילה חמור מאיסור התיקון אלא אף כשהם שוים שהרי התירו כאן תיקון הפרשה שהוא איסור חכמים כדי שלא להאכילו טבל של סופרים כגון עציץ שאינו נקוב. ויש חולקין לומר דוקא בשאיסור האכילה חמור וזו האמורה בטבל של עציץ שאינו נקוב הוא מפני שהטבל כללו מן התורה ואעפ״י שזה מד״ס שמא יבאו לטעות ע״י בשל תורה והוא שאמרו בסוגיא זו וא״ל לעשר ר״א לא יאכל עד שיעשר ופי׳ בה לא אמר ר׳ א״ל לעשר אלא במעשר ירק שאם יאכלנו אין לטעות בשל תורה אבל דגן אף בעציץ שא״נ הואיל ויש בו לטעות בשל תורה לא יאכל עד שיעשר אלמא כל שאיסור האכילה והתיקון שוים ואין חשש באיסור אכילתו לבא להקל באיסור תורה מוטב יאכל את האיסור ולא נהא אנו עוברים על תיקונו ואין לנו היתר תיקון אלא כשאיסור האכילה חמור מן התיקון או שיש בו חשש לבא לידי איסור חמור ודברים אלו א״א ליישבם ולא עוד אלא שע״כ אף בשאיסור התיקון חמור מאיסור האכילה מוטב לנו לתקנו שאל״כ היאך שוחטין לחולה במקום שנבלה מצויה והלא הנבלה איגה לחולה אלא באיסור לאו והשחיטה לשוחט באיסור סקילה אלא כשאמרו מאכילין אותו מן הקל פירושו בקל דידיה שכל לענין חולה שיש בו סכנה חול גמור הוא אלא שאם יש בתיקונים שלנו קלים וחמורים מחזרים אחר הקלים על הדרך שביארנו וזו של ר׳ אנו מפרשים בה לא אמר ר׳ אלא בירק שאינו טבול אלא מד״ס אבל מה שהוא טבול מן התורה ודאי טבל חמור שאינו ראוי לא לכהן ולא לישראל ואף זו איגה אלא דחייה בעלמא ואין הלכה כן עכ״ד ועיין בשו״ת תשב״ץ ח״ב סי׳ ל״ח.

רש״י ד״ה **לימא** תנאי היא הך דרבה וכו׳ ולא תפרש הך דלא אפשר בחולין תנאי היא דלרבי תרומה חמורה ולכך איגו מעשר ולראב״ש טבל חמור ולכך **מעשר** הדא דמאי **קאמר** לימא תנאי היא איך דלעיל נמי תנאי נינהו ואפי׳ תימא דה״ק לימא דהנך תנאי כי הנך תנאי הא לא אפשר דא״כ מאי דקאמר נימא דראב״ש היא וכו׳ אין לו משמעות ואי קשיא לך מיהא דעימא תלמודא דפליגי בלא אפשר בחולין וכדאמרן הא ליתא דהא רבי וא״ל לעשר קאמר משמע דאם רוצה הרשות בידו להפרים ולאכול החולין לעצמן והמעשר לעצמו וא״כ ודאי ל״פ אי טבל חמור או תרומה חמורה אלא פלוגתייהו בדאפשר בחולין ובהא פליגי דרבי סבר דטוב יותר להאכילו טבל דרבנן ולא לעבור אנחנו בידים אאיסור הפרשה דרבנן וראב״ש סבר דטוב יותר נעבור אאיסור הפרשה דרבנן ולא להאכילו טבל דירק דמיחלף ליה בטבל דגן דאורייתא ורבי סבר דירק בדגן לא מיחלף וכדמסיק ושוב ראיתי למהרש״א שהרגיש בזה ועיין בס׳ ש״ב וק״ל.

דף פ״ד ע״א **גמרא** ר׳ יוחנן חש בלפידנא אזל גבה דההיא מטרוניתא וכו׳ בירוש׳ פרק שמנה שרצים איתא והוה מתסי קומי ברתי דדמיטנוס [(כלומר שר)] דטבריא וכו׳ וסייס בה בערובתא בפתי רומשא [(כלו׳ בע״ש סמוך לערב)] סלק לגבה וכו׳ ולא תימא קומי בר נש למחר עאל ודרשה בלבורא אית דאמרין דתנקת נפשה ואית דאמרין דאיתגיירת ע״כ ועיין בפי׳ המפר׳ שם. ומכאן משמע דר״י היה סמוך אללה במקומה מדאזיל גבה סמוך לשבת ועוד דר״י היה יושב בטבריא כדמשמע בירושלמי ריש פרק המוליא יין דקאמר רבי אבהו נחת לטבריה חמוניה תלמידוי דר״י אפוי נהירן אמרון קומי ר״י וכו׳ ולפ״ז הא דקאמר תלמודא בשבת מאי וכו׳ לא מפני שהיה רחוק ממנה הוץ לתחום הוא שהיה לריך לידע הרפואה אלא כמו שפרש״י בע״א כ״ח ע״א דלא מלינא למיתי גבך מפני תלמידי בני כלה ע״כ וק״ל.

שם והא איכא חילול השם דגלי לה וכו׳ כצ״ל וה״ג בע״א שם ועיין פרש״י שם. והא דא״ר אבי משחא דגדפא וכו׳ שם הגי׳ משחא דאוזא ופרש״י שם שמן אווזא המחוי באור וסכתן ע״י אחד מכנפי האווז על סיניי הנחון ע״כ ועיין בירושלמי שם ענין אחר מרפואה שלימדה לו. וכן במאי דקאמר הכא מתאי הוי מחמימי חמימי דחיטי וכו׳ שם בע״א הגי׳ מקרירי קרירי דחיטי ומחמימי חמימי דשערי וכו׳.

רש״י ד״ה **ורבי** יוחנן היכי עביד הכי וכו׳ ל״ג לה הכא וכו׳ דאיהו לא עבד מידי בשבתא אלא ששאל אם היה צריך מאי ולא דייק א״כ לישנא דהיכי עביד ואפי׳ תימא דאאידך דעבד הכי בשבתא פריך מ״מ מאי קושיא הא ר׳ מתיא ס״ל הכי ואי קשיא ליה אמאי שבק חכמים מאי תריץ ליה ועוד דהא פריך ליה בסמוך כמאן כר׳ מתיא וכו׳ אבל בע״א דייק שפיר דאם הקושיא היכי עביד הכי להתרפאות מהם יע״ש ולפ״ז לא נצטרך לומר דאיהו ז״ל ל״ג אידך דר״י כי חש בלפידנא עבד הכי בשבתא וכו׳ אלא שממ״ש בסמוך ד״ה כמאן עבדא וכו׳ דקאמר לה אי מגליכנא וכו׳ ולא פי׳ בפשיטות דקאי אאידך דר״י דעבד הכי בשבתא משמע דל״ג ליה אלא דמלשון הרי״ף והרא״ש דפרקין משמע דגרסי ליה יע״ש. ויראה ליישב גי׳ שלפנינו דמתחלה מייתי אידך דר״י משום דמההיא דלעיל אין להוכיח דמשום מיחוש בעלמא היה עושה ר״י רפואה זו בשבת אלא ה״ק לה אי מגליכנא שיכבד עלי הכאב מאד מאד עד שאסתכן מאי ולהכי מייתי הך דמוכח מיניה דמשום מיחוש בעלמא עבד הכי בשבתא ופריך עלה ור״י היכי עביד הכי וכו׳ דס״ד דאין זה חולה כל כך ולא דמי לחושש בגרונו או לחושש בפיו דקאמר ר׳ מתיא מטילין לו סם וכו׳ דדילמא חולי אחר הוא ומסוכן יותר ומשני ר״י דשאני לפידנא דמשום סופו התירו דמתחיל בפה וכו׳ והשתא פריך שפיר ר״א בר אבא לר׳ יוחנן רבו [(לאפוקי מהס״י שרצה להגיה ר״ג במקום ר״י)] כמאן כר״מ דאמר החושש בפיו וכו׳ דמשמע דעל כל מיחוש פה ל״ש לפידנא שהוא מסוכן או חולי אחר פליגי רבנן עליה ור״י היכי שבק רבנן ועבד כר״מ ומשני שפיר כנלע״ד וק״ל.

ד״ה **שאני** אומר בזו מודים וכו׳ שהיא רפואה ולא בכלב וכו׳ כצ״ל וכגי׳ ווילנא. ומה שהגיהו בדפוס חדש זולצבאך בזו אין מודים וכו׳ אין נראה דבזו במאי דאיירי ביה דהיינו סם קאמר.

ע"ב גמרא למה לי תו למימר וכל ספק נפשות וכו' דאם לומר דאפי' בכגון זה שאין הסכנה מחמת פיו אלא מפני שלבסוף גומר בבני מעיים א"כ לימא מפני שכל ספק נפשות דוחה את השבת ותו לא ומשני שפיר דבא לרבו' ענין דומה דכי היכי דמעילין שם הגס שעתה אין כאן סכנה ברורה כך כלל גדול יהיה בידינו דכל ספק נפשות אפי' ספק שבת אחרת עושין לו הלריך מיד כגס שבשבת הראשון אין כאן סכנה ברורה ומעתה אין מקום להקשות אמאי לא קאמר דבא לרבות ענין תינוק שנפל לים וכו' דלקמן דאין זה מעניינו ואילו הוה תני בסיפא מי שנפלה עליו מפולת וכו' מפקחין עליו מפני שכל ספק נפשות דוחה את השבת אז ודאי היינו אומרים דמרבה הכיא דתינוק שהוא ענין דומה לו וזה פשוט ועיין בס' ש"ב וק"ל.

שם תניא נמי הכי מחמין וכו' בין להשקותו בין להברותו ואין אומרים נמתין עד שיבריא אלא מחמין לו מיד וספיקו דוחה את השבת ולא ספק שבת זו בלבד אלא ספק שבת אחרת ואין עושין דברים הללו וכו' וכן היא גי' הרי"ף והרא"ש והרמב"ן ז"ל בספר תורת האדם ופי' הרמב"ן שם אם אמרו בקיאים שלריך חמין להשקא' ולריך נמי חמין אחרים להברא' שירחלו אותו בהם לאחר השתי' אין אומרים נמתין לו שמא יבריא בהשקאה בלבד ולא נחלל שבת שתי פעמים אלא מקדימין ועושין הכל כדי שלא תתאחר ההבראה שהזריז בפקוח נפש ה"ז משובח עכ"ד וכן פירשה הר"ן בהלכות והרב המאירי ז"ל אחר שהביא פי' זה ופרש"י ז"ל כתב וי"ל בפירושה אין אומרים להמתין בדברים אלו עד שיבריא ר"ל אא"כ הבריא ונתברר שא"ל עכ"ל ולדבריו ה"ק אין אומרים להמתין מלעשות דברים אלו עד שהבריא אבל כל שלא הבריא ועומד בספק מחמין לו מיד אבל לגירסא שלפנינו דגרסינן שמא יבריא וכן הגירסא בתוספתא דפ"ו דשבת דגר' שמא יחיה נראה דאין מקום לפי' אלא או כפי' הרמב"ן או כפרש"י ז"ל ועיין מ"ש שם וק"ל.

שם בין להברותו וכו' ז"ל הרב המאירי בין להשקותו שהוא דבר מועט בין להברותו ר"ל להרחילו כדי לחזק איבריו אעפ"י שרחילה זו של חזוק איברים אין בה לורך למהירות כ"כ וכיל"ל שנמתין לה כדי שלא נחלל שבת שמ"מ ממהרת היא בחיזוק איבריו ואין משהין לו שום דבר תועלת לגמור רפואת החולי עכ"ד ומה ראיה למ"ש בס' ש"ב דרחילה זו שעושין לו אין במניעתה סכנה אבל מה שרלה להביא ראיה מכאן דמדור' לחולה נמי מחללין בס' הרא"ד יעו"ש זה יש לדחות דשאני רחילה דבגופו וכמ"ש בס' הבתים הובא בחידושי קדמונים שבראש ספר מעשה רוקח בפ"ב דשבת וסיים שם מ"מ יראה לי שאם יאמר רופא שלריך לעשות לו מדורה כדי לרפאותו עושין לו עד כאן דבריו.

שם ואין עושין דברים הללו וכו' אלא ע"י גדולי ישראל וכו' ז"ל הירושלמי דפרקין תני כל דבר שהוא של סכנה אין אומר יעשו דברים בעכו"ם וקטנים אלא אפי' בגדולים בישראל וכו' ע"כ ומשמע מזה דאם יש עכו"ם מזומנים לפנינו יעשו על ידם אלא דאשמועינן דאין לנו לחזור אחריהם אלא יעשה הדבר מיד אפי' בגדולי ישראל והיינו דאמרינן התם במס' שבת פרק כל כתבי הלכה ז' בימי ר' אמי נפלה דליקה בספר אפיק ר' אמיכרוז בשוקי דארמאי ואמר מאן דעבד לא מפסיד אר"א וכו' סכנה היתה אם היתה סכנה אפי' ר' אמי עפי ולא כן תני כל דבר שיש בו סכנה וכו' אלא אפי' בגדולים וכו' ע"כ דכל עיקר קושייתו למה הולרך ר' אמי לחזר אחריהם וז"ל הרב המאירי ואין לריך לעשות דברים אלו לא ע"י עכו"ם ולא ע"י קטנים אלא אף בגדולים עכ"ד משמע מדבריו דעבודא ליכא שלא לעשותן ע"י עכו"ם וכן רי"אז בהגהות הרי"ף כתב בן דהיכא דאפשר לעשות הדבר בהיתר ע"י עכו"ם המזומנים שם אין לנו לעשות ע"י גדולי ישראל וכן בספר דרכי משה סי' שכ"ח כתב שזו דעת ראבי"ה. אלא שאין כן דעת תו' והרא"ש והר"ן דסוגין ולדבריהם ה"ק אין אומרים יעשו דברים אלו כלל ע"י עכו"ם וקטנים אלא יעשו אותם ע"י ישראל ול"מ אלו אלא אפי' בגדולי ישראל וחכמיהם ועובדא דר' אמי אפי' שהיו מזומנים לו דמיד שקולה אותם באוס אפ"ה פריך. דאם היה שם סכנה אפי' ר' אמי יעפי ועיין מ"ש הב"י שם סד"ה ואין עושין הדבר ע"י קטנים וכו' שדעתו שם לפרש גדולי ישראל כלומר גדולים ולא קטנים וכן משמע מלשון הירושלמי דפרק כל כתבי דקאמר אפילו בגדולי' אפי' בישראל וכמ"ש בשו"ת תשב"ץ ח"א סי' נ"ד יעו"ש וק"ל.

שם ראה תינוק וכו' ואע"ג דקא לייד כוורי וכו' ז"ל הרב המאירי אעפ"י שיודע בודאי שאף דגים עמו ובלבד שלא יתכוון לצוד את הדגים ואם נתכוון לכך פטור מ"מ הואיל ומתכוון ג"כ להעלות את התינוק ולא עוד אלא אפי' נתכוון להעלות דגים לבד ולא לתינוק כל שהעלה תינוק עמו פטור ואל"ל אם כיון תינוק והעלה דגים לבד שפטור ובתלמוד המערב אמרו במס' שבת פ' אורג ראה תינוק מטבע בנהר ונתכוון להעלותו ולהעלות נחיל של דגים עמו מותר היה מפקח בגל ונתכוון להעלותו ולהעלות לרור של זהובים עמו מותר ויראה על מותר זה שפי' פטור שלכתחלה ודאי כל שמלרף כונת איסור עם כונת היתר אסור עכ"ד וכן מתבאר מדברי הרמב"ם ז"ל פ"ב מה' שבת ומקור הדבר במנחות ר"פ ר"י וכמ"ש ה"ה שם אלא שמדברי הר"ן בהלכות בס"פ האורג משמע שדעתו לפרש דאפילו שנתכוון לצוד דגים ג"כ מותר בגמר הוא כדי שלא ימנע בשום ענין מפקוח נפש יעו"ש ופשט סוגיין משמע כדברי הרב המאירי ז"ל והא דקאמ' לקמן ואע"ג דקא מכוון למתב' בשיפי הרי"ף והרא"ש והרמב"ן בספר תה"א גורס ואע"ג דקא מתבר ליה שיפי יעו"ש וכולם איירו שמאליה נעשית מלאכ' ההיא בלתי שיתכוון אליה ועיין בהרמב"ם שם אבל כל שמכוון לה לכתחלה אסור ועיין בס' ש"ב וק"ל.

שם ראה תינוק שנפל לים וכו' אורחא דמלתא נקט דסת' תינוק אינו יודע לשוט ולעלות מעלמו וה"ה לגדול שאינו יכול לעלות וז"ל התוספתא דפ"ו דמס' שבת כולד נפל לים ואין יכול לעלות טבעה ספינתו בים ואין יכול לעלות יורדין ומעלין אותו משם ואין לריך ליטול רשות ב"ד ע"כ ויראה דהכא נמי אשמועינן דהגם דמעלה לרור של זהובים שנפל לים עמו א"ל ליטול רשו' דומי' דמפקח בגל דירו' שהעתקנו בסמוך.

שם אע"ג דמתקן דרגא לחול וכו' כן היא גיר' הרי"ף והרא"ש והרמב"ן ז"ל בס' תה"א.

שם ראה שננעלה דלת בפני תינוק שוברה ומוליאו וכו' ובתוספתא שם גרי' שוברין דלתות הבית ואפי' היו של אבן ומוליאין אותו וכו' ויראה דה"ק דאפי' היו של אבן דמפרסמא מלתא טובא בהשמעת קול שבירתה שרי דכיון דסותר הוא מאי רבותא איכ' באבן והכא נמי אמרינ' דאשמועינן אע"ג דקמתקן אבנים הלריך להם לבנין שרי וק"ל.

שם ואע"ג דקא מכוון למתבר בשיפי וכו' כבר כתבתי בסמוך דהרי"ף והרא"ש ל"ג דקא מכוון דודאי היכא דמכוון אסור לכתחלה ויש ליישב גי' שלפנינו דה"ק ואע"ג שנראה לרואים דמכוון למתבר בשיפי ללורך הדלקה שרי לכתחילה כיון שהוא אין כונתו לכך ובהכי ניחא דבהכנבו דנטיל לא מלי למימר הכי דשם נראה לרואים דפורש מלודד להעלו' התינוק דוקא ועוקר אוליא כדי שיוכל לירד ולהעלות התינוק מתוך הבור וכן לקמן מכבה הגחלי' לכבותם דוקא אבל הכא מדשובר אותה בשיעורי עלים קטנים נראה לעין דללורך דבר אחר נמי מכוון קמל"ן דאפ"ה שרי ושוב ראיתי להרל"ם פ"ב מה' שבת שכ"כ יעו"ש וק"ל.

שם ואי אשמועינן בור משום דקא מבעית וכו' דכיון שיושב בתוך אינו מתפייס במה שישב אדם שם על שפת הבור וידבר עמו או מקרקש בהמגוזי עד שילך ליטול רשות מב"ד אבל ננעלה דלת אפש' דליתיב בהאי וכו' עד שילך ליטול רשות מב"ד קמ"ל והדר קאמר דל"מ שיש לנו לפקח על ההיזק הבא לפנינו כגון תינוק שנפל לים וכו' אלא אפי' בשאין ההיזק שלפנינו כאן אלא שאנו חוששין שמא לבסוף יגיע ההיזק כאן כהאי דמכבי' ומפסיקין שפיר שוב לחלר אחרת כדלקמן אף בזו אשמועינן שיש לנו לחוש לפקוח נפש ומכבין ומפסי' מיד קודם שיגיע ההיזק לפנינו. ודע שהרי"ף והרא"ש ז"ל גורסים ולריכא דאי אשמועינן ים משום דאי לא מסיי' ליה מיית אבל בור אפשר דיתיב אפומא דבירא ומכשכש ליה לריכא ואי אשמועינן בור משו' דקא מבעית וכו' יעו"ש וק"ל.

שם מכבין ומפסיקין למ"ל דאפי' לחצר אחרת וכו' לרבות' נקט לה ועיקר הכונה להשמיענו שלא תאמר דלא ניתנה רשות לכבות אלא כד שיגיע סמוך לאדם אשר שם אלא מכבין ומפסיקין אפי' קודם לו הרבה כדי שלא תגיע ותתפשט למקומו ואפי' אם היה אותו האדם בחצר אחרת וזהו שהרמב"ם ז"ל פ"ב מהל' שבת לא חשש לבאר הא דאפי' לחצר אחרת אלא כתב נפלה דליקה ויש שם אדם שחוששין שמא ישרף מכבין אותה להצילו מן האש וכו' שהרי במה שאמר שחוששין שמא וכו' הודיענו שאין הכיזק קרוב לו אלא חוששין שמא יתפשט אללו ואפ"ה מכבין אותה וה"ה אם היה רחוק מאד שהיה בחצר אחרת דמאי שנא כיון דאפשר שתגיע ותתפשט עד שם וז"ל הרב המאירי נפלה דליקה ויש שם אדם שיש לחוש לו מכבין אותה להציל אותו ממנה והורסים כדי להפסיק בדליק' שלא תתפשט במקו' שיש לחוש שם לסכנת נפשות ואפי' היתה הדליקה בחצר אחד והתינו' בחצר אחרת הואיל ומ"מ יש לחוש שתתפשט' הדליקה לשם עכ"ד וקרו' לזה כתב הרא"ש שם יעו"ש וק"ל.

שם אמר שמואל לא הלכו בפקוח נפש וכו' היכי דמי אי נימא דאיכא תשעה ישראל וכו' ירחא לפרש המקשה ס"ד דשמואל ה"ק דבעיר שרובה עכו"ם ונפל גל במקום אחד ממנה לא הלכו אחר הרוב לומר שאין צריך לפקח דודאי עכו"ם ניכהו אלא דחוששי' למיעוט ישראל שבה והשתא בעי לברורי מלתיה דשמואל דבאיזה מלאי' איירי ומי היו שם במקום שנפל הגל דלא מסתבר ליה לומר כן אלא בהוחזק ישראל במקום המפולת והכי קאמר אי נימא דאיירי דאיכא ט' ישראל וגוי א' וכ"ש דשמואל דלא חייש ארובא דעיר כיון דבאותו מקו' איכ' רובא דישראל הא פשיטא דמפקחין כיון דהתם רובא ישראל ניהו וא"נ פלגא ופלגא ספק נפשות להקל אלא דאיכא תשעה עו"ג וישראל דהשתא איכא תרי רובי לאסור ואשמועינן דלא אזלינן בתר רוב אפי' במקום תרי רובי הא נמי פשיטא דהא כיון דאיתחזק שם ישראל לא נחוש על רובא דעכו"ם דאיתנהו קמן דכיון דקבועים ניכהו כמחל' על מחלה דמו ומשני שפיר לא צריכא דפרוש וכו' עד לבסוף דאסיק דמלתא דשמואל ארישא איתמר דלענין פקוח נפש לא אזלינן בתר רוב עכו"ם שבעיר והכא אשמועינן דלא אזלינן נמי בתר רוב דמקום נפילת הגל דאפי' תשע עכו"ם נמי לא אמרינן כל דפריש וכו' והיינו דשמואל אשמועינן תרתי חד אמתניתין דמכשירין דאיירי ברוב' דעיר וחד בעלמא ארובא דמקום נפילת המפולת ולא נצטרך לומר דחד' מכלל חבירתה איתמר ותרוייהו איצטריכו ולאשמועינן דע"כ לא הקל ברוב דעיר עכו"ם אלא דוקא בהוחזק ישראל קבוע במקום המפולת וירחה דהיינו דאשמועינן רש"י ז"ל במה שהקדים בפי' מלתיה דשמואל בד"ה לא הלכו וכו' ואע"ג דרובא עכו"ם הוו התם ע"כ כלומ' באות' העיר דאם כונתו במקו' המפולת למ"ל לפרושי בדרך זה כיון דהא שקלינן וטרינן בה בגמרא ואם כונתו לפרשה לפי המסקנא יפר' נמי דאיירי בפירשו לחצר אחרת דברוב עכו"ם הא נמי פשיטא אלא נרא' כונתו דברוב עיר איירי והניע זה כדי שנבין מתוך זה שקלא וטריא דסוגיין ע"ד שכתבנו ועיין בס' ש"ב וק"ל.

שם אלא דאיכא תשעה ע"א וכו' הא נמי פשיטא וכו' דרב דלקמן נמי לא פליג אמפקח את הגל דודאי לכ"ע מפקחין אפי' ברוב עע"ז וכמו שהאריכו הקדמונים בזה עין בפ' אסיפי' זקנים לכתובות לדף ט"ו ע"ב ועיין בלשון הריטב"א שם. והא דפריך איני והאמר ר' אסי וכו' כלומר דמדאיצטריך ר"י לאשמועינן נמי דבאות' חצר מפקחין משמע דלא פשיטא לן הא כל כך וא"כ עפי ניחא לן לאוקמה מלתא דשמואל באותה חצר מלאוקמה בחצר אחרת דהשתא פליג אדר"י ותרין הא דפריש כולהו וכו' ולעולם עיקר מלתיה דר"י משום סיפא איצטריך דבחצר אחרת אין מפקחין והגה הגב דלכאור' כתי' פשוט דנוקמה מלתיה דר"י בפרוש מקלתייהו מ"מ דהיקא ליה להמקשה לתרץ בן משום דכיון דבאותה חצר מפקחין דקאמר ר"י מלתא דפשיטא היא ומשום סיפא נקט לה כדאמרינן א"כ לא ליתנייה כלל ולפלוג בדידה היכא דפרוש לחצר אחרת דאם פרשו מקלת מהם אין מפקחין ואם פרשו כולם מפקחין דהשתא היה משמיענו חידוש גם ברישא דמלתא שלא תאמר דעפי עדיף פרוש מקלתייהו שנשאר קביעות הראשון במקומו מפרוש כולהו שנתבטל קביעו' הא' לגמרי [(וא היא סברת הרי"ף לפי גירסתו יע"ש)] ואפ"ה תריץ ליה הא דפריש מקלתייהו דס"ל לאמתרץ דאדרבא מכח רישא דמלתיה דר"י לא איצטריך זה מודיענו דה"ק דאם פרשו כולם לחצר אחר' הרי הם כמו שהיו עומדי' בחצר הראשון דשם ודאי מפקחין אבל אם פרשו מקצתם והרי כאן חצר אחרת ממש בזה אין מפקחין וקרוב לזה ראיתי שפי' בס' ש"ב יע"ש וק"ל.

שם ומי אמר שמואל הכי והתנן מצא בה תינוק מושלך וכו' יש לדקדק דלפרש"י ז"ל דאפי' מקצתייהו מנד' שמואל דאזלי' בתר רובא א"כ תינוק זה המושלך בשוק נמצא שפירש ממקום קביעותו ושפיר קאמר שמואל עלה דלא נחזיקוהו כישראל אלא ברוב ישראל דוקא ואפי' תימא דמ"מ במחלה על מחלה אמאי לא יפקחו עליו הא לא קשיא דהתם בשפרשו כולם הואיל ואתחזק ישראל שם מפקחין ולא נתבטל קביעותם הראשון שהיו נדונים כמחלה על מחלה אבל הכא הגם שבכיות תינוק זה במקום דירתו וקביעותו היה נידון כמחלה על מחלה מ"מ בשפרש ולא איתחזי ישראל במקום זה ודאי דאין מפקחין אלא ברוב ישראל דוקא ושוב ראיתי להרמב"ן ז"ל שם בכתובו' שהרגיש בזה לדעת רש"י ז"ל וכן הקשו עליו בתו' עיין בלשון הריטב"א שם ותירצו דכיון שלא ראו תינוק זה פורש מן הבתים אלא מושלך בפלטיא מרוב סיעה שבפלטיא הוא דודאי הוחזק ישראל בפלטיא באותו היום יע"ש וכן תי' בס' קרית מלך רב בחי' להרמב"ם פ"ב מה' שבת ובזה אין לורך למה שראיתי בספ' ש"ב דמכח זה פירש סוגיין לדעת רש"י באופנים אחרים יע"ש וק"ל.

שם לא צריכא דפריש חד מניהו וכו' כן היא גי' הרי"ף ועיין בלשון הרמב"ם ז"ל פ"ב מה' שבת ובלשון תשובתו להכמי לוניל שהביא הכ"מ שם. וירחא דהרמב"ם ז"ל מפרש לסוגיין דשמואל עיקר כונתו להודיענו דאפי' בעיר שרובה עכו"ם אין הולכין בה אחר הרוב לא שנא במקו' קביעותם בבתים ובחצרות ול"ש בפלטיא וברה"ר שבה הגם דהתם ניידי אלא דמעיקרא ס"ד דבעיר שרובה עכו"ם מודה אבל דינו שבאותו המקום שנפל המפולת כיון דאיתחזק ישראל שם אין הולכין אחר הרוב ועל זה הקר היכי דמי עד דאסיק לא נריכה שבחצר אחר היו עומדין בו תשעה ע"א וישראל אחד ופי' אחד מהם לחצר אחרת או לרה"ר ונפלה עליו מפולת אע"ג דלא איתחזק שם ישראל מפקחין כיון שילא מהגר ראשונה שעדיין קבועים ויש שם ישראל קבוע בודאי ופריך איני שפי' דברי שמואל הם ברוב אותו מקום שהוחזק שם ישראל והאמר ר' אסי אר"י באותה חצר וכו' וס"ד דלהמתרץ ל"ש ליה בין פי' א' או כולם וה"ק לא צריכא דפרוש אפי' חד מנייהו וכ"ש בפירשו כולם ובדרך פרישתם נפלה מפולת דודאי מפקחין כיון דיש ישראל ביניהם וא"כ מלתיה דר"י מי נימא דפליגא אשמואל עכ"פ ותרין ליה דחד מנייהו דנקט בדוקא הוא שעדיין נשאר הקביעות במקומה אבל כולם לא וא"כ בדרך זה יש לך לפרש דברי ר"י הא בכולם הא במקצתם רישא בפירשו מקצתם וה"ק אם עדיין נשאר מקצתם באותה חצר מפקחין על אותו שפי' אבל אם פירשו כולם לילך לחצר אחר' אין מפקחין דע"כ רישא בפירשו איירי דאי בקבועים פשיטא וכדפריך לעיל אשמואל ופריך ומי אמר שמואל הכי דברוב עכו"ם היכא דפרוש חד מנייהו מפקחין והתנן מצא תינוק מושלך דהו"ל פירש ממקום קביעותו אם רוב ע"א וכו' עד ושמואל אמר לפקח עליו את הגל וע"כ דאסיפא דמחלה על מחלה קאי דארוב ע"א כיון דרב לא קאי אהא בודאי שמואל נמי לא קאי אהך דאמילתי דרב קאי ועוד דמתני' סתמא קתני ובלא הוחזק ישראל ממקום שפי' איירי ולדבריך בהא ליכא למ"ד דברוב עכו"ם מפקחין וארוב ישראל נמי לא מלי קאי דמשמע דבמחל' על מחלה אין מפקחין ואמאי הא ספק נפשות להקל אלא ע"כ לומר דאמחלה על מחלה קאי והגם דהא מלתא דפשיטא היא יש לפרש דאשמועינן דאפי' אם ראינו שתינוק זה פירש מבית א' שהוחזק בו ישראל דוקא בעיר מחלה על מחלה מפקחין לא ברוב עכו"ם והא דוחק לומר דבלא הוחזק ישראל איירי ואשמועינן דלא תימא דודאי עכו"ם הוא שהשליכו שם וממקום אחר מחוץ לעיר השליכו לכאן ודילמא אינו מעיר זה קמל"ן שמואל דמפקחין עליו דהא פשיטא דלא יהא אלא ספק מעיר זו או אחרת ואפי' בספק ספקא יש לפקח. מעתה שמעינן מהא דבפריש חד מנייהו ס"ל לשמואל דדוקא במחלה על מחלה מפקחין לא ברוב עכו"ם דבך לי רוב עכו"ם

שבאותו הגר כמו דין רוב עכו"ם שבעיר וראינו שפי' מביא שהוחזק ישראל בה ומלתיה דשמואל דקאמר לא הלכו בפקוח נפש אחר הרוב ודאי לא שייך לאוקמה במתני' על מחצה אלא ע"כ לומר דהא דאמר שמואל לא הלכו בפקוח וכו' דה"ק דל"ש בעיר שרובה עכו"ם או במבוי שרובו עכו"ם ופירש אחד מהם לר"ה בין שפירש ממקום שהוחזק שם ישראל או לא הוחזק בכל מקום אין לילך בו אחר הרוב ובכל ענין מפקחין וכי איתמר אידך מלתא דשמואל ארישא איתמר אם רוב ע"א אמר שמואל ולענין פקוח נפש אינו כן דבכל ענין מחזקינן ליה בישראל ואה"נ דהשתא ר"י פליג עליה דשמואל דעד כאן לא אמרה ר"י אלא בבית או במבוי שהוחזק שם ישראל בודאי ופירש אחד מהם מפקחין אבל אם פירש מבית או ממבוי שאין שם ישראל וה"ה אם היו שם ט' ע"א וא' ישראל ופרשו כולם שאין להם עוד דין קבוע בכל ענין אין מפקחין עליה וממילא ודאי לר"י אם פירש א' מעיר שרובה עכו"ם לר"ה דאין מפקחין כיון שלא הוחזק שהיה שם ישראל מאותו מקום שפירש והיינו דאמרינן בירו' דספ"ק דכתובות ר"ח בשם ר' יוחנן מבוי שכול' עכו"ם וישראל א' דר בתוכו ונפל בתוכו מפולת מפקחין עליו בשביל ישראל שבם ופלטיא [(כלומר אם נפלה מפולת ברחוב ובר"ה שבעיר שאין שם קביעות דכולם ניידי)] הולכין אחר הרוב כלומר דאם רובם עכו"ם אף שיש ישראל בתוכם הולכין אחר רוב עכו"ם שבפלטיא. ומעתה ס"ל ז"ל לפסוק כר"י דהלכתא כלפי שמואל וכמ"ש באותה תשובה וגי' בסוגיא אלא כי איתמר דשמואל וכו' וכ"כ בתשובה שהשיבו להרמ"ה שהעתיק הכ"מ שם ועיין במ"ש הרמב"ן ז"ל בספר תורת האדם ובכתובות שם ועיין בלשון הריטב"א שם שכולם הסכימו דלדעת הרמב"ם כי קאמר אלא כי איתמר דשמואל הדר ביה וסבר דל"ש לן לשמואל בין פרוש מקצת או כולם דמפקחין יעו"ש.

אלא שצריכים אנו ליישב מה שסיים הרמב"ם ז"ל שם לפיכך אם הי' הרוב ישראל וכו' דכיון דודאי אפי' במחצה על מחצה דינא הכי וכמבואר בדבריו בהדיא בפט"ו מה' איסורי ביאה אמאי נקט רוב וכן הקשה הכ"מ משם הרמ"ך והרב המאירי ז"ל כשהביא פי' הרמב"ם ז"ל סיים ואם הוא מחצה ישראל מפקחין על כל ספק מהם בין בפירש כולהו בין בפריש מקמייהו עכ"ד ושמא יש לפרש דה"ק דלא מבעיא אם פירש א' מהם בהיותם במקומם שאפי' נדון אותם כמחצה על מחצה ספק נפשות להקל ומפקחין אלא אפי' שנעקרו כולם אין לך לחוש דשמא בשעת עקירתם זה הלך לכאן וזה לכאן ונתמעטו ונעשו רוב עכו"ם שהרי אחר תחלת קביעות אזלינן ושם היו רוב ישראל דהו"ל כמחצה על מחצה וכדרך שאמרנו בהיו רובם עכו"ם ונעקרו כולם דיש לנו לילך אחר תחילתם להחמיר שלא נפקח עליהם ולא נאמר דשמא כשנעקרו נתמעטו ונעשו מחצה על מחצה כך יש לך לילך אחר תחילתם להקל כשהיו רוב ישראל והיינו שכתב ז"ל לפיכך אם היה וכו' אעפ"י שנעקרו וכו' ועיין מ"ש הרדב"ז במחודשות חלק ב' בלשונות הרמב"ם סי' ר"ס. והנה דבר פשוט הוא דמ"ש ז"ל בפט"ו מה' איסורי ביאה גבי אסופי דאפי' ברוב עכו"ם דלענין אשה צריכה גט מספק וכו' יעו"ש לא מטעם קבוע אתינן עליה דא"כ למה הצריך שם בפקוח נפש מחצה על מחצה אלא מכח ספק הוא כמו שביאר שם ובפי' המשנה פ"ב דמכשירין שכתב אבל לשאר דברים הוא ספק בג' פנים ונדון בו להחמיר מי שהרגו אינו נהרג ואם קידש אשה וכו' ולא יהיה כישראל לכל דבר להקל ולהחמיר עד שיטבול וכו' ע"כ ומ"ש ה"ה שם דמטעם קבוע הוא כונתו דמכח ספק נחשוב אותם כקבועים בענינים אלו והיינו דסיים כדאית' התם בכוונה בזה יעו"ש. וזהו הנלע"ד בכונת הרמב"ם ז"ל ובזה יתורץ מה שדקדק בזה הרל"ם ז"ל בפ"ב מה' שבת והמפרשים האחרונים ישבו באופנים אחרים עיין בדרישה ופרישה אבן העזר סי' ד' ובס' שמות בארץ ובספר קרית מלך רב והנלע"ד מתוך תשובת הרמב"ם ז"ל כתבתי ודו"ק.

רש"י ד"ה להברותו רחילה כס"ד ואח"כ מ"מ שמא יבריא מאליו ע"כ והא דקאמר ולא שבת זו וכו' בגי' שלפנינו קאי וכ"ק ואין אומרים נמתין לו בשבת זה מלעשות לו שום דבר שמא יבריא מאליו וזה כפי' י"מ שהביא הרב המאירי שכת' י"מ בו אין אומרים להמתין מגד שיש לחוש שמא יבריא ולא יצטרך היום לכך ע"כ וכן משמע קצת כפי' בתוספתא פ"ו דשבת דקתני ואין אומרים המתינו לו שמא יחיה אלא ספקו דוחה שבת ולא ספק שבת זו וכו' וירא' דאשמועינן במאי דקתני ולא שבת זו וכו' דאפי' שעשו לו רפואה זו ולא הועילה לו מ"מ עושין לו כך אפי' לשבת אחרת ואפי' לכמה שבתות [(עיין לשון הרמב"ם רפ"ב מה' שבת)] שמ"מ מבריא אותו ומסייע לו לגמור רפואה החולי עיין בלשון הרב המאירי שהעתקתי בסוגיא והדר אשמועינן ענין אחר בענין ספק נפשות דלא ספק שבת זו וכו' וכמו שפי' לעיל ועוד יש פי' אחר בזה לפי גיר' אחרת וכמ"ש בסוגיא יעו"ש וק"ל.

ד"ה אבל מצטרפין לדעת אחרת כגון שנים וכו' וכן משמע כפי' פשט לשון התוספתא דפ"ו דשבת דקתני אין אומרים יעשו דברים הללו על פי נשים על פי כותים אלא מצרפין דעת ישראל עמהם ע"כ ודייקא נמי כפי' דלעיל קתני לא ע"י וכו' והכא קתני ע"פ וכו' משמע דהכא לא בענין עשיית צרכי החולה איירי ומה שהקשו עליו ריב"א הביאו הרא"ש וכן הרמב"ן ז"ל בס' תה"א דאשה בקיאה ודאי מחללין שבת ע"פ כדתנן וקורין לה חכמה וכו' י"ל הדא היא דאיירי באינן בקיאות כ"כ במין חולי זה ומשום סיפא אצטריך דאפ"ה מצטרפין למיהוי פלגא ופלגא ועוד אפי' תימא דבבקיאות איירי וכדמשמע מלשון הרב המאירי שכתב אין מחללין עפ"י אפי' הוחזקו בבקיאים וכו' הנה י"מ דכותי לא יקפיד מלומר לחלל שבת בדבר שאין בו סכנה אלא אף אשה כיון דאינה בתורת עדות אין לסמוך על פיה ויולדת שאני שסממן מסוכנות הם והולין ניכר הוא לפנינו והאומנות זה מיוחד לנשים יותר מהאנשים ושוב ראיתי להר"ן בהלכות שתי' קרוב לזה יעו"ש. ומה שהקשה עוד הרמב"ן שם ועוד מדלא קתני אין מחללין ע"פ נשים וע"פ כותיים וקתני אין אומרים לעשות ש"מ לאו בבקיאות דידהו תליא עכ"ד גם לזה י"ל הדא דאגב רישא נקט לה בהאי לישנא ולא חייש בלישנא כיון דליכא למיטעי דלהכי קתני הכא על פי וכמ"ש ועוד דהדברים אלו דלעיל מחמין לו חמין וכו' קאי דאפי' בכגון זה דאין צריך בקיאות כ"כ להבחין אם גבר עליו החום והחולשה מאד באופן שצריך הוא להשקותו ולהברותו לחזק איבריו אין מחללין על פיהן וכ"ש אם אומרים לעשות מלאכה כגון המלאכות ממרקחות וסממנים שאין לסמוך עליהם כלל. והנה מה שנראה מדבריו דבספק נפש' אזלי' בתר רוב דעות כבר ביארנו דעתו לעיל פ"ג א' להסכימה לדעת שאר פוסקים יעו"ש וק"ל.

ד"ה **דקא** מכיך וכו' לגלות עליהם לערב וכו' כלומר שמתוך שהוא משפיל ומכסה הגחלים נשמרים בחומם וממילא ראויים לגלות לערב לא שהוא מכוין לכך דכל שמכוין לכתחילה אסור וכמ"ש בסוגיא משם הרב המאירי ז"ל וזה פשוט ועיין בס' ש"ב ד"ה רואה שנגלה וכו'. ודע שהר"ן פי' לה מטעם אחר שמתוך שמכסה הגחלים בעפר נעשים פחם. והרב המאירי ז"ל וכן נראה מדברי הרמב"ם ז"ל פי' ואעפ"י שבשעת כיבוי הוא ממעך את הקרקע ומשוה גומות ע"כ ולפי' דייק שפיר דמכיך עמו שהוא בלשת הגחלים [(עי' ערוך ערך מך)] זה הוא עצמו האיסור שמגיע הקרקע ומשוה גומות לעשות דרך כבושה משא"כ לפי' רש"י והר"ן שאין האיסור בהבערה עצמה אלא ממה שנמשך ממנה שיהיו ראויים לגלות בהם לערב או שנעשים פחם לצורך תשמישו וק"ל.

ד"ה **ומפסיקין** וכו' אמכבין דקתני בברייתא קאי אבל מפסיקין אפי' מפני איבוד ממון מותר ואפי' בכלים של חרס חדשים ברבנן דפי' כל כתבי ק"ק ב' דגורם כיבוי שרי דאע"ג דוחק לומר דהכ' לייתב בברייתא אפי' כר"י שם דאוסר בזה גם דוחק לומר דסובר ז"ל דע"כ לא התירו שם אלא ליתן הכלים רחוק מן הדליקה אבל בתוך הדליקה ממש לא שרו אלא מפני סכנ' נפשות דזה מנין לנו כיון דגורם כיבוי הוא אפי' לתוך הדליקה נמי שרי וע"כ לא חלקו הפוסקים אלא בנתינת מים ממש עיין בב"י א"ח סי' של"ד וכי תימא דא"כ מפסיקין למ"ל הא אפי' מפני איבוד ממון מותר י"ל דאשמועי' דאם אפש' בודאי לכבותה בכלים מלאים אין לנו להתיר כיבוי בהדיא והרי לפנינו בפקוח נפש דאכילה דעושין הקל הקל תחלה וה"נ בכאן או אפשר דמשום דלפעמים לא יהיו מזומנים לו ויתעצל מלכבות בהדיא שריון לכבות אפי' ביש לו כלים מלאים ע"ד שאמרו דאפי' בדאפשר בעכו"ם יעשה ע"י גדולי ישראל כמ"ש התו' ד"ה אלא בגדולי וכו' ומש"כ כתבו בדיבור הסמוך דאשמועינן הכא דאפי' להביאן דרך ר"ה

שרי יעו"ש. ומיהו לפי הרב המאירי שהעתקתי בסוגי' שפי' כונת אומרי' ומפסיקין שהורסים כדי להפסיק הדליקה שלא תתפשט ניחא שפיר דאשמועי' דמותר לסתור ולהפיל כותלים כדרך שעושים להפסיקה ולגבותה והגם דיש כאן איסור כיבוי ואיסור סותר. ומכגל בתמור אתה דן דה"ע דלא הולר' הרמב"ם ז"ל פ"ב מה' שבת להעתי' הא דמפסיקין דל"מ אם מפרש כפרש"י דאפי' באיבוד ממון שרי שכבר העתיקה שם פי"ב אלא אפי' יפרש כפי' הרב המאירי ז"ל הנה מדכתב מכבין סתמו כפי' משמע שעושין כל אופני ההשתדלו' לכבותה מהר' ואין מדקדקין באיסור א' או שנים דלענין ספק נפשות הרי הוא כחול לכל הצריך וכמו שהקדים שם בראש הפרק וק"ל.

ד"ה לא צריכא דפריש וכו' ושם נפלה על האחד וכו' והכא לא אמרינן הכי וכו' כונתו דבעלמא אמרינן דבפירש א' מהם נתבטל קביעותם הגם שנשארו השאר קבועים והכא לא אמרי' הכי דאין פרישת א' מהם מעלה ומוריד לבטל קביעותם דלעולם אזלינן אחר תחילתם שהיו קבועי' והיו נדונים מחצה על מחצה וספק נפשות להקל מעתה על כרחך דגם כשפירשו כולם אין לך לומר דאזלא קביעותייהו אלא עדיין יש לך לחוש לספק נפשות ונדונים מחצה על מחצה כבתחילה וכונתו להקדים זה למה שיפרש בדיבור הסמוך דעפי עדיף פרוש כולהו מפרוש מקצתייהו שלא תפרש כפי' הרי"ף ז"ל דפריש מקצתייהו עדיף שנשאר עדין קביעות הראשון דהא כיון דלענין פקית נפש הוה ס"ד דאין פריש' הא' מבטל קביעותו הראשון ה"ה בפירשו כולם ומאי דהדר ביה לחלק בין כולם למקצתם אינו אלא מטעם דאיתחזק ישראל בעינן כמו שיבאר כנלע"ד ודוק.

ד"ה הא דפריש כולהו וכו' בהאי חצר שנפלה בו וכו' ואע"ג דניידי וכו' דהגם שעכשיו באו כולם לחצר זו אכתי ניידי נינהו דהכא במאי עסקינן דבשעת עקירתם להכנס בחצר זו נפלה על אחד מהם מפולת וא"כ שדעת' היה שלא להתיישב כאן אלא לעבור מכאן למקום אחר ומש"ה אי הוה אזלינן בפקוח נפש בתר רובא ה"נ הוה אזלינן דניידי נינהו דקביעות חצר שניה לא חשיב לומר בו דין קבוע ועיין בתו' ובמ"ש שם וק"ל.

ד"ה לא שנו וכו' אלא להחיותו ע"כ שב"ד מצוין לפרנסו משום וחי אחיך עמך לשונו ז"ל בספ"ק דכתובות דודאי זה אי' סברא לומר דרב סבר דלפקח עליו את הגל אפי' ברוב ישראל אין מפקחין והשתא שמואל לא פליג עליה דרב אלא אשמועינן דהף לפקח עליו את הגל חושבים אותו כישראל ודוקא ברוב ישראל וכמ"ש בדיבור הסמוך וכן פי' ז"ל שם ושמואל אמר אף לפקח עליו וכו' והא דבעי בסמוך אם רוב עכו"ם למאי הלכתא ופי' ז"ל אליבא דשמואל כיון דאמר מפקחין וכו' לאו לאפוקי דלרב לא שייך בעיא זו אלא משום דשמואל הוא שחידש זה דאפי' ברוב עכו"ם מפקחין פי' לה אליבא דידיה משום דלרב לא בעיא לן כל כך דהיינו דסבר דדוקא ברוב ישראל מפקחין אבל ברוב עכו"ם אין דינו כישראל ומה גם דכן משמע דלשמואל בעי מדלא מוקי רוב ישראל לענין להחיותו אבל אה"נ דקושטא היא דרב ס"ל כשמואל דברוב עכו"ם נמי מפקחין עליו דמסתבר טעמי' וקרא מסייע ליה וכמ"ש התו' ד"ה ולפקח וכו' וכן תמה' להרא"ה ולהריטב"א ז"ל שם בכתובות שכן פירשו דעתו ז"ל והיינו דנקט ז"ל לא שנו ברוב ישראל וכו' דבמחלה על מחלה אין חייבין לפרנסו וכן מתבא' מדברי התו' ד"ה להאכילו נבילות וכו' להחיותו דקאמר היינו לפרנסו יעו"ש וכן בחי' דסוגיין יעו"ש וק"ל.

תוספות ד"ה מכבין ומפסיקין וכו' תימא לי דהו"ל זו ואצ"ל זו וכו' הא דוחק לומר כן כמ"ש בעלי הכללים ובזה אין צורך למה שהקשה ותי' בס' יד אהרן בעא"ח סי' שכ"ט יעו"ש ושוב ראיתי בס' שער יוסף להוריות ו' ע"ב שפי' כן יעו"ש. ומ"ש דסד"א דוקא לכבויי שרי וכו' כלומר שהיא מלאכה גמורה דאינה צריכה לגופיה היא דהגם דתלמודא קאמר ואע"ג דקא ממכיך מכובי וכו' הוא אינו מכוין לכך והשתא היכא שס"ל לגופה היא אבל כולי האי לעשו' מלאכה גמורה דהוצאה והכנס' בהצטרפות איסור הקל דגרם כיבוי דילמא לא שרי קמ"ל ומשום דאפשר לדחות דדילמא הכא כיבוי נמי מלאכה גמורה היא דכיון שצריכים לו לערב לצלות כמ"ש רש"י ס"ס ממילא הויא צריכה לגופה ואצ"ל כך לי היתר זה כמו להביא כלים דרך ר"ה דהכא והתם אין כאן אלא מלאכה א' דאוריית' דגורם כיבוי קיל שהרי אף מפני איבוד ממון שרי [(עיין מ"ש בפרש"י)] להכי תי' באופן אחר דכיבוי שרי טפי שהוא ברור וכו' וק"ל.

ד"ה הא דפרוש כולהו וכו' וילאו גם מהם וכו' כינתם דמפרש"י משמע שפירשו כולם והלכו לחצר אחרת ושם נפלה מפולת על א' מהם וקשיא להו על פי זה דהא פשיטא דמ"ל חצר ראשונה או שניה הרי כשחזרו ועמדו בשניה חזרו לקביעותם ובודאי שגם כאן נידונים כמחצה על מחצה לכן פירשו דפרוש לחצר אחרת כדקאמר תלמודא מעיקרא אלא שחידש עתה דהדר פרוש ויצאו כולם מחצר שניה זה לכאן וזה לכאן ונפלה על א' מהם מפולת דכיון דבשעת פרישתן איתחזק שום ודאי ישראל א' ביניהם מפקחין ולא אמרי' דעל כל א' יש לומר בו כל דפריש מרובא פריש דלא הלכו בפקוח נפש אחר הרוב וא"נ דהשתא אין אנו צריכים לומר דפרוש לחצר אחרת אלא שפירשו מחצר הראשון זה לכאן וזה לכאן ונקטו לה בלשונם משום דתיריצא דהא דפרו' כולהו אמאי דאוקמה מעיקרא לא צריכ' דפרוש לחצר אחרת קאי ובמ"ש יתורץ מה שהקשה הרל"ס על דבריהם ואין צריך להגיה כמ"ש שם בפ"ב מה' שבת וכן מצאתי להרב בעל מחנה אפרים בסוף ספרו שכתב על דברי הרל"ס וז"ל גי' התי' בספרי' שלנו כן הוא ולא נשאר בהם עד א' כלומר אפי' א' עכ"ד וז"ל הרב המאירי ז"ל ומ"מ יש בזה צד שאין מפקחים והוא שאמרו הא דפריש כולהו הא דפריש מקצתייהו כלומר פירשו כולם ממקום קביעתם והלכו זה בבית זה וזה בבית זה ולא נשאר שם אפי' א' ונפל מפולת על א' מהם מפקחין שהרי א"א שלא היה א' מן הפירשים ישראל ושמא זה שהרי חזקת רוב עכו"ם הלכה לה אבל אם נשתייר אפי' א' בחצר ראשונה אומרים על הפורש' שמן הרוב פירש ואין מפקחין הא כל שנפל בחצר ראשונה הואיל והוחזק שם ישראל מפקחין אפי' לא נשתייר שם אלא א' עכ"ד ולפי האמור צריך להגיה בדבריהם וגפלה במקום שנפלה ועליו דקאמרי כלומר על אחד מהם. ומה שסיימו הא דפרוש מקצתייהו וכו' אלא א' ע"כ כנומר דל"מ בפירשו רובם לחצר אחרת דודאי אזלינן בתר רובא אם מצד שבעלה קביעותם ואם מצד שלא איתחזק ישראל באותם הפירשים אלא אפי' שלא פי' אלא א' מהם לא תימא דהגם דלא איתחזק ישראל באותו שפירש מ"מ כיון שרובם ככילם נשארו בחצר הראשון אכתי לא בטלה קביעותם וזה הפורש כמי שלא פירש דמי ודין מחצה על מחצה עליו [(וכמו שהוא לגירסת הרי"ף ופי')] אלא יש לך לומר בו דכל דפריש מרובא פריש כיון שאין כאן ישראל בודאי כנלע"ד וקרוב לזה פי' בס' ש"ב יעו"ש ועיין מ"ש בפרש"י וק"ל.

דף פ"ב ע"א גמרא כי איתמר דשמואל ארישא וכו' ולאו אדרב קאי א"נ דה"ק ולפקח עליו אינו כן כדקאמרת בלהחיותו דבעינן מע"מ דהכא אפי' ברוב עכו"ם יש לפקח ומתני' לא איירי בדין פקוח כלל וכן צריך לפרש למה שנראה מדברי התו' ד"ה להאכילו וכו' דלהחיותו' גרע מפקוח גל עיין מ"ש שם אבל למה שנראה מדברי רש"י ד"ה למאי הלכתא דלהחיותו עדיף ה"ק ושמואל אמר אמתני' דלפקח הגל אפי' בריב עכו"ם וכ"ש להחיותו דהא מפרנסים עניי עכו"ם וכו' ומתיל' דפליגי' ענך דאמרת דלהחיותו רוב ישראל בעינן וק"ל.

שם כי איתמר דשמואל ארישא איתמר וכו' עיין בלשון הרמב"ם ז"ל פט"ו מה' איסורי ביאה שדעתו שם להשוות דין להחיות עם דין פקוח הגל דבשניהם במחצה על מחצה מפקחין יזה מפני שהוא מפרש דרב אמע"מ קאי וה"ק לא שנו דרוב ישראל וכן מע"מ ישראל אלא להחיותו אבל ליחסו ל"מ מע"מ אלא אפי' רוב ישראל לא סגי דליוחסין תרי רובי בעינן כדא' ספ"ק דכתובות עיין בסוגיא שם ועיין בתחילת לשון הרא"ה ז"ל שהובא בס' אסיפת זקנים שם ד"ה הא דאמרינן לא שנו אלא להחיותו וכו' ותבין היטיב ועיין בס' נחלת צבי לא"ה סי' ד'. אלא שנסתפק ז"ל בתשובה שהשיב לחכמי לוניל אם נאמר דלהחיותו דקאמר רב בכללו גם פקוח גל ולפ"ז ס"ל לרב כר"י דברוב עכו"ם אין מפקחין או נאמר דלא איירי אלא לפרנסו אבל בפקוח דעדיף מודה לשמואל דברוב עכו"ם נמי [(ולשונו שם נלע"ד דכן ל"ל להחיותו ולא ליחסו ואפי' תימא שרב לא שמענו לו מחלוקת בדבר זה שהוא הפקוח על זה שהוא מעיר שרובו עכו"ם ולא איירי

בפקוח כלל בשום מקום ולא מפני שלא דק וכו') מעתה כיון שפסק ז"ל כר"י דבפקוח יש לילך אחר הרוב כשפירשו כולם ה"ה בלהחיותו וא"כ לא משכחת לה אלא במחצה על מחצה ולדעתו ז"ל ודאי דיש מקום לומר דדוקא לפקוח הוא דקאמר שמואל אפי' ברוב עכו"ם אבל לפרנסו מוד' לרב דאין כאן חיוב אלא במע"מ והא דבעי תלמוד' אם רוב עכו"ם למאי הלכתא לא מצי למימר שלא להחיותו חדא דלא פסיקא ליה מלתא לשמואל דלהחיותו דוקא במע"מ דשמא סבר דדמי לפקוח דאפי' ברוב עכו"ם ועוד דהא מסיפא דמע"מ שמעי' לה דברוב עכו"ם לא עיין מ"ש בפרש"י ד"ה אם רוב ישראל וכו' משם הרא"ש ז"ל וכן נמי במע"מ קאמר לנזקין דמלתא פסיקתא נקט דלהחיותו אפש' דלשמואל אפי' ברוב עכו"ם כמ"ש דס"ל ז"ל דכל בעיות אלו אליבא דשמואל ניננהו כדמשמע פשטא דסוגין דלרב הגם דע"כ לדידיה נמי רוב ישראל דקתני היינו להחזרת אבידה מ"מ באינך אפשר לפרשם לדידיה רוב ע"א לענין פקוח ופליג אשמואל ומע"מ הא קאמר בהדיא דלהחיותו הוא ועיין מ"ש הכ"מ ז"ל שם בפרק ט"ו מהלכות איסורי ביאה וק"ל.

שם מאי קאמר לא מבעיא קאמר וכו' דס"ד דמתני' הכי קתני ספק הוא שם ספק אינו שם מפקחי' ואע"ג שלא ידענו אם ימצא חי או מת ובתר הכי קתני ספקא אחרינ' שידענו שהוא שם אלא שנסתפק לנו אם הוא חי או מת ועוד קתני ספיקא אחרינא שידענו שהוא חי אלא שהוא ספק אם עכו"ם או ישראל והיינו דפריך דמאי קאמר דאמאי קתני להו בזו ואצ"ל זו דליתני ספק הוא שם וכו' וכ"ש בשידענו שהוא שם אלא שספק אם חי או מת או ספק עכו"ם ספק ישראל ומאי אשמעינן מתניתין בכולהו וכמו שפרש"י ז"ל יעו"ש ותריץ ליה דמתני' בלא זו אף זו תני להו וספק הוא שם דקתני כלומר שאין לנו אלא ספק זה אבל אם יהיה שם פשיטא לן שהוא חי ושהוא ישראל ול"מ זה אלא אף בשידענו שהוא שם ושהוא ישראל אלא שספק אם חי אם מת שעבר עליו זמן הרבה וקרוב הדבר שיהיה מת מפקחין דלא יהיה אלא משום חיי שעה ול"מ זה אלא אפי' בספק עכו"ם נמי מפקחין הגם דלא איתחזק בישראל וזהו אם נאמר דלמסקנא כולהו דקתני מתני' או או קתני. אבל עוד יש לפרש דמעיקרא ס"ד דמתני' או או קתני וספק הוא שם כלומר שאין שם אלא ספק זה אבל ידענו שאם הוא שם ודאי חי וישראל הוא ולהכי פריך דלמאי איצטריך למיתני כל הני ספיקי ותריץ ליה דמתני' חדא קתני ול"מ קאמר ל"מ בשאין כאן אלא ספק א' דהוא שם או אינו שם אלא אף אם נצטרף עם זה ספק אחר דחי או מת ול"מ בשאין כאן אלא שני ספיקות שם או אינו שם חי או מת אבל ידענו שישראל הוא אלא אף כשנצטרף עוד ספק שלישי ספק עכו"ם או ישראל מפקחין וכן פי' לה הרב המאירי כאן ובסוגיא דלעיל הא דפרוש כולהו וכו' כתב וי"מ פירש כולהו מפקחין שאין כאן אלא חדא ספיקא פרוש מקמייהו אין מפקחין שיש כאן תרי ספיקי ואין זה כלום שבפקוח נפש אף בתרי ספיקי מפקחין וכמ"ש מי שנפל' עליו מפולת וכו' ואעפ"י שאפשר לפרשה באו או מ"מ הדברים נראים שאפי' היו שם כל הספיקות ביחד מפקחין וכ"כ גדולי המפרשי' עכ"ד וכן פי' לה ה"ה בפ"ב מה' שבת יעו"ש ועיין בס' ש"ב ובספר אדרת אליהו. והנה מ"ש בס' יד אהרן א"ח סי' שכ"ט דהכרת הה"מ הוא מסוגיא דפ"ק דערכין ז' א' וכ"כ עוד בספר מרכבת המשנה יעו"ש הדבר ברור דכונת ה"ה שכתב ומבוא' בגמ' היינו מסוגיין וכמ"ש הר' המאירי ז"ל דהראיה שהביא מערכין יש לדחות דמי לא עסקינן נמי הכא בספק שאינו שקול כגון ספק חי ספק מת שבדק ומצא עליונים מתים דאפ"ה יפקח על התחתונים משום מעשה שאירע שנמצאו תחתונים חיים כדלקמן וכן לשמואל דעליה קיימינן שם בערכין בספק עכו"ם ספק ישראל מפקחין אפי' ברוב עכו"ם הגם דהיה לנו לילך אחר הרוב ולאו ספק שקול הוא וא"כ שפיר מוכח התם מהך דוולד נמי מביאין סכין דרך רה"ר וקורעין את כריסה הגם שמתה משום דזמנין איקרי דוולד לא מיית ברישא דבפקוח נפש יש לחוש לכל הצדדים שלא יבא לידי מיתה משום וחי בהם דה"ע דשמואל דאין הולכין אחר הרוב כמ"ש התו' לעיל בסמוך ומה שהקשה שם לפרש"י דערכין בפשיטו' יש לתרץ דעדיפא מינה מבעי דאפי' תימא דלעולם מיית ברישא אין זה תורת אלא מידי דהוה אגב הלטאה יעו"ש ועיין במ"א סי' ש"ל וק"ל.

שם לא צריכא לחיי וכו' שבאותה שעה ישוב בלבו ויתודה לשון הרב המאיר ז"ל. וז"ל הרמב"ם בפ"ב מה' שבת מצאוהו חי אעפ"י שנתרוצץ ולא היה שיבריא מפקחין עליו וכו' ע"כ.

שם ת"ר עד היכן הוא בודק וכו' וי"א עד לבו וכו' והיא גירסת רש"י ז"ל אבל הרי"ף והרא"ש ז"ל גורסים וי"א עד טבורו וכן משמע מדמייתי דאבא שאול דקאמ' מטבורו וכן בסוטה מ"ה ע"ב פליגי תנאי דחד אמר מודדין מטבורו וחד אמר מודדין מחוטמו וקאמר טעמא התם מר סבר עיקר חיותא באפיה ומר סבר עיקר חיותא בטיבוריה ופי' הרמב"ם שם עיקר החיות טבורו לפי שהוא אמצעית הגוף הכולל כלי המזון שבהם נמשך המאכל ע"כ וכן בירו' דפרקין איתא תרין אימוראין חד אמר עד חוטמו וחורנא אמר עד טבורו מ"ד עד חוטמו בהוא דהוי קיי' ומ"ד עד טבורו בהו' דהוה רבון ע"כ ולגי' רש"י ז"ל דמייתי מדא"ש מטיבורו ולאו כדא"ש ממש דהנא דברייתא סבר דעיקר היות ברביעית דם שבלב א"כ דמפרש טיבורו אמצע הגוף מראשו עד סוף בטנו דהיינו לבו הנתון באמצע שיעור זה והיינו לבו די"א דברייתא וז"ל הרב המאירי ז"ל ופי' בגמ' שכשבודק בזה אם חי אם מת וכו' אבל אם בדק דרך מרגלותיו כגון שהזדמן לו הפקוח כן ואעפ"י שבדק עד טבורו או לבו ומצאו מת אין סומך בכך עד שיגיע לחוטמו ע"כ וק"ל.

שם אפי' תימא א"ש וכו' וה"ה דתנא דקאמר עד לבו מצי למימר דתנא דאמרי אפי' לרבנן דע"כ ל"פ אלא לענין יצירה דמקרא מוכח הכי אבל לענין חיות בלב הוא אלא משום דאנן קיל"ן כמ"ד עד חוטמו דהכי ס"ל לר"ע גבי מדידה דעגלה ערופה כדאיתא בסוטה מ"ה ע"ב להכי לא חיים לייסב אלא דא"ש ס"ל נמי עד חוטמו וכן בסוטה שם ור"פ נמי לקמן בסמוך אשמועינן דסברא דעד חוטמו מוסכמת יותר דהא מ"ד עד לבו מודה בלמעלה למטה דכיון דבדק בחוטמו תו לא צריך ומכאן יצא לנו טעם נכון למה שהרמב"ם ז"ל בפ"ב מהל' רוצח פסק כר"ע נגד ראב"י דמשנתו קב ונקי וכמו שהקשה הכ"מ שם משום דפשטא דסוגיין דהכא משמע כמ"ד עד חוטמו ושוב ראיתי להבאר שבע שם שתי' כן יעו"ש וכן אף לגי' הכ"מ פ"ב מה' שבת והיא גי' הרי"ף והרא"ש דמ"ד חוטמו סברת י"א דברייתא היא אפי' הכי פסק כמוהו מהטע' שכתבנו וכן פסק הרב המאירי ז"ל וק"ל.

שם אר"פ מחלוקת וכו' אבל ממעלה למטה כיון דבדק ליה עד חוטמו וכו' דכתיב וכו' והיינו נמי דע"כ ל"פ רבנן וא"ש אלא לענין יצירה כדקאמר לעיל והיינו דמייתי תלמודא כך דר"פ הכ' ולא מיד אחר ברייתא קמייתא לבתר מחלוקתם ובתר הכי לימא כהני תנאי וכו' ללמדנו דמקרא ומפלוגתא דרבנן וא"ש למד ר"פ לפרש מחלוקתם כן דמקרא לחודיה אימא דתרווייהו איתנהו ושוין ניניהו וחדא מנייהו נקט רחמנא אלא שמדברי רש"י ז"ל משמע דגרים לה קודם פלוגתא דא"ש ורבנן ולגי' הגם דהא קאמר ר"פ דכולהו מודו דחוטמו בדיק' מעלייתא היא וא"כ מאי קאמר נימא הני תנאי וכו' הא ודאי דלענין יצירה דוקא פליגי דאל"כ מאי שנא טיבורו דנקט א"ש מ"מ ס"ד דלענין חיות נמי פליגי ואדרבא אימא דבשלמא אי סבר א"ש דכך עיק' חיות בטיבורו כמו בחוטמו אלא דסובר דמטיבורו שהוא האמצע משם תחילת יצירתו ודומיא דאבן שתיה ניחא אבל אי סבר דחוטמו עדיף מהיכא מסתבר ליה שנוצר מטיבורו דכיון דאין שם עיקר חיות טפי מסתבר לומר שנוצר מחוטמו שהוא כיסוד החזק ותריץ ליה דאין יסוד היצירה מושך שם יהיה עיקר החיות ומה גם כאן עיקר חיות חוטמו נמשך מצד עצמו שתאמר שהוא היסוד החזק שממנו נוצר אלא קרובו לראש ששם המוח ראש לאיברים הוא שגורם לו עיקר החיות ולהכי דוקא ביצירה פליג ואמר שנוצר מטיבורו שכן הוא אמצע הגוף ולעו' דמודה דעיקר חיות בחוטמו הוא ודו"ק.

שם מנין לפקוח נפש שדוחה את השבת וכו' הא ודאי דאית להו דרשא דר"א דלעיל פ"ב ע"א ואהבת את ה' וכו' בכל נפשך וכו' וכדמסיים בה ר"ע גופיה בפ' הרואה ס"א ע"ב ר' עקיבא או' בכל נפשך אפי' נוטל את נפשך וא"כ מדאצטריך להזהיר שימסור עצמו על יחוד השם ממילא משמע דבשאר מצות חוץ מאותם שגילה בהם הכתוב אינו חייב לשומרם במקום סכנת נפשו אבל כונתם דבמקום ספק מנין וכדמשמע מראייתם שהביא כל א' מהם. ויראה דבכלל שאלתם ג"כ מנין שאחר יהיה מותר לעבור על המצות בספק דהא אין אומרים לאדם חטא כדי שיזכה חבירך דאי משום דכתיב לא תעמוד על דם ריעך אימא דוקא בודאי לא בספק ומייתי שפי'

מנה במחתרת דספק בא להרוג והותר לכל להורגו כדכתיב אין לו דמים דגברא קטילא הוא כמו שפרש"י בחומש ובסנהדרין ע"ב ע"א וכן איך דמיתו יש להוכיח מכם דאחר נמי הותר לו לעבור בשביל חבירו והיינו דדייק לומר ניתן להצילו בנפשו כלומר ניתן לאחר ועיין בסנהד' ע"ג ע"א ובזה יש ליישב דה"ע דלא ניחא להו להנך תנאי לאתויי ממקרא מפורש דוחי בהם כדמייתי שמואל בסמוך משום דיש לדחות דה"ק שיעשה המלות בתנאי שיהיה לו חיות בהם דאם יכנס לספק חיו' יכול הוא בעלמו לעבור עליהם אבל לא אחר בשבילו ושמואל סבר דמאחר שעשה בו הכתוב ספק כודאי גם אנו מצווים להחיותו אפי' בספק מלאו דלא תעמוד על דם רעיך וקרוב לזה שוב ראיתי בס' שמות בארץ יעי"ש וק"ל.

שם נענה ר"ע וכו' ואמר רבב"ח א"ר לא שנו וכו' ז"ל התוספתי' דספי"ו דשבת אר"ע וכי במה החמירה תורה בעבודה או בשבת החמירה בעבודה יתר מבשבת שהעבודה דוחה את השבת ואין שבת דוחה אותה והרי הדברים ק"ו ומה עבודה שדוחה את השבת ספק נפשות דוחה אותה שבת שעבודה דוחה אותה אינו דין שספק נפשות דוחה אותה הא למדת שספק נפשות דוחה את השבת ע"כ ומתוך זה יובן דר"י אתא לפרושי ולברורי מלתא דר"ע דהיכן מלאנו שספק נפשות דוחה עבודה ופירשה במאי דקאמר ל"ש וכו' ומה זה שספק וכו' אלא דתלמודא לא חש להאריך ולהביא דברי ר"ע ממש ולפרשם כדר"י אלא הכניס בדבריו מילתיה דר"י אלא דיקשה לגי' שלפנינו ממה שראינו דר' יוחנן סבר דאין מזבח קולט כלל אלא שם ערי מקלט כדאיתא בירו' פ' אלו הן הגולין וכ"ה בסמ"ג עשין ע"ה ובילקוט פ' משפטים ל"ג ארבב"ח א"ר ולפי"ז ניחא דר"י לא פליג אר"ע אלא סבר דלכ"ע אין מזבח קולט וראית ר"ע הוא באופן אחר כמו שנבאר. והנה במכילתא פ' כי תשא הובא בלשון אחר וז"ל רע"א אם דוחה רציחה את העבודה שהיא דוחה שבת ק"ו לפקוח נפש שדוחה השבת ע"כ ומשמע דה"ק דמאחר שראינו דאיבוד נפש חמורה מאד לפני המקום ממה שליוה לעשות דין ברולח שאיבד נפש אפי' מעם מזבחי תדחה העבודה והגם שאין עוד תקנה בזה להחיו' נפש הנהרג ק"ו לפקוח שיש לנו לעשות כל הלדדים לקיים נפשו אפי' בספק סכנה ותדחה השבת מפניה וק"ל.

רש"י ד"ה ושמואל וכו' אבל במחלה על מחלה לא וכו' דהא אדרב קאי דל"מ להחיותו ולפרנסו אלא אף לפקח הרי הוא כישראל ורב ארוב ישראל דוקא קאי כמ"ש לעיל וכי תימא במחלה על מחלה אמאי לא הרי ספק נפשות הוא וכדפרשינן לעיל י"ל דאע"ג דשוק זה איתחזק בו ישראל מהעוברים שם כיון שהם פורשים בכל כי האי לא נדון דין דמחלה על מחלה שאין ברור לנו דבשוק זה הם מע"מ וע"כ לא אמרינן כן לעיל אלא כשהם קבועים במקום אחד ושם נפלה מפולת אבל בשרוב העיר ישראל יש להקל אפילו למה שנמלא בשוק כיון דהוחזק בישראל הגם שלא הוחזק כאן אפי' מחלה על מחלה ודו"ק.

ד"ה **אם** רוב ישראל וכו' במחלה וכו' כדמשמע מדיוקא דרישא ומלתא דפשיטא היא דמדקאמ' דברוב עכו"ם מאכילי' מכלל דבמע"מ לא ומש"ה לא מלי למימר מע"מ לענין שלא להאכי' נבלות וכן ראיתי שכ"כ הרא"ש ז"ל בתוספותיו לספ"ק דכתובות יעי"ש ועיין במהרש"א וק"ל.

ד"ה **נייתי** היא וכו' לא מליק לישראל וכו'. וכדרך שאמרנו בהחזרת אבידה דבמחלה על מחלה אין מחזירין משום דספיקא הוא.

ד"ה **שמצילין** את המת לחצר המעורבת וכו' הא ודאי דבלא אפשר לחצר שאינה מעורבת ולכרמלית נמי שרי כדאיתא בהמלניע ל"ד ב' דהוה שכבא דהוה בדרוקרת שרא ר"נ בר יצחק לאפוקי לכרמ' ופי' ז"ל שם שהיה מוטל בבזיון או בדליקה או בחמה וכו' מפני' דגדול כבוד הבריות כדאיתא התם אלא משום דהכא קאמר טעמא אי לא שריא ליה אתי לכבויי וודאי שאין כאן איסור דאוריתא ממש דמלא' שאינה לריכה לגופה היא [(ועיין בהרין בפ' כירה בענין זה דריב"ל)] אלא איסורא דרבנן היא משום לתא דאוריתא בלריך לגופה והיינו דכתב ז"ל לקמן בדיבור הסמוך מה איה ליה למיעבד דתהוי איסורא דאוריתא וכו' ולהכי פירשה ז"ל לחצר המעורבת דהשתא אין כאן איסור דרבנן דהולאה הנוגע לאיסור תורה אלא איסור טילטול דבלא אפשר ע"י ככר או תינוק פלוני כדאיתא בפרק כירה דהשתא קאמר שפיר דאי לא שריא ליה בהכי יבא לעשותו ע"י איסור כיבוי דחמור יותר שנוגע לאיסור דאוריתא אבל הרב המאירי ז"ל פי' וז"ל ואם מת יניחו' שאמרו שמלילין את המת מן הדליקה להעבירו מחצר לחצר בלא עירוב בזו כך אמרו אי לא שרית ליה טלטול שלא לצורך מתוך שאד' בהול על מתו אתי לכבויי אבל במפולת אין גזר' שהרי אין כאן חשש איסור תורה שנתיר את הפקוח בשבילו עכ"ד משמע דסובר דכיבוי מדאוריתא וה"ק דניחא טפי להתיר איסור הולאה לחצר שאינ' מעורב' ואיסור טלטול דכולהו מדרבנן כדי שלא יבא לידי איסור תור' דכיבוי דסבר כר"י דמלאכה שאינה לריכה לגופה חייב עליה כמ"ש בס' ש"ב זע"ש וא"נ דלתא דאוריתא קאמר דכיבוי חמיר שבו בעלמו יכול לבא לידי איסור תורה והיינו שכתב חשש איסור תורה כלומר דשמא יכוין לעשות פחמים וכדלעיל. אבל לו ז"ל ירלה כמ"ש מדפיר' במעורבת ואיסו' דאוריתא שכתב בסמוך על כרחין נוגע לאיסור תורה קאמר וכמ"ש וק"ל.

ד"ה **ולוי** הסדר לא פירש לי מהו ע"כ אפשר דלשון סדר הוא כלומר שסידר איזה ברייתות ועניינים על דרך שסידר לוי שבזמן רבינו הקדוש כמו שפי' ז"ל בפ' נערה שנתפתתה מ"ג ע"א יעי"ש ומלאתי להרשב"ץ ז"ל בספרו מגן אבות בפ"ד במשנת ר' יוחנן הסנד' שכתב ז"ל פירוש סנדלר עושה מנעלים ויחס אותו על שם אומנותו' כמו נחום הלבלר וכו' ובאהרון מיוחא לוי הסדיר וכו' ע"כ אלא שבמכבי' פ' כי תשא הגי' סדר כגי' רש"י ז"ל. ושוב ראיתי בס' זה ינחמנו על המכילתא שם דמכח ההיא דפ' נערה שהבאתי כתב דבודאי ידע רש"י ז"ל שלכך נקרא לוי הסדר אלא רלה לומר למה מכנהו כאן בשם לוי הסדר יותר מבכל הש"ס ע"כ ונתחלף לו לוי תלמיד של רבינו הקדוש וחבירו של רב דבהא איירי התם במקום לוי הסדר שהיה בזמן ר"י ור' עקיבא אלא אפשר לומר כמ"ש שגם הוא סדר ברייתות וע"ד סת' ספרי' ר"י וזה פשוט.

ד"ה **וגודם** לשכינה וכו' אינו שוכן הס"ד ואח"כ מ"ה מעם מזבחי גבי רולח כתיב אם כהן הוא וכו' ב"ל ונתכון ז"ל לאפוקי מאותו פירוש שכתב הרב המאירי ז"ל דו"מ כמ"ש דוקא להמית כגון שהיה יודע בעדות לחייב את הרולח שאם היה עובד עבודה אין מזקיקין אותו לבא ולהעיד עד שיגמור עכ"ד.

ד"ה **ולא** מעל מזבחי אם התחיל בעבודה וכו' וכדאיתא בפ"ב דמכות י"ב ע"א אקרא דוינס יואב וכו' ויחזק בקרנות המזבח וכו' אביי אמר בהא נמי טעה שאינו קולט אלא כהן ועבודה בידו והוא זר ע"כ.

תוספות ד"ה **ולפקח** הגל וכו' אומר ר"י דה"ע וכו'. הולרכו לזה משום דמשמע שלא היה לנו להקל אלא ברוב עכו"ם קבועים שאז נידונים מע"מ דכי היכי דילפינן מקרא זורק אבן לגו דאפי' ברוב ישראל פטור מטעם קבוע דמשמע הא אם היו כולם פורשים נהרג משום כל דפריש וכו' ואין אנו חוששין בזה לפקוח נפש כך אין לנו לחוש ברוב עכו"ם פורשים לפקח עליו את הגל לזה תירץ דשאני הכא משום דכתיב וחי בהם שיש לנו לדון בכל ענין לעשות שלא יבא לידי מיתת ישראל ולא דמיא להכיא דזורק אבן לגו דשם אם הם פורשים יש לנו לילך אחר הרוב דאוריתא ולעשות דין במי שהרג בדרך שאנו הולכים בו אחר רוב ב"ד לחייבו. וה"ע שלא הביאו זה לעיל אליבא דשמואל דלא הלכו וכו' וכדנקטו לה בשמעת משום דהכא קשיא לן טפי דמנין לו לשמואל לומר כן כיון דמתניתין סתמא קתני דלא הוי ישראל אלא במע"מ ורב נמי משמע דפליג עליה מהאי טעמא ולהכי הולרכו כאן ליתן טעם לדברי שמואל דלא תיהוי כהלכ' בלא טעמי וק"ל.

ד"ה **להאכילו** נבילות וכו' דוקא ברוב ישראל וכו' דס"ל דדוקא לפקח את הגל שבודאי יש כאן איבוד נפש אם לא יפקחו הוא דסבר שמואל דאפי' ברוב עכו"ם יש לחוש לספק עכו"ם ספק ישראל אבל להחיותו ולהעילו בתורת חיוב על קופה של לדקה לא כי שמא ימלא להתפרנס מלד אחר דע"כ לא אמרו מפרנסים עניי עכו"ם וכו' אלא מפני דרכי שלום לא מלד החיוב ושלא כנראה מדברי רש"י ד"ה למאי הלכתא דדייק טפי להחיותו והיינו דלקמן בדיבור הסמוך לזה הביא פרש"י ואח"ז כתבו ובכתובות סוף פ"ק פירשתי וכו' כלומר דלדעתם דמודה שמואל

לרב דלהחיותו דוקא ברוב ישראל וכמ"ש כאן פירשתי שם דנקט מחזיר אבידה לרבותא וכו' וכן מתפרשים דבריהם שם בכתובות ומה שכתבו שם בדבריהם וקאמר רב וכו' משום דאיהו אמר לה נקטו הכי וה"ה שהדין כן לשמואל וכן מתבאר מדברי התו' דסוגיין יע"ש ואם תדקדק בדברי רש"י דכתובות ספ"ק תמצא דשם דעתו כדעת התו' ז"ל ועיין באסיפת זקנים שם ד"ה וז"ל הרשב"א וכו' והנה שראיתי למהרש"א ובס' ש"ב שהבינו דברי התו' אלי' דרב לעד"ן כמו שכתבתי וכן בשכ"י פי' כן וק"ל.

ד"ה **להחזיר** לו וכו' ואע"ג דס"ל לשמואל וכו' ודאי הוא דגם לפירושם דספ"ק דכתובות דסמך צריך לפרש כן וכנראה בהדיא מדברי התו' שם אלא משום דלפי' בדיבור הקודם דאליב' דרב נמי בעי יש לדחות דנקט להחזיר אבידתו לרבות' דרב דלדידיה דסב' דהולכין בממון אחר הרוב משכח' לה נמי להחזיר אבידתו הגם דאיב' עבירה וכ"ש להחיותו דליכא עבירה ולעולם דלשמואל דסבר דאין הולכין בממון אחר הרוב דקתני רוב ישראל אינו אלא להחיותו דוקא מאח"כ לפרש"י שפי' דלשמואל ברוב עכו"ם נמי מלווים להחיותו ע"כ דלהחזיר אבידה לשמואל נמי היא ותיקשי ליה דהא אין הולכין וכו' להכי נקטו הרגש זה בפירוש רש"י ז"ל וקרוב לזה ראיתי שפירש בשכ"י וקל להבין.

ד"ה **להחזיר** לו אבידה אבל מתנה וכו' הוצרכו לבאר זה הגם דפשוט הוא כדי לתרץ אמאי לא קאמר כולה לענין אבידה ולא זא"ז קתני ל"מ ברוב ישראל אלא אפי' במע"מ מחזירין דמע"מ כרוב וכדרך דקתני במכשירין שם גבי ככח' אם רוב ישראל גריכין להכריז מע"מ צריך להכריז דבשלמא לפרש"י דהכא לשמואל קיימינן דסבר ברוב עכ"ום נמי מלוה להחיותו ורוב ישראל דקתני לא מתוקם אלא לענין החזרה בדוקא יש לתרץ דסוף סוף אמאי פלגינהו בתרתי דלימא מע"מ לחודיה וכן פרש"י בספ"ק דכתובות יע"ש [(כן אמת שדבריו צריכים ביאור כמו שהקשה התי"ט שם במכשירין ואין כאן מקומו)] אבל לפי' בדיבור הקודם דרבותא נקט וכ"ה דיש בכלל רוב ישראל להחיותו ולענין החזרת אבידה לא"ז קתני לזה תירצו דהא מלתא דפשיטא דלית לן לאפוקי ממונא במע"מ דא"ל אייתי ראי' וכו' דדוקא ברוב ישראל הוא דלא חשבינן ליה מוחזק כיון דלא אתא בידיה ברשות בעלים כמ"ש לעיל וז"ל הרמב"ן ז"ל הובא באסיפת זקנים שם מע"מ למאי הלכתא והא אמרת צריך שיהא רוב ישראל ובודאי דוקא הוא דמע"מ לענין אבידה אינו כרוב לאפוקי ממו' וכו' ע"כ ועיין עוד בהר"ש שם במכשירין וק"ל.

ד"ה **לא** צריכא וכו' אם רוב ישראל דנגחיה תורא דידן וכו' יש לדקדק דהא כתבו לעיל דלשמואל דקיל"ן כותיה אין הולכין בממון אחר הרוב היכא דאתא לידיה ברשות בעלים והוא כדין כאן שאין להוציא ממון מהישראל כיון שהוא מוחזק בממונו וכן דעת ה"ה בפט"ו מה' איסורי ביאה וסיים שם דאי לא לישמועינן לנזקין ברובן ישראל וכ"ש בחזרת אבידה ע"כ וכ"כ באסיפת זקנים בספ"ק דכתובו' משם שיטה ישנה יע"ש וכן פסק הטור בח"מ סי' ד' וכן משמע דעת התו' ספ"ק דכתובות דע"כ לא הקשו שם אלא אמאי לא נקט נמי מתנ' על מחנה נכרי בנגח תורא דידן לתורא דידיה אבל דנוקמה כולה מלתא בנזיקין ל"ק להו דודאי ברוב ישראל נמי פטור הישראל המזיקו מטעם דהמוציא מחבירו עליו הראיה אלא ששם הוסיף מהר"ם כשיט' דהכא וזה מוכיח דתו' דסוגיין ממהר"ם נינהו מלבד מ"ש בריש מכילתא והיינו שכתבו כאן תימא לי ולא כתבו תימה כי במקום שמהר"ם ז"ל הוסיף איזה ענין ממה שלא נמצא בתו' בשאר מקומות כתב לשון לי וכמו שכתבנו בפרקים הקודמים. ופשוט הוא דמ"ש רש"י ז"ל בסוף פ"ק דכתובות ד"ה לימא ליה וכו' דהא מע"מ הוא וספיקא הוא ע"כ דמשמע דברוב ישראל דליכא ספיקא פשיטא ליה דמחייב הישראל המזיקו כונתו ליישב דלרב נמי דסבר דהולכין בממון אחר הרוב אף לאפוקי ממונא מ"מ במע"מ דספיקא ליכא מ"ד דמוליאין אבל ודאי דלשמואל דאין הולכין בממון אחר הרוב לאפוקי ממונ' וכמ"ש הרמ"ה הביאו הטור ח"מ סי' רל"ב ודאי הוא דהך לי רוב ישראל כמו מע"מ וכמ"ש בשיטה ישנה שם. והנה כבר היה אפשר לפרש דכונתם להקשות דאליבא דרב הו"מ למימר כולהו לנזיקין וזה היה מסייע למ"ש מהרש"א בד"ה להחזיר לו וכו' ועיין מה שכתבנו ד"ה להאכילו וכו' אבל יותר נראה לומר דס"ל דברוב ישראל כיון דמצווין להחיותו ולפקח עליו ושלא להאכילו נבלות ולהחזיר אבידה הגם דלעכו"ם איכא עבירה וליוחסין נמי היה לנו להחשיבו אי לאו משום דמעל' עשו שם בתרי רובי מעשה ישראל מעליא הוא אלא מפני חסרון טביל' הוא שאינו עדיין ישראל גמור וזה מוכן להעשות דגר קטן מטבילין אותו ע"ד ב"ד עיין בלשון הרשב"א דספ"ק דכתובות באסיפת זקנים שם ד"ה וכתב עוד הרשב"א וכו' וכיון שכן סברה הוא דמחייב ישראל המזיקו לשלומי דהכא מודה שמואל דלמיטוע כזה אין חוששין והולכין בזה אחר הרוב וכ"כ הב"ח שם סי' ד' לדעת הרמב"ם יע"ש ושוב ראיתי בס' ש"ב שכתב קרוב למ"ש ובמה שרצה שם לתרץ קושית התו' דכתובות הנה כבר תי' הרא"ש ז"ל בתוספו' שם דלרבותא קאמ' דממון ישראל אנו מפקיעין מספק ע"כ וק"ל.

ד"ה **אבא** שאול וכו' ועוד הקשה דהא התם וכו' כלומר דבלאו הך דהכא תיקשי הכיא דהתם דבסיפא איירי בשיעור האיברים וברישא איירי בתחילת מה שנולר בו להכי גרס וכו' וכמו שהגיה מהרש"א ועיין בס' גופי הלכות בסוף הספר קי"ט ע"ב. ומ"ש להכי גרס ר"ת תחלת ברייתו כרשון וכו' וכן גי' ר"ת כמ"ש בסמ"ג לאוין קי"א וכן מלאתי בויקרא רבה ריש פרשת כי תזריע תנא לורת הולד כילד תחילת ברייתו דומה לרשון וכו' ומאי דמסיים בה וגויתו בעדשה כבר פי' רש"י ז"ל במפלת דהיינו הגיד אבל כל גופו בגללות בשיעור רישון הוא וכן סיים בסמ"ג שם ובזה אין מקום למה שהקשה ביפה תואר שם על פרש"י ולא ידעתי מי הזקיקו לפרש כן ולא גויתו ממש כי כל גופו עגול ושיעורו כעדשה וכו' יע"ש אלא שצריך ליישב דמדברי הרמב"ם ז"ל פ"י מה' איסורי ביאה משמע דמפרש גויתו גופו שכתב איזה הוא שפיר מרוקם תחילת ברייתו של אדם גופו כעדשה ועוד שלא הביא שם כך דדומה לרשון משמע שהיה גורס תחילת ברייתו מראשו ומש"כ השמיט' חדא דאין נפקותא מזה לענין שיעור השפיר דהכא איירי הת' ועוד דקיל"ן כאידך דא"ש מטיבורו דמסתבר טעמיה אבל יותר נראה להסכים דבריו לפי' גי' ר"ת בויקרא רבא אלא שמפר' דאין הכונ' דומה לרשון בשיעור דאין שיעורו אלא כעדשה דהוי פחות מזה אלא הכונ' דומה לו בצורה לבד והכי דייק לשון ויקרא רבא דבזה אמר דומה ובאידך אמר כ"ב עיפין וכו' גוייתו כעדשה וכו' ולהיות שאין נפקותא בזה לענין שיעור השפיר נהכי השמיטה אלא דפשטא דסוגיא דהמפלת משמע כפרש"י דגויתו היינו גיד מדמסיי' בה ואם היתה נקבה גדונת כשעורה לארכה וע"ש בעמוד ב' וכן בירוש' שם קאמר גויתו כטיפה של זבוב ואם היתה נקבה גויתה מתוח כשערה אלא דממה שבויקרא רבה אפסקיה להך במלתא אחריתי יע"ש משמע דמלתא באנפי נפשה היא לומר שאם ראה אותו מקום כשעור' שדוקה ה"ז נקבה ואינה צריכ' בדיקה וכמ"ש הרמב"ם שם ולפי דרכו ניחא ליה להסכים גמ' דידן עם הירו' דגוייתו כטיפה של זבוב דקאמ' הירו' היינו הגיד אבל גוייתו דתלמוד' דידן היינו גופו דהוי כשיעור עדשה.

והנה צריכים אנו ליישב למה שנראה בהדיא מדברי רש"י שם ד"ה וחיתוך ידים וכו' דגרים תחלת ברייתו מראשו וקושייתם השנית יש לתרץ דדעתו דמתחילה קליט דתחילת ברייתו של אדם מראשו למה שיבאר דחיתוך ידים ורגלים אין לו ומבא' והולך דהא כילד שתי עיניו כשני עיפין וכו' לקושית סתירת סברת א"ש י"ל דתרי תנאי אליבא דא"ש וא"כ דה"ק תחילת ברייתו מלד ראשו לאפוקי שאינו נברא מלד רגליו ולאו למימרא שתחילת האבר הנולר בו הוא ראשו אבל לעולם דבולד זה של ראשו עד ראשי ירכיו הדבר הנברא בו תחיל' הוא הטבור וז"ל הירו' שם תני אבא שאול אומר מטבורו אדם נולר ומשלח שרשיו מיכן ומיכן תני רואין שתי עיניו כמין ב' עיפין וכו' עבורו כמין עיפה וכו' יע"ש וק"ל.

ע"ב גמרא **מעם** מזבחי וכו' אבל להחיות אפי' מעל מזבחי וכו' ירלה מבואר מסוגיא שלפנינו דאפי' מי שהרג במזיד מזבח קולטו אם התחיל בעבודה. ומה שנרא' מדברי הרמב"ם ז"ל פ"ה מה' רולח דבמזיד אינו קולט כלל אלא לשוגג שכתב שם המזבח קולט שנאמר בהורג בזדון מעם מזבחי תקחנו למות מכלל שהורג בשגגה אינו נהרג במזבח וכו' ואין קולט אלא כהן ועבודה בידו וכו' יע"ש וכבר תמה עליו בס' משנה למלך שם מסוגיין וכתב נמלא שאין חילוק כלל בין שוגג למזיד ואיך כתב רבינו מכלל שההורג בשוגג וכו' ואי לאו דברי רבינו הללו הייתי אומר דרולה בשוגג נלמד מהורג במזיד בק"ו וכו' יע"ש הנה דברי

הרמב"ם ז"ל לקוחים מהמכילתא פרש' משפטים סוף פרשה ד' דקאמר מעם מזבחי תקחנו למות ולא לדון ולא לנקות ולא לגלות ע"כ וכיון דאביי בפ' אלו הן הגולין י"ב א' דאיירי התם מתני' בהורג בשוגג ואטעיות דיואב דהרג את עמשא בשוגג כמ"ש התו' בסנהדרין מ"ט ע"א קאי וקאמר בהא נמי טעה שאינו קולט אלא גגו ועבודה בידו א"כ מוכח דסבר אביי דבשוגג אין מזבח קולט אלא בעבודה בידו ומעתה מה שדייק במכילתא דדוקא במזיד מעם מזבחי אבל לגלות לא ע"כ דבעבודה בידו היא מכלל דבמזיד אפי' בעבודה בידו תקחנו למות ומלבד סוגיא דיבמות ודסנהדרין שהביא שם בס' הנ' דמוכח מינייהו פשטא דסוגיא דרציחה דוחה את העבודה אפי' בהתחיל עוד זאת במכילת' שם מוכח בהדיא הכי דקאמר מעם מזבחי מגיד שמבטלים העבודה מידו ויוצא ליהרג וכו' יעו"ש וכן בתרגום יב"ע וירושלמי שם תרגמו אפי' כהנא הוא ומשמש על גבי מדבחי מתמן תסבוניה וכו' [(ועיין בספ' נדה לדרך על רש"י שם)] ומש"ה לא נראה לו ז"ל לפסוק בסוגיין ומה גם דבמכילתא פ' כי תשא מייתי ראית ר"ע באופן אחר שנוכל לומר דלעולם ר"ע נמי סבר דבמזיד אין מזבח קולט כלל וכמו שהעתקנו לעיל יעו"ש וממה שר' יוחנן פי' לה הכי אלמא דהכי ס"ל אין ראיה מדא דדילמא ל"ג לה וכגי' הילקוט כמ"ש לעיל ועוד דע"כ הניחא דר"ע קאמר וליה לא ס"ל הכי אלא סבר דאין מזבח קולט כלל אפי' לשוגג וכמ"ש לעיל משם הירושלמי יעו"ש ואחר החיפוש מצאתי בהגהות מכלל יופי שבס' יפה מראה בירושל' דמכות שכתב כדברינו יעו"ש. והנה הדבר פשוט שלא הוצרך להביא ז"ג שם דלהחיות אפי' מעל מזבחי שהרי כבר הפריש לנו ברפ"ב מה' שבת שאין משפטי התורה נקמה בעולם מקרא דוחי בהם ואפי' ספק סכנה דוחה את השבת וה"ה לזה. ושוב ראיתי דבדבר אפשר להסכים סוגיין עם שאר הסוגיות ומכילתא עם אותו פירוש שכתבנו לעיל בפרש"י משם הרב המאירי ז"ל דו"מ להמית למי שהיה יודע עדו' לחייב הרוצח יעו"ש והיינו דלמות יתיר' הוא ואם אינו ענין למות תנהו ענין להמית וה"ק להמית דוקא מעם ולא מעל דהעוסק במצו' פטור ממצות עדות אבל להחיות וכו' הה כמו שאמרו במכילתא שהעתקנו דקאמר למות ולא לדון שזה כולל בין להעיד ובין אם הוא מן הסנהדרין ויש לו ללמוד חובה אין מחייבין אותו לבא לב"ד עד שיגמור עבודתו. ונמצא דדיוק מעם ולא מעל איתורא דלמות דהיינו להמית קאי אבל עיקר קרא דכי יזיד אפי' מעל מזבחי תקחנו ולא תיקשי מהיכא ילפינן למות ולא לגלות דתרתי שמעת מינה דודאי כיון דעיקר קרא בכי יזיד כתיב אימא ודאי דדוקא במזיד הוא דאפי' מעל לא בשוגג כנלע"ד וק"ל.

שם נענה ר"א ואמר ומה מילה וכו' במכילתא שם ובתוספתא פ"ו דשבת מסיים בה אמרו לו ממקום שבאת מה להלן ודאי ולא ספק אף כאן ודאי ולא ספק ע"כ אלא שר"א היה סובר דכיון דטעמ' דדוחה שבת הוא מפני שחייבין עליה כרת לאחר זמן [(כדקאמר התם בתוספתא וכמו שהביא רש"י ז"ל)] כשלא ימול את עצמו ואעפ"י שאין זה ודאי שיבא לידי כרת דשמא יזכר וימול את עצמו אלא מפני הספק הזהירה תורה לרח אותו שלא נעכב במצוה א"כ מכאן אתה דן אף לספק פקוח ואהדרו ליה דמ"מ שם המצוה נעשית ודאי ובדין הוא שתדחה שבת מפניה ועוד דאין טעם זה מפורש אלא אימ' דגזיר' הכתוב היא שמיני ימול אפי' בשבת כדאיתא בשבת קל"ב ע"א. ויראה דר"א תרתי קאמר דממילא למדנו בה"כ לספק פקוח נפש דמה התם מפני ספק כרת ידחה שבת אף לכל ספק פקוח נפש כן ואם תרצה לדחות דמ"מ נעשית מצוה בודאי משא"כ כאן דמצות ספק פקוח הוא עדיין יש ללמדה בק"ו דאם משום מצוה ודאית דאינה אלא באבר א' ממנו דוחה ק"ו למצוה התלויה בכל גופו לקיימו דודאי תדחה אף בספק ואפ"ה אהדרו ליה מה להלן ודאי וכו' דאית' דעדיף טפי מצוה ודאית אף באבר אחד מלקיים מצות ספק אף בכולהו דאפשר שבלא דחייה זו היה מתקיים ולא היה כאן מצוה כלל בשעה שדחינו בשבת מפני זה ולפי האמור מ"ש רש"י ז"ל ד"ה ומה מילה וכו' לפי שחייבין עליה כרת וכו' אין כונתו לפרש דהק"ו הוא מכח ספק כרת דא"כ תיקשי דמאי אבר אחד דקאמר הרי כל גופו עומד בספק מיתת כרת וכמו שהקשה בס' הדרת אליהו יעו"ש אבל כונתו לרמוז לנו דמתוך זה נבין דברי ר"א דמה ראיה מביא מודאי לספק וע"כ רמז לעיק' טעמו הוא מכח ספק כרת אלא שרצה ללמדה עוד בק"ו לאלומי מלתי'

עפי למה שהיינו יכולים לדחות דשאני התם דהמצו' נעשית בודאי וכמ"ש כנלע"ד ושוב ראיתי בס' ש"ב שעמד על זה יעו"ש ודו"ק.

שם ר"י בר יהודה וכו' הא ר"ל אך חלק הך תנא ואידך תנאי דלקמן סברי דכיון שגילה הכתו' שלמנין פקוח נפש אין כאן חיוב שמירת שבת ה"ה לספק דבעינן הגלה נפשות עשה הכתוב ספק כודאי מקרא דוהצילו העדה כדאיתא בריש סנהדרין דה"ע דבעינן כ"ג יעו"ש ואפ"ה פריך וקאמר לקמן ועולהו אשכחן ודאי ספק מנל"ן משום דאימא דבמקום דיחוי מצות שבת לא עשה הכתוב ספק כודאי מקרא דוהצילו העדה כדאיתא בריש סנהדרין דה"ע דבעינן שבביא דרשא זו בשם ר' אבהו אר"י הוא לקוח מירושלמי דפרקין יעו"ש וק"ל.

שם ר' יונתן בן יוסף וכו' היא מסורה בידכם דס"ל דמעש' שבת אסורים מדרבנן ולהכי לא איצטריך לבם לומר שמותרין בהנאה כדדריש ר"י הסנדלר בודאי בפ' אלו נערות ל"ד ע"א יעו"ש אלא לומר שהיא מסורה בידכם.

שם אשם תלוי אינו מתכפר כפרה גמורה ולפ"ז מתניתין דלא כר"א דאמר' אשם תלוי בא על ספק נבולה א"כ הכך אין אחר וכו' ומתניתין אפי' כר"א אתיא וכדרך פלוגתא דרב יוסף ורבינא אברייתא דפ"ו דכריתות כ"ה ע"ב יעו"ש או אפשר דמהדר אהירוצא אחרינא דלהו ניחא דמייתי לה הכא משום דיוקא דאשם תלוי מתכפר ביוה"כ וק"ל.

שם נימא דלא כר' וכו' ואי"ב תיקשי סתמא דהכא אסתמא דפ"ק דשבועות דאוקימנא התם י"ג ע"ב דמתניתין דקתני דשעיר המשתלח מכפר אעשה בעומד במרדו ור' היא והא דלא מוקי למתני' בעבירות דיומיה דמודה ר' בכרת דיומיה דבעי תשובה כדקאמ' רבא התם משום דאין ענין זה ברור יעו"ש ועוד דומי' דסיפא דאיירי בכל עבירות קתני עיין בתו' וק"ל.

שם אפי' תימא ר' וכו' יוה"כ לא בעיא תשובה וה"ה מיתה וכדאיתא בירושלמי תני יום מיתה כתשובה ועיין בס' יפה מראה שם. ומתני' הכי קתני מיתה ויוה"כ מכפרין הם לבדם בלא תשובה אבל כשנצטרפו א' מהם עם התשובה אז התשובה מכפרת לא היא לבדה ומשום דמזה משמע דלעולם אין התשובה מכפרת לבדה להכי הדר ומפרש דעל קלות וכו' תשובה לבדה מכפרת אבל על החמורות הוא תולה עד שיבא יוה"כ וכו' וירא' דבכלל חמורות דקתני סיפא יש בכללן גם ג' עבירות דפורק עול שהם מתכפרים עם התשובה ויוה"כ כדקאמר ר' בשבועות יכול אפי' עשה תשוב' ת"ל שונה בה לא אמרתי אלא בזמן ששונה בה כנלע"ד ועיין לעיל בס' ש"ב בד"ה מית' ויוה"כ וכו' ומשום דפי' זה דחיק תלמודא לשנויי כי היכי דלא תיקשי סתמא אסתמ' אבל פשט' דמתני' כרבנן אתיא ולכן תמצא בירו' דפרקין דאסיקו דמתני' דלא כר"י יעו"ש וק"ל.

רש"י ד"ה ושמרו וכו' יזכרו בשבת זו בקיום וכו' כונתו מבוארת דקרא ה"ק דשמירת שבת זו יזכרו שתהי' לקיום והעמדה שישמרו שבתות אחרות דאם שמירת שבת זו יגרום לו שלא ישמור אלא שבת זה כגון שהוא בספק סכנה אין אתה מצוה על שמירתו אלא מוטב לחלל שבת א' כדי שישמור שבתות הרבה.

ד"ה **דשמואל** וכו' שיחיה בהם בודאי וכו' דאם הכונה לומר וחי בהם דאפי' בספק חיות מחויב לקיימם לימא קרא ולא ימות בהם דאז משמע דבמית' ודאי הוא שאינו מחויב לעשותם לא במיתת ספק השתא דקאמר וחי בהם פשטיה משמע שיהיה לו בעשייה זו חיות בודאי דאם יהיה בספק חיות אינו חייב לקיימם והיינו דכתב ז"ל הא"ל אימא מחללין וכו' דכל מקום שכתב כלשון זה למדנו הרדב"ז ז"ל בכללין דכונתו לומר דראיה אלימתא היא ואין לדחות' כנרא' להאורה ועיין בס' מהררי נמרים וק"ל.

ד"ה **חטאת** ואשם וכו' גזולות ומעילות וכו' תרי מינייהו נקט וה"ה לכולהו כדתניא בכריתות כ"ה ע"ב ה' אשמו' מכפרין וכו' יעו"ש אבל ודאי דסיפא דהביא דקתני אשם תלוי אין מכפר כפרה גמורה כלומר דאחר דהיינו יוה"כ מכפר כפרתן כדמפרש רבינו' התם הך לא איירי בהנו בלל דאין דין אשם תלוי אלא בדבר שחייבים על זדונו כרת ושגגתו חטאת כדאיתא בריש כריתות עיין בהרמב"ם בפ"ט מה' שגגו' וכמו שסיים ז"ל ויש אשם שהוא

תלוי הבא על שגג' ספק כרת וכו' כלומר דאשם ודאי דקתני מתני' ודיוקא דאשם תלוי דדייקינן מינה לאו בחד גוונא איירי והיינו דאיתא בכריתות שם כ"ו ע"א דספק זיר או ספק מצורע מייתי לאחר יוה"כ וז"ל הרמב"ם ז"ל פ' ג' מה' שגגות חייבי חטאות ואשמות ודאים שעבר עליהן יוה"כ חייבין להביא לאחר יוה"כ וחייבי אשמות תלויין פטורין וכו' ושם הלכה י"א כתב ספק זיר וספק מחוסרי כפר' וספק סוטה כולם מביאי' קרבנותיהן אחר יוה"כ ע"כ ועיין בס' ש"ב. ומה שסיים ז"ל ובגמ' פריך וכו' כונתו ללמדנו דהשתא ס"ד דאין תכלית כונת המשנ' להודיענו שחטא' ואשם ודאי מכפרין דזה פשוט דוכפר כתיב אלא עיק' הכונ' להודיענו דדוקא הני מכפרין אבל אשם תלוי לא מכפר אלא דבגמרא פריך דאמאי כיון דביה נמי כפרה כתיבא ומשני שפיר דאשמועינן מתני' דחטאת ואשם מתכפרין כפרה גמורה ולא היו כאשם תלוי דאינו אלא להגן ואי נמי אשמועינן דחטאת ואשם ודאי אין יוה"כ מכפר כפרתם ואפי' אי מתיידע ליה בתר יוה"כ מייתי חטא' כמו שהוכיחו בכריתות כ"ו ע"א ופסקו הרמב"ם שם ונמצא לכל א' מב' תירוצים אלו דמתניתין לגופה איצטרי' בין חטאת יבין אשם אלא דממאי דלא קתני אשם תלוי ידענו שהוא חלוק מהם כנלע"ד ועיין בס' ש"ב וק"ל.

ד"ה **חטאת** וכו' ומסתמא תשובה איכא וכו' ומש"ה לא פי' הכא עם התשובה כדקתני באידך ועוד אפשר לומר דבחטאת ואשם פשיטא ליה דהא כתיב קרא בהו והתודה ויוה"כ איצטרי' למיתני דיליף מהטאת ואשם כדאיתא בפ"ק דכריתות ז' ע"א ורבא דס"ד התם דבאמר תקרב חטאתי ולא תכפר דמכפר אמר לאו דוקא דבודאי איירי שהוא מתודה אלא דמחשב בלבו שלא תכפר וכמו שנראה בהדיא מדברי הרמב"ם ז"ל פ"ג מהל' שגגות וכמ"ש בס באר שבע שם ועיין בס' ש"ב וק"ל.

ד"ה **אשם** תלוי וכו' הכי ילפינן לה בכריתות ע"כ דרבא יליף שם מקרא דאו הודע אליו מ"מ ומה שהצריך עיון בס' ש"ב דהלא ממקומו הוא מוכרע בפר' אשם תלוי דכתיב וכפר עליו הכהן על שגגתו אשר שגג והוא לא ידע ונסלח לו ודרשו בת"כ ומביאו הילקוט והש"י ז"ל בפי' החומש והוא לא ידע הא אם ידע לאחר זמן לא נתכפר לו באשם זה וכו' יעו"ש יראה דרבא ס"ל דהך דרשא דת"כ אסמכתא בעלמא הוא ועיקר ילפותא מאו הודע דהך קרא לדידיה אצטריך לנזהק הדם הבשר יאכל מפני שלא היה לו ידיעה בשעת סליחה כדדרים ליה רבא גופיה בכריתות כ"ד ע"ב וא"כ אימא דכל שלא היה לו ידיעה בשעת זריקה מכפר כפרה גמורה והיינו דדייק וקאמר שם כ"ו ע"ב אבל אשם תלוי וכו' אימא הכי נמי דמיכפר דכי מתידע לבתר דקא מייתי אשם תלוי לא מייתי חטאת אמר רבא אמר קרא או הודע וכו' כלומר דע"כ לא ממעטינן מאידך קרא אלא כשהיה לו ידיעה קודם שנגמר הבאת אשם תלוי לגמרי אבל לאחר שנגמר הבאתו וזריקתו אימא דמכפ' כפרה גמורה ת"ל או הודע וכו' וק"ל.

תוספות ד"ה **עם** התשובה וכו' וי"ל דשפיר טפי משני וכו' דלתירוצם תיקשי דליתני מיתה ויוה"כ מכפרים על שאר עבירות ועל ג' עבירות פורק עול וכו' הם תולין עד שיעשה תשובה וכמו שחילק בסיפא בתשובה עצמה ובס' ש"ב פי' באופן אחר יעו"ש ושוב ראיתי בס' יפה מראה דתי' קושית התו' עם מה שכתבתי יעו"ש וק"ל.

ד"ה **חוץ** מפורק עול וכו' ואליבא דרבי וכו'. דהתם קאמר מניינא וכו' ואע"ג דהא קתני התם הפסח והמילה וקאמר תלמודא שם ג' ע"א דתנא להו לסיומינהו לכריתות וא"כ ליתני נמי פורק עול ומגלה פנים הא ל"ק דביון שאין בהם קרבן לא חשש לשנותם דכל עיקר כונת התנא שם לומר דמשכחת לה ל"ג כריתות בחד גברא שאם עשאם כולם בהעלם א' חייב על כל א' וא' וא"כ באידך איכא למימר תנא ושייר דהא שייר נמי הביא זכור עליו והביא עליו בהמה עיין בתו' החדשים שם ד"ה לסיומינהו וכו' אבל ודאי אי הוה סבר ר' דחייב עליהם קרבן כל כי הא רבותא הו"ל למיתני פורק עול ומגלה פנים לומר דמשכחת ל"ב כריתות בחד גברא וק"ל.

בא"ד **תדע** דבפ' אלו הן הלוקין ממעט וכו' עיקר הסוגיא שם איירי בהכי דפסח ומילה לא אימעטו מטעם שאיו בהם לאו דלא בעינן אזהרה לקרבן אלא אימעוט מטעם דקום עשה הוא יעו"ש וכן כתבו בדבריהם ד"ה השוחט והמעלה יעו"ש אבל כותבים דאסם איתא דבין לר' ובין לרבנן בעינן אזהרה לקרבן אמאי דחי ליה בהם לאו היינו טעמא וכו' ולומר דלא בעי אזהרה דלא כהלכתא דאי משום היקש' דע"א גמיר הרי יש לקיומו ולומר מה ע"א שיש בה לאו וכו' אלא ודאי משמע מהא דמשום דהאמת הוא דלא בעי אזהרה לרבנן להכי בעי לאסוקי קושטא דמלתא דהיקשא לשב ואל תעשה הוא ולעולם דלא בעינן אזהרה לקרבן. ומה שגמגם בס' ש"ב על ראי' זו יראה דאין מקום לגמגומו לרואה הסוגיא שם והוא פשוט ושוב ראיתי בספר שער יוסף להוריות ע"ב ע"א שהקשה עליו כן יעו"ש וק"ל.

דף פ"ו ע"א גמרא **ת"ש** ר"א כל שהוא מלא תשא ולמטה וכו' דבשלמא לעיל ניחא דנקט לא תשא משום דמהתם ילפינן לכל הלאוין דאין מתכפרים בתשובה דהא כתיב ביה לא ינקה אבל הכא אי לאשמועי' הא לחודיה ליתני כל שהוא מלא תשא ולמעלה תשובה תולה וכו' כלומר כל שהוא דומה ללא תשא שהוא לאו וכו' ומדהוסיף כאן כל שהוא מלא תשא ולמטה וכו' משמע דדוקא לא תשא משום דחמירה שבועת שוא אבל שאר לאוין נתכפרו בתשובה ואפ"ה פריך ליה לא תשא וכל דדמי ליה ורישא אצטריך למעוטי לאו הניתק לעשה דלא תימא שדינו כלאו גמור אלא דינו מלא תשא ולמטה דתשובה מכפרת ורישא ה"ק כל שהוא מלא"ת ולמט' שאינו לאו גמור וכו' והשתא ודאי ליכא למיטעי הגם דברישא אין ל"ת בכלל ובסיפא הוי בכלל עיין בס' ש"ב ומה גם דבסיפא דברייתא זו מפרש לה בהדיא דהכי איתי' במכילתא פ' יתרו סוף פ' ז' ר' אומר כל שהוא מל"ת ולמעלן התשובה מכפרת [(כלומר שגומרת הכפרה ואה"נ דבלא תשובה מכפר קימעא לרבי עיין בת"י דפרקין)] מל"ת ולמטה ולא תשא עמהם התשובה תולה ויוה"כ מכפר ואי זה הוא מל"ת ולמעלה עשה ולא תעשה [(כלומר כניתק לעשה)] חוץ מלא תשא מל"ת ולמטה דברים שחייבין עליהן מיתות ב"ד מיתה בידי שמים כרת ומלקות ארבעים חטאות ואשמות ולא תשא עמהם ע"כ וא"כ מדסיפא תני מלקות ארבעים דהיינו חייבי לאוין מוכח דל"ת וכל דדמי ליה קאמר ואי ברייתא דאייתי תלמודא היינו ההיא דמכילתא נ"ל דהמקשה לא סיימוה קמיה. ויראה דל"ל למטה במקום למעלן וכו' וכגי' תלמודא וק"ל.

שם **יכול** אף ל"ת במשמע ת"ל לא ינקה בפ' יתרו דאין לפרש כאן לא ינקה בלא תשובה דדוקא בפ' כי תשא דכתיב נקה לא ינקה גבי אהדדי יש מקום לדרוש כדלקמן הא כיצד מנקה וכו' אבל הכא מדלא כתיב אלא לא ינקה לחודיה ע"כ דאפי' בתשובה קאמר וכנראה שזהו כיון רש"י ז"ל לקמן ד"ה א"א וכו' דכתיב נקה לא ינקה גבי הדדי כלומר אבל בלא ינקה דלא תשא אין לדרוש א"א לומר לא ינקה שכבר כתב בפ' כי תשא ונקה דאימא דבשאר לאוין חוץ מל"ת איירי ועיין בס' ש"ב ובס' זהב שבא שפירשו כוונת רש"י ז"ל בדרך אחר ולפי' יקשה למה לא פי' כן גם בפ' שבועות הדיינין ל"ט ע"א יעו"ש וק"ל.

דף פ"ז ע"ב גמרא **ת"ר** מצות וידוי וכו' אבל אמרו חכמים וכו' שמא תטרף וכו' וכן גי' תוספתא דפרקין אבל הרי"ף והרא"ש גורסים מצות וידוי ערב יוה"כ עם חשיכה דברי ר"מ וחכ"א צריך שיתודה קודם שיאכל וישתה שמא יארע דבר קלקלה בסעודתו וכו' ולגי' זו היא שפי' הרמב"ם ז"ל בפ"ב מהל' תשובה דדבר קלקלה היינו שמא יחנק בסעודה קודם שיתודה דלגי' שלפנינו דברים שמא תטרף וכו' ודאי דהיינו שכרות ודבר קלקלה היינו חטא כפרש"י ועיין בתוספתא שם דקתני צריך שיתודה בנעילה שמא אירע בו דבר קלקלה כל היום כולו ושוב ראיתי בשיירי כנה"ג סי' תר"ז שפי' כן יעו"ש ובס' מעשה רוקח שם.

שם אמר מר זוטרא וכו' אבל אמר אבל אנחנו חטאנו תו לא צריך וכו' ודלא כאמוראי דלעיל דמפרשי וידוי בענין אחר לשון הג"מ פ"ב מה' תשובה. ויראה דגם איך אמוראי היו כוללים בתוך התפלה ההיא אבל אנחנו חטאנו וכו' דהכי משמע דקאמר לעיל ממעמקי הלב ע"כ שהיה כולל בתפלה ההיא עיקר הוידוי כדקאמר מר זוטרא משמיה ולפי"ז לא פליג מר זוטרא אאינך אמוראי אלא בא לומר דהם היו מרבים בתפלה אבל מלך החיוב הוא אבל אנחנו חטאנו וז"ל בה"ג בסוף הל' יוה"כ ויחיד דלא גמיר אתה יודע ואתה נותן כי אמר בצלותי' אבל חטאנו נפיק בה ע"כ וכן כרב

המאירי ז״ל כתב ועיקר הוידוי אבל חטאנו וכו׳ עד ולא שוה לנו אלא שנהגו להוסיף בו נוסחאות ישנות מימי התלמוד וכמו שהוזכרה כאן אתה יודע וכו׳ ע״כ והנה ודאי הוא דחטאנו וכו׳ קאמר דעיקר וידוי צריך להזכיר חטא עון ופשע וכ״כ הרא״ש שם וכן מוכיח בירושלמי דפרקין דקאמר כיצד הוא מתודה רבי ברכיה בשם רבי בא בר בינה רבוני חטאתי ומירע עשיתי וכו׳ שתכפר לי על כל פשעי ותמחול לי על כל עונותי ותסלח לי על כל חטאתי וכו׳ יעו״ש וק״ל.

שם וכי מטא שלימ׳ דלגורא ואמר אבל אנחנו חטאנו קם מיקם וכתב הר״ן כתבו הגאונים דמהא שמעי׳ שחייב אדם לומר הוידוי מעומד ושהצבור נמי חייב לאומרו עם ש״צ ע״כ וכ״כ הרא״ש והטור סי׳ תר״ז. וכ״כ הרב המאירי ז״ל בפסקיו ז״ל וכן צריך שיתודה מעומד ובהשתחואה וכמ״ש בסוגיא זו במר שמואל וכו׳ כלומר שקם להתודות עם ש״צ ע״כ והשתחואה שכתב יראה דמסברי׳ יליף לה כדי שיאמר אותו בכניעה דמהא דתנן באבות עומדים צפופים ומשתחוים רווחים והטעם כדי שלא ישמע אחד וידוי חבירו כמו שפי׳ הרע״ב שם והוא ממדרש רבה פ׳ יקוו המים יעו״ש אין ראיה דשאני התם דמשו׳ כבוד שם המפורש שהיו שומעין מפי כ״ג בעת שהיה מתודה הוא שהיו משתחוים לא מצד הוידוי. והנה הרמב״ם ז״ל לא הוצרך לבאר זה בספ״ב מה׳ תשובה שהרי כבר כתב שם דיחיד מתודה אחר תפלתו וכבר ביאר שם בסדר תפלות שבסוף ספר אהבה דהיינו אחר שגומר שים שלום קודם שיפסיע שלש פסיעות וא״כ ממילא משמע שצריך לאומרו מעומד ועיין בספר שיורי כנה״ג ובפר״ח ז״ל סימן תר״ז וק״ל.

שם תנאי היא דתניא יוה״כ וכו׳ מ״ש מהרש״א ואולי טעו׳ נפל בספרים בהנך ג׳ תיבות וכולה חדא בריתא יעו״ש הרואה לקמן ובפ״ק דפסחים ובפ״ק דנדה יראה דסיומא דברייתא קמייתא היינו ערבי׳ מתפלל שבע מעין שמנה עשרה וכו׳ ומתוספת׳ דפרקין אין ראיה יעו״ש ויותר היה נראה להגיה ותו תניא יוה״כ עם חשיכה וכו׳ ומתרווייהו פריך ליה והיינו שסיים רש״י אהך קתני מיהא נעילה וכו׳ ובשכ״י כתב דנ״ל למחוק ב׳ תיבות תנאי היא ובמקום דתניא לגרוס ותניא ועיין בס׳ ש״ב וק״ל.

שם רב הונא בריה דרב נתן וכו׳ גי׳ הרי״ף והרא״ש רב נתן אבוה דר׳ הונא בר נתן נחת קמיה דרב פפא פתח באתה בחרתנו וסיים במה אנו ובפניה אמר רב אחא בריה דרבא ויחיד אומרה אחר תפלתו ע״כ ופי׳ הר״ן שם ויחיד אומרה למה אנו אחר תפלתו אבל ש״צ כוללה באמצע ע״כ.

רש״י ד״ה **עם** חשיכה לאחר אכילה וכו׳ פשוט שכונתו לאפוקי מפי׳ הרמב״ן ז״ל שהביא הר״ן בהל׳ דהיינו לאחר אכילה קודם תפלת ערבית והביא ראיה מתוספתא דפרקין יעו״ש אבל לשון ירו׳ דפרקין דקתני מצות הוידוי ערב יוה״כ עם חשיכה עד שלא נשתקע במאכל ומשתה אעפ״י שנתודה בערבית צריך להתודות בשחרית וכו׳ אין לו מקו׳ אלא בשיטת רש״י ז״ל ועם חשיכה לאו דוקא אלא כלומר לעת ערב קודם סעודתו והי״ק מצות הוידוי של יוה״כ מתחיל עם חשיכה קודם אכילה וכו׳ וז״ל הרמב״ם ז״ל סוף פ״ב מהל׳ תשובה לפיכך חייבים הכל לעשות תשובה ולהתודות ביוה״כ ומצות וידוי יוה״כ שיתחיל מערב היום קודם שיאכל וכו׳ וכן בת״י דפר׳ כתבי דגר׳ דגי׳ התוספתא היא כשיטת יעו״ש ומה שהקשה הרמב״ן ז״ל שם לפי׳ זה דאם איתא הו״ל למתני אעפ״י שהתודה קודם שיאכל וישתה מתודה ערבי׳ וכדקתני ואעפ״י שהתודה ערבית וכו׳ ועוד מאי אעפ״י וכי תעלה על דעתך שלא יתודה ביוה״כ מפני שהתודה קודם י״ה והלא עיקר הוידוי ביוה״כ הוא וכו׳ ע״כ יש ליישב דכיון שעיקר וידוי בסוף היום מכפר כדאיתא פ״ק דשבועות י״ג ע״ב בתו׳ וכמ״ש שם אלא שטוב שיתודה שחרית ותוסף כדי להיות ירא ותרד כל היום כולו מעתה הו״א דלאחר אכילה ושתיה שאין דעתו מיושבת עליו כל כך לא הצריכו להתודות בערבית ומה גם דסמוך לו קודם סעודה כבר התודה קמ״לן דצריך שיתודה ערבית אף לאחר אכילתו ושתייתו דלצירוף דעת לא חיישינן כל כך דאימת יוה״כ עליו ואי משום שכבר התודה קודם סעודה הרי יש לחוש שמא אירע בסעוד׳ דבר של חטא ושוב ראיתי להפר״ח ז״ל סי׳ תר״ז שיישב באופן אחר יעו״ש ועיין בספר ש״ב וק״ל.

ד״ה **וחותם** בוידוי אינו חותם מקדש וכו׳ כנלע״ד שצ״ל הגה שמהרש״א הגיה באופן אחר יעו״ש וכוונתו לשלול שלא תפרש וחותם בוידוי שיתודה בסוף התפלה וז״ל הרב המאירי וחותם בוידוי ר״ל שבסוף התפלה הוא מתודה [(ועיין בתוספתא דל״ג ומתודה אלא וחותם בוידוי להודיה)] ור״מ שחותם מלך מוחל לעונותינו וכו׳ שזהו לשון וידוי וכו׳ ע״כ ועיין בטור סי׳ תר״ז ותרכ״ג וק״ל.

ד״ה **מעין** שמנה עשרה וכו׳ מפני הטורח ע״כ ודומה לטעמיה דרב דקאמר נעילה פוטרת של ערבית דהקילו עליו משו׳ תעניתו שיהו שבע פוטרת שמנה עשרה כדאמר בירוש׳ בפ׳ תפלת השחר והביאו הרא״ש בפרקין יעו״ש ועיין בתו׳ וק״ל.

תוספות ד״ה **והאמר** רב וכו׳ אם לא מפני שום מלוה עוברת וכו׳ וכן לשון ת״י דפרקין ותוס׳ דברכות כ״ו ע״א ות״י דכ״ו שם וכתב בס׳ ש״ב שבתוס׳ דשבת ט׳ ע״ב כתבו אפי׳ שאין כמלוה עוברת יעו״ש משמע שטעמם דכי היכי דמשום ערוה בשלמה דשרא המיניה ועלה למטה מבטלינן לה כ״ש משום מלוה אפי׳ שאינה עוברת אבל ירא׳ דדומיא דידהו קאמרי שהתחיל באותה מלוה והגיע זמן תפלת ערבית שאין מטריחין אותו להפסיק מן המלוה אבל ודאי אם אזדמנו לו תפלת ערבית ומלוה שאינה עוברת שעדיין לא התחיל בה בחנם אין לו לבטל ערבית כיון שהמלוה אינה עוברת ובזה אין סתירה מדבריהם דשבת למ״ש כאן ובמקומו׳ הנז׳ וכן נמי ניחא מ״ש בפסקיהם כאן תפלת ערבית אין לבטל בחנם אלא בשביל מלוה שאינה עוברת וכו׳ יעו״ש ושוב ראיתי בס׳ מגילת ספר חלק העשין מ״ע ד׳ ג׳ שתי׳ באופן אחר יעו״ש וק״ל.

הגה מה שהקשה בס׳ ש״ב על דברי בכ״ג שהביאו בסמוך כבר הארכתי בזה בחי׳ לחגיגה ט׳ ב׳ ד״ה או תפלה וכו׳ יעו״ש.

דף פ״ח ע״א גמרא **תנאי** היא דתניא כל חייבי טבי׳ וכו׳ וז״ל הרב המאירי ז״ל שמועה זו שהוזכרה כאן בחייבי טבילות נתבלבלו בה קצת מפרשים מתוך שינוי נוסחאות שבה ורוב מפרשים גורסין בה כל חייבי טבילות טובלין כדרכן ביוה״כ אם הוא יום זמן טבילה שלהם שהרי כל חייבי טבילו׳ טבילתן ביום נדה ויולדת וכו׳ והטעם דאלו אינו משום תפלה שהרי לא נאסרה תפלה לטמא אלא ודאי משום טבילה בזמנה ואמר אח״כ בעל קרי וכו׳ ופירושה בראה אתמול שאין כאן דין טבילה בזמנה אלא משום תפלה ואמר ע״כ בעל קרי שאם ראה קרי מאתמול ושכח ולא טבל וכו׳ לו קודם המנחה טובל כדי שיוכל להתפלל תפלת המנחה אבל אם נזכר מן המנחה ולמעלה לא יטבול אלא ימתין עד שתחשך מפני שהם סוברים תפלת הנעילה בלילה ואף כשתאמר ביום מ״מ תפלת ערבית פוטרתה רו״א טובל והולך כל היום מפני שהוא סובר תפלת נעילה ביום וכן שאין נעילה וערבית פוטרות זא״ז שהרי צריך לטבול להתפלל נעילה ורוב הפוסקים כתבו כחכמים ומאחר שפוטרת של ערבית זמנה אף משתשקע החמה ומזכיר בה של יוה״כ הואיל וזמן התוספת הוא או שמא יתפלל ערבית ולא יזכיר בה של יוה״כ שהרי נעילה וערבית פוטרות זא״ז. אבל שאר טמאים לענין פסק אין טובלין ביוה״כ שאם משום תפלה הרי לא נאסרו בה ואם משום טבילה בזמנה הלכה פסוקה דלאו מלוה ובעל קרי כל שראה אחר שהתפלל מנחה אינו טובל שהרי משום תפלה אינו צריך וטבילו׳ בזמנה אינו מלוה ואפי׳ ראה ביומו אינו טובל אבל אם ראה או נזכר קודם המנחה טובל מפני התפלה. ומ״מ לענין ביאור גדולי הרבנים גורסין בגי׳ שכתבנו אלא שמפרשין בבעל קרי שראה היום ויש כאן דין טבילה בזמנה. ומתוך כך גדולי קדמונינו מתמיהים שאר חייבי טבילות למה טובלין ביוה״כ אם משום תפלה הרי יכולים להתפלל שלא אסרו אלא בבעלי קרי אם מטעם טבילה בזמנה הרי פסקנו שאין טבילה בזמנה. וא״ת שהם סוברים שהיא מלוה כמ״ש ואמר כן בבעל קרי לטבול אף מן המנחה ולמעלה מצד טבילה בזמנה אף לכשתאמר שזמן נעילה בלילה הואיל וראה ביומו עד שתחשוך כך הם גורסים כל חייבי טבילות טבילתם ביום כלו׳ כל יומא השתא נדה ויולדת טבילתן בלילה אבל ביוה״כ לא ובבעל קרי הוא מותר משום תפלה ולמה שפירשנו מיהא אין כאן קושיא. ומ״מ אנו צריכין ליישב את השמועה הסמוכה לה שהקשו ממנה דר״י אדר״י והוא שאמרו הזב והזבה וכו׳ ואף זו אנו גורסין בה הזב והזבה

המלורע והמלורעת בועל נדה וטמא מת טובלין כדרכן ר״ל שאם חל שביעי שלהם ביוה״כ טובלין כדרכן לאכול תרומה לערב וכן נדה ויולדת שטבילתן בלילה ר״ל שעבר שביעי שכך אמרו חכיה בנדתה שתהא בטומאתה כל שבעה טובלת כדרכה ר״ל שאם חל שביעי שלה עיה״כ טובלת בליל כניסת יוה״כ ומדין טביל׳ בזמנה ונחלקו אח״כ בבעל קרי שלת״ק טובל כל היום ולר״י מן המנחה ולמעלה לא והיה סבור שאף זה ברחה מאתמול ומשום תפלה וקשיא דר״י אדר״י דרבנן אדרבנן מיהא אפשר שאחרים היו אבל דר״י אדר״י קשיא ותירלוה בגלי כלומר שכבר התפלל תפלת נעילה סמוך לשקיעה ושאלו א״כ מ״ט דרבנן דהא משום תפלה ליכא ומשום טבילה בזמנה נמי ליכא ותירץ לו שבעל קרי הנזכר בברייתא אחרונה פירושו ברחה ביומו והתירו חכמים אף בדלגי משום טבילה בזמנה ור״י הנזכר בה ר״י בר׳ יהודה שסובר אין טבילה בזמנה מצוה וכן הלכה על הדרך שכתבנו וי״א שזה שכתבנו שחייבי שאר טבילות אין טובלין ביוה״כ דוקא שלא לצורך כגון שאין שם טהרות אבל כל שהוא לצורך כגון בזמן טהרות וכדי להעריב שמשו אחריה טבילת מצוה היא ומותרת ומ״מ כל שמתכוין לעברה ובלא כונת תענוג נראה שמותר מתורת רשות אלא שאין מצוה בכך ומ״מ גדולי הדורות שלפנינו פוסקים שטבילה בזמנה מצוה מפני שר״י סובר כן בסוגיא זו וכן בית שמאי ובית הלל במסכת נדה עכ״ד.

שם הניא רבי יוסי בר יהודה היא וכו׳ והיינו דבתוספתא קתני לה הכי וז״ל שם הזבין והזבות טובלין וכו׳ בעלי קירויין טובלין כדרכן ביוה״כ רבי יוסי בר רבי יהודה אומר מן המנחה ולמעלה לא יטבול אלא עד שתחשך רבי יוסי אומר בגנים טובלין כדרכן עם חשיכה כדי שיאכלו בתרומה לערב עכ״ל דרבי יוסי סתמא היינו רבי יוסי בן חלפתא דפליג עליה דר״י בר״י דמשום נאכול קדשים לער׳ יש לו לטבול טבילה בזמנה סמוך לשקיעת החמה וכת״ק דידיה.

שם תנאי היא וכו׳ הרמב״ם ז״ל פ״א מה׳ תפלה כתב וכן תקנו תפלה אחר תפלת המנחה סמוך לשקיעת החמה ביום התענית בלבד וכו׳ וזו היא התפלה הנקראת תפלת נעילה כלומר ננעלו שערי שמים בעד השמש ונסתרה לפי שאין מתפללין אותה אלא סמוך לשקיעת החמה ע״כ מבואר דסובר דנעילה ביום היא וכן שם פ״ג כתב ותפלת נעילה זמנה כדי שישלים אותה סמוך לשקיעת החמה ע״כ וכן שם פי״ד כתב הואיל ותפלת מנחה שלהם סמוך לשקיעת החמה הרי נראה כנעילה וכו׳ וכן בפי׳ למשנה רפ״ג דתענית כתב ותפלת נעילה שאינה אלא ביום וכו׳ יע״ש ויראה דס״ל ז״ל דלרב נמי מלותה ביום היא ועי״כ לא פליגי רב ור״י בירושלמי אלא בזמן גמר שלה דלרב יכול לגומרה עד נעילת שערי שמים לאחר שתשקע החמ׳ עיין בב״מ שם וכמ״ש הריטב״א בחידושיו בריש פ״ד דתענית ואפ״ה פריך בירושלמי לרב ממתניתין דג׳ פרקין דהא כיון דנשיאות כפים בגמר תפלה היא לאחר שהשקע משמע דגאי יום הוא לענין נשיאות כפים עיין ביד אהרן א״ח סי׳ תרכ״ג והה״נ דרב יתרץ עכ״פ דלאחר שקיעת מעט השיב היום לענין זה ולפ״ז תלמודא דידן נמי סבר הכי לרב דכיון דגומרה לאחר שתשקע סבר רב דפוטרת של ערבית וכ״כ בכג״מ פ״ג מה׳ תפלה יע״ש בסוף לשונו ועיין בהריטב״א שם. ויראה דסובר ז״ל דטובל והולך עד המנחה דקאמרי רבנן דר״י זמן מנחה קאמרי לא תפלת מנחה ׳יסוב׳ מדסתמו דבריהם דהיינו זמן מנח׳ קטנה שהיא עד שתשקע החמה ׳יכלומ׳ דעד זמן זה יכול לטבול משו׳ תפלה ואפי׳ שכבר התפלל מנחה גדולה הרי עדיין יש לו להתפלל תפילת נעילה שהיא סמוך לשקיעה במנחה קטנה אבל יותר מהו אם דאי קרי אח״ז אינו יכול לטבול משום תפלת ערבית שהרי תפלת נעילה פוטר׳ וכרב ורי״א כל היום כולו וס״ד השתא דסבר דאין נעילה פוטרת של ערבית וצריך עדיין לטבול לצורך ערבי׳ דהגם דיכול לטבול משתחשך הקלו עליו משום תעניתו כדי שימהר להתפלל ערבית ויוכל לאכול כיון דלאו רחילא של תענוג הוא ואפרי׳ ורמינהי הזב והזבה וכו׳ דבשלמא דרבנן אדרבנן לייק דהתי ניגהו דקמאי סברי דפוטר׳ ובתראי ס״ל דאינ׳ פוטרת ומש״ה טובל כל היום אף לאחר שתשקע כדי שיהיה מזומן לתפלה ערבית אבל דר״י אדר״י קשיא דמקמייתא משמע דסבר דאינה פוטרת ומבתרייתא משמע דסבר דפוטרת ומשני הא לייק דאין לך לפי׳ שעמי׳ דר״י משום תפלת ערבית הוא דאיתא דאיהו נמי סבר דפוטרת ועוד דאין סברה מוכרחת היא להתיר משום צורך ערבית כיון דיכול להתפלל משתחשך וזמן ערבית עד שיעלה עמוד השחר אלא יש לך לפרש בקמייתא שנאנס ולא התפלל תפלת נעילה בזמנה בראוי קודם שתשקע והא פליגי דרבנן סברי עד זמן מנחה קטנה ותו לא אבל בנאנס אינו יכול לטבול לאחר שתשקע משום נעילה דהוי כשכח ולא התפלל מנחה שדינו להתפלל ערבית שתים וכאן יטבול משתחשך ויתפלל ערבית ופטר מנעילה שהרי נעילה פוטרת של ערבית ורבי יוסי סבר דכיון שעדיין יום הוא יש לו לאמר לטבול ולהתפלל נעילה ביום והיינו דקאמר דטובל כל היום כולו אף משתשקע ובבתרייתא איירי בדלגי תפלת נעילה בזמנה ומש״ה קאמר דמן המנחה קטנה ולמעלה אינו יכול לטבול דלתפלת ערבית יכול לטבול משתחשך ופרי׳ השתא דלא סבירא לך לומר לר״י דמשום לורך ערבית התירו ואמרת דבתרייתא בשהתפלל נעילה בזמנה א״כ מאי עעמייהו דרבנן בתראי דאמרי כל היום כולו ומשני שפיר קסברי רבנן טבילה בזמנה מלוה ורבנן קמאי נמי הכי סברי ובעל קרי דקאמרי התם ברחה מאתמול איירי דאין כאן דין טבילה בזמנה וכמו שהעתקנו משם הרב המאירי ז״ל א״נ דגורס ז״ל בדברי רבנן קמאי כל חייבי טבילות טובלין כדרכן ביום נדה וכו׳ וסברי דלאו מלוה היא ואיירי כולהו ברייתי בבעל קרי שראה היום זהו הנראה בפי׳ הסוגיא לדעתו ז״ל.

ועלה מן האמור דרב נמי סבר דביום היא וכדקאמר בירושלמי וכדעבד בה עובדא רב גופיה כדאיתא התם ולענין אי נעילה פוטרת של ערבית אי לא משמע דס״ל ז״ל דאינה פוטרת מדלא הזכיר דין זה בחיבורו ויראה טעמו משום דלמסקנא דלא ס״ל עעמא דר״י דמשום ערבית התירו גם לרבנן קמאי נאמר כן דל״פ אלא בנאנס ולא התפלל נעילה כדינה דרבנן סברי דיש לו תשלומין לערב ור״י סבר דכיון דיום הוא יתפלל ביום ויטבול אבל אי פוטרת של ערבית או לא בזה לא נחלקו ואימא דלכ״ע אינה פוטרת ילא שבקינן ברייתי׳ דאייתי תלמודא מעיקרא דקתני בהדיא ערבית מתפלל שבע וכו׳ ומה גם דהא בירושלמי קאמר רבי אבא לחבריא מארי מכולהון שמעתין דאין תפלת נעילה פוטרת של ערבית וכמו שהאריך בזה מהר״ם ז״ל הביאו הרא״ש ז״ל בפסקיו יע״ש והגם דלמה שפסק ז״ל שם דתפלת ערבית רשות משמע דלכ״ע היתה פוטרת מ״מ כיון שביאר שם דהאידנא קבלוה חובה אינה פוטרת ויראה דזה היה כונת הרי״ף ז״ל שהביא להא דרב וסיים והאידנא נהוג עלמא לצלויי ערבית כלומר דכיון דחובה היא אינה פוטרת דאע״ג דרב אמרה אפי׳ למ״ד חובה אנן לא קיל״ן כותיה בהא ומה גם דבירו׳ דפ׳ תפלת השחר משמיע דלמ״ד רשות אמרה למלתיה יע״ש. וגמלא שאין כונת הרי״ף ז״ל לפסוק כרב ולומר דתפלת נעילה אפי׳ בלילה דזה כבר ביאר דביום היא ממה שהביא שם קודם דנושאין בה כפיים דאינה אלא ביום ורב נמי הכי ס״ל וכמ״ש אבל כונתו להודיענו דבהא לא קיל״ן כותיה אלא דנעילה אינה פוטרת של ערבית והגם שמדברי הר״ן שם נראה שלא הבין כן הדבר מוכרח מדברי הרא״ש שהביא לשון הרי״ף כמנהגו ואח״ז הביא פסק מהר״ם דפוסק דאינה אלא ביום ואפי׳ שתאמר דהרא״ש סובר דחולקים הרי״ף ומהר״ם הגה בהג״מ בה׳ תפלה שם תמלא דעל דברי מהר״ם כתבו וכ״כ ר״י אלפס וכו׳ יע״ש נראה בהדיא שהבינו כונת הרי״ף ז״ל כמו שכתבנו ועיין בב״ח סי׳ תרכ״א וגם דעת הת״י כן היא דאינה אלא ביום שכתבו ונכון היה בעוד ליזהר להתפלל לכתחילה נעילה ביום וכו׳ אלא שדעתם דלרב אפי׳ בלילה יע״ש וכ״כ סמ״ג עשין י״ט דנכון לאומרה ביום וכן דעת ר״י בן גיאת כמ״ש בספ׳ שבולי הלקט ובס׳ תניא משמו יע״ש וק״ל.

רש״י ד״ה **טובל** והולך וכו׳ אין מותר לטבול וכו׳ דס״ל דטבול׳ בזמנה לאו מצוה כמ״ש לקמן סד״ה או דלגי וכו׳ דאין נראה לו ז״ל סברת התו׳ דפ׳ כל כתבי קב״א ע״ש ד״ה ר״ג וכו׳ דאפ״ה אי בעי יכול לטבול יע״ש ומ״ש שם דהש״י גרים אין צריך הגם דשם כתו׳ בפי׳ מ״מ הכא בסד״ה ר״ג בתוספתא הזב וכו׳ גרס אין יכול ולפי׳ מה שנראה מירושלמי דריש פרקין הא דקתני מתניתין ואסור בתשמיש המטה וכו׳ דבעל קרי טובל ביוה״כ דהיינו ביום לו להתפלל ומשום תקנת עזרא אבל

משום טבילה בזמנה לא יע״ש ועיין מה שהקשה הרב המאירי על פי׳ וכמו שהעתקתי בסוגיא ועיין בס׳ ש״ב וק״ל.

ד״ה **אימא** מבערב וכו׳ עצמו בחמין וכו׳ הא ודאי דס״ל ז״ל דמתוך תקנת עזרא דסוף מרובה אין כאן חיוב חפיפה אלא בשער׳ והיינו דפי׳ ז״ל בפ׳ תינוקת ס״ו ע״ב אכא דאמר רבא התם אשה לא תחוף דהיינו שערה אלא שאח״כ נהגו גם לחוף ולהדיח כל גופן בחמין כדמוכח מההיא דדודי חסרת דפ׳ תנוקת שם וזה כדעת הר״ן בהלכות פ״ב דשבועות והביאו הב״י י״ד סימן קצ״ט יע״ש וכ״כ בחידושיו לנדה על דברי רש״י ז״ל יע״ש והיינו דקמסיים עלה הכא קא סבר מלוי׳ לשפשף כלומר מלוה ומנהג בעלמא לא מצד החיוב וה״ט נמי דלא בעי לשיעו׳ זו סמוך לטבילה כדבעינן בחפיפה כדאיתא שם ס״ח ע״א דלפי׳ הרי״ף ז״ל דפרקין שפי׳ אם ראה קרי מבערב והוא יבש על בשרו צריך לשפשף בשטובל ביוה״כ משום חציצה מאי קא סבר מלוה וכו׳ דקאמר הא מדין ותורת חציצה הוא דלא גרע ממלמולים שבגוף ולפלוף שחוץ לעין שחוללין מן הדין וה״ט דנייד ז״ל מפי׳ זה ופירשה בדין חפיפה. ומה שהקשה עליו בת״י דסוגיין דמה לו להזכיר שפשוף על טבילה זו יותר מכל הטבילות שבוה במשנה ובברייתא י״ל דהכא אוטריך דהגם דאינו סמוך לטבילה מלוה לשפשף וכ״ש בשאר טבילות דיש לעשות כן סמוך לטבילה ובהא נמי מיתרלא אידך קושיא שכתבו שם דאשמועינן דכיון דביוה״כ אינו יכול לשפשף בחמין ע״כ ישפשף מאתמול להיות מוכן לטבילה אם יראה קרי למחר ולא תימא דכיון דהוו סמוך לטבילה הוא אין לחוש וק״ל.

תוספות ד״ה **מפני** שצריך וכו׳ התם דכל השנה מתפלי׳ הביננו וכו׳ כלומר ומתוך זה הוא רגיל בו ולא אתי למטעי וכו׳ עיין בת״י דפרקין ובחידושי הר״ן והרשב״א בפ״ק דנדה ח׳ ע״א כי הדברים מבוארים.

ד״ה **אי** דלוי וכו׳ ונראה לי וכו׳ דאיכא למימר וכו׳ אבל דר״י אדר״י הגם דאפשר לתרץ כן מ״מ אכתי תיקשי דאי קמייתא דר״י בדעתו לאומרה ביום ואפ״ה קאמרי רבנן עד המנחה וע״כ טעמא דסברי דזמנה בלילה ובעלה דעתו מעתה בבתרייתא דר״י שדעתו לאומרה בלילה מ״ט דרבנן דאמרי טובל כל היום כולו וצריך לתרץ דבטבילה בזמנה פליגי וכיון שבכל אחד ניחא ליה לתרץ הא דלוי וכו׳ שהוא תי׳ מרווח יותר ועיין במהרש״א וק״ל.

סליק פרק יום הכיפורים וסליקא לה מסכת יומא בס״ד.

בס"ד

פירוש תוספות ישנים דמסכת יומא

לפי דעתי הקצרה

ותיקון [הגירסא] עפ"י דפוס ספ"ה

דף ב' ע"א **ד"ה** מתקנין לו וכו' בגדי זהב כמדתו וכו' אע"ג דאף בגדי לבן בעינן כמדתו כדמשמע בזבחים י"ח ע"א ומהתם נפקא דכתיב מדו בד כאי' לקמן שם וכמו שפסק הרמב"ם בה' כלי המקדש פ"ח מ"מ ניחא להו למנקט מילתא פסיקתא דבגדי לבן למ"ד דאבנטו של כ"ג ביוה"כ כאבנט של כהן הדיוט א"כ לזה לא היה צריך תיקון עיין לקמן י"ב ע"א להכי נקטו בגדי זהב דלפעמים היה צריך להם כשאירע בו פסול קודם הקרבת תמיד וק"ל.

בא"ד שלא יחסר ולא יותיר וכו' דאע"ג דארוכין שסלקו באבנט כשרין כדאיתא בזבחים שם מ"מ היינו בדיעבד כדתניא התם ועבד עבודתו כשירה ומשום דלישנא דמתקינין לו משמע שהתיקון הוא בגופו של כהן לא בבגדיו לבד להכי כתבו עוד להזהירו לשמור וכו' וק"ל.

בא"ד כדאמרינן בגמרא דהפרשה וכו' לקמן ג' סע"ב ודף ה' ע"א והיינו נמי דלקמן י"ב א' שילינן במה מחנכין אותו כלומר במה היה ניכר שהוא כ"ג כמ"ש התוס' שם ואם איתא דגם הוא טעון פרישה אין לך היכר גדול מזה וכ"כ הריטב"א בחידושו ולא בעי הפרשה דאפילו למ"ד דהפרשה מדאורייתא ממילואים מלוה בעלמא הוא ולא מעכבא וכו' ובגמ' מפרש כהן שני זה במה מחנכין וכו' עכ"ד ולפ"ז לא זכיתי להבין מ"ש הרמ"ז ז"ל בפי' המשניות שהקשה על דברי הריטב"א למה לא נעביד לכתחילה היותר טוב וכו' יעי"ש שהרי דברי הריטב"א הם דברי הגמרא שם ומה שהוכיח שם מן הירושלמי דמכילתין דבעי נמי הפרשה נלענ"ד דא"כ תיקשי אמאי דבעי התם במה הוא מתמנה ותריץ בפה [(עיין בס' קרבן העדה)] ואמאי לא קמשני בפשיטות שמתמנה במה שמפרישין אותו ז' ימים ומעתה ע"כ לפרש הא דקאמר התם מה מייחדין ליה עמיה אמר ר' חגי משם דאין מייחדין ליה עימיה דו קטל ליה ע"כ דה"ק דמדקתני מתקני' לו היה משמע לכאורה שהיו מיחדין אותו מיד עמו כדרך שמש המשמשו והיינו דבעי אם פי' המשנה לומר דמיחדין כו' וקאמר ר' חגי דודאי אין מיחדין אלא כונת המשנה שהיו מזמנין וממנין אותו לשאירע בו פסול ולעולם דאף להירושלמי לא בעי פרישי' כלל ועיין בס' שושנים לדוד ודו"ק.

ד"ה שמא תמות וכו' דלא מעכבא וכו' והכי מסתברא דלגבן שני אין לחוש לתקנה דהא אינה אלא מעלה עשו בכפרה דמן הדין אף לר"י לא היה לנו לחוש למיתה כדאיתא בסוכה כ"ד א' ובירושלמי דפרקין נמי איתא תמן את אמר גבי המביא גט והניחו זקן או חולה נותנו לה בחזקת שהוא קיים אין מיתה מצויה ובא את אמר מיתה מצויה תמן ביחיד וכאן בצבור חומר הוא בצבור וכו' ע"כ ועיין בדבריהם לקמן י"ג א' סד"ה למיתה דתרתי וכו' וק"ל:

בא"ד לכולי האי לא חיישינן וכו' אין דבריהם מובנים דבשלמא התם טעמא בדמפרש דלמיתה דב' לא חיישי' אבל הכא למיתה דא' אמאי לא חיישינן כמו בראשון וזה דוחק לפרש כונתם דכי היכי דהתם לא חיישינן לתרתי הכי נמי כולי האי לא חיישינן לתרתי שיארע פסול בראשון ויכנס השני תחתיו ותמות אשתו ויש ליישב דה"ק דמעיקרא כשאנו מתקנים אשה לזה ואשה לזה הו"ל כמו שאנו חוששין למיתה דתרתי שתמות אשת הראשון בתחילת עבודה ואח"ז יארע בו פסול ויכנס זה תחתיו ותמות גם אשתו וק"ל:

ד"ה ותכ"ס וכו' בגמרא דייק וכו' הוצרכו לזה משום דלכאורה איכא למידק דאמרו לו היינו ת"ק דלא מצרך אשה אחרת וע"כ מטעמא דא"כ אין לדבר סוף הוא ומה גם לגי' דגרסי ותכ"א וכו' [(אלא שלא מצאתיה בשום ספר ולקמן י"ג ע"א ובירושלמי גרסי' אמרו לו כגי' שלפנינו)] דתיקשי מאי בינייהו ומכשתא היינו אומרים דלאמר לו אף כהן אחר לא היו מתקנים מהך טעמא והקשו לר"י וה"ה לת"ק אלא דלר"י קשיא טפי משום דלת"ק י"ל דמשום זריזות תקינו ליה כדלקמן להכי כתבו בגמ' דייק וכו' דמהא משמע בהדיא דאמרו לו היינו ת"ק דהדר לפרושי טעמי' בהדיא ודו"ק.

ד"ה מפרישין וכו' ואפי' אם בכהן הדיוט וכו' לא קשיא לשמואל וכו' דסבר כי האי תנא וכו' דהא לא חשיב סתם מתני' מהם כיון דיש מקום לפרש כהן הידוע דהיינו כ"ג והיו יכולים לומר דפלוגתא בפ"ד דפרה ושלא בכ"ג פסולה ר"י מכשיר דבזה ניחא דהו"ל סתם בפ"ג ואח"כ מחלוקת דאין הלכה כסתם ועוד דבזה ניחא טפי לפי' כהן סתמא דקתני היינו כ"ג דאל"ה קשיא סתמא אסתמא ועמ"ש הפר"ח ז"ל בליקוטי מים חיים פ"א מה' פרה אדומה וק"ל:

בא"ד ותניא נמי בתוספתא וכו' אישי כ"ג וכו' והתם נמי במס' פרה תנן סמכו ידיהם עליו ואומרים לו אישי כ"ג וכו' ע"כ:

ודע דהסמ"ג בעשין רל"ג נראה שגי' בפ"ד דפרה היא בכ"ג פסולה ור"י מכשיר וכתב שם פי' שסובר שמצותה בסגן וכו' יעי"ש ונראה שלא כתבה לפסוק כת"ק אלא כר"י דמכשיר שהרי הוא ז"ל העתיק שם הך דסמכו וכו' ועוד דמעשה רב דקתני מתניתין שכהן גדול עשו אותה כנלענ"ד ועיין בספר שער יוסף להוריות דף ק"א ע"א ודוק:

בא"ד והא דתניא בספרי וכו' היינו דלא כהני אמוראי וכו' ואינהו דרשי ליה לקמן לשלא יסיח דעתו יעי"ש ומ"ש וי"ל שיהא כהן אחר שורף וכו' כלומר והשתא אתיא כרב דמכשירין בכהן הדיוט אבל לשמואל אין מקום לפרש כן דהא בעי אלעזר כדמשמע מסוגיא שם מ"ג א' וכמ"ש הם ז"ל שם ד"ה ורב חד בשחוטה וכו' יעי"ש דשם כתבו דהך דספרי אתיא דלא כרב ושמואל דלא ניחא להו לפרש כדהכא וק"ל:

בא"ד אבל תימה לרב וכו' ואיכא למאן דבעי לדורות כ"ג וכו' וכו' כלומר דבקבלת דמה כתיב אלעזר כדאמר לקמן מ"ג ע"א ולקח אלעזר וכו' לשמואל לאהדורי לאלעזר וכו' משא"כ בשריפה דכתיב בה ושרף את הפרה לעיניו דיש מקום לפרש שיהיה אחר שורף ואלעזר רואה כדדרי' בספרי כמ"ש לעיל דומיא דושחט אותו לפניו כדדרי' שמואל התם אלא משום דכל עיקרה אינה אלא לשריפה דריש ליה שמואל התם שלא יסיח דעתו אבל מ"מ בקבלת דמה כתיב אלעזר בהדי' משא"כ בשריפה והו"ל למתני כהן המקבל ותי' שפיר דאפ"ה כיון דעיקרה לאפר שרפה נקט שורף וק"ל:

בא"ד אבל תימה לרב וכו' ואיכא למאן דבעי לדורות כ"ג וכו' דס"ל דהא דקאמר רב לקמן שחיטת פרה בזר פסולה דלאו לדיוקי דהא בכהן הדיוט כשרה לדורות כאידך לישנא ע"ד מה שפי' התו' שם מ"ג ע"א סד"ה לרב הוי מיעוט וכו' דהא כיון דקאמר רב עלה אלעזר וחוקה שנינו בה משמע דלדורות בעי כ"ג וכמ"ש הם עצמם שם ד"ה את בשרה בזר וכו' יעי"ש וס"ל נמי דדוקא שחיטה דתחילת עבודה היא לרב בעי כ"ג אבל שריפה כגס דעיקרה לזה אפ"ה סגי בכהן הדיוט ואה"נ דהו"מ למימר לקמן לרב דושרף את הפרה לעיניו מידריש שיהא אחר כלומר כהן

כדיוט שורף ואמאי קרי ליה רואה וכמ"ש לעיל אלא דניחא ליה לדרוש אותם בחד גוונא וכמ"ש הם ז"ל שם ד"ה ורב חד בשמועה וכו' יעו"ש ולא ניחא להו לתרולי דנקט דכהן השורף טעון פרישה ובמכ"ש שמעינן כהן השוחט דחמיר' דאינה אלא בכ"ג דהא ביון דא"ל איפכא כשמואל דשחיטה לאו עבודה היא ודרשי' ושחט אות' לפניו שיהא זר שוחט וכו' כל כי האי הו"ל לאשמועי' אלא דאפ"ה יש ליישב קצת דכיון דפסק לן התם בתר הכי ושלא בכ"ג פסולה וכו' דהכונה שחטה שלא בכ"ג דארישא קאי עיין בדבריהם לקמן ד"ה שחוט' פרה בזר וכו' א"כ ע"כ לפרש דהא דנקט הכא כהן השורף לרבותא נקטיה דאפילו זה טעון פרישה וכ"ש כהן השוח' דהו"ל כ"ג דודאי טעון פרישה כנלע"ד וק"ל.

באו"ד ואין להקשות דלינקטיה עם השורף וכו' כלומר ולשמואל אמאי לא תיקשי דלנקטי' נמי כהן המקבל בהדי השורף כי היכי דקשיא לך לרב דלימא נמי כהן השוחט דשאני טובא לשמואל כיון דתרויהו כהן חד דהיינו כ"ג עביד להו נקט דמשום שריפה טעון פרישה דזהו עיקר תכליתה וה"ה דמשום מקבל נמי לאודי הוא טעון פרישה אבל לרב דתרי כהני ניינהו הו"ל לאשמועי' דשניהם השוחט והשורף טעון פרישה וק"ל.

ד"ה שכל מעשיה וכו' יש פי' מר"ש וכו' וכן משמע מגי' שלפנינו שפי' שכל מעשיה של פרה ע"כ ונראה שדעתו ז"ל דכיון דאחר הפרשה היה הזלזול שהיו מטמאין אותו א"כ שמירות טהרות הללו לריכים אנו לעשותם באותו פרק דהיינו קודם שהיו מטמאין אותו שהיו מזין עליו כדתנן ותינוקות יושבים וכו' וכוסות של אבן וכו' ובדפי' ז"ל בפ' היתן כ"א ע"א ובזבחים קי"ג ע"א וכן אחר הזלזול כגון בקיבול דמה ושריפתה וכו' אבל לא לאחר מכאן בשעה שישתמשו בה לטהר מט"מ ולדבריו הא דתנן בפ"ג דפרה גבי אסיפת אפר' נשרפה חובטין אותה במקלות וכוברין אותה בכברות ר"י אומר במקבות של אבן ובכברות של אבן וכו' צ"ל דהכל שותיה דר"י ולא כמ"ש הרמב"ם בפי' שם וסתמא דפ"ג שכל מעשיה וכו' אתיא כותיה דר"י אבל יותר נראה לפרש דבהכי לא תיקשי סתמא אסתמא דאסיפת הפרה שכתב ז"ל היינו אסיפת האפר לאחר שנשרף ונכבר שהיו מחלקים אותו לג' חלקים כדתנן התם לא היו מניחים אפר זה אלא בכלים דלא מקבלי טומאה אלא בחיבוע וכיבור לא היו נזהרין אלא דלשון דכל מעשיה וכו' לא דייק שפיר לפ"ז והיה אפשר עוד לומר דס"ל ז"ל דר"י לפרושי מלתיה דת"ק אתא דמקלות לאו דוקא אלא היינו מקבות של אבן וכו' וצ"ל דלהכי נקט ז"ל כגון קיבול דמה וכו' לאשמועינן דדוקא המעשים שהיו עושים אז הוא דהחמירו בכלי גללים וכו' להיות שבאותו פרק הקלו לעשותם במעורבי שמש והיינו דקתני שכל מעשיה וכו' אבל הטעניינים שהיו עושים לאחר מכאן לקדש ולהזות באפרה על ט"מ ודאי שלא הלריכו בזה כלי גללים וכו' ואדרבה כיון דכתיב מים חיים אל כלי כל כמה דמלינן למיעבד בכלי גמור עפי עדיף דע"כ לא מרבי' שאר כלים אלא מרבויא דאל כלי כדאיתא בספרי הביאו התוי"ט בפ"ה דפרה מ"ה יעו"ש ועיין בפרק בא סימן מ"ט ע"א ומעתה לא תקישי לדידיה מהכיא דלעיל וכו' ושפופרת וכו' דכל הני במעשיה דלאחר מכאן איירו והנה הא דאיתא בפ"ב דזבחים כ' ע"ב דהקידוש שהיה עושה קודם שיטמאוהו דאפי' במקיד' של חרס היה יכול לעשותו ועיין מ"ש התוי"ט בפ"ד דפרה ד"ה שלא רחוץ וכו' ובשלמא לדעת התו' ז"ל יש ליישב דכיון דקידוש זה היה יכול לעשותו אפי' בחוץ כדאיתא התם להכי אין זה בכלל שכל מעשיה וכו' דלא נאמר זה אלא במעשים שהיו נעשים בפנים בלשכה אבל לדעתו ז"ל שהלריך כלי גללים בכל מעשי' מתחילה ועד סוף תיקשי דהאי קידוש זה דהוי כעין עבודה כדאיתא התם לא הלריכו כלי אבנים וצ"ל דחרס דנקט התם לאו דוקא אלא לאפוקי דלא בעינן של מתכת כדין כלי שרת כדקאמר ואפי' בכלי חול ואפי' במקידה וכו' ועי"ל דכי היכי דתהוי היכרא דמשום כעין עבוד' עדיין ליה להכי הלריכו מיהא לעשותו בדבר שיש עליו תורת כלי כנלע"ד ודו"ק.

באו"ד עוד אמרינן בפ"ק דמנחות וכו' משמע דהוי כלי שרת וכו' וא"כ דוק מיהא שקיבול דמה היה בכ"ש לא בכלי אבנים ונראה ליישב דס"ל ז"ל דמזרק דנקט הכא לאו דוקא אלא מרכה דשאר מעלות נקט וניחא לן למימר הכי דבהכי מלינן למימר דלא פליג תלמודא דידן אסוגיא דספרי דהא דקאמר התם מלותו מלות יד ולא מלות כלי לאפוקי כלי שרת ודבר שיש עליו תורת כלי אתא דאע"ג דמקבל בכלי גללים כיון דלאו כלים נינהו הו"ל כמקבל ביד ועוד דאין זה מכריחנו לומר שהיה מקבל הדם במזרק דאדרבה מדקתני מתני' דפרה גמר מלהזות מקנח ידו ולא קתני אלבעו משמע שהיה מקבל בידו וכמו שדייק הראב"ד בהשגותיו לפ"ג מה' פ"א יעו"ש וא"כ אפי' תימא דמזרק דוקא קתני יש לומר דדוקא בקיבול דמה דהו"ל כעין עבודה הוא דהקפידו לעשותם בכלי גללים וכו' לא בקינוח אלבע וק"ל.

באו"ד אי נמי נראה וכו' ולא ילפינן מהזאת אזוב וכו' כלומר הזאת אפר פרה דבעינן שיטבול אזוב בכלי דוקא כדכתיב מים חיים אל כלי אלא ילפינן מלוג שמן של מלורע שהי' יולק מן הלוג לתוך כפו והיה מזה ממנו באלבעו כדתנן בסוף נגעים ולעולם דהיה מקבל דמה בכלי אלא דלא זכיתי להבין דבריהם דהא בספרי פ' חוקת מסיים וממקום שבאת אי מה להלן מכלי ליד אף כאן מכלי ליד ת"ל מדמה באלבעו מלותה מלות יד ולא מלות כלי ע"כ הא קמן דמתחילה בעינן שיקבל דמה בידו ממש דאל"כ הו"ל מכלי ליד ושוב ראיתי בספרי זוטא הובא בילקוט שם דפליגי תנאי אי ביד אי בכלי ומוכח התם דלמאן דבעי יד היינו שיקבל גם הדם בידו דהא מייתי התם מדם האשם ומשמע דהיינו אותו שהיה מקבל בידו למתן בהונות כדתנן בסוף נגעים יעו"ש סוף דבר שדבריהם צ"ע ודו"ק.

באו"ד יהבי תנן במסכת פרה אחד זה ואחד זה מזין עליו וכו' בגי' שלפנינו הגי' ומזין עליו כל ז' הימים מכל חטאות שהיו שם וכו' דמשמע דדוקא לכהן השורף את הפרה עבוד הכי משום מעלה וכן משמע מדברי הרמב"ם בחי' ר"ס ה' עיוה"כ וה' פ"א פ"ב יעו"ש אלא דשוב ראיתי דבריתא היא לקמן ח' ע"א ומשמע דהכי קיל"ן דבהא לא פליגי ועוד דשם תניא אין בין כהן השורף את הפרה לכ"ג ביוהכ"פ אלא שזה פרישתו לקודשה וכו' ואם איתא ליחשוב נמי הא ודוחק לומר דלא חשיב אלא מלתא דחשיביתא וזה אינו חשיבות כ"כ דמ"מ אם יזה מאי אי מה' עיין בתו' שם ד"ה הא ר"ה וכו' ולהרמב"ם צ"ל דבהא נמי פליגי והא בהא תליא דלמאן דאמר דעל כהן גדול ביוהכ"פ לא היו מזין עליו אלא שלישי ושביעי ה"ה דלא עבוד ביה מעלה להזות עליו מכל חטאות שהיו שם והסיא בריתא דאין בין וכו' לא חיישינן לה דהא מוקמינן לה התם אי כר' מאיר אי כר"י והיהו ז"ל פסק כרבי חנינא סגן הכהנים יעו"ש וק"ל.

ד"ה מטמאין וכו' והך סמיכה נמי וכו' כלומר דאף שתפרש דמשום מע' היו עושין ע"ד מ"ש התוי"ט שם לדעת הרמב"ם דס"ל שהיו מטמאין אותו בשרץ מ"מ עדיין יש להוכיח דכיון דהכא היו עושין כן משא"כ בכ"ג דיוה"כ ש"מ דהך סמיכה הוה נמי לטמאו והא דלא אייתו בפשיטות מתוספתא שכתבו התוספות בפ' חומר בקדש כ"ג ע"א ד"ה מטמאין וכו' כל שבעת הימים היו אחיו הכהנים וכו' יעו"ש משום דיש לדחות דאתיא כר"א דשפופרת וכמ"ש בחי' שם אבל מסתמא דמתני' אלימא להו עפי וק"ל.

באו"ד משום דבגדי אוכלי קדש וכו' ואפי' שמרו עצמן וכו' היינו למ"ד דחולין שנעשו על טה"ק לאו כקדש דמו דהכי קיל"ן כמ"ש הרמב"ם בחי' פי"א מה' אבות הטומאות יעו"ש דלמ"ד דכקדש דמו א"כ הכא בשמרו עצמן לטהרת חטאת דאין בגדיהם מדרס לחטאת כמוכח מסוגיא דאין דורשין יעו"ש ריש כ"ד ע"א וק"ל.

באו"ד ואומר ר"י הזקן יכולים היו וכו' שעשאוהו בט"י וכו' דאל"כ מאי היכרא לצדוקין איכא הא טומאה ע"כ איכא לריכה הערב שמש ודבריהם מבוארים יותר בריש חומר בקדש ד"ה האונן וכו' ועוד תנן שהיו מטמאין כהן וכו' יעו"ש ובחידושי הריטב"א לכאן וק"ל.

באו"ד וא"ת מ"ש בחגיגה גבי שפופרת וכו' דבשלמא אם היינו מפרשין דהיו מטמאין אותו בשרץ וכפרש"י דחגיגה כ"ג ע"א ניחא דהשתא בפשיטות י"ל דהא לא דמי לשפופרת דהכא בעת עשיית הפרה הקפידו שיהיה היכר גמור לצדוקים דהט"י דלא סגי לן בטומאה דרבנן משא"כ בשפופרת דלאחר מעשה הפרה דדי לנו בהיכר לצדוקים במה שעשאוהו בט"י וכו' ואפ"ה לא הלריכו בה הערב שמש אבל לפי שהיו מטמאין אותו

בנגיעת אחיו הכהנים וע״כ לומר אין כאן היכר אם לא מטעם דעשאוה כטו״מ וכו׳ א״כ משמע שדעתם להשות זה לשפופרת וא״כ מ״ש דהכא הצריכו סמיכת אחיו וכו׳ והא לא ס״ל לתרוצי דאה״נ דלר״א דס״ל התם גבי שפופרת דבלא טומאה עשאוה כטו״מ ה״ה דס״ל דהכהן נמי עשו כן וסתמא דמתניתין דהיו מטמאין וכו׳ הרי יהושע. ושפופרת דס״ל התם יטמא ואח״כ יטביל הדא דזהו דוחק לאוקומי למתניתין ולכולהו ברייתות דלא כר״א ועוד דאדמפלגי בשפופרת ליפלגו בכהן עצמו דאף בזה ס״ל לר״א דא״ל לטמאתו וק״ל.

בא״ד וא״ת למה לא היו וכו׳ דהא דמזה וכו׳ היינו כשצריך הזאה מן התורה וכו׳ דבריהם צ״ע דמקרא מלא הוא וחטאו ביום השביעי וכבס בגדיו ורחץ במים וכו׳ הא קמן דבכל הזאה מן התורה צריך טבילה לאחר הזאה ולר״ת צריך טבילה גם קודם הזאה כמ״ש הם ז״ל לקמן ח׳ ע״א ד״ה ור״י סבר וכו׳ והתו׳ במגילה ה׳ ע״א בהחולץ מ״ו ע״ב עיין במס׳ פרה סוף פי״ב ובפי׳ הרמב״ם שם וזה פשוט ואם כן איפכא מסתברא דהא דמזין עליו טהור היינו כשהזה עליו בחנם וכמ״ש התו׳ לקמן י״ד ע״א ד״ה למזה וכו׳ ובפ״ק דנדה ט׳ ע״א ד״ה ונוגע טמא וכו׳ יע״ש והיינו דקאמר לקמן דאמרתי אחכמה למזה ולמזין עליו טהור ונוגע טמא ע״כ והא דנוגע טמא היינו לנוגע בחנם וכמ״ש הרמב״ם בחיבורו ריש פט״ו מה׳ פ״א ודומיא דהכי קאמר ולמזין עליו טהור והא דתני בתוספתא הביאה הרמב״ם בפי׳ המשנה לפ״א דכלים מ״ב טהור שהזה על הטמא טהור המזה וטהור הטמא וכו׳ התם ה״ק טהור המזה נמי שהטמא נטהר מט״מ ע״י הזאה זו עיין בדברי הרמב״ם שם אבל לעולם דעדיין טמא מטומאת מי נדה וצריך טבילה וה״ש כדינו והירושלמי שהביאו בסמוך דפריך בל״ז טמא מחמת הזאתו י״ל דס״ל דכיון דמדרבנן צריך הזאה כעין דאורייתא תקון שטמא מכח הזאה אבל בעלמא בהיכי צריך הזאה טהור מעליא הוא וא״נ דאליבא דר״ע פריך דסבירא ליה לקמן דף י״ד ע״א דטהור שנפלה עליו הזאה טמאתו ול״ע ודו״ק.

בא״ד וי״ל שעד הערב וכו׳ לפי שכל היום היה עובד וכו׳ גם דבריהם אלו לא זכיתי להבינם דע״כ לא קתני לקמן כל ז׳ הימים הוא זורק את הדם וכו׳ אלא בכ״ג דיוה״כ כדי שיהא רגיל בעבודת היום כמו שפי׳ רש״י שם אבל בכ״ג השורף את הפרה מה צורך לזה ומנין להם לומר כן דמהא דקאמר אין בין כ״ג וכו׳ ולא קתני הך אין ראיה דהא לא צריכא למתני דמלתא דפשיטא הוא כיון דאין עבודתו עבודת פנים והא קמן דליגרסא הירושלמי שכתבו לקמן אמאי דפריך גבי שורף את הפרה בלא כך טמא וכו׳ משני שלא יטמאו ממנו וכו׳ ואילו במתני׳ דלקמן דכל ז׳ הימים וכו׳ פריך נמי התם בירושלמי ואינו טמא משום, הזיתו ומשני א״ר ברבי בון משהיה מקריב קרבנותיו היו מזין עליו ע״כ וכדמשני תלמודא דידן לקמן י״ד ע״ב לאוקמה למתני׳ אפי׳ כר״ע יע״ש וע״כ ה״ט דבשלמא התם שהי׳ עובד כל היום מוכרח לומר דלערב היו מזין עליו אבל הכא שלא היה עובד דילמא הוו מזין עליו מיד בבקר לזרז עצמם והיינו דפריך בנ״ז אינו טמא וכו׳ ויש ליישב בדוחק דס״ל דכיון דכ״ג בכל הימים אם רצה להקריב מקריב כדתנן לקמן א״כ ס״ל ז״ל דגם בכ״ג השורף את הפרה סברה הוא שהיו מזין עליו בערב דאל״כ לא היה יכול לעבוד לכשירצה ומ״ש לפי שכל היום היה עובד וכו׳ לדוגמ׳ בעלמא כתבו כן דכי היכי דלקמן בכ״ג דיוה״כ מסקינן דאפי׳ תימא ר״ע דעביד עבודה כולי יומא ולפניא מזו עליה וכו׳ גם בכאן יש לומר שהיה מקבל הזאה בערב כדי שיוכל לעבוד אם ירצה בשאר היום וא״כ דה״ק לפי שכל היום היה יכול לעבוד עבודה כדלקמן בפרקין והיינו הא דקתני התם ושאר כל הימים אם רצה להקריב מקריב שכ״ג מקריב חלק בראש וכו׳ והירו׳ עם מ״ש בסמוך יתישב שפיר בגלע״ד ושוב ראיתי בספר קרבן העדה שהרגיש בזה יע״ש ודו״ק.

בא״ד לא היה יכול לעבוד כיון דשויוהו רבנן כטומאה וכו׳ וכדאיתא לקמן ריש הוציאו לו בר״י שניתזה צינורא של ערבי על בגדיו ונכנס ישבב אחיו ושמש תחתיו וכו׳ ועיין עוד בפ׳ בנות כותים ל״ג ע״ב והגם דטומאה דרבנן היא וה״ה הכא וק״ל. ומ״ש קשה לי מירושלמי וכו׳ ומשני שלא יטמאו ממנו אחיו וכו׳ בירושלמי שלפנינו לא משני הכי אלא משני דלבר קפרא נמי משום מעלה עשו בפרה הוא דאין נוגעין וכו׳ יע״ש. ומ״ש והשתא תימא לי וכו׳ לפי מאי דפריך שלא היה מקבל הזאה וכו׳ והוו מצו לאתויי לאלומי הקושיא דהכי משני שם גבי כ״ג ביוה״ך אמתני׳ דכל ז׳ הימים וכו׳ כמ״ש לעיל ומ״ש וצ״ל לפי מה שפי׳ וכו׳ ופריך בל״ז וכו׳ היאך היה יכול לעבוד אלא ע״כ לומר שלערב בסילוק עבודה היו מזין וא״כ אכתי תיקשי דלמה לא יהיו יכולים ליגע בו לאחר הזאה אלא ע״כ דטעמא משום מעלה דפרה כס׳ ר׳ יוחנן שם וק״ל.

בא״ד אלא הטעם הוא כמו שתירצו בירושלמי וכו׳ אבל עדיין צריכים אנו לטעם שלא היה יכול לעבוד לענין שלא היו נוגעין בו קודם הזאה ולפ״ז ה״ק מה בין כהן וכו׳ שזה אחיו הכהנים נוגעין בו קודם הזאה דהא אין בגדיהם מדרס לו אבל זה העוסק בחטאת אין נוגעים בו דהא בגדיהם מדרס לחטאת אפי׳ שמשתמשים ע״ג מזבח כמ״ש הרמב״ם בחי׳ פי״ג מה׳ פ״א אבל לאחר הזאה וקודם טבילה שניהם שוים שאין נוגעים בו שלא יטמאו ממנו אחיו הכהנים וקל להבין.

ד״ה בי היכי דתהוי וכו׳ הזאותיה לשמה וכו׳ כלומר דלהכי תקינו נמי לפונה הגם דאין מעשיה בצפון כי היכי שיזכור שיש לה דין חטאת הטעונה צפון ושלא לשמה פסולה ועי״ז יזכר גם כאן לעשות הזאותיה לשמה כדתנן ברפ״ד דפרה קבל והזה שלא לשמה וכו׳ פסולה וכמ״ש בחי׳ הריטב״א בשם התו׳ יע״ש וק״ל.

ע״ב **ד״ה** אימא וכו׳ ולעשות הוא ארחיה וכו׳ וכ״כ הריטב״א בחי׳ ולא ניחא להו לתרץ כתי׳ תוס׳ ד״ה אלא אימא וכו׳ יע״ש משום דס״ל דאף אי לא כתיב אלא לכפר לחודיה לא הוה מרבינן נמי קרבנות כיון דלא דמו למלואים דכל יומא איתנהו כדאי׳ לקמן אלא והתו׳ כתבו כן לס״ד דמקשה דחזינן דלקמיה פריך ואימא כפרה דקרבנות משמע דלא ס״ד למימר דנין דבר שקבוע לו זמן וכו׳ והם ז״ל ס״ל דאה״נ דהמקשה דהכא ידע הך סברא אלא לקמן משום דאפירכא ואימא צוה דקרבנות תריצו ליה דנין צוה מצוה וכו׳ ולא תריצו בפשיטות דל״ד קרבנות דכל יומא איתנהו ומש״ה מסתבר לן לאוקמה לג״ש דצוה צוה אפרה ולא אקרבנות א״כ מצא מקום להבין דהמתרץ לית ליה הך סברה ומש״ה הדר פריך ליה ואימא כפרה דקרבנות וכו׳ כנלע״ד ודו״ק.

ד״ה ואימא צוה וכו׳ ולא לכתוב כ״א לכפר וכו׳ דליכא למימר דהא מרבינן גם קרבנות ולהכי כתב צוה דהא מסברא לא הוה מרבינן אלא מאי דדמי טפי למלואים דהיינו יוה״כ ודוקא היכא דמרבינן פרה נמי הגם דלא דמיא למלואים דפרישה לקדושה הוא דמקשינן דהשתא אימא דמרבינן נמי קרבנות עיין תוספות ד״ה ואימא ובמ״ש שם ועיין בחי׳ הריטב״א וק״ל.

בא״ד והפסוק דמיירי בלשון כפרה מוכרח וכו׳ הוצרכו לזה משום דלד״ז אין קושית סתמא דתלמודא מתיישבת שפיר דהא כיון דחזינן דמלואים גופייהו לא הצריך הכתוב בהם פרישה לאחריהם א״כ טפי מסתברא לאוקמה ג״ש מצוה לפרה לפרישה דלפניה ולא ליוה״כ לפרישה דלאחריה שלא מצאנו בשום מקום להכי כתבו דלשון לכפר מכריחנו שלא לדרוש שום דבר מפסוק זה אלא לענין יוה״כ בדוקא דלמ״ש לא משמע ליה לאוקמה לכפר אקרבנות מהטעם דלעיל וק״ל.

בא״ד ור״י פי׳ דאייתר ליה ולמימר צוואה דקרבנות יוה״כ ולכפר יצא לדרוש על פרישה לכפר על כפרה דקרבנות וכו׳ כנלע״ד של״ל ומ״ש והפסוק דמפיק בלשון לכפר וכו׳ כונתם דאין לפרש לכפר זה פרה ולכפר לשון טהרה כמו כפורי זהב דהא מדאפקיה קרא בלשון כפרה משמע דהיינו כפרה ממש וע״כ אין לרבות מכאן אלא כפרה דקרבנות וק״ל.

ד״ה אבל היכא דאיכא וכו׳ ובפ״ב דיבמות לא מתרץ וכו׳ גי׳ הספרים שם דמשני הכי וכבר כתבו התו׳ טעם אמאי משני הכי הגם דפריך בתר הכי קושיא אחריתי יע״ש.

דף ג׳ ע״א **ד״ה** פד״ר קש״ב וכו׳ וקש״ל לכולהו דליחשוב וכו׳ לרש״י ז״ל י״ל דהא דדוחה אבלות בכלל רגל בפ״ע הוא וכן ליכא ממילא שמעינן כיון דאינו בכלל ימים שעברו אלא חג בפ״ע הוא הרי הוא כשבועות דעשן ליכא הגם

דאינו אלא יום א' עיין בפ' לולב וערבה מ"ז ע"ב וכן לר"ת כיון דהוי רגל לעצמו לענין אבלות ה"ה לענין לינה ועוד דאפי' דמפ' ברכה כר"ת דהיינו שאומרים יום ש"ע וא"כ גם מהכא לדידיה שמעי' לינה וק"ל.

ד"ה דנין וכו' וקשה לפי' וכו' ולזה יש ליישב דלא קפיד בהא כיון דאיכא נמי ביוה"כ פר ואיל משלו משא"כ עצרת וכדקאמר לקמיה דנין פר ואיל משלו וכו' ופרש"י וביוה"כ איכא נמי וכו' וכמו שביאר הריטב"א בחי' יעו"ש והא קמן דגם לפי' ר"ש ור"ת תיקשי דהיכי יליף מוספין דיוה"כ שאינם חובת היום ממלואים שהם חובת היום וכדאמר לקמן התם חד לחובת היום וכו' אלא ודאי דכיון דאיכא פר ואיל משלו דהוו חובת היום דומיא דמילואים לא קפיד ובזה יתיישב גם קושייתם השנית דבהא נמי לא קפיד כיון דפר ואיל משלו הוו חד לחטאת וחד לעולה דומיא דמילואים וכדאמר דנין פר לחטאת וכו' וגם שם פרש"י ביוה"כ יש פר לחטאת וכו' אלא שצריך ליישב דאע"ג דמוכרח לפרש דהאי דנין דקאמר ר' אבא דהיינו פר ואיל דמוסף יוה"כ מדפריך עליה הניחא למ"ד וכו' מ"מ תיקשי אמאי לא עשה הדמיי מפר ואיל שלו דיוה"כ דדמו טפי למלואים וכדקאמר בתר הכי וי"ל דכיון דעיקר פרישה אצטריך משום קרבנות צבור דיוה"כ להכי ניחא ליה להביא הדימוי מפר ואיל דמוסף היום ובכוליה סוגיא לא הדר ביה מהאי ילפותא אלא דמוסיף לבתר דביה"כ איכא נמי משלו ואיכא פר לחטאת וכו' ולקושית ר"ת דלקמן עיין מה שתי' הריטב"א שם ודו"ק.

באי"ד ופי' ר"ת דיליף מפר ואיל וכו' שוין הן לחטאות וכו' דבריהם צ"ע דמשמע דגם לר"ת מפרש דנין פר ואיל דמוסף יוה"כ דתרוייהו עולות מפר ואיל דמלואים דשוין דשניהם חטאת ואין זה מובן דהא אותו הפר ואילים ב' דמלואים היה הפר חטאת ואיל א' עולה והאיל הב' היה שלמים כמפורש שם ועיין פרש"י שם וכדאיתא בת"כ פרשת צו איל המלואים שמושלם על הכל מלמד שהמלואים שלמים וכו' יעו"ש ובס' ק"א וזה פשוט וראיתי להריטב"א שהביא דברי ר"ת באופן נאות ז"ל ולכך פר"ת דדיינינן מדכתיב בפ' זאת המלואים לקח פר וכו' והיו משלו כדכתיב מאשר לאהרן וכו' ואע"ג דכתיב אילים שנים לא חשבינן אלא האחד שהיה עולה דאיל שני שלמים היה וכו' ע"כ ולעיל מיניה אחר שהביא מה שהקשה ר"ת לרש"י דפי' פר ואיל דמוסף יוה"כ כתב לכך פר"ת ז"ל דהשתא נמי מפר ואיל שלו דיינינן וכו' יעו"ש ול"ע.

באי"ד אבל השתא סובר וכו' בדרך זה היו יכולים לתרץ קושי' הא' שהקשו לפרש"י אלא משום מאי דמשמע מתוך פרש"י ז"ל דלא הדר ביה מילפותא קמייתא דלעולם יליף פר ואיל דמוספין דיוה"כ מפר ואיל דמלואים משא"כ לפי' אכתי תקשי למסקנא דהוי משל יחיד היכי יליף מיניה יוה"כ דקרבנות צבור משא"כ לפי' ר"ת דאפשר דס"ל דלמסקנא הדר ביה ולא יליף אלא פר ואיל שלו דיוה"כ וכו' וזהגם דלא קאמר אלא א"ר אבהו דנין פר ואיל שלו וכו' לא חיים להא וק"ל.

ד"ה זה לחובת היום וכו' כדאמרינן בזבחים ז' ע"ב ואיל דחובת היום אינו בא לדורון וכרלוי אינו של אהרן כנלענ"ד שצ"ל.

ע"ב ד"ה קח לך וכו' שלא נכתב לקוחתן וכו' נלענ"ד שצ"ל שלא נכתב קחו לכם בשל ישראל וכו' וזה ע"ד מה שראיתי בשכ"י שפי' מ"ש רש"י דשני קרא בדבוריה ממה שהתחיל דהיינו דשני ממה שהתחיל דקאמר לך בתחילה ובתר הכי לא כתיב לכם ע"כ אלא דלשון דשני לא דייק כפי' שהרי אין כאן שינוי אלא איסור ויותר נראה לפרש כמ"ש אנחנו שם יעו"ש אבל לשון ת"י יכול להתפרש בדרך זה ומ"ש שהרי כתוב אח"כ ומאת וכו' קיצרו בלשון והכי שכתוב אח"כ ואל בני ישראל תדבר לאמר קחו וכו' ולא כתיב לכם וכן ביוה"כ כתיב ומאת עדת בני ישראל יקח ולא כתיב לכם בדכתיב בתר הכי פר החטאת אשר לו ומ"ש וגם לא בא לומר קח לך לכפרתך וכו' כלומר ובישראל לא הוצרך ג"כ לכתוב לכם לומר שהיה לכפרתם דגלי קרא בקרבנו של אהרן וה"ה לישראל דלזה אין צורך דהא כתיב בפ' וכפר בעדך ובעד העם ועשה את קרבן העם וכפר בעדם וכו' ועוד אפשר להגיה בדבריהם שלא נכתב לקח וכו' בשל ישראל שהרי וכו' וכן מלאנו בפרשה תצוה דכתיב וזה הדבר אשר תעשה להם וכו' לקח פר אחד וכו' כנלענ"ד וק"ל.

ד"ה אי מה מלואים וכו' מה מליקה בראשו וכו' באמת שכן היא הגירסא גם בירושלמי שלפנינו אבל נראה שהוא ט"ס וצ"ל מה הקטרה בראשו של מזבח וכדאיתא בגמרא דילן שם בזבחים והכי איתא בת"כ פ' ויקרא דבהקטרה ראש וגוף עולת העוף פי' בו הכתוב והקטיר אותו הכהן המזבחה על העצים אשר על האש וכן הובא בחי' הריטב"א ומ"ש דמליקה מעכבת וכו' כדתנן בר"פ חטאת העוף ס"ו ע"א ובפ"ק דקינים עשאה למטה כמעשה כולן פסולה דמשמע דאמליקה נמי קאי ועיין בתו' שם ס"ה ע"ב ד"ה הבדיל וכו' שהקשו דאמאי לא אמרי' דתהוי דומיא דהקטרה דלא מעכבא יעו"ש והא קמן דהירושלמי הביא הרבה דברים שאינם למדים זה מזה לגמרי יעו"ש ועיין עוד בדבריהם דקינים שם וז"ל הרמב"ם בפ"ז מה' פסולי המוקדשים וכן עולת העוף שעשא' למטה אפי' מלק סי' א' למטה וא' למעלה פסול' וכו' ע"כ ומכאן אתה דן שמה שנסתפק התו"ע בזבחים פ"ז מ"ב ד"ה עשאה למטה וכו' אי מליקה בכלל והסכים דאינה בכלל יעו"ש הנה דברי הירושלמי והרמב"ם אינם מסכימים לדעתו. ומ"ש דהקטרה לא מעכבא ולאו מנחות מ"ע נראה דט"ס דהתם איירי בקטורת של כל יום דאם לא הקטירו בבקר יקטירו בה"ע ואין ראיה מזה כלל ועוד דאק בהקטרה דעולת העוף איירינן אלא העיקר דהקטרה לא מעכבא היינו כדקיי"ל דעיקר כפרה בזריקה דאף אם נאבדו אימורים או בשר ביפר כדאיתא בפרק תמיד נשחט נ"ט ע"ב יעו"ש ושוב ראיתי בספר קרבן העדה שהרגיש בזה יעו"ש והנה מ"ש הריטב"א בחי' וקיי"ל דהקטרה בראשו של מזבח מעכבא ולא מליקה עכ"ד צ"ע. ומה שסיימו עוד מביא שם וכו' שאין מעכבין הלמדין מהמעכבין וכו' נראה שצ"ל דברים המעכבים הלמדים משאינם מעכבים דכולהו דמייתי התם בירושלמי בדרך זה ניגהו והא דקאמר שם ויתיבינוה לא מלאנו דבר מעכב למד משאינו מעכב ודבר שאינו מעכב למד מדבר המעכב ע"כ כלומר דכי הוינ דמלינו בכולהו דמייתי בתר הכי דמעכב יליף משאין מעכב מעתה גם כאן נאמר דשאינו מעכב דהיינו יוה"כ יליף ממלואים דמעכב ולא תיקשי לר"י כלל וכמו שסיים שם הרי מלאנו דבר מעכב וכו' ודבר שאינו מעכב למד מדבר מעכב ע"כ ומה שהוצרכו להביא הירושלמי כי מזה מובן אמאי לא חייש ר"י לבנויי נר"ל משום דלא חשיב להך פרכא וכמ"ש הריטב"א בחי' יעו"ש וק"ל.

ד"ה דחיים וכו' לכך אנו מוסיפין וכו' פי' אבל אי לאו קרא דסיני משום ביתו דלא שכיח לא היו מתקנים פרישה ובהכי לא תיקשי דכיון דאיכא למיחש לטומאת ביתו אמאי אצטריך בין לר"י ובין לר"ל ילפותא דקראי דהא גם ר"י אית ליה דריב"ב דאל"כ מביתו למה פי' וכדלקמן ו' וכמ"ש הריטב"א בחי' לחד תירוצא יעו"ש ומה שתי' עוד שם דאי מדריב"ב יפרישוהו מביתו לשכת פלהדרין למ"ל הכי איתא בירושלמי יעו"ש וק"ל.

דף ד' ע"א **ד"ה** ושני וכו' אלא טובים הב' וכו' דהתם במילואים לא היה אלא א' דהיינו משה שיוכל ללמד סדר עבודה לאהרן אבל הכא טובים הב' וכדתנן נמי לקמן י"ח א' מסרו זקנים מזקני ב"ד וכו' וק"ל.

ד"ה ת"ש וכו' מכה לכפר וכו' דאלת"ה י"ל דמשום דמדרשא דבזאת לא שמעינן אלא דאהרן ביוה"כ קמא לבעי פרישה לא בשאר יוה"ך דומיא דמילואים שלא הוצרך פרישה אלא בתחילת עבודה לא בשאר ימים להכי אצטרי' כאשר עשה ללמדך שבכל כפור וכפור הוצרך אהרן פרישה וא"כ אכתי אימא דכ"ג דלדורות לא בעי פרישה לכך כתבו דמכה לכפר דמייתר דהא בלעשות לחודיה סגי דהשתא לא דרשינן לעשות זה מעשה פרה וכמ"ש רש"י ועיין בתוספות דסוגיא דלעיל ד"ה דרביה אלא אצטריך למימר דהזמנת כפרה זו קיימת היא אף לדורות וק"ל.

דף ה' ע"א **ד"ה** סמיכה א"ב וכו' דהא לא שייך אהרן וכו' ומה"ע נמי לא קאמר שירי הדם כמו שהקשו התו' משום דלא שייך אהרן כדאיתא בת"כ פ' צו כל ז' ימי

המלואים היה משה משמש בכ״ג הוא היה שוחט הוא היה זורק הוא היה מזה וכו׳ וכותס דע״כ לא פליגי אלא בסמיכה ופרישה ותנופה ורבוי ז׳ ומשיחה ז׳ דכל הני שייכי באהרן לקדשו אבל קטורה ושירי הדם דלא שייכי באהרן והרי נעשה שלא בכ״ג בהא לכ״ע לא מעכבי דהא אפילו לדורות שנעשים בכ״ג לא מעכבי כ״ש הכא אלא דא״כ תיקשי להו מהירושלמי שהביאו התוספות דקאמר דשירי דם נמי א״ב ולדידהו צ״ל דפליגי אהדדי וק״ל.

ד״ה כאילו לא כפר וכו׳ שעד אחר השחיטה לא עבר שלעולם הוא וכו׳ כצ״ל.

ד״ה נתרבה ז׳ וכו׳ ולא הזכיר כאן וכו׳ כותס דלכאורה ממה שלא הזכירה ברייתא נתרבה ז׳ ולא נמשח כלל משמע דנתרבה לחוד לא סגי אלא דלא יתכן לפרש כן דהא בפרק בתרא דהוריות י״ב ע״ב מרבינן מקרא דוהכהן הגדול מאחיו וכו׳ דאף מרובה בגדים על כולן הוא אומר את ראשו לא יפרע וכו׳ וה״ה לעבודת יוה״כ כדמוכח התם דא״כ ע״כ צ״ל כי היכי דלא תיפלוג ברייתא דהכא אדהתם דאה״נ דבברייתא דהכא מסיים בה דה״ה במרובה בגדים לחודיה סגי וכדדריש בברייתא דספרי פרשת אחרי מות ובירושלמי דפרקין אהך קרא גופיה מרובה בגדים מנין ת״ל ואשר ימלא וכו׳ אלא דתלמודא לא הזכיר מברייתא זו אלא מה שצריך להוכיח דריבוי ז׳ ומשיחת ז׳ אינה מעכבת לדורות דאפי׳ יום א׳ סגי ואה״נ דה״ה דבמרובה בגדים לחודיה סגי ולהכריח כדבר עוד שלא תאמר דברייתות פליגי אהדדי הכריחו עוד מסתמא דמתני׳ דמגילה אין בין כהן וכו׳ [(ואילו היינו מגיהים בדבריהם בנתרבה לחוד סגי וכו׳ היה לשונם פשוט יותר)] דלא ס״ל לפרש בפרש״י שם דמימות יאשיהו ואילך דוקא איירי וכ״פ הרמב״ם שם ובחי׳ פ״ד מהל׳ כלי המקדש דמתניתין סתמא קתני משמע דאף בזמן שהיה שמן המשחה כשר במרובה לחודיה דכ״כ הרמב״ן בפי׳ לחומש פרשת אחרי מות כמ״ש בסוגיא וכיון שכן ע״כ לומר דתלמודא לא הזכיר כאן וכו׳ ואי קשיא לך דמ״ש דלענין פר ממעטינן מרובה בגדים מדכתיב משום כדאיתא בהוריות י״ב ע״א אליבא דרבנן יעו״ש הא מילתא כא תריצו לה בירושלמי פ״ק דמגילה הלכה י׳ יעו״ש ומכלל דבריהם מלאנו יישוב למה שתמה בספר לדה נדרך פרשת אחרי מות על דברי הרמב״ן דמברייתא דהכא משמע דמשיחה יום א׳ מעכב ומה שסיים שם דאל״כ מאי אצטריך קרא למעוטי דחימו מעכב לו׳ דמהי תיתי וכ״כ עוד בחי׳ לפ׳ בתרא דהוריות הנה גם נזה י״ל דלפי האמת דמרבינן מאשר ימלא אפי׳ מרובה בגדים לחודיה הא דאצטריך קרא דאשר ימשחם אינו אלא לאשמועינן דלבתחילה בעינן משיחת ז׳ דומיא דריבוי ואף לאידך תירוצא דמקרא דלמשחה בהם ולמלא בם נפקא ליה דאיתקש משיחה לריבוי י״ל דאיצטריך דאי לא הוה כתיב אלא אשר ימלא לחודיה הו״א דלא אשמועינן אלא דבריבוי בגדים לחודי סגי אבל לעולם דבעינן ביה ז׳ אף לעכב להכי כתב קרא אשר ימשח דהשתא ע״כ לפרש דמרבינן דאף במילוי יום א׳ סגי אבל לעולם דמשיחה אף דיום א׳ לא מעכבא ומה שהביא מתו׳ וירושלמי דהוריות דקתני המשוח בשמן המשחה בבנין ראשון למרובה בגדים בבנין אחרון י״ל דמלתא פסיקתא נקט וה״ה דמשכחת לה נמי בבית ראשון מימות יאשיהו ואילך או כשנתרבה לחודיה ועי״ד מה שפי׳ הרמב״ן דברי רש״י לחומש שם ומה שהוכיח עוד מהא דהוריות י״א ע״ב דדריש מקרא דוהכהן המשיח תחתיו אי הוי משיח הוי כ״ג ואי לא לא הוי כ״ג נראה דלא לעיכובא קאמר אלא ה״ק לא הוי כ״ג מן המובחר תדע דבת״כ פרשת צו דריש מהאי קרא גופיה אין לי אלא משוח בשמן המשחה מרובה בגדים מנין ת״ל והכהן המשיח וכו׳ והכי איתא נמי סיפא דהביא לקמן ע״ב עיין ברש״י שם ואהא הוא דשיילינן בירושלמי פ״ק דמגילה מתלפא שיטתהון דרבנן ותריץ תמן כל הפרשה האמורה באהרן לאיזה דבר נאמר בהן לרבות את המרובה בגדים וכו׳ [(ומכאן סיוע לפי׳ קרבן אהרן שם דכתב דממלא והכהן יתירא דרש יעו״ש)] וכיון שכן ס״ל להרמב״ם דכיון דברייתא סתמא קתני משמע דאף מרובה בגדים אפי׳ היכא דאיכא שמן המשחה קמכשר וא״כ ע״כ דלמאי מן המובחר הוא דקאמר תלמודא דלא הוי כ״ג כנלע״ד ודו״ק.

דף ו׳ ע״א **ד״ה** מביאו וכו׳ ובתמיד וכו׳ היינו הא דאיתא בתוס׳ אורע קרי וכו׳ יעו״ש כ״ז ע״ב. ומ״ש ומדקאמר תשבו וכו׳ דודאי אין לפרש תתעכבו ולעולם שביו עומדים דהא ז׳ ימים נתעכבו שם כדכתב לעיל מיניה וא״כ ע״כ שהיו יושבים ומעתה ל״מ אם נפרש פתח א״מ דהיינו מן הפתח והלאה בחצר המשכן דודאי תיקשי לפי׳ ר״י הזקן דהיכי בעי הכא דליפרשו תחת מחילה כמ״ש התו׳ אלא אף אם נפרש פתח ממש ע״כ קדושת הר הבית היה לו ודין מחנה לויה וא״כ פירש מאשתו וע״ל דבריהם דאם היינו מפרשים פתח אהל מועד דהלכן מן הפתח במחנה שכינה לא היה מכאן קושיא לפי׳ ר״י דודאי התו׳ פשוט דשאני אהרן וכו׳ כא קמן דתמור יותר דהפרשתו במחנה שכינה ולהכי הכריחו ז״ל מדקאמר תשבו דעל כרחך מחנה לויה היה ואם כן תקשי מהתם ותירץ דאפ״ה יש לומר דשאני אהרן וכו׳ ודו״ק.

באו״ד וא״ת ומאי קאמר וכו׳ דבשלמא למאי דלא כתיב בקרא בהדיא דהיינו פרישה מאשתו נוכל לומר דהכא לא קאי קרא דכאשר עשה ביום הזה לזה וכו׳ ונאמר דשאני אהרן וכו׳ אבל אמאי דכתיב ומפתח אהל מועד לא תצאו ז׳ ימים וכתיב בתרי׳ כאשר עשה וכו׳ ע״כ בזה אין לחלק כלל וא״כ בשלמא לפי׳ ר״י בשם ר״ש לא תיקשי מידי דלא חיישינן הכא אשעה א׳ שלא היה כמחנה לויה כיון דהתם נמי היה שם שעה מפורק כמ״ש לעיל וא״ג דהתם כתיב לא תצאו מ״מ ע״כ לומר שבאותה שעה שהיה מפורק הו״ל כיוצא ממחנה לויה ולהכי הו״ל למשרי נמי הכא לשעה שילך לביתו אבל לפי׳ ר״י הזקן תיקשי דהיכי ס״ד שיעמוד כל ז׳ במקום שאינו מחנה לויה ותי׳ דאם נפרש מעמידו בערב וכו׳ דהשתא לא קפיד קרא שיעמדו לעולם במחנה לויה אלא קפיד שיהיו מופרשים במקום א׳ ניחא אלא דפי׳ ראשון דהיינו פי׳ ר״י בשם ר״ש נכון יותר דלדידיה נוכל לפרש מעמידו מיד דלשעה קלה לא הקפידו וה״ה הכא כנלע״ד ודו״ק.

באו״ד דהא דתניא בברייתא דמלאכת המשכן כצ״ל וכו׳ וכיה בת״כ פרשת צו כל ז׳ ימי המילואים היה משה מעמיד את המשכן כל בקר ובקר ומקריב קרבנותיו עליו ומפרקו וכו׳ דהשתא יש מקום לפרש שלא היה עומד אלא בעת הקרבת הקרבנות ולפ״ז היה נלע״ד להגיה בדבריהם מעמידו בבקר ומפרקו בערב אלא דיש לדקדק דמשמע דלא היה מעמידו מיד דהכי איתא ברבה פרשת נשא פי״ע כל שבעת ימי המילואים היה משה מעמיד את המשכן בכל בקר ובקר מושחו ומקריב ומפרקו וכו׳ ר״ח בר״י אמר ב״פ בכל יום היה משה מעמידו ומפרקו א׳ בבקר וא׳ בערב ר״ח הגדול אמר ג״פ בכל יום וכו׳ א׳ לתמיד של שחר וא׳ למלואים וא׳ לתמיד של ערב וכו׳ ע״כ דמשמע דת״ק ה״ק שהיה מעמידו בבקר עד שהיה מקריב כל קרבנות היום ומפרקו ושוב לא היה מעמידו עד למחר והשתא פליגי עליה ר״ח בר״י דהיה מפרקו מיד אחר תמיד של בקר וקרבנות של מילואים ושוב לא היה מעמידו עד לעת ערב ולאידך ג״פ ועוד דבירושלמי דפרקין מוכח בהדיא שלא היו יושבים תמיד באהל מועד כיון שהיה מפרקו ולא היה מעמידו מיד וכמו שהקשה בספר קרבן העדה יעו״ש ובעת דבריהם ללע״ע ודו״ק.

באו״ד כדאמרינן בתענית וכו׳ שם כ״א ע״ב אלא דק״ל דהא בפרק שתי הלחם צ״ה ע״א מפיק דפלוגתא דתנאי היא ומשמע התם דלכ״ע אף כשהוא מפורק דין מחנה לויה יש לו אלא דר״א ס״ל דכיון דע״מ אינו משתלח ה״ה זבין ומצורעים וא״כ אף אם נפרש מעמידו בבקר וכו׳ מ״מ לעולם היו עומדין במחנה לויה וא״כ אכתי תיקשי מינה לפי׳ ר״י הזקן דהיכי ס״ד הכא להפרישו במחנה ישראל ושמא י״ל דס״ל דדוקא התם בטלה קדושת משכן לדין מחנה שכינה ולא ללווי׳ משום דהוקדש והועמד בקבע מיום שמיני למלואים והלאה אבל הכא דאף כשהועמד לא תמירא קדושתיה תדע דלא היה שם כ״ג ובגדי כהונה וכמ״ש התו׳ בפרק אין מעמידין ד״ה במה שמש וכו׳ בשם הר״י יעו״ש מעתה אף שתאמר דבעמידתו דין מחנה לויה היה שם מ״מ כשפירקו בטלה קדושתו לגמרי ומ״ע כמו

שבטלה קדושת המשכן וכו' כותבם הא כדאי' והא כדאי' וכמ"ש כנלענ"ד ודו"ק.

ד"ה אבל בחד אח' וכו' דאפי' בחד אח' וכו' וכ"מ דמליח לאוקמה למתני' דאפי' משום ספק היו חוששין להפרישו מביתו וכ"ש השתא שיש לחוש גם לודאי בנדה אותיות והיינו נמי דבירו' אוקמוה בודאי נדה כמ"ש בסוגיא ולזה כתב הרש"ש ז"ל בחי' ריש פ' ע"ב שמא תמצא אשתו נדה וכו' ולאפוקי מס' עבודת ישראל כ"ע סע"א שנתקשה בדבריו וכן ראיתי להפרי"ח שם שכתב כן יע"ש וק"ל.

ד"ה אימת טבל וכו' והא דתנן וכו' נראה שכוונתם להשמיענו בזה דל"ת למ"ד דמפרישין ליה שבעה וכו' דלדידיה אתא מתני' כפשטא דבכל גוונא היה עומד שבעת ימים אלא אפי' למ"ד זה לא תיקשי מיניה דמשמע דהוי מפרישין שבעה אחת דלדידיה מוקמינן למתני' דוקא אם הוא טהור וכו' ושבעה לאו דוקא דמשכחת לה שלא היה עומד אלא ו' ודו"ק.

ע"ב **ד"ה** בעל קרי וכו' בפסחים וכו' לומר דמטמא באונס כטומאת שרץ וכותבם דלא תפרש דהשתא ס"ד לפרושי תרווייהו לטבילה דיום וכדפירש"י דהא ודאי תיקשי דביק בהדי' כתיב ביה והכי לפנות ערב ירחץ וכדמקשי איהו גופיה בתר הכי טומאתן בהדיא כתיב בהו וכו' אלא ע"כ לפרש לטבילה דקאמר דלא קאי אלא אבועל נדה ורישא דביק איירי לטומאת אונס ולא תיקשי דהא דומיא דרישא קתני דלא חיים דהא דא"ל הא כדאי' והא כדאי' וכדקאמר באלו דברים שם וק"ל.

ד"ה זב חבה וכו' וביום השביעי קאמר וכו' והא דתניא בפ' תנוקת ס"ז ע"ב רש"א אחר תטבר אחר מעשה תטבר אבל אמרו חכמים אסור לעשות כן שמא תבא לידי ספק ס"ל דאסור אהשמיש קאי ולא אטבילה כנראה מדברי התוספות שם ועיין בב"י י"ד סי' קצ"ז וק"ל.

באיד וכ"כ נמי שיכול לטבול ליל שמיני וכו' כנ"ל. ומ"ש מדתני בספרי וכו' בפ' מצורע ואיתא נמי בגמ' פ"ג מינין מ"ד ע"ב יע"ש. ומ"ש וכדאמרינן נמי התם וכו' ושוין ברואה וכו' דסיפא פירוש דרישא הוא וכמ"ש רש"י שם ע"ב ע"א ולעולם דרישא נמי איירי בזבה קטנה בדוקא. ומ"ש ועוד דהא גבי דידן ספק זבות וכו' והא קמן דרב פפא לא פריך בפרק תנוקת ס"ז ע"ב אלא דליטבלינהו ביממא דשביעאה ואם איתא עפי הו"ל למיפרך דהשתא דטובלת בלילה א"ל דאין טבילתן מטהרתן וק"ל.

ד"ה הפרישהו וכו' דלפ"ז יש לנו לספק הכהנים וכו' דאין נראה לחלק בין כהנים בזריזים ולא מטמאים בע"מ לשאר כל אדם ולהכי לרב תחליפא למ"ד טומאה דחויה אין שאר כל אדם אפי' חבריה נוגעים בו אבל בכהנים שהרי אין הקנה זו קיימת כיון שאתה מחלק בה אלא ודאי דהכהנים דנקט משום סיפא דגבי פרה אפי' הכהנים אין נוגעים נקט רישא כהנים והיה החברים נמי מלו ליגע בו וא"כ תיקשי לרב תחליפא וק"ל.

דף ז' ע"ב **ד"ה** אלא תמיד וכו' וקשה לר"ת וכו' ויש לדקדק דמאי קשיא"ל לר"ת מסוגיין אברייתא דפרק האומר אדרבא מהכא נמי יש לדייק דהותר אף בשעת עבודה מדלא נקט אלא מי לא בעי למיעל וכו' וכ"כ הריטב"א בחי' כאן ובפרק האומר דמכאן דקדק ר"ת הותר אף במדינה דלא אסרינן הכא אלא בעידן מינס ומיעל לב"ה והכי אמרינן בפרק האומר וכו' יע"ש ויש ליישב דהיק דהשתא דמוקמינן תמיד לומר דתמיד מרצה א"כ הו"ל בין בשאר בגדי כהונה דחוץ למדינה אסור ליהנות בהם כדאיתא לקמן ריש פרק בא לו וא"כ תיקשי מהא דקידושין דמשמע דאפי' בשעת סעודה וחוץ למקדש היה לובשו ותי' דשאני ציץ דכתיב ביה תמיד כלומר דאדרבא משום דמשמע ליה לר"ש לפרש תמיד ממש שלא יהיה בלתו אפי' רגע ליישב קושית דהא בעי מינס הוצרך לומר דתמיד משמע דתמיד מרצה ואציצו קאי דהשתא הו"ל תמיד ממש אבל לעולם דאכתי בעי לכתחילה שיהיה תמיד על מצחו דהא פשטיה דקרא דתמיד אמצח קאי והיינו דסיימו בדבריהם ולר"ש נמי דתמיד משמע כ"ש מ"מ מוקמינן ליה אציצו כלומר דגם לר"ש משמע ליה שיהיה על מצחו כל שעה אלא משום דס"ל דתמיד ממש קאמר

להכי אוקים ליה אציצו וכ"כ התו' לקמן בפ' בא לו סד"ה בגדי כהונה וכו' ואר"ת דלכ"ע יכול להניחו כ"ש מדכתיב ביה והיה על מצחו תמיד וכו' הא קמן דס"ל לר"ת דתרתי שמעינן כמ"ש ובזה יתורץ מה שהקשה בחי' הריטב"א שם יע"ש ודו"ק.

באיד ואע"ג דמספקא ליה לקמן וכו' אע"ג דלקמן פשטינן מברייתא דקתני בהדיא בגדי כהונה היוצא בהם למדינה אסור וכו' מפני שבגדי כהונה נתנו ליהנות וכו' שמא י"ל שכתבו כן משום דמסוגיא דפרק האיש מקדש נ"ד ע"א משמע דרב ס"ל דלא ניתנו ליהנות אפי' במקדש דקאמר התם לפי שלא ניתנה תורה למלאכי השרת יע"ש וכן ראיתי בספר באר שבע בחי' לפ"ק דתמיד שם שכתב דרב תנא הוא ופליג אברייתא דר"פ בא לו יע"ש וא"כ הא קמן דאע"ג דמאי דקתני בברייתא דבמדינה אסור לא אשכחן מאן דפליג מ"מ הא קתני התם ובמקדש בין בשעת עבודה ושלא בשעת עבודה מותר ורב ס"ל דלא שרינן אלא בעידן עבודה משא"כ בציץ דלא מספקא לן ביה כלל לא מיבעיא במקדש אלא אף במדינה שרי דהא כתיב ביה תמיד וק"ל.

באיד וי"ל דלר"י וכו' דהא אפי' בשאר ב"כ מספקא ליה דשמא ניתנו וכו' כלומר אפי' חוץ למקדש ואימא דפליגי אברייתא דלקמן ומש"ה תריץ ליה דתמיד לשלא יסיח אתא אלא דאיתא למידי' דאפי' תימא ס"ל לר"י דשאר ב"כ נמי ניתנו ליהנות ללובשן בכל עת שירצה מ"מ אכתי אצטריך תמיד לומר דציץ צריך ללובשו בכל עת מדרך החיוב והכי משמע בירושלמי דפרקין דמוקי מ"ד התם דבכל יום כ"ג מתלבש בכליו כר"י יע"ש הן אמת דמדבריהם שכתבו להתירו בכ"ש משמע דתמיד לאו מדרך החיוב הוא וכן התו' לקמן ס"ע ע"א כתבו ומיהו למ"ד וכו' יכול וכו' ואר"ת דכ"ע יכול להניחו כ"ש וכו' יובן בפי' האומר ס"י כתבו משמע דמותר שלא בשעת עבודה וכו' וה"ט דס"ל דאע"ג דטומאת בשר יכולה להיות בכל עת מ"מ אין עיקר חיוב אלא בעידן עבודה וכדאיתא בהדיא דירושלמי שם בכל יום כ"ג מתלבש בכליו ובא ומקריב תמיד של שחר אם יש שם נדרים ונדבות והולך בתוך ביתו ובא ומקריב תמיד של בה"ע וכו' ועי"ש אלא דתמיד אצטריך להתירו בכל שעה ובכל מקום אם ירצה ללובשו ושוב ראיתי בספר לדה לדרך פרשת תצוה שהרגיש במ"ש אלא שמ"ש שם ושמא י"ל דהא דנקט ר"ת לשון מותר ויכול ר"ל מפני שהוא חיוב וכו' הנה מדברי התי"י דהכא משמע דלא מדרך חיוב הוא דא"כ הדר קושין לדוכתין כמ"ש ומה שהקשה שם דכיון דר"ת יליף לה מדכתיב ב' זמני והיה על מצח אהרן והיה על מצחו תמיד כמ"ש התוס' לקמן שם והא ודאי דקרא דוהיה על מצחו תמיד מיירי בחיוב ולא ביכול ומותר עכ"ד הא לא קשיא כ"כ דבאם אינו ענין לחיוב דכ"ש דהא סברה דא"ל לרצות אלא בעידן עבודה תנהו ענין להתירו בכל שעה ונראה דגם התו' דהכא ס"ל דמוכיח על מצחו יתירה נ"ל גם לר"י להתירו בכל שעה דאלת"ה מאי ומ"מ שמעינן שפיר מתמיד וכו' שכתבו הא לר"י אצטריך לשלא יסיח דעתו ממנו אם לא שנאמר דס"ל דתרתי שמעינן מיניה דהא פשטיה דקרא תמיד ממש הוא ולהכי אמרינן דכיון דיכול ללובשו בכל עת שירצה חשוב תמיד וכדרך שכתבו לר"ש כמ"ש לעיל כנלענ"ד ודו"ק.

דף ח' ע"א **ד"ה** תפילין וכו' וא"ת למ"ל טעמא דלא יישן בהם שמא יפיח וכו' יש להקשות דהא התם לא מפרש טעמא כלל אלא קאמר רבא שלא יישן בהם ואיכא לפרושי נמי דמשום היסח הדעת הוא כמו שפי' התוס' שם ושמא י"ל דס"ל דע"כ טעמא דרבא נמי כדאביי דשמא יפיח דאל"כ אם כן לרבא אף שינת עראי אסור משום היסח הדעת ואילו בפרק הישן כ"ו ע"א מסקינן דמונחים על ראשו שינת עראי מותר דלא ס"ל לפרש דסוגיא דפרק הישן פליג אדרבא ולעולם דלרבא בין קבע בין עראי אסור דזה דוחק כמ"ש הריטב"א בחי' לסוכה שם והר"ן בהל' פרק במה טומנין יע"ש ואה"נ דבפשיטות הו"ל לאקשויי עפי מסוגיא דפ' הישן דשרי שינת עראי ולא חיישינן להיסח הדעת וכדרך שהקשה הרא"ש בה' תפלין יע"ש ובב"י א"ח סי' מ"ד אלא משום דהיה אפשר לדחות דההיא סוגיא דלא כהלכתא דהא רבא בפרק במה טומנין קאמר לא יישן סתמא דמשמע בין קבע בין עראי להכי ניחא לכו לאקשויי

מהך לאשמעינן דגם לרבא הדין כן וטעמיה משום שמא יפיח דבשינת עראי לא חיישינן והיינו דתי' וי"ל דהיינו נמי טעמא דהיסח הדעת וכו' דהשתא שינת עראי דליכא חשש הפחה להסיח הדעת לא חיישינן וכמו שתי' הר"י אלחנן עיין בדברי הרא"ש שם כנלע"ד וק"ל.

ד"ה נשבר הלין מנ"ל וא"ת מהאי לישנא גופיה וכו' וכ"ש הוא דכא אפי' תלי בסיבתא לא מרלה וכמ"ש הריטב"א בחי' ומ"ש דו"ל דה"ק וכו' דכן נמי הא דקאמר לעיל מיניה ור"י לקבוע לו מקום מנ"ל הבונה מהיכא נפקא ליה קביעות מקום דאייתר ליה קרא לדרשא דעודהו על מלאו דאדרבא פשטיה דקרא לקביעות מקום איצטריך וק"ל.

ד"ה ותיסברא וכו' משום אילו של אהרן כדאמרן לעיל וכו' דאפי' למ"ד הותרה כיון דהיד הוא מהדרינן דבשלמא פרו כיון שאחיו הכהנים מתכפרים בו ועוד שקרבן צבור תלוי בו כדכתיב וכפר בעדו ובעד ביתו מעיקרא והדר ובעד כל קהל ישראל איכא למימר דס"ל לר"י דקרבן צבור חשוב ופלוגתא היא לקמן בפ' הוציאו לו נ' א' יעו"ש ועיין בלשון רש"י לעיל ו' ע"ב ד"ה הותרו וכו' ובמ"ש הריטב"א שם בשם התו' וק"ל.

באו"ד ועי"ז קשה לי וכו' וכמו שאמרנו למעלה דנין וכו' דליכא למימר דס"ל כר"ל דלא יליף ממלואים דהשתא הזאה לדידיה מעלה בעלמא כדאי' לעיל ומש"ה משום אילו לא עביד מעלה דא"כ מאי פריך הזאה כלל למה לי דילמא דס"ל כר' יוסי בר' יוחנן דיליף הפרשה והזאה ממלואים דהשתא משום אילו דקרבן יחיד הוא הצריך ר' יוסי הזאת ג' וז' וק"ל.

באו"ד ועוד היכן מצינו במלואים וכו' דודאי כיון שכולם היו באים לכפר בעדו ובעד העם כדכתיב קרא בריש שמיני ועשה את חטאתך ואת עולתך וכפר בעדך ובעד העם ותניא בספרי שם חדע שקרבנו מכפר יותר מקרבן העם שקרבן העם אינו מכפר על הכהנים וקרבנו מכפר על ידו ועל יד העם שנאמר ועשה את חטאתך וכו' מעתה ודאי שצורך הפרשת ז' היה בשביל כולם ודומיא דהכי יליף פר ואיל משלו דיוה"כ משם דמשום כולהו בעו הפרשה וק"ל.

באו"ד ועוד מדקאמר ר"י ג' וז' משמע קצת דמדאורייתא קאמר וכו' דאע"ג דילפותא דהפרשה משמע להו בפשיטות דמדאורייתא היא מ"מ בהזאה איכא למימר דמעלה בעלמא היא ולאו מדאוריתא דבמלואים דם הכא מים דאע"ג דר"י אמר לעיל דנכנסו מים תחת דם אין לנו הכרח גמור לומר כן דמה"ע כתבו התוס' שם דדרשא דמילואים אסמכתא בעלמא היא יעו"ש וכן מדלא הצריך ר"י כל ז' דומיא דמילואים הוה משמע לכאורה דס"ל דהזאה מעלה בעלמא היא אלא דלא נראה להם לומר כן דא"כ לימא דלכ"ע טומאה דחויה וה"ק יליף לגמרי ממלואים דבעי כל ז' ור"י ס"ל דלא יליף אלא לענין הפרשה אבל בהזאה לא דמו אלא דמשום מעלה בעי מיהא ג' וז' ור"ח סגן הכהנים ס"ל דהגם דמעלה היא מ"מ גבי פרה ששנו בה מעלות יתירות יש להצריך כל ז' אלא משמע דס"ל לסתמא דתלמודא דגם ר"י ס"ל דהזאה דאוריתא ואי לאו דסבר טומאה הותרה היה מצריך כל ז' וא"כ מעתה דייקינן איפכא דאי ס"ל לר"י משום מעלה יצריכו כל ז' דכיון דמשום חשש טומאה עשית מעלה זו יש לך לחוש לכל הספיקות עיין בתו' דריש מכילתין ד"ה וחכ"א אם כן וכו' אבל השתא דאמרינן דאוריתא היא כלומר דילפינן ממלואים לטהרו מכל טומאה א"כ כיון דמדאוריתא נמי טומאה הותרה בצבור די לך להצריך כאן תורת ג' וז' כט"מ ודאי דעלמא כנלע"ד ודו"ק.

באו"ד וי"ל כדמשמע לקמן וכו' אין לחכמים לעשות הזאה ופרישה דע"מ וכו' דכיון דהזאה משום ספק ט"מ היא וכן הפרשה שלא יבו בני אדם נכנסין אצלו שמא ישוח מת עליו בפתע פתאום מלתא דלא שכיחא כל כי הני כיון דטומאה הותרה אין לחוש אף באילו כיון דקביע ליה זמן אבל בטומאה ודאית פשיטא דיש לחלק בין קרבן צבור ליחיד הגם דתרוייהו קביע להו זמן והיינו דאמר לעיל גבי היה מקריב מנחת פרים ואילים ונטמאת בידו אומר ומביאין אחרת תחתיה וכו' דהלי' באיל של אהרן דאף על גב דקביע ליה זמן כיון דיחיד הוא

מהדרינן וכמו שחילקו התו' בשמעתין ד"ה אי סבר וכו' יעו"ש וק"ל.

באו"ד ורב תחליפא דלעיל בטבילו ולשון הקונטרס וכו' כן נראה שצ"ל והשאר כפול וכונתם דממה שפי' רש"י כאן בסוגיין ד"ה הזאה כלל למה לי בתורת ג' וז' משמע דס"ל דלר"י הזאה מדאורייתא היא דילפינן ממלואים ולא משום מעלה והיינו דפריך הזאה כלל למ"ל דליכא למימר מדרבנן משום מעלה דא"כ למה עשו בתורת ג' וז' הו"ל לחוש לכל הספיקות ולהצריך כל ז' ומה שפי' ז"ל בדיבור הקודם ור"י וכו' דלא מהמרי בה אלא למעלה בעלמא דילפי ממלואים לאו למימרא דמתכן ס"ד דמשום מעלה בעלמא היא דא"כ מאי קאמר ז"ל דילפינן ממלואים הא לעיל בסוגיין ד' ע"א משמע דמאן דיליף ממלואים הזאה היא מן הדין ולא משום מעלה יעו"ש אלא כונתו דכיון דמדאורייתא טומאה הותרה א"כ צ"ל דמה שהחמירה תורה להצריך כאן הזאה מעלה בעלמא היא ולהכי סגי ליה ג' וז' דאין לנו לחוש לספיקות ואפ"ה פריך המקשה הזאה כלל למ"ל כלומר דבשלמא אם היית מצריך גם כאן כל ז' כמלואים ניחא כיון שצריך אתה לומר דנכנסו מים תחת דם אבל כיון שהצרכה בתורת ג' וז' משמע דמשום טומאה דאורייתא היא ולא משום מעלה ומ"ש וגם למעלה וכו' היינו מה שפירש ז"ל לעיל ו' ע"ב ד"ה הותרה וכו' וביוה"כ כוליה קרבן צבור ואף קרבן שלו דוחה את הטומאה שהרי זמנו קבוע וקרבנם תלוי בו ע"כ דמשמעות לשונו משמע דבין אילו ופרו תרויהו דין קרבן צבור להם לומר שהותרה טומאה אצלם והיינו דדייק בב' טעמי דנקט זמנו קבוע לגבי אילו וקרבנם וכו' לגבי פרו וא"כ הא קמן מדבריו דאילו נמי דין קרבן צבור יש לו שהותרה טומאה אצלו כמ"ש הם ז"ל ודע"כ צריך לחלק בין חשש טומאה לטומאה ודאית וכמ"ש הריטב"א ז"ל שם על דברי רש"י ז"ל יעו"ש וק"ל.

ד"ה לא ירחוץ וכו' ולא כפי' הקונטרס ע"כ עמ"ש בפרש"י ז"ל.

ד"ה ור"י סבר וכו' ומאחר שלא הזה וכו' שאם הקדים טבילה להזאה וכו' בצ"ל. ומ"ש ואם היתה מועלת טבילה וכו' וא"כ דומיא דהכי הא דקתני טבילה והלאת דמים כסדר מוכח אותם ומעתה הזאה פרה דבמקום הרצאת דמים עומדת צריכה נמי טבילה לפניה עיין בתוספתא דמגילה ב' ע"א. ומ"ש ובמס' מקוואות נמי תנן וכו' לא מצאתיה במשנה אבל היא תוספתא הביאה הר"ש בסוף מסכת פרה וכלומר דמהכא משמע כר"ת דיש טבילה לפני הזאה וכמ"ש הר"ש יעו"ש וק"ל.

באו"ד והא דאמרינן בפ"ב דמגילה וכו' מוקי לה ר"ת וריב"א וכו' לטהורה היה נראה להגיה מוקי לה ריב"א דמדברי התו' דפ' החולץ מ"ו משמע דר"ת מוקי לה בטבילה שלאחר הזאה אלא שאפשר דהתוס' דידן ס"ל דאף ר"ת מוקי לה בטבילת אזוב דטבילה שלאחריה לא ניחא דהא התם קתני ולא טובלין ולא מזין וכו' וכמ"ש בסמוך והתו' שם ובמגילה שם דע"כ לא הוצרך לחדש ר"ת דב' טבילות איכא אלא כדי ליישב דמסוגיין משמע וכן בספרי דטבילה צריך לשמירת הכי להזאה הנעשית ביום ואילו במס' פרה קתני דטובל בלילה אבל ממאי דמשמע במגילה דטבילה ביום לא היה קשיא ליה כ"כ דהביא בטבילת אזוב מיירי וק"ל.

באו"ד וכאן נגיה משם ריב"א דלפי הרחיק ז' מג' ויכול להיות וכו' בצ"ל ובריתא שכתבתיקו הביאה הילקוט פ' חוקת בשם ספרי אטא יעו"ש כי הגי' יותר נכונה וכונתם להודיענו בזה שלא כפרש"י שפי' דלמ"ד לאו מלוה כי כתיב ג' וז' שלא יקדים וישהה בין הזאה להזאה ד' ימים יעו"ש וכ"כ התו' דשמעתין סד"ה מקשינן אבל הם ז"ל ס"ל איפכא דלהכי הדר כתיב ביום הג' וביום הז' לרבות אפי' הרחיק ג' מיום הטומאה ואפי' ז' מיום הג' אלא דצריך ליישב לדעתם סוגיא דקידושין ס"ב ע"א ע"ד שיושבה הכ"מ בפי"א מה' פרה אדומה לדעת הרמב"ם שפסק כהביא דספרי יעו"ש וק"ל.

ע"ב **ד"ה** שנותנין עליה וכו' כך פירש בקונט' ואין נראה וכו' עמ"ש שם:

דף ט' ע"א **ד"ה** ולא אטריחוהו וכו' שלא לעשות כן בדברי' אחרים וכו' כונתם שלא יבאו לעשו' כן בדברי' אחרים כלומר בתרומה מעשר שלא יתנו לכהן אלא יחללו על שוה

פרוטה ומה גם אי ס"ל כמ"ש הטור י"ד ס"ס של"א דתרומת מעשר ימכרנה לכהן [(הגם שאין כן דעת התו' בסוגיין ד"ה מעשר ראשון וכו' יעו"ש.)] דודאי דאיכא למיחש שיבא לטעות לעשות כן גם בתרומ' מעשר ועיין בחי' הריטב"א וא"נ אפשר לפרש שלא יבאו לעשות כן לכתחלה בדברים שאינם נמכרים בדרך נחתומים אלא עושין לעצמם לחלל מ"ש על שוה פרוטה אבל השתא ליכא למטעי דמדלא חייבום כלל אית להו היכרא דה"ע מתוך שחובעים אותם וכו' ודוקא נחתומים וק"ל.

באו"ד אומר אדם לבנו ולבתו וכו' הא לכם מעות וכו' כצ"ל. ומ"ש שחללו על שוה פרוטה מחולל אפי' בזמן הזה כדאיתא בערכין וכו' מהתם משמע דטפי פשיטא לן בזה"ז דליכא פסידא ולהכי אפי' לכתחלה נמי משא"כ בזמן מקדש דדוקא דיעבד כדקאמר שחללו וכו' וכדאי' התם וע"כ היה נלע"ד להגיה בדבריהם מחולל אפי' לכתחלה בזה"ז כדאיתא וכו' ושוב ראיתי כן בתוס' דפ' עד כמה ל' א' ד"ה באתרא וכו' וק"ל.

באו"ד אך יש לדחות דהכי נמי מטעמא אחרינא דחי ליה התם וכו' כנלע"ד של"ל וכלו' דבלאו הכי דחי התם הך אוקמתא משום דאמה העבריה בזה"ז מי איכא והה"נ דהו"מ למיפרך נמי הך דמי בזה"ז מה לו להערים וכמ"ש התו' שם וכפ' עד כמה ל' א' וק"ל.

דף י' ע"א **ד"ה** חוץ מלשכת פרהדרין וכו' וכיא היתה בקדש וכו' כלומר בהר הבית דממתני' דפרה שהביאו אין ראיה אלא דהיתה בהר הבית והכי משמע ממ"ש וגמרי' ממלואים וכו' ופתח אהל מועד כתבו לעיל ו' ע"א ד"ה מביאו וכו' דדין מחנה לויה יש לו יעו"ש וא"כ ס"ל כדעת התו' כאן וכריש מכלתין דלשכת בית האבן בהר הבית היתה ושלא כדברי רש"י והרמב"ם דס"ל דבעזרה היתה וכמ"ש שם. ומ"ש ולשכת בית אבטינס נמי דאמרינן וכו' לקמן י"ח ע"ב דהעלוהו לעליית בית אבטינס ללמדו חפינת הקטורת.

ד"ה וכי תימא וכו' דהא בכמה לשכו' היו שם וכו' דלא ס"ל נחלק השאני לשכת פרהדרין דעשויה לדירת יום ולילה וכמ"ש התוס' בסוגיין ד"ה דרבנן וכו' דס"ל דכיון דלשכות שומרים לדירה כל לילה עדיפי מלשכת פרהדרין דאינה אלא לשבעת ימים בשנה וק"ל. ומ"ש ואגב דעלמא לא מסקי אדעתייהו שאין שם ע"כ ולטעמא דשלא יאמרו כ"ג חבוש בבית האסורים נ"ל דה"ק דחששו למיעוטא שידעו שאין שם מזוזה ויאמרו כ"ג חבוש וכו' ויולא מילתא בהא טובא להכי חייבוה במזוזה להודיע לכל דבית גמורה היא דזריזין ודאי לא יאמרו כך דידעי שפיר דבית היא אלא דכיון דאינה אלא לז' לא חייבוה רבנן וק"ל.

ד"ה וכי תימא וכו' מיהו לא מסיק אדעתי' הך קושיא דבלאו הך נמי לא משני ליה ע"כ כנלע"ד של"ל והכונה מבואר' דלא חשש להקשות גם קושיא דרבנן אדרבנן כיון דבלאו הך קושיא לא הוי לשנויי ליה הכי דהא קשיא אלא מעשר מי א"ל מדרבנן וכו' וק"ל.

ע"ב ד"ה דילמא אתי לאפרושי וכו' וי"ל דמ"מ יש לחוש וכו' וקרפיפות לסוכה שאינה ביתה וס"ד שמן וכו' כנלע"ד של"ל אלא של"ל לפי תירוצם דתבואה הגם שנתחייבה בשדה אחר מרוח מ"מ כשנכנסה דרך גגות שלא ראה פני הבית פקע חיובה מינה ומותרת באכילת קבע אפי' מדרבנן משום דלא אתיא תו לידי חיוב משא"כ בהכניסה במוץ לבית דלאחר שמרחה בבית אתיא לידי חיוב ולהכי מדרבנן מיהא אסירא באכילת קבע עיין בתו' דמנחות ס"ז ע"ב ד"ה כדי שתהא בהמתו וכו' והשת' הו"ל מן הפטור על החיוב דתבוא' שנכנסה דרך גגות לסוכה פטורה לגמרי משא"כ אותה שהכניסה במוץ אבל מה נעשה שהתו' בפ' כילד מברכין ל"ה ע"ב ובפ' הזורק פ"א ע"א ובפ' יוצא דופן מ"ז ע"ב כתבו דאף בהכניס' דרך גגות אסירי מדרבנן באכילת קבע יעו"ש וא"כ השת' הו"ל מן החיוב על החיוב דהא דחייבת באכילת קבע בהכניסה במוץ ע"כ מדרבנן היא וכמ"ש התו' בסוגיין דמן התורה אין כאן מרוח לחייבה ועיין בהרשב"א בתשובה סימן תס"א שהאריך בזה ושוב ראיתי בחי' הריטב"א שהביא התי' בסגנון אחר והמובן לי מדבריו דכיון דאם הכניס תבואה במוץ שלה לסוכה לא חשיבא ביתה א"כ כשאח"כ ימרח תבואה זו ויכניס לבית השתא נתחייבה מן התורה כדינה ואיהו סבר דהרי היא כמוץ שהכניסה לבית דחיובה מדרבנן באכילת קבע ומדאורי' פטורה וא"כ בשיפרי' מזה על זה הו"ל מן הפטור על החיוב יעו"ש ובדרך זה יש לפרש דבריהם ז"ל ותבואה שכתבו לאו דוקא אלא הכונה תבואה במוץ שלה אלא שהיה צריך למחוק מלת וס"ד שכתבו וכעת דבריהם שכתבו צל"ע ודו"ק.

ד"ה ה"ג בקונ' וכו' וי"ל דודאי ידע והוא לא מיירי וכו' כונת' דאביי לא איירי אלא לפרושי פלוגתייהו דרבנן ור"י דלשכ' דלרבנן דמחייבי בה מדאורייתא גזרינן בה שאר ימים אטו ז' אבל בסוכה לא איירי דרבנן דלשכ' ס"ל דחיובה מדרבנן משו' דדיר' עראי היא וע"כ דלא גזרו בה שאר ימים אטו ז' דהו"ל גזרה לגזרה ויודע נמי אביי דס"ס מנו לאקשויי ליה דרבנן אדרבנן דסוכ' דלישנ' דפוטרין משמע דפוטרין לגמרי אפי' מדרבנן אלא דלא חייש להא דיכול לתרץ דב' רבנן נינהו אלא דרבא לא ניחא ליה לומר כן ומש"ה פריך והא סוכת חג וכו' כלומר ותיקשי דרבנן אדרבנן ומיהו ק"ק וכו' כנלע"ד לפרש המשך דבריהם ודוק.

באו"ד אך בזה י"ל דר"י לא מחייב הכא אלא מדרבנן וכו' דהשתא דהוה תני סוכת החג דמשמע דבשאר ימות השנה נמי קובעת וה"ע משום דחייבת במזוזה כל שאר ימות השנה אטו בית מעתה אין להקשות דאי מדרבנן הא איכא למיחש במעשר דילמא אתי לאפרושי וכו' כדפריך אביי לעיל דדוק' היכא דמחייבינן במזוזה בז' ימי החג דוקא הוא דעשו בהכי וכמ"ש התו' בסד"ה רבנן סברי גזרינן ור"י וכו' יעו"ש ופשוט הוא דלא תקנו בזה אלא דלא תיקשי דר"י אדר"י דקי' דרבנן לתי' זה קשיא טפי דאם בלשכ' אף דמסוכה לגזרינן אפ"ה גזרו בה מדרבנן שאר ימים אטו ז' כ"ש דיש לגזור כן בסוכה המסורה לכל וכונתם לומר דלקושית דרבנן אדרבנן ניחא ודאי הא דנקט רבא והא סוכת החג בחג משום דאע"ג דאי הוה תני נמי סוכות החג תיקשי לשאר יה"ש דרבנן אדרבנן מ"מ השתא קשיא טפי דמחלוקת בקצוות דהכי פטרי אפי' בז' והתם מחייבי אף בשאר יה"ש ועיין בתו' שם וק"ל.

באו"ד אבל עוד קשה דר"י אדר"י וכו' יש לדקדק דאי ס"ל דהא דאמר אביי כ"פ בשאר יה"ש לפרושי מתניתי' דסוכת החג אתא לאוקומה שלא בחג וכנראה מדבריהם דלעיל א"כ משמע מזה דס"ל דבדאורייתא דלשכה פליג בחיוב ז' ימים דוקא דלרבנן חייבת מדאורייתא ולא גזרינן שאר ימים אטו ז' ולר"י חייבת מדרבנן וגזרי שאר ימים נמי א"כ מאי מקשו' ל"ק מודי דר"י אדר"י ודרבנן אדרבנן וכמ"ש התו' יעו"ש אם לא שנאמר דדחיקא להו לומר דבז' נמי פליגי דלמר מדאורייתא ולמר מדרבנן דהא כיון דאביי קאמר בז' דכ"ע ל"פ משמ' דל"פ כלל ולתרוויהו בז' חייבים מדאורייתא אלא משמע דלגירסא זו אביי לא נחית לפרושי אלא מתניתין דסוכת חג דאותיב לעיל והכ"י דבלשכה הוי איפכא דלרבנן גזרינן ולר"י לא גזרינן וא"כ תיקשי דר"י אדר"י וכו' אלא דהאמת דזה דוחק דפשטא משמע דאביי לפרושי נמי בריתא דלשכה דהיא עיקר סוגיין אתא וכעת דבריהם צ"ע ודו"ק.

ד"ה ור"י לטעמיה וכו' ואפ"ה פטר סוכה וכו' כונתם דאע"ג דמסוגיין משמע דהא בהא תליא חיוב מזוזה בדירת קבע ולא תיקשי מה"מ דס"ל התם דירת קבע ואפ"ה פטר סוכה ממזוזה גבי ב' סוכות של יוצרים וכו' והדברים מבוארים בתו' שם ו' ע"ב ד"ה אחרים אומרים וכו' וק"ל.

באו"ד ור"מ פוסל סוכה עגולה אלמא מצריך ביותר וכו' דהא סתמא פסל כל שהיא עגולה אפי' רחבה הרבה ומ"ש רש"י שם ד"ה כמאן בעי ר' יוחנן וכו' דע"כ לית לן תני' דמפיס בשיעו' דסוכה כותיה וכו' פשוט דהיינו לאפוקי שלא תאמר דס"ל באידך תנאי דלומר דלא ס"ל כאחרים אין צורך לטעם זה דתיפוק לי דר"י מכשיר עגול' דלא כאחרים וכ"כ שם אמילתי' דר"י ד"ה כבשן עגולה דלית ליה כאחרים ע"כ וא"כ לעולם דס"ל נמי דשיעורא דאחרים נפיש בדבריהם ז"ל וק"ל.

ד"ה ר"י לטעמיה וכו' וכל שאר אימוראים לית להו דרבא דהכא וכו' ובכללם אביי דפריך התם לרבא וה"ע דהכא לא ניחא ליה לפרש דבהא פליגי ומשום דמסוגיא דדף ז' ע"ב מוכח דאביי הדר ביה וס"ל כרבא דה"ע דהכשיר למעל' מכ' משום דדירת קבע בעינן להכי כתבו א"כ דאית להו דרבא וסברי דמשתא דהכא יש להוכיח וכו' כצ"ל וכלומר דלפי האמת אביי נמי מודה דהכא בהא פליגי דהא איתותב מדתנן סוכה החג בחג והתם בריש

סוכה פריך דאינו מוכרח לפרש טעמא דלמעלה מכ' משום דירת קבע ומהתם לא מוכח מידי ומכלל דבריהם ילא לנו תי' מרווח למה שהקשו התו' שם ד"ה כולהו ס"ל וכו' יעי"ש דלפי האמת אביי נמי מודה דטעמיה משום דירת קבע כדמוכח ממתניתי' דסוכת חג בחג והא דלא אייתי אביי שם להוכיח דר"י ס"ל דבעי' דירת קבע מהך מתני' משום דאינה מוכרחה תלד עלמה לפרש דבדירת קבע קמפלגי דהא קמן דבלשכת פרהדרין פטר אף שהיא דירת קבע אלא שלריך לפרש דסוכה טעמא לחוד ולשכ' טעמא לחוד וכו' וא"כ היה לריך אביי להאריך ולהכי אייתי בפשיטות ממאי דמכשיר למעלה מכ' דע"כ מטעם דירת קבע הוא כדמוכח מהך מתני' כנלענ"ד ודו"ק.

ד"ה ור"י סבר וכו' משום דלא נחלקה ירושלים לשבטים וכו'
יש לדקדק דהא לקמן י"ב ע"א קאמר דר"י ס"ל דירושלים נתחלקה לשבטים והיינו דקאמר התם אני לא שמעתי אלא מקום מקודש דהיינו מקום מקדש ודכוותיה בתי כנסיות של כרכים דמקום מקדש לא נתחלק לשבטים ולא מטמא בנגעים וה"ה לענין מזוזה וכמ"ש רש"י שם ואפשר ליישב דבריהם דה"ק דלא נחלקה כל ירושלים לשבטים דהא נשאר מקום מקדש שלא נחלק וזה מוכרח בדבריהם דממקום מקדש הוא דאייתו מדסיימו דכ"ע ידעי דהר הבית פטור ממזוזה ואם איתא הו"ל דכ"ע ידעי דכל ירושלים והר הבית בכללו פטור ממזוזה דלאו ביתו הוא כיון דלא נתחלקה לשבטים כנלענ"ד וק"ל.

בא"ד ובירושלמי יש וכו' ומוקי לה חדא כר"י וכו' היינו הא דקאמר פרט וכו' וכונתם דמלשון הירושלמי שם דמייתי כן אהך פלוגתא דר"י ורבנן גבי לשכת פרהדרין משמע דמהך טעמא פטר לה משום דהר הבית לא נתחלק לשבטים וא"כ לא שייך לחייב מטעם גזרה דהתם נמי מייתי לישנא דאר"י אף הוא גזרה גזרו עליה דע"כ לפרש גזרה שלא יאמרו וכו' כדמפרש תלמודא דידן דלא שייך לפרש גזרה אטו בית דודאי לא עשו אנשי בהכי כיון דידעי דלא נתחלק לשבטים לאו ביתו מיקרי והאמת דגם לשיטת תלמודא דידן אכתי תיקשי דכיון דסוף סוף אשכחן דס"ל לר"י דמקום מקדש לא נתחלק לשבטים א"כ לא שייך לגזור ואמאי מחייב לשכת פרהדרין מטעם גזרה ולזה ל"ל דכונתם ז"ל דודאי לקושטא דמלתא לא ילפינן לענין זה מזוזה מנגעים דהגם דלענין נגעים פטר להו ר"י מטעם דלא נתחלקה היינו נמי דמלד שהוא מקום מקודש אין ראוי שיטמא בנגעים אבל לגבי מזוזה אפי' לחייב לשכת פרהדרין אי לאו מטעמא דדירת בע"כ לא שמה דירה אלא דהקשו דנימא דמזוזה בנגעים תליא ולימא דטעמא דפטר ר"י בלשכה מטעמא דלא נתחלקה וכן ראיתי להריטב"א בחידושיו לקמן י"א ע"ב ד"ה ילאו אלו שהן קדש וכו' שכתב דלא תליא מזוזה בנגעים יעי"ש קרוב לזה ודו"ק.

דף י"א ע"א ד"ה ואחד שערי מדינות וכו' והא פטרי' לקמן בית שער וכו' יש לדקדק דל"ת מלתי' הרי"ף שכתבו לקמן ד"ה יכול שאני מרבה וכו' דבית שער הפתוח לבתים חייב דלכאורה ל"ק הכא מידי אלא אף לפי פירש"י שכתבו שם דסבירא דהקומץ דמחייב לבית שער היינו מדרבנן אבל מדאורייתא אף פתוח לבתים פטור הוו מלו לתרולי דקראי דהכא אסמכתא נינהו ולעולם דאין חיוב שערי מדינות וכו' אלא מדרבנן וכמ"ש הריטב"א ד"ה יש בהם מלוה וכו' אלא דל"ל דמשמע להו דדרשא גמורה היא דהכי מוכח בירושלמי דפרקין דהכא דמחייבי רבנן לשכת פרהדרין שהיא דירה לכ"ג והיינו מדאורייתא ור"י פטר לה התם מדאורייתא אלא משום גזרה מחייב קאמר אית תניי תני פרט לשערי הר הבית והעזרות אית תניי תני לרבות מ"ד פרט ר"י מ"ד לרבות רבנן שהרי היו פתוחין למקום דירה דהיינו לשכת כ"ג וע"כ לרבנן מדאורייתא מחייבי דאל"ה הו"מ לאוקומה תרוייהו כרבנן ומ"ד פרט היינו מדאורית' ומעתה ה"ה לשער מדינות דמרבי' מטעם דפתוחין לדירה דחייבין מדאורייתא ועוד הכי מוכח מדפריך בתר הכי ילאות אר"י לפטור שערי הר הבית ולשכות דהא לאו בית דירה וא"כ מ"ט דרבנן ופרי' ר"י בר' בון לסיועי' לרבנן דהתני בשערי' לרבות שערי מדינה וכי בית דירה הן לא שהן נכנסין לדירה וה"נ בשערי הר הבית חייבין מטעם שהן נכנסין לדירה ע"כ ואם איתא דהא מדרבנן היא מאי פריך לר"י מהך דאיהו מדאורייתא קאמר דפטורי אבל מדרבנן כל הפתוח ללשכת פרהדרין חייבי מחייבי דכולה חדא גזרה כדאיתא בתלמודא דידן לעיל אלא ודאי משמע דברייתא מדאורייתא מחייב לשערי מדינות דהשתא פריך שפיר לר"י לסברתם דלשכת פרהדרין מדאורייתא חייבת אבל ר"י ס"ל דגזרה היא ולא ראו לגזור בשאר הפתחים הפתוחים לו משא"כ שערי מדינות דין פתוחין למקום החיוב מדאורייתא דפשיטא דדין הוא לחייבם וכיון שכך עלה בידינו דמוכח דחיוב שערי מדינות מדאורייתא והשתא הקשו בס ז"ל דמ"ש מבית שער דהגם דפתוח לבית מדאורייתא פטור אלא מדרבנן חייב לפרש"י שכתבו לקמן ושוב ראיתי להריטב"א לקמן שכתב דלתי' רש"י צריך לומר דס"ל דשערי מדינות ועיירות מדאורייתא מחייבי ע"כ כנלענ"ד ודו"ק.

בא"ד ואמרינן נמי בפ"ק דמגילה כרך שישב ולבסוף הוקף וכו'
כלומר דהתם נמי מחלקינן ואילו גבי מזוזה לא מחלק אבל הא ודאי דהא כדאיתא והא כדאיתא דלענין עירוב דהיקף אהני לן לשווי' כולה כארבע אמות בעינן דישיבתה קדמה דבהכי מוכח דהיקף נעשה לדעתא דדירה והכא נמי לענין מזוזה דמשום דירה היא אבל גבי מגילה איפכא הוא משום דבתר היקף אזלינן לשוויה מוקפת חומה יהושע בן נון דילפינן מבתי ערי חומה דבעינן בית מושב עיר חומה שקדמה חומתה לישיבתה כדאיתא התם וק"ל.

בא"ד כדאמרינן בנדה פרק בא סימן וכו' התם לא מייתי אלא מתני' דפ"ג דמעשרות דבעינן חצר המשתמרת ועיקר הסוגיא בפ' הפועלים פ"ח ע"א דקאמר ר' יוחנן התם דאפי' חצר קובעת שנאמר ואכלו בשעריך ופריך ור"י נמי הא כתיב מן הבית ומשני אמר לך חצר דומיא דבית מה בית המשתמר אף חצר המשתמרת ולמאי דקאמר בתר הכי ור' ינאי הא כתיב בשעריך ההוא מבעי דמעייל דרך שער לאפוקי דרך גגות וקרפיפי' וכו' וע"כ לומר דר' יוחנן ס"ל דתרתי שמעינן מבשעריך דודאי ר"י לא פליג אההיא דבעינן דרך שער דהא ר"י גופיה קאמר פרק כיצד מברכים ל"ה ע"ב בא וראה שלא כדורות הראשונים דורות האחרונים וכו' האחרונים מכניסין פירותיהם דרך גגות דרך חלונות [(כלומר חצר שאינה משתמרת ובגיטין פ"א ע"א ליג חלונות)] כדי לפוטרן מן המעשר ע"כ וכן פסק הר"ם בחי' פ"ג דהל' מעשרות ומעתה אף אם במזוזה לא הוה כתיב אלא חד בשעריך יש לחלק דהתם גבי מעשר דבשעריך איצטריך נמי למלתא אחריתי מסתייך לרבות חצר המשתמר דוקא דומיא דבית אבל הכא דאייתר לגמרי מרבינן אף מה שאינו דומה לבית כיון דפתח חשוב הוא ולא ממעטינן אלא בית שער וכו' כדלקמן אלא הקושיא קאמרי דתרי ובשעריך כתיבו וק"ל.

בא"ד דהא בירושלמי אמר טעמא וכו' אבל לא ניחא להו לומר דהא גבי מעשר כתיב נמי בשעריך ואפ"ה לא מרבינן אלא שערי חצירות דאי משום הא לא אריא דא"ל דמשום דהתם איצטריך נמי לומר שיכניסם לבית דרך שער ולהכי דרשה פשטה היינו שער בית ולהכי לא מרבינן התם אלא דוקא שערי חצירות דומיא דבית לא שערי עיירות אבל הכא אימא דפשטא דבשעריך כל שער במשמע אף שער עיירות כמו תתן לך בכל שעריך ודכוותיה וק"ל.

ד"ה והאקרא דכובי וכו' כי שמא הוא עצמו אינו בית וכו'
אלא מקום פרוץ היה כמו אכסדרא ועליה היה בנוי דירה לשומר בית האסורים עיין בלשון הערוך שהעתקתי בפרש"י ז"ל ויש ספרים דגרסי וויקרא וכו' משמע שהוא עצמו חשיב בית אלא שלא היו דרין בו ומ"מ פריך דליחייב במזוזה כל פתחי הכובה כיון שפתוחה לבית דירה דשומר בית האסורין הבנויה שם ולפי דבריהם הא דמשני אלא אמר אביי משום סכנה ה"ק דאפי' תימא דפתח העיר לאו לחזוק הכובי עבידא מ"מ פטירה משום סכנה ומהאי טעמא נמי לא תיקשי לן על חיוב הכובה גופא דאפשר דמקום מפורסם היה לשרי המלך ולויעלויו ואיכא נמי סכנתא אבל לגירסא והאקרא דכובי וכו' והוא פרש"י אתי שפיר טפי דדוקא בשער העיר דמפרסמא איכא סכנתא וכמ"ש שם והיינו דקאמר אביי אלא דסותר לגמרי טעם הראשון דלא מלית לפרושי טעמא משום דעבידא לחזק אקרא דכובי דהא משום לתא דידה הו"ל לחיובי שער העיר אלא ה"ט משום סכנתא והכ"נ דלפי' זה טובא גופא שמא לא היתה בית וק"ל.

ד״ה ושל רבים וכו׳ ואין נראה דא״כ מה שייך וכו׳ עיין בפרש״י מה שתירץ׳ שם. ומ״ש יצא סרסר וכו׳ כלומר השמש עיין בערוך ערך סרס.

ד״ה לדידי נמי וכו׳ ועוד דלא ס״ל האי דיחויא דכי דחי במתקשטי וכו׳ כלומר דלא ס״ל לרב כהנא לפרש ויש מחייבין במתקשטות ובהא פליגי דכיון דברייתא סתמא מתנייא משמע דבסתמא פליגי דהא כיון דאיכא למטעי דסתמא נמי חייב הו״ל לפרושי ואי הכא דס״ם אין כאן קלקול לחייב בסתמא אפ״ה ס״ל דהו״ל לפרושי כ״ש דלא ניחא ליה לאוקמי ברייתא דקתני רפת בקר פטור מן המזוזה וברוחצות אבל סתמא חייב דא״כ הו״ל לפרושי בהדיא כי היכי דלא נפטור מן המזוזה גם בסתם ויש כאן קלקול גדול לפטור את החייב וק״ל.

ד״ה יכול שאני מרבה וכו׳ ור״י אלפס וכו׳ ומרפסת חייב במזוזה איירי בפתוחין לבית וקשה דמדתלי ליה בבית שער ולא בבית משמע וכו׳ כנלע״ד של״ל וכונתם דמדקאמר שם בסוכה ותיהוי אלונה כבית שער וכו׳ ולא פריך בקילור ואמאי הא הילונה פתוחה לבית דהיינו פנימית משמע דמדין בית שער דוקא הוא דפריך וה״ק דאפילו תאמר דלא חשיבא חילונה כשערי עיירות ומדינות שחייבין מדאורייתא מטעם דפתוחין לבית אלא חשיבי כבית שער דקטן הוא וכמ״ש לעיל בד״ה וא׳ שערי וכו׳ מ״מ תיהוי הילונה מיהא כב״ש דמחייב מדרבנן ור״מ סתמא קאמר דאינה סוכה ופטורה דמשמע פטורה לגמרי וק״ל.

בא״ד ופ״ק לי מאי פריך וכו׳ לימא דרב חסדא בפתוחין לגינ׳ וכו׳ וכן הקשו התו׳ בפ״ק דסוכה שם ויש לדקדק דהא ר״מ טעמא קאמר התם לפי שאין לה פלימין ומהרלינן דה״ק שפלימין שלה לא חשיבי משום דעבידי לחיזוק לתקרה ואי בפתוחין לגינה אפי׳ דלא עבידי לחיזוק מ״מ פטורה כיון שפתוחה למקום פטור ושמא יש ליישב כונתם דלימא דר״מ ה״ק אכסדרה פטורה לפי שאין לה דין פלימין ופתח כיון שפתוחה לגינה אבל אם היתה פתוחה לבית חייבת דס״ל דפלימין לשם פתח נמי עבידי והיינו ברייתא דקתני דאכסדר׳ חיי׳ ושוב ראיתי בס׳ לחן קדשים במנחות ובס׳ ראשון לציון בשיטתו לסוכה שם שהרגישו בזה יע״ש וק״ל.

בא״ד אך נראה לדחות וכו׳ אספלידי לגיינה אלא דא״כ מאי וכו׳ כצ״ל. ומ״ש אמאי פטורים ממזוזה כיון שפתוחה לבית וכו׳ אבל לפרש״י ניחא דאע״ג דבית שער מדרבנן מיהא חייבת אכסדרא רומיתא גרע מבית שער דלא מחלפא בבית כיון שעשויה חלונות משא״כ ב״ש שיש בית קטן הראוי לדירת השומר כמו שפרש״י שם.

בא״ד אבל לפי׳ הקונ׳ וכו׳ דר״ח מדאורייתא וכו׳ מדברי רש״י שם שכתב ד״ה חייבת במזוזה מדרבנן קשיא לאביי ע״כ משמע דס״ל לר׳ מאיר לק״מ מהטעם שכתבו משא״כ לאביי דקאמר חזינא להו לאספלידי דבי מר דלית להו מזוזה ע״כ ס״ל לרבה דמדרבנן נמי פטירי וק״ל. ומ״ש דהא דומיא דמלתא דאכסדראות רבה וכו׳ כצ״ל.

ע״ב **ד״ה יצאו** אלו וכו׳ דאילו לרבנן מיחייבא וקשה לר״י אמאי צריך וכו׳ ולקמן פרישית וכו׳ כן נראה של״ל לפי מה שראיתי בחי׳ הריטב״א וכונתם דלכאורה הוה משמע לאוקמה כר׳ יהודה דפט׳ לה לשכת פרהדרין מה״ט שהיא קדש אלא דקשה דלעיל אמרינן טעמא דפטר ר״י משום דדירה בע״כ לא שמה דירה וא״כ מה״ט יש לפטור מקדש ולשכות דעיקר דירתם לעבודה ואינם יכולים לצאת משם בשעת עבודה כמ״ש הרמב״ם בפ״ב מהל׳ כלי המקדש וכן השומרים בלילה לצורך מקדש ולזה סיימו דלקמן בד״ה הא בתי כנסיות וכו׳ פרישית דע״כ מאי טעמא דקאמר הכא יצאו אלו שבן קדש מיתוקמא דלא כר״י יע״ש וק״ל.

ד״ה שאר שערים וכו׳ תנא ואיירי וכו׳ אע״ג דמריהטא דסוגיין דלעיל משמע דגריסי בה״כ ומרחץ מבית התבן וכו׳ וכן בית שער אכסדרה לברייתא דלעיל דפטר להו משום דאינם מיוחדים לדירה ואפ״ה לולין ומתבן סתמא מחייב וא״כ איכא למימר דתני הני דפטורין וכ״ש בה״כ ומרחץ וכו׳ מ״מ אפשר שטעם כדעת הרי״ף והרא״ש שכתבנו בסוגיא דל״ל דר״ש ברוחצות בהם איירי יע״ש וא״כ השתא לא גריסי הני מבית התבן וכו׳ והו״ל למתני׳ לכולהו אלא דתנא ושייר מיהו מה שהקשו מבית שער וכו׳ לפר״ש שכתבו לעיל דמדרבנן מחייבי ל״ק דהכא תני מאי דפטורי אפי׳ מדרבנן אלא דלפי׳ הרי״ף ניחא דהו״ל בית שער וכו׳ הפתוחין לגינה דפטורין דאין לומר משום דהיה צריך להאריך ולפרש בפתוחין לגינה דהא כי היכי דקתני בית התבן ואע״ג דע״כ ברוחצות איירי לא חייש לפרושי ה״נ ליתני בית שער וכו׳ וסתמו ככי׳ משמע בפתוחין לגינה דבפתוחין לבית פשיטא דמחייבי כנלע״ד ודו״ק.

ד״ה הכל מודים וכו׳ פי׳ ברוחב ד׳ אין ברגליה וכו׳ כצ״ל אי נמי אפשר להגיה פירוש ברוחב ארבעה וכן יש ברגליה וכו׳. ומ״ש על הא דקתני התם ובפ״ק דסוכה וכו׳ כלומר דבסוכה ד׳ ע״א קתני היתה פחותה מי׳ טפחים וחקק בה כדי להשלימה וכו׳ דאלמא דבלא חקק לא אמרינן רואין וק״ל.

בא״ד דאסור לטלטל בתוכו ומשמע דהיינו לכ״ע וכו׳ כצ״ל וכלומר אפי׳ לר״מ ואמאי כי היכי דבחור סגי ליה בגובה י׳ אף שאין כאן רוחב ה״ה שנא׳ דסגי ברוחב הגם שאין כאן גובה עשרה לומר חוקקין קרויו להשלים לגובה י׳ וכן גבי סוכה חוקקין בקרקעה להשלים לי׳ וק״ל. ומ״ש ובאותו עובי שהם מפולשים לצד וכו׳ כצ״ל וא״כ יש להגיה סתם מפולש וכו׳ עיין בדברי התו׳ דהכא ודפ״ק דשבת.

בא״ד והא דקאמר התם וכו׳ תימא וכו׳ ה״ק דלא בעינן וכו׳ אף ע״ג דכיון דמצד ר״ה כל החור הזה בכ״ש א״כ שפיר קאמר דלית ביה ד׳ מצד ר״ה וכמו שפירשו התוספות שם דהשתא הו״ל כזורק באויר דהא אין כאן רה״י כיון דאין רחב ד׳ והו״ל למעלה מי׳ בר״ה דבמקום פטור הוא מ״מ כונתם ליישב לפי הס״ד דא״כ סיפא אמאי מחייב דקתני למטה ב״ע כזורק בארץ והא לא נח ע״ג מקום ד׳ להכי כתבו דה״ק דלא בעינן וכו׳ ובחר הכי לא ניחא להו לאוקמה בחור כ״ש וכרבנן דאין חוקקין ולא בעינן מקום ד׳ חדא דסתם משנה ר״מ כמ״ש רש״י שם ועוד דמדקתני מתני׳ כזורק בארץ משמע דדומה לגמרי לארץ דגם כאן נח על מקום ד׳ כי התם ועוד דהכיא דר״ח לא מכרעא דאיכא למימר דבחור מודה דבעינן מקום ד׳ וכמו שחילקו התו׳ פ״ק שבת ח׳ ע״א ד״ה אמר אביי יע״ש ודו״ק.

בא״ד וא״ת ולוקי הך משנה וכו׳ אין דבריהם מובנים לע״ד שאם כונתם דלוקמא באינו מפולש ד׳ לצד רה״י וגם לצד רה״ר אינו אלא כ״ש הנה אף על גב דאתיא רישא שפיר דלהכי הוי כזורק באויר אף לר״מ דכיון דאין כאן התחלת ד׳ מצד א׳ לא אמרינן חוקקין להשלים כדמוכח סוגיין מכל מקום תיקשי סיפא דלמטה מי״ע כזורק בארץ וחייב ואמאי והא לא נח על מקום ד׳ ולפרש כונתם דלוקמה כפי מאי דס״ד דמתניתין סבירא ליה דלא בעי הנחה על מקום ד׳ כל זה דוחק אם לא שנלרף לזה דודאי אי מתני׳ רבנן היא ליכא לאוקמה טעמא דסיפא משום דלא בעי מקום ד׳ דהא רבנן מקום ד׳ בעו דפליגי עלה דר׳ בזרק ונח ע״ג זיז כ״ש דפטור כדאיתא בפ׳ קמא דשבת ד׳ יע״ע אבל השתא דנחית לאוקמה כר׳ מאיר אימא ר׳ מאיר סבירא ליה דלא בעי מקום ד׳ ואימא דברייתא דהתם ה׳ ע״א אחרים אומרים עמד במקומו וקבל חייב ר״מ היא וטעמא כדס״ד התם דלא בעי מקום ד׳ אלא דהא נמי ליתא דע״כ ר׳ מאיר מקום ד׳ בעי מדאיפליג בהזורק בנח ע״ג חור כ״ש דחייב מטעם דחוקקין להשלים וכמ״ש התוס׳ שם בפ״ק ה׳ ע״א ד״ה אמר אביי וכו׳ יע״ש והנלע״ד לפרש דבריהם דה״ק דלוקמא בחור שמצד ר״ה יש בו חור בשעת ד׳ אבל אינו מפולש מעבר לעבר בעובי הכותל עד רה״י כדפי׳ בראש דבריהם דהשתא כיון שצריך לחוק בו הרבה בעובי הכותל לשיור׳ ד׳ על ד׳ בהא לא אמר ר׳ מאיר דחוקקין להשלים והיינו דרישא בזורק באויר דכיון דאין כאן אלא גובה י׳ בשעת ד׳ ואינו ד׳ על ד׳ אין כאן רה״י כלל וסיפא חייב דהא נח ע״ג מקום ד׳ ברה״ר והא דקתני ר׳ מאיר בזרק למעלה מי׳ ונח בחור כ״ש דחייב מטעם דחוקקין להשלים איירי בחור שמפולש מעבר לעבר מצד רה״י בשעת ובעובי ובצד ר״ה כלה בכ״ש דבהא דוקא חוקקין דבחקיקה בעלמא שנעשה תמלאנו עשוי ד׳ על ד׳ ותו׳ שפיר דסתם חורי הכותל מפולשים מעבר לעבר דבהכי ניחא להשתמש בהם כמ״ש התו׳ בסוגיין יע״ש ודו״ק.

באו"ד וא"ת מ"ש וכו' לענין מבוי והוצאת המת וכו' כנו' בהליל על הפתחים אם חשבו להוציאו מפתח שהוא ד' על ד' טפחים כדאיתא באהלות ומייתי לה בפ' קמא דבילה י' ע"א אבל מ"ש לענין מבוי לא מצאתי הדבר מפורש ומשמע דפתחו בי"ט דומיא דמחילה אבל נראה שדעתם כמ"ש הרמב"ם בפי"ז מהל' שבת דל"פ אפי' פחות מי' מועיל להתיר המבוי אלא שאין כן דעת הרשב"א כמ"ש בריש ספר עבודת הקדש וכמ"ש המגיד שם בשמו וק"ל.

ד"ה **ביתך** ולא ביתה דלשון זכר כתיב הס"ד ואח"כ מ"ה דתני' וכו' ויש לדקדק דהא כל התורה בל' זכר נאמרה ולמ"ש התו' לקמן מ"ג ע"א ד"ה ונתן וכו' מדשני קרא בדיבוריה דכתיב ולקחו לשון רבים והדר כתיב ונתן לשון יחיד להכי דרשינן ולא ונתנה ע"כ הכי נמי י"ל דמבתיך דבפ' שמע הכתובה כולה בל' יחיד לא דייק מידי והוא אילטריך למעט בית אחרים מדאורייתא' כמ"ש הריטב"א בשם ר"י בעל התו' וכן מצאתי שכתבו התו' בפ' התכלת מ"ד ע"א ד"ה טלית שאולה וכו' ובפ' קמא דע"ז כ"א ע"א יעו"ש אלא מביתך דפ' והיה אם שמוע דייק שפיר דמעיקרא כתיב לשון רבים וקשרתם אותם וכו' ולמדתם אותם וכו' והדר כתיב לשון יחיד וכתבתם על מזוזות ביתך וכו' למעוטי אשה אבל למ"ש הם ז"ל שם ד"ה ונתן ומיותר הוא ומל' זכר לא דייק מידי שכל התו' בלשון זכר נאמרה עד כאן וכן כתבו התו' ביבמות ע"ב ע"ב אם כן תיקשי דהגם דאיכא למימר דהכא נמי מיותר הוא חד' דב' ביתך כתיבי ועוד דהא כתיב ובשעריך כל שערים במשמע מכל מקום ממה שכתבו כאן בל' זכר וכו' משמע דסבי' ליה דהכא לאו מיתורא הוא אלא ממשמעות לשון זכר ויש ליישב דבריהם עם מה שראיתי להריטב"א שם מ"ג שכתב ונתן ולא ונתנה פירוש מיתור' וכו' וכן בדין דאם משום דכתיב בל"ז אורחא דקרא הוא בדבר הנוהג בין באיש בין באשה עד כאן מעתה יש לחלק דדוקא בדין טהרי' אפר פרה דנוהגת גם באשה אי לאו יתורא לא הוה פסלינן קידוש אשה דכל התורה בל"ז נאמרה אבל הכא דאדרבא מסברה י"ל דנשים פטו' ממזוזה כמו שפטורות מת"ת ואימא דאיתקשו זל"ז כדאיתא פרק קמא דקידושין ל"ד ע"א מעתה לא צריך כאן יתורא דמל"ז לחודיה איכא למעוטינהו והיינו נמי דהתו' הכא לא הקשו מידי אלא לקמן גבי אפי' פרה הנוהג גם באשה וק"ל.

ד"ה **דתניא** וכו' מייתי ראיה לנגעים ממזוזה ואף על גבי דפריך לעיל וכו' כצ"ל והיינו לעיל בד"ה ר"י סבר דירה בע"כ וכו' ועיין בתו"ש שם כי הדברים מבוארים וי"ל דרבנן דלשכה דמחייב לה במזוזה לפי מאי דסבי' להו דתליא נגעים במזוזה סבי' להו דירושלים נתחלקה לשבטים דאי ס"ל דלא נתחלקה אינה מטמאה בנגעי' כ"ה דפטורה למזוזה אלא דיקשה דהשתא הוה ליה סברא ג' דלתני' קמא דר"י דלקמן כל ירושלים לא מטמא בנגעים ולר' יהודה דוקא מקום מקדש ולרבנן אפי' מקום מקדש אלא נראה דלמאי דאסיק דלרבנן אפי' בבה"כ אי אית ביה דירה לחזן מטמא בנגעים ואפי' דכרכים מטמא כ"ה מקדש אי הוה ביה בית דירה דהוה מטמא ואם כן לשכת פרהדרין דאית ביה בית דירה הוה ליה כבית הכנסת דכרכי' דמטמא בנגעים והוא הדין לענין מזוזה דחייב אבל יותר נרא' מ"ש הריטב"א לעיל דלענין מקום מקודש ודאי יש לחלק בין מזוזה לנגעים דאין כבוד לומר שיטמא משא"כ במזוזה יעו"ש ודוק. ומ"ש כל זמן שאין לנו ראיה עד כאן כן נראה של"ל.

דף י"ב ע"א ד"ה **הא** בתי כנסיות וכו' נחלק כדתניא מה היה וכו' כצ"ל וי"ל דס"ל דברייתא שהבי' רש"י ז"ל והיא בזבחים קי"ו ע"ב שהשקנה דוד הגרן גבה הכסף מכל שבט ושבט דאתיא כמ"ד דירושלים לא נתחלקה לשבטים דלמ"ד נתחלקה ה"ה דמקדש נמי נתחלק לשבטים דאלת"ה מאי קאמר מה היה בחלקו של יהודה וכו' אי לאו דסבי' ליה דירושלים וגם מקדש נתחלק לשבטים דלא נראה להם לפרש כמו שיישב הריטב"א לפרש"י ז"ל דהכי קאמר שהיה מובלע בחלקו ונפל בגורלו עד כאן דפשט הדברים משמע דהיה ממש בחלקו לא מובלע ועוד דהכי משמע מדאי' בפרק איזהו מקומן נ"ד א' אומר כך היתה אויר דבנימין קרקע דיהודה וכו' יעו"ש ועיין מה שהקשה בספר דרך הקדש א' ד' ודחק שם לומר דשמא משמע ליה דמ"ד לא נתחלקה לפי שעולים שם כל ישראל במקום הר הבית והמקדש ומש"ה פליגא אהיא דמה היה בחלקו של יהודה ע"כ ולא ידענא מאי קאמר דהא ברייתא דמה היה בחלקו מוקמינן לה כר"י דס"ל דירושלים נתחלקה ומקום מקדש לא כמו שפרש"י וא"כ אמקום מקדש אידך ברייתא דס"ל לא נתחלקה לא פליג אהך כלל אלא אירושלים דוקא והיינו מדקאמר מה היה בחלקו וכו' דלאחר שנתחלקה ירושלים לשבטים בתוך חלק יהודה ובנימין היה מובלע מקום מקדש אם כן דוק מינה דירושלים נתחלקה לשבטים ופליג אאידך והיינו תנאי ועיין בלשון הריטב"א ודו"ק.

באו"ד כדאמרי' במדרש שלא חלקו דושנה וכו' הכי איתא בספרי פ' בהעלותך בפסוק והיה כי תלך עמנו והובא נמי בילקוט נביאים ריש שופטים ועמ"ש התו' בפ' מרובה שם ובמ"ש מהרש"א שם. ומ"ש א"נ י"ל וכו' וזה כמו שפרש"י ז"ל בפ' בני העיר עמ"ש בפירושו וק"ל. ומ"ש אבל אין נראה לומר כן דאי משום וכו' אלא כשיהא פטור מזוזה וכו' כצ"ל ועיין בדבריהם לעיל ד"ה ור"י סבר דירה בע"כ וכו' וק"ל.

באו"ד ואם היינו מפרשים שסובר המקשה וכו' מדבריהם אלו וגם ממ"ש בקושיתם כל זמן דקיימא דבית המקדש קאמר וכו' משמע דלמסקנא דקאמר אימא מקום מקודש לק"מ ואין זה מובן לע"ד דאדרבא למסקנא ע"כ דבנתחלקה פליגי ולא בטעם קדושה וכנראה מדברי תוס' ד"ה במאי קמפלגי וכו' יעו"ש וא"כ כ"ש דאז תיקשי טפי מ"ש מקדש מירושלים ויש ליישב דס"ל דלמסקנא כל מקום מקודש אף שנתחלק כיון שנתקדש לצורך רבים לאו אחוזתכם מקרי וכפי' הא' דתו' דפ' בני העיר שכתבתי בפרש"י יעו"ש ובהא כ"ע לא ידעי ובקיעי דאדרבא משמע להו דכיון שנתחלק ביתך קרינן ביה וחייב במזוזה ומש"ה ל"ל נמי תייב שלא יאמרו וכו' אבל לדס"ד דמקום מקדש קאמ' אבל ב"כ מטמאין ע"כ דמטע' דמה ביתך חול וכו' פטר ליה ממזוזה ושאני בת"כ דלא חמירא קדושתייהו כ"כ וא"כ תיקשי לן דאמאי חייב מטעם גזרה שלא יאמרו וכו' אם לא שנאמר דהמקש' לא הוה ידע האי גזרה ועי"ע מ"ש לעיל ד"ה ור"י סבר דירה בע"כ וכו' ובלשון הריטב"א לעיל ודו"ק.

ד"ה **מה** היה בחלקו וכו' תיק' מהכא למ"ד וכו' דאע"ג דאימא דס"ל כמ"ד דלא נתחלקה ירושלים לשבטים דהכי רהטא סוגיין דעלמא דקיל"ן הכי עמ"ש בסוגיא על פסק הר"ס מ"מ תיקשי דא"כ הא דאין חולקין עיר א' תנאי היא דאימא דברייתא דסברי דלא נתחלק ירושלים מה"ט הוא וא"כ מאי פריך התם מברייתא למ"ד אין חולקין כיון דתנאי היא אלא משמע דס"ל דע"כ לא פליגי אלא בירושלים דכיון דצריכה היא לכל ישראל לא חלקוה הא שאר עיירו' לכ"ע חולקין וא"כ אמאי לא פריך התם מהכא למ"ד דאין חולקין ודוק ועיין בדרך הקדש א' ד' ובס' חזון נחום שם כנראה שלא היה בידם תו' יעו"ש. ומ"ש דגמירי דסנהדרין בחלקו וכו' והיה להם להיות סמוכין וכו' כדאי' פ' איזהו מקומן נ"ד ע"ב יעו"ש.

ד"ה **אף** לא מטות וכו' אינו שלהם וכו' ומ"מ מחמת מטלטלין היו נוטלין עורות הקדשים תו' דמגי' כ"ו א'.

ד"ה **יצאו** אלו וכו' ופליג אברייתא וכו' אבל למסקנא דמוקמינן להביא בדאית בה בית דירה ול"ש דכרכים או דכפרים אפי' שאינן מיוחדים כיון דאית בהו בית דירה חייבת ומטמאה מהשתא לא פליג דמוקמינן להך בדלית בה וק"ל.

באו"ד א"נ שאני הכא דלא נתברר וכו' ואה"נ דבית השותפין דומיא דהכי שאין כל א' מכיר חלקו פטור והכא מירי בשכל א' מכיר חלקו אלא שנכנסין בפתח א' ובאותו הפי' שהביא הריטב"א יעו"ש וא"כ שמתחלה היה כל א' מכיר חלקו ולבסוף נשתתפו ונתערבו דהשתא כיון דמתחלה היה ניכר חלק כל א' חייבין משא"כ הכא דלא נתברר חלקם מעולם ובהכי ניחא דלא תיקשי לדבריהם קושית הריטב"א שם וק"ל.

ע"ב ד"ה **אבנטו** של כהן הדיוט בין ביוה"כ וכו' זה במקצת נוסח' רש"י דלא גרים במלתיה דרב דימי כ"א אלא שהם ז"ל גורסי' בין ביוה"כ וכו' וכמ"ש הריטב"א בחי' יעו"ש. ומ"ש מדחשיב לקמן ה' טבילות ועשרה קדושין וכו' כצ"ל. ומ"ש ואי לא שייך ביוה"כ וכו' שהיה שם פייס לתרומת הדשן וכו' כלומר אי מאותם הפייסו' שנשנו שם אין מהם כלל ליוה"כ למה נשנו אלא ע"כ דמפני דיש מהם דשייכי ליוה"כ כגון פייס הראשון דתרומת הדשן תני להו לכולהו ואע"ג דמי שוחט מי זורק וכו' אינו אלא בשאר ימות השנה וכמו שהאריך הרמב"ן ע"ד זה בס' המלחמות יעו"ש ועיין בדבריהם לקמן ד' ע"ב ד"ה משום חולשא וכו' ובתוס' שם וק"ל.

ד"ה **לרבות** וכו' וכגון שלא נקרעה וכו' ודריש נמי התם וכו' כותנת דאין לפרש שחקים אפי' חדשים אלא שהם

מקורעים ומטולאים דהא התם קאמר מקורעים פסולים ודריש נמי התם בד שיהו חדשים א"כ הא דפסל מקורעים אפי' שיהיו חדשים משו' דלכבוד ולתפארת בעינן וכמו שפרש"י שם אלא דלא ידעינן אימת מקרו שחקים אם נאמר דהוכהו מראיתם אף תוך שנתם שחקים מקרו או אם נאמר דדוקא כשהם קרובים להבלות הוא דמקרו שחקים יכול שלא הגיעו לגדר זה אכתי חדשים נינהו ואפי' לכתחלה כשרי' ומיהו בבלו ממש ודאי לא מספקא לנו אי אכתי קריים שחקים דהא תנן בהתליל כ"א א' מבלאי מכנסי כהנים וכו' מהם היו מפקיעין וכו' וזה אין סברה דאיירי במקורעין דוקא אבל כל שאינם מקורעים היו משתמשים בהם ועוד דלא עדיפי מתבלשו דנגנזין כדאיתא בסוף המזבח מקדש ומיהו נרא' דלענין בדיקת עד אפי' בלויים בכלל שחקי נינהו עיין בפ' כל היד י"ז ע"א כנלע"ד וק"ל.

ד"ה **שני** וכו' פר ושעיר של יוה"כ וכו' וכה"ג בירושלמי ספ"ק דמגילה אבל שם בפ"ג דהוריות גרים פר ואיל וגירסא זו עיקר דשעיר משל ישראל הוא וכן ראיתי בספר קרבן העדה שהגיה כאן איל.

בא"ד מיהו אומר רבינו וכו' וא"כ דין הוא וכו' ולפי' דייק שפיר גי' שלפנינו דגרים ושמש תחתיו בכ"ג וכשילא אמר למלך אדוני המלך וכו' דמשמע דלערב בשגמר עבודת היום וילא מן המקדש רמז למלך דמאחר שכפר והאיל קרבו משלו דין הוא שאחר כ"ג לעולם דלפי' ריב"א ל"ל דקודם שהתחיל עבודת היום של למלך זה ואף לגי' דל"ג וכשילא מ"מ פשט הלשון משמע דלאחר שנימש בו ביום בכ"ג אמר לו וכו' וכן משמע מגי' תוס' דפרקין אנא דהגי' דפ"ג דהוריות מכוונת גם לפי' דגרסי' ונכנס בין אלם ושימש תחתיו ילא ואמ' למלך פר ואיל הקריבו' היום משל מי הם קריבי' וכו'.

בא"ד דהאי מלתא איתא בכל השנה אפי' וכו' כן נראה של"ל ועיין בדבריה' דפ"ק דמגילה שם. ומ"ש ואי הוה נקט וכו' הא איתו שעבר יש חילוק הרבי' ביניה' וכו' דאיתי' דדוק' במוכן לעבוד עשו בו מעלה להשוותו לכ"ג אבל כשעבד כבר וראשון חזר לעבודתו אזלא ליה קדושתיה וחלוק הרבה מכהן משמש וק"ל.

בא"ד וכפי' ריב"א משמע קלת וכו' כנ"ל וכלומר דהשתא דאמרת דכהן שעבד דקתני ה"ה לכהן שיעבוד אם כן משמע דאיירי מתני' אף באותו יוה"כ שאירע פסול במשמש והיינו דקאמר דאעפ"י שהפר הוא משל משמש אפ"ה שוה לו בעבודת אותו יוה"כ שעובד כמהו ולא תימא דכיון דנכנס תחתיו פר נמי ליהוי מדידיה ודו"ק. ומ"ש ומיירי בכהן שעבד מקלת יכו' כשירות הן בו כמו בכהן וכו' כנ"ל כלומר שרלה לעבוד גם הוא הגם שלא אירע פסול במשמש.

בא"ד וה"ה דהוי"מ למתני וכו' אלא דתנא ושייר דשייר נמי טובא דקתני התם בברייתא וממאי דקתני התם וכל עבודת י"ה אינה כשרה אלא בו וכו' וכולן מהגין במשיח שעבר חוץ מפר י"ה וכו' לא רלו להביא ראיה דלא כריב"א דמשמע מינה דזה וזה שוין בעבודת יוה"כ דקתני מתניתין היינו כפי' ר"א משום דגם ריב"א ס"ל דהא נמי איתיה בכלל אלא דמדקתני מתני' הך ולא קתני נמי דמשמש בח' בגדים משמע דבאותו יוה"כ שאירע בו פסול נמי איירי ואשמועינן דאף בזה פר מכהן המשמש אתי וק"ל. ומ"ש גבי פרו של כהן דהך שחיטה וכו' וכן בפרק קמא דשבועות משלו וכו' כנ"ל ועיין בדבריהם דמגי' שם.

בא"ד בעלים קרינן ביה דזכי ליה רחמנא ע"כ כדאיתא לקמן נ"א ע"ב אחיו הכהנים אי לאו דקנו בגויה היכי מכפר להו וכו' יע"ש ועמ"ש בסוגיא בפסק הרמב"ם וק"ל.

דף י"ג ע"א ד"ה **הלכה** כרי' וכו' וכן בס"פ אלו דברים וכו' דמשמע נמי דאפי' מכשירין וכו' כינחם דהא דפסק התם גבי פסח שאינו נוהג הלכ' כר"ע משום דנ"מ מזה לאלומי פסקא דמילה דמשמע מהא דאפי' מכשירין דפסח דאיכא כרת לא דחי וכ"ש מילה דליכא כרת וכמ"ש התוס' כאן ובפר"א דמילה ק"ג יע"ש וקל להבין.

בא"ד אר"י הלכה כרי' בן דוסתאי וכו' ושמא לא בא אלא לומר נראין וכו' כנ"ל ולפי תי' זה י"ל דבכולהו דוכתי דלא פריך קים ליה לתלמודא דלא לפסוק הלכה בא אלא לומר דנראין דבריו אבל בפ' ד' מיתות ובפ' ב"ש קים ליה דלהלכה קאמר ומש"ה

פריך התם הלכתא למשיחא ועמ"ש בחו' בזבחים פ"ז ע"ה ד"ה הלכתא כרי"ו וכו' וק"ל. ומ"ש א"נ דרבא הוא דמקשה הכי וכו' כנ"ל ומשמע דגרסי' בתרווייהו רבא הגם דמדברי התו' משמע דגרס רב יוסף בתרווייהו וכ"כ בס' שער יוסף להוריות ק"ז ע"ד יע"ש.

בא"ד מיהו התם אינו יודע לתרץ וכו' נלע"ד דל' קצר הוא והי"ק דבשלמא הכא דלעיל דכילד מלבישן וכו' יש לתרץ דפריך תלמודא הכי משום דטפי מסתבר ליה לאוקמה בשעבר ולמסבר קראי כדתריץ התם מלאוקמה הלכתא למשיחא ומש"ה פריך וכמו שתי' הריטב"א בחי' אבל הך בפ"ב דנדה דלא תריץ מידי למסבר קראי ואפ"ה פריך כעין הלכתא למשיחא משמע דקים ליה דאף בדבר שאין בו עבירה שייך למפרך ודלא כרי"ה ועמ"ש בחידושי לחגיגה ו' ע"ב תו' ד"ה מנ"מ וכו' וק"ל.

ד"ה **מיתה** וכו' מיית אידך וקא בטלה מלות וכו' וי"ל דלמיתה זמן מרובה וכו' כנ"ל ועיין בחי' ריטב"א. ומ"ש י"ל דמ"מ לא חייש אביי וכו' אבל נשמא ימות לזמן מרובה וכו' וכ"כ התו' שם בכל הגט כ"ח ע"א ובפ' הישן כ"ג ע"ב סד"ה ר"מ וכו' יע"ש.

בא"ד א"נ אביי וכו' ולית ליה כלל יבוי ולעולם דלא חיישינן למיתה אפי' לזמן מרובה אלא דק' לדבריהם דמסוגיא דפ' ב' דיבמות י"ח ע"א משמע דקבלה מיניה אביי מרבא דלעולם אין זיקה וטעמא דמתני' משום ביטול מלות יבמין ולזה כיונו התו' בסוכה שם שכתבו וסוגי' דמשמעין בפ' ב' דיבמות כאביי דמשמע דקיבלה אביי מרבה ע"כ וי"ל דס"ל דהא דמסיק אביי לאו משום דאודי ליה אביי לרבה אלא דבמחלוקת שנויה דרבה ניחא ליה לאוקמה דאת"ב דר"ג דס"ל אין זיקה ס"ל דמותר לבטל מלות יבמין מ"מ בהא פליג ר"מ דאסור אע"ג דס"ל אין זיקה ואביי לא חייש לשנויי ליה דס"ל דדוחק הוא לומר כן אלא דאי ס"ל לר"מ אין זיקה ס"ל נמי דמותר לבטל מלות יבמין כר"ג וכר"ע דס"ל הכי כמ"ש התו' שם ועוד אפשר דס"ל דמסוגיא דר"פ ד' אחין משמע דמלינן לפרושי למתני' בין אם נאמר דיש זיקה או אין זיקה אלא דהתם דחי דמתני' לא הופשט דיש זיקה דמלינן לפרושי נמי דלעולם אין זיקה וטעמא משום בטול מלו' יבמין א"כ זה מכריח דלא פשיטא לן כ"כ אי קבלה מיניה אביי מרבה או לא והיינו דהם ז"ל כתבו בדהוה כ"ד מעוקרת בפ' ד' אחין וכו' ולא רמזו מסוגיין דפ"ב דאביי ס"ל הכי משום דמהתם אין ראיה כ"כ דמלינן למימר דקבלה אביי מרבה אלא דעיקר ראייתם מדהדריהו תלמודא בפ' ד' אחין הך משמע דאפשר לפרש מתני' כתרווייהו אי כרבה אי כאביי כן נלע"ד ודו"ק.

ד"ה **למיתה** דב' וכו' אבל למסקנא דהתם לא צריכנא או וכו' כלומר למאי דאסיק התם רב אחא בר יעקב דר"מ ור"י פליגי במחילה העומדת ברוח אי הויא מחילה מהשתא לעולם דר"י חייש בעלמא למיתה כאידך דאביי וה"ש דהכא קאמר אף אשה אחרי' מתקינין ולא צריכינן תו לטעם דמעלה עשו בכפרה וא"כ ע"כ להלך בין מיתה דזמן מועט לזמן מרובה דר"י ס"ל דאפי' זמן מועט שכיחא ורבנן ס"ל דלא שכיחא ולהכי אי חיישת לחד אף לב' נמי אבל לזמן מרובה אף רבנן מודו דשכיחא בחד והיינו דפ' ד' אחין ובהכי ניחא הא דאמר אביי בפ' ב' דכתובת פ"ב ב' דמירושה לא סליק נפשיה דמיתה שכיחי' דהתם הוי מיתה דחד לזמן מרובה כ"ע מודו דשכיחי' הוא ומ"ש התו' שם שמא משום דרוב פעמים מסתכנת בלידה ע"כ היינו לתרץ אמאי חיישינן טפי למיתה דידה ממיתה דידיה וכמ"ש בספר אסיפת זקנים שם יע"ש וק"ל. ומ"ש דמעלה עשו בכפרה מיהו למאי דפשי וכו' כן נראה של"ל.

ד"ה **ולא** בעד שני וכו' שמ' בר"ל וכו' עיין ברמב"ם פי"ז מה' איסו' ביאה ובהשגת הראב"ד שם.

ד"ה **ע"מ** שתמות א' מכם וכו' נמלא שמתה זאת או מגורשת וכו' עיקר חששא משום דהו"ל שני מגורשת במיתה קמייתא דלמיתה דשני נמי לא חיישינן כדא' לעיל וכמ"ש הריטב"א ואפשר להגיה בדבריהם נמלא שמתה זאת ומגורשת וכו' כלומר דהו"ל כאילו מתה גם השניה הואיל דהשתא הו"ל מגורשת למפרע וק"ל.

ד"ה **כל** ימי חיי ומייתי אומר ריב"א דל"ג וכו' כנ"ל. ומ"ש י"ל הכא לפי טעות וכו' דאין הלורך כאן אלא משום חייבי והביאה כמו שנאמרה שם בתחלה וכמ"ש הרשב"א בחידו' גיטין שם ועיין בתו' שם.

ד"ה **דילמא** מתה וכו' דאפי' התנה ע"מ שלא תמות וכו' דבכגון זה לא חיישינן דמתה חברתה בסוף היום דהא כיון דלא מתה לאחר עבודה הוה ליה גיטא דהאי גיטא מכל מקום יש לחוש וכו' וק"ל.

ע"ב ד"ה **מאי** איכא למימר וכו' ודוקא דאמר לתרוייהו וכו' עבד פלגא דעבודה בשני בתים וכו' נמלא שאר היום וכו' כנ"ל.

ד"ה **כי** חזי דבעי וכו' ה"ז גיטיך וכו' ה"ז גט וכו' יש לדקדק דהתם תנן דאינו גט ומטעם דאין גט לאחר מיתה אם לא שנא' דמקשו אליבא דרבותינו דקאמרי התם דהתירוה לינשא משום דס"ל כר"י דזמנו של שטר מוכיח עליו אלא דאין נראה דהא לא הודו להם כדאי' שם ע"ז ע"ב וע"כ הנראה להגיה בדבריהם ה"ז גיטיך מעכשיו אם לא באתי וכו' וכלישנא דסיפא דמתני' שם והגם דבסוגיין לא הזכיר מעכשיו אפ' דסתמו פי' אעשאו באופן היותר נאות והכא לאו בדיני גיטין איירינן ומש"ה לא דקדק תלמודא בזה ועוד דהכ"פ שייכא קושייתם דליתקנו דילמא מעכשיו משום דלפעמים לא יספיק להכנס לבה"כ קודם שתמות והו"ל דעבד בשני בתים ואין כאן תקנה ושוב ראיתי להריטב"א שהביא דבריהם וכתב כאותה שאמרו ה"ז גיטיך מעכשיו וכו' וכמ"ש וק"ל.

ד"ה **הבאות** מבי' וכו' תיקשי ליה הא על הא דאמרינן וכו' ובלאו הך דהכא הו"מ למיפרך דכיון דבית חדא משמע מדדריש בית אחד הוא בונה אימא דקרא ה"ק דדוקי' ביש לאחיו בית אחד קאי בלא יבנה אבל בב' בתים אין כאן מלות יבום כלל ותי' שפיר דהתם ל"ק ול"מ דמלינן למימר דבעלמא בית משמע נמי כל נשי ביתו אף שיהיו לו שתים אלא דהתם מיתורא דקרא דרשינן בית אחד הוא בונה ומוקמינן ליה אדמסתב' עפי שלא להפקיע יבום ביש לו ב' נשים אבל השתא דמהכא ילפינן דבית אחד במשמע ושיהיה לו דוקא אחד א"כ התם נמי נימא הכי דביש לאחיו בית אחד הוא דרמיא עליה מלות יבום וק"ל.

ד"ה **מניח** עבודתו וכו' ולא יגמור דקאמ' ר' יהודה וכו' מהחליפו שיטתן וכו' כנ"ל ולעיקר קושית' על פרש"י עיין מ"ש בחו' ד"ה היה עומד וכו'.

דף י"ד ע"א ד"ה **ואי** מת' אשתו וכו' להתקין כהן אחר שלא פירש ז' בשביל כך וכו' כן נראה שנ"ל ולעיקר קושיתם עמ"ש בסוגיא.

ד"ה **אטרודי** וכו' ולדבריו הכי פי' וכו' בכך שמעתא ונראה דה"פ וכו' הכא לא שייך למיגזר דלאו אונן הוא וכו' כנ"ל ומ"ש לרש"י דלא אשכח וכו' הנה דעתו ז"ל משמע שהיא דרשה כללית לכל ענייני גדולה דמה"ט לדידיה הפסח נאכל על השב' כמ"ש בפ' כילד צולין פ"ע ע"א יע"ש וכן פי' רשב"ם בסוף ערבי פסחים ולדעתם י"ל דהא נ"ל מעל מלות ומרורים יאכלהו כדמשמ' במכילתא פ' בא וכמ"ש הכ"מ בהל' קרבן פסח יע"ש.

ד"ה **דאי** ר"ע וכו' דילמא דתנא דידן לית ליה הזאה כל ז' וכו' אין כונתם דאית ליה ג' וז' לתודיה דהא מ"מ תיקשי דקתני כל שבעת ימים הוא זורק וכו' וכמ"ש בפרש"י יע"ש אבל כונתם דלית ליה הזאה כלל דס"ל דטומאה הותרה בלבור ור' יהודה היא כדאית' לעיל ז' ע"ב ומוכח שם דלדידיה לא לריך הזאה מדקאמ' אי סבר ר' יוסי היתר הוא בלבור הזאה כלל למה לי וכו' וכן הקשה בחידושי הריטב"א משם התוספות יע"ש וק"ל.

בא"ד כל ז' וי"ל דכיון דהתם מתניתי' ר"מ היא דאית ליה הזאה כל ז' ואפ"ה עובד א"כ אתיא דלא כר"ע ע"כ כנלע"ד שנ"ל פ"פ התירו' שכתב הריטב"א בשמם יע"ש והגם דהיה אפ' דנשאר בקו' ולהגיה בדרך זה כל ז' ומש"ה עובד וא"כ היכי אתיא דלא כר"ע ע"כ מ"מ יותר נראה להגיה כמ"ש וק"ל.

ד"ה **רש"י** גרים וכו' יכול אפי' קדשו וכו' כנ"ל ועיין בפי' המשניות להרמב"ם שם וק"ל. ומ"ש ושמא יש פסול מלאכה כאן מדרבנן וכו' כונתם דאע"ג דקרא סתמא כתיב דבמוקדשין לא פסלה בהו מלאכה ל"ש מלאכה דגופן בי הכא ול"ש אם היה מתעסק במלאכה אחרת בעת הזיה מ"מ ס"ל לרש"י ז"ל דמדרבנן החמירו במלאכ' גופן אף במוקדשין וכדרך שאמרו דאם שתה מהם בהמה או היה פסולין כדתנן רפ"ט דפרה כנראה מדברי הרמב"ם בחי' פ"ט מהל' פ"א דלאחר קידוש איירי עיין בפי' המשנה פ"ד דפרה משנה ד' והגם שאין כן דעת התו' פ"ק דפסחים י"ח ע"א יע"ש ובהכי ניחא הא דתני' בפ' הכונס נ"ו ע"א העושה מלאכה במי חטאת וכו' דאיירי במלאכה גופן דאע"ג דהתו' כתבו שם דעד שלא נתן האפר איירי וכן יש לדייק קלת מדברי רש"י דפי' הניזקין נ"ג ע"א יע"ש מ"מ לסברתי כאן עפי ניחא לפרש במים מקודשין דהם קרויין מי חטאת סתמא ולא במי מלוי ושוב מלאתי בשיטה מקובלת לקמא שם שכתב בשם הרב המאירי כמ"ש וז"ל מי חטאת הוא אחר שנתערב אפר הפרה בתוכה הא קודם שנתערב אפר בהם אין נקראין מי חטאת אלא מי המלוי ולענין מלאכה מי המלוי האמורין במי חטאת שמי מילוי פוסלת בהם אף מלאכה אחרת ר"ל שכל שנתעסק במלאכה בעוד שהוא ממלא את המים נפסלו ואלו מי חטאת אין זה פוסל בו הא מלאכה עלמן מ"מ פוסל בו וכו' יע"ש שהאריך וק"ל.

בא"ד אבל ר"ח גורס בע"א וכו' לפי' ניחא סיפא דקתני המים המנטפין כשרים וכו' דאדסמיך ליה נתכוון להזות על האדם וכו' דהמים לא נפסלו קאי וזה לגי' הספרים דמשתין דגרים נתכוון להזות על הבהמה וכו' נתכוון להזות על האדם וכו' וכן נראה מדבריהם ומפירש"י משא"כ לפרש"י דנ"ל דקאי ארישא נתכוון להזות על הבהמה וכו' דלא נפסלו במלאכה אם לא שנפרש' דה"ק אבל המים המנטפין מן האיזוב קודם שנפלו על הבהמה כשרים ודין מי חטאת יש להם שלא נעשה בהם מלאכה אלא שאין נראה כן מתו' דסוף פרה דעלה דהביא לשם דבר ראוי והזה על דבר שאינו ראוי קתני המים הנוטפין טהורים ופסולין מלהזות וכו' אבל הר"ש גר' במשנה שם דגרסינן על האדם וכו' על הבהמה והזה על האדם וכו' כתב ואית דגרסי איפכא ברישא ישנה בסיפא לא ישנה דבתר כונה אזלינן ולא בתר הזאה וכו' ומסתברא דגרסינן בסיפא אם יש באזוב ישנה מדקתני בתר הכי המים המנטפין כשרין משמע דעלה קאי וכו' ע"ש.

אלא דגי' תוספ' דסוף פרה והביאה הר"ש שם דחוקה לפי' ר"ח דקתני לשם דבר שהוא ראוי להזאה והזה על דבר שאינו ראוי להזאה וכו' המים הנוטפין טהורין ופסולין מלהזו' ואם יש באיזוב לא ישנה וכו' דלפי' דהמים לא נפסלו כיון שנתכוון לאדם אמאי המים המנטפין פסולין מלהזות ועוד דקתני אהך לא ישנה יע"ש אבל סיפא דתוס' דקתני לשם דבר שאין ראוי וכו' הואיל והתחלת טבילתו פסולה כך הזאתו פסולה דייק שפיר לפי' וכמ"ש הריטב"א בחי' משא"כ לפרש"י דצריך לדחוק בזה וכמ"ש בסוגיא ויש ליישב לפי' גם רישא אם נאמר שמפרש כגי' תוס' וכפי' הרמב"ם שכתבתי בסוגיא דלא משכחת דמים המנטפין כשרין להזות אלא בנתכוון להזות על הבהמה דהו"ל כמי שלא עשו מלותן יע"ש והשתא גם לפי' נ"ל דסיפא דמתני' המים המנטפין לא קאי אדסמיך ליה נתכוון להזות על האדם וכו' אלא ארישא דנתכוון להזות על הבהמה וכו' אלא דאכתי לא ניחא לי בזה דלפי' לא מלי גרים ברישא דתוספי' טבל את האיזוב לשם דבר שאינו ראוי וכו' מים הנוטפין טמאים וכשרין להזות וכו' דהא מיד שנטלם לצורך בהמה נפסלו וכעת צל"ע ודו"ק.

ד"ה **ועוד** מהו בעי כיבום וכו' פי' ולכך אין להעמיד וכו' כונתם דכיון דנוגע לא בעי כיבו' בגדי' כלל אפי' בכשיעור כדמוכח בר"פ כלים דנוגע במי חטאת לא בעי שיעור אלא דוקא נושא להיות שמטמא בגדים וכדתנן התם למעלה מהם נבלה ומי חטאת שיש בהם כדי הזיה שהם מטמאים את האדם במשא ליטמא בגדים במגע וחשוכי בגדים במגע להכי לא מלי למימר מאי מהו נוגע בכשיעור דמש"ה בעי כיבום בגדים והיינו שהקשו אח"ז וא"ת נהי דמוכיח מן המשנה דנוגע אין זה מהו מ"מ אנן מלי"ן וכו' ומ"ש ומקשים כיון דהכא וכו' המשך הלשון כי במה שפי' יתורץ מה שמקשים מפרק יולא דופן וכו' דאומר ר"י דהכא לא פריך וכו' נוגע קים לן דלא בעי כיבום בגדים כמו שמינו בהדיא וכו' דהיינו מה שהליטו כאן א"נ י"ל דה"ק דלכך אין להעמיד הכתוב בנוגע ונושא ולמימר דנוגע בעי שיעור מהו וכיבום בגדים אנושא דוקא קאי דכיון דכתיב כיבום לא מלית לאוקומיה כלל בנוגע והיינו דבמשנה דכלים תני בהדיא דמי חטאת לטומאת מגע לא בעו שיעורא כלל והשתא מקשו מהביא דיולא דופן וכו' כנלפ"ד ודו"ק.

בא"ד גבי והאוכל מנבלתה וכו' לנוגע ולנושא כאוכל דבזית וכו' כנ"ל. ומ"ש ואומ' ר"י דהכא לא פריך מדבנוגע לא כתיב וכו' דאה"נ דאי לאו מתני' דכלים הוה מוקמי' לקרא בתרוייהו

בנוגע ובנושא ללמד דנוגע אינו אלא בכשיעור ולעולם דכיבוס בגדים אנושא דוקא קאי כי היכי דמוקמינן התם והאוכל לנגע הגם דכתי' ביה כיבוס בגדים דהכא הכי פריך דנוגע קים לן דלא בעי כיבוס בגדים וכו' כלומר משום דמטמא אפי' פחות מכשיעור כמו ששנינו שם בהדי' וא"כ לא מצית לאוקומי' מהו בנוגע בכשיעור וכיבוס בגדים אנושא קאי ועיין בסוף קושייתם דבסמוך וק"ל.

באי"ד דמשמע דקאמר ועוד וכו' דאפי' לא היה כתוב נוגע כלל וכו' אין זה מוכרח כ"כ דו"ל דה"ק ועוד אפי' תימא דספי' דקרא פי' דרישא דמהו דהיינו נוגע אכתי תיקשי שהרי אין דינם שוה דהכא כתיב כבוס וכו' כדרך שפי' הריטב"א בחידו' יע"ש. ומ"ש י"ל שאין לנו וכו' שבנוגע היא בכלל מ' ולא נושא וכו' הי משפט הא' קאמרי אין דבריהם מבנים לע"ד דיותר משמע דבכלל מהו הוי נושא דעכ"פ מסיט האיזוב שטבל במי חטאת בידו אבל אינו מוכר' שהמ' נוגע במים עצמם ועכ"ז היה נרא' לפרש דבריהם ע"ד תי' א' שכתבו התוס' בד"ה אלא מאי וכו' וכ"ל דלהכי וכו' יע"ש ובמ"ש שם וה"ק דאי אמרינן דמהו היינו נוגע אין לנו להביא דמי חטאת יטמאו טומאה חמורה דמשא וא"כ לא מצינו טומאה כיוצא בה ולכך יש לפרש מהו נושא אבל נוגע לא דמצינו טומאה כיוצא בה אבל והאוכל דנדה לא משמע להצריך כשיעור אכילה בזה יותר מהו דע"כ לא כתבו לקמן דסברה להצריך שיעור בנוש' מבנוגע בנבלה אלא משום כדאשכחן במי חטאת וכו' זעי"ל דה"ק דהכא דלא כתיב נושא כלל אלא נוגע השתא דמוקמינן מהו לכשיעור הוה מוקמינן ליה בנוגע כדבסיפיה ולמימר דכשיעור בעי כ"כ אבל נושא אימ' בכלל מהו כלל וזה אין סברה לומר דנוגע בעי כיבוס משא"כ נושא אבל התם דכתיב נוגע ונושא אינו משמע זה יותר מהו כנלע"ד וק"ל.

באי"ד ועוד י"ל דלהכי שדייה רחמנא וכו' כלומר דלעולם דהכא משום דכתי' כ"ע במהו לא קאמ' דמהו היינו נוגע והתם אע"ג דכתיב כ"ע מוקמינן ליה בתרוייהו משו' דלהכי שדייה רחמנא וכו' וק"ל. ומ"ש והר"י מקורביל וכו' ליכתוב רחמנא וכו' תי' זה מבואר יותר בתו' דפ' יוצא דופן שם יע"ש. ומ"ש ומעתה איצטריך להעמידו בנושא וכו' כן נראה שצ"ל וכלומר ומעתה שפיר מצינן למימר כדתרצינן מעיקרא דלכך איצטריך לכתוב כ"ע באוכל להעמידו אף בנושא. ומ"ש ועוד י"ל דכיון דנוגע וכו' גם זה התי' הוא לתרץ מאי דקשה למה שתי' דהוה מוקמי' ליה בנוגע לחוד וקשה ע"ז וכו' וק"ל.

ע"ב ד"ה מאן תנא וכו' והיו סבורים שאמרו בע"א וכו' אבל לא ניחא להו למימר דר"ה ידע בריתא חדא דר"ש בדין אחד מהדינים שוה למאי דאמרינן במס' תמיד ואימא דהא נמי נשני' לדעתו אקשו ליה דכיון דאשכחן ברייתא אחריתי דפליג אמס' תמיד מאי חזית לסמוך אאידך סמוך אהא דפלי' דהא ל"ק דאע"ג דאשכחן דפליג בחדא אימא דשאר סתמיות אליביה נשנו דהא קמן דאע"ג דסתי' מתני' ר"מ לפעמים סתם ר' דלא כותיה וק"ל.

ד"ה אביי אמר וכו' דבהא דתמיד גרות ברישא בהטבת ה' נרות וכו' כצ"ל. ומ"ש דסדר יומא כרבנן דאבא שאול אלא דכך בבא וכו' דמאחר קטורת אף אחר וכו' כצ"ל ומ"מ הא מיהא צ"ל לאבא שאול דהטבת שתי נרות דנקט התם קודם זריקת דם התמיד לאו בדוקא הוא וכמ"ש הרע"ב שם וק"ל.

דף ט"ז ע"א ד"ה אין לך וכו' ובמנחות פריך וכו' ומשני ליה וכו' לא מצאתי שם דבר זה אלא דהתוס' שם פ"ט הקשו מאיברים ופדרים ותה"ד ותי' באופן אחר יע"ש.

ד"ה תן לה מדתה וכו' ומיהו לשון תן לה מדתה משמע של כולם וכו' כצ"ל וכלומר דלא קפיד אלא שיתן בה מדה זו אבל לא שיכלה השמן כולו בכל לילה. ומ"ש וריב"א הביא ראיה דאמרי' בירו' וכו' הכי איתא במסכתין פ"ב הלכה ב' יע"ש ועיין במנחות פ' ב' מדות פ"ט ע"א שם הביא רש"י ז"ל גם ס' זו אלא שהרמב"ם בפ"ג מה' תמידין לא הזכיר כלום מזה משמע דסביר' ליה דלמ"ד שם במנחות דממעלה למטה שערו דאין עניות במקום עשירות הוא הדין דלדידי' לא חיישינן למחג הפתילות דאם יותיר בימות הקיץ ישליך לבית הדשן יותיר דאין עניות וכו' והירו' ס"ל כאידך מ"ד שם דמלמטה למעלה שיערו משום דהתורה חסה ופסק כמ"ד דאין צריך משום דלחמו סתמי' אביי דמאי פקיע נגדא וכותיה קי"ל.

והא קמן נמי דהירו' גופיה לקמן בפ' ב' קאמר ארבע הממונה מכה אותו בפקיע ובעל הפיים עד כאן ומהשתא אין רמז להא דממחג הפתילות והיינו דבפ"ז מה' כלי המקדש השמיט להא יע"ש במ"ש הכ"מ וק"ל.

באי"ד וסבי' ליה להאי אמורא וכו' לאו היינו נגדא וכו' ומ"מ ס"ל לריב"א דבהא דממחג הפתילות לא פליג תלמוד' דידן אירו' וסוגיא דפ' ב' מדות אמה ששיערו בתחלה דוקא קאי ועיין בחי' הריטב"א ומ"ש שם ומיהו אפשר כי אדם אחר היה ממונה על הפתילות וכו' תיקשי קצת דלמה לא מנאוהו ריש פ' ה' דשקלים וכדרך שכתב הכ"מ שם בה' כלי המקדש דהיינו טעמא דלא מנאו הרמב"ם ז"ל אלא נראה דסבי' ליה לריב"א כדאמרן דאע"ג דהאי אמורא דירו' ותלמודא דידן פליגי בפי' דבעל הפקיע מכל מקום בהא דממחג הפתילות ל"פ דהתו' חסה על ממונם של ישראל כנלע"ד וק"ל.

ד"ה כמנגדא וכו' וקשה שאין זה מפורש וכו' ויש ליישב דרש"י ז"ל ה"ק ממשמעות אינו מכוין לעולם במקום א' אלא פעמים למעלה או למטה כמו שיזדמן בהטיית ידו לא שמצד החיוב יהיה צריך לעשות כן ומה גם נגי' ברש"י שאינו רוצה וכו' דהכונה שכך הוא עוש' מרצונו כדי שלא ימות מתוך ההכאות לעולם במקום א' כדאית' באלו הן הלוקין וק"ל.

באי"ד אבל לא תיקשי מאי א' וכו' כלומר לפרש"י לא תיקשי דכיון דעומדין בשורה בארץ זו למטה מזו כך יש לקרות ראשונה למעלה כמו אחרונה אלא דמלשון רש"י כאן ירא' שדעתו לפ' כן אבל בזבחים פי' טעמא משום לזוד ידיו כמ"ש בפרש"י ואפשר לפרש בלשון רש"י דהכא דהכי קאמר אלא ראשונה נתן תחל' כלפי מעלה כלומר שמצד ידו כלפי מעלה ונופלת למטה לארץ והשבע תחתיה וכו' אלא שהוא דוחק. ומ"ש שיש לחלק בין א' לז' וכו' שהכה אותו וכו' כצ"ל ומ"ש נמצא שאצבעותיו למעלה בשמכה מלפניו וכו' כלומר שפני אצבעותיו למעלה כשמכה מלפניו דהיינו במקום החזה ופשוט.

באי"ד וכולן היו נוגעות בקרקע וכו' לכאורה משמע דאין כותש בזה דלהמקשה ס"ד שהיו נוגעות בכפורת ממש והיינו אחת למעלה וכו' דהא על פני הכפורת כתיב ואפ"ה פרי' שפי' דכיון שהיה להם מקום מיוחד כנגד כפורת אם כן מצינו דמיה שאצים למעלה וכו' וכמ"ש הריטב"א אבל כותש להודיענו לכל הפירושי' דאין דמיון כמנגדנא אלא לענין אופן הטיית היד אבל עדיין מחולקים דכאן ההכאות יורדים על האדם ממש אבל כאן לא בכפורת נוגעים והגם דההזאות לארכו נעשים וא"כ אפשר דה"ק דגם דומות למלקה דכי היכי דהתם אינו מכה בהרמת ידו אלא עד שמוריד ידו ה"נ לא היה נפילת ההזאה בהרמת ידו שיפלו מיד בכפורת ויגעו בו אלא היה נפילתן דרך הורדה שהיו נופלים ונוגעים בקרקע והיינו דסיימו וכן פי' הערוך הש"ס בערך מצליף כתב פי' המכה שמרים ידו ואינו מכ' עד שיוריד עד כאן אלא דלזה תיק' דבשלמא בדבריהם יוכל לומ' דסיימו דגם בזה דומה למנגדנא וה"נ גם המקשה מודה בזה אבל הערו' דפי' כן אתירוצא דר"י משמע דהמקשה אין מודה בזה וסבירא ליה דהיו נוגעים בכפורת ועל כן יותר נלע"ד דסבי' להו דמקשה ס"ד דהיו נוגעות בכפורת ממש ואע"ג דכתיב על פני דהא קמן דר"א סבי' ליה לקמן בברייתא נ"ז דהזאות הפרוכת היו נוגעים בו וכמ"ש בדבריהם שם דר"א פליג את"ק יע"ש והוא הדין דלר"א הזאו' הכפו' היו נוגעים בו דהא הזאות דפרוכת מדכפורת ילפינן להו כדכתיב וכן יעשה לאהל מועד וכדאיתא לקמן נ"ו ע"ב ומה שסיימו וכן פירש בערוך עיקר כותש דהיינו שהיו ההכאות במקום אחד דלא כפרש"י וכמו שהביאו התו' בסוגיא יע"ש ובערך מצליף קצר במובן ועיין בער' נגד שכתב פי' ר"ח ז"ל כמכה שמעלה ידו ומורידה וכל הכאה במקום א' הוא וכו' עד כאן ודו"ק.

ד"ה כמצליף פי' בערוך יודע וכו' היינו דמתרגמינן הכי ולשון התרגום תהלים ע"ד יצליף בקורניסא וכו' ומפרש יודע ל' שבירה והכאה כמו ויודע בהם את אנשי סוכות שופטים ח' ומתרגם ותבר עליהון והיינו דקאמר הכא כמנגדנא דלשון מצליף היינו לשון הכאה ועיין בפרש"י דסוגיין וק"ל.

ד"ה הזה על טהרו' וכו' והא תנן בפרק הוציאו לו אחר שהזה למעלה בקרנות וכו' חוזר ומזה וכו' אלמא מדם א' וכו' ולמטה וכו' כשעיר הניתן בפנים דאיכא מאן דאמר דמערבי וכו' כצ"ל.

דף י״ז ע״א ד״ה **חוץ** מכותל וכו׳ גבוה כ״ו אמה עד כאן. והיינו שכתבו בתו׳ בפסקי מדות כותל מזרחי גבוה שם אמות וכשמח וכו׳ כלומר גבוה למעלה מהפתח ואין כאן קו׳ ס׳ חנוכת הבית סי׳ ב׳ ד׳ א׳ יעו״ש.

ד״ה מבדילין בין עזרת וכו׳ דגרסי׳ ותנן ורבנן פספסין מבדיל׳ בין עזרת ישראל לעזרת כהנים ראב״י אומר מעלה היתה כדתנן פ׳ ב׳ דמדות.

ד״ה אי אמרת וכו׳ קרקע עזרת כהנים כ׳ אמה וכו׳ כצ״ל ומ״ש דלא דק וכו׳ האמת דגם הרמב״ם בפי׳ למדות ובפ״ו מהל׳ בית הבחירה כתב דגמלא גובה קרקע ההיכל על קרקע שער המזרח ב״ב אמות אלא דרש״י אפשר דלא גרים ליה א״נ גרים גמלא גבוה אמה כמו שצ״ל להסמ״ג דגרים אמה ואולי עיין בס׳ חנוכת הבית סימן כ״ב ושם אות כ״ג וק״ל.

ד״ה מאן תנא וכו׳ לפי פי׳ ר״ש מפי רבותיו קשה וכו׳ כן נראה שצ״ל ועיין בתו׳ דשם תי׳ קושיתם וק״ל.

דף י״ז ע״א ד״ה **האי** לשכה וכו׳ והיינו דקאמר במדות וכו׳ דאבית המוקד קאי ואתי שפיר וכו׳ כצ״ל.

ומ״ש ובתמיד חשיב ליה רביעית וכו׳ ואתי נמי שפיר הא דקתני בתמיד לשכת בה״מ וכו׳ קיצור לשון יש כאן וכאילו כתבו דא״ש דבתמיד חשיב לה מזרחית לפונית דהיינו דעזרה ואתי נמי שפיר דבתמיד חשיב לה רביעית בסוף הגם דחשיב דרך ימין ואילו דמדות מנה אותה ב׳ לנשכ׳ טלאים משום דמוקד והותמות דקחשיב בתמיד לאי היינו אותם דמדית אלא מוקד וחותמות היו בעזרה עצמה ולא בבה״מ וכמ״ש בתו׳ וא״כ א״ש לפ״ז דהכא בתמיד מזכיר אותם בשם אחר כיון שע״כ לומר דאחרי׳ ניניהו והדברים מבוארים יותר בתו׳ יעו״ש וק״ל. ומ״ש ואין זו קושיא וכו׳ אם כן היאך היו שם ד׳ לשכות והלא לא היו שם אלא שתי׳ וכו׳ כצ״ל וכלומר דבתמיד קתני וד׳ לשכות היו שם והתם לפי׳ ריב״א קאי אעזרה ועיין בל׳ התו׳ שהביא בס׳ דרך הקדש י״ז ע״א וק״ל.

דף י״ח א׳ ד״ה **רבא** אמר וכו׳ ומוקי מליתא כרבנן וכו׳ אאבוליו וכו׳ כצ״ל.

ד״ה מרתא וכו׳ מ״מ היו בעלי תורה וכו׳ אבל ליכא למימר דהיה ראוי לימנות יותר משאר אחיו הכהנים ואפ״ה הולך ליתן ממון למלך מתוך שהיה רילה למנות אחרים פחותי׳ ממנו והיינו דמייתי תלמודא מהכא דבעות שני לא היו עושין ע״פ הדין מדהולך יהושע ב״ג ליתן ממון והגם שמן הדין וכיושר היה ראוי לזה שאין שם גדול ממנו דהא מדקתני ביבמות ונתמנה ולא קתני מינוהו ש״מ שאחיו הכהנים לא היו מסכימים במינויו שלא היה ראוי לזה וכדדייק רב יוסף התם וקאמר קטיר קא חזינא הכא ופרש״י שם קשר של רשעים וכו׳ יכתי׳ כאן כן תי׳ בתו׳ שם בלא יחפור ועיין בתו׳ הריטב״א וק״ל.

ד״ה פר נמי וכו׳ י״ל דבמתניתין קתני פרים ופר חטאת הוי בכלל וכו׳ כונתם דכיון דהוי מעבירים לפניו יותר מפר א׳ כדקתני מתניתין פרים עיי״ש נזכר שהוא צריך לעבודה היום ב׳ פרים חד למוסף היום וחד לכפרת חטאו ואחיו הכהנים וחלק דעתיה ולעיקר קושייתם י״ל עוד דכיון דעיקר מה שהיו מסדרין ומלמדין לפניו לא היה אלא לעבוד׳ היום להכי כשמעבירין לפניו פרים יותר יהיב דעתיה אפר שלו שהוא מסדר עבודת היום מפר דמוסף שהוא דבר הנוהג גם בשאר רגלים.

ד״ה לא מאכל ולא משתה וכו׳ הכא איירי אחר עבודה כשהולך וכו׳ יש לדקדק דהא מתניתין קתני בהדיא בפ״ב דתענית ע״ש דאנשי בית אב אסורין ביום ובלילה ומתניתין סתמא קתני וכ״כ הרמב״ם ז״ל רפ״א מהל׳ ביאת המקדש ונתן טעם שמא ישתה בלילה וישכים לעבודתו ועדיין לא סר יינו ואף לטעמו של הראב״ד שם וכ״כ רש״י שם דה״ט מפני שבקטרת אמורין כל הלילה משמע דאף כשהולך לישן אסור שמא יצטרך לקום מפני הקטרת אמורין ויש לישב דסבירא ליה דדוקא באנשי בית אב שעליהם מוטל כל עבודה הוא שאסורי׳ גם כל בלילה משום הקטרת אמורים אבל כ״ג בימים אלו לא הטריחו עליו להיות נעור כל בלילה משום הקטרת אמורים אלא אנשי בית אב היו עושין זה להכי היה מותר לשתות יין בלילה אבל ודאי משמע דלטעמו של הרמב״ם אף בלילה אסור ולדידיה צריך לפרש משתה במשקים שאינם משכרים ושמא להכי שינה וכתב בפ׳ א׳ מהל׳ עיוה״כ משקה במקום משתה דקתני מתניתין וק״ל.

ד״ה אין מאכילין וכו׳ י״ל דלא החמירו בו וכו׳ לדוקא גבי זב שנחלשו כל הזרע שלו קרוב לבוא לידי אונס בכל דבר המרבי׳ את הזרע משא״כ בכ״ג שאין לחוש בו כל כך ועיין מ״ש בסוגייא ומ״ש וא״ת אמאי וכו׳ אינו מטמא באונס וכו׳ דאין לומר דאין מאכילין אותו בין ראיה ב׳ לג׳ כדי שלא יטמא באונס ויתחייב בקרבן דראיה ג׳ אפי׳ באונס מטמא כדאי׳ בפרק בנות כותים [(ועיין בתו׳ הריטב״א)] דלמאי ניחוש אכ ומה לנו אם יתחייב או לא יתחייב ועל כן פיר׳ דהיינו לענין סתירת ז׳ נקיים דבראה קרי סתר יומו כדתנן בפרק קמ׳ דזבים הרואה קרי וכו׳ ובה״א לא סתר אלא יומו וכו׳ וכן בפ׳ בנות כתים ל״ז ע״א אמרינן אונס בזיבה יוכיח שאינו גורם וסותר וכו׳ וק״ל.

ע״ב ד״ה ואי בעית וכו׳ לטעמיה דמסדרין שליחא מעיקרא ולכך קבעו כאן התלמוד וכו׳ נראה שכונתם דלפי׳ רב יוסף דלקמן והוא כפרש״י שלא היו נזקקין להם כלל ולעולם דחשש דם חימו׳ איכא נמי הכא אם כן בתר דקאמר אמרי רבנן קלא אית להו לימא ואי בעית אימא יחודי הוו מייחדי וכו׳ ותו לא תיקשי מהא דאמר רבא מה שאין כן לכשנאמר דכונת סתמא דתלמודא לומר דהכא לא בעינן ז׳ נקיים דלא חיישינן הכא לדם חימוד מפני שהיו מודיעים להם דליחודי בעלמא ולעולם דאם היו רוצים היו נזקקין להם ניחא דלא שייך כך תי׳ אלא לפרכיה דרבא דוקא ולכך קבעו התלמוד כאן ואפ״ה לא תימא לכאי פירושא דאפרכיה דרבא דוקא קאי דמלינן למימר דגם אפרכיה דראב״י קאי וה״ק דכונתם היה לייחודי בעלמא ואה״נ שאם היו נזקקין להם היו מוליכין לער׳ ועיין בתו׳ ובתו׳ דהחולץ ל״ז ע״ב וק״ל.

בא״ד אבל הר׳ יוסף וכו׳ האי ואבע״א אפרכא קמייתא דוקא קאי וכו׳ בצ״ל וכונתם דלפי׳ אכתי צריכין לתירולי דלעי׳ רבנן קלא אית להו ודמשדרי שליחא וכו׳ להיכא שהיו רוצים להזקק להם ואם כן האי תירוץ לא קאי אלא אפרכא בתרייתא דתבעוה ליגש׳ וכו׳ דהכא לא שייך דין זה כיון שהיה לייחוד בעלמא משא״כ לפירושם דאכולהו תירולי דלעיל קאי דאפי׳ שהיו באים עליהם ליכא חששא דומלאה וכו׳ מפני שהיו מוליכין אותם עמה׳ וכן א״ל ז׳ נקיים דלא חיישי׳ הכא לדם חימוד כנלע״ד וק״ל.

דף י״ט א׳ ד״ה **לשכת** הפרוה וכו׳ השנויה בריש הקומץ רבה [כ״א ע״ב] וכו׳ ואיכא דמפרש שנותנין וכו׳ לרכי העזרה וכו׳ כצ״ל יהוא פי׳ התו׳ שם בהקומץ ומה שסיימה שם וקשה לפי׳ זה וכו׳ עיין מה שתירץ הרל״ס בספ״ה מה׳ איסורי מזבח וק״ל.

ד״ה בלפון וכו׳ ובלפון גר׳ בבתרייתא וכו׳ וטביל וגייח וכו׳ כצ״ל וכונת דבריהם יתבארו במ״ש בסוגי׳ בסוף הלשון שביארתי בדעת הר״ס יעו״ש וכאן צריך להוסיף דהא דלא ניחא להו להבי׳ ראיה בפשיטות דמדקתני מתני׳ דמדות דשער המים בדרום וקתני דבלד לשכתי היתה אלמא בדרום הואי ואם כן קמייתא ר״פ בלפון איירי משום דניחא להו להוכיח מתוך הסוגיא דשער המים בדרום ולא תאמר דגר׳ במתני׳ שבלפון שער הדלק וכו׳ שער המים וכו׳ וא״כ דמתוך הסוגיא מוכיח מדקא׳ וטביל וגייח דבלד לשכתו היינו סמוך לה ממש ובדרום הואי ומ״ש וזו הגי׳ וכו׳ כלומר גי׳ דסוגיין ולא דמדות כנלע״ד ודו״ק.

ד״ה שער הדלק כו׳ מביאים אש וכ״כ הראב״ד כמ״ש התוי״ט בפ״א דמדות יעי״ש.

ע״ב ד״ה כמין רגל עגל בירוש׳ פריך והכתיב וכו׳ אף על גב דמדקאמר בתלמודא דידן ויי״א ביליאתו נגף וכו׳ כמין קול נשמע בעזרה וכו׳ משמע שבא מלאך ותבטו בהיכל ואין כאן קושיא אלא לפי׳ הירוש׳ דקאמר דיי״א ילא חוטמו מזנק תולעים וכמין פרסת עגל וכו׳ דמשמע שנגף בפנים מ״מ נראה להם ז״ל דתלמודא נמי ה״ק סמוך ליליאתו קודם שילא נגף ואותו קול שנגף בפנים בבית קה״ק נשמע בעזרה ועמ״ש בס׳ הידושי אגדות וק״ל.

ד״ה ודברת בם וכו׳ מפני הכבוד וכך מפרש בירוש׳ [(פי׳ היה קורא)] כצ״ל.

ד״ה לרדא וכו׳ ובשום מדרש מלא מ״כ אפ׳ דהיינו מדי׳ תנחומא ר״פ בראשית דקאמר מן שעלו אתה יודע מי מדד בשעלו מים ומן אלבעו אתה מבין וכל בשליש עפר הארץ וכו׳ ע״כ וס״ל דאלבעו ל״ד אלא היינו אמה דשייך ביה לשון שליש שהוא שלישי והא קמן

דהכא קאמר אצבע צרדא הגס שאינו אצבע ממש ועי"ע במדרש תנחומא סוף פ' חיי שרה וק"ל.

דף כ' ע"א ד"ה **בפי'** ר"ח וכו' כמו שפי' בקו' הס"ד ואח"כ מתחיל הדבור קודם חצות וכו' ולכך קודם חצות יחזיר וכו' כנ"ל.

ד"ה תן בקר וכו' לפרש תן בקר שני לשריפתן וכו' כדדרשינן גבי נותר בפרק במה מדליקין כ"ד ע"ב.

ד"ה משום חולשא וכו' היינו בכל יום דהתם נמי קתני מי שוחט וכו' כנ"ל כלומר דשחיטה וזריקה ודאי בכ"ג ואם כן ע"כ דבכל יום איירי. ומ"ש ואעפ"י דצריך לטבול ולקדש ידיו וכו' זהו לפי וכו' כנ"ל וכדאי' בתמיד ועיין ברמב"ן בס' המלחמות. ומ"ש קודם שיתחיל עבודת היום והיה יכול לצאת וכו' כנ"ל וכלומר דאינה מסדר עבודת היום סברי לאחר שעשה תרומה זו היה יכול להפסיק ולצאת חוצה מאח"כ עבודת היום דמתחיל ומסיים בלא הפסק בדסיימו לקמן א"נ דה"ק דהיה יכול לצאת חוצה ולכשיחזור צריך טבילה וקידוש פעם ב' כדאיתא בזבחים י"ט ב' וכמ"ש לקמן ל"א ע"א סד"ה ה' טבילות וכו' יעי"ש וק"ל.

ד"ה והיה קולו נשמע וכו' דמשמע שלא היה נשמע יותר וכו' עיין בחי' הריטב"א דשם מבואר. ומ"ש דהביא דלקמן בשער היכל והביא דתמיד בשער עזרה דהא דקתני הגדול היינו שער וכו' כנ"ל ומ"ש שהיו פותחין קודם תמיד וכו' כדתנן התם לא היה השוחט שוחט עד ששומע קול שער הגדול שנפתח והיינו שער היכל כדאית' בריש עירובין וכמ"ש התי"ט שם והנה גם מהכא מתני' גופה מוכח דהיינו שער היכל כדקתני נכנס לצאת ומן האולם אל ההיכל עד שהיא מגיע לשער הגדול וכו' וק"ל. ומ"ש ואין לחלק בין ציר וכו' התוס' לקמן ל"ט ע"ב חילקו כן ופי' הדברים עיין בלשון הראב"ד שהעתיק בס' עבודת ישראל דק"ג ע"ב.

דף כ"א ע"א ד"ה **לא** נמל' פסול וכו' ואע"ג דאמרי' לעיל גבי שומר וכו' דהגם דרש"י ז"ל ס"ל כמ"ד דנקצר ביום פסול ומאן דאמר אומר ומביאין ס"ל דנקצר ביום כשר כדאי' במנחות פר"י ע"ב ע"א יעי"ש צריך ליישב דבריהם דה"ק דודאי ההוא מאן דאמר ס"ל נמי לנס זה ולדידיה איקשי דלמה היו צריכים לזה כיון דיכולים להביא אחרת אפי' מהמחובר ולזה תי' מ"מ לא שכיח למצא אחרת מיד דמבערב לא היו קוצרין אלא כדי עומר א' מפני שהטורח מרובה וגם ביום לא שכיח מטעם זה שהיו צריכים לטרוח הרבה ולכן נעשה נס זה כדי שלא יהיו צריכים לטרוח ולהביא אחרת מן המחובר ועיין בחי' הריטב"א כנלע"ד ודו"ק.

ד"ה ולא אירע קרי וכו' אבל פסול מיהא אירעו וכו' כנ"ל ועמ"ש בענין זה בס' שער יוסף ק"ו ג'. ומ"ש דוקא קאמר הס"ד ואח"כ מ"ה דתניא וכו' כנ"ל.

ד"ה שברי כ"ה וכו' אבל לא ידעינן וכו' דאע"ג דשברים אלו בלועין מנותר דק"ק דטעונין שריפה במקום קדוש כדאי' בכל שעה כ"ד ע"א ועי"ש י"ל דסבירתן זו היא שריפתן וכי היכי דפסולין שנשרפו בדשן היה מותר להוציאה חוץ למחנה ה"נ שברים אלו מותר להוציאן א"נ דכיון דבלועים אכתי מיהא מגיעול תעלה לא הוצר להוציאן ואיך שיהיה מקרא מבורר לאיסור הוצאתן אין לנו וק"ל.

ד"ה מקום ארון וכו' בבית ראשון שכהנים שהיו אז וכו' שלא היה עולה והרא"ש תי' דודאי וכו' כנ"ל ועיין בחי' הריטב"א. ומ"ש שהיה פוסק הס"ד ואחר כך מ"ה בדברים בים וכו' למקדש וכו' בפיוט לצורו וכו' כד"א כנ"ל.

פרק בראשונה

ד"ה בזמן וכו' והאמרינן בירו' דברכות וכו' שם בפ"ק וז"ל ספרי ס"פ יתרו ר"י אמר אינו צריך והלא כבר נאמר ועשה להם מכנסי בד ומה"ל אשר לא תגלה ערותך עליו שלא ילך פסיעה גסה אלא גודל בצד עקב ועקב בצד גודל ע"כ ומצאתי בס' יראי' סי' שכ"ז שפי' על זה ואלו דוקא שהרי לא אסר אלא פסיעה גסה ותנן נמי רצין ועולין בכבש וכו' ע"כ. ומ"ש ושמא כיון שלא היו וכו' והא קמן דבהולכת עלים למערכ' לא חיישינן לאצילה דמלא שבוזקין ע"ג הכבש מטעמא דלאו עבודה היא כדאיתא בסוף עירובין ק"ד וכ"ש כה שאינו עסוק בידו בדבר לעבודה כלל וק"ל.

בא"ד א"נ רצין וכו' שלא להראות וכו' דבריהם סתומי' וצריכי' ביאור. אם לא שגגה בדבריהם על הדרך שמצאתי בח"י פ"ק דברכות וכצ"ל יכולין לרוץ ומכאן נראה לר' דהא דאמרינן בסוכה נ"ב ע"ב אמרו עליו על בנה של מרתא בת בייתוס שהיה נוטל שתי ירכו' של שור הגדול הלקוח באלף זוז והיה הולך עקב בצד גודל שלא להראות כחו עושה כן אלא כי כן צריך לו לילך וכו'.

ד"ה הממונה וכו' י"ל שהממונה היה מונה ולא היו וכו' כתב הרמ"ז ז"ל בפי' המשניות דמהירו' אין נראה כן יעי"ש והאמת דיותר קשה להערוך בערך צבע שהביא שם ריש' דירושלמי מהו הצביעו הוציאו אצבעותיכם וכו' ואפ"ה פי' שם שהממונה לא היה יודע החשבון עד שנטל המצנפת ועי"כ הנראה שהם ז"ל מפרשים הירו' בדרך אחר וה"ק אין אומר ממי במקדש כלומר שכשהיו הכהנים מסכימים על המנין לא היו מסכימים ממי יתחיל דחיים להערמה אלא הממונה שלא היה יודע מהמנין כלום בא ונוטל מצנפת והן יודעין שממנו היה הפיים מתחיל דאם אתה אומ' שהיו מסכימים ביניהם ממי יתחיל המנין ומה שעושה הממונה לכשבא הוא להזכיר סך איזה מנין שרוצה א"כ הש לומר מנין שיסיים באוהבו או בקרובו ויש כאן הערמ' אלא ע"כ לומר שהכהנים היו מסכימים בסך המנין מבלי הודעה לממונה אלא שלא היו יודעין ממי מתחיל כי אם בביאת הממונה שהיה נוטל וכו' והא דקאמר בתר הכי כמין קובלייו' היו עושים מלתא אחריתי היא להודיענו שהיו עומדין כמין כולייר כדאיתא בתוספ' ובתלמודא דידן ולא שיהיה תי' לקושיא ואם לומר כמו שפי' בספר קרבן העדה דמה יתן שהיו עומדין בעגול וכי מפני זה לא יוכל למנותם לידע במי יסיים ואכתי תיקשי ואם לומר וכו' וזה פשוט וק"ל.

ד"ה הרי אברים וכו' קאמר לקמן דמגפרא אתי וכו' לא יקיליהו משנתו כי לא יעמדו דאם לא היו חוששין בפיים של תרומת הדשן אם יעשוהו בלילה יתקבלו מבעוד יום וכו' כן נראה כצ"ל והכונה פשוטה דאם לא היו חוששין לבא לפיים ולהשכים על הספק יעשוהו מבע"י כי פיים של תמיד של בה"ע אלא ש"מ דתלמודא ה"ק שאף כשיעשוהו וכו' איכא אונס שינה וק"ל.

בא"ד ולהכי פריך וכו' מבע"י ותקנו בו פיים ולא חיישינן שמא יפשע וכו' כלשון דבור הסמוך דכאן שייך כולו ומ"ש כאן אח"ז ועוד דלמ"ד מוספין וכו' עד סה"ד נכתב שלא במקומו ושייך בסוגיא דלקמן כ"ו ע"ב ושם תמצא כל לשון זה כתוב בדבריהם בד"ה וב' בידם ב' בזיכי וכו' יעי"ש וק"ל.

ד"ה תקנתא וכו' מ"מ היתה נס תה"ד ג"כ וכו' כנ"ל והדברים מבוארים בחי' הריטב"א יעי"ש ויש ליישב דרש"י ס"ל דס"ד למקש' דלעולם כך היה דמי שהיה זוכה במרוצת הכבש בתה"ד היה זוכה בסידור המערכה וכו' דהכי משמע פשטא דברייתא דקתני סתמא מי שזוכה וכו' ולא פירש אי קודם תקנה דפיים או לאחר והיינו שכתב ז"ל ד"ה והא לאו וכו' שהתורם הוא המסדר וכו' ומעיקרא וכו' וכיון שכן אימא דלאו משום תקלה שאירע תקנו פיים בתה"ד אלא משום שיש כאן עבודות חשובות דהשתא ליכא למימר דאי לאו משום תקלה לא היו עושין פיים כלל לתה"ד אלא היו עושין פיים בפ"ע לזכה בסידור מערכה וכו' דהא כיון שלעולם היה כך דהתורם הוא המסדר א"כ בכלל פיים דסידור הו"ל תה"ד בכלל ותרין ליה שפיר דב' תקנות הוו כלומר לא כדס"ד שלעולם התורם הוא המסדר אלא ברייתא ה"ק שתקנו פיים משום תקלה הוצרכו לתקן דמי שזכה וכו' משום דלא הוו אתו דאמרי מי יימר וכו' והיינו דלא ניחא לרש"י לפרש כפי' ר"ח דלפי' תיקשי דאמאי הוצרך ר"א לדחוקי ולתרוצי דב' תקנות הוו ליתני ליה דברייתא ה"ק דמעיקרא נמי כשלא היה פיים אלא היו רצים ועולים בכבש כך היה מוסכם ביניהם דמי שזוכה בתה"ד יזכה בסידור וכו' להיותם עבודות תכופות וסמוכות ולעולם דאין מכאן ראיה לומר דאדרבא היו מתעצלים מלבא ומעתה לעולם דטעמא דפיים בשביל שהיו מרבין לבא וכו' כנלע"ד ודו"ק.

ד"ה יזכה בסידור וכו' וב' גזירין היה ביום וכו' באו לתקן דאמאי גבי ת"ה קתני מי שזכה לשון עבר וגבי סידור קתני לבא יזכה וכו' לזה כתבו דהגם דסידור מערכה בלילה סמוך לת"ה כדקתני בריש פ' ב' דתמיד ראוה אחיו שירד וכו' נטלו את המגרפות וכו' התחלו מעלין בגזרין וכו' [(ובפי' הר"ש שהביא התי"ט שם דלאו היינו סידור ב' גזירין)] מ"מ כיון דסידור ב' גזירין ביום ממש כדמשמע בהדיא מסוגיא דלקמן דקאמר ואלא קשיא אלא כי אתמר וכו' זר שסידר ב' גזירי עלים חייב הואיל ועבודת יום וכו' יעי"ש להכי התני

לישנא דלהבא יוכה דהיינו כשהוא יום ואע"ג דקרא דכתיב וביער עליה הכהן עלים בבקר וכו' הייגו לסידור שני גזירין דוקא כדמשמע לקמן כ"ו ע"ב דסידור מערכה מי לא משכחת לה בלילה כשכבו הגחלים ומ"ש הרמב"ם ריש פ' ב' מה' תמידין בבקר עורכין עלים וכו' מערכה גדולה וכו' שנא' ובער וכו' כבר יישבו הרל"ש שם יע"ש ואע"ג דקרא כתיב בבקר הולרכו להוכיח מסוגיא דלקמן דקרא כיון דכתיב בבקר בבקר הו"א תן בקר לבקרו של לילה כדלעיל כ' ע"ב וע"כ כן נ"ל לר"א דהוה ר"ל דסידור ב' גזירים בלילה ושוב ראיתי שכתבו כן התוס' לקמן שם ד"ה אף אנן וכו' וק"ל.

דף כ"ג ע"א ד"ה **השתא** שתים וכו' שאין יכול להוליא כל אלבעותיו וכו' דהכי איתא בירו' דפרקין דאם הוליא ד' אלבעות הממונה מכה אותו בפקיע ובעל הפיים ע"כ.

ד"ה יכול במלות וכו' במ"ש כאן ובדיבור הסמוך עיין הריטב"א ובמ"ש בפרש"י ז"ל בסוגיא.

ע"ב ד"ה א"כ וכו' בגדי חול דאי לא וכו' א"ש כדפי' הס"ד ואחר כך מ"ה אחרים והוליא וכו' כנ"ל.

ד"ה אחרים והוליא וכו' שכשרים הס"ד ואחר כך מ"ה כך מחלוקת וכו' כנ"ל.

ד"ה כך מחלוקת. וכו' ודלא כר"י מיהת וכו' וכלומר דכרי' דוסא מלי אתיא דס"ל דלאו עבודה היא ולהכי קאמר דילבש לרבות בגדי כהן גדול או אפשר דס"ל דלא לריך קרא לרבויי כדדחי תלמודא בסמוך וק"ל.

ד"ה חדא דאבנטו וכו' ואם תאמר ומאי פריך ליה וכו' לא מיירי באבנט וכו' דאימא דה"ק לרבות בגדי כ"ג דהיינו מכנסי' וכתונת דאיירינן ביה שכשרים לכהן הדיוט בהרמת הדשן ותי' שפיר דע"כ בא לרבות גם כן שבגדים של כ"ג כשרים להדיוט בשאר עבודות דמאי שנא וכלפי זה אבנט נמי בכלל מדקאמר בגדי כהן גדול סתמא וק"ל.

דף כ"ד ע"א **מתרומת** מעשר וכו' י"ל דהכ"ג אלא דלא ליחשוב וכו' כלומר דא' או ב' מנייהו נקט וה"ה דיש מקום ללמוד מאחרים א"נ יש לפרש דלא חשיבא לי' למפרך אלא מאלו דשיעורם מפו' בכתוב וילמוד סתום מן המפו' כמ"ש התו' יע"ש וכמ"ש וק"ל. ומ"ש שמא הוה ס"ד משום דרשא וכו' ואפשר דדייק מדתנן ספ"ק דתמיד על מחתת הכסף וכו' לבר את הגחלים ע"ג הרולפה וכו' משמע דלאו בכ"ש סגי ומש"ה בעי בכמה.

ד"ה מה להלן וכו' ואינו פושט מלדדי וכו' כנ"ל ומ"ש ומכאן ראיה עיין בספר הליכות אלי סימן תרכ"ח.

ד"ה אף כאן בקומלו ומ"מ לא דמי וכו' נראה שכונתם לתרץ בזה אמאי לא ס"ד למבעי גם לד זה משום דלא דמי ממש וכמ"ש התוס' בסד"ה מתרומת מעשר וכו' יע"ש.

ד"ה וניסוך היין וכו' אבל ב' ניסוכין וכו' הוה חשיב נמי ה' דברים וכו' כנ"ל ומ"ש דהא לקמן פריך וכו' אלמא הו"ל וכו' דאלת"ה מאי פריך אימא דה"ג מחייב אלא דלא איירי בדברים הנעשים בפנים ואי קשיא לך דהא קמן שלא מנה הזאות שבפנים הגם דמודה רב בהו כבר כתבו לקמן סד"ה לרבות וכ"כ הריטב"א דבכלל זריקה הוי בין זריקת דם ובין הזאות שבפנים יע"ש וק"ל.

ד"ה רבי רחמנא וכו' י"ל א"כ ועבדתם למאי אתא אבל איכא לאוקומי עבודת מתנה בשאר וכו' כנ"ל ומ"מ אכתי קשה דנרבי עבודה שאינה תמה כגון סידור מערכה דהויא חשובה ע"ג מזבח ונוקמה מיעוטא דועבדתם לשאר עבודות שאינם במזבח כגון שחיטה והולכה כדרך שהקשו התו' וא"כ נוקמה מיעוטא למבי' לפרוכ' כמו שהקשה הריטב"א ובשלמא זה יש לייש' דס"ל דהשתא לא משמע ליה לחלק בזה דמבית לפרוכת וכדמשמע מקושייתם שאח"ז אבל הא דכתיב רבוייא גבי מזבח אימא דמרבה עבודה שאינה תמה דמזבח דוקא י"ל דהא נמי ס"ל דמיעוטא דועבדתם אמאי דכתיב לכל דבר המזבח נמי קאי וה"ק א"כ ועבדתם דממעט נמי שאינה תמה דמזבח למאי אתא כיון דסופך לרבות סידור מערכה ועיין מ"ש לקמן בד"ה ואימא לכל וכו' כנלע"ד ודו"ק.

בא"ד שאין עבודות המותרות ואין חשובות כתה"ד שהיא על וכו' כנ"ל דהגם דדישון מזבח הפנימי היתה סילוק מע"ג המזבח מ"מ לאו עבודה היא דלא היה חופן אלא בידיו לבער הדשן מעליה כדי להקטיר הקטור' כדתנן בתמיד ולהכי לא בעי' ב"כ כמ"ש התו' לקמן מ"ג ע"ב סד"ה והרי תרומת וכו' וק"ל.

ד"ה לרבות עבודת וכו' אבל מ"מ קשיא אמאי וכו' זר שסידר וכו' דהא כתיב נמי מבית לפרוכת ואימא דע"כ לא ממעטי' מעבודת מתנה דקאי נמי הכא אלא עבודות שאינן תמות אבל סידור שולחן ובזיכין אפי' שאינם תמות ליחייב ודומיא שריבה מדבר ת"ה מטעם זה וק"ל.

בא"ד לקמן בסמוך דפריך ואימא לכל דבר וכו' כנ"ל והד"א ומ"ש מדלא קאמר ולא עבודה וכו' כלומר דהו"ל למימר שהפרט הוא ועבדתם עבודת מתנה וממעטינן מיניה ת"ה משום דלא דמי לפרט דהא הויא עבודת סילוק ושאינה תמה וק"ל. ומ"ש הכי נמי דמאי דמרבינן וכו' וכן פי' הקונ' בסוף פרקין דעבוד' תמה וכו' כנ"ל וכלומר דגם הוא ז"ל מחק אות ג' מן הספרי' אבל למה שמגע בסוגיין כבר פי' כאן בהד"א ד"ה לכל דבר וכו' לרבו' עבודת סילוק אם עבודה תמה היא כגון תה"ד ע"כ וק"ל.

בא"ד הוה לן לרבויי וכו' כגון סידור מערכה וכו' ותו' ושבדת' הדר ערביה כלומר דאין לך לומר דנמעט דוקא עבודו' חוץ דאינם חשובות כגון שחיטה וקבלה וכו' ונרבה עבודות חשובות דמזבח דהא ועבדתם קאי נמי אדבר המזבח וא"כ ע"כ למעט נמי דבר השייך במזבח וכ"ת דמאן פלג לך לרבות ת"ה ולמעט סידור מערכה וגזירין אימא איפכא י"ל דת"ה חשיבא ליה טפי דחשיבי' עבוד' דיממא היא ומ"מ כיון דתי' זה דחוק דהא מ"מ סידור מערכה עדיף דהו"ל עבודת מתנה משא"כ ת"ה דהויא לה עבוד' סילוק להכי סיימו אבל מ"מ נר' כדפי' דת"ה עבודה תמה היא וק"ל. ומ"ש ואת לגי' שספרים וכו' היתה אחריה והרי דשן וכו' כנ"ל.

בא"ד ואת ואם לריך על המזבח בכהן וכו' כלומר לאידך פירו' שלריך אתה לומר דההנח' על המזב' היתה בכהן דלהכי חשיב ליה ת"ה שיש אחריה עבודה וא"כ אפי' לפירש"י ולתי' קמא שבכל עבודה א' ולעולם דגם בהנחה בעינן כהן למה חושבה עבוד' סילוק וכו' וי"ל דס"ל דהגם דההנחה היתה למטה בארץ מ"מ כיון דכתיב ושמו אלל המזבח וע"כ לומר דכיון דסמוך לכבש הוה מניח כדאיתא פפ"ק דתמיד חשוב כאלל המזבח דכבש יש לו דין מזב' וכמ"ש המפרש שם להכי ס"ד למימר דלא חשיבא סילוק כיון שיש הנחה ועל המזבח שכתבו לאו דוקא אלא הכונה אלל המזבח דאם לא תפרש דבריהם כן לא ידענא מעיקרא מאי ק"ל כיון דההנחה היתה למטה בקרקע ולא ע"ג מזבח וק"ל.

ד"ה לאתוי שבע וכו' י"ל כגון שנגע בביאה ע"כ והכי מתרץ תלמודא לקמן כ"ג ע"א אמילתא אחריתי יע"ש ועיין בהר"ש פ"ק דכלים מ"ט ובתו' פ' הספרין פ"ג ע"א ובס' משנה למלך ספ"ט מה' ביאת מקדש.

ד"ה לאתויי שבע וכו' ונתן מן הדם וכו' בפר כהן משיח כתיב בפ' ויקרא וכך הדין בפר העלם של יוה"כ וכמ"ש הר"ם פ"ה מה' מעשה הקרבנות ופשוט. ומ"ש כיון שלורך מזבח הן הס"ד ואח"כ מ"ה לאתויי וכו' כנ"ל.

ד"ה עבודת מתנה וכו' ושמא השתא אינו דורש וכו' דהשתא דדריש ליה בכלל ופרט אי לא כתיב לכל היה אפש' להיות דדבר המזבח לא חשיב כללא דאימא דה"ק דבר הנעשה בגופו של מזבח ושם שנגמרת ונעשית העבודה ההיא לאפוקי עבודת סילוק והרי מעוטי אלטריך חד לאפוקי עבודת סילוק דת"ה דחשיבא וחד לאפוקי הולאת דשן אבל השתא דכתיב לכל דבר וכו' חשיב ודאי כלל גמיר כנלע"ד ודו"ק.

ד"ה אמר קרא וכו' י"ל דס"ד כיון שעבד לפני ולפנים וכו' אפי' אעבודת סילוק ושאינה תמה ופשוט. ומ"ש דאפי' אביאה ריקנית וכו' ולוי ס"ל דא"כ לא לימא קרא דבר אלא תשמרו את כהונתכם למזבח ולמבית לפרוכת ועבדתם וכו' אלא ע"כ דבר לרבות בא דבמזבח חייב אפי' אעבודת סילוק וא"כ הכי דריש למבית לפרוכ' עבודת מתנה הא בחוץ חייב באופן דהכי לן מבית לפרוכת כי היכי שלא תדון כאן כלל ופרט ופר' אבל רב כיון דדב' לא דריש דיוני' הכא בכלל ופרט ואי משום מבית לפרוכת אילטריך וכו' חה פשוט.

ע"ב ד"ה הא בחוץ וכו' תימה לרב וכו' כיון דבחוץ לא כתב וכו' עיין בדבריהם לעיל ד"ה רבי רחמנא וכו' כי הדברים פשוטים. ומ"ש לחייב' בה זר אפי' בלא מיעוט וכו' בסוף פרק' גבי עבודה וכו' כנ"ל והוא לקמן כ"ז ע"ב ד"ה וכי יש לך וכו' יע"ש.

ד"ה עבודת סילוק וכו' דהא פריך בסמוך זר שסדר וכו' וכ"כ לעיל סד"ה וניסוך היין ועוד נראה דע"כ רב איירי אף בדבר

הנעשה בפנים דהא זריקה דתני בכלאב גם הזאות דפנים דמודו בהו מרבויא דכל וכמ"ש לעיל וא"כ אי ס"ל ללוי דעבודי' סילוק דהיכל חייב הו"ל למנותה דהא אדרב קאי וק"ל. ומ"ש מדלא מני להו הס"ד וא"כ מ"מ איכא סידור בזיכין וכו' כנ"ל.

ד"ה הדלקת וכו' אבל הנחת וכו' כנ"ל ומ"ש אבל תימה וכו' דליכא למימר דליפסול זר לכתחלה אתא ושיהיה באזהרה דהא כיון דע"כ הא דהנחת אליתא אינו אלא בכהן היינו לענין שהזר מוזהר עליה דאילו מיתה לא מחייב דהא אחריי' עבודה כמ"ש בדיבו' הקודם א"כ מדמחלק בינה למנורה דהדלק' לאו עבודה ע"כ דהיינו דהדלקה מותרת בזר וכן פסק הר"ס ז"ל פ"ג מהל' תמידין וז"ל וכן הדלקת הנרות כשרה בזרים לפי' אם הטיב הכהן את הנרו' והוליאן לחוץ מותר לזר להדליקן ע"כ אלא שהראב"ד שם ס"ל דהגם דלא דמיא להנחת אליתא היינו דהתם אפי' בדיעבד פסול' משא"כ בהדלק' דבדיעבד מיהא כשירה מ"מ לכתחילה אפי' הדלקה פסולה לזרים שהרי נאמר בה בני אהרן ומה שתי' הריטב"א בחי' דלהכי לא אפקה בל' חיוב ואמר בהעלות או בהעלותך לומר דלאו עבודה היא לחייב עליה מיתה בזר כשם דאין חיוב מיתה בעבודה שאינה תמה עכ"ד לא זכיתי להבין דמשמע מדבריו דאזהרה מיהא איכא בהדלק' דומיא דעבודה שאינה תמה וא"כ תיקשי דמה בינה להנחת אליתא ושוב מלאתי למהרח"א בס' עץ חיים לפ' בהעלותך שהקשה על הריטב"א קרוב למ"ש ושוד הוסיף שם להקשות על הרמב"ם ז"ל דבפרק במה מדליקין אסקינן דהדלקה עושה מצוה והדלקה במקומה בעי' ומדמי נר חנוכה למנורה ולמה יוכשר בהדליקה זר בחוץ ול"ש עכ"ד ולזה היה נראה לתרץ להאורה דע"כ לא מדמי התם נ"ח למנורי אלא לענין פלוגתא דרב ושמואל בהדליקה ע"י קיסמא אבל לענין זה דאק' בנ"ח בעינן הדלקה במקומה משום דאם הדליקה בפנים והוליאה הרואה אומר לצרכו הדליקה שהרי אין כאן היכר מיוחד בין נ"ח לשאר נרות דכל השנה אבל גבי מנורה מלבד שצורתה מוכחת עליה דלשם מצוה אדלקה עוד זאת לצרכו לא שייך דהו"ל נהנה בקדשים ומש"ה לא חיישינן למידי אלא דלפ"ז ל"ל דלמסקנא דאסיק טעמא דהרואה אומ' וכו' אף למ"ד הדלקה עושה מצוה מטעם זה הוא דבעינן הדלקה במקומה ולא מהטעם דס"ל מעיקרא לריך שתעשה במקום חיובה והכי משמע מדברי הרי"ף והרא"ש שפסקו דהדלק' עושה מצו' וכתבו טעמא משום דהרואה וכו' אלא דמל' הרמב"ם שם פ"ד מה' חנוכה לא משמע כן שכתב וז"ל הדליקו מבפני' והוליאו דלוק וכו' לא עשה כלום עד שידליקו במקומו אחז הנר בידו ועמד לא עשה כלום שהרואה אומר וכו' ושוב ראיתי להפר"ח בה' חנוכה שהסכי' כן בכונת הרמב"ם ועי"ש המראה יותר לייש דדוקא גבי חנוכה דקיי"ל כבתה אין זקוק לה דתחילת הדלקה היא המצוה הגם שלא נמשכה ונתקיימה הדלקה זו לזמן מה משא"כ בשהדליקה בפנים אזלא לה מלות' ואין מועיל מה שהוליאה אח"כ בחוץ במקום חיובה אבל גבי מנורה דכבתה ודאי זקוק לה דהא ל"מ לס' הרמב"ם ז"ל פ"ג מה' תמידין דס"ל דגם בבקר היה מדליק דמשמע דגם ביום אם כבו זקוק לגם אלא אפי' להחולקי' עליו מ"מ בגר מערבי מודו דתמי' כתיב ביה וכן בלילה לריכין שיהיו דולקין תמיד עיין בס' באר שבע פ"ג דתמיד ובחי"ט שם וכמ"ש רש"י וחו' בסוף חגיג' ובמ"ש הרא"ש ר"פ תלוה וא"כ ה"ז מלוה נמשכת וגם כשהדליקה בחוץ והניחה בפנים במקומה הו"ל שנתקיימה מלות הדלקתה במקום החיוב ושוב מלאתי בספר לחם יהודה פרק ט' מה' ביאת המקדש שתי' כן אלא מה שיישב דברי הריטב"א שם אין נלע"ד יעי"ש כי אין להאריך וק"ל.

ד"ה והמה בחטאת וכו' אם מעכב וכו' והרמב"ם ז"ל הגם שפס' בפ"ז מה' מעשה הקרבנות דמעכב מ"מ לא מנאו בפ"ט מה' ביאת המקדש בכלל חייבי מיתות וכבר הכ"מ שם הרגיש בזה וכתב דאפ' דבכלל אחת מכל הזית הדם היא יעי"ש וזה דוחק והנראה לע"ד דאיהו מפרש והממלה דקתני דקאי אעולת העוף דבתריה וכנראה מדבריהם ומפי' רש"י ז"ל אבל הממל' דחטאת העוף לא קתני דבפלוגתי' לא קא מיירי ומעתה ממלה דעולת העוף היינו הזאה דבמקו' הזאה דחטא' העוף היא והרי זה בכלל א' מכל הזית הדם שהזכיר שם וממל' דחטאת העוף הגם דודאי חייב מיתה לא העתיקו כיון דאין דרכו ע' אלא מה שמבואר בגמ' ועיין בתו' וכמ"ש שם וק"ל.

ד"ה תנא כותיה דלוי וכו' וכ"ש זריקה ע"כ דעפי חשיבא זריק' עבודה תמה שאין אחריה עבודת דם כלל משבעה הזאות שיש אחריהן מתנת דם על ארבע קרנות דמזבח הזהב וכמ"ש לעיל דיבור המתחיל לאתויי וכו' ולא ניחא להו לפרש כפירו' החוס' דבכלל המעלה ע"ג מזבח דבר כשר וכו' הוית נמי זריקה דלישנ' דמעל' לא שייך כ"כ גבי זריקה כמו גבי הקטרה וניסוך וק"ל.

דף כה ע"א דיבור המתחיל מאי לאו וכו' שהלבישו' בגדי קדש וכו' כלומר שהלבישום מתחילה בגדי קדש לעשות פייס ואחר שלא זכו הפשיטום וכו' ופשוט ומ"ש ומשני באותם שלא זכו וכו' לריך לומר דתלמודא לא חייש לתרולי הך משום דדויקא בעלמא הוא דמליכן למימר שפיר דה"ק שהיו מניחים עליהם מכנסים לפי שעה כדי שלא יעמדו שם ערומי' בפני בני אדם עד שהיו הולכים לבדם והיו מפשיטים גם המכנסים והיו לובשים של חול וכמ"ש הרמב"ם והרע"ב בפ"ה דתמיד יעי"ש.

ד"ה חליה בקדש וכו' והכי משמע הכא דקאמר חליה בחול וכו' ולא קאמר חליה חול וכו' דאז הוה משמע דכיון דשליש ממנה בנויה בקדש ופתח פתוח לו המתחלת ממנה נמשך לקדש אבל הא לא חיסק אדעתין לפרושי דאפי' שאין בנוי ממנה כלל בקדש דמפני שפתוחה לקדש יהיה מושך חליה אל הקדש דלישנא דאביי לא דייק הכי וכמ"ש לעיל בסוגיא דלשכות בדף י"ז יעי"ש בלש' הרמב"ם וק"ל. ומ"ש ובתו' דמ"ש קתני לשכה בנויה בחול ופתוחה לחול ולקדש תוכה חול בנויה וכו' כנ"ל עיין בגי' התו' הביאה הר"ש שם ומ"ש ונראה לר' שחסר שם וכו' בגירסת התוספו' שבידינו הגירסא מתוקנת כמ"ש הס ז"ל וכן בהר"ש שם.

ד"ה מי שוחט וכו' ואו' ר' כיון שהן עיקר וכו' ואפ"ה בס' המעשה עושים דישון קודם תמיד מטעם דודאי הטבת ה' נרו' קודם לתמיד ודישון קודם להם מטעמא דאין מעבירין וכדאי' לקמן ל"ג ע"א וע"ב יעי"ש והריטב"א בסוגי' דלעיל י"ד ע"ב פי' טעם אחר יעי"ש ועי"ש ברמב"ן ז"ל בס' המלחמות דפרקין וק"ל. ומ"ש ולכך היו מפיסין לו קודם כנ"ל וכ"פ המפר' ברפ"ג דתמיד יעי"ש.

ד"ה מי שוחט וכו' מי מקבל לא קתני וכו' לא ידענא מאי אתא לאשמועי' מלתא דאיתא בהדיא בגמ' שלא כדרכם ז"ל ועוד דספוקי מספקא להו דשוחט או זורק וכו' ואולו בסוגיין מסקי' דזורק הוא מקבל ולומר דלפי הס"ד כתבו כן אין זה מדרכם ולנ"ע.

ע"ב ד"ה או דילמא וכו' י"ל דה"ה נמי בזאחר וכו' כותם דה"ה נמי בכהן אחר בשא' ימים דאם הכהן שוחט שלריך אחר למרק שחיטה על ידו כדי שהשוחט יקבל וכו'. ומ"ש א"נ י"ל משום הולאה דכ"ג וכו' כלומר דמפני חולשתו לא היה יכול למהר ולקבל אם היה הוא הממרק ולכך היה אחר ממרק והוא מקב' כל הדם אבל בשאר ימות השנה אעפ"י שהיה השוחט ממרק מ"מ היה ממה' ומקבל כל הדם וק"ל.

ד"ה כדרך הלוכו וכו' כדמוכח בפ' כל כתבי ע"ב כלומ' דמהתם קיי"ע ע"ב מוכח דדרך הפשטו' מן הרגלי' וכמ"ש רש"י שם והתו' במנחו' ס"ג ע"ב יעי"ש אבל מדרך הלוכו לא מוכ' התם מידי וכבר כתבתי בסוגיא דמירו' דפרקין מוכח דדרך הלוכו כך ראש ורגל יעי"ש.

ד"ה ושתי ידים וכו' דפריך אכולהו דמדמדכר יד ורגל וכו' כנ"ל ומ"ש דפריך אכולהו כלומר דאתרוייהו ידים ורגל פריך לר"י דאזיל בתר עלויא ושומנא דבשרא היה לו להקדים קודם ב' אלו כיון שהכתוב מכבכן משא"כ לאידך גירסא דלא פריך אלא מחדא מינייהו אמאי הקדימו לחבירו דאין לפרש אכולהו דהיינו אכולהו תנאי דאינך אזלו בתר סדר הלוך או הפשי' או נתוח ולאו בתר חשיבות האיברים וק"ל.

בא"ד דמיירי ברשעי ישראל וכו' וכ"כ הריטב"א בחי' ולפי הענין שם ביחזקאל כ"ד משמע דמיירי על ענין הגלות הבא עליהם שכולם יאספו אל ירושלים כשסמך מלך בבל עליה וכמ"ש המפרשים שם ועיין גם בילקוט שם ולפי מה שפי' שם יש לפרש אסוף נתחיה אליה כל נתח טוב ירך וכתף הם השרים והמשנגים שאינם מלומדים במלחמה והם חלשי' כעצמים מבחר עלמי' אלה הם הגבורי' מלומדי מלחמה העומדים נגד החלשים כעלמות המעמידים הגוף ולפי דבריהם ז"ל לריך לפרש דה"ק קרא ב"א כתב לך וכו' סמך מלך בבל וכו' ואמרת אליהם כה אמר ה' שפות הסיר וכו' כלומר הכינו עלמכם לבישול ולמלחמה זו כנגד הבישול והחמס האחר שהייתם עושים עד הנה מדה כנגד מדה כי כנגד מה שהייתי' גוזלי' ואומסי' מן העניים המרודי' כל נתח טוב ירך וכתף הכחושי' וגם מן העשירים הייתם

גוזלים מבתר הלאן גם עתה שפות וכו' האספו ובאו אל ערי המבלר להשגב מפני האויב וכו' יעו"ש.

דף כ"ו ע"א ד"ה עולה נמי וכו' יפיסו עליה בחדשים וכו' דהא שכיחא דיכולים ב"א וכו' בל"ל ודבריהם ופרש"י תמלא מפורש באר היטב בחי' הריטב"א יעו"ש וצ"ל דגיר' ר"ת היא מ"ע אלימא משום דכתיב בה כליל עולה נמי הכתיב כליל א"ל וכו' דהשתא יש מקום לפרש מ"ע הלרכנו חדשי' לקטורת אילימ' משום דתמירא קדושתה דכליל עולה נמי וכו' דלגי' שלפנינו דקאמ' אי לימא משום דכתיב ישימו קטורה באפך וכתיב ברייה ברך ה' חילו עולה נמי הכתיב וכליל על מזבחך וכו' ע"כ דקבעי מ"ע מעשרת קטורת טפי מעולה ומשני דכיון דשכיחא לא מעתרא כפי' רש"י ולעיק' קושית' יש ליישב דכיון דשכיח' לא חשיבא להו כ"כ כקטורת דחביב לכם מאד מאד ומלד חוזק ואומץ כוחם בו היו מתעשרי' מלבד הסגולה השמורה בקרבו משא"כ עולה דהגם דודאי יש בסגולתה להתעשר כדמוכח מפשטיה דקרא מ"מ להיות שלא היתה חביבה בעיניהם כל כך מלד רגילותם בה לזה לא היתה מוציאה מן הכח אל הפועל הסגולה הנשמרת בה זהו הנראה לפי דרכו של רש"י וגירסתו אלא שמדבריו שכתב ומסתברא דכי כתיב עושר אדלא שכיחא דאל"כ נמלאו הכל עשירים ע"כ משמע בדעתו לפרש קרא דלא קאי אעולה כלל ואין בסגולתה להעשיר ועוד שפי' טעמא דאיגה מעשרת משום דנמלאו הכל עשירים וע"כ פי' עדיין לריך יישוב ועיין בתו' פ' התכלת כ"א ע"א ד"ה דלא שכיחא וכו' דמדבריהם מוכח דלמסקנא עולה נמי מעתרא וצ"ל סוגיין לדעתם הכי מ"ע נקט בקטורת חדשים אילימא משום דחביבא להו כיון דמעתרא וכולם חאבים לעשותה עולה נמי ליתקנו חדשים דאיכי נמי מעתרא ותריץ דעיקר טעמא דחדשים לקטור' לאו משום דמעתרא אלא מטעמא דכיון דלא שכיחא חביבא להו וכ"א רולה לזכות במלוה זו לא לתכלית שכר משא"כ עולה דהגם דודאי מעתר' מ"מ (לא) שכיחא ולא חביבא להו כ"כ ומש"ה לא תקנו בה חדשים ושוב מלאתי להתי"ע שם במנחות שהרגיש בדבריהם ועיין בספר ברכה הזבח שם ובס' לאן קדשים ראיתי שפי' כמ"ש ולהרב הגדול הרמ"ז ז"ל בפי' המשנה שם ראיתי שפי' דבריהם עפ"י הדרך שכתבתי למעל' יעו"ש ובס' חזון נחום שם ודו"ק.

ד"ה דכתיב וכו' ודוד נמי מלוי קאתי ע"כ כדאיתא בסוטה פ"ק [(י"א ע"ב)] לשון הריטב"א.

ד"ה אלא כהן וכו' אף על גבי דשני גזירין היו ערבית וכו' כל"ל.

ד"ה מיהא אחו וטר כולהו מלפרא וי"ל כי בקטורת וכו' אלא כהן הזוכה וכו' כל"ל והדברים מבוארים בחי' הריטב"א יעו"ש.

ד"ה ומר סבר וכו' כשמלאום כמו שמפורש במס' תמיד [(פ"ד)] כל"ל וכלומר דלא תפרש דלאו אורח ארע' להפסיק עבוד' זו לשתי פעמים אלא מתחילה מעלה אותם מיד סמוך למזבח דהא כ"ע מודו בזה שהיה כאן ב' הולכות ומתחילה היה מוליכן עד הכבש מחליו ולמטה כדמפורש בתמיד ובסוף שקלים ומייתי לה בהחליל נ"ד ע"ב אלא ע"כ דעיקר הקפידה אם היתה נעשית ההולכ' השניה ע"י אחר ומ"ש רש"י דמתחזי כמאן דטריח ליה מלתא ע"כ כונתו דמתחזי ליה טורח לחזור פעם שניה להוליכם מן הכבש למזבח.

ע"ב ד"ה ושנים בידם וכו' וכן מוספים בשם דאמרינן וכו' כל"ל ומ"ש מדמללינן לגותא דמוספי' וכו' כונתם כדמוכח בפ"ק דע"ז דקאמר דברים שאא לא ליגלי איניש לגותא דמוספין בג' שעי קמייתא דוק מינה דבשאר ימות השנה מותר לכתחילה וכמ"ש התו' ריש תפלת השחר ועיין בהרא"ש שם וק"ל.

באו"ד וא"ת למה וכו' כדמשמע לקמן וכו' דהא דרשינן התם העולה עולה ראשונה ועוד דכיון דגמ' מחביתי' וחביתין מאוחרין לתמיד ומנחתו כדאי' שם וא"כ הו"ל לעשות זה בפיים רביעי דמי מעלה איברים וכו' ותי' שכל ענייני הקטרות והעלאות וכו' כלומר דפיים ד' חלוק בפ"ע הוא להורות דנעשה העלאת איברים ב"פ אבל עיקר פיים שני היה לכל מיני הקטרות והעלאות אף לאותם שהיו נעשים אחר הקטרת איברים והא קמן סלת וחביתין ויין דקתני להו בפיים ב' הגם שודאי היו אחר מעשה פיים ד' דהיינו הקטרת איברים למזבח וא"ת דשאני הגי שדרכן לעשותם סמוך לתמיד מיד דלאוך תמיד הם הרי גם בזיכים יכולים להקטירם שחרית אחר נסכי תמיד מיד כדפי' ר"י כנלע"ד לפרש דבריהם.

ד"ה שני בזוכי וכו' י"ל אותו שאחר וכו' קשיא לי דכיון דודאי בזיכין מאוחרין לנסכים הול"ל אותו שאחר מי שזכה במוס ושוב ראיתי בהריטב"א שכתב כן בשמם וסיים וזה נראה יותר נכון ולמ"ש לפנים צ"ל דעבוד' בזיכין חשיבא להו טפי להיות שהיו בהיכל וקדושת הלחם תלוי בהם כדתנן פ' שתי הלחם והגם דלפ"ז ה"ן סדר הפיים כסדר עבוד' לא חיישי' להכי דהא קמן דמי שוחט וכו' מי מדשן וכו' נמי לאו סדר עבוד' וכמ"ש לעיל ד"ה מי שוחט וכו' ובס' באר שבע רפ"ב דתמיד יעו"ש וק"ל.

באו"ד אך מספיקא וכו' אך אותם של שחרית וכו' כלומ' דאותם של שחר ודאי היו עושין כדרך חול מי שוחט וכו' ואחריו נמשכים שאר הזוכים זה אחר זה ולא תימא דכיון דעבוד' שבת חשיב' טפי שיהיה לריך פיים לכל עבודה ועבודה אלא דאיכא למידק דהא מדאמ' לעיל כך מפיסין לו ערבית ולא קאמ' כך מפיסין למוספין וכ"ש לערבית דהיה למשמר הנכנס ש"מ דלמוספין שהיה עובד המשמר היוצא העובדים בשחרית לא היו מפיסין וכן ראיתי להר"ס ז"ל בפ"ד מה' תמידין שכתב בפשיטות בשבת שיש שם תמידין ומוספין וכו' וכל שזכה בעבודה מעבודות התמיד של שחר הוא זוכה בה בב' כבשי מוסף וכו' ומשמע דמהכא ילוף לה א"כ נפקא ליה מהא דאיתא בתו' דסוף סוכה ר"א בן פרטא וראב"יא לא היה פיים לחלבי שעיר אלא מי שמעלה איברים לכבש הוא מעלה חלבי שעיר ע"כ ונראה דתוספות דפרקין נשנית בטעות א"כ דמלתא אחריתי היא וצ"ל כמ"ש התוספ' לעיל כ"ה ע"ב ד"ה ת"ש ראב"יא לא היה פיים לאיברים וכו' יעו"ש ומ"מ הו' דסוכה אשמועינן דר"א סבירא דאיכא שעיר לא היה שם פיים מחודש ל"מ לעולות ר"ח דאין כאן שינוי מתמיד של שחר דהגי נמי עולות נינהו אלא אף לשעיר דקרבן חטאת הוא ולא דמי לתמיד אפ"ה לא היה שם פיים וא"כ מהכא שמעינן דאין כאן פיים אחר למוספין כלל ולדעתי ז"ל צ"ל דיש לגרוס גם שם בסוכה ראב"יא לא היה פיים לאיברים אלא מי שהיה מעלה איברים לכבש מעלי אותם לגבי מזבח וא"כ מהכא לא מכרעא מידי והא דסוגיין ס"ל דנקט ערבית לומר דהגם דבחול אין מפיסי' לתמיד של בה"ע בשב' מפיסין וכ"ש דמפיסי' למוספין כיון המשונה הוא במנין ובאיכות העולות וכן בקרב' חטאת ומעתה מהא נמי לא מכרעא כנלע"ד וק"ל.

באו"ד ואפי' אם תמלא וכו' לא היו מפיסין מי שוחט וכו' אלא היו מסכימים בין המשמר שעלה בגורלו להקרי' מוסף היום מי שוחט וכו' דהכא ליכא למימר דאותם שזוכ' בתמיד של שחר דשמיני יזכו במוסף דהא תמידי' דח' למשמר קבוע הוא כדתנ' בהחליל נ"ה ע"ב יעו"ש וזה משמר אחר ולפ"ז היו יכולים לומר דאפי' תימא דגם היו מפיסין במוסף של ח' בין אנשי המשמר לידע מי שוחט מ"מ אין ראיה להפיס על מוסף שבת דהתם כיון דמשמר אחר הו"ל בתמיד של בה"ע בשבת דהוזרין ומפיסין משום דעובד בו משמר הנכנס משא"כ מוסף שבת הנעשה במשמר היוצא העושה גם תמיד של שחר דיש לנו לומר דא"ל להפיס למוסף אלא כל מי שזוכה בשחריה זוכה במוסף וק"ל.

ד"ה ושנים בידם וכו' אבל של שחריה לא קחשיב וכו' וכ"כ התו' בפ' ב' מדו' פ"ט ע"ב ד"ה תמיד וכו' וכתבו דהיינו הא דאמרינן בירו' דפרקין א"ר לא גזרו על ב' גזירים בשחריה וכו' יעו"ש ולאפוקי ממה שפי' בס' קרבן העדה יעו"ש וק"ל.

ד"ה ורגמוהו וכו' היו נועלין כל היום וכו' כדאיתא בלולב הגזול מ"א ע"ב ומ"ש שלא היה זמן תפלה ע"כ דתפילת מנחה היו מקדימין אותה קודם הקרב' תמיד של בין הערבים כדמוכח בהחליל נ"ג ע"א דקאמר משם לתפלת המנחה משם לתמיד של בין הערבים וכו' יעו"ש וק"ל.

ד"ה דלא כראב"י וכו' קשה כי מה לו להזכיר כלל ר"י וכו' יש ליש' דקושטא דמלתא בעי לאשמועי' דזה שמוסיף כהן המעלה איברים מן הכבש למזבח הייט ע"י פיים והיינו דקאמר אלא כר"י דע"כ לדידיה היה שם פיים דאלא"כ בלרי ליה פייסות וכמ"ש רש"י וא"כ דהו"מ למימר אלא כתנא דמתניתין אבל ניחא ליה לפרש שם התנא דס"ל הכי בהדיא משא"כ אי קאמר דלא כראב"י הוה משמע דהך תנא ס"ל דיש שם כהן אחר דלא כראב"י אבל לעולם לא היה לזה פיים אלא היה נמשך אחר מוליכי איברים לכבש גם למה שהקשו דמ"מ וכו' י"ל דודאי עיקר סדר פיים שני קחשיב כדפי' שם אלא דאפ"ה כיון דבכלל פיים זה יש שם כהנים המעלים איברי' לכבש ניחא ליה ולגמור ולמנו' הכהן המעלה מן הכבש למזבח ולאשמועינן דלא כראב"י.

בא״ד ועוד תימא דמשמע במשנה וכו׳ דתנן בזמן שכ״ג וכו׳ גם זה יש ליישב דאף שיודה ז״ל דהיה כאן שפה להעלא׳ מן הכבש למזבח מ״מ ע״כ אחר היה הזוכה ע״י פיים כדדייק מתניתין דקתני מי מעלה איברים וכו׳ ובדעתו הדבר תלוי להזמין כהני׳ אחרי׳ שירלה לסייעו וכיון שכן הכא לא איירינן אלא באותם הזוכים ע״י פיים וכמ״ש התו׳ בסוגיין לפי פי׳ יע״ש אבל יותר נראה לומר דס״ל דשפה לעלה דלקמן היינו להעלות לכבש אבל להעלותם למזבח היה בכהן א׳ וכמ״ש הריטב״א שכן נראה דעת רש״י ז״ל וזה דעת הרמב״ם בפ״ו מה׳ מעשה הקרבנות ובפ״ו מה׳ תמידין יע״ש וכ״ג שאני דמפני כבודו היו באים לסייעו אותם שהיו עוסקים בתמיד וכמ״ש ז״ל בס״פ שתי מדות כוסיע הראשון מאותם הי״ג העוסקים בתמיד וכו׳ [(יע״ש כגר׳ שלי״ל יי״א כמו שהגיה בספר לאן קדשים שם דמי״ג דל מינייהו תרי מי מדשן)] ועיין בדבריהם לקמן ד״ה למדנו לעלה וכו׳ ובמ״ש והראי׳ שהביאו מהא דאמר טעמא משום דברוב עם הדרת מלך וכו׳ התם ה״ק דלהכי תלקו עבוד׳ זו לב׳ משום ברוב עם וכו׳ וכמ״ש שם דהשתא דאלו מניחים אותה וחוזרים להפיס על מי שיעלם משם למזבח יש כאן הדרת יותר ואף שיעלם א׳ ומה גם דלא ימנע שלא יקר׳ אחרי׳ לסייעו כנלע״ד וק״ל.

בא״ד והאי תנא וכו׳ ודלא כראב״י שר״י אומר לא היה וכו׳ כל״ל ומ״ש פי׳ פיים של מחתה לא היה כפיים שני וכו׳ דעפי ניחא להו לפרש דמלתיה דר״י קאי אהך תנא דאיירי בפיים דמחתה מלמימר דקאי אמלתיה דראב״י דאין מפורש בדבריו דס״ל דיש שם פיים למחתה אלא ממאי דס״ל דמעלה איברים לכבש מעלה אותם למזבח שמעי׳ דמחתה בפיים ד׳ דאל״כ בלרי ליה פייסות כדאמ׳ תלמוד׳ לעיל וק״ל.

בא״ד וכן מפ׳ בתוספתא וכו׳ היינו בתו׳ דפרקין דאחר שמנה שם י״ג כהנים הזוכים בפיים שני קמסיים פעמים י״ד פעמים ע״ו ע״כ וכנראה שחיסור לשון יש שם וצריך לגרוס פעמים י״ו פעמים י״ז יכגי׳ ר״ח ונראה דלפי התו׳ דסוגיין ולפרש״י דלא היו גורסין בתו׳ דפרקין פעמי׳ בי״ז אלא פעמים בי״ד פעמים בט״ו פעמי׳ בי״ו וכגירסת הירושלמי והיא ברייתא קמייתא דאייתי תלמוד׳ ואידך דמותיב מינה דקתני פעמים בי״ז ברייתא אחריתי היא ולא מתנייא גבי פיים שני ולהכי יש מקום לפרשה בין לפירוש רש״י להוסיף בה מעלה איברים למזבח דפיים ד׳ ובין לגיר׳ התו׳ דחשיב כהנים דכלהו פייסות וק״ל.

בא״ד והא דחשיב בירו׳ ברך ה׳ חילו בקטורת וכו׳ דהא דמסיים בירו׳ דפרקין הלכה ד׳ רב אמר ברך ה׳ חילו ופועל ידיו תרצה ע״כ אמאי דקאמר התם נמלאת אומר ב׳ כהנים היו מתברכים בכל פעם קאי דהכי דייק קרא דמאחר דכתי׳ ברך ה׳ חילו הכל בכלל ומאי ופועל ידיו תרצה א״ו דבא לרבו׳ כהן דמחתה שלא היה הפועל אלא בידיו שמוליך האש משא״כ כהן המקטי׳ דמלבד פועל ידיו ליקח הקטורת עוד זאת היה מקטירו על האש וקאמר דתרוייהו מתברכין דמהאי טעמא קא׳ ר״ח התם דוכן למחתה לריך חדשים׳ א״כ מוכח ודאי דבירו׳ כמ״ד דמחתה מעתרא הוא וק״ל.

ד״ה פר קרב וכו׳ איברי פר כסדר וכו׳ כל״ל ועיין מה שתירץ בתום׳ בסוגיין.

ד״ה והגרה וכו׳ לא היה מוסיף בה יותר מבעלה וכו׳ כדתנן בתמיד פ׳ ד׳ דקנה ולב וריאה תלויים בה בפר מיהא לריך ג׳ דדוקא בעלה היה בא׳ משום דילפינן מקרא שפה לעלה כדלקמן אבל כאן דאין ראי׳ והצריכו כ״ד משום הדרת מלך כדאיתא בירו׳ ראו לומר דגרה בג׳ וכדרך שכתב הריטב״א בטעם הקרבים בב׳ יע״ש.

דף כ״ז ע״א **ד״ה** תשמרו וכו׳ והא דדרשינן מהך קרא עבודת מתנה וכו׳ כותבם דלעיל כ״ד א׳ דרשינן ממאי דכתיב בהך קרא ועבדתם עבודת מתנה עבודת מתנ׳ ולא עבודת סילוק ועבדתם עבודה תמה ולא עבודה שיש אחריה עבודה וא״כ ממעיט מהא שחיטה שיש אחריה עבודת קבלה וזריקה והיכי ס״ד הכא לרבותה מהך קרא ותי׳ דהך דרשא היינו מועבדתם וכו׳ אבל רישא דקרא תשמרו וכו׳ בכל עבודות איירי דעולם בכלל כהונתכם נינהו ולחייב עליהם מלקות באזהרה דכתיב התם לעיל מיניה וזר לא יקרב אליכם וקרא דסוגיין דלעיל ועבדתם וכו׳ מיירי לחייב זר מיתה כדכתיב בסיפיה והזר הקרב יומת ולמית׳ דוקא הוא דבעינן עבודת מתנה ועבודה תמה ועיין מ״ש עוד בסוגיא וק״ל.

ד״ה מכדי וכו׳ דמשמע כל עבודות וכו׳ ומה גם דכיון דכתיב התם לכל דבר המזבח הא נמי דונתנו וכו׳ דהוא דבר הנעשה ע״ג מזבח בכלל דכהונתכם היא ותו׳ דמקבלה ואילך וכו׳ עדיף ליה לאתויי דמפ׳ בהדיא דבתריה כתיב ונתנו אבל השמרו את כהונתכ׳ אינו מפורש דאימא דוקא מלאה דמזבח דמעכבא כפרה ודנעשה כפרה בגוף הקרבן לאפוקי נתינת אש והא קמן דע״כ מפקינן מיניה שחיטה ואלו כללא הוא ואם כן תיפוק מיניה נמי נתינת אש וק״ל.

ד״ה מכדי מקבלה וכו׳ ולא נלמוד וכו׳ ומהאי טעמא נמי אין לרבות הפשט ונתוח מהשמרו את כהונתכם כמו שלא נתרבה משם נתינת אש וא״כ מיעוטא להפשט וניתוח למה לי ועיין בהריטב״א. ומ״ש כי היכי דאמרינן בפ״ק דמנחות י׳ א׳ וכו׳ אבל נתינת עלים איכא מגוף הקרבן ע״כ וכן הפשט ונתוח אימא דעדיפא מהולכת איברי דאפשר לבעל׳ במקלת כגון לפשוט ולנתח אצל הכבש וכו׳ כמו שפרש״י שם ולהכי ילפינן כהן מקבלה הגם דבהולכת איברים לא ילפי׳ ימין ממצורע א״כ במנחות קא׳ הכי בתר דידעינן ממסקנא דסוגיין דהכא דאפי׳ הפשט ונתוח דהם בגוף הקרבן לא ילפינן כהן מקבלה משתה ה״ה דמצינן למימר התם גבי הולכת איברים דאף על גב דגלי בהא קרא דפסולה בזר מ״מ ילפינן ממצורע דבעיא ימין כיון דלא מעכבא כפרה וק״ל.

ד״ה כיון דלאו וכו׳ אפי׳ אם אבדו העור וכו׳ כלו׳ עור ובשר שלא נתקיים מצות הפשט ונתוח דעור ודאי לא מעכב דלאו אכילת מזבח הוא ועור העולה לכהנים כדתנן פ׳ טבול יום ק״ג וכדכתיב קרא עור העולה אשר הקריב לכהן וכו׳ ואף על גב דהתם בפ׳ תמיד נשחט לא איירי אלא באמורין ה״ה נאבד בשר אחר זריקה דבעלים מתכפרים כמ״ש התו׳ שם ד״ה יכול ועיין בפ׳ כולד לורן ע״ז סע״ב וק״ל. ומ״ש א״נ אומר ר׳ וכו׳ דלגופיה אצטריך וכו׳ בעי כהונ׳ כיון דכתי׳ וכו׳ הפשט ונתוח שכתי׳ מקבלה וכו׳ כל״ל.

ד״ה אימא למעוטי וכו׳ דלעיל כתב הכהנים וכו׳ גבי נתינת אש ואיכא למימר דסמיך ליה נמי אסיפיה דקרא וערכו עלים מ״מ יש סברא לומר דדוקא גבי נתינת אש שהוא עיקר הדלקת המערכה לצורך קרבנות הוא דבעי כהן אבל גבי וערכו דהוא סידור בעלמא וגם דב׳ גזירין אינם אלא להרבות דהא כבר יש שם מערכה מסודרת אימא דלא בעי כהונה וק״ל.

ד״ה והקרי׳ הכהן וכו׳ והקטי׳ המזבח׳ וכו׳ לאו בהקרב׳ וכו׳ כל״ל.

ד״ה הולכת אברים וכו׳ דלא כתיב בהדיא לעיל מיניה וכו׳ דהאי הולכה והאי הפשט וכו׳ דכתיבי בהדיא לעיל מיני׳ ואע״ג וכו׳ כל״ל ומ״ש ומהקריב וכו׳ דהויא הולכה כותיה ע״כ וכלומ׳ אע״ג דלא כתיב בהדיא בכלל דבריהם דבחדא מגייהו דכתי׳ בהדיא אף על גב דלא דמי ליה או דדמי ליה אף על גב דלא כתיב בהדיא סגי לן כמ״ש הריטב״א בחו׳ וק״ל.

ד״ה הא סידור וכו׳ דאתא למעט נמי ב׳ גזירין וכו׳ דלהולכת עלים לא צריך מיעוטא דמהיכא תיתי דתבעי כהונה בעלמא סידור ב״ג הא כתיב בההיא ענינא דמקבלה ואילך ותירצו דמסתברא הולכה דכותה וכו׳ ומשתה דאי״ע למעט הולכת עלים גופה תנהי ענין כי היכי דתידוק הא סידור ב״ג בעי כהונ׳ הגם דלא כתיב התם כהן כלל וכמ״ש הריטב״א בהי׳ יע״ש וק״ל.

ד״ה בספרים וכו׳ ותימה מה שייכה הכא וכו׳ אבל ממאי דדרשי׳ לה למילתא אחריתי ל״ק להו כ״כ דאימא דתרתי שמעת׳ מינה כמ״ש הריטב״א יע״ש אבל קושייתם דמאי שייכות הכא אמתני׳ דאיל קרב וכו׳ דאי משום דעלה עסון שפה הו״ל לאתויי הך אמתני׳ דלעיל דפיים השני מי שוחט וכו׳ ואפשר ליישב המשך הלשון לפי גי׳ זו דה״ק דאי קשי׳ לך אכתי דאי למיעוט הפשט ונתוח לחודיה א״כ לימא קרא וערכו בני אהרן הכהן כדכתיב גבי נתינת אש הא לא קשיא דאצטריך למילתא אחריתי למניין דעלה עסון שפה ולהכי כתיב הכהנים וק״ל. ומ״ש ובפר״ח בכמה ספרים וכו׳ הפשט ונתוח אלא והקטיר הכהן וכו׳ כנלע״ד של״ל ועמ״ש בסוגיא ודו״ק.

בא״ד אלמא אצטריך כהן דהולכה וכו׳ ואע״ג דאית ליה לעיל דסידור וכו׳ כל״ל ומ״ש ומיהו אין קושיא וכו׳ כותבם דלכשאמר דסוגין דהכא דדריש כהן דהולכה למידק דסידור שני גזירין בעיא כהונה דאתיא אליבא דרבנן דידה ר״ש שם בזבחים דס״ל דהולכה הגם דאפ׳ לבעלה עבודה היא דלפ״ש איתר להו כהן דהולכה לדרשא דהכא משתה ל״ק כ״כ דאימא דר״ש יליף לה לסידור ב״ג דבעי׳ כהונה מדוכתא אחריתי ולא מדרשא דהכא ולעולם דכהן דהולכה

לדידיה איצטריך לגופיה ועוד מלינו למימר דל"ל שום דרש' לר"ש לכהונה דב"ג דמסברא נפקא ליה מכח דאין זר קרב וק"ל.

בא"ד אבל קשה וכו' הא לאו קרא הו"א שישיטנה מרחוק או יזרקנה וכו' כן נראה של"ל דגב"כ לא כתב רש"י סברה זו אלא גבי נתינת אש דהדיוט יע"ש אבל על קסמים דקים של בלתת אליתא בזה אין סברה לומר כן לא שיזרקם דלוקים ולא דקאי אארעא ועביד במפוחא כיון שצוה הכתוב להדליקם בראשו של מזבח וכמו שחילקו התו' שם יע"ש וגם' קרבן אהרן פ' ויקרא פ' ד' פ' ה' דין א' ואף לאותו החילוק מ"מ בב' גזירין י"ל כמו בנתינת אש שיכול לזורקם מלמטה למעלה כדי שלא לטרוח להעלותם והיינו דקי"ל לפרש"י ז"ל ויש ליישב דס"ל לרש"י ז"ל דאע"ג דודאי בין אש וב' גזירים קדושתן שוה דתרווייהו בעינן חדשים שלא נשתמש בהם הדיוט ומשל לבור כדאי' במנחות כ"ב ע"א ובזבחים קי"ו ע"ב וא"כ אי אש יכול לזורקה ה"ה ב"ג מ"מ אדרבא מטעם זה ס"ל לר"ש דודאי כהן דכתיב ברישא דקרא גבי נתינת אש קאי נמי אסיפיה דוערכו עצים וא"ל לראיה אחרת וכבר מצאנו בירו' דר"פ פרקין דר"ש הכי דקא' התם הכל מודי' בזר שסידר מערכה של עצים שהוא חייב אר"ז ובלבד ב"ג עצים שהכתוב מזהיר עליהם לעבודת כהונה ונתנו ב"א אש על המזבח וערכו עצי' ע"כ ומשמע סוגיין אליבא דרבנן דר"ש היא אבל ר"ש דריש ליה מקרא דונתנו כדאמרן ואייתר ליה בכהן דהולכה לדרשא דזבחי' וכהן דב"ג לאו מסברא דוכי תעלה וכו' נ"ל דהא קמן בנתינת אש דאין שם סברה זו מדאיצטריך לכתוב כהן חב כתי' ראשון שכתבו הס ז"ל כנלע"ד וק"ל.

בא"ד מיהו ר' פי' לקמן דאיצטריך לכדדרשינן בפ' ב' דזבחים וכו' כל"ל ולקמן בדבריה' שם תמלא פי' זה וכלו' דלאותו פי' אה"נ אין באן סברה דיזרוק כאש ודומיא דלית ליה לר"ש סברא דקאי אארעא ועביד במפוחא ומהשתא ל"ק מידי אלא דצריך להבין דדרשא דזבחים נ"ל מכהן ואכתי (ג) בני אהרן למ"ל ועיין בתו' דסוגיין ד"ה אלא מהכא שכתבו גבי וערכו וכו' דסוגיין מבני אהרן קדריש ע"ש והכא אין לומר כמ"ש שם דאיצטריך למעט חללים ובעלי מומין דלר"ש מהיכא תיתי וכי תעלי' על דעתך שכ"מ דהוי כזר קרב למזבח דהא אמאי דקאמר ר"י לקמן שם לימד על כלתת אליתא שלא תהא אלא בכהן כשר דהיינו לאפוקי ב"מ [(כמו שפרש"י בזבחים י"ג ע"א)] פריך עלה ר"ש וכי תעלה ע"ד וכו' ולומר דלא דרשינן הכהן בכיהונו אלא מכח דכתיב גביה ב"א דיליף מקרא דאלה שמות ב"א הכהנים המשוחים וכו' הא לא אפי' דכבר כתבו התו' בפ"ק דזבחים י"ג ע"א ד"ה בכהן כשר וכו' דמדגלי רחמנא גבי קבלה ג"ש דכתי' הכא ב"א וכתי' התם אלה שמות ב"א וכו' ילפינן בכל דוכתא דכהן הוי בכיהונו יע"ש ודוחק לומר דתו' דהכא ס"ל דלא ילפינן מקבלה אלא דוקא היכא דכתי' נמי ב"א דומיא דידיה משום דמקבלה לחודה ליכא למילף דאימ' דשאני קבלה דהא לבטלי' ומשכבי בפרה ולהכי אי לא הוה כתבי נמי ב"א גבי נתינת אש לא הוה ילפינן מקבלה כלל וצ"ע ודו"ק.

ד"ה למדע לעולה וכו' בהולכת איברים לכבש איירי וכו' וכן נ"ל לפרש"י עיין בדבריהם לעיל ד"ה דלא כרבא"י וכו' וכמ"ש שם ואפ"ה דהכא וכעולה תלמודא קאמר והקריב הכהן את הכל זו הולכת איברים וכו' משמע דוערכו וכו' הקודם בפסוק גבי בן בקר לאו היינו הולכת איברים י"ל דדרשא פשוטי' נקט דיותר משמ' והקריב הולכה דלא כתיב התם על העצי' אשר על האש מוערכו אבל לעולם דוערכו נמי הולכה לכבש היא אלא דבבן בקר כתב ליתנא דוערכו וזמנין לאן כתיב ליתנא דוהקריב וחד לאחד ולפי זה הא דכתיב על העצים אשר על האש הכונה שאיברים אלו מוכנים לאחר להקטירם על האש ואשמועינן קרא בזה דסידור שאני אלו איננו אלא בדבר הטעון אש ועצים לאפוקי קרבנות יחיד כדבסמוך ולאו למימר' שמעל' אותם בהולכה זו למזבח להקטיר דהא כתיב אחריו וקרבו וכרעיו ירחץ במים ובודאי דקרבים הוו עולים עם הנתחים דהיינו כהן שני ואח"כ אי אלת בתר ספטיה דקרא תאמרך לומר וערכו ב"א את הנתחים וכו' והקטיר אותם על העצי' אשר על האש ואח"ך וקרבו וכרעיו ירחץ במים והקטיר וזה לא מלאנו אלא ודאי מוכח דעל העצים וכו' דכתב כאן לאו למימרא שהיה מקטירם בעריכה זו אלא כדאמרן דבקרבנו' צבור דוקא בעינן ו' ולפ"ז הא דקאמר אדרבה סידור דכתיב ממעט וכו' לאו למימרא דשוים ממש אלא שם סידור קאמר לאפוקי בפשט ונתוח דלאו סידור הוא אבל אה"נ דלא דמי לסידור ב"ג כ"ש נתינה מיד על האש לאפוקי וערכו דאינו אלא סידור להעלותם

לכבש דוקא דהא כתיב בתריה והקטיר ומה שפרש"י ד"ה הולכת עלים וכו' דהאי כהן דכתיב בהולכת איברים וכו' דהא אשמועינן מקבלה וכו' ה"ה דהוה מ"ל דהא אשמועי' בהולכה דבן בקר דהיינו וערכו דבפי כהן אלא דהאמת קאמר דהתם נמי ל"ל דהא שמעינן מקבלה וכו' דלהכי דריש ליה למעוטי הפשט ונתוח וכבר אפי' לומר עוד דאפי' תימא דרש"י יפרש וערכו דהיינו הקטרה כדבריהם מ"מ לא תיקשי מ"ש לעיל דהכא בעינן ו' לעלה דהא ודאי להקטרה בחד סגי דהא כתיב קרא והקטיר לשון יחיד אלא ע"כ לומר דאם אינו ענין להקטר' למזבח תנהו ענין להולכת איברים לכבש דרשינן ליה כל זה נלע"ד ליישב פרש"י ושכן נראה מדברי הרמב"ם כמ"ש לעיל שם ולפי' נראה לר' וכו' שכתבו תיקשי ממאי דכתיב והקרב והכרעים וכו' בתר וערכו וכו' אלא דשוב ראיתי להרמב"ן בפי' החומש שם דלמה שפי' שם יש ליישב פי' זה יע"ש ודו"ק.

בא"ד ומיהו ע"כ לריך קרא וכו' ואפ' דנפקא לן ממאי דכתיב בתריה והקטי' דאע"ג דלגופי' איצטריך אפ"ה שפסול אפ"ה שיולא וכו' כדאי' בת"כ שם מ"מ מדלא כתיב והקטירו כדכתיב ברישיה דקרא וערכו ש"מ דיש לך איזה פעם דיכול להקטיר הוא לבדו וסב' הוא דדוקא לכ"ג הותר זה מפני כבודו וא"כ דהולי והקטיר אייתר לדרשא זו דהכי' דרשא דת"כ נר' דאסמכת' בעלמ' דפסולין דאם עלו לא ירדו נ"ל מקרא דזאת תורת העולה וכו' כדאי' בזבחים פ"ד ע"א וגם בת"כ ר"פ צו יע"ש כנלע"ד וק"ל.

ע"ב ד"ה וכי יש לך וכו' ולעיל נמי אמרינן דסידור גזירין וכו' כלומר סידור ב"ג דב"הע דנפקא לן מקרא דוערכו עלים דלא כתיב בהו יום ואפ"ה בעו כהונה דליכא למימר דשאני סידור מערכה דלאו עבודה תמה היא דע"כ לא מפליגינן הכי לעיל אלא למנין חיוב מיתה אבל למנין פסול זר כל העבודות שוות וק"ל.

ומ"ש וא"ת מנין וכו' לפי שהוא בלילה הא גבי זר וכו' כל"ל.

ד"ה שכבר קדש וכו' י"ל לית ליה לר' זירא וכו' כל"ל ועיין בתוס' וק"ל. ומ"ש מיהו ה"מ למפר' וכו' ומיהו הך פרכא וכו' כונת המתק דבריה' דהומ"ל דהא לאו עבודה תמה היא אלא דנ"ל דס"ל השתא דעבודה תמה היא כמ"ש בסוגיא ופליג אדלוי כי הוכי דאמרינן בסוגיין דלעיל דפליגי בסידור ב"ג מ"ס עבודה תמה וכו' וכ"ת דכיון דנ"ל דס"ל למק' דפליג' אדלוי א"כ מאי פריך ליה מתכ"ד אימא דס"ל למק' דר"י ס"ל כרב דפטר אתכ"ד לזה כתבו ומיהו הך פרכא כנלע"ד וק"ל.

בא"ד אך קשה מ"ע וכו' דיממא כלל וכו' קילור לשון יש כאן וכונתם דכיון דסידור מערכה בתר ת"כ היא אי תשי' ליה סידור מערכה עבודת לילה ה"ה ת"כ דמקמה והדברים מבוארים בחי' הריטב"א יע"ש ומשם תבין דיש להגיה לקמן בדבריהם לכל היום כולו משא"כ סידור מערכה שהרי גם בלילה וכו' ודקדקו לומר כמה פעמים וכו' דמשום פ"א הרי גם בת"ה מלינו ברגלים שהיו מקדימים בלילה כדלעיל בר"ש פרקין וק"ל.

ד"ה אישתמיטתיה וכו' לית ליה הבי הס"ד ואח"ך מ"ה למימרא דעבודת וכו' כל"ל.

ד"ה למימרא וכו' לא בעיא פיים מלתא באנפי נפשה היא אבל אין נראה וכו' כנלע"ד של"ל וללומר דלא קאי אפרכוי' דרב' אלא דתלמודא בעי לברורי מלתא במה תלוי דבר הפיים אי בעבודי' יום או בחיוב מיתה ומייתי לה הכא להיות דיש לדקדק קצ' כן ממלתי' דרבא אלא דרש"י לא פי' כן ועיין במ"ש בתוס' ודו"ק. ומ"ש דקאמרת הואיל ועבודת יום וכו' דקאי אהואיל ועבודת היו' היא וכו' כנ"ל.

ד"ה משום מעט' וכו' ועוד דהכי לא אתי וכו' אבל כאן אינו חשיבות להחשיבה וכו' כל"ל וכונתם דכיון דודאי תכ"ד לפעמים היתה בלילה כגון ברגלים ואי נמי דעיקר מלותה בלילה עיין בדברי התו' לקמן ל"ד ע"א ד"ה אביי וכו' מעתה לא הוה משני מידי הכא דתחילת עבודה דיממא דהא מ"מ כיון שנעשית בלילה אינו בדין להחשיבה כסידור ב"ג שהם ביום ממש משא"כ לעיל דכלפי סידור מערכה שרגילים היו לעשותה בלילה משני שפיר התם דחשיבא טפי ת"ה דתחילת עבודה דיממא היא וכמ"ש לעיל וק"ל.

ד"ה למימרא שעבודת וכו' דהא פשיטא מדלא פריך וכו' דברי' סתומים ולכאורה היה נלע"ד להגיה בדבריהם דהא פשי' ליה מדפריך ליה לעיל וכו' והיינו פרכא אלא מעתה תבעי פיים וכו' וכונתם דהגם דפרכא קמייתא למימרא דעבודת יום בעיא וכו' סתמי' דתלמודא בעי לה ולאו מדיוק מלתיה דרבא מ"מ הך פרכא דהכא

פשיטא לן מפרכא דרבא דהכי ס"ל מדפריך הכי לעיל אלא מפתח וכו' וכמו שפי' לעיל וכעת דבריהם צל"ע.

ד"ה שאני שחיטה וכו' ואיכא למימ' דדישון מזבח הפנימי תחילת עבודת קטורת ודישון המנורה תחילת עריכת וכו' כן צריך להיות וכמ"ש בתוספות ובחידושי הריטב"א יע"ש. ומ"ש תחילת הקטרה הס"ד ואח"כ מ"ה ואיכא דאמרי וכו' כצ"ל.

ד"ה ואיכא דאמרי וכו' וכדפריך לעיל הס"ד ואח"כ מ"ה זר שסידר וכו' כצ"ל.

ד"ה זר שסידר וכו' מדלא תשבי ליה ופליגי אר' יוחנן וכו' כצ"ל אלא דלא ידענא מאי אתו לאשמועינן דהדבר מבואר בסוגי' דלעיל כ"ד ע"ב דקאמר בהא פליגי מ"ס וכו' יע"ש.

פרק אמר להם הממונה

דף כ"ח ע"א **ד"ה** מתיא בן שמואל וכו' ואמס כן הוא שממונה וכו' כצ"ל ומ"ש והיה אומר כן בבי' המקדש וכן בגמרא דקאמר וכו' היינו לפי הגי' שכתבו בסמוך דגר' בסוגיין מתיא בן שמואל הממונה על הפייסות אומר האיר וכו' ומה שפרש"י שם שהוא היה השואל אם האיר פני כל המזרח יע"ש מילתא פסיקתא נקט אבל אה"נ דיש מקום לפרש מתיא בן שמואל הממונה על הפייסות אומר שהאמירה היתה כך האיר פני וכו' דאל"כ תיקשי נמי לפי' דתפשוט מהכא דהך דקאי אארעא הוא היה האומר אלא ודאי כדאמרן והכי מוכח מדברי התו' דפ' שתי הלחם ק' ע"א דלהאי' שכיאו פרש"י וגי' הר"ס בסוגיין דקאי כותיה סיימו והתם מפרש מי אומר כן אבל לפי' הריב"ן ולגי' דגרים מתיא ב"ש אומר הממונה על הפייסות אומר האיר וכו' תיקשי ודאי דע"כ הממונ' הוא דהוה קאי אארע' ומאוה לעלות ולראות ואם כן תיפשוט מהכא דמאן דקאי אארעא הוא האו' וכן תיקשי דלמה הוצרך לפרש כאן הממונה על הפייסות טפי לימא במלתיה דהא"ך ר"י אומר הממונה על הפייסי' אומר ברק ברקאי דלפרש"י ניחא דהאגב אשמועינן ברייתא דקיל"ן כותיה דמתיא ב"ש דכיון דהיה ממונה על הפייסות קים ליה בגוייה שפיר מה היו אומרי' טפי מאינך תנאי ובמ"ש יתורץ מה שהקשה המפרש דמ' תמיד דפ"ג על פרש"י ז"ל יע"ש ולפי הנראה דבתו' שלפני הריטב"א ז"ל היה לו כאותם הקושיות של מ"ה שכתב המפרש דתמיד שם שבאו לדחות פי' רש"י דלגירסת התו' שלפנינו אדרב' לקיים פרש"י ז"ל באו ועוד הרווחנו לתוספות שלפנינו דגם לפרש"י יש מקום לפרש בברייתא דמתיא ב"ש לחלוק בא כשאר התנאי' דבהכי לא תיפשוט מידי מהכא מי היה אומר וגם במ"ש יתורץ מה שהקשה בספר באר שבע שם בתמיד דודאי גם לפי' מתיא ב"ש לחלוק בא דהאמירה היתה האיר פני כל המזרח עד שבחברון ויהיה חלוקת הדברים בדפי' תלמודא שלא היה אחד אומר כל הדברים יע"ש ועיין בס' עבודת ישראל ס"א ע"ב שהאריך בענין זה יע"ש כי אין להאריך ודו"ק. ומ"ש ובגמרא בברייתא ה"ג מתיא ב"ש הממונה על הפייסות אומר וכו' כצ"ל וכמ"ש התו' שם בפ' שתי הלחם בשם הר"ס.

ע"ב ד"ה נלוחיה דאברהם וכו' א"נ אומר ר' וכו' דאפי' עירובי תבשילין וכו' ולפירוש זה א"ש דגם קודם שתקנה יצחק הוי' מתפלל ודומיא דערובי תבשילין דנפקא לן מקרא דוישמור את משמרתי וכו' דהוי קודם תקנת יצחק דוילא יצחק לשוח בשדה דלפי' ר"ת והוא פי' התו' בפרק תפלת השחר כ"ו ע"ב ל"ל דמקום הניחו ליצחק מן השמים ולכך לא נתגלה מצוה זו לאברהם כמו עירו' תבשי' וכמ"ש בס' פני יהושע בחי' לברכות שם וק"ל.

ד"ה ואנו מאברהם וכו' ור"ת פירש וכו' ואין זמן תפלה עדיין וכו' כונתו דהגם דכי משחרי כתלי מדין תורה זמן תפלה היא דהא כתיב בכ"ע וכבר התחילה החמה לנטות למערב מ"מ כיון דבראש של כל אדם שאינו עמוד נצב וישר במקומו אין הדבר ניכר עד חצי שבע אין לנו לתקן זמן תפלה אלא באותה שעה וקודם זה אינו זמן תפלה הראוי לתקן הוא ואם כן אברהם אין ראיה שקודם מ"ת היה ואח"ז נתחדשה ההלכה בסייגים ובתיקונים אחרים ואברהם לגרמיה עבד ולא שלדורות הלכה כן והיינו דפריך רבא תנא גמר מאברהם וכו' דמשמע שדבריו ע"פ ההלכה היו ואמן לא נימנו' מיהא לקבוע גם בזה ההלכה על פי דין התורה להתפלל מכי משחרי ממש כגלע"ד לפי' דברי ר"ת וקרוב לזה ראיתי שכתב הריטב"א בשמו ועיין,

עוד בערוך ערך שחר ומעת' לא תקשי מה שהקשו עליו בסוף דברי' אך יש לתמוה מאי פריך וכו' ודו"ק.

בא"ד פי' שלא רצו לגמגם וכו' כצ"ל ומשמע מתוך דבריו דל"ג כגיר' שלפנינו בו' ומהלה משחרי וכו' ומשמע עוד שאין דעתו לפרש דלא מכווני כפרש"י שהיו קצרים מלמעלה וכו' אלא דה"ק דלא מכווני כלפי אנשי דעלמא שרואים דאותו זמן דמשחרי עדיין חמה עומדת בראשם ובסבורים שעדיין לא הגיע זמנו אלא שהקדימוהו לצורך שוחטי פסחים או שמא יטעו וכו' ועיין בל' הריטב"א.

בא"ד יוכלו למהר כמותו ולא כל אדם וכו' כצ"ל ומ"ש או נמי זקן וכו' ולא גלמד כל אדם וכו' אבל לעולם זקן ויושב בישיבה כאברהם ילמוד ממנו ויעשה כמותו דאל"כ רב ספרא מאי אתי לאשמועינן ואין חילוק בין טעם אילטגניות לטעם זקן ויושב וכו' אלא לענין הטעם למה לא ילמוד כל אדם ממנו אבל לענין מי שהוא כמותו בזה אין חילוק דודאי ר"ס לאגמורי לדידן אתא כדפריך ר"י וזה פשוט.

ד"ה דילמא כותלי וכו' ואין נכון כל כך דהגם דבשאר כתלים בליטת כתלים יחמרו להשחיר מ"מ גם מתחילת שבע וכו' כגלע"ד שצ"ל וכונתם לסתור פי' ר"ח וזה דהגם דודאי בליטת כתלים גורמים להשחיר יותר מהרה כי השמש קודם שהגיע לחוד עובי עליון של הכותל כבר פגע באותם הבליטות ומזל על הכותל ונמצא כי כבר התחיל הכותל להשחיר קודם שיגיע רגע חצות וממילא דבהגיע השמש ברגע חצות לחוד העליון ימהר להשחיר כותל זה משאר כותלים המכוונים והלקים מ"מ תכרח הדבר דגם באותם החלקים יש להם להשחיר ברגע חצות כיון שהשמש התחיל לנטות למערב ואם כן מאי תריץ שאני כתלי דבה"מ דמכווני וכו' דהא מכל מקום סימן ניכר בהם שמתחיל הצל בהם בתחילת ז' ואם כן נשתטיה באותו זמן וכבר היה אפשר ליישב פי' ר"ח דה"ק דאם היינו הולכים אחר סימן הכתלים הנה כיון דכתלי בה"מ הוו מכווני טובא ושאר כתלים לא מכווני דמקדימין להשחיר לפעמים יבאו לטעות ולשחוט התמיד קודי' זמנו משיראו דהשחירו שאר כתלי' דלא משמע להו לאינשי דיש חילוק בין כותל מקדש לשאר כותלים אלא דאכתי יש דוחק בזה דאם כן אין עיקר הטעם משום כוון כתלי מקדש דקאמר תלמודא אלא משו' שאר כתלים דלא מכווני ויבאו לטעות בהם ולזה כתבו ז"ל ואין נכון כל כך וכו' ולעד"ן לפרש גי' ר"ח על דרך פי' ר"ח לעיל ונירסתו וה"ק שאני כתלי בה"מ דמכווני טובא כלומר שהיו בנויים על פי אומנים בקיאי' והיו נלבים ושמדים כמו עמוד ישר ונצב על שטח ישר כי בזה יותר אמיתי ונכון לעמוד על רגע חצות ממש כנודע ומכח ביוונם ודיוקם אם ישחטו התמיד מאותו רגע ואילך יסברו העם שכבר לקריבו קודי' חצות דלא נראה להם שבאותה שעה הגיע חצות כיון שחמה עדיין אינה מגלת תחתיהם ולהכי היו מאחרים חצי שעה יותר כי בזה הדבר ניכר לכל שהגיע חצות היום וק"ל.

ד"ה לא פירשה וכו' והו"ל טפי לאתויי קרא דלך וכו' עיין בריטב"א שכתב דיש נוסחאות שונות שגורסים היו במלרי' ישיבה עמהם שנאמר אספה לי שבעים איש וכו' ונראה שזאת היתה גירסתם ועפ"ז דבריהם מבוארים וע"ע בריטב"א וק"ל.

ד"ה אפי' עירובי תבשילין לא ידע ר' וכו' לעד"ן ליישב דבין לטעמא דע"ית כדי שיזכור ויברור מנה יפה לי"ט ולשבת ובין לטעמא כדי שלא יבאו לאפות מי"ט לחול כדאיתא בפ"ב דביצה הני טעמי לא שייכי בבית אברהם שהיה מזרז לדקדק במצות טפי אפ"ה להיות שראה ברוח קדשו שעתידין חכמים לתקן זה לדורות הבאים שאינם זריזים כ"כ במצות רצה לקיים גם את זה וקרוב לזה ראיתי להריטב"א יע"ש וק"ל.

דף כ"ט ע"א **ד"ה** ומנחה שנקמצה וכו' אבל לינה דהכא מיירי בשקיעת החמה וכו' לאו למימר דהכא איירי שקמצה סמוך לשקיעת החמה דהא דומיא דתמיד קתני שנשחט בלילה וכמ"ש לעיל למה לי טעמא משום פסול לילה וכו' אבל כונתם דהכא דאיירי בנקמצה דלינה פוסלת בה מיד בשקיעת חמה כ"ש שפסול כשנקמץ בלילה ממש ואין צריך להמתין כאן עמוד השחר כמו בקדשה בכלי לחודיה ואם כן להכי נקט נקמצה לאשמועינן דהכי' תו' מיד לבית השרפה וכמ"ש התו' סד"ה נהדריה וכו' יע"ש ובחידושי הריטב"א והי"ל.

בא״ד ובכמה דוכתי ובכה״ג בלא דקומץ נמי תנא דם ע״כ כצ״ל וכמ״ש הריטב״א והגם דבגירסת ספרים שלפנינו שם במעילה פ״ב לא גריס דם אינהו הוו גרסי ליה וכן במתני׳ דפרק בית שמאי מ״ב ע״ב תנא נמי דם בהדי קומץ יעו״ש ומ״ש לדמות קומץ לדם הכי איתא בפ״ק דמנחות ז׳ ע״ב יעו״ש וק״ל.

ע״ב ד״ה נהדריה וכו׳ מ״מ כיון שנתקדשה וכו׳ כצ״ל. ומ״ש י״ל דהיכא דלא נתקדשה מבעוד יום וכו׳ אבל נתקדש׳ מנחה זו בלילה וקמלה בלילה פריך שפיר דנהדריה דאפי׳ חומא דרבנן דב״ב פסלי אפילו בלא קידוש קומץ עמ״ש בתו׳ ד״ה נהדריה וכו׳ מ״מ קידוש מנחה מיהא בעינן ופשוט. ומ״ש חשובה בלילה מיהא כמנחה וכו׳ כצ״ל.

ד״ה נעש׳ כמי שסדרו וכו׳ הואיל ואם מלאן וכו׳ כצ״ל ולהאי תירו׳ הא דלא אמרינן הכא גבי מנחה נעשה וכו׳ והגם דבלילה אין זמנם כלל כ״ע משום דלילה אין מחוסר זמן וכפרש״י כמו שפי׳ התו׳ בסוגיין יעו״ש וק״ל.

בא״ד וכן גבי מנחה יכול זר לקדשה וכו׳ כיונתם דהיכא דלא נתקדשה מנחה מבעי׳ אלא בלילה וקמלה לא אמרי׳ כיון דנעשה קמילה שלא כדין הו״ל כאילו מעיקרא סידרה הקוף ולא חשי׳ קידוש כלל והוה ליה כקמלה מן החולין ולא פסלה בה ליגה וגם קומץ לא פסל משום עבודת לילה ויש תקנה דליהדר לעבלה ונקמצ׳ ביממא דכיון דקידוש מנחה כשר בזר זמן קידוש ועבודת מנח׳ מיקרי לפסול ולא לקרב ומעתה נפסלה מנחה בלינה ואין כאן תקנ׳ לקומץ ואף שתאמר דכיון דהקומץ בעי כהונה הוה ליה כמי שקמלו הקוף מ״מ לא מלי להזיר ולקמוץ מהמנחה שכבר נפסלה ועיין בחידושי הריטב״א ודו״ק.

בא״ד ואין להקשו׳ על הא דאמרי׳ הכא כ״ש אין מקדש׳ וכו׳ כצ״ל כלומר שלא בזמנו כשנעשו ביום דאיכא הפסק יום לעיקר זמנה דליכא למימר ביה לילה אין מחוסר זמן ועיין בל״ה התו׳ דפרק התכלת נ״ה ע״א ד״ה אפי׳ לה וכו׳. ומ״ש דקסבר חנור מקדש ואי אפי׳ להו מאחמול איפסלו להו בלינה כצ״ל וכלשון הגמ׳ שם בס״פ ר״י.

בא״ד דהא לאו קושיא היא דכיון שדינן וכו׳ כצ״ל ואע״ג דגבי שתי הלחם לא כתיב בקרא דבעי כ״ש באפיה דר״י ור״ש בגמ׳ פליגי כדאיתא פ׳ שתי הלחם צ״ו ע״א ואם כן היכי מוכח דאפיית׳ דוחה שבת בגבר תי׳ התו׳ בהתכלת שם דאי לא דחי שבת א״כ מאתמול הוי זמנם ואיפסלו בלינה וק״ל.

דף ל׳ ע״א **ד״ה** כל המיסך רגליו וכו׳ תנן בסמוך וכו׳ כל זה כתבו לפרש״י לקמן שם דלעבודה דתנן לאו דוקא אלא אפי׳ אביאה ריקנית טעון טבילה דלפירושם שם דבעינן עבודה מיהא בעינן מתני׳ נמי אפי׳ בתחלת כניסתו וכגון בביאה ריקנית ממש דמשום כניסה איגו טעון טבילה אלא משום מיסך וכו׳ ועיין בחי׳ הריטב״א לעיל אמתניתין ועיין בפ׳ ב׳ דחבתי׳ כ׳ ע״ב.

בא״ד דבלאו הכי צריך טבילה הס״ד ואח״כ מ״ה אבל קידוש ידים וכו׳ כצ״ל ומ״ש דמיסך רגליו וכו׳ וצריך לקדש וכו׳ פשוט הוא בשכי הסיח דעתו וטבילה דמתניתין היינו נמי בהדי קדוש וכו׳ וכמ״ש הרמב״ם רפ״ה מה׳ ביאת המקדש.

ודע דמ״ש שם הרמב״ם דאם ישן טעון קדוש כן יש ללמוד מירו׳ דפרקין אלא שצריך לבאר למה לא כתב דישן טעון גם טבילה וכדאיתא התם הני ישן טעון טבילה נתנמנם טעון קידוש ידים ורגלים וכו׳ יעו״ש ומדבריו שם משמע דישן איגו טעון אלא קידוש לבד וצ״ע.

ד״ה מצוה לשפשף וכו׳ והי״ר אלחנן וכו׳ ה״ה גבי נטיל׳ וכו׳ כצ״ל.

ד״ה נוהג על בשרו וכו׳ במקום שמכוסה בכובע וכו׳ עיין ברבינו יונה פ׳ מי שמתו.

ד״ה לא אמרן אלא וכו׳ דאינוטל ידו אחת קאי דצריך וכו׳ דודאי נטל דאכילה דעתיה וכו׳ אם לא נטל אמר ר״ג וכו׳ כצ״ל כולם דיבור א׳ וכונתם דר״ח ה״ק לא אמרן דנוטל בפנים אלא דרישא דנוטל ידו אחת מיירי לשתיה דאיכא חשדא הך מלד עלמה דקילא וכן מלד דלא אגינא דעתייהו אבל לאכול דומיא דסיפא דפלוג דאיירי באכילה דקאמר נוטל ב׳ ידיו מבחוץ דאין כאן חשד דודאי נטל הך מלד חומר שבה וכן מלד דאגינא דעתיה ליתן פרוסה וכו׳ וכן תמלא מבואר בחי׳ הריטב״א משמם יעו״ש ומשום דלפי׳ רש״י דבסמוך לריך לפרש דאגינא דעתייהו לאכול סעוד׳ ממש דמשום פרוסה א׳ שיתן לתוך פיו לא אגינא דעתייהו דהא קמן לפי׳ דמשדי ליה בשתיה הגם שיתן פרוס׳ לתוך פיו אבל לפי׳ ריב״א דעעמי דנטילי לשתיה לאו משום פרוסה אלא אנטילה ידו א׳ ששפשף בה קאי אפי׳ לפירות לריך דדוקא בסתם ידים הוא שאמרו כרי זה מגסי הרוח כמו שהביא הב״י א״ח סי׳ קנ״ח יעו״ש נוכל לפרש דאגינא דעתייהו אפילו לאכילת פרוסה אחת להכי דייק לפרש אגינא ועתיה ליתן פרוסה וכו׳ וכן משום דלפרש״י דאהפליג קאי דלשתות נמי לריך ליטול שתי ידיו משום כיסח הדעת לריך לפרש הא דאר״ג אגא אפי׳ לשתות וכו׳ דאגינא דעתאי דל״מ היכא שהטיל מים ושפשף אלא אפילו בהפליג מתוך שידים עסקניות אגינא דעתיה משא״כ לפי׳ ריב״א דלא קאי אלא אהטיל מים ושפשף בידו אחד ומשום הא דוקא אגינא דעתיה להכי דייק לפרש אר״ג וכו׳ שלא הייתי שוהה בלא נטילה אחר שפשוף וכו׳ כנלע״ד ודו״ק.

בא״ד אבל מתוך פי׳ הקונט׳ משמע דקאי אהפליג וכו׳ דאי קאי אנוטל ידו אחת ששפשף בה כמו שפי׳ ז״ל לא היה לריך לפרש כאן טעמא דנטילה משום פרוסה דאפי׳ לפירות לריך כשאין ידיו נקיות כמ״ש ובהא ניחא לן מה שפי׳ ז״ל פ׳ בילד מברכין מ״ג ע״א ד״ה נוטל ידו אחת לקבל בה כוס שותה לפני המזון ע״כ דמשום דשמא יש א׳ ששפשף בידו הנהיגו בסדר הסיבה ליטול כולא ידו א׳ ואין כאן משום גסות הרוח כיון שלא היו נוטלים אלא ידו א׳ דוקא עיין בתו׳ שם דע״כ לא פי׳ כאן משום קושיא דה״ז מגסי הרוח דבנותן פרוסה איירי אלא דוקא בהפליג דלריך ליטול ב׳ ידיו אבל לידו א׳ מלי סבר רש״י דאין כאן גסות הרוח ואפי׳ בלא שפשף דמסוגיין אין להוכיח מידי דבשפשף דוקא מיירי מדמייתי לה תלמוד הכא וכ״כ הרשב״א בת״ה הארוך ריש בית ו׳ יעו״ש וזה שלא בדברי רי״ו שהביא הב״י סי׳ קנ״ה שהבין דרש״י קאי אנוטל ידו א׳ וכ״כ מהרש״ל בפרק כל הבשר סי׳ י״ח יעו״ש כי אין להאריך כאן במה שיש לדקדק אדבריהם ועיין בר׳ יונה בס״פ אלו דברים שפי׳ כפרש״י ז״ל ואנטילת ב׳ ידיו קאי כמבואר שם ועיין בחידושי הריטב״א ודו״ק.

בא״ד ה״ז מגסי הרוח ואינו מחוור דכיון דעכשיו אין דעתו אלא לשתות אין לנו לחייבו בנטילה משום חשש המלכה על כן נראה כפי׳ ריב״א וכו׳ כנלע״ד להגיה מתוך דברי הריטב״א יעו״ש ועם מ״ש רבינו יונה שם שדרכם היה בשעת שתיה לאכול מעט כדי שיוכלו לשתות ולפי׳ אמרו שלריך נטילה מפני אותו המעט שאוכל וכו׳ עכ״ד מיושב נ׳ושיתם דהגם דמדברי ר״י משמע קלת דאיירי בהסבו לשתות ולא שהיו׳ אוכלים קודם זה כפרש״י [(ואע״ג דהלכה בסעודה וכו׳ קאמר אפ׳ לפרש לפי׳ ר״י דהיינו בשתיה שקודם סעודה שכן דרכם כדאיתא בכילד מברכין שם)] וא״כ במאי דאיירי רש״י ז״ל אפשר דהיו יכולים לשתות בלא אכילה כלל בשעת שתיה מ״מ כיון שהיו מאריכי׳ בשתיה כמו שדקדק בלשונו שהיו רגילים להאריך וכו׳ קרוב הדבר שברוב הפעמים היו אוכלים קלת להמשך השתיה ואדעתא דהכי לאכול קלת הסבו לשתות וק״ל.

ד״ה אין אדם נכנס וכו׳ והכי נמי משמע בגמרא וכו׳ משמעית בעלמא הוא דודאי יש לדחות דלמיקם בעשה הוא דיליף מהתם ודוקא לעבודה אבל איסורא איכא אפי׳ שלא לעבודה וק״ל.

בא״ד ומלורע ודאי לא עביד עבודה וכו׳ כלומ׳ קודם מתן דם ושמן והקרבת קרבנו דאין לפ׳ שטובל כדי שיהיה מוכן לעבוד אחר מתן דמים וכו׳ דהרי הוא טהור בשאר כל אדם דהא ודאי פשטא דברייתא משמע דמשום כניסה לקבל מתן דמים הוא שטובל ונכנס ולא משום לורך עבודה וכן משמע מהא דקא׳ תלמודא לקמן ע״כ לא קאמר רבנן התם אלא דלא עביד עבוד׳ והנה בכלל דבריהם דבדרך זה יש להוכיח גם ממאי דמספקא ליה לתלמודא אי רבנן דר״י כבן זומא ס״ל ואי איתא דב״ז לעבודה דוקא קאמר ולאפוקי מלורע פשיטא דרבנן דקאמרי מלורע טובל דלאו כב״ז ניהו וק״ל.

בא״ד פי׳ והיינו רבנן דר״י דאמר שמש מלורעי׳ וכו׳ אין כונתם לאפוקי רבנן דאידך ברייתא מלורע טובל וכו׳ דלמאי דמסיק דשאני מלורע דדיש בטומא׳ הני רבנן ורבנן דמדות חד תנא הוא וכמו שפרש״י שם אבל כונתם והיינו נמי רבנן דמדות וכו׳ ומשום דהכא הוא דקאמר ר״י לישנא דכל אדם וכו׳ להכי נקטו הך וק״ל.

בא״ד ואומר ר׳ דכל אדם וכו׳ ופשיטא לן דמשכחת וכו׳ מכניס ידיו לשחוט וכו׳ דע״כ לא מבעיא לן לקמן אלא בשוחט בסכין ארוכה ואינו מכניס ידיו לפנים כלל אבל במכניס ידיו פשיטא לן דלריך דהא ביאה במקלת היא ולא גרע ממלורע וכמ״ש לקמן שם ד״ה מהו שיעשה וכו׳ יעו״ש וק״ל.

באד"ה והא דאמר בירו' וכו' ה"פ לא סוף וכו' פשט הירו' שם משמע כפרש"י דלא בעי כעין עבודה דקא' התם היני מתני' לא היה אדם נכנס לעזרה ולעבודה אפי' טהור עד שיטבול לא סוף דבר לעבודה אלא אפי' שלא לעבודה עכ"ל דמדהולרך להגיה מתני' ולהוסיף וא"ו ולעבודה וכל ג' דתרתי קתני ([לאפוקי מפי' קרבן העדה שם דלדבריו שפת יתר הוא ועוד שלא ראה תוספ' וא"ו)] אין אדם נכנס לעזרה ל"מ שלא לעבודה כלל אלא אפי' לעבוד' דזהיר נטהר עלמו קודם אפ"ה לריך לטבול [(עמ"ש בפרש"י)] משמע דאפי' כעין עבודה לא בעי דאל"ה למה הולרך לומר היני מתני' וכו' הא מתני' אתיא כפשטה ונפרש אין אדם נכנס לעזרה לעבודה ולכל מה שהוא כעין עבודה [(ולפרש דמה שהגיה הוא לא היה במקום אין אדם משום דתנא בזמן הרבן איירי אין נראה דתנא מספר סדר עבודה דזה א' מהם כאילו היה שם ועוד דתנא אזה הכלל היה במקדש וכו' דלעיל סמיך וזה פשוט)] ולדבריהם נ"ל דמשום דאיכא למטעי דלעבודה דקתני דוקא לעבודה ממש דומיא דסיפא דקתני ה' טבילות וכו' חוץ מזו בלבד וכו' להכי הולרך להגיה ולומר דב' קתני אין אדם נכנס לעזרה דסתם כניסתו לצורך עבוד' כגון סמיכה וכו' וכן לעבודה ממש עד שיטבול וכו' ונתן טעם לזה דהא ע"כ לומר לא סוף דבר לעבודה ממש אלא אפי' שלא לעבודה ממש אלא כעין עבודה וק"ל. ומ"ש לעבודה גמור' אלא אפי' וכו' וסמיכה וכו' כל"ל. ומ"ש לריך הס"ד ואח"ך מ"ה ומה המשנה וכו' כל"ל.

ד"ה ומה המשנה בין קדש לקדש וכו' למקום שענוש כרת וכו' נראה לי' דבין קדש לקדש וכו' כל"ל והיא גי' התו' דגרסי בין קדש וכו' אבל רש"י גרים מקדש וכו' ועמ"ש בחידושי הריטב"א ומ"ש בסוגיא.

ד"ה אמר להם בק"ו וכו' תימה לריב"א לבן זומא וכו' כל"ל אלא שלריך להבין דבין לר"מ דס"ל דתרוייהו לצורך לבישה ובטבילה ראשונה נמי היה כאן ב' קידושים ובין לרבנן דס"ל דחד אפשיטה וא' אלבישה ומש"ה אין כאן אלא קידוש א' אלבישה דבגדי' קדש וכדאית' לקמן ל"א ע"ב מהיכא תיתי ללמוד מיוה"ך לשאר כל אדם הנכנס לעזרה שאינו לובש בגדי קדש דהא ודאי איכא למיפרך מה לקידושי' דיוה"ך דלכבוד ב"ק ואם נרל' ללמוד מק"ו לכהן הלובש בגדי קדש לעבודה שיהא טעון גם קידוש הא ודאי דדינא הכי הוא שלריך לקדש לעבודה שחרית ועבודתו פסולה אם לא קדש כדלקמן אבל מהיכא תיתי ללמוד גם קידוש קודם טבילה כיון שאין כאן פשיטת בגדי קדש גם לריך להבין דלמאי דס"ד השתא דב"ז אפי' אשאר כל אדם הנכנס לעזרה בלא לבישת בגדי קדש לעבודה קמייתי טבילה מדאורייתא מק"ו תיקשי דאיכא למפרך מה ליוה"ך שכן בא לעבוד וכדרך שהקשו התו' יעי"ש ועוד דלגי' ולפי' דלעיל דב"ז ה"ק ומה המשנה מבגדי קדש לבגדי קדש וכו' וממילא דה"כ הא דמסיים המשנה מחול לקדש ה"נ קאמר שמשנה מבגדי חול לבגדי קדש וכו' א"כ משמע דב"ז בכהן הבא לעבוד דוקא איירי ומאי ס"ד השתא וי"ל דהשתא ס"ד דב"ז ס"ל דכל עלמה של טבילה דיוה"ך לא גזר בה הכתוב אלא מטעם שינוי המקומות או שינוי הבגדים וכ"א בפ"ע היה מחייבו טבילה אבל לא מפני שינוי העבודות כדלקמן דקרא דורהן במים החכר קודם לו בזאת יבא אהרן אל הקדש וכו' וכן באידך ובא אהרן אל אהל מועד וכו' וא"כ דומיא דהכי חיוב הקידושי' דנ"ל מהנהו קראי כדלקמן איתא שחיובם הן מלד שינוי המקומות והן מלד שינוי הבגדים והיינו דנקט ב"ז במלתיה ב' שנויים אלו וה"ק ומה המשנה מבגדי קדש וכו' או ממקום וכו' הגם דשניהם שוים חייב הכתוב טבילה מלד כ"א בפ"ע כהן בשאר ימות השנה שמשנה מבגדי חול לב"ק או אפי' שאר כל אדם המשנים ובאים ממקום וכו' אינו דין שמיהם מעונים טבילה והשתא ק"ל דכיון דס"ל לב"ז דיש מקו' לחייב טבילה ביוה"ך בין מלד שנוי הבגדים ובין מלד שינוי המקומות א"כ דכותה נאמר דמחייב בקידושי' אף מלד שינוי המקומות וא"כ נלריך בשאר כל אדם אף שאינם פושטי' ולובשי' ב"ק ב' קידושים מלד שינוי המקומות דבשלמא לגי' ופרש"י ז"ל דלא איירי הכא בשנוי בגדים כלל דהשתא טבילה דיוה"ך איגה אלא מלד שינוי המקומות ניחא דנאמר נ"כ דקידוש' דיוה"ך לא היו אלא לצורך פשיטת ולבישת בגדים דוקא לא לצורך המקומו' ומעתה ל"מ בשאר כל אדם הנכנסים שלא בב"ק דל"ל קידושים כלל שהרי אין כאן לבישת בגדי קדש כלל אלא אפילו לכהן הלובש ב"ק אי אתה יכול חייבו אלא קידוש א' לצורך לבישה דלצורך פשיטה אין כאן שהרי

פושט בגדי חול וכדאיתא לקמן בכ"ג ביוה"כ אליבא דרבנן דקיי"ל כוותייהו אבל לפי' ולגי' דלעיל קשה מיהו למה שפי' לקמן ד"ה נימא רבנן וכו' דע"כ לא הצריך ב"ז טבילה מדאורייתא אלא דוקא לכהן הלובש ב"ק ובא לעבוד [וכמ"ש בד"ה מה שישבה יעו"ש] דהשתא יליף שפיר מיוה"כ אבל שאר כל אדם לא הוי אלא מדרבנן א"ש מיהא בשאר כל אדם דל"ל ב' קדושים דדי לך להצריכו טבילה אלא דמ"מ אכתי תקשי דלא אשכחן ב' קידושין בכהן הבא לעבוד ואפי' בכ"ג אליבא דרבנן דר"מ כדלקמן ואמאי לא מייתין לכו אליבא דב"ז מק"ו דהכא כנלע"ד ודו"ק.

באד"ה אם לא שנא שנלמד שאר אדם וכו' דבריו' אלו לא ידעתי ליישבם דלמאי דאסיקו דשאר אדם מדרבנן מה שייך ללמוד וללמד מאחרים דהוו מדאורייתא ועוד דמשמע דפשיטא להו דבטבילה ראשונה דכ"ג דיוה"כ דל"ל ב' קדושים ומהיכא פשיטא לן לב"ז הא כי היכי דמייתינן ב' קדושים מק"ו לכהן הלובש בשאר ימות השנה מהתם נמי מייתינן לכ"ג ביוה"כ דהא קמן דטבילה נמי דיוה"כ לא ידעינן אלא מק"ו זה כמ"ש לקמן ד"ה ה' טבילות וכו' בגמ' מפיק וכו' יעי"ש ועוד דאמאי לא מגי למילף מהיקשא כהן הלובש מכ"ג ביוה"כ דלא הזכרנו בו ב' קידושין ומה צריך הלמד של שאר אדם וכמת דבריהם אלו צל"ע.

גם מ"ש כאן בשם גיליון לתי' קושיתם דשמא אין זה אלא גילוי מלתא וכו' כלומר ולאו ק"ו גמור הוא הנה מתאי דקאמר תלמודא דא"כ אם מיחל עבודה וכן דקאי בעשה משמע דק"ו גמור הוא מדאורייתא ושמא יש ליישב דס"ל לגיליון דטבילה זו הלכתא גמירי לה וקאמר ק"ו לגילוי מלתא בעלמא והשתא לא היקשי דכי גמירי הלכתא לטבילה ולא לקידושים וק"ל. ומ"ש אלטריך ב' קידושין בס"ד ואח"ך מ"ה בין בגד לבגד וכו' כל"ל.

ד"ה בין בגד לבגד פי' בגדי חול ובגדי קדש וכו' אבל ודאי דקידוש לאחר שלבש בגדי קדש קודם שיתחיל בעבודת שחרית דאל"ה עבודתו פסולה כדקתני סיפא ואפי' בכ"ג דבר המעכב בבגדי מעכב בו כדאי' פ' ב' דזבחים י"ט ע"ב ואפשר דמש"ה בחר רש"י לפרש דהתא קתני דלפי' לא דמו אהדדי דבין בגד לבגד היינו בקידוש מיהא בתר הכי ובין עבודה לעבודה היינו אפי' לא קידש כלל ועוד דלפי' ריפא נמי שייכא בכהן הדיוט שלא קידש שחרית אלא אחר שלבש בגדי קדש דעבודתו כשרה כיון שקדש קודם שהתחיל בעבודי' שחרי' ואמאי נקט כ"ג אלא דזה י"ל דמשום סיפא דבין עבודה לעבודה דלא שייך בכהן הדיוט דהא בקידוש שחרית סגי ליה לכל העבודות של אותו היום אם לא הסיח דעתו כדאיתא בזבחים שם להכי נקט ברישא כ"ג וכבר אפשר לפרש דאף לפרש"י חרתי קאמר וגמ"ש קתני ל"מ כשלא קידש בין בגד לבגד קודם שילבש הבגד האחר דעבודתו כשרה אלא אף בלא קידש בין עבודה לעבודה שהתחיל לעבוד עבודי' האחרת בלא קידוש כלל עבודתו כשירה דדוקא עבודת שחרי' מעכב ביוה"כ לא שאר עבודות וכדאיתא התם וק"ל.

ד"ה ר"א וכו' ושמא אית ליה שום פרכא וכו' עמ"ש בתו' סד"ה ומה המשנה וכו'.

ע"ב ד"ה ומי מחיל וכו' ר' יהודה היא ושמא הוה פשיטא וכו' כן נ"ל ועמ"ש בפרש"י ד"ה ולב"ז וכו'.

ד"ה אי אסא וכו' בעי הכונה בטומאת המת וכו' כנ"ל ופי' דברי' דהא דקאמ' אי אסא דמחיב בזאת וכו' לאו למימר' דמגורי' מצריך הזאה כדמשמע מפרש"י והתו' אלא הכונה אי אסא דעתי' קי"ל בעלמא לגבי טומאת מת דלריך ג' וז' כדאמרי' וכו' וה"ה הכא להצריך טבילה ונתנו טעם לדבריהם דע"כ לפרש כן דהא לא אשכחן בשאר טומאות שאל"ל בהם ג' וז' שצריך עתה בהיסח דעתו ולפי דבריהם גם סוגיא דריש טבול יום ל"כ ע"א כאונן דוקא קאמר דהיסח דעת לריך ג' וז' ולא בשאר הטמאים ועמ"ש בתו' וק"ל. וז"ל הרב המאירי דסוגיין ואפילו הסיח דעתו מטבילה אתמול אין מצריכין אותו בכך הזאת ג' וז' מחשש שמא נכנס באהל המת אלא בין שהסיח בין שלא הסיח טובל היום לצורך הבאת קרבנותיו ואפי' טבל מאתמול על דעת' שתועילהו לביאת מקדש לא הועילה אלא צריך שיטבול היום לדעת כך שכל בקדשים צריך כונה כמו שביארנו בחגיגה עכ"ד.

ד"ה הא דטביל וכו' מק"ו סבי' ליה כרבנן וכו' ביאת מקדש לרי' וכו' מלורע עומד וכו' סבירא להו אלמא צריך לחזור וכו' כל"ל ואף למ"ש לקמן דלב"ז בשאר כל אדם וה"ה מלורע מדרבנן הוא מ"מ כעין דאורייתא תקון כדאמרינן בסמוך גבי תגלחה. ומ"ש ולר"י

לא צריך וכו' כלומר בשלא הסיח דעתו דומיא דמצורע דאם תאמר אפי' בהסית מ"מ מחייב טבילה לכל הנכנס לעזרה הגם שטבל מאתמול דהא משמע דמתני' אליבא דר"י נמי היא ועוד כיון דטעם לדידיה כדי שיזכור וכו' כל דלא אסח דעתיה מטבילה של אתמול שהית' ע"ד מקדש כיון דדעתי' אטבילה רמי אנפשיה ומדכר וא"ל אה להזכירו עתה על ידי טבילה אחרת משא"כ בדאסח ועמ"ש בסוגיא.

באה"ד י"ל דלא אשכחן בהדיא וכו' פי' לדבריהם דכי בעי' למילי' בטבילה דמחול לקדש דאח' וטובל אף בדטביל מאתמול ע"ד מקדש משאר טבילות דמקדש לקדש ביוה"ך איכא למיפרך מה להתם דכן מסתמא כשטובל לצורך עבודת חוץ אין דעתו לטבול אלא לשם מקום חוץ לא לשם פנים משא"כ הכא ואי נמי א"ל איפכא דכיון דאימת יום ועבודות עליו בכל טבילה וטבילה רמי אנפשיה כולהו עבודות היום וטבל לשם כלהו ואפי' הכי צריך לחזור ולטבול והגם שעניהם שוים וכ"ש מחול לקדש ולעיקר קושייתם היה אפשר לתרץ עוד דכיון דמשכחת לה אף לר"י דצריך לחזור ולטבול כשלא טבל מאתמול ע"ד דמקדש מש"ה ניחא ליה טפי למימר דא"כ למיקם אעש' דלר"י לא קאי בעשה כלל בשום גוונא אבל תי' נראה עיקר דהא לא דמי צריך דר"י לצריך דב"ז כלל דהכא צריך לחזור ולטבול משו' דטבי' דאתמול כיון שלא היתה ע"ד מקדש כמאן דליתא דמיא דהא אסו' היה ליכנס אתמול בטבילה זו דאינה מעיקר התקנה דהא לא רמי אנפשי ע"י לזכור טומאה ישנה המונעו מליכנס ועוד דהא תנן בחגיגה טבל ולא הוחזק כאילו לא טבל ומשמע דה"ה הכא ואם כן הרי כאן הפרש גמור גם לדרך זה בין ר"י לב"ז דומיא לתי' דלמיקם בעשה ודו"ק. ומ"ש אמרינן הכי ריב"א הס"ד ואח"ך מ"ה כב"ז וכו' כנ"ל.

ד"ה כב"ז וכו' דמחייב מן התו' וכו' כלו' דמלו סברי שיש כהן חיוב מן התורה בבא לעבוד כב"ז ובשאר כל אדם משום לתא דאורייתא תקון משא"כ לר"י דמעיקרא הותקנה מדרבנן ועיין בדברי' דלעיל ודבסמוך שכתבו דאפילו לב"ז בשאר כל אדם מדרבנן היא.

באה"ד לא מצרכי טבילה בשאר כל אדם עד כאן כנלע"ד שצ"ל והכונה או דילמא אף על גב דס"ל כב"ז דבבא לעבוד חייב מדאורייתא מ"מ לא ס"ל לחייב בשאר כל אדם שאינם באי' לעבוד אפי' מדרבנן אלא דוקא במצורע משום דדיים וכו' ועיין מ"ש בסוגיא בל' הרמב"ם וקו"ל.

ד"ה נימא דבנן וכו' ומסברא וכו' אפשר דכיון דר"י הא מוכח מבריתא דמדות דאפי' בשאר ב"א דאינו לעבודה צריך השתא סברא הוא דלב"ז נמי מדרבנן מיהא צריך למעט מחלוקו' ביניהם ואף על גב דהא מסקינן דלרבנן דפליגי עליה בשאר כ"א לא הצריכו התם סברא לומר כן מדנקטו מצורע אבל הכא אדרבא מדקאמר ב"ז טבילה זו למה משמע דלשאר כ"א נמי קאי דבבא לעבו' הוא"ל מנין דודאי סברא היא להצריך טבילה לבא לעבוד משו' טהרה וזריזות דומיא דטבילה לאכול קדש כדאיתא בחגיגה ועי"ע מ"ש בתו' ד"ה ומה המשנה וכו' וקו"ל.

דף ל"א ע"א **ד"ה** מהו שיפשט וכו' שאין מכנים אלא ידיו וכו' ע"י שעוסק בשחיטת קרבן העומד בפנים וכו' דב"ז מ"מ מדרבנן וכו' בשוחט בזבח ממצורע משום וכו' כנ"ל.

באה"ד תבעי לר"י דלא מצריך טבילה למצורע וכו' דאפי' היינו דר"י לדבריהם דרבנן קאמר לדידי אין צריך טבי' למצורע שאינה אלא ביאה במקצת שלא לעבודה וזהו אין להחמיר [והא דאפסיק לעיל דשמה ביאה אימא דהיינו לב"ז)] אלא אפילו לדידכו אודו לי מיהא דבמצורע אין צריך שהרי כבר טבל מבערב ואם כן תאמר דלר"י במצורע א"ל טבילה כלל אלמא א"ל דדוקא התם משום דלא עביד עבודה וא"כ יש לפרש דחד מתרי טעמי נקט דה"ה דעוד יש טעם אחר דמשום דלא קעביד עבודה ואינו נכנס כולו בפנים לא החמירו בזה ואי נמי דמצורע אפי' טבל לביאת מקדש מ"מ עדיין אסור הוא ליכנס לעזרה משום מחוסר כפורים ואפ"ה נכנס הוא למה שצריך למתן בהונות ולא חיישינן לדילמא אתי לאימשוכי כולו בפנים ולהכי דאפ"ה תיבעי דדוקא התם לא חיישינן משום דלא קעביד עבו' ואין ללמוד ממנו לשאר מקומות ויותר נראה בפשט דבריהם מ"ש קודם ודו"ק. ומ"ש אי נמי משום דבעי וכו' נקט התם וכו' ואגב כך נקט נמי ברים כל הפסולין טעם דשמא יגע וכו' יעו"ש וקו"ל.

באה"ד תמיה לי וכו' מכנים ידיו וכו' לאו שמעתין ק"ל דמאי דאמר בהונות יוכיחו היינו בהן יד ובהן רגל אלא אהכי' דפרק כילד צולין פ"ה ע"ב דקאמר דשער ניקנור לא נתקדשה מפני שמצורעים עומדים שם ומכניסין בהונות ידם עד כאן ומייתו הך הכא באגב דאיירי בהכנסת בהונות דמצורע. ומ"ש היד שמאל בלל מיהו שמא כמאן דאמר נותן על שמאל ילא כשאין לו ימין וכו' כן צ"ל והיא סברת ר"ש בסוף מס' נגעים יעו"ש וקו"ל.

ד"ה תיבעי לר"י וכו' ע"כ לא קאמר וכו' ומכאן קשה למאי דפי' לעיל וכו' היינו ד"ה אין אדם נכנס וכו' יעו"ש דכאן קצרו. ומ"ש אבל לא נראה וכו' שלא יצריכו עוד כלל וכו' ואם כן ה"ה דאף בזה לא יצריכו טבילה משום עבודה שעובד מיד שהרי עבודה אינה מעלת ומורדת להצריך טבילה אלא תחילת כניסה בעזרה וקו"ל.

ד"ה אבל הכא וכו' בשאר עבודות הדם מ"מ עבודה היא דהא בעיא פיים כנלע"ד להגיה מתוך דברי הריטב"א יעו"ש.

ד"ה ה' טבילות וכו' ביוה"כ עלמו יכול להיות סובר כן וכו'. דדוקא בשאר ימות השנה לית ליה האי ק"ו משום דאית פרכא כמ"ש לעיל ד"ה ר"א וכו' וביארנו בתו' ד"ה ומה המשנה וכו' דביוה"ך לא שייך למפרך דהא כל עבודות היום בכ"ג ומרובה כפרתו של יום ואי משום דאכתי איכא למיפרך מה לשאר עבודות היום שכן טעונין טבילה במקום קדוש לא חשיב פרכא דבדין היה שגם זו תהא צריכה מקום קדוש אי לאו משום דסברא הוא לעשותה קודם שיכנס וכו' וקו"ל.

ד"ה ה' טבילות וכו' כדפי' לעיל בפ"ק וכו' ב' ג"א ד"ה משו' חולש' וכו' ועמ"ש שם ועמ"ש הרמב"ן בס' המלחמות דפ"ק.

ד"ה שכל גופו וכו' כל בשרו הס"ד ואח"כ מ"ה ש"מ וכו' כנ"ל ולא הוו גרסי כל בשרו מים וכו' בגי' שלפנינו.

ד"ה ש"מ עין עיטם וכו' דילמא לא היה וכו' מיגדר בגלא וכו' כנ"ל ופי' שהיה מתגלג' בתוך המים מושכי' לארכו כביליתא ספינ' קטנה עיין בערוך ערך בלית א"נ גרסינן מגנדר כבינתא וכו' וכמ"ש הריטב"א ופי' מתגלגל כדג עיין שם ערך בניתא וקו"ל.

באה"ד ואעפ"י שמעין היה וכו' כדפי' בב"ק וכו' כ"כ התו' בפרק ג' מינין ל"ח ע"ב ועיין בב"י י"ד ריש סימן ר"א. ומ"ש אין לומר שעין עיטם וכו' ארא דבריהם קאי דאכתי מנין שהיה עין עיטם גבוה כ"ג אמות אימא שהיה נקב בדופן בית הטבילה למטה ומשם המים באים למקוה לא מלמעלה ואם כן לעולם דעיטם היה פחות מגובה דופן המקוה והיה כ' אמה ומשכו ותי' דכשהמים היו מגיעים וממלאים המקוה עד כנגד הנקב היו חוזרים לאחוריהם ולא היו ממלאים כל שיעור המקוה אלא ע"כ לומר שהיו באין מלמעלה.

ע"ב ד"ה כדאמ' ר"ה וכו' כי הך מלתא גבי סיפא והא וכו' משום דהכך עבודה דיגה לעשות וכו' כנ"ל ומ"ש מ"מ כולן וכו' כלומר דתלמודא אשמועינן דהיינו נמי טעמא דהכא שעשאום כולם בענין א' שלא רצו לחלק בין טבילה לטבילה וכמ"ש הריטב"א וקו"ל.

ד"ה פושט וכו' לר"מ שיעשה וכו' דאין קידוש אלא וכו' כנ"ל ומה שכתבו כדאמר קדש וכו' בזבחים פרק ב' כ' ע"ב וראיה כלליות נקטו דהא מקרא נמי דורחץ במים במקום קדוש דאוקמי' ליה לקמן אקידוש יש ראיה לזה וקו"ל.

ד"ה אי תניא וכו' לא הוה משמע בבחריתא שיעשה וכו' הראשון בפשיטה דהכא היה לבוש וכו' והביא דלעיל מיירי וכו' [(או אפשר להגיה בפשיטה אלא כשהוא לבוש וכו' דהביא דלעיל וכו')] כנלע"ד שצ"ל מתוך דברי הריטב"א והדברים מבוארים שם וקו"ל.

דף ל"ב ע"א **ד"ה** למה הוא בא וכו' להניח בגדיו לפושטו לפנים וכו' כנ"ל ומ"ש דוהניחם שם לא משמ' וכו' כונתם דאפי' למ"ד לעיל כ"ד ע"א דוהניחם שם היינו ללמד דטעון גניזה ודאי דאין הכונה לומר שטעונים גניזה באהל מועד דוקא ודומיא דתכ"ד דכתיב בה ושמו אצל המזבח דאף על גב דבפר' כל שעה כ"ו ע"א קאמ' תלמודא משום דהוי תכ"ד וב"כ ב"כ הבאים כא' וכו' לאו למימרא דשוים נינהו שטעונים מקום מיוחד לגניזה דהכא תכלית הכתוב אינו אלא לומר דהניחם שם במקום הקדש שלא ישתמשו בהם עוד לא הוא ולא כהן הדיוט והראיה דאיכא נמי דאמר שכשרין לכ"ה ועי"כ לא פליגי אלא אי איסור תשמיש היינו לכל או לכ"ג דוקא דביה איירי אבל שיהיו טעונים שם גניזה בהא ודאי לא פליגי וקו"ל.

ד"ה ה"ג וכל הפרשה וכו' עמ"ש בסוגיא.

ד"ה גמירי וכו' לאו הכי גמירי להו דה' וכו' כלו' דמהל"מ יש כאן ה' טבילות דהא שם טבילות מקרא נפקי לקמן אלא שינוי עבודות דמשנה בגדים חמשה פעמים הוא דגמירי וממילא יש בין כל א' וא' טבילה כדיליף מקרא דשינוי עבודות ובגדים מצריך טבילה דמקרא איכא דאינם אלא ג' שנויים וכמ"ש התו' ועיין בחי' הריטב"א ובהגהה שם וק"ל.

ד"ה מה לבישה וכו' בפרק אחרו מקומן למאן דלית ליה דרב פפא וכו' כנ"ל יע"ש. ומ"ש אלא ה"פ מה לבישה של שחרית וכו' נראה שכונתו לפרש דבהא"ע מוקמינן להאי אשר לבש דכתיב גבי בגדי לבן בבגדי זהב דלבישה ראשונה לאקושי פשיטה ללבישה וא"כ דאשר לבש איצטריך להקיש פשיטה ולבישה הכתובים כאן עיין בתו' ד"ה נפקא ליה וכו' ועיין בחי' הריטב"א וק"ל.

ע"ב ד"ה תנא דבי ר"י וכו' ויש לו פסוקים וכו' דבריהם מובנים עם מ"ש התו' ד"ה תנא דבי ר"י וכו' יע"ש וק"ל.

ד"ה שכן כפרתן וכו' על כל עבירות על אשם וחטאת וכו' ולא אתי וכו' על כל עבירו' וכו' כנ"ל ולעיקר קושיתם עיין מ"ש בפרש"י ז"ל. ומ"ש קל וחומר דרבנן דילמא היינו בשאר יוה"כ אבל משום יוה"כ וכו' כנלע"ד של"ל והדברי' מבוארים בדבריהו' דלעיל ל"א ע"א ד"ה ה' טבילות וכו' בגמרא מפיק וכו' יע"ש ורבנן שכתבו כאן היינו בן זומא דלעיל ומה שסיימו חדא מלתא וכו' כלו' דהאי ק"ו דהכא היינו בסגנו' ק"ו דב"ז במ"ש לעיל וק"ל.

ד"ה הביאו לו את התמיד וכו' ואינן כשירות וכו' כנ"ל. ומ"ש כדאמר לקמן היינו הא דאמרינן ל"ג ע"ב כל עבודות יוה"כ אינם כשרות אלא בו וכל זה לשיטתם שכתבו לעיל דף כ' ד"ה משום חוגשא דכ"ג וכו' שכל אלו היו בכ"ג דלפ"ז תיקשי למה לא הזכיר כאן בטבילה ראשונה אלא תמיד דמכאן נסתייע הרמב"ן ז"ל בס' המלחמות להוכיח דלא כסברת' יע"ש דבשלמא מתה"ד לא תיקשי כ"כ ביון שהית' בלילה דמהאי טעמא לא חשיב לה אביי לקמן וכמ"ש התו' שם ועי"ע בדבריהם דלעיל שם אבל מסידור מערכה וגזירין שהם ביום תיקשי אמאי לא תני להו מתני' הכא אם איתא דהיי בכ"ג וק"ל.

בא"ד נקט בהדה אתמיד מלתא דחשיבא טפי כנל"ד של"ל וביולא בזה לעיל בס' פייסות היו מפיסין על שחיטת התמיד קודם מהאי טעמא וכמ"ש בס' באר שבע רפ"ג דתמיד יע"ש.

ד"ה את הראש וכו' כדתניא ונתח אותה וכו' הכי איתא בר"פ השוחט כ"ז ע"א יע"ש וכונתם דכיון דראש לא הוי בכלל נתחי' הנפשטים דלהכי איצטריך קרא לרבויי את ראשו וכו' כדאיתא התם להכי ניחא ליה לתנא למנקט ראש באנפי נפשיה אבל אה"נ דבעלמי ראש בכלל נתחי' דהא הדר ערביה וכמ"ש התו' שם ומ"ש ראש לא הוי בכלל איברים הכונה אילו לא היה ריבוי הכתוב לא הוי בכלל איברי' הנפשטים וק"ל.

ד"ה ואת החביתין ומנחת סלת וכו' עיין מ"ש לעיל ל"א ע"ב אמתניתין.

ד"ה דכל עבודות וכו' ומדרבנן אפי' שחיטה ע"כ דמדאורי' ליכא למימר דהא לא קאי עליה אהרן ותקה כמו שתמלא מבואר בדברי התו' דהכא ודפ' השוחט כ"ע ע"א.

בא"ד אפי' שחיט' כס"ד ואח"ז מ"ה מסדר מערכ' וכו' ולא מיירי בתרומת הדשן דמקמה דלא שייכא ב"כ לעבוד' התמי' ע"כ כנ"ל וכלומר לעבודת התמיד של כל יום שהרי זו לפעמים היו מקדימין לעשותה מחלות הלילה ועיין בחי' הריטב"א וק"ל.

דף ל"ג ע"א **ד"ה** קודמת לשני וכו' ל"ע דאמאי לא תני וכו' דלא ס"ל לפרש הא דקתני התם פ"ב התלו מעלין בגזירין וכו' דהיינו ב' גזירין וכפי' הרע"ב שם חדא דהיכי קתני התלו דהיינו לשון רבים כיון דבשחר לא היו אלא בכהן א' כדאי' לעיל כ"ו ע"ב וכמו שהקשה התי"ע שם ועוד דבתר הכי קתני סידור המערכה שניה ואילו היו אחר סידור מערכה שניה ואל תטעה לפרש בדבריהם שלא כתבו אמאי לא קתני בסידור המערכה אלא כתבו בסדר התמיד וכו' וכלומר דל"מ אם נאמר כאשר הוא האמ' לפי דעתם דסידור ב"ג היה אחר סידור מערכ' מיד ולא עם התמיד דומיא דשל בה"ע כמ"ש לעיל כ"ו ע"ב ד"ה וב' בידם וכו' וכמ"ש בתו' בפ' ב' מדות פ"ע ב' דודאי התם אחר סידור מערכה שניה הו"ל למתני כך אלא אף אם תאמר שהיו עם תמיד של שחר וכנראה מדברי הרמב"ם רפ"ב מהל' תמידין ומוספין מ"מ הו"ל למתני התם בסדר הקרבת התמיד אבל יותר נר' דהא ליתא דודאי בסדר התמיד שכתבו הכוונה בסידור המערכה שסיחה לצורך התמיד דהא ודאי ליכא למ"ד שימתינו לסידור ב"ג עם העולה איברי תמיד דהא אביי מסדר להו מיד אחר סידור מערכה ב' וליכא מאן דפליג עליה בהא ועם תמיד ש"ש שכתב הרמב"ם שם וכן בפי' המשנה שם פ"ב הכוו' לצורך תמיד ש"ש דאל"כ תיקשי דבריו שבפי' ובחי' אהדדי שכתב שפ"ו היולא מכל מה שאמרנו לדעת חכמים כן וכו' ואח"כ מערכה שניה ואח"כ מעלין ב"ג וכו' יע"ש וכ"כ שם בחי' רפ"ו וזה פשוט והשתא יש ליישב קצת קושייתם דהתם בפ"ב דתמיד לא קתני אלא הדברים שטרחם מרובה והיו צריכין להקדים עצמם ולמהר כדי להכין הכל לעבודת התמיד ומש"ה קתני התם ענין נטלו את המגריפות לצבות איברים ופדרים וכו' וכן התלו מעלין באפר וכו' וכן סידור מערכה א' ושניה אבל סידור ב"ג הנעשה בזמן מועט לא קתני ולא תיקשי דהא קתני התם ספ"ק תה"ד דערכה מועט דע"כ אצטריך למתנייה לומר הולאת הדשן דנתחריה ולצוות דברים כסדר אבל ב"ג דאחר סידור מערכה שנייה דקתני התם ספ"ב לא חייש למתני מהטעם שכתבנו דודאי שכן היו עושין דהא חביבא עבודה דיזהו מסידור מערכה כדמוכח סוגיין דלעיל ספ"ב ואע"ג דהתם בתמיד חשיב עבודות הנעשות בהשכמה קודם שיהיה יום ברור ודכשרין אף בלילה אבל בסידור ב"ג דאינם אלא ביום דוקא לא איירי התם בההוא פרקא ככל כנלע"ד ודו"ק.

ודע דמ"ש התו' שם בפ' ב' מדו' דסדו' ב"ג היה אפי' קודם תה"ד כדאי' בסידור המערכה דאביי בפ' אמר להם הממונה ע"כ פשוט דלאו תרומ' הדשן ממש קאמרי אלא כוונתם דיזון מזבח הפנימי והמנורה דתרומת הדשן דמזבח החיצון הית' אפי' קודם סידו' מערכה כדמוכח בתמיד ואביי לא איירי בה כמ"ש התו' שלפנינו לעיל והתו' דמכילתין ד"ה אביי וכו' יע"ש וק"ל.

ד"ה עליה השלם וכו' יש לדחות וכו' כוונתם דאין פסולו מצד שעבר אעשה דהשלמה אלא מצד שעתה אין יכול להקטיר אימורים אחר תמיד של בה"ע משא"כ בדשחר שיכול להקטירם אחר התמיד ולכך לא מפסיל והדברים מבוארים יותר בתו' לעיל כ"ע ע"א ד"ה אלא אפי' וכו' ובתו' דהתכלת מ"ע ע"ב יע"ש וק"ל.

בא"ד וקשה לר"י מדתניא וכו' שהקריבו קודם לתמיד וכו' כנ"ל וכלומר דתיקשי מהך דלא אפי' לדחות כמ"ש ותיקשי נמי מהך אהביא דהתכלת דקאמר אביי דדרשא דהעולה וכו' אינה אלא למלוה ותי' דע"כ לא אמר אביי למלוה אלא במאי דאיירי התם בהקדמת תמידין ומוספין דתרווייהו קרבנות לבור נינהו אבל בדיהי' פסולא נמי איכא כדקתני בתו' ומשום דזה דוחק לפרש קרא דהעולה בתרי אנפי ועוד דכתוב משמע דדומיא דסיפ' דקתני או שעכבן אחר תמיד של בין הערבים פסולין דהיינו אפי' קרבנות לבור ודאי דזיל בתר טעמא שכתבו משום דא"א להקטיר אמורים קתני נמי רישא בתמיד של שחר דפסולין אפי' קרבנות לבור לזה הוסיפו לתרץ א"נ י"ל דפסולין מדרבנן ועיין בתו' שם וק"ל.

בא"ד והכי משמע בפסחים וכו' ועוד ראיה מדאית בתמיד נשחט [ס"ב ע"ב] בגמרא וכו' אם חבורה כהנים יאכלו זכו' כנ"ל ועיין בתו' שם. ומ"ש אך קשה לר"י מדאמרי' בפ' בתרא וכו' דבשלמא אי אמרת דעשה דהשלמה אינו אלא למלוה בעלמא ניחא דהכא משום לורך הקריבו מוספי' אחר תמיד אבל למאי דאסיקו דמ"ת מדרבנן פסולין הכא נמי אסור ותירץ דהכא אפילו תימא דפסולה מדאוריתא לא תיקשי מידי דעשה דרבים דחי עשה דהשלמה כמו שהוכיחו התו' בר"ה שם מכמה דוכתי יע"ש וק"ל.

בא"ד והרי אלתנן היה אומר וכו' ומפ' התמידין וכו' שהמוספין שלא קרבו אין מעכבין וכו' כנ"ל וכונתו דלמאי דאוקי אביי התם הך מתניתין בדאית ליה לשניהם דאין מעכבין זא"ז לענין הקדמה לפ"ז הוה סגי למתני דילמא התמידין אין מעכבין את המוס' דאם בדיעבד הקדים מוספין לתמיד ש"ש ילא ואמאי הדר תנא וקאמ' ולא המוספין מעכבין את התמידין דאם לומר דאין מעכבין את התמידין להקדימם להם הא ודאי פשיטא דתמידין ש"ש ברישא אלא ודאי דלהכי הדר תנא לאשמועי' דלא תימא דמוספין מעכבי' לתמיד של בה"ע מלהקריב עד שיקריב מוספין קמל"ן דלא מעכב אלא אם הקריב בדיעבד תמיד של ערב ברישא יכול להקריב מוספין אח"כ והשתא מתני' סתמא קתני דמשמע דאפי' פסולא מדרבנן ליכא ולפ"ז

תוספ' דלעיל דקתני פסולין לא סמכינן עלה וליח הלכתא הכי וע"ד שכתב בס' משנה למלך פ"א מה' תמידין סוף הלכה ג' לס' הרמב"ם יעו"ש וכן משמע ס' הרשב"א בחי' למגילה כ' ע"ב ועוד נראה לומר דאפי' תאמ' לייבש תוספ' דפסול מדרבנן בזה לא גזרו כיון שקרב התמיד דכשבורים שלא יבאו עדים הו"ל כשכחו מלהקריב מוספין ולא גזרו אלא כשבמזיד הקדים תמיד של ערב למוספין א"נ י"ל דהוסיף הר"א בחו' זה דאפי' תאמר דאין מתני' דהתמידין וכו' מתפרש' כמ"ש מ"מ איך שיהיה הסברה נוטה דכיון דאין פסול זה אלא מדרבנן ומן התו' כשר גם עכשיו במציאות זה כשר כיון שקרב התמיד והיה מתבטל מצות מוספין כדיעבד דמי וכשר ועיין בתו' הר"פ שכתבו התו' בפ"ק דביצה ה' ע"א כנלע"ד וק"ל.

בא"ד ור"י וכו' יהא למוסף וכו' דאם יבאו עדי' יהא מן המוספין ואח"כ יקריבו שאר קרבנות מוספין ואת התמיד כמ"ש התו' שם במס' ביצה. מה שהצריך בזה עיון בס' פני יהושע בחי' לר"ה שם דהיאך יכולים להקריב הכבש שיהא מוסף הא קיל"ן דפרים ואילים קודמין לכבשים וא"כ היו צריכים להקריב הפרים ואילים תחל' וכו' ויותר קשה דהא משנה ערוכה היא בפ' כל התדיר דדם חטאת קודם לדם עולה וכו' ואע"ג דלענין קרבנות החג אמרינן בפרק כל התדיר דעולה קודמת לחטא' היינו דוקא בקרבנות של חג וכו' וכ"כ הרמב"ם ז"ל בהדיא בפ"ע מהל' תמידין וכו' עכ"ד הנה נלע"ד לייטב דודאי הגם שכן הוא אף למסקנא דפ' כל התדיר דמין קרבן אחד בעולות פרים ואילים קודמים כמ"ש הרמב"ם שם ה' ע' ועיין בהרל"ם שם מ"מ משמע כיון שכל זה אינו אלא למצוה ולא לעכב כנראה מבעיא דכל התדיר נ"א ע"א וכמ"ש הרמב"ם שם עבר או שכח ושחט את שאינו תדיר או הפחות בקדושה תחלה מקריבו ואח"כ שוחט את התדיר וכו' ועיין בס' חזון נחום ריש כל התדי' ואם כן הכא לא הצריכו להביא פרים ואילים קודם הכבש ולהתנות עליהם שאם לא יבאו עדים יהיו עולות קיץ ומה גם שהאמת כמ"ש שם דנוכל לומר שזה בכלל דברי התוספות שם שיביאו קודם פרים ואלים בתנאי והגם שהם קצרו בדבריהם וכן נראה כונת התוס' כאן מדסיימו אבל אין לתרץ שהקריבו וכו' דהא איכא בהו שעירי וכו' משמע דכל שהיה עולה היו מביאים בתנאי ומה שהקשה מהכיא דדם חטאת וכו' בזה בפשיטות יש לתרץ דכיון דלא אפשר כאן להקדים שעירי חטאת על תנאי דלא שייך בהו תנאי והקדמה זו דדם חטאת לענין זה אינה אלא למצוה כנראה מדברי הרמב"ם שם וכן דעת התוס' דפ' תמיד נשחט נ"ע ע"א וכמ"ש בס' מ"ל שם מעתה בנדון דידן דאם הנו מקריבין תמיד בלא תנאי לא היה אפ' להקריב מוספין אח"כ כדיעבד דמי ולא חששו כאן להקדמת דם חטאת לדם עולה וק"ל.

בא"ד ואם תאמר למה נתקלקלו וכו' על כבש האחר הבא אח"כ וכו' כן צריך להיות וכונתם דלבסוף שבאו העדי' נמצא שמה שהקריבו היה לצור' מוסף ועתה צריכים כבש אחר לתמי' של בין הערבים ואם כן יאמרו עליו עתה שיר של י"ט ואין כאן קלקול ותי' שהקלקול היה על אותו שהקריבו למוסף שאמרו עליו שיר של חול משום ספק דתמיד וק"ל.

בא"ד אבל אין לתרץ שהקריבו וכו' כונתם דאין לתרץ דלעולם הקריבו תמיד של בין הערבים כדינו בלא תנאי ואמרו עליו שיר של חול והיינו דקאמר עם של בין הערבים וכו' דבמוספין לא היה כאן קלקול כלל שקודם לתמיד הקריבו כל קרבנות המוספין על תנאי דאם לאו יהיו לעולות קיץ ואמרו עליהם שיר של י"ט דהא בכלל מוספין איכא שעיר חטאת דלא שייך ביה תנאי דעולות קיץ ובודאי שלא הקריבוהו כדי שלא להביא חולין לעזרה אם לא יבאו עדים וכיון שכן לאחר שנמצא שבאו עדים הרי יש כאן קלקול מוסף שעתה אין יכולים להביא השעי' שהרי כבר קרב תמיד של בי"ה ואמאי לא קחשיב ליה ומה שסיימו ועל פשטא דהתם קשה בין למר ובין למר וכו' כלומר בין למ"ד התם שהקלקול היה שלא אמרו שירה כל עיקר ובין למ"ד שאמרו שיר של חול וכו' ועיין בתו' שם כי שם מבואר ענין זה יותר וק"ל.

ד"ה ואיפוך אנא וכו' אלא אשאר מערכות מיירי שמסדרין וכו' כונתם דאיפוך אנא לא קאי אקרא דנפרש על מוקדה דהיינו מערכה של קטרת דהא היא העולה כתיב אלא אשאר מערכות כגון של קיום האש וכו' דמרבינן להו לקמן מ"ה ע"א מקרא דבתריה והאש על המזבח תוקד בו וגו' יעו"ש דמסתמא היו עושים קודם מערכ' שניה דלהכי לא חיים אביי להזכירם ומה גם דבשם מערכה גדולה שאמר נינהו וכדבסמוך דאם היו נעשים אחר שניה לא אתי סידורא שפיר למימר דשניה קודם לסידור ב"ע כיון שיש שם מערכות אלו ביניהם ואהכי הוא דפריך ואיפוך אנא שהיו נעשים קודם שניה דבשלמא ראשונה ושניה דכתיבי בחד קרא ע"כ מאי דמוקדם מוקדם ומאי דמאוחר מאוחר אבל הני הגם דכתיב בתר קרא דואש המזבח תוקד בו מ"מ כיון דב' קראי נינהו אימא אין מוקדם ומאוחר דומיא למאי דאיתא בריש פסחים דב' ענייני אין סדר יעו"ש וצ"ל לפירושם זה דבשם מערכה גדולה שהזכיר אביי נכלל מערכות אלו לומר של קיום האש ולומר של עיכול איברים ופדרים כדלקמן שם דאת"כ מאי מתרץ תלמודא מסתברא מערכה גדולה עדיפא וכו' כיון דלא פריך מינה אלא ע"כ דנכללין בשמה להיות שלערכה נעשו ותשלומי מערכ' גדולה נינהו ובדידהו נמי שייך שפיר למימר כפרתן מרובה והיינו נמי שלא הזכירם התנא בתמיד דהתם לא חיים למתני אלא עיקר מערכ' דהיינו א' וב' אבל תשלומי א' לא קחשיב ועיין בתו' לקמן שם ד"ה ר"א וכו' ובהרל"ם פ"ב מהל' תמידין סוף הלכה ד' כנלע"ד לפרש דבריהם וקל להבין.

ד"ה מערכה שניה וכו' דאת"ג דשני גזירין הן ביום וכו' כדכתי' ובער עליה הכהן עצים בבקר וכו' ולעיל סוף פ' ב' קא' לעבודת יום נינהו ואת"ה בסידור מערכה בדמוכח התם מ"מ כיון דכשרים גם בלילה דאי משום בבקר י"ל דכיון דכתיב בבקר בבקר תרי זמני לומר מן בקר לבקרו דדיעבד כשרים [(עיין בתוס' לעיל ספ"ב ד"ה אף אמן וכו' ובמ"ש בס ז"ל שם סד"ה איתמעיטיה וכו')] הוה ס"ד לאקדומינהו כיון שהם תשלום וגמר מערכה גדולה קמל"ן קרא דמערכה שניה קודמת כנלע"ד לפרש דבריהם ועיין בהריטב"א סד"ה מכלל וכו' וק"ל.

ד"ה תרי עליה וכו' שלא יהא דבר וכו' דמשמע להו דהא דקאמר לקמן ל"ד ואמר רבא העולה עולה ראשונה וכו' לאו דמה"א דהעולה דריש בהקדמה אלא הא נפקא לן מדכתי' ובער עליה וכו' וערך עליה וכו' דמשמע דמיד שבער יערוך עליה שהיא תהיה ראשונה עליה אלא דלא ידעינן דקרא בעולת תמיד קמפסיק ולהכי אצטריך ה"א דהעולה לומר שהיא העולה הנאמרה ראשונה בפ' פנחס וזהו עיקר הפי' לדעתם וכמו שביארו דבריהם לקמן שם ד"ה העולה וכו' יעו"ש וכך נראין דברי רש"י בפרק תמיד נשחט כ"ח ע"ב דלא ס"ל לפרש כמ"ש ז"ל לקמן ובשאר דוכתי דמה"א דהעולה נ"ל שתהא ראשונה לכל הקרבנות דהכתי מ"ל דבעולת התמיד איירי וכמ"ש לקמן שם ועיין בספרי פ' לו ובמ"ש בס' קרבן אהרן שהכריח מדברי רש"י ז"ל דפ' תמיד נשחט להקדמה יליף מעליה כמו שהבינו הם ז"ל לקמן יעו"ש וזה דעת הריטב"א כאן בחי' ומה שתמהו לו ז"ל לקמן שם ד"ה ת"ל וערך עליה וכו' דמתחלת דבריו משמע דמפרש כפרש"י דלקמן דה"א דהעולה היינו שתהא ראשונה לכל הקרבנות ומסוף דבריו משמע דהראשונה היינו הנאמרה ראשונה דמהכא גמר שהיא עולת התמיד והקדמ' מעליה נרא' לפ' דה"ק דכיון דכתיב וערך עליה העולה מדקאמר עליה משמע שהיא תהא ראשונה להקטרות של מזבח דאי לאורויי אתא שמזבח זו משמש להקטיר עולה ושלמים לכתוב וערך עליה עולה [(כצ"ל)] בלא ה"א אלא ודאי דלאו בכל עולי קעסיק לומר שתשמש לזה אלא דהכי קאמ' שיערוך עליה בתחלה העולה הידועה שהיא עולת התמיד וכו' וזה כדברי רש"י ז"ל דפרק תמיד נשחט ממש מדלך שפירשו בס' ק"א שם ובמ"ש מתורץ רוב קושיותיו של הגהת הריטב"א יעו"ש כי אין להאריך אלא דשוב מצאתי בירו' ר"פ תמיד נשחט דאיתא התם מנין שלא יהא דבר קודם לתמיד ת"ש ת"ל עליה עולי וכו' רשב"ל אמ' וערך עליה עולה אין כתיב כאן אלא וערך עליה העולה שלא תהא העולה קודמת לתמיד ע"ש ומשמע דר"ל לפרושי בריית' דת"כ אתא ומפרש רבא בתלמוד' דידן וכבר אפשר לפרש גם הירושלמי דר"ל אתא לפרושי מהיכא משמע דבתמיד ש"ש איירי וקאמר דמ"ל מה"א הידוע ודו"ק.

בא"ד שלא יהא דבר קודם לתמיד וכו' קרא אחרינ' דוהקטיר עליה חלבי השלמים וכו' כצ"ל וכונתם דלדרשה עליה ולא על חברתה אכתי איכא עליה אחרינא דוהקטיר וכו' דאי משום דרשה שלא יהא דבר אחר תמיד של בה"ע הא נפקא לן שפיר מהשלמים לשון תשלומים כדקאמר רבה בפ' תמיד נשחט כ"ח ע"ב דהשלמים יתירא הוא דאם ללמד שיהיו נקרבים על מערכה גדולה ולא ישנו להם מערכ' בפ"ע להא לא אצטריך תנא דמסיכא תיתי כיון דהרווייהו עולה ושלמים עבודות הנעשות על מזבח החיצון

דע"כ לא מלריכינן קרא אלא לקטורת הנעשה על מזבח הפנימי ועוד גבי שלמים כתיב בפ' ויקרא והקטירו אותו בני אהרן המזבחה על העולה אשר על העלים אשר על האש וכו' ומדקא' על העולה משמע דשלמים נקרבים במקו' שהקריבו עולת התמיד דהיינו מערכה גדולה ועיין בפרש"י דחומש שם ולעיל כ"ז ע"ב ד"ה הוי אומר זה עולה וכו' אלא ודאי דהשלמים לאורויי אתא שעל עולה זו ובלמו כל הקרבנות ולא על תמיד של בה"ע וא"כ בלא עליה נ"ל שפיר האי דרשא מהכא והכי דייק מלתיה דרבא שם בתמיד נשחט דקאמר השלמים עליה השלם וכו' ולא קא' עליה השלמים עליה וכו' וכדקא' אביי יע"ש ומה שסיימו א"נ איפכא ע"כ כלומר דעד השתא קאמרי דמובער עליה הכהן עלים וכו' לגופיה איצטריך דסידור ב"ג יהיו עליה על מערכ' גדולה והקטיר עליה עליה ולא על חברתה וללמד דמערכה שניה קודמת לסידור ב"ג א"נ איפכא דמעליה דובער ילפינן הקדמת שניה כדקאמר סתמא דתלמודא מנל"ן דכתיב ובער וכו' ומעליה דוהקטיר בתם אינו ענין מוקמינן ליה לענין סידור ב"ג שיהיו עליה דדרך זה ניחא לן טפי דה"ק קרא ובער עליה הכהן עלים בבקר שיסדר ב"ג עליה על מערכה גדולה ולא על מערכה שניה שעשה מכלל שכבר נעשית בבקר קודם לב"ג כנלע"ד ודו"ק.

ד"ה אפי' הכי וכו' דסברה הוא שיאך יעשה המלוה וכו' כצ"ל וכה"ג בחי' הריטב"א וכוונתם דאע"ג דדישון נמי מכשירי קטורת הוא לפנות המזבח לעשותו מ"מ סברה הוא שקודם שיתחיל לעשות המלוה ליתן הקטורת במזבח שלריך הוא לתקן מכשיריה דהיינו עלים תחלה ומעתה אין מקום גם כן לדשן המזבח אם לא שכבר התקין מכשירי עלים לצורך קטורת תחלה ועוד אפי' תאמר דיש מקום לפנות דשן תחלה ואח"כ לתקן מכשירי עלים מ"מ מכשירי על' חשיבו מפי שבלאתם לא יוכל להקטיר משא"כ דישון שבלתו יוכל להקטיר שיפנה הדשן לצד א' ליתן מקום לגחלים ואח"ז יסירנה משם לקיים מלות דישון של כל יום דבלא דישון כלל אלא ישים הקטורת על הדשן הא לא אפשר דאין קטורת אלא לאחר דישון כמ"ש רש"י ז"ל ד"ה והכא כתב בבקר וכו' ועיין בהגהת הריטב"א דף ח"י ע"ג וק"ל.

בא"ד דלא ידע בסמוך וכו' דליכא למימר דהוה ידע ליה אלא דלא מסתברא ליה הא אלא כשעשית המלוה ממש אבל הכא דמכשירי מלוה ניהו מעבירין דמדקבלה מיניה דרבא לענין דדישון מזבח פנימי קודם להטבת חמש נרות משמע דלא סבירא ליה לחלק בזה וקל להבין.

בא"ד א"נ כיון שהיה לריך וכו' כצ"ל וכוונתם דדוקא בשב' המלות מונחים לפניו לעשותם שייך כאן מעביר דומיא דתפילין דלקמן יע"ש ואה"נ שגם בכאן אם הוליא כבר העלי' מהלשכ' והניחם שם סמוך למזבח לסדרם על המערכה היה בכאן מעבי' אבל כיון שאינם שם ויש לו להוליאם מהלשכה אכתי אין כאן התחלת מלוה כלל כי אין המלוה מוונחת לפניו ולהכי אין כאן מעביר אף על גב דפגע במזבח החילון ברישא ועיין בחידושי הריטב"א וק"ל

ע"ב ד"ה ונוקמיה בהדייהו וכו' ול"ע מנל"ן וכו' עיין מה שתירץ בזה בהגהת הריטב"א ע"ש ונראה שהכא למנות גם שתי אמות ומחלה בין השלחן למזבח ליתן מקום לב' המסדרים שמלד א' וכנראה מדברי רש"י ד"ה משוך וכו' ושוב מלאתי להרב בעל ס' מעשה חושב כ"ח ב' שכתב כן יע"ש וק"ל.

ד"ה עבורי דרעא וכו' כל זמן שבין עיניך וכו' הא דלא מייתו מסדרא דקרא כדאיתא התם וכדרך שהק' התו' כאן ובפר' הקומץ רבה ל"ו ע"א נלע"ד דאי מהתם יש לתרץ דהויא לכתחיל' אבל לא לעכב וכדרך שיישבתי בתו' יע"ש אבל הא דכל זמן שבין עיניך משמע להו עיכובא ואפשר מדכתיב והיו דבעלמא דרשינן בהוייתן יהו דלא משמע להו לפרש הא דיהיו ב' כפרש"י שם דדרים מדכתיב והיו ל' רבים אלא מלטוטפות כדרך שכתב הלבוש א"ח סימן כ"ה ועיין בס' אליהו רבא שם והיינו דלא נקטו מלת והיו וא"כ אייתר להו והיו לעיכובא והיינו דכתבו ואם כן ע"כ וכו' כלומר דמהכי' ודאי גמרינן כולה מלתא דאפי' אם בדיעבד הניח של ראש תחלה יש לו לחלוץ להניח תחילה של יד ואם כן הא דאין מעבירין לא לריכא כלל והגה אם לזה כיוונו לרש"י ודאי יש ליישב לפי פי' שם דוהיו איצטריך ליהיו שתים ואם כן מהכא נמי ליכא למשמע עכובא אי לאו הא דאין מעבירין ומ"ש ולהאי פי' ל"ג היכי עביד וכו' עמ"ש בתו' וק"ל.

ד"ה בבקר וכו' דהו"מ למכתב ביום וכו' כצ"ל ולעיקר קושייתם עמ"ש בסוגיא.

ד"ה חד שדינהו וכו' דבדם התמיד ליכא וכו' ומ"ש אלא משום וכו' כלומר דמשום דבעי למשדי חד אתמיד שיקדים לשתי נרות צריך למשדי חד אה' נרות דאל"ה הו"ל תרי ותרי ומכפ' דתמיד עדיף וכן כתב הריטב"א בחי' בשמם ופשוט. ומ"ש ואת"נ נוקמא תרוייהו וכו' י"ל דתרי אחד וכו' דהא כיון דכתב קרא בנרות תרי ובתמיד חד פשטא משמע דנרות עדיפא ליה לקרא להקדמה וא"כ אי שדינן לאקדומי לנרו' תרי אתמיד מפקי' קרא ממשמעותי' ולהכי ניחא לן טפי למשדי חד אתמיד וחד אנרות דהגם דפשטא דקרא משמע דכולהו נרות עדיפי להקדמה מ"מ הא מקיימינן במקצת משמעותיה במאי דשדינן חד אנרות דהשתא ה' נרות מיהא עדיפי להקדמה כפשטיה דקרא ועיין בחי' הריטב"א ולעיקר קושיית' נלע"ד לתרץ עוד דאי הכי בבקר דב' גזירין למשדינהו אתמיד אתו לשתוק קרא מחד דבחד דשדינן אתמיד סגי לן דאע"ג בנרות איכא ב' מ"מ מכפר עדיף אלא ודאי דלהכי כתב איידך בבקר למשדייה אנרות דהטב' ה' יקדמו לדם התמיד וק"ל.

בא"ד הכי נמי הוה קשה לן למה אקדים וכו' אבל בסמוך פריך שפיר דאע"ג דמכפר עדיף מ"מ כיון דהכא בב' נרות תרי כמו בתמיד יש לנו לומר דנרות יקדימו מכח קושי' דאל"כ במאי מפסק' להו דחשיבותא דמכפר להקדמה סברה הוא ולא כתי' משא"כ הכא דבנרות כתי' תרי ובתמיד חד הו"ל כאילו כתוב בהדיא דנרות קדימי ולא הויינן בזה לקושית הפסק' ועיין בהריטב"א ולעיקר קושייתם נלע"ד לתרץ עוד דאי הוה שתיק קרא מהאי בקר דב"ג דלא הוה כתיב בתמיד אלא חד הו"א דהפסקת נרות לאו בעבודה אחרת היא אלא בהפסקת זמן סגי דאימא טעמא כדר"ל כדי להרגיש וכו' והו"א דבבקר בבקר דנרות לא איצטריך אלא לגלמד דכולהו נרות יקדימו לדם התמיד ולא דהשינן כר' הלקהו לב' בקרים להכי כתב ב' בבקר בב"ג כי היכי דנשדייה חד מניהו לדם התמיד להקדימו לשתי נרות ומהכא ילפינן למדרש בבקר דנרות חלקוה לב' בקרים דבעינן הפסקת עבודה בנתים וק"ל.

בא"ד ואת"נ מ"מ לא ליכתוב כלל בבקר בתמיד וכו' גר' לפרש דאין כוונתם כלל דהא ודאי איצטריך לומר למר דקרב עד חלות ולמר עד ד' דלפרא הוא כדאיתא פרק תפיל' השחר כ"ז ע"א ובירו' שם דיליף בקר דהכא מבקר דמן דבשלמא הא דאי' בפ' קמא דזבחים י"א דמדכתב את הכבש א' תעשה בבקר דבה"ע ממש ולא תימא דכוליה יומא זמניה דתמיד של ב"כ י"ל דהא לא אלטריך אלא גר' אושעיא דס"ל התם דלבן בתירא פסח ששחטו שחרית לאמו כשר דס"ל בה"ע ב' ערבים וכוליה יומא זמניה הוא ולהכי לדידה בעינן דגלי קרא בתמיד של בין הערבים דבה"ע ממש אבל לר"י שם דס"ל דפסח נמי פסול וקי"ל כותיה תו לא לריך ילפות' דבבקר לגלויי אבה"ע דפשיטא בכל דוכתא בה"ע ממש קא' אבל כוונתם דבעיקר ליווי התמיד לא לימא מלת בקר אלא לימא את הכבש א' תעשה ביום ואי משום דמלפרא הא טובא בקר כתיבי במנחת הבקר יכנסכו וכו' מלבד עולת הבוקר ואי נמי דבעיקר ליווי לימא בבקר ובאינך לימא כמנחת היום וכו' מלבד עולת היום וכבר היה אפשר לפרש עוד דכוונתם דלא ליכתוב כלל בכל דוכתא לישנא דבקר אלא ביום דאם ללמד דעד לפרא זמניה הוא הרי כיון דמוכחא לומר דתמיד קודם לשתי נרות משום הפסקה ובנרות כתיב בבקר ע"כ לו' דעד לפרא זמניה הוא כי נרות דליכא למימר דנרות זמנם קודם ד' שעות דהא כתיב התם בבקר בבקר ומש"ה כתב בבקר חד בתמיד לומר שעוד יש לו זמן עד ד' שעות דהא ודאי ליתא דנרות נמי בוו לתמיד לענין זה דב' בבקר אלטריך להקדמת ה' נרות והא קמן דלפי האמת תמיד קודם לב' נרות ותו דלא"ש דשדינן חד בקר אתמיד תאמר א"כ דמקדמינן זמניה קודם ד' שעות וסברה זו לא מלאנו אלא לרבנן עד חלות ולר"י עד ד' שעות כנלע"ד לפרש דבריהם ובמ"ש יתורץ מ"ש הריטב"א בחי' ז"ל איכא דק"ל דלא ליכתוב רחמנא גבי תמיד בבקר כלל וכו' לאו מלתא היא דההיא בבקר דכתיב בתמיד בפי' לגופיה איצטריך לבא' דין תמיד של שחר ודין תמיד של בה"ע עכ"ד וק"ל.

בא"ד כיון דאין משמע מהם שיאוחר וכו' דאל"כ במאי וכו' כצ"ל וכוונתם דבשלמא איגלי קרא למכתב בנרות תרי ובתמיד חד ע"כ לומר דהגם דמכפר עדיף או דתמיד קודם לשתים משום הפסקה מ"מ הא גלי קרא דנרות קודמים וכמ"ש בסמוך אבל

כשתא דלא נהית קרא למכתב בקר בתמיד כלל לא משמע מהם מתרי בקר דנרות דתמיד יאותר להם אלא אדרבא אימא דתמיד קודם להם אי מטעם הפסקה ואי מטעם דמכפר עדיף וכמ״ש הריטב״א בחי׳ יעי״ש אלא שהם ז״ל לא הזכירו האי טעמא דמכפר משום דאכתי לא פסיקא להו אי טעמא דמכפ׳ לחודי׳ אהני עד לבסוף בד״ה מכפר וכו׳ שכתבו כן יעי״ש וק״ל.

בא״ד י״ל דס״ד דבהקטר׳ וכו׳ והא דכת׳ בהטיבו את הנרות יקטירנה וכו׳ כל״ל ועיין בסוגיא דלעיל י״ד ע״ב כי דבריהם מבוארים ומה שסיימו כיון דאיכא למדרש הכי והכי כלו׳ דעפי ניחא לן למשדייה חד אנרות וחד אתמיד דהשתא בדם תמיד מפסיק להו וקטורת בתר נרות כפשטיה דקרא מלמדרש בדפריך למשדייה חד אדשון וחד אדם התמיד דליקדימיה לנרות דהשתא י״ל דקטורת מפסיק להו דלאו כסידורא דקרא ופשוט ובהא ניחא לן מה דאיכא למידק לקמן דמעיקרא מאי ק״ל לר״פ הרי התו׳ מבואר דא״כ אפסוקי וכו׳ אבל במ״ש הם ז״ל א״ע דס״ד דר״פ דנימא דבקטורת מפסיק להו כרבנן דא״ש דסידור׳ דקרא לא מכרע׳ כ״כ דהא איכא לפרושי כדפי׳ רבנן בעידן הטבה תהא מקטיר ותרין ליה אביי שפיר דאפסוקי וכו׳ דלא משמע ליה לא״ש לומר דבקטורת מפסיק להו דכיון דא״ש הא פריך לעיל י״ד ע״ב אפי׳ דרבנן א״כ משמע ליה טפי קרא כדכתי׳ מלפרש בעידן הטבה וכו׳ ומעתה טפי ניחא למשדייה חד אנרות וכו׳ דבהכי מקיימינן פשטיה דקרא ודבדם התמיד מפסיק להו וק״ל.

ד״ה אימא חד שדייה וכו׳ לזה א״ל דפשיטא וכו׳ כונתם דאפילו תאמר דטעמא דמכפר בהדי תרי בקר עדיף לן מג׳ בקר דדישון מה שאין נראה כן מכולה סוגיא אפ״ה לזה א״ל דפשיטא וכו׳ ועיין בחי׳ הריטב״א וק״ל.

ד״ה מכפר עדיף וכו׳ כדאמרן לעיל גבי ב״ג דכיון דמכשיר עדיף וכו׳ כל״ל ועמ״ש בסוגיא ברש״י ד״ה בבקר בבקר וכו׳ ומשמע דכ״ש הוא דאי לאקדומי דם התמיד לנרות הגם דנרות לאו עבודה דכשירה בזר אפ״ה לא סגי לן בטעמא דמכפר לחודיה כ״ש דלא סגי לן לאקדומי גזירין לדישון דהויא עבודה דפסול בזר כגזירין וק״ל.

ד״ה הניחא וכו׳ לא כתב בהן בבקר בבקר בהטב׳ וכו׳ כל״ל כלומר אלא בתוב אחד אתמש ולא אשתים וכמ״ש הריטב״א יעי״ש וא״כ אימא דדם תמיד קודם אפי׳ לה׳ דכיון דהכא חד והכא חד מכפר עדיף וכ״ת דע״כ לאחר תמיד לה׳ משום הפסקה טעמא דמכפ׳ עדיף לן ולא דמי למאי דפריך אביי לר״פ דהתם איכא למדרש הכי והכי כמ״ש לעיל סד״ה חד שדינהו וכו׳ וא״כ אימא דבקטורת מפסיק להו ולא חיישינן אי מפקינן קרא ממשמעותיה בהטיבו והדר יקטירנה כיון דטעמא דמכפר מכריחנו להקדים דם תמיד גם ליכא למימר דשדינן חד בקר דב״ג אהטבת ה׳ דיקדימו לתמיד הכא חרי והתם חד דא״כ אידך למאי אתא דאי למשדייה אתמיד דליקדום אהטבת ב׳ א״כ לימא השתא דליקדום נמי אתמש דתרי ותרי נינהו ומכפ׳ עדיף ועוד דהא בלא״כ קדים לב׳ דכיון דא׳ וא׳ נינהו מכפ׳ עדיף ולמשדינהו כולהו אה׳ דליקדו׳ אתמי׳ הא לא אפשר דהא בא׳ הוה סגי לן לאקדומי אתמיד כיון דתרי וחד נינהו ואי קשיא לך דלר״י ל״מ דתיקשי לדרשא דאביי לס׳ אבא שאול אלא אף לרבנן דא״ש תיקשי דב׳ בקר דב״ג למאי אצטריכו דלדידיה ליכא למימר כמ״ש לעיל דלרבנן חד שדינן אדישון דליקדום אדם תמיד וחד אדם תמיד דליקדום להטבת ה׳ וכקושי׳ ר״פ דאכתי בא׳ סגי לן דלהקדמת דם תמיד אה׳ ל״ל דבלא״כ א׳ וא׳ נינהו ומכפר עדיף י״ל דאה״נ דהכא נמי פריך תלמודא והיינו דלא קמשני דר״י אליבא דרבנן אמרה ומודה דלא״ש ל״ל דאית ליה כדר״ל דמ״מ קשיא אף אי אמרה אליבא דרבנן ודו״ק.

בא״ד וא״ת לר״ל היכי וכו׳ נרא׳ דקושית׳ כללית לכל הפירושים דל״מ לרש״י דעל קו׳ ר״פ קאי דתיקשי דמ״מ לר״ל מ״מ דא״ש אלא אף לפר״ח תיקשי דהגם דלר״ל שייך למדרש הנהו בבקר דנרות לענין הקדמה מ״מ תיקשי קושית ר״פ ומנ״ל לא״ש האי סדרא כיון דמן התו׳ אין כאן הפסקה דאל״כ מהי קאמר למה מטיבין וכו׳ וק״ל.

בא״ד י״ל דלהרגיש העזרה הוי מן התו׳ כלומר להרגי׳ העזרה באמצע הטבת נרות הוי מן התו׳ דהשתא ר״ל ס״ל דא״ש סבר דהרגש זה לא סגי בלאו עבודה בנתים מן התו׳ דלפי״ז אין כאן קו׳ ר״פ אבל ר״פ ס״ל דאין זה מוכרח דאימא דסגי בהרגש לחודי׳ מן התו׳ ואפי׳ לא״ש וא״כ תיקשי סדרא לא״ש מנ״ל ולפי״ז אביי ה״ק הניחא לר״ל דס״ל טעם הפסק משום הרגש יכול לומר דלדידיה ל״צ הפסק עבודת מן התו׳ וסדרא מנ״ל הגם דלדידי ס״ל בפשיטות דגם לר״ל לא סגי בהרגש זה בלא עבודה מן התו׳ ובטעמא דהפסקה מהיכא נ״ל הוא דפליגי ר״י ור״ל אבל תרוייהו ס״ל דבעינן הפסק עבודה מן התו׳ וזה לפרש״י ולפי׳ הגאון ה״ק הניחא לר״ל דס״ל דהרגש מן התו׳ ודמהכא נ״ל הפסק עבודה מן התו׳ ניחא דאייתר לן ב׳ בקר דנרות להקדמת ה׳ לדם תמיד וניחא נמי קו׳ ר״פ דהא לכלהו הפסק עבודה מן התו׳ בעינן אלא דסיימו דל״ע מנל״ן כלומר דהגם דר״י קאמר לעיל כ״ד ע״ב גבי פייסות משום בית אלהים נהלך ברגש אסמכתא בעלמא היא ותו דמהתם לא נ״ל אלא קיבוץ לפייסות בפעמים מחולקים אבל לא להצריך הפסק עבודה בין כל פיים ופיים ואפי׳ תימא דהתם ר״י קאמר לה דלא משמ׳ ליה דמשום הרגש ליבעי הפסק עבוד׳ דס״ע דיליף לה הכא מבבקר בבקר מ״מ לר״ל נמי כדין כן דלא בעינן הפסק עבודה בין הפייסות אלא ע״כ דאסמכתא בעלמא היא ועוד דכונתם להקשות ג״כ דמנ״ל דצריך הרגש באמצע עבוד׳ נרות דוקא משא״כ בשאר עבודות דהשתא מהתם ליכא למילף מידי.

ודע דבירו׳ דפ׳ דלעיל ריש ה׳ ג׳ מלאתי כל׳ הזה תמן תנינן הנית הכוס על מעלה שניה וילא ונטל את הכוס ממעלה שניה וילא אר״י ולמה היה נכנס לקטורת ב׳ פעמים אלא בדי לעשות פומפי לדבר רשב״ל אמ׳ דבר תו׳ הוא בבקר בבקר בהטיבו את הנרות יקטירנה מה עבד לה ר״י עובר להטיב ומקטיר ע״כ ומשמע דלרי׳ להגיה למה היה נכנס להטב במקום לקטורת דהא אתגי׳ דפ״ג ופ״ו דתמיד קאי דבתחלה כשהיה נכנס להטיב ה׳ לא היה נוטל הכוז משם שהרי היה עתיד לחזור להטבת ב׳ ואז נטל הכוז ממעלה שניה וכו׳ כדקתני התם יעי״ש וקאמר ר״י דאינו אלא מדרבנן כדי לעשות פומבי לדבר ור״ל א׳ דדבר תו׳ הוא דהא כתיב בבקר וכו׳ יקטירנה דהאי יקטירנ׳ מייתר אלא ה״ק קרא בתוך הטבת נרות יקטיר קטורת ועיין לקמן סד״ה חלקהו וכו׳ ומ״ש בסוגיא וקאמר מה עבד ליה ר״י דס״ל דהפסק׳ נרות מדרבנן להאי יקטירנה ומשני דאצטריך דבשעובר שם בהיכל להטיב דאז היה מקטיר ג״כ וסדר עבודות אתא קרא לאשמועינן דמעיקרא מטיב ואח״כ מקטיר דמרישיה דקרא לחודיה והקטיר עליו וגו׳ בהטיבו הוה שמעינן איפכא דמעיקרא וקטיר והדר והטיב להכי הדר קרא לומר יקטירנה והגה הגם דבירו׳ מחולק עם תלמודא דידן אם דמייתי הא דקא׳ תלמודא בשם ר״י בשם ר״ל ובין דלתלמודא דידן נפקא לן הפסקה מן התו׳ מבבקר בבקר חלקהו וכו׳ מ״מ במאי דמשמ׳ מן הירו׳ דלמ״ד משום פומבי דהיינו הרגש עזרה דהוי הפסקת נרות מדרבנן בהא ודאי משמ׳ דל״פ וא״כ תיקשי מהכא לדבריהם ז״ל דס״ל דלר״ל הרגש עזרה מן התו׳ ושוב ראיתי בס׳ יפה מראה שהגיה בל׳ הירו׳ כמ״ש ומ״ש בס׳ קרבן העדה ולא משמע הפי׳ לפי המסקנא ע״כ לא ידענא מאי קאמר דלישנא דר״י דקאמ׳ עובר להטיב ומקטיר מפו׳ שפיר כמ״ש ומה שרצה לפרש הוא למה היה נכנס ב״ג ביוה״כ ב״פ לקטורת ולהוצאת כף ומחתה יעי״ש הגה מלב׳ דלפי״ז אין הבנה לדברי ר״ל דבהטבה מיירי וכבר עירב הוא שם ענין ההטבה יעי״ש עוד זאת הפסקה בין קטורת להוצאת כף ומחתה נ״ל מן התו׳ מקרא דובא אהרן אל אהל מועד וגו׳ כדאיתא לעיל בסוגיין ל״ב ע״א ולקמן ע״א ע״א ועיין גם בירו׳ לקמן ר״פ בא לו וזה פשוט אלא העיקר כדברי יפה מראה וכמ״ש וילא לנו מזה דלר״ל הפסקה מדרבנן ואפי׳ דאסמכוה אקרא דיקטירנה דמשמע בתוך ההבנה יקטיר א״נ דכיון דהטבה לאו עבודה היא דכשרה בזר הוצרכו להחשיבה בעיני הכהנים במה שהיה הרגש קול בעזר׳ שהיו נכנסי׳ להיכל ב״פ לצורכה וז״ל הרמב״ם בפי׳ המשנה פ״ג דתמיד כדי להרגיש כל העזרה ר״ל לתת זמן ידוע לאותה עבודה עד שיהא לה קול וכו׳ ע״כ ואפי׳ דמטעם זה לא חשו להפסיקה לב׳ כיון דלאו עבודה היא וכמ״ש ויתיישב מה שכתבו הם ז״ל היכן אנו לוקחים זה מדעתינו שיש לנו להפסיק באמצע עבודה ולעיקר קושיתם דהיאך יתיישב לר״ל קו׳ ר״פ י״ל דהא ודאי לא מלינן למימר לר״ש לקים דדרשא דאביי דלעיל חד שדייה להטבת ה׳ וכו׳ דדרשא גמורה מדאוריתא היא דא״כ השתא הויא ליה הפסקה מן התו׳ אלא מוכרח לומר דדריש להו כדרב פפא ואפי׳ לא״ש ואה״נ דמן התו׳ דם תמיד קודם אף להטבת ה׳ אלא דכשראו חכמים לתקן הפסקת נרות מהטעם שכתבנו להיות דלא״ש מדריש קרא בהטיבו והדר יקטירנה דמשמע דכל הטבת הנרות יקדים לקטורת להכי לא

רמו להפסיקם בקטורת אלא בדם התמיד דאע"ג דמן התו' הוא קודם לנרות מ"מ כיון דהשתא נמי קודם להטבת ב' הו"ל דקודם לנרות דהא לא נגמרה מלות נרות עד שייטיב כולם אלא דלר"פ לא משמע ליה לחלק כן לא"ש אלא אי לא רמו להפסיקם בקטורת מטעם סידורה דקרא כך לא ייכלו בדם תמיד מהאי טעמא ולכך משמע ליה דלא"ש כאי סדר' דנרות קודם לתמיד מדאורית' וכדמשמע נמי ממלתי' דאביי דעליה קאי ולהכי פריך שפיר מנ"ל דאי משום דרשא דאביי אימא חד שדייה לדישון וכו' ולפ"ז לפרש"י הא דקאמר הניחא לר"ל וכו' לא נחית אלא לומר דבמאי דס"ל לר"ל דאין כאן הפסקה מן התו' פרכה שפיר לא"ש אבל ודאי דר"פ לא ס"ל לגמרי כר"ל דאיהו ס"ל דלא"ש נרות קודמין לדם דתמיד מדאורייתא ור"ל ס"ל מדרבנן וכן נמי לפי' הגאון לריך לפרש דקאי הניחא וכו' בין למאי דדריש אביי ובין למאי דדריש ר"פ וה"ק הניחא לר"ל לא דריש בבקר בבקר דנרות כדר"י לדידיה יש מקום לדרוש כדאמרן אי כדאביי ואי כר"פ אבל ודאי דלריש לקיש דלית ליה הפסקה מן התו' דריש להו לקראי כדר"פ ואפילו לא"ש אבל לר"י אין מקום כלל לדרוש לא כאביי ולא כדר"פ כנלע"ד ודו"ק.

ד"ה חלקהו וכו' ובבקר בבקר דהטבה איכא למימר וכו' דבריה' ל"ע דהא כיון דהטבה וקטורת ודישון ליכא אלא ב' בקר אכולהו דהיינו קרא דסוף תלו' והקטי' עליו וגו' בבקר בבקר בהטיבו את הנרות יקטירנה דדישון נמי הו"ל כאילו כתיב הכא מטעם דאין קטורת בלא דישון כמו שפרש"י בסוגיין ד"ה והכא כתב וכמ"ש הם ז"ל לקמן בדיבור הסמוך א"כ כיון דשדינן חד דב"א אדישון לומר דליקדום אדם התמיד דהכא תלא' בהא לחודיה תיקשי לר"י מנ"ל למדרש חלקהו וכו' אימא דאילטריכו להקדים דישון לתמיד וכן נמי למאי דתי' הר"א דהטבה קודם לאיברים י"ל מדקטורת קודמת להם ונהכי אייתר לן ב' בקר דהטב' לדרש' דר"י הא אילטריכו כבר להקדמ' קטורת לאיברים ואכתי הדר קו' לדוכתה מנ"ל לר"י הך דרשא וכנר' דלאפוקי מדבריהם כתב הריטב"א סד"ה אמר ליה ר"פ וכו' והוי יודע דהאי בבקר בבקר דאמרינן דכתיב בדישון המזבח ובהטבת נרות וכן לקמן גבי קטור' כולהו מחד קרא נינהו דכתי' בבקר בבקר בהטיבו וכו' יעו"ש ומה שנראה ליישב דס"ל דכיון דכתיבי בההוא ענינא הו"ל כאילו כתיב בבקר בבקר אכל חד וחד אבל הא ילפינן מדכתב קרא בבקר בבקר בין קטורת להטבה למימר דנדרש לפניו ולאחריו דאי לא קיימי אלא אקטורת הוה ליה למכתב ובהטיבו אהרן את הנרות והקטיר עליו קטורת סמים בבקר בבקר כי היכי דכתב בתר הכי ובהעלות אהרן את הנרות בין הערבים יקטירנה .וכיון דגלי קרא דלא קיימי אקטורת לחודיה מעתה יש לנו לומר דקאי נמי אדישון הגם דלא כתיב התם בהדיא והשתא הא דקאמר הר"א דלהא ל"ל קרא וכו' אין כונתו לומר דל"ל ב' בבקר דהא ודאי אלטריכו להקדמת קטורת לאיברים אבל כונתו דאי מאי דכתב בבקר בבקר בין קטורת להטבה לגלויי דקיימי נמי אהטבה הוא להקדים נרות לאיברי' להא ל"ל קרא דא"כ הוה כתיב ובהטיבו וכו' והקטיר וכו' הוה ידעי' שפיר דנרות קדמי לאיברים מכח קטורת אלא ודאי דלהכי אילטרי' למכתב והקטיר וכו' בהטיבו וכו' ללמד דקיימי נמי אהטב' למדרש חלקהו לב' בקרים כר"י וק"ל.

באר"ד ולרבנן נמי וכו' תהא מקטיר קטורת ובקטורת מפסיק להו וכו' כל"ל וכונתם דלרבנן מלינן לפרושי דמעיקרא קטורת ואח"כ נרות כדמוכח' סוגיין דלעיל ע"ו ומאי דס"ל דבקטורת מפסיק להו ודהטבת ה' קודמים לקטורת היינו בתר ילפותא דר"י בבקר בבקר חלקהו וא"כ לדידהו תיקשי דמנ"ל למידרש דרשא דר"י אימא דהני בקר דהטבה ללמד דהטבת קודם לאיברים ותי' שפיר דהא מ"מ שמעינן דבתר קטורת לריך להטיב מיד מדלי הפסי' עבודה וא"כ כיון דקטורת קודם לאיברי' ה"ה נרות .ומ"מ ל"ל דמ"ש ובקטורת מפסיק להו באגב נקטו לה אבל אין זה מעיקר דבריהם דהא אי פשיטא לך לרבנן בלאו דרשא דר"י דבקטורת מפסיק להו מאיזו ילפותא ועיין בסמוך א"כ ע"כ לומר דנרו' קדמי לאיברי' דהא קטורת המאוחר להם קודם לאיברי' ולא היה להם לורך לבאר זה ואי הולרכו לזה משום דאימא דהטבת הב' מאוחר לאיברים גם זה א"ל לבארו דפשיטא דב' נמי קדמי דהא"כ הו"ל דמפסיק להו בקטורת ואיברים ועוד דמה הכריחו לזה ממאי דקטורת קודם לאיברים ואם כן נרות קדמי אימא דשתי נרות אה"נ דמאוחרים לאיברים ועוד דאין זה מענינא דקיימינן ביה דר"י ילוף הפסקה מבבקר וזה פשוט כן נלע"ד ודו"ק.

באר"ד אבל הקשה ריב"א וכו' חלקהו וכו' דומיא דדרשא דבקר דנרות ואימא התם דבדם תמיד מפסיק להו דהא תרי וחד נינהו ומן הדין היו כל נרות קודמין לדם תמיד מה"ט אי לאו דגלי קרא דבעינן הפסקה ולרבנן הגם דהוה עדיף לן טפי לאפסוקינה בדם תמיד מבקטורת משום דקטורת ונרות ב' וב' נינהו וקטור' עבודה חשובה היא יותר מה' נרות מ"מ הא גלי קרא דיקטירנה דבתוך הטבה יקטיר אלא דמהך לחודיה לא שמעינן הפסקה בהדיא דאימא דה"ק בהטיבו והדר יקטירנה כדא"ש אבל לבתר דאית לן דרש' דר"י משמע להו השתא דקרא קאמר דבתוך הטבה יקטי' וק"ל.

באר"ד ומפסיק בדישון וכו' דובער עלו' הכהן עצים בבקר וכו' כל"ל ומ"ש ולא כתב בה ייטי' וכו' כלו' דנימא קרא בבקר בבקר ייטיב את הנרות ויקטירנה וק"ל. ומ"ש ואין זו קושיא כ"כ וכו' כיון דמהכיר עדיף וכו' כל"ל וכלומר דאף אם אין כאן גילוי מלתא דבעי קרא הפסקה בנרות אין זו קושיא אמאי לא דריש כה"ג בב"ג דהתם כיון דעבודה חשובה היא דמהכיר קטורת היא וזר חייב עליה מסברא לא מוקמי' קרא להפסקה אלא למימר דהד שדייה וכו' משא"כ נרות דלאו עבודה היא הגם דאפשר למדרש בבקר דידהו לדרשה אחריתי מ"מ ר"י מסתבר ליה לדורשה לענין הפסקה דהא לא חיישינן כ"כ בהפסקת דידהו וק"ל.

באר"ד ותי' ראשון פי' הר"י על קושיא ראשונה וכו' כלומר דנהכי מסתבר ליה לר"י למדרש חלקהו לב' בקרים ולא למעדי' א' אתמיד ואי' אדישון כמ"ש בראש דבריהם משום דהכי יש לנו גילוי קלת ממאי דכתב בהטיבו ולא כתב ייטיב את הנרות דבעינן הפסקה אלא דמהא לחודה לא מכרעא כ"כ אי לאו דרשה דחלקהו אלא דאם לא כיוונו תיקשי מאי ועוד תי' ר"י על קו' אחרונה דקאמרי הא תי' זה נמי שייך אקו' ראשונה ושמא דאף אקו' אחרונה קאמרי ואפשר עוד לפרש דבריהם דה"ק ותי' ראשון שתי' הר"א כך פי' הר"י ג"כ לתרץ קושייתו ועוד תי' דר"י על קו' אחרונה וכו' אלא דלפ"ז לא דייק שפיר תי' ראשון שכתבו דהא אקו' ראשונה לא נאמר כאן אלא תי' א' שהוא תי' הר"א ודו"ק.

ד"ה והדר יקטירנה ואע"ג דלעיל מקדים דישון וכו' והקטרה מאחרינן וכו' כונתם דאע"ג דדישון לורך קטרת הוא והא גלי קרא דהקטרה בתר הטבה מ"מ כיון דיש כאן מעדי' על המלות לעשות דישון וקטורת בתר נרות די לך לאוקומיה דרשא דבהטיבו והדר יקטירנה לקטורת דוקא אבל דישון דלא כתיב בהדיא אמרינן לכללין דאין מעבירין וקודם לנרות כיון דב' וב' נינהו ולעד"נ לומר דדוקא בדישון שייך מעבירין כיון שהדשן מוטל שם במזבח פעמים כשהולך להדליק אם אינו מדשן קודם הו"ל מעביר אבל קטור' דלריך להוליא האש ממזבח חילון ולהוליא ג"כ כף הקטורת לא מחזי מעבי' כיון שעדיין לא הגיע מלותו ודומיא למ"ש לעיל בד"ה אפ"ה מכשיר עדיף וכו' גבי סידור גזירין ועמ"ש שם ומשה"כ יקטירנה דוקא קאמר דדישון ודאי קודם להטבה מטעם דאין מעבירין וק"ל.

ד"ה קטורת לאיברים וכו' והא לא מלינו וכו' כונתם שיהא קודם קטורת אפי' לדם תמיד והגם דתרי ותרי נינהו דחד בקר דב"ג שדינן אדם תמיד כדלעיל אימא דקטורת דע"פ עדיף טפי ואימא נמי דהגם דקאמר תלמודא לעיל דאפ"ה מכפר עדיף היינו כלפי נרות דלאו עבודה היא דהא לא אפשר דכיון דתמיד מכפר עדיף לן נמי מקטורת ועוד דא"כ כל נרות קדמי מה"ט דכיון דקטורת קודם לדם תמיד ממילא דנרות הקודם לקטורת נמי קדמי לדם וכו' דאם תפרש דבריהם דנקדמינה לדם משום דהכא חד והתם תרי בדקא' באיברים א"כ מאי תרילו דמכפר עדיף הא לא נא' טעם זה אלא בתרי ותרי ועיין בדבריהם לעיל ד"ה מכפר עדיף וק"ל.

דף ל"ד ע"א ד"ה **העולה** וכו' ואין נראה כמ"ן דבתמיד איירי וכו' כל"ל והאמת כי לפי הנרא' דרש"י כבר תי' לזה במה שסיים ואי לאורויי וכו' יעו"ש דמשמע כונתו דכיון דס"ל יתירא משמע שתהא ראשונה ממילא שמעינן דאיירי בעולת תמיד דכיון דעולת לבור היא תהא ראשו' ג"ל דאי לאורויי דמערכה זו תהא לצורך עולה ושלמים לימא קרא וערך עליה עולה והקטיר עליה חלבי השלמים וליכא למימר נמי דסדר עולות ושלמים אתא לאשמועינן דעולה קודמת לשלמים דהא פשיטא כיון דעולה כולה כליל דע"כ לא אלטריך קרא פי' כל התדיר כ"ע ע"ב דאיברי עולה קודמין לאמורי חטאת אלא משום דדם חטאת קודם לדם עולה אבל

קדימת עולה לשלמים מלתא דפשיטא היא אם מטעם כליל ואם מטעם דעולה ק"ק ומה שסיימו ויש מפרשים דעולה שהקריבו וכו' ואין נראה דהא פלוגתא וכו' עמ"ש בחי' וק"ל.

ד"ה העולה וכו' וסידור המערכה וכו' כלומר מערכה שניה של קטורת לסידור מערכה גדולה וב"ג לצורך תמיד הם וע"כ להקדימם והנה יש ראיה לדבריהם דמה שהוא להכשר הקרבה אין זה בכלל דהא קמן ספ"ק דתמיד דס"ד דהא דקתני כאם העמידו עושי חביתין לעשות חביתין דהיינו להקטיר ופריך עלה מאה דרבא ומשני לכאם חמין לרביכה ועין בחי' דף תמיד גבחה נ"ע ע"א ד"ה אין לך וכו' וכן דייק הרמב"ם ז"ל בחי' רפ"א מהל' תמידין שכתב לפי שאסור להקריב קרבן כלל קודם תמיד של שחר עכ"ל וק"ל.

ד"ה איברי תמיד וכו' שכן מיני דמים וכו' כל"ל ועמ"ש בסוגיא ישיב מלאתי בתוס' דפרק התכלת מ"ט ע"א שכתבו דמקרא דוערך עליה וגו' ילפינן לכל מיני דמים דקדמי לחביתין דתנן בפר' כל התדיר השופות קודמין למנחות ואי לאו מהכא מנ"ל הא ע"כ.

ד"ה העולה וכו' אצטריך קרא דשלמים פסולין וכו' כל"ל וכלו' ולא שאר קרבנות והא דלא היה השוחט וכו' עד ששומע קול שער הגדול שנפתח מדרבנן וכמ"ש בדבריהם דלעיל כ"ט ע"א סד"ה תל' לבית וכו' ועמ"ש שם בחי' ד"ה אלא אפי' וכו'. ומ"ש וע"ק על ההיא וכו' כלומר דמכל התדיר אכיא דהגוזל וכמ"ש התוס' בסוגין יע"ש כי הדברים מבוארים יותר בכל מ"ש כאן ועמ"ש שם.

בא"ד ואומר ר' וכו' תעשו את אלה אחר עשוית וכו' שהיא כתובה למעלה ממלבד וכו' מיהו במנחות וכו' כל"ל ומ"ש ולהכי מייתי ליה בהגוזל קמא ובפ' התכלת דמיירי בהקטרה וכו' כלומר דאי הוה מייתי בהגוזל ממתני' דכל התדיר הכתי הוי לדחויי דלעולם בהקטרה מוספין דכתיבי ברישא קדמי וה"ה בפ' הכפורים דלעולם כסף ברישא וכן בהתכלת הוי לדחויי דלעולם מתני' דהתמידין אין מעכבין את המוספין מיירי דבאיה ליה לשניהם ואין מעכבין זא"ז להקדמת הקטרה ומשום דהכי תיקשי דהשתא נמי דאייתי מהעולה דבהקטרה תמיד קודם הכי אפשר לומר דאיירי מתני' בזריקת דם ואשמועינן דהא אין סדרא מעכב לזה סיימו מיהו במנחות הו"ל להביא המשנה עם מלתיה דרבא דמוכח מתרוייהו דבין בעשיית דם ובין בהקטרה תמיד קודם ואפ"ה לא מתוקמא מתני' כלל בדאית ליה ולימר דסדרא לא מעכב ועיין בתוס' וכמ"ש שם כי הדברים מבוארים וק"ל.

בא"ד והקש' הר' יעקב וכו' מוספי ר"ח מקמי מלבד עולת החדש ואמרינן וכו' כל"ל ומה שהי' ואומר ר' שאין זו קושיא דהא מקרא וכו' כלומר דהיא גופה לא מצינן למילף אלא מקרא דהעולה דהקטרת תמיד נמי קודם דמדרשא דמלבד דכל התדיר וכו' איכא דדוקא בעשיית דם דבהא איירי הוא דחיישינן להקדים התדיר אבל מהקטרה דמוספין כתיבי קודם אין זו בכלל וכדבריהם אלו תמצא להתוס' דהתכלת מ"ט ע"א ובתירוצם היינו דכתבו שם וי"ל דהיא גופה שמעינן מהעולה דאין לאחר אע"ג דכתיב מלבד לבסוף וכו' ע"כ וכמו שביאר דבריהם בס' משנה למלך רפ"א מה' תמידין ומוספין יע"ש וק"ל.

בא"ד והר' יעקב תי' וכו' שמעינן בכל דוכתא דכל תדירי וכו' ר' אלעזר התם בפ' כל התדיר וכו' כל"ל ודבריהם צריכים ביאור דהא אביי מפיק לה התם מקרא דמלבד ואדרבא הו"ל להק' דהאי דר"י הייני סברת אביי שם וכמו שפרש"י שם ומכח זה היה נראה לומר דלא הוו גרסי התם דאביי כלל דהשתא משמע ליה לבר' אלחנן דלר"א מפקינן מקרא דהאלה לכל התדירים בין הקדמת מוספין למוספין ובין בעלמא כגון להקדים ברכת יין לברכת יום מטעם תדיר וביולא בהם והשתא לפ"ז נוכל ליישב להרי"י דס"ל דלא מייתי ר"א קרא אלא לענין הקדמת מוספין למוספין ומודה הוא דאכתי צריך קרא אחרינא לגמר בכל מקום דתדיר קודם ואפי' אי גרים הר"י מלתא דאביי ניחא דס"ל דודאי לא פליגי אהדדי וב' קראי צריכי ולא חששו לפי' זה דממתני' כפי דייק דממלבד דייק לכל דוכתא דתדיר קודם וכן התו' בסוגיין תפסו בפשיטות כתי' הר"י ועמ"ש שם וק"ל.

בא"ד ואם תאמר למה הביא במשנה וכו' התם אא"כ וכו' לאיברי עולה כמו שקודם דם חטאת וכו' דהוא לא נחית לפרושי וכו' כל"ל וכללות דבריהם דכיון דמוכח דמתניתין איירי בין בהקדמת דם ובין בהקדמת איברי תמיד הו"ל לאתויי נמי קרא דהעולה מהא"כ נחי' הר"י דלא תיקשי מידי דניחא ליה למנקט פסוק הכולל דמיניה ילפינן לכל התדירי' וכדקתני רישא כל התדיר מחבירו קודם וכו' ותי' שפיר דלעולם תנא איירי בהקדמת עבודת דם דוקא ולא חייש לפרושי דבהקטרה נמי תמיד קודם דהא מדמפליג בתרי הכי בחטאת והכא לא מפליג שמעינן לה זה"ל.

בא"ד וי"ל דה"ש וכו' כל מעשה עולה של חטאת וכו' והקטרה תקדים של חטאת וכו' כל"ל והכונה פשוטה כאילו כתבו יכול יקדמו כל מעשה חטאת לשל עולה דדם חטאת יקדים וכו' וזה מוכרח מן הכתוב ומן הסוגיא שם ולתירוצם זה כיוונו התוס' דהתכלת שם שכתבו א"נ אי לא קראי הו"א מאי דבעי בהקטרה יקדים ברישא ע"כ כלו' אי לאו קרא דבר שני וכו' ושלא כפי' ספר ברכת הזבח שם בספר לאן קדשים שם ומדבריהם דהכא ראיה שכן האמת וכך הבין בספר משנה למלך שם וק"ל.

בא"ד ועי"ל דכיון דגלי קרא דועשה וכו' פשט דבריהם דהכא משמע דלעולם קרא דועשה לא משתמע מיניה השתא נמי אלא עבודת הדם דוקא אבל אי לאו קרא דופר שני הוה ילפינן מתמידין דכך הדין בהקטרה דאם תפרש כונתם דכיון דקרא דתעשו את אלה לי"ש לן ביה בין הקטרה לדם ה"ה קרא דועש' תרוייהו בכלל וכמו שרצה לפרש בס' משנה למלך שם דבריהם דהתכלת שם הנה מלבד דלא משמע כן מדבריהם דהכא עוד זאת תיקשי במאי דסיימו כאן וקלא קשה לי למ"ד בזבחי' וכו' דהיינו הא דאיתא התם פ"ק ו' ע"ב אמתני' דהוץ מן הפסח ומן החטאת וכו' ואשכחן זביחה שאר עבודות מנ"ל הואיל וגלי גלי רב אשי אמר הואיל וגלי גלי לא אמרינן וכו' יע"ש ומאי קושיא שאני הכא דהא כתב הכא לישנא דועשה ומאי דמתפרש לישנא דתעשו גבי תמיד ה"ה דיפורש כאן ואפי' רב אשי יודה הכא דאמרינן כיון דגלי גלי דלא דמי להתם דבעינן לאתויי שאר עבודו' מזביחה מגלי ראיה כלל דודאי התם לא אמרינן ואל תשיבני דלהכי כתבו וק"ק וכו' כלו' דאינה קושיא מוכרחת כ"כ די"ב לייסבה כמ"ש דזה אין נראה דמשמע דמעיקרא לא היה כאן קושיא אלא ודאי משמע דלעול' קרא דועשה ותעשו דהכא ודהתם בדם מתוקם אלא דילפינן דה"ה הקטר' מדגלי גבי תמידין מקרא דהעולה דה"ה הקטרה ומ"ש וק"ק וכו' היינו משום די"ש לפרש שם בזבחים כפי' בעל ס' כריתות והובא בס' גופי הלכות בכללי הגימ"ל סעיף קי"ח דודאי מודה ר' אשי דהיכא דקרא אצטריך לגופיה ודאי אמרינן כיון דגלי גלי ורב אשי ה"ק האי הואיל דגלי גלי דשמעתין לא אמרינן דשמא יש שום גרעון בזה אבל בעלמא אמרינן וכו' יע"ש ולהכי כתבו וק"ק שהרי אם לדחוק לפרש כפירוש זה אין כאן קושיא כנלפ"ד וק"ל.

בא"ד ועי"ל דמוהקריב וכו' דדרשינן [(זבחים ל' ע"א)] שיהיו וכו' כל"ל ולפ"ז הא דמסיים שם אי פר שני יכול תהא עולה קודמת להטאת לכל מעשיה ת"ל ועשה את האח' חטאת וכו' הגם דכתיב והקריב את אשר לחטאת ראשונה ה"ק דהו"א דלא ילפינן מהתם דקרבן שבועת העדות וכו' ואימא דדוקא בחטאת העוף ועולת העוף דבהא איירי התם הוא דוהקריב את אשר לחטאת וכו' אבל הכא הא גלי קרא ופר שני דעולה קודמת ת"ל ועשה וכו' מיהו רש"י ז"ל שם נתכוון לאפוקי מפי' זה שכתב יכול תקדום חטאת וכו' כדכתב ועשה את הא' חטאת וכו' ויש ראיה לפי' מברייתא דת"כ פ' ויקרא דקתני ר' אומר מה"ל ופר שני וגו' אלא לפי שנאמר ועשה את האחד חטאת וגו' יכול תקדום חטאת לעולה בכ"מ ובכל מעשיה ת"ל ופר שני וכו' וק"ל.

בא"ד ועי"ל דבכלל וכו' שלא נלמוד איחור במה שיהיה כתוב וכו' כל"ל ומה שסיימו כי אין משמשת וכו' פשוט הוא שנתכוונו לתרץ דלפ"ז מאי פריך התם בהגוזל אלא מעתה מלבד עולת הבוקר הכי נמי וכו' והאמר רבה העולה וכו' דשאני התם דגלי קרא דהעולה דמלבד לאו היינו איחור ועיין בתוס' שם וכמ"ש כאן תו' דסוגיין. ומ"ש והשת' לא תיקשי כלל מתעשו דבבק' ומועשה הא' וכו' כנלפ"ד של"ל וכלו' מתעשו דכתיב גבי מלבד עולת הבקר וכו' דאיהו נמי משמע מניה הקטרה כמו שפי' וק"ל.

בא"ד אך ק' לר' למה לי העולה לאקדומי וכו' הגם דלכאורה משמע דלמאי דסיימו אין מקום לקושיא זו דפשיטות י"ל דהגם דכתיב את הכבש א' תעשה בבקר ולשון עשיה משמע נמי הקטרה מ"מ אי לאו קרא דהעולה הוה מפקינן מתשמעותיה מכח דהקטרת מוספין כתיבי ברישא והיינו אמורים דבבקר אעבודת דם

דוקא קאי מ"מ יש לפרש דבריהם דלפי' ר' דהקדמת עבודת דם הא נ"ל מקרא דמלבד וכו' תעשו את אלה כדפי' לעיל א"כ למאי אצטריך למכתב הכא בקר והתם ביום אי לאו דאשמועינן דהקטרה נמי קדמה ותידרוש מלבד עולת הבקר דלאו היינו איחור למוספין דכן משמע דבבקר דתמיד אהקטרה איברים נמי קאי כדנ"ל דקטורת קודם לאיברים יוקדם דבר וכו' ותיר' הר' אלחנן דס"ד דהגם דודאי לענין שחיטה דם תמידין קודמין למוספין כדנ"ל מקרא דמלבד מ"מ הו"א דלענין הקטרה מוספין שהם באים לחובת היום שבת או ר"ח עדיפי דס"ד דשם שבת עליה' משא"כ תמיד שהרי הוא בא אף בחול וכדס"ד בזבחים ל' ע"ב בבעיא דתדיר ומקודש דמוספין קידושי מתמידין מה"ט יע"ש ואה"נ דלס"ד זה הו"א דבקר דתמיד אדם דוקא קאי וב' קראי א' למצוה וא' לעכב וא"כ דקאי אאיברים להקדימם לשאר קרבנות חוץ ממוספין קמל"ן קרא דהעולה דע"כ להקדימם אף למוספין אתא דלשאר קרבנות מבבקר דקאי נמי אאיברים נפקא ור' תירץ וכו' דלא קאי בבקר אאיברים וכו' כנלע"ד של"ל וכלומר דלעולם דאי לאו קרא דהעולה לא הוה ידעינן הקדמה כלל להקטרה אף לשאר קרבנות דאימא דלא הקפיד הכתוב דמלבד וכו' אלא אדם דוקא ולא הוה מוקמינן דרשא דהכא כתיב בבקר והתם כתיב ביום אלא גבי שחיטה דוקא וב' קראי א' למצוה וא' לעכב כנלע"ד לפרש דבריהם הגם כי סתומים המה ועיין בתו' דסוגיין ומ"ש שם בענין זה מתוספתא דמנחות יע"ש וכבר היה אפשר לפרש עוד דמ"ש למה לי העולה לאקדומי קאמרו דבריהם ור"ל למ"ל גם כן קרא דמלבד עולת הבקר וכו' דכוליה קרא מייתר דבין הקדמת דם והקטרה דתמיד נפקא ליה מדהכא כתיב בקר וכו' דבקר דתמיד אתרוייהו קיימי ואם כן מהכא נפקא לן דקודם למוספין והוא הדין לשאר קרבנות ופי' הר"א דהו"א דלעולם בין בדם ובין בהקטרה מוספין קדמי מטעם שהם חובה ולא הוה דרשינן ביום לאחר לענין זה ולהכי איצטריך קרא דהעולה וקרא דמלבד ור' תירץ וכו' אבל יותר נראה המשך דבריהם כפי הדרך הראשון שכתבתי ומה גם דגם לפי' זה אכתי תיקשי דתלתא קראי למ"ל בקרא דהעולה ובדרשא דבקר וביום סגי ומלבד עולת הבקר למה לי ועיין בתו' שם ודו"ק.

באו"ד דגבי נסכים כתיב בבקר (וכתב) [דכתיב] אשר לעולת הבקר וכו' פסוק זה לא מצאתי אלא כתוב בקרבנות פנחס מלבד עולת התמיד ומנחתה ונסכיהם ומהתם אין ראיה דהא לא כתי' בקר ומקרא דמלבד עולת הבקר אשר לעולת התמיד התם לא כתיב נסכים אלא בקרא דבתריה על עולת התמיד יעשה ונסכו ועל כן הנראה להגיה דגבי נסכים כתיב בקר דכתיב כמנחת הבקר וכנסכו וגבי מוספין וכו' וכלשון התו' דסוגיין ד"ה חביתין וכו' א"נ דכל"ל דגבי נסכים כתב בבקר כמנחת הבקר ונסכו וכתיב מלבד עולת התמיד ומנחתה ונסכיהם וגבי מוספין וכו' ושתי ראיות מייתו אי משום דבנסכים כתיב בקר ובמוספים ביום ואי משום דמדכתיב מלבד עולת התמיד דמשמע הקדמה כדמסיק בהגהל אם כן שמעת מיניה דנסכי תמיד נמי קדמי למוספים דכתי' קמי' אלא דאם כן לא תירץ ולא מידי וע"כ יותר נראה להגיה כדברי התוס' דמקרא דמלבד עולת התמיד אימא דהגם דמלבד משמע הקדמה מ"מ נסכים דמוס' עדיפי מנייהו שכן זבח לעולם דקדמי לנסכים ולא קאי מלבד אלא אעולת התמיד דוקא ולהכי איצטריך קרא דזבח ונסכי' וק"ל.

באו"ד ואמרינן נמי בע"ז וכו' בר"ש שתא בג' שעי וכו' אלמא מותר להקדים וכו' ליחיד בשאר ימות השנה ולגבו' אף בר"ש שתא ועיין ברש"י שם ובתו' ר"פ תפלת השחר. ומ"ש ואמרינן בירו' וכו' ומהלך ארבע אמות וחוזר ומתפלל וכו' דליכא למימר שהיה ר' ינאי באותו יום מתפלל של שחרית סמוך לחצות היום דכשגמר שחרית התפלל מוסף שהגיע זמנה בשש שעות הדא דודאי היה מתפלל שחרית בעיקר מצותה בהנץ החמה ועוד דהא קיי"ל כר"י דאמר תפלת השחר עד ד' שעות כדפסק רב כהנא שם בפ' תפלת השחר משום דתנן בבחירתא כותיה ור' ינאי ודאי ה"נ ס"ל ולא כרבנן דאמרי עד חצות וק"ל.

באו"ד (וא"ת) [וא"כ] אמאי קא' ר"י בפ' וכו' לאחר ז' נקרא פושע וכך בגי' הספרים שבידינו שם ל"ג אלא אמתניתן דקתני ושל מוספין כל היום אר"י ונקרא פושע כו' כאן אבל לפי גירסתם מקשו שפיר דהא הגם דרבנן קאמר מוספין כל היום מודו דעיקר זמנה ז' כדמשמע בריש תמיד נשחט [(ועיין מה שהקשו התוספ' שם ד"ה ושל מוספין כל היום וכו')] דע"כ ל"פ ר"י בברייתא דתנה עד ז' שעות ועוד אין לו זמן אבל בעיקר זמנה תרוייהו מודו ואם כן הול"ל ונקרא פושע כשלא התפלל בעיקר זמנה וק"ל.

באו"ד ומכאן אומר ר' שאין להשהות ביום וכו' כרבנן דר"י דאית להו וכו' המנחה קודמת הוו בעון מימר וכו' להתפלל שתיהם תפלת המנחה וכו' הוו מללין דמנחה וכו' כל"ל. ורא"יתם דע"כ הירו' ה"ק דדוקא בשלא הגיע זמן תפלת המנחה דהיינו מנחה קטנה שאין עוד זמן אחריה אלא שהוא עומד בזמן מנחה גדולה הוא דאמרינן דדוקא בדיעבד אם הקדים מנחה יצא אבל בזמן מנחה קטנה לכתחלה יש לו להקדים מנחה למוספין והיינו דתייתי ראיה מריב"ל דמדקאמר ומטא יומא לט' שעין דהיינו זמן מנחה קטנה משמע דדוקא בזה יש להם להקדים תפלת מנחה לאכילה שהרי אף למוסף היא קודמת אבל בזמן מנחה גדולה אין לחוש להקדימ' לאכילה כמו שאין חשש להקדימה למוספין אלא שבירו' שבידינו הגירסא שם ומטא יומא לז' שעין וכן העתיק הרא"ש בפ' תפלת השחר אלא דסיום דבריו שכתב שם משמע שכך אמר להם דבשעת מנחה קטנה שהוא עיקר זמן המנחה וכו' יע"ש אינם מתפרשים שפיר לפי הגירסא שהעתיק אלא לפי גי' דט' שעין וכבר בס' מעדני מלך נדחק שם בפי' יע"ש ובס' שדה יהושע בפי' הירו' שם והנה בכלל דבריהם דלעיל עיין בהרא"ש ורבינו יונה שם כי שם מבואר יותר וק"ל.

ד"ה מה מנחת הבקר וכו' דה"ג וכו' מדלא כתב באיברי הבקר כל"ל ונראה שבאו לשלול דלא נפרש דהא דקאמר מה מנחת הבקר קטורת קודמת לנסכים דמהך קרא גופיה נפקא לן דה"ק קרא כשתרצה לעשות כמנחת הבקר וכנסכו כבר קודם זה תעשה אשה ריח ניחוח לה' דהיינו קטורת וכאותו פי' שכתב הריטב"א יע"ש דהא ליתא חדא כמ"ש הריטב"א שם דלא מצינו לשון אשה ריח ניחוח על הקטורת יע"ש ועוד דאין הכרע לפרש האי תעשה שהוא קודם דיש לפרש כשעשית כמנחת הבקר וכנסכו אז תעשה אחריהם אשה וכו' אלא ודאי דהא נ"ל מהא שהרי היא קודמת אף לאיברים כדלעיל יוקדם דבר שנאמר בו בבקר בבקר וכו' וכן פרש"י ז"ל וק"ל.

ד"ה כמנחת הבקר וכו' תהא מאוחרת כשל בקר וכו' לא יהו מאוחרין כשל בקר וכו' כל"ל והא דמהדרי להכריח הדבר יותר מדמשתעי באיברים בריה קרא ולא סגי להו לפרש דאם איתא דגם איברים של ערב מאוחרי' לקטור' הול"ל כאיברי הבקר וכמנחתו וכנסכו תעשה כפרש"י וכ"כ הריטב"א יע"ש משום דיש לדחות דקרא חדא מנייהו מנחת נסכים נקט וה"ה דאיתקוש איברים נמי אהדדי והא אצטריך קרא לאשמועינן דבשל ערב נמי קטורת קודם לנסכים הגם דתחלת עבודה הם ואינם קרבי' אלא ביום וכ"ש שיקדי' להקט' איברים שאינם אלא גמר עבודה וכשר להקטירם בלילה וק"ל.

ד"ה ולא באיברי הבקר תימא להר"י וכו' יש לדקדק דמאי ק"ל הא בהדיא איתא במנחות פרק ר"י ע"ב בא וראה כמה חביבה מצוה בשעתה שהרי הקטר חלבים ואיברים כשרים כל הלילה ולא היה ממתין להם [(בשבת)] עד שתחשך ע"כ וא"כ ודאי דהקדמת איברים דקתני היינו כשהיו נקרבים כעיקר מצותם ביום וי"ל דמשמע ליה דכיון דמ"מ יכול להקטירם בלילה ואפי' לכתחילה מעתה קרא דלא כאיברי הבקר אהא נמי קאי דאיברים קודמים וניחא ליה דשפיר מצינן למימר דאם שהה אותם לערב ודאי דקטורת קודם דלא איירי קרא אלא כשבא להקריב שניהם ביום דאז איברים קודמי' ודומי' דאיברי בקר דאיירי בהכי דאלת"ה לא שייך לומר דקטורת של שחר קודם לאיברים אלא דקודם למנחה וחביתין ונסכין כיון דאיברים שהה אותם להקטירם בלילה כנלע"ד וק"ל.

ע"ב ד"ה אמר קרא וכו' והיינו קרא וכו' ולא דייק בלישנא למימר אם נאמר לכבש למה נאמר האחד דלא ניחא להו לפרש כפרש"י שם דהיינו קרא דאת הכבש א' תעשה בבקר וכמ"ש בסוגיא יע"ש דהאי אורחיה דקרא הוא דמעיקר' קאמר כבשי' בני שנה תמימים ב' ליום והשתא קאמר דא' מהם יעשנו בבקר וכו' אבל אי דריש קרא דלכבש הא' ניחא דאתיא כס' רבנן דלכבש על של בין הערבים דאיירי ביה קאי והשתא אייתר להו האחד למדרש א' מיוחד כדמסיק הכא דלר' דהא נפקא לן מומבחר נדריך אייתר ליה הא' לומר דפי' דנסכים קאי אבל שחרית שנאמר בו א' וילמד

ערבית משל שחרית וסיימו על זה דמצמגס היה ר' וכו' וכותס דבשלמא לרבנן ניחא דאיצטריך האי א' ללמד דין מיוחד שבעדר דלא שמעי' ליה משום דוכתא אפי' בדשחרית דהא אסקינן דהתם במגילה לאו מקרא דאת הכבש א' תעשה בבקר יליף אלא מהך דהכא גופיה ואה"נ אי הוה ידעינן דבשל שחרית בעינן מיוחד הוה קשיא לן נמי גם לרבנן מלד אחר דלישתוק מא' וילמד ערבית משל שחרית דע"כ לא אמרו כאן ילמד שחרית וכו' אלא משום דקרא דנסכו וכו' על של ערב קאי אבל לר' תיקשי למה הולרך לכתוב א' בשביל זה לומר דקאי על של שחרית ודילמד ממנו של ערבית דמאי נ"מ ומאי יש לחוש בזה הא א"כ לא כתב א' והאמי' דלכבש על של ערב דסמיך ליה קאי אפ"ה ע"כ היינו אומרים דכן יהיו ג"כ נסכי' בדשחרית וילמד שחרית משל ערבית דהא גלי קרא כמנחת הבקר וכנסכו דלא ניחא להו לפרש כפי' התו' בסוגיין דפליגי לידע איזה מהם עשה הכתוב עיקר לענין כשאין נסכים אלא לאחד מהם דהא משמע דליכא ביניהו אלא משמעות דורשין מדלא בעי תלמוד' מאי ביניהו ולשמועינן עובדא דא"כ כמ"ש התו' ודלאו משמעות דורשין בעלמא א"כ כדמשמע לכאורה ועיין בתו' ריטב"א ולזה סיימו וקלא נ"ל וכו' כלומר דאה"נ דליכא ביניהו אלא משמעות דורשין דר' סבר דדין וסברה הוא דילמד ערבית משל שחרית דשחרית עדיף לן טפי שהוא הקודם ועוד שאין מתכוין המזבח אלא בו כדאיתא בהתכלא מ"ט ע"א וגם מלינו שלענין קטורת גילה הכתוב בשחרית ללמוד משל ערבית כדאיתא לעיל בדרשה דר"י דבמנחת הבקר וכנסכו מה מנחת הבקר קטורת קודמת לנסכים וכו' וה"ה כאן ורבנן ס"ל דכיון דקרא אבה"ש קאי ועוד דאחד איצטריך לדרשא דמיוחד לא חיישינן הו לס' זו והכא דגלי בה קרא דבמנחת אלא יש ללמוד שחרית משל ערבית כנלע"ד לפרש כוונת והמשך דבריהם וק"ל.

ד"ה חד בחובה וכו' בחומש הפקודים רבי אלעזר בר שמעון אומר שני אילים הם ומאי אחד וכו' אלא סבירא להו כרבי וכו' כן לריך להיות ועיין בסוגיא שם כי הדבר מבואר וקל להבין.

ד"ה אפי' תימא וכו' ואפי' בפסיק רישיה מתוקמא וכו' כצ"ל ולכאורה משמע דזה לפי שיטת בעל הערוך שכתבו בתו' להתיר אפי' לכתחלה פסיק רישיה דלא ניחא ליה יע"ש אבל יש לפרש דלגי' דבסמוך הכא דאין כאן חיוב חטאת מדאורייתא אבל בכריתות דזה א"א כיון דהכא קיימינן לר"י ויכול להיות דחייב מדאורייתא משום מלאכה שאינה וכו' ואף במקדש אסור ומעתה ע"כ לאוקומא בדלא הוי פסיק רישיה בדוקא וכיון שכן תיקשי קושייתם בדיבור הסמוך לזה ומ"ש דהכהונה לא איירי אלא לר"ש דוקא כן משמע נמי מדברי התו' שם שכתבו ד"ה בארעא דהבריה פי' דהוא מלאכה שאינה לריכה לגופה ע"כ ועיין בס' עבודת ישראל ס"ח ע"ב וק"ל.

ד"ה ומי אמר וכו' וא"ת מאי פריך וכו' כצ"ל והנה תי' הר"י אלחנן שכתבו בסוף דבריהם שכן עיקר לריך להסכימו עם גי' ופי' דבסמוך הא דהכא דהשתא נמי סלקא דעתיה דדוקא הכא שרינן דבר שאין מתכוין מטעם דאין שבות במקדש מכל מקום אי אין מתכוין דפסיק רישיה אסור מדאורייתא יש לאסור גם בצירוף משום דהכא דלא הוי פסיק רישיה בודאי מ"מ קרוב הוא לכשיבי' לידי צירוף ומלאכה ממש ואין להתיר שבות כזה במקדש וכמ"ש הריטב"א בחי' דשבות חמור שדומה למלאכה אין להתיר יע"ש.

בא"ד ור' תירץ וכו' כדאמרינן באם לא הביא [(כלומר פ' ר"א דמילה דף קל"ב ע"א)] וכו' נחשים ועקרבים ע"י מנעל [(כצ"ל וכלומר דדורסו במנעלו יע"ש)] וכו' כונת תי' ר' לתרץ כולה מלתא דהכא ודדיבור דלעיל דלעולם הכא נמי בצירוף פסיק רישיה הוא וסוגיין אתא לפי סברת אביי דמעיקרא דהוה ס"ל שם בפ' ר"א דמילה דאין חילוק לר"ש בדבר שאין מתכוין אפי' בדפסיק רישיה ודומיא דהכי הכא במקדש לר"י שרינן בכל גוונא כיון דלא הוי אלא מדרבנן ואע"ג דבאין מתכוין דפ"ר יש כאן חיוב מדאורייתא משו' מלאכה שא"ל לגופה מ"מ ס"ל להמקשה דס"ד דאביי דע"כ לא מחייב ר"י אלא במתכוין לעשות אותה מלאכה אלא שאינה לריכה לו כגון הורג נחש שמתכוין להורגו אבל אינו לריך גוף הנחש שלא הוא להנצל מן הסכנה אבל הכא דאינו מתכוין לצירוף כלל אלא לחמם המים וצירוף ממילא קאתי אין כאן איסור אלא מדרבנן ובמקדש לא גזרו ומ"מ פריך מהביא דבהרת דדמיא להכא דממילא קאתיא קה"ל' בהרת דהגס דאין כאן חיוב מלאכה שא"ל לגופה מ"מ אסור מלד איסור שאין מתכוין דהוי מדאורייתא וכ"ה הכא דאין לחלק במקדש בזה וסיימו דזה דוחק לומר שיטעה התלמוד בכך לומר דאביי התיר לר"י אפי' באין מתכוין דפסיק רישיה ומש"ה פריך מהביא דבהרת דכיון דסוף סוף מלאכה נעשית כאן בודאי סברה הוא דאין לחלק בשאינה לגופה בין מלאכה למלאכה ודכולהו ר"י מחייב דבשלמא מאי דהוה ס"ד לאביי שם בפר"א דלר"ש אין חילוק ניחא כיון דפטר במלאכה שא"ל לגופה מטעם בדבר שאינו מתכוין דמותר לר"ש ס"ד דאין חילוק בין פ"ר ללא פ"ר משא"כ לר"י דמחייב אין סברה לומר שיפטור בפ"ר דלא מכוין אלא העיקר כדאסיקו לעיל דצירוף דהכא לאו פסיק רישיה הוא ומש"ה שרינן ליה באין מכוין במקדש ואפ"ה פריך שפיר מפ"ר דבהרת כדתי' הר"א אלחנן כנלע"ד וק"ל.

ד"ה הני מילי וכו' דתיפוק לי וכו' כצ"ל ועיין בתו' ריש ד"ה הני מילי וכו'. ומ"ש שלפני' זה משמע וכו' מיירי בצירוף גדול וכו' כצ"ל וכלומר דלמאי דאסיקו לעיל מהכא מיירי בצירוף דלא הוי פסיק רישיה נדחה דהת' איירי בצירוף גדול שהרתיחה המיחס עד שהיה מלובן מאד דכשנותן לתוכו מים ודאי מלרף והוי פ"ר דאסיר מדאורייתא דהא כיון דמיחס לתשמיש מים חמין עומד מהיכא תיתי לומר שהיה מלובן מאד וק"ל.

בא"ד ועוד דהאי פריך לה מדאמר אביי וכו' כצ"ל ועיין בתו' ולעיקר הקושיות עיין מ"ש בתו' זולת מה שהוסיפו להק' כאן דהו"ל ה"מ באיסורא דאורייתא יש ליישב דלהכי נקט האי לישנא לאשמועי' דבכל דוכתא אף לענין שבת דבעינן מלאכ' מחשבת מ"מ בדבר האסור מן התו' אסר ר"י שאין מתכוין מדרבנן וק"ל.

בא"ד על כן נראה לר' וכו' כגון גבי כלאים דמוכרי כסו' וכו' דהא דתנן בסוף כלאים דמוכרין כדרכן ובלבד שלא יתכוונו וכו' ר"ש היא כמו שפרש"י בפ' כירה מ"ו ע"ב והכי משמע בפ' כל שעה כ"ו ע"ב דלר"י לא משכחת לה היתרא אלא בימות החמה כשאינו נהנה כלל כמ"ש הרשב"א בחי' לריש יבמות ד' ע"א לשם הרמב"ן וק"ל.

בא"ד והשתא פריך שפיר וכו' כלומר דלפ"ז ע"כ לפרש הא דקאמר אביי אפי' תימא כשהגיע לצירוף דבר שאין מתכוין מותר דהכונה דכיון דמן התורה מותר הכא במקדש לא גזרו וא"כ השתא פריך שפיר מהביא דבהרת דמשמע דמן התורה אסור וכמ"ש התו' יע"ש וסיימו ודוק לישנא דבכל דוכתא וכו' וכלומר דלפי רש"י דאסר ר"י שאין מתכוין דאורייתא באיסורא דאורייתא אף לענין שבת א"כ הו"ל בכל דוכתא דבר שאין מתכוין חייב כי הוכי דקאמר מלאכה שא"ל חייב אלא ודאי משמע דנגדי שבת אפי' באיסור' דאורייתא אינו אלא מדרבנן ולזה יש ליישב דס"ל לרש"י ז"ל דמ"מ אהני ליה לר"י מלאכת מחשבת לאפוקי שאין מתכוין מחיוב חטאת ולאוקומי אאיסו' לחודיה מדאורייתא ולהכי קאמר לישנא דאסור ומותר ולפ"ז גם לרש"י לריך ליישב ההיא דפ' ספק אבל כמ"ש בסמוך לשיטתו דמתכוין דהתם שאני וכן תקשי נמי לדידי' ההיא דפ"ק דפסחים שכתבו לקמן דמאי לא קאמר דקדוד ליכא אלא איסור' דאורי' משא"כ חמץ דיש כאן כרת אלא לריך ליישב כמ"ש בסמוך לפי' וק"ל.

בא"ד כגון שנתכוון לכבות זה ובערו וכו' כצ"ל ומ"ש וק"ל משם נראה שלריך להגיה כה"ר משה וכו' או הכונה קל להבין משה או נ"ל כמו שהוכיח לשם הקו' משה שכן הוכיח שם רש"י ז"ל דהיינו חיוב מדרבנן יע"ש ולעיקר דבריהם הנה לפי' הגי' שלפנינו דגרים במלתיה דת"ק חייב חטאת וכו' משמע דבחיוב דאורי' פליגי ודומיא דהכי דקא' חייב ופטור דר"י ור"ש מדאורי' הוא אם לא שנאמר לגי' זו דר"א ס"ל כר"ש בעני' דאין מתכוין אבל אכתי א"כ דלר"א חייב מדאורי' ולר"י מדרבנן ועמ"ש בתר וק"ל.

בא"ד ור"י מחייב בדבר שאין מתכוין בזה דהוי וכו' כצ"ל כלומר בזה דהוי מלאכה גמורה דפ"ר הוא אלא שא"ל ועיין בכל זה בתו' כי שם הדברים מבוארים יותר ומ"ש וא"ת כי פריך בפ"ק דפסחים [(י"א ע"ב וכו')] אפי' שביד ליה וכו' כצ"ל וכלומ' דהתם כותו לקדר הבהמה לא לעשות בו חבורה וגם אינו בודאי שיעשה וא"כ דפ"ר הוא וחייב לר"י דמלאכ' שא"ל לגופה הוא דהא קטן דר"ש מתיר התם אף לחדר כדאי' במס' ביצה כ"ג ע"א

ג' מתלוקות וכו' ורא"ע ס"ל כר"ש זכו' ובין קדור ובין קרלוף פרי וכו' וק"ל.

באד"ה הקשה ריב"א מדאמרינן פ' כירה מ"ב ע"א וכו' הא ברה"י אסור מדרבנן וכו' דלאו בת גבוי הוא כמו שפי' רש"י שם **ובסוף** כל התדיר ועיין בסמוך ותי' דאין שבות במקדש וכו' ולפ"ז כ"כ דהר"מ לאקשויי נמי והלא מכבה אלא דא' מנייהו נקט. ודע דבירושלמי דפרקין פריך לה אהך דר"י ולא כמכבה ביוה"כ ומסיק דר"י סבר דאין תולדות האש כאש כלומ' דלאו בת כבוי כיא וכפי' רש"י ומכאן ראיה לפי' ריב"א דלפי' דבסמוך דהכא איירי שאינו תם כ"כ מאי פריך ולמאי אצטריך לדחוק ולומר דרבנן דמתני' דלא שרו אלא במחמין לו תמין ר"י פליגי אי תולדות האש כאש או לא לימא דרבנן תדא מנייהו נקטו וה"ה תקנתא דעששי' כיון דאין כאן איסור כיבוי כלל ול"ל לפי' דהגם שהם חמות ומלובנו' ברגה אינו בודאי שיגיעו לצירוף ואפשר שיהו מעט במים וכו' כמ"ש הריטב"א בחי' יע"ש וק"ל.

דף ל"ד ע"א **ד"ה** פילוסין וכו' פר"ח מלבוש וכו' וכן פי' הערוך ערך פלס פי' פילוסין והנדוין שניהם מלבוש בלשון יון ע"כ והדבר מבואר יותר בפירוש המשנה להרמב"ם שכתב פלוסים והנדויים מינים מן הבגדים ידועים אצלם בזמנם ויש הפרש ביניהם בצורת החיתוך בלבד אבל עלמן ר"ל השתי והערב שלכן הוא מפשתים הלבן כמו שביאר הכתוב ע"כ מיהו מל' הירוש' דפרקין דקאמר ואין שני של פלוסין יפה מראשון של הנדוין וכו' יע"ש יש לדייק שהם מיני פשתן הבאים ממקומות חלוקים אשר זה משובח מזה וכפרש"י וק"ל.

באד"ה ובת"כ מפיק וכו' כלו' ולא מפיק ליה מדרשא דבד בד דדריש תלמודא בסמוך ושמא משום דת"כ הא דריש להו התם בפ' אחרי מות למלתא אחריתי בד שיהו של בוץ וכו' ועי"ש ובס' ק"א ואע"ג דבפ"ב דזבחים מייתי נמי הנהו דרשות דת"כ מ"מ ס"ל לתלמודא דהכתי אייתר ליה לדרשא דהכא ע"ש ובס' משנה למלך פ"ח מה' כלי המקדש חה מוכרח דלדרשא דהכ' בשני בד סגי לומר מובחר שבבד וכן לירו' דפרקין דקאמר מאי כדון וכו' בשתר כתיב בד בד ד' פעמים ובמנחה כתיב בד דהיינו קרא דולבש את בגדי הבד דמוקמינן ליה לבה"ע בתרי בד בשחרית ותד בערבית סגי אלא ע"כ דאצטריך לשאר דרשות דפ"ב דזבחים ולזה כיוונו בדיבור הסמוך שכתבו אמר קרא וכו' דפ"ב דזבחים נמי דריש וכו' כלומר דאי ק"ל דלדרשא דהכא בתרי ותד סגי הא ל"ק דפ"ב דזבחים וכו' ועיין בתוס' והנה מכאן אתה דן שלא הועיל בס' קרבן העדה לתרץ לקושית בעל ס' משנה למלך בפ"ח מהל' כלי המקדש וכ"כ בפר"ח בהל' עי"כ למה שהרמב"ם השמיע הא דבשאר עדיפי דכתב דכיון דבזבחים פ' ב' מלריכין כל בד דמיותר בקרא א"כ ליכא דרשא דשל שחר עדיף משל ערבית עכ"ד דמלבד דמדקא' תלמודא דבה"ע השחר וכו' משמע שהוא ענין מוסכם עוד זאת דהכתי אייתר לן ב' בד לדרשא דהכא כנראה מדברי התוס' כאן ועי"ע מ"ש התוס' דסוגיין ועוד דמה יעשה לדר' דת"כ דקאמ' בהדיא דלריך לשנות בשל ערב ובודאי דפתוחים קאמר כדמשמע ממתני' וזה פשוט ועי"כ דברי הרמב"ם עדיין לריכים ביאור ועמ"ש בסוגיא וק"ל.

ע"ב ד"ה מאי לאו וכו' וא"ת הא מיירי בליליא' וכו' דלא משמע להו לפרש כפרש"י ז"ל דה"ק וכשיחזור ויכנס שם בה"ע ולבש בגדי בד וכו' דמדקאמר והניחו אותם בלשכות הקדש משמע שכבר כלה מלאכות כל העבודות דבגדי בד ותו' דמשמע ליה שכל היום ילבשו בגדים אחרים כלומר שכל לבישה שיעשה בשאר היום כגון מקרא פרשה שיעמוד בבגדים לבנים כדלקמן בר"פ בא לו בעי שיהיו חשובים מן הראשונים וא"כ ה"ה בלבישת לבנים דלצורך הוצאת כף ומחתה דבעינן חשובים יותר מדשחרית דכ"ש הוא כיון דנכנס בהם לפני ולפנים וכבר אפשר להסכים דבריהם לפרש"י ז"ל ושכל היום וכו' שכתבו כיימו אותם שלובש להוצאת כף ומחתה ואפ"ה ק"ל דאימא דקרא לא איירי אלא בלבישת בגדי זהב ותירץ דקרא בכל לבישות שיהיו משילא מבית קדשי הקדשים איירי דבכולהו בעינן בגדים אחרים וק"ל.

באד"ה וא"ת מנא ליה וכו' להוצאת הדשן דנימא פתותי' חשובים מיהא וכו' דילמא כאותם וכו' כנ"ל וטנחם דהשתא דאמרת דקרא משמע דבכל היום ילבשו וכו' ומשמע דהיינו מדכתיב אחרים דמרבה כל לבישות אחרות דאי בבגדי זהב דוקא איירי אחרים למ"ל

א"כ מנין לו לומר שיהיו חשובים כא ודאי דאין סברה לומר כאן פתותים דומיא דהוצאת הדשן דשאני התם דסברה הוא משו' בגדים שבשל קדרה וכו' משא"כ הכא דלמה יהיו אלו פתותים כיון שגם בהם נכנס לפני ולפנים מ"מ דילמ' דסגי לן שיהיו כאותם של שחרית דוקא.

ד"ה לובשה וכו' והא דקתני במשנה אלו משל צבור וכו' כונתם דהשלמת לפי' דאלק דדוקא בהוצאת כף ומחתה דאיירי בה מתני' דהויא גמר עבודה של קטורת והשיבא דנכנס בהם לפני ולפנים הוא דבעינן שלא יהיו כולם משלו אבל לפרש"י קשי' דליכא למימר דשפיר קתני אלו משל צבור דכיון דמשרה לצבור דבעינן מעתה כרי היא של צבור דא"כ תפרש הא דמסיים בה ואם רצה להוסיף מוסיף משלו דהכונה דלעולם יהיה התום' שלו ולא בעי מסירה לצבור על התום' וזה אין סברא דהא בעינן בגדי קדש דמשמע שיהיו כולם משל קדש וליכא ועוד דלמה הוצרכו ר"י ור"א למסרה כולה לצבור לא היה להם למסור אלא השיעור שצריך שיהיה משל צבור דהיינו ח' מנה לר"מ וי"ב לרבנן אלא ודאי משמע דמוסיף משלו דקתני היינו בתנאי שימסרם לצבור וכ"כ הרמב"ם ז"ל בפי' מתני' ואמרם אם רצה להוסיף וכו' ובתנאי שיתן אותו התוספת להקדש ע"כ וכ"כ בחי' פ"ח מהל' כלי המקדש וכתב הכ"מ שם כן משמע שם בגמ' ל"ה ע"ב ומשמעות זה היינו מ"ש מעובדא דר"י ור"א ועיין בספר משנה למלך בסד"ה ומ"ש רבינו וב' כותנות וכו' וכיון שכן ע"כ הא דקתני רישא אלו משל צבור היינו דיבאו ממש מתרומה הלשכה והכא משמע דכתונת זה שעשאה כולה משלו ותי' דאלו משל צבור היינו אם הוא רוצה שלא למסור לצבור כולה משלו אבל הרוצה עושהו כולה משלו ומוסרה לצבור ועיין בתוספתא דספ"ק דמכלתין וק"ל.

ד"ה ובלבד שימסרנה וכו' ולא ידע ר"י מאי שנא מקטורת וכו' כדאיתא פ' כל שעה כ"ו ע"א ובפ"ק דכריתות ו' ע"א וכ"כ דתיקשי נמי מההיא דפ"ק דר"ה ז' דקאמר דיחיד שהתנדב לקרבנות צבור משלו כשרים במסירה לצבור יע"ש ולעיקר הקושיא עיין מה שתירץ בתוס' דסוגיין וק"ל.

דף ל"ו ע"א **מאן** שמעת ליה וכו' ולמזבח לפון דסומכין במקום ששוחטין וכו' כנלע"ד שצ"ל ועמ"ש רש"י ז"ל ובמ"ש שם בי בדברים מבוארים.

ד"ה אלא מאי איח וכו' וא"ת נוקמיה בין אולם וכו' אין דבריהם מובנים לע"ד דהא קושטא הוא דמוקמינן ליה בין אולם למזבח משום חולשא דכ"ג והיה נלע"ד להגיה בדבריהם נוקמיה בין כותל למזבח וכונתם כקושית התוס' בסוגיא דמאי קס"ד דהמקשה דלראב"ש נמי תיקשי דנוקמיה בין כותל למזבח דהוא מקום הראוי לשחיטה לכ"ע ואם תאי דחיישי' שמא ירבין גללים אבל במזבח ממש דזה גנאי גדול וכתי' ועוד שכתבו התו' כמו שפי' שם יע"ש וק"ל.

ד"ה ובלבד וכו' ולא ידו על גב ידו וכו' דלהיות דבעי' סמיכה בב' ידיו על ראש הבהמה ממש כדמסיימי [(מת"כ דפ' אחרי מות ומ"ש בס' קרבן אהרן שם נ"ל דלמד זה וכו' יע"ש עיין בס"ש ב' מדות דיליף מדכתיב ידו חסר וכתב שתי זה בנין אב וכו')] לא מקיים מצות סמיכה בידו השני שע"ג ידו הראשונה דהא ידו חוצצת בינה לגוף הבהמה ולפ"ז הא דבעי בס"ש ב' מדות מעלות מהו שחוצץ וקאמר ח"ש ובלבד שלא תהא דבר חוצץ בינו לבין המזבח הא"כ דכו"מ לאתויי הא דת"כ דאתיא במכ"ש מעלות אלא דדבר מבואר יותר נקט דמהא מצי לדחויי דטעמא לאו משום הגינה אלא דבעינן שיהיו ב' ידיו נכרות ומובדלות או מזו בשעת סמיכה כדכתי' וסמך אהרן את ב' ידיו לא שיהיו או ע"ג או שנראים כיד א' ועיין בס' קרבן אהרן פ' ויקרא על דרשא זו מ"ש בשינוי הגרסאו' שם ובתוספ' דמנחות פ"י קתני בהדיא ולא היה מניח ידיו זו ע"ג זו ולא היה דבר חוצץ בין ידים לקרנות וכו' יע"ש וק"ל. ומ"ש וגמרינן וכו' שהסמיכה בב' ידים וכו' כלומר והיינו דקתני הכא ומניח ב' ידיו וכו' ומה שסיימו ודריש נמי וכו' לרבות פר יוה"כ וכו' כלומר דלהכי מייתי הך ברייתא דלאשמועינן שגם פר יוה"כ שוה לכל דיני הסמיכה כדיליף מרבויא דבר כהן משיח וק"ל.

ד"ה ועל עולה עון לקט וכו' ולא גרס מעשר עני וכו' ושכחה ופאה אטפ"י שאין מעכבין וכו' אם לא יתודה על עולתו וכו' כנ"ל ולעיקר קושייתם עמ"ש בסוגיא בפרש"י ותו'.

ד"ה עון לקט וכו' שאילו נתוקם לעשה בלאו דנבלה וכו' כלו' דבלאו הניתק לעשה ממש כנותר ושלוח הקן ליכא למ"ד דודאי עולה מכפרת אבל הא אשמועינן דפליגי בלאו שאינו פשוט לומר בו דעשה בא לעקור הלאו וכלאו דנבלה דעטמא דמ"ד דעולה מכפרת משום דס"ל דגרע כח הלאו משום דכתיב ביה עשה ולא דמי ללאוי דחסימ' ועיין בתוס' דפרק אותו ואת בנו פ' ב' ד"ה הנח למחוסר זמן וכו' וק"ל.

בא"ד וא"ת אמאי לא מעליא וכו' י"ל דלתרך לר"י הוא דקאמר וכו' כנלע"ד של"ל וכונתם דדוקא לר' יוחנן דס"ל במכות שם ט"ו ע"א דכל ל"ת שקדמו עשה לוקין עליו הא דמתרן שם דלא דמי ללאו הניתק לעשה משום דלנתוקי לאו הוא דאתא אבל מ"מ יכול להיות דר"י הגלילי דהכא ס"ל דהגם דעשה זה לא בא לעקור הלאו מ"מ גרע עפי מל"ת גמור שאין בו עשה כלל אע"ג דלא גרע כלאו הניתק לעשה גמור שבא לעקור הלאו דה"ע דהתם כ"ע מודו דאין לוקין מ"מ הא מיהא אין לחושבו בלאו גמור לומר שלוקה עליו ודומיא דלאו דמחוסר זמן דפ' אותו ואת בנו פ' ב' עיין ברש"י ותוס' שם ועוד בפ"ק דתמורה ד' ב' בתוס' ד"ה וכל לאו הניתק לעשה וכו' יעו"ש ודו"ק.

ע"ב ד"ה בלאו דנבלה וכו' מדפריך במכות מהך בריית' דפאה על ר' יוחנן וכו' דאמ' אין לנו אלא זאת וכו' כצ"ל ומה שסיימו מיהו י"ל סוגיא דמכות כמ"ד בסמוך וכו' אע"ג דאכתי הא איכא ר"ע דס"ל תעזוב מעיקרא משמע מ"מ אין סברא דר' יוחנן קא' למאתיה אליביה כיון דר"י הגלילי הכא ורבנן ור' ישמעאל דההיא ברייתא כולהו ס"ל תעזוב להבא משמע ונתק לעשה הוא ובזה יתיישב נמי דפריך בפ"ק דתמורה ו' ע"א לאביי מהך ברייתא' דפאה אלא דלא הוצרכו לבאר זה דהא אביי גופיה הוא דקאמר הכא דתעזוב להבא משמע.

בא"ד והכי נמי משמע בפ"ק דר"ה וכו' בבל תאחר וחייב להחזירן וכו' דמדקאמר דעבר בבל תאחר משמע דמדאוריתא חייב להחזירן דלהכי נתקו הכתוב לעשה דתעזוב דע"כ התם מיירי בליקטן ועבר אלאו דולקט קצירך וכו' דליכא למימר דמיירי באופן דלא עבר וכגון שליקטן לצורך עניים שלא היו בעיר ולעולם דבעבר אין עוד תקנה להחזירם מדאוריתא דהא פשיטא דבליכא עניים לא היה חייב להניח פאה כלל אלא יכול ליטלה לעצמו ולא שייך בזה איסור בל תאחר ועיין בתו' דר"ה שם ומה שסיימו אבל אין נראה לפרש וכו' כסוגיא דמכות וכו' [(כצ"ל)] עיין בתוספות דסוגיין וקל להבין.

ד"ה עשה זדונות וכו' ועונות שלהם וכו' כצ"ל ומ"ש דכן יש נמי לפרושי וכו' הכי קאמר בהדיא בסדר ברייתא דירו' דפנקין וכן בת"כ פ' אחרי מות וכמ"ש בסוגיא יע"ש.

ד"ה הלכה כדברי חכמים מכאן י"ל וכו' כלומר דקי"ל הכי ולא כסברת הפוסקים כר"מ כמ"ש הרא"ש בפ' יוה"כ יע"ש ובוידוי יוה"כ שכתבו לאו דוקא דאפי' בשאר ימים אלא באו לתקן סידור תפלה דיוה"כ דצריכים אנו לומר שתמחול בו את כל חטאתינו וכו' אחר סדר עבודה של תפלת מוסף וא"נ בסדר מה נאמר לפניך וכו' שאנו אומרים אחר וידוי של כל תפלה דיוה"כ ככתוב בסידור וק"ל.

דף ל"ז ע"א ד"ה מה להלן באנא וכו' חרתי אנא וכו' דהגם דצריך הוא להזכיר השם עשרה פעמים דבכל וידוי ג' כדאיתא לקמן ל"ט ע"ב ובירו' דפרקין עשרה פעמים היה כ"ג מזכיר את השם ביוה"כ ששה בפר וכו' מ"מ היה יכול להזכיר את ה' בלא אנא ולומר ה' כפר נא לעונות וכו' אלא דאכתי יש מקום לומר דכיון דצריך להזכיר את ה' תקנו לומר גם בשני באנא דומיה דאמירה ראשונה וק"ל. ומ"ש אבל אנא הראשון דאינו נ' תפלה וכו' כצ"ל.

ד"ה מאי דהוה הוה כלומר משה וכו' עמ"ש בסוגיא ברש"י ד"ה מאי דהוה וכו'.

ד"ה והם עונין אחריו וכו' ומפיק לה מקראי התם וכו' היינו מקרא דויברכו את שם כבודך שצריך לענות בשכמל"ו במקום אמן כמו שפרש"י שם והכא לא מייתי ליה משום דהכא איירינן בהזכרת השם ככתבו בלא ברכה דמהתם אין ראיה אלא בברכה כדכתי' קומו וברכו וכו' אבל מקר' דכי שם ה' אקרא יש להוכיח שפיר דצריך לענות אפי' אהזכרת שם המפורש לחודיה ועמ"ש בסוגיא כך נראה לפרש דבריהם דאלת"ה אין דבריהם מובנים דאי התם בלא שם המפורש צריך לענות כ"ש הכא דהא לקמן פ' בא לו ס"ט ע"ב משמע דאפי' בלא הזכרת שם המפורש התקין עזרא לומר בשכמל"ו וכן משמע בתעניות שם ט"ו ע"ב אלא ודאי דס"ל דעפי עדיף ברכה ממש בהזכרת שם לחודיה מהזכרת שם מפורש בהזכרה בעלמא ומש"ה קאמרי דמהתם אין ראיה שצריך לענות בשכמל"ו להכא שלא היה אלא הזכרה בלא ברכה דלפרש דדילמ' בהזכרת שם ככתבו לא סגי בבשכמל"ו כדהתם [(ועיין בספר עבודת ישראל דף ק"י ע"א מ"ש שם בשם מוהרי"ב ז"ל)] אין זה במשמע דבריהם וק"ל.

ד"ה בא לו למזרח וכו' לפרים בצד המזבח שזה היה גנאי להחזיר וכו' כצ"ל ועיין בד"ה והאמרה לקמן וכלומר דכיון דשעיר המשתלח היה עתיד לחזור ולהוליאו לחוץ היה כאן גנאי להחזירו אילו היה עומד לפנים ממש דלא ס"ל לומר דטעמא מפני שהמקום מרווח שם יותר ליתן מקום לב' שעירי' ולכ"ג ולב' הבאים עמו דהגיאא דלא מלית אמרת להניחם באויר שבין מזבח לצפון ממש אבל מ"מ למה הוצרך אצל הפתח ולא להכן במקום דריסת רגלי ישראל נגד צפון וסיימו דהכי משמע לישנא מדלא קאמר לצפון המזבח דאי לא אתא אלא לאשמועינן דגם הגרלה צריכה צפון לימא בא לו לצפון המזבח ותו לא אלא ודאי דלהכי קאמר למזרח לומר שהיה מקרבן נגד מזרח כל מה שיכול דהיינו סמוך לפתח וק"ל.

ד"ה מדקא' וכו' לא הוה צרי' צפון המזבח ע"כ דלצד מזרח מזבח נמי מקום שחיטה דבצפון עזרה הוא ודבריהם כמו שפרש"י ז"ל ועמ"ש שם.

ד"ה והאמרה ר' אלעזר וכו' וא"ת אמאי לא מוכח וכו' כלומר דאמאי לא פריך ליה הכא בפשיטות ולטעמיך היכי בעית לאוקמה רישא כראב"ש הא מדסיפא דקתני למזרח וכו' דלא כווחיה ה"ה רישא נמי לאו ראב"ש היא ואם כן ע"כ דהדברים מוכיחים כדקאמינא דכולה ראב"י היא וע"כ לומר תני בבין וכו' ועיין בהריטב"א בחי' בד"ה תני וכו' וק"ל.

בא"ד וכי תימא וכו' אלא לאפוקי מדר' וי"ל דודאי מלמזרח וכו' כנלפ"ד של"ל וכונתם דוכי תימא דלמזרח העזרה היינו כפרש"י מן המזבח ולתוך אלא מקום דריסת רגלי כהנים שבין כותל עזרה לקיר לפוני של מזבח א"כ אמאי אוקמה כראב"י דמזבח בדרום קאי הא אתיא שפיר כראב"ש דס"ל דמזבח בצפון קאי דאימא דלהכי נקט מתניתין לצפון המזבח לאפוקי לצ' מזרח של מזבח דהגם דקאי בצפון עזרה מ"מ לא צפון הכשר לשחיטת ק"ק הוא דבעינן צפון שממזבח ומעלה ולאפוקי מדר' דמכשר אף מן המזבח לצד חוץ אלא ודאי משמע דמזרח היינו בשערי ניקנור ממש והו' דודאי למזרח עזרה דקתני ע"כ דלא כראב"ש מחוקמא אבל מ"מ אכתי י"ל דרישא דמתני' דלעיל כר' כדקאמר סתמא דתלמודא שם ולפ"ז היינו דפריך והאמרת דרישא ראב"ש היא כלו' והאמרת נמי שם דמיתוקמי' כר' ונקט ראב"ש משום דאיהו איירי בתוס' בין האולם ולמזבח דקתני רישא אבל הכותה דהא אוקימנא רישא כר' וסיפא נמי דקתני למזרח העזרה כר' אתיא והיכי בעית לפרושי הא דקתני סיפא לצפון המזרח דקמל"ן דמזבח בדרום קאי דהא דלאו כר' דאודי לעיל בתוספת ראב"ש דאף בין האולם ולמזבח כשר לשחיטה דמש"ה אוקימנא לעיל מתני' דקתני אף בין האולם ולמזבח נמי כרבי וק"ל.

בא"ד אבל נראה לר' וכו' יכול לשוית לכלהו וכו' בצד המזבח ולהחזירו וכו' כצ"ל ועמ"ש בדבריהם לעיל ד"ה בא לו למזרח וכו' והנה ממאי דמייתי בירו' אמתניתין דהכא פלוגת' דתנאי דלעיל דאיזהו לפונו של מזבח וכו' משמע קצת דהכא נמי פליג ודמתני' להירושלמי אתיא כר' ולעולם דר' לא מכשר בין האולם ולמזבח ממש כמ' ראב"ש אלא בבין כדקאמ' תלמודא דידן לראב"י יע"ש.

בא"ד ועוד אומר ר' וכו' הגרלה בצפון כפרש"י וכו' דהא דתניא לעיל כיצד סומך הזבח עומד בצפון מסו' דשחיט' שם ובעינן במקום שסומכין ושוחטין אבל הכא ל"מ בשעיר פנימי דאין בו סמיכה ועוד שהרי עתיד לשחטו בין האולם ולמזבח דודאי לא שייך להטעין צפון בהגרלה מטעם זה אלא אף בשעיר המשתלח דסומך עליו הל"מ כדתנן לקמן ועיין בהרמב"ם פ"ג מהל' מעשה הקרבנות מ"מ אין בו שחיטה ולא משמע דסמיכתו טעונה צפון וכל שכן הגרלה ופשוט הוא דממתני' דר"ש אחכו מקומן דקתני פר ושעיר של יוה"כ שחיטתן בצפון וכו' לא איקשי לפרש"י דאמאי לא קתני הגרלה וסמיכה דשעיר המשתלח דהתם בכוליה פרקין בשחיטה וקבול דם דוקא איירי וק"ל.

בא"ד והעמיד אותם לפני ה' וכו' על שני השעירים גורלות גורל וכו' כנגד הפתח ופריך והאמרת וכו' דלא דמי לר' דמוסיף וכו' אי לא מכשר ליה וכו' וכיון שכל המזבח וכו' ותני בבין וכו' כצ"ל ומה שכתבו דלא דמי וכו' פשוט הוא ודאי דרב לא הכשיר כל מקום דריסת רגלי הכהנים ואף לצד דרום דהא לפון בעינן ובהא קיימי אבל רהב"ש כיון דאיכא מאן דס"ל דכוליה מזבח בלפון קאי אי לא מכשר כוליה משום דס"ל כר' יהודה דמזבח ממולע כל כי האי הו"ל לפרושי וק"ל.

בא"ד אבל לא בעי למימר וכו' כדאמר הכא ולא כולו וכו' דאוקמה כראב"י לא אשכחן וכו' מאחר שאפי' היה בלפון מערבית וכו' כצ"ל והכונה דתלמודא לא בעי למימר דסתמא דמתני' דרישא וסיפא לאו ראב"י היא אלא תנא אחרינא הוא דאית ליה דיש מקצת וסוף מזבח בלפון ולהכי קתני שפיר הכא ללפון המזבח דאכתי הו"ל לפני ה' דאין מזבח מכסה הפתח דרובא בדרום היא וקאמ' שפיר ברישא בין האולם ולמזבח ממש ואין הכונה כל מקום בין האולם ולמזבח אלא קלת ממנו סמוך לפתח וזה דיקא וסיוע לאותו מאן דא' שהביא רש"י ז"ל לעיל פ"ק י"ז ע"ב דס"ל דלתנא דמדות שם ה' אמות לפוגיות של מזבח נכנסים בלפון עזרה ואין הכונה שם לומר דתנא דמדות ס"ל דכל המזבח בדרום קאי אלא רוביה דוקא קאמר ודמיא להא דהוה אמרינן הכא דלא כל בין אולם ולמזבח אלא קלת דהגם דרהב"ש משמע דכוליה בלפון קאמר ואוקמיה מתני' כותיה אימא דלעיל ה"ק דהו"ל כרהב"ש במאי דמוסיף הכשר מקום שחיטה שם לאפוקי מר"י ברי' ומיהו הא כדאיתא והא כדאיתא דלתנא דמתני' קלת ממנו דוקא קמכשר דאתיא כסתמא דמדות דס"ל דרובי' בדרום קאי ומיהו קלת ממנו בלפון ותי' דלא יתכן לפרש כן דהא לעיל במסקנא כפי' הקונטרים שכתב תחלה שם דגרים התם אלא לאו ש"מ ראב"י היא ע"כ לומר דתנא דמדות ס"ל דכוליה בדרום דהא ראב"י כוליה דוקא קאמר כדמוכח הכא דבעי כל לפון פנוי וא"כ לא אשכחן תנא דסוף מזבח בלפון אלא או כולו בדרום או כולו בלפון או ממולע וכמ"ש התו' שם לעיל ומעתה מש"ה לא נימא ליה לאוקמיה הכי מתני' דבין אולם וכו' דס"ל דסוף מזבח בלפון דאתי דלא כמאן אך צ"ע אם יש תנא שסובר כך דסופו בלפון דהר"מ לאוקמה מתני' כותיה וא"ש דלפון מזבח נמי לפני ה' הוא ואכתי תיקשי קלת לסתמא דתלמודא דמנ"ל להגיה בבין האולם אימא דיש תנא דסובר כך מאח"כ לפרש"י דפי' טעמא דללפון המזבח משום דכל מעשיהם מעונים לפון ניחא דאפי' ס"ל למתני' דסוף מזבח בלפון אכתי תיקשי דלמה הולרך למושכם ללפון מזבח דוקא כיון דגם קלת מערב ומזרח של מזבח הם בלפונה של עזרה ועוד תיקשי לפי' זה דלמסקנא דאתיא מתני' כראב"י דכוליה בדרום קאי וכל לד לפונה של עזרה פנוי ונראה פתח ההיכל משם לענין מה הולרך מתניתין להודיענו שהיה בא למזרח עזרה ללפון מזבח דהא ליכא למטעי שניה בא לצד דרום של עזרה דהא כתיב קרא לפני ה' ואי משום שלא תטעה לומר שהיה מגריל בין האולם ולמזבח כדקתני לעיל גבי סמיכת פר וא"ל בפירוש הרע"ב דמתניתין כא מהיכא תיתי דכיון דהכא טעמא משום לפני ה' מה לו לילך שם כיון דאפי' אלל מקלוע לפונית מערבית של מזבח וממנו ולחוץ הרי היא כנגד פתח ההיכל דבשלמא לפרש"י ניחא דאשמועינן דגם מעשה הגרלה טעון לפון דלא מפרשא כך בקרא כלל אבל הא לא תיקשי לפי' זה דאם איתא דרהב"ש ס"ל דכוליה מזבח בלפון דמכח זה פריך והאמרת רהב"ש וכו' ואמאי לא חשיב ליה בזבחים וכו' דהכי נמי איכא תנא אחרינא דהיינו ר"א שם באותו פרק ס"ג ב' דס"ל דכוליה בלפון דלא מייתי ליה וכמ"ש התו' שם נ"ח ע"ב ד"ה הא מני וכו' כנלע"ד לפרש דבריהם. ודע שגם הראב"ד ס"ל דטעמ' דמתניתין משום דבעינן לפני ה' וכמ"ש בס' ק"א פרשת אחרי מות משמו יע"ש אבל מירו' דפרקין דמייתי אמתני' פלוגתא דתנאי דלעיל דאיזהו לפון לענין שחיטה ק"ק משמע כפרש"י דטעמא משום דכל מעשי' טעונין לפון וק"ל.

ד"ה שלשה שהיו וכו' שעסקיו רעים כגון זו וכו' כצ"ל ומ"ש ואילו בפ' ג' שאכלו [מו ע"א] אין מכבדין וכו' כונת המשך דבריהם דממאי דאסיק התם דאין (מברכין) [מכבדין] אלא בפתח הראוי למזוזה שמעינן דאין מכבדין בדרכים וכמו שפרש"י שם ולשון התו' דריש פר' במה בהמה מדוייקת יותר יע"ש ומשמע מדבריהם דכשפגעו זב"ז בדרך הגם שמכאן ואילך הולכי' יחד אין מכבדין וזה ממ"ש ויצאו מביתי' יחד וכו' והמלאכים מתחלה נסעו יחד וכו' וכן בדין דהא אשונדא דפ' ג' שאכלו דקאמר אביי ורבין הוו קא אזלי באורחא דמשמע שהיו הולכים יחד קאמר התם דאין מכבדין מפני שלא יצאו מביתם יחד אלא שמדבריהם דפרק במה בהמה שם משמע דאפי' לא יצאו מביתם יחד אם פגעו זב"ז ואיתרמי שכולם היו הולכים למקום אחד לריקים לכבד זא"ז אבל אם כל אחד הולך למקום בפני עצמו אינם לריכים אלא דהא לא אפשר דהא עובדא דפ"ג שאכלו משמע דאיתרמי שהיו הולכים למ"א כדאמר התם כי מטא לפתחא דבי כנשתא א"ל ניעול מר וכו' דהגם דיש לדחות דלהיות דבכ"ה שלהם היו בשדות איתרמי שבדרכם הוכרחו לעבור דרך בה"כ א' ויצאו גם לילך כ"א לדרכו מ"מ יותר נראה להסכים דברי ר"ת כמ"ש כאן ואבל כשהולכים בחבורה א' שכתב ר"ת שם היינו שיצאו מתחלה בחבורה א' לדבר א' וכמ"ש בהגהות מימוניות פ"ו מהל' ת"ת משם ר"ת יע"ש ועיין בלשון הרא"ש בפ"ג שאכלו שם ורבינו יונה שם וז"ל המרדכי שם ודוקא כשכל א' הלך לדרכו ופגעו זב"ז ואירע להם דרך במקום אחד אז אין מכבדין אבל מתחילה כשיולאין בדרך א' מכבדין כ"פ ר"י וכו' עד כאן וכן בס' אגודה בפרק במה בהמה כתב ז"ל משמע דמכבדים בדרכים ובפרק ג' שאכלו מסקינן אין מכבדין וכו' הכא איירי שהולכים בד"א והתם דרך מקרה יחד באו ע"כ ולפ"ז הא דאמ' בפ' גיד הנשה ל"א ע"א גבי יעקב עם המלאך ר"ש בר אחא אמר כת"ח נדמה לו דאמר מר המהלך לימין רבו ה"ז בור והתם בדרך היה ולא יצאו מתחלה לילך במקום אחד כי באותה הלילה נזדמן לו המלאך י"ל דשאני יעקב דמחמיר מאד על עצמו היה ואפי' תאמר דמלד הדין הוא דהכי משמע מדמייתי הא דמהלך לימין רבו אכתי י"ל דכיון דיעקב עמד שם שהרי נשאר שם על פכים קטנים ששכח עיין בל' רש"י דחולין שם מעתה הי"ל לחלוק כבוד אף שהוא בדרך דע"כ לא אמרו שא"ל אלא בהליכתו בדרך דכ"א לריך למהר לילך לדרכו וכמ"ש בהג"מ שם וק"ל.

ד"ה יכול יתן וכו' וכן מפרש בירו' ע"כ עיין מה שכתבתי בתו' דסוגיין ד"ה יכול יתן ב' על זה וכו'.

ד"ה גורלות וכו' אלא דברי התנא וכו' ולא דברי הכתוב אלא תנא קאמר דכיון דקיל"ן דגורל גורל ריבה מכשת' גורלות היינו של כל דבר וכמ"ש התו' יע"ש וק"ל.

ע"ב ד"ה כקתתא וכו' בשתוף הכלי וכו' כלומר דבשלמא כני ואוגני שהם מחולקים ונכרים מובדלים מן הכלי עצמו אין זה גנאי לעשותם ממין אחר אבל ידות הכלים משותפים ושוי' עיהם ואילו עשו הכלים של זהב היו עושים גם הידות דלא ס"ל לפ' כפרש"י דאגנו היינו בית אחיזה של הכלי אלא אגן היינו דבר שאינו מגוף הכלי עיין בערוך ערך אגן וק"ל.

דף ל"ח ע"א **ה"ג** בספרים וכו' מעלה תמרו כנגדו וכו' כן נראה של"ל ועיין מ"ש בספר עבודת ישראל קכ"ג קכ"ד קכ"ה בענין זה.

ע"ב ד"ה מדאורייתא וכו' כדאמרינן בתענית הס"ד ואח"כ מ"ה רגלי חסידיו ישמור וכו' כצ"ל.

פרק טרף בקלפי

דף ל"ט ע"א **ד"ה** בקלפי בת"כ מפיק מקרא וכו' יכול יתן על גביו וכו' כלומר שיקח ב' הגורלות אח' ביד ימינו וא' בשמאלו ובעינים סגורות יבא ויתן א' על זה ואחד על זה ת"ל אשר עלה דבעינן שיעלה מתוך קלפי כדרך גורל ממש אלא דמן הדין לאו דוקא קלפי דה"ה קלתות כדקאמר בירו' אבל דבריהם צ"ע דמסוגיא דלקמן מ' ע"ב משמע בהדיא דברייתא דת"כ ה"ק יכול שמגבד ההגרלה יהיה לריך ליתן עליו ת"ל אשר עלה דכיון שעלה לשמו מתוך קלפי די בכך והיינו ברייתא דלקמן שם דקתני אלו נאמר את השעיר אשר עליו הייתי אומר יניחנו עליו ת"ל עלה כיון שעלה שוב אין לריך ע"כ וכן מוכח מל' פסיקתא זוטרתי' בפרשת אחרי מות דמייתי ברייתא דת"כ בשינוי לשון קצת כדרך הפסיקתא וקתני אשר עלה עליו הגורל לה' כיון שעלה לשמו מתוך קלפי אעפ"י שלא נתן על גביו ע"כ וכן פירשה בס' ק"א שם הלכה ד' ומעתה אין ראיה מת"כ להוכיח דקלפי מעכב אלא קלפי נ"ל מפשטיה דגורל שכן דרכו ודומיא דגורלות דחלוקת הארץ כדאי' בירו' דריש פרקין בב' קלפיות נתחלקה א"י וכו' אם לא שנאמר דטעמם לאו למימרא דקרי' לגבי הוא דאתא שיעלה מתוך קלפי ולא יתגם ע"כ אלא דמכח דרישא דספרי דלהכי קאמר רחמנא אשר עלה לומר דהעליה מתוך הקלפי

מעכבת ולא הבהמה דוק מינה דבעינן קלפי מדנקיט רחמנא ל' עליה דזה לא שייך אלא במונחים בתוך קלפי או כלי אחר ומעלה אותו ממנו לחוץ לא בנותנו ע"ג בעינים סגורות כמ"ש ובלאו דרשא דספרי מפשטא דאשר עלה אין לדייק דבעי קרא מונחים תוך כלי אלא ה"ק אשר נסתלק ונתברר בזהו לה' או לעזאזל אבל האמת דמדבריהם משמע שכיוונו לזה וכעת צל"ע גם דברי הריטב"א ז"ל שכתב לקמן ד"ה א"ר ינאי ד"א דקלפי נמי חובה דאורייתא דהכי אמרינן בספרא ל"ע מטעם זה וק"ל.

באו"ד ומשני הכי דבעינן כתיבה ממש ע"כ והדר פריך ויכתוב עליהם ויאמר זה לה' וכו' ומשני דבעינן שיהא מוכיח על עצמו שהוא לה' לעולם לאפוקי צרורות שנשברים וכלים והדא קאמר דהדא אמרה חקוקים היו על הגורלות דבכתיבה אפי' על העץ נמחה והולך לו ובעינן שיהא ניכר לעולם יעו"ש.

ד"ה ואומר לה' חטאת הקשה כו' אלמן וכו' דבעלמא לר"י דס"ל דכ"ג אומר לה' והסגן אומר חטאת כדאי' בתוספתא' דפרקין ניחא דמלת לה' שהוא עיקר ומה גם שהיה מזכיר שם המפורש יש להקדים שיאמר הכ"ג אבל לרבנן שהיה הכ"ג אומר הכל תיקשי ולעיקר קושיתם י"ל עוד דשאני הכא דאומר שם המפורש ואימת יוה"כ עליו ובודאי דאסיק מלתא דחטאת כדי שלא יזכיר השם המקוד' לבטלה ועוד דכ"ג זריז הוא ומש"ה הכא ניחא לאקדומי את השם ברישא והיה נלענ"ד לומר עוד דדוקא בנדר ונדבה שאדם מביא בלא חיוב יש לחוש שמא יחזור בו וכן קרא דכי יקריב קרבן לה' בנדבה איירי כדאיתא בת"כ שם דכי יקריב אינה אלא רשות אבל במקדיש חטאת שכבר הוא מחוייב בו אין לחוש וכ"ש בזה דמשל גבוה הוא וכבר מוכן ועומד וקצת יש לדייק כן דבפ"ק דנדרים י' ע"ב לא נקט שלא יאמר אדם לה' חטאת אלא נקט לה' עולה לה' מנחה לה' תודה לה' שלמים שהם דברים הבאים בנדר ונדבה ועיין גם בת"כ ר"פ ויקרא ועיין בחי' הריטב"א ומה שתי' שם דא"נ הא דנדרים מדרבנן בעלמא הוא וכו' והקשה' הרמ"ז בפי' המשניות דהא התם מייתי לה מקרא דקרבן לה' יעו"ש י"ל דעיקר קרא דקרבן לה' אילטריך לדדרים ר' יהודה בת"כ שם שיקדיש הקדשו להקרבתו אלא דר"ש באסמכתא בעלמא דריש ליה נמי לכשיאמ' קרבן והדר לה' ור"י ור"ש ל"פ אהדדי יעו"ש וק"ל. ומ"ש ואומר ר' וכו' הגורל לה' והדר ועשהו וכו' כל"ל.

ד"ה אינו צריך וכו' ועשהו שלא יזכיר יותר ע"כ כלומר שמה שאמר לה' די בזה לשיעשה אותו חטאת לאחר זה ועשהו חטאת אבתר הכי קאי ולא אשעת דיבור וכמ"ש הריטב"א יעו"ש ובת"כ פ' אחרי מות וק"ל.

אלא של חול וכו' וא"ת לרב יהודה וכו' הגם דהכא לרבא קיימינן ואיהו ס"ל התם דלא כר"י אלא אמרינן מלות לאו ליהנות נתנו וא"כ פריך ליה שפיר דלדידיה ליקדשיה דאין כאן איסור כנהנה וכן הריטב"א תי' אקושיתם עוד י"ל דקושיין הכא אליבא דהלכתא דקולין מלות לאו ליהנות נתנו עכ"ד יש ליישב דבריהם דהרואה שם יראה דמעיקרא הוה ס"ל לרבא כדר"י דליהנו' נתנו ואי זה ואי זה לא ולא אלא דהדר אמר אי זה ואי זה ולא מלות לאו ליהנות נתנו וא"כ מהיכא פשיטא ליה הכא למפרך לרבא ליקדשיה דילמא דהא אמרה מקמי דהדר ביה והוה ס"ל דליהנות נתנו דהשתא לא מצי לאקדושי' דהוה נהנה בשל הקדש כנלע"ד ודו"ק.

באו"ד א"כ נהנה וכו' וי"ל כיון שכבוד המקום הוא יכול לעשות בשל קדש ע"כ כנלע"ד של"ל מתוך דברי הריטב"א שכתב בשמם ותירצו דכיון דהיכא כבוד המקום הרי הוא מותר כשם שמותר להשתמש במקדש בכלי שרת עכ"ד וירא' כונתם דלכבוד מלות הגורלה שהיא לצורך עבודה דשעירים היה מותר להשתמש בכלי קדש כשם שמותר להשתמש בבגדי כהונה לצורך קריא' הפרשה הגם דלאו עבודה היא אלא משום דלצורך עבודה היא כדאיתא לקמן ר"ש כ"ה לו יעו"ש דלפרש שהותר להשתמש בכלי שרת במקדש אפי' לצורך חול זה לא מלינו והא דאסיק לקמן שם דבגדי כהונה מותרו להנות במקדש אפי' שלא בשעת עבודה היינו דוקא כשלבשן מתחלה לצורך עבודה אבל ללובשן לכתחילה שלא לצורך עבודה אפי' במקדש אסור וכמ"ש התם ועיין בריטב"א שם שדעתו שאפי' לכתחלה יכול ללובשן ושיים אבל שמעתי שאין זו שיטת הירו' יעו"ש ודו"ק.

ד"ה א"כ הו"ל כלי שרת וכו' עבודתן מקדשתן וכו' כדאיתא לעיל פ"ק י"ב ע"ב אבל יש לדקדק דהא מ"ל דבעינן עבוד' גמורה לחינוך כלי שרת בא לישנא דעבודתן היינו מלאכתן המיוחדת לכל א' וא' ולאי משום דבשבועות ט"ו ע"א ר"ל דלדורות בעבודה מדכתיב אשר ישרתו שירות נמי היינו דבר המיוחד להם וכנראה שלזה דייק הרמב"ם ז"ל בריש הל' כלי המקדש שכתב אלא הכלים כולם כיון שנשתמש בהן במקדש במלאכתן נתקדשו שנאמר אשר ישרתו וכו' וכן בירו' לעיל פ"ב ה' ו' קאמר כ"ש מתקדשין בשעת תשמיש יעו"ש והא קמן שחיטה דלאו עבודה היא ואפ"ה בעינן סכין כ"ש כדאיתא בהתודה ל"ב ע"ב והיינו ודאי משום דשחיטה לורך עבודה חשיב חינוך דידיה וה"ה הכא ועיין בסוטה י"ד סע"ב וזה נראה דוחק לו דשחיטה עדיפא מהגרלה עיין בדברי התו' לקמן מ"ב ע"א ד"ה שחיטה לאו עבודה וכו' אלא דלקמן ד"ה הנחה מעכבת וכו' כתבו בהדיא דשחיטה עדיפא דשייך בה פגול וכו' יעו"ש ושוב ראיתי להריטב"א שכתב על דבריהם אלו והנכון דכיון דעבוד' קלפי אינו אלא כהגרלה זו היא עבודתו לקדשו ואשר ישרתו בם קרינן ביה עכ"ד וק"ל.

באו"ד י"ל דה"ק הו"ל ככלי שרת וכו' כל"ל שסיימו ואפילו לר"י בר"י מדרבנן מיהא וכו' לפ"ז א"נ דהו"מ לשנויי בזוטה י"ד ע"ב דאפי' לר"י בר"י בכפיפה מצרית לכתחלה מדרבנן מיהא לא עבדינן אלא עדיפא מינה משני התם דבכפיפי' מצרית אפי' מדאורייתא לא עבדי אף לר"י בר"י משום הקריבהו נא לפחתך יעו"ש וק"ל.

ד"ה הסגן אומר לו וכו' שלא הי ערוד ככ"ג וכו' שהוא טרוד למהר עבודות היום חיישינן שמא ישכח להגביהו אבל לא משמע דערדה זו הייטו אמיר' לה' חטאת דמה טרדה יש בזה ועוד דבתוספתא משמע דלהאי תנא גם הסגן היה אומר חטאת והריטב"א שכתב י"ל דכיון דאיהו לית ליה לומר לה' חטאת אין לומר לו הגבה ימינך כי אינו טרוד כ"כ כדי שישכח וכו' נלע"ד שצריך להגיה בדבריו ועוד כי אינו טרוד וכו' וב' תירוצים הם ולתי' קמא לא תקשי מהתוספ' שכתבנו והביאה הוא ז"ל לעיל שם דהא כיון שהסגן לא היה אומר תיבת לה' שהוא העיקר אין לומ' לו הגב' ימינך אלא דוקא לכ"ג שהיה מגבי' לכבוד שם המפורש שהיה מזכיר וק"ל.

באו"ד תימה לר' וכו' ואמר ר' שאינה כ"כ וכו' מתבררין השעירים וכו' כל"ל ואין לפרש כונתם שהרי אף שקידש הגורל עדיין צריך אמירת לה' חטאת לבררו ולקובעו ולהכי לא חשיב' הגרל' עבודה גמורה דהא לקמן מ' ע"ב מוכח דלמ"ד הגרלה מעכבא קובעת היא לגמרי דקאמר התם כיון דקבעתיה שמאל וכו' ולפרש כונתם דהכא לא חיישינן בכ"ג כיון שאם היה נעש' על ידו היה א' מהם בשמאל ועל דרך שכתב הריטב"א בשמם יעו"ש לפי הגירס' שלפנינו לא משמע שכיוונו לזה אבל כונתם שאינה עבודה הצריכה כלי שרת לקדש' כמו שחיטה וקבלה וכו' אלא מתבררים ומתקדשים ע"י הכ"ג בעלי' גורלות מתוך קלפי וגורלות נמי לאו כ"ש נינהו כיון דכשרים מכל דבר וכ"ש דעך לא עבדינן גם מה שסיימו דאמרינן נמי הגרלה לאו עבודה היא אע"ג דלקמן עמוד ב' לא נאמר לשון זה אלא דוקא למ"ד דלא מעכבא מ"מ משמע להו דלמ"ד נמי מעכבא לאו משום דחשיבא עבודה אלא מפני ששנה בה הכתוב אשר עלה אשר עלה ב' זמני כדאיתא התם וה"ע נמי כיון דחשיבא דשנה בה הכתוב פסולה בזר כדאיתא בירושלמי דפרקין דעליה שהיא מעכבת אם העלה זר פסול [(דכל"ל שם וכמ"ש בספר קרבן העדה שם)] ומתוך זה יתבארו לך דברי הרמב"ם ז"ל בחי' רפ"ג מה' עי"כ שכתב והגרלה מעכב' אפי' שאינה עבודה והעליי' הגורלות מן הקלפי פסולה בזר ע"כ ובזה יתורץ מה שהקשה הפר"ח ז"ל שם דמנין לו לומר כן דראיתו מן הירו' ומשם נראה לפרש דר"ל פסול זר מדכתיב ונתן אהרן דהא"ע לנתינה דהא אינה מעכבת כדגלי קרא אשר עלה דכיון שעלה לשמו מתוך קלפי א"ל יותר כדאיתא בברייתא לקמן שם תנהו ענין לעליה דבעינן דוקא אהרן לעיכובא ומה שהקשה שם והרל"ס משחיטת פרו דמסיק לקמן מ"ב ע"ב דכשרה בזר אף ע"ג דמעכבא י"ל דהגם דהתם נמי כתיב והקריב אהרן וכו' ושחט את פר וכו' מ"מ הא גלי קרא בשאר שחיטות דכשרים בזר וה"ה זו הכי דייק לישנא דקאמר לקמן ואני אומר כשירה לא מלינו שחיטה שפסולה בזר דס מה שהקשה מהדלקה דלאו עבודה ופסק הר"ם פ"ט מהל' ביאת המקדש דלכתחילה כשירה בזר י"ל דשאני הגרלה דכיון דכתיב בעניינא דאחרי מות דכתי' ביה אהרן וחקה אע"ג דלר"י לא קאי חוקה אדברים הנעשים בבגדי לבן בחוץ כהגרלה מ"מ אהני לן קרא דאשר עלה גומר דחוקה קאי עלה נמי מיהא לפוסל' בזר דודאי מאשר עלה לחודי' לא מוכח' כ"כ דמעכבא

אי לאו חוקה וכמ"ש התו' דסוגיין לקמן ל"ט ע"ב ד"ה דתנא ביה קרא וכו' יעי"ש כנלענ"ד ודו"ק.

בא"ד ואע"ג דאמרינן לקמן וכו' אבל לרבנן דידיה וכו' כלומר דלרבנן דר"ש יביא זוג אחר ויגריל כדתנן לקמן ר"פ שני שעירי ומשמע מהא דאף שקיים קודם זה מצות הגרלה כהלכתה מ"מ השתא עבודה דא"א לבעלה היא וחשיבא ותו' דהתם אפי' אימא דרבנן דר"ש ס"ל נמי דהגרלה לא מעכבא מ"מ לכתחלה צריך להגריל ואם יקח אחר שלא בהגרלה הוה ליה דלא הגריל עליו כלל וכמ"ש בדבריהם דלקמן ר"פ שני שעירי ד"ה משהגריל עליהם וכו' ועיין בחי' הריטב"א שם וק"ל.

בא"ד אבל אין לומר שעבודתו מחנכתו וכו' כי היכי דאמר ר"ש לעיל בפ"ק י"ב ע"ב באירע בו פסול לאחר תמיד של שחר דהבא אחריו א"צ חינוך קודם שיתחיל עבודת היום דעבודתו מחנכתו יעי"ש ולא משמע להו לדחות זה מטעם דא"כ הו"ל ב' כ"ג ואין ממנין אלא א' כדאיתא בת"כ פ' לו ופסקה הר"מ פ"ד מה' כלי המקדש שהרי אין כאן מינוי אלא להגרלה דוקא לא לשאר עבודות ועוד עיין מ"ש בפ"ק לעיל שם ברש"י ד"ה שאם עבד וכו' ומה שסיימו שא"כ לא ישמש עוד אלא בה' כלים וכו' נראה כוונתם שלא ישמש לא בח' משום איבה ולא בארבע משום מחוסר בגדים וכמ"ש רש"י ז"ל לעיל שם ד"ה אינו ראוי וכו' ולפ"ז דהגרלה לא חשיבא עבודה כלל ואפי' בכהן הדיוט כשרה בדיעבד והיינו דלא משני התם דממחנכין אותו בהגרלה שהיא קודמת לעבודת היום משום דאע"ג דלא בעינן עבודה גמור' לחינוך מ"מ היכר שהוא כ"ג בעינן כדאי' לעיל שם דממחנכין אותו באבנט וגם בבית ראשון הוי מחנכין אותו בשמן המשחה עיין בדבריהם שם ובהגרלה אין כאן כל כך היכר כיון דכשירה דיעבד בכהן הדיוט כדאמרן וק"ל.

ד"ה למה סגן וכו' ומוזהר על האלמנה וכו' כצ"ל ומה שסיימו ואומר ר' וכו' הואיל דמתחה משתמש וכו' ואף לפ' רבינו שם דאפסיק שאל איתמר אבל אינו משמש בח' בגדים משום איבה יעי"ש מ"מ אכתי אית ליה איבה כיון דשוב לו בשאר דברים וק"ל.

ד"ה כי הדדי ניגהו וכו' לפי שא"א וכו' דאי משום דהוי הולכ' הא נמי פסולה בשמאל כדאפסיק תלמוד' לקמן מ"ט ע"א וכדכתוב בדבריהם שם ד"ה וכן שמאל וכו' יעי"ש וק"ל.

ד"ה שמגיעו כפול וכו' אלא כפול ולא היו שבעין וכו' ולהכי היו מוספין ידיהם וכמו שפרש"י וסיימו ואי"ת היכא דמגיעין והיו לוקחין א' כפול וא' כזית כדאיתא בריש פסחים ג' ע"ב היאך מקיימי' מצות אכילה באותו שאכל כפול כיון שלא היו שבעין בו דמשמי דהכהני' עובדא דריש פסחים לא היה בימי שמעון הצדיק דמשמע שהיו מתרעמין שהגיע להם מעט ולא שבעו ממנו ואי בימי שמעון הצדיק אפי' כפול היה משביע ומה גם למ"ש בסוגיא דמשמע מהירושל' דלא משכחת בימי שמעון הצדיק שהגיע כפול ודאי דההוא עובד' לא היה בימיו וק"ל.

ע"ב ד"ה כלה שבירושל' וכו' וי"ל וכו' דדחיק' להו לו' שהתנאי היה שלא יתבסמו יותר מדאי כדרך העשירות שכתבו בסמוך ובזה עם מה שכתבו התו' בפ' מליא' הקשה שם ס"ו ע"ב בשם ר"ת דודאי היו לריבות לקופה של בשמים לעדן הבשר ולהסיר השער ולפשט הקמטים יש ליישב גם קושית דבית אבטינס דשמא גם הקטורת היה מעדן הבשר ודומיא דשמן המור דאי' בפ"ק דמגיל' י"ג ע"א שמעדן הבשר ומשיר את השער והיו מתנין שלא יתבסמו בדרך זה שאין הריח מספי' לעדן הבשר ושוב ראיתי להריטב"א שהוסיף על דבריהם תי' כמ' שכתבתי יעי"ש וק"ל.

בא"ד אבל איסורא איכא כשמתכוין וכו' כלו' אילו היו מתכונין להתקרב לעזרה כדי להריח יותר כמ"ש התוס' דסוגיין יעי"ש וסיימו ומה"ט נמי טפי איכא למיסר [(כצ"ל)] קודם שהעלה תמרתו שהרי היא כמתכוין שהולך שם לעזרה להריח בו ובית אבטינס נמי כשהיו מפטמים היה מותר להם להריח מה"ט דפרישית דלא אסרו בלא אפשר ולא קמכוין דמה להם לעשות דלסתום נחיריה' יפה שרא הוא להם והכיא דהמריח בה פטור אלא שמעל איירי במריח בה לאחר שנתפטמה לא בעוסקין בה ומריחין בה בשעת פטום ור' אומר וכו' ועיין בחי' הריטב"א וק"ל.

ד"ה בבדי המכמר וכו' בתרגום של כתובים וכו' לא ידעתי היכן הוא אבל בערוך ערך מכבר כתב תרגום ירושלמי את הרך יעזר בפ"ג דתמיד וכו' אלא שבגי' שלפנינו בפ' מטות בתרגום יב"ע

וירו' שם יש הרעה דמכוור וכו' ובירו' פרק החליל עזוס היו לבית אבא בהרי מכוור וכו' ר"ה בס' עבודת ישראל ק"ע ע"א וכתב שכן מלא בס' ב"י משם הרא"ש ז"ל יעי"ש גם שאר דבריהם לא זכיתי להבינם ועוד זאת דמהיכא משמע מקרא דגלשו וכו' דדרכן של עזים להיות דלות דפרי גלשו היינו לשון קרחה כפרש"י בשיר השירים ה' ואף שיפרשו כאותו פי' שכתב רד"ק בס' השרשים שרש גלש דהיינו ל' שחר כלומר שהשכימו לא משמע מזה שדרכן לרוץ וכעת פי' דבריהם נלע"ג וק"ל.

ד"ה הנחה אינה מעכבת וכו' הלא בהדיא כתיב ונתן אהרן על ב' וכו' כצ"ל וכלומר דכיון דכתיב בהדיא עניית פשיעה דקאי עליה נמי חוקה כי היכי דקאי אהגרלה דהשתא לא ס"ל לחלק בין נתינה להגרלה מידי וכו' הואיל והן בכדין [(כצ"ל)] מיבררין שניהם ואין צורך עוד בהנחה סברה הוא דלא תעכב ועיין בחידושי הריטב"א וק"ל.

בא"ד ועוד תי' וכו' מהכי לענין זה הטעם דלצורך פנים וכו' כלו' דדוקא בחפינה דעבודה היא דלא אשכחן שיתירו בה סגן כמו שהתירו בהגרלה בה דוקא אמרינן דלצורך פנים וכו' והו"ל עבודת פנים אף לר' יהודה משא"כ בהגרלה ועיין בלשון רש"י דסוגיין לפי גי' הספרים שחילק בין שחיטת פר להגרלה וזה כפי מ"ש לקמן ס' א' דשחיטה וחפינה מודה ר"י דלצורך פנים הוא יעי"ש.

בא"ד אבל הגרלה אינה רק במקום קריאת שם ולא וכו' כצ"ל ומה שסיימו ור' אירך וכו' לשחיטה וכו' כלומר ולא דמי לחפינ' דאין כאן הפסק עבודת חוץ בינה להקטר' ועיין בחי' הריטב"א.

דף מ' ע"א **ד"ה** מביא חבירו וכו' י"ל דאכתי לא ידע וכו' וזה נראה להם דוחק לתרץ דמשום דיד' דאכתי מאי פריך ליה מאידך ברייתא דקתני לא הגריל ולא התודה כשר דהתם איכא לשנויי דר"ש היא מדפליג ר"ש עלה ומש"ה משני אהך תני מלוה להניח דהכא מתרלא נמי אידך כדמסיק ומ"ש ועוד דניחא ליה לאוקמה וכו' ומה גם דסתמא דמתני' לקמן בר"פ שני שעירי ס"ל דהגרל' מעכבא דקתני ואם משהגריל מת יביא זוג אחר ויגריל עליהם בתחל' ומה שסיימו שאין זו סבר' וכו' כונת' תדע דבעי לדחוקי נפשיה אפי' בשינויי דחיקי כדי לאוקמה כב"ע דהא דחיק נפשי' בחי' דאידך ברייתא לומר דרבנן להניח קאמרי ור"ש לא ידע וכו' והא אין סבר' ועפי הוה ניח' לאוקמה לברייתא קמייתא כר"ש ודרבנן באידך ברייתא הגרלה ממש קאמרי ודר"ש ידע הכי ולא פליג עלייהו אלא בלא התודה א"ו דזה מוכיח דלא בעי לאוקמי' סברת רבנן דברייתא דלא כר"י ודלא כר' נחמיה דס"ל דמעכבא וא"כ דומיא דהכי לא בעי לאוקמה הכא כר"ש מהאי טעמא גופה ועיין בחי' הריטב"א וק"ל.

ד"ה ומי סדרא לא מעכבא וכו' לר' יהודה מה שעשה עשוי וכו' כצ"ל ומה שסיימו ודאי היה הסדר מעכב וכו' כלומר מכח דהוה חשיב משנה במתנות פר דפנים כיון דהגרלה חשיבא דמעכבא ועיין בחי' הריטב"א ופשוט.

ד"ה הגרלה נמי וכו' לא מעכבא אימא דאיירי בדעבד מתנות מקמי נתינה וי"ל וכו' כן נראה שצ"ל מתוך מ"ש הריטב"א והכונה מבוארת דדוקא נתינה דלאו עבודה דמעכבא לא חשיב שינוי בעבודת פנים אבל הגרלה אימא דמעכבא וחשיב שינוי וכמו שכתב הריטב"א שם וע"ש שתי' קושייתם באופן אחר וק"ל.

ד"ה דאמר הגרלה וכו' ואע"ג דמלי משכח וכו' אמסקנא דהירול' ניחא להו טפי לאקשויי וה"ה דקושייתם זאת שייכא נמי אדקאמר מעיקרא אלימא דאקדים מתנות דפר וכו' וכן תמצ' לריטב"א שם ביאר זה ומה שסיימו מ"מ ניחא וכו' את הפר דאפי' במילי דפני' משכח וכו' כצ"ל מתוך מ"ש הריטב"א והענין מבואר וק"ל.

ד"ה נבי דכסדרן וכו' בבגדי לבן מבחוץ לר' יהודה סדרן לא מעכבא מ"מ וכו' מקמי הגרלה וא"ת אם כן אמאי לא משני דאקדים מתנות וכו' מתנות דשעיר די"ל דקאי עליה נקטו ובהגרלה וכו' כצ"ל מתוך מ"ש הריטב"א בשמם יעי"ש ומה שסיימו לא חיישינן כדפרי' לעיל וכו' היינו מ"ש לעיל ד"ה הנחה אינה מעכבת וכו' לחל' בין שחיטה להגרלה ועי"ש ומ"ש וגם לא מעכבא וכו' אע"ג דהשתא אסקינן דמעכבא כונתם לומר דלא פסיקא לן לומר בה דכעבודת פנים היא כא קמן דאיכא מאן דאמר דלא מעכבא ועוד יש לומר כונתם דלא מעכבא שתהיה בכ"ג דבסגן נמי כשרה כדמוכח בריש פרקין וק"ל.

בא"ד ועוד אומר ר' וכו' דלא הדר ביה ממאי וכו' מתנות דפר בהיכל נשל וכו' כנ"ל ומ"ש שאינו מפסיק וכו' דהגרלה דלצורך שעיר לא חשיב הפסק בין מתנות פר למתנות שעיר בפנים כי היכי דלא חשיב שחיטת שעיר הפסק ופשוט הוא דקטורת כבר עשאו קודם מתנות פר כסדרו אלא שאיחר לעשות ההגרלה אחר מתנות פר בפנים דאלת"ה הגם דהגרלה לא חשיבא הפסק הרי יש כאן שנוי בעבודת פנים לאחר קטורת אחר מתנו' פר בפנים וק"ל.

ע"ב ד"ה לכפר וכו' יליף ליה מדמסיק וכו' אומר והקריב וכו' לא נשחט הפר הס"ד ואח"כ מתחיל הדבור אף באן בכפ' וכו' כנ"ל ועמ"ש ברש"י ד"ה וכן הוא אומר וכו'.

ד"ה אלא לאו וכו' ונמ"ד לא מעכבא לר"י וכו' מסתם ספר' וכו' כדלקמן הס"ד ואח"כ מ"ה ואין השם וכו' כנ"ל ועמ"ש בסוגיה.

ד"ה ואין השם וכו' ומ"מ צריך לקרות וכו' וכדתניא בת"כ וכו' כנ"ל אלא דבת"כ שם לא מייתי הך דרשא דהגורל עושהו חטאת וכו' אלא קתני ועשהו חטאת שיאמר לה' חטאת וכו' ואיך שיהי' משמע דגי' ת"כ שלנו מוטעת דהא תלמודא קאמר דסתם ספרי' היא ועיין ברש"י ז"ל ד"ה סתם ספרא וכו' וכמ"ש שם ואם כן ע"כ צרי' לומ' דתרתי שמעת מינה דמדאצטריך קרא למעט דאין השם עושהו חטא' ע"כ דצריך גם כאן הזכרת שם דאלת"ה מהיכא תיתי כיון דהכא לא כתב קרא אלא גורל ותנא בה קר' אשר עלה אלא ודאי דלהיות שצרי' הזכרת שם הוה אמינא דכך לי הזכרת שם כמו גורל ולאי עיכובא דאימא דאשר עלה סיפור דברים בעלמא קמל"ן מיעוטא דועשהו ועיין בתו' דסוגיין סד"ה ועשהו וכו' ואי נמי י"ל דמדסמיך הגורל לועשהו דרשינן נמי הגורל עושהו חטאת דאי להזכרת שם לחודיה אתא לימא קרא והקריב אהרן ועשהו חטאת את השעיר וכו' ודו"ק.

ד"ה ומה במקום וכו' אינו דין שלא יקדש וכו' ואימא דאין מתקדשין אלא בעשייה כהן ואי משום דכתיב ולקח' דמגיה דריש רב חסדא בסמוך דמתפרשין בלקיחת בעלים בקריאת שם אינ' ר"ה נמי פרכינן דמנ"ל למדרש השתא דאיכא ק"ו שלא יקדש ואימא דקרא ה"ק ולקחה שתי תורים שהכהן יעשם א' לחטאת וכו' וכדכת' גבי זב ועשה הכהן וכו' ותירצו דאיכא שום קרא דמרבי שקידש השם וכו' ואפ' דהיינו דרשא דת"כ דפרשת מצורע גבי קרבן זב דקתני התם ועשה אותם הכהן אח' לחטאת וא' לעולה שיפרישם הכהן א' לחטאת וא' לעולה מנין שאם היפריש' הוא יהיה הפרשתו הפרש ת"ל א' לחטאת וא' לעולה ונתנם אל הכהן ע"כ כלומר דמקרא נדרש לפניו דכתיב וביום הח' יקח לו ב' תורים וכו' ובא לפני ה' וגו' ונתנ' אל הכהן וגו' דהאי ונתנם וגו' למ"ל אלא אח' לחטאת וגו' דכתוב לקמיה שדייה נמי הכא וה"ק א' לחטאת וא' לעולה ונתנם אל הכהן שקודם נתינה יכול גם הוא להפרישם ולפרשם ואינם מחוסרים אלא נתינה לו להקריבם מיד ובזה אין צורך להגיה הספרים כמו שרצה להגיה בס' ק"א שם יעי"ש אלא שאח"ז מצאתי בת"כ פרשת ויקרא פ' י"א שהגי' שם ת"ל א' לחטאת וכו' והביא וכו' כמו שהגיה בס' כנז' בפרי מצורע עוד כתבו או שמא מולקה ועשה דהן מתפרשין בו נפקא [(כנ"ל)] וכלומר דמדשני קרא בדיבוריה דהכא כתיב ולקח והתם כתיב ועשה נפקא בכל דוכתא דקריאת שם נמי קובע וכבר היה אפשר דבותם להקשות איפך דוכתי חוץ מיולדת מנין שהשם קובע ותי דמהתם ילפינן בכל דוכתא אבל יותר נראה לפי כמ"ש ודו"ק.

ד"ה ת"ל ועשהו חטאת וכו' מועשהו חטאת דאפי' הנחה וכו' דהא ועשהו אהנחה נמי קאי דכתיב לעיל מיניה אשר עלה עליו הגורל וכו' ועליו היינו ההנחה כדקאמר תלמודא אילו נא' אשר עליו הייתי אומר יניחנו עליו וכו' ומה שסיימו לגלויי דדוקא עלייה וכו' כנ"ל וק"ל.

דף מ"א ע"א **ד"ה** סתם ספרא וכו' לא כתיבא ביה קרא וכו' לא כתיב חוקה אהגרלה דהיינו וכו' לא דקאמר ר"י וכו' וכר' נחמיה נמי מתוקמא וכו' הא מני ר"י היא דלית ליה וכו' כנ"ל.

ד"ה שיכול וכו' שיכול גר' רבינו שמואל וכו' כנ"ל ולאו רשב"ם הוא דמדברי רשב"ם ר"פ יש נוחלין ק"ל ע"ב משמע דגר' ליה ומפרש שיכולני לומר בהסך ויכול אני לדון אלא שהתוספו' כתבו שם דל"ג

והלא דין הוא וכ"כ עוד בפ"ק דחולין כ"ב ע"א אבל רש"י שם קיים הגי' ועיין מה שהקש' על דברי התו' בס' קרבן אהרן פ' ויקרא פ' ח' וכן בספר באר שבע בחי' להוריות לדף י' ע"א ועיין מה שיישב בספר שער יוסף שם וק"ל.

בא"ד אבל במקום שיש ק"ו להאי גיסא וכו' כנו' דאם כברייתא מביא ק"ו הסותר הדרשא ובתר הכי ק"ו אחר המקיים אותה הנה אז היינו יכולים לקיים את שניהם וה"ק שיכול לדרוש ק"ו הסותר הדרשא והלא דין הוא שיש ק"ו אחר המקיימה ולהיות שיש פנים לכאן ולכאן מלד ק"ו לכן בא הפסוק ללמדנו הדין היאך וק"ל.

ד"ה והא הכא וכו' וא"ת והא גבי נזיר משכחת לה וכו' והא דלא הקשו ממצורע דקרבנו ממין אחד ג' כבשים כבש א' עולה וכבש א' אשם וכבשה לחטאת י"ל משום דהתם כתיב ועשה הכהן את החטאת וכו' דמשמע דוקא בעשיה מתקדש ואע"ג דגבי נזיר נמי כתיב בקרבן בהמותיו והקריב הכהן וגו' ועשה את חטאתו ואת עולתו מ"מ הא כתיב קמיה ביום מלאות ימי נזרו יביא אותו וגומר והקריב את קרבנו לה' כבש וגו' לעולה וכבשה א' וגו' לחטאת משמע דקודם עשיית כהן נמי נתפרשו ואימא דלא ילפינן מקינין דלא בעי בנזיר שעת לקיחה אלא נתפרשו בשם לכשרלה דומיא דגורל משא"כ במצורע דלא אלית למימר הכי דהא לא פירשם הכתוב בהבאה אלא גבי עשיית כהן דבהבאתם כתיב סתמא וביום הח' יקח שני כבשים תמימים וכבשה א' וגו' ואם כן אי לא ילפינן מקינים אין לומר שיקדש בו אלא עשיית כהן בדוקא כנלע"ד וק"ל.

בא"ד ואומר ר' דפשיטא ליה לתלמודא וכו' אפש' דפשיטא ליה מדרשא דספרי פרשת נשא דקתני התם ועשה הכהן א' לחטאת וא' עולה אין לי אלא הפרשה בכהן הפרשה בבעלים מנין אמרת ק"ו הוא מי שאין רשאי בהקדשתו רשאי בהפרשתו מי שרשאי בקדושתו אינו דין שיהא רשאי בהפרשתו וכן הוא אומר ביולד' ולקחתה ב' תורים נמלינו למדים הפרשה בכהן והפרשה בבעלים נמלינו למידים קן סתומה וכו' ע"כ דאע"ג דקרא דועשה הכהן בקינין כתי' מ"מ מהאי ק"ו מצינן נלמוד גם לשאר קרבנות ואפי' תאמר דהאי ק"ו אית ליה שום פרכא מדאיצטריך קרא דולקחה אם לא שתאמר דמלתא דאתיא בק"ו טרח וכתב לה קרא מ"מ כיון דגלי קרא דולקחה דתלוי נמי בבעלים מהשתא אימא דק"ו גמור הוא וילפינן מהך לכל הקרבנות ועיין בחי' הריטב"א שכ"כ דה"ה לשאר קרבנות ודברי התוספות דזבחים ס"ז ע"א ד"ה חטאת העוף וכו' דלכאורה משמע מדבריהם דקינין דוקא קאמר לריך ליישבם בדוחק יעי"ש כי אין כאן מקומם ובתוספות דנזיר כ"ז ד"ה וכי תימא וכו' נסתפקו בזה יעי"ש ועיין בהרמב"ם ה' נזירות רפ"ט הל' ד' ופ"ה מהל' פסולי המוקדשין הל' י"א ודו"ק.

ד"ה ה"ק מקום שקידש הגורל שלא בשעת וכו' כנ"ל.

ד"ה מטמא מקדש עשיר וכו' הו"מ למימר שבועת ביטוי וכו'. דהגם דבתריה דמטמא מקדש כתיב מ"מ שבועת בטוי מפורשת היא משא"כ מטמא מקדש כמ"ש רש"י ז"ל אבל משבועת שמיע' הקול דכתיב ברישא ל"ק להו דיש לתרץ בפשיטות דמלתא דשכיחא עפי נקט כמ"ש התו' דסוגיין וכמו שפירש שם וכבר יש לפ' דבריהם דשבועת ביטוי ודכוותה קאמרי וכמ"ש הריטב"א ולעולם דעיקר הקושיא משמיעת הקול דכתיב ברישא כמ"ש התו' וק"ל.

ד"ה מוסיף ומביא וכו' מדמי עולתו בפרק בתרא דכריתות וכו' נראה דהיינו סוגיא דאיתא התם כ"ז ע"ב דאפילו במעות שהפרש לעצמו דאינו יכול לשנותן מחמורה על הקלה וכו' יעי"ש וה"ה הכא לשנות מעולה לחטאת וק"ל.

ע"ב ד"ה אימא ואח"כ לקח וכו' וה"ה נמי לקח ואח"כ אמ' וכו' כלומר דה"ה לקח וקנה אותם כשהיה עני ואמר אח"כ בעת אותה לקיחה עצמה ולבסוף העשיר דקבע בודאי דלפי דבריהם דכשהיה עני לקח סתם ואח"כ כשהעשיר פירש אין נראה דפירוש זה דלאו בשעת לקיחה לא קבע כמו שפרש"י ד"ה אין הקינין ולא הוה שייך לומר על זה מוסיף ומביא הובתו מדמי חטאתו וכו' שהרי עדיין לא הוקבעו ויכול לשנותם כמו שירלה וק"ל. ומ"ש והכי נמי הוה מלי וכו' והפריש מעות לקינו וכו' מפרישם בעשיר וכו' להפריש לקינו וכו' דלא יצא לא קבע וכו' כנ"ל ועיין בהריטב"א.

ד״ה אקטירה קאי וכו׳ כצ״ל והבאר קשר לשון וכו׳ מיותר ועיין מ״ש בפרש״י ז״ל ד״ה כנגד וכו׳ ולאפוקי אותי פירוש כיונו גם הם ז״ל יעו״ש וק״ל.

ד״ה ושל שעיר וכו׳ חוט שני בעלמא משום הכירא וכו׳ כלומר וה״ה שיהיה כשר בחוט של מין אחר משא״כ משתלה דצריך דוקא של שני דאשמכוה אקרא דאם יהיו חטאיכם כשנים וכו׳ וכן פרה כדכתב קרא א״כ בכולם יש צורך בשל שני דוקא משא״כ זה ומה שסיימו כפי׳ ר״ש תנן לקמן בהדיא כונתם דמדקתני לקמן מה היה שבה חולק לשון של זהורית וכו׳ משמע בהדיא דהיינו אותה שהזכיר כאן שבבר היא מונחת ועומדת בין קרניו דאי לא תימא הכי אלא דאחרת היתה הול״ל מה היה עושה לוקח לשון וכו׳ ועיין בהריטב״א.

ד״ה כעוד תנאי היא ור׳ יצחק אליבא דמ״ד וכו׳ איירי הס״ד ואח״כ מ״ה שקלטתן וכו׳ כצ״ל ועיין בהריטב״א.

ד״ה שקלטתן וכגון שנתרכו וכו׳ דודאי בעץ ואזוב לא ישרפו לגמרי באויר השלהבת אלא נתרכו בעלמא וסיימו דהאי לישנא דקלטתן דמשמע שנשרפו לגמרי והשלהבת קלטה אותם ושרפה אותם שייך בשני תולעת שהאור נאחזת בה מיד יותר מאחרים עץ ארז ואזוב שאין השלהבת עושה בהם גמר שרפה מיד קודם שיפלו אל תוך השרפה וק״ל.

ד״ה בקולחת וכו׳ ואין נראה לר׳ דבקולחת וכו׳ ויש ליישב דבקולחת חכמים השוו את מדותיהם דמשליך באויר אע״פ שרחוק או סמוך אינו מועיל דגזרו סמוך אטו רחוק אבל נכפפת חשיב בתוך השרפה ממש יכן בפי׳ מרובה ס״א ע״א גבי דלקה קאמר דמחייב עפי בנכפפת מבקולחת יעו״ש וק״ל.

ד״ה כדי שיהא כולן וכו׳ וריב״א פי׳ שמא ילפינן מאגודת אזוב וכו׳ וכן מלאתי הדבר מבואר במכילתא פ׳ בא ז״ל ולקחתם אגדת אזוב מכאן אתה למד כל לקיחות שבתורה סתם ופרט לך הכתוב בא׳ מהן שאינה אלא אגודת אזוב אף פורט אני כל לקיחות שבתורה שאינם אלא אגודה עכ״ל ועיין בספרא פ׳ חקת והא אתיא אליבא דר״י דפ׳ קמא דסוכה י״א דלולב צריך אגד מהך טעמא דיליף לקיחה כמו שסיימו הם ז״ל והכי ס״ל לר״י דבריתא דהכא אבל רבנן ס״ל טעמא משום כעוד לית לי׳ ג״ש דלקיחה וכרבנן דר״י שם אבל מה שרצה לתרץ הר׳ יוסף דהכא משום הדור מלוה בעינן לקיחה אחת אתיא אפי׳ כרבנן דר״י דמודו דלמלוה מיהא בעינן אגד משום זה אלי ואנוהו כדאי׳ התם ומ״ש רש״י ז״ל דבעינן שיהיו נלקחין בבת א׳ דכתיב ולקח וכו׳ וכן פי׳ הר״ש בפ׳ ג׳ דפרה אפשר דמטעם ג״ש דלקיחה לקיחה או מטעם הידור מלוה הוא שכ״כ ולא מכח פשטיה דקרא לחודיה וזהו לא יקשה עליו מ״ש בריטב״א יעו״ש וק״ל.

דף מ״ב ע״א **ד״ה** ושל שעיר וכו׳ דבעי חליקה בפחות משני סלעים וכו׳ כצ״ל והא קמן דירושלמי דפרקין ובפ׳ ד׳ דשקלים קאמר של שעיר בסלע ושל מצורע בשקל ושל פרה בב׳ סלעים וכו׳. ומ״ש דבעינן הכי הס״ד ואח״כ מ״ה וחד אמר משקל וכו׳ כצ״ל והא דלא תי׳ הכא כמ״ש לקמן ד״ה בשעיר וכו׳ דמשום פרסומי ניסא הצריכו ב׳ סלעים י״ל דא״כ ישוו אותה לשיעורה רבא דפרה ומאי שנא ב׳ סלעים אבל לקמן דמצריך בשיעורה רבא י׳ זוזים התם דוקא שייך לתרץ כן והיינו דכתבו לקמן שם ובהא איכא למימר וק״ל.

ד״ה וחד אמר משקל וכו׳ וא״ת בעי כעוד וכו׳ דכן משמע עפי דהא מאן דלא בעי כעוד לא הצריך שיעור כלל כדקאמר ר׳ יצחק לעיל דאחת אינה צריכה שיעור וק״ל.

ד״ה בשעיר המשתלח וכו׳ תימא דהכא נמי מאי טעמא דמ״ד עשרה זוזים וכו׳ כצ״ל ועמ״ש לעיל ד״ה ושל שעיר וכו׳.

ד״ה רב״ה בר קיסי וכו׳ אבל פרה עיקרה לטהרה וכו׳ אלא דגזר הכתוב בפרה יותר משאר בהמות לכפר שהתכפר על מעשה העגל כדאיתא במדרש וכמ״ש התוס׳ שם כ״ח ע״א.

ד״ה שחיטת פרה וכו׳ בגדי כהונה כשאר עבודות וכו׳ כלומר כשאר עבודות שלה דתנן ברפ״ד דפרה ובמחוסר בגדים פסולה וכלכו לבן היתה נעשית ומה שסיימו מדתנן במס׳ פרה שחטה שלא בכ״ג וכו׳ לא שהגי׳ כן אלא משמע דהא דתנן שחטה ושלא בכ״ג פסולה וכו׳ ארישא דקתני פרת חטאת ששחטה שלא לשמה וכו׳ קבל והזה וכו׳ אכולהו קאי ולפ״ז להכי קאמר ר״י מכשיר

סתמא הא כדאי׳ יהא כדאי׳ אשחיטה מכשיר אפי׳ בזר ואקבלה וכו׳ מכשיר אפי׳ בכהן הדיוט ועיין בתוספתא שהביא הר״ש שם וק״ל.

ד״ה שאני פרה וכו׳ ומשני שאני פרה דחטאת וכו׳ וכ״ת ר״ש לטעמיה וכו׳ ולרבנן הויא קדשי מזבח וכו׳ גבי פרה נפדי׳ על כל פסול וכו׳ ובפ׳ ג׳ דבכורות [(כ״ה ע״א)] גבי ר״י בן המשולם וכו׳ ובתמורה וכו׳ אלא מעתה תפסל ביולא דופן כלומר וכו׳ על ר״א ורבנן דבותיו וכו׳ ולר״ש ה״ט משום הואיל ומום פוסל בה וכו׳ דהיינו כרבנן ומיהו אף ר״ש וכו׳ הואיל ודמיא יקרים גרים והאי תנא וכו׳ וגם׳ רבי׳ יעקב בע״ז שאני וכו׳ כצ״ל והדברים מבוארים וכ״כ עוד בדבריהם דפ״ק דחולין י״א ע״א ובכ׳ אין מעמידין כ״ג א׳ יעו״ש וק״ל.

ד״ה ורב חד וכו׳ ולריכי תימא לרב וכו׳ ואלעזר רואה היינו וכו׳ כצ״ל ולריך לבאר בעיקר קושייתם דאע״ג דהזאה ודאי ידעי׳ דאפי׳ בכ״ה מכח מיעוט אחר מיעוט לרבות כדלקמן שם מ״ג ע״א מ״מ הוה איצטריך נגלויי גם בשרפה שיהא א׳ בוחע וכו׳ דהו״א דשרפה עדיפא מהזאה דהשתא מתכשרא בה פרה כדקאמר תלמודא הכא והו״א דושרף את הפרה אאלעזר דלעיל סמיך והו״א דלהכי הדר קרא ולקח הכהן עץ ארז לומר דהכא אפי׳ בכהן הדיוט משא״כ שרפה בכ״ג דוקא ומש״ה כתב לעיניו לאכשורי בה הכא נמי כהן הדיוט ואצטריך נמי כהן גבי השלכת עץ ארז לומר דכהן הדיוט מיהא בעינן ולא תימא דכיון דלאו גופה דפרה הוא לא ליבעי כהן כלל וכדקאמר תלמודא התם ועמ״ש בסוגיא ליישב זה אליבא דשמואל וגם ממ״ש שם יש לתרץ אליבא דרב נמי דמדשני קרא הכא למיכתב לעיניו ולא לפניו כשחיטה ס״ל לרב נמי דללמד פוסל היסח דעת אתא דאי הוה כתב לפניו גבי שריפה היה מקום לדרוש להכשיר כהן הדיוט והו״א דלא ילפי הא מהזאה השתא דכתב לעיניו נהסח דעת דוקא אתא וכהן הדיוט ילפינן מהזאה ול״ש כן בהו ודו״ק.

ד״ה למעוטי מאי וכו׳ א״כ הוה מצעיא וכו׳ למשמרת ותרי קראי וכו׳ כצ״ל וכונתם דמתחלה תירלו דהמקשה היה יודע דדרשינן היסח דעת מלמשמרת כדמסיים במלתיה אלא דלא הוה ידע דמוקמינן ליה דוקא לאסיפת אפרה וכו׳ אלא דמהתם מלינן למילף במכ״ש גם לשחיטה ושריפה דהם עיקר מעשה הפרה ולהכי פריך דמדאיצטריך קרא לכתוב היסח הדעת דהני ע״כ למעוטי אחריני אתא דאי לא ליכתוב מהני וליתו כולהו מלמשמרת ועוד תי׳ דאפילו תימא דודאי ידע דקרא דלמשמרת בעיקר הכשר פרה וגמר מעשיה דהיינו אסיפה ומילוי וקידוש איירי בדוקא מ״מ הוה מבעי׳ ליה דקרא דלמשמרת ותרי קראי דשחיטה ושרפה הו״ל ב׳ כתובים הבאים כא׳ דלא לכתוב למשמרת דילפינן במכ״ש דשחיטה ושרפה אלא ע״כ באו למעט וכו׳ ועיין בחי׳ הריטב״א ודו״ק. ומ״ש באו למעט ריב״א הס״ד ואח״כ מ״ה אלא למעוטי וכו׳.

ע״ב ד״ה ה״ג וכו׳ ול״ג שאין כשרין באשה וכו׳ דע״כ לא איירי אלא לענין פסול לילה והיינו דקאמר מנין לרבות שחיטתה וקבלת דמה וכו׳ דאפסול לילה שנרבה גם בהם קאי דפסול אשה בהדיא כתי׳ בהו כהן אלא שמדברי רש״י ד״ה הזאת מימיה וכו׳ וד״ה מנין לרבות וכו׳ משמע דגרס ליה ועמ״ש שם.

ד״ה מנין לרבות וכו׳ דלעיל פרישית דגבי פסולי גופה הוי שפיר לכ״ע דחטאת וכו׳ כצ״ל והיינו מ״ש לעיל באמצע ד״ה שאני פרה וכו׳ מדרשא דספרי דדריש פסול שלא לשמה מהך תי׳ דלענין כמה דברים וכו׳ דהא תנא בתוספתא וכו׳ ואיתא נמי בספרי שם והגם דמרבוייא דלמשמרת ימים על ימים ושנים על שנים הוא דדריש התם דבהא אינה שוה לחטאת דנפסלת בלינה מ״מ הא נפקא דרשא דחטאת מכללא ומשום דלא תידרוש משום מיעוטא למעט שחיטה וקבלה דאינם נריכים ביום להכי דריש הכא מרבוייא דתורה ועיין בהריטב״א וק״ל.

ד״ה מה הזאת מימיה מיוחדין וכו׳ לא אשכחן שיפסול וכו׳ והא קמן שהמלאכה אינה פוסלת בשעת הזאה כדאיתא בספרי וכמו שפסק הרמב״ם ז״ל בחי׳ רפ״ז מה׳ פ״א אלא מהא לא פסיקא להו כ״כ די״ל דטעם פיסול מלאכה לאו משום היסח דעת כנראה מדברי התוס׳ דפסחים י״ח ע״א ד״ה בעלו במעיה הגם דלרש״י דחולין ל״ב פ״א פשיטא ליה דמשום היסח דעת היא והיא שיטת ריב״א שכתבו לקמן וא״כ היה מקום לומר דהסיח דעת פוסל אף לאחר הזאה ועמ״ש הפר״ח ז״ל בליקוטין בשיטתו לגיטין כ״ה שכתב דדעת הרמב״ם לפסול היסח דעת אף לאחר קידוש אלא

שמקי׳ עליו יעו״ש. ועי״ע בהרמב״ם פ״י מה׳ פ״א הלכה ד׳ ובמ״ש הכ״מ שם משם ספרי זוטא.

ד״ה גמל חוקה וכו׳ ילפי׳ בספרי שבבגדי וכו׳ ומ״ד לדורות בכהן הדיוט לאו למימרא דלית ליה ג״ש דחוקה דהא הך דבבגדי לבן נעשית משמע דליכא מאן דפליג עלה והכי אתא לן תנא דס״ד דפרה אלא ס״ל דלהא מלתא לא תילף מג״ש דהא גלי קרא לאלעזר דלדורות אפי׳ בכהן הדיוט וכמ״ש הריטב״א יעו״ש וקרוב לזה י״ל לאידך מ״ד דליכא לאקשויי דלשתוק קרא מאותה ואנא ידענא דלדורות בכ״ג מג״ש דחוקה דהו״א דלהך לא תילף מיוה״כ דהא כתיב הכא בשל משה אלעזר ואימא דכן נמי לדורות אלעזר דהיינו סגן דוקא וק״ל.

ד״ה שלא יאמרו וכו׳ פוסלין במלאכה וטעמא שפוסלין וכו׳ הסיח דעתו ממנה וכו׳ בל״ל וכלשון דברי ריב״א לפי׳ דברי רש״י באו דהרואה בדבריו יבין דתחלה נתן טעם משום פסול מלאכה וסיים ולקמן נמי אמרינן ושחט אותה וכו׳ כלו׳ דאפי׳ לא נתכוון לשחיטת האחרת דאין כאן מעשה פסול מלאכה מ״מ מפסלא מגזרת הכתוב ושחט אותה וכו׳ ועי״ע מה שפי׳ ז״ל פ״ק דחולין ל״ב ע״א ד״ה לר׳ נתן וכו׳ ויראה דאשמועינן ז״ל בטעם פסול מלאכה שלא תאמר דבשוחט ב׳ פרות אין כאן פסול מלאכה אלא דוקא בשוחט בהמה אחרת עמה עיין בדברי התוספות דחולין שם ד״ה נשחטה בהמה וכו׳ אלא דבכל גוונא יש כאן פסול דכיון דמטעם הסיח דעת נגעו בה הגם דלעולם מתעסק במעשה פרה מ״מ כששחט זו מסיח דעתו מן האחרת ויראה דהתוס׳ שם שכתבו דלרבנן בב׳ פרות ליכא פסול מלאכה לשטתייהו אזלי דפ״ק דפסחים י״ח ע״א דס״ל דפסול מלאכה לאו מטעם הסיח דעת נגעו בה ועיין מה שהאריך בזה בס׳ מלכי בקדש בליקוטיו דף קכ״ד ע״א וק״ל.

דף מ״ג ע״א **ד״ה** שלא ישחוט וכו׳ דאי לאחריו היסח דעת מיהא איכא כלעו״ד שצ״ל וכלו׳ דמסיח דעתו מן הראשונה בשחיטת ב׳ לאחריו ודרשא דושחט היינו אף במילתא שלא הסיח דעתו דאין כאן פסול מלאכה כלל כמ״ש בדבור הקודם לזה והכי משמע מספרי דדריש מהכא תרתי דקתני התם ושחט אותה בא הכתוב ולימד על הפרה שתהא מלאכה פוסלת בשחיטתה וכו׳ ושחט אותה מכאן אמרו אין עושין ב׳ פרות כא׳ ע״כ וא״כ דרשא דתלמודא היינו אפי׳ בלא הסיח דעת כלל וכגון בשחט שתיהם בפעם א׳ דדעתו על שתיהן יחד ואפ״ה פסול מגזרת הכתוב.

ד״ה כ״ג בעינן וכו׳ בכל עבודותיה וכו׳ דבריהם מוכחים מתוך מ״ש הריטב״א בחי׳ דאפי׳ בשאר עבודותיה דכשרות בכהן הדיוט פריך שפיר שיהיו עשויה בגדי כהונה דהא לא נתחינן תרי דרגי וכמו שהעתקתי בסוגיא יעו״ש וק״ל.

ד״ה ונתן וכו׳ ומיותר הוא וכו׳ עיין מ״ש בתוס׳ דסוגיין ד״ה ונתן וכו׳.

ד״ה כתב רחמנא ולקחו ונתן וכו׳ דשקיל חד ויהיב חד מדשקלי תרי ויהיב חד ואי הוה וכו׳ בלקיחה תרי ובנתינה חד לאו לאשמועינן וכו׳ כל״ל והדקדק בדבר הם יראה שדעתה לפר׳ דשקיל חד ויהיב חד שאותו הלוקח הוא עצמו יהיה הנותן וגם שיהיה הדבר נעשה בא׳ ולא בב׳ וכן הא דקאמר עד דשקלי ב׳ ויהבי ב׳ כלומר שהב׳ הלוקחים יהיו הם עצמם המתנים ושיהיה הדבר נעשה בב׳ ולא בא׳ והיינו דסיימו אלא משמע ליה וכו׳ דלא קפדינן בין ב׳ לא׳ ובין אותו שעשה הלקיחה לאדם אחר וכו׳ ועמ״ש בסוגיא בפרש״י ותוי׳ וק״ל.

ע״ב ד״ה לימד על טבול יום וכו׳ בפ״ב דזבחים וכו׳ כוונתם דמאי דאמר התם טעמא דמעשר דמכשר גם במחוסר כפורים משום דטומאה כל התורה קאמר ואג״ש דמעשר סמיך כמ״ש בסוגיא מהא נילף דליכא למימר דלא הכשיר אלא במחוסר כפורים דקלישא טומאתו שהרי הוא טהור לתרומה אבל ודאי דתלמודא דהתם לא נחית להכי אלא לפרושי טעמא דמאן דמכשר אף פסל במחוסר כפורים יעו״ש וק״ל.

ד״ה אשה מסייעתו וכו׳ אבל אם אחזה בידו וכו׳ והכי מסיים מתני׳ התם וכל עיקר כוונתם להודיע למאי דהוה משמע לכאורה מהעתקת תלמודא דאשה יכולה לסייע את הקטן להזות דאין הדבר כן כדמסיים במתניתא גופא דזה אין נראה לומר דלא הוו גרסי שם סיפא דאם אחזה בידו וכו׳ דכל המפרשים שם גרסי הכי וכן התוי׳ דסוגיין וק״ל.

ד״ה בא לו וכו׳ ובני אהרן וכו׳ וקשה למה וכו׳ כל״ל ויראה דקושיתם זאת אינה אלא אליבא דר״י בספ״ק דשבועות דס״ל דכהנים מתכפרים בשעיר המשתלח בשאר עבירות וליכא בפר אלא ב׳ כפרות דטומאת מקדש וקדשיו דהשתא הוא עצמו סגי ליה בוידוי ראשון ובדם פר וא״כ למה צריך לחזור ולהזכיר עצמו בוידוי ב׳ דלר״ש דס״ל התם דג׳ כפרות יש בתרי וידויי ודם פר ע״כ צריך לחזור ולהזכיר עצמו גם בוידוי שני ומדהקשו קושייתם בסתם משמע לע״ד דס״ל דמתניתין דמפרשינן טעמא דוידוי ראשון כדתנא דבי ר״י וכו׳ אליבא דרבי יהודה דוקא אתיא וכדמשמע מלישנא דתלמודא שם ושלא כדברי התוספות שם דהשתא סתמם כפירושם משמע דמקשו לר״י בדוקא וק״ל.

בא״ד וכ״ת כיון שבא וכו׳ אינו מזכיר בוידוי עליו אלא ישראל וכו׳ כונת המשך דבריהם וכ״ת דכיון שבא בשביל הכהנים הגם דאף הוא בכלל בני אהרן עם קדושי׳ מ״מ יש לכלול עצמו עמהם בהדיא הרי לקמן גבי שעיר המשתלח דאיכא מ״ד שמכפ׳ על הכהנים בשאר עבירות דהיינו סברת ר׳ יהודה דקיימינן ביה וקאמר התם דלא הזכיר בני אהרן משום דבכלל עמך ישראל ניהנו הא קמן דאינו מזכי׳ עצמו וכן הכהנים בהדיא אלא נכללו במאי דקאמר עמך ישראל הכא נמי למה צריך להזכיר עצמו בפרטות כיון דבכלל ב״א הוא ותירץ דשמא צריך להזכיר עצמו פעם שנית להיות שעדיין לא נשחט הפר ולא נגמרה כפרתו אבל בשעיר המשתלח א״ל להזכיר עצמו והכהנים בהדיא שהרי נגמרה כפרתן בוידוי ושחיטת פר ואי משום דזה שעיר המשתלח מכפר עוד עליהם בשאר עבירות להך מ״ד בזה אין צריך לפרטם דבכלל עמך ישראל הם דמ״ש משעירי הרגלים של כל השנה שמכפרים גם על הכהנים בעמו״ק דאין בה ואין בה וכמ״ש התוספת בספ״ק דשבועות י״ד ע״א ד״ה וקאמר כולן וכו׳ ומקריבין אותם סתמא לכללות ישראל ולא הוצרך לפרט כהנים והכא נמי כיון דבשא׳ עבירות השוו כפרת כהנים לישראל א״ל לפרטם דבכלל עמך ישראל ניהנו כדקאמר טעמא לקמן להך מ״ד יעי״ש ועמ״ש הפר״ח ז״ל בליקוטי מים חיים לה׳ עי״כ פ״ב ה׳ ו׳ ומ״ש הרמ״ז ז״ל בפי׳ המשניות וק״ל.

דף מ״ד ע״א **ד״ה** שילה ובי״ע וכו׳ ואיכא למימר דלשום דרשא איצטריך וכו׳ אהביא דחולין קיימי דלבתר דממעט להו נאמר דהפסוקים שהיו מרבים לשום דרשא איצטריכו וכמ״ש בתוי׳ דסוגין ובתוי׳ דשבועות יע״ש. ומ״ש ואני שמעתי בשם הר״ח וכו׳ תי׳ זה מבואר יותר בתוי׳ דשבועו׳ ליישב דרשא דהמדברה ועמ״ש בחידושי שם.

ד״ה כפרתו קודמת וכו׳ נעשית העבוד׳ בבת א׳ וכו׳ שהוא וביתו ואחיו הכהנים היו מתכפרים בפר בבת א׳ ופי׳ ר׳ שמואל דאם אינו ענין ליוה״כ ת״ע לקרבנות דעלמא דקרבן כהן וכו׳ ומ״ש הא דאמרינן בפ׳ בתרא דהוריות דקרבן כהן משיח קודם וכו׳ כן נראה של״ל והיינו הא דאיתא התם הואיל ומשיח מכפר וכו׳ דין שיקדים המכפר למתכפר וכה״א וכפר בעדו ובעד ביתו וכו׳ וסיימו דאך כפרתו קודמת לכפרת אחיו הכהנים לא אתי שפיר דזה ודאי איירי בכ״ג לכהן הדיוט שרוצה כ״א מהם להקריב קרבנו והא מלתא דפשיטא דכ״ג קודם ולא צריך קרא וכן פשיטא נמי דכפרת עצמו קודמת לכפרת ביתו ופשיטא נמי דכפרת ביתו של כ״ג קודם לכ״ג דאשת כ״ג הרי היא ככ״ג דומיא להא דאמרי׳ בעלמא אשת חבר ה״ה כחבר על כן פי׳ דלענין וידוי איירי דהגם דבוידוי ראשון צריך להזכיר את עצמו וביתו תחלה מטעם דיבא זכאי ויכפר וכו׳ מ״מ בוידוי שני לכבוד כללות שבטו היה צריך להזכיר שבטו תחלה אי לאו דאשמועי׳ קרא דלעולם הוא וביתו קודמים ועיין בהריטב״א ומה שהקשה שם לפי׳ זה דא״כ מאי קאמר לכפרת כל ישראל דבוידוי פר לא היו מתכפרים בו ישראל וכו׳ יע״ש היה אפשר לומר דלהיות דסתם ספרי רבי יהודה דבריתא זו מייתי לה בת״כ ור״י ס״ל ספ״ק דשבועות דכהני׳ מתכפרים בשעיר המשתלח בשאר עבירות אה״נ דלדידיה היה מזכיר בוידוי שעיר אחיו הכהנים קודם עמך ישראל והא דאמר תלמודא לקמן ס״ו ע״א לר״י אטו כהנים לאו עמך ישראל ניהנו רצה ליישב מתני׳ גם אליבא דר״י אבל אה״נ דלר״י ניחא לן טפי להזכירם בהדיא להיות שחלוקה כפרתן מישראל לענין כפרת עמו״ק אפשר להבין שחלוקים גם בזה אם לא נפרשם בהדיא א״נ י״ל דקרא ה״ק דקודם צריך להתודות על עצמו והקרובים אליו והדר בעד כל קהל ישראל מטעם דיבא זכאי וכו׳ וכן פי׳ בס׳ ק״א בת״כ שם וק״ל.

ד"ה יצא דבר שבחשאי וכו' יותר מהזאת דמים וכו' שבהזאת דמים היה מונה וכו' כצ"ל ומיהו רש"י ז"ל בערכין ט"ו ע"א ובזבחים פ"א ע"ב תפס כפי' זה דחשאי מטעם פרישה הוא וצ"ל לדעתו דאם לא היה כפרת דמים מפורש' דמכפרי' על טומ"ק כדדרש מקרא בפ"ק דשבועות ז' ע"ב אה"נ שהיינו אומרים דגם הם מכפרים על לה"ר אבל השתא לא נשאר אלא קטורת שלא ידענו כפרתו ונאמר יצא דבר שבחשאי וכו' וכך יש לפרש חי' הר' אלחנן שכתבו ועוי"ל דלהיות עון לה"ר תדיר מאד כדאמרינן דאין אדם ניצול הימנו בכל יום יש לנו לומר שהקטורת התדיר בכל יום הוא שמכפר עליו לא הזאת דמים שאינה אלא פעם א' בשנה והנה יפה פירש החכם השלם כמוהר"ר עמנואל חיריקי ז"ל בספרו אדרת אליהו דקטורת נמסר למשה רבינו בחשאי ובדרך סוד כדאי' בפ' אר"ע פ"ט ע"א יעו"ש ועיין בתנחומא ס"פ תצוה שלי"ע לייטבו עם סוגיין וק"ל.

ד"ה פורשין היו וכו' וגם יש טעמים וכו' כלומר להמק' דבסמוך דס"ל לחלק דבהקטר' אפי' דלפני ולפנים פרשי נמי מאולם מש"ה בהזאה דלא פרשי אלא משום הזאו' דהיכל אבל ודאי דלמסקנא דאסיק דאין חילוק בין קטורת להזאה דלעולם משום לפני ולפנים מאולם לא פרשי כלל ע"כ לומר טעמא משום דמלתא דשכיחא טפי נקט וק"ל.

ע"ב ד"ה אתיא כפרה כפרה תימא וכו' ודאי דלמסקנא דילפי' פרישה גם להזאת דמים דהיכל ה"ה להקטרה דמאי שנא ועוד דאתי נמי כפר' דמעט' קטור' דפנחס שהיה ודאי באהל מועד כתי' ויכפר וכו' אבל קשיא להו דמעיקרא אמאי לא מבעיא ליה אמתני' דכלים דקתני ופורשין וכו' בשעת הקטר' דהיינו דהיכל דמהיכא ילפינן לה ותי' שפיר דכיון דנ"ל מקר' דויכפר דגבי קטרת דהיכל דמכפ' על לה"ר מטעם יצא דב' שבחשאי ומוכרח נו' כן שהרי לא מצינו לו כפר' אחרת כדפי' לעיל ד"ה יצא דבר וכו' משה ע"כ לומר דצריך פרישה דמה"ט מקרי דבר שבחשאי כדאסיקו לעיל משם הר"א אבל ריב"א לא ניחא ליה בתי' זה דלסברי' אזיל שפיר לעיל דמקרי חשאי לפי שהוא בשתיקה בלא דבור דמכשתא אין להוכיח מזה דטעון פרישה ולפי' ריב"א יש לתרץ דאה"נ דהתלמו' הוה פשי' ליה דכל היכ' דכתיב ל' כפרה כקטורת בהיכל ומתן דמים של פר העלם ושעירי ע"ז ילפינן מכפרה דקטור' דיוה"כ דלפני ולפנים אלא דבעי משום פר כהן משיח דבדידיה לא כתיב ל' כפר' ואפ"ה תרין ליה אתיא כפרה וכלומר דפר כ"מ נמי אתיא מהך משום דאיתקש לפר העלם או לפר יוה"כ וכמ"ש התוספ' דסוגיין ד"ה אתיא וכו' יעו"ש ומה שסיימו וי"ל כיון דקטורת וכו' יש לפרוש גם בשביל וכו' כצ"ל וק"ל.

ד"ה שמע מינה מעלות דאורייתא וכו' וליכא למימר דכמת לבד מעזרת נשים וכו' כן צריך להיות והך דהלל שחידשו וכו' איתא בפרקא קמא דיבמות ז' ע"ב ועיין בתוספות שם ולעיקר קושיתם יש ליישב דרש"י לשיטתיה אזיל שפירש ביבמות שם ובפרק ג' דזבחים ל"ב ע"ב דרבי יהודה דקאמר התם חצר החדשה וכו' פליג אברייתא וסבירא ליה דטבול יום דחב לאו כזב דמי אבל תנא דברייתא שם סבירא ליה דכזב דמי ומדאורייתא הוא דהשתא רב אחא בר אהבה דקאמר הכא דמעלות דאורייתא סבר כתנא דברייתא דהתם והא נמי דאורייתא היא אלא שאין כן דעת התו' שם יעו"ש וק"ל.

ד"ה שמע מינה מעלות דאורייתא פירש ר"ש מעלות אחרונות וכו' בעזרה מבין וכו' יותר מן התורה אלא אי אמרת וכו' הכל דיבור א' כן צריך להיות ופשוט הוא דלמאי דהוצרכו כאן לחלוק על רש"י ז"ל נקטו מעלות אחרונות וכו' דלרש"י אכולהו מעלות דהתם קאי כמ"ש בדיבור הקודם.

באד"ה ואין נראה לריב"א דהא מעלות טובא וכו' דרבנן מיהו החמירו וכו' כצ"ל וכותם דהא אפילו תאמר דמדרבנן ע"כ לחלק בבין האולם ולמזבח לעזרה לענין שאר מעלות דקתני התם שאין בעלי מומין וכו' ושתויי יין וכו' ומעתה כמו שהחמירו בזה בבין אולם מבעזרה כמו כן החמירו לענין פרישה אלא דזה יש לדחות דפרישה דמשום ליתא דשלא יכנס להיכל דמדאורי' היא יש להחמיר גם בעזרה אבל מה שהחמירו בבין האולם דשתויי וכו' דאפי' בהיכל בלא עבודה מדרבנן היא לא ראו לגזור אף בעזרה והיינו שכתבו בסמוך מיהו אומר ר' כי יכול ר"ש לדחות וכו' ואל תתמה דהכא קאמרי בפשיטות דמעלו' דבעלי מומין וכו' הוו מדרבנן ולעיל בסוף הדיבור כתבו בתמא אלא יש לפרש מעלות דמחנה שכינה או מעלות השנויות בין האולם ולמזבח דמס' כלים הוו מדאורייתא ע"כ דמשמע דס"ל כסברת הרמב"ן בספר המצות ל"ת פ"ג שכתב דאסוגיין דהכא שמקדושות ששנו חכמי' בזה ובין האולם וכו' הלכה הם או מדבריהם דמן התר כולן קודשה א' אבל בחומרת הנכנסין כולן לדברי הכל מעלה של דבריהם היא וכו' יעו"ש בדבריו ואפ"ה אעזרת נשים לא ס"ל לומר דיש בה קדושת מקומות מדאורייתא כיון דאפילו ט"מ מותר ליכנס לשם כמ"ש לעיל ועיין בהרמב"ן שם והיינו שהקשה ריב"א דאפילו נאמר שמעלת המקומות נמי מדרבנן כי היכי דלא קשיא לך מ"מ לא גזור איסור בעל מום וכו' אפילו בעזרה הכי נמי לא תיקשי מפרישה בין האולם ולמזבח ועוד דמשמע דקדושת מקומות דבין אולם והיכל מדרבנן מדקתני התם בחמשה דברים בין האולם שוה להיכל וכו' ולדידיה ליכא אלא עשר קדושות כמ"ש הר"ש והרע"ב שם לאיית דמפרשי וכו' יעו"ש ואי אמרת דקדושת מקומות מדאורייתא מנין להם להשוות בין האולם להיכל אם לא שתאמר דר"י לית ליה מדאורי' אלא עשר הוא דוחק דבמאי פליג ומעתה כיון שע"כ לומר דקדושת מקומות דבין אולם והיכל מדרבנן משמע שגם שאר מעלות מקומות האחרים דקתני התם שוות לזו וכולהו מדרבנן בין מעלות המקומות ובין מעלות הנכנסין והא לא איירי דהכא הו"ק ש"מ הני מעלות דפרישה דשעת הקטרה דאורייתא נינהו וכו' ופשוט הוא דלפירוש ריב"א נ"ל דהכא דקאמר אולם גופיה גזרה וכו' היינו משום דלא ס"ל מעלות דפרישה הקטרה דאו' וכ"ע דרש"י ז"ל נייד מפירושו וכמ"ש בסמוך כנלע"ד ודו"ק.

באד"ה מיהו אומר ר' וכו' בין האולם ולמזבח שמא יכנס להיכל כיון שהחומרא מדרבנן אבל בפרישה יש להחמיר וכו' כנלע"ד של"ל והגם דלעיל כ"ד ד"ה לאתויי ז' הזאות כתבו דזר מחוי' מדאורייתא בהיכל אפילו אביאה ריקנית אפ"ה איכא למימר דבהני מעלות דקתני התם בכלים בין דהיכל ובין דאולם מדרבנן נינהו דהא לא ברירא לן כך מלתא שפיר כמו שכתב הר"ש שם ותוספות בפ' הנשרפין פ"ב ע"א ודעת הרמב"ן בהשגותיו שם דכולהו מדרבנן יעו"ש ומה שסיימו אמר רבא ש"מ קדושה היכל וכו' כצ"ל וק"ל.

ד"ה כיון דלא מפסיק וכו' דלפני ולפנים מהיכל פרשי וכו' ושמא דהקטרה דלפני ולפנים דחמירא לא גזרו וכו' א"נ כמ"ש הר' יוסף דבעינ' שיעמדו וכו' לאחן מתקנין וכו' כצ"ל מתוך מה שכתב' הריטב"א בריש סוגיין ד"ה לא שאנו וכו' יעויין שם ומה שסיימו וגם שם אינו יכול לאחן וכו' כלומר מפני שהמקום דחוק לו ליתן קטורת ע"ג גחלים דעבודה קש' היא כדלקמן מ"ט ע"ב ואין שם רוחב אלא אמה טרקסין כדאיתא לקמן נ"ב ע"ב אבל הא לא ניחא להו למימר דשם לא יתקן דדילמא הוי כלפנים כדלקמן שם ולא הועיל במעשיו דהא מ"מ כיון דיש ספק דדילמא בלחוץ היה מתקן שם אי לאו מטעמא שכתבו שהמקום דחוק ודייקו לומר אינו יכול לתקן כ"ה דהא ודאי יכול הוא אם ירצה לדחוק את עצמו ולתקן שם דהיינו טעמא שהיו משביעין אותו כדלעיל בפ"ק ובזה יתורץ מה שהקשה בהגהת הריטב"א על דבריהם יעו"ש וק"ל.

ד"ה גחלים וכו' ר"י לא גרים וכו' וכן כתבו התוספות דזבחים ס"ד ע"א בשם ר"ת וסיימו כדאמר התם גחלי אש יכול עוממו' ת"ל וכו' והיינו הא דאיתא פ' כילד צולין ע"ה ע"ב יעו"ש והיינו רישא דברייתא דת"כ דפ' אחרי מות שהביאו הם ז"ל בסמוך וק"ל.

באד"ה ור"ש כתב נמי דבסדר וכו' להבות אש הוא נוטל וכו' כן צריך להיות וכוונת רבי שמעון דהכן אמת דבסדר המשנה דהכא לא גרסינן מאוכלות הפנימיות אבל במשנה דתמיד גרסינן ליה ופירש הטעם מהא דתורת כהנים ואיתא נמי בירושלמי סוף פרקין דגחלי אשמועינן שתהא אש בעלה על גבי גחלים כלומר שלא יעלה עליהן שלהבת ומעתה על כרחך מן הפנימיות שאין עליהן שלהבת הוא נוטל וכיון שכן הוא הדין דיום הכפורים נמי הדין כן דעיקר קרא דתורת כהנים בדידיה כתיב ומעתה יש לגרוס הכא נמי כמתניתין דתמיד ודלא כרבי יעקב ואף על גב דבפרק כילד צולין שם מסיק רבא דגחלי בא למעט שלא יביא מחל' גחלת ומהלב שלהבת יעויין שם סבירא ליה לרבי שמעון דהא נמי ממעטי' שלא יהא עליהם שלהבת כלל כדמוכח סיפא דתורת כהנים אבל לעולם דלמאות בעינן לאפוקי עוממו' שהתחיל האפר לעלות עליהן ובדרך זה יראה לפרש דברי הרמב"ם ז"ל בחידושו דגבי תרומת הדשן כתב סוף פ"ב מהלכות תמידין ומוספין מן הגחלים שנתאכלו בלב האש וכו' כלומר דבשוליאש

מן האש יהיו עוממות ושם פ"ג גבי קטורת של כל יום כתב ונוטל מן הגחלים שנתאכלו וכו' כלומר שנשרפו היטב שאין עליהם שלהבת אבל הם לוחשות ובפ"ד דיום הכפורים כתב סתמא וחותה בה מעל המזבח וכו' דסמך אמה שכתבו בקטורת של כל יום דודאי אין חילוק אבל יותר נראה דהרמב"ם ז"ל לא גרים גבי קטורת הפנימיות אלא המאוכלות לאפוקי אותן שיש עליהן שלהבת דלשון הפנימיות לדידיה משמע אותם שבלב האש כתרומת הדשן כמ"ש ז"ל בפירוש המשנה למסכת תמיד. סוף פרקא קמא המאוכלות הפנימיות הם הגחלים המאוכלות היטב שבמזבח שהרי הם באמצע האש ע"כ ושוב ראיתי להתי"ט שכתב להרמב"ם לחלק בין קטור' דיום הכפורים לשל שאר ימות השנה ולענ"ד כמ"ש וע"ע בספר עבודת ישראל ק"מ ע"א וק"ל.

ד"ה והיום חותה בשל זהב בפ"ק דר"ה [(כ"ו ע"א)] וכו' בל יתגאה בלבושו וכו' כל"ל ולשון הגמ' שם העתיקו דהכי אי' התם והא כף ומחתה [(דכף נמי היתה של זהב כדאי' בפ"ב דתמיד)] ומשני הוצאה בל יתגאה קאמרינן ע"כ ועיין בס' שושנים לדוד וק"ל.

ד"ה נתפזרו וכו' ותנן העיד ר"ע וכו' פלוגתא דתנאי מיהא וכו' כיון שמחלוקת בברייתות הוא וכו' אבל ק' לר' אלחנן דבפ' בתרא דחגיגה מוקי לה דר"ע וכו' ומכנים ומהם לא וכו' כל"ל וכונתם דקשה בעיני הר"א לומר כן דמיירי שהמחתה של כסף וכו' וטעמו מבואר בשם הר"א גופיה בתו' דחגיגה כ"ג ע"ב וע"ע בתוס' דסוף פרקין סד"ה כי פליגי וכו' ואח"ז הביאו עוד תי' אחר דבפ' ב' דחגיגה מוקי לה בגחלים של יוה"כ וזה תי' רבינו נסים ככתוב בתוספת שם ובס"א ואפ' שחיסור לשון יש בדבריהם וצ"ל אבל קשה לר' אלחנן דהא מזבח מקדש את הראוי לו ורבי' נסים גאון תי' דבפ' ב' דחגיגה וכו' דלפרש דבריהם בלי טעות ולומר דכונת הר"א להק' מהירושלמי דמדקאמר ואיתמר נמי מפני שהואקקו לכליין משמע דשל כסף כ"ש היא אלא דלא מלרפתן מפני שאינו גליין אין נראה כי לא מלאתי כן בשום תוס' ועוד דתי' ר"נ לפ"ז לא הוזכר כאן. ומ"ש פי' מחתה וכו' אבל מחתה של כסף שאינה וכו' כל"ל וכדרך שכתב הריטב"א כאן ובתו' שם דלפרש אבל מחתה של זהב שכתבו דהיינו מחתה שניה כל יום זה אין נרא' דהא ודאי כלי שרת היא וכליין היא ועיין בדבריהם לקמן מ"ח ע"א ד"ה מדפסול ט"י וכו' ופשי' דקדשי בקדושת כ"ש ומהם ודאי אסיר לכבד לאמה והגם דבחידושי לחגיגה שם לדרך הראשון שביארתי שם יכולים אנו לפרש דבריהם דהכא מבלי טעות מ"מ זה נראה עיקר ודו"ק.

בא"ד ור' אומ' כי אפת' לפ' וכו' אעפ"י שהן קדושין וכו' ומוקי לה בשל יוה"כ וכו' שני' של כל יום וכו' פסיק' לי' נקט וכו' ואע"ג דבפ"ב דחגיג' אמרי' וכו' וקושי' רבינ' אינה וכו' כל"ל וכונתו דאין אנו לריכין לפי' ר"נ בירו' וכן פי' ר"ת וכו' לומר דגחלים דמחתה דכסף לא קדשי בקדושת כלי שרת דלעולם ליכא למימר דקדשי אף לפי האמת וקושית הירושל' אינה אלא למאי דאיירי בדר"ע דאמאי מלרף מחתה של כסף גם קב היתר לענין ע"י שנגע וכו' הרי אינה לריכה לכלי שסופה להתפזר ממנה ומשני דאיירי בשל יוה"כ וה"ה דמלי לאוקמה בשניה של כל יום אלא משום דאז הוה משמע דפשיטא ליה להמתרץ דמחתה של כסף לא [(וכמ"ש בחידושי לחגיגה שם יע"ש)] ועיין בדברי התו' דחגיגה שם כי הדברים מבוארים וק"ל.

ד"ה מכבדו לאמה וכו' כיון דנתקיה הולרך לשפכו וכו' כלומר דעל דעת כן עשה בתחלה ליטול הלריך ממנו והשאר שילך לאיבוד וכמו שביאר הריטב"א לקמן בסוף פרקין באמת ועיין בתו' שם ועוד הוסיפו דאם יעלה בדעתך לתרץ באופן אחר דמשום שפיכת גחלים על הרלפה אף שיכבו במקלת הב"ג אינה כיבוי ואי משום דשופכן לאמה תתרץ דלאחר שכבן היה מוליאין הא ודאי ליכא למימר דא"כ דקתני בתמיד וכו' ועיין בתוס' דסוף פרקין דר' ברוך תירץ כן בפשיטות ועיין מה שיישבתי שם לדעתו ז"ל דלפרש אי נמי השפיכה כלומר שפכה לאמת המים אינה כבוי דשם מקום הוא ולא שיש בו מים ממש כדרך שתי' התו' בס"פ יע"ש אין נראה שכיוונו לזה עוד כתבו ועוד אומר הר"א כיון שנעשית כל מלותו וכו' כונתו דאפי' תאמר דמאי דבדעתו בשעה שחתה שילך השאר לאיבוד אינו מעלה ומוריד עוד יש לתרץ דשאני אש מחתה ומנורה דכיון דעדיין לא נעשה בהם כל המלוה קטרת ומנורה להכי ס"ל לאביי דאכתי לא אנתיק נמי ממלות אש מזבח דלא תכבה אבל הכ' דכשיערה לתוך

של זהב תו לא לריך ממה שנתפזר כלל כל פי גחלים אלו כו"ל שנגמרה מלותן לגמרי ולא שייך בהם עוד איסור לא תכבה וק"ל.

ד"ה בכל יום וכו' ואמרינן נמי הקב"ה מערטל וכו' כל"ל ואי' שם בב"י וכ"ה בערוך ערך נשתק ומיהו בגי' הספרים שבידינו שם גרס נרחק ולפ"ז אין מכאן כ"כ קושיא על פרש"י ז"ל ועמ"ש בתוס' דסוגיין וק"ל.

דף מ"ה ע"א **היום** עולים באמצע וכו' או שאר כהנים לסייעו וכו' והיינו דקא' משום כבודו של כ"ג דכיון דהוא היה עולה באמצע כבן בית וזהו כבודו כפרש"י ז"ל גם המסייעים אותו היו עולים עמו באמצע לסייעו בכל מה שלריך ועמ"ש בסוגי' ובפי' דברי הרמב"ם ז"ל ומ"ש כהן ראש בי' אב וסגן וכו' דומיא להא דתנן בסוף תמיד בזמן שכ"ג רולה להקטיר היה עולה בכבש והסגן בימינו הגיע למחצית הכבש אחז הסגן בימינו והעלוהו וכו' יע"ש וק"ל.

ד"ה ואי' של איברים וכו' דמוקי לה בפ' ב' דזבחים [(פ"ו ע"א)] בשרי וכו' כל"ל ומה שסיימו כמו ששנינו בתמיד בהאברי' וכו' היינו דתנן התם ספ"ב האיברי' והפדרים שלא נתעכלו מבערב מחזירין אותן למערכה דסתמא קתני אפי' התחילו להתעכל וכדאי' לקמן בסמוך מנין לאיברי' ופדרים שלא נתעכלו וכו' ת"ל אשר תאכל האש וכו' כלומר שבתחילה האש לשרפן וכמ"ש במפרש דתמיד שם והיה אפשר להגיה בדבריהם באיברים שהם על הכבש וכו' והיינו רישא דהתם דקתני האיברים שלא נתעכלו וכו' סודרין אותן בסובב על הכבש וכו' וכדאיתא נמי לקמן שם אלא שאין לורך להגיה כי הדברים מובנים וק"ל.

ד"ה אלא לימד וכו' ור' אומר וכו' עמ"ש בדבריהם לעיל כ"ו ע"א ד"ה בספרים וכו' ומה שסיימו וי"ל דעל המזבח וכו' כוונתם דאי לאו קרא דוהאש הרי"א דלא בעינן הלחם אליתא בראשו של מזבח ועל המזבח דכתיב גבי ונתנו אילטריך לגוף דרשא אבל השתא דכתיב והאש ילפינן מיתורא דעל המזבח דכל דבר הנעשה על המזבח אפי' הלחת אליתא לריכה כהונה ולא תאמר דקאי זה הארעא ועביד במפותא ועיין בתו' דסוגיין ובמ"ש שם וק"ל.

ד"ה ותנן וכו' מה שמקשים דרי"א לא דריש וכו' ובעלמא דריש וכו' כל"ל עיין בדברי התוס' דפ"ק דסנהדרין י"ד ע"א ד"ה ור"ש וכו' וכאן פשוט לתר' דהכא לא דריש ור"ז דהא גלי קרא דאשר תאכל האש את העולה על המזבח דאחר ומסדרן במקום מערכה גדולה דשם הקטרה של כל יום כדקאמר תלמודא בסמוך וק"ל.

דף מ"ו ע"א **ד"ה** אבל מהאי גיסא וכו' ומיהו ר"ש יפה פי' דס"ד בהביא מערכה גופה שהיא לפני ה' ע"כ כנלע"ד שצ"ל וכונתם דלא תימא דהשתא דמדרשינן להביא דהתם למלוה אימא דבדיעבד כשר אפי' שאר רוחו' המזבח ותלמודא נמי ה"ק אבל דהאי גיסא והאי גיסא כלו' שאר לדדי המזבח אימא לא לריכה דליתא דודאי יפה פי' רש"י דהוה ס"ד או לאו מעל המזבח דבהביא מערכה גופה שהיא לפני ה' כלומר לצד מערב לא היינו מכשירים ליטול גחלים אלא מכנגד הפתח דוקא קמל"ן מעל המזבח דבדיעבד מכאן ומכאן נמי כשר ליטול אבל לעולם דלד מערב מיהא בעינן וכמו שפי' ז"ל ד"ה אבל מהאי גיסא וכו' ואע"ג דלד מערבי הוא ע"כ ומוכרח לפרש כן מכח סוגית דרי"ש קדשי קדשים שהרי אם תפרש מהאי גיסא שאר לדדי המזבח לריך אתה לפרש נמי הא דקאמ' הרי"א דוקא מלפני ה' דהיינו כל לד מערב המזבח אפי' שלא כנגד הפתח שהרי לא ריבה לפ"ז מעל המזבח אלא שאר לדדי המזבח וא"כ תצטרך לומר למסקנא דמלפני ה' מרבינן לכתחלה כל לד מערב והו הפך סוגיא דר"ש קדשי קדשים דלכתחילה בעינן שיטול מלד לפנים שאין לפנים ממנו דהיינו כנגד הפתח יע"ש אלא ודאי דיפה פי' ר"ש דהאי דס"ד למעט מלפני ה' היינו שאר לדדי מער' שלא כנגד הפתח דהשתא לכתחלה לא מרבינן אלא כנגד הפתח בסוגיא דהתם כנלע"ד לפי כונת דבריהם הגם כי באו בקילור ועיין בתו' דסוגיין ובמ"ש שם.

ד"ה אפי' בשבת וכו' במה מדליקין ובפ' ר"א דמילה [(קל"א א')] ובפסחים וכו' אלמא עולת חול בשבת וכו' כל"ל ומ"ש ואין נראה דקשה משמעתין וכו' כלומר דלפי ר"י דמשמע דלא שרי עולת חול בשבת כלל ואפי' במשלה מדבעי לאוקמיה לדרשא דמושבותיכם לתמיד של שבת דבדוקא תיקשי ליה הכא משמעתין

דהכא דמשמע דבמשלה בשבת נמי שרו ועוד דפשט עולת שבת היינו להקטרת איברי תמיד של שבת בשבת עצמו ולא מצית למימר דאיירי בשחיטה וזריקה כפי' והמ"ש התו' דסוגיין בשמו יעו"ש וא"כ למאי איצטריך תו קרא דמושבותיכם לאיברי תמיד של שבת ועוד ראיה דלא מצית לפרושי הכיא דקאמר רב חסדא התם למשרי איברים וכו' דהיינו של שבת דמשמע דשל חול כלל וכלל לא דהא אפי' רבא ורב חסדא דפליגי לקמן אליבא דרב הונא דלרבא אינו דוחה שבת ולר"ח דוחה ע"כ לא פליגי אלא אליבא דר"מ למשרי אף בשבת לעשות להם מערכה בפ"ע אבל בדחיית שבת במערכה גדולה לרבא נמי דחי דבהא לא פליגי וא"כ דבפשיטות הו"מ למימר דכיון דר"ח ס"ל הכא דדחו שבת א"כ לא מצית לפרושי מלתיה דר"מ גופיה דקאמר התם למשרי איברים דהיינו דשבת דמשמע אבל דחול לא אלא דניחא להו לומר טפי דלכ"ע במערכה גדולה שרו וא"נ דהיה אפשר לומר דע"כ לא שרי ר"מ הכא לשרוף איברים שניתותרו במערכה גדולה אלא דוקא אליבא דר"מ דחשיב להו שרפתן אף לעשות בחול מערכה נפרדת לצרכם אבל לרבנן דקיל"ן כוותייהו כי היכי דלא חשיב להו לענין זה לא חשיב נמי לומ' שידחו שבת ואפי' ליתני' במ"ג קמל"ן דע"כ לומ' דלכ"ע דוחי' שבת לענין מ"ג דהא ע"כ לא פליגי אלא לענין מערכה בפ"ע דוקא כנלע"ד בפי' דבריהם וקי"ל.

באיד ואומר ר' יעקב וכן פריב"א וכו' מיירי לענין איברים ופדרים שמשלה וכו' וקרא דעולת שבת ולא עולת חול וכו' איירי בלא משלה כמ"ש התו' דסוגיין ודפ"ק דשבת בשמם ומה שסיימו ואפי' ללישנא דמליגינן בין כשרים וכו' כונתם שלא תאמר דללישנא קמא דסוגיין דקאמר דבפסולין בעינן משלה משמע דבכשרים אפי' לא משלה ומעתה קרא דמושבותיכם היינו למשרי איברים וכו' אפי' בלא משלה וא"כ דרש' דולא עולת חול במאי קמיירי לזה כתבו דהא ליתא דאפי' לל"ק דמפליגינן בין כשירים לפסולין לענין משלה היינו לענין לעשות להם מערכה בחול בפ"ע דבכשרים ל"ש לן בהא בין משלה ללא משלה דמלתיה דרבין ארישא דמלתיה דר"א קאי דאיירי בחול אבל לענין דחיית שבת דהיינו סיפא דאפילו בשבת בהא אפי' כשרים לא שרינן אלא דוקא במשלה עוד כתבו וא"ת האי דקאמר וכו' ואפי' בשבת אמאי לא מייתי וכו' [(כצ"ל)] כלומר דבשלמא לפי' ר' יוסף דקרא דמושבותיכם באיברי תמיד דשבת איירי אלא דנצטרך לומר מכח סוגיא דהכא דאיברי חול שניתותרו ומשלה בהם האור דחו שבת מטעם דנעשו לחמו של מזבח ניחא דלא קפיד לקמן לאתויי קרא דמושבותיכם אלא מייתי דרשא כללית דמועדו אבל לפי' ר"י וריב"א דקרא דמושבותיכם אילטריך בפרטות לאיברי חול דמשמע דלא הוו בכלל מועדו א"כ אמאי לא מייתי הכא עיקר קרא דמושבותיכם דאיירי בהו בדוקא ותירץ שפיר ועיין בדבריהם דפ"ק דשבת כ' ע"א ודפרק בילד צולין פ"ג ע"ב כי שם תירוץ זה מבואר יותר וקי"ל.

ד"ה ואפי' בשבת וכו' דב' מילי נינהו כס"ד וא"כ מ"ה חגיגה וכו' כצ"ל וכונתם דמדקתני ואפי' בוי"ו משמע דתרתי קתני רישא בחול וסיפא בשבת כמו שדייקו התוס' דפרק התכלת מ' כמ"ש בסוגיא יעו"ש.

ד"ה חגיגה ואפי' דתנינן וכו' כיון דאשכחן דכי משלה בהם דחו שבת ה"ה פסולין ע"כ כנלע"ד בצ"ל וכוונתם דודאי רבי אבין במשלה אפי' פסולין ואפי' בשבת שרי דדומיא דרישא דחול איירי נמי סיפא דקתני ואפי' בשבת וא"כ מאי מקשה חגיגה איזה דמתני' דוקיס חמש לא משנינן אלא דכשרים דהו יוה"כ והו"ה שבת אבל פסולין לא משנינן דדחו והיינו דאשמועינן ר"א ולהכי תירצו דבשלמא אי הוה שרינן במתני' בכשרין ואפי' בלא משלה דלא נעשו לחמו של מזבח ודאי דליכא למשמע מינה שריותא בפסולין ואפילו במשלה אבל כיון דע"כ לומר דעד כאן לא שרי מתני' בכשרים אלא במשלה דלענין דחיית שבת אין חילוק כמ"ש בדיבור הקודם משהה ע"כ טעמא משום דכיון דמשלה נעשו לחמו של מזבח והו"ל כתמיד דיומיה וכיון שכן ה"ה פסולים דמכי משלה בהם האור נעשו לחמו של מזבח ואפי' בשבת שרי כנלע"ד ומעין קושיא זו ותירוצו תמצא בס' משנה למלך פ"ג מה' מעה"ק יעו"ש וקי"ל.

ד"ה ופליגא דרב הונא וכו' אבל לרב חסדא וכו' ולא תפרש דע"כ לא פליגי רבא ור"ח אלא אי דחו שבת ליתנהו במ"ג אבל לעשות להם מערכה נפרדת תרווייהו מודו דלא דחו דהשתא תרווייהו פליגי אדבר קפרא דהא משמע דר"ח למערכה נפרדת נמי דחי מדמפרש טעמא דסופו כתחלתו דשבת הותרה היא בצבור אלא ע"כ דע"כ לא פליגי אלא במערכה נפרדת וכמ"ש בדיבור הקודם ומעתה אליבא דר"ח ודאי דלא פליגא וקי"ל.

ד"ה תחלתו דוחה וכו' אבל הפשט ונתוח דמעכבא וכו' ואפילו לפי' אחר וכו' דתמיד של שבת לא קאמר וכו' דוחה טומאה הקרבתו וכו' כצ"ל ומ"ש ועוד קאמר שבת דתחלתו וכו' כלו' דמדהא ע"כ לא איירי בשבת דהא תחלתו ודאי דחי ה"ה דמאי דמסיים סופו נמי לא דחי לא איירי בשבת אלא באיברי חול שניתותרו אבל שבת סופו נמי דחי ועיין בתו' וכן לשון רש"י בגי' שלפנינו תמיד של שבת נשחט בשבת וקרב בשבת כלומ' כל הקרבתו כדמפרש סופו אינו דוחה תמיד של ערב שבת וכו' דוקא ולענין יישוב פרש"י מפי עצמו עמ"ש בתוס' וקי"ל.

ד"ה במועדו ואפי' בשבת לאו ממשמעותא וכו' עיין בתו' דר"פ אלו דברים ד"ה במועדו וכו' דאסיקו דע"כ תנאי היא ואיכא תנא דדריש מבמועדו אפי' שבת יעו"ש דלפ"ז סוגיין כפשטא אתיא וכן מצאתי דפלוגתא דתנאי היא בספרי פ' פנחס דקתני תשמרו להקריב לי במועדו למה נאמר לפי שהוא אומר ושחטו אותו [(גבי פסח והכונה דמאי דדרשינן מועדו דפסח וכדאית' במכילתא פ' בא דרשינן נמי מועדו דגבי תמיד)] שומע אני בין בחול בין בשבת ומה אני מקיים מחלליה מות יומת בשאר מלאכות חוץ מבשחיטת הפסח או אף בשחיטת הפסח ומה אני מקיים ושחטו אותו בשאר כל הימים חוץ מן השבת או אף בשבת ת"ל ויעשו בני ישראל את הפסח במועדו ואפי' בשבת דברי ר' יאשיה נס לו רבי יונתן במשמע זה עדיין לא שמענו [(דלא משמע ליה מועדו ואפי' בשבת)] נס לו ר' יאשיה [(דאפי' לדידך דלא משמע למדרש הכי יש מקום ללמוד ממקום אחר)] לפי שנא' צו את בני ישראל למה נאמר אם ללמד על התמיד שהיא דוחה את השבת א"צ שהרי כבר נאמר וביום השבת ב' כבשים בני שנה [(ואסיפיה דקרא סמיך עולת שבת בשבתו על עולת התמיד)] ומה ת"ל במועדו מופנה להקיש לדון הימנו ג"ש נאמר כאן במועדו ונא' להלן במועדו מה מועדו האמור להלן דוחה את השבת אף מועדו האמור כאן דוחה את השבת ע"כ ועיין בת"כ פ' אמור סוף פ' י"ז אבל יותר נראה לומר דבמועדו דשבת ע"כ מודו דלא צריך לענין דחיית שבת דהא קרא כתיב בהדיא על עולת התמיד ודרשא דספרי דפ' פנחס לענין פסח דוקא היא אלא כי אצטריך לענין דחיית טומאה ועד כאן לא כתבו התו' שם דתנאי היא אלא לענין הקרבת תמיד בטומאה דלמר יליף מג"ש דמועדו דפסח ולמר ממשמעות דמועדו וכן גבי פסח לענין דחיית שבת וטומאה דלמר דריש כולהו ממשמעותא דמועדו ולמר דריש דחיית טומאה מאיש נדחה ודחיית שבת מג"ש דמועדו דתמיד דלפ"ז דרשא דמועדו דשמעתין ע"כ אדרשא דעולת שבת סמיך כדבריהם ז"ל ועיין בתוס' דמנחות ס"פ ר' ישמעאל ודו"ק.

ע"ב ד"ה המוריד גחלת וכו' נשלמה מצותה ואין חייב משום מכבה וכו' כצ"ל ומ"ש וא"ל שיש חילוק בין פקעו וכו' וכיוצא בזה תי' התו' בס"פ כל התדיר ז"ל ע"כ וסיים הריטב"א כאן דכי פקעו מאליהן פקעו קדושתן שהמזבח דחאם וכו' יעו"ש ולאו משום דנשלמה מצותן הוא והא קמן דעולי קטרת שפקעו אין מחזירין כדאיתא לעיל מ"ה ע"ב ואפי' בלא התחילה לישרף משמע מדברי הרמב"ם ז"ל רפ"ג מהל' תמידין דאין מחזירין וע"כ טעמא משום דהמזבח דחאם וכ"ש נמי דשאני לן במס' מעילה ט' ע"ב בין גחלת שפקעה מעל גבי מזבח לארץ ולבין פקעה במזבח עצמו ממקום למקום יעו"ש וקי"ל.

פרק הוציאו לו

דף מ"ז ע"א **ד"ה** הכא מחתה וכו' גם היה של מזבח החיצון וכו' עמ"ש לעיל מ"ד ע"ב בתוס' ד"ה נאמר אש בקטרת וכו' ומ"ש ואומר ר' כי של יוה"כ ודאי היה נשרף בתוך המחתה וכו' ולא תאמר שנותן הגחלים בארץ להקטיר עליהם דאין זה כבוד מלך וכמ"ש הריטב"א יעו"ש ונראה שלא כיון רש"י ז"ל בפי' לחומש שפי' אקרא דונתן את הקטורת על האש דהיינו שבתוך המחתה ע"כ אלא שהרא"ם פי' גם באופן אחר יעו"ש וקי"ל.

ד"ה זריתני וכו' ודלא כפי' הקונ' וכו' אנכי האמיר לא זכיתי להבין השגת' דהא ודאי זירתני קמא לשון זורה ובודר הוא כדמוכח מסוגיא דס"פ המפלת ל"א ע"א יע"ש אלא דארתני לי' אגירת מתניס בכה ואומן הוא וגם רש"י מודה בזה שפי' שם ותזרני חסר א' לשון אזרה ותאזרני לשון אגירת כח במתני' זריתני מן הברור ואח"כ זרתני ע"כ והיינו שפי' כאן חירתני הזרתני מן הברור שבה ע"כ כלומר לשון אגירת מתניס ויותר נכון לגרוס כפי' אזרתני באל"ף ועיין בערוך ערך ערם וק"ל.

ד"ה שלא ישהה מדה וכו' ואין נראה לר"ש דוקמן משמע וכו' כנ"ל וכלו' דבלאו בקומצו דפ' לו מקרא דפ' ויקרא דכתי' ביה וקמץ משם מלא קומצו וכו' ידעינן דצריך לקמוץ בידו ולא בכלי ולרש"י יש ליישב דהגם דפשט דוקמץ משמע בגופו ובידו של כהן מ"מ הו"א דלא לימדך אלא דמקמיצה ואילך מצות כהונה אבל לעולם דיכול לעשו' כלי וליטול מדות קומץ וקמץ קרינן ביה קמלין והרים ממנו בקומצו דב"ית למשע שיהיה בקומצו ולא בכלי ומה שהק' עוד דהא לקמן מ"ט ע"ב איפשיטא לן דחופן וחוזר וחופן וא"כ תיפשוט נמי מהכא דילפינן מלא מלא ממנחה וכו' גם זה יש ליישב דאה"נ דלמאי דאיפשיטא דחוזר וחופן איפשיטא נמי בעיין דהכא דודאי ילפינן מלא מלא וכך בעיא דהכא מקמי דאי פשיטא בעין דלקמן היא דכן משמע ריהטא דסוגיין דקאי' הכא שמעת מינה חופן וכו' ומשני דילמא וכו' ופרש"י ז"ל כלו' לא הא ולא הא תיפשוט וכו' ועמ"ש הפר"ח ז"ל בסוף הל' ע"ה"כ והנה לפרש"י ז"ל א"ש הא דנפקא ליה לרב עבודא שלא ישהה מדה לקומץ מדשנה בה הכתוב דכתי' ויקרב את המנחה וימלא כפו ממנה גדאית' בהקומץ רבה י"ט ע"ב והיינו דכפו כתיב ולא כלי כדפי' ז"ל שם דלפי' ר' שמואל הרי אם יתן תחילה מדת קומצו בכלי ויחזור ויתננו בקומצו וימלא כפו קרינן ביה ומהיכא משמע מיניה עבודא ושמואל נמי ליתני התם דאפי' תימא דילפינן דורות משעה מהכא לא שמעינן עבודא אם לא שתאמר דממנה קדרים דמשמע שהקריבו לו כל המנחה שהיתה בכלי ומילא כפו ממנה לא שהניח מדת קומצו בכלי אחד וחזר והניחו לתוך קומצו אבל לפרש"י א"ש טפי ועוד דפשט לשון שלא ישהה מדה וכו' דייק טפי כפרש"י ז"ל ועוד דבירושלמי דפרקין משמע דאי אמרינן דחפנים עשו אותם ככלי שרת פשטינן מהא דאינו יכול לעשות מדה לחפניו יע"ש ובס' קרבן העדה והשתא בשלמא לפרש"י ניחא דהא בהא תליא דכיון דעשה אותם הכתוב ככלי שרת פשיטא דלא יוכל לעשות מדה אחרת דהא אחפניו קפיד קרא והא קמן דעשאן ככ"ש אבל לפי' הר"ש כיון דלעולם הוא חופן בחפניו אפי' תימא דעשאן ככ"ש אכתי איכא למבעי אם יוכל ליתן מדת חפנו בכלי ויחזור ליתנו בחפניו ועיין בהריטב"א ודו"ק.

ע"ב ד"ה חפן ברא"שי וכו' אי נימא משמשות דחפניו משמע ליה וכו' כנ"ל:

דף מ"ח ע"א ד"ה דבקי' לקומץ וכו' בפ"ק דמנחות בעי אכתי וכו' והיא בעית מר בר רב אשי הפכי' למנה וכו' שגירס' ז"ל כגי' רוב ספרים שכתבו תוס' דסוגיין דל"ג לה הכא והיא גי' רש"י ז"ל כמ"ש שם:

ד"ה ולקח מדם הפר וכו' וה"ג לה בת"כ וכו' וכה"ג בפרק ב' דזבחים כ"ה א' ומ"ש ול"ג ולקח מדם הפר ומדם השעיר וכו' כנ"ל וכן נמי הא דכתיב מקמיה ולקח מדם כפר אעשיית הזאות קאי דקבלה כבר נעשית כדכתיב מקמיה ושחט את פר החטאת אשר לו וכו' וכן בת"כ קאמר ולקח מדם הפר שיטלו ממי שהוא מקדם בו כ"כ כלו' דלא תפרש ולקח דהיינו קבלה אבל ולקח דגבי כהן משיח דכתי' קמיה ושחט את הפר לפני ה' ולקח הכהן וכו' משמע קבלה כדהכא:

ד"ה נתפזרה קטורת וכו' לפי שיש ד' עבודות וכו' כדאמרינן במנחות (י"א ב') וכו' ואיתא נמי בפ"ק דזבחים י"ג יע"ש דאסיק תלמודא דמתן קומץ בכלי היינו קבלה וכיון שכן פשיטא דידו כלואר בהמה דקומץ היינו שוחט אבל הכא דמלא חפניו והביא אמר רחמנא מספקא לן אי ידו ככלי דמי או נימא דמאחר דצריך כף משום דלא אפשר ידו כלואר בהמה דמי וכמ"ש הריטב"א יע"ש וק"ל:

ד"ה מדפסיל טבול יום וכו' אך קשה קצת וכו' עיין בתו' דסוגיין וכמ"ש שם:

ד"ה מדפסיל טבול יום וכו' משתנה במחשבת וכו' הוא דמיפסלי מאז וכו' ופיגול אין בו ולמה לי וכו' אלא משום אחריני ומ"מ בקטורת וכו' כנ"ל וטונתם דאצטריך לטעם שאין לו מתירין משום קומץ וכו' דפסלה בהו מחשבת פגול ומ"מ חיוב כרת אין בו לפי שאין להם מתירין אבל בקטרת בלא"ה אימא דלא שייך חיוב פגול דפסול נמי אין בו ומ"מ שייך נמי למפטריה מחיוב פגול מטעם דאין לו מתירין וקל להבין:

ע"ב ד"ה חישב וכו' גוף הקרבן הוא סוף דיבור ואח"כ מתחיל הדיבור ושכור וכו' כנ"ל:

דף מ"ט ע"א ד"ה ושכור וכו' כגון שלא שתה וכו' דלא ניחא להו כפרש"י דפ"ק דזבחים דאיירי בשתוי יין מדקתני שכור וכן לא ניחא להו כפי' הר"א שכתבו התוס' דסוגיין דרחיקא להו לאוקמה ברייתא כר"י ולא כרבנן דהלי כותייהו דבשאר משכרין ליכא אפי' אזהרה ולא מחלי עבודה אלא שצריך להבין דמדבריהם משמע דאם שתה קודם זמן ביאה למקדש לעבוד' אינו בכלל שתויי יין דבמיתה ואמאי הא כיון דשכרותו עליו ונכנס לעבוד בכלל שתויי יין הוא דע"כ לא אימעט בת"כ פי' שמיני אלא שלא בשעת עבודה לפי פי' הרמב"ם או הרמב"ן ז"ל עיין ברפ"א מהלי' ביאת המקדש ובדברי הרמב"ן בהשגותיו לס' המצות ל"ת ע"ג יע"ש אבל כל ששתה ונכנס לעבוד אפי' שלא שתה בעידן ביאה כיון שלא הפיג יינו מעליו בכלל שתוי הוא וזה דוחק לפרש שהם מפרשים כונת ת"כ דמבבואכם אל אהל מועד ילפינן דאינו חייב מיתה אלא בשעת עבוד' כלו' שעשו' באותו פרק עצמו שבא לעבוד אבל אם שתה קודם זה שיעור מה אינו אלא באזהרה והיינו שכור דתק הכא דאיהו נמי מחל עבודה דומיא דשתוי כיון שהוא באזהרה ודומיא דשאר משכרין לר"י דאינם אלא באזהרה ומחלי עבודה כמו שפרש"י בפי' אלו מומין מ"ה ב' יע"ש דהא ודאי קרא ה"ק דבשעת ביאה לא יהיה שם שכרות אפי' שתה קודם לזה שיעור מה דהכ"ע דלא אמרינן דדוקא כששתה בשעת כניסתו בפני' הוא דחייב כדאי' בהשוכר את הפועלים ל' ע"ב יע"ש ועוד דמדבריהם דמס' כריתות י"ג ב' ד"ה ונכנס למקדש משמע דמפרשים כונת ברייתא דת"כ כפי' הרמב"ן ז"ל דבא למעט כניסה בלא עבודה יע"ש וכ"כ בתי"ט שם ועוד דמשמע דחמיר טפי שכור משתוי כדאמרינן לענין תפלה פרק כלי ס"ד א' וה"ה לענין עבודה דאף אם שתה שלא בעידן ביאה כיון שאינו יכול לדבר לפני המלך אין לך פסול לעבודה יותר מזה ואפשר ליישב דבריהם דה"ק דמשום שלא תאמר דגזרת הכתוב אינו אלא בשותה יין בשעת ביאה כדמשמע פשט דבנאם' להכי נקטה ברייתא לישנא דשכור לאשמועי' דאין חילוק בינו לשתויי יין דבעידן עבודה דתרוייהו במיתה ומחלי עבודה אבל אין כונתם לקושטא דמלתא לחלק ביניהם לומר דשכור אינו אלא באזהרה והיינו דאשמועינן ברייתא דהא משמע דשכור חמיר טפי כנלע"ד ודו"ק:

ד"ה הלויים מפשיטים וכו' מדברי קבלה וכו' כונתם דהא ודאי דלויים דנקט קרא לאו דוקא וה"ה זרים כדמוכח לעיל מקרא דוהקטיר הכהן וה"ט דכי פריך לעיל ואימא הכי נמי לגופיה ולעולם דהפשט ונתוח בעי כהונה לא משני מקרא דהכא משום ידדברי תורה מדברי קבלה לא ילפינן ואימא דהכא הוראת שעה היתה ומשום הכי אסיק התם לבוכיה מקרא אחרינא מוהקטיר למעוטי הפשט ונתוח יע"ש וק"ל:

ד"ה בעי ר"פ וכו' גבי הנך בעיות וכו' ועוד דאיכא נמי וכו' כנ"ל ועיין מה שתי' הריטב"א ובתוס' דסוגיין:

ד"ה חבירו נכנס וכו' דלא מקיימא חפינה ראשונה וכו' ואמרן נמי לעיל וכו' לעשות מדה הא פרישו' לעיל [(היינו פי' רבי' שמואל שכתבו לעיל ד"ה שלא ישהה וכו')] שצריך וכו' כנ"ל והדברים מבוארים אלא דהתוס' דסוגיין מפרשים דשני זה חוזר וחופן בחוץ לתוך הכף ומחזירה לתוך חפניו בפנים יע"ש:

ע"ב ד"ה עד שיחרק וכו' שהבי' בכך שיבאו על השה עד שיחרק קשה דמיניה וכו' כן נראה של"ל וכלו' דמדברי רש"י שפי' ד"ה ואם איתא דלאחר שחיטה נמי קרינן ביה על השה וכו' משמע דמקשה לכ"ע שיבאו וימנו על השה שעת זריקה ומ"מ דרבנן ור"ש דס"ל הכא עד שישחט ומה שסיימו דמהיות משה משמע לי' משיכה כדדרשינן בפ' האשה וכו' היינו הא דאי' שם פ"ט ע"א פלוגתא דרבנן ור"ש גבי משיכה דפליגי בקרא דמהיות משה וכוונתו לסמך זה משום דפשטיה דקרא לענין המנאה מיירי דאם בני הבית מועטים ודי להם במקצת שה ולקח הוא ושכנו כמו שפי'

הרא"ש שם וכן בתמורה ל' ב' דרש ליה דאם נתמעט ביתו שאין לו מה שצריך החייהו משה שימשה אחרים עמו ויהנו לו מעות יע"ש ולעיקר קושית' על פרש"י עמ"ש בסוגיא ובפרש"י ז"ל וק"ל:

ד"ה שאני התם וכו' דלגופיה למעט הכלאים וכו' כל"ל ומ"ש והשתא קשה למ"ל בנין אב וכו' כונתם דודאי אי רבא ג"ש קאמר יקשי דאמאי קרי ליה בנין אב ובן בג בג קרי לה ג"ש וכדמוכח סוגין ואם בנין אב ממש קאמר רבא כ"ש דתיקשי עפי דב"א למ"ל הא מג"ש ילפינן למעט כל השמות הללו כדקאמר בן בג בג בפ"ק דבכורות אלא ע"כ דג"ש קאמר ועוד יקשה דאף אם נאמר דב"א לאו דוקא מ"מ אמאי נקט רבא כלאים טפי משתוקי' וכו' ועוד יקשה דר"א דמוקי לב"א וג"ש דרבא למלתא אחריתי ולהכי מתיר בכלאים אמאי לא התיר גם באחריני דליכא למימר דממשמעותא דשה ממעט להו דהא שה שחוט מקרי שה כדאמרינן הכא דכ"ע עור ובשר ופרש הוי פר וכו' [(כל"ל)] ועיין בתוס' דסוגיין וק"ל:

בא"ד ובבהמה המקשה פשיטא ליה דאין פודין וכו' בדיקולא דילפינן שה וכו' כל"ל וכלומר ועוד ראיה דאפי' שחוט מקרי שה דהא קמן דאי לאו ג"ש הוי"א דפודין בבן פקועה אע"ג דכשחוט דמי ואע"ג דקאמר התם או דילמא כיון דרהיט ואזיל שה קרינן ביה משמע דאי לא הוה רהיט לא הוה מקרי שה היינו דוקא בבן פקועה שלא היה לו שם שה משלם דכבשרא בדיקולא דמי מלד דשחיטת אמו מטהרתו אבל בשה דעלמא דבחיותו שם שה עליו אפי' בשחוט אכתי שה מקרי או תפרש המשך דבריה' דהא דקאמר בבהמה המקשה דאין פודין בב"פ משום דכבשרא בדיקולא דמי ומשמע מינה דשחוט לא מקרי שה ליתא אלא עיקר טעמא משום דיליף שה שה מפסח כדאסיק התם וק"ל:

בא"ד ועוד כי פריך וכו' למאי הלכתא לימא דאתא וכו' שיש שה כגון וכו' וגבי תשלומי ארבעה וחמשה אמאי לא נתמעט וכו' וכן גבי אותו ואת בנו אמאי מחייבין בטריפה וכו' כל"ל ופשוט דמ"ש כי היכי דממעטינן כלאים במרובה וכו' דהיינו דאי לא הוה כתיב או לרבויי הוה ממעטינן בהו כלאים מב"א דרבא ואם כן מהתם נמעט בהו טריפה כיון דלית ביה רבויא דאותו ואת בנו נמי נוהג בכלאים מרבויא דאו כדאיתא בר"פ או"ב וכן תמלא מבואר בתר דסוגין יע"ש וק"ל:

בא"ד על כן נראה לר' וכו' ובנין אב וכו' פטר חמור וכו' ואומר ר' שכן דרך וכו' אפילו היה פשוט לו מבנין אב וכו' לא הולרך לכותבו ותמים דכתב וכו' כל"ל ופשוט כי מ"ש י"ל כי מיהא לא הולרך לכותבו וכו' דאין כונת' דלא הולרך משום דהשתא אינו נוהג דאם כן תיקשי להו נמי ממקהו בעשור והזאה וחפזון למה הולרך לכותבם כיון דאינו נוהג בפסח דורות כדתנן פ"ט דפסחים אבל כונתם דכלאים לא הולרך לכותבו דהשתא דמיעט בקדשים פשיטא דפסח מלרים נמי היה כך והיינו דק"ל לרבינו אריה דאימא דהולרך לכתוב מיעוט כלאים ותמים לפסח מלרים משום דילא מכלל פסח דורות בדבר שהידש בו הכתוב והו"א דילא ג"כ מכלל כלאים ובעל מום דעשרים בו ותירלו לו ר' שפיר דאינו נקרא דבר חדש אלא בסותר את כללו בהביא דמלורע דשאר אשמות טעונין כל הדם לגבי מזבח ואשם מלורע נותן ממנו לבהונות אבל מה שפסח מלרים טעון בעשור וכו' ופסח דורות לא מקרי דבר חדש שהרי אינו סותר את כללו וכן כתבו התוספות ביבמות שם והיינו שסיימו כאן כמו שפירש לשם [כל"ל] וק"ל:

בא"ד וא"ת למאי דפרישית לעיל וכו' כלאים מרבינן מתפדה לא נדמה וכו' כל"ל דהא כי היכי דל"ל דיש לו שום טעם לרבות כלאים מתפדה ולמעט טריפה ושחוטה מג"ש כך נאמר דיש איזה טעם לרבות כלאים ולא נדמה ותי' שפיר דנדמה פשיטא ליה דלא דמי לשחוטה וטריפה אלא דמו לכלאים ולא גריעי מכלאים כיון דאביו ואמו ממין א' אלא שהוא דומה למין אחר כדאיתא בבכורות שם וסיימו כן פי' בב"ק כלומר שר' פירש כל ענין זה שאמרנו במס' ב"ק בפ' מרובה וק"ל:

דף נ' ע"א **ד"ה** וליטעמיך הא דתניא גר' דאינה משנה וכו' אלא בתוספות דתמורה היא ומשמע מדבריהם שמקיימים גי' שלפנינו דגר' בההיא דר"מ יתקן א"ל ר"מ וכו' וכמלאה מדברי רש"י ז"ל דדוקא בהך דר"י דלא הובא במשנה כלל הוא דלריך לגרוס דתניא אבל בההיא דר"מ הגם דיש שינוי קלת במשנה ממאי דאייתי לא חיישינן להכי וזה שלא כדברי הריטב"א שכתב בההיא דר"מ דגרי דתניא יע"ש וכמ"ש בסוגיא וק"ל:

בא"ד וא"ת ליקשי ליה מתניתי כ"ג וכו' כלומר דאמאי אהדר לאקשויי אמאי דקאמר מכלל דאיכא למ"ד דלבור מבריא דר"י ליקשי ליה ממלתא דר"מ גופיה דהא קתני מביאין כ"ג דלכ"ע הוי קרבן יחיד. ומ"ש הכהנים אלא כאילו של אהרן דחשבינן לקמן וכו' [(כל"ל)] והכי נמי לעיל פ"ק ז' א' קאמר תלמודא אילים כאילו של אהרן דאף על גב דקביע ליה זמן כיון דיחיד הוא מהדרינן ע"כ. ומ"ש י"ל דכיון דקריבין בין עם מנחת לבור וכו' [(כל"ל)] כדתנן לעיל כ"ה א' הסלת והחביתין וכו' וק"ל:

ד"ה ור"ש וכו' להני תנאי ולעיל קאמר וכו' [כל"ל] ומ"ש ורבי אומר כי אין צריך לזה וכו' ומה גם דפלוגתא דתנאי היא אי אמרינן דתמות אפי' נמלאת קודם כפרה כדאיתא פ' ולד חטאת ועיין פ"ב דתמורה ט"ו א' דמספקא ליה אי תמות דקאמר ר"י אי איירי באבודה בשעת הפרשה או בשעת כפרה ודומיא דהכי מספקא לן בתרעה דקאמר ר"ש דאי ר"י קאמר תמות אפילו נמלאת קודם כפרה ה"ה דתרעה דקאמר ר"ש בהכי איירי יע"ש וק"ל:

בא"ד דהתם מיירי וכו' כל"ל וכלומר דע"כ לא קאמר ר"י תמות אף בלבור אלא בכפרו באחרת אבל במיתת בעלים אף ר"י סבר דאין מיתה בלבור וכו' ומ"ש ואפי' לר"י מייתי לה התם וכו' וכן משמע מפשטא דמתניתין דפ"ב דתמורה ט"ו א' דאחטאת שכפרו בעליה דפליגי ביה ר"י ור"ש קאמר ליה ר"ש מה מלינו בולד חטאת וכו' וחטאת שמתו בעליה ביחיד דברים אמורים ולא בלבור אף שכפרו בעליה וכו' ביחיד דברים אמורים וכו' משמע דר"י מודה בהכי ולהכי מייתי ראיה מכח מה מלינו ובתלמודא שם קאמר בהדיא קס"ד למאן דאית ליה חטאת לבור שנתכפרו בעליה מתה אית ליה נמי ח"ל שמתו בעליה מתה הכא וכו' א"ר פ אפי' למ"ד ח"ל שכפרו בעליה מתה ח"ל שמתו בעליה אינה מתה לפי שאין לבור מתים וכו' ועיין בתוס' שם וק"ל:

בא"ד יש לתמוה למה הזכיר בכל יום ואע"ש שלא היה כי אם א' וכו' כוונתם דמדנקט פר לשון יחיד משמע דס"ל כמ"ד דאינם מביאים בשאר מלות אלא פר א' לכל השבטים ואם כן מהך טעמא גופה ליתני נמי שעיר ל' יחיד וח"ש דאמאי הזכיר ל' רבים ואפי' דלמ"ד זה לא היה גם בע"ז כי אם א' לכל השבטים דאם תאמר דמסדר ברייתא א סדרה אליבא דר"י ור"ש דאיירי בה ואינהו סבירא להו דמביאים שעיר לכל שבט אם כן ליתני נמי פרים לשון רבים דהא לדידהו בשאר מלות נמי מביאים פר לכל שבט ותירלו דנקט אליבא דר"י ור"ש דקיל"ן כוותייהו ונקט שעירי ל' רבים להודיענו דכל שבט מביא ועדין הוא דליתני נמי פרים לשון רבים אלא משום דאינו ל' טוב לא קתני הכי ולא חש לטעות דמדקתני פר ש"מ דסבר כמ"ד דאין מביאים אלא פר א' דהא מדקתני שעירי ולא קתני שעיר דומי' דרישא, דייקת שפיר דס"ל כמ"ד דמביא כל שבט וממילא ש"מ דרישא ה"ק פר העלם דכל שבט ושבט דודאי לית לך לאוקומה רישא וסיפא בתרי תנאי אלא יש לך לומר דלא קתני ברישא פרי משום דאינו לשון טוב ושוב ראיתי בס' שער יוסף להוריות ס"ג ע"א שהרגיש בדבריהם וכמ"ש הכל מחורץ יע"ש ודו"ק:

ד"ה לא תימא וכו' פי' רב עמרם לא תירץ וכו' כל"ל וכוונתם דלא תפרש דכונת רבא להגיה מלתיה דר"ש דקתני שאין חטאת לבור כדמשמע לכאורה מדנקט לישנא דר"ש גופיה דזה לא יתכן דהא ר"ש אפר ושעיר קאי ובשעיר חטאת לבור ממש הוא אלא ודאי דהגם דפר משום שותפות נקט גם כלפי דידיה לישנא דשאין חטאת לבור אגב שעיר ועיין בהוריות ו' סע"א אלא יש לך לפרש דרבא אתי דר"ע קאי ונקט לשון אחר כי אין בזה חשש מאחר דהטעין א' וה"ק לא תימא שר"ע תי' דאין חטאת לבור מתה אלא אימא דלי תירולא היא שאין חטאת שותפין וכו' וכן תפרש בברייתא דכלפי פר לאו חטאת לבור ממש קאמר אלא שבהמת דעדיין יקשה דאמאי לא נפי' דאברייתא קאי כפשט הסוגיא ואין כונת רבא להגיה אלא ה"ק דכלפי פר תפרש כאילו ר"ש אמר שאין חטאת השותפין ונקט לשון לבור אגב שעיר וע"כ יותר הנלע"ד להגיה בלשונם פי' ורב עמרם לא תי' כן לעיל וכו' וכונתם דאין כונת רבא לסתור תי' ר"ע אלא לפרשו ולתקנו בא דיש לך לומר

כברייתא דכלפי פר הו"ל כאילו אמר חטאת השותפין ור"ש נמי כך תי' בלשונו שותפין במקום צבור והיינו דפריך בתר הכי ומאי כ"מ בתיקון זה דרבא כיון דמ"מ ר"ש תרין שפיר דאי אברייתא דוקא קאי הא נמי טובא דהשתא אשמועי' ר"ש דחטאת שותפין נמי דין ח"ל יש לה דאינה מתה בנתכפרו באחרת ולא ליחידים דמו ועיין בתוס' דסוגיין סד"ה וג"מ וכו' וק"ל:

ד"ה ומאי נפקא מינה וכו' אבל לר' יהודה דקאמר ימותו וכו' דלר"י אמרינן וכו' נפקא מינה טובא לר"י וכו' כצ"ל וכלומר דלר"י דקאמר ימותו בחטאת שכפרו בעליה ול"ש ליה בין שותפין לצבור מכל מקום נוכל לומר לדידיה דבמתו בעליה יש חילוק בין שותפין לצבור דהא איהו נמי סבירי ליה טעמא דאין צבור מתים דהא לכלהו פריך התם והא מייתי הנהו דחטאו כדפרש"י שם ואכלהו תרין דאין מיתה בצבור דכתיב כפר לעמך ישראל וכו' ומהכא תידוק דדוקא צבור כדכתיב לעמך ישראל אבל משותפים מתה לר"י דדוקא לר"ש מוכרחים אנו לומר דל"ש לן בהו אבל לר"י לעולם דשני ליה ועוד לר"ש נמי וכו' ועמ"ש בסוף דבריהם וק"ל:

בא"ד ועוד תימא מנ"ל לאביי וכו' והלא מ"מ לא קרבה וכו' דהתם מעיקרא בהוריות וכו' ומוקמינן לה להך וכו' כצ"ל וכונתם דאי משום קושית אביי י"ל דמעיקרא סבר אביי דטעמא דר"ש בנתכפרו בעליה דאף בשותפין אינה מתה משום דאין לך לחלק בין צבור לשותפין כלל וא"כ ה"ה במתו מקלת בעליה ל"מ דבתרווייהו אינה מתה אלא אף קרב' ושותפים ילפינן מצבור מקרא דכפר לעמך וכו' ואי נמי דעמך ישראל אפי' מעוט צבור קאמר אבל למסקנא דאייתי התם ברייתא דר"ש דיליף משום דחטאות בחד מקום גמיר להו וילמד סתום מן המפורש מעתה טעמא דשותפין לאו משום דילפי מצבור אלא אמרינן דכי היכי דולד חטאת ותמורת חטאת ביחיד דברים אמורים אבל לא בשותפים הוא הדין לאחריני אבל מ"מ אכתי יש לומר דמדאיצטריך קרא דכפר לעמך וכו' למילף דאין מיתה בצבור שמעי' דאף נהל"מ דחטאות המתות במתו מקלת בעליה דוקא בצבור לא מבעיא דאינה מתה אלא גם דקרבה דסברא הוא דאין רוב הצבור נדחה מפני אותם שמתו אבל בדשותפין אף על גב דהל"מ דאינה מתה מ"מ נדחית ולא קרבה ולפ"ז הא דשייל תלמודא התם מאי הוי עלה הכונה אם נאמר דהאמת הוא כדסבר אביי דטעמא דר"ש משום דל"ש בין צבור לשותפין כלל ואם כן במתו מקלת שותפין ל"מ דאינה מתה אלא קרבה נמי ולפ"ז ודאי לא מיתוקמא ברייתא דמת א' מב"ד פטורין כר"ש בו נאמ' דלאו עיקר טעמא הוא ולעולם דיש לחלק בהקרבה בין צבור לשותפין ותוקמ' שפיר ברייתי' כר"ש כדבעי ר"י ותי' שפיר מברייי' דמוכח טעמא דר"ש בצבור משום דבחד מקום גמיר וכך י"ל בשותפין עלמ' ול"ל למילף מצבור ומהשתא ודאי לענין הקרבה סברא לחלק בין צבור לשותפין דכפר וכו' ותוקמה ודאי ברייתא דמת א' מב"ד כר"ש וכדס"ל לרב יוסף אלא שכל זה דלא כפירש"י שם שפירש דלמסקנא לר"ש קרבה ולא מתוקמה כר"ש וכדאביי ועיין בפירוש האחר שכתבו בסמוך וק"ל:

בא"ד והשתא קשה ומה דוחק כאן התלמיד וכו' כלומר דהא"ע דלר"ש אין חילוק ניחא דהגם דלר"י יש חילוק מ"מ תלמודא הכא בעי לאשכוחי נפקותא דתהוי כב"ע אבל השתא דלר"ש נמי יש חילוק תקשי מה דוחק וכו' ועיין בסוף דבריהם אלא שצריך לבאר דאמאי ל"ק להו טפי דלפ"ז מה תי' ר"ע אקושית ותיפוק לי וכו' דאין חטאת השותפין מתה לפי תיקון רבא כמ"ש לעיל יהא מ"מ לכ"ע לא קרבה ואם כן הדר קושיא לדוכתא דמאי קמבעי' ליה מהו שיכנס אחר בדמו וכו' ועיין בדבריהם לעיל ד"ה ור"ש אומר וכו' ואפשר ליישב דאי משום זה איכא למימר דכיון דאיסור הקרבה אחטאת שותפין שמתו מקלת בעליה אין לנו בזה ראיה מוכרחת מן הכתוב מהשתא י"ל דדוקא במתו קודם שחיטה דאית לה תקנתא ידעיי"ל [(דרעיי"ל זו מדרבנן כמ"ש בתר' דסוגיין ד"ה חטאת צבור וכו' יעי"ש)] הוא דאמרינן לא קרבה אבל כי הכא דפר שחוט ועומד הוא א"ל דבשותפין נמי קריבה ודוק:

בא"ד ונראה לר' וכו' למת א' מן הצבור וכו' דיוה"כ שאינו בא על חטאת מבורר וכו' כצ"ל וכונתם מבוארת דדוקא גבי שותפות כרת דהיינו פר הבא על כל המצות דמייתו ב"ד על חיוב כרת בדוקא כדתנן בפ"ב דהוריות אין חייבין אלא על דבר שזדונו כרת וכו' וחיוב חטאת מבורר הוא שכולי חטאו בדין הוא שמת אי מהם דלא מצי מכפר אדידיה דדוקא בצבור גלי קרא קרא דיש כפרה לאחר מיתה לא מצי מכפר אאחריני שנשארו בחייב אבל פר דיוה"כ דהגם שבא על חטא דטומאת מקדש וקדשיו ושאר עבירות אותם שמכפר שעיר המשתלח לישראל כדס"ל לר"ש גופיה ספ"ק דשבועות מ"מ הרי אפשר דאותו כ"ג שמת לא היה צריך לכפרה זו ומש"ה אינו נדחה כלל מהקרבה בשביל מיתת אחד מהם ואע"ג דלפ"ז תיקשי דמאי מייתי ראיה התי' למאי שהקריבו בני גולה על דורו של צדקיהו שחטאו בחטא מבורר דהיינו ע"ז דיש כפרה לאחר מיתה משעיר ר"ח דמכפר לאחר מיתה והרי אין זה חטאת מבורר דאינו מכפר אלא על טהור שאכל את הטמא לר"ש כדתנן בשבועות ואפשר שלא חטאו בה כלל ולא דמי לכפרת בני גולה התם ודאי מן הדין היה לנו לחוש להיות נדחה דהא אפשר דאתרמי שאותם מעות לשכה שקנו מהם שעיר ר"ח היו כולם מאותם שמתו ואפ"ה לא חיישינן וע"כ טעמא דבצבור לא חיישינן וה"ה דליכא למיחש בהו אפילו אחטא מבורר כההיא דדורו של צדקיה ושפיר מייתי ראיה התם אבל הכא בפרו של אהרן דהגם דמשלו הוא מביא כולו מ"מ רחמנא הפקיר ממונו לגבי אחיו הכהנים כדקאמר תלמודא לקמן ל"א ב' ומשמע דעל כרחו הפקיר הכתוב ממונו לכפרה זו בכל כי האי לא קפדינן משא"כ בשעיר ר"ח דהגם דודאי כל אחד מוסר שקליו לצבור יפה יפה עיין בסוף פרק הבית והעליה ולעיל ל"ה ב' מ"מ אין לומר בזה דהפקיר הכתוב ממונו דאי לא ת"ה מ"ע דרבנן שם בהבית והעליה דשומרי ספיחים אינם מתנדבים לשמר חנם דחיישינן שמא לא ימסרם יפה הא אין הדבר תלוי בדעתו אלא ע"כ דמסירה מדעתו בעינן ואפילו תאמר דשאני שומרי ספיחים דזהו דבר יתר מן השקלים שהביא ומש"ה בעינן דעת מ"מ משמע דגם בשקלים בעינן דעת אלא דהתם בספיחים דדבר יתר הוא וכבר יש לו חלק בקרבנות צבור מכח שקלים שהביא הוא דחיישינן שמא לא ימסור שכר שמירה אבל בשקלים שאם לא ימסור חלקו יפה הרי מפסיד בזה שאין לו חלק בתמידין אלא כדאתרמי חלקו אנן סהדי דמסר יפה יפה כדי שיהא חלקו מעורב בכל מעות הלשכה ויהיה לו חלק בכל קרבנות צבור אבל לעולם דדעה בעינן ונראה שלחילוק זה כיון הראב"ד ז"ל הובא לשונו בקלת חסרון באסיפת זקנים למציעא שם ואפ"ה חלקו הם ז"ל שפיר דכיון דאפשר דאתרמי שכל המעות שלו הגם דמסר אותה מ"מ הוה קפדינן בהכי אי לאו מטעם דאין מיתה בצבור אבל בפרו של אהרן דמתחלה הו"ל שאחיו הכהנים נתנו חלקם מעתה אפילו מת לא קפדינן בהכי ל"מ בצבור אלא גם בשותפין לכ"ע קרבה ועמ"ש בסוף דבריהם וק"ל:

בא"ד ולי נראה וכו' אבל פר הבא על כל השבט וכו' היינו לסברת רב יוסף דבסמוך דהשבטים מקרי קהל לענין זה דהא ודאי אין לוים מתכפרים בפר כדתנן לעיל בוידוי ובני אהרן וכו' ותנן נמי בספ"ק דשבועות אלא שהפר מכפר על הכהנים ועמ"ש התו' שם י"ד א' ד"ה טולן קרויים וכו' ובמהרש"א שם ועוד זאת דכל הכהנים לגבי שותפים וב"ד כשבט מקרו דלא שכיחא בהו שימותו כולם והא נמי בכלל דגמירי דלא כל השבט הוא וק"ל:

בא"ד והא דקאמר אביי וכו' דחטאת השותפין שמעינן וכו' היה יכול אביי להקשות לו וכו' דבעיין דקאמר הכא וכו' לא קשה לן מידי דצבור וכו' כצ"ל וכונת המשך דבריהם דלפי האמור דכהנים צבור מקרי תיקשי לן מהא דאמר אביי התם אהכיא דמת א' מב"ד דלר"ש חייבים דשמעינן ליה דאמר חטאת שותפין אינה מתה וראייתו ממתניתין דפרק יוה"כ הא קמן דלאביי כהנים נמי שותפים כמו ב"ד ניהו וע"כ דל"ג התם שעירי ע"ז דאי גרסי' ליה הו"מ לפרושי דאביי משעירי ע"ז דמייתי ב"ד פריך דהתם ודאי שותפין ניהו אבל כהנים צבור מקרו כדאמר אביי גופיה הכא אלא דלפ"ז תיקשי דאמאי אביי כדדחי ליה רב יוסף כהנים קאמרת לא הדר אקשי ליה משעירי ע"ז אלא ע"כ דמדר"י נשמע דאביי לא פריך התם משעירי ע"ז כלל דל"ג ליה התם והכא נמי ל"ג ליה מדלא הדר אביי להקשות משעירי ע"ז כד דחו ליה כי קתני אדשעיר וכו' אם לא שתאמר דלעולם דהכא והתם גרסינן ליה ולא חשש אביי להקשות משעירי ע"ז דהדחיה מבוארת דנוכל לומר דכי קתני אשעירי דמייתי צבור לא ב"ד מינהו אין שיהיה

אפילו אי סבירא ליה לאביי התם דכהנים שותפין כמו ב"ד מקרי שמעתין אתיא שפיר דהבעיין דבעי הכא ומאי נ"מ וכו' ס"ל כרב יוסף שם דכהנים צבור מקרו לענין דאין להם דין ב"ת דין ושותפין אלא חשיבי כצבור דאין להם דין מתה אבל מ"מ לענין פר בהוראה ודאי דלא מקרו צבור כי הרי הם מקלת שבט וכך יש לפרש סוגיא דהוריות שם דרב אחא לא בא לסתור לגמרי מלתיה דרב יוסף דלעולם כהנים דין צבור יש להם לענין אין מיתה אבל לענין פר בהוראה ל"מ כהנים בפ"ע אלא אף כל השבט בכללו לא מיקרו קהל משום דלא נטלו נחלה ומכ"ש לתירוץ רבא שם דעי"ל דכהנים שבט לוי לענין מנין הפרים דבפשיטות נוכל לומר דכהנים בפ"ע לענין אין מיתה חשיבי כצבור כיון דחשיבי צבור בהצטרפות לויס לענין פר בהוראה ועיין בדבריהם לקמן סד"ה דלא מייתי כהנים פר וכו' זהו כוונת המשך דבריהם ולתירוץ סתירת סברת אביי מהכא לסתם כבר תירצוה לקמן בדיבור הסמוך לזה וכתבו זה נראה עיקר כלומר כתירוץ שתרלתי ומה שיאמר אח"ז והזרתי לתרץ וכו' הנה הוא הגה' ר' שהוסיף לתרץ מלבד התירוץ הראשון שתירץ לעיל בשמו ועיין בסוף דבריהם ושוב ראיתי בספר שער יוסף נ"ו ע"ג שהאריך הרחיב בדבריהם ובמקצת דברים פירש כמ"ש ומה שהקשה שם בסוף דבריו דאכתי נפקא מינה במאי דקרי לכהנים שותפין לענין נתכפרו בעליה דהשתא שמעינן דלר"ש הוו כצבור לענין זה משא"כ אי אמרינן דכהנים צבור מקרו דהשתא לא ידעינן אי חטאת שותפין שנתכפר באחרת רועה כצבור או מתה כיחיד יעו"ש אפשר ליישב דהא נמי לא נ"מ דהא מאידך ברייתא דר"ש דמייתי התם בספ"ק דהוריות שמעינן דחטאת בחד מקום גמירי ובמקום דלא שייכי חד או תרין מינייהו לא שייכי נמי אינך וא"כ פשיטא דבשותפין דלא שייכי ולד חטאת ותמורת חטאת לא שייכי נמי נתכפרו בעליה [וכ"כ הרב המאירי ז"ל בהדיא] דע"כ לא מספקא לן אלא במתו מקלת שותפין משום דיש מקום לומר לענין זה דשותפין כיחיד מדאיצטריך קרא להודיענו דאין דין מיתה בצבור כדדרשי' מכפר לעמך ישראל וכו' דייקינן דהא שותפין יחד או ב' כמו ב"ד דין יחיד יש להם לענין חטאת זה ועיין בדבריהם דלקמן בסמוך וקו"ל:

באו"ד והזרתי לתרץ בין הכא וכו' דנראה לי דאית ליה דמדמייתי ר"ש וכו' בצבור אין מיתה בשותפין וכו' ואין לדחות ראיה זו יכו' לחטאת השותפין שלא תמות דהכא נמי וכו' אבל מת אחד מן השותפין שלא תזיק וכו' דלא משכחת לה בצבור ושותפין ולד חטאת ותמורה וכו' הואיל ונאמר בסיני שאין חטאת מתה אלא במקום וכו' אלא במה שהיא של צבור ומדמייתי ראיה וכו' שהפר של יוה"כ מכפר עליה שאני דצבור הם דאקרי קהל לגבי הפר דאיתקוש לקהל לענין כפרת יוה"כ ומסקינן בעיא מאי הוי וכו' גם לענין שאין מיתה מועלת וכו' וב"ד ליכא למימר דציבור נינהו אלא ודאי וכו' והכי נמי בשמעתין וכו' אליבא דר"ש נפקותא וכו' אי הוה פר יוה"ך חטאת השותפין הקרבן היה נפסל במיתת אחד וכו' אבל מקרבן לא מפטרי [(כלו' בפר כהנים אי חשיבי שותפים)] במיתת א' מהם כמת א' מב"ד וכו' במת א' מן הכהנים כי ימות וכו' שפיר טפי דאפי' לר"י וכו' לא ימות הפר במיתת וכו' כנלע"ד של"ל והדברים מבוארים וצריך לומר דלמה שכתבו אלא מיתת כהן גדול לבדו תפסלנו לר"י וכו' דאה"נ דהשתא הו"מ למימר נפקותא דאי שותפין נינהו במת כ"ג נפסל ואי צבור נינהו אינו פסל דאין מיתה בצבור דלומר דאף אי צבור נינהו מיתת כ"ג פוסלת דלא דמו לתמידין דצבור דיד כולם שוה בשקליהם מה שאין כן כאן דכולו מכ"ג נראה קצת דוחק לפרש כן ועיין מ"ש בראש דבריהם ודוק:

ד"ה אימא לפי וכו' ואע"ג דפ"ק דהוריות וכו' הא תינח שעיר וכו' כצ"ל ומ"ש דקרי להו צבור בתר דשמעה מרב יוסף וכו' דמשמע דע"כ לא איסותב ר"י שם אלא דלא אקרו קהל ממש גם לענין הוראה אבל צבור מיהא מקרו לענין דלא שייך בהו פסול מיתה שזה מוכרח מסוגיין מדלא קאמר הך נפקותא וכמ"ש לעיל בדיבור הקודם מיהו שמעתין אתיא שפיר דבעיין דקאמר וכו' וכמ"ש שם ושוב ראיתי בשער יוסף שם שהרגיש בזה ומה שרצה שם ליישב עם גי' הרא"ש הנה גם כי ממ"ש כאן ולי נראה וכו' ודאי ר"י וכו' נראה כך מ"מ גירסת ר' ודאי היה כגירסת רש"י ז"ל שם דגרים שאני כהנים דאקרו קהל שהרי כתב לעיל ר' בדרכו

הסני דאיקרו קהל לגבי הפר דאיתקשו לקהל וכו' וזה כפי גירסת ופירוש רש"י שם וזה מוכרח יעו"ש וקו"ל:

באו"ד אלמא לא מחשיב פר קרבן צבור וכו' אף ע"ג סוגיא דהתם ה"ק תינח שעיר דלא מתרומת הלשכה הוא דבעיא תרומה חדשה ומש"ה קאמר ר"י התם ימותו אבל פר דמשל כהן גדול מאי א"ל וכמו שפרש"י שם מ"מ אי הוה חשיב פר קרבן צבור לא קשיא כל כך דאימא דהכי היכי דתקנו בקרבנות צבור הבאים מתרומות הלשכה דאין חובות שנה זו קריבות לשנה הבאה כן יש לנו לתקן בפר כהן גדול דומיא דצבור והגם דלא שייך ביה טעם תרומה חדשה ולא משום גזרה אטו שעיר אלא משום איננו גופייהו אלא ודאי משמע דהכי פריך פר דקרבן שותפין הוא ולא דמו לצבור דנתקן בהו הכי מאי א"ל אמאי קאמר ביה ר"י ימותו ולא יניחם לשנה הבאה ותירץ שפיר דמשום דדמי קצת לצבור דהא כהנים רבים נינהו להכי גזרינן פר אטו שעיר אלא שהם ז"ל הוסיפו תירוץ אחר על תירוץ ר"י וכתבו אי נמי וכו' דלא הוי כשל ציבור וכו' תימא דממונו בעינן וכו' [(כצ"ל)] וכונתם דלעולם קושיא דהתם דאפילו תימא דקרבן צבור חשיב לענין דאין מיתה וכו' מ"מ לענין תרומת הלשכה דבעינן בה תרומה חדשה כולי עלמא מודו דלזה לא הוו כשל צבור להצריך בכל שנה מעות חדשים וכו' תימה דאימא הכי נמי דהא ממונו של כהן גדול בעינן ונצריך לו בכל שנה חדשים זה אין סברה דלא שייך בזה דין תרומה חדשה דקרא דחדש והכא בקרבנות של כל הצבור נאמר כדכתיב זאת עולת חדש בחדשו והכא וכו' כדקאמר התם. ומה שכתבו תרומה חדשה הוא סוף דיבור ואחר כך מ"ה דלא מייתי כהנים וכו' כן צריך להיות וקו"ל:

ד"ה דלא מייתי כהנים וכו' משום דלאו קהל איקרו אבל ראויים לכפרה נינהו ע"כ כן צריך להיות ולכומר דמכל מקום דין צבור יש להם לענין שאין הנשאר נדחין במיתת אחד מהם אבל ראויים הם להתכפר באותו קרבן והרי הוא קרב וקל להבין:

ע"ב דיבור המתחיל לדברי האומר וכו' ודלא כרבא וכו' עיין מה שכתבתי בסוגיא:

ד"ה עושה תמורה וכו' צריך עיון אמאי וכו' ואפשר ליישב דרבי אלעזר הכי קאמר אם תמצא לומר לדברי מאיר לענין מיתה צבור ממש בעינן דהא אין מיתה בצבור נפקא לן מכפר לעמך ישראל וכהנים לא מקרו צבור מכל מקום תיבעי אי שותפים מיקרא מקרו לענין תמורה או לא דהא ודאי על כרחך לומר דמספקא לן אי סבירא ליה לרבי מאיר כרבי שמעון דברייתא דלעיל דקאמר על פר יום הכפורים שאין חטאת השותפין אי שאין ה"ל מתה דאי סבירא ליה כותיה פשיטא דלרבי שמעון עושה תמורה וקל להבין:

ד"ה ודוחה את השבת וכו' ותימא לרבי מדתנן וכו' קודם שחיטי הפסח וכו' כן צריך להיות ומה שכתבו משמע דהא אם שחט וכו' וכונתם דמשמע להו לפרש מתניתין דהתם דקתני ירעה דהיינו אותו שנשאר אחר שחיטת אחד מהם יהיה ראשון בנמצא או השני המופרש ולאו למימרא דהראשון ירעה אלא אי זה מהם שירצה יקריב ועיין בהרמב"ם ז"ל פרק ד' מה' קרבן פסח ומעתה הא דקתני וכן תמורתו הכוונה דאם המיר בפסח הנמצא קודם שחיטת המופרשת באופן שנראית לשחיטת הפסח גם כיון נדחית בשחט אחד מהם ושוב אינה חוזרת ונראית משמע מהא דאם כשבא לשחוט הפסח לא שחט שום אחד מהשניים אלא שחט תמורה זו לשם פסח דמהני והאחריים נדחים ואם כן הא משכחת לה דדחיא שבת אלא שמדברי הרמב"ם שם אין נראה כן יעו"ש ועיין בתוספות פרק בית שמאי ל"ז ב' ד"ה וכו' שנסתפקו בזה וכתבו וצ"ע אם יכול להקריב התמורה לשם פסח קודם שחיטה יעו"ש וקו"ל:

באו"ד וכן תמורה אילו של אהרן דבסמוך וכו' כצ"ל וכונתם דלמאי דמוקי לה רב ששת לקמן באילו של אהרן משא"כ בתמורה דקתני אתמורה אילו קאי דהא תמורת עולה היא ובאיל מקרב קרבה דגבי פרו דוקא הוכרח לתרץ שם תמורה קתני אם כן מוכרח מהא דתמורה אילו לא דחיא שבת וה"ה לתמורת פסח ומ"ש אע"ג דאין נמנין על שני פסחים כאחד וכו' [(כצ"ל)] ומ"ש דמסתמא תמורת איל נזיר יש זרוע וכו' והכי מוכח קצת מדתנן רפ"ג דתמורה דתמורת שלמים דין שלמים יש להם וטעונים סמיכה ונסכים וכו' וה"ה לשלמי נזיר וקו"ל:

באי״ד אך קשה וכו׳ משמע דאף תמורתו נדחית בשחיטה וכו׳ כל״ל וכונתם דבשלמא למאי דסלקא דעתייהו ברא״ש דבריהם דתמורה דפסח דחיא שבת כפסח עצמו ויוצא בה נמי ידי פסח והראשון שנמצא והשני המופרש ירעו ניחא דודאי דבשחיטת אחד מהשנים הנך תמורתו נדחית אך למאי דמוכח ע״כ מאילו של אהרן דתמורתו לא דחי שבת וה״ה לתמורת פסח וע״כ טעמא משום דאינו יוצא בו ידי אילו וה״ה לתמורת פסח אבל דין פסח יש לה דומיא דאיל נזיר ולא מהני כשני פסחים א״כ למה תמורתו נדחית בשחיטתו כיון שמתחלתו לשם כך וכו׳ ולזה תרצו וי״ל דלא קאמר בתמורת פסח [כל״ל] כלומר דהאי וכן תמורתו ירעה דקתני לא קאמר בתמורה שהמיר באותו שיוצא בו ידי פסח דההיא ודאי קרבה עם הפסח כדין פסח אלא אתמורה שהמיר קודם שחיטה באותו שנשאר דחוי הוא דקאמר דתמורתו ירעה כמותו והא אשמועינן דאיכא תמורת פסח דלא קרבה ויש בה דיחוי כפסח עצמו וכדקאמר בר״ש סוגין דפרק מי שהיה טמא שם צ״ע ע״ב וכמ״ש רש״י ז״ל שם ועוד תירצו דאיל דאתמורה פסח שיוצא בו קאמר נמי דתמורתו ירעה וכגון שנשתיירה למחר ולא הקריבה אתמול עם הפסח שלא תאמר דהשתא מיהא קרבה שלמים קמ״ל וכן תמורתו שהרי נראית ונדחית היא ומש״ה אף כי אתרעה בפסח הנשאר וק״ל:

ד״ה חלה על וכו׳ חדא מלתא היא וכו׳ דאם תאמר דתרתי קתני צריך אתה לפרשה ואינה יוצאה לחולין בהקדישה בלא מום דאי במום היינו רישא דודאי לענין זה קתני רישא דחלה על ב״מ קבוע וא״כ מלבד דסיפא לא איצטריכא דבמכ״ש דרישא דחלה על ב״מ ילפינן להא עוד זאת תיקשי לך הא דמסיים בה משא״כ בזבח דמאי קאמר דהא אף על גב דאין שם זבח חל על ב״מ מעיקרו מ״מ בקדם הקדשו את מומו אינו יוצא לחולין להגזז וכו׳ אלא ודאי דחדא מלתא קתני וק״ל:

דף נ״א ע״א ד״ה ונוקמה בפסח הקשה הרי אלחנן בפסח וכו׳ כל״ל ופשוט דקושיתם ותירוצם שייך נמי אקושית ונוקמה בפסח שני דבסמוך ולפי פירושם נוהג בצבור הכונה שיש לו דין קרבן צבור שאין אכילה מעכבת בו וכמו שפי׳ הריטב״א והך דר׳ נתן שכתבו היא בפ׳ כילד צולין ע״ח ב׳ ועמ״ש בסוגיא ומ״ש דלית להו דר״ן כס״ד ואח״ך מ״ה מי דחי טומאה וכו׳ [(כל״ל)] וק״ל:

ע״ב ד״ה ת״ר אשר לו וכו׳ י״ל דעפי משמע לו שני לו ממש וכו׳ דהא כיון דאפיקתיה בעוקמא משל צבור השתא משמע דלהכי כדר לו שני לומר שיהיה שלו ממש ולא של אחיו הכהנים טפי מלמדרשיה לעכב בשל צבור ולו שלישי למלוה משלו ממש והשתא למבובא לא בעינן משלו ממש או יש לפרש כונתם דעפי משמע לו שני לו ממש דהכי מסתברא למדרש מאי דאיכא למדרש כל מלוה והדר דרשינן לעכב בלו שלישי ע״ד תי׳ התו׳ בספ״ק דשבועות ר״ד א׳ ד״ה שהב וכו׳ עמ״ש הריטב״א כאן בשמם וק״ל:

ד״ה מספקא ליה וכו׳ שאין לחוש אי מוסיפין על אויר ההיכל וכו׳ כמו מליאות זה שאין כאן תוספת קדושת מקום עזרה להרחיב אותה יותר שהרי מקום זה גם בימי שלמה היה ממילא במחילה אלא שאתה היו מניחים אותו פנוי ובכל כיוצא בזה יכולים להוסיף אף בבית שני שלא היו שם מלך אורים ותומים כדאי׳ ברפ״ב דשבועות וכמ״ש הרמב״ם ז״ל ספ״ה מה׳ בית הבחירה יעו״ש וק״ל:

באי״ד וא״ת בשלמא וכו׳ אסור לעשות פרכת וכו׳ בפרוכת כמין ב׳ דדי וכו׳ כל״ל וכונת קושיתם לרבנן למה לא עשו פרכת א׳ לצד חוץ ואמה טרקסין תחשב כחלל קה״ק ותי׳ כי כיון שבמקדש ראשון ידוע היה שבדי הארון היו מתפשטים עד פרוכת הפתח כמין ב׳ דדי אשה כדלקמן נ״ד א׳ ואפ׳ דלפעמים מיד שהיה נכנס שום דבר מועט בפתח היה מקטיר הקטורת בין הבדים ועל כן גם בבית שני שלא היו שם בדים ולא ארון מ״מ קרוב הדבר שיטעה הכ״ג מיד שיכנס שום דבר בפריפת הפרוכת לצפון כנגד מקום בין הבדים של מקדש ראשון יקטיר מיד באותו מקום וא״כ היה מקטיר בחוץ ולכך עבוד שתי פרוכות ועיין בלשון הריטבא כי שם הובאו דברי ריב״א באופן אחר יעו״ש וק״ל:

דף נ״ב ע״א ד״ה ניעול בין המנורה וכו׳ ב׳ פרוכות שלא עייל בהדיא מקרי כל״ל ועמ״ש בסוגיא דלפי פי׳ רש״י הדבר מוכרח דר״י ס״ל כרבנן אלא דס״ד דלרבנן נמי שייך האי השתא דלא ניעול בהדיא וק״ל:

ע״ב ד״ה החלונה פרופה מן הדרום אבל אופכא וכו׳ דאם כן שמאלו כלפי ארון וכו׳ ול״נ דאותו פי׳ דכל פונות שאתה פונה לא יהו אלא דרך ימין דהיינו שיפנה עם ימינו דהשתא דפריפה א׳ לדרום והגם דבתחילת כניסתו בין הפרוכות הוא פונה עם שמאלו מ״מ לשיכנס לחלל בקה״ק יפנה עם ימינו והא עדיף לן מתחילת כניסה משא״כ אם היתה פריפה של חיצונה מן הצפון שאז בתחילת כניסה היה פונה עם ימינו ובכניסתו לבק״ק היה פונה עם שמאלו וא״כ בלאו טעם ארון מוכרח להיות פריפה חיצונה מן הדרום אלא אף לפי האמר דהיינו שיפנה לצד וכנגד ימינו דהשתא מטעם כל פונות וכו׳ הוה ניחא טפי פריפת חיצונה מן הצפון דבזה תחילת כניסה לבין הפרוכות היה פונה כנגד שמאלו אבל בכניסתו לחלל בקה״ק מצד דרום היה פונה נגד ימינו מ״מ עדיף לן פריפת מן הדרום והגם דלפ״ז בכניסתו לבקה״ק מצד צפון היה פונה נגד שמאלו מטעם דימינו לצד ארון עדיף טפי ועיין בתוי״ט וק״ל:

ד״ה והתקן משנגנז וכו׳ דס״ל לקך משנה כותיה וכו׳ נלע״ד ליישב דהך מקשה דהכא ס״ל דמניטל דקתני אין להכריח כ״כ דהאי כמ״ד דגלה לבבל דאימא דאתיא כמ״ד דבלשכת דיר העצים נגנז וכדתנן ברפ״ו דשקלים ולהכי דייק לומר משניטל דהיינו שניטל ממקומו דבקה״ק והובא בלשכת דיר העצים ונגנז שם ולאפוקי ממ״ד לקמן דהארון במקומו נגנז ולהכי פריך ליה מהך ברייתא דאפילו למ״ד נגנז מ״מ כבר קודם זמן בית שני נגנז דיאשיהו גנזו וע״ע מה שתי׳ בספר שער יוסף להוריות ק״ד ע״ד וק״ל:

דף נ״ג ע״א ד״ה ותיפוק לי׳ וכו׳ דס״ל להאי מקשה וכו׳ הא ודאי דאתוסור א׳ מסממניה פריך שפיר לכ״ע דאפילו אי לא כתיב מיתה התם מ״מ תיפוק לי דהו״ל קטורת חסרה וחייב משום ביאה ריקנית וכמו שפרש״י יעו״ש אלא אתוסור מעלה עשן דמשמע דלדידיה נמי פריך ות״ל וכו׳ הוא דקי״ל דמאי פריך הא לא ידעינן דמעכב להחשיבה משום חסרון זה קטורת חסרה ולחייבו משום ביאה ריקנית ולהכי תי׳ דס״ל להאי מקשה כס׳ רב אשי דבסמוך דקרא בתרא דוכסה ענן איצטריך לעכב במעלה עשן ולדידיה פריך שפיר דאפילו אי לא כתיב מיתה ת״ל דכיון דמעכב הו״ל נמי משום זה הגם דאינו אלא מכשיר קטורת חסרה וליחייב משום ביאה ריקנית עוד כתבו א״נ לכ״ע ואפילו לרבא [כל״ל] וכו׳ וכונתם א״נ דהמקשה פריך לכ״ע ואפילו לרבא דמשמע דאיצטריך ליה קרא בפרעות משום עונש לדידיה נמי פריך דאע״ג דמהך קרא דוכסה לא שמעינן מיניה עיכובא אי לא כתיב ביה מיתה מ״מ מ״מ אפשר דנפקא ליה להמקשה עכובא דמעלה עשן מקרא אחרינא ושמא היינו קרא דחוקה דס״ל להמקשה דהא נמי קאי והגם דרב אשי לא ס״ל הכי וכמ״ש בדבריהם דלקמן ד״ה וחד לעכב יעו״ש וק״ל:

באי״ד תימא על מה ששנינו וכו׳ מעלה עשן או שחסר א׳ מכל סממניה חייב מיתה וכו׳ [(דלהגיה או שחסר מלח וכו׳ אין נלפ״ד והגם דהכי איתא בירושלמי דס״פ טרף בקלפי עיין בס׳ באר שבע בכריתות שכתב שהוא טעות וע״ע מ״ש בס׳ משנה למלך פ״ע מה׳ כלי המקדש ושוב מצאתי הגי׳ כמו שתיקנתי בסמ״ג לאוין ש״ג)] א״ר זעירא משום וכו׳ מאי קאמר משום וכו׳ להיכל בחנם כמו פטל בכניסתו משלו וכו׳ כל״ל וכונתם דס״ד דמשום הכנסה דקאמר ר״ז אהכנסת קטורת קאי והא קי״ל דמאי קאמר דאם הזיד בביאה ת״ל דחייב משום ביאה ואי שגג בביאה אם מקטירה חייב משום דהקטיר קטורת זרה ואין חיובו משום הכנסה יתירה וניחא להו דהכנסה לשון ביאת עצמו הוא וכלומר דמחייב משום ביאה ריקנית דהיכל דבריית בקטורת של כל יום דהיכל איירי ואשמועיק ר״ז דמלבד דמחייב מיתה משום קטורת חסרה עוד זאת עובר באזהרה דאל יבוא בכל עת וכו׳ וכמו שתמלא בסמ״ג שם דמיתה אין כאן לכ״ע כדאיתא בהקומץ רבה כ״ז ע״ב וכמו שפסק הרמב״ם פ״ב מהל׳ ביאת המקדש ועמ״ש הפר״ח סי׳ קל״ב וכן בס׳ משנה למלך פ״ב מה׳ כלי המקדש על מ״ש בספר באר שבע דהביאה ריקנית דהיכל חייב מיתה יעו״ש ועוד יש ראיה דהכנסה יתירה דקאמר היינו ביאה בחנם מהא דאיתא בירושלמי

דפרקין סוף הלכה א' הכל מודין שאם הכניסן אחת אחת (לכף ומחתה) כיפר אלא שבוא עובר משום הכנסה יתירה ע"כ ועיין בהריטב"א:

באי"ד והר' מנחם פי' וכו' כלומר בהכנסה וכו' דבכל יום נמי כיה שם מעלה עשן וכו' כנ"ל ומ"ש ואין נראה דבכל יום גמי וכו' ומהאי קרא ודאי וכו' כלומר ל"מ למ"ד דקרא בחרא לשאר יוה"ש אילטריך דודאי ילפינן מיניה נמי מיהא אלא אפילו למ"ד דכלהו ביוה"כ כתיבי א' לשלה וא' לעיקר וכו' מ"מ ודאי דמהכא ילפינן נתינת מעלה עשן בשאר ימים והי"ה דילפינן חיוב מיתה ועוד דבירושלמי דמכלתין וכו' הגירסא אר"ז עובר משום הכנסה וכו' ולא שייך לגירסא זו פי' הר' מנחם אלמא לאו איוה"כ קאי אלא אסידור סממני קטורת של כל יום איירי התם יע"ש וק"ל:

באי"ד ועוד ק"ל וכו' פי' שלא היו נענשים על מעלה עשן שלא נלטוו וכו' היה אח"כ אלא ודאי הוה ס"ד וכו' שלא שמו בקטורת און ועל זה הוא מפרש וכו' כנ"ל ומ"ש ואי ס"ד שלא נלטוו וכו' כונתם ואי ס"ד כפי' ר' מנחם שלא נלטוו הכהנים על מעלה עשן בקטורת חוץ דהיכל היכי ס"ד לומר שנענשו בני אהרן משום מעלה עשן והלא יוה"כ היה אח"כ וכו' והדברים מבוארים ועיין בספר משנה למלך פ"ב מה' כלי המקדש ובס' שושנים לדוד דפרקין וק"ל:

ד"ה שנאמר דקרא גבי שרפים וכו' שנתמלא הבית עשן מכה קדושתם ואשם וכדכתיב והר סיני עשן כולו מפני אשר ירד עליו ה' באש וכו' ולא היה עשן זה מכח קטורת להביא ממנו ראיה וק"ל:

ד"ה האי מוכן יעשה וכו' לעיל [(מ"ד א')] לא שייך וכו' דהכא לא מיירי אלא בהזאות והקטרות וכו' שהם עיקר המלוה אבל שלא יבא אדם אחר אימא דלא הקפיד אלא במדבר ומה גם דכיון דקרא דוכל אדם וכו' בתר קרא דוכן יעשה כתיב אימא ודאי דלא קאי אלא אהזאות והקטרות דכתיב לעיל מיניה ומה שסיימו אבל לא יבא [(כלומר לא יהיה)] היינו לא יעשה שלא יכנס וכו' כנ"ל וק"ל:

ד"ה וחד לעכב וכו' שתיקון הקטורת וכו' שניהן שוין ולקיחתן וכו' [(כנ"ל)] ועיין פרש"י שם:

ד"ה ונתנו וכו' גבי גחלת אליתא במזבח חילון וכו' ומשמע שהם הקטירו על מזבח פנימי כדין קטורת עיין בדבריהם דבסמוך אבל כא ל"ק להו דמוקמינן לקרא לעיל מ"ה א' לגחלת אליתא שלא תהא אלא בכהן כשר או לאידך מ"ד שלא תהא אלא בראשו של מזבח והיכי מוקמינן ליה הכא בנתיתנת אש דהא מלין למימר דתרתי שמעת מיניה וכמ"ש התוס' שם אבל כונת קושייתם דמדמוקמינן ליה לעיל להגחלת אליתא של מערכה גדולה משמע דמזבח חילון איירי ואימא בשאת דמזבח פנימי אין כאן מלוה להביא מן ההדיוט ולא תו' דמ"מ ילפינן מהכא דבכל מקום שצריך להביא אש ל"ש מזבח חילון או פנימי לריך להביא מן ההדיוט ומכ"ש לאותה סברא שכתבו לקמן שעל מזבח חילון דודאי מיון ולמילף מהתם הגם דעיקר קרא דונתנו איירי במערכה גדולה לצורך קרבנות של כל יום כנלענ"ד בפי דבריהם וק"ל:

ד"ה אף על פי שבאש וכו' הקשה הר' אלחנן וכו' כנ"ל ועיין בריטב"א ומ"ש כדאמרינן במדרש וכו' והכי איתא נמי בגמ' דילן פ' התכלת כ' א' וכמ"ש התו' בעירובין ס"ג א' ומ"ש למה היו שם ב' מחתות ועל גב מחתה יותר וכו' כן נראה [(שצ"ל)] והיינו כדכתב קרא ויקחו בני אהרן נדב ואביהוא איש מחתתו ויתנו בהן אש וישימו עליה קטורת וכו' ומ"ש מיהו איכא תנא בת"כ שבפנים מתו וכו' כנ"ל והיינו סברת ר"ע בת"כ פ' שמיני דקא' ר"ע אומר לא מתו אלא בפנים שנאמר וימותו לפני ה' וכו' ע"כ ומשמע דמפרשים בפנים בהיכל כנראה מהמשך דבריהם ועוד דאי מפרשי בפנים בבית קה"ק מה מוכיח דהוראת שעה היתה וממה שסיימו ומיהו לא ודאי הוראת שעה וכו' משמע דמשמע שהקטירו במחתה דוקא זה מבריתא גומר שהיה הוראת שעה לא מקום הקטורה שהיה היתה בהיכל כדרכה ומה שתמלא להתוס' בעירובין שם שסיימו מיהו בת"כ משמע של בית קה"ק נכנסו להקטיר ושם נשרפו עכ"ד לא מר"ע דייקי הכי אלא ממאי דאיתא התם ותלא אש מלפני ה' מלמד שילא אש מבית קה"ק ושרף נשמתם וכו' ע"כ ומשמע לכו מזה דמסתמא במקום השרפה שם היתה ההקטרה הגם שאין זה מוכרח דלעולם שהיו מקטירים במזבח הזהב ויצאה אש מבית קה"ק ופגעה בהם בהיכל ושרפם וכמו שפי' רשב"ם בפי' לחומש שם יע"ש ועיין בספר עבודת ישראל קס"ד א' וכו' וק"ל:

דף נ"ד ע"א **ד"ה** מתעסק ושוחק וכו' עיין מה שכתבתי בפי' רש"י ז"ל:

ד"ה דוחקין ובולטין בפרוכת וכו' ופרוכת דבבי וכו' כנ"ל וכן פרש"י בפי' שתי הלחם נ"ח א' וסיים שם וכי תימא לוקמה במקדש שני לא היה ארון ובדים דיאשיהו גנזו במס' יומא ועוד דקרא במקדש ראשון כתיב ע"כ:

ד"ה ומראין להם וכו' בפ"ק בהדי נסי בראי כיון וכו' דלמאי דס"ל וכו' כמו הני דגורתא דלקמן לרב אחא וכו' כנ"ל וכוונת קושייתם דבשלמא לרב אחא דקאמר כרובים דגורתא נ"ל דמראין להו דוקא שהרי א"א לראותם אבל למאי דס"ל לתלמודא דהוו כרובים דשלמה הרי הם נראים כמו שנראה להם גם לחם הפנים שהיו מגביהין דמה"ט חשיב ליה התם דהוי נסי בראי וא"כ ליחשוב נמי הא ותי' די"ל שאותם שהיו מעורין זב"ז אין זה נס וכו' ולפ"ז הא דקאמר ראו חבתכם וכו' כלומר שזיה לעשות כן כדי להראות לכם שחבתו עמכם כחבת זכר ונקבה ומ"מ מסוגיא דבבא בתרא קנ"ט א' משמע דדרך גם היו מעורין יע"ש וכמ"ש הריטב"א כאן ובעיקר קושיתם עיין בס' משנה למלך פי"א מהל' מטמאי מש"מ ובמ"ש בחידושי לחגיגה כ"ו ב' בתוס' ד"ה שלא תגעו וכו' וק"ל:

באי"ד ומקום ארון שלא היה מן המדה וכו' אסוגיא דספ"ק ל"ק להו ול"מ דהא קאמר התם דנסי גואי לא קחשיב אבל כונתם דלמה לא היו מראים להם גם זה שמקום ארון לא היה מן המדה ותי' דזה בלתי אפשר שהרי היה לריך להגביה הארון מאד עד קרוב לשפה עליון של פתח קה"ק כדי שיראו ישראל העומדים למטה בעזרה והלואי שבזה יוכלו לראות ולהכיר ולומר שהיו מוליאין הארון לחוץ כדי שיראו ארכו ורחבו ויכירו מזה שמקום ארון אינו מן המדה גם זה אין דרך להוליאו לחוץ וזהו שכתבו וגם לא היו מורידין כך נראה לפרש דבריהם גם כי סתומים הם ומ"מ מה שנראה מדבריהם שהיו יכולים להראות גם זה וענין הכרובים לכל ישראל לא זכיתי להבין היאך אפשר להיות זה וכבר כתבתי בסוגיא מה שיראה לע"ד יע"ש וק"ל:

ע"ב ד"ה ולא היה מתכוין וכו' לעיל בפ"ק [(ע"ו א')] פי' במשנה דכל ימים זורק וכו' והס"ד והשאר נמחק כנ"ל:

דף נ"ה ע"א **ד"ה** לימד על הזאה וכו' שם מנין הס"ד ואחר כך מ"ה שלא יטעה בהזאות אומר ריב"א וכו' כנ"ל וז"ל ת"כ פרשת אחרי מות לפני הכפורת יזה ז"פ לא ז' עיפין ז"פ שיהא מונה ז"פ הרי אחת ושבע ע"כ וקרוב לדרשא זו תמלא בפרשת ויקרא גבי פר כהן משיח הא קמן דלא מלי למכתב ז' עיפין דאכן שיעור הזאה בכל אחד ואחד בעינן ודרשא דאחת ושבע נפקא להו מדלא כתב ז"פ יזה אלא כתב יזה ברישא וכמ"ש בספר קרבן אהרן יע"ש ומה שנלע"ד ליישב דבריהם דהם מפרשים לשון ת"כ דמתחלה דריש מייתורא דיזה ללמדנו שלריך שיעור הזאה בכל אחת משבע הזאות ולא תאמר דדוקא הזאה דלמעלה לריכה שיעור אבל כאן אפילו ז' עיפין בשיעור הזאה אחת שלוקח סגי והדר דריש מדלא כתיב יזה ז' עיפין דהשתא ודאי אין לטעות דמדכתיב יזה משמע שלריך שיעור הזאה לכל עיפה דאל"כ יזה למה לי אלא מדכתיב פעמים דלשון מנין הוא דריש דיש הזאה שלריך למנותה ז"פ והיינו הזאה דלמעלה שהיא העקרית והשתא הגם דלתלמודא דידן משמע דדריש ליה כא מייתורא דיזה מ"מ מייתו ראיה מת"כ לענין שלריכה מנין לכל אחד וא' דהא נפקא לן מדכתיב פעמים ואם היינו גורסים בדבריהם בת"כ מפרש מדכתב וכו' הוה ניחא טפי דהשתא כונתם לומר דת"כ פליג אגמ' דילן דלא יליף לה מיתורא דזה אלא מדכתיב פעמים לשון מנין דבר אחד ז"פ אבל האמת בזה נראה דוחק לומר דפליג גמרא דידן את"כ ומה גם דבירושלמי נמי דריש הכי מיתורא דיזה ועוד דבפר כהן משיח אדרבא דריש שם בת"כ מדכתיב ז"פ שיהא מונה ז"פ לא אחת ושבע כיוה"כ וא"כ ע"כ לומר דהכא מיתורא דיזה הוא דילפי' שימנה הראשונה עם כל אחד מהשבעה יע"ש ובספר ק"א שם וע"כ הנלע"ד יותר לפרש דודאי לת"כ נמי נפקא ליה מנין ראשונה עם כל אחד ואחד מיתורא דיזה ואי נמי דהא נ"ל מסברא כר"א ובהא לא איירי התם והא דדריש לא ז'

טיפין בלאו יתורא דיזה נמי ילפי' לה מדכתב ברישא דעניינא בהזאה דלמעלה והזה באצבעו על פני הכפורת דאכולי עניינא דשבע דלמטה נמי קאי אלא דסמיך לה ליזה ז"פ והא דקתני ז"פ שיהא מונה ז"פ ככונה דמדלא כתיב ז' טיפין או שבע הזאות אלא נקט פעמים לשון מנין להודיעך שצריך למנות שבע הזאות אלו בפיו ומאי דסיים וקאמר הרי אחת ושבע לאו למימרא דמשבע פעמים יליף שצריך למנות אחת עם כולם אלא הכונה כאילו אמר הרי מכאן למדנו מה ששנו חכמים שצריך למנות ההזאות עד שיסיים ויאמר אחד ושבע ולפ"ז ניחא לשונם ז"ל דלכוונת שהם ז"ל הרגישו במאי דקאמר תלמודא לימד על הזאה ראשונה שצריכה מנין דמהיכא יליף דקרא איירי במנין שהוא מונה הרי בסדר עשיית ההזאות איירי ולהכי כתבו דבת"כ מפרש דקרא במניין איירי מדכתיב פעמים לשון מנין דהשתא דרשי' מיתורא דיזה שפיר שצריך למנות ראשונה עם כל אחד ואי' דמלשון פסיקתא זוטרתי שם דמשמע מינה דת"כ יליף משבעה פעמים שצריך למנות אחד עם כולם לא תיקשי שכן דרך הפסיקתא להוסיף דברים אחרים על דברי ת"כ כנודע בכמה מקומות והשתא ניחא דלא מתי תלמודא לסיועיה לר"י דנ"ל הא מקרא מברייתא דת"כ דסבר תלמודא כמ"ש דלא איירי ת"כ בהא ואין מכאן סייעתא כלל וניחא נמי דגבי פר כהן משיח דאין כאן יתורי דיזה דריש בת"כ שם ז"פ שצריך למנות הזאות אלו וזה מדכתי' פעמים אבל לא אחת ושבע דמהיכא תיתי ולאו למימרא דשבעה פעמים איצטריך למעט כאן שלא ימנה ראשונה עם כל אחד מכאי' אלא דת"כ מסיים בה הכי לומר שאינם שוים לאותם של יוה"ך ולעולם דעיקר קרא בא ללמדנו שצריך למנות' בפיו דבהא מיהא שוה ליוה"ך דאלת"ה תיסיועיה מכאן לר"י דמדאיצטריך קרא כאן למעט שלא ימנה ראשונה עם השאר ביוה"ך ש"מ דביוה"ך מקרא ילפי' לה ולאו טעמא כדי שלא יטעה כדס"ל לר"א ועיין בפסיקתא זוטרתי דלא מסיים בה לא א' ושבע וע"ע מ"ש לקמן נ"ז א' בסוגייא [(ועיין בס' ק"א שם פ' ויקרא מה שהקשה מזה לפי' הרב דלפי האמור אין כאן קושיא כ"ב)] כנלענ"ד ודוק:

והנה למאי דמשמע מת"כ דבפר כהן משיח לריך שימנה ז"פ בפיו ל"ע למה לא ביאר הר"ם ז"ל כן בפי"ה מה' מעשה"ק וזה דוחק לומר דסמך אהזאות דיום הכפורים כיון שאין דרך מנייגם שוי' וק"ל:

ד"ה שלא יטעה וכו' הזאה ראשונה של מעלה וכו' הזאה ראשונה בכלל אלו וכו' כצ"ל ומה שסיימו והכי נמי משמע בירו' וכו' משמע שר"ל וכו' דודאי ר"י לאו טעמא באנפי נפש קאמר דאלת"ה אכתי תיקשי לדידיה שימנה ראשונה לעצמה ויתחיל למנות שלמטה ויסיים בשבע אלא ודאי לפרושי טעמא דר"י קאי דמשום דתיקשי לר"י שיתחיל למנות מהא' עד ח' ואין כאן טעות להכי קאמר ר"ז דהא לא אפשר שצריך לסיים מתוך שבע ולכך יש לו למנות ראשונה עם כולם וכו' והנה דבירו' שם פריך עלה מברייתא דקאמר ר"י שבע ואחת והא קמן דאינו מסיים בז' ולא תריץ מידי מ"מ נקוט מיהא מדברי הירושלמי דמלתיה דר"י הכי מתפרשא ומה גם דהכא דר' יהודה יש לדחות דמסיים מתוך שבעה בפרט המנין מקרי דא' הוא מנין הכולל ומשום דכך מנין דרך מקומו הקדי' הפרט לכלל ולאו משום דס"ל לר' יהודה דא"ל לסיים מתוך שבע דאלת"ה ליתא תלמודא דידן דבהא פליגי דר"מ סבר דצריך לסיים מתוך שבע ור"י סבר דא"ל אלא ודאי דגם לר"י מסיים מתוך שבע מקרי וכמ"ש וטעמא דצריך לסיים מתוך שבע אם מצד סגולתו ויום השבת יוכיח ואם אל סודו תדרך הרי שלך לפניך בסוד כפורים תרי משמע ליחד האחד היא האם העליונה עם בה' היא המלכות כמבואר בזוהר פ' אמור יעי"ש וק"ל:

ד"ה לא היו וכו' בשאר קרבנו' חובות וכו' שלא היו שופרו' שהרי וכו' כצ"ל ועיין בהריטב"א סד"ה לא היו וכו':

ד"ה מפני תערובו' וכו' אותו הקן בעבורו על אילו וכו' שכן חולין למוכר וכו' כצ"ל ועי"ע בדבריהם לקמן סד"ה ודאי ונסקול ונשרי וכו' כי הדבר מבואר:

ע"ב ד"ה קינין כן חורין שהמנדב בני יונה וכו' דאע"ג דקולין קטן והביא גדול יצא כדתנן בסוף מנחות ק"ז ב' הכא שאני דמעטיה קרא כדאיתא בפ' קמא דחולין כ"ב ב' וכמ"ש לקמן בדיבור הסמוך וק"ל:

ד"ה וגוזלי עולה וכו' וגם ל"ע למה וכו' כלומר דהגם דלרבנן ניחא למה כתוב באי קינין מ"מ ל"ע לדידהו למה לא היה שם שופר לתורי נדבה דגוזלי עולה בני יונה קטנים דוקא משמע כמ"ש הריטב"א מקרא דעל גחליו ירחף וכ"כ בערכים וכבר אפשר ליישב דגוזלי עולה דקאמר דבן ליתא דר"י נקטו ולעולם לדידהו תורים ובני יונה דנדב' היו בשופ' א' כמו אותם של חובה ואה"נ דהיה כתוב עליה תורי וגוזלי עולה וכן משמע מדברי הרמב"ם בפי' המשנה דשקלים שם ובחי' בה' שקלים יעי"ש וק"ל:

ד"ה וזהב לכפורת וכו' וריב"א פירש לכפורת היינו וכו' כנלענ"ד של"ל וכן מוכיח מתוך דברי הריטב"א דאין כאן חילוק בגר' אלא בפירושים ומה שסיימו והכי משמע בהדיא בירושלמי וכו' וכ"כ הריטב"א אלא דבגירסא שלפנינו לא מצאתי שם גילוי לזה אבל בתר דפ"ב דשקלים איתא בהדיא זהב האומר הרי עלי זהב מבי' דמי דינר זהב ונותן לשופר מקלחין אותן כהנים ולוקחין בהן זהב ועושין אותו ריקועי זהב לבית קה"ק ומה שכבואו מההיא דר"פ התרומה כותם דלא אשכחן שהיו עושין למנין זה וכן יהיה כאן וק"ל:

ד"ה ונברור וכו' שישליכם ליס המלח קדושים בעבורו ושלו יהיו קדושים לצורך האי ולדעת כן יתנו דבן לר"י על כן נמצא וכו' כצ"ל וכלומר שיתנו תנאי מפורש בשעת נתינת המעות לשופר של קינין שאם ימות א' מהם אותם המעות שנתן יהיו קדושים לצרכו ובעבורו דוקא לצורך האי בלבד להשליכו ליס לא לקניית ולהקרבת קרבנו. עוד כתבו וא"ת כיון שיש תנאי אפי' וכו' ואפ"ה לריך ברירה דהכי איתיה שמתני' מתחלי' וכו' [(כצ"ל)] וכונת המשך דבריהם דמעיקרא ס"ד לפרש בשהתנו דפ' בכל מערבין ל"ז א' כפרש"י שם שהתנו הנשים ביניהם שכל מי שיקריב הכהן לשמה יהא שלה ומכח זה ק"ל דאי הכא מיירי בהתנו הרי א"ל עוד ברירה כי הת' והכא ודאי אכתי לריך ברירה כדמוכח סוגיין דבהכי איתיה ואיירי במתנה מתחלה כי ההיא דאם בא חכם וכו' דלריך ברירה אפי' עם התנאי אלא ודאי לריך לחלק בין תנאי דהכא לדהתם ועוד תיקשי דאי התם בתנאי דמתחלה איירי וכפרש"י א"כ ל"ל דמעיקרא ס"ד דאיירי בלא התנה כלל ואם כן איך יכול הכהן נעשות עולה וכו' אלא ודאי ע"כ לפרש דמעיקרא ס"ד התם דאיירי במין תנאי דמתחלה כדהכא עד דאסיק רבה ומפרש לה כשהתנו כלומר דבשעת לקיחה התנו וברורו זה הקן יהא קנוי ללאה וכו' דבכגון זה ודאי א"ל עוד ברירה אלא דוקא בתנאי דהכא דמתחלה הוא דאכתי לריך ברירה והיינו שסיימו ומפרש ר' התם כשהתנו וכו' וק"ל:

בא"ד ומפרש ר' וכו' דמי קינין קדם בשותפו' ובשעת לקיחתן וכו' כמו שהיה עד עכשיו במעות וכו' דהדדי דלא גזרי' אטו וכו' למה הזכיר ביחוד חטאת וכו' כצ"ל והדברים מבוארים יותר בתר' דפ' בכל מערבין שם יעי"ש ומה שסיימו וא"ת ומה שייך להזכיר לענין התי' וכו' כלומר דלפרש"י וגרסתו הך דר"ח היינו עיקר התי' יעי"ש אבל לפי זה שייך ג"כ אף קודם התי' דעיד הכהן לברר איזה חטאת ואיזה עולה וק"ל:

בא"ד וכדפרשי' דבתנאי מיירי לריך לפר' דבלא תנאי מאי פריך וכו' לא מהני מידי כיון שהיו וכו' כצ"ל ומ"ש כגון תרומה וכו' היינו דבאין בהם שיעור ביטול אין יכול לומר וכו'. וכ"כ הריטב"א יעי"ש ומ"ש ועוד בהיה ריב"א וכו' ואילו לשני ומתערבו אין לו וכו' כן נראה של"ל וכן הגי' בתר' שלפנינו שם וכן בהיאה בתר' דסוטה ח"י א' משם ריב"א ומה שסיים אבל לא היה יכול ליתן כל המעות וכו' כלומר שלא היה יכול ליקח שליש המעות ויאמר זאת בבהמה תהיה וכו' וכן תמצא שכתבו התוספות שם ומ"ש ועוד פירש ריב"א וכו' ואומרים אם נשארו מעות של מתים בשופר מוטב ואם הלכו הם בידינו וכו' הקינין הללו של השופר וכו' ישליכו ליס המלח דאין חילול מועיל וכו' [(כצ"ל)] והוא סיום ההכרח דאין לפרש כן משום דאין חילול מועיל בהם וא"כ אם אותם של מתים מעורבים באותם שבידינו איום יכולים להתחלל על המעות דהכיתו בשופר כנגד של מתים וישליך אותם ליס המלח ועיין לקמן בדיבור הסמוך לזה וק"ל:

ד"ה ולשקול ונשדי וכו' ויפלו לנדבה ולזה י"ל דהך תקנתא יכולה וכו' שכן עתידין לחיות וכו' כנלענ"ד של"ל וכוונת קושיתם השניה פשוטה דאפי' לר"י לית ליה ברירה מ"מ אכתי יעשו שופרות

דאי משום תששה הכא דמה ודאי יכולים לתקן שיקחו כל מעות וכו' והוי שפיר דאכתי לאותם שקמו קודם שמת אין כאן תקנה לר"י דלית ליה ברירה ומשום הא לא מצו למעבד שופרות ובתר הכי כתבו וי"ל שלעולם מפורשין וכו' לתרץ קושיתם הא' ועיין בל' הריטב"א ומה שסיימו כדא' בנזיר דהכא שמעתתא אמר רב אשי וכו' כנ"ל ועיין בתוספות שם כי הדברים מבוארים וסיים הריטב"א ולכשתמצא לומר שאמר אלו לנדבה שהיה קן סתום אה"נ שיפלו לנדבה אבל לא רצו לתקן שהנותן בשופר יתנם שם סתומי' שמא יתנם שם מפורשים עכ"ד וק"ל. ומ"ש ועוד דבלאו הכי נמי כמפורשין הם וכו' מעות כולם בשופר וכו' מעות הראשון על קן וכו' ואם לאו יתחללו אותם שבשופר על מעות וכו' שחללתי כבר על וכו' כנ"ל ועיין לעיל סד"ה מפני תערובו' וכו' וק"ל:

ד"ה ונשקול וכו' פי' ר"ש וכו' לא זכיתי להבין דבריהם אם מלד דסלע לורי דדינרים הם ועוד שהרי רש"י ז"ל פירש דהוי חלי דינר לורי לא חלי סלע וכזה תמלא בהתוס' דמנחות ק"ז ב' יע"ש ומ"ש למהוי חד משית עשר בעשירות וכו' והא פרישית הכא דרובע וכו' הו"ל למימר רביע וכו' הוי רובע וכו' וי"ל דודאי יש בי נסכיא בסלע מיהו אם מלא וכו' כנ"ל ועיין בכל זה במ"ש בחו' במנחות ק"ז ב' ובפרק איזהו מקומן מ"א א' ובפ' גט פשוט קס"ו ב':

ד"ה ונשקול וכו' ויש ספרים דגרסינן נגהרא וכו' וכן הגי' דירושלמי פ' ו' דשקלים ומ"ש דפסחים פ' כל שעה בין גרבא וכו' ואמרינן נמי במגילה ובנזיר גבי וכו' כנ"ל והדברים מבוארים יפה בתו' דפסחים שם כ"ח א' ד"ה וכו' יע"ש:

ד"ה דתניא וכו' דמשנה לא מסיים וכו' כנ"ל אלא קתני התם פ"ט מלתיה דר"מ בסתמא:

ד"ה מנין הכותים וכו' דגרי אריות הן במנחות וכו' אי נמי אף על פי שגזרו על יינם דעכו"ם דכותים לא גזרו לפי שלא נהוטין וכו' כנ"ל ומה שהביאו מהכי דבנו' כותים היינו כדקתני התם נדות מעריסתן וכו' אבל בנות עכו"ם לימא התם אלא בפ"ק דשבת למ"ד בע"ז דבנותיהן משום ד"א היינו שיהיו נדות מעריסתן משמע דג' גזירות הוו וע"כ טעמא דמתיקרא גזרו על נכרים משום דהיו אדוקים בע"ז טפי עיין בדברי התו' דפ"ק דשבת י"ז ב' סד"ה אף בנו' וכו' ובמנחו' ס"ו ב' וק"ל:

ד"ה מנין הכותים וכו' ולא אמרינן נמי בעם הארץ וכו' יכול להפריש למחר וכו' מ"ל ומה שנחשדו וכו' הד"א והר"י אליהו פירש וכו' כנ"ל ומ"ש אינו רשאי וכו' כלומר אינו חייב דמלד שאינו חייב עדיין ליתנם לא מחזי להו גזל וכמ"ש התו' דפרק בכל מערבין יע"ש וק"ל:

ד"ה עשרה מעשר וכו' דנכרי ליתא בתרומה וכו' והא דנקט כותים דלפי זה דליתיה וכו' אבל קושיא זו אחרונה אין נ"ל דכותי שאני ממאי דתנן וכו' תרומת נכרי מדומעת ורבי שמעון פוטר וכו' כנ"ל אלא דמ"מ ותנן בדוכתא אחריתי וכו' בגירסת משנה שבידינו בספ"ג דתרומות סיפא דמתני' דהנכרי והכותי תרומתן תרומה וכו' היא ומעתה יאמר הר"א דה"ה דבכותי נמי פליג ר"ש וחדא מנייהו נקט ועוד דכלפי ס' ת"ק נקט נכרי לרבותא דהיא נמי מדומעת ול"ע:

דף נ"ו ע"א **ד"ה** ומיחל וכו' ואפי' לר"מ נמי כגון דקרא שם וכו' כלומר דבאומרו בתוכו הו"ל כאילו אמר באמלעיתו והו"ל לדידיה מקום מסויים וכמו שפירש הר"ש שם וע"ש מה שהביא מסוגייה דירו' והיא התו' שהוזכרו בסמוך דלפי סוגיית תלמודא דידן נ"ל לר"ש כמ"ש הר"ש שם דמ"ש מהני בי אמר וחפץ זה אי נמי דלעולם דבהא נמי איירי דאמר בתוכו וכמ"ש התו' דסוגיין יע"ש ומ"ש אמרו לו נראה היאך וכו' [(כנ"ל)] ומה שסיימו אך יש לדחות זו משום דהאיסור אינו מבורר וכו' ודחוי בעלמא קאמרי דודאי רישא דהיא דקתני האומר מ"ש שבחפץ זה מחולל על איסר זה ולא קבע לו מקום וכו' ודאי אקביעות מקום קאי דאיס קבוע ועומד הוא ועוד דבירו' פ"ג דתרומות הביאו הר"ש שם מייתי הך ברייתא אפלוגתי' דר"ש ורבנן דלעיל להוכיח דהיינו בי היינו בתוכו וכיון שכן מעשר זה דאייתי עליה בהא ודאי איירי ומה שכת' כדתנן במשנה עד שיחולו וכו' בספ"ק דשביעית עד אימתי נקראו נטיעות ראב"ע אומר עד שיחולו וכו' ומ"ש וכי תימא משום דידע שיעורא דמנין ע' לוגין הוי כמו שקבע וכו' המניינה משנה לעיל גבי טבל וכו' כנ"ל וכלומר דלצפונו ודרומו דקתני בסיפא גבי דמאי פשטא דמתניתין שם משמע דקאי נמי אטבל דרישא ואם כן הא קמן דגבי טבל הגם שהזכיר מנין לא חשיב קביעות מקום אלא לריך שיאמר ללפונו וכו'. ומ"ש וע"ק דקתני בתו' בתר דקתני ב' לוגין שאני עתיד להפריש וכו' עשרה הבאין אחריהן מעשר ראשון תשעה הבאין אחריהן מ"ש משמע בהדיא דהשאני עתיד להפריש קאי נמי אמעשר ואין כאן בירור וכו' ואין לפי דה"ק ע' הבאין וכו' היינו שיפרים אחריהן למולאי וכו' [(כנ"ל)] ועיין בתו' דסוגין כי שם מבואר יותר:

בא"ד ע"כ נראה וכו' מיחל לשון מתחיל וכו' כנ"ל ומ"ש מיהו אי שבת קובעת מן התורה וכו' דאע"ג דלכ"ע בדבר שנגמרה מלאכתו שבת קובעת כדאיתא במסכת בילה ל"ב מ"מ אפילו דמדרבנן הוא משא"כ מזיגה דקובע מן התורה אבל אי אמרת דשבת קובעת מן התו' דדרשא דוקראת לשבת עונג דאיתא התם דרשא גמורה היא אם כן אין כאן חידוש במזיגה דבלא"ה הא קבעה מכח שבת ומה גם דאפי' תימא דמדרבנן אכתי לריך לאוקמה דמזג היין במים חמין דבהכי קבעה משום דאינו יכול להחזיר את המותר לגת כדאיתא בפ"ד דמעשרות ופ"ק דשבת י"א ב' וזה נראה קלא דוחק אלא נ"ל דאורחא דמלתא קאמר שימזוג וישתה מיד. ומ"ש תרו' מעשר שבו דתרומה גדולה כבר הפריש ע"ה ולהכי קתני וכו' ולמה מקשים לו נרבי מאיר טעם וכו' בפ' התערובו' גבי איברי וכו' להאריך בזה וכו' כנ"ל וק"ל:

ע"ב **ד"ה** ר' יוסי וכו' דלרבי יהודה דהוי כאשה איש וכו' לתולי בדעת עלמו והאי שינויא דעומד להתברר דפי' היה מלי למימר התם אבל נר"ש וכו' כנ"ל וכותס בזה מבוארת דהוה מלי למימר רבא התם דלעולם למאן דלית ליה ברירה ל"ש תולה בדעת עלמו או בדעת אחרים ורבי יהודה דוקא גבי הלוקח יין דאינו עומד להתברר לית ליה ברירה אבל בעומד להתברר כי הכיא דלכי מיית אית ליה אלא משום דלר"ש התם דאית ליה ברירה גבי הריני בועלי' על מנת שירלה אבא והגם דאינו עומד להתברר דשמא ימות האב ולא נדע כונתו לא מלי לשנויי בחילוק זה להכי תריך רבא התם דמאן דאית ליה בכל גוונא אית ליה והכיא דהלוקח יין טעמא משום שמא יבקע הנוד יע"ש וק"ל:

בא"ד ואילו בשלהי בילה [(ל"ז ע"ב)] וכו' דשאני בההיא דבילה וכו' שיהא עומד להתברר שזה היה חלק פלוני לזה וכו' אבל גבי אחין אין מתברר לעולם חלק וכו' אלא שרולה להעמיד המשנה [(דקאמר כל הנלקט עי' בתו' דסוגיין)] בתי' אחר וכו' יכול לסבור די"ש ברירה כשהתנה וכו' והריני בועליך דפרק כל הגט וה"ז גיטיך מהיום וכו' [(כנ"ל)]. ומ"ש דבתי' הר"א מהרלא קושיא דר"י אדר"י לא זכיתי להבין דהא התם תרוייהו בשהתנה איירי ובזה אין נתרץ אלא בתי' ר' דשאני ההיא דלכי מיית שעומד להתבר' וכן בתו' דסוגיין ודשאר דוכתי וע"כ הנראה להגיה בדבריהם קושיא דר"מ אדר"מ וכו' דבההיא דהאחין לית ליה ברירה משום שלא התנו וכן תי' בתו' דסוגיין יע"ש. ומ"ש ולפי' ר' דמפרש וכו' דר' יוחנן אין לו ברירה כל כך וכו' שסובר בתלמוד דרבי יוחנן סבר וכו' [(כנ"ל)] ופי' זה של ר' תמלאהו בדברי התו' מפ' כל הגט כ"ה ב' ד"ה ר' יהודה וכו' יע"ש ומשם תבין דכונת התוספות דהכא לתרץ מתוך זה קושי' הר"א דבסמוך דה"ע דלא מתרץ דגבי מתלקט איכא תנאי משום דסבר תלמודא דכיון דלר"י אלימא ליה כ"כ סברא דאין ברירה דס"ל מכח זה דאין מחזירין דאפילו אותם תנאים דסוברין דאין ברירה מ"מ לענין החזרת יובל סברי דהוי כיורשין ומחזירים וילפי מחלוקת הארץ בזמן יהושע דהתם ודאי לא החזירו ביובל וכמו שכתבו התוספות דבכורות נ"ו ב' יע"ש א"כ ס"ל לתלמודא שם בב"ק דר"י אפי' במקום תנאי ס"ל דאין ברירה ומש"ה לא מתרץ דגבי מתלקט איכא תנאי כקושית הר"א וק"ל:

ד"ה מ"ש לכאן ולכאן וכו' דיש ברירה מקמי דאיו דאין ברירה ופריך אדרבא וכו' הא שמעי' לר"י וכו' וקש' לר' אדרבא ליתא לדאיו וכו' מה היא באותן הימים וכו' ולהכי קאמר ליתא מתני' מקמי דאיו וכו' ר"י אמר יש ברירה ור' הושעיא אמר וכו' אלא שמתרץ יותר בטוב וכו' לריך אתה לומר כן וכו' ואילו בשלהי בילה וכו' אבל ק' לר' משמעתין דהיכי מדמי וכו' והאי נמי קשה למאן וכו' דההיא דשקלים תולה בדעת וכו' והא דמייתי בשמעתין דלית ליה וכו' מסייעא לדאיו מ"מ יאמר דליתא להך משנה וברייתא

דהלוקח יין מקמי ב' סתמי וכו' כנ"ל. ומ"ש וי"ל דכולה ר"י וכו' כדמוכח במרובה וכו' היינו מדלא משני תלמודא התם ס"ע אמאי דפריך דר"י אדר"י דשאני ההיא דכל הנלקט דתולה בדעת אחרים ומש"ה איתא ליה לר"י בה דיש ברירה יע"ש. ומ"ש וא"ת הא בשלהי ביצה וכו' המשך דבריהם דלמאי דאמרן דר"י אינו מחלק בין דעת עצמו לדאחרים ע"כ לומר לדידיה דליתא לדאיו מקמי מתני' דעירובין ומתניתי' דמה היא באותן המים וכו' ומההיא דשלהי ביצה משמע דאית לה לר"י ההיא דאיו מדמתרץ לה איהו גופיה ועיין בתו' דסוגיין כי שם מבואר יותר. ומ"ש וי"ל דע"כ צריך אתה לומר וכו' כונתם דצריך אתה לומר כמ"ש דאע"ג דר"י מתרץ לדאיו אין זה מכריחנו לומר דסבר כותי' דאלת"ה תקי נמי דרב אדרב דמדמתרץ לדאיו דקאמר ליתא למתניתין מקמי דאיו א"כ ס"ל דאין ברירה ואלו בשלהי ביצה סבר דיש ברירה אלא ע"כ דאליבא דר"י הוא דקאמר רב דליתא למתני' מקמי דאיו דיש לך לומר דר' יהודה סבר דאין ברירה אבל לאו למימרא דסבר רב כותי' אלא ס"ל כרבנן דר"י דסברי דיש ברירה וכיון שכך כך נאמר לרבי יוחנן והתם נמי הו"מ לתרוצי אלא דמתרץ יותר בטוב דלעולם לא תיפוך וכו'. ומ"ש אבל קשה גר' וכו' כונתם דל"מ דשמעתין לא אתיא כר' יוחנן דהא ע"כ לדידיה ליתא לדאיו אלא קים לן דרבי יהודה אית ליה ברירה כמתני' דעירובין וא"כ אי סוגין כותיה אזלא לא הוה פריך מדאיו אלא אפי' לרב דאית ליה בסברת ר' יהודה כדאיו דאין ברירה מ"מ תיקשי דהיכי מוכח מינה דאימא דכיון דתולה בדעת עצמו היא בהא ודכותה כההיא דהלוקח לית ליה לר"י ברירה משא"כ ההיא דשופרות ועיין בתוספ' דסוגיין כי שם מבואר קושיא זו היטב וסיימו והאי נמי קשה למאן דמפליג וכו' כלומר דלמ"ד התם דתולה בדעת אחרים אית ליה לר"י ברירה תקשי מהך דקאמר ר"י בשופרות דהגם דתולה בדעת אחרים ע"כ סבר ר"י דאין בריר' ועל קושיא זו האחרונה בא הגליון לתרץ דמעמיד ומפרש מאן דמפליג בין תולה בדעת אחרים לדעת עצמו דההיא דשקלים דשופרות דמשמע מינה דסבר ר"י דאין בריר' דליתא מקמי ההיא דגיטין וההיא דכל שילקטו דמוכח מינייהו דסבר ר"י דבתולה בד"א יש בריר' וסוגין דהכא דאית לן לר"י דאף בדעת אחרים אין ברירה היינו כמאן דלא מפליג ואתה טעם אחר יש לחלק בין כך דהכא לההיא דגיטין ודמרובה ולבסוף תירץ הר"א ב' הקושיות כדמסיק וזה מבואר. אלא שלא זכיתי להבין מה שסיים וז"ל אומר לי כי אין לשבשה וכו' כי אינו כ"כ טעות אם לא נגרוס לכאן ולכאן וכו' חדא כי זה מלשון ת"ק דר"י הוא ואינהו מלו סברי שפיר דיש ברירה דאנן בהיפוך סברות דר"י איירינן ועוד דע"כ לדאיו ליתא למלתיה דר"י דמתני' כלל דאפילו אם לא נגרוס במילתיה ואם היו שניהם רבותיו למקום שירצה ילך מ"מ מדקאמר ר"י אם היה אחד מהם רבו הולך אצל רבו משמע דס"ל דיכול להתנות על ב' דברים כא' דודאי דייקינן מהך דאם היו שניהם רבותיו למקום שירצה ילך ואם נאמר דאה"נ לדאיו לתיה לס' ר"י דמתני' כלל א"כ ה"ז דומה ממש למה שרצה להעמיד הגליון דליתיה להיא דשקלים מקמי ההיא דגיטין ומה חילוק נתן ר' בין הך לההיא דעירובין ושמא אפשר ליישב בדוחק דגם כונת ר' לומר דלא נגרוס במלתי' דר"י ואם היו שניהם רבותיו וכו' ומ"ש אם לא נגרוס לכאן וכו' לאו בדוקא נקט ליה וס"ל לר' דלדאיו נקיים ונפר' סברת ר"י דה"ק דהגם דלדידי' ודאי אינו יכול להתנו' כמו שאתם סוברים אם בא לכאן ולכאן למקו' שארצה אלך מ"מ אם התנה כך ונמצא שהיה אחד מהם רבו הולך אצל רבו כיון דאמרינן דעתיה דניחא ליה טפי לילך אצל רבו מעתה גם בשעת קניית העירוב קנה לצד זה דוקא ואין כאן ברירה אלא אמרינן דלמחר כשנודע שהיה רבו שם למפרע קנה לו ודאי עירוב זה דאינו אלא גילוי מלתא בעלמא וע"ד מה שאמר אין לר"י בשכבר בא חכם ומשמתא כיון דבהך יש מקום לקיים ס' ר"י המוחברת במשנה שפיר קאמר ר"י דאין לומר כן בההיא דשקלים דהתם צריך למחוק מלתיה דר"י לגמרי בין מברייתי' דקאי לא היה שופר לקיני חובי מפני התערובות ובין ממתני' דקתני ר"י דכולן עולות ולא היה שם לקיני חובה וכל כי האי אין לנו לשבש מתני' כ"כ כנעל"ד ודו"ק:

דף מ"ז ע"א ד"ה הניחא וכו' אלא שהמנין לא כתב שם וכו' כתב ביה בפירוש וכו' מתרצא שפיר הס"ד והא"ך מ"כ חוץ מפנים בחד זמנא גמר פי' ר"ש וכו' כנ"ל ומ"ש והא

קאמר לעיל לא יאמר מעלה בפר וכו' חדא מינייהו נקטו ולא דייקי בהאי דהך לא קאי לעיל נ"ב א' אלא עיקר קושיא מהא דקאמר קודם זה לא יאמר למטה בשעיר וכו' וכמ"ש התו' דסוגיין א"נ אפי' שבדקדוק כתבו כן דל"מ דתקשי מההיא דלא יאמר למטה בשעיר וכו' אלא גם מזו תיקשי דהא משמע התם דגם לפי האמת למעלה בפר לא הוה איצטריך למכתביה אי לא משום דראב"י שם כל מקום שנאמר פני וכו' וכן תמצא להריטב"א שהקשה מזה כלשונם ז"ל ועיין מ"ש בזה בתוספות דסוגיין ופשוט דמ"ש והיכי הוה גמיר וכו' דהיינו היכי הוה גמיר חוץ מפנים כיון דפנים גופיה יליף מהיקשא וכמו שכתב הריטב"א וק"ל:

ד"ה חוץ מפנים וכו' פירש ר"ש וכו' בנה אחת מה שכתוב וכו' שמזכי' למד מן הלמד שלא יביאנו הלמד על דרך זה וכעין פירוש זה פירש ר"ח וכו' ויש ספרי' דגרסי חוץ ופנים בחד זמנא וכו' כן נראה שצ"ל וכונתם מבוארת דל"ע היטב לראות בכל דוכתא דקאמר תלמודא אין למדין למד מן הלמד בקדשים דאמאי לא יביאנו הלמד בלמד בהג"ב דלמד ממנו מאי דכתיב בגופיה למד ממנו אף מה שלמד בהקישא וכאן קיצרו ובדבריהם דס"פ איזהו מקומן שם תמצא המקומות שהקשו מהם לפרש"י ז"ל וכן בתו' דסוגיין וסיימו וזה הלשון דחוץ ופנים משמע כדפרי' כלו' כפי' ר"ח ז"ל וכמ"ש הריטב"א כאן והתוס' שם בזבחים וק"ל:

ד"ה והיו עליה כמה וכו' ופליג ר"א וכו' עיין בלשון הירושלמי שהעתקתי בסוגיין דמשמע שאין זה ברור דאיכא למימר דלא פליג וטעמא משום דאם נגעו נגעו יע"ש וזה דוחק לומר שהם מפרשים הא דקאמר בירושלמי הדא אמרה צריך שיהא נוגע דכן הוא לקושטא דמלתא והא דקאי בתר הכי ואפי' תימר שא"צ ליגע מלתא אחריתי היא דאשמועינן דאפילו למ"ד דא"צ ליגע מ"מ אם נגעו נגעו ומה שכתבו י"ל שכולם לא היו נוגעים כיון שלא במתכוין עושה וכו' להירושלמי נ"ל דאה"נ דמיתרמי מלתא שהכה ועשה אותם כלם בפרוכת עצמו ומ"מ אפשר דהגם שראו לשון הירושלמי ס"ל דהויא בעלמא קאמר אבל האמת דעפי מסתבר לומר דפליג דאפי' תאמר דאיתרמי שהכה מ"מ לא רוב הפעמים ואפי' מיעוטן אירע זה לשיאמר ע"ז ראב"י והיו עליה כמה טיפי דמים וכו' והיינו שכתבו י"ל שכולם לא היו וכו' כלומר כל הפעמים לא אירע כך כיון דשלא במתכוין היה זה ומיהו מלשון הריטב"א משמע שהבין דבריהם כמ"ש תחלה דבשעה שהיה מזה נגד הפרוכת שלא במתכוין נגעו בו והיינו דקאמר דהיכי אתרמי שכולם התיזו ונגעו בפרוכת יע"ש וק"ל:

ד"ה שלא כסדרן וכו' למטה מן הראשונה דכמגדלא דלעיל וכו' שמצריך באחת וכו' כנ"ל ועיין לעיל נ"ו א' וכ"ג ב' בלשון רש"י שהוא סובר דדמיון כמגדלא הוא לומר ג"כ שהיו זו למטה מזו יע"ש ובדבריהם שם ובספר בית דוד ג"כ העור בסוף הל' עי"ך בפי' המחזור יע"ש ודוק:

באה"ד והר' יוסף פי' שלא כסדרן מפני שלא היו וכו' ול"ע אם היו וכו' כנ"ל ומה שסיימו ול"ע אם היו בפר ושעירי ע"א ח' או ז' ע"כ לא זכיתי להבין דבפר העלם דאיירינן ביה קרא כתיב בהדיא וטבל הכהן אצבעו מן הדם והזה ז' פעמים לפני ה' אל פני הפרוכת וגם שעירי ע"א דפ' שלח לך הגם שלא נתבארו שם דין הזאות הרי כתוב שם והם הביאו את קרבנם וכו' חטאתם על שגגתם ודרשינן מיניה בפרק בית שמאי מ"א א' חטאתם דהיינו שעירי ע"א הרי היא לך כשגגתם דהיינו פר העלם שיהא דין שעירי ע"א כפר העלם ול"מ לכל האמור בו בהדיא כגון הזאות דהא נפקא לן התם מקרא אחרינא אלא אף ליותרת ושתי כליות דלא כתיב בגופיה יע"ש כי מבואר הוא וכן הם דברי הרמב"ם ז"ל בפי' פ"ב מה' מעה"ק יע"ש וזה דוחק לומר דמספקא להו דכיון דאיתקש פר יוה"כ לפר העלם כדאיתא שם ל"ע א' אימא דאיתקש נמי פר העלם לפר יוה"כ ונילף מיניה דצריך להזות א' למעלה והגם דא' למעלה דפר מהיקש דשעיר ילפינן לה ואינו חוזר ומלמד בהיקש נאמר דהמינו ודבר אחר לא חשיב היקש דזה אינו דודאי לא מקשינן פר העלם לפר יוה"ך כיון שהפרשיות רחוקות זו מזו ועוד דכיון דכתיב ביה שבע אם נוסיף עוד א' הרי לא נתקיים הפסוק כדכתיב וכ"כ התו' דזבחים שם ל"ע ב' ד"ה לפר יע"ש ועוד תקשי להו מלשון ספרי דגבי פר כהן משיח שהעתקנו לעיל נ"ב א' ד"ה לומד וכו' דקתני ז' פעמים שיהא מונה

ז' פעמים לא א' וז' יעו"ש ועוד תניא בפרק הקומץ ו"ו א' ואחת שהיה של פר כהן משוח וי"א של פר העלם דבר וכו' והכי איתא נמי בזבחים פרק בית שמאי מ"ב א' יעו"ש והא קמן נמי בירושלמי דפרקין דקאמר טעמא דז' הזאות של טהרו מזבח הכל מודים שצריך לערב דם פר ושעיר ולא יליף מהזאות קרנות משום דכתיב שבע ולא ארבע עשרה יעו"ש והגם שהיה מקום ללמוד ולומר דוהזה עליו מן הדם כל אחד בפ"ע קאמר כמתן קרנות דלעיל מיניה וכ"ש שאין מקום ללמוד מפר יוה"כ כיון דכתיב שבע דמשמע יחד ולא וכעת דבריהם צל"ע ודו"ק:

ד"ה נתערבו לו וכו' פי' היינו קודם שיזה מתנות וכו' כצ"ל וכונתם לאפוקי מפרש"י ולא הזכירוהו בדבריהם להיות שיש להסכים דבריו לדבריהם ועמ"ש שם:

ד"ה והתורה אמרה וכו' והתורה אמרה כלה דם הפר ואח"כ כלה דם השעיר וכו' לקמן דסידרן וכו' כצ"ל ופשוט דמ"ש ואיכא מ"ד וכו' היינו פלוגתא דר"י ור"נ ס' א' דהא הכא בהזאות היכל איירינן כמ"ש בדבור הקודם ולעיקר תיקון ג' שלפנינו והיא גי' רש"י ותוס' דסוגיין עיין מ"ש בסוגיא:

ד"ה כלה וכו' אמאי לא קפיד בהכי וי"ל דכיון שנותן א' וכו' אע"ג שמזה מדם השעיר וכו' בעל הוא כיון שאינו מתכוין להזות וכו' כצ"ל מתוך מ"ש הריטב"א בשמם יעו"ש כי מובאר היטב:

ע"ב ד"ה למעלה הוא אומר וכו' דהא פשיטא דשוין הן וכו' דמהיכא תיתי לחלק דבנשיא א"ל לשפוך כל הדם הנשאר ליסוד אלא מקצתו ומה גם דתרוייהו נשיא ויחיד חטאות נינהו ועוד דהכתוב הקישם זה לזה דכתיב למטה בחטאת יחיד ואם נפש ואמרינן בפרק בתרא דהוריות ה' וא"ו מוסיף על ענין ראשון וילמד תחתון מעליון דיחיד נמי אינו מביא אלא דבר שזדונו כרת ושגגתו חטאת יעו"ש וה"נ שנאמר דילמד עליון מתחתון דצריך לשפוך כל דמו ולתי' זה דייק שפיר דלא מקשה למעלה בפר כהן משיח כתיב ואת כל הדם ישפוך ולמטה בנשיא כתיב ואת דמו דהאי ל"ק דאימא ה"נ דכן גזרת הכתוב ומה גם דאין קרבנם שוה דזה פר וזה שעיר אבל מחטאת יחיד דייק שפיר דמלבד דזה שעיר וזה שעירה וממין א' הוא עוד זאת אפילו תאמר דאה"נ דחלקם הכתוב כיון דאינם שוים לגמרי דזה זכר וזה נקבה מ"מ הרי השוה אותם הכתוב בוי"ו מוסיף וכו' וקל להבין:

ד"ה עירה דם הפר וכו' ונופל שם הכובד מתערב וכו' כצ"ל דלא קיימא להו לפרושי דאורחא דמלתא נקט דכן דרך ליתן המרובה לתוך כלי שיש בו המועט וכדס"ד לקמן דהיינו דקתני נתן את המלא בריקן דכיון דלפי האמת נתן את המלא וכו' היינו שצריך לחזור ולערות אל תוך מזרק ריקן כדי שיתערב יפה דומיא דהכי יש לפרש דרישא דוקא קאמר מה"ט דעירוב יפה דאם אינו כן הו"ל למתני עירה בדמים זה בזה אלא ודאי דרישא וסיפא משום חד טעמא נינהו והיינו דסיימו ומש"ה נמי היו חוזרין וכו' כלומר דמסיפא ילפינן דרישא דוקא קתני ומשום עירוב יפה וק"ל:

ד"ה דאיתמר וכו' ונראה שהיו תנאים אחרונים וכו' וכן הוכיח בס' יוחסין יעו"ש גבי יונתן בן יוסף ל"ד א' אלא דהקשי נדבריהם דהא בסמוך נקט לפלוגתייהו בלשון ברייתא וכן בתמורה ה' ב' וגם בסנהד' ס"ו ע"א קאמר בפלוגתייהו בל' ברייתא ת"ר וכו' וכנראה שלזה בתר הריטב"א בתי' אחר שמפני שלא נשנה מחלוקתי זה לא במשנה ולא בברייתא אלא שהאמוראים היו מקובלים שנחלקו בזה ואיתמר כן בבי מדרשא מפי האמוראים לכך קאמר דאיתמר ע"כ ונ"ל דהכוונה אמוראים דקאמרי לה בלשון איתמר ברייתא דלקמן לא שמיע להו וכן בדין דהכא קאמרי חד אמר וחד אמר ולא מסיימי לה מברייתא ויש ליישב דבריהם דלאו כללא קאמרי דבכל דוכתא נקט למלתייהו באיתמר אבל כונתם דלפעמים נקט לה בלשון איתמר להיות שהיו תנאים אחרונים והוו חשיבי להו כאמוראים וה"נ דלפעמים נקט להו בלשון ברייתא להיות דסוף סוף תנאים היו וק"ל:

ד"ה ואפילו תימא ר' יונתן וכו' הא דאיצא אין מערבין ואע"ג דלדידיה אע"ג דלא כתיב יחדיו וכו' משמע' ליה אע"ג דלא כתב יחד כמאן דכתב יחדיו וכו' וכיון דכתב ולקח מדם הפר ומדם השעיר ש"מ דחלקינהו וכו' כצ"ל והכל דיבור א' ועיין בדברי הריטב"א. ופשוט דמ"ש ואקשינן ר' יונתן וכו' ושנינן וכו' דהוא העתקת פי' ר"ח בספרו:

ד"ה ואפילו תימא וכו' הני תנאי אבל בז' הזאות וכו' מודו כ"ע דמערבין וכו' וקאמר התם דאינהו ס"ל דאין וכו' ולא מלו ילפי מיניה אע"ג וכו' כצ"ל והכיא דהתערובות איתא שם פ"א ב' ופשוט דמ"ש משום דלא כתב מדם השעיר דכונתם דבשלמא במתנת קרנות דקרייה רחמנא דם השעיר אף לאחר עירוב אע"ג דדמו של פר מרובה יש ללמוד משם דאין עולין מבטלין וכדאיתא בהקומץ כ"ע א' אבל בהזאות טהרו של מזבח דכתיב והזה עליו מן הדם סתמא ולא הזכיר שם שעיר אין להוכיח מזה כלום דאפילו תימא דעולין מבטלין ואין שם שעיר עליו לוה הכתוב לעשות כן ושוב ראיתי שכן מפורש בחי' הריטב"א יעו"ש אבל מה שסיימו אך צ"ע מ"ל דמערבין וכו' דבריהם צ"ע שהרי דבר זה מבואר בירושלמי בפרקין דקאמר התם הכל מודים בז' הזאות שלמטה שהוא צריך להעדות דכתיב שבע ולא ארבע עשרה עכ"ד וקרוב לזה כתבו בתו' סוגין סד"ה ר' יונתן אומר וכו' אבל לא ידענא אמאי לא מייתו לה מהירושלמי יעו"ש וק"ל:

ד"ה שאני התם וכו' על קרנותיו אחת וכו' מדסמכינהו לוכפר וכו' כצ"ל ועמ"ש בזה בחידושי לשבועות ח' ב' ברש"י ד"ה אמר קרא אחת וכו' יעו"ש:

דף נ"ח ע"א **ד"ה** אחת ולא שתים מדם הפר ואם תאמר והיכי ס"ד שיתן שתים וכו' אלא ממקום שפסק וכו' כצ"ל וסיים הריטב"א ור' יאשיה [כצ"ל] ס"ל כמ"ד מן התחלה הוא מתחיל דחטאת אמר רחמנא ולא ב' חטאות עכ"ד וזה מוכרח דהגם דר' יאשיה דרי' ליה הכי לומר דמערבין מ"מ אכתי איתר אחי דסיפא מדם חטאת הכפורים א' בשנה דמהכי' דריש התם חטאת א' אמרתי לך והכא דריש מאחת דרישיה וכפר אהרן על קרנותיו אחת דמערבין לקרנות אלא שצריך ליישב דלר' יונתן עכ"פ איתר ליה אחת דרישא או סיפא דאין לתרץ עם דרשות דפ"ק דשבועות דהכא כתבו לעיל דהתם דריש מדסמך וכפר וכו' דזה אין נראה דאיצטריכו חד לפר וחד לשעיר דמהיכא תיתי לחלק ביניהם כיון דתרוייהו חטאת הכפורים מקרו ואתרוייהו קאי אחת לומר מיעוט א' אמרתי לך וכו' ובודאי דלדבריהם צ"ל דאי לר' יאשיה לשום דרשה איצטריך וק"ל:

ד"ה וסתמא כר' יאשיה וכו' ואחת משמע וכו' שצריך להפסיק משום וכו' אבל בעלמא אע"ג דלא כתב יחדיו וכו' כצ"ל:

ד"ה מין במינו וכו' דשמה לקיחה ולית ליה לרבא מהא חלילה אפילו מין בשאינו מינו דקאמר בפרק לולב הגזול לא לינקוט איניש הושענא בסודרא וכו' וא"ת מדאמר רבא התם לא לידוץ איניש וכו' שמה לקיחה על כרחך צריך לומר שכורך לולב וכו' כדמייתי התם מהיה אזוב וכו' שמזרק בתוך מזרק ומניח ידיו וכו' כן נראה של"ל והדברים מבוארים יותר בתו' דסוגיין ובתו' דזבחים כ"ד א' ובסגנון אחר יעו"ש ומ"מ גם סגנון דבריהם דהכא מתיישבים שאם לא היו מתרלים רמיותא דרבא אדרבא אימא דלא פרכינן מינה דלא ידעינן מיניה מאי דעתיה בלקיחה ע"י דבר אחר אי שמה לקיחה או לא והגם דפשיטא ליה לרבא מיהא דמין במינו לא חייץ לרמי בר חמא מספקא ליה ועיין בדבריהם בסמוך ד"ה מין בימנו וכו' אבל השתא דמתרלינן למלתיה וס"ל בודאי דשמה לקיחה אפילו בשאינו מינו וקי"לן הכי מעתה מאי קמבעיא לרמי בר חמא דלמה לן למיחש לחלילה כיון דע"י ד"א שמה לקיחה דהא משמע דבכל גווני מבעיא ליה אפילו אוחז בשפת המזרק חילון דהו"ל כבית יד לפנימי דזה דוחק לאוקמה דלא כהלכתא וכרבה דס"ל התם דלא שמה לקיחה וכמ"ש הריטב"א יעו"ש והיינו דסיימו בתר דתרילו למילתיה דרבא והשתא קשיא דאמאי לא הויא הכא לקיחה וכו' ותי' שפיר דכיון דבעי בהניח מזרק בתוך מזרק סתמו כפי' משמע דמבעיא ליה דוקא במניח ידיו תחת שולי המזרק דבעינן אחר לאחוז בשפת המזרק הי' מכביד עליו מגד כובד שני מזרקות והדם שמקבל והיינו שדייקו לומר בתירוצם דמיירי שמזרק בתוך מזרק דלכאורה אין צורך דהא מהא ודאי מיבעיא ליה כדמפי' וגם בכלל זה יתורץ ג"כ קושית תו' דסוגין דמאי פריך מאי לאו נתן מזרק המלא וכו' וכמו שתירצו הם ז"ל שם יעו"ש וקל להבין:

ד"ה מין במינו וכו' אינו חוצץ הואיל ואיכא וכו' משום דכל לנאותו אינו חוצץ וכו' ולהכי לא מייתי וכו' כן נראה של"ל והגם דבגי' ספרים שלפנינו שם ליכא אלא טעמא דמין במינו אינו חוצץ ואין שם לישנא אחרינא אפי' דלשון קאר קאמרי וכונתם דלמאי

דקאי רבא גבי כי גדליתו הושענא דבי ר"ש גלותא וכו' דכל לגאותו דהיינו אגד הלולב אינו חוצץ מעתה יש לפי' גם בנתרי ערפי ומשתיירי הולא דלא חיישי להו כיון דבזה נראה יותר גדול והוי לנאותו אבל האמת שזה דוחק והעיקר דגי' אחרת היה להם שם ועיין בהריטב"א שתי' זה באופן אחר וק"ל.

ד"ה פי' כליס וכו' ומסתמא שמע ליה וכו' כצ"ל כלו' דרב חסדא ודאי שמע וידע ליה לכך תנא דבר"י וכו' מדפשיט ליה ר"ת גופיה מהך לעיל לישנא בתרא ופשוט.

ד"ה מין בשאינו מינו חוצץ או אינו חוצץ וא"ת מאי קמבעיא ליה וכו' מיהלחל דרך הסיב כצ"ל והוצרכו לזה משום דפשטא דסוגיין משמע דה"ק מין בשאינו מינו חוצץ או אינו חוצץ ואת"ל דבעלמא חוצץ הכא מאי כיון דמחלחל לא חייץ או דילמא לא שנא ולהכי הקשו ותי' להודיענו דדוקא כי האי גוונא דמחלחל מבעיא לה אבל בעלמא פשיטא ליה ודאי דאינו חוצץ והכי דייקי דברי רש"י ז"ל סד"ה סיב וכו' וכמ"ש שם ועיין בהריטב"א וק"ל.

ד"ה בקומץ פסול וכו' דאפי' בעלמא פרישית דמין בשאינו מינו חוצץ וכו' ופעמים שיוצא דרך הסיב שאינו וכו' כצ"ל וח"ל הריטב"א פי' כתו' דאיצטריך למימר בקומץ פסול מפני שהסלת של מנחות דק מאד ופעמים שיוצא דרך הסיב בין כעין סדקים שבו שאין הסיב נדבק יפה זב"ז עכ"ד.

ע"ב ד"ה היה מחטא רש"י פי' לשון ירידה כמו נושא עולי ומתחטא וכו' פי' ר"ש לי"א וכן במנחות [ס"ו ב'] מתחטא וכו' מחטא לשון חיטוי וכו' לדידיה ודאי אינו ל' חיטוי דאכל קרנות וכו' כן נראה של"ל ולפי הנראה דהגי' רש"י שלפנינו דבכורות כ"ז ב' נפל טעות ול"ל בדבריו שם ד"ה והכתיב כנף וכו' נתחטא לשון ירידה חבירו במס' יומא מחטא ויורד ל"א מתחטא לשון עיול וחבירו במסכת תענית בן המתחטא לפני אביו ע"כ דלגי' הספרים תקשי היכי מייתי מבן המתחטא דהיינו לשון עיול כמו שפי' ז"ל במנחות כ"ו ב' ד"ה ונתחטא וכו' יע"ש למה שפי' דהיינו לשון הורדה והגבה זו מסכמת לדבריהם שכתבו שפי' שם בבכורות ל"א מתחטא לשון עיול והגם דבמנחות שם לא מלינו שפי' לשון אחר גבי נעלסה אלא פי' שם לשון הורדה מ"מ ממה שפי' לעיל מיניה גבי נוטריקון דנתעלסה דנתחטא לשון ירידה דכן לריך לפי' שם מדקא' ונתחטא באהבים יש לשמוע דגבי נעלסה נמי יש לפרש כך וכבר אפשר לקיים גי' ספרים דרש"י דבכורות שם דהתם נראה לו לפרש בן המתחטא לשון הורדה כלומר הגם שיורד ממדרגתו במה שהוא חוטא נגד אביו דכן פי' ז"ל בתענית כ"ג א' מתחטא לשון חטא אפ"ה עושה רלונו וזה מסכים עם מ"ש התוס' שם במנחות דהתם בבכורות אין לפרש לשון עיול דהא התם פריך דהיכי ס"ד דשדיא כיון שאנו רואים שהיא נזהרת להוריד אותה בתוך קינו בנחת שלא תשבר ולמאי דמשמע מדבריהם דהכא דגם בבכורות אפשר לפרש לשון עיול דכן פרש"י שם בל"א לפי גירסתם ל"ל דמוכח דכיון שמטיילת ומתענגת בבילתה אלמא חשיבה ליה ובודאי לא שדיא לה ומה שהקי' לרש"י ז"ל מלישנא דר"א י"ל דרשי נמי ס"ל דהתחטא לשון הזאה וחיטוי הוא דכן לקמן ד"ה והבע"ח וכו' כתב ובמקומו עומד ומחטא לכל הקרנות וכו' הגם דהתם קיימינן למ"ד הקפה ביד אלא משום דק"ל דאמאי נקט הכא לשון חיטוי ולא ולי' מזה כדתנן לעיל גבי הזאות בין הבדים והיכל להכי ניחא ליה לפי דנקט האי לישנא לאשמועינן סדר ואופן עשיית ההזאה דהיה מחטא ויורד דמחטא לשון ירידה היא והשתא אגב ת"ק נקט נמי ר"א ל' מחטא והגם דלדידיה לאו לשון הורדה הוא אלא לשון חיטוי ומ"ש הריטב"א דנקט לשון חיטוי משום דגבי הזאות מזבח הזהב כתיב וטהרו וקדשו ע"ש לרש"י ז"ל לא ניחא לה דכיון דנטהרו הגם שנא דהכולהו הזאות דמזבח קאי מ"מ עיקרו כתבי גבי הזאות ז' דעל טהרו ואם כן אמאי נקט תנא בלישניה הזה על טהרו וכו' ולא נקט לשון חטוי וא"ת דניחא ליה למנקט הכא לישנא דקרא כדכתיב והזה עליו מן הדם ז' פעמים א"כ גבי קרנות נמי לתני התחיל נותן מורד ובלישנא דקרא ונתן על קרונת המזבח וכן בפ"ד וכו' דזבחים קתני גבי מתנות לשון נתינה אלא ע"כ דלשון ירידה הוא ועל כפל לשון שכתב התו"ע אין לחוש למ"ש דאיכו נמי לשון חיטוי ס"ל כנלפע"ד ודו"ק:

ד"ה כל פונות וכו' ולהכי נקט וכו' דלא ס"ל כמו שפרש"י ז"ל דלמזרח אגב גררא דמס' זבחים ס"ב ב' נקט לה ושם כתב דלמזרח ילפינן מדכתיב פנות קדים וכו' אלא ס"ל דתרתי ילפי' מהכא לכל דוכתא שיפנה דרך ימין ועוד שיסיים הקפתו למזרח דלהכי התחיל הכתוב מניני מלפון ולא ממערב כדי שיכלה תשבונו במזרח וק"ל.

דף נ"ט ע"א ד"ה מר סבר ילפינן יד מרגל הק' הר"י וכו' עמ"ש בסוגיא כי משם תבין היטב סגנון קושיתם על רש"י ויישובם לדעתו יע"ש:

והנה לכאורה משמע דיש סיוע לפרש"י ז"ל מל' ירוש' דפרקין דפריך עלה דמתני' ויתחיל בקרן מזרחית דרומית א"ר אילא ימנית אין זו ימנית ויתחיל מקרן לפונית מערבית א"ר אלעזר וילא אל המזבח ויתחיל מקרן מערבית דרומית שלא יתן אחוריו לקדש ואין כופו ליתן אחוריו לקדש חוזר היה לאחוריו ויעמוד בדרום ויתחיל מקרן מזרחית לפונית מקרן מזרחית לפונית כיי דא"ר הילא ימנית אין זו ימנית ע"כ ופי' דמעיקרא בעי דכיון שעומד במזרח המזבח להזות בקרן מזרחית לפונית למה לא יתחיל בקרן מזרחית דרומית שהוא מקום ההתחלה במזבח חילון ומתרץ ר' אילא כי יש לו להתחיל מלד ימין וכמו שפי' הם ז"ל לדעתם והדר פריך תו דאטיקרא דדינא למה יולא במזרח המזבח ולא התחיל ליתן בקרן לפונית מערבית ומשם והלאה דרך ימין דבכהוא נגע ברישא לא"ק דמתני' דהיינו ר"י דס"ל פתחא בלפון ולמה לו לילך להתחיל במזרחית לפונית וא"ה לחזור לאחוריו כדי ליתן בלפונית מערבית ומתרץ שפיר דבעינן וילא אל המזבח דנפק מכולה מזבח כדמפי' תלמודא דידן והדר פריך דיתחיל מקרן מערבית דרומית שסמוך לו יותר ביליאתו מבית קה"ק דאי משום וילא וכו' אימא דלא בעינן שילא לגמרי ממקום כל המזבח ויעמוד במזרח אלא דהא נמי שהוא יולא להלן מן המזבח ועומד חולה לו בקרן מערבית דרומית וילא קרינן ביה ואימא דלא מיעט קרא אלא שלא יתן בלפוני' מערבית הסמוך לו מיד דבה לא קרינן וילא ומתרץ דאפי' תימא ותפרש קרא הכי מ"מ עוד יש כאן שכיון שלריך להקיף דרך ימין א"כ לאחר שהיה נותן במערבית דרומית היה לריך להפוך אחוריו לבית קה"ק לילך להלאה וליתן בדרומית מזרחית משא"כ בהתחיל מזרחית לפונית ואחריו לפונית מערבית שפניו כלפי הקדש והכא פריך דגם בסדר משנתינו אין סופו בשבא ליתן דרומית מזרחית להפוך אחוריו לקדש והכא משני דלעשות את זו היה חוזר לאחוריו וחוזר ובא לו דרך לפונית מזרחית באופן דכשיבא ליתן במזרחית דרומית יהיו פניו כלפי הקדש ואע"ג דגם בחזרתו לאחוריו הרי בהפיכתו בקרן מערבית לפונית הופך אחוריו לקדש אין בזה חשש כי לא נקפיד אלא שבבואו ליתן המתנה שיהיו פניו כלפי הקדש וכן נמי לא נקפיד אם במתנה זו האחרונה לא יהיה דרך ימין ואי קשיא לך דאכתי יתחיל במערבית דרומית וילך דרך אחוריו עד בואו לקרן דרומית מזרחית די"ל דהגם דהילוך אמה היה שם בין קרן לקרן מ"מ חששו דבהילוך שלא כדרכו יכשל באיזה דבר וישפך הדם ומה גם למ"ד מערבין לקרנות דהכי סתם לן מתני' לעיל טורח גדול הוא לכ"ג לילך שלא כדרכו בכובד דם פר ושעיר וגם ב' מזרקות כדתנן לעיל נתן את המלא בריקן והדר פריך ויעמוד בדרו' ויתחיל מקרן מזרחית דרומית כנלע"ד של"ל וכלו' דאכתי תקשי קושיתינו הראשונה דיעמוד בדרום ויתחיל במזרחית דרומי' כסדר מזבח חילון כי בזה קיימנו הא דר' אילא שהרי בעומדו בדרום הרי היא לו קרן מזרחית דרומית ללד ימין והכא לא תי' מידי ונראה דלא חשש לתרלה כי קושיתו זאת היא עם המוכח דסובר דלא היה לריך ללאת לגמרי מכל המזבח בשעת מתנה אבל לדידן דס"ל וילא אל המזבח עד דנפיק מכוליה מזבח ע"כ לעמוד בשעת מתנה במזרח ולא בדרום ובעומדו שם אינו יכול ליתן במזרחית דרומית שהיא לו לשמאל וכדתרין מעיקרא ועוד דמעיקרא לא הק' כן אלא מכח דלמה לנו לשנות בסדר מזבח חילון דס"ל דכיון דאינו יכול ליתן בקרן לפונית מערבי' דפגע ברישא דאף לדעתו בעינן באיזה לד וילא אל המזבח וכמ"ש להכי תו לא הוה לן למיחש ליתן בקרן מזרחית לפונית הבא אחריו אבל לדידן נאמר דאין ללמוד בזה ממזבח חילון שהוא בא מחולה לה אבל כאן שבא מלד פניה יש לנו

לקיים בכל אופן כא דאין מעבירין על המצות ומש"ה בדין ליתן תחלה בקרן מזרחית צפונית הבא אחריו וכדקא' תלמודא דידן. אבו הנלע"ד בפי' דברי הירוש' אשר ממנו נקח דמדפריך מיתחיל מקרן צפונית מערבית ברישא ש"מ דס"ל כפרש"י דמתני' סברא כמ"ד דפתחא בצפון קאי והכוס קרן פגע ברישא ושוב ראיתי להרל"ס בפ"ה מה' מעה"ק שהרבה להקשו' על לשון זה של הירוש' ולא מכרעא ליה מלתא אי ס"ל דפתחא בצפון או בדרום קאי יע"ש שהאריך ולבסוף הניחו בצ"ע וראיתי בספר עבודת ישראל קפ"ה א' שפי' באופן אחר ואני הנלע"ד כתבתי ולעיקר פירושם ז"ל עמ"ש הפר"ח ז"ל בה' עי"ך שכך פי' דעת הרמב"ם יע"ש וכמ"ש בסוגיא דקמן מההיא דר' יוסי ודו"ק.

ד"ה ב' כהנים וכו' ק"ל דהא בפ"ב דתמורה [(י"ו א')] וכו' בסוף שנה דאיבלר לצא וכו' ממקדש ראשון אי הקפה וכו' והיינו נמי פלוגתא וכו' אם היו באים למנין היו יכולים להסכים וכו' כצ"ל:

ד"ה וכי נפיק בהכוא פגע וכו' תימה וכו' עיין בזה בתו' דאיזהו מקומן כ"א א' ובתו' דסוגיין לעיל ל"ג א' ועיין מה שתירץ הריטב"א כאן וכן מוכרח לומר לס' הרמב"ם בחי' פ"ה מה' מעה"ק שכשתיק טעם דפגע בריש' והגם דבפי' המשנה לר"פ איזהו מקומן יליף לה מאשר פתח אהל מועד וכמו שחי' הרל"ס שם יע"ש וק"ל:

ד"ה אלו ואלו וכו' דקתני התם ויסוד היה מהלך וכו' רישא דעניני' דיסוד המזבח נקטו אבל כוונתם למאי דקתני התם בתר ולמטה באמה של יסוד בקרן מערבית דרומית היו ב' נקבי' וכו' שהדמים כניתנין על יסוד מערבי ועל יסוד דרומי יורדין בהן ומתערבין באמה וכו' אשר מזה נתבאר באיזה דרך היו יורדי' לאמה שבעזרה והוצרכו לזה לתשלום ביאור דברי רש"י ז"ל דמשמע לכאורה מדבריו שהיו נשפכין ושותתין מן היסוד בלא דרך נקב למטה ברצפה וק"ל:

ע"ב ד"ה עד כאן וכו' אלא גרסי' התם וכו' כצ"ל ועיין ברש"י ותוס' שם.

ד"ה ע"כ ל"פ וכו' וא"ת כי פריך בריש מעילה ומי איכא מעילה מדרבנן וכו' והר' רבינו חיים תי' וכו' והלא בלא הקדש יכולים לתקן בו מעילה כמו שתיקנו באפר פרה וכו' לא תוכל להיו' בדם וכו' דתקן דם בתחלה וכו' כצ"ל וקושיתם דריש מעילה מבוארת יותר בתו' דסוגיין ודהתכלת נ"ב א' ודחולין קי"ז א' דכיון דכמאן דתניקנהו דמי בלא"ה בדילי אינשי מנייהו ולא היו צריכים לתקן בזה מעילה ולהכי מייתי מקדשים שמתו דהוי דומה בדומה דהתם נמי בדילי אנשי ואפ"ה תקנו מעילה ומ"מ והכיא דמייתי בסמוך התם הנהגה מן החטאת שהיא מתה וכו' כלומר דהתם נמי כיון דלכפרה קאתיא לא בדילי אנשי מינה כדקאמר התם ומש"ה הוצרכו לתקן בה מעילה ולא דמי לקדשי' שמתן בדרום ומש"ה לא מייתי מינה וכמ"ש התו' דהתכלה שם סד"ה גזרו בה וכו' יע"ש ומה שהקשו לפי' הר"ח ז"ל מההיא דאפר פרה ומחטאת שמתה וכו' בזה יוכל לתרץ דהתם כמו הקדישום רבנן ולעולם דמועלין מדאורייתא אבל האמת היא דהגם דבאפר פרה יכול לתרץ שהקדישו על תנאי להזות עיין בתו' דסוגיין סד"ה הוא וכמ"ש שם מ"מ הכיא דחטאת שמתה משמ' דמעילה דרבנן ממש היא מדפריך מינה התם בריש מעילה דמאי קמ"ל עולה יע"ש ועולה איירי בדרבנן ממש אלא דגם זו יש לדחות ולישבה לפי' הר"ח יע"ש כי אין להאריך וק"ל:

ד"ה אין לך דבר שנעשה מצותו ומועלין בו וליכא וכו' דלא איקרו קדשי ה' מ"ר וכו' כצ"ל וכן תמלא בתו' דסוגיין ובתוספות דחולין ודזבחים ומ"ש הריטב"א כאן בשמם ותו' דהאיכא שלמים וכו' דבריו צ"ע דודאי מכאן אין ראיה וכמ"ש הם ז"ל ומ"ש וא"ת וכו' התימה למ"ד דהוו ב' כתובים ומלמדין אלא וכו' [(כצ"ל)] אלא שצריך להבין דהא ודאי אי אסיק אדעתי' טעמא דב' כתובים וטעמי דמעוטי אתי שפיר דסבר הכא דאין לך דבר שנעשית מצותו ומועלין דמדאיצטריך קרא לאשמועי' בתרי דוכתי תרומת הדשן ועגלי ערופה דמועלין אף לאחר מצותו ש"מ דבעלמא לא ולמ"ד נמי מלמדין לבכי איצטריך מיעוטי לומר דמהכא לא תילוף לעלמא ודברי הריטב"א שכתב בשמם דייקו שפיר שכתב הקשו בתו' מהיכא אתא לן הא דאי משום דהוו תה"ד ועגלה ערופה ב"כ הבאים כא' ואין מלמדין א' משום דכתיב ושמו הערופה לא משמע לפוס סוגיין דמהתם תיתי לן דהא הדר פרכינן והא תה"ד וכו' ואמרי' טעמא דב"כ הבאים כא' וטעמא דב' מעוטי כתיבי וכו' עכ"ד ובשלמא טעמא דהו"ל ב"כ ואין מלמדין י"ל דהם ז"ל ס"ל כמ"ש בס' כריתות לשון לימודים שער א' דאין מלמדין ומוקמי' להו אדינייהו ולא ילפי' מב"כ אבל אינו ר"ל דילפינן להפך וכן משמע לפי' רש"י סוף ב"ש בזבחים גבי משום דהוו תה"ד וכו' ודוק ותשכח עכ"ד וכונת דיוקו ממ"ש רש"י ז"ל שם מ"ו א' ד"ה אין מלמדין וכיון דלא ילפי' ולא מייתי ראיה מנייהו האי קרא נמי הואיל ואכא למדרשיה איפכא לא תדרשי' הכי ע"כ וממה שלא פי' בפשיטו' דמב"כ למדנו דבעלמא אין מועלין לאחר מצותו אלא פירש הואיל ואיכא למדרשיה איפכא לפני כפרה כלאחר כפרה דוק מדבריו דאי לאו הך דרשא מב"כ לא ילפי' מידי והיינו שכתב לא ילפי' ולא מייתי ראיה דלכאורה לשון כפול הוא אבל כונתו לא ילפי' להשוותו לב"כ ולא מייתי ראיה שלא להשוותו ועוד נלע"ד לדייק כן ממ"ש בקידושין מ"ג א' אהא דקאמר התם דלמ"ד אין מלמדין לא ילפי' דיש שליח לדבר עבירה ממעילה ועביחה ולמ"ד מלמדין אפ"ה לא ילפינן דגלי קרא בשחוטי חוץ ההוא הוא ולא שלוחו ופריך ולמ"ד אין מלמדין הני שהוא ההוא מאי דריש בהו ומשום דמשמע לכאורה דפריך משום דלמאן דאמר זה תו לא צריכן למיעוטא דשחוטי חוץ דהא מדגלי בב' כתובים דיש שליח מכלל דבעלמא אין שליח לכן פי' ז"ל שם ד"ה ולמ"ד אין מלמדין ולית לן למילף ממעילה ועביחה דיש שליח לדבר עבירה ומסברה אין שליח דאית לן למימר דיש לו לשמוע דברי הרב והני ההוא מאי דריש בהו עכ"ד דלהכי אהדר אסברא משום דלשיטתיה אזיל דמב' כתובין אין ללמוד כלל לא להשוות ולא להפך ושוב ראיתי בס' יבין שמועה כ"ע ב' שפי' דיוק רש"י שכתב הכריתות באופן אחר יע"ש ואף למ"ש שם מתו' דקידושין ל"ד ב' שדעתם לומר דב' כתובים הוו מיעוט היכא דאיכא למילף בעלמא דליהוי דינו כמו הב' כתובים וממקום אחר שלא יהיה כן והז אהני הב' כתובים לומר שנלמוד למעוט ולא לרבות יע"ש מ"מ הכא ודאי דאין לנו ילפותא כלל ממקום אחר אף התו' דהתם מודים דלא היו מיעוטא ועיין בס' עצמות יוסף בשיטתו לקידושין שם דאין התו' חולקין כלל על רש"י ז"ל דמ"ש שם דהוו כעין מעוטא לא משני כתובים לחודיה כתבו כן אלא משו' דאיכ' דוכתא אחריתי למילף מינה ולאפוקי ממהרי"ל שכתב שם דהתו' חולקין על רש"י בזה יע"ש ולפ"ז עלו ודאי דבריהם דהכא בזה שפיר ועיין בתוס' דסוגין ד"ה תרי מיעוטי וכמ"ש שם אבל מה שסיימו דלמ"ד אין מלמדין אין אנו צריכים להני מיעוטי וכו' לא זכיתי להבין דאדרבא משום דב' כתובים ליכא למילף מנייהו מיעוט כמ"ש להכי איצטריך הני מעוטי למר דבעלמא אין מועלין ובזה ניחא דלא פריך תלמודא הכי למ"ד אין מלמדין הני מעוטי למ"ל כדפריך בקדושין מ"ג א' דהתם דוקא פריך משום דבלאו מעוטא מסברא דדברי הרב וכו' ידעינן דאין שליח לד"ע אבל הכא מסברא הו"א דמועלין דכיון דנחתא ליה בדם קדושת הגוף תו לא פקע קדושה מיניה אף לאחר מצותו ולהכי פרכינן למעוטי אף למ"ד אין מלמדין ואפשר לפרש כונתם דודאי למסקנא גם הם ז"ל מודים דלכ"ע ילפינן מיעוטא מושמו וכו' אלא דלמאי דפריך השתא הניחא למ"ד אין מלמדין משמע דהכא לחודיה אתיא ליה שפיר דהכא אין מועלין ולא אצטריך מיעוט' אחריני ולזה הקשו דמהיכא אתיא ליה דכיון דלא הוו מיעוטא אימא דמועלין כנלע"ד ודוק.

ד"ה והרי תרומת הדשן וכו' אומר ר' דתנן וכו' וקאמר בגמרא וכו' דאי איכא ל"ל להקדישו וא"כ קשה דהוו שלשה כתובין הבאין כא' דאף על גב דליכא וכו' כנלע"ד של"ל וכונת קושיתם והמשך דבריהם הוא דע"כ אין לפרש התם דה"ק בשלמא מזבח חילון ליתא דלא נהנין ולא מועלין דכתי' ושמו וכו' דהא אדרבא סוגיין מוכח מושמו דיש מעילה בתה"ד אלא ע"כ לפרש דה"ק בשלמא מזבח חילון דקיל"ן דמועלין בו קודם תרומה ולאחר תרומה פשיטא ודאי דלא נהנין כדכתיב ושמו אלא מזבח פנימי דאין מועלין בו ואפי' קודם דישון היכי קתני מתני' דלא נהנין דמשמע מדאורייתא הא ודאי דמן התורי' נהנין ולא מועלין דאע"ג דמלוה לדשן מדאורי' כיון דמתחלה אין מועלין בה וגם נהנין ממנה ה"ה דלאחר דישון נמי מהנין דאי איכא אסור הנאה היכי קתני מתני'

התם המקדי׳ דישון בתחלה מועלין בה דהא לא חל עליה הקדש כלל ומשני התם דודאי בדישון עלמו אין נהנין דהא כתיב אל מקום הדשן וכיון דהקפיד הכתוב להניחה במקום מסויים ש״מ דאסורה מיהו בהנאה מן התורה כדקתני מתני׳ ואם כן קשה דכיון דלפ״ז מסיק התם דדישון פנימי אסור בהנאה מן התורה הוה ליה לשנויי הכא דהוה ליה שלשה כתובים ולא לריכין למעוטי דהערופה ושמו דודאי באיסור הנאה להודיה סגי לן דהגם דמייתי תרומת דשן דמועלין בו מ״מ הא מייתי נמי עגלה ערופה דאין בה אלא איסור הנאה ועל כן לתרץ לזה אומר ר׳ דודאי לא נהנין דהתם מדרבנן הוא דמן התורה נהנין וכ״ע דלא הוו אלא ב׳ כתובים וכ״א דהא משמע להאורה דעל לא נהנין הוא דפריך התם מנ״ל ומסיק דמן התורה הוא אין לפרש כן אלא יש לך לומר דודאי בדישון מזבח פנימי ומנורה יש בהם מעילה מן התורה קודם דישון דלא גרע מחילון כדסיימו לקמן אבל לאחר דישון שהניחו במקומו ליכא מעילה כלל ואפי׳ איסור הנאה דדוקא בחילון גלי קרא ושמו לאסור בהנאה ולא ילפינן מיניה דהא הו״ל תה״ד ועגלה ערופה ב׳ כתובים הבאין כאחד או מיעט רחמנא ושמו הערופה וכיון שכן התם היכי דייק דמדקתני דדישון לאחר מלותו אין מועלין ש״מ דקודם מלותו מועלין דלהכי דישון מוליאו מידי מעילה דמעיקרא והכא פריך בשלמא מזבח הילון ניחא דמועלין בו קודם תרומה דגלי קרא ושמו דאפי׳ תאמר דאינו אלא לאסור תה״ד בהנא׳ להודה מ״מ קודם מלותו יש לך לומר דמועלין אלא דישון פנימי דלאחר מלותו מותר בהנאה דלא נהנין דמתני׳ מדרבנן הוא וגם לא ידעינן מקרא דמלוה לדשן מנין לך דקודם דישון מועלין בו ומשני שפיר אל מקום הדשן דמהכא ילפינן דמלוה לדשן וא״כ מסתמא מועלין בה קודם דישון דלענין זה ילפינן מדישון חילון דהי היכי דהתם מועלין בו קודם מלותו לכ״ע וכדאיתא בפרק ולד חטאת בפלוגתא דרב ור״י הכא נמי מועלין אבל לענין איסור הנאה דלאחר מלותו לא ילפינן כיון דאיכא ב׳ מיעוטי ועיין בתוספות דחולין קי״ז א׳ ודזבחים מ״ז א׳ ודמעילה י״א ע״ב ובתו׳ דסוגין שעם כיאו קו׳ ר״י ותי׳ באופן אחר ומ״מ מסגנון דבריהם שם נקט לפי׳ דבריהם כאן כמ״ש והגם שבאו בתבלי׳ הקלור כנלע״ד ודוק. ומ״ש תימורתו אין מועלין בו וי״ל וכו׳ וכגון קול ומראה וכו׳ כמו כן באפר כיון שהוא וכו׳ כצ״ל:

דף ס׳ ע״א **ד״ה** משום דהוו וכו׳ הניחא למ״ד אין נהנין מאיברין אלא למ״ד נהנין וכו׳ וכאן לא חש להאריך וכו׳ שחוטה דצפורי מלורע וכו׳ כצ״ל ומ״ש הא דלא חשיב הכא שחוטה וכו׳ כעומר דהגם דהכא לא חש להאריך היינו מאיברי שעיר דאיכא למפרך אכתי הניחא וכו׳ אבל לפור שחוטה דמלורע דלכ״ע אסורה בהנאה כדאיתא בפרק האיש מקדש נ״ז א׳ הו״מ למימר שפיר משום דהוו תה״ד וע״ע ולפורי מלורע שלשה כתובים הבאים כא׳ ואין מלמדין ולא הוה לריכנן תו למיעוטי דושמו והערופ׳ ואע״ג דלתנא דבי ר״י שם אין כתוב מיוחד לאיסור הנאה דלפור דמלורע דיליף מנאמר מכשיר ומכפר מבפנים וכו׳ מ״מ הא איכא תנא שם דדריש וזה אשר לא תאכלו מהם לרבות את השחוטה ואיסור הנאה משמע לכ״ע כמ״ש התו׳ שם יעו״ש וא״כ לדידיה הו״ל ג׳ כתובי׳ והכ״ג דגם לתנא דבי ר״י ילפי׳ מלא תאכלו אלא תאכלו אלא דלא משמע ליה למילף איסור הנאה ממשולח׳ אבל לגמו׳ דלצבור דילפי׳ איסור הנאה בגילוי מלתא מעגלה ערופה הדרינן לכללין דלא תאכלו אף איסור הנאה נמי במשמע ועי״ע בדברי התו׳ דפ׳ בתרא דכריתות כ״ב א׳ סד״ה תנאי היא וכו׳ ודפ׳ אותו ואת בנו ס״ב א׳ וכיון שכן לדידיה נמי הו״ל שלשה כתובים ותו׳ שפיר לפי׳ שאין זה קדשים אלא מעשה חוץ ולא חשיבא מלוה לדידיה כ״כ לומר דבנעשית מלוה זו מוליאו מידי איסור הנאה ואפ״ה גלי קרא דאסירא דומיא דתה״ד וע״ע וא״כ הו״ל ג׳ כתובים דכאן גזרת הכתוב היא דאפי׳ אי הוה אמרינן בקדשים דלאחר מלותן אין מועלין הכא שאני וא״כ הדר קושיא לדוכתה דלמ״ד שני כתובים מלמדין אמאי לא ילפי׳ דס קדשים מתרומת דשן ועגלה ערופ׳ ומש״ה הולרך לתרץ ב׳ מעוטי כתיבי וכו׳ דהשתא ניחא נמי דהגם דמיעט קרא שאר קדשים דלא תילף מנייהו בצפורי מלורע דלאו קדשים אסריוהו רחמנא בהנאה כנלע״ד ודוק:

ד״ה ועגלה ערופה וכו׳ תהא קבורתה ואיתא הכיא דרש׳ בפ״ק דכריתות כנלע״ד שצ״ל דודאי בריתא סתמית היא שם בכריתות ולא נזכר שם דר״ש היא והגם דבפ״ק דבכורות ט׳ ב׳ קאמר דמודה ר״ש דפטר חמור לאחר עריפה אסור מ״מ גמר עריפ׳ עריפה מעגלה ערופה יעו״ש אין מכאן ראיה כלל דר״ש דוקא דריש הכי אלא נראה שצ״ל כמ״ש ועיין בחי׳ הריטב״א ומ״ש אך תימה להר׳ אלחנן למה לי הך דרשא תיפוק ליה וכו׳ ושמא דתרוייהו וכו׳ [(כצ״ל)] וצ״ל דתי׳ זה דהגם דשם לא משמע לן איסור הנאה היינו התם דכתיב וערפו שם דאמעשה עריפה קאי אלא דמשם יתירה שמעי׳ דטעון קבורה אבל קרא דוהביאתם שם וקרא דושמו פשטיה דקרא משמע שמיחם במקום מולנע ומכוסה ויניחם מלהשתמש בהם כלל אפי׳ בתר הנאה וא״כ דילפי׳ מעגלה ערופה דהיכא דכתיב שם איסור הנאה נמי משמע ולעיקר קושייתם הוה נלע״ד לתרץ דעיקר דרשא דכפרה כתיב בה איצטריך לפסול בה טריפה בקדשים כדאיתא פ״ק דחולין י״א א׳ ועיין בפרש״י שם וכפר׳ אין מעמידין כ״ע נקט דרשא פשוטה איסור הנאה מכפרה כתיב בה וכו׳ ולעולם דמשם הוא דנפקא ליה דהא מקדשים אדרבא קילין קדשים שמתו ילאו מידי מעילה דבר תורה ושוב ראיתי להתו׳ בפ׳ האיש מקדש נ״ז א׳ שתי׳ כן ופשוט דמ״ש כאן דאי כתיב בה כפרה לא ידעינן קבורה דכונתם דלא הוה ידעי׳ איסור הנאה לאחר מיתה אלא מחיים שעדיין לא נעשית מלותה ובדרך תי׳ בקידושי׳ ובע״ז שם ובפ׳ בית שמאי מ״ו ע״א יעו״ש והיינו שבקשו אתי״ז דלמ״ד דמחיים לא מיתסרא למאי איצטריך וערפו הא ע״כ מכפר שמעי׳ איסור הנאה לאחר מיתה דאם תפרש דבריהם דלעולם דמכפר הוה שמעי׳ איסור הנאה דלאחר מיתה אלא שלא היינו מלריכי׳ בה קבורה א״כ לא מקשו מידי דאכתי איצטריך וערפו להלריכה קבורה ועוד דכיון דאסירא בהנאה מסתמא טעונה קבורה כדי שלא יבאו ליהנות ממנה ואע״ג דקרא דכפר בתר עריפה כתיב וא״כ ע״כ דלאיסור הנאה דאח׳ מיתה אתא הא ליתא דאדרבא כיון דמקדשים הוא דיליף דאין שם מעילה אלא מחיים וקודם מלותן ה״נ נמי הכא וק״ל:

בא״ד ופי׳ הר׳ אלחנן וכו׳ והלא אין עיקר איסורה אלא לאחר עריפה וכו׳ ז״ל הריטב״א בהעתקת דברי הר״א ומיהו סוגין הכא כמ״ד שאסורה מחיים דאי לא לא שייך למימר בה שנעשים מלותה ומועלין בה שאין אנו אומרים הלשון הזה אלא במה שנאסר קודם מלותה ועמד באיסורו לאחר שנעשית מלותו ולא בדבר שאין עיקר איסורו אלא לאחר מלותו עכ״ד ואי קשיא לך דהא קמן דמייתי תלמודא מבגדי כהונה שאין בהם מעילה אלא לאחר שבלו ולא קודם כדאיתא בפ׳ האיש מקדש נ״ד ע״א וכמו שפסק הרמב״ם ז״ל בחי׳ ספ״ו מהל׳ מעילה יעו״ש י״ל דשאני בגדי כהונה דמן הדין היה ראוי למעול בה אפי׳ קודם אלא משום דלא נתנה תורה למלאכי השרת הוא דאמרינן דאין בהם מעילה כדאיתא התם וכמ״ש רש״י בסוגיין משא״כ עגלה ערופה דלא התחיל בה כלל אפי׳ רמז איסור הנאה עד לאחר עריפה והנה לפי׳ זה של הר״א הגם דסוגיין נתרלו לר׳ יוחנן קיימי׳ ור׳ יוחנן משמע דס״ל בפרק האיש מקדש נ״ז א׳ דע״ע לאחר עריפה מתסרא ולהכי ס״ל התם דצפורי מלורע נאסרין לאחר שחיטה אבל ר״ל דס״ל דע״ע נאסרת מחיים ס״ל בצפורי מלורע מחיים כדיליף התם ס״ל להר״א דאדרבא מדלא יליף ר״י התם מע״ע כדיליף ר״ל ש״מ דר״י נמי סבר דבחיים מתסרא ודוקא בצפורי מלורע ס״ל משעת שחיטה מכח הנהו פרכי דפריך התם לר״ל יעו״ש וניחא נמי בזה דלא פריך תלמודא כמ״ש אחר זה הניחא למ״ד דמחיים מתסרא אלא למ״ד וכו׳ דס״ל לתלמוד דע״כ ר׳ יוחנן מתסרא מחיים ס״ל כדמוכח התם וא״כ שפיר קאמר ר״י אין לך דבר וכו׳ דלדידיה ודאי הו״ל שני כתובים הבאים כא׳ אלא דשוב ראיתי דמסוגיא דפ׳ אותו ואת בנו פ״ב דמסיק התם אלא אמר ר״ח בר אבא אמר רב יוחנן ע״ע איתה משנה משמע דר״י משעת שחיטה נאסרת ס״ל יעו״ש וכן דייקו התו׳ בסנהדרין מ״ז ע״ב יעו״ש וא״כ ע״כ לומר דתלמודא לא חש להאריך ולהקשות לדר״י עלמו דס״ל דלא מתסרא מחיים לא הוו ב״כ אלא בעי לאסוקי קושטא דמלתא דשני מיעוטי כתיבי וכו׳ כנלע״ד:

בא״ד ול״נ דמכפרה וכו׳ אבל אחר קבורה וכו׳ והגם שתאמר דכיון דאסורה בהנאה כקדשים טעונה קבורה מ״מ אחר קבורה אימא דלא מתסר והכי אליטריך יתורא דשם וראיה דלתי׳ זה הרלונו דתי׳ דסוגיין אפי׳ כמ״ד דע״ע לא מתסרא מחיים אתי

והו"ל נ"כ דהא קמן דע"ע מתחיל איסור הנאה משאה טריפה דהיינו תחלת מעשיה ואפ"ה לאחר שנגמרו מעשיה דהיינו קבורה דאתי מתסרא בהנאה אלא דלהר"א לא משמע ליה ליישב כן דס"ל דעיקר מלותה ומעשיה היינו עריפ' וכאן נגמרו מעשיה ועוד דהכתי לא דמי לתה"ד שהתחיל מעילתו קודם מלותו ומעשיו כלל דזה הוי רבותא דהגם דמשמע דהא איסור היינו מכח המלוה דרמיא עליה שעדיין לא נעשית ואפ"ה אהכתי איסוריה עליה אף לאחר המלוה אבל בדבר שאסורו מתחיל לאחר המלוה הגם דאיכא שירי מלוה דהיינו קבורה אין זה רבותא דאסירא אף לאחר עשיית שירי מלוה דאימא דגזרת הכתוב לאוסרה שם לעולם ולא מכח מלוה דרמיה עליה הוא דנאסר והא קמן דקודם זה לא היה נאסר כלל כנלע"ד ודוק:

באו"ד ועוד מלינא למימר וכו' לעריפתה אינה וכו' והא אמרינן בריש פרק בתרא דע"ז [(ס"ב ב')] גבי ההוא דיהבו לי' חיטי באגריה דפריך ולקברינהו וכו' כל"ל למה שכתבו הנהו חיטי דנפל עלה יין נסך וכו' איתא שם ס"ה ב' והתם לא פריך מידי אלא אדרבא שרא נהו רבא למטחניה וכו' ולמכור לעכו"ם יעי"ש וע"כ ל"ל כמ"ש ומ"ש דשאני התם דאיתקשו למת מקבור וכו' דהכי מייתורא דקבור נפקא לן דלריך לקוברם כמ"ש רש"י שם וכדאיתא פרק נגמר הדין ואם כן איתקש קבור לתקברנו מה הוא אסור בהנאה אף עץ וכו' ומ"ש וכן ע"ז שטעונה גניזה וכו' הגם דלכאורה משמע דזה סותר למ"ש דהא הכא ילפינן איסור הנאה מדטעונה גניזה כדקאמ' התם ואימא דישראל כלל כלל לא דלא מתסרא ומשני השתא גניזם בעיא אתסורי לא מתסרא אלמא משמע דמקבורה ידעינן איסו' הנא' נראה ליישב דה"ק וכן ע"ז שטעונה גנזה דדרשינן ליה מוסם בסתר ומשמע התם דמהכא מוכח נמי איסור הנאה כדקאמר השתא גניזה וכו' לאו מהתם יליף אלא דמאחר דהלריכה גניזה הרי עשאה הכתו' ע"ז מיד ואם כן הרי הא כע"ז דעכו"ם דאסור' בהנאה. ומ"ש מלמד שטעונה גניזה לאו משום דמשם שמעינן איסור הנאה אלא כדפריך ולפי האמת וכו' כן נראה [(של"ל)] ומ"ש י"ל דג"ש אינה אלא משום מיתה בעלמא וכו' כלומר דלאו ג"ש גמורה היא אלא כמו מה מלינו כיון דמיתה ועריפה חדא מלתא היא עוד כתבו אי נמי ההוא שם דבגדי כהונה אינו מופנה וכו' כלומר דאימא דכוליה קרא לר' דוסא לשלא ישתמש בהם ביוה"ך אחר הוא דאתא כדאי' לעיל י"ב ב' וכיון שכן שבקינן ג"ש זו ועבדינן ההיא דע"ע ומת דמופנה מני' לדדק עוד כתבו אי נמי ההיא דעגלה אינו מופנה וכו' ואם כן הו"ל בגדי כהונה וע"ע אין מופנה אפי' מלד א' דאין למדין כל יקר כדאיתא בהמפלת שם משא"כ ג"ש דמת דמופנה מהא מלד א' ולמדין:

...גה מ"ש לעיל דאחד עץ שנתלה וכו' דאסורים בהנאה כן מוכרח בסוגיא דפרק בתרא דע"ז שם דאלת"ה מאי פריך מהך דלא חיישינן באיסורי הנאה למקברינהו בעינייהו וכן פיר' רש"י שם אלמא עץ גופיה איסורי הנאה וקברי ליה בעיניה ולא חיישינן לתקלה עכ"ד ומכאן קשה לע"ד על מ"ש הרמב"ם ז"ל בחו' פט"ו מה' סנהדרין שהעץ שנתלה עליו נקבר עמו שלא יהיה לו זכרון רע ויאמרו זה העץ שנתלה עליו פלוני וכן האבן שנסקל בה וכו' ועיין בהרל"ם שם דהא הכא משמע דמטעם איסור הנאה הוא דאל"כ מאי פריך אימא דדוקא התם לא חיישינן לקבור אותם בעיניהו משום דאין כאן חשש איסור ותקלה אלא משום זכרון ואי קשיא דאם כן אמאי אינם נקברין עמו ממש כדאיתא בסנהדרין מ"ו וכמ"ש ז"ל שם הא ודאי לאו טעמא משום דלא הוו כמהו ליאסר בהנאה אלא מטעם דאין זה כבוד למת לבזותו כל כך להניח בקברו הדברים שהרגוהו ולחלק דס"ל ז"ל דבעץ דוקא טעמא משום זכר אבל באבן וסודר אפ"ה דטע' משום איסור הנאה ולהכי חלק אותם ז"ל בלשונו יעי"ש דזה אין טעם לחלק אם לא שנאמר דכיון דלא היו גוזזין האבן ממש שנסקל בה כדאיתא בפרק נגמר הדין שם אלא מביאין אחרים תחתיה ובהם אין טעם לאיסור הנאה אלא דהכתי יקשה דגם לא שייך טעם דזכר כיון שלא היתה האבן עלמה סוף דבר דבריו ל"ע וק"ל:

ד"ה ועגלה ערופה ב' כתובים וכו' מעילה בעגלה ערופ' אלא איסור וכו' ואפי' היה וכו' משם שם מעגלה דמת לא שייכא ביה מעילה וכו' כל"ל ומ"ש ואומר ר' דלעולם אין נעשית מלותו עד שית יבש וכו' וכדמסיק התם כי נזר אלהיו עליו שמן משחה קרייה רחמנא דאף על גב דאיתא עליו לא איתהיל וכן כתב בתוס' חדשים שם ואף על גב דקרא איצטרי' לפטור הסך בהמה וכלי' כדאי' התם מ"מ כתוב אחד מיותר הוא דלהביא הוה דלימא על אדם לא ייסך בשר למה לי אלא לרבות נתן על בני מעיו ואם כן אי לאו משום דאין נעשית מלותו עד שיתקיים הוה ליה ודאי ג' כתובים:

באו"ד ול"נ דלא מלינו למימר הכי דהא ר' יהודה הוא דאית לה בפרק ד' מיתות [(ס"ו ע"ב)] וכו' אטפי' שע"ג שסך משמן וכו' כן לר"י להויות והענין מבואר אלא שלא זכיתי להבין למאי דמשמע מדבריהם שאם כהן גדול סך משמן שעל ראשו לכהן ולמלך פטור ואילו לעצמו חייב והרואה בדברי הרמב"ם רפ"א מהל' כלי המקדש יבין דדוקא בנותן שמן על גבי מלך וכהן גדול שכבר נמשהו דרך משיחה יהיה דפטר ר"י משום דגבי נתינה כתיב ואשר יתן ממנו על זר והני לא זרים נינהו אבל בדרך סיכה כולם אסורים דעל בשר אדם לא ייסך כולם במשמע יעו"ש וא"כ לדבריו כלפי סיכה הו"ל ודאי איסור שוה בכל ויש ליישב דבריהם דס"ל דכיון דנקט התם הסך בשמן המשחה וכו' למלכים ולכהנים ר"מ מחייב ור"י פוטר משמע דגם בסיכה פוטר ודוקא בכ"ג עצמו משום דגלי קרא כי נזר אלהיו על ראשו וכדי שיזהר בקדושתו גזר בו הכתוב כן אבל בכהנים אחרים לא עדיף שמן זה משאר שמן המשחה דלא אתחיל ואפ"ה אם סכו ממנו פטורים ואם משום על בשר אדם דמשמע כל אדם הא גלי קרא גבי נתינה על זר דכהנים לאו במשמע וה"ה סיכה כנלע"ד וק"ל:

ד"ה הניחא למ"ד וכו' כרבנן דר' דוסא וכו' כל"ל ועמ"ש בזה בתוס' דסוגיין:

ד"ה תרי מעוטי וכו' כל מקום שנא' בתורה גדי שהם אפי' פרה וכו' ושביעית דתופסין דמיהן איכא וכו' ולא חניפי הניפין וכו' כל"ל והביא דפרק ר' ישמעאל הוא בדף כ"ז ב' יעי"ש כי הענין מבואר וכל עיקר כונתם נומר דד' מיעוטי לריכי דאיכא שום סברה דנמעט חד ולא נמעט אידך על דרך מ"ש תוס' בפ' כל שעה כ"ד ע"א וכמ"ש הריטב"א כאן ועמ"ש בסוגיא ומה שסיימו וכן בפ"ק דקדושין גבי עביהה וכו' חפשתי שם ולא מלאתי כלום מזה:

ד"ה התם כתיב הערופה וכו' ומסמיכת התיבות וכו' כל"ל וכונתם דהערופה עלמו מייתר ודרשינן ההיא דפ"ק דחולין כ"ד ע"א בעריפה ולא בשחיטה ומיתורא דה"א דרשינן הן דהתם זאת בעריפה וכו' ודרשי נמי הך דהכא דבעלמא לא משו' דה"ל יתירא אדרשי' דשם דאיסור הנאה נמי קאי ומסמיכות התיבות העגל' להעדפה דרשי' הא דהתם י"א א' הערופה כשהיא שלימה ועיין בתו' שם ובמה שהגיה המהרש"א שם כי הענין מבואר ועיין בתו' דמעילה י"א ע"א ד"ה ב' מיעוטי וכו' כי בזה תירלו בשם הר"פ דהכא ב' מיעוטי לריכי משום דלא מלי למשתק מהערופ' דהא אלטריך לזאת בעריפה וכו' יעי"ש ולפ"ז סתמא דתלמודא דקאמר ב' מיעוטי לאו משו' דלריכי תרי דודאי בחד סגי אלא הכונה דכיון דיש מיעוטא דומיא ולא אחר דומיא דהכי דרשינן הערופה והגם דעיקר קרא לזאת בעריפה יכו' אילטריך וק"ל:

ד"ה חד למעט מנותר וכו' יקשה הרי אלאחן למה לי ב' קראי ליכתוב חד וכו' והך ג"ש ילפינן וכו' ואומר ר' דילפי' בפ' ב"ש חייב טומאה וכו' כל"ל ומ"ש קדש קדש מנותר וכו' וכן לשון הריטב"א לא דייקו בלשון דג"ש היא חלול חלול כדאיתא התם אלא דלא נפקא מינה כיון דבהנהו קראי נמי ליכנא דקדש כתיב בהו ומ"ש ויליף נמי התם נותר נותר מטומאה לחומרא וכו' הגם דהתם יליף מלא יחללו בבני חלולין הכתוב מדבר א' פסול נותר וא' פסול טומאה ס"ל ז"ל דגלוי מלתא בעלמא היא ועיקר ילפותא משום דים לנו להקים לחומרא מטומאה ולא מפגול ואילטריך גילוי מלתא כדי שלא תלמוד מפגול לקולא משום דנפישן כדאיתא התם אבל ודאי דעיקר קרא בטומאה נאמר והיינו דסיימו אבל בטומאה גופה דכתי' בהו רבויא וכו' כלו' דכיון דעיקר קרא בטומאה כתיבה לכי אי לא כתיב אלא חד מיעוטא הוה מוקמינן ליה בטומאה אבל נותר לא הוה יליף מטומאה אלא מפגול דאינו נוהג במתיר עלמו ובזה אין מקום למה שהק' בס' פנים מאירות בשיטתו לזבחים מ"ו ע"א על דברי התו' דהתם שכתבו כדהכא

כי הרואה יראה מסידור דבר בס דהכא שכיונו לתרץ קושיתו ועמ"ש בזה בתו' דסוגין וק"ל:

ד"ה אבל בדברים וכו' הקי' ריב"א א"כ וכו' ולעיל במכלתין מ' א' אמרינן וכו' מקמי מתניה דשעיר בפנים חוקה וכו' כנ"ל וכלומר דאפי' לר"י דמתנות היכל לא מעכבי סדרא קאמר התם הכי וכמו שפרש"י שם וא"כ ע"כ לדידיה משום איחור מתנות שעיר בפנים נמי כתיב חוקה וא"כ תימה קצת דמשמע דגם משום הקדמת עבודה פנים שלא כדין כי הכא כתיב חוקה יתי' די"ל דלעולם שאני לן בין איחור להקדמה דבה אין לחוש לסדר דלא גרעא משום דהחשיבה להקדימה ותדע דהא לעיל שם במתנות פר דעבדינהו לפני הגרלה לא מעכב אע"ג דגוף וכו' וא"כ הרי זה סותר למאי דקאמר התם מעיקרא דבאיחור מתנות מעכב סדרא אלא ע"כ דשאני לן בין איחור להקדמה דלא משמע להו הכא לומר דאע"ג דהשתא הדר ביה תלמודא מהכיא סברה כמ"ש לעיל שם ד"ה נהי דבסדרן וכו' יע"ש עוד כתבו א"נ אפי' תאמר דבהקדמה נמי יש לחוש לסדר והיא דהגרלה שאני דלא השיב הפסק וכדרך פי' ר' שכתבו שם בסוף דבריהם ועיין מ"ש שם מ"מ לא תיקשי דהכא לא חיישינן להקדמת הוצאת כף ומחתה דלא חמירא כשאר עבודה פנים וכו' כנלע"ד לפי המשך יכונת דבריה' ועיין בל' הריטב"א. ומה שסיימו ומיהו בתוס' דחיק רש"י שהיה יכול לפרש בשאר וכו' [(כנ"ל)] ועיין מה שיישב הריטב"א וקרוב לזה כתבתי בפרש"י וע"ש כי שם הבאתי ראיה מתוס' דפרקין כי דינו של רש"י אמת הוא וע"ש ועוד נראה דאיהו ז"ל הוכרח לפי' כן מכח אריכות לשון של ר"י דלמאי תני אבל בדברים הנעשים בבגדי זהב וכו' הרי אף ר"י מודה לו בזה והכי הו"ל ר"י אומר אף בדברים הנעשים בבגדי לבן בחוץ אם הקדים מעשה לחברו לא עשה כלום וכן לשון ברייתא דירוש' דסוף פרקין יע"ש [(כי נ"ל בגדי לבן במקום ב"ז כמ"ש המפ' שם)] ולהכי ניחא ליה ז"ל לפרש דאתא נמי לאשמועינן דבדברים הנעשי' בב"ז לא משכחת פסול סדרא כלל ל"מ מב"ז לב"ז אלא אף אם הקדים הוצאת כף ומחתה אין מעכבין ילוי לפסול כנלע"ד וק"ל:

ע"ב **ד"ה** וחד למעוטי וכו' מדפריך לקמי' וכאמר' ר"י תנא ר' נחמיה בדברי האומר וכו' כנ"ל ולעיקר קושייתם עיין מ"ש בפרש"י ז"ל

ד"ה אי מעכבי וכו' ולא אפשיטא וכו' כנ"ל וז"ל הריטב"א אלא הכי פי' אי בלאו האי מעוטא אית לך דמעכבי השתא נמי מעכבי דהאי קרא לאו להכי הוא דאתא ואי בלאו האי קרא לא מעכבי השתא נמי לא מעכבי כלו' דמהא ליכא למשמע מינה עכ"ד ומה שסיימו ולא אפשיטא לן אי ר"י וכו' יראה שכיונו בזה דלפרש"י תיקשי לן דמאי דמפרש תלמודא מלתיה דר"י דקאמר שניהם מקרא א' וכו' ל"ל דר' יוחנן הוא דס"ל דלר"י שירים מעכבי וכמו שפי' ז"ל ד"ה כדתניא דלר"י שירים מעכבי וכו' ואם כן הו"ל למימר תלמודא מפלוגתא דר"י וריב"ל דבסמוך תסתיים דר' יוחנן הוא דאי שירים מעכבי א"כ ומשמע דלא איפשיט לתלמודא אי מנייהו קאמר הכי וכדמשמע נמי בפרק איזהו מקומן נ"ב ב' דהוה בעי תלמודא התם למפשטה ולא איפשיטא ליה יע"ש וגם זה יש ליישב לפרש"י ז"ל דכיון דמאי דקא' תלמודא לפרושי מלתא דר' יוחנן לא ברירא ליה שפיר דהא פרכינן לפ"ז דר"י אדר"י וא"כ אין לנו לומר דר"י ור"ל פליגי בהאי סברא אי שירים מעכבי או לא מעתה לא מצי תלמודא לומ' תסתיים כון דאכתי לא ידעינן פי' דקא' ר"י ושניהם מקרא א' דרשו וכו' וק"ל. ודע דבירוש' דפרקין קאמר בהדיא דר"י הוא דא' שירים מעכבים א"כ יע"ש:

דף ס"א ע"א **ד"ה** בקטורת וכו' נמצא שקדמו מתנו' דפר דלפני ולפנים וגם בהיכל וכו' ומשמע שאם נשפך דם השעיר אחר מתנות פר שבהיכל וכו' כנ"ל:

ד"ה וכפר את מקדש וכו' פרש"י דמיירי לענין טומאה וכו' ואין נראה לר' וכו' דמסתמא כל מתנה שבינה מחד וכו' הנהו לטומאה שבפנים וכו' [(כנ"ל)] וקו' זו כבר יישבוה הם עצמם בתוס' דשבועות י"ג ב' ובמנחות ל"ב א' שכתבו ושמא כיון שהושוו לענין כפרה הושוו לכל דבר וכו' ע"כ ומ"ש אם שימש בטומאה עמה שימש וכו' אינו מכפר אלא על טומאות וכו' [(כנ"ל)] ומה שסיימו אין שייך זה למזבח אלא להיכל כונתם דרש"י ז"ל פי' בשבועות שם דמזבח היינו מזבח הזהב יע"ש ולפי

זה כתבו דאם האיסור הוא משום דשבה זה אינו שייך למזבח אלא להיכל ששם הוא עומד וכו' וכ"ש קשה. שנראה מדבריו ז"ל כאן דמפי' לה במזבח העולה שבעזרה וקשה ג"כ דזה אינו שייך אלא לעזרה וכבר אפשר דהכא נמי במזבח זהב שבהיכל איירי ומה שסיים לפי שנטמאה בעזרה היינו כל המקדש המקרא בכללות בשם עזרה וכדתנן במדות כל העזרה היתה וכו' ולעיקר קושייתם עיין מה שיישבתי בחי' לשבועות בתו' שם ומ"ש ועוד דקא' בפ"ק דשבועות וכו' והיכי מתוקם בכן קרא וכו' [(כנ"ל)] וכונת קושייתם דהתם קא' ר' יהודה גופיה וכפר על הקדש יש לי בענין זה להביא ג' טומאות ע"ז וכו' יכול על ג' טומאות הללו יהא שעיר מכפר ת"ל מטומאות בני ולא כל טומאות וכו' והיכי פריך וקא' יכול וכו' כיון דאיהו גופיה דריש לה בברייתא הכא לענין טומאה שאירעה במקדש ואהל מועד וכו' דאי בג' עבירות איירי למה הזכיר הכתוב את אלו ובתו' דשבועות הזכירו סגנון הקושיא באופן אחר והכל הולך אל דרך א' שכתבו ועוד אי בטמאה מקדש וקדשיו איירי הכא לר' יהודה מאי קאמר לעיל ר"ש ממקומו הוא מוכרע הא אפי' לר' יהודה נמי מקומו מוכרע ע"כ וגם זה יש ליישב לפרש"י ז"ל דר"י לא חשיב הכרע זה משום דודאי יש לפי' קרא לענין סידור הזאות וכפי' ז"ל ולא לענין טומאה אלא דלאחר שידענו מקרא אחרינא מדיוק דמטומאות ולא כל טומאות דמטו"ק איירי השתא ניחא לן למדרש כוליה קרא בפרטות כפרת טומאה זו ולא לסידור הזאות שכבר למדנו אותם מפסוק דוכלה לכפר את הקדש וכו' כדדריש בסמוך דאם ללמד דגם משיח בשמן המשחה ומרובה בגדים צריך לעשות כל סדר ההזאות וכמ"ש בסוף דבריהם הוה סגי דלימא קרא וכפר הכהן אשר ימשח אותו וכו' ולבש את בגדי הבד בגדי הקדש והיתה זאת לכם לחוקת עולם וגו' דמינה ילפינן דכל הכפרה האמורה למעלה תהיה לדורות בכהן משוח וכו' אלא ודאי דאפרטות כפרת טומאה הוא דאיצטריך קרא דזה לא פרט אותו למעלה אלא כתב בכללות וכפר על הקדש מטמאות בני ישראל וכו' ועיין בספר קרבן אהרן פ' אחרי מות פרק ח' שגם הוא קיים פרש"י ז"ל יע"ש ומה שיש לדקדק מל' ירוש' דפרקין דמשמע כפי' ז"ל כבר אפי' ליישבו גם לפרש"י ז"ל וכמ"ש בחידושי לשבועות יע"ש וק"ל:

בא"ד ולענין עיכובא מיירי דלמלוה נפקא לן מדכתיב והזה אותו על הכפורת וכו' והזה עליו מן הדם באצבעו שבע פעמים וה"פ זו לפני וכו' כן נר' של"ל וכונתם דמקרא זה בא ללמדנו מקום ההזאות היכן הם לעכיבא וכמ"ש הריטב"א בשמם לכן פי' ר"י ז"ל דמתניתא מפרש משפטי שהזאות דם השעיר היכן הם וכו' עכ"ד דלמלוה כבר ידענו מהפסוקי' הקודמים והזה אותו על הכפרת מקום דלפני ולפנים ומוכן יעשה לאהל מועד פרוכת דהיכל ומוהזה עליו במקום מזבח ול"ל דהגם דלר' יהודה דהך ברייתא תוקה אהזאות דלפני ולפנים מיהא קאי מ"מ הו"א דמקום בין הבדים אינו מעכב דחוקה אעיקר הזאות שיהיו בבית קה"ק דוקא קאי ולהכי איצטריך הא קרא לעכב גם אמקום אלא דלבסוף הקשו דעכוב מקום נמי נ"ל מאידך קרא דדריש בסמוך וכלה מכפר את הקדש זה לפני ולפנים וכו' אלא שמדברי התוס' דשבועות ודמנחות שם משמע דאמלות הזאות דוקא קאי לא אמקום וזה שסיימו שם ולעכובא לא איצטריך דנ"ל בפ' איזהו מקומן ובפי' הוליאו נו וכלה וכפר אם כלה כפר וכו' וע"כ הנראה יותר לפי דבריהם דהכא גם בדרך זה וה"ק ולענין עיכובא איירי שההזאות עצמם מעכבים ל"מ דלפני ולפנים דהא כתיב חוקה אפילו לר"י אלא אפי' הזאות היכל ודמזבח הם עצמם מעכבים ומה שסיימו כאן ואי לעכובא נ"ל מוכלה וכפר דבסמוך היינו דרשא דלעיל דבסמוך אם כלה כפר דלר"י אכולהו מתנות קאי דמעכבי ואפי' תפי' דהיינו דרשא דלקמן וכלה מכפר זה לפני וכו' מ"מ כונתם דכי כולם מפו' בכתוב ואכולה כתיב מכפר שצריך לעשותם לעכובא ואם לא כלה לא כפר ומ"ש וכן משמע כאן דמייתי וכו' [(כנ"ל)] ומ"ש מיהו לפרש"י אינה קושיא וכו' שהכל כפרה א' היא וכו' כלו' שכל הזאות לפו"לפ כפרה היא וכן דהיכל כפרה בפ"ע היא וכדרך שיישבו התוס' דסוגיין יע"ש ומ"ש ואי לעכובא נ"ל וכו' כדתניא בת"כ וכפר הכהן אשר וכו' [(כנ"ל)] וק"ל:

ד"ה חטאת וכו' וא"ת וכא נפקא לעיל מקרא דוכלה וכו' לכבין דבריהם לריך אני להקדים דס"ל דמלתיה דלר' יוחנן אמהני'

קאי דכן משמע מדקאמר ר"מ סבר דאי אברייתא קאי מהיכא פשיטא ליה דת"ק דברייתא ר"מ היא אבל אי אמתני' קאי ניחא דדחיקא להו לפרש כמ"ש בסוגיא יעו"ש עוד לריך להקדים דהם ז"ל מפרשים מכאן אמרו וכו' דקתני ברייתא דהכולה מלתא דקאמר ת"ק קאי דממה שכתובים הכתוב כל א' כפרה בפ"ע למדנו שאין ט להפסיק בכפרה א' בב' בהמות אלא לריך להתחיל בתחלה ולמדנו דבגמר כפרה א' ונשפך הדם שא"ל להתחיל אלא הבאה אחריה דכפרה שנגמרה נגמרה כיון דאין הכפרות תלויות זו בזו אלא הכפרה בעלמה הזאותיה תלויות זב"ז וזה כמו שפי' בס' ק"א בת"כ שם ולא ס"ל לפי' הפרש"י דאגמר מתנות דוקא קאי וכמ"ש בסוגיא בפרש"י יעו"ש ומעתה יהיו דבריהם מבוארים לפניך דמתחלה הקשו דלמ"ל לר"י למהדר אטעמא דר"מ דמתני' משום דחטאת א' וכו' לימא טעמא מקרא דוכלה מכפר וכו' דמשם למדה הברייתא לעיל בסמוך דכל א' כפרה א' ואין לך להפסיקה בב' בהמות ותי' דשמא גמרא גמיר ליה ר"י דמקרא זה לר"מ אצטריך לשום דרשא אחריתי והכריחו דבר זה דהא ע"כ לר' אלעזר ור"ש דס"ל שפסק אי אתה יכול לומר דכל הזאות שבפנים כפרה א' אלא משמע דכל הזאה והזאה כפרה בפ"ע היא וא"כ ע"כ דמקרא דלעיל דמשמע שכל א' כפרה בפ"ע דרשי ליה למלתא אחריתי ואי קשיא לך אדבריהם דהא אכתי לריך אקרא דוכפר לומר דאם בגמר מתנות פנים נשפך הדם א"ל לחזור להם לכ"ע תריץ דל"מ לר"א ולר"ש דאין לורך לזה דמחיטוי א' נפקא כיון דאין לנו לחזור בהזאה ב' פעמים אלא אף לר"מ ממילא שמעינן לכא דע"כ לא הקפיד הכתוב שלא יהיו בב' בהמות אלא בכפרה א' בעלמה דבהא איירי קרא דחטאת הכפורים אבל בכללות הכפרות לא הקפיד וכמ"ש בפרש"י ד"ה חטאת א' וכו' יעו"ש וא"כ מהיכא תיתי לומר בזה שלריך לחזור בתחילה במתנות פנים זהו הנראה בפי' דבריהם:

אלא כאמת שיש בהם קלת מן הדוחק לע"ד דכיון דסתמא דתלמוד סדי' מלתי' דר"י בתר ברייתא זו משמע דאיתנהו לטעמא דברייתא ולטעמא דר"י ותרווייהו אילטריכו דמשם לא למדנו אלא לגמר מתנות פנים דא"ל לחזור בתחלה וכדרך פרש"י ז"ל ועוד דאף לפי הבנתם אינו מוכרח דר"ש דרים למלתא אחריתי והא קמן בירוש' שהעתקתי בסוגיא דר"א ור"ש דרשי מוכלה מכפר דאפי' נתן מתנה א' אמרה תורה כלה יעו"ש והגם דאין נראה כן מפשט סוגיין נקוט מיהא דדרשא דברייתא מוסכמת היא אליבא דכ"ע וכיון שכן עפי ניחא לפי' הפרש"י ז"ל דגם ר"י מודי' להאי דרשא אלא דמהדר אטעמא דנתן מקלת מתנות דלמר לריך להתחיל בתחילה ולמר מקום שפסק יזה לא שמענו מאותה הברייתא ולפ"ז לריך לי' דל"מ לר"מ דלריכי' אנו לדרש' דברייתא שהרי אפשר לומר דגלי קרא בכפרה אחת בעלמה שאין לעשותה בב' בהמות וה"ה בכללות הכפורת דהא כיון שלא ידענו מקרא דכל א' כפרה בפ"ע מסברא הו"א דכללות כל הכפרות ככפרה א' כיון שהקפיד הכתוב אף בסדר שלהם וכך לי כפרה א' כמו כללות הכפרות שאין לעשותה בב' בהמות אלא אף לר"א ולר"ש אילטריך דדוקא השתא דגלי רחמנא דאין כפרות ההזאות תלויות זב"ז הוא דאמריק דגם בכפרה בעלמה כל הזאה חשיבא ככפרה בפ"ע וזה למדנו מדאי' רחמנא חיטוי א' וכו' אבל אי לאו קרא דוכלה מכפר אדרבה הו"א שכל כפרות בהזאות כמדא חשיבי ואז הוה דרשינן חטאת א' אמרתי שיש לך לעשות כל הכפרות בבהמה א' דוקא ול"ש נתן מקלת מתני' או גמר מתנות פנים לעולם חוזר לכתחילה כיון דכל הכפרות אדוקות זב"ז באופן דקרא דוכפר למדנו שיש לנו לדרוש קרא דמדם חטאת וכו' דהיינו חיטוי א' וכו' ול"ש בכללות הכפרות ול"ש בפרטות שלהם לעולם א"ל להתחיל אלא ממקום שפסק כנלע"ד ודוק:

ד"ה בפר"ח גרס לא חילק ר' יעקב בלוגין ולא וכו' דס"ד דקאי וכו' לא שנה ר' יעקב בלוגין כלו' לא שנה וכו' כנ"ל ועיין בחי' ריטב"א כי שם מבואר יותר:

ד"ה נתן מקלת מתנות שבפנים וכו' אלא היה עומד בשער ניקנור וכו' במס' נגעים ע"כ אין זה מבואר שם דהתם פי' י"ד תנן טבל והזה ז"פ כנגד בקה"ק אלא דמשמע להו מדקתני שם במשנה ח' בא לו אלל המלורע והוא היה עומד בשערי ניקנור כדקתני א"כ משמע ששם היה עושה הכהן כל המעשים שאח"ז אבל נלע"ד שאין זה מוכרח דהא מדקתני הכא בסיפא בא לו אלל המלורע וכו' משמע שעד עתה היה עומד הכהן בפנים בעזרה וגם הזה ז"פ וכן ראיתי להרש"ש שם שפי' שהיו בעזרה וכתב ועוד תניא בהקומץ רבה ושבמצפנים ושבמלורע וכו' משמע דשבמלורע לאו בפנים ניהו אלא בעזרה היה עומד וכו' יעו"ש דלפ"ז כלפי הזאות ייוכן שהיו לפ"ז הר"ל דמלורע לא היו בפנים אבל לעולם שהיו בעזרה והכא כלפי מתן בהוות שלא היו בשער ניקנור קתני גבי מתנות שבפנים שהיו בעזרה והא דקתני ויתחיל מתחלה במתנות שבהיכל היינו מלד שהיה מזבח כנגד היכל וקה"ק ובגי' התוס' שהביא הר"ש שם הגי' ויתחיל בתחילה בפנים וכו' אלא שראיתי להרש"ש שם בהקומץ שפירש ושבמלורע בשערי ניקנור משמע של מלורע ע"כ אלא שיש לפי דבריו דלעולם שהיה עומד בפנים בעזרה סמוך לשער ניקנור וכן יש לפרש דבריהם דה"ק לאו דוקא נקט שבפנים שודאי לא היה נכנס לפנים להיכל אלא הכונה שהיה עומד מבפנים בעזרה סמוך לשער ניקנור וכו' וזה כמ"ש הרש"ש שם יעו"ש וקו"ל:

ד"ה אלא מעתה וכו' לא כתב קרא יתירא כי התם וכו' דמשמע שירי שירים וכו' לית ליה והנשאר בדם אם נשאר אלא שלריך וכו' כנ"ל:

ע"ב ד"ה אשם מלורע וכו' ולא היה לו לפרש וכו' ומפרש ר"ש שנשפך הדם קודם שנגמר וכו' והאי אחד [(כלו' אשם אחר כמו שפרש"י)] לא דרשי וכו' שלא ישחוט אחר וכו' כנ"ל ועמ"ש בתוס' דסוגיין וקו"ל:

ד"ה דברי ר"א וכו' דאזדי לטעמייהו וכו' מיהו משמע דאפי' נשפך אחר וכו' ולא מטמי בגדים כשרפין וכו' כנ"ל ופשוט דמתחלה הוה ס"ל למימר דפלוגתייהו בנשפך הדם באמצע מתנות והחכמים דהכא היינו ר"מ דלעיל דס"ל דלריך לחזור ולהתחיל הכל כלו' מתחילת מתנות פנים ודוקא בזה ס"ל דאינו נשרף אלא אחרון שהועילו מעשיו אבל בנשפך לאחר גמר מתנות פנים בזה לרבנן נמי גם ראשון שהועילו מעשיו במתנות פנים נשרף ומטמא בגדים כאחרון אבל אח"ז כתבו דמיהו משמע מלשון רבנן דקאמרי הואיל וגמר בו כפרה דאיירו אפי' בהועיל ראשון לתחלת כפרה דמ"מ אינו נשרף אלא אחרון מהטעם שכתבו ולפ"ז פלוגתייהו בנשפך לאחר גמר מתנות פנים וכיון שכן אין אנו מוכרחים לומר דרבנן דהכא כר"מ דלעיל ס"ל דאפי' סברי כר"א ור"ש בנשפך תוך מתנות פנים דיתחיל מקומס שפסק מ"מ ס"ל בכלהו גווני דאינו נשרף ומטמא בגדים אלא אחרון שבו נגמר הכפרה ועיין בחידושי הריטב"א כי הדבר מבואר ועמ"ש בפרש"י ז"ל וקו"ל:

דף ס"ב ע"א ד"ה אלא לרב פפי וכו' וק' להרי אלחנן אדרבא וכו' יבוא שנים ויגריל וכו' כנ"ל:

ד"ה שלש קופות וכו' ול"ע למה הם עושים כך ע"כ והריטב"א סיים ובודאי שכל הקופות ותרומות לכל ישראל וכו' אלא בשעה שתורמין את הלשכה היו אומרים שיהא נקראת כל א' וא' לשם בעליה קריאת שם בעלמא מפני שכל הקודם זכה ע"כ וכן תמלא בסמ"ג שכתב בשם ר"י יעו"ש אלא דתוס' דהכא אכתי לא ניחא להו בזה דמ"מ מה הרויחו ומה שבח יש לאלו הקודמים בזה כיון שבאמת הוא דעל שם כל ישראל היה תורם וקו"ל:

ד"ה ואם שני וכו' כמו גבי פסח שאכילתו מלוה ע"כ ויש בו ג"כ אמורים למזבח ובעי למיהוי מן המובחר הריטב"א ז"ל וע"ע בלשון תוס' דסוגיין לקמן פ' שני שעירי ס"ד ב' ד"ה ואם היה שני וכו' וקו"ל:

פרק שני שעירי

ד"ה שני שעירי וכו' אבל גבי בהמה וכו' עיין בהריטב"א כי שם מבואר יפה:

ד"ה יקח זוג לשני וכו' למה לא יקחו זוג אחר וכו' כן נראה שצ"ל והכונה מבוארת שהיה להם להניח זה שנשאר לשעיר הנעשה בחוץ דמוספין ויקחו ב' אחרים כאי לשל שם ושל עזאזל וכן כתב הריטב"א אלא דשם כתב על תירוצם דלא נבירא מדלא פירשוה בגמרא אלא ודאי סתמא קתני ואמפי' שאין לנו מדין שעיר לעשות בחוץ שאין מלוה לקיחה כאחת כל כך לערבב עליו את השורי כל כך עכ"ד ולדרכו ניחא דהיינו דאשמועינן מתני' דסגי ליה זוג לשני

ואף שיכול לעשות את שנשאר לשעיר דחוץ דלפירושם לא אשמועינן אלא דגם את א׳ מהם הו״ל בדיעבד דאין לקיחה כאחת מעכב דאין זה רבותא כל כך וקי״ל:

ד״ה משהגריל וכו׳ כדאמר ר׳ שמעון בגמרא די״ל דמשום וכו׳ כדפריך גבי מראה וקומה דלעולם וכו׳ שעיקר מצותה אינה אלא וכו׳ כן נראה שצ״ל וכונת תירוצם דמשום דאינה אלא מצוה בהגרלה לא מפני זה נאמר דאפילו לכתחילה יכול ליקח אחר בלא הגרלה דהיכא דאפשר להגריל ישתדל ויס״ה כדפרי׳ גבי מראה וקומה דהגם דא״א להיות זה מ״מ לעולם למצוה בעינן שישתדל ליקח השוין כל מה שיכלו להיות ואע״ג דבלקיחה כא׳ פרישית דלא בעינן למצוה אפילו לכתחילה אלא כשהזדמן לו דה״ט דקתני לעיל במת א׳ מהם דיקח זוג לשני ולא אמרינן דראשון שנשאר ידחה וירעה ויקח שנים כא׳ למצות היום כי הכא דשאני התם דעיקר מצותה מאתמול ואינו דבר הנוהג ביוה״ך עצמו ואין מצותו אלימא כ״כ לומר דראשון ידחה מפני זה משא״כ הגרלה דחשיב שהרי היא נעשית בגופו של יום דאלימא מצותיה להביא זוג אחר ולהגריל ושני ידחה ועיין בהריטב״א זקי״ל:

בא״ד כי הכא שאינה אלא רועה וכו׳ ור״י דאמר ימותו אינו אלא משום דס״ל דב״ח נדחין כדמפרש רב בגמרא [ס״ד ע״ב] כן נראה שצ״ל וכונתם מבוארת דלר״י דאית ליה נדחין כך לי רועה כמו מתה ולפ״ז ל״ל דהא דפריך התם ומשום מצוה ימותו היינו למ״ד דאינן נדחין אלא דהרואה יראה דהכיא סוגיא אליבא דר׳ יהודה היא יע״ש ועוד מה שחילקו בין רועה לימותו למ״ד דאינן נדחין אין נראה כן לקמן דהא רב דסבר דאין נדחין מפרש למתני׳ אקתני רועה שני שבזוג אבל שני שבזוג ראשון קרב אלא שזה יש לפרש דאפ״ה מיתה אין לומר בזה אלא רועה וגם קושיא ראשונה יש לתרץ דלעולם בדבר הנדחה כי מתניתין לא שאני ליה לר״י בין רועה לתמות אבל שם דאיירי בפר ושעיר שאבדו אפילו לר״י לא הוה לן למימר משום מצוה דימותו אלא רועה כיון שלא נדחו אלא שאבדו ורחוי הוא אלו היה לפנינו ועיין בדבריהם לקמן סד״ה הובות של שנה זו וכו׳ ומה שלא תירץ כן אקושיא קמייתא דהכא דנדחו אמרינן אפילו משום מצוה דרועה משום דהא ניחא לר״י דמפרש שני שבזוג ראשון דהשתא רועה קאי אשעיר שנדחה אבל לרב דמפרש רועה אשני שבזוג שני שלא נדחה הוה ליה כי אבודה שלא נדחה דלא אמרינן משום מצוה דימותו וע״כ לחלק לדידיה בין רועה למיתה כמ״ש וכי תימא דא״כ דאיירי בשלא נדחה מאי מתרלי אדרבי יהודה משום דאית ליה דנדחין הא לא קשיא דהא אליבא דרב ר״י בתרתי פליג וס״ל דשני שבזוג ראשון תמות דהו״ל אותו שנדחה וכמ״ש רש״י ז״ל לקמן ס״ד ב׳ ד״ה כי קאמר אליבא דרבנן וכו׳ יע״ש וא״כ שפיר כתבו דלר״י לא שאני לן בין מיתה לרועה כיון שנדחה ועיין בהריטב״א לקמן ס״ה ע״ב בד״ה ועוד דהא דר׳ עבי וכו׳ כנלע״ד ודוק:

ע״ב ד״ה חד למראה וכו׳ א״נ מהכא לא דריש וכו׳ בצ״ל וכלומר דלקיחתו כא׳ לא נפקא משני יתירא אלא דתלמודא לא חשש להזכירו וכמ״ש קודם אלא דמהכא לא דריש מידי אבל ילפינן ליה מדסמכי׳ ליקח וסתמא דתלמודא קיצר בלשון וכאלו אמר חד למראה וחד לקומה וחד לדמים וכי יש ספרים דגרסי בהדיא חד למראה וחד לקומה וכו׳ וקי״ל:

ד״ה תהיה וכו׳ יכול אם הביא כן וכו׳ כצ״ל וז״ל הריטב״א ותי׳ ר״י ז״ל דכיון דכתב רחמנא תורת לרבות מצורע עני שהביא קרבן עשיר הוי מרביק נמי לגמרי אפי׳ עשיר שהביא קרבן עני דלגמרי רבי רחמנא שתהא תורת המצורע שוה לכולם ולהכי אילעריך זאת עכ״ד:

ד״ה גבי תמידין וכו׳ כדדרשינן לעיל שבבקר יקח המובחר וכו׳ הרואה בסוגיא דלעיל ל״ד א׳ וב׳ יראה דלרבנן אדרבה קרא דלכבש כאחד דמיניה דרשינן המיוחד איירי בשל ערבית דמיניה פליק ופשיטא דלדידהו בעינן שיהיו מובחרים ועמ״ש בסוגיא שם ואליבא דר׳ נמי שם דקרא איירי בשל בקר הא לדידיה נפקא ליה מיוחד מקרא דומבחר נדריך ומשמע דשל בה״ע נמי בכלל אבל מדברי הריטב״א שכתב בשמם למדנו כונתם דודאי מודו דתרוייהו בעינן שיהו מובחרים שבעדר אלא דא״כ לא משכחת שוין שהרי בבקר צריך ליטול היותר מובחר וא״כ לערב ישאר בודאי הגרוע ממנו, ותירץ שפיר דהא יכול להנות מעדר אחד שני כבשים מובחרים ושוים

ולהניחם בלשכת טלאים אחד לבקר ואחר לערב ועי״ש בהריטב״א ז״ל וקי״ל:

ד״ה ומנין שאפי׳ וכו׳ דאילעריך קרא וכו׳ כצ״ל ועיין מ״ש בסוגיא:

ד״ה שנים ליום וכו׳ דלא קפיד אלא בתמיד של שחר וכו׳ והר״א דלהכי כתיב ליום עולת תמיד ולא עולות תמידין לומר דלא הקפיד הכתוב אלא בא׳ מהם דהיינו דבקר דמסתבר טפי ועיין בתר׳ דסוגיין וקי״ל:

ד״ה על טבעת שניה וכו׳ אבל אם היו מלפון לדרום וכו׳ פירוש הדברים עמ״ש בפרש״י ז״ל ומ״ש ולר׳ נראה לפרש הטעם דבטבעת שניה היינו כלפי מזבח וכו׳ כלומר דלרש״י טעם דטבעת שניה כלפי צורך הבהמה ולר׳ נראה הטעם מלד המזבח שהיה מילל אלו היו עושין על טבעת א׳ ועמ״ש בזה בס׳ דרך הקדש כ״א ב׳ ובמפרשי המשניות בתמיד פ״ד וקי״ל:

ד״ה עד שלא הגריל וכו׳ והתניא א׳ קרבן וכו׳ כבריתא דאיתא וכו׳ לפתח אהל מועד אבל קודם הגרלה אינו ממעט וכו׳ על שניהם ולא ממעיט מלה׳ וגם על המיעוט דלשם קשה וכו׳ שאין לו להזכיר של שם וכו׳ ואומר ר׳ דהו״מ וכו׳ אתי שפיר דמחייב קודם הגרלה וכו׳ הגרלה דהתם היינו קודם ההגנה וכו׳ שכבר נתקדש שעיר המלון איירי ולכך וכו׳ כצ״ל ומ״מ מיהו בהא איכא למימר וכו׳ כונתם דלא מלי למתני של שם ולמעטו מלה׳ אלא קאמר למעט שעיר המשתלח ושל שם נמי בכלל המיעוט דהא בספיקא דשעיר המשתלח נמי קאי ומ״ש אעפ״י דראוי הוא וכו׳ כי שמא יתקדש וכו׳ עדיפא מינה נקטו דאפילו דשמא יתקדש לה׳ וקרינן ביה שפיר לה׳ מ״מ אינו לה׳ דהואיל ומחוסר הגרלה לא אמרינן וה״ה דיש לפרש מפני שראוי לפנים לצורך הגרלה כמו שפרש״י שם ועיין בדברי התו׳ שם והתמורה ו׳ ב׳ שדבריהם נוטים לתי׳ זה ועיין בירו׳ ר״פ טרף בקלפי סוף הלכה א׳ ומה שיש להקשות מסוגיא דזבחים על דברי הרמב״ם פי״א מה׳ מעה״ק כמו שהשיג הראב״ד שם עיין מה שתי׳ בספר לאן קדשים שם כי עדיין אין דבריו מספיקים ואין כאן מקום להאריך בזה וקי״ל:

דף ס״ג ע״א **ד״ה** מחוסר פתיחה וכו׳ כן קושיא במחוסר זמן פי׳ בפ״ק דמנחות וכו׳ יראה שכיונו למה שהקשו התו׳ בפ״ק דמנחות ה׳ א׳ סד״ה אלא אמר ר״פ וכו׳ יע״ש ובפ״ק דזבחים י״ב א׳ וקי״ל:

בא״ד ותימה לר׳ וכו׳ דלא בעי למימר הואיל וראוי וכו׳ אבל ממאי דקאמר רבינא השתא דאמר ר״ח וכו׳ לא ניחא לכו למידק דאימא דס״ל כרבה שם דלא אמרינן הואיל אפילו לחומרא וה״ק דמדר״ח דסבר דמחוסר הגרלה כמחוסר מעשה נשמע לדידן דלית לן הואיל דשלמים ששחטן בחוץ קודם שיפתחו וכו׳ פטור אבל אה״נ דלר״ח דאית ליה הואיל לחומרא חייב אלא שהתוס׳ שם בפסחים ס״ב א׳ דייקו מזה ולפ״ז ל״ל דהכא חדא מינייהו נקטו וה״ה דמלינן נמי למידק מאידך. ומ״ש וקאמר ר״ח הואיל וכו׳ ופריך ומי אית ליה לר״ח הואיל וכו׳ בשלמא דרבה אדרבה לא קשיא הכא מחוסר מעשה וכו׳ אלא לרב חסדא קשיא וכו׳ אפילו היכא דמחוסר מעשה וכו׳ וי״ל דהתם מדרבנן דמדאורייתא לא שייך לחלק בין לחומרא בין לקולא ומדאורייתא לא אמרינן הואיל כלל אפילו לחומרא והרב אלחנן תירץ וכו׳ כן נראה שצ״ל וכמו שתירלו התוס׳ שם בפסחים וכ״כ הריטב״א כאן בשמם ופשוט דכונת הר״א בתי׳ דהתם כיון דבידו לתקן עצמן ובודאי שישתדל לתקן עצמו דבאיסור כרת הוא עומד אם אינו מל להכי לא חשיב כמחוסר מעשה אבל הכא שאין פתיחת הדלתות תלוי בו ועוד דאף אם לא נפתחו אין בזה איסור כרת להכי הו״ל כמחוסר מעשה וקי״ל:

ד״ה אמאי נימא הואיל וראוי וכו׳ טעמא דעקירה וכו׳ כצ״ל ועיקר כונתם להקשות על רש״י ז״ל דבשלמא שם בפסחים כוכרח לכגיה דאדיוקא דהא סתמא פטור הוא דפריך משום דאי אדקתני ובמועד לשמו פטור הוא דפריך אמאי פטור פסח בשאר יה״ש שלמים הוי אין כאן קושיא כ״כ דאימא דזה לא נאמר אלא אשוחטו סתמא אבל לשם פסח אינו שלמים ופסול דס״ל לר״ש דהתם כר״א שם ס״ב ב׳ דפוסל בשוחטו אחרים לשם פסח ומש״ה הוכרח ז״ל לבגרי שם הא סתמא פטור אמאי וכו׳ ועי״ש אבל הכא אין צריך להגיה כלום דכיון דס״ד להמקשה דלא בעי עקירה פריך שפיר דלשמו

לאמאי פטור כיון דהיה ראוי לשוחטו בפנים בסתמא דשלא לשמו דהוי שלמים וכמ״ש בתר דסוגיין בשם ר״ת יע״ש משא״כ לפרש״י מוכרח לומר דהמקשה סג׳ נמי דבעי עקירה דהי״נ דקאמר דסתמא לשם פסח קאי וא״כ מאי פריך שאני הכא דלא בעי עקירה וליישב דברי רש״י ז״ל עיין בהריטב״א ובמ״ש בסוגיא וק״ל:

ד״ה והתנן וכו׳ השתא ס״ד דמטעמא דהואיל מחייב ליה בלשמו כל״ל ע״כ אבל למסקנא דמסיק דפסח בשאר ימות השנה אפילו סתמן שלמים נינהו מעתה ל״מ בשחט סתמא בחוץ דחייב אלא אפילו לשם פסח נמי חייב בלאו טעמא דהואיל אלא מטעם דכשר לשמו בפנים דהו״ל שלמים ששחטן לשם פסח דכשרין ולא תפרש דמעיקרא ס״ד דפסח בעי עקירה ודאפ״ה מחייב ליה מטעם הואיל דא״כ בלאו מתניתין דזבחים תקשי ליה כדאקשי לעיל דלמאי חזי דהא לא אמרינן בזה הואיל כיון דמחוסר מעשה דעקירה אלא ע״כ לפרש דידע ודאי דלא בעי עקירה ודאפ״ה צריכינן לטעם דהואיל בלשמו משום דהוה ס״ד דסתמיה לשמו דפסח קאי ואהדר ליה דהכא פסח סתמיה לשם שלמים קאי ולא צריכינן כלל לטעם דהואיל ועיין ברש״י ז״ל ד״ה שלמים וכו׳ כן היה נראה לפרש דבריהם אבל יותר נראה שבאו לשלול דלא תפרש דמחייב בלשמו מטעם דלא בעי עקירה ופריך ליה ממתניתין דמחוסר זמן דהתם נמי לימא הכי והואיל דקאמר לאו דוקא אלא כלומר דכיון דלא בעי עקירה בפסח הרי הוא יכול להקריבו בפנים שלא לשמו וממילא להכי קאי ותריץ ליה דאין דינם שוה דדוקא פסח הוא דלא בעי עקירה דלפי זה הוה ניחא דאיצטריך לאתויי מלתיה דרב חלקיה דבלא״ה הוי״א דמתניתין דקתני פטורין הייט אפילו שלא לשמו וטעמא דהתם בעי עקירה ועקירת חוץ לא שמה עקירה אבל השתא דאשמועינן ר״ח דשלא לשמה מיהא חייב משמע דטעמא משום דלא בעי עקירה כפסח וא״כ לדידך אפילו בלשמו ליחייב ולזה כתבו השתא ס״ד דמטעמא דהואיל וכו׳ כלומר דלעולם ס״ד דפסח נמי עקירה בעי כדמשמע פשיטא דסוגיין ואפ״ה הוה מחייב בלשמו מטעם הואיל והוה ס״ד דלר״י אמרי׳ הואיל אפילו בדבר המחוסר מעשה כי האי שבידו לעשותו עיין בדבריהם לעיל סד״ה מחוסר פתיחה וכו׳ והשתא פריך שפיר דהתם נמי נימא הואיל אלא משום דלפי׳ זה לא היה צריך להא דר׳ חלקיה דהא כיון דס״ד דסבר דפסח בעי עקירה ודמחייב בשלא לשמו אלמא דסבר דעקירת חוץ שמה עקירה וא״כ ע״כ לאוקומה מתניתין דקתני פטורין בלשמו דוקא לזה כתבו בדיבור הסמוך לזה דאפ״ה הוה פריך שפיר בלאו מלתיה דר״ח אלא דמלינו כיולא בו בש״ס דאם תפרש כונתם כמ״ש ברא״ם דבריגו דס״ד דלא בעי עקירה הא בלאו דר״ח מלינן למימר דס״ל לר״י דעקירת חוץ לא שמה עקירה ומפרש למתניתין פטורין בכל גוונא משום דהתם עקירה בעי ומאי פריך מהכי כנלפ״ד ודוק:

ד״ה אמר וכו׳ הואיל ועקירת חוץ שמה עקירה וכו׳ עמ״ש בזה בדיבור הקודם ומ״ש כגון סכית דשמואל בבכורות וכו׳ הכי איתא שם פ׳ על אלו מומין מ״ב א׳:

ע״ב ד״ה ולא אוליא וכו׳ ממעיטא מאל פתח וכו׳ כל״ל וכונתם דהתם במתניתין בזבחים ממעט לה מאל פתח מלד שאינה ראויה והכא ממעט לה מגה׳ דאל״כ הו״א דראויה היא וא״כ התם בזבחים הו״ל לאקשויי מהך כי היכי דמק׳ משעיר המשתלח וכמ״ש התוס׳ דסוגיין ודתמורה ר ב׳ יע״ש וא״כ אפשר לפרש דלרש״י לבד באו להעתיק ולהסכים עמו וכונתם דהא פרת חטאת אינה ראויה כלל לאהל מועד וכמ״ש רש״י ז״ל בסוגין יע״ש וק״ל:

ד״ה יצאו אלו וכו׳ למעוטי שעיר המשתלח לאחר וידוי וכו׳ עיקרו בא משום פרת חטאת וכו׳ אי לאו דאשכחן דממעיט מלוי׳ כס״ד ואח״כ מ״כ אבל בעל וכו׳ כל״ל ודבריהם מבוארים יותר בתר דזבחים קי״ג ב׳ ד״ה כאן קודם וידוי יע״ש ופשוט דמה שסיימו א״נ לא הוה ממעטינן ליה נמי קודם הגרלה וכו׳ היינו לפי התי׳ שכתבו לעיל סד״ה עד שלא הגריל וכו׳ דממעטינן מגה׳ קודם הגרלה דהיינו קודם שהגיע דמאל פתח אין למעט שהרי ראוי הוא ליכנס אכתי לוידוי או התי׳ ול״נ שכתבו דאפילו קודם הגרלה ממש ממעטינן מגה׳ הגם שהוא ראוי לפתח א״מ וכגון שכבר קידש שעיר חיצון יע״ש וק״ל:

דף ס״ד ע״א ד״ה ד״ה דחייתו לגוק וכו׳ והקשה הר׳ משה מפנטיזה וכו׳ על הא דפטרי רבנן וכו׳ ואמאי לא מוקי לה וכו׳ שבעריפה היא בשחיטה שאינה וכו׳ איידי דסליק מפרת חטאת ושור וכו׳ דאי מיירי בעריפת עגלה לא היה צריך למתני כלל התם פטורה דהא פשיטא דשחיטה שאינה ראויה היא וכו׳ כן נראה שצ״ל. ומ״ש בדבריהם רבנן דפטרי הגיר׳ שם בחולין ר״ש פוטר וחכמים מחייבים וכן גירסת התוס׳ שם ולפ״ז היה צריך לגרוס כאן בדבריהם ר״ש במקום רבנן ומה שסיימו א״כ מאן דפטר וכו׳ לא סבירא ליה כי הכא דחייתו לצוק זו היא שחיטתו אלא זו היא עריפתו וכו׳ כן נראה [(שצ״ל)] וכונתם דכל עיקר קושי׳ הר״מ הוא משום דמדמה עריפה לשחיטה וכי היכי דפטר ר״ש בשחיטה באותו ואת בנו משום דלאו שחיטה ראויה היא כ״כ שיפטור בעריפה דכשחיטה דמיא כדאמר הכא דחייתו וכו׳ ולזה כתבו די״ל דר״ש לא ס״ל לדמות דחייתו לשחיטה אלא דהרי הוא כעריפה דעלמא והשתא י״ל דלדידיה נמי מחייב משום או״ב דאין זה בכלל דין שחיטה שאינה ראויה אלא כיון דמלותו בכך חייב בזה משום או״ב אפילו שנאסר בדחיה ובעריפה זו ומשום דאין סברה זו ברורה כ״כ דהא משמע דלר״ש ודאי פטור גם בעריפה דע״כ לא פליג בירושלמי דסוטה כמ״ש בתר דסוגין אלא לחכמים דמתניתין אם מחייבין גם בעריפה או לא יע״ש לכן סיימו דצ״ע ולמה שתירלתי בתר שם דתלמודא דידן סבר כר״ל דהתם דהשוחט דוקא קתני אבל עורף פטור דלא דמי לכך דדחייתו וכו׳ יע״ש ירחא עוד להוסיף דדוקא הכא קאמר רבא הכי דדחייתו זו היא שחיטתו משום דלטעמיה אזיל דסבר לקמן כמ״ד דאיברי שעיר מותרים בהנאה וא״כ הו״ל כשחיטה ראויה ואפילו לר״ש דפטר התם משום או״ב הכא מחייב אבל בעגלה ערופה דנאסרה בהנאה אחר עריפה כדנ״ל מערפו שם וכו׳ בהא לכ״ע לא אמרינן עריפתה זו היא שחיטתה ואפילו לרבנן דר״ש שם פטור משום או״ב ומש״ה ל״מ למימר דלעולם משנה ובעריפה פליגי יע״ש וק״ל:

ד״ה שני שבזוג שני וכו׳ סבר אופכא בס״ד ואח״כ מ״כ רב סבר וכו׳ כל״ל ומ״ש וה״ה וכו׳ ונקט פלוגתייהו בשל שם לרבות דרב דאפילו מקרבה ס״ל דאין נדחין וק״ל:

ד״ה רב סבר וכו׳ דהתם היינו משום דחוי וכן תוי התוי בפ׳ מי שהיה לו ב׳ ד״ה קודם שחיטה וכו׳ וע״ש וכ״כ בפ״ק דזבחים י״ב א׳ ד״ה וש״מ וכו׳ אבל בס״פ אלו דברים ד״ה האמר רב תוי באותו אחר דמוקי להו רב כר׳ יהודה דאית ליה נדחין יע״ש ולאו זה ניחא דלא תיקשי מכאן דאר״י בהמה של ב׳ שותפין וכו׳ דמשמע דרב אית ליה אין נדחין אפילו היכא דדחיה בידים כמ״ש התוס׳ בפ׳ מי שהיה שם ומ״ש שכן פרש״י ז״ל אמת הוא דשם פי׳ טעמא דמתניתין דהפסח שנמצא וכו׳ ירעה משום דדחהו בידים אבל ממ״ש שם דמתני׳ דהמפריש נקבה ד״ה ש״מ וכו׳ ודלא כר״ש [(נראה שצ״ל רב)] דאמר ב״ח נדחין וכו׳ משמע דלא סבר לחלק בזה והכי דייק נמי בפי׳ הסוגיין ד״ה אין נדחין וכו׳ שכתב ולא אמרינן הואיל ונדחה וכו׳ אלא בשחוטין וכו׳ וכ״פ בפ״ק דקידושין ז׳ ב׳ יע״ש וק״ל:

ד״ה מי דמי וכו׳ לא יליף ממחוסר זמן היכא דלא איתחזי ויאמר דחוי מעיקרא לא הוי דחוי ואיהו אית ליה וכו׳ הוי דחוי ואמר לי ר׳ דר׳ יוחנן וכו׳ ילפינן שעיר בסמוך דאפילו וכו׳ ממחוסר זמן כיון דצריך להשיר [(כלומר שיוכר ויפול המום)] קודם שיהא ראוי מחוסר מעשה הוא ועוד וכו׳ מדרשא דר׳ יוחנן וכו׳ הואיל ונראו ונדחו ידחו וכו׳ כגון הומם בבטן אמו או קודם שמגה וכו׳ ולא הוצרך לטעמא וכו׳ כן נראה שצ״ל והדברים מבוארים זולת מ״ש בסוף דבריהם והשתא ניחא וכו׳ דכונתם דכיון דר״י הוא דדחי מי דמי התם לא אתחזי כלל וכו׳ אם איתא דלדידיה אכתי צריכים אנו לטעם דנראה מאליו דה״נ דבעלמא אית ליה דדחוי מעיקרו הוי דחוי א״כ הו״ל לדחות כעיקר הטעם ולימא מי דמי התם אידחי ממילא משא״כ גבי שעיר דמחוסר מעשה הגרלה אלא נקט טעמא דלא אתחזי כלל כלומר דדוקא הכא גלי קרא דדחוי מעיקרו לא הוי דחוי וכן גבי בעל מום ואין ללמוד מכאן אפילו לשאר דחוי מעיקרו דעלמא וכ״ש לדבריך שאתה רוצה ללמוד מכאן נראה ונדחה דודאי לא דמי כלל וק״ל:

ד״ה דיליף וכו׳ אין ראוי לעולם כששחטו את אמו וכ״ה בי״ע והתנן וכו׳ ומחוסר זמן פטור רש״ל וכו׳ ואומר ר׳ הואיל דהא דאית ליה וכו׳ אותו ואת בנו נמי לא ממעטינן וכו׳ כן נראה שצ״ל:

ד״ה הא על ידי וכו׳ אם קרב הראש וכו׳ א״כ אפילו לא קרב ראשו של א׳ מהן נמי וע״ק אי מגזרת הכתוב וכו׳ שנתערבו באלף עכשות ונפלה וכו׳ ונ״ל דכ״ש בעינייהו הוא דלא ירצו הא ע״י תערובת ירצו כדתנן ר״א אומר אם קרב הראש של אחד וכו׳ וחכ״א אפילו קרבו כולם חוץ וכו׳ אלא דלכתחילה אסרי מדרבנן דאי לית להו הוה להו למימר אפילו וכו׳ והואיל וכן וכו׳ ברוב איברים תמימים הי׳ לנו לומר אפילו בדיעבד דאותם שעלו ירדו כיון דלא בטל אי לאו משום דשריא וכו׳ וסברא הוא כיון דאחמרינהו רבנן דלא בטלי משום דדרכו וכו׳ כנ״ל וכונתם מבוארת. עם מ״ש התוס׳ בזבחים ע״ד א׳ ד״ה רב דאמר וכו׳ דודאי קרא לתערובת חד בחד איצטריך דאילו חד ברוב בלאו הך קרא ידעינן דמדאורייתא א׳ בתרי בטיל יעו״ש והשתא קאמרי דע״כ רבנן אית להו הך דרשא ומש״ה שרי כשעלו דאי לית להו ל״מ דהיה להם לאסור אפילו בדיעבד בתערובת א׳ בא׳ דאין כאן ביטול כלל אלא דהואיל וכן היה להם לאסור אפילו בתערובת דאחד בתרי דאפילו בדיעבד ירדו דהא משמע דרבנן סברי דאין כאן דין בטול משום דהו״ל דבר שדרכו למנות דכ״ע דאת מה שנשאר ילך לבית השרפה וכיון שכן מה״ט הו״ל לאסור אפילו אותם שעלו אבל אי אית להו הך דרשא דהשתא קילו עפי דאפילו בתערוב תא׳ בא׳ בטיל הכא מדאורייתא ניחא דרבנן לא רצו להחמיר בזה מכח דדרכו לימנות אפילו כשעלו אבל אמרו דאפילו היכא דליכא ביטול רוב מעיקרא אלא היה תערובת א׳ בא׳ משרא שרי דודאי אין להתיר בעלו מכח ביטול רוב דבעלמא מדאורייתא בטל ולעולם דלית להו הך דרשא דהא מכח זה אין להקל אפילו בעלו דאם אתה מתירם משעלו לא מוכרח כ״כ חומרא דרבנן דאמרי דלא בטיל ועיין מ״ש התו׳ בזבחים ע״ז ב׳ ד״ה הא עבר מום וכו׳ ובמה שהאריכו התו׳ כאן כמו שפירשנו דבריהם נתיישב קושית בעל ספר פנים מאירות בשיטתו לזבחים שם עי״ש:

והנה אופן תי׳ ב׳ הקושיות שהק׳ עם מה שפירשנו יראה לפי דהשתא כי היכי דרבנן דמתני׳ הגם דאית להו הך דרשא מ״מ מדרבנן החמירו דלכתחילה לא יעלו משום דדרכו למנות כן נאמר לר״א דמדרבנן הצריכו דבכר קרב ראש א׳ מהם שנתלה בו האיסור וה״ט נמי דע״כ לא התיר ר״א להקריב אלא שנים שנים דאיכא מגו אבל א׳ א׳ לא כדאיתא התם ע״ז ע״ב וכן נאמר דגזירת הכתוב הוא שכאן יתבטל אפילו בתערובת דא׳ בא׳ ובדרך זה הוא דלא יליף רובע ונרבע והיא דטבעת של ע״ז אבל בתערובת דא׳ בב׳ בכולהו בטיל ואפילו מדרבנן אבל בתנאי שהקריב או נפל אחד מהם שיתלה בו איסור והשתא מייתי שפיר התם דרב דאמר דטבעת של ע״ז שנתערבה באלף טבעות דהוי ביטול ברוב דאפילו מדרבנן מותרים כשנפלה א׳ מהם מדר״א דסבר הכא דאפילו מדרבנן אין להחמיר כשקרב ראש א׳ מהם וכמו שתי׳ התו׳ שם ע״ד א׳ ד״ה רב דאמר וכו׳ יעי״ש ואם היינו אומרים דפלוגתייהו דר״א ורבנן דוקא בבטול רוב אבל בתערובת דא׳ בא׳ אפילו ר״א מודה דיש להחמיר מדרבנן אפילו בקרב א׳ מהם דירדו השתא ניחא טפי דמייתי מדר״א דומה לדינו של רב דטבעת דאיירי בביטול רוב אלא שאין נראה כן מדבריהם שכתבו אפי׳ מדרבנן ולא הוה ביטול רוב וכמו שפירשתי ושוב ראיתי להריטב״א שכן כתב בהדיא דאפילו בתערובת חד בחד שרי ר״א דאל״כ אמאי לא יליף רובע ונרבע מינה וכן כתב דהא דבעי שקרב ראשו של א׳ מהם מדרבנן הוא וכמו שפירשנו יעי״ש וק״ל:

באי״ד והא דקא׳ בההוא פרקא וכו׳ דלא יקריבו דרבנן דברייתא כמו דלא יקריבו דרובע ונרבע וכו׳ מה שתמה הריטב״א דאין זה מחוור לאוקומי פלוגתא בין רבנן לרבנן מדלא מפרש לה תלמודא יעי״ש י״ל דגם לא הוצרך לפרש אלא דברייתא דמשמע דבשל חטאת לא פליגי דלא כמתני׳ דקתני פלוגתייהו באיברי חטאת אבל במה שיש לדקדק מברייתא זו דהוי דלא כמתני׳ דקתני בתר הכי דלרבנן מדאורייתא שרו בהא לא איירי התם וממילא שמעינן לה ולפי מה שפרש״י שם דהכונה לומר גם כן דפליגא אמתני׳ דלקמיה דאילו התם לא שרי ר״א אלא בשקרב ראשו של א׳ ואילו מברייתא משמע דשרי בכל גונא יעי״ש בדבריו מעתה נוכל לפרש דהא נמי בכלל דרבנן דברייתא לאו היינו רבנן דמתני׳ ומה שתי׳ הריטב״א שם דאין זה מוכרח דלא יקריבו דומיא דרובע ונרבע קתני אלא הא כדאיתא והא כדאיתא דברובע ונרבע הכל מודים אפילו מן התורה ובבעלי מומין פליגי מדרבנן ואמרי רבנן דלא יקריבו [illegible] מדרבנן עכ״ד לא זכיתי להבין מאי תיקן

בזה דהכתי היכי מלינן למימר דחד רבנן ניהו מדאורייתא שרו מדרשא דגם בגם כיון דהתם קאמר דגם בגם לא דרשי אלא ע״כ לר׳ כמ״ש הם ז״ל וכן כתבו עוד בזבחים ע״ז ב׳ ועי״ש וק״ל:

באי״ד ולמאי דפרישית השתא לא שבקי אמוראי דהכא רבנן וכו׳ רק דבריו מיהו בלאו הכי לאו קושיא היא וכו׳ ורב ור״י דשמעתין סבירא להו וכו׳ דמתני׳ דזבחים דדרשי וכו׳ ובזבחים דריש מגם בהם וכו׳ כנ״ל וכונתם דבלא״ה הך קושיא דהיכי שבקי רבנן לאו קושיא היא דהא אשכחן גבי טבעת של ע״ז שם ע״ד א׳ דרב סבר כר״א וכ״כ התו׳ שם ע״ז ב׳ דמשום זה אין לחוש יעי״ש ומ״ש ורב ור״י דשמעתין וכו׳ אריפא דמלתייהו קיימי דמ״מ בסוגיין אין הכרח לפרש דסברי דוקא כר״א דהא י״ל דסברי כרבנן דמתניתין דאית להו דרשא זו וכו׳ וק״ל:

באי״ד וסוגיא דהתם דדריש גם בגם כר״י ומתוקם גם דבהם לדרשא דהא כל דחזיין הואיל ונדחו ידחו והא דדריש הכא טעמא דר״י מה״א דבהם ועוד דהכא דריש מגם דבהם תערובת ועבר תומם ממום גם והתם בהתערובת דריש מה״א דבהם עבר מומם וממום גם תערובת איתר גם דבהם בתרא לכדר׳ יוחנן כדפרי׳ וכו׳ ולהכי התם בזבחים דלא מזכיר דרשא דמגם דבהם דלא קאי עליה דרשי מה״א שבו טעמא דר״א והאי וכו׳ כדמסיק נפקא ליה מגם בהם וכו׳ והכא בשמעתין לפי שבא לדרוש כל התיבות בין גם בין בהם דורש תחילה וכו׳ דהוי טעמייהו וכו׳ כן נראה שצ״ל וקרוב לזה כתבו התו׳ שם בזבחים ע״ז ב׳ וכמו שהגיה בס׳ צאן קדשים שם והדברים מבוארים למעיין בסוגיא דהכא ודהתם וק״ל:

באי״ד ואם היינו יכולים לומר שאיברי בעלי מומין אינם בעלים ברוב איברי תמימים וכו׳ כיון שמגזרת הכתוב שרי וכו׳ אבל א״א לומר שלא יהא שייך ביטול באיברי בעלי מומין דלאו וכו׳ דמאיזה טעם בעלו וכו׳ לרבנן בדבר שאינו מתערב ואינו בטל כדם וסולת וכו׳ ועוד כי אם אין שייך ביטול ברוב איברי בעלי מומין היכי בעי לאוקמה הא דאמר התם וכו׳ שאם עלו לא ירדו וכיון דלא נחית אכתי וכו׳ כנ״ל וק״ל:

ד״ה באיברי וכו׳ מועטין נתערבו קאמר שפיר באיברי וכו׳ והא דלא בטיל וכו׳ כנ״ל ועיין שם בריש התערובות ע״א ב׳ דכי היכי דמפרש התם דה״ק כל הזבחים שנתערבו בכן חטאות במתות וכו׳ ובחד דאיסורא איירי הכי נמי נפרש כאן ובאיברי ב״מ חד איירי והכי משמע נמי מהא דאיתא התם ע״ד א׳ דרב דאמר גבי טבעת של ע״ז שנתערבה בק׳ טבעות וכו׳ דסבר לה כר״א יעי״ש וק״ל:

ד״ה דבעידנא וכו׳ שנים אחרים ואז נראו וכו׳ יקריב הס״ד ואח״כ מ״ה אלא לרב וכו׳ כנ״ל ועיין מה שכתבתי בסוגיא בפרש״י ד״ה בעידנא וכו׳:

ע״ב ד״ה אלא לרב וכו׳ והשני ימות הס״ד ואח״ך מ״ה אליבא דר״י וכו׳ אליבא דרב לאוקמיה וכו׳ רב כרב יהודה דהכא דאית ליה בעלו וכו׳ דס״ל הכא כרבנן וכו׳ אבל לא אשכחן דפליגי על וכו׳ כנ״ל וכונתם דניחא ליה לאוקומי ברייתא דהתם דתיתי כרבנן דר״י דרב סבר כוותייהו ומ״ה לא בעי לאוקמה כר״י אלא מוקי לה כר״א או כיוסף בן חוני דהשתא אתיא נמי כרבנן דהא לא אשכחן דפליגי רבנן דר״י אהנך תנאי וק״ל:

ד״ה אלא לר״י במאי פליגי והא אמר רבא דיק׳ וכו׳ כנ״ל ודבריהם מובנים מתוך מ״ש התוס׳ דסוגיין ד״ה כאמר רבא יעי״ש:

ד״ה בשלמא ר״י וכו׳ הואיל והראשונה דחויה וכו׳ באחו שירצה שאין אבודה דחויה כל כך וכו׳ כנ״ל ומה שחלקו בין אבוד לדחוי יש ראיה לזה מסוגיא דרפ״ד דתמורה דקאמר התם דחויין לחוד ואבודין לחוד וכו׳ יעי״ש:

דף ס״ב ע״א **ואי״ר** אושעיא וכו׳ ולמ״ג דבפסחים [צ״ז ב׳.] איכא פלוגתא וכו׳ כנ״ל ודבריהם מובנים מתוך מ״ש התוס׳ בסוגיין ד״ה הו״ל וכו׳ וק״ל:

ד״ה הפריש וכו׳ ואומר ר׳ דלא שייך הכא למימר הכי דאיירי כגון דאמר וכו׳ כנ״ל ועיין בהריטב״א ובתר דפסחים צ״ז ב׳ ובתר דהתודה פ׳ א׳ ד״ה הפריש וכו׳ כי הדברים מבוארים ומ״ש אתי שפיר דאמר כשוחט תודה על שמונים וכו׳ אלא אפילו לר׳ יוחנן דאמר וכו׳ ואין נראה לר׳ דהא בנדר וכו׳ אלמא אחריות בלחם וכו׳ כנ״ל.

ד"ה בשלמא נשפך הדם וכו' ב"ח נדחים וכו' אבל מת המשתלח אמאי ישפך וכו' שהגריל על אחרים דאכתי לא וכו' כיון שנדחה כבר ורבינו שלמה הושב דחיה וכו' לר' לפרש בשלמא נשפך וכו' בכולה שמעתין ואע"ג דאכתי לא ידעינן יעמד חי שלריך להיות חי' וכו' כיון שלא נפסל הדם כלל דאם יגרילו על אחרים וכו' וקס"ד דהא דבעינן שיעמדו שניהם היינו לענין מיפסל שעיר המשתלח גופיה שלא נעשית מלותו וכו' ולא הולרך לפרש כך כיון דאהך פרכא וכו' כצ"ל ועיין בחידושי הריטב"א כי הדברים מבוארי' ולעיקר קושייתם על פרש"י ז"ל עמ"ש שם וק"ל:

ד"ה אם משנתרמה וכו' פרש"י ונתרמה התרומה קודם שנודע שנגנבו וכו' אלמא תורמין על האבוד והבעלים וכו' אבל אם נודע על הבעלים לשלם וכו' וכ"ת דזו ואצ"ל זו קתני הא סיפא זו אף זו קתני [(כלומר גבוי ועתיד לגבות)] וכו' ועל הגבוי אפילו לא יגיע ליד גזבר וכו' והא דאמר בפ' בתרא דכתובות וכו' וצ"ל דוהק דאבוד ועתיד ליגבות הכל א' אלא דאיכא וכו' כצ"ל ועיין בחי' הריטב"א כאן ובספר אסיפת זקנים בפרק הזהב בלשון הריטב"א שם כי הדברים הבוארים. ומ"ש ברחם דבריהם וע"כ לו כיון דתורמין וכו' כונתם דעוד היה קשה לרש"י ז"ל דאם תורמין על האבוד איירי אפילו כשנודע שאבד קודם שנתרמה התרומה כ"ש על הגבוי דבשלמא אי איירי דוקא בשלא נודע בשעת התרומה ניחא דתני על הגבוי אפילו כשנודע בשעת התרומה שעדיין לא בא תורמין עליו כיון שהוא בעין אלא דאפ"ה הקשה עליו דהוי זו ואצ"ל זו דודאי עדיף טפי גבוי כיון שהוא בעין זה כתבתי לקיים גי' הספרים אבל יותר היה נראה דל"ג ליה ולשון כפול הוא והיא הקושיא שהקשו בסמוך לפרש"י ז"ל וה"ג ועוד ידיעה מאן דכר שמיה וכ"ת דזו ואצ"ל זו וכו' ועיין בתו' דסוגיין ובמ"ש שם וק"ל:

ד"ה תובות של שנה זו וכו' של יוה"ך הס"ד ואח"ך מ"ה שאין חטאת לצבור וכו' כצ"ל וכונתם דהשתא קס"ד דבכלהו קאמר ר"י דקריבות לשנה אחרת וכמ"ש הריטב"א יע"ש. ומ"ש דאי קודם כפרה הא אמרינן דאחו שירלה יקריב וכו' בתמורה דלרבנן וכו' כצ"ל וכונתם להביא כאן דאיירי שנמצאו לאחר כפרה כדי להקשות קושיתם דבסמוך וא"ת מאי פריך וכו' והכריחו דבר זה דמדקתני שאין חטאת צבור מתה דמשמע הא דיחיד מתה ע"כ דאיירי אחר כפרה דלכ"ע מתה דאי קודם כפרה כיון דאמר לעיל דאחו שירלה יקריב דקאמר וכו' וא"כ מדסתם למלתיה איירי בכל גוונא בין שנתכפרו באבודה או בשאינה אבודה ונתכפרו באבודה דרבנן אפילו דיחיד רועה ומאי קאמר שאין חטאת לצבור וכו' דמשמע לא פליגי ר"א ור"ש בפלוגתא דר' ורבנן ותאמר דסברי כר' דלר"ש לן בין נתכפר באבודה או בשאינה אבודה דשניה לעולם תמות ואתי שפיר הא דקאמרי שאין חטאת לצבור וכו' אף אי איירי קודם כפרה אלא הנכון לומר דבנמלאת לאחר כפרה איירי ולא נתחי לפלוגתא דר' ורבנן וכיון שכן תיקשי מאי פריך ליה וכו' ואה אין לומר דלעולם דנמלאת קודם כפרה ולר"ש בכל גוונא מתה דלית ליה רועה בחטאת יחיד כלל וכמ"ש התוספות דסוגיין ד"ה הכל כמפרים וכו' דהניחא לר"ש אבל לר"א דאיירי נמי בה ואיהו נמי קאמר שאין חטאת לצבור וכו' מאי א"ל וק"ל:

בא"ד י"ל כיון שראויה וכו' אלא גבי חלב או דם שאין באה אלא על חטא מבורר אבל זה אפילו לא היה כאן חטא כלל משום טומאת מקדש וקדשיו שמכפר וכו' כצ"ל ועיין בחי' הריטב"א כי שם מבואר יפה חילוק חטא מבורר שכתבו דהיינו דדוקא בחטאת יחיד שבא על חטא מבורר כשנתכפר ממנו בראשון או לא חזי לן שני כי אינו בודאי שיחטא עוד אבל כאן דאפילו לבקריבה בשנה אחרת דודאי לריכים אנו לכפרת טמו"ק בזה לא אמרה תורה שתמות כיון דאית ליה תקנתא וע"ש. ומ"ש ועוד הוסיף כי אע"ג שלא יכפר זה וכו' אלא על של לפניו וכו' כן נראה שצ"ל והכונה מבוארת דאפילו תאמר דשני זה לא היה ראוי לכפר על טמו"ק דיוה"כ הבא מ"מ לא נדחה מכח שנתכפרו בעליו בראשון שהרי לא בא ראשון על חטא מבורר כשעירי ע"א וכו' דאפשר שלא חטאו בטמו"ק וא"כ לא שייך לומר בזה נתכפרו בעליה לפסול את השני מלהיות ראוי לשנה האחרת. ומ"ש וא"ת אמאי לא פריך ממתניתין דנשפך הדם ימות המשתלח ולא אמרינן יקרב לשנה הבאה דשאני התם וכו' אבל אבודה אינו דחוי שלעולם

ראוי אם היה בעין לפנינו לשון מורי הרב [(כצ"ל)] וק"ל:

ד"ה פר ושעיר וכו' אומר ריב"א דאבדו היינו אחר הגרלה דאי קודם וכו' כצ"ל:

ע"ב ד"ה קרבנות לבור וכו' שקלים של שנה זו קונין וכו' והא דקאמר עולין להם לשנה הבאה וכו' ב"פ יביאהו לשנה האחרת ולא יניחום אלא עם אותם חדשים של שנה זו ונפטרו בכך וכו' ולא יניחום עם אותם של שנה שעברה דחדשים הם הואיל ולא פשטו הבעלים כלל ע"כ כן נראה שצ"ל והענין מבואר ועיין בחידו' הריטב"א:

ד"ה ונייתי וכו' פירוש ליוה"ך אחר וכו' ואולי יחול על של שם של עזאזל ועל של עזאזל של שם שהיה הגורל וכו' שהיה השתקד. גיליון ויש מפרשים פי' אחר ואינו כדאי הס"ד ואח"ך מ"ה משום גזרה וכו' כן נראה שצ"ל. ומ"ש ואולי יחול וכו' כלומר דאם זה הנמלא היה של שם לשנה האחרת כשיגרילו אפשר שיהפך לשל עזאזל ואם היה של עזאזל לשנה אחרת אפשר שיהפך לשל שם ומה שסיימו וי"מ פי' אחר וכו' יראה דהראש דבריהם קיימי די"מ וגייתי ויגריל בשנה זו ללורך שנה הבאה ועמ"ש בפרש"י וק"ל:

ד"ה משום גזרה וכו' דפרכינן כך פרכא וכו' משום אותה גזרה ע"כ כצ"ל ועיין בחי' הריטב"א:

ד"ה דתניא ד' וכו' ושנת קרבנות נמי ילפינן לר' וכו' מכאן קשה וכו' וכן מוכיח מדקאמר פ"ט דערכין ל"א ב' קמ"ל דשנה שנה מהדדי גמרי יע"ש ועיין בתוס' שם בע"ז ד"ה מיום ליום ובתו' דר"ה ו' ב' ד"ה כמנין וכו'. ומ"ש גבי בל תאחר וכו' שתא מלא וכו' דבתר חג המלות היינו כ"ב בניסן וכו' מנה שמנה באדר ותעמוד וכו' כצ"ל והכונה מבוארת דלסדר השנים דאי מלא ואי חסר לכ"ב באדר בתרא הוו להו שנ"ד ימים ואף שנמנה ה' ימים הנשארים נאדר בתרא אכתי הו"ל שס"ב ותסר עדיין לתשלום של שס"ה שנת החמה ג' ימים ולריכים אנו ליכנס לראש ניסן ורש"י ז"ל הרגיש שם בזה שפי' שם בתר חג המלות בתוך הרגל ואית דאמרי לאחר הרגל ושלהי אדר בתרא לאו דוקא אלא לאחר שילא אדר קאמר עכ"ד אלא שנראה לרשב"ם דוחק לפרש כן. ומ"ש ופי' רשב"ם בשלמא וכו' נתעברה שנה נתעברה לו משכחת שפיר שנה בלא רגלים וכו' בנת הלבנה שנ"ד בלא חדש וכו' אלא נראה לר' דבתר חג וכו' שיכלה י"ע של פסח וכו' ויש ספרים דגרסי' התם כגון דאקדשיה בתוך וכו' כצ"ל ועיין בחו' שם ד"ה בתר וכו': דף ס"ו ע"א **ד"ה** אם הקדיש והעריך והחרים בהמה תעקר וכו' הק' ה"ר יעקב וכו' כצ"ל:

ד"ה אלא לאו שמע מינה וכו' ודאי כגון שהיו וכו' כצ"ל ועיין שם ס"ד א':

ע"ב ד"ה עתי וכו' עבודות יוה"ך הס"ד ואח"ך מ"ה אמר רפרס זאת אומרת וכו' בפ' אמרו לו פריך עליה ודילמא שאני שעיר המשתלח דהכשרו ביוה"ך בכך ותימה אמאי לא פריך כאן התלמוד וכו' כן נראה שצ"ל ועיין בתוספות דסוגיין ובתוס' דכריתות שם והגה מה שפי' למאי הלכתא וכו' דמאי שנא משאר עבודות וכו' כנראה שבאו להפוקי מפרש"י דפי' דמה איסור הולאה שייך כאן כיון דתחומין דרבנן וכו' יע"ש והם ז"ל רלו לפרש דפריך אפילו למ"ד תחומין דאורייתא למאי הלכתא איצטריך דמאי שנא משאר עבודות יוה"ך דהותרו לצורך עבודה וה"ה אם חל בשבת דדחינן איסור הולאה ועיין מ"ש שם בפרש"י ז"ל וק"ל:

ד"ה אמר רפרס וכו' דהו"א דלא דחי וכו' דאין הכשרו כשהוא צריך להרכיבו וכו' כצ"ל וכונתם דאין נראה לומר דהכא איירי רפרס באיסור הרכבה על כתפו דביוה"ך אין כאן איסור הולאה ומשא זו מדאילטריך קרא למשריה בשבת ולא יליף מיוה"ך ומש"ה אין כאן מקום לדחות דשבת לא הוה יליף מיוה"ך דשאני יוה"ך דהכשירו הכתוב בכך דהא אין דרך הכשירו אלא כשמוליכו ברגליו אבל במוליכו על כתפיו לא הוה שרי רחמנא אלא היה צריך להביא אחר וכיון שכן למאי דמפרש רב ששת דרשא דאפילו בשבת להרכיבו על כתפיו דשמע מינה דביוה"ך מותר אף בכגון זה שמעינן דטעם פשיטות זה משום דאין בו איסור הולאה דאי איכא למאי איצטריך קרא להתיר בשבת לילף מיוה"ך אבל התם בכריתות מיירי רפרס לומר דאין איסור תחומין ביוה"ך למ"ד דהוו דאורייתא ומש"ה פריך שפיר התם דמנ"ל דילמא דגם ביוה"ך יש איסור תחומין וגבי שעיר הכשיר הכתוב ע"פ דרך הכשרו בכך

ומש"ה בשאל בשבת אימא דלא הכשיר הכתוב ולהכי אילטריך דרשא דאפילו בשבת ולעולם דיש איסור הוצאה גם ביוה"כ אלא דזה אין נראה כלל לומר דרפרם תרתי אשמועינן חד דהכא איסור משא ביוה"ך וחד הך דהתם דאין איסור תחומין והתלמוד לא הזכיר כאן אותה של שם וכו' אלא הנכון דהא דהכא היינו ההיא דהתם ודרך התלמוד להאריך במקום א' משא"כ במקום אחר וק"ל:

ד"ה ואין עירוב והוצאה וכו' ולהכי בעיק היכן כתיבא כדאמר וכו' כצ"ל:

ד"ה אבא בשלום וכו' כלומר אבא כמותו שהיה בריא מאוד וכו' כצ"ל וז"ל הירושלמי אמר להם כך תהו בשלום וכן בתוספתא דפרקין וז"ל הריטב"א וכן בריא היה המזומן לשלחו ומי יתן ואהיה אני ואתם בשלום כמותו אבל רש"י ז"ל פי' וכו' וק"ל:

ד"ה פלוני וכו' כל האומר וכו' כצ"ל ומ"ש וכן שאל על שלמה וכו' בתוספתא דסוגיין כתבו זה בשם י"מ דפי' אחר הוא והא משמע שלא שאלו אלא על אחר אבל דבריהם מובנים מתוך מ"ש הריטב"א בשם ר"ח וכן תמצא בערוך ערך פלן אלא דמשמע דהוי גרסי תו ופלוני מהו לעולם הבא יעו"ש וכן הגי' בתוספתא דיבמות פ"ג יעו"ש וק"ל:

ד"ה אמו אם אמו מישראל אבל לא בעי וכו' כן נראה שצ"ל ועיין מ"ש בסוגיא וק"ל:

דף ס"ז ע"א **ד"ה** ר' יהודה וכו' ואיני יודע לייטבו וכו' על כן נראה דגר' וכו' ופשוט דמ"ש ובתוך המילין וכו' כלומר בתוך מיל שבין כל סוכה וסוכה למה לנו לעשות שם סוכה אחרת כיון דיכולים ללוותו אותם בלי סוכות שבין המיל ולעיקר קו' עיין בתר' דסוגיין:

ד"ה סה לי וכו' מיהו אין זה תשובה וכו' כונתם לאפוקי מפרש"י דפי' דלהכי קאמר סה משום דהיה לשון שחוק יעו"ש אלא נראה להם דקאמר סה משום דלא היתה תשובה גמורה אלא שיהא מיהו מה שסיימו בהכרח הדבר כי א"א לאילו ע"כ כנראה שחיסור לשון יש כאן וצ"ל כי א"א לאלו נערב כאן ואלו לכאן וכונתם דודאי אנשים מעטים היו יושבים בסוכות ואותם היה נוח להם לילך כולם יחד ללותו ולא היה אפשר להם ליחלק חציים לכאן וחציים לכאן וכמה שפרש"י במתניה דר"א יעו"ש וק"ל:

ד"ה כמאן אזלא וכו' ושניה כן בספרים וכו' מרישא הו"ל לאוכי וכו' כצ"ל וכונתם דהך שניה דגרסינן דתניא בספרים הרבה ול"ג דתנן וכן מוכרח דאי אמתניתין בעי מרישא דקתני י"ב מלין היה יכול להוכיח דכר"מ דוקא היא ועמ"ש בתר' דסוגיין ועמ"ש שם וק"ל:

ד"ה ג' ריס וכו' דבין ברבוע העולם בך וכו' שהם אלפיים ות"ת אמה וכו' ולפי ר"ת וכו' וכו' עם עובי הדפנות וספי מד' על ד' הו"ל למנקט כיון שהוא ד' ואלכסון וכו' מיהו נראה כפי' ר' שמואל שפי' וכו' כצ"ל והדברים מבוארים בתר' דסוגיין ובתר' דמי שהוליאהו שם זולת קושית הרת דליתא התם ואדרבא עם פי' ר"ת אתיא נמי שפיר יעו"ש וק"ל:

ד"ה בא וישב וכו' למה לא תקנו סוכה שם וישב שם עד למחר וכו' כצ"ל:

ד"ה לא נצרך אדם וכו' אם היה צריך היו מאכילין אותו ואפילו לא היה רעב יותר דוחה שעיר ואינו כמו שבת וטומאה מיירי הכא שמותר כגון שאחזו וכו' כן נראה שצ"ל ודע דמלשון הרמב"ם בחי' פ"ג מהל' עיו"כ משמע דסבר כפי' ראשון שכתב על כל סוכה וסוכה אומרים לו הרי מזון והרי מים אם כשל כחו וצריך לאכול אוכל ומעולם וכו' ע"כ ובודאי דלא איירי באחזו בולמוס דאם כן מאי עדיפותיה משאר כל אדם שמותרים כיוצא בזה ומה שהקשה הפר"ח ז"ל מסוגיא דפרק יוה"כ פ"א אי דקאמר מה לעיוי שלא הותר מכללו תאמר במלאכה שהותר כלומר במקדש והרי ענוי נמי הותר מכללו הכא עכ"ד יש ליישב דהיית דלא שרינן הכא אלא בכשל כחו בדוקא לא הוי הותר מכללו כי מן הדין היה שלא להתיר אלא שאם נמתין לגד' בולמוס שמא לא יהא ראוי אח"ך לשלחו ומש"ה שרי ליה מיד בכשל כחו כדי שלא יבא לגדר שיאחזו בולמוס ולא דמי להותר מלאכה שהותרה בכל אופני ההיתר ודי שיהיה לצורך גבוה וק"ל:

ד"ה חולק לשון וכו' אם תמצא לומר שאין וכו' כצ"ל ומ"ש דכמש' שקלים מוכח וכו' דקתני פרה ולשון של זהורית שבראש שעיר וכו' בגי' המשנה שבידינו שם גרסינן פרה ושעיר המשתלח ולשון של זהורית באין מתרומת הלשכה כבש פרה וכבש שעיר וכו' וכן גירסת סדר המשנה שבירושלמי שם ופי' הרע"ב שם לשון זהורית של פרה יעו"ש ולפ"ז לעולם דלשון דהכא היינו ההיא דערך בקלפי וכן משמע מסוגיא דלעיל שם דמייתי עלה הא דהר"י שני לשונות שמעתי וכו' וקאמר רב יוסף נחזי אנן של שעיר המשתלח דבעי חלוק' בעי שיעור וכו' משמע דההיא דהתם היא עצמה הך דהכא דבעיא חלוקה תלי קושר בסלע וכו' כמו שפרש"י שם אלא דשוב ראיתי בילקוט ריש פרשת כי תשא דגרסי במתניתין כמ"ש הם ז"ל וכן גרים בסמ"ג בהל' שקלים ופירש כמפרש שם כדבריהם ז"ל דב' לשונות הוו יעו"ש ולפי מ"ש שם דההיא דלעיל חוץ בעלמא היה כדי שיהא ניכר ולא יתערב לפ"ז ר"י דאמר התם ב' לשונות שמעתי לא איירי אלא בהך דהכא שהיה לשון ולא חוץ והתם מייתי לה אגב גררא אלא שזה דחוק קצת דהכא הוה ליה לאתויי ההיא דר"י ושמא דמייתי לה התם משום דשמעינן מינה נמי לשעיר פנימי דלא הוי שיעור כמ"ש התוס' שם ושוב ראיתי בספר שושנים לדוד שעמד על דבריהם יעו"ש וק"ל:

ע"ב ד"ה מאן דאמר וכו' במדבר לא תילף משם לאסור וכו' למימר לעיל דהוו ג' כתובים אלא דהוה מלי למיפרך כניחא למ"ד וכו' כדפריך במעילה וכו' כצ"ל:

ד"ה הקטירו שלקא דעתי' אטו במגם מיקטר וכו' משום דק"ל וכו' מעלו ומקטירו בהמיינו והכי פריך וכו' עודמו לבוש בגדי לבן וכו' ואמורי חטאת הללו כדקתני בפרקין וכו' ובתמיד נשחט נמי פירש הקטירו ס"ד והלא אפשט ויתיבו קאי וכן בשריפ בזר ואיהו לא מקטר וכו' והכי קאמר אטו במגם מקטר וכו' לבלי שרת דמנחות דבלי וכו' אין ליישב לפי דבריו דפריך ליה וכו' על גבי האישים יש לפרש דפריך וכי לפני וכו' ומה הקשה אותו כיון שהקשה וכו' ושפיר גרסי ליה דבכל דוכתא לא פרי' הכי אלא היכי שעיני וכו' כל סדר וכו' סדר מנחה כולד וכו' ולכך סבירה הוא דהדין והסדר וכו' אבל בבני דמנחות אין שוהה הסדר ולכך ידע שהוא רוצה לומר שמעלו בהמיינו וכו' כצ"ל ועיין בתר' הסוגיין ובמה שכתבתי שם כי הדברים מבוארי':

ד"ה אלא אימא וכו' אתה כוננת קרען והוציא וכו' קריאת פרש' והקרבת אילו וכו' ושמא מלד לשון וכו' כצ"ל:

דף ס"ח ע"א **ד"ה** ד"ה במזרחה וכו' שכל מקום שנאמר פני כדאי' בהקומץ רבה כ"ז ע"ב יעו"ש דאי לא הוה כתיב אל נכח פני אהל מועד אלא נכח אהל מועד לא ידעינן שיהא במזרח ממש אלא אפי' עומד בדרום או לצפון ורואה באלכסון פתח ההיכל נכח אהל מועד מקרי אבל השתא דכתיב פני משמע שצריך שיעמוד במזרח שיהיה מכוון ביושר נגד ההיכל דהא דקאמר התם דלרבנן נכח פני אהל מועד לאו דוקא היינו אם לא כיון נגד פתח ההיכל ממש בדקדוק אבל לעולם בעינן שיעמוד במזרח וכן מתבאר מדברי הרמב"ם בחי' רפ"ד מהל' פ"א וכמו שביאר כוונת דבריו בס' חזון נחום ברפ"ד דפרה עיי"ש וק"ל:

ע"ב ד"ה ור' אליעזר וכו' דלא בעי שיהא וכו' ומ"מ גמר שלש מחנות מעגל וכו' כצ"ל ודבריהם מתבארים מתוך מ"ש בסוגיא יעי"ש:

ד"ה וקמ"לן ר"י וכו' משמע לכאורה דפליג אר"א הקפר דאמר לעיל [ס"ז ע"א] וכו' וזהו כשהגיע לסלע שעד אותה וכו' אלמא לא היה מלבין עד שעת דחיפי' לגמרי ולפי מה שפירש התלמוד המשנה לעיל לית ליה לר' יהודה וכו' כיון שמלבין כשמגיע וכו' כצ"ל וכונתם דר"י דקאמר הכא דמשהגיע למדבר נעשית מלותו פליג אר' אלעזר הקפר דלעיל דקאמר דלא היה מלבין עד שנעשית מלותו וע"כ מלות הגעה לסלע ודחיפא קאמר דהא לעיל מוכח דלא היה מלבין עד שעת דחיפה מדקאמר דילמא קדים וכו' משמע שלא היה רגיל להלבין עד שעת דחיפה כדמסיים ומנין דגמיש ליה ולפי מה שפירש התלמוד לעיל טעם המשנה דקתני חליו קושר בסלע וכו' משום דילמא קדים ומלבין וכו' הנה לר"י שהיה מלבין ודאי בשהגיע למדבר דהא

לדידיה נעשית מלותו בזה אם כן לא תקנו תליו קושר בסלע כיון שכבר הלבין קודם לכן דלא חיישינן לדידיה שמא מתוך שמחת הלבנה לא יגמור להגיע לסלע ולדוחפו שהרי כבר נעשית מלותו משהגיע למדבר ומ"ש ברא"ש דבריהם משמע לכאורה וכולי משום דהיה אפשר לדחות דלעולם ר"א הקפר סבר כר"י ור"י אית ליה מתניתין דהתם דתליו קושר וכו' ונעשית מלותו דקאמר היינו הגעה שעיר למדבר ומיד היה מלבין הלשון של זהורית הקשור בפתחו של אולם דהכא איירי ר"א הקפר שם אבל לשון זהורית הקשור בין קרניו לא היה מלבין עד שעת דחיפה אלא דאין סברה לומר כן דאי חשיב דנעשית מלותו בזה כ"ש שילבין גם לשון שבגופו של שעיר אלא ודאי דר"א הקפר בהגעה לסלע איירי דאז היה מלבין כדמייתי התם לעיל מניה ולא חשיב נעשית מלותו עד שיגיע לשם ודלא כר"י והנה מר' ישמעאל אין להוכיח דפליג עליה דר"י בהא וכמ' ר"א הקפר דהא אדרבא פשט לשון והשהגיע שעיר למדבר היה הלשון וכו' דקאמר ר' ישמעאל משמע כר"י דקודם דחיפה היה מלבין ועי"כ לא פי' כן במלתיה דר"א הקפר דלעיל אלא משום דמייתי לה תלמודא שם אמאי דאיירי התם דהיה מלבין בהגעה לסלע דוקא וטעמא דר' יהודה לא מסת' ליה סימניה דר' ישמעאל לאו משום דאית ליה תקנה דלעיל ממש דתליו קושר בסלע וכו' כמ"ש התי"ע יעו"ש אלא נ"ל לפי דרכם דאית ליה ההיא תקנתא אבל בדרך אחר דלבסוף תקנו שיהיו קושרי כולה בסלע או בין קרניו ואז אנו צריכים לסימן דקתני ר' יהודה וז"ל הירו' לעיל הלכה ה' חזרו וקשרו אותו בפתחו של היכל וכו' חזרו וקשרו אותו בסלע ע"כ כנלע"ד וקו"ל:

פרק בא לו

ד"ה בא לו וכו' הכא קודם וכו' על המחילה ועל שאר הברכות וכו' כנ"ל ופשוט דמה שהוסיפו לבאר וגם עפ"י עיקר עבודות כפרה וכו' משום דאכתי נשאר לו מעבודות היום הקטרת אמורי פר ושעיר הנשרפין אלא דמשום דהקטרה לא מעכבא הו"ל דהפסיק עבודות היום ומה שהביאו מן הירו' עמ"ש בפרש"י ז"ל וקו"ל:

ד"ה ואם רלה וכו' טעון טבילה ובעינן שתהא טבילה סמוך לעבודה והס"ד ואח"כ מתחיל הדבור מכלל דקריאה וכו' כנ"ל ועיין בהריטב"א והא דאיתא בירו' עלה דמתניתין ר' אמי בשם ר"י שירי עבודות [(כגון מקרא פרשה)] עובדן בבגד לבן א"ר מתני' מתניתא אמרה כן ואם לאו באצטלית לבן משנו ר' יוסה בעי למה שכן בחוץ וכו' ומסיים התם ר' יוסה בשם ר"י רלה עובדה בבגדי לבן וכו' לאו בגדי כהונה קאמר אלא באצטלית משלו הוא דקאמר דאם רלה לעשות מהבה יכול לעשות וז"ל הרמב"ם בפי' המשנה אצטלית לבן משלו להודיע כי הקריאה אינה עבודה ומותר לו לקרות באיזה בגד שירלה ע"כ ובזה לא יסתור דבריהם ופ"ש בירו' ובס' קרבן העדה שם ודוק:

ד"ה מכלל דקריאה וכו' שעשה לו אמו כתונת לובשה וכו' דהא פרישית הכא שאינו וכו' סובר שהן בגדי וכו' כן נ"ל:

דף ס"ט ע"א **ד"ה** דה"ה ש"מ תפילין וכו' פירש ר"ת ולא חיישי' לכסתה וכו' מפרש בהדיא טעמא דלא חייש דילמא מיגנדר וכו' ועוד מעיקר מלתא דרב אשי דהוא לפי האמת ליה דהגנד וכו' כן נראה שנ"ל ועיין בהריטב"א. ומ"ש ועוד מעיקר כלומר דכיון דמוכח דרב אשי לקושטא דמלתא קאמר לעולם תחת ראשיכן ה"ה דר"ש נמי לפי האמת קאמר דיש לפרש מתני' כנגד ראשיכן וקו"ל:

ד"ה תיפוק ליה וכו' ומאי שנא נילית של כלאים דמותר שלא במקום מלוה ועוד קשה דבהתכלת [(מ"ג א')] ובשמעתא וכו' בעינן עבודה בלא עידן עבודה מיהא וכו' אבל בגדי כהונה אין אלא לצורך עבודה ולכך לא הותרו אלא בשעת עבודה אבל שלא בשעת עבודה כגון בהנאה לא אבל לבישה וכו' איסור כלאים בגד לבסוף וכו' כנ"ל והדברים מבוארים עיין בדבריהם דפרק התכלת מ' ע"ב ופ' כל הבשר קי"ו ע"ב ובהריטב"א כאן וקו"ל:

ד"ה ותיפוק לי וכו' תימא מאי שנא וכו' עיין בחי' הריטב"א כי שם נתבארו דבריהם ככל הצורך:

ד"ה אלא לאו בנגד ראשיכן ש"מ בפ"ק דתמיד דתני וכו' ותנא בתרא דפשיט וכו' כנ"ל ותנא בתרא היינו ת"ש בגדי וכו' יעו"ש:

ד"ה ובמקדש מותר וכו' דהיינו במקום דשינה מותרת וכו' אפי' בהר הבית דבעזרה וכו' כנ"ל ועוד נלענ"ד דכן מוכח דאם איתא דבהר הבית אסור ליכנס לפלוג וליתני במקדש גופיה בין מקום עזרה להר הבית וקו"ל:

ד"ה כיון שהגיעו וכו' דמיירי הכא קודם שתקנו עצמם כמו וכו' כנ"ל ועיין בחי' הריטב"א:

ד"ה ואי בעית אימא וכו' תימא דאמר בקדושין וכו' כלומר דהכתי הו"ל לתלמודא לאקשויי מעובדא דינאי דשם לא יוכל לתרץ ראויין לבגדי וכו' הכא ליכא ממש היה שהרי עשה ינאי זה כדי לנסות את החכמים שבאו אצלו כדאיתא שם וקו"ל:

ע"ב **ד"ה** מתיבי היכן קורין וכו' ופרשת הקהל קאי וכו' לי"ע דמסוגיא דס"פ אלו נאמרין מ"א ע"ב לא משמע כן דהא התם איירי בפרשת הקהל ופריך התם כי הכא ומשני כדאמר רב חסדא בעזרת נשים כ"ג בעזרת נשים ואם איתא התם הו"ל למפרך מהך ברייתא ולתרץ ר"ת דשם עיקר דוכתא אלא נראה דאקריאת כ"ג נאמרה ברייתא זו ולהיות דדברי ר"ח נאמרו לפרש בעזרה דקאמרי רבנן בברייתא והכא קאי לפרושי מתניתין שייך שפיר למימר כדאמר ר"ח וכו' הגם דכולהו בחד עניינא דקריאת כ"ג איירי וכן נראה מפי' רש"י דסוטה שם מ"א ע"ב דהתם לי"ג והיכא איתמר דרב חסדא אלא קאמר תלמודא כדאמר ר"ח בעזרת נשים הי"ג בעזרת נשים מתיבי היכן קורין וכו' ופרש"י שם כדאמר ר"ח לקמן ע"כ אלא שמצאתי בתר דמייתי לה אקריאת הקהל דבתר דקתני התם עניינא דהקהל קאמר בימה של עץ היו עושין לו בעזרה ויושב עליה ראב"י אומר בהר הבי' וכו' ודוחק לומר דברייתא דהכא אחריתי היא ונאמרה לענין קריאת כ"ג וכעת צל"ע:

ד"ה ברוך ה' וכו' לפי פרש"י וכו' ומיהו משמע וכו' עמ"ש בפי' רש"י ז"ל:

דף ע' ע"א **ד"ה** ובעשור וכו' למיחש למידי ומשם הרב ר' אליעזר וכו' ומתוך כך נהגו דנוהי' וכו' כנ"ל ועיין במ"ש הטא"ח סימן מ"ע בשם הרא"ש ומ"ש הפר"ח שם ובמ"ש הריטב"א כאן ועיין בל' ר"א ממיץ ז"ל בס' יראים עמוד זמנים סימן קכ"ח ובמ"ש המגיה שם וקו"ל:

ד"ה ונגלול ונקרי וכו' ואומר הר"י וכו' עיין בהעתקת הריטב"א כי דבריו לריך עיון דמשמע דהכא בכדי שיפסוק המתורגי' הוא וכן פרש"י בסוטה מ' ע"ב אמתניתן ולעיקר קושי' עמ"ש בסוגיא:

ד"ה משום ברכה וכו' כיון שיכול ללאת בברכה ראשונה והס"ד ואח"ך מתחיל הדיבור שמנה ברכות וכו' כנ"ל ועיין במה שהקשה הריטב"א ועיין בדבריהם דפ' כסוי הדם פ"ז ע"א ובטו"ד סימן י"ט:

ד"ה ילא ועשה וכו' שהיו עם אילו ואיל העם עביד להוצאת כף ומחתה דהא בתריה כתיבי אלא משום וכו' וכן המשמע נמי דקתני בסמוך וכו' אלא אחר תמיד וכו' וגם רש"י פי' בגמ' ואח"ך אילו ואיל העם בטבילה שלישית ואח"ך תמיד של בה"ע בטבילה חמישית ולא איירי וכו' כן נר' שנ"ל ומ"ש ומתני' ר"א וכו' כלו' דלא יקשה עליך לפרש כך דהא ואת שבעת כבשים וכו' דקתני ר"א אדבתריה סמיך וכאילו אמר ואת שבעת כבשים תמימים בני שנה ופר העולה ושעיר הנעשה בחוץ וכו' דסיפא מלתיה דר"א היא ולא ר"ע וכמ"ש לקמיה בדבור הסמוך וא"כ לא בא לבאר אלא דאלו היו קריבין עם תמיד של בה"ע ולא בא לומר דהיו קרבין מיד אחר אילו ואיל העם דודאי היה עושה אחריהם הוצאת כף ומחתה ואה פשוט ולא הוצרך לבאר דהא בלא"ה לא משכחת ה' טבילות וכו' וקו"ל:

ד"ה ה"ג ופר העולה וכו' אדלעיל הס"ד ואח"ך מ"ה ילא ועשה וכו' כנ"ל ועיין בתוס' דסוגיין ובמ"ש שם.

ד"ה ילא ועשה וכו' מפר' דקיימא כולה אסיפא דתמיד של בה"ע אפי' אילו ואיל העם ומתניתין ה"ק וז' כבשים וכו' היו גם הם עם תמיד וכו' היינו לאפוקי של אחר תמיד וכו' שיקרא זה

עם תמיד של בה"ע כיון שהיה לפני אילו וכו' וא"ת כיון דמתני' ר"א היא כדפי' ופר העולה קודם ז' הכבשים היה קרב למה לא הזכירו במשנה קודם ז' כבשים וי"ל דלא חש למנקט וכו' מקמיה מלתא דר"ע אלא משמע דר"ע אכולהו קאי אפר העולה וכו' כן נראה שצ"ל והדברים מבוארים אלא דפשטא דסוגיין דקא' אבעיא להו היכי קא' עם תמיד של שחר היו קרבין ופר העולה וכו' משמע דסבר תלמודא דסיפא דמלתיה דר"ע היא ויש ליישב ושמא דלאפוקי מפי' זה פרש"י היכי קא' ר"ע יע"ש ושוב ראיתי שכ"כ בס' תולדות יצחק יע"ש ודוק:

בא"ד בסדר אחה כוננת וכו' והכליל אילו עם מוספי יום ורי' יעקב הגיה והכליל אלים עם חלבי וכו' לפני הוצאת כף ומחתה כו' וכו' אבל הכליל אלים עם חלבי וכו' שמקדים שעיר החיצון וכו' ולפי השנוי במשנה לקח שיטתו וכו' ואין נראה דודאי מתני' לא מפרשה כמשמעה וא"כ פליג אאמר ר"א דבריי' וכו' כצ"ל:

ע"ב ד"ה שנאמר ושעיר וכו' והא איצטריך דלא תימא וכו' כדאמרינן בסמוך דלרבי אצטריך וכו' וא"כ הכא נמי הו"א שהכל אחד דכתב ושעיר וכו' שכל קרבנות האמורים כאן בחומש הפקודים וכו' ולא אתי למעטי וכו' והילכך צריך לומר דהד איל הוא מונה וכו' כצ"ל:

דף ע"א ע"א ד"ה דילמא מפסיק וכו' עבודת היום יפסיקס בשעיר המוספין לבד וכו' כצ"ל ועמ"ש בזה בתוס' דסוגיין לעיל ד"ה ואח"ך שעיר וכו' ואי קשיא לך דלמאי דמשמע מדבריהם דלר"ע נמי פריך מאי משני אמר קרא ויצא וכו' מיציאה ראשונה וכו' דהא לר"ע היה עושה שעיר דחוץ ביציאה ראשונה כבר תי' זה התו' דסוגיין לעיל ד"ה ואח"ך שעיר וכו' יע"ש:

ד"ה אמר קרא וכו' שיציאה שכתובה שם כדי לשחוט שעיר הפנימי וכו' אין כונתם שכתוב שם יציאה ממש אלא מדכתיב ושחט את שעיר החטאת וכו' ע"כ לומר דהיה יוצא מן ההיכל לשחוט אותו בין האולם ולמזבח דומיא דמקום שחיטת פר וכמ"ש התו"ע פ"ה פ"ה מ"ד יע"ש וק"ל:

ד"ה כלום אדם וכו' ובערב היה לבוש הגדוין וכו' י"ל דמ"מ בגדי בד וכו' לעיל שפחותין מכן בס"ד ואח"ך מ"ה והא תרי קרא וכו' כצ"ל ומ"ש דלעיל דריש מהקש וכו' וכן תי' הריטב"א יע"ש עמ"ש לעיל ל"ב א' הסוגיא שם:

ד"ה והא תרי קראי כתיבי ואת חלב החטאת וכו' כצ"ל וכונתם בתירוצם מבוארת דקרא דובא אהרן וכו' ורחץ בשרו וכו' ויצא ועשה את עולתו וכו' חד קרא וחד ענייבא חשבינן ליה ובאמרנו דקרא דובא אהרן וכו' נכתב שלא כסדר נכלל בזה בין דהוצאת כף ומחתה צריך להיות אחר אילו ובין דאילו צריך להיות אחר שריפת פר ושעיר אבל הנך תרי קראי באנפי נפשייהו נינהו ואין זה בודאי בכלל מה שאמר חוץ מפסוק זה אם לא שנפרש חוץ מפסוק זה ואילך כדמסיק ולהכי דייק לומר תלמודא והא ב' קראי כתיבי כלו' דבשלמא מקדימת אילו לשריפת פרים הנשרפים לא תיקשי דכוליה חד קרא הוא וכבר נאמר שנכתב שלא כסדר אלא הנך תרי קראי באנפי נפשייהו נינהו ובזה יישבו גי' זו להיות שרש"י ז"ל כתב דל"ג תרי יע"ש ועיין בחידושי הריטב"א וק"ל:

ד"ה אף שורף דמעיקרא ולכך תוקמי ליה קודם אילו וכו' להיות שהקישו הכתוב למשלח ולעד"נ דסברה הוא לעשותה סמוך לשילוח שעיר מכח דתרוייהו הם מעשים הנעשים חוץ למקדש וירושלים ולא להפסיק בשריפתן בין הקרבת אילו ואיל העם להקרבי' אמורי חטאת דתרווייהו עבודות הנעשות במקדש במזבח החיצון:

ד"ה זה מקום שיוקים וכו' שהיה נע ונד וגם וכו' כצ"ל וכלשון רש"י ז"ל אלא שהוסיפו על דבריו שגם על ישראל היה מתפלל שכן מוכיח מתוך הענין דלעיל מיניה מתפלל עליהם בצאת ישראל ממצרים וכו' לא לנו ה' וכו' ה' זכרנו יברך את בית ישראל וכו':

ע"ב ד"ה חמשה קראי כתיבי וכו' בפי' ר"ח גרים שיתא קראי כתיבי ואלו הן ושבלא הכתונת שם ועשית מגבעת שם ועשו את הכתונת שש ואת המגבעת שש וכו' ובעשיה כולן מיותרים חוץ משש דכתיב גבי מכנסים וכו' וכפי' רש"י נראה וכו' מדלא כתב הכל עשו משש ע"כ כצ"ל על פי מה שהביא הריטב"א יע"ש כי הדבר מבואר. ומ"ש אומר ריב"א כי מגבעת ומגבעות וכו' כנראה שהוא דיבור בפ"ע ושייך אמתניתין ולפ"ז היה צריך להגיה בכתונת ומכנסיים ומצנפת וכו' אומר ריב"א כי מצנפת וכו' וכן תמצא בלשון הריטב"א וק"ל:

בא"ד או' ריב"א וכו' שהיא קצר' ואינה דומי' לשל כהן הדיוט וכו' בלבד לא היה מכסה וכו' כצ"ל ועיין בהריטב"א ובתוס' דסוגיין לעיל כ"ה א' ד"ה נוטל מצנפת וכו'. ומ"ש ומיהו קשה לי וכו' מצנפת וכו' כדכתב קרא בהדיא בריש פ' אחרי מות וצ"ל לפי' ריב"א דהא דלא קאמר תלמודא לעיל י"ב ע"א דמתכין אותו במצנפת משום דכיון דדומה קצת למגבעת של כהן הדיוט אין כאן היכר כ"כ שיחשב זה לחינוך וכ"כ התוס' דסוגיין לעיל פ"ק י"ב ע"ב ד"ה אלא וכו'. ומ"ש אסתוירא מעל ושוקא וכו' כיון שהציץ אינו מכסה השער כלום ועוד וכו' מיהו אין זו ראיה אלא אם נאמר דמקום וכו' במקו' שמניחין בו תפילין כדפי' בעירובין שמקום הנחת תפילין וכו' ואם היינו מפרשים מקום יש בראש להניח ב' תפילין וכו' כצ"ל והדברי' מבוארי' עיין בתו' הריטב"א ובתו' דעירובין צ"ה ע"ב ד"ה מקום יש וכו' ובתוס' דמנחות ל"ז א' ד"ה מקום שמוחו של תינוק וכו' ועיין בתוס' דסוכה ה' א' ד"ה ואל יוכיח וכו' וק"ל:

ד"ה שיהיו שזורין וכו' דמשזר היינו שכשש עלמו [(כלו' כל חוט וחוט)] שזור וכו' כצ"ל ועיין בחי' הריטב"א:

ד"ה מאי משמע וכו' דמתילא כי פשט דבר העולה וכו' כצ"ל וכונתם מבוארת דנקט בעייתי בשש משום דכי פשיט ליה מבד ידע השתא לתרוייהו אבל אם היה שואל על בד והיה משיב דבר העולה וכו' אע"ג שהיינו יודעים דשש נמי כן הוא מדכתיב ומכנסי הבד שש משזר מ"מ לא היה מפי' כל צרכו שעדיין יש קצת ספק לידע מהו שש דקאמר קרא ומשום דדרך זה דחוק קצת ע"כ הריטב"א ז"ל תי' באופן אחר דמשום דבקראי דאייתי טובא שש כתיבי נקט לבעיא בשש יע"ש ועיין בפ"ב דזבחים י"ח ב' דשם הגי' ממאי דהאי בד כתנא הוא וכו' וק"ל:

ד"ה ואימא עמרא וכו' והא דאמר במשניות [(רפ"ט דכלאים)] והפשתן והקנבוס שטרפן זה בזה וכו' דמשמע שאינו מין פשתן היה אומר וכו' רפ"ב דכלאים תנן וכו' כדא' בריש יבמות הכא מודו דמפקינן וכו' לכ"ע דרשא דלמר וכו' כצ"ל ועיין בהריטב"א ובתוס' דפ"ב דזבחים י"א ע"ב. ומ"ש אפי' לרבנן וכו' וניחא בזה דמתניתין דרפ"ט דכלאים דקתני אין הכהנים לובשים לשמש בבה"מ אלא צמר ופשתים וכו' דאתיא ככ"ע ולעיקר קושית ריצב"א שכתבו התו' דסוגיין עמ"ש שם ופשוט דלמאי דבעינן בבגדי כהונה צמר ופשתים אמעיט קנבוס וגם דפשתן הוא מפני שיש לו שם לווי נקרא פשתים קנבוס וכדאיתא בירושלמי דכלאים הביאו הב"י י"ד בריש הל' כלאי בגדים יע"ש וק"ל:

ד"ה נילף מחשן משפט ואפוד אבל לא בעי למפרך נילף משזר ממכנסים דאל יוכיח מכנסים שאין בו אלא מין א' ע"כ כן גר' שצ"ל וכן תמצא בהריטב"א שהקש' ותי' כן יע"ש דודאי אין מקום גהקשות דנילף מכתונת דאין שם תיבות דומות כי הכא גבי פרוכת וכן למסקנא ילפינן מאבנט דכתיב בהו תכלת ומשזר וכן גבי מכנסים הו"מ למילף משזר משזר וק"ל:

ד"ה ואין דנין כלי וכו' יותר מרמונים והוה מצי למימר נמי כליל תכלת דבגד כסוי ארון דכתיב [(במדבר ד')] ופרשו בגד כליל תכלת אלא וכו' כצ"ל ופשוט דמ"ש בראש דבריהם ופרוכת חשוב וכו' כלו' דהגם דקאמר לעיל דפרכת אהל הוא מ"מ חשיב כלי טפי מרמונים ומ"ש והו"מ למימר וכו' כלו' דלימא דברייתא דריש סוגיין דבגד כסוי של ארון י"ב דומיא דמעיל דהא התם נמי כתיב כליל תכלת ותי' דלא אתי לאשמועינן אלא דין דבגדי כהונה דחשובין נינהו לאפוקי זה שלא היה משמש אלא לכסוי בעלמא בעת המסעות וכבר היה אפשר לפרש כונתה דכיון דאינו אלא לכסוי בעלמא לא הקפיד בו הכתוב שיהיה חוטו י"ב ולהך לא נתנה כלל דכל מקו' שלא נאמר שש וכו' אבל יותר נראה כמו שפרשתי וק"ל:

ד"ה וכתב והבאת וכו' אלמא היו נשמטין מדהיו משימין אותן בשעת מסעות ושמא י"ל דיש לו להביא זה שהוא כתוב בפסוק ראשון וכו' יוסף פי' דוהבאת מיותר דבטבעות הארון יהיו וכו' כי אם גבי מזבח הנחשת [(וכ"כ בתו' דסוגיין)] כצ"ל וכונת קושיתם דמקרא דושמו בדיו מצי למפרך דמשמע מיניה שלא היו עומדים דחוקים וצרים תוך הטבעות מדהיו שומטין אותם דמקרא דוהבאת אין הדבר מפורש כ"כ אלא דדייק מדלא כתיב ושמה ש"מ

שלא היו דחוקים אלא הולכים ובאים ותו' דכיון דמקרא דושמו בדיו אין זה מוכרח כ״כ דהא יש לדחות דלעולם היו עומדים דחוקים אלא דלעת הצורך הוי שומטים אותם ובה מש״ה ניחא ליה לאתויי מקרא דובהאבת הכתוב קודם והגם דלא מק' אלא מכח דיוקא מדנא כתב ושמה הנלע״ד לפי דבריהם ועמ״ש בפרש״י ז״ל והנה מה שתמלא בחי' הריטב״א שכתוב וקי״ל אמאי לא נקטינן ושמו את בדיו דכתיב בפ' נשא גבי מסעות ומחנות דהכוא משמע שפי שהיה נשמע בכל מסע ומחנה דאילו והבאת איכא למימר דלא מיירי אלא בהכנסה ראשונה שהכניסוה שם וכו' יע״ש דמשמע שהבין קושית תלמודא דמדכתיב לא יסורו אלמא שלא היו יכולים לשומטם מהטבעות ומדכתיב והבאת משמע שהיו יכולים לשומטם הנה המדקדק בדברי רש״י ז״ל יראה שאין כונת הקו' כן דזה ודאי הפי' מבואר דוהבאת מיירי בהכנסה ראשונה שהרי גבי נוואה כתיב אלא כונת הקושיא כמ״ש בפירש״י יע״ש וק״ל:

ד״ה מתפרקין וכו' ואם השמיט בדוחק וכו' אבל יכולים הם להשמט ע״י פירוק הקשרים והתוליות שעשו שם בטבעות והס״ד ואח״ך מ״ה אלא לבית יד וכו' כצ״ל וכמו שתמלא בהעתקת הריטב״א יע״ש. ומ״ש לפרש״י ואם השמיט בדוחק וכו' כונתם שאם השמיט והסיר אותם ממקומם לגד ראשון השב אעפ״י שאינו יכול להוציאן לגמרי מגד שראשן עב אפ״ה לוקה ולפ״ז קרא דושמו בדיו היינו לומר דאם נשמטו ממקומם יחזירום למקומם אבל לאו למימרא שנשמטו ממנו לגמרי ועתה חוזרין ומשימין אותם ועיין מה שפי' הרמב״ן ז״ל בפ' במדבר יע״ש וק״ל:

דף ע״ב ע״ב ד״ה הא כמאן דאמר וכו' וכפורת טפח לפי' ר״ש דהכא וכו' אין בעוביה טפח בשל זהב וגם בדופן הכותל של עץ ובשולים לא מיירי שהם היו משהו ואם כן חללה של עץ היה קרוב לתשעה ושל זהב לא היה מכסה מבפנים אלא שמנה והחיצון של זהב עשרה דהואיל והפנימי לא כסה אלא ח' השלמת אותו טפח היה בעובי הכותל מלמעלה [(כלומר שדופן של חיצון של זהב היה בולט מלמעלה טפח יותר ומשום דתקשי שלא היה צריך טפח ממש דהא איכא נמי עובי שולים של פנימי וא״כ היה מכסה יותר מח' כתבו אבל השולים)] אבל השולים של פנימי שהם של זהב היה דק דק וכו' ומאן דאמר אחד עשר עוביה של כותל של עץ היה טפח הרי עשרה טפחים לכסות מארון הזהב מבחוץ ומה שמגולה בפנים ועם עובי וכו' וכפורת טפח דהתם בגובה וכו' כן נראה שצ״ל ועיין בחי' הריטב״א כי הדברים מבוארים וק״ל:

ד״ה לא זהב וכו' כגון שלא לשמה והא דאמר דמתוך שלא לשמה בא לשמה ואמר נמי במקום שנהגו וכו' האי שלא לשמה דהכא כגון וכו' כצ״ל ועיין בחי' הריטב״א:

ד״ה נאמנת היא וכו' לא קיים כדפרש״י ועוד וכו' חתן קולה הס״ד ואח״ך מ״ה אר״י וכו' כצ״ל:

דף ע״ג ע״א ד״ה בכהן הדיוט וכו' ובשלמא לעיל פר״ק [(י״ב ע״ב עיין בתוס' דסוגיין שם] גבי משוח שעבר וכו' ואומר ר' כגון שהוא זקן או חולה ואינו יכול לצאת ולבא למלחמה ומושחין כהן אחר ולכך אין הראשון מניח ד' כלים אלא משום וכו' כצ״ל ועיין בחידושי הריטב״א:

ד״ה פר כהן משיח וכו' דהיינו פר הבא וכו' דהכוא לצור מייתי ליה ולהקרבתו אפילו הכהן הדיוט כשר וכו' על כל המצות ול״ג פר וכו' וגם בתוספתא דהוריות בגי' רש״י וכו' כצ״ל וכן תמצא בחי' הריטב״א יע״ש ובתוס' דמגילה שם:

ד״ה ומצווה על הבתולה וכו' דלאו הבא מכלל עשה עשה הוא כצ״ל וכלו' שלא תפרש שקיים מ״ע בלקיחת בתולה בתוספת על מצות פו״ר ודיה וכאשר היה נראה להאורה מדברי רש״י ז״ל יע״ש אלא הכונה ומצווה ליקח בתולה ולא בעולה וכו' וז״ל תוספי הרא״ש לפר' בתרא דהוריות [(נדפס בפראג)] ומצווין על הבתולה ליקח פירוש בתולה ולא בעולה ולישנא דקרא נקט והוא אשה בבתוליה יקח ולא בעולה ולאו הבא מכלל עשה עשה הוא ומשום דבבתולה איכא לאו דמ״ע ובאלמנה יש בה לאו מפורש להכי נקט הכא לשון מצווה ובאלמנה לשון מוזהר והיינו שכתבו בדיבור הסמוך ומוזהר על האלמנה בלאו ע״כ:

ד״ה ומקריב אונן וכו' כולה חדא מלתא היא אינו אוכל לפיכך אינו חולק כדי לאכול לערב דמעלה הוא מה שמקריב והוא הס״ד ואח״ך מתחיל הדבור כדברי ר״י וכו' כן נראה שצ״ל וכונתם לאפוקי מפרש״י דתרתי קתני יע״ש דלפירו' תיקשי דלמאי אצטרי' אינו אוכל בה ממאי דקתני ואינו חולק לאכול אפילו לערב משמע ודאי דלענין אכילה שרי להדיוט וק״ל:

ד״ה כדברי ר״י וכו' דאכולה מילתא קאי וכו' דבפרק [(י״ג ע״ב)] רבי יהודה אומר כל היום וכו' כצ״ל ומה שהקשה בס' שפי יוסף להוריות קי״ב ע״א דהו״ל לתו' להכריח בגי' כדברי ר״י דלא קאי אלא ארוצה דוקא ממשמעתין דהוריות דאוקמי' רבא שם להך ברייתא כר' שמעון יע״ש יש ליישב דהא ודאי לא פסיקא להו אף לגי' דברי ר״י דאכולה מילתא קאי אלא דפשטא משמע הכי ומעתה נאמר דרבא נמי מספקא ליה התם נמי הכי ומשום הכי קאמר מילתא פסיקתא דר״ש היא כדמוכח ודאי מכח דקתני דפטור על עמו״ק כדקאמר התם וק״ל:

ד״ה ושאל לו כלומר שלא ישמע אלא הנשאל כצ״ל:

ד״ה לא מהרהר וכו' מדסמכיה ליה ושאל לו וכו' כצ״ל:

פרק יום הכיפורים

ע״ב ד״ה יוה״כ וכו' להאורה משמע שכל אלו העינויים וכו' וגם מדשרו למלך וכו' ותדע דמפיק עינויים מנייהו לאכילה ושתיה וע״כ לאו מהכוא קרא נפקי ועוד מדאמר הכא והחיה תנעול את הסנדל וכו' ועל הרחין ליכא סכנה וכו' ר״א נעילת הסנדל שאסור מן התורה ואין נראה לומר דבהכי פליגי דרבנן אסרו וכו' אלא סנדל ועוד דתניא וכו' דאי מדאורייתא גבי תינוק לא החמירו רבנן הו״ל דגבי תינוק לא שייך גזרה וכו' כן נראה שצ״ל ועיין בפסקי הרא״ש כי הדברים מבוארים ועיין מ״ש הר״ן ז״ל בהלכות בזה וק״ל:

ד״ה מודה ר״ל וכו' לאשמועינן דבכל שהו וכו' כצ״ל וכלומר דבשלמא לר״י אף שאמר דכ״ש אין בו כרת או מלקות אלא איסורא בעלמא מן התורה וכמ״ש התו' בשבועות כמ״ש בסוגי' מ״מ כיון דמן התורה הוא ל״ק אמאי נקט הך ואה״נ דהו״מ לתרוצי לכולהו דמתניתין לא שבק כרת דהא קתני בתר הכי האוכל ככותבת וכו' והשתא וכו' חייב אלא שזה בבא תירוצא דכיון דחיוב כרת הא אשמעינן בתר הכי מש״ה לא חיים מלמתני הכא לשון אסור לאשמועינן איסור דרבנן בכ״ש וק״ל:

ד״ה וריש לקיש אמר וכו' ואע״ג דאיכא מאן דלית ליה איסור כולל וכו' ועוד דכיון דמוקי טעמא דר״ש דפטר משום דאזיל לטעמיה דלית ליה איסור כולל דברי הכל היא חוץ וכו' כצ״ל ועיין בתו' שם כ״ג ב' ד״ה דמוקי וכו' כי הדברים מבוארים. ומ״ש ותיובתא אמאי לא קאמר התם הלא מוקי ליה כוותי' דר״ל משום דח״ש אסור מן התורה לר״י דהכא י״ל דכיון דליכא אלא איסורא בעלמא חיילא עליה שבועה כדמשמע פ״ג דשבועות [כ״ב ב'] וכו' ועומד עליו לעתו אמשהו פי' ולא חיילא וכו' איסורא בעלמא לר״י ולא מלקות כמו שפירש קרי ליה היתרא אך מ״מ קשה לר' דהיכי הוה מלי וכו' והכא נמי דקרי ליה היתרא לענין שאינו מושבע ועומד מהר סיני מיהו י״מ למימר דאיתיה בלאו והין כיון שיש איסורא מ״ד ול״ע התם בשבועות הס״ד ואח״ך מ״ה אלא אי במפרש וכו' כן נראה שצ״ל והדברים מבו' בתו' דשבועות שם ושם מתורץ קושיתם לפירוש האחר שכתבו שם ועיין מ״ש בחידושי שם וק״ל:

ד״ה אלא אי במפרש וכו' ולא חיילא עליה קרבן שבועה והס״ד ואח״ך מתחיל הדיבור ר' יוחנן אמר וכו' כצ״ל:

ד״ה ר' יוחנן אמר וכו' מיהו עיקר טעמא דר״י דריש ליה וכו' דאין כח לאוסרו אלא מקרא הכא משמע דמיירי קרא דלכל חלב לענין מלקות מדקאמר אין לי וכו' באזהרה וכו' וקשה דהו״ל לר' יוחנן וכו' ועוד דר״י קאמר וכו' שלם למלקות דקאמר התם אבר מן החי שחלקו מבחוץ פטור מבפנים וכו' כצ״ל ועיין בהריטב״א ובתו' דשבועות כ״א ב' ד״ה כר״ש וכו' ומה שסיימו מיהו קשה להר״א וכו' ואילו בפסחים וכו' עיין בתו' שם מ״ד א' ד״ה לענין חמץ וכו' וק״ל:

דף ע״ד א' ד״ה מרבה את הפגולין וכו' תענו את נפשותיכם ריבה להו היינו חמשה וכו' ולא כולם בלשון

תענו אלא קמא להודיה וכו' אלא חמשה אלא לא חש לדקדק וכו' ואומר ר' כי אין צורך לפירושו דמתענו קמא נפקי כלהו וככי האי גונא וכו' כצ"ל ועיין בס' ש"ב וקי"ל:

דף ע"ה ע"א ד"ה עולה נגג וכו' יש אומר בבראשית רבה וכו' דהכי איתא התם ועפר תאכל כל ימי חייך א"ר חילפאי לא עפר מכל לד אלא בוקע ויורד עד שהוא מגיע לסלע ושומע גידין של אדמה ואוכל ע"כ וכן פי' בס' יפ' תוא' שם דפלי' אהך דר' יוסי דהכא ובס' נזר הקדש שם יישב הדבר דלא פליג יעו"ש:

ע"ב ד"ה מלמד שנלעטה וכו' ומופלא הסמוך לאיש דרבנן וכיון דאית ליה וכו' אית ליה מדקא אכיל כהן מליקה ותי' דהכי קאמר וכו' מקרא שאינה נאכלת וכו' כצ"ל ועיין בדבריהם דפרק ג' דחולין כ"ח ע"א כי שם מבואר יותר:

ד"ה אף דברים וכו' ולית ליה להאי תנא וכו' כדי למרק וכו' דלשון זה משמע להו שלא היה נבלע באיברים וככר היה אפשר לפרש דלעולם אית ליה דרשא דויכסכו אלא דסבר כר' ישמעאל דמלאכי השרת אין אוכלים מן ומש"ה הגם שהיה רוחני שהיה נבלע באיברים מ"מ הוצרך שיתמרק ויבלע באיברים כמן שהיה בתוך מעיו כדי לשומו כמה"ש שאין בתוכם אכילה כלל אלא דדחיקא להו לפרש כן דהא כיון שהיה נבלע באיברים ולד רוחני היה בו לא היה צריך לפרש משה פרישה דמנן משום מן שנשאר תוך מעיו ולכך ניחא להו טפי לומר דל"ל דרשא דלעיל כלל וקי"ל:

דף ע"ו ע"א ד"ה מאתן ועשרים וכו' קטנה ושפלה הכתר וכו' כצ"ל וכלומר דלוגא דנקט הגם דבקרא דכוסי רויה אין רמז לזה מ"מ משום דהיא מדה קטנה ותפסת מועט תפסת וכו' נקט לוגא:

ד"ה אם כן נפיש וכו' לכל אחת מן השטות למהלך ג' פרסאות לא ארוכות יותר מס' אמות שבעולם שם מאות שנה וכל יום מהם יש מהלך וכו' כצ"ל עיין בלשון הרא"ש שהביא בספר עין יעקב ומ"ש מהרש"א בחי' אגדות שם כי הדבר מבואר:

ע"ב ד"ה אתיא שכר וכו' מנלן דשתיה בכלל אכילה לענין יוה"ך ולענין נדר כדמשמע וכו' י"ל דמסברא וכו' אפילו לא נזר אלא מאחד ור' שמעון וכו' ואמאי לא קאמר דר"ש יליף לענין מעשר וכו' אלא שכר דמעשר מפני שהוא מופנה מלד א' אבל ר"ש דאית ליה דשכר דנזיר הוי מופנה הוה ליה למילף מקדש שכר מנזיר ואמאי סבר דבשאר וכו' שכר דמעשר דמופנה משכר דמקדש על כן אין לנו אלא תירוץ וכו' כן נראה של"ל. ומ"ש ואין נראה לדחות וכו' כונתם דאין נראה לדחות קושיא שכתבו בראש דבריהם דה"ע דר"י לית ליה ג"ש דשכר שכר מקדש נזיר דמשום דאינה מופנה אפילו מלד א' דאימא דסבר כרבנן דר"ש שם דשכר דנזיר איצטריך לומר דאפילו לא נזר אלא מאי מהם הוי נזיר ושכר דמקדש הא איצטריך לדידיה לרבות שאר משכירין אבל ג"ש דשכר מעשר מנזיר אית ליה שהרי מופנית היא מלד א' דמעשר וילפינן שפיר מהך דשתיה בכלל אכילה וניחא נמי השתא דל"ת למימר תלמודא שם דר"ש סבר כר"י משום דלר"ש דשכר דנזיר מופנה ושפיר מלי למילף מקדש מיניה אם כן אמאי ס"ל לר"ש דשכר דמקדש לרבות שאר משכרין אימא דילפינן שכר מנזיר ויין דוקא משמע ומש"ה קאמר שפיר תלמודא שם דר"ש יליף שכר מקדש מנזיר ולאפוקי מר"י אלא שכתבו דדחיה זו אינה דהגם שתקנו בזה סוגיא דפ"ק דנזיר מ"מ אכתי תיקשי בסוגיא דהכא דאכתי מנ"ל לר"י דשתיה בכלל אכילה דאי משום דיליף שכר ממעשר דמופנה משכר דנזיר דיין דוקא וכתיב ואכלת אדרבה אימא דיש ללמוד שכר דמעשר דמופנה משכר דמקדש ומרבינן לדידיה שכר דמעשרות כל דבר המשכר ואפילו דבילה קעילית השייך בה אכילה ובלפי זו קאמר רחמנא ואכלת אלא אין עלינו לומר אלא כתי' האחד דלר"י נפקא ליה שתיה בכלל אכילה מסברא אבל בתר דסוגיין ובתוס' דשבועות תפסו דמוסכם גם תי' השני לחלק דג"ש דמקדש דוקא לית ליה לר"י משום דסברה הוא לרבות שאר משכרין ולעיקר קושית הרב אלחנן לדעתם כבר יישבתי בחי' דסוגיין יעו"ש וקי"ל:

ד"ה יליף שכר וכו' דהא בעירובין בפ' בכל מערבין וכו' כתב רחמנא בין למדרש וכו' ואייתר ליה בשכר וכו' ועוד קשה לר"י דריש התם וכו' בשר אגב עורו וכו' [(כלומר אינך דרשות)] וכא איצטריך וכו' גדולי קרקע וכו' דהדר פרטי וכו' ואומר ר' דמיתורא דביתין וכו' לדרשא אחרינא ולפרטי דעירובין וכו' מיהו תימא לר' אמאי וכו' דמשתעי בהכי ועוד דרשא איצטריך כמו פרטי דבקר ולאו יין ושכר גופייהו דלא איצטריכו לכולהו אלא לשום דרשא וכו' אי נמי דאורית אלא ע"י תערובת וכו' וא"ת היכי מוכח מדילפינן שכר וכו' דילמא יין קדוש הכא משכיר וכו' תימא וכו' י"ל דיש להעמיד לקרא דביין ובשכר דמיירי בכל יין דומיא דנזיר ועוד כי שמא אוהו יין מתוק וכו' כן נראה של"ל והדברים מבוארים עיין בתר לסוגיין ובתר דעירובין ודשבועות שם וקי"ל:

ד"ה ואימא מים וכו' נראה דנרגסה כיתה ואימא כשתיה ואימא מים דומיא דשמן וכו' ולזה כ' דואימא השני אלו מדברי המקשן אלא בניחותא הוא שבא לתרץ קו' ואימא כשתיה וכו':

ד"ה וכא איפכא וכו' א"כ ראיה גמורה היא דהא איתקוש ואי משום דעיקר קרא לא משתעי וכו' ואומר ר' דאי עיקרא דקרא מיירי אפילו ברחיצה וכו' מאי קאמר בפרק וכו' שנאמר לא יחללו וגו' לרבות וכו' שהוא מן התורה כיכא מיותו וכו' וגם י"ל דדרשא דולא יחללו וכו' בסנהדרין מהתם וכו' כצ"ל. ופשוט דמ"ש בראש דבריהם א"כ ראיה גמורה היא וכו' דכותהם שהיא אסמכתא גמורה והיינו דסיימו ואי משום דכיון דקרא לא מיירי בהכי לא הגיע לכלל אסמכתא אלא הויה זכר לדבר הא איכא התם נמי כמה דרשות שהם ודאי אסמכתא גמורה ולא זכר לדבר אף על גב דלא מיירי בהכי ומתוך דבריהם תבין דזכר לדבר דקתני הכא לא קאי אכולהו דרשות דלעיל אלא דוקא הכא קאמר הכי מטעם שיאמרו בסמוך אבל איך אסמכתות גמורות טיכו דלאתיי אלא דקאי אכולהו א"כ אכתי אימא דלהכי נקט זכר לדבר משום דכולהו עיקר קרא לא משתעי בהכי וזה שלא כדברי בעל ס' קרן עשיר וס' שושנים לדוד שם בפי' אר"ע משנה ד' שרצו לפרש דזכר לדבר קאי אכלהו יעו"ש ומ"ש התוספות ר"פ אר"ע אלא נראה אגב דתני לעיל בסוף המוציא קראי דאסמכתא גבי חרס נקט נמי דהני קראי דאסמכתא וכו' אין מזה הכרח לומר דכולהו שוים אלא ה"ק אגב דנקט בסוף פ' המוציא דאסמכתא שאינה גמורה אלא זכר לדבר נקט נמי הני קראי דיש מהם אסמכתא גמורה ויש מהם זכר לדבר כי כך דהכא וקי"ל:

דף ע"ז ע"א ד"ה ודילמא משתיה וכו' ל"ע דא"כ וכו' עמ"ש בסוגיא:

ע"ב ד"ה להאכיל בידו וכו' שיאכול בבי ידיו והס"ד והשאר נמחק כצ"ל והוא כפרש"י וכונתם לאפוקי מאותו פי' שכתב הריטב"א בחי' יעו"ש:

ד"ה משום שיבתא וכו' נראה כפי' הערוך וכו' כצ"ל והיינו פי' הראשון שפי' שם הערוך וכמ"ש בתר דסוגיין יעו"ש:

ומ"ש וגם יש סכנה וכו' לשון הרא"ש הוא וא"כ סכנה הוא וכו' יעו"ש ובסמ"ג לאוין ס"ח. ומ"ש שאין צריך לנט"י כדפרישית [(לעיל ל' ע"א ד"ה מלוה לשפשף)] ולא ידע הר' אלחנן אי חשבינן ליה כידיו מלוכלכות בטיט ומסתברא ליה דיכול ליטול דכיון שמנקה עצמו שוב שייך וכו' ואמרינן לעיל גבי שב בטולא עיטוי דומיא וכו' ולמאי דפרישית לעיל [(ריש פרקין)] הר' שלא תחלוק בו אלא בשיעור אכילה וכו' כן נראה של"ל והדברים מבוארים:

ד"ה עובר עד צוארו וכו' דבטיפת דם וכו' שחור מחמת וכו' כצ"ל. ומ"ש ל"ע בפי' דם חטאת דלא תיקשי מידי וכו' כלעו"ד שכונתם דלהאי תי' צריך לדחוק במאי דקאמר התם ל"ד ב' רבא לטעמיה דאמר רבא זרק סודר למים חייב וכו' דאיירי דוקא בסודר שיש בו טינוף משא"כ לפי' דלקמן ניחא דאיירי בכל גוונא וחייב משום דסתם סודר אין צריך עורת כ"כ בכבוסו. ולהכי אמרי בזה דשרייתו זהו כיבוסו יעו"ש. ומ"ש שיש שמכבסין מהרה ויש וכו' כמו ספוג באלונטית וכו' מותר להסתפג בבגדיו וליכא וכו' דלא אמרי שרייתו זהו כיבוסו בדבר וכו' מיהו יש לאסור משום סחיטה דהא פריך לעיל כלא שרינן אלא משום גדר משום טעם וכו' ועל תינוק שלכלך וכו' ל"ל ועיין בהרא"ש דפרקין ובתוס' דס"פ שמנה שרצים סד"ה האי מסוכרייתא וכו' כי הדברים מבוארים אלא שצריך לבאר דמ"ש בראש דבריהם אלא נראה לר' יהואיל ולא התרת לו אלא ע"י מלבוש וכו' וכן לשון הרא"ש יעו"ש דע"כ לא התירו זה אלא

משום מאיס או משום הפסד ממונו כההיא דנטורי פירי אבל בפ' אלו קשרים דהיה מהלך לטייל בעלמא לא התירו אבל בלאו הך טעמא דחכור לא הוה שרינן אפילו בהפסד ממון וכן משמע מדברי ספר התרומה סימן רמ"ד ד"ה פסק וכו' יע"ש ובזה יתורץ מה שהקשה הפר"ח ז"ל בהי' יוה"כ סימן תרי"ג סעיף ה' דהתם נמי לא גמרי ליה אלא כדרך שהוא לבוא וכו' יע"ש ועי"ל דהכ"נ דאם היה רוצה לעבור כמו שהוא לבוש היה מותר לו אלא דמסתמא אינו רוצה לטנף בגדיו והיינו דקאמר ליעבר כשהוא ערום ובגדיו מונחים בידיו למעלה מהנהר כדי שלא יטנפו זמנין דנשרין ומתווסי במים בהעוי' ידו וקאתי לידי סחיטה כנלע"ד גם מ"ש שמע ר' מרדינו יעקב שהתיר שם לקנח ידי' וכו' היה נלע"ד להגיה שהתיר ליטול ידיה שם ולקנח ידיה וכו' אלא שמצאתי בביאור מהרש"ל לסמ"ג בל"ת הכ' שבת בתולדות ד"ש שכתב בסמ"ק כתב שנוטלים ידיהם על מי הרגלים והמים נוטפים עליהם דרך נטילה ואח"ך מקנחות המים והמי רגלים יחד אבל בתוספות פרק שמנה שרצים בסופו כתבו דאין לזרוק עליהם מים אלא שמקנחת בה הידים כמו שמשמע מדברי הספר וכו' יע"ש ולפ"ז המשך לשונם דהכא שהתיר לקנח ידיה שם וכו' ולעולם דליטול ידיה שם אסיר וק"ל:

דף ע"ח ע"א ד"ה א"ל לא סבר וכו' תימה לי הא רבינא עמ"ש בסוגיא:

ד"ה יהודה גרוגרות כך שמו ע"כ בגירסא שלפנינו גרסינן בר גרוגרות אלא דבספר יוחסין ראיתי דגרים יהודה גרוגרות ולגירסא זו הוצרכו לפרש דהוא שמו ממש ולא שהיה אומנתו לעשות וכו' גרוגרות וק"ל:

ד"ה כסא דכספא אסר נמי וכו' מכאן יש ליזהר וכו' אעפ"י שאין בו מים וכו' כצ"ל וכונתם דממאי דאסיק דכספא אסר נמי אסיר דייקינן דפחרא אפי' ריקן אסיר ע"ד שפי' הפר"ח ז"ל סימן תרי"ג בכונת היש אוסרים אפילו כלי חרס ריקים שהביא הטור שם והיא סברתם ז"ל יע"ש אלא דאין מקום לדיוק הפר"ח ז"ל אלא אי גרסינן אמר רב פפא וכו' רב אשי אמר וכו' אבל לגי' שכתבתי בסוגין והיא גי' הרי"ף והרא"ש דגרסי אמר רבא כסא דכספא מלא אסור חסר שרי דפחרא אידי ואידי אסור א"כ מה שהיה רבא מלטנן בכספא בחסר נמי איתיה ודייקינן הא פחרא דומיא דכספא דהיינו חסר אסיר אבל באין בו מים כלל אפילו דפחרא נמי מותר ויותר נראה כמ"ש הב"ח שם דטעם סברה זו משום דמפרש הא דקאמר דפחרא אידי ואידי אסור דהיינו אפי' אין בו מים יע"ש דז"ל בתר טעמא משום דמשאל שחיל וניחא השתא דלרב אשי נמי אנו מחלקים ומחמירים יותר בכלי חרס דכספא חסר דוקא אסיר אבל דפחרא אפילו אין בו מים וא"כ ממלתיה דרב אשי דייקינן דמכאן יש ליזהר וכו' דכן הסברא נותנת דגם היא מחמיר יותר בדפחרא ועיין בספר מעין גנים דמ"ז א' דכנראה שלא ראה דברי הב"ח וס' שיירי כנה"ג יע"ש. ומ"ש ולא בשום טיט וכו' הגם דתלמודא קאמר בהדיא אפשר שבאו להוסיף דלא תימא דע"כ לא אסר אלא לקנח בה ידיו אלא אפילו לעמוד עליו ורגליו מלטננים מחמתו אסר דהכי דייק ליגנא דנקט אסור לישב ולא נקט אסור אלטנן ידיו בטיט וכמ"ש הפר"ח ז"ל סימן תרי"ג יע"ש א"נ כונתם דע"כ לא אסרינן בכלי חרס ריקים אלא דומיא דטיט שיש בו טופח על מנת להטפיח וכמ"ש הב"י בס' בדק הבית שם דנראה לו דאף לס' זו אין להחמיר יותר מבטיט יע"ש וק"ל:

ד"ה ערב ט"ב בשאלתות גרס כגי' ר"ש הס"ד ואח"ך מ"ה איפכא אמרת לן וכו' כן נראה של"ל וכונתם דבשאלתות גרים כגי' רש"י בעי"ך שורה וכו' ולא כגי' אני שמעתי שכתב ז"ל יע"ש, והגם דבשאלתות שבידינו בפ' ואתה הברכה סימן קס"ז לא הובא שם ענין זה כלל אפי' דהם ז"ל היה להם כן בגי' השאלתות ועיין בה"ג שגי' כגי' רש"י ז"ל וכן גי' הרי"ף ז"ל וק"ל:

ד"ה ופשטו ליה וכו' במסכת נגעים [פ"ב] כל הנגעים וכו' ומסיים בה כל הבכורות אדם רואה חוץ מבכורות עצמו דהכיא דכל הנגעים וכו' לא משמע דחשיב סתמא כיון דמחלוקת בלדו ר"מ אומר אף לא נגעי קרוביו וכו' והגם דיש לומר דמ"מ חשיב סתם זה כרבים ע"ד שכתבו התוספות בריש ביצה ד"ה גבי שבת דסתם וכו' יע"ש ומה גם הכא דלאחרים שאינם קרוביו מודה ר"מ דטעמיה משום דמיקרו ריבים לנגעים כדאיתא בסנהדרין וכמו שביאר התי"ט שם מ"מ אין צורך לזה ומה גם דמנגעים אין

ראיה לודאי שאני מבכור והא קמן דבבכור אפילו לאחרים שאינם קרובים קאמר ר"מ כל החשוד על הדבר לא דנו ולא מעידו אלא הדבר פשוט דמסיפא מייתי ראיה דקתני הכא ר' כרשב"ג מדלא מייתי פלוגתא דר"מ דבכורות כלל וחז"ל ס"ג בפ' בכורות ואפילו מומחה דאית ליה בכור ואית ביה מום לא חזי אלא מתוי לאחרים דתקן כל הבכורות אדם רואה חוץ מבכורות עצמו עכ"ד ועמ"ש בסוגיא וק"ל:

ע"ב ד"ה רבא נפיק בדיקולי וכו' והיא גי' הערוך ערך דקל וז"ל הרב המאירי ז"ל בחי' לפרקין וכן אמרו אביי נפיק בדהולי והוא מנעל העשוי מחריות של דקל רבא נפק בדקולי והוא העשוי מנברי [(עיין בערוך ערך נבר השני)] דקל בחור ועושים מהם הסלים עכ"ד:

ד"ה הקיטע וכו' דלקמן מסקינן לאביי ורבא דלר"מ ור"י מנעל הוא וכו' והס"ד ואח"ז מ"ה יוצא בקב וכו' כצ"ל:

ד"ה יוצא בקב וכו' שהאריך כאן הס"ד ואח"ז מ"ה ואם יש לו וכו' כצ"ל:

ד"ה ואם יש לו וכו אלא השוק מטלטל הכלי כדפי' וכו' שהבהמה מטלטלה וכו' וכחיתין נקט להו דאורחא וכו' כצ"ל ועיין בדברים דפ' במה אשה ס"ג ב' ד"ה מנין לאריג וכו' ושם ס"ד א' ד"ה מנין לרבות וכו':

ד"ה אלא אמר רבא בין לר"מ בין לר"י וכו' אע"ג דרבא וכו' כצ"ל ונראה לפרש כונתם דמסידור לשון רבא משמע דס"ק דלר"מ דחשיב מנעל דקתני הקיטע יוצא אלא אף לר"י ואם כן מוכח דרבא תנא הקטע יוצא וכו' דבלאו הכי אינו רואה הכרח אחר מסוגיין לומר דרבא תני הקטע יוצא ומסדור סיפא דמלתיה דקאמר מר סבר גזרינן וכו' אדרבה היה אפשר לדייק דר"מ תני אין הקטע יוצא דגזרינן דילמא משתמיט וכו' והאמת הוא דמסוגיא דפרק מצות חליצה ק"ב א' דקאמר אלא אמר רבא מדריפא ר"מ וכו' מוכח דתני הקטע יוצא אלא דגם שם יש לדחות דאדדי קאי ולעולם דאיכו מספקא ליה יע"ש וק"ל:

ד"ה בין לר"מ וכו' וא"ת מנ"ל טעמא דבריתא דשוין משום וכו' משום דילמא מיפסק וכו' דמחד טעמא אסרי ליה דלר"מ וכו' כדמוכח בפ' במה אשה ואין נראה לר' דאפילו הוה דאיטלגרי' לר"מ משום טעם וכו' מ"ר הס"ד ואח"ז מ"ה בין לר"מ וכו' כצ"ל וכונתם דמנ"ל לרבא לפרש דכ"ע ס"ל דמנעל הוא וה"ט דשוין וכו' דילמא במנעל או לאו מנעל פליגי וטעמא דר"י משום דלאו תכשיט הוא ומשוי הוא כמו שפרש"י בפ' במה אשה שם או מטעם דילמא מיפסק וכו' ודקתני שוין לר' יוסי ודאי לא איצטריך אלא לר"מ איצטריך דלא תימא דדוקא לקיטע שדרכו בכך חשיב ליה מנעל אבל לשאר אדם לא דהכי דייק מדקתני הקטע יוצא בקב שלו וא"כ ביוה"ך מותר לאחר לצאת בו דלאו מנעל הוא אלא יש לך לומר דכמנעל גמור חשיב ליה ולכל אדם אסור ביוה"ך וה"ק ושוין וכו' לר"מ מטעם איסור נעילת הסנדל ולר"י משום משוי או דילמא מפסיק וכמו שאוסר מטעם זה בשבת וכתבו די"ל דשמא משמע מדקתני ושוין וכו' שמטעם א' אסרו וכו' וכיון דלר"מ דחשיב ליה מנעל לענין שבת משמע דביוה"ך מטעם מנעל אסר לה א"כ גם לר"י יש לאסור מטעם זה ואם כן מוכח דתרווייהו ס"ל דמנעל הוא כדקאמר רבא ועוד דמשום ר"מ לא איצטריך לאשמועינן דכמנעל גמור חשיב ליה מדקתני דחלצה בסנדל של עץ חליצתו כשרה וכן בברייתא דפרק מצות חליצה קתני בקב הקטע חליצתה כשרה ואוקמוה כר"מ ובודאי דחשיב ליה נמי ליוה"ך וא"כ ע"כ לפרש דלר"י איצטריך דלא תימא טעמא דידיה משום דלאו מנעל ומותר לנועלו ביוה"ך אלא יש לך לפרש דחשיב ליה מנעל וטעמא דידיה משום דילמא מפסיק וביוה"ך אסור לנועלו כלל אף בביתו משום איסור נעילת הסנדל וכמ"ש בסוגיא יע"ש ועתה בואר ליישב קושייתם זו דמעיקרא אפילו תימא איזה טעם דאיצטריך לר"מ מטעם דילמא מפסיק ותאמר דע"כ לא שרי ר"מ אלא לקטע עצמו דעושה באופן שיונח ראש שוקו תוך הקב בהידוק ובחיזוק אבל לשאר אינשי דלא מהדק לה דחיים דילמא מפסיק ולר"י אפילו לקטע עצמו חיים דלא מהדק שפיר וכ"ש לשאר כל אדם דלאו מנעל הוא לכם דהשתא הא דקתני ושוין תרוייהו מחד טעמא הוא וא"כ קימא דלר"י לאו מנעל הוא ותקשי לרבא הא ליכא דא"כ אמאי

נקט רבותא דשוין ביוה"כ ולא קמ"ל בשבת דהכא איירי מתני' הא אין עליך לפי' אלא דה"ק ושוין דאסור לנועלו ביוה"כ מטעם איסור נעילת הסנדל דלכ"ע מנעל הוא אלא דר"י חייב לענין שבת דילמא מפסיק ור"מ לא חייב כנלע"ד לפרש דבריהם ודו"ק:

ד"ה בין לר"מ וכו' ובפ' מצות חליצה [(ק"ג ב')] מדמי' **נבדיא** וכו' ואתי לאתויי הוא רחב הרבה וכו' לאפוקי מדר' יוחנן בן נורי וכו' אלא סנדל של סיידין ושל קש הוא אבל וכו' והא דמייתי בפ' מצות חליצה [(ק"ג א')] על מני ר' מאיר היא וכן במלתיה דשמואל בשמעתין דלעיל [(כלומר סוגיא דנמה אשה שהביאו)] כולה בגא דקב וכו' מלתיה דר' יוסי דמתניתין והשתא דפרישית וכו' וא"ת למאי דפרישית דר' יוחנן וכו' התפור בפשתן דאמר אין חולצין בו וכו' לעשות מעץ וי"ל דרב סבר טעמא דר' יוחנן וכו' פליגי בלכתחילה ודיעבד ותרוייהו וכו' אלא דרשא גמורה לפסול כולו של פשתן וכו' כנלע"ד שצ"ל ועתה נבא לביאור דבריהם בקצת מקומות. מ"ש ובפרק מצות חליצה מדמינן וכו' כוונתם דאין לומר דדוקא לענין שבת ולענין חליצה לא חשיב ליה ר"י מנעל דבשבת סתר דרך בני אדם דלאו אורחייהו בדעץ אזלינן ולחליצה נמי תחש כתיב אבל ביוה"כ דבעינוי תליא מילתא כל שמגין מקושי הארץ חשיב מנעל אפילו של עץ אם כן מאי פריך התם ממה שאסרו ביוה"כ אנפליא של בגד אלמא דחשיב מנעל וה"ה לחליצה שאני יוה"כ דבעינוי תליא מילתא ואנפלי' של בגד מגין הוא אלא ודאי דל"ש לן בין יוה"כ לחליצה. ומ"ש לאפוקי מריב"ן דמטהר בסנדל של עץ וכו' הגם דהתם איירי בסנדל של סיידין דהיינו מקש כמו שהוכיחו התוספות שם השתא ל"ש להו בהכי דה"ה מטהר בשל עץ כיון דתרוייהו אין רגילות לעשות כן ועיין בתוספות שם ד"ה ור' יוחנן וכו' ועיין בדבריהם דבסמוך. ומ"ש והיינו נמי רבא דהכא וכו' כוותם דמאן דקאמר התם מאן לא הודו ריב"ן היינו רבא דהכא דסבר דלר"י ולר"מ מנעל נינהו דכן גירסת הרמב"ן ז"ל בספר המלחמות דפרקין דגרס התם רבא יע"ש וכבר אפי' דאפילו אי גרסי שם כגי' דידן ה"ק והיינו נמי סברת שמואל כסי' רבא דהכא דלתרוייהו ר"י ור"מ מנעל הוא אלא דקצת לשון יתר הוא. ומ"ש ועוד אומר ר' דאי פי' מנעל התפור בפשתן כעין מנעלים שלנו וכו' כלומר שכולם מעור אלא שמבפנים תפור בתוכו בגד פשתן וכמו שפרש"י בפרק מצות חליצה ללשון ראשון הא ודאי דאין לומר שפסל אותו לגמרי כיון דדרך בני אדם כן אלא אסרו משום גזרה אטו כולו עשוי מפשתן וא"כ ע"כ דדוקא לכתחלה אסרו ודרשא דתחת אסמכתא בעלמא דאי דרשא גמורה היא לישמועינן רבותא דאפילו בעץ דמגין פסול הוא משום דתחש כתיב ודוקא עור אלא ודאי מדנקט ליה במנעל התפור מבפנים בפשתן דכאן אין לאסור אלא מטעם גזרה משמע בהדיא דנלמדנו בה דרשא דתחש אסמכתא היא ומדרבנן הוא וה"ה בשל עץ אין לאסור אלא לכתחלה ועיקר הטעם כדסבר ריב"ן משום דאין רגילות לעשות כן ומש"ה בדיעבד חליצתו כשרה והיינו מתני' דיבמות וברייתא דסיידין פליגי ר"ע וריב"ן דר"ע מכשר אפילו לכתחילה וריב"ן דוקא דיעבד ואליבא דר"מ דחשיב קב הקטע מנעל א"כ ניחא לן טפי לומר דמתניתין דיבמות אפילו לכתחילה נמי מכשר וכר"ע דרוב הסתמיות אליביה ונקט לה בלישנא דדיעבד אגב אחריני דקתני התם. עוד כתבו דאי הוה פי' תפור בפשתן כפי' ר"ח וכו' איכא סברא טובא למיפסליה אפילו דיעבד משום דאינו מגין ולא דמי לתחש ודרשא גמורה היא למעט אפילו אם תחתיו מעור כיון שרובו ככלו מפשתן הוא ואינו מגין דבזה הדבר תלוי לכך סנדל של עץ יכול להיות שכשר מן התורה כיון שמגין ולא תאמר דתחש כתיב דודאי טעמא דקא יהיב רב למלתיה דתחש כתיב אסמכתא בעלמא היא לענין זה דעיקר כונת הילפותא לומר דדבר המגין בעינן דומיא דתחש אלא שלא יתיישבו סוף דבריהם דאם כן משמע דאפילו לפי' ר"ח ריב"ן לא אסר סנדל של עץ אלא לכתחילה אבל בדיעבד כשר אפילו מדרבנן כיון שמן התורה והיה כשר אפילו לכתחלה ואם כן מאי קשיא להו בסמוך ואין לתמוה לפר"ח וכו' ופסול לחליצה על מה שהגו וכו' ואפילו תימא דפסול שכתבו לאו דוקא אלא כלומר לכתחלה א"כ גם לפי' דלעיל תיקשי נמי הא ועל כן יותר נלע"ד להגיה בסוף דבריהם באופן זה ולפירושו לא תהיה דרשא של תחש אסמכתא אלא דרשא גמורה לפסול כולן של פשתן ושל עץ אבל יותר נראה כמ"ש דכולו של פשתן פסול כיון שאינו מגין אבל סנדל של עץ יכול להיות וכו' דלפ"ז כל סוף דבריהם מבואר היטב

ד"ה בין לר"מ וכו' דאמרינן התם גבי מוק [(פי' לבדים)] דאינו מגין וכו' כי אתא רבא לפלוגי וכו' בין קב הקטע בין סנדל וכו' ודקולי אלא לסתור וכו' דהיינו לא הודו לו לר"ע ומתני' ליה בלשון וכו' כצ"ל מ"ש ואינו מגין כעץ ופסול וכו' כוונתם דרבא דאוקמי התם כולה כר"מ האי מגין והאי לא מגין וע"כ סבירא ליה להנך אמוראי דאחידאה היא ורבנן פליגי עליה דשל שעם וכיוצא בו דאינו מגין כעץ פסול מן התורה לחלוץ בהם דלאו מנעל נינהו. ומ"ש א"נ י"ל וכו' נלע"ד דתי' זה הוא לשיטת ר"ת שכתבו לעיל דלריב"ן פסול בשל עץ מן התורה דלפי' דלעיל דפליגי בלכתחילה ודיעבד ולריב"ן בדיעבד מיהא חליצתו כשרה ודאי הוא דלענין יוה"כ מנעל הוא וע"כ לתרץ דהנאי אמוראי שאני להו בין של שעם לשל עץ כמ"ש לשיטת רש"י ז"ל ובזה יתורץ אך קשה וכו' שהקשו בסמוך דודאי לפירושם מתני' אתיא נמי כריב"ן דיש מקום לפרש דדוקא בדיעבד הכשירה סנדל של עץ כמ"ש לעיל וע"כ לא הקשו לעיל אלא לשיטת ר"ח דריב"ן פסל בשל עץ וא"כ מתני' דהכשירה אפילו הפרש' בדיעבד אתיא דלא כריב"ן ודוק. והנה כפירושם זה האחרון כן תמצא להרמב"ן ז"ל בס' המלחמות דפרקין יע"ש:

ד"ה כל מידי וכו' דאמר ר' חנינא [(הכל שוחטין כ"ח ב')] שמן ותמין שסכתני אתי וכו' כצ"ל והא דלא סגי להו בראי' דאייתי תלמודא ממלתיה דאביי וכן הסמ"ג לאוין ס"ט והגהות מיימונית סוף הל' שביתת עשור כתבו בדבריהם י"ל משום דלא מפי במלתיה דאביי דהיינו רחיצה וסיכה ואימא דבשתיה הוא דקאמר דהיינו רביתי' דומיא דביעתא בכותחא דקאמר בהדייהו להכי מייתי שפיר ממלתיה דר' חנינא דבדרך רחיצה וסיכה קאמר וק"ל:

ד"ה מתני' מני וכו' אי לא פליגי רבנן עליה דר' אלעזר במלך וכלה ירחצו את פניהם וכו' לא פליגי אדרבנן נמי אתא ות"ק וכו' אבל אי פליגי רבנן אכולהו וכו' ותניא דידי' אסר ליה אפילו לר"א אבל כ"ע מודו דלרבנן מיהא אסור וכו' לרחוץ פניה כרבנן דר"א שמותי הוא וכו' וכן נראה דאין לנו לומר כנלע"ד שצ"ל והכל ד"א וכוונת דבריהם שהם ז"ל נסתפקו לתלמודא דידן אימא דקתני מתני' וחכמים אוסרין לא קאי אלא אחיה אבל במלך וכלה מודו דכן משמע מדבעי תלמודא אכולהו מלך מ"ט וכו' כלה וכו' וכן מדבעי רב כלה עד כמה אלמא דהכי קילין ואי לר"א דוקא הוא דשרי הא לא קי"ל כוותיה או נאמר דאכולהו פליגי רבנן כדקאמר בירושלמי ולזה פירשו הא דקאמר תלמודא מתני' מני רחב"ת היא לפי כל א' מהצדדים הנזכרים והיינו דכתבו אי לא פליגי עליה רבנן דר"א במלך וכלה קאמר תלמודא דע"כ לאוקמה למתני' כרחב"ת ולא כת"ק דידיה אם משום דלתנא דמתני' רבנן שרו במלך וכלה ולת"ק דרחב"ת רבנן אסרי בכלהו דהא פשטי' דלאפלוגי אדרבנן דמתני' נמי אתא ואם משום דלתנא דמתני' ר"א שרי בכלהו ולת"ק דרחב"ת אסר בכולהו דהא מיירי אפילו לר"א וסבי' ליה דלא נחלק ר"א בדבר זה אבל אם נאמר כפי' האחר והכי איתא בירושלמי דרבנן דמתני' אסרי בכולהו מעתה ע"כ לפרש הא דקאמר מני רחב"ת דהיינו מכח דרחב"ת משום ר"א שרי בכלהו ואילו לתנא דידיה אסר בכולהו אבל משום מלתא דרבנן דמתני' לא הוה מוקמינן מתני כרחב"ת דכ"ע מודו אף לתנא דמתניתין דלרבנן אסיר אף במלך וכלה ועוד אפשר להגיה ראש דבריהם בדרך זה אי לא פליגי רבנן עליה דר"א והמלך והכלה ירחצו את פניהם וכו' [(פי' דקתני מתני')] לאו לאפלוגי אדרבנן אתא ת"ק מיירי אפילו לרבנן אבל וכו' וכלומר דת"ק דרחב"ת דקאי מלתיה סתמא לרבנן נמי סבר דאסר בכולהו ולפ"ז מוקי מתני' כרחב"ת אי משום רבנן ואי משום ר"א דמתניתין דכת"ק דידיה לא אתי כלל אבל אי פליגי רבנן וכו' ועיין בספר ריח שדה בלקוטים ע"ג ב' כי דבריו ופי' אין מסכים לע"ד וק"ל

דף ע"ט ע"א ד"ה כותבת הגסה שאמרו בגרעינותה וכו' תימה לי וכו' יותר משאר מקומות דתנן שיעור זית ולא אמרינן ובגרעינותה ובפרק כיצד מברכין פשיטא ליה דבגרעינותה נמי בעינן וכו' [(עיין שם ל"ט א' ועיין בהר"ן דפרקין)] צריך למנך את חלל וכו' והכי מבעי ליה כמוה או בגרעינותה וכו' והא דתני

ליה משום דלריך למעך חללה בגמלוס והא לא שייך וכו' י"ל דאתים אינן אלא לחים וכו' בלא גרעין קאמר והכי נמי ביבשה קאמר אי נמי כותבת משמע ליה לחה ויבשה וגרוגרות וכו' כל"ל והדברים מבוארים אבל לריך לבאר דגירסתם דבעי ר"פ בכותבת או בלחה או ביבשה כדבעי רב אשי כשעורה וכן משמע מדברי הרב המגיד ברפ"ב מהל' ש"ע דגרים הכי וכמ"ש הרל"ס שם וק"ל:

ד"ה ואכלו וכו' לשאר מינים נלרכה פי' לשאר מיני מאכל של חמשת המינין כגון מעשה קדרה ופת אורז ודוחן ופת הבאה בכיסנין דלא קבע סעודתא עלייהו שאין אומר אחריו שלש ברכות אין אומר לפניו המוליא לחם מן הארץ ככא דקאמר וכו' כנ"ל על פי תו' ישנים דברכות כ"י ועוד סיימו שם והא דקאמר בנדה פרק בא סימן לאתויי ריחני שטעונים ברכה לפניהם ולא לאחריהם ולא קאמר פחות מכזית כדפי' לפי שרלה לומר ביש מינים שאין טעונים ברכה לאחריהם אעפ"י שטעונים לפניהם ע"כ כלומר דהא מסיק התם נ"א א' דמין קתני ולעד"נ דבלא י"ל כיון דהא עדיפא ליה לומר דיש מינים דאפילו שבע ליהנות מהם אין טעונים ברכה לאחריהם ועיין בספר פני יהושע בחידושיו לברכות ע"ל א' וק"ל:

ד"ה פחות מכבילה וכו' וכן לר' לדוק דהכא במשנה ובסוכה וכו' תחילה וסוף ואמרינן נמי וכו' חוזרין וכו' ואם הייתו אומרים דמוחלפת הא דהכא וכו' אית ליה כזית ואפילו לאביי דלא מחליף לה התם מ"מ אהאי פיסוקא לא אשכחן דפליג וכו' לא בעינן הכא כמו וכו' וגם טעימה דקידוש וכו' ואפילו למ"ד דאכילה כבילה יכול לומר כן בשתיה כל"ל על פי תוס' ישנים דברכות כ"י:

ע"ב ד"ה הא כבילה וכו' יותר מכבילה ושמא ניחא ליה וכו' עיין מ"ש בסוגיא:

ד"ה מיני תרגימא וכו' אבל מעיקרא סבר שאין קורא מיני תרגימא אלא מעשה קדרה ויש בו מחמשת וכו' בלא לחם דבלאו הכי קאמר כמו שפירשתי כן נראה של"ל וכונתם דהא בלא"ה אי גמו משום מילתא דרבא דבעי תלמודא לסיועי ולמימר דא"ה דמאי מיני תרגימא פירי הוי ס"ל דמיני תרגימא סתמא בכל דוכתא היינו מעשה קדרה ואם כן בפרק ערבי פסחים ק"ז ב' דקאמר אבל מעבר הוא במיני תרגימא פי' מעשה קדרה דלא כפי' רשב"ם שם וק"ל:

ד"ה מאי מיני וכו' לא בעינן ברכה וכו' כלומר ברכת המזון. ומה שסיימו מיהו נראה דפורס מפה ומקדש דהפסקה של עי"ע לא סגי וכו' כן נראה של"ל וזה קרוב למ"ש התו' דפרק ע"פ ק"ח א' וז"ל ואם מועיל מיני תרגימא להשלים ג' סעודות שבת כמו בסוכה היינו דוקא בסעודה ג' לא בסעודת ערבית ושחרית שהם עיקר כבוד שבת ע"כ ועיין בלשון ר' יונה דפ"ג שאכלו ועוד עלה על דעתי להגיה בדרך אחר מיהו נראה בירו' דהפסקה של עי"ע וכו' והיינו דמהא דקאמר בירו' ריש ע"פ גבי מפסיקין לשבתות וכו' מהו לאכול כיסנין מהו לאכול מיני תרגימא ע"כ משמע דבהפסקה דשבתות וי"ע לא סגי במיני תרגימא אלא דמשמע עפי דהירושלמי קאי אמתניתין שם דקתני לא יאכל אדם עד שתחשך ולא אענין הפסקה ואם כוונתם דביין דמותר לטעום מן המנחה ולמעלה מיני תרגימא מוכח מזה דאין לעשות סעודה בהם אם כן גם מתלמודא דידן דקא' התם אבל מעבר הוא במיני תרגימא היו יכולים להוכיח כן אלא הנראה יותר להגיה מיהו נראה דפורס מפה וכו' וק"ל:

ד"ה לימרו כבילה וכו' כיון דש"ס וכו' מכזית כרבייתא מהדרי לימרו כגרוגרת דבליר טובא מכותבת וכו' יתובי דעתא הוא סוף דיבור ואח"כ מ"ה ועוד אי נמי כהדדי וכו' כל"ל:

ד"ה ועוד אי נמי וכו' לא הוה מצי למיפרך נימא כבילה וכו' כן צ"ל. ומה שסיימו דאשמועינן מיהא הכא וכו' כוונתם דלא מצי למפרך דאי כהדדי ניהנו נתני הכא והתם כבילה משום דודאי התם דלא קתני כמוה וכגרעינתה לא בעי למעך חללא ויגוע שיעור כותבת לכבילה אבל הכא דקתני כותבת כמוה וכו' דלריך למעך חללא כדאמר בירושלמי אשמועינן דהכא לא בעינן שיעור שביעה אלא כשיעור כותבת עם מיעוך חללה דהויא פחות מכבילה דבהכי מייתבא דעתיה סגי ולהכי פריך ליה דהתם דוקא דקתני כותבת לרידיה ליתני כבילה דהיינו כותבת דהתם לא קתני כמוה וכו' לא אשמועינן מידי וכך לי למתני כותבת כמו כבילה כנלע"ד לפרש דבריהם:

ד"ה עד כמה וכו' דמן התורה שביעה גמורה בעינן כדאמרינן בברכות [(כ')] כו' ופרש"י שם שלא אכל אלא כזית וכו' שהטעו לי לר' לדוק פחות מכזית וכו' וה"ה פחות מכזית לר"מ ואי מן התורה מיירי איזה שיעור יהיה מדרבנן דהא לא בירך כלל וכו' דאייתי ליה כסא אחרינא וכו' היה יכול להוציא אחרים והר"י יעקב מקורבייל היה אומר דמן התורה וכו' ומביא ראי' מן הירו' וכו' שניה ההיא שהיא בריה וכו' כל"ל ע"פ תוספות ישנים דברכות והדברים מבוארים עיין בתו' שלפנינו שם בברכות ובתו' דסוגיין ומה שהוסיפו כאן דהא לא בירך כלל וכו' כונתם לאפוקי סברת הרא"ש ז"ל בס' ירחים סימן כ"ד דס"ל דשיעור כזית או כביצה מדאורייתא ולתרץ הא דר' לדוק כתב ז"ל דהוא לריכים אנו לפרש ולא בירך ברכה דאורייתא פי' לא רצה לפטור את המחוייבים ברכה דאורייתא שאכלו כביצה וכו' ע"כ ולהכי כתבו הפשט הלשון משמע דלא בירך כלל אפי' ברכה מדרבנן ומכל מקום אין לפרש שכונתם שלא בירך כלל לגמרי ואפי' בנ"ר דאין זה מוכרח דאימא ברכה אחת מיהא בירך וכמו שכתבתי בתו' דסוגיין משם ה"י דברכות יעו"ש אלא כלומר שלא בירך כלל לאחריה הברכה המיוחדת לאותו המין שאכל מטעם שלא היה חייב לברך אפי' מדרבנן בשיעור כזה וכיון שכן אי מיירי מן התורה איזה שיעור יאכל שיתחייב לברך לאחריו מדרבנן כנלע"ד וק"ל:

דף פ' ע"א ד"ה שאין בית וכו' לכל היותר אינו מחזיק ב' זיתים וכו' קאמר ר' שמעון במשנה דשיעור וכו' הוו שתי ידות לככר וכו' ה' בלים שהוא כ"ד זיתים וכו' יותר מב' זיתים וכו' ובי"ז סגי ועוד דגרוגרת גדולה וכו' גבי זרק כזית תרומה לבית טמא וכו' ואומר ר"ת דבעירובין וכו' ור' תירץ דודאי הך מתני' דהי גרוגרת דאע"ג דקי"ל כותיה וכו' התם בברייתא אבל מ"מ בשיעור וכו' דאמר התם תרתי ריפתא אחרייתא וכו' בפת דוקא שאין לריך שיעור גידול כל כך למזון שתי סעודות הס"ד ואח"כ מ"ה א"ר יוחנן וכו' כל"ל והדברים מבוארים עיין בתוספות דסוגין וכמ"ש שם ובתו' דפ' חלון פ' ע"ב:

ד"ה א"ר יוחנן היה כתוב שעורין מכתב כתיבי וכו' כל המוקדם בפסוק זה מוקדם לברכה ופליגא דר' חנין דא"ר חנין כל הפסוק כלו לשיעורין נאמר וכו' והא דלא מסיים מלתא דר' חנין כיולא בזה וכו' מוקדם לברכה הס"ד ואח"כ מתחיל הדיבור א"כ הו"ל וכו' כל"ל והנה מה שנראה מדבריהם דהוו גרסי שעורין מכתב כתיבי דא"ר חנין וכו' והיינו שדומה להביא דפרק הערל ע"ח א' דמייתי התם תחלת דברי ר' ילחק ולא מסיים בה כדמסיים בסוכה ובעירובין אין כן מדברי התוספות דסוגיין ודסוכה ודעירובין שם וכן מדברי בה"ג בה' יוה"כ יעי"ש ומה שסיימו לייש בזה הגי' אין דבריהם מובנים דמאי תירץ אימא שיעורין של עונשין וכמו שהקשה התו' במקומות הנז' ולומר דה"ק דר"י סבר דאסמכתא ניהו כר' ילחק דדריש ליה כל המוקדם וכו' זה אין במשמע ועיין בסוף דבריהם דסוכה דהגם שנכנסו לס' זו דדרשא גמורה היא מ"מ לא עלה על דעתם לייש בזה גי' ספרים ישנים ומה שהקשה בס' פני יהושע שם כבר הרגיש בה הריטב"א ז"ל בחי' לעירובין שם ומפ' לה בברכה דלאחריו יעי"ש:

ד"ה א"כ הוו ליה וכו' היינו כמלא לוגמיו וכו' כל"ל:

ע"ב ד"ה מדרבנן וכו' דפרק קמא דשבת מדהוה טעי תלמודא וכו' כל"ל:

ד"ה קמלין כל אכשורי אוכלא וכו' פי' לפי שכל הפוסל וכו' עיין בדבריהם שם קט"ו א' ותבין:

ד"ה כל האוכל וכו' פושעי' יכשלו בם א"ל ר"ל האי רשע קרית וכו' כל"ל ועיין בתו' דיבמות מ' ע"א ובנזיר כ"ג ע"א ובפסחים כ"ז ב' ובקמא קי"ו א' ושם תמלא תי' אחר ועיין בחי' רמב"ן ליבמות שם ולענין מה שהק' בס' שמות בארץ על התו' זה עיין בס' שער יוסף להוריות ל"ד עמוד ד':

דף פ"א א' ד"ה זר שבלע וכו' דהכא משמע דמשהקיאן נתבעלו ולא חזו למיכל וכו' דאי טעמא

משום חלול השם בפני קהל כראשון וכו' דלא חזו לאכילה עוד משהקיאה אותן מ"ר כל"ל וכונתם בתי' זה האחרון דיש לחלק בין חגב ובשר לשזפין דהכא דאלו אינם ראויין עוד משהקיאה אותם ולזה נוטים דברי רש"י ז"ל דשמעתין שכתב והם אינם ראויות עוד אלא להסקה. ומ"ש בהא דבריהם ומצינו למימר דהתם מיירי שלא בפניו וכו' כבר אפשר לחלק דהתם דאיירי כשהוא בעצמו מקיאו וחוזר ואוכלו אפשר דאינו נמאס עליו כ"כ ואכתי ראוי הוא דע"כ לא חילקו בפ' בהמה המקשה ע"א אלא לגביה ראוי לאחרים וא"כ הכא דמיירי לאחרים בפניו ודאי דלא חזי תו לאכילה והוו כעצים בעלמא ועיין בתו' דמנחות ס"ט ע"א וק"ל:

ד"ה חד לטעם וכו' דיממא ולילא במלאכה וכו' כל"ל ועמ"ש בסוגיא על זה:

ע"ב ד"ה מעלה עליו וכו' אם נצטוה וכו' עיין בדבריהם דפ"ק דר"ה ט' ב' ד"ה כאילו וכו' כי שם מבואר יותר:

ד"ה ללמדך וכו' אין זה אמת דהא וכו' דחזי לאכילה לפי שבראשונים וכו' ומטבלי בו צלי ומה"ט יתעשרו פלפלין וכו' כדתניא הנותן לשכנתו עיסה לאפות וקדרה לבשל חושש לשאור ותבלין שבה משום מעשר ומשום שביעית ואפי' הכי וכו' אי נמי אומר הר' אלחנן דלגלדין קתני דמעשר קאי אשאור ותבלין אשביעית גרירתא דאפי' אוכלי בהמה יש דחייבין וכו' כל"ל על פי ת"י דברכות ל"ו ועיין בתו' דסוגיין כי שם מבואר יותר:

דף פ"ב ע"א ד"ה בן שמנה וכו' בנזיר פי' מי שאמר הריני נזיר [(כ"ח ב')] גמרא האיש וכו' והא דקרינן הכא תינוק במה שמענין אותו וכו' כל"ל ובמ"ש התו' שם בנזיר ובמס' שבת קכ"א א' יעיין בספר אורח מישור לנזיר כ"ט א' שהאריך בענין זה:

ד"ה מעז וכו' גבי נשים שהיו מוסרות עצמן להריגה וכו' כדאמרינן בנושאין על האנוסה [(צ"ח א')] ומביא וכו' מ"מ כל הני דביאת עכו"ם וכו' ק' לר' מדתנן בסוטה פ' ארוסה ושומרת יבם וכו' מיהו אומר ר' י"ל אי הוה וכו' כדאמרינן בפ' בן סורר [(ע"ד ב')] וכו' מכל מקום בפרהסיא ס"ד דצריכא למסור עצמה הואיל דאיכא וכו' כל"ל ועיין בתו' דסוגיין כי שם מבואר יותר והנה מה שנראה בהדיא מדבריהם דר"ת היה סובר דביאת עכו"ם הוא אוסרת על בעלה כדבר נפלא הוכי ס"ד דהוה עושה בזה ובשלמא לתוס' דסוגיין יש ליישב כמ"ש בס' שמות בארץ יע"ש וגם בס' פני יהושע בתו' לכתובות נ' ע"ב ד"ה ולידרוש וכו' ועיין בלשון המרדכי דפרק בן סורר ומורה וק"ל:

דף פ"ג א' ד"ה חולה אמר צריך וכו' ולא דמי להיתה צריכה וכו' מחמת שרואה סכנה פן יכביד וכו' דקאמר חולה אגב בעותיה וכן אמרה צריכה אני מחללין עליה בשבת [(פ' מפנין קכ"ח ב' גבי חיה)] וכו' כל"ל והדברים מבוארים עיין בדבריהם דפ' מפנין שם ד"ה קמ"לן וכו'. ודע שר"ח חולק על סברתם כמו שמתצא לשונו באורך. בהגהות מרדכי פי"ח דשבת ובהגהות מיימוניות פ"ב מהל' שביתת עשור וכן הרא"ש בפסקיו דפרקין חולק על דבריהם יע"ש:

דף פ"ד א' ד"ה לא צריכא וכו' כלומר שפרשו כולם ע"כ ולדמסיק דשמואל איירי בפרוש כולהו לאו לפי פרש"י וכונתם לאפוקי מפי' הרי"ף וגי' דגרים לא צריכא דפריש חד מנייהו יע"ש:

דף פ"ה ע"א ד"ה אמר רב פפא וכו' הר"מ למנקט לטעון שלא להחיותו דאי במתא וכו' והכי נמי הוה מצי למנקט ברוב ישראל כדי להחיותו אלא נקט בחזרת אבידה שהוא חידוש יותר כדפריך הס"ד ואח"ך מ"ה לא נצרכה וכו' כל"ל:

ד"ה מתוך שאדם וכו' לא יבא להציל ולחלל שבת וכו' כל"ל ועיין בתוס' דפ' ביצה מ"ד ע"א:

ע"ב ד"ה תשובה בעיא וכו' א"נ משום מיתה דבהדי חטא וכו' ועי"ל דלר' נמי צריך תשובה לכפר מקבעא אע"ג דמהני יוה"כ וכו' וי"ל דתיוס דקרא הא דרשינן וכו' ואי אשה תורה היא א"כ היא עיקר מחיים וכו' אדרבה חידוק איפכא מדתני עמה ואמרי' וכו' ודייקינן מדהאריך בלשונו וכו' אבל הא דתני יפה תלמוד תורה עם דרך ארץ אין זה יתור וכו' לשנות יפה תלמוד תורה ודרך ארץ וכו' כך למדתי להגיה מדברי תוס' ישנים כתיבת יד דפ' כיצד מברכין והדברים מבוארים ועיין ברא"ש פ"ז דטהרות משנה ד':

דף פ"ו ע"א ד"ה ועשה תשובה וכו' מקילין לו מדינו מקצת הס"ד ואח"ך מ"ה צריך וכו' כל"ל ועיין בתו' דשבועות י"ג ע"ב ד"ה לא זו וכו':

דף פ"ז ע"א ד"ה השתא עלאי רמי וכו' כיון דשדו טינופא עליו וכו' כל"ל:

ע"ב ד"ה ותכ"א וכו' ואע"ג שהתודה אחר אכילה וכו' שמא תטרף דעתו עליו ואעפ"י שהתודה והד"א ול"ע באחרות הס"ד ואח"ך מ"ה וסיים בה וכו' כל"ל ועמ"ש בסוגיא ובפרש"י ז"ל וגי' בה"ג שבידינו הוא כגי' שלפנינו קודם אכילה ושתיה שמא תטרף דעתו וכו' יתודה אחר אכילה ושתיה שמא יארע דבר קלקלה וכו' יע"ש ופשוט דמה שסיימו כי הגי' שם בשיבוש כלומר בתוספתא כיון דבסוגיין ובה"ג אין הגי' כן ושלא כדברי בעל ס' מטה אשר קמ"א שהבין בדרך אחר יע"ש וק"ל:

ד"ה והא אמר רב תפלת ערבית רשות וכו' וגם היא כנגד הקטרת וכו' לא מעכבי כפרה איכי נמי וכו' שויה עליה חובה והלכך אי לאו טעמא לפי שאין ב"ד מקדשין מחזירין וכו' כל"ל:

דף פ"ח ע"א ד"ה שצריך וכו' וי"ת שלמות וכו' דבריהם כאן באו בקיצור הקושיא עיין בתוספתא דסוגיין ובתו' דפ' תפלת השחר שם:

ד"ה בועלי נדות וכו' מה מועיל טבילת מ"מ וכו' שהשב עליו קטן או עבד וכו' יום הכפורים דבפי' וכו' אבל פשיטא אפי' שלא בזמנו וכו' כל"ל:

ד"ה ה"ג וכו' וא"כ אית ליה טבילה בזמנה וכו' כל"ל ועיין בתוס' דשבת קכ"א ע"א:

ד"ה לא יוחן וכו' ולא עיין בה וכו' עיין מה שהארכתי לעיל פ"ק ח' א':

ד"ה מכלל דר' יוסי וכו' דכי היכי דברייתא בתרייתא ר"י בר"י כך ברייתא דלעיל וכו' כן נראה של"ל וכדרך שתי' בפי' כל כתבי קכ"א ע"א יע"ש וכבר עלה על דעתי לומר שהיו גורסי' בבתרייתא' ר"י בר"י וכגי' התוספתא שהבאתי בסוגיא יע"ש ול"נ דכי היכי דגרסי' בברייתא בתרייתא ר"י בר"י כך ברייתא וכו' אלא שאין נראה מדפריך תלמודא כאן ובשבת שם מר"י סתמא אהך ואי גרסי' בה בהדיא ר"י בר"י הרי התירוץ פשוט דהידך ר"י בן חלפתא הוא ועוד שיותר נכון להסכים דבריהם עם סגנון תירוצי דשבת שם. ומה שסיימו ונכון היה וכו' כלו' מצד שראיה רב איכא ראיה מוכרחת כל כך ועיין במ"ש הרא"ש בשם מהר"ם שפוסק ז"ל דלא כרב וק"ל:

ד"ה אלא אימא וכו' כמו שפי' בנדה [(ס"ו ע"ב)] ובחולין [(ה' ע"א)] וכו' ומ"ש על פרש"י עיין מה שכתבנו שם:

סליק פרק יום הכפורים

וסליקא לה מסכת יומא לאל יוצר ארץ על בלימה

ביאור לשונות הרמב"ם

ביאור על לשון הרמב"ם ה' שביתת עשור פ"א ה' ו' ממורי הרב נר"ו

כשם ששבות מלאכה בו בין ביום ובין בלילה כך שבות לעינו בין ביום בין בלילה וצריך להוסיף מחול על הקודש בכניסתו וביציאתו שנאמר ועניתם את נפשותכם בתשעה לחודש בערב כלומר התחיל לצום ולהתענות מערב תשעה הסמוך לעשירי וכן ביציאה שוהה בעינויו מעט מליל אחד עשר סמוך לעשירי שנאמר מערב ועד ערב תשבתו שבתכם.

כתב הרב המגיד מדברי רבינו נראה עד יכול וכו'. [וז"ל הה"מ וצריך להוסיף וכו' מדברי רבינו נראה שאין תוספת דבר תורה אלא בעינוי אבל לא בעשיית מלאכה לא ביוה"כ ולא בשבתות וזהו שכתב מתחיל לצום ולהתענות וזהו שלא נזכר בדבריו בהלכות שבת תוספת כלל מן התורה ובפרק יוה"כ [פ"א א'] נראה שהדבר במחלוקת תנאים ששם יש מי שדרש יכול יהא מוזהר על תוספת מלאכה ת"ל וכל מלאכה לא תעשו בעצם היום הזה על עצומו של יום הוא מוזהר ואינו מוזהר על תוספת מלאכה וברייתא אחרת שנו שם ועניתם את נפשותכם וכו' מכאן שמוסיפין מחול על הקודש וכו']. והקש' עליו הרל"ס דמהתם מוכח דבתוספת עינוי נ"כ אין בו איסור ע"ש. נ"ב באמת עיבותיה דמר לא ידענא דמהתם לא שמעינן אלא דליכא חיובא אבל איסורא איכא ולכן נלפע"ד להגיה כן בדבריו דמהת' משמע דחיובא הוא דליכא בתרוייהו וא"כ אי כהא תנא פסק הו"ל לפסוק דגם במלאכה איכא תוספת ואיך פסק דבמלאכה ליכא ובעינוי איכא אבל ממה שכתב שם אח"ך מוכח דכונתו לומר דכיון דנתמעט מכרת ואזהרה ממילא אין בו איסור מדאורייתא כלל ואינו אלא מדרבנן ואין זה במשמע מפשט בברייתא אדרב' הדיוק ממש הוא בהיפך דמדאצטרי' למעטו מכרת ואזהרה ממילא משמע דמדאורייתא הוא דאל"ה מהיכא תיתי דליהוי ביה כרת או לאו וע"ק לדבריו דא"כ לפי דעתו איכא אזהרה בתוספת עינוי ולוקה עליו ומדברי רבינו מוכח ודאי דלית ביה אלא איסורא בעלמא ועל כן הנלע"ד דרבינו פסק כתנא דדריש מועניתם כפשט לשון רבינו דמייתי לתוספת עינוי מהאי קרא אלא דס"ל דבשלמא תוספת עינוי דמוכח הכי מפשטי' דקרא הוי דאורייתא אבל מאי דמרבינן שבתות וי"ט מתשבתו שבתכם לא הוי אלא אסמכתא בעלמא ואינו אלא מדרבנן וכ"ת א"כ הו"ל לכתוב כן תוספת בשבתות וי"ט בכניסתו וביציאתו מד"ס י"ל דכן משמע שפי' ממ"ש בפכ"ט ול' מהל' שבת ופ"ח מהל' שביתת י"ט דוק ותשכח וכ"ת וכיון דיליף מיניה תוספת עינוי מנ"ל למימר דאכילה בעיוה"ך מדאורייתא כדכתב בהל' נדרים וכמו שהקשה הרל"ס איכא למימר דס"ל דתרתי ילפינן מינה דאי לדר"ח בר"מ בלחוד אתי למ"ל למיכתב בערב ומערב עד ערב לא ליכתוב אלא ועניתם א"נ בעי' לאחדש ומהכא סתירת קראי הוה ידעינן לדר"ח בר"מ וכדמוכח מפשט דר"ח בר"מ וכן משמע קצת מדלא הקשה הש"ס על רב אחא ב"י ולברייתא דמייתי לזכותו דתשבתו שבתכם אתי לתו' שבתות וי"ט דלא הקשה לו ודר"ח בר"מ מנ"ל דליכא דפליג עלה דמסתמ' האי מימרא אתיא ככולי עלמא מדמייתינן לה בברכות ובכמה דוכתי בלי מחלוקת ואע"ג דתנא דתאר דרים תאר עינוי מני' לאחדש ובערב מ"מ אכתי מייתר ליה מערב עד ומאי שפיר למילף מניה התר ואייתר ליה ועניתם וכו' לכדר"ח בר"מ והש"ס דרשא פשוטה נקט מהכרה ע' וערב אבל האמת הוא דעיקר ילפותא הוא מועניתם א"כ מערב עד ערב נפקא דאי לא לתר למ"מ היה צריך לכתוב מערב עד ערב וכ"ת לתוספ' ביציאתו אם כן לכתוב קרא ועניתם את נפשותיכם בעי' לאחדש מערב עד ומדלא היה צרי' לכתבו לפשטי' דתענית עשירי דהא כתוב בעשור לחדש וממילא ידעינן דמערב עד ערב הוא ככל י"ט ושבתות ועוד דבעי לעולם לא הוה א"ש אי לאו לתר א"ו לתו' אתי וא"כ אייתר לן תיבת בערב מיותרת בקרא לעולם ומש"ה ילפינן מניה שפיר תוספת בכניסתו וביציאתו וגם דרשא דר"ח בר"מ מדסמך ועניתם לגו' וקי"ל סתירת קראי ומוקמינן ליה לכדר"ח בר"מ והשבתו שבתכם דמיותר לן א"ל דאתא לאהדרת עינוי כרב פפא בש"ס ואע"ג דרבינו לא כביאה קצר במובן דפשיטא דבטעמם לאחוד לא סגי לן כמ"ש איהו גופיה בהלכות סנהדרין א"נ ס"ל כרב אחא בר יעקב דאתי מג"ש משבת ואיהו מייתי ליה מתשבתו שבתיכם ולא משבת שבתון משום דס"ל דש"ש לגופ' על המלאכה כשאר שבתות וי"ט ומש"ה מייתי ליה מתש"ש והנה להרל"ס נמי נ"ל דרבינו קצר במובן דהו"ל לאתויי ג"ש דעלם אלם לדידי נמי א"ל הכי ואע"ג דמסוגיא דר"ה ד"ט מוכח דר"ע דס"ל דהאי קרא אתי לדר"ח בר"מ כוליה קרא מוקי לה להכי כמו שהוא מוכרח שם בסוגיא משום דר"ע ס"ל דקרא דבחריש ובקציר אתי לתו' שביעית דליכא למילף ליה משוי"ט וכיון דוליף מיניה תו' שביעית ממילא ילפינן מניה שוי"ט ומש"ה מוקי כוליה קרא לכדר"ח בר"מ אבל רבינו דפסק בעניין תו' שביעית כר"י ברפ"ג דשמיטה ויובל וכ"ע דלא פסק כר"ע אע"ג דקיי"לן הלכה כר"ע מחבירו מ"מ פסק הלכה כר"י בהאי משום דפשטא דסוגיא דיומא מוכח עפי דכותי' אזיל דכולהו אמוראי אלו סברי כותיה ועוד דמסוגיא דר"ה מוכח דלכולי עלמא לית להו תוספת בעינוי דהא משביעית ליכא למילף מסוגיא דיומא וגם מפשטיה דקרא מוכח שפיר נמילף תוספת עינוי ומ"ה פסק דלא כרבי עקיבא אבל אכתי קשה דהא מסוגיא דראש השנה דף ט' מוכח דלכ"ע אית להו תוס' בשבתות וי"ט ונראה דפסק כר"ג ובית דינו דמ"ק דף ד' דפליג וס"ל דליכא תו' לא בשביעית ולא בשוי"ט וכ"ט משום דכיון דר"י מייתי קך דר"ג וב"ד מוכח דהכי ס"ל ועוד דכיון דר"ג עם כל ב"ד פליגי עליהו הכי נקטינן ומ"ה פסק דבין בשביעית בין בשוי"ט ליכא תו' משא"כ לגבי עינוי דשפיר אלו סברי דאכא תוס' עינוי אף על גב דלגבי שוי"ט לית להו דאע"ג דכתבו התו' שם במ"ק דהב"ג דאית להו לר"ג וב"ד תוספ' רבינו לא ס"ל וכי דהא לאו מוכרח הוא כמ"ש לעיל ועי"ל דלגבי עינוי פסק דאי תוספת דהכי מוכחי' סוגייא דשמעתא כפי' המגיה אבל גבי שוי"ט אדרבא מוכח מהכא ומסוגייי דמ"ק דליכי תוספת עכ"ד:

ביאור על לשון הרמב"ם ז"ל פ"ח מהל' כלי המקדש

לאהובינו החכם השלום והכולל הדיין

מוהר"ר בנימין איספינוזא נר"ו

בגדי לבן הם ארבעה כלים שמשתמש בהם כ"ג ביום הכפורים כתונת ומכנסים ואבנט ומצנפת וארבעתן לבנים וחוטן כפול ששה ומן הפשתן לבדו הן ושני כתנות אחרות היו לו לכ"ג ביוה"כ אחת לובשה בשחר ואחת לובשה בין הערבים ושתיהן בלי מנה משל הקדש ואם רצה להוסיף מוסיף משלו ומקדיש התוס' ואח"כ עושה בה הכתונת עכ"ל.

וכתב עליו הגאון בס' משנה למלך וז"ל. ומ"ש רבינו ושתי כתנות אחרות וכו' ואיכא לעיוני טובא בדברי רבינו וכו' עד וכעת לא מצאתי שום רמז לזה עכ"ל וכללות דבריו הוא שהקשה על רבנו ד' קושיות. א' דמנא ליה לרבינו שדין זה הוא דוקא בכתונת ולא כלל לכל הבגדים. ב' למה סתם רבנו וכתב ושתיהן בלי מנה ולא כתב שהא' מעולה ג' שמדברי רבינו משמע שהיו לכ"ג ביום הצום ג' כתנות ולא ידע היכא אתיה ומה היה משמש בג' כתנות. ד' במה שכתב רבנו ואם רצה להוסיף מוסיף משלו ומקדש וכתב עליו מרן כן משמע שם בגמרא וכתב הרב ז"ל שלא מצא שום רמז ע"כ תורף דבריו בקצור:

והנלע"ד שאין מכל אלה טענה על דברי רבינו ז"ל והתלה אביא לשון המשנה והפירושים שנאמרו בה ואח"ך אבוא ליישב קושיות הרב כנז' אחת לאחת בע"ה. בפ"ג דיומא דף ל"ד ע"ב הביאו לו בגדי לבן וכו' בשחר היה לובש פילוסין של י"ב מנה בין הערבים של שמנה מאות זוז דברי ר"מ וחכ"א בשחר היה לובש

של י"ח מנה ובין הערבים של י"ב מנה הכל ל' מנה אלו משל צבור ואם רצה רצ' להוסיף מוסיף משלו ע"כ ופרש"י ז"ל בשחר בגדים שלובש בעבי' זו הוא מפשתן של מנדית פלוסין שהוא חשוב ומעולה. ובין הערבים בגדים שלובש להוצאת כף ומחתה הנדוין שהיו מפשתן של ארץ הנדוין וכו' עכ"ל וכ"כ הרע"ב וכ"כ הרא"ש ז"ל וז"ל ולובש בגדי לבן ששוין י"ח מנה או יותר או פחות ורק שיהיו טובים יותר מאותן שלובש בערב. ובין שניהם יש להם להיות שוים ל' מנה ואם רצה להוסיף וכו' רק שיהיו של הבוקר טובים יותר וכו' עכ"ל. הרי דלדעת רש"י והרא"ש ז"ל דפילוסין הם הד' של שחר והנדוין הם הד' בגדים של בין הערבים וצ"ל לפי פירושם דמתניתין בשחר היה לובש וכו' קאי אבבא קמייתא דהביאו לו בגדי לבן דסמיך לה כלומר ואלו הבגדי לבן היו פלוסין של י"ח מנה וכו'. אבל רבנו רוח אחרת אתו ומפרש פלוסין והנדוין שם מיני בגדים הידועים כמ"ש בפי' המשנה. וכ"כ בעל הערוך וז"ל פי' לשון מלבוש בל' יון וכתב עליו המגיה א"ב פי' בל' רומי מלבוש שלובשים על החלוק וכ"כ רבינו חננאל ז"ל. נמצא לדעת רבינו פי' פלוסין הוא שם המלבוש ובבא דבשחר היה לובש וכו' לא קאי אדלעיל אלא מלתא באפי נפשה קתני. ולא קאי אלא אכתונת דוקא ולא אג' בגדים. ומה שהכריחו לרבינו ז"ל לפרש כן ולא כפרש"י והרא"ש משום דאם איתא כפירושם דפי' פילוסין הוא פשתן לא הו"ל למתני לובש פילוסין אלא לובש מפילוסין. שאין אדם לובש הפשתן אלא הבגד הנעשה ממנו:

ועוד נ"ל שכוונ' המשנ' שהבגדי' היו שוין י"ב מנה ובאומרו לובש פילוסי' של י"ב מנה אין כאן זכר לבגדי' כלל ועכ"ל דקאי אבגדי לבן דקתני בבבא קמייתי וא"כ מאי בשחר היה לובש הילי"ל ולבש בגדי לבן וכו' וש"מ היו מפלוסין של י"ב מנה כיון דאבגדי לבן קאי:

ועוד דלדעתם נ"ל דלסברי' ר"מ כל הד' בגדים של בין הערבי' היו שוים ת"ת זוז וקשה איך יעלה על הדעת שהאבנט שארכו ל"ב אמות והמצנפת י"ו אמות והכתונת שארכה עד העקב והמכנסים ממתנים ועד ירכים מהפשתן המעולה ובין כלם יהיו שוים ת"ת זוז שהם כ"ג שקלים ושלש. ועוד דאמרינן בפ"ק דיומא דף י"ב ר' דוסא אומר להביא בגדי כ"ג ביוה"ך שכשרים לכהן הדיוט רבי אומר שתי תשובות בדבר הדא וכו' ועוד בגדים שנשתמשת בהם קדושה חמורה תשתמש בהם קדושה קלה ע"כ ומאי פריך התינח ד' בגדים של שחר שעבד בהם עבודת פנים אלא בגדים של בין הערבי' שאינם אלא להוצאת הכף ומחתה שאינה עבודה אלא לפנות מקום כדפרש"י גופיה דף ל"ב בד"ה עבודת יחיד אמאי לא ישתמש בהם כהן הדיוט כיון שאינה נקראת עבודה. ועוד דאמרי' בפ' בא לו דף ע"א רבא אמר אמר קרא ופשט את בגדי הבד וכו' מה ת"ל אשר לבש אשר לבש כבר ע"כ ולדעת רש"י והרא"ש ז"ל שהד' בגדים של בין הערבים היו מלבד אותם של שחר לא הוו שלבש כבר דהא של בין הערבים אחריני ניהו. ומכח זה תפס לו רבינו דרך אחרת בפי' המשנה כמ"ש ויהי הפי' לדעת רבי' כך הביאו בגדי לבן לבש וקדש וכו' והיינו הד' בגדים הידועים לכ"ג ביוה"ך לכל העבודות וגם להוצאת כף ומחתה. בשחר היה לובש וכו' היא בבא בפ"ע ומלתא באפי נפשה קתני והכי פירושה בשחר היה לובש בגד הנקרא פלוסין של י"ב מנה וכו'. וכל זה לא נעלם מעיני הרא"ש ז"ל אלא שסמך על לשון ספרי פ' אחרי מות סוף פ"א וז"ל ומה ת"ל ילבש וכו' לפי שסופו לרבות לו כלים אחרים בין הערבים ע"כ דמשמע שבין הערבים היו לו ד' בגדים אחרים מלבד אותם של שחר. ובזה הותרה קושיא א' שהקשה הרב ז"ל ולקמן אבאר מ"ש הרב דלא ידע היכא רמיזא שהכתונת של בגדי לבן משונה משאר בגדים:

הקשה עוד הרב הנ"ל וז"ל ועוד אני תמה דבגמרא אמרינן ותנא מניינא אתא לאשמועינן וכו' ולפי זה אני תמה על רבינו דלמה סתם הדברים ולא ביאר שהא' מעולה מחברתה וכו' עכ"ל. ואחר המחילה מכבודו אדרבא פשט ההלכה משמע בדברי רבינו דמ"ש בשחר של י"ח ובערב של י"ב מנה לא לעכובא מדמקשה הגמ' והנא מניינא אתא לאשמועינן ופרש"י ז"ל והנא דקתני בין הכל ל' מנה וכי אין אנו יודעים שי"ח וי"ב הם ל' מנה ומשני הא קמל"ן וכו' לבהי הדר כייליהו לאשמועינן דהא דל' סך הכל הוא דיהיב שיעור ליטול מן ההקדש נבציר מלי לא ליעבד סך הכל הא אי בציר מהני השתא וכו' עכ"ל הרי מפשט ההלכה משמע דליכא קפידא אלא שבין שניהם לא יהיו פחות מל' מנה הא אם הוסיף בזו או בזו אפי' עשה להפך דהיינו של שחר י"ב ושל בין הערבים י"ח לית לן בה דהא סתמא קאמר. ולכן רבינו דאזיל לשיטתיה כנז"ל דבבא דבשחר היה לובש היא מלתי' באפי נפשה ופי' פילוסין והנדוין הוא שם מין מלבוש לפיכך כתב ושני כתונת אחרות וכו' ובין שניהם ל' מנה ולא חלק בין של שחר לשל ערב כיון שאינו לעכובא. ומ"ש הר' ז"ל דהרע"ב ס"ל כהרא"ש אח' המחילה מכבודו אדרבא משמע מדברי רש"י והרע"ב שסתמו וכתבו אי בעי מהני ועפי מהני אהני ולא כתבו דבעי דש"ס יהיה מעולים משמע דס"ל כרבנו וכ"כ קול הרמ"ז ע"ש:

ושמעתי שיש מפרשים דהרמב"ם ז"ל ס"ל כהרא"ש דבעינן דשל שחר עדיפי אלא שקצר בדבריו שכן דרכו בס' היד. ואין דבריו' נראים כלל כמ"ש לקמן. אלא דרבינו ס"ל דליכא עכוב אלא שלא יהיו פחות מל' מנה כמ"ש לעיל. ומה שהכריחו לרבינו לפרש כן ולא כמ"ש הרא"ש משום דאמרינן בגמ' שם תני רב הונא בר יהודה ובגלד שימסרנה לצבור אמרו עליו על ר"י בן פאבי שעשתה אמו כתונת של מאה מנה וכו' אמרו עליו על ר' אלעזר בן חרסום שעשה לו כתונת של ב' רבוא וכו' ופרש"י עבודת יחיד הוצאת כף ומחתה שאינה צריכה לצבור וכו' ע"כ דאם איתא דבעי' של שחר יותר מעולים איך היו יכולים לעשות הכתנות של בין הערבי' להוצא' כף ומחתה של ק' מנה או מב' רבוא והא בעינן של בין הערבים יותר פחותים כמ"ש הרא"ש ז"ל ואין לומר דשל שחר היו יותר מעולים מהם דממה נפשך לא ימנע אותה של שחר היתה משל אמם נ"כ או משל צבור. אם תאמר שהיתה של אמם נ"כ ליסמועינן רבותא טפי בשל שחר שהיתה יותר מעולה ועוד קאמר עבודת יחיד משמע דוקא עבודת יחיד ולא של צבור ושל שחר שהיא מכלל הד' בגדים לדעת הרא"ש ועובד בה עבודת צבור. ובשלמא לדעת רבנו דהכתונת של שחר אינה מכלל הד' בגדים שעובד בהם עבודת היום כמ"ש לקמן ניחא אלא לדעת הרב דאותה של שחר הויא בכלל הד' הרי עובד בה עבודת צבור ואינה באה משל אמם. וא"ת משל צבור איך עשו אותה מק' מנה וב' רבוא והא מתני' קתני אלו משל צבור ואם רצה להוסיף משלו וכו' ודוחק לומר דאותה של שחר היתה של שניהם דהיינו ל' מנה משל צבור והשאר משל אמו דא"כ ליסמועינן רבותא טפי שעשתה לו אמו ב' כתנות של מאתים מנה או של ד' רבוא פחות ל' מנה וכ"ש לדעת הרב שכל' מנה הם בכלל הד' בגדים של שחר ושל בין הערבים. ולכן ס"ל לרבנו שאין עכוב בדבר בין שיהיו אותם של שחר מעולים או של בין הערבים. ודקתני בשחר היה לובש פילוסין של י"ח מנה פי' שכך היו נוהגים דשל שחר י"ח ושל בן הערבי' י"ב ומ"ש בגמ' דכ"ע מיהת דשחר עדיפי מנא לן אמר קרא וכו' לאו למוד גמור הוא אלא אסמכתא בעלמא על מה נהגו כך דשל שחר מי"ח וכו' תדע שכן משמע מלישנא דמתני' בשחר היה לובש וכו':

ועוד לדעת רש"י והרא"ש שפירשו פילוסין והנדוין פשתן הבא ממדינת פילוסין וכו' אטו מי נימא דאי עביד של שחר הנדויין ושל בין הערביים פלוסין דיש לעכב בדבר זה לא יעלה על הדעת אלא עכ"ל דמתניתין קתני דכך היו נוהגים ולאו לעכובא. והכי אמרינן בהדיא בפ"ב דזבחים דף ת"י ח"ר בד שיהיו של בוץ בד שיהיו חדשים וכו' אלא הכי קאמר דברים שנאמר בהן בד צריכים שיהיו של בוץ חדשים שזורים וכו' יש מהן למצוה ויש מהן לעכב ע"כ ופרש"י יש מהן למצוה חדשים נמי דלאו ממשמעותיה. ויש מהן לעכב בוץ שזורין וחוטן כפול ששה וכו' הרי בהדיא דלא אמרינן לעכובא אלא מלתא דאתיא ממשמעות ומלת בד ובשאר למצוה אבל הרא"ש ז"ל ס"ל דפי' דכ"ע דשחר עדיפי לעכובא קאמר ולפיכך כתי' דבעינן ש"ש עדיפי בדוקא. ומה שהביאו להרא"ש ז"ל לזה מדאמרינן בירושלמי ואין שני של פלוסין יפה מן הראשון של הנדויין ופי' המפרש הגרוע של פלוסין טוב הוא כמו הטוב שבהנדויין ולמה קאמר של בן הרבים הנדויין דוקא כדי שיהיה חלוק משל שחרית ומשני משום מילה דשמעה ברומי פי' התנא אשמועינן דאפי' הנדויין וכ"ש השני של פלוסין ע"כ משמע דבעינן דוקא שיהיו ש"ש מעולים ולפיכך ס"ל להרא"ש דמ"ש בגמרא דידן דכ"ע דשחר עדיפי הוא דוקי קאמי אבל רבי' ס"ל דכיון שמפשט המשנה והש"ס דידן לא משמי' עכובא אלא שבין שניהם לא יהיו פחות מל' מנה אבל אם להוסיף בין בשל שחר בין בשל בין הערבים

בין בשניהם אפי׳ ק׳ מנה אין עכוב בדבר ולכן סתם וכתב ושניהם בלי מנה ולא חילק ביניהם:

הקשה עוד הרב ח״ל עוד כתב רבינו ושתי כותנות אחרו׳ היו לו לכ״ג וכו׳ ונראה מדבריו שהיו לו ג׳ כתנות אחת במחוברת עם בגדי ולא ידעתי הא היכא רמיזא וכו׳ ואם כן יש לתמוה הכתונת שכתב רבינו בהדי בגדי לבן לאיזה תכלית היתה נעשית וכו׳ עד ודברי רבינו ל״ע ע״כ. ובמה שכתבתי לעיל לא קשה מידי דרבינו ס״ל דמתניתין בשחר היה לובש היא בבא בפני עצמה וכן נמצא בכל הספרים ומלתא דאפי נפשה קתני והם ב׳ כתנו׳ אחרו׳ מלבד הכתונת שבכלל הד׳ בגדים דבבא קמייתא שהיתה לכל עבודת היום כגון שחיטת פרו ואיל העם וכו׳ ועוד ב׳ כתנות אחרות של ל׳ מנה אחת לובשה בשחר לקרות בתור׳ בעזרת נשים ואי׳ בין הערבים להוצאת כף ומחתה. וס״ל לרבינו דאע״ג דקריאת התורה לאו עבודה היא ויכול לקרות אפילו בבגדי חול כדתנן בפ׳ בא לו ואם רצה לקרות באצטלית לבן משלו קורא. מ״מ משום כבוד הצבור בקריאת התורה בעזרת נשים לפני כל הקהל לא רצו שהכ״ג יקרא באצטלית שלו והתקינו לו כתונת אחרת יותר מעולה מהכתונת של הד׳ בגדים וכן בהוצאת כף ומחתה נמי דלאו עבודה היא כדפרש״י והיו אמותיהן של כהנים גדולים עושין להם כתונת כדמשמ׳ בגמ׳ לכן לכבוד הצבור נמי התקינו להם כתונת אחרת וכיון שכן לכבוד הצבור ולהדור הכ״ג התקינו ג״כ שבין שתיהן לא יהיו פחות מל׳ מנה משל צבור כמ״ש בדין ז׳ ע״ש אבל אם פיחת בזו והוסיף בזו לא עכב אך למצוה היו נוהגים שאותה כתונת של שחר היתה יותר מעולה לפי שהיה קורא בה לפני הצבור וכמ״ש וסמכו אקרא דכתיב בד מובחר שבבד. פי׳ ד״פ כתיב בד בפ׳ אחרי מות כתונת בד וגו׳ חד לגופיה וחד לשון לבדו שלא ילבש בגדי זהב עמהן וחד שיהיו יותר מעולים משל שאר ימים וחד שיהיו יותר מעולים משל ערב וכ״כ התוספות ואע״ג דנקטי סדר אחר למניינא נחתי ולא לסדרא והנה צריך לומר דבד דאיצטריך לגופיה שיהיו פשתן היינו בד דכתיב במצנפת דהוא בתרא לומר שיהיו כל הד׳ בגדים מפשתן דאילו כתי׳ בד בכתונת דכתיב ברישא לא הוה גמרינן לג׳ בגדים אחרים אלא עכ״ל לבד דאצטריך לגופיה היינו בד בתרא דמצנפת ולפי זה נ״ל דבד דילפינן מיניה היינו בד דאבנט ובד דילפינן מינה טוב משאר ימות השנה היינו בד דמכנסים ובד דיותר טוב משל ערב היינו בד דכתונת. הרי דיותר משובח משל ערב מבד דכתונת ילפינן ליה לא כמ״ש הרב ז״ל דבכלהו כתיבה. ועל זה סמכו לעשות כתונת של שחר יותר מעולה משל ערב ולאו למוד גמור אלא אסמכתא בעלמא וכמ״ש לעיל: **ויש** מי שפירש דרבנו ס״ל דלא בעינן אלא ב׳ כתנות אלא דבמקום צורת הכתונת של שאר ימות השנה היו לו ביוה״ך ב׳ כתנות אחרות משונות בצורתן וכו׳. וזה דוחק גדול בדברי רבנו דכא בגדי לבן של שאר ימות השנה כתבה רבנו מדין ב׳ וכאן לא קאי אלא אבגדי לבן של יוה״ך וא״כ למה הזכיר הכתונת וחזר וכתב וב׳ כתנו׳ אחרות וכו׳ והכי הול״ל בגדי לבן וכו׳ הם מכנסים ואבנט ומצנפת וב׳ כתנות אחרות וכו׳ אלא כעיקר כמ״ש:

הקשה עוד הרב ח״ל עוד כתב רבינו שאם רצה להוסיף מוסיף ומקדש ע״כ וכתב על זה מרן כן משמע בגמר׳ וכעת לא מצאתי שום רמז לזה עכ״ל ואחר לחיכת עפרות רגליו תימה על פה קדוש יאמר דבר זה דהא באותו פרק באותו מקום תני רב יהוד׳ וכו׳ ובלבד שימסרנה לצבור. והתימה היותר גדולה היא שהרב גופיה הביאה לקמן בדין ז׳ להקשות על דברי רבינו ז״ל. ואין לומר דהיינו דוקא כשעשה כל הכתונת משלו אבל כשאינו נותן אלא התוספת א״ל לקדש התוספת דמאי שנא כיון דבעינן שיהיה משל הקדש מה לי כולה מה לי מקצתה. אם לא שנאמר ע״ל הדוחק הדוחק שכוונת הרב ז״ל על מה שסיים רבנו ומקדש ואח״ך עושה הכתונת משמע דאינו יכול להוסיף אלא קודם עשיית הכתונת ולא לאחר עשייתה דמנא ליה הא ואם זאת היא כונתו לא היה לקבוע קושיותו על מרן שהרי מ״ש מרן דמשמע כן בגמרא הוא על מ״ש רבינו דמוסיף ומקדש וזה מבואר בגמ׳ כמ״ש אך הול״ל דמנא ליה לרבנו שהתוספות הוא קודם עשיית הכתונת:

ונלע״ד דרבינו אזיל לשיטתיה שאלו הב׳ כתנות תקנו אותם לכבוד הצבור שהכה״ג לא ילבש כ״א בגדי צבור וכמ״ש לעיל ואם יעשה הכתונת ואח״כ בלי מנה משל צבור ויקדש התוספת זילא מילתא לגבי הצבור דכל עלמן של הב׳ כתנות אינם אלא לכבוד הצבור ולפיכך ס״ל שיקדיש התוספת ויתן אותו לצבור והם יעשו הכתונת דייקא נמי דקתני הכל ל׳ מנה אלו משל צבו׳ ואם רצה להוסיף וכו׳ משמע שהתוספות של כוא על המעות והיינו קודם עשייתה דאילו היה התוספת אחר עשייתה הו״ל למתני ואם עשאה ביותר אלו הל׳ מנה משל צבור והשאר משלו ולא הוי״ל להזכיר תוספ׳ כלל אלא ודאי שהתוספת הוא על המעות כמ״ש ולפיכך כתב רבינו ומקדיש התוספת ואח״ך עושה הכתונת:

א״נ נראה לי דס״ל לרבינו שאם יעשה הכתונת ואח״ך יקדיש התוספת מסתמא הכתונת נעשית על שמו וכבר כתב רבינו בפ״א מה׳ בית הבחירה וז״ל אין עושין כל הכלים מתחלתן אלא לשם הקדש ואם נעשו מתחלתן להדיוט אין עושין אותן לגבוה ע״כ וכתב מרן שלמד כן מתוספתא פ״ב דמגילה ולכן כתב רבנו דבעינן שיקדיש קודם עשיית הכתונת כדי שתהיה עשייתה לשם הקדש וזה נ״ל ברור בדברי רבינו ז״ל: